GLOSSARIUM

MEDIÆ ET INFIMÆ LATINITATIS

TOMUS VIII.

SIGLÆ BENEDICTINORUM :

¶ Præponitur vocabulis de novo additis.
☞ Præponitur explicationibus quibus aut apertius Cangii sententia explanatur, aut emendatur opinio.
[ ] Includuntur quæ in ipsum textum Cangii inserta sunt.

SIGLÆ EDITIONIS DIDOTIANÆ :

✿ Additamenta CARPENTERII separatim posita.
[✿] Additamenta CARPENTERII Cangiano textui inserta.
✿✿ Voces novæ quæ in hac editione accesserunt.
[✿✿] Additamenta Editoris suis locis inserta.
    Iis quæ sunt Adelungii subjectum ADEL.

SIGLÆ NOSTRÆ EDITIONIS :

✶ Additamenta Editoris suis locis inserta.
    Iis quæ sunt DIEFENBACHI subjectum DIEF.
    Iis quæ sunt ALOISII FRATI, Eq. Biblioth. municip. Bonon. Præf., subjectum FR.

GLOSSARIUM
MEDIÆ ET INFIMÆ LATINITATIS
Conditum a CAROLO DU FRESNE
DOMINO DU CANGE
AUCTUM
A MONACHIS ORDINIS S. BENEDICTI
CUM SUPPLEMENTIS INTEGRIS
D. P. CARPENTERII
ADELUNGII, ALIORUM, SUISQUE
DIGESSIT
G. A. L. HENSCHEL
SEQUUNTUR
GLOSSARIUM GALLICUM, TABULÆ, INDICES AUCTORUM ET RERUM, DISSERTATIONES

EDITIO NOVA aucta pluribus verbis aliorum scriptorum
A
Léopold FAVRE
Membre de la Société de l'Histoire de France et correspondant de la Société des Antiquaires de France.

TOMUS OCTAVUS
T—Z

NIORT
L. FAVRE, IMPRIMEUR-ÉDITEUR

1887
TOUS DROITS RÉSERVÉS

GLOSSARIUM

AD SCRIPTORES

MEDIÆ ET INFIMÆ LATINITATIS

T

T

T. Litera numeralis, quæ 160. designat. Unde versus :

T quoque centenos et sexaginta tenebit.

Seu, ut habet Ugutio :

T centumque colit, cum sexaginta bicornis.

Eidem literæ si recta linea superaddatur, 160. millia significat.

T *in superscriptione cantilenæ, trahere vel tenere debere testatur.* Notkerus Balbulus Opusc. *Quid singulæ literæ significent in superscript. cantil.* Vide *A*.

T *Nomini militis appositum, ipsum in bello superstitem esse signabat.* Paulus Diacon. de Notis literar.

T cum duobus punctis suprapositis interdum pro millesimo numero, interdum pro nongentesimo sumi in Instrumentis Aragonicis et Navarricis, observat Hieronym. Blanca in Comment. Rerum Aragon. pag. 617. 647. Vide Historiam Pinnatensem pag. 269. et Ambrosium Moralem in Corduba pag. 130.

¶ **T**, pro D scribi, aut vicissim, jam dictum est in D, ut et D pro Th. passim apud Germanos. Septentrionalibus populis familiares sunt mutationes literarum T, Z, et C, ut annotat Schilterus in Glossario Teutonico. Notissima quo-

TAB

que est *T* et *C* mutatio, etiam apud Latinos.

¶ **TAAGIUM**, male pro *Kaagium* seu *Caagium*, Tributum pro fluviorum portubus quos nostri *Quais* vocant, exsolvendum. Literæ Philippi Pulchri Fr. Regis ann. 1809. tom. 2. Ordinat. pag. 159 : *Essarum* (malim *Escarum*) *nostrum dictæ villæ parabitur et ponetur in tali statu, quod dicti mercatores absque solutione Taagii poterunt suas deneriatas et mercaturas bono modo onerare et exonerare de die et de nocte.* Vide *Caiagium* in *Caya*, et *Kaagium* suo loco.

* *Caagii* legitur in Reg. 72. Chartoph. reg. ch. 176. unde exscriptæ sunt eæ Literæ.

¶ 1. **TABÆ**, Mutiæ, in Glossis Isid. Legendum est : *Tabani, muscæ.* Papias : *Tabanus, animal modicum armentis aculeo permolestum ; idem œstrus, asylum vulgo dicitur.* Melius in MS. : *Asilus, quem Græci œstrum, Rustici Tabanum dicunt.* Plinius lib. 11. cap. 18. *Quibusdam aculeus in ore, ut Asilo, sive Tabano dici placet.* Adde Virgilium Georg. lib. 3. v. 147. Italis *Tafano* et *Tavano*, Gall. *Taon.* Gloss. Lat. Gall. Sangerman. : *Tabanus, Taon, une mousche.*

¶ 2. **TABÆ**, Pelle. Libycæ, quibus *thoracomachos* tegebant, ne lana pluvias

TAB

paulatim combiberet, ut scribit Laurentius lib. 4. Polymathiæ § 11. n. 5.

¶ **TABALDUS.** Vide mox in *Tabardum*.

¶ **TABANUM**, Βριζα, in Glossis Lat. Gr. Aliæ Gr. Lat. : Βρίζα, *Tebanum.*

¶ **TABANUS**, Gallice *Taon.* Vide *Tabæ* 1.

¶ **TABARDATA** Tunica. Vide *Tabardum.*

¶ **TABARDILII**, Pustulæ pestilentes apud Hispanos. Acta S. Ferdinandi Regis Castellæ, tom. 7. Maii pag. 375 : *Conflictatus cum pestilenti ac maculosa febri, quam Pateccias Itali, Tabardilios autem vocant Hispani.*

* *Tabardillo*, Acad. Hisp. in Diction. Morbus vel febris tabifica, a Latino *Tabes.*

TABARDUM, Tabardus, Tunica, seu Sagum militare, Anglis *Tabard.* Boxhornius in Lexico Cambro-Britannico : *Tabar, tunica longa, chlamys, toga.* Hispani *Tavardo* dicunt, Itali *Tabarro.* Candidus Monachus in Vita Eigili Abb. Fuldens. apud Browerum : *Marquardus Abbas per Decanum cæterosque Prælatos sæpe monitus, ut in ipsorum maxime præsentia, non nisi in cuculla, vel cappa appareret, respondebat,...... suum esse Tabarda, seu toga, et, qua libeat, veste uti.* Concilium Budense ann. 1279. cap. 2 : *Permittimus autem (Prælatis) quod pos-*

sint habere mantellos rotundos, sive Tabarda, longitudinis moderatæ. Charta Fundationis Hospitalis London. de Elsingspittel ann. 1331 : *Quilibet de* 4. *Presbyteris dicti Hospitalis habeat unam robam integram, videlicet tunicam, supertunicam, longum Tabardum, et capucium.* Statuta Hospitalis S. Juliani, in Additament. ad Matth. Paris pag. 164 : *Fratres Sacerdotes dicti Hospitalis tunica, supertunica, Tabardo et capucio nigri coloris... utantur.* Occurrit præterea in Statutis Synodalibus Siffredi Archiep. Coloniensis ann. 1280. cap. 3. Joannis Episcopi Leodiensis et Nicolai Episcopi Andegav. ann. 1264. et 1269. in Concilio Ravennensi ann. 1314. cap. 10. in alio Ravennensi ann. 1317. cap. 4. Toletano ann. 1324. cap. 2. [Adde Statuta Massil. lib. 2. cap. 30. § 2. Anecdota Marten. tom. 4. col. 250. 485. 727. 794. 855. Statuta Eccl. Suession. ann. 1404. apud eumd. Marten. tom. 8. Ampl. Collect. col. 1546. etc.]

° *Pallium, penula,* nostris *Tabart* et *Tabarde;* diversæ pro variis locis formæ. Acad. Hisp. in Diction. : *Tabardo, casacon ancho y largo, con las mangas bobas.* Acad. Crusc. : *Tabarro, mantello.* Nostris interdum brevioris pallii genus, quod ad renes tantum descendebat. Glossar. Lat. Gall. ann. 1348. ex Cod. reg. 4120 : *Renones a renibus dicuntur,* Gallice *Tabart, quia usque ad renes contingunt.* Unde *Midlag,* quod medio cruri tenus, Anglis dicitur. Lit. remiss. ann. 1382. in Reg. 121. Chartoph. reg. ch. 238: *Lequel s'efforça de ferir de son coustel ledit Aymeri parmi le corps, et de fait l'en feri parmi une Tabarde qu'il avoit vestue.* Aliæ ann. 1389. in Reg. 136. ch. 139 : *Icellui Chabace osta et devesti son Tabart ou mantel ;...... et après ce qu'il ot laissié sondit Tabart ou mantel sur une fenestre, etc.* Tribart, in Lit. remiss. ann. 1445. ex Reg. 176. ch. 54 : *Icellui Nicaise tira son coustel hors de sa gaigne, qu'il avoit mis dessus son Tribart, etc.* Hinc *Tabberdarii* vocantur Aggregati collegio Reginæ Oxonii, quod *Tabardum* pro veste habeant, in Glossar. ad calcem Operum Chaucerii ad v. *Jacket.* Ejusdem originis, sed alterius notionis, videtur vox *Tabardiaus,* in Mirac. MSS. B. M. V. lib. 1 :

Ces puilentes qui si sa fardent,
Et qui affublent les hardiaus,
Font les plus sages, Tabardiaus.

Id est, ex sapientibus imprudentes.

¶ TABARRUS, Eadem notione. Statuta Placentiæ fol. 81 : *Item de aliquo mantello sive Tabarro sive gamerro drapi integri, etc.* Ibidem : *Et si de cendali fuerit inforatus ipse mantellus sive Tabarrus, etc.*] Boccacius : *Andatasene al soppidiano, ne trasse il Tabarro, e diello al cherico.*

¶ TABARTUM. Statuta Eccl. Reatinæ apud Marten. tom. 4. Ampl. Collect. col. 1497: *Indulgemus tamen quod tempore pluviæ incedentes* (Clerici) *possint uti Tabartis decentis coloris et formæ.* Henr. de Knyghton ann. 1295: *Dederantque signum inter se ut sic suos mutuo cognoscerent in congressu cum Anglicis, ut Scotus diceret Anglice* Tabart, *alter responderet* Surcote, *et e converso.* Balduinus de Condato MS. :

Et bois Tabart, si que ne mente,
Bons dras, linges et chaucemente.

Vetus Poëma de Vulpe Rege coronato MS. :

Ne escrins estoit mie buche,
Ne Tabars, houche d'autre part.

Ita ταμπάριον hac notione usurparunt Nicetas in Cod. Barbaro-Græco, in Manuele lib. 4. num. 2. ubi Codex alius χλαμύδα præfert, et Codinus de Offic. cap. 3. n. 4.

TABALDUS. Statuta Collegii Navarræi Paris. apud Launoium in Historia ejusdem Collegii : *Omnes habeant habitus, videlicet Tabaldos, seu houssias longas de bruneta nigra.* Occurrit ibi semel ac iterum.

¶ TAPARDUM. *Tapardo vel toga, vel qua libeat veste uti,* in Actis S. Bonifacii Arch. tom. 1. Jun. pag. 459. V. sup. in *Tabardum.*

¶ TAUBARDUM. Inquisitio MS. pro Canonisatione S. Yvonis : *Palafredus erat in una navi, coopertus ante vultum de uno Taubard, propter aquæ periculum.*

° TABARUM, Eadem notione. Vita B. Goberti tom. 4. Aug. pag. 383. col. 1 : *Assumens ergo sibi ornamenta aurigæ, nobilitati militiæ dissona, videlicet Tabarum dilaniatum, etc.*

° TABBARDUM, Eodem intellectu. Constit. Carmelit. MSS. part 1. rubr. 14 : *Habeant* (semifratres) *habitum distinctum ab aliis fratribus, tunicas scilicet griseas usque ad mediam tybiam, et Tabbardum griseum sive album, et capucia nigra, vel ejusdem panni separata.*

¶ TABARDATA TUNICA. Statuta Guidonis Abb. Crassensis ann. 1377. apud Stephanotium tom. 10. Fragm. MSS. pag. 205 : *Item statuimus et ordinamus, quod monachi nostri de cætero cucullas fieri faciant regulares et honestas, quibus utantur, prout decet, non manticatas seu etiam Tabardatas,* hoc est, instar *Tabardorum* laicorum concinnatas. Alium locum vide in *Rodundellus.*

¶ TABAYLO, Mappa longior, eadem quæ *Longeria.* Inventarium Eccl. Ausciensis ann. 1360 : *Una cabona, una mappa, uno Tabaylhone sive longeria.*

° Idem quod *Tobalia.* Vide in *Toacula.*

° TABBARDUM, TABBERDUM. Vide supra in *Tabardum.*

¶ TABELERIUS , Tympanista. Leges Palatinæ Jacobi II. Regis Majoric. in Actis SS. Junii tom. 3. pag. XXVII : *Ordinamus quod in nostra curia mimi debeant esse quinque, quorum duo sint tubicinatores et tertius sit Tabelerius ; ad quorum spectet officium, quod semper nobis publice concedentibus, in principio tubicinent et Tabelerius suum officium simul cum eis exerceat. Melius Tabularius,* vel potius *Tabuarius* diceretur a *Tabur.* quod vide.

¶ TABELETUM, Pugillares, Gall. *Tablettes.* Obituarium MS. Ecclesiæ Morin. fol. 36 : *Decantabitur... collecta, quæ habetur in Tabeleto, in quo sunt conscriptæ collectæ.*

¶ TABELLA PASCHALIS, Notæ chronologicæ cereo Paschali affixæ. Vide *Cereus Paschalis.*

TABELLA PYTAGORICA. Vide *Sortes Sanctorum* in *Sors* 2.

TABELLARIUM, Sedes, vel acervus tabularum, vel locus, ubi tabulæ servantur. Ugutio [et Joan. de Janua. Pro Pluteo seu loculamento librorum, nostris vulgo *Tablettes* accipitur in Tabulario S. Victoris Massil. : *Tenentur reparari et sustineri quatuor Tabellaria in Capitulo dicti monasterii ad tenendum libros necessaria, et tabulæ et graffia ad scribendum necessaria.*]

¶ TABELLARIUS, Latinis Nuncius, ut notum est; *Publicus scriba,* Johanni de Janua ;

qui rationes conficit, data et accepta referens in tabulas, Sidonio lib. 4. Epist. 11 : *Habens eum consiliarium in judiciis, vicarium in Ecclesiis, Tabellarium in tributis, etc.* Quidam præferunt *Tabularium.* Vide *Tabula* 9.

TABELLIO, Qui contractuum et testamentorum instrumenta conscribebat, in lege 1. Cod. Th. de Crimine falsi (9, 19.), et alibi passim in utroque Cod. [*Tabellio, qui talia instrumenta conscripserit,* in Additione 3. ad Capitularia cap. 56. Ἀγόρατος, μονικὸς, in Gl. Lat. Gr. et Gr. Lat.] Tabellionum etiam meminit Firmicus Mathes. lib. 6 cap. 2. lib. 8. cap. 28. [Matth. Paris in Henrico III : *Quoniam Tabellionum usus in regno Angliæ non habetur, propter quod magis ad sigilla authentica credi est necesse ; ut eorum copia facilius habeatur, statutum est, ut sigillum habeant non solum Archiepiscopi et Episcopi, sed etiam Officiales, item Abbates , Priores , etc.* Frequens mentio est *Tabellionum* in Edictis Regum nostrorum , in Consuetudinibus municipalibus laudatis in Glossario Juris Gallici v. *Tabellions* et alibi. *Tabellio* vocatur, *eo quod sit portator tabellarum,* inquit Isidorus lib. 9. Orig. cap. 4. ubi *Tabellionem* minus bene confundit cum *Tabellario.*] [☞ Vide Glossar. med. Græcit voce Ταβελλίων, col. 1517. et Savin. Histor. Jur. Roman. med. temp. tom. 1. cap. 2 § 16. et cap. 6 § 140] *Tabellio* minor est *Tabulario,* in Novel. 44. Consule ibi notas Gothofredi. Distinguitur sæpius a notario, qui pro scriba, vulgo *Greffier,* haud infrequenter usurpatur, ut observat Hevinus in Aresta parlam. Brit. Fayni tom. 2. pag. 50. inter Addit.

¶ TABELLIONALE SIGNUM, Subscriptio Tabellionis, quæ juridice fidem faciat. *Copiæ signis Tabellionalibus munitæ,* in Processu de B. Petro de Luxemburgo tom. 1. Julii pag. 606.

¶ TABELLIONARE, Tabulas rite et juxta formam præscriptam describere, *Tabellioner,* in Consuet. Senon. art. 248. Statuta Monasterii S. Claudii ann. 1148. pag. 87: *Litteræ per Notarios publicos collationentur, et post collationem Tabellionentur. Tabellionata cedula,* in Scripto ann. 1395. apud Acherium tom. 6. Spicil. pag. 181.

¶ TABELLIONATUS, Officium Tabellionis, in Edicto Philippi Pulchri Regis Franc. ann. 1304. tom. 1. Ordinat. Reg. pag. 418. et 419. in Edicto Caroli Regentis ann. 1357. tom. 3. pag. 180. in Synodo Pergami ann. 1311. apud Murator. tom. 9. col. 547. in Schedula ann. 1387. apud Ludewig. tom. 4. Reliq. MSS. pag. 828. etc. *Tabellionage* in Edicto Gallico ejusd. Caroli Regentis ann. 1356. ibid. pag. 129. et 130. Edicto Joannis Franc. Reg. ann. 1360. ibid. pag. 482. etc. Alias *Tabellionatus* dicitur Jus *Tabellionem* instituendi, ut in Consuet. Castrinovi art. 11. Blesensi art. 17. et 20.

¶ TABELLULA, Tabula, axis. Elmamus in Vita Henrici V. Regis Angl. cap. 100. pag. 181 : *Aderat moæ dictus Capitaneus, aperiaque porticu, et Tabellula ultra fossata protensa, jussit ultra porticum super Tabellulam ipsam cum præfato milite habere colloquium ; tres vero viri, quos secum miles adduxerat, finem Tabellulæ, ne de facili levaretur, conservabant.*

¶ TABELLUM, vel TABELLUS, Idem quod infra *Tabula* 5. Ferricus de Cluniaco Tornac. Episc. in Confirmatione Capituli Canonicorum Middelburg. ann. 1480. apud Miræum tom. 2. pag. 1343. n.

17 : *Item provideant dicti Cantor et Canonici de Tabello in choro, quo singuli Canonici, Capellani et Habituati ecclesiæ sciant suum turnum in ministerio divino, tam pro Missis, Horis, Lectionibus, Gradualibus et Responsoriis legendis et cantandis, ne multiplex indistinctio confusionem faciat.*
¶ **TABELLUS,** TABLELLUS, Tabula minor. Inventar. S. Capellæ Paris. ann. 1363. ex Bibl. Reg. : *Item duo Tabelli conjuncti ad invicem ornati gemmis.* Aliud incerti anni : *Item quidam Tablelli in quibus sunt plures reliquiæ ornati gemmis :... et sunt dicti Tablelli a longis temporibus dissipati.* Vide *Tabula* 14. et *Tabuletus.*
TABENTUM, Lapis cabernatus, (sic) in Glossario Longobardico S. Germani Paris ex Glossis. An ex caverna erutus ? ◦ *Tabernatus,* haud scio an melius, in vet. Glossar. ex Cod. reg. 7613.
◦ **TABERENA** TRICHARIA, pro *Taberna,* Locus, ubi alea luditur. Stat. Avenion. ann. 1243. cap. 64. ex Cod. reg. 4659 : *Addentes huic statuto, quod nec pater vel mater pro ludo filii vel Taberena tricharia, nec ipse filius, nec res ipsorum passive obligari.* Vide in *Tricare.*
1. **TABERNA,** Jus, seu facultas habendi tabernam in villa. Orig Murensis Monast. pag 41 : *Duæ Tabernæ debent hic esse, una vini, altera cerevisiæ* [Privilegia civitatis Friburg. ann. 1337. apud Ludewig. tom. 6. pag. 42. *Quod in eisdem villa et etiam aliis a dicta civitate infra milliare circumferentialiter situatis non debet haberi Taberna aliqua, nec aliquis operarius nocivus civitati, sicut pistoras, etc.*]
TABERNA BANNALIS, Ad quam venire tenentur, qui intra bannum, sub feudum domini manent, si quidem iis ad eam divertere sit animus. Charta Adalberonis Episcopi Metensis apud Meurissium pag. 309. *Nec non ad victualia quotidiana fratribus comparanda, eis per totum annum bannalem Tabernam in ipsa villa, officialium nostrorum omni prorsus remota molestia.* Charta Stephani Episcopi ejusdem Ecclesiæ ibid. pag. 416 : *Relatum est, quod bannum totius villæ, et Tabernæ, et forum, et furni, specialiter et indominicate ad Ecclesiam vestram pertinerent. Pro ejusmodi vero tabernis pensitabatur nescio quid a tenentibus.* Tabularium Prioratus de Domina in Delphinatu ch. 210 : *Mansus de la Capella... per messiones mediatelam taschæ ad 1. annum, 1. sextarium de frumento ad alterum,2 de Taverna, 12. sextarios de frumento, etc.* : *De Cabanaria de Pesteriis 6. den. de multone, 8. den. de agno, pro Taverna 6. sextarios de frumento, etc.* [Chartularium SS. Trinitatis Cadom. fol. 59 : *Si domina fecerit Tavernam, virgata debet emere nummatam cerevisiæ* et] Vide Chartam Stephani Episcopi Metensis laudatam, et Foros Bigorrenses art. 13. 21. 29.
¶ TABERNA, Cella vinaria. Consuetudo Lemovic. art. 37 : *Item nemo facere debet foveam seu Tabernam, nisi in Terram suam, et ambias ante terram usque ad medium cariere.* Ubi versio Gallica: *Aucun ne peut creuser Cave que en son fond en terre, etc.*
◦ TABERNA ORBA, vulgo *Cabaret borgne.* Vide supra *Orbus.*
TABERNA VENALIS, Ubi vinum distrahitur. Charta ann. 1054. ex Chartul. S. Benigni Divion. : *Robertus inferioris Burgundiæ dux concedo unam venalem Tabernam, secundum antiquam consuetudinem, a patre meo rege Roberto et ab antecessoribus ejus Francorum regibus concessam. Taberna ad vinum vendendum* dicitur in Ch. ann. 1123. ibid.
¶ 2. **TABERNA,** Arca seu capsa e tabulis lignea compacta. Vide *Zaberna.*
◦ 3. **TABERNA,** Domus, habitatio. Annal. Placent. ad ann. 1414. apud Muratur. tom. 20 Script. Ital. col. 886 : *Societas Antonii Sicci. .. debellavit et deprædatus fuit Tabernam seu hospitium Domus de Rocho.*
¶ **TABERNACLARIUS,** Qui tabernacula conficit. : *Quo est colleg. Tabernaclariorum,* in Veteri Inscript. apud Gruterum pag. 642. n. 8. et Fabrettum pag. 43.
¶ **TABERNACULARE,** Habitare. Concilium Armenorum ann. 1342. art. 2. apud Marten. tom. 7. Ampl. Collect. col. 816 : *Verbum caro factum est et Tabernaculavit in nobis.*
TABERNACULARII, Qui Tabernacula curant in castris, Gallis *Fourriers.* Petrus Blesensis Epist. 14 : *Curritur ad meretrices et Tabernaculurios curiales, ut inquiratur ab eis, quo Princeps profecturus sit*
1. **TABERNACULUM,** pro *Taberna,* usurpat Lex 10. Cod. Theod. de Episcop. (16, 2.) : *Quæstus, quos ex Taberuaculis et ergasteriis colligunt.*
2. **TABERNACULUM,** Ciborium, seu pars altaris, ubi reponitur Pyxis in qua sacra Eucharistia asservatur. (Gall. *Tabernacle.*] Statuta Synodalia Odonis Episcopi Parisiensis, de Presbyteris. *Ita sunt negligentes, quod nondum habent pyxidem eburneam, nec tabernaculum, ubi reservetur cum honore Corpus Domini.* Charta Joannis Archiepiscopi Capuani ann. 1301 · *Item vas unum, quod dicitur Tabernaculum de argento, cum cascia sua.* [Inventar. S. Capellæ Paris. ann. 1376. ex Bibl. Reg. : *Quædam cupa auri, ubi reconditum est sanctum sacramentum, una cum Tabernaculo argenti deaurato suspensum tribus cathenis argenteis. Aliud vernaculum · La coupe d'or et le Tabernacle d'argent doré* è III *chaesnes d'argent.*] Vide Provinciale Eccl. Cantuar. lib. 3. tit. 26. Durandum lib. 1. Ration. cap. 2 et 3 etc.
¶ 3. **TABERNACULUM,** Feretrum, capulus, *Cercueil.* Computus ann. 1333 et seqq tom. 2. Hist. Dalphin. pag. 281 : *Item, octo magistris, qui fecerunt Tabernaculum quondam dominæ Andreæ,* XVII. sol. Vienn. *Item magistris, qui fecerunt sepulcrum ipsius,* X. sol.
◦ 4. **TABERNACULUM,** Theca reponendis sacris Reliquiis aptata. Inventar. ann. 1497. tom. 2. Hist. Cassin. pag. 598 col. 1 : *Item Tabernaculum argenteum, ubi est digitus* S. *Benedicti. Item Tabernaculum argenteum, etc.* Vide *Taberna* 2.
◦ 5. **TABERNACULUM,** Sedes abbatis in choro. Charta ann. 1349. tom. 2. Hist. Cassin. pag. 545. col. 2 : *Promiserunt..... facere inde Tabernaculum pro sedia domini abbatis pulcerrimum, ut convenit.* Vide *Thronus.*
◦ 6. **TABERNACULUM,** Vectigal, quod pro vino in urbem inducendo penditur ; f. pro *Tabernaticum.* Consuet. Perpin. MSS. cap. 85 · *Item nullus de Perpiniano, qui aportet vinum vel faciat aportari, det Tabernaculum, nisi fuerit tabernarius, qui vendat illud.* Vide mox *Tabernagium* 2.
1. **TABERNAGIUM,** Mulcta, qua tenentur tabernarii et caupones, qui Statuta Principis de Tabernis transgrediuntur : maxime in pretio potus, quod a Principe imponi quotannis solet, ne et iu graventur, et emtores carius, quam par est, vinum emant. Vetus Consuetudo municipalis Normanniæ MS. 1. parte : *L'amende de cette manière de action est appellé Tavernage, et est pour refrener et pour oster la convoitise des Taverniers. L'amende del Tavernage fut establie par l'outrage de leur vente, afin que le commun peuple ne fust grevé.* Paulo aliter in edita cap. 16. Editio vero Latina : *Hujusmodi satisfactionis emenda Tabernagium nuncupatur, quæ ad refrænationem cupiditatis tabernariorum, ne excessu venditionis eorum populus gravaretur, fuit a principibus instituta.* Charta Fulconis Comitis Andegavensis ann. 1010. pro fundatione Abbatiæ Bellilocensis juxta Lochas : *Consuetudinarios autem suos, ubicumque vina sua posuerint, sequentur, et Tabernagium habebunt, et non solum infra alodium, sed etiam extra per circuitum, et vendas de omnibus, quæ ad mercatum pertinent.* Tabularium Fiscanense ann. 1260. fol. 51 : *Et quod homines mei de feodo loricæ meæ debent reddere Abbati Tabernagium, etc.* Hujus etiam mentio habetur in Charta Gerardi Comitis Ruscinonensis ann. 1162. et apud Brittonum pag. 36. vº. [Extenta jurium Comitis Sabaudiæ ann. 1809. tom. 1. Hist. Dalphin. pag. 86. col. 2 : *Item habet ibidem Dominus Tabernagium et gridagium, quæ valent ad firmam per annum, ut nunc, quatuor libras ; et dominus debet tradere et administrare exemplar mensurarum et etiam mensuras. Ubi Tabernagium non est mulcta pro fraude, sed tributum pro facultate vini distrahendi domino solutum.* Vide ibid. pag. 77. Vide *Tabernaticum.*]
¶ 2. **TABERNAGIUM.** Tributum, quod pro facultate vini distrahendi a quocumque, etiam non tabernario, domino solvitur. Charta Hugon. episc. Autiss. ann. 1202. inter Instr. tom. 12. Gall. Christ. col. 146 : *A quibusdam etiam burgensibus, a nobis vel prædecessoribus nostris non emancipatis, habebamus jus exigendi singulos sextarios pro singulis modiis vini ab eis venditis, quæ consuetudo Tabernagium vocabatur.* Charta ann. 1330. in Reg. 3. Armor. gener. part. 2. pag. vj *Item cum prædicti Rostangnus et Poncius tenerentur solvere Tabernagium dicto nobili domino Giraudo de vino, quod vendebant in temporibus banni.* Alia ann. 1332. inter Probat. tom. 1. Hist. Burg. pag. 531: *Prior* S. *Johannis de Sinemuris in Auxeto dicatur habere certum Tabernagium in villa et castro de Sinemuris, super vino per burgenses dicti loci venditioni exposito.* Vide infra *Tabernana* 2.
¶ **TABERNALIS,** Pertinens ad tabernam. *Tabernales potationes ,* in Diario Belli Hussitici, apud Ludewig. tom. 6. Reliq. MSS. pag. 183.
◦ **TABERNARE,** Tabernam tenere, vinum singulatim distrahere, nostris *Ataverner.* Charta arrendat. gabellæ vini Avenion. ann. 1367. ex Cod. reg. 5956. A. fol. 70. rº : *Debeat solvere præfatus conductoribus seu firmariis,.. octavam pretii totius vini. quod tempore presentis arrendationis Tabernaverit seu ad minutum vel ad tabernam vendiderit, seu vendi et Tabernari cujus fecerit.* Charta Petri cardin. ann. 1402. pro fundat. coleg. S. Cathar. Tolos. ex Cod. reg. 4223. fol. 158. vº : *Statuimus quod.... aliqualiter alicui singulari non permittatur introducere in dicto collegio vinum vel mercaturam publicam seu vendendo inibi, ne scolaribus detur occasio mercandi seu Tabernandi et se distrahendi ab exercitio studiali.* Consuet. Castel. ad Sequanam ex Cod. reg. 9898. 2 : *Se aucun de la ville de*

Chastillon veult vendre vin à ban,..... il peut Ataverner son vin sans amendes. Taverner vero est Tabernas frequentare, in Lit. remiss. ann. 1407. ex Reg. 161. Chartoph. reg. ch. 260 : *Jehan le Picart, qui ne servoit* (leg. scavoit) *d'autre bien que de tavarder. Taverner et bordeler, etc.*
  1. TABERNARIA, Præpositura, seu balia in Monasteriis, monacho addicta, cui incumbit *tabernarum* Monasterii cura, seu *tabernagia* exigendi, apud Innocentium III. PP. lib. 13. Epist. 55. [In Glossario Lat. Gall. Sangerm. MS. *Tabernaria, Tavernerie* redditur.]
  ○ **2. TABERNARIA,** Tributum, quod a tabernariis pro facultate vini distrahendi domino pensitatur, nostris etiam *Tavernerie.* Chartul. Latiniac. fol. 187 : *Abbas Joscelinus infirmis dedit.... viginti solidos de Tabernaria Chissiaci.* Charta ann. 1471. ex eod. Chartul. fol. 97 : *Les religieux ont certain droit seigneurial en ladite ville de Laigny, appellé droit d'afforaige ou Tavernerie avoient droit d'afforaige ou Tavernerie à cause dudit droit d'afforaige ou Tavernerie avoient iceulx demandeurs droit de prendre et percevoir par chacun an sur les taverniers vendans vin a destail, taverne ou feuilliée en icelle ville de Laigny cinq solz Tournois.* Vide supra *Tabernagium* 2.
  ¶ **TABERNATOR,** Tabernarius, caupo, in Miraculis B. Stanislai Canon. Regul. tom. 1. Maii pag. 782. *Thabernator,* in Charta ann. 1318. apud Ludewig. tom. 6. Reliq. MS. pag. 481.
  ○ *Tavernier,* eadem acceptione, in Stabil. S. Ludov. tom. 1. Ordinat. reg. Franc. pag. 224.
  ¶ **TABERNIA,** pro *Taberna,* in Testamento Bertichramni Episc. Cenoman. apud Mabillon. tom. 3. Analect. pag. 122.
  ¶ **TABERNIATICUM,** Idem videtur quod Καπηλιατικόν, in Diplomate Andronici Jun. apud Phranzem lib. 3. cap. 24. [et *Tabernagium* supra dicitur. Vide in hac voce et Gloss. med. Græcit. in Καπηλιατικόν.]
  TABERNIO, Qui frequentat tabernas, vel qui ibi vendit necessaria. Ugutio. Occurrit in Gloss. Isid. et apud Papiam, [necnon Joh. de Janua ; *Tavernier,* in Glossis Lat. Gall. Sangerm. MSS.]
  ¶ **TABESCERE,** Notione activa, Tabificare, seducere, corrumpere. Obitus Angelucisi Fontebrald. apud Marten. tom. 3. Anecdot. col. 1705: *Jacente illa in lectulo suo, hora sexta apparuit ei in avis specie hostis, qui cum ea diu pugnaverat, tentans si forte in aliquo eam posset Tabescere.*
  TABETUM. Vetus Glossarium Saxonicum Cottonianum : Æcin, *Tabetum* : Ubi Somnerus, *forte Tabes.*
  ¶ **TABIDITAS,** Porritura, Glossis Lat. Gall. Sangerm. MSS. *Tabes.*
  ¶ **TABITUDO,** et Tabitas, Eadem notione, apud Joannem de Janua. Occurrit *Tabitudo* apud Bedam.
  ¶ **TABLARIUS** Cultellus, sive *mensalis,* Gall. *Couteau de table,* in Charta ann. 1256. e Tabulario nostro Sangermanensi.
  ¶ **TABLEMENTUM,** f. Apparatus *tabulæ altaris,* Gallis *Devant d'autel.* Testamentum ann. 1415. apud Rymer. tom. 9. pag. 273. col. 1 : *Item lego dicto altari S. Stephani duo Tablementa et unum frontellum de rubea veste de Cipro, cum duabus cortinis de rubeo Tateryn, cum una casula, etc.* Pluries occurrit ibidem. Vide *Tabula* 1.
  ¶ **TABLENA,** Mappula, mantile, Gall. *Touaille.* Charta ann. 1296. e Tabulario S. Germani Autissiod. : *Item assignat idem Guido Abbas pro Tablenis, tersoriis et vitris in refectorio, etc.* Vide *Toacula* et *Tablerium.*
  ○ **TABLERIUM,** Mappula, mantile. Lit. remiss. ann. 1357. in Reg. 85. Chartoph. reg. ch. 86 : *In ea archa cepit dictus Sarracenus duo Tableria, duas mappas et quatuor linteamina.* Unde *Tableriis* legendum opinor in *Tablena.*
  ¶ **TABLETTUS,** Tabletum, Parva tabula, in qua quid scribitur aut pingitur. Inventarium Eccl. Noviom. ann. 1419 : *Item duo Tabletti, in quibus scriptum est et notatum* Ave verum. *Item quoddam parvum Tabletum in quo depictus est Crucifixus.*
  ○ *Tablet,* eadem notione, in Lit. remiss. ann. 1363. ex Reg. 101. Chartoph. reg. ch. 12 : *Laquelle ordonnance ne fu onques criée ne publiée ; mais seulement est escripte en un Tablet pour icelle veoir à ceulx qui afaire en ont.* Tabliau, in Chron. S. Dion. tom. 3. Collect. Histor. Franc. pag. 246. *Tablet, pro* Parva mensa, in Lit. remiss. ann. 1406. ex Reg. 160. ch. 325 : *Le suppliant appuyé contre le mur près de la cheminée regarda une tasse d'argent,... qui estoit sur un Tablet joignant de lui, etc.* Arculam significare videtur, in Invent. MS. eccl. Cameric. ann. 1371 : *Item autres fringes blanques de fil d'espinart en un Tablet.*
  ○ **TABLETUM,** Theca reponendis sacris Reliquiis apta, nostris quoque *Tablet.* Charta ann. 1328 : *Item unum vas et unum Tabletum de argento pro Reliquiis.* Lit. remiss. ann. 1416. in Reg. 169. Chartoph. reg. ch. 324 : *Le suppliant... prinst et osta d'un Tablet, qui estoit sur l'ostel (l. autel) où l'on chantoit la messe, un anelet d'argent.* Vide supra *Tabernaculum* 4.
  ¶ **TABLISTA,** Tablizare. Vide *Tabula* 9.
  ¶ **TABOLATIUS,** Majus scutum e ligno, Ital. *Tavolaccio.* Statuta civitatis Astæ de intratis portarum : *Targie, brazerie, Tabolatii et borcolerii solvant pro qualibet dozana...... ad estimationem officialium.*
  ¶ **TABOLERIUM,** Scruporum alveolus, Gallice *Tablier, Damier,* Ital. *Tavoliere.* Annales Mediol. ann. 1389. apud Muratori. tom. 16. col. 809 : *Tabolerium unum laboratum ad gnara et de jaspide cum schacchis et merellis.*
  ¶ **TABOLLARE,** Strepitum facere, nostris alias *Tabouler, Tabourder* et *Tabourer.* Reg. MSS. capitul. eccl. Bitur. ab ann. 1324. ad ann. 1529 : *Dominus Rever Audras vicarius ecclesiæ, propter scandalum per eum commissum de æterna Tabollando in choro, directe veniendo contra statuta ecclesiæ publicata, incarcerabitur in pillari, et in eo stabit duas noctes et unum diem.* Lit. remiss. ann. 1451. in Reg. 685. Chartoph. reg. ch. 196 : *Et aloient les dessus diz faisanz ladite commotion et insult parmi la ville en hurtant et Taboulant aux huis et portes des hostelz de ladite ville de Mirande.* Rursum occurrit in aliis ann. 1472. ex Reg. 195. ch. 678. Aliæ ann. 1465. in Reg. 194. ch. 184 : *Auquel huys il s'efforçoit d'entrer en Tabourdant audit huys.* Aliæ ann. 1410. in Reg. 165. ch. 31 : *Icellui Hennequin recommença à Tabourer et à ferir contre l'huis d'icellui hostel.* Vide infra *Tabussare.*
  TABORELLUS, [Tympanulum, Gall. *Tabourin,* cujus alias frequens usus erat in saltationibus rusticanis.] Vide *Baudosa.*
  ○ Ital. *Tamburello,* Hisp. *Tamborilillo.* Eo etiam utebantur in processionibus ecclesiasticis. Comput. ann. 1391. inter Probat. tom. 3. Hist. Nem. pag. 124. col. 1 : *Quæ quidem processio facta in dicta villa cum omnibus minimis, tam cordarum grossorum instrumentorum, tromparum et Taborellorum.*
  ○ Ejusdem appellationis *Taborin* extitit monetæ minutioris species, cujus mentio fit in Lit. remiss. ann. 1483. ex Reg. 207. Chartoph. reg. ch. 299 : *Le suppliant, Jehan Chaluet et Simonet prindrent une bille pour jouer aux quilles, et ilz jouerent chacun ung Tabourin ; et après qu'ilz eurent joué, demanda ledit Jehan Chaluet au suppliant ledit Thabourin* (sic) *ou ung hardi ; lequel Thabourin on appelle communément* (en Querci) *deux deniers.*
  ○ A *Taborelli* forma, *Tabouret* nuncupatum videtur quoddam muliebre ornamentum. Lit. remiss. ann. 1442. in Reg. 176. ch. 239 : *La suppliante avoit prins en ung coffre trois bourses et ung bouton ou Tabouret à usage de femme, estoffez de sonnettes et de boullons d'argent.*
  ¶ **TABORINUS,** Tympanista, tympanotriba, nostris *Tabourin* et *Tabourineur.* Sententia arbitralis inter Dominos et incolas Galliani ann. 1497 : *Dicti domini in festis Maii proxime futuri solvere habeant carnes unius vaccæ et carnes præterea debitas in uno prandio, et dicti homines panem et vinum, Taborinos et mulieres ad festeiandum et coriandum.* Vide *Tabur.*
  ○ *Taboureur,* in Lit. remiss. ann. 1401. ex Reg. 159. Chartoph. reg. ch. 202 : *Un compaignon joueur de tabour et de fleutes,..... lequel Taboureur, etc.*
  ¶ **TABORNUM,** Tympanum, Gallice *Tambour* Processus de Vita S. Yvonis tom. 4. Maii pag. 553 : *Quod si essent hic quatuor garciæ cum Taborno diaboli, etc.* Vide *Tabur.*
  1. TABULA. Tabula altaris, quæ Mensa sancta vulgo dicitur, de qua nos in Describt. S. Sophiæ n. 53. Concilium Moguntiacense ann. 888. cap. 9 : *In itinere vero positis, si Ecclesia defuerit, sub dino, seu in tentoriis, si Tabula altaris consecrata, cæteraque ministeria sacra ad id officium pertinentia adsunt.* Missarum solennia celebrari permittuntur. Formulæ Baluzianæ cap. 37. *Cum fuerit opportunum Ecclesiam dedicare, aut sacros ordines benedici, vel Tabulas consecrare, etc.* Gillebertus Luniciensis Episcopus de usu Ecclesiastico : *Dedicat etiam Pontifex atrium, templum ; altare, Tabulam altaris.* [Chartufarium S. Vandregesili tom. 2. pag. 2098 : *Ogerus Apuliensis..... hanc donationem posuit super altare S. Vandregisilli..... qui Ogerus, de hac donatione, quam dedit, habuit de pecunia Sancti XX. libras, et hæc pecunia de Tabula Sancti fuit sumpta.*]
  TABULA præterea dicta tabella, non quæ altari supponitur, sed ea, quæ solida, et figuris exornata ipsi altari prætenditur, cujusmodi in Ecclesiis Cathedralibus, atque adeo in Sangermanensis monasterii æde sacra etiamnum conspicitur. Laurentius Leodiensis in Episcopis Virdunensibus : *Tabulam argenteam ante majus altare decenter fieri fecit.* Catalogus Episcoporum Frisingensium in Metropoli Salisburgensi tom. 4. pag. 141 : *Tabulam ex auro purissimo, quæ in diebus festis ante altare ponitur, fabrili opere compegit.* Helgaudus in Roberto Rege : *Tabulam ad altare S. Petri..... auro bono totam cooperuit.* Vitæ Abbatum S. Albani : *Tabulam quoque ex auro et argento et gemmis electis artificiose constructam et longitudinem et latitudinem altaris S. Albani, etc.*

Alibi pag. 71 : *Facta est magna Tabula, cujus pars est de metallo, pars de ligno artificiosissime perfecta, quæ est ante majus altare in Ecclesia nostra... Tabula picta ante altare B. Virginis cum super-altari cælato, et cruce superposita, et pictura desuper, et a latere in maceria artificiose nimis.... est perfecta. Omnes quoque Tabulæ ante altaria nostræ Ecclesiæ, scilicet B. Joannis, B. Stephani, etc.* Necrologium Ecclesiæ Parisiensis exaratum ann. 1316 3. Id. Sept. : *Dedit insuper nobis* 20. *marchas auri ad faciendam Tabulam auream ante majus altare.* Petrus Diac. lib. 4. cap. 13 : *Item pro Tabula S. Martini libras* 24..... *obtulit.*

TABULA ITINERARIA , vulgo altare portatile, in Ordine Romano, in quo *Præfatio et Consecratio* ejusdem *Tabulæ* describuntur. De ea etiam Hincmarus Remens. in Capitulis anni 12. Episcopatus cap. 3.

2. **TABULA**, quam *Pacis* dicimus. Statuta ann. 1368. pro Ord. Cartusiensi part. 1. cap. 5. § 14 : *In Missis, quæ conventualiter celebrantur, cum dominicali Kyrie eleison, pacem sumimus cum Tabula, in qua depicta sit imago Crucifixi, etc.* Vide *Pax, Lapis pacis, Marmor* 2.

¶ TABULETA, Tabellula , eadem notione. Inventar. S. Capellæ Paris. ann. 1376. ex Biblioth. Reg. : *Item quædam pulcherrima Tabuleta auri pro pace danda, ornata lapidibus preciosis, in qua est unus lapis de Camaheu in forma Crucifixi.* Inventar. aliud Gallicum : *Item deux Tableaux d'ivoir à porter la pais.*

Inde accersenda est vox Gallica *Tableau*, effigies, imago. Lit. remiss. ann. 1384. in Reg. 125. ch. 162 : *Un tableau d'or, là où estoit pourtrait Nostre Seigneur Jhesus Crist.* Nostratibus *Tablette* et *Taulette*, por Mercium fascis, vulgo *Balle*. Lit. remiss. ann. 1461. in Reg. 192. Chartoph reg. ch. 32 : *Le suppliant se print à porter la balle ou Tablette de mercerie. Item ungz merchiers à Taulette doit j. ob.* in Pedag. Peronæ ex Chartul. 21. Corb. Unde *Tabletier* vocatur ejusmodi mercator, in Stat. ann. 1355. tom. 3. Ordinat. reg. Franc. pag. 13. art. 24. et *Porteur à Tablate*, in Lit. remiss. ann. 1359. ex Reg. 90. ch. 219

3. **TABULA**, Orbiculus, clavus, in vestibus. Anastasius Biblioth. in Leone III . *Et præclarus Pontifex fecit in circuitu altaris B. Petri Apostoli, nutritoris sui tetravola rubea holoserica alethina, habentia Tabulas seu orbiculos de chrysoclavo, depictos historiis, cum stelis de Chrysoclavo.* Ita passim aliis locis. Τα 6λία dicuntur in Chronico Alexandrino pag. 274 in Numa. [Vide Glossar. med. Græcit. v. Ταβλια col. 1320.]

4. **TABULA** lignea, cujus percussione excitabantur Monachi, malleolo scilicet tabulam tundente : Σφυρίον συρηναστικὸν Palladio dicitur in Hist. Lausiaca cap. 104. vel ad sacram Synaxim evocabantur. Liber Revelationum, editus cum Joanne de S. Victore de utilitate tribulationis, cap. 2 : *Cum ex more illius temporis pro convocandis ad Matutinas fratribus Tabula percuteretur, etc.* Matthæus Paris ann. 1196 : *Cum ad Matutinas Tabula convocarentur.*

Tabula præterea in Monasteriis pulsari solet, cum Monachus est in extremis, quo Monachi ad Infirmitorium ad fundendas pro eo preces cogantur. Udalricus lib. 3. Consuet. Clun. cap. 29 : *Ab uno eorum percutitur Tabula contra ostium claustri crebra et quasi continua percussione. Quod cum signum sit.... obi-*turi, *illico ut auditum est, Fratres omnes accurrunt.* [Vita B. Stephani Abb. Obazin. apud Baluz. tom. 4. Miscell. pag. 177 : *Cumque jam morti evidentius propinquaret.... pulsata Tabula, omnes undique convenerunt. et Letanias cum magno fletu agere coram eo cœperunt.*] Tabula morientium dicitur Herberto lib. 1. Miracul. cap. 2. quo sensu tabulam hanc non semel memorat eod. lib. cap. 8. 14. lib. 2. cap. 6. 37. ut et Gaufridus Grossus in Vita S. Bernardi Abbat. Tiron. cap. 43. Auctor Vitæ S. Hugonis Abbat. Bonevallis n. 7. Cæsarius Heisterb. lib. 1. cap. 35. 40. lib. 11. cap. 4. 8. etc. Abælardus pag. 156. Liber Ordinis S. Victoris Parisiensis MS. cap. 69. Vita S. Hildegundis num. 34. Herimannus de Restaurat. S. Martini Tornacensis cap. 75. etc.

Tabula eadem pulsabatur etiam, cum *Breve,* uti vocabant, *Defunctorum* advenerat. Charta R. Otheniensis in Anglia Episcopi . *Mox ut breve defuncti venerit, Tabula pulsabitur, vigilia cantabitur, sonabunt classicum.* [Conventio inter Evrardum Priorem S. Martini de Campis et Julianam Abbatissam Faremonasterii ann. 1241. ex Archivo hujus Parthenonis : *Quandocumque aliqua de monialibus Faremonasterii mori contigerit, obitu dictæ monialis nunciato vel cognito apud S. Martinum, Tabula pulsabitur, et officium seu vigilia statim fiet; in crastino Missa celebrabitur in conventu pro defuncta.*] Herbertus lib. 1. de Mirac. cap. 1. propterea *Tabulam defunctorum* vocat *Repente pulsata est in auribus ejus Tabula defunctorum duobus ictibus tantum.* Tabula defunctorum dicitur lib. 1. cap. 19. Vide Hist. Monast. S. Nicolai Andeg. pag. 12.

☞ *Tabula* ad Capitulum congregandum pulsata. Epistola Wibaldi Abb. Stabulensis ann. 1140 apud Marten. tom 2 Ampliss. Collect. col 350 : *Nos capto cum prioribus nostris consilio, facto Tabulæ sonitu,... Capitulum intravimus.*

☞ *Tabulam* percutiunt Franciscani ut fratrum extraneorum adventus aliis nuncietur. Vide in Foresta.

Tabula ad mandatum, seu ad pedilavium, pulsata. Vita S. Fravenoldi Abb. lib. 1. num. 32 : *Hora, qua sonitu Tabulæ ad Mandatum fratres more solito convocantur.*

Tabulam ad laborem pulsare, in libro Ordinis S. Victoris Parisiensis MS. cap. 5.

Tabulam percutere ad licentiam loquendi. Udalricus lib. 3. Consuet. Cluniac. cap. 8. pag. 181 : *Tabula, quam Prior major, vel Claustralis quinquies percutit ad licentiam loquendi, per Priorem illorum Capitulo*) *est porrigenda* Idem lib. 1. cap. 12. pag. 54 : *Tabula percussa, fratres loquuntur in claustro.*

Tabula lignea utitur etiam Ecclesia in tribus diebus majoris Hebdomadæ, cum campanarum cessat usus. Udalricus lib. 1. Consuet. Clun. cap. 12. de Cœna Domini : *Pro cymbalo percutitur Tabula, et in refectorio pro scilla.* Vide Joan. Abrinc. de Offic. Eccl. pag. 43. [vel 56. in edit. ann. 1679.]

☞ *Tabulas* hujusmodi ligneas apud Tartaros in usu fuisse sæculo XIII. discimus ex Epistola Constabularii Armeniæ inserta Epistolæ Odonis Episc. Tusculani ad Innocentium IV. PP. ann. 1249. tom. 7. Spicil. Acher. pag. 218. ubi legere est : *Et ante portas habent Ecclesias suas, pulsant campanas suas et percutiunt Tabulas ; ita quod euntes ad dominum suum Chan, oportet primo ire ad Ecclesiam, et salutare Dominum Jesum Christum, et post ire et salutare dominum eorum Chan, sive sit Saracenus, sive Christianus, velint nolint, quibus ista non placent.*

◊ *Table* dictum quoque Crepitaculi genus, cujus usus erat in Oriente ad fideles ad sacram synaxim evocandos. Annal. regni S. Ludov. edit. reg. pag. 200 : *Nous voulons que les églises soient réédifiées, et que l'en sonne les cloches et les Tables.* Rursum pag. 202: *Devant leur portes sont les églises, là où on sonne les cloches selonc les Latins, et Tables selonc la maniere des Grieus.*

TABULÆ OFFICIALES, apud Leonem Ostiensem lib. 3. cap. 22. dicuntur tabulæ in Monasteriis, continentes seriem ministrorum et *Officialium*, qui per hebdomadam publicis functionibus deputantur, quæ in Capitulo seu exedra ad communem omnium notitiam exponuntur : quarum cui cura incumbit, *Tabularius* dicitur eidem Leoni. Harum meminit S. Gertrudis lib. 4. Insinuat. divinæ pietat. cap 2 : *Cum vero legeretur Tabula, in qua prænuntiabantur nomina earum, quæ ad Matutinas erant cantaturæ vel lecturæ, etc.* Statuta Ord. Præmonstr. dist. 2. cap. 5. de Cantore : *Servitium et processiones in festis ordinare, et singula officia in Tabulis scribere.* Legi autem solet hæc tabula in Capitulo, antequam pronuntietur commemoratio defunctorum. ut observat Haëftenus lib. 8. Tract. 1. disq. 5. qui ad hanc rem consulendus omnino. Statuta pro Monasterio S. Leonardi Eboracensis : *Et dicta Prima, ingredientur Capitulum, puero thurribulario cum Tabula præeunte, qui ibidem legat lectionem Martirologii, qua lecta, legat Tabulam, postea hebdomadarius dicat : Pretiosa est, etc.* Vide *Præcentor tabularum.* Ordinarius MS. Ecclesiæ Rotomagensis : *Sunt etiam hebdomadarii in Tabula scripti.* Charta Everardi Episcopi Ambian ann. 1218. pro erectione Præcentoriæ in eadem Ecclesia : *Cantoris erit scribere Tabulam cantorum.* Concilium Coloniense ann. 1260. cap. 7. : *Item quod in quibusdam Ecclesiis est compertum, raro vel nunquam per anni totius spatium lectiones et cantum divini officii in Capitulari Tabula annotari.* Vide Udalricum lib. 3 Consuet. Cluniac. cap. 10. extremo, Statuta Ord. Præmonstrat. distinct. 1. cap. 5. Monasticum Anglic. tom. 3. pag. 244 247. [Synodum Mexicanam ann 1585. tom. 4. Concil. Hispan. pag. 406. et supra *Tabellum*.]

INTABULARI, In tabulas officiales referri. Statuta Hospitalis S. Juliani in Anglia : *Ut labor inter fratres absque murmure facilius supportetur, statuimus ac etiam ordinamus, ut fratres Sacerdotes secundum cursum suum, ad matutinas et alias horas Canonicas et Missas diversas, ut præmittitur, celebrandas per aliquem, qui per Magistrum ad hoc fuerit deputatus, ... qui cum Intabulati fuerint, officia, ad quæ fuerint Intabulati, obedienter et humiliter exequantur.*

◊ TABULA MORTUORUM, Mortualis liber, in quo nomina defunctorum describuntur. Invent. ann. 1420. inter Probat. tom. 2. Annal. Præmonstr. col. 501 : *Unum textum argenteum et deauratum, cum ..... Tabula mortuorum in eodem infixa.*

6. **TABULA**, Lamina. Flodoardus lib. 3. Histor. Rem. cap. 5 : *Tecta templi plumbeis cooperuit Tabulis. Tabulæ ceræ,* in Charta ann. 1061. apud Jacobum Pe-

titum post Pœnitentiale Theodori pag. 664. [Vide post *Tabularium* 6.]

7. TABULA, Genus instrumenti musici, quod tenebat in manibus Cantor in Ecclesia. Amalarius lib. 3. de Divin. Offic. cap. 16: *Eorum* (organorum) *vice Cantor sine aliqua necessitate legendi tenet Tabulas in manibus, ut figuret illud Psalmistæ: Laudent nomen ejus in choro, in tympano, et psalterio psallant ei.* Infra : *Tabulæ, quas Cantor in manu tenet, solent fieri de osse.* [*Tabulæ osseæ, quas cantores tenent in manibus,* Joan. Abrinc. pag. 17. *Tabulæ ad canendum auro et argento paratæ,* in Testam. ann. 837. apud Miræum tom. 1. pag. 21. col. 1.] Vide Joannem Abrincens. de Offic. Eccl. pag. 18. [vel 17. edit. ann. 1679.] Describuntur eæ Tabulæ a Gaufredo de Vinosalvo in Poëtria MS. quæ exstat in Bibl. Thuana.

8. TABULA, Mensuræ agrariæ species, sic forte dicta, quod tabulæ expansæ formam referat, vel quod scriptis tabulis agrorum fines designarentur. Vetus Agrimensor : *Habet Tabula una quadratas perticas* 72. [° *Viginti quatuor Tabulæ perticam componunt*, apud Mabill. in Museo Ital. pag. 177.] Chronicon Novalicense de Luithprando Rege Longobard. : *Qui tantæ longitudinis fertur pedes habuisse, ut ad cubitum humanum metirentur. Horum vero pedum mensura pro consuetudine inter Longobardos tenetur in metiendis arvis usque in præsentem diem, ita ut pedes ejus in pertica fune* 12. *fiat Tabula.* Charta ann. 893. apud Puricellum in Basilica Ambrosiana pag. 258 : *Est autem mensura ipsius terræ secundum hujus temporis Geometras, perticas jugiales* 7. *et Tabulas* 16. Charta Lotharii Reg. Ital. ann. 946 : *Est autem ipsa terra per justam mensuram Tabulæ tres cum ingressu et omni integritate, etc.* Charta ann. 908. in Hist. Pergamensi tom. 3. pag. 183 : *Et est per mensuram Tabulas legitima* 76. *etc.* Vetus Charta Mediolanensis apud Puccinellum in Vita S. Simpliciani pag. 110. et Ughellum tom. 4. pag. 139 : *Cui obtulit intra civitatem domum suam, mensuram* 22. *Tabularum et dimidie, in loco, qui Theatrum dicitur, aliam in terra mala Tabularum quatuor.* Vetus Notitia apud Ughellum tom. 5. pag. 1538. *De vinea Tabula una.* Adde eumdem tom. 4. pag. 212. 608. 612. 1457. et in Appendice pag. 7. Occurrit etiam in Tabulario Capellæ in Biturigibus, in Tabulario S. Theofredi in Velavis, [in Chronico Farfensi apud Murator. tom. 2. part. 2. col. 450. et 623. in Memoriali Potestatum Regiensium apud eumd. Murator. tom. 8. col. 1175. etc.]

9. TABULA, seu *Tabularum* ludus, vel alearum, alveolus, in quem tesseræ jaciuntur: vox temeribus nota. Jo. de Janua, ex Isidoro lib. 18. cap. 60: *Tabula, i. alea in qua luditur pirgis, calculis et tesseris. Tabula lusoria,* Martiali lib. 14. Epigram. 17. *Tabula alearis,* apud Tertullianum lib. de Carne Christi. *Tabella alearis,* Cœlio Aureliano lib. 2. Chronicon cap. 1. *Tabula lusus,* Prospero de gloria Sanctor. *Tabula,* nude, Sidonio lib. 1. Epist. 2. lib. 5. Epist. 17. lib. 3. Ep. 12. Julius Africanus lib. 5. Hist. Apostol. : *Dum ludere Tabulis et spectaculis non perhorrescunt, etc.* Concilium Eliberitanum can. 79 : *Si quis fidelis alea, id est Tabula luserit nummos, placuit eum abstineri.* Metellus in Quirinalibus :

Huic ludo Tabulæ Regis erat filius obvius.

Charta ann. 1345 : *Non possit, nec debeat ludere..... ad aliquod ludum taxillorum, excepto ad scachos et ad Tabulas.* Jo. Sarisberiensis lib. 1. Policrat. cap. 5 : *Hinc tessera, calculus, Tabula, urio, etc.* [Adde Statuta Massil. lib. 5. cap. 10. Pistoriensia lib. 5. rubr. 71. Vercellensia lib. 3. fol. 83. v°. Le Roman *de Vacce* MS :

D'eschez sout et des Tables son compaignon mater.]

Le Roman *de Parise la Duchesse :*

Puis aprist il as Tables et eschas joier.

Vide Turnebum lib. 27. Adversar. cap. 8. [et Lobin. in Gloss. tom. 3. Hist. Paris.]

TABLIZARE, Tabula ludere. Julianus Antecessor Constitut. 115. cap. 439 : *Neque Episcopus, neque Presbyter,.... neque alius cujuscunque religiosi consortii vel habitus constitutus Tablizare audeat, vel socius ludentium fieri, vel spectator, etc.* Græca habent Ταβλίζειν, Gloss. Græc. Lat. Ταβλίζειν, *Tablizare.* Τάβλα, *Tabula.* Ταβλιστής, Ταβλοπάρογος. Glossæ MSS. Reg. : Πισσοί, καὶ πεσσοί, τὰ βόλια ἐν οἷς ταβλίζουσιν. Aliæ . Πέσσουσιν, ταβλίζουσιν. Thomas Magister pag. 59. edit. Rom. : Κύβοι λέγονται τὰ ἐσσιγμένα ὀστᾶ οἷς χρῶνται οἱ ταυλίζοντες. Sic non erat, cur emendaret Meursius. Vide Cujacium ad Novell. Justin. 123. Gloss. Fabroti ad Cedrenum, et Favorinum in πεσσεύειν, et πεττός. Habentur Pauli Silentiarii duo Epigrammata εἰς τάβλαν, seu ludum tabulæ lib. 4. Anthol. cap. 32. Epigr. 4. et 5. Vide aliud Agathæ lib. 1. cap. 61. Epigram. 1. quod multis explicat Salmasius ad Histor. Aug. pag. 468.

TABLISTA, Qui Tabulis ludit. Luxurius Poëta, nescio quis, in Epigrammate quodam, cujus lemma est, *de Tablista furioso, quasi tesseris imperante :*

Consulibus sceptrum, mensis decus, arma Tablista.

TABELLARIUS, *Qui frequenter ludit cum tabulis.* Jo. de Janua.

¶ 10. **TABULA,** Lex apud Neapolitanos, sic forte primum dicta, quod descripta esset in tabula instar Legis Romanorum in duodecim, vel Legis Mosaicæ in duabus tabulis exarata. Marinus Freccia de Feudis cap. de offic. Admirati maris : *In regno* (Neapolitano) *non lege Rhodia maritima decernuntur, sed Tabuta, quam Amalphitanam vocant, omnes controversiæ, omnes lites, et omnia maris discrimina, ea lege, ea sanctione usque ad hæc tempora* (an. circit. 1570.) *finiuntur.* [° *Tabula Prothontina maris,* dicitur in Præfat. Chronic. Amalph. apud *Pellicia,* Raccolta di varie croniche, etc. tom. 5. pag. 148. *Prothontinus,* Dignitas in re navali, major *Comitis,* minor *Vicæammirati,* non semel occurrit in Statut. Neapol. ann. 1282. apud Pardessus. Leg. Maritim. tom. 5. pag. 254. Tabula Amalphitana edita est nuper in Append. Archiv. Histor. Ital. num. 8. pag. 259. ann. 1844.]

¶ 11. **TABULA,** Mensa, Ital. *Tavola,* nostris *Table.* Albertinus Mussatus lib. 5. de Gestis Henrici Imp. rubr. 8. apud Murator. tom. 10. col. 408 : *Tabula argentea magni ponderis aliisque exeniis donavit.* Occurrit alibi non semel.

¶ 12. **TABULA,** Mensa, in qua prostant res venales, *stallum, apotheca.* Bulla Adriani IV. PP. ann. 1155. inter Instr. tom. 6. Gall. Christ. col. 198 : *Tertiam partem sextarii, corde, et quietal, tertiam partem omnium Tabularum, salvo in hoc jure canonicorum.* Pactum inter Jacobum Aragoniæ Regem et Berengarium Magalonæ Episc. ann. 1278 : *Cum per compositionem initam inter prædictum dominum Regem et Episcopum septem Tabulæ macelli fuerint adjudicatæ in parte episcopali, etc.* Jura Comitis Biterr. in Civitate Albiensi ann. 1252: *Habebant in dicto festo* (Natalis domini) *in singulis Tabulis merceriorum unam libram piperis pro pedagio, et in singulis Tabulis sutorum* XII. *denarios Raimond. et in singulis Tabulis canhiatorum* II. *solidos Raimond. et in singulis Tabulis carnificum omnes linguas vaccarum.* Litteræ ann. 1369. inter Ordinat. Reg. Franc. tom. 5. pag. 312 : *Concedimus..... in ipsis halis facere Tabulas et antetabulas quatuor brassarum amplitudinis, easque Tabulas et antetabulas locare et arrendare ad tempus aut tempora, prout eis placuerit.* Ubi *Tabula* locum in quo merces servantur ; *Antetabula* mensam, in qua venum exponuntur, designare existimo. Haud satis scio an eadem notione Testamentum Guillelmi Montis-pessulani ann. 1202. male tom. 9. Spicil. Acher. pag. 162 : *Illud vero quod statui de flocaria et Tabula, et molendino et tincturis, pacato debito R. Carison et Boneti, omnino deleatur in perpetuum.*

¶ 13. **TABULA,** Idem quod aliis *Mensa,* Gallice *Mense,* Quicquid ex bonis alicujus est, et ad *Tabulam,* seu mensam, ejus instruendam, id est, ad vescendum, et ad cætera vitæ commoda conducit. Chartarum Ecclesiæ Auxitanæ cap. 34 : *Dono Deo et B. Genitrici pagenses, quos dedit mihi et fratribus meis Astanova..... ut sint perpetualiter de mensa clericulorum.* Et cap. 38 : *Post mortem autem Arnaldi Hugonis filii revertatur ad Tabulam B. Mariæ* honor seu possessio, de qua ibi. Sic aliquando *Tabula* dicta est in rebus feodalibus feodum ipsum , seu quicquid ad illud pertinet. Vide *Mensa.*

☞ Huc spectare videtur Charta ann. 1448. ex Chartul. 23. Corb. : *Le droit de tonnelieu et forage des vins vendus et delivrez en ladite ville se diversifioit selon la qualité de ceulx qui estoient appellés ou reputés estre de la Table de Ganelis, ou de ceulx qui n'estoient pas de ladite Table.... Pour ceulx qui ne sont pas de ladite Table du Ganelis que ung sestier de vin de tonneleux, et ung sestier de vin de forage. Qui de alicujus familia est, de mensa illius esse dicitur.* Vide in *Mensa.*

° Dominium, Gall. *Domaine,* alias *Table.* Libert. Villæ-novæ in Ruthen. ann. 1368. tom. 5. Ordinat. reg. Franc. pag. 396. art. 10 : *Que ladicte ville et toutes ses appartenances demoura perpetuelment au roy et à sa Table.* Reg. 18. Corb. sign. Habacuc ad ann. 1500. fol. 4. r° : *Nous ayons par auctorité de seigneurie retenu en nos mains et mis à la Table et domaine de nostre dite église et monastere de Corbye, une maison, lieu et pourprins séant audit Corbye.*

¶ 14. **TABULA,** inter vasa ecclesiastica, Sanctorum Reliquiis sæpius ornata. Vita S. Benedicti Anian. num. 37. sæc. 4. Benedict. part. 1. pag. 206 *Frater Tabulam sacratam, in qua B. Dionysii erant reliquiæ aliorumque Sanctorum plantatæ, missus est ab alia cella ad aliam deferre; isque secum pergens catulos detulit, Tabulam vero sacratam post aliquos dies non lotis vestibus incautus deferre nititur. Ingressus navio properat..... sed ut mox terram attigit, equumque ascendens, in quo catulos pertulerat, Tabulam portatirus suscepit, divina hunc ultio percutit. Equus quidem eadem hora se in circulo rotando conversus, quousque in terram ruerei, Tabula quoque manibus ejus elapsa inlæsa suscipitur.* Vide *Tabellus, Tabulamentum* 1. et *Tabuletus.*

¶ 15. **TABULA**, Calculus, Gallice *Balote*. Statuta Montis-regalis Collat. 1. cap. 48 · *Fabæ seu Tabulæ cum quibus seu de quibus fiant partita, ponantur super uno discho, qui sit coram disco D. Vicarii ; et numerentur per syndicum vel judicem seu militem, et quod Tabulæ seu fabæ non habeant vocem nisi sint integræ.* Pluries occurrit ibi.

° 16. **TABULA**, Societas campsorum. Charta Theob. comit. ann. 1229. in Chartul. Campan. fol. 348. v° : *Accipio in conductu meo et protectione mea Mathæum et Bernardum de Fuer, Durannum juvencm...... campsores cives Lugdunenses et omnem Tabulam Duranni de Fuer de Lugduno, cum omnibus illis, qui de dicta Tabula nundinas meas Campaniæ frequentant.*

¶ TABULA CAMBII, Mensa argentaria, Gallice *Banque ; Tabula cambiatoris,* in Charta jam laudata in *Tabula* 12. *Tabula campsaria,* in Litteris Philippi III. Franc. Regis ann. 1277. apud D. Secousse tom. 4. Ordinat. pag. 671 art. 8. *Tabula campsoris ,* in Charta Massil. ann. 1844. ex Schedis D. *le Fournier. Tabulæ nummulariorum,* in Charta Agnetis Comitissæ de Consuetudinibus villæ S. Joannis Angeriac. ann. circiter 1050. tom. 2. Gall. Christ. novæ edit. col. 468. Hinc

TABULAM TENERE CAMBII, dicuntur Mensarii, seu Nummularii, vel *Campores :* qui inde Græcis τραπεζίται. Jacobus I. Rex Aragon. in Foris Oscæ ann. 1247. fol. 26 : *Rex potest monetam, quantamcunque voluerit et sibi placuerit, fabricare, et Tabulam statuere per singulas civitates, ad quam cambiare venire teneantur omnes populi terræ suæ, etc.* Curia generalis Cataloniæ, celebrata Ilerdæ a Jacobo II. Rege Aragon. ann. 1301. MS : *Item quod aliquis non teneat Tabulam cambii in aliquo loco Cataloniæ, nisi prius eam assecuraverit.... pro mille marchis argenti.... Et qui dictam securitatem sub dicta forma non præstiterint, non audeant tenere in sua Tabula tapits, vel alios pan nos, seu storia, immo fustis dictæ Tabulæ sit et esse debeat sine aliqua cooperta, et ille, qui contra fecerit, tamquam falsarius puniatur.* Adde Curiam actam Cervariæ sub Petro III. Rege ann. 1359. Charta Philippi Regis Franc. ann. 1305. in 12. Regesto Chartophylacii Regii ch. 231 : *Pour le profit de tout nostre Roiaume et de nos monnoies, nous avons ordené à faire une Table qui sera tenue en 12. ou 14. lieux solempniex en nostre demaine et de nostre Royaume, et que si sout crié que se ne n'est à nos monnoyes ou és Changeurs, qui des ores ayent nostre auctorité et nostre consentement de changer et tenir change, nus ne soit si hardis, que or ne argent, qui soit monnoiez de nostre coing, qui soit dedans nostre Royaume et en nostre terre, il vende ne achate jusques à tant qu'il ait esté porté à nostre dite Table et mis en escrit par devers nous, etc.* Adde Chartam sequentem, et vide Salmasium lib. de Usuris pag. 510. 511. 512.

° 17. **TABULA**, Certa panni quantitas, Gall. *Piece d'étoffe.* Arest. ann. 1359. 23. Dec. in vol. 4. arestor. parlam. Paris. : *Cum Johannes Odonis viginti duas balas pannorum de Louverdis, unam Tabulam de camelotis, viginti duos saccos lini de Alexandria ac plures alias merces in et super quodam panphilo........ onerassel, etc.*

° 18. **TABULA**, Immunitas, privilegium. Charta ann. 1116. apud Murator. tom. 4. Antiq. Ital. med. ævi col. 59 : *Insuper statuit, ut nulla injuria vel violencia a se, vel a suis successoribus, vel a suis hominibus inferatur alicui Warstallensium, nec in castro nec in burgo, non in ripa, non in villa. Et Warstallenses de Tabula castelli annualiter solvant unum flanucinum, pro Tabula burgi denarium unum currentis monetæ. Porro hac Charta conceditur Warstallensibus facultas eligendi consules , qui rempublicam regant.*

c 19. **TABULA**, Sacrarum Reliquiarum expositio, quæ fit super tabulam. Stat. et Obit. MSS. eccl. Paris. : *Item in die S. Firmini fit statio in capella S. Martini post Ave Regina. Et in magna missa fit Tabula. Infra : Item in primis vesperis et missa fit Tabula pro toto festo, de fundatione domini Guillelmi Grelier, cancellarii Parisiensis.*

TABULÆ DICTALES. Vita S. Wolfgangi Episcopi Ratisb. cap. 18 : *Ut autem adolescentes in capiendis scientiæ liberalis notitiis forent agiliores, frequenter voluit Tabulas eorum cernere dictales.* Id est, in quibus *dictabant,* seu componebant.

TABULÆ AD EVANGELIA. Udalricus lib. 1. Consuetud. Cluniac. cap. 12. de Cœna Domini : *Interea vero reconditur dominicum Corpus a Sacerdote retro altare. Ponitur patena aurea, et patena inter scutellas aureas, et adhuc scutellæ inter Tabulas argenteas, quæ factæ sunt ad Textum Evangelii Id est quibus liber Evangeliorum tegitur.* Vide *Tabulare* 2.

¶ TABULA HORARIA, Qua horæ pulsantur. Regula Toribii Archiep. Limæ, tom. 4. Concil. Hisp. pag. 677. col. 1 : *Præsidentis cura erit horariam Tabulam præscribere, juxta quam præbendarii, sacellani et reliqui Ecclesiæ ministri et alii clerici civitatis assistent, comitabuntur et custodient sanctissimum Sacramentum* (feria v. in Cœna Domini).

TABULÆ, seu TABELLÆ LEPROSORUM, quas illi quatiunt, ne ab aliquo tangantur. Vincentius Belvac. lib. 28. cap. 165. *Ante cujus curiam cum Tabellas more talium infirmorum tangeret, etc.*

¶ TABULA MARIS. Vide *Tabula portus.*

¶ TABULA MARMOREA, Practicis nostris *Table de marbre,* quo nomine donatur triplex jurisdictio : Prima Comitis seu Præfecti stabuli, altera Amiralli seu summi Præfecti rei maritimæ, tertia Protoforestarii seu supremi Præfecti rei saltuariæ et aquariæ. Jure summæ et ultimæ cognitionis judicant in hac triplici jurisdictione, cum judicis interest unus e Præsidibus supremi Senatus cum certo Senatorum numero. Nomen Tabulæ marmoreæ sortitæ sunt hæ jurisdictiones, quod olim ibi lites dirimerent, ubi tabula seu mensa erat marmorea. Vide Notas D. *Secousse* ad Litteras Caroli Regentis ann. 1359. tom. 8. Ordinat. Reg. pag. 347. ubi probat duas olim in Palatio positas fuisse tabulas marmoreas ; unam in area, alteram in aula majori. Vide *Mensa.*

¶ TABULÆ NUMMULARIORUM, Mensa, argentaria. Vide supra *Tabula Cambii.*

TABULÆ OSSEÆ. Vide *Tabula* 7.

TABULA PATRONATUS. Vetus Interpres Juvenalis Sat. 10. v. 57 : *Honorum pagina. Ænea pagina , ante imaginem eorum stans, eorum omnes gradus honorum inscriptos continet : quam manu dicunt Tabulam patronatus.* Forte quod ejusmodi imagines seu statuæ fere semper a clientibus fierent ac dedicarentur, qui in tabulis æneis subditis patronorum honores ac Magistratus gestos describere solebant, quod docent Inscriptiones veteres.

TABULA PEREGRINANTIUM. Vita S. Judoci c. 3. apud Mabillonium : *Quos cum interrogaret quo tenderent cursum, respondentes dixerunt se Romam pergere velle. Quo audito Judocus adhuc Laicus absque ulla dilatione baculum tantum et Tabulam manu arripiens, secutus est eos.* Cur autem Tabulam peregrinaturi secum deferrent, indicat Regula Magistri cap. 57 : *Si vero in viam longiorem dirigatur, codiculum modicum cum aliquibus lectionibus de Monasterio secum portet, ut quavis hora in via repausaverit, aliquantulum tamen legat : ita tamen si fuerit psalteratus. Si vero non fuerit, Tabulas a Majore superpositas psalmis secum portet, ut ad refectionem prandii, aut ad mansionem cum applicaverit, aliquantulum quantum occurrerit, tamen meditetur, ut quotidie regulæ reddat quod suum est. Ita et frater, qui adhuc literas discit, Tabulas superpositas a Majore de Monasterio secum portet, ut si cum literato vadit, ipse cum se ad refectionem vel mansionem applicaverit, aliquantulum tamen meditetur, ut videatur cotidie consuetam regulam adimplere.*

¶ TABULA PORTUS, Mensa publicani seu exactoris vectigalium in portubus maris. Inquesta ann. 1268. ex Archivo Eccl. Massil. : *Episcopus et Ecclesia Massiliensis, ambo, simul ratione jurisdictionis habebant ad Tabulam portus, in villa inferiori, duos homines vel unum ad libitum, qui colligerent cum hominibus villæ inferioris, tunc vicecomitalis Massiliæ, redditus sive intratas portus dictæ civitatis. Tabula maris atque portus,* in alia Charta Massil ann. 1379. Rursum in alia ann. 1509. *Tabula maris et rippagii dicitur.*

¶ TABULA, seu MENSA ROTUNDA, Decursionis, aut hastiludii species, a certo et definito Militum numero obiri solita, qui, priusquam in arenam descenderent, vel etiam præliis et velitationibus decursis, ad mensam figura orbiculare una cibum capiebant, ne quod discrimen inter nobiles ex sedis præterogativa oriretur, indeque jurgia aut dissidia emergerent. Vetus sane Gallorum institutum : mensis enim circularibus circumsedisse, armigerosque, eorum scuta ferentes, a tergo adstitisse ex Athenæo lib. 4. Dipnosoph. recte advertit Camdenus ; renovatum vero ab Arthuro Britanniæ Rege prædicant passim scriptores, ita ut *Arturi Tabula rotunda* in ore omnium versetur, eamque sese, quæ muro veteris Castri Vintoniæ, seu Vincestriæ, in Anglia, appensa conspicitur, vulgus hominum existimet, quod jure in dubium vocat idem Camdenus, cum longe recentioris antiquitatis esse videatur. Vetus Ceremoniale MS.: *Le Roy Arthus d'Angleterre et le Duc de Lencastre ordonnerent et firent la Table Ronde, et les behours, tournois, et joustes, et moultes d'autres choses nobles, et jugemens d'armes, dont ils ordonnerent pour juger Dames et Damoiselles, Roys d'armes et Heraux.* Albericus ann. 1285 : *Multi Flandriæ Barones apud Hesdinum, ubi se exercebant ad Tabulam rotundam, cruce signantur.* Matthæus Paris ann. 1252 : *Milites exercitio militari peritiam suam et strenuitatem experirentur, constituerunt unanimiter, non ut in hastiludio illo, quod communiter et vulgariter Torneamentum dicitur, sed potius in illo ludo militari, qui Mensa Rotunda dicitur, vires suas attentarent.* Vide reliqua in *Jocari.* Th. Walsingh. in Edw. I. ann. 1280. et Nic. Trivettus ann. 1279 : *Illustris miles Rogerus de Mortuomari apud*

Kelingworthe ludum militarem, quem vocant Rotundam Tabulam, 100. *Militum, ac tot Dominarum constituit, ad quam pro armorum exercitio de diversis regnis confluxit Militia multa nimis.* Historia Prioratus de *Wigmore* in Anglia, de eodem Rogero: *Iste Rogerus... primo insignitis Militaribus sublimatus, centum Milites et tot Dominas ad hastiludia de Kenillworth, expensis suis sumptuosis, per tres dies solemniter ordinata et tenta, qualia in Anglia tam solemnia prius visa non fuerant, secum adduxit et Rotundam Tabulam ubi incoepit, et quarta die Leonem aureum, triumphi signum sibi adjudicatum, dictam comitivam suisque expensis ad Warvik adduxit.* Idem Walsingham. ann. 1344: *Rex Eduardus fecit convocari artifices ad castrum de Windesore, et coepit aedificare domum, quae Rotunda Tabula vocaretur. Habuit autem ejus area a centro ad circumferentiam, per semidiametrum centum pedes, et sic diametrum* 200. *pedum erat.* Chronica Aulae Regiae cap. 7: *Accesserunt ad Regem quidam juvenes Baronum filii plus levitate quam strenuitate moti dicentes : Domine Rex, per torneamenta et hastiludia... vestra diffundatur gloria,..., edicite itaque Tabulam Rotundam, Regis Artusii curiam, et gloriam ex hac reportabitis perpetuis temporibus memorandam.* Jo. de Condato MS.:

S'en faisoient grands esbanois
Tables reondes, et tournois.

Cridar Taula redonda, apud Raimundum Montanerium in Chron. Reg. Aragon. cap. 179. *Taules redones*, apud eumdem cap. 166. et in Chronico Petri Regis Aragon. lib. 2. cap. 10. lib. 3. cap. 23.
* Quemadmodum Torneamenta variis Pontificum et Principum Sanctionibus interdicta constat, ita et Mensas Rotundas, seu Monomachias ludicras, quas *Justas* vocabant, prohibuit Clemens V. PP. quod ex iis nonnunquam caedes, et pericula non mediocria emergerent, quod satis superque testatur Matth. Paris loco citato, ubi Hernaldum Montiniacum, strenuissimum Militem, a Rogero Lemburno, non sine veteris odii suspicione, in illa Mensa Rotunda, caesum narrat. Sic autem Clemens in Bulla sua, cujus in voce *Torneamentum* meminimus: *Quinetiam in faciendis justis praedictis, quae Tabulae Rotundae in aliquibus partibus vulgariter nuncupantur, eadem damna et pericula imminent, quae in Torneamentis praedictis*, idcirco certa causa idem jus statuendum existit. [* Complura opuscula de *Tabula rotunda*, partim edita, partim inedita, recenset Bibliotheca *des Romans* pag. 174.]
* TABULA SICCA, *Ludus aleatorius*, Gall. *Breland.* Arest. ann. 1371. 29. Nov. in vol. 6 arestor. parlam. Paris: *Emolumentum ex sicca Tabula seu ludo ad belencum provenien, ordinarium converti in solutionem redditum ad vitam... praefatis rentariis seu reddituariis... debitorum.* Lit. remiss. ann. 1382. in Reg. 121. Chartoph. reg. ch. 309. bis : *Pierre Damault executeur de justice, qui avoit pris à casse la sec.que Table, brelengh et jeu de dées de la ville de Tournay, etc.* Vide *Tabula* 9.
TABULAM TENERE dicebatur apud Catalanos, Vicariis, seu Judex, qui post exactum officium, eo in loco, ubi illud exercuerat, statis diebus morabatur, quo de se conquerentibus coram alio judice a Principe delegato responderet. Curia generalis Alphonsi II. Regis Aragon. in Montisono celebrata ann. 1298.

MS.: *Statuimus, quod officialis scilicet unusquisque teneat Tabulam per* 30. *dies de anno in annum, et ad introitum assecuret, quod faciat jus conquerentibus, et eo tenente Tabulam, sit suspensus de officio.* Prima curia generalis Barcinonensis Jacobi II. Regis Arag. ann. 1291. MS : *Et ad introitum officialis quod assecuret ipse facere jus conquerentibus, et in fine cum exierit de officio, teneat Tabulam per* 30. *dies.* Secunda Curia ejusdem Jacobi ann. 1299 : *Quem ad hoc ordinavimus tenere Tabulam per* 30. *dies, qui incipiat prima die Januarii quolibet anno, secundum quod in Ordinationibus hujus Curiae continetur.* Cap. seq.: *Et omnes officiales dictorum officialium..... exeant quolibet anno prima die Januarii, et teneant Tabulam per* 30. *dies, juxta ordinationes curiarum. Et quod nos eligamus de praesenti et postea quolibet anno prima die Januarii quemdam jurisperitum idoneum et sine suspicione in capite cujuslibet Vicariarum vel Bajuliarum, qui faciat inquisitionem contra officiales ipsius Vicariae vel Bajuliae Et procedente inquisitione, aliquis officialis non possit redire, vel uti officio, quousque inquisitio ipsa sit terminata, sine placito vel solennitate placiti, et absque figura judicii, et facta satisfactione super damnis datis, antequam no‹, vel aliquis pro nobis inde aliquid habeamus.* Adde Curiam generalem Ilerdae celebratam ab eodem Rege ann. 1301. cap. 1. et 2. Curiam celebratam in villa Montisalbi ab Alfonso Rege ann. 1333. in qua idem praecipitur pro Notariis, scribaniis tenentibus, etc. et Curiam celebratam Cervariae sub Petro Rege ann. 1359. in qua pro 30. diebus, 50. statuuntur.
* AD TABELLULAM COMEDERE, Poenitentiae genus in monasteriis. Stat. MSS. monial. Congregat. Casalis Bened. cap. 25 : *Pour faultes qui concernent le service divin,... elles satisferont par prostrations au choeur devant la communauté, ou mangeront à terre en refectoir au pain et à l'eau, ou seront à la misericorde, qui est que quant elles seront ainsi à la Tablette au meilleu du refectoir, elles n'auront sinon ce que la superieure leur envoyera de misericorde en pitance, oultre le pain et le vin.*
° TABULACCIUM, Ital. *Tavolaccio*, Scuti species, parma, clypeus. Stat. antiq. Florent. lib. 3. cap. 156. ex Cod. ann. 4621 : *Quilibet in civitate, burgis et suburgis Florentiae debeat in sua propria vel conducta apoteca, pro trahendo et capiendo tales malefactores* (habere) *unam targiam, scutum vel Tabulaccium pictum.* Vide *Targa.*
° TABULAGIUM, Praestatio pro *Tabula*, seu jure habendi mensam in foris et nundinis, in qua prostent res venales, idem quod *Stallagium.* Charta ann. 1318. in Reg. 66. Chartoph. reg. ch. 411: *Nundinantes... pro qualibet tabula quam tenebunt, dent pro Tabulagio quatuor denarios Turonenses.* Vide *Tabula* 12. et infra *Taulagium.*
¶ 1. TABULAMENTUM, Stylobata, Gallis *Pié-d'estal*, olim *Entablement.* Inventarium Ecclesiae Noviom. MS. ann. 1419 : *Item quaedam tabula argentea deaurata, sedens super Tabulamentum esmaillatum, in qua tabula sunt plures reliquiae, claudunturque et aperitur.* Inventar. S. Capellae Paris. ann. 1376. ex Bibl. Reg.: *Item caput S. Symeonis argenti deaurati in factione hominis antiqui, situatum desuper unum Entablement Gallice.* Vide supra *Tabula* 14.
2. TABULAMENTUM, Sepimentum,

cancellus, δρύφακτος. Scholiastes Aristophanis ad equites: Τοὺς δρυφάκτους, τὰ νῦν ταυλώματα καλούμενα. Idem ad Vespas : Τὰ ταυλώματα τοῦ δικαστηρίου. Ταύλωτον, seu *Tabularium*, eadem notione dici observat Suidas, in δρύφακτοι.
1. TABULARE, *Tabulas, praeparare, prosternere*, Ugutionel. [*Tabulas parare, prosternere*, Johanni de Janua ; *Tabler*, in Glossis Lat. Gall. Sangerman. nostris hodie *Plancheier*, Contabulare, tabulis compingere. Berntenii Chronicon Marienrod. apud Leibnitium tom. 2. Scriptor. Brunsvic. pag. 447: *Ambitum nostrum superius Tabulavit.* Hac notione *Tabulatus* dixit Plinius lib. 2. Epist. 17. Vide Vossium de Vitiis serm. lib. 4. cap. 27.]
° 2. TABULARE, Libros *tabulis* seu asseribus compingere. Stat synod. eccl. Castr. ann. 1358. part. 2. cap. 2. ex Cod. reg. 1592. A : *Rectores ecclesiarum faciant ligavi libros ecclesiarum suarum et Tabulari, qui ligatura indiguerint.*
* 3. TABULARE, [Manifestare ; exire. DIEF.]
TABULARIA. Charta Rogerii Regis Siciliae ann. M. 6652. pro Ecclesia Panormitana apud Rocchum Pirrum tom. 1. pag. 112. et 147 : *Donamus praedictae Ecclesiae....... Tabulariam felicis urbis Panormi, cum potestatem concedentes, ut ipse venerabilis Archiepiscopus et successores ejus nunc et in perpetuum habeant licentiam et perpetuam dominationem concedendi eam Clericis praedictae Ecclesiae, etc.* Ubi Pirrus *Tabulariam*, facultatem tabelliones instituendi interpretatur.Vide *Tabularii* 2.
° *Tabularie* appellatur apud moniales illa, quae seriem *officialium*, per hebdomadam publicis functionibus deputatarum, in tabula describit. Stat. MSS. monial. Congregat. Casalis Bened. cap. 16. quod inscribitur *De la Tabulaire :* Ordonnons qu'il y aura une soeur députée pour toute l'année pour faire la table du chapitre, en laquelle table elle marquera les soeurs qui devront dire les leçons à matines, les versets, les respons, les Alleluia... Il faudra que la maîtresse des novices lui baille par mémoire les noms des filles qu'elle voudra faire chanter versets, respons ou aultre chose à l'église, afin qu'il n'y ait confusion ; car la maîtresse en pourroit instruire aucunes, et la Tabulaire en marqueroit d'autres en ladite table.* Vide *Tabulae officiales.*
TABULARIA LEX, Conditio, quae adhibetur in manumissione per *Tabulas*, seu libertorum *Tabulariorum.* Tradit. Fuldenses lib. 2. trad. 143. ann. 825: *Decernens, ut lege Tabularia unaquaque de nobis per singulos annos duos denarios argenti solvat.*
1. TABULARII, Servi per *tabulas*, seu per *instrumenta chartarum* manumissi. Quomodo vero, et quo ritu per tabulas manumitterentur servi, refert Lex Ripuar. tit. 58. § 1: *Hoc etiam jubemus, ut qualiscumque Francus, Ripuarius, seu Tabularius servum suum pro animae suae remedio, seu pro pretio secundum legem Romanam libertare voluerit, et in Ecclesia eorum Presbyteris, Diaconibus, seu cuncto Clero et plebe in manu Episcopi servum cum tabulis tradat, et Episcopus Archidiaconum jubeat, ut ei tabulas secundum Legem Romanam, qua Ecclesia vivit, scribere faciat, et tam ipse, quam omnis procreatio ejus liberi permaneant, et sub tuitione Ecclesiae consistant, vel omnem reditum status, aut servitium Tabularii eorum Ecclesiae reddant.* In Capitul. Caroli M. lib. 5. cap. 128. [°° 199.]

et in Lege Longob. lib. 3. tit. 5. § 1. [∞ Carol. M. 12.] ponuntur inter *tributarios Ecclesiarum*, id est, qui censum Ecclesiis debebant, hac conditione manumissi in Ecclesia, et sub onere alicujus servitii. Sed et si absque liberis decederent, *nullum alium nisi Ecclesiam relinquebant hæredem*, ut est in eadem Lege Ripuar § 4. V. *Manumissio*.

2. TABULARII, Qui tabulas publicas civitatum, et rei vectigalis rationes tractant, ita appellati ex Lege Valentis Imp. cum antea *Numerarii* dicerentur, leg. 9. Cod. Th. de Numerar. (8, 1.) Nec multo post *Tabularii* duo in singulis provinciis a Theodosio statuti quorum alter fiscalis arcæ ratiocinia, alter largitionales titulos curaret, leg. 12. eod. tit. et leg. 30. de Susceptorib. (12, 6.) De ejusmodi Tabulariis est præterea tit. in Cod. Theod. ubi multa Jacobus Gothofredus, et alii. De iis etiam agitur in Edicto Theoderici Regis § 126 : *Nullus post hæc curialium, sive Tabulariorum, aut susceptorum, in Ecclesia residens pictacia delegationis emittat ; sed si quem fisco debitorem novit, exponat eum extra Ecclesiam constitutus, etc.* [*Tabularius in tributis*, apud Sidonium lib. 4. Epist. 11.]

☞ Eodem *Tabularii* nomine designatus qui res Ecclesiarum administrabat, apud Gregorium M. lib. 11. Epist. 49. ad Joh. Episc. Panorm.: *Tabularius autem una cum consensu seniorum et cleri memineris ordinandum, qui annis singulis ad amputandam fraudis suspicionem solemniter suas debeat rationes exponere.*

1. TABULARIUM, Officina. Concilium Palentinum ann. 1388. cap. 5 : *Permittimus* (Judæis) *habere operatoria, tentoria, Tabularia seu boticas, etc.*

° Idem quod *Schoppa*, Gall. *Echoppe*, alias *Tablier*. Libert. Petræassis. ann. 1341. in Reg. 74. Chartoph. reg. ch. 647 : *Item quod omnes habitantes hospitia seu ayrilia in garlanda seu circuitu plateæ dictæ bastiæ, possint ædificare cohopertas impune et facere Tabularia, et ea conducere cuicumque ad eorum libitam voluntatem.* Occurrit præterea in Lit. ann. 1388. tom. 8. Ordinat. reg. Franc. pag. 281. et tom. 6. Charta ann. 1474. inter Probat. tom. 3. Hist. Nem. pag. 325. col. 1 · *Certaine chose montant xviij. deniers Tournois, ou environ, à nous deue sur ladite loge ou aucuns petiz Tabliers estans à l'entour d'icelle, esquelz se vendoient aux. oignons et autres herbages ; lesquelz petiz Tabliers appartenoient à aucuns particuliers de ladite ville. Ung Tablier assis en la place de Nismes*, in Chron. ejusd. urbis ibid. pag. 8. col. 2. Lit. remiss. ann. 1460. ex Reg. 190. ch. 57 : *Icellui Peyroton s'en ala à la porte de la maison du suppliant,....... et illecques demoura aucunement en soy soustenant à ung Tablier.* Vide infra *Tabularius 2*.

¶ **2. TABULARIUM**, f. Ambo, suggestum, tabulatum, vel exedra. Statutum Capituli B. M. Podiensis ann. 1886 · *Statuimus quod nullus descendat Tabularium, donec presbyter dixerit totam orationem seu complendam Missæ.*

¶ **3. TABULARIUM**, Locus ubi sedet Notarius, et acta ab ipso scripta servantur, Gallice *Etude de Notaire*. Consuetudines Tolosanæ MSS. fol. 34 : *Notarii nostri domus communis Tholosæ in suis personaliter non sedent Tabulariis, nec suo officio personaliter deserviunt.* Vulgare est hodie eo significatu. In Litteris Caroli V. Reg. Fr. ann. 1370. tom. 5. Ordinat. pag. 352 : *Aucuns de*

noz genz ou officiers ont tenus et encores tiennent certains Tabliers en la ville de Thoulouse, qui oncques ne furent mis en recette, ne aucune mention n'en est faitte ès comptes de la recepte de Thoulouse ; lesquelz Tabliers ils ont baillé à ferme, et en ont receu et reçoivent tres grans émolumens.

° *Tablier*, eadem acceptione, in Lit. remiss. ann. 1454. ex Reg. 187. Chartoph. reg. ch. 222. *Les supplians commencerent à s'en partir d'illec pour eulx en aler en ung Tablier ou ouvrouer d'escripture,... où avoient accoustumé escrire et exercer fait lour de pratique* Pro officio notarii, ut et vox Gallica *Tablier*, usurpatur. Charta ann. 1316. in Reg. 54. fol. 23. r° : *Item Stephano de Cossaco clerico concessit Tabularium seu officium tabellionatus.* Lit. Phil. VI. ann. 1331. tom. 2. Ordinat. reg. Franc. pag. 66 : *Comme nous... aions voulu et ordené que touz les seaus, escriptures et Tabliers de nostre royaume, tant de faiz de contraus, comme d'esploiz de justice,... soient mis en nostre main et retenuz à nostre demaine, etc.*

¶ **4. TABULARIUM**, Numerus redituum in tabula scriptus, in Glossulis apud Mabillon. tom. 2. Operum posthum. pag. 23.

¶ **5. TABULARIUM**, λογιστήριον, in Glossis Latino-Gr. Locus vel schola ratiocinatorum.

¶ **6. TABULARIUM**, *Tablier*, in Glossis Lat. Gall. Sangerm. *Tabularium ludum tabularum*, in Constitut. Frederici Regis Siciliæ cap. 81. Tabularium de ebore, in Computo ann. 1388. et seqq. tom. 2. Hist. Dalphin. pag 277. vel *Tabulerium*, ut habetur in MS. C. V. Lancelot Haud scio an eadem notione legitur in Inventario ann. 1379. inter Schedas ejusd.: *Item tres alie tabule de sapo cum quatuor Tabularlis.* Tabulæ fulcrum intelligi potest ; nisi idem sit quod mox *Tabularius*. Vide *Tabularium 2*.

¶ **7. TABULARIUM**, Conventus, ut videtur ; forte a loco ubi habebatur, Tabulario scilicet forensi, sic nuncupatus. Vidimus pariag. de villa Montisfalc. in Vallavia ann. 1405. ex Reg. 161. Chartoph. reg. ch. 101 : *Apud Montemfalconem in Tabulario extraordinario curiæ regiæ ipsius loci, et coram venerabili et discreto viro magistro Johanne Alierii de Tensano, clerico honoris domini nostri regis, etc.*

¶ **8. TABULARIUM**, Stabulum, Gall. *Etable*. Libert. de Gleolla ann. 1350. in Reg. 81. Chartoph. reg. ch. 124 · *Dicti consules... habeant potestatem cognoscendi de viis publicis, .. ædificiis et Tabularlis bestalinis.*

¶ TABULARIUM CERÆ, Massa, et conjecto, cerea, Gall. *Pain de cire*. Historia Monast. Beccensis MS. pag. 572. num. 17 : *Sed etiam dimidium Tabularium ceræ, quod monachi Beccenses de Longolio reddebant illi annuatim de recognitione decimæ.* Supra *Tabula ceræ*. Vide *Tabula 6*. et *Talentum 1*.

¶ **1. TABULATIO**, Tabula qua ferunt cibos in refectoriis monachorum, cusbusdam *Taulier*, aliis *Tablette*. Inventarium ann. 1341. ex Archivo S. Victoris Massil.: *Unam tinam, 2. mensas et 4. Tabularios*, item 1. *inbucum*, etc. Vide *Tabulari*.

° **2. TABULARIUS**, Idem quod supra *Tabularium 1*. Stat. ann. 1270. inter Probat. tom. 1. Hist. Nem. pag. 93 col. 2 : *Constituti per curiam domini regis ad taxandum et reformandum tabulas minus ampliatas et Tabularios hominum hujus civitatis existentes in fronteriis ipsorum*

hominum ;... voluerunt quod quilibet possit habere et tenere in fronteria sua....... Tabularium fusteum trium palmorum in latitudine, et in altitudine palmorum duorum et dimidii. Pluries ibi.

° **3. TABULARIUS**, Inscript. vett. Joan. Vignol. pag. 302 : DIIS MANIB. M. TREBELLIO ARGOLICO TABULARIO VIATORUM QUÆSTORIORUM AB ÆRARIO, etc. Ubi Vignolius : Qui tabulas expensarum conficiebat, dum Quæstores iter facerent. Vide *Tabularii 2*.

° **4. TABULARIUS**, Notarius, scriba. Vide supra *Tabellio*.

¶ **TABULATA**, f. Ædicula tabulis compacta, vel in qua plures sunt tabulæ usibus rusticæ domus destinatæ. Testamentum ann. 15. Pippini Regis, tom. 2. Annal. Benedict. pag. 708 · *Circa curtem stabulum, Tabulata, torbaces vel alia hospitalia, vel cellaria, et quidquid ad ipsam curtem pertinet... Item ad Vicum curtem meam cum Tabulata, cum bareca, cum omnibus quæ ad ipsam curtem pertinent.* Pluries occurrit ibi.

° Idem potius quod supra *Tabularium 8*.

1. TABULATUM, Quævis tabula. Valerianus Cemeliensis Homil. 20 . *Requiramus, cujus sit vitium, quod tenui Tabulato hominis vita committitur, et dubiis casibus incerta tentantur.* (Codex Theod. lib. 11. tit. 18. leg. 15 : *Materiam, lignum atque Tabulata exceptorum virorum patrimonia non præbeant.* Et leg. 18. eod. tit.: *Non conferendis Tabulatis obnoxia, non lignis, indultam quoque materiem sub eadem exceptione numerabit.* Materiam trabes, Lignum, unde hastilia fiunt sub eadem exceptione, *Tabulata*, tabulas seu asseres interpretatur Gothofredus.]

¶ **2. TABULATUM**, Abacus, alveolus, seu tabula lusoria. Saxo Grammaticus lib. 14 : *Calculorum ludum poposcit, gloriatus se ejus apprime peritum... sed cum Tabulata non suppeterent, ne lusui quidem vacatum est.* [Vide *Tabularium 6*.]

° **3. TABULATUM**, Idem fortassis quod *Tabula 8*. Orbiculus, clavus, in vestibus ; nisi sit pro Effigies, imago. Acta S. Etheld. tom. 4. Jun. pag. 529. col. 2: *Insignem quoque purpuram, aurifriso undique cinctam, fecit ; et per partes, auro et gemmis pretiosis mirifico opere, velut Tabulatis, adornavit.*

TABULATUM MUROBUM, nostris *Entablement*. Charta Philippi Pulchri Regis Franc. ann. 1299. pro Pariagio oppidi Sarlatensis in Regesto ejusdem Regis ex Tabulario Regio n. 6 : *Poterunt.... juxta muros villæ prædictæ domos ipsas jam factas, vel inceptas, vel faciendas extollere, et alias facere usque ad Tabulatum dictorum murorum, et non ultra.* Vide in *Materia*.

° Alias *Entablissement*. Charta ann. 1334. in Reg. 66. Chartoph. reg. ch. 1461 : *Jehan Cornu abati les Entablissemens des murs le roy, et en pava ses viviers et fossés.* Parietis corona, supercilium, muri fastigium, vulgo *Chaperon*.

1. TABULATUS, Instar tabulæ planus. Vita S. Aidoni Episc. Fern. in Hibernia num. 15 : *Vir quidam in Britannia Tabulatam habens faciem , id est , sine oculis et naribus ex utero natus, etc.* [Eadem fere occurrunt in Vita S. Chartaci Episc. tom. 3. Maii pag. 381. num. 16]

¶ **2. TABULATUS** LAPIDEUS, Pavimentum. Andreas Floriac. in Vita MS. S. Gauzlini Archiep. Bituric. lib. 1 : *Novumvicum etiam lapideo Tabulatu fabricavit ecclesiam.* Hinc

¶ **TABULATUS**, pro Pavimento stratus. Chronicon Romualdi II. Archiep. Salern. tom. 7. Murator. col. 194: *Panormi palatium satis pulchrum jussit ædificari, in quo fecit capellam miro lapide Tabulatam.* Italis *Tavolato* proprie est tabulis seu axibus structus, nostris *Plancheié.*

¶ **TABULERIA**, f. Linearis adumbratio rei alicujus faciendæ in tabulis descripto, Gallis *Dessein.* Statuta Montisregalis pag. 251: *Item statutum est, quod eligantur sex homines, qui faciant Tabulerias ad divisionem dictæ aquæ et secundum quod divisa fuerit, valeat et teneat.*

¶ 1. **TABULERIUM**. Speculum, ut videtur, Gall. *Miroir.* Chronicon Estense ad ann. 1345. apud Murator. tom. 15. col. 424: *Præsentari fecit Delphino tres destrerios coopertos scarlato et uxori ejus unum Tabulerium argenti aurati et crystalli.*

¶ 2. **TABULERIUM**, Umbella, seu Umbraculum, ni fallor, Gall. *Ecran.* Computus ann. 1388. tom. 2. Hist. Dalph. pag. 282: *Item pro tabulis ad faciendum unum duacxatorium pro domina Dalphina et duo Tabuleria ad opponendum igni cum pedibus et usus necessariis ibidem,* XLVIII. *sol.*

¶ **TABULETA**. Vide Tabula 2.

¶ **TABULETUS**, Tabellula, eadem notione qua Tabula 14. Inventar. S. Capellæ Paris. ann. 1376. ex Bibl. Reg. : *Item quidam Tabuleti argenti deaurati claudentes et firmantes cum cherneriis ornati de minuta perreria et de perlis.* Inventar. aliud Gallicum : *Item uns Tableaux d'argent doré fermans à charnieres, ou il y a plusieurs reliques, aornée de menue perfrerie et de pelles.*

TABULINUM. Vide Hyginum de Castrametatione pag. 3. 11. [et Apuleium in Floridis cap. 22.]

✱ **TABULLA**. [Ut *Tabula* : « *Ante quos est eciam Tabulla cristallina.* » (Inv. Card. Barbo ex transcript. Müntz, 1457.)]

¶ **TABULLERIUS**, Tabula lusoria, Ital. *Tavoliere,* Gall. *Tablier, Echiquier.* Statuta Civitatis Astæ cap. 1. de ludo taxillorum : *Qui dictos taxillos vel raianetas vel Tabullerios præstant, etc.* Vide supra in *Tabularium* 6.

¶ **TABULUM**, Ἱκρίον, in Glossis Lat. Gr. Tabula, Tabulatum. Glossæ Græc. Lat. : Ἱκρίον, Tabulum, Tignus. Statuta Vercell. lib. 3. fol. 55. verso : *Et quod totam pecuniam quam recipiet pro Communi sibi dari faciet ad dictum Tabulum, et totum id, quod solvet, solvere debeat super ipsum Tabulum in eadem pecunia, quam recipiet.* Hic mensam intelligit, seu abacum nummulariorum ; mensam vero sarcinatoris, in Statutis Astens. Collat. 7. cap. 5 : *Et hoc faciant (sartores) antequam incidant (pannum) ad Tabulum suum vel alibi.* [⁴ Hac ultima notione nostris alias *Taulier* et *Estaulie,* nunc *Etabli.* Lit. remiss. ann. 1415. in Reg. 169. Chartoph. reg. ch. 54 : *Le supplíant cousturier du lieu de Meset,...... qui estoit sur son Taulier ou Estaulie, etc.*]

° 1. **TABULUS**, Stylobata, Gall. *Piéd'estal.* Testam. Guill. de Meled. archiep. Senon. ann. 1376. in Reg. 108. Chartoph. reg. ch. 338 · *Item corpus Tabulorum, super quos dicta crux infixa existit, et plures reliquiæ plurimorum sanctorum in eisdem, et sunt armatizati circumquaque ad arma nostra.* Vide *Tabulamentum* 1.

° 2. **TABULUS**, Mensa nummulariorum, Ital. *Tavola.* Stat. Ast. collat. 2. cap. 3. pag. 12. v° : *Potestas Asten. pro se et judicibus, militibusque et aliis de familia sua teneatur ponere ad unum Tabulum boni campsoris de suo feudo libras cc. Asten..... quæ...... remaneant in deposito penes dictum cambiatorem seu Tabulum pro satisfaciendo communi.* Vide *Tabulum.*

TABUR, THABUR, Tympanum bellicum notissimum, vulgo *Tambour,* olim *Taboor,* vel *Tabur,* aut *Tabor,* ex Arabico *Al-Tambor :* nam Saracenorum primitus fuit, uti pluribus docuimus ad Joinvillam pag. 61. Vide præterea Leonem in Tactic. cap. 18. § 110. 142. cap. 20. § 76. [° Glossar. Lat. Gall. ann. 1352. ex Cod. reg. 4129 : *Timpanum, Tabur.*] Radulfus de Diceto ann. 1191 · *Juxta sonum illius instrumenti, quod Ripatoribus vocatur Tabur, subito cercella quædam alarum remigio perniciter evolavit.* Ubi Matthæus Paris habet *Thabur.* [*Mittimus vobis unum Tabur,* in Chronico Danduli apud Muratorium tom. 12. col. 513]

TAMBURES. Epistola Arnoldi Archiep. Narbon. de Victoria relata contra Mauros Hisp. ann. 1212. apud Ughellum tom. 1. part. 1. pag. 190. *Personantibus igitur valide instrumentis Maurorum, quæ Hispani appellant Tambures, figunt gressus Saraceni, etc.*

TABURCIUM, TABURCINUM. Henricus Huntindon. lib. 7. Histor. : *Equi namque insolitum non ferentes clamorem, et buccinarum clangorem, et ictus Taburcorum, calcaribus non obtemperabant.* Ubi Matth. Paris ann. 1097. habet *Taburcinorum.*

¶ **TAMBORINUM**. Annales Mediolan. ad ann. 1381. apud Murator. tom. 16. col. 795 : *Conduci fecit publice quemdam fratrem Ordinis Minorum per civitatem Mediolani cum Tamborino præcedente.*

¶ **TAMBURIUM**. Memoriale Potestatum Regiens. ad ann. 1218. apud Murator. tom. 8. col. 1008: *Saraceni in civitate cum cimbalis, tubis, Tamburis et vocibus exultantes laudabant Deum eorum.* Vide Glossar. med. Græcit. Append. col. 81. voce Θαμβούριον.

¶ **TAMBURRUM**. Castelli Chronicon Bergom. ad ann. 1399. apud Murator. tom. 16. col. 917 : *Conducta fuit ad lupanar seu ad bordellum cum Tamburris et barteriis dicti domini Potestatis.*

TAMBURLA. Sanutus lib. 2. part. 4. cap. 22 : *Qui sciant nacharas pulsare, tympana, et Tamburla.* Le Roman du Renard MS. :

Li avoit pendu un bacin,
Dont on fait aux aunes paor
Que mès les li Tabor.

[Le Roman *de chastié Musart* MS. :

Qui velt en la marine
Faire Tabor soner, etc.]

[Le Roman *d'Aubery* MS. :

Sonnent cil cor, et mains Tabour noisa.

Le Roman *de Kanor* MS. :

Oist cors et araines sonner,
Tabure et timbres tentir et freseler.]

Le Roman *d'Alixandres* MS. :

Ces menuieus sonner, et ces Tabours tentir.

Qua vero ratione pulsarentur aut percuterentur ejusmodi a Saracenis *Tamburla,* docet Auctor MS. Hist. Excidii Acconis ann. 1291. ubi de Saracenis : *Voces emittebant terribiles, ut moris est eorum, maximaque percutientes tympana*

cum baculis *retortis ad terrendum inimicos.*

° **TABUSSARE**, ut supra *Tabullare.* Strepitum facere crebris ictibus aliquid percutiendo, nostris alias *Tabuster.* Lit. remiss. ann. 1383. in Reg. 124. Chartoph. reg. ch. 124 : *Pervenit quod Ymbertus de Bliez archidiaconus Belsiæ in ecclesia Aurelianensi..... ludendo ad pilam in suburbiis civitatis Aurelianensis in vico S. Aniani, ad portam domus Margotæ la Fromentine vexit et ad eam fortiter Tabussavit, fortiter proclamando et ipsam domum intravit.* Aliæ ann. 1410. in Reg. 165. ch. 126 : *Celui qui ainsi Tabustoit ladilte cloche, etc.* Occurrit apud Rabelais. tom. 1. pag. 35. Hinc *Tabuter* a *Tabust,* Gall. ann. remiss. ann. 1478. in Reg. 205. ch. 17 : *Lesquelx compaignons se Tabustoient fort ensemble, à l'occasion duquel Tabust, etc.* Aliæ ann. 1457. in Reg. 187. ch. 174 : *Le supplíant dit à son nepveu, je vous prie qu'il n'y ait point de noise ne de Tabust.* De quovis strepitu *Tabut* dixerunt nostri. Lit. remiss. ann. 1400. in Reg. 155. ch. 169 : *Sans qu'icellui Simon veist cheoir ledit Jehan, ne le oy oïre, pour ce que ladite charrete estoit couverte et pour le grant Tabut d'icelle.* Vide *Tabustellus.*

¶ **TABUSTELLUS**, Certa campanæ pulsatio, ac fortassis illa qua altero duntaxat latere pulsatur, Gall. *Tintement.* Statuta MSS. Eccl. Lugdun. : *Clerici de terra ad Matutinas sive ad omnes alias Horas die conveniant simul in unum locum eisdem præparatum, scilicet in capella B. Photini, dum Tabustellus sonat, vel returnus cujuscumque Horæ, vel classus in festivis diebus.*

¶ 1. **TAC**, Idem, ut puto, quod *Taxa,* Impositio, Angl. *Tax,* Gall. *Taxe.* Formulare Anglican. Th. *Madox* pag. 188 : *Ego Willelmus Patric. dedi... Orino filio Willelmi, pro homagio et servitio suo...... masuagium.... liberum et quietum de Tac et de tol et de stallagio.* Vide *Tacus* et *Theam.*

¶ 2. **TAC**, Morbi genus seu febris pestifera qua ceu repentino ictu (unde nomen) Parisienses percutiebantur sub ann. 1411. vel 1414. Miracula MSS. Urbani V. PP. ex Tabul. S. Victoris Massil. : *Graviter patiens infirmitatem pestilentialem et habens per totum corpus suum lo Tac, quod signum dicebatur esse mortale.* Pluries occurrit ibidem. Chron. vet. Gallicum : *En Mars audit an (1414.) commença à Paris une maladie populaire qu'on nomoit le Tac ou le Horion, qui dura trois semaines ou plus, et plus de cent mille personnes en furent ateintes, mais nul n'en mouroit.*

° Lit. remiss. ann. 1415. in Reg. 108. Chartoph. reg. ch. 334. *Dictus Jacobus vulneratus, bacio carbunculo et quodam alio morbo, le Tac nuncupato, tactus fuit.*

¶ **TACCA**, Patera, Gall. *Tasse,* Ital. *Tazza.* Literæ ann. 1429 : *Vasa aurea et argentea, sicut sunt Taccæ, etc.* Forte legendum est ut mox *Tacea.*

° **TACCULINUM**, Ital. *Taccolino,* Acad. Crusc. : *Spezie di panno rozzo, e grossolano. Copertæ Tacculini,* in Invent. ann. 1280. apud Cl. V. Garamp. in Dissert. 7. ad Hist. B. Chiaræ pag. 231. Vide *Tacolinum.*

TACCUNATUS. Cæsarius Heisterbachensis lib. 12. cap. 20 : *Calceos sibi novos, et bene Taccunatos fieri petivit.* Alii codd. habent *Tacciniatos.* [Italis *Tacconare* est Calceos reficere, resarcire. Vide *Tacones.*]

TACEA, Patera, crater, nostris *Tasse.*

Occurrit in Consultatione post Observantias Regni Aragon. pag. 43. v. [in Instrumentis Gall. Christ. novæ edit. tom. 1. pag. 70. col. 2. in Libro nigro Scaccarii pag. 673. etc.]

¶ **TACELLUS,** Idem quod infra *Tassellus.* Testamentum Guigonis Episc. Casin. ann. 1345. apud Marten. tom. 1. Ampl. Collect. col. 1458 : *Insuper volo et mando, dispono et ordino cappam cum historiis et imaginibus et Tacello argenti munitam et completam.*

¶ **TACETA,** Crater, patera, Gall. *Tasse,* Hispan. *Taça.* Leges Palatinæ Jacobi II. Regis Majoric. tom. 3. SS. Junii pag. LIX : *In Tacetis non tamen deauratis bibant.* Vide *Tacea.*

¶ 1. **TACHA,** Agri limes, signum finium, forte a Germanico *Teeken,* Signum, ut habet Vossius lib. 2. de Vitiis serm. cap. 18.

¶ 2. **TACHA,** Macula, labes, Gall. *Tache.* Statuta Massil. lib. 1. cap. 36. § 1 : *Tachæ et malefacturæ et alia vitia et corruptiones ipsorum pannorum, etc.*

⁎ Glossar. Provinc. Lat. ex Cod. reg. 7057 : *Taca, Prov. macula.*

¶ TACHA CORIORUM *uni obolo census obnoxia dicitur* in Privilegio Leduini Abb. ann. 1086. e Chartulario V. S. Vedasti Atrebat. pag. 243. Vide *Tachia coriorum* et *Tacra.*

⁎ 3. **TACHA,** idem quod *Tasca* 2. Præstatio agraria. Reg. 138. Chartoph. reg. ch. 287 : *Anno Domini 1360. die 26. Sept. acquisivit dictum capitulum* (Narbonense) *a Petro Conilhi omnia jura sibi competentia in et super quodam cavalherio, sito in termino de Laurano..... necnon Tachas bladi et vini, et alia jura, quæ habebat ratione dicti cavalherii.*

⁎ 4. **TACHA,** Instrumentum piscationi aptum, Gall. *Tache,* nisi forte legendum sit *Cache.* Charta Phil. Pulc. ann. 1289. inter Consuet. Genovef. MSS. fol. 35 v° *La berroiche, nasse pelée, nasson espés, la Tache, de quibus piscari imperpetuum prohibemus.*

⁎ 5. **TACHA,** Incerta mihi notione, nisi forsan sit pro Corium. Vide infra *Tachia* 3. Charta ann. 1345. inter Probat. tom. 4. Hist. Occit. col. 201 : *Ramundus Arquerii, athlator Tolosæ domini nostri Franciæ regis, recognosco habuisse.... pro iij. unis de Tachis, xiij. pavesiis, etc.*

⁎ 6. **TACHA,** [Gall. *Cordon (?)* : « ... Pro III. alnis tele pro fenestragiis capelle... item pro v° *Tachas.* » (Arch. histor. de la Gironde, t. 22, p. 413.)]

¶ **TACHARENTIA** TERRA, Ager obnoxius *tascæ* seu præstationi, quam vulgo *Champart* appellamus. Codex censualis Humberti de Villars monachi de Chatelard in agro Dombensi ann. 1391 : *Tenet terram Tacharentiam ad decimam tachiam.* Vide in *Tasca* 2.

⁰ **TACHARIA,** Ludus aleatorius, locus ubi aleæ vacatur, Gall. *Académie de jeu.* Stat. Avenion. ann. 1243. cap. 77. ex Cod. reg 4659 : *Statuimus ne aliquis in tabernariis, vel Tachariis, vel lupanariis......... postquam campana nocte pulsata fuerit, ludum audeat exercere.*

[° F. *Tricharia.* Vide in *Tricare* et *Taberena.*]

⁰ **TACHETUS,** Clavi species, Hisp. *Tachon.* Comput. ann. 1356. inter Probat. tom. 2 Hist. Nem. pag. 172. col. 2 : *Solvit à na Stivana, pro quingentis Tachetis emptis ab eadem, necessariis lectis factis, etc.*

¶ 1. **TACHIA,** Præstatio agraria, vulgo *Champart.* Vide in *Tasca* 2.

¶ 2. **TACHIA,** f. pro *Cachia,* Ambitus, septum : nam solebant mœnia cratibus munire, ne ab arietibus, vel missilibus lapidibus læderentur ; atqui de turre *hurdanda* hic agitur. Vide *Hurdicium.* Computus ann. 1202. apud D. Brussel tom. 2. de Feudorum usu pag. CLXXVIII : *Pro Tachia turris hardenda et plumbanda, et pro aliis Tachiis, quas fecit apud Dunum,* III°. *l.* Ibid. pag. CCVII : *Pro Tachiis Gornaci, quas Rex tradidit, quando Rex fuit ibi,* XLV. *libr.*

¶ 3. **TACHIA,** Idem quod paulo post *Tacra,* Coria decem. Tabularium Compendii de foragiis et ripagiis : *Infra prædictos terminos..... de millenario alexium et makerellorum et plumbi, et de Tachia coriorum. .... reddantur* II. *denarii.* Vide *Tacha coriorum.*

⁰ Nostris *Tache* et Picardis *Tacque,* eadem notione. Stat. ann. 1372. tom. 6. Ordinat. reg. Franc. pag. 121. art. 16 : *Que nulz tanneurs ne puisse acheter aucunes Taches de cuirs, ne de peaulx, etc.* Pedag. de Cappi ex Chartul. 21. Corb. fol. 315. v° : *Chacune Tacque de cuirs, dix cuirs pour le Tacque, iiij. den.* Vide mox *Tachra.*

⁎ 4. **TACHIA.** [Gallice *Tâche :* « Ibidem dedit in *Tachiam* seu ad precium factum tectum domus cure. » (*Chevalier,* Visit. episcop. Gratianop. p. 70.)]

¶ **TACHIABILIS,** TACHIBILIS, Obnoxius *tascæ* seu præstationi agrariæ. Vide *Tasca* 2.

⁰ Nostris etiam *Tachible* Charta admort. ann. 1412. in Reg. 166. Chartoph. reg. ch. 272 : *Item tient plus ledit tenementier .. une terre Tachible, ou à quart, contenant six meteres de terre ou environ.* Infra pluries *Tahible.* Vide supra *Tacha* 3.

⁰ **TACHRA,** ut supra *Tachia* 3. Consuet. antiq. Bitur. ex Chartul. S. Sulpit. fol. 61. v° : *Si burgenses cordoenum, capinas et Tachras a foris de vendendum attulerint reddere debent...... de Tachra duos denarios.* Redit. comitat. Hannon. ann. 1265. ex Cam. Comput. Insul. : *Tacre de quir mise en nef doit deux deniers.* Vide *Tacra.*

¶ **TACIA,** Idem quod *Tacea,* Patera, crater, Gall. *Tasse,* Ital. *Tazza.* Joh. Demussis Chronicon Placent apud Muratori. tom. 16. col. 583 : *Utuntur Taciis, cugiariis et forcellis argenti, et utuntur scudellis et scudellinis de petra, et curtellis magnis a tabula et bronzinis, etc.*

⁰ **TACIDA,** Recrutis species. Charta ann. 1331. in Reg. 66. Chartoph. reg. ch. 527 : *Quod exactiones, quæ vulgariter appellantur in eadem (villa Montispessulani) los meliors, las Tacidas e las beassas, omodo cessare debeant.*

⁎ **TACILLUS.** [« Capellanus male regit et libenter ludit ad *Tacillos,* frequentat tabernas in Chamberisso. » (*Chevalier,* Visit episcop. Gratianop. p. 23.)]

¶ **TACITURIRE,** Silentium appetere, Laurentio in Amalthea. Sidonius lib. 8. Epist. 16 : *Unde cognosces, quod etsi tacere necdum cœpimus, certe Taciturire jam deliberavimus.*

⁰ *Taiser* alias in usu pro hodierno *Taire.* Lit. remiss. ann. 1478. in Reg. 104. Chartoph. reg. ch. 365 : *Icellui Dumont ne se voulut à tant Taiser.* Unde *Taisible,* pro Tacitus, non expressus, & *Taisiblement, Tacitement* & *Tacitoement.* Charta ann. 1362. in Lib. rub. Cam. Comput. Paris. fol. 194. r°. col. 2 : *Et toute l'action réelle et personnelle, mixte, directe, Taisible, expresse et toute autre.* Alia ann. 1341. in Reg. 73. ch. 176 : *Taisiblement ou expresséement.* Occurrit præterea in Lit. ann. 1387. tom. 4. Ordinat. reg. Franc. pag. 65. *Teuement,* eodem sensu, in Lit. ann. 1374. tom. 6. earumd. Ordinat. pag. 48.

⁰ **TACITURNITAS,** pro eo quod taceri debet, nec nominari quidem, in Versione 70. Cantici Canticor. cap. 4. v. 1 : *Extra Taciturnitatem tuam,* ἐκτὸς τῆς σιωπήσεώς σου. S. Hier. in Isaiam cap. 47. v. 2. refert Symmachi interpretationem, qui vertit κατάκλυμμα hujus loci σιώπησιν σου, Hieronimo *Taciturnitatem tuam,* quod taceri debeat præ verecundia. Hæc ex animadv. D. Falconet.

¶ **TACITUS,** Cui ita factum est satis, ut nihil sit de quo loquatur aut queratur. Charta ann. 1343. ex Archivo S. Victoris Massil. : *Pro qua Capitulum et Conventus dicti monasterii se habuerunt pro Tacitis et bene contentis.* Alibi : *pro pacatis et contentis.*

⁰ **TACLA,** Gall. *Tacle,* Sagitta, Telum, Cotgravio, Borello, aliisque . vêrum inter arma ad tegendum, ut clypeus, recensenda videtur a Guill. Guiart. ad ann. 1298 :

Mes hauberjons et cervelieres,
Gantelés, Tacles et gorgieres,
Qui entre les cops retentissaut,
Les armes de mort garantissent.

Idem ad ann. 1301 :

Tacles, hauberjons et cointises.

Rursus ad ann. 1302 :

Targes fendent, Tacles resonnent.

Vide *Tacuacius.*

TACOLINUM, Italicum *Taccolino,* Genus densioris panni, diversicolori filo contexti. Occurrit in Vita B. Margaritæ de Cortona n. 207 : *Una duntaxat de Tacolino induta tunicula.*

⁎ **TACONARE,** [Gall. *rapiécer.* « Pro *Taconando* sotulares Etienetti. » (Arch. Histor. de la Gironde t. 22. p. 405.)]

¶ **TACONES,** Privilegium Leduini Abb. ann. 1086. e Chartulario V. S. Vedasti Atrebat. pag. 243. *Stallus sutoris vaccæ in mense* 1. *den. Stallus Tacones vendentis* 1. *den. Tacon,* teste Nicotto, *Gallis est minor salmo ;* sed nihil ad hunc locum, ubi *Tacones* vestes interpolas intelligo, præsertim ex sequenti *Taconatus.* Etiamnum in quibusdam Gallo-Flandriæ locis *Tacon* dicitur assutum vesti resarcitæ segmentum.

⁰ Vide supra *Supplantarium.*

¶ TACONATUS, de vestibus resarcitis dicitur in Charta Præpositi S. Audomari ann. 1227. e Tabulario ejusdem Ecclesiæ : *Incedant autem Canonici honeste, tonsura rotunda, gestu et habitu honesto, videlicet superpellicio et cappa honesta, non Taconato seu petiata, sed integra, ut in superpellicio honesto similiter, non Taconato seu repetiato, sed nigro.* Vide *Taconatus.*

⁰ **TACOUIN,** Arabice , Productio , a verbo *Cawana,* Producere, in Animadv. D. Falconet.

TACRA, [Coria decem,] Idem quod *Dacra,* de qua voce, supra. Regestum Castri Lidi in Audib. fol. 31. ubi de Pedagiis et Consuetudinibus : *Tacra coriorum 2. den. Millenarius de harenc.* 1. *denar. Centum ob. etc.* Occurrit ibidem alio loco.

☞ Hinc emendare licet Privilegia Pontis-Ursonis tom. 4. Ordinat. Reg. Fr. pag. 641. num. 42 : *De unaquaque Cacra coriorum duos denarios, tanquam de transitu ; et de Tarra tanata, quatuor denarios.* Pro *Cacra* et *Tarra* legendum indubie est *Tacra.* Sic etiam forte legendum in Charta ann. 1409. tom. 8. Rymeri pag. 576. col. 2 : *Quinque albos* (vectigales) *pro quacumque Tarqua coriorum.* Statuta Scabinorum Maceriarum ad Mosam MSS : *Le coussin doit* 11. *den. le Tacre de cuir doit* 11. *d. le plisson de vaires doit* 11. *den.* Vide *Tachia coriorum.*

¶ **TACSUS.** Melis, Gall. *Taisson,* species felis silvestris, cujus pelles sunt in usu. Vide supra *Melota* et *Taxus.*

TACTARE, Confirmare, in Fleta lib. 2. cap. 61. § 22. [Vide *Tangere chartam.*]

¶ **TACTE,** Πάγκακος in Glossis Lat. Gr. et Græc. Lat. Vulcanius suspicatur legendum esse, *Tecte,* παγκάκως Omnino male.

° **TACTITUS,** pro Tacitus. Charta Petri Adriens. episc. ann. 1016. tom. 2. Cod. Ital. diplom. col. 1949 : *Cunctam transactæ prædæ querimoniam definivimus, et inde Tactitus cunctis diebus vitæ esse promitto.* Alia ann. 1116. tom. 4. col. 1538 : *Et inde Tacititus cunctis diebus vitæ meæ esse promitto.*

TACTUM, *Pavidum, vel nigrum,* in Glossario Longobard. S. Germani Paris. ex Glossis.

° **TACUINUM,** inscribitur Opus quoddam medicum, quod commentariis illustravit Magister Dudo, in Bibl. Sorbonæ sign. 781. Acad. Crusc. *Taccuino, Nome di Libro simile all'almanacco, o lunario.*

¶ **TACULA,** Species cornicis, Ital. *Taccola* Chronicon Modoetiæ apud Murator. tom. 12. col. 1185 : *Visa est in aere supra dictum pratum maxima multitudo et innumerabilis avium, quæ dicuntur Taculæ.*

¶ **TACUS,** Idem, ut puto, quod *Taxa,* Impositio, Gallice *Taxe.* Charta Caroli Simplicis ann. 916. apud Baluz. tom. 2. Capitul. col. 1529 : *Nolumus præterea, ut ab ipsis vel ab eorum hominibus aliquid telonei, neque pascuaticum, nec mansiones, Tacos aut aliquas redhibitiones exigatur.*

¶ **TÆDIABILITER,** Moleste. *Tædiabiliter urgeri a creditoribus,* in Chronico Senon. apud D. Calmet. in Probat. Hist. Lotharing. tom. 2. col. 42.

TÆDIARE, Tædio affici. Glossæ antiquæ MSS : *Tædet, tædiatur. Tædiatur, tædio afficitur.* Glossæ MSS. Salmasii : *Tædio,* ἀθυμῶ. Glossæ Lat. Gall. Sangerman. MSS : *Tædiari, Ennuyer ou estre ennuyez.*] Lampridius in Alexand. Severo : *Neque unquam Tædiavit, aut morosus aut iratus resedit, fronte semper pari, et lætus ad omnia.* Vegetius de Re veterin. lib. 3. cap. 2 : *Inter exordia igitur Tædianti bovi adversus omnes morbos potio ista succurrerit.* [Epistola 2. Synodi Arelat. ad Silvestrum PP : *Tædians* (Constantinus) *jussit omnes ad suas sedes redire. Tædiare ad vincula,* apud S. Ambrosium tom. 2. col. 1099. num. 10. Vide *Tædium.*]

¶ **TÆDIOLUM,** *Parvum tædium,* Johanni de Janua ; *Petit ennuy,* in Glossis Lat. Gall. Sangerm.

° **TÆDIOSUS,** Tædium afferens, molestus. Tuscanus S. Genulfi tom. 7. Collect. Histor. Franc. pag. 878 : *De quo quamvis ob prolixitatem voce Tædiosum sibi valde videretur, etc.* Dicitur etiam de equo, in Charta ann. 1841. ex Reg. 74. Chartoph. reg. ch. 369 : *Petrus dictus Choart..... sciens.... quemdam equum ipsius Petri fuisse et esse cacitrosum, Tædiosum et naturæ ferocis, etc.*

TÆDITUDO, Tædium. Gloss. Gr. Lat. : Σιχχασία, *Tedium, Teditudo, Fatidia.*

TÆDIUM, Ægritudo. In Concilio Epaonensi can. 1. statuitur, *ut nisi causa Tædi evidentis extiterit, nullus excusetur Episcopus, quo minus veniat ad Synodum.* Concil. Aurelian. II. can. 1 : *Ut nullus Episcoporum, nisi certa Tædii causa detentus, ad Concilium venire penitus ulla excusatione detrectet. Infirmitas* dicitur in Concilio Turon. II. cap. 1. *Acerbitas corporeæ infirmitatis,* apud Avitum Vienn. Epist. 80.

¶ **TÆDIARE,** Ægrotare. Vita S. Rusticulæ Abbat. Arelat. sæc. 2. Benedict. pag. 146. num. 81 : *Cum nimia ægritudine febrium teneretur... die Dominica gravius Tædiare cœpit.*

¶ **TÆDIUM FACERE,** Molestiam exhibere, Gall. *Inquiéter.* Inquisitio ann. 1268. ex Schedis Præs. *de Mazaugues : Et quod vidit avere prædictorum in territorio de Morerus, et non vidit quod aliquis Arelatis faceret ei Tædium.*

¶ **TÆDULA,** Parva tæda, Johanni de Janua ; *Petit Brandon,* in Glossis Lat. Gall. Sangerman.

¶ **TÆLLIA** OLIVA. Legitur in Annalibus Benedict. tom. 2. pag. 154. ad ann. 751. Rotharium incerti loci Abbatem concessisse Monasterio S. Georgii Reatino *Olivas Tællias quindecim in loco, qui dicitur Mussinus.* Emendandum forte est *Tallias.* Vide in *Talea* 1.

¶ **TÆLLIED,** vox Aremorica, idem sonans quod infra *Taillia* 6. Exactio, Gallis *Taille. Incisura quæ dicitur Taellied cum forisfactis et furtis et aliis exactionibus,* in veteri Charta Kemperleg. apud Lobinell. tom. 2. Hist. Britan. col. 125.

¶ **TAFATANUS,** TAFETANUM, etc. Vide *Taffata.*

TAFFATA, TAFFATIN, Pannus sericus, quem vulgo *Taffetas* dicimus, [Armorici *Taftas,* unde nomen.] Monasticum Anglic. tom. 3. part. 2. pag. 86 : *Unum mantellum..... de camoca duplici, cum alba Taffatin.* Infra : *Unum mantellum Comitis Cantiæ, de banno blodio laneo, duplicatum cum viridi Taffata.* Pag. 95 : *Capis nigris cum capuciis de sindone vel Taffata linatis utentur.* Charta scripta circa ann. 1820. pro Infante Majoricæ, in Camera Comput. Paris. : *Pannus aureis et sericeis, et laneis, et pannis de summit, et de camelot, et de Thafatas, et multis tapetis, etc.*

¶ **TAFETANUM,** Eadem notione, in Conc. Mexic. ann. 1585. nom. 4. Conc. Hispan. pag. 830. ubi et *Tafetaneum opus* legitur.

¶ **TAFFETTA.** Linteamen *de Taffetta,* in Actis S. Davini, tom. 1. Junii pag. 332.

¶ **TAFFETANUS.** E panno *taffeta* dicto. Synodus Limensis ann. 1582 tom. 4. Concil. Hispan. pag. 275 . *Clericis sacris ordinibus initiatis præcipimus, ne quisquam ipsorum utatur veste holoserica, villosa, damascena, raxa, Taffetana, etc.*

¶ **TAFATANUS** NIGER, in Concilio Taracon. ann. 1591. tom. 4. eorumd. Conc. Hispan. pag. 612.

¶ **TAFETALIS** RUBEUS, in Annalibus Mediolan. ann. 1389. apud Muratorium tom. 16. col. 809.

¶ **TAFURANEA,** Aleatorium. Concilium Terracon. ann. 1317. apud Marten. tom. 7. Ampl. Collect. col. 307. cap. 7 . *Abstineant* (Clerici) *a negotiationibus et aliis actibus inhonestis, et specialiter carnificum seu macellorum..... nec Tafuraneas teneant, nec in eis etiam conversentur.* Vide mox *Tafuria.*

° Melius *Tafuraria* in Cod. MS. ejusd. Conc. : *Moneantur* (clerici) *quod nec Tafurarias exerceant.* Hispan. *Tahureria.*

° Gallicum vero *Taffurier, Aptare,* apponere sonat, ut opinor, in Comput. Rob. de Seris ad ann. 1332. ad ann. 1844. ex Reg. 5. Chartoph. reg. fol. 4. r° : *Une selle de guerre, les arçonnieres devant et derriere de cordouan vermeil. Taffurié sur orprise.*

TAFURIA, TAFURARIA, Species tributi, aut pensitationis, apud Catalanos. Petrus II. Rex Aragon. in Charta an. 1283. pro Libertatibus Catalaniæ : *Statuimus, quod Tafuraria tollatur perpetuo, et eam revocamus.* In titulo Capituli scribitur *Tafuria.* Fori Arag. lib. 1. tit. Privilegium generale Regni Arag. : *Aquello mesmo de las Tafurerias, que sian desfeytas a todos tiempos.* Exstat aliud Statutum Ferdinandi I. Regis, quo eadem *Tafureria* exstinguitur et aufertur. Sebastianus Cobarruvias : *Tahur, el que continua mucho el juego ; que si se repite Tahur, Tahur, dize hurtar, porque muchos de Tahures dan en ladrones, quando non tienen que jugar.* La Ley 6. tit. 14. part. 7. dize assi *en confirmacion desto : E a todo home deue asmar, que los Tahures, e los bellacos usando la trahirfreria, por fuerça, conviene que sean ladrones, e homes de mala vita.* La Ley 8. tit. 16. part. 3. llama *a estos Tafures, y los cuenta entre los infames y sera bien que se vea.* La Ley final tit. 5. part. 2. *donde se afea mucho el juego que passa de conversacion y entretenimiento, y como particularmente deven huyr deste vicio los Principes y grandes Senores.* Lusitanis *Tafularia,* est alea : quomodo etiam *Tafureria* apud Raymundum Montanerium cap. 237. et in Foris Aragonensibus, apud Michaëlem *del Molino* in Repertorio Fororum Aragon. V. *Ludus.* Rursum Hispanis *Tafuria,* vel *Tafuraria,* est navis hippegus, [*para passar los cavallos,* ut habet Antonius Nebrissensis.]

° **TAFUS,** a Græco τάφος, Sepulcrum, monumentum. Gerhardi Vita S. Oudalrici cap. 13 : *In æcclesia S. Mariæ ante altare S. Walburgæ virginis in sede unius Taft ambos fideliter spelivit.* Vide *Taphus.*

TAGARA, Vasis species, apud Lusitanos. Vet. Charta apud Brandaonem tom. 5. Monarch. Lusitan. pag. 304. v° : *Item recepit* 5. *Tagaras, quæ ponderaverunt* 6. *uncias. Item unam Tagaram, quæ ponderavit, etc.* Ubi *Tagara* inter vasa recenseatur.

° **TAGARNICUS,** Idem qui *Tavarnicus.* Vide infra in *Tavernica.*

TAGAX, *Furunculus.* Vett. Glossæ in Glossario Longobard. S. Germani Paris. [Festus addit, *a tangendo dictus ; cujus vocabuli Lucilius meminit ;* imo et Tullus lib. 6. Epist. 3. ad Atticum : *Quæstor levis, libidinosus, Tagax,* ut emendavit Cujacius ex MS.]

TAGDIENST, Servitium diurnum, a Germanico *Tag, Dies,* et *Dienst.* Servitium, officium. *Servitia quæ Tagdienst vulgariter nuncupantur,* in Litteris ann. 1269. apud Tolnerum in Probat. Hist. Palatinæ pag. c. Vide mox *Tagewane.*

¶ **TAGEWANE,** Idem quod *Tagdienst,* Servitium diurnum, seu operarum manuariarum certis diebus exhibendarum. Charta Argentorat. ann. 1818. apud Schilterum in *Dagewane : Cum agris, pascuis, servitutibus, quæ vulgariter* (sic) *dicuntur Tagewane, ac furibus, etc.* Docet ibidem laudatus Glossator, vocem *Wan* Celticam esse, reliquam in Suecica lingua, in qua *Wanda* est sollicite et cum cura aliquid elaborare et efficere : *Vandad,* sollicite factum ; *Vandliga,* sollicite, etc. Hinc efficit *Tagewan* seu *Dagewan* esse diurnam curam, operam ; quod etiam dicitur de operis conductis, ut ex allato ibidem testimonio patet.

¶ **TAGIA.** Necrologium MS. S. Martialis Lemovic. : *V. Id. Jan. P. Andreas*

TAG

monachus X. *sol. Helemosinario debet solvere in duabus Tagiis prope clocarium B. Martialis.* Idem videtur, vocis tamen origine incomperta, quod Galli diceremus *En deux paquets.*
¶ Legendum puto *Cagia*, Arcula. Vide supra *Cacia* 1. et *Cagia* 2.
★ [Legitur in *documents historiques bas latins, provençaux et francais, concernant principalement la Marche et le Limousin*. Lemov. 1883. in 8°. pag. 3. quædam notula quam gallice transcribemus ut clarius intelligatur. « Les Bénédictins ont inséré le mot *Tagia* dans le Glossaire de Du Cange et ils en donnent précisément comme unique exemple ce passage de notre obituaire, d'ailleurs incorrectement reproduit. (*Legitur enim:* B. Vidus. — P. Andras monachus [dedit nobis] X. sol.; helemosinarius debet solvere in duabus [s] tagiis prope clocarium sancti Marcialis.) Ils pensent que *in duabus Tagiis* veut dire en deux paquets. Dom Carpentier croit qu'il faut lire *Cagia*. Ces deux interprétations sont erronées, il faut lire *in duabus* [s] *tagiis*, comme le montre la comparaison d'un autre passage de notre obituaire (III. id. mart.)» Legitur enim eodem volumine p. 14 : « Gregorius Mallenc prepositus de Rossaco adquisivit ad prestanciam beati Gregori pape XXX. sol. Helemosinarius sancti Marcialis debet solvere XXV. sol. pro *Stagiis* prope clocarium sancti Marcialis. » Confer. STAGIA 1. et 2.]
¶ **TAGLIA**, Italis, Impositio, tributum, nostris *Taille*. Gesta Manfredi et Conradi Regum apud Murator. tom 8 col. 609 *Omnes angariæ, perangariæ, collectæ, Tagliæ, dativæ, contributiones exercituum, etc.* Vide *Tallia*.
¶ **TAGLIARE**, Italis, incidere, Gall. *Tailler*. Additiones ad Statuta Mutin. cap 27. fol. 49 : *Nullus audeat tempore æstivo vel hyemali Tagliare, rumpere vel incidere ripam seu ripas alicujus fluminis publici vel privati.*
° **TAGLIATA**, vox Italica, Silva cædua, Gall. *Taillis*. Stat. Mutin. ann. 1360. cap. 158. ex Cod. reg. 4622. A. *Nullus ducat vel intrare permittat aliquas bestias ad pascendum in aliqua Tagliata ;.... et intelligatur Tagliata infra duos annos.* Vide *Talla*.
TAGMA. Gloss. Gr. Lat. : Τάξις πολέμου, *Cuneum, Tagma, Cuneus, Exercitus,* ex Gr. τάγμα.
— **TAGNARE**, pro *Tannare*, Coria subigere, et *Tagnator*, pro *Tannator*, qui coria subigit. Arest. ann. 1354. 9. Aug. in vol. 4. arestor. parlam Paris. · *Quod dicti Tagnatores pilosa per manum de cetero modo prædicto nullatenus acquestabunt..... Quod dicti Tagnatores coria per alios empta.... Tagnare pro justo pretio tenebuntur, coriaque bene et utiliter Tagnata et fœuata vendere tenebuntur.* Vide *Tannare*. Hinc
° **TAGNERIA**, Officina ubi coria subigantur et præparantur. Charta ann. 1338. in Chartul. eccl. Lingon. ex Cod. reg. 5188. fol. 284. v° : *Fauvez uxor Clemencet Vaudri tres denarios de sua Tagneria.* Vide *Taneria*.
¶ **TAGULA**, Cumulus, strues, Gall. *Tas*. Consuetudines Marchiæ Dumbarum art. 30 : *Si aliquis furetur de die nemus scissum existens insimul vel in maia, quod in illo casu furator 15. sol.* Vien. *bonos solvere teneatur, et si de nocte furetur dictum nemus scissum in Tagula* 30. *sol.* Vienn. *teneatur solvere domino, de cujus dominio nemus existit, si furetur ad collum.* Vide infra *Tassus*.

TAI

° **TAHONA**, vox originis Arabicæ, Hisp. *Atahona*, Moletrina, pistrinum, cujus mola aliquo animali versatur. Stat. pro reformat. regni Navar. ann. 1322. in Reg. Cam. Comput. Paris. sign. *Noster* fol. 440. r° : *Fuit ordinatum quod Tahonæ et molendina de Arquedis, quæ sunt in Ybero et terminis de Arquedis confiscarentur.*
° **TAHUTIS, TAHUTUM**, Feretrum, tumulus honorarius, Gall. *Cercueil, Catafalque;* unde *Tahut*, pro *Tahuc*, legendum videtur apud Godefr. in Observat. ad Hist. Caroli VIII. pag. 751 : *Et quand le corps sera arrivé à Nostre Dame des Champs, sera y Tahuc, où est le corps, sera faite une plate-forme, sur laquelle sera un lit de parade, où sera mise la statue dudit seigneur en son habit royal.* Comput. ann. 1362. inter Probat. tom. 2. Hist. Nem. pag. 255. col. 1 : *Solvit..... domino sacristæ Nemausi pro panno aureo habito ab eodem, posito supra Tahutem Rostagni de Blandiaco, olim scutifferi, dum corpus suum fuit præsentatum ecclesiæ sepulturandum.* Consuet. S. Crucis Burdegal. MSS. ann. 1305: *Si parrochiani non habent pannos aureos, siricos, vel laneos, vel lineos, debent conducere a sacrista, et sacrista tenetur eis locare, ad ponendum super Tahutum cadaveris.... Quod si parrochiani S. Crucis faciunt Tuhutum novum, quando unus parrochianorum ipsius mortuus, ad portandum cadaver mortui, etc.* Charta obit. Franciscæ de Lebreto comit. Petragor. ann. 1188. ex Cod. reg. 4223. fol. 128. v°: *Firmaverunt in dicta capella dicti collegii.... celebrandum (anniversarium) de una magna missa alta cum diacono et subdiacono, Tahuto parato.*
¶ **TAJAMENTUM**, Italis *Tagliamento*, Incisura proprie : hinc pro Canalis, aquæductus, terra incisa, ut illac aqua fluat. Chronicon Estense ad ann. 1351. apud Murator tom. 15. col. 466 : *Insidias posuerunt juxta Caffam in introitu oris Algoren, quod fuit Tajamentum, quo ducitur mare in partibus istis.*
¶ **TAJATA**, Italis *Tagliata*, Incisio, fossa, vallum in terra cavatum. Regimina Paduæ ad ann. 1320. apud Murator. ann. 8. col. 483 *Motam magnam..... faciebat facere dominus Canis cum multis fossis et Tajatis ad claudendum Paduanos, ne exirent per illam partem.* Annales Mutin. apud eumd. Murator. tom. 11. col. 30 : *Eodem anno* (1235). *facta fuit Tajata apud Savignanum per Mutinenses.* Vide *Taleata* 2.
¶ **TAILEA**, Silva cædua. Charta Guillelmi Comitis Pontivi ann. 1221. Histor. Comitum Pertic. pag. 224 : *In nemore nostro de Claretis, præterquam in nostris Taileis.* Vide *Tallia*.
¶ **TAILHA, TAILHIUM**. Vide *Tallia* 8.
¶ **TAILHARE**, Disponere, statuere, *Tailler* eadem notione Galli dicimus. Charta ann. 1351. ex Schedis Præs. de Mazauges : *Promittentes.... ratos, gratos in perpetuum habitures.... quidquid per dictos levatorios actum, dictum, pollicitatum, pactum, Tailhatum et obligatum fuerit.*
¶ **TAILHATOR**, f. Cui silvarum cædarum cura commissa est. Sententia arbitralis ann. 1382. inter Abbatem et Consules de Gimonte : *In his omnibus consentiunt R. D. Pater Abbas.... Consulesque de Bralio Tailhator, frater Dominicus de Pompiniaco grangiarius, etc.* Vide *Tailliator*.
° **TAILHEA**, Præstatio, quæ dominis fit a tenentibus seu vassallis. Charta ann. 1015. in Reg. feud. comitat. Pictav.

TAI 13

ex Cam. Comput. Paris. fol. 87. v° : *Johannes Rabaudi valletus... me habere et tenere confiteor... duodecim solidos Tailheæ cum sex denariis et duas gallinas, decimam et terragium bladorum, etc.* Vide *Tallia* 8.
° ¶ 1. **TAILHIA**, Servitii genus, quo vassalli tenentur exscindere ligna dominis necessaria. Pariag. inter reg. et prioriss. de *Paulhaguet* ann. 1316. in Reg. 56. Chartoph. reg. ch. 273 : *Retinemus.... nobis priorissis Tailhias et manobras et alias servitutes nobis et prioratui nostro debitas et compulsiones pro prædictis.* Vide *Tailhum*.
¶ 2. **TAILHIA**. Vide *Tallia* 5. et *Tallia* 8.
¶ **TAILHUM**, Jus, ut videtur, exscindendi lignum in silva cædua. Charta Richardi de Nova-villa ann. 1231 : *Vendidit et donavit atempium de Tailho et pailho super omni jure suo, quæ habebat et* (f. in) *decimario S. Bausilii d'Anhas.* Vide mox *Tailla*.
TAILLA, Silva cædua, Gallis la *Taillis*. Domesdei apud Spelmannum. *In Hund. Bitham habet Edward.* 7. car. terr...... *et fabric. ferri* 40. *sol. et* 7. *acr. prati, et* 800. *acr. silvæ pastilis per loca* T. R. E. (i. tempore Regis Edw.) *et modo val.* 6. *lib. Tailla* 40. *sol.* [Vide *Tailea* et *Talterium*.]
¶ **TAILLABILIS**, TAILLADA, TAILLAGIUM. Vide *Tallia* 5.
° **TAILLADA**, Silva cædua, Gall. *Taillis*. Libert. Navarier. ann. 1334. In Reg. 62. Chartoph. reg. ch. 266 : *De ecclesia sancti Tirsii usque ad Tallatam ante callam, quæ vocatur vicus de paradiso.* Vide alia notione in *Tallia* 8.
° *Tailade* vero, Gladii genus est, quo cæsim percutitur, in Lit. remiss. ann. 1420. ex Reg. 171. ch. 226 : *Guillaume des Jardins, qui tenoit una Tailade toute nue en ses mains, frappa Denisot Thalance un seul coup sur la teste. Espée à haut Taillier,* in Testam. Thomæ *de Failly* ann. 1478. ex Reg.
° **TAILLADUS**, Orbiculus mensarius, super quo edendi cibi discinduntur, nostris olim *Tailloir*. Inventar. ann. 1218. inter Probat. tom. 1. Hist. Nem. pag. 67. col. 2. *Novem scutellas, tres dobles, duos Tailladus, etc.* Vide *Talhadorum* et infra *Talliatorium*.
° **TAILLAGIUM**, Exactio quævis. Scacar. Paschæ apud Rotomag. ann. 1200. in Reg. S. Justi ex Cam. Comput. Paris. fol. 22. v°. col. 2 : *Judicatum est quod septem servientes abbatis Cadomi sint quieti de equitatu et exercitu et omni Taullagio.* Vide *Tallia* 8.
° **TAILLAIGIUM** MENSURARUM. Præstatio pro adæquatione mensurarum. Charta ann. 1323. in Chartul. eccl. Lingon ex Cod. reg. 5188. fol. 199. v° : *Dictus Guillermus* (tradidit) *præposituram sive sergentiam perpetuam de dicto Montigneio, de Vila-nova et de Champis,.... cum omnibus juribus et pertinentiis ejusdem præposituræ, videlicet laudibus venditionum, Taillaigio mensurarum, quarto denario in emendis, etc.* Vide in *Talliare*.
° **TAILLANDERIUS**, TAILLIENDARIUS, TALLENDARIUS, Sartor, Gall. *Tailleur,* alias *Taillandier,* cujus artem *Tuillanderie* vel *Taillerie* vocabant. Testam. Caroli comit. Prov. ann. 1481 : *Item dominus rex testator ordinavit exsolvi Guillelmo Chauveti ajus Taillanderio sive sartori id quod sibi juste debetur,...... et præterea eidem legavit mille libras Turon.* Occurrit rursum in primo codicillo ejusdem Lit. remiss. ann. 1351. in Reg. 81. Chartoph. reg. ch. 463 : *Guillermus Menuet Tailliendarius, etc.* Libert. Figlaci ann.

1318. tom. 7. Ordinat. reg. Franc. pag. 606. art. 83 : *Si vero textor, parator, tonsor, tinctor, Taillendarius, robarius, etc.* Lit. remiss. ann. 1435. in° Reg. 183. ch. 18 : *Girot Hallot party de son hostel et s'en ala querir ung Taillandier pour soy vestir, lequel Taillandier il trouva, etc.* Stat. sartr. Pictav. ann. 1461. in Reg. 198. ch. 290 : *L'office et mestier de Taillenderie, pourpoincterie et autres garnimens et habits.... Le Taillendier du roy ou les Taillendiers des seigneurs de son sang.* Lit. remiss. ann. 1470. in Reg. 195. ch. 494 : *Jehan Therasse simple homme, du mestier de Taillanderie,... avoit laissé pluseurs varlets cousans robes, etc.* Aliæ ann. 1400. in Reg. 192. ch. 76 : *Denis Sapience Taillandier suivant nostre court a de coustumes de avoir et tenir pluseurs varlets ou serviteurs pour sa Taillerie..... Le supplant print de mal avanture ung siseaulx, qui estoit sur le Taillier, etc.* Aliæ ann. 1389. in Reg. 186. ch. 200 : *Guillemin Carrouge varlet cousturier de la Taillerie de nostre tres chiere et tres amée compaigne la royne, etc.* Pro sartoris officina legitur, in Charta ann. 1849. ex Reg. 68. ch. 406 : *Lequel Jehan confessa qu'il avoit esté en une Taillerie où il avoit aucune fois eu aucunes petites pieces.*

¶ TAILLARE, Cædere, Gall. *Tailler.* Transactio ann. 1316. ex Schedis Præs. de Mazaugues : *Quicumque Taillaverit, arrabaverit, seu fregerit, vel alias distrinxerit arbores fructiferas, etc.* Vide alia notione in Tallia 8.

¶ TAILLATA, Impositio. Vide *Tallia* 8.
¶ TAILLATOR, Sculptor monetarius, Gall. *Tailleur.* Litteræ Johannis Reg. Franc. ann. 1353. tom. 2. Ordinat. pag. 519 : *In vestris senescalliis cotidie supervenit et concurrit pluralitas diffusa servientium et comestorum, Taillatorum seu scisorum monetarum.*

¶ TAILLATOR. Eodem significatu, in Ordinat. ann. 1340. tom 2. Hist. Dalph. pag. 416 : *Pro expensis eorumdem magistrorum ac Taillatorum monetarum et operatorum.*

° TAILLETA. Silva cædua, Gall. *Taillis; Tayeul,* in Primord. Calmosiac. monast. ad ann. 1222. apud Marten. tom. 3. Anecd. col. 1198. Charta Phil. Pulc. ann. 1308. in Chartul. Regal. loci part. 1. ch. 13 : *Quoddam nemus, dictum le Hasoy, cum parva Tailleta, prout se comportat in longum et latum.... Pro dictis nemore et Tailleta, etc. Le Hasoy et la Tailleta,* ibid. in ch. 46. Vide supra *Taillada.*

¶ 1. TAILLIA, TAILLIABILIS. Vide *Tallia* 8.

° 2 TAILLIA PETRA TAILLIÆ, a Gallico *Pierre de taille,* Lapis scissilis. Vide supra in *Petra.*

° TAILLIA VIOLENTA , Tributum , quod per vim exigitur. Libert. Vienn. ann 1361. tom. 7. Ordinat. reg. Franc. pag. 430. art. 8 : *Non habemus Viennæ tollam vel Tailliam violentam.* Vide in *Tallia* 8.

° TAILLIAGIUM, Exactionis vel servitutis species. Libert. Montisfalc. ann. 1359. in Reg. 19. Chartoph. reg. ch. 296 : *Habitatores omnes et singuli loci de Montefalcone... ab omnibus jurisdictione, Tailliagiis, guetis et vigilationibus et a quibuscumque aliis servitutibus.... exempti sint.* Vide supra *Taithia.*

¶ TAILLIARE, Secare, cædere, Gall. *Tailler.* Acta S. Moduennæ tom. 2. Julii pag. 311 : *Arborem..... omnibus ramis et radicibus Tailliatam.* Occurrit alia notione in Tallia 8.

° 1. TAILLIARIUS, Præstationi quæ Tallia dicitur, obnoxius. Arest. ann. 1258. in Reg. *Olim parlam.* Paris. : *Vicecomes Lemovicensis dicebat, quod quando aliquis Tailliarius suus recedit a castro suo de Craignac* (vel *Treignac*) *sub alio domino bona sua mobilia et immobilia, in dicto castro suo existentia, non potest neque debet ille recedens expletare, sed debent ipsi vicecomiti remanere.* Pro exactore tailliarum, vide in *Tallia* 8. unde *Tailliaire,* eadem notione, in Lit. remiss. ann. 1148. ex Reg. 179. Chartoph. reg. ch. 195 : *Plusieurs des manans et habitans des villes et lieux du pais de Languedoc,..... qui ont esté........ receveurs , Taillaires, tresoriers, clavaires et autres officiers, etc.*

¶ 2. TAILLIARIUS, TAILLIATA, etc. Vide infra *Tallia* 8

° TAILLIATIO, *Tailliæ* impositio ad exsolvenda civitatis debita communia. Charta Inger. Cameracens. episc. ann. 1281 : *Cum debita civitatis Cameracensis, quæ notorium est et manifestum fuisse et esse magna, absque Tailliatione dictæ civitatis sive taillia facienda solvi non possunt, etc.* Vide in *Tallia* 8.

¶ 1. TAILLIATOR, Sarcinator, ut puto, Gall. *Tailleur.* Charta ann. 1320. apud Lobinell. tom. 4. Hist. Paris. pag. 525 : *Lite mota coram Præposito Paris. inter procuratorem fratrum et sororum Domus Dei Paris. ex una parte, et Sedilium dictam la Dame relictam Davidis Tailliatoris ex alia, super eo quod dictus procurator dicebat, quod dicta Sedilia... acquisierat quandam domum, etc.* Lobinellus in Glossario scribit *Talliator,* redditque *Celui qui leve la taille,* Exactor tributorum, *Tailles* dictorum : sed nullo satis idoneo fundamento, ut ex ipso contextu paulo fusius relato satis patet. Vide *Taillator,* et *Talliator.*

° Charta Phil. Pulc. ann. 1207. in Lib. rub. Cam. Comput. Paris. fol. 417. r°. col. 1 : *Notum facimus quod nos obtentu grati servitii, quod Johannes Victoris de S. Germano in Laya Tailliator noster et vallelus cameræ nostræ nobis impendit, etc.*

° 2. TAILLIATOR, Sculptor monetarius. Lit. ann. 1371. tom. 5. Ordinat. reg. Franc. pag. 638 : *Quod in eadem moneta sint magistri, gardiæ, Tailliatores, operatores et alii officiarii, etc.* Vide Taillator.

° 3. TAILLIATOR, *Talliarum* partitor vel exactor. Lit. ann. 1378. tom. 5. Ordinat. reg. Franc. pag. 395 : *Cum in civitate et burgo prædictis esse numerum excessimus* (l. numerus excessivus) *Tailliatorum ;.... ordinamus seria præsentium, quod de cetero sint, et esse debeant in civitate et burgo prædictis viginti quatuor Tailliatores, et non ultra, qui..... taillam et extimacionem bonorum consulum et habitatorum dictorum civitatis et burgi facere possint et debeant.*

¶ TAILLIATUS LAPIS, Malleo politus, Gallice *Pierre taillée.* Charta Officialis Paris. ann. 1819. tom. 3. Hist. Paris. pag. 220 col. 1 : *Poterunt* (Carmelitæ) *ab ipsa domo suisque pertinentiis levare et habere, ac quocumque sibi placuerit duci facere et deferri lapides omnes Tailliatos et non Tailliatos, omnes tumbas et corpora seu cadavera defunctorum, etc.* Lobinellus in Glossario legit *Talliatos.*

¶ TAILLIENDARIUS, Sartor. Vide supra *Taillanderius.*

° TAILLINATUM, pro *Tailliatum,* Silva cædua, Gall. *Taillis.* Charta Phil. Pulc. ann. 1309. inter Instr. tom. 10. Gall. Carist. col. 271 · *Usagium quoque et pasturam... in foresta nostra de Hallata et de Cuisia,..... extra Taillinata nova et*

deffensa, ubi nocere possent hujusmodi animalia, concedimus et donamus. *Talliata* rectius habet eadem Charta in Lib. rub. Cam. Comput. Paris. fol. 487. v°. Vide supra *Tailleta.*

¶ TAILLIVI. Vide infra *Tallivi.*
¶ TAILLIUM. DE TAILLIO, Gall. *de Taille,* Cæsim. Lit. remiss. ann. 1362. in Reg. 93. Chartoph. reg. ch. 115 : *Præfatus Petrus dictum Guillelmum cum cuspide dictæ Guizarmæ de stoce sive Taillio dicitur vulnerasse prope mamillam.* Vide infra *Taliuns* 2.

° TAILPOTGE. Charta ann. 1222. apud Pez. tom. 6. Anecd. part. 2. pag. 74. col. 1 : *Ut omnes decimæ, quæ solvuntur de cultura vinearum, quas ipsi comites nunc habent, aut in perpetuum habebunt, in doliorum communitatis, quæ Tailpotge dicuntur, immittantur.* Vide mox *Talagium.*

° TAINERIA. Charta ann. 1162. in Chartul. Thenol. ex Cod. reg. 5649. fol. 25. v° : *Et a meta usque ad Tainerias juxta fractum fossatum, et de Taineriis usque ad fontem, etc.*

¶ TAINTURARIUS, Gall. *Teinturier,* Tinctor, infector. Charta Caroli Regentis e Regesto 86. fol. 174. Chartophylacii Regii · *Audita supplicatione Petri Radulphi et Stephanæ uxoris, Tainturariorum et mercatorum, continente, etc.*

° *Cujus officina Taincture dicitur,* in Lit. remiss. ann. 1454. ex Reg. 182. Chartoph. reg. ch. 130 : *Le suppliant et Raymond Jouguet se transporterent en la Taincture de Guillaume Temeque, posée et assise lez le lieu de Reaumont.*

¶ TAIOLA, Pedica, qua capiuntur vulpes et lupi, ex Italico *Tagliola,* apud Petrum de Crescentiis lib. 10. de Agricult. cap. 32. [Vide *Taliola.*]

¶ TAJOLUS, Idem quod infra *Talea* 1. Statuta Mutin. rubr. 45. fol. 9 : *Inter quæ communia dictum laborerium dividatur ad modum Tajolorum coltæ proxime præcedentis pro medietate, et quod alia medietas ad numerum et secundum numerum focorum fumantium cujuslibet dictarum villarum.*

¶ TAJORE, Escalis, orbis e ligno, Ital. *Tagliere,* Gall. *Tranchoir.* Johan. Demussis Chron. Placent. apud Murator. tom. 16. col. 581 : *Et pro prima imbanditione dant duos capponees, vel unum capponem, et unam magnam petiam carnis pro quolibet Tajore.* Et col. 584 : *Et duo comedunt super uno Tajore.* Hispanis *Tajo* est brevior ligni truncus, nostris *Bloc, Billot ; Tajo de carnicero,* Truncus in quo carnifex secat carnes. Vide *Talhadorium* et *Talierium.*

¶ TAISIA, Gall. *Toise.* Vide *Teisia.*
¶ TAISSARE, Veneno *tais,* vel *tays* nuncupato inficere. Charta Massil. ann. 1300 : *Unde dominus locumtenens et dictum consilium statuit ad cognoscendum dictos pisces Taissatos, lothusclatos et empoysonatos.* Vide *Lothoseta.*

¶ 1. TALA, Vastatio, damnum, præsertim frugibus illatum, Hispanis *Tala,* Provincialibus *Tale,* Gall. *Dommage, dégat.* Charta ann. 1167. Marcæ Hisp. col. 1346 : *Dono prædicto hospitali* (Perpinianensi) *ut bestiæ ejus habeant pascua in omnem terram nostram, ita ut non faciant Talam, et si faciant Talam, emendent illam consilio bonorum hominum.* Rursum occurrit ibid. col. 1395. in Constit. Petri Regis Aragon. supra laudatis in v. *Maleficium ;* ubi legitur *Cala,* male, ut jam ibi notatum est. Charta Raymundi Comitis Tolos. ann. 1177. pro S. Ægidio Arelat. : *Dono per totam terram nostro dominio subditam plenissimum et* liberrimum jus pascendi sua pecora et armenta, eorum tamen pastores et armentarios cautos et pervigiles esse volo, ne Talam faciant, id est, segetes alienas non depascant. Talas et vastationes bonorum, in Charta ann. 1270. ex Archivo S. Victoris Massil. : *Talam facientes vel damnum aliquod dantes in vineis, ortis, bladis et aliis defensis,* in Sententia arbitrali MS. ann. 1292. inter Abbatem et Consules de Gimonte. Adde Statuta Massil. lib. 2. cap. 32. lib. 5. cap, 19. § 13. cap. 20. § 2. Statuta Montis-Olivi diœcesis Carcasson. ann. 1281. apud Marten. tom. 1. Anecdot. col. 968. Statuta MSS. Augerii II. Episc. Conseran. ann. 1280. rubr. de restitutione, Chartam ann. 1342. tom. 2. Hist. Dalphin. pag. 442. col. 2. etc. Simili, ni fallor, notione Consuetudines Furnenses MSS. ex Archivo Audomarensi : *Quicumque fur cum pronuntia captus fuerit, debet in vierscara adduci et ibi debet audire allegationes, id est Tala et Weidtala per manum ipsius, qui eum cepit , et quatuor bonorum virorum.* [☞ *Tala et Wedertala,* apud Warnkœnig. Hist. Flandr. tom. 2. Probat. pag. 74. art. 10. Accusatio et defensio. Vide ibi et mox *Talemanni.*] Sed haud satis scio an huc revocari possint veteres Formulæ Andegav. art. 33 : *Cum per cæca cupiditate per loca orbana semper hostis antiquus bella consurget, et solent homines perfidi et pessimi per malus intolerabilia mala subire, tam ab hostibus, quam latrunculus, per Halas et forles, per captores et rapacis conmovere et conmutare gravis damnos ætatis.* Ubi per *Talas* intelligi possent vastatores seu damna inferentes. Vide mox *Talare.*

¶ TALLA, Eadem notione. Transactio ann. 1317. e Schedis Præs. *de Mazaugues* : *Si contingerat quod Talla seu damnum, etc* Sententia arbitralis inter Dominos et incolas Calliani ann. 1497 : *Item cum prædictis hominibus de Caliano contingat aliquando damna eisdem inferri in eorum eysartis et possessionibus, et Tallas tam per homines privatos quam exteros , quam animalia seu averia...... pro prædictis damnis et Tallis æstimandis, etc.*

¶ TALLIA, Eodem significatu. Transactio ann. 1205. ex Schedis Præsidis *de Mazaugues* : *Quod si familia laica... Talliam facerel vel damnum daret.... in bladibus, pratis et aliis consimilibus.*

¶ TALA, Mulcta ipsa quæ pro Tala seu damno exigitur. Charta ann. 1323. ex Tabul. Massil. : *Salvo quod si bannum commiserint in vineis, bladis, ortis et pratis, quod pro ipsa animalia bannum et Talam solvant.*

¶ 2. TALA, Idem quod *Tailla,* ni fallor, Silva cædua, Gall. *Taillis.* Charta ann. 1218. apud Stephanotium tom. 4. Antiq. Pictav. MSS. pag. 764 : *Concessi dilectis in Christo monachis B. Martini Majoris-monasterii...... calfagium in foresta nostra de Rocha in Tala et branchia ad usum domus suæ, quantum eis opus fuerit in perpetuum.*

¶ 3. TALA, Cunabula nuptiarum. Glossar. vet. ex Cod. reg. 7641.

✱ TALAA, [Ut *Talea* : « Pro Talais et testibus habitis pro certo pretio quæ fuerunt necessariæ in fabrica dictæ salæ. » (Mandat. secret. Camer. apost. ann. 1460 62, f. 150, Arch. Vatic.)]

¶ TALAGA, f. pro *Tigris.* Vide *Togala.*
TALAGIUM, Præstationis species, nostris etiam *Talage.* Charta ann. 1202. ex Tabul. archiep. Camerac. : *Recognitum est et concessum quod villa, quæ vocatur Solemium,..... pertinet ad jus et dominium beati Dyonisii, in terris cultis et incultis, aquis, pascuis, pratis, nemoribus, molendinis, furnis, Talagiis, introitibus, exitibus, mortuis manibus, theloneo, censu, etc.* Charta ann. 1319. in Reg. 59. Chartoph. reg. ch. 316 : *Item valet Talagium et focagium xviij. libras Turon. annui redditus.* Alia ann. 1321. in Reg. 61. ch. 290 : *Li Talaige, les coustumes, li tonlieu et li forage que li cuens avoit, etc.* Vide in *Tallia* 8.

¶ TALAHIA, f. Id quod *Tajata,* Incisura, fossa, vallum cavatum. Vide *Muragium.*

TALAMASCA. Vetus Gloss. MS. : Πέτυχ, *Delusio imaginaria* , *Talemasca.* Theodulfus Aurel. in Epigrammate *de Talamasca* :

Pusio personæ cum vullum obducit inanem,
Quod trenuit hinc terret ; quod fugit inde fugat.
Credo et prostratas jacent, palmasque tetendit,
Ante Redemptorem parvula membra moves.

Hincmarus in Capitul. ad Presbyt. diœcesis suæ cap. 14. Regino lib. 1. cap. 213. et Burchard. lib. 2. cap. 161 : *Nec larvas Dæmonum, quas vulgo Talamascas dicunt, ibi ante se ferri consentiat.* Apud Kilianum *Talmasche,* est larva, ut *Talmaschen,* larvam induere. Vide *Masca.*

TALAMASCÆ LITTERÆ, pro occultis, et quæ talamascis ac sortilegis solis notæ sunt, [et iis quibuscum de earum literarum significatione conventum est.] Fragmentum Odonis Ariberti de Cæde Bernardi Comitis Barcinonensis : *Cætera, quæ pandere periculosum est, literis Talamascis inscribam.* [Vide supra *Cifræ.*]

✝ TALAMATIUM. Chronicon Parmense ad annum 1308. apud Murator. tom. 9. col. 873 : *Qui fecerant per ipsas communitates multa Talamatia et insignia eorum, quæ ibi habebant, suis aciebus ordinatis, iverunt contra dictum dominum Ghibertum.*

¶ TALAMELLARII, TALAMERARII, Panifices. Vide *Talemarii.*

✱ TALAPSUM, [Mare ; profunditas maris. DIFF.]

1. TALARE, Vastare, rem invadere, per vim auferre. A Sax. *talon,* Carpere, detrahere, ut vult Spelmann. [Malim ab antiquo *Taliare,* ut et Gallicum *Tailler,* Italicum *Tagliare* ; unde *Talare* proprie sit Scindendo vastare :] Lex Alamann. tit. 31 : *Si quis præsumpserit infra provinciam hostiliter res Ducis invadere, et ipsas Talare, et post hæc convictus fuerit, quicquid ibi toltum fuerit, mancipia, pecuniam, omnia tripliciter restituat.* Rothar. tit. 64 : *Et quanticumque post auctorem sanguinis prehensores, vel post tres priores fuerint, unusquisque 15. sol. mulctetur, et, quidquid ibi Talaverint, restituant.* Eadem, ni fallor, notione TALARE dicebantur milites, flagrantibus Albigensium bellis, qui vineas et arbores in agris evellebant et exscindebant ; fortean a Gallica voce *Tailler,* quam nostri de consueta vinearum putatione usurpant, quasi ii, cum vastationem hanc aggrederentur, id operis peragere se putarent per ludibrium dictitantes, vitibus ipsis radicitus excisis et putatis. [Ut ut est de primæva vocis origine, *Talare* dictum est a *Tala,* vastatio, damnum, ut superius observavimus] Will. de Podio-Laurentii in Chronico cap 38 : *Memini, quod dicebat pius Episcopus, dum Talando quasi fugientes redirent, Miro modo fugiendo adversarios nostros superamus.* Supra dixit vineas demoliri. Cap. seq. : *Peracto igitur Talæ hujus negotio, etc.* [Inquisitio ann. 1263. ex Schedis Pr. *de Mazaugues* : *Pro quodam blado quod Talaverat cum ovibus suis, emendavit quatuor sextarios annonæ et cujus erat bladum talatum.* Tabularium B. Mariæ Piperac. : *Pastores dicti Comitis cum dicto bestiario Talaverunt blada dictæ parochiæ.* Et alibi . *Pratum Talaverunt et destruxerunt.* Charta ann. 1302. tom. 2. Hist. Dalphin. pag. 98 : *Talaverunt vineas et prata et animalia prædaverunt.* Alia ann. 1339. ibid. pag. 376 : *Ne quisquam... nemora scindere, accipere vel Talare...... audeat.* Alia ann. 1342. ibid. pag. 441 : *Mandamenta Talavistis, multas arbores.... tam furtive et clandestine, quam palam scindistis.*] Stabilimentum Communis Tolosæ ann. 1181. apud Catellum in Comitibus Tolosanis lib. 2 : *Qui invenit Talatorem illum suum, sive alterius, vel in horto, vel in arbore, vel in viridario, vel in horto, vel in prato deves* (i. vetito) *vel in segetibus hominum urbis Tolosæ, vel suburbii, capiat eum, et retineat, si potest : et ille Talator factum talem emendet illi, cujus est honor, etc.* Concilium Bitterrense ann. 1246. cap. 18 : *Et illi* (excommunicantur) *qui vineas, bladis, arboribus Talam faciunt, et aliis bonis, quæ ad Ecclesiam pertinent, etc.* Synodus Nemausensis ann. 1284. cap de Pœnitentia : *De Talis et incendiis, etc.* Charta ann. 1383. apud Guesnaium in Annalibus Massil. pag. 487 : *Quingentos balistarios, quingentos pavesiarores, Talatores, vastatores et bombardas in magno numero pro faciendo vastum ante civitatem Aquensem, etc.* Hispani etiamnum *Talar,* dicunt, pro agros depopulari, et *Tala,* pro depopulatio. Sed et

2. TALARE, est Putare, scindere. Charta Garciæ Fernandi Comitis, ann 1010. apud Anton. *de Yepez* in Chron. Ord. S. Benedicti tom. 1 : *Et per omnes terminos plantare et arrumpere licentiam habeant fratres de Ecclesia S. Petri, ubi voluerint ligna Talare, aut herbarę garda, aut vinis per cofinus, aut carro per qualecumque ambulare, etc.* In alia Charta æræ 1018. ibidem : *Nullusque sit ausus aliqua terra laborare, neque pascua aliqua ibi defendere, neque vinea plantare, vel aliqua ligna abscindere, etc.* Vide Observantias Regni Aragon. pag. 26. 36. edit. 1624. et Repertorium Michaëlis *del Molino* in *Alcaydus, Diffidamentum,* et *Talator.*

✱ Charta ann. 1217. inter Probat. tom. 1. Hist. Nem. pag. 55. col. 2 : *Ponit iterum P. Bonitus, quod Petrus Altrannus Talavit quendam clausum suum, etc.* Stat. Avenion. ann. 1248. cap. 105. ex Cod. reg. 4659 : *Statuimus quod si quis Talaverit vel erradicaverit, vel post tres priores fuerint, et quidquid ibi Talaverit seu erradicari fecerit, pro singulis corgonibus Talaiis vel erradicatis solvat communi nomine pœnæ tres solidos.*

TALARE, Alias Latinis est Talo percutere, χονδυλίζειν.

✱ *Taler* vero, Atterere, frangere, vulgo *Froisser,* sonat in Lit. remiss. ann. 1417. ex Reg. 170. Chartoph. reg. ch. 113 : *Les cyrurgiens qui firent le rapport que icelle femme estoit Talée et froissée de ses membres, tout ainsi que s'elle feust cheue d'un arbre à terre.*

☉ 3. TALARE, Continere. Testam. Isaac medici Carcass. inter Append. ann. 1305. ex Chartoph. reg. Montispess. : *Item Vitali Astruch.... duo vasa vinaria, quolibet unius modii, et unam tinam quam ego emi, quæ tina Talat unum modium et dimidii vini.*

TALARIA, TALARES. Glossæ Gr. Lat. : Ὑποδήματα, *Talaria.* Glossæ Lat. Gr. : *Talaria,* πέδιλα. *Talare,* περίσφυρον. Isidorus lib 19. cap. 34 : *Talares calcei, socci sunt, qui inde nominati" videntur, quod ea figura sint, vel contingant talum ; sicut subtolares, quod sub talo sunt, quasi subtalares.* Fortunatus lib. 8. Poëmate 23 :

Cui das unde sibi Talaria missa ligentur ;
Pollibus et niveis sint sola tecta pedis.

Vide *Subtalares.*
° Unde Gallicum *Talaire.* Comput. MS. monast. Clareval. ann. 1364. fol. 11. v° : *Pro duodecim Talaires pro retectoribus, j. flor.*
°° TUNICA TALARIA. Schol. MSS. ad Juven. Sat. 6. vers. 444. apud Maium in Glossar. novo : *Ante Ciceronem ita mulieres et viri succingebant suas tunicas, quas subarmales vocant ; sed Cicero primus instituit, ut feminarum tunicæ ad talos usque dependerent, propter varices operiendas, quæ tunicæ Talariæ dicuntur.*

TALARES, Tali ipsi. Baldricus Noviom. lib. 1. cap. 56 : *Marcentibus nervis, Talares cruribus adhæserant, ac nullo conamine sejungi valerent.* [Glossæ Lat. Gr. : *Talares,* κόνδυλοι χειρῶν. *Talari,* κόνδυλοι ποδῶν. Adde Glossas Gr. Lat. Vide *Talatrum.*]
° TALASSUS. Glossar. Provinc. Lat. ex Cod. reg. 7657 : *Peada Prov. peda, vestigium, Talassus.*
TALASTRUS, *Colaphus in talos.* Papias. [Vide *Talitius.*]
¶ TALATA, Exactio, *Taille.* Vide *Tallia* 8.
° TALATIUM, pro *Matalatium,* Culcitra, Gall. *Matelas.* Inventar. ann. 1440. ex Tabul. D. Venciæ : *Quædam lichiera garnita Talatio et plumari pleno lanæ.*
¶ TALATOR, Qui vastat, scindit. Vide supra *Talare.*
TALATRUM, Κόνδυλος ποδὸς ἢ χειρός, in Glossis Lat. Gr. Aliæ Gr. Lat. : Κόνδυλος ποδὸς ἢ χειρός, hoc *Talatrum,* Pugnus. Vide *Talaria.*
TALAVACIUS, Majoris ac spissioris clypei species, Gallis olim *Talvas.* Lexic. Cambro-Britannicum: *Talbos, clypeus ; Talwas, clypeus.* Ordericus Vitalis lib. 8. pag. 707. de Roberto Belismensi : *Robertus autem, qui pro duritia jure Talavacius vocabatur, etc.* [Rolandinus Patavinus in Chronico Tarvis. lib. 8. cap. 10. apud Murator. tom. 8. col. 292 : *Circa* CL. *pedites.... cum Talavaciis statuit super turrim et portam, etc.* Le Roman de *Vacce* MS. :

As Talevas se soud et couvrir et moller.]

Joan. *de la Gogue* in Hist. MS. Principum *de Deols* in Biturigibus : *Et commanda par tous les loigts de son host, que chascune chambre heust le jour ensuivent un homme d'armes et deus Talevassiers pour assaillir le Chastel.* Rursum : *Envoia deux des plus esprouvez de sa compaignie pour viser le chastel, accompaigniez de Talvassiers et archiers pour les garder.* Vocem Gallicam alibi usurpatam vix reperias. [Vide infra *Tavolacium.*]
° Hinc, ut opinor, accersenda vox Gallica *Taillevacier,* qua prædator, grassator significatur. Lit. remiss. ann. 1388. in Reg. 124. Chartoph. reg. ch. 166 : *Un homme qui sembloit estre pillart, Tellevacier ou fourragier, et parloit estrange langaige.* Pillart, *Taillevacier ou fourragier,* in Lit. seq. Vide *Talare* 1. Inde etiam fortassis *Talebot,* quæ vox injuriæ loco usurpatur, in Lit. remiss. ann. 1470. ex Reg. 195. ch. 428 : *L'un d'iceulx compaignons.... par maniere d'injure appella

le suppliant Talebot. Parquoy ledit suppliant soy voyant injurié, etc.*
° TALAUCHA, Clypei species, nostris olim *Taloche.* Monstra ann. 1339. inter Probat. tom. 4. Hist. Occit. col. 181 : *Mostra servientium peditum cum lanceis, Talauchis, telis, ensibus et gladiis, etc.* Male editum *Talanchis. Talebart,* eodem intellectu. Lit. remiss. ann. 1397. in Reg. 153. Chartoph. reg. ch. 19 : *Icellui de Fortii armé de badelaire et de Taloche ou Talebart, etc.* Aliæ ann. 1408. in Reg. 165. ch. 364 : *Arnault Dader issy hors de l'ostel portant son espée et son Talebart ou Taloche.* Vide infra *Tulochia* et *Taulachia.*
¶ TALAX, *Scaurus,* in Glossis Isid. Qui sunt exstantes tali. Hinc emendanda sunt Excerpta Pithœi, ubi perperam, *Telax,* Stamus.
° TALAYÆ, Excubiæ excurrentes et exploratoriæ, Gall. *Patrouilles.* Charta ann. 1322. ex Bibl. reg. : *Excubias, gardias sive Talayas teneri faciat ad illum finem, ut si quid contrarium regno Franciæ seu alicui patere eis appareret, per signa ignis vel alias ostenderent.*
¶ TALCUS, Lapis pellucidus, Gallis *Talc,* Germanis *Talck,* unde nomen. Occurrit in Actis S. Juvenalis Episc. Narniensis, tom. 1. Maii pag. 400. col. 2.
¶ TALE QUID, Vox generica qua verecunde significatur Involuntaria pollutio nocturna. Bernardus in Ordine Cluniac. part. 1. cap. 18 : *Si Tale quid ei contigit in nocte, quod nos verecundæ Fragilitatem appellamus, etc.* Et cap. 35 *Qui dum per chorum transit* (is, qui textum Evangelii defert osculandum) *omnes alius inclinant illi, et si alicui Tale quid contigit, signum sibi cum manu facit, ut eat in antea et inclinat.* Rursum occurrit eodem cap. et alibi non semel. Vide *Fragilitas*

1. TALEA, TALIA, TALLIA, TALLIUM, Voces unius ejusdemque originis, quæ nostris Tesseram ligneam significant, in duas partes fissam, in quarum utraque debitum continetur, transversaria quadam cæsura denotatum, altera penes emtorem vel debitorem, altera penes venditorem vel creditorem remanente : nostris vulgo *Taille.* Quæ omnes voces a Latina *Talea* et *Tulia* deducuntur Est enim TALEA, ramus incisus, in Glossis MSS. Glossæ Lat. Gr. : *Talia,* χορμός, σχίζα, σχυτάλη. *Talia,* χορμός, σχίζα. *Taliæ oleaginæ,* apud Catonem et Varronem de Re rustica. *Taliæ ferreæ,* apud Cæsarem lib. 5. de Bello Gall. *Taleæ fracineæ,* apud Serenum Sammonicum cap. 12. *Intercisi ex arboribus cylindri, quos Taleas vocant,* apud Vegetium lib. 4 cap. 8. Nonius : *Taleas, scissiones lignorum, vel præsegmina.* Vetus Agrimensor : *Terminus, si aliquam scissuram, hoc est, Taliaturam habuerit, montem scissum, id est, Taliatum ostendit, limes ille finem transit.* Vide Acta SS. Valeriani, Tiburtii, etc. num. 11. Hinc igitur
TALEA, pro ejusmodi Tessera lignea, Gallis, *Taille,* Anglis a *Talley,* al. *Talley.* Leges Henrici I. cap. 56 : *Si..... de his, quæ ad firmam pertinent, controversia oriatur, ut si de Talœis agatur, etc.* Gervasius Dorobernensis in Hist. Angl. : *Videlicet ut Conventus Monachos tres vel quatuor ad custodiendas villas ordinaret, qui redditibus omnibus Thesaurariis, a Conventu constitutis, per Taleas responderent.* Matth. Paris ann. 1247 : *Fecit etiam per ballivos perscrutari, quod si aliquis institor, vel injuriam passus quicunque alius, in aliqua accommodatione

coacta, vel extorsione pecuniæ, vel victualium ut solet per regios exactores, proferret scriptum, vel Taliam, vel testimonium, vel juraret, etc.* Atque hac notione passim usurpat *Fleta* lib. 2. cap. 27. § 5. c. 30. c. 61. § 2. c. 68. § 12. c. 70. § 1. c. 72. § 20. c. 82. § 5. etc. Adde Cowellum lib. 4. tit. 22. § 8. [Glossarium Lobinelli tom. 3. Hist. Paris.] etc.
¶ TAULLIUM, Eadem notione. Tabularium Ecclesiæ Ambianensis : *Majores vero in his, quæ ad grenidam veniunt, nihil juris habent, excepto quod quando annona mensuratur, si præsentes fuerint ad servitium Ecclesiæ, et Taullia sua fecerint, de summa annonæ rationem possint reddere officialibus Ecclesiæ, et saccos et vehicula ad deferendam annonam submoverint, uterque sex nummos pro sua procuratione habebit.*
CORULINA TALLIA, Laterculus ex corylo arbore. Henr. de Knyghton pag. 2570 : *In æstate sequenti Hex cepit Ianus de tota terra Angliæ, per Tallias corulinas, et parvula brevia scripta, imposito pretio* 9. *marcarum ad saccum, etc.* Gloss. Lat. Gr. : *Corulus,* ποντικέα. Vide *Tallia.*
2. TALEA, [Idem videtur quod *Tala* 1. Vastatio, depopulatio, seu mulcta qua ob damnum illatam exsolvitur.] Charta Roberti Regis Francor. ann. 1028. ex Tabulario Columbensi : *Cum terris cultis et incultis, cum vineis et pratis, cum tota vicaria, et bannis, et incendiis, Taleis, et omnibus legibus cæteris, pascuis, etc.*
¶ 3. TALEA, Societas fœdere confirmata. Italis *Taglia.* Vide *Talia* 4.
4. TALEA, Pretium quod exsolvitur ei, qui rebellem aut perfidum capit vel occidit, Ital. *Taglia.* Chronicon Danduli apud Murator. tom. 12. col. 470 : *Inter cætera statuitur Talea de perperis viginti millibus de Constantinopoli dantibus cum vivum, et de perperis decem millibus dantibus eum interfectum.*
¶ TALEARE, Idem quod supra *Talare,* Scindendo vastare. Petrus Azarius de Bello Canepiciano apud Murator. tom. 16. col. 483 : *Ruscando arbores infinitas.... et Taleando vineas fecerunt vasta apud Castrum Montis, etc.*
1. TALEATA. Vetus Charta ex Tabulario Abbatiæ S. Stephani de Vallibus [edita inter Instr. tom. 2. Gall. Christ. novæ edit. col. 474. et seq.] : *Gamo Ecclesiæ detrahere conabatur paludis partem non modicam, et Taleatas in palude ædificatas, et prata, et saltuum necessaria. Mox : Partem vero paludis ejusdem, quam P. Benedicti sub censu duorum solidorum possidet, A. prædictus uxori suæ in dotem dederat, dum obtineret : hoc etiam Abbas et Ecclesia dominæ reliquit, dum vixerit, obtinendum : quo ab Ecclesia, ministris Ecclesiæ, vel palus, vel census sine querela reddatur. Quod si præfatus A. Taleatam ibi facere voluerit, victui domus suæ necessariam, per manum Abbatis sumat, et ædificet, et, dum vixerit, obtineat : eo vero defuncto, ad Ecclesiam, ut fuerit ædificata, sine querela reddatur. Infra : De præfatis vero Taleatis, dum prædictus A. et uxor ejus vixerint, sex nummos censuales Ecclesiæ reddent, quibus defunctis ad Ecclesiam sine querela reddantur omnes census Taleatarum in palude, ab Abbate sibi demonstrata, ædificatarum. Ubi Taleata videtur fuisse certus ac definitus locus in palude, Taleis, seu palis defixis septus, in quo pisces asservabantur :* [vel fortassis idem quod]
¶ 2. TALEATA, Fossa, locus cavatus, canalis. Memoriale Potestatum Regiens.

ad ann. 1220. apud Murator. tom. 8. col. 1104. *Eodem anno Taleata fuit incœpta cavari, et fuit missus Paudus per dictam Taleatam.* Et ad ann. 1243. col. 1112 : *Potestas fecit* co. *brachia ex muro civitatis juxta alium, et fecit murari Rezetum de Riazolo, et fecit fieri pontem super Taleatam* Vide *Tajata* et *Talgiata.*

TALEMANNI apud Groninganos, dicuntur triumviri, velut Collegii Præsides ac Rectores, eo quod nomine reliquorum verba faciunt in senatu, ut habet Ubbo Emmius in Groninga pag. 61. Kiliano, *Taelman*, est Orator, Causidicus, Advocatus, ex *Taele*, oratio, sermo, et *Man*, homo.

TALEMARII, TALEMETARII, seu TALEMELARII, Gallis, *Talemeliers*, Panifices, qui panem conficiunt ac venum exponunt. Ita in Statutis MSS. Talemellariorum Parisiensi. in quibus hæc habentur : *Nul Talemelier ne peut faire plus grant pain de 2. deniers, se ne sont gasteaux à præsenter, ne plus petit de obole, se ne sont eschaudez, etc.* Regestum feodorum Comitatus Carnotensis fol. 17 : *Item la coustume du pain : chascun Talemelier, qui vent pain au Jœudi devant la Tour, doit obole.* Regestum peagiorum Parisiens : *Ne puet nul vendre pain à Paris, ce se ne sont Talemelliers ou regratiers.* [Adde Præceptum Philippi Pulchri Franc. Regis ann. 1305. apud *de Lauriere* tom. 1. Ordinat. pag. 427. *Talamellarii* dicuntur in Literis ejusd. Regis ann. 1313. ibidem pag. 582. *Herveus Talamerarius* memoratur in Charta 23. Chartularii Dunensis.] Charta ann. 1281. in Hist. Castilinensi pag. 53 : *Burgenses vero ejusdem villæ coquent ad eadem furna ad vicesimum panem : Talemarii vero coquent sextarium ex tribus denariatis panis tales, quales furnerius voluerit accipere.* Regestum Magnorum Dierum Trecens. ann. 1228. fol. 84 : *Probatum.... esse in possessione recipiendi a quolibet Talemetario Vallis S. Aigulfi.* Vide Brolium lib. 2. Hist. Parisiensis pag. 307. 2. edit. [et D. Secousse tom. 3. Ordinat. Reg. Franc. pag. 356. et 659.]

¶ **THALEMETARII**, Eadem notione, in Charta ann. 1176. e Tabulario B. M. de Charitate, ubi Stephanus Sacri-Cæsaris Comes eidem Monasterio donat molendina ea conditione ut *Thalemetarii* de castro Sacri-Cæsaris molant in iis molendinis. Rursum occurrit in Charta Capellæ Castri provinensis sæc. XIII. *Thalametiers*, in Literis vernaculis ann. 1269. tom. 4. Ordinat. Reg. Franc. pag. 583. at ibid. pag. seq. scribitur *Talemeriers.*

Talemetiers, in Stat. ann. 1358. tom. 3. Ordinat. Reg. Franc. pag. 659. et tom. 5. pag. 392. ex Lit. ann. 1871. Quorum artificium *Talemesterie* et *Taillemellerie* nostratibus olim nuncupatum. Charta admodiat. major. Castel. ann. 1380. in Reg. 116. Chartoph. reg. ch. 243 : *Tout le droit des commendises, Talemesteries, gasteleries, messeries, etc.* Alia ann. 1443. in Reg. 179. ch. 147 : *Les maistres du mestier et artifice de boulengerie et Taillemellerie de nostre ville de Bourges, etc.*

° **TALEMERARII**, Eadem notione, in Reg. 34. bis part. 2. fol. 143. v° : *Talemerarii Lehherici conqueruntur quod ..... hæredes ejusdem Guidonis compellunt ipsos Talemerarios ad forniliam quærendam.* [℞ Occurrit non semel in Chartul. S. Petri Carnot. Vide Guerard. Prolegom. pag. 57.]

☞ Vocem *Talemouse*, vel *Talmouse*, quam pro pane dulciario e caseo et ovis confecto usurpamus, ex *Talemetier*, derivari, haud sine probabilitate, docet *de Lauriere* tom. 1. Ordinat. Reg. pag. 427. nota *b*. sed unde dicti ipsi *Talemarii* ? An a voce Gallica *Tamis*, vel potius Aremorica *Tamones*, Farinarium cribrum, ita ut *Talemeliers* dicti fuerint Pistores, quasi nunc diceremus *Tamisiers*, Qui cribro farinam secernunt ?

° Haud sine probabilitate inde deducitur vox Gallica *Talemouse* vel *Talmouse*, a cujus forma triangulari forsan modus agri *Tallemouze* appellatur in Chartul. Latiniac. fol. 260. v° : *Item sept quartiers en façon de Tallemouze auch lieu, aboutissant, etc.*

¶ **TALEMASCA**. Vide *Talamasca*.
¶ **TALEMETARIUS**. Vide in *Talemarii*.
¶ **TALEMIS**, TALEMUS. Vide *Talmud*.
¶ **TALENAGIUM**, id est, Jus exigendi singulos sextarios pro singulis modiis vini venditis, in Charta Hugonis de Noeriis Episc. Autissiod. de manumissione hominum Varziaci ann. 1202.

1. **TALENTUM**, pro Centum libris. Glossæ Lat. MSS. Regiæ : *Talentum, centum pondus auri : idem 82. pondo.* [℞ Cod. reg. 7644. *certum.* Vide Isidor. Orig. lib. 16. cap. 25. sect. 22. ex Euchec.] Ita Theophanes ann. 9. Nicephori General. τάλαντον, pro centum libris usurpat. Vide Agrimensores pag. 383. Budæum lib. 4. de Asse, Agricolam de Ponderibus lib. 2. et 5. Covarruviam de veteribus Numismat. Hispan. cap. 4. n. 5. et alios.

TALENTUM, pro 50. libris. Osbernus in Vita S. Elphegi Archiep. Cantuar. n. 28 : *Ut si vitæ ac libertate velit potiri, sexaginta auri Talenta persolvat, singulis Talentis quinquaginta librarum pondere appensis.*

TALENTUM, interdum pro *Libra* et *Marca* sumitur, ut apud Annam Comnenam in Alexiade pag. 414. Neque aliter accipi apud Gregor. Turon. lib. 7. cap. 40. videtur : *Ferunt autem ducenta et quinquaginta Talenta argenti fuisse : auri vero amplius quam triginta.* Speculum Saxonicum lib. 3 art. 51. § 2 : *Equus, cum quis dominum suum sequendo eidem inservit, Talento, id est, 20. solidis coæquatur.* [℞ Germ. *punt*.] Quot scilicet marca dicitur *ponderare*, eodem lib. art. 45. § 3. *Talenta seu libræ*, tit. 64. § 2. *Marca vel Talentum*, in jure Saxonico cap. 26 § 1 Witikindus, et ex eo Conradus Usperg.: *Pro qua præsumptione condemnavit eum centum Talentis, omnesque Principes, qui ad hoc eum juvabant, dedecore canum, quos portabant usque ad urbem regiam, quæ dicitur Magedeburg.* Vetus Charta apud Hubertum Leod. in Monumentis antiq. pag. 38 : *Pro præsumptione autem delicti, imperando dijudicamus, ut si liber est, 10. Talenta ; si ministerialis, 5. Talenta....... persolvat.* Adde Matth. Paris pag. 547. et 567. Chronicon Montis-Sereni ann. 1171. et alibi non semel, Leges Opstalbomicas cap. 34. etc. Præterea quæ observamus ad Annam Comnenam pag. 400. At in Chronico Laurishamensi, *Talenta* 18. *et dimidium marcas* 15. *cudendo dicuntur.* [et in Statuto Abbatiæ Pegav. ann. 1308. apud Ludewig. Reliq. MSS. tom. 2. pag. 263 : *Pro septem marcis recipi debent sex Talenta denariorum usualium.* Charta Pilgrini de Swarzenowe Ministerialis Austriæ ann. 1271. apud eumdem Ludewig. tom. 4. pag. 81 : *Unius Talenti redditus in Stranais libere tradidi, sex videlicet solidorum redditus et LX. denariorum redditus.* Charta Stephani Waiwodæ Transsilv. ann. 1346. ibid. pag. 277 : *Promittimus... condonare mille marcas puri argenti ponderis Wiennensis aut duo milia Talenta latorum denariorum Wiennensium, et pro quocunque Talento sex pens. latorum den. Wienn. computando.* Adde pag. 79. 80. 82. 100. 109. 119. 162. Dissertationem Christiani Schlegelii de nummis antiquis Gothanis, etc. editam Francofurti ann. 1717. p. 7. et 8. Chronicon Mellicense pag. 879. col. 2. ubi Schrambius *Talentum* vertit per *Florenum*, Vindemias Liter. Schannatti pag. 3. etc.] Sumitur etiam interdum pro Aureo. [*Unum Talentum auri valens septem solidos Turon.* in Indice MS. Beneficiorum Ecclesiæ Constant. fol. 54.]

° Pro *Libra*, ponitur, in Charta ann. 1389. tom. 2. Hist. Trevir. Joan. Nic. ab Hontheim pag. 895 : *In oleo lxxviij. Talenta, in cera vij. cum dimidio Talenta, etc. Talentum magnum humvli...... Talentum magnum canabis*, in Charta ann. 1522. tom. 5. Cod. diplom. Polon. pag. 184. col. 2.

¶ **TALENTUM** CERÆ, in Charta ann. 1315. apud Christianum Schlegelium in Dissertatione jam laudata pag. 11 : *Talentum cimini, Talentum piperis*, in Consuet. MSS. Eccl. Colon. Vide *Tabularium* 6. [℞ *Talentum ceræ et talentum piperis*, in chart. ann. 1244. apud Guden. Cod. Diplom. tom. 2. pag. 83.]

° **TALENTUM**, Interdum idem quod nostris *Besant*. Glossar. Lat. Gall. ex Cod. reg. 7679 : *Talentum, Besant*. Stat. colleg. de Marchia fol. 128 : *Domus onerata in octo denariis Paris. pro fundo terræ erga priorem S. Eligii, et erga dom. nostrum regem in duobus Talentis, Gallice besans Talentum septem solidis æstimatur* in Charta Guich. prior. S. Salvii ann. 1202. ex Tabul. S. Gauger. Carœrac.: *Memoratum hospitale singulis annis die Natalis Domini Talentum unum septem solidorum Valencensis monetæ censualiter nobis persolvet.*

° **TALENTUM** MAJUS, ut res rara observatur a Muratorio, in Charta ann. 1037. tom. 1. Antiq. Ital. med. ævi col. 348 : *Si quis igitur præsumtor temerarius, diabolico suadente ausu præsumpserit, huic nostræ auctoritatis præcepto resistere, aut eum aliquatenus infringere temptaverit noverit se compositurum auri purissimi libras centum Talenta majora.*

2. **TALENTUM**, Animi decretum, voluntas, desiderium, cupiditas, Florentinis et Hispanis *Talento*, nostris olim *Talent*. Testamentum Stephaniæ, Reginæ Navarræ, Garsiæ Regis uxoris æræ 1098. apud Sandovallium in Episcopis Pampulonensibus pag. 61 : *Igitur si venerit ad aliquam de meas filias in Talentum Deo servire, et habuerit habitum, Deo devota permaneat, etc.* [Le Roman de la guerre de Troyes MS.:

Et deu combatre sai-je bien,
Que ceus de là n'en feront rien...
Ce pnez bien savoir sans faille
Q'il n'en ont ore nul Tallant.]

Hinc formata vox apud nostros *Entalenté*, qui aliquid agere cupit, vult, decrevit, etc. Le Roman *de Garin* :

Entalenté fu de Buegue vengier,
Par mautalant a brochié le destrier.

L'Ordene de Chevalerie :

Aprez deux esperons li mit
En ses deux piez, puis li dit,
Sire, tout autres i es maus,
Que vos votez, que vos chevaus,
Soit de bien corre Entalentez,
Quant vos des esperons ferez.

Alanus Charterius *au debat des deux fortunes d'Amour :*

Si recorde sa leçons en son lit
Très ententiz
Et d'en sçavoir du tout Entalentez.

Huicce voci opponitur alia *Maltalent*, mala voluntas. Guillemus *Guiart :*

A grans flos de la ville saillent
Mautalentis, et presque à guerre
Vont les fouriers S. Loys querre.

Alibi :

Courrouciez et Mautalentis.

Matth. Villaneus lib. 10. c. 9 : *Pieno di Maltalento. Detalenté de voler,* de falcone qui volare renuit, in lib. de Falconaria, Jani *de Franchieres* c. 7. Ab ἐθελωτής, vocis etymon accersit Budæus, quod video probari viris doctis. Mihi vero origines linguarum vulgarium, a Græca lingua petitæ, minus arrident.
☞ *Atalenter* non semel etiam usurparunt nostri pro Gratum habere, placere, velle, etc. Le Roman *de Rou* MS.:

Rou oi la parole, mout lui Atalents,
Par conseil de ses homs les tricuves asseura.

Le Roman *d'Athis* MS.:

Mesgnié out belle et riche et gente,
Qui à bien faire s'Atalente.

Et infra :

Moult m'Atalente et plaist leur estre.

⁕ Glossar. Provinc. Lat. ex Cod. reg. 7657 : *Talent , Prov. desideratio.* Hinc *Ratalenter,* Gratum se exhibere, apud Guignevil. in Peregr. hum. gener. MS. ubi de Concupiscentia :

Quant je vuel, je fai le plaisant,
Gracieuse et Ratalentant.

[∞ Vide Raynouard. Glossar. Provinc. tom. 5. pag. 296. voce *Talen.*]
¶ **TALERUS,** TALLERUS, Monetæ species apud Germanos, eo qua jam dictum est in *Dalerus.* Melchioris *de Redern* Epistola ad Archiducem Austriæ de Obsidione Varadin. ann. 1589. apud Ludewig. tom. 6. Reliq. MSS. pag. 328 : *His virtutis ei meritæ laudis ergo centum Taleros donavi.* Rursum occurrit pag. 329. *Ungarici Talleri,* apud Carolum Carafam in Commentariis de Germania sacra restaurata.
¶ **TALETA,** Exactio, Gall. *Taille.* Vide *Tallia* 8.
¶ **TALGATUS,** *Talgata braca,* Cui assutæ peræ, ni fallor. Charta ann. 855. in Append. Marcæ Hisp. col. 788 : *Dono... bracas Talgatas* XXXIII. *et satularas pariba* XV.
⁕ Acad. Hisp. in Diction. *Talega,* Mantica, manticæ repositum, et *Talego,* Saccus.
TALGIATA. Sanutus lib. 1. part. 1. c. 1 : *Tempore vero mensis Octobris et circa, flumen illud abundat in tantum, quod ipsæ speciariæ et mercimonia a Babylonia per dictum flumen intrant, per quamdam Talgiatam longam, et per ducenta miliaria, quæ sunt a Babylonia usque in Alexandriam deferuntur.* [Canalem intelligo. Vide *Talcata* 2. *Tajamentum* et *Tajata.*]
¶ 1. **TALHA,** Idem quod *Tala* 1. Vastatio, damnum. Statuta Castri de Jeguno ann. 1291. MSS.: *Facientes Talham et gast solvant esmendam.*
⁕ 2. **TALHA,** Idem quod Pondus in monetis. Lit. remiss. ann. 1389. in Reg. 145. Chartoph. reg. ch. 32 : *Alii duodecim denarii albi ejusdem legis et melioris Talhæ* reponerentur. Ubi in aliis Chartis de re monetaria habetur, *Ponderis.* Vide *Tallia* 5.
¶ **TALHABILIS,** Gall. *Taillable.* Vide *Tallia* 8.
TALHADORIUM, Orbiculus mensarius, super quo edendi cibi discinduntur, nostris olim *Tailloir.* Occurrit apud Brandaonum in Monarch. Lusitana 5. pag. 304. tom. Ταλοὑριον dicitur in Hist. Conc. Florent. sect. 6. cap. 2. [Vide *Talierium* et *Tajore*]
⁂ **TALHARE,** Singulatim distrahere, Gall. *Vendre en détail.* Charta ann. 1307. in Reg. 42. Chartoph. reg. ch. 44 : *Concedimus quod si in alio loco dicti castri carnes venderentur ad tallium per dictos macellarios....... Promittimus vendere et Talhare infra dictas domos seu macellum bonas carnes, sanas, vendibiles, et legales.* Occurrit rursum in Charta ann. 1310. ex Reg. 49. ch. 80. Vide infra *Tallium* 4.
TALHENDARIUS, [TALHIA, TALHATA.] Vide in *Tallia* 7.
⁂ **TALHUM.** DE TALHO, Gall. *de Taille,* Cæsim, Ital. *di Taglio.* Formulæ MSS. ex Cod. reg. 7657. fol. 35. v° : *Unum magnum cutellum evaginavit repente, et...... tam de Talho quam de stoco ictus quamplures contra eum lansando..... percussit.* Vide supra *Taillium* et mox *Talium* 2.
¶ 1. **TALIA,** Stria in vestimentis, seu rugæ pars eminens ac protuberans in longum deducta ad instar *taliæ* seu *talex,* quæ proprie significat arboris ramum ex utraque parte æqualiter præcisum, seu brevem baculum utrimque pariter crassum, quem etiam Græci σγίσκν, vel σχίσκε vocant. Tertullianus de Pallio c. 5 : *Nec artificem necesse est, qui pridie rugas (pallii) ab exordio formet, et inde deducat in Talias.* Vide Hofmannum.
¶ 2. **TALIA,** Silva cædua, Gall. *Bois taillis.* Charta ann. 1284. e Chartulario Monasterii Baugeseii : *Quod si Talia in dicto nemore fuerit, et animalia Abbatis et Conventus ibi fuerint inventa, etc.*Vide *Tallia*
¶ 3. **TALIA,** Tessera, etc. Vide *Talea*
¶ 4. **TALIA,** TALEA, TALLIA, Italis *Taglia,* Pars illa quæ aliquem spectat ; v. g. Certus militum numerus qui a quovis fœderatorum exigitur, Gall. *Contingent.* Chron. Veron. ad ann. 1332. apud Murator. tom. 8. col. 648 : *Domini Lombardiæ requisiti sunt ad ligam cum Florentinis et Rege Roberto contra Regem Bohemiæ, quæ liga Veronæ per sindicos et ambasciatores Regis Roberti et Florentinorum facta est circa finem Martii, posita Talea inter ipsos de tribus millibus equitum et duorum millium peditum.* Memoriale Potestatum Regiens. ad ann. 1279. tom. col. 1145 : *Certa quantitas militum et peditum de civitate Regionum cum tota montaneæ et cum certa Talia militum et peditum de Bononia et de Parma, et cum balesteriis, iverunt circumquaque, obsiderunt Besumantuam,* etc. Chronicon Parm. ad ann. 1282. tom. 9. col. 797 · *Ut inter eos ordinatum fuit, quod Talia militum eorum continuo staret Cremonæ.* Et col. 826 : *Item eodem anno* (1204.) *dictus dominus Potestas cum* M. *de populo et alia de Tallia deputatis, armata manu cucurrit, etc. Vide Taxa Gentium* in *Taxa* 1.
¶ 5. **TALIA,** Exactio, impositio : *Taliabilis,* Obnoxius tributo. Vide in *Tallia* 8.
¶ **TALIARE,** Prestatio.Vide in *Tallia* 8.
TALIARE, Scindere, exscindere, Gallice *Tailler, couper.* Leges Alvredi cap. 18 : *Si quis nemus alicujus sine licentia comburat, vel Taliet, persolvat omne grossum lignum cum* 5. *solidis.* [Charta ann. 1044.

apud Murator. delle Antic. Estensi pag. 184 : *Ut nullus quilibet homo ipsam silvam... Taliare vel capellare audeat. Taliavit radices,* in Actis S. Francæ n. 32. tom. 8. April. pag. 389 : *Taliando et cusendo,* in Statutis Placentiæ fol. 80. v° ubi de Sartoribus. *Universa extra muros Taliaverunt, prostraverunt et diruerunt,* Petro Azario de Bello Canepiciano ad ann. 1339. tom. 16. Muratorii col. 431.] Vide *Tala* 1. et *Talare.*
☞ Hinc ducenda est vox *Entaillieres,* quam pro Sculptore usurpavit le Roman *de la Rose* MS.:

Pymalion uns Entaillieres,
Portraians en fus et en pierres.

¶ **TALIATA.** Formula vetus apud Murator. tom. 1. part. 2. pag. 83. col. 1 : *Si charta manifestat, quod missus vel tutor comparasset vel de infante, fiat Taliata.* Hoc est, si bene opinor, *tale* seu id fiat, quod in Charta faciendum esse declaratur.
¶ **TALIATGIUM,** Idem quod *Talha* 6. Vide in hac voce. Charta Johannis Auxitan. Archiepiscopi ann. 1401 : *Vinum recollectum extra consulatum et Taliatgium.*
¶ **TALIATOR,** Sartor, Gall. *Tailleur.* Epitaphium ann. 1449. tom. 1. SS. Aprilis pag. 806 : *Hoc opus fecit fieri ars Taliatorum vestium et juponorum.* Vide in *Taliare.*
⁂ **TALIATURA.** Vide in *Talea* 1. Glossar. Provinc. Lat. ex Cod. reg. 7657 : *Talhadura, Prov. cissura, fissura. Talh, Prov. acies, cisus, cisura. Talhar, Prov. amputare, findere.*
¶ **TALIATUS,** Cæsus, scissus, divisus, Ital. *Tagliato,* Gall. *Taillé, coupé.* Chron. Modoetiense apud Murator. tom. 12. col. 1159 : *Fuerunt in civitate sua capti, mortui et Taliati tali modo, quod nefas est dicere.* Rursum occurrit col. 1184. Vide *Taliare.*
¶ **TALIBUS,** pro *Talmud.* Vide in hac voce.
¶ **TALIERIUM,** Escalis orbiculus quivis, sed proprie ligneus, Ital. *Tagliere,* Gall. *Tranchoir.* Annales Mediolan. ad ann. 1389. apud Murator. tom. 16. col. 812 : *Salinum unum deauratum cum pedibus* III. *Aliud salinum deauratum. Talieria* XXIV. *alba argenti mezanella signata in fundo de capite* S. *Ambrosii. Talieria* XXIV. *quadra deaurata. Talieria* XXIV. *rotunda deaurata.* Vide *Talhadorium et Taulerius.*
¶ **TALIERUS,** Species artocreatis, Gallis *Paté,* ni fallor, eadem quæ Italis *Tagliarelli,* vel *Tagliarini.* Chronicon Bergom. ad ann. 1386. apud Murator. tom. 16. col. 855 : *Fecerunt fieri plusquam* c. *tortas ac Talieros artibasalorum seu cazonsellorum ; et venerunt ballantes in civitatem Bergomi tres et tres, et dabant cuique volentibus comedere de dictis tortis et cazonsellis.*
¶ **TALIMPULUM,** f. Tantillum, aliquantum. Canones Hibern. apud Marten. tom. 4. Anecd. col. 7 : *Tribus annis pœniteat... horti oleribus, ovis paucis, Britanniæ formelio utatur....... tenuclæ vero vel balthutæ lactis sextario Romano; sitis gratia et aquæ Talimpulo, si operarius est.* Et col. 10 : *Soloque pane et aqua et sale et leguminis Talimpulo utatur.*
¶ **TALIMUS,** pro *Talmud.* Vide in hac voce.
TALIO. [apud Isidorum lib. 5. Orig. cap. ult. *est similitudo vindictæ, ut taliter quis patiatur, ut fecit ; hoc enim et lege et natura institutum, ut lædentem similis vindicta sequatur ; inde et illud*

Legis: Oculum pro oculo et dentem pro dente. Talio autem non solum ad injuriam referendam, sed etiam pro beneficio reddendo ponitur; est enim communis sermo et injuriæ et beneficientiæ. Donatio Abbatiæ S. Ægidii v. Id. Febr regnante Aianrico Rege (ann. 1038.): *Pro Talione nobis impendentur cælestia.*] *Talionis pœna, seu reciproca pœna,* in l. 3. Cod. Th. de Exhibit. reis, (9, 2.) etc. Ταυτοπάθεια, apud Psellum in Synopsi legum pag. 55. Harmenopulum lib. 1. tit. 2. § 34. l. 6. tit. 9. § 3. et alios. Ἀμοιβαῖα ἀποκλήρωσις, apud Dionys. in Eccl. Hierarch. [Ἀντιπήρωσις ἀμοιβῆ, in Glossis Græc. Lat. et Lat. Gr.] *Vicarium pœnæ genus,* apud S. Valerianum de Bono disciplinæ. Indicitur in Lege Wisigoth. lib. 6. tit 4. § 3. Charta Communiæ villæ Cerniaci in Laudunensi pago ann. 1184: *Quod si reus inventus fuerit, caput pro capite, membrum pro membro reddat, vel ad arbitrium Majoris et juratorum pro capite aut membri qualitate dignam persolvet redemptionem.* Consuetudines Arkenses ann. 1231. in Tabulario S. Bertini: *De homicidio voluntario convictus, parentibus vel cognatis occisi tradetur occidendus, et bona ejus domini erunt.* Adde Brittonem in Legib. Angl. pag. 16. Statuta Academiæ Viennensis apud Lambecium lib. 2. Commentar. de Bibl. Cæsar. pag. 108. Chartam Communiæ urbis Faræ ann. 1207. apud Thomasserium in Consuetud. Buric. pag. 438. Ivonem Carnot. Epist. 51. Observantias Regni Aragon. lib. 8. tit. de Homicidio, § 11. etc. Abrogatur in Consuetudine Hannoniensi cap. 15. In quibus casibus locum habeat apud Aragonenses, docet Michael del Molino in Repertorio Fororum Aragon. v. *Pœna talionis.* Vide Jacobum Gothofredum ad l. 7 Cod. Th. de Accusat. [Vide *Tallio*.]

TALIOLA, Ποδοστράβη, [Tendicula. *Taiola* supra ex Petro de Crescentiis. Vide ibi.] Lex Langob. lib. 1. tit. 22. § 4. [*Roth. 317*]. *Si in pedica aut in Taliola fera tenta fuerit, etc.* Ubi Edictum Rotharis Regis tit. 104. §. 3. et 4. habet *Tunola.* Forte a *Tana,* de qua voce infra. Adde lib. 3. tit 22. § 4. Gratius in Cynegetico vers. 92:

Quid qui dentatas iligno robore clausit
Venator pedicas, cum dissimulantibus armis
Sæpe habet impudens alieni lucra laboris.

TALIORCHUS, Ludi vel aleæ species. Joannes Sarisber. lib. 1. Polycrat. cap. 5: *Hunc tessera, calculus, urio, vel dardana pugna, tricolus, senio, monarchus, orbiculi, Taliorchus, vulpes, quorum artem melius est dediscere quam docere.*

TALIPEDARE, Titubare: verbum priscum, quasi talis insistere, quod faciunt πτενοβάται; quorum meminit Hippocrates: contra quam *Attæ,* qui primis plantis ambulant. Liber Miraculor. S. Adelardi Abb. Corb. c. 8: *Et ipse cœpit vix subsistens quasi ebrius Talipedare,* i. titubare, retro cedere. Adde Sirmondum ad Carmina Sidonii. [Glossæ Lat. Gr. et Græc. Lat.: *Talipedo,* Παραχείρουμαι. In Glossario mediæ Græcit. habetur Παραγέρνων hac notione.]

TALIS QUALIS, Gall. *Tel quel,* Mediocris, medius; titulus, ab episcopo Redonensi assumtus in Actis ejusdem inter Probat. Hist. Brit. tom. 1. col. 672: *Eapropter ego Stephanus de Filgeriis, Redonensis ecclesiæ Talis qualis episcopus, et regis Anglicorum capellanus, quæ ad utilitatem ecclesiæ nostræ et honorem rationabiliter adquisivi, memoriæ traducere proposui, etc.*

TALISMANUS. Ita Sacerdotes suos vocant Turcæ. Vide Wadding. in Annal. Minor ann. 1342. n. 10. De *Talismania* vero, seu στοιχείωσις, vel characteribus magicis ita appellatis, consulendi Salmasius in Kerkoetium pag. 75. de Annis climactericis pag. 578. In Histor. August. pag. 360. Gaffarellum de Curiositatibus inauditis, et alii. Glossar. med. Græcit. col. 1540. voce Τελέσματα.

° **TALITER FACERE**, Gall. *Faire en sorte,* Efficere, dare operam. Comput. ann. 1399. inter Probat. tom. 3. Hist. Nem. pag. 50. col. 2: *Dicti domini consules...... equès iverunt ad dictum locum de Bolhanicis, pro visitando dictas gentes armorum, et Taliter facere quod se dislogiarent a prædicto loco.*

¶ **TALITIUS**, *Colaphus in talo,* in Glossis Isid. *Talitres,* in Excerptis Pith. Legendum esse *Talitrus* vel *Talitrum* censet Martinius. Vide *Talastrus.*

· 1. **TALIUM**, Silva cædua, Gall. *Taillis.* Charta ann. 1341. in Reg. 72. Chartoph. reg. ch. 368 : *Ne animalia infra dicta Talia valeant causa corrodendi intrare vel aliter dampnificare seu devastare, et quod ipsa Talia deffendentur et relaxentur, prout in forestis de Angulis vel de Narbonesio extitit fieri consuetum.* Vide *Talivum* et mox *Talleicium.*

° 2. **TALIUM**. DE TALIO, Gall. *de Taille,* Ital. *di Taglio,* Cæsim. Lit. remiss. ann. 1400. in Reg. 155. Chartoph. reg. ch. 86 : *Dictum Monentum in humeris collo et capite de pico sive Talio percussit.* Vide supra *Taillium.*

¶ **TALIVUM**, vel **TALIVUS**, Silva cædua, ni fallor, jus ea utendi, vel etiam præstatio quæ ob Id juris exsolvitur. Gall. *Bois taillis.* Charta Hospitalis S. Johannis de Ulmis: *Retento tamen dicto Hospitali et suis dominis paschivo et Talivo in garrigiis a cacumine montis usque ad caminum.*

¶ 1. **TALLA**, Vastatio, damnum. Vide *Tala* 1.

¶ 2. **TALLA**, Impositio, *Taille.* Vide *Tallia* 8.

¶ 3. **TALLA**, f. Funis angularius, complicatorius, Nautis nostris *Taille de point, Taille de fond.* Informationes MSS. Massil. de passagio transmarino : *Item Tayas de floneo IX. Item Tallas ad forniamentum arborum swales et sentiles,* LX. *Tallas. Item Tallas dostas et de tarrogas de medio et de prora,* XII.

¶ 4 **TALLA**. AD TALLAM, Gall. *En détail.* Singulatim. particulatim. Charta ann. 1270. in Access. ad Hist. Cassin. part. 1. pag. 312. col. 1 : *Quicumque de eodem castro occidit ad Tallam porcum seu scrofam,...... tenetur de porco seu scrofa prædictis præstare lumbellum eorumdem animalium.* Rursum occurrit ibid. pag. 816. col. 1. Vide supra *Talhare.*

¶ **TALLACA**, pro *Tallata.* Vide in *Talia* 8.

¶ **TALLAGIA**, Exactio. Locus exstat in *Tenseria* sub *Tensare* infra.

¶ **TALLAGIUM**. Vide *Tallia* 8. et *Talliare.*

¶ **TALLARE**, Exscindere, Gallice *Tailler, Couper.* Judicatum ann. 867. apud Perardum in Burgundicis pag. 147 : *Dixit quod... sui servi.... Tallassent vel occidissent uno campo de S Benigno.* Vide in *Talare* et *Tahare.*

¶ **TALLATA**, Exactio, *Taille.* Vide *Tallia* 8.

¶ **TALLATOR**, Numerator, ratiocinator, a Saxonico Tællan, Numerare.

Liber niger Scaccarii pag. 352 : *Tallator Regis in domo comedet, homini suo* III. *obol.* Nisi sit Sarcinator, Gall. *Tailleur.*

° **TALLAVACIUS**, Clypei species, Gall. *Talevas.* Stat. Ferrar. ann. 1279. apud Murator. tom. 2. Antiq. Ital. med. ævi col. 487 : *Quod quilibet custos deputatus ad aliquam custodiam alicujus castri, vel loci civitatis Ferrariæ, vel districtus, teneatur et debeat toto tempore custodiæ habere... spatam, lanceam, Tallavacium, sive bonam targetam.* Consule eumd. Murator. ibid. col. 517. Le Roman *d'Alexandre* MS. part. 2 :

A pié comme serjant a pris le Talevas.

Vide *Talavacius.*

¶ **TALLEA**, Species tigni, materiæ, vel Scandula, Gall. *Bardeau.* Statuta Cadubrii cap. 23 : *Mercatores de Cadubrio libere et impune possint et valeant conducere, seu conduci facere suas Talleas ad quem locum seccarum vellent.* Correctiones eorumdem Statut. cap. 26 : *Si commune alicujus villæ de Cadubrio, vel major pars inciserit, vel fecerit Talleas et alia lignamina causa mercimoniandi, illud nemus non solum vicinis, sed etiam omnibus civibus et habitatoribus Cadubrii intelligatur esse commune, ita quod omnes impune possint in dicto nemore laborare.* Et cap. 99 : *Sancimus, quod quilibet buscherius in Cadubrio per dies octo, postquam signatæ fuerint Talleæ per aliquem mercatorem, tam terrigenam quam forensem, teneatur et debeat eas inquare vel inaquari facere sub pœna sol.* C. *pro quolibet buscherio, et nihilominus ipsas Talleas inaquare omnino teneatur.* Rursum cap. 105 : *Si aliquis... ausus fuerit.... furari assides, Talleas, vel aliqua alia lignamina cujuscumque generis alicujus personæ, condemnetur in libris decem pro quoque ligno, Tallea vel asside, ultra alias pœnas in statutis contentas.* Vide *Talea* et *Tallia.*

¶ **TALLEICIUM**, Silva cædua, Gall. *Taillis.* Literæ Ludovici IX. Regis Franc. ann. 1286. e Chartulario Parthenonis Montis-Martyrum : *Habent bruseriam et genestam in dicto nemore præter Talleicia, quæ se de bestiis deffendere non possint.*

¶ Charta Phil. Aug. ann. 1220. in Chartul. Barbel. pag. 262 : *Præcipimus quatinus in Talleiciis omnium nemorum dilectorum nostrorum abbatis et conventus et fratrum de Barbeel, ubicumque sint, non mittatis aliqua animalia vel mitti sufferatis, quousque eadem Talleica habuerint quinque annos completos.* Vide supra *Talium* 1. et infra *Talluium.*

¶ **TALLERUS**, Monetæ species. Vide *Talerus.*

¶ **TALLETA**, Idem quod *Tallia* 8. Exactio, tributum, Gallice *Taille.* Literæ Gregorii IX. PP. pro Monasterio Malleacensi apud Stephanotium tom. 4. Antiq. Pictav. MSS. : *Concedo... ...exactionem pecuniæ, quæ ab hominibus monasterii et prioratuum, et aliorum locorum ipsius exigebatur annis singulis pro Talleta.* Rursum occurrit in Literis fundationis Monasterii Bellæ-Noæ inter Instrum. Gall. Chr. novæ edit. tom. 3. col. 412.

¶ **TALLHUM**, ut *Tallia* 5. Vide ibi.

¶ 1. **TALLIA**, Vastatio, damnum. Vide *Tala* 1.

° 2. **TALLIA**, Silva cædua, Gall. *Taillis.* Libertates S. Palladii ann. 1279. e MS. Coislin. : *Si infra quatuor annos et Maium animalia essent inventa in Talliis solvent emendant, scilicet* v. *sol. Paris.* Vide in *Tailla.*

¶ 3. **TALLIA,** Tessera lignea, etc. Vide *Talea.*

¶ 4. **TALLIA,** Gall. *Contingent.* Vide *Talia* 4.

¶ 5. **TALLIA,** Bessis aurei vel argentei nummaria partitio, Gall. *Taille,* apud monetarios. Dicitur de certo nummorum numero, qui ex auri vel argenti marca conflatur : v. g. denarius argenteus dicitur ad *Talliam* 10. denariorum, cum ex una argenti marca decem dumtaxat denarii percutiuntur. Rotulus computorum Præposituræ Franciæ ann. 1289. apud D. *Brussel* tom. 1. de Usu feodorum pag. 472 : *Pro busta* VII. *lib.* VII. *sol.* III. *den. gross. Valent* IIII^{xx}. VIII. *lib.* VII. *sol. Turon. petit. Et erat busta bona de pondere et Tallia ; sed deficiebant duo grani cum dimidio.* Literæ Humberti Dalphini ann. 1345. tom. 2. Hist. Dalphin. pag. 514. col. 1 : *Magistros, gardas et rectores monetarum nostrarum ac ligam, pondus, remedia, formam et Talliam ac seignoriam eorum in statu in quo sunt manutenendi , mutandi , augendi seu minuendi, etc.*

¶ TALHIA, Eadem notione. Computus ann. 1339. tom. 1. Hist. Dalphin. pag. 95: *Item, quod fierent denarii alii currubiles pro* 12. *denariis, sub forma et cunho aliorum dozenorum, qui fiebant nuper, sub minori Tallia tamen, et quod essent de liga sex denariorum argenti fini, et de pondere decem solidorum dict. dozenorum pro qualibet marcha, sub remediis et ligæ et ponderis, sub quibus alii dozeni noviter cudebantur.* Vide Lobinelli Glossarium ad calcem Histor. Britan. in vocibus *Taille* et *Alloyé.*

¶ THALLIUM, Eodem significatu. Charta ann. 1417. e Schedis Pr. *de Mazaugues : Et in liga sive in Thalho solidi* 20. *et denarii* 4. *complebant dictam marcham.*

¶ 6. **TALLIA,** Gall. *Taille,* Territorium urbis. *Punicion et correccion des fais perpetrés et avenus en ladicte ville et Taille d'icelle,* in Literis ann. 1363. tom. 4. Ordinat. Reg. Fr. pag. 563. ubi de civitate Insulensi. Occurrit rursus in Inscriptione Consuetudinis ejusd. urbis, ut et art. 44. etc. quod annotatur in Glossario Juris Gallici tom. 2. pag. 402. Vide *Taliatgium.*

¶ 7. **TALLIA,** Scissura, ni fallor, divisio quæ fit in partes scindendo, distractio, venditio quæ fit minutatim, a Gallico *Taille, coupe, dissection,* vel Belgico *Tallie,* Cæsio. Codex MS. Ecclesiæ Audomarensis : *Hæ sunt consuetudines et jura, quæ habent Ecclesiæ SS. Bertini et Audomari in thelonæo de castro* S. Audomari *et in appenditiis ejus, scil. de sturione* IV. *den. de Tallia ceti* IV. *den. de merluis* II. *den.*

8. **TALLIA,** Præstatio, quæ dominis fit a tenentibus seu vassallis, in certis eorum necessitatibus, nostris vulgo *Taille :* sic dicta a *taleis,* seu *taliis,* de quibus supra, hoc est laterculis ligneis, in quibus, cæsuris subinde aliquot solutiones exarabantur, parte altera penes dominum, altera penes tenentem, cui vice apochæ erat, remanente. Charta Rainoldi Remens. Episc. ann. 1094 : *Et wirpivit exactiones, quas Tallias vulgo vocant, quas in villa* S. *Remigii exercebat.* Charta Roberti Comitis Augi : *Nulla auxilia, nullas Tallias sive collectas, nullas omnino exactiones exigant.* Charta Henrici Comitis Trecensis : *Exactio, quam vulgo Talliam vocant.* Charta Adelæ Comitissæ Carnotensis ann. 1109. in Tabular. Abb. Bonævallis : *Descriptionem pecuniæ, quæ consuetudinarie Tallia nominatur, in burgo Bonævallensi fieri præceperam.* Rigordus : *Ne principes.... Ecclesias, vel Clericos ibidem Domino servientes, aliquibus angariis, Talliis vel aliis exactionibus gravare præsumerent. Tallia, sive precaria,* in Chartis aliquot in Historia Guinensi pag. 498. 522. Charta ann. 1060. apud Louvet. in Bellovaco : *Quasdam injustas consuetudines, Talliam videlicet et omnes alias oppressiones... dimisi.* Sugerius de Administrat. sua cap. 10 : *Possessionem B. Dionysii...... a multis retro temporibus tribus Talliis expositam, videlicet Domino Castri Cabrosæ, et Domino Castri Nielphæ, et Simoni de Villa Aten,* etc. Infra : *Ne reducat manum ad Talliam, vel terræ oppressionem.* Concilium Lateranense an. 1176. cap. 4 : *Ne subditos suos Talliis et exactionibus Episcopi gravare præsumant.* Adde Appendicem ejusdem Concilii cap. 7. [Chartam ann. 900. apud Lobinell. tom. 2. Hist. Britan. col. 95. Vide ibid. col. 102. 131. 182. 270. Chartam Communiæ Laudun. tom. 7. Misceli. Baluzii pag. 291. Marten. tom. 1. Anecdot. col. 596. 646. 647. 649. tom. 3. col. 439. tom. 1. Ampliss. Collect. col. 1115. *de Laurière* tom. 1. Ordinat. Reg. Franc. pag. 20. Glossar. Lobinelli tom. 3. Hist. Paris. Calmet. in Hist. Lotharing. tom. 2. col. 36. Hist. Dalph. tom. 1. pag. 127. tom. 2. pag. 54. etc.]

ATALLIA, pro *Tallia,* in Tabular. S. Flori Arvern. : *Ab omni Atalia, collecta, leuda, segoha, et manobra.*

TALLEA, Eadem notione, ex Gall. *Taillée.* Tabul. Eccles. Carnot. ch. 72 : *Tallea supranominata fiet. Quarto anno submonebo Canonicos ejusdem villæ, et facient Talleam convenientem, de qua habebo medietatem, et ipsi aliam.* Tabular. Absiense fol. 29: *Et dederunt* 10. *nummos Talleæ.* Passim in hoc Tabul. Charta Ludovici Regis Franc. ann. 1133. pro Ecclesia S. Maglorii Paris. : *Consuetudinem quamdam, quam Talleam nominant, quæ in eorum villa... ab officialibus Regis extorquebatur, etc.* Innocentius III. PP. lib 1. Epist. pag. 52. edit. Venetæ: *Ab omnibus violentiis, Talleis, et exactionibus duxerit absolvendos, etc.* [Literæ Henrici Archiep. Remens. ann. 1163. e Chartulario Compendiensi : *Tallea vero vel generalis exactio ibidem non poterit fieri, nisi Abbas et ipse Hilduinus consenserint.* Adde Chartam ann. 1251. apud Thomasserium in Biturigibus pag. 90.] Charta vernacula an.n. 1246. in Hist. *des Chastaigners*: *Sour ce que je demandoe sur la terre de la Gombaudiere, et sur les prés, que il teneit, à aveir ma Taillée haute et basse, et mes autres services, etc.* Charta Savarici Vicecomitis Thuarcensis ann. 1269. apud Gallandum lib. 1. de Franco alodio : *Et li homes, qui devoient Taillées par raison de rachat ou de mortemain , n'en rendront desormais nulle Taillée.*

¶ TALLEIA. Charta ann. 1218. apud Baluz. Histor. Tutel. col. 527 : *Illi homines, qui ibi se collocaverint, erunt liberi et immunes ab omni servitio, Talleia, bianno et exactione.* Recurrit ibid. col. 528. et alibi.

¶ TALEA. Synodus Pergami ann. 1311. apud Murator. tom. 9. col. 579: *Ita quod secundum æstimum sive æstimationem prædictam collectarum et Talearum fieri valeat distributio, etc.* Occurrit passim notione tom. 12. ejusd. Muratorii col. 802. 1041. tom. 16. col. 369. Statuta Vercellarum fol. 12 : *Potestas teneatur fodra, mutua et Taleas impositas per Commune Vercellarum...... solvere et dare illi vel illis, quibus seu quorum occasione fuisset imposita vel taliata.* Adde Statuta Civitatis Astæ Collat. 20. cap. 35. etc.

¶ TAILHA, Eodem significatu. Vincentius Cigalt. de Bello Italico: *Domini habentes* credit in curriis *Regum, qui in odium litium et Tailharum* des quatre cas *faciunt vastare subditos per armigeros et destruere.* Quæ vero sint hæ *Tailhæ des quatre cas* dictæ, videre mox potes in *Talliæ franciles.*

¶ TALLHIA, in Charta ann. 1302. apud Baluzium tom. 2. Hist. Arvern. pag. 436.

¶ TALHIA. Charta Regiensis ann. 1361 : *Ad recolligendum et assignandum pecunias Talhiarum in ipsis comitatibus universaliter, ut dicitur, indictarum.* Occurrit præterea in Charta ann. 1375. apud Baluz. tom. 2. Hist. Arvern. pag. 208.

¶ TAILLIA, in Charta ann. 1203. ex Regesto 151. Chartophylacii Reg. num. 370 . *Non Tenebamini ad gachas, vel ad badas, vel ad Taillas, vel ad opera communia.*

¶ TALLADA. *Absolvit..... quicquid habebat in dominio in bordaria de Fonte amara, scilicet... Tailladam, et expletum totum quod habebat vel requirere poterat,* in Charta ann. 1085. apud Baluzium Histor. Tutel. col. 428.

¶ TAILLADA, in Charta Raimundi de Turena pro Monast. Belliloc. ann. 1190 : *Nullas exactiones vel Taliadas debebat habere in villa de Belloloco.*

¶ TAILLIA, in Mandato Philippi Pulchri Regis Fr. ann. 1302. apud Menesterium Hist. Lugdun. pag. 87. col. 2. *Tallus, costumis, vendis,* in Literis ann. 1269. ex Archivo S. Albini Andegav. Adde Vossium de Vitiis serm. in Appendice pag. 812. Lobinelli Glossarium ad calcem Hist. Britan. col. 77.

¶ TALLIIA, in Conventionibus Ludovici Regis Siciliæ cum Arelatensibus ann. 1385. e MS. D. *Brunet* fol. 7. et 9.

¶ TALIA, in Literis ann. 1275. inter Ordinat. Reg. Franc. tom. 3. pag. 62. et alibi.

¶ TALLA, in Charta Communiæ Balneoli, ex Schedis Cl. V. *Lancelot.*

TALATA. Tabular. S. Eparchii Incusism. fol. 34 : *Pravis exactionibus vexarent, scilicet in mestivis, in Talatis, et aliis servitiis, etc.*

¶ TALLATA. Statuta Arelatensia. MSS. art. 159 : *Ex Communis auctoritate possint Tallatam facere super omnibus possessionibus.*

¶ TALLATO, ut *Tallata,* nisi ita legendum est. Literæ S. Ludovici inter Privilegia Ordinis S. Johannis Jerosol. pag. 82 : *Sint liberi et quieti de exercitu et equitatu... de omnibus querculis, placiviis auxiliis et de Tallacis, etc.*

¶ TAULLIA. Charta Theobaldi Episc. Ambian. ann. 1177. e Tabulario S. Richarii : *Meditatem ex integro omnium censuum, jurium...... possidebit Ecclesia, excepta Taullia, quæ per laicam manum in angaria exigitur, et de jure ecclesiastico cum minus pertinere videtur.*

Talliæ porro diversimode imponebantur : quædam enim *ex Consuetudine,* hoc est, usu ita jam olim inducto, certis ac statis anni tempestatibus exigebantur. Charta Communiæ Rotomagensis ann. 1207 : *Nec eos cogeremus ad reddendum nobis Talliam per consuetudinem, nisi sponte sua nobis dare voluerint.* Tabularium Ecclesiæ Ambian. ch. 82: *Per duos hospites..... confirmari fecerunt, quatenus neutrius viri prædecessores in terra* S.

Firmini Talliam jure, vel consuetudine habuerunt. Hinc *Talliæ Consuetudinariæ* dicuntur in Charta Communiæ Belnensis ann. 1196. et in Charta Communiæ Crispiacensis ann. 1184 : *Tam pro censibus quam pro Talliis consuetudinariis, quæ* 4. *terminis sic solvuntur ad mandatum nostrum, in Festo omnium SS.* 20. *in Nativitate Domini* 20. *in Pascha* 20. *in Festo B. Joannis* 20. *etc.* [Charta ann. 1227. e Tabulario S. Jacobi Montis-Gortis : *Radulfus Niel Dominus Muciæ dedi Ecclesiæ S. Jacobi de Monte-forti* IV. *libras in* IV. *terminos divisas, videlicet* XX. *solidos in Tallia Augusti,* XX. *solidos in Tallia* OO. SS. *et* XX. *solidos in Tallia Natalis Domini, et* XX. *solidos in Tallia Paschæ*.] Adde Chartam Communiæ Laudunensis ann. 1128. et Communiæ Cerniacensis ann. 1183.

Interdum ter tantum exigebatur. Charta Nicolai Episcopi Cameracensis, apud Doubletum pag. 419 : *Et ab hominibus ter in anno Talliam violenter exigebat.* Tallia Natalis et Paschæ, in Regesto Philippi Augusti Herouvalliano pag. 143. Consuetudo Burbonensis art. 202 : *Quiconque doit Taille personnelle trois fois l'an, c'est à scavoir en Aoust, à Noel et à Pasques, etc.*

Talliarum præterea aliæ sunt *Reales,* aliæ *Personales. Reales* dicuntur, quæ ratione tenementorum debentur : *Personales,* quæ ratione capitis, *qui sont sur le chef et la personne,* ut loquitur Consuetudo Burbonensis art. 189. 190. 191. 488. et seqq. De Realibus agit eadem Consuetudo art. 488. et seqq.

TALLIÆ PERSONALES, rursum aliæ sunt *Serviles,* aliæ *Liberæ,* seu *Franciles : Serves,* et *franches. Liberæ* dicuntur, quæ a liberis exiguntur : *Serviles,* quæ a servis, in eadem Consuetud. art. 189.

TALLIÆ FRANCILES seu liberæ sunt, verbi gratia, quæ a personis liberis præstantur in 4. casibus, scilicet pro expeditione Hierosolymitana Domini, in ejus captivitate, in filiæ matrimonio, et in Militia filii, nam ejusmodi præstationes *Talliæ* dicuntur in eadem Consuetud. Burbonensi cap. 343. 344. et in Arvernensi cap. 17. art. 9. cap. 25. art. 1. *quæ* alias *Auxilia,* seu *Aides* vulgo appellantur. [Transactio inter Priorem Carthusiæ Vernensis et Rossolinum de Fossis ann. 1295. e Schedis Pr. *de Mazaugues : Quod propter merum imperium, quod habet dictus Rossolinus in territorio de Verna, non possit ibi acquirere aliquam servitutem super dictum monasterium...: nec pro filia maritanda, suo filio uxorando, vel alio quocumque casu Tallias vel quistas facere, etc.*] Ejusmodi etiam sunt *Talliæ,* quæ a liberæ conditionis hominibus exiguntur a dominis in eorum necessitatibus. Regestum Philippi Augusti Herouvalliano pag. 140. *De Conventu S. Aniani Aurelian. dicebant, quod ipsi poterant Taillare homines suos de Tilleio... pro servitio D. Regis, pro servitio D. Papæ, et pro terra emenda ad opus Ecclesiæ.* Charta Philippi Aug. Regis Franc. ann. 1185. pro Lauduneusibus : *Pro Talliis super homines illos, quas tribus de causis facere poterat, videlicet pro exercitu nostri servitio, pro Domino Papa, pro guerra manifesta Laudunensis Ecclesiæ* Exstat Charta Reginaldi Episcopi Parisiensis ann. 1252. in M. Pastorali lib. 1. ch. 2. qua agnoscit Capitulum Parisiense, esse *in possessione vel quasi homines de Orliaco Talliandi pro negotiis Parisiensis Ecclesiæ, etiam aliis quam pro exercitu Regis.* Alia ann. 1267. lib. 2. ch. 44 : *Salva etiam Tallia,* quam *facere consueverunt, cum Do. Rex Franciæ vadit in exercitum.*

TALLIA PANIS et VINI. Charta Philippi Aug. ann. 1215. pro Aurelianensibus : *Sciendum, quod duorum annorum collectio sit facta de blado et vino, quæ quidem collectio, vulgo Tallia panis et vini nuncupatur.* Exstat Charta Ludovici Regis Franc. ann. 1225. in M. Pastorali Eccles. Paris. lib. 19. ch. 58. qua concedit Canonicis ejusdem Ecclesiæ, *ut omnibus annis, quibus Tallia panis et vini de cætero colligi debebit Parisiis, colligant eandem Talliam panis et vini per totam terram suam in Gallandia, et in Claustro S. Benedicti, a principio messium, et a principio vindemiarium, usque ad Festum S. Martini hyemalis.* Charta Philippi Regis ann. 1273. pro Ecclesia S. Medericii Parisiens. : *Habebimus etiam in tota terra prædictæ Ecclesiæ et ipsius hospitibus, bannum, guetum, talliam, exercitum, et cavalcatam, Talliam panis et vini, mensuras, justitiam, etc.* Occurrit in alia ejusdem Regis pro Monasterio S. Germani Paris. ann. 1272. apud Brolium lib. 2. Hist. Parisiensis. Consilium pro Monetis circa ann. 1320. ex Camera Comput. Paris. : *Item il nos semble qu'il seroit bons et grans aumones, et tourneroit à grand profit, que li Rois feist toillir par bonnes gens tous les Tournois pelez et les Parisis pelez, et qu'il les fit fondre, etc. Car les monnoyes le Roy en sont mout refusées, et en sont mout de malices, et li Rois est tenu à tenir les en bon point, car il en a la Taille du pain et du vin de sa terre, et sa monnoie en sera mieus amée.*

☞ Ex quo patet ideo Regi solutam fuisse *Talliam panis et vini,* ne monetas immutaret quod tributi genus in Normannia *Foagium* dicebatur, ut suo loco dictum est. Sed quo primum in blado et vino solvebatur, in certam pecuniæ summam commutatum est, ut inter cætera probat Excerptum ex libro 2. antiq. Ordinat. de artibus, mercibus et politia Paris. part 2. fol. 31 : *Taille du pain et du vin, dicte la ceinture la Reine, qui se lieve de trois ans en trois ans. La Taille du pain et du vin de Grève est vendue de trois ans en trois ans, et commence à estre receue par l'achetteur le jour de la S. Remi, et finit de Quasimodo, etc. L'Abbé de S. Denys doit* X. *livres parisis pour lui et pour ses hostes, et par ce sont francs, sauf tant seulement se aucun y avoit qui amena vin au port pour vendre, etc. L'abbé de S. Mor doit* C. *s. parisis, etc. L'Abbé de S. Germain doit* C. *s. etc.* Plura vide apud D. *Brussel* tom. 1. de Feudorum usu lib. 2. cap. 36.

TALLIA DE MORTUA manu, et de Maritagio, et de Prisone, passim in Tabular. Absiensi.

TALLIÆ ALTA et BASSA, et *Tallia ad voluntatem,* quæ a dominis minuitur vel augetur supremo jure, pro libito, ita tamen ut facultatum Tenentium ratio habeatur. Charta Petri de Foccio Valeti de Charteria ann. 1288 : *Ego dicebam, me habere in eosdem pro tenementis, quæ in dominio meo habebant, Talliam altam et bassam annuatim.* Tabularium Fossatense fol. 61 : *Tallia, quæ fit haut et bas, ad placitum.* Charta Philippi Regis Fr. ann. 1304. apud Doubletum pag. 942 : *Nihil Ecclesiæ subventionis noviter nobis concessæ lævabitur ab hominibus Ecclesiarum de corpore, seu manu mortua, alto et basso ad voluntatem Talliabilibus, etc.*

TALLIA AD VOLUNTATEM. Suger. de Administrat. sua cap. 2 : *Cum eadem villa multis angariis a Comite Domni Martini, videlicet exactione Talliæ, frumenti scilicet* 5. *modiorum, quos ei pro pace concesseram, cum ipsa Talliam pro voluntate sua facere consuevisset, etc.* In M. Pastorali Eccl. Parisiens. lib. 1. ch. 1. et lib. 2. ch. 4. exstant Chartæ Manumissionum, in quibus Capitulum Paris. retinet *Talliam ad voluntatem,* et beneplacitum suum in personis et bonis manumissorum. [Charta Guigonis Comitis Forensis ann. 1224. tom. 1. Macer. Insulæ Barbaræ pag. 136 : *Tam nos quam progenitores nostri in prædictis villis et hominibus, pro nostræ solius voluntatis arbitrio, quandoque Taillias fecimus. Tallia ad voluntatem et misericordiam,* in Charta ann. 1320. tom. 1. Hist. Dalph. pag. 81. col. 2.] Vetus Consuetudinarium Franciæ lib. 3. pag. 93. veteris edit. : *Je suis en saisine à juste titre de Tailler et exploiter haut et bas et à voulenté de Seigneur tel homme mon homme de corps de serve condition et de main morte, de faire à la personne de lui, et de ses biens, toutes maniere d'exploits de servage accoustumez à ceux, qui sont de la condition dont il est, etc.* Consuetudo Burbonensis art. 190 : *Quiconque doit taille personnelle et sur le chef, soit de taille franche ou de taille serve, ladite Taille est à volonté raisonnable, et la peut le Sergent croistre ou diminuer selon la faculté des biens, de celui qui la doit.* Hoc est sine destructione et exilio faciendo, ut est in Fleta lib. 2. cap. 71. § 15. Vide [Froissart. vol. 3. cap. 50] Consuetud. Trecensem art. 3. 4 Nivernensem tit. 8. art. 1. et sqq. Ducatus Burgund. art. 97. Comitatus Burgund. art. 101. etc. Huic porro *talliæ* opponitur ea, quam *abonnatam,* id est fixam, ac ratam, vocant Consuetudines aliæ.

° Charta ann. 1256. in Chartul. Guill. abb. S. Germ. Prat. fol. 180. v°. col. 2 : *Cum requisiti fuissent de Emento et de potestate Ementis confiterentur Talliam annuam ad nutum quolibet se debere monasterio S. Germani de pratis, etc.*

¶ TALLIA VOLUNTARIA, in Charta Roberti Abbatis Mauriguiæ. ann. 1218. in Chartul. ejusdem Monasterii.

VOLUNTAS, nude, pro *Tallia ad voluntatem.* Charta Hugonis de Castronovo in Tabulario Ecclesiæ Cadurcensis : *Habet et Delmas de Boisol quatuor agnos in Festo Paschæ,* et *Voluntatem* suam in rusticis. Occurrit ibi pluries.

TALLIA AD PLACITUM, Idem quod *Tallia ad voluntatem,* in Charta ann. 1248. in Tabul. S. Germani Pratensis.

VOLUNTARIUS, Subditus, qui *talliatur ad voluntatem.* Charta Henrici Comitis Ruthenensis ann. 1282 : *Cedimus et concedimus.... tibi Guillel'no de Sanhinac domicello... et hæredibus et successoribus, etc.*

¶ TALLIA AMOISSONATA, Quæ quotannis solvitur, in certa, de qua conventum est, frumenti quantitate vel etiam pecuniæ summa. Vide suo loco *Amoissonata* et mox *Taillabiles.*

° TALLIA AUGUSTI, Quæ in Augusto exsolvebatur. Charta Phil. abb. de Cultura ann. 1224 ex Bibl. reg. · *De feodo illo debet abbas equum de servitio, et singulis annis decem solidos Cenomanenses de aliis talliis, quando contingeret.*

¶ TALLIA COMITALIS in Dalphinatu dicebatur certa quædam et determinata præstatio, quæ Comitibus Viennensibus, id est Dalphinis, quotannis exsolvebatur ab omnibus, ut docetur tom. 1. Hist. Dalph. pag. 70. Rescissa non fuit hæc *Tallia* in focis, in quibus olim exigebatur, ut dicitur ibidem ; ubi etiam observatur, partem dotis Monasterio Montis fluriti assignatam, in hujusmodi *talliis* sitam esse. Chartam habes ann. 1342. ibid. pag. 88. et seq. in qua Dalphinus dicitur pro dotatione prædicti Parthenonis concessisse *Primo, Tailliam Comitalem de Mura, quæ valet annuatim* 100 *l.* 16. *s. bon. m. Item, Tailliam Comitalem mandamenti Belli-montis, quæ valet annuatim* 61. *l. Item, etc.*

¶ TALLIA COMMUNIS, et *Tallia Dominica.* Jura et reditus Ecclesiæ Nobiliac. apud Stephanot ium tom. 3. Antiq. Pictav. MSS. pag. 523: *Habemus apud Nobiliacum* CXX. *sestaria frumenti de Præposito in Assumptione B. M. de Tallia dominica* XL. *solidos; eodem die de Tallia communi* v. *solidos; in Festo* OO. SS. *de censu* IX. *solidos.*

⸿ TALLIA FEODALIS, Quævis præstatio, quæ ratione feodi debetur. Charta ann. 1215. ex Bibl. reg. cot. 19: *Concessi.... culturam de Marleiz et magnum campum, sicut se dissepat, de feodo Esquelot ;.... de quo dicti fratres dicto Johanni de Feugeroles annuatim reddent.... Tallias feodales.* Vide in *Tallio.*

¶ TALLIA JUSTA, Quæ ex Consuetudine debetur. Chartularium S. Vincentii Cenoman. fol. 129: *Salvis tribus solidis et dimidio de justa Tallia, quando eam contigerit exhiberi debere.*

¶ TALLIA LEGITIMA, Eodem significatu, ibid. fol. 118: *Cum domini ejusdem Gaufridi de feodo illo legitimas Tallias fecerint, monachi dominis illis* XI. *denarios persolvent.*

¶ TALLIA RECTA, Pari notione, ibid f. 78: *Monachi vero tenentur dicto Gervasio et hæredibus suis.... reddere.... rectas Tallias sibi et dominis suis, quando evenerint.* Et fol. 80: *Reddebant etiam monachi rectas Talias, quando eveniebant.* Adde fol. 114.

⸿ TALLIA MILITUM, quænam sit intelligitur ex titulo Literarum *pro stipendiis militum stratas custodientium*, in Cod. reg. 4189. fol. 11. r°: *Debetis affertare ut Tallia militum persolvatur, per quos stratarum custodia diligenter exerceatur.* Ubi *Tallia* idem est quod *Stipendium.*

⸿ TALLIA REGINÆ, Præstationis species, quæ alibi *Zona reginæ* appellatur. Lit. remiss. ann. 1389. in Reg. 138. Chartoph. reg. ch. 98: *Audoyn Chauveron chevalier, prevost de nostre ville de Paris, après ce que feusmes mariez, mist une taille sus en ladite ville de Paris, montant à la somme de xvij. mil frans, laquelle taille l'en appelloit la Taille de la Reine, etc.* Vide *Zona Reginæ.*

⸿ TALLIA SEPTENARIA, Quæ quolibet septennio pensitabatur. Vide supra *Septenarius* 2.

¶ TALLIA IV. SOLIDORUM. Humbertus II. Dalphinus Jaqueminum et Perrinum Vauterii *nobilitat* eosque *liberatos et absolutos* declarat *potissime a Tallia* IV. *solidorum, quam ipsi et prædecessores eorum inferre consueverant*, in Literis ann. 1346. tom. 2. Hist. Dalphin. pag. 598

⸿ TALLIA VACCARIÆ. Charta ann. 1320. in Reg. 59. Chartoph. reg. ch. 404: *Item Talliæ dictæ de la Vacherie super masuris debitæ, etc.* Vide *Vaccaria.*

Tallia etiam imponebatur ab ipsis civitatibus seu burgensibus ad exsolvenda debita communia. [Literæ Philippi III. Fr. Regis ann. 1275. tom. 3. Ordinat. pag. 62: *Consules Castri Lemovic.... Tallias una cum Præposito et non alias, ex causa rationabili, et pro evidentibus villæ necessitatibus, scilicet pro juribus et deveriis seu redevenciis Vice-comitis.... solvendis atque reddendis... vel edificatione seu reparatione murorum, turrium, portallorum, fossatorum,.... Taliam seu collectam facere poterunt per Tenentem locum Domini el per ipsos, etc.* Decretum ejusdem Regis ann. 1283. inter Instrum. Gall. Chr. novæ edit. tom. 2. col. 147: *Item quod homines dictæ villæ fecerunt Tallias aliquando pro necessitatibus dictæ villæ, de voluntate, assensu et auctoritate Capituli Brivatensis, et quod Capitulum compellit eos ad solvendum.* Adde Literas Caroli V. Franc. Reg. ann. 1366. tom. 4. Ordinat. reg. pag. 676. art. 6.] Aresta ann. 1290. in Regesto Parlam. B. fol. 86: *Quod dicti Major et Jurati* S. *Quintini possunt Talliare, Tallias levare, vel institutiones facere, quando indigent pecunia pro negotiis dictæ villæ per punctum Chartæ Regis, quam dicunt se habere.* Quod intelligendum ut plurimum de licentia, ad eam rem a Principe impetrata. Vide Loiseil. in Bellovaco pag. 296. 318.

¶ TAILHIUM, TAILLIA, Eodem significatu. Charta ann. 1351. ex Schedis Præs. de Mazaugues: *Taillia ex quibuscumque personis possessiones habentibus in dicto territorio recipiendum et dictas personas pro dictis Tailliis pignerandum et pignera vendendum et distrahendum usque ad mensuram Tailhii competentem.* Privilegia villæ Figiaci concessa a Carolo V. Rege Franc. ann. 1366. inter Ordinat. tom. 5. pag. 263: *Quod cum onera publica ipsius villæ, absque communi auxilio, non valeant commode sustineri, et eisdem consulibus ex antiquis privilegiis, liceat facere collectam aut Tailliam pro factis et negotiis villæ.*

Talliam assidendi, ut loquuntur nostri, seu imponendi, forma habetur in Charta Gauffredi Episcopi Carnotensis ann. 1166: *Pro bono igitur pacis utrimque concessum est, et prædictum competens auxilium, quod propter nominatas causas Vicecomes (Castriduni) sibi exigere posse licenter dicebat, omnino dimittet, et propter hoc singulis annis Vicecomes a Burgensibus* 10. *libras hoc modo haberet. Prior siquidem* S. *Sepulchri, vel aliquis loco ejus, sex vel quatuor legitimos Burgenses, ex eo Burgo commorantes, circa festum* S. *Remigii in eamdem Ecclesiam convocabit, et præsente aliquo de servientibus Vice-comitis, quem ob hoc ipse destinaverit, jurabunt prædicti Burgenses, quod bona fide communiter in hominibus in eodem burgo manentibus, juxta cujusque facultatem, aut possessiones ibidem a Monachis habentibus,* 10. *libras et nihil amplius, legitima æstimatione tam facultatis quam possessionis Talliabunt, etc. Servientes vero quem ad audienda juramenta Vicecomes miserit, Talliæ non intererit, etc.*

Habetur præterea in Regesto seu Tabulario Normanniæ fol. 21. verso, Cameræ Comput. Paris. Forma, in qua Dominus Rex vult, ut Tallia assideatur in villis suis: *Eligantur per Consilium Sacerdotum Parochialium, et aliorum virorum Religiosorum, nec non et Burgensium, et aliorum proborum virorum, de Communi ipsarum usque ad* 40. *vel* 30. *bonos viros et fideles, vel plures, aut pauciores, secundum quantitatem ipsarum villarum. Et illi, qui sic electi fuerint, jurabunt super sancta, quod ipsi de ipsis, vel de aliis probis viris earum villarum eligent usque ad* 12. *de illis, qui meliores erunt, ad illam Talliam assidendam, et illi* 12. *nominati jurabunt super Sancta, quod bene et fideliter assidebunt dictam Talliam ad libram æqualiter, et valor immobilium appretiabitur ad medietatem mobilium in assisia prædictæ Talliæ. Eli-* *gentur etiam simili modo cum prædictis* 12. *alii* 4. *boni viri, et scribentur nomina eorum, secreto tamen, ita quod eorum electio non publicetur aliquibus ; sed sub secreto habeatur quo usque illi* 12. *assederint, sicut prædictum est, Talliam prædictam. Quo facto antequam publicetur Tallia, vel aperiatur scriptura facta super Talliam prædictam, illi* 4. *sic electi ipsam Talliandis sub forma prædicta assidebunt Talliam competentem.* Eadem habentur in Regesto S. Justi in Camera Comput. vernaculis verbis concepta, [a de *Lauriere* edita tom. 1. Ordinat. Reg. Franc. pag 186.] et in Regesto 10. Chartophylacii Regii fol. 48. ubi S. Ludovico hoc Statutum ascribitur, editum nuper in Spicilegio Acheriano tom. 12. Adde Consuetudinem Nivernensem cap. 8. art. 2. et seq. Vide *Foagium* 1.

☞ In harumce *talliarum* distributione, luxus aliquando habitam fuisse rationem, discimus ex Litteris Caroli V. Franc. Regis pro Monspeliensibus ann. 1367: *Item quod quilibet juxta sui conditionem et facultates habeat moderate statum suum et ejus uxoris et familiæ ; nam si quis contrarium fecerit Talliabitur.... et in Talliis villæ augmentabitur juxta exigentiam status et pompæ, in quibus quilibet reperietur.*

TALLIAGIUM, TALLAGIUM, JC. Anglis, dicitur Præstatio quævis, verbi gratia decimæ, quindecimæ, subsidia, et alia ejusmodi, quæ a Parlamento regno indicitur, a qua præstatione immunes sunt, qui tenent in antiquum dominium, nisi expresse iis indicatur, quod facere potest Rex ex magna causa, cum lubet. Ita Rastallus. Apud Bromptonum, *Hidage vel Taillage*, exponitur *Tallagium, de luis terrarum*, ut *Danegeld, Tallagium datum Danis.* Leges Willelmi Nothi Regis Anglor. cap. 5: *Habeant et teneant terras suas libere ab omni ex actione injusta, et ab omni Tallagio, ita quod nihil ab eis exigatur.* [Charta Henrici Regis Angl. ann. 1156. tom. 1. Anecd. Marten. col. 446: *Dedi etiam, ac servientibus iisdem Fratribus* (Ordinis Grandimont) *quatuor homines... liberos et quietos... ab omni servitio et Tallagio, pontagio, telonea, etc.* Similia leguntur in alia Charta ejusd. Regis ann. 1172. ibid. col. 573. Alias adde Richardi Regis tom. 4. Histor. Harcur. pag. 1281. Elizabethæ Reginæ Angl. apud Hearnium in notis ad Chronicon Johannis Whetamstedii pag. 386.] Matth. Paris ann. 1241 : *Non sub nomine aut titulo liberi adjutorii, sed Tallagii, etc.* Matth. Westmonast. ann. 1297: *Accedentes præfati Comites et Barones ad Scaccarium Domini Regis apud Westmonasterium, prohibuerunt populo suo illius, ne levare facerent per Vicecomites octonarium denarium a populo Anglicano, dicentes de conscientia suorum non emanasse, sine quorum assensu Tallagium non debet exigi, vel imponi.* Thomas Walsinghamus ann. 1297: *Nimis afflicti sunt per diversa Tallagia, auxilia, prisas, etc.* Vocem hanc usurpant passim Scriptores rerum Anglicanarum, Matth. Paris pag. 127. 466. 475. 476. 486. Nicolaus Trivettus ann. 1220. Thomas Walsinghamus pag. 73. 100. Monasticum Anglic. tom. 1. pag. 193. etc. [Vide Nomolexicon Thomæ Blount et Kennetti Glossarium ad calcem Antiquitatum Ambrosd. etc.]

TALLIARE, *Talliam* a tenentibus exigere. *Tailler ses hommes et sujets*, in Consuet. Burbonensi art. 343. 344. [Charta Conani Ducis Britanniæ ann. 1112. apud

Lobinellum tom. 2. Hist. Britan. col. 270 : *Modum autem faciendæ atque capiendæ ejusdem Talliæ sic eis constitui, ut quotiens ego Conanus, vel hi qui in loco vel honore meo Duces Britanniæ successerint, suos homines de Guerrandia Talliaverint, totiens Abbas Roton.... homines suos juxta quantitatem et numerum eorum pariter Talliabit.* Epistola A. Monachi ad Odonem Episc. Paris. ann. 1196. apud Marten. tom. 1. Ampl. Collect. col. 1016: *Silentio tamen prætereundum non censeo.... te videlicet diœcesis tuæ Talliasse presbyteros, quod non modo a perfectione, verum etiam a pietate et justitia videtur esse penitus alienum.*] Matth. Paris, ann. 1256 : *Cives Londonienses iterato ad quingentas marcas Talliantur.* Fleta lib. 2. cap. 71. § 13. de Custumariis : *Ad quantum Talliari valeant per annum sine destructione et exilio faciendo.* Charta ann. 1283 : *Promisit etiam quod nec eos nec successores eorum de cætero Talliaret, nec Talliare posset, nisi ad novam Militiam senioris filii sui, etc.* Concilium Tolosanum ann. 1229. cap. 20 : *Clerici quoque non Talliabuntur occasione etiam hæreditatis, etiamsi per successionem eis evenerit, nisi sint mercatores et uxorati.* Et cap. 23 : *Homines autem Ecclesiarum et Ecclesiasticorum virorum Laici Talliare, vel in eos exactiones aliquas facere non præsumant, etc.* Adde Albertum Argentin. pag. 150. 517. [Gualterum Hemingfordium in Gestis Edwardi I. Regis Angl. pag. 105. et Kennetti Glossarium ad calcem Antiquitatum Ambrosd. etc.]

¶ TAILLIARE, Eadem notione. Charta Henrici Comitis Trecensis ann. 1190. apud D. Brussel tom. 1. de Feudorum usu pag. 192 : *Propter quodcumque incrementum castelli sive castellariæ ibidem aliquid amplius nequaquam Tailliabo vel Taillare potero.* Adde Gesta Guillelmi Majoris Episc. Andegav. ad ann. 1291. tom. 10. Spicil. Acher. pag. 281. Literas ann. 1358. tom. 4. Ordinat. Reg. pag. 189. Mandatum ann. 1302. apud Menesterium Hist. Lugdun. pag. 87. col. 2. Franchisias ann. 1320. ibid. pag. 95. col. 2. etc.

¶ TAILLARE, Eodem intellectu. Charta Officialis Autissiod. ann. 1285. pro Monasterio S. Mariani : *Voluit dictus Regnaudus, quod...... ditior de heredibus suis possit a dictis Religiosis singulis annis Taillari usque ad V. solidos Turon.*

TAILLIARE, in re feudali, *Idem est quod ad quamdam certitudinem, prout, vel ad quoddam certum hæreditamentum limitare.* Unde *feodum Talliatum*, est *hæreditas in quandam certitudinem limitata,* ex Littletone sect. 18. Vide *Feodum talliatum.*

☞ Huc spectat vox Gallica *Taillier* in Instrum. ann. 1406. ex Bibl. Reg. : *Ladite fiefferme est bien Taillié de valoir moins que ladite somme de X. l. se gueres ou mortalitez surviennent.* Ibidem : *Les gens sont tres pouvres par quoy elle est (la fiefferme) mielx Taillié d'empirer que d'amender.* Infra : *Et si est Taillié d'empirer par la mortalité derreniere.*

TALLIABILIS, *Talliæ* obnoxius, in Aresto ann. 1278. apud Loiselium in Bellovaco pag. 300. *Taillablier*, in Consuetud. Burbon. art. 418. 415. 416. 417. in aliis passim *Taillable.* [*Taillabilis terra,* in Tabulario Kemperlegiensi. *Taillablis alto et basso, de conditions manus mortuæ*, in Charta Officialis Senon. ann. 1281. ld est, ni fallor, obnoxius *talliæ ad voluntatem. Talliabilis de capite et corpore,* in Charta Virzionensi ann. 1269. *Taillabilis ad misericordiam*, tom. 1. Hist. Dalphin. pag. 69. et 81.] Sententia judicis Silvanectensis ann. 1330. apud eumdem Loiselium pag. 313 : *Disoient et maintenoient icelui Henri avoir esté et estre leur bourgeois, leur communier, et leur Taillable.* [*Taillifs et serfs,* in Charta ann. 1375. apud Lobinell. tom. 2. Hist. Britan. col. 1640.]

¶ TAYLLIATILIS. Inquisitio ann. 1262. in Regesto *Probus* fol. 12 : *Interrogati si omnes homines ipsius loci sunt Taylliatiles. Resp. quod sic, exceptis allodianis vel nobilibus, seu illis quibus datum est inde libertas.*

TALHENDARIUS, Eadem notione, in Charta ann. 1292. apud Justellum in Hist. Turenensi pag. 65.

Notanda est conditio hominis *Taillabilis pro medietate sui*, cujus mentio fit in Charta ann. 1371. 2. Martii ex Schedis D. Aubret : *Bernardus Mitod de Vancas recognoscit se esse hominem ligium, quittum, justiciabilem, explectabilem et Taillabilem pro medietate sui et suorum hæredum, sine reclamatione alterius domini Baronis vel superioris, et tenere de directo dominio Antonii de Saxo domino Barbarelli domum.... sub servitio et taillia amoisonata...una cum laudibus, vendis, recognitionibus in loco debito, dimidiam corvatam ad usus et consuetudines Dumbarum, et non se reclamare in medietate sui pro alio domino nisi pro dicto Antonio du Saix, renuncians omnibus franchesiis, etc.*

☞ Haud fortean inutile fuerit hic addere, quod de judicio *francorum* hominum et *Taillabilium* statuitur in Consuetudine Marchiæ Dumbarum. Ex articulo 2 : *Si aliquis nobilis juramenti Marchiæ Dumbarum, qui habet suam liberam franchesiam, velit aliquem hominem alterius nobilis accusare, quod forefecerit et deliquerit infra suam franchesiam, et dictus homo non sit captus in præsenti forefacto dictæ franchesiæ, si accusatus velit negare dictum forefactum, oportet quod accusans accusatum conveniat et prosequatur coram domino, cujus homo accusatus est homo Taillabilis, et si accusator potest convincere accusatum coram domino suo de forefacto dictæ franchesiæ, in illo casu dominus dicti accusati debet et tenetur dictum hominem accusatum remittere domino dictæ franchesiæ in illo forefacto suo merito puniendum.* In articulo vero 12. dicitur, *quod omnis francus, cujuscumque homo sit, punietur in dominio, in quo forefecerit, secundum jus et rationem, scilicet illi franci qui non debent manum mortuam.* Ex quibus patet, *francum hominem in loco, ubi delictum commissum fuerat, judicatum fuisse ; Taillabilem vero apud dominum proprium, et non in loco delicti, nisi fuisset in ipso delicto deprehensus vel in franchesia libera.*

☞ Neque videtur prætermittendum esse, quod art. 3. ejusd. consuetudinis statuitur, scilicet *quod domini possunt capere mortem seu punitionem corporis hominum suorum Taillabilium homicidarum, dummodo homicida vel dominus ejus concordet cum domino hominis Taillabilis mortui.*

TALLIATA, TALLIADA, *Talliæ* impositio, atque adeo idem quod Anglis *Talliagium.* Charta Willelmi Ducis Aquitaniæ ann. 1076. [1077. in edito tom. 2. novæ Gall. inter Instrum. col. 351.] Ex Tabulario Monasterii Novi Pictavensis : *Ut nullus meorum non filius, non filia, non uxor, non aliquis propinquus, non Dapifer, non Præpositus, non Mariscalcus, non Serviens, aut in aliquo ministerio positus, aut Monachos jamdicti Monasterii, aut homines eorum, in quocumque loco eorum habitent, cogat sibi præbere arbergariam, aut hospitium, aut quærat ab eis, quod Talliatam vocant.* Tabularium Eccl. S. Laudi Andegav. fol. 84 : *Et faciant consuetudines nostras, sicut liberi homines nostri ; reddant etiam nobis convenientem Talliatam, quando alii homines de Losdunesio reddent nobis Talliatam.* Tabularium Vindocinense fol. 201 : *Fecerant exactionem, id est Talliatam, in terra de Busto.* Chronicon Vosiense ann. 1169 : *Hoc anno Burgenses de Susterranea ad invicem conjuraverunt, ut nullum omnino Monachis darent explectum, quod vocatur Talliada.* Epistola Manegaudi Abbatis S. Michaelis in Lotharingia ad Eugenium III. PP. apud Richard. Wasseburgium pag. 302 : *Pecuniarum rapinas, quas vulgo Talliatas vocant.* [Statuta Arelat. MSS. art. 87 : *In ceteris levatis tocius districtus volumus ; quod omnis (sic) domus religiosa subeant et præstent dictam Talliatam.* Occurrit passim.] Vide Beslium in Comit. Pictav. pag. 572. 601.

¶ TALLIATIO, Eadem notione. Kultzingi narratio de Monasterio Hilgenthal. apud Leibnitium tom. 2. Scriptor. Brunsvic. pag. 886 *Post hæc dominus Otto accessit Albertum Ducem qui inter Prælatos certam ab eo summam pecuniæ postulaverat, supplicans ei, ut de tali Talliatione inter Prælatos propter Deum haberet supportari.*

¶ TAILLIARIUS, Exactor *taillarum.* Literæ Caroli V. Franc. Regis ann. 1366. tom. 4. Ordinat. Reg. pag. 677. art. 8 : *Item, quod dicti Consules (Marologii) cum eorum Consiliariis potestatem habeant compota audiendi a quibuscumque personis et Tailliariis præteritis et futuris, qui gubernaverint et rexerint bona et jura Universitatis predicte, ipsosque quittandi et quittanciam dandi de gestis et administratis per eos.*

¶ 9. **TALLIA**, Sectura, tantum prati quantum uno die secari potest. Charta Fulcon. Jun. comit. Andegav. in Chartul. Fontis-Ebraldi fol. 132 : *Dono Deo et domino Roberto de Arbressello unam Talliam in pratis de Longa islia.* Vide supra *Setura* 2.

¶ 10. **TALLIA**, Gall. *Entaille.* [« Computavi cum magistro Colino, et fuit repertum per *Tallias* quod ipse liberaverat c. et x. ferros. » (Arch. Histor. de la Gironde, T. 22 p. 503.)]

☸ **TALLIACIUS**, ad *Talliam* pertinens. Vide supra *Decima talliacia* in *Decimæ.*

✴ **TALLIACORE**, pallium altaris, Gallice *Devant d'autel*, Ital. *Paliotto.* Invent. Basil. Monza (1277.) : *Taliacore unum, cum gemmis sexaginta octo circumquaque per orlum desuper.* (Bulletin monumental 1884. p. 145. à 149.)

☸ **TALLIANUM**, Idem quod *Tallia*, tributum, vectigal. Charta ann. 1225. inter Instr. tom. 10. Gall. Christ. col. 454 : *Diximus quod communia Silvanectensis in perpetuum habeat extra burgum clausum et infra burgum clausum in domibus hospitium beati Reguli... placita catauli et Tallianum, sicut habent in omnibus juratis de communia Silvanectensi.*

¶ 1. **TALLIARE**, Idem quod supra *Tailliare*, Secare, cædere, Gall. *Tailler.* Capitulum generale S. Victoris Massil. MS. : *Cuculle regulares more solito Tallientur.* Charta Ramirezii Reg. Aragon. apud Martinezium lib. 3. Hist. Pinnat. cap. 27 : *Et si aliquis Talliaverit in totum* terminum S. Johannis in ligno viridi...... peitet 60. solidos. Occurrit alia notione in Tallia 8.

¶ TALLIARE MENSURAS, Illas aptare, adæquare. Chartularium S. Vandregesili tom. 2. pag. 1610 : *De mensuris autem vini dicimus quod Abbas et conventus.... Talliabunt mensuras suas ad mensuram dominorum Sitobii.* Vide *Adjoustare.*

¶ TAILLAGIUM MENSURARUM, Earum adæquatio, ibid. pag. 1641 : *Super contentione, quæ vertebatur inter Abbatem et conventum S. Vandregisilli ex una parte, et dominun Guillelmum Sine-averio avunculum nostrum ex altera, videlicet de magna justitia, de latrone, de resorto, de coustuma totius mercaturæ, de Taillagio mensurarum,* etc.

¶ TALLIATIO, Eadem notione. Literæ ann. 1277. tom. 3. Ordinat. Reg. Franc. pag. 61 : *Pondera dicti castri prope portas vel alibi posita vel appensa et cubitorum et alnarum, omniumque ponderum et mensurarum traditio, Talliatio, inspectio et emende, et omnia emolumenta inde provenientia ad Vicecomitissam proveniant pleno jure.*

° Unde *Tail,* ipsa sectura, in Lit. remiss. ann. 1459. ex Reg. 190. Chartoph. reg. ch. 46 : *Laquelle vigne les suppliants avoient lors taillée ou chapoulée, et le bois ou sarment provenu dudit Tail, etc.* Et *Tailhe, Taillot, Taille-busson,* Instrumentum, quo fœnum, vinea, dumi secantur. Lit. remiss. ann. 1470. in Reg. 196. ch. 194: *Une faulx, qu'on appelle Tailhe* (en Albigeois). Aliæ ann. 1473. in Reg. 195. ch. 78: *Icellui Levasse frappa le suppliant sur la teste d'un Taillot qu'il tenoit.* Aliæ ann. 1457. in Reg. 187. ch. 297 : *Une andanse, ditte ou pays de Pierregort Taille busson.* Ab eodem fonte derivatur vox *Taillans,* pro *Ciseaux,* forfices, in aliis Lit ann. 1115. ex Reg. 169. ch. 54 : *Le suppliant coustusrier du lieu de Meset getta à sa femme les Taillans, desquels il avoit accoustumé à copper drap, appellez en François Ciseaux.* Hinc *Mestailler,* Male pannum dissecare, in Stat. ann. 1366. tom. 8. Ordinat. reg. Franc. pag. 550. art. 6: *Que quiconques sera tailleur de robes à Paris, et il Mestaille robe ou ung garnement par mal ordonner le drap au tailler, etc.*

° 2. **TALLIARE**, Dividere, partiri, disponere. Charta ann. 1235. in Reg. 73. Chartoph. reg. ch. 326. *Ad Talliandum carrerias et plateas et terras et arearalia et loca domorum dividenda et adjudicanda, et discernendum et ordinandum omnia et singula, quæ ibidem ad utilitatem dictæ bastidæ videatis facienda.* Nostri vero *Estre Taillé* dixerunt, pro vulgari *Etre fait pour,* I's esse qui. Lit. remiss. ann. 1376. in Reg. 109. ch. 213: *Icellui Tassart.... dist audit de Piz...... qu'il n'estoit mis Taillez de desmentir sondit frere, ne sa femme.* Pro *Etre en état,* Posse, legitur in aliis Lit. ann. 1389. ex Reg. 137. ch. 90 . *Il ne savoit homme ou pays, considéré la poureté qui y estoit, qui fust Taillié de l'acheter* (un fermail d'or). Vide in *Tallia* 8.

¶ **TALLIATA**, Gall. *Taille.* Vide *Tallia* 8.

¶ 1. **TALLIATOR**, Sarcinator, Gall. *Tailleur.* Incisor et Talliator pannorum, in Miraculis S. Zitæ tom. 3. Aprilis pag. 526. Sartor seu Talliator, in Ordinat. ann. 1340. tom. 2. Hist. Dalphin. pag. 395. col. 2. Talliator pannorum, in Charta ann. 1247. ex Tabul. Sangerm.

¶ 2. **TALLIATOR**, Alia notione. Capitulum generale S. Victoris Massil. MS.

ann. 1340 : *Talliatores expensarum factarum pro Capitulo.* Ubi per *Talliatores* intelligo, vel collectores seu exactores *talliarum* seu tributorum ratione expensarum Capituli generalis impositarum, vel eos, qui has expensas in *Tallia* seu ligno scisso notabant. Vide *Talea* et *Tallia* 8.

° 3. **TALLIATOR** LAPIDUM, Lapicida, Gall. *Tailleur de pierres,* in Charta ann. 1263. ex Chartul. thesaur. S. Germ. Prat. fol. 102. r°.

° **TALLIATORIUM**, Orbiculus mensarius, super quo edendi cibi disciduntur, nostris alias *Tailleur* et *Tailloer.* Pedag. castri *de Les* ann. 1263. ex Cod. reg. 4639 : *In singulis centenariis fusorum, capellorum,Talliatoriorum, pectinarum, coclearorum,* etc. Aliud prior. S. Gondulfi in diœc. Bitur. ann. 1314 : *Le millier d'escuelles et de Tailloers, cinq deniers.* Charta ann. 1404. in Reg. feud. comitat. Pictav. ex Cam. Comput. Paris. fol. 57. r° : *Item dois* (Jehan de Montfaulcon) *à cause de madicte femme* (Jehanne de Baussay) *audit monseigneur ou à ses gens bailler escuelles de fust et Tailleurs seu trancheurs, moy requis, ès quatre festes annuelz, et les faire laver.* Pelvim, vulgo *Bassin,* sonat, apud Joinvil. edit. reg. pag. 122 · *Un grant Taillouer d'or chargé de joiaux à pierres précieuses.* Est et Tauli genus ejusdem nomenclaturæ. Lit. remiss. ann. 1457. in Reg. 187. Chartoph. reg. ch. 162 : *Lesquelx compaignons estoient coustumiers de jouer au Taillouer et au plus près du cousteau.* Vide supra *Tailladus.*

° **TALLIATUM**, ut mox *Tallicium.* Locus est supra in *Taillinatum.*

¶ **TALLICIUM**, Silva cædua, Gall. *Taillis.* Charta Phil. III. ann. 1271. in Reg. 30. Chartoph. reg. ch. 418 : *Mandamus tibi quatinus animalia leprosariæ Chaynonis ire permittas ex parte nostra in forestam Chaynonis, causa pascendi seu pasturandi, ... usque tamen Tallicia.* Alia Phil V. ann. 1318. in Reg. 56. ch. 547: *Quæ omnia nemora sexcentas nonaginta octo acras vel circiter, tam in pleno bosco quam Talliciis,... continere dicuntur.*Vide supra *Talleicium.*

¶ **TALLIIA**, Exactio, *Taille.* Vide *Tallia* 8.

TALLIO, *Tallia* quæ imponitur pro exercitu Regis, nostris *Taillon,* quasi *tallia minor,* vel extraordinaria. Charta Communiæ S. Richarii in Pontivo ann. 1126 : *Postea Burgenses in sua multitudine confidentes, et jura nostra, scilicet Tallionem de exercitu Regis, et pastum ejusdem, et mensuras, et religia nobis aufferre conati sunt.* Infra : *A fossis, ab excubiis, a Tallione liberos.* [Martyrolog. Autiss. 13. sæc. ex Bibl. Colbert. : *Tallionem autem quando in villa canonici voluerint facere, facient ; ipse vero Stephanus* (cellerarius) *in villa Tallionem numquam faciet.*] Unde colligitur, vocem hanc non primitus inventam sub Henrico II. Rege ; tametsi tanquam extraordinariam talliam a subditis *tallionem* primus exegerit, in militaria stipendia.

☞ Latius accipitur in Tabulario S. Vincentii Cenoman. ubi legere est : *Concessit omnes illas Talliones, quæ de fevo suo erant. Ubi quævis præstatio ratione feudi debita significatur.*

° **TALLITIO**, Cæsio, sectura ; Gall. *Taille, coupe.* Charta ann. 1205. ex Lib. albo episc. Carnot. : *Si ad Talltionem vendiderit nemus de Gratelou vel de Glastigneio, ab illa parte cæsa tribus annis et dimidio abstinebunt.*

TALLIVI. Regestum Comitatus Tolosæ

ex Camera Comput. Paris. : *Terras cultas et incultas, boscos et barcas, prata et pascua, Tallivos et explectivos, venationes et forestagia, quercos,* etc. [In *Explettvus,* ubi idem locus refertur, habetur *Tailliti.*] Idem valet quod *Talliata* in *Tallia* 8. Vide in hac voce ex Chronico Vosiensi.

° Dici videtur de silva cædua, Vide supra *Explectivus.*

¶ 1. **TALLIUM**, Idem quod *Tallio,* minor vel extraordinaria *tallia.* Charta ann. 1358. ex Schedis Cl. V. *Lancelot : Cum nunc et de novo quoddam Tallium ordinarium fuerit in loco S. Saturnini,* etc. Concilium apud S. Tiberium ann. 1389. tom. 4. Anecd. Marten. col. 844 : *Quod indicatur in tota provincia Narbonensi unum Tallium de mille francis incontinenti levandum,* etc.

° 2. **TALLIUM**, Territorium urbis, certi limites, intra quos civitatis cujusdam districtus continetur. Charta pro incolis loci de Giniaco ann. 1340. in Reg. 73. Chartoph. reg. ch. 164 : *Non possit portari facere vinum, vindemiam aut racemos ;..... nisi duntaxat hoc facerent de propriis ipsorum prædiis,...... vel nisi hoc facerent de prædiis alienis, scituatis tamen infra Tallium dicti loci.* Vide *Tallia* 6.

¶ 3. **TALLIUM**, Incisio, Gall. *Taille.* Charta Phil. Pulc. ann. 1301. in Lib. rub. Cam. Comput. Paris. fol. 127. r°. col. 2 : *Cum quæstio verteretur super jure et dominio Talii cunorum monetæ nostræ Tholosanæ,* etc.

° 4. **TALLIUM.** VENDERE AD TALLIUM, Singulatim distrahere, Gall. *Vendre en détail.* Pactum inter abb. S. Tiber. et consul. Biter. ann. 1243. ex Tabul. ejusd. monast. : *Venders pannos ad Tallium,* etc. Charta ann. 1307. in Reg. 13. Chartoph. reg. ch. 4 : *Concedimus quod si in alio loco dicti castri* (de Naiaco) *carnes venderentur ad Tallium per dictos macellarios, etc. Vendere ad Tallium,* in alia senesc. Ruthen. ann. 1310. ex Reg. 49. ch. 80. Vide supra *Talhare.*

° 5. **TALLIUM**, Præstatio, quæ episcopo fit a presbyteris suæ diœcesis. Stat. synod. eccl. Castrens. ann. 1358. part. 2. ex Cod. reg. 1592. A. fol. 76. r° : *Archipresbyter solvet anno quolibet in dicto Talho unum florenum et duas partes floreni.*

° 6. **TALLIUM.** DE TALLIO, Cæsim, Gall. *de Taille,* Ital. *di Taglio.* Lit. remiss. ann. 1897. in Reg. 152. Chartoph. reg. ch. 224 . *Dictum Vitalem duobus vulneribus de pic, sive de Tallio, uno super capite et alio super altera suarum tibiarum sic deffendendo percussit.* Hinc *Tallure,* pro *Entaille,* Incisio, vulnus cæsim factum , in Constitut. civit. Tullens. ann. 1297. ex Reg. A. Chartoph. reg. ch. 1 : *Qui feroit Tallure ou sanc, il paieroit dix pour ladres et autretant à celui, cui li injure seroit faite, c'il la vouloit requerre, et veuderoit la ville deux mois.* Vide supra *Taillium.*

° **TALLONARIUM**, Vectigal. Vide infra *Telon.*

° **TALLONUS**, Clavi species, aut quid simile. Pactum inter Bonon. et Ferrar. ann. 1193. apud Murator. tom. 2. Antiq. Ital. med. ævi col. 894 : *De ceteris aliis mercatoribus et rebus debent dare Bonontenses pro nave, excepto quod de ferro laborato, scilicet de figliis et de Tallonis, debent dare Bononienses, pro unoquoque sachetto usitato et consueto, Ferrariorum unum.*

° **TALLOS**, dicuntur vasa offertoria esse juxta modum Tyrium facta, cum quibus *in præcipuis festivitatibus offerebant, quorum similitudo hactenus in quibusdam locis habetur.* Glossæ Biblicæ MSS. anonymi ex Bibl. reg. Machab. lib. 2. cap. 14. legitur *Thallos.* Vide infra *Talus* 1.

° **TALLUM**, Exactionis species, quæ explicatur in Charta Henr. comit. Bles. ex Reg. 31. bis Chartoph. reg. part. 2. fol. 62. rº: *Addidit etiam* (Ivo Carnot. episc.) *petitioni suæ, ut exactio, quam vulgo Tallum vocant, quæ defunctis episcopis vel decedentibus, fieri solet in servientes episcopi vel rusticos, simili ratione condonaretur.*

¶ 1. **TALLUS**, *Calculus, tabula*, in Glossis Isid. Legendum : *Talus, Calculus tabulæ.* Vide *Talus* 3.

✻ 2. **TALLUS**, [Vasa offertoria. DIEF.]

¶ **TALMUD**, vel THALMUD, Opus doctrinale multiplicem scientiarium omnium doctrinam, ac potissimum jus Canonicum et Civile Judæorum complectens. Duplex est *Jerosolymitanum* et *Babylonicum*. Illud pro Judæis in terra Israel commorantibus, Jerosolymis et lingua Jerosolymitana, h. e. Syro-Chaldaica composuit R. Johhanam III. et IV. Ecclesiæ sæculo ; Babylonicum vero ad usum Judæorum, qui in Babylonia degebant, inchoarunt V. sæculo ineunte RR. Asche et Avina, perfecit que R. Jose dessinente eodem sæculo, vel incipiente VI. Talmudi Babylonici, ac nostram usque ætatem universa Judæorum gens cum in sacris, tum in politicis, legibus obtemperant, relicto Jerosolymitano utpote obscuro, difficili et imperfecto, quippe quod decisiones omnes minime conteneat. Hæc cum aliis D. Guarin tom. 2. Hebraicæ Gramm. pag. 414. et seqq. ubi singulas Talmudis partes et editiones exponit, quas longius foret hic recensere. Innumeris fabulis et erroribus scatet hic liber ; quare Judæus quidam Rupellensis, post conversionem ad Religionem Christianam Thomas nomine, linguæ Hebraicæ peritissimus, Romam petiit ann. 1238. ut Gregorio IX. Talmudis errores patefaceret : qua plurimos in 35. articulis comprehensos ad Archiepiscopos Gallicanos misit, simulque varias scripsit Epistolas ad Reges Franciæ, Angliæ, Aragoniæ, Castellæ, Leonis, Navarræ et Portugalliæ, ut Hebræorum libros, in suo quisque regno, comburendos curarent ; quod factum est in Galliis, ubi innumeri pene Judæorum libri flammis traditi sunt. Innocentius IV. Gregorii successor Odoni Castri-rufi suo in Gallias Legato Talmudis cæterorumque librorum Judæorum examinandorum munus injunxit, ut eos solos, qui nihil Christianæ religioni contrarium complecterentur, Judæis uti permitteret ; sed accepto Legati responso, quod hæc permissio pro approbatione censeretur, hos libros solemni ritu proscripsit 15. Maii ann. 1248. S. Ludovicus in Edicto ann. 1254. *Judæi cessent ab usuris et blasphemiis, sortilegiis, caracteribus, et tam Talmutum quam alii libri, in quibus inveniuntur blasphemiæ comburantur.* Sic legitur in Codice MS. Consuet. Tolos fol. 52 *De Lauriere* edidit *Talibus*, adnotato legi *Talemus* in Regesto Chartophylacii, ut etiam habetur in antiqua versione Gallica. Baluzius *Talemis* legit, *Talimus* D. Brussel tom. 1. de Usu feudorum pag. 593.

¶ **TALMUT PENSIONUM**, Codex censualis in quo describuntur pensiones omnes, quas Abbatiæ S. Victoris Massil. solvere debent Monasteria et Prioratus ipsi subjecta. Concinnatus est ann. 1337. ab Abbatibus ejusdem S. Victoris et Montis-majoris, quos ad hoc delegarat Benedictus XII. PP. Sic dictum puto a *Talmude* Judæorum, cujus nomenclaturæ non alia forte ratio quærenda est, quam ipsa voluntas Editorum, quibus sæpe placuit peculiare nomen hujuscemodi codicibus imponere.

✻ **TALMUS**, [Oculus, inde monotalmus. DIEF.]

TALO, TALONUS, Talus, ex Gallico *Talon*, vel Italico *Tallone*. Ugutio : *Calx, vel calcaneus, et idem quod talus, vel quod Talus : nam talus est sub cruribus : idem et Talonus.* Quoniam Attachiamenta cap. 13. § 5 : *Nec vertat articulos pedum, ubi Talones steterunt, antequam contradixerit.* Vide Formulam 14. ex Baluzianis, [et Statuta Eccl. Æduensis ann. 1468. tom. 4. Anecd. Marten. col. 508]

° **TALOCHIA**, Clypei species, nostris olim *Taloche*. Glossar. Gall. Lat. ex Cod. reg. 7684 : *Taloche, bouclier, parma.* Lit. official. Suession. ann. 1378. in Reg. 151. Chartoph. reg. ch. 117 : *Viginti solidos Parisienses amoverat eidem et subripuerat cum ense ipsius et Talochia. Un boucler ou Taloche*, in Lit. remiss. ann. 1388. ex Reg. 137. ch. 6. Aliæ ann. 1390. in Reg. 138. ch. 149. *Cavelier tira un grant panart ou badelaire et en voulut frapper le Maçon. Celui cy para en partie le coup de sa Taloche. Une Taloche de fer*, in aliis Lit. ann. 1397. ex Reg 151. ch. 345. Vide supra *Taluacha*.

¶ 1. **TALPA**, Operculum, a Vasconico *Tapo*, vel *Talpo*, Operire. Inventarium S. Martialis Lemovic. : *Item concha argentea cum Talpa.*

2. **TALPA**, Machina ad suffodiendos muros, sub qua latent, qui cuniculos conficiunt. Petrus Tudebodus lib. 3 : *Hoc nostri videntes, statim ordinaverunt, ut facerent maximam Talpam, cum qua potuissent perforare pontem, et fecerunt, etc.* Robertus Monachus lib. 4. Hist. Hieros. : *Balistæ, falces, arietes, Talpæ, tela, sudes, et fundæ, etc.* Gilo Parisiensis lib. 5. Viæ Hierosol.,

Fiunt balistæ, plumbata, phalarica, **Talpæ**.

Godefridus Viterbiensis part. 17. Chron. :

Hinc cibus arctatur, fons tollitur, inde paratur
Talpa cavans arces, mangonibus injaculatur.

Ἀσπάλακες, eadem notione, dixit Anna Comnena pag. 382. Vide *Ericius* 2.

☞ A *Talpa*, ni fallor, *Talpen*, vel *Telben* Teutones dixerunt pro *Podere, Untertalpen*, Suffodere.

TALPARII, Cuniculari, qui sub *talpis* latent. Monachus Altisiod. ann. 1188. et Joannes Monachus Majoris Monasterii in Chron. MS. Bibl. Regiæ, eodem anno. *Habebat quippe quosdam artifices, quos Fossores vel Talparios vocant, qui ad modum talpæ subterranea fodientes, quaslibet murorum et turrium firmitates ferramentis validissimis perrumpebant.* [*Fossores*, id est *Talporios*, in Chron. Turon. apud Marten. tom. 5. Amplis. Collect. col. 1031.] de iis etiam Guillelmus de Podio Laurentii c. 48 : *Deinde incipientes minare instar talparum, conantur invadere civitatem, etc.* Quo referri possunt hæc ex Senatore lib. 9. Epist. 3 : *Cameris enim ingeniosa præsumptione revolutis, Talpinum animal imitantes, itinera fodiunt, quæ nullis ante patuerunt.*

TALPÆ, Maculæ nigræ instar talparum. Carmen de Carolo M. quod Alcuini esse putatur :

Pallia permixtis lucent hyacinthina **Talpis**.

° **TALPIS**, pro Talpa. Vita S. Emmer. tom. 6. Sept. pag. 480. col. 2 : *In Talpium obscuram habitationem convertatur, etc. Waupe* alias, pro *Taupe*, in Pedag. Peron. ann. 1295. ex Chartul. 21. Corb. fol. 356. vº : *Item pennes de blancs connins et de Wauppes, chacune doit deux deniers.* Vide *Talpæ*.

TALTERIUM, Silva cædua, Gall. *Taillis*, a *Taleis*, forte, seu ramusculis, de qua voce supra egimus ; unde etiam vox *Tailler*, pro cædere, scindere, quod ejusmodi *taleæ* exscindi soleant ; nec multum abludit Salmasius ad Tertulliani pallium, qui vocem nostratem *Tailler*, ab ipsis *taleis* ortam vult, *quod taleæ*, ut ait, *sint scissiones lignorum.* Charta Philippi Regis Francor. ann. 1220. apud Louvetum in Hist. Bellovacensi : *Si autem alia foresta de Hez vendatur, ubi concedimus Monachis pasturam animalium suorum extra defensa, sicut prædictum est, ipsi non utentur ibidem illa pastura, quousque Talterium in tantum excreverit, quod de animalibus se defendere possit.* [Vide *Tailla* et *Tertullus*.]

° Leg. *Talleicium* vel *Tallicium*. Vide supra in his vocibus.

✻ **TALUCIUM**, Gall. *Cercle le plus près du fond d'un tonneau : « ... Pro duobus feys cum dimidio de coudra et pro una duodena Taluciorum* et de *taluciis.* » (Arch. histor. de la Gironde, t. 21, p. 417.)]

° **TALUDARE**, In propendo construere, nostris *Taluder*, vel *Taluter*. Instr. ann. 1381. inter Probat. tom. 3. Hist. Nem. pag. 47. col. 2 : *Item ordinavit dictus commissarius quod murus sive locus, ubi est custodia dicti Macelli, subleveter et ædificetur longitudinis decem palmorum, et quod Taludetur.* A voce

° **TALUTUM**, Propes, in talum exiens projectio, Gall. *Talut*. Reg. Phil. Aug. in Chartoph. reg. sign. 34. bis part. 1. fol. 98. vº col. 1 : *Murus tenens portæ castelleti habebit octo tesias altitudinis inter scutum et krenellum, et sex pedes spissitudinis juxta quarnellum et Talutum, versus pratellum de sex pedes spissitudinis petræ scissæ et de duodecim pedes altitudinis, et aliud Talutum ex adversa parte eodem modo.* Hinc *Talart*, Locus editus et acclivus, in Lit. remiss. ann. 1478. ex Reg. 197. ch. 381 : *Le suppliant en soy deffendant cheut à terre sur ung Talart ou haulte place.*

¶ **TALUERIA**, Modus agri. Charta ann. 1511. ex Terrario Apchonii : *Plus unam Talueriam vocatam la Talue des Coderc.* Ibidem : *Una Talueria prati,.... et etiam unum ortum juxta dictam Talueriam.*

TALUREGA. Vide *Overcoupunga*.

1. **TALUS**, Talea, ramus arboris. Lib. 2. Maccab. c. 14. v. 4 : *Offerens ei coronam auream, et palmam, super hæc et Talos, qui templi esse videbantur.* Ubi Gr. edit. : πρὸς δὲ τούτοις τῶν νομιζομένων θαλλῶν τοῦ ἱεροῦ. *Thallus* vero Græcis est *ramus virens.* Mamotrectus *tallos* etiam legit, et *vasa offertoria* interpretatur. Lex Frisonum tit. 14 : *Sortes tales esse debent, duo Tali de virga præcisi, etc.* (Agnellus apud Murator. tom. 2. pag. 162. col. 2 : *Aquimanilis desupra ex argento investito Talis.*] Vide *Tenus* [et *Rascia.*]

° Hinc *Talos*, in Lit. remiss. ann. 1482. ex Reg. 207 Chartoph. reg. ch. 304 : *Le suppliant print à deux mains le baston ou Talos, où pendoit la clef de son estable, etc.* Vide supra *Tallos*.

2. **TALUS**. Posterior digitus falconis. Fridericus II. Imp. lib. 1. de Arte ven. cap. 34 : *Falcones feriunt cum posteriori digito, quod Falconarii dicunt Talum.*

Infra: *Posterior digitus, quod dicunt Talum.*
3. **TALUS.** Libertates villæ Martelli in Lemovicib. ann. 1219 : *Nemo debet vendere ad Talum res extraneas, nisi per concessum procuratoris particularis in Curia rogationum, et qui fecerit, pro justitia* 60. *solidos dabit.* Idem videtur significare quod *Extalium.* Vide in hac voce.
° Vide supra *Tallium* 4.
¶ TALLUS, Eadem notione. Statuta MSS. Montispessul. ann. 1204. ex Cod. Colbert. 4986 : *Nec quis extraneus pannos aliquos in hac villa vendere debet ad Tallum, nisi eos quos ad collum portaverit per villam.*
¶ **TAM** et TAMI, *Sæpe in regali dispositione pro bolo Armeno invenitur.* Glossar. medic. MS. Simon. Jan. ex Cod. reg. 6059.
¶ **TAMALALIATLI**, vox Indica, Tributi genus. Conc. Mexic. ann. 1585. inter Hisp. tom. 4. pag. 349 : *Ne ullus Indorum minister... possit exigere aut petere quascumque exactiones, Indi suchiles aut Tamalaliatli vocant.*
° **TAMARICES**, Hisp. *Tamaras*, Minuta quisquilia lignea, virgulta. Charta Aldef. reg. Aragon. pro incolis Tutelæ æra 1165. in Reg. 53. Chartoph. reg. ch. 295: *Inprimis pervolto vobis totos illos sotos de illo Miratulo inviso usque ad novellas, quod talietis ibi ligna sicca et Tamarices.* Hinc
° **TAMARISSA**, Sepes ex virgultis contexta. Instr. ann. 1310. inter Probat. tom. 1. Hist. Nem. pag. 221. col. 1 : *Possit dictus dominus abbas.... Tamarissas plantare, ad utilitatem et defensionem bonorum et fructuum pendentium in terris prædictis*
✱ **TAMARISTUS**. [Tamariscus : « Recipe ramorum myrti, corticum amigdolarum..... acaciæ granorum, *Tamaristi.* » (B. N. ms. lat. 10272, p. 180.)]
¶ **TAMARIXIUS** CRISTALLI, Opus crystallinum, fortassis *tamerindos* referens, Ital. *Tamarixia.* Chronicon Estense ad ann. 1345. apud Murator. tom. 15. col. 424 . *Quos omnes dominus Marchio Obizo honoravit multum, et præsentari fecit Delphino tres destrerios coopertos scarlato, et uxori ejus... duos Tamarixios crystalli fulcitos argento et auro, et alia honorabilia.*
TAMATA, *Curia*, Ugutioni. Vide *Tagma.*
¶ **TAM BENE**, Gall. *Aussi-bien*, Æque ac. Charta Henrici Regis Angl. ann. 1457. in Chronico Johannis Whethamstedii pag. 423 : *Declaramus Tam bene ipsos, sicut et nostros prædictos consanguineos, etc.*
° **TAMBONIA** POMA, Lugdunensibus *Pommes tapones*, apud Carol. Steph. de Nutrim. pag. 62. Italis Poma D. Petri appellantur. Ita D. *Falconet* in suis Animadversionibus.
° **TAMBOR**, Tympanum bellicum. Charta ann. 1812. ex Bibl. reg.: *Guillelmus de Stapo, bajulus civitatis Albiæ,..... cum multitudine hominum armatorum,.... cum gralis et tuba s..e cornu,.... et Tambor*, etc. Vide *Tabur.*
° **TAMBORELLUS**, diminut. a *Tambor*, Ital. *Tamburello*, Hisp. *Tamboril.* Stat. Universit. Tolos. ann. 1328. ex Cod. reg. 4222. fol. 16. v° : *Item quod nullus sit ausus in sua licentia habere ultra duo paria tubarum cum uno Tamborello, qui in eundo ad ecclesiam et redeundo ad hospitium tantum possit secum habere. Quibus tubicinatoribus et Tamborello dare pecuniam valeat, et non vestes.* Ubi et pro ipso Tympanotriba usurpatur.

¶ **TAMBORINUM**, TAMBUR, etc. Vide *Tabur.*
TAMBUCA, pro *Cambuta*, in Folcuin. Gest. Abbat. Lobiens. cap. 40. apud Pertz. tom. 6. pag. 73.
° **TAMBURARE**, Italis, Litem intentare, accusare. Stat. antiq. Florent. lib. 5. cap. 5. ex Cod. reg. 4621 : *Magnates possint Tamburari in dicta civitate Florentiæ per quemcumque.* Vide supra *Intamburare.*
° **TAMBURINUM**, ut supra *Tambor.* Hist. belli Forojul. ad ann. 1385. apud Murator. tom. 8. Antiq. Ital. med. ævi col. 1198 : *Et erant equites et pedites numero sexaginta cum uno Tamburino.* Ubi *Tamburlino* legitur in Append. ad Monum. eccl. Aquilej. pag. 47. col. 2. Vide *Tamburlum* in *Tabur.*
° 1. **TAMBURUM**, Capsa ab ejus forma sic nuncupata. Vide supra *Intamburare.*
✱ 2. **TAMBURUM**. [*Tambour :* « Alia virgo pulchra et formosa ibidem veniens et secum deferat *Tamburum.* » (B. N. ms. lat. 10272, p. 281.)]
¶ **TAMEMES**, *Bajuli homines*, in Synodo Mexicana ann. 1585. tom. 4. Concil. Hispan. pag. 368.
¶ **TAMES**, *Cruor sanguinis*, apud Turnebum lib. 28. c. 5. Glossæ Isidori : *Tames, Cruor, sanguis.* In Excerptis additur *Tabes*, sicque omnino legendum esse probat Grævius : quem, si tanti est, consule.
° **TAMIACA** PRÆDIA, Quæ principis cellæ penuariæ vel ærario assignata erant, a Græco Ταμιεῖον vel Ταμιεῖον, eadem acceptione. Lex Cod. 11. 68 : *De prædiis Tamiacis et de his, qui ex colonis dominicis aliisque liberæ conditionis procreantur.*
¶ **TAMINARE**, *Adversari*, Johanni de Janua ; *Adverser, contrarier*, in Glossis Lat. Gall. Sangerm. MSS. Metaphora est ducta ab agitatione farinæ in cribro, ut docet D. *de la Monoye* in Glossario Burgundico pag. 222. edit. 1720. Proprie enim *Taminare* est Farinam cribro secernere ; unde laudatus de Janua : *Attamen, inis, Setacium.* Attaminare, Purgare farinam cum setacio*, vel *setario*, ut alibi scribit. Voces procul dubio compositæ a fictitiis *Tamen*, et *Taminare*, quæ dictu sunt pro *Stamen* et *Staminare.* Hinc nostris *Tamis*, Cribrum, et *Tamiser*, Succernere.
✱ **TAMIR**, [Est vermis cujus sanguine marmora perfusa, spersa facile sectantur. DIEF.]
TAMISIUM, Cribrum, quo farina purgatur, ex Gall. *Tamis.* Herimannus de Restaurat. S. Martini Tornac. c. 70 . *Nec cribro, nec Tamisio farina purgabatur.* [Cribrum inter et *tamisium* illud inest discriminis, quod *tamisii* tela sit ex serico, vel equinis jubis, cribrum vero ex pellibus hac illacque artificiose perforatis.]
° **TAMISSUM**, Cribrum, Gall *Tamis. Item unum Tamissum*, in Invent. ann. 1361. ex Tabul. D. Venciæ. Vide *Tamisium.*
° **TAMNEGI**, *Stephano est fumus ligni rituus, t. ligni colonfoniæ.* Glossar. medic. MS. Sim. Januens. ex Cod. reg. 6059.
° **TAMNUM**. MOLENDINUM AD TAMNUM, Gall. *Moulin à tan*, quo cortex quercus ad subigenda coria in pulverem redigitur. Charta fundat. eccl. de Guerchia tom. 1. Probat. Hist. Brit. col. 805 : *Dono etiam... decimam molendini ad Tamnum.* Vide in *Molendinum.*
¶ **TAMOLA**, Fulcrum subaxillare, Gall. *Béquille*, Hisp. *Muleta*, ex quo forte per metathesin efformatum est *Tomola.* Vita

Ven. Catharinæ de Palantia, tom. 1. Aprilis pag. 653 : *Erat mutus et stropiatus una tibia et ibat cum ferulis seu Tamolis.*
¶ **TAMUSA**. Ammianus lib. 28. c. 1. ubi de crudeli Maximino : *Resticulam de fenestra prætorii quadam remota dicitur semper habuisse suspensam, cujus summitas quemdam velut Tamusam colligaret, etc. Empusam* legendum esse credit Gronovius in notis pag. 562. Vocem compositam ex *Tames*, cruor sanguinis, et οὐσία opinatur Marcellus Donatus. Felicius divinet qui potest. [᠎ᵍ⁵ Cod. *Damusa*, al. *clausa.*]
¶ **TANA**, Caverna, Ital. *Tana*, Gall. *Tanière.* Charta ann. 1285 : *Venari ad capriolos, perdices, etc. vel capere cum laqueis, vel facere lascos, vel stopare, vel stopari facere Tanas, etc.* [Chronicon Modoetiense apud Murator. tom. 12. col. 1151: *Vulpus vetula non intrat in Tanam novam.*] Vide Gloss. Meursii [et mediæ Græcitatis] in Τάνα, et infra in voce *Zava.* De vocis origine quædam habent Menagius et Ferrarius.
° **TANACERIUS**, f. pro *Tannarius*, Coriorum infector. Charta Phil. VI. reg. Franc. ann. 1341 . *Episcopus proponebat quod, licet ipse ratione episcopatus Meldeasis ecclesiæ prædecessoresque sui fuissent soli et in solidum in possessione et saisina habendi et exercendi pacifice omnimodam, altam videlicet et bassam, justitiam in domibus apud Meldis situatis, quæ cameræ de Messi nuncupantur ; nichilominus gentes præfati comitis (Campaniæ) in dictis cameris quasdam prisias fecerant, duos videlicet Tanacerios melleyam facientes ibidem.* Vide *Tanoverius.*
TANACETUM, Portio cibaria, ut vocant, Monachica, *quæ quinque ovis conficiebatur*, ut videtur. Usat. Barcin. MSS. cap. 2 : *Requisitus et cessus vel vulneratus, sive in Tanaga missus pro redemptione districtus, sit per mortem emendatus.* Ibid. cap. 7 : *Si fuerit captus,..... et in squesa vel ferris, sive in Tanaga missus, vel in quocumque vinculo aut in custodia detentus, per singulos dies et noctes singulos sex solidos accipiat.*
° **TANAIA**. Charta ann. 1078. apud Murator. tom. 4. Antiq. Ital. med. ævi col. 807 : *Ut presbyteri, qui inibi sunt ordinati, cantent Primam et Completam ad horam legitimam, et Missam celebrent cum Tanais, una die pro salute vivorum, alia die pro requie defunctorum, omni die, excepta die Dominica et festivis diebus.* Ubi legendum esse *Litanis* colligitur ex duabus aliis similibus Chartis ibid. col. 804. et 809.
¶ **TANAJARE**, Candenti forcipe laniare, Ital. *Tanagliare*, Gall. *Tenailler.* Johannis de Bazano Chronicon Mutin. apud Murator. tom. 15. col. 613 : *Fecerunt dictos comites..... justissime Tanajari, et..... in quatuor partes dividi et frusta suspendi per partes et diversa loca.* Annales Estenses apud eumd. Murat. tom. 18. col. 935 : *Fuit enim per civitatem Ferrariæ super curru Tanajatus, etc.*
° **TANALIA**, Ital. *Tanaglia*, Forceps, Gall. *Tenaille.* Stat. antiq. Florent. lib. 3. cap. 61. ex Cod. reg. 4621 : *Quicumque præsumpserit in civitate, comitatu vel districtu Florentiæ..... facere...., congregationem gentium, conventiculum, conspirationem.... pro violatione vel subversione pacifici status populi,..... debeat ultoribus*

ferris seu Tanaliis in ejus corpore lacerari. Vide *Tanajare.*
TANARIA. Charta Adefonsi Regis Hispaniæ, æræ 1198. in Hist. Segoviensi c. 17. § 3 : *In pratis, in sernis, in vineis, in hortis, in moneta, in tendis, in homicidiis, in Tanariis, in carnacariis, in Molendinis, etc.* [Haud scio an idem sit quod nostrum *Tannerie*, Officina in qua coria subiguntur, *Tannarium molendinum*, ut habetur supra in *Molendinum ad than*. Vide *Taneria* et *Tannare*.]
○ Hisp. *Teneria*, Coriaria officina.
○ **TANARIUS.** Coriorum infector, Gall. *Tanneur*, in Charta ann. 1187. ex Chartul. S. Joan. Laudun. ch. 71. Vide infra *Tannerius.*
¶ **TANATARIA, TANATOR.** Vide *Tannare.*
○ **TANATUS**, Panni species fulvi coloris, Gall. *Tanné*, ut infra *Tanneyum*. Stat. pro arte parat. pannor. Carcass. renovata ann. 1406. in Reg. 201. Chartoph. reg ch. 121 : *Item quod nullus possit.... tingere seu tingi facere aliquos pannos, caput seu signum cotonis habentes, in Tanato seu burello, nec in lana seu filatura cum escorcia nucis.* Vide in *Tannare.*
○ **TANBUCULUM**, *Quod modo huc, modo illuc præfingitur aliquid comitando*, in Glossar. Provinc. Lat. ex Cod. reg. 7657.
○ **TANCHELMISTÆ** sic appellati sectatores cujusdam Tanchelmi hæretici, qui et *Tanchelinus*, *Tanquelmus*, *Tauchelinus*, *Tandemus*, *Tanderius* et *Landelinus* pro variis scriptoribus seu librariorum socordia dictus est. Hic in Flandria sæculo XII. ineunte errores suos disseminare cœpit. Vita S. Norberti tom. 1. Jun. pag. 843. col. 2 : *Contigit ut hæreticus quidam, miræ subtilitatis et versutiæ seductor, Tanchelinus nomine, ibi adveniens, in eadem gente suæ seductionis locum invenires. Erat denique omnium hominum sceleratissimus, et Dei omnium sacramentorum ejus inimicus et totius religionis et Christianæ fidei contrarius, etc.* Vide ibi notam doctorum Editorum ad Supplem ad Miræum pag 567.
¶ **TANDÆ**, Reliqua, *Arreragia*. Observantiæ Regni Aragon. lib. 9. tit. Quæ sit pœna, etc. § 2 . *Dominus Rex dando cavallerias castenser dare Tandas jam lapsas, et per eum aut suos officiales non receptas, licet tempore vacationis decursas, etc.*
¶ **TANDAM**, pro *Tandem*, passim legitur in Tabulario Calensi, præsertim in Chartis sæculi XIII.
¶ **TANEGLIARE**, Italis *Tanagliare*, Gallis *Tenailler*, Candenti forcipe laniare. Anonymus apud Murator. tom. 8. col. 113 : *Omnes tres Tanegliati fuerunt usque ad furcas et suspensi.* Vide *Tanajare.*
¶ **TANERIA**, Officina, ubi coria subiguntur, in Charta ann. 1287. e Chartulario B. Magdalenæ de Castroduno, et in alia ann. 1273. apud Lobinellum tom. 3. Hist. Paris. pag. 25. col. 1. *Tanere molendinum*, in Chartulario S. Martini Pontisar. Vide *Molendinum ad than* et *Tannare.*
○ **TANETERIUS**, Ad quercum pulverem, quo coria subiguntur, Gall. *Tan*, pertinens. Charta ann. circ. 1060. inter Instr. tom. 11. Gall. Christ. col. 126 : *Apud Ebroicas duos molendinos, unum annonarium et alterum Taneterium.* Vide infra *Tannium.*
TANGANARE, Interpellare, *Sommer quelqu'un en justice*. Pactus Legis Salicæ tit. 60. § 1 : *Si qui Rachemburgii legem voluerint dicere in Mallebergo residentes, cum caussam inter duos discusserint, debet eis qui caussam requirit dicere : Dicite nobis Legem Salicam. Si illi tunc noluerit dicere, tunc iterum qui caussam requirit, dicit : Vos Tangano, ut mihi et isto legem dicatis.* Lex Salica hoc loco habet : *Ego vos Tangano, usque dum vos inter me et contra causatorem meum legem judicetis.* Nempe hæc interpellatio judices spectat. Ita in Lege Ripuar. tit. 53 Rachimburgios causator interpellat : *Ego vos Tangano, ut mihi legem dicatis.* Ibid. tit. 58. § 50 : *Hoc etiam constituimus, ut hominem regium Romanum vel tabularium interpellatum in judicio non Tangaret, etc.*
TANGANUM, Ipsa interpellatio judiciaria. Lex Ripuar. tit. 30. qui *de interpellatione et incendio servorum inscribitur* § 1 : *Dominus ejus in judicio pro eo* (servo) *interrogatus respondeat, et sine Tangano loquatur, et dicat, etc.* Tit. 58. § 20 : *Servi autem Ecclesiarum, non per actores, sed ipsi pro semetipsis in judicio respondeant, et sacramenta absque Tangano conjurent.* Et tit. 59. § 8 : *Quia dum interpellatur, respondeat ad interrogationes, et sine Tangano loquatur, et dicat :* Non malo ordine, sed per testamentum hoc teneo. *Cujus vocis originem a Tagghen, Teutonico, disceptare, litigare, vitilitigare, altercari, accersit Wendelinus : ita ut absque Tangano loqui, respondere, sit plane, nude, cum nulla altercatione, vel interpellatione :* Eccardus vero ex eo quod Saxones vocem *Tange*, Germanis *Zange*, pro Forcipe vel tenaculo usurpent, conjicit olim fuisse verbum *Tangen*, pro Tenere, detinere ; hincque Latinum *Tanganare* esse Tenere, retinere, Gall. *Arrêter*; et substantivum *Tanganum* esse Detentio, captio, captura.] [※ Vide Grimm. Antiq. Jur. Germ. pag. 5. et 843. Graff. Thesaur. Ling. Franc. tom. 5. col. 488. et 680.]
¶ 1. **TANGERE.** Dicere, de re aliqua sermonem habere, Gall. *Toucher.* Annales Genuenses ad ann. 1238. apud Muratorem tom. 6. col. 479 · *Tetigit qualiter dominus Imperator tractaverat et tractabat homines de regno.* Occurrit hac notione in Diario Belli Hussitici apud Ludewig. tom. 6. Reliq. MSS. pag. 212. et alibi. *Tangere verbis* dixit Ovidius lib. 1. Fast. v. 184. et *Tangere leviter*, pro Paucis de re aliqua dicere, Tullius pro Roscio Am. cap. 30.
¶ 2. **TANGERE**, Statuere, convenire, concordare, ducta notione a manuum tactu, quo scilicet solebant inter se concordata firmare. Et hæc quidem firmandi promissi ratio velut jusjurandum sacra habebatur, habeturque etiam inter plerosque mercatores. Charta Fulconis Episc. Andegav. qua litem componit inter Canonicos Eccl. Andegav. et Monachos S. Albini ann. 1137. ex Archivo ejusdem S. Albini : *Tacto nihilominus inter partes prædictas, quod reverendus Pater prædictus ordinabit, etc. Tacto etiam inter partes easdem, quod Religiosi, etc.* Frequenter occurrit ibi. Vide *Palmata* 2.
TANGERE CHARTAM , Subscribere. Charta Hugonis Comitis et Marchionis ann. 936. in Hist. Vergiacensi pag. 33 : *Et ut hujus nostræ largitionis carta pleniorem in Dei nomine capiat firmitatem, Tangendo firmavimus, et fidelibus nostris infrascriptis firmare rogavimus. Actum, etc. Signum Hugonis Comitis, etc.*
☞ Mabillonio lib. 2. Diplom. cap. 22. n. 14. *Tangere chartam*, non est eam subscribere ; sed, ut verbis ejus utar, qui propria manu non subscribebant, neque apponebant signum crucis , chartam manu tangebant, ut subscriptionem nominis sui a Notario factam ratam haberent : id probat ex Charta Theobaldi Comitis ann. 1083. ubi legitur : *Chartam hanc sigillo auctoritatis nostræ impresso, cruce autem facta manu nostra roboravimus, et fidelium nostrorum manibus Tangendo corroborandam dedimus.* Tum observat, in regiis literis sub tertia stirpe regni Primores erecta manu eas rati habuisse, quod probat ex Chartario S. Martini a Campis, ut ibi videre potes.
○ Chartul. Major. monast. pro pago Vindoc. ch. 7 : *Infantesque ipsius* (Tetbaldi) *qui præfatæ non interfuerant convenientus, Burcardum scilicet, Arembergem et Johannem, Tangendo eam firmare seu auctorizare fecit, datis pro hoc singulis singulis denariis, testibus istis, etc.* Ibidem ch. 106 : *Hi posteriores testes de auctoramento uxoris Fulcodii et filiorum ejus sunt, quod factum est quando omnes pariter contactu manuum cartam hanc firmaverunt , approbantes venditionem ipsius.* Vide supra *Manum mittere* in *Manus.*
○ 3. **TANGERE** , Pulsare. *Tanganur campanæ*, in Missali MS. Burdegal. ad vigiliam Pentecostes.
¶ **TANGIBILIS**, Qui tangi potest, apud Lactantium lib. 7. Instit. cap. 11. et 12. et alios recentiores.
TANGOMENA. Fragmentum Petronii pag. 10 : *Quare Tangomenas faciamus, vita vinum est.* Et infra pag. 67 : *Ita Tangomenas faciamus, et usque in lucem cœnemus.*
☞ Nodotius in Petronio restituto scribit *Tingomenas*, Compotationes, helluationes, illustratque ex illo Horatii loco lib. 2. Od. 14 :

Absumet hæres Cæcuba dignior
Servata centum clavibus, et mero
Tinget pavimentum superbum,
Pontificum potiore cænis.

Vide *Taquies.*

○ **TANGUA**, f. Piscis fluviatilis notus, Gall. *Tanche* ; nisi sit nomen loci. Bulla Urbani III. PP. ann. 1186. inter Instr. tom. 11. Gall. Christ. col. 248 : *Totam decimam de Criencüs, decimam Tanguæ et molendini, decimam molendini de Fulleia.*
○ **TANIA**, Capsa , arca , ut videtur. Arest. ann. 1330. 28. Apr. in Reg. Olim parlam. Paris. : *Unam Taniam pictam, plenam diversis mercibus et jocalibus.* Vox, ni fallor, fictitia.
¶ **TANISTRY**, Lex aut consuetudo olim vigens in Hibernia, qua, nulla natu majoris habita ratione, is inter natos Principum illustriumque familiarum hæres instituebatur, qui cæteris merito præcellebat. Vide Thomam *Blount* in Nomolexico Anglicano.
○ **TANIUM**. MOLENDINUM AD TANIUM, Gall. *Moulin à tan*, quo quercus cortex ad subigenda coria in pulverem redigitur. Vide supra *Tannum*. Charta ann. 1225. inter Instr. tom. 8. Gall. Christ. col. 858 : *Omnia molendina nostra de Rivereyo, tam ad bladum quam ad Tanium. Tanania*, pro *Tavernier*, caupo, in Lit. ann. 1841. tom. 8. Ordinat. reg. Franc. pag. 575. art. 7. *Tannnes*, pro Taberna, in aliis Lit. ann. 1354. tom. 2. earumd. Ordinat. pag. 563.
¶ **TANLAGIUM**, Vectigal. Vide in *Telon.*
TANNARE, Coria subigere, Gall. *Tanner.* Leges Burgorum Scoticor. cap. 98 : *Nullus sutor potest emere coria ad Tannandum majoris pretii, quam quod cornua*

et aures sunt æqualis longitudinis. [*Tanatum*, vel *Tannatum corium*, in Privilegio Liduini Abbatis S. Vedasti Atrebat. ann. 1036. e Chartul. V. ejusd. Cœnobii pag. 243. in Statutis Cisterc. ann. 1137. tom. 4. Anecdot. Marten. col. 1247. in Computo ann. 1202. apud D. *Brussel* tom. 2. de Feudorum usu pag. CXLV. ad calcem, in Edicto ann. 1329. tom. 2. Ordinat. Reg. Franc. pag. 33. n. 3. in Privilegiis Pontis-Ursonis tom. 4. earumd. Ordin. pag. 641. n. 42. *Tannatæ pelles*, in Consuetudinibus Ecclesiæ SS. Bertini et Audomari ex Archivo Ecclesiæ Audomarensis.]

✻ *Tanner* præterea nostri dixerunt, pro Vexare, molestiam creare. Lit. remiss. ann. 1475. in Reg. 195. Chartoph. reg. ch. 1493 : *Jehannin Joly dist à Jehannin le Clerc que le suppliant les Tannoit et hayoit moult fort.* Vox in quibusdam provinciis necdum obsoleta.

TANNERIA, seu TANNATORIA, Officina, vel ars coria subigendi, Gall. *Tannerie*, in Fleta lib. 2. cap. 52. § 35. [*Tanataria*, in Chartulario S. Vincentii Cenoman. fol. 35. *Tannarium molendinum*, in Chartulario S. Vandregesili tom. 1. pag. 1002. Vide *Molendinum ad than*.]

¶ TANNATOR, vel *Tanator*, Qui coria subigit, præparatque, Gall. *Tanneur*, in Chartulariis S. Vincentii Cenoman. fol. 36. S. Vandregesili tom. 2. pag. 1451. In Necrologio Confratriæ Clericorum apud Pontisaram, apud Thomasserium in Bituriglous pag. 87. 112. apud Ludewig. tom. 7. Reliq. MSS. pag. 158. in Instrumentis novæ Gall. Christ. tom. 2. col. 352. etc.

✻ TANNELLA, Forceps, Gall. *Tenaille*. Judic. ann. 1326. 13. Dec. in Reg. *Olim* parlam. Paris. : *Prædictus miles dictum Galterum...... communari fecerat,.... quod dentes suos de gula extrahi faceret cum Tannellis ferreis, quas eidem ostendi faciebat.* Vide supra *Tanalia*.

✻ TANNERIUS, Qui coria subigit præparatque, Gall. *Tanneur*. Invent. Chart. reg. ann. 1482. fol. 93 : *Littera acquisitionis magisterii Tanneriorum, baudreiorum etc. De anno 1403.* Vide in *Tannare*.

✻ TANNEYUM, Panni species fulvi coloris, Gall. *Tanné*. Testam. Steph. de Mornaio decani S. Mart. Turon. ann. 1332. in Reg. 66. Chartoph. reg. ch. 978 : *Item lego dicto le Borne valleto meo mailam tunicam meam de Tanneyo, cum epithogio ejusdem panni.* Vide supra *Tanatus*.

]. TANNUM. Charta Edw. III. Regis Angl. in Monastico Angl. tom 1. pag. 507 : *Et similiter de toto Tanno de bosco ipsius Roberti usque ad Creyton, scisso per visum Forestariorum nostrorum. Nostri Tan*, Itali *Tane* vocant quercuum pulverem, unde tinctura fit. Vide *Molendinum ad than*, et Scaligerum in Exercit. 325. in Cardanum n. 12.

¶ 2. TANNUM, Locus vacans et publicus, non semel in libris censualibus Calomontis et in Charta Tossiaccnsi, teste Cl. Viro D. *Aubret*.

TANOLA, Tendicula. Vide *Taliola*.

¶ TANOVERIUS, Idem, ut puto, qui *Tannator*, Coriorum infector, Gall. *Tanneur*. Arestum Parlamenti ann. 1469. e Tabulario Corbeiensi : *Dictus appellans proponi fecit, quod licet ipse, qui homo mere laicus et Tanoverius, non existebat secundum usum, etc.* Ubi legendum forte est *Tannerius*.

TANQHANUM. Aresta Parlamenti Pentecostes ann. 1285. in Regesto B. fol. 71 : *Cum in villa Atrebatensi quidam de plebe dictæ villæ contra Scabinos villæ et Majores Atrebat. conspirationem seu Tanghanum fecissent, capsam reliquiarum plenam in foro Atrebatensi causa devotionis a Capitulo Atrebat. ibi missam juxta locum, ubi candela B. Mariæ est reposita, et ubi consuetum est a Deo multa miracula operari, impetuose ac violenter et in scandalum totius populi cepissent et extra locum tulissent, etc. Pronuntiatum fuit per judicium Curiæ D. Regis dictum Tanghanum et maleficium ad altam justitiam pertinere, ac illud per dictum Comitem vindicare debere, etc.*

✻ Coitio, conventus illicitus, seditio, turba. Gall. alias *Taquehan*. Charta Phil. V. ann. 1320. in Reg. 58. Chartoph. reg. fol. 59. v° : *Pour eschiver tou; perilz, conspirations et Taquehanz, qui en pourroient ensuir, etc.* Lit. ejusd. ann. tom. 6. Ordinat. reg. Franc. pag. 139. art. 22 : *Les habitanz des villes dessus dictes se pourront assembler pour eulx conseiller et tailler, sans ce que il puis estre dit Taquehan. Taquehen*, in Charta ann. 1397. ex Reg. 151. ch. 311. quomodo etiam legendum est, pro *Taquehau*, in Stat. ann. 1398. tom 8. earumd. Ordinat. pag. 305. art. 13. *Taquehan*, in Lit. ann. 1348. ex Reg. 74. ch. 60. *Tacaan*, eodem intellectu, in Lit. remiss. ann. 1389. ex Reg. 138. ch. 98 : *Par maniere de Tacaan et venans contre leurs sermens et contre l'utilité publique, etc.* Unde *Tacain*, Seditiosus, rixosus, in aliis Lit. ann. 1411. ex Reg. 165. ch. 219 : *Icellui Pierre appellast le suppliant arlot, Tacain, bocr, qui vault autant à dire en langaige du pays de par delà, garcon, truant, bastart.* In bonam partem *Takehans* accipi videtur, videlicet pro Pactum, conventio, in Lib. rub. fol. parvo domus publ. Abbavil fol. 105. r° : *Uns maires et uns eskevins de la baniere des tisserans...... firent un acort,...... ut le meteroient quatre deniers en une boiste ; ...... et dura chis Takehans par l'espasse de sis ans ; ...... et fu li acors tes que, etc.*

TAQUEHA, Eadem notione. Aresta ann. 1290. in eod. Reg. fol. 91. verso : *Inhibendo ne ipsi* (Majores Rotomag.) *vel aliqui eorum Taquehani, collectam, seu talliam faciant, seu congregationem sine nostra auctoritate prius interposita.*

¶ TAQUIHA, Eodem intellectu. Literæ ann. 1286. e Regesto Domus publicæ Paris. notatum A. fol. 114 : *Cum vecturarii aque quoddam Taquihan seu conspirationem fecissent contra mercatores vinorum.* Interpretationem Gallicam habet, ibid. fol. 115 : *un Toquihan et une conspiration.*

TANQUAM, inquit Galbertus in Prologo ad Vitam S. Caroli Comitis Flandr. non est semper similativum, sed sæpe *confirmativum*. *Tanquam enim dicitur in Scriptura sancta pro eo, quod vere est, sicut est ibi : Tanquam sponsus, hoc est vere sponsus.*

¶ TANSA. Charta ann. 1281. apud Murator. tom. 2. Antiq. Italic. med. ævi col. 83 : *Ut commune Finalis Mutinensis debeat dare pro eorum* (mercatorum) *securitate Tansam a Finali usque Bondenum, cum burciello uno et cum hominibus defendere, protegere. recte quidem accersit ideim Muratorius, interpretaturque Præsidium militum, Ital. Scorta, Gall. Escorte.* Sed nihil pertinet, ut opinor, ad vocem *Tansum*, quidquid dicat Vir doctissimus.

¶ TANSSAMENTUM. Vide in *Tensare*.

¶ TANSUM. Charta Frider. I. imper. ann. 1177. apud Murator. tom. 2. Antiquit. Ital. med. ævi col. 82 : *Hæc igitur suprascripta et cetera omnia, quæ in aliquo imperii nostri loco præfata possidet ecclesia in castris, capellis, decimis, placitis, mercatis, teloneis. ripis, rupinis, molendinis, collectis, viis et inviis, vineis, etc. Tansis, bannis ac olivetis, universisque exhibitionibus, atque cujuslibet functionibus, cum omni honore et districtu, salva tamen imperiali justitia, confirmamus. Eadem repetuntur in alia ann. 1219. ibid. col. 876.*

¶ TANT, Vox Arvernis usitata pro Umbraculum, Gall. *Dais*. Consuetudinarium Monasterii S. Marcellini Cantagilensis : *In die festo Corporis Christi clericus ecclesiæ debet parare lo Tant tantum quod posset fieri honeste.* Et mox *Servitores domini Abbatis.... portant lo Tant super Corpus Domini.*

✻ TANTALLUS, Ardea. Glossar. Lat. Gall. ex Cod. reg. 7692: *Tantallus, Heron.* Hinc *Tantalus*, libenter comedens, in alio Gall. Lat. ex Cod. reg. 7684.

✻ TANTANELLUM, Gari species, Gall. *Trentanel*. Stat. pro arte parator. pannor. Carcass. renovata ann. 1466. in Reg. 201. Chartoph. reg. ch. 121 : *Item quod nullus possit...... tingere seu tingi facere aliquos pannos, caput seu signum cotonis habentes, pro Tantanello tota arvchica perussa neque sortello, qui sunt tinctus pravi.*

✻ TANTE, vox vulgaris, Cerei species. Charta ann. 1398. inter Probat. Hist. Autiss. pag. 129 col. 1 : *Thesaurarii tenebuntur..... facere ardere nocte cinque continue singulis diebus tres cereos, Tantes vulgariter nuncupatos, in tribus bacilibus pendentibus et suspensis ante Corpus Christi.*

¶ TANTI, pro *Tot*, ut *Quanti*, pro *Quot*, passim occurrit apud Scriptores ævi medii.

TANTIADES, Cornelio Celso sunt Tarisilæ induratæ, in Glossar. medic. MS. Sim. Jan. ex Cod. reg. 6959.

✱ TANTIGO. [Tentigo : « *Tantigo, Landie*. » (Glos. Lat. Gal. Bibl. Insul. E. 36, XV° s.)]

TANTILLITAS, Exiguitas. Anastasius Bibl. in Præfat. ad versionem Vitæ S. Joan. Eleemosyn. : *Non personam Tantillitatis meæ intuens, non astullam investigans. Utitur et cap. 1. n. 6.* [Epistola Guiberti Abb. Gemblac. ad Sigifridum Mogunt. et Philippum Salzburg. Archiepiscopos apud Marten. tom. 1. Ampl. Collect. col. 942 : *Gaudeo .... quod..... ad notitiam celsitudinis vestræ exiguitatis meæ Tantillitas attigerit.* Rursum occurrit in Vita S. Ragenulfæ, tom. 3. Julii pag. 696. Vide *Tantillas*.]

¶ TANTILLULUS, Tantillus. Miracula S. Austregisili Episc. tom. 5. Maii pag. 237 : *Dubitat si super Tantillulam personam infantis sic despecti dignetur illa cœlestis majestas extendere manum suæ benedictionis.* Elmham. in Vita Henrici V. Reg. Angl. cap. 25. pag. 57 : *Nec totidem hostium immensum numerum contra se et Tantillulum exercitum suum prævalere posse... arbitratur.*

TANTITAS, Exiguitas. *Tantitas nostra*, Flodoardo in Præfat. ad Histor. Remens. Vide *Tantillitas*.

¶ TANTO. *In Tanto*, Interim, idiotismo Italico. Vita S. Zitæ, tom. 3. April. pag. 507 : *De vestimentis ejus auferre aliquid satagebat, adeo quidem ut pluribus vicibus, quibus in Tanto induta extitit, remansit seminuda.*

¶ TANTOLOGIA, Vitiosa repetitio ejusdem dictionis, ut *egomet ipse*; sufficiebat enim dicere, *Egomet*, ut *Ego ipse*, etc. Joh. de

Janua. Legendum *Tautologia*, a Gr. Ταυτολογία.

○ 1. **TANTUM**, *Ranchiert*, in Glossar. Lat. Gall. ex Cod. reg. 7679. At mihi haud asserta est hæc lectio.

○ 2. **TANTUM QUANTUM**, Dum, interim, tamdiu, Gall. *Tandis que, pendant que*, alias *Tant comme*. Charta ann. 1334. ex Tabul. D. Venciæ : *Item quod nulla persona bibat in taberna, post quod pulsatum fuerit pro Ave Maria, nec Tantum quantum celebrabuntur Missæ in diebus devotis et festivis in dicto castro*. Instr. ann. 1406. ex Bibl. reg. : *Ilz appergeuront que les lampiers, qui estoient d'argent, en estoient ostez,... et trouverent par ymagination que ce avoit esté fait Tant comme l'en disnoit en cloistre. Tant-moins*, vulgo *en déduction*, in Lit. remiss. ann. 1427. ex Cod. Chartoph. reg. ch. 707 : *Fut baillié au suppliant aucun argent Tant-moins de la somme dessusditte*. Id est, Tantum de summa detrahendo, quantum pecuniæ numerabatur. *Tantant*, pro *Autant*, tantum ex æquo, in aliis Lit. ann. 1399. ex Reg. 154. ch. 745. *Icellui Waissy but à plain hanap et vin audit de la Londe, lequel ne voult boire Tantant*.

○ 3. **TANTUM** et **TANTUM**, Duplum, Gall. *Deux fois autant*. Charta ann. 1043. ex Bibl. reg. cot. 17 : *Qui meam donationem infringere voluerit ..... componat tibi in vinculo Tantum, et alium Tantum, et inantea quod petiit, adquirere non valeat*.

○ 4. **TANTUM**, pro Tam, in Conc. Rem. ann. 991. tom. 10 Collect. Hist. Franc. pag. 528 : *Tantum lividum cœnum impudentia negationis voleat obruere*.

○ **TAMTUMDEM**, Tantum, Gall. *Seulement*. Vita S. Petri canon. tom. 3. Sept. pag. 465. col. 1 : *Cum præfatus Dei servus... regulari canonicorum jugo colla submitteret, ut divino cultui, tantumdem vacaret, etc.*

○ **TANTURERIUS**, a Gallico *Teinturier*, Infector. Invent. Chart. monast. Athanat. fol. 45. r° : *Instrumentum anni 1518. xliij. solidorum de annua pensione debitorum dominis de conventu Athanatensi per Johannem Clepoint Tanturerium*.

¶ 1. **TANUS**, Dignitatis nomen. Vide *Thainus*.

○ 2. **TANUS**, Præstationis seu tributi species. Charta ann. 1151. apud Muratorem. tom. 5. Antiq. Ital. med. ævi col. 318: *Nec aliud a presbyteris earum exigeret, nisi ut superius legitur... Tanus vero nullus ab eis exigeretur*. Vide supra *Tallium* 5.

TANUTA, Telonia, jura viarum, in Jure Hungarico. Albert. Molnarus.

○ **TAONI**, Arabice, Album, in Glossar. medic. MS. Sim. Jan. ex Cod. reg. 6959.

¶ 1. **TAPA**, Tessera lignea, idem quod *Talea*, ut videtur. Chronicon Petri Azarii apud Murator. tom. 16. col. 393 : *Per latebras nemorum solus vagans, tamquam desperatus, invenit eum rusticum... Tapas pro faciendo nova parasides laborare... et dixit : Ave frater. ... Respondit rusticus, et semper lignamina picando, etc.* Legendum fortassis *Tala*.

¶ 2. **TAPA**, f. Murus terreus, idem quod Hispanis *Tapia*. Statuta Montis-Regalis pag. 259 : *Item quod a Tapa illorum de S. Blasio usque ad bealeriam Pesii possit capi pars una dictæ aquæ*. Vide Tapia et *Tappa*.

¶ **TAPARDUM**, Tunica. Vide *Tabardum*.

○ **TAPARE**, ab Hispanico *Tapar*, Occludere, obturare. Charta pro incolis de Stagello ann. 1331. in Reg. 69. Chartoph. reg. ch. 174: *Aquam fluminis de Ayglino, hactenus decurrentem et defluentem per aquæ versum, de loco seu castro vocato de Turre.... avertendo,.... fregit paxeriam seu resclausam dicti fluminis Tapando et claudendo et impediendo lapidum et lignorum interponendo*. Tappir, nostris, eadem acceptione. Lit. remiss. ann. 1476. in Reg. 195. ch. 1592 : *Il fist mettre sur le lieu, où il avoit esté frappé...... ung petit de mousse pour cuider Tappir et faire cesser le sang*. Vide infra *Tapia*.

○ Haud scio an inde Pons versatilis, *Tapecul* appelletur, in Lit. remiss. ann. 1474. ex Reg. 195. Chartoph. reg.ch. 1224 : *Lesquelz portiers desja avoient avalé et fermé le Tapecul de la porte* (de la ville de Compiegne) ;..... *qu'ilz preissent les chaines dudit Tapecul*.

¶ **TAPECIUS**, Tapes, aulæum, in Testamento ann. 1010. Marcæ Hispan. col. 973. Vide *Tapesium* et *Tapetiæ*.

¶ **TAPEDUS**, Τάπις ψιλή, in Glossis Lat. Græc. et Græc. Lat. Legendum volunt *Tapetus*, τάπις, ψιλή ; si tamen credimus Isidoro lib. 19. Orig. cap. 26. retineri posset *Tapedus* ; habet enim ibi : *Tapeta dicta, quod pedibus primum sternerentur, quasi Tapedia*. Vide Scaligerum ad Festum.

TAPELUS. Charta Longobardica ann. 1094 apud Ughellum tom. 7. pag. 581 : *Et ille et ejus descendentes dent pro redemptione animæ meæ.... centum solidos, quorum quisque habeat auri Tapelos bonos quatuor monetæ hujus civitatis*, (Salerni) *etc.* Vereor, ne legendum sit, *Tarenos :* nam solidi aurei Salernitani quatuor Tarenos conficiebant. Vide *Tarenus*.

¶ **TAPER**, Anglis, Fax, cereus. Testamentum ann. 1386. apud Madox Formul. Angl. pag. 420 : *Item volo, quod XXIII. torches et v. Tapers, quolibet Taper pondere X. lib. præparentur pro sepultura mea absque alio hercio*.

TAPESIUM, Tapes, aulæum, Gallis *Tapisserie*. Vitæ Abbatum S. Albani : *Dossale sive Tapesium, in quo passio S. Albani figuratur*.

¶ **TAPESTRY**, Anglica vox, Tapes, Gall. *Tapisserie*. Vide locum in *Testura*.

¶ **TAPETIÆ**, Tapetes. Guido lib. 1. Disciplinæ Farfensis cap. 29 : *Super formas sternant Tapetias ante Vesperam*.

○ **TAPETIARIUS**, Cui tapetium cura commissa est. Comput. ann. 1483. ex Tabul. S. Petri Insul. : *Ab honesto et prudenti viro P. Pourcelet illustrissimi principis ducis Burgondiæ Tapetiario, etc.*

○ **TAPETUM**, Pannus sericus aut pretiosioris materiæ, qui feretro insternitur, cum mortui cadaver humandum defertur. Chartul. Major. monast. pro pago Vindoc ch. 102 : *Quo mortuo, præ dicti filii ejus Guicherius atque Rodulfus portaverunt eum reverenter ad Majus monasterium, in redemptionem unius Tapeti, quod patri mortuo superpositum fuerat, ut est consuetudo nobilium, dederunt ipsi filii monachis unum campum alodi apud villam Gumbergenam*.

✶ **TAPEZETA**. [Trapezeta, *Publicain :* « Exit lucis angelus ab Anglorum metis Jura sanctuarii linquens *Tapezetis.* » (Du Méril, Poes. Lat. Med. Æt. p. 75.)]

○ **TAPHETA**. [Gallice Taffetas : « Una tobalea stricta et longa, rechamata de Tapheta albo subtilissimo. » (Inv. Card. Barbo ex transcriptione Müntz, 1457.)]

TAPHUS, Sepulcrum, ex Græco τάφος. Invento S. Celsi n. 15 : *Beati pignoris Taphum de loco depositionis movere nequaquam præsumpsit*. Occurrit etiam in Vita S. Udalrici Episcopi August. cap. 13. Vide *Tafus* [Thafus vero apud Ratherium Veron. lib. 2. Præloq. tom. 9. Ampl. Collect. Marten. col. 850.]

¶ **TAPIA**, Murus terreus, ut videtur, ab Hispanico *Tapia :* quod idem significat. Transactio ann. 1219. ex libro flavo Episcopatus Massil. pag. 25 : *A termino lapideo posito juxta Tapiam, et ipsa Tapia recta linea...... usque in unam traversam*. Vide Tapa 2. et mox *Tapiale*.

✶ Qua voce etiam significatur quædam parietis terrei mensura, ut in Libert. MSS. Barcin. ann. 1283 : *Clausura domorum habet fieri de tribus Tapiis, et clausura orti debet fieri de duabus Tapiis in altum*. Sed et pro septo cujusvis generis aliquando usurpatur videtur. Charta ann. 1225. ex Bibl. reg. cot. 17 : *Dono ad laborandum... totam illam clausam cum suo solo et planterio vinearum et arborum,.... ita quod in hoc præsenti anno claudatis totam ipsam clausam ad Tapiam vel ad massom*. Vide supra *Tapare*.

TAPIALE. Fori Oscæ Jacobi I. Regis Aragon. ann. 1247. fol. 10 : *Si aliquis homo in aliquo casali veteri aperuerit fundamenta, super quibus tantum postea construxerit in gyrum, donec opus illud sit de tribus Tapialibus in altum. et miseris ipsum casal in arrevo, et fecerit ibi portal supra firmaverit postal, etc.*

✓ Idem quod Tapia seu quædam parietis terrei mensura. Acad. Hisp. in Diction. *Tapial*, Asserum forma ad parietes ducendos.

✓ **TAPICERIA**, TAPISSARIA, Aulæa, peristromata, Hisp. *Tapiceria*, Ital. *Tappezzeria*, Gall. *Tapisserie*. Comput. ann. 1495. inter Probat. tom. 4. Hist. Nem. pag. 65. col. 2 : *Domini consules destinarunt dom consulem Claudium de Menonville, ut iret cum uno servitore ad dom. de Calvissone pro habendo ejus Tapiceriam, sicut alia vice villa habuerat,..... Tapiceriam obtinuit*. Alius ann. 1482. ibid. pag. 22. col. 1: *Fuit præceptum... ut cum Tapissaria parari et ornari facerent aulam paramenti episcopali Nemausi*. Mox : *Tapisseria*. Occurrit præterea *Tapissaria* in Testam. Caroli comit. Prov. ann. 1481.

¶ **TAPICERIUS**, Aulæorum opifex, Gall. *Tapisser*, in Charta ann. 1273. apud Lobinellum tom. 3. Hist. Paris. pag. 26. col. 2.

○ **TAPICIARIUS**, a Gallico *Tapissier*, Aulæorum opifex, propola et sartor, Hisp *Tapicero*. Charta ann. 1364. in Reg. 96. Chartoph. reg. ch. 96: *Supra quodam stallo Tapiciariorum in dictis hallis* (Paris). *situato*. Vide *Tapicerius*.

○ **TAPICIUM**. TAPICIA SARRACENORUM, Gall. *Tapis de Turque*. Arest. ann. 1389. 23 Apr. in vol. 3. arestor. parlam. Paris.: *Magistri et operarii Tapiciorum Sarracenorum Parisius, etc.*

¶ **TAPICUS**, Tapes, Ital. *Tapeto*, Gall. *Tapis*. Statuta Civitatis Astæ de intratis portarum : *Tapici banchalis de Francia et aliunde ponantur et solvant ad estimationem officialium*.

¶ **TAPINA**, Idem quod mox *Tapinatio*, si vera lectio est. Statuta Massil. lib. 2. cap. 8 : *Decernimus, ut si alicui res aliqua vel Tapina ablata fuerit vel furto subtracta, etc.* Titulus est, De rebus raptis vel furtive subtractis: unde pro *Tapina* legendum videtur *Rapina*.

° **TAPINAGIUM**. PER MODUM TAPINAGII, Clanculum, secreto, nostris alias *En Tapinage*. Lit. remiss. ann. 1355. in Reg. 84. Chartoph. reg. ch. 172: *Insidians retro quasdam molas existentes ante domum Adæ de Liero, per modum Tapinagii se abscondit.* Aliæ ann. 1382. in Reg. 121. ch. 231 : *Icellui Guillaume les attendoit en Tapinage au bout des pons de Moneco.* Vide *Tapinatio*.

TAPINATIO. *Cum Tapinatione aliquid agere*, [Nostris *en Tapinois*,] furtim, clanculum more *talparum*, quas *Taupes* dicimus, quæ sub terra delitescunt, et quæ latenter terram suffodiunt : nisi a voce Græca ταπεινός, humilis, non multum a terra assurgens, quis deducere velit [cum Labbeo, qui hanc in rem hunc affert versum ad Guillelmum Comitem Blesensem ante annos 800. a quodam Monacho directum :

Gozberius Tapinos, micros, apodemus et exul.

Hoc etymon probat Menagius post aliquot alios.] Charta ann. 1060. apud Louvetum· in Historia Belvacensi : *Iste ut rei exitus probavit, nutu et voluntate Dei Jerusalem et sacra loca... adiit, illis videlicet temporibus, quibus nullus Christiani nominis Confessor, nisi furtim, aut, ut ita dicam, (cum) Tapinatione, propter obsistentium paganorum timorem illuc pergere ausus erat.* Le Roman de Rou MS. :

Li Dus fist son pelerinage,
Si com l'en dist, en Tapinage.

[Le Roman *de la Rose* MS. :

Qu'il s'en iront en Tapynage,
Ainsint comme en pelerinage.

Historia Johannis IV. Ducis Britan. apud Lobinellum tom. 2. Hist. Britan. col. 695 :

Et faillit que sa mere allast
Hors du pays, et l'emportast,
Com' povres gentz en Tappinage,
Car ils n'avoient argent ni gage.

Vide Bellomaner. cap. 80] Joannes Abb. Laudun. in Speculo Historiali MS. lib. 11. cap. 20 : *Le Antipape ne se audsoit pas monstrer manifestement, mais s'en alloit en Tapinage, etc.* Alanus Charterius in Consolatione trium virtutum, pag. 325. *en Tapinage* eadem notione dixit : *Vostre honncur perist, puisque vos vaillances s'espreuvent à mordre et à abbayer l'un et l'autre en travers, et en Tapinage, comme chiens et chats de chetif courage, et laissez la protection du commun salut.* Boccac. Nov. 27 : *Andato Tapino por lo mondo.* Et Nov. 16 : *Passati sono homai quattordici anni, ch'io sono andata Tapinando por lo mondo.* Ita Nov. 19. et 29. Italis *Tapino*, est infelix ; *Tapinare*, vivere in miseria.

¶ **TAPINOMA**, Ταπείνωμα, Humilitas, depressio, apud Sidonium lib. 4. Epist. 3.
TAPINOSIS, TAPINOSITAS, Humilitas, ταπείνωσις : Stylus depressior, [vel, ut habet Isidorus lib. 1. cap. 3 : *Humilitas, statum magnæ rei dictis infirmans; ut*

Apparent rari nantes in gurgite vasto.

Hinc Alexander de Villa Dei in Doctrinali :

Cum per verba rei magnæ summissio fiat,
Tunc Tapinosis erit, si dicas mare gurges.]

Vita S. Eugendi Abb. in Prologo : *Hæc nostra Tapinosis, nequaquam jactantia superborum judicum ventosa superfluitate calcetur.* Quidam Codd. *Tapinositas* præferunt. Theodericus Monachus in Histor. Invention. S. Celsi Episc. Trevir. cap. 1: *Nos autem per Tapinosim præcelsa fenestratum propalantes, etc.*

¶ **TAPINUM**. Chartularium Latiniaci : *Mercatores Remenses qui vendunt telas et Tapina debent in nundinis pro qualibet, que fuerit aperta, cotidie unum denarium.* Puto legendum esse *Tapetia*, pro *Tapetia*, Aulæa, Gall. *Tapis*.

° **TAPISSARE**, Acupingere, Gall. *Broder*. Charta ann. 1479. in Reg. 3. Armor. gener. part. 2. pag. 16 : *Dictus sindicus sive conventus teneatur recuperare quoddam cohopertorium Tapissatum et figuratum.*

° **TAPISSARIA**. Vide supra *Tapiceria*.

¶ **TAPISSERIA**, Gall. *Tapisserie*, Aulæum, tapes. Tabularium Piperaci : *Fecit facere Tapisseriam chori, ubi impressa est gloriosissima passio Christi.*

° **TAPISSERIUM**, Aulæum, tapes. Memor. II. Cam. Comput. Paris. ad ann. 1421. fol. 146. v°: *Johannes Duval retentus in officio custodis camerarum et Tappisseriæ regis.* Ibid. fol. 164. v° : *Custos camerarum et Tapisseriorum regis. Tapicero mayor,* apud Hispanos, Aulæorum præfectus in regia.

° **TAPISSIUM**, Eadem notione. Lit. remiss. ann. 1361. in Reg. 91. Chartoph. reg. ch. 193 : *Idem Laurentius et supplicans acceperunt unum Tapissium lanæ, etc.*

° **TAPITUM**, Tapes. Pontif. MS. eccl. Elnens. ubi de Benedictione virgin. : *Prosternit se pontifex ante altare super faldistorium et ministri hinc inde, et virgines post ipsum in ordine suo super Tapita.*

° **TAPITUS**, TAPPITUS, Eodem significatu, Ital. *Tappeto*. Item *duos Tapitos*, in Invent. ann. 1361. ex Tabul. D. Venciæ. Charta ann. 790. apud Murator. tom. 3 Antiq. Ital. med. ævi col. 562. *Abbatissa... eidem episcopo pro benedictionem dare debeat uno Tappito bono; nam amplius ei nullum imponatur.*

* [« Item duo scabella et unus *Tapittus* antiqus. »(Invent. Calixt. III, an. 1458, in Archiv. Vaticano.)]

TAPPA, Minutatim, ex Teuton. *Tappen*. *Vendere vinum ad Tappam*, est, *Vendre du vin en détail*; unde iisdem Teutonibus, *Tapper*, tabernarius, caupo, a voce Tap, epistomium, de qua mox in *Tappus*. Statuta Ordinis S. Gilberti de Sempringham pag. 746 : *Nec... licet nobis vendere vinum ad tabernam, sive, ut vulgo dicitur, ad broccam ; seu, ut lingua Teutonica dicitur, ad Tappam, in nostris.... domibus.* Eadem habentur in Institut. Capitul. Generalis Ord. Cisterciensis ann. 1134. cap. 50.

° **TAPPETARIUS**, Aulæorum opifex. Charta ann. 867. apud Murator. tom. 5. Antiq. Ital. med. ævi col. 514 : *Donamus ibidem alios servos nostros manuales ministeriales...... Tappetarios tres, etc.* Vide supra *Tapiciarius*.

° **TAPPISSERIA**. Vide supra *Tapisserium*.

° **TAPPITUS**. Vide supra *Tapitus*.

¶ **TAPPONNARE**, Cavare, suffodere, a *Talpa*, ni fallor, detorta voce. Chronicon Petri Azarii apud Murator. tom. 16. col. 309 : *Dum de præsenti fundamenta ipsius palatii clam fodisset, et dictos muros lignamine fulcisset, facta cava, ut est moris, Tapponando, etc.*

° Aliud sonat Gallicum *Tappigner*, nempe Ruere, vexare, vulgo *Houspiller*. Lit. remiss. ann. 1411. in Reg. 165. Chartoph. reg. ch. 408 : *Jaquet Carbonnier..... respondi que se les levriers du suppliant fouloient ou Tappignoient son chien, qu'il les tueroit.*

¶ **TAPPONATOR**, Cunicularius. Idem Chronicon P. Azarii col. 351 : *Et quamvis aliquando per contrariam cavaturam ipsis Tapponatoribus male successisset, nihilominus castrum seu dominganum super rondellis posuerunt, frustra contendentibus obsessis.* Vide *Talparii in Talpa* 2.

¶ **TAPPONUM**, Idem quod *Talpa* 2. Machina ad suffodiendos muros. Idem Chronicon col. 345 : *Deinde Marchio cæpit castrum machinis tormentare, et Tapponum pro ipso castro habendo incæpit. Ubi cum Tapponasset pluribus diebus, Castellanus.... valde pertimuit. Et* col. 351 : *Aggressores, videntes prædicta non valere, cæperunt ponere in civitate Tapponum valde occultum pro ipso castro obtinendo et cavando.*

TAPPUS, Epistomium, truncus ligneus, quo foramen dolii, per quod liquor infunditur, obturatur, Gall. *Tampon*, seu *Tappon*, [Celtis etiam *Tampon*,] Teuton. et Angl. *Tap*, Ital. *Zaffo*. Lambert. Ard.: *Et in medium proclamabat, quod tantus esset bibitor, quod si dominus sponsus ronchinum, vel equum quemlibet si dare vellet, majus dolium, quod in cellario suo haberet cervisia planissimum, dolii Tappo extracto, et foramini ore semel apposito, et usque evacuationem dolii non retracto, totum ebiberet, et etiam facces exhauriret, parato sibi tantummodo loco exoptato, ubi per virilem virgam effigiem, dum biberet, vel emittere posset urinam.* Infra : *Quo exhausto, forami in medium scurra, in signum jocularitatis, imo ingluviei, Tappum dolii evacuati gestans in ore, quem in pacto et in bibendo lucrifecerat equum,.... exivit abjiciens cæpit.*

∞ **TAPSATIO**, ut *Taxa*, Exactio. Charta addit. Polypt. Irmin. Brev. 12. sect. 51. Guerardo pag. 180 : *Ut nullam omnino aliam consuetudinem in prædicta villa habeat, neque receptum, neque hospitatum, neque Tapsationem, neque rogationem, etc.* Vide *Taxa* 1. *Taxare* et *Taussamentum*.

¶ **TAPSERIA**, Idem quod *Tapisseria*, Aulæum, tapes, Gall. *Tapisserie*, Angl. *Tapestry. Opus tapseriæ*, acu pictum, textum, *Ouvrage de tapisserie*, in Charta ann. 1388. apud Rymer. tom. 7. pag. 590. col. 1: *Duas duodenas de cussyns de opere Tapseriæ, etc.*

° **TAPSIA**, Glossar. medic. MS. Simon. Januens. ex Cod. reg. 6959 : *Tapsiam vocat Paulus Rubeam tinctorum cap. de Rubicundis capillis.*

TAPTROUGHE. In Charta Feodi pag. 162. inter utensilia Bracinii, seu officinæ cerevisiariæ, recensentur duo *plumba*, *unus cacabus existens in fornace, unum Taptroughe de plumbo, unum mashfatum, decem barellos, etc.* Vide *Tappus*.

¶ **TAQUEHA**, TAQUIHA. Vide *Tanghanum*.

¶ **TAQUIES**, Indica vox. Synodus Limæ ann. 1585. tom. 4. Concil. Hispan. pag. 432 : *Est etiam inter Indos communis abusus.... instituendi inebriationes et ludos, quos Taquies vocant,.... si autem ejusmodi compotationes fiant cum tripudiis vulgo Taquies, etc.* Vide supra *Tangomena*.

¶ 1. **TARA**, Arvernis *Tare*, Pondus. Inventarium Ecclesiæ Aniciensis ann. 1444 *Item duo candelabra argenti, quæ non fuerunt ponderata propter Taram feri (ferri) quod in eis est subtus.*

° Rectius, Superpondium, quod scilicet a mercium pondere distrahitur, ob id quo continentur. Italis et Hispanis, *Tara*, eodem intellectu.

° 2. TARA, Vasis species. Charta ann. 1323. ex Tabul. S. Vict. Massil. : *Item ex alia parte quadraginta libras monetæ prædictæ de pretio cujusdam coronæ argenteæ et duarum Tararum argenti superdeauratarum.*
TARABER. Historia Longobardorum Ignoti Casinensis cap. 8 : *Obsitis siquidem vestimentis, et calciamentis, saltem nec Tarabere.* [ᶜ² Pertz. *tara bene*] succinctis, *sed solis arundinibus manu gestantes.* Idem videtur quod *Tabardum.* Vide in hoc verbo.
¶ TARABINTA, Fulcrum axillare. Processus de Vita S. Yvonis, tom. 4. Maii pag. 543 : *Vidimus etiam ibidem .. multa sudaria. mamillas cereas, Tarabintas sive potentias ligneas. etc.* Miracula Urbani V. PP. MSS : *Ullo modo posset ambulare pedibus suis, et positus est in quadam Tarabinta sive scassa, cum qua se juvaret, etc.* Vide *Scassa.*
TARABOCCI, Hæretici Anconitani, de quibus Waddingus in Annalib. Minor. ann. 1331. 4.
° TARAGIO, Æstimatio : unde legendum forte est *Taxacio.* Charta ann. 1261. tom. 1. Probat. Hist. Brit. col. 982. *Nemine contradicente nec propinquiore ad retinendum præmissa veniente, Taracione et advenantione curiæ supradictæ perhibita per probos et etiam fide dignos, adjudicavimus judicio curiæ memoratæ supradicto Gaufrido et hæredibus suis quidquid juris, domini, proprietatis et sesinæ dicta Adelicia habebat.*
¶ TARAGA, Fascia, similis illi, qua uti jubentur Episcopi peregrinantes ex Cæremoniali lib. 1. cap. 3 : *Circa collum fasciam sericam coloris nigri latitudine duorum palmorum.* Utuntur *Taraga* Doctores ecclesiastici Siculi et Melitenses supra superpellicæum ad modum stolæ in concionando, sive in processionibus ; sed in Melita soli Doctores in Theologia ea decorantur. Origo vocis Arabica est. Vide Macros in Hierolexico.
¶ TARANTASMUM Vide *Sarantasmum.*
✱ TARANTULA. [« In ea facies imagines ad aggregandum *Tarantulas.* » (B. N. MS. Lat. 10272 pag. 106.)]
ᶜ TARANUS, Idem quod *Tarenus*, Moneta aurea. apud Apulos et Siculos. Lib. cens. eccl. Rom. MS : *Guillelmus II. rex Siciliæ constituit monasterium B. M. juxta Panormum anno xvij. pontificatus Alexandri PP. III. et subjecit illum Romanæ ecclesiæ sub annua pensione centum Taranorum. Terrin,* apud Bened. abb. Petroburg. in Gest. Henr. II. reg. Angl. tom. 2. pag. 612. ad ann. 1190 : *Cui (regi Angliæ) Tancredus rex Siciliæ respondit in his verbis : Ego dedi Johannæ sorori vestræ decies centena millia Terrins pro quieta clamatione dodarii sui, antequam a me recederet.*
TARATA, et TARETA, *Vestis regia et purpurea*, apud Ugutionem.
TARATANTARA , TARATANTARIZARE. Ugutio. et ex eo Joh. de Janua : *Taratantara, indecl. nomen ficticium est, i. ex sono, quem facit dictum. Est enim instrumentum, quo farina colatur, et est instrumentum, cujus percussione granum defluit inter molas molendini. Unde quidam .*

Ad festum Thomæ *Taratantara filia tange.*

Hinc Taratantarizare, farinam colare, setaciare. Gloss. Lat. Gall. : *Tartazizare,* (leg. *Tarantazizare*) *Tromper ou naguairer, c'est jouer de nagaires.* Aliud addit, *ou sasser farine.* [Nostrum Sangerm. : *Taratantizare, Tromper ou faire son noiseux, ou couler le farine.* Introitus Fran-

cisci III. Ducis Britan. Rhedones ann. 1522. apud Lobinell. tom. 2. Hist. Britan. col. 1602 : *Horologiis et tympanis pulsantibus et Tarantantariis sonantibus, etc.*] Liber 2. Miraculor. S. Bertini cap. 4. de quodam mendico surdo et muto :... *Cum pulsatibus Taratarantium tabellarum stipem mendicaret, i. quæ eumdem sonum edebant, quem Tarantatara, Taratantara.* Idem Ugut. *Cernida, dæ, a Cerno, is, lignum, supra quod ducitur Tarantara, et Cernida dicitur Tarantara discernit furfurem a polline.* Glossar. Saxon. Ælfrici : *Tarantara, hridder, i. cribrum.* Gl. Lat. Gall. : *Tarantarum, Clines ou le batoil du milieu,* [melius *du moulin,* in Sangerm. MSS.] *ou son de trompes.* Aliud Gloss. Gall. MS. ex Bibl. Thuana Cod. 525 : *Tarantantorium , Saas.* Aliud editum : *Tarantatara, æ, Sas à passer ou sasser la farine.* Vocem hanc usurparunt veteres pro tubæ clangore : Ennius apud Priscian. lib. 8 :

At tuba terribili sonitu Tarantantara dixit.

[Quæ Virgilius sic expressit lib. 9 :

At tuba terribilem sonitum procul ære sonoro.]

ᶜ Benzo in Henr. III. apud Ludewig. tom. 9. Reliq MSS. pag. 258 : *Resonantibus tubis perstrepunt Tarantantara.*
✱ TARATANTARUM. [*Buletel ou le batoir du molin, ou son de Trompettes.* (Gloss. Lat. Gal. Bibl. Insul. E. 36. XV. s.)]
✱ TARATANTISARE. [*Buletev, tromper ou sasser.* (Gloss. Lat. Gall. Bibl. Insul. E. 36. XV. s)]
¶ TARATARA, Vox nullius sensus, quæ sonum loqui nescii exprimit. Vita S. August. Cantuar. tom. 6. Maii pag. 391 : *Cui pestifer morbus vocem ademerat, cui sibilus pro loquela, cui Taratara pro clamore erat.* [ᶜ² Vide *Tabella taratarans* in *Tarantara* Vocabulo *leprosorum* in *Tabula* et *Tartavellare.*]
TARATRUM, TARETRUS, Terebra, [Gallice *Tarriere.*] Joan. de Janua ; *Terebrum , instrumentum perforandi, quod aliter dicitur Taratrum, quasi Teritrum, quod lignum foret terendo.* [*Taratrum quasi Teratrum,* Isodoro lib. 19. Orig. cap. 19.] Gloss. Gr. Lat. : Τέρετρον, *foraculum, perforaculum.* Adalardus lib. 2. Statutor. Corbeiensium cap. 1 : *Et unusquisque habeat ad hortum excolendum,... sive ad alias necessitates explendas, fossorios 6. bessos 2. securitas 2. dolatoriam, Taratra 2. majus et minus, scaprum 1. etc.* Capitulare 2. ann. 813. cap. 10 : *Dolatorias, securitas, Taretros, fundibulas, etc.* [*Taretros trabibus affixos, quibus muros perforabant in obsidionibus urbium, descripsit et delineandos curavit* R. P. *Daniel* tom. 2. Milit. Franc. pag. 63.]
ᵛ Alias *Tairelle* et *Taliere* sæpe frequentis mutatione r in l. Lit. remiss. ann. 1878. in Reg. 112. Chartoph. reg. ch. 192 *Icelui Jehan avoit amblé en l'ouvroir Jehan Joly charon.... une doloere, quatre Talieres, etc.* Aliæ ann. 1480. in Reg. 206. ch. 601 : *Motinet Dumont tenant en sa main une hache trenchante, ung taignon et ung Tairelle, etc.*
¶ 1. TARAVELLA, Taratrum, in Inventar. ann. 1379. ex Schedis Cl. Lancelot : *Item duo martelli ferrei acuti. Item una Taravella magna.*
¶ 2. TARAVELLA, f. pro *Tartavella.* Vide in hac voce. In Statutis Civitatis Astæ collat. 7. cap. 3. inscribitur : *Ne quis cum Taravellis piscari audeat, vel præsumat.* Deinde legitur : *Ingenium quod appellatur ingenium de Taravellis sive de astellis, etc.*

✱ TARAYRE BONDONEY. [Gall. *Tarrière pour faire les bondes.* « Emi.... unam *Tarayre bondoney et....* » (Arch. Histor. de la Gironde t. 21. p. 688.)]
TARCASIUS, TARCHASIUS. Vide *Turcasia.*
TARCHAN, apud Tartaros dicitur, qui ab omnibus, quæ a Rege imponuntur, immunis est, cuique, quidquid in bello spoliorum reportaverit, totum cedit, nec ulla inde Regi pars desumitur. Abul-Faragius in Historia Dynastiarum pag. 281.
¶ TARCHETA, Minor *Targa.* Vide ibi.
¶ TARCIA, Clypei genus. Vide *Targa.*
TARDA, Mora, Gall. *Retardement.* Occurrit in Foris Aragon. lib. 1. pag. 84. vᵒ : *Pro sua negligentia* sive *Tarda.*
TARDILOQUENS, Qui difficulter loquitur, in Concilio Aquisgranensi II. ann. 836. cap. 11 : *Si forte contigerit Episcoporum aliquem Tardiloquentem esse, aut infirmitate aliqua impeditum.*
° TARDITARE, Tardare. Comœd. sine nomine act. 6. sc. 3. ex Cod. reg. 8163 : *Quid esse potest quod præter morem* (Epiphanius) *Tarditat ?*
° TARDIUS. AD TARDIUS, Phrasis Gallica *Au plus tard* , Cum tardissime. Charta Galteri Senon. archiep. ann. 1227. in Chartul. Campan. fol. 126 : *Debent autem dicti arbitri dictum suum dixisse ad Tardius infra instans Pascha. A tart,* pro *Jamais,* Nunquam, apud Joinvill. in S. Ludov. edit. Cang. pag. 129 : *Aussi grant deshonneur sera à ceulx de son lignaige, qui ne le vouldront ensuir, et seront monstrez le doy, en disant que à Tart la bon saint homme eust fait telle mauvaistié ou telle villennie.*
¶ TARDUS, Serotinus, *Tarda hora,* a Gallico *Tard*, ad vesperum, in Instrumento ann. 1901. tom. 1. Anecd. Marten. col. 1335.
ᵒ *Heure tarde,* in Lit. remiss. ann. 1450. ex Reg. 180. Chartoph. reg. ch. 151. *Tost et Tart,* Mane et sero, in Lit. ann. 1372. tom. 5. Ordinat. reg. Franc. pag. 559.
¶ TARECENA, Mauris quid sit, discimus ex Actis B. Ferdinandi Principis Lusitaniæ, tom. 1. Junii pag. 572 : *Hic collocavit illos in domibus quibusdam munitissimis, ubi moneta conficitur, aliaque regia quædam opera fiunt ; Tarecenam ipsi vocant.*
° TAREA, *Vestis regia, aut stola purpurea.* Glossar. vet. ex Cod. reg. 7613. Vide *Tarata.*
¶ TAREDA, Navis oneraria. Vide *Tarida.*
¶ TARELARES, Monetæ Belgicæ species, ut videtur. Charta ann. 1442. ex Chartul. 21. Corb. fol. 250 : *Ledit feu Guischart lui avoit baillé ou fait bailler plusieurs monnoies tant patars, Tarelares, gros de Brabant, et autres pour plus hault pris qu'elles ne valoient.*
ᵒ Chartul. Corb. sign. *Ezechiel* fol. 260. vᵒ : *Le Tarelare vault viij. estrellins, et font les trois Tarelares vnj. gros, et les trois demi Tarelares iij. gros.* Lit. remiss. ann. 1447. in Reg. 176. Chartoph reg. ch. 566 : *Six francs de monnoye blanche, tant patars de Flandres comme Talerales,* etc. *Mox : Tant patars de Flandres comme Tarelares.*
ᵛ TARENTELLA, Piscis genus. Tract. MS. de Pisc. cap. 26. ex Cod. reg. 6838. C : *Magnus thunnus, is scilicet qui a nostris Ton vocatur,..... dicitur Italis Tarentella, a Tarentino. unde advehitur, sinu.*
¶ TARENTINIDIUM, Perspicua vestis, Laurentio lib. 3. Polymathiæ de Vestimentis.
¶ TARENTINUS. Vide in *Tarenus* sub finem.

TARENUS, TARIS, Moneta aurea, apud Apulos et Siculos. Matth. Silvaticus: *Tarenus ponderat grana* 20. [Computus ann. 1333. et seq. tom. 2. Hist. Dalphin. pag. 285: *Qualibet uncia computata pro quinque florenis, et quolibet floreno pro sex Tarenis, et quolibet Tareno pro duobus Caroleno pro decem granis.*] Fulcandus pag. 656: *Domumque reversus* 700. *millia Tarenorum hostiariis, qui cum eo missi fuerant, assignavit.* Adde pag. 658. 661. Charta ann. 1481. 18. Febr.: *Illas uncias mille* 36. *et illos Tarenos* 20. *et in cortenis argenti gillatis boni et justi ponderis* 60. *eorum pro uncia qualibet, et duobus pro Tareno singulo, juxta modum et cursum regni Siciliæ.* Vide Chronicon Casinense lib. 1. cap. 58. lib. 2. cap. 74. lib. 3. cap. 44. 57. lib. 4. cap. 99. Constitutiones Sicul. lib. 1. tit. 89. § 1. tit. 9. § 2 lib. 3. tit. 34. § 3. [Constitutiones Frederici Regis Siciliæ cap. 91. 106. Jacobi Regis itidem Siciliæ cap. 58.] Raynald. ann. 1283. n. 40. Vitam S. Petri Abbatis Cavensis num. 20. Sanctuarium Capuan. pag. 273. etc: Computus Ballivorum Franciæ de termino Candelosæ ann. 1268 : *Pro* 38. *marchis de Tarins,* 18. *libr.*
TARENI SICILIÆ, in Charta ann. 1212. apud Ughellum tom. 7. pag 577. in Actis Innocentii III. PP. pag. 10. etc.
TARENI AMALPHITANI, apud Richardum de S. Germano ann. 1221. in veteribus Chartis apud Ughellum tom. 1. part. 1. pag. 784. tom. 6. pag. 298. 497. tom. 7. pag. 274. 401. et apud Camillum Peregrinum lib. 1. Hist. Longob. pag. 258.
TARENI SALERNITANI, apud Ughellum tom. 7. pag. 566. 576. in Bullario Casinensi tom. 1. pag. 9. etc.
TARENI AFRICANI, apud Leon. Ost. lib. 3. cap. 57. (al. 58.) Ex his emendandus Jo. Bromptonus pag. 1184. *Ego dedi Joannæ sorori vestræ Reginæ centies centena millia Tirrenis pro quieta clamatione doarii sui, antequam a me recessit.* Legendum enim *Tarenis,* aut *Tarenorum.* Vide *Taranus. Tarins,* apud Raimundum Montanerium in Chronico Reg. Aragoniæ cap. 196. 199.
¶ TARINUS, Eadem notione. Annales Genuens. ad ann. 1205. apud Murator. tom. 6. col. 391 : *Cum ipsis (galeis) et maxima pecuniæ quantitate et numero Tarinorum Messanam accessit.* Charta ann. 1306. ex Schedis D. *le Fournier:* *Erant obligati in quatuor viginti et tribus unciis et decem Tarinis auri, computatis quinque florinis pro uncia.*
TARIS. Charta apud Ughellum tom. 7. Italiæ Sacræ pag. 397 : *Id est auri solidos* 310. *de Tari boni, ana Tari quatuor per solidum.* Eadem habentur in alia pag. 262. Adde præterea pag. 400. 404. et Chron. Monachi Casin. apud Caracciolum ann. 1192. *Tari,* apud Ammiratum in familiis Neapolit. tom. 1. pag. 153. tom. 2. pag. 51. [in Actis SS. April. tom. 1. pag. 387. et Maii tom. 6. pag. 311.] *Teri,* apud Joannem Villaneum lib. 7. cap. 10 . *Trovò il tesoro di Manfredo quasi tutto in oro di Teri spezzato.*
Nominis etymon videtur indicare Bulla MS. Nicolai IV. PP. ann. 3. de Censibus Ecclesiæ Rom. : *Monasterium S. Nicolai de Calusis* 1. *Michaletum auri, quod valet* 5. *Tarentinos Regis.* Ibidem : *Monasterium S. Mariæ de Fundiliano,* 10. *Tarent. de Salerno.* Alibi : *Ecclesia sanctæ Hierusalem unum Tarenum Regale.* Ita ut *Tarenus,* moneta fuerit Tarenti primum cusa. Vide Glossar. med. Græcit. in Τάριον, col. 1533.

¶ **TARERIUM,** Terebra, Gall. *Tarriere,* vel *Terriere.* Enumeratio munitionum Sommeriæ in Occitania ann. 1270 : *Item* IIII. *Tareria ; item* IIII. *limæ, etc.* Vide *Taratrum.*
¶ TARERIUS, Eadem notione. Epistola ann. 1113. apud Marten. tom. 1. Ampl. Collect. col. 1114 : *Quatuor sextaria salis et* XII. *bacones, et* III. *Tarerios, et unam goiam, etc.*
º **TARERONDA,** Piscis genus. Vide supra *Pastinaca.*
¶ 1. **TARETA,** Vestis genus. V. *Tarata.*
¶ 2. **TARETA** , Species navis. Vide *Tarida.*
¶ **TARETRUM,** Terebra, Gall. *Tariere,* in Mirac. S. Germ. Autiss. tom. 7. Jul. pag. 286. col. 1.
TARETRUS, Terebra. Vide in *Taratrum.*
º **TARETTA,** Targa vel arcus species. Stat. Mantuæ lib. 1. cap. 131. ex Cod. reg. 4620 : *Nulla persona audeat vel præsumat aliquo modo projicere vel sagittare in civitate Mantuæ vel ejus districtu cum Taretta vel alio sagittamento ad aliquem columbum.*
º **TARFARA,** Stephanus et Tarfe scripsit, quod est *Tamariscus.* Glossar. medic. MS. Simon. Januens. ex Cod. reg. 6959.
TARGA, TARGICA, TARGIA, Pelta : ex Arabico *Tarka,* et *Darca,* Clypeus, ex Bocharto ; vel Germanico *Tarisch,* Besoldo : vel denique ex Hebræorum *Tarts,* quibus ita dicuntur Scuta prælonga pene totam corporis inferioris partem tegentia, apud Irenicum lib. 4. German. exeg. cap. 26. Lexicon. Cambro-Britannicum : *Tarjan, clypeus,* scutum. [Vide Grimm. Gramm. German. tom. 3. pag. 445.] ☞ Aliunde vocem hanc post Menagium accessit Carolus de Aquino in Lexico Militari, scilicet a *tergo,* vel potius a *tergore,* quoniam, inquit, e crudis coriis boum præcipue a tergo detractis, consfari solebant ; quod probat ex loco Ammiani loco lib. 34 . *Obtecti scutis vimine firmissimo textis , et crudorum tergorum convestitis.* Tum adducit Virgilium de scuto hujus generis ita loquentem lib. 7 :

..... Quam nec duo taurea Terga,
Nec duplici squama lorica fidelis et auro
Sustinuit.

TARGA. Nangius in Vita S. Ludovici pag. 345: *Trifariæ enim procedentes similitudinem exercitus prætendebant. Centum siquidem præibant cum balistis, in equis decentissime phaleratis, et centum cum testudinibus sive Targis in armis lucidis, et in equis loricali tunica coopertis, sequebantur.* Item pag. 375 : *Telorum, sagittarum, et lapidum ictibus se cum Targis et clypeis opponentes, etc.* Monasticum Anglic. tom. 2. pag. 816 : *Cum Targis de armis Regum Angliæ et Hispaniæ.* [Enumeratio munitionum Sommeriæ in Occitania ann. 1270: *Item* XX. *albergons ; item* X. *Targe, etc.* Chronic. Anonymi Salern. apud Murator. tom. 2 part. 2. col. 283 : *Ille vero tantæ fortitudinis erat, ut Targa, quam in manu gestabat , amphitheatrum...... exsuperaret.* Metaphorice sumitur in Epistola Sanctimonialium Basileensium ad Urbanum II. PP. tom. 5. Annal. Benedict. pag. 654. col. 1 : *Vestra enim Targa nobis arma et scutum inexpugnabile debet esse.* Sic Franciscus Richardus Soc. J. librum edidit Paris. ann. 1658. hoc titulo decoratum : Τάργα τῆς πίστεως τῆς Ρωμαϊκῆς παρατάξεως εἰς τὴν διαφώτευσιν τῆς ὀρθοδοξίας. Vide Glossar. mediæ Græc. in Τάργα.]

TARGEA. Oliverius Scholasticus de Captione Damiatæ: *Hostes autem, dissimulato metu, tres ordines armatorum stationi navium nostrarum contra posuerunt : unam peditum super ripam cum clypeis, quos Targeas appellant, lineariter ordinatam, etc.* [Literæ Edwardi III. Regis Angl. ann. 1328. apud Rymer. tom. 4. pag. 367 : *Centum et viginti Targeas armis nostris depictas, centum arcus balistos ad pedem, etc.*]
TARGIA. Thomas Walsinghamus pag. 105: *Capti sunt..., Scutiferi in numero excessive, de quibus dominus Rogerus de Northburghe custos Targiæ Domini Regis, quæ ab eodem ibidem per Scotos est ablata, in captivitate ductus.* Matthæus Paris ann. 1219: *Hostes vero fidei omni metu dissimulato, tres ordines armatorum stationi navium Christianorum opposuerunt : unam peditum super ripam fluminis cum Targiis eleganter ordinatam, etc.* Adde pag. 212. [Epistolam ann. 1113. apud Marten. tom. 1. Ampl. Collect. col. 1114. Computus ann. 1202. apud D. Brussel tom. 2. de Feudor. usu pag. CXLII : *Pro asseribus ad Targias faciendas.* Hinc liquet *Targias* aliquando fuisse ligneas, quales erant *Targiæ* illæ majores, quas Itali *Tavolaccios* vocabant. Vide *Tabolatius.* Memoriale Potestatum Regiens. ad ann. 1218. apud Murator. tom. 8. col. 1092: *Adduxerunt Targias et tabulas et coxia domorum, zapas, palleas et multos onoratos herbarum, quia volebant reimplere fossatum, etc.* Rursum occurrit in Recensione munitionum castri Carcasson. ann. 1294. in Computo ann. 1338. et seqq. tom. 2. Hist. Dalph. pag. 275. 285. etc.]
¶ TARGIA, Eadem notione. Radulphi Abb. Chr. Terræ S. apud Marten tom. 5. Ampl. Collect. col. 569 : *Alia vero decem millia vel eo amplius bene armatos usque ad talum constituit sub scutis et Tarctis cum arcubus ad sagittandum , etc.*
¶ **TARGATUS,** *Targa* munitus, ab Italico *Targare, Targa* munire. Chronicon Petri Azarii apud Murator. tom. 16. col. 331 : *Nam infinitos balistis et scaramuciis et irruptionibus occiderunt ex Perusinis, quia portant longas Targas ; et ad bellandum ut plurimum sunt indiscreti : et vidi Contrum de la Specia, qui* LX. *et ultra ex Perusinis sic Targatis occidit cum balista.*
ºHinc nostri id omne, quo quis tegitur et defenditur, *Targe* appellarunt ; unde *Targer* iisdem, pro *Tegere.* Lit. remis. ann. 1373. in Reg. 204. Chartoph. reg. ch: 319 : *Icetlui Cuiot qui estoit Targié d'un huis qu'il portoit sur ses espaules, et ledit Perrot chappellain, qui avoit mis audevant de lui une petite fille dudit supplicant de l'aage de huit ans, dont il faisoit Targe, qu'il ne les ferist.* Aliæ ann. 1379. in Reg. 116. ch. 127 : *L'exposant sachs son coustel pour soy deffendre, dont il se Targa par plusieurs foiz et brisa plusieurs cops de coustel à lui gettez par Garin.*
¶ TARGETA, *Targa* minor, in Inventario ann. 1379. e Schedis Cl. V. *Lancelot.*
º Hist. Franc. Sfort. ad ann. 1461. apud Murator. tom. 21. Script. Ital. col. 725 : *Georgius Dalmata, qui a pelta, quam vulgo Targetam vocant, cognominabatur, etc.* Occurrit præterea in Stat. Ferrar. ann. 1279. apud eumd. tom. 2. Antiq. Ital. med. ævi col. 487.
º **TARGEUA,** Eadem notione, in Instr. ann. 1488. ex Tabul. D. *Venciæ.*
¶ **TARGHETTA,** vox Italica, pari intel-

lectu. *Equites cum lanceis et Targhettis,* in Chron. Petri Azarii jam laudato, col. 357. Hinc

¶ TARCHETA, Eodem significatu. Ripalta in Annal. Placent. ad ann. 1443. apud eumd. Murator. tom. 20. col. 879 : *Magnæ exequiarum pompæ et funeralia facta fuere cum equis* 24. *vexillis* 13. *Tarchetis* 10. *ac etiam chimeris et armis.*

¶ TARGONUS, Major *targa,* Ital. *Targone Habebant....... multos scutos seu Targonos Gibellinos,* in Chronico Bergomensi, apud Murator. tom. 16. col. 942.

○ TARGO, Major *targa,* Ital. *Targone,* nostris *Tergon.* Tract. MS. de Re milit. et mach. bellic. cap. 115 : *Pedites et equites habent fascinas sive flastea lignorum pro Targonibus et mantelletis.* Le Roman *du Chevalier Delibéré* MS. :

La Damoiselle qui scurvint,
Ce fut Relique de jeunesse,
Qui reçeut des coups plus de vingt,
Sur un grand Tergon qu'elle tint.

Ibidem :

Et le Tergon pour soi garder,
S'appelloit Loyaument-amer.

Varie autem vox *Targe* a nostris Scriptoribus usurpatur : interdum enim pro quovis clypeo, qui ad collum appendebatur. Le Roman *de Garin* MS. :

A son col pend une Targe florie.

Guillelmus *Guiart* MS. :

Coutiaus, hachettes esmolués,
Targes entieres et fendues.

Alibi :

Tante Targe à col pendue,
Painte d'or, d'azur, et de sable.

Et ann. 1248 :

Les arbalestes ès poins prises,
Et les Targes au col assises.

Idem tamen majores et longiores clypeos fuisse satis innuit :

Les grants Targes au col assises.

Et ann. 1304 :

Ont leur haie ourdie et tissue
De fors Targes longues et lées.

Ita *Le Roman de Garin,* eorum potissimum fuisse usum, cum copiæ militares ad muros admoventur, quo iis toto corpore tegantur non semel indicat :

Totes les lices fet as serjans coper,
Les Targes fet as serjans amener.

Rursum :

Sor les fossez font les Targes tenir.

Matth. Paris ann. 1240 : *Oppositis corporibus suis propriis et amplis clypeis, qui Targiæ appellantur.*

Qui porro ex militibus prælonga ejusmodi scuta prætendebant, *Targer* dicebantur. Idem Guiartus.

Li unt Targent, li autre traient.

Cum igitur *targiæ* validiora atque adeo majora essent, quæ militem totum protegerent, recte *testudines,* appellavit loco citato Nangius, de quarum usu plene Vegetius et alii. Sed et inde *Targer,* vel *Atarger,* dicti, qui diutius morantur, quod qui *targias* deferebant , propter earum gravitatem ac pondus lente procederent. Le Roman *de Garin* :

Au chastel vont, n'y volent plus Targier.

Alibi :

Cil de Bordele n'ont poiut de l'Atargier.

Idem Poëta :

En se voie entre, ne se vot Atargier.

[○ Lit. remiss. ann. 1412. in Reg. 166. Chartoph. reg ch. 296 : *Icellui Rabuissel dist au suppliant que se il Tarjoit guaires, il le feroit pendre.* Ejusdem originis videtur *Tarjement,* Irrisio ex contemtu vel superbia, a verbo *Tarjer,* Deridere, ludificari, arrogante se gerere. nunc *Targuer.* Lit. remiss. ann. 1405. in Reg. 160. ch. 253 : *Lesquelx compaignons passerent pardevant iceulx freres par maniere de Tarjement et derision.... Hennequin Flayau meu de chaudecole pour l'injure que autreffoiz lui avoit esté faite, et que encores le venoit Tarjer ledit de la Montagne.* Hisp. *Tartago,* Molesta ludificatio.] Vox Picardis etiamnum familiaris. Neque aliter

TARGA accipienda, quam pro mora, in Foris Bigorrensibus art. 20 : *Pugiles in Bigorra non nisi indigenæ recipiantur. Qui pugnaverit,* 20. *solidos accipiet, pro Targa* 12. *nummos, pro præparatione* 6. Apud Artemidorum lib. 1. cap. 61 : Τὸ ὅπλον, τὸ λεγόμενον, παραλκὴς σημαίνει : ubi ὅπλον est *scutum.* Vide Orig. Linguar. Franc. et Ital. Menagii, et Oct. Ferrar.

○ Pro ensis specie *Targe* legitur apud Monstrel. vol. 3. fol. 59. r° : *Les autres gens avoient Targes et semitarges, qui sont espées de Turquie.* Lit. remiss. ann. 1451. in Reg. 181. Chartoph. reg. ch. 1 : *Le suppliant tira une Targe ou dague qu'il avoit, et en frappa icellui Segun.*

TARGA, seu TARGE, Moneta 2. denariorum Ducum Britanniæ in quodam Consilio de Monetis, *Avis des monnoyes,* quod in ea scutum insignium effictum esset, uti præcedente *Hautinum* in libro de Monetis Francicis pag. 101. [Edictum Francisci Ducis Britan. ann. 1459. pro reformatione monetarum, apud Lobinellum tom. 2. Hist. Britan. col. 1214 · *Grands blanes de la valeur de* x *deniers de cours la piece.... tenant au cours....* VI. *deniers de loy, et* XIII. *s.* VI. *den. de taille; portans in caractere nostre propre nom et nos armes en Targe, et toute autre pareille façon que la monnoye des Targes que feu monseigneur et oncle le Duc Jehan fist ouvrer.*] Ita etiam appellata Moneta quædam in Vasconia, cujus mentio est in Consuetudine Solensi tit. 36. art. 3. atque in Hispania, quam 4. quadrantum seu Maravedinorum pretii fuisse ait Jo. Mariana l. de Ponder. et mensur. cap. 22. Sebast. Cobarruvias in *Tarja: Cierta moneta Castellana, con mezela de plata, dicha essi por ventura del excudo o Tarjeta de sus armos.*

○ Lit. remiss. ann. 1454. in Reg. 191. Chartoph. reg. ch. 91 : *Le suppliant print quatre grans blancs, appellez Targes. Targes, dans my targe targes,* in aliis ann. 1474. ex Reg. 195. ch. 1165.

○ TARGARNICUS, pro *Tarvarnicus.* Vide infra in *Tavernica.*

1. TARGIA, Navis species. Jacobus de Vitriaco lib. 3. Hist. Orient. : *Sic noster exercitus tentoria et manubria fugientium disripuit, Targias plures, et omnes galeas cum barbutis et aliis navibus, quæ infra Casale inveniebantur, cum aliis Hospitalis Fratres victores occuparunt.* Eadem ferme habet Matthæus Paris ann. 1210. pag. 211. [Vide mox *Tarida.*]

○ Le Roman *d'Athis* Ms. :

Ne remest ne batel, ne Targe,
Dromon, galée, ne huissies,
Ne equippee n'y trouvissiez,
Ne feust chargé à sa maniere.

¶ 2. TARGIA, TARGONUS. Vide *Targa.*

★ TARGO, [Targa, Ital. *Targone,* nostris *Grande Targe :* « Magistro Salvatori de Valencia pro pretio decem *Targonum...... ad usum arcis Soriani.* » (Archiv. Vatic. Mandat. Camer. Apostol. f. 11. an. 1457.)]

○ TARGUETA. Vide supra in *Targa* 1.

¶ TARICHUM, Τάριχον, Salsamentum. Evagrius Interpres Vitæ S. Antonii pag. 134 : *Asserebant cuncti, piscium salsorum et Tarichorum in navi positorum hunc esse putorem.*

TARIDA, TARIDES, TARETA, etc. Navis onerariæ species, eadem quæ *Tartana* vocitata, ut quidam volunt. Pactum initum inter Philippum Imp. CP. et Venet. ann. 1281. descriptum in Hist. nostra Gallo-Byzantina pag. 30: *Quia Imperator et Rex non proponunt habere nisi vassellia pro deferendis gentibus, equis, et victualibus, videlicet naves et Taridas.* Andreas Dandulus in Chron. MS. ann. 1275. [nunc edito apud Murator. tom. 12. col. 391.]: *Duæ galeæ Januensium, circa Messanam unam Venetorum Taridam capiunt.* [Et col. 871 : *Taridas Venetorum oneratas pane.... ceperunt.* Occurrit in Annalibus Genuens. apud eumd. Murator. tom. 6. col. 395. 399. 485. Adde Sanutum lib. 3. part. 12. cap. 6. Codex Barbaro-Græcus Nicetæ in Alexio lib. 3. n. 9. ταρίδων habet, alius codex δρομόνων. Atque, ni fallor, ex eo emendanda vita S. Nili junioris pag. 121. ἀπέλυσεν αὐτὸν σὺν τοῖς ταρίοις, legendum enim ταρίοις. Quippe loquitur de Monachis captivis, quos Ameras Siciliæ in Calabriam remisit. Nisi Τάριον hoc loco pro *tareno* sumatur.

¶ TARRIDA, in Chronico Danduli ad ann. 1264. col. 505: *Mercatores..... Tarridas et alia ligna retiquerunt.*

TARETA Sanutus lib. 2. part. 4. cap. 11 : *Cum decem Taretis, quibus Januenses utuntur in Constantinopoli et in Pera, quæ Galata antiquitus vocabatur.* Henricus de Knyghton ann. 1385: *Dominus Baldewinus de Radinghton cepit duas Taretas bene onustas.* Occurrit apud eumdem anno 1389.

¶ TAREDA Comitis Venetiarum multis onusta mercibus, in Epistola Clementis IV. PP. ann. 1268. apud Marten. tom. 2. Anecd. col. 573.

TARRITA. Thomas Walsinghamus ann. 1386 : *Ceperunt* 5. *naves magnas, et* 6. *Tarritas, referlas Januensium multis bonis.* Pachymeres lib. 5. Hist. cap. 30. de iisdem Genuensibus : Ἐν συστελλομέναις κατὰ μῆκος ναυσὶν ἃς ἐκεῖνοι Ταρίτας λέγουσι, πλέοντες. *In contracté longitudinis navibus navigantes.* [quas ipsi Taritas vocant. Possinus in hunc locum *Taritas* existimat fuisse similes *Dromonibus :* non male, mox enim observabatur, pro ταρίδων scribi δρομώνων in Codice Barbaro-Græco. Merito addubitat idem Possinus, Carolo de Aquino judice, an *Tarritis* manaverit Italica vox *Tartana,* quæ etiam est navis quoddam genus.]

○ TARITA, ut *Tarida,* Navis onerariæ species. Tabul. Massil. : *Vendo octavam partem Taritæ, cum toto apparatu et cum omnibus juribus ad me pertinentibus in dicta Tarita, vocata S. Katarina, quæ nunc est in portu Massiliæ. Tarlette* vero est vasis lignei species, in Lit. remiss. ann. 1455. ex Reg. 183. Chartoph.

reg. ch. 71 : *Lequel Gaillart tenoit en sa main un vaisseau de bois, nommé Tarlette, et une miche de pain.*
¶ **TARTA.** Statuta Massil. lib. 6. cap. 33. de iis, qui adveniunt vinum natum extra Massiliam : *Solvant nomine pœnæ ....., 50. libras regales, scilicet dominus vel patronus dicti* (sic) *navis 50. lib. et dominus vel patronus Tartæ vel galeæ 20. lib. et dominus vel patronus ligni vel barchæ duorum thimonorum vel canpoli 10. libras, etc.*
TERIDA, TERRIDA. Charta ann. 1281. descripta in Historia nostra Gallo-Byzantina pag. 84: *Et volumus, quod idem Dux et Commune Venetorum debeant armare 15. galeas, et ipsi imperator et Rex 15. et 10. Terridas, in quibus Terridis habeant ipsi Imperator et Rex circa 300. equos et 300. homines ad arma, etc.* Statutum Honorii IV. PP. pro Regno Neapol. ann. 1285 : *Nullus Comes, Baro, vel alius in regno prædicto compellatur ad Terridas*, vel alia quæcunque vassella *propriis sumptibus facienda.* [*Rates magnas, quas Teridas vocant*, apud Nicolaum Specialem de Siculis rebus lib. 3. cap. 18. Regestum *Olim* fol. 150: *Quod cum ipsi quamdam Teridam in portu Majoricarum pluribus mercimoniis onerassent, etc.* Adde Chronicon Siciliæ apud Marten. tom. 3. Anecd. col. 30. et 38. Constitutiones Jacobi Regis Siciliæ cap. 81. etc.] *Teride*, non semel apud Raimundum Montanerium in Chron. Aragon. cap. 109. 113. 119. et alibi.
TERETES. Albertinus Mussatus lib. 5. de Gestis Italicor. rubr. 2 : *Ac inter eas onerarias naves una Venetorum miræ proceritatis, quam Teretem vocant.* Vide Statuta Venetorum lib. 6. cap. 68. [∞ Jal. Antiq. Naval. tom. 2. pag. 224.]
¶ **TARIFA**, TARIFFA, Index pretii, Gall. *Tarif*, ab Arabico *Tarif*, quod proprie est Series rerum, præsertimque consanguineorum in genealogiis ; hinc transit ad quarumlibet rerum indicem seu catalogum, maxime mercedis, Scribis ac Notariis exsolvendæ pro instrumentis ab iisdem confectis. Statuta Genuens. lib. 1. cap. 14: *Scribæ et Notarii ac subscribæ dictorum Potestatum et jus dicentium non possint accipere pro mercede, nisi illud quod per Tarifam sive Statuta concessum est.* Concilium Hispal. ann. 1512. inter Hispanica tom. 4. pag. 19. col. 2. : *Inserat in libro taxam de his, quæ sunt solvenda* (Notario) *juxta Tariffam.* Rursum occurrit ibi pag. 22. et alibi.
✱ **TARINCA.** [Ferreus clavus. DIEF.]
¶ **TARINGÆ**, TARINCÆ, Sudes ferreæ, Gallica lingua veteri. Passio S.Quintini: *Jussit vocari fabrum ferrariorum, præcipiens ei, ut faceret duas sudes ferreas, quæ Gallica lingua Taringæ vocantur, quibus B.* Quintinus *a cervice usque ad crura transfigeretur.* Inventio ejusdem S. Quintini : *Venerabilis igitur femina sudes ferreas, quæ Gallica lingua Taringæ vocantur*, quibus *supra beatus Christi Martyr confixus fuisse dicitur, manentes adhuc in ejus corpore inveniens extraxit aliquas, et pro veneratione reliquiarum sibi assumpsit.* Passio SS. Fusciani et Victorici : *Tunc Rictiovarus. ... jussit naribus et auribus eorum Tarincas immitti, et cum clavis candentibus capita eorum transfigi præcepit.*
¶ **TARINUS**, Monetæ species. Vide *Tarenus.*
TARISUS. Vide Oriedricum Vitalem lib. 8. pag. 700.
¶ **TARITA**, Species navis. Vide *Tarida.*
⚹ **TARITATICUM**, Tributum ex navibus, quæ *Taritæ* appellabantur ; si tamen legitima est lectio ; ibi enim Cointius tom. 8. Annal. Eccles. legit *Carvaticum* et *D. Bouquet* legendum putat *Tranaticum*, tom. 6. Collect. Histor. Franc. pag. 492 : *Nemo teloneum, neque, quod vulgo dicitur, ripaticum, neque rotaticum, aut pontaticum, vel portaticum, aut Taritaticum, atque cispitaticum......... exactare præsumat.*
¶ **TARLATUS**, Cariosus, ab Italico *Tarlare*, Carie consumi. Ita cognominatum fuisse B. Franciscum Ordinis Servorum B. M. observatur tom. 3. Maii pag. 656
⚹ **TARMOSUS**, Lart plein de vers. Glossar. Lat. Gall. ex Cod. reg. 7692. Vide *Tarmus.*
TARMUS, Vermes in carne, in Gloss. Isid. in Gloss. Lat. Gall. : *Le ver qui naist du tart.* Italis *Tarma*, est blatta, tinea, [ut et Latinis *Tarmes* vel *Termes*, a *Terere* dictus, quod terat seu exedat carnem vel lignum.] Vide Orig. Italicas Ægidii Menagii.
TARPETUM. Charta Tancredi Comitis Licii ann. 1185. apud Ughellum tom. 9. pag. 67 : *Damus etiam licentiam construendi Tarpetum pro molendinis suis.* Nescio an huc referri debeat locus Pachymeris lib. 11. Hist. cap. 15 : Γενουητῶν δὲ αὐτόθεν κατὰ Ἰταλοὺς βούτζιον, καὶ σανίσιν ἀσφαλτοθέντων κύκλῳ, etc. [Vide Glossarium mediæ Græcit. in Τάρπη et mox *Tarponeria.*]
✱ **TARPINA**, [Sonus. DIEF.]
¶ **TARPONERIA**, Moles aquis opposita, ni fallor, fortean, a Celtico *Tampon*, Obturamentum. Statuta Perusiæ pag. 64 : *Exceptis tamen locis in quibus commode defendi non potest ipsa aqua, et si intraverit per aliquam Tarponeriam vel tempore inundationis aquarum, quibus casibus nulla incurrat pœna.* Vide in *Tappus*
¶ **TARQUA** Coriorum. Vide *Tacra.*
1. TARRA, Locus ad torrendum. Vide *Torra.*
¶ **2. TARRA**, pro *Tacra*. Vide in hac voce.
⚹ **TARRABRUM**, Terebra, Gall. *Tariere.* Charta Erardi dom. *de Chascenai* ann. 1206. in Chartul. Aremar. ch. 9 : *Quod si forte dicti homines fagum vel jarronem succiderint talis grossitudinis, ut Tarrabrum, quod vulgo dicitur loceret, de quo factores rotarum perforant rotas suas, etc.* Vide *Taratrum.*
¶ **TARRASSARIA**, TARRESSARIA, Agger terreus, Gall. *Tarrasse.* Reparationes factæ in Senescallia Carcass. ann. 1435. ex Cod. MS. Cl. V. Lancelot : *Pro faciendo de novo Tarressariam dictorum molendinorum, quæ similiter erat totaliter destructa, quia vix dicta molendina poterant habere sufficientem aquam, et plura alia in dictis paxeriis, Tarresseria et molendinis necessaria faciendo et complendo de fustibus, etc. Et paulo post : Ad faciendum pontem sine quo ferri non poterat rasorium dictarum paxeriæ et Tarrassarie*
ᶜ **TARRATER**, Eodem intellectu. Charta ann. circ. 1260. apud Pez. tom. 6. Anecd. part. 1. col. 78 : *Et in carris vestris utensilia diversi generis, id est, cuniada et dolaturia, Tarratres assisas, fossorios, etc.* Hinc emendatur Charta apud Oefselium tom 1. Script. rer. Boicar. pag. 725. col. 1. ubi legitur : *Arnada doletaria, Tarratros, areias fosorias.*
¶ **TARRIDA**, TARRITA. Vide *Tarida.*
¶ **TARROGES** Vide in *Talla 3.*
¶ **TARSENATUS**, TARSIONATUS, Armamentarium, Gall. *Arsenal.* Litteræ Roberti Regis Jerosol. et Siciliæ Massiliensibus : *Statuimus Tarsionatum galearum 20. vel 30. facere ex altera parte portus inter monasterium S. Victoris et Salinas .... nam completo Tarsenatu Neapolitano, quem confidimus in magna parte per præsentem hyemem ultinam manum ponere, etc.* Alias Massilienses Tiercenaux dicebant pro *Arsenaux.* Vide *Arsena.*
ᶜ Alias *Tarsenal.* Assis. Hierosol. cap. 314 : *La taille soit ordenée pour la gent d'armes et le Tarsenal et hasar de fane de Famaguste, et qu'il ne puisse estre destorbée en autre place.* Vide supra *Darsena.*
TARSICUS, Panni pretiosioris species. Visitatio Thesaurariæ S. Pauli Londinensis ann. 1295 : *Tunica et dalmatica de panno Indico Tarsico Besantato de auro, ... Tunica et dalmatica de quodam panno Tarsico coloris, tegulata,* [f. *regulata*, Gall. *Rayée*] *cum Besantiis et arboribus de aureo filo contextis.* Alibi . *Casula de panno Tarsico, Indici coloris, etc.* Ita autem appellatus, quod ex Regno *Tharsæ* adveheretur , quod vicinum fuisse regnis *Cathaii* et *Turquestani* testantur Aithonus cap. 2. Sanutus lib. 3. part. 13. cap. 15. et vetus Geographia, quæ habetur in Gestis Dei per Francos tom. 2. pag. 285. Scriptores alii inferioris ævi *Tarsos* vulgo cum *Tartaris* confundunt, ut vetus Chronicon Flandriæ cap. 98. Oronvillæus cap. 76. et Froissart. 1. vol. cap. 28. 4. vol. cap. 74. Philippus *Mouskes* in sancto *Ludovico* :

Adont fu la nouvielle esparse,
Que tout li Tarsien de Tarse
Fu eut issus de leur contree,
Et orent Rouvie gastée.

⚹ **TARSIMANNATIKUS**, an ad *Tarsos* pertinens ? Vide *Tarsicus.* Charta Ottonis III. Imper. ann. 998. apud Murator. tom. 2. Antiq. Ital. med. ævi col. 9 : *Unum latus in terra casa sancti Zenonis, et in terra Tarsimannatika, aliud latus in via regis, etc.* [∞ An *Arrimannatica* ?]
¶ **TARSIONATUS.** Vide *Tarsenatus.*
1. TARTA, Placentæ species, Gallis *Tarte.* Charta Alienoræ Comitissæ S. Quintini ann. 1103. in M. Pastorali Eccl. Paris. lib. 13. ch. 1 : *Debent etiam mihi unam Tartam sine farina singulis annis.* [Joh. Demussis Chronicon Placent. apud Murator. tom. 16. col. 581 : *Et aliquo loco Turtarum et zoncarum dant in principio prandii Turtas, quas appellant Tartas, factas de ovibus et caseo et lacte et zucharo super dictas Tartas in bona quantitate.* Scriptori in Ordinatione Humberti II. tom. 2. Hist. Dalph. pag. 313. col. 1. et passim in Instrumentis MSS.] Joannes Ruellius lib 2. de Natura stirpium cap. 13. *Tartum*, quasi mutata priore litera *Fartum* dictum existimat. Vide in *Pastillus* 2.
ᵒ Unde *Tartier* qui eas divendit, in Stat. pro bono publico ex Lib. rub. col. magn. domus publ. Abbavil. art. 9 · *Que nulz Tartiers voist en taverne pour son mestier vendre, se il n'y est appellés.*
¶ **2. TARTA**, Species navis. Vide *Tarida.*
TARTABOISA. Statuta antiqua Canonicorum S. Quintini in Viromandui : *In festo S. Joannis debet Decanus 18. sext. frumenti, et obolos 3..... et 6. humeros salsos , verrem, Tarlaboisas , venationem, volatilia , carpeiam cum fresia.* Infra : *Quoties habemus costam fartam, sunt in costa farta 24. frusta carnis, 24. gallinæ,*

etc.... In *Tarboisa* 12. *gallinæ*, 20. *ova*. Occurrit ibi semel adhuc et iterum.

¶ TARTALE, Idem, opinor, quod infra *Tartarum*. Modus exigendi gabellam pedagii ad calcem Statutorum Saonæ: *Pro qualibet vegete seu carratello Tartalis, cinerum, et pro quolibet pondo pulveris Tartalis soldum unum.*

° TARTANA, Instrumentum piscandi. Stat. senesc. Bellic. ann. 1337. inter Probat. tom. 2. Hist. Nem. pag. 100. col. 2: *Invenimus....... permaxime esse damposum piscari in mari cum rethe, thesura seu instrumento dicto seu nominato vulgariter Tartana, a festo Paschæ usque ad festum Omnium sanctorum.*

² TARTAR. Vide infra *Tartarum*.

¶ 1. TARTARA, Peccata, delicta. *Deus, qui.... Tartara lavare dignasti per crucem*, in Missali Gothico apud Mabillon. de Liturgia Gallic. pag. 189. col. 2.

° 2. TARTARA, Species panni ex Tartaria advecti, vel operis Tartarici, nostris *Tartaire*. Invent. S. Capellæ Paris. ann. 1335. in Reg. I. Chartoph. reg. ch. 7: *Item una tunica, una casula et una dalmatica de Tartara planquata*. Aliud ann 1340 ibid. ch. 8: *Item una casula, dalmatica et tunica de panno de Tartaire pluncata*. Comput. Rob. de Seris ab ann. 1332. ad ann. 1344. in Reg. 5. fol. 2. v° *Item le xxviij jour de Septembre l'an cccxxxvj. pour Mons. une selle de la taille d'Alemaigne, devant et derriere de veluel vermeil et asure partiz semez de cornes, le siege de Tartaire vert dyappré à oisiaus d'or*. Lit. official. Senon. ann. 1336. in Reg. 82. ch. 23: *Quatuor Tartaire*. Gallice de Tartaire, operatæ et ornatæ de bradura Vide *Tartarinus*.

° TARTAREALIS, Tartareus, ad infernum pertinens. Charta Hugon. episc Nivern. ann. 1054: *Si quis autem contra aliquid demolitus fuerit,.... accipiat partem cum inimico humani generis, et imperpetuum pœnæ subjaceat Tartareali.*

¶ TARTARICUS. Vide *Tartarinus*.

TARTARINI, Tartari. Chron S. Medardi Suession. ann 1210 · *Quædam genera hominum, qui vocantur a quibusdam Tartarini, a quibusdam vero Comani, a quibusdam vero peritis creduntur esse Hismaelitæ, i filii Ismaëlis, quem habuit Abraham ex Agar ancilla sua. David vocat Agarenos. Prædicti vero comedentes carnes hominum, bestiarum, avium et serpentium, et sugentes et bibentes sanguinem, et parum panis et vini utentes, cum nimia multitudine et incredibili equitum et peditum tam virorum quam mulierum, Regna Bohemiæ et Hungariæ, et Ducatum Poloniæ et quasdam alias terras maximas et optimas, in illis partibus sitas, ferro et igne devastant, maximas et incredibiles cædes utrorumque sexuum tam virorum quam mulierum facientes, nec alicui sexui parcentes*. Joannes Molinetus Valentianensis:

Monstres hideux vivans ès Isles
Des Indois et des Tartarins,

TARTARINUS, TARTARISCUS, Species panni ex Tartaria advecti, vel operis Tartarici. Vetus Charta apud Rocchum Pirrum in Episcop. Agrigent. : *Unam cappam de diaspro auri samito, vel Tartarisco aureo de sindone foderatam*. Monasticum Anglic. tom. 3. part. 2. pag. 85 : *Una penula de Tartarin blodio, pro capit.* Pag. 86 : *Unum mantelium de laneo cum Tartarin blodio*. Ibidem : *Duplicatum cum Tartarin planket. Tartaron*. ann. 4. Henrici VIII. cap. 6. apud Steph. Skinnerum in Etymologico Anglico. Arestum Paris. 9. Maii 1820 . *Item unam capellam de Tartarico rubeo, videlicet tunicam, dalmaticam, etc.* [Literæ ann. 1388. apud Rymer. tom. 7. pag. 577. col. 1 : *Unum coopertorium cum cetura integra et testerio de eadem secta, ac tribus curtinis de rubeo Tartarino*. Inventar. S. Capellæ Paris. ann. 1363. ex Bibl. Reg. : *Item una casula, una dalmatica, et una tunica de Tartaire*. Aliud ann. 1376 : *Tunica de panno de Tartaire plumbeo pro officio Quadragesimali*. Inventar. Gallicum : *Item un chasuble, dalmatique et tunique de Tartaire plumbée pour Caresme*.] Joann. de Mandevilla in Itinerario : *Devant est le Soudan nul estrange message ne vient, qui ne soit vestu de drap d'or, ou de camocas, ou de Tartaire en la guise que les Sarrazins sont vestus*. Vide *Tartara 2.*

° TARTARON, Moneta ænea Græcanica, Græcis ipsis τεταρτηρόν dicta, a Nicephoro Phoca Imperatore adinventa, ut auctores sunt Cedrenus pag. 658 659. et Zonaras pag. 162. Albertus Aq. lib. 8. cap. 26 : *Peregrinis vero et humili populo cujusdam generis monetam, quam vocant Tartaron, ad sustentationem vitæ sæpius idem Imperator mittebat.* Fulcherius Carnot. lib. 1. cap. 4 : *Jussit Imperator de auro suo et argento atque pallus proceribus nostris dari, et peditibus quoque fecit de nummis suis æneis, quos vocant Tartarones.* Ordericus Vital. lib. 10 : *Imperator autem plurimas naves Tartaronibus onustas misit.* Occurrit iterum apud eumdem pag. seq. et apud Albertum Aquensem lib. 1. cap. 16. lib. 2. cap. 16. Dicta videtur quasi quadrans assis, aut alterius monetæ. Vide Dissertationem nostram de Imperatore Constantinopolitanorum nummis [num. 87. ubi ex hoc ejusdem Orderici Vitalis loco, *Tartarones* quippe quadratos ex cupro nummos Thraces vocitant, colligitur τετραγώνους, seu quadratos, fuisse Tartarones: quod improbat Sigismundus *Liebe* in sua Gotha Nummaria Amstelodami edita an. 1730. pag. 192. ubi delineandum curavit *Tartaronem* rotundum, non quadratum, cum hac inscriptione TETAPTEPON. Alia notione occurrit in *Tartarinus*.]

² Apud nostrates quoque in usu fuit moneta, quæ *Tarte* nuncupabatur Lit. ann. 1357. tom. 3. Ordinat. reg. Franc. pag. 165 : *Gros Tournoys, viez compaignons, Tartes, exterius, volans, et toutes monnoyes deffendues.* Ubi pro *Volans*, leg. *Vaillans*, ex Stat. ann. 1358. ibid. pag. 222. art. 2 : *Compaignons, Tartes, vaillans, ou autres monnoyes de bas nostres.*

TARTARUM, Joanni de Garlandia in Synonymis Chymicis, *scoria de dolio vini, aridæ fæcis doliariæ crustula, vini fex indurata, di dolia adhærens*, Myrepso sect. 1. cap. 19. Τάρταρον, nostris *Tartre*, Italis *Rasina di botte*, [et *Tartare*] Vide Bartholomæum Anglic. de Proprietatib. rerum lib 15. cap. 99. Angelum Paleam in Antidotar. Mesuæ cap. 259. et alios medicos.

° Ital. et Hisp. *Tartaro*. Glossar. medic. MS. Sim. Jan. ex Cod. reg. 6939 : *Tartar, Arabice, Tartarum, quod ex vino in lateribus vegetis generatur.* Arest ann. 1345. 6. Aug. in vol. 2. arestor. parlam. Paris. : *Scancionarius vero (habet) vina doliorum ad duos digitos vel circa subtus barram, Tartaraque seu lieas et dolia vacua.*

✳ [Lie. (Gloss. Lat. Gal. Bibl. Insul. E 36, XV. s.)]

¶ TARTAVELLA, vulgo *Tartavelle*, Instrumentum quoddam compluribus ligneis frustis sese invicem collidentibus constans, cujus strepitu piscatores cogunt pisces ad retia. Ita Mabillonius sæc. 6. Benedict. part 2 pag. 209. *Tartavele*, in Satyris Christianis apud Borellum :

Qui sont ces asnes sans cerveles
Qui sonnent de leurs Tartaveles
A nos huis ?

Vide *Taravella 2*. Hinc

¶ TARTAVELLARE, Pulsare. Vita S. Roberti Abbat. ibidem : *Videns se tanto articulo adstrictum, quod absque nota non posset declinare, ut parum frusticulum in ore misit, leproso ad januam Tartavellanti totum frustum transmisit. Tarteveler* in iisdem Satyris ibidem :

Cuisine ou rien n'est avalé
Qui n'ait été Tartevelé.

° *Tartevelle* appellatus vir lepra infectus, quod ejusmodi instrumento pulsare teneretur, ut sanos a se removeret. Lit. remiss. ann. 1382. in Reg. 122. Chartoph. ch. 29 : *Comme n'agueres Jehan Mauclerc demourant à Senlis eust esté ordenné avec aucuns autres de ladite ville à faire le guet de nuit en icelle, et pour ce faire, il accompaigné de Raoulet Dupuis, dit Maynage, et d'autres de ladite ville, s'en alerent sur les murs d'icelle ville, et en montant sur la garde, après ce qu'il avoient beu, crierent par maniere d'esbatement et de moquerie, Tartevelle, par plusieurs fois, en disant à plusieurs personnes qu'ilz trouveroient sur lesdiz murs, faites bon guet, vez çà Tartevelle qui vient.* Vide *Taratara*.

¶ TARTAZIZARE. Vide in *Taratantara*.

° TARTELETA, TARTELLETA, a Gallico *Tartelette*, Placentula, in Comput. ann. 1188. inter Probat. tom. 4. Hist. Nem. pag. 45. col. 2. et pag. 46. col. 1. V. *Tartra*.

¶ TARTERIUM, pro *Cartarium*, seu *Quarterium*, Quarta pars, Gall. *Quartier*. Pluries occurrit hac notione. *Tarterium de caseo*, in Consuetudinibus MSS. Monasterii Solemniacensis.

✳ TARTICARE, [Frequenter tangere. Dief.]

° TARTRA, ut *Tarta* 1. Placentæ species. Comput. ann. 1482. inter Probat. tom. 4. Hist. Nem. pag. 22. col. 2 : *Item in viginti libris casei grassi pro faciendo Tartras, etc. Item in quinque duodenis ovorum pro faciendo dictas Tartras, etc.*

✳ TARTRATA, [Nigra (?) - « Pro valore et magisterio lectice *Tartratæ* pro usu SS. D. N. Pape. » (Mandam. Camer. Apost. f. 246, an. 1462 63.)]

° TARTUGA, TARTUGUA, Testudo, Ital. *Tartaruga*. Glossar. Provinc. Lat. ex Cod. reg. 7657 : *Tartugua, Prov. Testudo*. A testudinis forma sic appellatur sera catenaria, vulgo *Cadenat*, in Comput. ann. 1402. inter Probat. tom. 3. Hist. Nem. pag. 169. col. 1 : *Pro uno cathenato sive Tartuga ferri, ij. solid. ix. den. Turon.* Ibid. pag. 170. col. 2 : *Richardo saratherio, pro una sera, vocata Tartugua, ab eodem habita pro ponendo in studio dicti dom. Gaufridi, in quo libri et alia bona ejusdem erant reposita, ne perderentur*, v. solid. Turon.

° TARVISII appellantur Tarvannenses, in Annal. Bertin. ad ann. 850. tom. 7. Collect. Histor. Franc. pag. 66 : *Ceterorum vero pars Menapios, Tarvisios, aliosque maritimos adprædantur.* Neque fortassis alii sunt qui *Tourviquiaux* appellantur apud Froissart. vol. 1. cap. 127 : *Aussi estoient venus avecques lui* (Godemar du Fay) *ceux d'Abbeville moult etof-*

fement, et furent audit passage (du Crotoy) audevant des Anglois bien environ 12000. hommes qu'uns qu'autres : dont il y avoit bien 2000. *Tourviguiaux.*

TARUS, *Clava*, Ugutioni. Vide in *Tarenus.*

TARUSBULUM, pro Thuribulum, ut videtur. Charta fundat. Vallis-bonæ ann. 1242. inter Instr. tom. 6. Gall. Christ. col. 488 : *Item damus..... unum Tarusbulum et duas aras et apparamenta trium altarium, scilicet de pannis lineis.*

★ **TARXIA**, [Italis *Tarsia, marqueterie:* « Altare portatile, cum lapide serpentino in medio, cum pulcherrima *Tarxia* in circuitu ipsius lapidis. » (Inv. card. Barbo, ex Transcript. Müntz, 1457)]

¶ **TASA**, Scyphus, cratera, Gall. *Tasse*. Testamentum ann. 1351 : *Legavit..... Esclarmundæ et Beatrici de Montesquivo unicuique duas crateras sive Tasas argenti.* Vide *Tacea.*

1. **TASCA.** Jo. de Janua : *Pera, sacculus, qui Tasca vulgo vocatur.* Italis nempe; [qui vocem hanc deduxerunt a Germanico *Tassche*, ut docet Vossius de Vitiis sermonis pag. 293. et post eum Menagius in Diction. Etym. v. *Tasque.*] ☞ Vide Graff. Thesaur. Ling. Franc. tom. 5. col. 460. voce *Tasca.*] Vita S. Catharinæ Senensis n. 128 : *In regione illa Tascha parvus saccus vulgariter nominatur.* Dantes in Infern. cap. 17 :

Che dal collo a ciascun pendea una Tasca.

Abbavillenses etiamnum vocant Marsupium, quod a cingulo *Majoris* pendet, la *Tasse du Majeur :* estque magistratus symbolum. ☞ Nota perinde est ejusdem vocis significatio apud Burgundiones aliosque, quibus pera, sacculus, *Tasche* nuncupatur : hinc nonnulli *Tache*, pensum operis, accersunt, quod in peram pecunia ex diurno opere conjicitur. *Tasque* sacculum vocat Rabellaisius lib. 2. cap. 30.

¶ **TASSA**, Eadem notione, ut *Tasse*, aliquando pro *Tasque*, apud nostrates : quod observat Menagius. *Cepisse in bursa vel Tassa .* in Litteris Caroli Regentis ann. 1357. laudatis tom. 3. Ordinat. Reg. Franc. pag. 371. Unde merito Cl. Editor conficit voces *Tassetiers* et *Boursiers* unum et idem sonare, in Litteris ejusd. Caroli ann. 1350. eos nempe qui faciunt *Tassas*, vel *Tascas*, seu crumenas.

2. **TASCA**, TASCHIA, Præstatio agraria, *Agrarium, Campipars.* Vox in Chartis Occitanis, et Provincialibus præsertim, sat frequens. Scribit Camdenus in Britannia pag 314. 3. edit. se vidisse nummos antiquos, quos ibi exhibet, cum equo absque freno currente, et inscriptione TASCIA : ex altera parte in medio nummo VER. et Davidem Povellum, eruditissimum antiquitatis indagatorem, *tributum Verulamii*, (urbs est Britanniæ) interpretatum : *Tasc* enim tributum, *Tacia*, denarium tributi, et *Tascyd* præcipuum tributi Collectorem Britannice sonare : altos vero existimare nummos tributarios fuisse, qui in caput et agros impositi quotannis a Romanis exigebantur, quibus haud se refragari profitetur. Ita *Tasca* vox est Gallica vetus, quam pro præstatione agraria postmodum usurpanunt nostri. [Veteribus Septentrionalibus, Hickesio teste, in Grammatica Theot. pag. 92. *Tascan*, Saxonibus tæcan, Cimbris *Taka*, et *Takia Capere* est, levare, accipere, auferre; unde apud veteres Danos *Takia*, Captura. Hinc, inquit, *Tusca*, vel *Taschia*,

Tributum, quod accipitur, et *Attachiare*, Vincire, ligare ; nemo enim *attachiatur*, seu vincitur, nisi prius capiatur.] *Thasca*, in Legibus Henrici I. Regis Angl. cap. 78. [Judicium ann. 34. Caroli M. apud Stephanot. tom. 1. Antiq. Occitan. MSS. pag. 480 : *Ut de ipso villare per singulos annos, ibidem vobis exinde Tascas et decimas persolvere debuissemus.* Donatio ann. 901. Marcæ Hispan. col. 837 : *Et de ipso viviale ipsi homines de Artedone et de Tregale donare faciant per singulos annos ipsam decimam et Tascham.* Testamentum Borrelli Comitis Barcin. ann. 993. ibid. col. 916 : *Cum villulis et Ecclesiis, et decimis et primitiis, et cum ipsas Taschas, etc.* Adde col. 997. et Probationes novæ Hist. Occit. tom. 2. col. 147. 489. 606. Chartularium Prioratus S. Petri de Domina fol. 93 : *Mansus de la Varx debet unum sextarium vini de Tascha, qualis licuerit, IX. sextarios de frumento.* Occurrit ibi pluries.] Charta ann. 1065 : *Petrus Rainoardus dedit unam modiatam de terra culta et inculta Deo et S. Mariæ cum Tasca et decimo.* Charta Bernardi Archiep. Arelat. ann. 1139 in Tabular. Archiepiscopatus ejusdem Ecclesiæ fol. 109 : *Istius etiam prænominati honoris decimas atque Taschas sine omni impedimento retinemus.* Alia ann. 1107. in Tabulario Eccles. Gratianop. ex Hugone Ep. fol. 20 : *Et Morardus Jovencellus donavit Tascham Episcopo, et laudavit terram in manu jundicti Episcopi... et Tascham de terra Rosseti similiter donavit.* Fol. 45 : *Quædam vero pars (mansi) est de Tascha, et alia pars de decima.* Charta Gerardi Comitis Matiscon ann. 1180. in Tabulario Cluniacensi : *In nemore dicto Jou Comes et Monachi habent Taschuas suas.* Infra : *Apud Domange habet Comes medietatem Taschiæ, et monachi aliam.* Charta Simonis Comitis Montis-Fortis ann. 1211. pro Pezenacio, ex Regesto Carcassonensi : *Furnum, homines et feminas, et prædia urbana, et suburbana, cum omnibus ædificiis suis, et rustica similiter, et 4. Taschas et usatica, et albergas, etc.* Infra : *Et insulas, et nemora, et venationes, et deveria, et 4. Taschas terrarum, et pascua, et paludes, etc.* Charta ann. 1214. in 30 Regesto Archivi Regii ch. 58 : *Similiter liceat nobis libere emere vineas et alias possessiones, cartones, vel Tascas ad usum mensæ nostræ, vel Canonicorum, etc.* Alia ann. 1230. apud Perardum pag. 428 *Jure dictarum possessionum et terrarum, tam in Taschiis, seu tertiis, quam in decimis dictis Abbati et Conventui..... in perpetuum remanente.* Libertates concessæ Aquarum-Sextiarum Incolis a Beatrice Comitissa Provinciæ, mens. Sept. 1245 : *Salvis nobis pensionibus et censibus, et Taschiis, quæ et quas percipimus in possessionibus aliquorum.* Alia anni 1211. in Regesto Carcassonensi : *Insulas et nemora, et venationes, et devazia, et 4. Taschas terrarum, et pascua, et paludes.* Compositio inter Carolum Comitem Provinciæ et Dominos Arearum ann. 1257 : *Jura recipiendo, banna et justitias, et Taschas, Tascas in tenementis.* Charta ann. 1289. *Videlicet jus exsartandi absque præstatione Taschiæ*, ac etiam laborandi et fusterandi, et lenhairrandi, pascendi et piscandi. Charta ann. 1280 : *Damus...... medietatem totius partis nostræ, quam habemus in podio, qui dicitur, etc. in territorio civitatis Majoricarum, et tenetur per dominum Regem ad decimam et Tascham.* Tabularium Priorat. de Paredo fol. 16 : *Natali Domini 4. panes, 2. spatulas, duas oscors, pastionem de porcos in*

silvis, et Taschiam de terra. Fol. 31 : *Et reddit..... sextarium vini, et 2. de avena, et Taschiam de fructibus.* Fol. 75 : *Illam condominam.... in qua duplam Taschiam habebant Monachi.* Charta ann. 1304. in 9. Regesto Philippi Pulchri Regis Franc. ch. 86. ex Tabulario Regio : *Illud agrarium sive Tascam, quod et quam dictus Rex percipere consuevit in* 9. *quartonatis terræ, etc.* Occurrit præterea in Synodo Nemausensi ann. 1284. cap. de Pœnitentia : et in Concilio Avenionensi ann. 1326. c. 11. ubi vir doctus perperam reposuit ad marginem *Taxas :* ut apud Dion. Salvaingum Boissium de Usu feudor. pag. 385. *Taschas* etiamnum Hispani dicunt. Andreas Bosch *dels Titols de honor de Cathalunya* lib. 5. pag. 553 : *Quant als delmes, primicies, y Taschas, gosal en especial los de Cathalunya.* Vide Appendicem ad Capitul. Reg. Franc. n. 145. et Sammarthanos in Episcopis Massiliensib. n. 28. [Hujusce præstationis origo retegitur infra in v. *Tertia 3.*]

¶ **TACHIA**, Eadem notione. Homagium ann. 1272. apud Guichenonum in Probat. Hist. Bressiæ pag. 19 . *Humbertus de Tregnay.... confitetur tenere a domino Baugiæi quidquid habet apud Avignion et in territorio de Avignion tam in Tachiis, quam in aliis.* Charta ann. 1335. apud Menesterium in Probat. Histor. Lugdun. pag. xxiv. col. 2. *Item granqiam de Rebussello cum omnibus terris, pratis, nemoribus, Tachiis, decimis, servitiis, juribus , etc.* Charta Chassaniæ ann. 1399 : *Terra erat ad Tachiam decimam, quæ remota fuit, et de novo asservisata fuit ad servitium 12 denariorum.* Charta ann. 1463 e Schedis D. Aubret : *Tenet nos Tachiabiles ad decimam Tachiam levandam per cellarium, etc.* Et infra . *Tenet terram Tachierentiam ad decimam Tachiam.* Ubi decima *Tachia* est decimus manipulus pro Tascha solvendus. Regestum 87. Chartophylacii Regii : *Aynarqius senior percipit Tachiam dicti dimidii jornalis terre prædicti..... Percipiunt,.... quinque cartas frumenti et dymidiam cartam frumenti pro Tachia. Tachia vinee et duorum dimidiorum jornalium terre prædictorum,* ibidem, ubi sæpius recurrit.

² *Tache*, eadem notione, in Charta Guidon. comit. Nivern. ann. 1292. ex Reg. contuli. Clarimont. *Nous avons assigné à nostre ainé et loial Fouchier Guerri nostre cambellen... toutes nos Taches de la ville de Bor et des apartenanches d'icelle.*

³ **THASCHA**, Eodem significatu. Charta ann. 1307. in Reg. 44. Chartoph. reg. ch. 82 : *Salvo etiam domino nostro regi jure et suis in Thascha scilicet, undecima parte bladorum et vini.* Vide *Taschia* 1.

¶ **TASQUA**, Eodem intellectu, in Charta ann. 1052. ex Tabul. S. Victoris Massil. Charta ann. 1216. e parvo Chartulario ejusd. S. Victoris pag. 157 : *Exactiones quascumque facere poterant, videlicet comitalas, cavalcatas, lesdas, Tasquas, linguas bouis, etc.* Venditio Vicecomitatus Rellaniæ ann. 1410. e Schedis Præsidis de Mazaugues : *Cum....... alburgis, cavalcatis, adempris, Tasquis, custiis, etc.* Charta ann. 1500. ex iisd. Schedis : *Ad Tasquam sive facheriam, et. Statuta Ecclesiarum Cadurc.* Ruthen. et Tutel. tom. 4. Anecd. Marten. col. 737. *Decimæ...... debent solvi statim cum fructus percipiunt, et antequam inde segregentur census vel Tasquæ, id est, quintam et quartam, etc.* Statuta Eccl. Nemausens. ibid. col. 1030 : *Circa agricolas interroget*

de furto, et maxime super decimas et primitias, tributa, census, Tasquas, etc.
◊ Charta ann. 1394. in Reg. 146. Chartoph. reg. ch. 411 : *Acquisierunt Tasquam, sive nonam partem fructuum annualium, cum dominationibus septem peciarum terræ.*

¶ TAYCHIA, Eadem notione. Tabul. S. Germani a Pratis ann. 1327 : *Omnes census, redditus, proventus, obventiones, coroatas, fornagia, Taychias, quartonos et alia quæcumque servitia.*

TERRÆ TASCALES, TASCABILES, *Tascharum* præstationi obnoxiæ, in Tabulario Prioratus de Domina in Delphinatu fol. 81. Charta Comitis Provinciæ ann. 1252: *Defensum, quod voratur de Vesiano, ubi sunt terræ Taschales et venationes.* Charta laudata ann. 1306 : *Item 15. sextariatas terræ Tascabiles pro 5. sextariis bladi communis singulis annis, etc.*

¶ TACHABILIS TERRA, Eadem notione. Charta Prioratus S. Triverii in Dumbis ann. 1420 · *Sub servitio 6. den. fortium et unius cuppæ messis ad quodlibet levagium cum Taschia septima talis bladi qualis crescet in dicta terra Tachabili.* In Dumbis et Bressia septimus manipulus vulgo solvitur pro *taschia*, aliter alibi, ut ex relatis jam satis patet.

TACHIBILIS TERRA. Acta Capitularia Ecclesiæ Lugdun. ann. 1317. fol 126. v. Cod. MS : *Juxta pratum hæredum Stephani Remensis ex una parte, et juxta terram Tachibilem dictorum hæredum.* Occurrit ibi pluries.

TASCHARIA, Ager tascæ obnoxius. Vetus Charta tom. 7 Spicilegii Acher. pag. 264 : *Dono..... illam partem taschæ, quam habeo vel habere debeo in prædiis cultis vel incultis, et jus et dominationem, quod vel quam habeo in ipsis prædiis, vel adversus possessores prædiorum ratione taschæ : quæ prædia sunt infra Taschariam, etc.*

¶ TASCHEREIUM, Tempus qua *Tascha* colligitur, ni fallor. Polyptychus S. Remigii Remensis : *Mansus ingenuilis 1. habet in Taschereio, facit mapp. 1. ad tremsalicam sutionem, etc.*

¶ TASCHA, Liber, ut videtur, in quo *taschæ* impositæ describuntur. Chron. Parmense ad ann. 1308. apud Murator. tom 8. col. 870 : *Ascenderunt palatia Communis vetus et novum, et domos Potestatis et Capitanei et gabellæ, et judicis exactoris averis Communis, et omnes libros bannorum et Taschas maleficiorum et actorum novorum et veterum...... dilacerarerunt, et de fenestris in plateam projecerunt ad modum nevolarum, ita quod tota platea erat plena de chartis laceratis. Vide Taxare.*

¶ TASQUERIUS, Collector *taschæ.* Inquisitio ann. 1268. ex Schedis Præsid. *de Mazaugues : Requisitus a quibus vidit accipere tascham, a dom. Hugone de Baucio, vel dom. Barralo ; dixit quod a nullo : sed vidit ire Tasquerios et portare bladum in saccis ; sed nescit ubi accepissent.* Infra : *Ipse fuit Tasquerius territorii de Græso, et habuit tascham. Tasquerius seu recolligens tasquam,* in Sententia arbitrali inter dominos et incolas Calliani ann. 1197.

A *Tascis* vel *Taschiis* istis agrariis, Hispani vocem *Tacha*, usurpant pro quolibet defectu in quavis re. Lex partida 64. tit. 5. part. 5 : *Tache, maldad, aviendo el sierno, que un home vendisse a otro, etc.* ut et Galli nostri vocem *tache* pro quavis macula vel labe, quod agri, ut hujuscemodi præstationibus gravantur, inquinati et commaculati quodammodo sint : tametsi promiscue sumitur apud Poëtas et Scriptores vernaculos in utramque, malam scilicet, et crebrius in bonam partem, contra quam hodie. Philippus *Mouskes* in Philippo Augusto :

Quar li Dus li ert de male Teke.

Infra :

Godefrois de Condet fu Vesques,
Ki plains estoit de boines Teques.

Willelmus *Guiart* in Ludovico VIII :

Cis Marcomires proprement
Ou lors ot mainte bone Teche,
Mua le nom de Louteche.

Idem ann. 1205 :

Cil qui sont de hardies Taches
Embatent le feu és estaches.

Ann. 1214 :

Montmoranci, Reithel, Gamaches,
Et autres à hardies Taches.

Ann. 1304 :

Car gens à plains de bonne Teche, etc.

[Le Roman *d'Athis* MS.:

Boutez chascun membre toucha,
De bones Teches l'entecha.]

Historia Franciæ MS. ex Biblioth. Memmiana fol. 223 : *Ingebor* (uxor Philippi Augusti) *belle et boane sainte Dame et religieuse, et garnie de moult bonnes Taches.* Hinc vox *Entechié*, in libro Inscripto MS. *Le lignage de Coucy*, ubi de Odone Burgundo Comite Nivernensi : *Et il fu plus riches homes, qui en son temps allast aux armées ou Royaulme de France, de plus grand grace, et de plus grand renommée d'estre bien Entechiez, et de bonne vie menor.* Assisiæ Hierosolymitanæ MSS. cap. 190 *Yvrongne, ou Entechie de aucun mauvais et vilain vice.* Robertus Bourronus in Hist. fabulosa Merlini et Arthuri : *Et si a le plus preude feme et le plus affaitié, et le plus Entechié de toutes les millors Teches qui soint.* Vide in *Thaschia.*

Quod vero *Tasca* in hisce locis dicitur, *Macula* videtur appellari in Charta ann. 1300. in 2 Regesto Philippi Pulchri Reg. Franc. n. 182. de quibusdam servis : *Super capitagio, manumortua, maritago, seu super alia quacumque Macula seu redibitions servili non molestabimus in futurum.*

◊ 1. TASCHIA, Pera, sacculus, marsupium, nostris alias *Tasse.* Lit. remiss. ann. 1357. in Reg 89. Chartoph. reg. ch. 81 : *Dictus exponens cepit in Taschia socii sui quemdam florenum ad scutum.* Aliæ ann. 1389. in Reg. 138 : *Il prit sa sainture et sa Tasse, en laquelle avoit environ douze Poitevines. Tasse ou bourse,* in aliis ejusd. ann. ibid. Hinc *Tassetier,* marsupiorum artifex, cujus ars *Tasseterie* nuncupabatur. Lib. 2. Stat. artif. Paris. fol. 59 r° *Des Tassetiers et faiseurs de Tasses à Paris. Nulz doresenavant ne puisse lever mestier de Tasseterie, etc. Taxetier,* in Stat. ann. 1350. tom. 2. Ordinat. reg. Franc. pag. 379. art. 245. Stat. ann. 1112. in Reg. 167. ch. 6 : *Les jurez ou gardes des mestiers de ganterie, bourserie, Tasseterie, etc.* Vide in *Tasca* 1. et infra *Tassia* 3.

◊ 2. TASCHIA. VENDERE IN TASCHIA, Sub certis præstationibus annuatim exhibendis. Lit. remiss. ann. 1361. in Reg. 89. Chartoph. reg. ch. 672 : *Petrum Mabille præfatus Johannes requisivit quatenus sibi vendere in Taschia terras suas. Ad Tasquam sive facheriam,* in Ch. ann. 1509. ex schedis Pr. *de Mazaugues.* Vide *Tasca* 2.

◊ 3. TASCHIA, Pensum diurnum, vel opus summatim susceptum, Gall. *Tâche,* Picardis *Tasque.* Charta ann. 1380. in Memor. E. Cam. Comput. Paris. fol. 19. v° : *Item pro denariis per eum a vicecomite Pontis archæ traditis..... pro duabus Taschiis operum, quas quibusdam personis fiendas tradidit.* Chartul. Corb. sign. Ezechiel ad ann. 1421 fol. 115. v° : *Marcanda mons. de Corbie..... à Bernard le Clerc de faire une Tasque de carpenterie en la maison et cense de Gentelle.* Hinc *Frapper en Tasche,* pro Incerto ictu ferire. Lit. remiss. ann. 1373. in Reg. 105. Chartoph. reg. ch. 219: *Les supplians frapperent sur lui en Tasche, comme ceulx qui pas bien ne veoient.* Aliæ ann. 1374. in Reg. 106. ch. 363 : *Il faisoit si obscur, que à grant peine veoyent eulx l'un l'autre, et frappeoient en Taache.* Aliæ ann. 1386. in Reg. 190. ch. 120 : *Par cas de meschief, ainsi qu'il feroit en Tache, et n'y veoit pas bien cler pour l'oscurté du lieu, etc*

TASCODROGITÆ, Hæretici ita appellati a τασχός, quod illis *pxillum* sonabat, et δρούγγος, *nasus*, quod inter orandum indicem digitum naso apponerent, ut animi tristitiam, et affectatam quamdam sanctitatem præ se ferrent. De his agunt Philastrius, Epiphanius, Augustinus de Hæresib. et Lex 10. Cod. Th. de Hæret. (16, 5.) ubi Jacobus Gothofredus. [Perperam in Hierolexico Macri dicuntur *Trascodrygitæ.* Vide *Passalorinchitæ.*]

✱ TASILLUS. [« Curatus est in dicta ecclesia satis antiquus, magnus lusor *Tasillorum*, multum brigosus. » (*Chevalier*, Visit. episcop Gratianop. p. 108.)]

◊ TASIUM, Mensuræ annonariæ species. Charta ann. 1184. ex Tabul. S. Juliani Turon. : *Prior spopondit se redditurum eis decem solidos Redonensis monetæ et tria Tasia minutæ avenæ.*

¶ TASPHORUM, vox ibrida Strues vel munera deferens, a *Tassus,* strues, et Græce φορόν, ferens. Ratherius Veron. lib 1. Præloq. apud Martenium tom. 9. Collect. Ampl. col. 821 : *Ut in Tasphoro illius (cameli) Madiam, Epha et Saba aurum et thus ad templum Domini deferant, Ismahelitæ quoque negotiatores staclem et thimiama resinamque in Galaad nascentem, etc.*

◊ TASQUA. Vide supra in *Tasca* 2. et *Taschia* 2.

¶ TASQUERIUS. Vide *Tasca* 2.

¶ TASQUES, Taxa ; TASSARE, Taxare. Vide Sanctuarium Capuanum pag. 602.

¶ 2. TASSA, Scyphus, patera, Gall. *Tasse.* Inquisitio ann. 1337. ex Archivo Eccl. Massil.: *Novem Tassis diversarum formarum in aliqua earum parte deauratis,* XXII. *scutellis, etc* Occurrit in Consuetudinibus Brageraci art. 16. in Testamento ann. 1440 tom. 2. Rerum Mogunt. pag. 492. et alibi. Vide infra *Tassea.*

◊ Taison, Vas cavum ad modum *Tassæ,* legitur in Pedag Bapalm. ex Chartul. 21. Corb.: *Escuelles, hanas, Taisons pour argent fondre, etc.*

3. TASSA, Cumulus, Gall. *Tas.* Vide *Tassus* 1.

¶ 4. TASSA. Marsupium. Vide *Tasca* 1.

¶ 5. TASSA, vel *Tassus*, Ornamenti genus, Vittarum strues seu nexus, ut videtur, Gallis *Nœud de rubans,* Clericis et Monachis prohibitum, in Concilio Senon. ann. 1485. can. 5. Spicil. Acher. pag. 133 : *Utentes... capuciis, aut capellis super capita, vel Tassis, et corrigiis inho-*

nestis, etc. Nisi idem sit quod *Tassellus*. Vide in hac voce.

° **TASSAGIUM**, Servitium, quod domino suo debent subditi in *Tassando* seu aggerando ipsius fœnum ; unde *Tasseour*, qui hujusmodi servitium præstat. Reg. S. Justi ex Cam. Comput. Paris. fol. 188. r°: *Item fenagium et Tassagium dictorum pratorum.* Charta ann. 1318. in Reg. 36. Chartoph. reg. ch. 548 : *Item je peusse mettre à Beusemonchel un Tasseour, qui emportoit pour son salaire sept quartiers de blé.* Vide *Tassare in Tassus* 1.

TASSALE. Matth. Paris ann. 1239 : *Tassale vero S. Severii, quod non erat in totum Abbatis terræ Majoris Aconensis, ibi jura habebat, quæ tenebat in feudum ab ipso Imperatore, per judicium fuit juste destructum, quia, etc.* Sed legendum *Casale.* Vide in hac voce.

¶ **TASSAMENTUM**. Vide in *Tensare*.

TASSARE, In struem ordinare. Vide *Tassus*.

¶ **TASSEA**, Idem quod *Tassa* 2. Scyphus, patera, Gall. *Tasse*, in Hist. MS. Abbatiæ Gemet. pag. 242. in Statutis Monasterii S Claudii pag. 83. in Glossario Lobinelli tom. 3. Hist. Paris. et alibi. Vide infra *Taxea* 2.

TASSEGIUM, Italis *Tasseggio*. Statuta Venetor. ann. 1242. lib. 5. cap. 4. 5 : *In Chartis illis, quæ in illis Tassegiis tunc factæ fuerint, etc.* Italica versio habet : *In esse carte, che saran fatte in quel mezzo, etc.*

TASSELLARE, Claudere, obstruere, ab Italico *Tassello*, Obturamentum. Statuta Mutinæ pag. 4 : *Et si per aliam domum vel casamentum fieri fecerint aliquod cavamentum, ab utraque parte dicti cavamenti fieri faciat et bene Tassellari, cooperiri, ac domum, casamentum de terra, luto et putredine remondari ac desgombrari.*

TASSELLUS. Fimbria, ex Anglico *Tassel.* Monasticum Anglic. tom. 1. pag. 21 : *Dedit Ecclesiæ... duo dorsalia de pallio, et duas capas de pallio, cum Tassellis auro paratis.* Vitæ Abbatum S. Albani : *Dedit etiam casulam unam auro, Tassellis ac gemmis decoratam* Mox *Capam unam purpuream morsu et Tassellis carissimis redimitam.* Vide Ricodanum Malaspinum cap. 161.

☞ Pro humerali pluvialis, seu aureo argenteove aut serico textili, quo trabeæ sacræ postica pars adornatur, nostris *Chaperon*, accipiendum esse censeo in locis sequentibus. Inventarium Ecclesiæ Noviom. ann. 1419 : *Item duæ cappæ panni serici viridis... quarum una... habet ad Tassellum duas pecias crystalli.... Item una cappa panni aurei, in qua cappa est unus Tassellus argenteus deauratus et esmaillatus ad unum coronamentum nostræ Dominæ et in polo dicti Tasselli non est arbor.* Rursum ibi : *Tassellus, in quo est Sanson fortis, in quo deest medietas carneriæ.* Iterum ibidem : *Unus Tassellus argenteus et esmaillé Gallice ad imaginem S. Christophori pro ponendo in alia capparum Episcopi Ægidi. Item unus parvus Tassellus argenteus deauratus esmaillé ad unam Annunciationem pro ponendo in una cappa .. Item quidam Tassellus magnus argenteus deauratus desuper, in quo et in medio est ymago B. Mariæ elevata in campo viridi... Item duæ cappæ de eodem velueto et broderate de sindalo aureo, quarum una habet nodulum esmaillattum cum duabus peciis argentis ad tenendum Tassellum.* Inventarium Ecclesiæ Aniciensis ann. 1444. *Item duo Tasselli argentei pro cap-*

pis ponderis duodecim unciarum et dimidiæ.

¶ **TACELLUS**, Eadem notione. Testamentum Guigonis Episc. Casin. ann. 1345. apud Marten. tom. 1. Ampl. Collect. col. 1458 : *Insuper volo et mando, dispono et ordino cappam cum historiis et imaginibus et Tacello argenti munitam et completam.... dictæ Aniciensi ecclesiæ dari.* Vide *Tarellus* 2.

° Tessella, nostris *Tassel* et *Tasseau*, Ornamenti species formæ quadratæ. Invent. eccl. Camerac. ann. 1371 : *Item un Tassel doret, quarret à pierres verdes et rouges.* Lit. remiss. ann. 1456. in Reg. 183. Chartoph. reg. ch. 214 *Icelle jeune fille se complaignoit que icellui Arnoulet violentement et contre son gré lui avoit osté de son saing et poitrine une petite piece de drap qu'elle y mettoit pour soy parer et estre plus honnestement, laquelle piece de drap on nomme Tasseau ou pays de Henault et environ.* Sed et pro re quadrata materiæ cujusvis hæc eadem vox aliquando est usurpata. Lit. remiss. ann. 1400. in Reg. 155 ch. 11 : *Icellui Guillot avoit sept Tasseaulx en sa bourse; ..... il fist entendre que c'estoient sept escus.*

¶ 1. **TASSIA**, Scyphi species, nostris *Tasse*. *Tassia vini*, pro vini haustu, in Charta ann. 1274 in Histor. Eccl. Placentinæ. [*Pro valore quarumdam Tassiarum, coquerirarum et bassini de argento,* in Charta Massil. ann. 1352.] Vide *Tassea*.

° 2 **TASSIA**, Confertus herbarum globus, Gall. *Touffe* Charta ann. 1221. ex Lib. albo episc Carnot. *De pratis dicimus quod major habet herbæ residuum, quod remanet in pratorum marginibus et Tassis, quas falx non potuit attingere.* Hinc nostris *Tasse*, pro Acervorum congeries, silvula. Lit. reiniss. ann. 1308. in Reg. 154. Chartoph. reg. ch. 108 : *Ils alerent tous ensemble jusques à une Tasse de bois, nommée le bois Patey.* Alia ann. 1409. in Reg. 164. ch. 140 : *Lesquelx se bouterent et musserent tous ensemble en une Tasse de boys.* Vide infra *Toussa*.

° 3. **TASSIA**, Pera, sacculus, marsupium, nostris alias *Tasse*. Stat. capit. Bened. apud Compendium habiti ann. 1370. ex Bibl. S. Germ. Prat. *Item quod nullus monachus..... Tassias vel corrigias largas vel argenteas, aut aliter curiosas, modo laycorum,..... portare præsumat.* Vide supra *Taschia* 1.

¶ **TASSIUM**, Idem quod mox *Tassus* 1. *Pro Johanne Bowdon furcante carect. per unum diem* 111. den. et pro victualibus emptis pro factoribus Tassiorum prioris XII. d. apud Kennettum ad an 1407. Antiq. Ambrosden. pag. 530.

1. **TASSUS**, Tassa. Cumulus, seu strues aristarum, vel fœni, Gallice *Tas.* Leges Macolmi II. Regis Scotiæ cap. 3. § 4 : *Blada de cumulis et Tassis fractis.* Matth. Paris ann. 1248 : *Dum quamdam frumenti consertum aggerem, quem vulgariter Tassum appellamus, venalem æstimans consideraret, agger ille nutans et inordinate compositus, subito corruit super eum.* Tabular. Lewensis Prioratus: *Item omnes venient ad fœnum vertendum et colligendum sine corredio; et ad portandum Tassum in curia cum corredio.* [Chartularium SS. Trinitatis Cadom. fol 28 *Habemus... duos Tassos garbarum.* Polyptychus Fiscamn. ann. 1235 : *Et debet folare fena in Tasso.* Vide Thomam Madox in Formulari Anglicano pag. 359. et Nomolexicon Anglicanum Th. *Blount* in *Tassum.*] Neque alia notione

TASSA, in Magno Custumario Monaster. de Bello, apud Spelmannum : *Et debet falcare, spargere, vertere, cumulare, cariare in manerium domini, et ad Tassam furcare unam acram prati de prato domini.* Id est a cumulum.

TASSARE, In struem ordinare, messem, vel aristas, aut fœnum aggerere, Gallis *Tasser*, *entasser*, *mettre en un tas*. Fleta lib. 2. cap. 73. § 9 : *Foragium autem Tassari faciat et cooperira.* Adde cap. 82. § I. Custumarium Monast. de Bello : *Et inveniet etiam per totum autumnum unum hominem ad Tassandum blada domini in dicto manerio, dum blada domini ibi Tassanda fuerint.* Charta ann. 1206 : *Inveniet etiam prædictus Joannes et hæredes sui sex homines de prædicto manerio de Preston ad levandum et Tassandum fœnum nostrum,* etc. Alia Charta Odonis Archiepisc. Rotomagensis ann. 1206 : *Costuma denarii et oboli, vendæ, servitia quadrigandi et Tassandi, bannum vini,* etc. Vetus Charta apud Sommerum in Tractatu de *Gavelkind* pag. 190 : *Item pro opere Tassandi in autumno* 13. den. etc. Charta alia ibidem, pag. 187 : *Relaxaverunt falcationem, levationem, cariagium, et Tassationem prati.*

¶ **THASSARE**, Eodem intellectu. *Qui carectas non habuerunt, venient cum furcis suis ad dictum fœnum levandum et Thassandum,* apud Kennettum ad ann. 1272. Antiq. Ambrosd. pag. 330. Adde pag. 550.

INTASSARE, Eadem notione. Monastic. Anglicanum tom. 1 pag. 116 : *Ut ipse et hæredes sui, propriis operariis, et proprio custu, facient metere, et Intassare decimam domini sui de Kynemersordo.* [Vide *Intassare* suo loco.]

ATTASSARE, Idem quod *Tassare*. Charta Nivelonis Episcopi Suession. ann. 1190. in Tabulario Monasterii S. Crispini in Cavea : *Illud etiam sciendum est, quod trituratores decimæ partem suam foragii supra mensuram suam ante ostium Monasterii portabunt et Attassabunt: si vero trituratores decimæ foragium præfati Petri ad Attassare noluerint, licebit eis flagella sine forisfacto capere et tenere, quousque eis satisfecerint.*

° 2. **TASSUS**, Animalis genus, Italis *Tasso.* Johannes de Bazano in Chronico Mutin. apud Murator. tom. 15. col. 606 : *Venit Mutinam quidam Franciscus de Castro Montagnæ cum quodam mirabili animali, quod appellabatur Tassi Barbarinum.* Quodnam fuerit genus describatur : locum consulat, qui plura voluerit. Vide *Taxonus* et *Taxus*.

° Nostris *Taisson*, idem qui nunc *Blaireau*. Charta ann. 1247. in Chartul. S. Corn. Compend. fol. 97. v°. col. 2 : *Je devantdis Robers..... reconnois que li prévoz de Rumigni..... poist penre en ce bos lievre ou connin, leu, renart et Taison.* Lit. remiss. ann. 1389. in Reg. 138. Chartoph. reg. ch. 104 . *Lesquelz se assemblerent par esbatement pour aler chacier aus Taissons de nuit.*

° 1. **TASTA**, vox Italica, Turunda, lemniscus, Gall. *Taste* apud Velsch. syllog. observat. pag. 71. *Tasta vel tenta,* in Glossar. med. MS Sim. Jan. Vide supra *Specillum* et *Tastum.*

° 2. **TASTA**, Locus dumis et vepribus consitus, nisi tamen legendum sit *Tasca*. Vide supra in hac voce num. 2. Charta Petri Card. ann. 1102. pro fundat. colleg. S. Cathar. Tolos. ex Cod. reg. 4233. fol. 151. v° : *Ordinamus domum ipsam.... et quæcumque alia loca, fortali-*

tia, domos, vineas, prata, hortos,..... terras cultas, et incultas, Tastas, oblias, etc.

◊ **TASTARE**, Tentare, explorare, Ital. *Tastare*, nostris *Taster*. Charta Phil. VI. ann. 1328. in Reg. 65. Chartoph. reg. ch. 217 : *Ipsi homines et singuli habent talem modum utendi in nemoribus prædictis ... ipsas arbores cum ferramento quolibet operandi et Tastandi an suo usui sint utiles, et jam Tastatas et tailliatas pro suo usu, si usui suo inveniantur inutiles, dimittendi.*

¶ **TASTART**, Monetæ genus, apud Gallos. Instrumentum inter Acta SS. Maii tom. 1. pag. 61 : *Promittuntur pro pretio XXIII. sculu in Saluts, Tastarts et Besonds solvenda. Testones* huc significari vix dubium est : quod monetæ genus recentissimum est ; unde Instrumentum, ex quo hæc descripta sunt, recens esse colligitur, quod tamen vetustissimum existimarit Bollandistæ.

¶ **TASTUM**, Linamentum, collyrium, Ital. *Tasta*, Gall. *Charpie*, vel *Tente pour une playe*. Acta sanctæ Franciscæ Rom. tom. 2. Martii pag 97 [?] : *Adeo erat profundum vulnus, quod ultra octo uncias Tasti recipiebat in se*. Vide *Taxta*.

TATA, Nutritius, Pædagogus. Michael Ducas in Hist. Byzant. cap. 36 : Τί εἰσι ταῦτα καλά,... (ὡς εἴποι τις) κατὰ τὴν ἡμετέραν γλῶτταν, τατά, ἥτοι παιδάγωγος, etc. Thwroczius part. 1. Hist. Hungar. cap. 10 : *Cujus quidem Monasterii nomen pro eo Tata appellatur, quia cum beatus Rex Stephanus ipsius* (Deodati) *nomen ob reverentiam non exprimeret, sed eum Tata appellaret, abolitum est nomen Deodati, et Tata etiam illi vocatus : unde etiam ipsius Monasterium taliter est vocatum*. Bonfinius vernacula Italorum, Ritius Hungarorum lingua, *patrem significare* aiunt, [ut et *Tat Armoricorum*.] Utuntur Mart. lib. 1. Epigr. 101. et alii. Occurrit etiam in vet. Inscriptione.

TATA PALATII, Τάτας τῆς αὐλῆς, Officium Palatinum apud Byzantinos Imperatores : cujusmodi vero ejus fuerit munus, incertum, ut testatur Codinus de Offic. Hujus mentio est apud Pachymerem lib. 4. cap. 29. lib. 6. cap. 31. Τὰς τῆς αὐλῆς, dicitur Matthæo Monacho de Offic. Palatii CP. Anonymo vero ex Bibliotheca Mazarina, Τατ τῆς αὐλῆς, sed utrobique metri causa.

[?] Italis et Hispanis *Tato*, vox puerilis ; unde fortasse nostris *Tatemon* et *Tatin*, vox contemtus, pusillus animus. Lit. remiss. ann. 1123. in Reg. 172 Chartoph. reg. ch. 309 : *Lequel Mahiet dist que ceulx de Cappi se moquoient de ceulx de Susanne,.... et qu'ils les avoient tenus pour Tatemons, ou autre tel mot semblable*. Aliæ ann. 1387. in Reg. 192. ch. 52 : *Icellui Jehan print en sa main un baston, nommé picque de Flandres,.... et dist ainsi, comme par manière d'esbatement, veci un baston pour ferir d'un cop deux Tatins*. Hinc ubi de muliere sermo est, *Tatinoire* dicebant. Lit. remiss. ann. 1160. in Reg. 189. ch. 492 : *Le suppliant dist à icelluy Perceval, pourquoy il appelloit sa femme Tatinoire*.

[?] *Tatin* vero ictum significare videtur, in Hist. Joan. IV. apud Lobinel. tom. 2. Hist. Brit. col. 785 :

Contre le roy rien ne pourrez,
Vous serez reloués détranchez ;
L'on vou-donra maint grand Tatin ;
Vous n'ostes qu'un voire à main.

¶ **TATABOLUM**, pro *Catabolum*, Solutio, præstatio. *Juxta quod ordo Tataboli fuerit*, in Placito ann. 716. apud Mabillonium sæc. 3. Benedict. part. 2. pag. 622. Vide *Catabolum*.

1. **TAU**, et **TAAU**. Crux, veteribus Gallis : hinc *Tau Gallicum* apud Virgilium in Priapeis, Quintilianum lib. 8. Inst. Orat. et Ausonium Idyll. 5. Gregorius Turon. lib. 5. Hist. cap. 5 : *Tunc etiam in subita contemplatione parietes, et domorum, et Ecclesiarum, signari videbantur, unde a rusticis hæc scriptio Thau vocabatur*. Exstat in Tabulario Andegav. Charta Capituli Canonicorum S. Laudi, qua teneri se ii aiunt ad excipiendum Comitem Andegavensem, uxorem, et liberos, quoties ad dictam Ecclesiam venerint, *cum textu, turibulo, et aqua benedicta, tradendo dicto Comiti similiter in dicta receptione Thau eboreum, quod Fulco Rex Hierusalem Comes dictæ Ecclesiæ dedit, quod habuit a Soldano Babyloniæ, quando Christus in Regem Hierusalem ipsum Fulconem sublimavit. Ego vero Guido de Athenis cum toto Capitulo Ecclesiæ et Clericis pluries Comitem Andegavensem ita recepi, et ideo dictus Fulco Rex dictum Thau Ecclesiæ nostræ dedit, ut nos ita Comitem reciperemus*. Huc pertinet, ut opinor, subscriptio in Charta Edgari regis Angliæ, apud Seldenum ad Eadmerum pag. 159 : *Ego Eadgifu prædicta Regis Ava hoc opus egregium crucis Taumate consolidavi*. Et alia in Charta Ethelredi Regis ann. 988. in Monastico Anglic. tom. 3. pag. 121 : *Ego Oswaldus Eboracensis Ecclesiæ Archiepiscopus Crucis Taumate annotavi*. Vide Rosweidum ad Epistolam 2. Paulini Nolani.

◊ 2. **TAU**, Vestimenti genus, f. Scapulare, ut suspicantur docti Editores ad Vit. S. Joan. Laud. episc. tom. 3. Sept pag. 166. col. 2 : *Adhuc namque supersunt, qui meminerunt, eum cum ad agrarias visendum cellas exisset, absque monachico ad eremum colobio remeasse, obliturnque cælestis Tau tegmen obvolvere corpori*.

¶ **TAUALCHUS**, pro *Taulachus*. Vide infra in hac voce sub *Taulachia*.

[?] **TAVARNICUS**. Vide mox in *Tavernica*.

¶ **TAUBARDUM**, Tunica. Vide *Tabardum*.

• **TAUCA**, Idem videtur quod Hispanis *Toca*, Capitis velum, plagula. Testam. reginæ Mafaldæ ann. 1256 tom. 1. Probat. Hist. geneal. domus reg. Portugal. pag. 83 : *Item mando domnæ Orracæ Sancii sorori meæ..... quatuor Taucas..... Item domnæ Adaræ Petri..... quatuor Taucas serici..... Item sorori meæ Constantiæ mando... quatuor Taucas serici et tres cabos de auro*.

TAUDREGIL, TAUDRAGIL, ATHAUDREGIL. Lex Bajuw. tit. 8. cap. 12 : *Si quis aliquem playaverit, ut exinde claudus fiat, sic ut pes ejus ros tangat, quod Taudregil vocant, etc*. Edit. Heroldi Hathaudregil habet. Lex vero Alamannorum tit. 65. § 13. *Taudragil*. [◊ Graff. Thes. Ling. Franc. tom. 5. col. 501. Grimm. Antiq. Jur. Germ. pag. 94. et 680.]

TAVEGA, [Cippi species,] in Usaticis Barcinonensibus. Locum vide in *Escassa*.

¶ **TAVELLA**, TAVELLONUS, Species lateris ad sternendum accommoda ; quod maculis sit interstincta sic forte appellatur : certe notis varium et maculosum *Tavelé* dicimus. Statuta Riperiæ fol. 29. v[o] : *Teneantur fornasarii facere et fieri facere cuppos, quadrellos, polinas, matonos, Tavellonos et Tavellas longas sive magnas et parvas, et alia quæcumque in fornaceæ coquenda ad infrascriptam mensuram, etc*. Statuta Placentiæ fol. 67. v[o] : *Vendant fornasarii..... cuppos, quadrellos et Tavellas secundum modum consuetum*. Et fol. 82. v[o] : *Quadrelli, cuppi et Tavellæ... sint.... bene cocti et bene sasonati et ad mensuram et stampum, ut hactenus consueverunt esse*.

¶ **TAVELLARE**, Lapidibus sternere, munire, Gall. *Paver*. Statuta Mutinæ f. 2. v[o] rubr. 14 : *Ita quod si aliquis murus vel fundamentum in porticibus supersit, illud debeat radicitus destrui per eosdem, et de dictis lapidibus tota porticus cum strata debeat Tavellari*. Et fol. 7. recto rubr. 88 : *Intra portas usque ad domos, quæ sunt juxta prædictas portas, inglarare.... et ibi Tavellare et Tavellari facere et dictum Tavellatum manutenere*. Pluries occurrit ibid. fol. 3. v[o]. rubr. 20.

◊ Quid vox significet vox *Tavelé* apud Arvernos, discimus ex Lit. remiss. ann. 1416. in Reg. 169. Chartoph. reg. ch. 353. *Une Tavelle de claye, ainsi nommée au pais* (d'Auvergne) *que l'en dit un baston long de demi brassée*. Nostris *Tavelé* dictum est id, quod notis varium est et maculosum, vulgo *Tacheté*. Joinvil. edit. reg. pag. 68 : *Le cuir de nos jambes devenoient Tavelés de noir et de terre*. Le Roman de Tristan ibid. in Glossar. : *La royne estoit vestue d'un bliaut Tavelé de vert, de jaune et gris et de vermeil*.

[?] **TAVELLI**, Subterranei, in vet. Glossar. ex Cod. reg. 7613.

¶ **TAVERE**, pro *Tabere*. Gloss. Lat. Græc. : *Tavo*, σήπω. Aliæ Græc. Lat. : Σήπω, *Tavo, putro, putrefacio* ; at in MS. Sangerman. legitur, *Tabeo, putreo*. Vide *Tavus*.

¶ **TAVERNA**, pro *Taberna*, Gall. *Taverne*. Occurrit sæpe. Vide in *Taberna*.

TAVERNICA, TAVERNICALIA, THAVERNICA, Hungariis, judicia dicuntur de liberarum civitatum controversiis, quæ remitti solent ad personalem Præfectum, qui *Magister Tavernicorum Regalium* dicitur in Charta ann. 1308. apud Odoricum Raynaldum n. 24. et in Decretis Ludov. Regis Hungariæ ann. 1351. et Sigismundi Regis ann. 1435. apud Thomam Archid. in Hist. Salonitana cap. 39. et in Hist. Cortusiorum lib. 11. cap. 12 ubi perperam editum *Chavernicorum*. Idem etiam

TAVERNICUS appellatur a Rogerio de Destruct. Hungariæ per Tartaros cap. 10 : *Qui autem potentiores erant, sicut Tavernicus, qui et Camerarius dicitur, etc*. DOMUS **TAVERNICALIS**. Thwroczius sub finem Historiæ : *Domus Tavernicalis et mensa Regis hujus, tantis ornatibus et clenodiis, tantis apparatibus, tantisque aureis et argenteis nitet vasis et poculis, ut nullus Regum Hungariæ in his rebus tam gloriosus fuisse credatur*.

◊ Varie apud Scriptores medii ævi scripta legitur hæc vox. Charta ann. 1308. apud Pez. tom. 6. Anecd. part. 3. pag. 4. col. 1 : *Magnifico principi, famoso domino, domino Heinrico magistro Tavarnicorum serenissimi regis Ungariæ, illustri duci Sclavoniæ, etc*. Alia Andr. reg. Hungar. ann. 1233. apud Cenc. inter Cens. eccl. Rom. : *Quare post tractus multiplices et diversos per Nicolaum Tavarnicorum, Mauricium dapiferorum..... magistros, etc*. Ibidem in alia Charta : *Magister Targarnicorum*. Rursum in altera : *Magister Tavarnicorum*. [◊ *Magister Thawarnicorum*, in chart. ann. 1220. apud Schœnem. Cod. Dipl. tom. 1. pag. 169.]

◊ **TAVILLÆ**, ARUM, *Tavelles*, in Glossar. Lat. Gall. ann. 1352. ex Cod. reg. 4120. *Tæniolæ*.

TAVILUS OPERIS, qui alias *Operarius*

dicitur. Vide tom. 9. Spicilegii Acheriani pag. 141.
¶ **TAULA**, Latitudo. Reparationes factæ in Senescallia Carcassonæ ann. 1435. ex MS. Cl. V. *Lahcelot : Item pro quinque stepis et quinque cabestris de coral, quilibet et longitudine duarum cannarum, unius de Taula et trium quartonum de espes, emptis precio* VI. *l.* II. *s.* VI. *d. turon.*
○ **TAULACHIA**, Clypei species, nostris olim *Taloche*, idem quod supra *Talaucha* et *Talochia.* Charta ann. 1315. inter Probat. tom. 4. Hist. Occit. col. 201 : *Ramundus Arguerii, athilator Tolosæ dom. nostri Franciæ regis, recognosco habuisse...., pro l. lanceis, c. telis, xiij. Taulachiis, etc.*
○ TAULACHO, Eadem notione. Charta ann. 1328. in Reg. 65. Chartoph. reg. ch. 261 : *Cepit eidem quemdam penardum et Taulacho, et reddidit eidem dictum penardum, dictum Taulacho habet adhuc pro expensis.* Lit. remiss. ann. 1354. in Reg. 82. ch. 225 : *Hospitium ipsius bajuli debellavit et debellare fecit cum lanceis, Taulachombus et aliis armorum generibus.*
ᵒ TAULACHUS, Pari significatu. Lit. remiss. ann. 1340. in Reg. 74. Chartoph. reg. ch. 169 : *Quem quidem Johetum vulneraverunt, et quemdam Taulachum, quem deferebat, perforarunt cum quodam telo.* Hinc emendanda Charta ann. 1342 in Reg. 75. ch. 512. ubi *Taualchus,* pro *Taulachus,* legitur : *Dicto Geraldo Bonan armato lansea, Taualcho, ense et aliis armaturis, etc. Taulachus* rursum in alia ann. 1343. ex eod. Reg. ch. 605.
○ **TAULAGIUM**, Idem quod supra *Tabulagium*, a *Taula*, Occitanis, pro *Tabula*, Præstatio pro *Taula* seu jure habendi mensam in foris et nundinis, in qua prostent res venales. Charta ann. 1318. in Reg. 61. Chartoph. reg. ch. 356 : *Item valent Taulagium et focagium decem octo libras Turon. annui redditus...... Item focagium et operatoria valent annuatim sexaginta solidos Turon.* Leudæ min. Carcass. MSS. *Item de homine extraneo, pro Taulagio, j. obol.* Adde Chartam voce *Taulagium* in *Telon* laudatam, ubi minus recte idem esse quod *Teloneum* dictum est. Vide mox *Taulaticum.*
○ **TAULAGIUS**, Idem quod supra *Taulachus* in *Taulachia.* Lit. ann. 1334. in Reg. 69. Chartoph. reg. ch. 236 : *Alquerius de Deodata..... armatus perpuncta, lancea, gonjone, bassineto, camberiis et Taulagio magno, etc.*
○ **TAULATICUM**, idem quod paulo ante *Taulagium.* Pactum inter abb. S. Tiberii et consul. Biter. ann. 1248. ex Tabul. ejusd. monast. : *Obolus, qui vocatur Taulaticum,* et *hunc obolum ad denarium reduxit abbas.*
○ **TAULERIUM**, Officina, idem quod supra Tabularium 1. Lit. remiss. ann. 1380. in Reg. 118. Chartoph. reg. ch. 413 : *Cum exponens ipse quamdam barram fusti vellet apponere in quodam Taulerio sive stallo fusti, quod erat fixum ante quamdam parietem, etc.*
¶ **TAULERIUS**, Escalis orbiculus, ni fallor, Gall. *Tailloir, tranchoir,* alias *Talleor.* Inventarium ann. 1379. e Schedis Cl. V. *Lancelot : Item* XXII. *scutelle stagni..... item tres parve cornute ; item tres Taulerii modici valoris.* Vide *Talerium.*
○**TAULETUM**, diminut. a *Taula*, Mensa, in qua prostant res venales. Stat. ann. 1352. inter Probat. tom. 2. Hist. Nem.

pag. 150. col. 2: *Item quod ortolariæ vendentes herbas in plathea Nemausi vel circa, supra earum Tauletum vendant earum herbas, et non in carreria.* Glossar. Provinc. Lat. ex Cod. reg. 7657: *Taula, Prov. escaria, cillaba, ferculum, gisca, assidella, tabula. Taulissas, Eschaffaux,* inter voces Occitanicas ab Anonymo scriptas circa med. sæc. XIV. inter Probat. tom. 3. Hist. Occit.
¶ 1. **TAULLIA**, Tessera lignea. Vide *Talea* 1.
¶ 2. **TAULLIA**, Impositio, exactio. Vide *Tallia* 8.
○ **TAULONUS**, Pes mensæ. Glossar. Provinc. Lat. ex Cod. reg. 7657: *Toulons, Prov. Tripos, quia tabulam subtus regat.* Inventar. ann. 1361. ex Tabul. D. Venciæ *Item quatuor Taulonos, etc.*
¶ **TAUMA**, Johanni de Janua, *Admiratio vel miraculum; Taumantia, Arcus cælestis, ab admiratione et stupore admirantium dictus, vel Taumantias, quia fuit filia Taumantis.* Scribendum esset *Thauma,* a Græco θαῦμα : quod idem significat. Vide *Tau* et *Thauma.*
¶ **TAVOLACIUS**, Scutum ligneum ex tabula, idemque brevius, Latinis priscis *Parma.* Academici Cruscani: *Tavolaceio, spezie di targa di legno.* Vide *Targa.* Statuta Patav. lib. 3 : *In qua fuerint decem homines armati Tavolacus vel scutis, lancis vel lancionibus.* Boccac. Nov. 43 : *Poste qui lor lancie e lor Tavolacci.* Hinc *Tavolaccini* dicuntur Apparitores et ministri magistratuum lanceis et brevioribus scutis armati. Bened. Varch. Stor. lib. 11 : *V'erano non solo, oltre i ramarri delle compagnie, i. Tavollacini e i mazzieri della Signoria, ma i famigli de Signori Otto.* Vide *Talavacius.*
○ Nostris *Tavel.* Lit. remiss. ann. 1445. in Reg 184. Chartoph. reg. ch. 78 : *Icellui Anthoine de Segalar ayant en sa main ung haiz, vulgaument appellé Tavel, etc.*
¶ **TAVOLERIUM**, Pavimentum, vel tabulatum, ni fallor. Statuta Cadubrii lib. 3. cap. 25 : *Meretrices autem, ruffiani et baraterii, qui ribaldi, solii, se in terrula super Tavolerium spoliare, possint impune percuti et verberari, dummodo eæ percussione non smacetur membrum vel debilitetur ; et intelligantur baraterii seu ribaldi, qui tribus vicibus, vel abinde supra, super Tavolerium in terrula se spoliaverunt, etc.* Vide *Tavella.*
¶ **TAUPIA**, Talparius cumulus, Gall. *Taupiniere.* Statuta Arelat. MSS. art. 87: *Roueria levatarum et Taupie et receptacula cyrogrillorum... destruantur.*
○ Nostris *Estauppineur*, Talparum capiator vel qui talparios cumulos adæquat, vulgo *Taupier*. Lit. remiss. ann. 1404. in Reg. 159. Chartoph. reg. ch. 130 : *Branchart nous veult bien tenir pour Estauppineurs de prez.* Haud scio an huc spectet vox *Taupainée* ex Chartul. Corb Daniel ad ann. 1209. fol. 126. r : *Seront tenux...... de cranner autour de ledite maison, aveuc les Taupainées dudit mollin rendre en bon et souffisant estat.*
TAUREA, Ταυραία, Species tubæ, quæ mugitum tauri quodammodo edebat, qua velitarum motus significabantur : est enim ταυρεία, Suidæ, φωνὴ τοῦ ταύρου. Ita vocem usurpant Leo in Tacticis cap. 7. § 31. 68. et Mauritius 1. Strateg. cap. 19. Meursius perperam, ni fallor, tympanum ex pelle taurina interpretatur. Statius lib. 2. Thebaid.

..... Tunc plurima buxas
Æraque Taurinos sonitu vincentia pulsus.

TAUREÆ, Ταυρέαι, Athanasio in Epist. ad Solitar. pag. 850. βοεῖαι, Sozomeno lib. 6. cap. 19. lib. 8. cap. 24. Flagella ex boum seu taurorum coriis. Salvianus lib. 8. de Gubern. Dei : *Detestantibus ridentium sibilis, quasi taureis cædebantur.* [Sed et Juvenalis Satyra 6 :

.... Taurea punit
Continuo flexi crimen facinusque capilli.

Memorantur *Taureæ venatorum*, a Tertulliano ad Martyres cap. ult. et a Valerio in Vita S. Pontii Mart. apud Baluzium tom. 2. Miscell. pag. 137. metaphorice vero sumitur a Mamerto Claudiano in Epistola ad Sapaudum Rhetorem tom. 6. eorumd. Miscell. pag. 338 : *Quasdam resonantium sermunculorum Taureas rotant, et oratoriam fortitudinem plaudentibus concinnentiis evirant.*]
¶ **THAUREÆ**, Eodem significatu. Fr. Arnonis Scutum Canonicorum apud R. Duellium tom. 1. Miscell. pag. 8 : *A Judæis simul et Gentibus multoties scorpionibus et Thaureis plumbatis et flagris attrectatus sum.*
¶ **TAURI** LEGES. Vide supra in *Lex.*
★ **TAURIPACA**, [Clava cum qua tauri verberantur. DIEF.]
TAUROBOLIARE, Magnæ Deum matri *Taurobolium,* seu boum sacrificium facere, de quo veteres passim Inscriptiones Lampridius in Heliogabalo : *Matris etiam Deum sacra accepit, et Taurobolitus est, ut pluvam eriperet.* De Taurobolio, vide Turnebum lib. 27. Advers. cap. 21. Lud. de la Cerda in Advers. Sacr. cap. 60. n. 4. Vossium lib. 2. de Idololatriæ ortu et progressu cap. 52. et 53. etc. Cæterum Julianus Parabata ejusmodi Taurorum sacrificiis dictus ab Gregorio Nazianzeno Stel.1 σταυρόταυρος, de quo etiam Ammianus lib. 15.
ᵒ **TAUROS**, Paulo cap. de *Ruptura inguinis in capitulo de Partibus testium*, est *Oscum, scilicet bursa testiculorum.* Glossar. medic. MS. Sim. Jan. ex Cod. reg. 6950.
¶ 1. **TAURUS**, Qui gregem regit et nunquam vinctus fuit, in Pacto Legis Salicæ tit. 3. § 8. ubi Lex Salica habet *junctus.* Idem Pactus § 9 : *Si quis Taurum furaverit, qui de tribus villis communes vaccas tenuerit, etc.* Vide *Trespellus.* Rursum in eodem Pacto Legis Salicæ § 10 : *Si quis Taurum Regis furaverit, etc.* Id est, taurum qui cum aliis tauris jungitur currui Regio, uti interpretatur Wendelinus. Reges autem nostros boves vel tauros curribus suis junxisse, docet in primis Eginhardus in Vita Caroli M. initio : *Quocumque eundum erat, carpento ibat, quod bubus junctis, et bubulco rustico more agente, trahebatur.*
¶ **TAURUS** INGRATES. Thwroczius in Andrea Rege Hungariæ cap. 43 : *Misit Cæsari* 50. *corpora immensorum husonum, et duo millia lardorum, mille Tauros ingrates, i. incrassatos,* Gallis, *en graisse,* vel *engraissez.*
¶ **TAURUS** ALBUS. Charta ann. 1583. apud *Madox* Formul. Angl. pag. 151 : *Robertus Wryght et Johannes Anable, executores et assignati sui, invenient seu invenirt faciant unum album Taurum, omni anno eorum termini prædicti, tociens quociens contigerit aliquam mulierem generosam, vel aliquas alias mulieres, de devocione sive voto per ipsas facto, venire ad feretrum gloriosi Regis et Martyris S. Edmundi, ad oblaciones dicti Tauri faciendas.* Taurum immolare solebant qui agebant triumphum. Vide supra *Tauroboliare.*

TAURI LIBERI LIBERTAS. Charta Walteri *de Gant* Comitis, apud Edw. Bisseum in Notis ad Uptonum pag. 86 : *Cum ... libertate faldiæ, liberi Tauri, et liberi apri, et cum duobus molendinis, etc.* Ubi *liberum taurum,* bannalem interpretor, vel quomodo accipitur in Foris Bigorrensibus art. 11. 12: *Melior villæ Miles verrem habeat, et Monasterium, per pacem securum, non vi inclusum. Sed si in damno fuerit inventus, solute abjiciatur..... Idem dicimus de Militum et Monasteriorum Tauro, et ascensore equarum equo.* [Instrumentum ann. 16. Edwardi I. Regis Angl. apud Th. *Blount* in Nomolexico : *Compertum per Jur. quod Will. de Losa fuit seisitus de libero Tauro habendo in Hamsted, etc. Ideo consideratum est, quod prædictus W. recuperet damna sua, quæ taxantur per Jur. ad IV. s. pro imparcatione ejusdem Tauri, etc.*]

2 **TAURUS**. Maritus. Leges Henrici I. Reg. Angl. cap. 77 : *Si pater sit liber, et mater ancilla, pro libero reddatur occisus :..... videtur autem matris ejus cujuscunque Taurus alluserit.* Ubi alii Codd. habent, *matris est cujuscunque, etc* [ᵍˡ Al. *vitulus autem matris est, etc.* Vide ibi Thorpium.] [Lexicon MS. Cyrilli: Ἀτρώτη, ἀγνή, ἄμικτος.]

ᵍ **TAUSSAMENTUM**, Pensitatio, quæ a vassallis aut subditis domino pro protectione exsolvebatur, nostris *Taxement* et *Tensement*. Lib. pitent. monast. 8. Germ. Prat. : *Triginta modia vini pro Taussamento et quindecim solidi Paris*. Charta ann. 1312 in Chartul. S. Mart. Pontisar. fol. 29 : *Item trente six setiers et demi de vin chacuns an de Taxement sur les vignes ci dessous nommées. Tensement,* in alia ejusd. ann. ibid. fol. 30. v°. Vide *Tensare* I

¶ 1. **TAUTA**, Mentum, maxilla. Processus de Vita S. Yvonis Presb. tom. 4. Maii pag. 575 : *Maxillam et Tautam multum habebat inflatas, et interdum concedere non poterat nec potare.* Ejusdem Vita prolixior pag. 607 : *Statim lapis unus qui erat in ipsa Tauta seu maxilla resiliit in ore.*

ᵍ 2. **TAUTA**, f. pro *Tauca,* Capitis velum. Vide supra in hac voce. Comput. ann. 1405. inter Probat. tom. 3. Hist. Nem. pag. 183. col. 2 : *Reclusa suos dies clausit extremos, pro quibus pro ejus exequiis fuerunt factæ expensæ sequentes. Primo pro Tauta, xij. solid. vj. denar.*

TAUTO. Glossæ Isonis Magistri in Prudentium Setas vocat cilios, quos nos etiam *Tautones* proprie vocamus. Ita etiam in Cod. MS. Bibl. S Germani Paris. [Glossæ Isidori : *Tautones, palpebræ.* Papias : *Tautones, pili palpebrarum, vel palpebræ.*]

¶ **TAVUS**, Σῆψις, in Glossis Lat. Gall. Aliæ Græc. Lat. : Σῆψις, *Tavus, marcor, mucor.* Est pro *Tabes*, nisi ita legendum est. Vide *Tavere*.

¶ **TAUXILLUM**, occurrit supra in *Fractillus.*

ᵒ **TAWARNICUS**. Vide supra in *Tavernica.*

1. **TAXA**, Exactio, impositio, certum pretium, seu certa pecuniæ quantitas, per vim exacta; nostris *Taxe*, Italis *Tassa, impositione o composizione di danari da pagarsi.* Charta Richardi II. Regis Angl. tom. 1. Monast. Angl. pag. 588 · *Impositiones, contributiones, Taxæ, quotæ, tallagia, vel auxilia, etc.* Thomas Walsinghamus pag. 243: *Eo quod totiens non tam aporiassent quam dispoliassent patriam diversis Taxis, quas Gabelas appellant, etc. Taxas levare,* pag. 248. [Bulla Sixti IV. PP. ann. 1427. in Continuatione Bullarii Rom. pag. 282. col. 2 : *Et quia propter assiduas guerras et novitates, quæ continue vigent in dicto regno, prætenditur Ecclesias, dum vacant, gravatas in Taxa etiam reformata in Concilio Constantiensi, quæ reducta est ad medietatem antiquæ Taxæ, quod gravatus in eadem Taxa Prælatus promovendus solvat communia, etc.* Adde Chronicon Angl. Th. Otterbourne pag. 153. Bullam sæcularizationis Monasterii Insulæ Barbareæ ann. 1549. tom. 1. Maceriarum ejusdem Cœnobii pag. 263. Glossaria Thomæ *Blount* in v. *Tax* et Lobinelli tom. 3. Hist. Paris. etc. Vide *Taxare*.]

¶ TAXATIO, Eodem intellectu. Charta ann. 1363. ex Tabul. Sangerm.: *Cum dictum monasterium propter pressuram guerrarum, mortalitatum et aliorum onerum importabilium ac excessivam Taxationem, etc.* Vide *Tapsatio*.

¶ TAXA GENTIUM, Certus militum numerus, quo quis ad commune bellum pro sua parte fungi debet, Gall. *Contingent.* Legatio Sigismundi Rom. Regis ad Eugenium IV. PP. ann. 1432. apud Marten. tom. 8. Ampliss. Collect. col. 87 : *Tam litteris quam nunciis mandavit et disposuit, ut hi qui Taxam gentium sibi impositam in exercitu suo non habuerunt, eamdem mox ad fronterias Bohemiæ ad gentes tres menses ibidem moraturas contra hæreticos mitterent, etc.* Vide Talia 4.

ᵒ TAXA EQUORUM, Tributum, quod pro equis, quos quis habet, exigitur, vel servitium cum equis. Annal. Placent. ad ann. 1451. apud Murator. tom. 20. Script. Ital. col. 902 : *Omnes fere nobiles et cives cum familiis suis venerunt Placentiam timore decreti ducalis super hoc emanati, quod aliter cum rusticis describerentur, et onera salis, Taxæ equorum et carrigii, quæ profecto sunt maxima, cum illis supportarent.* Ibid. col. 908 : *Item, quod non solvant corrigia. Item, quod non solvant Taxas equorum, nisi per sex menses anni.*

¶ 2. **TAXA**, Pensum, injunctum opus, Gall. *Tache,* Angl. *Task.* Computus apud Kennettum ad ann. 1425. Antiq. Ambrosd. pag. 576 : *Et in Johanne Leseby trituranti ad Taxam* XLV. *quarteria frumenti, ut patet per tallium hoc anno capiendo pro quolibet quarterio* III. *den. ob.* IX. *v°. den. ob. etc.*

ᶜ 3. **TAXA**, Pera, sacculus, marsupium, nostris alias *Tasse.* Lit. remiss. ann. 1382. in Reg. 120. Chartoph. reg. ch. 346 : *Duos francos de eadem pecunia ceperat et eos in sua Taxa seu bursa asserebat habere.* Vide supra *Tassia* 3.

¶ **TAXAGIUM**. Charta ann. 1216 : *De garbagio et Taxagio sic dixmus, quod illi, qui colunt terram, cum equis in territorio de Bernevalle, reddent sæpedicto Priori unam garbam de meliore blado, quod colligent in terris suis pro quolibet equo pro Taxagio et garbagio, præterquam de puro frumento. Et si cultor illius terræ non colligeret, nisi frumentum, de frumento redderet unam garbam de Taxagio et garbagio pro quolibet equo. Quod si terram excolat unius equo, reddet Priori unam garbam, sicut prædictum est.* Vide *Tassus*.

¶ **TAXALES**, Species ludi cum *taxillis,* fortassis idem qui Gallis *Trictrac,* Fritillus, ludus scrupulorum. Statuta S. Jacobi Hospitalis ann. 1388. apud Lobinellum tom. 3. Hist. Paris. pag. 339. col. 2 : *Inhibemus etiam ne aliquis de dicto loco ad Taxales seu girestum ludat.*

TAXAMENTUM, Pensitatio. Vide *Tensare.*

1. **TAXARE**, TAXATIO. Papias : *Taxare dicitur æstimare ; tractum ab emptoribus, qui Taxatione pretii tandem suas voluntates colligunt. Taxat, ponderat, nominat, æstimat, tangit. Taxatio, æstimatio, deliberatio, nominatio.* Ugutio : *Taxare, numerare, firmare, licitari, imponere pretium rei, quæ venditur, æstimare, addere vel diminuere pretium rei quæ venditur.* Gloss. Lat. Gr. : *Taxatio,* ποσότης. *Taxamus,* ὁρίζομεν. *[Taxare, Taucer, prisier,* in Gloss. MSS. Lat. Gall. Sangerm.] *Pretio Taxare,* apud Siculum Flaccum. Secundum *bonitatem* agrum *Taxare,* apud eumdem. Charta Eadredi Regis Angl. tom. 1. Monast. Anglicani pag. 169 : *Pro damnis et expensis per eos sibi factis vel illatis, Taxandis per juramenta* 4. vel 5. *hominum fide dignorum, etc.* [Charta ann. 1902. ex Tabul. S. Victoris Massil. : *Quod illa quæ vendunt sine quibus sotulares fieri non possunt, Taxentur, cum alias Taxam servari non possent dicti sabaterii.*] Utuntur Plinius lib. 17. cap. 1. Lex 3. D. ad Exhibend. (10, 4.) lex 9. Cod. de Excusat. muner. (10, 48.) etc.

ᵒ Nostris *Taucer* et *Tausser,* eadem acceptione. Charta ann. 1288. inter Probat. Hist. Sabol. pag. 346 : *Desquelles choses la vallue... jugeons et Taussons... à la somme de trois cent quatre vingt livres de monnoie courante en Anjou... et à cette chose enquerre, faire, Tausser et jupier, etc.* Charta ann. 1454. in Chartul. Latiniac. fol. 78. v° : *Et icelles deux pieces de vin fait Taucer et jaulger par Guillaume Becquet jaulgeur juré de la ville de Paris.*

ᵒ Hinc fortassis *Estassement* appellatur *Jus* quoddam, quod in bonis burgensis defuncti aut ad extraneum venditis, habita illorum ratione, ad scabinos hujus loci pertinet, in Libert. villæ de Commines ann. 1364. tom. 4. Ordinat. reg. Franc. pag. 523. art. 7 : *Et s'il avenist que aucuns bourgois ou bourgoise vendist tiere en la franquise de ville a un forain.... ledit eschevin pour ladite ville en doivent avoir Estassement. Et art.* 8 : *Et se uns bourgois alast de vie à trespassement, et il eust hoirs non bourgois, lidit eschevin en aront Estassement.*

TAXATIO. Pretium, æstimatio, *[Taxation, pris,* in Glossis Lat. Gall. Sangerm. MSS.] Vita S. Machuti Episcopi cap. 14 : *Eique mox villam quamdam non parvi redditus et Taxationis ad metatum et commanendum ex integro delegavit.* [Diploma ann. 1356. apud Ludewig. tom. 5. Reliq. MSS. pag. 516: *Possessiones et prædia in regno suo Boemiæ debeant assignari ad existimationem et Tutationem .... Joannis Olumucensis Episcopi et...... Busconis de Wethardis, etc.* Pro Tutationem legendum puto Taxationem eo subsequentibus ibidem : *Si fortasse super æstimationem et Taxationem præmissorum concordare non possunt, etc.* Rursum occurrit in Aresto Parlamenti ann. 1394. apud Menesterium in Probat. Hist. Lugdun. pag. 89. col. 1. in Statutis Massil. lib. 2. cap. 39. § 2]

1. **TAXATOR**, Æstimator, in Glossis MSS. [*Æstimatores et Taxatores bonorum talium duxit similiter eligendos,* in Diplomate ann. 1356. proxime laudato. vide paulo post alia notione.] [ᵍˡ Savin. Histor. Jur. Rom. med. temp. tom. 3. cap. 21. § 76.]

¶ TAXIARCHUS, Eadem notione. Glossulæ Cluniac. apud Mabillon. tom. 2. Operum Posthum. pag. 23 : *Taxiarchi* sunt qui præsunt rebus taxandis, id est æstim.*andis.* Vide Glossar. med. Græcit. col. 1530. voce Ταξιάρχης.

TAXARE, Nominare, appellare, dicere. Abbo in Præfat. lib. 1. de Bellis Parisiac : *Cæterum tam tuæ, quam reliquorum quidem lectorum almæ caritati non istud metrice complecti volumen quod vates Taxer, notum fore molior.* Ubi pro Glossa ad marginem habetur, *nominer.* Et initio lib. 1... *Parisiusque novo Taxaris ab orbe.*

Item pro Scribere. Facundus Hermianensis lib. 4. cap. 1 : *Legens literas a vestra Reverentia missas, cognovi nomen Joannis in sacris diptychis scriptum. Interrogans autem inde venientes, cognovi non in ordine Laicorum, sed in Episcoporum Taxari.* S. Eulogius lib. 3. Memorial. SS. cap. 6 : *Et alibi Taxatum est,* i. scriptum, dictum est. Alcuinus de Divin. Offic. : *Deinceps vero a custodibus omni lumine decoretur Ecclesia, et sicut isto die Taxavimus, ita et Feria sexta atque Sabbato.* Carolus M. de Cultu Imaginum lib. 1. cap. 6 : *Antequam discutiendorum testimoniorum, quæ absurde Orientales in sua Synodo Taxaverunt, silvam ingrediamur, etc.* Id est, scripserunt. Eadem notione usurpat cap. 11. initio : *Sed et omnis illa Synodus, quæ et in pluribus sommianti ad sensum prebuit, quæ non solum dicenti resistit, sed etiam dicta in volumine Taxavit.* Ubi tamen Tilius editor *Taxare*, pro *Texere*, contexere, dictum putat. Flodoardus lib. 1. cap. 21 : *Transfertur ad villam ipsius Suprataxatam, nomine Sparnacum.* Ita lib. 3. cap. 11 : *Elegit..... Suprataxatos Episcopos,* i. supradictos, nominatos. [*Ut superius Taxavimus.* Glabro Rodulpho apud Duchesnium tom. 4. Hist. Franc. pag. 46.] Vide Regulam Magistri cap. 7. et Chartas Alamannicas Goldasti cap. 39. [*° Gesta Abbat. Fontaneli. cap. 13. Pertz. Script. tom. 2. pag. 288. lin. 8.]

¶ TAXARE SESE, Pacisci. Vita B. Caroli Boni Comitis Flandriæ n. 56. tom. 1. Martii pag. 191 : *Datis dextris et acceptis, fide et sacramento juramenti sese Taxabant, quatenus eadem intentione eisdemque armis et eodem consilio in obsidione cum ipsis jungerentur.*

TAXARI, Haberi, censeri, quomodo *Taxari inter vicarios,* dixit lex un. Cod. Theod. de Comitib. et archiatris. (6, 16.)

TAXARE, *Taxam* imponere. Thomas Walsingh. pag. 244 : *Quapropter scivent procul dubio plebem nullatenus velle vel Taxari, vel Taxationibus acquiescere, etc.* [Constitutiones Jacobi Regis Siciliæ cap. 59 : *In Taxatione et solutione ipsius pecuniæ, non cum eisdem terris, sed semotim per se imponi et Taxari faciunt certam pecuniæ quantitatem, etc.* Vide supra *Taxa* 1.]

¶ TAXARE EMENDAM, Multam imponere, ut quæ solvenda sit decernere. Mandatum Philippi Pulchri Franc. Regis ann. 1302. apud Menesterium in Probat. Hist. Lugdun. pag. 84. col. 1 : *Inhibentes de cætero, ne Præpositi procuratoras ad firmam tenentes Taxare vel judicare præsumant emendas.*

° *Tauxer l'amende,* in Lit. ann. 1371. tom. 5. Ordinat. reg. Franc. pag. 406. Hinc *Tax* dicitur ejusmodi impositio seu judicium, in Stat. ann. 1366. tom. 4. earumd. Ordinat. pag. 629. art. 1 : *Et lui faire amender selon la qualité du meffait, au Tax et constrentes de gardes de nosire monnoye.*

¶ 2. TAXATOR, qui *Taxam* imponit pro uniuscujusque facultate. Charta Humberti Dalphini pro franchesiis Villæ de Pineto ann. 1313. e Schedis Cl. V. Lancelot : *Inchotæ... possint levare et exigere vintenum Taxandum et ordinandum inter se, prout eorum legalitati videbitur ordinandum, præstito prius juramento in manibus Castellani ipsius loci, vel ejus vices gerentis, per Taxatores et exactores ipsius vinteni, quod bene et legaliter prædicta facient et exercebunt.* Constitut. Eccl. Valent. inter Conc. Hisp. tom. 4. pag. 199. *In eo casu subsidii sint quatuor Taxatores ex antiquioribus canonicis.* Et pag. 200 : *Collectores et Taxatores præfati subsidiorum teneantur ejusmodi officia per seipsos exercere.*

° Haud scio an eadem notione, in Stat. Univers. Tolos. ann. 1313. ex Cod. reg. 4222. fol. 35. r° : *Sciendum est quod creato rectore primo in principio studii, statim Taxatores creabuntur ab eadem Universitate, qui erunt annales.... Qui jurabunt in manu dicti rectoris se fideliter Taxaturos.* Vide *Taxator* 1.

TAXATI, Milites stipendiarii, qui *taxam,* seu stipendium excipiunt, quomodo *Recevoir taxe* dicimus. Hist. Miscella lib. 20. pag. 616 : *Acie Arabes in Africam mota, hanc obtinuerunt, et ex proprio exercitu Taxatos in ea quosdam constituerunt.* Pag. 634 : *Electus ex proprio stolo velocibus scaphis visit Taxatos ex Themate Obsiciano, etc.* Adde pag. 637. 640. 763. etc. Vita S. Symeonis Mirabilismontis : Όντων δε κατα το συνηθες εν τοις Γαβάλοις, habitat των Άγαρηνων κατηλθον εις την παραθαλασσιαν. Theophanes pag. 410 : Ήσαν γαρ και των λοιπων θεματων ταξατοι άρχοντες ουκ ολίγοι. Adde eumdem in Theodosio, et alibi, et Constantinum in Basilio Macedone cap. 49. Vide Glossar. med. Græcit. voce Ταξάτοι, col. 1527. sqq.

TAXATIO, Præsidium, sedes *taxatorum.* Hist. Miscella : *Quod formidantes prælium et Taxationem tumultuarent.* Theophanes in Constantino : Και εκ του οίκειου στρατου ταξατωνα εν αυτη κατεστησαν. Cedrenus in Leontio ann. 3 : Και κατηλυσεν Ταξατιωνα ίδιον, ης έαυταις ταυτα εδηλωσε. Ταξατιον vero idemne sit quod ταξατιον, vide Meursii, et Fabroti ad Cedrenum Glossaria.

TAXATUM, Expeditio bellica, Græcis recentioribus ταξειδιον. Formula 15. ex Andegavensibus : *Unde mihi homo, nomen illi, interpellabat eo quod caballo suo furassit, aut in Taxato post me habuissit, etc.* Infra : *Nunquam furavit, nec conscius et ipso furandum nunquam fuisset, nec post me in Taxata ipso caballo nunquam habui, etc.*

° 2. TAXAE, In struem ordinare, messem vel aristas aut fœnum aggerare, Gall. *Tasser.* Charta ann. 1262. in Reg. 30. Chartoph. reg. ch. 278 : *Pertinentiæ de Gaillon, des Noes et de Humesnil et de Douvrent sunt heæ,.... servicia carrucagii et Taxandi, etc.* Vide *Tassare* in *Tassus* 1.

¶ TAXAROLUS. *Gerardinus Miralpa Taxarolus,* memoratur in Litteris Frederici Ferrar. Episc. ann. 1295. in Bulario Carmelit. pag. 528. col. 2. An idem qui *Taxator,* Æstimator, aut qui imponit vel colligit *taxas ?*

¶ TAXATIO, TAXATOR, etc. Vide in *Taxa* 1. et *Taxare.*

1. TAXEA, Gallis, Laridum, seu lardum. Ita Isidorus lib. 20. Orig. cap. 2. et Papias.

¶ 2. TAXEA, Scyphus, patera, crater, Gall. *Tasse.* Ordo Rom. apud Mabillon. tom. 2. Musæi Ital. pag. 506 : *Antiquior acolytorum, post ipsum Episcopum bajulat ampullas cum vino et aqua et duabus Taxeis.* Et infra : *Abluit parvam Taxeam.* Vide *Tassea* et infra *Maxia* 1.

✳ [« *Taxea* una argentea pro probis faciendis. » (Diar. Burchard. éd. Thuasne, II. 127. an. 1494.)]

1. TAXELLUS, pro *Tessellus,* Tessellatum opus. Anastasius Bibl. in versione Concilii Nicæni II. : *Sanctas imagines proponendas tam de coloribus, et Taxellis, quam ex alia materia.*

¶ 2. TAXELLUS. Acta S. Raynerii, tom. 3. Junii pag. 450 : *Tunc illa aspiciens frixum, quod erat in Taxellis mantelli sui, recognovit suum esse mantellum.* Adnotant Bollandistæ *Taxellum* ab Academicis Cruscanis indicari partem panni a foris affixam, qui ornatus etiamnum sit in usu rusticorum ; Belgis hodieque, sed viris dumtaxat, simile quid in usu esse ad collum a tergo pendens forma fere quadrata : quod et nomen *Taxilli* indicat. Vide supra *Tassellus.*

TAXEMA. Petrus Damianus lib. 6. Epist. 26 : *Quanti sal veneat, utrum annonæ modium, Taxema carius vendat.* Vide *Taxare.*

TAXEOTÆ, Apparitores Principum, Magistratuum, etc. Gloss. Gr. Lat. : Ταξιώτης, *apparitor, officialis.* Papias : *Taxeota,* et *est officiosus,* seu *officialis.* Ταξεωται, apud Palladium in Histor. Lausiaca cap. 68. 67. Codinum in Origin. CP. Lambecianus pag. 20, 36. [Additio 3. Capitularium cap. 56 : *Si monachus laicus factus fuerit, honore et cingulo expolietur et rei, ejus monasterio adicianetur. Quod si monasticam vitam reliquerit, Præses provinciæ eum teneat, et Taxeotas vel curiæ connumeret.* Desideratur vox *Taxeotas* lib. 5. Capitul. cap. 381. Vide Julianum Antecess. Nov. 123. cap. 63.]

° TAXETA, diminut. a *Taxea,* Scyphus, Ital *Tazzetta.* Lit. ann. 1875. in Reg. 108. Chartoph. reg. ch. 68 : *Item quatuor Taxetas parvas, etc.*

¶ 1. TAXIA. Crater, patera, Gall. *Tasse.* Computus ann. 1833. et sqq. tom. 2. Hist. Dalphin. pag. 273 : *Habebant in pignore duas parascides, unam Taxiam et tria garnimenta robarum Senescalli.* Vide supra *Taxea* 2.

¶ 2. TAXIA, f. Violenta percussio, a vocula *Tax,* qua usus est Plautus pro percussionis sono. Chartularium Prioratus S. Florentini sub Odone Abb. S. German. Autissiod. sæc. xi : *Waldricus ..... dereliquit in eorum præsentia omnes torturas et consuetudines, quas per suam vim immiserat superius memoratæ potestati..... hoc est, sannam, placitum, justitiam, districtum, incendium, homicidium, violentiam, quæ vulgo appellatur rapt, furtum, Taxiam, infracturam, assaltus, et quidquid culparum sibi est æstimari potest.*

¶ TAXIARCHA, Gr. Ταξιάρχης et ταξίαρχος, Ductor ordinum, Centurio vel Decurio. Legitur in Hist. Miscella apud Murator. tom. 1. part. 1. pag. 117. col. 2.

¶ TAXIARCHUS, Æstimator. Vide *Taxa.*

° TAXILLATOR, Tesserarum ludo deditus. Lit. remiss. ann. 1855. in Reg. 84. Chartop. reg. ch. 504 : *Petrus Betrouwe erat lusor sive Taxillator falsorum taxillorum.* Vide mox

TAXILLI, Lusoriæ tesseræ, *Dez.* *Taxillorum lusores,* in Consuet. Siculis lib. 5. tit. 50. [Adde Statuta Genuens. lib. 5. rubr. 71. Vercellensia fol. 83. v°. Pallavicinia lib. 2. cap. 47. Montis-regalis pag.

178. etc. Chronicon Dominici de Gravina apud Murator. tom. 12. col. 567. *Et multi quidem artifices de ossibus eorum* (hominum occisorum) *accipientes, aliqui Taxillos, aliqui manicas cultellorum fecerunt ad rei memoriam sempiternam.*]
° Qui ludus prohibetur, exceptis tribus diebus festi Nativitatis Domini, in Stat. Taurin. ann. 1360. cap. 303. ex Cod. reg. 4622. A : *De non ludendo ad Taxillos ;..... salvo quod in die Nativitatis Domini et duobus sequentibus, juxta consuetudinem, ludere possint sine poena.*
¶ TAXILLUS, Gaix, Gall. *Talon. Taxilli ita natibus tenaciter inhæserant, quod nunquam a nativitate gressum incessuum experiri quiret,* in Miraculis S. Benedicti, tom. 3. Martii pag. 311. Joh. de Janua : *Taxillus, dimin. de Talus, secundum utramque significationem Tali ; unde Taxillus, parvus talus, i. postrema pars pedis. et Taxillus, parvus decius.*
° TAXIS , Indicium, nota. Stat. pro arte parator. pannor. Carcass. renovata ann. 1466. in Reg. 201. Chartoph. reg. ch. 121 : *Item quod quilibet pannus, qui conficietur in dicto burgo cum Taxite sive signo cotonis, antequam possit vendi,...... examinabitur.*
TAXO. Charta Ludovici VII. ann. 1058. in Regesto Philippi Augusti Herouvalliano pag. 78 : *Cæterum Regii juris est, et si vacaverit sedes* (Laudunensis) *in vindemiis, vinum de Taxone, de talliis, et vinagium quod per pagum colligitur.*
° Idem mihi videtur quod supra *Taussamentum.*
☞ Unum idemque sonant *de taxone,* et *de talliis,* Gall. *de taxe* et *de taille,* ut conjectat *de Laurière* tom. 1. Ordinat. Reg. Franc. pag. 14. ubi Chartam hanc edidit. Vide *Taxa* 1.
¶ TAXONARIA, Locus ubi crescunt taxi. Testamentum Bertichramni Episc. Cenoman. tom. 1. SS. Junii pag. 719 : *Cum terris, mancipiis, silvis, pratis et omni jure suo, et cum Taxonaria, quam vindicavi contra Leutherum.*
¶ TAXONUS, Melis, Gall. *Taisson,* Ital. *Tasso.* Statuta Vercell. lib. 3. fol. 75. v°. *Item quod becharii civitatis Vercellarum non debeant nec possint emere vel vendere aliquas salvaticinas in civitate...... exceptis capriolis, apris silvestribus, stambechiis, ursis et Taxonis.* Vide *Tassus* 2. et *Taxus.*
° Glossar. Provinc. Lat. ex Cod. reg. 7657 : *Taysson, Prov. Taxus, melota, melo.* Joan. de Cardalhaco serm. in Annunc. B. M. : *Taxus, ne ventus cavernam suam valeat intrare et sibi nocere, claudit cavernæ suæ januam cum cauda.* Vide supra *Tassus* 2.
¶ TAXTA, vel TASTA, Instrumentum vulnerum profunditati explorandæ inventum, Italis *Tasio,* nostris *Sonde.* Acta S. Herculani Episcopi et Mart. n. 28 : *Quantum plus ei* (mamillæ fistulatæ) *aliquis medicabatur, tanto plus pejorabat, et in tantum succreverat, quod costam pectoris jam Taxta tangebat.* [Vide *Tastum.*]
¶ 1. TAXUS, Quoddam animal etc. Johanni de Janua ; Gall. *Taisson,* Melis. Vide *Cilicium, Melota, Taxonus* et *Taxus.* [☞ Graff. Thesaur. Ling. Franc. tom. 5. col. 123. voce *Dahs.*]
° 2. TAXUS, Pretium, æstimatio, Gall. *Taux.* Diplom. Caroli IV. imper. ann. 1346. tom. 2. Hist. Trevir. Joan. Nic. ab Hontheim pag. 169. col. 2 : *Concedentes .... ut ipsi* (archiepiscopi) *cum eorum comitiva gaudeant et fruantur illo eodem Taxu seu æstimatione circa victualia comparanda, quo, ratione Romani regni vel imperii, nos utimur et gaudemus.* Vide *Taxatio* in *Taxare* 1.
¶ TAYA, Vox nautica, idem f. significans quod *Talla* 3. Vide ibi.
¶ TAYCHIA, ut *Tasca* 2. Vide in hac voce.
° TAYETUM, Idem quod *Tajamentum* et *Tajata,* Incisio, fossa, canalis. Stat. Mantuæ lib. 1. cap. 97. ex Cod. reg. 4620 : *Statuimus quod nemo audeat, sive sit nauta, sive cujusvis alterius conditionis,..... post tertium sonitum campanæ...... ire per Tayetum, nec ibi cum aliqua nec in aliqua navi seu burchiello arrivare.*
° Nostratibus *Tayon,* pro *Grand-pere, Avus,* et *Taye,* pro *Grand'mere,* Avia. *Tayon ou grant-pere ,* in Lit. remiss. ann. 1380 ex Reg. 137. Chartoph. reg. ch. 20. Aliæ ann. 1393. in Reg. 145. ch. 201 : *Aux suppliuns escheurent et advindrent par le trespas d'un leur Tayon, d'une leur Taye, et de certains leurs oncles, freres et seurs, plusieurs biens et héritages, etc.*
TAYLLIATILIS , Gall. *Taillable.* Vide *Tallia* 8.
¶ TAYOLA, Species tigni. Statuta Cadubrii lib. 2. cap. CXXVIII. de mensuris *Tayolarum : Statuimus, quod aliquis de Cadubrio non faciat, nec sit ausus fieri facere aliquas Tayolas alicujus ligni per Plavim conducendas ultra mensuram decem pedum.* Pluries occurrit in iisdem Statutis fol. 51. et 52. Correctiones eorumd. Statut. pag. 51 : *Qui Tayolas, morellos, sive mezenas extra districtum Cadubrii trahere...... voluerit, teneatur et debeat duas partes ad minus ipsarum Tayolarum dimittere ad seccandum in serris.* Vide *Tallea.*
¶ TAYS, Piscatoribus Massiliensibus, Veneni genus necandis piscibus aptum. *Tayssare,* Veneno, *Tays* dicto, aliquid inficere. Vide supra *Lothosela* et *Taissare.*
¶ TAYSIA. Mensura 6. pedum. Vide *Teisia.*
✱ TAYSSOU, Gall. *Blaireau.* [« Solvi expensis Arnaldi d'Issas et ejus sociorum qui iverunt apud Laureumontem ad venandum *Tayssous* pro domino. » (Arch. Histor. de la Gironde, T. 22. p. 339.)]
¶ TAZETUM. Chronicon Bergom. ad ann. 1393 : *Ierunt homines partis Guelphæ in Castegnola, ubi morabatur Theudaldus Petri de Pesentibus et certi ejus parentes , et ibidem combusserunt omnes domos, seu Tazetum ipsius Theutaldi.* F. Casatum. Vide *Casata* 1.
✱ TAZZEA, [Gall. *Tasse :* « Cardinalis infundit vinum digitis pape ex ampulla supra *Tazzeam.* » (Diar. Burchard. I ; 468. an. 1492.)]
TEAM. TEAMES. Vide in *Theam.*
¶ TEBANUM. Vide *Tabanum.*
° TEBELLUS. Vocabul. Lat. Germ. Twingeri, *Belites zagel, Tebellus.* Vide *Tebennum.*
TEBENNUM, Vestis Senatoria ; Τήβεννον, Eunapio in Juliano. Hesychius : Τήβεννος, εἴδος περιβολαίου πκρὰ Ῥωμαίοις, Τήβεννα in Gloss. vett. *Toga,* τήβεννα, et Themistio orat. 14. pag. 318. Gloss. Lat. Gr. : *Togato,* τηβενντφόρω. Gloss. Gr. Lat. : Τήβεννον*, Toga, trabea.* Julianus Antecessor Constit. 96. de Officio Proconsulis : *Indicatur autem et Tebennum, id est aliquod genus vestimenti, in festis diebus.*
° TEBESE, Prov. *Tepor, caliditas,* in Glossar. Provinc. Lat. ex Cod. reg. 7657. [☞ Vide Raynouard. Glossar. Roman. tom. 5. pag. 311. radice *Tebs.*]

✱ TECA, *dé de cousturier.* (Gloss. Lat. Gal. Bibl. Insul. E. 36. XV. s.)
¶ TECHA. Simeon Dunelmensis ann. 1141 : *Cernerec alios oculis d' stendi, alios per verenda sursum trahi, a.ios Techis parvissimis lapidibus substratis includi, et pene quassari. Thecis* legendum putat Somnerus.
° 2 TECHA, Tegumen lineum, quod *Taye* appellamus, ni fallor. Stat. S. Vict. Paris. MSS. part. 1. cap. 18 : *Quibus autem ad lectum utimur, hæc sunt : culcitræ sine plumis, coopertoria duo hyeme ex lana alba, cervical, Techa* et *capitegia linea.*
✱ 3. TECHA, Gall. *Coffre.* [« ...... Pro una clave posita in *Theca* ubi custodit emptor pisa et alia sibi necessaria. » (Arch. Histor. de la Gironde, T. 22. p. 505.)]
¶ TECIA, pro *Taxa,* ni fallor, Impositio, exactio. Charta Ludovici Jun. Regis Fr. ann. 1160. apud D. Brussel tom. 1. de Usu feudorum pag. 586 : *Et insuper quietavimus dictam T. et ejus heredes ab omni consuetudine et Tecia et talia.*
TECLATUM, Teclatura. Vide *Theclatura.*
☞ TECNA , Artificium, dolus, fraus, a Gr. τέχνη, ut *techna,* apud Terentium. Richer. lib. 4. cap. 48 : *Et cum Tecnas superiores effunderet, etc.* Adde Paneg. Bereng. lib. 3. vers. 225. Vide *Tegna.*
✱ TECRISIS. [Thesaurus ; gaza. DIEF.]
¶ TECTAMENTUM, καλυπτήριον. Gloss. Gr.
¶ TECTERE, Tegere. Glossæ Lat. Græc. : *Tecto,* ἐπικαλύπτω. Glossæ Gr. Lat. : Ἐπικαλύπτω*, Cooperio , Tecto.* Ἐπικαλύπτει*, Tegit.*
° TECTIGLACA, Vox dubie lecta, qua significari videntur Assulæ, quibus tecta compinguntur. Arest. ann. 1346. 28. Mart. in vol. 3. arestor. Parlam. Paris. *. Cum scabini et habitantes banni archiepiscopi Remensis dicerent..... se esse in possessione... sedendi, requiescendi...... super quadam tabula ;... quæ quidem sedes seu tabula erat ad platum, aliter à plat, dictusque archiepiscopus per se seu gentes suas fecerat destrui seu demoliri, et refici postmodum Tectiglacis vel apparentis* (f. appenticiis) *taliter, quod..... non poterant uti saisinis suis, etc.* Vide *Theclatura.*
TECTONATUS, Coopertus. Vide *Tectora.*
¶ TECTONUS, Faber lignarius, a Græco τέκτων Papias : *Faber, Tectonus..... cum adjectione Faber lignarius, Faber ærarius.*
TECTOR, in Gloss. χονίσμα, ut *Tectorium,* κονίςμα. Est autem *Tector,* qui *Tectorium* inducit, *dealbator.* Albarus Tractatu Epistol. lib. 10. Observat. cap. 9. et ad leg. 1. Cod. de Excusat. artific. tit. 66. lib. 10. et IV.
TECTORA, pro *Tectum,* Ædes, enuntiatio Longobardica. Charta Longobardica in Bullario Casinensi tom. 2. pag. 9 : *In primis casam ipsam domocultilem meam, et omnes Tectoras infra ipsam terminationem meam, sclandonicias vel pallearicias, cum stabulo meo seu molino ad ipsam curtem pertinentes, etc.* Infra : *Cum casas et omnes Tectoras, etc.*
TECTORATUS, *Tecto* coopertus, in Glossis antiquis MSS. *Tectoriatus,* apud Papiam · *Tectoriatus,* in Gl. Reg. Cod. 1018.
¶ TECTORIUM, f. Lodix, stragulum, Gall. *Couverture.* Constructio Castri Saphet apud Baluz. tom. 6. Miscell. pag. 363 : *Mansit autem ibi dictus Episcopus donec castrum firmatum fuit.... et cum repatriavit, dedit dicto castro tanquam*

filio Symon præelecto omnes equitaturas suas et Tectoria et superlectilia. Vide *Tectum* 2.

1. TECTUM. *Super Tectum pro sanitate febris filium ponere,* Superstitio damnata in veteri Pœnitent. MS. et apud Cumenum.Abbat. de mensura pœnitentiarum cap. 7. Huc forte spectant hæc ex Papia, et ex Glossis Isidori: *Tegellaria, maleficia, eo quod supra tegulas sacrificent.* [Emendanti Jo. de Janua: *Tegellaria a Tegella, quæ et Tegularia dicitur, scilicet Venefica supra tegulas sacrificans.*] [∞ Glossa ad Atton. Polypt. pag. 57: *Veneficia quæ super tegulas sacrificabantur.* Virgil. in Cir. vers. 368: *Patula testa.*]

TECTUM ET FOCUM *hospiti negare,* vetitum in Lege Burgund. tit. 38. § 1. et 9. Ita *Tectum præstare,* leg. 1. § 19. D. de Ventre in possess. mitt. *Agro Tectoque suscipere,* leg. 5. Cod. Th. de Desertor. (7, 18.) Germanorum et Celtarum hospitalitatem commendant passim Scriptores apud Cluverium lib. 1. German. antiq. cap. 19. et Lindenbrogium.

¶ **2. TECTUM,** f. Tegumentum, vestis qua quis tegitur, vel Stragulum, Gall. *Couverture.* Vide *Tectorium,* et mox *Tectura.* Leges Luitprandi Regis Langobard. lib. 6. art. 38. apud Murator. tom. 1. part. 2. pag. 69: *Dare debet medium de omnibus rebus mobilibus, excepto Tecto, quas in ipsa casa habuerit ipse homicida.* In Codice Cathed. Mutin. legitur, *excepto Tectores.*

¶ **TECTURA,** Tectorium, tegumentum quodvis, tectum, lodix, stragulum, Gall. *couverture.* Palladius de Re Rust. 1. 15: *Parietum Tectura fortis et nitida.* Ebrardus Bethuniensis in Græcismo:

Velum cortina, velum Tectura vocatur.

Præceptum Caroli C. ann. 862. apud Marten. tom. 1. Collect. Ampl. col. 103: *Tecturam vero monasterii et omnem emendationem, undecumque tempore avi et genitoris nostri consueverunt facere, exinde peragant.* Lambertus Ardensis apud Ludewig. tom. 8. pag. 468 : *Ita ut plumbea Tectura trabibus et transtris superposita pinnaculis ædificii sederet.* Regula reformat. Mellicensis in Chronico ejusdem Monasterii pag. 860. col. 2 : *Item quilibet monachus pro tegumentis lecti habebit stropodium, matratum, unam Tecturam duplam de panno laneo, subtus albam citerius gryseam.* Vide *Tectorium.*

¶ **1. TECTUS,** Tutus, securus. Guillelmus *Forestier* in Elogio Abbatum Montis S. Catharinæ prope Rotomagum sub ann. 1304. tom. 5. Annal. Bened. pag. 631. col. 2 :

Abbas cœnobio Rogerus septimus iste
Extulit, hoc scripta testificantur ita.
Tectum temporibus in pace satis fuit ejus.

Nempe Cœnobium. Forte legi debet *Tutum.*

¶ **2. TECTUS,** pro *Tectum.* Hariulfus lib. 2. Chronici Centul. cap. 7 : *Claustrum vero monachorum triangulum factum est, videlicet a S. Richario usque ad S. Mariam Tectus unus: a S. Maria usque ad S. Benedictoque usque Tectus unus : itemque a S. Benedicto usque ad S. Richarium Tectus unus.*

TECUARIUM, TECURIUM. Vide *Tegorium.*

1. TEDA. Tabularium Prioratus de Domina in Delphinatu fol. 108 : *Debet...... per vindemias 2. circulos plicatos ad tinam, et 5. trainas, et 1. fassum de Teda, etc.*

TEDAS FORIBUS APPENDERE. Synodus Coloniensis ann. 1300. cap. 20 : *Quia vero nonnulli ut intellexnimus, Tedas et litteras annexas ante portas et januas aliquorum religiosorum, et grangias eorum suspendere non formidant, in quibus incendia, homicidia et alia damna et maleficia se illaturos eis, ante quorum dictas litteras et Tedas suspendunt, inserre publice comminantur, nisi intra certum terminum eisdem malefactoribus aliqua pecunia summa pro ipsorum arbitrio persolvatur, etc.*

◦ **2. TEDA,** Pinus, in Gloss. ad Alex. Iatrosoph. MS. lib. 1. Passion. cap. 133 : *Dolente autem dente, galla Asiana cum aceto cocta in ore tenta juvat. Similiter quoque et Teda in aceto cocta.*

✱ **TEDALE.** [Ferrum super quo ponuntur ligna in foco. DIEF.]

TEDIALIS POSSESSIO, Quæ datur contra minores, mente captos, furiosos, etc. in Statutis Mediolanens. parte 1. cap. 14. 15. [Adde Statuta Massil. lib. 1. cap. 29. § 1. Vercell. fol. 58. Montisregalis pag. 81.]

∞ **TEDIFERA.** Vide *Tremaculum.*

TEDINGPENY. Vide in *Tethinga.*

¶ **TEFESTILIS,** an Tectus ? Placit. ann. 853. apud Murator. tom. 3. Antiq. Ital. med. ævi col. 167 : *Dum..... resedussent in judicio in sala illa Tefestile cum ipsis et nos Rachimbaldo schabinus Florentinensis urbem, etc.* Vide *Tegorium.*

TEGA. Anastasius in Hormisda PP : *Gabata electrina pens. libr. 2. Tegas cerei aureas 2. pens. sing. lib. 6.* Ita quidam Codd. ubi alii habent *Thecas cyrei.* Forte *Tedas* legendum, ut fuerint cerei fictitii aurei.

◦ **F.** pro *Theca,* ut in Annal. Victor. MSS. ad ann. 1387 : *Fuit positum cadaver in campis, in loco ubi ponuntur malifici, inclusum in una Tega lignea inter duas bigas appensa, in Tumorem aliorum.*

¶ **TEGELLA,** *Parva tegula,* Joh. de Janua : *Tieulette,* in Glossario Lat. Gall. Sangerman. MS.

¶ **TEGELLARIA,** Venefica, etc. Vide *Tectum* 1.

¶ **TEGENARIUS,** Ὑφαντοποιός, in Glossis Lat. Gr. Glossæ Gr. Lat. : Ὑφαντοπλόκος, *Tegitarius.* Ὑφαντοποιός, *Tegenarius.* Mallem *Tegetarius,* Qui *tegetes* seu mattas facit, ut habetur in Thesauro Fabri.

¶ **TEGES,** *Parva domus quæ et Tugurium, scilicet Casula,* quam faciunt sibi custodes vinearum vel pastores ad tegmen sui ; quasi *Tegerium* vel *Tugurium.* Hanc rustici Capanam vocant, quod unum tantum capiat. Joh. de Janua. Hinc Glossæ Lat. Gall. Sangerm. : *Teges, Maisonnette.* Vita S. Hugonis Abb. tom. 3. Aprilis pag. 641 : *Ipse unus tantum comite monacho Tegetem ingrediturt.* Pro *tecto* sumitur in Gestis Consulum Andegav. tom. 10. Spicil. Acher. pag. 460 : *Repente supervenit a plaga australi vehementissimus turbo, ipsam repellens seculum ac replens eam turbido aere diu multumque concutiens, deinde vero solutis laquearibus, universæ ejusdem Ecclesiæ trabes, simulque tota Teges per pignam templi ejusdem occidentalem in terram corruentes, eversum ierant.*

¶ **TEGESTAS,** Καλυπτήριξ, in Glossis Lat. Græc. et Gr. Lat. Tegumentum.

¶ **TEGESTRATORIA.** Gl. Gr. Lat. Sangerm. MSS. Ψίαθος, *Teges, Tegestratoria.* Videtur Legendum *Teges stratoria,* Quæ humi sternitur. [∞ *Tegestræ de caprinis pellibus,* in Edict. Dioclet. de pret. rer. sub inscript. de *Tegestribus.*]

¶ **TEGETARIUS.** Vide *Tegenarius.*

TEGIA, *Fides, coopertura.* Papias MS.

et editus. [◦ Ubi Muratorius recte emendat *Feni coopertura ;* ab Italico *Tegia* vel *Teggia,* Locus nempe ubi fenum ac paleæ reconduntur, fenile. Quod adnotat Vir doctus ad Chartam ann. 869. tom. 1. Antiq. Ital. med. ævi col. 721 : *In omnibus suprascriptis rebus et Tegia palliaticia meliorentur et non pejorentur usque advenientibus continuo annis.*] [∞ Cod. reg. Papiæ num. 7609 : *Teia /ldes, coopertura.* Leg. f. *chorda.* Conf. Hor. Od. 17. lib. 1. vers. 18.]

¶ **1. TEGILLA,** pro *Togilla.* Vide in *Toacula.*

¶ **2. TEGILLA,** pro *Tigillum,* Canterius, Gallice *Chevron.* Chronicon Stederburg. apud Leibnitium tom. 1. Scriptor. Brunsvic. pag. 867 · *Ex ipsa occulta vi (fulguris) sub tecto plumbeo inter murum plumbum et monasterii Tegillæ ligneæ incensæ sunt, etc.*

◦ **TEGILLUS,** pro *Tigillum.* Tract. MS. de Re milit. et mach. bellic. cap. 30 : *Postea tinæ (ponendæ sunt) lapidibus plenæ in medio earum (vegetum) habentium perticas sive Tegillos.* Vide *Tegilla* 2.

¶ **TEGITARIUS,** Textor tegetum. Vide *Tegenarius.*

◦ **TEGLA,** ut *Tegillus,* in laudato jam Tract. cap. 165 : *Pontes barcharum compositi Teglis fractis, et postea superpontes ponantur gratices, super quos transire possunt pedites.*

¶ **TEGMINATIM,** Per tegmina librorum, in Actis SS. Aprilis tom. 1. pag. 104 : *Vita et miracula S. Francisci de Paula... quæ ne forte pereat, per hæc quatuor volumina S. Hieronymi dispersimus Tegminatim.*

¶ **TEGNA,** (pro *Techna*) *Dolus, fraus,* Johanni de Janua : *Baraz, fraude, deception,* in Glossis Lat. Gall. Sangerman. MSS. Hinc *Tegnosus,* (pro *Technosus*) *Fraudulentus, deceptorius, dolosus. Tegnula* (pro *Technula*) *Parva tegna,* idem de Janua. Occurrit vox *Tegna* in veteri Epistola apud Marten. tom. 1. Ampliss. Collect. col. 496. Vide *Tecna.*

TEGNIO, *Malarum artium,* in Glossis antiquis MSS. ex Gr. τέχνη, ars, fraus. Vide *Thainus.*

TEGNON, ex Gr. Τέκνον, Filius. Passio SS. Perpetuæ et Felicitatis : *Et dixit mihi : Bene venisti, Tegnon.*

¶ **TEGNOSUS,** TEGNULA. Vide *Tegna.*

TEGORIUM, Locus seclusus ac superne tectus, a *tegere,* voce deducta : nisi idem sit quod *Tugurium.* Glossæ Antiquæ MSS. : *Tegurium, casa a tegendo dicta.* Glossæ Isidori et Pithœanæ : *Gumma, Tegorium.* Ubi pro *gumma* forte legendum *calumma,* ex Gr. κάλυμμα. Joh. de Janua lib. 1. de Locis sanctis cap. 2 : *In medio spatio hujus interioris rotundæ domus, rotundum inest in una eademque petra excisum Tegorium, in quo possunt ter ternis homines stantes orare.* Al. *Tegurium.* Infra : *Hujus Tegorioli introitus ad Orientem respicit, etc.* Occurrit ibi pluries et cap. 3. 4.

TEGURIUM, TIGURIUM. Anastasius Biblioth. in S. Symmacho PP : *Hic fecit Basilicam S. Andreæ Apostoli apud S. Petrum Apostolum, ubi fecit Tugurium ex argento, et confessionem pens. lib. 120.* Infra : *Ubi super altare Tigurium argenteum fecit.* [*Tygurium,* ex Cod. MS. apud Murator. tom. 3. pag. 124.] In Sergio PP. pag. 62. et 245 : *Hic fecit ambonem et Tegurium in basilica SS. Cosmæ et Damiani.* Mox : *Hic Tegurium basilicæ S. Susannæ, quod ante ligneum fuerat, ex marmore fecit.* Ita quidam Codd. ubi editus habet *ciburium et ciborium,* quod unum idemque sonat : nam *tegimen,* et umbraculum *Ciborium* appellat Ordo Romanus, quod altare tegat. Vita Aldrici Episc. Cenoman. num. 17 : *Fecit Tegurium, quod et ciborium nominatur, super altare, etc.* ubi perperam edit. *Tugurium.* Gloss. Lat. Græc. : *Tegimentum,* στέγασμα, κάλυμμα, σκέπασμα. Atque hac notione eadem vox capienda in Capitul. 3. ann. 789. cap. 17 : *Ut super altaria Teguria fiant, vel laquearia.* Ubi quidam Codd. habent *Tecuaria* [vel *Tecuria.*] Vide Descriptionem nostram ædis Sophianæ, ubi de Ciborio, [et supra *Ciborium.* Meisterlinus in Hist. Rer. Norlberg. apud Ludewig. tom. 8. Reliq. MS. pag. 130 : *Mandataque dat omni consulatui, ut foro amplo, ubi erant domunculæ gazæ et Tuguriæ carnificum, pistorum, penaticorum, piscatorum, institorum et eorum, qui res suas sub hasta vendebant, omnino amoverentur.*]

° Ejusdem originis nostratibus vox *Soutecte,* pro *Toit,* tectum Lit. remiss. ann. 1468. in Reg. 195. Chartoph. reg. ch. 192 : *Le suppliant mist la boeste de feurre toute alumée à la Soutecte de la maison, qui estoit de petite valeur, couverte de feurre, laquelle par ce moyen fut incontinent arse.* Hinc *Soustectier* et *Soustoiter,* Sub tecto habere, recipere, occultare. Charta Phil. VI. ann. 1318 in Reg. 78. ch. 11 : *Ottroions aux religieuses, abbesse et couvent du Montel lez Pons sainte Maixance..... que pour habergier et Soustectier leurs dites bestes et les pasteurs qui les gardent et garderont, elles puissent faire edifier, tenir et avoir perpétuelement en aucun lieu convenable de ladite forest de Halate une loge souffisant et convenable.* Lit. remiss. ann. 1365. in Reg. 98. ch. 285 : *Lequel Martin mist et Soustoita en sa maison plusieurs compagnons pour batre et villener les dessus diz.* Aliæ ann. 1400. in Reg. 155. ch. 48 : *Lequel Johan avoit leurs dis fardeaulx logiez, hebergiez et soustoitiez en sa maison.* Unde *Soubztoiteur,* Qui hospitio recipit, in aliis Lit. ann. 1426. ex Reg. 178. ch. 544 : *Recepteurs et Soubztouteurs de nos ennemis, etc.*

★ **TEGULA.** [Atramentarium. DIEF.]

¶ **TEGULARE,** *Tegulas facere, vel tegulis operire,* Johanni de Janua. Secunda notione legitur in Gemma.

1. **TEGULARIA,** *Malefica, dicta quod super tegulas sacrificet.* Glossæ Antiquæ MSS. et Papias. Vide *Tectum* 1.

° Glossar. Lat. Gall. ex Cod. reg. 7692. *Tegularia, Sorciere.*

¶ 2. **TEGULARIA,** TEGULARIUM, Tegularum officina. Gall. *Tuilerie ; Tieullerie,* in Glossis Lat. Gall. Sangerm. MSS. Occurrit vox *Tegularia* in Literis ann. 1268. apud Lobinellum tom. 3. Hist. Paris. pag. 207. in Charta Thossiacensi ann. 1611. in alia ann. 1447. e MS. Coislin. ubi Gallice redditur *Thuillerie ;* in alia ann. 1048. apud Baluz. tom. 2. Hist. Avern. pag. 596. Liber anniversariorum Monasterii Sangerm. fol. 20. v° : *Anniversarium Odelinæ de* XXX. *solidis Paris. de redditibus Tegularium, quos percipimus super Tegulariis in Pascha et in festo S. Remigii.* Ab hisce *Tegulariis,* Palatium quod vulgo Les Tuileries vocant, nomen habet. *Tegularia lapidea,* in Charta Lat. Germ. ann. 1202. apud Miræum tom. 1. pag. 731. Joh. de Janua : *Tegularium locus ubi fiunt, vel acervus vel multitudo tegularum.* Lex 109. Dig. de Verborum signif. : *Ostilius ait, tugurium a tecto, tanquam Tegularium, esse dictum, ut toga quod ea tegamur.*

° 3. **TEGULARIA,** Terra tegulis conficiendis apta. Charta ann. 1318. in Reg. 56. Chartoph. reg. ch. 322 : *Cum ipsi de novo repererint prope monasterium suum quandam Tegulariam seu terram ad faciendum tegulas, pro coopertura domorum suarum convenientem et bonam, eisdem dignemur concedere ut pro dicta terra in ipsa tegularia decoquenda,... libere percipere valeant et habere boscum in foresta prædicta.*

¶ **TEGULARIS** PETRA, Tegula, apud Thom *Madox* Formul. Anglic. pag. 189.

¶ **TEGULARIUS,** Johanni de Janua, *Qui tegulas facit ;* Tieuller, in Glossis Lat. Gall. Sangerman. MSS. Glossæ Lat. Græc. : *Tegularius,* Κεραμοποιός, κεραμεύς. Adde Græc. Lat. Codex MS. reddituum Episcopatus Autisiod. circa ann. 1290 : *Item* XX. *mille tegularum, quæ debet Tegularius quolibet anno.* Occurrit apud Rymer. tom. 5. pag. 698. col. 2. D *Secousse* tom. 3. Ordinat. Reg. Franc. pag. 70. etc.

¶ **TEGULATOR,** Idem qui *Tegularius,* apud Lindwodum Provinc. pag. 196. Rymer. tom 2. pag. 664.

¶ **TEGULATUS,** Tegulis tectus. Charta ann. 3. Henrici VI. Angl. Reg. apud Madox Formul. Anglic. pag. 145 : *Omnes domos dicti manerii Tegulatas sustentabunt et manutenebunt cum tegulis.* Vide *Tarsicus.*

¶ **TEGULITIUS,** Factus e tegulis, in veteri Inscriptione apud Gruterum pag. 51.

¶ **TEGULUM,** pro *Tegula,* non semel in Reparationibus factis in Senescallia Carcassonæ ann. 1485. e MS. Cl. V. Lancelot. Vide *Sorda.*

¶ **TEGURIUM.** Vide *Tegorium.*

TEGUS, Ἡμίτομον χοιρίον, in Gloss. Gr. Lat. Infra, *Ἡμίτομον, Tegus.* [Glossæ Isidori : *Tegora, Tegus, coria vel posteriora jumentorum.* Quis non videt cum Græevio scribendum esse, *Tergora, Tergus, etc.*] [2° Vide Varron. de L. L. lib. 4. cap. 22. ibique Gothofred.]

¶ **TEHINGUS,** Decanus. Vide *Tunginus.*

° **TEIA,** Idem videtur quod *Tela.* Stat. datiar. Riper. cap. 12. fol. 5. v° : *De quolibet pari armaturarum Teiæ pro faciendo saccos ab oliva et pro piscando, pro introitu denarii duo.*

TE IGITUR, Prima pars Canonis, qui in Missa legitur et dicitur post hymnum Angelicum Auctor Micrologi cap. 23 : *Canon, juxta Romanam auctoritatem est iste : Te igitur clementissime Pater, etc.* [Et cap. 11 : *Angelicus hymnus, id est Sanctus, sanctus, sanctus.... Hunc autem hymnum et ipse Sacerdos cum aliis necessario debet dicere, ne seipsum sua prece videatur privasse, qui et suas voces et aliorum angelicis laudibus admitti deprecatus est in Præfatione.*] Capitulare Caroli M. lib. 6. cap. 173 : *Te igitur non inchoent Sacerdotes, nisi post Angelicum hymnum finitum.* [Capitula Herardi Archiep. Turon. cap. 16 : *Ut nec Secreta Presbyteri non inchoent antequam Sanctus finiatur, sed cum populo Sanctus cantent.* Quod in aliquot ecclesiis hodie vix obtinet.] Vide Steph. Durandum de Ritibus Eccles. lib. 2. cap. 33 num. 1. 2. [Amalarii Eclogas de officio Missæ,] et supra in *Jurare super Te igitur.*

TEIGNUS, TEIN, etc. Vide in *Thainus.*

° **TEILULÆ,** *Arabice,* Verrucæ, *quæ etiam buruchæ.* Medic. MS. Simon. Jan. ex Cod. reg. 6950.

¶ **TEINTURARIUS,** Tinctor, infector, Gallice *Teinturier,* in Litteris Johannis Franc. Regis ann. 1359. apud D. *Secousse* tom. 3. Ordinat. Reg. Franc. pag. 369.

TEISIA, THAISIA, etc. Pertica seu mensura sex pedum apud nos vulgo *Toise ;* de qua Consuetudo Burbon. art. 302. et Marchensis art. 215. Adde Aurelianensem art. 213. et veteres Consuetudines, editas a Thomasserio cap. 112. [Computus ann. 1202. apud D. *Brussel* tom. 2. de Feudorum usu ad calcem pag. CLIV. col. 1 : *De* IIII^tx. *Teisis muri levandis* XXVIII. *l. De* XL. *Teisiis de apenticio* XXVIII. *l.*] Tabularium Fossatense : *Abbas convenit cum granchiario de una domo ibidem facienda, quæ habebit 8. Taisias longitudinis, et* 3. *pignacula et solarium per totum, etc.* Libertates villæ Gagiacensis in Ducatu Burgundiæ ann. 1266. apud Perardum : *Pro qualibet Teysa cujuslibet domus dictæ villæ, nos et successores nostri habere debemus* 4. *denarios Viennenses censuales, solvendos annuatim in festo B. Michaëlis, ex illa parte videlicet in qua est ingressus principalis, et egressus.* Idem ferme habetur in Chartis libertatum villæ Baugiaci ann. 1250. et Jasseronis ann. 1288. apud Guichenonum in Hist. Sebusiana pag. 68. 106. ex quibus constat, non nuperam esse præstationem, quam nostri vocant le *Toisé des maisons.* Vide *Tensa.* [Charta Ludovici Regis Franc. ann. 1228. apud Fantonum Hist. Avenion. tom. I. pag. 140 : *Donec..... de muris Tolosanis dirutum sit usque ad quingentas Taysias rapinales.* Statuta Montis-regalis pag. 275 : *Quilibet textor et textrix debeant habere Teisam ordinatam orditoriam, ad quam texitur pannus, ita magnam sicuti est illa consueta, duodecim palmorum.* Le Roman d'*Athis* MS. :

Lui a le bon fer tranchant mis,
Et la lance une Tesée
Lui a parmy le corps passée.]

☞ Non una est Teisæ longitudo variis in locis. Parisiensis est sex pedum, Lugdunensis vero est septem pedum cum dimidio, ut et Bellijocensis ; quare emendandum est quod ait Cangius in *Peda* 2. ex Charta Humberti D. Bellijoci ann. 1283. *Teisa* qua utuntur fabri lignarii et silvarum mensores quinque pedum est cum dimidio, etc.

TEITHI. Menstrua mulierum, vox Wallica, in Legibus Hoëli Boni cap. 13. [Teithi Cambro-Britannis est Pretium, ex Johanne Davies et Boxhornio.]

¶ 1. **TELA,** pro *Telum,* Jaculum, spiculum. Ordo ad Ecclesiam dedicandam ex Missali MS. annorum 900. apud Marten. tom. 3. de Antiq. Eccl. Ritibus pag. 245 : *Adversus omnem Telam et jaculum inimici.* Hinc confirmatur Baluzii conjectura in Notis ad Capitularium tom. 2. col. 1015. ubi ait, videri nostros *telum* dixisse pro *telo,* eo quod in omnibus exemplaribus Legis Bajwar. ut et in Editione Basileensi *Telarum* genus legatur lit. 3. cap. 8. § 1. pro *Telorum* genus, ut edidere Tilius et Lindenbrogius.

° 2. **TELA,** Panni seu telæ indulæ, Gall. *Lé,* alias *Toille.* Invent. ann. 1476. et Tabul. Flamar : *Unum lectum... cum duobus linteaminibus duarum Telarum.* Infra : *Unum linteamen novum filii stoparum duarum Telarum. Deux paires de draps de trois toilles,* in Testam. Isabellæ *Davaugour* comit. Thoarcii ann. 1400. ex Bibl. reg.

° **TELÆ-PES,** ἰστόπους, in Gloss. Græc. Lat. Vide supra *Pedestella.*

¶ **TELARE,** *Longare, differre ;* sed *non est in usu :* inde *Protelare, distendere, prolongare, differre.* Ita Jo. de Janua *Talare* legitur in Gemma ; *Protelare* vero in locis suo loco indicatis. Vide *Telarium* 1.

° **TELARIS**, E tela confectus, Gall. *De toile*. Stat. eccl. Tull. MSS. ann. 1497. fol. 30 r° : *Magna crux portetur a matriculario presbitero cum velo impendente, in rocheto Telari strictis manicis, discalceato seu nudis pedibus.*

1. TELARIUM. Ceremoniale Episc. lib. 1. cap. 2 : *Eaque* (pallia) *sectis quadratisque lignis munita, quæ Telaria vocant, ne rugosa aut sinuosa....... conspiciantur.* Forte *Velaria*.

☞ Lignum esse videtur cui affiguntur telæ, vel pallia seu aulæa altaris, Gall. *Contretable*. *Telare* dicitur in Ceremoniali Monastico Congregat. S. Mauri pag. 591 : *Si fieri potest, Telari ligneo affigatur extente* (pallium altaris :) *sed illa cautio adhibeatur in Telaris asserculo superiore, ut ejus angulus inferior cui pallium adhæret, omnino recidatur.*

¶ **2. TELARIUM**, *Instrumentum texendi*, Johanni de Janua : *Mestier, ou instrument à tixtre*, in Glossis Lat. Gall. Sangerman MSS. Statuta Vercell. lib. 4. fol. 85 v° : *Item quod aliquis testor non debeat lixare telas, mantilia vel toalias cum gladio, garreria seu re aliqua super Telario, etc.* Eadem, ut videtur, notione Concilium Compostell. ann. 1031 cap. 5 : *Interdicimus ut nullus Christianus auguria et incantationes faciat, nec lunæ prosemiæ, nec animalia immunda, nec mulierculas ad Telaria suspendere* Hinc emendandam existimo aliam Synodum Compostell. ann. 1056. cap. 5 : *Iterum interdicimus omnes Christianos auguria et incantationes et lunæ prosemna, nec ad animalia domanda, nec mulierculas ad telas alia suspendere, quia omnia cuncta idolatria est*. Ubi *Telaria* legendum videtur ; tametsi *telas* non male legatur : *tela* quippe non tantum dicitur opus quod texitur, sed etiam instrumentum ipsum, ut apud Virgil. Georg. 1. 285. et Ovid. Met. 6. 576. Superstitionis genus hic subindicatur.

° Glossar. Provinc. Lat. ex Cod. reg. 7657 : *Telayron, Prov. collum, insubulus. Telier, Prov. Telarium. Teillier*, pro Textoris officina, in Lit. remiss ann. 1418. ex Reg. 170. Chartoph. reg. ch. 233 : *Le suppliant ouvrant et faisant son mestier de tisserant en son Teillier ou ouvrouer, etc.*

¶ **TELARIUS**, Qui facit aut vendit telam ; item et tela confectus : *Toullier ou de toile*, in Glossis Lat. Gall. Sangerman. MSS. *Gillebertus Telarius*, memoratur in vet. Charta apud Th. *Madox* Formul. Anglic. pag. 115. Nostri *Toulière* vocant lineariam mercatricem.

° Nostris *Telier* et *Tellier*, cujus artificium *Telerie* designatur, in Lit. remiss. ann. 1409. ex Reg. 163. Chartoph. reg. ch. 378 : *Raoul le pareur ouvrier du mestier de Telerie en telles, de la parroisse de S. Germain de Talemende, en la vicomté de Vire, etc.* Aliæ ann. 1377. in Reg. 111. ch. 309 : *Icellui Denaing fust alez boire en une taverne de cervoise en ladite ville de Valenchiennes avec un Tellier de toiles, pour à lui marchander de toiles tistre. Colin du Certain Tellier de toilles*, in aliis Lit. ann. 1372. ex Reg. 103. ch. 233. *Telerons*, in Chartul. Latiniac. fol. 240. v° · *Ly Telerons, die quo vendit, ob... Ly ferons, ob.*

TELARIUS CERVUS, Domesticus, mansuefactus. Vide *Exelarius.*

° **TELATA**, Suffisio vel cataracta oculi, Gall. *Taye*, ut interpretantur docti Editores ad Mirac. B. Ant. Ripol. tom. 6. Aug. pag. 538. col. 2 : *Jam erat* (oculus) *totus coopertus de tela, et magnum Telatam habebat super eo, nec de eo jam pluribus diebus non poterat videre.*

✱ **TELATIUM**, [Stamen textoris ; instr. texendi. DIEF.]

¶ **TELAX**, pro *Talax*. Vide in hac voce.

¶ **TELEONUM**, pro *Teloneum*. Vide *Telon*.

TELEOPORPHYRUS, Totus ex purpura, ex Gr. τελεοπόρφυρος. Charta donationis Ecclesiæ Cornutianæ factæ, edita a Suaresio · *Item mafortem e Teleoporphyro tramosericum opus maximum.*

¶ **TELERIA**, f. Officina ubi tela texitur. Constitutiones Cluniac. MSS. · *Nullus monachus infra bannos exemptionis nostre comedat aut bibat, uut de die ac nocte jaceat .. videlicet in grangia helemosinarii, vacheria, Teleria.*

¶ **TELES**, pro *Talis*. Charta ann. 1143. in Probat. novæ Hist. Occitanæ tom. 2. col. 500 : *Ipse Comes debet dare* LX. *millia solidorum Melgorum ipsi Rogerio, et pro ipsis debet mittere temtores, et debet habere Telem Sicardum, ut juret ipsi Rogerio castellum de Avinione et Castrumnovum, sicut olim factum fuit patri suo Bernardo Atoni Vicecomiti.*

° **TELHA**, f. Imbrex, Gall. Echinée. Charta ann. 1316. in Reg. 66. Chartoph. reg. ch. 502 : *Quarta parte unius Telhæ porci sex denariis.* Vide infra *Tilia* 2.

° **TELHONUS**, ad *Tiliam* pertinens, funis ex cortice tiliacea, quam *Tillo* vocant. Comput ann. 1362. inter Probat. tom. 2. Hist. Nem. pag. 261. col. 1 : *Solvit Francisco Dohati peyrerio, qui fecit quoddam perforamen in primo archo portalis Prædicatorum , pro affixiendo ibidem quoddam croquo ferreum, causa ibidem ingrediendi funem canapis Telhonæ, pro juvamine del contrapes pontis levadis dicti portalis.* Comput. eccl. Paris. ann. circ. 1381. ex Bibl. S. Germ. Prat.: *Pro una ligatura de Teil pro stipa pressorii, quatuor solidos.* Ubi fasciculus corticis tiliaceæ intelligi videtur.

° *Telleman*, Ludi genus apud nostrates. Lit. remiss. ann 1481. in Reg. 206. Chartoph. reg ch. 747. *Après qu'ilz orent souppé se mirent à jouer au Telleman.*

TELIA, Modus agri, aut vineæ. Tabularium Prioratus de Paredo in Ducatu Burgundiæ fol. 9 : *Dedit Deo et huic loco campum unum, quem appellant unam Teliam in villa Deprise de Moncel , etc.* Fol. 18 : *Quidam homo nomine Galannus dedit Deo et huic loco in villa Volauro unam Teliam mediam, quæ est subtus Capella S. Sulpitii*. Fol. 25 : *Item terræ portionem... quam dicunt Teliam. Item aliam Teliam in medias combas, mensis per medium eunte.* Fol. 58 : *In eadem villa duas Telias de terra, quæ sitæ sunt juxta 2. vias, etc.* Charta Prioratus Bellævallis in Comitatu Vaudanimontis ann. 1566 : *Item une Theille de prey au han dudit Gelaucourt.* Passim ibi. [²² Vide Rectitud. singul. person. ed. Leo pag. 57. et supra *Celga*.]

TILIA scribitur in Tabulario S. Cyrici Nivernensis ch. 17 : *In alio vero loco concedimus illis quinque Tilias de vinea.*

¶ **TELLENEUS**. Vide in *Telon.*

⚬⚬ **TELLEUS**, Terreus, terrester. Virgil. Grammat. pag. 97 : *Sapientia biformis est, aerea Telleaque, hoc est humilis et sublimis* Occurrit alibi apud eundem.

TELLIGRAPHA dicuntur, quæ aliis *Documenta*, seu instrumenta chartarum, Anglis *Evidentiæ*, quod rem evidentem reddant. Ex Saxonico forte tellan, dicere, loqui, narrare. Concilium Cloveshoviense ann. 800 : *Tandem Cenulfus Rex sera ductus pœnitentia, Telligrapha*, id est libellos, *quos a supradictis hominibus Vrihek et Osberto injuste perceperat, cum magna pecunia Ecclesiæ Christi in Dorobernia remisit.* Concilium Celichytense ann. 816. cap. 6 : *Tamen serventur libri primordiales cum aliis Telligrafis, ne in posterum aliquod scrupulum contradictionis immittere conentur.*

ᶜ Felicius, ut videtur, Auctores novi Tract. diplom. tom. 1. pag. 411. vocis originem accersunt a Lat *Tellus* et Gr. γράφειν. Etquidem Th. *Madox* in Formul. Anglic. pag. 11. *Telligraphum* , idem sonat quod *Labellus de terra*, in quo terræ limites describuntur. [²⁶ *Telligraphus* apud eund. Madox pag. 174. num. 283. forte a τέλος, ὅρος, *Limes, finis*, ut est in Gloss. Gr. Lat.]

¶ **TELLO**, TELLONEUS. Vide *Telon.*

¶ **TELLUMO**, Deus telluris, apud S. Augustinum lib. 7. de Civitate Dei cap. 23.

¶ **TELLURUS**, Idem qui *Tellumo*, Martiano Capellæ lib. 1.

✱ **TELLUS**, [Terra frugifera. DIEF.]

¶ **TELLUSTRIS** , Terreus , terrenus. Martianus Capella lib. 7 : *Nonnulli Tellustres silvicolæque divi.* Quidam legunt *Terruristres.*

° **TELO**, Locus ubi vectigal, quod *Teloneum* appellatur, exigitur, ipsummet tributum. Bulla Alex. III. PP. ann. 1177. *Apud Pravinum, domus et eleemosyna nobilis viri comitis Henrici*, in *Telones telarum prope burgensem vicum.* Charta Petri de Corbolio archiep. Senon. ann. 1202: *Super Telones telarum, quæ venduntur Pruvini in parvo allodio, etc.* Vide mox *Telon.*

TELOCIUM. S. Audoenus lib. 2. Vitæ S. Eligii cap 57 · *Tandem ingenio reperto aptaverunt ex fustibus quoddam Telocium, ea scilicet ratione, ut si ad præcedentem se mittere tentaret, posterior eum retrosum attraheret, etc.* Mox *Tolocium* scribitur. Sed videtur legendum *Telonion*. Ugutio : *Telon Græce dicitur longum*, unde telo, onis. *Telonem hortolani vocant lignum, quo hauriuntur aquæ, Hispani Ciconam dicunt.* Ita etiam Papias. [Isid. lib. ult. Orig. cap. 15. habet : *Telonem hortulani vocant lignum longum, quo hauriunt aquas ; et dictus Telon a longitudine ;* τηλῶ (τῆλε) *enim Græce dicitur quidquid longum est.* Ubi Vossius lib. 8. de Vittis serm. cap. 58. legit *Tolonem* et *Tolo* fere optimæ notæ Codice MS.] Vide supra *Ctelones* et *Tollenum.*

TELON, TELONEUM, TOLL, TOLNETUM, etc. *Tributum de mercibus marinis circa littus acceptum*, Ugutioni. Glossæ vett.: *Teloneum, quasi omnium littorum facilis conductio.* Ita emendandum [pro *Telonem quasi omnium littorum*,] apud Isid. in Gloss. ex Gr. τέλος, et τελωνῶν. Hesychius : Τέλος, τὸ καταβαλλόμενον τοῖς τελώναις. Glossæ vett.: *Portorium*, τελωνεῖον. *Portitor*, τελώνης. Nicephorus Xanthopulus in Synaxario Dominicæ publicani : Τελώνης δέ ἐστιν ὁ τὰ τέλη ἀπὸ τῶν ἀρχόντων λαμβάνων, καὶ δι᾽ ἄκραν ἀδικίαν ὠνούμενος, καὶ παρεσβράϊων ἐντεῦθεν.

TELONEUM, TELONIUM, vox passim obvia.

² **THELONEUM DE TERRA** vel *de Plumis*, in Chartæ Phil. comit. Fland. ann. 1163. pro incolis Novi-oppidi, nunc Noviportus, ex Chartul. 1. Fland. in Cam. Comput. Insul. ch. 325: *Concessi etiam oppidanis meis de Novo oppido, quod quicumque ibi manserit ab omni Theloneo, nisi sit de terra vel de plumis, liber erit. Thounier*, inter Redit. comitat. Namurc. ann. 1289. ex Reg. ejusd. Cam. sign. *Le papier aux ayssselles* fol. 73. r° : *Encor i a*

li cuens le Thounier de le mercheneric, ki vat par an vj. lib. et x. sols..... Encor i a li cuens le Thounier de le noueve scoherie.

¶ TELONEATUS. Concilium Sanctonense ann. 1095. apud Marten. tom. 4. Anecd. col. 123 : *Si mercatores transierint per istam terram, et non reddiderint pedagium et Teloneatum, etc.*

¶ TELEONUM, in Bulla Frederici Imp. ann. 1157. in Instrum. Gall. Christ. novæ edit. tom. 4. col. 17.

¶ TALLONARIUS. Charta Lotharii Imp. tom. 5. SS. Junii pag. 485: *Cum ritratibus, Tallonariis, qualisoniis, etc.* In Confirmatione ejusd. Chartæ legitur ibidem : *Cum..... riparibus, portubus, ripis, Teloneis, quartisinis, etc.*

¶ TAULAGIUM, Gall. *Tonlieu*. Literæ Philippi Pulchri Franc. Reg. ann. 1291. tom. 4. Ordinat. pag. 28 : *Quilibet mercator extraneus habens trossellum vel plures troussellos in dictis nundinis, pro introitu et exitu et Taulagio et pro leuda det quatuor denarios Tolosanos.* [? Vide hanc vocem suo loco.] Atque ita legendum esse omnino videtur pro

¶ TANLAGIUM, in Statutis Edwardi I. Regis Angliæ apud Rymer. tom. 2. pag. 263: *Quilibet mercator extraneus, qui habeat trossellos multos et trocellum in dictis nundinis, dabit nobis pro intragio et exitu et Tanlagio et pro leuda 4. denarios.*

¶ TELLENEUS, in Charta ann. 692. apud Felibianum Hist. San-Dionys. pag. XII.

¶ TELONEUS, in Capitulari ann. 779. cap. 18. apud Miræum tom. 1. pag. 241. et alibi.

THELONEUS cum aspiratione post T. Capitula ad Leg. Salicam cap. 1. § 18 : *Theloneus aut census non exigatur a quolibet, etc.* Speculum Saxonicum lib. 2. art. 27. § 1 : *Valvarum, pontium, sive aquarum Thelonium.* § 2. *Thelonsum forense,* quod ex foro exsolvitur.

¶ THELONEAGIUM, in Charta ann. 1233. cujus locus exstat in *Timonagium* post *Temonaticum.* Passim etiam

THLONEUM, in Capitul. Caroli M. lib. 2. cap. 19. lib. 3. cap. 12. 54. lib. 4. cap. 31. [et alibi non semel.] Unde nostrum *Tonlieu.*

TOLLONIUM, pro *Telonium,* in Monast. Anglic. tom. 2. pag. 190 : *Ut nec Tollonium, nec stallagium reddant.*

TELON. Simeon Dunelmensis ann. 884 : *Marinus Papa scholam Saxonum in Roma morantium..... ab omni tributo et Telone liberavit.* Vide eumd. ann. 1031.

THELON. Papias : *Thelon, Græce et Latine vectigal interpretatur.* Florentius Wigorn. ann. 1041 : *Ut Scholam Anglorum ab omni tributo et Thelone liberaret impetravit.*

TELLO, TELLONEUS, apud Chrodegangum in Regula Canonicorum Metensium cap. 29.

¶ TELONARIUM. Diploma Caroli M. in Instrum. novæ Gall. Chr. tom. 2. col. 179 : *Ita ut nullus ecclesiasticus...... gadium, nec Telonarium, nec aliquam justitiam per vim exquirat.* Adde Chronicon Danduli apud Murator. tom. 2. col. 190.

¶ THEOLONEUM, in Chartulario S. Vincentii Cenomanensis fol. 19.

¶ THEOLONIA, fem. gener. in Literis Edwardi I. apud Rymer. tom. 2. pag. 293.

¶ THEOLONIUM, apud eumd. Rymer. tom. 2. pag. 918. tom. 8. pag. 2. tom. 11. pag. 732. et in Actis SS. Aprilis tom. 2. pag. 705. col. 2.

THEUNUARIUM, Eadem notione, si tamen lectio sana est. Charta ann. 1242. e Tabulario S. Nicasii Rem.: *Quos xx. solidos dicte capelle annuatim in perpetuum in Theunuario fori contuli percipiendos.*

¶ TOLENEUM, in Charta Berengarii Regis ann. 950. apud Ughell. tom. 2. Ital. Sacræ col. 104. edit. 1717.

¶ TOLONEUM, in Chronico Farfensi apud Murator. tom. 2. part. 2. col. 441. *Tolomeum vini,* apud Rolandinum Patavinum lib. 7. cap. 2. tom. 8. ejusd. Murator. col. 272. ubi Codices Estens. et Ambros. habent *Tolonenm.*

∞ TELONICUM TRANSITUS. Chart. Carol. IV. Imperat. ann. 1356. apud Haltaus. Glossar. German. col. 246. voce *Durchzoll : Sicut....... habere et possidere noscuntur* (jus) *Thelonici transitus, quod vulgariter Durchczoll dicitur.*

TELONEUM, Locus, in quo *telonearius* suas ex teloneis coactas pecunias asservat. Liber de Miraculis et transitu S. Nicolai Myrens.: *Erat autem ipse telonearius. Quadam autem die posuit ipsam iconam ante Teloneum suum, ubi erant omnia, quæcumque habebat, aurum et argentum, vel vestes, etc.* Occurrit ibi non semel. Papias : *Teloneum, dicitur ubi merces navium, vel nautarum emolumenta redduntur : ibi enim vectigalis exactor sedet, pretium rebus imposituras, et voce a mercatoribus flagitans.* [? Eadem leguntur in Glossis Biblicis MSS. anonymi ex Bibliotheca regia.] [?? Ex Isidori Originibus lib. 15. cap. 2. sect. 45]

TELONARIUS, TELONEARIUS, Portitor, τελώνης. W. Brito : *Telonearius dicitur, qui exigit tributum.* Glossarium Lat. Gall.. *Telonarius, Changeur, ou qui recoit truage.* [Aliud Sangerman. MS.: *Tenonarius, Changeur, vel qui exigit tributum.*] Lex 3. Cod. Theod. de Indulg. debit. (11, 28.): *Conductores diversorum portuum et vectigalium, publicani etiam ac Telonarii, etc.* Concilium Matiscon. I. cap. 13 : *Ne Judæi Christianis populis judices deputentur, aut Telonarii esse permittantur.* Adrevaldus lib. 1. de Mirac. S. Benedicti cap. 19 : *Ad urbem pervenit Aurelianum, ibique a Telonariis civitatis detenta,* (nave) *rector navis, vectigalis gratia, questioni subjicitur.* Matth. Paris ann. 1247: *Fratres Minores et Prædicatores, quos, ut credimus, invitos jam suos fecit dominus Papa, non sine Ordinis eorum læsione et scandalo, Telonearios et bedellos.* Occurrit præterea in Lege Wisigoth. lib. 11. tit. 3. § 2. in Legibus Ladislai Regis Hungar. lib. 2. cap. 7. [in Epistola Zosimi PP. in Tomo 2 laudata, in Charta Chlodovei tom. 1. Macerair. Insulæ Barbaræ pag. 35. in Capitulari de Villis Caroli M. cap. 10. etc. Statuta pro vendentibus pisces marinos ann. 1320. art. 4. apud de Lauriere tom. 2. Ordinat. Reg. pag. 579 : *Li Tonloiers des halles de Paris ne peult, ne doibt rien louer hors des couvertures des halles au poisson.*] Magnum Tabularium Corbeiense : *Item tous les Tonlius des denrées c'on vent et acate à Corbie est siens, (à l'Abbé) car il est Tonloiers de ledite ville.* Ubi *Telonarius* dicitur is, ad quem *teloneum* ipsum pertinet, [*Toulaier* vero *Telonei* exactor, dicitur in Regesto laudato v. *Oiancia,* ut et *Toulé,* ipsum *Teloneum.*]

THELONITARIUS, vel *Thelonarius, etc.* in Legibus Colomani Regis Hungariæ lib. 1. extremo : *Egressuri de Hungaria Thelonariis tam Regis quam Comitis, qui exitus tenent, sigillum quærant pro Thelonitariis, quod Thelonitarius Regis ab una parte cum sigillo comprimat, ab altera parte Theolonarius figuram Comitis sui concludat.* In Glossis Græc. Lat. lego τελώνιον, *vectigal, telonatum, mancipatum.* Ita cod. MS. [Rursum memorantur *Thelonarii* in Literis Sigismundi Regis Rom. apud Marten. tom. 8. Ampl. Collect. col. 12. *Thelonearii,* in Privilegio Leduini Abb. S. Vedasti Atrebat. ann. 1086. e Chartulario V. ejusd. Monasterii pag. 243.]

¶ TOLONEARIUS, *Thelonei* exactor. Pact. inter Odon. episc. Paris. et Joan. abb. S. Genov. ann. 1202. inter Instr. tom. 7. Gall. Christ. col. 227 : *Extra septa canonicorum sex servitores, scilicet tres escuerii abbatis, unus serviens capicerii, unus clauserius vinearum, unus Tolonearius.* Vita J. C. MS :

Chil Mahieus estoit Tonloiers.

¶ THEOLONIATOR, in Charta ann. 1565. apud Steyer. in Commentariis pro Historia Alberti II. Ducis Austriæ col. 426.

TOLONEARIUS, Dignitas Palatina apud Reges nostros, qui regni omnibus portitoribus præerat, et ab ipsis *Portoria* recipiebat. Hincmarus Remensis Opusc. 35 : *Non solum eorum querela, quorum causa usque ad alium tractatum diffinienda remansit ; verum et quæ, ut dixi, in Domini Regis præsentia electorum judicum sententia diffinita fuerunt, sine Metropolitani conscientia, sineque Canonico et Episcopali judicio, per judices seculares Helmgarium scilicet Mercati Palatii Tolonearium, et Flotharium ac Ursionem villarum Regiarum Majores refricarentur contra Canones, etc.* Cellotius in Concilio Dusiensi habet *Tolonearium.* Vide Alcuinum Epist. 74.

TOLL, vel TOLN, TOLONIUM, Anglis *Toloneum,* ab eodem fonte, quo *Telonaum* ; nostris *Tonlieu.* Proprie vero Fletæ lib. 1. cap. 47. § 8. *est acquietantia telonii ubique in Regno.* Cowello, *regale privilegium, quo qui fruitur, immunis est a gabellis.* Willelm. Thorn. : *Hoc est quod vos et homines vestri de toto homagio et servitio vestro sitis quieti in omnibus mercatis de Tolneto de rebus emptis et venditis.* Leges Edwardi Confess. cap. 24. [?? 22.] : *Thol, quod nos dicimus Tolonium, est scilicet quod habent libertatem vendendi et emendi in terra sua.* Atque hac notione usurpatur in Monastico Anglicano tom. 1. pag. 15. 16. 156. tom. 2. pag. 190. 191. 300. apud Bractonum pag. 424. [Thomam Madox Formul. Anglic. pag. 47. etc. Chartularium Beccense : *Toll, estre quitte de turnus : c'est costume de marché.*] [∞∞ Vide Graff. Thesaur. Ling. Franc. tom. 5. col. 659. voce *Zol.*]

¶ TOOL, TOOLLUM. Charta ann. 1165. apud Stephanotium tom. 5. Fragm. MSS : *Item prædictæ Rochæ dedit Willelmus Marcho quidquid juris habebat in Tool prænominato Abbati cum hospitali, eo tamen tenore, quod quidquid modo est ibi, vel aliquo tempore, per Marchionem vel per alios ibi injuria Toolli acquisitum fuerit, hospitalis esse debeat,* sive Parthenonis B. M. de Roia in Monte-ferrato.

THOLNEUM, Eadem notione tom. 1. Monast. Anglic. pag. 767. [Locus exstat in *Blodwita*]

¶ TOLNEUM, apud *Madox* Form. Angl. pag. 116.

¶ TONLEIUM, in Charta Communiæ Compendii ann. 1186. apud Baluz. tom. 7. Miscell. pag. 315. in alia Lorriaci ann. 1187. apud Thomasser. in Biturig. pag. 394. alia ann. 1199. Ibid. pag. 416. alia ann. 1196. tom. 4. Ordinat. Reg. Franc.

pag. 63. ubi *Touleyum*, legitur ; in alia ann. 1235. e Chartulario B. Magdal. Castridun. et alibi passim.

° TONLEUM, in Libert. Mailliaci ann. 1229. tom. 5. Ordinat. reg. Franc. pag. 717. art. 26 : *Quicunque in foro Mailliaci sive in feria emerit aliquid vel vendiderit, et per oblivicionem Tonleum suum retinuerit, etc.* Tonneur, eadem acceptione, vel pro *Tonlei* exactor, in Pacto ann. 1314. inter Guill. de Domnopetra dom. S. Desid. et monach. de Spinosa valle, ex Reg. 59. Chartoph. reg. ch. 579: *Sus nostre Tonneur de saint Disier xxxix. livres de Tournois petiz, monnoie coursable.*

¶ TONLAIUM, in Charta ann.1258. apud Thomasserium in Consuetudinib. Bituric. pag. 156.

¶ TONLIUM, in Diplomate Ludovici Reg. Franc. ann. 1159. ex Archivo Floriacensi *Tonliu* vernacule in Tabulario Calensi pag. 171. *Tonnelieu*, in Litteris Caroli V. Reg. Franc. ann. 1370. tom. 5. Ordinat. pag. 333. *Tonlin* ejusdem soni gratia usurpat le Roman *de la Rose* MS :

Cil qu̇i sires est de la foire,
Doit per tout prendre son Tonlin :
Et qui ne put à un moulin, etc.

¶ TONLERIUM, in Litteris Philippi I. Franc. Reg. ann. 1106. tom. 4. Ordinat. pag. 342.

¶ TONLONEUM, in Litteris Ludovici Jun. ann. 1138. apud D. Brussel tom. 1. de Feudorum usu pag. 507.

TOLNETUM, Idem quod Teloneum, in Lexicon Cambro-Britannicum : *Toll*, telonium exigere. Vox vero *Tolnetum* occurrit non semel in Chartis Anglicis tom. 1. Monastici Anglicani pag. 156. 321. 322. 324. tom. 2. pag. 55. 190. 191. 349. etc. in Fleta lib. 1. cap. 38. § 7. etc. [apud Rymerum tom. 12. pag. 704. tom. 15. pag. 661. etc.]

TOLETUM, Eadem, ni fallor, notione, pro *Tolnetum*, in Charta Ottonis III. Imperat. ann. 985. apud Maximilianum Henricum in Apologia pro Archiep. Colon. pag. 2 : *Tam in bonis quam Toletis*. Quæ verba pluries ibi occurrunt.

¶ TEONNIUM, Idem quod Teloneum, in Fragmento de Rebus Ludovici VII. Fr. Regis apud Duchesnium tom. 4. pag. 437. *Tonneu* et *Tonneu*, in Declaratione Gallica ann. 1388. apud D. Brussel tom. 2. de Feudor. usu pag. 757.

¶ THELONEAGIUM, portagium, rotagium, minagium, in Bulla Innocentii II. Papæ, e Tabulario S. Nicasii Remensis.

¶ THELONEARIUM, Eadem significatione, in Charta ann. 1087. inter Instrum. Gall. Chr. novæ edit. tom. 5. col. 325.

¶ TUNELIUM. Charta ann. 1083. apud Lobinell. tom. 2. Hist. Britan. col. 173 : *Dedi etiam eis pedagium et Tunelium de omnibus, quæ vendiderint vel emerint homines illorum stationarii in mansura sua de Chameriaco.* Ibid. col. 174 : *Reddiderunt.... dimidium pedagium et dimidium Tunleium de hominibus suis manentibus in mansura sua et in pago suo de Chameriaco.* Alium locum vide in *Tinnulus.*

¶ TELONUM, Idem forte quod *Teloneum*. Vide locum supra in *Burjuratus*.

TELUM pro eo omni, quod hominum saluti nocere potest. Capitularia Caroli M. lib. 7. cap. 262 [°° 343.] : *Hi, qui ædes aliquas villasque expoliaverint, effregerint, expugnaverint, si quidem id turba cum telis coacta fecerint, capite puniantur. Telorum autem appellatione, omnia,*

ex quibus saluti hominum noceri possit accipiuntur. Vide Legem Bajwar. tit. 3, cap. 8. § 1. Caius in leg. Calvitur, D. de Verbor. significt. (fr. 233. § 2.) : *Telum vulgo quidem appellatur, quod ab arcu mittitur; sed unum omne significatur quod manu mittitur.*

TELUM, Dolor lateris, in Gloss. Saxon. Ælfrici, sticwerc, stic-adl. Papias [ex Isidoro lib. 4. Orig. cap. 6.] : *Telum, lateris dolor, a medicis dictum, quod dolore corpus transverberet veluti gladius* Serenus Sammonicus de Medicina cap. 21 :

Est et vis morbi, quod telum commemoratur,
Cum subito dolor insanus fuerit icotus ictu.

Vide ibi Gabriel. Humelberg. et vocem *Ficta*.

¶ TELUM AMICITIÆ, Gallice *Trait d'amitié*, vel *d'ami*, Amice factum, si vera lectio est. Diploma Henrici Ducis Slesiæ ann. 1337. apud Ludewig. tom. 6. Reliq. MSS. pag. 8 : *Cum magnificus princeps dominus Joannes Boemiæ Rex ac Lucemburgensis Comes.... civitatem suam Glogoviam..... motus Telo sinceræ amicitiæ pro vitæ nostræ temporibus donavorit, etc.* Sed videtur legendum esse *zelo sinceræ amicitiæ*.

TELWORC. Opera, inquit Somnerus, ad certum numerum fructuariis imposita, dominorum terram scilicet seminandi, et similia q. *tale works*, a *tale*, numerus, et *work*, opus. Will. Thorn. ann. 1364 : *Et debet quælibet swollinga arare 6. acras de Telworc, et 2. acras de swodleybon, et prædictas 6. acras seminare, etc.*

¶ TEMELICI, TEMELLINI. Vide *Thymele.*

TEMERA, pro *Temeraria*, in Libro manuali Dodanæ cap. 1. Vide *Agonizatorium*.

° TEMERARE DONATIONEM, Violare, infringere. Chartul. Celsinian. ch. 883 : *Si quis Temerare hanc donationem præsumpserit, iram Dei omnipotentis incurrat.*

° Nostris *Temer*, ut et Provincialibus, a Lat. Timere, pro *Craindre*. Glossar. Provinc. Lat. ex Cod. reg. 7637 : *Temer, Prov. timere, formidare.* Lit. remiss. ann. 1456. in Reg. 187. Chartoph. reg. ch. 198 : *Jehan Bourdin dist aux autres bergiers : Me Temez vous point ? qui estoit à entendre selon le langaige du pays* (Bourbonois) *s'ilz te craignoient point.*

° TEMERARITAS, Folie. Temeritas, idem. Glossar. Lat. Gall. ex Cod. reg. 7692. Aliud ex Cod. 521 : *Temerarius, Afolé Gallice.*

° TEMERATIVE, Temere. Bulla Joan. VIII. PP. ex Tabul. S. Gauger. Camerac. : *Denique censemus ut nullus regum deinceps, abbatum vel aliorum utriusque ordinis vir potestates seu Temerative in præfato monasterio mansiones dare aut accipere præsumat.*

° TEMERATUM, Panis ampli frustum, Gall. *Chanteau*. Glossar. Lat. Gall. ex Cod. reg. 521. *Temeratum, ti, Chantel de pain, Gallice.*

¶ TEMERIDITAS, pro *Temeritas*, vitiosa temporum scribendi et loquendi ratione, in Privilegio Agiradi Episc. Carnot. ann. 696. apud Felibianum Hist. San-Dionys. pag. XVII.

TEMETURA, Ebrietas, μέθη, in Glossis Græco-Latinis MSS. ubi editæ *Trementura* perperam habent, ex *temetum.*

° TEMETOLENTUS, Temulentus, apud Luidpr. lib. 1. cap. 41 : *Temetolenti post nonnulla inutilia tragodimata, id est cantiones, somno sese dedere, stertere.*

° TEMITA Steph. de Infestura MS. de Bello inter Sixtum IV. PP. et reg. Ferdinand. ann. 1482 : *Bona Ecclesiæ fuerunt divisa inter prænominatos cardinales, de quibus hic non habetur memoria, et abstulerunt unam Temitam Sancti Spiritus, et dederunt eam.*

° TEMNICULARE, Dicitur de eo qui temulentus est. *Temmeulas, nutrix,* in Comœd. sine nomine act. 3. sc. 2. ex Cod. reg. 8163. Vide *Temetura.*

¶ 1. TEMO, Italis, Navis gubernaculum, Gall. *Timon*. Annales Genuens. ann. 1195. apud Murator. tom. 6. col. 373 : *Descenderunt in barchis et Temones dimiserunt in mari.* Et ad ann. 1207. col. 305 : *Projectis antennis Temonibusque fractis vix evaserunt.* Rursum occurrit in Vita S. Raynerii, tom. 3. Junii pag. 465. Hinc

¶ TEMONARII, *Qui attendunt ad temones, et dirigunt navem rectam, per quam viam debent,* in Glossis Francisci Barberini ad Poema inscriptum *Documenti d'Amore* edit. Ubaldini.

¶ THEMONARIA, Gubernaculum, vel gubernaculi manubrium. Statuta Massil. lib. 4 cap. 15 : *Si forte contingeret, quod arbor navis.... vel themo, vel Themonaria, vel antennæ, vel aliud simile rumpetur, etc.*

¶ THIMONUS, Simili notione. Eadem Statuta lib. 6. cap. 38 : *Dominus vel patronus ligni vel barchæ duorum Thimonorum vel caupoli, etc. Dominus vel patronus barchæ minoris duorum Thimonorum, etc.*

¶ TYMONUS. *Barchia de pallela aut de Tymono bayonesto*, in Schedis D. Le Fournier ann. 1368.

2. TEMO, TEMONARII, voces, quæ non semel occurrunt in Cod. Theodosiano. Sunt autem *Temonarii*, quibus *aurum tironum*, id est adæratio et pretium tironum solvebatur : qui pretium, pecuniamque vice tironum exigebant, quippe ad præbitionem tironum provinciales tenebantur. *Temonariorum* porro munus inter villæ munera vulgo reponitur, quod *Temonaria* functio, *Temonis onus, Necessitas, Injuria,* dicitur in eodem Codice, locis a Jacobo Gothofredo indicatis, ad leg. 7. de Tironibus (7, 13.) qui de vocis etymo conjecturam suam profert. Passio S. Maximiliani : *Idem dixit : Fabius Victor Temonarius est constitutus cum Valeriano Quintano Præposito Cæsareensi, cum bono Timone Maximiliano filio Victoris.* [Zosimus PP. in Epistola ad Episcopos provinciæ Byzacenæ ann. 418. ubi de Episcopo, quem hujuscemodi vectigalium redemptorem fuisse probabilissimum est : *Adde quod telonariorum sive Temonariorum etiam nomen inseruit, et judicium in Episcopum ab hac congregatione* (laicorum) *colligitur*. Sedent publicani homines et auditur Episcopus, et talibus quid fas non est facientibus vobis auditur. Forte leg. et *a talibus, quod fas non est, patientibus vobis auditur.* Ita editio Constantii ; in aliis *Demonariorum* habetur pro *Temonariorum*.]

¶ TEMOLUS, Piscis genus, Italis *Temolo*. Petrus Azarius de Bello Canepiciano apud Murator. tom. 16. col. 427 : *Pisces habent excellentissimos, et in magna copia, et præcipue trutas, et Temolos in quantitate valde grossos.*

¶ TEMONARII. Vide in *Temo* 1. et 2.

TEMONATICUM. Vide *Themonaticum.*

1. TEMPE, Montium angustiæ, Clusuræ, ut docuimus ad Alexiadem pag. 328. Basilius de Exercit. Grammat. Moschopulus lib. περὶ σχεδῶν : Τέμπος, τὸ τοῦ ὄρους κοίλωμα. Diploma Premili

Marchionis Moraviæ ann. 1235. apud Waddingum : *Cum omnibus appenditiis, pratis, pascuis, sylvis, agris, aquis, Tempe, et omnibus hujusmodi pertinentiis.* Ubi *Tempe* sumitur pro pascuis in montium convallibus. Vide *Alpes*.

° 2. **TEMPE**, Pubes. Formul. MSS. ex Cod. reg. 7637. fol. 40. \° : *Ex quibus ictibus dictus talis percussus, vulneratus extitit quatuor ictibus, uno videlicet super Tempe seu pinchilicilhium prope inguinem de stoco, etc.* Neque alia notione accipienda videtur vox Gallica *Temple*, in Lit. remiss. ann. 1395. ex Reg. 148. Chartoph. ch. 319 : *Le suppliant prist un petit coustel et en feri ledit Moricet sur la Temple du ventre un cop tant seulement, dont six jours après mort s'en ensuy.* *Templé* vero, dicitur de Morbo porcino, in Stat. ann. 1424. ex Reg. 173 ch. 118 : *Item on ne pourra en la ville d'Evreux vendre chars de porc Templé, ne oint ne porc qui soit nourri de poisson d'uilliers*.

¶ **TEMPELLUM**, diminut. a *Templum*, ædicula sacra. Georg. Cruger. tom. 2. Aug. pag. 523. col. 2 : *Circa Giczinium ultra magnam piscinam Tempellum desolatum verterunt in ovile hæretici*.

¶ **TEMPERACULUM**, Temperamentum. *Potus copiam ad sitis Temperacula ministrari*, in Actis sancti Procopii, tom. 2. Julii pag. 141.

¶ TEMPERACULA FERRI, apud Apul. in Floridis, Gallis nostris *Trempes*, quibus nempe mixturis ferrum induratur Vide *Temperare* 1.

¶ **TEMPERAMENTUM**, Temperatio, Gall. *Mélange* Andr Floriac. in Vita MS. S. Gauzlini Bituric. Archiepisc. lib. 1 : *Indeque contremunt imperat confini, unde paries totius templi cum Temperamento concreuit*.

° **TEMPERAMENTUM** MENSURARUM, Illarum adæquatio. Charta Guill. episc. Cenoman. ex Tabul. Major. Monast. : *Ita quod ipsi nec vicarii eorum aliquid haberent,..... nec sanguinem, nec raptum mulieris, nec Temperamentum mensurarum, nec aliud aliquid juris*.

¶ **TEMPERANTES**, Qui cælibem vitam affectabant, Græcis Ἐγκρατευόμενοι, ut adnotat Gothofredus ad legem 20. tit. 2. lib. 16. Codicis Theod. Iidem sunt qui supra *Continentes*.

TEMPERANTIÆ LIBELLUS, Idem, qui *Libellus pœnitentiæ*, de quo in voce *Libellus*. Epistola Synodica concilii Tricassini ann. 867 : *Convocavit ad se quosdam Episcopos, et eorum usus consilio, ut et ipse opprobreum vel periculum immunens de impetitis vel impetentibus declinaret, et Sacerdotalis dignitas insullationem secularium deviaret, libellum Temperantiæ, juxta decreta Leonis PP. sicut tunc cautius invenire potuerunt, dictavit... ac propria manu subscripsit*.

1. **TEMPERARE**, Diluere, Gallice *Tremper*. Lex Longob. lib. 1. tit. 3. § 4. [[&] Roth. 139.] : *Si quis liber homo aut mulier venenum Temperaverit et alii ad bibendum dare voluerit, etc. Potionem veneficam Temperare*, in Synodica Epist. Concilii Dusiacensis II. Concil. Coprinacense cap. 33. de Clericis : *Bene sibi vinum Temperet, nec ad bibendum quempiam excitent.* Synodus Nemaus. ann. 1284 : *Vinum sibi Temperent, et bene ac modeste se habeant.* Regula Trinitariorum cap. 3 : *Vinum sumendum a fratribus taliter Temperetur, ut sobrie sumi valeat.* Glossæ Lat. Gr. [*Temporatum*]. εὔκρατον, συγκεκρασμένον. [Rursus : Temperatum, κρᾶμα, κεκραμένον, εὔκρατον.
VIII

Adde Glossas Græc. Lat.] Vide *Distemperare*, et *Temperaculum*.

° Alias *Temprer*, pro Macerare. Bestiar. MS. ubi de Magnete :

Mais chil qui dépechier la veulent,
O maus de fer briser la seulent,
Quant en sanc de bouc est Temprée,
En itel guisse est esgrunée.

° Hinc, ut videtur, *Trempoir*, qua voce intelligo Disculum, in quo condimenta reponuntur ad intingendos cibos, Gall. *Tremper*. Froissart. in vol. 4. cap. 2 : *Il y avoit quatre pots d'or, six Trempoirs d'or et six plats d'or*.

2. **TEMPERARE**, Scalpere. *Temperat*, γλύφει χάλαμον, in Gloss. Lat. Gr. [et Græc. Lat.]

3. **TEMPERARE**, Mature ire, [rem sapienter disponere.] In Statutis Leprosariæ S. Juliani in Anglia, in Additam. ad Matth. Paris pag. 168. habetur caput, de *Horis Temperandis*. Mox sequitur : *Mane campana pulsata ad horas Canonicas audiendas omnes surgant, etc.* Mox : *Illud mane sic Temperatur, ut nulli sit onerosum ; sed ad assumentum omnium infirmorum, ut nullus possit se excusare, nisi graviori infirmitate fuerit detentus.* Nescio an alia notione usurpet lib. 1. Sacrament. Eccl. Remens. cap. 48 : *Et sic Temperent, ut in Trinitatis numero Lutanæ fiant.* Vide *Horologium* et *Temperius*.

TEMPERIUS, pro *Temporius*, cui opponitur *Serius*. Gloss. Gr. Lat. : *Temporius*, ἐνωρότερον, *Temperius*, πρόσκαιρος. Ruricius Epist. 23. tom. 5. Antiq. Lect. Canisii : *Moneo ut crastino, quod erit quarta feria, Brivæ, Temperius tamen, nihil jejunus occurras.* Flodoardus lib. 1. Hist. Rem. cap. 7 : *Ad cujus celebritatis vigilias fratres Temperius exurgentes.* Utuntur S. Benedictus in Regula cap. 11. 48. Magister in Regula cap. 36. et 50. Guillelmus in Vita S. Bernardi lib. 1. cap. 5. Historia Translat. S. Sebastiani n. 70. Rupertus de Divin. Offic. lib. 10. cap. 26. Glaber Rodulphus lib. 5. cap. 1. Liber usuum Cisterciensis Ord. cap. 68. etc. Apud quos interdum *Temporius* reperitur : qua usus voce Ovidius 14. Metamorph. :

.... Modo surgit eoo
Temporius cælo, modo serius incidit undis.

Columella lib. 9. cap. 4 : *Ante crepusculum gallinæ cibi ope Temporius ad officinam redeant.* Ordo Romanus : *Colligite vos Temporius ad Ecclesiam illam.* Utitur etiam Cæsarius serm. 12. Belgæ nostri *Tempre* dicunt : ita in Consuetud. Hannoniensi cap. 68. Le Caton *en Roman* :

Si le compere û Tempre, û tard.

Vetus Poëta MS. de Vulpe Coronato :

Que nouvelles doivent venir
Temprement à court, etc.

° **TEMPES**, Porticus, Gall. *Gallerie*. Glossar. vet. ex Cod. reg. 7613 : *Tempes, laubia vulgo dicitur*.

¶ **TEMPESTA**, Italis, Grando. Chronicon Parmense ad ann. 1293. apud Muratori. tom. 9. col. 825 : *Maxima tempestas fuit in episcopatu Cremonæ, et ita grossa ut una balla dictæ tempestæ ponderabat III. libras.* Contractus Monialium Artacellæ ann. 1408. e Schedis Præsidis de Mazaugues : *Ipsæ dominæ teneantur, videlicet de guerra, coissone, Tempesta et de omnibus casibus jure concessis.*

° Tempestas, procella, Gall. *Tempête, orage, ouragan*; *Tampiest*, eadem notione, in Charta Margar. comit. ann. 1274.

in Chartul. 1. Fland. ex Cam. Comput. Insul. ch. 263 : *Nous leur devons respondre de kemun feu, de kemun fluct, de kemun Tempiest, et de kemune wiere.* *Contretempeste*, in Lit. ann. 1360. apud Marten. tom. 1. Ampl. Collect. col. 1473 : *Lesquelx mareschal et sire de Poyane furent destourbez sur leur passage de la mer par Contretempeste de vent.* *Tempeste* vero, pro *Temps*, *saison*, a Lat. Tempestas, legitur in Chron. S. Dion. tom. 7. Collect. Histor. Franc. pag. 132 : *En cele Tempeste vindrent li Normant la seconde fois jusques à Paris, etc. Tempoire, Eodem sensu*, in isd. Chron. ibid. tom. 3. pag. 157 : *En ce Tempoire régnoit li emperres Theodosies.*

° **TEMPESTARE**, *Vexare, molestare, molestar*, Prov. Glossar. Provinc. Lat. ex Cod. reg. 7657. *Tempestare* Italis, et nostris, *Estre tempesté*, Tempestate, grandine et imbre vastari. Charta ann. 1334. in Reg. 70. Chartoph. ch. 280 : *Pour cause de quatre de leur souffisans maisons, qui ont esté toutes Tempestées en blez et en tous grains.* Lit. remiss. ann. 1482. in Reg. 208. ch. 201 : *Les habitans de la parroisse de Bousse furent tellement battuz et Tempestes de ouraige de temps, etc.* Hinc *Tempeste* dicitur is, qui animo perturbatus, sui compos non est, in aliis Lit. ann. 1375. ex Reg. 107. ch. 34 : *Icellui Johan fust tellement esmeuz, eschauffez et Tempestez, etc.* Italis, *Tempestoso*, eodem significatu.

TEMPESTARII, TEMPESTUARII, in Capitulari Aquisgran. ann. 789. cap. 93. in Capitul. 1. incerti anni. cap. 40. lib. 1. Capitul. cap. 62. et apud Cathwolphum in Epistola ad Carolum. *Qui tempestates et alia maleficia faciunt*, in Capitul. 2. ann. 805. cap. 25. qui νεφοδιώκται, in Synodo Trullana can. 61. *Emissores tempestatum* in Pœnitentiali Theodori cap. 33. apud Spelm. tom. 1. Conc. Angl. seu *immissores*, ut habet Cumeanus Abbas lib. de Mensura .Pœnitentiarum cap. 7. *Tempestatum immissores, qui quibusdam incantationibus grandines in vineas messesque mittere perhibentur*, in Lege Wisig. lib. 6. tit. 1. § 3. Capitularia Ludovici II. Artic. 2. cap. 18. de Maleficis : *Ferunt, suis maleficiis aëra posse conturbari, et grandines immittere, etc.* Ananus ad leg. 3. Cod. Th. de Malefic. (9, 16.) : *Malefici, vel incantatores*, vel *immissores tempestatum*, *vel qui per invocationem dæmonum mentes hominum turbant, omni genere pœnæ puniantur.* Seneca lib. 4. Natur. Quest. : *Rudis adhuc antiquitas credebat et attrahi imbres cantibus, et repelli.* Ventis magos imperare, tempestates sedare, grandines et imbres ciere, testantur passim Poëtæ. Tibull. lib. 1 :

Quum libet, hæc tristi depelli nubila cælo,
Quum libet, æstivo convocat orbe nives.

Ovidius lib. 1. Amor. El. 8 :

Cum voluit, toto glomerantur nubila cælo,
Cum voluit, puro fulget in orbe dies.

Lucanus lib. 6 :

..... Legi non paruit æther :
Torpuit et præceps audito carmine mundus.

Mox :

Miratur non ire polum : nunc omnis complent
Imbribus, et calido producunt nubila Phœbo,
Et tonat ignaro cœlum Jove.

Empedocles apud Laërtium pag. 329 :

Θήσεις δ᾽ ἐξ ὄμβροιο κελαινοῦ καίριον
[αὐχμὸν
Ἀνθρώποις, θήσεις δ᾽ ἐξ αὐχμοῖο θερειοῦ
Ῥεύματα δενδρεόθρεπτα, τά δ᾽ ἐν θέρει
[ἀνήσαντα.

7

Agobardus Lugdun. lib. de Grandine et Tonitru, vanam hanc de *Tempestariis* sententiam pluribus suggillat. Vide Herardum Archiepisc. Turon. in Capitul. cap. 3. Burchard. Decret. lib. 10. c. 28. lib. 19. pag. 270. Ivon. Carnot. part. 11. c. 36. 58. Pœnitentiale Roman. tit. 6. c. 3. et 20. Bedam de Remediis Peccator. c. 7. Pirminium Abb. in excerpt. ex libris Canonic. Delrium lib. 2. Disquisit. Magic. quæst. II. Petrum de Valle tom. 2. Epist. 5. pag. 520. edit. Paris. etc. [∞ Grimm. Mythol. Germ. pag. 365. et 615.]

º **TEMPESTAS** Extrema appellatur Mulcta seu pœna confiscationis, in Charta ann. 1284. ex Reg. Cam. Comput Paris. olim Bitur. fol. 99. rº: *Quod si aliquis hominum suorum...... tale crimen committeret, propter quod oporteret, de consuetudine vel de jure, extremæ Tempestatis discrimini bona subjici condemnati, quod vulgariter incurrementum vel confiscatio appellatur, totum illud incurrementum et confiscatio ad dictum militem et successores suos perpetuo remaneat.*

TEMPESTATIO, pro *Temptatio*, seu *Tentatio male legerunt* Lud. de la Cerda, et Vossius apud Gregor. Turon. de Vitis Patrum c. 11. Sic enim præferunt aliæ editiones

¶ **TEMPESTATUS**, Conspersus. Acta S. Philippi Neri, tom. 6. Maii pag. 654: *Inter alia autem simulacra Divorum argentea...... præcipuum censetur S. Philippi, variis gemmis maioris valoris Tempestatum.* Italis *Tempestato*, eadem notione.

¶ **TEMPESTE**, Aliquando. Miracula S. Vulfranni, tom. 3. Martii pag. 164 · *Sed tale quid natura Tempeste factum uspiam non agnovimus.*

¶ **TEMPESTIALIS** Febris, f. Febris ardens, Gall. *Fievre chaude*, quæ quasi *tampestatem* excitat in laborante, qui sui compos non est cum talem febrim patitur. Miracula MSS. Urbani V. PP.: *Gravissimam infirmitatem et febrem Tempestialem patiebatur, etc.*

º **TEMPESTIVE**, Impetuose, tempestatis instar, Italis, *tempestosamente.* Lit. remiss. ann. 1364. in Reg. 96. Chartoph. reg. ch. 247: *Ad hostium domus uxoris Simonis Mercherii percussit, et valde inhoneste et Tempestive repercussit.* Aliæ ann. 1386. in Reg. 129. ch. 287: *Præfatus reus ense evaginato crudeliter et Tempestive ad ipsum defunctum accessit* Hinc *Tempestatif,* qui animo commovet et perturbat, in aliis Lit. ann. 1480. ex Reg 206. ch. 651: *Pour ce que icellui Chrestien estoit très Tempestatif et faisoit grant bruit, etc.*

¶ **TEMPESTUARII.** Vide *Tempestarii.*
º **TEMPESTUOSUM** Tempus, quomodo dicimus *Temps orageux,* Seditionibus agitatum. Vita dom. Garnerii tom. 10. Collect. Histor. Franc. pag. 882: *Imminente denique hoc volubili et tempestuoso Tempore, etc.*

¶ **TEMPESTUS**, Tempestivus, opportunus, in Actis S. Petri Cœlestini PP. tom. 4. Maii pag. 454. et tom. 3. Muratorii pag. 632. col. 2.

¶ **TEMPERIUM**, Tigni species. Statuta Montis-regalis pag. 312: *Item pro media dozena postium ligni sol. duos den. Item pro media dozena Temperiorum sol. den.* IIII. *Item pro media dozena gambociarum sol. den. sex.* Vide *Templarius.*

¶ **TEMPLACIUM**, Idem quod Templum, spiritali notione. Statuta Equitum Teuton. art. 80. apud Raim. Duellium lib. 2. Miscell. pag. 42: *Legitur Salomonem templum Domini et omnia, quæ in ipso erant, auro texisse, et scuta aurea fabricasse; militiæ nostræ Templacio deerit decor.... si caruerit charitatis auro.*

¶ **TEMPLALES** Opes, pro Temporales, mendose. Radulfus Cadom. de Gestis Tancredi apud Marten. tom. 3. Anecdot. col. 198: *Quamvis opum adeptione Templalium præ cæteris abundet, etc.*

º **TEMPLARES**, Templarii vel Templariorum domus. Bulla Adriani IV. PP. apud Cens. inter Cens. eccl. Rom.: *Tacient treugam, stratam, ecclesias, et hospitales, Templares, clericos et monacos se non offendere jurabunt.* Vide infra *Templicolæ.*

TEMPLARII. Templariorum Militum Ordo institutus anno 1118. Hierosolymis, ab Hugone de Paganis et Gaufredo de S. Aldemaro: horumque fuit primitus professio, *ut vias et itinera, maxime ad salutem peregrinorum, contra latronum et incursantium insidias, pro viribus conservarent.* Cum autem novem annis post eorum institutionem in habitu fuissent seculari, in Concilio Trecensi data fuit eis Regula, et habitus assignatus, ipsum videlicet, de mandato Honorii II. PP. et Stephani Hierosolymitani Patriarchæ. Postmodum vero sub Eugenio PP. cruces de panno rubeo, ut inter cæteros essent notabiliores, assuere cœperunt, tam equites, quam eorum fratres inferiores, qui dicuntur *Servientes.* Atque hi, quoniam juxta Templum Domini in Palatio Regio mansionem habebant, *Fratres militiæ Templi,* seu *Templarii* appellati. Hæc fere Willel. Tyrius lib. 12. c. 7. et ex eo Jacobus de Vitriaco in Hist. Hierosol. cap. 65. [et lib. 3. n. 10. apud Marten tom. 3. Anecd. col. 276.] Sanutus lib. 3. part. 6. c. 14. part. 7. c. 3. Matth. Paris ann. 1118. Bromptonus pag. 1008. Hovedenus pag. 479. Henric. de Knyghton pag. 2382. etc. Adde Anselmum Havelbergensem lib. Dialogor. cap. 10. pag. 113.

º *Qui Fratres militiæ Salomonis* nuncupantur, in Charta ann. 1177. ex Chartul. Campan. fol. 164. rº.

Verum hi, qui in institutionis suæ primordiis tanta vitæ sanctitate fulgebant, in superbiam intolerabilem postea delapsi, quam damnant non semel Scriptores, in primis Antistes Tyrius loco citato, Matth. Paris pag. 419. 529. 614. Bromptonus pag. 1279. Gervasius Dorobern. pag. 1856. et alii. Variis etiam subinde criminibus insimulati, Philippo Franciæ Rege procurante, comprehensi 13. Octob. ann. 1307. ac convicti, plerique vivi igne cremati sunt: tandemque in Concilio Viennensi a Clemente PP. V. ann. 1312. 3 April. Templariorum Ordo penitus abrogatus, eorumque bona Hospitalariis concessa. Totam hanc Historiam narrant Scriptores Ecclesiastici et Francici, atque in iis præsertim Puteanus, Bibliothecæ Regiæ Præfectus, peculiari edito in hanc rem Commentario.

In Anglia pariter uno eodemque die, hoc est 4. Idus Jan. ann. 1307. de mandato Clementis PP. ad instantiam Philippi Regis Franciæ comprehensi, deinde variis pœnis addicti, eorumque bona Hospitalariis pariter concessa. Rem recitant Thomas Stubbs in Actis Pontificum Eboracens. pag. 1730. Knyghton ann. 1307. Monasticum Anglic. tom. 2. pag. 512. 559. 560. 943. 944. 945. etc. Will. Brito lib. 4. Philipp. de Richard Rege Angliæ:

Imperiale solum cultu Templarius intrat,
Privato ut tectus habitu securior iret.

☞ Eodem anno idem Papa *in virtute sanctæ obedientiæ injunxit* Burghardo Archiepiscopo Magdeburgensi, *ut omnes Templarios, in ejus territorio commorantes, capi faceret et detineri, propter certa crimina ipsis imposita,* uti narratur in Chronico Episcoporum Merseburg. apud Ludewig. tom. 4. Reliq. MSS. pag. 407.

Templariorum Ordinis Magnorum Magistrorum nudum utcumque catalogum, quos Τεμπλουμαίστορας vocat Cinnamus lib. 4. ex Cartusiæ Villa-novanæ veteri codice pridem edidit Dion. Salvaingus Boissius. Nos etiam horum historicam seriem olim contexuimus, quam ex Familiis nostris Hierosolymitanis, seu Ultramarinis, hic delibabimus, indicatis dumtaxat Scriptorum locis, in quibus eorum mentio subinde occurrit, cum horum historiam hactenus nemo, opinor, attigerit.

º Magnorum hujusce ordinis Magistrorum catalogo, quem Cangius edidit, pauca adjicimus, cum data opera diligentius illum contexere nobis per tempus non liceat. Id tantum lectorem monitum velim, provinciarum præfectos etiam *Magistri* militiæ templi titulo insignitos fuisse, provinciis quibus præerant interdum non designatis, quod pluribus errandi occasionem præbuit. Sic Petrus de Roveira *Magister Militiæ templi* laudatur inter testes Chartæ Raimundi comit. Barcin. ann. 1156. in Probat. tom. 2. Hist. Occit. col. 554. qui rursus *Magister militum templi* nuncupatur in ulla ejusd. ann. ibid. col. 556. Eumdem titulum potissime sibi attribuebant, qui Templariis cis mare superiores generales constituebantur. Charta ann. 1184. ex Chartul. Guill. abb. S. Germ. Prat. fol. 210. vº. col. 2: *Amio Dei gratia cis mare domus templi humilis Magister, etc.* Sed et *Magister templi* inscribitur Magister ordinis S. Joan. Hierosol. in Charta ann. 1289. ex Bibl. reg. col. 798: *Frater B. Dei gratia sanctæ domus hospitalis Hierusalem magister humilis et pauperum Christi custos ..... Nos prædictus Magister Templi et alii omnes nobiles de regno Sion, etc.*

Primus igitur Ordinis institutor fuit
HUGO DE PAGANIS, ab *Payens*, patria Trecensis, qui Concilio Trecensi interfuit ann. 1127. et in Syriam e Gallia rediit ann. 1130. de quo agunt Præfatio ad Regul. Templarior. S. Bernardus in Exhortat. ad Milites Templi, Guill. Tyr. lib. 12. c. 7. lib. 13. c. 26. Robertus de Monte ann. 1128. Jacob. de Vitriaco l. l. c. 65. Sanut. l. 3. part. 6. c. 14. part. 7. c. 3 Roger. Hoved. pag. 479. Henric. Huntindon. lib. 8. pag. 384. Bromptonus pag. 107. Vassorius in Annalib. Noviodun. pag. 877. Mon. Angl. tom. 2. pag. 517. 885. etc. Huic successit

ROBERTUS, cognomento *Burgundio*, Magnus Templi Magister, ann. 1140. 1147. de quo agunt Tyrius lib. 15. cap. 6. lib. 17. c. 1. Gesta Ludovici VII. c. 18. Diagus in Comitib. Barcinon. lib. 2. c. 145. 146. natales vero ac ejus familiam, quæ Credonensium dominorum apud Andes fuit, attigerunt Duchesnius in Histor. Burgund. lib. 4. c. 87. Augustin. *du Pas* in Familiis Armoricis pag. 748. Vide præterea S. Anselmum lib. 3. Epist. 66. Ordericum Vital. lib. 8. pag. 674. et Sammarthanos in Abbat. de Rota pag. 796.

EBRARDUS, vel EVERARDUS DE BARRIS, eadem dignitate donatur apud Sugerium Epist. 50. S. Bernardum Epist. 362. Petrum Cluniac. lib. 6. Epist. 26 Odonem de Diogilo de Ludovici VII. Profect. in Orientem lib. 3. et 7. pag. 33. 67.

HUGO Magnus Templi Magister sub ann. 1151. nominatur in Privilegiis Ord. Hospitaliorum pag. 10.

BERNARDUS DE TREMELAY, Magnus Templi Magister, Ascalonensi obsidioni interfuit ann. 1153. ut narrat Tyrius lib. 17. c. 21. 27. a Saladino in prælio captus, Manuele Imperatore procurante, libertate donatur ann. 1157. ut docet Cinnamus lib. 4. n. 22. Familiæ de Tramelay, vel Tremeley in Sebusianis, meminit Guichenonus in Bibl. Sebusiana cent. 2 cap. 25.

BERTRANDUS DE BLANCHEFORT, Magnus Templi Magister ann. 1160. 1161. cujus complures leguntur Epistolæ ad Ludovicum VII. Regem Franc. in Gestis Dei per Francos pag. 1176. et tom. 4. Hist. Franc. pag. 692. 693. 694. 697. 608. 700. 702. Interfuit Christianorum cladi ad Harenc ann. 1165. in Gest. Dei pag. 1179. Vide tom. 4. Hist. Franc. pag. 701. et Tyrium lib. 20. cap. 5. Eadem tempestate vixit Gaufridus Fulcherius Domus Templi Hierosolymitanæ Præceptor, de quo agunt Joan. Sari‌ber. Epist. 275. tom. 4. Histor. Franc. pag. 695 699. 701. 702. Ughellus tom. 3. pag. 465. et Vassorius pag. 903.

ANDREAS, Bernardi Domini Montisbarri et Hunhergæ filius, S. Bernardi Abbatis Clarevall. avunculus, Magnus Templi Magister ann. 1165. Hujus meminit idem Bernardus Epist. 288. et Gaufrid. lib. 1. de Vita ejusdem S. Bernardi cap. 4. § 11. lib. 3. c. 1. § 1. Vide Petrum Franc. Chiffletium in S. Bernardi genere asserto pag. 641. 644.

PHILIPPUS Neapolis in Syria Dominus, Miles Templi factus, ejusdem Ordinis Magnus Magister exstitit: quam dignitatem postea dimisit, ante annum 1170. Vide Tyrium lib. 20. c. 24. lib. 22. c. 5. et Ughellum tom. 3. pag. 475. De ejus familia egimus in Familiis Hierosolymitanis. [° Hic memorari in Charta ann. 1169. apud Murator. tom. 2 Antiq. Ital. med. ævi col. 908: Philippus militiæ templi Magister.] Huic suffectus

ODO DE S. AMANDO, primum Marescallus. deinde Buticularius Regni Hierosolymitani, qui abdicata rerum secularium cura, Miles Templi factus, ejusdem Ordinis Magnus Magister creatus est, quam dignitatem obtinebat ann. 1174. et 1175. Interfuit prælio, quo Balduinus IV. Saladinum ad Ramam fudit, in quo acriter pugnavit. Sed haud multo post ab eodem Saladino in Sidoniensi tractu captus, vitam in captivitate finivit. Will. Tyr. lib. 20. cap. 32. lib. 21. c. 22. 29. Radulphus de Diceto pag. 601. Robertus de Monte ann. 1180. Vide Patriarchium Bituric. c. 71.

ARNOLDUS DE TOROGIO, Magnus Templi Magister ann. 1181. obiit ann. 1184. Will. Tyr. lib. 22. c. 7. Rigord. ann. 1184. Hoveden. pag. 628. Monach. Altisiod. pag. 88. Sanut. lib. 3. part. 9. c. 4.
° Idem qui Arnaldus de Turre-rubea nuncupatur, in Charta Ildefonsi reg. Aragon. ann. 1177. ex Chartul. Gemundensi.

THEODORICUS, seu THERRICUS, Magnus Templi Magister post hanc occurrit, cujus crebra est mentio apud Script. Rer. Hierosol. ubi de Guidonis Regis clade ann. 1187. cui interfuit, et a qua evasit : licet captum a Saladino dicant Rad. de Diceto et Nicol. Trivettus sub ann. 1188. Plura de Therrico habentur apud Monachum S. Pantaleonis ann. 1187. Hovedenum pag. 636. Gervasium Dorobern. pag. 1502. Matth. Paris pag. 100. Sanut. lib. 3. part. 9. c. 4. in Chronico Reichersperg. ann. 1187. etc. Adde Ughellum in Archiepiscopis Pisanis eodem anno. Abdicato statim post hanc cladem Magistratu subrogatur

GIRARDUS, vel GERARDUS, DE RIDESSOR Bromptono cognominatus · de Ridesford, auctori Hist. Hierosolym. pag. 1151. 1153. 1156. 1165. de Bedefort Radulfo Coggeshalensi MS. et Hovedeno : denique de Ridefort auctori vernaculo Historiæ Hierosol. qui Flamingum et Regis Hierosolymitani Senescallum fuisse ait. Hanc porro dignitatem paucis mensibus tenuit, cæsus in prælio, quod initum est inter Guidonem Regem et Saladinum 4. Octob. ann. 1188. Vide præterea Jacob. de Vitriaco lib. 1. c. 98. Girardo

GUALTERUS sufficitur, ut est in Catalogo Villanovano. Huic

ROBERTUS DE SABLOIL, ann. 1155. ex familia forte de Sabloio apud Andes. [° Rem evincit Charta Gaufridi de Sabolio inter Probat. tom. 2. Annal. Præmonstr. col. 855 : Ego Goffridus Sabolii dominus, Roberti (abbatiæ Perrodii-novi fundatoris) filius, qui scilicet Robertus Magister Templi Ierosolymis tunc temporis habebatur.] Isti successit

GILBERTUS HORAL, vel ERAL, [Magister citra marinus, ut est in Charta ann. 1193. Magnus Templariorum Magister postea dictus est, circa] ann. 1196. quem excepere

PONTIUS RIGALDUS, ann. 1198.

PHILIPPUS DU PLESSIEZ, ann. 1201. [ut patet ex Transactione hujus anni facta in Syria. Exstat in Archivo Arelat.]

THEODATUS DE BERSIACO ann. 12...... de quibus, in supra laudato catalogo recensitis, silent Scriptores. Meminit Innocentius III. 1. 14. Epist. 64. controversiæ inter Leonem Regem Armeniæ, et Magistrum Templi et Templarios super Castro Gastonis, de qua etiam quædam habent Gesta ejusdem Pontificis pag. 123. 128 129 hoc est sub ann. 1211. Post Theodatum Thomas de Monteacuto ann. 1210. recensetur in eodem catalogo; sed is post Guillelmum de Carnoto hanc dignitatem obtinuit :
deinde

GUILLELMUS DE MONTEDON ann. 1216. quem excepit idem

GUILLELMUS DE CARNOTO, seu de Chartres, ann. 1218. qui obsidioni Damiatæ interfuit ann. 1219. ut est apud Oliverium Scholasticum, a quo ob virtutem bellicam laudatur, et universa Templi Militia, quæ, inquit, prima solet esse in congressu, et ultima in recessu, a quo hæc mutuati sunt Jacob. de Vitriaco lib. 3. pag. 1134. et Matth. Paris pag. 208. 211. 212 Vide præterea tom. 8. Spicilegii Acheriani pag. 874. Honorium III. lib. 2. Epist. 1217. et Hieron. Rubeum in Hist. Ravenn. lib. 6. pag. 380. Guillelmo successit

THOMAS DE MONTEACUTO, seu Montaigu, cujus Epistola legitur apud Matth. Paris ann. 1221. qua in Regno Hierosol. gesta post expugnatam Damiatam enarrat. Sub hoc, ni fallor, Honorius III. PP. Templarios ab Patriarchæ Hieros. et Episcoporum jurisdictione exemit, ut est in Privilegiis Ordin. Hospitalariorum. [Exstat in Archivo Arelat. Transactio hujus Thomæ cum Guarino de Monteacuto summo Magistro Hospitalariorum anno 1225.]

A. Magnus Templi Magister occurrit in Tabulario Manoscensi in Charta ann. 1234. qui non alius est, quam qui Armandus appellatur in quadam Epistola scripta Theobaldo Regi Navarræ, Comiti Campaniæ, et Comitibus Nivernensi, Foresii, et Monfortensi, aliisque Franciæ Baronibus ab Episcopo Nicosiensi Patriarchæ Hierosolymitani Vicario, H. Episc. Nazaretensi [Nazarenensi Archiep. in Chartul. Campaniæ ex Bibl. Reg. fol. 78. ubi eadem Charta legitur;] R. Episc. Acconensi, R. Episc. Liddensi, H. Abbate Templi, G. Magno Hospitalitiæ Templi, Gauterio Comite Briennensi, Eudone de Montebeliardo Regni Hierosol. Comestabulo, B. Domino Sidonis, et I. Dom. Cæsareæ, super statu Terræ Sanctæ, nulla cæterorum addita anni nota.

HERMANNUS DE PERIGORD, Præceptor Domus Templi in Sicilia et Calabria sub anno 1229. ut est apud Rocchum Pirrum tom. 2. pag. 640. Magnus ejusdem Ordinis Magister dictus est : quam dignitatem obtinebat ann. 1230. ut est apud Albericum in Chron. MS. qui forte is est, quem patria Pictavinum fuisse ait sub ann. 1237. Illius Epistolam super Regni Hieros. statu descripsere Matth. Paris et Nicolaus de Trivetto sub ann. 1244. quo illa a Saracenis cæsus interiit, electo statim in Vicemagistrum Guillelmo de Roquefort, interim dum alius eligeretur Magister. Vide eumdem Paris pag. 416. 419. 421. 427.

GUILLELMUS SONNAC, vel de Senay, ut nominari videtur in Epistola, quæ describitur apud Matth Paris in Addit. pag. 110. una cum S. Ludovico obsidioni Damiatæ interfuit ann. 1249. ut est apud Joinvillam, a quo ob fortitudinem laudatur, ut et a Paris ann. 1240. pag. 528. 583.

RENALDUS DE VICHIER, in Tabul. Eccl. Autisiodor. Domorum Militiæ Templi in Francia Magister, anno 1247. Marescallus Templi, apud Joinvillam pag. 35. nostræ edit. Magister Templi, cap. 52. edit. Pictavensis, denique Magnus Templi Magister : in Archivo Regio, scrinio Champagne VI. De Templariis hac fere tempestate, vide Sanut. lib. 3. part. 12. cap. 5. 6. 7. 9.
° Guill. Tyrii contin. Hist. apud Marten. tom. 5. Ampl. Collect. col. 736. ad ann. 1256 : Morut frere Renaut da Vichteres, Maisire du Temple. Après lui fu fait Maistre frere Thomas Berart. Infra : Berard. Expungendus itaque Aimericus, quem inter illos collocat Cangius.

AIMERICUS Præceptor domorum Franciæ, in Magnum Magistrum ejusdem Ordinis electus est ann. 1264. ut est apud Odoricum Rainaldum hoc ann. n. 31. Breve Chronicon Hospitalariorum tradit, Guillelmum de Castellonovo Arvernum, Magnum Ordinis Magistrum ann. 1260. fratrem fuisse Magni Templi Magistri: unde conjici daretur ex temporum ratione hunc Aimericum innui.

THOMAS BERART, vel Beraud, eadem dignitate , ut docemur ex Epist. vernacula Theobaldo scripta , quam dedimus in Notis ad Joinvillam pag. 64. Ubi Maistre de la poure Chevalerie du Temple indigitatur. Quæ quidem

Epistola licet nullam anni notam præferat, ex serie tamen colligitur, scriptam sub ann. 1273. triennio scilicet post mortem Joannis Comitis Briennensis, quam in ann. 1270. conjiciunt Scriptores. Huic ascriptum scribit Puteanus in Templariorum Hist. pag. 20. pravum hunc morem, quī cæteris Templariis objectus fuit in eorum condemnatione, Christum abnegandi in professione, quem alii nescio cui Roncelino Magistro attribuunt. Utcumque sit, non multo post

ROBERTUS, Magnus Templi Magister Concilio Lugdunensi cum M. Hospitalariorum Magistro interfuit anno 1274. ut est in actis ejusdem Concilii. Vide Sanutum lib. 3. part. 12. cap. 14. 16. 17. Post hunc

GUIFFREDUS DE SALVAING, M. Templi Magister nominatur in Catalogo Villanovano sub ann. 1285. ex familla nobili Delphinate, ex qua erat supralaudatus Dionysius Salvaingus Boissieu, vir natalium et eruditionis splendore illustris, Primus in Camera Computorum ejusdem Provinciæ Præses, et scriptis clarissimus.

° Eadem Hist. contin. Guill. Tyrii apud Martenium ibid. col. 746. ad ann. 1273 : *Morut frere Thomas Berart, Maistre du temple le jor de la Nostre-Dame de Mars, et fu fait Maistre à xiij. jors de May frere Guillaume de Biaujeu, qui estoit outre mer commendeor du Temple en Pulle, et alerent por li quatre frere Guillaume de Potiçon, qui avoit tenu lieu de Maistre, et frere Bertran de Fox : et frere Gousier fu fait commandeor grant tenant lieu de Maistre.* Inter ejusmodi locum-tenentes recensendi ergo sunt *Robertus* et *Guiffredus de Salvaing*, siquidem *Thomæ* Berart proxime suffectus est

° *Guillelmus de Bellojoco*, ut in laudata Historia asseritur. Et certe *Frater Guillelmus de Bellojoco venerabilis Magister domus militiæ Templi* annumeratur inter eos, qui præsentes aderant conventioni initæ inter Jacob. Contar. Venet. ducem et Joan. de Monteforti v. Kal. Jul. ann. 1272. tom. 3. Cod. Ital. diplom. col. 1577.

GUILLELMUS DE BELLOJOCO, uti appellatur in Inquisitionibus contra Templarios, et alibi · perperam *Petrus de Belgiou*, seu *Bellivisus*, dictus in laudato Catalogo, qui Magnus Templi Magister exstitit ann. 1286. [Prius, anno scilicet 1278. hanc dignitatem obtinuisse discimus ex Inscriptione quam refert Paulus Lucas in Itin. tom. 2. pag. 81. si tamen huic fides habenda est.] Perlit in obsidione Acconensi, viriliter contra Saracenos pugnans, anno 1291. cum omnibus fere Templariis, decem dumtaxat Ordinis Militibus clade elapsis. Vide Sanutum lib. 3 part. 12. cap. 21. Dictamina MSS. Magistri Berardi de Neapoli Epist. 141. 142. Odoricum Rainaldum ann. 1291. 7. Puteanum in Hist. Templariorum pag. 120. Archivum Regium scrinio, *Croisade de Philippes de Valois*, Ch. 27. etc.

MONACHUS GAUDINI, Magnus Templi Magister statim post Acconensem cladem a decem Militibus, qui ex ea superfuerant, electus, in insulam Cyprum cum iis concessit, uti narrat Auctor Historiæ Excidii Acconis MS. in Biblioth. S. Victoris Paris. Postremus denique hujus Ordinis Magnus Magister fuit

JACOBUS DE NOLAY, Burgundio, ex diœcesi Bisuntinensi, perperam de *Mo-lay* nominatus in plerisque Historiæ Templariorum locis, pag. 122. 128. 129. 160. et in Catalogo Villanovano. Tortosam una cum Almerico Tyri domino expugnavit, et exinde aliquot annis bella cum Saracenis fortiter gessit, donec a Babylonico Sultano ea pulsus, in Franciam venit, ubi cum aliis Templariis igne consumtus Parisiis interiit. Hunc porro nescio unde *Fratrem Gracchi* appellet Brustemius apud Chapeavillum tom. 2. Hist. Leodiensis pag. 347. Vide Rainaldum ann. 1298. 21. et Sanutum lib. 3. part. 12. cap. 10.

☞ De eo Templariorum cruento interitu Poema MS. cui titulus, *Les Adventures advenues en France*, initio sæculi xv. editum, hæc refert :

L'an mil trois cens et vii. sçachiez bien qu'en ce temps
Furent pris les Templiers, qui moult furent puissans .
Vilment furent menés auques des plus vaillans,
Je crois bien que ce fu par l'art des mescreans.
Je ne scai se Templiers faisoient teis exploits,
Mais en leurs drapa portoient une vermeille croix.

¶ TEMPLARIUS, Species tigni, vel assidis. Statuta Vercell. fol. 76. v° *Item quod nullus revenditor emat vel emi faciat lignamen aliquod, trabes, canterias, columnas, remas, circulos, assides, Templarios, nec aliquod aliud lignamen laboratum vel non laboratum usque ad horam octave, que pulsatur post nonam.* Vide Tempierum.

° TEMPLATURA, Fornix, concameratio; unde *Templatus*, Concameratus, Gall. *Vouté*. Charta ann. 1319. tom. 2. Hist. Casin. pag. 545. col. 2 : *Promiserunt construere tectum totius ecclesiæ Cassinensis secundum formam, secundum quam laboratum est tectum ecclesiæ Lateranensis de Urbe, tam de lignaminibus quam Templatura, et etiam copertura plumbi vel aliarum regularum, . . et ipsam Templaturam promiserunt depingere seu depingi facere, juxta modum et formam dictæ Lateranensis ecclesiæ........ Promiserunt facere chorum ipsius ecclesiæ cum sediis duplicibus, unam videlicet altam et aliam bassam ;... ita quod dictus chorus principalior, sit super capite revolutus et Templatus.*

° Hinc *Templée* nostris et Italis *Tempione*, Acad. Crusc. : *Colpo dato con mano nella Tempia, intorno ad essa.* Vitæ SS. MSS. ex Cod. 28. S. Vict. Paris. fol. 40. r°. col. 2. ubi de S. Joan. Eleemosyn. : *Je te donrai tel Templée que toute la citez d'Alixandre si asamblera.* Et après li *Diables li dona une Templée* en semblance de mort (Maure). Ubi in Actis ejusd. tom. 2. Jan. pag. 512. col. 1. legitur, *Alapa*.

° TEMPLICOLÆ, Iidem qui *Templarii*. Vita B. Goberti tom. 4. Aug. pag. 380. col. 2 : *Quia Fridericus properabat Templicolas debellare. Quo peracto, fama hujus rei usque ad Templarios evolavit. .... Revera igitur nunciatum est summo magistro Hospitalis Jerusalem, et Templicolarum summo præceptori*, etc. Vide supra *Templares.*

TEMPLUM. *Templa* appellatas potissimum paganorum ædes sacras docet Cod. Th. tit. *de Paganis, sacrificiis, et templis*, (16, 10.) locis a Jacobo Gothofredo indicatis in Paratitlo ejusdem tit. § 3 Interdum tamen ita dictæ Christianorum ædes sacræ, ut leg. 4. de his, qui ad Ecclesias confugiunt (9, 45.), d. Cod.

° Glossar. Lat. Gall. ex Cod. reg. 7692 : *Templum, Temple, i. navis monasterii.*

TEMPLUM, Ordo ipse *Templariorum*. Will. Brito lib. 5. Philipp. :

Suscipiens habitum Templi Syrias aufugit in oras.

Anonymus de Bell. Franc. in Morea :

Μητροπολίτας, Ἀρχιερεῖς, τὸ Τέμπλο, τὸ
                                        {Σπητάλι.

Philippus *Mouskes* in S. Ludovico ann. 1242 :

Dont revint noviele et exemples,
Que li Ospitaus et li Temples,
Li saudoier et li Baron
De toute la tiere environ
Avoient entr'aus fait un Roy, etc.

° Charta delph. Vienn. ann. 1225. inter Probat. tom. 2. Hist. Burgund. pag. 9. col. 1 : *Si ducissa Burgundiæ mihi Templum vel Hospitale constituere fecerit principales debitores,........ et cum Templum vel Hospitale sic fecerint mihi,* etc.

TEMPLUM, Ædes Templariorum, quomodo Parisiis eorumdem ædes etiamnum appellatur, vulgo *le Temple*. Monasticum Anglic. tom. 2. pag. 549 : *De dit Templariis Templum Outtinge pertinens eidem.*

Porro in *Templo* Parisiensi, reconditus olim fuit Thesaurus Regius, [jam a temporibus Philippi Aug. Franc. Regis, uti patet ex ejus Testamento : cujus excerptum hoc refertur tom. 2. Hist. Dalphin. pag. 75: *Præterea præcipimus, quod omnes redditus nostri et servitia et obventiones afferantur Parisius per tria tempora : 1°. ad festum S. Remigii; 2°. ad Purificationem B. Virginis; 3°. ad Ascensionem, et tradatur Burgensibus nostris præd. et P. Marescallo. In receptionibus averii nostri Adam Clericus noster præsens erit et eas scribet, et singuli habeant singulas claves de singulis arcis, in quibus reponetur averium nostrum in Templo, et Templum unam. Hoc est, Magister Templi clavem quoque unam habeat.* Ibidem pag. 74. habentur Literæ ann. 1204 in quibus Philippus Pulcher Franc. Rex *Dalphino et filio quingentas libras parvorum Turonensium annui redditus assignat, ab iisdem et successoribus in dicto Dalphinatu percipiendas perpetuo Parisius ad Templum.*] Charta ejusdem Regis ann. 1309. in 2. Regesto ejusd. ex Tabul. Regio n. 168 : *Concedentes eisdem hæredibus, et suis hæredibus, ut dictum reditum apud Templum in Thesauro nostro, vel alibi, ubi thesaurus reponetur prædictus, ad festum Candelarum habeant et percipiant annuatim,* etc. Exstat in duo Regesto ejusdem Regis Philippi ann. 1312 compositio, facta a Leonardo de Tyberiis sanctæ domus Hospitalis S. Joannis Hierosolymitani Priore Venetiarum, et Locum tenente Magistri Hospitalis prædicti in partibus transmarinis, et ipsius Ordinis Procuratore, et fratre Joanne de Villaribus Præceptore domus de *Fieffes* Prioratus Franciæ, cum gentibus ejusdem Regis, super variis *Regnis Franciæ receptis nomine dicti domini Regii factis et habitis apud Templum, in quo Thesaurus ejusdem domini Regis servabatur per fratres Ordinis Templi ante reprobationem illius ordinis, ex quo postmodum dictæ gentes prædicti Domini Regis finalem compotum minime recepisse dicuntur,* etc. Data Parisiis 21. die Martii an. 1312. Ubi præterea hæc habentur, quæ docent penes Templarios regii thesauri custodiam fuisse, ac de eo compota exegisse : ac *proinde dictus Ordo, cui bonorum Templi, quæ prædicto domino Regi pro regimine et custodia dicti thesaurii regii dictis Templariis traditi, *sub eorum cura et periculo obligata remanserant, administratio pro Terræ Sanctæ subsidio est commissa, in perpetuum remanebit quitus et penitus absolutus, super rationibus aut compotis exhibendis occasione receptæ cujuslibet a Fratribus ordinis Templi nomine dicti domini Regis factæ in dicto thesauro vel alibi, nec non super omni eo, quod ab Ordine nostro prædicto occasione receptarum aut rationum seu compotorum hujusmodi reddendorum ex ipsis receptis duinceps peti posset.*

Apud Anglos perinde Thesaurus Regius reponebatur in *Novo Templo* Londinensi. Matthæus Paris ann. 1282. de Huberto de Burgo Angliæ Justitiario repetundarum postulato : *Exegit rationem.... de quintadecima et sextadecima, et aliis redditibus, tam ad Scacarium suum, quam ad Novum Templum Londinense,* (ubi Spelmannus in voce *Justitia* addit, *ubi etiam reponebantur pecuniæ regiæ,) et alibi.*

¶ TEMPLUM DEI, *Deo fidele, cœleste,* Cœtus Christianorum, Ecclesia, Lactantio lib. 4. Institut. cap. 14. et lib. 2. de Morte persecutorum cap. 2. et 13.

¶ TEMPLUM DOMINI, *Templum Militiæ,* Jerosolymis. Jacobus de Vitriaco lib. 3. Hist. Orient. n. 12. apud Marten. tom. 3. Anecd. col. 277 : *In Templo Domini Abbas est et Canonici regulares. Et sciendum est, quod aliud est Templum Domini, aliud Templum Militiæ. Isti Clerici, illi Milites.*

¶ 1. TEMPORALIA , Pulvinus , Gall. *Coussin ;* forte quod in eo reclinentur tempora, sic dictus. Rituale Suession. MS. a Martenio nostro laudatum in Tractatu de antiq. Eccl. Discipl. in divinis Officiis pag. 382. ubi de Feria VI. Parasceves : *Dum cantatur* (Tractus,) *Archidiaconus ascendat in pulpitum sic : Clericus cum incenso nudis pedibus eum præcedat : deinde Subdiaronus ferens Temporalia, infula indutus, post illum Archidiaconus ferens Evangelium panno serico rubro involutum; infula sua plicata et in modum stolæ super humerum imposita ; finitoque Tractu statim incipiat, Passio Domini, etc.* In Additis recentioribus ad Missale Suession. ad hunc diem legitur : *Subdiacono tunica induto, pulvinar tenente, etc.*

¶ 2. TEMPORALIA, Bona clericorum. Gall. *Le Temporel,* in Instrumentis Gall. Christ. novæ edit. col. 159. apud Ludewig. tom. 6. Reliq. MSS. pag. 5. Rymer. tom. 8. pag. 120. col. 1. tom. 8. pag. 393. col. 1. Kennett. Antiq. Ambrosd. pag. 380. et alibi passim. *Temporale dominium, apud* eumdem Ludewig. tom. 5. pag. 508. Vide *Regalia* 2. et *Temporalitas* 2.* Haltaus. Glossar. German. col. 2078. voc. *Weltlichkeit.*

º 3. TEMPORALIA, Jejunium quatuor temporum. Charta ann. 1181. apud Murator. tom. 5. Antiq. Ital. med. ævi col. 204 : *Episcopus accedente Mariæ ad Carceres debeat solvere annuum censum, scilicet solidos centum pro ecclesia sancti Salvatoris nobis et successoribus nostris omni anno in Temporalibus Nativitatis Domini in perpetuum.*

TEMPORALIS. *Temporales potestates,* in leg. 47 Cod. Th. de Episcop. (16,2.) qui ibidem *sæculares judices* appellantur. [Hac eadem notione Litteræ Caroli V. Regis Franc. ann. 1366. tom. 4. Ordinat. pag. 682 : *Cum se... præsentare consueverint (Canonici Turon.) coram quibuscunque judicibus nostris et aliis Temporalibus, et negocia sua tractare et peragere, etc. Temporales domini,* in Decla-

ratione ann. 1335. apud Ludewig. tom. 5. Reliq. MSS. pag. 509. et alibi. *Temporales personæ,* Sæculares, laïci, apud Rymer. tom. 9. pag. 877. col. 2.]

TEMPORALIS DIES , in leg. 63. de Appellat. (11,30.) leg.ult. de Reparat. appellat. (11,31.) Cod. Th. et in Cod. Justin. etc. dicitur ultimus spatii et temporis illius, quod ad appellationem exsequendam vel reparandam legibus tribuitur · quo exspirante, causa quoque exspir. Gloss. Gr. Lat. : 'Ογιοχρόνιος, *Temporalis.* [Et alibi : Πρόσκαιρον, *Temporale.* Adde Latino-Græca.

TEMPORALIS HOSTIS. Capitulare 2. ann. 813. cap. 9 : *Habeant loricas vel galeas, et Temporalem hostem, id est æstivo tempore,* (hoc est, definito, æstate scilicet *in hostem seu exercitum pergant, ut* jam dictum est in *Hostis.*]

TEMPORALIS, Inconstans. S. Columbanus Epist. 3 : *Nos scimus, quod cum gaudio et fervore suscepimus verbum domini. Caveamus nunc, ne simus Temporales.*

¶ 1. TEMPORALITAS , Tempus, ætas, temporis ratio. Tertullianus de Pallio cap. 1 : *Si quid dignitatis, vel Temporalitas vestit.* Et de Resurr. carnis cap. 6 : *Vita transferatur a Temporalitate ad æternitatem.* Utitur etiam Philastrius Hæresi 71.

¶ 2 TEMPORALITAS, Idem quod *Temporalia* 2. Bona Ecclesiastica. Gall. *Le Temporel. Temporalité,* in Litteris Philippi VI. Reg. Franc. ann. 1342. tom. 5. Ordinat. pag. 271 : *En tant comme il touche la Temporalité, etc.* Epistola Juliani Cæsarini Card. ad Eugenium IV. PP : *Non dico esse negligendam Temporalitatem ; sed dico multo plures esse æstimandum animarum salutem.* Occurrit in Charta ann. 1266. in Instrum. Gall. Christ. novæ edit. tom. 6. col. 158. in alio Instrum. ann. 1288. apud Baluz. tom. 4 Miscell. pag. 270. in Litteris ann. 1299. tom 1. Ordinat. Reg. Franc. pag. 331. et 332. in aliis ann. 1356. tom. 3. earumd. Ordinat. pag. 102. in aliis ann. 1355. tom. 1. Anecd. Marten. in aliis Alphonsi Regis Arag. tom. 3. Concil. Hispan. pag. 659. Adde Instrumenta Gall. Christ. novæ edit. tom. 1. pag. 34 col. 2. Probationes Hist. Lugdun. pag. 89 col. 1. Chartam Caroli Regis Franc. ann. 1874. apud D. Brussel tom. 2. de Feudorum usu pag. CXXX. Chartam Henrici VI. Regis Angl. ann. 1441. apud Rymer. tom. 10. pag. 814. col. 2. Glossarium Lobinelli tom. 3. Hist. Paris. etc. Vide *Regalia* 2.

º Sed et bona quævis, etiam laicorum hac voce nostris significabantur. Lit. ann. 1372. tom. 5. Ordinat. reg. Franc. pag. 535 : *Itz puissent.... imposer pour les réparations, fortifications et garde d'icelle* (ville) *sur toute manière de gens lays, qui ont et tiennent aucunes Temporalitez en ladite ville.*

¶ 1. TEMPORALITER, Ad tempus, Gall. *Temporellement. Lex Temporaliter observata,* Tertulliano adv. Judæos cap. 2. *Quo (mundo) Temporaliter libere uti potuisset,* S. Gregorio lib. 2. Dialog. in Præfat. *Temporaliter* opponit semper S. Paulinus Epist. 28. n 15. *spiritualiter* vero Carolus IV. Imper. in Diplomate ann. 1847. apud Ludewig. tom. 6. Reliq. MSS. pag. 41: *Incrementum suscepit spiritaliter et Temporaliter,* hoc est, quoad res spirituales et terrenas. Vide *Temporarie.*

¶ 2. TEMPORALITER, Prospere, feliciter quoad temporalia. Charta Rob. reg. post ann. 1022. tom. 10. Collect. Histor.

Franc. pag. 607 : *Ad instantem vitam Temporaliter transigendam, etc.* Ad præsentem vitam cum felicitate transigendam, in alia ejusd. reg. ibid. pag. 604.

TEMPORANEÆ , Temporius, Gall. *De bonne heure.* Ritus ordinandi Episcopum in Ecclesia Rotomagensi : *Tertia pulsetur Temporaneæ, et interim præparet se Domnus archiepiscopus, etc.* [Pontificale MS. Eccl. Bisunt. apud Marten. de Antiqua Eccl. discipl. in divinis Offic. pag. 376 : *Ita Temporaneæ vadant , ut hora sexta ad majorem ecclesiam revertantur omnes.*]

¶ TEMPORANEUS. Maturus, tempestivus. Jac. 5. 7 : *Ecce agricola expectat pretiosum fructum terræ, patienter ferens donec accipiat Temporaneum* (suppl. imbrem, Gr. ὑετὸν πρώϊμον) *et serotinum.* Passim occurrit in sacris Scripturis.

º *Gesta* comit. Barcin. tom. 10. Collect. Histor. Franc. pag. 318 : *Pene per omnem æstatem et autumnum siccitas nimia et fervor immanis fuit, ita ut innumerabiles fruges non pervenirent ad Temporaneam maturitatem propter solis ardorem.*

TEMPORARE , *Tempus ducere* , (Gall. *Temporiser*) *vel in tempore vivere Adtemporare, contemporare, simul temporare,* Joan de Janua.

TEMPORARIE, Ad tempus. Salvianus lib. 5. de Gubernat. Dei : *Nihil suscepti tribuunt, sed sibi hoc etiam pacto aliquid a parentibus Temporarie attribuitur, ut in futuro totum filiis auferatur.* Utitur etiam libro 8. Disputatio Zachæi lib. 3. cap. 8 : *Temporarie abstinentiam et continentiam simulant.* Utuntur etiam Latini Scriptores.

¶ TEMPORATIM, pro Vario tempore. Tertullianus de Pallio cap. 2 : *Sic et terram si recenseas Temporatim vestiri amantem, prope sis eandem negare, memor viridem cum conspicis flavam, mox vivurus et canam.* Adde eumd. Tertull. lib. de Anima cap. 28.

¶ TEMPORICARE , ut infra *Temporizare.* *Dum iret Temporicando ,* in Chronico Estensi ad annum 1388. apud Murator. tom. 15. col. 517.

TEMPORINUS, Tener, mollis, Gallis *Tendre.* Odo Cluniac. lib 2. de Vita S. Geraldi cap. 27 : *Dixerat, et de rupe, quæ eidem loco imminet, cervus sese præcipitavit. Quem ministri gaudentes pariter et mirantes tulerunt, et inde, sicut cum cervorum cavo Temporina est , delicatum edulium seniori paraverunt.* [∞ Idem f. quod *Temporivus.*]

TEMPORIVE. Gregorius Tur. lib. 5. Hist. cap. 46 : *Nunquam prandio usus est, nisi tantum cena, ad quam sic Temporive resideret, ut sole stante consurgeret.* Ubi forte legendum *Temporius.* Vide *Temporius.*

¶ TEMPORIUS, Maturius, citius. Vide *Temperius.*

¶ TEMPORIVUS FRUCTUS, apud Faustum lib. 2. de Libero cap. 10. Medius inter præcocem et serotinum.

º TEMPORIVUS, ut *Temporaneus.* Dudo de Morib. Norman. lib. 2 : *Da illi aliquod regnum unde conducat sibi cibum et vestitum, donec impleatur tempora, quam illi das, opulentiarum congerie, reddatque Temporivos fructus victuum, hominum et animalium.* Haud scio an inde, vel quod *herba Temporal* appelletur, in Libert. Laudozi ann. 1302. tom. 8. Ordinat. reg. Franc. pag. 192 : *Nulli gentium ecclesiasticarum, nobilium aut aliorum hoitum sit facere in dicta villa et pertinentiis ejusdem revtore sive duas herbas, sed unicam*

tautum, vocatam Temporial. Eadem rursus occurrunt ibid. pag. 204. art. 26.
¶ **TEMPORIZARE**, Gall. *'Temporiser*, Ital. *Temporeggiare*, Cunctari. Legitur in Historia Monasterii S. Laurentii Leodiensis apud Marten. tom. 4. Ampl. Collect. col. 1143. Vide *Temporare.*
¶ **TEMPTARE**, pro *Tentare*, passim legitur, ut et *Temptatio*, pro *Tentatio.* Vide in hac voce.
¶ **TEMPTATIVUS**, pro *Tentativus*, Seducens, fallax, in Charta ann. 1377. cujus locus exstat in *Truffaticus.*
TEMPTATUS. Capitula ad Legem Alamannor. cap. 22. edit. Baluzianæ: *Si in clida misa non fuerit, et prisa est Temptata fuerit, etc.* i. tenta, seu detenta.
¶ **TEMPTORIUM**, pro *Tentorium*, in Memoriali Potestatum Regiens. apud Muratorium tom. 8. col. 1096.
° Annal. Placent. ad ann. 1447. apud Murator. tom. 20. Script. Ital. col. 893: *Post venit Carolus marchio Mantuanus cum multis militibus, qui tabernacula sua sive Temptoria firmavit a latere dextro.* Rursus legitur ibid. col. 894. et 917. *Temproir* vero, Crater, patera, scyphus, videtur, in Chron. Fland. cap. 69. pag. 138: *Elle* (la Reine Jeanne) *avoit un bouteiller qu'on appelloit Huppin ;....... celuy Huppin apporta clarey en un pot d'argent, et porta un Temproir pour la bouche de la reyne.*
¶ **TEMPTUS**, pro *Tentus*, detentus, passim.
TEMPUS, *Ad tempus*, suo tempore, vel mature, phrasis Gallica. *A temps*, vel *en son temps.* Capitula Caroli M. lib. 2. cap. 18: *Aut si aliqua re præpediente impedire non potuit, cur nobis ipsum impossibilitatem ad Tempus non annuntiavit.* Et cap. 27: *Eorum relatu nobis ad Tempus indicetur.*
¶ **TEMPUS**, Aer, cœlum, Gallice *Temps.* Annales Genuens. ad ann. 1227. apud Murator. tom. 6. col. 446: *Ubi per plures dies moram fecit, quia procedere non poterant, novercante maris et Temporis qualitate ; exinde vero nondum Tempore tranquillo, etc.* Et col. 509: *Circa mediam noctem validissima fortuna maris et Temporis fuit in portu Januæ, etc.* Chronicon Parm. ad ann. 1296. apud eumd. Murator. tom. 9. col. 886: *Semper die noctuque cecidit pluvia.... nullo modo exire voluerunt propter dictum malum Tempus.* Nostris *Mauvais temps*, Cœlum nubilum et pluviosum dicitur.
LIBER TEMPORUM, id est *Paralipomenon*, apud S. Hieronymum lib. 2. in Ruffinum cap. 8.
¶ **TEMPUS OCTAVIANUM**, Quo Cæsar Augustus imperavit. Charta apud Meichelbec. tom. 2. Hist. Frising. pag. 351: *Magna concordia concordia fiebat, letantes in eo quod Octavianum Tempus se accepisse mirabantur.*
¶ **TEMPUS PINGUEDINIS**, Quo pinguescunt feræ. Charta vetus apud Thomam, Blount in Nomolexico: *Tempus pinguedinis hic computatur inter festum B. Petri ad Vincula et Exaltationem S. Crucis; et tempus firmationis inter festum S. Martini et Purificationem B. Mariæ.*
∞ **TEMPUS APERTUM**, Quo in agros demessos animalia immittere licet. Notit. ann. 21. Edward. I. Glouc. rot. 14. in Abbrev. Placit. pag. 282: *Habeant communiam pasturæ per omnes terras suas in Shenington Tempore Aperto et post fena et blada collecta.*
° **TEMPUS CARNALE**, Quo licet Carnes comedere. Charta ann. 1365. ex Cod. reg. 5187. fol. 16. r°: *Cum ad vos venerint in vestris ecclesiis.... quadragesimali vel*

carnali Tempore, recipiatis. Vide *Carnale* 4.
° **TEMPUS FATALE**, Quod a lege præstitutum est ad causas appellationum apud judices instruendas et terminandas. Constit. MSS. Jacobi II. reg. Aragon. ann. 1306: *De Tempore fatali. Tempus enim triennale et alia tempora super prædictis a jure communi statuta et usu hujus terræ ad dictum tempus anni et medii et ad alia tempora prædicta coarctamus.* Vide *Fatalia.*
° **TEMPUS INFIRMUM**, Morbis opportunum. Acta S. Vict. III. PP. tom. 5 Sept. pag. 429. col. 1: *Quia fervor æstatis nimius erat, propterea tunc Romam ira distulerunt, quousque se et calor æstatis immineret et Tempora infirma transirent.*
° **TEMPUS MEDIUM**, nostris *Temps moiens*, Intermedium. Lit. ann. circ. 1300. apud Marten. tom. 1. Ampl. Collect. col. 1474: *Si vous prions cherement, que en le Temps moiens vous veullez conforter et faire de toutes choses et par especial touchant la sauve-gardes des chasteux.*
° **TEMPUS MORTUUM**, vox artificibus nota, *Temps mort*, Quo scilicet operæ cessant. Lit. remiss. ann. 1350. in Reg. 80. Chartoph. reg. ch. 250: *Dicando eidem Hugoni quod false ipsum a suo servitio in Tempore mortuo sui operis ejecerat, cum in bono ipsum deservisset.*
¶ **TEMPUSCULUM**, Tempus, ætas. Vita S. Gerardi Abb. Bron. n. 19. sæc 5. Benedict. pag. 264: *Asseverans ejus tutamine revixisse aurea quondam Tempuscula.*
° **TEMTARE**, pro *Tentare*, in Carm. Adalber. episc. Laudun. tom. 10. Collect. Histor. Franc. pag. 85.
¶ **TEMTOR**, Fidejussor, ut puto. Vide *Teles*
° **TEN**, i. *Lutum* in Glossar. medic. MS. Simon. Jan. ex Cod. reg. 6959 *Tay* nostris, eadem notione. Lit. remiss. ann. 1410. in Reg. 164. Chartoph. reg. ch. 179: *Jehan Sohier gettast une pierre ou boe ou Tay,... telement que ladite boe ou Tay sorti contre le branc ou rochet dudit suppliant.* Bestiar. MS.

En Tai et en limon se mouille,
Et illuec se devoire et souille.

Thoi, eadem, ut videtur, notione, in Serm. 19. ex Cod. MS. S. Vict. Paris.: *Comme l'anguile, quant ele sent la voiz, si s'anfuit et se respont el Thoi qu'ele ne soit prise.*
1. **TENA**, vel **TENIA**, Joanni de Janua, *a teno dicitur, estque vittarum extremitas dependens diversorum colorum; extrema pars vittæ, quæ dependet coronæ.* [Glossæ S. Andreæ Avenion. MSS. sæc. XIII: *Tenia seu Tena dicuntur lingule que dependent de mitra pontificis.*] Gloss. Lat. Gall.: *Tena*, vel *Tenia*, *Bende ou queue de mitre.* Provinciale Ecclesiæ Cantuar. lib. 3. tit. 1: *Contra Clericos portantes infulas, aut Tenas coram Prælatis, etc.* Concilium Lambethense ann. 1281 cap. 22: *Et cum corona sit character Christianæ militiæ, et revelati cordis ac paluli radius cœlestibus insigne: ipsi ut veraciter ostendant, se hujus characteris titulum erubescere, Tena coronas absconduat, quasi cœlestes radios repellentes, etc.* Infra: *Portantes infulas aut Tenas coram Prælatis, aut coram populo publice deferentes, etc.* Ubi Concilium Londinense ann. 1268. cap. 5. habet, *Infulas*, quas *vulgo Coifas vocant.* Ita *Tenæ* et *Coifæ*, idem sunt. [∞∞ Placit. ann. 15. Edward. I. Hereff. rot. 2. in

Abbrev. Placit. pag. 279: *Jurati dicunt quod Reginus Dingge venit in quadam grangia et voluit luctare cum Roberto de Clynton ipso Roberto invito, ita quod cepit ipsum et prostravit ipsum ad terram, et Tenam suam de capite suo cepit et in luto projecit.*
° 2. **TENA**, *Infirmitas capitis*, *Taigne*, Gallice. *Tenosus*, *Teignous*, Gallice. Glossar Gall. ex Cod. reg. 521.
° **TENABILIS**, a Gallico *Tenable*, Qui defendi potest. Memor. H. Cam. Comput. Paris. ad ann. 1423. fol. 102. r°: *Data est potestas... omnia fortalitia, ecclesias et castra, quæ per bonum consilium inveniet non Tenabilia, nocibilia et prejudiciabilia reipublicæ dictæ patriæ destruendi et demoliendi.*
¶ **TENABULA**, Idem quod mox *Tenacula*, Forceps, Ital. *Tenaglia*. Historia Dulcini Hæresiarchæ apud Murator tom. 9. col. 440: *Positisque ante eorum conspectum vasibus igne plenis ordinatis ad calefaciendum Tenabulas et comburendum carnes ipsis, adhibitisque carnificibus, qui cum Tenabulis ferri candentis carnes eorum lamabant, et frustatim in ignem ponebant.* Vide *Tenalea.*
¶ **TENABULUM.** Vide mox *Tenaculum.*
TENACES, *Forcipes*, in Glossis antiquis MSS. Hispanis *Tanazas*, nostris *Tenailles*, a tenendo, inquit Philander ad Vitruvium. Charta Ferdinandi I. Regis Hispaniæ æræ 1101: *Servitium de mensa, id est, salare, infertiuria, Tenaces, trullone cum coclearibus* 10. *etc.* [Fuscinas hic intelligo, nostris *Fourchettes.*]
TENACIA, pro *Tenacitas*, usurpatur ab Jona Aurel. Episc. lib. 3. de Instit. laicali cap. 11. [et a Scriptore Vitæ B. Lidwinæ tom. 2. Aprilis pag. 278.]
TENACULA, Forceps, in Mamotrecto ad 2. Paralip. cap. 4. nostris *Tenaille.* [*Tenaculum*, ea notione legitur in Vita S. Dunstani. tom. 4. Maii pag. 363: *Tenacula, quibus ferra tenebat, etc.*]
° Glossar. Provinc. Lat. ex Cod. reg. 7637 *Tenalha*, Prov. *forceps*, *Tenacula.* Vide mox *Tenagla.*
1. **TENACULUM**, *Venabulum*, Joanni de Janua. [Lego in Editione ann. 1514: *Tenabulum*, *venabulum*, *quia retinet aprum venientem.*] Gloss. Lat. Gall. habet: *Tenabulum*, *Retenail*, espié. At aliud sonat in M. Chronico Belgico pag. 172. ubi de expugnatione Ascalonitana a Balduino Rege Hieros.: *Quod inter maxima miranda miracula miraculum esse summum videtur, ut urbs* 150. *turribus prævalidis munita, et Tenaculis circum in plateis suis quasi crypta laquearis superfecta, tandem aliquando vinceretur.* Leg. forte *Tectaculis.*
TENACULUM, *Fibula*, *retinaculum*, *Retenail*, in Gloss. Lat. Gall. laudato. Vetus Charta apud Jo. Schefferum ad Chronic. Upsaliense pag. 152: *Item duæ ampullæ ponderant* 2. *markas. Item Tenacula duarum capparum ponderant quinque markas argenti deaurati.* Usus hac voce Terentianus Maurus in Præfat. sed alia notione. [Bern. *de Breydenbach* Itin. Jerosol. pag. 208: *In navibus, quæ non clavis aut aliis ferramentis sunt compacte, sed funibus quibusdam et lignetis Tenaculis conglutinate, etc.*]
° 2. **TENACULUM**, *Instrumentum scriptoris*, in Glossar. Lat. Gall. ex Cod. reg. 521.
¶ **TENAGIARE**, Candenti forcipe laniare. Ital. *Tenagliare*, Gall. *Tenailler.* Joh. Demussis Chron. Placent. ad ann. 1326. apud Murator. tom. 16. col. 494: *Eodem anno Carcagnus proditor et Ro-*

dulphus ejus socius, et duo alii socii cum eis Tenagiati fuerunt. Vide *Tenaglare.*
❋ **TENAGLA**, Forceps, Ital. *Tenaglia,* Gall. *Tenaille.* Instr. ann. 1384. inter Probat. tom. 3. Hist. Nem. pag. 66. col. 1 : *Cum Tenaglis dentes aufferendo, etc.*
❋ TENAGULA, Eadem notione. Steph. de Infestura MS. ubi de Innoc. VIII. PP : *Fuit igitur* (Macrinus) *ductus per urbem in curru rectus et nudus, et cuidam stipiti alligatus et passim ferris seu Tenagulis et forcipibus infocalis afflictus.* Hinc
❋ **TENAGLARE**, Candenti forcipe laniare, Ital. *Tenagliare,* supplicii genus. Chron. Patav. ad ann. 1281. apud Murator. tom. 4. Antiq. Ital. med. ævi col. 1149 : *Mascharonus prædictus et duo alii positi in carrectis vincti, et Tenaglati per civitatem, etc.* Vide *Tenagiare.*
¶ **TENALEA**, Forceps, Gall. *Tenaille,* Ital. *Tenaglia.* Joh. de Bazano Chron. Mutin. apud Murator. tom. 15. col. 613 : *Deinde fuit Tenaleis morsicata..... super unum lectum accensorum carbonum, etc.* Vide *Tenella.*
¶ TENALES , Eadem notione. Index utensilium de Ruminiaco e Chartulario Compendiensi : *Una securis et quidam tripes, et trois chemines de fer, et uncs Tenales et duo treffus.*
¶ TENALIA, Eodem intellectu. Chron. D. de Gravina, tom. 12. Muratorii col. 567 : *Licet in eorum corporibus caro modica superesset morsibus Tenaliarum ignearum, etc. Tenaliis igneis mordere,* ibid. col. 641.
¶ TENALIUM, Eodem significatu. Chronicon Bergom. Castelli de Castello ad ann. 1406 · *Quod ipsi ducantur super una carretta ad locum justitiæ et cum Tenalio ardente deberent attenajari, etc.*
¶ TENALLA , Idem. Enumeratio MS. munitionum Sommeriæ in Occitania ann. 1260 · *Item* VI *martellos.* Item IV. *Tenallas.* Item L. *forcipes.* Ubi per *forcipes* forte minores, per *tenallas* vero majores forcipes sunt intelligendi.
¶ TENALLEATUS, Candenti forcipe laniatus, Gall. *Tenaillé.* Annales Estenses ad ann. 1408. apud Murator. tom. 18. col. 990 : *Villanus debito damnatus supplicio fuit, pur civitatem super curru Tenalleatus, etc.* Vide *Tanajare.*
¶ **TENAMENTUM**, Idem quod infra *Tenementum,* post *Tenere.* Ibi vide.
¶ **TENANCIA**. Vide in *Tenere* 1.
¶ **TENANCIARIUS**. Vide infra in *Tenere* 1.
TENANDRIUS. Statuta Roberti III. Regis Scotiæ cap. 4. § 8: *Statutum est et ordinatum, quod licet in posterum dominus Rex de dicto Comitatu aut dominio, cum Tenandriis et libere tenentibus per chartam suam infeudaverit aliquem etc.* Legendum puto *Tenanceriis,* ex Gallico *Tenancier, Tenens.*
☞ Nihil est cur certo locum emendes. *Tenendria,* pro villa, infra occurrit : quidni *Tenandrius,* pro villicus ? Vide *Tenendria* in *Tenere* 1.
❋ Recte quidem, a *Tenandia,* Villa. Charta Jacobi reg. Scot. ann. 1450. in Chartul. Glasguens. eccl. ex Cod. reg. 5540. fol. 96 : *Episcopi Glasguenses teneant de nobis dictas terras in meram, puram et liberam regalitatem seu regaliam..... cum Tenandiis, Tenandriis et libere tenentium servitiis.*
¶ **TENANTIA**. Vide *Tenentia,* et *Tenere* 1.
¶ **TENASMUS**, Egerendi libido continua, sed inanis, Laurentio in Amalthea. Plinius lib. 28. cap. 14. habet : *Tenesmos, id est, crebra et inanis voluntas desurgendi.* Habet etiam *Tenasmus* eod. cap.

Sæpius alii *Tenesmus* dicunt, Medicis nostris *Tenesme, Epreinte.*
❋ Acta B. Amadei tom. 2. Aug. pag. 588. col. 1 : *Dum ipse dominus Antonius de la Ecclesia....... infirmaretur quadam infirmitate, quam vulgus appellat infirmitatem canalis, medici autem eam appellant infirmitatem Tenasmorum quodammodo incurabilem , etc.* Vide infra *Thenasmus.*
¶ 1. **TENATOR**, pro Tannator, ut videtur, *Tanneur. Constantius de Mongueur Tenator Trecensis,* in Charta ann. 1249. ex Chartul. Campan. col. 583. col. 1.
❋ 2. **TENATOR**, Qui prædium a domino feudali dependens, et in ejus feudo vel dominio tenet et possidet. Charta Jordani de Insula ann. 1171. inter Probat. tom. 1. Annal. Præmonst. col. 365 : *Absolvo etiam parentibus meis, Tenatoribus et hominibus meis, quidquid donare voluerint de rebus vel terris suis.* Vide *Tenere* 1.
❋ **TENATURA**, Possessio. Charta ann. 1223. in Chartul. eccl. Glasguens. ex Cod. reg. 5540. fol. 42. r° : *Salvo etiam jure et Tenatura rectorum ecclesiarum, qui modo sunt, quousque cesserint vel decesserint. Tenure,* eadem acceptione. Vide infra in *Tenere* 1.
✱ [« Decernimus autem ut quicumque hereditatem vel emptionem vel alias quaslibet possessiones per septem annos et unum diem in pace possederit et tenuerit *Tenatuam* suam deinceps libere et quiete possideat. » (Consuet. Rem. an. 1182, Mus. Arch. dép. p. 88.)]
¶ **TENCA**, Piscis fluviatilis notus, Gall. *Tanche,* Ital. *Tenca,* Ausonio in Mosella v. 125. *Tinca.* Dicitur Tanca Petro Azario apud Murator. tom. 16. col. 428. Rumplero lib. 1. Histor. Monasterii Formbac. apud Pezium tom. 1. Anecd. part. 2. col. 433. et aliis. Hinc emendandum alter ejusdem Rumpleri locus col. 468. ubi pro *Tenca* perperam habetur *Tenta.*
¶ TENCHA, Eadem notione, in Statutis Astensibus, ubi de *intratiis portarum,* et in Statutis Placentiæ lib. 6. fol. 79. verso.
¶ TENCHIA , Eodem intellectu , in Charta Hugonis Abb. S. Dionysii ann. 1200. ex Archivo B. Mariæ de Argentolio.
¶ **TENCHURERIUS**. Sententiæ Inquisit. Tolos. pag. 9 : *Matheus Aycardi Tenchurerius de Tolosa, etc.* Forte *Tenthurerius,* pro *Tenturerius,* Gall. *Teinturier,* Tinctor, infector. Vide *Teinturarius.*
¶ Nihil emendandum ; nam Provinciali idiomate *Tenchurie* dicitur, pro *Tenturier,* quo forsan utuntur etiam Occitani.
❋ **TENCIA**, Induciæ, Gall. *Suspension d'armes.* Stat. Petri archiep. Narbon. contra Albig. ann. 1234. inter Probat. tom. 3. Hist. Occit. col. 870 : *Demandent homines burgi incontinenti Tenciam et amicitiam, sive treugas xxv. dierum, quas habent cum O. de Termino et fautoribus suis.* Vide infra *Tenencia.*
1. **TENDA**, Tabernaculum, tentorium, Gallis *Tente.* [Ital. *Tenda.*] Tudebodus lib. 2. Hist. Hierosolymitanæ: *Et in nostras lautatis fræmis concurrerunt Tendas.* Florentinus Monachus de Expugnatione Acconensi:

Bachanalis Africus mare perturbabat,
Evulsa tentoria cuncta lustrabat,
Si confratres mei tunc ibidem fuissent,
Et tenere dentibus me Tendam vidissent,
Horum quidam, reputo, super me risuissent.

Occurrit præterea apud Ordericum Vital. lib. 9. pag. 742. 743. [in Annalibus Genuens. ad ann. 1218. apud Murator.

tom. 6. col. 405. in Memoriali Potestatum Regiens. ad ann. 1275. apud eumd. Murator. tom. 8. col. 1138. in Chronico Estensi ad ann. 1350. apud eumd. tom. 15. col. 458. in Chronico P. Azarii, tom. 16. ejusd. Murator. col. 331. in Statutis Astens. col. 17. cap. 71. in Statutis datiariis Riperiæ cap. 14. etc.] Raymundus Montanerius in Chron. Aragon. cap. 122 : *Et lo Senior Rey d'Arago feu anar la crida per la sua host, que tot homes plegas les Tendes, etc.* Sic Τένδες et Τέντζι, tabernacula vulgo vocant recentiores Græci, Leo in Tactic. cap. 5. § 9. cap. 10. § 12. cap. 13. § 3. cap. 18. § 54. Nicetas Græco-Barb. in Notis Wolphianis pag. 115. edit. Genev. Ducas pag. 37. 188. Joan. Cananus pag. 192. et alii a Rigaltio et Meursio laudati, [ut et in Glossario mediæ Græcitatis.]
TENDA, Hispanis, est Statio seu officina in qua ex aut locis publicis exponendis et vendendis mercibus. *Tentorium exponitur in Foris Aragon.* lib. 9. pag. 179. Diploma Weremundi Regis Hispan. apud Ambrosium Moralem : *Cum omnibus utensiliibus, cupis, torcularibus , et Tendis in mercatello, et vineis, quæ servierunt ipsi corti, etc.* Charta Aldefonsi VIII. Regis Castellæ æræ 1213 : *Et vestras Tendas nullus Alvariti, neque Almusericus, neque Almoçabel violenter intret, etc.* Rodericus Toletanus lib. 6. cap. 24 : *Rex dotavit Ecclesiam Toletanam, et dedit ei..... in civitate omnes stationes, quas vulgariter Tendas vocamus.* Idem in Hist. Arabum cap. 40. *Stationes vendentium* vocat. Fori Oscæ ann. 1247. sub Jacobo I. Rege Aragon. f. 18 . *Si duo habent domos, Tendas, aut alias hæreditates simul, etc.* Charta Lusitanica, apud Brandaon. lib. 15. Monarch. Lusitan. cap. 31: *Item retineo mihi et successoribus meis omnes Tendas, quas Reges Saraceni solebant tenere tempore Saracenorum.* Adde tom. 5. pag. 308. Præterea Colmenarezium in Hist. Segoviensi cap. 17. § 15. cap. 19. § 1.
TENDARII, Qui in *Tendis* merces suas venum exponunt. *Apothecarii* et *Tendarii,* in Foris Aragon. lib. 9. tit. Quod Physici, etc.
TENDERE, Tentorium explicare , vel in tentorio subsistere , castra metari, [Italis *Tendare,* nostris *Tendre.*] Gloss. MSS. Reg. Cod. 1018 *Tendebat, tentorium habebat.* Palmerius ad Sallustium pag. 520. restituit vocem *Tendentes,* pro *Tentoria figentes,* aitque vocabulum esse Numidarum. Huc viri docti ista referunt Maronis :

. . . . . hic sævus Tendebat Achilles.

Et Suetonii in Galba cap. 12 : *Cohors Germanorum juxta hortos Tendebat.* Denique Taciti Annal. 13 : *Milites Tendere omnes extra vallum jussit.*

ADTENDARE, Eadem notione, [Italis *Attendare.*] Epist. Tierrici Magistri Templi in Chronico Reichersperghensi ann. 1187 : *Et non potuerunt Adtendare ultra tendas tres.* Joan. Villaneus lib. 5. cap. 1 : *Ove il detto Imperadore s'era Attendato a gran danno di Romani.* Adde lib. 7. cap. 147. lib. 9. cap. 46. Hinc nostrum *Attendre* fluxit, [ut et Italicum *Attendere,*] pro *expectare,* quia donec *tendæ,* seu tentoria figantur, subsistunt, et expectant.
Tabernacula autem olim ex coriis confecta constat: unde in Epistola Valeriani ad Zozimionem, apud Pollionem in Claudio: *Pellium tentoriarum decurias triginta.* Zonaras in Constantino M.: Σκηνή ποτε τῷ πατρὶ διεσχισθη ἐκ Βα-

ξυλώνας δέρμασιν έγχωρίοις ποικιλώτερον είργασμένη.

2. TENDA, apud Papiam, *quæ rustice Trabis dicitur.* Cod. alius *Trabea* præfert. Gloss. Saxon. Ælfrici: *Tenda* tyldsyle, i. Domus limen.

° **3. TENDA**, TENDALIS, Locus vacuus, in quo aliqua extendi seu expandi possunt, Hisp. *Tendalero.* Charta admort. Caroli VII in Reg. Cam. Comput. Paris. alias Bitur. fol. 148. r°: *Item super una locata sive Tendali ad Carentenas,... ij den. obol. Turon...... Item super una locata Tendæ, sita ad Carentenas,... semi pict.* Et fol. 150. r°: *Item super locata cum Tenda ad Carentenas, quam idem Sparos tenebat, ij. den. Turon. et obol.* Rursum fol. 151. v° *Item super duabus Tendis cum suis locatis,... iiij. den. ob. Turon. Tande* et *Tende,* eadem, ni fallor, notione, in Charta ann. 1270. ex Tabul. S Mich. in eremo: *Octroions que....... toutefois et quanteffois que* (les bestes) *auront fait aucun domage..... en aucune ou aucunes de leurs maisons, vignes, terres, salines, prés, Tandes ou autres leurs tenences ou appartenances, etc.* Infra: *En leurs maisons, vignes, terres, salines, Tendes, ou autres leurs tenances ou appartenances, etc.* Vide infra *Tenta* 3.

° **TENDARE**, pro *Tendere,* explicare, Gall. *Tendre.* Comput. ann 1399. inter Probat tom. 8 Hist. Nem. pag. 150. col. 1: *Pro clavellis ad Tendandum dictos pannos, ij. grossos. Tanderie,* Facultas plagas tendendi ad capiendas aves, et præstatio, quæ pro ea facultate pensitatur, in Comput. redit. comitat. Pontiv. ann. 1554: *De le Tenderie aux oiseaulx du conté de Ponthieu;...... moyennant le prix et somme de douze livres Parisis par an. Tandeis* vero, Propugnaculum ante se protensum, quo quis defendatur ac protegitur, apud Joinvil. in S. Ludov. edit. Cang. pag. 40: *Les Turcs avoient ja brisé et froissé nos Tandeis et gardes.* Ibidem pag. 50: *Six des chevetaines des Turcs ...... vindrent faire ung Tandeis de grosses pierres de taille, affin que noz arbalestriers ne les bleçassent du trect.*

¶ **TENDARII.** Vide *Tenda* 1.

¶ **TENDARIS**, Locus in quo panni explicantur seu extenduntur, ut discimus ex Litteris Philippi VI. Reg. Franc. ann. 1335. tom. 2. Ordinat. pag. 115: *Concedimus eisdem quod pro custode Tendaris, seu loci communis in quo panni tirantur seu tenduntur, et in parte adaptantur, possint unum denarium et pro clausura, et alius reparationibus dicti tendaris..... imponere desuper, seu supra quemlibet pannum in dicto Tendari, et aliis Tendariis dictæ villæ tirandum, per illos qui faciunt pannos ipsos tirari.* Vide in *Tenda* 1. et infra *Tiratorium* 1.

° **TENDARIUS**, Tinctor, infector, Gall. *Teinturier,* alias *Tandeur.* Glossar. Lat. Gall. ann. 1348. ex Cod. reg. 4120: *Tinctores,* Gallice *Tandeurs,* et *dicitur ab hoc verbo, Tingo.* Libell. Caturc. ann. 1844. in Reg. 68. Chartoph. reg. ch. 812 *Item creant..... curatores sua gardiatores pannorum,..... et artificii textorum et paratorum et Tendariorum in pannis faciendis.*

¶ **TENDEHEVED**, mendose apud Hovedenum in Henrico II. pro *Tenth-heved,* vel potius *Tenheved.* Spelm. Vide *Tenheved.*

¶ **TENDELLI**, mendose, ut dicitur in *Collaterii.*

¶ **TENDERE**, Extendere. Codex Theod. lib. 11. tit. 14. leg. 1: *Ante omnia autem quæ in horreis habentur expendi volumus, ita ut non prius ad id frumentum Tendatur expensio.* Codex Justiniani præfert extendatur. Pro tentorium explicare seu castra metari sumitur paulo ante in *Tenda* 1.

¶ **TENDITAS**, Voluntas, auctoritasve. Bulla Gregorii IX. PP. e Tabulario Corbeiensi: *Ingerannus de Wareignies possessiones, redditus et alia bona ipsius monasterii occupare propria Tenditate præsumens, villas, molendina et grangias monasterii cum non modica quantitate bladi..... succendit ausu nephario et destruxit.*

TENEAMENTUM, Teneatura. Vide infra *Tenere* 1.

¶ **TENEBELLÆ**, Parvæ tenebræ. Cl. Mamertus lib. 2. de Statu animæ cap. 9: *Eruentur mihi atque extrahentur etiam nuncupatim ex abditis Tenebellarum, qui hactenus detituere.*

TENEBRÆ, Officium Ecclesiasticum, ita appellatum, quod peragitur feria 4. 5. et 6. majoris hebdomadæ. *His enim diebus Ecclesia Tenebras colit, et Matutinas in Tenebras finit,* inquit Durandus lib. 6. Ration. cap. 72. n. 2: *Primo quia in luctu et mærore est propter domini Passionem, et propter ejus triduanam mortem exequias celebrat triduanas.* Secundo *Officium Tenebrarum* significat tenebras, quæ fuerunt super faciem terræ, dum pendebat Sol justitiæ in cruce, etc. Adde Beletum cap. 100. Liber Ordinis S. Victoris Parisiensis MS cap. 20 . Ad Tenebras in Parasceve per tres dies 18. cerei accenduntur. Hugo Flaviniac. pag. 170: *Ubi vero ventum est ad Tenebras, miser ille, dum Kyrie eleyson cum versibus cantaretur, corde compunctus genibus patris advolutus est*

☞ Ad hunc posteriorem locum non satis attendisse videtur Mabillonius, cum *Tenebras* generatim *Matutinas* interpretatur in Onomastico ad calcem partis 1. sæculi VI. SS. Benedict. Verum quidem est de *Matutinis* nocte Cœnæ Domini celebratis, unde a Cœna Domini dictæ sunt *Tenebræ,* non a tenebroso noctis tempore, ut intellexisse videtur vir doctissimus.

¶ **TENEBRARE**, Obscurare, tenebrosum facere, Johanni de Janua. *Tenebrare terras,* Martiano Capellæ lib. 6 S. P. Chrysologus Serm. 74: *O si nebulæ fumus mulieris Tenebrasset aspectum!* Lactantius lib. 4. cap. 19: *Tenebrabitur dies lucis.* Guibertus lib. 1. de Pigneribus SS. cap. 1: *Quid dicam de illis, qui nullis aliorsum testimoniis claruerunt, et ex eo quod scripturis qualibuscumque celebrari putantur, potissimum Tenebrabuntur?*

° Nostris *Entenebrer.* Vitæ SS. MSS. ex Cod. 28. S. Vict. Paris. fol. 2. r°. col. 1: *Cil qui ont longuement demoré en chartre, ont les oelz Entenebrez et oscurs et ne poent voir clerement.*

TENEBRARIUS, Vir obscurus, obscuri nominis. Vopiscus in Firmico: *Et illi quidem adversum nos contendenti hæc sola ratio fuit, quod dicebat, Aurelianum in edicto suo non scripsisse, quod tyrannum occidisset, sed quod latrunculum quondam a Rep. removisset: perinde quasi digne tanti Princeps nominis abuerit tyrannum appellasse hominem Tenebrarium, aut non semper latrones vocitaverint magni Principes eos, quos invadentes purpuras necaverunt.*

¶ **TENEBRATIO**, Obscuratio, caligatio. *Tenebratio visus,* Cælio Aurel. lib. 1. Chron. cap. 2.

¶ **TENEBRESCERE**, Tenebrosum fieri, tenebris obduci. S. Aug. de Genesi ad litt. lib. 1. cap. 10: *Quo tempore pars ista, in qua sumus, Tenebrescit* in noctem. S. Chrysologus Serm. 74: *Tenebrescit vesper, non lucescit.* Rursum utitur Serm. 77. Homagium ann. 1257. e Schedis Præsidis de *Mazaugues: Quoniam veritatis series plerumque..... Tenebrescit.*

¶ **TENEBRICARI**, Idem quod *Tenebrescere. Sol media die Tenebricavit,* apud Tertullianum adv. Judæos cap. 13. Paschasius Radbertus lib. 3. de Fide, Spe et Char. cap. 12. tom. 9. Ampl. Collect Marten. col. 570 : *Hinc (anima) Tenebricatur peccatorum suorum aspectibus; illinc resplendet gratia Dei respersa et virtutum muneribus.*

¶ **TENEBRICOSITAS**, Obscuritas, caligo. *Tenebricositate vexari,* Cœlio Aurel. lib. 1. Chron. cap. 4.

° **TENEBROSITAS**, Obscuritas, caligo, Gall. *Tenebres,* alias *Tenebreur.* Lit. remiss. ann. 1398. in Reg. 153. Chartoph. reg. ch. 208: *Lanceam propter Tenebrositatem noctis reperire non poterant.* Aliæ ann. 1378. in Reg. 105. ch. 219: *Lequel compaignon les supplians ne congnoissoient point, comme il ne le peussent choisir ne adviser, pour la Tenebreur et obscurté de la nuit, etc.* Vide *Tenebricositas.*

° **TENECIO**, Possessio. Charta ann. 1204. ex Bibl. reg. cot. 17: *Ego Aladaicis Cornelo .. te Bernarde de Turre in Tenecionem mitto eo omni illo dono, quem tibi feci in meo novissimo testamento.* Vide supra *Tenatura.*

¶ **TENECULA**, Idem quod *Tenacula,* Forceps, Gall. *Tenaille.* Acta SS. Martis, tom. 2. pag. 508: *Brachium S. Joseph ab Arimathia in argento cum Teneculis in manu de argento.*

¶ **TENEDO**, TENEDURA. Vide *Tenere* 1.

¶ **TENEIREA.** Vide infra in *Tenere* 1.

¶ **TENELLA**, Gall. *Tenaille,* Forceps, Vita B. Lidwinæ, tom. 2. Aprilis pag. 274: *Tenella solet calefieri ad ignem.* Et pag. 314 . *Quod (pomi fragmentum) etiam inter ferreas Tenellas candenstesque compressum, insipidum omnino reddebatur.* Utitur etiam Cornelius Zanfliet in Chronico apud Marten. tom. 5. Ampl. Collect. col. 365. ubi de eadem B. Lidwina. Vide in *Tenalea.*

¶ **1. TENELLUS**, Obturaculum oris dolii. Jo Laudensis in Vita S. Petri Damiani Card. num. 2. de dolio, seu tina: *Evulso Tenello, nihil prorsus vini suscipiunt.*

¶ **2. TENELLUS**, Cenaculum aulicorum. Ordinatio Humberti II. super ordine et numero mensarum tom. 2. Hist. Dalphin. pag. 311. col. 1: *Item, quod aliis Militibus simplicibus in nostro Tenello comedentibus servuetur eodem modo inter duos quoslibet, videlicet de una gallina, etc.* Mox: *Item, quod omnibus... in Tenello nostri hospitii comedentibus serviatur, etc.* Et pag. 312. col. 2: *Die Veneris... in hospitio non comedatur, nisi semel in die et in Tenello, sicut nec aliis diebus jejunii.* Ibid. pag. 313. col. 2: *Potatio de mane in Tenello: Item, volumus et ordinamus, quod qualibet die de mane, quando non est jejunium ordinatum ab Ecclesia, panaterius hospitii nostri portet seu portari faciat in loco, ubi tenetur Tenellus mappam cum duodecim panibus parvis... et quod botellerii portent pro eisdem ad prædictum Tenellum sex mensuras vini puri de Tenello, et quod coquus de coquina nostra portari faciat ad dictum locum pro eisdem unum rotulum de carnibus, etc.* Similia mox repetuntur, ubi de potatione per diem in *Tenello.* Rursum infra pag. 317. col. 1: *Item, volumus quod illi qui debent in Tenello* *communi comedere, etc.* Adde pag. 335. col. 1. et vide *Tinellus.*

° 3. **TENELLUS,** Structa in forcipis modum munitio, Gall. *Tenaille.* Charta Galth. comit Brenæ ann. 1281. ex Tabul. commend. Trec.: *Non poterunt fortentiam facere; nisi suæ proprisiæ clausuram de fossatis xiv. pedum in latitudine tantum, et palatii vel muri x. pedum in altitudine super terram, sine tornellis, archeriis et Tenellis.* Inquisit. ann. 1371. in Access. ad Hist. Cassin. part. 1. pag. 433. col. 2: *Camera etiam habet..... curtim cum Tenello, casalenum et turrim supra portam. Teniau inter instrumenta piscandi recensetur* in Lit. ann. 1367. tom. 6. Ordinat. reg. Franc. pag. 471.

¶ **TENEMENTARIUS,** TENEMENTUM, TENENDRIA, etc. Vide *Tenere* 1.

° **TENEMIUM,** Vox mendose scripta aut plane barbara, qua designari intellectum suspicantur docti Editores ad Acta S. Hildegard. tom. 5. Sept. pag. 699. col. 2: *Præterea cum magnum Tenemium non habuerit, quadragesimo secundo ætatis suæ anno libros non paucos scribere incepit Spiritus sancti revelatione.*

° **TENENCIA,** Induciæ, securitas data coram judice vel domino feudali inter inimicos, idem quod practicis nostris *Assecuramentum.* Stat. Jacobi I. reg. Aragon. ann. 1251: *Similiter quicumque habuerit cum aliquo Tenencias ad aliquem certum vel certos dies, infra illas Tenencias, nec ratione pignorationis, nec aliqua ratione vel occasione, possit malum facere alteri, nec illas Tenencias infringere, et quicumque infra treugas vel Tenencias adratas malum fecerit alicui, cum quo treugas habuerit, vel pignorationes fecerit vel dampnum aliquod intulerit, dampnum emendet in duplo.* Vide supra *Tencia.*

° **TENENCIORES,** Iidem qui *Tenentes* Vide infra in *Tenere* 1.

TENENS, forense vocabulum, pro reo, ut contra, *Petens* pro actore, in Regiam Majestatem lib. 2. cap. 2. Occurrit passim in Legibus Scoticis et Anglicis. Vide *Tenere* 1.

¶ **TENENTIA,** Possessio quam quis tenet ab alio. Charta ann. 1310. e Chartulario Lezatensi: *Ego Guill. Abb. Lexat. solvo et derelinquo....... Bernardum de Vauro et omnem suam Tenensam, et omnes suas res mobiles et immobiles, quocumque loco prædicta Tenensa sit vel esse debet, et omnem suam progeniem..... tali pacto quod prædictus B. de Vauro et qui per eum erunt, reddant et donent duos solidos de bonis Tholosanis annuatim ex parte dominationis per seipsos et per omnem suam Tenensam, scilicet prædicto G. Abbati Lexatensi, etc.* Vide infra *Tenere* 1. [° Vide supra *Tenecio.*]

¶ **TENENSARIUS,** TENENSOR, *Tenens* Vide infra in *Tenere* 1.

° **TENENTA,** TENENTARIUS. Vide infra in *Tenere* 1.

¶ 1. **TENENTIA,** TENANTIA, Securitas standi promissis et conventis. Literæ Willelmi Scotorum Regis ann. 1209. apud Rymer. tom. 1. pag. 155. col. 2: *Pro eisdem terminis fideliter tenendis dedimus eis in Tenentiam obsides nostros, quos habet.* Charta Johannis Regis Angl. lib. nig. Scaccarii pag. 879: *Tradidit nobis tria castra Walliæ suæ... in Tenantiam reddendi nobis prædicta debita nostra et satisfaciendi nobis, etc.* Vide *Teneteria* et *Tenmantale.* Occurrit alia notione in *Tenere* 1.

° 2. **TENENTIA,** Proprietas, dominium. VIII

Testam. Bern. de Pradis ann. 1312. ex Cod. reg. 8409. fol. 35. r°: *Jubeo et veto ut illa Tenentia domus, quæ est in petra, numquam alienetur, quia volo semper remaneat penes liberos dictorum hæredum meorum.* Charta ann. 1371. in Reg. 103. Chartoph. reg. ch. 37: *Item et quædam Tenentia hospitiorum situatorum in carreria argenteriæ Montispessulani, quæ sunt in numero septem. Nisi malis intelligere ibi collectionem domorum, quæ sibi invicem contiguæ sunt et cohærent.*

° 3. **TENENTIA,** Reditus, qui ex prædiis percipitur. Charta Drocon. de Meloto ann. 1222. ex Chartul. S. Steph. Antiss.: *Compromisimus in eosdem, videlicet de terris quas homines de Egligny venientes ad S. Mauricium tenent ad costumam vel tertias,...... tali modo quod dicti tres, quantum ad terras prædictas, inquirent bona fide consuetudines, erramenta et Tenentias, quæ tam nos quam capitulum obtinuimus.*

¶ **TENENUM,** Ager, ut videtur, clausus. Charta ann. 1358. apud Corbinell. inter Probat. familiæ *de Gondi* tom. 1. p. CLVII: *Item unum palatium magnum cum columbaria, et cella, et curia, et una domo bassa, et casolare, et Teneno cum vitibus positum in populo S. Martini.*

° **TENEORICA,** Genus cartæ, in vet. Glossar. ex Cod. reg. 7613.

¶ **TENERARE,** Tenerum efficere, Constantino Africano, cujus locus exstat in Gastia.

1. **TENERE,** TENENS, TENEDO, TENEMENTUM, etc. Voces fori feudalis. [°° *Li rois ne tient de nuluy fors de Dieu et de luy,* in Statut. S. Ludov. reg. Fr. lib. 1. cap. 78. et alibi.]

TENERE dicitur, qui prædium a domino feudali dependens, et in ejus feudo vel dominio possidet: quæ vox hac notione passim occurrit

TENERE IN CAPITE dicitur, qui nullo medio ratione feudi domino subjectus est, apud Anglos specialiter, qui a Rege seu *Corona* feudum suum tenet. Cowell. [Charta Henrici Regis Angliæ circa ann. 1155. apud D. Brussel tom. 2. de Feudorum usu pag. 1. ad calcem: *Si quis Comes, vel Baro, seu alius tenementum Tenens de nobis in capite per servitium militare, mortuus fuerit, et cum decesserit heres ejus plenæ ætatis fuerit, et relevium debeat, habeat hereditatem suam per relevium antiquum, et alii similiter per antiquam consuetudinem feudorum.*] Radulphus de Diceto ann. 1163: *Nullus scilicet, ut vulgariter loquar, de Rege Tenens in capite castellum, villam, vel prædium, etc.* Epistola Monachorum Ecclesiæ Cantuariensis ad Reg. Henricum II.: *Cum nihil ad eum spectaret, sed nos Teneamus post Deum in capite de vobis, sicut et ipse.* Matth. Paris ann. 1244: *Ad omnes Prælatos, qui de Rege Baronias Tenebant in capite.* Et infra: *Ut quilibet Baro Tenens ex Rege in capite, haberet prompta et parata regali præcepto omnia servitia militaria, quæ ei debentur.*

° **TENERE PER AGAPTUM,** Sub *accapitorum* conditione et onere. Consuet. Catal. MSS. cap. 55: *Si unus vassallus Tenet duo vel tria feuda pro uno domino per acaptum unius temporis vel domini suorum, bene potest ea legare seu dividere inter diversas personas.* Vide *Accaptare.*

° **TENERE PER BARONIAM,** Jure Baronum, hoc est, supremo dominio. Vide supra in *Baro.*

° **TENERE AD DUO BLADA,** Per tantum

temporis habere agrum, ut *tenens* bis ex eo bladum colligere possit. Charta ann. 1294. in Lib. nig. 2. S. Vulfr. Abbavil. fol. 67. v°: *Honoratus ad Dentes debet Tenere terram prædictam ad duo blada et duas avenas.*

° **TENERE AD CAPTANIAM.** Vide supra *Captania.*

° **TENERE AD CATALLUM,** Ad medietatem fructuum. Vide supra in *Catallum.*

° **TENERE IN COTERIA,** Gall. *Tenir en Coterie,* Ad societatem. Vide supra in *Coteria.*

° **TENERE DALPHINALITER.** Vide supra in *Delphinus.*

° **TENERE IN FAMULATU,** Servientis feudalis conditione. Reg. feud. Norman. ex Cod. reg. 4653. A. fol. 170: *Theobaldus de Favcrilles Tenet in famulatu medietatem præpositurœ,....... unde est famulus ligius.*

° **TENERE LAICALITER.** Vide supra in *Laicus.*

° **TENERE AD MANSUM,** Sub certo scilicet censu et annua pensione domino fundi præstanda. Vide supra in *Mansus.*

° **TENERE IN MARITAGIUM,** Ex dote uxoris seu donatione, quæ a parente filiæ fit propter nuptias. Feoda Norman. in Reg. S. Justi ex Cam. Comput. Paris. fol. 158. v°. col. 2: *Dom. Engerrannus de Hommet Tenet in maritagium ex parte sororis Willelmi de Mombray apud Escouchelum duo feoda in bailliva castri Laire.* Ibid. fol. 170. r°. col. 2: *Dom. Galterus de Flavacourt...... Tenet a dom. Johanne de Monchevrel.... medietatem matrimonii sororum suarum, quæ sunt a Laicort.* Vide in *Maritagium.*

° **TENERE IN MILITIA.** Vide supra in *Decima.*

° **TENERE DE NUDO AD NUDUM,** Dicitur, qui nullo medio, ratione feudi, domino subjectus est. Charta Guill. dom. Salionis ann. 1281. in Chartul. eccl. Lingon. ex Cod. reg. 5188. fol. 18. v°: *Accepi feodum domus et fortherotiæ et fossatorum et pertinentiarum domus dom. Bartholomæi de Villacomitis, quam domum idem dom. Bartholomæus Tenet de nudo ad nudum a domino Beræ.* Alia ann. 1291. ex Chartul. Episc. Carnot.: *Symon, dictus de Maricorne, de S. Leobino, de Joncheretis armiger et domicella Johanna ejus uxor confessi sunt vendidisse reverendo patri dom. G. episcopo Carnot. quatuor vavassores, quos habebant et quos dictus Symon jure hæreditario Tenebat ab eodem episcopo de nudo ad nudum, ad fidem et homagium.* Charta ann. 1280. ex Chartul. S Carauni · *Guillaume de Danonville chevalier tieng de moi an fié nu à nu environ sept muis de terre semeure. Sans moienne Tenue,* eodem sensu, in Reg. B. Cam. Comput. Paris. ad ann. 1386. fol. 76. r°: *Se il tient aucune chose en fié, ou en vilenage dudit mons. le Duc et sous lui, sans moienne Tenue d'autrui, que l'on appelle Tenue de Duchainne.*

° **TENERE AD OCTENUM,** Ad octavam scilicet fructuum partem. Vide supra *Octenus.*

¶ **TENERE A SOYETE,** hoc est, ad societatem, ut satis explicant Litteræ Officialis Morinensis ann. 1271. e Tabulario Corbeiensi: *Peterent etiam dicta triginta jornalia terræ Tenenda ab eadem Ecclesia hæreditarie à soyete, tali modo quod dicti abbas et Conventus deberent invenire tertiam partem seminis dictæ terræ, et prædicti religiosi nominati deberent ad sumptus suos proprios dictam terram excolere, seminare et ahanare, et habere* *medietatem fructuum ratione agriculturæ suæ, et prædicti Abbas et Conventus aliam medietatem.* Vide *Socida.*

° TENERE, Prædium, hæreditas. Stat. Pistor. ann. 1107. apud Murator. tom. 4. Antiq. Ital. med. ævi col. 538 : *Item si quis civis de cetero fuerit de suo Tenere inter Pistorii districtum expulsus, et mihi fuerit reclamatum; citius quam potero, expulsum in tenere suo et podere faciam restitui.*

° TENENCIORES, TENENSORES, *Tenentes,* qui diversis titulis terras ac tenementa pro Indiviso tenent. Libert. villæ de Burgo in ducatu Aquit. ann. 1451. ex Reg. 198. Chartoph. reg. ch. 379 : *Item dixerunt quod alii feudarii et Tenenciores in palude de Barba et in villa certa deveria reddunt nobis.* Reg. Cam. Comput. Paris. sign. JJ. rub. fol. 14. v° : *Item dixerunt quod sunt aliqui feudatarii et Tenensores in palude de Barba et in dicta villa, qui certa deveria reddunt domino regi.*

TENENTES IN COMMUNI, sicut illi, qui ex diversis titulis terras ac tenementa pro indiviso tenent. Ita Cowellus lib. 2. tit. 2. § 14. Ii in Foris Aragonensibus unica voce *Terrastenentes* dicuntur, apud Michaëlem *del Molino* in Repertorio pag. 75. et alibi : *Terretenents,* in Chron. Petri regis Aragon. lib. I. cap. 43.

TENENTES IN FEODO SIMPLICE, Littletoni sect. 1. 2. 3. etc. *Tenans en fée simple.* Vide in *Feodum simplex.*

TENENTES IN FEUDO TALLIATO. Vide *Feudum talliatum*

TENENTES IN TALLIA GENERALI, Littletoni sect. 14. et 15. dicuntur, cum tenementa dantur alicui et hæredibus ex proprio corpore procreatis. Tum enim *generalis tallia, (generael taile)* dicitur, quia ex qualibet uxore, si is plures habuerit, procreati liberi ad ejusmodi tenementorum successionem admittuntur.

TENENTES PER TALLIAM SPECIALEM, Cum tenementa alicui et uxori, et hæredibus ex utroque procreatis dantur. Tum enim soli ex hoc conjugio nati liberi ad ea tenementa admittuntur. Littleton. sect. 16. 19. Vide *Talliare* in *Tallia* 8. et *Feudum talliatum.*

TENENS IN DOTE, dicitur cum uxor marito defuncto, tertiam ejus tenementorum in dote tenet. Idem sect. 36.

TENENS AD VITAM, seu usumfructum. Idem sect. 56.

TENENS AD CERTUM annorum numerum. Idem sect. 58. 59. etc.

TENENS AD VOLUNTATEM, Cum tenementa alicui conceduntur possidenda ad voluntatem donatoris, apud eumdem sect. 68. et seqq. Quæ quidem *Tenura,* alia videtur ab ea, de qua vetus Consuetudo Normanniæ MS. part. 1. sect. 3. c. 15 : *Uns fiemens sont apelez frans Tenemens sans homage et sans parage en fieu lay, ce est fet par aucune composition, qui est fete entre aucunes personnes. Si comme un homme a 80. s. de rente, et il en donne à un autre les 10. et l'homage et son homme : cil qui tient le fieu ne fet pas homage à l'autre, car il tient le fieu par un seul homage, et tele Tenure est apelée Tenure de volenté, pour c'en que ele est fete de la volenté à celui, qui baille le fieu, et qui le rechoit sans nul homage, et sans nul besoing d'eritage, etc.*

TENENS PER CONSUETUDINEM *Angliæ,* dicitur is, qui tenet seu possidet *Tenementa,* vel terras, quæ ex Consuetudine Angliæ maritis, vel in dotem uxoribus permittuntur. Is enim invaluit mos apud Anglos, ut si quis fœminam hæredem ducat, et ex ea prolem gignat, quæ viva prodit in lucem, terras, de quibus uxoris nomine saisitus in ejus vita est, et mortua, integras ad vitæ suæ terminum retineat. Quam legem Henrico I. quidam adscribunt. Vide Littletonem sect. 35. Cowellum lib. 1. Instit. Angl. tit. 2. § 18. et supra in voce *Curialitas Angliæ.*

TENENTES LIBERE, Qui liberum tenementum tenent vel possident, in Legibus Malcolmi II. Regis Scotiæ cap. 9. *Libere Tenentium* alii sunt *intrinseci,* alii *forinseci,* in Fleta lib. 2. c. 71. § 13.

¶ TENENS MEDIUS. Vide in *Medius.*

TENENS PER COPIAM ROTULI CURLÆ. Vide in *Copia.*

TENENS PER VIRGAM. Vide *Virga.*

TENENS PER HOMAGIUM, in veteri Consuetud. Normanniæ cap. 28. 29.

TENENS PER PARAGIUM. Vide *Paragium.*

TENENS PER ELEEMOSYNAM. Vide *Eleemosyna* 2.

TENENS PER BURGAGIUM. Vide *Burgagium.*

TENENS PER BORDAGIUM. Vide *Bordagium,* in Borda 5.

¶ TENEMENTUM, Territorium, districtus alicujus loci. Statuta Arelat. MSS. : *Si maleficium vel injuria in Arelate vel ejus Tenemento commissa fuerit, etc.* Statuta Massil. lib. 2. cap. 32 : *Statuimus, quod si aliquo tempore (contigerit) talam fieri in civitate Massiliæ, Tenemento vel ejus districtu, occasione guerræ generalis, etc.* Charta Montis-majoris ann. 1212 : *Quidquid in tota prædicta villa Pertusii seu in toto ejus Tenemento quacumque ratione justa vel injusta possidet.* Donatio Templariis facta ann. 1248 : *Dono.... villam seu castrum de Geneiraco cum omni suo Tenemento.* Charta ann. 1266. ex Archivo Eccl. Massil. : *Quatuor pecias terræ sitas in Tenemento Alaudi.* Charta ann. 1203. inter Instrum. Gall. Chr. novæ edit. tom 1. pag. 85. col. 1 : *Ego Ildefonsus Dei gratia Comes et Marchio Provinciæ.... concedo tibi Raimundo Dei gratia Forojuliensi Episcopo... omnes justitias hominum qui sunt vel erunt in posterum in Tenemento Forojuliensis Ecclesiæ sive in civitate Forojuli, sive extra. in castris vel villis ad episcopatum vel præposituram pertinentibus, etc.* Vide mox *Tenimentum.*

TENEMENTUM, Prædium urbanum, quod de domino tenetur. Skenæus ait, Tenementum communiter accipi pro hæreditate vel feudo; liberum vero tenementum idem esse cum usufructu, tametsi sæpissime confunduntur, atque hæc differentia minime observatur. Bractono lib. 4. tract. 1. cap. 8. § 1. et lib. 5. tract. 5. c. 28. § 1. Tenementum est prædium, quod in villa est, seu villæ partem conficit. Historia Translat. S. Julianæ Virg. ann. 1207 : *Ut casalia et Tenimenta civitatis ab eorum incursibus defensarent.* Passim. Le Roman *d'Amile et d'Amy* MS. :

Parliray vous parmi mes Tenemens.

Infra :

Se donna li trestou son Tenement, Et à ses sers donna grant chasement.

LIBERUM porro TENEMENTUM, inquit Bracton. lib. 4 tr. 1. c. 28. § 1. *est id, quod quis tenet sibi et hæredibus suis in feodo et hæreditate, vel in feodo tantum sibi et hæredibus suis. Ita autem dicitur ad differentiam ejus, quod est villenagium : quia tenementorum aliud liberum,* *aliud villenagium. Liberorum autem tenementorum aliud tenetur libere pro homagio et servitio militari, aliud in libero sockagio cum fidelitate tantum, vel cum fidelitate et homagio.* Vide ibi varias species tenementorum, et cap. 88. § 5. Quoniam Attachiamenta cap. 45. 46. 47. et Fletam lib. 5. cap. 9. § 16. *Tenement noble,* in nova Consuetud. Atrebatensi art. 194. Alias *liberum tenementum* accipitur pro usu fructu, ut in Legibus Burgorum Scoticorum cap. 135. § 9. uti vult Skenæus. At Bracton. loco laudato scribit, *Liberum Tenementum non posse dici alicujus, quo quis tenet ad certum numerum annorum, mensium, vel dierum, licet ad terminum centum annorum, quod excedit vitas hominum.* Vide Christophorum de Sancto Germano in Dialogo de Fundamentis Legum Angliæ cap. 7. pag. 25.

¶ TENIMENTUM, in Chronico Farfensi apud Murator. tom. 2. part. 2. col. 536. in Chronico Siciliæ apud Marten. tom. 8. Anecdot. col. 8. et 26. in Diplomate Henrici VI. Imper. ann. 1193. apud eumd. Marten. tom. 1. Ampl. Collect. col. 1002. in Chronico Dominici de Gravina apud Murator. tom. 12. col. 552. in Actis B. Joachimi, tom. 7. Maii pag. 92. quibus in locis modo Prædium quod de domino tenetur, significat, modo Territorium seu districtum alicujus loci, ut vox ipsa *Tenementum,* quod supra observavimus. [*Civitatem sanctam Jerusalem cum suis Tenimentis,* in Epist. Magistri dom. Theut. ann. 1229. apud Pertz. Leg. tom. 2. pag. 263. ubi infra *Tenimentis.* Occurrit itidem plur. num. in Pact Matrim. ann. 1234 apud eumdem Pertz. pag. 308. et 311: *In dodarum constituat vallem Mazariæ cum civitatibus, castris et villis, Tenementis, terris cultis, etc.*]

¶ TENAMENTUM, Idem quod *Tenementum.* Charta Nobiliacensis ann. 1270. apud Stephanotium tom. 3. Antiq. Pictav. MSS. pag. 888 : *In terra nostra ac domanio nostro, dictorum Religiosorum, feodis, retrofeodis ac Tenamentis, quæ a nobis tenentur in dictis villis de Meriaco, etc.* Rursum occurrit ibid. pag. 890. et 891. *Tabularium Monasterii Villæ-novæ. A. de Thareeio Dominus Muchecolli, cum Beatricis uxoris meæ assensu, A. de Porta et hæredibus suis quoddam Tenamentum in maresio juxta Vaucharepecam dedi in perpetuum possidendum.* Occurrit rursus in Chartulario S. Vincentii Cenoman. fol. 84.

¶ TENEAMENTUM, Eadem notione. Homagium Arturi Ducis Britan. præstitum Philippo Regi Fr. ann. 1202. apud D. *Brussel* tom. 1. de Feudorum usu pag. 328 : *Ego feci carissimo domino meo Philippo Regi Franciæ illustri homagium ligium..... de feodo Britanniæ...... salvis omnibus Teneamentis de quibus ipse dominus Rex et homines sui tenentes erant eo die, quo ipse diffiduciavit.*

¶ TENENTIA, TENANTIA, Idem quod *Tenementum* et *Tenetura. Tenanche,* in Charta ann. 1246. apud Thomasser. pag. 86. Donatio ann. 1125. in Probat. novæ Hist. Occitan. tom. 2. col. 429 : *Donamus tibi totum ipsum honorem, quem ipsi habuerunt..... in omnibus locis, sive per alodium, sive per feudum, sive per Tenentiam.* Charta Guidonis Comitis Flandriæ ann. 1237. e Tabulario S. Bartholomæi Bethun. : *Hospites etiam et tenentes dictæ Ecclesiæ cum a dictis Præposito et Capitulo de novo ad dictam Tenantiam admittentur, debent jurare, etc.* Guillelmus Marra Magister Ordinis de Spata ann.

1261. Aurelio Abb. Fuliensi se suumque Ordinem donat *et possessiones, et honores, et homines et feminas, cum eorum Tenentiis, et jura ad eas spectantia et pertinentia, scilicet domus, campi, vineæ, etc.* apud Marton. tom. 1. Anecd. col. 1111. Arestum ann. 1285. ex Chartular. Corb. : *Abbas et Conventus dicebant et proponebant contra dictos Majorem et Juratos quod ipsi Major et Juratt in trefonssis et Tenanciis dictorum Religiosorum emerant et ratione emptionis tenebant..... unam domum etc.* Charta ann. 1294. ex eod. Chartular. : *Lesquelles Tenances devant devisées sont prisiées bien et justement à XXVI. livres et onze saudées de terre.* Charta Edwardi primogeniti Henrici III. Regis Angl. apud Th. *Blount* in Nomolexico v. *Tenancies : Sciatis quod dedimus et assignavimus in Tenenciam dilecto et fideli nostro Yvoni Pauntun omnes terras..... quæ fuerunt Hugonis Bedelli... tenendas ad nostræ beneplacitum voluntatis.* Charta ann. 1344. e Schedis Marchionis de *Flamarens : Solvere dictum accaptamentum, ut moris est, in dominorum mutationibus et heredum ratione Tenentiarum, quas tenet ab ipso domicello.* Occurrit passim.

¶ TENEMENTARIUM, Idem quod *Tenementum*, in Actis Capitularib. Eccl. Lugdun. ann. 1337. Cameræ Comput. Paris. pag. 23.

☞ In Chartis Lugdunensibus, ut nos amice monuit D. Aubret, *Tenementarium* idem sonat quod Codex agrorum vectigalium, nostris vulgo *Terrier*.

¶ TENEMENTARIUS, Idem qui *Tenens*, Manceps, feudatarius ; *Tenementior*, in Consuet. Lothoringiæ tit. 12. art. 32. et tit. 16. art. 1. Libertates Belli-visus ann. 1256. tom. 1. Hist. Dalphin. pag. 59. col. 1 : *Si alio modo quam per venditionem tenementum mutari contigerit, debemus habere pro mutagio nos et successores nostri censum a novo Tenemenlario duplicatum. Hoc idem intelligimus ad mutationem domini.* Occurrit in Regesto *Probus*, cujus locus exstat in *Confraria*, in Tabulario S. Andreæ Claromont. non semel, in Consuetud. Marchiæ Dumbarum art. 7. in Statutis Vercell. fol. 70. v°. apud Baluzium tom. 2. Hist. Arvern. pag. 173. et alibi passim.

° Pactum inter comit. Sabaud. et nobil. baron. *de Dombes* ann. 1398. ex Cod. reg. 9873. fol. 27. v° : *Item que lesdis noubles soient en coustume de exiger et recouvrer de leurs Tenementiers recognoissances à mort de seigneur et de Tenementier ou aultrement. Item tient plus ledit Tenementer.... une terre tachible,* in Lit. admort. ann. 1412. ex Reg. 166. Chartoph. reg. ch. 272.

¶ TENEMENCIARIUS, Eadem significatione. Terrarium Apchonii ann. 1512 : *Tam diu quam diu erant Tenemenciarii dictarum proprietatum supra confinaturum, etc.* Rursum occurrit infra.

¶ TENITURA, contracte, pro *Tenementarius*, ni fallor, in Terrario Sacristæ S. Illidii Claromont. ann. 1398.

¶ TENENTIARIUS, Idem qui *Tenementarius*, Gall. *Tenancier. Tenentiaris homines monasterii* S. Johannis Angeriac. in Charta ann. 1285. e Chartulario ejusdem cœnobii. Occurrit alibi non semel.

° TENANCIARIUS, Eadem notione, a Gall. *Tenancier.* Charta ann. 1404. in Reg. feud. comitat. Pictav. ex Cam. Comput. Paris. fol. 63. r° : *Cum hominibus meis, mensionariis et aliis Tenanciariis meis, etc.*

° TENENSARIUS, Pari intellectu. Charta senesc. Ruthen. ann. 1313. in Reg. 59. Chartoph. reg. ch. 143 : *Prædictos redditus mandare sibi faciet per homines et Tenensarios qui prædicta tenent.*

° TENENTARIUS, Eodem sensu , in Sent. ann. 1329. ex Reg. Car. IV. et Phil. VI. in Cam. Comput. Paris. fol. 62. r° : *Præcipientes hac eadem nostra sententia omnibus Tenentariis vinearum, domorum, pratorum, etc.*

¶ TENEMENTATOR , Eadem notione. Charta ann. 1214. e Tabular. S. Barthol. Bethun. : *Ecclesia debet ponere dicto domino, Roberto de Rolt Militi vel ejus hæredi certum Tenementatorem, post cujus decessum Ecclesia debet solvere duplicem redditum anni unius pro relivio.* Hic *Tenementator*, ut et *Tenementarius* Regesti *Probus*, loco in *Confraria* relato, vices agit caduci clientis, quem Practici vocant *Homme vivant et mourant*, quemque domino præstare debent *homines manus mortuæ*, seu Congregationes, quæ nunquam moriuntur, ne dominus iis privetur juribus, quibus potiri solet tenementario vita functo.

TENETURA, Forma, qua *Tenementum* de domino per vassallum *tenetur*, seu possidetur, vel ipsum tenementum. Vetus Consuetudo Normanniæ MS. 1. part. sect. 3. cap. 15 : *Teneurs est appellée la maniere, par quoi les tenemens sont tenus des Seigneurs ; l'une des tenuës est tenuë des Seigneurs par homage, l'autre par parage, et l'autre par aumone.* Charta Matthæi de Marliaco ann. 1202 : *Prætereà dedimus ei 30. libras Paris. ad emendum aliquam Teneturam, quæ ad ipsum et uxorem suam, quamdiu vixerint,..... pertinebit.* Monastic. Anglic. tom. 1. pag. 362 : *Notum..... nos dedisse.... quandam Teneturam ad sartandum in Tenetura manerii, quod dicitur Chithtebruga.*

° Charta Rob. ducis Norman. ann. 1035. inter Instr. tom. 11. Gall. Christ. col. 326 : *Imprimis eamdem* S. *Mariæ ecclesiam cum aliis subtus scriptis ecclesiis ab omni episcopali consuetudine absolutam, immunem et omnino liberam constituimus in omni Tenetura, sicut tenet Fiscannensis ecclesia.*

TENEDURA, pag. 526. ibidem. [Chartul. S. Vandregesili tom. 1. pag. 32 . *Sicut inde adhuc plures vestiturasque et Teneduras ostendunt.*]

TENEATURA. Charta Communiæ S. Quintini ann. 1195 : *Si quis aliquam Teneaturam anno et die in pace tenuerit, etc.* Infra : *Si quis Teneaturam aliquam tenuerit, et vitam finierit, etc.* [Eadem occurrunt in Charta Communiæ Calniaci ann. 1218. Charta Henrici Regis Angl. ann. 1220. apud Marten. tom. 1. Ampliss. Collect. col. 1144 : *Idem autem Rex Franciæ et homines mei imprisii sui erunt in ea Teneatura, in qua sunt modo ...... et nos et homines et imprisii nostri erimus in ea Teneatura, in qua sumus modo.* Id est, in ea saisina et possessione, etc.]

¶ TENITURA. Charta Communiæ Novion. ann. 1181. tom. 7. Miscell. Baluz. pag. 309 : *Si quis terram vel domum vel quamlibet Tenituram per annum et diem tenuerit, etc.*

TENATURA. Charta Guillelmi Cardinalis Archiepiscopi Remensis ann. 1183 : *Decernimus autem, ut quicumque hæreditatem, vel emptionem, vel alias quaslibet possessiones per* 7. *annos et unum diem in pace possederit et tenuerit, Tenaturam suam deinceps libere et quiete possideat. Ita quod alius reclamare non possit, vel Tenaturam calumniare, nisi possit probare, quod interim absens a terra fuerit,* *et absentiæ suæ rationabilem prætenderit occasionem, vel infra spatium illud, talis ætatis exstiterit, quod jus suum diarationare non voluerit.* [Similia prorsus habentur in Charta Odonis Ducis Burgund. ann. 1216. apud Peradum pag. 344. hisque mox subditur : *Sciendum etiam, quod gageria non est Tenatura.*] Les Miracles du *Chevalier* MS. :

Et si seras de m'amour toute
En Tenure et en saisine.

¶ TENGUDA. Transactio Ludovici Domini de Castro-novo in agro Lemovic. cum incolis ejusdem loci ann. 1461 : *In eodem tractatu comprehenduntur tenentiarii de Crosto-baret, qui erant antea possessores ipsius Tengudæ.* Charta Comitatus Marchiæ ann. 1406 : *Tradiderunt.... quamdam Tengudam contiguam prædicto manso.* Et infra : *In dictis villagio et Tenguda assensati.*

TENEDO, vel TENÆZO, Idem quod *Tenetura*, et *Tenementum.* Usatici Barcinonenses MSS. cap. 68 : *Constituerunt hujusmodi prætaxatam Tenedonem, videlicet hominaticum , potestatem Castri , etc.* Charta Raymundi Comitis Tolosæ ann. 1224 : *Cum hac præsenti charta te investimus, et in tuum jus et proprietatem transferimus, et in Tenedonem et possessionem te inde mittimus, etc.* Alia ejusdem Comitis ann. 1238 : *Et in Tenedonem et plenam juris ac facti possessionem nos inde mittimus.* Alia Petri II. Regis Aragon. ann. 1289. pro Libertatibus Catalanorum : *Item quod nos.... non possimus emere infra Tenedones alicujus Castri Baronis, Militis,... alodium aliquod, etc.* [Charta ann. 942. in Appendice Marcæ Hispan. col. 855 : *Totum vero castrum, vocatum Marræ cum omnibus fructibus et Tenedonibus atque pertinentiis..... post obitum nostrum domnus, relinquimus, sive accordamus Domino Deo et domui* S. *Cœciliæ.* Rursum occurrit in Literis ann. 1157. ibid. col. 1282. et in Charta ann. 1160. col. 1390. Charta ann. 1080. in Probat. novæ Histor. Occitan. tom. 2. col. 310 : *In stagnis atque rivis, quæ sunt in alodio vel Tenedone* S. *Pauli* (Narbon.) *jam dicis.* Occurrit rursum col. 419. 467. 468. 529. etc. *In Tenessonem et conmendam dare*, in Charta ann. 1394. Cameræ Comput. Provinciæ.]

¶ TENEDUS , Eadem notione : *Ita ut unusquisque habeat suas Tenedos in pace*, in Conventione ann. 1140. in Probat. novæ Hist. Occitan. col. 491.

¶ TENEDRIA, Villa Charta Wilhelmi Justitiarii generalis Regis Angliæ apud Johan. Skenæum de verborum significatione pag. 82 : *Mandamus quatenus summoneatis seu summoneri faciatis legitime coram testibus legalibus, de qualibet baronia* XII. *et cum* XV. *homines et hoc opus magis sufficientes, et de qualibet Tenendria seu villa* IV. *vel* VI. *homines, et de qualibet burgo* XII. Vide *Tenandrius.*

TENTURA, Gall. *Tenure.* Hist. Translat. S. Guthlaci num. 151 : *Qui meta et finis inter utriusque Ecclesiæ agros, certo discrimine Tenuras et extensiones utrimque disterminat et certificat.* [Charta ann. 1050. ex Archivo S. Victoris Massil. : *Dono nostris cum prædicta Ecclesia.... quantum tenent ipsas Tenuras cum mansionibus, cum curtis, cum oglatis, cum campis, cum ortis, cum molendinis, cum omnibus appendiciis, cum montibus et vallibus, etc.* Alia ann. circiter 1100. ex eod. Archivo : *Mansiones quæ in illa Tenura erant.* Charta ann. circiter 1178. inter Instr. tom. 3. Gall. Chr. novæ edit. col. 1074 : *Notum sit omnibus.... quod Pa-*

*trus Ebredun. Archiep. et nepotes sui......
dederunt Tenuram totam, quam habebant
in fortareza, domui S. Crucis pro duobus
solidis et sex denariis, præter terram
illam quam tenet Columba Maurella.*
Charta Roberti Comitis Castriæ apud
Stephanotium tom. 15. Fragm. MSS.
pag. 115 : *Sciatis me concessisse* (Floriacensi cœnobio) *quidquid habeo in duas
Mentigas, excepta Tenura Roberti de Sermentum.* Vita S. Oswaldi Archiep. Eborac. sæc. 5. Bened. pag. 752 : *Tenura et
omnibus catallis Regis misericordiæ adjudicatis.* Petitio ann. 1292. apud Rymer.
tom. 2. pag. 382 : *An de dicto regno Scotiæ sit aliter judicandum, quam de comitatibus, baroniis, et aliis Tenuris... scilicet
Tenuris inpartibilibus, etc.* Leges Balduini Comitis Flandriæ ann. 1200. apud
Marten. tom. 1. Anecd. col. 771 : *Bajulus
de possessionibus et Tenuris et hereditate
D. Comitis placitare non potest... nec......
aliquem D. Comitis hominem trahere in
causam vel querelam de Tenuris suis, vel
hereditate ejus, nisi in præsentia D. Comitis.* Regimina Paduæ ad ann. 1292.
apud Murator. tom. 8. col. 426 *Hic accepta fuit Tenura de tota insula Calcinariæ
pro Commune Paduæ, et aliæ villæ quamplures.* Quibus in locis *Tenura* modo nullam possessionem significat, ut in Regiminibus Paduæ, modo prædium, quod a
Domino feudali aliquis tenet, ut attento
lectori satis ex ipsis locis patebit.]

¶ TENURIA, Eadem notione. Charta
ann. 1256. e Tabulario S. Nicasii Rem. :
Vendidit totam Tenuriam suam, jardinum, etc.

° TENEIREA, Prædium, possessio, hæreditas, quidquid ab aliquo *tenetur*.
Charta ann. 1253. ex Chartul. episc. Carnot. : *Confessi fuerunt Matheum de Bercherus militem, filium dicti Radulphi,
vendidisse reverendo patri M. episcopo
Carnotensi omnes Teneireas ubicumque
sitas, quas idem Matheus miles ab eodem
episcopo in feodum tenebat.*

° TENENTA, Eodem significatu. Charta
Henr. I. reg. Angl. ann. circ. 1108. inter
Instr. tom. 11. Gall. Christ. col. 157 :
*Concedo etiam ut omnes possessiones et
Tenentæ, sive ecclesiasticæ, sive seculares,
quas etiam habet abbatia, vel futuris temporibus habitura est, in protectione et in manu mea sint liberrimæ et
ab omnium subjectione immunes.* Infra :
Tenuras.

TENEURA, Possessio, in Charta Libertatum de Graciaco in Biturigib. ann.
1246. [in alia ann. 1199. e Tabulario Monasterii Charitatis, alia Ludovici Comitis Blesensis ann. 1197. pro Credulio,
alia ann. 1213. apud Lobinell. tom. 2.
Hist. Britan. col. 303. alia ann. 1223.
apud Marten. tom. 1. Ampl. Collect.
col. 1178. alia ejusd. ann. ibid. col.
1179. alia ann. 1273. apud eumd. Lobinellum tom. 3. Historiæ Paris. pag. 28.
col. 2. et alibi passim. Le Roman *de
Vacce* MS. :

Dam Hebert de Saint Liz fu de grant Teneure.]

° Consuet. Norman. part. 1. cap. 29.
ex Cod. reg. 4651 : *Notandum etiam est
quod quædam sunt Teneuræ de redditibus,
ut quando aliquis tenet redditum sibi assignatum, terra possessori remanente.
Quædam Teneura fit de terra, ut quando
aliquis tenet de alio fundum terræ alicujus. Quædam autem fit de dignitate, ut
quando aliquis tenet aliquam dignitatem,
ut de habere garantiantiam vel quitanciam in forestis, vel nundinis, vel aliis locis,
vel habere serjantariam vel moutam, etc.*

Male editum *montam* apud Ludewig.
tom. 7. Reliq. MSS. pag. 228.

° TENITURA, Possessio, Gall. *Possession, jouissance.* Charta ann. 1221. ex Lib.
albo episc. Carnot. : *De decima igitur dicimus, quod de jure communi debet eam
reddere major, ... nisi major poterit se
tueri Tenitura quadraginta annorum. Tenuere,* eodem sensu, in Charta ann. 1313.
ex Tabul. eccl. Camerac. : *Par longue
Tenuere de lequelle il n'est menore du
contraire, etc. Teneure,* in alia ejusd.
ann. ibidem.

¶ TENTURA, ut *Tenetura.* [? Glossar.
Lat. Gall. ex Cod. reg. 521. *Tentura, Teneure Gallics.*] Charta ann. 1087. tom. 3.
Hist. Harcur. pag. 13 : *Conquestus est
apud ipsum, quod Abbas Fiscannensis tenebat quoddam manerium, quod debet
pertinere ad Regem et ad regalia et ad
Tenturam sui castelli.* Chartularium S.
Vincentii Cenoman. fol. 82 : *Et judicavit
ibi omnis curia Cenoman. quod S. Vincentius non debet perdere suas Tenturas,
quas tenuerat diu, solide et quiete.* Passim occurrit in hoc Chartulario.

¶ TENUITURA. Charta Philippi Franc
Regis ann. 1190 e Tabulario Corbeiensi :
*Noveritis nos concessisse Abbati et monachis Corbeiæ, quod nullum damnum sustineant de his, quæ ad proprietatem
Abbatis et monachorum pertinent, occasione Tenuituræ, quam Communia Corbeiensis contra eos fecerit.*

¶ TENUITIO, Possessio. Charta ann.
1189. Marcæ Hispan. col. 1269 *Dono jam
dictæ Ecclesiæ (B. M. de Aspirano) omnes
meas tracturas et Tenuitiones, sicut ego
modo teneo et possideo.*

¶ TENULTURA. Charta Hugonis Abb.
Corbeiensis ann. 1224. e Tabulario ejusd.
loci : *Prædicti duo arbitri diligenter.....
inquirent justam Tenulturam dicti advocati.... et si ipse advocatus... aliquid injuste tenuerit...... debet illud dimittere, et
si... aliquid tenere debeat, quod modo non
teneat, debet per dictum illorum reponi in
justam Tenulturam suam.*

TENUTA, Gallis *Tenuë.* Gesta Innocentii III. PP. pag. 148 : *Ecce nunc omnino
succumbit, quia et Tenutam terræ contra
populi decretum... illi admittit.* Petrus de
Vineis lib. 5. Ep. 92 : *Tenuta seu possessione ipsorum bonorum.* Thwroczius in
Ludovico Rege Hungariæ cap. 25 : *Cum
enim Rex principatus, Tenutas, et dominia regni sui sacræ Coronæ subdita vellet
conservare, etc.* Adde cap. 27. [Mandatum
ann. circiter 1207. apud Baluz. tom. 2.
Miscell. pag. 250. aliud Mandatum ann.
1275. apud *de Lauriere* tom. 1. Ordinat.
Reg. Fr. pag. 305. 1. col. 1. Chartam ann.
1277. apud Stephanot. tom. 3. Antiquit.
Pictav. pag. 925. et 926. Gall. Christ.
novæ edit. tom. 4. col. 149. Chartam
Philippi Pulchri apud Menester. in Probat. Hist. Lugdun. pag. 43. col. 2. aliam
ejusd. Regis apud D. *Brussel* tom. 1. de
Feudorum usu pag. 668. Chron. Veron.
apud Murator. tom. 8. col. 649. Estense
tom. 15. col. 413. Annales Cæsenates
apud eumd. Murator. tom. 14. col. 1141.
Literas ann. 1360. tom. 1. Hist. Dalphin.
pag. 149. Fœdus ann. 1814. tom. 2. Hist.
Histor. pag. 150. Literas Bonifacii IX.
PP. ann. 1396. apud Ill. Fontaninum ad
calcem Antiq. Hortæ pag. 425. et 427.
Possessio de Tenuta alicujus possessionis,
in Statutis Montis-regalis pag. 197. *Tenuta seu inductio in possessionem,* in
Statutis Cadubrii lib. 1. cap. 60. *Mittere in Tenutam et corporalem possessionem,* in Correctionibus eorumd. Statut.
cap. 14. Hac etiam notione *Tenuta* dicunt Itali.]

¶ TENUTA, Res quævis mobilis, ut videtur, quam quis tenet seu possidet.
Statuta Cadubrii lib. 3. cap. 61 : *Si quis
pignus, vel Tenutam jam captam per aliquem præconem ex commissione D. Vicarii ... reacceperit dicto præconi, vel ei cui
pignus seu Tenuta consignata fuerit per
dictum præconem, contra voluntatem ipsius curiæ in centum sol. et ad restituendum pignus vel Tenutam .. condemnetur.*

° TENUTA, Forma, qua *Tenementum*
per vassallum *tenetur.* Charta ann. 1333.
in Reg. 82. Chartoph. reg. ch. 240 : *Quod
prædictæ terræ et feoda tenerentur..... ad
unam solam Tenutam in parria.*

° TENUTA, Investitura, missio in possessionem. Lit. procurat. in Formul.
MS. Instr. fol. 39 : *Ad recipiendum ejus
nomine et pro ipso Tenutam et possessionem corporalem ipsius præbendæ ac juris et pertinentiarum earumdem, si
vacat ad præsens, vel quamprimum vacaverit.*

° TENUTA, Obsignatio, manucaptio,
Gall. *Saisie,* in Charta Phil. Pulc. apud
Menester. inter Probat. Hist. Lugdun.
pag. 43. col. 2.

2. TENERE. *Teneri* dicuntur infantes
a Patrinis, cum baptizantur, quia revera ab iis in brachiis dextris *tenentur,*
cum sacerdos orationes baptismales dicit, et cum tinguntur, Gall. : *Tenir sur
les Fonts de Baptesme.* Ordo Romanus : *Induti vero* (vestibus candidis) *ordinantur per ordinem,... et infantes quidem in
brachiis dextris Tenentur, majores vero
pedem ponunt super pedem patrini sui.*
Concilium Nicænum Arabicum Pisani
cap. 22 : *Ut viri non teneant in baptismo
puellas, nec mulieres, neque mulieres Teneant masculos.* Conradus Abbas Uspergensis ann. 1123 : *Hoc etiam injungit,.....
ne filios suos et filias ad baptismum Teneant, sed sibi patrinos quærant, etc.* Historia Ludovici VII. Regis Franc. ann.
1165 : *Hugo etiam Abbas S. Germani Parisiensis patrinus puerum super fontem
baptismatis in ulnis suis tenuit.*

TENERI etiam dicuntur Baptizati in
Confirmatione. Honorius Augustod. lib.
3. cap. 115 : *Qui autem de Baptismo susceptit, idem etiam ad Confirmationem Tenere poterit.* Tenere ad *Confirmationem,*
in Concilio Compendiensi ann. 757. cap.
12. Cabilonensi II. cap. 31. Wormaciensi ann. 868. cap. 31. lib. 5. Capitul.
cap. 7. in Epistola Nicolai PP. ad Rodulfum Archiep. Bituricensem cap. 5. et
Fulberti Carnot. Epist. 18 Florentius
Wigorniensis ann. 943. *Idem Rex Anlafum Regem..... de lavacro sanctæ regenerationis suscepit, regiaque munere donavit, et parvo post tempore Reignoldum
Northamhimbrorum Regem, dum ab Episcopo confirmaretur, Tenuit, sibique in
filium adoptavit.* Vide Dissertat. 22. ad
Joinvillam pag. 275. et in v. *Gestantes.*

¶ 3. TENERE, Claudicare, quod ex retento pede flat claudicatio. Pactus Legis Salicæ tit. 32. § 9 : *Si vero pes capolatus fuerit, mancus ibidem Tenuerit, etc.*
Vide ibi Eccardum.

¶ 4. TENERE, Obtinere, lib. 12. Cod.
tit. 53. leg. 1. et alibi passim in cod.
Codice.

° Valere, sortiri effectum, Gall. *Tenir,
Avoir lieu.* Stat. S. Flori MSS. fol. 37 :
*Nullus tamen religiosus vel clericus secularis pactum cum aliquo faciat,..... ut in
perpetuum eligat sepulturam, et si pactum fecerit, non Teneat electio sepulturæ.*

¶ 5. TENERE, Habere, existimare, Gall.
Tenir, Reconnoitre pour, Reputer, Estimer. Bartholomæus Scriba lib. 6. Annal.
Genuens. ad ann. 1237. apud Murator.

tom. 6. col. 476 : *Et juraverunt, ut dicebatur, quod non haberent, neque Tenerent dictum Potestatem electum pro Potestate, nisi primitus cognitum esset et definitum per sapientes.* Chronic. Briocense apud Lobinell. tom. 2. Histor. Britan. col. 887 : *Anno Dom.* MCCCLVI. *circa festum natale S. J. B. Henricus Rex Castelle fuerat conquestus totum regnum Castelle, quod Rex Petrus solebat antea possidere ; unde multi mirabantur de hoc, pro eo quod tempore guerre incepte inter ipsos idem Rex Petrus Tenebatur et erat potencior et dicior Rex omnibus Regibus totius Christianitatis.*
° Charta ann. 1354. in Reg. 82. Chartoph. reg. ch. 324 : *Sciatis quod dicta verba dixit quodam caloris motu, et Tenet dicta verba pro non veris, vosque Tenet et habet pro bono et probo viro, atque ab illis innocente.*
¶ 6. **TENERE**, Cogere , congregare, Gall. *Tenir.* Litteræ Henrici IV. Regis Angl. ann. 1403. apud Rymer. tom. 8. pag. 334. col. 2 : *Constat nobis per inspectionem rotuli Parliamenti.... apud Westmonasterium Tenti, quod, etc. Ilustengo Tento,* apud *Madox* Formul. pag. 200. *Curia Tenta,* ibid. pag. 237.
¶ 7. **TENERE**, Pertingere. Miracula B. Ambrosii Senens. num. 12. tom. 3. Martii pag. 204 : *Habuit fistulam in duobus digitis pedis, et tenebat usque ad dorsum pedis.*
¶ 8. **TENERE**, Scriptoribus ecclesiasticis, Credere, pro fidei articulo habere. Vide Barthium ad Claudianum Mammertum pag. 245 *Tene pro firmo,* in Vita Henrici V. Regis Angl cap. 54.
° 9. **TENERE**, Tractare, accipere, agere. Charta ann. 1230. in Chartul. Raim. VII. pag. 65 : *Nos Raymundus Dei gratia comes Tolosæ recipientes donum supradictum a te Geraldo de Gordon supradicto, promittimus tibi quod te tractabimus et Tenebimus honorifice , et providebimus tibi in omnibus necessariis tuis in tota vita tua.*
° 10. **TENERE** dicitur Equus admissarius, quando equam init. Constit. MSS. Petri III. Reg. Aragon. ann. 1359 : *Quod equa, quam ille cujus fuerit, quis Teneri seu calcari fecerit per equum aut roncinum nostrum, nequeat pro debito vel quavis alia causa seu occasione pignorari seu capi, nec etiam interim donec ad habendum apta fuerit.*
° TENERE IN AMICITIA. Vide supra *Amicitia.*
° TENERE ARMA, Ludicras pugnas seu hastiludium agere. Constit. Feder. reg. Sicil. cap. 106 : *Item quod comites, magnates, barones et milites possint habere pro buchurvando seu Tenendo arma, duo guarnimenta, videlicet tunicam incordatam de scarlato et mantellum.*
¶ TENERE CAMPUM DUELLI, Duello præesse, præsidere, a Gallico *Tenir,* ut cum dicimus : *Ce Juge tient ses assises.* Vide locum in *Campus* 3.
° TENERE CAPTIONEM dicebatur fidejussor, qui in loco designato manere debebat, quamdiu is, pro quo sponderat, pacto fecisset satis. Charta ann. 1213. ex Chartul. S. Joan. de Valle : *Fide obligati tenentur, si fratres illi ab hoc recedderint, hoc plene facere observari, et ad submonitionem partis alterius tam diu Tanere captionem apud Sparnonam, donec istud fecissent integre perfici et teneri.* Vide *Hostagium* 3.
¶ TENERE CHORUM, Gall. *Tenir le Chœur,* Cantantium choro præesse, cantum moderari. Juramentum Cantoris S. Capellæ Paris. apud Lobinell. tom. 3.

Hist. Paris. pag. 151. col. 2 : *Item, quod in Festis annualibus, videlicet in utrisque Vesperis.... Tenebo chorum nisi debilitate corporis aut infirmitate fuero excusatus.* Statuta S. Capellæ Bituric. ann. 1407. ex Bibl. reg. : *In festis autem novem lectionum duo vicarii Tenebunt chorum, etc.*
° TENERE CHORUM dicuntur etiam Canonici, cum officio ecclesiastico intersunt. Necrol. eccl. Paris. MS. : *Statuit autem universum capitulum præfati regis* (Philippi) *anniversarium singulis annis sollempniter celebrari, et Missam ad majus altare celebrari, canonicis in Vesperis et in Missa chorum Tenentibus in capis sericis.*
¶ TENERE CONTRA, vel TENERE CUM, Gall. *Tenir contre ou pour quelqu'un. Cum Rege contra Principem Tenuit in hoc bello,* in Chronico Trivetti tom. 8. Spicil. Acher. pag. 646. id est, Regis partes adversus Principem sequitur. Occurrunt hæ loquendi formulæ in Chronico Parm. ad ann. 1297. apud Murator. tom. 9. col. 848. in Diar. Belli Hussitici, apud Ludewig. tom. 6. Reliq. MSS. pag. 182. in Chron. Angl. Thomæ Otterbourne pag. 85. et alibi.
° TENERE CURTUM, Cohibere, coarctare, Gall. *Tenir de court.* Vide supra *Curtus.*
° TENERE DUELLUM, Illud juridici decernere. Vide supra in *Duellum* 3.
° TENERE IN GUERRA, Infense agere. Vide supra in *Guerra.*
° TENERE SE IN MERCATO, Pactionem de re comparanda ratam habere, Gall. *Tenir un marché.* Charta ann. 1054. ex Tabul. S. Vict. Massil. : *Guillelmus Theodosiæ et Niccius suis consanguineis fecerunt fidem in tali tenore, quia si sui fratres de S. Stephano non se Tenent in isto mercato de ista terra, etc.*
° TENERE ORDINEM, Capitulo monachorum præesse, in capitulo convenire. Item, Observationes monachicas servare. Vide supra in *Ordo* 6.
¶ TENERE PAROLAM , Promissa exigere. Vide supra *Parola.*
° TENERE PRISIONEM Corporalem, in Charta ann. 1252. ex Chartular. Maurigniac. Phrasis Gallica, *Tenir prison.*
¶ TENERE PUNCTUM in cantando dicuntur qui plus æquo protrahunt cantum finiendo. Spicilegium MS. Fontanelli. pag. 202 : *Punctum nullus Teneat, sed cito dimittat.... Nullus ante alios incipere et magis currere præsumat, aut post alios minus currere, trahere vel punctum Tenere.*
¶ TENERE QUÆSTIONEM, Congregationem habere, in qua proponuntur a magistro quæstiones a discipulis discutiendæ et solvendæ. Constit. Carmelit. MSS. part. 1. rubr. 15 : *Magister studentium omnes actus scholasticus fieri consuetos intus vel extra infailibiliter exerceat et sequatur, et specialiter quod omni ebdomada, semel ad minus, habeat Tenere quæstionem.*
¶ TENERE AD RAUBAS. Vide in *Raub.*
° TENERE IN REGARDO, Timorem incutere. Vide supra in *Regardum* 3.
¶ TENERE REGNUM, Illud regere. Charta ann. 1213. ex Chartul. Campaniæ fol. 86 : *Umfredus nihil valet ad regnum Tenendum, et ideo, dicebamus, auferamus ei uxorem suam et demus eam Marchioni qui bene regat regnum.*
¶ TENERE SE, Vim vi repellere, defendere, Gall. *Se défendre.* Breviarium Historiæ Pisanæ ad ann. 1171. apud Murator. tom. 6. col. 184 : *Cumque diu pugnatum esset, illi se non valentes Tenere, videntes murum a gatto foratum, et a*

manganis turrim, IV. *Nonas Decembris se reddiderunt Pisanis.*
° TENERE SOCIETATEM, Gall. *Tenir compagnie,* Cum aliquo versari. Arest. ann. 1350. 6. Nov. in vol. 2. arestor. parlam. Paris. : *Audito quod dictus Colardus erat in prisione detentus, Johannes Candelerii iverat ad locum in quo erat detentus,... et Tenendo sibi societatem, etc.*
° TENERI cum infinitivo sequenti pro Debere, vel oportere, ex antiquis nulli notum, præterquam Justiniano in Institutionibus, omnibus hodie ita familiare est, ut scriptorem vix reperias, qui non utatur : quo de vitio videre potes Scioppium de Stylo Hist. pag. 211. 222. et 233. et Vorstium de Latin. merito supecta cap. 17. pag. 153.
TENERIA, Manubria balistarum, seu arcubalistarum, Sanuto lib. 2. part. 4. cap. 22.
° Ital. *Tenera,* manubrium. Hinc nostri *Tien-main* appellarunt partem scalæ cui ascendens innititur, quamque manibus tenet. Lit. remiss. ann. 1457. in Reg. 189. Chartoph. reg. ch. 131 : *Icellui Jaquemin cheut par entre l'eschelle et le Tien main de ladite eschelle jusqu'à terre.*
¶ **TENERINUS**, Tener, Ital. *Tenerino. Formagium toninum seu Tenerinum,* in Statutis Placentiæ fol. 81. v°. *Caseus musteus, recens.*
TENERIOR. Regestum Castri Lidi in Andibus fol. 47. *Præco habet consuetudinem caprarum,... et totum criagium vini, de ascensu et de descensu : de nuptiis* 1. *den. de Tenerioribus* 4. *den. ad Natale, et* 4. *den. ad Pascha, et* 4. *den. ad festum* S. Joannis. *Et de Judæis* 4. *den. et de bellis* 4. *den. et habebit armaturam convicti, et de latrone rubam, et quando tolletur de annulis ferreis, etc.* [Vide *Tenerriaria.*]
⁑ **TENERITUDO** ANNORUM, Tenera ætas, Gall. *Jeunesse,* alias *Tendresse.* Gerberti epist. ad Fulcon. episc. Ambian. tom. 10. Collect. Histor. Franc. pag. 411 : *Etsi enim totius metropolis Remorum cura nobis injuncta est, sed vestri potissimum, qui ab amorum* (l. annorum) *Teneritudine et morum Latinitate pondus sacerdotale necdum ferre didicistis.* Charta ann. 1319. tom. 1. Probat. Hist. Brit. col. 1286 : *Ouquel temps de nostre Tendresse, homme de clere mémoire nostre trés-cher seigneur et pere, monsieur Artur duc de Bretagne nous bailla audit monsieur* (Simon de Monbuerchier) *en garde pour nous enseigner et doctriner, etc.* Vide *Tenerositas.*
¶ **TENEROSITAS**, Teneritas. *Tenerositas ætatis,* in Actis S. Godebertæ tom. 2. Aprilis pag. 32. *Tenerositatis anni,* in Vita S. Medardi, tom. 2. Junii pag. 80. *Tenerositas membrorum,* in Consecratione Ecclesiæ S. Leonardi Belesm. præsente Roberto Rege apud Ægidium Bry de la Clergerie, lib. 2. Hist. Pertic. pag. 45. Vide *Teneritudo.*
¶ **TENERRIARIA**, f. Idem quod Ripa. *Si Tenerriariæ sive ripæ aquæ fronteriæ... non sint legitime curatæ, esbuscatæ et reparatæ,* in Statuto Judicis Aquensis ann. 1171. e Regesto *Columba* Cameræ Comput. Provinciæ fol. 232. Vide *Tenerior.*
¶ **TENESO**, Tenementum. Vide in *Tenere* 1.
¶ **TENETERIA**, f. Idem quod *Tenentia,* Securitas. Charta Guill. Raymundi ann. 1291. e Chartulario S. Johannis Angeriac. pag. 278 : *Ego dictus Miles obligo corpus meum ad facienda seu tenenda hostagia seu Teneterias infra muros cas-*

tri *S. Johannis per tantum tempus, donec de præmissis sit eidem Abbati plene et integre satisfactum.* Vide supra *Tenentia* et mox *Tenmantale.*

° Idem prorsus sonat quod Mansio, in qua consistere debet fidejussor, donec is, pro quo spopondit, creditori satisfecerit. Vide supra *Tenere captionem* in *Tenere* 10.

° **TENETURA**, Status, conditio. Treuga inita inter Phil. Aug. et Joan. reg. Angl. ann. 1214. in Reg. 34. bis Chartoph. reg. part. 2. fol. 56. v°. col. 2 : *Nos et homines nostri et imprisii erimus in eadem Tenetura, in qua eramus prædicta die Jovis, in qua data est ista treuga.*

¶ **TENETURA**, TENEURA, TENEZO. Vide supra in *Tenere* 1.

° **TENEURA**. Vide supra in *Tenere* 1.

✻ **TENEZO**. [Gallice *Tenure* : « Et damus tibi et filie nostre 1. judeum et 1. burgensem in Biterris, burgensem Raimundum Duranti, judeum Benjamin, ambos cum *Tenezonibus* eorum. » (A. N. J. 322. n. 2. Biterris, ann. 1121.)]

¶ **TENGELDUM**, Tributi species, in Monastico Anglic. pag. 372. cujus locus exstat in *Forgeldum.*

✻ **TENGOMENA**. [Potio vini magna. « Ergo diutius vivit vinum quam homuncio : quare *Tengomenas* faciamus. » (Petron. éd. Buecheler, § 341.)]

¶ **TENGUDA**, Tenementum. Vide in *Tenere* 1.

¶ **TENHEVED**, Decanus, Decemvir, caput vel princeps decaniæ sive decuriæ, Sax. tienheofed. Spelmannus. [↪ Leges Edward. Conf. cap. 28 : *Imposuerunt justiciarios super quosque 10. fridborgos , quos decanos possumus dicere, Anglice autem tiende heved vocati sunt, hoc est capud decem.* Vide *Friborga.*]

¶ **TENIA**, Extremitas vittæ. Vide *Tena.*

✻ **TENIGNA**. [Extrema pars Vitte, etc. Gall. *Queus.* DIEF.]

TENILIS, *Qui teneri potest*, apud Papiam , et in Glossis Arabico-Latinis. Glossæ Isidori et Pithœanæ habent *Tenere.*

¶ **TENIMENTUM**, TENITURA. Vide *Tenere* 1.

¶ **TENIUS**, Ἀρχεθέριξ, in Glossis Lat. Gr. et Gr. Lat. Martinius emendat, *Tenuis, Qui raros pilos habet.*

TENMANTALE, Saxon. tienmantale, seu tienmannatale, ut est in Legibus Edwardi Confess. cap. 20. decem hominum numerus · ex Saxon. tien, decem man, vir, et tale, numerus. Sic autem appellabant Anglo-Saxones securitatem, quam decem homines, invicem colligati, qui *decaniam* conficiebant, (*Decaniæ* vero decem *Centuriam* et *Hundredum,*) præstabant Regi de pace ejus observanda : ita ut si quis eorum forisfecisset, de illius forisfactura cæteri tenerentur, nisi ille judicio stetisset. Res pluribus ibi describitur, ut et in Chartæ Alvredi et Godruni Regum: *Omnes in legibus pareant devote, vel eovelentur, et pro exlegibus habeantur, nisi eis obedientes sint, et in Tienmentale, id est per decemvirale numero et fidejussione libera, quod Anglice dicitur,* in *Freborg, sint universi : ita quod si unus ex decem forisfaciat, novem ad rectitudinem eum habeant, aut solvant, et restituant damnum, quod idem fecit.* Meminit etiam istius vocis Rogerus Hovedenus an. 1194. pag. 737 : *Rex constituit sibi dari de unaquaque carrucata terræ totius Angliæ 2. sol. quod ab antiquis nominatur Tenmantale.* Forte quod universa Decania pro vectigali solvendo in solidum teneretur. Vide *Friborga.*

° **TENNARIUS**, Qui coria subigit, Gall. *Tanneur*, in Arest. ann. 1368. ex lib. 2. Ordinat. artif. Paris. fol. 80. r°. ubi et *Tennator,* eadem notione, legitur fol. 79. r°.

¶ **TENNATOR**. Idem qui supra *Tenator*, Qui coria subigit, Gall. *Tanneur.* Vide locum supra in *Conreatores.*

¶ **TENNATUS** CORIUS , Corium subactum, in Codice MS. redditum Episcopatus Autissiod. Vide *Tannare.*

° **TENOLEAGIUM.** perperam pro *Teloneagium.* Vide in *Telon.* Inventar. Chart. reg. ann. 1482. fol. 322. v° : *Littera regis Philippi super centum libris annui reditus datis Guillermo Turpin percipiendis super Tenoleagio Turonensi. De anno 1214.* Sic et

° **TENOLIUM**, pro *Telonium,* legitur in Charta Wladislai ducis Oppol. ann. 1260. inter Probat. tom. 1. Annal. Præmonst. col. 480 *Omnia supradicta acceptantes et sigilli nostri munimine roborantes, excepto Tenolio, quod pro nobis in dicta castellatura Sevor excepimus, pro quo jam dictos decem lapides ceræ domui prænominatæ contulimus.*

1. **TENOR.** Constantinus Afric. lib. 1. Pantechn. cap. 1. ubi de medici officio : *Dignos quoque postmodum et ipse doceat, et hæc sine pecunia, et sine Tenore aliquo, futuriquc meriti emolumento, et indignos ab hac scientia repellere satagat.* Id est, sine mora aliqua. [Caffarus lib. 1. Annal. Genuens. ad ann. 1162. apud Murator. tom. 6. col. 278 : *Ad pedes domini Imperatoris inermes venerunt, et personas et civitatem, et mobile et immobile, quæ habebant, sine ullo Tenore in potestate Imperatoris posuerunt.* Chronicon Parm ad ann. 1302. apud eumdem Murator. tom. 9. col. 844 : *Et videns ipse D. Mapheus, quod non poterat resistere dictis adversariis suis, et in instanti sine prælio et sine Tenore deposuit in dicto exercatu dominium civitatis Mediolani et baculum sive matiam sui capitaneatus.*]

¶ 2. **TENOR**, Practicis nostris *Teneur,* Argumentum instrumenti , quod in scripto continetur. Liga Caroli IV. Imp. cum Johanne Franc. Rege ann. 1355. apud Lobineli. tom. 5. Reliq. MSS. pag. 452 : *Sic nunc eadem promissa et colligantias.... præsentibus innovamus sub Tenoribus infra scriptis.* Occurrit alibi passim. In Glossario ad calcem tomi 2. Gall. Chr. novæ edit. *Tenor,* dicitur, *Possessio, vel media pro tuenda causa in lite et contentione.* Desideratur loci, quibus hæc definitio fulciatur.

¶ 3. **TENOR**, in Glossis Lat. Græc. ἰσχύς, τόνος, τάσις, τόπος, δύναμις. It enim : *Hic Tenor,* ἡ ὀφή, τάξις. *Tenore,* περιοχῇ, δυνάμεως. *Tenorem,* σχέσιν. Adde Glossas Græc. Lat. Papias : *Tenor, rectitudo, norma, ordo, lex, conditio posita. Tenor, accentus, a tenendo, id est, regendo sermonem.* Johannes de Janua : *Tenor, status, pactum, conditio ; Tenor, etiam dicitur accentus ; quia in prolatione una syllaba magis tenetur quam altera.* Charta ann. 1239. e Chartulario S. Vandregisili tom. 1. pag. 97 : *Ego Robertus Morel de Vatevilla vendidi et concessi Petro Ivus de Caudebec dimidium arietem redditus et quatuor panes..... annuatim recipiendum de viris religiosis monachis S. Vandregesili..... in die festo S. Vandreg. et B. M. Magdalenæ, sicut alii homines meæ Tenoris, id est, ni fallor, meæ conditionis, qui idem mecum jus habent.*

¶ 4. **TENOR**, Nostris *Taille*, dicitur is cui est vox subgravis atque huic concentui, qui *Tenor* nuncupatur, exsequendo apta. Statuta S. Capellæ Bituric. ann. 1407. ex Bibl. Reg. : *Incipiet Chorialis Offertorium, Sanctus et Agnus et Post-communionem in tono sacerdotis Missam celebrantis, nisi sacerdos prædictus sit Tenor, quia tunc altius potent incipere. Tenour,* in Computo ann. 1413. et seqq. apud Lobinell. tom. 2. Hist. Britan. col. 962 : *Jehan Tromelin Tenour de la chapelle de Monseigneur,* LXX. *l. par an. Teneure* ipse concentus appellatur in Poemate *de la Rose* MS. :

Et chante haut à plaine bouche
Motés, gaudis et *Teneure.*

° *Teneur,* in Lit. remiss. ann. 1457. ex Reg. 189. Chartoph. reg. ch. 176 : *Jehan Ales, que on dit estre corial et Teneur en l'église de Nostre Dame de Chartres, etc.*

° 5. **TENOR**, Sumptus, conservatio, Gall. *Entretien.* Testam. Beatr. comit. Albon. ann. 1228. ex Cod. reg. 5456. fol. 45. v° : *In valle S. Hugonis decem libræ pro Tenore luminis perpetui unius lampadis*

° **TENOSUS**. Vide supra *Tena* 2.

1. **TENSA**, Mensuræ species, eadem forte quæ *Teisia,* de qua supra. Helgaudus Monachus in Vita Roberti Regis Fr. : *Habet namque ipsa domus longitudine Tensas 42. in latitudine 12. in alto 10. fenestras 123. etc.* [Tabularium S. Vincentii Cenoman. : *Robertus de Pontoin* VIII. *Tensas terræ in latum et* XVI. *in longum, et Ansegisus* VI. *Tensas in latum et* XVI. *similiter in longum... dederunt S. Vincentio..... ad ædificandum ortum, arcam et domum.* His confirmatur interpretatio Cangiana.]

2. **TENSA**. Historia Cortusior. lib. 7. cap. 20 : *Loderisius....... per Tensa fugit Sonnam.* Legendum puto per *densa,* i. silvas.

3. **TENSA**, pro *Tenda,* Tentorium. Otto Morena in Hist. Rer. Laudens. pag. 10 : *Quia prædictus Rex. suam Tensam in ipso proprio burgo Placentino posuerat.* Adde pag. 112. [*Tensa,* Θρόνος, in Glossis Lat. Gr. Aliæ Gr. Lat. : Θρόνοι, *Tensa, sedilia.*] Vide *Tenda.*

° 4. **TENSA**, Pensitatio quæ a vassallis aut subditis domino pro protectione exsolvebatur, idem quod *Tensamentum.* Vide in *Tensare* 1. Charta ann. 1188. apud Murator. tom. 2. Antiq. Ital. med. ævi col. 79: *In his autem locis habuit et tenuit dominus imperator..... fodrum, placitum, banna, erbaticum, escaticum, Tensas, etc.* Vide infra *Tensio.*

° 5. **TENSA** CANDELÆ, Certa candelarum quantitas, idem quod *Tesa candelæ.* Vide ibi. Charta Ludov. Junior. ann. 1173. ex Chartul. Regalis-loci part. 1. ch. 33 : *Quatuor panes singulis diebus, et dimidium sextarium vini,..... et unam Tensam candelæ.*

° 6. **TENSA**, Rapina, expilatio. Vide mox in *Tensare* 3. *Tensaria* et *Tenseamentum.*

° **TENSAMENTUM**, Protectio, tutela ; unde Pensitatio pro tutela et protectione *Tensamentum* nuncupata. Charta Phil. Aug. ann. 1217. in Reg. 34. bis Chartoph. reg. part. 2. fol. 56. v°. col. 1: *Homines de Illies in Tensamentum nostrum et custodiam nostram recipimus.* Vide *Tensare* 1.

1. **TENSARE**, *Defendere, securum facere, protegere,* Ugutioni, et Jo. de Janua. [Unde Gloss. Lat. Gall. Sangerm. : *Tensare, defendre, tencer : frequentare Tendere, securum facere, ducere.*] Formulæ vett. Bignonii cap. 1 : *Ipse homo sacramentum intra ipsam casam Dei, vel ipsius Abbatis habuisset adhramitum, ad*

suam ingenuitatem Tensandum in ipso mallo, in basilica sancti illius ob hoc jurare debuisset. Vetus Notitia Nobiliacensis apud Besllum pag. 149 : *Et Hermenbertus ad præsens notitias ostendit ad relegendum,... inspecto quo ipso testamento, ipse Gratianus ipsum Jaciacum Tensare non potuerat, et per suos wadios ipsam cellam cum reliquis appenditiis suis partibus S. Hilarii reddiderat, etc.* Vetus Charta apud eumdem Beslium pag. 176: *Taliter dixerunt quod ipsa charta adversare non potebant, sed falsa in omnibus aderat, et ipsa conscribere rogaverant, nec per nullo modo ad ingenuitatem se Tensare non potebant.* Nescio, an eadem notione usurpet Monasticum Anglic. tom. 2. pag. 612 : *Claudemus 40. acras terræ ad excolendum, vel ad Tensandum ad libitum nostrum : ita tamen quod Canonici et fratres habebunt liberum iter ad usum pecuniæ suæ, etc.* [° Vide *Tensare* 2.] Sic porro *Tenser*, nostri olim dixerunt. Le Roman *de Vacce* MS. :

Ja li ert cest pais livrez et vendus,
Par quol n'est si par li Tensez ei defendus.

Le Roman *de Garin* MS. :

Le feu escrient, leans le font bouter,
La vile esprunt, nus ne l'en puet Tenser.

Le Roman *d'Aubery duc de Bourgogne :*

Dies, con Diex volt Auberi Tenser.

Alibi :

Par vous fust blen celte terre Tensée.

Le Roman *de Roncevaux* MS. :

Tains ne blazons ne le poi contrester,
Ni li haubers garantir, ne Tenser.

Le Roman *de Gaydon* MS. :

Mais se l'eu ost garanti et Tensé.

Le Roman *d'Amile et d'Amy* MS. :

Toz l'or del mont ne vos porroit Tanser.

Guillelmus *Guiart* ann. 1304 :

Chascun d'eus garentit et Tense
De tout son pouvoir sa defense.

Item ann. 1205 :

Ne leur semble pas que le gent
De leans fust contre eus Tensée.

Chronicon Bertrandi Guesclini :

Et que le Chastelain, quant ne le pot Tenser,
Le rendit à Bertaut, etc.

[Consuetudo Leodiensis cap. 7. art. 26 : *Le créancier ayant deux tiltres de diverses dates, estant resaisi, ou ayant purgé simplement pour le sien Tenser et garder, conserve le droit du tiers acquis entre ses deux tiltres.*] TENSAMENTUM, Pensitatio quæ a vassallis aut subditis domino pro protectione exsolvebatur : quæ alias *Commentatio, Salvamentum*, et *Tutamentum* dicitur. Chronicon Mauriniacense lib. 1 : *Tutamentum, quod vulgo dicitur Tensamentum.* Tabularium Vindocinense : *Videlicet ut unusquisque, qui in ea terra bordam vel domum haberet, mensura Blesensi minam agentem reddderet illi ob Tutamentum.* [Chartularium S. Martini Pontisar. : *Singulis annis nomine annui redditus IV. sextarios avene, uno prebendario minus, ratione cujus consuetudinis, quæ Tensamentum vulgariter appellatur, etc.* Charta ann. 1232. ex Archivo Bonevallensi : *Ego Simon dominus Rupisfortis et Pusati et Vicecomes Carnot. etc. Noverint universi, quod ego vendidi et in perpetuum quitavi religiosis viris Abbati et monachis Bonevall. pro quat. mille libris Turon. omnia Tensamenta, que ego habebam...... in villa Bonevall. et in aliis villis... in quibus Tensamenta percipere consuevi ; et unum servientem proprium in villa Castriduni de burgensibus ejusdem ville ad colligendum Tensamenta liberum et immunem ab omni tallia et qualibet alia exactione in anno, in quo colliget Tensamenta.* Similia leguntur in alia ejusd. rei Charta Galteri Archiep. Senon. eod. ann. et ex eod. Archivo. Adde Chartam ann. 1194. tom. 2. Hist. Eccl. Meld. pag. 80.] M. Pastorale Eccl. Parisiens. lib. 2. ch. 82: *Præterea dedit nobis Tensamentum Civiliaci, quod emit a D. Simone de Pisiaco Milite pro 65. lib. pro quo Tensamento tenentur homines de Civiliaco nobis reddere singulis annis 7. lib. in crastino S. Andreæ.* Vide præterea lib. 1. ch. 10. lib. 2. ch. 88. Charta ann. 1168. ex Tabulario Fossatensi fol. 19 : *Emit cujusdam Tensamenti partem, continentem in se decem et octo frumenti sextarios, et 5. solidos pro pastu, atque corveias bis in anno, quas Haias vulgus appellat.* Necrologium Ecclesiæ Carnotensis : *Retentis solummodo reddilibus Tensamenti, quos pro terra tensanda singulis annis habebit.* Tabularium S. Martini de Campis Paris. : *Consuetudinem unam, quam Tensamentum vocant, scilicet unum sextarium avenæ singulis annis pro grangia sua de Wirmis, etc.* Tabular. Vindocinense ch. 103 : *Ad Moncellum omnem consuetudinem habebat, Tensamentum, carregium, vicariam, etc.* Charta Radulfi Abbatis Fiscannensis ann. 1204. in 31. Regesto Chartophylacii Regii fol. 50 : *Pro Tensamento villæ nostræ de Buæio, etc* Alia Odonis Ducis Burgundiæ ann. 1204. in Regesto feodorum Episcopi Lingonensis: *Non habeo, nec habere debeo aliquam custodiam, aut aliquod Tensamentum in villa Besuensi. Tensamentum vini*, in Charta Roberti Regis Franc. apud Doubletum pag. 829. Notitia ann. 1159. in Tabul. Monast. S. Bertini : *Dabit.... in festo S. Michael. 2. sol. pro verschingis*, in festo omnium SS. 5. *pro Tessement.* Liber censuum Carnotensium ex Camera Comput. Paris. fol. 2 : *Le Tensement de Neuville : l'avoine des Tensemens.* Occurrit præterea apud Sugerium lib. de Reb. in Administr. sua gest. cap. 2.

¶ TASSAMENTUM, Eodem intellectu. Necrolog. Eccl. Paris. : *Executores dederunt 4. sextaria avenæ annui redditus ad Tassamentum de Castellione quæ emerunt a Johanne de Yssiaco armigero, etc.*

¶ TESSAMENTUM, pro *Tensamentum*, in Computo ann. 1202. apud D. Brussel lib. 2. de Feudorum usu pag. CLVIII. et CCIII. *Tensamentum legitur ibidem pag.* CL. et CLXXXIV.

¶ TANSSAMENTUM, Eadem notione, in Tabulario Calensi pag. 224. 225. et alibi passim in eodem Tabulario.

¶ TAXAMENTUM, pro *Tensamentum*, in M. Pastorali Eccl. Paris. lib. 3. ch. 8. 9. etc. lib. 7. ch. 42. Tabularium Fossatense fol. 62 : *Et de Taxamentis bladi et avenæ, quæ percepit ab hospitibus de Torciaco.* Vide in voce *Ignis*.

TENSABILIS. Pratum *Tensabile*, Idem quod *Defensum*, de qua voce suo loco egimus. Liber Prioratus Dunstaplensis : *Et est pratum illud Tensabile per totum annum ; unde Prior potest asportationem herbæ, pro denariis locat partem suam.*

TENSURA, Idem videtur quod *Tensa-mentum*. Charta Philippi Comitis Flandriæ ann. 1181. apud Miræum in Diplom. Belg. lib. 2. cap. 44 : *Comitatum etiam, stallum, et totius opidi telonæum... Tensuram, et creditionem, atque omnem exactionem..... concessi.* [Eadem habentur in Charta Theoderici Flandriæ quoque Comitis ann. 1130. apud eumd. Miræum tom. 1. pag. 277. col.1. edit. 1723. et apud D. Calmet. inter Probat. tom. 2. Hist. Lothar. col. 290.]

TENSERIA. Concilium Turonense ann. 1163. cap. 10 : *De Cœmeteriis et Ecclesiis, sive quibuslibet possessionibus Ecclesiasticis, Tenserias dari prohibemus, ne pro Ecclesiæ vel Cœmeterii defensione, fidei suæ Clerici sponsionem interponant, etc.* Vitæ Abbatum S. Albani: *Hæc est summa pecuniæ perditæ, et Tenseriæ datæ tempore guerræ, de maneriis Abbatis Guillelmi, etc.* [Concilium Londin. ann. 1151. cap. 1. apud Baluz. tom. 7. Miscell. pag. 81 : *Sancimus igitur, ut Ecclesiæ et possessiones ecclesiasticæ ab operationibus et exactionibus, quas vulgo Tenserias sive tallagias vocant, omnino liberæ permaneant, nec super his eas aliqui de cætero inquietare præsumant.*]

° 2. TENSARE TERRAM, In pratum defensum redigere. Locus est in *Tensare* 1. ex Monast. Anglic. tom. 2. pag. 612. ubi vide Tensabilis.

° 3. TENSARE, Prædari, expilare, grassari; unde *Tensa*, expilatio, et *Tensator*, prædator. Lit. official. Morin. ann. 1348. in Reg. 78. Chartoph. reg. ch. 157: *Quod dictus clericus fuerat deprædator et Tensator...* Proponimus contra vos, ut sequitur, *quod vos publicus et notorius deprædator et robator itinerum et Tensator gentium fuistis et estis ; nam plures et diversas personas...... Tensavistis, robavistis, seu robari et Tensari fecistis et sinistis, et ab eisdem maximas quantitates pecuniarum subtraxistis, cepistis, amovistis, per modum Tensæ et rapinæ absportavistis.* Vide infra *Tensaria* et *Tensamentum.*

° *Tencerresse* vero dicitur de muliere rixosa, contentiosa, in Lit. remiss. ann. 1386. ex Reg. 129. ch. 159: *Laquelle femme estoit rioteuse, Tencerresse, depite et perverse.* Aliæ ann. 1894. in Reg. 147. ch. 9 : *Comme le suppliant eust une femme Tancerisse et plaine de très-mauvaise voulenté, etc.* A voce *Tençon*, rixa, contentio, controversia. Joinvil. edit. reg. pag. 81 : *Lessiés ester la Tencon du seigneur de Joinville et de nostre Commandeur.* Vide Intentio in *Intendere* 7. [^{JD} Raynouard. Glossar. Roman. tom. 5. pag. 344. sqq. radice *Tenso*.]

° TENSARIA, Latrocinium, rapina, expilatio. nostris alias *Tenserie*. Lit. remiss. ann. 1366. in Reg. 99. Chartoph. reg. ch. 1 : *Commisit in villa Duacensi furta, maleficia, roberias, Tensarias et delicta quæ sequuntur, etc.* Charta ann. 1356. in Reg. 84. ch. 528 : *Rebellions, monopoles, Tenseries et autres malefaçons, etc.* Vide *Tensare* 3. et mox *Tensamentum.*

° TENSATIO, Jurisdictio, dominium. Charta Hugon. archiep. Senon. in Chartul. S. Germ. Prat. sign. tribus crucibus fol. 58. v°. col. 2 : *Dicebat siquidem prædictus Theobaldus (advocatus) quod tensaret homines a monachis, nec venirent ad eorum submonitionem, sed ipse faceret monachis justitiam de hominibus...... Isti (testes) in veritate sua dixerunt, quod advocatus nullam in hominibus contra monachos habet Tensationem, sed monachi eos submonebant, et ipsi ad justitiam monachorum omnimodis stabunt.* Vide *Tentio.*

° **TENSATOR**, Latro, prædator. Vide supra *Tensare* 3.

° **TENSEAMENTUM**, Idem quod supra *Tensaria*; a *Tenseare*, Expilare, grassari; unde *Tenseator*, Prædator. Lit. remiss. ann. 1369. in Reg. 100. Chartoph. reg. ch. 62 *Item quod dictus Johannes fuit et est Tenseator sive spoliator, consuetus homines Tenseare...... Item quod ipse Rogerus reus Tenseavit Evrardum de Busco, et ab eodem Evrardo per Tenseamentum cepit et habuit viginti florenos auri ad mutonem.* Vide supra *Tensare* 3.

¶ **TENSIBILIS**, *Tensilis*, Joanni de Janua, Qui tendi potest; *Tendables*, in Glossis Lat. Gall. Sangerm.

° **TENSIO**, Pensitationis species, eadem quæ supra *Tensa* 4. Feoda Norman. in Reg. S. Justi ex Cam. Comput. Paris. fol. 164. r°. col. 1 : *Domina Petronilla, de Calvomonte tenet de rege... in feodum dominium et vicecomitatum et Tensionem avenæ apud Triam.*

¶ **TENSIO** APIUM , Alvus vel Examen apium , ut videtur. Charta 61. Tabularii Dunensis · *Concessit nobis...... decimam omnium Tensionum apium, quascumque in omnibus forestibus suis habuerit.*

✱ **TENSITAS**. [Tensio : « Tensitatem indicant et insaniam maximam. »(B. N. MS. Lat. 16089, f. 108⁴.)]

¶ 1. **TENSURA**, Pensitatio, etc. Vide in *Tensare.*

2. **TENSURA**, Tensio arcus, Italis *Tesa*. In Lege Burgund. tit. 46. est *de his, qui Tensuras ad occidendum lupos posuerint*. In ipso vero contextu, jubentur ii, *qui arcus occidendorum luporum studio posuerint, id est certo in loco statuerint, ut id vicinis suis statim indicent, ac tres lineas ad prænoscenda posili arcus indicia diligenter extendant, ex quibus duæ superiores sint, ut hosce locos devitare habeant . ne si forte laxarentur arcus, læderentur, mortisque periculum incurrerent. Ita ut si ab homine, per ignorantiam veniente, aut ab animali domestico tactæ fuerint, sine periculo sagittas arcus emittat. Quod si hoc modo provisa res fuerit, ut Tensuræ factæ circumstantibus innotescant, quicumque ingenuus incaute veniens casum mortis aut debilitatis incurrerit, nullam ex hoc calumnam, is qui arcus posuerit, sustinebit, etc.* Ex quibus patet, ita arcus seu ballistas positas, ut motis hisce lineis, statim sagittas emitterent. A *Tensura*, nostri forte *Tesurer* pro arcum *tendere*, [vel retia ponere,] ceperunt. Consuetudo Municipal. Andegavens. art. 25 : *Nul ne peut de jour, ne la nuit tendre ne Thesurer en autruy domaine.* Ita et Cenomanensis art. 39. 162. Charta ann. 1445 : *Item du droit, que j'ay de chasser, tendre, et Tesurer, et prendre bestes à pied rond, rouges, rousses, et noires, etc.* Vide *Arcuare* et *Tensura* 3.

ENTESER, nostri pro Arcum intendere dixerunt. Philippus *Mouskes* in Hist. Francor. MS. :

Et quant li enfés l'entendi,
L'arc Entesa, plus n'atendi,
Le cierf quida traire à desroi,
Mais son Seigneur i traist le Roy.

Chronicon MS. Bertrandi Guesclini :

Chascun tendi son arc, la sayete Entesa.

Alibi :

Les Archers tout devant chascun l'arc Entesé.

Le Roman *de Merlin* MS. : *Et vint à la meslée son arc Entesé.*

° 3. **TENSURA**, Plagæ, rete, Gall. *Filet*. Lit. remiss. ann. 1847. in Reg. 86. Chartoph. reg. ch. 42 : *Quod præfatus exponens tret cum eisdem et veniret ad venandum,...... oportebat quod haberent tellas sive Tensuras.* Vide in *Tensura* 2. mox *Tensutum* et infra *Tesura* 2.

° 4. **TENSURA**, Idem quod *Tenementum*, Prædium, possessio, hæreditas. Parlam. Pentecost. ann. 1290 in Reg. S. Justi ex Cam. Comput. Paris. fol. 41. r°. col. 1 : *Ordinatum fuit et redditum per arrestum, quod ballivi vel alii justitiarii dom. regis non impediant ecclesias nec ecclesiasticas personas, quin possint se accrescere in Tensuris et feodis, in quibus omnimodam habent justitiam, altam et bassam; sed in Tensuris et feodis ecclesiarum, in quibus rex et barones vel alii domini laicales altam justitiam vel forefacturas habent, etc.* Vide in *Tenere* 1.

ᵇ **TENSUTUM**, Rete, Gall. *Filet*. Charta ann. 1877. in Reg. 113. Chartoph. reg. ch. 69 . *Cum quædam naveria ac piscaria, in qua pisces regales et cujuscumque alterius conditionis in ascendendo cum Tensutis* (infra, *Tessutis*) *et filatis ad hoc necessariis et condecentibus capi possunt, etc.* Vide supra *Tensura* 3.

¶ 1. **TENTA**, Tentorium, Gall. *Tente*. Computns ann. 1824. tom. 1. Hist. Dalphin. pag. 183. col. 1 : *Item.... pro adducendis Tentis et pavillonibus, VI. sol. Alius locus exstat in Gribellio*. Pro umbella sumitur in Translatione S. Theophili Episc. Brix. tom. 3. Aprilis pag. 495 : *Unumquodque corpus sub serica auroque distincta Tenta deferebatur a diaconibus.* Vide supra *Tenda*.

¶ 2. **TENTA**, pro *Tenca*. Vide in hac voce.

° 3. **TENTA**, Locus in quo panni explicantur seu extenduntur, idem quod *Tendaris*. Pro lanif. et pannif. ann. 1817. in Reg. A. Cam. Comput. Paris. fol. 197. v° : *Item quod tentoria sive Tentæ, in quibus panni, duplices appellati, in pertuum tirabuntur. ultra xiij. cannas communes cum dimidia in longitudine, aliqualiter non excedent. Tentoria vero sive Tentæ, in quibus panni, qui de sorte vocantur, quorum non est longitudo taxata, sed in textoris voluntate consistit, fieri et esse poterunt longiores; sed in ipsis tiratoriis* (sic) *sive Tentis panni aliqui duplices vel alii communes panni, qui debent xij. cannas ad minus continere, nullatenus tirabuntur.* Vide supra *Tenda* 3.

° 4. **TENTA**, Gall. *Tente*, Linamentum, quod vulneri apponi solet, quod *Tentare* dicebant. Locus est supra in *Specillum*. Nostris *Tenter*, eodem sensu. Lit. remiss. ann. 1468. in Reg. 195. Chartoph. reg. ch. 122 : *Les barbiers avoient mal Tenté la playe d'icellui Simon*. Le Roman *de Cleomades* MS. :

La plaie le roy fu Tantée,
Qui n'estoit point remise et bendée.

Hine *Tantable* dicitur vulnus, cui *Tenta* apponi potest. Lit. remiss. ann. 1456. in Reg. 183. ch. 152 : *Ung cop sur la teste au-dessus du front, et y eut effusion de sang et playe Tantable.*

¶ **TENTARE**, Attentare, oppugnare. Annales Cæsenates apud Murator. tom. 14. col. 1127 : *Die ultima mensis Octobris anni prædicti* (1306.) *eadem civitate cum manganis et ædificiis Tentata, etc.*

1. **TENTATIO**, Examen, *Essay*. Charta Edwardi I. Regis Angl. apud Gul. Prynneum in Libertatibus Angl. tom. 3. pag. 465 : *Temptatio panis fiat bis in anno, etc.* Mox : *Et quotiescunque debeat fieri temptatio panis et cervisiæ, etc.*

° 2. **TENTATIO**, Ipsummet crimen, pro fidei desertione utitur S. Cyprianus in Epist. laudata tom. 4. Sept. Actor. SS. pag. 233. col. 1 : *Videtis ergo, fratres, quoniam et vos hoc facere debetis,... ut si qui in hanc Tentationem inciderunt, cœperint apprehendi infirmitate, etc.*

¶ **TENTATOR**, Examinator, seu judex doctrinæ candidati gradus academici. Rob. *Goulet* in Compendio jurium Universitatis Paris. fol. 4. v° : *Et sic sunt quinque examinares, quorum examen die sequenti festum aperitur ; et inter illos Tentator pro provincia Paris. est primus non majoritate, sed solum ordine. Nota est thesis, quam Tentativam vocant, quamque ad eruditionis experimentum et argumentum propugnat is, qui ad Baccalaurei gradum provehi desiderat.*

ᶜ **TENT-CLAVIA**, Umbellæ, seu tentorii species. Stat. synod. eccl. Tornac. ann. 1366. pag. 67 : *Manifestos autem usurarios intelligimus proscriptos a synodalibus,.... qui signa habent in hospitiis et fenestris, tabulas scædulas, fenesiras velatas, tentas seu Tent-clavias vulgariter appellatas, per quas ab aliis sine declaratione vel conscriptione alia discernuntur.* Vide *Tenta* 1.

° **TENTHURARIA**, Tinctoris officina. Formul. MSS. ex Cod. reg. 7657. fol. 30. r° : *Recesserat cum quibusdam extraneis versus operatorium Tenthurariæ suum in suburgiis civitatis.* Vide supra *Tenchurerius.*

¶ **TENTHS**, Anglica vox, Decimæ ecclesiasticæ. Vide Thomam *Blount* in Nomolexico et Kennettum in Glossario ad calcem Antiq. Ambrosd.

° **TENTIA**, pro *Tenenda*, continentia. Inventar. ann. 1476. ex Tabul. Flamar.: *Item plus duo alia metalla Tentia quodlibet decem parapsides offarii sive potatgii.*

✱ **TENTIGO**, [Q. in vulva apparet ; Gall. *Landie*. DIEF]

¶ **TENTIO**, Jurisdictio, ditio, possessio. Chronici Fragmentum apud Lobinell. tom 2. Hist. Britan. col. 100: *Himquethenus abbas erat de monasterio S. Jacobi de Tentione Archiepiscopi Dolensis.* Diploma March. Misniæ et Hassiæ Landgr. ann. 1376. apud Ludewig. tom. 5. Reliq. MSS. pag. 584 : *Volumus et debemus..... contra omnes homines..... qui vellent dictum dominum nostrum Wenceslaum in imperio et ejus Tentione impedire, offendere vel etiam molestare, sibi tota nostra potentia fideliter assistere auxiliis et consiliis opportunis.* Caput 87. Chronici Siciliæ apud Marten. tom. 3. Anecd. col. 82. inscribitur : *De colloquio per dictum Regem Fredericum in Panormo et in Tentione regiminis dicti Dom-Petri.* In Gloss. Lat. Gr. Tentio, τάσις redditur ; in Græco Latinis, Τάσις, Tencio, Tentio, Tentigo, Tenu. Vide *Tenere* 1.

TENTIPELLIUM, Φάρμακον πρὸς ῥυτίδας, in Gloss. Lat. Græc. Medicamentum, quo pellis tenditur. [*Tentipellium* Artorius *putat esse calciamentum ferratum, quo pelles extenduntur ; inde Afranium dixisse in Promo : Por manibus credo habere ego illos Tentipellium. Titinium ait Verrius existimare, id medicamentum esse, quo rugæ extenduntur, cum dicat : Tentipellium inducis, rugas in ore extenduntur ; cum ille τροπικῶς dixerit.* Ita Festus. Vide *Tentor* 2.]

¶ 1. **TENTOR**, Qui tenet seu possidet.

Tentorum, possessorum aut occupatorum, in Literis ann. 1515. apud Rymer. tom. 13. pag. 479. col. 2.

¶ 2. **TENTOR**, Instrumentum, quo utuntur ad tentionem pellium pannorumve. apud Thomam *Blount* in Nomolexico. Vide *Tentupellium*.

¶ **TENTORES**, Ἀφέται, in Glossis Lat. Gr. et Gr. Lat. Est autem ἀφέτης, Emissor, vel manumissus.

¶ 1. **TENTORIUM**, Machina bellica, eadem quæ Latinis *Pluteus*. Abbo de Obsidione Parisiensi pag. 505. lib. 1. vers. 217:

Mille struunt etiam celsis tentoria rebus,
Tergoribus collo demptis tergoque juvencum,
Bis binos trossias viros clypeare valebant;
Quæ Pluteos calamus vocitat cratesque Latinus.

º 2. **TENTORIUM**, Locus in quo panni extenduntur. Vide supra in *Tenta* 3.

¶ **TENTUM**, Tabernaculum, Gall. *Tente*. Litteræ Edwardi VIII. Regis Angl. ann. 1548. apud Rymer. tom. 15. pag. 175. col. 2: *De thesauro nostro munitionum, artillariorum, Tentorum, pavilionum, etc.* Vide *Tenda* 1. et *Tenta*.

¶ **TENTURA**, Possessio, etc. Vide in *Tenere* 1.

º 2. **TENTURA**, a Gallico *Tenture*, Aulæum, tapes. Cerem vet. MS. eccl. Carnot.: *Sabbato Septuagesimæ ante Nonam auferuntur cortinæ de Tentura ecclesiæ*.

TENTUS IN FURTO, in Lege Longob. lib. 1. tit. 25. § 2. 3. 7. [∞ Rother. 258. 259. 263.] In furto ipso deprehensus.

¶ **TENUARIUS**. Vide mox *Tenuiarius*.

TENUCLA. Cumeanus Abbas de Mensura Pœnitentiarum cap. 3: *Cæteris vero diebus paximati panis mensura, et misso parvo impinguata, horreo oleris, ovis paucis, formatico, seminalatis (f. semidalatis) pro fragilitate corporali, Tenucla, vel batuto lactis sextario pro sitis gratia, etc.* Infra: *Sed mensura non gravetur panis, si operarius sit, sextaria de lacte Romano, et alio Tenucla et aqua, quantum sufficit pro sitis ardore sumat*. (Vox detorta videtur a *Tenue lac*, nostris *Petit lait*. Serum. Vide *Balducta*.]

¶ **TENUIARIUS**, Qui dat operam rebus tenuioribus. *Tenuiarius vestiarius*, Qui tenuia vestimenta conficit, in vett. Inscript. apud Gruterum 650. 8. 1067. 8. *Tenuarius* habetur apud D. *de Montfaucon* tom. 9. Antiq. expositæ pag. 55. [→ Vide Forcell.]

¶ **TENUISSANA**, Scripturæ genus. Vide supra in *Scriptura*.

º **TENUITAS**, Fames, jejunia, in vet. Glossar. ex Cod. reg. 7613. *Tenuité*, pro *Pauvreté, indigence*, in Lit. ann. 1526. ex Tabul. episc. Carnot.: *Pour la Tenuité de la maison, qui est de petit revenu, etc.*

¶ **TENUITIO**, TENUITURA, TENULTURA, TENURA, etc. Vide in *Tenere* 1.

º **TENURA**, Feudalis dependentia, Gall. *Mouvance*. Chartul. Aldernard. fol. 13. vº. col. 2: *Omnes Tenuras, quas contra advocatum de Mainvaut et advocatum de Wodeka usque modo libere obtinuit, sub recordatione scabinorum ei debeo salvare*. Vide alia notione in *Tenere* 1.

1. **TENUS**, Virgultum, vel ramus de arbore decisus, a Sax. *tan*, vimen, virgultum; unde Teutonicum apud Kilianum, *teen*, vitile, lentum vimen, teenbosch, virgetum, salicetum, *teenen*, vimineus. Lex Frision. tit. 14. § 1: *Tali de virga præcisi, quos Tenos vocant*. Infra: *Tunc unusquisque illorum septem facial suam sortem, id est tenum de virga, et signet signo suo, etc.* Hic autem agitur de ῥαβδομαντείᾳ, seu, de divinatione per tenos, vel per virgas, quam præterea Scythis Herodotus lib. 4. et Scholiastes Nicandri in Theriacis; Alanis, Ammianus lib. 31. Saxonibus, Adamus Bremensis cap. 6. adscribunt. [∞ Tacit. German. cap. 10.] Hanc videtur intellexisse Concilium Autisiodorense ann. 578. cap. 3: *Non licet ad sortilegos vel ad auguria respicere, nec ad sortes, quas Sanctorum vocant, vel quas de ligno aut de pane faciunt aspicere*. Vide Cœlium Rhodigium lib. 1. cap. 29. Delrium lib. 4. Disquisit. magic. quæst. 7. sect. 1. n. 1. [∞ G. Grimmium de Litt. Run. German. pag. 296.] Somnerum in Glossario Saxonico v. *Tan*. Lindenbrogium ad Ammian. et ad Leges antiq. et alios. [Sicama ad laudatam Legem Frision. *Tion* etiam num vimen dici, ex quo corbes fiunt, observat.] [∞ Adde Richthof. Glossar. Frisic. voce *Ten*.]

º 2. **TENUS**, Juxta, Gall. *Proche*. Charta ann. 1181. inter Probat. tom. 3. Hist. Occit. col. 151: *Factum est loc apud S. Ægidium in domo hospitalis S. Joannis, quæ domus est Tenus chorum ecclesiæ*.

TENUS HOC, pro *Hactenus*, dixit Auctor Vitæ S. Isidori Hispalensis in Prologo sub finem.

¶ TENUS VERBO, vel potius *Verbo Tenus*, Verbo, voce, ore, Gall. *De bouche, verbalement*. Bulla Clementis VI. PP. ann. 1316. tom. 2. Hist. Dalphin. pag. 531. col. 1: *Nuntius prudenter et eleganter nobis explicare curavit verbo Tenus, etc.* V. *Oretenus*.

¶ 1. **TENUTA**, Legitima, si bene conjecto, materiæ nummariæ conflatura, Gall. *Alloy*. Constitut. Jacobi Regis Siciliæ tit. 1. cap. 10: *Semel tantum in vita..... faciemus cudi monetam, legalem tamen et Tenutæ.. competentis*. Occurrit alia notione supra in *Tenere* 1.

º Constit. MSS. Caroli reg. Sicil.: *Cudi faciemus monetam bonæ Tenutæ, pretii et valoris, secundum quod statui dictarum partium videbitur expedire*.

º 2. **TENUTA**, Capacitas; qua etiam notione utuntur Itali. Lit. remiss. ann. 1377. in Reg. 111. Chartoph. reg. ch. 217. *Cum verba surrexissent inter ipsos de Tenuta cujusdam mensuræ ad oleum quam tenebant, et ad sciendum quam et qualem Tenutam importabat, etc.* Vide aliis notionibus supra in *Tenere* 1.

¶ **TENUTARIUS**. Miracula S. Kingæ Virg. tom. 5. Julii pag. 771: *Balthazar Poreba Tenutarius Gnoini commendaverat se... D. Cunegundi*. Cl Editor *Tenutarium* dici arbitratur eum, cui tenutarum seu possessionum cura incumbit vel administratio. Posset etiam intelligi manceps, feudatarius aut villicus, Gall. *Tenancier*, vel forte legendum sit *Teinturarius*, quæ vox suo loco legitur, tinctor, infector, Gall. *Teinturier*: vel *Tenuiarius*. Vide in hac voce.

º **TENZARIUS**, Tinctor, infector, vel vas ad officinam tinctoris pertinens. Stat. Taurin. ann. 1360. cap. 155. V. Cod. reg. 4622. A: *Nulla persona aquam alicujus tincturæ seu alicujus Tenzariorum projiciat seu projici faciat in viis seu in strata Taurini*. Vide supra *Tendarius*.

¶ **TEODISCA** LINGUA. Vide *Teudisca*.

¶ **TEOLICÆ**, Tegulæ, tectum, Massiliæ *Taulices*. Donatio Raymundi Comitis Tolos. Communi Massil. ann. 1216: *Concedimus vobis quasdam domos optimas apud Bellicadrum cum omnibus ædificiis et bastimentis, cum duobus pilaris, in quibus Teolicæ prædictarum domorum se sustinent*.

º *Teollerie*, pro *Tuilerie*, tegularum officina, in Comput. redit. comitat. Pontiv. ann. 1554: *Des profficts et revenus de la Teollerie de ladite ville d'Abbeville, etc.*

¶ **TEONNIUM**, Vectigal. Vide in *Telon*.

¶ **TEOPANTLACA**, vox Indica, Tributorum exactor. Concil. Mexicanum ann. 1585. inter Hispan. tom. 4. pag. 498: *Nec occupare possit, exigere aut petere quascumque exactiones..... per se vel per fiscales, aut quos vocant Indi Teopantlacas*.

¶ **TEORAGIUM**. Tabularium Eleemosynariæ Montismorilionis fol. 52: *Medietatem de Teoragio, et medietatem servientiæ, etc.* An legendum est *Foragium*? Vide in hac voce. [º vel *Terragium*.]

¶ **TEPESCI**, pro Tepescere, in Epist. Car. imper. ad Joan. VIII. PP. ann. 876. tom. 7. Collect. Histor. Franc. pag. 549: *In diebus autem domini et genitoris nostri piæ memoriæ Hludovici imperatoris, cum ipsa Tepesci exsecutio aliquatenus cœpit, etc.*

¶ **TEPIDITAS**, pro *Tepor*, improbat Vossius de Vitiis serm. pag. 622. Occurrit nude pro Tepore animi in Concilio Emeritensi, inter Hispanica tom. 2. pag. 629.

¶ **TEPIDITUS**, Tepefactus. Vita B. Columbæ Reatinæ, tom. 5. Maii pag. 257º: *Adverso plane, quod a diebus novissimis iniquitatis superabundantiæ ac nimis Tepiditæ caritatis trahant ad omnem sententiam conscientias*.

¶ **TEPIDUS**, Dubius animi, medius inter confidentem et desperantem, Gaspari Barthio in Glossario ex Baldrici Chron. Palæst. apud Ludewig. tom. 3. Reliq. MSS. pag. 168.

TEPORARI, pro *Tepescere*, apud Gunzonem in Miraculis S. Gengulfi, num. 33. [Dracontius Hexaemero v. 28. utitur verbo *Teporare*, pro Tepefacere:

.... Glaciemque teporet
Flammous ignis aquæ.]

¶ **TEPPA**, Terra inculta et viridi cespite cooperta, in Charta feudorum nobilium Castilionis Dumbarum ann. 1463. e Schedis D. *Aubret*.

º Charta ann. 1489. inter Probat. ult. Hist. Trenorch. pag. 279: *In quibusdam vineis, terris et Teppis scituatis in dicto territorio Trenorchii, loco dicto en Bô*.

¶ **TEPTIS**, f. Sectio, pars, portio, a τέμνειν, Secare, scindere. Chronicon Novalic. apud Murator. tom. 2. part. 2. col. 751: *In pago Diense Cassies sibi Teptis et portione nostra in Bosedone, quem da Siagna concessivimus, una cum libertis et servis vel adpendices suas.... ut habeas volo ac jubeo*.

¶ **TERA**, pro *Terra*, ni fallor. Ordinarium Eccles. Turon. apud Marten. de antiq. Eccl. Discipl. in div. Off. pag. 584: *Duo pueri secundum ℟. duo de secunda Tera tertium ℟.... duo clerici de tertia Tera quartum ℟. duo de quarta Tera quintum ℟. duo de basilica sextum ℟. duo canonici diaconi septimum ℟. etc.* Ubi pueros clericosve de terra dictos puto, quod non in stallis, sed in *terra* seu in chori solo starent variis in locis dictis de prima *Tera*, de secunda *Tera*, etc. Vide *Clerici*.

º **TERAMERITUM**, Terræ proventus. Charta ann. 1206. ex Bibl. reg. cot. 19: *Impignoramus...... domos,...... terras, vineas,..... agraria, decima et omnia alia Teramerita*. Vide *Meritum* et infra *Terremeritum*.

* **TERAPHIM**, [Vestis sacerdotalis; idolum. DIEF.]

° **TERASCA,** TERASSIA, Teoracia, Gall. *Tierache,* pagi nomen. Charta ann. 1143. in Chartul. S. Vinc. Laudun. ch. 126 : *Eo tamen tenore facta est ista donatio, quod si aliquis de prædicta familia ultra Terassiam redierit, in jus et possessionem ecclesiæ de Molehem revertatur.* Alia ann. 1218. ex Chartul. S. Corn. Compend. fol. 177. v°. col. 2 : *Abbas et prior de Bucellies et prior S. Michaelis in Terasca, etc.* Vide infra *Tereschua.*

° **TERASUS,** pro Cerasus, in Obituar. MS. S. Nic. Corbol. 5. Mart.: *Duos et triginta solidos..... mandavit sumendos ex proventu et redditu cujusdam domus, quæ dicitur Area Guillelmi Thomas, scilicet cum orto et geminis plantis Terasorum.*

¶ **TERBENTINA,** pro *Therebinthina,* Gall. *Terebenthine,* Ital. *Terebintina.* Statuta Cadubrit cap. 36 : *Non sit licitum alicui forensi colligere largatum, seu Terbentinam in nemoribus Cadubrii.*

¶ **TERBICHETUM,** Machina tollenonis instar ad putei marginem erecta, cujus fini alteri cathedram exhibenti spurcas et rixosas feminas imponentes, aqua solent immergere, Angl. *a cokestole.* Spelmannus. Vide *Trabuchus* 2. et *Trebuchetum.*

° **TERÇARIA,** Præstatio agraria, eadem quæ *Tertia* 4. Charta ann. 1206 ex Bibl. reg. col. 19 : *Impignoramus.... domos,.... terras, vineas, cultum et incultum, migairias, Terçarias, quartos, quintos, etc.*

¶ **TERCELLUM.** Chartularium Monasterii Aquicint. fol. 40 : *De vinea Theodorici in valle 8. sextaria et dimidium et Tercellum. quod est tertia pars sextarii.* Vide *Tertia* et *Tercieyra.*

° Mensuræ species liquidorum simul et aridorum, modus agri, arpenti pars tertia, nostris *Tercel* et *Tercelée.* Necrol. eccl. Paris. MS. v. Kal. Jul.: *Unum Tercellum vineæ,* situm in territorio de Peruches, contiguum ex una parte vineæ capituli Parisiensis de stationibus. Charta ann. 1804. in Lib. pitent. S. Germ. Prat. fol. 124. r°. *Deux Tersseaux de pré. Un ensange et un Tercel de pré,* in alia ejusd. ann. ibid. fol. v°. Charta Arturi ducis Brit. ann. 1310. ex Bibl. reg.: *Chacune Tercelée de froment, à la mesure d'Aurey, pour six sols chacun an, et chacune Tercelée de sayle, à la mesure d'Aurey, pour cinque sols chacun an.* Vide mox *Terceneria* et *Tercerium.*

° **TERCENARIA,** Vectigalis species. Charta ann. 1216. apud Murator. tom. 2. Antiq. Ital. med. ævi col. 918 : *Pisani tenentur donare medietatem passagii, quam solebant dare tempore Boamundi avi mei principis, et medietatem Tercenariæ ejusdem portus et medietatem ancoragii.*

¶ **TERCENARIUM,** Idem quod infra *Tricenarium.* Charta ann. 1381. e Chartulario S. Johannis Angeriac. pag. 467 : *Tercenaria quæ facere debet eleemosynarius, etc.*

¶ **TERCENARIUS** NUMERUS, Triginta. Litteræ Caroli VI. Fr. Regis ann. 1385. apud Marten. tom. 1. Anecd. col. 1613 : *Cardinales moderni in numero Tercenario sexto...... omnia regni nostri beneficia pro ipsis et eorum statu non sufficerent.*

° **TERCENERIA,** TERSENERIA, TERSERIA, Idem quod supra *Tercellum,* Mensura liquidorum. Inventar. ann. 1476. ex Tabul. Flamar.: *Item plus unam Terseneriam stagni rotundam...... Item plus unam Terseriam stagni...... Item plus unam pitalpham Terceneriam novam rotundam stagni.* Terzino, Acad. Crusc. : *Vaso da tener liquidi, e tiene la terza parte d'un fiasco. Tierçain,* eodem sensu,

in Lit. remiss. ann. 1456. ex Reg. 187. Chartoph. reg. ch. 8 : *Ung pot d'estaing ou Tierçain plain de vin.* Vide *Tertia* 6.

° **TERCEOLAGIUM,** Præstationis species ex vineis. Charta ann. 1229. inter Instr. tom. 8. Gall. Christ. col. 361 : *Donavimus eidem Nicolao et ajus successoribus in perpetuum octo barillos Terceolagii annui redditus,... in tribus arpentis vinearum,... Quos octo barillos Terceolagii annui redditus dictus Nicolaus tenebit a dictis abbate et coaventu S. Petri Carnotensis in feodum.* Pluries ibi. Vide *Terciolagium.*

TERCERIA. Charta Bituricensis ann. 1318 : *Videlicet quinque Tercerias super quadam pecia terræ sita subter vadum molendini.* [Exactionis genus est, ut videtur, sic dictum a *Tertia.* Vide in hac voce.]

° Idem quod *Terceolagium,* in Charta ann. 1820. ex Reg. 60. Chartoph. reg. ch. 82 : *Item Tercerias, quæ possunt valere per annum tres pipas vini.*

¶ 1. **TERCERIUM,** Tertia pars, ut puto, Gallice *Tiers,* Ital. *Terzo.* Statuta Vercell. fol. 137. v° *D. Ubertus Coarasa et filii... pro se et consortibus eorum pro duobus Terceriis habeant præcipuum modios* 400. *boschi mecleti.* Statuta Montis-regalis pag. 5 : *Syndicus Communis... in principio cujuslibet regiminis, eligi facere teneatur et debeat unum hominem literatum de quolibet Tercerio, qui sint de consilio, qui electi teneantur jurare in consilio, quod quotiescumque proponeretur in consilio, publico vel privato, aliquid contra formam præsentis capituli, quod denunciabunt, etc.* Pag. 33. et 34 : *Item stanciatores tres, unus pro quolibet Tercerio super victualibus, qui habeant pro eorum salario solidos* 30. *pro quolibet.* Item duo prudentes homines pro quolibet Tercerio acconciatores discordiarum. Rursum pag. 58 : *Dividatur dicta pecunia per syndicum communis de consilio novem sapientum, qui pro tempore fuerint inter nassarios pontium et civitatis Terceriorum secundum æstimum et registrum Terceriorum.* In hisce posterioribus Statutis tertiam partem urbis intelligo, seu regionem, quæ *Tercerium* dici potest, ut alibi *Quarterium,* Ital. *Quartiere,* nostris *Quartier de ville.*

° 2. **TERCERIUM,** Modus agri, idem quod supra *Tercellum.* Charta ann. 1220. ex Chartul. Miciac. : *Pro censiva vero eorum dabit æs in escambium tria arpenta terræ, uno Tercerio minus, etc.* Lit. admort. ann. 1376. in Reg. 109. Chartoph. reg. ch. 242 : *Item supra tria Terceria vineæ in duabus petiis, prope domum pictam xvj. sol. Item supra unum Tercerium vineæ,..... iiij. sol.* Vide *Tertiarium.*

° 3. **TERCERIUM,** Instrumentum, ut videtur, cujus percussione monachi ad officium divinum vocabantur, forte quod tribus malleolis constaret, sic dictum. Vide *Tabula* 4. Ordinar. MS. S. Petri Aureæ-val. ad feriam 2. Quadrag.: *Circa nonam horam fiat signum pro Sexta dicenda cum Tercerio, et signo facto conveniant fratres in choro et dicatur Sexta solum.*

° *Terchois* vero, pro *Carquois,* Pharetra, in Lit. remiss. ann. 1359. ex Reg. 90. Chartoph. reg. 250 : *Un homme armé de chapeau de fer qu'il avoit sur sa teste, ganteles de fer en ses mains, et d'autres choses qu'il avoit, avecques une arbeleste et le Terchois à mettre saiettes, qu'il portoit à son costel.*

° **TERCEYROLA,** Dolii pars tertia, ut

Carteyrola, vulgo *Cartaut,* quarta, Hisp. *Cercerola,* doliolum. Comput. ann. 1488. inter Probat. tom. 4. Hist. Nem. pag. 46. col. 1 : *Item plus solverunt dicti domini consules... pro una Terceyrola vini rubey, ad rationem xiij. florenorum pro vase,..... tres libras, quinque solidos Turon. Item ulterius solverunt...... pro una Terceyrola vini clari, etc.* Vide mox *Terciolus.*

° **TERCEYROLIUM,** Canistrum, cista vel doliolum ejusdem capacitatis, in eodem Computo ibid. col. 2 : *Item ulterius solverunt dicti domini consules pro uno Terceyrolio pleno serazis, emptis pro collationibus factis in dicta turri et pariter pro dicta cena, videlicet iiij. sol. ij.* den.

¶ **TERCIA,** TERCIARIA. Vide *Tertia* et *Tertiaria* 4.

° **TERCILE,** Potionis genus videtur, in Stat. ann. 1401. inter Leg. Polon. a Prilusio collect. pag. 160 : *Volentes quod a prædictis scholaribus sua studentibus, qui sibi per seipsos, per amicos aut per quascumque personas promisiones* (leg. *provisiones*) *facere voluerint in brasseo, cervisia, Terciali et quacumque alia,...... nulla penitus telonea et distensiones requirantur.*

✱ **TERCIANALIS,** [Gall. *Attaché au Tercinale,* (Arsenal) : « *Magistro Jacobo* de *Anconia* architecto...... *pro naulo unius navis tabularum conducturæ de Orto ad Urbem pro galeariis, et* 5. *alios* (florenos) *pro pretio tabularum per eum datarum magistro Johannino magistro Tercianali.* » (Archiv. Vatic. Mand. M. Camer. Apostol. an. 1456. f. 213.)]

< **TERCIARE,** TERCIATIO. Vide infra *Tertiare* 2.

¶ **TERCIEYRA** JUSTA, Mensura vinaria capiens monachi portionem tertia parte majorem quotidiana. Vide locum in *Justa* 2. et *Tercellum.*

¶ **TERCIGENITUS,** pro Tertio-genitus, in Literis ann. 1361. inter Ordinat. Reg. Franc. tom. 3. pag. 557.

° **TERCINALE,** Armamentarium, Gall. *Arsenal,* ab Italico *Darsena;* unde legendum haud dubie *Darcinale.* Vide supra *Darsena.* Stat. ordin. S. Joan. Jerosol. ann. 1584. tom. 2. Cod. Ital. diplom. col. 1828 : *Insuper eliget admiratus unum scribam, et deputabit eum dicto officio Tercinalis, qui teneat registrum ad præceptum admirati numerum rerum, quæ sunt intra dictum Tercinale, pertinentium ad artem marinariam.*

TERCIOLAGIUM, Præstationis species ex vineis ; verbi gratia pro quadrante vinearum, seu *Pour un quart de vignes, demi baril.* Ita in Regesto Censuum et feudorum Carnot. pag. 8. ubi *Terceuil,* vel *Terceau* appellatur. Charta Hugonis Decani et Capituli Carnotensis ann. 1224. ex Tabulario ejusdem Ecclesiæ n. 248 : *Totius vini medietas nostra erit, et altera medietas diciis cultoribus manebit. Terciolagium singulis annis de vineis, ex quibus debebitur, de communi reddetur.*

¶ 1. **TERCIOLUS,** Monetæ species. Vide *Tertiolus.*

° 2. **TERCIOLUS,** Dolii seu modii pars tertia. Charta Ludov. comit. Blecens. et Clarimont. ann. 1202. in Reg. A. Chartop. reg. ch. 21 : *Cappellanus habeat annuatim duos modios frumenti in granario meo, et duos modios vini et Terciolum in vindemiis in ipsa cuppa capiendos.* Vide supra *Terceyrola.*

¶ **TERCIUM** et *Dangerium.* Vide *Tertium.*

° **TERCOLIUM,** Modus agri, idem quod

supra *Tercellum* et *Tercerium* 2. nostris alias *Tercouel*. Charta ann. 1276. in Chartul. S. Dion. pag. 348. col. 1 : *A Johanne le madelinier sex denarios, tam pro censu quam pro decima unius Torcoiti* (leg. *Tercoitij vineæ de valle Pannoel*; *a relicta Johannis de Clotet sex denarios, tam pro censu quam pro decima unius Tercolii vineæ de valle Pennoel*. *Tercuel Legitur* in Charta Gallica ejusdem argumenti et anni ibid. pag. 349. col. 2.

° *Tercoeul* vero, Farina crassior a subtiliori secreta, furfur. Lit. remiss. ann. 1397. in Reg. 151. Chartoph. reg. ch. 306 : *Icelluy Estienne, qui long-temps a servi nostre très chere et très-amée tante la duchesse de Bourgogne en faisant la boulengerie et paticerie pour sa bouche,... dist à Colin son varlet : Je say certainement que tu as vendu certaine quantité de Torcoeul, appellé bran, sans mon congié*. *Tercoeul*, in Comput. ann. 1698. ex Chartul. S. Vedasti Attrebat. : *Les boulens* (sorte de pain) *de pure farine, telle qu'elle vient du moulin, sans y mesler aucun Tercoeul ou rebulet.*

¶ TERCULA, Chartularium S. Vincentii Cenoman. fol. 75 : *Litigantibus....* *super quadam noa et quadam Tercula...... dictas Terculam et noam abbatiæ B. Vincentii Cenom. dederunt*. Legendum videtur *Terrula*. Vide in hac voce.

° TERCULUM, diminut. a Tergum. Glossar. Provinc. Lat. ex Cod. reg. 7657 : *Dors*, Prov. *dorsum, tergum*. *Dorsiculum*, *Terculum*.

¶ TERCUS, Vortex aquarum, Bollandistis. Miracula B. Wernheri Mart. tom. 2. April. pag. 713 : *Dum pervenissent prope Tercum quemdam magnæ abyssi Rheni*.

° TERDONINI, Terdonensis moneta. Comput. decimæ in Italia collectæ ann. 1278. pro subsidio T. S. ex Cod. reg. 5376. fol. 247. v° : *Summa..... pro meis expensis...... ex decima collecta in civitate et dioecsi Terdonensi,... libræ decem Terdoninorum*.

° TERDRUM, ut *Tertrum*, Collis, clivus. Charta ann. 1404. in Reg. feud. comitat. Pictav. ex Cam. Comput. Paris. fol. 63. r° : *Item et manerium de Bellofonte, cum sua clausura,... pasturis, Terdris, hominibus meis, etc.*

° *Terdre* vero, pro Essuyer, a Latino Tergere dixerunt nostrates. Annal. regni S. Ludov. edit. reg. pag. 287 : *Leur Terdoit les piés et baisoit moult humblement*. Vita ejusd. reg. ibid. pag. 352 : *Terdoit leur bouches d'une touaille, etc.* Vide infra *Tersorium*.

¶ TER DUPLEX, Major gradus festivitatis in Calendario MS. Canon. Regul. S. Laurentii Diœcesis Autiss. XIII. sæc. et in quibusdam aliis. Idem est quod in aliis quibusdam *Festum* seu *festivitas triplex* : de quo dictum est in voce *Festum*.

¶ TEREBRA, Machina bellica muris perforandis, de qua Vitruvius lib. 10. cap. 19. Hanc delineatam fuse explicat P. Daniel lib. 2. Milit. Franc. pag. 63. Fusius quoque de *terebra* disserit Carolus de Aquino in Lexico Militari.

° TEREDO, Vermis species : Ovidio, *Terepo* Glossar. Lat. Gall. ex Cod. reg. 7692 : *Teredo, Vers de bois*.

° TEREFORUM, Terebra. Idem. Glossarium : *Tereforum, Tariere*.

¶ TERENTIANUS, pro *Teruntianus*, Monetæ genus apud Romanos. Vide *Follis* 2.

✱ TERES, [Longus et rotundus. DIEF.]
° TERESCHIA, ut supra *Terasca*, Teoracia, vulgo *Tierache*. Charta ann. 1290.

in Chartul. Campan. ex Cam. Comput. Paris. fol. 397. r°. col. 1 : *Ego Rogerus dominus Roseti in Tereschia, etc.* Vide *Theraschia*.

TERETES, Species navis. Vide in *Tarida*.

°° TERETISSO. *Anates Teretissant*, S. Aldhelm. de Gramm. apud Maium Auctor. Classic. tom. 5. pag. 569. qui in Glossar. novo scripsit *Tereutiso* et *Teretizo*.

✱ TERETRA. [Portatrix. DIEF.]
TERGAFUGA, dicitur, inquit Papias, *quotiès milites fugientes a tergo cæduntur*.

¶ TERGAVERSATOR, Morator, qui tergiversatur, moratur, impedit. Charta ann. 776. apud D. Calmet. in Probat. Hist. Lothar. tom 1. col. 287 : *Qui contra præsentem epistolam donationis meæ..... venire aut aliquid agere voluerit, aut Tergaversator steterit, anathema sit.* Vide *Tergiversator*.

✱ TERGERMANORUM. [Tres fratres. DIEF.]

¶ TERGIA, f. pro *Cergia*, Ceria, potionis genus e grano. Historia Ordinis Prædicat. apud Marten. tom. 5. Collect. Ampl. col. 377 : *Medici dederunt ei quotidie tres et aliquando quatuor ciatos vini nigri potentis, cum tantummodo de aqua et offa panis calefacti et Tergia, volentes subvenire debilitati, et non considerantes æstivum tempus et febrem acutam, quam habebat, etc.*

¶ TERGIDUCTORES, Ductores extremi agminis, alio nomine agminis Coactores. Ita Carolus de Aquino in Lexico Militari.

TERGILLA, diminutivum a tergore : ita pellem et cutem ipsam suis crassam vocat Apicius lib. 4. cap. 3. [Glossæ Lat. Græc. : *Tergilla sive Tergillum*, φορίνη, χοίρου δέρμα. Adde Græco-Latinas.]

¶ TERGIMENTUM, Σήκωμα, in Glossis Lat. Gr. Aliæ Gr. Lat. : Σήκωμα, *Scama*, *libramentum, examen, Tergimenta, temperamentum, æquipondium*.

¶ TERGIVERSABILIS, Deceptorius. Jo. de Janua.

¶ TERGIVERSABILITER, Fallaciter, tergiversando. Charta ann. 1302. in Tabular. Massil. : *Ne fraus committatur ab inimicos reginales Tergiversabiliter et dissimulative super vehitura salis*.

° TERGIVERSARI.Gothofredo ad Lib. I. § 1. ff, ad SC. Tupill. (48, 16.) Est accusationi terga vertere, ab accusatione desistere. Vide *Tergiversatio*. Glossar. Lat. Gall. ex Cod. reg 7693 : *Tergiversari, Essier. Tergiversatio, Essiance.*

✱ TERGIVERSATILIS, [« Serviliibus ingeniis et furibus est *Tergiversatilibus* ascribuntur. » (B. N. ms. Lat. 16089. f. 104°.)]

¶ TERGIVERSATIO, Fuga, objectio tergi, in Glossario Barthii ex Baldrici Hist. Palæst. apud Ludewig. tom. 3. Reliq. MSS. pag. 204. *Sine aliqua Tergiversatione*, in leg. 6. Cod. Theod. lib. 9. tit. 4. id est, sine corruptione, ut explicat Gothofredus in Glossario Nomico.Glossæ Lat. Gr. : *Tergiversatio*, περίψυξις, φυγοδικία. *Tergiversatione*, μεθόδως. Adde Græco-Latinas.

¶ TERGIVERSATOR, Deceptor, Joh. de Janua ; Deceptor, in Glossis Lat. Gall. MSS. Sangerm. Vox nota Gellio lib. 11. cap. 7. et Arnobio lib. 7. pro eo qui tergiversatur. Glossæ Lat. Gr. *Tergiversator*, καταστρεφόμενος, δόλιος, περικάμπτης, μεθώσκαται, παρικάμπτει. Adde Græco-Latinas.

TERGIVERSUTUS, [ut *Tergiversator*.] Anastasius in Conone PP. : *Constanti-*

num Diaconum Ecclesiæ Syracusanæ Rectorem in patrimonio Siciliæ constituit, hominem perperam et Tergiversutum. Videtur deducta vox a *Tergiversari*.

¶ TERGIUM. Guido de Vigevano de Modo expugnandi T. S. cap. 9. cujus inscriptio est, *De modo equitandi pro aquas*. *Primo accipiantur Tergia quatuor rotunda, lata quatuor digitis et alta brachio medio, et post hæc accipiantur orli subtiles et leves,.... et ex illis cooperiantur illa Tergia, et firmentur super illis Tergiis cum clavibus, et fiet una bota rotunda.*

¶ TERGORIUM, Ἐκμαγεῖον, in Glossis Lat. Gr. et Gr. Lat. Legendum videtur *Tersorium*.

° TERGOVINA, Tributi seu exactionis species. Pactum inter Venet. et comit. Tinniens. ann. 1343. tom. 4. Cod. Ital. diplom. col. 1643 : *Item quod omnes homines et mercatores Sibenici..... possint ire... per castrum Finini,..... sine solutione alicujus datii, Tergovinæ, telonei seu male ablati.*

° TERGUISIADES, Idem atque *Terquisiaeth*, quod de præstatione agraria explicatur suo loco ; haud scio utrum bene : nam *Terguisiades*, Pensitatio pecuniaria est, nisi præstatio agraria in pecuniam commutata, quod sæpe fiebat, dicatur, in Charta ann. 1244. tom. 1. Probat. Hist. Brit. col. 639 : *Dederunt insuper prædicti Guidomarus, Leoniæ dominus, et uxor sua et filii sui supradictæ abbatiæ terram Forguilli, ut milites qui eam tenebat et de terra illa homo vicecomitissæ erat, similiter et loco manendi et sessit, et terram Forguilli de illo teneret, tam ipse quam hæredes sui, et Terguisiades de terra illa, scilicet undecim solidos annuatim, sicut et prius, in vigilia natalis Domini dictis abbati et canonicis persolveret.*

¶ TERGUISIAETH. Vide infra *Terquisiaeth*.

° TERGUM MANUS, Gall. *Le dos de la main*, Pars manus aversa. Lit. remiss. ann. 1361. in Reg. 89. Chartoph. reg. ch. 672 : *Dictus Petrus defunctum Johannem super vultum seu in labiis percussit de Tergo manus suæ.*

✱ TERGUS, [« *Tergus, dos de beste*. » (Lex. Lat. Gall. Bibl. Ebroic. n. 28. XIII. 8.)]

✱ TERIDA, Species navis. Vide *Tarida*.
✱ TERIDRIUM. [Mantile. DIEF.]
° TERIGIUM. Stat. Mantuæ lib.1. cap. 139. ex Cod. reg. 4020. *Ordinamus quod .... blada, legumina, bestiamina sive Terigina extrahi non possint de territorio Mantuano.*

¶ 1. TERIMENTUM, Nutrimentum, in Glossis Isid. Addunt Scorialenses *Intertrimendum*. Legendum et Festo : *Termentum, detrimentum, Termentum* dixit Plautus Bacchid. 4. 9. scilicet a *Terere*.

° 2. TERIMENTUM, f. pro *Tenimentum*, Prædium. Vide in *Tenere* 1. Charta ann. 961. tom. 1. Cod. Ital. diplom. col. 1517 : *Area una de terra,.... cum silva et buscalis, seu non Terimento, etc.*

1. TERIPES, Stapes, *Estrier*. Ordericus Vitalis lib. 8. pag. 695 : *Tunc Sacerdos sinistrum pedem in Teripedem misit, manumque arreptis loris clitellæ imposuit.*

¶ 2. TERIPES, Pedes, qui pedibus iter facit, Gall. *Piéton*. Hist. Monasterii S. Florentii Salmur. apud Marten. tom. 5. Ampl. Collect. col. 1088 : *Postera lux tacitas ut primum repputit umbras, caballum itinere fatigatum in latibulo quodam dimittit, et ut fortis Teripes iter incœptum arripit.*

TERISTRUM, TERISTRATUS. Vide *Theristrum*.

* **TERLIS**, Gall. *Canevas.* [« Emi XXIIII. virgas panni dicti *Terlis* de quibus feci fieri saccos.... » (Arch. Histor. de la Gironde T. 21. p. 500)]
TERMEN, pro *Terminus*, occurrit apud veteres Agrimensores, in Collatione Legum Mosaicarum, in Epist. 47. inter Francicas tom. 2. Hist. Franc. in Concilio Helenensi ann. 1065. in Charta Ranimiri Regis Aragon. æræ 1173. apud Blancam in Comment. Regum Aragon. pag. 646. in Charta ann. 971. in Append. ad Capit. n. 144. etc.
TERMENTORIUM. Ἀπόμαγμα, in Gloss. Græc. Lat. MS. Editum *Cermentorium* habet. Legendum videtur *Tergimentorium*.
¶ **TERMILLUM**. Odo de varia Ernesti Bavariæ Ducis fortuna, tom. 3. Anecd. Marten. col. 354:

Dicentes : Cœli Deus et Rex optime mundi,
Qui miranda potens, recutitis manus pluisti
Judeis, clausoque lacu panos Danieli
Coctos nuisisti, pascens in monte ministris
Eliam corvis, Eliseum mulieris
Termillo, viduæ parva crescente farina,
Atque olei modico non deficiente lecito.

Intelligo *subcinericium panem*, quo Eliam, non Eliseum, refecit mulier vidua, cujus *hydria farinæ non defecit, et lecythus olei non est imminutus*, ut narratur 3. Reg. 17. *Termillum* autem mendose fortassis pro *Fertillum*, diminut. a *Fertum*, Genus panis. Vide in hac voce.

° **TERMINALE**, Prædium, dominium *terminis* suis et limitibus circumscriptum, districtus. nostris alias *Termenal*. Charta ann. 1266. in Reg. S. Ludov. ex Chartoph. reg. fol. 42. v°. *Oliverius de Terminis recognovit quod ipse contulerat ...... monasterio Fontisfrigidi...... totum unum Terminale suum et pasturale de Joncairolis, quod Tormnale et pasturale sunt in terra Terminesii.* Alia ann. 1295. ex Bibl. reg. : *Ego Bernardus de Auriaco domicellus..... recognosco a vobis (Aymerico vicecomite et domino Narbonensi) dictum Terminale de Sancto Brancassio tenere ad feudum et me esse vestrum hominem pro prædicto Terminali et vassallum*. Pactum ann. 1416. tom. 10. Ordinat. reg. Franc. pag. 400. art. 1 : *In eodem loco de Pedenacio, ejusque territorio sive districtu, aut in alio Terminali, sive loco quocumque, etc.* Lit. remiss. ann. 1459. in Reg. 188. ch. 184 : *Le suppliant et Raymond Serrat partirent de la ville de Limous pour aler chasser aux grues, et alerent vers ung Termenal, appellé Aragaste, près d'un olivier, où ilz trouverent certaine quantité de grues.* Vide *Terminus* 1.

TERMINALES. Gloss. Gr. Lat. MS : "Ὀρίων διάκρισις, *Terminales, singulare non habet*. Editum habet *Terminalia*. [Gloss. Lat. Græc. : *Terminalia*, ὁροθεσία, ἑορτὴ Ὀρίου Θεοῦ. Et mox : *Terminalia, singulare non habet*, ὅρων διάκρισις, ἁπανθήσεις, pro ὁροθεσία, ut emendat Cujacius.] Alibi : "Ὁριασίας λίθος, *Terminalis lapis*. Ita apud Ammianum lib. 18 : *Terminales lapides*. Lib. 30 : *Terminales plagæ*. [*Terminalia fossata*, in Charta ann. 1230. ex Chartul. Campaniæ.]
¶ **TERMINALIA**, Loca terminis conscripta, seu appendices ad aliquem locum pertinentes, confinia. Transactio inter Abbatem et Monachos Crassenses ann. 1351. e libro viridi fol. 53 : *Et nihilominus prædicta jura Conventus , loca, res, bona, redditus, jurisdictiones et proventus seu Terminalia, de quibus et ubi dicti redditus et jura percipiuntur, hic inserere et nominare in hoc publico instrumento*. Rursus ibidem : *Cooperta tenetur ponere operarius, qui tenet redditus, quos monasterium prædictum percipit in loco et Terminalibus de Capite stagno*.

1. **TERMINARE**. Capitulare 1. Caroli M. ann. 802. cap. 22. de Monachis : *Non per vicos. neque per villas ad Ecclesiam vicini vel Terminantes sine magisterio vel disciplina, qui Sarabaiti dicuntur, etc.* Forte leg. : *Ad Ecclesiam vicinam Itinerantes, etc.*
¶ 2. **TERMINARE**, Præfigere, determinare. Raimundus *de Agiles* Hist. Hieros. cap. 41 : *Terminata die pugna incipitur*. Adde cap. 21. et Baldricum lib. 7. cap. 12.
° Charta Caroli Simpl. ann. 908. tom. 9. Collect. Histor. Franc. pag. 506 : *Cellam S. Genesii in ipso pago, cum terminis et adjacentiis suis, sicut Terminatum fuit ab Unaldo et ab Adelberto, quod in illorum judiciis resonant vel Terminant.*
¶ 3. **TERMINARE**. Acta S. Isidori Agricolæ, tom. 3. Maii pag. 523 : *Nunius propter nimiam ægritudinem oculorum longo tempore cæcus fuit, et ad B. Patris Isidori catacumbam salubriter Terminavit*, id est *terminum* seu finem imposuit cœcitati, sanatus est.
° 4. **TERMINARE**, Mori ; qua notione utantur Itali. Chron. Pontif. Leon. Urbevet. apud Lam. in Delic. erudit. pag. 101 : *Hic Vigilius licet male papatum invaverit...... quia tamen de facto pœnituit, pro fide in exsilio relegatus, ibidem feliciter Terminavit.* Estre Terminé dicitur de puero, qui post nisus in partu editos, ab iis continuo cessat, in Lit. remiss. ann. 1402. ex Reg. 157. Chartoph. reg. ch. 356 : *Laquelle Brouguarde et plusieurs maulx et doleurs naturels, tellement que ledit enfant vint et fu en voie de ladite Brouguarde hors de sa nurreture, embouchié, vif, sain et fort remuant et faisant devoir avec sa mere pour naistre sur terre naturellement et en temps d'enfans avoir aide pertinente. Parquoy furent esdiz maulx naturelx du Jeudi jusques au Vendredi ensuyant environ Nonne, que ledit enfant fut Terminé et ladite Brouguarde alée de vie à trespassement ; et lessèrent aprês sa mort yceile Brouguarde fu ouverte et l'enfant osté,.... lequel ot vie et fu présigniez, ainsi qu'il apparut, etc.*
TERMINARII, apud Ordines Mendicantes dicuntur, qui habendis per agros cuique conventui addictos concionibus destinantur. Habent enim singuli Ordinum istorum Conventus descriptos circumjecti territorii pagos , intra quos duntaxat eleemosynas colligere liceat, ne cum jactura caritatis et periculo scandali mutuis officiant commodis. [Statutum Ordinis S. Guillelmi ann. 1837. apud Lobinel. tom. 3. Hist. Paris. pag. 242 : *Statutum quod quilibet prior nostræ provinciæ pro sustentatione studentium Parisius solveret quolibet anno unum florenum, quilibet conventus unum, quilibet Terminarius sex grossos, quilibet socius Terminarii quinque grossos secum in lucro tres grossos.* Rursus occurrit ibidem pag. 243. Haud satis scio an eadem notione Buschius de Reform. Monast. cap. 17. apud Leibnitium tom. 2. Scriptor. Brunsvic. pag. 818 : *Sequuntur primo scolares in superpelliciis, deinde altaristæ capellani, Terminarii et plebanus*.] Vide Joann. Guillimannum in Vita S. Himelini Presb. n. 1. et ibi virum doctissimum Henschenium 10. Mart.

° Chron. Fratrum Minor. ad ann. 1378. apud Ludewig. tom. 9. Reliq. MSS. pag. 201 : *Obiit frater Botuidus Buttis,.... fidelis Terminarius Phlandensis et quondam quardianus Lyncopensis, etc.* Ibidem pag. 205. ad ann. 1408 : *Obiit frater Johannes de Ner*, *fidelis Terminarius conventus, qui dedit pro refectione æstivali conficienda de eleemosyna sua xvj. marcas argenteas, et pro organis novis ix. marcas argenteas.*

1. **TERMINARIUS**, Qui aliquod tenementum ad *terminum*, seu annorum spatium definitum, possidet, apud Radulfum *de Hengham* in Parva cap. 7. [*Termor*, *Tenens ex termino*, apud Th. Blount in Nomolexico Anglic.]
☞ Huc revocari potest vox *Termoieur*, quam usurpat le Roman *de la Rose* MS. :

Més esgardés que de deniers
Ont usuriers en leur greniers,
Faussomniers et Termoiceurs,
Baillif, bedeal, prevost, maieurs.

Et infra :

Ou se nus homs outre mesure,
Vent à Terme ou preste à usure.

Ubi *Termoieur* idem est cum eo *qui vent à terme :* quibus ille significatur qui ad *terminum* quemdam præstitutum res aliquas vendit, ut summam rei pretio majorem tempore statuto percipiat : qui haud male feneratori conjungitur.
° 2. **TERMINARIUS**. *Terminarii* in ordine Lectorum, quorum primus *Summus Terminarius* nuncupatur, recensentur ultimi in Ordin. eccl. Ambros. Mediol. ann. circ. 1130. apud Murator. tom. 4. Antiq. Ital. med. ævi col. 861 : *Deinceps autem primcerius sexdecim lectorum, et magister cum supradictis adscribitur. Prior tamen numero illorum sexdecim secundicerius*, id est, *vicarius primicerii, et quatuor post hunc sequentes claviculari dicuntur*. *Residui vero undecim Terminarii appellantur.* Ibid. col. 899 : *Similiter die* (panem) *omnibus subdiaconis, et quatuor clavicularis, et secundicerio, et summo Terminario, et duobus lectoribus, qui portant duas cruces in capillis arcæ, etc.* Vide *Terminator* 1.
¶ **TERMINATIO** , Terminus , limes. [* Chart. Dagobert. ann. 715. in Gestis Abbat. Fontan. cap. 6 : *Atiis vero Terminationis fines sunt a termino Itcinse, etc.*] Præceptum Ludov. Imp. ann. 820. apud Marten. tom. 1. Ampl. Collect. col. 69 : *Silva vero ipsa has habet Terminationes, etc.* Charta ann. 1030. ex Tabul. S. Victoris Massil. : *De aliis vero duabus partibus erat dubia Terminatio, donec eam fecit certam divina miseratio per judicium aquæ et ignis manifestissimis signis a parte orientali ab aqua ripa fluviali, etc.* Occurrit eadem notione in Chronico Farfensi apud Murator. tom. 2. part. 2. col. 602. in Charta ann. 930. apud Eccardum in Origin. familiæ Habsburgo-Austriacæ pag. 169. in alia ann. 1027. inter Drusium. Gall. Christ. novæ edit. tom. 6. col. 373. etc. Vide mox *Terminator*.
° Charta Almar. archiep. Aquens. ann. 1002. ex Tabul. Montis-major. : *Quidquid infra hanc Terminationem est, totum dominium*. Vide *Terminium*.
1. **TERMINATOR**, Terminatio. Charta Friderici II. Imp. ann. 1211. pro Ecclesia Panormit. apud Rocchum Pirrum tom. 1. pag. 144 : *Et quatuor beneficia, videlicet Cantoriam , et Thesaurariam, Subcantoriam et Terminatorem, quorum reditus, etc. Officialis ipse in Ecclesia Panormitana, Agrigentina, et aliis, Ter-*

minator appellatur, seu Magister Ceremoniarum, qui ut et ejus collega, utitur veste violacea. Hujus autem est invigilare, ut in celebrandis sacrificiis, officiis recitandis, unanimiter procedant Sacerdotes et Clerus, quale item quotidie sacrum, et officium sit recitandum edicit. Ita idem Pirrus tom. 1. pag. 210. et t. 2. pag. 326. Vide *Terminarius* 2.

2. **TERMINATOR**, 'Οροθέτης, in Glossis Lat. Gr. et Gr. Lat. [Finitor, qui terminos seu limites statuit. Literæ Caroli V. Regis Fr. ann. 1366. tom. 4. Ordinat. pag. 676 : *Extimatores, Terminatores, carreyrenos, levederios, robiniarios, defensores pacuorum, allialores et inspectores mensurarum prædictarum, etc*.]

¶ **TERMINATUS**, Cœmeterium seu spatium Ecclesiæ vicinum et ad Ecclesiam pertinens, certis *terminis* contentum atque privilegiis donatum . in Charta ann. circ. 950 e Chartulario Matisconensi fol. 108. Vide *Dextri* et infra *Termonlandes*.

¶ **TERMINATUS**, substantive, pro Terminus, non semel apud Frontinum de Aquæductibus et in Fragmentis legis Mamiliæ. Vide Salmasium ad Spartianum in Ælio Vero et Vossium de Vitiis serm. pag. 622.

° **TERMINENTUM**, Pagus, regio terminis suis et limitibus circumscripta, districtus. Charta Ludov. II. comit. Prov. ann. 1399 : *Cum jurisdictionibus altis et bassis,.... regalibus et naufragiis quibuscumque forsitan intervenientibus in littore maritimo Terminentorum et territoriorum dictarum terrarum et locorum*. Vide infra *Terminus* 1.

TERMINIA, TERMINEA, Terminus, limes. In Collatione Legis Mosaicæ tit. 13. inscribitur, *de Terminia mota*. Et infra *Explicit de Terminea mota*.

¶ **TERMINIUM**, Terminus, limes, passim in veteribus Instrumentis.

¶ **TERMINUM**, Terminus, limes. Charta ann. 1357. inter Ordinat. Reg. Franc. t. 4. pag. 448 : *Iu edere non audent per Termina, territoria, itinera, forestas, etc.*

1. **TERMINUS**, Pagus, regio *terminis* suis et limitibus circumscripta, districtus. Gregorius Turon. lib. 1. de Miracul. cap. 59 : *Ecclesia est vici Iciodorensis sub Termino Turonicæ urbis, etc.* Cap. 90 : *Apud Terminum vero Pictavum vicus est in Arbasilico nomine Becciaco, etc.* Cap. 101 : *Cum portitores ad locum quemdam Lemovicini Termini pervenissent, etc.* Ita cap. 107. lib. 2. cap. 12. lib. de Gloria Confess. cap. 11. 18. de Vitis Patrum cap. 5. et in Hist. non semel. [Gall. Chr. novæ edit. tom. 3. pag 935 narratur, Lotharium III. Imp. ann. 1132. decrevisse, assensu Leod. Episc. Alexandri, Ecclesiam parochialem S. Servatii solam in Trajectensi urbe habere decimas et *terminum*, hoc est, jurisdictionem, qualis competit ecclesiis parochialibus. Literæ Caroli V. Fr. Regis ann. 1366. pro Arvernis, tom. 4. Ordinat. pag. 686 : *Mandantes Bailllivo nostro..... ceterisque Justiciariis et Officiariis regni nostri..... quatenus dictam præsentem gratiam.... in suis Terminis teneant et observent.* Ubi *Termius* idem omnino est quod districtus, ut et alibi non semel. Lex Bajwar. tit. 1. § 4 : *Si quis servum Ecclesiæ vel ancillam ad fugiendum suaserit, et eos foras Terminum duxerit*, Id est, territorium Ecclesiæ.] *Terminus* sancti Petri ac Pauli, Ecclesiæ Romanæ patrimonium, apud Joannem VIII. PP. Epist. 87. 249. [°° *Bona hereditaria..... infra muros et communitatem dicti oppidi nostri in Eschewege et Terminos decimales ipsius oppidi sita*, in chart. ann. 1341. apud Haltaus. voce *Zent*, col. 2150. Vide eumdem col. 2051. voce *Weichbild*.]

2. **TERMINUS**, Definitio, ὅρος, quomodo hæc vox Græce sumitur in Actis Conciliorum. Synodicon adversus tragœdiam Irenæi cap. 38 : *Excommunicationis conculcaverunt Terminum*. Ita cap. 209. extremo. [Epiphanius Scholast. lib. 5. Hist. tripart. cap. 29 : *Quem Terminum salutarem, adorabilemque deliberationem, corrumpere quidam aliis cogitationibus atque temerare voluerunt*. Ex Theodoreto lib. 2. Hist. cap. 22. ubi legitur : ὅνπερ σωτηριώδη ὅρον καὶ τὴν προσκυνητὴν σκέψιν, etc.]

¶ 3. **TERMINUS**, Præfinitum tempus, dies præstituta, Gall. *Terme*. *Solvere in Termino*, in Charta ann. 1341. apud Ludewig tom 5. pag. 551. *Habere ad Terminum* de rebus ad certum annorum numerum conductis dicitur in Epistola ann. circ. 1180. apud Marten. tom. 1. Anecdct. col. 600. Vide supra *Terminarius* 1.

° Nostris alias *Termine*. Charta Theob. comit. Barri ann. 1260. in Chartul. Campan. ex Cam. Comput. Paris. fol. 140 r°. col. 1 : *Et se il devant nommé signor voloient, il porroient cest Termine aloignier, s'il lor ore mestiers et lor plaisoit.*

¶ 4. **TERMINUS**, Dies fastus, apud Spelmannum. Quinam vero sint apud Anglos *Termini*, seu anni tempora litibus agendis designata, vide apud eumdem Glossarium.

° 5. **TERMINUS**, Idem quod *Placitum, assisia*. conventus, qui ad præfinitum tempus habetur. Charta Pertoldi Aquil. patr. ann. 1291. inter Monum. hist. eccl. cap. 71. col 707 : *Ipse* (Pertoldus) *in generali Termino suo apud Camformium habito, cum consensu et voluntate capituli Aquilegensis..... concessit civibus Aquilegensibus, etc. Actum in prato de Camformio feliciter. Terme*, eadem acceptione, in Libert. Engolism. ann. 1373. tom. 5. Ordinat. reg. Franc. pag. 681. art. 3 : *Et tout cecy fait, tient ses Termes le maire chascun jour, environ heure de tierce devant disner et à relevée après disner.*

° 6. **TERMINUS**, Ratio, modus, forma. Charta ann. 1345. inter Probat. tom. 4. Hist. Occit. col. 201 : *Ramundus Arguerii, athilator Tolosæ dom. nostri Franciæ regis, recognosco habuisse..... pro..... una caxia cadrillorum parvi Termini, etc.*

¶ TERMINUS IMPIUS, Mors, obitus, ut videtur. Coc. Theod. lib. 6. tit. 24. leg. ult. : *Ut fructus domesticis, impio Termino consequenti, etiamsi mortalitas intervenerit perire non possint, etc. Terminum impium explicant etiamsi mortalitas intervenerit*, ut videtur Gothofredo.

° TERMINUS LANGUORIS, Dilatio a judicibus reo concessa ob infirmitate qua detinetur et juri stare non potest. Vide supra *Jurare languorem* in Juramentum.

¶ TERMINUS PASCHALIS, Dies quo incidit luna decima quarta Paschalis cujusvis anni. Hac nota chronologica primus, quem sciam, usus est Rodradus presbyter Ambian. medio sæculo IX. ut jam dictum est in voce *Pascha*. Laudatur apud Lobinellum tom. 2. Hist. Britan. col. 297. Charta dato anno MCXXXII. Ind. X. *Epacta* I. *Concurrentibus* V. *Terminus Paschalis* II. *Non. Apr. Dies ipsius Paschalis diei* IV. *Id. Luna ipsius diei* XX. sibi quisque persuadere poterit, si tanti faciat, indices chronologicos in voce *Annus* descriptos consulendo. Vide *Claves terminorum*.

° Charta ann. 1085. inter Instr. tom. 8. Gall. Christ. col. 414 : *Anno ab incarnatione Domini* M. XXXV. *concurrente* II. *indictione* III. *epacta* II. *nov. Terminus Paschæ sexto Calendas Aprilis, dies Domini Paschæ tertio Calendas Aprilis, luna ipsius diei* 17.

TERMINI SANCTORUM, quomodo, *Limina Sanctorum* dicunt alii. Epistola Placidiæ Augustæ ad Pulcheriam Augustam, apud Hieron. Rubeum lib. 2. Hist. Ravennatis : *Ut Romam frequentibus concursibus adæque desideremus inspicere, causa nobis est amplectendæ religionis, ut Terminis Sanctorum nostram exhiberemus præsentiam, quos certum est pro sua virtute in cœlestibus constitutos, neque inferiora despicere*. Vide in *Limen*.

° **TERMITANUS**, Ad *Terminalia* pertinens. Comœd sine nomine act. 6. sc. 20. ex Cod. reg. 8163 : *Haud procul hinc Termitana harundine cerno pastorem* (sonantem) *duabus tibiis puellariam*.

¶ **TERMONERS**, Coloni ecclesiastici, lib. Hib. fol. 14. apud Spelmannum. Vide *Termonlandes*.

¶**TERMONLANDES**, apud Hibernos, Terræ ad Ecclesiam pertinentes, a Saxonico *Land*, Terra, et Latino *Terminus*, quasi terra limitibus distincta, puta a prædiis laicorum : quo sensu territorium Ecclesiæ *Terminus* etiam dicitur, in Lege Bajwar. jam laudata in *Terminus* 1. Cum autem terræ Ecclesiæ, inquit Spelmannus in voce *Corba*, multorum canonum vigore, liberæ essent et immunes a sæcularium potestate et sanctæ habitæ, dici etiam cœpit *Termon* pro loco sancto, atque inde Tearmuin pro sanctuario, ut ibidem exemplis probat. Quod autem at quosdam esse, qui *Termon*, Gallicum *Terre-moine*, i. Terram monachorum, sonare volunt, nihili est. Vide *Dextri*.

TERMOSITAS. Charta Roberti Episcopi Messanensis ann. 1094. apud Rocchum Pirrum in Episcop. Pactensib. pag. 386 : *Rogerius Calabriæ Comes..... multas inopias et labores passus, et multo sanguine suo tota Sicilia Saracenorum Tormositate, et in Christianos eorum tyrannide.... funditus annihilata, etc.* Vox formata ex Græc. θέρμωσις, impotens calor, animi fervor, audacia, θερμότης.

TERMOTIC, quasi *Termo* motio, terræ motus, *Termuoto*, vel *Tremuoto*, Joanni Villaneo, et aliis Scriptoribus Italicis. Ditmarus lib. 7. pag. 113 : *Iste annus nova nuncupatione Termotio et magna contritio ex rei veritate appellari potest*.

° *Terre-mot* et *Terre moie*, nostris. Hist. Caroli VII. pag. 294. ad ann. 1456 : *Est allé en ruine par le mesme Terre-mot ou tremble-terre, la moitié du pays de la Pouille.* Vitæ SS. MSS. ex Cod. 28. S. Vict. Paris. fol. 58. v°. col. 1 : *Terre-mote fu fait très-grans.*

TERNA. Vide *Septena* et *Tertia* 3.

¶ 1. **TERNALE**, *Funis cum quo vela, cum extendatur, sustinetur, ne cadat in aquam*, Franc. Barberino in Glossis in hos versus *Documenti d'amore* :

Quinal porta, e Ternale,
Senale, e quadernale.

Ternalis legitur hac notione in Informationibus Civitatis Massil. pro passagio transmarino e codice Sangerm. MS. [2° Vide Jal. Antiq. Naval. tom. 2. pag. 97. et 413.]

¶ 2. **TERNALE**, Tertia pars. Charta Jacobi Regis ann. 1272. in magno *Talamus Montispessul*. MS. Bibl. Præsidis de Mazaugues : *Statuimus quod dicta moneta grossa fiat semper de argento fino Montisp. signato signo solito Montisp. vel æquivalente, quod, inquam, argentum etiam grossium non debet tenere in marcha nisi unum Ternale.*

° 3. **TERNALE**, Minoris ponderis species, *Tarnal* apud Occitanos. Comput. ann. 1356. inter Probat. tom. 2. Hist. Nem. 172. col. 1 : *Pro medio Ternali de ceda empto ab eodem, necessario ad perficiendum dictos penonos, etc.* Alius ann. 1412. ibid. tom. 3. pag. 205. col. 1 : *Pro octo Ternalibus ciricis rubey coloris et medio, etc.*

° 4. **TERNALE**, Modus agri, idem quod supra *Tercellum* et *Tercerium* 2. Protoc. S. Marci Argent. ann .1509. fol. 1 : *Unum Ternale viniferum, etc.*

¶ **TERNALIS**, Moneta Dalphinalis pretii trium obolorum vel denariorum, nude *Ternalis* dicta, ut videtur. Ordinatio Humberti II. ann. 1345. tom. 2. Hist. Dalphin. pag 515 : *Item denarios nigros, videlicet parvos Ternales pro tribus obolis, de liga unius denar. et decem granorum argenti fini, etc.* Et infra : *Item, in Ternalibus currentibus pro tribus denariis, remedium duorum granorum in liga, etc.* Vide Ternale 1.

¶ 1. **TERNARIUS** quid sit in Ecclesia collegiali S. Dionysii Leod. colligitur ex Statutis ejusd. Eccl. ann. 1330. tom. 2. Sacræ Antiq. monument. pag. 439 : *Statuimus quod canonici qui primam residentiam fecerunt possint exire pro negotiis suis de licentia decani per 40. dies absque licentia: post hos vero 40. dies habebit canonicus qui perfecit residentiam tres quindenas per quas pro negotiis suis potest exire, sed tenetur qualibet die qua fuit absens Ternarium restituere, scilicet novem Turonenses, de quibus 16. faciunt grossum antiquum... Si canonicus necesse habuerit exire, decanus debet ei dare licentiam cum Ternario per octo dies.* Ibidem pag 440 : *Item statutum est eisdem anno et die quod si quis canonicus post terminum suæ licentiæ manserit, tenebitur solvere duplicem Ternarium, videlicet 12. denarios Leodienses qualibet die quamdiu sine licentia extra steterit usque ad octo dies.* Vide Tertius 1.

¶ 2. **TERNARIUS**, Mensuræ seu vasis species in Austria. Chronic. Saltzburg. apud R. Duellium lib. 2. Miscell. pag. 166 : *Eodem anno* (1485.) *tanta sterilitas in Austria, ut ubi prius creverant XXX. Ternarii, vix unus aut duo creverint.* Chron. Mellic. pag. 879. col. 2 : *Hoc anno* (1442.) *vasa fuerunt in magna caristia, ita ut Ternarius vacuus daretur pro 14. solidis et pro 2. talentis.*

° Idem quod supra *Terceyrola*.

¶ **TERNIA**, pro Ternio, ni fallor, ternus numerus. Vide locum in *Tetra*.

TERNIO Julius Africanus lib. 3. Histor. Apostol. · *Sic Proconsul Septem eum Ternionibus flagellorum cæsum crucifigi præcepit.* [Gellius lib. 1. cap. 20 : *Numerus Ternio, qui Græce dicitur τρίας*.]

° Acta SS. Firmi et Rust. tom. 2. Aug. pag. 420. col. 1 : *His auditis, imperator commotus graviter jussit fustes adferri, et beatos viros nudos extendi, binosque Terniones super eos transire, et dicere eis: Sacrificate Diis, quos imperator adorat. Ubi docti Editores per binos Terniones recte prorsus intelligunt sex carnifices seu flagellatores, ut ex ipso textu manifestum est.*

¶ **TERNO**. Fundatio Collegiatæ S. Nicolai Pictav. circa ann. 1060. apud Marten. tom. 1. Anecd. col. 187 : *Præterea donavit Agnes Comitissa...... vendas salis de mercato Pictavensis de Cairo scilicet duos sextarios salis, et unum denarium de quadriga cum Ternone, unum sextarium, et unum denarium de quadriga sine Ternone tres denarios, si quatuor boves ibi habentur : si duo unum et dimidium, de Berocata cum asinis unum denarium.* Quem integrum locum sic lego iisque interpunctionibus distinguo ut planior fiat : *Donavit....* vendas salis de mercato Pictavensi : *de caro scilicet duos sextarios salis et unum denarium ; de quadriga cum Temone unum sextarium et unum denarium ; de quadriga sine Temone tres denarios, si quatuor boves ibi habentur ; si duo, unum et dimidium : de berocata cum asinis unum denarium.* Ex hac emendatione probabili evanescit inexplicabilis vox *Terno*, et locus ipse totus intellectu facilior evadit.

¶ **TERO**. Charta Ludovici II. Imp. in Chron. S. Vincentii de Vulturno pag. 689 : *Cum castris, montibus, collibus, vallibus, Teronibus, Ecclesiis, etc.* Forte *Toronibus*. Vide Toro.

¶ **TEROANUS**, Nummi genus, ab urbe Teruana sic dicti Bulla Nicolai IV. PP. ann. 1290 de censibus Ecclesiæ Rom. apud Marten. tom. 2. Ampl. Collect. col. 1303 : *In episcopatu Morinensi unum Teroanum, Ecclesia S. Bertini unum unciam auri, monasterium S. Wulmarici unum bisantium.*

¶ **TERPENTINUS**, Germ. *Terpentin*, Therebinthina resina, Gall. *Terebenthine* Vide Fernisium.

¶ **TERQUISIAETH**, TERGUISIAETH, Præstationis agrariæ species, f. eadem cum *Terragio*, quod colligitur e terris recens cultis, a Latino, ut videtur *Terra*, et Aremorico, *Quisiat*, proprie Pellem detrahere, quod ut agros recens cultos translatum fuit, quia quasi pelle exuuntur agri, cum primum proscinduntur. Charta vetus apud Lobinell. tom. 2. Hist. Britann. col. 104 : *De ipsa autem terra hic redditus est : Terquisiaeth, kevrod, multones, pastus, decimæ et cætera jura, quæ de propria terra ad dominum pertinent.* Alia e Chartulario Kemperleg. : *De ipsa autem terra, quæ est septem hanafat mellis, hæc est redditio, videlicet decima et Terguisiaeth.*

TERRA, Prædium, ager, dominium, nostris *Terre*. Lex Burgund. tit. 79. § 1 : *Ut si quis in populo nostro barbaræ nationis personam, ut jure sua consisteret, invitasset, ac si ei Terram ad habitandum deputasset.* Lex Longob. lib. 2. tit. 44. § 4. [³⁰ Lothar. I. 82.] : *De liberis hominibus, qui super alterius Terram resident, etc.* Tit. 51. § 15. [²² Lothar. I. 62.] et in Capit. Caroli M. lib. 5. cap. 301. *De liberis hominibus, qui proprium non habent, sed in Terra dominica resident.* [Inquisitio ann. 1206. apud Lobinell. tom. 2. Hist. Britan. col. 339 : *Vidit etiam quod homines Comitis semper solent transire libere ad Terram Episcopi, ad manendum in Terra Episcopi, et homines Episcopi in Terra Comitis, etc.*]

TERRA, Hispanis, quid sonet, vide in *Honor*.

¶ **TERRA**, Regnum. Gualterus Hemingford. in Edwardo I. Rege Angl. pag. 237 : *Cognita itaque malicia novi Regis, misit Rex noster magnatibus Terræ, etc.* Et in Edwardo II. : *Reduxit* (Rex) *eam* (Reginam) *in Angliam, et coronatus est cum Londoniis.... Lætantibus et exultantibus populis utriusque Terræ.*

¶ TERRA, Italis, Castellum, oppidulum muratum. Vita B. Torelli n. 3. tom. 2. Martii pag. 501 : *Post dies octo ad Terram Puppi remeans, propinquos adiit.*

¶ TERRA, Modus agri, forte tantus qui uni pari boum possit sufficere. Charta ann. 1077. in Probat. novæ Hist. Occitan. col. 294 : *Dono etiam extra muros urbis Tolosæ Terras omnes, quas habeo ante portam civitatis.*

¶ TERRA ALTARIS, in Chartulario Eccl. Ambian. et alibi, quæ pertinet ad *Altare* seu ad *Ecclesiam*. Vide *Altare*

¶ TERRA ANIMALIUM IV. VI. X. XX. vel XXX. etc. in Charta ann. 855. apud Marten. tom. 1. Ampliss. Collect. col. 142. *prædia sunt, in quibus totidem numeriuntur equi vel boves, aut requiruntur ad colendos agros ex iis prædiis pendentes, ut*

¶ TERRA CARRUCARUM II. vel IV. pro Terra quæ totidem *carrucis* aratur. Vide *Carrucata*.

¶ TERRA ARIVA, Riparia, quæ est ad rivam seu ripam. Charta ann. 1046. ex Chartul. magno S. Victoris Massil. fol. 59 : *Donamus dom. Deo et ad ecclesiam S. Victoris de Terra ariva modiata una in comitatu Aquense.* Alia ann. 1066. ibid. fol. 51 · *Dono de meo alode de Terra ariva ad S. Victorem, etc.*

¶ TERRA AVIATICA. Vide *Terra Salica*.

TERRA CENSITA, CENSUARIA, CENSALIS, etc. Obnoxia censui. Vide *Census*.

¶ TERRA COMITALIS, Quæ Comitis est, ejus dominium, in Charta ann. 904. pro Monasterio S. Victoris Massil. apud Marten. tom. 1. Ampl. Collect. col. 262.

¶ TERRA DOMINICA, Quæ Domini est, lib. 5. Capitul. cap. 301. et in Capitulari Ludovici Pii ann. 829. cap. 6.

° TERRA DOTALIS, DOTIS, Quæ ad sarta tecta ecclesiæ, et clericorum in ea deservientium sustentationem a fundatore confertur. Charta Guar. episc. Ambian. ann. 1139. inter Probat. tom. 1. Annal. Præmonst. col. 698 : *Donamus quoque vobis ecclesiam de Marcel cum tota decima et Terra dotali et appendiciis.* Alia Renaudi episc. Tull. ann. 1211. ex sched. Mabill. : *Censum etiam annuum, qui jure parrochiali olim, tam episcopo quam archidiacono, solvebatur, Terram etiam dotis totam, canonum atrii, ipsumque atrium.* Vide *Dos* 4.

¶ TERRA ECCLESIASTICA, Quæ pertinet ad Ecclesiam in Capitul. Caroli M. ex Lege Longobard. cap. 20.

¶ TERRA EVINDICATA, in Appendice Marculfi form. 7. Quæ per sententiam judicis repetitur et recuperatur.

¶ TERRA EXCULTABILIS, Arabilis campus, habilis culturæ, apud Th. Blount in Nomolexico Anglic. Monasticum Anglic. tom. 1. pag. 426. col. 2 : *Terram excultabilem quam habuit apud Norvicum in campis, videl.* XXV. *solid. Terræ et pratum ad Terram illam adjacens.*

¶ TERRA EXTENDENDA, Æstimanda, cujus pretium inquiri debet et declarari, apud eumd. *Blount* ibid. Vide *Extendere*.

¶ TERRA FERMA, vel potius *Firma*, Continens, Gall. *Terre ferme*. Insularum Canariæ et Indiarum ac Terræ fermæ maris Oceani, apud Rymer. tom. 13. pag. 752. col. 1. *Terra firma legitur ibid. pag. 38. col. 2. et alibi sæpe.*

¶ TERRA FISCALIS, Quæ ad regium fiscum seu Dominium pertinet. Vide *Fiscus*.

¶ TERRA FRANCA, vel *Francha*, Immunis talliarum seu tributorum, quæ domini a suis tenentibus exigebant, non immunis tamen cujusvis servitii. Charta feudorum nobilium Castillionis Dombar. ann. 1463: *Super* XIV. *bichenatis Terræ franchæ et sine tallia, quæ debent* XV. *den. de servitio*, II. *bichetos siliginis.* Vide *Franca terra* post *Franci* 1.

¶ TERRA FRANCIGENA, Dragoganti species, quæ ex Gallia affertur, inquit Constantinus Africanus lib. de Gradibus pag. 383.

¶ TERRÆ FRISCA, FRUSCA, Ager incultus, Gall. *Terre en friche.* Monasticum Anglic. tom. 2. pag. 327. col. 2 : *Continens* XL. *acras Terræ fruscæ, pasturæ, etc.* Vide *Friscum*.

¶ TERRA GILIFORATA, Ea est ex qua domino præstari debet flos caryophyllæus, apud Thom. Blount in Nomolexico Anglic.

TERRA HÆREDITARIA, [Cujus possessio scripto firmabatur.] Vide *Liber*.

¶ TERRA HERMA, Ager incultus, in Charta ann. 4. Rodulphi Regis Provinc. Vide *Eremus*.

¶ TERRA LABORABILIS, etc. Arabilis, Gallice *Terre labourable.* Vide in *Labor* 8.

° TERRA LABORIOSA, LUCROSA, Arabilis, culta, quæ lucrum affert. Charta ann. 1056. inter Instr. tom. 11. Gall. Christ. col. 225 : *Dederunt..... silvam de Catis et Terram laboriosam et inlaboriosam ;.... omnem partem, quam ibi habebant, in ecclesiis, in Terris lucrosis et inlucrosis, etc.*

TERRA LABORIS, Campania felix in Italia. Vide in *Labor* 8.

TERRÆ LEIGIALES, [Quas tenent homines *ligii*.] Charta S. Bernardi Abb. Clarevall. ann. 1145. in Tabulario Eccl. Autissiodor. : *De Terris leigialibus manifestum est, quod nusquam licet Comiti, vel homini suo æas, quæ de feudo sunt Episcopi, acquirere, nisi per Episcopum.* [Vide *Ligius*.]

¶ TERRA LEVATA, Eadem quæ mox nova. Vide *Levare terram*.

¶ TERRA IN LITTORE MARIS, *ubi salem faciunt*, lib. 4. Capitul. cap. 8.

¶ TERRA LUCRABILIS, Arabilis, culta, in Monastico Anglic. tom. 1. pag. 406. col. 1. Vide *Lucrari* et *Gagnagium*.

TERRÆ LIBERÆ, apud Danos, quæ et *Regiæ*, et ab omni censu immunes erant, in Charta Waldemari Regis Daniæ ann. 1240. apud Pontanum lib. 6. Rerum Danicar. Vide *Tenementum liberum* supra in *Tenere* 1.

° TERRA MANSUALIS, A manso dependens. Vide in *Mansus*.

TERRÆ MORTUÆ, quæ et *Silvaticæ*, in veteri Consuetudine Normannica cap. 34 : *Terres sauvages, que l'on appelle en Normandie Terres mortes*.

¶ Consuet. Norman. part. 1. cap. 33. ex Cod. reg. 4551 : *De terris autem silvestribus, quæ in Normannia mortuæ Terræ dicuntur, solet per sex denarios in pluribus locis Normanniæ relevari. Terre morte, vero appellatur Stercus putridum, fimus,* in Lit. remiss. ann. 1447. ex Reg. 179. Chartoph. reg. ch. 35 : *Discensionis meut entre le supplant et ung nommé Jehan Ythier, à l'occasion de certaine Terre morte ou fumier.*

¶ TERRA NORMANNORUM, in Anglia dicebatur terra a nobili Normanno possessa, cum Rex Angliæ illam confiscabat, quod ille Regis Francorum partes sequeretur. Litteræ Henrici III. Reg. Angl. apud Kennetum Antiq. Ambrosd. ad ann. 1224. pag. 107 : *Scias quod commisimus Thomæ Basset manerium de Kirtlington, quæ est Terra Normannorum, ad se sustentandum.*

TERRA NOVA, in Chartis feodalibus et in censualibus schedulis, sumitur pro terra vel noviter concessa, vel noviter exsarta Tabular. Prioratus Levensis: *Reddit pro nova Terra* 2. *sol.* Jacob. I. Rex Arag. in Foris Oscæ 1247. f. 25 : *Pœna invasionis Palatii infantionis est ultra serram*, 25. *solid. et citra, quæ dicitur Terra nova, id est noviter acquisita*, 60. *solid.*

¶ TERRA OCTAVA. Vide *Octava* 4.

° TERRA PARANA. Quæ jure hæreditario possidetur. Vide supra *Paranus*.

¶ TERRA PATERNA. Vide *Terra Salica*.

° TERRA PLANA, Ager cultus, cui opponitur *Silvestris*. Charta Gaufr. episc. Carnot. ex Chartul. B. M. de Josaphat : *Hanc* (capellam) *miles quidam Hugo, Rufus appellatus, seculariter hæreditario jure ante tenuit, et circa capellam eandem, tam silvestris quam planæ Terræ, non parvam vastitatem.* Vide *Planum*.

° TERRA PŒNÆ, DE PŒNA, PŒNOSA, Tributis, angariis et aliis exactionibus obnoxia. Vide supra in *Pœna* 8.

° TERRA PRÆBENDARIA, Ad *præbendam* pertinens. Vide supra *Præbendarius* in *Præbenda*.

¶ TERRA PRÆCONIS, Judicis aut Majoris villæ, in Charta ann. 1123. apud Miræum tom. 1. pag. 873. Vide *Præco*.

¶ TERRA PUTURATA. Vide *Putura*.

° TERRA QUIETIS, an Quæ in manu mortua, vel ex dimissione habetur? Chartul. eccl. Lingon. ex Cod. reg. 5189. fol. 24. r°: *Item duodecim denarios a quocumque volente intrare Terram quietis in finagio d'Ysoune.* Vide *Admortizatio* et *Quietare* 4.

TERRÆ REGALES, dicebantur apud Dalmatas, quæ ratione census, vel præstationis Regi obnoxiæ erant. Vide Jo. Lucium lib. 2. de Regno Dalmat. cap. 15. pag 99.

¶ TERRA REPROMISSIONIS, Abrahæ a Deo promissa, nostris *Terre promissæ*, Judæa. Jerusalem caput *Terræ repromissionis*, in Chronico Farfensi apud Muratori. tom. 2. part. 2. col. 540. *Terra repromissionis* etiam legitur Hebr. 11. 9.

¶ TERRA SABULOSA, Gall. *Terre sablonneuse*, apud Th. Blount in Nomolexico Anglic.

¶ TERRA SACERDOTALIS : in Synodo ad Teudonis villam ann. 845. cap. 4. Quæ Sacerdotum seu Ecclesiæ propria est. Alludunt Patres ad illud Genesis 47. 22. *Præter terram Sacerdotum, quæ a Rege tradita fuerat eis.* Vide *Terra Sanctuaria*.

° Idem quod *Feudum presbyterale*. Charta ann. 1035. inter Instr. tom. 11. Gall. Christ. col. 326 : *Ecclesia de Mancire cum Terra sacerdotali*. Pluries ibi.

TERRA SALICA, Portio terræ *Salio* militi, atque adeo Principi seu Regi assignata. ex iis, quas in Galliis virtute bellica acquisierant partitione inter victores facta. Harum enim aliæ ab omni munere ac servitio, immunes, dictæ *Salicæ*, eæque assignatæ *Salis*, seu viris Principibus, vel certe ex Salica gente, quæ primas tenuit inter gentes illas Septentrionales, quæ in Gallias irruperant, easque Romanis abstulerunt: aliæ *Læticæ*, et *Lidiales*, quæ *Lætorum*, vel *Litorum* erant, hoc est virorum obnoxiæ conditionis, cujusmodi fuerunt *Læti*, vel quos *Romanos* appellabant, veteres nempe Galliæ incolæ, quibus assignati agri ad culturam, sub certis redhibitionum oneribus. B. Rhenanus in Epist. ad Petrum Heldingum : *Franci igitur victores consuetudinem Romanorum imitati, et ipsi nobilibus et veteranis militibus agros in quibusdam locis, ut istis habitare licuisset, assignarunt, immunes penitus et ab omni servitute liberos: iique dicti Terra salica : sic proprie prædia Principum libera et immunia Salicæ terræ nomine solita sunt appellari. Salicæ* vero *terræ*, ea erat prærogativa, ut cum sub militaris obsequii conditione assignata esset, ad mulierem, quæ illius prorsus incapax est, pervenire non posset. Quod exerte habet Lex Salica tit. 62 : *De terra vero Salica nulla portio hæreditatis mulieri veniat ; sed ad virilem sexum tota terræ hæreditas pervenit.* De ejusmodi igitur terris Salicis agunt Traditiones Fuld. lib. 3. trad. 28 : *Centum quinquaginta terræ Salicæ, et Ecclesiam cum omni decimatione ad eam pertinentem.* Vide Dominicum de Prærogat. alodior. cap. 7. et in Assertore Gallico cap. 8. et quæ attigimus in Dissert. 17. ad Joinvillam.

☞ Annotavimus supra ad vocem *Lex Salica*, Eccardum *Terram Salicam* eam intelligere, quæ ad *salam*, hoc est, ad domum *curtis* præcipuam pertinet. Hæc videsis. Eidem Eccardo *Terra Salica*, apud Marculfum *Terra paterna*, et in Lege Ripuariorum *Aviatica*, ita κατ̓ ἐξοχὴν dici videtur, quia principem in patrimoniis locum obtinebat.

° Idem quod Proprium Hujus ea erat prærogativa ex Lege Salica tit. 62. notante Cangio, ut ad mulierem pervenire non posset. Cui tamen legi aliquando derogatum esse probat Formula 12. Marculfi lib. 2 : *Diuturna, sed impia, inter nos consuetudo tenetur, ut de terra paterna sorores cum fratribus portionem non habeant. Sed ego perpendens hanc impietatem, sicut mihi a Deo æqualiter donati estis filii, ita et a me sitis æqualiter diligendi, et de res meas post meum discessum æqualiter gratuletis. Ideoque per hanc epistolam te, dulcissima filia mea, contra germanos tuos filios meos illos in omni hæreditate mea æqualem et legitimam esse constituo heredem, ut tam de alode paterna quam de comparatum, vel mancipia aut præsidium nostrum, vel quodcumque moriens reliquero, æquale lance cum filiis meis germanis tuis dividere vel exæquare debeas.* Vide supra *Alodis*.

TERRÆ SALSÆ, Quas in Pictonibus *Marais salans* vocant. Tabular. S. Cypriani Pictavensis fol. 113 : *Airardus concessit Monasterio S. Cypriani aliquid de terra sua in pago Alniuse, et sunt* 50. *areæ de Terra salsa in vicaria de terra Alloni de una parte, etc.*

¶ TERRA SANCTA, Gall. *Terre sainte*, Judæa, sic passim dicta ab undecimo Ecclesiæ sæculo, quod in ea perfecta fuerint Religionis Christianæ sacrosancta mysteria.

¶ TERRA SANCTUARIA, Quæ ad sanctos, seu ad Ecclesiam pertinet. Chartul. Aptense fol. 21 : *Est inter consortes de uno latus via publica, et de uno fronte vel de alio terra Terra Leufredo ipso, et de alio fronte Terra sanctuaria.* Vide *Sanctuarius*.

¶ TERRA SENIEURÆ, Quæ domini est, Gallice *Terre Seigneuriale*, in Literis Officialis Carnot. ann. 1236. Vide *Senior*.

° TERRA SILVESTRIS, Inculta. Charta ann. 1127. ex Chartul. Montis S. Mart. fol. 98. v° : *Silvestris autem Terra, quæ sartus vocatur, ab ecclesia eorum perpe-*

tim obtinebitur. Vide *Gastina* in *Vastum* 1. et supra *Terra Plana.*

¶ TERRA TACHABILIS, TACHIBILIS, TASCABILIS, TASCALIS. Vide in *Tasca* 2.

° TERRA TENAX, Argilla, Gall. *Terre glaise.* Comput. ann. 1482. ex Tabul. S. Petri Insul.: *Item pro duobus balneis Terræ tenacis pro prædictis parietibus, iiij. sol.*

° TERRA TERRAIGIARIA, *Terragio* obnoxia. Vide infra in *Terragium* 1.

¶ TERRA TERTIA, f. Tertia pars frugum e terra nascentium, nisi idem sit quod *Tertia* 4. nostris *Champart.* Litteræ ann. 1080. apud Ludewig. tom. 6. Reliq. MSS. pag. 40: *Censum quoque tollere de omnibus areis....... et de quolibet tempore messis unum messorem, tertiam Terram, tertiam arborem de foresto, etc.*

¶ TERRA TERTIALIS, Tertiæ seu præstationi agrariæ, vulgo *Champart*, obnoxia. Vide *Tertia* 4.

¶ TERRA TESTAMENTALIS. Vide *Liber.*

¶ TERRA TRIBUTARIA, Quæ obnoxia est tributo. Capitulare 4. ann. 819. cap. 2. et lib. 4. Capitul. cap. 37: *Quicumque Terram tributariam, unde tributum ad partem nostram exire solebat, vel ad Ecclesiam vel cuilibet alteri tradiderit, etc.*

¶ TERRA VACUA, Inculta. Chartular. S. Vandregesili tom. 1. pag. 818 : *Concessi... partem cujusdam pechiæ Terræ vacuæ, quam habebam in vico prædicto.* Vide *Vacuus.*

¶ TERRA VESTITA, Culta , fructibus referta. Vide *Vestire.*

¶ TERRA VICINABILIS, Quæ viis vicinalibus obnoxia est. Tabular. Aptense fol. 139 : *Vendo vobis petiam de vinea : ... in uno fronte Raymundus et hæredes suos, in alio terras sanctuarias et Terra vicinabilis, etc.* Vide *Via convicinalis* in *Via* 1.

° TERRA YMIA, Fossilis, idem quod Cadmia. Vide infra *Ymius* 2.

TERRÆ MERITUM, [Terræ fructus, proventus.] Vide *Meritum.*

¶ TERRÆ SENSUS. Vide in *Sensus.*

¶ TERRAM FACERE, Colere. Charta ann. 1164. tom. 8. Spicil. Acher. pag. 196 : *Dederunt terram illam... quam Faciunt Pontius Balzans et Pontius Alon, et terminavit, etc.*

¶ AULA PER TERRAM, Aula Inferior, nostris *au rez de chaussée*, ou *au rez de Terre.* Charta ann. 1270. ex Chartul. Episc. Paris. fol. 130 : *Actum Parisius. . in domo domini Parisiensis Episcopi in parva aula per terram.*

¶ TERRACEA, Agger terreus, Gall. *Terrasse.* Excidium urbis Aconis apud Marten. tom. 5. Collect. Ampliss. col. 778 : *De murorum custodiis per vicos et Terraceas ad portas civitatis in subsidium descenderunt, etc.* Vide mox *Terracia.*

° TERRACEUM, Agrarium, idem quod *Terragium* 1. Chartul. S. Gauger. Camerac. ch. 31 : *Terram, de Barunut vulgariter vocatam, sub constituta redemptione et Terracea a nobis tenebant.*

TERRACIA, TERRATIA, Solarium, Italis *Terracia*, Gall. *Terrasse.* Tabularium Monasterii sancti Andreæ Viennensis: *Dono post discessum meum S. Andreæ et Symphoriano omnem hæreditatem, quam habeo in monte Sparato, domum, et medietatem Terraciæ, etc.* Vita Clementis VI. PP. pag. 97 : *Tria sunt tamen, quæ reliqua valde specialiter excedant, videlicet Capella major, Audientia, et Terraciæ superiores.* Processus de Vita S. Thomæ Aquin.: *In quodam solario seu Terratia discooperta.* [Statuta Arelat. MSS. art. 50 : *Quilibet qui furnum habet... teneatur ipsum et domos ipsius furni cohoperire de tegulis vel Terracia* , i. Terra seu tecto terreo, ut satis patet. Simili, ut videtur, notione le Roman *de Vacce* MS.:

Fors un seul qui grant mal avoit,
Qui soux uu Terru se gesoit.]

° TERRACITUM, ut *Terraceum.* Charta Ludov. VII. reg. Franc. ann. 1166. in Chartul. Cluniac. ch. 217 : *De silvis autem et de exartis, ubi partem habet, nullus nisi per violentam* (leg. voluntatem) *illius Terracitum accipiat.*

¶ 1. TERRACIUM, Terra inutilis, Ital. *Terraccia.* Statuta Mutinæ fol. 68. v°. rubr. 350 : *Caricatores Communis teneantur portare eo Terracium , quod est in vastis bannitorum.*

° Stercus putridum, fimus, Gall. *Terreau.* Vide supra *Terræ mortuæ* in *Terra.* Stat. Avellæ ann. 1496. cap. 67. ex Cod. reg. 4624 : *Nulla persona ponat vel poni faciat in plateis vel viis seu conforzis Avillianæ aliquod fimum, terram, vel terrucium seu Terracium. etc. Terraille*, eodem sensu, nostris. Lit. remiss. ann. 1491. in Reg. 142. Chartoph. reg. ch. 143 : *Icellui Philipon amassoit de la terre ou Terrailles à un fessouer ou houe en un pannier, etc. Une charrete chargée de fiant au Terraille*, in alia ann. 1480. ex Reg. 208. ch. 66. *Terrarec* vero pro Arena, sabulum, in Comput. ann. 1368. inter Probat. tom. 2. Hist. Nem. pag. 257. col. 2 : *Solvit...... pro loquerus trium tombarellorum, qui portaverunt de Terrarec in carreria domini Petri Scatisse,... pro reparanda sua carreria.*

¶ 2. TERRACIUM, Item quod *Terratio*, de qua voce infra, Terra, ager. Charta anni 1011. apud la Chiesa in Historia Ecclesiast Pedemont. cap. 19 : *In Suavis autem Ecclesiam in honore S. Stephani cum omni dote, Terracio, et oblationibus ad eamdem pertinentibus.*

¶ TERRACULUM, Idem, ut videtur, quod *Terracia.* Lobinellus in Collectaneis MSS. ex quodam Chronico : *Terraculum quod Alanus Barbatorta in circuitu Ecclesiæ Nannetensis fecerat.*

¶ 1. TERRADA, Navis genus apud Indos. Maffeius Hist. Ind. lib. 8 : *Lembos, quos vulgo Terradas vocant, ducentos adjunxit.* Vide *Tarida.*

2. TERRADA, Terra, ager Charta Lotharii Regis Franc. ann. 998. tom. 8. Spicilegii Acheriani pag. 358 : *Cum domibus,..... aquis,.... planitiolis sive Terradis, etc.*

° TERRÆMAGNENSIS, Idem qui *Feudarius*, vassallus major. Charta ann. 1224. apud Murator. tom. 6. Antiq. Ital. med. ævi col. 7: *Item promitto, quod nullus de novo efficietur judex vel judicissa in ipso regno sive judicatu, quin jurent fidelitatem ipsi ecclesiæ* (Romanæ) *et facient omnes liberos terræ sive Terræ magnenses, habentes feudum ab eis, in principio suæ dignitatis jurare fidelitatem ecclesiæ memoratæ.*

° TERRÆ-MOTUS. Ordinar. MS. S. Petri Aureæ-vall.: *Ad matutinas etiamquam quid fiat, omnia signa simul pulsantur in principio; quæ quidem pulsatura vocatur Terræ-motus, hoc est quod omnes moveantur ad devotionem propter solemnitatem festivitatis.* Ibidem : *In hac vigilia* (Apostolorum Petri et Pauli) *in qua tantummodo fit descensus pro invitatorio dicendo, tertium responsorium non reiteratur, nec per priorem claustralem dicitur; nec in eo fit Terræ-motus: sed immediate post orationem matutinarum, fit commemoratio solemnis de prædictis festivitatibus; et tunc pulsantur omnia cimbala in claciscum, etc.*

° TERRÆSCIDIUM, Niger cespes, qui e terra palustri et bituminosa eruitur et scinditur, idem quod *Turba* 1. Stat. Georg. *Nevill* archiep. Eborac. ann. 1406. apud Labbeum : *Persolvant decimam..... Terræscidiorum et carbonum, in locis ubi fabricantur et fodiuntur.*

° TERRÆTENUS, Ad superficiem terræ. Gesta synodi Aurel. ann. 1022. tom. 10. Collect. Histor. Franc. pag. 537 · *Dehinc spinis et rebus superfluis mundatur ; ut postmodum Terrætenus truncata sarculo, meliori inseratur ramusculo, quæ postmodum fertilis sit mellifluo pomo.*

TERRAGENARIUM, Idem quod *Terragium* 1. Vetus Charta apud Augustinum du Pas in Stemmat. Armoric. pag. 245 : *Nec non etiam quartam Terragenarii partem, et quamdam domum in Salneriensi villa positam jure quasi hæreditatis sine fide possidendam, ubi scilicet decima cum Terragenario supradicta coadunetur.*

° TERRAGERIA, TERRAGIA, Gall. *Terragerie*, Agrarium, idem quod *Terragium* 1. Charta ann. 1405. in Reg. feud. comitat. Pictav. ex Cam. Comput. Paris. fol. 65. v° : *Item Terragium terrarum de li Gaudere, quæ quidem Terragia dictorum terraigiorum michi vallet seu vallere potest quolibet anno tria prevenderia bladi vel circa ; in qua quidem Terragia partem capiunt mecum dicti filii Guiardi de Gordon.* Et fol. 66. r° : *Item unam Terrageriam, appellatam parvam Terrageriam de poteria;... in qua quidem Terrageria.... ego dictus Johannes de Foresta capio tertiam partem grani dictorum terragiorum;..... et ego prædictus Johannes de Foresta teneor Terragiare.* Charta ann. 1401. ibid. fol. 102. r° : *Sa Terragerie, vulgairement appellée la Terragerie du bois Martin.* Ubi et districtus, in quo exigitur Terragium, indicatur, qui *Terragens* appellatur, in Lit. ann. 1298. ex Tabul. Nobiliac. apud Stephanot. part. 3 Antiq. Pictav. MSS. pag. 946 : *Se il devenoit que ce avage deust estre fait en choses Terragens, ou quinteres, ou quarteres, qui fussent audits religioux ens leus dessusdis, ge li dis Joffreis et mi hoir successour, signour de Cha-tel-Achart, ne li porrions faire en préjudice des religioux.*

1. TERRAGIUM, Agrarium, Gall. *Terrage, champart.* [Campipars sive *Terragium*, in Charta ann. 1248. ex Chartular. Campan. fol. 514. col. 1.] *Terrage* ou *champart, qui est la mesme chose*, in Consuetudine Dunensi art. 50. Burbonensi art. 352. Pictavensi art. 62. 64. 84. Angeriacensi art. 10. 21. Ambianensi, et aliis. *Terrage* ou *agrier*, in Marchensi art. 331. Sic porro definitur in Consuetud. Blesensi art. 130 . *Le droit de Terrage est tel, que les heritages, qui sont tenus audit droit, quand ils sont recueillis en grains, ou autres fruits, il en est deu au Seigneur du Terrage certaine portion, aux aucuns plus, aux autres moins, et ainsi qu'on les a accoustumez de payer selon la diversité des lieux.* Charta Ottonis Comitis Viromandui. ann. 1030. apud Hemeræum : *Ut persolvant annis singulis redditum terræ cum consuetudinibus suis, et ita quartam garbam Terraqii, et 5. solidos, et 4. denarios in medio Martio, et 2 solidos, et 4. denar. de hospitibus.* Alexander III. PP. Epist. 48: *Quosdam reditus, qui Terragia dicuntur, etc.* [Charta ann. 1228. tom. 2. Sacræ Antiquit. monument. pag. 550 : *Concessi in perpetuum eidem Ecclesiæ Bellæ-vallis*

unum rasum frumenti singulis annis in Terragiis de Biauclai.] Vide Mich. del Molino in Repertorio v. *Terragium,* et Historiam Ecclesiast. Abbavillensem pag. 86. 88. etc. Occurrit passim. [Vide *Terraticum* et *Agrarium.*]

° Formul. MS. Instr. fol. 30. v°: *Cum quoddam beneficium ecclesiasticum, quod decimæ et Terragium vulgariter nuncupatur,..... vacare noscatur ad præsens per mortem ejus,... qui ipsas decimas et Terragium in beneficium ab ipsa ecclesia obtinebat,* etc.

° TERRAGIUM, Eodem sensu, in Charta ann. 1280. ex Chartul. S. Vinc. Laudun. Pro districtu, in quo agrarium percipitur. Vide supra in *Terrageria.*

¶ TERRAGERIUM, Eadem notione. Chartularium S. Vincentii Cenomanensis fol. 188: *Dedit monachis sancti Vincentii... Terragerium, quod de terra monachorum supradictorum annuatim accipiebat.*

¶ TERRAGEURIA, Eodem intellectu. Charta ann. 1282. apud Stephanotium tom. 3. Antiq. Pictav. MSS. pag. 822: *Serviens percipiet per se consuetudines suas; videlicet Terrageurias, aostagia, mestuum, gallos, caseos, tortellos, et corveiam suam, etc.*

¶ TERRAGIRIA, Pari significatu. Chron. Balduini diaconi tom. 2. Sacræ antiq. monument. pag. 207: *In emptione terrarum, et Terregiorum, et decimarum aliorumque reddituum, etc.*

TERRAGERIA, *Terragerie,* in Consuetudine Pictavensi art. 64. 75. 191. Prædium *terragio* obnoxium: *Terre à terrage,* in Consuetud. Bituric. tit. 10. art 26. *Terre terragée,* in aliis.

° TERRAGIUM, Fructus jure *terragii* collecti. Charta ante ann. 1200. ex Tabul. S. Petri Carnot.: *Si de eo, quod sine se terragiatum fuerit, terragiator illius clamorem fecerit, in granea nostra Terragium adunabitur, triturabitur et partietur.*

° TERRAIGIARIA TERRA, Quæ *terragio* obnoxia est. Charta ann. 1242. in Chartul. Arremar. ch. 8: *Vendiderunt... terras quas habebant Terraigiarias in finagio de Luisignaco. Terre terrageau,* in Lib. cens. terræ *d'Estilly* an. circ. 1430. ex Cod. reg. 9493. fol. 6. v°. et 39. v°.

TERRAGERARE dicitur, qui *terragii* jus habet. Tabular. Absiense fol. 170: *Quod de omnibus terris feodi sui, quas fratres de Vauvert excolerent, in campo vel in area, advocato famulo suo Terragererent.*

¶ TERRAGIARE, Eadem significatione. Hist. MS. Monasterii S. Cypriani Pictav. pag 432: *Quandocumque gerbæ in agris dicti territorii decimandæ fuerint et Terragiandæ,* etc. Pluries occurrit ibi, ut et pag. seq. in Pancharta MS. titulorum S. Stephani apud Xantones Ch. 8. in Charta ann. 1230. apud Stephanotium tom. 3. Antiq. MSS. pag. 797. etc.

¶ TERRAGIRE, Idem. Chronicon Bonæspei pag. 7: *Balduinus Comes (donavit) duas carrucatas silvæ, ea conditione ut extirpata Terragiretur.*

¶ TERRAGIALIS, Ager obnoxius *terragio.* Charta ann. 1285. e Chartulario B. Johannis Angeriac. pag. 214: *Recompensationem quarumdam terrarum....... quæ Terragiales sunt et solvunt terragium.*

TERRAGIATOR, Qui vice domini *terragium* colligit. Charta ann. 1226. ex Tabular. S. Bertini: *Ita convenit, quod intrante Augusto quando voluerit ponet apud Helchim Terragiatorem suum juratum ad prædicta colligenda, etc.* [*Terragier* Nostris. Charta ann. 1247. ex Chartular. Campan. in Bibl. Reg. fol. 343. v°. col. 1: *Et se il avenoit chose par avanture que li sergens Terragieres et li dismieves ne soient au deschargier les gerbes an croira lou deschargeour por som saire ment.*]

¶ TERRAGITOR, Eodem significatu. Locus exstat supra in *Bipertator.*

¶ TERRUACTUM, Idem quod *Terragium.* Chartular. Aquicinct. fol. 39: *Terruactum quoque tantum per consuetudinem nobis usque ad Alsigniacum afferat, et decimam in campo relinquat.* Hinc

¶ TERRUACTARE, TERRUECTARE, Terruactum seu *Terragium* colligere. Idem Chartul. fol. 18: *Si monachi prædictæ Ecclesiæ manipulos suos Terruactare voluerint, hoc nequaquam facere præsumunt, nisi illi prius ab eis ad hoc vocati, venire distulerint.* Bis occurrit Terruectare ibid. fol 39.

2. TERRAGIUM, Ager, prædium. Charta Rogerii Comitis Calabriæ ann. 1088 apud Ughellum tom. 5. pag. 1047: *Dedi Abbati B. Ambrosii pro Monasterio S. Bartholomæi Liparensis Terragia infra scripta, ... quæ Terragia sunt prope faciem Castri Militi limitata cum finibus infrascriptis, etc.* [Charta Johannis Rem. Archiep. et Theobaldi Regis Navarræ ann. 1267. ex Chartul. Campan. fol 116. v°: *De quibusdam videlicet Terragiis acquisitis de Monachis de Igniaco Cisterciensis Ordinis Rem. dyocesis, quæ nos Archiepiscopus dicimus in banno et jurisdictione nostra esse, et nos Rex dicimus dictorum Terragiorum custodiam ad nos de antiqua consuetudine pertinere.* Vide infra *Terraria.*]

¶ 3. TERRAGIUM, Præstatio, ut videtur, quæ domino feudi exsolvitur pro facultate acquirendi *terram* seu prædium. Charta ann. 1207. ex Chartul. Campan. f. 368. col. 1: *Si autem homines ejusdem villæ extra metas ipsius villæ aliquid adquisierint in territorio Prioris Bellæ vallis, Prior per se habebit Terragium et consuetudinem inde sibi debitam.* Occurrit rursum infra.

4. TERRAGIUM, [Quod pro inhumatione sepulturæ Sacerdoti.] Constitutiones provinciales sancti Edmundi Archiep. Cantuariensis ann. 1255. cap. 7: *Et quod a Terragio corpus sepelire non differatur, sed post sepulturam si quid datum fuerit in eleemosynam recipiatur.* [Vide *Interragium.*]

° Privil. civit. Viennæ ann. 1361. in Reg. 101. Chartoph. reg. ch. 118: *Item quod (pro) exequiis et Terragio mortuorum in civitate et diocesi Viennæ exigi non valeat, nisi quod ponetur in ecclesia circa funus.* Consuet. S. Crucis Burdeg. ante ann. 1305. MSS.: *In magno cœmeterio S. Crucis nihil solvitur pro sepultura seu Terragio.*

¶ TERRAGIUM, Ipsa inhumatio. Vincentius Cigalt. de Bello Italico: *Utrum pro Terragio cadaveris domini Curati, sacristæ vel vicarii possint et debent aliquid percipere? Certe non.*

¶ 5. TERRAGIUM, Agger terreus, Gallice *Terrasse, Rempart.* Radulfus de Rebus Gestis Friderici I. Imp. apud Murator. tom. 6. col. 1196: *Quod autem fortissimum erat cum fossato magno et murato.... et cum altissimo muro merlato juxta Terragium, et cum alio muro intus.* Gualwenus Flamma apud eund. Murator. tom 12. col. 1018: *Ex statuto Azi Vicecomitis Terragium, quod erat supra fossatum, cœpit explanari, et omnia luti culmina per villam adæquari.* Chronicon Modoet. lib. 3. eod. tom. col. 1137: *Prætereundo fossam veniebant certi de eorum gente usque ad palangatum, qui tunc temporis erat super Terragium fossæ.* Rursum occurrit ibid. col. 1164. ut et vox *Terrage,* pro Gallica *Terrasse,* Aggere representato et insculpto, uti patet ex Computo xv. sæculi apud Lobinellum tom. 2. Hist. Britan. col. 921: *Une coupe et une esguerre de bericle garnie d'or à deux Terrages d'argent ez pattes esmaillez de vert, etc.* Vide *Terracia, Terrassus* et *Terrale* 2.

° 6. TERRAGIUM, Gall. *Terrage,* idem quod *Stallagium,* Præstatio, pro loco, ubi quis merces suas venum exponit. Consuet. Castell. ad Sequanam ex Cod. reg. 9898. 2: *Marchans ou marchandes qui amenent en foire pour vendre en gros, vin, miel, sel, huille et autre graisses, ne doivent d'estaul ou de Terraige que quatre deniers Tournois.*

¶ TERRAIUS, Idem, ni fallor, quod *Terragium* 5. Ital. *Terrazzo.* Statuta Mutinæ fol. 4. rubr. 21: *Aperiantur et apertæ stent viæ, quæ vadunt circa (circa) Terraios civitatis a parte intrinseca.*

TERRALAGIUM, Tabularium S. Martini de Campis: *In Castro etiam insulæ 10. solid. de Torralagio, et 2. hospites.* [Forte tributum est pro aggere terreo ad castrum muniendum.]

¶ 1. TERRALE, *Genus vestis,* in Glossis Isid. Suspicatur Grævius legendum esse *Teristrum,* vel *Theristrum,* de quo nos infra; vel potius scriptum fuisse *Torale, genus vestis,* qua scilicet torus sternebatur. Nam, inquit, et lectorum tegmina vestes esse dictas, quis tam hospes est in litteris, quem hoc fugiat?

¶ 2. TERRALE, Agger terreus, Gallice *Terrasse, Rempart.* Recognitio ann. 1327. tom. 2. Hist. Dalphin. pag. 28. col. 2: *Guigo de Yllino recognovit se tenere de feudo D. Dalphini... Castrum et omnia et singula fossata seu Terralia de Yllino.* Le Roman de Vacce MS.:

Jouste les archiers se sont mis,
Le Terrail ont avant porpris.

Et alio in loco:

Ne porent cil dehors lez cous desus soifrir,
Du naur et du Terrail les estout departir.

¶ TERRALEUM, Eadem notione. Statuta Mutinæ fol. 45. v°. rubr. 240: *Vadit medii linea usque ad aggerem sive Terraleum.* Chronicon Parmens. ad ann. 1308. apud Murator. tom. 9. col. 870: *Venit illuc ad ipsam portam, et quum vidit desuper Terraleo, quod prædicti bannici noluit parere pauci, jussit aperiri dictam portam.* Vide *Terracia* et *Terragium* 5.

¶ TERRALIUM, Eodem intellectu. Idem ad ann. 1302. col. 845: *Domus laborerii circumquaque cavatæ fuerunt per se et burgi similiter per se cum Terraliis.* Adde col. 761. Statuta Palavicinia l. 2. cap. 71: *Nulla persona. ... præsumat ire super Terraliis castri Busceti.* Rursum occurrit in Statutis Mutinæ fol. 20. v°. rubr. 108. ut et in Charta ann. 1343. tom. 2. Hist. Dalphin. pag. 468. col. 2.

° *Melius,* Fossa, nostris *Terrail* et *Terreau.* Consule Diction. Trevolt. in hac voce. *Terral,* eodem sensu, in Sent. arbitr. ann. 1313. ex Reg. 53. Chartoph. reg. ch. 53: *Item li dis religieus sont quittes de deus saus Parisis que il doivent au maieur et au jurés pour la cause des Terraus, qui sont au debout de leur gardin.* Libert. S. Marcel. ann. 1343. tom. 9. Ordinat. reg. Franc. pag. 380. art. 7: *Quam siquidem villam..... dicti burgenses vintenis claudere teneantur et etiam fossatis... et aquam in dictis Terrariis* (leg. *Terraliis) facere venire; quæ Terralia cum fructibus eorum, seu fossata sint dicti domini dalphini.*

TERRALLIUM. Charta ann. 1294. apud Dion. Salvaingum Boissium lib. de Usu feudor. c. 37 : *Retinentes nobis perpetuo atque nostris piscationes Terralliorum dictæ villæ, et totius aquæ Galabri, ab esclosa molendini noviter facti,.... usque ad pontem Galabri super ipsum, etc.* [Fossas hic intelligo, quæ villam circumdabant, sic a labris seu aggeribus, quibus clauduntur, dictas, ut et in Litteris ann. 1324. tom. 1. Hist. Dalphin. pag. 148 : *Concedimus dicto Aymoni, quod ipse possit ponere pisces in Terraliis nostris de Sablonieres et in eis piscare cumcumque voluerit.* Charta Eccl. Lugdun. ann. 1808: *Dominus Bellijoci habet tres asinatas bladi a Terraliis veteribus Lugduni usque ad S. Sebastianum.*]

° TERRALLIUM, Eodem significatu, in Charta ann. 1369. ex Cod. reg. 5187. fol. 81. v° : *Idem-Hugo habeat...in ipsa vinea, videlicet illam partem contiguam, prout protenditur in longitudine ab illo Terrallio ;..... et cum ipso Terrallio usque ad vineam, etc.* Infra : *Terrellium.* Hinc Terrellier, Terram fodere, fossam cavare, in Pacto inter comit. Sabaud. et nobiles baron. Dumb. ann. 1398. ex Cod. reg. 6873. fol. 27. r° : *Item que nostredit sire le conte... ne souffrira estre contrains les hommes desdis noubles à fortiffier, contrebuir et faire gûit ou garde, Terrellier, chevauchier, etc.* Inde etiam *Terraillon,* pro *Pionnier,* fossor, qui ligone terram fodit. Lit. remiss. ann. 1416. in Reg. 169. Chartoph. reg. ch. 182: *Un Terraillon ou pionnier, homme vacabond et d'estrange pays, etc.*

¶ TERRAYLLIUM, Eadem notione. Computus ann. 1386. tom. 2. Hist. Dalphin. pag. 325. col. 1 : *Item, pro fieri faciendo uno Terrayllio per montaneam Bellini usque ad locum ipsorum ædificiorum, pro decursu aquæ venientis per Terrayllium ipsum ad opus dicti operis,* VII. s. IV. den.

¶ TERRELLUS, Eodem significatu. Libertates Thossiaci in agro Dumbensi ann. 1310. art. 2 : *Si quis emerit domum, pedam, pratum, terram, vineam, vel aliud immobile infra villam fossatos et Terrellos ejusdem villæ, etc.* Charta Thossiacensis ann. 1404 : *Concesia et Terrello dicti prati intermedio.* Alia ann. 1467. ex Schedis D. Aubret : *Juxta terram Anthonii Guichardeti, quodam Terrello intermedio. Clausum fossatis seu Terrellis,* tom. 2. Macerarum Insulæ Barbaræ pag. 401.

¶ TERRAMENTUM, Idem quod *Terragium* 1. si vera lectio est. Charta ann.1. Caroli Regis apud Stephanotium tom. 10. Fragm. MSS. pag. 91 : *Ipsas terras... per beneficium de ipsos abbates S. Johannis vel pro precario tenuerunt, et ipsas decimas vel Teramenti ad ipsa casa Dei vel ad ipsos abbates donatas habebant.* Vereor ne legendum sit *Terræ meriti,* vel potius *Terræ merita,* seu proventus.

° TERRANEA DOMUS, Pars inferior domus, solum, Gall. *Rez-de-chaussée,* Ital. *Terreno.* Stat. MSS. eccl. S. Laur. Rom. : *Incorporaverunt pro fabrica et utilitatibus ejusdem ecclesiæ certam domum suis confinibus confinatam, pertinentem ad ipsos canonicos, Terraneam et solareatam, etc.*

¶ TERRANEUS, E terra, seu oppido, ab Italico *Terra,* Oppidum. Litteræ Cardin. de Farnesio ann. 1337. tom. 1. SS. April. pag. 391 : *Castellanis, balivis, servientibus, officialibus civilibus, Terraneis, ceterisque officialibus judiciariis, etc.* Vide *Terrarius.*

¶ TERRARE, Terra munire, obstruere vel cooperire. Reparationes factæ in Senescallia Carcasson. ann. 1435. e MS. Cl. V. Lancelot : *In reparando, in Terrando et sordando coperturam dicti castri de fustibus, tegulis, morterio, etc.* Et infra : *In Terrando, in sordando et recoperiendo bene et sufficienter de terra, fustibus, ferraturis, etc.* Vide *Terratus.*

° *Tarrer,* eadem significatione, in Lit. remiss. ann. 1397. ex Reg. 152. Chartoph. reg. ch. 240 : *Lequel tuel estoit abonny de solliveaux devdis guerniers, que encores n'estoient Tarrés ne plastrés, etc.*

¶ TERRARIA, TERRARIUM, Ager, prædium, possessio, territorium. Charta Guillelmi Episc. Cabilon. ann. 1297. inter Instrum. Gall. Christ. novæ edit. tom. 4. col. 252 : *Episcopi Cabilonenses consueverunt ab antiquo conferre in Terrariis Decani et Capituli præfatæ Ecclesiæ Cabil... quædam officia seu potestates quasdam, quæ vulgariter Vicedominatus nuncupantur, Canonicis videlicet Ecclesiæ Cabilonensis.* Et post pauca : *Dictos vicedominatus seu redditus eorum vendebant laicis et personis extraneis, propter quæ aliquoties homines Capituli gravabantur ab ipsis hominibus, levando emendas minus juste, extorquentibus etiam ab hominibus Ecclesiæ Cabil. qui in dictis Terrariis commorabantur, patrimonia eorumdem, et eosdem prægravantibus vexationibus infinitis.* Ibid. col. 253 : *Terrarii dictorum locorum in Terrariis et locis prædictis poterunt ponere auctoritate propria, ipsis Canonicis prædictis prædictos redditus percipientibus minime requisitis, unum de Terrariis, vel unum alium fidelem virum, qui dictas terras et justitias vicedominatum prædictorum fideliter teneat et gubernet, etc.* Rursus infra : *In refusionibus et pecuniis, quas debent pro suis Terrariis et præbendis.* Charta Roberti Episc. ejusd. Eccles. ann. 1307. de eadem re ibid. col. 256 : *Terrarii (non tenentur) dictam medietatem dictarum pensionum nobis solvere vel tradere vel in partagio dictarum Terrariarum Ecclesiæ, quando casus occurreret, nobis aut successoribus nostris aliquid assignare, etc.* Charta ann. 1289. e Chartulario S. Vandregesili tom. 2. pag. 1636 : *In villa autem Alpici vel omni Terrario, si sanguis effusus fuerit, vel facta seditio, vel vagium belli datum, meum est judicare.* Vide *Terragium* 2.

¶ TERRARIUM, Agger terreus, Gallice *Terrasse.* Tabularium S. Sergii Andegav. : *Duo itaque burgi sita illis in pace dimisi; monachi igitur prædicta Terraria poterunt in planitiem æquare.* Haud satis scio an eadem notione in Chronico Andrensi tom. 9. Spicil. Acher. pag. 394 : *Hoc autem* (instrumentum) *factum est in Castro Gisnensi, scilicet inter capellam S. Mariæ et Terrarium domus Eustachii de Hammes, anno........* MCXVI. Vide *Terragium* 5. Occurrit alia notione in voce

° *Terriers,* pro Paries terreus, ni fallor, in Lit. remiss. ann. 1410. ex Reg. 165. Chartoph. reg. ch. 366: *Pour ce que l'huis de l'hostel ne fut pas ouvert, ledit Jamet se prist au Terriers dudit hostel, en fist tant qu'il entra dedans.* Vide infra in *Terratia* 2.

☞ *Terriere* Scriptoribus nostris interdum Locus unde terra eruitur. Charta ann. 1403. ex Chartular. 21. Corb. fol. 321. v° : *Promettons de bonne foy que nous ne nos gens ne donrons, ne porrons donner congié de prendre terre ou argille en ledite Terriere ou argilliere.*

TERRARIUS, Vassallus, tenens. Charta Philippi de Monteforti Dom. Tyri et Torani pro Communia villæ de Castris in Occitania ann. 1264 : *De consilio et voluntate expressa Domini Guillelmi Peluti, Dom. Joannis, et Dom. Gamberti de Pasonis,... Militum Terrariorum patris nostri præfati, etc.*

° Charta ann. 1269. in Reg. S. Ludov. ex Chartoph. reg. fol. 64 · *Prædictus senescallus convocavit prælatos, Terrarios, barones, milites, consules et majores comitatuum.* Nostris *Terriau* et *Pourterrien.* Poema laudat. a Thaumas. in notis ad Assis. Hieros. pag. 251 :

Le chastelain de Coucy
Moult de feaux a Terriaux.

Lit. remiss. ann. 1374. in Reg. 105. Chartoph. reg. ch. 318 : *Comme Gauthier de Boulain escuier tiengne en fié une mairie de condition en la ville de Saumorey,..... de laquelle mairie il ait plusieurs personnes ses Pourterriens, de lui tenans terres par certain cens ou rente, etc.* Vide supra *Terræmagnensis.*

TERRARIUS, Qui multas terras seu prædia possident, *grands terriens,* nostris : *Terrarum domini,* in Synodo Coloniensi ann. 1300. cap. 11. *Barones terrarii,* hoc est multarum terrarum possesores, in Chron. incerti auctoris apud Catellum ann. 1240. Vincentius Belvac. lib. 82. cap. 89 : *Rex autem de consilio Baronum suorum, et Baronum ac Terrariorum Cypri, etc.* Annales Waverleienses ann. 1086 : *Rex tenuit curiam suam apud Wintoniam, ibique venerunt contra eum omnes Barones sui, et omnes Terrarii hujus regni, qui alicujus pretii erant, cujuscumque feodi fuissent, et omnes homines regis effecti sunt.* Et ann. 1084 : *Rex Wilelmus accepit manu potenti omnium Terrariorum Angliæ, cujuscumque feodi essent. Terrarii balliviæ Aurelianensis,* in Regesto Parlamenti B. f. 92. v°. [*Terrarii Ecclesiæ Aniciensis* seu *pensiones,* in Statutis ann. 1267. apud Marten. tom. 2. Anecd. col. 481. *Præsente Senescallo cum curia regali et Terrariis,* apud Bernardum Guidonem in Historia fundatonum Conventuum Prædicatorum tom. 6 Ampliss. Collect. ejusd. Marten. col. 478. Adde Chartas ann. 1297. et 1307. jam laudatas in *Terraria.*] *Terrarii* etiam Barones Castellorum appellantur, in vetere Notitia apud Rocchum Pirrum in Episcopis Agrigentino. pag. 272. 276. Guiot *de Provins en sa Bible* MS. :

Li Quens Philippes qui refu
Dex quel Terrier, Dex quel oscu.

TERRARIUS, in Legibus Inæ Regis cap. 57. apud Bromptonium : *Si homo sithercundus Terrarius expeditionem supersedeat, emendet* 120. solid. Ubi Saxon. habet *landagend,* id est fundum vel prædium possidens.

° *Terrier* vero territorii seu districtus judicem sonat, in Lit. remiss. ann. 1377. ex Reg 112. ch. 229 : *Le suppliant ala ces choses dénoncier au Terrier de Saint Mars escuier, soubz la jurisdiction duquel il est demourant, et li en requist correction et pénitence : liquelx Terrier le fist pour ce tantost mener en prison.*

◦ TERRARIUS, Idem qui *Firmarius*. Charta ann. 1298. ex Cod. reg. 8409. fol. 69. r° : *A dictis hominibus portantibus bladum seu cum blado transeuntibus per dictum locum dicta exactio non petatur,... potissime cum aliqui Terrarii dom. regis Franc. et gentes eorum sint immunes a dicta exactione.*
◦ TERRARIUS, Officium monasticum, cui *terrarum* seu agrorum, hoc est, censuum ex iis percipiendorum cura commissa est. Charta ann. 1313. in Reg. 52. Chartoph. reg. ch. 207 . *Petrus Barrani hospitalis et Petrus de Reyrsiaco Terrarius, monachi procuratores et sindici monasterii Fontisfrigidi, etc.* Comput. ann. 1326. ex Cod. reg. 9434. fol. 31. v° : *Infirmarius* (Silvæ majoris) *xx. solid. Petragoric. Terrarius xx. solid. Petragoric.* Lit. remiss. ann. 1350. in Reg. 80. ch. 200 : *Frater Bernardus Mauha Terrarius monasterii de Bonavalle petens cujusdam domus censum, etc.* Vide infra *Terrerius 2.*
¶ TERRARIUS LIBER, In quo *terragia*, census, possessiones describuntur, Nostris *Terrier*. Ferrerius in notis ad Decis. 272. Guid. Pap. *Porro recognitiones, item Terrarii libri et codices antiqui fidem faciunt ad probandum directum dominium.* Vide infra *Terrerium 1.*
¶ TERRARIUS, Terrestris, apud veterem Persii interpretem ad Satyr. 6. v.24. ut observat Vossius de Vitiis serm. lib 3. cap. 52.
¶ TERRARIUS, TERRARIA, Incola alicujus oppidi, ab Italico *Terra*, Oppidum. Acta B. Girardi, tom. 1. Junii pag. 771 : *Nobilis matrona... Terraria Modoetiæ, etc.* Vide *Terraneus*.
¶ TERRASCIS, Idem quod mox *Terrassia*. Charta ann. 1228. e parvo Chartul. S. Victoris Massil. pag. 128 : *Liceat vobis, D. B. Abba, destruere parietem meum, apodiendo tamen prius tigna mea et Terrascen, quod non possit corruare*
¶ TERRASSIA, Agger terreus, solarium, Gallice *Terrasse*. Ordinatio Johannis XXII. PP. apud Fantonum Hist. Avenion. pag. 175 : *Item cameram cum modica Terrassia domus Raimundæ Sanínadæ.* Bulla Benedicti XII. PP. ann. 1387. ex Archivo S. Victoris Massil. *Terrassiæ seu pavimenta tam super quam subtus..... minantur ruinam.* Vide *Tarrascia*.
◦ TERRASSONUS, Agger terreus. Formul. MSS. ex Cod. reg. 7657. fol. 42. r° : *Ipsam domum, per quamdam parvam januam habentem exitum ad quemdam Terrassonum,........ intravit.* Vide *Terrassia*.
TERRASTENENTES. Vide *Tenentes* in *Teners 1.*
¶ 1. TERRATA, Idem quod *Terreata*. Diploma Philippi August. Regis Franc. ann. 1221 : *Anselmus de Botterviller quittat Abbati Floriacensi redecimam, spilones, gaspiliones, Terratas, etc.*
◦ 2. TERRATA, Eadem, ut videtur, notione. Charta admort. Caroli VII. in Reg. Cam. Comput. Paris. alias Bitur. fol. 147. r° : *Item pro orto et Terrata molendini ad barrium,... vij. den. pict.* Forte Agger in quo constructum est molendinum.
◦ *Terrée* vero, Ornamentum quoddam sellæ, in Comput. Rob. de Seris ab ann. 1332. ad ann. 1344. ex Reg. 5. Chartoph. reg. fol. 3. r° : *Une Terrée en l'arçon derriere, de veluel vert, etc.*
¶ TERRATEA, Idem quod *Terraticum*. Charta ann. 1124. tom. 5. Annal. Benedict. pag. 668. col. 1 : *Dimidiam partem de Terratea terrarum adjacentium inter Basentum et Satandram, et mediam partem nostræ salinæ.*
◦ 1. TERRATIA, Ager, territorium. Charta Guid. episc. Lingon. ann. 1260. in Chartul. ejusd. eccl. fol. 238. r° : *Unum jornale situm juxta commam , dictam as Damoisiaus, et unum jornale, situm desuper Terratiam de dicto Marigneio.*
◦ 2. TERRATIA, Idem quod *Terrassia*, agger terreus, solarium. Comput. ann. 1430. ex Tabul. S. Vulfr. Abbavil. : *Propter tres viaturas beleni ad deferendum antiquum plumbum Terratiarum grangiæ, etc. Terreasse*, pro Ager, prædium, ni fallor, in Charta admort. ann. 1412. ex Reg. 166. Chartoph. reg. ch. 272 : *Item Jehan du Curtil tient une Terreasse au terrouer de Manopon..... à service annuel de xvj. deniers Viennois. Terrasse* vero Lutum paleatum, vulgo *Torchis*, sonat in Lit. remiss. ann. 1453. ex Reg. 182. ch. 7 : *Ainsi que le suppliant fut venu de besongner de certaine Terrasse ou Torchis en certain endroit de son hostel, etc.* Vide supra *Terrarium*.
◦ TERRATICARIUS, Qui *terraticum*, quod a colonis exigitur nomine terræ et agri quem colunt, colligit. Inquisit. ann. 1273. in Access. ad Hist. Cassin. part. 1. pag. 337. col. 1: *Item universi habitatores castri Cerbasii... non debent suas pistare et de palmentis extrahere sine Terraticariis vel decimariis infirmariæ Cassinensis.* Vide *Terraticum*.
TERRATICUM, Idem quod *Terragium 1. Quod a Colonis exigitur nomine terræ et agri, quem colunt.* Academicis Cruscanis, *Terratico* dicitur, *quel che si paga per fitto di seminar nel altrui terreno.* Argentreus ad art. 266. Consuet. Britan. : *Utitur hæc regio certo contrahendi genere, quod Terragium appellant, Latine verbum pro verbo Solarium dixeris : usus est, cum prædia fere inculta colenda certis colonis tribuuntur perpetuo, aut vero temporario jure, lege dicta, ut in annos singulos decima fructuum auctori rependatur.* Chronicon Casinense lib. 3. cap. 68 : *Cum quidam frater ad Terraticum a ruricolis accipiendum directus fuisset, rusticus quidam, a quo triticum exigebatur, saccum frumento implens,...... fugam arripuit.* Charta Ludovici II. Imper. ann. 869. apud Ughellum tom. 2. pag. 559: *Ut nullus habitator terræ pertinentis ad Monasterium supradictum ex illis, qui soliti fuerunt Monasterio reddere Terraticum, etc.* Charta Ludovici IV. Reg. in Bibl. Cluniacensi pag 266 *De silvis, ubi partem habent, et terris, nullus nisi per ipsorum voluntatem Terraticum accipiat.* Charta Hugonis Archiep. Senonensis, ex Tabular. S. Germani Pratensis: *Si autem terram ad Terraticum monachi dederint, Advocatus nihil habebit.* [*Terraticum de terra assa*, in Charta Leotherici Archiep. Senon. ann. 1020. ex Chartul. Crisenon. diœc. Autissiod] Adde Chartam Rogerii Regis Siciliæ ann. 1137. apud Falconem Beneventanum, et Chronicon S. Sophiæ Benevent. pag. 740. [Chronicon Farfense apud Murator. tom. 2. part. 2. col. 441. Statuta Genuens. lib. 6. cap. 5. etc.]
◦ TERRATINA, unica voce vel divisis vocibus, ut edidit Muratorius ex Reg. Mutin. tom. 2. Antiq. Ital. med. ævi col. 897: *Soma Terræ tinæ, de qua fit auricalchum.* Utrumque male pro *Calamina*, terræ fossilis species, quæ cum cupro mixta auricalchum efficit.
TERRATIO. Vetus Charta apud Baldricum in Chron. Camerac. lib. 1. cap. 27 : *Hoc est mansos dominicos........ et Terrationes, et servos, et ancillas, etc.* Idem videtur quod *terræ*, agri. Vide *Terrada*.
TERRATORIA, Matta, sic dicta, quia humi sternebatur , ut quidam volunt. Gloss. Gr. Lat. : Ψίαθος, *Teges, Terratoria, matta.* Sed legendum monuimus, *stratoria*, vel *storea*, in v. *Matta*. [Legitur tamen *Terratoria* etiam in Glossis Lat. Gr. et in aliis tom. 3 SS. Martii p. 843. relatis habetur: *Psiathos, Teges, Terratoria, matta, territoria*]
TERRATORIUM, pro *Territorium*, in Chartis Italicis passim, in Charta Caroli M. pro Ecclesia Parisiensi in M. Pastorali lib. 19. ch. 56. Testamentum Bertichramni Episc. Cenoman. : *Vineolas*, vel *pradela*, vel *Terratorium, quod in dextera parte de strada, etc.* Vide Acta Episcop. Cenoman. pag. 86. 92. 104. Perperam editum *Terreaturiis* in Charta ejusdem Caroli tom. 2. Analector. Mabillonii pag. 401.
¶ TERRATURIUM, Eadem notione, in Formulis Andegav. art. 21. 36. 89. etc.
¶ TERRATUS, Terra clausus, obturatus vel aggere terreo munitus. Radulfi Coggeshal. Chronic. apud Marten tom. 5. Ampl. Collect. col. 821: *Mandaverat.... quomodo omnes portæ civitatis, contra eum Terratæ erant, præter portam S. Stephani ad Aquilonem partem urbis, contra quam exercitum suum collocare suadebat.* Vide *Terrare*.
¶ TERRAYLLIUM. Vide supra in *Terrale 2.*
◦ TERRAYRONUM. Vide supra *Careironum*.
TERREATA. Charta Odonis Borelli de Curtalano, in Tabulario Ecclesiæ Carnotensis num. 72 : *Ponent tamen Canonici si voluerint famulum suum , qui custodiet res suas, quando Major numerabit in agris, et in grangia, et ego meum, et hæredes mei si voluerimus. Feodum Majoris est farrago de grangia, Terreata annonæ post paleam, et caudæ annonarum bene exquisitarum, hoc est, ni fallor, granum vel frumentum, quod in terram, seu aream, antequam tritum et excussum sit a palea, decidit, et terræ miscetur* [Vide *Terrata*.]
¶ TERREATURIUM. Vide in *Terratorium*.
¶ TERREGIUM. Vide in *Terragium 1.*
¶ TERRECTORIUM, pro *Territorium*, Ager, possessio, prædium. Charta ann. 1091. apud Murator. tom. 1. Antiq. Ital. med. ævi col. 419 : *Et est ista sorte masaricia inter sediminis et vineis cum areis suarum seu terris arabilis et pratis, jugies quinque, et omnibus rebus Terrectoriis in loco et fundo Campicimo..... Et est istis rebus omnibus Terrectorius inter sediminis et vineis cum areis suarum seu terris arabilis et pratis jugies similiter quinque.* Semel et iterum ibidem rursus occurrit.
◦ TERRELLIUM. Vide supra *Terrallium* in *Terrale 2.*
¶ TERRELLUS. Vide supra in *Terrale 2.*
◦ TERREMERITUM, vel unica voce, ut supra *Terameritum*, Terræ proventus quilibet. Charta ann. 1263. in Reg. S. Ludov. ex Chartoph. reg. fol. 24. v°: *In taschis seu agrariis, quintis et quartis et in omnibus aliis Terrementis.* Alia ann. 1311. in Reg. 48. ch. 39 : *Tenentur solvere et dare census, deveria et Terremerita consueta.* Vide *Meritum*.
◦ TERRENA, Via terrea, agger, Gall. *Chaussée*. Charta admort. ann. 1375. in Reg. 109. Chartoph. reg. ch. 401 : *Cum quadam Terrena publica , qua itur de*

Montepessulano ad molendinum de Septem-canibus. Infra: *Cum itinere, quo itur de Montepessulano ad molendinum de Septem-canibus.*
¶ **TERRENERIETTUM**, f. Idem quod *Terraticum*. Vide Onomasticum ad calcem tom. 5 Anecdot. Marten.
TERRENITAS Dei, Humanitas, οἰκονομία, Incarnatio. Occurrit in lib. 1. Miraculorum S. Agili cap. 5.
TERRENUM, Ital. *Terreno*, nostris *Terrain*, [Fundus, solum.] Rollandinus in Summa Notariæ: *Domus sitæ in Terreno Ecclesiæ S. Joannis in Monte.* [Statuta Cadubrii lib. 1. cap. 28: *Si aliquis terrigina posuerit in manu Jurati pignus alicujus sui debitoris pro suis operibus spectantibus ad laborerium Terreni, Juratus sequenti die teneatur et debeat æstimare dictum pignus, et pro suis operibus ipsi creditori ipsum pignus dare in solutum.* Statuta Mutinæ fol. 13. vº. rubr. 66: *Cum in terra Castri veteris, ubi est fornax una, non possint fieri boni coppi, nec quadrelli, propter malum Terrenum, quod est ibi, etc.*]
◦ Charta ann. 1347. apud Lam. in Delic. erudit. inter not. ad Hodœpor. Charit. part 1. pag. 62: *Et quod habentes seu habituri Terrena seu ædificia, quæ prædicto laboratorio occuparentur, vel destruerentur, vel alias necessaria forent, etc.*
◦ Terrenum, pro Territorium, Ital. etiam *Terreno*. 'Form. MSS. Senens. ann. 1414. ex Cod. reg. 4726. fol. 3. r: *Item totum Terrenum, quod circum circa res prædictas, quod Terrenum est et consistit infra confines infrascriptos, etc.*
¶ **TERRENUS**, Omne genus vecturæ terrestris, sive carris, sive equis fit. Charta Ludovici Pii pro Ecclesia Argentinensi, apud *Laguille* in Probat. Hist. Alsat. pag. 19. col. 1: *Ut ubicumque.... homines memoratæ Ecclesiæ navigio aut Terreno, vel sub cum carris et saumariis, negotiandi gratia irent et redirent, etc.*
◦ **TERRERIALIS** Dominus, Dominus fundi seu feudi. Consuet. Dumbens. MSS. ann. 1325. art. 12: *Nullus homo tailliabilis... non possit nec debeat in alia curia respondere, neque renunciationem facere ullomodo, quæ possit domino suo Terreriali, cujus est homo tailliabilis, in aliquo præjudicium generare.*
¶ 1. **TERRERIUM**, Codex agrorum vectigalium, Gall. *Terrier*. Charta Humberti II. ann. 1338. tom. 2. Hist. Dalphin. pag. 372. col. 1: *Item, de dictis recognitionibus per vos flat in singulis castellanis terræ nostræ unum Terrerium in pergameno scribendum et signandum in forma publica per manus unius vel duorum notariorum publicorum in archivio nostro reponendum postea et perpetuo conservandum. Item in eodem Terrerio describantur omnia nomina et cognomina hominum nostrorum, etc.* Rursum occurrit in Charta ann. 1489. apud Baluzium tom. 2. Hist. Arvern. pag. 238. et alibi. Vide *Terrarius liber*.
¶ 2. **TERRERIUM**, Territorium, districtus. Charta ann. 1247. e Chartulario S. Vandregesili tom. 2. pag. 1667: *Nos viris religiosis Abbati et Conventui S. Vandreg. totam avenam, quam percipiebamus in censivis et Terreriis suis apud Montual annuatim,... vendidimus, etc.* Vide *Terreria*.
¶ 1. **TERRERIUS**, Indigena. Chronicon Modoetiæ apud Murator. tom. 12. col. 1136: *Tunc fugerunt in ipsa nocte de illis, qui erant in Modoetia tam de Terreriis quam de forasteriis plus de medietate, sic quod terra erat quasi derelicta. Tam fo-*

renses quam Terrerii, in Chronico Petri Azarii apud eumdem Murator. tom. 16. col. 393 .*Terrerii seu de communi illius villæ*, in Statutis Mutinæ fol. 88. rubr. 401. Vide infra *Terrigenæ*.
◦ 2. **TERRERIUS**, Officium monasticum, cui censuam ex terris percipiendorum cura commissa est, Gall. *Terrier*. Charta ann. 1335. in Reg. 70. Chartoph. reg. ch. 355: *Imponebatur quod fratrem Amaluinum de Narcesio, monacum Sarlatensem ac Terrerium dictæ ecclesiæ, interfecissent. Moine et Terrier de Sarlat,* in alia vernacule scripta ibid. Vide supra in *Terrarius*.
¶ **TERRESTREITAS**, Terrestritas, Materia terrena, terræ proprietas. Engelbertus de longævitate ante diluvium apud Pezium tom. 1. Anecdot. part. 1. col. 446: *Modicum nutrit quia Terrestritas vincit in plantis, quæ non est apta digestioni.* Leonardus in Speculo lapidum lib. 1. cap. 1. ex Cod. MS. Bibl. Reg.: *Nullus enim lapis est qui ratione suæ Terrestreitatis in aqua non submergatur, dummodo non sit porosus seu plenus areis.* In edito *Terrestritas*.
◦ **TERRESTRIS**, Ad territorium seu districtum pertinens. Charta Joan. reg. Bohem. ann. 1336. inter Probat. tom. 1. Annal. Præmonstr. col. 525: *Quod ipsum monasterium et homines ipsorum, bonorum occasione eorum, non possint nec debeant trahi ad judicia, vel zudas, Terrestria seu aliam provincialia quoquo modo.* Stat. Vladisl. Jagel. ann. 1420. inter Leg. Polon. pag. 76: *De Clausura et reservatione actorum judicialium, seu libri Terrestris.... Coram quibus (Baronibus) etiam resignationes bonorum magnorum peraguntur, et aliæ causæ per eosdem definitivæ in speciali libro conscribuntur.... Unde.... volumus quod liber præscriptus.... sub clausura trium clavium amodo conservetur, quarum unam judex, aliam subjudex, tertiam vero notarius Terrestris habeant.*
¶ **TERRIBILIA**. Literæ Henrici IV. Angl. Regis ann. 1408. apud Rymer. tom. 8. pag. 539. col. 2: *Videbatur honestum ... ipsos vel eorum alterum ab ultimo Terribilium custodire, tempore quo quis eorum Johannis et Bertrandi (duello certantium) victoriam habuisset, ex pugnæ supersedere mandavimus. Ubi Terribilium ultimum est mors ipsa, quæ probabiliter subsecuta fuisset, nisi auctoritate regia certamen fuisset interruptum.*
TERRIBILITAS, Species quæ terrorem incutit. Jornand. Get. cap. 24: *Hunni quos bello forsitan minime superabant, vultus sui terrore nimium pavorem ingerentes, Terribilitate fugabant.* Apud Comment. in Cantic. Cantic. lib. 8. in Spicil. Roman. tom. 5. pag. 50: *Ornamentum sunt Terribilitatis et potentiæ.* Et pag. 51: *Propter terribilitatem pœnarum.* Occurrit ibid. pag. 66. et 67.
¶ **TERRIBILITER**, *Terriblement, espouvantablement*, in Glossis Lat. Gall. Sangerm. MSS. Utuntur Arnobius lib. 2. S. Augustinus lib, 12. Conf. cap. 25. et alii recentiores.
∞ **TERRIBOLA**, *Formidolosa*, apud Papiam ex glossa ad Atton. Polypt. pag. 56: *Terribola mens hostis aciem spectare non præsumens.*
TERRIBULUM, *Quoddam tormentum, quod terreat reos, et dicitur a terreo.* Joan. de Janua. Occurrit etiam in Gloss. Lat. Gall.
¶ **TERRIBUNDUS**, Terribilis, in Vita B. Lidwinæ, inter Acta SS. tom. 2. April. pag. 339.

TERRICELLA, Campulus, campellus. Occurrit passim in Chartis Italicis. Vide Ughellum tom. 8. pag. 610. 621. tom. 9. pag. 97. 99. etc. Italis *Terricciuola*, est locus muro cinctus, oppidulum.
TERRICLÆ, χαραχίες, in Gloss. Lat. Græc. quasi *Terriculæ*, terræ aggeres.
TERRICREPUS, Terribilis. Vita S. Guillelmi Abb. Divion. cap. 14: *Quam lasciva ad omnes pene sermones ore Terricrepo juramenta.*
TERRIDA, Navis species. Vide *Tarida*.
★ **TERRIFICIUM**. [*Cambre*. (Glos. Lat. Gal. Bibl. Insul. E. 36. XV. s.]
TERRIFINIS, pro *finis*, Terminus. Vetus Charta ann. 1099. apud Ughellum in Episcopis Poloniensibus: *Cum habitantiis, et cultis, et silvis, et omnibus in isto Castello pertinentiis, per Terrifines illorum, etc.*
TERRIGENÆ, Indigenæ. Gl. Gr. Lat.: Αὐθιγενής, *indigena*, Terrigena, *indigetum*. Auctor Mamotrecti ad cap. 18. Leviticì: *Indigena, id est Terrigena.* Occurrit apud Joannem VIII. PP. Epist. 27. Ordericum Vitalem lib. 4. pag. 105. lib. 11. pag. 814. 818. etc. [in Statutis Cadubrii lib. 1. cap. 48. in Correct. eorumdem Statutor. cap. 104. et 105. in Statutis Montis-regalis pag. 5. etc. Vide supra *Terrerius*.]
¶ **TERRIGIPONA**, pro *Terripiscina*. Vide *Lacus*.
¶ **TERRINEUS**, Terreus. Vide locum in *Solariatus* post *Solarium*.
◦ Hinc *Terrin* nostris dicitur Poculum terreum. Lit. remiss. ann. 1399. in Reg. 154. Chartoph. reg. ch. 595 *Lequel Bery print un godet de terre ou Terrin à quoy ilz buvoient, etc.* Aliæ ann. 1440. in Reg. 176. ch. 5: *Print ung plain Terrin de vin, getta Terrin et vin entre lui et ledit Bigot ;.... print derechief ung autre Terrin et le cassa.*
TERRIPISCINA, Piscina. Vide *Lacus*.
¶ **TERRISONUS**, Terribili sono. Miracula S. Roberti Abb. 8. Aprilis pag. 325: *Hæc non tantum Terrisono fremitu...... significabat insaniam.*
◦ **TERRISTRUM**. Vide infra *Theristrum*.
◦ **TERRITAGIUM**, pro *Tarragium*, Agrarium. Charta ann. 1289. inter Instr. tom. 10. Gall. Christ. col. 268: *Hæc autem decem bavaria dicta ecclesia et ejus habitantes tenebunt in perpetuum libere et absolute, absque Territagio et absque ulla alia consuetudine.*
◦ **TERRITIO**, pro Terror aut Terriculum, in Opusc. Pithœi apud Loisel. pag. 357. Vide mox *Territorium* 3.
◦ **TERRITORIA**, Ager, possessio, prædium. Charta ann. 1000. apud Murator. tom. 1. Antiq. Ital. med. ævi col. 337: *In pertinentiis de civitate Asculo in villam, quæ cognominatur Lanniano, clausuriæ, Territoriæ, putea.* Et in Locum, *qui dicitur Malesoma, clausuriæ, Territoriæ et putea.* Pluries ibi. *Terrure*, eadem notione, Lit. remiss. ann. 1481. ex Reg. 209. Chartoph. reg. ch. 105: *A Pierre Malia suppliant compette et appartient.... ung Terrure ou pasturail assiz au villaige de Favars* (en Auvergne). *Terruere*, pro *Territoire*, in Ch. ann. 1286. ex Tabul. S. Mart. Pontisar. et *Tieroir*, in Lit. ann. 1287. apud Marten. tom. 1. Anecd. col. 1228. Vide in *Territorium* 1.
◦ Notandum vero prorsus est quod legitur in Chartulario Abbatiæ Clarifontis scripto 13. sæculo: *De curtibus...... de quibus dicitur quod ecclesia Clarifontis eas habeat liberas et absolutas ab omni decimatione in territorio suo, nobis videtur quod Territorium ibi tantum valeat quan-*

tum allodium, præsertim propter quædam quæ statim subsecuntur etiam eodem articulo, ubi fit differentia inter proprium territorium et alias parrochias.
TERRITORIÆ Res, Prædia, agri, Gallis *Biens de terre.* Charta ann. 1046. apud Ughellum in Episcop. Veronensibus : *Id sunt omnes casæ, et res Territoriæ illæ juris mei, etc.* Occurrit ibi non semel.
1. TERRITORIUM, in Gloss. Gr. Lat. ἐνορία, περίβολος, περίχωρος. Ugutioni : *Locus modicus, vel districtus alicujus, vel Territorium dicitur, quasi tauritorium, i. tritum bobus. Civitatum Territoria,* in lege un. Cod. Th. de Hirenarch. Vide Sidonium lib. 1. Epist. 8. et ibi Savaronem, Menagium in Amœnitatib. Juris pag. 040. et alios. [*Territorium Lemovicense,* pro Diœcesi, in Breviario MS. Eccl. Lemovic. cujus excerptum refertur sæc. 2. Bened. pag. 1090. Sic *Territorium Pontivense,* in Miraculis S. Angilberti Abb. sæc. 4. part. 1. pag. 131. *Noviomense, Ambianense,* ibid. pag. 132. *Belvacense,* ibid. pag. 137.] [¹² Pro pago accipiendum videtur in Gestis Abbat. Fontanel. cap. 2 : *Luciniacum in Territorio Vilcasinensi.* Mox : *Gamapium in pago Vilcasino.*]
TERRITORIUM, Ager, possessio, prædium. *Territoria civium,* in leg. 34. Cod. Th. de Operibus publ. Adde leg. 2. de Exactionib. leg. 30. de Annonis, et leg. 186. de Decurion. eod. Cod. Siculus Flaccus : *Bellis gestis victores populi terras omnes, ex quibus victos ejecerunt, publice atque universaliter Territorium dixerunt.* Lex Bajwar. tit. 17. § 2 : *Cur invadere conaris Territorium, quem ego juste jure hæreditario donavi.* Otto de S. Blasio cap. 13 : *Successisque quibusdam Welfonis Territoriis, ad propria revertuntur.* [Vide *Terragium* 2.]
TERRITORIUM, pro Modo agri usurpatur in libro de Fundatione Monasterii Gozecensis pag. 211 : *Ex communi patrimonio nostro subjectas possessiones offerimus,.... in Gerenstede Territorium unum, in Lochrestide septem mansos: in Zcorrege 4. mansos: in Plaime 15. jugera : in Alforstide 12. mansos : in Belteggelorhe Territorium unum.* Vetus Charta apud Ægid. Gelenium in Colonia Agrippina pag. 357 : *Et tria Territoria prope claustrum sui monasterii.* [Vide Glossarium ad calcem tomi 3. Gall. Christ. novæ edit.]
¶ TERRITORIUM EQUINUM, f. Prædium, ubi equi nutriuntur. Charta vetus apud Meichelbec. tom. 1. Hist. Frising. pag. 213 : *Territorium in urbe Radaspuna, unam hobam cum equino Territorio ad Pullingum , Territorium equinum ad Hulichar.*
2. TERRITORIUM. Vita S. Endei Abbatis Aranensis n. 18 : *Septem annis in Monasterio Territorio fideliter serviens mansit. In his quoque 7. annis sic diligenter exercebat trituratoris officium, ut in palearlo Territorii non posset granum, quod culmen faceret, inveniri.* Sed ibi viri docti legendum censent *Teritorium,* ut sit area terendo et excutiendo frumento comparata.
° 3. **TERRITORIUM** Id quod in agris et hortis ad terrendas aves ponitur. Glossar. Gall. Lat. ex Cod. reg. 7684 : *Territorium, Espointal.* Pro *Epouventail.* Vide supra *Territio.*
¶ **TERRITORIUS,** Humi stratus. *Territoria matia,* in Glossis laudatis in *Terratoria.*
¶ **TERRITURIUM,** pro *Territorium,* in Gestis Innocentii Episc. Cenoman. apud Mabillon. tom. 3. Analect. pag. 84. in Charta Theodorici Regis Fr. tom. 2. Annal. Bened. pag. 701. col. 1.
¶ **TERROLA,** Agellus, in Testamento S. Vigilii Episc. Autissiod. tom. 1. Annal. Bened. pag. 695. col. 1. Vide *Terrula.*
° Charta ann. 813. apud Murator. tom. 1. Antiq. Ital. med. ævi col. 520 : *In decania Lupuni modia duo Terrola seminaturæ. In decania Lumper modia treu Terrola seminaturæ.* Pluries ibi.
¶ **TERROLENTUS,** ut *Terrulentus.* Statuta Vercell. fol. 86 : *Nullus vendam blavam grossam vel minutam fraudulenter balneatam vel Terrolentam, vel in qua quid aliud in fraudem ementium miscuerit.*
¶ **TERRUACTARE,** TERRUACTUM. Vide supra *Terragium* 1.
° **TERRUCIUM,** ut supra *Terracium* 1. Vide in hac voce.
TERRULA, Agellus, exiguum prædium, apud Gregorium M. lib. 2. Epist. 2. in Synodo Agathensi can. 45. in Charta Caroli C. Imper. apud Puricellum in Basilica Ambrosiana pag. 224. [in Capitularibus ejusd. Caroli tit. 37. cap. 11. in Indice vett. Canonum, tom. 3. Concil. Hispan. pag. 30. col. 1. in Charta ann. 1082. apud D. Calmet. tom. 1. Hist. Lothar. in Probat. col. 479. in Annal. Benedict. tom. 2. pag. 626. in Monastico Anglic. tom. 1. pag. 28. col. 1. Hist. Harcur. tom. 3. pag. 44. apud Miræum tom. 1. pag. 164. col. 1. In Codice Theod. lib. 15. tit. 1. leg. 51. *Terrulæ* dicuntur privatorum possessiones, quæ alibi *Terræ* nuncupantur.]
TERRULENTUS, Terreus, ex *terrula.* Occurrit apud Prudentium, [ut et *Terrulente,* pro Terreno modo. Vide *Terrulentus.*]
¶ **TERRUNCULA,** Modica Terræ portio, in Onomastico ad calcem tom. 9. Ampl. Collect. Marten.
° **TERSALE** FESTUM. Vide supra *Festum* 1.
TERSANA. Charta Raymundi V. Vicecom. Turenensis ann. 1296. apud Justellum in Hist. Turenensi pag. 155 : *Item concedimus dictæ universitati* (Belilocensi,) *quod loco usatici, quod dicitur Tersana, quod nobis competit rationes venditionum feudorum, seu in emphyteosim datorum, seu detentorum, quo tenentur et in posterum tenebuntur a nobis in feudum seu in emphyteosim in dicta villa de Bellotoco et ejus pertinentiis et districtu, emptores unum denarium tantum pro quolibet solido pretii venditionis solvere teneantur; ipsa feuda seu emphyteoses a dicto usatico, dicta Tersana, in perpetuum afrancantes, et dictum denarium tantum pro quolibet solido pretii nobis et nostris successoribus retinentes.* Ubi *Tersana,* forte est tertia pars pretii venditionis prædiorum feudalium, quomodo *Tiers denier* vocat Consuetudo Nivernensis tit. 4. art. 38. 70. tit. 24. art. 10. tit. 6. art. 2. 23. et Arvernensis cap. 31. art. 75. tertium denarium pretii prædii venditi, qui domino superiori exsolvitur. [Vide *Tresenum* et *Trezenum.*]
∞ **TERSARATUS,** TERSERATUS. Chart. ann. 760. apud Brunett. Cod. Dipl. Tusc. tom. 1. pag. 570 : *Da pede est Tersaratu unu testuclu, et super illum est alius testuclu Terseratu, et super illo duo testucli sunt duo quercas, et super ipsa una cerru Tersaratu.* Dictum videtur de incisionibus arborum , quæ vice termini sunt, forte pro *Tesseratus* i. e. quadratam formam præferens. Confer *Theclatura.*

∗ **TERSARE,** Gall. *Donner la troisième façon à la vigne.* [« Solvi pro XV. jornalibus hominum quos conduci feci ad fodiendum mayescandum et *Tersandum.* » (Arch. Histor. de la Gironde, T. 23. p. 452.)]
¶ **TERSAURIA.** Vide mox *Tersoria.*
° **TERSAYROLA,** Dolii pars tertia. Comput. ann. 1479. inter Probat. tom. 3. Hist. Nem. pag. 389. col. 1 : *Item solverunt Johanni Tizay pro una bota Tersayrola vini clareti, etc.* Vide supra *Terceyrola.*
° **TERSENERIA,** TERSERIA. mensuræ species. Vide supra *Terceneria.*
¶ **TERSERIUM.** Vita B. Andreæ de Gallerani, tom. 3 Martii pag. 56 : *Quidam faber fuit in civitate Senensi in Terserio S. Martini.* Raimundus Italice reddit *Terzo,*quod tertiam cujusque rei partem significat, ut adnotat Bollandistæ, qui dubitant an in tot partes Senæ distinguantur, an alia sit vocis propria istic notio. Vide *Tercerium.*
° **TERSOLUS,** Trium annorum natus. Inventar. ann. 1476. ex Tabul. Flamar.: *Item plus aliam quandam gasalhiam duarum magnarum vaccarum, unius Tersolæ sive vaxæ ætatis trium annorum prægnantis, etc.*
¶ 1. **TERSONUM,** TERSONUS. Inventarium Ecclesiæ Anic. : *Tersonum de lino quasi duarum ulnarum.* Alibi : *Tersonum de lino habens in quolibet capite duas barras de cotone alvo.* Rursum alio in loco : *Item duo Tersoni de lino operis Franciæ cum frangiis de cirico diversorum colorum in capitibus, dedicati ad dicendum in Quadragesima :* In spiritu humilitatis, etc. Forsitan ubique legendum est *Tersorium.* Vide ibi.
° *Tersenet,* Panni species videtur in Invent. ann. 1449. ex Tabul. D. Venciæ : *Item quædam alia raupa de viride foderata tellæ rubæ, cum colleto ranversato foderato de Tersenet, cum monstris manicarum, ipsius quondam dominæ.*
¶ 2. **TERSONUM,** Urbis regio, idem quod *Tercerium* 1. Lit. ann. 1378. tom. 6. Ordinat. reg. Franc. pag. 394 : *Et est sciendum pro* (quod) *prænominati consules anno quolibet, ut est moris, eligentur; ..... videlicet de civitate, unus de Tersono S. Justi, et alter de Tersono Beatæ Mariæ majoris ; et de burgo, unus de Tersono B. Mariæ de monachia, alter de Tersono Migano, et tercius de Tersono Attacis.*
¶ **TERSOR,** Mappula, seu linteum ad tergendos pedes pauperum. Consuetudines S. Augustini Lemovic. MSS. : *Feria* V. *in Cœna Domini : Sacrista ministret Tersores et Præpositus dividat pauperes, etc.* in Glossis Lat. Græc. et Gr. Lat.: *Tersor,* χαταμάκτης, *qui tergit.*
¶ **TERSORIA,** TERSAURIA, Locus ubi fiebat lotio pedum apud Monachos in usu. Ritus Luxovienses apud Marquardum *Herrgott* ad calcem vet. Disciplinæ Monast. pag. 580. et 581 : *De mandato hebdomadariorum. Debent isti hebdomadarii reservare vasa in Tersauriam, et facere mundari a famulis coquinæ, et aliis hebdomadariis intrantibus reddere et facere mandatum omnino cum eis, et cellarius debet recondere dicta vasa in Tersoria.* Vide *Mandatum* 9. et mox *Tersorium.*
TERSORIUM, inter vestes Ecclesiasticas. Charta Hugonis Ducis Burgundiæ ann. 1077. tom. 6. Spicilegii Acheriani : *Dorsalia duo, tapetia quatuor, Tersoria tria, bancales tres, etc.* Gloss. Gr. Lat. : Ἐκμαγεῖον, *Tergorium.* Rectius, *Tersorium,* in Gloss. S. Benedicti c. de Vesti-

mentis. [Bernardus in Ordine Cluniac. part. 1. cap. 46 : *Cum autem percutietur tabula ad mandatum, continuo congregentur ante Capituli introitum, ac succincti de pedum Tersoriis, cum viderint præire coquos transactæ hebdomadæ cum aqua, singuli singulos subsequantur tergantque fratrum pedes, sicut illi lavando præcesserint; atque ablutis aliquantulum prius Tersoriis in conchis, etc.* Pro linteo quo pedes absterguntur, rursum usurpat idem Bernardus part. 2. cap. 15. Pro linteo autem quo Sacerdos in Sacris manus abstergit part. 1. cap. 55: *Apocrisiarius solerti procurat diligentia, ut duos de junioribus eligat studiosos, et uni quidem coopertoria et linteamina altarium, Tersoria quoque et offertoria consignet custodienda, etc. Tersoria calicum,* quibus Calices sacri terguntur, in Concilio incerti loci apud Marten. tom. 4. Anecd. col. 163.]
⁕ Nostris *Tierde,* pro Actio tergendi, in Vita J. C. MS. :

Et com saint Anne fu portée
Qui ains ne'fut d'omme engenrée
Mais par le Tierde d'un conseil
En la quisse saint Fanuiel.

Vide supra *Terdrum.*

⁕ **TERSTERBANTENSIS** Pagus, nunc *Teysterbant,* apud Miræum in Diplom. Belgic. pag 800. Vide Vales. in Notit. Gall. pag. 550. col. 2.
⁕ **TERSTHIER**, vox Belgica. Charta Rob. de Bethuniæ ann. circ. 1190. in Suppl. ad Miræum pag. 577. col. 1. *De piscibus vero, qui per instrumenta molendini capientur, quæ instrumenta dicuntur Tersthiers,..... decimationem omnium plenariam,..... capellanus habebit.*
⁕ **TERSTRE** Vide infra *Trista.*
¶ **TERTERNUS.** Moretus Antiq. Navarræ pag. 527. refert Chartam *offertionis* et *confirmationis,* quæ dicitur facta era *Terterna, centena, sexdena* et XIIII. Forte 974.

1. TERTIA, Officium Ecclesiasticum diurnum, quod hora tertia canitur. Gregorius Turon. lib. 10. cap. ult. de Injurioso Episcopo Turon. : *Hic instituit Tertiam et Sextam in Ecclesia dici, quod modo in Dei nomine perseverat.* Vide Durandum lib. 5. cap. 6. Menardum ad Concordiam Regular. Cardin. Bona de Psalmodia, etc.

⁕ Acta B. Joan. Firm. tom. 2. Aug. pag. 471 col. 1 : *Sic jacuit, quasi exanimis, usque ad Tertiam magnam : erat enim in æstate.* Ubi horam diei intelligo, qua Tertia cani solet, quæ in æstate clarissima est. Hinc *Tierce* de nuit appellatur hora post solis occasum tertia, in Lit. remiss. ann. 1389. ex Reg. 138. Chartoph. reg. ch. 216 : *Doudry qui est jeune homme et qui veoit...... qu'il avoit temps et lieu, comme il feust Tierce de nuit ou environ, et aussi qu'il avoit oui dire qu'elle* (Thevenete) *avoit fait courtoisie de son corps à aucuns, etc.*

2. TERTIA. *Tertiæ Ecclesiarum,* quas antiqui Canones de parochiis usis habendas Episcopis censuerunt, ut est in Concilio Toletano XVI. can. 5. quarum ratione Ecclesiarum reparationi tenebantur, ut est in eodem can. et in Concilio Tarracon. ann. 516. cap. 8. Concilio Aurelian. I. ann. 511. cap. 5 : *De his, quæ in altario accesserint, Tertia fideliter Episcopo deferatur.* Adde cap. 33. et Toletanum IX. cap. 6. [Acta consecrationis Ecclesiarum S. Stephani et S. Martini in Rivoferrario ann. 993. Marcæ Hispan. col. 948.] et Ughellum tom. 1. Italiæ sacræ parte 1. pag. 121. Pecuniæ namque a fidelibus oblatæ in tres partes olim divisæ, quarum una Episcopis, altera Presbyteris et Diaconibus, tertia Subdiaconibus et Clericis cessit, ex Emeritensi Concilio ann. 666. cap. 14. Ex Concilio vero Braccarensi II. cap. 7. oblationum tertia fuit Episcopi, altera Clericorum, tertia in recuperatione Ecclesiæ. Postea oblationes Ecclesiæ in quatuor partes divisæ, quarum una Pontifici, altera Clericis, tertia pauperibus, quarta fabricæ addictæ sunt, ut est apud Gelasium PP. in Epist. ad Episcopos Lucaniæ, Gregorium M. lib. 8. Epist. 11. et in aliquot Conciliis, locis alibi indicatis. cujus quidem partitionis primam fieri mentionem in Concilio Romano sub Silvestro I. hancque Concilium Agrippinense cap. 6. *ex usu Ecclesiæ* esse innulsse alii observarunt. [Vide *Tertiaria* 2. et *Tertium* 2.]

⁕ Aliam hujusce appellationis rationem discimus ex Charta Hervici episc. Æduens. ann. 921. inter Probat. tom. 1. Hist. Burg. pag. 17. col. 1 : *Nec reticendum judicavimus qualiter sæpe dictus pater et avunculus noster decimam partem ex publico reditu, qui nobis et nostris ministris in ejus successione ab omnibus totius diocæseos nostræ ecclesiis anno tertio reddebantur, in congruis ecclesiæ obsequiis, ubi amplius necessarium fore existimabat, destinare solebat expendendam.*

3. TERTIA. Debellata et subjugata a Gothis Italia et a Wisigothis Hispania ita divisi sunt agri, ut victoribus partes duæ, tertia antiquis eorum possessoribus cederent. Lex Wisig. lib. 10. tit. 1. § 8 : *Divisio inter Gothum et Romanum facta de portione terrarum, sive silvarum, nulla ratione turbetur..... nec de duabus partibus Gothi aliquid sibi Romanus præsumat, aut vindicet: aut de Tertia Romani Gothus sibi aliquid audeat usurpare, aut vindicare.* Adde § 16. Quod et firmatur a Senatore lib. 2. Epist. 16. ubi Theodoricus : *Juvat,* inquit, *nos referre, quemadmodum in Tertiarum deputatione Romanorumque possessiones junxerit et animos. Nam cum se homines soleant de vicinitate collidere, istis prædiorum communio causam nosciturum præstitisse concordiæ. Sic enim contigit, ut utraque natio, dum communiter vivit ad unum velle convenit. Et factum novum et omnino laudabile, gratia dominorum de cespitis divisione conjuncta est ; amicitiæ populis per damna crevere, et ex parte agri defensor acquisitus est, ut substantiæ securitas integra servaretur. Necesse est enim, ut inter eas suavis crescat affectus, qui servant jugiter terminos constitutos.*

Id etiam observasse Burgundos in Gallia, postquam eam partem, quam insederant, occuparunt, docet Lex Gundebalda cap. 54. 57. 79. Præterea in hac agrorum divisione Princeps exactionem et contributionem aliquam in antiquorum possessorum Tertiis reservavit, quæ equitonis fisco inferretur. Lex Wisig. lib. 10. tit 1. § 16 : *Judices singularum civitatum, Villici atque Præpositi, Tertias Romanorum ab illis, qui occupatas tenent, auferant, et Romanis sua exactione (manente) sine aliqua dilatione restituant, ut nihil fisco debeat deperire. Quod quidem vectigal, Tertiarum illationem et exhibitionem appellat idem* Senator lib. 1. Epist. 14. lib. 2. Epist. 17. et 37. non quod tertia fructuum pars, in pecuniam postea commutata, pensitaretur; sed potius quod ex Tertiis inferretur. Testatur enim idem Scriptor etiam ex binis agrorum partibus, quæ in sortem victoribus obvenerant, quoddam pariter tributum aut vectigal in Principis fiscum, perinde ac ex Tertiis, illatum, quod utrumque *Exactionem binorum et ternorum* vocat, et ad Comitis Sacrarum largitionum officium pertinuisse ait, lib 3 Epist. 8. et lib. 7. Epist. 20. 21. 22. Vide Paulum Warnefridum de Gestis Langob. lib. 2. cap. 32. At secus egisse Odoacrum scribit Procopius lib. 1. Gotthic. cap. 1. ubi ait, Gotthorum ope arrepta tyrannide, τὸ τριτημόριον τῶν ἀγρῶν, iis concessisse, hocque pacto eorum animos sibi devinxisse. [⁕⁕ Vide Sors 4. Savin. Histor. Jur. Rom. med. temp. tom. 1. § 103. 118. et 89.]

4. TERTIA, Idem quod *Terragium:* ab ejusmodi enim *Tertiarum* illationibus, de quibus mox egimus, et agrorum parte tertia, quæ antiquo possessori relicta est, et Principi fructuum partem pensitare quotannis solebat, agrario, quod *Campipartem,* dicimus, etiamnum in Burgundia et vicinis provinciis mansisse *Tertiarum* nomen admodum vero simile est : non quod tertia fructuum pars domino superiori solveretur : neque enim agrarii quantitas eo accedit ; sed quia ex *tertiis,* quæ veteribus incolis relictæ sunt, pensitabatur, cum duæ, quæ in victorum sortem cesserant, a graviori illa pensitatione immunes essent, licet censui leviori obnoxiæ. *Agri* enim *vectigales,* ut habet Hygenus de Limitibus constituend. pag. 205. *multas habent conditiones : in quibusdam provinciis fructus partem constitutam præstant, alii quintas, alii septimas, etc.* Inde enim graviorum ex agris pensitationum origo videtur petenda. Charta Sanctii Majoris Regis Navarræ ann 1068. apud Anton. de Yepez in Chronico Ord. S. Benedicti tom 1: *Manifeste complurimus præteritis temporibus nullum Episcoporum prædecessorum nostrorum in Ecclesiis vel parochiis, Monasterio S. Æmiliani collatis, primitiva vel tertias requisisse, vel accepisse.* Adde Chartam sequentem ibidem Alia Didaci Episcopi Compostellani æræ 1138 apud eumdem tom. 4 : *Sanctum Georgium de Valegia cum suis Tertiis,* et cum omni censu et davito, et *consu nostræ Ecclesiæ, et cum suo canto, etc.* Infra : *Cum suis bonis et Tertiis liberam ab omni censu.* Rursum : *Has tertias et ista debita alii mei prædecessores vestro Monasterio contulerunt.* [Confirmatio fundationis Monasterii Veteris-peciculi ann. 1202. apud Marten. tom. 1. Ampliss. Collect. col. 1040 · *Dederunt..... unum modium annonæ in Tertiis de Aillantoe..... et si aliqua causa seu aliquo casu aliquid de summa dicti bladi in prædictis Tertiis defecerit, requisierunt et præceperunt, ut residuum repleatur de Tertiis et aliis reddibus S. Maurilii.* Charta ann. 1282. pro Ecclesia S. Benigni Divion.: *Tertiæ de Mieumeam, quæ de jure spectant ad obedientiam de Dinelo, etc.* Adde Chronicon Farfense apud Murator. tom. 2. part. 2 col. 748. Gall. Christ. novæ edit. tom. 4. Instrum. col. 100. et 161. Chartam ann. 1359. tom. 3. Anecdot. Marten. col. 1250.] Tabularium Prioratus de Paredo fol. 94 : *Tam de hospitibus, qui in villa ipsa manent vel laborant, quam de porcis, qui ibidem incrassati fuerint, et pastionati, nec non et de Tertiis et taschis, quæ exierunt ex eisdem silvis et de raminatio.* Vetus Charta apud Perardum in Burgundicis pag. 96 : *Accrevit, quod absque redditione Tertiarum supradicti loci habitatores, quocumque loco vellent, in sua terra seminarent ac meterent. Alia, pag. 118: *Et eorum famuli de terra, quam in dominio haberent, excolerent, absque Tertiis velut propria tenerent.* Alia ann. 1221. pag. 325: *Et Tertias debent adducere ad illam villam, et computare ante hostia.* Adde pag. 122. 327. 476. Charta ann. 1240. in Tabul. Campaniæ ex Bibl. Reg. fol. 365: *De terragiis autem, quæ vulgo Tertiæ* (male *Terræ) dicuntur, ubicumque homines dictæ villæ terras nostras excoluerunt, nos dicti fratres de Crista habebimus medietatem.* Alia ann. 1276. apud Chifflet. in S. Bernardo pag. 525: *Tria sextaria frumenti, in quibus mihi tenebatur de annuo reditu super Tertias suas Aubigneio.* Chr. Besuense pag. 684: *In prædicta sylva,.... si laboratum fuerit, cujus erit fundus terræ, illius erit et Tertia.* Pag. 676: *Addiderunt et Tertiam partem de Blaniaco, etc.* Adde pag. 622. Tabular. Abb. Reigniacensis Ord. Cisterciensis ann. 1263: *Sus ce que li Abbés et li Convens demandoient toutes les Tierces de la ville de Joux, etc.* Hinc *Terræ Tertiales,* in Charta ann. 1313. apud Roverium in Reomao pag. 396: *Et singulas Tertias suas, quas habet annuales in terris Tertialibus existentibus in finagio de Rubeomonte.* Adde pag. 289. *Tertiarum* meminit denique Rhenanus lib. 2. Rerum German. pag. 64. scribens divites interdum colonis locasse agros sub reditu *tertiarum.*

⚬ *Quæ servitus seu redditus pro dominio deberi dicitur,* in Charta ann. 1269. ex Chartul. eccl. Lingon. fol. 182. r°: *Item quamdam servitutem seu redditum, quæ vocatur Tertia, quæ pro domino debetur, in terris inferius annotatis.* Alia ann. 1336. ibid. fol. 102. v°: *Dominus utilis dictæ villæ* (de Martileio) *consuevit percipere... quemdam redditum, qui vulgaliter appellatur les Tierces, videlicet de undecim gerbis unam, qui redditus Tertiarum valet, etc.* Reg. Cam. Comput. Paris. sign. Bel fol. 123. v°: *Item le quart et le sixieme en une maniere de disme, que on dit les Tierces. Terce,* eodem sensu, in Charta ann. 1411. ex Tabul. episc. Carnot. Ex quibus aliisque pluribus instrumentis patet *Tertiæ* nomine, non semper significari tertiam fructuum partem, ut asserit D. Bouquet in Monitu ad tom. 1. Jur. publ. Gall. pag. xvij. ubi et varias ejusdem vocis notiones a Cangio expositas minus attente perpendisse videtur. Hinc *Terchier, Tertiam seu terragium colligere,* in Charta ann. 1283. ex magn. Chartul. nig. Corb. fol. 98. v°: *Se li serjans l'abbé estoit en defaut de venir Terchier, je ou mi hoir ou mi successeur porriens mettre d'une part sen terrage, etc.*

TERTIARIUS, *Collector tertiæ.* Tabular. Albæ ripæ in Diœcesi Lingon.: *Neque Tertiarii nostri, neque Tertiarii fratrum sine altero recolligent tertias.*

TERTIA MANCIPIORUM. Burgundi pervasa Galliarum parte, ita cum veteribus incolis, quos Romanos vocabant, se gesserunt, ut agrorum parte tertia iis relicta, alias duas sibi assererent: contra, *mancipiorum* duabus partibus veteribus incolis concessis, sibi tertiam tantum reservarent. Vide Legem Burgund tit. 54. § 1. et tit. 57.

TERTIAS, seu *Tercias Regales* Hispani vocant, tertiam partem redituum fabricarum Ecclesiarum, quam Gregorius X. PP. Alfonso Sapienti Regi indulsit pro sustinendis bellis contra Mauros.

⚬ TERTIA LEGUMINIS, in Charta Odon. ducis Burg. ann. 1207. ex Chartul. eccl. Lingon. fol. 16. r°: *Lambertus vero tenebit ex episcopo Lingonensi...... salagium Castellionis et Tertias leguminis; pro quo salagio et Tertiis exhibere tenetur episcopo in hospitio suo sal et legumina, quotienscumque veniet aput Castellionem.*

TERTIA CONLABORATIONIS, id eorum, quæ vir et uxor stante matrimonio simul acquisierunt, quæ uxori attribuitur. Capitula Caroli M. lib. 4. cap. 9: *Volumus, ut uxores defunctorum post obitum maritorum Tertiam partem conlaborationis, quam simul in beneficio conlaboraverunt, accipiant.* Marculfus lib. 2. form. 17. *Sed dum villas aliquas, quas superius memoravimus, ad loca sanctorum hæredibus nostris deputavimus, quod pariter stante conjugio adquisivimus, prædicta conjux nostra Tertiam inde habere potuerat.* Gesta Dagoberti Regis Franc. cap. 47. et Aimoinus lib. 4. cap. 35: *Tertiam tamen partem de omnibus, quæ Dagobertus Rex acquisierat, postquam Nanthildis Regina regnare cœperat, eidem reservant.*

5. TERTIA. Id quod liber homo dat sponsæ suæ ad ostium Ecclesiæ tempore desponsationis: [*Tiers coutumier*, in Consuet. Norman. art. 367.] *Dos scilicet rationabilis,* quæ tertia pars est totius tenementi viri sui, quod habuit tempore desponsationis: ita quod si plus tertia parte tenementi vir daret in dotem, ea ad tertiam partem reducatur: in Regiam Majestatem lib. 2. cap. 16. § 4. et seqq. Eadem appellatur *rationabilis Tertia pars mulierum* lib. 1. cap. 3. § 2. ubi placita de ejusmodi *Tertiis* ad Vicecomites pertinere dicuntur. [Testamentum Humberti II. ann. 1347. tom. 2. Hist. Dalphin. pag. 545: *Item volo, quod de prædictis omnibus dicta Dalphina sit contenta, et prohibeo, quod in hæreditate nihil aliud ratione dotalitii, donationis propter nuptias, quartæ, Tertiæ, inconiri, petere valeat.*] Quoniam attachiamenta cap. 45 *Si aliquis liber tenens, cujus tenementum liberum est ab omni servitio per suum infeofamentum, cadat in tertiam alicujus dominæ, etc.* Adde cap. 85. Littlet. sect. 36. 37. et Radulfum *de* Hengham in Parva cap. 2. [Vide *Tertiaria 4.*]

6. TERTIA, Mensuræ liquidorum species, in *Itinere Camerarii Scotici* cap. 10. § 5. de Brasiatoribus: *Non habent mensuras, videlicet quartam, pintam, Tertiam, etc.*

¶ 7. TERTIA, Tributum pro pane solvendum, ut videtur. Codex MS. Episcopatus Atissiod. sæc. XIII: *Tertiæ circa* XV. s. *in panibus. Sequentia quorumdam* III. lib. Vide *Tertiaria 1.*

¶ 8. TERTIA PRISONARIORUM, f. Tertia pars pretii, quod pro redemptione solvere tenebantur *prisonarii* seu captivi. Charta Henrici VI. Regis Angl. ann. 1452. in Chronico Joannis Whetamstedii pag. 321: *Tercias et Terciarum Tertias omnium prisonariorum, in guerra captorum, nobis debitas* (relaxavimus.)

TERTIABILIS, Præstationi, quæ *Tertia* appellatur, obnoxius, nostris *Terciauble et Tiersauble;* quod de agro pariter et colono dicitur. Charta ann. 1259. in Chartul. eccl. Lingon. fol. 154. v°.: *Omnes etiam tertias in finagio de Cohum, de quibus homines tertias hactenus retinuerunt vel recelaverunt, quæ solebant vel debent esse Tertiabiles, tenuerit dominus episcopus et successores ipsius, qui pro tempore fuerint, reducere ad solutionem tertiarum.* Alia ann. 1272. in Chartul. Buxer. part. 17. ch. 10: *Laquele terre fut Lorant au barbier de Poille, que estoit Terciauble monsignor lou duc de Borgoinne et as signors de Poille. Terre tiersauble,* in Libert. villæ *de Grancey* ann. 1348. tom. 9. Ordinat. reg. pag. 161. art. 6.

TERTIAGIUM. Bulla Clementis VI. PP. data Avinione anno Pontificatus 4: *Super mortuagiis seu præstationibus Ecclesiis principalibus Ducatus Britanniæ, Prælatis et Rectoribus Ecclesiarum, videlicet in tertia parte bonorum mobilium, quæ Tertiagium dicitur, de consuetudine laudabili pia devotione fidelium introducta, debitis, ut dicti Episcopi et Clerus dicebant, in bonis seu ex bonis defunctorum, seu decedentium parochianorum suorum, nec non super pastu nuptiali a parochianis ipsius nubentibus seu nuptis debite ex consuetudine simili, ut dicebant, etc.* Vide *Mortuarium,* [*Nonagium,* et *Testatio.*] [⚬ Vide supra *Funeralia 2.*]

TERTIALES, Tertia agrorum proscissio. Tabularium Fossatense ann. 1376: *Debent de quolibet animali 4. corveias per annum, videlicet 3. in marceschiis, in binalibus, in Tertialibus, et in vindemiis,* ita *Terzare* dicunt Itali, pro tertio arare, [nostris *Tiercer.* Vide *Tertiare 2.*]

TERTIANA PLENÆ VILLÆ. Charta Thomæ Regis Manniæ et Insularum ann. 1055. in Monastico Anglic. tom. 1. pag. 718: *Et tertiam partem decimarum de omnibus Ecclesiis de Manne, confirmantes eis Tertianam plenæ villæ de Kyrkby, propinquiorem Ecclesiam S. Bradani, cum terra sancti Bradani; et Tertianam plenæ villæ de Kyrkmarona, terras de, etc. .... Tertianam de Balycem, de Knokcrokor, etc.*

∞ TERTIANARIUS, Febri tertiana laborans. Galen. Comp. lat. MSS. cap. 2. apud Maium in Glossar. novo: *Sed quia sunt homines imperita mente et curiosi, qui forsitan dicant, quamvis cotidianarius, seu Tertianarius, sive quartanarius facial, etc.* Vide *Tertiarius 5.*

¶ TERTIANI, Milites. Vide in *Ritteri.*

1. TERTIARE, Sequestrare, in tertiam manum mittere. Glossæ MSS. ab Eccardo laudatæ in Pactum Legis Salicæ pag. 73: *Tertiare, Drittehanton.* [⚬ Vide Haltaus. Glossar. German. voce *Dritte Hand,* col. 245.]

⚬ Charta S. Ludov. ann. 1259. inter Instr. tom. 2. Gall. Christ. col. 76: *Hæc autem supradicta omnia dicti fratres in suis conventus superius memoratos, nec ea teneantur aut valeant Tertiare. Rentiercer,* eodem, ut videtur, sensu, in Consuet. Cameracr. MSS.: *Quant uns hom Rentierce un keval, u autre bieste quelequele ongues soit, li eschevin le doivent moult bien eswarder....... et Si doivent moult bien commander que li rentiers ne soit cangiés ne sus le replegiés.*

¶ 2. TERTIARE, Tertio iterare. Radulfus Cadom. de gestis Tancredi, apud Marten. tom. 3. Anecd. col. 174: *Nec mora qui primo, qui secundo venerat, illico Tertiat vicem.* Alibi *Tertiare,* ut et apud Italos *Terzare,* est Tertio arare. Vide *Binare.*

3. TERTIARE, Tertiam partem bonorum conferre, vel auferre. Gall. *Tiercer.* Charta Theoduini Episc. Leodiens. in Gestis Episc. Leod. cap. 1. [et apud Miræum tom. 1. pag. 68.]: *Prænominata vero villa pro libertate sua, ad sumptus Ecclesiæ necessarios, omnia mobilia sua primo mihi Tertiavit, qua libertate ut amplius fruerertur, postmodum dimidiavit.* Rigordus ann. 1199: *Milites qui olim sua libertate gaudere consueverant, et*

homines ipsorum Tertiavit, id est, Tertiam partem omnium bonorum suorum eis violenter abstulit.
◦ 4. **TERTIARE** SE, Dicitur' de censu, cum illius pars tertia superadditur ; unde *Tertiatio*, ipsa tertiæ partis perceptio, nostris *Tierçoier*, eodem significatu. Charta ann. 1823. in Reg. 61. Chartoph. reg. ch. 303 . *Cujusmodi minuti census, laudomia*, (sic) *et vendas important, et dumtaxat se Tertiant ; ..... et sic in redditu annuo pro Tertiatione hujusmodi, viginti duos solidos, octo denarios extimantur valere*. Alia ann. 1318. in Reg. 56. ch. 283 : *Item gros cens et menu,..... dont la moitié Tierçoie, et l'autre moitié quintoie*.
◦ Aliud sonat hæc eadem vox Gallica, Liceri scilicet, vulgo *Enchérir*, in Lit. remiss. ann. 1372. ex Reg. 104. ch. 116 : *Comme lesdis Jehan et Colin feussent alez à Gisors..... en entention de Tierçoyer ou enchérir aucunes de nos fermes desdis aides, etc*.
1. **TERTIARIA**, Vectigalis aut tributi species Chartæ Conradi Imp. pro Pisanis Tyrum incolentibus, apud Ughellum tom 3. pag. 488 ' *Ut a Pisanis... nomine Tertiariæ aut alicujus directuræ possit exigi, etc*. Alia Guidonis Regis Hierosolym. ann. 1190. pro Massiliens. apud Guesnaium in Annal. Massil. pag. 396 : *Ut per omnia loca liceat vobis libere intrare et exire, commorari et negotiari cum magnis navibus et lignis parvis de riberia, per mare et per terram cum universa rebus vestris sine ulla directura et Tertiaria, vel anchoragia, et absque alia exactione, etc*. In Constitutionibus Siculis lib. 1. tit. 69. § 1. *Tertiaria* dicitur, quod a Bajulis recipiebatur *in certis tantum quæstionibus et personis, commodato videlicet, mutuo, et deposito*. Hispanis *Tercero*, est arbiter, *Tercera*, arbitrium. [Vide *Tertia* 7.]
¶ 2. **TERTIARIA**, Aremoricis *Tierçage*, Idem quod *Tertium* 2. Vide in hac voce. Charta H. Turon. Archiep. e Tabulario S. Vincentii Cenom.: *Herbertus Frumengerii, dum Cenomanensi præessemus Ecclesiæ, aliquando a nobis excommunicatus pro primitiis et pro Tertiaria, quæ Presbyteris pertinet, quæ capiebat in Ecclesiis ...quæ juris monasterii S. Vincentii sunt, infirmitate coactus, prædicta Ecclesiæ S. Vincentii reddidit, scilicet primitias et Tertiariam*. Concilium Tolet. ann. 1323. can. 13. de Decimis : *Ratione autem scriptæ distributionis, quam tradit Tertiario, cum pro scriptura de acervo satisfaciat scriptori, vel scripturæ constitutionis tertiarii vel aliquem tertiarium faciat, aut a Tertiaria excuset, nihil penitus recipiat, cum ex primis occasio furandi, ex ultimo non solvendi decimas præbeatur*.
¶ 3. **TERTIARIA**, Tertia pars fructuum, quam conductor reddit locatori, præ-diumve tali conditione locatum. Statuta Castri Redaldi fol 21. v° *Statuimus insuper et ordinamus pro communi et publ. , Castri Redaldi et hominum ipsius quod amodo nullus molinarius, terzarinus, laborator, afficiabilis vel molinarius possit terram, molendinum seu aliam rem contam ad mezadriam seu Tertiariam, seu aliter ad partem vel ad afficium, dimittere vel relinquere, etiam elapso termino..... nec ad aliam mezadriam, Terzariam, molendinos vel afficius, in totum vel ad partem transvolare sine licentia dicti domini sui*. Eadem, ni fallor, notione in Charta ann. 1296. tom 1. Chartul. S. Vandreg. pag. 161 : *Je Guillaume..... doi et sui tenu à rendre et à paier d'an en an.... à hommes religieux..... de S. Vendrille dis sols et sept deniers tournois d'annuelle rente pour la raison de la Ciercheverie des frus croeans en une acre et* XXIX. *pieches de terre, que lesdis religieux ont franchi de ladite Ciercheverie à moi..... à tenir et à avoir ladite rente pour ladite Tiercheverie*. Vide *Terzaria*.
¶ 4. **TERTIARIA**, in regno Neapolitano, ut docet Lucas de Penna, iis qui jure Francorum vivebant, idem quod *Tertia* 5. Ibi vide. Contractus matrimonii ann. 1358. apud Salernum : *Promisit..... domicellæ Johannellæ uxori suæ in dodarium et Terciariam, seu pro dodario et Terciaria annuas uncias auri* 220.
¶ 5. **TERTIARIA**, Femina Deo sacra ex aliquo Ordine religioso. Concilium Tolet. ann. 1582 : *Constitutionem...... Pii V.... de clausura a sanctimonialibus et ab iis fœminis, quæ Tertiariæ seu de Pœnitentia vocantur, servanda, etc*. Vide *Tertiarius* 1.
TERTIARIUM, Modus agri, a *Tertiis*, de quibus supra, nomen sortitus. Charta Jonæ Episc. Eduensis ann. 858. pro Abbatia S. Andochii, apud Sammarthanos : *In pago quoque Augustodunense..... addicimus Tertiarium unum, in quo possunt bonam partem fœni colligere, atque ad monasterium devectum hiemis tempore animalium eorum inopiam, quam frequenter patiebantur, temperare* Occurrit eadem vox rursum [in Charta Caroli C. ann. 859. inter Instr Gall. Chr. novæ edit. tom. 4. col. 56. ubi perperam editum est *ad folium colligendum*, pro *ad fœnum, etc*.]
◦ Charta ann. 1312. in Lib. rub. Cam. Comput. Paris. fol. 522. v : *Une piece de terre, appellée la Terciere, en quoy a* lxxxj. *arpens et xlv. quarreaus, etc*. Vide mox *Tertiolum*.
¶ 1. **TERTIARIUS**, Vir e Tertio aliquo Ordine religioso, Gall. *Tierçaire, Tierciaire*, vel *Tiertiaire*. Tertius ordo dici solet, Gall. *Tiers ordre*, quod omnes qui alicujus Sancti, ordinis religiosi fundatoris, vitæ instituta sequuntur, in tres dividantur classes. Prima virorum est, quos proprie *Religiosos* dicimus, secunda feminarum, seu sanctimonialium, quæ eamdem regulam quam viri religiosi profitentur ; tertia laïcorum utriusque sexus, qui sæcularem quidem vitam vivunt, sed directam ad religiosioris vitæ præcepta, qua tantum accedant ad vitæ monasticæ normam, quantum licet hominibus in sæculo degentibus. Votis quibusdam, sed simpliciter tantum obstringuntur, si nonnullos excipias, qui majoris virtutis studio accensi, vota adjecerunt sollemnia, sicque veri facti sunt *religiosi*, retento tamen Tertiariorum nomine, quo distinguantur a viris feminisve, primævæ institutionis, seu primæ vel secundæ classis. De *Tertiariis* passim agunt variorum Ordinum Scriptores : inter quos consulere potes Lezanam in Summa quæst. regul. part. 2. cap 14 et part. 2. verbis *Tertiarii* et *Tertiariæ*, sed præsertim Patrem *Helyot* in Historia Ordinum Monast. tom. 3. pag. 64. et seqq. pag. 247. et seqq. tom. 7. pag. 214. etc.
¶ 2. **TERTIARIUS**, Collector *Tertiæ*, in *Tertia* 4.
¶ 3. **TERTIARIUS**, Præstationis agrariæ species, sita, ni fallor, in tertia parte fructuum, quam tenentes domino reddebant ex agris, quos hac conditione colendos susceperant. Charta ann. 1251 : *Damus...... Capitulo S. Nazarii Carcassonæ..... agrerios, tascas, medios, quartos, Tertiarios...... et cætera terræ merita, bona et jura, etc*. Vide *Quartus*, et *Massus meitaerius* in *Massa* 5. et mox *Tertiator*.
¶ 4. **TERTIARIUS**. Glossæ Græco-Latinæ : "Εφεδρος, *Terciarius, superstes*.
◦ 5. **TERTIARIUS**, Tertiana febri laborans, Gall. *Qui a la fievre tierce. Tierceinne*, apud Joinvil. edit. reg. pag. 2. Mirac. S. Hildegard. tom. 5. Sept. pag. 699. col. 1 : *Dicit etiam, quod videri alios dæmoniacos et quaternarios et Tertiarios ibidem liberatos*. Vide *Tertianarius* et *Tertionarus*.
◦ **TERTIATIM**, Tertia vice. Addit. ad Stat. eccl. Conseran. MSS. ann. 1472 : *Rectores debent percipere quantum unus ex præbendariis de frumento. Bordonarii debent recipere unum modium Tertiatim*.
⇔ **TERTIATIO**, Tertia iteratio, apud Arnoldum de S. Emmeram. lib. 2. cap. 53.
TERTIATOR, Colonus forte, qui ad *Tertium tenet*, seu qui tertiam fructuum agri domino pensitat. Frequens occurrit mentio *Tertiatorum* in Capitulari Sicardi Principis Beneventani ann. 886. ac primum cap. 4 : *Hoc promittimus de Tertiatoribus, ut si a Longobardo venditi fuerint, comparentur, et nullatenus in nave imponatur, aut trans mare venundetur, excepto si homicidium fecerit, aut facere voluerit, habeat sibi licentiam eum vendere* Cap. 14 : *De Tertiatoribus vero hoc statit, ut nulla nova eis a parte Reipublicæ imponatur, excepto antiqua consuetudine, hoc (est) responsaticum solum, et angarias, et calcarias, etc*. Ejusdem præterea Capitularis , quod imperfectum editum est a Camillo Peregrino in Hist. Longob. supersunt capita aliquot de Tertiatoribus. Cap. 20 : *Ut non præsumat aliquis Tertiatorem exercitatum aut militem facere*. Cap. 21 : *Ut si Tertiator abscense exercitalis factus fuerit aut miles*. Cap. 22 : *Ut si quis homo liber uxorem duxerit Tertiatricem*. Cap. 26 : *De nefandis criminibus, vel aliis causis si in Tertiatores devenerint*. Cap. 29 : *Ut non tollatur a Tertiatoribus causaticum et porcos*. Cap. 30 : *Ut invito non datur pretium a Tertiatore pro tritico aut vino*. Denique cap. 32 : *Ut coloni Tertiatores non dent in collata nec in pactum*. Tu Pacto Arichis Principis Benevent. cum Neapolit. : *Firmatum est qualiter inter partes esse deberent de terris in liburia, de servis, et de ancillis, et de Tertiatoribus, in omnibus causis, etc*. [Vide *Terzarinus*.]
◦ **TERTIENARIA**, Prædium, quod a colono ad tertiam fructuum partem colitur. Reg. S. Justi ex Cam. Comput. Paris. fol. 219. r° : *Ecce partes* (firmæ) *videlicet Tertienariæ et modietariæ, cum pertinentiis in firma tractus*.
¶ **TERTIEYRA** JUSTA , Mensura vini tertia parte major solita, quæ majoribus solemnitatibus præbebatur monachis in Monasterio Solemniacensi. Vide in *Justa* 2. et *Tarcellum*.
¶ **TERTIOGENITUS**, Tertius filius, in Testamento ann. 1381. apud Marten. tom. 1. Ampliss. Collect. col. 1511.
TERTIOLI MEDIOLANENSES, Monetæ Mediolanensis species. Charta ann. 1171. apud Puricellum in Ambrosiana Basilica pag. 980 : *Et pro ipso libello accepit iste Gillehertus ab isto domno Abbate argenti denarii boni Tertiolorum Mediolanensium libras* 10. Alia ann. 1183. pag. 1014 : *De quibus rebus sunt positæ in feudo tantæ, quæ valeant libras quinque Tertiolorum, etc*. [Radulfus de Gestis Friderici I. Imp. apud Murator. tom. 6. col. 1181 : *Roncinus quatuor soldis Tertiolorum in*

civitate (Mediolanensi) *vendebatur.* Rursum *Tertioli* memorantur in Chronico Modoetiensi apud eumdem Murator. tom. 12. col. 1188. in Statutis Vercell. fol. 141. v°. et fol. 205. recto, etc.]
° **TERTIOLUM**, Modus agri, idem quod supra *Tercellum.* Charta ann. 1250. in Chartul. S. Genov.: *Simon presbyter de Autolio recognoscit se tenere et possidere in vilenagiis de licentia abbatis et conventus S. Genovefæ terras et vineas sequentes, unum Tertiolum terræ in Grais, etc.*
° *Tiersonnier* vero est mensura frumentaria, in Charta ann. 1391. ex Reg. 142. Chartoph. reg. ch. 156 : *Une rente de deux cens trois quartiers, un boissel, un Tiersonnier..... de froment, mesure de Coustances.*
TERTIOLUS, Accipitris species minor, Italis *Terzuolo*, nostris *Tiercelet.* Fridericus II. Imp. lib. 2. de Arte venandi cap. 19 : *Tertiolis et minoribus inter falcones dari debet pro pastu sufficienti minor quantitas carnium, et minoranda est quantitas secundum proportionem convenientem quantitati sui corporis, etc. Terçonnalis,* dicitur Anonymo de Falconibus *secundum Aquilam, etc.*
TERTIONARIA Charta S. Ludovici Regis Fr. pro Abbatia Persiniensi, mens. Maio 1248 : *Decimam etiam quam habent in tota terra de Gochicon, et Tertionariam de Merula Radulphi, prout dictæ decimæ per metas et limites dividuntur.* Vide *Tertiarium.*
☞ Non idem videntur *Tertiarium* et *Tertionaria.* Illud est modus agri, hæc vero, ni fallor, eadem notione accepi debet atque *Tertiaria* 2. Vide in hac voce et *Tertium* 2.
¶ **TERTIONARIE**, Ad rationem tertiæ partis fructuum. Charta ann. 1290. e Chartulario S. Vandregesili tom. 1. pag. 170 : *Concessi eisdem religiosis XV. denarios annui redditus ad medium Quadragesimæ .. persolvendos, sitos supra duas pechias terræ, quibus mihi Tertionarie quitarunt pro supradicta pechia terræ et pro XV. den. supradictis* Vide *Tertialor.*
¶ **TERTIONARIUM** BLATUM, Frumentum, ut videtur, tribus granis mixtum. Histor. Monasterii Beccensis MS. pag. 620 : *Recipiet IV. sextarios blati Tertionarii a conventu Becci.* Hinc emendanda interpretatio nostra in voce *Bladum Tertionarium.*
° *Blé Tiercerain*, in Charta ann. 1386. ex Chartul. Latiniac. fol. 127. v° : *Et fust faicte ceste présente prinze pour et parmy le pris de dix huit muys de grain à la mesure de Senlis. C'est assavoir les deux pars blé sain et sec et Tiercerain, et la tierce partie avoyne, tout bon grain et suffisant.* Vide supra *Bladum tertianum.*
° **TERTIONARIUS**, ut supra *Tertiarius* 5 Mirac. S. Hildeg. tom. 5. Sept. pag. 697. col. 2 : *Similiter Tertionarii, quaternarii apud sepulcrum ejus ad nominis ejus invocationem sunt liberati.* Et pag. 608. col. 1 : *Quædam Tertionaria ejus auxilium implorans, ipsa aquam per calicem suum eædem intransmisit : qua gustata, curata est.*
1. **TERTIUM**, Tertia pars pretii venditi prædii, quæ ad dominum feudalem datur pro laudimio. [Inquisitio ann. 1220. tom. 1. Hist. Dalphin. pag. 93. lin. 1 : *Capit ibi Tertium de omnibus quæ ibi venduntur de feudo suo.*] Consuetudines Cataianiæ inter dominos et vassallos MSS. cap. 58 : *In isto casu dominus non potest petere Tertium, sive laudemium, vel alias res, sicut de venditione.* Pactum inter Comitem Sabaudiæ et Abbatem Pinarol. ann. 1246 : *Quod Comes possit emere sapputuras vincarum, factarum ab earum possessoribus sine Tertio et affaitamento, etc.* Ejusmodi, ni fallor, *Tertia* habet Plantavitius in Episcop. Lodovensibus pag. 70. 87. 93.
¶ **TIERTIUM**, Eodem intellectu. Charta ann. 1230. ex Chartul. Campan. fol. 207. v°. col. 2 : *Dedimus etiam ipsi Regi....... quicquid Capitulum Lingonense habebat apud Mandres in justitia, hominibus, nemoribus, censibus, Tiertiis et chevagiis, etc.*
° Non puto: idem enim videtur quod *Tertia* 4. Agrarium nempe, ut et in Charta ann. 1295. ex Chartul. Pontiniac. pag. 158 : *De Tiertiis portantibus laudas et vendas, sitis in terra de Fossenart et in finagio de Venoussa.*
2. **TERTIUM**, in Concilio Tolosano ann. 1056. Tertia pars decimarum : *Statuimus etiam ut Ecclesiæ ad sedem pertinentes, quæ solvunt Tertium, aut paratam, vel synodum, solito more solvant Episcopis vel Clericis. De iis vero Ecclesiis, quæ non dant Tertium, vel paratam, tertia pars decimarum cum primitiis et oblationibus, quæ de cœmeteriis et defunctis consequuntur, Episcopo et Clericis assignetur.* Nescio, an huc pertinet Tabular. S. Albini Andegav.: *Aimericus Præpositus de Thoarchio et Goscelinus ejus Vicarius clamabant consuetudinem, quam Tertium appellabant, se habere, si furatum eis esset in feno de quodam vaccello, etc.* Vide *Tertia* 2.
¶ 3. **TERTIUM**, Idem quod *Tertia* 4. Agraria pensitatio, vulgo *Champart.* Charta Guillelmi Episc. Agath. ann. 1173. apud Stephanotium tom. 8. Fragm. MSS. pag. 157 : *Decimas et Tertium de Porcheyranicis... Tertium de Montigniaco, quod est XII. solidorum....... Tertium de Bessiano, quod est trium modiorum....... Tertium de Papyrana, quod est II. modiorum.*
¶ 4. **TERTIUM**, Tertia pars anni, in Computo ann. 1202. apud D. *Brussel* tom. 2. de Usu feudorum pag. CXXXIX. et seqq. ubi passim occurrit *de primo tertio, de secundo tertio, de ultimo tertio*, quod annus in tres partes, quarum unaquæque quatuor mensium erat, dividebatur, ut accuratior ordo esset accepti et expensi, cum, quo anni tempore utrumque accidisset, annotaretur.
TERTIUM ET DANGERIUM, in Charta Ludovici Hutini Regis Franciæ ann. 1315. pro Normannis : nostris *Tiers et Danger* : *Jus, quod Rex habet in forestis et silvis Normanniæ, in quarum cæsionibus, ac venditionibus pretii tertiam partem percipit, nisi exemtio et immunitas chartis aut longo usu probetur.* Additur *Tertio, Dangerium*, non quod hæ voces valeant *tertium* et *decimum denarium*, quam revera Rex percipit, uti vult Santyonus : sed quod alter iste tertius denarius, sit tertia pars tertiæ partis pretii principalis, qui datur pro facultate cædendi silvam, aut alienandi. Aresta Candelosæ ann. 1259. in I. Regesto Parlam. fol. 100 : *Petebant a Rege, quod permitteret eis vendere boscos suas de Alisiaco et de Albamarla libere absque solutione Tertii cum prædecessores earum sui fuissent semper ita vendere eosdem boscos.* Adde fol. 14. v°. [Arestum ann. 1267. e Regesto Olim fol. 155. v° : *Conquerebatur Guido de Tournebus Miles, quod cum venderet superficiem bosci sui de Monetot quodam modo vendendi, quod dicitur Ablectare, quod de jure facere poterat sine Tertio et dangerio domini Regis, ut dicebat.*] Charta Philippi Regis Franc. ann. 1312. in 48. Regesto Archivi Regii ch. 26 : *Pro eo, quod dicti Religiosi illud* (nemus) *seu aliquam ejus partem vendiderant absque solutione Tertii et dangerii, nostraque solutione non petita, nec super hoc obtenta, etc.* [Occurrit etiam in Charta Philippi VI. Franc. Regis ann. 1338. tom. 3. Hist. Harcur. pag. 248.] Vide Bretium lib. 3. *De la Souveraineté du Roy*, cap. 3. et in voce *Dangerium.*
° Reg. Cam. Comput. Paris. in Bibl. reg. sign. 8406. fol. 102. v° : *Tertia boscorum sunt, quando rex debet habere in venda tertium denarium.* Vide Hist. Critic. Monarch. Franc. Dubos tom. 1. 2ᵉ. edit pag. 106. et supra *Dangerium* 2.
☞ Id juris alii præter Regem habuere, etiam ex concessione regia, ut ex sequentibus colligitur. Inventar. Chartar. Reg. ann. 1482. fol. 257. in Bibl. Reg.: *Carta dom. Philippi Regis concessa dicto Ingeranno de Marigny pro juribus vulgo dictis Tiers dangers et fouages ad hereditatem perpetuam sibi datis a dicto dom. Rege in omnibus terris quas dictus Ingerannus de Marigny habebat et possidebat in tota patria Normanniæ. De anno 1318.* Charta Philippi Comitis Ebroicensis ann. 1320. ex Tabulario Episc. Paris.: *Nous leur baillons en assiete et en pris de vint et cinq livres Tournois peliz de rente par an tout nostre droit de Tiers et de dangier, que nous avions en douze vinz et quatorze acres de boys.* Vetus inquesta MS. de juribus Abbatiæ Beccensis : *Guill. de Tandos Armiger, tenens de dictis religiosis, vendidit boscum suum, licentia non petita ab eisdem, qua de causa dicti religiosi traxerunt dictum Armigerum in curiam et justitiam eorumdem, quo facto dictus Armiger accessit ad dictos religiosos et emendavit factum suum et Tertium dicti bosci vadiavit eisdem. Requisitus quomodo scit : dicit quod præsens fuit, quando emendavit et Tertium vadiavit.*
¶ TERTIUM-GENUS, Chartæ species, qua quis alteri quippiam cedit aut promittit. Chronicon Farfense apud Muratori. tom. 2. part. 2. col. 551 : *Fecit illis scriptum, quod Romani dicunt Tertiumgenus, de prædicto castello Tribuco.* Et col. 552 : *Quapropter ab omnibus legem scientibus non ignoratur, quod numquam stat Tertium-genus legaliter sine appare.* Pluries occurrit ibi, ut et apud Mabill. tom. 4. Annal. Bened. pag. 699. et seqq. ubi eadem edita sunt.
° *Tiers*, Ludi genus, cum ludentes tripartito dispositi stant, et explorator andabata illum, quem tetigit, nomine appellare debet, ut ejus loco succedat. Lit. remiss. ann. 1391. in Reg. 141. Chartoph. reg. ch. 155 : *Au soir après souper icellui doyen s'en ala jouer ès prés avecques autres gens et plusieurs jeunes femmes de ladite ville* (de Vaucouleur) *au jeu du Tiers ; et là ti couru et saillit legierement et liement. Aliæ ann. 1428. in Reg. 174. ch. 190 : Lesquelz jeunes gens à marier jouerent à un jeu, que l'en nomme commandement au Tiers et en jouant audit jeu du Tiers, Perrotin Renon cheut à terre et plusieurs sur lui.*
¶ 1. **TERTIUS** BENEFICII, Tertia pars redditumm beneficii ecclesiastici, nisi me fallo. Epitome Constitut. Eccl. Valent. tom. 4. Conc. Hispan. pag. 170 : *Quoad absentes volumus constitutiones circa Tertios, ut dici solet, beneficiorum ob absentiam disponentes, inviolabiliter observari.* Vide *Ternarius* 1.
2. **TERTIUS** DEFUNCTORUM DIES, olim

sacrificio Missæ celebratus a Christianis. S. Ambrosius Orat. de Theodosii Imp. obitu : *Et quia alii Tertium diem et trigesimum, alii septimum et quadragesimum observare consueverunt, quid doceat lectio, consideremus, etc.* Τρίτα τῶν κεκοιμημένων, in Canonib. Apostol. Adde Hist. Lausiacam, ubi de S. Eulogio, Eustratium Presbyt. tract. 3 de Defunctorum animis apud Photium cod. 171. et Novellam Justiniani 133. cap. 3. Vide *Tricenarium*.

¶ 1. **TERTRUM**, Collis, clivus, locus editior, Gall. *Tertre*, ab Aremorico *Tertr*, quod idem significat. Chartularium Divionense pag. 4 : *Universi homines infra villæ Divionis Tertra infra banleucam commorantes, etc.* Charta ann. 1080. apud Lobinell. tom. 2. Hist. Britan. col. 232 : *Ex dono W. de Gueta, duo jugera ad Tertrum Molt.*

° *Teltre*, in Poemate de *Rou* MS. :

Li Provoire e li ordenez
Ensus un Teltre sont montez.

° 2. **TERTRUM**, Territorium, nostris etiam *Tertre*, eadem acceptione. Charta ann. 1217. inter Instr. tom. 11. Gall. Christ. col. 836 : *Item de donatione ejusdem patris mei in Tertro de Fontaneto quinque acras. Tostrum* paulo ante Charta Galt. de Risnello ann. 1246. in Chartul. Campan. ex Cam. Comput. Paris. fol. 352. v°. col. 1 : *Comme descorde fust... sur ce que je demandoie au Tertre ou finage de Mont-Esclaire, etc.*

° **TERTULLIANISTÆ**, Hæretici a Tertulluno presbytero Cartaginis dicti, animam immortalem esse, sed corpoream prædicantes et animam hominum peccatorum post mortem in dæmones verti. Glossar. vet. ex Cod. reg. 7613. [° ex Isidor. Orig. lib. 8. cap. 5. sect. 60.] A quibus erroribus Tertullianum purgare, facile erit viro theologo.

° **TERTURATOR**, f. pro *Terruactor*, Decimæ seu *terragii* collector. Vide in *Terragium* 1. Charta fundat. priorat. Landal. tom. 1. Probat. Hist. Brit. col. 1141 : *Notandum quod ipsius decimæ tractor et Terturatur de communi consensu utriusque partis ponetur ab ipsis, fide data corporaliter custodiendi fideliter decimam ipsam.* Nisi sit pro *Triturator* ; quo sensu vox Gallica *Tertonez*, accipi videtur in Lit. remiss. ann. 1462. ex Reg. 198. Chartoph. reg. ch. 279 : *Ainsi que le suppliant battoit du blé,... survint en ladite aire Guillaume Boutier,..... qui dist tout hault telz motz : Vela un vicil Tertonez, que je le batrois bien.*

TERTUSSUS, Porcellus domesticus, qui domi nutritur, hoc est, inquit Wendelinus, quasi *Tertesun*, seu tertii gregis ; est enim *sun*, grex, ut alibi observatum. Ait porro iste apud Taxandros porcis pro ætatibus varia esse nomina ; recens editos ac nefrendes, *biggen*, mox *baggen*, quamdiu lactent, appellari. Postquam vero in tantum adoleverunt, ut cum matre possint prodire, quod est *terden*, ou *troden*, *Tertussi* sunt, et *Tratsen* vocantur ; li denique facti adultiores, fiunt *cuddens*, hoc est gregales, etc. Pactus Legis Salicæ tit. 2 : *Si quis porcellum Tertussum usque ad annicolatum furaverit, etc.*

☞ Eccardo *Tertussus* compositum videtur ex *Tertia sus*, et significare suem tertio jactu editam ; cum enim, inquit, hæ præstantiores cæteris essent, et ad propagandum gregem conservarent, majori quam cæteræ pretio redimendæ erant.

° Glossæ ad Pact. Leg. Sal. ex Cod. Estensi apud Murator. tom. 2. Antiq. Ital. med. ævi col. 286. *Tertussum* aut *Teriustum*, id est *castratum*.

° **TERXOLUS**, Monetæ Mediolanensium species. Charta ann. 1313. tom. 3. Cod. Ital. diplom. col. 214 : *Taliasti clero nostro civitatis et diœcesis Mediolani de decem millibus libris Terxolis vel circa, et ab ipsis renuentibus cœtorsistis.* Vide *Tertioli* et *Terxolus*.

¶ **TERZA**, Crines intexti, Gall. *Tresse*, Ital. *Treccia*. Chronicon Placent. ad ann. 1388 apud Murator. tom. 16. col. 580 : *Dominæ pro majori parte loco Terzarum de auro vel de serico, quas portare solebant contextas seu interzatas in capillis capitis earum, nunc portant bugulos, etc.* Vide *Trica* et *Terzolla*.

¶ **TERZANA**, Tertiana, sc. febris, Ital. *Terzana febbre*, Gall. *Fievre tierce*. Occurrit in Actis SS. tom. 3. Aprilis pag. 536. tom. 2. Julii pag. 446.

¶ **TERZANELLA**, Schedula data laborantibus *terzana* seu febri tertiana. Acta B. Petri a Cruce tom. 2. Julii pag. 446 : *Ob multas gratias illis præstitas per schedulas illas supradictas, quæ vulgo a Viterbiensibus dicuntur Terzanellæ, eo quod infirmis febre terzana laborantibus maxime juvent.*

TERZARE, Italis est Tertio arare. Vide *Tertiales*.

¶ **TERZARIA**, Tertia pars fructuum, quam tenens domino reddere debet. Donatio ann. 1188. apud Baluz. tom. 2 Hist. Arvern. pag. 489 : *Ego Bernardus Atonis Vicecomes Nemausensis reddo et dono et laudo in feudum tibi Raimundo Cantarelle et successoribus tuis.... omnem honorem.... quem visus est tenuisse pater tuus... et tu post eum... sive ad mejariam, vel Terzarium, vel cartariam, hoc est octo pecias de terra, etc.* Vide *Tertiaria* 3.

¶ **TERZARIUS**, Tenens qui tertiam partem fructuum ex agris, quos tenet, nascentium domino reddit. Statuta Castri Redaldi fol. 20 : *Si bovas vel vaccas habuerit mezadrus vel Terzarinus seu laborator cum domino suo, et contigerit ipsum velle discedere a mezadria vel laborerio, teneatur et debeat ille talis mezadrus vel Terzarinus vel laborator mediatetem totius fœni, quod habuerit et cum bobus conduxerit, domino suo dimittere, quando de mezadria ipsa discedit.* Alter locus exstat in *Tertiaria* 3. Vide *Tertiator*.

TERZAROLUS, ex Italico *Terzuolo*, Academicis Cruscanis, *minus velum*, quod navis habeat : *E nelle galee dicono far il Terzuolo, quando si raccoglie un terzo della vela, e s'attacca all' antenna.* Sanutus lib. 2. part. 4. cap. 5 : *Propter quod expedit, quod totum remigabile navigium pro minori sit dispositum ad Terzarolos.* Occurrit ibi pluries. [Fr. Barberinus in Documenti d'amore pag. 259 :

Vele grandi, e veloni,
Terzaruoli, e perpaglioni.

Ubi in Glossis *Terzaroolæ*, *velæ minores sunt*. Utitur etiam Dantes :

Chi Terzaruolo, chi artimon rintoppa.

Vide *Tessayrolum*.]

° **TERZIATUS**, ab Italico *Terso*, nitidus, politus. Charta ann. 1375. ex Tabul. Cassin. : *Item promisit dictus magister Joannes facere lectorile in medio chori notabile et pulcherrimum, cum armariis pro libris, Tersiatum et ornatum juxta decentiam ecclesiæ.* Male editum pro libris *tertiarum*, tom. 2. Hist. Cassin. pag. 546. col. 1.

° **TERZOLUS**, Accipitris species minor, Ital. *Terzuolo*. Stat. crimin. nova Cuman. cap. 144. ex Cod. reg. 4622 : *Si aliquis homo... capere vel habere reperitur aves mutatas de buscho, videlicet astorem, vel falconem, vel Terziolum, vel sparaverium, etc.* Vide *Tertiolus*.

¶ **TERZOLLA**, Ornamentum muliebre, quod explicat Joh. Demussis in Chronico Placent. ad ann. 1388. apud Murator. tom. 16. col. 580 : *Aliquæ* (mulieres) *portant coronas de argenio aureato, vel de auro puro cum perlis et lapidibus pretiosis, valoris a florenis LXX. aur. usque ad* C. *et aliquæ portant Terzollas de perlis grossis, valoris florenorum* C. *auri usque in* CXXV. *quæ Terzollæ vocantur Terzollæ, quia ex* CCC. *perlis grossis sunt factæ, et quia in tribus filis sunt constructæ et ordinatæ.* Vide *Terza* et *Trica*.

¶ **TERZOLUS**, Monetæ species, eadem quæ *Tertiolus*. Decreta Placentiæ ad calcem Statutorum ejusdem fol. 98. v° *Sub pœna librarum* XXV. *Terzolorum*. Vide *Tertioli*.

¶ **TESA**, Gall. *Toise*, Mensura sex pedum. Occurrit in Charta ann. 1270. apud Menester. in Probat. Hist. Lugdun. pag. 18. col. 2. et in voce *Bocheta*.

TESA CANDELÆ, Gall. *Toise de chandelle*. Dabantur nempe candelæ regis officialibus ad mensuram *tesiæ*. [Fundatio Capellæ B. Mariæ in Palatio Paris. ann. 1154. tom. 3. Hist. Paris. pag. 119 : *Quotiens et quamdiu Rex sive Regina, vel mater proles regia fuerit Parisius, Capellanus qui in capella B. Mariæ servierit, quatuor panes et dimidium vini sextarium, et Tesam candelæ, et duos denarios quotidie habebit pro coquina*. Charta S. Ludovici ann. 1248 apud Du Bois tom. 2. Hist. Eccl. Paris. pag. 400 : *Habebit præterea dictus capellanus in liberationibus per diem,... quatuor panes, unum sextarium vini, quatuor denarios pro coquina, et duas Tesias candelæ.*] Charta ejusdem Regis ann. 1269. apud Sammarthanos in Archiepiscopis Senonensibus. *Capellanus habebit liberationem suam integram, scilicet* 4. *panes, et dimidium sextarium vini, et pro coquina* 2. *denarios, unam Tesam candelæ.* Vide *Teisa*.

☞ Ubi *Tesa candelæ* inesse videtur quod *Pongnée de chandoille* dicitur in Statuto Philippi V. Regis Franc. pro Hospitio suo ann 1317. Vide *Puginata*. *Tesam candelæ* interpretatur Lobinellus in Glossario ad Hist. Paris. libram ceræ in sex candelas divisam. Vide *Torchia*.

° Ordinat. pro hospit. reg. ann. 1317. Reg. Cam. Comput. Paris. sign. Noster fol. 79. r° : *Item la chambre le Roy aura pour chandoille à aluiner pour Toise et pour cierge, ce que mestier sera.*

¶ **TESCEIA**, Latrocinium. Vide *Testeia*.

⁂ **TESCERE**. [Forsan *Tresser* : « *Unus pannus parvus antiquus in quo Virgo Maria Tescit corrigia.* » (Invent. rer. forr. pal. apostol. 10 oct. 1464.)]

TESCUARE, Joan. de Janua, dicuntur *loca, quibus pecora castrantur*. Unde *Tescuare, castrare, Tescuatores, castratores, et Tescuationes, castrationes dicuntur*. [Eadem fere leguntur in Glossario Langob. Sangerm. MS. n. 501. in quibus Glossator subjungit hæc Isidori lib. 15. cap. 12 : *Tescua quidam putant esse tuguria, quidam loca præerupta et aspera.* Vide *Tesqua*.] ° Apud Papiam et in Glossar. cod. reg. 7644 : *Thescua, loca quibus pecora castrantur, etc. ut ex Isidoro*.]

¶ **TESIA**, idem quod *Teisia*, et *Tesa*, Mensura sex pedum, Gall. *Toise*. Charta ann. 1208, e Chartulario B. M. de Bono-

nuntio Aurelian.: *Concessit monachis unam Tesiam in platea sua, per quam ire possint in vineas suas.* Charta Monasterii de Rupibus ann. 1211 : *Domus conversorum tresdecim Tesias in longum habebat, decem in latum.* Occurrit alibi non semel. *Tesia ad mensurandum telas,* in Statutis Saluciarum collat. 4. cap. 118. Adde cap. 121. Vide *Tesa.*
⁕ Regest. episc. Nivern. ann. 1287: *Quilibet cordarius in dictis vigiliis debet unam Tesiam cordæ, nec de grossiori, nec de minori, sed de mediocri. Tesia rapinalis.* Vide supra in *Rapinalis.*
⁕ **TESIATA**, Pari significatu, vel Mensura ad *tesiam.* Charta ann. 1323 in Reg Gl. Chartoph. reg. ch. 358 : *Concedimus viginti duas Tesiatas terræ pro faciendo cimiterio ad ponendum corpora deffunctorum. Tesaige,* ipsa cum *tesia* dimensio, vulgo *Toise,* in Lit. ann. 1404. tom. 9. Ordinat. reg. Franc. pag. 56. Quid vero significet vox Gallica *Tesier,* ignoro, in Lit. remiss. ann. 1387 ex Reg. 132. Chartoph. reg. ch. 22 : *Adonc ledit Guillaume se retourna et bouta ledit Philippon contre un Tesier.* Nisi forte ex familiari mutatione r in s idem sit quod *Terier* supra in *Terrarium.* Vide ibi.
¶ **TESIS**, *Vitium in pulmone,* in Glossis ad Doctrinale Alexandri de Villa Dei. Est pro *Phtisis,* a Græco φθίσις, Gall. *Phthisie.* Miracula Urbani V. PP. MSS.: *Patiebatur tussim validam a longo tempore, propter quod dicebatur per multos esse malum de Tesie.* Vide infra *Thesicus.*
TESQUA. Ægidius Aureæ-vallis Monach. in Episcopis Leod. cap. 5 : *Jamque illi longo terrarum tractu, diversarumque cœlo regionum transito, infra inculta quædam loca, Tesqua vulgus illa nominat, pariter habuere diversorum.* Atqui vox Latinis Scriptoribus notissima, ac proinde non vulgaris aut nupera.
¶ **TESSA**, Idem quod *Tessa,* Mensura sex pedum, Gall. *Toise.* Inquisitio ann. 1220. tom. 1. Hist. Dalphin. pag. 93 : *Si alius eorum incipiat aliud croterium, debet illud ei manutenere de omnibus per quinque Tessas in latere, etc.*
¶ **TESSAMENTUM.** Vide supra in *Tensare.*
¶ **TESSARA**. f. Præstatio agraria, eadem ac *Quarta* 6. dicta a Græco τέσσαρα, quatuor ; nisi quis malit *Tessara* vocem esse detortam a *Tasca,* de qua suo loco. Charta Ludovici Franc. Regis ann. circiter 1104. apud Marten. tom. 1. Ampliss. Collect. col. 603 : *Mansuræ hospitum S. Vedasti, si passus debent, sex denarios solvunt : et Tesseram nunquam dabunt hospites, nec corveias facient.*
⁕ **TESSARARIUS**, Præpositus currum qui bello nutriunt. (sic.) Glossar. vet. ex Cod. reg. 7641. Vide mox *Tesserarii* 1.
¶ **TESSARESCÆDECITÆ.** Vide *Quartadecimani* et τεσσαρακαιδεκίται in Glossario mediæ Græcit. titulo
¶ **TESSARESDECATITÆ** dicti Papiæ, qui XIII. luna Pascha cum Judæis observandum contendunt, nam tessara quatuor, deca decem significat, ex Isidoro l. 8. Orig. c. 5. sect. 61. ubi Græce legitur τεσσαρεςκαιδεκαΐται.
⁕ **TESSARRANDARIUS**, Textor, Gall. *Tisserand* Inventar. Chart. reg. ann. 1482. fol. 96. v : *Littera.... per quam apparet Thomam Carpentarium... vendidisse comiti Pictaviæ quamdam domum, cum platea eidem adjacenti, sitas Parisii in vico des Poulies, contiguas ex una parte domui Hamonis Tessarrandarii, etc.* Vide *Texenderius.*

¶ **TESSAURUS**, pro Thesaurus, in Charta Childeberti III. ann. 604. apud Felibian. Hist. Sandionys. pag. xv.
¶ **TESSAYROLUM**, Species veli. Informationes Civitatis Massil. pro passagio transmarino e MS. Sangerm. : *Cum tribus velonibus arboris de prora, videlicet duobus Tessayrolis et uno velono que fiunt secundum rationem artimoni, et unum Tessayrolum vult habere* XLV. *goas pro antenal, et aliud Tessayrol vult habere* XL. *goas d'antenal, et velonum modicum vult habere* XXXV. *goas d'antenal.* Vide *Terzarolus.*
¶ **TESSELLARE**, Tessellis, Lapillis seu lignis quadratis distinguere. Glossæ Lat. Græc. et Græc. Lat. : *Tessellat,* ψηφοθετεῖ. *Tessello,* ψηφολογῶ. Aliæ Græc. Lat. : Ψηφολογῶ, *Tessello,* termino.
¶ TESSELLARIUS, TESSELLATOR, ψηφοθέτης, in iisdem Glossis. *Deauratores, fusores, blattuarii, Tessellarii,* in Cod. Theod. lib. 13. tit. 4. leg. 2.
¶ TESSELLATUM, ψηφοθέτημα, in Glossis Lat. Gr. In Græc. Lat. additur, ψηφολήγημα, *Pavimentum, Tessellatum.*
¶ TESSELLATUS, ψηφωτός, *Pavimentum.* in iisd. Glossis. *Tessellata pavimenta,* apud Sueton. et Kennetum in Gloss. ad calcem Antiq. Ambrosden.
1. **TESSELLUS.** Messianus Presbyter in Vita S. Cæsarii Arelatensis : *Cœpit sub obtestatione domini multis precibus exposcere a me, ut unum pannum de Tessellis illius (S. Cæsarii) quem nudo corpore habuisset, sibi ferrem* Infra : *Ea consuetudo erat, ut, antequam quiesceret, Tessellis adhiberetur calefacti ad ignem, et aliis detractis apponerentur.* Infra , *velaris pannus appellatur.* [Mabillonius tom. 1. SS. Ordinis S. Benedicti pag. 672. quadratos panniculos fovendo stomacho appositos interpretatur.] [²³ Galen. MSS. ad Glanc. lib. 1. cap. 13. apud Maium in Glossar. novo : *Constitues ægrotum in pavimento, aut in Tessello, aut in tegestri, quem aqua frigida roras et ponis pueros et puellas, ut cum muscariis flabellent.*]
⁕ 2. **TESSELLUS**, Cumulus seu strues feni, Gall. *Tas.* Charta ann. 1227. inter Instr. tom. 10. Gall. Christ. col. 178 : *Item concessimus... viginti Tessellos fœni in pratis in hunc modum assignatis,* videlicet in prato Boner . *Et si dicta prata ad solutionem viginti Tessellorum fœni non sufficerent, nos eisdem residuum in nostris pratis restituere teneremur.* Vide *Tassus* 1.
⁕ **TESSERA**, [Signum bellicum, quadrangulum. DIEF.]
¶ **TESSERARII**, *Tesseris ludere.* Gemma.
1. **TESSERARII**, Qui tesseras, seu præcepta Ducum per contubernia militum nuntiabant, apud Veget. l. 2. c. 7. [Singulis centuriis peculiarem fuisse *Tesserarium* colligere proclive est ex vet. Inscriptione apud Gruterum 550. 2. *Tesserarius in leg.* III. *Ital. cohor.* XI. *pr.* Adde pag. 758. num. 4.]
⁕ Vita S. Cypr. tom. 4. Sept. pag. 881. col. 1 : *Quidam ex Tesserariis, quondam Christianus, res suas obtulit, etc.*
¶ 2 **TESSERARII**, Qui *tesseris* ludunt. Ammianus lib. 8. c 4 : *Aleatorum vocabulum declinantes, ideoque se cupientes appellari Tesserarios.*
TESSERINI, *Agrippensi bicurti, quia ad modum sunt tesserarum, quibus ludimus.* Papias et Jo. de Janua.
⁕ **TESSERISARE**, Tesseris ludere. Stat. Casimiri ann. 1347. inter Leg. Polon. pag. 37 : *Filius nondum emancipatus,..... si globisando, vel Tesserisando, aut quemlibet alium ludum damnosum ludendo,*

aut alia exercendo aliquid perdiderit, etc. Vide *Tesserare.*
¶ 1. **TESSO**, Meles, Gall. *Taisson,* vel *Tesson.* Charta ann. 1290. e Regesto Olim fol. 87 : *Venandi quoties sibi placuerit, in bosco suo, ad cuniculos, lepores, vulpes et Tessones, etc.* Occitanis Tessones sunt porcelli, qua notione usurpatur in vet. Ceremoniali MS. B. M. Deauratæ : *In festo B. Luce Evangelistæ domnus (Prior) teneretur dare predicto conventu quatuor rincues sive Tessones.* Vide *Taxus.*
⁕ 2. **TESSO**, Porcellus. Testam. ann. 1469. ex Tabul. Flamar.: *Item unam suem sive troyam cum tribus Tessonibus, etc.* Locum alium vide in *Tesso* 1.
¶ **TESSUTIUS**, Textum, vitta, tænia, Gall. *Tissu,* Ital. *Tessuto.* Computus ann. 1239. MS. e Bibl. Regia : *Pro boucliis et noelliis argenti, et pro una ceintura auri, et pro Tessutiis......* VIII. *lib.* XII. *s.* Et alio in loco : *Pro quatuor fermatoria ad libros et pro le Tessuz* XL. *s.* Vide *Tewutius.*
⁕ **TESSUTUM.** Vide supra *Tensutum.*
¶ **TESSUTUS**, Ital. *Tessuto,* Textura, tænia, nostris alias *Tessu.* Bulla Eugen. IV. PP. ann. 1445. ex Bibl. reg. : *Jocatia, ciphos, tasseas, anulos, coclearia, zonas, Tessutos, bursas, etc.* Inventar. ann. 1816. in Reg. A. Cam. Comput. Paris. fol. 84. v : *Item cinq Tessus de soie sanz garnison,* v. s *Par., pour chacun* xxv. *s. Par.... Item quatre Tessus feirez d'argent, xl s.* Lit. remiss. ann. 1394. in Reg. 146. Chartoph. reg. ch. 894: *En la chambre il prinst unes estraintes à homme, deux Tassus de soie ferrez d'argent.* Vide *Tessutius* et infra *Testor.*
¶ 1. **TESTA**, perperam ut videtur pro *Tasca,* vel *Taxa.* Statuta Ecclesiæ Ambian. apud Marten. tom. 7. Ampliss. Collect. col. 1233 : *Sed nec præmissæ personæ (ecclesiasticæ vel religiosæ) de suis rebus propriis solvere teneantur pedagium sive Testam.*
¶ 2. **TESTA**, Italica vox, Frons, Gall. *Face,* vel *Caput,* Gall. *Teste.* Statuta Massil. l. 3. c. 18 : *Statuimus quod in lapidibus vendendis.... servetur hæc forma, scilicet, quod volssors habeant duos palmos et dimidium de longo et unum palmum de alto et unum palmum de Testa, et lapides angulares habeant duos palmos de longo et unum palmum de Testa, etc.* Testam. ann. 1509. inter Schedas D. Le Fournier : *Item lego quamdam meam bastidam, cum toto suo affari vinearum,... sitam.... per Testam cum vinea nurus Antonii Giraudi.* Vide Quindena 3. et *Trabuchus.*
⁕ Extremitas cujuscumque rei ea parte qua longa est. Charta ann. 1457. ubi de agri limitibus : *Per Testam cum terra Petri Emerici, vallato in medio, etc.*
TESTA, Calvaria, Gall. *le Test :* unde *la teste,* pro ipso capite. Ausonius Epigr. 71 .
Abjecta in triviis inhumati glabra jacebat Testa hominis, nudum jam cute calvitium.
Lex Aleman. tit. 59. § 6 : *Si autem Testa transcapulata fuerit, ita ut cervella appareant, etc.* Lex Bajwar. tit. 3. cap. 1. § 4 : *Vel in capite Testa apparet, quod Gebulskini vocant.* Adde tit. 4. § 3.
¶ **DE TESTA ESSE**, Esse obstinatum, Ital. *Essere di testa.* Utitur Anonymus hac loquendi formula, apud Murator. tom. 8. col. 109.
⁕ 3. **TESTA**, Persona, homo, qua notione *Teste* dicimus. Charta pro incolis villarum de Lautrico et Forciarum ann.

1410. in Reg. 165. Chartoph. reg. ch. 361 : *Ordinat quod si contingeret aliquam fieri indictionem sive talliam, quod talis indictio sive tallia imponatur et dividatur pro capite sive Testa. Testés* vero pro Consilium quod in animo versatur, apud Froissart. vol. 3. cap. 77 : *Le comte douta que l'escuyer ne fist sa Testés; car il estoit bien courageux de cela faire.*

✥ 4. **TESTA**, Vertex, summitas. Chartar. Norman. ex Cod. reg. 4658. A. fol. 83 : *Castumarii* (habent) *mortuum boscum de costuma, et residua carpentariorum cum Testis capellorum, etc.*

TESTÆ, seu *testarum confractarum fragmenta*, super quibus tyranni nudos volutari cogebant Martyres. S. Augustinus Serm. 18. de Sanctis : *Contusa quo jacebat Testa substernitur, ut vis acuminis concisam molem superjecit corporis plus discinderet, atque reddita tormentis membra quæ secarent, obvia susciperent fragmenta.* Versus de S. Eutychio Martyre in Ecclesia S. Sebastiani ad Cœmeterium Calisti Romæ :

Testarum.fragmenta parant, ne somnus adiret.

Acta sanctæ Martinæ Martyris c. 2 : *Præcepit Testas eos levare, et faciem ejus cædere.* Acta sancti Luciani Presb. c. 4: *Nunc autem in toto dorso graves Testarum aculeos densos et continuos maligno animo substernebant.* Acta S. Vincentii Mart. c. 3 : *Fragmenta Testarum exasperata passim congerite, ut quicquid jacentis corporis male incisa fractura tetigerit, illimatis infigat aculeis, et ipsa conversio laterum innovetur ad pœnam.* Acta S. Thyrsi Mart. c. 8 : *Et pro minutis movitis de lateribus fragmenta Testarum infigite.* Althelmus de Laude Virg c. 32 :

Tum rogus ardescens, et rubræ fragmina Testæ.

Vide Gregorium, seu Ruffinum in Actis SS. Phileæ, Philoromi et Socior. n. 4. Acta Proconsularia Martyrum apud Baron. ann. 285. num. 5. Acta S. Agathæ n. 12. Acta SS. Tharaci et Socior. apud eumdem ann. 290. n. 12. et alia passim SS. Martyrum, in alia Erici Kellsoni apud Pontanum lib. 9. Rerum Danicar. pag. 518. [in testamento ann. 1260. apud Miræum tom 1. pag. 207. in alio ann. 1140. tom. 2. Rerum Mogunt. pag. 492. apud Bernardum *de Breydenbach* Itin. Jerosol. pag. 15. in Epistola Friderici II. Imp. tom. 2. Amplis. Collect. Marten. col. 1159.] Testamentum vernaculum Balduini Comitis Guinensis ann. 1244. apud Duchesnium : *Et à cho à parfaire ai-je mis mes Testamenteurs Robert mon frere, Andru de la Mote, etc.* [Aliud Helvidis uxoris Johannis dom. *de Lile* ann. 1274. ex Chartul. Vallis B. Mariæ: *Je vel que il soit rendu par mes esecugiteurs, lesquieus je establis et doins plain pooir de mes dotes paier et de mes torfais amender.... et dont a scavoir li Testamenteur li Abés du Val, etc.*] Ἐπιμεληταὶ τῶν ἐν τῇ διαθήκῃ γεγραμμένων, in Testamentis Theophrasti et Stratonis, apud Diogenem Laertium lib. 5. pag. 185. 187. Ἐπίτροποι, in Testamento Platonis, apud eumdem lib. 3. pag. 110. et in Novella Leonis 68. Ὑπουργοί, in Basilicis in l. 17. de Legat. 2. Alias [in Digesto et Codice]

TESTAMENTARIUS, est Scriptor Testamenti, διαθηκόγραφος, in Gloss. Gr. Lat. [In pravum sensum accipit Tullius lib. 3. Offic. c. 18. pro eo qui Testamentum fingit et supponit.]

TESTAMENTARIUS, Officium Monasticum, penes quem, ut auctor est Browerus lib. 2. Antiq. Fuld. c. 10. fuit dispositio piorum legatorum, seu ob exteris ea, seu a domesticis proficiscerentur, velut hac in re fidelium testamenta exsequeretur. [Litteræ ann. 1301. apud Schannatum Diœc. Fuld. pag. 102 : *Heroldus Decanus Monasterii in Holzkirchen, Wigandus hospitalarius, Johannes magister cœnæ, Henricus Testamentarius, ac Wolselinus infirmarius.*]

✥ **TESTAMENTARIUS**, Executor testamenti, vel hæres testamento institutus. Charta ann. 1147. apud Cenc. inter Cens. eccl. Rom. : *Ego vel nostri hæredes, Testamentari vel legitimi solvemus..... Sin autem ego vel mei hæredes Testamentari vel legitimi vobis fecerimus, etc.*

² **TESTAMENTATOR**, Eadem notione, in Charta ann. 1242. laudata in voce *Testamentarius*.

1. **TESTAMENTUM**, Donatio, seu potius Charta, quæ in donationis ac largitionis argumentum conscribitur. [Diplom. quodvis, præceptum, seu, ut habet *Columby de gente Siminianea* lib. 1. quævis *Charta testium subscriptionibus firmata.* Ambrosius Morales in Notis ad Veremundi Regis Diploma : *Solemnes his temporibus et multis postea sequentibus fuit, quamcumque donationem Rex aut Proceres (atque etiam privati) facerent, Testamentum ipsum vocitare, quasi hoc nomine majori jure solidaretur.* Codex legum vett. form. 101 : *Manumissio sub libertatis Testamento solemniter roboratur* Restituto bonorum facta Moniuilibus S. Cæsarii Arelatens. per Guillelmum Comitem Provinciæ ann 902. apud Saxium de Pontific. Arelat. pag. 194 : *Factum hoc Testamentum in ipso monasterio :* quam chartam Scriptores plerique *le Testament du Comte Guillaume* perperam appellarunt.] *Testamentum vendutionis,* in Lege Ripuar. tit. 59. § 1. 3. tit. 67. § 1. Abbo Floriacensis Abbas in Canonibus cap. 7. *Quoniam Testamentorum alia fiunt dotis nomine, alia hæreditatis donatione, alia de rebus Ecclesiæ quas abalienari est difficile, et dicuntur Precariæ.* Arnulfus Lexov. Epise. Epist. 26 : *Privilegia siquidem Romanorum Pontificum, quasi quædam ipsorum Testamenta credenda sunt, nec a morte testatoris expirant, sed potius ab ipsa contrahunt firmitatem.* Vita S. Agili Abb. c. 7 : *Quin etiam largiens solemniter per titulum Testamenti ex propria ditione numerosam copiam fundi ac familiæ.* Odo Cluniac. lib. 1. de Vita S. Geraldi c. 19 : *Quandam sui juris Ecclesiam, facto solemniter Testamento, eidem contulit.* Adde lib 2 cap. 2. Faustus in Vita S. Mauri Abb. num. 50 : *Vocansque ad eum Ansebaldum, qui scriptoribus Testamentorum regalium præerat, præcepit ei, etc.* Adde n. 40. Odo Abbas S. Mauri de Miracul. S. Mauri Cap. 1 : *Post hæc omnia Testamenta, quorum auctoritate rerum cunctarum eidem loco collatarum constabat delegatio, sollicite perquirens, etc.* Infra : *Cum domorum eversione Testamenta sunt ablata prædiorum. Per testamentum litterarum concedere,* in Bullario Cluniac. pag. 6. Utuntur passim Bulla Benedicti VIII. PP. in Scriptores, Gregor. Turon. l. 6. c. ult. Algradus in Vita S. Ansberti Arch. Rotom. n. 15. Paschasius Radbertus in Epitaphio Vualæ Abbat. Corbeiensis lib. 1. cap. 26. 27. Adrevaldus de Translat. S. Benedicti c. 3 Anonymus Floriac. de Miracul. S. Benedicti c. 27. Conradus de Fabaria de Casib. S. Galli c. 14. pag. 142. Ado Viennensis

ann. 727. Hariulfus l. 4. Chronici Centulensis c. 6. 7. 19. 22. Chartæ veteres apud Doubletum pag. 654. Miræum in Notitia Eccles. Belg. pag. 52. Duchesnium in Hist. Limburg. pag. 5. Petrum Joffridum in Episcop. Niciensibus pag. 158. Roverium in Reomao pag. 197. Puricellum in Ambrosiana Basilica pag. 263. 311. etc.

¶ TESTAMENTUM, Decretum Ecclesiæ. Concilium Ticin. c. 8. apud Labbeum tom. 9. col 930 : *Hoc autem Ecclesiæ Dei Testamentum contra malignantes... Henrici Augusti lege firmari volumus.*

☞ Testamenta proprie dicta pro supremis testatorum voluntatibus, condita non semel fuisse ab Abbatibus et Abbatissis, etiam pietate insignibus, miratur et exemplis probat Mabillonius Diplom. pag. 8. et 9 quod tamen prohibent Gregorius M. Imperatoriæ leges, Regulæ S. Benedicti, aliorumque, qui quodvis peculium Monachis interdicunt, quod etiam de Abbatibus intelligendum est, uti probat Gregorius ipse, qui Probo Abbati ea tantum ratione testamentum condere permittit, quod ex improviso ad monasterii regimen raptus sit. Verum uniformis et eadem ubique non servabatur ea de re disciplina. Magister in Regula sua adeo non putavit Abbatis testamentum monasticæ professioni repugnare, ut rem quasi exceptam agnoscat, cum præscribit cap. 80 : *Breves donationum factos a Fratribus tempore mortis suæ Abbas inserat testamento suo.* Plura vide laudatis paginis.

¶ TESTAMENTUM NUNCUPATIVUM a scripto differt, ut vult vulgus Jurisconsultorum : nam *Nuncupare hæredes* et *scribere* opponuntur, leg. 21. in princip. D. qui testam. fac. (28,1.) Hæc jam nemuimus ad vocem *Nuncupamen.* At vero cum *Testamentum nuncupativum* litteris etiam aliquando mandari observare est cum ex locis in v. *Nuncupamen* laudatis, tum ex privilegiis Delphin. ann. 1349. inter Ordinat. Reg. Fr. tom. 5 pag. 40 : *Quod deinceps in quacumque curia Delphinatus, vel alibi infra Delphinatum seu terras ipsi Delphinatui, mediate vel immediate subjectas, nulla publicentur vel publicari debeant Testamenta nuncupativa, nec ad id quispiam compellatur, nisi dumtaxat in casu quo hæres universalis institutus, ipsum peteret publicari Testamentum nuncupativum, in quo esset scriptus et institutus hæres.* Ex his efficio *Testamentum nuncupativum* illud appellari in quo aliquis hæres *nuncupatur* seu palam nominatur a testatore testamentum ex propriis tabulis publice recitante. Cui opinioni illustrandæ aptissimus videtur Isidorus lib. 5. Orig. cap. 21. sect. 12 : *Nuncupatio est quam in tabulis cerisque testator recitat dicens : Hæc ut in his tabulis cerisque scripta sunt, ita videtur, ita dico, ita lego : itaque vos cives Romani testimonium mihi perhibete, et hoc dicitur Nuncupatio, Nuncupare enim est in palam nominare et confirmare.*

² Seu *Per nuncupationem conditum*, ut legitur in Testam. Beatricis comit. Estens. ann. 1165. tom. 1. Cod. Ital. diplom. col. 1541. A scripto differt. Testam. ann. 1236. apud Murator. tom. 1. Antiq. Ital. med. ævi col. 708 : *Coram scriniario et subscriptis testibus ad hoc a me rogatis, nuncupativum facio Testamentum, quod sine scriptis dicitur jure civili.* Testam. cardin. Talayrandi de Petragor. ann. 1360. ex Cod. reg. 4223. fol. 110. r° : *Præsens nuncupativum Testamentum sine scriptis condimus.* Interdum licet scriptum, *Nuncupativum* nihilominus appellatur. Testam. ann. 1312. tom. 3. Cod. Ital. diplom. col. 939 : *Yolanda de Montesferrato comitissa Sabaudiæ.... Testamentum suum nuncupativum et sine scriptis dictum, in scriptis tamen redactum, in modum qui sequitur uno contextu fecit.* Aliud Audoyni cardin. Ostiens. ann. 1363. ex Cod. reg. 4223. fol. 135. v° : *Testamentum meum ultimum nuncupativum, quamvis in scriptis redactum,... ordino.* Aliud ejusd. cardin. ibid. fol. 139. v° : *Omne aliud testamentum vel codicillum per me hactenus in scriptis vel sine scriptis, aut vocaliter seu verbaliter factum cassans.* Hinc cum *vocaliter* factum aut *sine scriptis* conditum dicitur, de testamento aliena, etiamsi publica manu, exarato, nec a testatore subscripto, sed tantum dictato, videtur intelligendum esse. Solemni vero *nuncupativum* opponitur eamdem ob causam. Testam. Herardi de Novo-Castello ann. 1308. ex Cod. reg. 9184. 2. fol. 142. v° : *Pour ceu que je ne estoie en lieu ou je peusse faire Testament solemnel, je ai fait Noncupatif.* Charta ann. 1354. in Reg. Cam. Comput. Paris. sign. Vienn. *Vienne* fol. 57. r° : *Testamenta si qua deffuncti vel deffunctorum reperirentur in scriptis vel sine scriptis, sollemniter vel per nuncupationem condita, ubicumque facta fuerint, legitime observentur.* Testam. Bertr. de Borno milit. dom. de Altoforti ann. 1360 : *Et hoc est Testamentum meum ultimum,.... quod... ego dictus testator valere testamenti perfecti vel imperfecti, in scriptis vel sine scriptis, solemni vel non solemni aut nuncupativi.* A testamento clauso rursum distinguitur nuncupativum, in Charta ann. 1251. ex Bibl. reg. cot. 2 : *Nec prohibeat vicecomes* (Narbon.) *Testamenta personarum jurisdictionis archiepiscopalis in curia archiepiscopi publicari, sive nuncupativa fuerint, sive clausa.*

⁴ Irritum habebatur Testamentum, quo ecclesiarum *fabricæ* nihil relinquebatur, ex Stat. MSS. eccl. S. Laurent. Romani : *Statuerunt quod quilibet parrochianus in parrochia dictæ ecclesiæ, qui et quæ testamentum condiderint, aliquid secundum sui voluntatem dictæ fabricæ legare teneantur : quod si aliquid non legaverint, dictum Testamentum pro infecto habeatur. Sint autem dicti operarii solliciti, quod dum sciverint aliquem parrochianum condere testamentum, meliori modo quo poterunt, dictæ ecclesiæ fabricam recommittant, et notarios testamenta recipientes avisent.*

⁵ Id præterea juris sibi olim arrogare tentaverant episcopi, ut executores testamentorum, deficientibus iis quos testator constituerat, nominarent : quod abusive ab iis factum judicavit Arestum ann. 1357. 26. Maii in vol. 4. arestor. parlam. Paris. : *Dicebat etiam* (procurator episc. Belvac.) *quod dato, quod aliquis fecerit Testamentum, et defuerint aut esse desierint executores hujusmodi testamenti, dictus episcopus per se et prædecessores suos fuit et est in dictis possessionibus ac saisina ponendi et constituendi super hoc executores.... Per arrestum curia nostræ dictum fuit,.... ipsum episcopum in prædictis abusum fuisse seu abusisse.*

⁶ TESTAMENTUM SACRAMENTALE quid sit et qua de causa sic appelletur, docent Libert. MSS. concessæ Barcin. ann. 1283 : *Item et consuetudo, quod si aliquis fecerit testamentum, præsentibus testibus, in terra vel in mari, ubicumque sit, in scriptis vel sine scriptis,... quod valeat ipsa ultima voluntas sive testamentum ; dum testes, si interfuerint,..... infra sex menses, ex quo fuerint in Barchinona, jurent in ecclesia S. Justi super altare S. Felicis martyris, præsente notario qui talia testamenta conficit, et aliis personis, quod ipsi testes ita viderunt et audiverunt scribi seu dici, sicut in illa scriptura continetur, sive ultima voluntate, verbotenus ab ipso testatore dicta ; et quod tale Testamentum vocatur Sacramentale.*

¶ TESTAMENTORUM PRINCEPS, Chartarum regiarum custos, in Vita S. Dunstani sæc. 5. Benedict. pag. 672.

2. TESTAMENTUM, Testimonium. Vide Pithœum ad Collat. Leg. Mosaic. tit. 8. [et *Testamen.*]

° 3. TESTAMENTUM, pro *Tensamentum*, ut opinor. Feuda Norman. in Reg. S. Justi ex Cam. Comput. Paris. fol. 170. r°. col. 2 : *Quicquid de eo* (Galtero de Marinis) *tenetur apud Mogueviller et omnes advocatias et Testamenta, quæ tenentur ad Marinas.*

⁵ TESTARDIA, Pertinacia, obstinatio, contumacia ; unde *Testardus*, Pertinax, obstinatus, vulgo *Têtu*, opiniatre. Glossar Provinc. Lat. ex Cod. reg. 7657 : *Testardaria, Prov. Assefallia.* Lit. remiss. ann. 1338. in Reg. 66. Chartoph. reg. ch. 1310 : *Dictus Jassequinus erat Testardus et ebriosus et contusionibus utens, sic quod ex culpa sui et propter Testardiam suam evenerat dicta brica. Testart* vero Asser quidam appellatur, in Chartul. Corb. sign. *Ezéchiel* ad ann. 1421. fol. 146. v° : *Lesquelx carpentiers seront tenus de metre et faire en le grange au mars de ladite cense ung Testart et ung patin.*

1. TESTARE, Testari, Testimonium dicere. Lex Bajw. tit. 16. cap. 2 : *Nisi super hominem Testare voluerit aliquem causam, etc.* Videtur aliud sonare in Lege Salica tit. 29. § 19 : *Si quis aratrum in campum alienum intrare prohibuerit, vel arantem foras jactaverit, vel Testaverit, etc.* [°? Vide *Antestare*] [° Sensum explicat Cod. Est. ejusd. leg. apud Murator. tom. 2. Antiq. Ital. med. ævi col. 288. ubi pro *Testaverit*, legitur, *Restaverit, id est, vetaverit.* Quo sensu Galli Dicimus : *Faire tête.*] Vide Pactum Legis Salicæ, tit. 27. § 20. [Idem Pactus tit. 48. § 1 : *Si vero contra interdictum unius vel duorum in villa ipsa adsedere præsumpserit, tunc Testare illi debent, et si noluerit inde exire, ille qui Testati, cum testibus sic ei debet Testare, ut inter denies noctes exinde exeat, etc.* Hujus capituli sensus est, ut illi, qui quempiam in villa aliena considerent tolerare nolunt, cum adsumtis testibus admoneant, ut exeat.]

° 3. TESTARE, pro Testari, testamento disponere. Lit. Philippi VI. ann. 1340. in Reg. 73. Chartoph. reg. ch. 227 : *Audita per nos supplicatione seu requesta juratorum et consulum villæ de Regula, continente quod cum in dicta et in Vasedesio sit expressa consuetudo, ut nullus habitator dictæ villæ de bonis suis immobilibus Testare valeat seu aliter ordinari possit seu disponere ;.... eo quorum supplicationi annuentes, attentis meritis et gratis servitiis dom. regi et ejus prædecessoribus per eos impensis, dictis juratis seu consulibus ..... potestatem concedimus, ut ipsi de bonis eorum omnibus, mobilibus et immobilibus,.... in testamento vel aliter disponere et ordinare possint.* Stat. synod. eccl. Castr. ann. 1358. part. 2. ex Cod. reg. 1592. A. fol. 76. r° : *Sequuntur taxationes lx. florenorum auri annuatim exsolvendorum domino nostro Castrensi episcopo per beneficiatos infrascriptos, ut possint Testare de bonis suis suorum beneficiorum Castrensis diocesis, nec non et quantitates provisionum, lectorum et aliorum necessariorum successoribus suis dimittendorum.*

° Testandi in gratiam pii loci facultas concessa etiam iis qui in minori erant ætate, a Luitprando rege Longobardorum lib. 4. cap. 1. apud Murator. tom. 5. Antiq Ital. med. ævi col. 619: *Ut si cuicumque ante ipsos decem et octo annos* (quibus superatis tantum licebat de rebus suis disponere) *evenerit ægritudo, et ea viderit ad mortis periculum tendere, habent licentiam de rebus suis pro anima sua in sanctis locis causa pietatis, vel in xenodochio judicare quod voluerit; et quod judicaverit, stabile debeat permanere.* Cujus legis auctoritate fultos pueros atque impuberes non semel id fecisse probat exemplis Muratorius ex Chartis ann. 794. 1000. et 1018. ibidem prolatis.

¶ **TESTATA**, Extremum, finis, apud Italos, Gall. *Bout.* Statuta Mutinæ fol. 70 : *Quilibet per suas terras et terrarum suarum Testatas, et Testatæ bannitorum et viarum juxta dictam foveam debeant cavari.*

° Vide supra *Testa* 2.

TESTATIO, Jus dicitur quod Episcopi habebant disponendi de quarta, interdum nona parte relictorum de testamentis in pios scilicet usus; quod quidem inde manavit, quod antiquitus statutum fuit, ut rerum, quæ in testamento relinquerentur, autoritate Ecclesiæ distributio deinceps fieret, et ut Episcopis ac Prælatis, in pios, sicuti diximus, usus, certam eorum quantitatem distribuere liceret. Cum autem de *decima tantum parte* disponendi is facultas esset data, scribit Matthæus Paris ann 1190. statutum in Normannia. Ricardo Rege annuente, inter cætera : *Ut distributio rerum quæ in testamento relinquuntur, autoritate Ecclesiæ fieret, nec deinde pars, ut olim subtraheretur.* De rebus porro testamento relictis quartam sibi postmodum arrogarunt, non amplius in pios usus erogandam, sed tanquam sibi propriam, et de qua disponere iis omnino esset liberum, uti de *intestatorum bonis*, quod supra docuimus. Charta Leonardi Episcopi Cæsenatensis ann. 1175. apud Ughellum tom. 2 : *Insuper largimur vobis vestrisque successoribus in perpetuum alias decimationes, et primitias, et testationes, et Aquam sanctam totius Vicariatus, etc.* Alia ibidem Aimerici Episcopi ejusdem Ecclesiæ ann. 1274: *Insuper largior, do, trado,.... in perpetuum Canonicam portionem testamentorum et aliarum ultimarum voluntatum de jure spectantium mihi meisque successoribus ab hac hora in antea in perpetuum per totum plebatum dictæ plebis S. Mauri,.... ut libere quicquid ad me meosque successores ratione Canonicæ portionis, id est, quartæ testamentorum, et aliarum ultimarum voluntatum pertinebit amodo, vel pertinere videbitur in perpetuum per totum plebatum utrumque, percipere ac exigere et habere pacifice valeatis, etc.* Vide *Nonagium*, [et *Tertiagium*.]

¶ **TESTATIOR**, Magis testatus, compertus, notior. Codex Theod. lib. 10. tit. 1. leg. 14 : *Quo facilier sit discussio pecuniæ, cujus nobis fuerit summa Testatior.*

TESTATOR, Patronus, intercessor. Liber. 2. Miracolor. S. Bertini cap. 7: *Præsertim de Dei auxilio Testatorumque propriorum interventu fisi. Et cap. seq.*

extremo : *Tam clementis Dei provisione adjuti..... imo de experta patrum intestatorum solita et provida defensione salvati, etc.*

° **TESTATORIA** LITTERA, idem quod supra *Testamentale* edictum. Charta Caroli Simpl. ann. 915. tom. 9. Collect. Histor. Franc. pag. 528 : *Et ut hoc nostræ auctoritatis præceptum perpetualiter manens, semper sit inconvulsum, has Testatorias litteras exinde fieri jussimus.*

TESTEIA, *Tesceia* Capit. Caroli C. tit. 12. cap. 13 : *Istud sacramentum jurabunt franci homines. Ego ill. adsalituram, illud malum schach vocant, vel Tesceiam non faciam, nec ut alius faciat, consentiam. Tesceia* scribitur in tit. 39. cap. 3 · *De illis hominibus, qui infames vel clamodici sunt de Testeis, vel latrociniis et rapacitatibus, et assalturis, etc.* Infra : *Juret ..... quod Testeam, vel latrocinium, aut rapinam non fecerit.* Occurrit ibi pluries. Vocis origo incerta, tametsi notio ex allatis satis constet. Sane *Testeia* scribi debere, non *Tesceia*, evincit Epistola Fulcardi Abbatis Lobiensis ad Imp. Henricum, in Chronico Lobiensi : *In placitis præter bincinam et Testeiam non debet habere Advocatus, nisi tres denarios, et alicubi duos; modo si aliquis non placito scabinorum banno fuerit devictus, etc.* Ubi legendum monuimus *burinam*, id est, seditionem, *mesleiam*.

☞ *Tesceiam a Texaga* deducit Eccardus in Notis ad Pactum Legis Salicæ tit. 9. art 3. eamdemque notionem esse utriusque vocis haud male asserit vir doctus. Vocabulum *Texaga*, inquit, lenius enunciatum mutatum est in *Texegam, Tescegam*, sive ut communiter in veteribus monumentis scriptum reperitur, *Tesceiam* : unde fallitur Cangius qui *Testeiam* scribi debere contendit. Significatio autem vocis agnosci facile potest ex laudato Caroli C. Capitulari tit. 39. cap. 8. ubi *Tesceia* per *latrocinium* tanquam synonymum explicatur. Est ergo *Tesceia*, ut et *Texaga*, furtum clandestinum et occultum. Vide infra *Texaga*.

¶ **TESTEIMENIARE**, pro *Testimoniare*, in vet. Charta apud Doubletum Hist. San-Dion. pag. 687.

¶ 1. **TESTERA**, Species machinæ bellicæ. Radulfus de Gestis Friderici I Imp. apud Murator. tom. 6. col. 1178 : *Et cum Testeris et præderis expugnaverunt illud* (castellum.) Vide *Petraria*.

¶ 2. **TESTERA**, Frontalia, Gall. *Tétiere*, Ital. *Testiera*. Statuta Vercell. lib. 7. f. 170 : *Nullus molinarius audeat vel præsumat ducere vel duci facere per civitatem Vercellarum aliquem asinum vel aliam bestiam quadrupedem per se, nisi ducatur vel teneatur per cordam vel capistrum, vel frenum seu bertholam, vel Testeram in pena solidorum x. Pap.* Vide *Testinia*.

¶ **TESTERIA**, Eadem notione. Garnisiones castri Carcassen. ann. 1294 : XXIII. *cohoperture equorum de tela puncta* v. *Testerie equorum puncte.*

° *Capitis equorum armatura.* Lit. Alfonsi comit. Pictav. ann. 1269. in Reg. 11. Chartoph. reg. fol. 81. v° : *Mandamus vobis quatinus..... duas Testerias ad equos.....apportari faciatis vobiscum.*

¶ **TESTERIUM**, Lecti supernum tegmen, Angl. *Tester*, Gall. *Ciel de lit*, vel *Fond de lit*. Litteræ ann. 1388. apud Rymer. tom. 7. pag. 577. col. 1 : *Unum coopertorium cum celura integra et Testerio de eadem secta.* Rursum occurrit pag. 356. col. 1. Italis *Testiera* latus est lecti cervicali proximum. Vide *Testale* et *Testrum*.

¶ **TESTEUS**, pro Testaceus. *Testea corpora*, Macrobio lib. 7. Saturn. cap. 15. *Testeum vas*, apud Marten. tom. 1. Anecd. col. 510.

¶ **TESTICIDIUM**, Testis cædes, occisio. Gerohus Reicherspergensis in expsitione Psalmi 64. apud Baluz. tom. 5. Miscell. pag. 124 : *Interficiunt* (Joan. Bapt.) *cavendo quidem sibi, ut æstimant, a reatu homicidii, sed non effugientes crimen Testicidii, etc.*

° **TESTICULARE**, Testiculos abscincindere. Glossar. Provinc. Lat. ex Cod. reg. 7657 : *Escolar, Prov. Testiculare, tescuare.* Vide *Tescua*.

¶ **TESTIFICARE**, pro Testificari. Concilium Legion. ann. 1012. can. 19 : *Si autem aliquis testium falsum Testificasse probatus fuerit, etc.* Occurrit alibi non semel.

¶ 1. **TESTIFICATIO**, Martyrium, passio. S. Paulinus Epist. 31. num. 5 : *De loco Testificationis (Christi) confirmata* (S. Helena) *jussit illico.... in ipsum locum operam fossionis accingi.*

ᵇ 2. **TESTIFICATIO**, Existimatio, fama. Charta Alani Brit. ducis tom. I. Probat. Hist. Brit. col. 381 : *Quam* (potestatem) *jam divæ memoriæ genitor noster Gauffredus marchisio ejusdem loci rectori, nomine Roberto, pro remedio, tam suæ quam genitoris, avi scilicet nostri magnæ Testificationis viri Conani, ante concesserat.*

ᵇ **TESTILIS**, *Rustica quædam*, vel *ficticlis, rusticum nomen*. Glossar. vet. ex Cod. reg. 7618. [¹² Virgil. Eclog. 2. vers. 10]

TESTIMONIALES, Diplomata, vel Epistolæ, quæ a Principibus concedebantur iis qui *militiam sub armorum laboræ exegerunt*, quibus in emeritæ militiæ præmium, in *Protectorum, Præpositorum, vel Tribunorum* ordinem ii adscribebantur. *Testimonialibus dignitatem adipisci*, in leg. 8 Cod. Th. de Honorariis codicill. (6, 22.) Vide eumdem Cod. tit. de Testimoniali ex Tribunis et Protectoribus (7,21.), et ibi Gothofr. Gall. *Témoignage de service.*

¶ **TESTIMONIALIS**, Scripta testificandi, Gall. *Certificat*. Concilium Tolet. ann. 1338. can. 12. *Qui alieno Parochiano absque alia Testimoniali sacerdotis proprii Missam celebraverit nuptialem, trecentos morapetinos nobis solvere teneatur.* Ubi pro *absque alia lubens legerem absque littera*, vel *licentia*, aut quid simile.

¶ **TESTIMONIALIS** CHARTA *seu publicum instrumentum*, in Charta ann. 1399. apud Menesterium in Probationibus Hist. Lugdun. pag. 127 col. 1.

¶ **TESTIMONIALIS** DIACONUS, Custos Episcopi concionantis. Consule Panvinum in vocum ecclesiasticarum interpretatione. Vide *Diaconus* et infra *Testimonium*.

¶ **TESTIMONIALES** LITTERÆ, In alicujus rei testimonium datæ, apud *Madox* Formular. Anglic. pag. 11. Vegetio lib. 2. cap. 3. sunt illæ, quibus milites completis stipendiis dimittuntur. Vide supra *Testimoniales.*

TESTIMONIARE, Testimonium dicere, Gall. *Tesmoigner*, in Capitul. ad Legem Salicam cap. 11 : *Optimus quisque in pago vel civitate in testimonium assumatur, et cui is, contra quem Testimoniare debet, nullum crimen possit indicere.* Adde lib. 3. Capitul. cap 32. [Commemoratorium ann. circiter 780. apud Marten. tom. 1. Ampliss. Collect. col. 41 : *Illi pagenses et ingenui homines sic in omnibus Testimoniaverunt, quod ipsi viderant ipsas villas partibus supradictis Ecclesias possidere.*

Adde Chartas Chlodovei Reg. Fr. sæc. 3. Bened. part. 2. pag. 617. 618. et Perardum in Burgundicis pag. 14. Le Roman *de Vacce* MS. :

Mez ce disoient li juroient,
Et Froncheiz le Testemoignoient,
Que onques inez de sa valeur
N'out en la terre eu Seigneur.

Le Roman *de Giron le Courtois* MS. : *Sire Gauvain, tout le monde vous Tesmoigne à bon chevalier.* Infra · *Vous tient à bon chevalier* Charta Auberti Abbatis Castricii ann. 1217. ex Chartul. Campan. fol. 313. v°. col. 2 : *S'aucuns dist lait à l'autre en la vile, et il soit veu d'eschevin, ou Testmoignié par deux autres personnes il paiera por l'amende* III. s. Vide in *Testimonium.*]

" Nostris *Tesmoigner* quelqu'un, pro *Rendre bon temoignage d'une personne,* Alicujus probitatem testari, in Lit. ann. 1390. tom. 7. Ordinat. reg. Franc. pag. 370. *Thesmoignier,* pro *Temoigner,* Significare, declarare, in Vita J. C. MS. :

L'Escriture ol Thesmoignier
Qu'il ne porent avoir enfant.

TESTIMONIUM, Testis, unde Gallis *Tesmoin.* Capitulare ann. 779. cap. 19 : *De mancipiis quæ vendantur, ut in præsentia Episcopi vel Comitis sit,... aut ante bene notâ Testimonio.* Vetus placitum editum a Baluzio in Append. ad Capitul.: *Nuper veniens Arloinus ad suum placitum, quod arramitum habuit, ibidem sua Testimonia protulit bonos homines idoneos, his nominibus,* etc. Aliud Placitum ann. 869. apud eumdem : *Unde sic dedit iste Wardina mandatarius..... tale Testimonia qui juraverunt ad seria conditione,* etc. Chronicon Farfensis monasterii pag. 656: *Et sic venit domnus Abbas, et ejus Advocatus, una cvm Testimoniis, quorum nomina sunt, Gradolfus, etc.* Tabularium Persiense cap. 19. apud Perardum : *Ante ipsos Missos duodecim Testimonia ibidem præsentavit, his nominibus,...... ipsa Testimonia diligenter discussi fuerunt,* etc. Charta 99. ex Alamannicis Goldasti. *Tunc prædictus Comes jussit, ut ipsa Testimonia supra irent, et ipsos terminos ostenderent, quod dicebant,* etc. Burchardus Wormaciensis Episcopus in Lege Familiæ : *Ut devitantur perjuria volumus, ut ex utraque parte ostendantur illorum Testimoniæ, et ita colladdant testes quasi gratum habeant; et ex supradictis duobus Testimoniis, duo eligantur ad pugnam, et cum duello litem decernant, et cujus campio ceciderit, perdat.* [Vetus Constitutum Sylvestro PP. attributum num. 6 : *Non damnabitur Præsul nisi in* 72. *(Testimonia).......* presbyter autem *nisi in* 44. *Testimonia ..... filios et uxores habentes et omnino Christum prædicantes.*]

² *Testemonie,* in Charta ann. 1274. tom. 1. Probat. Hist. Brit. col. 1033. pro *Temoignage, preuve.*

Pro *Testimonio* aliquid accipere. Vetus Charta apud Ordericum Vital. lib. 5. pag. 590: *Inde habuimus beneficia et societatem fratrum, et pro Testimonio unum equum centum solidorum.* Ubi pro consensu rei agendæ præstito scriptum esse videtur.]

☞ *Testimonia* etiam dicuntur, ni fallor, multæ pecuniariæ quæ domino feudali debebantur ob falsum testimonium · nisi malis intelligere eo nomine designari id quod ipsi domino exsolvebatur ob audita ab ipso testimonia. Ut ut est, memorantur *Testimonia* inter jura dominica in Litteris Gerardi Præpositi Eccl. Audomar. ex Tabular. ejusd. Eccl. : *Capellanum Comitis de Ruhoc Canonicum constituimus et concessimus etiam ipsi omnes obventiones,..... emendationes, Testimonia, vina stalli, et præbendarum, bracellos qui ad talliam non pertinent.*

TESTIMONIUM ECCLESIASTICUM, [Sic vocantur Episcoporum socii, quia erant vitæ eorum testes.] Chronicon Reicherspergense ann. 272 : *Lucius PP. præcepit, ut, duo Presbyteri, et* 3. *Diaconi in omni loco Episcoporum non deserant propter Testimonium Ecclesiasticum.* S. Hieronymus Ep. 85 : *Sed dicis, Quomodo Romæ ad Testimonium Diaconi Presbyter ordinatur.* Vide *Cellulanus, Tyncellus,* et *Testimonialis Diaconus.*

☞ Testimonium Clericorum ac Monachorum olim receptum fuisse in propria causa exemplis et auctoritate probat Mabillonius lib. 3. de Re Diplom. num. 5. et seqq. licet habeatur lib. 7. Capitul. cap. 152 : *Ut nullus in sua causa judicet aut Testimonium dicat.*

☞ Testimonium proprie dictum variis vocibus olim expresserunt Galli, quod nos unica nunc voce *Temoignage* enunciamus. Charta ann. 1252. ex Chartul. Campan. fol. 396. col. 1 : *An testmoinance de ceste chose nos avons ces lestres saelées de nostre sael.* Occurrit pluries in eod. Chartul. Litteræ ann. 1255. apud Lobinell. tom. 2. Hist. Britan. col. 406 : *Nos Jehan Dux de Bretaigne... li en avon doné cestes lestres pendantes seellées en nostre seal en Testemoine. E en Testemoigne de ces choses,* in aliis Henrici Regis Angl. ibid. col. 409. *Donné par Testmoignance à nostre grant seal,* in aliis Richardi Regis Angl. ann. 1379. ibid. col. 602. Vide *Testimoniare.*

¶ TESTIMONIUM JESU-CHRISTI, Novum Testamentum, Evangelium. Poema de Nomine Jesu in Appendice Operum S. Paulini pag. 25 :

Salve, ô Appollo vere, Pæan inclite,
Pulsor draconis inferi.
Dulcis tui phareira Testimonii,
Quod quatuor perstat viris, etc.

° TESTIMONIUM, dicitur, ut et Gallis *Tesmoin,* de caudicibus, quibus continetur lignum focarium, cum illud metiuntur. Charta Caroli IV. ann. 1326. in Reg. 64. Chartoph. reg. ch. 120 : *Cum sorores beati Ludovici de Pissiaco quingentas quadrigatas bosci, quamlibet quatuor modulos continentem..... percipiant ; ... verum quia moduli antedicti fuerunt... interdum incompetenter mensurati,...... concedimus quod in mensuratione cujuslibet moduli....... tres buschæ, videlicet unam pro plano et duas pro Testimonio deinceps.... tradantur.*

TESTINIA, Armaturæ species. Testamentum Ranimiri Reg. Aragon. æræ 1099. in Hist. Pinnatens lib. 2. cap. 38: *De meas autem armas qui ad Varones et Cavalleros pertinent, sellas de argento, et frenos, et brunias, et espatas, et adarcas, et gelmos, et Testinias, et cinctorias, et sporas. et cavallos, et mulos et equas, et vaccas, et oves, dimitto ad Sanctium filium meum, etc.* Quid si legatur *testirias ?* ut sit capitis armatura, quam *Testiere* nostri vocant. Quam etiam armaturæ speciem equis militaribus adscribunt *Assisiæ* Hierosolymitanæ MSS. cap. 95. ubi de duello certantibus : *Et le cheval doit estre couvert de couverture de fer, et avoir une Testiere de fer, et emmi la Testiere, une broche de fer, telle comme celle de l'escu.* [Vide *Testera* 2.]

¶ **TESTINIUM,** *Opportunum,* in Glossis Isid. Grævius emendat *Tempestivum.* [☞ Ita legitur apud Placidum et ex eo apud Papiam et alios.]

TESTINUM. Lex Familiæ Burchardi Episc. Wormaciensis cap. 17 : *Nihil juret, sed in Testino Scabinorum sit.* Ubi *Testimonio* legendum nemo non videt.

TESTIPHADIUM. Iso Magister in Glossis : *Fulchra, sustentacula vel lectorum, vel aliarum rerum, quæ Testiphadia nominamus.* Leg. *Stibadia,* ex Græco στιβάδιον.

1. **TESTIS.** Statuta Synodalia Nicolai Episcopi Andegavensis ann. 1263 : *Prohibemus singulis Sacerdotibus parochialibus, ne ipsi parochianis suis die Paschalis Testes seu hostias loco panis benedicti ministrent, ne ex ejus ministratione, seu receptione erubescentiam evitare videantur; sed panem benedictum faciant, sicut aliis diebus dominicis fieri consuevit.* Ubi pro *evitare* legendum puto *irritare:* forte enim intelliguntur paniculi, seu oblatæ in *testiculorum* figuram formatæ, quas in hoc festo Paschali loco panis benedicti dabant.

☞ Haud scio an simplicior veroque similior sit Acherii tom. 11. Spicil. pag. 207. emendatio, qui *tostas* ibi pro *Testes* legendum esse suspicatur.

¶ 2. **TESTIS,** pro *Textus.* Vide in hac voce.

3. **TESTIS.** *Teste meipso,* vel *Teste Rege,* Formula Chartis Regum Angliæ [seu potius Epistolis minoris momenti a temporibus Richardi I.] passim adscripta, cum scilicet a Proceribus non subscribitur, sed a solo Rege ; quam suggillavit olim Pius II. PP. in mandato Henrici VI. lib. 3. Commentar. suor.: *Testem autem se dicit* (Deus) *futurum, quia in judicio suo non indiget testibus.* [Vide Mabill. lib. 2. Diplom. cap. 21. num. 7. et 8. ubi præter illa quæ spectant Anglos, aliquid simile refert e Litteris Rogerii Calabriæ Comitis, Cœnobio Pactensi concessis ann. 1094. apud Pirrum Sicil. sacræ lib. 3. pag. 886 : *Teste me dante et concedente et conjuge mea Adalayde Comitissa.* In aliis ibid. pag. 387. habetur : *Teste eodem Comite Rogerio,* etc]

² Eadem formula alii præter Angliæ reges usi sunt : Theobaldus comes Trecensis in Charta pro monast. Corbinlac. ex Reg. 105. Chartop. reg. ch. 16: *Actum Trecis, Teste me ipso anno Verbi incarnati* 1199. *mense Novembri.* Rursum in alia ex Chartul. Campan. fol. 65. r°: *Actum apud Choaudon, Teste me ipso anno incarnationis Dominicæ* 1200. *mense Januario. Datum per manum Galteri cancellarii me ipso.* Guillelmus de Valle Grignosa in Charta ann. 1224. ex Chartul. AD. S. Germ. Parat. pol. 61. v°: *Datum Parisius apud S. Germanum de pratis, Teste me ipso.*

° *Liber est, et non doctus, non sperat habere lucrum, nec damnum ; et super suam animam juravit.* Hæc formula uniuscujusque testis declarationem excipit, in Inquisit. ann. 1252. apud Muratori tom. 1. Antiq. Ital. med. ævi col. 811. Ubi *non doctus* idem sonat atque *non subornatus.*

TESTES EX EODEM COMITATU . in quo res acta, de qua controversia est, sumi debent. Capitula Ludovici Pii Imp. ad Legem Salicam, lib. 4. Capitular. cap. 23. *Eligantur in ipso pago,* lib. 3. eorumd. Capitul. cap. 78. Adde Chartam reclamatoriam ad Ludovicum Pium inter Epistolas S. Bonifacii num. 115. a Baluzio laudatam in Notis ad Capitularia col. 1187.]

TESTES qui oculis suis viderunt, et auribus suis audierunt ; in Lege Alamann. cap. 1. tit. 2. § 1.
TESTES PER AUREM ATTRACTI. Vide *Auris.*
¶ TESTES CREDITI, Quibus fides habenda est, in Testamento ann. 1121. in Probat. novæ Hist. Occitan. tom. 2. col. 416.
¶ TESTES REDEMTI, Pretio allecti, corrupti, subornati. Vide *Redimere.*
TESTES ROGATI. Vide *Charta rogata,* pag. 816. col. 2.
TESTES SYNODALES PUBLICI, Qui publice recepti et probati in Synodo ; *de quorum fide non dubitatur,* in Concilio Cabilonensi ann. 813. cap. 1. Cap. Præterea, de Testibus cogend. : *Testes publicos, quos civitas nuncupat Synodales.* Censent Cironus et Altaserra lib. 2. Dissertat. Juris Canon. cap. 12. dici hoc loco *Testes Synodales,* qui publice recepti et probati in Synodo, quasi custodes et speculatores eorum, quæ fiunt in Ecclesia, vel contra Synodi decreta decernuntur et geruntur, quos Græci παραφύλακας vocant, ut notavit Cujacius ad cap. 7. de Testib. cogend. vel potius hos esse, qui in quacumque parœcia vel Episcopatu eligebantur, adhibito super 4. Evangelia, vel Martyrum reliquias juramento, ut omnia, quæ contra fidem et religionem fiebant, observarent et inquirerent, ut patet ex Can. *Episcopus,* 35. q. 6. et Concil. Lateran. sub Innoc. III. cap. 6. Concilium Narbon. ann. 1227. can. 14 : *Districte mandamus, ut ab Episcopis Testes Synodales in singulis instituantur parochiis qui de hæresi et aliis criminibus diligenter inquirant, etc.* Concilium Tolosanum ann 1229 : *Statuimus itaque ut Archiepiscopi et Episcopi singulis parochiis, tam in civitatibus quam extra, Sacerdotum unum, et duos vel tres bonæ opinionis Laicos vel plures, si opus fuerit, sacramento constringant, qui diligenter, fideliter et frequenter inquirant hæreticos in iisdem parochiis, etc.* Synodus Coloniensis ann. 1300. cap. 10 : *Et illud inventarium fiet per probos viros et idoneos, videlicet per Presbyterum, et duos Scabinos loci, vel Synodales, non suspectos, etc.* Infra . *Facto inventario in præsentia Sacerdotis loci, vel duorum vel trium Scabinorum, vel Synodalium, vel fide dignorum.* Statutum Friderici II. Imp. apud Alber. ann. 1234 : *Statuimus, quod si quis treugas datas violaverit, si cum ipso in cujus manum treugæ fuerant compromissæ, et cum duobus aliis Synodalibus hominibus treugas violatas esse convincere potuerit, et testari, violator manum perdat.* Adde Statuta Walteri Episc. Dunelmens. ann. 1225. sub finem, Concil. Saltzburgense ann. 1420. cap. 16. et Senonense ann. 1485. art. 4. cap. 7.
Ut porro ii deligerentur, docet in primis Concilium Rotomagense apud Reginonem lib. 2. cap. 2. et Burchardum lib. I. cap. 91 . *De juratoribus Synodi : Episcopus in Synodo residens, post congruam allocutionem, septem ex plebe ipsius parochiæ, vel eo amplius aut minus, prout viderit expedire, maturiores, honestiores, atque veraciores viros in medio debet evocare, et allatis Sanctorum pignoribus unumquemque illorum tali Sacramento constringat : A modo inantea, quicquid nosti vel audisti, aut postmodum inquisiturus es, quod contra Dei voluntatem et rectam Christianitatem in ista parochia factum est aut in futurum erit, si in diebus tuis evenerit, tantum ut ad tuam cognitionem quocunque modo perveniat, si scis, aut tibi indicatum fuerit Synodalem causam esse, et ad ministerium Episcopi pertinere, quod nec propter amorem, nec propter timorem, nec propter præmium, nec propter parentelam celare debeas Episcopo, aut ejus misso, cui hoc inquirere jusserit, quandocunque te ex hoc interrogaverit. Sic te Deus adjuvet et istæ Sanctorum reliquiæ.* Quo quidem peracto juramento, interrogabantur per ordinem ab Episcopo de delictis, quæ in parœcia sua peracta esse noverant.
¶ TESTIS TERMINI, Idem, ut videtur, qui veteri Gromatico *Testacius Terminus* dicitur. Nostri *Perdriaux* vel *Temoins de bornes* appellant quatuor silices ad metas apponi solitos qui metam esse ostendunt. Hieronym. de Monte Brixiano de Finibus regundis cap. 18. num. 1 : *Quando terminus respicit alium terminum per rectitudinem, non per transversum, vel si Testis termini, sive Guardia, ut alii appellant, respicit terminum ab uno latere, tunc erit signum esse finem territorii vel prædii.* Vide in *Warda.*
¶ TESTIS, TESTE, adject. ut *fidelis, fidele.* Liberius Epist. 11. edit. Coustantianæ : *Teste est omne presbyterium Romanæ ecclesiæ.*
TESTES LEVARE. Usatica MSS. civitatis Ambian. : *Quicunque che soit, qui ne sache mie coment il i puet est doie le Tesmoins lever, il le puet demander au Majeur coment il le puist lever, et li Maire li doit certifier, et ensengner coment il le puet et doit lever. Derekief quiconques ce soit qui veulle Tesmoins lever, il le puet lever con faus temoins, et le doit lever par le poing, et presenter son gage, et en puet retenir à avoir campion et avoué s'il veut, etc.*
¶ TESTES *oretenus examinandi,* in Correctionibus Statutorum Cadubrii cap. 136.
☞ Haud abs re futurum est, si post Mabillonium Diplom. lib. 2. cap. 22. n. 15. observemus, aliquando testes laudari in chartis nonnullis hac similive formula : *Hujus rei testes sunt,* licet neque subscribant hi testes, neque Notarius pro ipsis. Nimirum quia cum testes non raro post tempus confecti instrumenti subscriberent, fiebat nonnunquam, ut ex incuria partium chartæ subscriptionibus destitutæ remanerent. Quod testium subscriptiones spectat, fuse refert idem Mabillonius lib. 22. laudato, cap. 20. et seq. Ibi vide.
☞ Probatio per unum testem approbatur Statutis Massil. lib. 2. cap. 12 : *In causa pecuniaria rerum mobilium vel immobilium aut moventium, quæ vel ejus æstimatio c. sol. non excedat... ita tamen si plures testes ad illam causam probandam se non posse habere ille producens asseveret vel affirmaverit suo sacramento.* Excipiuntur *quæstiones injuriarum et furti.*
⁂ *In falsos testes* eamdem, quam in illos qui eos proferunt pœnam decernunt Stat. Avenion. ann. 1243. cap. 73. ex Cod. Reg. 4659 : *Si aliquis produxerit falsum testem, vel nisus fuerit, quamvis ad effectum non perduxerit, scienter, anteritat nasum cum labro usque ad dentes, et eodem modo puniatur ille testis ; nisi istorum uterque centum libras solverit prima vice.* Contra proferentes falsos testes ita definiunt Stat. Cadubr. lib. 3. cap. 50 : *De inducentibus vel facientibus induci scienter falsum testem. Tunc sic inducens vel induci faciens falsum testem, curiæ in centum libris P. condemnetur ; quam pœnam, si non solverit infra mensem a die publicationis sententiæ, duplum dictæ pœnæ infra alium mensem solvere teneatur. Et si infra dictum terminum dictam pœnam non solverit, amputetur sibi lingua, et de Cadubrio per unum annum banniatur.*
° *Tesmoing,* pro vulgari *Montre, échantillon,* vendendæ mercis specimen, in Lit. remiss. ann. 1408. in Reg. 162. Chartoph. reg. ch. 202 : *Le suppliant ala en la ville de Brou et porta avecques lui un pou de blé pour Tesmoing, en entention d'en vendre jusques à un muy du pareil blé.*
¶ 1. TESTITUDO, *Testimonium,* in Onomastico ad calcem tom. 2. SS. Martii.
★ 2. TESTITUDO, [*Toiture :* « *Reperit Testitudinem presbyterii et parietes ejus minantes ruinam.* » (*Chevalier,* Visit. Episcop. Gratianop. p. 52.)]
[Circa ann. 1130. — « Cum Sancti (Hilarii Pictaviensis) Basilica prius, antiquo more *Testitudine* supra fuisset camerata, ad tutelam ignis et compositionem operis, libuit quibusdam civibus illius temporis eam totam fieri lapideam, ac, testudine amota, supra lapidum tegi voltura. » (*Bull. Soc. Antiq. Ouest,* t. XII, 1870, p. 398.)]
TESTON, TESTONES, inquit Spelmannus, nummi genus, quod Gallis 18. denariis valebat. Et sic olim forte apud Anglos : æreum autem et argento delibatum sub Henrico VIII. 12 denariis exponebatur. Sed Edwardi VI. ann. 1. ad 9. denarios contractum est ; postea vero, quale nobis permanet, ad sex denarios, sed hoc optimi argenti.
De *Testonibus* Francicis, vide Syntagma de Monetis argenteis, supra a nobis descriptum.
¶ TESTONUS, TESTUTUS, Eadem notione. Statuta Avenion. lib 1. rubr. 30. art. 4 : *Quia sepe contingit contentiones oriri super solutione monetarum, quæ hic recipi solent, et maxime in scutis et Testutis seu Testonis, etc.* Et mox : *Testutos autem seu Testonos est.* Sed rubr. 24. art. 2. legitur *Testones.*
° *Testart,* in Lit. remiss. ann. 1455. ex Reg. 183. Chartoph. reg. ch. 85 : *Sept rides en or, six salus, ung escu, ung Testart, ung gros de quatre deniers, etc.* Aliæ ann. 1471. in Reg. 195. ch. 620 : *Le suppliant esperant estre bon ami acquis de Grant Jehan, lui offrit prester trois scotes ou Testars pour aider à payer sa perte.*
TESTONES. Additamentum 1. Legis Burgundion. tit. 11 : *Si quis acceptorem alienum involare præsumpserit, aut sex uncias carnis acceptor ipse super Testones comedat, aut certe si noluerit, sex solidos illi, cujus acceptor est, cogatur exsolvere.* [«° Vide Grimm. Antiq. Jur. German. pag. 690. Forte pro *Testiculi.* Confer tit. 10.]
¶ TESTOR, pro *Textor,* Gall. *Tisserand,* Ital. *Testore.* Occurrit in Statutis Vercell. fol. 85. v°.
° *Charta* ann. circ. 1150. apud Pez. tom. 6. Anecd. part. 1. col. 359 : *Præterea duos concessi campanarios,... et duos cubicularios,... et unum Testorem, etc.* Infra : *Textorem.* Hinc *Testut,* pro *Tissu,* Textus, in Inventar. ann. 1419. ex Tabul. Montisol. : *Cum alba, stola, manipulo, zona sive sinta vermelha, unoque Testut.* Vide *Textus.*
¶ TESTRATOR, f. pro *Strator* vel *Protostrator,* de quo supra. Epitome Chronic. Casin. apud Murator. tom. 2 pag. 354. col. 2 : *Mauritius autem Imperator a Phoca Testratore Prisci Pabinii occiditur.*
¶ 1. TESTRUM, Lecti tegmen supernum, Angl. *Tester.* Testamentum ann

1386. apud *Madox* Formul. Anglic. pag. 428 : *Lego dictæ Mesiæ Deyncourt filiæ meæ* 1. *lectum rubeum quiltpoint cum* 1. *Testro de eadem setta.* Vide *Testerium* et *Testura.*

༠ 2. **TESTRUM,** Collis, clivus, f. pro *Testrum.* Vide in hac voce. Charta ann. 1284. in Chartul. Med. monast. fol. 146. v༠ : *Andreas de Sancto Ursino et uxor ejus recognoverant habuisse grantum suum et pecuniam numeratam pro arpento campi siti, ut dicitur, apud grossum Testrum.*

༠ **TESTUDINALIS,** Testudinatus, Gall. *Voûté,* in Charta ann. 1379. apud Pez. tom. 6. Anecd. part. 3 pag. 68. col. 1.

¶ 1. **TESTUDO,** Calva, *Test de la tête, crane.* Vita S. Joh. Gualberti tom. 3. Julii pag. 357 : *Tam grave infixerunt vulnus, ut pervenires acies ferri usque ad Testudinem cerebri.* Vide *Testa.*

¶ 2. **TESTUDO,** Testa, Lagena. Vita S. Adalberti Episc. tom. 3. Aprilis pag. 198 . *Vinum nescio an aquam portavit, Testudinem cum eo quod intus erat illæsam servavit...... mirantur omnes vas sanum.*

¶ 3. **TESTUDO,** Scuti genus oblongum aptumque ad testudinem conficiendam. Nangius in Vita S. Ludovici : *Centum cum Testudinibus sive targis in armis lucidis, et in equis loricatis tunica coopertis sequebantur.* De testudinibus variis militaribus, vide Carolum de Aquino in Lexico Milit.

. 1. **TESTUDO,** *Densitas ramorum,* in vet. Glossar. ex Cod. reg. 7613.

✴ **TESTUGO,** [« *Testugo, limeçon.* » (Lex. Lat. Gall. Bibl. Ebroic. n. 23, XIII. s.)]

¶ **TESTULÆ,** Testarum fragmenta. Vide *Testa.*

¶ **TESTURA,** Idem quod *Testrum,* vel *Testerium,* de quibus supra. Testamentum ann. 1415. apud Rymer. tom. 9. pag. 277. col. 2 : *Lectum de Worstede vel tapestry cum Testura, selura et tribus curtinis.*

¶ **TESTUS,** pro *Textus,* adject. in Legibus Rotharis apud Murator. tom. 1. pag. 41. col. 1. substantive vero infra in *Textus* 1.

¶ **TESTUTUS,** pro Textus, *Tissu.* Inventar. ann. 1476. MS : *Toalhas Testutas et Testutas in opere Damasci.* Vide alia notione in *Teston.*

1. **TESURA,** Claustrum vel cratis, qua ingressus loci defenditur, prohibetur. Charta ann. 1073. ex Tabular. Monast. S. Quintini in insula pag. 14 ˙ *Tesuris nunc existentibus in dicto vivario, etc.* Infra : *Et si aliquis novas Tesuras in dicto vivario existentibus de cloiis novis.* Rursum : *Tesuras prædictas in dicto vivario existentes de cloiis novis et retibus factas de palis et virgis retinere poterunt, etc.* [Tabular. S. Michaelis in periculo maris ˙ *Ego Clamarhocus dedi Deo et S. Michaeli unam Tesuram, id est, piscatoriam in mari.*] *Tesure* non semel in Chartis Gallicis, ibid. pag. 17. et alibi. Fateor tamen hanc vocem derivari posse a *tendre :* sic enim in Ordinat. ann. 1293. pro piscationibus, ibid. pag. 23. v༠ : *Et defendons tendre as archas ; et pescher aux gardons freaux, etc.* [Huc spectare videtur Chron. Bertrandi *du Guesclin* MS :

Toutes les garnisons le verront corammant .
Des gens d'armes qui vont gardant maint Tassement.]

༠ 2. **TESURA,** Thesura, Plagæ, rete, textus, Gall. *Filet,* alias *Tesure.* Libert. castri de Crudio ann. 1325. in Reg. 62. Chartoph. reg. ch. 467 : *Cujuscumque conditionis seu generis censeretur* (venatio) *excepto cum filatis seu rete, et alia Tesura, vocata saumach.* Libert. Petræ assis. ann. 1341. in Reg. 74. ch. 647 : *Item quod quicumque capiens extra eorum columbarium columbos cum filatis in xxx. sol. Turon. et cum Thesura v. sol.* Charta ann. 1391. in Reg. 148. ch. 59 : *Incolæ dictorum locorum* (de S. Paulo, etc. in Occitania) *...... habent usum, ademprivum, libertatem, franquesiam et consuetudinem piscandi cum quibuscumque Tesuris, retibus et modis consuetis...... Item habent usum, ademprivum capiendi cum quibuscumque modis et Thesuris quæcumque animalia fera et silvestria.* Alta ann. 1247. in Chartul. S. Corn. Compend. fol. 97. v༠. col. 2 : *Je devant diz Robers...... recounois que li prévoz de Rumigni... puist penre en ce bos lievre ou counin, lou, renart, et taison, sans haie faire et sans Tesure, etc.* Hinc Tesurer, Retia seu plagas tendere, in Charta ann. 1326. ex Hist. Sabol. pag. 249 : *Qua lesdiz bourgeais.... ne puissent Tesurer, ne mettre fillé : mais ils pourront chacier, porter arc, trere et chienz mener.* Vide supra *Tensura* 3.

༠ **TESUTUS,** Paratus, cui aliquid deliberatum constitutumque est, Gall. *Résolu, déterminé.* Charta ann. 755. apud Murator. tom. 5. Antiq. Ital. med. ævi col. 627 : *Manifestus sum ego nominatus Guiprand V. D. quia in exercito ad Francia Tesutus sum ambulandum, etc.*

TETA. Servius ad Eclogam 1. Virgilii : *Palumbes quas vulgus Tetas vocat.*

✴ **TETANIUM,** *exponitur in antiquis libris vel synonimis, quod est flos calcis, et alibi flos muri : in libro vero de Doctr. Græc. exponitur, quod est calx et gypsum ; sed potius calcem puto.* Glossar. medic. MS. Sim. Januens. ex Cod. reg. 6950.

¶ **TETANUS,** Genus est spasma, et ipse fit velut congelatis corporis vel corporibus, et maxime contra spinam musculi a frigido humore interius et exterius exeunte, in eodem Glossario.

¶ **TETARE,** Sugere. Gall. *Teter.* Occurrit in Glossis ad Doctrinale Alexandri de Villa-Dei.

༠ Italis *Tettare.* Glossar. Provinc. Lat. ex Cod. reg. 7657 : *Tetar, Prov. lactere, tallare, sugere.*

༠ **TETERANI,** Proni, sive tenebrosi, in vet. Glossar. ex Cod. reg. 7641. Leg. *Tetrani, pravi.* Vide *Tetranus.*

✴ **TETERANUS,** [Hypodromus. DIEF.]

¶ **TETHICUS.** Vita S. Winwaloei MS : *Muro utrimque circumdatus Tethico.* Vox ducta videtur a Græco θεικός, posititius ; quod si verum est, melius legeretur *Theticus.*

TETHINGA, vel TITHINGA, pro *Decania* et *Friborgus,* interdum pro *Trithinga,* quæ vide suis locis.

TETHINGPENY, Pecunia, quam subsidii causa Vicecomes olim exigebat ex singulis *Tethingis,* seu decuriis sui Comitatus. Inter tributa, a quibus immunitas conceditur , recensetur Charta Henrici II. Regis Angliæ in Monastico Anglic. tom. 2. pag. 283 : *Sint quieti... de blodwite, et garwite, de ferwite, et de leiewite, de Tedingpeny, de flemenewide, et telonio, etc.* Adde pag. 387. *Thenedingpeny* habetur pag. 827. *Thethingpanye,* pag. 1003. [*Thedinpeni ,* in Tabulario Beccensi et in Chartophylacio Reg. Regest. 92. Expositio vocabulorum Anglican. ad calcem Chartularii Beccensis ante annos 400. exarata . *Thetenpeny, aveir deniers de vos disaines.* Haud scio an idem sit *Thengdpeny* infra in *Weretoff.*]

༠ **TETINA,** a Gallico *Tetine,* Mamma. Lit. remiss. ann. 1362. in Reg. 93. Chartoph. reg. ch. 105 : *Qui Petrus evaginavit gladium, quem deferebat, et dedit dicto Guillelmo unum ictum subtus Tetinam.*

TETIX. Miracula ult. S. Joannis Beverlacensis num. 4. de quodam contracto : *Si quando necesse habuit in matris Tetige mutare locum, manibus et genibus quasi pedibus quatuor innitebatur in modum quadrupedum.* [Cl. Editor putat esse Tectum vel Tugurium tom. 2. Maii pag. 191.]

TETMALLUM, pro *Mallum,* Placitum. Pancharta Nigra S. Martini Turon. an. Odonis Regis : *.... Data est hujus cessionis auctoritas* 11. *Kalend. Junii Turonis in publico Tetmallo, quod tenuit Aldradus Vicecomes.* Vide *Mallum.* [༠༠ *Tet,* Populus. Vide Graff. Thesaur. Ling. Franc. tom 5. col. 124. radice *Diot.*]

TETRA, ex Græco τέτρα, Quatuor. Alfhelmus de Laude virginum :

Helias vates, quem tetra volumina Regum
Insignem memorant virtutum ternis fretum.

TETRACTY, vox Græca τέτρακτυ. Ingobertus Caroli Magni scriba :

Rex cœli dominus solita pietate redundans
Hunc Carolum Regem terræ dilexit harilem.
Tanti ergo officii ut compos valuisset haberi,
Tetracty implevit virtutum quattuor alma.

Qua voce intelligit virtutum quaternionem , Justitiam scilicet, prudentiam, fortitudinem et temperantiam. Vide Nicolaum Alemannum in Dissertat. de Lateranensibus Parietinis cap. 9. et Nostras nostras ad Alexiadem.

༠ *Tetrasty* legitur apud Mabill. in Museo Ital. pag. 72. Incertum porro est utrum Ingobertus ille Caroli Magni, an Caroli Calvi fuerit scriba.

TETRADA, in Pœnitentiali Halithgarii, dicitur quarta feria cujusque septimanæ, ex Græc. τετράς, τετράδος ; *Omnis itaque pœnitens non solum debet jejunare quod illi mandatum est a sacerdote, verum etiam postquam compleverit ea, quæ illi jussa sunt, debet, quantum ipsi visum fuerit, jejunare sive Tetradas, sive Parasceve.* Nempe solebant Christiani, maxime Orientales, jejunare quarta et sexta feria. Sic νηστεύειν τὰς τετράδας καὶ παρασκευὰς ἡμέρας dixit Socrates lib. 7. cap. 21. ubi de Theodosio juniore, qui plerumque jejunabat, et maxime quarta feria et sexta, studio Christianitatis, ut Socratis verba veriit Senator lib. 11. Hist. Tripartitæ cap. 17. Τετράδα vero pro quarta feria usurparunt S. Ignatius in Epist. ad Antioch. Justinus Martyr. in lib. Responsionum ad Orthodoxos, Clemens Alexandrinus lib. 7. Strom. Idem Socrates lib. 5. cap. 22. Balsamon, Nicetas Choniates in Manuele lib. 4. n. 6. et alii. Sed et τετράδα, Græcis nuperis , pro τετράς dicta eadem feria, uti observatum a Meursio. [Vide Glossar. mediæ Græcit.]

¶ **TETRADUS,** Quartus canendi modus, complectens tonos duos, septimum et octavum. Tractatus de cantu inter Opera S. Bernardi tom. 1. col. 695. edit. 1690 : *Quatuor enim sunt diversitates sive maneriæ cantuum, quibus omnis ipsorum multiplicitas includitur. Hæ apud Græcos vocantur, protus, deuterus, tritus, Tetrardus, etc.* Aurelianus Mon. *Tetrardus* habet in Epistola, quam de Musica scripsit ann. 851. apud Marten. tom. 1. Ampliss. Collect. col. 128.

༠ **TETRAFOTUS,** Panno, quadruplici colore imbuto fartus. Charta ann. 471. apud Angel. Calog. in *Raccolta* Venet. edita tom. 9. pag. 505 : *Pallium molosiricum Tetrafotum.* Vide *Fotus.*

¶ **TETRAGRAMMATON**, Quatuor litteris constans. Sic apud Judæos dicebatur Dei nomen יהוה quod exprimere illis erat religioni.
TETRANS, Groma, ferramentum geometricum. Incertus Agrimensor : *In quam partem verteris, Tetrantem pones.* Vide Glossarium Rigaltii ad Gromaticos Scriptores.
TETRANSITON. Hypomnesticum de Anastasio Apocrisiario, in Anastasii Bibl. Collectaneis pag. 257 : *Filiis Plutini beatissimi Imperatorii pistoris, id est, qui super omnes pistores publicos est, eorum videlicet, qui annonas scholarum omnium solvunt, quod appellatur Tetransiton.* Vox videtur formata ex Gr. τετράσιτος, quadruplex annona. [Macri fratres in Hierolexico interpretantur annonam pro Scholaribus.]
TETRANUS, *Pravus, tenebrosus, a leter.* Ugutio et Joannes de Janua.
¶ **TETRAPLARE**, Quadruplicare, τετραπλασιάζειν, Martiano Capellæ lib. 9. *Tetraplasis*, Quadruplicatio, τετράπλασις, ibidem.
¶ **TETRAPTOTON**, Τετράπτωτον, Nomen quatuor casibus seu terminationibus constans, apud Isidorum lib. 1. cap. 6. Joh. de Janua et alios.
¶ **TETRARCHA**, Τετράρχης, Qui quartam partem regni tenet, Lucæ cap. 3. et alibi. Item, Qui quatuor cohortibus præest. Leoni in Tacticis cap. 4. n. 13 : Τετράρχης ἐστὶν ὁ καὶ φύλαξ, ὁ ἡγούμενος Οὐραγὸς καὶ τελευταῖος ἱστάμενος τῆς ἀκιᾶς. Prima notione *Tetrarchus* legitur in Gestis Consulum Andegav. cap. 2. apud Acherium tom. 2. Spicil. pag. 409.
⁂ Anonymi Gloss. Bibl. MSS. ex Bibl. reg. : *Tetrarcha, Princeps super quatuor vel super quartam partem regni.*
TETRARDUS, *Quartanus*, Papiæ MS. Editus *Tetrerdus* habet. Ex Gr. [Vide *Tetradus*.]
TETRASSARIUS, Semuncia, apud Marcellinum Empiricum : τετράσιος, apud Arrianum in Epictetum : τετράσσαριον Ἰταλικόν, unciam vocari Cleopatra scribit.
TETRAVELUM, Velum quadruplex, seu vela quatuor, quæ in circuitu ciborii quo altare tegitur, expandi solent, uti pluribus docuimus in descriptione ædis Sophianæ n. 65. Vox ibrida. Anastasius in Sergio PP : *Illic fecit in circuitu altaris basilicæ Tetravila octo, quatuor ex albis, et quatuor ex coccino.* In Leone III : *Sed et super altare majus fecit Tetravela holoserica quatuor cum astillis et rosis chrysoclatis.* Ibid. : *Fecit et in circuitu altaris, ubi supra, alia vela alba holoserica rosata, quæ pendent in arcu de ciborio numero quatuor, etc.* Rursum : *Fecit Tetravila alithyna ornata in circuitu de quadruplo.* Mox : *Nec non et Tetravela rubea alythyna quatuor, ubi supra fecit.* Occurrit præterea in hac Vita semel ac iterum pag. 142. 144.
¶ **TETREVANGELIA**, Quatuor Evangelia. Platina in Marco I : *Constantini temporibus fuit Juvencus Hispanus Presbyter genere nobilis, qui Tetrevangelia hexametris versibus fere ad verbum transferens quatuor libris composuit.*
TETRICARE, Tetricum esse. Alexander Necham : *Tetricat, quotiens quis surgendo pigrescit.* Alludit ad illud Eccl. : *Et hora surgendi non Tetrices.* [Ubi tamen vulgo legunt distinctis vocibus, *non te trices.* Vide Johan. de Janua. Glossæ Sangerman. Lat. Gall. MSS. : *Tetricare, Estre paresseux ou tristes.* Vide infra in *Trica*, et *Tricare.*]
¶ **TETRIMENTUM**, *Nutrimentum*, apud Papiam.

¶ **TETRINNIRE**, dicuntur anates clamantes Auctori Philomelæ versu 22 :

In fluviisque natans forte Tetrinnit anas.

⁂ **TETRISITARE**. Vide supra *Baulare*.
⁂ **TETTERIA**, Capitis equorum armatura, Gall. *Tétiere*. Garnis. inventæ in castro Carcass. ann. 1294 : *Quinque Tetteriæ equorum punctæ.* Vide supra *Testeria.*
⁂ **TETUS**. Charta ann. 1096. tom. 1. Probat. Hist. geneal. domus reg. Portugal. pag. 2 : *Si rixam inter se habuerint, et de pugno, aut de palma, aut de ligno se percusserint, aut de capillis Tetis, etc.* Forte leg. *Tractis.*
¶ **TEUCRI**, pro *Turcæ* vel *Turci*, pluries in Epistola Sigismundi Rom. Regis ann. circ. 1412. tom. 1. Anecd. Marten. col. 1744. *Teucri sive Turchi*, in Epistola ann. 1448. tom. 7. Spicil. Acher. pag. 256.
⁂ Mirac. S Nicetæ tom. 4. Sept. pag. 8. col. 2 : *Venerunt Teucri et invaserunt territorium, etc.*
⁂ THEUCRI, Eadem notione. Annal. Placent. ad ann. 1447. apud Murator. tom. 20. Script. Ital. col. 896 : *Et ita factum est, ut eos Christianos non existimares, sed infideles potius Theucros, aut barbaros.*
⁂ **TEUDACHARIUS**, Vectigalis, illius forte quod pro navibus transeuntibus exsolvebatur, collector. Charta Caroli II. reg. Sicil. ann. 1269 pro Pisanis, apud Lam. in Delic. erudit. inter not. ad Chron. imper. Leon. Urhevet. pag. 282 : *Et quod officiales, bajulivi, dohanerii, et Teudacharii, et alii omnes qui præsunt dirictibus et introitibus exigendis, etc.* Vide *Teumitum.* [⁂ F. *Leudatarii*]
¶ **TEUDISCA** LINGUA. Vide *Theotisci.*
¶ **TEULA**, TEULIS, Tegula ; unde *Teuleria*, Tegularum officina, in Instr. ann. 1322. inter Probat. tom. 2. Hist. Nem. pag. 48. col. 1. Glossar. Provinc. Lat. ex Cod. reg. 7657 : *Teule, Prov. Tegula. Teulier, tegularius. Teultera, tegularium. Tieleriæ,* in Charta ann. 1255. ex Chartul. Campan. Cam. Comput. Paris. *Tieuleriæ* a voce *Tieulle,* tegula ; unde *Tieulier,* tegularium artifex, in Reg. Corb. 18. sign. Habacuc ad ann. 1510. fol. 62. v° : *Conclusion pour la Tieulerie de la Noeufville ...... A esté conclud avec Bernard Doysi Tieulier de la Nocufrille...... sera tenu faire de la Tieulle cuitto, etc.* Charta ann. 1168. inter Instr. tom. 12. Gall. Christ. col. 272 : *Dedi etiam quarreriam super ripam prædictæ aquæ cum campo ; et terram figulorum ad faciendas Teulas.* Libert. Caturc. ann. 1344. in Reg. 68. Chartop. reg. cb. 312 : *Item habent* (consules)... *mensuras ad mensurandum blada, vina, oleum, sal, calcem et lateres sive Teules.*
¶ **TEULERIUS**, Qui tegulas facit, in veteri Catalogo MS. Sodalium Confraternitatis S. Mariæ Deauratæ Tolosanæ Vide *Tegularius.*
TEULICIA. Tectum, sic dictum a Tegula, Gall. *Tuille.* Exstat in Archivo S. Victoris Massil. Charta divisionis bonorum terræ vicecomitalis Massil. ann. 1212. quæ facta dicitur *Massiliæ in tholoneo in solario superiori Teuliciæ.*
¶ **TEUMA**, pro *Thema*. Vide *Theuma.*
¶ **TEUMITUM**, Vectigal pro navibus transeuntibus exsolutum, ut *Temonaticum*, pro carris. Privilegium a Berengario Provinciæ Comite Hospitalariis concessum ann. 1114 : *Donamus Deo et Hospitali Iherusalem Teumitum Arati hospitalis, qui per alveum fluminis qui vocatur Durentia, descendit.*

¶ **TEUTISCA** LINGUA. Vide *Theotisci.*
TEUTONA. Gloss. Ælfrici : *Clava, vel cateia, vel Teutona,* anes cynnes gesceat. Vide *Cateia.*
¶ **TEUTONICA** LINGUA. Vide *Theotisci.*
⁂ **TEUTONICALIS** MONETA, apud Germanos in usu. Comput. decimæ in Italia collectæ ann. 1278. pro subsidio T. S. ex Cod. reg. 5376. fol. 243. r° : *Marchas quatuor ad pondus diversarum monetarum Teutonicalium argenti.*
¶ **TEUTONICUS** ORDO Militaris, Germ. *Die Teusche Herren,* Gall. *Ordre Teutonique.* Hujus primus auctor Germanus quidam fuit, si Jacobo de Vitriaco fidem habemus, qui occupata a Christianis Terra S. Hierosolymis cum popularibus suos, tum alios, linguæ loci ignaros, hospitio excepit. Quod ut commodius faceret, impetravit a Patriarcha veniam xenodochium, cum sacello B. Virgini dicato, exstruendi. Huic dein alii quoque Germani juncti, Bremenses inprimis et Lubecenses nonnulli, opibus affluentes, novum xenodochium Acræ excitarunt ann. 1191. titulo Equitum Teutonicorum sub regula S. Augustini, cum cruce in pallio albo, assumto : hinc *Crucigeri* quoque dicti. His Bremensibus et Lubecensibus primam Ordinis originem acceptam refert Joh. Dusburg. in Prussiæ Chronico, nulla Germani, cujus meminit J. de Vitriaco, facta mentione. Ut ut est hic Ordo a Cœlestino III. PP. ann. 1192. confirmatus et a successoribus ejus insignibus privilegiis donatus est. Primus Ordinis Magnus Magister fuit Henricus a Valpot. Capta a Saladino Hierosolyma. Equites Ptolemaidem concesserunt, inde in Germaniam translati, Prussiam occuparunt, per duo sæcula fama viribusque florentissimi. Albertus Brandeburgicus M. Magister ann 1525. a Sigismundo Poloniæ Rege Prussiæ Dux creatus hac lege, *ut in Ducatu Kinspergensi, cum posteris suis legitime susceptis, ut et in terra Samnia regnaret, deficiente stirpe, Ducatus feudali jure ad regnum Poloniæ devolveretur.* Lutheranismum amplexus Albertus cum equitibus plerisque dignitati nuntium remisit : quare cæteri Equites Catholici in Germaniam secedere coacti sunt, ubi novo Magno Magistro creato, solam fere umbram Ordinis splendidissimi retinuerunt. Vide Jacobum de Vitriaco Histor. Orient. cap. 66. Petrum Dusburg. in Chronico Prussiæ cap. 1. Gaignium et Cromer. Hist. Polon. Joh. Eustachium Sollium Histor. Ordin. Teuton. Thuanum in Historia, Miræum de Orig. Ord. Eq. lib. 1. cap. 3. Philippum Bonanni in Catalogo Ordinum Equest. etc.
¶ **TEUTONIZARE**, Lingua Teutonica seu Germanica significare. Vita S. Emmer. tom. 6. Sept. pag. 490. col. 2 : *Hæc est civitas, quam olim Teutones a Germano sive Germanico Germanheim vocabant. Hujus vocabulum moderni temporibus lingua nostra Reganisbure Teutonizat, quam antiquitas Romana,* ut *quidam scriptis testantur, Tiburniam vocabant.* Vide in *Theotisci.*
⁂ **TEUXUM**, Idem quod supra *Tessutus.* Glossar. Lat. Gall. ann. 1332. ex Cod. reg. 4120 : *Teuxum, Tessus de soie.*

¶ **TEXACA**, ut mox *Texaga.* Vide *Tenca.*
TEXACHAT, pro *Septachat*, Septenaria mulcta, ut docet Eccardus ad Pactum Legis Salicæ tit. 2. § 10. et 12.
TEXAGA, in Glossis veteribus est *intra tecta*, quomodo accipi videtur in Lege Salica tit. 11. § 4 : *Si quis homo ingenuus alienum servum in Texaga secum duxe-*

rit, aut aliquid cum eo negotiaverit, etc. Ubi Wendelinus, in *texaga*, in *furto tecto*, et non manifesto, seu *clam*, significare ait: ut et in Lege Aleman. tit. 99. § 25 : *Si quis servum mutinarium involaverit, alium cum ipso reddat, et solvat sol. 6. in Texaga, cujus fuerit.* Editio Heroldi cap. 104. habet *ferrum*, pro *servum*, et in Lege Ripuar. tit. 68 : *Si quis hominem in hoste interfecerit , triplici weregeldo culpab. judicetur ; de Texaga similiter.* Ubi Editio Heroldi, *de furto similiter*, habet. Monet Baluzius aliquot Codices Legis Ripuariæ tit. 18. § 1. tit. 82 cap. 1. et alibi *texagam* habere, ubi alii *furtum*. Vetus formula obnoxiationis : *Quod ego caballum ab homine aliquo..... in Texaga subduxi ; unde de ipso furtu victus apparui.* [Vide *Testeia* et *Thenca*.]

- Codex Estensis Leg. Sal. apud Murator. tom. 2. Antiq. Ital. med. ævi col. 287. pro in *Texaga*, habet, in *Taxetam, id est, mercatum.*

TEXAMEN, Textum. Helgaud. Floriac. Epit. vitæ Rob. reg. tom. 10. Collect. Histor. Franc. pag. 104 : *Sunt enim hujusmodi erigentes supercilia , inflato corde, elato pectore, cervice resupina, qui solum quidem pedum præstringant vestigiis : toto autem se librant corpore, et inani suspendunt Texamine.*

TEXAMENTUM, Pensitatio. Vide *Tensare*.

¶ **TEXARA**, pro *Texaca*, uti monet Eccardus in Pactum Legis Salicæ tit. 9. § 3.

¶ **TEXARE**, vel **TEXTARE**, Texere. Codex MS reddituum Episcopatus Autissiodor. an. circiter 1290 : *Coustumæ illorum qui Textant pannos, et mox Misteria ad Texandum pannos, etc.*

TEXELLA, TEXELULA, Lepusculus, in Glossar. Provinc. Lat. ex Cod. reg. 7657.

¶ **TEXENDERIUS**, Textor, Gallice *Tisserand*, in Tabulario Vosiensi fol. 44.

TEXERIUS, Texturarum artifex; nam a textore distinguitur in Instr. ann. 1405. inter Probat. tom. 3. Hist. Nem. pag. 189. col. 2 : *Petrus de Ucharleriis, textor, Johannes de Bordo, Texerius.*

TEXERRANDERIA, Vicus Parisiis, a textoribus, quod ibi habitabant, dictus, vulgo *Tisserandere*. Charta ann. 1317. in Reg. 56. Chartoph. reg. ch 116 : *Domus in veteri Texerranderia sita, etc.*

TEXIMENTUM, Quidquid a principali domo dependet, idem quod *Tenimentum*, quomodo etiam forte legendum est. Vide in *Tenere* 1. Charta ann. 1196. apud Murator. tom. 2. Antiq. Ital. med. ævi col. 80 : *Qui Rolanduccius, postquam sic juravit, dixit suo juramento, quod domus Abruini, et totum Teximentum, quod sub Fracta est, est de curia.*

¶ **TEXITARE**, Sæpe *texere*, in Glossis MSS. quas laudat Vossius de Vitiis serm. pag. 757.

¶ **TEXITURA**, Textura, actio texendi. Statuta Montis regalis pag. 277 : *Textor seu textrix capiat tantum pro Texitura et orditura, pro qualibet teisa telæ subtilis lini, sol 4*

TEXO, idem quod *Tesso*, Melis. Inquisit. pro foresta de *Lyons* in Reg. 34. bis Chartoph. reg. part. 2. fol. 118. r°. col. 1 *Robertus de Pissiaco habet leporem, vulpem, catam et Texon*.

¶ **TEXON**, Melis , Taisson. Vide *Leverii*.

TEXORIUM, Machina textoria, textrinum, Gall *Métier de tisserand*. Stat. pro lanif. et pannif. ann. 1317. in Reg. A. Cam. Comput. Paris. fol. 195. v° : *Fila de stamine, cum pannus scinditur, in Texorio remanentes, etc.*

¶ **TEXTA**, pro *Testa*, Putamen. *Texta ovi*, Bernardo Monac. in Ordine Cluniac. part. 1. cap. 17. Vide *Carubla.*

¶ **TEXTARE**, Ornare, operire. Ordinarium S. Firmini Amblan : *Sabbato 1°. Adventus, ad Vesperas altare Textatur ex candido... Sabbato in Passione altare Textatur de rubeo.* Vide *Texare.*

* Texturis seu aulæis instruere. Ordinar. MS. S. Vulfr. Abbavil. : *In festo S. Nicholai... Textatur altare, ut consuetum est in talibus duplis.*

* **TEXTATOR**, Textor, nostris alias *Texeur*. Libert. Petræ assis. ann. 1341. in Reg. 74. Chartoph. reg. ch. 647 : *Item quod dicti consules possint instituere et destituere bajulum seu bujulos super quolibet genere Textatorum, etc. Charta admort.* ann. 1412. in Reg. 166. ch. 272 : *Item Jehan Saigneton Texeur dudit lieu* (de S Symphorien) *tient, etc. Texutier*, in Lit. remiss. ann. 1471. ex Reg. 194. ch. 348.

◦ **TEXTILIA**, Plumata, species texti, in vet. Glossar. Cod. reg. 7613.

TEXTILICINIUM, pro *Textilicium*. Hugo Eterianus in Præfat. in lib. 3. de Hæresib: *Fidem habens cum integritate sensus, et admirationem cum gloria, quibus acute dijudicat, sicubi Textilicinia ignobiliter eminentissimæ sapientiæ connectantur, etc.*

◦ **TEXTIVILICIUM**. Ita legendum in Glossar. ex Cod. reg. 7613. pro *Textuvilicinium, fila putrida, quæ de telis cadunt, res vilissimæ.* Qua postrema notione legitur in Prol. ad Acta S. Florent. tom. 6. Sept. pag. 428. col. 2 *Nos quoque extremæ abjectionis Textivilicium, pro captu insipidi acuminis nostri, egregii confessoris Christi Florentii Glomenensis cœnobii digna memoratu opera scriptis colligere decrevimus.* Plauto etiam vox nota. Vide *Textilicinium.*

¶ **TEXTRICULA**, Parva textrix. *Textriculas puellas,* dixit Arnobius lib. 5.

¶ **TEXTRICUM**, *Weppeo*, in Miscellaneis Theodiscis, apud Pezium tom. 1. Anecdot. part. 1. col. 409.

◦ **TEXTRILIS**, pro Textilis, apud Alpert. in Libel. de Diversit. tempor. cap. 2. tom. 10. Collect. Histor. Franc. pag. 138.

¶ **TEXTRINALE** OFFICIUM, Ars texendi seu ipsum textoris opus, in Miraculis B. Gerardi Episc. Tull. cap. 1. apud Marten. tom. 3. Anecd. col. 1075.

¶ **TEXTRINIUM**, Textus, textura metaphorice, in Conciliis Tolet. XV. et XVI. inter Hispanica tom. 2. pag. 726. et 739.

TEXTORES, Hæretici Albigenses, seu Cathari, quos Galli *Tixerans*, vocabant. Vide in *Pifli.*

TEXTRINUM, Locus, ubi naves fabricantur, i. navalia. Est etiam locus, ubi fœminæ texunt telas. Papias. [°° Prior significatio ex Isidor. lib. 14. cap. 8. sect. 38. qui transcripsit Serv. ad Æn. lib. 11. vers. 326.] [Nota vox secunda notione. Pro ipsa texendi arte Suetonius de Illustr. Gramm. cap. 23 : *Palæmon primo Textrinum, deinde literas didicit.*]

¶ **1. TEXTUM**, Idem quod mox *Textus. Texta aurea, Texta argentea*, in veteri Catalogo MS. ornamentorum S. Martialis Lemovic.

★ **2. TEXTUM**. [Tectum : « Arcus fustium qui *Textum* dicte ecclesie tenent putrefiunt. » (*Chevalier*, Visit. episcop. Gratianop. p. 83.)]

1. **TEXTUS**, Liber seu Codex Evangeliorum, qui inter cimelia Ecclesiastica reponi solet, auro gemmisque ut plurimum exornatus, aureis etiam interdum characteribus exaratus. Annales Fr. Anianenses : *Dedit idem Rex serenissimus Augustus quatuor Evangeliorum librum, qui Textus dicitur, cujus postes sunt mirabili schemate compositi, ut unum electri aureolum conformet peripitisma, alterum vero eburis pulchre cælatum distinguat iconisma.* Fridegodus in Vita S. Wilfridi cap. 15 :

Codex aurato conseptus grammate scriptus, Aucius evangelicam servans in corpore Textum.

Bulla Benedicti VIII. PP. ann. 1023. in Bullar. Casin. et Leo Ost. lib. 2. cap. 44 : *Textum Evangelii deforis quidem ex uno latere adopertum auro purissimo, et gemmis valde pretiosis ; ab intus vero uncialibus literis, atque figuris aureis mirifice decoratum.* Histor. Translat. S. Sebastiani n. 88 : *Textum deinceps sacrorum Evangeliorum, aureis characteribus exaratum , laminisque metalli ejusdem absque admixtione cujusquam materiei inclusum.* Rupertus Tuitiensis lib. 2. de Divin. Offic. cap. 28 : *Codices Evangelici auro et argento, lapidibusque pretiosis non immerito decorantur, in quibus rutilat aurum cœlestis sapientiæ, nitet argentum fidelis eloquentiæ, fulgent muraculorum pretiosi lapides, etc.* Adde Durandum lib. 3. Ration. cap. 19. n. 14. Orderic. Vital. lib. 6 : *Textum Evangeliorum auro et argento gemmisque decoravit. Versus scripti in fronte Biblior.* Bibl. Regiæ :

Quid de Evangelico Textu replicando colendo ? En ipsos apices gemmis circundat et auro.

Cedrenus ann. 21. Constantini M : Άλλά καὶ πτύχας Εὐαγγελίων χρυσᾶς, διὰ μαργαρίτων καὶ λίθων κατασκευάσας, ἐν τῇ μεγάλῃ ἐκκλησίᾳ προσήγαγε. Zonaras in Justiniano : Καὶ βίβλοι τῶν θείων Εὐαγγελίων χρυσῷ περιλαμπόμεναι πάντοθεν καὶ λίθων παντοίοις γένεσι ποικιλλόμεναι. Ducas cap. 42 : Εὐαγγέλια μετὰ κόσμου παντοίου. Habetur apud Joan. Euchaitam pag. 21. Carmen εἰς λιτὸν εὐαγγέλιον ἐνίατορον, id est picturis adornatum. Hildebertus Episc. Cenomanensis Epist. 15 : *Ex eo quoque tuum istud hanc Ecclesia consuetudinem, ut Textus quidem Pontifici apertus, cæteris autem clausus ad osculandum deferatur, etc.* Vide præterea Baldricum Noviom lib. 1. Chron. Camerac. cap. 90. [Johannem Abrinc. de Offic. Eccl. pag. 66. edit. 1679. Ordinarium Rotomag. ibid. ad calcem pag. 181.] Sugerium lib. de Administ. sua, cap. 20. in Ludov. VI. pag. 320. Will. Gemeticensem pag. 317. Fulcherium Carnot. lib. 1. cap. 18. Gervasium Dorobern. pag. 1584. Historiam Episc. et Comitum Engolismensium cap. 35. Monasticum Anglic. tom. 1. pag. 15. Bibliothecam Sebusianam pag. 389. etc. *Librorum porro sacrorum exteros ornatus ita commendat Senator lib. de Divinis Lectionibus. cap. 80 : His etiam addimus in Codicibus cooperiendis doctos artifices, ut literarum sacrarum pulchritudinis facies desuper decore vestiret, exemplum illud dominicæ figurationis ex aliqua parte forsitan imitantes, qui cos, quos ad cœnam æstimavit invitandos, in gloria cœlestis convivii stolis nuptialibus ornatos videre meruit.* Gemmis Codices vestiti, apud S. Hieronym. Epist. 22. cap. 13. Vide Ethelwolfum de Abbatibus Lindisfarnensibus cap. 20. [Charta Willelmi de Altaribus et Tabulario B. M. de Bono-nuncio Rotomag.: *Hanc donationem meam concesserunt mater mea et*

Simon frater meus, et per unum Textum super altare Ecclesiæ Prati posuimus. Vide Investitura per Textum Evangelii.]
TESTUS, TESTUM. Jo. Berardi in Chronico Casauriensi lib. 3 : *Fecit et calicem aureum,....... fecit et Testum argenteum, quod expanderetur vel aperiretur super altare dominicis diebus, et in festis Sanctorum.* [Acherius tom. 5. Spicil. pag. 477. edidit *textum*; sed ibid. lib. 2. pag. 465. habetur : *Nec pepercit Testis aureis et argenteis, quibus textu videbantur verba Salvatoris.*] Joannes Belethus cap. 115 : *Crucibus ordine collocatis, capsis, Testibus Evangelicis, phylacteriis.* Vide Ughellum tom 7. pag. 275. Le Roman de Rou Duc de Normandie MS.:

A Roem fist mainte malice,
N'i laissa Tiexte, ne galice,
Ne croix, ne bon drap en aumaire,
Que Mauger ne fist hors traire.

¶ TESTIS, pro *Textus.* Guidonis Disciplina Farfensis lib. 1. cap. 29 : *Testes Evangeliorum in altare omnem ponant.*
TESTAEVANGELIUM, unico verbo, in Charta ann. 1197. apud eumdem Ughellum tom. 7. pag. 1274.
2. TEXTUS, interdum pro Regesto sumitur. maxime apud Will. Thorn. pag. 1765. 1770. et 1864. ubi mentio fit cujusdam *Textus S. Adriani.* Observat præterea Somnerus Regestum Roffensis Ecclesiæ, vulgo *Textum Roffensem* appellari.
¶ 3. TEXTUS. Character, nostris *Texte.* Processus de B. Wernhero Mart. tom. 2. Aprilis pag. 715 : *Produxerunt tres tabulas... quarum una ultra centum annorum antiqua, magni Textus, continet illius S. Wernheri primæva nonaginta miracula.*
¶ TEXTUS ITALICUS, ALTUS, BIFRACTUS. Vide in *Scriptura.*
° 4. TEXTUS, Calva, Gall. *Têt de la tête, crâne.* Lit. remiss. ann. 1364. in Reg. 96. Chartoph. reg. ch. 184 : *Cum ense evaginato percussit vel vulneravit dictum Guillelmum in capite suo uno magno ictu et letali vulnere, taliter quod aliquas pecias Textus sui capitis opportuit renovari.* Vide Testudo 1.
° TEXTUVILICINIUM. Vide supra *Textivilicium.*
¶ TEXUITALIS, Qui *textum,* seu litteram explicat, Gall. *Textuaire.* Vita S. Francisci Fabrian. tom. 3. Aprilis pag. 985 : *Texuitalis autem sacræ paginæ optimus fuit.* Mallem *Textualis.*
✱ TEXURA [Textura : « Nomine magistri Reginaldi de Maincourt parisiensis pro se et quatuor aliis sociis suis ad *Texuram* cujusdam panni d'araze. » (Archiv. Vatic. Thesauraria secreta, an. 1451, f. 60 ᵇ).)]
¶ TEXUS, Nostris alias, Textus seu texturæ species acupicta, vel auro argenteove elaborata, qua mulieres capillos certa ratione dispositos decorabant. Computus ann. 1445. apud Lobinell. tom. 2. Hist. Britan. col. 1112 : IV. *Textus et* IV. *garnitures données à Katerine du Beignon.* ibid. col. 1114 : *Texus cramoisis à la Dame de Hacq, etc...* VII. *autres Texus de couleurs, longs, o leurs garnitures dorées, etc.* XIII. *autres courts, etc. Tissu,* eadem notione legitur col. 1208. et 1817.
° Reg. Cam. Comput. Paris. sign. *Noster* fol. 196. vᵒ : *Item pieces de Texus, ouvres à perles et à pierretes pour faire estole et fanon.* Non raro pro zona accipitur, ut vox *Tissu,* in Testam. Margar. ducissæ Brit. ann. 1469. ex Bibl. reg.: *Item donnons... à nostre belle sœur Marie, dame de Rohan, l'une de nos ferrures d'or pour garniture de Tissu.* Lit. remiss. ann. 1375. in Reg. 107. Chartoph. reg. ch. 238 : *Deux Tissus ferrez d'argent.* Vide supra *Tessutus.*
¶ TEXUTUS, Textus, textura, Gall. *Tissu.* Litteræ ann. 1500. ad Officialem Noviom.: *Zonas, Texutos, vestes, forraturas, mantellos, annulos, virgas, perlas, lapides pretiosos, etc.* Vide *Tessutius* et *Tissutus.*
¶ 1. TEYSA, TEYSIA, Idem quod *Teisia,* Mensura sex pedum, Gall. *Toise,* in Statutis civitatis Astæ Collat. 17. cap. 71. Vide *Ripperia* in *Riperia* et *Rondellum* 2.
° 2. TEYSA, Strues, Gall. *Tas.* Stat. Avellæ ann. 1496. cap. 52. ex Cod. reg. 4624 : *Quæ ceperit vel exportaverit aliqua aliena ligna... de ligneriis, vel Teysis, seu alio amasso seu fassinerio lignorum, etc.*
° TEYSIEYRA, Textrix, in Instr. ann. 1366. inter Probat. tom. 2. Hist. Nem. pag. 303. col. 1. *Teysseyr, Prov. textor,* in Glossar. Provinc. Lat. ex Cod. reg. 7657.
¶ TEYTUM, Tectum, Vasconibus *le Teit.* Tabularium S. Martialis Lemovic : *Duas marchas argenti ad restaurandum Teytum novum donavit.*
¶ TEZA, Idem quod *Teysa* 2. in Statutis Mutinæ fol. 43. rubr. 237. Vide *Teisia.*
¶ TEZOLANUS, f. Textor lanæ, seu pannorum e lana, ab Italicis vocibus *Testore* et *Lana.* Statuta Mutinæ fol. 1. rubr. 2 : *Quilibet habitator in dictis villis, locis et castris, et etiam Tezolani teneantur de prædictis (viis restaurandis.) Et* fol. 2. vᵒ. rubr. 12 : *Sdugaria districtus Mutinæ et fossata Potestas fodi et deradi facere teneatur hominibus laborantibus ibi terram tam civibus quam Tezolanis et aliis personis.... Tezolani non compellantur nisi in ea terra, in qua faciunt Tezolariam,* (vel *Tezolamam,* ut legendum videtur, pro Textura lanæ.) Ibid. fol. 71. vᵒ. rubr. 370 : *Exceptis scutiferis, servis cartolariis et veris Tezolanis, qui exceptuati sunt, nec compelli possunt ut sint saltavii in aliqua villa.* Rursum fol. 78. rubr. 376 : *Scutifer, Tezolanus, castaldus, bubulcus, gualdemanus sive custos cujuslibet civis Mutinæ, etc.* Pannifici Mutinenses multis gaudent privilegiis, unde nostra interpretatio utcumque confirmatur.
° *Textor quivis, sive serici, sive lanæ.* Consule Murator. tom. 2. Antiq. Ital. med. ævi col. 896.
° TEZYORA, Prov. *Forfex,* in Glossar. Provinc. Lat. ex Cod. reg. 7657. Hinc nostris *Tezoires,* eodem sensu. Lit. remiss. ann. 1461. in Reg. 198. Chartoph. reg. ch. 165 : *Le suppliant dit à sa femme qu'elle lui fist ung pou sa barbe avecques ung ciseaulx ou Tezoires.*
TH, seu Θ, Character Græcus, pro θάνατον, seu obitum designat, in Necrologiis Monasteriorum. Isidorus lib. 1. Orig. cap. 3. inter quinque mysticas Græcorum literas, ait Θ *mortem significare.* Et cap. 23. annotat, in breviculis, quibus nomina militum continebantur, Θ *ad uniuscujusque defuncti nomen apponi.* Ruffinus lib. 2. Invectiv. in S. Hieronymum : *Quod tale esset, quale si quis accepto breviculo, in quo militum nomina continentur, nitatur inspicere, quanti in bello ceciderint, et requirens, qui inspicere missus est propriam notam, verbi causa, ut dici solet* Θ *ad unuscujusque defuncti nomen ascribat, et propria rursus nota superstitem signet, etc.* Paulus Diaconus in Notis : Θ *nomini milites appositum, ipsum obiisse demonstrat.* Vetus interpres Juvenalis Sat. 4 : *Judices literam Theta apponunt ad eorum nomina, quos supplicio afficiunt.* Merito Θῆτα ἀπὸ τοῦ θανάτου, eo quod quasi habeat telum suum, ideoque triste intelligitur, vel mortis signum. Unde quidam ait :

O multum ante alias infelix litera Theta.

In Ecclesia S. Paulini Trevir. exstant monumenta Bertholdi et Ruotgeri Archiepiscoporum, cum his inscriptionibus : Θ. *Bertolfus Trevir. Archiepiscopus IV. Id. Febr. VI. Kal. Feb.* Θ. *Ruotgerus Trevir, Archiep.* apud Brower. lib. 9. et 10. Annal. Trevir. Vide Camillum Peregrin. in Not. ad Anonymum Casin. sub ann. 1014. eumdem Brower. in Antiq. Fuld. pag. 129. 133. 169. 177. 323. 324. ubi eadem nota in variis sepulcris exarata legitur. Habetur etiam in Inscript. Gruterianis pag. 567. 6. [°° Reinard. Vulp. lib. 3. vers. 1219 :

Audi versiculum perlecta pace sequentem,
Nolentes chartæ credere Theta trahit.]

° *Liber censuum eccl. Rom.* : *In loco proprii nominis, quod vel ex toto, vel ex parte nullatenus legi potuit, appositum est Theta.*
¶ THABERNATOR, Caupo. Vide *Tabernator.*
THABIT, Pannus sericus undulatus, vulgo nostris etiamnum *Tabis.* Vincentius Belvacensis lib. 31. cap. 143 : *Ante pugnam dedit 16. millia vestimentorum de samito et de Thabit, sarbois exceptis.*
¶ THABUR, Tympanum. Vide in *Tabur.*
¶ THADIO, Germ. *Thæter,* Qui commisit crimen, convictus de crimine, apud Eccardum ad Pactum Legis Salicæ tit. 45. § 4.
¶ THAFATA, Gall. *Taffetas.* Vide *Taffata.*
¶ THAFUS, Τάφος, Sepulcrum. Vide *Taphus.*
THAINUS, THAYNUS, THANUS, Nomen dignitatis apud Anglo-Saxones, quæ varia tamen fuit; duplicem enim Thaynorum ordinem statuunt Leges Kanuti Regis cap. 97. [²·³ 43] et Leges Henrici I. Regis Angl. cap. 14. *Thanorum scilicet Regis,* et *Thainorum mediocrium.* Ubi *Thaini Regis* post Comites recensentur, eisque proximi esse dicuntur, eorumque *relevatio,* dimidium relevationis *Comitis ;* ita ut cum *relevatio* Comitis sint 8. equi, etc. Thaini Regis sunt quatuor, etc.
THAYNORUM REGIS mentio est in Legibus Inæ Regis West-Sax. cap. 49. [°° 45.]
THAINI MEDIOCRES, nude *Thaini,* in Leg. Henr. I. cap. 64. ubi dicitur *Jusjurandum Thaini contravalere jusjurandum 6. villanorum, Thaini credibiles,* cap. 65. *Dignitas Thaini,* cap. 68. cui Presbyterorum vel Canonicorum æquiparatur. Leges Adelstani Regis post cap. 25 : *Missæ Presbyteri et secularis Thayni jusjurandum in Anglorum laga reputatur æque earum, et pro 7. ordinibus Ecclesiæ, quos Sacerdos per Dei donum ascendit, ut haberet Thayni rectitudinem dignus est.* Adde Concilium Ænhamense ann. 1009. cap. 2. In Statutis Alexandri II. Regis Scotiæ pag. 13 : *Thaini Regis videntur esse Thaini, qui de Rege tenent, et post Episcopos, Abbates, Barones, et Milites recensentur ;* tametsi *Thani* cum Militibus ibi interdum confundantur. Sane Somnerus existimat *Thainos,* deposita prisca nomenclatura, post Normannorum in Angliam ingressum *Milites* ap-

pellari cœpisse. Idem porro recte observat in editione Saxonica Legum Canuti apud Lambertum cap. 67. quod est 97. apud Bromptonum, *Thainos regios* dici, *qui liberam habent jurisdictionem*: adeo ut Thaini isti majores *Baronibus Regis*, ut minores Baronibus minoribus, hoc est maneriorum dominis æquiparari debeant.

☞ Omnibus et singulis Comitatus Thainis, ut conventibus interessent, non indultum modo, sed gravissimis pœnis cautum erat, ne quis ab iis ter abesset, lege 20. Æthelstani Regis, et legibus Henrici I. cap. 29.

Thanorum nomen et dignitas etiam sub Normannis obtinuit. Domesdei in Berkeshyre: *Thanus vel Miles regis dominicus moriens pro relevamento dimittebat Regi omnia arma sua, et equum unicum cum sella; quod si ei essent canes et accipitres, præsentabantur Regi, ut si vellet acciperet.*

THANUS, in Regiam Majestatem lib. 4. cap. 21. § 21. cap. 31. § 3. cap. 36. § 8. in Statutis Alexandri II Regis Scotiæ cap. 15. ubi Skenæus observat, ejusmodi Thanos apud priscos Scotos, seu Hybernos, dictos *Thosche*, et *Maktosche*: filius Thaini, qui hodie est Princeps tribus, seu familiæ Catanæorum, *(Clancha Horn.)*

THEIN, in Legibus vernaculis Will. Nothi cap. 8.

¶ THEINUS, apud Thomam *Madox* Formul. Anglic. pag. 1. 36. et 238.

TEIN, apud Simeonem Dunelmensem de Obsessione Dunelmi ann. 869: *Filiam autem Alduini..... quidam Tein in Everwicshire Kilvert filius Liqulfi accepit uxorem*. Ibidem. *Quidam Tein in Cowerwicshire, nomine Orm, filius Gamellonis, accepit uxorem unam ex* 3. *filiabus Alredi Comitis, etc.*

TEGNIO, Thaynus, a Saxon. tegen, Baro, vir nobilis. Ricardus Hagustaldensis de Bello Standardico: *Rex igitur David duobus Tegnionibus, id est Baronibus suis cum gente orum, obsidione Carrum commendata, etc.*

¶ TEIGNUS, apud Hickesium Dissertat. pag. 75. ex Charta Willelmi I. qua suis *Teynis* in *Episcopatu Roffensi... præcipit omnes consuetudines exsolvere.*

THEGEN. Charta Henrici I. Regis Angliæ pro Libertatibus Ecclesiæ Cantuariensis, apud Somnerum in Tractatu de *Gavelkynd* pag. 205: *Notum facio, me concessisse eis omnes terras, quas tempore Regis Eadwardi cognati mei, et tempore Willelmi patris mei habuerunt, et saca, et socne,...... super suos homines infra burgos et extra in tantum pleniter, sicut proprii ministri mei exquirere debent. Et etiam super tot Thegenes, quot eis concessit pater meus, etc.* [Vide *Liberalis*.]

THANAGIUM, in Statutis Alexandri II. Regis Scotiæ cap. 5. § 4: *Si vero in dominiis vel Thanagiis domini Regis malefactor ille fuerit, etc.* Monasticum Anglicanum tom. 3. pag. 9: *Et omnes antecessores sui tenuerunt dictam Baroniam in Thenagio; et reddit domino Regi inde per annum* 60. sol. Idem quod

TAIND-LAND, [*Terra Tani*, apud *Madox* Formul. Anglic. pag. 291.] Terra *Thaini*, fundus *Thainis* peculiaris, in Domesday · *Hæc terra T. R. E.* (id est tempore Regis Edwardi) *fuit Tainland; sed postea conversa in Reveland.* Alibi: *Willelmus Comes dedit Duitonæ et Suindone et Chevrel, quæ erant Thainlande pro terra de insula de Wiht, etc.* Rursum: *Hic Robertus habuit unam virgatam, quam tenebat Dodo T. R. E. huic addita fuit Dolvertone manerium Regis: modo dijudicata est esse Tainland.* Charta Willelmi Junioris Regis Angliæ ex Tabulario Ramesiensi, ch. 178: *Si terra de Isham reddidit firmam Monachus..... sit in dominio Abbatis: si vero Teinlanda tunc fuisse inveniatur, qui eam tenet de Abbate, teneat, et recognoscat; quod si noluerit, eam Abbas in dominio habeat* Ubi Spelmannus observat opponi terram *ad firmam*, seu ad tempus elocatam, *Teinlandæ*, id est hæreditariæ.

Jam vero ut de vocis *Thaynus* origine aliquid dicamus, Saxonicæ linguæ peritiores hanc ab ea accessunt, tradunt que Thaynos, þegn Saxonibus dictos, a ðenian, *ministrare*: subjunge Seldenus ad Eadmerum, in Domesday promiscue *Thaynos et Servientes*, et qui *Thaini Regis* aliis dicuntur, hic *Servientes Regis* appellari: tametsi, ut ait Lambardus, et ex eo Somnerus, *Thainis et, qui servitutem servat, e regione contrarius sit.* At *Thain* ex eo nobilium ordine fuisse videntur, quos *Ministros* vocant Chartæ Anglicæ, qui uti in hac voce docuimus, præcipui erant inter Nobiles aulicos, et Regi rationes tenementorum immediate subjecti, quos *Barones* ætas postera nominavit. Neque enim alii videntur *Ministri* ii, seu *Thaini*, quam præcipui e nobilitate Danica, quos Kanutus Magnus Danorum Rex ad sui comitatum adscivit, *bipennibus, mucronumque capulis deauratis coruscantes*, ut ait Sueno in Legibus Castrensibus cap. 2. quorum catervam ad tria millia militum selectorum excurrentem, suo idiomate *Thinglith* nuncupavit, ut auctor est idem Scriptor, voce nimirum conflata ex *lith*, quæ *ordinem aciei* sonat, et *Tein, Thein* vel *Theing*, ut tum efferebant, qua nobilium ordo designabatur. Neque enim placet Stephani Stephanii conjectura, qui emendandum censet *tinglith*, hoc est, cohors, constans viginti ordinibus. Cur autem *Theinorum* istorum catervam conflant Kanutus, pluribus narrat Sueno dicto cap. 2. et 3. ut et Saxo Grammaticus lib 10. De Thaynis plura Spelmannus, Lambardus, Seldenus de Titulis honor part 2. cap. 5 § 2. 4. et in Notis ad Eadmerum pag. 170. Somnerus in Gloss. Saxon. v. *Theyen*, et alii. [¹² Phillips. de Jur. Anglos § 32. De etymo Grimm. Antiq. Germ. pag. 944. et Graff. Thesaur. Ling. Franc. tom. 5. col. 119. voce *Degan*.]

° THALAMASIUM, Grani species. Redit. Bellæ quercus in Reg. 34. bis Chartoph. reg. part. 1. fol. 91. r°. col. 2: *De advocationibus decem modia, videlicet in aors et Thalamasio.* Quæ rursum occurrunt ibid. part. 2. fol. 107. r°. Vide supra Arao.

¶ 1. THALAMUM. Litteræ Gaufridi Comitis Andegav. ann. 1185. inter Ordinat. Reg. Fr. tom. 4. pag. 632: *Insuper stabilivit, quod nemo ab Ingrandis usque Andegaviam, nisi solummodo Andegavensis, Thalamum aut navem vino venali onerare queat, aut portum facere presumat.* Nullus dubito, quin legendum sit *Chalanium*, aut *Chalanum*, Gallice *Chaland*, quod est navis genus in Ligeri notissimum. Vide *Chelandium*.

¶ 2. THALAMUM, Idem quod mox *Thalamus*, Cubiculum. Charta ann. 1258. e Chartulario S. Vandregesili tom. 1. pag. 14: *Ego Richardus Guerson tradidi et concessi Tierrico de Caudebeguet meo fratri dua Thalama de domo, quæ fuit Roberti le Monnier nostri patris..... tenenda et habenda jure hæreditario dicta dua Thalama, etc.*

1. **THALAMUS**, Domus, palatium, vel cubiculum. Vox Græcis et Latinis cognita. Exstant Chartæ duæ in Tabulario Ecclesiæ S. Laudi Andegavensis, prior Fulconis Regis Hierosol. et Comitis Andeg. quæ sic clauditur: *Actum est Andeg. in Thalamo meo.* Posterior: *Actum est Andegavi in Thalamo Episcopi.* Alia ann. 1170. in Tabul. companiæ: *Actum in Thalamo Comitis apud Trecas.* Occurrit hac notione in Gestis Consul. Andegav. cap. 11. n. 8. 9. et alibi non semel. Βασιλέων θάλαμοι, apud Niceph. Gregoram lib. 10. Hist.

° THALAMUS, Cella, cellula, Gall. *Cellule*. Descript. abbat. Fesul. canonic. Regul. S. Aug. apud Lamium tom. 12. Delic. erudit. pag. 128:

Quinquaginta sint Thalami, quos nomine cellas Dicimus, his totidem stent volo rite patres.

³ THALAMUS, Officina. Charta ann. 1222. in Chartul. S. Corn. Compend. fol. 231. v°. col. 2: *Abbas et conventus Compendiensis concesserunt nobis.... super ij. domos Ph. Gubernatoris æ. sol. et ij. capones, et super Thalamos Johannis Burgari v. sol. ij. den. minus.* Alia S. Ludov. ann. 1269. in Chartul. B. M. de Lilio ch. 19: *Cum..... abbatissa et conventus monasterii de Lilio..... tenerentur..... nobis reddere singulis annis...... vj. denarios, sitos super duos Thalamos apud Meledunum.* Liber nig. 2. S. Vulfr. Abbavil. fol. 45. v°: *Robertus Caudron xviij. sol. de domo in qua manet et de Thalamo juxta.*

¶ 2. **THALAMUS**, Veli species, ut videtur, iis similis, quibus thalami decorantur. Synodus Mexic. ann. 1585. tom. 4. Concil. Hispan. pag. 358: *Ne capellæ et fontes baptismales sericis Thalamis aut auleis aliove profano apparatu ornentur.*

¶ 3. **THALAMUS**, Tabulatum, Gall. *Estrade*. Ceremon. Rom. MS. ubi de solemni convivio in die coronationis papæ fol. 14· *Parabitur igitur aula convivii aulæis et pannis sericeis auresque, pro temporis et loci conditione; in capite aulæ erit suggestum ad quod triplici gradu ascendetur, longum per latitudinem aulæ, in medio surget quadratus Thalamus palmi altitudine, super quo mensa paratur pontificis.*

✱ [« Rege regali super *Talamo* genuflectente, a sinistris regis erit genuflexus. » Diar. Burchardi, éd. Thuasne, II. 180. an. 1494.)]

THALAPSICUM Opus. Bibliothecarius in Paschali I. apud Baronium ann. 1118. ubi de istius PP. gleba, seu cadavere · *In mausoleo purissimi marmoris Thalapsico opere sculpto collocatus est.* Latini *Thalassicum* colorem ferrugineum dixere. Plautus in Milite glorioso:

Facito ut venias ornatus huc ornato nauclerico:
Causiam habeas ferrugineam.

Mox:

Palliolum habeas ferrugineum, nam is color Thalas-
[sicus est.

Infra:

.... nescio quis eccum incedit
Ornatu quidem Thalassico. P. A. Jam nos volt hic
[profecto
Nauclerus est hic quidem, etc.

Ubi Thalassicus color is est, qualem deferunt Naucleri. Sed nihil vox hæc videtur habere commune cum *Thalapsico opere*.

¶ **THALAPTA**, Duodecim, ut jam dictum est post Wendelinum in voce *Chunna*. Titulus 78. Pactus Legis Salicæ est, *In quantas caussas Thalaptas debeant jurare*, id est, in quot vel quibus causis duodecim jurare debeant. Vide Eccardum in hunc titulum et suo loco *Jurare duodecima manu*.

¶ **THALEMETARIUS**, Panifex. Vide *Talemarii*.

¶ **THALERUS**, Idem quod supra *Talerus*, seu nummus trium librarum Francicarum argenteus, Germanis *Thaler*, vel *Reichdale*, Gall. *Richedale*. Occurrit apud Ludewig. tom. 6. Reliq. MSS. pag. 220. 227. 324. et passim apud alios Scriptores Germanicos. Vide *Dalerus*.

¶ **THALGIA**, Idem quod *Tallia* 8. Gallice *Taille*. Chartular. 1. Monasterii Aquicinct. fol. 60: *Excepto relevamento et exactione illa, quæ vulgo Thalgia dicitur*.

° **THALIA**, pro *Tallia*, Exactio, præstatio. Lit. ann. 1372. tom. 6. Ordinat. reg. Franc. pag. 525: *Concessæ fuerunt immunitates et privilegia eisdem consulibus et habitatoribus dictæ villæ* (Amiliani) *non solvendi aliquas Thalias seu collectas ordinarias seu extraordinarias*.

THALITARIUM. Cosmas Pragensis in Chronico Bohem. pag. 5. *Nunc, si vobis placet, meum accipite Thalitarium et chlamydem, ac mutatoria Duce digna, et pergite, etc.* Ubi *Totutarium* equum scilicet, quidam legendum censent.

¶ **THALLHUM**. Vide supra in *Tallia* 5.

¶ **THALMUD**, THALMUDIUM. Vide *Talmud*.

¶ **THAMMUS**, vel THAMMUZ, Numen a Judæis idololatris adoratum. Vide Tertullianum adv. Judæos cap. 11.

THANAGIUM, THANUS. Vide in *Thainus*.

° **THANASIA**, Placentæ species. Charta Theob. episc. Ambian. in Cod. reg. 4184. fol. 14. r°. *Ad Pascha debet thelonarius episcopo Thanasiam ducentorum ovorum et lardum ad coquendum et coquo sestarium vini, Thanasiæ ejusdem quarta pars defertur ad domum thelonarii; ipse vero prandio interest, quo reliqua comeduntur*.

° **THANATUS**. Mirac. S. Lamberti tom. 5. Sept. pag. 555. col. 1: *Tum eamdem valvarum foribus gressu propinquans, extemplo ac si Thanata* (id est, moribunda, a θάνατος, mors,) *solo cecidit palpitans*.

THANIA, Sinus, piscatura, fœtus, in jure Hungarico. Sambucus.

THARCASSIUS. Mauritius Catanensis Episc. de Corporis S. Agathæ translat. apud Rocchum Pirrum: *Artus vero reliquos, ne quovis indicio possint detegi, quos vulgo Tharcassios nominant, attulerunt*. Infra · *Navigio Armeniam usque perveniunt, quo in loco diebus 4. commanentes, et Tarchasios ubi sanctas occultaverunt reliquias, aptius componere disponentes, etc.* Rursum : *Deinde reliquias S. Tharcassis extraxi*. Ubi indubie legendum *Carcassius*, id est, *Cadaver*, ex Gallico *Carcasse*, de qua voce, vide in *Carcasium*.

☞ Felecius veriusque vim vocis vir doctissimus explicat infra in voce *Turcasia*, quam videsis.

° **THARIDA**, Navis onerariæ species. Charta ann. 1337. ex Bibl. reg. cot 15 : *In dicto portu ceperant quamdam Tharidam Stephani Rogerii*. Vide *Tarida*.

¶ **THASCA**, Præstatio agraria. Conventio ann. 1245. e MS. D. Brunet fol. 79. v° : *Barralus..... recipere possit..... pedagia, census, Thascas, etc*. Hinc emendanda Charta fundationis Monasterii Francarum vallium ann. 1143. in Instrum Gall. Christ. novæ edit. tom. 6. col. 192 : *Totum hoc sive in Thastis, sive in quartis cum omni dominio....... domamus, etc.* Lege *Thascis*, et vide *Tasca* 2.

° **THASCHA**, Præstatio agraria. Vide supra in *Tasca* 2.

THASCHIA. Leges Henrici I. Regis Angl. cap. 78 : *Si quis eos occidat, eumque si parentes repetentes wera, wyta, manbota, sicut justum accidentia fecerit, persolvantur, vel in Thaschiis, vel hujus suggerendis sicut de blodstodiis est institutum, quod parentes sui divites ac domini multa sinunt in progenies egestate mendicos*. Hæc sunt admodum intricata, quæ aliis evolvenda et explicanda relinquimus. Scribit Camdenus in Britannia, vocem *Tascia*, apud Britannos *denarium tributi significasse*. Vide *Tasca* 2.

¶ **THASSARE**, Gall. *Entasser*. Vide *Tassus*.

¶ **THASSES** NAUFRAGIORUM, in Charta Odonis Regis ann. 888. inter Instrum. tom. 6. Gall. Chr. novæ edit. col. 10. perperam pro *Classes naufragiorum*, ut habetur in *Rafica*.

¶ **THASTA**, pro *Thasca*. Vide in hac voce.

THAU, Crux, veteribus Gallis. Vide *Tau*.

THAVERNICA, Judicia, etc. Vide *Tavernica*.

THAUMA. Freculfus tom. 2. Chron. lib. 5. cap. 10 : *Quibus etiam diebus Judæi habitantes in Creta sollicitati sunt a quodam, qui se Mosen legislatorem e cœlo ad eos denuo missum testabatur : monens, ut omnes suas relinquerent possessiones atque pecunias, quoniam illo ductore per siccum mare ad repromissionis gaudia provenirent. At illi hac spe capti omnia contempserunt sua. Cumque venisset dies, quam designaverat seductor ille, deduxit eos ad quamdam rupem declivius incumbentem, jussitque ut Thaumarum schemate semetipsos evolverent, etc.* Socrates lib. 7. cap. 27. al 38. unde hausit prædicta Freculfus, nihil habet, quod vocem hanc clariorem reddat.

☞ Legendum forte est, *jussitque ut raubarum schemate semetipsos involuerent*, ne scilicet a præcipitio deterriti, in mare sese præcipitare, ut jubebat impostor ille, renuerent.

¶ **THAURUS**. Membrana vetus apud Ludewig. tom. 8. Reliq. MSS. pag. 169 : *Ipsi etiam habuerunt inter terras eorum montes et paludes, et ideo semper habuerunt rixas ad invicem, rapinas et incendia ; ex hoc Franciganæ multum fuerant tristes, nolentes ipsis ad hora in horam Thaurum dare.* Hoc forsan est locum, vel sedem dare, mutare, ducta locutione a *Thorus*, quod proprie stratum, in quo cubatur vel sedetur, significat.

¶ **THAURUSCA**. Charta ann. 1227. e Chartular. S. Vandregesili tom. 2. pag. 1834 : *Unde mihi reddebat.... semel in anno servitium quadrigæ...... si haberet ; sin autem unum servitium Thauruscæ ; si Thauruscam non haberet, unum servitium hercæ, si equum vel equam haberet. Ut quadriga carrum, ad quem equi juncti sunt, significat, sic forte Thaurusca plaustrum est, cui subjuncti sunt tauri seu boves.* [²¹ Idem videtur quod *Carruca* 3.]

¶ **THAYNUS**. Vide *Thainus*.

THEADA. Lex Salica tit. 48 : *Ista omnia alii tres testes jurati dicere debent, quoniam in mallo legitimo, vel ante Regem, ille qui accepit in laisum suum fortunam in mallo publico, hoc est ante Theada vel tungenum, etc.* Id est coram populo : est enim Saxonibus, Þeod, populus, gens, provincia, in plurali Þeoda : vel potius *Coram Rege, Principe* ; ex Saxon. Þeoden, quod idem sonat, de qua postrema voce multa Somneri in Glossario Saxonico. Proinde *ante Theada, vel tunginum*, erit, *ante Regem, vel ante Judicem*: quo supra dixit, *in mallo legitimo*, hoc est ante judicem, vel *ante Regem*, hoc est ante *theada*. Nam hæc unum idemque sonant.

Eccardus ad Pactum Legis Salicæ tit. 49. ubi eadem fere leguntur, *Teata*, vel *Theada*, Decanum interpretatur. a *Teha*, vel *Tia*, decem. Hunc Scriptorem consule.

THEAM, THEM, THEMA, THEMUM, Voces Saxonicæ.

THEAM, vel TEAM, est Laudare auctorem, advocare, proferre. Joan. Brompton. . *Theam*, *est laudare autorem*, *i. revoucher garant* [²⁴ Anglice *vouching to warranty*.] : *Et quandoque dicitur sequela natworum.* Priori notione usurpatur in Legibus Edwardi Confess. cap. 25 · *Theam, quod si quispiam aliquid interciet super aliquem, et interciatus non poterit warantum suum habere, erit forisfactura sua, et justitia sua similiter de calumniatore, si defecerit.* [: · Vide Phillips. de Jure Anglos. § 58. et Histor. Jur. Anglic. tom. 2. pag. 132. sqq. infra *Warantus*.] Rursum

THEAM, Bromptono, dicitur *sequela natworum*, id est *jus sequendi servos proprios, si a domino domini evaserint, aut fugerint, aut in alienam terram transierint* : a Saxon. team, soboles, propagatio, quod a tyman, propagare, partum edere, sonat. Cowellus et Rastallus · *Theam est Regale Privilegium, quo qui fruitur, habet villam, et propaginam, id est potestatem habendi nativos, bondos, et villanos in feudo aut manerio suo.* Fletæ lib. 1. cap. 47. § 9 : *Theam est acquietantia amerciamentorum sequelæ propriorum suorum.* Willel Thorn : *Hoc est, ut habeatis totam generationem villanorum vestrorum cum eorum sectis et catallis ubicumque inventa fuerint ; excepto quod si aliquis nativus quietus per unum annum et diem in aliqua villa privilegiata manserit, ita quod in eorum communiam, vel gildam tanquam unus illorum repertus fuerit, eo ipso a villenagio est exemptus.* Eadem etiam habet Rastallus. [Glossar. ad calcem Chartularii Beccensis : *Theam, aveir la progenie de vos nays*.] Adde Skenæum de Verbor significatione, et ad Regiam Majestatem lib. 1. cap. 4. § 2. ubl

THEME scribitur. Charta Leofrici Comitis pro Fundatione Monasterii B. Mariæ de Coventria in Anglia : *Has autem villas cum mediætate prædictæ villæ trado huic monasterio cum saca, et socna, et theloneo, et cum Theme, cum libertate et omnibus consuetudinibus, etc.* Alia ejusdem Comitis : *Has autem terras dedi huic monasterio cum soca, saca, cum telonio, et Theme, etc.* Leges Burgorum Scoticorum cap. 14. § 2 : *Nisi fuerit de proditione* (appellatus) *vel de Theme, unde se debet defendere bello.* Ubi Skenæus : *i. de quæstione status, al. de furto*.

¶ THEM, apud Madox Formul. Anglic. pag. 43 : *Cum socha et sacha, et tol, et Them, etc.*

¶ THIEM, apud eumd. *Madox* pag. 47 : *Cum thol et Thiem, etc.* ut et in Chartul. SS. Trinit. Cadom. etc.

THEAME, in Quoniam attachiamenta

cap. 100. *Theam*, tom. 1. Monast. Anglic. pag. 307.

¶ TEAM, TEAME, eodem tom. pag. 29.
TEAMES. Charta Edwardi Confessoris, apud Somnerum in Tractatu de *Gavelkind* pag. 207 . *Sciatis me dedisse Deo et S. Augustino et fratribus, ut habeant eorum soca et socna, et pacis fracturam, et pugnam in domo factam, et viæ assaltus, et latrones in terra sua captos, latronumque susceptionem, vel pastionem, super illorum proprios homines infra civitatem et extra, teloniumque suum in terra et in aqua, atque consuetudinem, quæ dicitur Teames, et super omnes allodiarios suos, quos eis habeo datos.*

ʊ **THEATA**. Charta ann. 1356. tom. 8. Ordinat. reg. Franc. pag. 284 : *In ipsorum solis, soleriis, parietibus,... parietum aperturis, auguerus , Theatis, laternis, etc.* Ubi legendum haud dubie *Cloacis, latrinis.*

¶ **THEATO**, Denarius, Eccardo ad Pactum Legis Salicæ tit. 30.

¶ **THEATRALIA**, Ludi theatrales. Vita S. Ildephonsi Episc. tom. 2. Concil. Hispan. pag. 569 . *Lætati sunt cives, Theatralia docti parabant, et Equites cuncti sua festa fecerunt.*

THEATRAPUS, Vox corrupta, in S Martini PP. Donatione Blandiniensi Monasterio facta, [apud Miræum tom. 1. pag. 338.] : *Datum* 14. *Kal. Febr. per manum Amandi Episcopi Theatrapi sancta sedis Apostolicæ.* Idem Amandus in alia Donatione ejusdem Pontificis Elnonensi Monasterio facta, *Bibliothecarius S. Sedis Apostolicæ* vocatur.

THEATROQUINEGIUM, ex Gr. θεατροκυνήγιον. Julianus Antecessor Constit. 98 : *Processiones autem ipsius* (Consulis) *esse volumus septem, omnes in circo, et in harena, et in theatro. Et prima quidem processio erit Kalendis Januariis ; secunda autem ea, quæ Mappa, tertia autem quæ Theatroquinegium appellatur, etc.* Ubi Quinegium, pro *Cynegium*, scribitur, quomodo Quinegius Cos. pro *Cynegius*, scriptum in vett. Codd. Capitul. Addit. 4. c. 82. monet Baluzius Capitul. tom. 2. col. 1250.

ʊ **THEATRUM**, Forum, locus publicus, ubi merces venum exponuntur. Glossar. Gall. Lat. ex Cod. reg. 7084 : *Theatrum, quarrefour, lieu où les gens s'assemblent.* Vita MS. S. Martial. Lemovic. : *Postea denique perrexit* (Martialis) *cum discipulis suis ad Theatrum prædicare Evangelium regni Dei.* Charta ann. 1295. apud Ludewig. tom. 11. Reliq. MSS. pag. 626 . *Hoc autem principaliter præcipimus observari : ne quisquam de fraternitate plures quam octo pannos Theatrum præsumat inportare.* Alia ann. 1328. apud eumd. tom. 9. pag. 523 *Nullus in districtu seu advocatia Soldwedell de cætero pannum incidere præsumat, seu divisum seu indivisum vendat, nisi tantummodo in antiqua nostra civitate Soltwedell, in communi Theatro pannicidarum.* [☞ Vide Haltaus. Glossar. Germ. voce *Hausmete*, col. 850. et *Spiel-haus*, col. 1703.]

1. **THECA**, Θήκη, Capsa Sanctorum reliquiis instructa. Vita S. Eligii Episc. Noviom. : *Multas Sanctorum ex auro, argento, atque gemmis fabricavit Thecas, sive tumbas.* S. Asterius Orat. in SS. Martyres : Ἐν θήκαις φιλοκάλοις· ἀποτιθέμεθα, καὶ οἴκους τῆς ἀναπαύσεως ἐγείρομεν ταῖς κατασκευαῖς μεγαλοπρεπεῖς, etc. Τῶν ἁγίων λείψανα, apud Chrysostom. Homil. 5. in c. 3. Genes. Θήκη διάχρυσος, apud Annam Comn. l. 3. Alex. et Acropolitam c. 11. Vide Baronium ann. 811. n. 49. Θήκας, Græci appellarunt etiam loculos ligneos, in quibus recondebantur corpora, atque adeo monumenta ipsa hypogæa, qua notione usurpant Æschylus, Plato lib. 12. legum, et Julius Pollux. Hesychius : Θῆκαι, σοροί. Alibi : Γλωσσόκομον, θήκη, σορὸς ξυλίνη τῶν λειψάνων.

THECA. Charta Henrici Imp. ann. 1107. in Metropoli Salisburgensi tom. 3. pag 308 : *Ut constructo eodem inibi monasterio, a Comite scilicet Pericht , partium termini utrorumque infra murorum ambitum clauderentur, et altare quoddam in Orientali Theca positum, et in honore B. Petri consecratum parti Ottonis cederet.* [Hoc est, in Orientali parte, a fornice sic dicta].

¶ THECATUS, Theca tectus. *Arcumgestare Thecatum*, Sidonio lib. 1. Epist. 2.

ʊ 2. **THECA**, Digitale, Gall. *Dé.* Glossar. Lat. Gall. ann. 1348. ex Cod. reg. 4120 : *Theca, Gallice Deis et Deaul, id quod mulier habet in digito.*

ʊ **THECELLA**, diminut. a *Theca*, Capsa sanctorum Reliquiis instructa. Vita S. Trudp. tom. 3. Apr. pag. 429. col. 2 : *Quæ* (Reliquiæ) *hactenus in ipsa Thecella, in qua eas Dei famulus asportavit, habentur.*

THECLATURA, vel **TECLATURA**, Cæsura, incisio in arbore, quæ vice termini est ; ejusmodi vero incisiones in arboribus , *Eclats*, et *Eclatures*, etiamnum vulgo dicimus : vel certe incisionum avulsas particulas, quasi *Teclatures*. Edictum Rotharis Regis tit. 96. § 3. [?? 242] et Lex Longob. lib. 1. tit. 26. § 3 · *Si quis liber homo arborem, ubi Theclatura facta est, inter fines discernendas, inciderit, aut deleverit, etc.* Adde § 4. 5. Charta Desiderii Regis in Bullario Casinensi tom. 2. pag. 14 . *Et deinde per ipsa via percurrentes per arbores Teclatos habentes literas Omega, usque in fossa Scaveriola, etc.* Mox : *Et de capite ipso perfossato de homines de vico Bedullio, per prato in stilo ficto, et pero* (piro) *Teclato, et per vero in furca facta, usque in pero similis Teclato, deinde in stilo similis Teclata, etc. Ceclatura*, perperam, pro *Theclatura*, in Charta Rachisi Regis Longobardorum ann. 742. apud Ughellum tom. 3. pag. 671 : *Inde recte ad alia quercia, qui est circa semita, qui venit de Paliano, et vadit recte vico Lordoniano, et habet Ceclaturas, inde vero, etc.* Emendanda etiam Charta alia Friderici I. Imp. ann. 1153. in Bullario Casinensi tom. 2. pag. 172 : *Ac casale Domnino per circuitum per designata loca et Calaturas per circuitum, quos etiam terminos et fines eidem monasterio concedimus.* Ubi legendum *Teclaturas*, ut est editum apud Ughellum tom. 4. pag. 1291. [?? Vide Grimm. Antiq. Jur. Germ. pag. 542.]

THECULIOLA. Albertus Stadensis Abbas pag. 187 : *Ante Tyrum lapis marmoreus, super quem sedit Jesus, nunc super se habens Theculiolam.* Forte Teguliolam, i. tectum. [Vide *Themilla*] voce.

¶ **THEDA**, pro *Threus*. Vide in hac voce.

THEDA, pro Tæda, fax. *Theda accensa ab elevatione SS. Corporis D. N. J. C. usque post communionem*, in Obituario MS. Eccl. Morin.

¶ **THEDINGPENI**. Vide in *Tethinga*.

ʊ **THEFANIA**, Ornamenti genus. Inventar. MS. thes. Sedis Apost. ann. 1295 : *Item unam Thefaniam ad arcus cum liliis, cum uno esmalto azurino in fundo.* Pluries ibi, ut et aliquando *Thephania*.

THEFBOTE, Furti compensatio vel mulcta , a Saxon. ðeofte, Furtum, et bote, Emendatio, vel mulcta. Olim dicebatur pretium, quo quis furti reus a vitæ dispendio sese redimebat ; postmodum usurpatum de iis, qui furtiva bona a latrone susceperint, sceleris sui fovendi gratia. Veteres Schedæ a Spelmanno laudatæ : *Thefbote est quant home prist chattel de larone de lui faveurer et maintener, et né my autrement.* Stanfordio lib. 1. de Placitis Coronæ cap. 43. *Thefbote* est, cum quis bona sua aliqua a latrone furata, ab eo, qui eum tutatus est, vi aufert ; cujus criminis pœna olim capitalis fuit, sed postmodum pecuniaria et carceralis. Aliud esset, si quis bona sua, ab ipso latrone auferret. Addit denique Spelmannus, in privilegiorum Chartis, ubi *Thefbote* conceditur, intelligi alias esse *emendam furii sine consideratione Curiæ Domini Regis*, ex Statuto Walliæ ann. 12. Edwardi I. Ita diversimode hæc vox accipitur. Prima Statuta Roberti I. Regis Scotiæ c. 9. § 1 : *Nullus capiat rachetum, hoc est Thieftbute, de latrocinio.* Id est nemo componat cum fure. Vide Brittonum de Legibus Anglic. pag. 72.

THEGEN , THEINUS. Vide supra in *Thainus*

¶ **THEIO** , Duo , vett. Francis. Vide *Chunna*

¶ **THEIOPHANIA**. Vide *Theophania*.

¶ **THEISA**, Mensura sex pedum, Gallice *Toise*, in Statutis Montis-regalis pag. 198. Vide *Teisa*.

¶ **THELETUS** , Perfectus, a Græco Τέλειος. Utitur Tertullianus in Scorpiace cap. 10.

THELODIVES, Qui dives videri vult. Utitur S. Augustinus Epist. 59.

THELOHUMILIS , Qui humilis videri vult, θέλει, affectat, apud eumdem S. Augustinum Epist. 59.

THELON , THELONARII , etc. Vide *Telon.*

ʊ **THELOQUELARIUS**. Vide infra *Theoloquelarius*.

THELOSAPIENS , Qui sapiens videri vult, θέλει. Utitur pariter S. Augustinus Epist. 59.

¶ **THEM** Vide supra in *Theam.*

1. **THEMA**. Papiæ : *Vittarum extremitas dependens diversorum colorum. Themæ, infulæ, ligaturæ, vittæ sacræ*. Sed legendum *theniæ, vel tæniæ.*

2. **THEMA**, seu THEME, vox Practicorum Leodiensium, in Magno Recordo Leodiensi pag. 70. [*Thesme*, in Statutis Lossensibus art. 23. et 25.] [☞ Actoris libellus.]

THEMANATALE. Monasticum Anglican. tom. 2. pag. 201 : *Et sint quieti..... de geldis et danegeldis, et Themanatale, et concelationibus, et scottis, et auxiliis, etc.* Pag. 827. habetur *Tenemannetale*. [Saxon. tienmentale est Sermo decem hominum, vel decemvirorum numerus. Vide Th. Blount in Nomolexico Anglicano.] Vide *Tenmantale*.

THEMATA, Regiones, provinciæ, ita dictæ a legionibus, quæ in iis præsidio erant. Gloss. S. Benedicti : *Legio*, τάξις, θέμα. Hinc colligitur Salmasium non bene divinasse, cum dixit, numquam legionem θέμα, appellatam. Vide Glossar. med. Græcit. col. 487. Luitprandus in Legatione cap. 25 : *Vis majus scandalum, quam quod se Imperatorem vocat, Imperii nostri Themata sibi usurpat ?* Infra cap. 36 : *Duo illa Themata, quæ ultra mare habes, etc.* Ita passim usurpant Byzantini Scriptores. Vide Bonavent. Vulcanium, et Federicum Morellum ad libros Thematum Constantini Porphyrog. Fabroti Glossar. ad Cedrenum, etc.

¶ **THEME**. Vide in *Thema* 2. et in *Theam*.
¶ **THEMELA**. Passio SS. Seraphiæ et Sabinæ, tom. 2. Miscell. Baluz. pag. 107 : *Præses vero post tertium diem paravit lusorium trans pontem super arcum Albini, ubi solebat fieri Themela, et jussit officio ut adduceretur Seraphia, etc.* Ubi *Themela*, a Græco est Θυμέλη, Ara in Theatris, ut interpretatur Suidas, vel Pulpitum in orchestra, ubi musici canebant in scenis. Vide *Thymele*.
THEMILICUS. Vide *Thymele*.
¶ **THEMILLA**, Θήκη, πυρίος, in Glossis Lat. Græc. et Græc. Lat Recte Martinius emendat *Thecula*, Parva theca.
¶ **THEMISTA**, Jurisprudens, Legum consultus, in Lexico Goclenii, a θέμις, Lex, jus, institutum.
¶ **THEMISTIANI**, Hæretici iidem qui Agnoitæ, de quibus suo loco, sic dicti a Themistio Diacono, qui docebat Christum quædam ignorasse, ut ultimum judicii diem, male intellecto, quod habetur Matth. 13. 32. Baronium consule ad ann. 585. et alios Historicos.
THEMITLÆ. In Tabula decimationum legitur, *Decimæ de Themitiis*, idemque exponitur *Trees planted in the field for fencing*, id est, Arbores in agris satæ sepium fovendarum gratia. Spelmannus Vide *Thenerium*.
¶ **THEMO**, THEMONARIA. Vide *Temo* 1.
THEMONATICUM, TIMONATICUM, Tributum seu pensitatio pro currus temone. Charta Dagoberti Regis apud Doublet pag. 656. [et Miræum tom. 1 pag. 241.] : *Portaticos, rivaticos, rotaticos, vultaticos*, *Themonaticos*, *cespitaticos, pulveraticos, etc.* Alia Ludovici Pii Imp. apud eumdem pag. 782 : *Quodcunque acquiri potest, partibus S. Dionysii reddi atque haberi debeat, tam de portatico, et pontatico, et ripatico, et rotatico, et Timonatico, et volutatico, et cispitatico, etc.* In Glossario Basilic. videtur appellari Τέμωνος ἀνάγκη, ἢ τῆς κοδερνήσεως, ἤγουν ἀναπληρώσεως. [Vide *Timonagium*.]
¶ **THEMURBEUS**, Gall. *Tambourlan*, Utrumque minus recte pro *Timurbec*, *Temurlan*, vel, ut vulgatius effertur, *Tamerlan*, Mogolis et Tartariæ Imperator celeberrimus. Inventar. Chartar. Reg. ann. 1482. fol 99. v° : *Quidam rotulus in papiro in lingua Persica nobis incognita, super quem Gallice scriptum est, la lettre du Tamburlan. Alius rotulus in pergameno et lingua Latina continens translationem rotuli prædicti translati de Persico in Latinum facientis mentionem de statu dicti Themurbei et filii sui requirentis confæderationem et amicitiam dom. Regis Karoli VI. et mercatorum sibi subditorum.... In dicto etiam rotulo continentur litteræ Miranza filii dicti Themurbei.* Hæc nescit auctor Historiæ ejusdem Imperatoris editæ ann. 1722.
THENAGIUM. Vide supra in *Thamus*.
° **THENASMUS**, ut supra *Tenasmus*, Morbi genus. Alex. Iatrosoph. MS. lib. 2 Passion. cap. 80 : *Thenasmus est passio intestini apeutismeni. Patitur igitur conationes cum assellandi delectatione et ventositate : faciunt enim per secessus ventris muccilagines cum pondere.* [°° Occurrit apud Richer. Histor. lib. 3. cap. 109.]
¶ **THENCA**. Pactus Legis Salicæ tit. 11. § 8 *In alio pacto dicit, de ipsis Malb. Thenca texata is mala texaca, amba texaca, amba othonia, præcia hæc sol in summa 35. qui faciunt denar. 3200. culpabilis judicetur, etc.* Ubi Wendelinus : *Malbergo Thenca texeca, est ipsa contentio, quæ disceptatur ac ventilatur super furto texagæ. Thenca vero proprie est Dinghe, lis, disceptatio, unde Dinghen, litigare, etc.*
☞ Legitur § 1 : *Theutha texaca*, § 2. *Theu texara*, § 6 : *Theuca texara*. Hæc emendat Eccardus censetque legendum esse *Theu, maracha, texaca*, quibus redduntur hæc verba legis : *Servum aut ancillam, caballum aut jumentum furaverit. Theu ancillam, maracha equum, texaca furtum significat eodem vide Eccardo*: quem, si plura cupis, consule.
¶ **THENECIUM**. Vide infra *Thenerium*.
¶ **THENEDING-PENY**. Vide in *Tethinga*.
THENEMANNETALE. Vide *Themanatale*.
THENERIUM. Provinciale Ecclesiæ Cantuariensis lib. 3. tit. 16 : *Decimæ..... ovorum, thenerii agrorum, apum, etc.* Ubi Lindwodus, *id est, arborum crescentium circa agros pro clausura eorum*. Spelmannus legit *Thenecium*, [ut et *Blount* in Nomolexico.] Confer *Themitiæ*.
¶ **THENIA**, pro Tænia. Vide *Postena*.
¶ **THENSA**, Capsa. *Reliquiæ... in Thensa seu capsa collocatæ fuerunt super majus altare*, in Actis S. Medardi tom. 2. Junii pag. 77. *Μοχφια coopertus velo serico, delatus est a R. P Rectore prædicto ad Thensam extra altaris septa decore præparatam*. in Actis B. Aloisii Gonzagæ, ubi docti Editores papilionem interpretantur : at forte nihil aliud ea voce intelligendum est, quam quod ipsa apud veteres Grammaticos sonat. Porro iis *sunt sacra vehicula*, ἅρμα θεῶν, in Glossis Lat. Gall hoc est, Gestatoria seu fercula, in quibus imagines deorum gestabantur, a quibus hæc vox ad Christianos transiit ad similitudinem fercula, quibus vel sacras reliquias portant, vel sanctas imagines, ut videre potes in Translatione Crucifixi miraculosi tom. 3. Julii pag. 454. et alibi. Vide *Theca* et *Tensa* 3.
¶ **THEO**, Francis vett. Duo. Vide *Chunna*.
¶ **THEOBALIA**, Mappula. Vide *Toacula*.
¶ **THEODISCI**, Teutones. Vide *Theotisci*.
☾ **THEODOCTUS**, Scientiæ divinæ peritus. Bulla Innoc. PP. IV. pro Universit. Tolos. ann. 1245. inter Probat. tom. 3. Hist. Occit. col. 454 : *Magistri vero et scholares theologiæ, in facultate quam profitentur, se studeant laudabiliter exercere, nec philosophos se ostendant ; sed satagant fieri Theodocti. Teulagie*, pro *Théologie*, in Chron. ad ann. 1674. inter Probat. tom. 3 Hist. Nem. pag. 7. col. 1 : *Sermon dit par ung bien suffisent mestre en Teulagie dudit ordre* (de S. Dominique)
¶ **THEODORICUS**, *Dei contemplator, sive divinorum speculator*, exponitur in Vita B. Theodorici Abb. Andag. sæc. 6. SS. Bened. part. 2. pag. 561
° **THEODOSION** Vide infra *Thylus*.
★ **THEOHYPOCTHONIOI**. [Dii infernales. Ita dæmones dicuntur ab anon. script. Chronici Fontanellensis, cap. IX, in codice Portugalensis. Quod divisim et quidem græce scribitur inter var lectt. Spicilegii Dacheriani, vol. III, ad calcem (et in 4°.)]
° **THEOLOGANS**, Ital. *Teologante*, in Theologia versatus. Barel. serm. in Domin. Quinquag.. *Trita et vulgata sententia omnium Theologantium, etc.*
¶ **THEOLOGARE**, Deum prædicare, annunciare, de Deo loqui, Theologiam edocere. Officium S. Wifranni pag. 7 : *Tandem voce angelica mundi relinquens omnia, profectus est incredulam Theologare Frisiam*. Vide θεολογεῖν in Glossar. med. Græcit. col. 490. voce Θεολογία.
¶ **THEOLOGARI**, Johanni de Janua, et *Theologizari*, *De Theologia tractare vel loqui ; Theologizer*, *c'est parler de Theologie*, in Glossis Lat. Gall. Sangerm. MSS. Habetur *Theologizare* in v. *Pisticus*.
THEOLOGUS, in singulis Ecclesiis Cathedralibus, qui *Sacerdotes et alios in sacra pagina doceat, et in his præsertim informet, quæ ad curam animarum spectare noscuntur*, institutus Statuto Concilii Lateranensis sub Innoc. III. cap. 11. Vide cap. 4. et 5. Extr. de Magistris.
¶ **THEOLONEUM**, THEOLONARIUS, etc. Vectigal, vectigalis exactor. Vide *Telon*.
° **THEOLONEUS**, pro *Telonium*, in Charta Caroli C. ex Chartul. S. Dion. pag. 75. col. 2 *Concessissent omnes Theolones vel barganaticos, etc.* Vide in *Telon*.
THEOLOQUELARIUS, vox hybrida, Theologus, qui de Deo loquitur. Formula Electionis Episcopi tom. 8. Spicilegii Acheriani pag 134 : *Prisca modernaque Ecclesiarum moderamina Theologuelariis sanxere canonibus, quo arripientibus viam universæ terræ quarumlibet sedium præsulibus, etc.*
° *Theloquelarius* mendose editum inter Instr. tom. 1. Gall. Christ. pag. 28. col. 2.
THEOMACHA, Deum impugnans, venefica, saga, malefica, in Vita S. Samsonis Episc. Dolensis lib. 1. cap. 26 27.
¶ **THEONOLEUM**, pro *Theoloneum*, in Charta ann. 1205. pro Conventu S. Leodegarii Suession.
THEOPHANIA, Dies Christi Natalis, ἡ τοῦ Θεοῦ Φανέρωσις. Edictum Theophili Patr. Alexandrini : *Quia ergo accidit, ut sanctorum Theophaniarum sit hic* (Dies Dominicus) *profestus dies, et a jejunando tamen dispensemus, etc.* Loquitur de vigilia Natalitiorum Christi, quæ jejunio caret, quia ob Natalis Christi lætitiam 12. illi dies, qui a Natali Christi usque ad Epiphaniam intercurrunt, olim a jejunio vacabant.
☞ Nihili est ratio quam affert vir doctissimus cur in vigilia Natalitiorum Christi jejunium celebratum non fuerit : neque enim vigilia computari debet inter 12. dies post Natale decurrentes. Jejunio itaque caruit, quod eo anno, quo scriptum est Theophili Edictum, vigilia in Dominicam diem incideret. Præterea Natale Christi ab Epiphania festo distinguit Cangius, quod iis temporibus non obtinebat : nam Theophili ætate, ea etiam quæ ipsum secuta est, uno eodemque die apud Ægyptios celebrabatur festivitas Nativitatis Christi ejusque baptismatis sub nomine Ἐπιφανία vel Θεοφάνια. Cassianus Collat. 10. c. 2 : *Intra Ægyptii regionem mos iste antiqua traditione servatur, ut peracto Epiphaniorum die, quem provinciæ illius Sacerdotes vel Dominici Baptismi, vel secundum carnem Nativitatis esse definiunt, et idcirco utriusque Sacramenti solemnitatem non bifariæ, ut in Occiduis provinciis, sed sub una diei hujus festivitate concelebrant.*
☞ Idem mos Natale Christi et Baptismum uno festivitatis die, sexto Januarii, concludendi etiam obtinuit in

Græcia primis Ecclesiæ sæculis, nec nisi desinente quarto sæculo consuetudinem Occidentalium, qui duas festivitates, ut nos hodie celebrabant, amplexi sunt Orientales, ut discimus ex Chrysostomo qui at Homil. 72. nondum decem elapsos fuisse annos, cum primum dies (Natalitiorum Christi) innotuisset Ecclesiæ Orientali: Οὔπω, inquit, δέκατόν ἐστιν ἔτος, ἐξ οὗ δῆλη καὶ γνώριμος ἡμῖν ἡ ἡμέρα γεγένηται. Vide Suiceri Thesaurum in Ἐπιφάνια, Bailletum ad Natale et Epiphaniam Domini et vocem *Epiphania* suo loco.

☞ Posterioribus temporibus vox *Theophania* solam Epiphaniorum festivitatem significare solet, hæcque notione legitur apud Lobinellum tom. 2. Hist. Britan. col. 292. Rymerum tom. 2. pag. 795. et seq. in Hist. Harcur. tom. 4. pag. 2212 et alibi. Johannes de Janua : *Epiphania... vocatur Theophania a Theos, quod est Deus, et Phanos, apparitio, vel Phanos, Sonus ; quod Deus Trinitas tunc* (in Baptismo Christi) *apparuit ; Pater in voce, Filius in carne, Spiritus in columbæ specie.* Gloss. Lat. Gall. Sangerman. : *Theophania, Typhaine, une feste.* Varie effertur hæc vox apud Scriptores Gallicos. Alanus *Chartier* pag. 140. ad ann. 1441 : *Ou mois de Janvier après la Tiphaine. Enprés la Tyephaine.* in Litteris ann. 1290. tom. 2. Ordinat. Reg. Fr. pag. 38. *Tiphagne*, in Chartul. S. Vandreg. tom. 1. pag. 975 : *Che fu feite l'an de grace mil II. chens IIII. XX. et quinze la merquesdi devant la Typhagne de Noel.* Ex quo illud etiam efficitur hac ætate utrumque festum, Natalitiorum nempe et Epiphaniorum *Theophaniæ* nomine appellatum fuisse : alias præsto annotaretur *la Typhagne de Noel ;* quod ad alterius discrimen factum est. Tabular. Episc. Paris. : *Ces lettres scellées sous le scel de la dite Prevosté, qui furent faictes l'an de grace 1312. le Vendredi veelle de la Tiephaine.* Chartular. 21. Corb. fol. 100 : *Au terme de la Tiephaigne nostre Seigneur à commenchier à le Tyephaigne, qui sera l'an 1353. Tiephagne*, in alia ann. 1382. ibid. fol. v°. Guillelmus Guiart. sub ann. 1286 :

Receu sans ce con le repraingne
A Raims le jour de la Tiphaingne,
Venant maínte bonne personne,
Li biaus Phelipe la couronne.

¶ THEOPHANIA, Eadem notione. Epitaphium Sugerii Abb. apud Mabillon. tom. 1. Oper. S. Bernardi col. LXXV. ad calcem :

Cui rapuit lucem lux septima Theophaniæ,
Verum vera vivo Theiophania dedit.

Obiit Sugerius Idibus Januarii, ut ibidem dicitur ex Chronico Sandionysiano.

° Nostris *Thiphaine*. Tabul. Carnot. : *Ce fut fait en l'an de l'incarnation nostre Seigneur* M. CCLIX. *le samedy avant la Thiphaine au mois de Janvier. Thiphanie*, in Chart. ann. 1371. tom. 5. Ordinat. reg. Franc. pag. 441. art. 6. *Tiefane*, in Charta ann. 1281. ex Tabul. eccl. Camerac.

THEOPROPIA. S. Augustinus Ep. 158 : *Quod autem scripsit Eximietas tua, dubitare te, utrum in Theopropia debeas eadem gesta jubere proponi, fiat, si potest illuc frequens confluere multitudo.* Ubi ad oram : *Theopropia, seu Theopropium*, Græcis oraculum, videtur sic appellatus locus, ubi solent Cæsarum edicta promulgari. Nescio an hoc referri possit, quod habet Collatio III. Carthagin. cap. 5 : *Quæ vos exceptores superius Proconsula-*

ris, tradidistis nobis coram patribus et Coëpiscopis nostris die octava Iduum Juniarum hora diei tertia in Ecclesia Theoprepia. Lexicon MS. Cyrilli : Θεοπρόπιον, τὸ ἐκ Θεοῦ μάντευμα, προφήτευμα. Lexic. Gr. MS. Reg. sign. 930 : Θεοπροπεία, ἁμαρτία, καὶ Θεοπροπεῖον, τὸ ἐκ Θεοῦ μάντευμα ἢ προφητεία. Leg. ἡ μαντεία, pro ἁμαρτία. Hesychius : Θεοπρόπιον, μαντεῖον ἐκ Θεοῦ. Θεόπροποι, προφήται, μάντεις ; ἐκ Θεοῦ προλέγοντες. Ita usurpant Philo l. περὶ ὀνείρων, et alii. Vide Clementem Alexandr. lib. 7. Strom. [°° et Henric. Stephan. Thesaur. in his vocibus edit. Didot. tom. 3. col. 304.]

☞ *Theopropia* vel potius *Theoprepia* locis laudatis nomen esse proprium cujusdam ecclesiæ apud Carthaginem tunc ad Donatistas pertinentis non dubitant Editores Benedictini tom. 2. Operum S. Aug. col. 419. ubi etiam monent in melioris notæ MSS. Codd. legi *Theoprepia*, non *Theopropia*.

¶ THEORARE, a *Theos* dicitur, *Videre*, *Quod Deus omnia videt, et Theorare, propria est considerare divina*, Johanni de Janua. Gloss. Lat. Gall. Sangerman. MSS. : *Theorare, contempler, considerer divines choses :* pro Græco θεωρεῖν, spectare, contemplari.

¶ THEORETRUM, Quidquid sponsæ in præmium defloratæ virginitatis a sponso dabatur eo die qua se videndam præbebat et prodibat in publicum. *Virgo propter honorem virginitatis habet Theoretrum, vidua non habet*, in Novella 2. Constantini Porphyrog. vide Θεωρήτρον in Gloss. mediæ Græcit. col. 494.

* THEORIA, Gr. θεωρία, Meditatio, contemplatio. Vita S. Joan. Laud. episc. tom. 3. Sept. pag. 166. col. 1 : *Sicque ab activa vita in Theoriam tendebat calefaciendus, ut a contemplativa in activam rediret calefacturus.* Vita S. Columbæ tom. 5. Sept. pag. 624. col. 1 : *Maximum etiam in obsecrationibus stando expendens curriculum , in Theoriam subito ferebatur Theoriam, etc.* Vide *Theoricus*.

* THEORICA, Theologia. Bern. de Amoribus in Speculo sacerdotum MS. cap. 5 :

Leges audire non debes, nec medicinam
Presbyter, ut scire melius possis Theoricam.

¶ THEORICALIS, Spiritalis, ut videtur. Miracula S. Bertæ, tom. 2. Julii pag. 56 : *Sciatis, vos ipsos non hujus cosmi cum honore esse residuos, nec Theoricalis amœnitate prosperitatis gaudere , nisi jam dicto omnia restitueritis loco.*

¶ THEORICUS, *Contemplativus*, *qui tantum contemplationi vacat*, Joh. de Janua. Græc. θεωρικός, Gall. *Théorique*. *Theorica vita*, nostris *Vie contemplative*, in vita S. Romani Archiep. Rotomag. metrice scripta, tom. 3. Anecd. Marten. col. 1661.

¶ THEORISMA, *Theorema*, Johanni de Janua et in Glossis Lat. Gall. Sangerman. MSS.

¶ THEOSOPHICUS, Theologicus, spectans Theologiam. Epistola Gozechini Scholastici, tom. 4. Analect. Mabillon. pag. 862 : *Quæque vel legendo, vel disputando perplexe intricata, vel in Theosophicis vel in sophisticis occurrissent, etc.* Vide mox *Theosophus*.

THEOSOPHUS, ex Græc. Θεόσοφος, Theologus, Theologiæ peritus, vel qui Deum sapit. Vetus Charta apud Besliun pag. 268 : *Data mense Septembri an. 999. Ind. 12. regnante Rege Roberto Theosopho anno 5.* Concilium Lemovicense ann. 1031. sess. 1. *doctissimum eumdem Robertum*

vocat. Hugo Flaviniac. pag. 111 : *Quem Græcia excipiens peregrinum mirata est inter suos Philosophum, extra suos Theosophum.* Et pag. 184 : *Simulat ille ad tempus se Philosophum, ut crederent eum, qui non noverant Theosophum.* Epistola Monachorum Remensis Cœnobii S. Remigii ad Casinenses : *Occasionem autem ejusdem Epistolæ in primis placuit præ libare, quasi in aliquo, quod absit, tantum authoris thema interrumpatur, quod omnium Theosophorum judicio ipsi Tulliano stylo jure meritoque præfertur.* Henricus Aquilonipolensis in Lubeca lib. 1. cap. 20 :

Transeat egregio doctore Theosophiali, etc.

Ita Θεοσόφου epitheton non semel tribuitur Constantino Pogonato in Concil. VI. Œcumenico. Theologiæ doctores nostri appellarunt *Maistres en divinité.* Vide Origines domus Alsaticæ pag. 151.

THEOTHECA, quasi Θεοῦ θήκη, Pyxis, in qua reponitur sacra Eucharistia, ægris deferenda. Epitaphium Joannis de Græcolanis, Mediolani :

Et casulæ, binæque cruces, calicesque gemelli,
Thuribulum, Theotheca sed et mortuistinus in qua
Est ægris portanda salus, mundique Redemptor.

☞ De sacratissima Virgine dicitur in veteri libro ad usum Ecclesiæ Senon. XIII. sæc. ubi de Officio Nativitatis B. Mariæ : *Perfudit te sacra Virgo Theotheca, decrevitque Deus filius esse tuus.* [°° Θεοτόκος.]

¶ THEOTHICA, Eadem notione. *Kyrie Theothica*, in Cod. MS. Chableiæ XIII. sæculi. Prima sunt verba cujusdam additionis quæ cum *Kyrie eleyson* festis solemnioribus in quibusdam ecclesiis decantari solet. Vide *Farsa* 2.

* THEOTICA. Glossar. Provinc. Lat. ex Cod. reg. 7657 : *Deytat, Prov. Deitas, Theotica.*

THEOTISCI, THEODISCI, Teutones, Germani, unde *Theodisca lingua,* apud Servium in 8. Æneid. Otfridum in libro Evangeliorum ad alios, *Theotisca*, in Concilio Turonensi III. ann. 813. cap. 17. Moguntino I. cap. 2. in Synodo Pistensi cap. 4. in Edicto Pistensi cap. 35. *Theudisca*, in Capit. Caroli C. tit. 12. cap. 3. tit. 26. post cap. 12. *Theodisca*, eodem tit. 26.

TUITISCI. Vetus Charta apud Vadianum de Colleg. et Monaster. pag. 87 : *Placuit inter nos chartam pacationis ex utraque parte allevari, quod Tuitisce Suonboch nominamus.* Ubi ille *Tuitisce* dixit, quod vulgo *Theutonice ;* nam et Theodiscam linguam illi dicebant, hoc est Germanicam, *Die Tuitsche sprach.* Vide Cluverium lib. 1. German. antiq. cap. 9. ubi multa. *Thiois* dixerunt nostri. Vetus Poeta *de Bertain*, apud Falcetum :

Longuement tint Sassoigne, qu'ins nus n'i mit defois,
Mès puis fu reconquise par Francs et par Thiois.

Le Reclus *de Moliens* MS. :

Thiois, Brabant, et Avalois.

Adde Willelmus *Guiart* ann. 1214. [Le Roman *de Cleomades* MS. :

Quant Grieu sot, pour savoir Thois
Vint à Couloigne en Allemaigne...
En cel pays tant demora
Qu'il sot Tyois : iors s'en ala.]

LINGUA THEOTISCA, *Theodisca, Theudisca,* quasi *Theutonica*, seu Germanica, quæ olim in Gallia etiam aliquandiu obtinuit, a Francis nostris Orientalibus subinde invecta, adeo ut hac etiam loquutos primæ ac secundæ stirpis Reges haud ægre probari possit, longe tamen diversa ab hodierna, ut pluribus probavit Freherus ad formulam fœderis Ludovici Germaniæ et Caroli Galliæ Regum, Ludovici Pii filiorum, et Browerus in Proparsceve Annalium Trevirensium n. 14. ex Capitulo 19. lib. 4. Capitul. Caroli M. hac lingua, imperante Ludovico Pio, exarato : quod antea attigerat Trithemius in Catalogo illustrium virorum in Otfrido : *Otfridus ex eo volumine, quo Carolus Imperator quondam Magnus barbariam Theutonicæ nostræ linguæ ad regulas inchoavit reducere grammaticales, edoctus, multa et miranda lingua materna secundum easdem regulas composuit metro seu carmine, quæ nemo facile nostra ætate legere et intelligere potest, quantumcunque sermonis nostri peritus : quippe cum sermo ille regulatus a nostro plus differat, quam Etruscus a Latino.* Unde vero vox *Theodiscus* fluxerit, pluribus disserit Cluverius lib. 1. German. antiquit. cap. 9. [☞ Vide Rühs. ad Tacit. German. pag. 103. Monium de Pagan. Europ. Boreal. tom. 2. pag. 7. Grimm. Grammat. German. 3. edit. tom. 1. pag. 12.]

¶ THEUTONICUM OPUS. Testamentum MS. Roberti Canonici Autissiod. ann. 1205 : *Optuli etiam super altare pallam benedictam Theutonico opere decenter operatam.*

¶ THEUTONIZARE VOCES. Alterius linguæ vocabula Teutonice reddere, vel Teutonice facere. *Kathalina... Theutonizatum Gwelß sonat,* in Historia de Guelfis apud Leibnitium tom. 1. Scriptor. Brunsvic. pag. 782.

¶ THEOTOCHE, Deipara. Acta S. Ursmari Episc. tom. 2. Aprilis pag. 558 :

Ecclesiola pia Virgo simul Theotoche tuetur.

Notum est Θεοτόκος B. Virginis epitheton.

¶ THEOTONIA, Germania. *Regnum Theotoniæ,* apud Marten. tom. 2. Anecd. col. 13. ex Epist. Urbani IV. PP. ann. 1263.

¶ THEOTONICUS, Germanus, apud Murator. tom. 3. pag. 490. col. 2. tom. 6. col. 94. 421. et alibi. Vide *Theotisci.*

° THEOTONISI, Iidem qui *Theotisci,* Teutones, Germani. Mirac. S. Patric. tom. 5. Aug. pag. 221. col. 2 . *Cum Theotonisi civitatem Acerrarum possiderent, quidam eorum postposito Dei timore, rapinam exercebant per circumstantes villas.* Haud scio an inde vox *Theudrie,* qua Extraneus, alienigena significari videtur, in Lit. remiss. ann. 1482. ex Reg. 206. Chartoph. reg. ch. 889 · *Icellui Bosguier avoit dit plusieurs parolles injurieuses et diffamatoires de la personne du suppliant, et entre autres qu'il estoit ung villain Theudrie, et que on ne sçavoit qui il estoit.*

° THEPHANIA. Vide supra *Thefania.*

¶ THERASCHIA, Teorascia. *Tiérache. Juvenis canonicus de Roseto in Theraschia, etc.* in Charta ann. 1254. ex Chartul. Campan. fol. 158. *Theraisse,* in Peagio ex Chartul. 201. Corb. fol. 344.

° *Thieraisse,* in Lit. ann. 1871. tom. 5. Ordinat. Reg. Franc. pag. 450. Vide supra *Terasca.*

★ THEREBARE. [« *Therebrare, forer.* » (Lex. Lat. Gal. Bibl. Ebroic. n. 23. XIII. s.)]

★ THEREBRUM. [« *Therebrum, tarere.* » (Lex. Lat. Gal. Bibl. Ebroic. n. 23. XIII. s.)]

¶ THERIA. Annales Genuenses ad ann. 1242. apud Murator. tom. 6. col. 495 :

Pisani galeas et alia ligna de duabus Theriis L. *numero muniebant, in quibus Ruscarinus Pisanus præerat admiratus.* Ubi *ligna de duabus tabulatis,* Gall. *de deux ponts.*

THERISTOTIDES, in Gloss. Saxonico MS. apud Somnerum exponitur wadewan gie sela, ubi *theristrum* corrigendum putat.

THERISTRUM, TERISTRUM, *Genus pallii muliebris,* Eucherio Lugdun. Hieronymus in Esaiam : Θέριστρα *nos possumus appellars palliola, quibus obvoluta est Rebbecca, et hodie quoque Arabiæ et Mesopotamiæ operiuntur feminæ, eo quod* ἐν θέρει, *id est in æstate et caumate corpora protegant feminarum.* Ex eo Papias : *Teristrum palliolum est, quod ad usque Arabiæ et Mesopotamiæ mulierum est velamentum, quo tutissimo umbraculo utuntur in æstivo.* Mox : *Teristra, subtilissimæ cortinæ.* [Adde Isidorum lib. 19. Orig. cap. 25. et Tertullian. de Pallio cap. 4.] Glossæ Biblicæ MSS : *Theristrum, æstivum vestimentum, theros enim æstus.* Ugutio : *Teristrum quoddam genus muliebris vestis subtilis et tritæ, a terendo dictum, vel a tegendo, quia in æstu corpora tegat feminarum.* Gloss. Lat Gall.: *Teristrum, une maniere de vestement de femme, qu'on dit Chainse.* Salomon Proverb. 27 : *Sustulerunt a me Teristrum meum custodes murorum.* Hepidanus de Vita S. Wiboradæ lib. 1. cap. 5 : *Teristrum cum omni vittatoria compositione detrahens.* Luitprandus lib. 3. cap. 5. al. 23 : *Dum hunc Græcorum more Theristro opertum, habituque insolito viderunt indutum, etc.* Perperam *cheristro* editum. Idem in Legatione cap. 37 . *Mihi mandavit, fas non esse quempiam, ubi Imperator esset, pileatum, sed Teristratum incedere : cum mulieres, inquam, nostræ tiaratæ, et Teristratæ, viri equitant pileati.* [☞ Adde cap 40. et 54.]

° Glossar. Lat. Gall. ex Cod. reg. 7692 : *Teristrum, soucanie. Terristrum, ceinse de fame veuve.*

° THERITA, ut *Tarida,* Navis onerariæ species. Constitut. MSS. Caroli reg. Sicil. : *Amiranti vice, prothontmi, amirati in reparatione navium, galearum, Theritarum, et aliorum vasculorum, etc.* Vide supra *Tharida.*

¶ THERMAPALUS, Θερμαπάλος, Callidus et mollis. *Ova Thermapala,* Sorbilia, Th. Prisciano 20. 10.

THERMARIUM, Thermæ. Gloss. Saxon. Ælfrici : *Balnearium vel Thermarium,* bæth hus, i. *domus thermarum.*

THERMIPHILÆ, pro *Thermopylæ,* Quævis montium angustiæ, clusuræ. Chronicon Reichersperg. ann. 759 : *Haistulphus Rex Thermiphilas, id est clusas Longobardorum petiit.* Regino habet *Thermopylas.*

¶ THESAURARE, *Facere thesaurum, thesaurum congregare,* Joh. de Janua. Vide *Thesaurizare.*

¶ 1. THESAURARIA, Gall. *Thresorerie, Thesaurarii dignitas,* vel *locus ubi thesaurus reconditur.* Occurrit posteriori notione apud Rymer. tom. 2. pag. 930. 1046. tom. 4. pag. 648. in Reparationibus factis in Senescallia Carcassonæ ann. 1435. e MS. Cl. V. *Lancelot,* etc. Priori vero in Charta Philippi V. Fr. Regis pro S. Capella Paris. ann. 1318. apud Lobinell. tom. 3. Hist. Paris. ann. 126. col. 2. in Synodo Mexicana ann. 1585. tom. 4. Concil. Hispan. pag. 885.

° 2. THESAURARIA, Vasa sacra, aliaque pretiosior ecclesiastica suppellex in *thesauro* ecclesiæ asservata. Instr. ann.

1308. tom. 5. Cod. diplom. Polon. pag. 32. col. 2 : *Thesaurum ecclesiæ de ipsa ecclesia, confractis seris, Thesauraria manibus sacrilegis abstulerunt.*

¶ THESAURARIATUS, Thesaurarii dignitas in Ecclesiis apud Rymer. tom. 9. pag. 541. in Historia Mediani Monasterii pag. 410. et in Inventario S. Capellæ Paris. ann. 1363. ex Bibl. Reg.

THESAURARIUM, pro *Thesauro,* apud S. Augustin. enarrat. in Psal. 48 : *Numquid perdes in Thesaurario Christi ponens ?* Ibidem : *Inveniunt nummos, et ponunt in Thesaurario.* Vita Burchardi Episcopi Wormaciensis : *Tunc Principes, qui aderant, intrantes Thesaurarium et cameram, ubi putabant pecuniam reconditam, diligenter angulos omnes perscrutati sunt, etc.*

THESAURARIUS, Thesauri Regii custos. *Desiderius Thesaurarius* Dagoberti Regis, in ejusdem Regis præcepto de Episcopali dignitate Cadurcæ urbis eidem Desiderio collata. *Rado Thesaurorum regalium summus Procurator,* apud Fridegodum in Vita S. Audoeni Episc. Rotom. cap. 4. apud Surium.

¶ THESAURIS, Eadem notione, in Mandato Johannis Reg. Fr. ann. 1352. tom. 2. Ordinat. pag. 513 : *Præsentibus Thesauribus et Magistris monetarum, etc.*

° *Nicolas Braique Tressouriers de Normandie,* in Chartul. S. Benigni Divion. ad ann. 1350.

THESAURARIUS, Dignitas in Ecclesiis Cathedralibus et Capitularibus, cui thesauri Ecclesiæ servandi cura incumbit, quod ipsa docet nomenclatura. [*Thesaurier,* non semel in Chartul. Latiniac.] Isidorus Hispalensis in Epist. ad Leufredum Cordubensem Episcopum : *Ad Thesaurarium pertinet ostiarii basilicarum ordinatio, incensa præparatio, cura Chrismatis conficiendi, cura Baptisterii ordinandi, præparatio luminariorum in sacrificio.* Rodericus Zamocensis Episc. in Speculo Vitæ humanæ lib. 2. cap. 16 : *Thesaurarius sive custos, præcipua quadam prærogativa, ac honoris præeminentia in sacrosancta Ecclesia fulget. Illorum enim dignitati et officio, basilicarum primo incumbit custodia et tuitio, ostiariorum institutio, luminarium incensio et præparatio, cura denique baptisteri : vasorum quoque sanctorum, ac sacerdotalium vestium, necnon sacrarum reliquiarum custodia : et tandem totius Ecclesiæ thesauri ad eum pertinet principalis custodia. Sed et inter Ecclesiæ ministros, pro modo obsequii, et personarum differentiis, reditus et oblationes dividit.* Leges Alfonsi IX. Regis Castellæ part. 1. tit. 6. leg. 6 : *Tesorero tanto quier dezir como guardador de Tesoro ca a su oficio conviene de guardar las cruzes, e los calices e las vestimentas, e los libros, et todos los otros ornamentos de la santa Eglesia, et el deve componer los altares, et tener la Eglesia limpia et apuesta, e a bonda de enciensso, et de candelas, et de las otras luminarias, que son menester. Otrosi el deve guardar la chrisma, e mandar e ordenar como se faga el Baptismo. E a su oficio pertenesce de fazer tanner las campanas* (Synodus Mexic. ann. 1585. tom. 4. Conc. Hisp. pag. 385: *Thesaurariam (creamus) ad quam Ecclesiam claudere as aperire, campanas pulsare facere, omnia utensilia Ecclesiæ custodire, lampades et luminaria curare, de incenso, luminibus, pane et vino ac reliquis ad celebrandum necessariis, de redditibus fabricæ Ecclesiæ exponendis et votum Capituli providere pertinebit.*] Joann. de Deo in Pœnitentiario lib. 5. cap. 12 : *Thesaurarius vel Sacrista,*

quod idem est in officio, licet nomina sint diversa, etc. Thesaurarii officio potissimum munus incumbit luminaria Ecclesiæ providere. Hincmarus Epist. 4. ex Labbeanis: *Thesaurarius de luminaribus et de aliis omnibus, quæ ad Ecclesiæ honestatem, utilitatem, atque salvationem, et ad suum ministerium pertinent, providentiam gerat.* Concilium Coloniense ann. 1260. cap. 8: *Thesaurarii seu custodes, quorum interest Ecclesiæ luminaria ministrare, ea ita fideliter administrent, et generaliter omnis Ecclesiasticæ supellectilis seu thesauri custodiam eorum fidei atque curæ commissam ita conservent fideliter et solerter, etc.* Adde Statuta Leichefeldensis Ecclesiæ in Monastico Anglic. tom. 3. pag. 241. 250. et Statuta Ecclesiæ Londinensis ibid. pag. 387. [necnon Probationes Hist. Cabilon. pag. 95.]
° Charta ann. 1164. in Chartul. S. Corn. Compend. fol. 174. r°. col. 1: *Notum fieri volumus.... quod inter Meldensem episcopum et Thesaurarium Compendiensis ecclesiæ, dominum videlicet Philippum fratrem regis, diutina fuerat controversia de quadam annona, quam præfatæ Compendiensis ecclesiæ matricularii in decima Nantolii excipiebant. Si quidem Meldensis episcopus annonam illam saisierat, quia de suo erat feodo, et prænominatus Thesaurarius ei hominium inde facere nolebat. Prædicta igitur controversia in hunc modum compositis est terminata Abbas Compendii, in cujus manus Thesauraria devenit, quia hominium facere non potuit, Meldensi episcopo annuatim persolvet in festo beati Stephani mense Augusto decem solidos.* Multa hic habes notatu digna.

SUBTHESAURARIUS, Dignitas pariter Ecclesiastica in Ecclesia Remensi, apud Joannem Sarisberiensem Epist. 268.

¶ THESAURARIUS, f. Procurator, Syndicus. Legitur tom. 4 Annal. Benedict. pag. 425. ad ann. 1088. Widonem *Thesaurarium* S. Mauricii Andecavensis, cum consensu uxoris suæ, triumque filiorum fundasse atque dotasse Ecclesiam in honorem S. Martini Vertavensis in villa Legionis ad Oldonem fluvium, ut monachi S. Albini eam monasticæ religioni aptarent. Postmodum Wido ipse apud S. Albinum monachus factus est.

¶ THESAURARIUS, Cellerarius. Consuetud. Fontanell. MSS pag. 397: *Thesaurarius, qui in aliquibus monasteriis Cellerarius vocatur, recipit debita et redditus totius monasterii.*

° THESAURARIUS, Ædituus, Gall. Marguilier. Charta ann. 1352. in Reg. 81. Chartoph. reg. ch. 599: *Matricularii seu Thesaurarii et alii parreciani parrochialis ecclesiæ B. M. Magdalenes civitatis Paris, etc.*

THESAURARIUS ANGLIÆ. Hujus officium et dignitas describuntur in Fleta lib. 2. cap. 25. 26. 27. 28.

THESAURARIUS SCACARII, apud Anglos, de quo Matth. Westmonaster. ann. 1295.

THESAURARIUS GARDEROBÆ, in Anglicana Curia, est is, cui cura expensarum Regis et familiæ suæ commissa est. Ejus officium est pecuniam, jocalia et exenia Regi facta recipere, receptaque Regis secreta custodire, et de receptis expensas facere rationabiles, etc. Vide Fletam lib. 2. cap. 17. § 1.

THESAURENSES, Officiales Comitis Thesaurorum dicuntur in lege 14. Cod. Th. de Divers. offic. (8,7.) et lege 2. Cod. de Palatinis (6, 30.), qui scilicet *Thesaurorum custodiam suscipiebant*, in eadem lege, hoc est titulorum largitionalium exactorum et illatorum in thesauros.

¶ THESAURIA, Thesaurus, seu locus ubi thesaurus reconditur, gazophylacium. Acta B. Isfridi, tom. 2. Junii pag. 1090: *Monstrant hodie fontem juxta domum Thesauriæ in Raceburg.* Charta ann. 1221. apud Madox Formul. Anglic. pag. 29: *Confecta sunt tria instrumenta concepta sub eodem tenore, quorum unum remanebit penes Abbatem et Conventum, aliud penes rectorem ecclesiæ de Brichtwalton....... tercium in Thesauria Sarum: quo in posteriori loco Thesauria idem videtur quod Chartophylacium.* Sic Chartophylacium regium vocamus le *Tresor des Chartes*.

¶ THESAURIS, ut *Thesaurarius*. Vide ibi.

¶ THESAURIZARE, Idem quod *Thesaurare*, Johanni de Janua, Gall. *Thesauriser*, Gr. θησαυρίζειν, Divitias congerere. Occurrit passim in Bibliis sacris, et apud Salvianum lib. 5. de Gubernat. Dei et alios Scriptores ecclesiasticos.

¶ THESAUROPHYLACIUM, Θησαυροφυλάκιον, Thesaurus, seu locus ubi thesaurus reponitur, apud Martenium et alibi.

THESAURUM, neutro genere usurpant Alcuinus Epist. 49. et Poem. 105. [Folcardus lib. 1. Mirac. S. Bertini cap. 8. et alii Scriptores ævi medii.]

1. THESAURUS, seu Thesauri inventio, inter Jura Regia accensetur in Legibus Edwardi Confess. cap. 14. in Legibus Henrici I. cap 10. apud Brittonem in Legis Angl. cap. 17. in Speculo Saxon. lib. 1. art. 35. et apud Bractonum lib. 2. cap. 24. § 1. Definitur autem ab eodem Bractono lib. 3. tit. de Corona cap. 2. § 4. *quædam vetus depositio pecuniæ vel alterius metalli, cujus non extat memoria, ut jam dominum non habeat.* Adde Fletam lib. 1. cap. 48. § 2. et Regestum Parlam. B. foi. 116. Æthelredus lib. 1. ann. 418: *In nono etiam anno post eversionem Romæ a Gothis, relicti qui erant in Britannia, Romana ex genie, multiplices non ferentes gentium minas, scrobibus occultent thesaurum, aliquam sibi futuram existimantes fortunam, quod illis post non accidit.* Charta Theobaldi Comitis Carnotensis ann. 1118: *Justitiam usquequaque murtri, raptus, incendii, furtivi Thesauri inventi et celati, quia durum erat Monachis de talibus judicare, mihi et hæredibus meis Comitibus Carnotensibus in Bonavalle et in terra sua de banleuga concesserunt habendam.* Charta Guillelmi Castellani S. Audomari ann. 1175. in Tabul. Monasterii S. Bertini: *Ab omni calumnia et consuetudine, quæ de jure Comitatus exigi solet, a banno scilicet, furto, teloneo, occasione inventi Thesauri, liberi sint.* Articuli Cleri contra Dionysium Regem Lusitaniæ apud Bzovium ann. 1289. n. 9. § 26: *Impugit aliquibus viris Ecclesiasticis, mulieribus religiosis et Abbatissis, quod invenerunt Thesaurum, quorum occasione facit eos capi, et secum taliter captos duci, non parcens religioni, aut etiam dignitati intendens, et compellens contra jura, ut totus Thesaurus sibi restituatur, etsi in propria domo, possessione aut villa, aut campo seu allodio ipsius inventus sit, aut dicatur inventus.* Vide Capitulare 3. ann. 789. in Appendice cap. 2. et supra in voce *Inventio* 1.

° Judicat. ann. 1261. in Reg. *Olim* parlam. Paris: *Inventa fuit pecunia usque ad æl. m. in muro cujusdam domus apud Lochias , cum ipsa domus reficeretur. Baillivus voluit eandem pecuniam habere pro rege; ille, cujus erat domus, petebat eandem habere.* Placuit regi, *quod ipsa pecunia redderetur domino domus ipsius, nisi manifesta et certa consuetudo in contrarium inveniatur in ipsa terra.*

° *Quæ vero vasa sic casu inventa fuerant, aqua benedicta et oratione purificabantur , ex antiquissimo Pontificali MS. Bibl. reg. sign. 943: Oratio super vasa in loco antiquo reperta, quæ primitus aqua lavantur exorcizata. Omnipotens sempiterne Deus, insere is officiis nostris, et hæc vascula arte fabricata Gentium sublimitatis tuæ potentia ita emundare et benedicere digneris, ut omni immunditia depulsa, sint tuis fidelibus tempore pacis atque tranquillitatis utenda.* Per Dominum, *etc.*

THESAURI DUCENDI Onus. Monasticum Anglic. tom. 1. pag. 976: *Sint quieti de.... hornegeldo, carucagio..... et de Thesauro ducendo, etc.* Pag. 922: *De macremio cariando, de armis portandis, de Thesauro portando, etc.*

¶ 2. THESAURUS, Monile. Chronicon Valciodor. tom. 7. Spicil. Acher. pag. 516: *Comes Elbertus.... sine consilio suæ nobilissimæ conjugis.... loco obsidis mirabilem Thesaurum quem apud se conservabat Clerico tribuit, idem statuens in quo fieret soluto debiti. Thesaurus autem iste desiderabilis compositus est in similitudinem insignis monilis, quem S. Eligius.... præcepto nutuque inclyti Lothariii Regis Franc. manibus propriis operatus est. Lapis si quidem beryllus in medio positus sculpture retinet qualiter in Daniele Susanna a sonibus judicibus male criminata sit, qui varietate sui operis diligentiam ostendit artis, et diligentia venustatem locupletis honoris. Quod Thesaurus pluries ibi appellatur, nude dicitur Monile* in fragmentis ex Chronico Valciod. sæc. 5. Benedict. pag. 597.

¶ THESAURI ECCLESIASTICI, Vasa sacra, aliaque pretiosior supellex ecclesiastica, gemmæ et alia hujusmodi, in Capitulari 3. ann. 806. cap. 5. ubi prohibet Carolus M. ne vendantur Judæis aliisve negociatoribus. Ne *Vasa sacra* dentur pignori , pariter prohibet Ludovicus Pius Capitul. ann. 816. cap. 13.

THESEUS MENSIS, in Hepidanni Annalibus ann. 973. pro mense *Desio* dicitur, ut recte conjectat Goldastus. Sic vero appellatur mensis Junius a Macedonibus, Græc. Δέσιος.

¶ THESIA, Mensura sex pedum, Gall. *Toise*, in Charta Godefridi Episcopi Lingon. inter Instrum. novæ Gall. Chr. tom. 4. col. 179. et in Glossario tom. 3. Hist. Paris. ubi Lobinellus observat *Thesias* etiam aliquando dici tigna canteriosve ex Charta ann. 1282. ubi legitur, *duas campanas, quamlibet ponderis centum librarum in capella domus cæcorum congregationis prædictæ ponendas, pendentes duabus Thesiis super copertura ipsius capellæ.* Vide *Teisia*.

¶ THESICUS, Phtisi laborans, ni fallor, a ficto *Thesis*, pro *Phtisis*. Codex MS D. de Chalvet Senescalli Tolos. de Albigensibus: *Dictus infirmus non permittebat ipsos recedere, eo quod Thesicus erat et volebat hereticari in morte.* Vide *Tesis*.

THESINDUS, Idem qui *Thainus*, de qua voce supra. Leges Henrici I. Regis Angl. cap. 69: *De Tihindi hominis (occisi) wera, debent reddi secundum legem 30. solidi ad manbotam, idem hodie 5. marcæ. De Thesindo, id est Thaino, 120. sol. qui faciunt 20. marcas.*

¶ THESMOPHORUS, Θεσμοφόρος, Legislator, de Moyse dicitur in Gestis Consulum Andegavensium tom. 10. Spicilegii Acheriani pag. 470.

○ **THESPETATICUM** ex Charta Dagoberti regis apud *Grosley* in Disquisit. ad Jus Franc. pag. 121. Vox fictitia, ut videre est in *Themonaticum*.

. * **THESURA**, Plagæ, rete. Vide supra *Tesura* 2.

THETA. Vide *Th.*

THETHINGPANYE. Vide in *Thetinga*.

THEU, Francis veteribus, Duo. Vide *Chunna*.

○ **THEUCRI**, Turci. Vide supra *Teucri*.

¶ **TEUDISCI**. Vide supra *Theotisci*.

¶ **THEUGDPENY**. Vide in *Tethinga*.

○ **THEULONIUM**, idem quod *Telonium*, Exactio, tributum. Charta S. Ludov. ann. 1264. in Reg. S. Justi ex Cam. Comput. Paris. fol. 142. v°. col. 2 : *Nullum teneantur Theulonium seu exactionem quamlibet aut costumam solvere*. Vide in *Telon*.

THEUMA, TEUMA, pro *Thema*. Willelmus Brito in Prologo ad Philippid. :

Rursus ut aggrediar prolixius edere Theuma.

[Et ad calcem editionis Duchesnii pag. 256 :

Nam qui prælibant librorum Teumata versus
Nolo quidem numeris connumerare meis.]

○ Hinc forte nostris alias *Theutes*, pro *Teneur*, scripti verba. Chron. S. Dion. tom. 5. Collect. Histor. Franc. pag. 270 : *Teux estoit li Theutes de la chartre le patriarche Jehan, que li dui Crestien aportoient.*

¶ **THEUNUARIUM**, Tributum. Vide in *Telon*.

¶ **THEUROMA**, Aulæum seu tapes, ut videtur. Joh. de Monsteriolo Epist. tom. 2. Ampl. Collect. Marten. col. 1929 : *Mihi Theuromata seu tapeta illa misisti; quæ res etsi rara et singularis sit, etc. Hæc verba quæ res, etc.* indicare videntur particulam seu esse nudam explicationem vocis *Theuroma*, cum de re singulari seu unica agi videatur ; alioquin crederem *Theuroma* esse pro *Toreuma*, Τόρευμα, quod est Opus sculptum aut cælatum ex quacumque materia.

¶ **THEURORA**, vel ut legere mavult Eccardus *Theurona*, Puella, in Pacto Legis Salicæ tit. 15. § 2. Eccardum consule.

¶ **THEUSEBIA**, ex Gr. θεοσέβεια, Pietas. Ordericus Vital. lib. 8. pag. 708 : *Sed in pace Dei cultores legali Theusebia tripudiare sineret.*

¶ **THEUTA**. Vide in *Thenea*.

¶ **THEUTHONICI**, THEUTONICI, THEUTONIZARE. Vide *Theotisci*.

○ **THEUTRAMUS**, Vir eximius ac celebris. Ermoldi Nigel. Carmen tom. 6. Collect. Histor. Franc. pag. 64 :

Ecclesiæ custos Theutramus nomine quondam
Præfatæ fuerat, nomine dignus eo.

¶ **THEW**, THEWE, Caveæ, vel scabelli genus, quo mulieres rixosæ et in lacessendo procaces in aquam mergunt apud Anglos, a Saxonico Þeop,Servus, homo vilis. Placitum in Itiner. apud Cestriam ann. 14. Henrici VII.: *Georgius Grey Comes Cantii clamat in maner. de Bushton et Ayton punire delinquentes contra assisam panis et cervisiæ per tres vices per amerciamenta, et quarta vice pistores per pillorium, braciatores per tumbrellum, et rixatrices per Thewe, hoc est ponere eas super scabellum vocatum a Cucking stoole.* Monasticum Anglic. tom. 1. pag 977 : *Habere possint Thew, pilloriun atque tumbrellum pro punitione ma-*

lefactorum. Vide *Blount* in Nomolexico Anglicano

THEYN, Liber, ut *Thett*, servus, in Fleta lib. 1. cap. 47. § 26. idem qui *Thingus*, de qua voce mox. Vide *Thainus*.

¶ **THEYSIA**, Pertica, seu mensura sex pedum, Gall. *Toise*. Franchesiæ Villæ de Pineto ann. 1343. e Schedis D. Lancelot : *Terminos vero dictæ franchesiæ declaramus..... extra mœnia dictæ villæ per cc.* Theysias. Vide *Teisia* et *Thesia*.

¶ **THIA**, Amita, Gall. *Tante*. Vide *Thius*.

¶ **THIARA**, Honorarius Cancellarii cudo, Gall. *Mortier*. Acta Comitiorum general. Turonis habitorum ann. 1188. ex Bibl. Sangerm. : *Dominus vero Cancellarius ad Regem conversus, Thiara deposita et curvato genu, petiit si ei placeret nos sermonem inchoare.* Vide *Tiara*.

¶ **THICINYNUS**, male pro *Hiacynthinus*, apud Isidorum lib. 19. Orig. cap. 21. edit. 1602. Vide Vossium lib. 3. de Vitiis serm. cap. 52.

THIEFT-BUTE Vide *Thefbote*.

¶ **THIEM**. Vide supra in *Theam*.

THILAC, pro *Tyhtlan*. Vide in hac voce.

¶ **THIMIAMA**. Vide *Thuricremium* et *Thymiama*.

¶ **THIMIAMATERIUM**. Vide *Thymiamaterium*

¶ **THIMONUS**. Vide in *Temo* 1.

○ **THINA**, Vas grande ex qualibet materia. Stat. Casimiri III. ann. 1451. inter Leg. Polon. tom. 1. pag. 163 : *Item sal quod datur nobilibus sive claustralibus per dominum regem in Thinis, etc.* Vide *Tina* 2.

○ **THINDESKATH**, Decimæ exactio, a *Thinde*, Decima, et *Skat*, impositio. Leges Danicæ apud Ludewig. tom. 12. Reliq. MSS. pag. 212: *Item, nova gravamina noviter inducta, videlicet Thindeskath, ammodo non petantur, nec recipiantur per quemcumque.*

THINGARE, Donare, vox Longobardica. Leg. Longobard. lib. 2. tit. 1. § 8. tit. 14. § 4. 5. 12. 13. 25. tit. 15. § 1. 2. tit. 18. § 1. tit. 21. § 9. tit. 34. § 1. 3. 8. 9. lib. 3. tit. 15. etc. [* Roth. 223. 156. 157. 160. 170. 171. Liutpr. 76. (6, 23.) Roth. 172. 173. 176. 365. 225. 227. Liutpr.9. (2, 3.) 55. (6, 2.) Aist. 2. Roth. 390.] Papias : *Tingatio, mutua donatio*. Boerius ad Legem Longob.: *Thingatio dicitur donatio per universitatem.* In præallatis locis crebro vox Thingare sumitur pro *libertatem conferre*, quod et manumittere per *Thinx* denotat. Leges Luitprandi Regis Longob. tit. 54. § 1 [* 76. (6, 23.)]: *Si duo fratres, aut si pater et filii Thingati fuerint, etc.* Tit. 109. § 4. [* 140. (6, 87.)]: *Vadant liberi et absoluti fulfrealis, tanquam si Thingati fuissent, ubi voluerint.* Leges Astulphi Regis Longob. tit. 8. [* 2.] : *Si quis Longobardus pertinentes suos Thingare voluerit in quarta manu, et chartulas ei fecerit, et sibi reservaverit servitium ejus dum advixerit, etc.*

INTHINGARE, Eadem notione. Leges Luitprandi tit. 36. § 1. [* 55. (6, 2)] : *Si quis servum suum fulfreale Inthingaverit, et somnihabet is se fecerit, etc.* Leg. Longob. lib. 2. tit. 31. § 8. habet hoc loco nude **Thingaverit**.

THINX, Idem quod *Thingatio*,in eadem Lege Longob. lib. 2. tit. 8. § 6. tit. 4. § 13. tit. 15. § 2. 3. tit. 20. § 1. lib. 1. tit. 32. § 5. [∞ Liutpr. 104. (6, 51.) Roth. 171. 173. 174. Liutpr. 64. (6, 11.) 140. (6, 87.)] Charta donationis ann. 1060. in Tabulario Casauriensi : *Hæc traditio de memoratis rebus firma permaneat in sempiternum, quia in loca sanctorum nec Thinx, nec launegild impedire debet, eo quod*

homo pro anima sua fecit. *Dare per libellum de Tinc*, in Charta Gaudulfi Episcopi Regiensis tom. 5. Ughelli pag. 1594. *Manumissio per Thinx*, in Legib. Luithprandi Reg. Longobard. tit. 109. § 4. [∞ 140. (6, 87.)] et in Legib. Longob. non semel.

THINX idem sonare quod *Thing* Teutonicum, in Fœdere Ludovici et Caroli C. Regum, quod a Nithardo lib. 3. refertur, ubi per *plaid*, seu *placitum*, effertur, putat Marq. Freherus. Cui astipulatur locus Adami Bremensis cap. 229 : *Adeo ut Concilio populorum communi, quod ab ipsis Warph, a nobis Thinx vocatur, Episcopos interesse non renuant.* Sed et in Capitulari Theotisco Ludovici Pii apud Browerum in Proparasceve ad Annales Trevirenses num. 14. *Thegein*, traditio exponitur. [∞ *Thegein* ibi est nulla, vox sequens *thia sala* reddit latinum *traditio*.] Teutones Dinghe et Denghen, vocant litem, disceptationem : unde *Dinghen*, litigare. Vide Joan. Stiernhookum de Jure Sueonum vetusto cap. 2. pag. 26. [∞ Graff. Thesaur. Ling. Franc. tom. 5. col. 176. sqq. voce *Ding*; Grimm. Antiq. Jur. Germ. pag. 747. De *Thinx* Longobardorum videndus Beseler. Pact. Hæredit. tom. 1. pag. 108. sqq.]

○ **THINGFRED**. Leges Danicæ apud Ludewig Rel MSS tom. 12. pag. 182 *Item sciendum est, quod quicumque ad placitum accesserit, et in via aliquis contra eum deliquerit ad distantiam a loco placiti, quo a placito videri potest; illud delictum, sit Tringfred delictum. A Thing*, Placitum, judicium, et *Fred*, Infractio.

○ **THINGHORINGE**,Testis judicialis, qui audit quod agitur inter partes, interprete Ludewigo ad easdem Leges ibid. pag. 184 : *Item si aliquis alteri in placito leges firmaverit, tunc quilibet illorum nominet sibi duos Thinghoringe, et advocatus et ulti meliores nominent eis tres Thinghoringe, et quicumque illorum sine occasione legitima se absentando, interfuerit cum leges dantur, solvat conquerenti tres marcas et regi tantum.* Horingo, Auditio.

THINGUS, idem qui *Thainus*, de qua voce supra, a Saxonico ᚦᛖᚷ, eng, vel ᚦeing, minister, baro, homo liber. Vetus Charta a Cowello laudata : *Sciatis me concessisse omnibus militibus, et omnibus Thingis, et omnibus libere tenentibus, qui manent in foresta mea de honore de Lancastre, quod possunt, etc.* Vide *Thainus* et *Theyn*.

¶ **THIRANNUS**. Vide infra *Tyrannus*.

¶ **THIRD-PENY**, Denarius tertius est, ea pars mulctarum forensiumque molumentum (emolumentorum) *quæ in comitatu olim cedebat Comiti, Rege alias duas percipiente*, in Nomolexico Anglic. Thomæ Blount : quod consule.

○ **THIRIACA**, TYRIACA, pro Theriaca, Gall. *Thériaque*, alias *Tiriacle*. Vide infra *Triaculum*. Inventar. MS. thes. Sedis Apost. ann. 1295 : *Item duo vasa de signo, plena Thiriaca.* Arest. ann. 1410. 20. Nov. in vol. 11. arestor. parlam. Paris. : *Johannes Cognati experimentator et venditor, en eo quod Tyriacam inutilem et ineptam vendebat, etc.* Lit. remiss. ann. 1460. in Reg. 189. Chartoph. reg. ch. 476: *Icelle femme baillia entre deux escailles ou quoquilles de jambes, qui croissent en la mer, une chose resemblant de couleur à Tiriacle ou metridat.* Vide *Tiriaca* et *Tyriaca*.

○ **THIROTINUM**, Tirocinium, scientiæ argumentum. Gesta Gaufr. episc. Constant. inter Instr. tom. 11. Gall. Christ.

col. 220 · *Si cuilibet et eorum* (juniorum clericorum) *scriptum vel versus, vel Thirotinum, vel aliquid utile videbat, congratulans ei sublimiter illud collaudabat.*

¶ **THIRUS,** *Serpens venenosissimus, de quo fit thiriaca,* in veteri Vocabulario Juris utriusque; u Græco θήρ, θηρός, fera, bellua.

¶ **THISIASTERIUM.** Vide *Thysiasterium.*

THIUBDA, Furtum, Germanis *Dieb,* Otfrido lib. 4. cap. 7. et Willeramo, *Thiob,* Saxonibus þef. Ita inscribitur titulus 3. Legis Frisonum.

THIUPHADUS, Dignitas in Aula Regum Gothicorum Hispan. sed ex inferioribus prima · scilicet post *Duces, Comites, et Gardingos.* Huic suberant *Millenarii, Quingentarii, Centenarii, Decani, exercitus* etiam *Compulsores, Annonarii, Defensores, Pacis assertores, Numerarii, Villici, Sajones. Tiuphadum,* civilem administrationem habuisse colligitur ex Lege Wisigoth. lib. 2. tit. 1. § 23. 26. et lib. 4. tit. 5. § 6. Huic in omni criminalium negotiorum genere judicandi licentia concessa erat, præterquam in his criminibus, quæ legum sententiæ aperte condemnant, quibus uti obnoxii reperiebantur, eos non judicare amplius, sed ut jam a lege præjudicatos condemnatosque debitis pœnis subjicere cogebantur. Ita enim accipienda videtur eadem lex lib. 2. tit. 1. § 15 : *Cum in cæteris negotiis criminalium causarum Thiufadis judicandi licentia concessa fuit, criminosos a legum sententiis judicare non audeant, sed debitam in eis, ut competit, censuram exerceant.* [*d* Al. *Cum cæteris negotiis criminalium etiam... concessa si.... sententiis ipsi vindicare, etc.*] Ii, si quando sive ad bellum, sive alio avocarentur, vices suas in exercendis judiciis committere poterant, ex eodem §. In bellum porro provinciales suos educebant, et ad *hostem* exire compellebant, quomodo Ballivi ac Seneschalli olim apud nos, hoc est Regios subditos, qui ex sua *Thiuphadia* erant : ita enim provincia Thiuphadi appellatur lib. 9. tit. 2. § 1. 3. 4. 5. 6. 9. Suberat autem *Thiuphadus* Comiti, ex d. § 5. Vide Diploma Ervigii Regis post Concilium Toletanum XIII. Quidam vocem hanc a Germanico *Tief,* altus, deducunt, quasi suprema fuerit inter inferiores dignitas.

☞ Arcessendam censet Hickesius Dissert. pag. 153. a Francico articulo *Thiu,* et *Fads,* a Fadian, Ordinare, dispensare. (☞ Vide Grimm. Gramm. Germ. tom. 2. pag. 498. *Thius,* Gothice est Famulus, Ita ut *Thiuphadhs* Wisigothis dictus fuerit qui aliis *Sinishalk.*] *Thynphadus* perperam legitur apud Spelmannum ; *Tuifadus* vero in Charta ann. 1027. in Probat. Hist. Occitan. tom. 2. col. 179.

THIUS, ex Græco θεῖος, Patruus, Italis *Zio.* [Isid. lib. 9. cap. 6 : *Tius Græcum nomen est. Patruus, frater fratris est. Thii,* id est, patrui vel avunculi, ut exponit *Coquille* Cent. de Nivern. pag. 418. Occurrit hæc vox pluries in Nov. 118. cap. 3.] Codex Carolinus Epist. 93 : *Thius Regis Persarum, Princeps et Dux exercitus.* Chronicon Comitum Capuæ § 3 : *Projectus est de eadem civitate a Pandone Thio suo.* Pactum Gregorii Ducis Neapolitani ann. 911 : *Joannes Consul et Dux, Gregorius Thius ejus.* Charta Hispan. æræ 819. apud Sandovallium in Sylone Rege : *Et sic postea conjunctus pariter cum idem prædicto tuo Tio domino* *Fromistano Abbate fundasti in isto loco jam dicto Oveta Basilicam S. Vincentii Leviæ, etc.* Ita in alia apud Colmenarezium in Historia Segoviensi cap. 13. § 13. Hist. Miscella : *Ubi erat Isbaali Thius Madi.* Theophanes, καὶ ἦν ἐκεῖ ὁ Ἰσβαὰλ ὁ θεῖος τοῦ Μαδί.

THIA, TIA, Amita, Ital. *Zia,* in Conc. Bracar. II. ann. 563. cap. 15. et in Concilio Arelatensi II. cap. 3. uti præferunt Codd. Corbeiensis et Lugdunensis. Adde veterem Chartam allatam a Duce Gardiæ in familia Guietana pag. 182. [et Canones Hibern. tom. 4. Anecd. Marten. col. 3.] Apud Gregorium M. lib. 1. Epist. 87 : *Volo autem, ut domnæ Paterichiæ meæ, etc.* Spelmannus emendat *Patheriæ Thiæ meæ,* quomodo Codd. bonæ notæ præferre monet vir doctus nuperus operum S. Gregorii editor, quosdam etiam *amitæ,* pro *thiæ.* Charta Rudesindi Dumiensis Episcopi æræ 980. apud Yepez : *Et villa ipsa monasterio integra in Faro ex dato Tiæ meæ dominæ Gunterodis, etc.* Alia æræ 1111. apud eumdem tom. 6. pag. 450. *Et de ipsa villa, quæ dedit mihi illa Tia mea, etc.* Vide Chronicon Petri Reg. Aragon. edit. a Carbonello lib. 1. cap. 2. et Anton. Brandaonem tom. 3. Monarch. Lusitanæ fol. 90.

¶ **THLASIÆ,** THLIBIÆ, Castrati, spadonum genus, in leg. 128. D. de verbor. signific : *Spadonum generalis appellatio est, eoque tam hi qui natura spadones sunt,* item *Thlibiæ, Thlasiæ, castrati : sed et si quod aliud genus spadonum est, continentur. Thlibiæ* proprie ii sunt, quibus attriti sunt testes ; *Thlasiæ* vero quibus ejecti sunt ; a Græc. θλάω seu θλίβω, frango. Vide Gothofredum ad Cod. Theod. et Calvini Lexicon.

¶ **THLIBOMENUS,** Θλιβόμενος, Pressus, afflictus. *Thlibomeni* in Ecclesia dicebantur Egentes, qui sustentare se ac victui necessaria suppeditare sibi non valebant. Epistola Cleri Rom. ad S. Cyprianum 8. edit. Oxon. · *Sive viduæ, sive Thlibomeni* (perperam in Editione Pamelii *Clydomeni* et in aliis *Clinomeni*) *qui se exhibere* (i. e. se nutrire sibique necessaria ad vitam præbere) *non possunt.... utique habere debent, qui eis ministrent.* Epistola S. Cornelii PP. ad Fabium Antioch n. 8. Edit. Constantii : *Viduas cum Thlibomenis plus mille quingentas,* χήρας σὺν θλιβομένοις, in Græco. Vide Nofam Constantii.

¶ **THLIPSIS,** Gr. θλίψις. Afflictio, oppressio, apud Luciferum Calarit. lib. 1. ad Constantium Imperatorem.

THO, Celtis, Duo. *Tho-alafti,* Duo cum dimidio. Vide in *Chunna.*

¶ **THOBALIA.** Vide in *Toacula.*

¶ **THOCA,** *Flavus, vel vestis,* in Glossis Isid. Legendum omnino videtur *Toga,* ut pro *Flavus, Latus clavus,* uti jam dictum est in *Flavus.* Vide Grævium.

° **THOCELLA.** Vide infra *Thosella.*

THOKEI, Piscis genus, cujus fit mentio, inquit Cowellus, ann. 22. Edw. IV. cap. 2.

THOL, THOLNEUM, etc. Vide *Telon.*

THOLUS. Glossæ Antiquæ MSS. : *Tolum, fastigium templi rotundum, sive cerebrum cameræ.* Papiæ : *Proprie est velut scutum breve, qui in medio tecto est in quo trabes coeunt.* Idem : *Tholus, eminens, rotunditas, fastigium templi, culmen tecti.* Gloss. Gr. Lat. : Θόλος, *Testudo. Tholi balnearum,* apud Ammianum lib. 28. Sedulius lib. 1. Paschalis operis :

...... Properemus in urbem
Libertatis ope. radians ubi regia fulvis
Emicat aula Tholis.

Vita S. Joannis Eleemos. ex versione Anastasii Biblioth. n. 52 : *Pergebat aliquando Beatus ad visitandos pauperes in locum, qui dicitur Cæsarium : illic enim eis fecerat quasi Tholos quosdam prolixos, lignels tabulis pavimento strato ad requiescendos eos.* Epitaphium Aldeberti Abb. Lerinensis, qui decessit ann. 1101 :

Namque sui dextra construxit intus et extra
Turres, atque Tholos, Ecclesiæque polos.

Liber Miraculor. S. Bertini cap. 3. apud Mabillonium de *Turrili,* seu Campanario : *Cum Tholus pomifer in edito una cum triumphali signo Crucis erigeretur, etc.* Occurrit hac notione apud Palladium cap. 8. et 43. Sed non plane assequor quid sit *Tholus* in Gestis Francor. usque ad Robertum Regem ex Bibl. Loiselliana, ann. 1014 : *Fecit quoque* 18. *Tholos ejusdem metalli,* (cupri Hispanici) *sparsim in choro desuper infixos.* [F. Laminæ cupri bracteatæ, a Gall. *Tole,* quod de ferro bracteato potissimum dicitur.]

° Richardus Cluniac. de Origin. monast. de Carit. apud *Le Bœuf* tom. 1. Collect. var. script. pag. 415 : *In Tholo siquidem turris mediæ quæ choro præeminet pulcre deaurato, etc.* Pro Lamina usurpari videtur, ut et in Gest. Franc. supra laudatis, indem ex Hist. Translat. S. Corn. pag. 368 : *De hujus scilicet ecclesiæ fabrica miro lapideo contabulatu constructa, multum nobis quod loquemur aderat ;..... ubi regia fulvis emicans aula Tholis evecta est supremi ad arcem usque culminis, etc.* Haud scio an inde vox Gallica *Thou,* qua Camera, fornix, vulgo *Voute,* significatur, in Chartul. Latiniac. fol. 194. vº : *Neantmoins lesdits Bizet et Vincelot..... avoyent rompu et desmoly ladite chaussée, en en icelle commancé à faire et édiffier ung esvuyer, glassouer ou russeau, pour mener agouster et conduyre l'eaue et agoustz de l'ostel dudit Charles en partye, par dessoubz la chaussée du russeau de la fontaine dudit Laigny, en maniere d'un Thou.* ¶ Neque incredulum esse instar D. Thomæ, qui credere nolebat Christum resurrexisse. Vita S. Trudperti Erem. tom. 3. Aprilis pag. 432 : *Si Ecclesiæ toti non credis, et adhuc non post dies octo, sed post annos tot Thomatixas, mitte vel adhuc manum tuam...... et noli esse incredulus sed fidelis.*

¶ **THOMOCHARTA,** Charta, diploma, scriptum. Historia Reliquiarum S. Petri in Abbatia S. Mansueti Tull. tom. 2. Hist. Lotharingiæ inter Probat. col. 277 : *Sicut enim veridicis historiographorum probatur sententiis, et prout Romanæ bibliothecæ monstratur Thomochartis, etc.* Vox ibrida est, quæ a Græc. τόμος, Tomus, volumen, et Latino *Charta,* efficta est.

° Hac notione occurrit apud Mabill. tom. 3. Annal. Bened. pag. 612. ut observant Auctores novi Tract. diplom. tom. 1. pag. 425. De Chartarum vero regesto seu Chartulario, locum supra laudatum potius intelligendum esse opinantur ; quibus haud ægre assentior, atque etiam cum iis vocem ibridam esse minus attente dictum fuisse libenter agnosco. Vide mox

° **THOMUS,** unde diminut. Thomulus, Libellus, codex, membrana. Cencius in Præfat. ad Lib. cens. eccl. Rom. : *Census ipsos, sicut in Thomis carticiniis et voluminibus regestrorum antiquorum..... inveni, etc.* Et in ipso Libro : *Item in quodam Thomo carticio, qui est in Cartulario* *juxta Palladium, legitur, etc. Item in alio Thomo ejusdem Cartularii legitur, etc. Item in alio Thomulo carticio leguntur, etc.* Vide *Tomus.*

° **1. THONA**, Dolium, vas aquæ, vini, cerevisiæ et alterius liquoris capax. Charta ann. 1810. in Reg. 46. Chartoph. reg. ch. 88 : *Item duodecim dolia sive Thonas, et una tina sive cuba.* Vide infra *Tunna.*

° **2. THONA**, Retis species ad venandum, idem forte, quo ad capiendos thunnos utuntur. Charta ann. 1341. inter Probat. tom. 2. Hist. Nem. pag. 124. col. 1 : *Ne ulla persona, cujuscumque conditionis existat, sit ausa venare et capere perdices cum rethibus sive Thona, seu aliis ingeniis, sub pœna sexaginta solidorum, et amittendi ingenia sive retia antedicta.* Vide infra *Thuna* 1.

★ **THONICARE**. [Ab italico *Tonica, Revêtir de peinture :* « Ad inquollandum et *Thonicandum* capellam sancte Petronelle. » (Mandat. camer. apostol. Romæ, an. 1464. f. 290.)]

¶ **THOPA**, Navigii species. Chronicon Siciliæ apud Marten. tom. 3. Anecd. col. 90 : *In cathena portus dictæ urbis volentes eam frangere cum cockis, Thopis, galeis, etc.* Sed emendandum puto *chopis,* pro *copis ; copa* enim pro navigii specie usurpatur a Nicolao Speciali lib. 7. de Rebus Siculis cap. 17. cujus locus exstat in *Cupa* 2.

° **THOPASIUS**, pro *Topasius,* Gall. *Topase.* Acta S. Wencesl. tom. 7. Sept. pag. 806. col. 1 : *Item sub manu Christi est magnus Thopasius.* Vide *Topazio.*

¶ **THOR**, Getarum Deus. Vide *Thur.*

° **THORA**, Toxicum, venenum. Lit. remiss. ann. 1380. in Reg. 66. Chartoph. reg. ch. 494 : *Dixit publice quod ipse vellet Thoram ad aliud mortiferum comedisse, ad finem ut breviter expiraret.*

° *Thore* vero, pro *Génisse,* Juvenca, forte quod tauro idonea, in Lit. remiss. ann. 1480. ex Reg. 208. ch. 118 . *Deux beufs, trois vaches et une Thore.* Taurus junior, *Thorin* appellatur, in aliis ann. 1414. ex Reg. 168. ch. 88 : *Le suppliant trouva que c'estoit une de ses bestes aumailles, c'est assavoir un Thorin, que un chien tenoit soubz lui. Thoureau,* pro *Taureau,* in Consuet. Andegav. tom. 7. Ordinat. reg. Franc. pag. 253. art. 6.

THORACIDA, Imago pectore tenus : προτομή, [Gall. *Buste.*] Trebellius Pollio in Claudio : *Expressa Thorace vultus imago.* Glossæ MSS.: *Toracida, imago sculpta pectoralis, i usque ad pectus, in auro, vel in quolibet, a Thorace quod est pectus.* Adamannus lib. 3. de Locis sanctis, cap. 4. de statua marmorea. S. Georgii divinitus emollita: *Hinc itaque manifeste ostenditur, quantæ et qualis fuerit honorificentiæ apud Deum Georgius, inter tormenta, cujus Thoracidam, in re natura impenetrabili, penetrabilem potentia fecit.* Et cap. 5 : *S. Mariæ matris Domini Thoracidam habet.* Versus in Althelmum, in libro Epistolarum S. Bonifacii Archiep. Moguntinæ Epist. 69 :

Nec non adhuc munusculum
Quidam addunt pulcherrimum
Thoracidos, tuentibus
Retorquentes luminibus
Imagines auriferis
Christi Matris capitibus.

Walafridus Strabo lib. de Reb. Eccl. cap. 8 : *In gestis Silvestri Papæ legitur Constantinum Imperatorem per Thoracidas Apostolorum, quos ipsos in visione viderat, cognovisse.* Durandus lib. 1. Ration. cap. 8. n. 2. ait, Græcos imagines pinxisse solum ab umbilico supra, et non inferius. Vide *Scutum, Surtaria.*

Græci recentiores vocem στηθάριον, eadem notione usurparunt. Chronicon Alexandr.. Αὐτῷ τῷ ἔτει ἀφιερώθησαν στηθάρια γ'. ἐν τῷ συγκλήτῳ, Ὀνωρίου καὶ Θεοδοσίου Αὐγούστων, καὶ Πουλχερίας Αὐγούστης ἀπὸ Αὐρηλιανοῦ δὶς ἐπάρχου τῶν ἱερῶν πραιτωρίων. Idem in Justiniano: Ἔχων ἀντὶ πορφύρου χρυσὸν βασιλικὸν ταῦλιν, ἐν ᾧ ὑπῆρχεν ἐν μέσῳ στηθάριν ἀληθιδὶν μικρὸν τοῦ βασιλικοῦ χαρακτῆρος Ἰουστίνου.

¶ **THORACIUM**, Carchesium proprie, Gall. *Hune;* item Specula, inspectorium, contracte a voce integra *Theoracium,* inquit Carolus de Aquino, quod a cernendo vel inspiciendo, ex Græco θεωρεῖν, dicitur. Non solum est summitas, seu loculamentum in suprema parte navis, in quo degunt Speculatores ad remotissima quæque lustranda et exploranda ; verum etiam machinula bellica, utilis et accommodata ad explorandum impune statum rerum hostilium in urbium aggressionibus. Appendi vero hujus generis machinulæ vel defigi solebant in scalis, quæ inde speculatoriæ appellabantur, in machinis arietariis aliisque organorum generibus, quæ vi potissimum tollenonis in sublime sustollebantur *Thoracii,* pro inspectorio vel specula, meminit Hero de Machinis bellicis, ubi videndus est Bocacius. Hæc e Lexico militari.

¶ **THORACLA**, Idem , ni fallor, quod *Thoracida.* Nevelo Monachus Corbeiensis de Translat. S. Nicolai ex Cod. MS. Sangerm. 394. initio prologi : *Sicut manus scultoris perita est ad dilucidandam suæ indaginis Thoraclam, tta strenua ad propalandam quali in sexu conditionis enuclearet.*

THORACOMACHUS. Anonymus de Rebus bellicis Notitiæ Imperii subjectus: *Inter omnia, quæ adversum bellicum provida posteritatis cogitavit antiquitas , Thoracomachum quoque mira utilitate ad levamen corporis armorum ponderi et asperitati subjecit. Hoc enim vestimenti genus, quod de coactili ad mensuram et tutelam pectoris humani conficitur de mollibus lanis timoris sollicitudo solers magistra composuit, ut hoc inducta primum lorica vel clivanus, aut his similia, fragilitatem corporis, ponderis asperitate non læderent, etc.* Ubi *Thoraconactus* legendum recte censet Salmasius ad Plin. et ad Histor. Aug. i. ναχτὸς θώραξ, ex lana coactili confectus, cujusmodi fuere nostri *Gambesones,* Ναχτὰ enim, et πιληχτὰ eadem. Gloss. Græc. Lat.: Ναχτόν, τὸ πεπιλωμένον, *densum, pressum.* Vetus Scholiastus Juvenalis Sat. 6. v. 80 : *Linum tenuissimis mordetur aculeis.* Vide Cujacium lib. 5. Observationum cap. 11.

° **THORAGIUM**, *Ornatus mimicus,* in vet. Glossar. ex Cod. reg. 7641. Vide *Toragium* 1.

¶ **THORAL**, THORALE, Culcitra. Ebrardus in Græcismo cap. 12 :

Estque Thoral locto quod supra ponitur alto,
Ornatus causa, quod dicunt Culcitra puncta.

Miracula S. Joannis Beverlac. tom. 2. Maii pag. 194 : *Ut amoverent Thoralia, transferrent stratoria, etc.* Ubi *Thoralia* lectos interpretantur Editores, quod fere eodem redit. Vide *Torale* 1.

° **THORELAGIUM**, Pensitatio, quæ ex *Torrali* seu ædificio, in quo torrentur et exsiccantur frumenta et grana, exsolvitur. Vide in *Torra.* Charta locat. præposit. Ambian. ann. 1292. in Reg. 70. Chartoph. reg. ch. 259 : *Omne jus nobis com-* *petens... in Thorelagio combariorum seu factorum cervisiæ.*

° **THORERIA**, Monialis *torno* seu timpano versatili præposita. Vide infra *Turnus* 4.

THORGHOREHNGH. Charta Waldemari Regis Daniæ ann. 1320. apud Pontanum lib. 7. Rerum Danicar. pag. 443 : *Si ita contigerit, quod absit, quod alecia non capiantur, nec in Skanor salsentur, quilibet dato suo Thorghorehngh autoritatem habeat bona, quæ adduxerit absque telonoo libere deducendi.* Habetur ibi pluries. [°° *Torghortugh* , apud Lappenb. Orig. Fœder. Hans. Probat. pag. 314. a *Torg.* Forum]

¶ **THORINGI**. Vide infra *Trotingi.*

¶ **THORUS**, Deus gentilis. Vide *Fret* 2. et *Thur.*

THOSCA. Liber Chirographorum Absiæ fol. 86 : *Et cætera omnia præter unum Thoscam, et unum pratum.* Ita fol. 189. Vide *Pleisseicium* et *Tosca.*

° **THOSELLA**, THOCELLA , THOZELLA, Annonæ frumento inferioris species, Occitanis aliisque *Touselle* Bulla secular. eccl. Magalon. ann. 1536. inter Instr. tom. 6. Gall. Chr. col. 395 : *Triginta sex sextaria bladi Thocellæ et duo modia vini puri.* Et col. 396 : *Quadringenta et quinquaginta novem sextaria bladi Thosellæ, etc.* Charta ann. 1356. inter Probat. tom. 2 Hist. Nem. pag. 179. col. 1 : *Et primo Thozella, iiij. sestaria, etc.* Vide *Touzella.*

~ **THOUMA**, Caseus recens. Comput. ann. 1482 inter Probat. tom. 4. Hist. Nem. pag. 22. col. 2 : *Item in septem libris Thoumæ grassæ, xij solidos, viij. denarios.*

° *Thoude* vel *Touée* appellatur Funis ductilis, quo navis remulcatur, vulgo *Hansiere,* in Ordinat. ann. 1415. ex Reg. 170. Chartoph. reg. ch. 1 . *Lesquelx maistres des pons auront une bonne flecte.... pour porter les flittez, appellez la Touée, pour lesdiz labourages faire, tant en montant et avalant lesdiz nefs, basteaux et vaisseaux..... Item lesdiz bateliers auront une petite nacelle ou batellet pescheret, pour porter un filfé, appellé la Thoude, devant le grant batel, pour le fermer à la palde*

° **THOZELLA**. Vide supra in *Thosella.*

THRENARE, Plangere, ex Gr. θρηνεῖν. Paschasius Radbertus in Epitaphio Walæ Abb. Corbeiensis lib 1. cap. 8 : *Fortasse tunc venter præcordiorum contra nefanda futurorum, quasi cythara Threnabat.*

THRENGUS, Vassalli genus. Vide *Drench.*

THRENO. Vide *Tremum.*

° **THRENOSUS**, Queribundus, lamentabilis. Glossar. Lat. Gall. ex Cod. reg. 521 : *Threnosus, malestrene Gallice.* Vide *Threnare* et infra *Thrinus.*

THRETIUM. Fragmentum Petronii pag. 170. *Decem paries dicit, librum ab oculo legit, Thretium sibi de diariis facit, artisellium de suo paravit, et duas trullas.* [Pretium emendat Schefferus.]

THREUS, Ex filio nepos, quasi *tertius* ab avo , nam *Threus,* in vett. Glossis est *tertius.* Angli *Three,* pro *tres* dicunt. [Germani *Threy, dritte,* pro *tertius.*] Edictum Rotharis Regis. tit. 58. § 11. [²⁵ 157.] et Lex Longob. lib. 2. tit. 14. § 5 : *Qui de filio naturali generatus fuerit, quod est Threus, etc.* At hoc loco *Threus,* est *libertus.* [Editio Boheriana præfert *Stremus,* et in margine *Thecus,* male. Quidam MSS. præferunt, *qui est Trennuis.* Schiltero videtur, quia de nato ex serva sermo est, forte legendum esse *Theus,* servus, famulus. Papias : *Treus,*

libertus. Sed *Treus* a *Treu,* fidelis est eidem Papiæ.]
¶ **THRIMSA**. Vide *Thrymsa.*
◊ **THRINUM**, Pulpitum, ambo, Gall. *Jubé.* Comput. ann. 1518. ex Tabul. S. Petri Insul.: *Pro duobus ostiis veteris Thrini ecclesiæ venditis in claustro, lxvj. sol.* Alius ann. 1519 : *Henrico pictori, qui deauravit tria diademata posita supra capita Crucifixi, B. Mariæ et S. Joannis... in Thrino et fecit plurima arma in Thrino et alibi, etc.* Denique alter ann. 1523. ex eod. Tabul.: *Jacobo le Roy carpentario, pro tabernaculo per eum facto, pro die Ascensionis ante Thrinum chori, etc.*
THRONI, Angeli ex primo hierarchiæ Angelicæ gradu, cujus appellationis variæ recensentur causæ a S. Dionysio cap. 7. Gregorio M. Hom. 34. in Evang. Isidoro lib. 7. cap. 5. Hugone lib. 7. in cap. 17, Guillelmo Parisiensi part. 11. c. 101. S. Bernardo lib. 5. de Consid. cap. 4. etc.
⁑ **THRONIZARE**, *Principis honor Thronizat,* apud Sedul. de Rector. Christian. cap. 19. tom. 8. Spicil. Roman.
◊ **THRONUM**, Statera publica et Vectigal, quod pro *throno* pensitatur, vulgo *Trosne.* Charta Joan. comit. ann. 1234. in Chartul. 2. Fland. ex Cam. Comput. Insul. pag. 98 : *Cum karissima soror nostra Margareta, domina de Dampetra,.... centum libratas Flandrensis monetæ annui redditus de propria hæreditate sua, percipiendas annuatim ad theloneum et Thronum Insulense ;... ad quod theloneum et Thronum terram assedimus, etc.* Redit. comit. Hannon. ann. 1265. ibid.: *Encore a li quens à Valenchiennes un grant pois, k'on appiele Trosne, etc. Throsne,* eadem acceptione, in Charta Margar. comit. ann. 1274. ex Chartul. 1. Fland. ch. 263. ex ead. Cam.: *Nous avons donné à loial cense... nos mairies, nos changes,... nos Throsnes, nos cambages, etc.* Vide infra *Trona.*
THRONUS, Sedes Episcopalis, θρόνος, passim. Unde
INTHRONIZARE, Græc. ἐνθρονίζειν, Episcopum in *thronum* inducere: ἐνθρονιασμός, pro Ecclesiæ dedicatione, cum scil. *Thronus Episcopi* in ea collocatur, in Synodica ad Theophilum Imp. apud Balsamonem, et alios. Liberatus Diac. cap. 14 : *Ordinatus ergo Proterius, præsentibus supra memoratis Episcopis, Inthronizatus.* Utitur cap. 15. 18. 20. etc. ut et Leo Ost. lib 2. cap. 4. Concilium Ingelenhemense ann. 948. cap. 2. Adalbero Laudunensis Episcopus in Carm. ad Robertum Regem Franc. pag. 241. Sigebertus Gemblac. in Vita S. Sigeberti Regis Austrasiæ n. 5.
Neque tantum de Episcopis vox hæc usurpatur, sed etiam de Abbatibus, atque adeo de quibusvis Presbyteris, qui *ad titulos,* seu Ecclesias quasvis ordinantur. Liber de Fundatione Gozecensis Ecclesiæ : *Post hunc Thiemonem..... substituerunt Abbatem hujus Inthronizationis anno tertio, etc.* Vide Formatam Dadonis Episcopi Virdun. tom. 2. Concilior. Sirmondi pag. 673. Præterea de quibusvis inaugurationibus. Ditmarus lib. ult. pag. 110 : *Ducem Henricum Ratisbonæ Inthronizavit.*
INTHRONISMUS, ex Græco ἐνθρονιασμός, apud Liberatum Diacon. cap. 19.
¶ THRONI DEI, Episcopi. Vide *Episcopus.*
THROTEBOLLA, Guttur, vox Saxon. Leges Henrici I. Regis cap. 93 : *Gurgulio vel Throtebolla.* Ubi alii Codd. præferunt *Wrotebolla.*
THRYMSA, Genus nummi Anglo-Saxonici. In Legibus Æthelstani, ubi omnium capita æstimantur, hæc habentur: *Archiepiscopus et Satrapa* (qui Corle dictus est) 15000. *Thrymsis, Episcopus et Aldermannus* 8000. *Belli Imperator et summus Præpositus* (hodie *Vicecomes*) 4000. *Thrymsis.* Vide Concilium Grateleanum ann. 928. cap. 13. Lambardus *Thrimsam* nummum trium solidorum fuisse ait, a Treo, quod *tria* sonat : vel ut Spelmannus, a Prim, quod *ternos* significat. In Glossario Saxon. exarato sub Edw. III. *Wrinsa,* vel *Wrimsa, et est solidus denariorum :* ubi legendum videtur *Thrimsa.*
☞ *Thrymsa* non est trium solidorum nummus, sed moneta solido minor, scilicet quatuor denariorum : cujus nomen non a Treo, ut vult Lambardus, vel a Trim, ut ait Spelmannus, deducendum est, sed a *Tremissis,* ut docet Hickesius Dissert. pag. 110. Est autem *Tremissis* vel *Tremissus* quatuor denariorum, seu tertia pars assis, vel solidi, ut dicitur infra, quod et perspicuum est ex Lege Ripuar. cap. 23 : *Tremissem, id est, quatuor denarios componat.* Vide *Tremissis.*
◊ Quæ opinio hic ex Hickesio profertur, hanc ipsemet emendat in Præfat. ad tom. 1. pag. xlj. quem consule. [⁑ Adde Phillips. de Jure Anglos. not. 186.]
¶ **THUBATICUM**, Species tributi. Charta Ludovici Pii apud *Laguille* in Probat. Histor. Alsatiæ pag. 19. col. 2 : *Nullum Telonium... aut laudaticum, aut Thubaticum, aut pulveraticum, aut ullum acursum, vel ullum censum, aut ullam redditionem accipere vel exactare audeat.* Fortasse mendum est pro *salutaticum, rotaticum,* aut quid simile. [⁑ *Trabaticum,* in Alsat. Diplom. num. 92. tom. 1. pag. 75. ex autographo. Vide in hac voce.]
THUBDA, in Lege Frisionum tit. 3. ubi Sicama *Thiaftha* rescribendum censet. Hodie enim *thaeff,* vel *thieff,* furtum, *thiaftha* appellant Frisii. [☞ Omnes edit. habent *Thubda*.]
¶ **THUE**, Duo, vett. Francis. Vide *Chunna.*
◊ **THUILA**, a Gallico *Tuile,* Tegula, in Comput. MS. eccl. S. Egid. Abbavil. ann. 1826 : *Pro centum Thuilarum, xij. denarios.* Vide supra *Teuls.*
THUMELUM. Leges Inæ Regis cap. 55. apud Bromptonum [⁑ Anglos. 49.]: *Si pasnagium captatur de porcis, de tridigitali tertius, de duodigitali quartius, de Thumelo quintus :* Saxonice Þymel, a voce þuma, Anglis *Thumbe,* pro pollice, de porco hic dictum, cujus pinguedo ad pollicis latitudinem excreverit. Ita Somnerus.
¶ **THUMINUS**, Mensuræ species apud Siculos et Neapolitanos. Nic. Specialis lib. 3 de Rebus Siculis cap. 6. apud Murator. tom. 10. col. 972 : *Quilibet equitum ad posteriora equi grani modium mancipavit, pedites vero singuli singulos Thuminos assumpserunt. Sic ergo per amica noctis silentia festinantes roccam eamdem victualibus aliisque necessariis muniverunt.* Charta Alphonsi Arag. Regis ann. 1450. pro Carmelitis Neapol. in Bullario Carmel. pag. 620 : *De Thuminis salis 12. ad justum Thuminum et mensuram nostræ curiæ de sale nostræ curiæ sistentes in fundico seu gabella salis civitatis nostræ Neapolis,...... pro usu dicti monasterii..... liberaliter elargimur.*
◊ Vide *Tuminus* et *Tumminus.*
◊ 1. **THUNA**, Retis species ad venandum, idem quod supra *Thona* 2. Charta ann. 1501. ex sched. Pr. *de Mazaugues :* *Quod nullus particularis dicti castri, moderni et qui pro tempore futuro erunt, non audeant seu præsumant venari ad grossam venationem cum balistis et colobrinis, ac ad cuniculos cum furono, nec ad perdices cum Thuna seu peyrolo, sive de nocte cum lumine, sub pœna prædicta, videlicet centum solidorum de die et duplum de nocte pro quolibet et vice qualibet, et perditione sive confiscatione balistarum, furonorum, Thunæ et peyroli.*
◊ 2 **THUNA**, Panni species ; f. qui Toruno, Gall. *Thorn,* texebatur. Stat. ann. 1451. inter Leg. Polon. tom. 1. pag. 167 : *Plebano de Collo cellarii dantur quinque marcæ, cum octo ulnis panni brevis de Thuna.*
¶ **THUNGREVIUS**, Præpositus villæ. Vide Spelmannum et infra *Tungravio.*
¶ **THUNITIA**. Ordo Rom. apud Mabillon. tom. 2. Musei Ital. pag. 262 : *Potu recepto dictoque Tu autem* (post refectionem Papæ et Cardinalium,) *surgit diaconus, et tenet Thunitiam, dum gratiæ referuntur.* An *Tunicam?*
THUR, Getarum et Gothorum Deus, cui *sanguinem mactabant hominum,* ut est apud Dudonem lib. 1. de Morib. et Actis Normann. pag. 62. Hunc *Martem* putabant, ut habet Willelmus Gemetic. lib. 2. cap. 4. Adde Ordericum Vitalem lib. 4. pag. 513. *Thor* appellatur in Historia S. Cuthberti.
THURARII, Pigmentarii. Vide interpretem Juvenal. Sat. 1. v. 52. [Firmicus lib. 8. cap. 25. *Thurarii, pigmentarii, etc.* Tertullianus de Idololatria cap. 11 : *Ecquid majoris operæ et erga dæmonia Thurarius ?* i. qui thure fumigat.]
THURARIUM, Acerra. Vide in *Acerna.*
* **THURCAPELLERIUS**, (Ut turcoplarius : « *D. Johannes Kendal Virgilius, miles ordinis sancti Johannis prædicti, Thurcapellerius Rodiensis.* » (Diarium Burchardi, ed. Thuasne, I, 20, ann. 1484.)]
THURCIBOLDUS. Vide supra *Curcinbalus.*
¶ **THUREUS**. Vide mox in *Thuridus.*
¶ **THURIBOLORUM**, pro *Thuribulum. Lucerna, id est Thuribolorum ex auro cum sua offertoria,* in Donatione S. Rudesindi Episc. tom. 3. Concil. Hisp. pag. 180. col. 2.
◊ **THURIBULARE**, Thure adolere, Gall. *Encenser.* Consuet. S. Crucis Burdeg. MSS. ante ann. 1305: *Item dictus sacrista habet supplere incensum ad Thurubulandum, et nota quod consuetum est in dicto monasterio, quod semper in primis et secundis vesperis omnium SS. duplicium,... ille qui capitulat, debet se induere sacris vestibus et debet incensare omnia altaria ecclesiæ.* Vide *Thurificare.*
¶ **THURIBULARIUS**, Idem qui mox *Thuriferarius,* qui in ceremoniis ecclesiasticis defert thus vel thuribulum. Breviarium Sarisber. ann. 1556 : *Procedat dyaconus cum subdyacono et Thuribulario.* Charta Eccl. Aniciensis ann. 1312 : *Thesaurario ecclesiæ VIII. lib..... Turibulario* X. *s. Thuribularius cantet tractum,* in Ordinar. S. Protadii Vesont. pag. 28.
THURIBULUM, Vas, in quo thus reponitur, [*Vaissiau à encens,* in Gloss. Lat. Gall. Sangerm. MSS.] inter ministeria sacra vulgo accensetur. Alcuinus Poem. 3 :

Hic quoque Thuribulum capitellis undique cinctum,
Pendit de summo fumosa foramina pendens,
De quibus ambrosia spirabunt thura Sabæa,
Quando Sacerdotes Missas offerre jubentur.

Dudo lib. 2. de Morib. Normann. pag. 153 : *Thuribulaque inauditæ amplitudinis et pretii auro confecta delegavit.* Leo

Ostiensis lib. 1. cap. 58 : *Thuribulum argenteum inauratum, etc.* Occurrit passim. Sed audiendus interim Joan. de Janua : *Thuribulum, a thus, et bolus, componitur, vel quod ibi thus, mordetur et crematur : vel quod thuris bolos, i. morsellos cremat.* Ita nugantur recentioris ætatis Grammatici. [Audiendus quoque est Amalarius in Eclogis de Officio Missæ, ubi de mystica *Thuribuli* significatione loquitur : *Portatur al Thuribulum, quod Christi corpus significat, sicut scriptum est in eadem Apocalypsi :* Alius Angelus venit, et stetit ante altare habens Thuribulum aureum. *Quod sic expositum est. In conspectu scilicet apparuit Ecclesiæ, factus ipse Thuribulum, ex quo Deus odorem suavitatis accepit, et propitius factus est mundo.*] De Thuris sen incensi primævo usu in Ecclesia, vide Durandum lib. 1. de Ritib. Eccles. cap. 9. et Jacob. Petitum in Notis ad Pœnitentiale Theodori pag. 135. 136.

TURABULUM Glossæ antiquæ MSS : *Turibulum, Turabulum, quod Græci Tymarion dicunt.* Mox : *Turibulum, ubi thus incenditur.*

THURICREMIUM, *Incensarium, quia in eo crematur thus,* Ugutioni. Joann. de Janua habet *Thuricremulum,* subditque consuevisse dici : *Pone thymiama in Thuricremulo.* [Gloss. Lat. Gall. Sangerm. MSS. : *Thuricremulum, Encencier.*]

THURIDUS, et *Thureus, de thure exiens. vel ad thus pertinens, vel fumosus.* Hieronymus super Isaiam : *Unusquisque altius quærat auxilium faciem Turidam pallore circumferens.* Joan. de Janua. Leg. Luridam. [Glossæ Sangerm. Lat. Gall. MSS : *Thuridus vel Thureus, de encens, ou pertenant à encens.*]

THURIFERARIUS, *Acolytus, qui incensarium in Ecclesia defert, qui et portator thuribuli dicitur ab* Hugone a S. Victore lib. 1. Speculi Eccl. cap. 7 - *Per Ceroferarium et Thuriferarium intelligimus Sanctos, qui præcesserunt Testamentum.* Vide Durandum lib. 4. c. 5. [et supra *Thuribularius.*]

THURIFEX, *Sacerdos : Thurificium, Sacerdotium : Thurificina, locus, ubi thus efficitur, vel spargitur, vel sacrificatur* Ugutio [et Joh. de Janua. Gloss. Sangerm. MSS. Lat. Gall. : *Thurificina, Lieu à faire encens, ou à sacrefier de encens.*]

THURIFICARE, *Thura adolere, sacrificare.* Acta Marcelli PP : *Deferatur tripoda, et Thurificent Majestatibus.* Lex 12. Cod. Th. de Paganis (16, 10.) : *Namque omnia loca, quæ thuris constiterit vapore fumasse, si tamen ea in jure fuisse Thurificantium probabuntur, fisco nostro adsocianda censemus.* Consuetudines Floriacensis Monasterii : *In die dedicationis Ecclesiæ post officium debent duo Sacerdotes capati omnes cruces Thurificare, duobus servitoribus comitantibus cum acerris et plurimo incenso.* Occurrit passim in Vitis SS.

THURIFICATI. Vide *Sacrificati.*

☞ THURIFICATIO. *De Thurificationis ritu coronata,* apud Appon. in Cant. Cant. Spicil. Roman. tom. 5. pag. 9.

¶ THURIFICINA, THURITICUM. Vide supra *Thurifex.*

¶ THURNUM, *Culcitra.* Vide in *Torale* 1.

THUS MASCULUM. Ugutio : *Thus, quædam materies apud nos dicitur Masculum, quia sit natura rotundum, in modum testiculorum, reliquum vero planum et pene scabiosum.*

¶ THWELFINDUS. Vide *Sixhindi* et *Thythuti.*

THWERTNIK. Charta Regis Angliæ Ricardi II. apud Spelmannum : *Concessimus etiam communitati prædictæ* (Cestresciræ) ...... *quod habeat omnes libertates, eidem communitati per Ranulphum dudum Comitem Cestriæ concessas, etc. Concessimus etiam, quod Vicecomes noster, aut hæredum nostrorum, qui pro tempore fuerit in dicto Comitatu, de cetero faciat executiones pro debitis recuperatis et recognitis in Comitatu vel Scaccario Cestriæ, aut in itinere Justiciariorum, qui pro tempore fuerit, absque aliquo capiendo pro executione hujusmodi facienda, licet etiam præteritis temporibus usum sit, prout per chartam habet ipsa communitas. Quod si aliquis in curia nostra culpatus fuerit, per Thwertnik se defendere possit, quia hæc defensio est contraria legi communi. nutrix malorum, pacis æmula, et damnosa populo pacifico.* Volumus etiam de consensu et requisitione dictæ communitatis, ordinamus et præcipimus, quod dicta defensio per Thwertnik de cætero non allocetur, sed annulletur totaliter et damnetur, prædictaque charta in eo puncto vacua sit, et nullius effectus temporibus duraturis.

☞ Anglis *to thwart* est impedire, contradicere, adversari, et Anglo-Saxon. *Nic,* particula negans : an est *Thwertnik,* quasi esset species contradictionis, qua quis negat sut falsi arguit quod objicitur ?

☞ THWIGILD, *Dupla solutio vel mulcta, ex Thwu, duplex, et Gild, solutio,* mulcta. Leges Danic. apud Ludewig. tom. 12. Reliq. MSS. pag. 175 : *Item notum st quod igildh est tantum, quantum fur abstulit bondoni, et Thwigild est in duplo tantum.*

¶ THYAPHAD inter personas viliores numeratur in Lege Wisigoth. lib. 9. tit. 2. § 2. cujus locus exstat in Compulsores. Vide *Thyuphadus.*

¶ THYELFINDUS. Vide in *Sixhindi.*

☞ THYLUS, *Callus,* in Gloss. ad Alex. Iatrosoph. MS. lib. 1. Passion. cap. 97 : *Collirium, theodoxion magnum ad dolores et passiones antiquas et veteres, ulas enim et Thylos detergit.*

¶ THYMALLUS, Θυμαλλος, Piscis genus. Isid. lib. 12. cap. 6 . *Timallus ab flore nomen accepit ; Timallus piscis flos appellatur : nam dum sic specie gratus et sapore jocundus, tamen sicut flos flagrat, et corpore odoris exspirat.* Melius apud Papiam legitur *Thymallus, a Thymus,* et *fragrat,* pro *flagrat.* Joann. de Janua præfert *Timalus,* minus recte. Rumplerus Histor. Formbac. lib. 1. apud Pezium tom. 1. Anecdot. part. 3. col. 433 *Quamvis Timalli etiam in Æno capiantur, sunt tamen rarissimi.* Vide S. Ambrosium lib. 5. Hexaem. cap. 2.

☞ Gesnero de Piscib. pag. 1032. edit. Francof. Umbra, fluviatilis est Thymallus Æliani. Vide in *Umbra.*

¶ THYMELE, THYMELICI. Isid. lib. 18. Orig. cap. 47 : *Thymelici erant musici scenici, qui in organis et lyris et citharis præcinebant ; et dicti Thymelici, quod olim in orchestra stantes cantabant super pulpitum, quod Thymele vocabatur.* Scenici et Thymelici, apud Vitruvium lib. 5. cap. 8. *Thymeles,* meminerunt Martialis lib. 1. Epigr. 5. Juvenalis Sat. 1. Codex Theod. lib. 8. tit. 7. leg. 21. et 22. ubi habetur *Thymela. Thymelicorum* vero mentio fit in eodem Cod. Theod. lib. 15. tit. 7. leg. 5. et 12. in Digesto leg. 4. de his qui not. infam. (3, 2.) et leg. 10. de Pollicitat. (50, 12.) et alibi ; unde emen-

dandæ Glossæ MSS. ubi perperam *Temelici, Joculatores ;* legendum enim *Thymelici,* ut et in aliis, uti habetur *Temellini.* Salvianus lib. 6. de Gubern. Dei per *Thymelicos* intelligit Joculatores seu mimos, qui scurrilia exhibent in theatris. Vide Sulcerum in Thesauro v. Θυμελικός et alios Scriptores ibi laudatos. [☞ *Themilici,* apud Thegan. de Vita Lud. P. cap. 19.]

THYMIAMA, dicitur Ugutioni, *quædam confectio diversarum specierum, quam Sacerdos in altari Thymamatis adolebat.* Exod. 30 : *Sume tibi aromata, stacten, et onica, galbanum et thus lucidissimum, æqualis ponderis erunt omnia, faciesque Thymiama.* Nude, thus, incensum. Codex Epistolar. S. Bonifacii Archiep. Moguntini Epist. 143 : *Sanctitati vastræ direxi sabanum unum, facitergium unum, et modicum Thymiama.*

THYMIAMATERIUM, *Thuribulum, vas, in quo Thymiama servatur.* Ordo Romanus : *Tenens Thymiamaterium aureum pro foribus ponit incensum, ut pergat ante Pontificem thuribulum.* Helgaudus in Roberto Rege Franc. : *Et Thymiamaterio usquequaque satis mirabili, auro et gemmis bene elevato in sublimi, hunc sanctum devotissime nobilitavit. Erat enim hoc ad plane conveniens Thymiamaterium, Thuribulo aureo a Gauzlino Abbate mirabiliter factore patrato , cujus opus splendescit præ omnibus, quæ vidimus.* [Anastasius in Silvestro PP. : *Thymiamateria duo ex auro purissimo pens. libras* XXX. Ejus peculiarem usum ostendit idem Anastasius in Sergio . *Hic fecit Thymiamaterium aureum majus cum columnis et coopercula, quod suspendit ante imagines tres aureas B. Petri Apostoli, in quo incensum et odor suavitatis festis diebus, dum Missarum sollemnia celebrantur, omnipotenti Deo opulentius mittitur.* Rursum occurrit apud Guidonem lib. 2. Discipl. Farfensis cap. 23. in Libello de successoribus S. Hidulphi apud Calmet. tom. 2. Hist. Lothar. col. 55. in Vita S. Leonis IX. PP. tom. 2. Aprilis pag 644.] Thurificationis vero usum in Ecclesia perantiquum esse probat Menardus ad librum Sacramentorum Gregorii Magni pag. 195. 362. 373.

¶ TIMIAMATHERIUM , Romualdo II Archiep. Salern. tom. 7. Muratori col. 181.

¶ THYMIATERIUM. Eadem notione, Gr. Θυμιατήριον, in Actis SS. Martii tom. 3. pag. 716. et supra in voce *Canilla.* Vide Glossarium mediæ Græcitatis in Θυμιατόν.

¶ TIMIATERIUM, apud Murator. tom. 3. pag. 106. col. 2. not. 60. e Codice MS.

¶ TYMIAMATERIUM, eodem tom. 3. pag. 213. col. 1.

¶ Thymiathizare, *Thus incendere.* Guido lib. 1. Discipl. Farf. cap. 34 : *Præcedant duo sacerdotes in capis, et stent a latere altaris hinc et inde tenentes duo thuribula Thymiathizantes aram desuper.*

THYMPHANA, *Modiolos rotarum dicere possumus.* Gloss. Longob. S. Germani Paris. ex Gloss. antiq.

¶ THYNPHADUS. Vide *Thiuphadus.*

¶ THYRSUS, *Cerea fax,* Gall. *Torche,* sic forte dicta, quod filum cera obductum baculo circumvolutum esset, ut hedera Thyrso Bacchi. Vita B. Bernardi Pœnitentis, tom. 2. Aprilis pag. 677 : *Ardenti Thyrso et infusione liquentis ceræ scissuras illas et læsiones pedum urere consueverat.*

¶ THYSIASTERIUM, Gr. Θυσιαστήριον, *Altare.* Geso Abbas de Corpore et Sanguine Domini apud Murator. tom. 3. Anecdot. pag. 300 : *Petrus* (Alexandrinus) *tempore episcopatus nunquam in cathedra sua sedere voluit..... quoniam quoties Thisiasterium* (Thysiasterium) *ascendebat, splendor igneus de ipsa sede egrediens ei apparebat.* Vide Suiceri Thesaurum in Θυσιαστηριον.

THYTHUITI Leges Henrici I. Regis Angl. cap. 69. *De Thythuiti hominis wera, debent reddi secundum legem* 30. *solid. ad manbotam, id est hodie* 5. *mancæ, de Twelfhindo, id est Thayno,* 120. *solid. quæ faciunt* 20. *mancæ.*

¶ **THYUPHADUS**, post Duces et Comites et ante Vicarios et Gardingos numeratur, in Lege Wisigoth. lib. 9. tit. 2. § 8. cujus locus exstat in *Gardingi*. Vide *Thyaphad* et *Thiuphadus*.

¶ **THYYHINDI**, inter homines liberos primi recensentur in Legibus Henrici I. Regis Angl. cap. 76. Vide locum in *Sixhindi*.

TIA, Amita, Gall. *Tante*. Vide *Thius*.

¶ 1. **TIARA**, Mitra Abbatis. Gesta Abbatum Lobiens. tom. 6. Spicil. Acher. pag. 738 . *Tiaram gessit* XVIII. *mensibus Nicolaus Abbas.* Gloss. Lat. Gall. Sangerman. *Tiara, mitre: vel pileum sacerdotale, chapiau de foutre.* Occurrit etiam pro mitra episcopali, sed alias ; nunc enim solum dicitur de Papali, quam aliter vocant *Regnum*, ut supra observatum est. Vide *Thiara*.

¶ **TIARATUS**, Qui gestat tiaram. *Tiarati Reges*, apud Sidonium lib. 8. Epist. 8. Vita S. Guidonis Abb. tom. 3. Martii pag. 917 . *Vir stola candida indutus ac mirabiliter Tiaratus.* Vide *Neutri*.

¶ 2. **TIARA**, Ecclesiasticum capitis tegumentum. Stat. MSS. S. Petri Insul. ann. 1388. ex Tabul. ejusd. eccl. : *Statuinus quod canonici in sacris ordinibus non promoti, Tiaras vel almucias suas supra caput in choro non deferant; sed alibi deportare valeant, sicut placet.* Glossar. Lat Gall. ann. 1352. ex Cod. reg. 4120 *Tiars* (leg.) *Tiara est amictus supra caput. Gall. Amis.*

¶ **TIARIES** , *Portitores signorum* , in Glossis Isidori. Post Grævium emendo *Triarii*.

¶ **TIBIA** PETASONIS, Tibia porci, seu Perna, Gall. *Jambon*. Vide Locum in *Petaso*. [·Charta ann. 1299. in Lib. rub. Cam. Comput. Paris. fol. 170. v°. col. 2 : *De qualibet porco seu sue vendito seu vendita ad macellum ibidem, unam Tibiam.*]

° TIBIA, Postis, Gall. *Jambage de Porte*. Charta ann. 1339. ex Tabul. colleg. Lombard. : *Pars autem istius domus magnæ, videlicet a conjunctura cujusdam lapidis secti, facientis Tibiam portæ sive hostii dictæ domus, etc.*

° TIBIIS IN PERA COMPOSITIS, Proverbii genus, quod idem significat atque Gallicum, *La queue entre les jambes*, in Annal. Placent. apud Murator. tom. 20. Script. Ital. col. 935.

° **TIBIALE**. Vide supra *Housellus*.
° **TIBIANEI**. Vide infra *Tabianei*.
∞ **TIBIARE**. Virgil. Grammat. pag. 14 : *Tibio hunc sensum habet citharizo*.

¶ **TIBIARIUS**, Αυλοποιός, in Glossis Lat. Græc. et Gr. Lat. Qui facit tibias.

¶ **TIBIATOR**, Qui canit tibia. Sanutus lib. 2 : *Sint quatuor tubatores, tibicines, Tibiatores, et qui sciant pulsare nacharas.* Quid discriminis sit inter *Tibicines* et *Tibiatores* non percipio.

¶ **TIBICINARE**, Tibia canere, Tertulliano de Anima cap. 38. et Fulgentio Mytholog. lib 3. cap. 9.

¶ **TIBIGINATOR**, Αυλητος, in Gloss. Lat.

Gr. Aliæ Græc. Lat. : Αυλητής, *Flator, Tibicinator, Tibicen, Subulo, Vagus.*

TIBICINES, *Fulcra bifurca, quibus domus sustentatur, quæ aliter Destines dicuntur.* Jo de Janua. [∞ Festus : *Tibicines in ædificiis dici existimantur a similitudine tibus canentium, qui ut cantantes sustineant, ita illi ædificiorum tecta.* Occurrit apud Catullum et Juvenalem. Papias : *Tibicines bifurca fulcra dicuntur, quibus domus sustentatur, vel imperfecti versus , qui fulciuntur.* Panegyr. Berengarii lib. 2. vers. 47 :

Disperiere. Jubet tandem Lamberticus horror.

Ubi Glossa : *Vacat* tandem *et est versus de iis qui Tibicines vocantur, quibus datur aliquid ad solam metri sustentationem. Est autem Tibicen proprie furca apposita, etc.*]

TIBIN, Scirpus, vel genus vasculi in modum scrinii, *ex virgultis agrestibus contextum.* Jo. de Janua.

° **TIBISSARE**, TIBIZARE, Aliquem per Tu alloqui. Serotinus in Lex. Germ. vocibus *Euer,* \ester , et *Du*, tu, dicit *Tibissare, Tuissare* et *Tibissatio.* Æneas Silvius epist. 105 : *Tibicando poetæ scribunt etiam principibus.* Hæc ex animadv. D. Falconet. Vide infra *Tuisare*.

° **TIBLA**, *Prov. Trulla, Tibla*, in Glossar. Lat. ex Cod. reg. 7657. *Tiblete*, nostris, Ludi genus. Lit. remiss. ann. 1392. in Reg. 142. Chartoph. reg. ch. 289 . *Lesquelx issirent hors de la taverne et alerent jouer à un jeu, appellé la Tiblete.*

TIBRACA. Ocrea lanea. Vide *Tubrucus*.

TIBRILLUM. Charta Ludovici Pii Imp. pro Abbatia S. Dionysii, apud Doublet tum pag. 740 : *De lignis dentur eis mensuræ quæ nudi* [leg. *Midi*] *appellantur mille centum : de melle secundum consuetudinem : de Tibrillo carra duo ; de modis sedecim.* [*Tribillum* non clariori notione ex eadem Charta edidit Mabillonius lib. 5. Diplom. pag. 392. at in alia ibid. pag. 520. habet *Tibrillum*, ubi melius definire non ausim.] Eadem habentur in Charta alia Sandionys. firmata in Synodo Suessionensi ann. 862. apud eumd. pag. 794.

☆ **TIBURIUM**. [Ital. *Tiburtino* , Gall. *Travertin* : « Pro junctis dicti *Tiburii* et trabium.» (Arch. Capit. S. Petri in libris censualibus, an. 1464)]

° **TICA**, Tela fili densioris, Gall. *Coutis*. Charta Phil. comit. ann. 1163. in Chartul. 1. Fland. ex Cam. Comput. ann. 325 : *Qui extraneus lectum sine plumis, id est, Ticam, vendiderit, unum denariorum dabit, et qui emerit, unum.*

¶ **TICELLUS**. Charta ann. 1259. in parvo Reg. S. Germ. Prat. : *Compererunt..... quamdam archam suam* (f. sitam) *in aqua Sequanæ Parisius a parte parvi pontis , in grasasio prope muros domus regis Franciæ , Ticello ipsius gravasii contiguam, pro molendino a dictis Thoma et Sauceluna et eorum hæredibus ponendo et habendo.*

TICHODIFRUS, ex Gr. τειχοδιφρος, genus machinæ ex rei suæ commoditate Græca appellatione vocabuli sumpsit exordium. *eo quod per hunc facilior in murum paratur ascensus, anta balistæ semper ducendus incessum, quo protector eadem balista operetur.* Vide reliqua apud Anonymum de Machinis bellicis, subjectum Notitiæ Imperii.

TICIMIUM PECORIS , [f. pro *Tintinnum*,] in Legibus Adelstani Regis. Vide *Blanhornum*.

☆ **TICIO**, [*Tison* : « Andera, *andere*, ferrum quod ticiones sustinet ignis. »

(Glos. ms. Turon. XII. s. Bibl. Schol Chart. an. 1869, p. 329.)]

° **TICIONARI**, *Atizier le feu*, in Glossar. Gall. Lat. ex Cod. reg. 7684. Aliud Provinc. Lat. ex Cod. 7657. *Tione, Prov. Ticio, lignum extinctum, vel dum ardet.* Vide *Titionari*.

¶ **TIDAM**, Species navis, si tamen vera lectio est. Chronicon Siciliæ apud Marten. tom. 3. Anecd. col. 8 : *Quædam Tidam onerata tribus aliis machinis terræ Trapani applicuit post meridiem ad littus maris dicti castri, et ipso die exoneratæ de dicta Tidam in terra aguinibus et parvis dictarum machinarum. Supervenerunt die crastino dicti diei in aurora tres galeæ dicti Regis Roberti, quæ ceperunt dictam Tidam cum residuo dictarum machinarum, et combusserunt ea.* Pro *Tidam* legi posse *Tidina* suspicio est ex sequenti voce ; quare pro de dicta Tidam in terra aguinibus et parvis dictarum machinarum, lubens restituerem, *de dicta Tidina in terra cum aguinibus parvis dictarum machinarum.*

² *Teridam* legendum esse vix dubito : vox quippe compendiose scripta abbreviationisque notam non præferens, lectores minus attentos fefellit. Vide *Tarida*.

¶ **TIDINA**, Navis Ecclesiæ, si recte divino. Chronicon Januense apud Murator. tom. 9. col. 32 : *Qualiter autem Januenses prædictis captionibus interfuerunt, et auxilium præbuerunt, scriptum erat literis aureis in Tidina S. Sepulchri.* Vide *Tidam*.

TIENMENTALE. Vide *Tenmentale*.

✓ **TIERCELLUS**, TIERCERIUS, Mensura vinaria, eadem quæ supra *Tercellum*. Charta ann. 1269. ex Chartul. S. Vinc. Laudun. : *Item duos sextarios et dimidium Tiercerium vini vinagii, ventas portantes.... Item duos sextarios et dimidum Tiercellum vini vinagii ventas portantes.... Item duos Tiercellos vini vinagii.*

² *Tiercelin* vero et *Thiercelin*, Panni species, forte quod ex tribus diversæ speciei filis contextus sit. Lit. remiss. ann. 1382. in Reg. 121. Chartoph. reg. ch. 100 : *Une demi piece de cendal azuré, appellé Tiercelin, contenant trois aunes.* Aliæ ann. 1456. in Reg. 187. ch. 47 : *Item sept pieces de petit taffetas. Item trois pieces de Thiercelins.*

° **TIERTIUM**, Agrarium. Vide supra in *Tertium* 1.

TIGELLUM, pro *Tigillum*. Occurrit in Vita SS. Severini et Victorini n. 12. [Vide *Sparro*]

" *Hinc*, ut videtur, *Tigne*, Fustis crassioris species, in Lit. remiss. ann. 1472. ex Reg. 195. Chartoph. reg. ch. 771 : *Embastonnez de dagues, gros bastons, nommez Tignez, et autres grans bastons.*

² *Tigel* vel *Tigeau* dicitur Pars tibialis longior, vulgo *Tige*, canon. Lit. remiss. ann. 1394. in Reg. 146. ch. 328 : *La suppliante prist...... deux Tigeses d'unes chausses à homme, dont elle appareilla sa robe.*

¶ **TIGNA**, Tinea, scabies, porrigo, Gall. *Teigne*, vel ut alii efferunt, *Tigne*, Ital. *Tigna*. Vita B. Bartholomæi, tom. 2. Marti pag. 666 : *Cum puer quidam..... morbo, quem Tigna dicunt Hetrusci, caput infectum gestaret, signans eum signo crucis illico mundatum aspexit.*

¶ **TIGNEA**, Tinea, Gall. *Tigne*, vel potius *Teigne*, vermis notus. Charta Archivi Villæ novæ : *Ne demoliri Tignea vel vermibus actum in tempore..... scripturæ debet memoriæ commendari.*

TIGNUM, *Genus bestiæ, fæminini generis*, in Glossar. Langobard. S. Germani

Paris. ex Glossis antiq. [Forte legendum est *Tinea*, vermis qui corrodit vestes.]

¶ **TIGRAN**, TEGRANNUS, etc. Ager, ut videtur, terra, territorium. Tabularium Rothon. : *Ruvralt dat Tigran Bot*.... anno XX. *imperii Hlodowici*. Ibid. : *Dat Tigran Fabr, excepto unum campum*. Rursus : *Vendidit villare de suo Tegranno*. Iterum . *Dat totam suam hereditatem in Alarac, excepto medietatem unius Tigran*, Iterum : *Alunoc venit ad Rothon. ut modoraretur tributum suæ Tegrannæ*. Denique apud Lobinell. tom. 2. Hist. Britan. col. 74 : *Terra ex Tigranno Acun in Landon*.

✱ **TIGRASSARE**. [Disponere, cordare. DIEF.]

TIGRIS, Ensis, Spatha. Gregorius Turon. de Gloria Confess. cap. 42. de Nunnino quodam Tribuno : *Provolutum ad beati sepulchrum, cum diutissime orasset, extracto de vagina Tigre, lapidem qui super venerabile sepulchrum habebatur, nemine vidente, percussit*. Isidorus ait, Persis, Medis, et Græcis *Tigrim*, sagittam appellari.

¶ **TIGRONUS**, pro *Trigonus*, Species patibuli versatilis suspendendis movendisque in foco lebetibus. S. Willhelmi Constitut. Hirsaug. lib. 1. cap. 98 : *Duo quoque Tigroni utergue de tribus lignis licet imparibus angulis sint facti, qui in modum ostiorum huc et illuc versari possint : in his pendent catenæ, quibus caldaria suspenduntur, etc*.

¶ **TIGULI**, *Foramina quibus exit fumus*, in veteri Vocabulario juris utriusque.

TIGURIUM. Vide *Tegorium*.

° **TIHANUS**, Vas coquinarium, Provincialibus *Tihan*. Inventar. ann. 1361. ex Tabul. D. Venciæ : *Item duos Tihanos de aramo. Tihays* vero fustem sonat aut armorum genus, in Lit. remiss. ann. 1467. ex Reg. 200. Chartoph. reg. ch. 124 : *Une javeline et ung baston, que on dit Tihays, etc*.

TIHINDUS. Leges Henrici I. Regis Angl. cap. 9 *De Tihindi hominis* (interfecti) *wera debent reddi secundum legem* 30. *solidi ad manbotam*. Ƿ *wy hindenman dicitur in Legibus Alvredi Saxonicis, apud Lambardum, ex Saxonico* Ƿ *wy, duo, et* hund, *centum* : ita *Tihindus*, homo est, qui in æstimatione capitis ducentorum solidorum censetur.

TIHLA, seu ti h t la, Saxoniæ Accusatio, postulatio, compellatio, quasi *titulus accusatorius*. Leges Canuti Regis Angl. cap. 62 : *Si quis amicis destitutus, vel alienigena ad tantum laborem veniat, ut plegium non habeat in prima Tihla, i. accusatione, ponatur in carcanno*. Leges Henrici I. Angliæ Regis cap. 9 : *Differt etiam an aliquis eum vel alterius homine causam agat, et si quid in actu, vel in sola Tihla consistat*. Cap. 45 : *De nemore in operato per Tihlam nemo respondeat, nisi sit ibi captus, vel sit homo ejus, cujus est nemus*. Cap. 57 : *Inter homines aliorum Comitatuum observetur, et de Tihla pariter veniant in curias, etc*. Adde cap. 59. 64.

¶ **TILANS**, Πίρνης, σκώλιξ, in Glossis Lat. Gr. Forte scribendum, inquit Vulcanius. Desideratur hæc vox in Glossis Græc. Lat. sed habetur Σκώληξ, *Tilans, vermiculus, vermis*. An *Tinea*?

° **TILE** *dicitur Sappa, musium coctum*. Glossar. medic. MS. Sim. Januens. ex Cod. reg. 6959.

¶ **TILEA**, pro *Tilia*, Gall. *Tilleul*, in Descriptione censuum Monasterii de Crisenone.

¶ **TILETUS**, Schedula qua quis in jus vocatur. Statuta Avenion. lib. 2. rubr. 2. art. 1 : *Statuimus quod deinceps...... omnes citationes cujuscumque judicis...... fiant in scriptis, per Tiletum tabellionatum, cum clara expressione ad quid, ad cujus instantiam, ad quam diem, horam, locum, et locum loci, ac coram quo quis citetur.... Volumus etiam, quod primæ citationi judicis delegati, copia commissionis literis ac Tileto ante subsignationem notarii inseratur, aut dicta copia tabellionata literis ac Tileto alligetur*. Rursum occurrit eod. lib. rubr. 6. art. 11. Videtur detorta vox a *Titulus* : nisi forte legendum sit *Biletus*. Vide *Billa* 1.

° *Tillet* Librariis Parisiensibus dicitur Chirographum, quo inter se negotiantur.

¶ **TILHA**, Saxon. Accusatio. Vide *Tiha*.

1. **TILIA**, Modus agri vel vineæ. Vide *Telia*.

° *Tille*, eodem significatu, in Charta ann. 1480. ex Chartul. Buxer. part. 7. ch. 31 : *Item une Tille de terre en toppe, etc*. Vide *Telia*.

2. **TILIA**. Charta Corbeiensis : *Concessimus ipsi et hæredibus suis jure hæreditario singulis diebus panem unum monachorum..... in quinque festis singula sextaria vini et in Quadragesima unam Tiliam lardi, quæ omnia solventur de præpositura monachorum, inde est ligius homo Ecclesiæ*. An *Tibia lardi*, seu perna, Gall. *Jambon*? an *Petia*, frustum, membrum? Vide *Pecia*.

" Idem quod supra *Telha*, Gall. *Tille, Imbrex porci*, ni fallor, vulgo *Echinee*. Charta ann. 1294. in magno Chartul. nig. Corb. ch. 61. fol. 58. r° : *Le pain et le vin qu'il prenoit en ledite abbeye à chertaines journées et à chertaines festes, le Tille de bachon, le flique, et le candeille qu'il prenoit et avoit chascun an en ledite abbeye par le raison dudit fief*.

¶ **TILIATUS**, TILIOSUS, *rasibilis, flexibilis, vel ad tiliam pertinens*, Johanni de Janua. Glossæ Lat. Gall. Sangerman. : *Tiliosus, Tilleux*.

° Nostris *Tilleul*, Virgula tiliacea, cujus usus maxime erat in hastiludiis. Vide supra in *Bohordicum*. Chartul. Corb. sign. *Ezechiel* ad ann. 1429. fol. 198 r° : *Pour le faichon de chacun ceat de laigne ou de Tillet, fait audit bos, douze deniers*. Ubi scandula, qua cooperiuntur tecta, designatur. Vide mox *Tilla*.

¶ **TILIENSIS** CLANGOR. Vide *Titiensis*.

° **TILIGA**. Testam. Odon. Morini curionis de Jonqueretis diœc. Ebroic. ann. 1381. ex Reg. reg. : *Item Symoni de Bellon unum capucium et unas Tiligas*. Sed legendum videtur *Caligas*.

° **TILIUM**, Tilla. Charta ann. 1319. in Reg. 56. Chartoph. reg. ch. 603 : *Nomine bosci mortui accipiuntur salices, marsalices, tremble, arable, charme, Tilium, etc*. Ordinar. eccl. Camerac. MS. fol. 41. r°. ad Sabbat. Sanct. : *In hac die itur ad S. Sepulchrum per clokemannum propter novum ignem, qui affertur in lucerna, et in medio ecclesiæ accenditur ignis de Tilio. Til*, in Lit. remiss. ann. 1377. ex Reg. 112. ch. 106. *Tilloel*, in Stat. ann. 1388. tom. 7. Ordinat. reg. Franc. pag. 777. art. 39.

° **TILLA**, Scandula cooperiendis tectis apta, Gall. *Tille* ; unde *Tilletium*, earumdem præstatio. Assignat. dotal. Joan. reginæ Franc. ann. 1319. in Reg. 60. reginæ Franc. reg. ch. 69 : *Item pro Tilletiis, viginti quatuor milia de Tillus, quæ non sunt computatæ, quia sunt necessariæ pro ædificiis sustinendis*. Chartul. Corb. sign. *Ezechiel* ad ann. 1415. fol. 11. v° : *De toutes les estoffes et couvertures qu'il y faultra, tant rosel, herbe, esteulle, latte, cleu, Tille, cavels, terre, etc*. Eadem notione accipienda hæc vox in *Tillum*. Vide supra *Tiliatus*.

° Hinc fortassis vox Gallica *Tyolle*, qua ligni fragmentum significari videtur, in Lit. remiss. ann. 1474. ex Reg. 204. ch. 112 : *Le suppliant dist à icellui Taveau : Pourquoy as-tu rompu mon matras, et le frappa des Tyolles*. Id est, ex hujusmodi sagittæ fragmentis.

¶ *Tilletaige* vero, nescio unde, inter Commentaria Condæana tom. 1. ult. edit. pag. 505. appellatur Jus, quod regi penditur pro obtinendis officiis : *Le Tilletaige, c'est-à-dire, une somme inestimable, qui revient du renouvellement des offices de ce royaume*.

° **TILLETUM**, a Gallico *Tillet*, Locus tiliis consitus. Charta Guid. episc. Lingon. ann. 1260. in Chartul. ejusd. eccl. fol. 238. r° : *Quatuor jornalia, sita in comma Remberti et in Tilleto, dicto de Maiseio*.

¶ **TILLIOLUS**, a Gallico *Tilleul*, Tilia, in Chartulario S. Vandregisili tom. 2. pag. 1455.

° *Subtillatz*, Eadem forsan notione, in Lit. remiss. ann. 1474. ex Reg. 195. Chartoph. reg. ch. 1892 : *Lesquelx compaignons prindrent ung beuf et le atacherent d'une corde par les cornes à ung petit Subtillatz*.

TILLUM. Vita S. Samsonis Episc. Dolens. lib. 1. cap. 16 : *Venenum poculo miscuit, Tillum quoddam fricans, dedit ei bibere*. [Nescio an huc pertinent vox Gallica *Tille*, in Pedagio Bapalm. ex Chartul. 21. Corb. fol. 359. v° : *Carotte à roisins, à mortiers, Tille, etc*.]

TILPTALIUM, *Linteolum, minutissime carminatum, sive carpia*. Ita Glossæ MSS. ad Alexandrum Iatrosoph. et Græc. τιλτά, linteamenta, apud Æginetam, vel τιλτός, discerptus, unde τιλτός μότος, linteum carptum. Vide *Carpia*.

¶ **TIMALLUS**, TIMALUS. Vide *Thymallus*.

° **TIMANIADARIS**, Thuribulum, vas, in quo *thymiama* adoletur. Charta ex Tabul. Cassin. inter schedas Montisfalc. : *Quatuor calices de argentum, e duo Timaniadares de argentum*. Vide *Thymiamaterium*.

¶ **TIMAR**, seu *Timarium prædium*, apud Turcas, Pensio, vel stipendium, vel reditus bene meritis militibus assignatus in prædiis et possessionibus castrorum, oppidorum, pagorum, agrorum, vel in percipendis decimis aliisve fructibus, cum præfectura illorum locorum, vulgo *Timarion*, commenda, dynastia, reditus 9000. asprorum et infra. Ita *Meninski*. Simile est apud nos *Feudum*. [" Vide Glossar. med. Græcit. voce Τιμάριον, col. 1578.]

¶ **TIMARATI**, TIMARATORES, et vulgatius *Timariotæ*, nonnunquam *Timarei*, Gall. *Timariots*, Iidem fere qui *Milites limitanei*, Vassallorum genus apud eosdem Turcas, qui prædia possident Timaria, ea conditione, ut militent ipsi, si jubentur, cum certo equitum numero, majori vel minori, habita *Timarii* valoris ratione. Passim memoratur apud Scriptores de rebus Turcicis Vide Jovium Hist. l. 14. Georg. Hornium Orb. Polit. pag. 38. Gallicam Descriptionem Status Turcici, Diarii Europæi continuationem, Ottonis Menckenii animadversion. et supra vocem *Flamburum*.

TIMBERLODE, Servitutis genus, quo vassallus obligatur materiam sive lignum de silva, ubi prosternitur, ad domini sui domum devehere : a Saxon. Timber, Anglis, *Timber*, i. lignum, ti-

gnum, et lade, Anglis *load*, onus. Occurrit apud Willet. Thorn. ann. 1364 : *Et debent pro qualibet swolinga 14. den. per annum, pro schippeshere, Timberlode, et bordlode, vel cariare extra Waldam per mare, vel per terram, ad manerium prædictum.*
TIMBRELIUS, Parvus cœtus. Sic Skenæus de verborum significatione.
¶ **TIMBRELLUM,** Genus tormenti, eidem Skenæo de verbor. significat. Idem quod *Tumbrellum.*
TIMBRIUM, fasciculus, vel certus numerus pretiosarum pellium, cujusmodi sunt Marturum, Murium Ponticorum, etc. quæ ab exteris regionibus deferantur - Gallis *Timbre.* In Glossis antiquis MSS. lego : *Timbre, locus propellium.* Sed an huc pertineant, vix putem. Charta Swecica ann. 1314. apud Schefferum ad Chronicon Archiepisc. Upsaliensium pag. 228 : *Unam ulnam telæ vel ejus valorem. de quolibet aratro. De qualibet Timbria pellium variorum, unam pellem meliorem.* Fleta lib. 2. c. 12. § 8 : *Lunda pellium* continet 32. *Timbria.* Skenæo de verbor. significat : *And timmer of skins.* Charta Communiæ Rotomagensis ann. 1207. *Unde nos de unaquaque navi habebimus unum Timbr. martrinarum, vel* 10. *libras, si mercatores navis jurare poterunt, quod matrinas non invenerint emendas ad portum, in quo chargiaverunt, neque id fecerint pro consuetudine nobis auferenda.* Usatica MSS. Vicecomitatus Aquarum Rotomagi : *La nef qui vient de Yllande doit à la Vicomté* 20. *s. Item au Chastel de Rouen un Timbre de martres, ou* 10. *livres tournois, premierement receu le serment des merchans que il ne pourront trouver à vendre ledit Timbre ès parties d'Ylande où la nef fut carchie, et se elle apporte ledit Timbre, les merchans jureront ssi il fu acheté ès parties d'Ylande, et n'est pas à rechevoir ledit Timbre autrement* Computum Thesaurarii de la Fontaine Argentarii Regis ann. 1351 : *Pour* 60. *Timbres et* 31. *pel sans couroy, et sans appareil, contenans chacun Timbre* 60. *peaux, etc.* [Tabular. Latiniac. fol. 241 : *Le Timbre de vair, c'est assavoir quarente peaulx basties,* 1111. *den.*] [⁺ Vide *Cimber* 1 *Timmera,* in chart. ann. 1252. apud Lappenberg. Hist. Orig. Hanseat. Probat. pag. 59. Vide ibi not. 2 et pag. 278. not. 3.]
TIMBRUM. Charta Martini Regis Aragonum apud Brizium Martinezium in Hist. Pinnatensi lib. 1. c. 47: *In quo quidem calice aureo supradicto sunt signa sequentia, videlicet in pede tres esmalti, duo Timbra, et unus crucifixus Jesu-Christi, et in pomo, qui est in medio sex esmalti, duo ad signum Aragon, etc.* Ubi *Timbrium*, pro scuto insignium seu armorum videtur sumi. Vide *Tymbris.*
^c 1. **TIMBRE IN ALIQUEM,** pro Alicui timere, metuere, Gall. *Craindre pour quelqu'un.* Arest. ann. 1355. 12. Mart. in vol. 4. arestor. parlam. Paris. : *Naturaliter parentes magis Timent in liberos, quam Timeant in se ipsos.*
^c 2. **TIMERE,** Cogere, compellere. Charta ann. 1264. ex Chartul. Campan. fol. 369. v°. col. 2 : *Excellentiæ vestræ placeat quod nos et abbatia nostra* (Vallislucentis) *unius tantum sint ballivæ et unius præpositure vestræ, et quod non Timeamur contra tot ballivis et præpositis comparere. Sed legendum videtur, Teneamur.*
✱ **TIMIAMATERIA.** [THYMIAMATERIUM : « *Tmiamateria* I. cum cloqueo. » (Thesaur. Claromontis in Alvern. 980, mus. Arch. dép. 40.)]

¶ **TIMIAMATHERIUM,** etc. Vide supra *Thymiamaterium.*
° **TIMICAR** vel TINCAR, *Arabice, Borax, quod capistrum Avicenna dicit, eo quod cum ipso aurifaber aurum auro consolidat.* Glossar. medic. MS. Sim. Januens. ex Cod. reg. 6959.
¶ **TIMIDUS,** Horribilis, qui timorem incutit. Miracula B. Ægidii tom. 3. Aprilis pag. 244 · *Subito eam arripuit infirmitas quædam horrenda multum et Timida non modicum omnibus assistentibus.*
° **TIMINUS,** Mensuræ species Siculis et Neapolitanis. Charta ann. 1233. apud Cenc. inter Cens. eccl. Rom. : *Pro majoribus vero salibus aquaticis, debemus abbatiæ de Egris xxvj. marcas pro quolibet Timino.* Vide *Tuminus* et *Tumulus.*
TIMMERA. Vide *Timbrium.*
° **TIMMERHOUD,** *Timo* navis, ut videtur, gubernaculum. Telon. S. Bertini : *Navis cum Tinmerhoud, j. denarium.* Vide *Timo.* [° Materia lignea, ex qua ædificium constat. Kilianus.]
° **TIMNIPARE.** Carmen de Philomela ad calcem Cod. reg. 6816 :

Garrus enim quamquam per noctem Timnipet omnem,
Sed sua vox nulli jure placere potest.

¶ **TIMO.** pro *Temo*, Gall. *Timon*, Ital. *Timone.* Timones *quadrige*, in Literis ann. 1253. tom. 3. Ordin. Reg. Fr. pag. 634. *Timo navis, gubernadulum* seu gubernaculi manubrium, in lib. 6. Annal. Genuens. apud Murator. tom. 6. col. 394. *Franciæ Timonem obtinere*, Franciæ regnum gubernare, in Charta ann. 1103. tom. 5. Annal. Bened. pag. 461. Phrasis Gallica *Tenir le timon des affaires.* Vide *Temo* 1. et 2.
" **TIMOA,** *Paulo cap. De dolore pudendorum, est species verucarum.* Glossar. medic. MS. Sim. Januens. ex Cod. reg. 6959.
° **TIMONACHUM,** idem quod *Themonaticum* et *Timonagium,* Tributum seu pensitatio pro currus temone. Charta Odon. abb. in Chartul. S. Dion. pag. 417. col. 2 · *Pro quibusdam injustis exactionibus, quas Hugo, cognomento Lupus, et homines sui in decimis nostris de Villa-picta, quas Timonachum vocant, antiquitus extorquere consueverant, etc.*
TIMONAGIUM. [Idem quod *Themonaticum.* Vide in hac voce.] Charta Willelmi Cardinalis Archiep. Remensis ann. 1182 · *Forifactum quoque de Timonagio nobis per* 7. *solidos et dimidium emendabitur* [Charta Johannis Comit. Suession. ann. 1280 : *Ecclesiæ S. Medardi Suession.* dedi in elemosinam puram et perpetuam *Timonagium quod habebam in locis infra scriptis.... cum omni jure et dominio quod habebam in Timonagio supradicto, quod tale est, videlicet quod mihi pro qualibet quadriga, quæ vino onerabatur, in dictis locis, tres oboli Suession. monetæ debebantur.*] Ch. Radulfi Com. Suession. ann. 1233. pro Communia Nantoliensi : *Homines etiam de Nantolio, si opus fuerit, poterunt chiminum meliorare sine mesfacere. Timonagium autem et theloneagium quæ habebam apud Nantolium, cum emendis inde provenientibus concedo dictæ Ecclesiæ, etc.* [Chartul. S. Vandreg. tom. 2. pag. 1967 : *Cum ego haberem quoddam Timonagium in decima dom. Prioris de Brandene-toch, ete*]
° **TIMONARIUS,** Gubernaculum, clavus navis. Pedag. castri de *Les* ann. 1263. ex Cod. reg. 4659 : *In singulis antennis et in singulis timonis et Timonaris, quinque solidos Melgarienses.*
¶ **TIMONATICUM.** Vide *Themonaticum.*

¶ **TIMONUS,** Gubernaculum navis, seu gubernaculi manubrium, Gall. *Timon.* Informationes civitatis Massil. de passagio transmarino e MS. Sangerman. : *Sunt etiam necessarii ad unam navem tres Timoni, scilicet duo in capcia et unus superfluus habentes longitudinis* XVI. *goas et latitudinis* IX. *palmos.*
° Ital. *Timone.* Charta ann. 1381. ex Tabul. S. Vict. Massil. : *Quælibet barchia duorum Timonorum solvat pro quolibet viagio unum grossum.... Quælibet barchia unius Timoni, etc.*
¶ **TIMORANTER,** Timide, in Actis B. Christinæ tom. 4. Junii pag. 298.
° **TIMORARE,** Timorem incutere, apud Ottonem Morenam in Hist. Rer. Laud. pag. 46. 54.
° Charta ann. circ. 1401. inter Probat. tom. 3. Hist. Nem. pag. 157. col. 1 : *Item destinantur comissarii ad reparandum itinera,.... et Timoranti gentes, sic et taliter quod loqui non audent.*
¶ **TIMORATIUS,** Cum majore reverentia, in Glossario Barthii, tom. 3. Reliq. MSS. Ludewig. pag. 418. ex Guiberti Hist. Palæstina.
TIMORATUS. Wippo de Vita Chunradi Salici pag. 428 *In Dei servitio Timorata, in orationibus et eleemosynis assiduus.* Gesta Innocentii III. pag. 77 : *Devotus et timoratus.* Ditmarus lib. 2 : *Filiam bene timoratam, etc. Humiliter et timorate,* apud eumdem lib. 8. Fulbertus Carnot. Epist. 40 . *Hærebam timorate suspensus et exspectans, etc.* Occurrit non semel : *nostris Timoré*, Dei timidus et a levibus culpis aversus. *Timoratus et totus plenus Deo*, in Chronico Novalic. apud Murator. tom. 2. part. 2. col. 785. Adde lib. 2. de Imit. Christi, c. 10. n. 3. etc]
° Extat in Bibl. Universit. Argent. Codex MS. cui titulus : *Johannis Nideri Tractatus de Timorata Conscientia.*
¶ **TIMOROSE,** Timide. *Murmurabatur laienter et Timorose,* Rolandino Patavino in Chron Tarvisino apud Murator. tom. 8. col. 304. Paulo alia notione Statuta Canonicorum Regul. sæc. XIII. apud R. Duellium tom. 1. Miscell. pag. 87 :

. . . . Servite Deo sapienter
Atque Timoroseque docenier ad hæc, et ovanter.

TIMOROSUS, Timidus, Gallis *Peureux.* Constantinus Afric. lib. de Gradibus : *Timorosos et cardiacos confortat.* Utitur hac voce non semel, ut et Albertus Argentin. in Chronic. pag. 155. [necnon Rolandinus Patav. apud Murator. tom. 8. col. 255. et alii.]
¶ **TIMPA,** f. Limbus. Joh. Buschius de Reformat. Monaster. c. 3 · *Tunc dixit Archiepiscopus, accipiens Timpam cappæ Præpositi : Non pestet vobis, etc.*
¶ **TIMPANI.** Vide *Tinpeni.*
¶ **TIMPANUM,** idem quod *Timbrium*, Fasciculus vel certus numerus pretiosarum pellium. Reg. S. Justi ex Cam. Comput. Paris. fol. 192. r° · *Quælibet navis de Ybernia, unum Timpanum de martis vel æ. lib. perpetuum.*
¶ **TIMPORA,** pro Tempora, sæc. 3. SS. Benedict. part. 1. pag. 182. et alibi.
° **TIMPUS,** *Capitis pars*, tempus, Gall. *Temple.* Lit. remiss. ann. 1352. in Reg. 81. Chartoph. reg. ch. 657: *Lapis de ipsa fondibula...... elapsus super capud dicti Theobaldi in parte Timporis casualiter corruit. Tin,* eodem sensu, in aliis Lit. ann. 1459. ex Reg. 188. ch. 82 : *Jehan Armand arracha ung pal de la clousture d'un affar,...... et donna dudit pal sur le*

Tin du chief d'icellui Anthoine au droit de l'oreille, etc.

¶ **TIMULUS**, in Glossis Lat. Græc. et Græc. Lat. ἔρυθρις, ἱκέπων ἐπιγχόμενον τῷ νώτῳ. Martinio videtur addendum ὑδάτων, ita ut *Timulus*. si genuina lectio est, idem sit quod *Tippula, bestiolæ genus sex pedes habentis, sed tantæ levitatis, ut super aquam currens non desidat,* ut habet Festus : ad quem vide Scaligerum.

¶ **TIMURUS**, Piscis species, eadem forte quæ Italis *Timalo*, in Statutis Placentiæ fol. 79 v°.

1. **TINA**. Lib. 3. Reg. c. 10 : *Attulit ex Ophir ligna Tina multa nimis, etc.* Ubi editio Gr. ξύλα πευλέκητα, securi non dolata ligna, inquit Eucherius, et ex eo Paplas, *de quibus Salomon gradus fecit in Domini domo, incognita etiam peritioribus Judæorum.* Glossa : *Imputribilia, spinosa, in similitudine albæ spinæ Tina candida sunt et rotunda, et invenitur in Bibliis correctis duplex litera i, scilicet Tina,* vel *Tina per simplex i.* Ita etiam Jo. de Janua, et Auctor Mamotrecti. [∞ Vulgat. *Thyina*.]

2. **TINA**, seu **TYNA**, Vas grande ligneum tam lavationibus quam condendis vinis paratum, quod vocabulum usurpatum a Varrone tradidit Nonius. Nostri etiamnum *Tine* dicunt. Apitius lib. 4. de re culin. c. 2 : *Rutæ suffundes liquamen, quod satis erit, et olei modicum, et commiscebis in Tina cum pulpis.* Additio ad Willelmum Gemeticensem pag. 317 : *Et aliquando in ipsa solemnitate solebat unam Tinam plenam textis, et thuribulis, et candelabris,... ante altare sanctæ Trinitatis portare, ipsamque pro suis peccatis Deo sibi offerre.* [*Tina communis, quæ capere potest 20. saumatas racemorum,* in Inventario ann. 1294. e Schedis D. le Fournier. Adde Statuta Massil. lib. 2. cap. 1. § 7. Montis-regalis pag. 312. Vercell. fol. 189. v°. etc.] Utuntur etiam Hepidanus de Vita S. Wiboradæ c. 20. Cæsarius lib. 3. c. 47. Acta S. Tyrsi Mart. n. 25. Fortunatus in Vita S. Radegund. c. 17. vetus Charta securitatis apud Brisson. de formul. pag. 647. Joannes Laudensis in Vita Petri Damiani n. 22. Jo. de Burnino Archiep. Viennensis de Stephano Diensi Episcopo, in Vita S. Joan. Episcopi Tragur. pag. 4. Johan. Longinus in Actis S. Stanislai n. 18. etc. [∞ Gemma Gemmarum : *Tina, Germ. ein bytte oder ein grosser zuber, ut in balneis utitur. Inde Argentina civitas amenissima in Alsatia, quasi argentea tina,* vel *tina argenti.* Notit. Decan. eccles. Scafnab. sec. XIV. apud Guden. Cod. Diplom. tom. 2. pag. 849 : *Tres tonnas, sex buttas cum quinque Tinis,* in *vulgari dictis Zuber und Standen.* Inde vectis, quo ea vasa deferuntur, dicitur *Tinellus.* Vide *Tinellus* 2. et *Tineta*.]

TINUM, Eadem notione. Notæ Tyronis pag. 149 *Canava, cavea, Tinum, etc.* [Acta S. Franciscæ Rom. tom. 2. Martii pag. 166 ° : *Erat unum magnum Tinum plenum pice liquefacta.*]

3. **TINA**, Pilei species, in modum forte ac formam *Tinæ* confecta, cujusmodi fere sunt Clericorum isti pilei, quos *Bonnets carrez* dicimus. Synodus Sodorensis in insula Manniæ c. 7 : *Statuimus quod omnes Capellani, Diaconi, et cæteri ministri altaris honeste et devote...... non capuciis in capitibus, nec Tinis, vel pileis, aut chirothecis in manibus... ad divinum officium accedant.*

° **TINALE**, Vas grande ligneum vel lapideum, idem quod *Tina* 2. Testam. ann.

1480. inter Probat. tom. 3. Hist. Nem. pag. 306. col. 1 : *Voluit etiam quod possint se juvare Tinati lapideo, quod est in dicta domo, ad bulhiendum earum vinum, tempore vindemiarum, ad earum placitum.*

° **TINARIUM**, Conclave, rationarium, Gall. *Bureau de recete.* Charta ann. 1217. ex Bibl. reg. cot. 17 : *Liceat tibi et tuis ipsam vineam dare, laxare, vendere... consilio domnorum canonicæ S Pauli, quibus dabitis inde fideliter quartum, quod aportabitis in suo Tinario.*

¶ **TINASIUM**, Torcular, vel cella vinaria, ubi sunt *tinæ*. Charta ann. 1169. apud Murator. delle Antic. Estensi pag. 336 . *Et si vellet Tinasium vel vegetem majorem; et Prior elegit terram cum vineis et Tinasium.* Vide Tina 2.

¶ **TINC**, Ligo exponitur in glossa interlineari in Grammatica MS. Smaragdi.

¶ **TINCA**, apud Mundinum de Anatomia pag. 172. Italis *tinca* est piscis, qui Lat. *Merula,* Gallis *Tenche.* Ausonius in Mosella :

Quis non et virides, volgi solatia Tincas
Norit ?

[Cardanus de rerum varietate lib. 7. c. 42 : *Tincarum decocto maculas omnes tolli existimant ; quoniam lentum sit ac viscidum, unde materiam maculæ ad se trahat* Vide Hofmannum.] [∞ *Tinco,* in Ruodlieb. fragm. 13. vers. 14.]

¶ **TINCMAN**, Decanus. Vide in *Tunginus.*

1. **TINCTA**, Tinctura. Lucifer Calaritanus lib. Moriendum esse pro Dei filio : *Recordare.... quantos per abrupta una Tincta subscriptionis tuæ dejecerit.* Id est, una subscriptio, quæ *tinctura* vel atramento fit. Hispanis *tinta* etiamnum est atramentum.

2. **TINCTA**. Diploma Friderici II. Imp. ann. 1210. apud Rocchum Pirrum in Archiepiscopis Panormitan. : *Donamus totam Tinctam nostram ipsius civitatis nostræ Panormitanæ, quæ fit et fieri potuerit in futuro, cum fundico, et omni genere et libertate sua. Infra: Omnia jura ipsorum Judæorum, et redditus ipsius Tinctæ.* Vide Tintoria.

¶ 3. **TINCTA**. Charta ann. 1388. tom. 2. Hist. Dalphin. pag. 363 : *Centum duodenas vitrorum formæ Tinctarum. Bene scyphos campanæ formam referentes intelligit* Cl. Editor; sed mallem *Tinarum,* quæ formam hanc sæpius referunt. Vide Tina 2. *et* 3.

¶ **TINCTARE**, Joh. de Janua, *frequenter tingere; a quo Tinctitare.* Vide in hac voce.

° **TINCTENETUM** inter grana tincturæ utilia et necessaria recensetur, in Stat. pro lanif. et pannif. ann. 1317. ex Reg. A. Cam. Comput. Paris. fol. 195. v° : *Grana insuper gaudia, gaydia, garencia, Tinctenetum, pastellum, cardones domestici sive franchi, clavati cineres et uligna, et cætera omnia et singula, quæ ad paraturam, tincturam, adaptationis complementum et perfectionem pannorum parandorum... utilia, necessaria et expedientia fuerint,... nullatenus extrahantur.* Lit. Caroli IV. ann. 1321. in Reg. L. Chartoph. reg. ch. 4 : *Grana insuper, gauda, gaydia, garancia, Tintenetum* (sic), *brisolium et quodcumque pastellum, etc.* Quæ rursum occurrunt in Lit. ann. 1332. ex Reg. 69. ch. 324. Unde male editum tom. 2. Ordinat. reg. Franc. pag. 90 : *Tinctæ, nec non pastellum.* Adde prætera *Lit.* ann. 1333. in

Reg. 66. ch. 1251 : *Tinctenetum, pastellum, etc.*

¶ **TINCTIO**, Baptismus. Vide *Tingere.*

¶ **TINCTITARE**, vel *Tinctare, Tabourer, ou joer des naguaires, ou souvent taindre,* in Glossis Lat. Gall. Sangerman. MSS. Vide *Tinctare*

¶ **TINCTITULA**, Parva tinctrix, in iisd. Glossis.

° **TINCTOR**, TINCTUARIUS, Gall. *Teinturier,* Infector. Reg. episcopat. Nivern. ann. 1287 : *Johannes Tinctuarius,* quinque *solidos.... Yssabella filia Johannis Tinctoris, etc.*

¶ **TINCTORIA**, Officina tinctoria, ubi tinguntur panni. Stat. pro lanif. et pannif. ann. 1317. in Reg. A. Cam. Comput. Paris. fol. 107. v° : *Item quod Tinctoriæ sive loca, in quibus panni tingi hactenus consueverunt, nullatenus invitis paratoribus alibi mutabuntur.* Vide *Tintoria.*

1. **TINCTORIUM**, Eucherio Lugdunensi et Papiæ, *Baptisterium.* Vide in hac voce.

¶ 2. **TINCTORIUM**, Gladius, in Glossis Isidori. Lege et vide *Cinctorium.*

¶ **TINCTRIX**, Johanni de Janua, Quæ tingit. *Teingneresse,* in Glossis Lat. Gall. Sangerman.

¶ **TINCTUARIUS**. Vide supra *Tinctor.*

° 1. **TINCTUM** vel TINCTUS, Panni species. Charta Henr. II. reg. Angl. pro Norman. ex Reg. S. Justi Cam. Comput. Paris. fol. 85. v°. col. 1 : *Sit.... una latitudo pannorum (leg. pannorum) et Tinctorum et russetorum in haubergetorum, scilicet duæ ulnæ infra listas. Libert. castri de Malast* ann. 1312. tom. 7. Ordinat. reg. Franc. pag. 502. art. 16 : *Quod quilibet dicti castri seu villæ lanas, filatum, filacia, Tinctum et pannos pariter libere valeat portare, ... sine lauda et pedagio.* Lit. remiss. ann. 1365. in Reg. 98. Chartoph. reg. ch. 265 : *Prædictus Miletus dixit ipsi Guyoto, quod ipse furatus fuerat tincturam seu Tinctum ipsius Mileti. Taint* vero de Laminis stanneis, quibus scuta cooperiebantur, intelligendum puto. Poema Alex. MS. part. 1 :

Qui li trenche l'escu, lo Taint et le vernis
Et le hauberc li a déront et désartis.

Ibidem part. 2 :

Des fors escus li chiet li Tains et li vernis.

° 2. **TINCTUM**, ut supra *Tinctoria,* Ital. *Tinta,* Officina tinctoria. Charta apud Cenc. inter Cens. eccl. Rom. : *Plaza de ponte majori, quod habet ecclesia in Benevento, et omnes planeas cum palatio piscium et foliorum, Tincta Judæorum, plateaticum de ponticello, etc.*

° 3. **TINCTUM**, Sputum coloratum, tinctum sanguine. Alex. Iatrosoph. MS. lib. 1. Passion. cap. 139 : *Accedente tempore* (pleuretici) *omnino expuunt Tinctum, quod significat qualis humor flegmonem operatur.*

° **TINCTURARIA**, Quidquid ad tincturam necessarium est. Charta ann. 1372. inter Probat. tom. 4. Hist. Occit. col. 811 : *Cuilibet sit licitum Tincturariam et lanas, blada, telas, vinum, pilum et alias mercaturas...... a regno Franciæ extrahere.*

¶ **TINCTURARIUS**, Ad tincturam pertinens. *Tincturarius cacabus,* in Charta ann. 1156. inter Instrum. novæ Galliæ Christ tom. 6. col. 40.

° **TINCTURIA**, Officina tinctoria, ubi tinguntur panni. Stat. pro arte parat. pann. Carcass. renovata ann. 1466. in Reg. 201. ch. 121 : *Item quod casu quo*

reperiatur aliquis pannus cum capite de bombace seu cotono in aliquo molendino seu in aliqua Tincturia aut alibi, etc. Vide supra *Tinctoria.*
¶ 1. **TINEA**, Scabies, ex Gall. *Tigne.* Occurrit apud Folcardum in Vita S. Joannis Episc. Eboracensis n. 2.
¶ TINEARUM DIES. Vide in *Dies*, pag. 849. col. 3.
★ 2. **TINEA**. [Ut *Tina* 2 : « Recepto pretio, quibusdam morbo Gallico nuncupato laborantibus...... in hujusmodi *Tineis* oleo plenis balneari permiserunt. » (Diar. Burchardi, ed. Thuasne, II, 414, an. 1498.)]
¶ 1. **TINELLUS**, vel TINELLUM, Cenaculum aulicorum, Italis *Tinello. Diminut. di Tino, vaso grande di legname, nel quale si pigia l'uva, per fare il vino,* ut habent Academici Cruscani, quibus *Tinello* dicitur *nelle corti de' Principi, è il Luogo dove mangiano i cortigiani,* Locus ubi comedunt Aulici Ordinatio Humberti II. tom. 2. Hist. Dalphin. pag. 404. col. 2 : *Item, sit in exercitio officii dictæ coquinæ unus cocus pro persona dictæ Dalphinæ, et cocus unus alter pro Tinello.* Ibid. pag. 606. col. 1 : *Item ordinamus quod prædictus magister hospitii teneat de gentibus dictæ Dalphinæ Tinellum suum ad partem, etc.* Statuta Cisterc. ann. 1300. tom. 4. Anecd. Marten. col. 1520 : *In palatio et Tinello domini nostri Papæ et domibus RR. Cardinalium... dum in ordine legitur in ecclesia, capitulo, collatione et refectorio, etc.* Adde Monachum Ital. Mabillonii tom. 2. pag. 476. 487. 528. 541 Testamentum Cardinalis Ambian. apud Gothofredum ad Carolum VI. pag. 760. Concilium Dertus. ann. 1429. tom. 3. Concil. Hispan. pag. 655 et 656. Itinerarium Adriani VI. PP. tom. 3. Miscell. Baluz. pag. 399. 438. etc. *Tinel* eadem notione dixerunt etiam nostri. Regnerius Satyra 6.
Le Sommelier en haste est sorti de la cave,
Déià monsieur le maistre et son monde se lave.
Treve avecque l'honneur. Je m'en vais tout courant,
Decider au Tinel un autre different.

Aula magna vulgariter vocata lo Tinel, in Inventar. ann. 1476. ex Tabul. Flamar. Vide Historiam Dalphinatus tom. 1. pag. 366.

☞ Quidam vocem hanc non a *Tino* cum Academicis Cruscanis, sed a *Tin, Tin,* seu Tintinnabuli sono, quo convocantur ad refectionem, deducunt, unde primum dictum fuerit *Tintinnellum,* vel *Tintinellum,* deinde *Tinellum,* vel *Tinellus* per syncopen. Malim a *Tino*; ut enim nos Vasseau de vase dicimus, ac de loco ampliori v. g. aula, ecclesia, etc. sic Italos *Tino,* vel *Tinello* de utroque dixisse probabile est. Pro vaso legitur in Statutis Montis regalis pag. 313. *Item pro qualibet Tinello, cibrio, et situla magna sol. den. sex.* Vide *Tina* 2. *Tenellus,* et *Menagium* in Orig. Ital. et Gall. Tertium hujus vocis etymon indicat Joh. Loccenius, et mox dicitur in *Tinnulus.*
¶ 2. **TINELLUS**, Vectis species, quo vasa aquaria vel vinaria deferuntur. Gall. *Tinel.* Vide mox in *Tineta.* Lit. remiss. ann. 1857. in Reg. 89. Chartoph. reg. ch. 154 · *Cum afferrent dicti supplicantes de hujusmodi domo et torculari..... unam calderam plenam dicti vini cum uno baculo seu Tinello, ut moris est, nec haberent baculum, cutellum, gladium seu quævis arma, nisi solum dictum Tinellum, etc.* Aliæ ann. 1851. in Reg. 80. ch. 709 : *De quodam baculo, vocato Tinel, super capud taliter et ita horribiliter per-*

cusserunt, etc. Aliæ ann. 1374. in Reg. 106. ch. 305 : *L'un d'iceulx trois prist un Tinel à porter et raporter seaulx au puis, etc.* Baston sans fer, *que l'on dit levier ou Tinel,* in aliis ann. 1403. ex Reg. 158. ch. 134. *Un Tine à porter vin,* in aliis ann. 1388. ex Reg. 183. ch. 188. *Thygnel,* in aliis ann. 1441. ex Reg. 176. ch. 78 : *Tynau ou baston de plain poing, de quoy on porte les ances ou temps de vendenges,* in Lit. ann. 1465. ex Reg. 202. ch. 32. *Tineul,* inter arma recensetur, in Poem. de Vacce MS. :

Machues portent et grans peuls,
Fourches ferrées et Tineuls.

Confer *Tina* 2.
❀ Hinc forte, vel a *Tinello,* ubi comedunt famuli, adeoque idem quod vulgare *Valetaille,* est quippe vox contemptus, *Tinardaille,* in Lit. remiss. ann. 1401. ex Reg. 156. ch. 451 : *Lesquelx Galois et Tourbier commencerent à dire :* .... *N'avez vous oy de l'orde Tinardaille, brénaille, qui nous veulent compter leurs œufs ?*
¶ **TINE-MAN**, vel TIEN-MAN, Custos forestæ apud Anglos Constitut. Canuti Regis de Foresta art. 4 : *Sub horum (Ealdermen) iterum quolibet sint duo minutorum hominum, quos Tine-man Angli dicunt : ii nocturnam curam et veneris ei viridis, tum servilia opera subibunt.* Vide *Tenmanhu.*
❀ **TINERIUM**, An idem quod supra *Tinale*? Stat. Taurin. ann. 1360. cap. 134. ex Cod. Reg. 4622. A : *De pœna officii qui tenet Tinerium ante domum suam. Item statuerunt quod si aliquis habuerit et tenuerit per directum vide aliquem furnum seu furneum ultra tres dies, quod ipse sit in bampno solidorum decem.*
❀ **TINETA**, diminut. a *Tina* 2. Vas ligneum, quo racemis deferendis utuntur in vindemiis, doliolum, vulgo *Tine.* Vide supra in *Tinellus* 2. Reg. episcopal. Nivern. ann. 1287 · *In vinea Mathæi Brunelli et Morelli Laudri percipit episcopus cum priore per medium, de undecim Tinetis racemorum, unam Tinetam de terragio.* Ibidem : *Item si dominus episcopus.... celebraverit Missam in abbatia B. Mariæ, abbatissa debet eidem domino unum pavonem et unam Tinetam pimenti.* Chartul. Floriac. fol. 103. v°. *Habebimus ratione decimæ, quam habemus super vineas de Castellione, duodecimam Tinetam vindemiæ.* Hinc *Tinée,* quantum tineta continetur. Lit. remiss. ann. 1380. in Reg. 137. Chartoph. reg. ch. 2 : *Tu as dit de moy que je n'ay pas vignes pour croistre deux pieces de vin, et aussi que j'ay mis en deux pieces de vin que j'ay vendues quatre Tinés d'eaue.*
¶ **TINEUM**, f. pro *Tannum,* Quernus cortex, Gall. *Tan.* Charta Innocentii III. PP. ann. 1208. apud Murator. tom. 7. col. 888 : *Forestam juxta ecclesiam S. Stephani, et de capite pontis de prato, et de Tineis, molendina, vineas, etc.* Vide *Molendinum ad than.*
¶ **TINGATIO**, Donatio. Vide *Thingare.*
1. **TINGERE**, Baptizare, baptismum impertiri. S. Cyprianus epist. 71 : *Ut putent eos, qui apud hæreticos Tincti sunt, quando ad nos venerint, baptizari non oportere.* In epist. 23. 25. et 62. ubi Matth. 28. *baptizantes eos,* habet *Tingentes eos.* Iterata tinctio, apud S. Leon. ep. 3. Vide Conc. Hispal. II. cap. 7.
¶ 2. **TINGERE**, f. pro *Tondere :* vox maxime usurpata, ubi de falsa moneta. Vide *Tonsare* et *Tonsores.* Transactio inter Reg. Fr. et Abbatem S. Tiberii ann. 1273. inter Probat. tom. 6. Gall.

Christ. novæ edit. col. 339 : Volentes et concedentes quod dominus Rex et sui successores ibi semper habeant justitias falsæ monetæ, si ibi cuderetur, fieret, et Tingeretur.
¶ **TINGINUS**, Decanus. Vide *Tunginus.*
¶ **TINGITARE**, Frequenter tingere, in Glossis a Vossio laudatis lib. 4. de Vitiis serm. cap. 28. Vide *Tinctitare.*
❀ **TINGULA**, Ad equi usum vel ornatum pertinere videtur, ut et Gallica vox *Thierre.* Reg. S. Justi ex Cam. Comput. Paris. fol. 206. r° : *Quædam calcarea argentea, duo pannuli, duo capistra et duæ Tingulæ.* Lit. remiss. ann. 1450. in Reg. 180. Chartoph. reg. ch. 121 · *Guillaume Dubois dist que Gervaise mere de la femme du suppliant lui avoit emblé la Thierre de son cheval.*
❀ **TINGULARE**, Regulis ligneis, Gall. *Tringles,* aperturas obstruere. Comput. eccl. Paris. ann. circ. 1381. ex Bibl. S. Germ. Prat. : *Item faciendi.... posticium prope in introitu dictæ curiæ totum de novo ac Tingulandi juncturas æssellarum dictarum portæ et posticii.*
¶ **TINGULUM**, f. Mappula. Usus Fuldenses : *Camerarius Abbatis procuret cultellos, coclearia et Tingula.* Vide *Toacula.*
¶ **TINIARA**, Βρῶσις, ἡ σῆψις, in Glossis Lat. Græc. In Græc. Lat. additur *robico.*
¶ **TINIATUM**, Σητόκοπον, in iisdem Glossis. In MSS. Sangerm. *Tiniatus,* σητόκοπος, *Tinea.* corrosus. [3° Epist. Jacob. cap. 5. vers. 2 : *Patruerunt et Tintiaverunt vestes vestræ.* Apud Baruch. cap. 6. vers. 71. *Tineo.* Hæc Maius in Glossar. novo ex vet. Ital.]
⋺ **TINIOSUS**, Scabie laborans, Ital. *Tignoso,* Gall. *Teigneux.* Lit. remiss. ann. 1352. in Reg. 81. Chartoph. reg. ch. 651 : *Ipsum Petrum Tiniosum in capite, tumefactumque in ventre.... reperisse, etc.* Vide *Tinea.*
¶ 1 **TINNA**, Vasis genus. Vide *Gustrum* et *Tina* 2.
¶ 2. **TINNA**. Epist. Joan. Presbyt. ad Emanuel. imper. ann. circ. 1165. apud Pez. tom. 5. Anecd. part. 2. pag. 21 : *Tinna quoque nostrum respice et considera.*
¶ **TINNELLIUS**, Extrema pars ejus loci quem alluit fluxus *maris,* Skenæo de verb. signif. pag. 158.
¶ **TINNHATERIA**, Charta ann. 1414. e Schedis Præs. de *Mazaugues : Moinerius percipit illo die quo molit, unam Tinnhateriam ultra tertiam partem lucri, quod fit in dicto molendino.* Vox ducta a *Tina* 2. Vox majus. Est autem *Tinnhateria,* mensura minor tantum capiens, quantum pugillo contineri potest, ut patet ex alia ejusdem rei Charta, ubi pro *Tinnhateria* legitur *Pugnatoria.* Vide *Poinanderia* et *Pugnanderia.*
★ **TINNIA**, [« *Tinnia, teigne.* » (Gloss. Lat Gal. Bibl. Insul. n. E. 36.)]
⋺⋺ **TINNIBILE** Opus, Campana. Inscriptio Campanæ apud Schannat. Episcop. Wormat. tom. 1. pag. 63 :

Anno milleno tricenteno duodeno
Hoc per Volmarum fit opus Tinnibile clarum.

Vide *Tintinnabulum.*
TINNIBULUM, in Glossis S. Benedicti, κώδων.
TINNIOLUM, Tintinnabulum. Vita S. Hilarii Arelatensis : *Videt se sacris interesse mysteriis, intuetur tunicæ Aaron quondam Pontificis tegmine decoratum,... Tinniola etiam cominota gressibus incedentis, et intrinsecus malogranatis illisa clarum personabant extrinsecus, salutife-*

rumque tinnitum. Infra : Fulsit logium pietatis, justitiæ byssinum, continentiæ cingulum, prædicationis Tinniolum, malagranata bonæ spei operæ et sermone jugiter sonuerunt.

¶ **TINNISO**, Κοπίδερμος, in Glossis Lat Græc. An *Tintinnaculus*, qui δέρμα κόπτει, Qui pellem percutit, verberat, inquit Martinius.

¶ **TINNITARE**, TINNIPARE, *Sonare, tinnire*, in Glossis laudatis a Vossio lib. 4. de Vit. serm. cap. 28. ubi pro *Tinnipare* legendum censet *Tintinare*, ut est apud Catullum Epigr. 52. Nonius habet *Tintinnare*, ex Nigridio et Afranio. [☞ *Tinnipare*, habet Aldhelm. de Grammat. tom. 5. Auctor. Classic. pag. 570.]

¶ **TINNIVOLENTIA**, et TINNIVOLUM, Sonoritas, in Actis SS. Maii tom. 7. pag. 600.

✠ **TINNOSUS**, [« *Tinnosus, tingneux*. » (Gloss. Lat. Gal. Bibl. Insul. n. E. 36.)]

TINNULUS, Sonitus ex ære aut ferro percusso. Glossæ Lat. Gr. : Ἦχος ἐπὶ χαλκοῦ καὶ σιδήρου, *Tinnulus : Tinnitus*. Gloss. Lat. Gr. : *Tinnulum*, πλῆκτρον, {ἁλαλάζων}. Et mox : *Tinnulus*, ἦχος, etc.] Papiæ, *Tinnulus est sonus liquidus, lenis, et purus*. Hieronymus in Prolog. in Job *Interdum quoque et vicinus dulci et Tinnulus vocis fertur numeris lege solutis*. [*Tinnulus vocis* dixit Sulp. Severus in Epistola ad sororem tom. 1. Miscell. Baluz. pag. 358. adjective vero Catullus 62. 13. *Tinnula vox*, Ovid. Met. 4. *Æra Tinnula ; Tinnulæ chordæ*, Senecæ in Troade v 883.]

☞ Huc, ni fallor, revocari debet vox *Tintirece*, qua utitur le Roman *de la guerre de Troyes* MS. :

La veissiez lances brissier,
Ja ne se set nus conseillier :
Là oïssiez tiel crousserece,
Et sor hoaumes tiel Tintirece.

Ubi *Tintirece* sonitum armorum galeas percutientium denotat.

A *Tinnulo*, vel *Tinniolo*, dictum volunt Regum Palatium, quod ut in monasteriis fieri solet ad *Tinnulum*, seu *tinnitum* campanæ singuli regii Palatii domestici ad epulas cierentur : indeque *tenir tinel* nostris dixisse pro *Curiam solennem celebrare*. Cola da Benevento in tractatu del Governo della Corte d'un signore cap. 19 : *Il Tinello non men corrotto a tempi nostri ne' fatti che nel nome fu cosi de' maggiori nostri chiamato per diminutione (come io mi stimo) da Tinno (Tinnio) voce Latina, quasi Tinello, cioè picciol suono che cosi si dice in quella lingua il suono de' metalli ; perciochè al suono d'una picciola campana (come ognun sa) si corre a Tinello, il quale è un luogo (par chi non lo sapesse) dove in commune si va a mangiare da' cortegiani, come al refettorio de' frati. Et era all' hora di tanto honore il mangiare in Tinello, quanto è hoggi riputato cosa vil et dishorrevole.* At Joan. Loccenius lib. 3. Antiquit. Suecicar. cap. 28. videtur indicare, *tuna* aulam significare, vel certe locum conseptum : unde proverbium Suecicum de agrestibus et illepidis : *Tu non fuisti in Tuna* ; Galli nostri dicerent, *tu n'a pas esté à la Cour* : proinde ex *Tuna*, formata fuerit vox *Tunella* vel *Tinella*, atque inde Gallic. *Tinel*, pro palatio. Blasius Ortizius in Itinerario Adriani VI. Papæ cap. 19 : *Ibique familia Pontificis in palatio ipso Tinellum, ut ita loquar, Romanum agnoscere cœpit, quæ se familiares vescendi gratia conferebant*. Adde cap. 435. Chronic. MS. Bertrandi Guesclini :

Bien sai qu'il est entrez dedens à son comment,
Avec lui quaire cent de son Tinel plus grant.

Chronicon Flandriæ cap. 57 : *Et alla au palais tenir son Tinel, et y feit office royal*. Chronicon Petri IV. Regis Arag. lib. 2. cap. 22 : *Davant tot lo poble de Barcelona, qui ja per allo era ajustar en lo nostre Tinell major de nostre palau*. [Literæ ann. 1404. apud Lobineli. tom. 2. Hist. Britan. col. 813 : *Huit valets de chevaux, chacun* XXV. *l. par an, hors Tinel. Deux valets pour le queurre, chacun* XV. *l. hors Tinel. Quatre menestrieux bouche à cour et leur pension. Ubi hors Tinel de iis dicitur, qui extra aulam comedebant , bouche en cour* vero de iis, qui jus mensæ habebant in palatio. Vide *Tinellus* suo loco.] Charta ann. 1209. pro Libertatibus Magduni, apud Thomasserium in Consuetud. Bituric. pag. 426 : *Quiconque au Marché de Meun aura acheté aucune chose, ou aura vendu, et par oubliance son plassage ou Tineil aura retenu, etc*. Ubi Consuetud. Lorriaci, unde hæc desumta sunt : *Et per oblivionem Tunleium suum retinuerit, etc*. [hoc est tributum quod a mercatoribus solvendum est pro loco, in quo merces suas exponunt in foris et nundinis. Vide Glossarium Juris Gallici, et supra *Stallum*.]

TINPENI, Tributi species, apud Anglos : forte quod pro fodinis stanneis pendebatur : ex Anglo-Sax. Peni, denarius, pensitatio, et tin, stannum. Charta Henrici II. Regis Angliæ tom. 1. Monastici Angl. pag. 419 : *Non tributa, non xenia, non lestagia, non....... tethinpeni, non Tinpeni... exigat*. Charta alia ejusdem Henrici tom. 2. Monastici Anglic. pag. 1008 : *Nulla persona... exigat... non saumagia, non vectigalia, non navigia, non opera, non tributa, non xenia, non lestagia, non tethingpanie, non Timpany*. [Alia apud Th. *Blount* in Nomolexico : *Sint quieti de tributis et lastagiis et stallagiis, et theting-peny et Tympeny, et summonitionibus, etc*.]

✠ **TINPHONICUS**, A, UM, *Vent*. (Gloss. Lat. Gal. E. 36. XV. s.) Cf. *Typhonicus*.

¶ **TINSIRETA**, Bestiæ genus mihi ignotum. Epistola Johanni Presbytero seu Regi Abissin. falso adscripta ad calcem MS. Corbeiensis : *In terra nostra oriuntur et nutriuntur elephantes..... cameleones, Tinsirete, pantere, onagri, etc*.

TINTA. Charta ann. 1083. apud Ughellum tom. 4. pag. 1457 : *Sedimonium unum cum Tinta, cum acra, quæ ibi extat, et campo insimul tenenti, etc*. Infra : *Idem sedimen cum Tinta, etc*. Vide *Tincta* 2.

○ **TINTENETUM**. Vide supra *Tinctenetum*

○ **TINTIARE**. Vide supra *Baulare*.

○ **TINTIGNAMENTUM**, Tinnitus, Gall. *Tintement*. Charta ann. 1399. ex Chartul. episc. Carnot.: *Pro sacramento dictæ majoris Missæ, una campanularum, super medio chori appensarum, pulsabitur cum Tintignamento usque ad elevationem Corporis Christi, et dum Christi Corpus elevabitur, pulsabitur ad plenum*.

¶ 1. **TINTILLARE**, proprie pro *Titillare*, metaphorice Tentare, ad malum quasi titillando inducere. Acta S. Franciscæ Rom. tom. 2. Martii pag. 172 ≠ : *Anima semper vel per unum vel per alium modum Tintillatur et langitur ab ipsa turma dæmonum*.

✠ 2. **TINTILLARE**, Iterato tinnitu fores pulsare, *tintinnare*. Mirac. S. Pantal. tom. 6. Jul. pag. 423 col. 1 · *Cum quædam nocte ex more venusset regiamque Tintillaret, et fratres, assiduitate illa permoti,*

aperire sibi diutissime remorarentur, etc. Vide *Tinnitare*.

¶ **TINTINABULUM**, Vas aquarium, diminut. a *Tina* 2. unde legendum videtur *Tinabulum*. Usus S. Germani a Pratis in Probat. Hist. ejusd. Abbatiæ pag CXXXIV. col. 2 : *Et tunc lavabunt pedes Prioris illi hebdomadarii, habentes aquam calidam in Tintinabulis, et sic lavabunt pedes omnibus in ordine*.

¶ **TINTINELLUM**, *Tintinnabulum*, Campanula. Chronicon Parm. tom. 9. Muratorii col. 769 : *Tintinellum cum chorda aurichalci positum fuit ad turrem Communis*. Vide *Tinnulus*.

☞ **TINTINNABULARIUM**, Campanile, Gall. *Clocher*. Visitat. facta ann. 1488. in Lib. nig. priorat. S. Petri Abbavil. fol. 355. r° : *Tintinnabularium sive locus, ubi reponuntur campanæ, indiget nova copertura*.

TINTINNABULUM, Campana, quæ pulsatur in triclinio et in refectorio Monachorum, apud Beletum de Divin. offic. cap. 86. Vide Capitula Monachorum ad Augiam directorum cap. 8. in Appendice ad Capitularia Regum Fr. edit. Baluzianæ.

Privilegium tintinnabuli. Bulla Paschalis II. anno 1103. apud Puricellum in Basilica Ambrosiana pag. 109. et Puccinellum in Zodiaco Mediolan. part. 3. pag. 377 : *Concedimus tibi tuisque successoribus, quidquid de usu dalmaticæ, sandaliorum, nec non chirothecarum, et licentiam ferendi Tintinnabulum capellæ, ex Apostolica auctoritate antecessorum nostrorum habere meruisti, etc*.

Tintinnabula exornatas interdum fuisse Sacerdotales vestes observamus in vv. *Capa, Stola, Tinniolum* et *Tunica*. Sed et procerum ita depingit Apuleius lib. 10 . *Et pictilibus balthe is, et Tintinnabulis perargutis exornatum, ipse residens amantissime nonnunquam comissimis affatur sermonibus*. [Eccardus in Legem Salicam pag. 151. observat etiam, sæculo præsertim XIV. lautioris conditionis hominum vestibus addita fuisse tintinnabula.] Sed maxime equorum instrata exornasse nostros tintinnabulis legimus. Nicetas in Manuele lib. 6. n. 4. Francos Antiochenos describens torneamentum inituros cum Imperatore : Κα'. τοὺς ἵππους ἠγχωμένους ἢ, ὡς ἄλλοι τε κόμοις λαμπροτάτοις, ἀλλὰ δὴ καὶ ἀπαυχενίοις ἀγλαΐσμασιν, ἐκ θώρακος κώδωνας, ἐξ ἰσχύων καθημένων, καὶ περιηρτημένους ἔχοντας ἠχητικοὺς κώδωνας. Arnoldus Lubecensis lib. 2. cap. 16 : *Sedens in equo phalerato, cujus operimento filia Principis inseruerat Tintinnabula plurima, tum pro ostentatione, tum equi alterius fugatione*. Philippus Mouskes in Philippo Aug. :

Es vous atant le Duc Ricart,
Son fil u venoit d'autre part.
Aplamoliés et acesmés,
Et molt cointement acesmés,
A Clokeles et as loraîns,
Venoit si vair ne post ains.

Raimundus Montanerius in Chron. Aragon. cap. 124. de milite Gallo : *E guarda, e vae en lorech que era entre lo seu ort, et un altre, un Cavaller Frances ab son cavall armat, e ab lo pitrall de Campanelas, etc*. Monstrelletus 1. vol. cap. 62. de Rege Ludovico : *Son cheval estoit couvert et pavé de Clochettes dorées*. Chronicon, quod Scandalosum vocant, pag. 20 : *Lesquelles housseures (des chevaux) estoient... chargées de grosses Campanes d'argent, blanches et dorées*. Et pag. 98 : *Il estoit monté dessus un beau coursier à une moult belle housseure, toute couverte de tranchoüers d'argent, dessus chacun desquels il y avoit une grosse Campane d'argent dorée, etc.* Octavianus *de S. Gelais* in Viridario honoris:

Sur leurs chevaux d'or et d'argent Clochettes.

Adde Wlsonem Columberium in Theatro Honoris tom. 1. pag. 60. et Ceremoniale Francicum, ubi de solemnibus Regum ingressibus: præterea Radulphum in Vita S. Richardi Episcopi Cestrensis num. 44. [Vide *Tintinnum.*]

¶ TINTINNABULUM CAMPANÆ, Clava, tudicula, Gall. *Battant.* Obituarium MS. Eccl. Morin. fol. 42: *Et ut ad illam Missam populus convocari possit, Tintinnabulum grossæ campanæ ter tangetur.* Vide *Pulsare* 3.

° TINTINNARE, Tinnire. *Cum campanella Tintinnando,* in Conc. Virtzburg. ann. 1287. Vide *Tinnitare.*

TINTINNUM, Tintinnabulum armentorum collo appensum. Lex Burgund. tit. 4. § 5: *Qui Tintinnum caballi furto abstulerit, etc.* Lex Salica tit. 29. § 2: *Si vero de pecoribus Tintinnum furaverit, etc.... Si quis Skellam de caballis furaverit, etc.* Fortunatus lib. 2. Poem. 17:

Tintinnum rapit alter inops magis improbus Ille,
Qui jumentorum colla tenere solet.

Walafridus Strabo:

Mala fidem Tintinna sonant documenta saluto.

Tintinnabulum de caballo vel de bove furari, in Lege Wisigoth. lib. 7. tit. 2. § 11. in Lege Bajw. tit. 8. § 11. *Greges Tintinnabulatos* dixit Sidonius lib. 2. Epist. 2. ubi sat multa in hanc rem Savaro. In armentis porro tintinnabula collo appenduntur, ne in silvis aberrando amittantur. Aimoinus lib. 3. Hist. Franc. cap. 82: *Nunquid non audis Tintinnabula pascentium equorum collis dependentia? mos quippe antiquis inoleverat Francis, et maxime Austrasiis, ut pascentibus equis Tintinnabula imponerent, quo si forte longius in pascendo aberrassent, eorum sonitu dignosci possent* Ubi Ado Viennensis in Chron.. *Nam tunc temporis Tinnitos equos Austrasii ad pastum emittebant.* Equis vero. sagmariis præsertim ac mulis onerariis, tintinnabula pariter dantur, quod tinnitu mulceantur, et sono laborem leniant. Vide Vitam S. Frontonis Abbat. n. 12.

° TINTIRCONUS, Infector, Hisp. *Tintorero,* Gall. *Tenturier,* f. pro *Tinturarius.* Lit. admort. ann. 1375. in Reg. 109. Chartoph. reg. ch. 401 · *Cum vinea Andreæ Castanheti Tintircom Montispessulani, etc.* Vide supra *Tinctor.*

¶ TINTON. Vide *Symphonia.*

TINTORIA, Officina tinctoria, ubi tinguntur panni, in Charta Caroli II. Regis Siciliæ apud Ughellum tom. 9. Ital. sacræ pag. 929. Vide *Tincta* 2.

¶ TINTULUS, Promulgatio, quæ fiebat per campanæ tinnitum in parochiis. Inquisitio ann. 1323. tom. 1 Hist. Dalphin. pag. 41: *Anno et die prædictis ultra generalem Tintulum dictæ generalis inquæstæ, pervenit ad audientiam dictæ generalis curiæ, etc.* Vide supra *Tinnitus.*

¶ TINTURARE, Tingere, Gall. *Teindre.* Charta ann. 1525. e Schedis D. Le Fournier: *Emptio cacabi sive peirol ad Tinturandum retia.*

¶ TINTURIA, Tingentium officina. *Cum platea domus Tinturiæ,* in Charta ann. 1404. ex iisd. Schedis.

¶ TINUM, Vas magnum. Vide *Tina* 2.

¶ TIOCIUM, [f. contracte scriptum pro *Tyrocinium,* Locus ubi juvenes instituuntur et exercentur.] Charta Longobardica ann. 745. apud Ughellum in Episcopis Aretinis: *Ad hæc respondebat..... quod Ecclesiæ ustæ vel Tiocia, unde agimus, in territorio Senensi positæ sunt.* Infra: *Dum ad tantorum annorum curricula possessionem S. Donati in prædictis baptisteriis et Tiociis esse cognovissemus, etc.* [[∞] Confer *Tinctorium* 1.]

¶ TIORDO. Charta sæc. XII. ex Archivo S. Victoris Massil.: *Post hæc venit dies, ut acciperent uxores suas, venerunt ad monachos ut facerent eis Tiordinem. Sic mos est.* Haud scio an bene scriptum: ut ut est, Præstatio quædam hic indicatur, quam dominis suis exhibebant vassalli, ut ab iis matrimonium contrahendi facultatem obtinerent.

TIPETTUM. Concilium Londinense ann. 1342. cap. 2. ubi de habitus Clericorum abusu: *Ac caputii cum Tipettis miræ longitudinis, etc.* Quo loco *Tipettum,* est quod *Touppet* vulgo dicimus, apex, qui capitio imminet. Unde nescio an non legendum fuerit *Tuppetis.* Glossarium Ælfrici: *Apex, summitas galeæ,* helmestop. Vide *Tufa.*

° TIPHONIA, An idem quod *Typhus* 1. Superbia, elatio mentis? Lit. remiss. ann. 1355. in Reg. 84. Chartoph. reg. ch. 236: *Cum dictus supplicans et post eum Johanna filia Gerardi Boucherii transirent coram hospitio Droconis,..... idem Droco verba talia protulit, videlicet Tiphonia ante et Tiphonia post, et alia opprobria.* Nisi legendum sit *Ciphonia,* ab Italico *Ciffone,* garcio, garcinculus. Vide *Cifo.*

★ TIPITE. [Typice: « *Tipite, par figure.* » (Lex. Lat. Gal. Bibl. Ebroic. n. 23, XIII. s)]

★ TIPLEA, [Strata pastoris. DIEF.]

¶ TIPPA, f. Idem quod *Tophus,* Gall. *Tuf,* Ital. *Tufo.* Chronicon Romualdi II. Archiep. Salern. apud Murator. tom. 7. col 81: *Nixum ex Tippa amianti in labro fontis agnum ex auro purissimo fundentem aquam, etc.* Vide *Tufus.*

° TIPPUS, perperam pro *Cippus,* in Charta Eduardi reg. Angl. ex Cod. reg. 8387. 4 fol. 46. r°: *Prohibemus ne... ante sententiam latam in ferris, trassis, Tippis aut aliis tormentis ponatis aut ponere præsumatis.*

¶ TIPSANA. Vide *Nebula* 2. et *Tisana.*

¶ TIPUS, Simulatio, causa, prætextus. Libert. Lautr. ann. 1273. tom. 8. Ordinat. reg. Franc. pag. 39: *Ne autem Tipo conjurationis olim factæ a dicta universitate et singulis de eadem, vestra liberalitas remaneat diminuta, etc.* Vide alia notione in *Typus.*

★ [« *Tipus, orgent.* » (Lex. Lat. Gal. Bibl. Ebroic. n. 23, XIII. s.)]

° TIRA, Tortilis vex virgultis laqueus, vimineum vel ex cortice vinculum. Charta ann. 1332. in Reg. 66. Chartoph. reg. ch. 1098: *Usum in tota foresta habere consueverunt,.... videlicet pro suis Tiris seu cordis vel reportitis.* Lit. remiss. ann. 1397. ex Reg. 153. ch. 58 · *Item une piece de penne de gris et une Tire de gris.* Forte pro *Timbre,* saltem eadem notione. Vide *Timbrum* et alia notione infra in *Tyra.*

¶ TIRACES. Gloss. Isidori: *Bestiones, Tiraces.*

TIRALLA. Chron. Ceccanense, seu Fossæ novæ ann. 1196: *Optimam Tirallam frisatam super altare, pulchra sandalia cum caligis.* Sed legendum *Tualam.* Vide *Toacula.*

TIRANNI, Trabes, quibus ædium muri continentur, Gallis *Tirans.* Historia Vezeliacensis lib. 4. pag. 617: *In crypta, quæ supra B. dilectricis Mariæ Magdalenæ sepulchrum exstat, tantus ignis casu erupit, ut etiam Tirannos, quos Francigenæ Trabes vocant, qui erant in superiori parte, combusserit.*

° TIRANIDES. Inquisit. contra Templar. ann. 1311. ex Cod. reg. 5376. fol. 18. r° : *Interrogatus si dictus deponens habebat unum librum, vocatum Tiranides, et respondit quod sic... Interrogatus de qua materia tractabatur in dicto libro, et dixit quod de medicina, herbis, de animalibus et de lapidibus pretiosis.*

° TIRANNIA, TIRANNIDE. Vide infra *Tyrannia* et *Tyrannide.*

TIRANNUS, TIRANNIZARE, etc. Vide infra *Tyrannus.*

¶ 1 TIRARE, Projicere, displodere, Gall. *Tirer,* Hispan. *Tirar.* Deliberatio MS. de ingressu Caroli VIII. Regis Franc. Neapolim genialiter agendo ann. 1496: *Quod omnes machinæ sive bombardæ onerentur et Tirent sive projiciant cum lapidibus, occasione, etc.*

¶ 2. TIRARE, Trahere, Gall. *Tirer,* Ital. *Tirare.* Miracula S. Zitæ, tom. 3 Aprilis pag. 528: *Et stetit ipsa Magese cum sartorio in manu Tirando ipsam Guidam ex una parte, et lupus Tirando ipsam Guidam ex altera.* Petrus Azarius apud Murator. tom. 16. col. 438: *A parte exteriori traxit super turrim longum funem, cum quo taciturnitate noctis unum levem hominem Tiravit, et deinde prædicti duo alios quinque Tiraverunt. Tirare naves,* in Chronico Estensi, tom. 15. ejusdem Murator. col. 367. *Tirare campanas,* in Charta ann. 1389. ex Archivo S. Victoris Massil.

¶ 3. TIRARE, Extendere, explicare, Gall. *Etendre.* Statuta Montis Regal. pag 277: *Nec possit aliquis emens vel vendens pannum tenere, vel habere subium, vel rotam ad Tirandum pannos.* Occurrit præterea in *Tendaris.* Vide in hac voce.

¶ TYRATUS, Extentus Charta Annæ Dabsaco dom. de Monte-Astruco ann. 1488 *Juraverunt ad et super quatuor Dei Evangelia, eorum manibus dextris Tyratis corporaliter tacta.*

¶ 4. TIRARE, Producere, Gall. *Allonger.* Inventar. MS. ann. 1476. ex Tabular. Flamar.: *Unum librum in pergameno scriptum de littera Tirata et in lingua Franciæ, etc.*

° 5. TIRARE, Moleste aliquem hinc et illinc trahere, agitare, Gall. *Tirailler.* Instr. ann. 1217. inter Probat. tom. 1. Hist. Nem. pag. 57 col. 2. *Dum ego prohiberem eum et vellem sibi auferre palam cum qua colligebat fimum, et Tiraremus ambo, etc.* Lit. official. Lingon. ann. 1846. in Reg. 76. Chartoph. reg. ch. 329: *Item Stephanus clericus manus apposuit temere violentas in dictum Willelmum ipsumque pluries attiravit, Tiravit et botavit animo irato.*

° 6. TIRARE, nude, Nomen alicujus in schedula scriptum ad aliquod officium sorte educere. Claus. Viber. Montisfalc. ann. 1369. in Reg. 149. Chartoph. reg. ch. 296: *Illi, qui noviter deserent consulatum, sex alios probos viros eligent, quorum quidem sex proborum virorum sic electorum bajulus dicti loci tres sufficientiores accipiet in consules et Tirabit; et si sortem dicta Tiratio recordaretur qualicunque causa, ipsa illo casu immediati consules regant,.... quousque alii fuerint electi noviter et Tirati.*

° 7. TIRARE, Adulteri pœna, cum ad equi caudam vel ad currum alligatus per urbem ducitur. Consuet. Dombens. MSS. ann. 1325. art. 13 : *Si aliquis homo seu quœcumque mulier, qui sint capti in adulterio,... et ipse vir et, mulier sint de duobus dominis,...... quibuscl dictorum dominorum currat seu Tiret suum.* Vide supra *Currere* 1. et infra *Trotare*.

★ 8. **TIRARE.** [Extrahere : « Indi vero in cunctis ipsorum operibus et effectibus istis operabantur suffumigationibus, et cum hoc ipsi *Tirabant* spiritus planetarum et ipsos in ipsum quod volebant faciebant intrare. » (B. N. ms. lat. 10272, xv. s.)]

¶ **TIRARIBA,** Retis species. Libert. loci de Portello ann. 1405. in Reg. 184 Chartoph. reg. ch. 586: *Quando eveniunt inundationes aquarum in flumine Garonœ vel Arigiœ, habitatores de Portello possunt piscari cum retibus, vocatis bagau et Tirariba, sine aliquibus gabarrotis.* Vide *Tirasse*.

¶ **TIRASSARE,** Trahere, Gall. *Trainer*, Provincialibus *Tirassar.* Inquisitio ann. 1268 : *Item dixit quod vidit Tirassari, etc.*

° Unde *Tirassatio*, ipsa trahendi actio. Formulæ MSS. ex Cod. reg. 7657. fol. 25. r° · *De qua quidem ecclesia dictum Johannem Maleti..... extraxerunt sive Tirassarunt, tenendo eum per tibias.* Ibid. fol. 32. v° : *De ipsa ecclesia extraxerunt et extractum per tibias suas immaniter Tirassarunt per luttum carreriœ ;...... ita quod ipsis caussantibus, ac Tirassatione prædicta, idem talis extitit semis mortuus.*

¶ **TIRASSE** Inventarium ann. 1379. c Schedis Cl. V. Lancelot : *Item, unum rete vocatum Tirasse modici valoris.*

° **TIRATO.** Vide supra in *Tirare* 6.

° **TIRATOR,** Trahens. Reg. Cam. Comput. Paris. sign. JJ. ruß. fol. 15. v° · *Ipsi debent habere et parare unum batellum cum octo Tiratoribus et uno gubernatore. Tirement nostris, ipsa trahendi actio.* Lit. remiss. ann. 1369. in Reg. 100. Chartoph. reg. ch. 208 : *Lesquels Pierre et Jehannot Baillet prindrent ledit Fremin par la barbe et par la poitrine, en lui tirant et sachant ;..... et pour le Tirement, etc.*

1. **TIRATORIUM.** Charta ann. 1268. ex Regesto 31. Chartophylacii Regii fol. 102. qua Renaldus de *Ghigy* et ejus uxor vendunt Regi tres partes quas se habere dicebant in quodam botatorio sito apud *Villam novam Regis;* ante *Tiratoria ejusdem villœ, etc.* Exstat etiamnum in urbe Parisiensi compitum, quod vocant *la Croix du Troir.* Sed de nominis ratione vix placent quæ habent Brolius lib. 1. Antiq. Paris. pag. 4. 2. edit. et vetus Scheda Gallica inedita de Fundatione Parisiorum, ex qua hæc deprompsimus : *A la croix du Tirouer se troietent les bestes, et pour ce à proprement parler, elle est appellée la Croix du Trrouer, pour les bestes que l'on ne la trioit.*

☞ A verbo *Tirare,* extendere, accersendam esse vocem *Tiratorium* cuivis, ni fallor, probabile videbitur, adeoque idem esse quod supra *Tendaris.* An vero hinc repetenda sit denominatio compiti *de la Croix du Troir,* nondum assecutus sum. Vide *Sauval* in Antiquitatib. Paris. tom. 3. pag. 606. edit. ann. 1724.

° Locus, ubi panni extenduntur et explicantur, Ital. *Tiratoio* Stat. pro lanif. et pannif. ann. 1817. in Reg. A. Comput. Paris. fol. 197. v° : *In ipsis Tiratoriis sive tentis, panni aliqui dupplices vel alii communes pannni qui debent duodecim cannas ad minus continere, nullatenus tirabuntur* vide *Tenda* et *Tenta* 3. Haud scio an inde accersenda sit denominatio compiti *de la Croix du Tiroir* vel *Tirouer.* Lit. ann. 1375. in Reg. 108.

Chartoph. reg. ch. 201 : *Domus, sita Parisius in vico dicto ad Crucem, Gallice Tirouer.* Ut ut est, a nostris appellatus *Tirouer,* Locus, ubi rei per distentionem membrorum cruciantur, ut ab eis veritatem extorqueant. Lit. remiss. ann. 1456. in Reg. 183. Chartoph. reg. ch. 178 : *Le suppliant fut prins prisonnier et mené devant la Tirouere ou question, où il a confessé le dit cas sans aucune contrainte.* Vocis igitur origo ea notione, repetenda videtur aut a *Tirare,* extendere, aut ab *Extorquere,* quomodo dicimus *Tirer la vérité,* Hinc etiam *Tirouere* vocant doliarii instrumentum, quo circulos extendunt, vulgo *Tivoir* vel *Tirtoir.* Lit. remiss. ann. 1417. in Reg. 169. ch. 484 : *Un certain engin à relier tonneaux, appellé Tirouere.* Infra bis : *Thirouere. Tireboute* vero, Baculus ferro munitus, in aliis Lit. ann. 1424. ex Reg. 173. ch. 8 : *Un baston ferré, nommé Tireboute.*

2. **TIRATORIUM.** Fridericus II. lib. 2. de Arte venandi cap. 35 : *Est Tiratorium quodcunque membrum avis, aut carnosum aut aliud non carnosum. Et est duplex Tiratorium, unum carnosum, quod debet esse recens, et de bonis carnibus,... aliud est non carnosum, quod debet esse ossuosum, et nervosum, et munitum plumis aut pennis, quod datur falconi, potius ad impediendum falconem circa ipsum, et ad deplumandum in ipso, potius quam ad gustandum, vel comedendum,*

★ **TIRETA.** [Gall. *Cordon de souliers (?)* : « ..... Et IIII. caussonibus et *Tiretis* pro caligis domini... » (Arch. histor. de la Gironde, t. 22, p. 386.)]

° **TIRETANUS,** Pannorum, qui *Tiretaines* appellantur, textor, nostris *Tirétanier.* Consuet. Genovef. MSS. fol. 12. r° ; *Statutum Tiretanorum Toutes les foiz que aucun Tiretanier venra en ladite ville pour ouvrer du mestier de Tiretaines et de sarges, il doit prendre congié de Sequanam ex Cod. reg. 9808. 2. Thiretier,* eodem sensu, in Charta scabin. Duac. ann. 1366. ex Reg. 97. Chartoph. reg. ch. 154. *Marchans drapiers, Thiretiers ou autres vendeurs desdis draps, pieces et Thiretaines, etc.* Un seuvcot de *Tyreteinne,* apud Joinvil. in S. Ludov. edit. reg. pag. 14.

¶ **TIRETUM,** a Gall. *Tiroir.* Ductile scrinium. *Item plus unum dressaderium coralli cum duobus armariis et duobus Tiretis sive leylais fusti munitum de suis sarralliis et clavibus,* in Inventario ann. 1476. ex Tabular. Flamar.

★ **TIRIA.** [« *Tiria, roupie.* » (Glos. Lat. Gal. Bibl. Insul. E 36, xv. s.)]

¶ **TIRIACA,** pro *Theriaca,* Gall. *Theriaque,* Bernardo de Breydenbach in Itin. Hierosol. pag. 59.

¶ **TIRO,** *TIROCINARI,* etc. Vide *Tyro.*

TIROGRILLUM, perperam legit apud Willelmum Armoricum lib. 1. Philippidos Spelmannus, pro *Cirogrillum.* Vide *Chirogrillus.*

° **TIROGULA** lib. de Doctr. Græc. Serum lactis. Glossar. medic. MS. Sim. Januens. ex Cod. reg. 6959.

TIRONATUM, Rudimen, νεολεκτοστράτευμα, in Glossis MSS. Regiis Cod. 1013. Tyrocinium. Vide Canon. Eccles. Afric. cap. 90.

¶ **TIRONICARE**, TIRONIZARE. Vide *Tyro.*

¶ **TIRONIUM,** Genus aciei disponendæ, quod cum cuneo confundit Modestus de Vocab.: *Tertio præcipuendum, ut quadratam aciem repente constituant, quo facto in Tironium, quem Cuneum vocant, acies ipsa vertenda est.*

TIRRENUS, pro *Tarenus.* Vide in hac voce.

° **TIRSTA.** Chron. Leob. ad ann. 1398. apud Pez. tom. 1. Rer. Austr. col. 929: *Populus et clerus Romanus quasi a Tirsta percussus, oculos habens et non videns, etc* Forte a *Thyrso,* ut monet Pezius.

¶ **TIRSUS,** pro *Thyrsus,* Fragmentum, pars · an quia Thyrsus est dimidia lancea ? Roland. Patav. Chron. lib. 11. cap. 4. apud Murator. tom. 8. col. 328 : *Calanius.. . inimici clypeo deaurato lanceam fixit viriliter, quœ protinus confracta in stipites et in Tirsos velut arundo confractilis, devolavit ad campum.*

° **TIRUNCULUS,** Miles, qui militiæ cingulo recens decoratus est. Constant. in vita S. Germ. Autiss tom. 7. Jul. pag. 202. col. 1 : *Cui mos erat, Tirunculorum potius industria indulgere, quam Christianœ religioni operam dare. Is ergo assidue venatui mvigilans, ferarum copiam insidiis atque artis strenuitate frequentissime capiebat.* Vide in *Tyro.*

¶ **TIRUNLA.** Judicium ann. 1030. Marcæ Hispan col. 1045 : *Testatus fuit illi partem rerum suarum, id est, ipsum solarium cum trilesis et Tiruntis, quœ in circuitu sunt et donibus.*

¶ **TIRUS,** Immanis belluæ species. Epistola Johanni Presbytero seu Regi Abissin. falso adscripta ad calcem MS. Corbeiensis : *Onnes armati sunt prope* (l. propter) *Tiros et serpentes, qui vocantur Denterses* [Jo. de Janua · *Tyrus, quidam serpens.*]

¶ **TISANA,** Gall. *Tisane,* alias *Ptisane, Ptisana,* a Græco πτισάν, Glossæ ad Doctrinale Alexandri de Villa Dei : *Tisana, aqua cocta in hordeo.* Occurrit non semel. Vide *Tysana* et *Fariola.*

« Hanc potionem omnibus, qui Parisiis infirmari erant, subministrare tenebatur Hospitale S. Gervasii ex Lit. ann. 1358. in Reg. 88. Chartoph. reg. ch. 603 : *Cum infirmantibus et ægrotis Parisiis degenibus Tisanam largiri teneantur.*

★ TISANA, Pulmenti species. Jo. de Janua : *Ptisana est unus succus hordei, vel pulmentum inde factum.* Glossæ Bibl. laudatæ in *Nebula* 2 . *Tipsanæ, panes qui dicuntur nebulæ.* Huc spectat Reinard. Vulpes. lib. 3. vers. 1409 :

Sed quo Tipsanas dentato femina ligno,
Inverrit, dentes dentibus ipse modo.

Elucid. de las Propr. apud Rainouard. Glossar. Roman. tom. 5 pag. 386. voce *Tizana* : *Tipsana, es ordi sec, pilat, mundat.*

¶ **TISECUS.** (TISICA, phthisis : « Similiter et de butero recentem, si acceperit *Tisecus,* sed buter ipsum sale nec penitus non habeat. » (Epistola Anthimi ad Theudericum regem Francorum, ms. S. Galli, 762, p. 255.]

¶ **TISICA,** Italis et Hispanis, Phthisis. Mirac. S. Rosæ tom. 2. Sept. pag. 472. col. 2 : *Domina Magdalena... graviter febricitans, in tantum quod in Tisicam demenerat, etc.* Vide *Tisis.*

° *Tiser,* nescio unde, pro *Dénoncer,* Denuntiare, nostri dixerunt. Lit. remiss. ann. 1456. in Reg. 183. Chartoph. reg. ch. 108 : *Publier et Tiser, ou faire publier et Tiser la ditte monition ou excommenie-*

ment... *Ledit curé publia et dénonca, ou fist publier et dénoncer la dite monition ou excommeniement.*

¶ **TISIS**, vel TYSIS, pro Phthisis, Gall. *Phthisie.* Joan. de Janua : *Tysis, ulceratio in pulmone et tumor, sic dicta Græce; quia fit consumptio corporis totius : unde Tysicus, tali infirmitate detentus.* Glossæ Lat. Gall. Sangerm.: *Tisis, une maladie, qui est enflure ou escorcheure de poumon. Tisicus, Tisiques.* Rursum habetur *Tisis* tom. 1. Anecd. Marten. col. 544.

¶ **TISO**, TISONUS, Gall. *Tison*, Titio. *Tiso tractus de incendio*, in Prologo libri de Doctrina novitiorum Ord. Grandimont. tom. 5. Anecd. Marten. col. 1825 : *Et non audeat..... aliqua persona portare de nocte per civitatem aliquas fasces. Tisonos,* in Statutis criminalibus Saonæ cap. 34.

♿ Alia notione *Tison* vel *Tyson* præterea nostri usurparunt, scilicet pro Ligno quodam et navis carina, vulgo *Quille de vaisseau*. Joinvil. in S. Ludov. edit. reg. pag. 8 : *Nostre nef hurta si malement que la terre là où elle hurta, enporta trois toises du Tyson sur quoy nostre nef estoit fondée.* Ibid. pag. 72 : *Bernicles est le plus grief tourment que l'on puisse souffrir ; et sont deux Tisons ploians, endentés au chief, et entre l'un en l'autre, et sont liés à fors corroies de beuf au chief.*

¶ **TISSERANDUS**, a Gallico *Tisserand*, Textor. Lit. remiss. ann. 1372. in Reg. 105. Chartoph. reg. ch. 236 . *Ipse suplicans cum certis aliis Tisserandis seu textoribus pannorum fuit captus.* Non semel occurrit in Memor. D. Cam. Comput. Paris. fol. 94. r°. *Tixerand*, in Pedag. Divion. XIV. sæculi.

♿ **TISSERIUS**, a Gallico *Tisseur*, Eadem notione. Reg. episcop. Nivern. ann. 1987 . *Gener Perronini Tisserii, iiij. solidos... Robinus filius au Tissiers, ij. solidos.* Vide *Tissor*.

¶ **TISSIO**, *Tisoir*, in Glossar. Lat. Gall. ex Cod. reg. 7692. Vide *Titionarium*.

¶ **TISSOR**, Textor, Gall. *Tisserand*. *Tissor pannorum*, in Charta ann. 1317. apud Lobinell. tom. 3 Hist. Paris. pag. 218.

¶ **TISSUTUS**, Textus, Gall. *Tissu*, ut supra *Textus*. Capitulum Ludovici Imperat. ann. 817. apud Murator. tom. 4. pag. 609 . *Ut monachi cappas Tissutas præter villosas habeant.* Vide *Texus* et *Texutus.*

¶ **TISTOL**, Vox abbreviata et corrupta pro *Epistolarium*, Liber Epistolarum, quæ leguntur in sacris Liturgiis. Ordinarium MS. Eccles. Piperac. ann. 1301 : *Subdiaconus indutus sui habitus cum Tistol, et diaconus cum textu Evangelii, etc.*

♿ **TITAN**, Sol. Vita S. Petri confess. tom. 6. Aug. pag. 648. col. 2 : *Mulier quædam Dominico die, granum causa siccandi ad Titanem sparserat, etc.*

↔ **TITANE**. Opuscul. vet. MSS. ad Judith. cap. 16. vers. 8. apud Maium in Glossar. novo : *Titan, sol. Titana, luna. Titane, ordinate.*

♿ 1. **TITAN**, *Theod*. Prisciano est *Calx*, in Glossar. medic. MS. Sim. Januens. ex Cod reg. 6959.

♿ 2. **TITANUS**. Vita fabul. S. Marini tom. 2. Sept. pag. 216. col. 2 : *Ibant ergo sancti viri Marinus et Leo cum multitudine incisorum ad cacumina diversi montis, qui lingua rustica vocatur Titanus.* Vide supra *Titan*.

¶ **TITIA**, Κρέα (κρέας) νηπίων, ὁ λέγουσι σιζί..... in Gloss. Lat. Græc. et Græc. Lat. a Græco τυτθός, νήπιος, parvus.

∞ **TITIARE**. *Passeres Titiant*, Aldhelm.

de Gramm. apud Maium Classic. Auctor. tom. 5. pag. 570.

¶ **TITIENSIS** CLANGOR, *id est, sonitus cum tumultu*, in Glossis Isidori. In Excerptis habetur *Titensis*, f. pro *Titinniens*, ab antiquo *titinnire*, pro *tinnire.*

¶ **TITILLARE**, *Titubare*, *vacillare*, in Glossario Barthii apud Ludewig. tom. 3. Reliq. MSS. pag. 170. ex Baldrici Hist. Palæst. [∞ Pag. 105. lin. 18. Bongars. Jo. de Janua · *Titillo, Titubare.*]

TITIONARI, *Titionibus præparare, eos in ignem mittere*, Ugutioni [et Jo. de Janua.] Nos *Tisonner* dicimus.

TITIONARIUM, *Locus ignis, ubi titiones morantur*. Ugutio. [Addit. Johan. de Janua, *vel instrumentum mittenti titiones in ignem.* Glossæ Lat. Gall. Sangerman.: *Ticionarium, Tisonnier, ou foier*.]

¶ **TITIUNCULUS**, pro *Pipiunculus*. Vide *Pipiones.*

¶ **TITTEX**. Μύσταξ, in Glossis Lat. Gr. Vide conjecturas Martinii in Lexico.

¶ **TITTUS**, perperam pro *Littus*, in Glossis Isidori v. *Telonem.* Vide *Telo.*

¶ **TITUBARE** CAMPANAM, in Obituario MS. Eccl. Morinensis fol. 39. v°. Gall. *Tinter*, alterum campanæ latus lente pulsare. Vide supra *Tintinnabulum.*

♿ **TITULA**, Procuratio sive defensaculum. Glossar. vet. ex Cod. reg. 7641.

1. **TITULARE**, Titulo præsignire, exornare ; [Designare titulo vel titulum apponere, Joanni de Janua. *Titular, designer, mettre tiltre*, in Glossis Lat. Gall. Sangerman.] Tertullianus lib. de Anima cap. 13 : *Quis non animæ dabit summam omnem , cujus nomine totius hominis mentio Titulata est ?* Idem in Poem. de Judicio Dei :

*Quis nubi ruricolas aptabit carmine musas,
Et verni roseas Titulabit floribus auras ?*

S. Ambrosius in Epist. ad Coloss. cap. 4 : *Ita enim devota fuisse videtur, ut omnis domus ejus signo Titulata esset Crucis.* Calendarium Philocali : *Furius Dionysius feliciter Titulavit.* Martianus Capella lib. 1. pag. 15 : *Et licet per Zodiacum tractum nonnulli singulas vel binas domo animalibus Titulaverint, in aliis tamen habitaculis commanebant.* Adde Petrum Chrysologum serm. 155.

¶ **TITULARE**, Inscribere, Gall. *Intituler.* Johan. Diaconus in Vita S. Gregorii lib. 4. cap. 15. n. 81 : *Et quia inter diversa mala, aliquos etiam sermones scripsit, atque eos ex nostro nomine Titulavit, et suspecti sumus, ne eos alicui transmiserit.* Eadmerus in Prologo ad Vitam S. Anselmi : *Opus igitur ipsum de Vita et conversatione Anselmi Archiep. Titulatum, taliter Deo adjuvante curavi disponere, etc.* Et lib. 2. cap. 4 : *Insigne volumen edidit, quod Cur Deus homo Titulavit.* Vide Vossium de Vitiis serm. lib. 4. cap. 28.

¶ **TITULARE SE REGEM**, Regium nomen sibi adsciscere, Gall. *Prendre le titre de Roi.* Sallas Malaspinæ lib. 6. de Rebus Siculis, apud Baluzium tom. 6. Miscell. pag. 344.

DETITULARE, Titulum auferre, delere. Josephus Iscanus lib. 2. de Bello Trojano :

*... Propriæ nam venditor artis
Detitulat titulos, quos ingerit.*

2. **TITULARE**, *Significare*, in Glossis Arab Lat.

3. **TITULARE**, pro *Titillare*. S. Althelmus de Laude Virginitatis cap. 17 :

Quique Titulantis spernit primordia luxus.

[Simili modo in Gemma gemm. *Titulare* exponitur ad venerem ac luxuriem inci-

tare ; unde postea deducit, inquit Vossius, ridiculam vocem *Titillicus*, pro eo, qui incitat vel incitatur ad coitum. Vide *Titulatio.*]

¶ 4. **TITULARE**, Exarare, conscribere. Tabularium S. Vincentii Cenoman. : *Tituletur in pagina, ne labatur a memoria, quia Robertus de Poutorn dedit Abbati Ranulfo, etc.* Privilegium Ferdinandi Gonzales Comitis Castellæ ann. 957. tom. 3. Concil. Hispan. pag. 176 : *Veulla Revellez hic testis. Tello Marillez hic testis.* Joannes Titulavit. Vita S. Eusebiæ Abb. · *Quæ vero occasio fuerit susceptæ fidei vel Regi vel ipsi genti, suis in locis plenissime potest inveniri, cujus hic summam libuit Titulare in indicium vel confirmationem nostræ narrationis.* Vide *Titulatio litteralis.* [∞ Proprie *Per compendia scribere, notis excipere, abbreviare.* Joannes *Spencer-Smith*, vir clarissimus , Cadomi ann. 1840. litteris scripturæ assimilatis expressit partem codicis MSS. sec. XV. ubi hæc leguntur : *Incipiunt quædam regule de modo Titulandi seu apsficandi pro novellis scriptoribus copulate ;* et iste modus *Tytulandi servari potest in libris preciosis, etc.* Vide *Titulatio*]

¶ 5. **TITULARE**, Donare *titulo*, hoc est, scripto, charta. Charta Ludovici Pii et Tabulario Majoris Monasterii *Si quis ex fidelibus nostris imperii eis ad hujus rei necessitatem aliquid augere vel Titulare dignetur , etc.* Vide *Titulatio,* et aliis notionibus in *Titulus* 1.

♿ 6. **TITULARE**, Dicitur de monachis, qui in monasterio recens exstructo, collocantur. Petrus Malleac. monach. tom. 10. Collect. Histor. Franc. pag. 180 : *Illa Gaubertum monasterii S. Juliani martyris abbatem... ad se accersiens, totius ordinem rei enarrat ; seque illic tredecim fratres, quorum unus prior diceretur, Titulare velle, et ex suo eos cœnobio præstolari, si ipse votis ejus annueret, prædicat.* Vide in *Titulus* 3.

♿ **TITULARIARE**, TITULARIATUS, TITULARIUS, Voces academiæ Tolosanæ. Stat. Guill. archiep. Tolos. ex Cod. reg. 4222. fol. 65. r° : *Prohibemus ne aliquis baccalariandus vel Titulariandus, ratione sui novi principii, tituli vel libri in quacumque facultate, audeat convivium majus facere.* Et fol. 65 v° : *Scholares autem tripudiantes seu choreantes occasione præmissorum, publice vel occulte , per biennium non sint inhabiles ad baccalariatus seu Titulariatus honorem in dicto studio obtinendum.* Stat. ann. 1314. ibid. fol. 44. r° : *Et hoc statutum teneantur servare omnes supradicti virtute præstiti juramenti exceptis Titularis et illis, qui legere voluerint declarationes Firmiter credimus, etc.*

¶ **TITULATIO**, pro *Titillatio*. Vita MS. S. Wenwaloei : *Si ille possessor renum est, quo renium fluctus Titulationem celare poterit ante illum ?* Pro titillatione invidiæ, vide fol. rubic, occurrit in Epist. Henrici Clerici Pomposiani sæc. XI. apud D. de Montfaucon in Diario Ital. pag. 82 : *Quosdam ex fratribus adversos habeo, ob nimiam Titulationem non valentes legere libros a me scriptos.* Vide *Titulare* 3. [∞ *Titulationem* hic esse Scripturam per compendia exaratam, recte monuit Blumius Itin. Ital. tom. 2. pag. 216. Vide *Titulare* 4.] Alia notione legitur in *Titulus* 1.

¶ **TITULATIO** LITTERALIS, Charta, scriptum, donatio scripto firmata. Charta ann. 1073. ex Archivo Montis-majoris : *Nullam donationem sine litterali Titula-*

TIT

tione fieri debere. Vide *Titulare* 4. et infra *Titulus* 2.

¶ **TITULATORIUM** ALTARE. Vide *Titulus* 3.

1. TITULUS. *Titulos apponere,* seu Tabulas inscriptas, σανίδας γραπτάς, Cum velis purpureis, ut est apud Agathiam lib. 5. quo ritu res privatorum, aut reorum fisco addicebantur. Augustinus in Ps. 21 : *Ubi potens aliquis invenerit Titulos suos, nonne jure rem ubi vindicat ? et dicit, non poneret Titulos meos, nisi res mea esset.* Gregorius M. lib. 4. Epist. 33 : *In Sicilia autem insula Stephanus quidam marinarum partium Chartularius tanta præjudicia, tantasque oppressiones operari dicitur, invadendo loca singulorum, atque sine dictione causarum per possessiones ad domos Titulos ponendo, etc.* Ado in Martyrol. 29. Aug. : *Omnes facultates ejus publicis Titulis præsignari.* Eadem verba habentur in Vita S. Sergii Mart. n. 3. Anastasius in Nicolao I. PP. pag. 213. ubi idem Pontifex ad Ravennatem Archiep.: *Præcipimus tibi, ut nunquam res cujuscumque personæ qualicumque ingenio vel chartula acquisitas et possessas, olim modo occupes, aut Titulum superimponas, donec in præsentia Apostolica, vel Missi ejus, aut Vestararii Ravennæ legali ordine illas in judicio convincas.* Senator lib. 4. Epist. 14 : *Casas ejus appositis Titulis fisci nostri juribus vindicabis.* Idem lib. 5. Epist. 6 : *Fixis Titulis juri publico applicare.* Adde lib. 9. Epist. 18. *Liberi a fiscalibus Titulis,* in Diurno Romano cap. 5. tit. 4. [*Fundus fiscalis Tituli proscriptione signatus,* lib. 15. Cod. Th. tit. 2. leg. 4.] Tibullus lib. 2. pag. 112 :

Ite sub Imperium, sub Titulumque lares.

Vide titulum utriusque Codicis *de his, qui potentiorum, etc.* et Glossar. med. Græcit. voce Σανίδες, col. 1331. Hinc

TITULARE, Fisco addicere titulis appositis. *Domus Titulata,* apud Gregor. M. lib. 1. Epist. 63 · cui fiscalis titulus appositus est. Adde lib. 4. Epist. 44.

TITULATIO, Confiscatio, qua voce δήμευσιν, apud Theophanem in Nicephoro Generali ann. 9. vertit Historia Miscella.

TITULI FISCALES, Tributa, vectigalia publica, fiscalia : passim in utroque codice. Salvianus lib. 5 : *Illud est gravius, quod plurimi proscribuntur a paucis, quibus exactio publica peculiaris est præda, qui fiscalis debiti Titulos faciunt esse privatos, et hoc non summi tantum, sed pene infimi.* Anonymus de Rebus bellicis subjunctus Notitiæ Imperii, de exactoribus : *Quæ enim ab his occasio fiscalium Titulorum inlibata peracta est, quæ conventio sine præda discessit ? Susceptores fiscalium Titulorum,* in Edicto Theoderici Regis cap. 144. *Titulus siliquaticii,* apud Senatorem lib. 4. cap. 25. *Titulus Canonicus vinarius,* in veteri Inscript. 647. 7.

¶ TITULUS FUNCTIONIS, Simili notione. Traditio S. Karilefi apud Mabillon. tom. 3. Analect. pag. 82 : *Nullas functiones vel exactiones, neque exquisita et lauda convivia, neque gratiora vel insidiosa munuscula, neque etiam caballorum partus, aut paravereda, vel angaria, aut quodcumque functionis Titulum judiciaria potestate dici potest, de præscripta facultate penitus non requiratur.* Vide *Functio.*

2. TITULUS, Limes, meta. Aggenus : *Videmus igitur modo per terminos territoriales, et limitum cursus et Titulos, id est inscriptis lapidibus, plerumque fluminibus, nec non aris lapideis claudi territorium, atque dividi ab alterius territorio civitatis.* Gloss. Gr. Lat. : Στήλη, *Cippus, Titulus.* Nam *titulus* proprie lapis inscriptus, vel ipsa lapidis inscriptio. Hac notione *lapideum titulum* habet vetus inscriptio Salonæ, apud J. Sponium in Itiner. tom. 3. part. 2. pag. 5. Petrus Chrysol. serm. 104 : *Dominum prædiorum limitibus affixi Tituli proloquuntur.* Fortunatus in Vita S. Medardi cap. 5 : *Dicbus quoque illis de cujusdam agri confinio controversia inter propinquos illius exorta est : cumque disceptarent alternatim, et jam furor iraque mentem præcipitaret, ille lapidi pedem superposuit, qui ejusdem agri divinor esse videbatur ; commotam ergo turbam dicto citius ab illa compescens seditione,* TITULUM *hunc, inquit, horum jugerum limitem esse noveritis et confinium.* Hinc forte

Titulos vocamus instrumenta Chartarum, quæ prædiorum possessionem firmant, quove jure teneantur, indicant. Concilium Ticinense sub Benedicto VIII. PP. in Præfat. : *Prædia et possessiones aut tollunt, aut minuunt, aut quibusdam Titulis et scriptis colludio fabricatis, a nomine et jure Ecclesiæ alienant.*
◦ *Charta* ann. 1121. tom. 1. Probat. Hist. geneal. domus reg. Portugal. pag. 3 : *Magnus est Titulus donationis, in quo nemo potest auctum largitatis irrumpere, nemo extra legum jura perispere.*

3. TITULUS, Ecclesia, cui deserviendæ ordinabantur Presbyteri, ita ut in ea *stabilitatis promissionem* facere tenerentur, et ab ea recedere iis non liceret, ut est in Capitulari Episcoporum cap. 18. in Capitul. Caroli M. lib. 5. cap. 26. 108 lib. 7. cap. 178. in Addit. 3. Ludov. Pii cap. 39 in Synodica Ratherii Veron. ad Presbyter. etc. Vide Joannem VIII. PP. Epist. 178. Synodus Remensis ann. 813. cap. 20 : *Ut Presbyteris de minore Titulo ad majorem non liceat transmigrare.* Addit Turon. III. cap 14 · *Sed in eo permaneat, ad quem ordinatus est.* Concilium Calchutense ann. 787. can. 6 : *Et in illo Titulo perseverent, ad quem consecrati sunt, ita ut nullum de alterius Titulo Presbyterum aut Diaconum suscipere præsumat, etc.* Concilium Londinense ann. 1125 : *Nullus in Presbyterum, nullus in Diaconum nisi ad certum Titulum ordinetur. Qui vero absolute fuerit ordinatus, sumpta careat dignitate.* Id etiam in usu fuisse testatur Lupus Ferrariensis Epist. 29. nisi Episcopi licentia intercedat. Vetitum enim in Concilio Chalcedonensi cap. 6. ne quis Presbyter aut Diaconus ἀπολελυμένως ordinaretur, *absolute,* ut habent Concil. Meldense ann. 845. cap. 53. Synodus Romana ann. 853. cap. 39. Crisconius in Breviario cap. 196. Egbertus Archiep. Ebor. in Dialogo cap. 9. Capitul. Aquisgran. ann. 789. cap. 21. Capit. Francoford. ann. 794. cap. 26. Capit. 6. ann. 806. cap. 7. Capitul. 1., incerti anni cap. 11. lib. 1. Capitul. cap. 25. appendic. 1. cap. 12. etc. sed εἰκικὸς, *specialiter,* Ecclesiæ civitatis vel pagi adscriberentur, abrogatis ordinationibus absolutis : qua tamen ordinatione Presbyterum se factum in Ecclesia Barcinonensi scribit Paulinus Epist. 6. ad Severum : *Ea conditione in Barcinonensi Ecclesia consecrari adductus sum, ut ipsi Ecclesiæ non alligarer ; in Sacerdotium tantum Domini, non in locum Ecclesiæ dedicatus.* Sed irritæ postmodum factæ ejusmodi ordinationes : et in ipsis Presbyterorum et Diaconorum, aut Subdiaconorum ordinationibus, ab Episcopis ordinatoribus, nominati tituli, quibus ii adscriberentur, ut colligitur ex Sacramentario Gregoriano Menardi pag. 236.

Anastasius in Evaristo PP : *Hic Titulos in urbe Roma divisit Presbyteris.* In S. Marcello : 25 *Titulos in urbe Roma constituit, quasi diœceses, propter baptismum et pœnitentiam multorum, qui convertebantur ex paganis, et propter sepulturas Martyrum.* In S. Silvestro : *Hic fecit in urbe Roma Ecclesiam in prædio cujusdam Presbyteri sui, qui cognominabatur Equitius, quem Titulum Romanum constituit, etc.* In S. Damaso : *Hic constituit Titulum in urbe Roma, scilicet basilicam, quam ipse construxit, etc.* In S. Innocentio : *In quo loco.... Titulum Romanum constituit, etc.* Ita pag. 110. 110. 117. 288. Alexander. III. PP. in Epist. apud Baron. ann. 1148 : *Jus Ecclesiarum a SS. Patribus canonice constitutum necessario ad memoriam copiose credimus revocandum, qualiter scilicet* 28. *Tituli, eorumque Sacerdotibus tota urbs distributa sit, etc.* Concilium Nannetense cap. 16. et ex eo Hincmarus Remens. in Capitulis ad Presbyteros parochiæ suæ cap. 17 : *Ecclesiam illam.... quæ Titulus per se constans extitit.* Ubi a Capellis distinguitur. *Titulorum vel Diaconorum Ecclesiæ,* in Synodo Romana ann. 853. cap. 29. Titulum pro Ecclesia usurpant passim Scriptores, Pius I. PP. Epist. 3. Concil. Rom. sub Greg. I. cap. 3. Nannet. cap. 16. Diurnus Roman. cap. 7. tit. 21. Hincmarus Rem. in Capit. de Reb. Mag. et Dec. cap. 12. Capitul. Guilleberti Epist. de Interdictis cap. 2. Synod. Londin. ann. 1125. Hugo Flaviniac. pag. 261. etc. Adde Ughellum tom. 1. Ital. sacr. part. 1. pag. 110 122. 123.

Cur porro Ecclesia *Tituli* nomine a veteribus Christianis donata sit, variæ sunt auctorum sententiæ. Baronius ann. 112. n. 5. 6. a *titulis fiscalibus* desumtam hanc appellationem putat, quorum appositione rem aliquam sibi fiscus vindicare solebat : *Titulum* autem *Crucis* fuisse, quo apposito, res sacra censebatur, quod pluribus observat in Notis ad Martyrol. Rom. 26. Julii. Alii in *Titulis,* seu sepulcris Martyrum vel Confessorum, in ædibus sacris reconditis. Nam *Titulum sepulchri* dixit Juvenalis lib. 2. Sat. 7. *Titulis decorare sepulchrum,* Silius Italicus lib. 15. *Titulum busto addere,* Auctor Querolí. *Titulum Memoriæ,* vetus Inscriptio. 519. 5. Vetus Epitaphium Treverense : *Hic quiescet Dardanius, qui vixit annos* 35. *Apronius frater Titulum posuit in pace,* apud Browerum in Proparaso. ad Annales Trevirenses , ubi ejusmodi alia Christianorum describit pag. 59. 60. 61. et in ipsis Annalib. 404. 439. 2. edit. [Sigehardus in Vita S Albani apud Canisium tom. 3. et sæc. 4. Bened. part. 2. pag. 58 : *Siquidem in argumentum fidei, quod erat circa Ecclesiam, quoquo versum exstant mansolea, plurimorum nomen et obitus diem Titulis designantia.* [?] Adde Lambert. Annal. ad ann. 1071. apud Pertz. tom. Script. 5. pag. 209. lin. 50] Alii denique, quod ædi sacræ vestibulis Sancti, cui dicata erat, nomen inscriberetur, seu quod eo titularetur, tutulos dictas Ecclesias volunt. Ut ut sit, ab his titulis, seu Ecclesiis, quibus attitulati erant Clerici,

TITULI nomenclatura vulgo donantur Sacerdotis facultates idoneæ ad vitam, absque quibus ad Sacerdotium non admittitur. Concilium Lateranense III. ann. 1179. cap. 5 : *Episcopus si aliquem sine certo Titulo, de quo posset vitæ percipiat, in Diaconum vel Presbyterum ordinaverit, tamdiu necessaria ei subministret, donec in aliqua ei Ecclesia convenientia stipendia militiæ Clericalis assi-*

gnet : nisi forte talis qui ordinatur, exstiterit, qui de sua vel paterna hæreditate subsidium vitæ possit habere. Synodus Exoniensis ann. 1287. cap. 8 : *Caveant ad sacros ordines promovendi, ut Titulum habeant sufficientem, sine quo omnibus ad sacros ordines accedere interdicimus facultatem.* Mox : *Et quoniam quidam promovendi advertentes se non posse absque Titulo ordinari, cum Clericis beneficiatis vel Laicis paciscuntur, ut eis per chartam nomine Tituli conferant spirituale aliquod vel temporale , eandem chartam ab eisdem post susceptos ordines recipiunt, etc. Titulus Patrimonialis*, in Concilio Biterrensi ann. 1233. cap. 6 : *de iis qui admittuntur ad sacros ordines : et sine Titulo patrimoniali centum solidorum Turonensium ad minus,* (vel) *Ecclesiastico beneficio competenti, sicut in jure Canonico cautum est, ordinandus de cætero nullus admittatur.* Adde cap. 8. et Stephanum Tornac. Epist. 12. Habentur in Charta feodi, seu libro Anglico inscripto : *Justice of peace*, pag. 175. formulæ *litterarum sacerdotalibus Titulis, et litterarum testimonialium de patrimonio sufficienti*.

TITULI, Bona, facultates, quæ quovis titulo alicui competant. Conventus apud Andelaum ann. 586 : *Cum omnibus rebus eorum, cum civitatibus, agris, redibus, vel cunctis Titulis, et omni corpore facultatis, etc.*

TITULI CARDINALES in urbibus et suburbiis, Ecclesiæ præcipuæ, ac parochiales, in Conc. Meldensi ann. 845. cap 54. et apud Guillelmum Bibliothecarium in Stephano VI. sub finem. Descripsit Baronius ann. 559. n. 3. Bullam Joannis III. PP. qua Basilicam XII. Apostolorum a Pelagio inchoatam a se absolutam , *Titulum Cardinalem* constituit, eidemque parochiæ fines definit. Vide *Cardinalis.* [-¿? Thomæ Capuani Dictat. Epist. pag. 286. apud Hahnium.]

TITULI POPULARES, Plebes, parochiæ, Ecclesiæ parochiales seu plebales Decretum Tassilonis Ducis Bajwar. : *Unde ab universis Abbatibus facta professio, ut minime Titulis popularibus se ingerere deberent ; sed hæc omnia, cui commissæ sunt plebes sub potestate Episcoporum permanerent.*

TITULI BAPTISMALES, aliis *Ecclesiæ baptismales*, in Præcepto Ludovici et Lotharii apud Flodoardum lib. 2. Hist. Remens. cap. 19. Vide *Ecclesia.*

TITULUS, Pars ea Ecclesiæ, in qua altare consistit, βῆμα Græcis, *Presbyterium*, Latinis Ecclesiasticis Scriptoribus. Leo Ost. lib. 2. cap. 3 : *In Ecclesia etiam Titulum cum cooperiorum sua a parte occidentali satis decorum adauxit.* Idem cap. 82 : *Ecclesiam S. Angeli... jam vetustam restaurans, Titulo addito ampliums, atque depingens, etc.* Cap. 51. (al. 52.): *Titulum quoque* (in Ecclesia) *ab orientali parte non parvi ambitus cum Confessione construxit.* Lib. 3 cap. 28 : *Fenestras quoque in superioribus* (ἐν ὑψώσει) *satis amplas, in navi quidem 21. in Titulo vero 6. longas et rotundas 4. ac duas in absida mediana instituit.* Cap. 29. (al. 27.): *Fenestras omnes tam navis quam Tituli plumbo ac simul vitro compactis tabulis, ferroque connexis inclusit.* Ubi perperam Angelus a Nuce, *titulum* partem esse transversam Ecclesiæ , quam nostri *la Croisée* dicunt, existimavit. Sed et

TITULUS, interdum pro Ecclesiarum sacellis quæ alii *Cubicula* vocant, usurpatur. Sanctus Eulogius lib. 2. Memorial. cap. 1 : *In basilica B. Acisclii, in eo Titulo, quo felicia ejus membra quiescunt, humatur.* Rodericus Toletan. lib. 4. de Reb. Hispan. cap. 8 : *Fundavit etiam Ecclesiam Cathedralem, et majus altare in honorem sancti Salvatoris, et altaria 12. Apostolorum cum suis Titulis elevavit.* Eckehardus Junior de Casibus S. Galli cap. 1. pag. 39 : *Obiens autem,.... circa Landabounum Episcopum in Titulo Apostolorum conditum, cognatum et amicum suum, extra parietem tamen, sepelri se petiit.* Adde, quæ ibi observat Goldastus pag. 180. [Vita S. Theofredi Abb. sæc. 3. Benedict. pag. 483 : *Ipse ante venerandum B. Petri Titulum in oratione est prostratus.* Mabillonius *altare* interpretatur in Onomastico : quod codem redit.]

TITULATORIUM ALTARE, Idem quod *Titulus*, seu altare, vel capella in majori Ecclesia. [Altare præcipuum, Gall. *Maître-autel*, intelligo : siquidem ecclesia Deo in honorem B. Mariæ dedicata erat.] Jacobus de Vitriaco in Hist. Orientali pag. 1181. [et Bernardus Thesaur. apud Murator. tom. 7. col 888.] : *Quatuor in ea* (Ecclesia Damiatæ) *principalia fundata sunt altaria : Titulatorium B. Virginis primum, Principis Apostolorum Petri secundum, etc.*

TITULARE, Ad *titulum* vel Ecclesiam promovere. Vita S. Constantiani Abbatis : *Ad prædictum nempe vicum Hebron sanctæ Cenomanicæ matris Ecclesiæ Titulatus ac Presbyter ordinatus fuit jam dictus Constantianus a memorato Innocente Episcopo, illicque ad prædicandum ab eo directus.* Admonitio Synodalis antiqua : *Res et facultates, quas post diem ordinationis vestræ adquiritis ad Ecclesiam, ad quam Titulati estis, pertinere sciatis.* Ratherii Veronensis Synodica ad Presbyteros : *Nullus Ecclesiam, ad quam Titulatus est, relinquat, et ad aliam quæstus causa migret.* Ita in Capitul. Caroli M. lib. 5. cap. 26. Willelmus Neubrigensis lib. 3. cap. 5 : *Pro personis spectabilibus, quibus tanquam quibusdam monilibus Eboracensis olim fulsit Ecclesia, Titulavit imberbes, etc.* Decreta Calomani Regis Hungar. lib. 2. cap. 18 : *Nullus Presbyter sine titulo ordinetur : de eodem nullus habeatur in Clero, qui non est Titulatus alicui Ecclesiæ* Adde Concilium Placentinum ann. 1095. cap. 15. Hincmarum in Capitulis anni 12. Episcopat. cap. 3. Puricellum in Basilica Ambrosiana pag. 1146. 1148. 1149. etc.

INTITULARE, Eadem notione. Leo IV. PP. de Cura Pastorali : *Nullus Ecclesiam, ad quam Intitulatus est, dimittat, et ad aliam quæstus gratia sine licentia Episcopi migret.* Petrus Blesensis Epist. 57 :

Nepotum turba pullulat,
Quos variis Ecclesiis Intitulat.

Adde Concilium Auscitanum ann. 1308. cap. 2.

PRÆTITULARE. Admonitio Synodalis antiqua : *Volumus autem scire de quolibet Presbytero...., si de nostra parochia aut de alia natus est, aut ordinatus, vel quem locum Prætitulatus.* Adde Capit. Caroli M. lib. 5. cap. 26.

ADTITULARE, ATTITULARE, apud S. Anselmum lib. 3. Epist. 2. Tabularium Ecclesiæ Viennensis, sub Sobbone Archiepisc. fol. 44 : *Ecclesia S. Nazarii.... in qua ipse Uboldus more Ecclesiastico Adtitulatus fuit.* [Charta ann. 1186. ex Tabular. Sangerman. : *Dilectum nostrum Odonem presbyterum ad præsentationem Abbatis S. Germani de Pratis ecclesiæ de Baneolis Attitulavimus et de cura investimus animarum.*] Stephanus African. Presbyt. in Vita S. Amatoris n. 19 : *Crucis signaculo frontem ejus Attitulans, salutis integritatem roganti restituit.*

4. TITULUS. Clamor militaris. Ægidius Monachus Aureævallis in Episcopis Leodiens. cap. 111 : *Comes vero Lossensis impetum belli videns imminere , accessit propius cum sua phalange, et clamans fortio Titulum sui Comitatus, scilicet Loz, audacter hostium cuneos penetravit.*

5. TITULUS. Leo Ostiensis lib. 2. cap. 52 : *Virgam quoque pastoralem, cum Titulo nihilominus argenti opere pulchro vestivit.* Ubi Angelus a Nuce, *titulum* partem recurvam baculi Pastoralis interpretatur, nescio quo vade.

6. TITULUS, Exemplar. Liber Ordinis S. Victoris Parisiensis MS. cap. 15 : *Qui morum atque verborum disciplina instructus, cunctis quasi exemplum et Titulus totius domus proponatur.*

¶ 7. TITULUS , Versus lugubres de morte insigniorum personarum. quos scribebant monachi variorum monasteriorum, quibuscum inita erat societas, cum ad eos deferebantur *rotuli*, mortem illarum personarum nunciantes : quo de more jam pluribus dictum est in *Rotulus* et in *Brevis*. Plures hujuscemodi *titulos* de morte Mathildis primæ Parthenonis SS. Trinitatis Cadom. Abbatissæ conscriptos exhibet Mabillonius tom. 5. Annal. Benedict. pag. 690. et seq. Sed quia in hisce Versibus nonnunquam futilia et vana scriberentur, Monachi Majoris-monasterii in sua Epistola encyclica de morte Bernardi Abbatis eod. tom. pag. 668. socios monent, *Patrem suum virum sanctæ severitatis fuisse, et non solum verba peccatricia, sed et vana et scurrilia, et quocumque modo inutilia exosa habuisse, et ab auditu suo, quantum potuit, rejecisse. Quare Sanctitatem vestram precamur,* inquiunt, *ut versuum nænias et derisiones, quæ potius, quam prosint defuncto, facientibus accumulant damnationem, ab hac charta submoveatis, tantumque simpliciter locorum vestrorum nomina, et quid pro defuncto patre nostro et pro nobis feceritis, annotetis, ut quid etiam nos pro vobis debeamus facere, cognoscamus.* Vide eumdem Mabillon. tom. 3. Analect. pag. 487.

¶ 8. TITULUS Crucis, Crux nude. Concil. Turon. II. can. 3 . *Ut Corpus Christi Domini non in imaginario ordine, sed sub Crucis Titulo componatur.* Anonymus de Miraculis S. Bercharii Abb. sæc. 2. Benedict. pag. 856 : *In Titulo Crucis, qui stabat ad pedes artificis decumbentis, subito visus est illucescere globus æthereus,* hoc est, sub cruce, quæ ad pedes fidelium in extremis agentium apponi solet. Vide Mabill. lib. 1. de Liturg. Gallic. cap. 9. n. 20. et 21.

¶ 9. TITULUS MITRÆ. Lamina aurea, quæ in gyro mitræ orificium ambiat, Bonanno Hierarch. eccl. cap. 64. et Marangono Chronol. pont. pag. 66. Quæ definitio non arridet Cl. V. Garampio in Disquis. de sigill. Garfagn. pag. 83. quod tunc *Titulus a Circulo* nihil differret, qui tamen reapsa differunt inter se, ut perspicuum est ex Cerem. Greg. X. ibid. laudato : *Unam* (mitram) *cum aurifrisio in Titulo sine circulo ; et aliam aurifrisiatam in circulo et Titulo.* Et ex Invent. ann. 1285. ibid. pag. 85 : *In ipso circulo anteriori, et liliis, et Titulo sunt xx. balasci, etc.* Unde Viro erudito *Titulus* videtur esse *Una lista ofregio diritto, che tagliasse la faccia della mitra perpendicolarmente dalla punta all' orificio.* Nisi, addit ille, *Titulus* corrupte dicatur, pro *Tutulus*, id est, acumen mitræ. Quid si hic *Titulus* spectare existimetur ad *Laminam*, de qua Levit. cap. 8. v. 9 : *Cidari quoque texit caput : et super eam, contra frontem, posuit Laminam auream consecratam in sanctificatione.*

¶ **THUPHADUS**. Vide *Thiuphadus.*

TIUS, Patruus. Vide *Thius.*

¶ **TIUTISCE**, Germanice. Vide supra *Suombouch* et *Theotisci.*

¶ **TIXATOR**, Textor, Gall. *Tisserand. Tixier,* in Consuet. Andeg. art. 178. Index MS. Beneficiorum Eccl. Constant. fol. 17 : *Rector percipit..., decimas Tixatorum, pro quolibet instrumehto* XII. *den.*

ο A verbo *Texere, Tixtre,* pro *Fabriquer au métier,* in Stat. ann. 1858. tom. 5. Ordinat. reg. Franc. pag. 596. Vide *Tissor.*

TOACULA, TOBALEA, etc. Mappa, mappula , mantile , manutergium , Gall. *Touaille,* [Provincialibus *Touaillo,* Ital. *Tovaglia,* Hisp. *Toalla.*] Kero Monachus *Mappula, Duvahila.* Chronicon Fontanellense pag. 245 : *Ad saccos autem faciendos drappos albos* 2. *de quibus fieri possunt staminœæ* 10. *Toaculæ* 2. Occurrit ibi semel atque iterum.

¶ **TOAGLA**. Statuta Civit. Astæ de intratis portarum : *Toagle, veleri* et *cogieri de seta Alamanie solvant pro qualibet peua lib.* 4.

¶ **TOAILLIA**, in Inventario S. Capellæ Paris. ann. 1363. ex Bibl. Reg. : *Item* scilebant esse duæ custodiæ et una Toaillia paratæ ad lilia aurea.... Item una alia Toaillia parata ad losenginas de armis Franciæ. Inventarium Gallicum : Item souloit avoir deux custodes et une Touaille parée à fleurs de lis d'or..... Item une autre Touaille parée à losenges des armes de France. Ubi Toaillia est Tapes, ornamenti genus, ut et in sequentibus aliquando.

¶ TOALEA. Ordo Rom apud Mabillon. tom. 2. Musei Ital. pag. 198 : *Quando aliquis consecratur a domino Papa, propter servitium quod eidem consecrato exhibant, debent habere suum pluviale, et bacilia, atque Toaleam ; sed de bacilibus atque Toalea fit divisio inter ipsos et Acolythos.* Adde pag. 202. et 205.

¶ **TOALHA**. Testamentum G. Comitissæ Montisferrandi ann. 1199. apud Baluz. tom. 2. Hist. Arvern. pag. 257 : *Totas meas Toalhas et mei mantil præter octo mappas et unum mantile.* Inventar. ann. 1476 : *Item plus quinque mappas sive Toalhas factas et testutas in opere Damasci.*

TOALIA. Testamentum Riculfi Episcopi Helennensis ann. 915 : *Capas duas, una purpurea et alia bition. Toalias olicias, una cum argento, vel clavellos spaniscos duos, etc.* B. Ordericus Forojuliensis in peregrinat. cap. 2. n. 6 : *Et pulchris Toaliis involuta corpora in Indiam..... portavi.* Ubi perperam Bollandus roaliis, edidit. Occurrit etiam in Statutis Synodalibus Odonis Parisiensis Episcopi cap. ult. § 42. [ut et in Statutis Vercell. fol. 27. v°. et 85. v°.] Le Roman *de Jordain.*

Quant Ziabell i tendit la Touaille.

[Vetus Poeta MS. e Bibl. Coislin. nunc Sangerm. :

Quant tu suras tes mains lavées,
Et à la Toaille essuiées.]

ο Glossar. Provinc. Lat. ex Cod. reg. 7657 : *Toalha, Prov. mapa. Toalhola, togilla , facitergium. Toalhon , manutergium, mantile.* Stat. Taurin. ann. 1360. cap. 335. ex Cod. reg. 4622. A : *De quolibet ramo de Toaglis de rista, solidos iiij. Touaillon,* in Lit. remiss. ann. 1411. ex Reg. 167. Chartoph. reg. ch. 417. Hinc *Toaillolle* , Capitis tegumentum , quo utuntur Sarraceni, quod ex linteo seu mappula componatur, apud Joinvill. in S. Ludov. edit. Cang. pag. 75 : *L'un d'iceulx admiraulx, qui nous estoit contraire, cuidant qu'on nous deust tous faire mourir, vint sur la rive du fleuve, et commença à crier en Sarrazinois à ceulx qui nous conduisoient ès gallées ; et* o *la Toaillolle, qu'il osta de sa teste, leur faisoit ung signe, disant qu'ilz nous remenassent vers Babilonne. Thouelle ,* pro *Toille,* Tela, in Chartul. Latiniac. fol. 216. v°.

¶ **TOALLIA**. Computus ann. 1239. e Bibl. Regia : *Pro una paratura Toallie altaris* LX. *sol.*

ο **TOALLIA**, Pannus sericus, quo altare vestitur. Lit. ann. 1386. in Reg. Joan. ducis Bitur. ex Cam. Comput. Paris. fol. 83. 1° : *In qua quidem capella continentur peciæ quæ secuntur : videlicet dosserium et frontale ac etiam Toallia bordata pro altari magno.*

TOBALEA. Charta Joannis Archiep. Capuani ann. 1901 : *Tobaleam unam de seta listatam auro, etc.* Concilium Ravennense ann. 1311. can. 8 : *Corporalia, pallæ, Tobaleæ, et cætera Sacerdotum et altarium ornamenta.* Ceremoniale Rom. ex MS. Vaticano, de Consecratione PP. : *Et tergit eum cum linteamine, sive subtili Tobalea.* Occurrit ibi pluries, et in Charta ann. 1320. apud Ughellum tom 7. Ital. Sacr. pag. 611. in Ceremoniali Episcop. lib. 1. cap. 29. [in Computo ann. 1333. tom. 2. Hist. Dalphin. pag. 274. Statuta Eccl. Avenion. tom. 4. Anecd. Marten. col. 570 . *Mandamus, ut linteamina altaris, sive Tobaleæ..... sæpe abluantur.* Statuta Eccl. Reatinæ apud eumdem Marten. tom. 8. Ampliss. Collect. col. 1518 : *Non celebretur sine duobus Tobalevs in altari, quarum una superior sit benedicta.* Occurrit alibi.]

¶ **TOBALEOLA**. Ordo Rom apud Mabillon. tom. 2. Musei Ital. pag. 592 · *Bacile semper in camera Papæ cum rasoriis et Tobaleolis remanet.*

TOBALIA, TOBALLIA. Matthæus Silvaticus : *Mandile, Tobalia.* Anniversaria Basilicæ Vaticanæ apud Joannem Rubeum in Vita Bonifacii VIII. PP. pag. 845 : *Item* 20. *Tobalias, tam sericeas, quam operis Alemannici.* [Ordo Rom. apud Mabillon. tom. 2. Musei Ital. pag. 162 : *Tobalias frisatas et opertas, quæ ultra totum altare colligant sine frisio.* Item XX. *Tobaliæ sive mappæ pro altaribus,* in Inventar. S. Capellæ Paris. ann. 1376.] Occurrit præterea apud Durandum lib. 4. Ration. cap. 30. n. 1. in Miracul. S. Angeli Carmelitæ, semel ac iterum, etc.

¶ **THOBALIA**. Computus ann. 1333. tom. 2. Hist. Dalphin. pag. 280 : *Pro tela ad faciendum copertoria quatuor, cappulis et Thobaliis pro capite, cannæ* 3. *gross.* XXII. Inventar. S. Capellæ Paris. ann. 1376 : *Duo esmaillia argenti quæ dicuntur esse de meliori Thobalia altaris majoris. Deux esmaulx qui sont de la bonne Toaille, pro* alio Inventar. ejusd. S. Capellæ.

¶ **THEOBALIA**. Inventarium MS. Eccl. Aniciensis ann. 1444 : *Item unam Theobaliam de canapi. Item quædam servieta modici valoris, etc.*

¶ **TOBALIUM**, vel TOBALE. Synodus Limæ ann. 1604. tom. 4. Concil. Hispan. pag. 672. col. 2 : *Quod, quando Sacerdos celebraturus est Missam, videat an in altari sit ara sacrata, et adsint tria Tobalia linea per missale præscripta.*

¶ **TOELLA**. Visitatio Reliquiarum S. Launomari ann. 1284. sæc. 4. Benedict. part. 2. pag. 258 : *Quæ omnia de altari levantes , cum reverentia , ut decebat, reposuimus ea super Toellam mundissimam, expectantes quid in vasis aliis haberetur.*

¶ **TOILLIA**. Inventarium Eccl. Noviom. ann. 1419 : *Una longa Toillia cum quodam manutergio.*

TOGILLA. Jo. de Janua : *Togilla, parva toga : item dicitur mantile.* Alibi : *Facitergium, Togilla, gausape.* Balbus in Catholico : *Mapa, Togilla.* Gloss. Lat. Gall. : *Togilla, vel mantile, vel toqula, parva toga, petite robe : vel Togilla, Touaille.* Ugutio : *Mantile, extergimentarium, Togilla, gausape.* Glossar. Isid. : *Mappa, gausape, Togilla , expiarium.* Perperam *tegilla* edit. Promotus MS. in Grammatica : *Facitergium, Togilla, mappa, mappula, gausapa , orarium, mensale, manutergium, prandeum, manumundium, manupiarium.*

¶ **TOUALIA**. Annales Mediolan. apud Murator. tom. 16. col. 810 · *Toualiæ* XII. *mantilia* II. *ab altari. Una de altari Toualia, una planeta de purpura,* in Charta ann. 1266. ex Tabular. S. Victor. Massil.

¶ **TOUAILLIA**. Inventarium MS. Eccl. Noviom ann. 1419 : *Item duæ Touaillæ operatæ de serico ad ponendum super pulpitum.* Et alibi : *Item una Touaillia operata de serico ad ponendum super pulpitum.* Charta ann. 1387. apud Lobinell. tom. 3. Hist. Paris. pag. 189. *Faire laver et tenir net le linge de l'Eglise, les vestemens et Touailles parez.*

¶ **TOUAILLIA. TOUAILLIA**. Ordinarium MS. Eccles. Lexov. sæc. XIII ad diem Nativitatis Domini : *Ante majus altare puerperium ponitur , scilicet quædam Touaillia super coissinum et Touaillia parata paratur.* Ibid. ubi de festis duplicibus · *Majus altare duobus palliis et quadam Touailla parata paratur.*

¶ **TOUALUS**. Memoriale ann. 1297. ex Archivo S. Victoris Massil. : *Septem savenas altaris,* et *tres Toualos de seda.*

¶ **TOWELL** \ *Cum tablements, frontelis et duabus Towaillis,* apud Rymer tom. 9. pag. 278. col. 1.

¶ **TUABOLA**. Leges Palatinæ Jacobi Regis Majoric. in Actis SS. Junii tom. 8. pag. LXXII : *Tuabolæ et cuzini et frontalium et alia, de quibus in ecclesia copiose haberi nostræ intentionis est.*

¶ **TUALEA**. Ordo Rom. apud Mabillon. tom. 2. Musei Ital. pag. 102 : *Ministri* (die Parasceves) *unam tantum Tualeam extendant super altare nudatum.*

¶ **TUALIA**, in Charta ann. 855. Marcæ Hispan. col. 788. et in Actis SS. Aprilis pag. 813.

TUALLIA. Chron. Fossæ novæ ann. 1198 : *Unum par bacilium, duæ Tuallæ.* [Vide Kennetti Glossar. ad calcem Antiq. Ambroslen. et voces *Carda* 2. et *Abstersorium,* ubi etiam habetur *Tuallum.*]

¶ **TUALLIA**, in Chronico Cavensi apud Murator. tom. 7. col. 951. et D. Brussel tom. 2. de Feudorum usu pag. CLXXXIII. in Computo ann. 1202.

TUELLA. Chronicon Abb. S. Trudonis lib. 6. pag. 403 : *Tres Tuellas, unam sternendam super altare, aliam sub libro, tertiam ad tergendas manus.* Ita etiam in Provinciali Cantuariensi lib. 3. tit. 27. in Synodo Exoniensi ann. 1287. can. 12. in Synodo Mertonensi ann. 1300. Lamethensi ann. 1330. can. 1. etc. ubi inter vestes sacras reponitur.

º **TOBAILLIA**, ut *Toacula.* Vide infra *Toubaillia.*
★ **TOBALLIA**, [« Inferius describuntur *Toballie* pro altari, de serico et deaurate. — Primo quinque *Toballie* cum animalibus, litteris et listis aureis, facte in Marchia...... una *Tobballia* magna de lino pro altari. » (Invent. Card. Barbo ex transcript. Müntz, 1457.)]
TOBANGULA, *vel ornamentum est pancæ.* Ita Glossæ MSS. sed videtur leg. *Tobacula.* Vide *Toacula.*
º **TOBLATUM**. Vide infra *Trabeatum.*
¶ **TOC**, Toch, Decem. Vide in *Chunna.*
1. **TOCA**, Tocha. Glossæ Isidori : *Toca, is calculus dictus est, computo solo pilis quod sibi componunt. Calx enim est lapis, calculus diminutivum.* Locus mendosus. [Legit Grævius, *Tocuis, calculus dictus est. etc.* Vossius lib. 2. de Vitiis serm. cap. 18. *Tocua,* observatque *Tocha* pro calculo etiam esse apud auctores de limatibus agrorum : *Trifinium quam maxime quando constituimus cum signis, id est cineribus aut carbonibus, et calce ibidem construximus, et superduximus, et super Tocham monticellum constituimus.* Eidem Vossio videtur et ad Græcos manasse, quando Tzetzi Chil. 12. pro calculo dicitur τζόγη, nisi τζόγη ex *Schaeus* sit, hoc est, calculus. Meursius ibi legit τζόχαι. Vide Glossarium mediæ Græcitatis in hac voce.]
¶ 2. **TOCA**, Rugatus pileolus, Gall. *Toque.* Menotus Serm. fol. cxx: *Pulchram camisiam rugis plenam supra collum, bombicinum elegans velutium, Tocam Florentinam, crines crispatos, etc.* Utitur rursum infra Vide *Togua.*
º **TOCAGIUM**, pro *Estocagium.* Vide supra in *Escoragium.*
¶ **TOCCUS**. Chronicon D. de Gravina apud Murator. tom. 12. col. 617: *Recuperantes prædam ovium.... vidimus quos dam ex illis peditibus...... Toccum unum dimissarum ovium transportare.* An vellus, Gall. *Toison*, Ital. *Tosone* ?
º Ab Italico *Tocco*, Frustum, fragmentum.
¶ **TOCH**, Tocha. Vide *Toc*, et *Toca* 1.
º **TOCHINARE**, *Tochinorum*, hoc est prædatorum seu rebellium more agere, unde *Tochinatus*, eorumdem facinus. Instr. ann. 1384. inter Probat. tom. 3. Hist. Neap. pag. 65. col. 2: *Item ponunt ... quod prædicti domini, sui complices ..... inde manupolia, congregationes illicitas in eorum terra, et de gentibus propriis et subditis terrarum suarum et patriæ vicinæ, oriri fecerunt quoddam genus, vulgariter dictum Tochini.* Et pag. 74. col. 1: *Item negant ipsos de Nemauso cum dictis Tochinis Tochinasse, nec fuisse de eorum secta seu sacramento.* Comput. ann. 1383. ibid. pag. 50. col. 2: *De condempnatione octingentorum milium francorum pro Tochinatu.* Vide *Tuchinatus* et infra *Tuchinus.*
¶ **TOCUA**, Tocuis. Vide *Toca* 1.
TODA, Todinus, Todere. Ugutio : *Toda est avis, quæ non habet ossa in tibiis, quare semper est in motu, unde Totius* (al. *Todinus*) *dicitur ille qui velociter todet, et movetur ad modum Todæ, et todere, moveri, et tremere ad modum Todæ.* Festus: *Todi, et Todelli, sunt aves parvæ.* Isidorus Cat. Gr. · *Tuderculus* ἐρίθακος. Latinis autem, ἐρίθακος est Rubecula. Glossæ Lat. Gall. Sangerman.: *Toda, un oiseau, verdiere. Todere Trambler, Todinus, Tramblables, cheables.* Todonus, *idem.* Adde Johannem de Janua.]
¶ **TODDE**, Pondus 28. librarum, Angl.

Tod. Vide Kennetti Glossarium ad calcem Antiq. Ambrosd.
¶ **TODELLUS**, Todere. Vide in *Toda.*
TODERICUM. Leo Ost. lib. 3. cap. 11. ait Desiderium Abbatem Monasterii Casinensis ædes renovasse, atque in iis domum Abbatis, adjuncto illi *Palatio cum absida, quod veteres Todericum appellare solebant.* An *Theodericum*, a Theoderico Rege Italiæ conditore ?
TODINUS, Gracilis, quomodo, *Todu*, [*Dodu*] vulgus nostrum usurpat: *Erant et tibiæ et cruscula gracilitate Todina gradiendi usibus inepta penitus et inutilia,* [in Miraculis S. Joannis Beverlac. tom. 2. Maii pag. 189. Vide *Toda.*]
Todinus, Lubricus, qui non firmiter stat. Henricus Rosla in Herlingsberga :

Este \iri fortes, ne sitis honoris inermes,
Tu vero abscede quisquis vis Todinus esse.
Armato pavido potior est tressis agaso.

TODONUS, *Gallus*, Joanni de Janua. Vide *Toda.*
¶ **TOELLA**, Mappa. Vide in *Toacula.*
¶ **TOERNUM**. Inventar. ann. 1476. ex Tabul. Flamar. : *Unum botgium ferri cum sua cauda sive asta fusti cum suo rosco Toerni cum clavibus claverato.*
¶ **TOFINEUS**, Toposus. Vide in *Tufus.*
TOFTA, Toftum. Cowello est locus, ubi stetit ædificium : nostris *Masure* : Reynerio vero, est genus luci parvuli, seu loci consiti arboribus minusculis. Monasticon Anglic. tom. 1. pag. 524 : *Duas bovatas terræ...... cum Tofto illo, in quo Walterus frater ejus mansit.* Pag. 72 · *Dedit illis monialibus 2. Toftas in campis de Dunceley super mare.* Adde pag. 247. 250. 309. 399. 774. Idem Monast. tom. 2. pag. 26 : *In Stivedai unam hidam, et 20. acras inter boscum et planum, et unam Toftam, et virgatam Gunild in eadem villa.* Pag. 37 · *De Helia de Bosevilla 3. bovatas terræ, et 6. acras, et unam Toftam quæ fuit Huschar in Barneburgh, etc.* Pag. 94 : *Tenent etiam duo Tofta, etc.* 30. *acras terræ,.... tenent 2. Tofta, et 2. bovatas terræ, etc.... tenent etiam 3. Tofta cum grangia solitaria, etc* Pag. 150 : *Ex dono Gregorii de Nenton 22. acras terræ et capitale Toftum, et croftum, quod fuit Walteri patris sui, etc... 3. bovatas terræ, et 5. Tofta cum prato et crofto.* Monast. Anglic. tom. 3. pag. 139 : *Habet etiam Vicarius duos Toftos simul junctos pro manso, et unam bovatam terræ.* Ex quibus potior videtur sententia Cowelli, qui *Toftum* fuisse ait, quod nostri *Masuram* vocant. Adde Will Thorn. ann. 1367 et idem Monasticum tom. 3. pag. 12. 59. [Hist. Harcur. tom. 4. pag. 2199. 2200. Formul. Anglic. Thomæ Madox pag. 56. 398. Chronicon Joh. Whethamstedii pag. 585. Glossarium Kennetti ad calcem Antiq. Ambros. Nomenlexicon Thomæ Blount : ubi *Toftum* exponunt *Messuagium*, vel *locum ubi fuit Messuagium*, seu domum habitationi idoneam.] [۹۰] Vide Ihrii Glossar. Suiogothicum voce *Tom*, tom. 2. col. 922. et Haldorson. Lexicon Island. voce *Toft.*]
☞ Ex iis emendo Chartas Anglicanas, unam ann. circiter 1089. apud Marten. tom. 1. Anecd. col. 248 : *Dedi...... bovatam terræ cum Tosto uno de dominio meo.* Alteram incerti anni apud Madox Formul. Angl. pag. 23 : *Similiter de 2. Tostis pertinentibus ad domum suam , quando eas propriis sumptibus et laboribus excolent.* Tertiam denique laudatim in v. *Baiata*, in quibus omnibus *Toftum*, vel *Toftam*, pro *Tosto*, vel *Tosta* restituendum est.

TOFMAN, vel *Toftmannus, Toftæ* possessor, *hospes*. Tabularium Prioratus Lewensis in Anglia pag. 18 : *Toftmanni similiter operabantur a S. Michaele usque ad autumnum, et in autumno per sex hebdomadas, unaquaque hebdomada per 2. dies, etc.* Et pag. 21 : *Omnis lanceta, omnis Toftman, et omnis Molman, etc.* Vide *Lancetus.*
TOFUS, Species lapidis. Vide *Tufus.*
º **TOGA** Monachorum, Congregatio eorumdem, monasterium, ut monent Auctores novi Tract. diplom. tom. 4. pag. 575. ex pluribus Chartis apud Perez. Dissert. ecclesiast. pag. 58. 59. et 166 : *Regente Toga monachorum Sigerico abbas.* Ubi regit *Toga fratrum Sigericus abba.* Ubi est ascisterium et regit ibi *Toga fratrum Egilani abba sub gratia Dei omnipotentis et regula S. Benedicti. In quo regit congregatio monachorum Pasqualis abba, etc.*
¶ **TOGALA**, vel TALAGA. Vita S. Theodosiæ Mart. apud Monbritium tom. 2 : *Post hæc dimissi sunt ad eam leopardus et Togala, lenitatis suæ signa monstrantes, et nihil eam læserunt.* At in MS: *Sedet pro tribunali Præses, jubet omnes feras adduci, et a venatoribus exacervari, et rugiebat leo. Vacca ferocissima cornibus cuncta ventilabat, subsequebatur taurus rugiens, et terribilis leopardus, et Talaga levitatis suæ signa monstrabat, etc.* Hæc Carolus Macer in Hierolexico, qui merito conjectat *Togala*, vel *Talaga*, vocem esse corruptam, putatque *Tigridem* substituendam, quod levitas *Tigridis* propriam sit, ut videre est ex Plinio lib. 8. cap. 18.
¶ **TOGARE**, Vestire. Miracula S. Bennonis, tom. 3. Junii pag. 199 : *Quamvis summa pecuniarum non exigua........ in pontificia familia Toganda..... soleat consumi.*
º **TOGATI** Mores, Romani. Theod. reg. Ital. Epist. tom. 4. Collect. Histor. Franc. pag 5 : *Vestimin moribus Togatis, exuite barbariem, abjicite mentium crudelitatem*
TOGIFORIUM, *Locus ubi Scholastici disputant* Papias. Jo. de Janua habet *Togiferium*, et subdit, videri componi a *toga* et *ferio.* Gloss. Lat. Gall. = *Togiferium*, *lieu à disputer.*
¶ **TOGILLA**, Mappula, mantile. Vide *Toacula.*
¶ **TOGILLATIM**, *Sigillatim*, in Glossis Isidori Vide *Tongillatim.*
TOGINATIO, *Satietas nauseativa*, M. Silvatico.
º **TOGIPURIUM**, *Toga pura*. Papias et Gloss. MS. Reg. [neenon Isidori. Credibilius videtur Grævio *Togipurium* esse tempus, quo toga pura sumebatur, quod veteribus dicebatur dies tyrocinii.]
¶ **TOGUA**. Capitulum generale S. Victoris Massil. ann. 1506 : *Nec deferant bonetum a retro longum, vulgo dictum Togua.* Vide *Toca* 2.
¶ **TOGULA**, Mappula, mantile. Vide *Toacula.*
º **TOILANDALO**, Piscis genus. Vide supra *Libella* 2.
¶ **TOILL**, Vectigal, Anglis *Toll.* Locus exstat in *Fossa* 1. Vide *Telon.*
¶ **TOILLIA**, Mappa, mappula. Vide *Toacula*
¶ **TOIRULUS**. Oratio apud Bern. Pezium pag. xv. Præfationis Anecd. tom. 1 :

Is (Christus) in ævum sit benedictus.....
Scandicus et Salicus, Climacus, Toirulus.

º **TOISA**, Toisia, Pertica seu mensura

sex pedum, Gall. *Toise.* Charta ann. 1267. in Chartul. eccl. Lingon. fol. 147. vᵉ : *Foresterius... tenetur jurare in ecclesia die Dominico vel festivo, quod non capiet homines,.... nisi in forefaciendo, videlicet scindendo nemus aut ponendo super quadrigam, aut extra nemus cum lignis, dummodo infra spatium sexaginta Toisarum rapenatis, computandarum ab exitu nemoris capiantur.* Alia ann. 1250. in Chartul. S. Corn. Compend. fol. 184. col. 2 : *Tenentur....... quolibet anno facere annuatim viginti Toisias muri lapidei circa porprisium domus et maneria.* Vide *Teisia.*

¶ 1. **TOISO**, Canaliculus, in Schedis D. Aubret.

⁂ 2. **TOISO**, a Gallico *Toison*, Vellus. Jura eccl. paroch. dc Thoisiaco diœc. Æduens. ann. 1388. ex Cod. reg. 5529. B : *Percipit curatus.... de quindecim Toisonibus unam ;.... illi etiam qui non habent nisi octo Toisones, tenentur solvere... unam Toisonem.*

TOL, Vectigal, tributum. (? Charta sub Henr. I. reg. Angl. inter Instr. tom. 11. Gall. Christ. col. 282: *Cum socca et sacca, et Tol et them, et infangenetef, et aliis consuetudinibus et quietudinibus.*] Vide *Tac* 1. et *Telon.*

¶ **TOLA**, pro *Tolta.* Vide in hac voce.

⁂ **TOLAGIUM**, Census, præstatio annua, quam quis exigere potest, alias, *Toloison.* Charta Radul. comit. Clarimont. pro eccl. B. M. de Warvilin ann. 1190. in Reg. 34. bis Chartoph. reg. part. 2. fol. 115. rᵉ : *Idem dimidium modum vini, quem nomine Tolagii annuatim in quodam vinea de Liberval.... recipiebam, quietum clamo.* Alia Roberti itidem comit. Clarimont. ann. 1283 : *Dix mus de vin que ledite Oeudeline tenoit de nous et perchevoit en Toloison chascun an ou terouer de Clermont ès lieu dedens escrips, etc.* Vide *Tollagium* et infra *Tolomena, Toltícium.*

TOLARIUM. Fragmentum Petronii : *Donec advenerunt ministri, ac Tolaria proposuerunt toris, in quibus retia erant picta, subsessoresque cum venabulis.* An *Toralia* ? Vide *Torale* 1.

☞ Clariora sunt quæ leguntur in editione Schefferi · *Tolaria proposuerunt toris, in quibus retia erant picta.* Ubi cum Cangio *Toralia* emendat.

¶ **TOLARIUS**, Πλενοτρόφος, in Glossis Lat. Gr. Vulcanius emendat. *Pullarius*, πωλοτρόφος. Martinius præfert, *Tolutarius.* πλουνοτρόφος, qui sæpe inter eundum se στρέψαι.

¶ **TOLDRE**, Idem quod infra *Tortus* 1. *Injustitia, damnum,* etc. Charta ann. 1123. in Probat. novæ Hist. Occitan. tom. 2. col. 424: *Qui de istas causas suprascriptas tolleret tibi, aut t'en guerram tibi faceret per Toldre, adjutor tuus essem sine inganno.*

⁂ Neutiquam : verbum est antiquum a Lat. *Tollere.* Vide infra in hac voce.

¶ **TOLENEUM**, ut *Telon.* Vide in hac voce.

¶ **TOLENUM**, Trochlea, in Hierolexico Macri.

⁂ **TOLERABILIS** dicitur de eo quod rei tolerandæ inservit. Vide supra *Subsidium tolerabile.*

⁂ **TOLERARE**, Fulcire, tueri, approbare. Charta official. Camerac. ann. 1416 : *Et ita ipsæ partes.... recognoverunt præmissa fuisse et esse vera, supplicantes ipsæ partes, et quælibet earum ultra præmissa, ad validandum et Tolerandum hujusmodi ordinationem,.... quamlibet earumdem per nos earum judicem ordinarium, sub pœnis suspensionis et censuris* ecclesiasticis *moneri, ut præmissa omnia et singula in prædicto appunctuamento seu ordinatione...... contenta et narrata teneant, faciant et adimpleant. Toulouver,* pro *Tolérer,* Sufferre, in Charta Ludov. XI. reg. Franc. ann. 1465. ex Chartul. S. Petri Carnot.

TOLERATIO, Ususfructus. Charta Christinæ filiæ Bermundi II. Regis æræ 1063. apud Anton. *de Yepes* in Chronico Ord. S. Benedicti : *Sub ea videlicet ratione servetur, ut dum vivimus, Tolerationem exinde habeamus, post obitum vero nostrum..... sibi vindicent et possideant.*

⁂ **TOLERATOR**. Atto Polyptych. pag. 51 : *Perpetutores in supernum aget.* Ubi glossa : *Toleratores.*

TOLES, Tumores in faucibus. Vide *Tusillæ.*

TOLETUM. Vide in *Telon.*

TOLFFMYNING, Mensuræ species apud Danos, de qua sic Andreæas Suenonis Archiep. Sundensis lib. 14. Legum Scanicar. cap. 1 : *Quandocunque indeterminatim agitur de mensura, illa debet intelligi, quæ rotunditatem æqualem amplectens, et orthogonaliter, et more cætheti, per sensam pollicis latitudinem a fundo consurgens, duplo majorem habet instar hypotenusæ altitudinem transversalem per virgam, quæ habens pollicis duodenum latitudinem in longitudine, ubicunque superponitur extremitati fundi; qua parte conjungitur cum corona, per mensuræ medium transeuendo, summitate sua contingit directe oppositam summitatem coronæ, ob quam altitudinem hanc mensuram Tolffmyning idioma patrum appellavit ;* ubi *Cathetus,* Græcis κάθετος, est perpendiculum, vel altitudo perpendicularis : *hypothenusa* vero, ὑποτείνουσα, nempe πλευρὰ Geometris vox familiaris, de qua consulendi Grammatici Græci, et Mathematici.

¶ **TOLIA**, Toles, tonsillæ. Vide *Tusillæ.*

TOLINGPENY, tom. 2. Monastici Anglic. pag. 286. ubi forte legendum *Tedingpeny.* Vide *Tethinga.*

¶ **TOLL**, Tributum, vectigal. Vide *Telon.*

¶ **TOLLA**, Idem quod *Tolta*, si non est ita legendum. Charta ann. 1217. inter Instrum. Gall. Chr. novæ edit. tom. 3. col. 238 : *Nullus abbas vel monachus in eum Tollas, vel servitutem faciat.*

¶ **TOLLAGIUM**, Idem quod *Tolta.* Charta Elizabethæ Reginæ Angl. in notis Hearnii ad Chronicon Joh. Whethamstedii pag. 386 : *Sint quieti pro tholonio, pannagio, passagio, lastagio, tallagium, Tollagio, etc.* Le Roman *de Rou* MS. :

Si vivras de les reates, sans proie et sans Tolage.

⁂ **TOLLEFERU**, Census, præstatio annua, idem quod supra *Tolagium.* Charta Henr. reg. Angl. pro monast. Montisburg. in Reg. 110. Chartoph. reg. ch. 42 : *Apud Vernonem decem modios vini in Longuavilla, ita quod quinque sunt de modiatione et quinque de Tolleferu.*

¶ **TOLLEMENTUM**, Exactio. Donatio ann. 1044. facta S. Victori Massil. in Probat. novæ Hist. Occit. tom. 2. col. 210 : *Aliquam vim inferre in ecclesia, loco aut Burgo S. Promasii, neque per arbergariam, neque per Tollementum* (nemo præsumat.)

⁂ Melius, ut videtur, quam *Collementum,* ut ex Tabul. S. Vict. Massil. editum est supra ad hanc vocem.

TOLLENUM, pro *Tolleno*, seu Machina, qua hauriuntur aquæ, pondere prægravante alterum ejus finem, apud Festum. Jo. de Janua : *Tollinum, a tollo, lis, lignum puteorum, quo hauritur aqua.* Lex Longob. lib. 1. tit. 9. § 24. [⁰⁰ Luitpr. 136. (6, 83.)] : *Tollenum putei.* Editio Heroldi pag. 247. *Tolenum* præfert. Glossæ Lat. Gr. : *Tolleno,* κηλώνιον. [Glossæ Lat. Gall. Sangerman. : *Tolinum, Perche ou instrument à puisier yaue du puis.*]

⁂ **TOLLEONE**, idem quod *Tollenum.* Locus est supra in *Passarinus.* Vide ibi.

¶ **TOLLERE**, Liberare, redimere. Pactus Legis Salicæ tit. 41. art. 2 : *Quod si etiam non habet, ut legem solvat, et totam legem componat, tunc illum qui homicidium fecit, Tollit, qui eum in fide sua habet, et per quatuor mallos præsentem faciat ; et si eum per compositionem aut fidem nullus suorum Tulerit, hoc est, eum redimat aut pro eo persolvit, tunc de vita componat.* [⁰⁰ *Tollere*, Emere, apud Richer. lib. 1. cap. 5 : *Ovis vero tribus unciis atque vacca iabo Tollebatur ; vini nulla coemptio erat, etc.*] Alia notione occurrit in *Tolta.* In Glossis Isidori legitur *Tollerunt, Genuerunt*, pro *Tulerunt.* Vide *Tolluvius*, A *tollere,* pro Auferre *Touldre*, vel *Toudre*, nostris alias in usu fuit. Le Roman *de Bertrand du Guesclin* :

La teste vous Touldrai par dessous le menton,
Si que jamais n'aurez besoin du chapperon.

Bellomanerius in Consuetud. Bellovac. cap. 82 : *Se il arrivoit que un lierres eut emblé aucune chose, et cil qui la chose seroit, la Toussit au larron sans justiche, et il lierres requerroit à estre resesis, avant tout il le resesiroit.* Adde cap. 34.

⁂ *Toldre*, in Lit. remiss. ann. 1374. ex Reg. 106. Chartoph. reg. ch. 21 : *Je vous Toldrai la vie du corps, ou vous me la Toldrez.* Glossar. Provinc. Lat. ex Cod. reg. 7657. *Tolre, Prov. Tollere, rapere.* Hinc *Tollerres,* qui rem quamlibet alicui tollere nititur, in Stabil. S. Ludov. tom 1. Ordinat. reg. Franc. pag. 140. *Teiller*, eodem sensu, in Bestiar. MS. :

Pour les Dragons qui les espie,
En une eau grans replevie,
Vait fonner pour le Dragon
Qu'il ne li Teille son faon.

⁂ **TOLLES**, Gallica lingua dicuntur, quas vulgo per diminutionem *tussillas* vocant, quæ in faucibus turgescere solent. Glossar. vet. ex Cod. reg. 7613. Vide *Tusillæ.*

⁂ **TOLLETUM**, idem quod *Teloneum,* Tributum, vectigal. Pactum inter Raven. et Ferrar. ann. 1221. apud Murator. tom. 4. Antiq. Ital. med. ævi col. 485 : *De toloneis sive malloleitis, quæ ab initio suorum regiminum fuerunt ablata, in dictarum potestatum cognitione esse debet, et cognita veritate ex utraque parte, quid quantumque exigere debeant seu recipere a Ferrariensibus, exigant et accipiant Ravennates et non ultra. Et si aliquid ultra Tolletum commune, quod debent, penitus restituatur Ferrariensibus sine aliqua quæstione.* Vide in *Telon.*

¶ **TOLLICIUM**. Charta ann. 1205. apud Stephanotium tom. 2. Antiq. Occitan. MSS. pag. 461 · *Dono Deo et B. M. de Villa longa Tollicium de Serra mejana sicut habeo.* An idem quod *Teloneum* ? Vide in *Telon.*

¶ **TOLLINUM**. Vide *Tollenum.*

¶ **TOLLIRE**, pro *Tollere*, nostris alias *Tollir.* Et si castellum prædictum vos *Tolliam,* in Charta ann. 1145. inter Probat. novæ Hist. Occit. tom. 2. col. 506.

¶ **TOLLONIUM**, Tolloneus. Vide *Telon.*
¶ **TOLLUTUS**, Ablatus, in Charta Aleman. Goldasti 119. laudata in *Contradrutum*. Vide *Tollere.*
¶ **TOLN**, Tributum, vectigal. Vide *Telon*. Eadem notione *Tolnes* habetur in voce *Strand.*
¶ **TOLO**, Tolocium. Vide *Telocium.*
¶ **TOLOMENA**, Census, præstatio annua, quam quis exigere potest. Charta Ludov. Pii pro monast. Ahan. ann. 822. tom. 6. Collect. Histor. Franc. pag. 528 : *Placuit etiam nobis hujus congregationi monasterii, quando Dominus abundanter largiri dignatus fuerit, decem modia de holeo dare, id est de Tolomena et solatia, quando vero minus, sex modia.* Vide supra *Tolagium.*
⁰ **TOLONEARIUS**, *Tolonei exactor.* Vide supra in *Telon.*
¶ **TOLONEUM**, Tolonium, etc. Vide *Telon.*
¶ **TOLOSIPETA**, Qui petit, seu tendit Tolosam, apud Joannem Sarisber. Epist. 60. Vide *Romipetæ.*
⁰ **TOLPA**. Charta ann. 1212. ex Cod. reg. 4659 : *Non haberent........ aliquam forciam vel Tolpam seu exactionem aliquam.* Haud dubie legendum est *Toltam.*
¶ **TOLPRI**, f. Idem quod *Polpre.* Vide in hac voce. Privilegia Abbatiæ Elnonens. ann. 1116. apud Miræum tom. 2. pag. 1158: *Neque exactionem quam vulgo Tolpri vocant, sive herbam aut corvedas inconsulto Abbate exigat* (Præpositus). *Torpri* mendose ex Litteris Gerardi Tornac. Episc. ann. 1152. pro eodem Monasterio apud Marten. tom. 1. Anecd. col. 482. Vide *Torni.*
TOLSESTER, Præstatio pro confectione cerevisiæ. Vetus Charta apud Somnerum in Tractatu de *Gavelkind* pag. 24 : *De Tolsester cervisiæ, hoc est de quolibet bracino per annum unam lagenam de cervisia.* Vide [Th. Blount in Nomolexico et] *Gavelsester*, quod idem sonat.
1. **TOLTA**, Exactio, quæ per vim fit, quod contra jus tollitur, quodvis tributum, etc. Charta Radulfi de Balgentiaco ann. 1085. in Tabul. Vindocinensi : *Nullam Toltam faciet eis in mercato suo, neque in tota terra Monachorum, nec quæstionem cujuscumque rei nec quispiam suo rum, nisi Monachi concesserint.* [Alia Philippi I. Reg. Franc. eod. anno ex Tabul. Maurigniac. · *Auctoritate regia majestatis inhibemus quod nullus præpositus... in ipsa violentiam vel Toltam facere præsumat.*] Alia ann. 1092. apud Beslium pag. 496 : *Et nulla vis alia, vel injuria, vel Tolta inferatur.* Charta Philippi Aug. ann. 1190. apud Rigordum, [et de Lauriere tom. 1. Ordinat. Reg. pag. 20.] : *Prohibemus etiam universis Prælatis Ecclesiarum, et hominibus nostris, ne Toltam vel Toltam donent, quamdiu in servitio Dei erimus.* Alia D. de *Termes* ann. 1208. in Regesto Carcassonensi Cameræ Computor. Parisiens. fol. 19 : *Propter oppressiones, Toltas, forcias, violentias. et rapinas, quas faciebamus.* Charta Thomæ Comitis Sabaudiæ ann. 1226. apud Guichenonum : *Immunitatem exactionem et Toltarum.* Occurrit [rursus in Charta ann. 1128. Marcæ Hispan. col. 1267. in alia ann. 1170. ibid. col. 1352. in alia ann. 1166. inter Probat. novæ Hist. Occitan. col. 607. in Libertatibus Calmæ concessis ann. 1209. tom. 1. Hist. Dalphin. pag. 19. edit. Genev. unde emendanda editio Paris. pag. 21. ubi perperam legitur *Tola ;* in Statutis Montis

Olivi ann. 1251. tom. 1. Anecd. Marten. col. 967. 968. in Saisimento Comitatus Tolosæ ann. 1271. et alibi] passim. Vide Doubletum pag. 887. Galliam Christianam Sammarthan. tom. 4. pag. 128. Catellum in Comitib. Tolosan. pag. 226. Plantavitium in Episcopis Lodovensib. pag. 106. Monasticum Anglic. tom. 1. pag. 763. etc.
Touta. Libertates oppidi Jasseronis in Sebusianis ann. 1288 : *Nec dare teneantur nobis vel aliis Toutam, talliam, charreamen, corvatam, etc.* Synodus Nemausens. ann. 1284 : *Usura et indebita extorsio, talliæ, quæstiæ, vel Touttæ, etc.* [Adde Statuta ejusd. Eccl. tom. 4. Anecd. Marten. col. 1080. Libertates Moirenci ann. 1164. tom. 1. Hist. Dalphin. pag. 16. Literas ann. 1079. tom. 4. Ordinat. Reg. Franc. pag. 45. Chartam ann. 1194. inter Instrum. Gall. Chr. novæ edit. tom. 6. col. 142. aliam ann. 1224. tom. 1. Maceriarum Insulæ Barbaræ pag. 136. etc.] Charta Catharinæ Comitissæ Blesensis et Clarimontis ann. 1202. in Tabul. Abb. Frigidi montis : *Unum quarterium vini, quod annuatim mihi reddebatur de exactione, quæ vulgo appellatur Toute.*
¶ **Tulta**. Charta ann. 1160. ex Archivo S. Victoris Massil.. *Malos vero usus, Tultas, tortitudines, districtiones... funditus abrenuntiamus.* Alia ann. circiter 1128. in Probat. Histor. Occitan. tom. 2. col. 445 : *Nec facient ibi Tultam, nec quistam.* Occurrit alibi non semel.
Tutta. Charta Amedei III. Sabaudiæ Comitis, apud Guichenonum : *Insuper remitto omnes injurias, et omnes Tuttas et bannos, et cavalcatas, etc.*
⁰ *Tolte*, in Lit. Ferrici ducis Lothar. ann. 5126. tom. 7. Ordinat. reg. Franc. pag. 363. art. 1.
TOLLERE, Tributum exigere. Tabularium Majoris Monasterii ch. 129 · *Nobiscum hanc etiam firmavit conventionem, ut in terris S. Martini nihil amplius Tollat, aut Tollere faciat.*
TOLTA MALA, vel *Malatolta, Mautota, Malum* vel indebitum tributum, pecunia a subditis injuste et vi et male ablata sub specie telonei aut vectigalis. Galli enim *Mautolu* dicebant, pro ne per vim et contra jus sublata, ut ex Petro de Fontanis liquet c. 12. § 3. Matth. Paris : *Mercatores... erant et vendebant sine Toltis malis.*
MALATOLTA. Charta Philippi Pulchri ann. 1309. pro Burdegalensib. in Regesto Constabulariæ Burdegal. f. 144: *Assisiam seu coustumam, quæ in illo loco et locis circumvicinis Malatolta vulgariter nuncupatur.* Charta Comitis Flandriæ ann. 1230. in Hist. MS. Remensi Joannis Rogerii : *Super assisia quadam apud Duacum, quæ vocatur Malatolta.* Charta Philippi Aug. ann. 1214. in Normannicis Duchesnii : *De Malatolta, quam Joannes Rex Angliæ et sui imposuerunt, sic erit.* Th. Walsinghamus in Ricardo II. pag. 282 : *Postquam mercatores Angliæ concessissent Regi pro subsidio consuetudines lanarum iterum, quas Mallot vulgares appellant.* Charta ann. 1056. apud Chiffletium in Trenorchio : *Remoto omni viatore sive præposito vel Mala tolta, absque mala consuetudine, etc.* Alia Petri Regis Castiliæ ann. 1366. apud Seldenum de Titulis honorariis pag. 267 : *Sint immunes ab omni pedagio, leuda, portagio, Maletota, seu aliis quibusvis impositionibus.* [Consuetudines MSS. Villæ de Saissano ann. 1288 : *Consules possint levare soquetum sive Malam-toliam, videlicet de 17.*

cartonibus vini medium cartonum vini sive ejus pretium. Litteræ ann. 1358. inter Ordinat. Reg. Franc. tom. 3. pag. 255 : *Et quod nichilominus a Malatolta veteri quatuor denariorum pro libra, vocata Buta Lombardorum et a duobus denariis, qui solvuntur pro clavaria Aquarummortuarum pro intuitu (introitu) et exitu regni prædicti, etc.* Alias adde Litteras Johannis Fr. Reg. ibid. pag. 478. Conventiones ann. 1220. apud Marten. tom. 1. Ampliss. Collect. col. 1145. Chronicon Cornelii *Zantfliet* tom. 5. ejusdem Ampi. Collect. col. 145. 272. 397. 1113. Statuta Vercell. fol. 182. v°. Statuta Montis-reg. pag. 286. etc.] Guillel. *Guiart* sub ann. 1302 :

Mut à Bruges un mortel contens,
Entre les grans et menus gens,
Et fust empris et sousteuus,
Ce dit-il sus qui ge m'accoste,
Par raison de la Malatoste,
Con ot illenc alevée,
Car la gent s'en mit à grevée.

Vide Hemeræum in Augusta Virom. in Regesto pag. 58. Hanc vocem agnoverunt etiam Lusitani. Charta Joannis II. Episcopi Portensis in Lusitania era 1364. apud Rodericum *da Cunha* in Hist. Episc. Portens. part. 2. pag. 138 . *Mandovos que metades o nosso Cabido do Porto, ou outrem por el em nome em corporal possiçon da terça parte dos direitos et dos rendas da Maltosta, et dos almudes, dos pesos que a nossa igreja ha de aver na nossa cidade do Porto.*
⁰ Malatolta etiam dicta Ordinatio regia, qua tributum aliquod decernitur. Lit. Joan. locumten. senesc. Bellic. ann. 1296. in Cod. reg. 8409. fol. 68. r° : *Cum dominus noster senescallus nobis.... dederit in mandatis, ut quandam ordinationem factam a domino nostro rege Francorum,.... quæ ordinatio Malatolta appellatur, publicaremus, etc.*
¶ **MALATOSTA**. Litteræ Johannis Comitis Carnot. ann. 1222 · *Noverint universi, quod ego volo et concedo, quod Malatosta, quæ loco tali erat imposita super pannos burgensium Carnotensium et riparia a festo S. Michaelis proximo venturo in antea nullo modo capiatur.* Rursum occurrit in Charta ann. 1219. apud Lobinell. tom. 2. Hist. Britan. col. 375. et alibi. *Imposition ou Malletosie empetrée,* in Charta ann. 1340. ex Tabular. Corbeiensi.
¶ **MALATOXA**, in Charta Hervei Comitis Nivern. ann. 1200. ex Archivo B. Mariæ de Charitate.
¶ **MALTOLTA**, Eodem sensu. Charta Philippi VI. Reg. Franc. ann. 1369. ex Chartular. 23. Corb. : *A nobis litteras impetrarunt super concessione dictæ impositionis seu maltoltæ, etc.*
MALATOLLA, et MALATOLIA habet Henricus Knyghton lib. 3. de Event. Angl. c. 5. 11, *Maletorth* lib. 4. ann. 1368. sed ibi legendum *Malatolta* et *Maletot ;* nec est, quod Somnerus ad vocem *toll* nos deducat, quæ Anglis vectigal et telonium significat ; est enim *Malatolla,* res injuste ablata, seu, ut tunc loquebantur, *tolta,* vel *tulta.* Tabularium Hospitalis Montis-Maurilionis in Pictonibus : *Ego Ilebertus de Castillione dono domui pauperum Christi de Mommorlione omnem consuetudinem et omnem Mautotam quadrigarum per omne tempus.*

Ejusmodi porro exactiones contra jus inductæ, *informia vectigalia* appellantur a Sidonio in Panegyrico Aviti ; *Indebitæ consuetudines et exactiones*, in Synodo

Belvacensi ann. 845. c. 5. *Injustæ calumniæ, malæ consuetudines immissionēs pessimæ*, in Charta Roberti Regis Franc. ann. 1035. ex Tabular. S. Germani Pratensis. *Malæ consuetudines*, in Legibus Henrici I. Regis Angl. cap. 1. apud Gregorium VII. PP. lib. 7. Epist. 19. apud Lucam Tudensem in Chronico pag. 80. Hugonem Flaviniacensem pag. 246. Ordericum Vitalem lib. 10. in Charta Hugonis VI. D. de Leziniano ex Tabulario S. Maxentii, etc. *Consuetudines injuriosæ*, in Charta ann. 1067. apud Hemeræum in Aug. Viromand. *Perniciosæ et noxiæ consuetudines*, in Tabul. Prioratus de Paredo. *Consuetudinaria gravamina*, in Chronico Mauriniacensi pag. 360. *Falsæ consuetudines*, in Chron. MS. Bertrandi du Guesclin :

Toute fausse coustume vous sera abaissée.

In veteri Regesto : *C'est le temps que la fausse coustume commença à Rouen, c'est assavoir depuis l'an 1297. jusques à l'an 1312. Injustæ consuetudines, pravæ invasiones*, in Charta Wigrini II. Comitis Incubsmensis in Tabulario S. Eparchii. *Malæ captiones*, in Charta Willelmi III. Comitis Arvernensis. *Exactiones injustæ*, in Legibus Willelmi Nothi cap. 55. *Mali usus*, in Charta ann. 1103. apud Sammarthanos in Archiepiscopis Aquensibus : *Toltæ et mali usus*, in Charta Mathildis Comitissæ apud Ughellum tom. 2. Italiæ sacræ pag. 141. *Prava usatica*, in veteri Tabula marmorea, characteribus aureis exarata, quæ exstat in publica Montiliensis oppidi Domo, 4. bullis plumbeis munita, quam, ut insigne Ademariorum familiæ antiquitatis monumentum, hic ex Schedis Peirescianis inserere placuit : ANNO AB INCARNATIONE DOMINI MCXC. OCTAVO, *Ego Gerardus Aemarius, et ego Lambertus, nos duo Domini Montilii, per nos et per nostros bona fide, et sine dolo, ex mera liberalitate, et spontanea voluntate donamus, et titulo perfectæ donationis concedimus omnibus nostris de Montiho præsentibus et futuris libertatem talem, ne de cætero toltam, vel quistam, vel aliquam novam exactionem, vel Prava usatica in eis faciamus, vel aliquo modo fieri permittamus, nec eis per vim, vel per aliquam forciam, gravamen aliquid, vel jacturam, nisi juris vel justitiæ debito conabimur inferre. Quod si nos vel aliquis successorum nostrorum prædic tam donationem et libertatem quocunque modo violare tentaverit, jam dictos omnes omines nostros et res eorum in villa Montilii sub dominio nostro in præsenti, vel in futuro existentes, ab omni jure, fidelitate et omino absolvimus, et ut omnia, sicut superius scripta sunt, fideliter observemus, ab omni tempore contraveniamus, tactis sacrosanctis Evangeliis juravimus.*

2. TOLTA, Practicis Anglis, est Breve, quo lis tollitur e curia Baronis, et fertur ad curiam Vicecomitis, nostris *Evocatio. Tolta placiti*, inquit Spelmannus, significat processum, per quem causa a jurisdictione juris temporalis tollitur. *In placit. coram rege term. Pasch. 22. Edw. I. rot. 17.* Vide *Translatio.*

° TOLTICIUM, Census, præstatio annua, quam quis exigere potest. Charta ann. 1352. in Reg. 82. Chartoph. reg. ch. 101 : *Item quatuor libras,.... quas facient...... homines dicti loci de Canonica pro Tolticio sive salvegardi.... Item duos denarios Turon. ratione Tolticii, quos facit Johannes Puech ratione unius orti. Item tres obolos Turon. ratione Tolticii,* quos facit *Johannes Gile, alias Gaufre, ratione unius palheri.* Vide supra *Tolagium*.

¶ TOLTICIUS. Vide *Vinum Tolticium*.
¶ TOLTRAY. *Venditio salis, quæ debet solvi, i. Bushel et dimid. salis per mensuram* 4. *den.* apud Thomam Blount in Nomolexico Anglic. e MS. tempore Edwardi I. exarato. [^{GG} Abbreviatio Placit. pag. 212. *Essex* rot. 6. ann. 15. Edward. I. Hillar.]

° TOLTS, Tonsi, Ita legendum pro *Tolis* in Curia gener. celebrata Ilerdæ ann. 1301. Locus est in *Capilli*.

¶ 1. TOLTURA, Injustitia, damnum, violentia, ut *Tolta* 1. Chartularium B. Mariæ de Bono nuncio Aurelian. : *Querimoniam facientes de quibusdam injuriis et Tolturis quas fecerant.* Forte legendum est *Tortura :* quod vide suo loco.

° 2. TOLTURA, Jus sumendi a subditis res præsertim ad victum necessarias, absque præsenti solutione pretii earum. Chartul. Fontis Ebraldi fol. 67 : *Concessit etiam ut omnes, qui in eodem furno coxerint, per totum castellum illum panem sine Toltura et sine credentia vendant.* Potest et de tributo intelligi, quod pro pane vendito exsolvebatur.

TOLTUS, TULTUS, Ablatus. Lex Alaman. tit. 84 : *Quidquid ibi Toltum fuerit,.... omnia tripliciter restituat.* [*Dictæ curtes,.... per fortia nobis Toltæ sunt*, in Placito apud la Blanc in Dissert. Hist. de Monet. pag. 87.] Gloss. MS. Reg. cod. 1197 : *Ademptis*, Tultis. Marculfus lib. 1. form. 28 : *Memorato illo Tultis fidejussoribus Kalendas illas ad nostram eum ommnimodis dirigere faciatis præsentum.* Annales Francorum Bertinianis ann. 868 : *A filiis Ranulfi Tultis honoribus*, etc. Confessio fidei edita sub nomine Alcuini : *Tulta sæculi amaritudine*, etc. Joannes Abbas in præfat. ad Librum precation. *Hanc autem unius copulæ gloriosam virtutem, ni fallor, observandum pronunciat illa una costa, quæ Tulta est de corpore viri, ex qua formata est mulier.* Chronicon Fossæ novæ ann. 1208 : *Sora autem Tulta est per Abbatem Cassinensem.* Hist. Longob. Ignoti Casinensis c. 6. in Diplomate Ludovici Imp. : *Nunc autem certissime sciote, cujuscumque proprietas Tulta fuerit, vix a nobis promereblitur recuperationem.* S. Fructuosus in Regula c. 7 : *Tulta murmurationis occasione.* Cap. 10 : *Tulta laboris et itineris occasione.* Adde c. 15. Gregor. M. lib. 3 Moral. lib. 7. Ind. 2. Epist. 58 Hariulfum lib. 3. c. 20 lib. 4. cap. 22. Guibertum lib. 3. de Vita sua c. 14. [Vitam S. Cuthberti Episc. sæc. 2. Benedict. pag. 889. Vitam S. Gervini Abb. sæc. 6. Benedict. part. 2. pag. 325. etc.]

ABSTULTUS, pro Ablatus. Chronicon Fredegarii c. 76 : *Excepto Ducatu Dentelini, qui ab Austrasiis iniquiter Abstultus fuerat. Abstollere, et Abstultus*, non semel apud Anastasium Biblioth. in Vitis PP. pag. 39. 104. 105.

¶ TOLUBERNA, Adsecula, παράσιτος, εὐτράπηλος, in Glossis Lat. Græc. An quasi *tolis verna*, qui toli seu gulæ servit, inquit Martinius, nisi vitiose sit pro *Contubernalis*.

¶ TOLUM, Fastigium, etc. Vide in *Tholus.*

¶ 1. TOLUS, Τριπτήρ, in Glossis Lat. Græc. Martinius emendat *Tudes*.

° 2. TOLUS, *Pumellus domus, vel ensis*, in Glossar. Lat. Gall. ann. 1352. ex Cod. reg. 4120. Vide *Tholus*.

TOLUTILOQUENTIA, Ἐπίτροχον, in Glossis Lat. Græc.

¶ TOMA, TOMANTULA. Papias : *Toma, Tomantula, Pantia, vulgo Tomacellus.* Ita MSS. At editus habet *Tomacula.* Italis, *Toma* est formativum pinguius, *Tomacella* vero hilla, vel *lucanicæ species*, quomodo Latinis *Tomaculum*. J. de Janua : *Tomacula, intestina propter divisiones et sectiones*, a Gr. τέμνω.

° Stat. Bereng. comit. ann. 1235. apud *Mourgues* in Stat. Provinc. pag. 369 : *Item statuit et ordinavit, quod nullus castellanus vel miles ab ovibus euntibus et redeuntibus a montaneis.... possit exigere vel petere aliquid, sive mulitationem, sive aliquam bestiam, seu Tomam, vel aliquid in pecunia numerata. Toumo*, apud *Peltas* in Diction. Provinc.

¶ TOMAIRA, Obstragulum calcei, corium superius, Italis *Tomaia, Tomaio*, et *Tomara*, Gall. *Empeigne*. Statuta Saluciarum collat. 5. c. 143 : *Statutum est quod quilibet caligarius seu affaitator faciens vel fieri faciens subtulares stivalos, seu borgechinos quos vendiderit, teneatur.... facere.... Tomairam totam de uno corio, seu de una pelle.*

¶ TOMALLA. Odo de varia Ernesti Ducis Bavariæ fortuna tom. 3. Anecd. Marten. col. 362 :

Sunt alii setis hirci, mirabile dictu,
Non caput est, nec vultus us, humerisque retrusi
Ignescunt oculi, parvum pro nare foramen
Fœtus habet, rictusque loco pervissimus oris,
Lampnias appellant, crudis de more Tomallis
Vescuntur, salsaque maris potantur ab unda.

Intestina significari videntur. Vide *Toma.*

¶ TOMARIA. Vide *Tremata*.
¶ TOMBA, Sepulcrum, *Tombe*. Vide *Tumba* 1.

° TOMBARE, Saltare, exsilire more histrionis, nostris alias *Thumer*, *Tumer* et *Thumber*. Dialog. creatur. dial. 96 : *De quodam joculatore dicitur vel legitur, qui sciebat Tombare, qui postea visus est Tombare in cella sua ad honorem Dei, et visi sunt circa eum quatuor Angeli, cum singulis cereis assistentes ei.* Talis est ille histrio, de quo in Mirac. MSS. B. M. V. lib. 1 :

Je servirai de mon mestier
La Mere Dieu en son moustier :
Li autre servent de canter,
Et je servirai de Tumer.
Sa cape oste et si à despoullie,
De lès l'autel met as despoullie.....
Lors li commence à faire un saut,
Primes deseure et puis desous ;
Pus se remet sor les genous,
Devers l'image sa l'encline.
A l fait-il, très-douce Roine,
Par vo pitié, par vo franchise,
Ne despizez pas mon service.
Lors Tume et saut et fait grant feste,
Le tour de Mès fait à la teste, etc.

Lit. remiss. ann. 1454. in Reg. 189. Chartoph. reg. ch. 24 : *Les autres commancerent à eulx esbatre, à saillir et Thumer ou Thumber sur une autre table.* Vide mox *Tomelicus*.

° *Tumber* vero active sumitur pro Dejicere, vulgo *Faire tomber*, in Lit. remiss. ann. 1389. ex Reg. 137. ch. 84 : *Icellui Giraut donna audit Manson un si grant coup en l'espaule que il le Tumba par trois fois en la chariere. Tumbée* et *Tumbée*, nostris alias, pro *Chute*, *Casus*, lapsio. Lit. remiss. ann. 1447. in Reg. 179. ch. 84 : *La laisse ou souder dudit cheval rompy, tellement que ledit Walerant ensemble la selle tumba à terre, et print tel coup qu'il fut tout estourdi dudit coup et Tumbée.* Aliæ ann. 1471. in Reg. 197. ch. 156 : *Ainsi que iceux suppliants s'entretenoient et jouoient, tumberent,....... par le moyen duquel Tumble et choite, etc.* Neque aliud sonat vox *Tumberiel* in *Tumbrellum*. *Tombissement*, autem strepitus, in aliis Lit. ann. 1427. ex Reg. 173. ch. 755: *Quant le suppliant oy et senti le Tombissement et effroy de la venue soubdaine d'iceulx freves, etc.*

¶ TOMBARELLUS, f. Plaustri genus, nostris *Tombereau*. Inventarium ann. 1379. e Schedis Cl. V. Lancelot: *Item una quadriga antiqua garnita. Item unus Tombarellus antiquus garnitus. Item due foladoyre.* Vide *Tumbrellum.*

^c Comput. ann. 1362. inter Probat. tom. 2 Hist. Nem. pag. 257. col. 2: *Solvit... pro loqueriis trium Tombarellorum, qui portaverunt de terrarec in carreria dom. Petri Scatisse, thesaurarii Franciæ, pro reparanda sua carreria. Tumbarellus*, in Instr. ann. 1329. ibid. pag. 66. col. 2.

° TOMBELLUM, Sepulcrum, quod in memoriam sepulcri Christi in ecclesiis construi solet. Stat. MSS. eccl. Tull. ann. 1497. fol. 70. r°: *In cujus præmium laxata sunt ei et suis successoribus ligna Tombelli Tullensis, secundum portionem ab antiquo eidem thesaurariæ competentem. Tonbel*, Tumulus, lapis sepulcralis, in Ch. ann. 1378. ex Tabul. Cartus. B. M. de Parco.

^b TOMELICUS. Glossar. Provinc. Lat. ex Cod. reg. 7657. *Juglar, Prov. Tomelicus, histrio, mimus.* Vide *Tombare* et *Thymele.*

¶ TOMELLUS, Parvus *tomus*, libellus, aut epistola. Exstat apud Acherium tom. 2 Spicil. pag. 410. *Tomellus* sive epistola Ernulfi Episcopi Roffensis, et ibid. pag. 411 *epistolæ Decens et commodum fore ratus sum; quod de re Majestati vestræ sentio Tomelli clausula explicare.* Vide *Tomus.*

¶ TOMEN, TOMINUS, Monetæ species apud Hispanos Indicos, quæ memoratur in Synodo Mexicana ann. 1585. tom. 4. Concil. Hispan. pag. 315 et pag. 371. *quo in posteriori loco pretium 60. Tominorum pro unaquaque argenti marca æstimatur.*

^c Acad. Madrit. in Diction. Hispan.: *Tomin, in argento tertia pars drachmæ. In auro Castellani octava pars.*

TOMENTARII SAGI, in Regula Magistri cap. 81. stragula seu *lecialia* ex tomento.

^e TOMICATA, Exactionis species. Charta Alienor. ducissæ Aquit. ann. 1199. in Reg. A. Chartoph. reg. ch. 83: *Concedimus eis* (monachis S. Joan. Pictav.) *Tomicatas a stagno usque ad flumen Clennis et turrem, quæ sub stagno est.... Mercatores extranei, si transitum illic habuerint et vendiderint sua, eis debitam consuetudinem reddant.* Vide mox *Tonagium.*

¶ TOMINUS, Species monetæ. Vide *Tomen.*

TOMOLA. Vide *Tumba.*

^c TOMOS. Vide supra *Barbarostomus.*

^b TOMPSOR. Tonsor pannorum. Lit. remiss. ann. 1358. in Reg. 82. Chartoph. reg. ch. 9. *Johannes de Langues Tompsor pannorum in villa nostra de Arifloto, etc.*

1. TOMUS, Libellus, codex, membrana, [Epistola, præsertim de fide, Græcis τόμος. *Tomus ad Antiochenses* inscribitur Epistola Synodi Alexandrinæ ann. 362. apud Athanasium. Alias Epistolas synodicas *tomi* titulo insignari, observat Coustantius in notis ad Epistolam Concilii CP ad Damasum PP. ut et in Epist. Concilii Carthag. ad Innocentium. Indicem consule ad calcem tom 1. Epistolarum Rom. Pontif. et vide Glossar. mediæ Græcit. in Τόμος.] Marcellinus Comes in Chronico: *Leo Imp. pro Tomo Chalcedonense per universum orbem singulis orthodoxorum Episcopis, singulas consonantesque misit epistolas, quo sibi quid de eodem tomo sentirent, cuncti suis rescriptionibus indicarent.* Jo. Biclariensis in Chronico ann. 7. Mauricii: *Gentis Gothicæ confessionem Tomo scriptam manu sua Episcopis porrigens.* Vigilius PP. Epist. 5: *Sed et Epistolam prædicti beatæ memoriæ Leonis ad Flavianum Constantinopolitanum Episcopum datam, quæ et Tomus appellatur, per omnia veneramur.* Anastasius in S. Leone PP.: *Beatus vero Leo direxit Catholicæ fidei Tomum, et exposuit, damnans omnes hæreses.* In S. Hilaro: *Confirmans tres Synodos,... Tomum sancti Archiepiscopi Leonis.* Diurnus Roman. cap. 8. tit. 6: *Sanctæ et beatæ recordationis Leonis Apostolicæ Sedis Antistitis Epistolam ad Flavianum Constantinopolitanum Episcopum datam, quæ et Tomus appellatur.* Idem Anastasius in S. Agathone: *Suos intromiserunt libros, et Tomos diversos, et Synodos, quas falsaverant.* Infra: *Deinde protulit piissimus et serenissimus Princeps Tomum ad relegendum, in quem vanum hæreticum dogma Macarii erat conscriptum.* Diurnus Romanus, cap. 40. de Concilio VI: *Cui Apostolicæ recordationis Agatho Papa per legatos suos et Responsales præfuit, cujus venerabilem Tomum celebriter assequentes, per.* Gregor. Turon. lib. 10. cap. 19: *Negavit Episcopus has Epistolas vel misisse suo nomine, vel suscepisse a rescripto Chilperici. Sed puer ejus familiaris adfuit, qui hæc molarum titulis per Tomos chartarum comprehendens tenebat: unde non dubium fuit residentibus hæc ab eo directa.* Althelmus de Laude Virg. cap. 41:

Tomum præterea complens sermone polito
Ad famulam Christi scripsit didascalus idem.

[Adde Præceptum Ludovici Imp. ann. 832. apud Baluz. tom. 2. Capitul. col. 678. et Mabillon. tom. 2. Annal. Bened. pag. 550. Epistolam Alberti Abb. Miciac. ad Johannem XVII. PP. apud eumd. Mabill. tom. 3. Analect. pag. 440. etc.] Vetus Charta ex Monastico Anglic. tom. 2. pag. 844: *Hæc vero vocabulorum (variorum prædiorum) signa Tomi stylo indita sunt, ne forte litium vel contentio, vel jurgium jam erepserit inter tributarios vestros, nestrosque colonos: quod autem crebro solet fieri, ubi evidentiora allusionibus litteraliæ, elementorumque definitione indicia limitum metum non procederint.* Aimoinus lib. 3. Hist. Franc. cap. 32: *Et Tomi universi quos secum ferebat, igne cremati sunt.* Gregorius Turon. lib. 5. cap. 29. habet hoc loco in *Charta* et *Charticinium*. Neque alia notione vocem

TOMUS videtur usurpasse Isidorus Episcopus Pacensis in Chronico ann. 749 · *Adiens per Gaditanum fretum Columnas Herculis protendentes, et quasi Tomi indicio porti aditum demonstrantes, vel claves in maris transitum Hispaniæ præsagantes, vel reserantes, etc.* Hic enim per *Tomum*, libellum, itinerarium, vel mappam mundi in membrana exaratam intelligit. [^20 Academ. Matrit. *Tomo est corpus, moles:* Provinc. *Tom idem quod Tumulus* in Glossar. Raynouard. tom. 5. pag. 371. Confer *Ton*.]

° 2. TOMUS, Certa chartarum seu membranarum collectio, quomodo dicimus nunc *Main* vel *Rame* de *papier*. Diploma Chilper. II. ann. 716. tom. 4. Collect. Histor. Franc. pag. 694: *Carta Tomi quinquaginta. Nisi codices simul ex chartis vel membranis compactos intelligas.* Vide *Tomus* 1. et supra *Carticius.* Nugatur itaque D. *de Foy*, qui tom. 1. Notit. Diplom. ad Hist. Franc. pertinentium pag. 109. hæc Gallice sic reddit: *Cinquante bouts de cervelats.* Hinc et ex aliis scite omnino colligit ille suspicari posse Benedictinos Corbeïenses tum a carnibus abstinuisse. Neque feliciori conjectura plerasque hujus diplomatis voces interpretatur, ut videre est in his suo ordine dispositis.

° 3. TOMUS, Intestinum. Formulæ MSS. ex Cod. reg. 7657. fol. 42. v°: *Dictus tulis uno ictu punctim per dictum talem in flanco sinistro percussus extitit, et etiam vulnerata cum magna effusione Tomorum.* Vide *Toma.*

¶ TON, Johanni de Janua, dicitur *altitudo vel totum*, et ex eo Glossatori Lat. Gall. Sangerm. MS. [^22 Glossar. Cod. reg. 7644 · *Thon, altitudo,* ut ex Placido. Papias legit *Ton.*]

¶ 1. TONA, Dolium, *Tonne*. Vide in *Tunna.*

★ 2. TONA, Gall. *Tonnelle*: « ..... Et fecerunt *Tonam* parvi orti. » (Arch. histor. de la Gironde, t. 22, p. 842.)]

TONABULUM, Sonus, vel tintinnabulum. Johanni de Janua: [*Son*, in Glossis Lat. Gall. Sangerman.]

¶ TONACELLA. Tunicella. Translatio S. Antonini, tom. 1. Maii pag. 768: *Demum dictum sanctum corpus ... cum... amictu et camice ex byssino ac Tonacella ermisini rubei, etc.* Vide *Tonicella* et *Tunicella.*

° Nostris *Tonollet*, vestis species, idem quod *Perpunctum*. Lit. remiss. ann. 1391. in Reg. 141. Chartoph. reg. ch. 212: *Un pourpoint, nommé Tonollet.*

° TONAGIUM, idem quod *Teloneum*, Tributum, vectigal. Charta A. Trevir. archiep. ann. 1255. in Chartul. Romaric. ch. 29 · *Præfatæ Katherinæ et sui apud Bruerias et apud Estaie Tonagium imposuerant.... In dicto Tonago et aliis injuriis et exactionibus nichil juris se habere penitus recognovit et juramento corporali spontaneoque exhibito, dictum Tonagium imperpetuum acquietavit. Tonagium*, per Gallicum *Thonneu* redditur in Charta Frider. ducis Lothar. eadem de re ann. 1295. ibid. ch. 34 · *Dou Thonneu de Brueires cognossons nous que nous ne avons droit ou panre, ne ou faire panre.* Vide supra *Tolletum.*

° Alterius generis est Tributum, *Tonaige* nuncupatum, illud nempe quod aliquot privati exigebant ab iis, qui auri bracteolas in fluviis et montibus Occitaniæ, rege licet jubente, colligebant, apud *Lauriere* in Glossar. jur. Gall. ad hanc vocem.

¶ TONAIRA, Rete piscatorium 250. orgyas longum. Litteræ ann. 1451. ex Archivo Piscatorum Massil.: *Valeant visitare Tonairas omnes quotiescumque voluerint, ut sint stagnæ et natatæ ac altitudinis et longitudinis idoneæ.* Ann. 1477. ex eod. Archivo: *Item ordinarunt, quod nullus piscator audeat neque possit calare certam artem piscandi, appellatam Tonaira de posta, a loco de Lestaca in mari usque ad Gargatam portus Massiliæ.* Aliæ ann. 1479 · *Piscari ad Tonairas dictas vulgariter de Corre..... cum dicto ingenio dicto a las Tonairas de Corre. L'art de la Tonaire de Corre*, in Ordinatione vernacula Vicarii Massil. eodem anno. [° Vide *Tunnaria*.]

¶ TONALE, Vas vinarium, dolium, Gall. *Tonneau*. Lit. remiss. ann. 1381. in Reg. 119. Chartoph. reg. ch. 290: *Ve-*

nerunt ad domicilium Johannis Parvi de Villaribus, et in eodem duo Tonalia,vini simili modo effuderunt. Vide Tunna.

¶ **TONALIS** PRONUNCIATIO, Alta et clara, eodem tono quo cantari solet in choro *Dominus vobiscum*. Tonali pronunciatione dicit, apud Bernardum in Ordine Cluniac. part. 1. cap. 45.

¶ **TONALITER**, Cantando, cum modulatione et notis. Confederatio ann. 1300. in Chronico Mellicensi pag 187. col. 1 : *Missa pro defunctis in choro Tonaliter celebretur.* [∞ *Missa Tonaliter decantetur,* in charta ann. 1283 apud Guden. Cod. Diplom. tom 2. pag. 339.] Instituta Patrum apud Thomasium in Appendice ad Antiph. Rom. pag. 444: *Si Tonaliter finis versuum deponitur, oportet ut sæpius accentus infringatur.*

¶ **TONARE**, Canendo prædicere. Adventum Christi mysticis vocibus Tonuerunt Patriarchæ, in Expositione Antiquæ Liturgiæ Gallic. tom. 5. Anecd. Marten. col. 91. *Tonare horrendum*, Horrenda et minaci voce clamare, apud Mabillon. tom. 4. Annal. Benedict. pag. 140.

¶ **TONARIUS**, Liber de tonis seu cantu. Trithemius narrat Aurelianum scripsisse *Tonarium*. Quintiliano *Tonarium*, vel *Tonorium* ut quidam legunt, fistula est, qua tonus traditur, ne altior vel remissior sit vox loquentis aut canentis.

¶ **TONATE**, Cum tono , seu modulatione canendo. *Tonate dicat Diaconus*, Benedicamus Domino, apud Guidonem lib. 1. Discipl. Farfensis cap. 1.

◦ **TONDEIA**, pro *Tenda*, ut videtur, Præstatio pro jure habendi *Tendam* seu locum in foro ad merces venum exponendas. Vide Tenda 1. Charta ann. 1114. ex Tabul. episcop. Carnot.: *Concessit..... quod ipsi (monachi Tironenses) et sui conversi, donati, servientes et cæteri homines sub ipso monasterio et ejus membris manentes, præsentes et posteri a... tabernaglis, mensuragiis, stalagiis, Tondeiis*, (al. *Tondeis) haragiis......* in *perpetuum liberi sint et immunes.* Ita et *Tende* legendum videtur, pro *Tonde*, in Lit. remiss. ann. 1424. ex Reg. 172. Chartoph. reg. ch. 467 : *Sept boisseaulx de froment de rente sur les Tondes du mariage de la mere de la suppliante.* Quæ nimirum in dotem ei concessæ fuerant. Vide supra in Tenda 3.

TONDERARE, pro *Tondere* Utitur Felix Monachus Gyrwensis in Vita S. Guthlaci cap. 21.

¶ **TONDERE**, Tonsura clericum aut monachum efficere. Leges Ludovici Imp. apud Murator. tom. 1. part. 2. pag. 132. col. 2. et lib. 4. Capitul. cap. 35: *Si quis puerum invitis parentibus Totonderit, aut puellam velaverit, etc.* Additio 3. cap. 121. et Concilium Mogunt. ann. 813. cap. 23: *De Clericis vero hoc statuimus, ut nullus inveniti sunt sive in canonico sive in monachico ordine Tonsurati sine eorum voluntate, in sua libera sunt, ut ita permanent. Et deinceps cavendum est, ut nullus Tondeatur, nisi legitima ætate spontaneaque voluntate, vel cum licentia domini sui* Baluzius scribit *tondatur:* sic *tondi*, pro *tonderi*, legitur apud Jonam in Vita S. Eustasii n. 12. ut et apud Bedam lib. 4. Hist. cap. 1. ex MS. ut observat Mabillonius post Onomasticon ad calcem sæculi 2. SS. Benedictinorum. Vide *Tonsorare*.

TONDERE ALIUM contra *Legem*, in Lege Alamann. cap. 65. § 1 : *Si quis alicui contra Legem Tonderit caput liberum non volenti, cum 12. sol. componat.* § 2 : *Si autem barbam alicujus Tonderit nolentis, cum 6. sol. componat.*

DIMIDIO CAPITE TONDERI, Pœna servorum latronum in Capitulari 1. ann. 809. cap. 11. et lib. 1. Capitul. cap. 50.

TONDERE AD MODUM CRUCIS. Fori Oscæ ann. 1317. sub Jacobo I. Rege Aragon.. *Testes autem convicti ad modum crucis capite Tonsurentur, et cum batallo campanæ candenti ad modum crucis, in frontibus figurentur, et ita turpissime de illa villa, ubi hoc evenerit, expellantur.* Vide *Tonsurari.*

◦ TONDERE IN CRUCEM, Pœna latronum et furum. Charta ann. 1273. inter Probat. tom 4. Hist. Occit. col. 59 : *Debetis fures, qui furabuntur in mercato bladi, mittere in costelto, Tondere in crucem in modum furis.* Tondebantur etiam adulteræ, ex Lit. remiss. ann. 1387. in Reg. 134. Chartoph. reg. ch. 55 : *Quia dicta Guigona prius adulterium commisisse confessa fuerat, ipsam idem judex per ejus sententiam definitivam Tondi, et Tonsam cum veilles bouum mattando carnem verberari, absque effusione sanguinis,... pronuntiabit.* [∞ Non tondebantur excommunicati. Guillelmi Sedis Apostol. Legati Epist. de Treugis ann. 1102. apud Marcam in Notis ad Concilium Claromontanum . *Excommunicati non salutentur, non Tondeantur capita eis, non abluantur, in mappa non comedant, etc.*]

TONDERO, *Tonsura altissimarum ovium.* Papiæ. In MS. *Tondicrum.* [? *Tondicrum* in Cod. reg.] [∞ Lege ex Cod. reg. 7644 : *Tondendarum, tonsuræ altissimarum ovium.*]

◦ *Tondison*, vulgo *Tonte*, tempus tonsionis ovium, in Stat. pannif ex Lib. rub. fol. magn. domus publ. Abbavil. : *Que nuls ne puist drapper de gratuse, ne de pelich fait depuis Tondisons jusques à le S. Remy. Tonre* vero, Instrumentum, quo tondetur, forceps. Arest. ann. 1279. in Reg. 2. Olim parlam. Paris. fol. 48. v° : *Item les tisserands disoient que li tainturiers ne devoient avoir en leur maisons ousiius, que l'on appelle cornebers, Tonres, lates, etc.*

¶ **TONDITURA**, Tonsura. Vide in Aczima.

¶ **TONDURARIUS** . Sarcinator , Gall. Tailleur, Couturier, in Processu de Vita S. Yvonis, tom. 4. Maii pag. 553. Male pro *Condurarius.* Vide ibi.

★ **TONDUS**, (Gall. *Rond :* « Pro Tondis formis, incudibus. » (Arch. secret Vatic. brevia Sixti IV, 1483, f. 60.)]

¶ **TONEGARE** NAVEM, f. Sebo vel pice illinire, ab Italico *Tonicare*, Inducere, illinire, Gall. *Enduire.* Vide *Hosta.*

¶ **TONELLA**, TONELLUS, etc. Vide Tunna.

TONENEA. Formula Andegav. 1 : *Cido tibi bracile valente solidus tantus, Toneneas tantas, lectario ad lecto vestito valente solidus tantus, etc.* [?? In cod. MSS. est tonecas i. e. tuncas.]

◦ Idem forte quod *Toacula.* Vide in hac voce.

¶ **TONETUM**. Charta ann. 1251. e Tabulario S. Nicasii Rem. : *Recognovit se legasse unum modium avenæ annuatim percipiendum et assignatum super Toneto suo, quod acquisivit in villa de Pres.* Legendum fortasse *Toreto*, colliculo. Vide in *Toro.*

◦ Legendum suspicor *Tolletum.* Vide supra in hac voce.

TONGILLATIM , *Singulatim* . Papiæ. [Glossæ Isidori : *Togillatim, sigillatim.* Et mox : *Tongillatim, singillatim.* Tongillatim loqui, pravis verbis, a Tongilio parasito, qui in hoc invenerat risus aucupium, ut salutatio convitio responderet,

et *maledicentem salutaret blandissime.* Contrarium sentit Martinius, qui *Tongillatim* loqui, suspicatur esse clare et scienter loqui, a *Tongo*, quod est nosco, teste Festo, quem adl.]

¶ **TONGINUS**. Decanus judex. Vide *Tunginus.*

¶ **TONICA**, pro *Tunica*, tom. 3. Muratorii pag. 166.

¶ **TONICELLA**, diminut. a *Tonica*, Parva tunica. *Tonicella una de purpura viridi*, in Charta ann. 1266. ex Tabul. S. Victoris Massil. Vide *Tonacella.*

¶ **TONILE**, Jus quoddam dominicum. Pariag. inter reg. Franc. et episc. Tricastr. ann. 1408. tom. 9. Ordinat. pag. 804. art 26 : *Per prædicta præfatus dominus episcopus non intendit communicare... dominia directa, laudimia, trezena, Tonile, pareurias, decimas seu alia jura, etc.* Vide supra *Tonagium.*

¶ **TONIMENTUM**. Charta ann. 1012. apud Murator. delle Antic. Estensi pag 121 : *De areis castro cum Tonimento et fossato circundato per mensuram justam pertice jugiales tres, etc.* Legendum est *Tementum*, ut in Charta ann. 962. ibid. pag. 140. Vide in *Tenere* 1.

¶ **TONINA**, Thunnus salsus, Italis *Tonnina.* Conventiones Saonæ pag. 34. Compellunt dictos homines ad solvendum denarios sex pro singulo barile Toninarum. Vide *Tonnina.*

¶ **TONINUM** FORMAGIUM. Vide *Tenerinus.*

¶ **TONIS** Glossæ Isidori : *Vestis ludiaria, histrionica, Tonis* La Cerda mallet : *Vestis ludiaria, histrionis tunica Tonis* Græcio videtur delendum.

TONITRABILIS , βροντάιος , in Gloss. Græc. Lat. MS. Editum, *Tonptabilis*, habet. Alii reponunt *Tonitruabilis*, [ut est in MS. Regio,] vel Tonitrualis. Lucretius lib. 1 :

Neve ruant cœli Tonitralia templa superne.

[*Tonitrualis Evangelistarum vox*, apud Marculfum lib. 2. Formula 1.]

TONITRUA RUMPERE, in Notis litterarum Petri Diaconi hæc leguntur . *Dies malus sequitur cras, si ruperis Tonitrua, dein invenies carbones.*

¶ **TONITRUARE**, *Tonare*, in Onomastico ad calcem Actorum SS. Junii tom. 4. Glossæ veteres : *Βροντάω*, *Tonitruo.* Commodianus Instruct 6 ·

Insipiens ergo Jovem Tonitruare tu credis ?

[<² Virgil. Grammat. pag. 127 · *De tonitruo aiebas.... cujus sonus Tonitruit.*]

¶ **TONIUM**. Testamentum ann. 1299. apud Baluz. tom. 2. Hist. Arvern. pag. 522 : *Item et Aymericus filius meus possideat et habeat hereditario centum solidos renduales ad vitam suam duntaxat. Item et Margarita filia mea volo quod habeat et possideat hereditario centum solidos renduales ad vitam suam duntaxat. Item lego dicto Guidoni filio meo successionem Tonium et freyreschiam, exceptis centum solidis quos Agnes primogenita percipiet post mortem Aymerici fratris sui.* Mendum inesse non in hac voce, ac fortean legendum *omnium*, adeo ut Guido constituatur hæres omnium redditorum, qui aliis fratribus ad vitam dumtaxat concedunturq.

¶ **TONIZARE**, Certo tono, seu modulatione cantare. *Psalmos juxta Antiphonas Tonizare*, apud Beletum cap. 58.

¶ **TONLEUM**, TONLIUM, etc. Vide in *Telon.*

◦ **TONLEUM**. Vide supra in *Telon.*

1. **TONNA**, Tributi species. Charta Berengeri Comit. Provinciæ ann. 1285. apud

° Dion. Salvaingum : *Quod nullus Castellanus vel Miles ab omnibus euntibus et redeuntibus a montaneis possit exigere vel petere aliquid, sive multationem, sive aliquam bestiam, seu Tonnam, vel aliquid in pecunia numerata.*
° Legendum *Toma*, ut videre est supra in hac voce : et est Casei species.
2. **TONNA**, Dolium , *Tonnagium*. Vide *Tunna*.
¶ **TONNARIA**, Piscaria thunnorum. V. *Tunnaria*.
° **TONNATOR**, inter pannificos seu pannorum mercatores recensetur in Reg. episcopal. Nivern. ann. 1287 : *Item sabbato ante nativitatem Domini, quilibet draperius, Tonnator, coifferius, ferperius debet duos denarios... Item quilibet ferperius, draperius, Tonnator in uno sabbato Februarii, debet quilibet obolum.* Ita distincte scriptum est, ut legendum esse *Tannator* dicere non ausim.
TONNAUS, **TONNELLA**, **TONNELLUS**, Dolium Vide *Tunna*.
° **TONNELERIA**, TONNELLARIA, Vicus Parisiis, ubi habitant doliarii, vulgo *Tonnellerie*. Charta S. Ludov. ann. 1263. in Reg. 30. Chartoph. reg. ch. 297 : *Notum facimus quod cum nos haberemus quandam halam in mercato nostro Paris. inter duas halas, in quibus draperii Paris. sedent, cum uno appenticio, quod est in Tonneleria, etc.* Alia Phil. V. ann. 1318. in Lib. rub. Cam. Comput. Paris. fol. 577. r°. col. 2 : *Super domum Guillermi de Succyaco, sitam in Tonnellaria, c. vĳ. sol.* Paris. Vide in *Tunna*.
TONNEURS, Exactionis species apud Metenses , in Charta ann. 1226. apud Meurissium in Episcopis Metensibus pag 155 *Sane cives Metenses præter alias injurias, quibus Ecclesias diversis modis afficiunt, quamdam versuta malitia novam fecerunt consuetudinem, ut quædam fiat exactio in civitate Metensi, quæ Tonneurs appellatur, ad fossatorum suorum munitionem faciendam, etc.*
☞ Nihil aliud videtur, quam *Telonium*, seu tributum e mercibus in foro venditis exactum, ut in Statutis Maceriæ ad Mosam MSS. ubi legitur : *Sur les articles, redevances ou prouffis, qui pour cavse du Tonneux sont deus, etc. Et ne leur loiroit de lover ou exiger le prouffit du Tonneux que pour l'une des marchandises, de laquelle il plairoit au Tonnieur. Et mox . Item ce sont les redevances du Tonneu de la ville de Maisieres.... le cent de cire doit IIII. den. le cent de cieuf doit IIII. den. le cent de sayn doit IIII. den. le cent de poix doit IIII. den. etc.* Vide *Telon*
° Hinc emendandæ Literæ ann. 1359. tom. 3. Ordinat. reg. Franc. pag. 361. ubi *Tonnens* legitur, pro *Tonneus*. *Tonny*, eadem acceptione, in Lit. ann. 1377. tom. 6. earumd. Ordinat. pag. 318.
¶ **TONNINA**, Thunnus salsus, apud Italos. Academici Cruscani: *Tonnina, Salume fatto della schiena del pesce tonno*. Vide *Tonina* et *Tunnaria*.
¶ **TONNITUS**, pro *Tinnitus*, Campanæ altero latere tantum pulsatæ sonus. *Absque sonitu Tonnitorum*, Guidoni lib. 2. Discipl. Farfensis cap. 39. Vide *Tintinnabulum*.
° **TONNOLIUM**, Præstatio, quæ ex pane et vino percipitur. Charta ann. 1317. in Chartul. S. Maglor. ch. 59 . *Retentis insuper eisdem ac eorum monasterio in dicta domo et ejus pertinentiis Tonnolio seu jure Tonnolii panis et vini, et omni alio jure*. Vide supra *Tolticium*.
° **TONNUM**, Vox, ut opinor, male scripta aut lecta, qua Compitum significari

videtur. Instr. ann. 1406. tom. 9. Ordinat reg. Franc. pag. 221 : *Judex et commissarius per suas litteras præcepit et mandavit.... præconi publico Valenciæ, quatinus publice et alta voce proclamaret et injungeret ex parte dicti domini episcopi, more solito et per loca et Tonna consueta, quod omnes et singuli cives et habitantes et incolæ civitatis prædictæ Valenciæ, caput hospicii facientes, se præsentent, convenirent et congregarent, etc.* Vide supra *Connus*.
¶ **TONODERACH**, Qui fures exquirit, apud Scotos, ut habet Spelmannus : quem consule.
¶ 1. **TONSA**, Ovis. Jacobus Cardin. in Vita S. Petri Cœlestini lib. 1. cap. 7. § 5 :
Cumque puer denum binamque peragerel annum,
Hunc mulier niveas pascentem pascua Tonsas
Aspicit inherbem, etc.
°2. **TONSA**, Composita, æqualiter pressa, pulchra. *Tonsa, i. remi, a tondendis et decutiendis fluctibus dicti*. Glossar. vet. ex Cod. reg 7618.
¶ **TONSARE** MONETAM, Tondere, circumcidere, in Statutis Pallavicinius lib. 2. cap. 37. Vide infra *Tonsores*.
¶ **TONSATUS**, apud Acherium tom. 2. Spicil. pag. 218. ex Ratherio, pro *Tonsuratus*, ut supra legitur in *Arsenoquita*.
¶ 1. **TONSILLA**, Palus dolatus et cuspide præferratus, qui navis religandæ causa in littore figitur, apud Festum. Utuntur Accius, Bern. de *Breydanbach* Itin Jerosol. pag. 240. Scriptor Vitæ S. Probatii, tom. 1. Febr. pag. 554. etc.
✳ 2. **TONSILLA**, [Forficula. DIEF.]
¶ **TONSONA**, Pellis lanata, nostris alias *Tonseau* vel *Touseau*. *Tonser* quippe et *Touser*, pro *Tondre*, promiscue nostri dixerunt. Arest. ann. 1369. 6. Maii in vol. 5. arestor parlam. Paris. : *Ducentas oves valoris vij^{lib}. lib. Ducentas Tonsonas lanæ valoris lx. lib.* Chartul. Corb. sign. Ezechiel ad ann. 1422. fol. 158. r° : *Et les peaulx, que on dist Tonsaulx, viaulx et moutons à laine, etc.* Reg. 18. ejusd. monast. sign. *Habacuc* ad ann. 1516. fol. 302 : *Les peaulx à laine et Tonseaulx des moutons tuez en la boucherie de l'église.* Pro vellere, vulgo *Toison*, et jure quod ex velleribus percipitur, occurrit in Pacto inter castell. et monach. de Britolio : *Et plus.... que de nos Tonsiaus de nos laines... qui estoient vendues dedens l'abeie*, (disoit ledit iste) *que à li apartenoit le Tonsiaus* (vel) *Tousiaus*.
¶ **TONSORARE**, Tondere in Clericum vel Monachum, in Capitularibus Pippini Regis ann. 755. cap. 11. apud Marculfum lib. 1. form. 19. in Vita Sigiberti Regis apud Duchesnium tom. 1. in Actis SS. Maii tom. 1. pag. 51. in Histor. Noviendensis Monast. apud Marten. tom. 3. Anecd. col. 1143. 1147. etc. Vide *Tondere*.
° *Touser*, pro *Tondre*, Capillos tondere, usurpatum, in Mirac. MSS. B. M. V. lib. 2 :
Vous cloistrieres, vous damoiseles,
Vous jones tousuz, vous puceles,
Qui a Diu estes espousées
Et qui tondues et Tousées
Avez por Dieu vos belles tresches.
Touzer, in Litteris remiss. ann. 1477. ex Reg. 206. Chartoph. reg. ch. 1176 : *Le suppliant atteigny unes forsetes pour Touzer les cheveux autour de la playe.*
¶ **TONSORATIO**, Tonsura. *Tonsoratio* in *Clericum*, in Bulla Honorii III. PP. e Tabulario S. Richarii. Vide *Tonsura*.
TONSORES. Matth. Westmonasteriensis ann. 1247 *Moneta Esterlingorum...... cœpit deteriorari et corrumpi per illos*

falsarios monetarum, quos Tonsores appellamus. Retonsores monetæ, in Fleta lib. 1. cap. 20. § 122. 128. etc. *Retonsura cruda*, § 126. quæ necdum in laminam aut platam redacta est *Moneta retonsa*, § 128. *Tonsura*, § 123 [°° Placit. temp. Joh. reg. Angl. in Abbreviat. Placit. pag. 68. Linc. rot. 8: *Walterus aurifaber de Tadewell malecreditur de Retonsura a 12. de wapentac. Judicium , purget se aqua.*] [Trivetti Chronicon ad ann. 1278 : *Hoc anno Judæi pro Tonsura monetæ in magna multitudine ubique per Angliam suspenduntur. Tonsurare aurum vel monetam*, in Statutis Perusiæ pag. 52.] Meminit Procopius lib. 3. de bello Gothico cap. 1. cujusdam Alexandri Logothetæ, quem Byzantii ψαλίδιον, seu Forficulam cognominarunt, quod nummum aureum tam dextre circumcideret, ut eo, quantum vellet, curtato, orbem vel sic servaret, quo erat antea circumscriptus. Mox addit : Ψαλίδιον γὰρ τοῦτο καλοῦσι τὸ ὄργανον, ᾧ ταῦτα τὶς ἐργάζεται. [Vide *Tonsare*.]
¶ **TONSORIUM** , Linteum, quo teguntur pectus et humeri, cum quis raditur, aut etiam pelvis ad barbam abluendam. Guido lib. 2. Discipl. Farf. cap. 20 : *Debet unus frater vel duo habere injunctum officium rasorium acuendorum , atque colligendorum et scrinium, ubi reponuntur, et ipse debet procurare Tonsoria ad illud opus deputata.*
✳ **TONSTREINUS**, [Tonsoris ars, tallatio : « Destinavi illum artificii docere, aut *Tonstreinum* aut præconem aut certe causidicum. » (Petron. ed. Buecheler, § 46.) — « Quid saltare, quid diverbia, quid *Tonstrinum*. » (Id. § 64.)]
¶ **TONSURA** ADULTERA. Proclamatio Civitatis Apt. incerti anni : *Nulla persona audeat seu præsumat Tonsuram adulteram portare.* Comam subdititiam intelligo, qualis tunc temporis gerebatur, et cujus usus recens admodum erat, cum hic prohibeatur : nisi malis hoc statuto vetitum esse ne quis se clericum simulet.
TONSURA ECCLESIASTICA. Isidorus lib. 2. de Eccl. Offic. cap 4 et ex eo Papias : *Tonsuræ Ecclesiasticæ usus a Nazareis svortus est, qui prius crine servato, denuo post magnæ continentiæ devotionem completam caput radebant, et capillos in ignem sacrificii ponere jubebantur. Hujus ergo exempli usus ab Apostolis introductus est, ut hi, qui in divinis cultibus mancipati Domino consecrantur, quasi Nazarei, i. Sancti Dei, crine præciso innoventur.* Adde Alcuinum lib. de Off. divin. Amalarium lib. 2. cap. 5. lib. 4. cap. 59. Raban. lib. 1. de Instit. Cleric. cap. 3. denique Baronium ann. 58. n. 122. et seqq. usque ad n. 143. Menardum ad librum Sacrament. Gregorii, et ad Concordiam Regular. cap. 68. § 10. [Coustantium tom. 1. Epist. Rom. Pontif. col. 73. et sqq. Formulas vett. apud Eccardum ad calcem Legis Salicæ pag. 240.]
TONSURA PETRI, in tertia Vita S. Euthberti lib 2. cap. 2. Gregorius Turon. lib. 1. de Mirac. cap. 28 · *Petrus Apostolus ad humilitatem docendam caput desuper tonderi instituit.* Quæ quidem *Tonsura Petri*, non alia est ab ea, quam *Coronam Clericalem* appellamus. Vide Germannum Patriarcham in Theoria Eccles.
Monachi Scotici aliter tondebantur : quippe ab aure ad aurem per frontem in *Corona* modum incisus erat capillus, ab aure ad aurem per occipitium capillus intonsus dependebat, ut ex Ceolfridi

Abbatis Epistola, quæ exstat in Actis S. Eustasii, colligitur. Atque hujus quidem tonsuræ Scoticæ occasione, multas in Anglia exortas turbas testatur Beda lib. 3. Hist. Eccl. cap. 3. 4. lib. 5. cap. 16. *Hujus autorem in Hibernia Subulcum Regis Loigeri, filii Nil,* (Nell) *extitisse Patricii sermo testatur, ex quo Hibernienses pene omnes hanc Tonsuram sumpserunt,* ut est in Libro Canonum Cottoniano, quem laudat Waræus ad Synodum S. Patricii. At Patricius tonsuram Romanam conatus est revocare, ut patet ex Synodo ejusdem cum Auxilio et aliis celebrata can. 6. Vide Capitula Theodori Cantuar. cap. 80. et quæ de hac tonsura scripsit Mabillonius ad tom. 3. SS. Ordinis S. Benedicti § 1.
² Formam tonsuræ clericalis ita definit Conc. Montispess. præsidente P. Benevent. cardin. Apost. sedis legato inter schedas Mabill. : *Statuimus insuper ut clericus ...... talem Tonsuram ferat, quod gradum non habeat ; sed dirigatur in gyrum, ita quod capilli, qui inter superiorem et inferiorem tonsuram remanent, propter suam rotunditatem, merito possint dici mona....* Desunt reliqua.
³ Qui recipiebantur in *Oblatorum* ordinem apud moniales, ab abbatissa coram testibus tondebantur . quam tonsuram dehinc perpetuo deferebant. Charta ann. 1308. tom. 2. Hist. Cassin. pag. 624. col. 1 · *Raynaldus Scarparolus..... et Maria uxor ipsius Raynaldi, volentes se a seculo ad Dominum convertere, et in dicto monasterio ipsi Deo servire, bona sua et spontanea voluntate obtulerunt se et bona sua dicto monasterio S. Mariæ monialium de Palacziolo, et professionem in manibus olim domnæ Mendulæ, quæ tunc erat abbatissæ ipsius monasterii, fecerunt, et in signum oblationis et conversionis eorum, Tonsuram, sicud alii oblati dicti monasterii deferunt et deferre consueverunt, de manibus ipsius abbatissæ Mendulæ receperunt, præsentibus ibidem bonis hominibus vocatis pro testibus, et sororibus suis monialibus ipsius monasterii.*
¶ TONSURA MONETÆ. Vide *Tonsores.*
¶ TONSURA NEMORUM, Jus exscindendi et colligendi ramos in silvis. Conventio ann. 1125. in Probat. novæ Hist. Occitan. tom. 2. col. 487 : *Tonsura vero nemorum ab hominibus Montispessulani nullatenus fiat.* Charta ann. 1364. e Tabulario B. M. de Charitate : *Donavit terram de Miniers cum suis juribus, aisiis et pertinentiis salva et reservata Tonsura nemoris d'Artenne.* Inventarium Chartar. Reg. ann. 1482. fol. VII^xx. IX v° ° *Alia composito facta inter dictos abbatem et conventum S. Dionysii et comitem Bellimontis super venditione Tonsuræ vel scissuræ nemorum Farridel et de Maffliers.* Charta ann. 1487. ex Chartul. 23. Corb. : *La justice et seigneurie totale en demourra.... ausdits Religieux, abbé et convent [de Corbie]..... avec le pourfit, Tonture et despouilles desdits arbres.*
° *Quod et de ligno domibus ædificandis apto interdum intelligitur,* ut et vox Gallica *Tondente,* in Charta ann. 1307. inter Instrum. tom. 12. Gall. Christ. col. 182 : *Comme nous aions à présent mestier de marrien à maisonner, et à nostre requestre il plaise.... que nous aiens la Tondente de vij. arpens de bois à penre en la forest dou val de Lis.*
¶ TONSURA PANNORUM Gall. *Tonture de draps,* in Computo ann. 1338. tom. 2. Histor. Dalphin. pag. 282.
¶ **TONSURARE,** Capillos in clericum tondere. Pontif. MS. Senon. ad usum eccl. Paris. : *Hic Tonsurat episcopus puerum, dicendo hunc versum :* Dominus pars hæreditatis meæ, etc.
¶ **TONSURARE** MONETAM. Vide *Tonsores.*
TONSURARI, dicuntur Clerici, qui tonsuram seu Coronam Clericalem accipiunt, in Concilio Meldensi ann. 845. cap. 58. apud Nicolaum. I. Epistola 7. etc.
TONSURARI MORE ROMANORUM, i. crines detonsos deferre more Romanorum, cum Longobardi solutos haberent, apud Anastasium in S. Hadriano PP. pag 106.
¶ TONSURARI AD POENITENTIAM. Gesta Archiepiscoporum Trevir. apud Marten. tom. 4. Ampliss. Collect. col. 213 : *An. Dom.* MCCCXXXI. *orta est persecutio hæreticorum ...* (talis ut) *nec defenderetur locus daretur ... sed incontinenti oportebat eum* (quisquis capiebatur) *vel reum se confiteri et in pœnitentiam recalvari, vel crimen negare et cremari. Insuper qui sic Tonsoratus esset, oportebat eum complices suos prodere, alioquin debebat cremari.... Quin etiam in ultimis deprehensum est, quod hæretici aliquos de suis subornaverant, qui se tamquam in pœnitentiam Tonsurari permiserunt, et sic catholicos accusaverunt.* Vide *Tondere,* [²⁵ et Haltausii Glossar. German. voce *Harschar,* col. 824 Grimm. Antiquit. Jur. Germ. pag. 702.]
TONSURATORES, Exactores, quasi *Tonsores* plebis. Gregorius M. lib. 10. Epist. 47 : *Pervenit ad nos quod Tonsuratores in Sicilia prava sibi præsumptione nomen Defensorum sumerent.*
TONSURATUS, Idem qui *Psalmistatus,* Extr. de Reg. Jur. cum inter, id est Psalmistæ Ordo minor. Vide Durandum lib 2. Ration. cap. 8. num. 1.
¶ **TONSUS,** Clericus, tonsura initiatus. Testamentum S. Remigii apud Flodoard. lib. 1. cap. 16. et Miræum tom. 1. pag. 5 : *Et si quis ordine clericali, a Presbytero usque ad Tonsum, contradicere....* præsumpserit, etc. [²⁵ Papyr. Ravenn. apud Maium Classic. Auctor. tom. 5. pag. 362 : *Sacerdotes, clerum, Tonsos*]
1. **TONUS.** Joan. Abrinc. de Offic. Eccl. cap. 63: *Tres Psalmi... in Tono dicantur.* Id est voce altiori, et cantu inflexo, seu Gregoriano. [Contraria notione pro cantu directo absque ulla inflexione in Synodo Limæ ann. 1582. tom. 4. Conc. Hisp. pag. 276 : *Diebus Dominicis et aliis festive colandis cantent Missas et Vesperas, et intra septimanam ubi cantari non poterunt, recitentur in Tono.* Adde Regulam Toribii ecdem tom. pag. 666. col. 1.]
° Charta Odon. abb. ann. 1241. in Chartul. S. Dion. pag. 172. col 1 · *Magna missa erit de anniversario ad majus altare, et servitium totum fiet in vigilia in Tono.* Vide *Tonaliter.*
¶ 2. **TONUS.** Tradit. eccl. Herbipol. sæc. IX. apud Pez. tom. 6. Anecd. part. 1. col. 86: *Sex camisæ cum Tonis.* An idem quod Albæ paratæ? Vide supra in *Alba* 3.
¶ **TOOL.** TOOLLUM. Vide in *Telon.*
¶ **TOPA,** Destructio, vel alienatio. Juramentum Canonicorum Belnensium in Burgundia : *Et si qua alienata vel in ruinam seu Topam deducta fuerint, ad debitum statum reducam.* Juramentum Decani ejusd. Ecclesiæ . *Si aliqua sunt alienata aut in Topam posita ad bonam reparationem reponi faciam.* Forte leg. *Tortum.* Vide *Tortus* 1.
° Neutiquam ; idem enim est quod *Vastum* 1. Ager incultus, terra pascendis animalibus destinata, a veteri Gallico *Tope* et *Toppe,* eadem notione. Lit. remiss. ann. 1408. in Reg. 162. Chartoph. reg. ch. 346 : *Martin Freschet et Jaquet Petit eurent nouvelles ensemble, pour ce que les bestes dudit Martin vindrent en une Tope ou pasquier ;.... lequel Pasquier appartenoit, au moins pour la plus grande partie, audit Martin.* Charta ann. 1480. in Chartul. Fuxer. part. 7. ch. 31 : *Item une tille de terre en Tope.... Item..... une Toppe et aultres terres contenant environ quatre journaulx. tant en Toppe, en bois son, comme en édifices. Item environ ung journaul, tant en labeur que en Toppes.*
¶ **TOPACA,** Species panis dulciarii cum caseo. Consuetudines Florinc. MSS : *Pro signo Topacarum, generali panis signo præmisso et etiam casei primario hoc adde, ut digitos unius manus facias currere per pollicem ejusdem manus, etc. Ex similitudine signorum, quæ pro flatombus facienda dicit Udalricus supra in voce Signum, Topacas* idem esse conjecto quod *Flatones.* Vide *Flantones.*
¶ **TOPARCHA,** Τοπάρχης, Loci præses, dominus, princeps. Occurrit apud Spartianum in Adriano cap. 13. et recentiores passim. Vide Glossarium mediæ Græcitatis.
¶ TOPARCHIA. Glossæ Gr. Lat. Τοπαρχία, *Pagus.* Occurrit hac notione 1. Machab. 11. 28. pro ipsa vero pagi seu regionis præfectura dicitur Plinio lib. 5. cap. 14.
TOPARCHILITER. Glossæ MSS . *Toparcha, Princeps vel loci.* Toparchiliter, *Principaliter.*
TOPAZIO, Topazius. Alvarus in Vita S. Eulogii : *Ornavi titulum decoris tui unionibus miro candore niventibus , et Topazione fulgenti,* etc. [*Topasion* habetur apud Madox Formul Angl. pag. 336. alibi *Topasium,* vel *Topasius*]
TOPAZIUM, pro *Typarium,* [f. quod *Topazio* sigillum, seu Principis imago insculpta erat,] habetur apud Matth. Paris ann. 1246. ubi de Friderico II. Imp. : *Et quæ prius promiserat, .. et in scriptis redacta, Topazio suæ Majestatis signaverat, ambigentee contempsit.* Epistola Mag. Berardi de Neapoli MS. ad Regem Navarræ : *Me minimum et ignotum dulcedinis benedictione præveniens mihi per litteras Topazio suæ Serenitatis impressas familiaritate suæ Celsitudinis obtulit.* Vide *Typarium.*
¶ **TOPHUS,** TOPHICUS, etc. Vide in *Tufus.*
³ **TOPIA,** Italis, *Topaia,* Domus caduca, semiruta. Stat. Avellæ ann. 1496 cap. 46. ex Cod. reg. 4624 : *Quæ cœperit vel exportaverit alienas uvas vel alienum agrestum et in aliena vinea, alteno vel plantato, vel Topia seu arbore de die, solvat.... solidos quinque.*
¶ **TOPICUS.** DEI TOPICI, Quorum cultus intra muros suos terminatur, apud Servium ad lib. 7. Æneid. n. 4. Minucius initio Octavii vocat *Deos municipes* et Tertullianus lib. 2. ad Nat. cap. 8. *Deos decuriones cujusque municipii.* Vide supra in *Municeps.*
° **TOPINARIA,** Morbi genus. Acta B. Amad. tom. 2. Aug. pag. 581. col. 1 : *Dum domina Constantia uxor sua in ejus collo haberet quoddam apostema, quod a vulgo natta appellabatur, a medicis vero aliquando appellabatur Topinaria, etc.* Vide ibi notam.
TOPOTERITI. Vide *Lociservator.*
¶ **TOPPUS,** Fascis, manipulus, ut videtur. Charta Henrici Ducis Saxon. ann. 1158. apud Ludewig. tom. 6. Reliq. MSS. pag. 287 : *Census autem per omnes terminos horum trium episcopatuum.... sol'dus unus , Toppus lini unus, pullus unus,* Saxonibus *Top* dicitur fastigium, cul-

men, jugum; Belgis vero cumulus, et ubi de crinibus agitur, cirrus, nostris *Touffe, Toupet.* Vide *Tufa.*
° Idem videtur sonare quod *Terreche de lm,* in Chartul. Corb. sign. *Ezechiel* ad ann. 1421. fol. 124. r°. Belgis *Top* est Cumulus : unde *Topenne,* ni fallor, pro *Clivus,* in Comput. ann. 1394. ex Tabul. S. Petri Insul. : *Joanni Patin pro reparanda le Topenne ante crucem,* v. lib.

¶ TOPUS, Gr. Τόπος, Locus. Manilius 3. v. penult. :

Octo Topos, per quos stellæ diversa volentes.

♃ TOQUASSEN. Vide infra *Touquassen.*
¶ TORAGERIUS, Carceris custos. Vide *Turris.*

1. TORAGIUM, *Ornatus vel minutus, et dicitur a torus.* Ita Ugutio, et Joannes de Janua. Papias editus habet, *Ornatus inimicus,* pro *mimicus, quomodo præferunt* Glossæ antiquæ MSS.

2. TORAGIUM. Charta Philippi Aug. ann. 1185. pro Ferrariensi oppido, apud Morinum in Histor. Vastinensi lib. 5. pag. 707 : *Vinagia sva omnibus diebus reddent, Toragia in crastino S. Martini reddere incipient, eo scilicet tenore, quod pro omni dolio majore vel minore, quod vendetur,* 3. *denarios Ecclesiæ solvent.* Sed legendum *Foragia.* Vide *Foragium* 1.
☞ Si quid hic emendandum est, *Tolagium* legendum puto. Vide supra in hac voce.

3. TORAGIUM, pro *Geolagium.* Vide *Turris.*

1. TORALE, *Supellex lectaria :* nam *torum* Latini vocant, quidquid lecto instruendo ac insternendo conducit. Gloss. Lat. Gr. , *Torale,* περικλινον. Sic legendum pro περίκλινον. Glossæ aliæ habent περικλίτρον. Gloss. Lat Gall. MS. . *Thurnum, Toral, culcitra picta;* an *puncta?* [Papias· *Toraie, longæ perpetuæque inappæ, a toro dictæ* Leges municip. Mechliniensium tit. 16. art. 15. *Optimum ex linteis Toralibus, optimum ex lana strangulum, cum præstantissimo cervicali.*] Lintei torales, apud Ammianum lib 16 Lampridius in Heliogabalo *Primus omnium privatorum Toros aureis Toralibus texit.* Vide Cujacium lib. 10. Observ. cap. 18.

2. TORALE, Idem forte quod *Toro,* Collis, monticulus Tabularum Eleemosynæ S. Pauli Viennensis *Infra subscriptos terminos, id est a vado aquæ, qui vocatur Secusia, sicut vadit charreria S. Eugendi, et per Toral is in circuitu montis, usque ad alium vadum præfatæ aquæ, etc.*
☞ Species aggeris est inter agros ducti, per quem incedentur, cum opus est, unde et pro via cespititia inter agros exstructa sumitur, ut mox *Torallum.* Charta ann. 1370. e Schedis Marchionis *de Flamarens: Necnon Toralia, terras, nemora predicta eidem actori esse ypothecatas et obligatas.*

TORALLUM, Eadem, ut videtur, notione, ac *Torale* 2. Charta Communiæ Bituricensis ann. 1181 : *Si quis accusatus fuerit pastorale, vel Torallum, vel viam, vel plateam, vel metam arasse vel fodisse, etc.* Vetus consuetudo Bituricensis edita a Thomasserio cap. 12 : *En demande de heritaige entre privées personnes, et aussi en démande sur action hypotheque, et là où aucun juge suit son sujet que il a fait aulcune malefaçon en Toral ou en chemin.* Ubi Vir doctus *Torallum* effossionem denotare sit in veteribus Chartis, nescio quo vade. Nam *Torallum,* viæ species fuit, [ut mox in *Torale* 2. dicebatur. Vide *de Lauriere,* in

Gloss. Juris Gallici v. *Toral,* et inferius *Turella* 2.]
TORALLUS, TORALLUM. Collis, idem quod *Toro.* Charta ann. 1288. in libro 1. Feudorum Borbonensis Dominii fol. 37 : *Sicut dividit strata publica, quæ ducit apud Roseres usque ad prata des Granges. et usque ad Torallum Borbonense.* Charta ann. 1283. ibid. fol. 73 : *Et ibi invenitur quidam Torallus, qui se extendit super vineas de Corp. etc.* [Fortean accuratius exponeretur agger seu iter cespititium inter agros, ut in *Torale* 2. dictum est. Idem enim omnino sonare videntur *Torale, Torallum,* et *Torallus*]
¶ TORANUS. Vide *Turo* in *Toro.*
° TORATIUM, Turris, Ital. *Torre.* Annal. Placent. ad ann. 1447. apud Muratot. tom. 20. Script. Ital. col. 895 : *Die* 25. *mensis Julii hora* 12. *pluit fortiter,..... cum impetu et vento quammaximo : et tanta fuit vis et violentia, quod tegulas Toratii majoris ecclesiæ, et placetellas plumbeas ecclesiæ S. Antonini revoluit.*

¶ 1 TORBA, f. Fascis. Statuta datiaria Riperiæ fol. 5. cap. 12 . *De qualibet Torba pro introitu soldi duo. De qualibet libra æstimationis situlaturn pro introitu den.* 4.
♃ 2. TORBA, Niger cespes, qui vicem carbonis præstat. Gall. *Tourbe.* Vide *Turba* 1. Lit. Phil. Pulc. ann. 1208. in Lib. rub. Cam. Comput. Paris. fol. 62. r°. col. 1 : *Item triginta libras Paris ad emendos duodecim lectos... legavit pro cubando nocte qualibet viginti quatuor pauperibus in eadem (domo) et ad emendas Torbas ad calefaciendum eos.* Hinc *Tourbourie , Torbarum* confectura , in Comput. redit. comitat. Pontiv. ann. 1554 *Des profflicts et revenus de la teollerie de ladite ville d'Abbeville,.... neant, pour ce que en l'année de ce compte, ne de long temps n'ont esté faict aulcunes Tourbouries.*
♃ A Latino autem *Turba, Torbe,* pro *Troupe, multitude,* in Chron. S. Dion. tom. 3. Collect. Histor. Franc. pag. 338. et in Vita J. C. MS .

A grans Torbes et à grans gens.

¶ TORBAC. Testamentum Tellonis Episcopi Curiensis ann. 15. Pippini Regis, tom. 2. Annal. Bened. pag. 703 : *Item villam meam Iliande, salam cum cellario, cum omnibus, quæ circa ipsam salam haberi videntur ex integro ; vel Torbaces, tabulata, barecæ, etc.* Et mox *Cum tabulata, cum Torbacibus, cum orto.* Rursum : *Item Muriciam salam cum cellario, cum caminatis, cum solario, cum Torbace, cum stabulo, cum barecis, cum tabulata, orto, etc.* Pluries occurrit ibi pro ædificiolo, ut videtur, seu parte ædificii mihi incomperta. [:° *Frugum repositorio vel granaria, Rhetu* vocant *Torwasch.* Ita Eichhorn. in Episc. Curiens. Cod. Probat. pag. 5. not. L.]
° TORCA, pro *Troca.* Vide infra in hac voce.

¶ TORCAMANS, Manutergium, quasi *Torchemains.* Statuta S. Victoris Massiliens. ann. 1591 : *Providere de manutergiis sive Torcamans pro tergendis manibus.*
TORCARE, Detergere, ex Gallico *Torcher.* Fleta lib. 2. cap. 78. § 2 : *Boves strihare, Torcare.*

¶ TORCEA, Idem quod mox *Torchia.* Acta SS. Nerei et Achillei, tom. 3. Maii pag. 14· *Accensis quatuor Torceis cereis albis. Torceys,* apud Kennettum Antiquitatum Ambrosd. pag. 574.
° TORCELLARE, f. *Torceas* seu funalia tortitia ministrare. Charta Frider. imper. ann. 1221. in Access. ad Hist. Cassin. part. 1. pag. 291. col. 1 : *Domum ubi*

debent hospitari, Torcellari in sancto Germano.
° TORCELLUS, perperam pro *Tortellus,* in Charta ann. 1210. ex Diario Virdun. mens. Dec. ann. 1764. part. 1. pag. 441 : *Gervasius et Mabilia uxor ejus, Castelli domini, pro animabus suis dederunt in eleemosinam.... leprosis de Castello.... Torcellum factum de uno sextario frumenti, quod debet munius de Sancto-Angelo annuatim ad natale Domini.* Vide in *Torta* 1.
¶ 1. TORCHA, ut mox *Torchia.* Conventio inter Decanum et Capitulum S. Germani Autissiod. apud Lobineil. tom. 3. Hist. Paris. pag. 100 : *Quotiescumque Missam in choro celebrari contingit, quod duæ Torchæ cereæ in perpetuum ad expensas Capituli in elevatione Corporis Christi habeantur et teneantur accensæ.*
° Charta ann. 1252 : *Cum Torchis seu cereis ardentibus, etc.*
¶ TORCHETA, Parva torcha. Torchetam ad ardendum in levatione Corporis J. C. in Litteris ann. 1420. apud Rymer. tom. 9. pag. 873. col. 1.
¶ TORCHETUS, ut *Torcheta. In dictis exequiis et Missa sint* 24. *pauperes,* 24. *Torchetos arsuros....tenentes,* apud Rymer. tom. 11. pag. 9. col. 1. in Literis ann. 1445.
° 2. TORCHA, TORCHIA, f. Certus coriorum numerus, idem quod *Tacra.* Arest. ann. 1330. 28 Apr. in Reg. Olim parlam. Paris. · *Quindecim Torchas de coriis bovinis....Quinque Torchias de coriis bovinis, etc.* Vide supra *Tachia* 3.
° 3. TORCHA, Modus agri, ut videtur. Charta Thebaudi *Chabot* in Tabul. Absiensi cb. 681 : *Donamus monachis Absiæ in territorio feodi nostri de Malrepast duas sextarias terræ et unam Torcham.*
♃ A verbo *Torquere* appellari videtur *Torche,* Ornatus quidam in rugas concinnatus et contortus, in Comput. MS. eccl. Brioc. : *Item l'en doit porter et vestir honestament le sourpeliz, les bras dedans les manches dudit sourpelz, n'en plus l'une manche d'avant à l'autre derriere, ne Torche, ne remply au coul, ne en autre maniere deshonnetz.* Hinc forsan diminutivum *Torchete,* in Comput. Rob. de Seris ab ann. 1332. ad ann. 1344. ex Reg. 5. Chartoph. Reg. fol. 3. v° : *Item baillie et délivré pour Mons. une Torchete d'Alemaigne garnie.* Vide infra *Tornnielum.*
♃ TORCHEA, ut supra *Torcha* 1. Testam. Guill. de Meledumo archiep. Senon. ann. 1376. in Reg. 108. Chartoph. reg. cb. 338 : *Sint die obitus mei tresdecim pauperes induti quilibet tribus unius panni nigri, tenentes quisque ipsorum unam Torcheam ceream ardentem triundecim librarum ceræ.* Vide *Torchia.*

1. TORCHIA, Funale tortitium, Gall. *Torche.* Knyghton. lib. 5 : *Quarum una (navis) onusta erat pro magna parte cum fertura equorum, et una alia cum cera facta in Torchiis, cereis, et talibus, etc.* Ordinatio Hospitii S. Ludovici Reg. Franc. ann. 1261. edita in Notis ad Joinvillam : *De candela unam Torchiam per* 7. *etiam per* 5. *etiam per* 4. *et* 12. *pecias candelæ minutæ.* Infra : *Unam Torchiam per* 4. *id est quadrilateram.* Occurrit ibi pluries, [ut et apud Lobineil. in Glossario Hist. Paris. tom. 3. *Torchiæ quatuor vel quinque librarum ceræ,* in Ordinatione Humbertí II. tom. 2. Hist. Dalphin. pag. 314. *Torchiæ..... quatuor librarum ceræ illuminantes in elevatione Corporis D. N. J. C.* in Testamento ann. 1430. tom. 3. Hist. Lotharingiæ inter Probat. col. 689. Adde Ar-

restum Parlamenti ann. 1394. apud Menesterium in Probat. Hist. Lugdun. pag. 76. col. 1. Kennetti Glossarium ad calcem Antiq. Ambrosd. Statuta S. Glaudii ann. 1448 : *Debetur anno quolibet per dominum de.Dortenco una Torchia ceræ, quam Torchiam redimere potest solvendo semel eidem monasterio summa 20. florenorum.* Vide Tesa.]

¶ TORCHES, TORCHII, Eadem notione. Testamentum ann. 1386. apud *Madox* Formul. Anglic. pag. 429 : *Item volo quod* XIII. *Torches.... præparentur pro sepultura mea.... et volo quod dicti* XXIII. *Torchii teneantur per* XXIIII. *pauperes*.

★ 2. **TORCHIA**. [Gall. botte, faisceau. « Liberavi... pro uno feyssiculo de coudre et tribus *Torchiis* viminum ad parandum vasa. » (Arch. Histor. de la Gironde.]

○ **TORCHO**, Tæda minor, candela cerea. Comput. ann. 1398. inter Probat. tom. 3. Hist. Nem. pag. 124. col. 2 : *Consules ordinaverunt facere incennium domino Petro de Chabrosia, videlicet unum vas vini, cum vj. intorticiis et vj. libris Torchonum, de quibus torchis idem dominus Petrus noluit recipere, nisi unam torcham cum duabus libris dictorum Torchonum.*

○ **TORCHONNUS**, Contextum stamen pedibus suppositum, Gall. *Paillasson*. Reg. visitat. Odon. archiep. Rotomag. ex Cod. reg. 1245. fol. 454 : *Item inhibuimus ne amplius jacerent in choro Torchonnos straminum.* Vide infra in *Torqua*.

¶ 1. **TORCIA**, Idem quod *Torchia*. Acta S Juvenalis Episc. tom. 1. Maii pag. 404 : *Præcedentibus octo facibus seu Torciis ceræ albæ accensis.* Chronicon Placent. apud Murator. tom. 16. col. 583 : *Utuntur.. Torciis sive brandonis et candelis de sepo.* Chron. Bergom. ibid. col. 858 : *Torcias sex ceræ albæ.* Vide *Torca, Torticia* et *Tortisius*.

2. **TORCIA**, TORSIA, Agger ad Ligeris ripas, quo hiemales fluminis exundationes comprimantur. Robertus de monte ann. 1169 : *Rex Henricus fecit fossata alta et lata, inter Franciam et Normanniam, ad prædones arcandos ; similiter fecerat in Andegavensi pago super Ligerim, ad aquam arcendam, quæ messes et prata prædabat, quædam retinacula, quæ Torsias vocant, per* 80. *fere milliaria, faciens ibi ædificare mansiones hominum qui Torsias tenerent : quos etiam fecit liberos de exercitu, et multis aliis ad fiscum pertinentibus.* Nicolaus Trivettus habet hoc loco *Torcias*. Hos aggeres, *Turcies* vocat Consuetudo Aurelian. art. 256. [✕ Confer *Destorsar*, apud Raynouard. Glossar. Rom. tom. 5. pag. 384] Ita Padi accolæ illam terræ aggestionem, qua agros finitimos a fluminis eruptione defendunt, lingua patria *Argines* appellant, ex Latino forte *agger*. Capitula Caroli M. lib. 4. c. 10 : *De aggeribus juxta Ligerim faciendis, ut bonus Missus eidem operi præponatur.* Ita aggeres Nili dicuntur in Cod. Theod. tit. de Nili aggeribus (9, 32,) apud Sidonium lib. 5. Epist. 5 : *Publicarum molium objectus.* [Huc referri debet, ut videtur, vox *Torchiez*, quam usurpat le Roman d'*Athis* MS. :

Les autres se sont embuchiez
Par vallées et par Torchiez.]

¶ **TORCICIUS**, f. *Tortilis*, a Gallico *Torse.* Compulus ann. 1245. e Bibl. Regia : *Pro pede cujusdam cifi Torcicii et redorando* XVIII. *s.* Vide *Tortisius*.

○ **TORCIMANNUS**, Interpres, Ital. *Torcimanno ;* unde *Torcimannia*, Interpretatio, exotici sermonis explicatio. Pacta inter reg. Tunet. et Pisan. ann. 1398. tom. 1. Cod. Ital. diplom. col. 1120 : *Item quod omnes Torcimanni sint et esse debeant æquales in Torcimannia, et in eis non sit aliqua prioratas* (l. prioritas) *nec differentia ; et solvatur dictis Torcimannis pro eorum Torcimannia, milliarenses quinque de auro, de omni centenario bisantiorum tantum, et sine aliqua juncta.* Ibid. col. 1124 : *Supradicta omnia interpretata et translata per Torcimannos fuerunt de lingua Arabica et Saracena in Latinam.* Vide *Dragumanus* et *Turcimanus*.

○ **TORCINIA**, Funale tortitium. Chron. Guill. Bard. ad ann. 1422. ubi de exequiis Caroli VI. inter Probat. tom. 4. Hist. Occit. col. 37 : *Erant illuminati a flamma Torciniarum cereorum alborum.* Ubi forte leg. *Torticiarum.* Vide *Torticia*.

¶ **TORCIO**, Damnum, injustitia, Gall. *Tort.* Chronicon Briocense apud Lobinell. tom. 2. Hist. Britan. col. 884 : *Torciones et rebelliones notificare fecit... quatinus ipsum juvarent... ad compellendum Comitissam et suos adherentes ad obediendum et emendam condignam faciendam.* Vide *Tortus* 1.

→ **TORCITORIUM**, Agger, ni fallor. Vide *Torcia* 2. Formulæ MSS. Senens. ann. 1414. ex Cod. reg. 4726. fol. 8. r° : *Quod ædificium et molendinum erant tunc temporis sine ferramentis et macinis et aliis apparatibus et instrumentis opportunis et necessariis ad molendum et ferrum eu dendum, cum fretis, steccariis, gorjis, Torcitorus et aquæ ductibus pertinentibus, etc.*

○ **TORCOISUS**, Turcicus. Charta Phil. comit. Fland. pro libert. Brug. ex Cam. Comput. Insul. : *De canipulo et clava Torcoisa, sicut comes juravit.*

○ **TORCOLIUM** Vide supra *Tercolium*.

¶ **TORÇONNERIE**, Injuria, Gall. *A tort.* Regestum Parlamenti ann. 1370. apud Baluz. tom. 2. Hist. Arvern. pag. 165 : *Avunculum nostrum, aut ejus procuratorem pro ipso... Torçonnerie et malam causam se opposuisse diceretur.* Charta ann. 1394 ex Chartul. Latiniac fol. 227 : *L'opposition contre icelle donnée estre Torçonnere, et* Vide *Tortionaria*.

¶ **TORCULA**, Ἑλαιοτριβῶν, Torcular, in Glossis Lat. Græc. Sangerman. MSS. In Editis : *Torculæ*, ἐλαιοτριβέτα.

¶ **TORCULARE**, Uvas terere. Fortunatus Epist. ad Syagrium : *Quod iste Torcularet in fletu, ille apothecarei in fluctu.* Inventar. ann. 1476 : *Item plus in eodem stabulo unum torcular... pro Torculando vendemiam tempore vindemiarum.*

? Charta Phil. Pulc. ann. 1303. in Lib. rub. Cam. Comput. Paris. fol. 239. v°. col. 1 . *Qui ad Torculandum ad torcular seu pressorium ejus venire tenentur, etc.*

? *A Latino Torquere, nostri Tordoir et Torgoir appellarunt, Torcular seu molam, quæ aqua versatur vel jumento, ad terendum et calcandum quidquid illi supponitur. Redit. comit. Hannon. ann. 1265. ex Cam. Comput. Insul. : Et si doit maistres Willaumes li carpentiers pour faire Torchr k'il a fait as mollins le conte, ix. lib. par an.* Lit. remiss. ann 1399. in Reg. 154. Chartoph. reg. ch. 385 : *Comme François Mucet eust accensé ou afermé et prins certains moulins et Tordoirs scituez à Castillon sur Oyse, etc.* Aliæ ann. 1408. in Reg. 158. ch. 225 : *Lesquelx firent tourner la roue d'un Tordoir ou molin à huille.* Charta Gall. *d'Estrommel* ann. 1308. in Reg. 72. ch. 300 : *Je disoie que mes molins de Vendville et mes Torgoirs .... douvoient avoir gouverneure pour maurre en partie de l'yaue du vivier......*

Disoient encores que sanz cause demandoie yaue pour mondit Torgoir...... Molin et Torgoir pour maure ou pour batre oile. Unde *Torgerres*, ibid. *Qui ejusmodi molendinum tenet, et Torgeur,* in Lit. remiss. ann. 1148. ex Reg. 176. ch. 606 : *Girard de Rieve poure homme, Torgeur ou huillier..... Icellui Faignet avoit esté batu au Torgoir de la Neufville. Jehan Petas Torgeur ou huillier... tenoit la Torgerie ou huillerie des chanoines et chapitre de Cambray,* in aliis ann. 1156. ex Reg. 183 ch. 150. Vide infra *Troillium* 1. *Torgoir vero nuncupatur instrumentum quo cera torquetur,* in Comput. ann. 1367. ex Tabul. S. Petri Insul. : *Item donné à Lotard de Biauvoir pour refaire le Torgoir de la cyre de la fabrique, xxiiij. sol Tourtre,* pro *Tordre,* torquere, in Lit. remiss. ann. 1394. ex Reg. 146. ch. 89 : *Lequel prestre print le suppliant à la gorge en lui Tourtant son chaperon qu'il avoit au col. Teurtre,* in aliis ann. 1479 ex Reg. 206. ch. 185. Hinc *Corde à Tuortonoir* dicitur, *Restis torcularia,* in Lit. remiss. ann. 1375. ex Reg. 107. ch. 337 . *Lesquelz avoient mis les bonnes gens en gehine, les uns de cordes à Tuortonoirs entour la teste, etc.*

? Ejusdem originis videtur vox Gallica *Torsin*, pro *Dresche*, Cerevisiæ fex, in Stat. cambar. ex Lib. rub. fol. magn. domus publ. Abbavil. art. 5 *Que tous les brasseurs de la ville ne meritent la quief de leur mestier aveuc leur Torsin ; ains qu'il le vendent, et tout leur mestier soit trais et vendus par le brogue.*

¶ **TORCULATOR**, Ληνοβάτης, in Glossis Lat. Gr. Aliæ Gr. Lat. Ληνοβάτης, *Calcator, Torculator.*

∴ **TORDERA**, Prov. *Turtur,* in Glossar. Provinc. Lat. ex Cod. reg. 7057. Italis, *Tordela*, nostris, *Tortre* et *Tourtre*. Codex MS. serm. XIV. sæc. ex Bibl. S. Vict Paris. serm in Purificat. B. M. : *Por lui si offri la Virge Marie deux Tortres ou deux colons Bestiar*. MS :

Or vos diron d'un autre oisel,
Qui moult parest courtois et bel,....
C'est là Tourtre, dont nous parlon.

Vide infra *Turturella*.

○ **TORECHT**, male pro *Cherchet.* Vide supra in hac voce.

¶ **TORELLA**, vel TORELLUS. Testamentum ann. 1386. apud *Madox* Formul. Anglic. pag. 427 : *Lego.... Radulfo filio meo..., unam aulam bleu cum Torellis cum lecto ejusdem settæ.* An dimin. a *Torus,* lectulus ?

○ **TORELAGIUM**. Vide *Torale*.

○ **TORELLAGIUM**. Vide *Torrellagium* in *Torra*.

○ **TORESTINA**, Panis certi ponderis. Conventio Domini et incolarum Castrinovi ann. 1461 : *Dictus dominus Ludovicus et sui tenebuntur dare cuilibet dictorum habitatorum, in die qua fenabunt, unam dimidiam Torestinam panis vendibilis.*

¶ **TORETUS**, Colliculus. Vide in *Toro*.

○ **TOREUMA**, Vas, opus cælatum. Gloss. Gr. Lat. : Τόρευμα, *Toreuma*, Papias : *Toreumata, vasa, quæ sunt a torno facta.* Eadem habet Will. Brito. Joan. de Janua · *Toreuma, vel tornatura, vel tornatum vas, vel quidquid tornatur et dolatur, ut vasa sive lectus, sive aliud.... Unde Prudentius, Pulchra mero veterique Toreumata more rigantur.* In Psychom. v 370. Vide *Tornitalia*. [*Tornoure, ou vaissel torné, ou tout ce qui est fait à tour,* in Gloss. Lat. Gall. Sangerm.] Glossæ : Ταρεύω, *cælo, torno.* Hesychius : Τορνεύει, γλύφει. Τορνηταί, γλυπταί. Fortunatus lib. 2. de Vita S. Martini:

Emblema, gemma, lapis, Toreumata, thura, falerna.

Idem lib. 4. Poem. 4:

Sperat opum laqueos, unguenta, Toreumata fluxa.

[²² Ruodlieb. fr. 4. vers. 46 :

Mensa sublata properat sustollere vasa,
Ne mingat catla, catulusve conquinet illa,
Sedulus ac lavit, post in Toreuma reponit.]

Vide Salmasium ad Solinum, ubi multa de arte Toreutica. Improprie vero Scriptores ævi inferioris. Salvian. lib. 4. ad Eccl. Cathol.: *Natant trincliniorum redundantium pavimenta; vino nobili lutum faciunt; mensæ eorum ac Toreumata mero jugiter madent.* Sidonius lib. 1 Epist. 2: *Toreumatum peripetasmatumque modo conchyliata profertur supellex.* Lib. 2. Epist. 13: *Sericatum Toreuma.* Petrus Damianus lib. 8. Epist. 14. pro auleis videtur usurpasse: *Regem sane quis exceptures hospitio, quid pridest, si tota domus atria diversis Toreumatibus instruat, si per laqueria quæque carbasina vela suspendat?*

TOREUMA, apud Smaragdum in Grammatica MS. in Glossa Interlineari exponitur *carmen nuptiale.*

¶ TOREYSIUS CASEUS, in Statutis Montis-regalis pag. 308. An a loco, ubi fit, sic dictus?

¶ TORGIA, Idem quod *Torchia,* Anglis *Torch.* Testamentum Richardi II. Regis Angl apud Rymer. tom. 8. pag. 75. col. 2 *Et totum iter* 24. *Torgiæ circa fumus nostrum continuè deferantur ardentes, etc.* Pluries recurrit ibi.

⸺ Acta B. Amad. tom. 2 Aug. pag. 605. col. 2 : *Vovit...... de donando unam imaginem ceream et Torgias duas cereas magnas et longas, prout dicta ejus uxor erat.*

TORIA, *Panis incisus,* Papiæ: sed videtur legendum *Torta.* Vide in hac voce. Est enim *incisus,* incisionibus notatus et distinctus.

⸺ Melius *Torta,* in vet. Glossar. ex Cod. reg. 7613.

¶ TORICA, pro *Lorica,* mendo typographico, nisi sit pro *Thoraca;* quæ vox idem sonat atque lorica. Literæ ann. 1275. tom. 3. Ordinat. Reg. Franc. pag. 63. n. 11 : *Batistæ vero et quarcelli, torni, scuta, Toricæ, albergiones, etc.*

¶ TORIMA, *Cochlear quo colla vertitur.* Amalthea.

TORITUS, [f. pro Torlus, cujus frons obducta est, nostris *Refrogné, rechiné*] Vide in *Escotus.*

¶ TORMAMENTUM, TORMENTUM, pro *Torneamentum.* Charta Matthæi Abbat. Fusniac. ann. 1237 : *Ne videlicet ad submonitionem ipsius Thomæ irent ad exercitus, expeditiones et Tormenta, ad quæ tenebantur ire per legem, ut dicebat idem Thomas; et ne dicti homines emendas eidem Thomæ facerent, quando citati ab ipso neglexerant ire ad predictos exercitus, expeditiones et Tormamenta.* Vide infra *Torneamentum* et *Tormentum* 2.

¶ TORMEN, *Torment,* in Glossis Lat. Gall. Sangerman. MSS. ex Joanne de Janua, qui *Tormon* habet pro *Tormentum.* Pro dolore intestinorum *Tormina* plur. num. passim occurrit apud Latinos : unde Tormen dixit J. de Janua. Vide *Tormentum* 1.

TORMENTARE, Torquere, [Tormentis excruciare,] Gall. *Tormenter.* Arnoldus Lubec. lib. 2. cap. 16 : *Teutonicum quendam, quem diu carceris inclusione Tormentaverat, fecit muros ascendere.* Gofridus Vindocin. lib. 2. Epist. 32 : *Captos et ligatos nuper in unam de obedientiis nostris adduxerunt, et ibi eos, quamdiu placuit, Tormentaverunt.* Hist. Pontificum et Comitum Incultsmensium cap. 25 : *Nec sivit eam Tormentari ulterius, et vitam concessit* [Rursum occurrit lib. 6. Annal. Genuens. ad ann. 1227. apud Murator. tom. 6. col. 446. in Regiminibus Paduæ ad ann. 1279. tom. 8. ejusd. Murator. tom. 424. in Chronicis Danduli tom. 12. col. 491. Dominici de Gravina eod. tom. col. 564. in Statutis Cadubrii lib. 1. cap. 1. et alibi passim.]

○ TORMENTINA, Therebinthina resina. Tract. MS. de Re milit. et mach. bellic. cap. 14 : *Deficiente vino recurratur ad caratellos unctos Tormentina intus et postea pulverizetur pix bene contrita super Tormentinam in carretello.*

1. TORMENTUM, Est omnium intestinorum vexatio. Vide Cœlium Aurelian. lib. 3. Acutor cap. 17. Glossæ Lat. Gr. *Tormina, δυσεντέριον.*

2. TORMENTUM, pro *Torneamentum.* Epitaphium Rogeri de Mortuomari in Monast. Angl. tom 2 pag 229 :

Militiam scivit, semper Tormenta subivit.

Jo. Britton. in Legib. Anglic. cap. 25. pag. 49 : *Car de trespas faits en Tourmentes ne à joustes, ne en tiels faits semblables à guerre, etc.*

○ 3. TORMENTUM, *Funis, quo contrahitur prora ad puppim.* Glossar. vet. ex Cod. reg. 7613. Aliud Provinc. Lat. ex Cod. reg. 7657 : *Tormentum, quo prora ad puppim extenditur.*

○ 4. TORMENTUM MURALE, Petrariæ species, quatiendis urbium ac castrorum mœnibus, idem quod *Bombarda.* Annal. Laur. Bonincont. ad ann. 1406. apud Murator. tom. 21. Script. Ital. col. 94 *Florentini mense Aprili Vicum obsidebant ; Tormenta muralia plura ad id expugnandum exposita* Et col. 136 : *Tormento murali, quod bombardam dicunt.*

¶ TORMENTUOSUS, Tormentis plenus. *Ligationes Tormentuosi organi,* Cœlio Aurel. lib. 3. Acut. cap. 6 Occurrit etiam apud Johannem de Janua, ut et *Tormentus* eadem notione.

¶ TORMENTURA, Tortura. Processus de B. Wernhero Mart. tom. 2. Aprilis pag. 782: *Statua suæ Tormenturæ a variis gentibus honoratur.*

¶ TORMIN. In Epistola ann. 1113. Ampl. Collect. col. 1115. memoratur *balista ad Tormin;* sed legendum est, ni fallor, *ad Tornum.* Vide *Tornus* 1.

TORMOVELÆ, Iis bernis dicuntur trabes transversariæ, ad portas, vel in aditu viæ alicujus, qua arceri equi aut currus solent : vel crates mobiles, aut septa, quibus pratorum claudi ingressus solet. Vita S. Aidani Episc. Fernens. in Hibernia n. 85 : *Qui ante nos aperiet Tormovelam vadi.*

1. TORNA, Duellum, ex formula recepta, quod qui duello rem probatura esset *tornari* ad duellum diceretur. Charta Alfonsi VI. Imperatoris Hisp. ann. 1086. apud Anton. *de Yepez* tom. 6 : *Homicida cognitus dabit centum solidos, et tertia pars sit condonata pro Rege. Si negaverit, juret, quod non fecit, et ad Torna litigat, et si ceciderit, petet centum solidos, et* 60. *solidos de campo, et quod ultra expendit in armis et operariis et expensis.* Ubi *litigare,* est *pugnare.* Vide in hac voce. Fol. 11 : *Quod si probare non poterit, accipiat juram ab adversario, quia taberna publica non habet Tornam ad batallam.* Jacobus I. Rex Aragon. in Foris Oscæ ann. 1247. fol. 11 : *Sed dicat: Ecce fidantiam de Torna, et Justitia accipiat ipsam.* Fol. 12 : *Torna aut batalla non habet locum inter Christianum et Judæum, aut Saracenum : sed quisque defendat se de alio proprio sacramento in omni causa.* Fol. 14: *Equa fuerata non habet Tornam ad batallam, etc.* Fol. 20 : *Si mutuum quod valeat ultra* 10. *solidos inficiatur, est ibi Torna, etc.* Fol. 35 : *Quoniam non potest eos Tornare ad batallam.* Adde fol. 21. 34. Ita in Observantiis Regni Aragon. pag. 25. 30. et alibi.

TORNARE, In duellum vocare, lege duelli aliquem aggredi. Libertates villæ Franchæ, concessæ ab Archembaldo D. Borboniensi ann. 1217 : *Qui alium pugno percusserit,* 3 *solidos debet, si probatum fuerit; de uno quoque aliorum ictuum quos percussus probaverit,* 12 *denarios. Sed si probaverit plusquam duos, potest eum Tornare ea lege, qua debebit.* Assisiæ Hierosolymitanæ MSS. cap. 21. 27 : *Si le requerant noie la paie, la Cour doit esgarder, ou connoistre, que celui li doit prover par deux loiaux garens de la loy de Rome, que il ait paié, et que celui, contre qui il preuve ce par garent en peut lui Torner (alias tourner) par gage de bataille, se la querelle est d'un marc d'argent, ou de plus.* Cap. 65 : *Aucune malfaite, et tel que il conviegne à prover par guarens et en qui il ait Tornes de bataille. Infra : Vostre aversaire aura celui plait desregnée contre vous, et sa querelle gagnée, si ce n'est de querelle de que vous voulés Tourner com faus guarens l'un des guarens par gage de bataille, et lever com esparjur, et ce n'est de querelle de que y a Tornes de bataille, etc.* Passim in iis Assisis.

² 2. TORNA, Quanti pluris re sit compensatio, in permutationibus, nostris *Tourne,* idem quod *Turna* 1. Libert. novæ bastidæ de Trya ann. 1325. in Reg. 64. Chartoph. reg. ch. 54 . *Item quod de permutationibus faciendis de possessionibus presentibus,...... non debitur vendæ, nisi tradantur extimatæ, vel essent ibi Tornæ: nam tunc in eo casu de extimatis et Tornis tantum vendæ solvantur.* Lit. remiss ann. 1479. in Reg. 205. ch. 431 : *Le suppliant transporta par manière d'eschange à Benoist l'Estendu...... trois mines de terre avecques ung minot en plusieurs pieces,... sans aucunes Tournes d'un cousté ou d'autre.* Vide infra *Tornare* 2.

○ 3. TORNA, TURNA, quod in emptionibus merci venditæ supperadditur in compensationem partis ejusdem vitiosæ. Charta ann. 1342. in Reg. 72. Chartoph. reg. ch. 341 : *Cum Bernardus duo milia trabium,...... pretio viginti duorum solidorum et sex denariorum Turonensium fortis monetæ, pro qualibet petia ipsorum duorum millium trabium,...... et Tornis decem petiarum pro qualibet centenario dictarum trabium, ita quod ratione dictarum Turnarum, dictus Bernardus dicto magistro Simoni pro putrefactione, corruptione, vel alio vitio diciarum trabium non teneretur. Tourne vero nuncupatur id quod in compensationem damni a judice assignatur injuriam passo,* in Lit. remiss. ann. 1450. ex Reg. 185. ch. 104 : *Lesquelz promisdrent croire Jehan de Percey au ressort de deux saluz d'or et ung salut de vin, tant pour despens que pour le barbier ou malefaçon, sauf le droit de justice et la Tourne.* Nisi de mulcta domino feudi a percussore solvenda intelligas.

○ 4. TORNA, Cavum recipiendis aquis

quæ a montibus decurrunt, gurges, vorago, vulgo *Torne*. Tabul. S. Vict. Massil. : *Item quamdam terram sitam in territorio de alpibus à la petita Torna, restante prædicta Torna in præsenti possessione*. Charta ann. 1066. in magno Chartul. ejusd. S. Vict. fol. 87. vº : *Sicut est terminatum suprascriptum territorium cum partita territorii de Soleriis, Melna, Corios et de illa Torna, ut monachi S. Victoris habeant et possideant. Tornace,* Vallum, fossa, ut videtur, vulgo *Trenchée,* in Hist. contin. Guill. Tyrii apud Marten. tom. 5. Ampl. Collect. col. 614 : *Or vous dira qu'il avint la nuit, la pierre d'une perriere ferri si à l'ordois d'une Tornace, que li hordois chai. Tourniere,* eadem notione in Declarat. ann. 1497. ex Cod. MS. Commerc. pag. 207 : *L'une desdites terres est entre Bertrand Chebin d'une part..... et les Tournieres d'autre part ; et l'autre est aux Tournieres de cette dite terre, et d'autre part sont les Tournieres d'autres terres.* Vide *Tornafollis.*

TORNADIZ, Qui religionem suam ejuravit, et ad aliam se convertit, *qui s'est retourné,* ut vulgo loquimur, [Hispanis *Tornadizo*] Jacobus I Rex Aragon. in Foris Oscæ ann. 1247. fol. 80 · *Statuimus .... ne alicui, de Judaismo vel paganismo ad fidem nostram Catholicam converso, præsumat aliquis cujuscunque conditionis sit, improperare conversionem suam, dicendo vel vocando eum Renegat, vel Tornadiz, vel consimile verbum.* Vide *Renegatus,* et *Tressalitus.*

º **TORNAFOLIUM,** Titulus libri in quo varia tractantur, apud Charvet. hist. Vienn. pag. 296.

¶ **TORNAFOLLIS,** TORNAFOLLUM, Propugnaculi genus, ut *Batifolium.* Vide in hac voce. Regestum Computorum Dalphin. lit. Graisivod. ann. 1348. fol. 28 . *Item fecit fieri quinque Tornafolles novos et unum reparari, pro quibus solvit et pro* 800. *flothonibus carrellorum empennatis emptis pro garnisone castri,* 75. *s.* 4. *d.* Statuta Vercell. lib. 5. fol. 128 : *Item quod aliquis non accipiat vel exportet lignamina alicujus domus, cassine, molendini, balfredi, Tornafolli, spaldi, pontis, sepium, cupos vel lapides, cissides seu alterius ædificii, quod sit in civitate vel curia et districtu Vercellarum.*

¶ **TORNAGLIUM.** Instrumentum quod aquæ vi versatur. Statuta Montis-regalis pag. 248 . *Item statutum quod nulla persona audeat vel præsumat facere vel tenere in dicta bealeria seu bealeriis aliquod molendinum seu Tornaglium, vel aliquod aliud asium sub pœna librarum* X. Asten. pro *quolibet et qualibet vice, et totidem pro emenda.*

º Nostri *Tornaille* dixerunt Baculum, quo funes carrorum contorquentur. Lit. remiss. ann. 1872. in Reg. 104 Chartoph. reg. ch. 66 : *Lequel Symon couru tantost après à se une charrette,.... et print en icelle la Tornaille, qui estoit grosse et pesant.* Vide infra in *Tornus* 1. et *Tortor* 2. *Tournée* vero, pro *Houe,* ligo, quo terra versatur, in Lit. remiss. ann. 1395. ex Reg. 147. ch. 881 : *Philippot le Barbier estoit en un champ, tenant en sa main un oustil de la façon d'une petite hoe, appellée Tournée ou pioche que tenoit Jehan Robin,* in aliis ann. 1471. ex Reg. 195. ch. 576.

TORNALE Opus. Lib. 1. Miraculorum S. Richarii cap. 18 : *Servus, quem a Deo dira passio angebat hydropica, ut inhabilis haberetur ad omne opus, vixque à loco moveri potuisset, positus in Monasterio, ubi Tornale opus exercebatur.* Legendum forte *Torrale,* [nisi quis malit *Tornale opus esse quod torno fiebat.*] Vide *Torrale* in *Torra.* [∞ *Tornatorium opus,* apud Pertz. Scriptor. tom. 4. in Glossario. Locum non invenio.]

TORNALERI. Charta ann. 1278. in Regesto Homagiorum Nobilium Aquitaniæ fol. 12 : *Tenent unam stagiam ejusdem feudi cum Tornaleris suis ;* [id est, pertinentiis seu appendicibus, a Gallico *Tour,* vel Hispanico *Torno,* ambitus, ut videtur.] Occurrit ibi pluries.

º TORNALERIUS, Hæres legitimus, qui in turno seu ordine est ad successionem habendam ; vel qui jure agnationis prædium venditum *Tornaleris* seu redimere potest. Charta ann. 1263. in Reg. feud. Aquit. ex Cam. Comput. Paris sign. JJ. rub. fol. 47. rº : *Augerius de Miromonte miles. proximus Tornalerius in prædictis dominæ supradictæ ; qui Augerius quitavit prædicto domino Edwardo et suis hæredibus omne jus et omnem actionem realem et personalem, quam ipse haberet vel habere deberet in affario prædicto de la Guingis et pertinentiis ejus, ratione successionis vel alias quoquo modo.* Hinc legendum videtur *Tornaleris* supra pro *Tornaleri,* atque de cohæredibus, participibusve intelligendum. Vide infra *Tornare* 3 *Tornerius* 2. et in *Turnus* 1.

TORNAMENTUM , Prælium hostile. Epist. 73. ex Francisci tom. 4 Duchesnii : *Forsitan non præteriit cognitionem vestram, Rainaldum Pomponiensem hominem vestrum Ansericum Montisregalis in hoc Tornamento cepisse.* [Wern. Rolevinkus de antiqua Saxonia, apud Leibnitium tom. 3. Scriptor. Brunsvic. pag. 646 : *Sanguinem non sitiunt, ominia, usuras, Tornamenta, pompas sumptuosas, neque faciunt, neque super cor ascendunt.*] Vide *Torneamentum.*

1. **TORNARE,** Divertere, deflectere : unde in vocibus, quibus Duces inter præliandum utebantur, illa erat *Torna,* i. deflecte, apud Mauricium in Strategicis. Gloss. Arabico-Lat. : *Torno,* reddo, *reduco.* Vocem esse Pannonicam, vel certe Avarum, seu Hungarorum propriam docuimus in *Retornare* 1. Edictum Rotharis Regis Longob. tit. 104. § 2. tit. 105. § 20. [ºº 314. 352] et Lex Longobard. lib. 1. tit. 22 § 6. de Venatore : *Quando quae* (feram) *postposuerit, et se ab ea Tornaverit, etc.* Tit. 25. § 45 : *Nam si sequi cœperit, et se de via Tornaverit, etc.* id est, se averterit, vel deflexerit. *Detornare,* apud Gellium lib. 9. cap. 8. et Ammianum lib. 28. Vetus Charta Hispanica ann. 1068. apud Blancam pag. 635 : *Et statim, quando fuerit Tornatus de cavalgata, et veniret ad Tutela, etc.* Id est, cum reversus fuerit, Gallice, *quand il sera retourné.* [Privilegium Petri II. Regis Valentiæ pro Ecclesiasticis, tom. 3. Concil. Hispan. pag. 616. col. 1 : *Faciemus quod illud, quod per dictos auditores eis notificatum fuerit, vobis et singulis vestrum pro prædictis debere restitui et Tornari,* i. ad vos reverti, ni fallor Aliis notionibus occurrit in *Torna* et *Turnus bursæ.*]

¶ TORNARE PASTAM, Farinam subigere, subigendo versare, et in panem efformare, apud Bernardum in Ordine Cluniac. part. 1. cap. 75. *Tornare panem,* in Regula Hireevallis, inter Probat. Hist. Lothar. tom. 2. col. 114. et inter Monumenta sacræ antiq. tom. 1. pag. 348.

TORNATA VINA, quæ *Confusa* dicimus, in Charta Ludovici VII. ann. 1141. pro Biturucensib. apud Thomasserum, [nostris *Vin tourné,* Vappa, vinum vapidum : qua notione rursum occurrit in Chartis ann. 1194. et 1279. apud eumd. Thomasser. *Vinum acetosum vel Tornatum,* in alia ann. 1309. tom. 1. Hist. Dalphin. pag. 98. col. 2.]

º 2. **TORNARE,** Compensare, supplere, rem permutatam *Torna* seu compensatione adæquare, idem quod supra *Retornare* 6. nostris *Tourner.* Libert. villæ de Berco ann. 1290. in Reg. 46. Chartoph. reg. ch. 229 : *Item quod si qui habeant bona immobilia communia et ea dividant, et illa divisio non competat dominis villæ novæ, vel ejus fevalibus, laudimium nullum detur. vel aliud pro laudimio, nisi una pars Tornet alteri pecuniam, quia ex illis Tornis tantum competit dominis, vel curiæ , vel ejus fevalibus laudimium.* Charta ann. 1312. in Reg. 48. ch. 162 · *Fut faist cest eschange but à but, sans Tourner maalle ne deniers entre lesdiz reltgieux et ledit chevalier.* Lit. remiss. ann. 1386. in Reg. 129. ch. 170 : *Lequel suppliant eschanga ledit cheval o un autre qui estoit d'un Juif, parmi ce que icellui Juif lui Tourneroit ou devroit Tourner de soultes treze frans d'or.* Aliæ ann. 1425. in Reg. 173. ch. 195 : *Iceulx Guiot et Guillaume furent d'accord de changier leurs chapperons l'un à l'autre, parmi ce que ledit Guiot devoit Tourner et Tourna audit Guillaume six blans. Tourner changé, Nummum nummulis commutare,* in aliis Lit. ann. 1406. ex Reg. 160. ch. 367 : *Laquelle femme pour avoir un pain d'un denier voulsist que l'en lui Tournast change d'un grant blanc.* Pro locum mutare, in aliis ann. 1431. ex Reg. 175 ch 517. *Touteffoys que la lune Tourne ou se mue, de Tourner de place,* eodem sensu, in Poem. Rob. Diaboli MS. :

Que les premiers Torno de place,
Sor un autre Tornos s'eslaisse.

c *Tournée,* pro vulgari *Echange,* Permutatio, in Pacto inter dominam de Bellomanerio et Steph. *du Chastelet* ann 1976 in Reg. 116. ch 72 : *De laquelle rente ledit Estienne deschargea lui ou ses dittes terres et en laissa en Tournée et assiete à ladicte dame les rentes, dont les parties ensuivent, etc.* Vide supra *Torna* 2.

º 3. **TORNARE,** Prædium ab agnato venditum redimere, pretio emptori restituto. Libert Brager. ann. 1334. in Reg. 70. Chartoph reg. ch. 330 · *Item si forsan primus emptor vendat alicui dictam rem infra dictum terminum,... quis de parentela dictam rem venditam Tornare poterit infra annum et mensem.* Vide *Turnus bursæ* in *Turnus* 1.

º 4. **TORNARE,** In regesta referre. Memor. D. Cam. Comput. Paris. fol. 27 vº · *Die vij. mensis Sept.* 1361. *Petrus de Chevreuse, thesaurarius regis,.... fecit juramentum de bene exercendo officium,.... et quod numquam faciet Tornare vel scribere per camporum thesauri in suis libris receptæ et expensæ aliquas partes in recepta, nisi pecunia vel recepta realiter et de facto. Quæ Gallice fol. 28. rº. sic redduntur : Item qu'il ne fera aucune recepte ecrire pardevers le changeur du tresor, se l'argent n'est apporté au tresor. Alia notione Tourner cedulee dicitur in re æraria, de mandato scilicet seu scheda solvendæ pecuniæ alteri usui destinatæ,* vulgo *Billet, lettre de change.* Stat. ann. 1388. tom. 7. Ordinat. reg. Franc. pag. 241. art. 20 : *Que sur les tresoriers de nos guerres , ne soient par notredit tresor Tournées aucunes cedulles ou descharges ; attendu que le fait d'iceulx tresoriers est ordenné pour la guerre, et* *ne doit estre converti ailleurs : et peut-estre que par tels Tourmens* (leg. Tournemens) *que le fait de la guerre est souvent demeuré.* Unde *Tour d'escript,* eodem sensu, in alio Stat. ann. 1407. tom. 9. earumd. Ordinat. pag. 285. art. 15.

° 5. **TORNARE**, Instituere. Constit. MS. Jacobi II. reg. Aragon ann. 1291 : *Quod non possimus ibi Tornare et eligere officiales, sicut nobis placuerit.*

° 6. **TORNARE** PIGNORA , Deponere, Gall. *Consigner.* Constitut. MS. Petri I. reg. Aragon. ann. 1207 : *Si quis de Magnatibus regis, vel aliquis miles, vel alia quælibet persona, convictus a domino rege vel vicario suo super restitutione pacis et treugæ et bovatici, pignora ponere noluerit ; si talis persona fuerit, quæ teneat castrum vel castra, vel munitionem aliquam per dominum regem, statim det potestatem ejus. ..... Si vero talis fuerit persona malefactoris, quæ non teneat aliquid pro domino rege, et noluerit pignora Tornare , statim cum exierit de curia regis, teneat se pro suo acunydato.* Vide *Retornum.*

¶ **TORNARIA**. Vide *Turnus bursæ, in Turnus 1.*

· **TORNARIA**, Prædium permutatione acquisitum. Charta ann. circ. 1119. apud Murator. tom 6. Antiq. Ital. medi ævi col. 289 *In campo sancti Benedicti Tornariam unam videlicet casales duos et eo amplius, et medium casalem de Bonitto, et medium casalem Capitis Cavalli, et unam clausuram ante Portum campi.* Vide supra in *Tornare 2.*

TORNARIUS. [Idem qui infra *Tornator.*] Charta Brzetislai Bohemiæ Ducis circa ann. 1052. apud Bobuslaum Balbinum in Hist. Bohemica pag. 191 : [*Aratores ad prædictas villas dedi Miross, Lasen, Scek..... Tornarium scutellarum Bozetham ... et alium qui toreumata facit.* Alia notione legitur infra in *Turnus bursæ.*]

¶ 1. **TORNATILIS**, Torno politus, perfectus, in Canticis Cant. 5.14. et 7. 2. *Tornatiles manuales,* Wernero Rolevinko de antiqua Saxonia, apud Leibnitium tom. 3 Scriptor Brunsvic. pag. 639. *Tornatilis ventus,* Johanni de Polda, apud eumd. Leibnit tom 2. pag. 509. Turbo, nostris *Tourbillon.*

° 2. **TORNATILIS** , Versatilis. Epist. Gerberti ann. 988. tom. 10. Collect. Histor. Franc. pag. 400 : *Nam amici qui familiaritate beati patris Adalberonis mecum usi fuerunt, mecumque laborabant, ob Tornatile lignum deferendi erant.*

1. **TORNATIO**, Prælium, conflictus, quomodo *Tornamentum* usurpari diximus. Galbertus in Vita Caroli Comit. Fland. n. 121 : *Rex et Comes cum gravi exercitu obsedit Ipsam. et facta est Tornatio, et Militiæ utrimque acriter occursus.* Idem n. 181 : *In quibus diebus tot militias, tot Tornationes excitabant Milites utriusque exercitus.*

TORNATIO, interdum etiam decursio equestris, vel bellica, seu *Tornamentum* Idem Galbertus n. 8 : *Pro exercitio Militum. . . cum ducentis equitibus Tornationes exercuit*

¶ 2. **TORNATIO**, TORNATURA, Forma, elegantia, Gallis *Tournure* eadem notione. Guido Abbas Cisterciens. lib. de Musica : *Quæ enim superacutarum lineam tenet, in acutis est in spatio et e converso. A gravibus enim differunt per Tornationem sicut et acutæ..... Nihil fere reliquit intactum, neque nomina linearum, neque paginulas, neque versus, nec etiam Tornaturas ipsarum notularum.* Vide *Tornatura 1.*

¶ **TORNATOR**, Τορνευτής, in Glossis Lat. Græc. Aliæ Gr. Lat. : Τορνευτής, *Celator, Tornator. Tornatores aut simulacrorum sculptores,* Julio Firmico lib. 4. cap. 7. Occurrit hac notione, in Capitulari de Villis Caroli M. cap. 45. et 62. in Chartulario S. Vincentii Cenoman. fol. 54. Historia Beccensis MS. fol. 142 : *Dederunt Beccensi cœnobio unum Tornatorem in foresta de Conchis.* An faber lignarius, quem *Tourneur* nominamus, intelligi debeat hocce in posteriori loco, mihi non satis liquet, ut et in alio loco citato in *Bigus.* Rursus alia notione legitur in *Turnus bursæ.*

° *Qui torno operatur.* Chartar. Norman. ex Cod. reg. 4653. A. fol 92 : *Rogerus de Bremecort habet unum Tornatorem in foresta ad scutellas..... et abbas lyræ unum Tornatorem similiter.*

¶ **TORNATRICES** , Saltatrices , mimæ. Hincmarus in Capitul. ad Presbyteros diœcesis suæ cap. 14 : *Nec turpia joca cum urso vel Tornatricibus ante se facere permittat.*

¶ 1. **TORNATURA**, Opus torno factum, 3. Reg. 6. 18. Miracula S. Mauri tom. 1. Jan. pag. 1058. et sæc. 4. Benedict. part. 2. pag. 178 . *Cum rudentem peripetasmatis, malum navis scandens (nauclerus,) Tornaturæ, de qua dissilierat, reaptare vellet, etc* Hinc ad alias res translata vox, ut apud S. Bernardum Epist. 185. edit. 1690 *Laudatur de bona litteræ Tornatura manus ,* non calamus. Vide *Tornatio 2.*

2. **TORNATURA**, Modus agri, [jugero respondens, nostris *Arpent,*] apud Bononienses Italis præsertim, ut colligitur ex Rollandino in Tractatu seu Summa de Notaria scripta ann. 1265. Concilium Marzaliæ sub Honesto Archiep. Ravennatæ ann. 973 : *Ut concederet in duobus locis Tornaturas vinearum 30. videlicet in primo loco juxta Monasterium S. Isaiæ vineam unam, quæ tribus viis circumdatur, etc.* apud Ughellum in Archiepisc. Bonon n. 47. Charta alia ann. 1175. apud eumdem in Episcop. Cæsenat. n. 38 : *Et quinquaginta Tornaturas terræ in Androna, etc... et* 12. *Tornaturas terræ in Gabanella, etc.* Charta ann. 1081. apud Hieron. Rubeum in Hist. Ravennatæ lib. 5 : *Nec non et ducentas terræ Tornaturas ad Canonicorum opus labore randas, positas in loco, qui dicitur, etc.* Alia ann 1086 apud eumdem : *Videlicet quinquaginta Tornaturas terræ laboratorias, juxta podismo designatas, quæ positæ sunt in loco, qui dicitur Mutafeno.* [Codex censualis MS. Irminonis Abbat. Sangerm. fol. 2. col. 2 : *Dalbertus colonus S. Germani tenet de terra arabili antornagam* 1. *inde facit Tornatura.*] ☛ Guerardo hoc loco idem est quod *Sacra,* Epistolarum, aliarumque rerum minoris ponderis ultro citroque perlatio.]

¶ 3. **TORNATURA**, Mensuræ species, minor *Tornatura* vulgari, quæ jugerum est, Italis etiamnum *Tornatura di terra.* Statuta Mutin. fol. 26. rubr. 144 : *Qui habent terras juxta dictam stratam et ab utraque parte stratæ, teneantur extirpare terram suam per unam Tornaturam longe a strata.*

°*Charta ann.* 1192. apud Murator. tom. 5. Antiq. Ital. med. ævi col. 87 : *Molendina Rolandi Bajanontis et sociorum, quæ sunt superius , Tornatura una inferius fiant Tournant de l'espaule dicitur Humeri flexus,* in Lit. remiss. ann. 1404. ex Reg. 159. Chartoph. reg. ch. 205 : *Le suppliant fery d'un coustel ledit hoste un seul coup assez près du Tournant de l'espaule senestre.*

¶ **TORNATUS** , Idem qui *Atturnatus,* Procurator, de quo supra. Vide Spelmannum in *Atturnatus.*

¶ **TORNE**, Agonis genus et certaminis, unde fortasse *Torneo,* apud Laurentium in Amalthea.

° **TORNEA**, Turris, propugnaculi species. Reg, 84. bis Chartoph. reg. part. 1. fol. 95. r°. col. 2 : *Debet facere tres portas cum duplicibus tornellis et quatuor Torneas alias Tornellos.* Vide *Tornafollis.*

TORNEAMENTUM, [Gallis alias *Tornoiement,* ut in Præcepto Philippi Pulchri ann. 1304. vel *Tournoyment,* ut in alio ejusd. Regis Præcepto ann. 1314. tom. 1. Ordinat. Reg. pag. 426 °. 539. et alibi passim ; nunc *Tournoi*.] Auctor Breviloqui : *Torneamenta dicuntur quædam nundinæ, vel feriæ, in quibus Milites ex edicto convenire solent, et ad ostensionem virium suarum et audaciæ temere congregari, vel congredi.* Decursiones militares, ludicræ equestres pugnæ, Matthæo Paris : *hastiludia, ludi equestres,* Willelmo Neubrig. : *Meditationes militares , armorum exercitia* Hovedeno ; *Militaria exercitia, quæ nullo interveniente odio, sed pro solo exercitio, atque ostentatione virium* fiebant, ait idem Neubrig. *Ludi militares,* Thomæ Walsinghamo ; *Gladiaturæ,* Lamberto Ardensi : [*Bellicæ illusiones,* eidem.] Joannes Sarisberiensis lib. 8. Metalogici cap. 10 : *Fuit antiquitus hæc jure militari disciplina Romanorum , ut qui armis fuerant exercendi, ab ineunte ætate assuescerent militiæ insignibus , et ludentes in eo jugiter versarentur adolescentes, unde postmodum, in necessitatibus Reipublicæ feliciter triumpharent.* Chronicon Montis-Sereni ann. 1175 : *In exercitio militari , quod vulgo Torneamentum vocant* [Excerptum Historiæ MS. Parlamentorum Occitan. apud Baluz. tom. 2. Capitul. col. 1088. *Anno Domini MCCCL. et die XXVII. Januarii cum Rex Joannes commoraretur apud Villam-novam juxta Avenionem.... et ibi certamen lanceuarum sive hastarum, quod nos Torneamentum vocamus, celebrasset, tota curia Papali obstante, etc.* Vide Tractatum Georgii Scubarti de ludis equestribus, Caroli de Aquino Lexicon Militare et Dissertat. Cangii ad Joinvillam 6.]

Torneamentorum nomen manare multi opinantur ab illa equorum decursione, et sciomachia, seu imaginaria pugna veterum, quam *Trojam* et *Trojanum* ludum vocabant, ab Ænea in Sicilia ad Anchisæ patris tumulum primum inventa, deinde ad Romanos traducta, de qua Virgilius, Suetonius, et Xiphilinus. Alii probabilius censent, ut a Gallis eorum usus originem acceperit, ita et vocabuli etymon ab iis repetendum, nempe a verbo *torner,* aut *tourner,* i. in orbem circumduci, circumflecti. Qui enim in his militaribus decursionibus decertabant, quos insidebant, flexis in gyrum frænis, equos circumagebant.

Torneamentorum repertorem Gaufridum II. Dominum Pruliaci, (de *Preulli*) in Andibus agnoscit Chronicon Turonense : *Anno* 1066. *Gaufridus de Pruliaco, qui Torneamenta invenit, apud Andegavum occiditur.* Chron. S. Martini Turon. : *Anno Henrici Imp.* 7. *et Philippi Regis* 6. *fuit proditio apud Andegavum, ubi Gaufridus de Pruliaco et alii Barones occisi sunt. Hic Gaufridus de Pruliaco Torneameata invenit.* Fuit Gaufridus pater alterius Gaufridi, a quo Comitum Vindocinensium series profluxit.

Certe inventas a Francis ludicras istas decertationes, et ab iis primum receptas, et obiri solitas, profitentur passim Scriptores. Matthæus Paris ann. 1179. *Conflictus Gallicos*, Torneamenta appellat. Huic consentit Radulfus Coggeshalensis in Chron. MS. : *Dum more Francorum cum hastis vel contis sese cursim equitantes vicissim impeterent.*

A Francis Torneamentorum usum accepere Angli, quibus haud innotuerunt, *nisi in diebus Regis Stephani, cum per ejus indecentem mollitiem nullus esset publicæ vigor disciplinæ*, ait Willelmus Neubrig. lib. 5. cap. 4. Tunc enim et sub Henrico II. *qui Stephano successit, Tyronum exercitus in Anglia prorsus inhibitis, qui forte armorum affectantes gloriam exerceri volebant, transfretantes, in terrarum exercebantur confiniis.* Id præ cæteris testatur Rogerus Hovedenus, ut et Bromptonus ann. 1177. scribens, Galfridum Comitem Britanniæ, cum a patre Henrico II. Militiæ insignia accepisset, *transfretasse de Anglia in Normanniam, et in confinibus Franciæ et Normanniæ militaribus exercitiis operam præstantem, gavisum esse, se bonis Militibus æquiparari.* Deinde hæc subdit Neubrigensis : *Considerans igitur illustris Rex Ricardus, tanto esse acriores, quanto exercitationes atque instructiores, sui quoque Regni Milites in propriis finibus exerceri voluit, ut ex bellorum solennt præludio, verorum addiscerent artem usumque bellorum, nec insultarent Galli Anglis militibus, tanquam rudibus et minus gnaris.* In Anglia ergo Torneamenta primum celebrari cœperunt, *Rege Ricardo id decernente, et a singulis, qui exerceri vellent, indictæ pecuniæ modulum exigente*, inquit idem Scriptor, a quo hausit, quæ habet in eam rem Joan. Bromptonus. Id ipsum astruit Matth. Paris ann. 1194. pag. 124.

Certum est, etiam e Francia in Germaniam invecta torneamenta. Nam et sa Fr. Modius in Pandect. Triumphal. ejusmodi decursionum et concertationum militarium seriem longe ante Gaufr. Pruliacensis tempora ediderit, constat, falsa veris sæpe miscuisse, et multa ab eo inepte inventa, et quæ apud, non dico eruditos, sed eos, qui prima Historiæ elementa degustarunt, ullam fidem merentur.

Præ cæteris vero Byzantini Scriptores ingenue profitentur, ejusmodi decursionum artem et usum didicisse Græcos a Latinis, id est, Gallis, quos earum primos fuisse repertores tradunt: in quibus est Niceph. Gregoras lib. 4. At Jo. Cantacuzenus lib. 1. cap. 42. tempestarum, qua in Græciam transierunt, videtur indicare, cum videlicet Anna Sabauda, Amedei IV. Allobrogum Comitis filia, Constantinopolim Andronico Juniori Imper. nuptura venit, hoc est ann. 1326. tunc enim Nobiles Sabaudi et Galli, qui Principem fœminam comitati erant, ejusmodi ludicras decursiones et concertationes celebrarunt, earumque usum Græcos, quibus hactenus incognitæ erant, primum docuerunt : Τζούστριαν, καὶ τὰ νομιζμένα αὐτοῖ πρῶτοι ἐδίδαξαν Ρωμαίους, οὕτω πρότερον περὶ τῶν τοιούτων εἰδότας οὐδέν. Quæ verba ita capienda sunt, non quod tunc primum Græci in his decursionibus decertarint, sed quod illas deinceps exercuerint. Tradit quippe Nicetas in Manuele lib. 8. cap. 3. cum Imperator iste Antiochiæ moram ageret, solemnem factam decursionem, in qua Græci contra Francos dimicarunt.

Et Cinnamus lib. 3. auctor est Manuelem rerum potitum Græcos docuisse artem novam bellandi, scutis oblongis pro rotundis uti, hastas vibrare longiores, etc.

Ejusmodi autem decursiones, *pro solo exercitio, atque ostentatione virium fiebant*, ut ait Neubrig. γυμνασίας ἕνεκα σώματος, inquit Gregoras, *ut ex solenni bellorum præludio verorum addisceretur ars ususque bellorum*, ut est apud Willelmum Neubrigensem.

Cum igitur nullo interveniente odio, sed solius exercitii causa, ad Torneamenta convenirent, decrevere eorum inventores, ut armis innocuis, gladiis hebetibus, lanceis absque ferro, seu ἀσιδήροις δορατισκοῖς, ut ait Nicetas, dimicarent, ne, si forte vulnera sibi invicem infligerent, mutilarent artus, ad bella minus idonei procederent. Ejusmodi arma, quæ *lusoria tela* dicuntur Senecæ, nostri *Armes courtoises* appellabant, hoc est, urbana, innocua.

Vetabantur præterea in ipso certamine punctim gladiis adversarium ferire, sed ictus suos sursum aut deorsum dirigere jubebantur ; qui contra agebat, non solum proposito victori præmio indignus habebatur, sed etiam tanquam qui male pugnasset, a judicibus mulctabatur, et infamia quadam aspergebatur. Apud Matthæum Paris ann. 1252. cum Rogerus de Lemburne, Hernaldum Montiniacum in torneamento lanceæ mucrone, *qui prout debebat, non erat hebetatus*, in gutture lethaliter vulnerasset, *licet se insontem prætendisset, factus est suspectus, et quod proditiose facinus perpetrasset, acriter reprehensus*. Nam si forte quis adversarium in ipso certamine vulneraverat, aut occiderat, dummodo contra decursionis leges non peccasset, indemnis erat: quod et observatum a Nicephoro Gregora.

Erant autem, ut supra annotatum est, torneamenta imagines bellorum, ut loquitur Scriptor Hist. Hierosol. ann. 1177. *imaginariæ bellorum prolusiones*, vel, ut Neubrigensis et alii, *belli præludia* : diversis enim cohortibus et turmis, una omnes ad prælium accincti properabant, et gladiis in alterutrum ingeminantes ictus, vires suas exercebant : quod secus erat in *Justis*, quæ monomachiæ speciem præbebant, in quibus singulari certamine alter in alterum ferebatur, lanceisque congrediebatur. Nicephorus Gregoras lib. 10. Torneamentum describens : Μεριζονται χχντεῦθα κατὰ φύλας, καὶ δήμους, καὶ φρατρίας, καὶ ὁπλίζονται πάντες ὁμοῦ, καὶ ἀρχαιρεσιῶν γινομένων, κλήρῳ λαγχάνουσι τὴν ἡγεμονίαν δύο τινὲς ἐξ αὐτῶν, ἑκατέρου μέρους ἑκάτερος. Hunc locum illustrant, quæ habet Thomas Walsinghamus sub ann. 1274. ubi Torneamentum Cabilone inter Regem Eduardum cum Anglis et Comitem Cabilonensem cum Burgundis initum belle exsequitur.

TORNEAMENTUM, Hostile bellum, prælium. Charta ann. 1265. in Tabul. Bonævallis : *Homines commorantes in dicta villa et banleuga Bonævallis cum Comite Carnotensi vel Blesensi, seu successoribus eorum, sen cum mandato eorum, ire ad Torneamenta seu ad aliquam cavalcatam nullatenus tenebuntur.* [Charta Blanchæ Comitissæ Trecensis ann. 1212. apud Marten. tom. I. Anecdot. col. 829 : *Ad Torneamenta duci non poterunt, nisi aliquis arrogantor comminatus fuerit se dominum Campaniæ et suos inclusurum in aliquod municipiorum suorum, aut vastaturum terram suam.*]

° Charta Phil. Aug. ann. 1200. inter Probat. Hist. Autiss. pag. 34. col. 2 : *Comes Petrus Autissiodorensis et Tornodorensis quittavit burgenses suos, qui sunt de censiva Autissiodorensi, qui obne bebant ei equitationes, Torneamenta et exercitus.*

TORNEAMENTUM ACULEATUM *et Hostile,* Matthæo Paris pag. 554. et 372. dicitur illud, quod utrimque inter hostes publicos ex condicto, infestis animis, armisque et gladiis vel hastis non hebetibus, sed ferro et aculeis instructis inim solebat, cujusmodi torneamenta et justas, *Armes à outrance* vocabant nostri. De eo pluribus egimus in Dissertatione ad Joinvillam 7. in qua de Torneamentis disseruimus.

Torneamentum vero *quasi hostile*, appellat idem Matthæus Paris ann. 1241. ejusmodi torneamentum, quod infestis armis contra quosvis, etiam non hostes, inibatur, provocatione ad id vulgata, et certis conditionibus descriptis : de qua etiam Torneamenti specie egimus in eadem Dissertatione.

Interdicta subinde Torneamenta a summis Pontificibus, sub excommunicationis pœna, ob cædes et membrorum mutilationes, quæ in iis crebro accidebant, pluribus in laudata Dissertatione 6. docuimus ; quibus addi velim, quæ habent in hanc rem Leges Alfonsi IX. Regis Castellæ l. part. tit. 13. lege 10. et Chronicon Montis-Sereni ann. 1175.

☞ Iisdem Ecclesiæ legibus statutum erat, ut iis petentibus pœnitentia et viaticum concederentur, tametsi eorum corporibus negabatur ecclesiastica sepultura. Conc. Lateran. ann. 1139. c. 14 · *Detestabiles autem illas nundinas aut ferias, in quibus milites ex condicto convenire solent, et ad ostentationem virium suarum et audaciæ temerariæ congrediuntur, unde mortes hominum et animarum pericula sæpe proveniunt, omnino fieri interdicimus. Quod si quis eorum ibidem mortuus fuerit, quamvis ei poscenti pœnitentia et viaticum non negetur, ecclesiastica tamen careat sepultura.* Idem testatur Cæsarius Heisterbach. lib. 7. Mirac. c 89 : *In Torneamentis occisi, extra cœmiteria fidelium sepeliuntur.* Durior est quidem Cæsarii sententia lib. 12. c. 16. *De his vero qui in Torneamentis cadunt, nulla quæstio est, quin vadant ad inferos, si non fuerint adjuti beneficio contritionis* [° B de Amoribus in Speculo sacerd. MS. cap. 15 :

Quamvis confessi fuerint et fine soluti
Hii qui decedunt publicis ex Torneamentis,
Quamvis solvantur ad pœnam, non Tumulantur.]

Aliis de causis interdum prohibita a Principibus torneamenta ; has omnes prosequutur Cangius laudata Dissertat. 6. ad Joinvillam. [°° Breve ann. 6. Edward. II. reg. Angl. in Abbrev. Rotul. tom. 1. pag. 196. Berk. rot. 11 : *Rex vicecomiti Berk. Cum nuper tibi præcepimus, quod in singulis locis in balliva tua, ubi expedire videres, publice proclamari et ex parte nostra firmiter inhiberi faceres, ne quis comes, baro, miles seu alius quicumque homo ad arma, cujuscumque conditionis aut dignitatis existeret, infra balliviam tuam, seu alibi infra regnum nostrum, Torneare, burdeare, justas facere, aventuras quærere seu alia facta armorum exercere præsumeret, sine licencia nostra speciali, et quod si quos post inhibicionem, etc. tunc eos cum equis et herneiis suis arestares et in prisona nostra salvo custodiri faceres donec, etc. Hanc vero* legem in Anglia extitisse a temporibus Richardi I. evincit Notit. in Abbrev. Placit. pag. 3. Lincoln. rot. 11 : *Robertus de Mortuomari invenit plegias quod quereret pacem infra festum S. Hilarii versus D. Regem per D. Cancellarium, de eo quod ipse Turniavit sine licentia, etc.* Adde Placitum Wigornense ann. 29. Edward. I. *Essex.* rot. 1. ibid. pag. 213.]

Torneamenta, seu quævis hastiludia certis in locis teneri ac celebrari non posse, vice privilegii, interdum concessum. Vide Gul. Prynneum in Libertatibus Anglic. tom. 3. pag. 52. 466. 1100. 1152.

¶ TORNEARE, TORNIARE, Hastiludio decertare, Gall. *Tornoier.* Theobaldus Episc. in Vita Guilelmi Eremitæ n. 4 : *Circa illius cellam more militari cœperunt Torneare, et ludo duellari vicissim pugillare.* Henr. de Knyghton pag. 1459. de Edw. I. Rege Angl. : *Cumque appropinquaret Franciam, et fama gloriæ ejus divulgaretur in populo, invidebant gloriæ ejus multi, et præcipue Comes ille strenuus de Chalon : misitque et petiit, ut Torniaret cum eo in terra sua, etc.* [Rursum pluries occurrit in Præcepto Philippi Fr. Regis ann. 1305. tom. 1. Ordinat. Reg. pag. 434. in Mandato Edwardi II. Regis Angl. ann. 1319. apud Rymer. tom. 3. pag. 758. et alibi non semel.]

¶ TORNIAMENTARE, Eadem notione. Lambertus Ardens. apud Ludewig. tom 8. Reliq. MSS. pag. 540 : *Quia in Torniamentando aciem perdiderat oculorum.*

¶ TORNEIZARE, Pari significatu. Annales Mediolanens. ad annum 1372. apud Murator. tom. 16. col. 745 : *Fecit Torneizare et facere multa falodia propter lætitiam Regu per octo dies continuos.*

¶ TORNEATOR, Qui decertat in torneamentis. Lambertus Ardensis apud Ludewig. tom. 8. pag. 491 *Et omnes Ghisnensis terræ Torneatores ad ipsum, ut ad dominum... confluebant.*

¶ TURNEARE, Idem quod *Torneare.* Locum vide in *Bohordicum.*

¶ TORNEIMENTUM, ut *Torneamentum.* Radevicus Frising. de Gestis Friderici I. Imp. lib. 1. cap 8. *Placentinorum militia egressa ad certamen provocaverat, quod modo Turneimentum vocant.*

TORNEARE, Velitari, ante acies decurrere, pugnare. Arnaldus Archiepiscop. Narbonensis in Epist. de Victoria Christianorum contra Mauros, apud Ughellum in Episcop. Sabinensib. : *In crastino venerunt similiter diluculo Saraceni dispositis eo modo aciebus, quo præcedenti die fuerant ordinati : nostri quoque universi supersederunt bello etiam ipsa die, sagittarius solis et paucis aliis hinc inde discurrentibus : Arabibus etiam ex parte ipsorum Torneantibus cum nostris, non more Francorum, sed secundum aliam suam consuetudinem torneandi cum lanceis sive cannis, etc.*

TORNELLA, Turricula, Gall. *Tournelle.* Rigordus ann. 1190 : *Præcepit etiam civibus Parisiensibus, quod civitas Parisii,... muro optimo cum Tornellis decenter aptatis et portis diligentissime clauderetur.* [Rursum occurrit in Computo ann. 1202. apud D. Brussel pag. ccii. in Literis ann. 1223. apud Marten. tom. 1. Anecd. col. 903 in Charta ann. 1847. tom. 1. Hist. Dalph. pag. 66. col. 2. apud Bernardum Thesaurar. tom. 7. Muratori col. 719. Lobinell. tom. 3. Hist. Paris. in Glossario et alibi passim. Tabularium Episc. Clarom. citatum in Instrum. novæ Gall. Christ. tom. 2. col. 97 : *Fidelitatis sacramentum pro temporalitate exhibuit Regi an.* 1376. *qui Rex percepit censum Tornellarum pro ipso Episcopo, sede vacante.* Suspicatur Glossator censum esse, qui solvebatur ad *tornellas* in ingressu civitatis a mercatoribus aliisve ; vel a vassallis ipsius Episcopi, quorum subjectio indicabatur iis *tornellis,* si tamen non est nomen proprium loci.]

⁰ Nostris *Tourelle* alias *Tournelle.* Inventar. ann. 1492. ad calcem Necrol. eccl. Paris. : *Ung cresmeau à trois Tournelles, etc.* Passim alibi.

⁰ **TORNENSIS,** pro Turonensis, Ital. *Tornese,* Gall. *Tournois.* Glossar. Provinc. Lat. ex Cod. reg. 7657 : *Tornes, Prov. Turonensis moneta est.* Stat. abb. Cassin. pro reformat. clericor. ann. 1286. ex Tabul. ejusd. monast. : *Qui deficit in Missa solvat Tornensem unum ; in cæteris autem horis unum denarium Testam.* Joan. Chati ann. 1482 : *Item ulterius do...... quinque solidos Tornenses.*

TORNERIUM, *Torneamentum,* hastiludium, *Tournois.* Historia Cortusiorum lib. 4. c. 6 : *Ibi fuerunt dominæ pulcherrimæ, hastiludia, et Torneria, et breviter, ad perfectum gaudium nihil defecit.* Lib. 5. c. 7 : *Fuerunt etiam hastiludia, giostræ, Torneria, et omnia solatia cogitata.* [Chronicon Estense ad ann. 1390. apud Murator. tom. 15. col 519 : *Marchio Estensis magnam et nobilem curiam fecit in civitate Ferrariæ celebrari per XV. dies continuos cum tripudiis, giostris et Torneriis, et magnis præmiis pro victoribus.* Vide infra *Torneta.*]

¶ 1. **TORNERIUS,** Idem qui *Tornator,* in Catalogo Sodalium antiquæ Confraternitatis B. M. in Ecclesia ejusdem B. M. Deauratæ Tolosanæ.

⁰ Comput. ann. 1412. inter Probat. tom. 3. Hist. Nem. pag. 205. col. 1 : *Solverunt Johanni Russi, Tornerio, pro faciendo pomellos in bordonibus pavalhoni et asta banderiæ.*

¶ 2. **TORNERIUS,** Particeps, qui prædium vel feudum cum aliis possidet. Reg. feud. Aquit. ex Cam. Comput. Paris. sign. JJ. rub. fol. 16. r°. *Parrochia de Lopa quinquaginta solidos, de quibus solvit stagia de Labatut, cum suis Torneriis, qui sunt in parrochia de Camarsaco.* Vide supra *Tornalerius* et infra *Turnarius.*

¶ **TORNESIUS** GROSSUS, Monetæ species, Gall. *Gros Tournois.* Chronicon Astense ad ann. 1300. apud Murator. tom. 11. col. 192 : *Lectus meus et equi mei super fœno et avena constabant mihi Tornesium* 1. *Grossum.* Vide *Turonenses* et *Grossus* 3.

⁰ Idem quod supra *Tornensis.* Bonincontr. Hist. Sicul. part. 2. apud Lam. in Delic. erudit. pag.14: *Quod apud Tornes, Galliæ oppidum, pecuniam eam argenteam quietam, Tornesios dictos, quorum singuli unius auri cum alterius dimidio valorem æquabant.*

TORNETA, *Torneamentum.* Theodoricus Abbas lib. 1. Vitæ S. Bernardi cap.11 : *Illi omnes fere juvenes dediti militiæ seculari, circumibant, quærentes execrabiles illas nundinas, quas vulgo Tornetas vocant.* [Vide *Tornerium.*]

TORNETTUM, vox Falconariorum. Fridericus II. Imp. lib. 2. de Arte venandi cap 40 : *Est autem Tornettum quoddam duobus annulis compositum, gyrantibus in se invicem, et hoc modo est factum ; sunt duo annuli ferrei, aut ænei, aut argentei, aut de alio metallo facti, magni ad quantitatem annulorum, qui sunt in jactis, etc. Quoties igitur timebitur, ne falco intorqueat se jactis, alligabitur hoc Tornettum annulis jactorum cum quadam corrigiola subtili et forti, etc. Est autem utilitas Tornetti in hoc, quod falco non possit vexari per intortionem jactorum in pedibus suis.*

¶ **TORNETUM,** Campanæ instructus, Gall. *Mouton.* Transactio Abbatem inter et Sacristam Monasterii Crassensis ann. 1381. e Chartulario ejusd. loci : *Consuevit recipere de arboribus nemorum dicti monasterii pro aptandis et reparandis cimbalis et campanis dicti monasterii, videlicet fustas pro basseæ Tornetis seofsis, quæ solum habet ponere dictus sacrista. Ubi legendum videtur bis sex Tornetis seu noffis : quod scilicet Tornetum noffi seu noffis recipere debet pro se ferat.* Vide *Noffus* et *Tornus* 4.

⁰ **TORNEURA,** Vox forestariorum, quibus vulgo *Tournant* dicitur, Arbor, quæ ad flexum forestæ extat. Inquisit. forestæ *de Lyons* in Reg. 34. bis Chartoph. reg. part. 2. fol. 118. r°. col. 1 : *Molendinum Panche* (habet) *Torneuram per minam bladi... Tristre sicut alii et Torneuram molendini sui. Nisi intelligas Jus capiendi arborem versatilem molendini.* *Tourneure,* pro *l'action de tourner,* Versation, in Lit. remiss. ann. 1479. ex Reg. 206. ch. 335 : *Guillotin Barbes avoit getté en mis certaines pierres au no du moulin à fouler draps ;..... en telle maniere que ledit moulin et la Tourneure d'icellui en estoient empeschez. Tourneure præterea nostri dixerunt, pro Tonnerre,* a Lat. *Tornodorum.* Charta ann. 1270 in Chartul. Pontin. ch. 94 : *Guiz dou Mes balliz d'Auceurre et de Tourneure, etc.*

¶ **TORNI.** Charta pro Communia Balneoli ann. 1208 : *Saumata de Torni* 1. *denar.* Vide *Tolpri.*

¶ **TORNIAMENTARE,** TORNIARE, TORNIATOR. Vide *Torneamentum.*

⁰ **TORNICLUM,** Vestis species, qua collum circumcingitur, ad usum puerorum symphoniacorum in ecclesia S. Petri Insul. ex Comput. MS. ann. 1400. ejusd. eccl... *Item Flotardo pro reparatione quatuor Torniclorum puerorum cum filo, vj. sol. Tourniquiau,* in alio Comput. ibid. Potest et de tunica seu veste ecclesiastica, aut militari, quam nostri vocabant *Tornicle* et *Tunicle,* intelligi. Inventar. MS. eccl. Camerac. ann. 1371 : *Une casure de vermeil velours, Tournicle et damalicte.* Chron. Fland. cap. 51. ubi de Henr. Luxemb. imper.: *Et fut monté sur un grant destrier, et avoit vestu un Tornicle d'or à aigle noir, etc.* Vide infra *Turnicla.*

TORNIO, ex Gall. *Tornoi.* Histor. Cœnobii Viconiensis cap. 18. [apud Marten. tom. 6. Ampl. Collect. col. 289.] : *Ad determinatum congressum, quem vulgo Tornoem vocant, properans lancea perfossus est.* [Vide *Torneamentum.*]

TORNITALIA. Glossæ Isonis Magistri ad Prudentii Psychomach.: *Toreumata ; celaturæ, vel Tornitalia.* Legendum forte *Tornatilia.*

¶ **TORNUM,** Machina ad trahendas naves ascendentes in fluviis, a Gallico *Tourner,* quod instar rotæ versatilis esset, sic dicta. Charta Willelmi Episc. Autissiod. an. 1176. e Tabulario S. Mariani : *Item prædicti Milites concesserunt Canonicis, quoties de terra sua, quoties necesse esset, exclusam suam gravarent, et Tornum suum, quod ad trahendas naves fecerunt, quo loco eis expediret, super ripam Icaunæ ponerent.* Charta Guillelmi alterius ejusdem Civit. Episc. ann. 1208. ex Archivo Episcopatus. *Petrus de Chableis... super duas pilas pontis Autiss... ædificavit Tornum ad naves superius trahendas.*

° Ejusdem originis est *Touret*, Rota scilicet nendo filo accommodata. *Laine ouvrée au Touret*, in Stat. ann. 1366. tom 4. Ordinat. reg. Franc. pag. 703. art. 5. *Touroit*, in Lit. remiss. ann. 1394. ex Reg. 146. Chartoph. reg. ch. 291 : *Laquelle femme filloit laine au Touroit. Tournette*, eodem sensu, in aliis Lit. ann. 1384. ex Reg. 125. ch. 38. vel Instrumentum evolvendo illo aptum, vulgo *Devidoir*.

1. TORNUS, Bellicæ machinæ species. Charta Petri Regni Majoricarum Domini ann. 1282 : *Tali quidem conditione, quod ipsam* (turrim) *bene custodias, et teneas in ea omni tempore unum Tornum paratum, et unam balistam de Torno ad fidelitatem nostram et defensionem civitatis ejusdem.* [Enumeratio munitionum Sommerii in Occitania ann. 1260 : *Item* IIII. *machine. Item* II. *Tornt ad opus balistarum. Item* I. *mola fabrica. Balista obtina de Torno*, in Statutis Arelat. MSS. 140. XXXI. *Turru balisterii* recensentur in Garnisionibus inventis in castro Carcassonæ ann. 1294.] Vide *Balista*.

☞ Carolus de Aquino in Lexico Militari, haud sine probabilitate scribit *Tornum* balistæ partem esse, et quidem eam, ubi axis vertitur, dictamque fuisse a vertendo, origine Gallica a voce *Tourner*. Quod si vere machina est jaculatoria, perspicuum est, inquit, sic fuisse vocitatam a *Tornetto*, quæ vox apud venatores in re falconaria et accipitrum aucupiis familiaris est, ut mox dicebatur in hac voce. Potissimum vero rem ita se habere statuit, quoniam a falconibus et re accipitraria non paucæ jaculatoriæ machinæ suam appellationem adeptæ sunt, ut alibi notavit super Italicis vocibus *Falcone, Sagro, Moschetto, Smeriglio, Spingarda*: quæ postea voces ad rem tormentariam nostræ militiæ commigrarunt, propter analogiam et similitudinem cum antiquis illis organis et instrumentis. Academici Cruscani *Torno* definiunt *Strumento da strignere, e da caricar balestre, e simili armi da trarre*. Vide *Tortivella*.

° Ejusdem originis vox Gallica *Tournot*, in Lit. remiss. ann. 1374. ex Reg. 106. Chartoph. reg. ch. 78 : *Lequel Michiel veant que ledit Garnier se approchoit ainsi de lui, courut à un baston, appellé Tournot ou levier*. Ubi idem est quod supra *Tornaille* in *Tornaglium*.

2. TORNUS, Compensatio, Gall. *Retour*. Charta R. Episcopi Carnotensis ann. 1197. in Tabulario ejusdem Ecclesiæ n. 84 : *Capitulum quoque Carnotense ad ejusdem personatus augmentationem...... centum solidos confert et assignat in computatione, quæ dicitur Tornus sive Computatio, de Purificatione B. Mariæ annis singulis capiendos.* [Vide *Turnus bursæ* in *Turnus*.]

° Vel potius Census pecuniarius, qui singulis annis solvitur, idem proinde quod infra *Turnus* 2. Etquidem de distributione annua, quam *Lampredam* vocabant, hic agitur. Vide supra in hac voce.

¶ **3. TORNUS**, f. Ambitus, Hispan. *Torno*. Gall. *Tour*. Donatio ann. 985. tom. 3. Concil. Hispan. pag. 180. col. 2 : *In Torno S. Eulalia cum Sisnandi et Gerasio medio.* Conventio ann. circ. 1131. in Probat. novæ Histor. Occitan. tom. 2.

col. 461 : *Excepto ipsum castrum de Posselserias et ipsum Tornum superiorem.*

¶ **4. TORNUS**, Instructus campanæ, Gall. *Mouton*. Ordinatio MS. Officii divini in Ecclesia Lugdun.: *Panetarius tenetur resarcire in trabibus et postibus coclearium, et Tornos campanarum meliorare, si necesse fuerit, et ligaturas ferri ad firmandum campanas in Tornis, et tradere ligaturas batellorum.* Vide supra *Tornetum*.

° Sacram. archiep. Bitur. apud Thaumass. Hist. Bitur. pag. 346 : *Juro ministrari facere clavos qui ponuntur in ligaturis ferreis vertilium seu Tornorum lignorum et opus campanarum.*

¶ **5. TORNUS**, Mensuræ species. Statuta Massil. lib. 3. cap. 18 : *Lapides de cara habeant duos palmos de longo, et unum palmum de alto, et ad minus unum Tornum de leoto ; et lapides de miliario unum palmum de longo, et unum Tornum de alto a Torno usque ad unum palmum de leoto.*

¶ **6. TORNUS**, Versatile tympanum, apud moniales, vulgo *Tour*. Acta S. Domin. tom. 1. Aug. pag. 587. col. 2 : *Ad jussum ergo ejus per fratrem Rogerium cellerarium allatus est scyphus vino plenus usque ad summum. Deinde benedixit, et primo ipse bibit, et postea ceteri fratres.... Tunc vocans sanctus sororem Nubiam, dixit ei : Vade ad Tornum, id est, rotam, tolle scyphum, da potum sororibus universis.* Vide infra *Turnus* 4.

¶ **7. TORNUS EXERCITUS**, Præstatio pro expeditione militari. Reg. feud. Aquit. ex Cam. Comput. Paris. sign. JJ. rub. fol. 32. r°: *Debet idem Bernardus de Lugenhac pro prædictis da Torno exercitus seu adjutorio domino G. de Monte trepidanti, quinque solidos de obsequiis.* Vide supra in *Torneamentum*.

TORNUTIO, Vertigo, σκοτοδινία. Ardo in Vita S. Benedicti Anianensis cap. 38. edit. Mabillonii : *Eas ait* (mulieres) *statim digna subsequitur ultio ; Tornutionibus vero vexari cœperunt, a quo deinre non sunt ereptæ, quousque, etc.*

° *Torteau*, eadem, ni fallor, notione in Lit. remiss. ann. 1419. ex Reg. 171. Chartoph. reg. ch. 15 . *A icellui Colesson survint chaude maladie de fievres, ou autre maladie nommée le Torteau. Tournche nostris alias dictum de bestia vertigine correpta.* Redit. comit. Hannon. ann. 1265. ex Cam. Comput. Insul.: *Le brebis, mais k'ille ne soit rongneuse, ne claverèleuse, ne Tourniche.*

TORO, TORONUS, TORUS, TURO, TURONUS, Collis cacuminatus, et rotundus. [Charta ann. 1200. tom. 1. Macer. Insulæ Barbaræ pag. 129 : *Non ædificent domum fortalitii in Toro Sachmeriæ.*] Charta Cornutiana, edita a Suaresio: *Quæ sepis descendit per regam ante ad unum cavam, sive ad Torum, quæ redit usque ad arcum supradictum.* Will. Tyrius lib. 11. cap. 5 : *Castrum ædificavit, cui quoniam in monte erat excelso admodum et cacuminato, nomen indidit Toronum.* Hist. Hierosolymitana : *Montem proximum, quem vulgo Turonem vocant.* Infra : *Supra Turonem vero, qui urbi vicinus incumbit, civitas Ptolemais nomine, olim sita fuerat.* Et mox : *Collis autem... Turoni propinquus.* Matth. Paris ann. 1188 : *Fecit omnes suos in collem ascendere civitali vicinum, qui eo quod instar turris erectus sit in sublime, et rotundus, Turonus a vulgo nuncupatur.* A Gallico nempe *Tourion*. Jacobus de Vitriaco lib. 1. cap. 98 : *Acconensem obsedit civitatem, in Torono aliquantum eminenti tentoria sua collocando.* Charta Hugon. Ibelini ann.

1160. in Tabulario S. Sepulcri *Dedi.... partem Turonii, quæ superjacet Surdis fontibus.* Historia MS. Bellorum sacrorum vernacula : *Et Salahadin cacha bien demie lieue desci sour un haut Thoron.* Infra : *Et se hierberga sour un Thoron de fors à Acre.* [Alia apud Marten. tom. 5. Ampl. Collect. col. 705. *Li messages trova l'ost au Toron.*]

TURO. Charta Rogerii Comitis Siciliæ pro Ecclesia Pactensi apud Rocchum Pirrum pag. 386 : *Sicut via scandit sursum ad Turonem altum, qui est supra mare.* Anastasius in Eccles. pag. 148. ubi hæc Theophanis verba, πᾶσαν τὴν παραλίαν ἀκτήν, vertit, *omnes maritimos Toros*, id est aggeres, vel monticulos ac colles, uti Latini cubitos *Toros* dixerunt. Glossæ Lat. Gr.: *Torus*, ὠλένη. *Torum*, ὠλένης. *Toranus*, ὠλένος, τρόφος. Ubi forte legendum *Toronus*, ὠλένη, ὄρος. (Vulcanius retinet *Toranus* et emendat ὠλενιτρόφος. Prioritus vero legit *Toranius*, vel *Torarus*, ὠλενοτρόφος, vel potius ὠλενοστρόφος. Vide Salmasium ad Plinium pag. 40.]

¶ **TORETUS**. Charta ann. 1478. ex Schedis Præs. *de Mazaugues : Sextus terminus est situatus juxta quemdam Toretum*, etc. Quæ vox redditur *Costeau, Collis*, monticulus, in Processu vernaculo ann. 1565. ex iisdem Schedis. Quidam existimant vocem hanc a Gallis *manasse*, præsertim vero a Provincialibus, qui una cum Raimundo Sanctægidiano Comite in Terram sanctam profecti sunt ; ita enim montem ab iis appellari observat Columbus in Manuasca lib. 1. n. 5. quod firmatur ex veteri Charta, quæ habetur in Notitia Ecclesiæ Diniensis P. Gassendi pag. 18 : *Quod possit emere seu acquirere hospitium sive locum ad ædificandum, ubicumque voluerit in civitate Dignensi, dummodo extra Torum, seu montem, vel fortalitium, etc* Sed probabilius est *Torum*, vocem esse Chaldæorum, quibus *Tor*, mons dicitur, ait clivus, ut auctor est Petrus *della Valle* tom. 2. Epist. 1.

TOROC, Gurgulio : ita in Glossa interlineari in Grammatica MS. Smaragdi.

¶ **TOROSUS**, Ad taurum spectans. *Torosa vox*, apud Andream Floriac. MS. in lib. 2. Miracul. S. Benedicti. *Tors*, pro *Taureaux*, in Charta vernacula pedagii *da Doing* ann. 1318 ex Chartul. 21. Corb. fol. 847 . Item *vacques, bœufs, Tors ou geniches*, le piece dict 1. *den*.

★ **TORPEDO**, [Torpor. DIEF.]

¶ **TORQUA**, Tæda cerata, fax, Gall. *Torche*, Picardis *Torque*. Pact. inter abb. et consul. Aureliaci ann. 1350. in Reg. 78. Chartoph. reg. ch. 246 : *Item quod omnes et singulos faces sive Torque, in torticia, candelæ...... habeant fieri taliter, quod quatuor partes sint de bona et sufficienti cera, etc.* Torquelon vero diminut. a *Torchon*, Stramen contorum, in Lit. remiss. ann. 1392. ex Reg. 144. ch. 166 : *Icelle femme se douloit que son mary l'injurioit et lui disoit qu'il ne savoit qui elle estoit, et qu'elle estoit avolée sur un Torquelon d'estrain.* Vide supra *Torchennus*.

¶ **TORQUATUS**, Tortus. Monast. Anglic. tom. 1. pag. 1 : *Tamen locum istum cum* XII. *hidis terre ab eo impetrarunt, in quo virgis Torquatis muros protegentes, primam hujus regni construxerunt ecclesiam anno post passionem Domini* XXXI.

¶ **TORQUERE**, Molestare, damnum inferre. Bulla Honor. PP. in Chartul. S. Petri Gand. ch. 20 : *Abbas et conventus prædicti super terris et rebus aliis inju-*

riabantur eisdem (abatissæ et conventui). *Ne.... in abbatis et conventus monasterii præjudicium Torqueri contingat, etc.*

¶ **TORQUERE** NAVES, in Statutis Massil. lib. 4. cap 6. Eas in latus invertere, ut commodius purgari possunt. Vide locum in *Raspare*.

¶ **TORQUILLA**, Τροχαλία, in Glossis Lat. Græc. Trochlea. Laurentius in Amalthea · *Torquilla, Tortula, Avis ita dicta, quod collum crebro torqueat.*

TORQUIMENTUM, Βάσανος. Gloss. Gr. Lat. MS Editum habet *Tormentum*.

⁰ **TORQUIS**, pro Torques, in Vita S. Lugid. tom. 1. Aug. pag. 343. col. 2 · *Quod puer Lugidius Torquidem aureum circa collum suum dedisset, etc.*

TORRA, TARRA, seu THARRA, Locus vel fornax. in quo torretur avena, quæ olim Alamannis, ut et hodie, Turgaviis maxime, in cibo et pulmento fuit. Ea vero sic conficitur. Torretur primum avena cruda, tum molitori pinsenda seu molenda traditur, non in farinam minutam, sed crassam, ad instar hordei, quod ubivis locorum ad eam formam teritur. Hæc Goldastus ad hunc locum Eckeardi junioris de Casib. S. Galli cap. 1 : *Simile etiam quiddam de lebete æneo grandi, et de Tarra avenis centum maltrarum commoda cum projectasset, etc.* [·.*] Vide Graff. Thesaur. Ling. Franc. tom. 5. col. 200. voce *Darra*] Ubi malim *Torra*; nam et inde *Torrale* et *Torrelagium* dicta, a torrendo scilicet ; hordeum quippe vel avena ad cerevisiam torretur priusquam molatur. Gregorius Turon. de Gloria Confess. c. 81. Quidam de vicinis annonas diu infectas aqua ac germine producto conflatas, facto igne super vimina contexta Torrere parat ad pocula facienda. Et cap. 1 : *Jubet fieri ex annonis aqua infusis atque decoctis, messoribus poculum præparari. Hanc autem coctionem Orosius a coquendo Coctiam vocari narravit.* Ovidius de potione, quam Anus Attica Cereri propinavit .

. . . . *Lymphamque rogantl*
Dulce dedit tosta quod coxerat ante polenta.

Polentam vero Plinius ait ex hordeo prius tosto fieri. Veteres denique tam far quam hordeum prius molebant, deinde torrebant ; unde Virgilius lib. 1. Georg. :

Et Torrere parant flammis, et frangere saxo.

TORRALE, Ædificium, in quo frumenta et grana torrentur et exsiccantur ; a torrendo dictum. Leges Burgorum Scoticorum cap. 54 : *Si aliquis accommodavit Torrale suum alicui, et fuerit combustum tempore, quo commodatur, etc.* Vide Skenæum de Verborum signif. voce *Torralium.*

TORRELLAGIUM, Pensitatio, quæ ex torrali exsolvitur. Charta Episc. Ambian. ann. 1301 : *Torrellagium Ambian. valet 10. modios vel circiter.* Alia Philippi Com. Flandr. pro teloneis urbis Ambian : *Cascune oechine à cambier à la chité d'Amiens, doit un de seke brais à Toralle, se elle n'est en franc lieu, doit cascun an 22 sestiers d'avaines au Vesque, et 22. sestiers d'avaine au Comte. Mais li Quens en rent de sa part du Torrellage 4. muis d'avaines au Vidame chascun an, et c'est à sçavoir que chil qui seke à Toraille, et franc lieu, il ne doit point de Toraille.*

⁰ **TORRACHA**, Prov. Specula, Glossar. Provinc. Lat. 7657. ex Cod. reg.

¶ 1. **TORRENS**. S. Audoenus in Vita S. Eligii lib. 1. cap. 14 : *Porro Rex Dagobertus Torrens, pulcher et inclytus, ita ut nullus ei similis fuerit in cunctis retro Francorum Regibus, etc.* An ingenii vis, colorve oris adustior significatur ?

⁰ 2. **TORRENS**, Fluviolus, rivus, Gall. *Courant d'eau.* Charta Fulconis Comitis Andegav. ann. 1088. in Histor. S. Nicolai Andegav. pag. 6 : *Si vinum cum banno vendidero, bannerius meus Torrentulum de barra non transibit, causa capiendi vasa ementium monachorum vinum.* Supra : *Trans flumen vero vineas alias, etc.*

⁰ **TORRES**, dicitur a *torreado*, et est magnus truncus, qui pontur in capite ignis, Gallice *Tréfouel* à mettre en feu. Glossar. Lat. Gall. ex Cod. reg. 7679. Vide *Torrculvs*.

⁰ **TORREXANUS**, Turris seu campanilis custos. Inventar. MS. ann. 1866. *Claves palatii veteris Bononiensis et turris palatii certo cvi Bononiensi tradiderunt, ipsum constituendo Torrexanum et campanarium ad pulsandum ad consilium communis Bononiensis, quoties opus esvet.*

¶ **TORRICULUS**, *Parvus torris*, Johanni de Janua , *Tisonnet de feu*, in Glossis Lat. Gall. Sangerman.

✶ **TORRIDUS**, [Ustus. DIEF.]

⁰ **TORS** Epistola a mm. 1113. apud Marten. tom. 1. Ampliss. Collect. col. 1114 : *Duas archas quarrellorum , unam ad estrif et alteram ad duos pedes, et* II. *Tors, et* II. *cros, et* II. *glomos fili et* C. *libras ceræ.* Idem videtur quod supra *Tornus* 1.

¶ **TORSA**, Fax, tæda, nostris alias *Torse*, nunc *Torche*. Obituarium MS. Eccl. Morin. fol. 96. v° : *Ordinavit........ duabus Torsis ardentibus decantari antiphona*, *O salutaris hostia*. Litteræ ann. 1344. e Tabulario S. Audomari : *Recepimus..... duas Torsas ponderis* XXXIV. *librarum ceræ.* Vide *Torcia* 1. et *Tortisius*.

⁰ *Une poignée de chandeilles de cire ou une Torse de chambre,* in Declarat. MS. feud. Camerac

¶ **TORSATA**, TORSEL, TORSELLUS, Fascis, fasciculus, Gall. *Trousseau*. Consuetudines et jura Eccl. Audomar. e Tabulario ejusdem : *De pensa filorum* II. d. *si Torsata fuerit* II. *d. balæ* IV. *d. item de Torsel* IV. d. *..... Torsel ollarum metallinarum* IV. d. *Torsel patenarum æneatum* IV. *d. Torsel pannorum cordis ligatus* IV. *d. Et mox*: *Si aliquis mercator huc venerit cordis ligatum, super equum attulerit, dabit* II. *d...... Torsellus gladiorum ligatus cordis* IV. d. Annales Genuens. apud Murator. tom. 6. col. 836 : *Furtim lignum unum armaverunt et quemdam bucium Torsellorum Astiensium carricatum ceperunt.* Col. 512 : *Duæ galeæ Massiliensium oneratæ Torsellis pannis Franciæ.* Emendo Torsellis et pannis *Franciæ*, ut legitur col. 513. Rursum col. 522 : *Torsellum ad formam pannorum sibi feruntur de Francia.* *Toursée*, in Peagio Peronnæ ex Chartul. 21. Corb. fol. 339 : *Item le cheval qui porte Toursée deriere*

.... doit IX. den. *Toursel*, in eodem Chartul. fol. 85. v°. Vide *Trossa* et ibid. *Trossellus*.

⁰ Adjective sumi videtur *Torsata* a verbo *Torsare*, id est, in fascem cogere ; unde etiam nostris, *Tourser*, fasciculum imponere, portare, in Bestiario MS. ubi de formicis :

Tant qu'il sont el lieu venu,
Ou il autre se sont Toursé.

⁰ *Torsel* nostris alias *Toursée*. Lit. ann. 1400. tom. 8. Ordinat. reg. Franc. pag. 378. art. 2 : *Chevaulx qui porte a Tourse, ne doit riens.* Le Roman de Robert le Diable MS. :

Ains ne regardent lor tentes
Li Turc qui ont autres ententes :
Onques par eulx n'y oi Tourse,
Pavillon, n'avoir en bourse.

⁰ *Toussel*, Eodem sensu, in Lit. remiss. ann. 1411. ex Reg. 166. Chartoph. reg. ch. 42 : *Icelle femme fist aler la suppliante querir un Toursel enveloppé, ouquel son argent estoit. Unde diminutivum Tourselet*, in aliis ann. 1387. ex Reg. 131. ch. 80 : *Laquelle femme avoit noué en un Tourselet huit frans et quatre florins de Flandres.*

⁰ 2. **TORSELLUS**, Scalprum signatorium, Gall. *Coin, poinçon,* Acad. Crusc : *Torsello, Conio, o punzone, con che s'improntan le monete.* Stat. ann. Florent. lib. 3. cap. 129. ex Cod. reg. 4621 : *Domini monetæ seu aliquis alius.... partiri faciat........ quonium, Torsellum, pilam, puntellum, marchium seu pondus monetæ aureæ vel argenteæ.*

TORSATORIUM. Gl. MS. : *Laceroli, Torsatoria*.

¶ **TORSERIA**, Idem quod *Torsata*, seu hippopera, vidulus. Statuta Eccl. Anic. ann. 1267. apud Marten. tom. 2. Anecd. col. 485. n. 50 : *Item quod nullus Canonicus vel Clericus quilibet sine cappa vel mantello... audeat equitare, nec manticam seu Torseriam post se deferre.*

TORSIA, Agger, etc. Vide *Torcia* 2.

¶ **TORSOR**, *Tourmenteur*, in Glossis Lat. Gall. Sangerm. ex J. de Janua, apud quem *Torsores*, tortores vel cruciatores.

¶ **TORSORIUM**, Peniculum, Gall. *Torchon*. *Munda sicut Torsorium culinæ*, Menoto in Sermonibus Quadragesim. fol. 121. verso. Vide *Torsorium.*

⁰ Glossar. Lat. Gall. ann.1352. ex Cod. reg. 4120: *Torsorium, Escuvillon de four*. *Toullon*, eodem sensu, in Lit. remiss. ann. 1471. ex Reg. 195. Chartoph. reg. ch. 586 : *Des Toullons ou essuyons à escuelles.*

¶ **TORT**, Gallica vox, quæ non semel occurrit apud Latino-barbaros. Vide *Tortus* 1.

1. **TORTA**, Placenta, nostris *Tourte*. [*Tourtie, quodvis placentæ genus dicitur*, in Litteris ann. 1355. inter Ordinat. Reg. Fr. tom. 5. pag. 509 : *Et ne puet nuls ne nulle faire boulengherie, ne Tourterie, etc.*] Guill. Brito in Vocab. : *Torta, unde tortula diminutivum, genus cibi est vel panis, quod vulgo dicitur ita.* Erotianus in Onomastico ait, ἄρτον ἐγκρυφίαν ab Atticis appellatum esse panem ex pinguibus palmulis, farina et aqua confectum, hæcque verba addit, ὂν τούρταν καλοῦσιν, quæ addita a recentiori existimat Hieronymus Mercurialis lib. 2. variar. lection. cap. 5. tametsi sacrorum Bibliorum interpretes ἄρτον ἐγκρυφίαν, *Tortam panis subcinericiæ*. Reddit. Exod. 29. Numer. 6. 1. Reg. 2. 10. 1. Paralip. 26. et Jerem. 37. Rituale Hebræorum, a Baronio laudatum : *Deinde paterfamilias*

Tortam azymam sub mappa hactenus servatam in frusta frangebat, in tot particulas illam dividens, quot essent in coena discumbentes, etc. Althelmus de Laude Virg. cap. 28:

Punica mala vident granis scilicequo referta,
Botros, et ficos, et plures ordine Tortas.

Vita S. Tilonis Monachi n. 23: *Vilissimam panis Tortam ab eis pro benedictione (eulogia) sibimet vendicabat.* Vita B. Stephani Abbatis Obasinensis lib. 1. cap. 4 : *Accessit, deferens eis dimidiam Tortam panis et vas lactis, etc.* [° *Torta panis,* in Ecbasi vers. 42. et 544] Guigo II. in Statutis Ord. Cartusiensis cap. 7. § 10 : *Post coenam, singulas Tortas tanquam Christi mendici accipientes, cellas repetimus.* Et cap. 31: *Panis quivis de tritico, Torta est, album enim panem non facimus.* Adde cap. 58. Statuta antiqua ejusd. Ordin. 1. part cap. 34. § 10. part. 2. cap. 18. § 89. cap. 14 § 16. cap. 31. § 17. Bernardus Mon. in Consuet. Cluniac. MSS. cap. 14. et ex eo Udalricus lib. 3. cap. 24 : *Quotidie dantur..... et* 12. *Tortae, quarum una quaelibet* 8. *libras appendit.* Warnerius MS. in Macrum Poetam Scottum :

His ita perceptis, divisque ex crede placatis,
Tres Tortas caldas ex humeris religat,
Ut sibi per populum sic fas foret ire quietam,
Securumque suam cernere Glycerium.

[*Torta panis siliginis,* in Charta ann. 1322. tom. 1. Macerarium Insulae Barbarae pag. 203.] Adde Volphardum Presb. lib. 3. Miracul. S. Walburgis n. 4. Decreta Hungarica Mathiae Regis cap. 86. Monasticum Anglic. tom. 1. pag. 106. Labbeum tom. 2. Biblioth. pag. 744. [Chronicon Bergom. ad ann. 1386. apud Murator. tom. 16. col. 855.] etc. Rob. Gaguinus in Poem. vernaculo :

Le poure mangue sa Torte,
Ses aux, oignons, sans cremeur.

¶ TORTA CERAE, in Tabulario Compendiensi. [° Certa cerae meta vel massa, nostris *Pain de cire.*]

¶ TOURTA. Gerardus in Vita S. Stephani Grandimont. apud Marten. tom. 6. Amplis. Collect. col. 1085 : *Attulit ei Tourtam panis....... et ait ad eum : Esto securus et vade, ac de isto pane... procura uxorem tuam, prout tibi duraverit.* Chartular. S. Vandregesili tom. 1. pag. 803. *Vendidi unam summam hordei... ratione cujusdam Tourtae, quam habere consueveram ibidem annuatim diebus singulis, quam Tourtam....... excambiaveram pro summa ordei supradicta.*

TURTA. Liber Ordinis S. Victoris Parisiens. MS. cap. 25 : *Panis, qui vulgariter Turta appellatur.* Udalricus lib. 2. Consuet. Cluniac. cap. 4 : *Pro signo panis sigali, qui Turta vulgariter appellatur.* [Rursum occurrit apud Murator. tom. 9. col. 772. tom. 12. col. 1084 tom. 16. col. 581. In Statutis Montisregalis pag. 13. et alibi.] De vocis etymo multa viri docti congessere, Vossius, Menagius, Ferrarius, et alii.

TORTULA, *Quoddam genus cibi vel panis, quod vulgo ita dicitur,* Ugutioni. Diminutivum a *Torta.* Gregorius Turon. lib. 1. Miraculor. cap. 7 : *De qua Tortulae parvulae formantur.* Vita S. Lupicini Abbatis Jurensis n. 11 : *Non quadrupedi invictus est equo, sed sufficiebat cuique cum sustentandi baculo crassior fortiorque Monasterii Tortula.* Udalricus lib. 2. Consuet. Clun. cap. 4 : *Pro signo Tortulae, quae praeter solitam libram datur in quatuor principalibus festis , etc. Tortula cerae,* apud Odonem Cluniac. in Vita S. Geraldi lib. 1. cap. 25. Occurrit praeterea 1. Numer. 11. [Bernardus Mon. part. 1. Ord. Cluniac. cap. 6 . *In quinque principalibus (festis) praeter solitum panem dari solet singulis una Tortula de ovis farinaque conspersa.*]

TORTELLA. Papias : *Artocrea panis carnem continens, vulgo Tortella.* Adelbertus Abb. Heidenhemens. pag. 328 : *De farina domini sui furabatur, et Tortellam inde, quam comederet, confecit.* [Rolandinus Patavinus lib. Chron. Tarvis. cap. 18. apud Murator tom. 8. col. 181. *Dactylis et muscatis, Tortellis, pyris et cotanis, rosis, liliis et violis.*]

TORTELLUS, ex Gallico *Tourteau.* Papias : *Pastilli, Tortelli pigmentati, vel unguenta.* Ordericus Vitalis lib. 6. pag. 624. *Ad tumulum S. Ebrulfi accessit, laminamque reverenter amovit, sanctaeque carnis pulverem instar Tortellorum congessit.* [Charta ann. 1226. apud Stephanotium tom. 3. Antiq. Pictav. MSS. pag 810 *Potebat unum boisellum (siliginis) ab illo. qui non habebat nec bovem nec asinum, et Tortellum a qualibet sive denarium pro eodem. Alia ann. 1232. ibid. pag. 842 : Serviens percipit per se consuetudines suas, videlicet terragerias, costagia, mestivam, gallos, caseos, Tortellos et corveiam suam, etc.* Alia ann. 1298. e Chartulario S. Vandreg. tom. 1. pag. 850 : *Dedimus..... unam pechiam terrae..... pro iv. sol. Tur. II. garbis, I. Tortello et V. ovis annui redditus.*] Charta Mauricii Episc. Paris. ann. 1189 in Tabular. S. Magloril : *Consuetudinem Tortellorum ad Natale, et ovorum ad Pascha reddeni hospites S. Juliani.* Charta Roberti Comitis Drocensis : *Tenentur et quilibet hospitum Ecclesiae reddere..... singulis annis in crastino Natalis Domini unum Tortellum, vel unum obolum pro Tortello, si maluerit hospes.* De ejusmodi tortellis in crastino Natalis Christi Domino offerendi more, qui etiamnum in aliquot Galliae provinciis non omnino abrogatus est, agunt Chartae aliae in Hist. Monasterii S. Martini de Campis pag. 187. 188 514 Usatica MSS. Vicecomitatus Aquae Rothomagi · *A la ferme des estaulx appartient la porte Cauchoise, et la porte Estoupée, et les Tourteaulx que l'en y paye, et la porte de Bouvereul, et le Barrage, et les Torteaulx, et la porte Beauvoisine, et les Tourteaulx, et le Barrage, et les escroes des taillies. Ibidem : L'Abbé de Fescam doit à la porte Beauvoisine une mine de fourment par an pour aller querre les Tourteaulx à sainte Marie des Fontaines, et dont le Fermier dudit Abbé faire paier les Tourteaulx au barrer à ses cousts et despens.* ¶ *Torelli* ad natale Christi dominis offerebantur a subditis, quae praestatio in pecuniam saepius est commutata, retento nihilominus *Tourteau* nomine. Charta ann. 1309. in Lib. rub. Cam. Comput. Paris. fol. 347. r°. col. 1 : *Derechef, les Tourteaux de Noel du forestage, cinc sols Par.* Alia ann. 1318. in Reg. 56. Chartoph. reg. ch. 520 · *Rentes que on appelle Tourtiaus, terrages sur plusieurs terres de la ville.*

¶ TOURTELLUS Codex MS. reddituum Episcopatus Autissiod. · *Quicunque affert unctum in hac villa, solvit de Tourtello i. ob. Tourtel,* pluries in Chartular. Latiniac. fol. 159. v°.

¶ TURTELLUS. Charta ann. 1112. tom. 2. Hist. Eccl. Meld. pag. 21 : *Tertia pars Turtellorum monachorum est.* Infra: *Turtellos de Nativitate.* Ita legendum est in Bulla Alexandri III. PP. ann. 1169. ex Chartul. Pontisar.: *Apud Hœrovillam in Ecclesia duas partes offerendae et Turtellorum.* Hæc rursum infra occurrunt.

¶ TORTH, eadem notione, Aremoricis *Tors.* Chartularium S. Crucis Kemper leg.: *Ad Pascha Torth panis cum ovis suis, ad Natale Domini iterum Torth panis cum* II. *gallinis.*

2. TORTA, *Virga torta,* qua sepes continentur ac vinciuntur. Vide in *Retorta.*

° *Tortilis ex virgultis laqueus.* Stat. Aveliae ann. 1496. cap. 146. ex Cod. reg. 4631 : *Si alicui bubulco vel conducenti boves cum plaustro, vel laboranti terram alicubi, contingat, quod ruperit aysale vel Tortam, sau aysalia vel Tortas, etc.*

° *Tourte,* Pars molendini , in Chartul. Corb. sign. *Ezéchiel* ad ann. 1413. fol. 25 v° : *Pour l'arbre, le roeue, le rouet, les Tourtes et tout ce qui tourne, etc.*

¶ 3. TORTA, Fascis, fasciculus. Statuta civitatis Astae collat. 4. cap. 82 : *Teneatur Potestas eligi facere duos ponderatores luni, qui totum linum pensent, ut sciatur, si qualibet Torta est libr* L *et accipiant dicti pensatores de qualibet Torta denar.* I. *et si Torta inveniatur minus de libr.* L. *Potestas teneatur ei auferre pro pena pro qualibet Torta solid.* v. *Astatens. et qui Tortam vendiderit ipse pensata non sit, amittat pro pena sol.* v. *et de media pro rata.* Legendum forte *Torsa* Vide *Torsata* et *Trossa.*

° **TORTAMENTUM.** Charta ann. 1337. in Reg. 70. Chartoph. reg. ch. 331 : *Informationes facta de Portamento, sufficientia et insufficientia eorum* (servientum), *etc.* Ubi legendum esse *Portamentum* patet ex sequentibus : *De quorum legalitate et Portamento inter alios bonum testamonium perhibebatur.* Vide supra *Portamentum.*

¶ TORTARII, Canonici inferioris ordinis in Ecclesia Autissiodorensi, vulgo *Chanoines Tortiers,* saepius *Semiprebendae,* sic dicti, ut suspicatur D. *Le Bœuf,* vel quod simplici *torta* panis donarentur in sua prima institutione, vel a possessione quadam *Tortaria,* vernacule *la Tortorie* dicta, cujus redditus primum assignari potuerunt a Capitulo ad alendos hosce Canonicos. Gesta Abbatum S Germani Autiss. in Galtero qui abdicavit ann. 1242. apud Labbeum tom. 1. Bibl. pag. 582 : *Blasius eorum hebdomadarius non erat integre Canonicus, sed tantum Tortarius.* Perperam enim est *Portarius.* Necrologium Ecclesiae Autiss. ann. 1250. ad 29. Martii : *Obitus Adriani Canonici Tortarii et Presbyteri* xxv. solidi. Epistola Capituli ejusd. Eccl. ad Capitulum Nivern. ann. 1286. e MS. Eccl. Nivern. : *Petiistis a nobis, ut vos certos reddere curaremus qualiter et quomodo septem Presbyteri, quos Canonicos Tortarios nuncupamus, consueverunt et debent in nostra Ecclesia deservire.*

° *Horum conditio aperte declaratur in iis quae sequuntur in eadem Epistola* ann. 1286. in Hist. Autiss. pag. 149. col. 2 : *Unde discretioni vestrae tenore praesentium intimamus, quod postquam praebendas, quas Tortarias vocamus, ad collationem nostram pleno jure specantes, pacifice sunt adepti, personalem residentiam in ecclesia tenentur facere, et nisi sint sacerdotes, infra annum tenentur se facere promoveri ; nec possunt moram trahere extra villam causa peregrinationis, seu alia de causa, nisi prius petita a nobis in capitulo licentia et oblenta : et super praemissis in institutione* sua jurant corporaliter. Tenentur etiam celebrare ad majus altare et etiam ad aliud altare, quod altare Comitissæ vocatur, in suis hebdomadis, chorum regere, horas canonicas, tanquam hebdomadarii, dicere, sicut majores canonici sacerdotes. Non tamen potest canonicus Tortarius celebrare ad majus altare in majoribus solemnitatibus, si ejus septimana evenerit, sive in festis duplicibus, si commode possit habere majorem canonicum qui pro ipso celebret dicta die. Consueverunt insuper dicti Tortarii supplere defectus majorum canonicorum quotiens est, et cantando et legendo eorum onera supportare. Hæc autem vobis sufficiant, quæ de dictis Tortariis vobis ad præsens duximus rescribenda.

¶ **TORTELLA**, Torth, etc. Vide in Torta 1.

¶ **TORTIA**, Idem quod Torcia 1. Fax, tæda. Computus ann. 1383 et seqq. tom. 2. Hist. Dalphin. pag. 277 : Item, libravit..... Usseriis pro Tortiis, quas debuerunt habere, quando dominus Andreas fuit baptizatus, taren. v. gran. XVI. Vide Tortisius.

¶ **TORTICA**, ut Tortia. Statuta S. Capellæ Bituric. ann. 1407. ex Bibl. Reg. : Thurificabitur insuper in elevatione Corporis Christi solum per duos clericos, et per alios duos tenebuntur duæ Torticæ accensæ usque post communionem. Vide Tortisius.

¶ **TORTICIA**, Torticius, Idem quod Tortisius, Fax, tæda. Ordo Rom. apud Mabillon. tom. 2. Musei Ital. pag. 864. ubi de ritu excommunicationis de Cœnæ Domini : Circa ultimum verborum habens aliquos Torticios accensos in manu, projicit ipsos D. Papa versus populum ad terram Hoc idem faciunt singuli Cardinales et Prælati, tenentes tantummodo unum Torticium in manu, nihil dicendo ; et cum candelæ projiciuntur, debent campanæ Ecclesiæ inordinante pulsari. Et pag. 529 : Torticiæ suæ brandones, quilibet ad minus VI. lib. ceræ. Concordia ann. 1822. e Tabulario S. Audomari : Offerat ad magistrum altare unum Torticium vel unam candelam ceræ ponderis dimidiæ libræ. Torticius cereus, in Testamento ann. 1392. apud Baluz. tom. 2. Hist. Arvern. pag. 180. Aliud adde ejusdem anni tom. 2. Macerarium Insulæ Barbaræ pag. 664.

¶ **TORTICIUS**. Histor. Inquisit. Tolos. apud Limborch. pag. 305 : De dictis ossibus accepit ab eis quantum papiam, et posuit juxta Torticium domus suæ ante ymaginem Crucifixi. Lutarium parietem intelligo sic dictum ab Occitanico Tourtis, Gall. Torchis. Vide Tortissus et alia notione in Torticia.

¶ **TORTICORDIUS**, Tortum cor habens, S. Augustino in Psalm. 146. Locum vide in Pravicordius.

¶ **TORTICUS**, Idem quod Tortisius. Charta Philippi Pulchri apud D. Brussel tom. 1. de Feudorum usu pag. 669 : De.... duobus Torticis in civitatibus accendendis financia non præstetur. Litteræ Caroli V. Reg. Franc. ann. 1369. tom. 5. Ordinat. pag. 209 : Candele et tortici de cera...fient in terra eorumdem, talis quantitatis et valoris, quod operarii et operatrices qui candelas ipsas facient per se vel per alium, et Torticos, atque vendent, pro toto corum labore atque lucro, ultra ipsorum puran sortam, vel proprium capitale, de et super qualibet libra ceræ, in candelis et Torticis, ut predicitur, operata, sex denarios Turonenses percipient et habebunt tantummodo. Vide Tortica et Tortisius.

¶ **TORTILITER**, Modo qui torquet, J. de Janua ; Tormentablement, in Gl. Lat. Gall. Sangerm. MSS.

TORTILOQUIUM. Gloss. Gr. Lat. : Διάλικτος συνεσταμμένη, Tortiloquium. Alibi : συνεστραμμένη ὁμιλία, Tortiloquium. Oratio intorta, apud Plautum in Cistellar. : Involucra censuum et verborum volumina, apud Gellium. Inversa verba, apud Lucretium l. 5 :

Inversis quæ sub verbis latitantia cernis.

◦ **TORTILUS**. Charta vetus apud Gorium inter Inscript. antiq. Denian. pag. 508 . Tortili paria octo. Quæ in Indice Turtures exponuntur. Vide supra Tordera.

¶ **TORTINA**, Stateræ species. Statuta Perusiæ fol. 56 : Si quis mensuraverit ad mensuram vel pondus, scandalium, stateram, seu Tortinam, vel balanciam, etc. [◦ Forte pro Trutina.]

¶ **TORTINUS**, Cereus certa ratione contortus. Charta ann. 1290. in Lib. 1. nig. S. Vulfr Abbavil. fol. 29. r° : Dicebamus simplices cereos foramine carentes et Tortinos foramina habentes ad nos, ratione thesaurariæ nostræ, pertinere. Tourtis de cire, eadem de causa, appellatur Massa fili cerati et contorti, vulgo Pain de bougie, in Stat. ann. 1358. tom. 6. Ordinat. reg. Franc. pag. 596. art. 32.

¶ **TORTIONARIE**, Injuria, Gall. à tort. Arrestum Parlamenti ann. 1531. inter Privilegia Ordinis S. Johan. Jerosol. pag. 251 : Supradictos vero defensores Tortinarie et sine causa supradictæ querimoniæ opposuisse diceretur, etc. Torsonnerement, in Charta ann. 1869. ex Chartul. 21. Corb. fol. 316 : Torchonnierement, in Charta ann. 1448. ex altero Chartul. 28. ejusd. Monaster. : Tout ce qui par eulx ou de leur partie avoit été Torchonnierement entrepris, fait et commis. Vide Torçonnerie et Tortionarius.

TORTIONARIUM. Glossæ MSS.. Sanna, Tortionarium. [Haud scio an referri queat ad sequens]

¶ **TORTIONARIUS**, Injustus, injuriosus. Practicis nostris Tortionaire. Arrestum Parlamenti ann. 1494. apud Menesterium in Prob. Lugdun. pag. 76. col. 1 : Impedimentum in contrarium facta Tortionaria et iniqua extiterat judicatum. Torsonnier, in Charta Caroli VI. Reg. Franc. ann. 1402. ex Bibl. Reg. : Lequel empeschement qui estoit et est Torsonnier, si come dient nos dis Chappellains.

TORTIRELLA, Tortorella, Machinæ bellicæ species, [a torquendo, seu jaciendo, ut videtur appellata.] Rolandinus in Chron. lib. 1. cap. 12 . Comes Paduæ Manfredinus...... a lapide Tortorellæ intrinsecæ cecidit mortuus. Idem lib. 1. cap. 1 : Fovea quoque facta, constructum est ibi spaldum trabeum, longo tractu fortissimum, et condensum, et turres quoque ligneæ, Tortirellæ, sive predariæ, certis locis, ut si temerarius inimicus accesserit, redeat cum pudore et damno. [Chronicon Veron. ad ann. 1237. apud Muratori. tom. 8. col. 629 : Castrum obsiderunt cum novem manganis et pluribus Tortirellis seu manganellis.] Vide Prederia, et Toraus 1.

TORTISIUS, Tortitius, Tæda, Torse, vel Torche, nostris. Synodus Exoniensis ann. 1287. cap. 4 : De parochiarum eleemosynis Sacerdotes procurrant duos fieri Tortisios , in Canone Missæ ardentes , prout in Ecclesiis multis hactenus fieri consuevit. Fleta l. 1. cap. 5. §6 : Militi quotidie liberetur a Celario Regis.... unus Tortitius cum sex minutis candelis ceræ. Computum Domanii Stapularum in Comitatu Bononiensi ann. 1475. fol. 53 : Recepte des Torsins de chire deus au terme de Chandeleur. Vide Scolax. [Le Roman de la Rose MS :

Il venist lors en repostaille,
Ou par nuit devers les cortils
Sans chandele et sans Tortils.]

Vide Torticia, Entortitius et Intorticium.

◦ **TORTISSIUS**, Tæda, fax, funale intortitium. Lit. remiss. ann. 1837. in Reg. 89. Chartoph. reg. ch. 188 : Combusta cum uno Tortissio ardenti. Vide Tortisius.

¶ **TORTISSUS**, Lutum paleatum, ab Occitanico Tourtis, Gall. Torchis. Reparationes factæ in Senescallia Carcassonæ ann. 1435. e MS. Cl. V. Lancelot : In aptando et reparando solum aliquarum camerarum ejusdem castri de terris et Tortissis et aliis necessariis. Vide Torticius.

1, **TORTITUDO**. Gibbositas, apud Constantinum Afric. lib. 2. Pantechn. cap. 8.

2 **TORTITUDO**, Idem quod Tortus 1. Injustitia, violentia. Chronicon Besuense pag. 602 : In causa violentiæ et Tortitudinis, etc. Alibi : Pro multis Tortitudinibus et sceleribus. Historia Episcoporum Autissiodor. cap. 49 : Interdixit sub anathemate, ut nullus mortalium præsumere deinceps auderet vim seu calumniam, nec aliquam Tortitudinem inferre pro quavis occasione rebus ejusdem Ecclesiæ. Tabularium Arremarense : Terram quoque Osanicurtis..... recognita sua Tortitudine abdicavit : Adde Chartas alias a Beslio descriptas in Comitib. Pictavensib. pag. 468. 485. 506. Occurrit etiam non semel in Tabular. Dernensis Monasterii, [ut et in Epistola Hadrian. II. PP. apud Labbeum tom. 8. Concil. pag. 914. in alia Johannis XIX. ann. 1080. Marcæ Hispan. col. 1044. in Charta ann. 1079. apud Marten. tom. 1. Ampliss. Collect. col. 498. in Hist Monasterii S. Laurentii Leod. tom. 4. ejusd. Collect. col. 1127. et alibi passim. Inter malos usus et tultas, Tortitudines, hoc est, injustæ exactiones, recensentur in Charta ann. 1062. e Tabulario S. Victoris Massil. Tortitudo peccati, apud Lambertum Abb. S. Rufi in floribus Psalmorum MSS. Tortitudo morum, in Actis Ven. Erluini Abb. tom. 7. Maii pag. 845.] Tortas et confragosas, dixit Plautus in Menæchmis.

¶ **TORTIUS**, Idem quod Tortisius. Charta ann. 1269. apud Lobinell. tom. 3. Hist. Paris. pag. 47 : Administrabit a dictus capicerius ad Pascha duos Tortios qui accendentur quotidie in majori Missa, in elevatione Corporis Christi.

¶ **TORTIVUM** VINUM. Vide in Vinum.

¶ **TORTIX** CEREUS, Idem quod Tortisius. Testamentum ann. 1800. e Schedis Marchionis de Flamarens : Dare teneantur..... Torticem cereum et illuminandum Corpus Christi in elevatione ejusdem.

◦ **TORTOLANI**, Hæretici Valdensium sectatores, quod Tortellum facerent de quo communicabantur, in Bibl. Dominic. tom. 1. pag. 191. ex Alberto Magno.

¶ 1. **TORTOR**, Jaculator, qui tela torquet, immittit, vibrat. Radulfus Cadom. in Gestis Tancredi tom. 3. Anecd. Marten. col. 167 :

Nec manus adversis, obverso turbine, dextris
Tela retorquebat, Tortiores torti per ipsos.

◦ 2. **TORTOR**, Baculus, quo funes carrorum contorquentur, nostris alias Tortoer, Tortoir et Tortouer. Charta ann. 1382. in Reg. 66. Chartoph. reg. ch. 1098 : Item non tantum de mortuis, sed etiam de vivis infrascriptis, videlicet pro suis.... Tortoribus, videlicet modicis baculis, cum *quibus cordæ stringuntur.* Lit. remiss. ann. 1377. in Reg. 111. ch. 213. bis : *Un autre de leur compaignie fery ledit Rousselet par la teste d'un Tortoer de charrette ou d'un gros baston.* Aliæ ann. 1380. in Reg. 117. ch. 47 : *Un gros baston, que l'en appelle Tortoir de charrue. Icellui Thevenon garny en sa main d'un Tortouer ou baston à charue,* in aliis ann. 1393. ex Reg. 144. ch. 437. *Tuerdoir de cher ou de charette,* in aliis ann. 1397. ex Reg. 152. ch. 105. Vide supra *Tornaglium* et *Tornus* 1.

¶ **TORTORELLA.** Annales Mediolan. ad ann. 1389. apud Murator. tom. 16. col. 808 : *Fermalium unum auri cum una Tortorella super uno radio auri.* Italis *Tortorella* est Turtur junior. Vide *Tortoreta.* Occurrit alia notione in *Tortirella.*

¶ **TORTORERIÆ** CORD.E. Vide in *Corda* 3.

¶ **TORTORETA,** dimin. ex *Tortora,* ni fallor. Italis Turtur. Funus Johannis Galeaz Ducis Mediol. ann. 1402. apud Murator. tom. 16. col. 1035 : *Erant enim prima duo scuta cum sola aquila nigra... alia duo cum radio solis cum Tortoreta.* Vide *Tortorella.*

¶ **TORTORIUM,** Carcer, custodia. Miracula MSS. S. Angilberti n. 56. e Tabulario S. Richarii : *Quin etiam uxorem suam in vadem sibi subrogare curavit; at illa mente robusta ingreditur mariti Tortorium.*

⁎ **TORTOSUS,** Intortus, nostris *Tortillé,* alias *Torticié.* Inventar MS. thes. Sedis Apost. ann. 1295 : *Item stolam et manipulum de serico violaceo, laboratos ad Tortosum ad nodos et aurum.* Comput. Rob. de Seris ab ann. 1382. ad ann. 1344. in Reg. 5. Chartoph. reg. : *Le fondz d'or soudeiz fait d'or trait, Torticié en maniere de veilles.*

ᶜ **TORTOYRIEYRA,** Funis. Comput. ann. 1384. inter Probat. tom. 2. Hist. Nem. pag. 85. col. 1 : *Item pro uno peytrali et una Tortoyrieyra, etc.* Ubi de equi instructu sermo est.

TORTUA, Testudo, ex Gallico *Tortue,* apud Silvestrum Girald. in Topogr. Hibern. Dist. 1. cap. 7.

TORTUCA. Matthæo Silvatico, *Testudo enuda.*

¶ 1. **TORTULA,** Τροχιλέα, in Glossis Lat. Græc. Trochlea. Aliæ Gr. Lat. : Τροχιλέα, *Tortula, Trogala.*

² **TORTULA,** Placentæ species. Vide *Torta* 1.

ᵒ **TORTULUS,** Placentæ vel panis species, idem quod *Tortellus* in *Torta* 1. Census eccl. Reat. MSS : *Sanctus Johannes Evangelista* (debet) *vj. spatulas et xij. Tortulos.*

¶ **TORTUM,** Damnum, injustitia. Vide *Tortus* 1.

¶ **TORTUOSA,** nude, Gladii species, eadem quæ *Machua tortuosa.* Leges Furnenses MSS. ex Archivo S. Audomari : *Qui bannitum fugat vel interficit cum de fensis armis, nisi cum canipulo vel Tortuosa, liber erit in forefacto... Qui de nocte ad helperocys cum armis venerit, excepto canipulo et Tortuosa, nihil emendabit.* [☞ Apud Warnkœnig. Hist. Flandr. tom. 2. part. 2. Probat. pag. 79. in Statut. Furnens. ann. 1240. art. 61. et 63. legitur *Torcoisa.* Pro *Helperocys* ibidem *Helperop*]

¶ **TORTUOSITAS,** Pravitas, dolus. Tertullianus de Carne Christi cap. 20 : *Qualis est autem Tortuositas vestra, ut, etc.* Adde lib. 4. contra Marcionem, cap. ult.

¶ **TORTUOSUS,** Injustus, falsus, in Glossario Barthii, apud Ludewig. tom. 3. Reliq. MSS. pag. 117. *Tortuosissima nodositas,* S. Augustino lib. 2. Confess. extrem.

1. TORTURA, *Torturæ,* Cruciatus, Tormentum, seu supplicia, quibus ad eruendam a reis confessionem judices uti solent : Gallis *Tortures.* Quod quidem *torturarum* genus Anglis inauditum, Francis nostris ut inhumanum passim ii objiciunt. Joan. Fortescutus de laudibus legum Angliæ cap. 22 : *Non igitur contenta est lex Franciæ in criminalibus, ubi mors imminet, reum testibus convincere, ne falsidicorum testimonio sanguis innocens condemnetur; sed mavult lex illa reos tales Torturis cruciari, quousque ipsi eorum reatum confiteantur, quam testium depositione, qui sæpe passionibus iniquis, et quandoque subornatione malorum ad perjuria stimulantur. Quali cautione et astutia criminosi etiam et de criminibus suspecti, tot Torturarum in regno illo generibus affliguntur, quod fastidit calamus ea literis designare... Leges etiam ipsæ civiles, deficiente testium copia, in criminalibus veritatem consimiliter extorquent tormentis; qualiter et faciunt etiam quamplurima regna. Sed quis tam duri animi est, qui semel ab atroci tanto torculari lavatus, non potius innocens ille, omnia fateretur scelerum genera, quam acerbitatem sic experti iterum subire tormenti, et non semel mori mallet, dum mors sit ultimum terribilium, quam toties occadi et totidem gehennales furias morte amariores sustinere?* Nec multis post, gravius invehitur in judices ipsos, qui hisce tormentis adsunt ipsi : *O judex, quibus in scholis didicisti, te præsentem exhibere, dum pœnas luit reus?* Executiones quippe judiciorum in criminosos per ignobiles fieri convenit, etc. Sed hoc non novum. Auctor ad Herennium : *Majores nostros dicemus, veri inveniendi causa cruciatibus ac tormentis voluisse quæri, et summo dolore homines cogi, ut quicquid sciant, dicant.* Vide Leges Alfonsinas parte 7. tit. 30 Michælem *del Molino* in Repertorio Fror. Aragon. v. *Tortura,* [Correctiones Statutorum Cadubrii cap. 61. Chronicon D. de Gravina apud Murator. tom. 12. col. 680. Annal. Genuens. apud eumdem tom. 17. col. 1168. etc.]

² Ita quoque appellatur Locus ubi *Tortura* exercetur, vel *Torturæ* Instrumentum, in Computo ann. 1536. ex Tabul. S. Petri Insul. : *Pro reparatione Torturæ in carcere, lvj. solidos.*

2. TORTURA, Idem quod *Tortus, Tortitudo.* Charta Petri Episcopi Albanensis Cardin. ann. 1078. in Bibl. Cluniac. : *Nullam læsionem vel Torturam inferre præsumant.* Alia ann. 1103. in Biblioth. Sebusiana pag. 265 : *Donavit et omnino finivit Deo et B. Petro ad locum Cluniacum unum receptum, quem in Lavariaco exigebat, omnesque malas consuetudines ac deprædationes, seu Torturas, quas ibi per se vel per suos exercebat, funditus werpivit et absolvit.* Tabularium S. Albini Andegav. ubi Fulco Junior Comes *condonat Torturas, quas fecit in terris S. Albini,* ann. 1087. [Occurrit rursus in Charta ann. 1103. e Tabulario S. Benigni Divion. in alia sæculi XI. e Chartulario S. Florentini, et alibi.] Vide *Tortus* 1.

¶ 3. **TORTURA,** Circuitus, iter obliquum, flexuosum, Gall. *Tour, Détour.* Epistola ann. 1204. apud Marten. tom. 1. Anecd. col. 786 : *Vadum profundum... non potuimus transmeare, nisi trium leguarum faceremus Torturam.*

¶ 4. **TORTURA,** Compressio tortilis. Bernardus, part. 1. Ord. Cluniac. cap. 46 : *Ablutis.... tersoriis.... et coccis..... Tortura quadam aquam exprimentibus, etc.*

TORTURA CAPILLORUM. [Vita MS. Geraudi de Sala apud Stephanotium tom. 2. Antiq. Pictav. MSS. pag. 576 : *Contigit eum ad Moniales Fontis Ebraldi prædicationis gratia declinare, ingressusque Capitulum vidit in mulieribus illis Deo et Angelis abominabile monstrum; nam criminum suorum Tortura et circumdatura more meretricio, etc.*] Vide *Capillus.*

1. TORTUS, TORTUM, Damnum, injustitia, vis, violentia alicui illata. Jo. de Janua : *Tortus a torqueo dicitur. Hic tortus, tus, ı,ᵉ corrisio, vel injuria.* Gloss. Lat. Gall. : *Tortus, ia, tum, Tort, injurieux.* *Tortus, tus, tornion, ou injure.* Edictum Pistense Caroli Calvi cap. 20 : *Sic injustitiam istam exsolvant, sicut illi, qui in suo ministerio Tortum faciunt.* Cap. 23 : *Sicut ille, qui Tortum in suo Comitatu, vel ministerio fecerit.* Adde cap. 26. Vetus Notitia in Tabulario Vindocin. n. 6 . *In perverso et aperto Torto nobis postea abstulit.* Charta Ludovici II. Imp. pro monasterio Casauriensi : *Pro nulla denique mallatura quispiam a Monachis præfati monasterii, vel ab Advocato eorum Tortum quærere audeat, quia.... eidem monasterio concessimus.* Tabularium S. Joannis Angeriac. : *Thetbaldus fecit eis multa Torta.* Prima Statuta Rob. I. Regis Scotiæ cap. 17 : *Quandiu plenipotens aut suus prælocutor defendet Tort, et non reason, etc.* Ubi Skenæus : *Quamdiu tenens defendit se nihil fecisse contra jus vel legem.* Testamentum Sancii I. Reg. Portugall. æræ 1217. apud Brandaonem tom. 4. pag. 261 : *De quibus faciant pacari, quantum invenerint, quod accepi cum Torto.* [Charta Monasteri S. Albini Andegav. ann. circiter 1090. *Recognoscens Tortum suum et rectum monachorum, etc.* Tabularium S. Florentii. *Ballum conquerentium, quo Tortum superavit rectum.* Proverbium apud Arcmoricos natum occasione prælii apud Conqureticum ann. 992, ubi Conano Britonum Duce interfecto, Fulco Comes Andegav. victoria potitus est. Adde formularum vet. apud Murator. tom. 1. part. 2 pag. 91. col. 1. Chartam ann. 1112. in Probat. novæ Hist. Occitan. tom. 2. col. 381. aliam ann. 1138. apud D. Brussel tom. 1. de Feudorum usu p. 507. Chronicon Parm. ann. 1243. apud eumd. Murator. tom. 9 col. 788. Statuta Pallavicinia lib. 2 cap. 20. Vercell. fol. 3. vᵒ. etc. *Torfait* et *Torfez,* nostris. Testam. ann. 1274. ex Chartul. Vallis N. D : *Et s'ansi estoit que mis venist avant de qui j'eusse riens ou par mauvaise raison,..... je vel que il soit rendu par mes eseugiteurs, lesquieus je establis et doins pleine pooir de mes detes paier et de mes Torfais amender.* Aliud ann. 1275. ibidem : *Je veil e establis e commant que totes mes doites soient payées et tos mes Torfez adreciez e amendez*]

ᵒ Lit. remiss. ann. 1875 in Reg. 108. Chartoph. reg. ch. 128 : *Icellui deffunct avoit fait paravant audit sire de Disquemue plusieurs griefs, Torfaiz, dommages et villenies.*

IN TORTUM MITTERE. Diploma Pipini Regis Aquitaniæ ann. 835. tom. 12. Spicilegii Acheriani : *Ipsumque Advocatum nemo præsumat temerario ausu distringere, vel in Tortum mittere, etc.* Tabularium Brivatense ch. 446 : *Ipsumque Advocatum nemo præsumat distringere, vel in Tortum mittere.* Fori Oscæ ann. 1247. fol. 3 : *Debet mittere suum nuntium ad portam de illo, qui facit ei Tortum, etc.*

Fol. 6 : *Et si testatus fuerit Infantio ad Villanum cum justitia, et sint ambo, qui tenent Tortum, etc.* Mox : *Et si ille, qui se clamat, erat de una villa, et qui facit Tortum de alia, etc.* Rursum : *Emendet ipsum Tortum.*

TORTUM ELEVARE. Vetus Placitum in Tabulario Viennens. Eccl. fol. 70 : *Archiepiscopus Viennensis B. misit in placitum Duranni Cheuvrii de Torto, quod elevaverat in terra sua, et in causis Ecclesiæ S. Maurilii. Et cum ipse Durannus noluit ire Jerusalem, dimisit in manu Archiepiscopi Tortum, quod ipse elevaverat, et ejus ministri in terra illa, etc.*

Latini porro *tortum,* seu tortuosum dicunt, quidquid obliquum est, vel non rectum ; unde damnum, vel injustitia aliqua, seu violentia recto opponitur. Glossæ Lat. Gr. · *Tortus,* καμφύλις. Glossæ Gr. Lat. · Μαναξ, *Tortile, circulus tortus.* Papias : *Linea dicitur , qua lignarii utuntur, ne Tortum aliquid construant.* Prudentius in Apotheosi hymno 1 :

Tum multa surgunt perfidorum compita
Tortis polita erroribus.

Constantinus African. lib. 2. Pantechn. cap. 8 : *Os coxæ majus est totius corporis ossibus Tortum in extranea parte a superiori, in familiari ab inferiori.* Infra : *Ne corpus Tortum et non rectum fieret.* [*Iter obliquum et Torium*, lib. 2. Annal. Genuens. ad ann. 1196. apud Murator. tom. 6 col. 378]

2 **TORTUS,** Torques. Eustochius in Vita S. Pelagiæ meretriciæ cap. 11. in Vitis Patrum · *Illa vero convocavit omnes pueros et puellas suas, et liberavit omnes, donavitque Tortos aureos eis de manu sua. etc.*

¶ 3 **TORTUS,** Idem, ni fallor, quod *Tortisius,* Fax, tæda. Job. Blakman. de Virtutibus Henrici VI. Regis Angl. pag. 298 : *Consueverat etiam ex permaxima humilitate et devotione, nocte et dominicæ Resurrectionis tempore propria manu gerere magnum Tortum, ob reverentiam Dominicæ Resurrectionis et fidem.*

¶ **TORTUUS,** Distortus, curvus, Gall. *Tortu.* Miracula S. Thomæ Aquin. tom. 1. Martii pag. 877 : *Puer quidam de Alto gradu recens Tortuus, et quinque diebus toto corpore impotens effectus, etc.*

° Nostris *Se Torfaire,* pro *se Détourner, s'égarer,* Diverteré, Itineré déerrare. Lit. remiss. ann. 1476. in Reg. 204. Chartoph. reg. ch. 186 : *Lesquelx prindrent ung autre chemin et se Torfirent de bien deux lieues.*

¶ **TORTZA,** Fax, in Amalthea. Vide *Tortisius.*

¶ **TORVA,** Cespes. Polyptych. Fiscamn. ann. 1285 : *In prædictis tribus acris herbagii capiuntur Torve ad exclusas molendini.* Bullarium Fontanell. fol 110 : *Ipsi fodere et capere feodaliter possint in prato meo de Tormolin Torvam sufficienter ad necessaria molendini.* Vide *Turba* 1.

¶ **TORVIDUS,** Torvus. Vita S. Lifardi tom. 1. Jun. pag. 301. col. 1 : *Ne timeas et baculum tuum ante Torvidi draconis aspecius in solum figere ne dubites.*

¶ **TORULUS,** in re munitoria, fascia est, ut exponit Carolus de Aquino in Lexico Milit. v. *Arx,* quæ propugnaculi partem inferiorem, quæ declivis est, discriminat a superiori, quæ plana est et recta : quid vero sit in Galea apud Ammianum lib. 16. *Cujus vertici flammeus Torulus aptatur,* et est divinandum ; etsi eidem Glossatori videtur indicari pars editior cassidis , aut ornamentum æneum rubri coloris.

ˊ Apud Ammianum lib. 16. idem vide-

tur esse quod *Bourrelet* appellamus , Spira farta, quæ galeæ superimponebatur, etiamnunc in arte heraldica *Tocque* et *Tortil* nuncupata.

TORUM. Charta Longobardica ann. 774. apud Ughellum tom. 8. pag. 34 : *A fine Venatoris usque in strafilum inter duo Tora.* Charta Cornutiana vetus edita a Suaresio *Que sepis descendit per regam ante ad viam cavam, sive ad Torum, quæ redit usque ad arcum supradictum, etc.* Vide *Toro, Torale,* et *Torallum.*

° **TORZIZIUM,** Fax, tæda, funale intortitium. Testam. ann. 1409. tom. 2. Hist. Cassin. pag. 591. col. 2 : *De qua cera fieri mandavit et voluit Torzizia octo librarum duarum.*

TOSCA. Charta Theobaudi *Chabot,* ex Tabulario Absiensi fol. 219 : *Donamus siquidem libare Deo et S. Mariæ et habitatoribus Absiæ..... in præmisso feodo 2. sextariatas terræ, et unam Toscam, quæ ab antiquis Gamburca a nobis vocatur ; tali conventione ut in illa domum et capellam in honore gloriosæ Dei genitricis Mariæ et nostro adjutorio construant..... Donamus etiam illis aliam Toscam, quæ vocatur Firmitas,* et 10. *sextariatas de nostra propria terra, quocumque ipsi eam prædicto feodo meliorem invenerint, ipsasque duabus præfatis sextariatis et duabus Toscis concedimus illis ab omni calumnia, prece et pretio funditus liberare et expedire.* Idem Tabular. fol. 222 : *Ructuram ruinatæ terræ juxta Toscam Boni repasti, quæ antea Cambiceria vocabatur.* Tabular. Dalonensis Abbatiæ fol. 61 : *In terra quæ est juxta domum et superiorem Toscham et landas.* [Tabularii majoris Monasterii : *Rollandus Prior et fratres Capituli Lebon. in hanc formam pacis convenerunt coram nobis super Toscha Mabon, de qua contendebant cum Joanne albo et Alano fratre ejus. Prior et monachi quitaverunt prædictis Militibus illam Toscam Mabon*] Vide *Thosca, Tuscha* et *Pleissericum.*

☞ *Tosca* in laudatis Chartulariis videtur intelligi Locus ad ædificandum aptus : nisi idem sit quod Gallicum *Tousche* in Charta ann. 1406. ex Bibl. Reg. : *Ladite fiefferme est bien taillié de cuivir moins que ladite somne de x. lib. se querres ou mortalitez surviennent ; car est vrai que à cette fiefferme ne appartiennent fors seulemeat une Tousche de bois et une piece de terre.* Ubi *Tousche,* ut et in Consuetud. Blesensi art. 178 et *Touschaige,* in Andegav. art. 117 Lucus est seu arbores ad ornatum consitæ. In provincialibus *Tuesco* rubum, nostris *Buisson,* significat. Vide *Tofta.*

ˊ Vide infra *Touchia* et *Tusca.*

¶ **TOSCABILIS,** perperam , ni fallor, pro *Tascabilis,* Præstationi agrariæ, *Tasca* dictæ, obnoxius. Charta ann. 1307. in Reg. 44 Chartoph. reg. ch. 171 : *Item quasdam terras Toscabiles, quas ibi habet dominus rex in dicto tenemento.* Vide *Tasca* 2.

TOSCHEODERACH. Regiam Majestatem lib. 1. cap. 6. § 7 : *Si fuerit Marus domini Regis, vel Toscheoderach ipsius, vel aliquod nomen officii, pertinentis ad submonitionem faciendam.* Ubi Skenæus barbarum nomen esse observat, priscis Scotis et Hibernis usitatum pro *Serjando,* vel *Serviente curiæ,* qui literas citatorias mandat executioni ; subditque Davidem II. Regem Scotiæ dedisse et concessisse Joanni *Wallace* Armigero suo et fideli officium *Serjandiæ* Comitatus de *Carrik,* quod officium *Toschaderech* dicitur, vulgo *ane mair of feé.*

° **TOSCHUS,** Nemus, silvula, idem quod *Tosca.* Charta ann. 1297. apud Lam. in Delic. erudit. inter not. ad Hodoepor. Charit. part. 1. pag. 124 : *Disternendo ipsam partem silvæ et Toschi de Camporena, pertinentem ad dictum commune castri Florentini.* Paulo ante : *Silvam seu boschum de Camporena.* Vide infra *Touchia.*

¶ **TOSONDI,** Francis vett. Mille. Vide *Chunna.*

¶ **TOSPRI** , pro *Tolpri.* Vide in hac voce.

¶ **TOSSICARE,** Toxico seu veneno inficere apud Italos. Legitur in Chronico Parm. ad ann. 1249. apud Murator. tom. 9. col. 776. et alibi. Vide *Toxicare.*

¶ **TOSSICATOR,** Qui inficit toxico, in Annalibus Genuens. ad ann. 1289. apud eumd. Murator. tom. 6. col. 598. Vide *Toxicator.*

¶ **TOSSICUM,** pro *Toxicum,* Venenum, Ital. *Tossico* apud Murator. tom. 12. col. 559. etc.

¶ **TOSTA,** Panis tostus, Gall. alias *Tostée.* Menotus Sermon. fol. 126. vº : *Bene video quod tempore præteritо modicum gustatis de ista Tosta. De ceste Tostée des serviteurs,* ut ibid. Gallic. redditur. Vide *Tofta.* [° *Tosta* hic idem quod mox *Tostéa* in *Tostea.*]

° **TOSTA,** Panis tenuissimus ex farina et. aqua confectus atque ad ignem ferreis prælis tostus ; unde nomen. Synod. Andegav. ann. 1263 : *Prohibemus sacerdotibus parochialibus, ne parochianis suis die Paschatis Tostas seu hostias, loco panis benedicti, ministrent.* Hinc *Tostée* rem minutissimam designat in Mirac. B. M. V. MSS. lib. 1 :

Car je ne prise une Tostée,
Parole, qui n'est escoutée.

¶ **TOSTACIO,** Οπτησις, in Glossis Lat. Græc. In Græc. Lat. additur *Coctura.*

«☞ **TOSTARE,** Pro Torrere occurrit apud Plin. Valer. De re med. lib. 2. cap. 28. Vide Forcellinum. Papias : *Tostant, Siccant. Tostatus, Siccatus.* Inassare significat in Ecbasi vers. 696 :

Dum Tostat verua scutellæ bulnea potet.

Adde ibidem vers. 271.

° **TOSTEA,** Pulmenti species ex pisis tostis : nostris *Tostée* proprie dicitur de tosto pane, vino, butyro, oleove imbuto, vulgo *Rotie.* Lit. remiss. ann. 1357. in Reg. 89. Chartoph. reg. ch. 222 : *Dicta Jaquemina supervenit in quodam loco dictæ villa Monsterolii supra mare,* in quo quædam *Tostea* pisorum fiebat, quæ ibidem *Tostée de pois* Gallice nuncupatur, in qua cum ceteris compatriotis et vicinis de pisis *Tostatis* comedebat. Aliæ ann. 1426. in Reg. 173. ch. 432 : *Le suppliant ala querir du vin et de l'eaue en ung gobelet de voirre, et fist une Tostée à icellui enfant.* Aliæ ann. 1458. in Reg. 188. ch. 41 : *Icelle chamberiere mist dessus la table du pain, du beurre et du lait en une escuelle, et lors le suppliant fist une Tostée de pain. Tostées à l'ypocras blanc,* in Hist. Joan. de Saintré pag. mihi 561. *Toster,* Luculenter calefacere, in Lit. remiss. ann. 1379. ex Reg. 116. ch. 54 : *Un varlet..... vint en la cuisine dudit hostel, et se despoilla pour soy Toster ou rostir, etc. Tostée lardée,* Egregius in faciem ictus, vulgo *Soufflet,* in aliis ann. 1411. ex Reg. 185. ch. 283 : *Icellui Galchaut dist tout haut, j'ay ja donné une Tostée lardée ou buffe ; mais j'en donray encor ennuit des autres.*

° **TOSTRUM,** Territorium. Vide supra *Tertrum* 2.

¶ **TOSTUM**, vel TOSTA. Vide in *Tofta*.
1. **TOTA**, Idem quod *Tolta*. Meminit Salvaingus in Tract. de Juribe dominic. cap. 40. prædiorum concessorum in emphyteusin *ad Totam et tallam, et misericordiam domini*. Vide *Tolta*.
TOTA. Charta ann. 1155. apud Gariellum in Episcopis Magalon. pag. 127 : *Justitias, albergas, Totas, questas, sive aliquas alias injusias exactiones, etc*. Charta ann. 1232. in Regesto Comitum Tolosæ Cameræ Comput. Paris. f. 108 : *Terras cultas et incultas, nemora et barias, prata et pascua, censu*s, *usus, quarta, quinta, decima, et agrarias et primicias, oblias, et dominationes, Totas, toltas, escaducas, et successiones, etc.* Alia ann. 1234. f. 102 : *Oblias et dominationes, Totas, questas, et albergas, et tollas, adempiriva et successiones, etc.* Ubi nescio an *Tola* aliud sit a *Tolta*, quod ibidem apponitur ; nam et *Tote* pro exactione dicitur. Charta Libertatum villæ Perusiensis ann. 1260. apud Thomasserium : *Li Sires ne la Dame de la Perose...... ne haut en la vilae herbegage, ne Tote ne taille, ne queste, etc.*
¶ 2. **TOTA**, Vestis species qua totum corpus involvitur. Caïlia Chr. novæ edit. tom. 4. col. 1151 : *Dedit Conventui Celsiniac. capucia forrata atque Totas, quibus tunc temporis valde indigebant*. Nisi forte legendum sit *Tocas* vel *Toxas*. Vide Duc. 2. *Togua* et *Toxa*.
¶ 1. **TOTAGIUM**, Idem quod *Tota* 1. vel *Tolta*. Charta ann. 1231. e Tabulario sancti Clodoaldi : *Majoria ab omni Totagio erit libera et quitta*.
*Reditus, proventus. Lib. visitat. leprosar. diœc. Paris. ann. 1351. ubi de Leprosar. juxta Eleemosyn. prope Pontisar. : *Exceptis novem denariis restantibus ad computandum de residuo censuum, Totagiorum dictæ domus*. Si tamen legendum non sit *Terragiorum*. Huc etiam pertinet locus ex Tabul. episc. Autiss. laudatus in *Totagium* 2. Nostri *Tolage*, pro *Total*, summa, dixerunt. Arest. ann. 1402.19. April. in vol. 9. arestor.parlam. Paris. : *Est ordonné que sur le Totage desdites oblations se prendra.... le luminaire de l'autel*.
2. **TOTAGIUM**, Solidum. *Totage*, pro *total*, in Consuetud. Arvernensis cap. 21. art. 8. Tabularium Episcopatus Autisiod. : *Totagium, quod est totum Comitis quittum drapperius. Quilibet drapperius, qui tenuerit, mulierem annum et diem, debet 4. ulnas de buriau Comiti.... et in hoc Totagio habet Miles de villa Ferreoli et soror ejus 11. ulnas, janitor castelli 5. ulnas, etc.*
¶ **TOTALIS**, Totus, integer. Epistola Calixti III. PP. ann. 1456. ad Carolum VII. Regem Franc. e Bibl. Regia : *Nobiscum concinas qui ad Totalem Machometicæ gentis eradicationem anhelamus*. Correctiones Statutorum Cadubrii cap. 93 : *Quousque fecerint integram et Totalem executionem, etc. Totalis exercitus*, in Diario Belli Hussitici apud Ludewig. t. 6. Reliq. MSS. pag. 182.
*[Dicitur de voce forte, bien timbrée, in Diario Burchardi, II, 309, an. 1497 : « Indulgentias.... quas publicavit unus ex canonicis ecclesie Placentine, vocem *Totalem* habens. »]
° **TOTALITAS**, Abundantia. Charta Girardi abb. ann. 1278. ex Chartul. AD. S. Germ. Prat. fol. 81. r° : *Nos abbas tanti valoris et amplitudinis fecimus aut statuimus anniversarium nostrum, et tantam Totalitatem vel largitatem cenæ conventus fecimus, etc.*
¶ **TOTALITER**, Prorsus, omnino, penitus. Passim occurrit apud Scriptores medii et infimi ævi : quod improbat Vossius lib. 1. de Vitiis serm. cap. 25. et lib. 4. cap. 35. *Tousdis*, eodem sensu, Scriptoribus Gallicis. Charta ann. 1339. ex Chartul. 21. Corb. fol. 141 : *Volons et acordons que les lettres mesire Willaume de Prayans..... tiegnent en leur vertu à Tousdis*.
° Minus recte ; *Tousdis* enim Semper, vulgo *Toujours*, sonat, ut *Toudits*, in Lit. ann. 1253. apud Marten. tom. 1. Anecd. col. 1058. et *Toudiz*, in aliis ann. 1355. tom. 4. Ordinat. reg. Franc. pag. 332.
¶ **TOTANUS**, Avis genus, et piscis marini, in Amalthea. Italis *Totano*, species est gallinæ silvaticæ.
° **TOTATIM**, Charta ann. 1360. in Reg. 89. Chartoph. reg. ch. 511 : *Super domo Johannis le Charpentier.... viginti solidos Paris. censuales Totatim*. Ter ibi occurrit. Id est, in una summa solvendos, vel pro unica præstatione. Vide *Toutena*.
¶ **TOTENNIS**, Tot annorum, in Vita B. Columbæ Reatinæ. tom. 5. SS. Maii pag. 352 °.
¶ **TOTFARIAM**, *Tot modis fando : et tot modis in genere*. Martinius in Lexico.
¶ **TOTHLANDA**, Modus agri apud Anglos. Antiquit. Ambrosd. ad ann. 1880 : *Cum una virgata terræ, et cum una Tothlanda, et octo acris, etc*. Veram *Tothlandæ* dimensionem assequi se non posse fatetur Kennettus in Glossario ad calcem. Quid si cum una *Tothlanda* idem sit quod cum una alia terra, Ab Anglico *Tother*, alter, et *Land*, terra ?
¶ **TOTO**, adverb. Omnino, ὅλως, in Gloss. Græc. Lat. *Alicujus esse in Toto*, ad aliquem omnino pertinere, in Diplomate ann. 1341. apud Ludewig. Reliq. MSS. tom. 5. pag. 539 }
¶ **TOTTONARIUS** Equus, Vegetius lib. 1. de Arte veterin. cap. 56 : *Equos, quos vulgo Trepidarios, militari vocabulo Tottonarios vocant*. Idem lib. 4. cap. 6 : *Inter Colatorios enim, et eos (equos,) quos Tottonarios vulgus appellat, ambulatura eorum media est*. Legendum puto utrobique *Trottonarios*, vulgo *Troteniers*, de qua voce agimus in *Trotare*; nam *trepidarios* equos ita appellari observat Vegetius. At Salmasius ad Capitolinum *Guttonarios* emendat, Hunc consule, si lubet, pag. 247.
★ **TOVALEA**, [Ut *Tobalea*, sub *Toacula* : « Una Tovalea de sirico albo et pavonatio. » (Invent. Calixt. III, ann. 1458, in Archivio Romano.)]
° **TOUBAILLIA**, Mappa, mappula, mantile, manutergium. Charta ann. 1478. in Obituar. eccl. Lingon. ex Cod. reg. 5191. fol. 265. v° : *Decanus et capitulum videntes quod in the prædicta Jovis sancta, nulli erant, qui pelvim et manutergia sive Toubaillias pro ablutione altarium ac etiam pedum defferrent, pro augmentatione divini servitii......, quatuor deputaverunt et ordinaverunt, quorum duo de pelvi serviebant, et alii duo de Tobaillia sive manutergio*. Vide *Toacula*.
° **TOUCHIA**, ut supra *Toschus*, Nemus, silvula, nostris alias *Touche*. Lit. remiss. ann. 1354. in Reg. 82. Chartoph. reg. ch. 414 : *Qui eidem Stephano fuerunt obviam juxta unam Touchiam nemoris*. Charta ann. 1404. in Reg. 158. ch. 455 : *Une petite Touche des bois, en laquelle au temps passé souloit avoir garenne*. Alia ann. 1405. in Reg. feud. comitat. Pictav. fol. 28. r° : *Item une Touche de chaisnes,... pour raison de laquelle Touche feu Robert et Pailloux souloient paier.... une geline*. Recognit. feud. MS. dom. de Veteriponte ann. 1386 : *La Tousche de la Poiche et en la Tousche de Molins, etc*. *Touche* vero Calcar, quo equus stimulatur, sonat, in Instr. ann. 1386. tom. 2. Probat. Hist. Brit. col. 504 : *Messire Pierre avoit defailli en sa choaisie et eslite de y mettre et avoir esperons ou Touches pour mener et conduire le cheval*.
¶ **TOUCHUS**, Lapis lydius, Gall. *Pierre de touche*, Angl. *Touch-stone*. Litteræ ann. 1369. apud Rymer. tom. 6. pag. 611. col. 1 : *Eustachio de la Tour custodi de la Touche dictarum monetarum.... per Touchum nostrum et alios vias et modos... assaiari facialis*.
° Hinc *Toucheau* in re monetaria nuncupatur frustum auri ad hunc lapidem probatum. Lit. remiss. ann. 1399. in Reg. 154. Chartoph. reg. ch. 703 . *Le suppliant ouvry l'uis de la chambre de nos monnoyes,..... et prist nos Toucheaux et les Toucheaux dudit Jehan le Mareschal. et une touche estant en ycelui,..... bailla à un prestre nosdiz Toucheaux d'or par lui pris*.
° **TOUERBUS**, Maleficii mulcta, a *Thower*, maleficium, et *Bus* vel *Busse*, emendatio, auctore Eccardo in notis ad Leg. Salic. ex Cod. Guelferbyt. tit. 18 : *Si quis alteri maleficiis fecerit, aut dederit bibere ut moriatur, et si fuerit adprobatum (Malb. Touerbus) sunt dinar* .VIIII.
¶ **TOUGH**, Lignum aratri per quod trahitur, apud Kennettum in Glossario Antiq. Ambrosden.
¶ **TOULEYUM**, Vide *Tonleium* in *Telon*.
¶ **TOUQUASSEN**, **TOQUASSEN**, Tumultus ad sonum campanæ, vulgo *Tocsin*, concitatus. Lit. remiss. ann. 1372. in Reg. 103. Chartoph. reg. ch. 185 : *Cum dicti servientes cum dictis animalibus recederent, per aliquos in dicto loco de Varinia hoc videntes, fuit in ipso loco factum magnum Toquassen. Touquessain*, in aliis ann. 1379. ex Reg. 117. ch. 37 : *Armati diversorum armorum generibus, fieri faciendo Gallice Touquessain, etc. Touquessaint*, pro *Tocsin*, ipse creber et subitus campanæ pulsus. Lit. remiss. ann. 1383. in Reg. 123. ch. 179 : *Bientost en oyrent nouvelles par le Touquesaint de ladite ville, qui est accoustumée de sonner par la guette d'icelle ville, quant noz annemis y survannent*.
° Ab Italico *Toccare*, Occitanis *Tocadoire* nuncupatur Aculeus, quo boves pungantur et stimulantur. Lit. remiss. ann. 1463. in Reg. 190. Chartoph. reg. ch. 354 : *Ung baxton qu'on appelle communement (en Languedoc) Tocadoire ; (infra Tocadoiere) car l'icellui baston on touche ou conduit les buefz à la charrue*.
° **TOURAGIUM**, Idem quod *Geologium*, quod carcerem custodi ad *incarcerato* exsolvitur, nostris etiam *Tourage*. Stat. eccl. S. Petri Insul. ann. 1545. ex Reg. M. ejusd. eccl. fol. 186 : *Intellecto per dominos meos decanum et capitulum.... de custodia et Touragio Jodoci Beguin, juvenis capellani, qui fuerat in prisoniis spatio trium hebdomadarum,.... quod dicius custos haberet pro illo Touragio unum patardum qualibet die, nunm dumtaxat grossum taxaverunt ; injungentes dicto custodi, ob id eorum eis vocato, quatenus deinceps non petat a vicariis prisionariis pro hujusmodi Touragio ultra unum grossum per qualibet die*. Reg. feud. comitat. Clarimont. ex Cam. Comput. Paris. fol. 109. r° : *Guillaume de Souvegny..... tient du chastel de Clermont..... le Tourage en cas civil de tous les prisonniers, qui sont mis au chastel de Clermont*. Vide *Toragium* in *Turris*.
¶ **TOURMENTUM**, pro Tormentum, a

Gallico *Tourment*, in Litteris ann. 1292. tom. 4 Ordinat. Reg. Franc. pag. 611.

¶ **TOURTA**, TORTELLUS. Vide in *Torta* 1.

◦ **TOURTELAGIUM**, Gall. *Tourtelage*, Vectigalis species, quod a præstatione *tortellorum* distinguendum videtur, in Charta ann. 1862. ex Reg. 92. Chartoph. reg. ch. 81 : *Sans paier aucune coustume ou acquit de tous travers, passages, paages, pontages, panages, Tourtelages, barrages et autres nouvelletez*.

◦ **TOUSQUATA**, ut supra *Touchia*, Nemus, silvula. Lit. remiss. ann. 1319. in Reg. 78. Chartoph. reg. ch. 45 : *Dictus Aycardus associatus sibi superius nominatis,.... quandoque in nemoribus sive Tousquatis, ab itineribus deviantes more prædonum, etc.*

◦ *Touquesches* vero, pro *Triquoise*, Instrumentum, quo calceantur equi, in Lit. remiss. ann. 1400. ex Reg. 155. ch. 137 : *Et priust ledit Jehanin (mareschal) une Touquesches et ledit Attrape un bourdon ferré. Truquoise*, in aliis ann. 1399. ex Reg. 154. ch. 646. Hinc emendandæ alias Lit. ann. 1408. ex Reg. 162. ch. 232. ubi legitur *Truguaise. Pinces ou Turquoises*, in Lit. remiss. ann. 1404. ex Reg. 159. ch. 90.

◦ **TOUSSA**, Arborum congeries, silvula. Assignat. dotalit. Joann. reginæ Franc. ann 1319 in Reg. 60. Chartoph. reg. ch. 60 : *Et non continetur in dictis vendis una Toussa bosci, quæ vocatur Montarsis. Une Tasse de bois*, in Ch. ann. 1320. ibid. Vide supra *Tassia* 2. *Touchia* et infra *Tusca.*

¶ **TOUTA**, Exactionis species. Vide *Tolta.*

¶ **TOUTENA**, Species piscis, Loligo, Ital. *Totena*, Gall *Casseron*. Statuta Massil. lib. 6. cap. 17 : *Pisces minuti, scil. Sardinæ, Jarreti, Sercleti, Boguæ, Aurioli, Toutenæ*, etc. Vide *Totanus.*

¶ **TOUZELLE**, Annonæ species, Occitanis *Touzelle* vel *Tousselle*, de qua pluribus in Respons. ad Quæst. Provinc. tom. 1. cap. 61. pag. 533.

◦ **TOWAGIUM**, Navis subductio in tutiorem stationes partem, seu navis ductio per naviculas alligatas ; sive ejusdem ad alterius navis puppim alligatæ, [remulcatio,] Gall. *Touage*, Angl. *Towage*, [a voce marina *Tower*, remulcare, alicubi *Remorguer*,] Will. Thorn. ann. 1286: *Et etiam temporibus retroactis habere debent in prato adjacenti et in eodem loco, ubi prædictæ domus et caya sita fuerunt, Towagium, quod impeditum est per levationem prædictam.* [Vide Blount in Nomolexico v. *Towage*.]

¶ **TOWELLA**, Mappa Vide in *Toacula.*

TOXA. Stragulum e grosso panno. Papias : *Stragulum, vestis, quæ Toxa dicitur*. Grimalcus in Regula Solitarior. cap 50 : *Sufficiant autem eis stramenta lectorum, marta et cilicium, sagum, vel Toxa et capitale*. [Vide *Tota* 2.]

◦ **TOXICA**, Fenestricula oblongior, a Gr. Τοξική. Vide Glossar. med. Græcit. in hac voce 1588. et apud *Archeria* 1. Opusc. vet. MSS. ad Ezech. cap. 41. v. 16. apud Maium in Glossar. novo : *Fenestras obliquas*, LXX. *abscondias, Symmachus Toxicas. Obliquæ* sive *Toxicæ a sagittis vocabulum acceperunt, quod instar sagittarum angustum in ædes lumen immittant, et intrinsecus dilatentur.*

¶ **TOXICARE**, Veneno inficere, necare, apud Joh. Sarisber. lib. 1. cap. 6. lib. 3. cap. 9. Petrum Bles. Epist. 20. Petrum Cellensem lib. 7. Epist. 3. Baluz. tom. 6. Miscell. pag. 205. Marten. tom. 4.

Anecd. col. 194. Murator. tom. 16. col. 647. 922. et alios recentiores passim. Vide *Tossicare.*

TOXICATOR, Venenarius, qui venenum propinat, apud Lambertum Schafnaburgensem ann. 1054. [et in Gemma, ubi etiam *Toxicatrix*, *Venefica*.]

¶ **TOXICUM**, Τοξικόν, Venenum : vox nota. Hinc nostris alias *Tosiche*. Le Roman *de Vacce* MS. :

Illeuc sa mort par un Tosiche
Que li donna par felonnie
Un pautonnier. Dex le maudie.

¶ **TOXICUS**, Toxico infectus, venenatus. *Toxicum telum*, in Actis SS. Aprilis tom. 2. pag 41 *Toxicum pectus*, ibid. pag 43. *Toxica potio*, ibid. pag. 586. Fortunatus in Vita S. Hilarii Pictav. lib. 1. cap. 1. n. 6 : *Cum Ariana hæresis venenata de radice flore Toxico pullularet, etc*. [◦> Sedulius Scot. Explan. in Præf. Hieron. pag. 31. tom. 9. Spicileg. Rom. : *Quantum ad Toxicam æmulorum invidiam*.]

◦ **TOXICATIO**, Toxici seu veneni præbitio, veneficium. Chron. ducum Bavar. apud Oefel. tom. 1. Script. rer. Boicar. pag. 42. col. 2 . *Ludwicus imperator habens et sentiens in corpore suo debilitatem vel, ut multi asserunt, Toxicationem, etc.* Vide *Toxicare.*

¶ **TOXUS**, Arcus, a Græco Τόξον. Agnellus lib Pontif. part. 2. cap. 3 . *Toxos adhibete in armis.*

¶ **TOYA**, Pulvinaris tegumen , Gall. *Taye.* Inventar. Eccl. Noviom. ann.1419. de pannis « *Item una Toya operata de serico ad faciendum unum coussinum.*

¶ **TOYCUM**, vox corrupta pro *Ptochium*, πτωχεῖον, Locus ubi pauperes degunt et aluntur. Index vett. Canonum tom. 3. Concil. Hispan. pag. 19. col. 1 : *De clericis, monachis vel laicis, qui sunt in Toycis, monasteriis atque martyriis, in potestate sint uniuscujusque Episcopi civitatis.* Quæ verba translata sunt ex can. 8. Concilii Calched. Οἱ κληρικοὶ τῶν πτωχείων καὶ μοναστηρίων, etc.

◦ **TOYSA**, Fascis, fasciculus. Lit. remiss. ann. 1858. in Reg. 82. Chartoph. reg. ch. 83 : *Furata fuit in domo dicti Reginaldi unam Toysam sericeam...... et unum lomeltum fili, de mensura et pondere consuetis.* Vide supra *Torsellus* 1.

◦ **TOZOLUS**, Tozzus, ab Italico *Tozzo*, Frustum; unde diminut. *Tozzetto*, frustulum in Pacto inter Mutin. et Lucens. ann. 1281. apud Murator. tom. 2. Antiq. Ital. med. ævi col. 900. et 902.

◦ **TPARIUS**, pro *Triparius*, Extaris propola, non attenta abbreviationis nota. Stat. synod. eccl. Tornac. ann. 1366. pag. 49 . *Hæc sunt officia clericis interdicta, quæ volumus omnino scire, puta...... telonearii, vinotarii, Tparii, molendinarii, furnarii et hujusmodi.* Vide *Triparius.*

TRAAL, Servus cujuscumque conditionis , in Jure Sueonum, apud Joan. Stiernhookum pag. 207.

✱ **TRABA**, [Gall. *Partie du harnachement :* «...... Pro *Trabis*, pro correggis de bogas Bernadini......» (Arch. histor. de la Gironde, T. 22, pag. 394.)]

¶ **TRABACA**, Ital. *Trabacca*, Tentorium, *Spezie di padiglion da guerra, tenda*, Academicis Cruscanis, nostris *Tente*. Chronic. Estense ad ann. 1317. apud Murator. tom. 15. col. 881 : *Reliquit campum, dimittens omnia sua ibi, scilicet Trabacas, victualia, et alia in maxima quantitate.*

TRABALE, Lignum, quod transit per rotas. Joannes de Garlandia in Synonymis :

Temo, longale, Trabale, furcale, forale.

TRABALE JUDICIUM. Concilium Toletan XIII. can. 2 : *Vidimus multos et flevimus,ex Palatini ordinis officio cecidisse, quos et violenta professio ab honore dejecit, et Trabale judicium aut morti, aut ignominiæ perpetuæ subjugavit.* Quo loco *Trabale judicium* dici videtur firmum, ratum, et supremum ; solemne enim est veteribus Scriptoribus *Trabale* appellare, quidquid ingens et firmum est, eodem sensu, quo *Trabalis jussio* dicitur in Nov. Theodosii de Judæis, quæ cum summa severitate exercetur . *Trabali jussione decernimus, ut quicunque, etc.* Ita *clavo trabali figere* dixit Cicero 5. in Verr. Paulinus Nat. 9. Felic. :

Corpora transfixis Trabalibus inclyta clavis.

Vita SS. Ferreoli et Ferruti : *Capitibus beatorum Martyrum Trabales clavi...... malleis ferreis affixi*. Gloss. Gr. Lat. · Δοκώδης, *Trabalis*. Est igitur *judicium trabale* adeo firmum et validum, ut quemadmodum valida trabs flecti aut disrumpi non potest, ita et illud nulla ratione convellatur.

¶ **TRABALE FERRUM**, pro Gladio, poetice dixit Odo de varia fortuna Ernesti Bavariæ Ducis, tom. 3. Anecd. Marten. col. 370.

TRABARIÆ, *Naviculæ in fluminibus, quæ e singulis trabibus cavantur, unde et dicuntur. Hæ et littorariæ vel caudicæ.* Papias ex Isidoro lib. 19. Orig. cap. 1. quem vide.] Gloss. Sax. Ælfrici : *Trabaria, Anbyme scip.* [◦> Beam, trabs.] Florentius Wigorniensis pag. 618 : *Deinde uterque Rex in insulam... Trabariis advehitur.* Vox *trabs*, pro *navi*, usurpata ab Ennio , Virgilio, Catullo , Horatio, etc.

◦ Glossar. Provinc. Lat. ex Cod. reg. 7657 : *Trabariæ, breves naviculæ, quibus in fluminibus et paludibus utuntur.*

TRABATICUM, Tributi species, forte pro *Trabatis* ad publica opera devehendis, vel prestandis. Charta Hlotarii Imp. ann. 840. apud Chiffletium in Tornuto : *Nullus theloneum, aut ripaticum,.... aut cenaticum, aut pastionem, aut Trabaticum, aut ullum occursum, vel ullum censum..... exactare præsumatis.* Eadem pene habentur in Charta Caroli Calvi apud Beslium in Episcop. Pictaviensibus pag. 28. ex qua Chiffletianum emendare licet. [Aliam adde Ottonis I. Imp. ann. 949. apud Marten. tom. 1. Ampl. Collect. col. 291. Hinc emendandum est Privilegium ann. 881. inter Instrum. Gall. Christ. novæ edit. tom. 5. col. 463. ubi perperam legitur *Trabuticum* habetur in Diplomate Ludovici Pii ann. 821. tom. 1. Ampl. Collect. jam laudato col. 77. *Trauvaticum* vero in alio ejusd. Imp. Diplomate ann. 814. tom. 2. ejusd. Ampl. Collect. col. 22. *Trobaticum*, in alio Ottonis III. Imp. ann. 985. ibid. tom. 1. col. 335.] Innocent. III. lib. 18. Ep. 115 : *Tarciates* (sunt ii Ravennatibus Custodes sylvarum seu parcorum) *per monasterium certum numerum Trabium in feu-*

dum percipiebant de sylva. Vide Senatorem lib. 4. Epist. 8.
TRABATTERE. Pactus Legis Salicæ tit. 28. § 4 : *Si quis fœminam ingenuam gravidam Trabattit, et ipsa fœmina fuerit mortua, etc.* Ubi Lex Salica tit. 26. § 4. nude habet : *Si quis fœminam gravidam occiderit, etc.* Wendelinus *trabattere,* ex *trans,* et *battere,* effictum putat, quod est perquam sæviter percutere. Vide *Tribattere.*

☞ Wendelini sententiæ favet Italicum *Trabattere,* quod etiamnum significat Verberare, percutere. Attamen non arridet Eccardo, qui *Trabattere,* seu *Transbattere* interpretatur Ire super aliquem, sive aliquem pedibus conculcare, indigne tractare, notione deducta a *trans* Latino, et Germanico *batten,* Ire ; unde, inquit, *batte, patte. pots, pfote,* pes ; inde etiam restat *batschen* vel *patschen,* ire. Hinc, si eidem credimus, Itali *passare,* Galli *passer,* transire desumpserunt.

¶ **TRABBA** , Trabs. *Perspexerunt tectum....... quod coopertum est cum tabulis et Trabbis,* in Actis SS. Maii tom. 2. pag. 841.

1. **TRABEA,** *Porticus tecta dicitur.* Ita Glossæ antiquæ MSS. Addit Joan. de Janua, *Trabibus.* Nos *Travée* dicimus seriem trabium, vel spatium inter duas trabes. Papias : *Tenda, quæ rustice Trabea dicitur.*

° 2. **TRABEA,** *Genus est vestis imperialis, qua soli imperatores utebantur, unde Trabeatus, trabea indutus, unde legitur quod Dominus noster fuit indutus trabea carnis, id est, veste regia, carnis trabea.* Glossæ Bibl. MSS. anonymi ex Bibl. reg. Glossar. Lat. Gall. ex Cod. reg. 7692 : *Trabea, vesteure. Trabeatus, vestu vel ennobli.* Quod donabatur *trabea,* vel eam induere poterat, qui nobilium ordini adscribebatur.

TRABEATIO, Crucifixio, passio Christi. Charta continens Electionem Froterii Episcopi Cadurcensis, ann. 990. sic clauditur : *Schedula hujus indaginis a corporea Trabeatione Verbi adnotata anno 990.* Ind. 3. Alia in Tabulario Conchensis Abbat. in Ruthenis n. 83 : *Facta Charta virptionis, vel exvacuationis, sive securitatis, anno Trabeationis Dominicæ* 1018. Adde Chartam 145. in Appendice ad Capitul. Regum Franc. et aliam apud Diagum in Comitibus Barcinonensib. lib. 2. cap. 83.

☞ *Trabeationem* minus recte Cangius nosque ipsi in voce *Annus* pag. 269. ejus auctoritate ducti, Crucifixionem seu Passionem Christi sumus interpretati : nam Incarnatio seu Nativitas hac voce significatur ; quod aperte demonstrari potest. Chartis bene multis. Decretum Electionis Borelli Episcopi Rotensis apud Baluzium tom. 2. Capitul. col. 680. datum dicitur *anno Trabeationis D. N. J. C.* MVII. *æra* MLV. Indictione XV. Concurrente I. Epacta XX. Notum est æram Hispanicam epocha Nativitatis Christi antiquiorem esse annos 38. Totidem annis æra Decreti laudati superat annum *trabeationis.* Præterea cæteræ omnes notæ chronologicæ anno Nativitatis conveniunt, non Passionis, ut et annus XXI. *regnante Roberto Rege* sub finem hujus Decreti notatus. Idem probant Charta 145. Appendicis Capitul. quam laudat ipse Cangius, alia ann. 947. Marcæ Hispan. col. 860. alia ann. 957. ibid. col. 874. alia ann. 972. ibid. col. 900. alia ann. 986. apud Marten. tom. 1. Ampliss. Collect. col. 336. alia ann. 1013. in Probat. novæ Hist. Occitan. tom. 2. col. 168. alia ann. 1085. tom. 6. Spicil. Acher. pag. 435. In quibus omnibus adjunctæ sunt altæ temporis notæ Nativitatem constanter indicantes, non Crucifixionem. *Trabeatio* autem, non a *trabe,* qua Crux intelligi posset, sed a *trabea,* togæ species, deducitur, atque ex hoc, nisi me fallo, S. Fulgentii Sermone de S. Stephano, ubi ait : *Heri enim Rex noster Trabea carnis indutus,* id est, Incarnatus, seu natus : ex quo loco *Trabeationem,* pro Incarnatione, seu Nativitate Notarios finxisse probabilissimum est. Vide *Trabea* 2.

° **TRABEATUM,** Locus ubi fœnum reconditur. Gall. *Grange.* Hist. belli Forojul. apud Murator tom. 3. Antiq. Ital. med. ævi col. 1200 : *Videntes nostri de Maniaco sic fecisse buffas de nobis et quod quotidie procedebat plus ad damna nostra, quam primo, uno sero, dum ipse Thias venisset ad domum patris, certi nostri socii ipsum stantem in Trabeato patris super fœnum invaserunt et percusserunt fortissime.* Ubi codex alter MS habet, *Toblato,* pro *Trabeato,* ut notatur in Append. ad Monument. eccl. Aquilej. pag. 48. col 2.

° **TRABEATUS,** Ortus, natus. Vita B. Goberti tom. 4. Aug. pag. 379. col. 1 : *Gobertus..... parentibus et cognatis, avisque et proavis, ex vetustissimo tempore nobilissumis, Trabeatus.* Vide supra *Trabea* 2. et *Trabeatio.*

¶ **TRABELLIANICA** , Trabellianica , pro *Trebellianica,* in Statutis Genuæ lib. 4. cap. 6. lib 5. cap. 16. et in Testamento ann. 1272. apud Marten. tom. 1. Anecd. col. 1139. Vide *Trebellianica.*

✶ **TRABENA,** [Materia valida. Diff.]
✶ **TRABERSIA,** [Lignum quod ligatur equo ante culum. Diff.]

1. **TRABES** in Ecclesiis. Harum ut crebra fit mentio, ita diversus fuit usus. Leo Ost. lib. 3. cap. 31. (al. 33.) · *Trabem quoque nihilominus fusilem ex ære cum candelabris numero 50. in quibus utique totidem cerei per festivitates præcipuas ponerentur, lampadibus subter in æreis uncis ex eadem trabe* 36. *dependentibus, quæ videlicet ærea trabes æreis æque brachiis ac manibus sustentata, trabi ligneæ, quam pulcherrime sculpi, et auro, colorumque fucis interim fecerat Desiderius exornari, commissa est, etc.* Vide lib. 4. cap. 73. Brompton. : *De cujus Ecclesiæ una Trabe* 5000. *marcas argenti corrosit, unde Regis manum impleret, etc.* Chronicon Atinense ann. 1061 : *Fecit et duas Trabes ferreas, unam in choro, et aliam extra chorum ad apponendas candelas.* [*Trabum S. Petri* mentio est in Charta apud Cencium inter Census Eccl. Rom.]

Trabes cum arcubus, non semel memorat Hariulfus lib. 2. cap. 9 : *Cæterorum Sanctorum reliquias...... per alias* 12. *capsas minores auro argenteoque vel gemmis pretiosis honestissime paratas,... dividere, atque super Trabem, quam in arcu coram altare B. Richarii statuimus, ponere curavimus.* Cap. sequenti : *Trabes minores cum arcubus suis, argento paratæ.* Lib. 3. cap. 3 . *Ante altare ejusdem Sancti stant columnæ seu magnæ ex cupro, argento, et auro paratæ, sustentantes Trabem unam similiter cupream argento auroque paratam.* Sunt et aliæ *Trabes* minores tres ex cupro , argento auroque paratæ in circuitu altaris vel chori, sustentantes arcus 17. *ex cupro, argento, auroque fabricatos ; inter quos stant imagines bestiarum, avium, hominumque.* Vitæ Abbatum S. Albani : *Transpositam veterem Trabem, quæ supra majus altare ponebatur,.... in qua etiam Trabe series* 12. *Patriarcharum et* 12. *Apostolorum, et in medio Majestas cum Ecclesia et Synagoga figuratur.*

2. **TRABES,** Frugum meta, continens 24. garbas Anglis, *a thrave containing* 24. *sheaves.* Domesdey de Burgensibus Derbiæ : *Hi autem ad festum S. Martini reddebant Regi duodecim Trabes annonæ.*

¶ **TRABETUS,** Trabecula, tigillum, Provincialibus *Travete ; Trabatel* in Doujati Dictionario, nostris *Solive, solveau.* Vide *Eschalmamentus.*

¶ **TRABIS.** Vide *Tenda* 2.
° **TRABOCHARE,** Idem quod *Trabucare* 1. Monetas pondere minuere. Stat. antiq. Florent. lib. 3. cap. 130. ex Cod. Reg. 4621 : *Nullus audeat falsare, limare, tondere, minuere, incidere, Trabochare, vel deteriorare, vel magnagnare aliquam monetam.*

¶ **TRABUCA,** Trabucare Castrum vel arcem, Evertere, diruere. Vide in *Trebuchetum.*

° Nostris *Trabucher* et *Trébucher,* eadem acceptione. Charta ann. 1358. in Reg. 86. Chartoph. reg. ch. 458 : *Comme pour le prouffit de la nécessité de la ville de Meulenn, la maison de Gillet Grenant de Meulenn ait esté Trabuchée, etc.* Chron. S. Dion. tom. 8. Collect. Histor. Franc. pag. 351 : *Les chastiaus et les forteresces Trebuchoient* (les Normans).

¶ **TRABUCARE** Monetam, De justo ejus pondere detrahere, nostris alias *Trebucher, trebuchier.* Statuta Civitatis Astæ Collat. 4 cap. 6 : *De pena Trabucantium et ronzantium monetas : Statutum est quod, si aliquis ronzaverit vel tonderit monetam..... amittat pro pena libras* 200. Statuta Perusiæ pag. 52 · *Si quis inciderit vel tonsuraverit aurum vel monetam, solvat pro banno soldos* 60. *si vero implicaverit , aut Trabucaverit , solvat pro banno sol.* 100. Statuta Massil. lib. 5. cap. 41. *de moneta Trabucanda : Nulla persona audeat Trabucare vel Trabucari facere ullam monetam, quæ currat in Massilia.* Hinc emendo Præceptum Philippi VI. Fr. Regis ann. 1329. tom. 2. Ordinat. pag. 36 : *Nullus campsor, nec alia persona sit ausa Trabutare* (corrigo *Trabucare) nec recourre aliquas monetas, quæ habeant cursum.* Præceptum Philippi Pulcri ann. 1310. tom. I. earumdem Ordin. pag. 475 : *Que nul ne rechace, ne face rechacier, ne Trebucher, ne requiere nulle monnoye, etc.* Recurrit ibi vox *Trebucher,* ut et in alio Præcepto ann. 1329. tom. 2. pag. 39. in alio ejusd. ann. ibid. pag. 46. *Trebuchier* vero in alio ann. 1332. ibid. pag. 87. in alio ann. 1343. ibid. pag. 185. etc. Vide *Trebuchetum.*

° **TRABICHARE,** Idem. Vide *Recurrere* 3.

¶ **TREBUCHATIO,** Detractio de legitimo pondere. Charta Lud. Hutini Reg. Fr. ann. 1315. apud *Lafaille* in Probat. Annal. Tolos. tom. 1. pag. 63 : *Cum propter ordinationes monetarum non servatas peterent aliquem non puniri, tam hujusmodi pœnam cuilibet a nobis gratiose remitti ; concessimus quod ob transgressionem præteritam dictarum ordinationum monetarum solu usu sæu cum vel Trebuchatione, quæ quidem Trebuchatio nobis non fuerit immoderate damnosa, nullus alicui pœnæ subjaceat.*

TRABUCCA, *Trabuchetum, etc.* Vide *Trebuchetum.*

° **TRABUCCUS,** Mensura agraria, apud Mabill. in Museo Ital. pag. 177 : *Apud Mediolanenses sex pedes Trabuccum effi-*

ciunt ; duo Trabucci jucatam, quæ in se multiplicata tabulam constituit, et viginti quatuor tabulæ perticam componant. Vide mox *Trabuchus.*

¶ **TRABUCHETTUS.** Vide infra *Trabucus* 2. et *Trebuchetum.*

⸺ **TRABUCHETUM.** Vide infra *Trebuchetum.*

⁕ **TRABUCHIO**, Ponderis monetarum minutio. Charta ann. 1327. in Reg. 65. Chartoph. reg. ch. 80: *Berengario Lamberti de Utecia imponebatur, quod ipse monetas regias trabuchaverat,.... et multa alia........ super Trabuchione et fusione monetarum nostrarum.* Vide infra *Trebucatio.*

¶ **TRABUCHUS**, TRABUCUS, Species mensuræ, si bene conjecto. Statuta Civitatis Astæ Collat. 3 cap. 47 : *Revenditores, qui habent discos in mercato teneantur et debeant tenere expeditas quatuor vias latas per duos Trabuchos.* Statuta Piacentiæ fol. 60. v° : *Cum quidam habentes testam juxta rivos, quæ testa est terra glarea vel gerbida, quæ non consuevit laborari vel colligi, velantur habere quindenam juxta numerum Trabuchorum ipsius teste terrarum glarearum et gerbidarum.* Statuta Montis-regalis pag. 60 : *Quod illa venditio seu acquisitio...... fieri non possit, et facta non valeat, nisi facta fuerit ad mensuram, nominando jornatas sive Traluchos in instrumento talis venditionis.* Vide alia notione in *Trebuchetum.*

⸺ Eadem quæ supra *Trabuccus.* Annal. Placent. ad ann. 1451. apud Murator. tom. 20. Script. Ital. col. 902 : *Flumen Trebbiæ supra modum, et ultra hominum memoriam, inundavit, et faciem terræ cooperuit.... per Trabuchos, sive mensuras duas.* Acad. Hisp. *Trabuco* est Novempedalis mensura.

¶ 1. **TRABUCUS**, f. Genus calceamenti. Charta Petri Abb. Cluniac. apud Baluz. tom. 5. Miscell. pag. 452 : *Trabucos vero et pedules fratrum primo custodi operis novæ Ecclesiæ imposui, cujus redditibus .... propter novas emergentes guerras deficientibus, camerario...... injunxi, ut Trabucos et pedules fratribus provideret.* Occurrit alia notione in *Trabuchus* et in *Trebuchetum.*

¶ 2. **TRABUCUS**, TRABUCHETTUS, Monetalis statera, Gall. *Trebuchet*. Constitutiones Jacobi Regis Siciliæ cap. 58 : *Habebant in eorum domibus Trabuchettos non justos, seu majoris ponderis, cum quibus Turonenses grossos argenteos et alias pecunias argenteas, si essent integri, el statuti ponderis videri et eligi faciebant, etiam. dum occasione majortalis Trabucorum ipsorum, prædicta moneta argenti minoris ponderis videretur.* Pluries ibi.

¶ **TRABUGARE**, ut *Trabucare* 1. Monetas pondere minuere. Stat. ann. 1313. inter Probat. tom. 2. Hist. Nem. pag. 13. col. 2 : *Quod omnes monetas... portent ad monetas propinquiores regias, ut dictum est, absque hoc quod eas recassent et Trabugent.*

¶ **TRABULA**. Chronicon Lobiense ad ann. 1340 apud Marten. tom. 3. Anecd. col. 1429 : *Eduardus Rex Angliæ... femur Trabula trajectum habuit, sed victor universam classem Francorum, quæ CCCC. navibus constabat, delevit.* An species jaculi ? Aliud sonat, si vera lectio est, in Chronico Trudon. tom. 7. Spicileg. Acher. pag. 375 : *Erat tunc temporis totum oppidum nostrum vallo fortissimo munitum, atque desuper postibus fortissimis magnisque Trabulis coronatum.* Sed forte leg. *Trabibus.*

⁰ **TRABUNCULA**, Trabecula. Tract. MS. de Re milit. et mach. bellic. cap. 135 : *Ista machina (testudo) est composita lignaribus Trabunculis et modellis, et aliquando tegitur corio bubalino.*

¶ **TRABUS**, pro Trabs. Vide *Fileria* 1.

¶ **TRABUTARE**, Dissipare, disperdere, profundere, Ital. *Trabuttare.* Nicolai Smeregi Chronicon apud Murator. tom. 8. col. 106 : *Condemnaverunt ipsum D. Senensum in maxima quantitate denariorum, propterea quod et se* (f. sibi) *retinuerat datium vini conducti extra Vincentinum districtum, et quia Trabutaverat.* Statuta Vercell. fol. 117 : *Quicumque dederit, obtulerit vel Trabutaverit aliquid alicui officiali domini Potestatis vel Communis Vercellarum contra suum officium, etc.* Vide alio significatu in *Trabucare.*

⁕ Molestare, vexare. Stat. crimin. nova Cumanæ cap. 2. ex cod. reg. 4622. fol. 59. v° : *Robatores, schachatores, fures famosos,....... Trabutantes injuste aliquos officiales, etc.* Vide supra *Trabucare* 2.

¶ **TRABUTICUM**. Vide *Trabaticum.*

TRACA. Consuetudines Ecclesiæ de Regula, apud Labbeum tom. 2. Bibl. pag. 747 : *De equo Hispaniæ* 4. denar. *de Traca coriorum boum, ovium, vel caprarum,* 4. den. *[Traca* videtur scriptum esse pro *Tracra*, de quo supra, decem coria, saltem eadem notio est; an vero idem significet in Charta ann. 1197. inter Instrum. Gall. Christ. novæ edit. tom. 6. col. 144. haud satis scio · *Carga de Traeas* III. *den. saumada asino* II. *mezaillas, honus* I. *den.]*

⁕ Nostris *Trac*, pro *Bagages, équipages*, Impedimenta, sarcinæ. Lit. remiss. ann. 1441. in Reg. 176. Chartoph. reg. ch. 32 : *Lesquelz varlez de guerre demeurerent darriere par le commandement de leur cappitaine, pour prendre garde et faire guet sur le Trac ou traym, de ladite compaignie* (de la garnison de Ste. Suzanne).

⁕ **TRACADA**, Strues lignorum, in Amalthea.

⁰ **TRACCITIUS**. Vide infra *Tractitius.*

TRACEA, Perquisitio, per quamcumque viam, quam *Trace* dicimus, unde Gallo-Belgæ nostri *Tracer* dicunt, pro perquirere. Chronicon Flandriæ cap. 9 : *Voua que jamais ne finiroit de Tracer, qu'il ne l'eust trouvé.* Vide Skenæum ad Regiam Majestatem lib. 4. cap. 32. Bracton. lib. 3. tit. de Corona cap. 1. § 1 : *Si homo per inforiunium oppressus...... statim levetur hutesium.... et postea Traceam conducendam per terram suam, etc.* Joan. Molinetus pag. 123 :

Perchaut, Trachant, cherchant, courant, querant.

Pag. 27. v :

Musant, Trassant à grant travail de corps.

Vide *Trassare,* præterea Menagium et Ferrarium in Originibus Italic. in voce *Traccia.*

TRACHALA. Aurelius Victor in Epit. de Constantino M. : *Irrisor potius quam blandus ; unde proverbio vulgari, Trachala decem annis præstantissimus, duodecim sequentibus latro, decem novissimis pupillus, ob profusiones immodicas nominatus.* Scurrilis istius Constantini M. appellationis rationem prodit Cedrenus pag. 268 : Ευρύτερος τους ωμους, και παχυς τον αυχενα, οθεν και τραχηλαν αυτον επονομαζον · α τραχηλος igitur deducta vox. [Vide Τράχαλος, in Gl. med. Gr.]

¶ **TRACHIDII**, Τραγωδοι, in Glossis Lat. Græc.

¶ **TRACHINA**, Genus piscis. Acta S. Francisci de Paula, tom. 1. Aprilis pag. 139 : *Cum semel vellet capere piscem quemdam, dictum in partibus illis Trachina, punxit digitum, etc.*

⁰ **TRACINARE**, Trahere, Gall. *Traîner.* Lit. remiss. ann. 1855. in Reg. 84. Chartoph. reg. ch. 212: *Dicta vaca projecit eum ad terram et aliquandiu Tracinavit eumdem per terram.* Vide *Trascinare.*

¶ **TRACIO.** Litteræ ann. 1187. tom. 5. Ordinat. Reg. Franc. pag. 23 : *Eandem villam in nostra Tracione et deffencione suscipimus.* Sed omnino legendum est *tuitione.* quod vidit Cl. Editor.

TRACONES, Meatus subterranei, cavernæ, speluncæ. Gloss. Lat. Gall. : *Tracon, onis, allée sous terre.* Anonymus Poëta, nescio quis, laudatus a Joanne de Janua.

Terrarum Tracones, animalia dico dracones.

Will. Tyrius lib. 16. cap. 9. de regione Traconitide in Syria : *Videtur autem nobis a Traconibus dicta : Tracones enim dicuntur occulti et subterranei meatus, quibus illa regio abundat ; nam pene universus illius regionis populus in speluncis et cavernis habitat, et in Traconibus habet domicilia.* Lib. 19. cap. 26 de Nilo : *Sed tamen quibusdam meatibus tempore soliti incrementi, fluvii pars urbem influit ; quam aquarum influxionem cisternis amplissimis, ad hoc specialiter deputatis, ad usus proprios toto anno diligenter servant ; sed et pomeria, quæ sunt extra urbem procuranda, occultis Traconibus portionem ex ea dirigunt necessariam.* Matth. Paris ann. 1247 : *Cavernis terrestribus, et profundis Traconibus, etc.* Vitæ Abbatum S. Albani : *Tracones vero et vias cum meatibus subterraneis, et solide per artificium arcuatis...... obturavit.* [Vide Vossium lib. 3. de Vitiis serm. cap. 58.]

⸺ Glossæ Bibl. MSS. anonymi ex Bibl. reg. : *Traco,* idem est quod *Via subterranea* aut *via solis nobis* (l. radiis) *ignota, vel ubi habitant dracones fantastici ; et ideo debemus dicere :* Laudate Dominum de terra *Tracones, et non dracones, ut dicunt quidam errantes ; quia sermones inquirendi sunt penes materiam, ut sequitur. Et omnes abici* (l. abyssi) *id est, profunditates.* Hinc Crypta Traconaria sub Miseni promontorio, teste Mabillonio in Museo Ital. pag. 108.

¶ **TRACTA**, Vectio, vectigal, quod exigitur pro mercium exportatione seu evectione, provinciam exportatione seu evectione, nostris *Traitte, Traitte foraine.* Inquisitio ann. 1877. e Camera Comput. Provinciæ : *Una cum juribus virgæ ponderis et Tractæ bladi et leydarum* Charta ann. 1389. ex Archivo S. Victoris Massil. : *Maria Regina Jerusalem et Siciliæ.... officialibus regiis.... gabella.... Tractæ et impositionis, etc.* Litteræ Clementis VII. PP. ann. 1382. tom. 10. Spicil. Acher. pag. 240 : *Poterunt.... blada, vina, carnes ..... portare et portari facere libere et sine impedimento, per terram vel per mare.... sine solutione Tractæ, pedagii, leudæ, etc.* Litteræ ann. 1400. apud Rymer. tom. 8. pag. 580 : *Et de qualibet Tracta corii* (leg. *Tacra*) *quinque ardicos.* Eadem habentur in aliis ann. 1413. tom. 9. pag. 30. Aliæ ann. 1514. tom. 13. pag. 460 : *Tracta bladorum et vinorum.* Adde Bullam Pauli III. PP. ann. 1539. inter Privilegia Equitum S. Johannis Jerosol. pag. 100.

¶ 2. **TRACTA**, Pecuniæ exportatio, *Traitte,* eadem notione, quod Nummularii. Statuta Genuens. lib. 4. cap. 14 : *Qui voluerit cambia, seu Tractas sibi fac-*

tas solvere supra protestum, ad hoc ut retineat obligatum eum, qui traxit seu qui mandavit pecunias, seu cambium solvi, teneatur in illis locis, in quibus solutiones cambiarum habent sua tempora præfixa, facere declarationem in actis notarii coram testibus infra horas 24. *post præsentationem litterarum cambii, sicuti acceptat talem Tractam supra protestum.*
° Seu Syngraphæ pecuniariæ solutio. Vide infra *Trajectitius.*

¶ 3. **TRACTA,** Extractio pecuniæ ex arca communi, si bene conjecto. Charta Eccl. Anic. ann. 1312: *Secuntur illa quæ solvuntur in Tracia.* 1°. *Thesaurario Ecclesiæ* VIII. *l... pistori* II. *s. regi* XXXVI. *s. etc.* Hodie apud Arvernos *la traitte* dicitur extractio pecuniæ ex arculis in æde sacra ad recipiendas oblationes collocatis.
° *Traicte,* eadem notione, in Arest. ann. 1402. ex vol. 9. arestor. parlam. Paris. : *Laquelle somme dient devoir estre receue de la Traicte qui s'en fait le lendemain de la feste du saint Sacrement.*

⁑ 4. **TRACTA,** Administratio, procuratio, Gall. *Régie;* vel Conductio, Gall. *Bail.* Lit. ann. 1411. tom. 9. Ordinat. reg. Franc. pag. 628. art. 10. *Quod de quibuscumque caussis factum et gubernationem dicti salis et eas tangentibus, dependentibus et connexis, et de quibuscumque excessibus, delictis seu criminibus per officiarios dicti salis qualitercumque commissis et committendis, civiliter aut criminaliter, durante Tracta et gubernatione salis supradicti, etc.*

⁑ 5. **TRACTA,** Italis Tratta, Pœnæ genus. Stat. antiq. Florent. lib 1. cap 40. ex Cod. reg. fol. 25. r : *Quod non possunt dicti berrovarii stare vel habitare in civitate Florentiæ intra unum annum numerandum a die finiti sindicatus illius rectoris, cum quo fuerit in officio, sub pœna decem Tractarum collæ suæ seu funis.*

* **TRACTÆ,** in lanificio, κατάγματα ἐρίου, Productiones lanæ. In pannificio *Tracias* vocant Pastillos in longum productos, et *Offas* in rotundum glomeratos : Græcis τρακτά, Latinis *Tracta.* Joseph. Scaliger Epistol. pag. 107.

¶ 1. **TRACTAMENTUM,** Agendi ratio, Gallice *Traitement.* Charta Balduini Episc. Noviom. ann. 1049 · *Videns ergo memorati viri devotionem erga loca Sanctorum, concite compunguntur cor meum, et non audeo ejus petitioni surdæ auris dare Tractamentum.*

° 2. **TRACTAMENTUM,** Pactum, compositio, Gall. *Arrangement, convention.* Charta prior. S. Jacobi de Pontida Pergam. diœc. in Chartul. Cluniac.: *Hic quasi publice sonat et fertur, quod super hoc in hiis partibus facta sunt et fiunt cotidie per aliquos Tractamenta, ut non per prudentiam et virtutes dicti monasterii priorum, sed interventu pecuniæ per pravitatem Simoniacam habeant.* Vide mox *Tractare* 8.

°° 3. **TRACTAMENTUM.** Schol. Remig. ad Marc. Capell. lib. 7. apud Maium in Glossar. novo: *Commenta,* id est *Tractamenta, argumenta.* Vide *Tractator* 2.

¶ 1. **TRACTARE,** Consulere, sententiam in commune proferre, una proponere. Pactus Legis Salicæ in titulo : *Hi autem sunt qui legem Salicam Tractaverunt, Wisogast, Arogast, Salegast, etc.* Vide infra *Tractare* 4.

2. **TRACTARE,** Lac mulgere, Gall. *Traire.* Fleta lib. 2. cap. 79. § 7 : *Omnes oves ultra festum Nativitatis B. Mariæ matrices Tractari per ubera, seu lactari non permittantur.*

3. **TRACTARE,** Disserere. Servius : *Xenocrates primus Philosophiæ scholam aperuit, cum antea in porticibus Philosophi Tractarent.* Vide 2. leg. Cod. Th. de his, qui super religione contendunt (16, 4.], et infra in *Tractator* 2. [*et Tractatus* 3. Vita S. Eugenii Episc. tom. 3. Julii pag. 196. *Liberum arbitrium habeant in Ecclesiis suis, quibus voluerint linguis, exponere, explicare disserendo; qua etiam notione Prudentius in Agone Cypriani:*

Disserit, eloquitur, Tractat, docet, instruit, etc.]

¶ 1. **TRACTARE,** Controversari, litigare. Cod. Theod. lib. 6. tit. 23. leg. 19 : *Ita nec de ejus unquam successione Tractabitur, qui nobis mediis et toto jure, quod in nostris est scriniis constitutum, teste succedit.*

¶ 5. **TRACTARE,** Convivio accipere, nostris *Traiter.* Gesta Abbatum Lobiens. tom. 6. Spicil. Acher. pag. 636 : *Abbatem suum cum comitatu Tractari tenebantur. Benignius se Tractare,* pro Lautius se curare, seu pascere, legitur apud Horatium lib. 1 Ep. 17.

¶ 6. **TRACTARE,** Abolere, tollere. Conventio ann. 1111. in Probat. novæ Hist. Occitan. tom. 2. col. 379 : *Mali namque usagii non sunt recitandi,* (f. *retinendi,*) *sed potius Tractandi et dissipandi.*

° 7. **TRACTARE,** Differre, in longum trahere, ut recte interpretari videntur docti Editores ad Mirac. S. Germ. Autiss. tom. 7. Jul. pag. 283. col. 1. *Si quid Deo venustis, incunctanter absolvite, memores ruinam esse homini post vota Tractare.* Ubi Labbeus legit , *Retractare.*

⁂ 8 **TRACTARE,** Pacisci, transigere, Gall. *Convenir.* Annal. Placent. ad ann. 1481. apud Murator. tom 20. Script. Ital. col. 961 : *Postmodum Tractato accordio, equos et arma restituit.* Vide supra *Tractamentum* 2.

⁂ 9. **TRACTARE** AD **MORTEM,** Occidere, mortem inferre. Lit. remiss. ann. 1328. in Reg. 65. Chartoph. reg. ch. 191 : *Cum dictus interfectus forefecisset,... et prænominati... niterentur eum capere et in prisionem dicti domini adducere, ipse in defensione et rebellione se posuit contra eos, et ob hoc ne evaderet, de necessitate, qua vivum capere nequiverunt, Tractaverunt ad mortem.*

*° 10. **TRACTARE SE,** Gerere se, Gall. *Se porter pour.* Lit. Caroli VI. ann. 1415. in Memor. H. Cam. Comput. Paris. fol. 71. v : *Ia quod omnes et singuli Januenses cives, districtuales, incolæ, convencionati, et qui pro Januensibus se Tractant, possunt et valeant. ... ire, stare, morari, mercari ... per omnes et singulas civitates... regni Franciæ.* Ibid. fol. 72. v : *A donné* (le Roy) *trève...... aux Jennevoys bourgois, habitans et à ceulx de leurs destroits et à convenances et alliés et qui pour Jennevois se tiennent. Se Traiter pardevers un juge ou arbitre,* Ad judicem vel arbitrum recurrere, vulgo *Se pourvoir,* in Charta ad calcem Chartul. S. Joan. Laudun.: *Droars sires de Marle à tous présens et advenir, salut. Ly abbés et couvent de saint Jean de Laon s'estant Traités pardevers nous, etc.*

TRACTAREA, Anonymus Barensis in Chronico anno 1042 : *Argiro perrexit in Trane, per mare et terra obsedit eam, fecit ibi turrem excelsam ligneam, et Tractareas manculas, et berbices, ut comprehenderet eam. Forte legendum petrarias, nisi per tractareas intellexerit quasvis machinas jaculatorias ; trahere enim pro jaculari dixerunt* inferioris ævi Scriptores, ita ut leg. *tractareas machinas.*

° **TRACTAROLIUM,** Machinæ bellicæ jaculatoriæ species. Stat. Vercell. lib. 3. pag. 102. r° : *Tractarolia targiæ, scuta, brazorolia, coffini, cassiæ, sellæ et lanciæ duci possint, nonobstante hoc statuto.*Vide *Tractarea.*

¶ **TRACTAROLIUS,** Publicanus, Gall. Traitant, ni fallor. Statuta Vercell. lib. 4. fol. 71. v : *Item victurales tempore vindemiarum portent super fioliis butallorum Tractarolios, qui vinum colligant, et qui contrafecerint, solvat vice qualibet solidos* x. Pap.

° Nequaquam ; Instrumentum videtur esse, quo vinum ex dolio in aliud trahitur seu infunditur, vulgo *Siphon.*

¶ **TRACTATE,** De industria, data opera. Statuta Cadubrii lib. 3. cap. 38. *Dummodo hoc factum fuerit Tractate, ordinate et pensate.... si vero aliter acciderit, non Tractate et non pensate, tunc simiiliter relinquatur arbitrio vicarii et consulum.*

¶ **TRACTATIM,** Lente, graviter. Vide *Tractim.*

⁂ **TRACTATIO,** Exportatio, evectio, Gall. *Traite.* Arest. ann. 1342. in vol 3 arestor. parlam. Paris. : *Commissarii deputati super tracta seu Tractatione ianarum, etc.* Vide *Tracta* 1. et infra *Tractus* 13.

1. **TRACTATOR,** Chartularius, qui tractat vel retractat largitionales titulos. Scholiastes Juliani Antecess. ad cap. 82 : *Tractentæ, quos dicimus apud Latinos, Tractatores, maxime in Africa sic dicuntur,* id est *Scriniarii, qui annonas publicas computant et tractant.* Eustathius in Vita S. Eutychii Patriarch. CP. n. 68 : Συνῆς πρὸς τὴν Τρακτευτῶν τοῦ Πόντου διοικούντων, τρακτευτάς φημι καὶ ἀνυπ́ας τῶν δημοσίων, etc. Ita *Chartularios* et *Tractatores* pro iisdem dici in leg. 3. Cod. de Canone largit. titulor. (10, 23.) in leg. 10. de Numerariis, lib. ult. (12, 50) eod. Cod. et Nov. 28. 30. 128. 129. 147 observat Cujacius ad. leg.3. Vide Nicolaum Alemannum ad Procopii Anecdota pag 100. 1. edit. et Nov. 1. Theod. sub finem. [*Lydum de Magistrat. lib. 3. sect. 21. et 68.*]

2. **TRACTATOR,** Qui de rebus seriis docte et erudite *tractat,* scribit, loquitur, disputat. Gloss. Gr. Lat. : Ὁμιλία, Loquela, sermo, locutio. Ὁμιλητικὸς, Tractator. S. Cyprianus in Præfat. ad libr. de Cardinal. operib. Chr.: *Sublimes materiæ subtilium ingeniorum exigunt Tractatores.* Infra : *Aditum ad se temerariis Tractatoribus vel scriptoribus interdicit.* S. Hieronymus adversus Helvidium : *Quæ non solum pene omnes Græciæ Tractatores in suis voluminibus reliquerunt.* Spartianus in Geta : *Fuit adolescens moribus asperis, a natura decorus, Tractator, gulosus, etc.* Monachus Sangall. lib. 1. de Carolo M. cap 4 : *De pauperibus supradictis quamdam optimum Tractatorem et scriptorem in Capellam suam assumpsit.* Horatius, *Ethicus Tractator* dicitur Ivoni Carnotensi Epist. 7.

☞ Huc, ut videtur, revocari possunt *Tractatores,* de quibus hæc habentur in Privilegiis Ecclesiæ Rom. apud Marten. tom. 2. Ampl. Collect. col. 1232 : *Pacta et conventiones, contractus etiam inter Regem ipsum* (Siciliæ Tancredum) *et Ecclesiam Romanam, mediantibus Cardinalibus missis ad Regem et certis aliis Tractatoribus deputatis per Regem super appellationibus libere faciendis in toto regno ad Ecclesiam Romanam.* Oratores intelligo vel viros doctos, qui de negotiis prudenter et erudite tractare poterant.

TRACTATORES dicti præsertim Librorum sacrorum Interpretes, qui de rebus sacris tractant. S. August. de Doctrina Christ.. *Debet divinarum Scripturarum Tractator et dictor, defensor rectæ fidei, ac debellator errorum, et bona docere, et mala dedocere.* Vincentius Lirin. Commonit. 1 : *Doctores, qui Tractatores nunc appellantur, quos hic idem Apostolus etiam Prophetas interdum vocat, eo quod per eos Prophetarum mysteria populis aperiuntur.* Rufbn. de adulteratione Librorum Origenis : *Quoscunque veterum nobilium Tractatorum invenerint de his, quæ ad gloriam Dei pertinent, plene et fideliter disputasse, etc.* Facundus Hermianensis lib. 4. cap. 2 : *Hieronymus quoque noster, vir admodum doctus, qui etiam tantæ fuerat lectionis, ut omnes, aut pene omnes, sive in Græco, sive in Latino eloquio divinarum Scripturarum Tractatores legeret, etc.* Idem lib. 9. cap. 5: *Proinde melius facimus, si quemadmodum divinam Scripturam, sic etiam ejusdem Scripturæ Tractatores locutos contra hæreticos fuisse credamus.* Arnobius Junior in Psal. 67. *Cleros enim hoc loco dictos et Judæi dicunt, et nostri plurimi Tractatores.* Senator lib. de Divin. Instit. cap. 17 : *Habent etiam post Tractatores,* (SS. Patres) *diversos relatores temporum studia Christiana, etc.* Nicolaus I. PP. Epist. 42 : *Si enim ipsorum decreto cæterorum opuscula Tractatorum approbantur, etc.* Didymus apud S. Hieronymum in Epist. 51. ad Domnionem, *Scientia Scripturarum omnes sui temporis Tractatores vincere dicitur* ; adde Epist. 52. 61. 62. 64 etc. Idem Hieronymus Claudiano Mamerto lib 2. de Statu animæ cap. 9. *Potissimus Tractatorum* appellatur · Lupo Servato de Trib. quæst. *Alterum lumen Tractatorum.* Beda, Monacho Sangallensi lib. 1. de Carolo M. cap. 2. *Peritissimus post sanctum Gregorium Tractator.* S. Eulogius, Alvaro Cordubensi in ejus Vita n. 10. *Tractator peritissimus et dictator.* Origenes, Sidonio lib. 2. Epist. 9. *Scævus cavendusque Tractator*, Sulpitio Severo Dial. 1. cap. 3. *Tractator sacrarum Literarum peritissimus.* Ecclesiastici *Tractatores*, apud Vigilium Tapsensem lib. 5. contra Eutychem. Adde Auctorem Prædestinati pag. 86. 82. etc. Mitto, quæ alii de hac voce observarunt, Juretus, Savaro, Sirmondus, Jacobus Gothofredus, Joan. Filesncus, Baluzius, et alii.

8. TRACTATOR, Concionator, qui *tractatus,* seu homilias habet ad populum. Petrus Chrysologus serm. 91 : *Vacat humanus sermo, silet prædicatio Tractatoris, quando angelico præconio Joannis* (Baptistæ) *profertur gloria, virtus insonat, laus colloudatur.* [Vide *Tractare* 3.]

4. TRACTATOR, Consiliarius. Senator lib. 8. Epist. 12 : *Decet enim Tractarores habere doctissimos, quibus summa potestas committitur, etc.* Ita alibi *Tractatum*, pro Consilio, usurpat. [Vide *Tractare* 1. et *Tractare* 2.]

¶ **5. TRACTATOR**, Arbiter, conciliator : idem etiam forte qui *Conservator*. Vide in hac voce. Litteræ Johannis Fr. Regis ann. 1856. tom. 4. Ordinat. pag. 178: *Nec tamen nostra intencionis existit, quod per hoc antique consuetudini, quam dicti Decanus et Capitulum asserunt se habere debere in dicta nostra curia Tractatores, etc.* Quæ sic Gallice utcumque redduntur in Litteris Caroli V. ann. 1307. tom. 5. earumd. Ordin. pag. 26 : *Et toute-voyes n'est pas nostre entente, que pour cause de noz presens don, grace et octroy, aucun prejudice soit fait, ou puisse estre mis de present, ne pour le temps à venir, aux autres privileges anciens de ladicte Eglise, par lesquelz lesdiz Doien et Chapitre ne sont tenuz de plaidier audit Parlement, fors comme pardevant Traicteurs de leurs causes. Traicteurs esleuz*, in aliis ejusd. Reg. Litteris ann. 1372. ibid. pag. 516. *Traiteur moyen* apertius dicitur in Litteris Ægidii Episc. Tuscul. Cardin. ann. 1376. e Bibl. Reg. : *Puisque je estoye Traiteur moyen, il me convenoit essayer de mouvoir plusieurs voyes, afin de procurer l'acort d'une partie et d'autres.*

° *Interdum et Judex delegatus a rege*, vulgo *Commissaire*. Chartul. eccl. Carnot. ; *De querelis episcopi et capituli contra comitem consuevit rex committere Tractatores, qui ex parte sua querelas inter eos et discordias amicabiliter pacificarent.* Ibidem : *Clausuram claustri quam faciebant canonici, comes impedire voluit : sed post inquestam per Commissarios ex parte regis propter hoc Carnotum destinatos factam, fuerunt fundamenta reperia et clausura facta, contradictione dicti comitis non obstante.* Rursum : *Omnem justitiam in omnibus exercuerunt episcopi et capitulum in terris suis, absque eo quod ad comites vel ballivos regios appellaretur ab eis: sed si fuisset controversia, rex per se vel per nuntios et speciales Commissarios negotium matura deliberatione in se suscipiens advocabat.* Nostris *Traiceur*. Charta ann. 1812. ex Tabul. episc. Carnot. *Erart de Tyenges,...... Pierre Honnovre, .. Geffroy de Fouchets,... et Renaut de La Broce, Traicteurs des contens mues entre les gens de noble prince et puissant monseigneur Challes, fils de roy de France, conte de Chartres d'une part, et R. P. en J. C. l'evesque de Chartres d'autre. Traiteur*, Qui negotia principum tractat, apud Froissart. 1. vol. cap. 64 : *St se devoient assembler ces appointeurs en une chappelle.... Le jour ordonné, après la messa et après boire, ces Traiteurs vindrent ensemble. etc.*

¶ **TRACTATOR PACIS**, Ædilis, scabinus, qui pacem inter cives tuetur, idem qui *Paciarius*. Vide in *Pax*. Transactio inter Dominum et incolas de Mazalguis ann. 1501. e Schedis Præs. de Mazaugues : *Licitum sit... annis singulis creare unum vel duos Tractatores pacis.*

¶ **TRACTATOR VENDITIONIS**, Cui cura erat vendendi res ad dominum pertinentes. Charta Ludovici Regis Fr. ann. 1484. apud Baluz. tom. 1. Hist. Arvern. pag. 281 : *Ac dicti ipsius Comitis servitores ac dictarum venditionum Tractatores ad requestam dicti Morinoti in vino rubeo ipsius Comitis vinum album loco aquæ pluries posuerant seu miscuerant.*

TRACTATORIA, Epistola Synodalis , *Synodica*, quæ a *Synodo*, quam *Tractatum* appellari mox docemus, ad Episcopos scribitur, vel de quavis re ad *tractatum*, seu Synodum spectante. Ea enim est vera vocabuli origo, quam non adverterunt Baronius an. 142. et Bernardinus Ferrarius lib. 1. de Epist. Ecclesiast. cap. 2. nisi locis mox laudandis legendum et *tractoria*, uti contendit Philippus Priorius. Meminit S. Augustinus *Tractatoriæ* Serm. 2. in Psalm. 36. qua Episcopi declarabant hunc vel illum esse excommunicatum : *Atque ideo non innemores puritatis Ecclesiæ conducibile existimavimus, omnes sanctos Consacerdotes et omnes Clericos, et omnes populos, qui se Christianos meminerint, hac nostra Tractatoria communione, ut omnes ejus* (Primiani) *communionem, utpote damnati, diligenti cura horreant.* Eodem sensu *Tractatoriam* usurpat Epist. 162 : *Quod si non fecerint, ibi etiam eorum pravitas et perversitas innotescet, missaque Tractatoria super eorum nomine per totum orbem terrarum, quacunque jam Christi Ecclesia dilatata est, ab omnibus Ecclesiis eorum communio præcidetur. Tractatoria* denique mentio est in Concilio Teleptensi. In Concilio Carthaginensi V. can. 10. et Africano sub Bonifacio et Cælestino cap. 43. jubentur Episcopi ad Concilium evocati, *si non potuerint occurrere, excusationes suas in Tractatoria conscribere.* Quo loco Capitula Car. M. lib. 7. cap. 20. [¤¤ 84.] habent *Tractoria*.

TRACTATORIUM, Locus, in quo *tractatus* seu consilia agitantur, Senatus. Sidonius lib. 1. Epist. 7 : *It in Tractatorium frequens Senatus.* Vide Secretarium.

1. TRACTATUS, Ὁμιλία, Collatio, præsertim de rebus sacris, præterea concio Episcopi vel Sacerdotis ad populum. Acta Numidarum Martyr. apud Surium 1. Maii, et Baron. ann. 262. n. 39: *Horum tanta charitas fuit, et tanta dilectio, ut licet taciti possent jam devotæ et obsignatæ virtutis exemplis fidem fraternitatis extruere ; tamen ad stabilitatem perseverantiæ latius consulentes, pectoribus nostris rorem Tractatus salutaris infunderent : neque enim tacere poterant, qui Dei sermonem videbant. Nec mirum si paucis illis diebus tam large nostrum omnium mentes eorum Tractatus salubris animavit in quibus jam Christus, micante gratia de proxima passione fulgebat.* S. Cyprian. de Opere et Eleem. *Quales nunc in Ecclesia quosdam videmus quorum præclusæ aures, et corda cæca nullum de spiritualibus monitis lumen admittunt, de quibus mirari non oportet, quod contemnant in Tractatibus servum, quando a talibus Dominum videamus esse contemptum.* Adde eumdem Epist. 78. et Optatum lib. 4. et 5. Ambrosium in Ep. 14. Gaudentium Brixiensem, etc. *Tractatus* populares, quos Græci *Homilias* vocant, inquit S. Augustinus in Epist. 4. ad Quodvultdeum, præfixa lib. de Hæresib. et Victorem Vit. lib. 1. *Populares sermones Ecclesiastici*, eldem Augustino lib. 1. Retract. cap. 22. et serm. 20. de Diversis cap. 2. Chronic. Reichersperg. ann. 486. de eodem S. Augustino: *Usque ad illud tempus 232. confecerat libros, exceptis innumerabilibus Epistolis, et homeliis, et aliis Tractatibus popularibus.* Vide Petrum Chrysologum serm. 86. initio. In Concilio Laodiceno can. 10. ὁμιλίας ἐπισκόπων, *Tractatus Episcoporum,* vertit Isidorus Mercator. In Capitul. Caroli M. lib. 1. cap. 78. al. 78. *Soli Canonici libri, et Catholici Tractatis, et Sanctorum authoritates et dicta legi et tradi jubentur.* Ita *Tractare*, pro *Scripturas sacras exponere*, usurpat, lib. 1. Sacrament. Eccles. Roman. cap. 33. semel ac iterum. [Vide *Tractator* 2.]

2. TRACTATUS, Consilium. Senator lib. 8. Epist. 10 : *Defensorem omnium suis Tractatibus adjuvabat, et ministrando consilium, regebat ipse Rectorem.* Vide *Tractator* 4. [et *Tractare* 1.]

3. TRACTATUS, Consilia Episcoporum, in quibus de rebus Ecclesiasticis tractatur, disceptatur. *Tractatus Nicænus,* non semel apud S. Hilarium in Fragmentis. S. Ambrosius Ep. 13 : *Hoc scriptum est in Ariminensi Synodo ; meritoque Concilium illud exhorreo, sequens Tractatum Concilii Nicæni, a quo me nec mors nec gladius poterit separare.* Infra : *Si Tractandum est, Tractare in Ecclesia didici, quod fecerunt patres mei.* Ita etiam *Tractatum Concilii Nicæni* dixit

Vigilius Tapsensis lib. 1. contra Palladium pag. 498. et *Tractatum plenum*, quem ibidem *Concilium plenum* vocat. Codex Canonum Ecclesiæ Africanæ cap. 47 : Περὶ τῆς πίστεως γὰρ τοῦ ἐν Νικαίᾳ τρακτάτου ἠκούσαμεν. Epistola Clericorum Italiæ directa Legatis Gallor. ann. 552 : *Usque ad universalis Concilii Tractatum*. Epistola Synodalis Concilii Aurelian. I : *Quia tanta ad religionis Catholicæ cultum gloriosæ fidei cura vos excitat, ut sacerdotalis mentis affectu Sacerdotes de rebus necessariis Tractaturos in unum colligi jusseritis, etc. Tractatus, ac deliberatio Synodi*, apud Facundum Hermianensem lib. 1. cap. 5. *Synodalis Tractatus*, in Epist. Leonis I. PP. ad Flavian. CP. et apud Marbodum Diac. in Vita S. Licinii Episc. Andeg. *Tractatus Ecclesiasticus*, in Epist. 9. Gelasii I. PP. Lex 15. Cod. Th. de Episcop. etc. (16,2) : *In Ariminensi Synodo super Ecclesiarum et Clericorum privilegiis Tractatu habito*, etc. Hlotharii Imp. Epistola ad Leonem IV. PP : *Observantes, ut si ipse ratum esse decerneret, ex suo latere viros idoneos destinaret, quia una cum Episcoporum ipsius provinciæ Tractatu, causam utriusque inquirere, et canonice definire valerent.* Præfatio Concilii Wormaciensis ann. 868 : *Dum.... apud Wormaciam.... convenissemus, ut de quibusdam Ecclesiasticis utilitatibus communis a nobis Tractatus agretur*, etc. Concilium Romanum ann. 904. cap. 2 : *Quatenus cum ad Synodum convenerint, libere eis Tractare et statuere liceat, quæ Sanctorum Patrum canonica censura decrevit.* Concilium Trosleianum ann. 909. in Præf. : *De statu sanctæ Ecclesiæ ac totius regni utilitate Tractaturi*. Adde Conc. Confluent. ann. 922. cap. 1
¶ Tractatus, Congregatio, Conventus Monachorum in capitulo congregatorum. Charta ann. 1232. ex Chartul. Campaniæ fol. 194. col. 2: *Conventus Latiniaci post cessionem Gaufridi quondam Abbatis Latiniaci Tractatum habuerat de electione Abbatis..... Conventus Latiniaci vacante monasterio antequam Tractatum habeat de eligendo Abbatem*, etc.
4. **TRACTATUS**, Epistola, quam Pontifex recens electus ad alios Pontifices mittebat, fidei suæ testis, quam *Synodicam* appellabant, ut in hac voce docemus. Auctor Prædestinati lib. 1. hæresi 89 : *Consuetudo est namque, ut unum Tractatum suum Episcopus Alexandrinus mittat ad Constantinopolim, qui recitetur in Pascha, et Tractatus Constantinopolites, qui Alexandriæ recitetur. In Tractatu suo Constantinopolites Nestorius scripsit, Mariam non esse Theotocon, sed Christotocon, etc.*
5. **TRACTATUS**. Charta Petri Abbatis S. Benigni et Menardi Abbatis S. Sequani pro societate monastica, apud Perardum pag. 265 : *Post brevis recitationem statim flet officium, et ea die si talis fuerit hora, vel in crastino Missa matutinalis, cum signorum pulsatione et Tractatu celebrabitur.* An *Tractu* ?
¶ 6. **TRACTATUS**, Pactum, compositio, Gall. *Traité.* Charta S. Benigni Divion. ann 1282 : *Rogavimus dictos Abbatem et Conventum.... ut ipsi dicto Tractatui consentirent. Tractatus pacis*, in Litteris ann. 1225. apud Rymer. tom. 1. pag. 280. Occurrit passim hac notione.
¶ 7. **TRACTATUS**, Examen. Canonizatio S. Edmundi Cantuar. Archiep. apud Marten. tom. 3. Anecd. col. 1848 : *Habito diligenti Tractatu, licet nihil invenisset omissum, quod diligens inquisitor facere debuisset, tamen, etc.*

¶ 8. **TRACTATUS**, Convulsio, spasmus. Miracula B. Ambrosii Senens. tom. 3. Martii pag. 204 : *Malum quod vocatur in majoribus morbus caducus, et habebat Tractatus, quos habet ille quem arripuit malum prædictum*. Vide *Tractus* 5
º 9. **TRACTATUS**, Jactus. Lit. remiss. ann. 1395. in Reg. 148. Chartoph. reg. ch. 99 : *Petrus Laurentii, filius Bartholomei ludendo jecit rotam uno Tractatu ; quo facto Bartholomeus prædictus cepit et levavit de facto rotam ipsam a dicto ludo, et illam longe extra dictum ludum projecit.* Forte pro *Tractus*.
¶ **TRACTE**. Charta an. circiter 940. apud Baluz. Hist. Tutel. col. 329 : *Excepto Cologas cum locu, cum Tracte ad scavas, cum bosco, etc.* An idem quod *Tractus* 2.
TRACTEUTÆ. Vide *Tractator* 1.
º **TRACTIGER**, Sagittarius, idem qui *Archifer*, nostris alias *Homme de trait.* Vide *Tractus* 4. Charta Ludov. XI. ann. 1474. ex Cod. reg. 8428. 3. fol. 250. vº : *Dantes in mandatis universis nostris locatenentibus, connestabulariis, marescallis, admiraldo, viceadmiraldo, armorum et Tractigerarum gentium capitaneis et conductoribus, etc.*
TRACTIM, in Glossis veteribus, jugiter, continuatim. *Tractim* vero *canere*, lenta et morosa modulatione. Honorius Augustodun. lib. 1. cap. 86 : *Tractus, a trahendo dicitur, quia trahendo, id est Tractim canitur.* Id est *lente*, morose, quomodo *Tractim* exponitur in Glossario Longobardico S. Germani Paris. [Nonius : *Tractim, ut sensim, id est, diutine, longo tractu*] Usus antiqui Ordinis Cisterciensis cap. 28 : *Dicto itaque Deus in adjutorium meum intende, morose et trahendo a Sacerdote, etc.* Cap. 119 : *Et cum paratum fuerit, tabulam in claustro Tractim percutere... debet.* Romualdus Salern. Archiep. in Chronico MS. [nunc edito tom. 7. Muratori] ann. 1166 : *Clericos in ea multos et præbendas instituit, et divinum in illa officium reverenter, et Tractim,* [edit *Tractatim*] *et cum Dei reverentia et in omnem celebrari disposuit.* Chronicon Trudonense lib. 8 : *Assiduus erat omnibus horis in choro, et de Psalmis Tractum cantandis, et cantu dulce æque modulando indefessa illi sollicitudo.* Charta Caroli Regis Siciliæ ann. 1304. apud Ughellum tom. 7. Ital. sacræ pag. 897 : *Volumus, quod ipsa deinceps Ecclesia secundum ordinem Parisiorum Ecclesiæ per libros, quos eidem Ecclesiæ dedimus, divinum officium celebretur, punctatim videlicet atque Tractim.* Statuta antiqua Ord. Cartus. 2. part. cap. 13. § 5 : *Historiam legat rotundius, sermones et homilias attractius, aperte tamen et distincte legat omnia, ut possit intelligi, etc.*
¶ **TRACTIO**, Tractus, ἕλκυσις, σύρσις, in Glossis Lat. Græc. Inter poenas in læsæ majestatis reos numeratur in voce *Exenteratio*.
º **TRACTITIUS**. Aurum Tractitium, Gall. *Or trait,* Aurum textile. Inventar MS. thes. Sedis apost. ann. 1295 : *Item tres mitras ad circulum, cum frixio ad aurum Traccitum* (sic bis)...... *In duobus capitibus est laborerium ad aurum Tractitium*.
1. **TRACTOR**. Concilium Avenonense ann. 1281. cap. 2. *Denuntientur autores, fautores, Tractores, defensores, et fidejussores pro his observandis excommunicanti*, etc. Forte *Tractatores*, ex Gallico, *Traiteurs*, Contrahentes.
¶ **TRACTOR DECIMARUM**, Cui cura est decimas colligendi, *trahendi* seu vehendi in horreum decimatorio. Chartularium

S. Vincentii Cenoman. fol. 43 : *Per dominam et heredes suos attrahetur decima ad domum monachorum, et eodem anno quo domina et hæredes sui tractum habebunt, ipsi habebunt clavem domus et monachi paleas , Tractore interposito per fidem singulis annis, quod erga monachos et dominam.... legitime se habebit.* Fol. 81 ' *Hanc potestatem in decimis eligendi Tractorem suum et excussorem... Paganus habebit.* Vide *Tractus* 3.
º 2. **TRACTOR**, Qui pannos *trahit* seu extendit et explicat. Vide supra *Tiratorium* 1. Lit. Phil. V. ann. 1318. in Reg. A. Cam. Comput. Paris. fol. 207. rº : *Suprapositis et paratoribus, textoribus, fullonibus, Tractoribus, alludariis et omnibus...... in et sub arte paveriarum pannorum... constitutis, etc.* Occurrunt eædem Literæ in Reg. L. Chartoph. reg. ch. 2. ubi legitur *Tractaribus* ; unde vix putem mendum esse pro *Tinctoribus*.
1. **TRACTORIA**, Idem quod *Traga*, vel *Traha*, de qua voce infra. Erchempertus in Hist. Longobard. cap. 68 : *In quamdam Tractoriam plaustro vehentem intromissus. Capuanam urbem ingressus est.* [~ In Chronic. Salernit. cap. 140.]
2. **TRACTORIA**, Diploma, seu instrumentum evectionis, cursusque publici, hoc est, quo jus et facultas dabatur equos, vehicula, et viaticum petendi de publico. De *Tractoriis* passim tituli de *Cursu publico*, et de *Tractoriis et stativis*, lib. 12. Cod. Justin. et lib. 8. Cod. Th. ubi multa Cujacius, Jacobus Gothofredus, et alii doctiores interpretes, quos non quæsivimus.
TRACTORIA , Interdum est Epistola citatoria et evocatoria, qua jubetur quispiam certo loco et tempore præsentem se sistere , qua scilicet trahitur et evocatur quispiam. S. Augustinus Epist. 217 : *Tractoria ad me 5. Id. Nov. venit, jam finito die, et me valde indispositum invenit, ut occurrere omnino non possem,* etc. Vide Formulas antiquas promotionum Episcopalium tom. 2. Concil. Gall. Sirmondi pag. 651. 653. 656. Johannem VIII. PP. Epist. 177. 181. 228. 229. Bernardinum Ferrarium de Epistol. Eccles. lib. 2. cap. 1. et Garnerium ad Marium Mercatorem in Commonitorio cap. 3.
☞ Alias eodem intellectu sumitur, quo *Tractatoria*, apud Marium Mercatorem in Commonitorio pag. 188. ap. Baluz. ubi *Tractoriam* appellat Zosimi Epistolam de Pelagii et Coelestii damnatione omnibus Ecclesiis inscriptam.
Tractoriarum etiam sub Regibus nostris usus innotuit, quem a Romanis mutuati sunt ; quibus scilicet Missis suis commeatum et hospitia in itinere præberi jubebant. Exstat harum formula apud Marculfum lib. 1. form. 11. cujus titulus : *Tractoria Legatorum*, etc. Initium autem sic concipitur : *Ille Rex omnibus agentibus. Dum et nos in Dei nomine Apostolicum virum illum partibus illis legationis causa direximus, ideo jubemus, ut locis convenientibus eisdem a vobis evectio simul et humanitas ministretur, hoc est, veredos seu paraveredos tantos, panis nitidi modios tantos, vini modios tantos,* etc. Ex quibus patet expressum in Tractoriis quid Missis singulis, secundum eorum qualitatem præbendum esset ; unde *Tractoriæ stipendiales* appellantur Agobardo lib. de Insolent. Judæor. Ita porro Tractorias usurpant Capitul. Caroli M. lib. 4. cap. 30. 69. Lex Longob. lib. 8. tit. 1. § 38. tit. 7. § 1. [^{oo} Lud. P. 24. 54.] Capitul. Ludovici Pii ann. 818. cap. 30. et ann. 819. cap.

26. et Capit. Caroli C. tit. 32. cap. 16. Vide Diurn. Roman. cap. 6. tit. 9. 10.

TRACTORIA, interdum sumitur pro quovis Diplomate Præcipis. Carolus M. in Charta seu Præcepto, quo Monasterium S. Dionysii ab omni teloneo eximit, apud Doubletum pag. 709 : *Ideoque per hanc Tractoriam expresse præcipimus atque commendamus, ut ipsum mercatum cum omnes suos teloneos, sicut anteriores Reges ac Principes partibus S. Dionysii contulerunt, ita in omnibus sint concessi atque indulti. Mox . Et ut hæc Tractoria nostris et futuris temporibus firmior habeatur,* etc. Quibus postremis verbis concipitur pariter Præceptum aliud Ludovici Pii pro eadem immunitate teloneorum, pag. 733. Nec scio an aliter intelligendum sit Concilium Meldense can. 71. in quo Galliæ Episcopi a Carolo Rege postulant, *ut auctoritatem sigillo regio roboratam more Tractoriæ Christianissimus Princeps singulis donet Episcopis, quam quisque Episcoporum penes se habeat, ut quando et necesse fuerit, per eandem auctoritatem reipublicæ ministros indiguerint auxilio, republicæ ministris concurrentibus, suum, imo divinum, possint rite peragere ministerium.* Quo loco *auctoritas sigillo regio more tractoriæ roborata*, nihil aliud, opinor, sonat, quam Diploma authenticum Principis, ejusque firmatum sigillo, quomodo *tractoria* firmari solent, hoc est, *præcepta regia*, (cujusmodi sunt Caroli M. quorum meminimus) quibus scilicet tractoriis ac diplomatibus facultas daretur Episcopis *ministros reipublicæ* convenire, iisque nomine regio præcipiendi, ut quiescerent que res exegisset, præsto essent ad eorum auxilium. Scio Bignonium et Bernardinum Ferrarium *Jus tractoriæ*, seu evocandi ministros regios per traqjecturn, a Rege expositum censuisse, quorum sententiam si quis amplecti malit, non magnopere repugnabo. Binæ denique habentur formulæ *Tractoriæ* nomine, in formulis incerti auctoris cap. 10. et in Chartis Parensalib. form. 15. Prior quæ est Episcopi, inscribitur *Tractoria* pro itinere peragendo ; altera quæ est majoris domus, inscribitur *Charta Tractoriæ*; utraque porro precibus concipitur, ut peregrino religionis vel pœnitentiæ causa ad Sanctorum limina pergenti, mansionem, focum, panem et aquam præstare velint ii, per quos iter facturus est; quæ quidem *tractoriæ* non multum differunt ab iis quas *Commendatitias* appellabant; adeo ut liceat opinari *tractoria* vocem latius posteæ sumtam pro quovis Diplomate. Vide *Tractatoria*.

¶ 3. **TRACTORIA**, Vas grande. Acta S. Urcini Mart. tom. 3. Junii pag. 811 : *Habuit idem presbyter Tractoriam vini juxta parietem oratorii ejusdem Martyris ad usum egenorum et pauperum vino plenam*.

¶ **TRACTUATIM**, Idem quod *Tractim*, in Cantu ecclesiastico, Lente, morose. Statuta S. Jacobi Hospitalis Paris. ann. 1388. apud Lobinell. tom. 3. Hist. Paris. pag. 339. n. VII : *Præcepimus quod omnes psalmodientes in dicta Ecclesia psalmodient Tractuatim, facientes pausam in medio versiculi,* etc.

¶ **TRACTULARE**, Versare, in Gemma, ut in tritico et feno obtinet. Est a *tractum* ea forma, qua *ustulo*, ab *ustum*; *postulo*, ab inusitato *postum*, non pro *positum*, sed pro *poscitum*, ut habet Vossius lib. 4. de Vitiis serm. cap. 28.

¶ **TRACTULUS**, Parvus *tractus*, seu species lineolæ inclinatæ, quam inter signa cantus recenset Johannes de Muris apud D. *le Clerc* in libro cui titulus : *La Science et la Pratique du Plain-chant* pag. 272.

¶ **TRACTURA**, Possessio, fructus qui ex aliqua re *trahuntur*, seu percipiuntur. Charta ann. 1130. Marcæ Hispan. col. 1269 : *Ego Petrus Bernardi Capellanus istius Ecclesiæ dono jam dictæ Ecclesiæ omnes meas Tracturas et tenuitiones, sicut ego modo teneo et possideo. ..... exceptus vinea una et decimum, quod milites possident...... prædictas Tracturas et tenuitiones, ita laudamus, ut sit franchum prædictæ Ecclesiæ.* Concil. Arand. ann. 1473. cap. 21 : *Sed etiam bladi annonæ..... et aliorum fructuum, tam decimarum quam primitiarum, Tracturas, exitus, redditus necnon transitus de loco ad locum vetant et interdicunt.* Vide *Tractus* 3.

1. **TRACTUS**, Cantus Ecclesiastici species. Honorius Augustod. lib. 1. cap. 96 : *Tractus a trahendo dicitur, quia trahendo, id est tractim canitur*. Hugo a S. Victore in Spec. Eccl. lib. 1. cap. 7 : *Tractus autem quia gemitum et cantum lachrymabilem exprimit, lachrymas Sanctorum..... repræsentat.* Unde *Tractus dicitur, quia Sancti suspirantes ab imo pectoris gemitum trahunt.* Adde lib. 2. cap. 19. Alcuinus lib. de Offic. divin. *Tractus semper in causa humilitatis ponitur.* Joannes Abrincensis Episc. de Offic. Eccl. : *Per Tractum qui nullo respondente cantatur, et in melodiis suis similitudinem fert gemitus,* etc. In eo vero quod nullo respondente canitur, differt a responsorio. Amalarius lib. 4. de Divin Offic. cap. 12 : *Hoc differt inter responsorum, cui Chorus respondet, et Tractum, cui nemo.* Inde igitur *Tractus* cantatur, cum cessat Alleluia. Ordo Romanus : *Si fuerit tempus, ut dicatur Alleluia, bene ; sin autem, Tractus. Alibi . Quapropter Alleluia illo tempore non cantatur apud nos, sed Tractus, id est luctus.* Necrologium S. Leonorii Bellimontis in Bellovacis : *Kal. Jan. obiit Matthæus Comes,... officium plenum fiat, cappa in Choro, Responsoria et Tractus in cappis, tres pauperes reficiantur, Generale facit Prior de piscibus abundanter. Tractus et hymnos composuit Gelasius PP.* ut auctor est Rupertus lib. 2. de Div. Offic. cap. 21. et ex eo Auctor Chronici Reichersperg ensis sub ann. 494. [Ricobaldus Ferrar. apud Murator. tom. 9 col. 114 : *Gradualia, Tractus et Alleluia Ambrosius, Gelasius et Gregorius ad Missam cantari instituerunt*.] Vide præterea Inthum usum Ordinis Cisterc. cap. 12. Stephanum Eduensem Episc. lib. de Sacram. altar. cap. 12. et Durandum lib. 4. cap. 21.

° Hinc *Traitif* dicitur Suspirium ex imo corde tractum, in Mirac. MSS. B. M. V. lib. 1 :

Moult se doloustu, moult se plaint,
Mant souspirs mis de cuer tret Traitif.

¶ *Traite de messes* vero, nuncupatur Missarum series, in Testam. Thomæ *de Failly* ann. 1473. ex Bibl. reg. *Item a voulu et ordenné quatre Traites de messes estre celebrées pour le remede et salut de son ame.*

2. **TRACTUS**, Piscatio, jus piscationis, quod alias *Jactus* dicitur : pisces, qui ex fluvio vel vivariis extrahuntur. Tabular. Belliloc. ch. 159 : *Cum terris cultis et incultis, domibus, sylvis, adjacentiis, et in Dordonia Tractis, sive jetis.* Ch. 176 : *Et juxta fluvium Dordoneæ piscatoris et ripaticis, jectis sive Tractis.* Charta ann. 1266. in Probat. Hist. Sabaud.: *Ripaticis, piscationibus, Tractis, venationibus, laudemiis.* Charta Ricardi II. Ducis Norm. ann. 1027. pro Monast. Fiscan. : *Et in eodem fluvio Tractus piscatorios..... item in fluvio qui dicitur Authura, in loco dicto Hasdans, Tractus piscatorios cum aliquibus hospitiis.* Fleta lib. 5. cap. 9. § 24 : *Sunt etiam aliæ res hæreditariæ, quæ veniunt in partitionem, quæ cum commode dividi non possunt, uni conceduntur, ita quod alii cohæredes alibi in communi hæreditate habeant ad valorem : sicut sunt vivaria, piscariæ, parci, et hujusmodi ; vel saltem quod partem habeant, sicut secundum, tertium, vel quartum, vel secundum Tractum, tertium, vel quartum, secundum numerum cohæredum ; et ita de parcis, secundam, tertiam, vel quartam bestiam.* Charta Ludovici Regis Franc. ann. 946. in Biblioth. Cluniacensi pag. 275 : *Excepto tertio Tractu de Hosa, quod pertinet ad S. Vincentium.* Alia Rodulphi Regis ann. 997. ibid. pag. 410 : *Et tertiam partem piscinæ, quæ vocatur Osa, cum mancipiis, vel reliquis rebus ad eandem piscinam pertinentibus, ut semper iidem Monachi medium Tractum habeant.* Orig. Murensis Monasterii pag. 50 : *In lacu autem habemus duos Tractus et dimidium,* etc. Tabularium Vindocinense fol. 54 : *Donavit eis Tractum sagenæ unius, in universis aquis suis, ubicunque piscaturas habere dinoscitur* Vide Radulphum in Vita S. Richardi Episcopi Cicestrensis n. 78.

° Vivarium etiam seu locus, ubi retia trahi possunt. Charta Henr. reg. Angl. ann. 1268. in Reg. 173. Chartoph. reg. ch. 150 : *Cum piscaria ed duobus Tractibus, qui ibi sunt, ad trahendum cum retibus.* Charta ann. 1242. in Pomer. diplom. pag. 195 : *Medietatem piscaturæ principalis et Tractus stagni pro centum marcis argenti vendidimus.*

3 **TRACTUS**, vel *Tractus decimæ*, in agris ac culturis, alius prorsus a *Tractu piscatorio*. [Charta Petri Leucorum Episc. ann. 1170 : *Hauvidis Ducissa fondatrix Ecclesiæ Casteniensis dedit in præfata villa Tractum et decimas Ecclesiæ, et quidquid allodii ibidem possidebat.*] Charta Alexandri III. PP. anno 1180. in Historia Vastinensi : *Decimam de la Narville, et Tractum per singulos annos... apud Chaloereth quartam partem decimæ de Fratevilla, et duos Tractus ; quartam partem decimæ de Varennis, et quintam Tractum ; Decimam in terra Burchardi Gononis,..... et ipsius decimæ Tractum.* Charta Hugonis Decani Paris. ann. 1213. in M. Pastorali lib. 7. ch. 83 : *Ipsi autem Monachi nobis quitaverunt medietatem totius decimæ in proventibus, videlicet in dominio, in justitia, in Tractu.* Alia ann. 1248. lib. 8. ch. 22 : *Medietatem in quadam decima,.... videlicet in grano, palea, Tractu, stramine, et in omnibus aliis quibuscunque proventibus ratione decimæ acceptandæ.* Charta ann. 1259. apud Roverium in Reomao pag. 263 : *Cum Abbas et Conventus Reomaensis, Laurentium de Cria piscatorem coram nobis authoritate Domini Lingonensis, super terris tertialibus sitis in finagio de Crie, in quibus dictus Laurentius dicebat se Tractum habere, et super sergentia ad Prioratum de Asiaco spectantibus traxissent in causam,* etc. Quæ hic commentatur idem Roverius pag. 640. nihili sunt. [Index MS. Beneficiorum Ecclesiæ Constant. fol. 46. v° : *In qua parochia sunt tres Tractus decimarum, de quibus rector ejusdem Ecclesiæ percipit unum Tractum feodi de Colonc*. et in aliis duo-

bus non percipit nisi terciam partem. Chartularium S. Vincentii Cenoman. fol. 43 : *De Tractu vero fuit constitutum, quod utraque pars tam monachi quam domina et sui hæredes de anno ad annum alternatim Tractum decimæ possidebit, et eodem anno quo monachi Tractum habebunt, per ipsos attrahetur decima ad domum dominæ et hæredum suorum ; et eodem anno habebunt clavem domus, ad quam decima attrahetur ; domina vero et sui hæredes habebunt paleas.*] Vide Granchiagium in Granea.

☞ His omnibus in locis, si bene conjecto, *Tractus.decimæ* idem est quod alibi, *Cario, Decima decimæ, Redecima*, seu pars decimalis, quam percipiebat is qui eas colligebat, trahebat seu vehebat in horreum decimatoris. Hoc jus, ut in *Cario* dictum est, ad varios pertinuit, modo ad Majorem loci, modo ad Dominum, modo ad Ecclesiam aliosve, qui nullam forte ponebant operam in decimis sive colligendis, sive advehendis : sed collectio seu vectura decimarum prima fuit hujusce juris causa, quod deinceps ad varios transierit, ut in aliis similibus juribus factum est sæpissime. Interpretationi nostræ non parum favet locus e Chartulario S. Vincentii laudatus · cum enim monachi *tractum habent, per ipsos attrahi*, seu advehi debet *decima ad domum dominæ et hæredum suorum.* Annis vero quibus domina et hæredes sui *tractum habebant*, ab ipsis *attrahi*, seu advehi, debebat *decima ad domum monachorum*, ut dicitur in alio ejusdem Chartularii loco, supra relato in voce *Tractor*. Præterea nullus alius est locus, sive a Cangio, sive a nobis citatus, cui hæc nostra explicatio nequeat accommodari : qua de re tamen penes attentum lectorem esto judicium. Vide *Trahere* 8.

° Quam inte. pretationem rursum firmare licet ex Charta Barthol. episc. Laudun. ann. 1116. in Chartul. S. Vinc. Laudun. ch. 32 : *Notificamus præterea tam præsentibus quam futuris, quod inter eandem ecclesiam et memoratum Odonem ingens querela exstitit super quinque modiis frumenti, quos ipsa ecclesia extra partem in decima singulis annis percipiebat, prædicto Odone dicente, quod ecclesia trahere debebat, aut ex illis trahentes conducere, absque ulla aliqua redecimatione. Super Tractu decimæ etiam idem Odo asserebat, quod sicut tertiam partem in decima habebat, ita tertio anno decimam trahere debebat Sæpedicta vero beati Vincentii ecclesia Tractum decimæ omnino liberum, et præscriptos quinque frumenti modios ex extra partem antiquitus, absque ulla calumnia possedisse, legitimis testibus in curia nostra comprobans obtinuit. Tractus ergo decimæ pretium erat, quod pro ducenda decima exsolvebatur.*

¶ 4. **TRACTUS**, Telum, sagitta, Gall. *Trait.* Charta ann. 1480. tom. 1. Hist. Dalphin. pag. 64. col. 2 : *Magna quantitate victualium, artilleriæ et Tractus ibidem dimissa, quæ erat sufficiens ad custodiam dicti castri.* Monstræ factæ apud Chassagniam ann. 1511. e Schedis D. Aubret : *Franciscus Carbonelli habet balistam calibus fulcitam sub ingenio et una trossa Tractuum... unam duodenam Tractuum.* Pluries occurrit ibi. *Gens de Trait,* Sagittarii, in Præcepto ann. 1428. apud Lobinell. tom. 2. Hist. Britan. col. 1013. *Gens d'armes et de Trait,* in Charta Caroli VII. Reg. Fr. ann. 1431. ex Chartul. Latiniac. fol. 31.

° *Traict*, in Lit. remiss. ann. 1450. ex Reg. 186. Chartoph. reg. ch. 7 : *Le suppliant..... dist à ung sien nepveu..... qu'il prinst une crennequin et du Traict, afin d'eulx deffendre.* Aliud sonat *Trait*, Ovi scilicet albumen, in aliis Lit. ann. 1478. ex Reg. 205. ch. 54 : *Le suppliant visita sa playe et lui mist du Trait d'eufs avecques des estouppes.*

¶ TRACTUS BALISTÆ. Spatium extensum ad teli jactum, *Trait d'arc*, in Consuetud. Burbon. art. 524. et in Charta ann. 1449. ex Tabul. Latiniac. Epistola Petri de Condeto tom. 2. Spicil. Acher. pag. 558 : *Extendebat se in longum quasi per leucam et plus, et in latus per tres Tractus balistarum.* Simili notione *Tractus* nude dicitur in Conventione ann. 1292. e Schedis Pr. *de Mazaugues : Et a dicto burgo per magnum Tractum et spatium distat.* Nostris etiam dicitur *Trait*, hoc intellectu.

¶ 5. **TRACTUS**, Mors, obitus. Vetus Charta apud Lobinell. tom. 2. Hist. Britan. col. 222 : *Et illam terrulam ab omni calumnia dimisit liberam, quam in Tractu, id est, in exitu sui antecessoris reclamabat suam.* Hinc

¶ TRACTUM FACERE, Extremum spiritum agere. Miracula B. Angeli Clareni, tom. 2. Junii pag. 1101 : *Infirmabatur ad mortem, et desperatus erat ab omnibus, et etiam Tractum facere incipiebat.* Miracula MSS. Urbani V. PP : *Nec pulsum, neque anhelitum habebat per os suum, et quod oculos subverterat, et Tractum sive badalli fecerat.*

° *Au Traict de la mort,* pro vulgari *A l'article de la mort,* In extremo spiritu, in Vita S. Isabel. soror. S. Ludov. apud Cang. pag. 175 : *L'on trouva que la saincte Dame estoit trespassée, ou estoit au Traict de la mort.* Vide *Tractatus* 8. et *Tractus* 1.

¶ 6. **TRACTUS**. Pars, portio. Charta ann. 1260. ex Tabul. S. Richarii : *Vendiderunt... septem et decem jornalia terræ cum dimidio in duobus Tractibus.* Gallice diceremus, *En deux pieces.*

¶ 7. **TRACTUS**. Quis sit hujusce vocis intellectus, quæ vis, in Notitia Imperii, in Vita S. Germani lib. 2. cap. 5. auctore Constantio, in Panegyr. Aviti v. 369. apud Sidonium aliosque Scriptores hujus et subsequentis ætatis, erudite dicet Vir doctissimus *Du Bos* tom. 1. Histor. Monarch. Franc. pag. 70. quem consuluisse haud pigebit.

¶ 8. **TRACTUS**, Consensus, consensio. Testamentum P. Archiep. Narbon. ann. 1288. inter Instr. Gall. Christ. novæ edit. tom. 6. col. 52 : *Ordinamus, quod unus de clericis beneficiatis ejusdem Ecclesiæ, non tamen canonicis, pro tempore in eadem Ecclesia constituatur Tractu communi et consensu Archiepiscopi et Capituli ejusdem Ecclesiæ.*

¶ 9. **TRACTUS**, Lorum tractorium, Gall. *Trait. Pro una cartsadel, un colero, cum uno pari Tractuum, emptis XIV. d.* apud Kennettum in Glossario ad calcem Antiq. Ambrosd.

° Lit. remiss. ann. 1361. in Reg. 91. Chartoph. reg. ch. 40 : *Dictus Nicolaus suum custellum evaginavit, et Tractus equorum cidit, quos Tractus prædictus quadrigarius statim renodavit, et iterum equos suos astellavit.*

¶ 10. **TRACTUS**, Contractus. Vita S. Petri Cœlestini lib. 3. cap. 13. tom. 3. Muratorii pag. 665. col. 2 :

At brachiis geminæ, noctis phantasmate, Tractus Perdiderant dextrumque latus, etc.

¶ 11. **TRACTUS**, Præteritus, elapsus. *De hoc* (tempore) *sunt Tracti* XVII. *anni*, in Placito ann. 1158. inter Probat. novæ Hist. Occitan. tom. 2. col. 571.

° 12. **TRACTUS**, Gall. *Trait*, vox heraldica, Tessellarum ductus. Lit. Caroli VI. ann. 1386. in Reg. 135. Chartoph. reg. ch. 91 : *Cum carissimus dominus ac genitor noster.... concessisset dilecto et fideli nostro armorum servienti Bernardo Chini et suæ posteritati perhenniter armorum insignia sive arma, scilicet scutum coloris sereni cœli sive azuris, cum benda ejusdem coloris liliorum flosculis aurii rutilantis seminata, cum duobus filis sive Tractis argenti, etc.*

° 13. **TRACTUS**, Exportatio, evectio. commercium. Libert. castri *de Malast* ann. 1312. tom. 7. Ordinat. reg. Franc. pag. 508. art. 62 : *Quod omnia ad Tractum pertinencia, pro quolibet animali onerato illis, quatuor denarios pro devdere et leuda, si vendantur dicta onera, solvere teneatur.* Vide supra *Tractatio*.

° 14. **TRACTUS**, Vectura, quæ equis carrum trahentibus fit Liber privil. eccl. Carnot. ch. 237 : *Unum Tractum ad unum equum, etc.* Alia notione vide in *Trahere* 18.

TRACTUS EXTRA ROTULOS. Leges Malcolmi II. Regis Scotiæ cap. 3. n. 2 : *Item ordinaverunt pro sustentatione justiciarii quolibet die itineris sui centum solidos. Item Clericis suis, pro quolibet homine amerciato, vel vendito duos solidos ; et pro quolibet homine amerciato, idcirco suum per Tractu extra rotulos, quatuor denarios.* Galli dicerent : *Pour estre tiré du rôle des accusations ou des amendes.*

¶ TRACTUS FERARUM, Venatio, in Charta ann. 1817. tom. 2. Hist. Dalphin. pag. 166. et in alia ann. 1314. ibid. pag. 495.

¶ TRACTUS QUADRIGÆ, Opera cum curru domino debita. *Tractus quadrigæ tempore Augusti*, in Chartulario S. Vandregesili tom. 1. pag. 85.

TRADAVIUM. Charta Alamannica 90. Goldastina : *Proclamavit, eo quod in contradutum suum mansum ei tollutum fuisset, quod ei advenit a parte uxoris suæ simul et Flavina, et propresum fuisset, et legibus suum esse deberet, quia jam de Tradavio uxoris suæ fuisset, idcirco suum esse deberet.* Legendum forte tritavio, ita quod prædium a tritavio uxoris possessum fuisset, nisi potius *tradavium* accipiatur pro proprietate, vel dote. [Vide *Threus*.

° **TRADELLUS**, f. pro *Tratellus,* Fulcrum mensarium, tripedis species, nostris *Treteau,* alias *Traitel*. Chartul. B. M. Medii monast. fol. 25. v° : *Johannes vicarius habet quandam alam, quam locat octo solidos Turonenses.... unam mensam parvam et duos Tradellos.* Lit. remiss. ann. 1390. in Reg. 139. Chartoph. reg. ch. 172 : *Mengin Brief avoit marchandé au suppliant son oncle de enfoncier et faire certain ouvrage de tonnelerie... Ledit neveu prist en sa main un Traitel, duquel il feri le suppliant son oncle et l'en culda tuer.* Vide *Trestellus.*

¶ 1. **TRADERE**, Prodere, Gall. *Trahir*. Passim usurpat vetus Interpres Evangeliorum, ubi de Juda proditore, pro Græco παραδιδόναι. Hinc Sedulius Acrost. Christi v. 74 : *Tunc ille Judas carnifex, Ausus magistrum Tradere*, etc. Vita S. Hugonis Abbat. Bonæ-vallis, tom. 1. Aprilis pag. 47 : *Miles unus perfidus et dolosus, qui eodem anno castella Tradiderat et destruxerat.*

¶ **TRADIMENTUM**, Proditio, in Charta ann. 1190. in v. *Raptus* laudata. Vetus membrana apud Ludewig. tom. 8. Reliq. MSS. pag. 214 : *Tradimentum cum civibus Fribergensibus fecit, ita quod promissis privilegiis et libertatibus imperialibus cives Fribergenses dolo circumvenit... Quod cum cives tunc Traditores Regi promisissent, etc.* Regimina Paduæ ad ann. 1279. apud Murator. tom. 8. col. 424 : *Fuit factum Tradimentum, quando Bartholomæus et Anædisius fratres de Schinellis fuerunt de Padua forbanniti.* Adde col. 429. Chronicon Parm. ad ann. 1284. tom. 9. ejusdem Muratorii col. 865. Epistolam cujusdam Cartusiani apud Marten. tom. 2. Anecd. col. 1635. Statuta Pallavicinia lib. 2. cap. 25.

TRADITIO, Proditio, Gall. *Trahison*, apud Simeonem Dunelm. ann. 1088. 1096. Radulphum de Diceto ann. 1190. et alios non semel. Leges Alfonsinæ part. 6. tit. 2. lege 1 : *Læsæ Majestatis crimen, tanto quiere dezir en Romance come yerro de Traycion, que faze omo contra la persona del Rey.*

TRADITOR, Proditor, Gall. *Traitre*. Tacitus lib. 1 : *Quin potius interfecto Traditore, fortunam virtutemque suam malo omine exolverent.* Hugo Flaviniacensis in Chron. pag. 168 : *Reqebat tunc Ecclesiam* (Remensem) *Arnulfus Lotharii Regis, qui quintus a Karolo Calvo fuit, filius, qui Traditor cognominatus est ob id, quia civitatem patruo suo Karolo reddidit, cum doleret regnum alienæ stirpi datum, et suæ præreptum.* Ita etiam usurpant Leges Edwardi Confess. cap. 19. Thwrocziun non uno loco, et alii passim. [Le Roman de Partonopex MS. :

Nus ne m'osoit du Trahitor
Riens nule dire for amor.]

¶ TRADITIOSUS, Proditorius, in Vita B. Caroli Boni n. 91. tom. 1. Martii pag. 200.

º 2. TRADERE ET DARE, non ejusdem significationis esse, alias fuisse disputatum, discimus ex Charta ann. 1203. in Chartul. S. Joan de Valle· *Cum .. fuisset disputatum super verbi hujus dubietate, Tradiderunt ; nos illud dubium, ducti rationis spiritu et sententiis sapientum, resecantes, volumus interpretari Tradiderunt, scilicet dederunt.*

1. **TRADITIO**, Cessio, concessio, alienatio, vel dispositio per testamentum, in Capitul 2. ann. 813. cap. 6. in Concilio Turonensi III. ann. 813. cap. 51. in Capitul. Caroli C. tit 32 cap. 5 etc Vide *Investitura.* [Habetur alio significatu in *Traders.*]

¶ TRADITIO S. BENEDICTI, pro ejusdem S. Patris Regula, in Epistola quam laudat Mabillonius tom. 4. Annal. Bened. pag. 110. *Traditio super Regulam S. Benedicti*, pro Explanatio, tom. 2. eorumdem Annal. pag. 619.

TRADITIONES EVANGELII. Testamentum Riculfi Episc. Helenensis an. 915 : *Album vero missale cum antiphonario in uno volumine, Smaragdum unum, Traditiones Evangelii, et Epistolas libros duos, etc.* [Explanationes Evangeliorum intelligo, ut mox *Traditio super Regulam S. Benedicti.*]

¶ TRADITIO PONDERUM *et mensurarum*, Jus domino competens ponderum et mensurarum exemplaria proponendi, ad quæ subditi teneantur sua pondera et mensuras exigere, in Litteris ann. 1275. tom. 3. Ordinat. Reg. Franc. pag. 61.

º 2. TRADITIO, Dolus, fraus, perfidia. Epist. Soldani ad Pisan. apud Lam. in Delic. erudit. inter not. ad Hist. Sicul.

Bonincont. part. 1. pag. 216 : *Quando nos audivimus illam magnam Traditionem, quam mercatores vestri fecerunt nostris, quum essent nostri mercatores secum in una nave Alexandriam, quum eos omnes ingenio occiderunt, et censum illorum sumpserunt, etc.* Vide in *Tradere.*

¶ TRADITIONALIS NOTITIA. Vide *Traditoria*

¶ TRADITIOSUS, Proditorius. Vide *Tradere.*

1. **TRADITOR**, Donator. Orig. Murensis Monasterii pag. 49 : *In Wirhenlos sex diurnales habemus, quorum Traditores fuerunt Rustein, Luiprandt, etc.* [Alia notione occurrit in *Tradere.*]

2. **TRADITORES**, dicti ex Christianis, qui atrocitate pœnarum perterriti, quos apud se haberent codices sacros, tradebant Tyrannis. Horum ingens numerus fuit, sed prope infinitus illorum, quorum constantia nulla est concessa formidine, qui, ne sacros libros traderent, lubentissimo animo mortem oppetierunt. Horum memoriam præsertim agit 2. Jan. Martyrologium Romanum. S. Augustinus lib. 7. de Baptismo contra Donatist. cap. 2 : *Post Cypriani mortem* 40. *et quod excurrit annis peractis, Traditio codicum facta est, unde cœperunt appellari Traditores.* Sub Diocletiano nempe. Acta SS. Saturnini et Socior. Mart. Carthag. cap. 1. n. 2. 11. Febr. : *Qui pleni Deo, devicto atque prostrato diabolo, victoriæ palmam in Traditores et eorum consortes ferentes, qua illos ab Ecclesiæ communione rejecerant, cuncti Martyres proprio sanguine consignabant. Fas enim non fuerat, ut in Ecclesia Dei simul essent Martyres et Traditores.* Adde cap. 8. n. 16. De iis etiam idem Augustinus Epist. 50. 162. 161. 171. de Verb. Dom. serm. 18. cap. 19. lib. 3. contra Crescon. cap. 27. 80. in Collat. 3. cap. 13. lib. 7. de Baptismo contra Donatist. cap. 2 Concilium Arelatense I. can. 18. etc.

* *Tracher*, eadem notione, in Instr ann. 1217. inter Probat. tom. 1. Hist. Nem. pag. 56. col. 1. *Traiteur*, unde *Traitrement*, proditorio, apud Bellom. in Consuet. Bellovac. MSS. cap. 53 pag. 80. vº. col. 1. *Trahites*, in Poem. MS. *de Gleomades :*

Saehiés que chilz est uns gillere,
Mauvais et Trahites et lere.

Trahidose de muliere perfida dicitur, in Lit. remiss. ann. 1447. ex Reg. 178. Chartoph. reg. ch. 257. *Tredoulæ* vel *Treidoulæ*, apud Lemovices, ex aliis Lit. ann. 1452. in Reg. 181. ch. 105. *Tridor*, Bigeronibus, ex aliis ann. 1416. in Reg. 169. ch. 348.

TRADITORIA, Instrumentum seu Charta traditionis, vel *investituræ*. qua quis agrum seu quamvis rem aliam alteri tradit, et in ejus dominium transfert, per festucam, vel ramum, etc. Hujus formulæ habentur in formulis veteribus Bignonii 19. et 57. ubi et *Notitia traditionalis* dicitur.

¶ TRADUGARE, Traducere, in Glossis MSS. a Vossio laudatis lib. 4. de Vitiis serm. cap. 28

¶ TRADUCERE UXOREM, Uxorem ducere. Chron. *Zantfliet* apud Marten. tom. 5. Ampl. Collect. col. 261 : *Wincestaus Dux, qui dominam Johannam Traduxerat, ducatum Brabantiæ ex integro sibi voluerat vindicare.* Vide *Traducia.*

¶ TRADUCIANI. Vide mox in *Tradux.*

¶ TRADUCTA, TRANSDUCTA MULIER,

Quæ matrimonio juncta est. Consuetud. Tolos. rubr. de dotibus art. 1 : *Mulieres Transductæ per maritos suos ipsis viris mortuis lucrantur, et debent recuperare de bonis ipsorum maritorum dotes et donationes propter nuptias.* Art. 2 : *Si uxor...... Traducta præmoriatur, dictus maritus lucratur dotem et donationem propter nuptias.* Art. 3 : *Maritus uxore sua præmortua cognita per eum carnaliter vel Transducta lucratur dotem, et e converso uxor viro suo præmortuo lucratur donationem propter nuptias.* Vide *Traducere*

º **TRADUCTUS**, Trajectus seu locus, quo fluvius navigio trajicitur. Charta ann. 1285. apud Schwart. in Hist. fin. principat. Rugiæ pag. 234 : *Vendidimus civitati Tribuses hæreditatem Traductus nostri juxta Tribuses...... Adjectum est etiam quod infra vel supra nullus Traductus debet fieri, qui dicto Traductus impedimento sit.*

TRADUX, Stirps, progenies. Glossæ antiquæ MSS. et ex iis Papias : *Tradux, ex altero ducta propago, radix vel origo.* Glossæ Lat. MSS. Reg. Cod. 1013 : *Tradux, Propago.* Aliæ : *Tradux, origo.* Eulogius lib. 3. Memorial. Sanctorum cap. 17. de Aurea S. : *Grandique fastu Arabicæ Traducis exornabatur.* Alvarus in Vita ejusdem S. Eulogii : *Patritia Senatorum Traducere natus.* Isidorus Pacensis æra 728 : *Julianus Episcopus ex Traduce Judæorum*, ut *flores rosarum de inter vepres spinarum, productus, etc.*

TRADUX, invenitur etiam, inquit Joannes de Janua, pro *originali peccato, quod Adam commisit, et ab ipso in posteros fuit translatum, sicut de patribus filii propagantur.* Hinc

TRADUCIANI, appellati vulgo a Pelagianis Catholici omnes, qui, contra quam ii, mortem in omne genus humanum *per transitum seu Traducem, et per peccatum et per semina transire, currere,* ut loquitur Marius Mercator lib. Subnotat. cap. 9. § 7. 14. hoc est per peccatum originale, existimant. Idem Mercator lib. laudato cap. 6. § 5 : *Quomodo non et tu Traducianus es, ut tibi libet, et adhuc licet, nomen imponere Catholicis Christianis?* Annianus in Præfat. ad homilias Chrysostomi : *Quantum nobis consolationis exoritur, cum cernimus tam eruditi, tamque illustri Orientis Magistro, eam, quam in nobis Traducianus oppugnat, adstrui veritatem?* Infra : *Solvendo omnes illas quæstiones, quibus Traducianus os innitens baptum Paulum vitiorum obfuscatione commaculat, ut scilicet fidelibus suis Apostolico exemplo peccata concilient.* Prudentius in Apotheosi v. 977 :

Hæc prima est natura animæ : sic condita simplex
Decidit in vitium per sordida fœdera carnis.
Exin incta malo peccamine Principis Adæ
Inficit genus omne hominum, quod palliant inde
Et tenet ingentas animarum infantia in ortu
Primi hominis maculas, nec quisquam nascitur insons.

Vide Auctorem Prædestinati lib. 1. hær. 88. et Cæsarium quæst. 78. etc.

TRADUX denique vox usurpata ab iis hæreticis, qui animas a parentibus in filios traduci existimabant. Aiebant enim, *animas rationales esse ex traduce,* id est per propagationem ductas, vel origine, ex altero, ita ut anima filii ex anima patris originem haberet. Quam hæresin carpit loco laudato Prudentius :

Vitandus tamen error erit, ne Traduce carnis
Transfundi in sobolem credatur fons animarum
Sanguinis exemplo, cui tenta propagine vena est.

148 TRA

Eusebius Pamphili in Apologia Origenis ex versione Ruffini : *De anima vero, utrum ex semine Traducis ducatur. ita ut ratio ipsius vel substantia inserta ipsis seminibus habeatur, an vero aliud habeat initium, etc.* Ejusmodi Traducianorum hæresin exagitant Hieronymus Epist. 61. ad Pammachium cap. 6. Epist. 82. lib. 2. in Rufinum cap. 1. 2. 5. Cæsarius S. Gregorii Nazianzeni frater quæst. 78. etc. Vide Auctorem Prædestinati, hæresi 26. 86.

° **TRAFEGATOR**. Vide infra *Transfegator*.

° **TRAFFEU**, vox vulgaris, Repaguli genus ante ignem positum, nunc *Gardefeu*. Reg. episc. Nivern. ann. 1287. *Unum Traffeu cum craticula*. Vide *Repofocilium*, *Retrofocilium* et *Treffus*.

° **TRAFFICUM**, Commercium, negocium, Ital. *Traffico*, Gall. *Trafic*. Formulæ MSS. Senens. ex Cod. reg. 4726. fol. 29. v° : *Societatem habebant et retinebant de mercantiis et Trafficis quampluribus in eorum societate existentibus..... Erat socius dicti Pauli pro uno tertio dictæ societatis et ejus Traffici,..... et ipse institor seu factor eorum dictam societatem cum suo toto Traffico exercebat.* Hinc

° **TRAFFIGARE**, Negotiari, Ital. *Trafficare*. Fœdus inter Joan. Galeat. vicecom. Mediol. et Venetos ann. 1380. tom. 3. Cod. Ital. diplom. col. 313 : *Item quod statim post factam diffidantiam teneatur comes Virtutum claudere et claudi facere..... pmnes ejus passus, ita et taliter quod nullus possit Traffigare seu negociari de terris seu per terras et territoria ipsius dom. comitis, etc.* Vide *Traficare*.

° **TRAFFTY**, Polonica vox. Vide supra *Strues*.

¶ **TRAFICA**, Commercium, mercatura proprie, Gall. *Trafic*. Pro dolo et fraude, apud Menotum in Sermon. fol. 30. v° : *Si oportet hodie invenire unam Traficam vel deceptionem, etc.* Fol. 128 : *Si vultis facere de rencheriata et per longum tempus mihi uti istis Traficis.* Hæc vox ducta est ab Ital. *Traffico*; Itali vero ab Arabico desumserunt, ut vult Menagius in Origin. Gall. et Ital. Vide *Transfegator*.

¶ **TRAFICARE**, Negotiari, Gall. *Traficquer*. Statuta Pallavicinia lib. 1. cap. 12: *Teneatur..... pupilli..... pecuniam impendere vel Traficare, per modum quod ipsius pupilli bona augeantur et bonificentur* Litteræ ann. 1559. e Schedis Præs. de Mazaugues : *Pro conservatione dicti instrumenti, ne Traficando illud per varia locorum discrimina amittatur seu laceretur*. Ubi *traficando* idem videtur quod deportando, ut solent merces a negotiatoribus deportari. Sic etiam in Litteris ann. 1564. e Tabulario Eccl. Massil. : *Ne Traficando in diversis provinciis literæ ipsæ originales deperdantur seu alias lamentur*.

TRAGA, Plaustri species. Glossar. Lat. Gall. MS. Thuanum : *Hæc Tragua, Havet.* Charta Simonis Comitis Northampton. in Monastico Anglic. tom. 1. pag. 851 : *Qui cum quadriga, vel Traga, aut onere per licentiam forestarii de bosco fuerit egressus*. Occurrit iterum pag. 853. Nescio an aliud *traca* sonet in Consuet. Monast. de Regula : *De Traca coriorum boum, ovium, vel caprarum, 4. den.* [Hujus vocis sensus supra suo ordine exponitur.]

¶ TRAGUA, Eodem significatu. Charta ann. 1165. Marcæ Hispan. col. 1344 : *Quoniam novos usaticos et novas consuetudines misisset in civitate Dertosa, videlicet jovas Traguis, etc.* Vide *Tragina*.

TRAGULA. Papias . *Trahæ, quæ rustici Tragulam vocant*. Idem rursum : *Traha, genus vehiculi, a trahendo dictum, nam non habet rotas.* Addit Brito : *Sic etiam appellatur instrumentum dentatum, quod equus trahit super terram de novo seminatam pro semine recondendo et glebulis conterendis.* Gloss. Latino-Gall. : *Traha, Herce.* Gloss. Gr. Lat. MS. Χαμούλχος, *Trahea.* Edit. *Trahe.* Sed leg. *Traha.* Gloss. Lat. Gr. : *Trahea*, τυχάνη τὰς βώλους ἀφανίζουσα. Eædem Glossæ : *Traduco*, καστρῶς, ὄχηκα δίχα τρόχων. Ubi puto legendum *Tragula*. Ælfrici Gloss. *Traha*, c i v e. Unde nostrum *Civiere*. Gloss. Lat. Gall. : *Traha : Civiere, ou brouette*. [Sangerm. : *Traha, civiere, ou berohete, ou herche.*] Virgil. lib. 1. Georg.

Tribulaque, Trahæque, et iniquo pondere rastri.

Paralipom. lib. 1. cap. 20 : *Fecit super eos tribulas et Trahas.* Matth. Paris ann. 1259 : *Ligones, tridentes, Trahas, vomeres, aratra, etc.* Thwroczius pag. 50 : *Rex Andreas post hæc cito incidit in paralysin, et tam hiemali quam æstivali tempore super Traha ferebatur.* Josephus Barbarus in Itinerario ad Tanaim . *Trahis secum vehunt omnia, quæ volunt, et quidem in eo celerrime sese expediunt. Trahæ apud eos in eo usu sunt, quo apud nos fortassis carri ; et hi a latere et parte dextra Travali vocantur.*

TRAGAL. Vetus Charta apud Will. Hedam pag. 246. 1. edit. : *In Untecomeri laxatio retium, quod Tragal dicitur, omnis et dimidium piscationis ad S. Martinum pertinet.* Vide *Tragum*.

° **TRAGARIUS**, Qui *Tragam*, quæ est plaustri genus, ducit. Stat. Casimiri III. ann. 1451. inter Leg. Polon. tom. 1. pag. 163 : *Tragariis et notariis cum sectoribus inclusis*. Ubi de salis fodinis agitur. Vide *Traga*.

° **TRAGELAPHUS**, *Tragelaphe*, apud Cotgravium. Dialog. creatur. dial. 101 . *Tragelaphus, id est, Hircocervus, dicit Brito, nomen est compositum a Tragos, quod est hircus, et Laphos, quod est cervus; qui licet sit ejusdem speciei cum cervo, villosos tamen habet armos ut hirci, et mentum barbatum, cornubus ramosis.*

★ **TRAGELIDA**. [Fabula composita. DIEF.]

TRAGEMATA, Τραγήματα, Bellaria. Papias : *Collibia sunt apud Hebræos, quæ nos vocamus Tragemata, id alia munuscula, ut cicer frixum, uva passa, poma diversi generis.* Regula S. Pachomii cap. 37 : *Qui ante fores convivii erogat fratribus Tragemalia, in tribuendo meditetur aliquid de Scripturis.* Cap. 52 : *Si vero sint Tragematia, vel poma, dabit ei janitor ex his comedere, quæ poterit, etc.* Vita B. Veronicæ de Binasio cap. 9 *Vasa quædam afferri vidit lignea præclare elaborata, quibus ex saccharo delicatiora quædam composita servabantur, quæ Tragimata vocamus*.

¶ **TRAGERIA**, Pyxidis species, alias multum in usu, in qua anisum, amygdalum aliaque hujusmodi saccaro circumducta, nostris *Dragées*, Ital. *Tragea*, servabantur. Inventarium vassellæ de argento ann. 1847. tom. 2. Hist. Dalphin. pag. 555 : *Ostendit...... unam Trageriam argenteam, cum pede argenteo, esmallatam in medio pedis, etc.* Testamentum ann. 1367. tom. 1. Anecd. Marten. col. 1523 : *Legamus...... nostrum vas argenti deauratum vocatum Tragier.* Hodie vocamus *Dragier*. Vide *Dragerium*.

★ **TRAGIA**. [Meretrix. DIEF.]

¶ 1. **TRAGINA**, Vectura, opera cum curru, Hispan. *Tragin*. Bulla Benedicti VIII. PP. ann. 1017. Marcæ Hispan. col. 1002 : *Nulli liceat ex jam dicto monasterio accipere pascuarios, vel exigere Traginas, aut distringere placitos, etc.* Eadem recurrunt ibid. col. 1004. Charta ann. 1078. ibid. col. 1168 : *Insuper omnes malas consuetudines, hoaticos, albergas, Tragmas et omnes torturas........ dimitto.* Emendo *Traginas*. Vide *Traga*.

¶ 2. **TRAGINA**, Via, per quam currus potest duci seu Traginari, Hisp. *Traginar*. Charta ann. 981. in Append. ad Marcam Hispan. col. 926 : *Et incipit finis ipsius ecclesiæ per Portellas, et descendit cum ipso minario per Traginam,... et inde pergit per eandem viam vel ipsas vineas ad coimam vel ad ipsam Traginam, quæ descendit de cacumine montis, etc.* Vide infra *Treginerius*.

TRAGINARE, vel TRAGNARE, Trahere, ex Gallico *Trainer*, vel *Traigner*, ut vulgo Picardi efferunt. Charta Communiæ Atrebat. ann. 1211. art. 24 : *Qui alium per capillos ad terram Traginaverit, etc Traginatus, etc.* ibid.

TRAGIPITINUM, in Notis Tyronis pag. 161. inter calceamenta. [★ Kopp. *Tragitipinum*, quod scriptum censet pro *Trechedipnon*.]

★ **TRAGNIARE**, Trahere, a Gallico *Trainer*. Charta Phil. Aug. pro Atrebat. ann. 1191. in Reg. 76. Chartoph. reg. ch. 249 : *Qui alium per capillos ad terram Tragniaverit, vel pedibus desollaverit, undecim libras et dimidiam perdet ; unde non decem libras habebimus, castellanus decem solidos, Tragniatus quindecem* Lit. official. Belvac. ann. 1341. in Reg. 77. ch. 159 *Ad lectum, in quo jacebat et dormiebat dicta Clementia, accessit dictus reus, ipsamque indutam solummodo pellicio . . . rapuit, portavit, Tragniavit et eduxit extra domum prædictam usque ad curticulos*. Vide *Traginare*.

° **TRAGO**, Opera cum plaustro seu curru, vectura, idem quod *Traga*. Vide in hac voce. Charta ann. 1150. ex Cod. reg. 5132. fol. 100. v° . *Habet comes* (Barchinonensis) *in omni isto honore stachamenta, et placita, et justitias, et cussuras totas. et Tragines, et operas.* Vide *Tragina* 1.

° **TRAGŒDIA**, Ironia, laus facta de vitibus et fetidis; unde *Tragœdiare*, dictare, in Gloss. Bibl. MSS. anonymi ex Ugutione in Bibl. reg.

TRAGUA, TRAGULA. Vide *Traga*.

TRAGULI. Matth. Paris ann. 1253 · *De viris quoque sanctis et literatis, qui seculum ordine irregressibili pro Deo imitando reliquerunt, suos facit Papa telonarios ad pecuniam argumentose extorquendam, quod et ipsi onus inviti suscipiunt, ne inobedientes esse videantur. Et sic de secularibus flunt seculariores, et mentitur in eis Tragulorum vilitas, dum sub habitu paupertatis spiritus habitat elationis.* Forte leg. *Stragulorum*.

TRAGUM, Instrumentum piscatorium, rete : *Tragula*, Plinio lib. 16. cap. 8. Glossæ Isidori : *Tragum, genus piscatoriæ*. [Idem Isid. lib. 19. cap. 5 : *Tragum, genus retis eo quod trahatur nuncupatum, quem et Verriculum; verrere enim trahere est.*] Gloss. Lat. Gall. : *Tragum, Rais à pescher, Trouble*. Charta Edgari Regis Angl. pro Monasterio Ramesiensi : *Cui sanctus in somnis apparuit sic fando Benedictus : Aurora spargente polum,* *tuum ejiciens Tragum, multitudini copiosæ voti compos obviabis piscium.* Mox : *Prædictus igitur piscatorum didascalus iis auditis evigilans,...... in aquam, sicut sibi jussum fuerat, Tragum suum laxare cœpit, et sicut sanctus Pater prædixerat, copiosam multitudinem piscium conclusit.* Vide *Tragal.*

◊ Idem quod *Tryans* appellatur, in Stat. baillivi Senon. ann. 1327. ex Reg. 65. Chartoph. reg. ch. 69 : *Item Tryans courans* (deffendons) *en toutes saisons.* Ejusdem est originis vox Gallica *Trayneau*, retis species, quod trahendo ducitur ad capiendas perdices. Lit. remiss. ann. 1172. in Reg 195. ch. 745 : *Lesquelz compaignons traynoient certain filé à prendre perdrix et autres oyseaulx.... Le suppliant print icellui Trayneau, etc.* Vide *Tirasse.*

¶ **TRAHA**, Vehiculum sine rotis, a *trahendo* dictum, apud Columellam lib. 2. cap. 21. nostris *Traineau.* Pro occa sumi videtur in Litteris ann. 1326. tom. 4. Ordinat. Reg. Franc. pag. 452. ubi legitur ad *Traham* sive ad *hercam* ; ut et in Chartulario Gemetic ubi memorantur *precationes aratri et Trahæ.* Vide supra *Traga.*

~ Glossar. Gall. Lat. ex Cod. reg. 7684 : *Traha, herce ou brouete.*

¶ **TRAHARIUS**, Qui *traha* vehit. Sidonio lib. 6. Epist. 1. ubi *extimos Trahariorum cum calonibus et lixis conjungit* : unde liquet eos exercitum secutos et in impedimentis fuisse.

∴ **TRAHALE**, Vehiculum sine rotis, idem quod *Traga* et *Traha*, Gall. *Traineau.* Glossar. Lat. Gall. ann. 1348 ex Cod. reg. 4252 : *Trahale, Gallice, haple, et dicitur a Traho.* Aliud ann. 1352. ex eod. Cod. *Trahale, trainiel. Trainel* vero appellatur, qui ejusmodi vehiculum ducit, in Lit. ann. 1397. tom. 8. Ordinat. reg. Franc. pag. 187 : *Les deschergeurs auront douze deniers, et le Trainel huit deniers.*

※ **TRAHANDERIUS**, Gall. *Trahandier*, Artifex qui setam *trahit.* Lit. Phil. VI. ann. 1840. in Reg. B. 2. Cam. Comput. Paris. fol. 125. r° : *Lesquelz Trahandiers refuseroient à enteriner et à acomplir lesdites convenances, selon ce que promis li avoient et à ce s'estoient obligiez, et esqueus ce avoient commis et commeccioient plusieurs inconveniens et mauvaistiez audit mestier de traire ladite soie ;..... pour ce eussies fait crier et deffendre de par nous...... que nulle personne, quele que elle fust, ne baillast ne fist bailler foillains à traire auxdiz Trahandiers de ladite soie.*

◊ *Trahant* vero nostri appellarunt, Instrumentum, quo fimus ex stabulo trahitur. Lit. remiss. ann. 1479. in Reg. 205. Chartoph. reg. ch. 302 : *Certain baston, appellé Trahant, à quoy on tire le fumier hors des estables.* Ejusdem usum apertius unica voce declaratur in aliis Lit ann. 1409. ex Reg. 161. ch. 107 : *Un crochet à fiens, appellé au pays* (Nivernois) *un Trafiens. Tranc* nuncupatur idem instrumentum, in aliis Lit. ann. 1483. ex Reg. 209. ch. 274 : *Ung petit Tranc duquel on a acoustumé oster le fiens des bestes* (en Poitou). *Tréchant* vel *Tréhant*, in aliis ann. 1399. ex Reg. 154. ch. 711 : *Un instrument à curer estables, nommé Tréchant.* Melius infra, *Trehant.*

◊ **TRAHARE**, *Traha* seu occa terram occare. Charta Phil. Pulc. pro monast. Pissiac. ann. 1810. ex Cod. reg. 9607. 3. ch. 84 : *Item corveias de seminare et Trahare, debitas annuatim cum sex corveis de uno homine.* Vide *Traha.*

◊ **TRAHATICUM**, Vectigal, quod pro mercibus, quæ *traha* ducuntur, pendi solet. Charta Caroli C. ann. 7. regni ejus in parvo Reg. S. Germ. Prat. : *Nec ullus thelonarius..... aut laudaticum, aut Trahaticum, aut pulveraticum, aut ullum occursum..... accipere aut exigere audeat.* Vide *Tranaticum.*

1. **TRAHERE**, Rapere. Lex Salica tit. 14 : *Si puer Regis vel litus ingenuam fœminam Traxerit, de vita componat.* Marculf. lib. 2. form. 16 : *Si aliquis puellam invitam Traxerit, etc.* Form. 29 : *Si servus ingenuam Trahit. Libertates urbis Vasatensis : Quicunque alium percusserit, vel Traxerit, pugno vel palma, vel pede, irato animo, sanguine non interveniente, etc.*

☞ Eccardo *Trahere* his in locis idem est quod *Insidiose decipere, turpiter fallere, dolose seducere*, quo sensu Galli suum *Trahir* usurpant, a *Trahere* formatum, metaphora, ut credit, ab accupibus accumta, a quibus aves allectæ improviso retibus attractis capiuntur. Tum addit, *Betriegen*, Sax. *Betregen*, et *Betrecken* apud Germanos, a *Trecken, Trahere*, derivata, de fraudulenta actione adhiberi.

◊ Nostris *Fortraire*, eadem notione. Privil. Judæor. ann. 1860. tom. 5 Ordinat. reg. Franc. pag. 494. art. 20 : *Lesquelles choses pourroient estre dites emblées ou Fortraittes par lesdiz Juis, etc.* Maxime vero *Fortraire* et *Fourtraire* dixerunt nostrates eodem sensu, quo *Trahere* ex Lege Salica exponit Eccardus, nimirum pro Insidiose decipere, turpiter fallere, dolose seducere ; præsertim ubi de uxore seducenda atque a viro suo detrahenda agitur ; quod verbi *Fortraire* vis propria est, quasi *Foras trahere.* Lit. remiss. ann. 1377. in Reg. 111. Chartoph. reg. ch. 192 : *Jehan Rochié.... par ses fausses inductions, illusions et fraudes eust Fourtrait et osté audit Vincent Garnier sa femme espousée.* Aliæ ann. 1398. in Reg. 153. ch. 566 : *Le suppliant se feust trait par devers ledit curé en lui demonstrant qu'il n'avoit pas fait comme personne de bien, pour ce que Fortraite saditte femme d'avec lui, elle qui estoit sa commere, en lui depriant que de ors en avant à se voulsist deporter de plus aler ne fréquenter avecques elle.* Stat. ann. 1384 tom. 7. earumd. Ordinat. pag. 100. art. 5 : *Que nul maistre dudit mestier ne Fortraie ou puist Fortraire l'aprentiz d'un autre maistre.*

2. **TRAHERE**, Alia notione, in eadem Lege Salica tit. 29. § 38 : *Si quis casam alienam sine possessoris Traxerit, etc.* Ubi edit. Heroldi tit. 27. § 31. *Si quis per casam, etc.* habet. Quo loco Wendel. *Traxerit* positum pro *iter fecerit*, censet, quomodo dicimus : *Tirer vers quelque lieu.*

☞ Eccardus vero, probata prima lectione e duobus MSS. Guelferbytanis, ubi omittitur *per*, *Trahere* probabilius interpretatur *Destruere, dirrumpere, disjicere*, qua notione Barbaris usitatum fuit. S. Hieronymus Epist. 3. ad Heliodorum : *Marcomanni Trahunt, vastant, rapiunt.* Consuet. Marchiæ Dumbarum ann. 1325. art. 24 : *Si aliquis homo scindit vel Trahit*, (i. evellit, extirpat) *aliquam arborem..... tenetur domino.... de LX. sol. Vienn.*

3. **TRAHERE**, Jaculari, nostris *Tirer, traire.* Otto Morena pag. 51 : *Ac super ipsum castellum fortiter diu noctuque Trahere non cessaverunt.* Galbert. in Vita Caroli Com. Flandr. cap. 7 : *Non cessabant Trahere sagittis.* Adde cap. 13. n° 96. Robertus Monac. lib. 3. Hist. Hieros. *Turcorum nempe consuetudo est, ut retro confugiant Tractis sagittis, etc.* [Guido de Vigevano de Modo expugnandi T. S. cap. 13 : *Et super ipso carro poterit fieri manganela quæ Trahet ubique lapides et rothecas.*] Adde Hist. Cortus. lib. 7. cap. 20. [et Annal. Genuens. ad ann. 1244. tom. 6. Murator. col. 509.]

◊ Unde *Estre trait*, Sagitta vulnerari, in Lit. remiss. ann. 1389. ex Reg. 138. Chartoph. reg. ch. 140 : *Dannye se retournant fu Trait d'une flesche parmi le corps et son cheval aussi, dont il tomba à terre.*

◊ **TRAHERE LAPIDEM**, Jactare, Gall. *Jetter.* Lit. remiss. ann. 1454. in Reg. 191. Chartoph. reg. ch. 70 : *Dictus Latapia Traxit unum magnum lapidem adversus supplicantem.*

4. **TRAHERE**, Moras agere, quomodo *Tirer de long* vulgo dicimus. Vide *Tractim.*

¶ 5. **TRAHERE**, Mulgere, *Tirer*, eadem notione Gallis. Chartular. SS. Trinit. Cadom. fol. 55. et 60 : *Feminæ eorum Trahent bidentes.* Et mox : *Usque ad tempus quo incipiet Trahere oves.*

◊ Hinc *Traians* et *Triant*, pro Mamma seu mammæ papilla Bestiar. MS. ubi de Hyerna :

On dit que vous la trouverez
Une fois malle, autre femelle,
Et o Traians et o mameles.

Le Roman de Rou MS. :

Li quens Berenger out une fille mout bele,
Pope l'apelent l'en, mout ert gent pucele,
N'avoit encore en sein ne Triant ne mamele.

Hinc *Tirpendiere* dici videtur de muliere, cui mammæ pendent, in Lit. remiss. ann. 1383 ex Reg. 123. Chartoph. reg. ch. 20 : *Lequel Mahieu..... dist à la mere desdiz freres : Taisiez vous, vieille Tirpendiere, ou autres paroles sentant villenie.* Nisi idem sit quod *Trupendiere*, qua voce scortum significatur, in aliis Lit. ann. 1392. ex Reg. 148. ch. 142 : *Auquel mary sa femme dist moult despiteusement, vostre Truppendiere est venue et vous a demandé. Truperie* vero Præstigium, vulgo Tour de passe-passe, sonat, in Mirac. B. M. V. MSS. lib. 2 :

Aiment mais miex Antruperies,
Risées, gieus et baleries, etc.

Infra :

Tant atrupés de Truperies,
Que vos ames erent perles.

Vide *Trufa.*

¶ 6. **TRAHERE**, nude, vel *Trahere per equos*, Reum quadratim discindere, dilaniare, Gall. *Tirer à quatre chevaux.* Processus Comitis Lancast. ann. 1322. apud Rymer. tom. 3. pag. 989 : *Thomas Comes non Trahatur neque suspendatur ; sed quod executio tantummodo fiat super ipsum Thomam Comitem, quod decapitetur.* Litteræ ann. 1823. tom. 4. pag. 20 : *Cum..... per equos Tracti et...... suspensi fuissent.*

¶ 7. **TRAHERE**, Prodere, Gall. *Trahir. Judas qui Dominum Traxit*, in Charta ann. 1090. ex Archivo S. Victoris Massil. Vide *Tradere.*

¶ 8. **TRAHERE**, Equo vel curru ducere. Charta ann. 1220 ex Chartul. S. Aviti Aurel. : *Rambaldus dicebat se debere Trahere decimam B. Aviti de Trugniaco et pro tractu percipere decimam decimæ et habere farragina et jarbam avenæ* pro equo suo trahente decimam. Vide *Tractus* 3.

¶ 9. **TRAHERE**, Introducere, intromittere, Gall. *Introduire.* Ripalta in Annal. Placent. ad annum 1443. apud Murator. tom. 20. col. 878 : *Die* 6. *dicti mensis* (Junii) *ipse Annibal in Bononiam Tractus fuit hora prima noctis, hora vero quinta dictæ noctis Bononiam cepit, et captivum fecit magnificum Franciscum Pizzininum.*

¶ 10. **TRAHERE**, Aliquo contendere, Galli picunt *Tirer vers un lieu, vers quelque endroit.* Miracula S. Zitæ, tom. 3. Aprilis pag. 525 : *Ad rumorem ipsius lupi Traxerunt et cucurrerunt multæ gentes.* Albertus Mussatus apud Murator. tom. 10. col. 361 : *Dubii ad portas Traxere, pauci muros conscendentes nonnullam repugnantiam ostendere. Pisani se Traxerunt ad terram*, in Annal. Genuens. tom. 8. ejusd. Muratorii col. 378. Vide *Trahere* 2. Hinc

¶ TRAHERE AD ARMA, Ad arma ire, arma capere, Gall. *Courir aux armes.* Chron. Veron. ad ann. 1325. apud Murator. tom. 8. col. 641 *Stipendiarii domini Canis ad arma Traxerant, etc.* Et ad ann. 1394. col 649 : *Bononienses ad arma Traxerunt contra D. Belframum Legatum Eccl. Rom.... et ipsum D. Legatum in castro Bononiæ incluserunt, etc.* Chron. Parm. ad ann. 1308. tom. 9. ejusd. Muratorii col. 871 : *Populus Parmæ Traxit ad arma ad plateam Communis cridando, Vivat, vivat populus, etc.*

¶ TRAHERE IN CAUSAM, *in Curiam,* In jus vocare, ad tribunal adducere, in Capitulari Normannico apud D. *Brussel* tom. 1. de Usu feud. pag. 280. *Traire en cause,* in Litteris Caroli V. Reg. Franc. ann. 1370. tom. 5. Ordinat. pag. 377. art. 19. *Traitier,* eadem notione, in Litteris ejusd. Regis ann. 1370. ibid. pag. 368 : *Et sont lesdis marchans Traitiez pardevant nostre dit Chastelain et Officiers à Crecy. Traittier à amende,* pro mulctam imponere, in Litteris ann. 1324. ibid. pag. 380.

¶ TRAHERE IN CONSEQUENTIAM, *Tirer à conséquence,* Ad exemplum pertinere. Charta ann. 1224. ex Chartul. Campan. fol. 480. v°. col. 2 : *Nos vero ne hujusmodi quitatio possit Trahi in consequentiam præsentes litteras fieri fecimus et sigilli nostri munimine roborari.*

TRAHERE IN PARTEM. Vide *Pars,* pag. 183. col. 2.

TRAHERE SPATHAM Vide in *Spatha.*

¶ 11. **TRAHERE**, nude, pro Pulsare campanam. Consuet. MSS. monast. S. Crucis Burdeg. ante ann. 1305 : *Monachi debent facere Trahi Primam, et Trahuntur campanæ usque ad finem talis officii.* Stat. colleg. S. Cathar. Tolos. ann. 1394. ex Cod. reg. 4223. fol. 180. v° : *Ordinamus quod presbyteri et studentes, quando campanella pro prandio vel cœna Trahetur, statim ad prandium et cœnam conveniant.* Occurrit præterea inter Probat. tom. 1. Hist. Nem. pag. 10. col. 2.

✧ 12. **TRAHERE**, De dolio haurire, Gall. *Tirer d'un tonneau.* Lit. remiss. ann. 1856. in Reg. 85. Chartoph. reg. ch. 188 : *Filius dicti Jacobi, qui cervesiam Trahebat de quodam vase sive tonello, etc.* Necrol. eccl. Paris. MS. ad calcem : *Servienti de vino dantur duæ candelæ ad servandum et Trahendum vinaria.*

✧ 13. **TRAHERE**, Proferre, exhibere, Gall. *Produire.* Charta ann. circ. 1130. ex Chartul. Stirp. : *Unde cepimus cum eo pugnam. Sed ipse die constituto non Traxit michi hominem suum; sed secundum velle suum posuit respectum huic pugnæ usque ad futurum festum S. Michaelis.*

✧ 14. **TRAHERE**, Promulgare, publicare, edere. Steph. de Infestura MS. ubi de Innoc. VIII. PP : *Innocentius Traxit unam bullam contra quosdam Hispanos Judæos vel hæreticos, vulgariter dictos Marani lingua Hispana.*

✧ 15. **TRAHERE**, Dicitur de pannis qui accedunt ad colorem aliquem, Galli dicimus, *Tirer sur una couleur.* Leges palat. Jacobi II. reg. Majoric. tom. 3. Jun. pag. lxxij. col. 1 : *De pannis sericis albis cum historiis et de aureis ad albedinem Trahentes ; et de pannis aureis ad lividum vel viridem seu violatum colores Trahentes.*

✧ 16. **TRAHERE** SE ANTE, Progredi, procedere, Gall. *s'Avancer.* Steph. de Infestura MS. ubi de Innoc. VIII. PP : *Dictus Abulii* (cardinalis) *Traxit se ante, dixitque eidem cardinali* (legato) *quod præpararet in tentorio suo multa bariglia vini, etc.*

✧ 17. **TRAHERE** DE HEREMO. Agrum in culturam redigere. Dipl. ann. 886. tom. 9. Collect. Histor. Franc. pag. 357 : *Vineas veteres quas Castellanus presbyter et parentes sui et alii ceteri homines Traxere de heremo.* Aliud ann. 916. ibid. pag. 527 . *Cum omnibus celtis,.... quas moderno tempore, tam ex aprisione quam ex heremo habent Tractas, etc. Traire panes,* pro Pati, vulgo *Souffrir,* in Bestiar. MS :

Espira un nouvel Adam,
Qui pour nous Trait paine et ahan.

☞ 18. **TRAHERE**, Calculum movere. Ruodlieb. fr. 2. vers. 206 :

.... Ludas volo cum me,
Nam quos ignotos facies volo discere tractus.
Statim rex et ego studioso Traximus ambo.

TRAHINA. Fridericus II. Imp. lib. 2 de Arte venandi in Prologo : *Quædam* (instrumenta) *in docendo ipsa ut sciant capere aves, quas vult artifex, quomodo vult, id quod dicitur Trahina, sive fiat de grue, sive de ayrone, sive de sica sue, sive de pelle leporina impleta palea, et sunt multa, quæ spectant ad Trahinam.*

¶ **TRAHINARE**, Trahere, *Trainer,* in Inquisitione ann. 1268. inter Schedas Præsid. *de Maraugues.* Vide infra *Trainare.*

★ **TRAHULUS**, [Qui semiplene profert. DIEF.]

¶ **TRAIARE**, Seligere, Gall. *Trier.* Exstant apud Rymer. tom. 4. pag. 186. Litteræ vernaculæ, quibus præmittitur vice summarii : *De assignando ad Wallenses Traiandos et arraiandos;* in corpore vero : *Vous assignons jointement et severalement de surveer lesdiz galeys..... et de les Trier at arraier, et de les mener ou veer et mesner..... jesques à Portesmuth.... et les avantditz galeys bien Triez et arraiez, etc. Assignavimus vos ad ducentos homines..... de melioribus validioribus et fortioribus eligendum et Traiandum*, apud eumdem Rymer. tom. 5. pag. 308. Vide *Arraiare* et *Triare.*

✧ **TRAJECTITIUS**, TRAJECTITIA PECUNIA, Syngrapha, apud Salmas. de Modo usurar. Ind. Lat. Vide supra *Tracta* 2.

✧ **TRAJECTOR**, Transactor, ut interpretantur docti Editores ad Vit. S. Ysarni tom. 6. Sept. pag. 798. col. 1 : *Gauscelinus per amicos suos, potentes civitatis, acrius monachum repetiit ; at illi a fratribus clanculo persuasi, verbis multa agentes, ut inter hujusmodi Trajectores assolet fieri, tandem precario rem componunt.* Vide supra *Tractator* 5.

TRAJECTORIUM, *Fundibulum.* Gloss. MS. Regium Cod. 1013. [Le Roman de Vacce MS :

Saillir devers senestre, et Treget tost geter,
C'est un coup domageux qui ne s'en sait garder.]

TRAJECTUM, lingua Gallica, Oppidum sonat. Sigebertus ann. 697 : *In loco Wltaburg, qui nunc Wltrajectum dicitur, a nomine gentis Wltarum, et Trajecto compositum, quasi Wltarum oppidum ; nam Trajectum lingua Gallica oppidum dicitur.* Hausit a Beda lib. 5. Hist. cap. 12.

TRAJECTUS, vox Latinis haud incognita, ea notione, qua utitur Monachus Sangall. lib. 1. de Carolo M. cap. 32 : *Fuit consuetudo in illis temporibus, ut ubicunque aliquod opus ex imperiali præcepto faciendum esset, siquidem pontes, vel naves, aut Trajecti, sive purgatio, seu stramentum, vel impletio cœnosorum itinerum, ea Comites per Vicarios et officiales suos exequerentur, etc.* Adde cap. 38. [Charta Lotharii Imp. ann. 810. apud Murator. tom. 2. part. 2. col. 390 : *Fundium Fornicatam cum Trajecto suo, seu qualdum unum, in quo est ecclesia S. Gethulin, etc.*]

¶ **TRAILLA**, TRAILLIARE. Vide *Trela.*

TRAINA. Tabularium Prioratus de Domina in Delphinatu fol. 107 : *Cabannaria in villa Perdita, servitutum per Kalendas duo membra de carne, et 2. panes, et 2 Trainas, et unum fassum de teda.* Adde fol. 108. 113. Rursum fol. 114 : *Et 1. cartalum de fabis, et 3. Trainas de lignis, et 10. faxos de majoria.* [Vide *Trana* I.]

✧ *Tigillum,* ut videtur, trabecula ; certe *Trayne,* eo sensu, occurrit in Lit. remiss. ann. 1475. ex Reg. 195. Chartoph. reg. ch. 1437 : *Icelluy Mathelin print une courge et la hatura pour ramener son coup sur le suppliant, et l'eust tué, au moins l'eut bien fort blecié, se n'eust esté une Trayne de ladite maison, laquelle ainsi qu'il couldoit frapper, deteniet ledit coup.* Neque aliud sonat *Traine,* apud Rabelais. lib. 1. cap. 12. Pro ligno quo rotæ præpediuntur, legitur in Lit. remiss. ann. 1440. ex Reg. 180. ch. 69 : *En laquelle charrette par simplesse ou ignorance, iceulx charretiers n'eussent point mis de Trayne à dévaller en la coste du bois, etc.*

¶ **TRAINARE**, verbum Ital. nostris *Trainer,* Trahere. Regimina Paduæ ad ann. 1322. apud Murator. tom. 8. col. 464 : *Inter quos XVI. ex eis reperti mortui, et ducti fuerunt in civitatem et Trainati ad catenam Communis.* Annales Mediol. tom. 16. ejusdem Muratorii col. 795 : *Fecit Trainari unum per civitatem Mediolani ligatum ad caudam unius equi.*

✧ Unde *Trahyns* et *Traynne* nostris, Vehiculum. Lit. remiss. ann. 1457. in Reg. 187. Chartoph. reg. ch. 291 : *Quant il fu près, il apparcut les beufz de Pierre Caurin hatellés aux Trahynes chargées dudit bois.* Aliæ ann. 1467. in Reg. 200. ch. 71 : *Deux bestes chevalines et une Traynne pour aler querir ledit bois.* Vide infra *Trenare.*

TRAINELLUM. Catholicon Armoricum : *Trainell,* Gall. *c'est Trainel à aider à chancer, chaucepié,* Lat. hic *parcopollex,* item hoc *Trainellum.* Vide *Parcopollex.*

¶ **TRAINUM.** Statuta Pallavicinia lib. 2. cap. 73 : *Item pro quolibet plaustro ducente ad Trainum* sol. 10. Italis *Traino* dicitur quantum a duobus animalibus trahi potest.

TRAITA. Charta Guigonis Comitis Forensis ann. 1258. pro Libertatibus Villarezii : *Remittimus hominibus antedictæ libertatis bannum, quod habebamus in dicta villa de vinis nostris vendendis in mense Augusti, excepta Trayta, quam ad manus nostras expresse retinemus.* Hinc forte nostris vectigal, *Traite foraine,* seu ea præstatio pro mercibus, quæ in Regnum inferuntur, vel ex eo, efferuntur.

¶ **TRALESIUM.** Radulfus apud Murator. tom. 6. col. 1179 : *Milites, qui iverant societate Tralesio.* Locus, ut videtur, corruptus.

TRALIA. Vide *Trelia.*

◦ **TRALICIUM,** Textile rarius, minus densum, Gall. *Treillis.* Landar. MS. episc. Carcass. : *Item pro duodena de leuciis et Traliciis, obolum.* Hinc *Trelliciée* dicitur de tela ejusmodi texturæ, in Lit. remiss. ann. 1374. ex Reg. 105. Chartoph. reg. ch. 367 : *Un drap de lit, une toye de lit Trelliciée, etc.* Vide infra *Translicium.*

◦ **TRAMA,** Minutioris ponderis species. Stat. Mutin. ann. 1283. apud Murator. tom. 2. Antiq. Ital. med. ævi col. 822 : *Panis venalis bene coctus, qui flet de sextario frumenti, qui valuit ex. solidos Mutinenses, vel ultra, fieri debeat tribus denariis Mutinensibus civ. unciarum et trium Tramarum, minus quarta parte unius Tramæ.* Vide alia notione infra in *Transmisum, Trayme,* pro *Trama, Subtegmen,* trama, in Stat. ann. 1378. tom. 6. Ordinat. reg. Franc. pag. 365.

◦ **TRAMADAS,** Vox vulgaris textorum Tolosanorum. Charta ann. 1816. in Reg. 53. Chartoph. reg. ch. 384 : *Plures panni lanei fiebant in villa Tholosæ per nonnullos textores, in quibus pannis texendo immiscebantur filaturæ, vocatæ Tramadas, sive filaturæ falsi lanagii ; propter quod dicti panni fiebant et erant viciosi... Nam tales filaturæ, vocatæ Tramadas, seu falsi lanagii, colores tincturarum capere non poterant commode.*

¶ **TRAMAIOLUS,** Baculus collo canis appensus, ne per ea currat loca, quibus nocere posset. Statuta Placentiæ l. 5. fol. 63. v° : *Quilibet habitans in villis tenens canes teneatur eo tempore, quo sunt uvæ super vineis, tenere ipsis canibus ad collum unum Tramaiolum longitudinis unius brachii cum dimidio, ut impediantur canes intrare vineas... possint tamen dicti Tramaioli amoveri a canibus tempore venationis.* Vox est ejusdem originis, cujus est sequens : sic nos *Tramail* vocamus non solum rete, sed etiam quodvis pediæ genus.

TRAMALLUM, TRAMELA, Species retis ad capiendos pisces, Gallis *Tremail,* Italis *Tramaglio,* sic dicta, quod tribus maculis, vel triplice macularum ordine, quas *Mailles* nostri dicunt, confecta sit. Catholicon Armoricum : *Tremaill, c'est une rets à pescher. Lat. hoc tragum, verriculum.* Tabularium Vindociniense n. 240 : *Quatuor tractus retis, quod vulgariter vocant Tramallum ad capiendos pisces.* Schedæ MSS. Corbeienses de Mensa Abbatis : *Et sciatur, quod talis debet esse Tramela, dont on prent roces (pisciculos); quod de facili per foramina Tramelæ possint transire tres medii digiti de manu dextra.* Vide *Tremaclum,* et Menagii ac Ferrarii Origines Italicas.

☞ Hinc, ut videtur, emendandum est *Tromallum,* in Charta ann. 1087. apud Baluz. Histor. Tutel. col. 428: *Clavos non mittent super molendinum ad capiendos lucios, nec Tromallum in ullo loco, nisi quinque diebus tantum per annum.* Et mox : *Mittent Tromalium et clavos, ubi visum fuerit eis.*

◦ *Tramaire* nuncupantur in Invent. ann. 1511. ex Reg. 13. Corb. sign. *Habacuc* fol. 39. v°. Hinc *Tramaillié,* Locus, ubi cum *tramallo* piscare licitum est, in Charta ann. 1353. ex Reg. 82. Chartoph. reg. ch. 236 . *Item pour les explois du haule, lagans et Tramaillies de mer pour trente deux livres.* Eo utebantur quoque ad capiendas aves, quod *Tramel* appellatur, in Lit. remiss. ann. 1357. ex Reg. 85. ch. 32 : *Ils s'estoient apperceus que en leur avoit couppé un Tramel à prendre oyseaux.* Nisi legendum sit *Trainel.* Vide supra *Tragum.*

¶ **TRAMARCUS.** Hugonis Magni Diploma pro S. Juliani Monasterio Turon. tom. 3. Annal. Benedict. pag. 710. datum dicitur in *villa Fontanas, ubi residebat domnus Hugo venerabilis Comes et Tramarcus cum suis fidelibus ;* hujus vero Diplomatis initio *Hugo Dux Francorum* appellatur *nacnon Demarcus :* unde colligere est *Tramarcum* et *Demarcum* unum et eumdem esse ; est autem *Demarcus* juxta vim vocis δήμαρχος, Princeps populi, quod de Duce vel Comite dici potest. Vide *Demarchus.*

¶ **TRAMARICIA,** *Quædam arbustula,* Johan. de Janua. *Une petite arbre comme ronce,* in Glossis Lat. Gall. Sangerman.

¶ **TRAMASERICUM.** Vide *Tramoserica.*

¶ **TRAMBLUS,** a Gallico *Tremble,* Populus tremula. Charta ann. 1206. in Chartul. Arremar. ch. 111 : *Unam quadrigatam in nemore de Trohoude de salice, vel de Tramblo, sive de lignis jacentibus in ebdomada accipiet. Tranmoteau,* cadem, ut videtur, acceptione, in Chartul. Corb. sign. *Cæsar.* fol. 58 v° : *A esté donné..... aux compaignons de S. Lienart en Corbie cinq petiz chennoteaux et trois petiz Tramoteaux pour faire le hourt de ladite feste.* Vide infra *Tremblus.*

✱ **TRAMBUS,** [Sanguis. DIEF.]

✱ **TRAMELA,** Species retis. Vide *Tramallum.*

¶ **TRAMELLUM,** pro *Trainellum.* Vide *Parcopolles.*

TRAMEN *de arboribus,* in Gloss. Saxon. veteri, spæc. In Cottoniano, *Tramen, ubi* Somnerus : Neutrum intelligo. Fortasse *Termes,* quod Belg. Speckmaede [Vide *Tremen.*]

◦ **TRAMENTARIUM,** pro *Atramentarium.* Vide supra in hac voce.

✱ **TRAMES,** [Lignum in scala. DIEF.]

¶ **TRAMESAGIUM.** Vide in *Tremesium.*

¶ **TRAMETUM,** Immutatio in consueto ordine et ratione excolendi agros. Charta ann. 1276. in Lib. nig. 2. S. Vulfr. Abbavil. fol. 70. r° : *Dictus etiam Bernardus tenetur dicta viginti jornalia terræ maillare propriis custimis et expensis infra festum Omnium sanctorum proximo venturum ; et in compositis dictorum viginti jornalium terræ, quando acciderint, dictus Bernardus faciet talia Trameta, qualia sibi placuerint.*

¶ **TRAMIS,** *Extrema pars vestimenti,* Johanni de Janua. *Horlefet de vestement,* in Glossis Lat. Gall. Sangerman.

¶ **TRAMISIA.** Vide in *Tremissis.*

¶ **TRAMISIS, TRAMISIUM,** etc. Vide *Tremesium.*

¶ **TRAMONTANA,** vox Italica, nostris *Tramontane,* Aquilo, Boreas, sic dictus in mari Mediterraneo quod fiet a partibus transmontanis, Romanorum habita ratione. Frequenter occurrit vox *Tramontana* in Archivo S. Victoris Massil. et apud Scriptores Italicos. Vide *Prodenses.*

◦ *Trémontain,* eadem ratione, pro *Ultramontain,* in Stat. Aurifab. Paris. ann. 1355. tom. 3. Ordinat. reg. Franc. pag. 14. art. 28 : *Que nuls Trémontains ne puissent ouvrer, ne faire ouvrer secretement, ne en appert en leurs hostieux, se il n'est orfevre.*

¶ **TRAMONTARE,** verbum Ital. quod de astris occidentibus dicitur, ac præsertim de Sole. *Stella grossa de sero jam fuerat Tramontata,* in Chronico Parm. tom. 9. Muratorii col. 765.

TRAMOSERICA, *Vestis, quæ stamina ex lino, tramam vero ex serico habet.* Papias et Ugutio [ex Isidoro lib. 19 Orig. cap. 22. Gloss. Lat. Gall. Sangerm. : *Tramoserica, bordés de soie.*] Gloss. Saxon. Ælfrici : *Tramasericum,* seolcenab. Ibidem seolcen, est sericus, bombycinus. [☞ ob vel ab, *Trama.*] Charta Cornutiana, edita a Suaresio : *Mafortem Tramosericum, rhodomelinum, aquilatum.* Ibidem : *Vela Tramoserica prasinopurpura.* Chartula plenariæ securitatis exarata Justiniano imperante, apud Brissonium lib. 6. Formul. : *Camisia Tramoserica in cocco et prasino valente solidos tres semis.* Vide *Stamesiricus.*

◦ **TRAMPESIUS,** vulgo *Trempis,* Aqua in qua salsamentum maceratur et diluitur. Arest. ann. 1384. ex Memor. E. Cam. Comput. Paris. fol. 58. v° : *Et licet in dictis parvis stallis nullum Trampesium vendi deberet, etc. Trampois,* ibid. fol. 84. r° : *Ordené est que en nul temps le Trampois ne se vende point en ladite place.* Ubi vol. 7. arestor. parlam. Paris. habet *Trempis.*

¶ 1. **TRANA,** Idem quod *Traina,* nisi sit ita legendum. Chartul. S. Petri de Domina fol. 26 : *Monachi habebant apud Muram 12. den. et 2. sextar. avenæ et unum fascem de fœno et sixtam de palea, et unam Tranam et unum caponem.* Vide *Trava.*

2. **TRANA,** Lydio, et Goldasto, *Evectio, tractoria.* At *Evectio tranæ* dicitur conjunctim, in Charta Caroli M. apud Will. Hedam in Rixfrido Episcopo Trajectensi : *Præterea præsenti præcepto decernimus...... ut non per ullos portus, neque per civitates, ubicunque in nostro regno aut pagis, aut territoriis, teloneus exigatur, nec de navali vel carrali, neque de saumis, seu Tranæ evectione, vel rotaticum, vel pontaticum...... requiratis vel exigatis, etc.* Quid sit *Trana* hodie, non facile est assequi. Papias MS : *Tranas quidam putant esse, quibus mare colligitur ; Donatus vero vehicula esse sine rotis.* Donatus habet *Traha,* non *Trana,* ad 1. Georgic. unde conficitur perperam Papiam apud eumdem *Tranas* legisse. Recte tamen dixit, *tranas* esse locum, ubi mare colligitur, sunt enim *piscatoriæ,* seu *piscariæ,* quæ ad ædium vestibula concinebantur in mari, quas Leo Imp. Nov. 57. et 104. ἐποχας, vocat, quasi *aquarum maris remoras,* nos *Retenuës d'eaux* dicimus. posteriores vero Græci τράναι, ut videtur in Synopsi tit. 95. Eæ autem ἐποχαὶ, non fuere *retia in mare extensa confixis palis,* quod vult Cujacius lib. 14. Observat. cap. 1. quam maritimæ piscinæ, sed ex aqua maris exundantis in ipso littore confectæ. Proinde *tranæ evectio,* nihil aliud fuerit, quam quod pro piscium maris concessione impetrabatur : quot et

TRANATICUM dicitur in Charta Ludovici Pii, et Caroli C. ex Tabulario Flaviniacensi : *... Nec salutaticum, nec laudaticum, nec Tranaticum, nec de hoc, quod homines ad eorum dorsa portant, exigere aut exactare præsumat.* Adde Appendicem ad Capitularia Baluzii n. 67. [et 26.

in quo posteriori privilegio male legitur *Traniticum*, pro *Tranaticum :* quod rursum legitur in Hist. Lotharing. tom. 1. col. 555] [²² In Histor. S. Michael. cap. 3. apud Pertz. Script. tom. 4. pag. 80. lin. 32.]
☞ Evectionem, quæ fit traha interpretatur Vossius lib. 2. de Vitiis serm. cap. 18. ex alio ejusdem Caroli M. Privilegio apud Aimoinum lib. 5. cap. 1 : *Teloneus exigatur nec de novale, nec de carale, neque de saumis, neque de Trana evectione, nec rotatico, nec pontatico.* Legit Baronius tom. 9. Annal. ad ann. 779. ubi idem Privilegium habet · *Nec de navali, nec de carrali, neque de saumi, sive de Trana evectione vel rotaticum, vel pontaticum.* In quibus verbis multiplicem distinguit evectionem laudatus Vossius, aliam quæ navi fit, aliam quæ curru, aliam quæ traha, vehiculi genere sic dicto, quod non volvatur rotis, sed trahatur : quod postremum evectionis genus *tranam* dici putat, quæ idcirco evectioni navali et carrali opponatur.

¶ **TRANATARE**, Tranare. *Tranatare navicula*, Elmhamo in Vita Henrici V. Regis Angl. cap. 82.

¶ **TRANATICUM**. Vide in *Trana* 2.

TRANATORIUM, ab eodem fonte, quo *Trana* 2. Florentius Wigorniensis ann. 465 · *Hengiscus et Æsca cum Britonibus prope Wipepes fleote , id est Wippedi Tranatorium pugnaverunt.* Anglo-Saxonibus fleat, æstuarium, gurges, amnis.

¶ 1. **TRANCHEIA**, TRANCHIA, Fossa, Gallice *Trenchée*, Ital. *Trincea* Histor. Beccensis MS. pag. 861 : *Statuit ne cogantur ire ad operationem castellanorum, sive pontium, vel fossatorum reparandorum, vel Tranchearum.* Transactio ann. 1285. ex Archivo Castellionis Paludis in Bressia : *Castrum de Castellione cum fossatis contiguis et Tranchia sive sissura. A cimeterio usque ad Trancham Domus-Dei de Meriaco*, in Charta ann. 1209. apud Thomassetium in Biturig. pag. 714. Rursum occurrit in Epistola ann. 1212. tom. 1. Anecd. Marten. col. 821. Vide infra *Trenchea.*

᷑ Hinc *Tranche*, Instrumentum ferreum, quo terra proscinditur, ligo, vulgo *Beche*. Lit. remiss. ann. 1472. in Reg. 197. Chartoph. reg. ch. 278 : *Le suppliant print une Tranche, et se mist à becher.* Vide infra *Trenchia.*

᷑ 2. **TRANCHEIA**, TRANCHIA, Jus scindendi lignum mortuum seu aridum. Charta Ludov. VII. reg. Franc. ann. 1146. ex Tabul. Monast. novi Pictav. : *In nemore etiam nostro, quod Molleria appellatur, sibi concedimus Trancheias illas, quæ ab antiquo domo ducis Aquitanorum habuit , perpetuo possidendas. Trancheia, ex eadem Ch.* in Reg. A. Chartoph. reg. ch. 33. In Charta vero hic memorata Guill. Aquit. ducis legitur · *Dono mortuam silvam de Moleria, quam acquisivi.* Charta ann. 1407. in Reg. feud. comitat. Pictav. ex Cam. Comput. Paris. fol. 129. r° : *Ego Guillermus Coaigne..... recognosco me tenere..... ad homagium lignum.... explectum meum seu usagium vel Tranchiam meam, quod et quam habeo in nemore, publice appellato Chavaigne.*

᷑ **TRANCHETUS**, Cultri species, nostris *Trenchet* et *Tranche* ; *Tranchet* nunc dicitur scalprum sutorium. Lit. remiss. ann. 1364. in Reg 96. Chartoph. reg. ch. 148 : *Tenens in altera manu quemdam cutellum, nuncupatum vulgariter Tranchet,... in calido motu dictam concubinam de dicto Trancheto percussit. Un certain coustel appellé Tranche*, in aliis ann. 1416. ex Reg. 169. ch. 483. Aliæ ann. 1407. in Reg. 161. ch. 252 : *Un petit coutel à pain, autrement Trenchet.* Ab usu, cui cultri inserviunt, sæpius nomen habent. Hinc scalpellum pennis acuendis appellatur *Trencheplume*, in Lit. remiss. ann. 1463. ex Reg. 199. ch. 351 : *Certaines rasures faites d'un ganivet ou Trencheplume.* Et *Tranchelart*, culter coquinarius, in aliis Lit. ejusd. ann. ibid. ch. 359: *Ung grant cousteau de cuisine, nommé Tranchelart.*

᷑ **TRANCHIA**. Vide supra *Trancheia* 1.

¶ **TRANCUS**, pro *Truncus*, ni fallor. Vide locum in *Eschalmamentus.*

TRANEX, vel TRANIX. Edictum Rotharis Regis tit. 101. § 61. [²⁴ 300.] et Lex Longob. lib. 1. tit. 19. § 7 : *Si quis Tranicem de vite aliena inciderit, componat medium sol.* Ita tres editiones. Quidam codices MSS. habent *Travices* , et in lemmate, *de radice vitis.* Sed legendum puto *da traduce vitis*, ut in ipsa lege *traducem*, id est vitis surculum, quem ita appellant Varro lib. 1. de Re rustica, Columella lib. 4. cap. 29. lib. 5. cap. 6. et alii. Nisi titulus *de radice vitis*, sit vice Glossematis. Itali *Tralcio* [palmitem] dicunt.
☞ Palmitem aut flagellum interpretantur Vossius lib. 2. de Vitiis serm. cap. 18. et Martinus in Lexico, sic dictum a Saxonico, vel Germanico *Rancke* : quod idem significat. Hinc pro *Tranicem* puto legendum *Traucem*, ut habet unus MS. Estens. alter præfert *Trance*, ut annotat Muratorius tom. 1. part. 2. pag. 40.

¶ **TRANICTICUM**. Vide *Tranaticum* in *Trana* 2.

¶ **TRANQUILLACIO**, pro Tranquillitas, in Chronico Joh. Whethamstedii pag. 335.

TRANQUILLITAS, Titulus honorarius Imperatorum, apud Vegetium lib. 2. in Prologo et alios. In Diurno Romano cap. 2. tit. 4 : *Tranquillissimi ac Christianissimi Domini nostri.* Vide *Serenitas.*

TRANSACTARE, Transferre, possessionem aut rem in alium transferre, in Statutis Venetis ann. 1242. lib. 3. cap. 39. et Consulto 16.

TRANSACTUM. Lex Longobard. lib. 1. tit. 25. § 59. [²⁴ Liutpr. 247. (6, 94.)] : *Si cujuscumque servus aut aldius, ancilla aut aldia in furto comprehensi fuerint, et dominus eorum neglexerit eos liberare, et usque ad dies 30. eos dimiserit, sint sefangi, et habeat eos in Transactum, cui furtum fecerint, et componat postea ipsum furtum, sicut Lex et Edictum continet.* Hoc est, sibi habeat ipsos servos quasi per modum *transactionis*, seu pacti.

¶ **TRANSAGIUM**, in Litteris ann. 1369. inter Ordinat. Reg. Franc. tom. 5 pag. 388. Mendum esse videtur pro *Caufagium*, quod præferunt aliæ Litteræ eadem de re ann. 1371. ibid. pag. 400.

TRANSALPINARE, Trans Alpes proficisci, Romam vel in Italiam contendere. Johan. de Janua : *Transalpinare, ultra Alpes ire.* Robertus Monachus lib. 2. Hist. Hieros. : *Sed natale solum transeuntes diverso tempore et itinere Transalpinaverunt.* Utuntur Gregorius VII. PP. lib. 2. Epist. 9. Hildebertus Cenoman. Epist. 9. ex iis, quæ editæ sunt tom. 13. Spicileg. Acher. S. Bernardus Epist. 164. 244. 245. Petrus Biesens. Epist. 59. Otto de S. Blasio cap. 16. 24. 28. Nangius in Chron. ann. 1156. Richardus de S. Germano in Chron. ann. 1236. Rogerus Hovedenus pag. 528. Matthæus Westmonaster. ann. 1133. 1217. Matthæus Paris ann. 1257. Godefridus Monachus S. Pantaleon. ann. 1166. etc.

¶ **TRANSARTAT**, Vexilli genus. Gesta Guidonis Episc. Cenoman. tom. 3. Analect. Mabill. pag. 385 : *Villus de Buris, qui jam dudum causa pænitentiæ Jerosolymam profectus fuerat.... obtulit B. Juliano Dominicæ crucis reliquias, cum pretioso pallio et vexillo, quod Transartat dicitur, in cujus hasta laminæ ductiles erant.* VIIII. *marcas argenti continentes.*

¶ **TRANSCAMBATA**, Saltus, insultatio, Gall. *Gambade*, ab Occitano *Cambata*, Spatium inter pedes divaricatos Interjectum, Gall. *Enjambée.* Sentent. Inquisit. Tolos. apud Limborch. pag. 170 · *Affirmans quod ex quo ipse Rex Carcassonensibus et Albiensibus super factis inquisitorum defficiebat in justitia, ipsi poterant licite alium Dominum sibi assumere : et ex quo flex ipse unam eis fecerat Transcambatam (quia scilicet non providerat eis circa dicta negotia, ut volebant) aliam sibi per eos fieri justum erat.*

᷑ **TRANSCAPITARE**, In caput præcipitem agere, Gall. *Jetter quelqu'un la tête la première*. Acta S. Calm. tom. 7. Jul. pag. 174. col. 2 : *Cum adhuc seminecis ante illorum pedes jacens, spirare extremum morituros habitum (halitum) cerneretur, in adjacentis putei profundum, inversis immersum pedibus, Transcapitaverunt.* Vide *Transcapitatus.*

¶ **TRANSCAPITATUS**, Actus præceps in caput. Acta S. Torpetis, tom. 4 Maii pag. 7 : *Quadrigam in fluvio mergi fecit, et Transcapitatus est auriga et nusquam comparuit.*

TRANSCAPOLARE , TRANSCAPULARE , Truncare, etc. Vide in *Capulare* et *Cervella*.

TRANSCENDERE, Præceptum transgredi. Conventus apud Andelaum, apud Gregor. Turones lib. 9. cap. 20 : *Si qua pars præsentia statuta sub quacunque calliditate tempore quocunque Transcenderit.* [Vitæ Patrum Emerit. tom. 2. Concil. Hispan. pag. 646. col. 2 : *Ite et implete præceptum Domini : quod semel in vita est, nequaquam Transcendi potest.* Etiam legitur in Cod. Theod. lib. 6. tit. 4. leg. 22.]

᷑ **TRANSCENSUS**, idem quod *Trecensus*, Census ex terra seu capitali, quasi *Terræ census*, Gall. *Trécens*. Charta Math I. ducis Lothar. ann. 1188. inter Probat. tom. 2. Annal. Præmonstr. col. 134 : *Confirmo.... nominatim vallem, in qua sita est abbatia tua, quam per Transcensum duodecim nummorum de abbatissa S. Petri..... habetis.* Rursus in Ch. Henr. Tull. episc. ibid. col. 185 : *Transcensu unius denarii.*

¶ **TRANSCHEIA**, Idem quod *Trancheia*, Fossa, Gall. *Trenchée*. *De operationibus castellorum, et pontium, et vivariorum, et fossatorum et Transcheiarum*, in Litteris Henrici Regis Angl. ann. 1285. e Chartophylacio Regio.

᷑ **TRANSCITARE**, Transmittere. Stat synod. eccl. Tornac. ann. 1366. pag. 77 *Quapropter constitutiones editas contra tales vobis ducimus sub sigillo sedis nostræ curiæ Tornacensis Transcitandas et* (ut) *eas in ecclesiis vestris publicetis.*

¶ **TRANSCOPIARE**, Exscribere, Transcribere, Gall. *Copier, Transcrire.* Chronic. Whethamstedi pag. 409 : *Abbas Transcopiari eas (litteras) fecerat, et post Transcopiationem inseri ulterius in Registro.* Rursum occurrit apud Ludewig. tom. 8. Reliq. MSS. pag. 28.

TRANSCORNATI, Chronicon Novaliciense lib. 3. cap. 14. de quodam *joculatore*, qui dux viæ fuerat Carolo M. per genti in Italiam contra Langobardos: *Tunc accedens jam dictus joculator ad Regem petiit, ut sibi promissum daretur, quod ante illi pollicitus fuerat. Tunc ait illi Rex: Postula, quod vis. Cui ille: Ego ascendam in unum ex his montium, et tubam fortiter personabo corneam, et quantum longe audiri potuerit, dabis mihi in merito et munere cum viris et fœminis. Et Rex: Fiat tibi juxta verba tua. Qui protinus adorans Regem abiit. Ascendensque in uno monticulo, fecit, sicut dixerat. Descendensque ibat per viculos et arvam, et inter rogans quos inveniebat: Auditi, inquit, sonitum tubæ? Cui si dixisset: Etiam audivi, dabat illi mox colaphum dicens: Tu, inquit, es meus servus. Ita ergo dedit illi Carolus quantum sonitum tubæ audiri potuit, atque ita, dum vixit, tenuit, suique filii post eum, qui usque in præsentem diem servi ipsi Transcornati vocantur.*

¶ **TRANSCORPORATIO**, Animæ in aliud atque aliud corpus migratio, Gr. μετενσωμάτωσις μετεμψύχωσις, apud veterem Interpretem Origenis in Matth. tractatu 27.

° TRANSCORPORATUS, Qui de uno corpore migrat in aliud, veteri Interpreti S. Irenæi lib. 1. cap. 25. ult. edit.

TRANSCRIPTI MILITES *vocantur, cum de alia in aliam regionem transeunt, et inde Transcripti, quod nomina dant ut transcribantur.* Isid. lib. 9. cap. 3.

¶ **TRANSCRIPTUM**, Exemplum, Gall. *Copie. Vidimus ou Transcript,* in Litteris Caroli V. Reg. Franc. ann. 1371 tom. 5. Ordinat. pag. 403. Inventar. Chartar. Reg. ann. 1482. fol. 281 v°. *Rotulus in pergameno super quem scriptum est verbis Gallicis, Ce sont les Transcriptz des Lettres que les Grecs envoyerent à Monseigneur et à Madame. In ducto rotulo sunt inclusæ duæ litteræ missivæ in papiro et idiomate Græco scriptæ. Tancris,* eadem notione in Chartul. Campan. fol. 291. col. 2. ex inscriptione Chartæ ann. 1242. *C'est li Tancris de la Chartre de la Commune de Provins.* Charta ann. 1260. ibid. fol. 300. col. 1 *Quant cele taille sera faite, ele sera gitée, et somme feite par devant les hommes devant diz et par devant nos Sergens, et en porteront li homme devant dit le Tancrit de la taille, et la somme de tout et de chacune vile.*

¶ 1. **TRANSCURSUS**, Prætertius, neglectus. Codex Tueod. lib. 12. tit. 1. leg. 182: *Nemo posthac munerum ordine Transcurso ad altioris curæ honores audeat pervenire* Vide Transire.

¶ 2. **TRANSCURSUS**, Vectigal, quod præstatur a transeuntibus per terras alicujus domini. Arest. ann. 1389. 14. Apr in vol. 3. arestor. parlam. Paris.: *Quod ipsi mercatores vel extranei de dictis averiis seu mercaturis solvent pedagium seu Transcursum apud Bapalmas.* Vide *Transitorium.*

° **TRANSCURTIS**, Curtis seu prædium hospitio adjacens. Charta ann. 1308. in Reg. 44. Chartoph. reg. ch. 123: *Item hospitium cum Transcurte, quod fuit Mosse Bonafas.* Vide infra *Trescurtis.*

" **TRANSDORSA**, Post equitem sedens, Gall. *Portée en croupe.* Stat. Avenion. ann. 1243. cap. 35. ex Cod. reg. 4659: *Si aliquis locaverit bestias ad equitandum, et contra conventionem alium hominem vel aliam Transdorsam portaverit, duplicem mercedem solvat.*

¶ **TRANSDUCTA** MULIER. Vide *Traducta.*

° **TRANSDUCTUS**, Canalis quo aqua transfluit. Libert. de Stagello ann. 1331. in Reg. 69. Chartoph. reg. ch. 174: *Possint reficere et mutare et remutare semel et pluries paxeriam et paxerias,... besalia, meatus, recos, aquæductus et Transductus.*

° **TRANSEGANTIA**, in Dipl. Caroli Simpl. ann. circ. 906. tom. 9. Collect. Histor. Franc. pag. 504. An a Latino Transigere? Nihil quippe certi ex Charta mutila erui potest.

TRANSENDA, Via, platea, qua transitur: sed proprie via strictior, *Passage,* unde Italis *Transandara,* transcurrere, prætergredi. Anastasius in Stephano IV. PP. pag. 94: *Eumque projicientes in terra juxta Transendam campi Lateranensis, ejus effoderunt oculos.* Charta Landolphi et Atenolphi Ducum Longobard.: *Secus Transendam, quæ pergit ad portam Rufini.* Alia Pandolfi et Landolphi Ducum Longob. in Chronico Beneventano S. Sophiæ: *Concedimus in nominato monasterio S. Sophiæ ipsam Transendam, quæ vadit retro ipsam Ecclesiam, et quæ in parietibus ejusdem ecclesiæ conjuncta est.* Alia eorumdem Ducum ibid.: *Juxta plateam majorem illam publicam quæ ascendit de porta Summa, et juxta transendam publicam, quæ olim pergere videbatur erga ipsum prædictum monasterium,* etc. Diploma Roberti Regis Neapol. ann. 1321. apud Wadding.. *Item domus seu apothecæ... sitæ in civitate Neapolis in platea portus, intus anditus seu Transendam communem, et sunt conjunctæ cum prædicto anditu seu Transenda communi, siculi paries exterius.* Adde Sanctuarium Capuanum pag. 648 Vide *Andare.*

TRANSENNA, Cancellus, κιγκλίς, in Onomastico Lat. Gr. Anastasius in Sixto III. PP *Item fecit Sixtus Episcopus Confessionem B. Laurentii Martyris cum columnis porphyreticis, et ornavit Transennam et altare, et Confessionem S. Martyris Laurentii de argenta purissimo.* [Eumdem adde in Stephano IV.]

TRANSENNA, Fenestra. Gl. Gr. Lat.: Κέρχις φωτχγωγός, *Transenna. Quomodo scilicet est gypsum, vel vitrum pellucidum, per quod lumen intus admittitur.* Glosse Lat. Gr.: Ὑσπληξ, παγγγή, μετωπαρίον σηματον. Legendum τραπέζιον, μετωπ. Paulinus Epist. 12. ad Severum: *Lætissimo vero conspectu ista simul hæc sacra, in basilica memorati Confessoris Transenna, per quam vicissim sibi tecta ac spatia basilicæ utriusque junguntur.*

¶ **TRANSEUNTER**, Obiter, in Libro de Singularitate Clericorum S. Cypriano perperam attributo, et apud Ammianum lib. 28. cap. 4.

¶ **TRANSFEGARE**, f. Transfretare, Chron. Bergom. ad ann. 1406. apud Muratori. tom. 16 col. 991: *Licitum ut ipsis partibus .. libere et impune Transfegare, ire, stare, et redire, mercari,* etc.

° **TRANSFEGATOR**, Explorator, Investigator. Stat. Avenion. ann. 1243 cap. 112. ex Cod. reg. 4659: *Statuimus quod tempore pacis Transfegatores seu espiæ aut exploratores vel exploratores maleficiorum vel guerræ, non veniant neque habitent in civitate Avinionis. Trafegatores,* in Cod. MS. musei mei. [☞ Vide Raynouard. Glossar. Roman. tom. 5. pag. 396. radice *Trafec.*]

¶ **TRANSFERESCERE**, Transferre, tradere. *Trado, confero, largior, et irrevocabiliter offero atque Transferisco, in veteri Charta apud Ughellum tom 1. Ital. Sacræ col. 528. edit. 1717.*

° **TRANSFERITOR**, Donator, qui transfert rem quampiam alicui. Charta ann. 902. apud Lam. in Delic. erudit. inter not. ad Hist. Sicul. Bonincont. part. 2. pag. 316: *Dominus Wido comes filius ejus donatori et Transferitori in ecclesiæ monasterio in perpetuum præsens præsente salute sacrarum scripturarum hæc actio permaneat,* etc.

° **TRANSFERIUS**, Armorum genus ad transfigendum. Stat. Ferrar. ann. 1268. apud Murator. tom. 2. Antiq. Ital. med. ævi col. 515: *Arma vetita in civitate Ferrariæ et districtu, intelligimus bordonem, lanzonem, Transferium... Si quis inventus fuerit portare de nocte.... bordonem, lanzonem, Transferium,* etc.

¶ **TRANSFERSIO**, Translatio, transcriptio, cessio. Charta ann. 1072. apud Murator delle Antic. Estensi pag. 192: *Per anc cartulam judicati et offersionis et perpetualis Transfersionis proprietario nomine donamus, indicamus et offerimus et tradimus,* etc. [☞ Vide infra *Transpersio.*]

TRANSFIGURARE FACIEM, in Lege Longob. lib. 1. tit. 15. § 5. [☞ Roth. 31.]: *Walapauz est, dum quis alienum furtivum vestimentum induit, aut si caput latrocinandi animo, aut faciem Transfiguraverit.* Gall. *Se defigurer le visage.*

¶ **TRANSFIGURATUS** IN VESTIMENTIS, Aliena veste indutus, nostris *Deguisé,* apud Rolandinum Patav. in Chronico lib. 7. cap. 4. ubi etiam habetur *Transfiguratio,* pro Consuetæ vestis mutatio.

¶ **TRANSFIRMARE**, Transcribere, tradere. Charta ann. 32. Caroli Regis ex Archivo S. Bertini: *Ad integrum vobis per venditionis titulum accepto pretio Ecclesiæ vestræ a die præsenti Transfirmo.*

TRANSFLUVIARE, Fluvium pertransire Commodianus Instr. 50:

Transfluviat hostis, tu sub latebra conde.

° **TRANSFORATIO**, Perforatio, diruptio. Charta Ansoldi abb in Chartul. S. Corn. Compend. fol. 127. v°. col. 2: *Carrucas ecclesiæ pro Transforatione pyrgii vel alio forefacto non poterit capere.*

° **TRANSFORATUS**, Dicitur de ligno quavis perforatione vitiato, in Stat. ann. 1813. inter Probat. tom. 2. Hist. Nem. pag. 15. col. 1. *Si residuum nemoris erat Transforatum vel deterioratum, et aliquo partium super hoc se dolebat, etc. Traffore ou empiré, vernacule reddittur, in Lit. ejusd. ann. tom. 1. Ordinat reg. Franc. pag. 525. art. 5.*

° **TRANSFOSSORIUM**. Papias: *Veru, i Transfossorium, quo carnes assantur.*

TRANSFRECIARE, Ex Anglia per Franciam transire Roman. Matth. Paris ann. 1257 *Pro negotiis Regis transalpinantis et Transfreciantibus.*

¶ **TRANSFRETATIO**, Pensitatio, quæ exsolvitur a navibus secundo vel adverso flumine aliqua transeuntibus. Chartul. Guill ab S. Germ. Prat. fol. 203. v°. col. 2: *Ego Odo, comes quarumdam provinciarum Galliæ scilicet a Franciis,.... concedo monachis servientibus S. Germano Parisiacæ urbs episcopo quasdam consuetudines in quodam castro nostro, quod vocatur Musteriolum, hactenus habitas in Transfretatione navium, in eundo superius sive redeundo inferius.* Vide *Traversum* 1.

¶ **TRANSFUNCTORIUS**, Levis, inutilis, haud satis accuratus et sedulus. *Transfunctoria expugnatio,* apud Tertull. adv. Valent. *Transfunctorium præceptum,* apud eumdem lib. 1 adv. Marc. cap. 27.

¶ **TRANSGLADIATUS**, Gladio transfixus, in Vita S Elizabethæ Schonaug. tom. 3. Junii pag. 621.

° **TRANSGLUTIRE**, Sorbere, deglutire. Stat. synod. eccl. Carcass. ann. 1270. cap. 6. ex Cod. reg. 1613: *Quociens sacerdos communicat infirmum, faciat in sua præsentia Eucharistiam Transglutire,* *et propinet postmodum sibi vinum.* Vide *Transgulare* 1.

¶ **TRANSGREDERE,** pro Transgredi. Si *quis hoc Transgredere præsumpserit,* in Capitulari 1. ann. 802. cap. 30. *Transgredere præceptum,* ibid. cap. 34.

° *Transigier,* eadem notione, pro *Transgresser,* in Lit. ann. 1374. tom. 6. Ordinat. reg. Franc. pag. 25: *Pour yceux faire amender la transgression de noz dictes ordonnances et statuts qu'ils ont Transigiez.*

¶ **TRANSGRESSIBILES** COSTUMÆ, Præstationis species. Charta ann. 1187. ex Archivo Majoris monasterii: *Reclamabant monachis petrinas vaccarum, lumbos porcorum, botellagium, costumas Transgressibiles, decem solidos annuatim.* Vide *Consuetudo* 4.

TRANSGRESSIO SUPER CASU, JC. Anglis et Cowello liv. 4. Institut. tit. 3. § 1. est, cum quis alterius statum vel conditionem suo delicto deteriorem facit.

¶ TRANSGRESSIONES DE VIRIDI in Forestis, Damnum silvis viridibus et frondosis illatum, apud Rymer. tom. 5. pag. 682.

1. **TRANSGULARE** Ugutio et Joannes de Janua: *Transgulare, ultra gulam deorsum immittere, scilicet, transglutire.* Gloss. Lat. Gall.: *Transgulare, Transgloutir outre, devourer.* Goffridus Vindocinensis lib. 4. Epist. 22: *Habuerunt itaque escas, sed in escis illis retia, quibus capti, et hamum quo sunt Transgulati, invenerunt.* Alia forte notione vocem hanc videtur usurpare Gilbertus Porretanus Episc. Pictav. In procemio ad Commentar. in Boëtii librum de S. Trinitate: *Et ne vel timiditatis angustia nos ad silentium penitus Transgulare, vel temeritatis audacia ad garriendum laxare putetur, etc.* [Id est, cogere.]

¶ 2. **TRANSGULARE,** pro Strangulare, vitiosa, ut videtur, pronuntiatione. Chronic. Andegav. apud Marten. tom. 3. Anecd. col. 1379: *Johanne Papa* (X.) *Transgulato, alter Johannes succedit mensibus* III. Charta ann. 1418. ex Chartul. 23. Corb.: *Super hoc quod in anno prædicto fuit quidam vir vitæ honestæ et conversationi* (qui) *instinctu diabolico in domo sua propria... se Transgulasset, etc.* Metaphorice pro Exstingere, Gall. *Etouffer,* in Charta ann. 1168. tom. 1. Macerlarum Insulæ Barbaræ pag. 109: *Damnosam inter utramque domum controversiam... fructus pacis lætus exurgens Transgulavit.* Hinc

TRANSGULATIO, pro Strangulatio. Papias *Sansgulosso, Transgulatio, laqueus.*

¶ TRANSGULATUS PANNUS, Variis coloribus distinctus. *Pannis de serico Transgulatis seu realis a modo non utantur,* in Statutis Ecclesiæ Anic. ann. 1267. tom. 2. Anecd. Marten. col. 483. Sed legendum videtur *Stragulatus.* Vide *Stragulum.*

∞ **TRANSIBILIS.** Sedul. Scot. de Rect. Christ. cap 16: *Rerum Transibilium inconstantia.*

¶ **TRANSIBILIS** MESURA, Mediocris mensura, quæ neque minor sit, neque major, in Chartulario S. Vandregesill tom. 1. pag. 163. Gall. *Mesure passable.*

¶ **TRANSIGERE,** Transire, Longo itinere confecto, multis transactis, tom. 2. SS. Martii pag. 48.

TRANSIGIA. Libertates Villæ de Moneto anno 1269. apud Thomasserium in Consuetud. localibus Bituricensib. cap. 63: *Nullus de franchisia faciat mihi biennium aut corvatam extra Moneto, nisi tantummodo Transigias..... usque ad domum leprosorum, quas habent facere, etc.* [Vide *Transvectura*]

¶ **TRANSILIRE** SACROS ORDINES, Per saltum, ut aiunt, sacris Ordinibus initiari, i. e. suscipere superiorem omisso inferiori, v. g. Presbyteratum non suscepto Diaconatu. Concil. Belvac. ann. 1114. tom. 2. Spicil. Acher. pag. 565. hæc statuit post Gregorium VII. PP: *Qui sacros Ordines Transiliunt, suspendantur ab officio, et si meruerint vita eorum indulgentiam consequantur, et intersint ordinibus, quos amiserunt.*

¶ 1. **TRANSIRE,** Tolerare, dissimulare. Epistola Friderici II. Imp. tom. 2. Spicil. Acher. pag. 572: *Ita nos graviter provocavit, ut Transire non possimus ulterius incorrectos suæ levitatis excessus Injurias inultas Transire,* in Codice Theod. lib. 8. tit. 10. leg. 2.

¶ 2. **TRANSIRE,** Traducere. Charta ann. 1468. apud Lobineli. tom. 2. Hist. Britan. col. 1290. *Liberavit naves..... ad Transcundum et transfretandum dictos* 1500. *sagittarios.* Acta S. Benedicti Avenion. tom. 2. Aprilis pag. 257: *Benedictus iterum rogavit, ut amore Dei et B. Mariæ Transiret illum ultra.*

¶ 3. **TRANSIRE** ACTUM, Practicis nostris, *Passer acte,* Chartam seu testimonium rei gestæ conscribere. Synodus Trecor. ann. 1572. apud Lobineli. tom. 2. Hist. Britan. col. 1608. *Notarii curiarum mandatum jurent fideliter acta coram eis facta Transire.*

¶ TRANSIRE ACCORDA, LITERAS, dicitur Parliamentum, cum illa publica auctoritate confirmat. qua notione vox *Passer* non semel occurrit in vett. Edictis Regum nostrorum, hodie *Homologuer.* Litteræ ann. 1358. tom. 4. Ordinat. Reg. Fr. pag. 725: *Necnon litteras et accorda quascumque per prædictum Parlamentum alias fieri et Transiri solitas ac solita, fieri faciatis et eciam Transeatis.*

¶ 4. **TRANSIRE,** Peragere. Ordo Concilii celebrandi. tom. 1. Concil. Hispan. pag. 230 *Nec aliud aliquid ante Transibitur, quam ista omnia expliventur.*

¶ 5. **TRANSIRE.** Leges Palatinæ Jacobi II. Regis Majoric. in Actis SS. Junii tom. 3. pag. XXXIX *Cum autem nos iter facere alicubi contingit, debebit aquam, ornamenta, paramentum, et argentea vasa portare, cum quibus Transire possimus, ad usum nostrum.* Hoc est, quæ nobis satus sint, aut quibus simus contenti, cum iter agimus.

6. **TRANSIRE,** Defungi, obire. *Transitus, obitus,* mors. Voces Christianis Scriptoribus usitatiores. Beletus cap. 1. 4. et ex eo Durandus lib. 7. Ration. cap. 1. n. 18. *Transitus dicitur festum de morte Sanctorum, quoniam animæ illorum a corporibus exeuntes, per ignota sibi et diversa loca transeunt, ut per cælum aëreum et æthereum, et crystallinum, ut tandem perveniant ad Empyreum.* Vita MS. S. Mauri Abb.:

Non mars dicenda, sed vero nomine vitæ
Est, obiit ut justus, cujus sit Transitus ortus.

Vetus inscriptio Viennæ: TRANSIT SUB DIE... ORBIS FAUSTO VIRO. C... Coss. PROSTERNUNTUR MILITE COELI. Commodianus Instr. 42:

Transire jubentur ad Dominum partibus dextris.

Gregorius Turon. lib. 5. Hist. cap. 8: *Eodem anno et B. Germanus Parisiorum Episcopus Transiit.* Florentius Wigorn. ann. 862 *Sanctus Transivit Swithunus, et astra petivit. Vitam transire,* pro *transigere,* quomodo dicimus, *Passer la vie,* in Epist. Silonis Regis Hisp. ad Cixilanem.

TRANSITUS, Mors. Vetus inscriptio Christiana in S. Crucis Monasterio Burdegalensi: *Illic requiescet bonæ recordationis famulus* XPI. *Mummolenus, qui vixit annus* CC. *septuagenta, apud quem nullus fuit dolus malus, qui fuit senex ira jocundus, hoc est, accepit transitum sub die* VI. *Idus Augustas, ubi fecit Augustus dies septem anno* V. *Regnum Domini nost. Chlodovei Reg.* Testamentum Hadoindi Episc. Cenoman. apud Brisson. lib. 7. Formul.: *Ut hanc* (villam) *ministri ejusdem post meum Transitum teneant, possideant, etc.* Gregorius Turon. de Vitis Patr. cap. 10. *Die Dominica Transitum accepio, etc. Transitus S. Martini,* apud eundem Gregorium non semel, Chirodegangum in Regula Canonicor. Mensium cap. 8. Episc. 8. Leg. Burgund. tit. 42. § 1. tit. 53. Capit. Walterii Aurelian. Episc. cap. 18. Form. 37. ex Baluz. etc.

? 7. **TRANSIRE,** Superare, Gall. *Surpasser.* Bened. Abb. Petroburg. de Gest. Henr. II. reg. Agl. tom. 2. pag. 387: *Ejusmodi scelus filii domini regis, Henricus scilicet et Gaufridus Transierunt multum.*

? **TRANSIRI.** Charta ann. 1108. inter Probat. ult. Hist. Trenorch. pag. 159. *Paucis siquidem diebus transactis post obitum D. Petri Trenorchiensis abbatis, cujus pene totum tempus sub hac concertatione Transiebatur, etc.* Id est, Effluxerat.

? **TRANSITA,** Possessionis alicujus alteri cessio, translatio. Charta ann. 952. apud Murator. tom. 2. Antiq. Ital. med ævi col. 133 *Donamus atque offerimus per hanc præsentem paginam offersionis nostræ a die præsenti et ora ad jure ipsius scolæ proprietario nomine ad habendum idem omni Transita illa juris proprietatis nostræ... Talem exinde habeant potestatem de ipsas res atque Transitam, sicut supra legitur, ad regendum et gubernandum seu disponendum.* Vide infra *Transpersio.*

1. **TRANSITORIUM,** TRANSITURA, TRANSITUS, Quod præstatur a transeuntibus per terras alicujus domini. Gall. *Droit de passage. Transitorium tributum,* in lege Longob. lib. 1. tit. 14. § 16. [?? Ludov. P. 48.] *Transitoriæ consuetudines,* apud Guibertum lib. 3. de Vita sua cap. 8. Ch. Phil. I. Reg. Franc. pro Abbat. Becci n. 20. vol. [Bulla Innoc. II. PP. ann. 1185. ex Archiv. Resbac.: *Insulas quoque et molendinas, necnon et piscatorias cum pontibus etiam cunctisque aquæ Transitorius*] Chart. Regum Angl. in Camera Comput. Paris. pag. 17 *Quæ sive teloneum, sive Transitus nominatur, sive alio nomine dicitur, quod solet exigi pro consuetudine fisci a vendentibus, vel ementibus, vel Transeuntibus.* [Diploma Lotharii II. Imp. ann. 1137. tom. 2. Ampliss. Collect. Marten. col. 99: *Nullum teloneum, nullum pontaticum, nullum Transitum vel exitum, nullum denique publicum terra aquæve vectigal, aut pensionem monachi.... in nullo regni nostri loco persolvant. Donatio ann.* 20. Ludovici Regis: *Donavi Ecclesiæ Cluniacensi... omnes consuetudines, amnem quoque subter currentem cum Transitu.*]

° *Transaige,* in Charta ann. 1387. inter Probat. tom. 3. Hist. Burg. pag. 100. col. 2: *A nous seul et pour le tout appartenoit esdits termes...... le peage, le passaige, Transaige, les ventes, etc.* Vide *Transmissum.*

TRANSITURA, in Capit. Caroll M. lib. 4. cap. 59: *Ut nullus ad Palatium, vel in hostem pergens, vel de Palatio, vel de*

hoste rediens, *tributum quod Transituras vocant, solvere cogatur*. Lex Longob. habet hoc loco *Transitorium*. *Trastura*, eadem notione in Chartis Italicis apud Ughellum tom 4. pag. 787. 789. 795. Capitulare 3. Lud. Pii ann. 819. cap. 16. *Trasturas* etiam habet, ubi Codd. alii *straturas, tricturas, iristuras*, uti monet Baluzius. Rhenanus lib. 2. Rerum German. pag. 93. videtur legisse *straturas*. *Tresturas* vero habet Charta Caroli C. ann. 18 Ind. 2. in Tabul. Dervensi: *Silvas etiam quas ex omni parte in circuitu monasterii concessimus, et mercatum in prædicta villa Glonna, et Tresturas ad salem emendum, quas de pontanatico S. Petro et B. Berchario in usus Monachorum tradidimus.*
¶ Charta Liutpr. Langob. reg. ann. 715. vel 730. apud Murator tom. 2. Antiq. Ital. med. ævi col. 24: *Item in Campo Marcio Transitura debeat dare bonas tremisses per singulas naves.* Vide supra *Transfretatio*.

² **2 TRANSITORIUM**, Pars liturgiæ sacræ, in Ordine eccl. Ambros. Mediol. ann. circ. 1190. apud Murator. tom. 4. Antiq. Ital. med. ævi col. 833. ubi de Feria v. hebdom. S.: *Missa vero ordine suo agatur, usque dum diaconus dicit: Offerte vobis pacem, et tamen non dicat et archiepiscopus non det pacem ministris. Transitorium: Tristis est animea usque ad mortem: Tunc archiepiscopus communicet cum clero et populo. Sic missa compleatur secundum morem.* Ibid. col. 800. ubi de die Paschæ: *In ultimo vero officii Paschæ canitur Alleluia. Transitorium vero canit chorus, magistro lectorum incipiente, reiterando cum Gloria.* Occurrit rursum ibid. col. 905. Vide *Transitus* 2.

² **TRANSITUDO**, Consuetudo, Gall *Habitude* Stat. Universit. Aurel. ann. 1337. ex Cod. reg. 4223 A. fol. 51. v°. *Hoc enim nimia Transitudo delictorum facere nos compellit, ut ceteri præteriti (l. perterriti) punitorum exemplo, ad talia de cetero procedere non præsumant.*

1. TRANSITUS, dicitur de Præfectis aut Judicibus Provinciarum, qui in regiones vel urbes aut vicos sui districtus discurrunt, juris dicendi, vel de criminibus inquirendi gratia, in leg. 4. Cod. Th. de Off. Rector. prov. (1, 7.) et leg. 6. Ne quis in Palatio, (7, 10.) etc.

¶ **2 TRANSITUS** (cum scilicet Missale refertur a cornu Evangelii ad cornu Epistolæ) Communio dicitur: *Nazaræus vocabitur*. Ita in Actis SS Junii tom. 4. pag. 690. ubi de festis S. Joh. Baptistæ Vide alia notione in *Transire* 6 et *Transitorium*.

TRANSITUS VIÆ PUBLICÆ. Hugo Flaviniac in Chron. pag. 182: *Correptionem omnium mensurarum, exceptis alodiis, quæ homines tenent ad placitum generale respicientes at publicæ viæ Transitum*. Id est justitiam criminum, quæ in itineribus publicis committuntur: *La Justice des grans chemins*.

³ **3. TRANSITUS**, Ultimæ morientis angustiæ. Ceremon. MS. B. M. Crassens *Si sanctæ diu (moriens) in Transitu duraverit, hæc sæpius repetantur, nec sine psalmis aut divinis lectionibus relinquatur*. Vide in *Transire* 6.

¶ **TRANSLA**, f. Tela crassior, vulgo *Treillis* Statutum Gellonense ann. cir citer 1150. apud Stephanotium tom. 8 Fragm. MSS. pag. 175: *Debet..... habere pro lecto suo palassam novam et duas flessiatas et duo linteamina, unam culcitram novam de Translis, cum plum ° et unum pulvinare.* Vide *Transletum*.

1. TRANSLATARE, Transferre, in aliam linguam vertere. Anastasius in Hadriano PP: *Quam Synodum...... in Latinam linguam Translatari jussit*.

2. TRANSLATARE, Alio transferre. Anastasius in S. Hadriano PP. pag. 115: *Translatavit atque introduxit in eam corpora sanctorum Martyrum*, etc. [Chronic. Modoet. apud Murator. tom. 12. col. 1080: *Plurimi Imperatores Translataverunt sedem suam a Roma in Mediolano. Translatavit se dicta Domina usque in Swanston et ibi obiit*, apud Kennettum in Glossar. ad calcem Antiq. Ambrosd Adde Flodoardum lib. 2. Hist. Rem. cap. 17.]

¶ **3. TRANSLATARE**, Exscribere, Gall. Copier Charta ann. 1142. inter Instr. Gall. Chr. novæ edit. tom. 6. col. 322: *Hanc chartam Translatavit Bernardus de Caucionoiolo publicus notarius de Biterri ex originali*. Testam. ann. 1154. in Probat. novæ Hist. Occit. tom. 2 col. 549: *Subdictam litteraturam et rationem de altera charta Translatavit in istam.* Chartul. Brivat. laudatum a Baluzio tom. 2. Hist. Arvern. pag. 272 *Nomen cujus non potuit Translatari, quia cartula disrupta erat.*

¶ **4. TRANSLATARE**, Transcribere, rem ab aliquo possessam in alium transferre. Statuta Vercell. fol. 92: *Non possint in posterum per commune Vercellarum alienari, obligari, Translatari, vendi*, etc. Charta ann. 1085. ex Tabul. S. Victoris Massil.: *Ego pro hoc non me Translatabo, neque vetabo*, etc.

1. TRANSLATIO, in legibus 15. et 40. Cod. Th. de Episcop. Eccles. et Cleric. (16, 2.) pro angariarum, parangariarum vel navicularium etiam translationis onere, sumitur, cum scilicet res fiscales transvehendæ erant, vel annona militaris. Vide Jacob. Gothofredum ad leg. 40.

2. TRANSLATIO, Idem quod *Transitus*, seu telonium, quod pro transferendis et transportandis mercibus exsolvitur. Appendix Codicis Theod. Constit. 11: *Nulla pontium restauratio, nulla Translationum sollicitudo gignatur*.

TRANSLATIO CAUSÆ, Gallis Practicis, *Evocation*: cum ab inferiori curia ad superiorem evocatur Vide Reg. Majest. lib. 2. cap 16 § 24. lib. 3. cap. 20. et 21. et Quoniam attachiamenta cap. 14. § 8.

TRANSLATIONES EPISCOPORUM, de Ecclesia scilicet in aliam Ecclesiam, interdicuntur in Canonibus Apost. can. 14. in Concil. Sardic. can. 1. et 2. et alibi non semel, nisi ob aliarum Ecclesiarum necessitas exigat, ut est in (supposititia) Anthen PP. Decret. et, ut aiebat Gregorius VII. PP. apud Conradum Uspergensem, translationes Episcoporum duobus modis fieri possunt, necessitate vel utilitate. Sed de translatione et mutatione Episcoporum præclare egit omnino Bernaldus Presbyter Constantiensis lib. de reconciliatione lapsorum pag. 277. et seqq. Gregorius IX. in Decretal. lib. 1. tit. 7. Franciscus Bivarus ad Pseudochronicon Maximi p 616. et seqq. Thomassinus de Disciplina Eccles. part. 1. lib. 2. cap. 52. part. 2. lib. 2. cap. 44. et alii plerique. Vide *Glossar*. voce Μετνβπορνιάτεν, col. 500

TRANSLATITIE, pro *Defunctorie*, Jurisconsultis. [° L. 1. § 6. ff. ad S. C. Turpill. (48, 16.): *Prævaricatorem eum esse ostendimus, qui colludit cum reo, et Translatitie munere accusandi defungitur, eo quod propriæ quidem probationes dissi-* *mularet, falsas vero rei excusationes admitteret*.]

¶ **TRANSLATOR**, Interpres, qui vertit in aliam linguam. Epistola Concilii Francoford. ad Episcopos Hisp. tom. 3. Concil. Hisp. pag. 107: *Quamvis multi codices per Translatorum simplicem intelligentiam in hoc loco pro proprio filio, suo filio conscriptum habeant, Græcitas tamen, qua lingua Apostolus est locutus, proprium nunc magis quam suum nuncupavit.*

⁰ Inter ejusmodi interpretes celebris memoratur *Magister Johannes Golain sacrosanctæ theologiæ professor, ordinis Beatæ Mariæ de Carmelo, plurium variorumque librorum et actorum Translationibus editis*, in Lit. Caroli V. ann. 1378. ex Reg. 113 Chartoph. reg. ch. 366.

¶ **TRANSLATUM**, Exemplum ex alio descriptum, Gallice, *Copie*. Statuta Arelatens. MSS. artic. 7: *Transcripta sive Translata testamentorum...... eamdem* (vim) *habeant, ac si essent instrumenta originalia*.

° Nostris alias *Translat*. Ordinat. ann. 1815. tom. 1. Ordinat. reg. Franc. pag. 597. art. 18: *Leurs privileges, se il sont trouvés, leur seront rendus, et se il ne peuvent estre trouvé, et l'en ne treve les Translas, il leur seront renouvellés.*

° **TRANSLATUS**, Defunctus, mortuus. *Translatus sanctus Dominicus*, in Annal. Dominic. Colmar. ad ann. 1233. Vide *Transire* 6.

¶ **1. TRANSLEGARE**, Delegare. Litteræ Bohemorum ad Concilium Basileense ann. 1432. tom. 8. Ampliss. Collect. Marten. col. 178. *Spectabules viros..... de intentione nostra et voto plenius eruditos, V. P. duximus Translegandos*.

°° **2. TRANSLEGARE**, Legare, donare. Chart. ann. 1395. apud Haltaus. in Glossar. Germ. voce *Vermachen*, col 1872 *Quos mansos cum censu 10. solidorum..... ecclosiæ et conventui*, *in animæ suæ remedium et salutem pia donatione juste et proprie post sui obitum Translegavit*.

¶ **TRANSLETUM**, Culcitra, ni fallor, e tela crassiori, quam *Treillis* vocant. Inventarium ann. 1342. ex Archivo S. Victoris Massil.: 1. *matelacium*, 1. *culcitram*, 1. *flassatam*, 1. *Transletum*, 1. *pulvinarium*, etc. Vide *Transla* et *Translicium*.

° **TRANSLICIUM**, ut supra *Tralicium*, Textile rarius, minus densum, Gall. *Treillis*, vel culcita ex hujusmodi tela. Arest. ann. 1380. 16. Jun. in vol. 7. arestor. parlam. Paris. *Unum coopertorium panni bruni,...... unum Translicium, etc*. Vide *Traslicium*.

° **TRANSLIGERENSIS**, Cujus jurisdictio est trans Ligerim. Inter testes Chartæ ann. 1116. in Hist. Sabol. pag. 52. occurrit *Guillelmus decanus et archidiaconus Transligerensis.*

TRANSLUCIDUM, Διαφανές, διαυγές, in Glossis Lat. Græc. Sic dicimus *Transluisant*.

TRANSMARINARE, Trans mare proficisci, proprie iter Hierosolymitanum aggredi, in Chronico Montis Sereni ann. 1131. *Peregrinatio transmarina*, ibidem ann. 1146 et 1175. [Adde Testam. Ottonis IV. Imp. ann. 1218. apud Pothast in Probat. Hist. Palat. pag. 68. Chronicon Cornelii Zantfliet ad ann. 1454. tom. 5. Ampliss. Collect. Marten. col. 483.]

¶ **TRANSMENTATIO**, Mutatio mentis, pœnitentia Gocienius in Lexico Philol.

TRANSMIGRARE, Transferre rem aliquam in alium, in Legibus Rotharis Regis Longobard. tit. 62. § 3. [°° 174.

ubi Murator. *Transmittere.*] Vetus Charta Longobard. apud Ughellum tom. 1. part. I. pag. 390: *Non in vendendum vel donandum, neque per nullum ingenium in nullius potestatem ad proprietatem dandum, aut Transmigrandum, etc.*

∞ **TRANSMIGRATOR**, Qui in alium locum migrat. Occurrit apud Anastas. de Miracul. SS. Cyri et Johan. cap. 40. in Spicil. Roman. tom. 3. pag 446.

∞ **TRANSMINARE**, Transducere. Lothar. III. Imper. charta pro Mercat. Quitelineb. ann 1184. apud Erath. Cod. Diplom. Quedlinb. num. 3. pag. 80: *Ut pro Transminandis pecoribus pontem ipsis præparet, et cum opus fuerit reparet.* Vide *Minare* 1.

◦ **TRANSMISSUM**, Pensitatio, quæ exsolvitur ab iis, qui trans locum aliquem merces vehunt. Judic. ann. 1328. 26. Nov. in Reg. *Olim* parlam. Paris. : *Absque solutione pedagii, Transmissi vel exactionis cujuscumque.* Vide *Traversum* 1.

TRANSMISSUS, Intermedius, Italis *Trasmesso.* Aliquid per rogadiam vel Transmissum alteri dandum recipere, in Statutis Venetor. ann. 1242 lib. 1. cap. 4. 48. lib. 6. cap. 13. [*Tramis* missum vocat le Roman *d'Athis* MS. :

Messagiers sui à lui Tramis
De meilleur de tous ses amis.]

◦ Itali *Trasmettere* et nostri *Trametttre* dixerunt, pro Mittere, delegare. Pactum inter Margar. de. Bellojoco et Eduard. dom. Bellij. ann. 1375. 22. Jul. in vol. 7. arestor. parlam. Paris. *Item oblige ledit seigneur son corps et ses biens.... de Tramettre dedans dix jours apres le défaut, deux chevaliers, a Paris à huict chevaux en ostages sans partir hors des portes de Paris, jusque à tant que lesdittes choses promises soient accomplies.* Occurrit præterea in Chron. S. Dion. tom. 3. Collect. Histor. Eraue. pag. 168. et in Vita metrica J. C. MS.

? **TRANSMISUM**, Tempus, ut videtur, quo tremesium seritur vel colligitur. Glossæ Cæs. Heisterbac. in Reg Prum. tom. 1. Hist. Trevir. Joan. Nic. ab Hontheim pag. 677. col. 1 : *Facit unusquique in wayno, wanno, pertigatas integras; in tramis, Transmuso, similiter.* Vide infra *Tremesium.*

◦ **TRANSNADARE**, Transnatare, transnare, Gall. *Passer à la nage*, alias *Tresnoer.* Mirac. S. Jac. Major. tom. 6. Jul. pag. 60. col. 2: *Melius est nobis flumen Transnadare, quam vobis tantum pretii dare.* Chron. S. Dion. tom. 3. Collect. Histor. Franc. pag. 275 : *Tant corut, comme il pot, par montaignes, par valées, par bois et par landes, et Tresnoa rivieres et fleuves, se il li furent audevant, etc.*

TRANSNAVARE, Navi trajicere. Thwroczius 1. part. Hist. Hung. cap. 12: *Brachio maris, quod strictum Sibilæ dicitur, Transnavato.* Et in Uladislao Reg. cap. 42 : *Circa castrum Orsowe Danubio Transnavato, hostilem in terram se ingesserunt.*

TRANSNOCTARE, Noctem transigere, vel rem ultra noctem unam detinere. Jacobus I. Rex Aragon. in Foris Oscæ ann. 1247. fol. 4: *Qui pignorat alium, et Transnoctet, vel remaneat ipsa pignora apud eum super fidantiam de directo, est calonia pignorantis 60. sol.* Fol. 9: *Transnoctare pignus.*

¶ **TRANSOLVERE**. Vide infra *Transsolvere.*

¶ **TRANSPARERE**, Pellucere. *Transparentia, Pellucida,* in Gemma. Pellucidītas, nostris, *Transparence*

TRANSPASSARE, Ultra progredi, Gall. *Trépasser.* Thwroczius part. 1. cap. 24 : *Abunde Rheno Transpassato, Lotharingensem Ducatum igne et gladio vastaverunt.* [*Canis jugum Transpassans,* supra in *Canis.* Vide ibi]

◦ **TRANSPERSIO**, Possessionis alicujus ad alterum traslatio, cessio. Charta vetus apud Lam. in Delic. erudit. inter not. ad Chron. pontif. Leon. Urbevet. pag.165 : *Profitentes profiteor ego quidem in Dei nomine Bonifacius gloriosus marchio per hujus paginæ nostræ vocis, professionis, sponsionis, donationis seu Transpersionis, atque perpetualis transactionis, etc.* Vide *Transfersio.*

¶ **TRANSPLENDIFER**, Perlucidus, Gall. *Transparent,* in Vita B. Lidwinæ tom. 2. Aprilis pag. 315.

1. **TRANSPONERE**, *Servum transponere,* Avertere, Gall. *Detourner,* in Lege Longob. lib. 1. tit 25. § 14. 15. 16 17. [∞ Roth. 270. sqq. Vide Forcellinum.]

2. **TRANSPONERE**, pro *Transcribere.* Gellius lib. 6. cap. 9 : *Locum istum totum huc ex Pisonis annali Transposuimus.*

TRANSPORTANEORUM Passio, Lepra, *Elephantia,* Celso lib. 3. cap. 25. Ἐλεφαντίασις, Græcis sic dicta, quod cutem reddat Elephanti corio similem. Senator de Elephanti. 10. Epist. 30 : *Cutis hujus ulcerosis vallibus exaratur, a qua Transportaneorum passio nomen accepit.* Sic autem appellatur a senatore, quod cum hæc passio, ut ait Cælius Aurelianus Siccensis lib. 4. χρονίων, cap. 1, *corruptione quadam, vel luxatione extremæ cutis in corporibus generetur,* humor ab interioribus, seu, ut idem scribit, *altioribus,* ad superficiem transmittitur, seu *transportatur.*

¶ **TRANSPORTARE**, Cedere, transcribere, transferre, Practicis nostris *Transporter,* in Litteris ann. 1399. inter Ordinat. Reg. Fr. tom. 5 pag 325 Pactio nuptialis inter Carolum VIII Regem Fr. et Annam Britan. ann. 1491. apud Lobinell. tom. 2. Hist. Britan. col. 351 : *Domina Anna.... domino nostro Regi donavit, cessit, quittavit et dimisit, præsentisque instrumenti serie donat, cedit, quittat, dimittit et Transportat (Ducatum Britanniæ).* Adest Statuta Collegii Cenomann. ann. 1526. apud eumd. Lobinell. tom. 3. Hist. Paris. pag. 587. col. 1.

◦ **TRANSPORTATIO**, Idem quod *Transportus,* Cessio, transcriptio. Charta ann. 1409. ex sched. Pr. a S. Vincent. : *In dictis laudimiis seu trozeni receptio de alienationibus et Transportationibus dictarum possessionum et propriatatum.*

¶ **TRANSPORTUS**, Cessio, transcriptio, Gall. *Transport.* Charta Ecclesiæ Æduensis, qua Præpositura ejusd. Eccl. annectitur mensæ Episcopali. *Rogantes dictum nostrum Capitulum prædictum Transportum, annexam et appropriationem ratificari... promittens per fidem nostram contra præsens Transportum seu aliquod præmissorum non venire.* Charta ann. 1377. e Bibl. Regia : *Mirabatur quomodo dictus Dux cessionem et Transportum receperat.* Rursum occurrit in Litteris Johannis Franc. Regis ann. 1360. tom. 3. Ordinat. Reg. pag. 453. Arresto Parlamenti ann. 1394. apud Menesterium in Probat. Hist. Lugdun. pag. 79. col. 2. Regesto ann. 1450. apud Baluz. tom. 2. Hist. Auverg. ann. 1388. apud Rymer. tom. 9. pag. 763 col. 2. Marten. tom. 1. Anecd. col. 1518. et passim in Chartis recentioribus.

¶ **TRANSPOSITIO** Subitanea , Mors, obitus. Marculfus lib. 2. form. 2 : *Quatenus fragilitatem naturæ, quod omnes generaliter patiuntur, priusquam subitanea Transpositio eveniat, etc.* Adde form. 4. et inter Sirmondicas form. 96. [∞ Eberhard. Comit. Alsot super. Charta ann. 731. in Alsatia Diplom. tom. 1. num. 12. pag. 14. *Dum fragilitas humani generis perihmescit ultimum vitæ et temporis subitanea Transpositione ventura, oportet christian. etc*]

¶ **TRANSPOSITUM**. Litteræ ann. 1359. tom. 4. Ordinat. Reg. Franc. pag. 198 : *Per paragium, partagium, scambium, terrarum assietanver* (vel) *Transpositum, etc.* Editori Cl. legendum videtur *Transportum.* Vide *Transportus.*

TRANSPUNGERE, Perforare, ita ut sanguis exeat. Lex Aleman. tit. 61. § 3 . *Si autem collus Transpunctus fuerit.* Tit. 65. § 3 : *Si quis alicui brachium super cubitum Transpunxerit, etc* § 5 : *Si manum Transpunxerit, ita ut focus non intret ad coquendum venas, vel sanguinem stagnandum, etc.* § 24 *Si autem in latus punctus fuerit.* Adde § 26. 30. 31. Lex Anglior. tit. 5 : *Corpus Transpunctum, coxa vel brachium Transpunctum, et sanguis effusio.* Ibid. § 13 : *Si ipse stomachus perforatus fuerit, et infra non somel.* Leges Henrici I. Regis Angl. cap. 93: *Si Transpunctus sit ad utrumque os, etc. Culmi truncati... intus puncti,... Transpuncti, etc*

‹‹ **TRANSPUNGERE** Noticiam, Chartam falsi arguere. Charta ann. 876 inter Probat. tom. 1. Hist. Nem. pag. 11. col. 1 : *Præfatus Borna dius in omnibus hoc denegavit, et dixit quod nequaquam ipsam villam per suos vadios prædicto episcopo, nec partibus S Mariæ reddiderat : et in manu Heralti vicicomitis et ipsius Bernarii ipsam noticiam Transpunxit.* Tunc judices et personæ interrogaverunt præ dicto episcopo et Bernario ejus advocato super ipsam noticiam veram adprobare poterant, an non ? *Sed præsencialiter dixerunt, quia sic poterant.*

¶ **TRANSREMIGARE**, Navigare. Elmhamus in Vita Henrici V. Regis Angl. cap. 59 . *Nulla Neptuni tumida comparente tirannide, regiones Transremigantur aquaticæ.*

¶ **TRANSRIPARIA**, Ripa quæ est ultra fluvium. Testam. ann. 1509 inter Schedas D *Le Fourmer : Item lego quamdam meam bastidam.... cum Transriparia Sareti, etc.* Vide *Riparia.*

¶ **TRANSSARTANUS**, Qui trans Sartham, agri Cenomanensis fluvium, habitat. Pluries occurrit in Chartul. S. Vincentii Cenom. ut fol. 28. 33. etc.

TRANSSOLVERE, Idem quod *Solvere.* Formulæ vett. Pithoei MSS. cap. 28 : *In festivitate Sancti illius in luminaribus ipsius loci solidos tantos vobis et actoribus vestris dare et Transsolvere faciam* Cap. 30 : *In festivitate Sancti illius loci trianta uno dare et Transsolvere facias.* Cap. 75 : *Minime habui, unde Transsolvere debeam, etc.* [Marculfus lib. 2. form. 18 : *Ita ut pro ipsa causa solidos tantos in pagalia mihi dare debeas, quos et in præsente per wadio tuo visus es Transolsisse.* Perperam *Transsellisse,* pro *Transolsisse,* legitur in Charta ann. 716. apud Felibian Hist. San-Dionys. pag. xxi.]

¶ **TRANSSUMERE**, Transsumptare, Transcribere, Gall. *Copier ; Transsumptum, Copie.* Acta S. Juvenalis Epise. Narn. n. 27. tom. 1. Maii pag. 405 : *Ad effectum exemplandi et Transsumptandi .... quamdam inscriptionem, etc.* Statuta Genuæ lib. 4. cap. 12: *Si libri vel Scripturæ essent in loco, quo extrahi non pos-*

sunt, debeant Transumptari, et exemplari, quod Transumptum et exemplatio legitime facta faciat fidem sicut originale. Epistola ann. 1259. in Instrum. Gall. Chr. novæ edit. tom. 6. col. 138 : *Præsenti paginæ inseri fecimus in Transsumi ab originali nihil addito vel remoto.* Charta ann. 1399. apud Menest. in Probat. Hist. Lugdun. pag. 126 . *Exhibuerunt Transsumptum revocationis impetrationis prædictæ.* Exstat hujusmodi *Transumptum* ann. 1482. apud Marten. tom. 8. Ampliss. Collect. col. 153. in cujus proœmio declarant Notarii duo se ab Imperatore Sigismundo requisitos fuisse, *literas apostolicas et cedulam per se Transsumi et exemplari, quodque exinde copias authenticas et Transsumata (f. Transsumpta vel Transsumplata) facere deberent. Extracta et Transumptata,* in Vita S. Ubaldi tom. 3. Maii pag. 628 Adde Concil. Hisp. tom. 4. pag. 314. Rymer. tom. 14. pag. 391. etc. Vide *Transcriptum.*

¶ **TRANSTOLLERE**, Transferre. Vita S. Guthlaci, tom. 2. Aprilis pag. 48 . *Decursis hujus vitæ terminis, ad infinita gaudia Spiritus Transtolli malit.*

᾿ **TRANSTULLARE** Sr, Oblectari, ludere, Italis *Trastullare*. Bonifac. Cons. Mirac. SS. Cyri et Johan. sect. 11. tom. 3 Spicil. Roman. pag. 162 · *Ludentem et se Transtollentem invenient* Vide Murat. Antiq. Ital. tom. 2. col. 1321.

TRANSTOLLEUS. Gloss. Arabico-Lat. *Fidicina, Transtolleus, vel Cantatrix.*

TRANSVADARE. Willel. Brito in Vocab. MS. : *Transvadare dicitur ultravadare, trans vadum ire, vel trans vadum ducere.* [*Transvadato Rheno,* apud Calmet. in Probat. Hist Lotharing. tom. 2. col. 2. *Transvadato flavio,* apud Muratot. tom. 12. col. 1022. Occurrit etiam in sacris Bibliis.]

¶ 1. **TRANSVASARE**, *Vasa transferre, sedem mutare,* in Lexico Goclenii.

¶ 2. **TRANSVASARE**, Transfundere, Gall. *Transvaser.* Epistola Petri Delphini ann. 1477. tom. 3. Ampliss. Collect. Marten col. 1015: *Vinum quod Fannu emeras, hodie tandem huc applicuit, Transvasaturque modo in cellam vinariam reponendum.* Vide *Transvasare.*

¶ **TRANSUBSTANTIARE**, Unam substantiam in aliam convertere ; *Transubstantiatio,* hujusmodi conversio. Voces Theologis familiares, ubi de sacrosancto Eucharistiæ Sacramento. Alio transfertur in Actis S Godeleve, tom. 2. Junii pag. 373: *Terra Transubstantiatur, in gemmas effigiatur.*

᷉ **TRANSVECTORIUS**, Portatu facilis, interprete D. Bouquet ad Vit. Ludov. Pii tom. 6. Collect Histor. Franc. pag. 93 : *Naves Transvectorias fabricantes, unamquamque earum in quaternas partirentur partes, quatenus pars quælibet cujusque duobus equis vel mulis vehi posset.*

TRANSVECTURA, Oneris vel præstationis species, pro transvehendis forte domini rebus , in Charta Waldemari regis Daniæ ann. 1180. Vide in *Paratæ.*

᷉ **TRANSVERGIA**, Via transversaria. Stat. ann. 1352. inter Probat. tom. 2. Hist. Nem pag. 130. col. 2 · *Item quod nulla persona sit ausa aliquas laysanas facere seu prohicere juxta portalia et in doguis, Transverciis, vallatis protendentibus de portale B. M. Magdalenes, usque ad januam sororum S Claræ, nec ultra, nec juxta portalia, nec etiam in dogua et Transverciis protendentibus a portale Carmelitarum usque ad ecclesiam Carmelitarum, nec in aliis Transverciis, seu muris dictæ civitatis.* Vide *Traversa* 1.

¶ **TRANSVERSA**, Pars obliqua, latus, Gall. *Travers.* Lex Bajwar. tit. 12. cap. 6 : *Si quis messem vel pratum alterius araverit usque ad tres sulces in longitudine jugeris, vel in Transversa sex sulces, cum tribus solidis componat.*

¶ **TRANSVERSALIS**, Vitruvio *Transversarius. In singulis vicis civitatis ejusdem ponendo catenas ferreas Transversales,* in Charta ann 1269. apud Menester. in Probat. Hist. Lugdun. pag. 16. col 1. Vide *Transumalis.*

¶ 1. **TRANSVERSARE**, Transire, trajicere, Gall. *Traverser.* Charta Thossiaci ann. 1452 : *Pro licentia capiendi et pro Transversando iter publicum.* Miracula MSS. Urbani V. PP. : *Vidit dictum Matheum Transversantem aquam cum equo suo ac si traheretur per gentes.* Statuta Eccl. Pictav. tom. 4. Anecd. Marten. col. 1073 : *Intrans quoque et exiens.... reverentiam deo faciat. Chorum Transversari caveat.*

¶ 2. **TRANSVERSARE**. Statuta Eccles. Ambian. cap. 1. art. 10. apud Marten. tom. 7. Ampliss. Collect. col. 1290 : *Clerici vero in sacris ordinibus constituti, vel beneficium ecclesiasticum habentes, qui in platea vel in loco publico publice cum taxillis ludere præsumpserint, ipso facto ab executione sui ordinis sint suspensi ; ludere in præmissis casibus intelligimus illum qui Transversat, vel qui ludi est particeps, vel lucrum exinde consequitur, sive damnum.* Conc. Trevirense ann. 1310. apud eumd. Marten. tom. 4. Anecd. col. 252 . *Ludere in præmissis casibus in telligimus ad puncta, ut sic dicamus, ponendo eum qui Transversarat* (sic) *vel qui ludi est particeps, vel lucrum exinde consequitur, sive damnum. Transversantem* hic intelligo eum qui pignore contendit cum alio ratione ludi, licet ipse non ludat, a Gallico *Traverser,* quod aliquando idem sonat quod Adversari. Eodem intellectu *Traversare* legitur in Statutis Bertrandi de Turre Episc. Tull. ann. 1359. supra laudatis in *Punctare.*

᷉ *Traverser,* eadem acceptione, in Lit. remiss. ann. 1393. ex Reg. 145. Chartoph. reg. ch. 107. *Ouquel lieu le suppliant eust trouvé compaignons jouans aux grosses boules ; et là lui estant abuvré de vin se feust mis à Traverser pour un petit blanc contre un autre. Triper,* eodem, ut videtur, sensu, in aliis Lit. ann. 1451. ex Reg. 184 ch. 492 : *Pierre Fecondeman et le suppliant commencerent à jouer au jeu de boules, et mettre gaige et Triper l'un à l'autre.* Vide *Transvertare.*

TRANSVERSARIÆ, Trabes, quæ reorum in *cippo,* seu ἐν τῷ ξύλῳ positorum, pedes constringebant, S. Cyprian. Epist. 77 : *O pedes compedibus et Transversariis cunctabundi ; sed celeriter ad Christum glorioso itinere vecturi.* Gregorius Turon. de Vitis Patr. cap. 7 : *Trabes illa, qua vinctorum pedes coarctantur.* Vide dissertationem 19. ad Joinvillam pag. 254. In Consuetudine Turon. art. 68. *Traversier,* est species dolii vinarii.

1. **TRANSVERSARIUM**, Species retis quo pisces in fluminibus capiuntur ; describitur a Petro de Crescentiis lib. 12. de Agricult. cap. 37.

¶ 2. **TRANSVERSARIUM**, Lignum, ut puto, transversum, quo cætera ratis ligna colligantur. Charta ann. 1164. in Probat. tom. 2. novæ Hist. Occitan. col. 603 : *In omnibus consuetudinibus, quas de ratibus, quæ per aquam veniunt, accipere solent, quæ sunt decimæ et gubernacula et Transversaria et in remo, quem de unoquoque navigio descendente per aquam, antiquitus habent, etc.* In Instrum. Gall. Chr. novæ edit. tom. 6. col. 300. habetur *Traversaria.*

¶ **TRANSVERSARIUS**. Vide in *Traversum.*

¶ **TRANSVERSERIS**. Statuta Massil. lib. 2. cap. 39. de Sartoribus § 2 . *Item, de capsa Transverseris drapi de colore cum penna....* XII. den. Genus est panni, si genuina lectio est ' sed potior videtur lectio MS. : *Item, de capa Transversoria (vel Transversaria) drapi.* In statutis Arelat. ubi supra *capæ transversariæ,* quod de veste transversa, Gall. qui *croise,* intelli potest.

¶ **TRANSVERSIA**, f. Apothecæ clathri, ut videtur, cancelli, transenna, Gallice *Treillis.* Statuta Massil. lib. 2. cap. 40. § 4 : *Quandiu panni unius operatorii inspiciantur... in carreria extra operatorium vel Transversiam, alii panni alterius operatorii non afferentur ab aliquo..... donec illi panni, primo ibi apportati causa emendi, fuerint reportati infra operatorium de quo sunt.*

¶ **TRANSVERSORIA** CAPA. Vide *Transverseris.*

TRANSVERSUM. Vide in *Traversum.*

᷉ **TRANSVERSUM** FLUVII, Pensitatio, quæ ab iis exsolvitur, qui trans flumen eunt vel merces portant, in Charta ann. 936. tom. 9. Collect. Histor. Franc. pag. 585. Vide *Traversum* 1.

¶ **TRANSVERSUS** *Transversa linea,* Transversus cognationis gradus, Gallice *Ligne collaterale* , in Lege 6. Cod. Theod. lib. 8. tit. 18. de maternis bonis.

²**TRANSVERTARE**, perperam pro *Transversare,* in Stat. MSS. S. Flori fol. 56 : *Ludere in præmissis casibus intelligimus illum, qui Transvertat, vel qui ludi est particeps, vel lucrum exinde consequitur, sive damnum.* Vide supra *Transversare* 2.

¶ **TRANSVERTERE**, Commutare, apud Apuleium in Apolog. . *Ut quæ delicta fuerat, eadem, manentibus iisdem litteris, in accusationem Transverteretur.*

¶ **TRANSVIARE** RIANAM, sive aquam, Rivulum avertere, in alium cursum detorquere, in Statutis Montis-regalis pag. 214.

¶ **TRANSUMALIS** Litteræ de nullitate matrimonii ann 1530. apud Rymer. tom. 14. pag. 391. col. 1 : *Item in linea Transumali in primo gradu prohibetur consanguinitas et affinitas jure divino et naturali, nec Papa potest dispensare. Patet legendum esse Transversali.* Vide *Transversus.*

¶ **TRANSUMERE**, TRANSUMPTARE, TRANSUMPTUM. Vide in *Transsumere.*

¶ **TRANSUNDARE** FLUVIUM, Illum trajicere, in Epitome Chron. Casin. apud Murator. tom. 2. pag. 869. col 1 Quamvis analogice satis *transundare* dici queat, vereor tamen ne legendum sit *Transvadare.* Vide in hac voce.

¶ **TRANSVOLUTIO**, Fornix. Vide *Volutio.*

¶ **TRANSVORARE**, Devorare, deglutire, apud Apuleium in Apolog. : *Jam universas opes Transvoraram, etc.* Vide *Transgulare* 1.

¶ **TRANTORIUM**, f. pro *Tranatorium, Piscaria.* Charta ann. 1058. ex Archivo S. Victoris Massil. : *Ab occidente sicut est Trantorium de la Faga et costa plena.* Vide *Trana* 2.

¶ **TRANVERSIA**, tela lego in Computo ann. 1202. apud D. *Brussel* tom 2. de Feudorum usu pag. CLII. col 2 : *Pro*

Tranv'siis et servientibus XIX ˣˣ. *lib.* sed quid significet hæc vox non occurrit, nisi sit pro Vectura, Gall. *Voiture, transport.* Vide *Transvectura.*

TRAOLIUM, [Instrumentum ad filum in spiram convolvendum, Gall. *Devidoir.* Armoricis *Traouil* et *Troil.*] Miracula S. Bertæ Blangiac. Abbat. n. 8 : *Filum in Traolium de fuso extrahere cœpit.*]

¶ **TRAPA** Fundi domestici species, [Locus secretior et remotior.] Consuetudines seu Libertates Prioratus S. Dionysii de Capella in Biturigibus, a Richardo et Aymone Archiepiscopis confirmatæ : *Quin etiam si aliquis infra determinatas 4. cruces moretur ad altum furnum, nisi ad S. Dionysii panem coxerit, et certum erit, imprimis reddito furnacio, legem suam emendabit. Si quis etiam Trapam habuerit, et sub ea panem consuetudinaliter coxerit, si convictus fuerit, Trapa frangetur, et ipse legem solvet.* Vide *Trappa.*

¶ **TRAPACCETA.** Idem, ut videtur, qui mox *Trapezeta*. Analecta de VII. Martyribus tom. 8. Julii p. 24 : *Qui Hludari Imperatoris jussu obcæratus, eo quod artem Trapaccetarum exercebat.*

ᵃ **TRAPASSUS,** Deceptor, impostor, ut videtur, ab Italico *Trappola,* decipula, dolus. Stat. antiq. Florent. lib. 3. cap. 115. ex Cod. reg. 4621 *Nullus tabernarius seu coqus...... audeat in domo propria seu taberna propria vel conducta receptare latrones, malandrinos seu Trapassos , vel aliquem puerum cum eisdem.*

ᵃ **TRAPENTUM,** Tabula, f. quæ *Trapis* conficiendis est idonea. Comput. MS. monast. Clareval. ann 1364. fol. 3. rᵒ : *Pro secatura mille iiij*. l *Trapentorum, xij. flor.* Ibid. fol. 45. rᵒ : *Pro secatoribus Trapentorum, j. flor. vij. gros.* Vide mox *Trappa.*

¶ **TRAPERARIUS , TRAPERIUS.** Vide *Trapus.*

¶ 1. **TRAPETUM,** Mola olearia, Latinis ; Italis vero ac præcipue Siculis Mola, qua cannæ melleæ conteruntur ad constituendum saccharum. Vide Hierolexicon Macri. Gloss. Lat. Gall. Sangerm. *Trapeta et hoc Trapetum, meule à broyer herbes ou enclume à monnoiers.*

ᵃ Glossar. vet ex Cod. reg. 7613 : *Trapetæ, molæ olivariæ. Trapetum, conca olivaria*

¶ TRAPITUM, Eodem significatu, in Charta ann. 1219. apud Ughellum tom. 1. Ital. Sacræ col. 1123. edit. 1717 : *Item concedimus monasterio sæpe dicto et fratribus ejusdem facere, et in perpetuum habere, ac libere et franche possidere Trapitum unum pro faciendo oleo in domanio Comitatus Laureti.*

★ 2. **TRAPETUM.** [Tapes : « *Trapeta* viginti magna inter bona antiqua et antiquissima. » (Invent. Rer. Forr. Pal. Apost. 10 Oct. 1464.)]

TRAPEZETA, Monetarius. Jo. de Janua: *Trapezeta, vel Trapezita, nummularius, vel mensarius, qui pecuniam super mensam dinumerat.* [Gloss. Lat. Gall. Sangerm. *Trapezeta, changeur de monnoye.*] Gloss. Saxon. Wifrici : *Trapezita,* vel *monetarius,* Mynetere. Gloss. Lat. MS. Reg.: *Trapezeta, Nummularius,* Mensularius. Gloss. Gr. MS. Reg. cod. 1673: Κολλυβιστής, τραπεζίτης. Diploma Caroli Simpl. ann. 915. pro Abbat. Trenorchiensi: *Concedimus quoque, ut Trapezetas locus præ dictus habeat, qui nostri nominis signum singulis imprimant nummis, ne metallorum mixtura adesse valeat.* Eadem habentur in Chartis Rodulfi Reg. ann. 921.

et Henrici I. Reg. ann. 1059. pro eodem Monasterio. Historia Translationis S. Sebastiani n. 43 : *Monetam etiam publicam incudibus, et Trapezetam perpetuo famulatu sacris ipsius deservituram subdidit.* Arnoldus Lubecensis lib. 2. cap. 40 : *Comiti Adolfo medietatem tributorum lutius civitatis de telonis, de molendinis, de Trapezitis, in beneficio dedit.* Notitia Viennensis monetæ, in Tabulario ejusdem Ecclesiæ fol. 25. de monetario, qui falsam monetam cuderat : *Tamen et omnibus notum fiat, Trapezeta a domno Leone IX. PP. excommunicatus, paralysi perculsus, membris omnibus dissolutus, impiam vitam digna morte finivit* Vide lib. Miraculor. S. Vulfrani Episc. n. 13. [et Rolandinum Patav. lib. 12. cap.2 apud Muratorium tom. 8. col. 315.] [☞ Guerard. in Proleg. Chartul. S. Petri Carnot. pag. 63]

¶ **TRAPEZETUM,** Mensa *Trapezetæ.* Vide in *Cambiare,* pag. 45. col. 1.

¶ **TRAPHAX,** Tabula, qua panis ad furnum fertur, apud Martinium.

ᵈ **TRAPOGNERE,** Reficere. Lit. remiss. ann. 1405. in Reg. 160. Chartoph. reg. ch. 14 : *Solum calciamenti cum certa cordula et una escuya, more agricola, perforabat ipse exponens, et secundum morem patriæ* (Dalphinatus) *Trapognebat.*

¶ **TRAPOLA,** Idem quod mox *Trappa.* Statuta Montis-regalis pag. 283 : *Nulla persona,... audeat capere columbos ad filatum seu ad Trapolas sub pœna sol.* 60.

¶ **TRAPPA,** Muscipula, transenna, decipula avibus capiendis, Gallis *Trappe.* Italis *Trappola,* unde Teutonib. *Trappen,* capere, irretire ; nostris *Attraper.* Pactus Legis Salicæ tit. 7. § 9 : *Si quis turturem de Trappa furaverit, etc.* Ubi Lex Salica tit. 7. § 7. habet *turturem de reti.* Formula 14. ex Baluzianis: *Non est homo hic, miser talis latrat, sed non ut canis, psallat de Trapa ui linguaris dilator major, etc.* Miracula S. Ludgeri Episc. Mimigard. n. 49 · *Pauper quidam in diverticulis Episcopalis domus monasterii repertus a servis, quasi reus furti pugnis mulctabatur , et certatim crinibus ad aquam trahebatur.* Deinde infra : *Erat enim in valde contritum* (crus) *quando crinibus de Trappa Episcopalis domus trahebatur.* Ubi quidam codd. habent *Trappia.* [☞ *Trappa* seu Miraculis S. Ludgeri episc. Mimigard. Locus secretior et remotior designari videtur, ut ex voce *Diverticulum* patula ante colligere est Vide *Trapa.*] [☞ F. Scalæ, gradus, German. *Treppe.*] [Si credimus Eccardo in Notis ad Pactum Legis Salicæ, *Trappa,* idem est quod *Tensum,* a veteri Germanico *Drepen,* aut *Treffen,* quod *Tendere* olim significavit] Vide Origines linguæ Italicæ Menagii et Ferrarii.

¶ **TRAPPULA,** diminut. a *Trappa,* Eadem nctione. Inquisitio ann. 1196. apud Cencium inter Census Eccl. Rom. *Item si quis paret laqueum vel Trappulas in silva vel campis,* III. *sol. dabit curiæ.*

ᵉ Hinc nostris *Destrapper,* pro *Dégager, débarrasser,* Expedire. Lit. remiss. ann 1393. in Reg. 144. Chartoph. reg. ch. 252 : *Lequel de Saint Symon embrassa le suppliant, lequel comme il se cuidoit Destrapper dudit de Saint Symon, etc.* Unde *Destraper des chevaux,* pro *Dépêtrer,* in aliis ann. 1375. ex Reg. 107. ch. 278. *Trapant* et *Trapen,* pro *Trape,* porta vel fenestra seu tabula ductilis, nostri dixerunt. Lit. remiss. ann. 1391. in Reg.

141. ch. 189 : *Le suppliant... dudit plancher desterra et osta un Trapan pour y cuidier avaler et entrer et prendre de la finance.* Aliæ ann. 1404. in Reg. 158. ch. 389 · *Par nuit le suppliant leva un ais ou Trapant, qui estoit couchiez en la maniere de plancher, etc. Trepant,* in aliis ann. 1369. ex Reg. 100. ch. 405. Haud scio an eadem notione *Trappan,* in aliis Lit. ann. 1398. ex Reg. 151. ch. 50 · *Sur lequel siege avoit un Trappan de bois.* Ubi Muscipula significari videtur. *Trappe* vero, Vasis genus, in Lit. remiss. ann. 1459. ex Reg. 188. ch. 127 : *Ung vessel, qui se nomme Trappe, à mettre lect.*

¶ **TRAPPATURA,** Ornatus e *trapo* seu panno, amplum equi stratum undique defluens. Elmhamus in Vita Henrici V. Regis Angl. cap 26 · *Equos etiam habens sequaces , ditissimis Trappaturis modo regio decoratos.* Ib. cap. 111 : *Equi nobiles ditissimis Trappaturis amicti.* Rursum cap. 129 : *Manni nobiles ejusdem sectæ nigerrimæ Trappaturis induti.*

¶ **TRAPPULA.** Vide in *Trappa.*

★ **TRAPSETA,** [*Cangeur.* (Gloss. Lat. Gal. Bibl. Insul. E. 36, xvᵉ s.) Cf. *Trapezita*]

TRAPUS, Pannus, panniculus, Hispanis *Trapo,* Gallis *Drap.* Vetus Charta apud Martinezium in Hist. Pinnatensi lib. 1. cap. 54 : *Et quia negaverit, quod sancto Joanni servire non debebat, judicavit Rex, ut tollerent ei, quicquid habebat in Lecuæta, domos, et terras, et vineas, et panem et vinum, et Trapos, et sic fecerunt, et abstulerunt ei totum, et duos horreos plenos de tritico.* Vide *Drappus.*

TRAPERIUS, [TRAPERARIUS, et TRIPERARIUS, apud R. Duellium tom. 2. Miscell. pag. 53. et 59.] in Statutis Ordinis Teutonici, qui in Hospitalariorum Statutis *Draperus* vocitatur, qui scilicet curam habet vestimentorum fratrum. Vide Christophorum Hartknochium in Dissertationibus Prussicis cap. 19. pag. 419

¶ **TRASCINARE,** Italis, Trahere, Gall. *Trainer.* Chron. Parm. ad ann. 1294. apud Murator. tom. 9. col. 828 · *Capti fuerunt et ducti Parmam, et Trascinati ad caudas mulorum.* Vide *Trasinare.*

¶ **TRASCODRYGITÆ.** Vide *Tascodrogitæ.*

1 **TRASELLUM,** [f. Transitus.] Charta Willel. Comitis Matiscon. ann. 1211. apud Perardum · *Notum facio...... me assignasse D Odani Duci Burgundiæ 4. denarios in unoquoque Trasello pedagiorum meorum, ubicumque recipiantur, etc.*

¶ 2. **TRASELLUM,** Numerosus et modulatus sonitus, *Carillon,* a Burgundico *Tresseler,* campanas argute et numerose pulsare, *Carillonner.* Vide Glossariolum ad calcem Canticorum natalit. Burgund. Statuta Capituli Tull. ann. 1497 *Pulsantur Matutinæ in annualibus majoribus solemnitatibus........ cum magnis campanis et Trasello per omnes campanas vicissim et successive.* Vide *Trinion.*

ᶠ *Trivellum* semel in laudatis Stat. fol. 5. rᵉ : *In dictis autem solemnitatibus pvlsatur cum glasiaco et Trisello per majores campanas.*

ᵍ **TRASENS,** pro *Trahens.* Charta Simon. dom. Bellifort. ann. 1132. inter Probat. tom. 1. Annal. Præmonst. col. 336. *Cuncta animalia Trasentia, sive non Trasentia ad aratrum libere, etc.*

¶ **TRASIA,** *Acervus ficorum, vel ex cala-*

mis contexta tabula, in qua refrigerantur fici, in Vocabulario Sussannæi et in Amalthæa, a Græco Τρασια.

¶ **TRASINARE**, Idem quod *Trascinare*, Trahere. Miracula S. Zitæ, tom. 3. Aprilis pag. 523 : *Ipse lupus ipsam cedit ad collum, et aliquantulum Trasinavit per terram.* Annales Estenses ad ann. 1404. apud Murator. tom. 18. col. 1000 : *Trasinatus usque illuc a palatio communis, etc.*

¶ **TRASLICIUM**, f. Culcita e tela crassiori, vulgo dicta *Treillis.* Inventarium ann. 1379. e Schedis Cl. V. *Lancelot* : *Item una flassada alba et alia listata ; item una vanoa alba : item unum Traslicium quasi nullius valoris.* Vide *Transla* et *Transletum.*

¶ **TRASPOL**, Species coopertorii. Inventio S. Lucifieri Calarit. n. 60. tom. 5. Maii pag. 210. *De sero fuit detectum vulgo dictum un Traspol, per modum tecti seu coopertura sepulchri.*

1. **TRASSA**, Pensitationis species, quæsta ; est enim *Tracer* , perquirere. Vide *Tracea.* Consuetudines Monspelienses MSS. art. 102 : *Monopolivm, vel Trassa, vel rassa nullatenus fiat in Montepessulano.* Eædem vernaculæ : *Monopols con rassa ni Trassa en nulla guisa non sia facha en Monpestier.* Charta MS. Mall Gaulini Comitis Impuriarum ann. 1319 : *Et di vecta et utilia dominia, laudimia, foriscapia, jovas, Trassas, et alias omnes servitutes, etc.* [" Vide Raynouard. Glossar. Roman. tom. 5. pag. 401. voce *Traissa.*]

2. **TRASSA**, Fossa, imus carcer ; vel Compedes, nostris alias *Trasse* et *Tresce*. Charta Edwardi reg. Angl. ex Cod. reg. 8887. 4 fol. 46 rᵒ · *Prohibemus ne... ante sententiam latam in ferris, Trassis, cippis aut aliis tormentis ponatis aut ponere præsumatis.* Lit. remiss. ann. 1472. in Reg. 197. Chartoph. reg. ch. 345 . *Icellui de la Tare disoit que Jehan Madone avoit joué son argent d'une gabarre de bois, et qu'il le feroit mettre ès Trasses, qu'il n'en sailliroit de deux ans.* Aliæ ann. 1369. in Reg. 100. ch. 279· *Icellui sergent fist mettre Jehan de May par les mains et par les piés ès ceps, autrement appellez Tresces, etc.* Aliæ ann. 1478. in Reg. 206. ch. 46 . *Lesquelx prindrent le suppliant, le getterent par terre près d'une Trasse, etc.* Hinc *Trasser,* Alicui infensum esse, molestare. Lit. remiss. ann. 1472. in Reg. 105. ch. 809 : *Le suppliant dist : Contremaistre, l'en m'a dit que vous me Trassez ; je ne scay la cause pourquoy ; et ledit Quot lui respondit felonneusement, oy . Augerot, je vous Trasse. Trasser,* pro Leviter attingere, in Lit. remiss. ann. 1380. ex Reg. 118. ch. 9 : *Icellui seigneur d'Auxeville lui dist qu'il mentoit, et lui Trassa le doy parmi la bouche. Delere* vero aut *eradere* sonat, in aliis ann. 1454. ex Reg 184. ch. 479 : *Icellui Pierre Maurrasse ra tissa et Trassa de son nom de Jehan Erard qui estoit escript en icelle commission, afin qu'il n'apparust.*

TRASSARE, Perquirere. Vide *Canis Trassans.*

TRASTAMI, Ratis Polonicæ species. Mirac. S. Stanisl. tom. 2. Mau pag 279. col. 2. *Joannes Osowski, dum e gravi periculo liberatur, vectus rate, alias Trastami,* vulta *versus Crocoviam, dc.*

¶ **TRASTRUM**. f. pro Transtrum. Instrum. ann. 1200. e Tabulario S. Victoris Massil. *Cum... staret in monasterio de Pessano in porticu super Trastrum, etc.*

Trabs, nostris alias *Traste*. Lit. re-

miss. ann. 1480. in Reg. 206. Chartoph. reg. ch. 361 : *Il cheut par cas fortuit une tuille de la couverture de la maison sur une des poutres ou Traste d'icelle maison.*

TRASTURA. Vide in *Transitorium.*

✶ **TRASVERROLH**, [Gall. *Espèce de Verrou : « ..... Pro una sarratura cum duabus clavibus et Trasverrolh........ »* (Arch. histor. de la Gironde, t. 22, p. 504.)]

° **TRASVERSUM**, Pensitatio, quæ exsolvitur ab iis, qui trans locum aliquem, aut villam, vel urbem merces vehunt. Charta Phil. V. ann. 1817. in Chartul. abbat. Regalis-loci part. 1. ch. 46 : *Item Trasversum seu pedagium dictæ villæ.* Vide *Traversum* 1.

¶ **TRATEGA**, f. Lignum aratri. Vide locum supra in *Mejanus.*

¶ **TRATTAMENTUM**, Ital. Trattamento, Tractatus, pactum. *Sub spe concordiæ et Trattamenti concordiæ,* in Chronico Parm. ad ann. 1290. apud Murator. tom. 9. c. 818.

TRAVA. Videtur sic dicta, nescio quæ præstatio in blado, avena, etc. ex agris domino pensitari solita, incerta mihi vocis origine : tametsi *Trava* videatur fuisse mensuræ species. Miracula S. Joannis Beverlacensis n. 7 : *Et quidem coloni illius provinciæ hesterasda, id est, quod exigebatur ad pabulum equorum Regis singulis annis solebant Regis præfectis reddere, videlicet de unaquaque caruca, id est, ad cultrum et vomerem, quatuor Travas de suis frugibus, et talis reditus inter vectigalia Regia computabatur et exigebatur a regione illa, etc.* Monasticum Anglic. tom. 1. pag. 175 : *In Foresthill, duas acras de dominicatu, et de singulis virgatis unam Travam. In una Horspeda 8. acras, et de singulis virgatis unam Travam, etc . de Dentona 4. Travas de omni blado* Adde pag 985. Hist. Fundationis Monast. S. Leonardi Ebor. *Concessit .... de qualibet caruca arante in Episcopatu Eboracensi unam Travam bladi, anno 986. que usque in præsentem diem dicitur Petercorne, cujusmodi et Travas Reges tunc temporis potuerunt sacris locis ex sua regalitate concedere et assignare. Et nihilominus ex consensu incolarum Episcopatus Eboraci Rex habuit Travas prædictas sibi et successoribus suis, sic quod exterminaret lupos patriam devastantes.* Idem Monastic. tom. 2. pag. 380 : *Dictum hospitale dotatum fuit... ad percipiendum de qualibet carucata terræ arabilis in Kipschire unam Travam de quolibet genere bladorum, et valet per annum 20. sol.* Tom. 3. pag. 93 : *Unam Travam bladi de singulis carucis villæ meæ, etc.* Parte 2. pag. 8 : *Travæ garbarum.* Charta Joannis Regis Angl. apud Gul. Prynneum in Libertat. Eccles. Anglic. tom. 3. pag. 8 : *Firmiter præcipientes, quod sine contradictione et difficultate reddant de carrucis suis ad ostia grangiarum suarum Travas S. Joannis Beverlaci per manum propriam, vel servientium suorum, sicut facere solebant, antequam Travæ illæ datæ essent ad firmam, etc.*

☞ Nisi tot locis occurreret *Trava,* legendum esse *Trana* suspicarer : ut ut est eadem notione accipiendum utramque vocem existimo. Vide *Traina.*

TRAVACHA. Otto Morena in Hist. Rer. Laudensium pag. 53 : *Cremenses vero cognoscentes, se non posse defendere murum castri, quin destrueretur, Travacham magnam ex lignis et terra insimul compositam ibi intus in ea parte, in qua ipsum murum destrui videbant, juxta eum con-*

struxere. Et pag. 54 : *Quandam machinam, quam fecerant super Travacham, quam ipsi ex lignis et terra intus juxta murum castri composuerant, etc.* Ubi vox *travacha* videtur poni pro *travaglio,* quomodo Galli dicimus *un travail,* pro quolibet munimento ad propulsandos hostes extructo.

☞ Pro *Travacha* Muratorius tom. 6. col. 1041. et 1043. e Codice Ambrosiano legit *Travata,* ut infra videre est ; quod magis placet ; est enim *Travata,* Academicis Cruscanis *Riparo fatto con travi,* Propugnaculum trabibus constructum : quæ notio belle congruit locis citatis.

☞ *Travacha* vero Tentorium est, Italis *Trabacca,* Academicis Cruscanis *Spezie di padiglion da guerra, tenda.* Statuta Vercell. fol. 3 : *Habendo.... tentoria et Travachas in exercitu ad usum suum, etc.* Et fol. 280. vᵒ : *Ego Massarius Communis juro ad sancta Dei Evangelia bona fide et sine fraude salvare, custodire et gubernare balistas, tentoria sive Travachas, ferramenta, etc.* Rolandinus Patav. lib. 10. cap. 4. apud Murator. tom. 8. col. 313 : *Cum tentoriis, Travachis et tendis.* Memoriale Potestatum Regiens. ad annum 1218. ibid. col. 1000 : *Invenerunt Christianum in dicto campo papiliones, Travaclas rarissimas et cultras optimas, etc.* Emendo *Travachas.* Chronic. Parm. ad annum. 1279. tom. 9. ejusdem Murator. col. 791 : *Travachæ et pavioni erant in plateu Communis, ubi jacebant infirmi.* Vide Lexicon Milit. Caroli de Aquino et mox *Travata.*

¶ **TRAVAGLIARE**, Italis, Laborare, affligi. Miracula S. Zitæ, tom. 3. Aprilis pag. 513 : *Fuit ultra modum.... gravata et de ejus stratu extracta et Travagliata. Etre travaillé,* eodem sensu dicimus.

° **TRAVAILLIUM**, TRAVALLIUM, a Gallico *Travail,* Catasta, ubi calceantur et curantur equi. Charta ann. 1302. ex Tabul. Carnot. · *In qua varia positum erat et situm quoddam Travaillium ad fabri officium deputatum ad constringendum equos, quod dictum Travaillium positum et situm erat et fuerat ex mandato nostro.* Vide *Travallum.*

¶ **TRAVALLUM**, Catasta ubi calceantur et curantur equi. Gall. *Travail,* quod a *Trefs,* Trabs deducit Borellus. Regestum Olim ad ann. 1267 : *Inquesta facta... ad sciendum utrum...... spectat ad Regem, Travalla equorum et stalla terræ defixa, quæ sustinentur super columnas solo adhærentes, quæ cheminis et viis præstant impedimentum, propter hoc tollere. Probata est hæc consuetudo, videlicet quod potest tollere stalla aut scall;s et Travalla terræ noviter defixa, præstantia viis impedimentum.* Nostrum *Travail* hac notione, vel a *Trepalium,* de qua voce infra, vel ab Ital. *Travaglio* accersendam putat Menagius ; sed probabilius a voce *Trabs* prima origo deducitur.

¶ **TRAVALLUS**. Computus ann. 1202. apud D Brussel tom. 2. de Usu feud. pag. CXLII . *Expensa. Pro Travallis et pro circulis et pro vectura duorum ferratorum LX. s.* Et pag. CLV : *Pro merreno ad tres Travallos ferratorum et uno ferrati et pro duvis,* XLIII. *s.* Conjecto trabeculas esse , unde asseres fiunt ad dolia, quæ *ferratos* vocabant, fabricanda.

° Quodvis instrumentum ad moletrinam pertinens, ad aliamve artem, significare videtur.

☞ Aliud sonat vox *Traveillan* in Charta ann. 1498. ex Chartul. Latiniac. fol 76 : *Ung moulin à mouldre blé.... qui tient à présent à tiltre de loyer ledit Dan-*

gereulæ, avec toutes les tournelles et Travaillans d'icelluy moulin. Vide *Travata* et *Travayso.*

¶ TRAVASARE, Italis, Transfundere, in Statutis Placentiæ lib. 6. fol. 81. v°. Vide *Transvasare* 2.

¶ TRAVASATOR, Qui *travasat*, seu transfundit, in Statutis Asiæ collat. 9. cap. 12.

¶ TRAVATA, vox Italica, nostris *Travée,* Intertignium. Otto Morena apud Murator. tom. 6. col. 1043 : *Venerunt Cremenses supra quamdam machinam, quam fecerant supra Travatam illam, quam ipsi ex lignis et terva intus juxta murum castri composuerant.* Annales Cæsenates ad ann. 1314. tom. 14 ejusdem Murator. col. 1135: *Et tunc pars utraque in suo latere pontis et aliis locis necessariis serraglios fecerunt plurimos et Travatas.* Vocem *Travée* a *Transversum* vulgo deducunt, malim a *Trabs,* unde *Trabata* primo dicta est, dein *Travata.* Vide mox *Travayso* et supra *Travacha.*

¶ TRAVATICUM. Vide in *Trabaticum.*

¶ TRAVAYSO, Contignatio, a Gallico *Travaigon,* vel *Travée,* Intertignium. Computus ann. 1324. tom. 1. Hist. Dalphin pag. 182. col. 1 . *Petrus perfecit dictam garitam usque ad primam Travaysonem, in quo opere sunt* XXXVIII. *teysiæ muri* Alter ann 1386. tom 2. pag. 325. col 2 : *Item in ipsa turre sunt tres Travaysons.* Vide *Travata* et *Travacha.*

¶ TRAUCIS, Palmes. Vide *Tranex.*

TRAVER. Glossæ Gr. Lat. Εὐρὁς, *Novacula.* Εὐρὸν κουρέως, *Traver.* [An quia *Travorat,* seu transvorat pilos? inquit Martinius.] Codex S Germani *craver præfert.*

¶ TRAVERISUM. Vide in *Traversum* 1

¶ TRAVERSA, Via transversaria, Gall. *Traverse.* Transactio ann. 1219. e libro flavo Episcopatus Massil. pag. 25 : *Recta linea.... usque in unam Traversam..... usque in viam publicam.* Vide *Traversena*

¶ TRAVERSALIUM, Pulvinar. Gall. *Traversin. Matalacium cum Traversalio seu pulvinari,* in Statutis Monialium S. Salvatoris Massil. ann. 1400. Vide *Traverserium.*

¶ TRAVERSANS, Transversus. *Cum appositione tabulæ Traversantis dicta villata,* in Transactione ann. 1515. e Schedis Præs. *de Mazaugues.*

¶ TRAVERSARIUM Vide in *Transversarium* 2.

¶ TRAVERSARIUS, pro Transversarius, Transversus. Vide *Traverseris.*

º *Trossellus traversarius*, qui equo transverse imponitur, in Charta ann 1250. in Reg. S. Ludov. ex Chartoph. reg. fol. 100. v°

¶ TRAVERSENA VIA, Traversa, transversaria, in Chartulario S. Vandregesili tom. 2. pag. 1567. Vide *Traversa* et mox *Traversia.*

º TRAVERSENUM, Dolii vinarii species, forte pars illius dimidia, nostratibus *Traversain, Traversin* et *Traverssier.* Charta ann. 1210. in Diario Virdun. mens. Dec. ann. 1764. part. 1. pag. 440 : *Gervasius et Mabilia uxor ejus, Castelli domini, pro animabus suis dederunt in eleemosinam...... leprosio de Castello, scilicet de dolio unum sextarium vini, de Traversenum semi-sextarium.* Lit. remiss. ann. 1367. in Reg. 97. Chartoph. reg ch. 385 . *Icellui meitoier avoit fait charger une queue ou Traversain de vin sur une charrette.* Aliæ an. 1408 in Reg 162. ch. 265 : *Comme le suppliant eust acheté deux Traversins de vin d'un marchant, qui reserva à lui les fus vuides desdiz Traversins.* Stat. doliarior. Ebroic. ann. 1471. in Reg. 107 · *Item que nul ne face feust de queue sans merqus, et qu'il soit de moison selon la mesure d'Arques, ne aucunes demies queues, rondelles ou Traversins que à l'équipolent* Lit. remiss. ann. 1467. in Reg. 191. ch. 262 · *Le suppliant cuidant avoir ung pelloton de fil. qui estoit au fond d'une busse ou Traversier, qui estoit sur bout, se blessa.* Vide in *Transversariæ.*

¶ TRAVERSERIUM, Pulvinar, transversum lecti cervical, Gall. *Traversin.* Inventar. ann. 1476. ex Tabul. Flamar. : *Et primo unum lectum incortinatum, bonum et sufficientem, munitum unius culcitræ, unius pulvinaris sive Traverserii cum pluma intus.* Vide *Traversalium* et *Traversinum.*

º *Traversier,* in Stat. MSS. monialium congregat. Casalis Bened. cap. 8.

º TRAVERSERIUS, Transversarius. Comput. ann. 1362. inter Probat. tom. 2. Hist. Nem. pag. 259. col 2 *Petro Stoci fabro, pro iiij^{or}. libris ferri..... habendas ad selelandum barras Traversenas positas in dictis portalibus, etc*

¶ 1. TRAVERSIA, Vicus transversarius. Statuta Massil. lib. 6 cap. 12. *de tabulis non faciendis in Traversiis nisi ad certain mensuram* : *Nullus a modo in viis rectis audeat facere tabulas habentes ultra quatuor palmos, et quod nullum obstaculum ante dictas ab aliquibus apponatur, nec in Traversiis ultra tres palmos.* Statuta Arelat. MSS. art. 47 : *Nullus audeat portare fimum.... a portali usque ad Traversiam S. Eulalie.* Testamentum Anglici Episc. Alban. et Cardin. ann. 1388. apud Stephanotium tom. 10. Fragm. MSS pag. 330 : *Lego... unam magnam domum ..... quæ confrontatur ab interiori et posteriori partibus cum carreriis publicis... et ab alia parte cum quadam modica Traversia.* Testament. ann. 1599 ex Schedis D *Le Fournier* : *Confrontata cum vinea Georgii, cæca quadam Traversia in medio.* Quædam plateæ *Traversines* Parisius dicuntur, quod sint transversariæ.

º Pro Angiporto, Gall. *Cul de-sac,* occurrit in Charta ann. 1371 ex Reg. 103. Chartoph. reg. ch. 87 : *Item quoddam aliud hospitium, ... situm in quadam Traversia, quæ non transit.* Quod transverse in alium vicum incidat, sic dicta videtur. *Par le Treval des champs, pro vulgari À travers les champs, Per campos,* in Charta ann. 1344. ex Reg. 72. ch. 424 : *Lors icellui Guillaume s'avança par le Treval des champs, et se meissa en une fosse. Infra : Au travers les champs.*

¶ 2. TRAVERSIA, Favonius, Occidens, in agris Lugdun. et Bellijoc. Terragium Bellijocense : *Juxta terram dicti Cochard ex Traversia.* Alterum locum vide in *Alvernia.*

¶ TRAVERSINUM , ut *Traverserium*, Gall. *Traversin.* Testam. ann. 1367. tom. 1. Anecd. Marten. col. 1527 : *Lego .. Traversinum de auro et circo et mathalassium deauratum.*

1. TRAVERSUM, TRAVERSUS, Pensitatio, quæ exsolvitur ab iis, qui trans locum aliquem, aut villam, vel urbem merces vehunt. *Droit de travers* , jus nempe, quod competit domino Castellano; seu majori Justitiario, in Consuetud. Silvanect. art. 93. 105 Turonensi art. 59. etc. et in viis majoribus tantum exigi potest, ut est in Claromontensi art. 229. Διαβατικόν, in Diplomate Andronici Palæologi Imper. apud Phranzem lib. 3. Chron. cap. 24. Charta Rotroci Comitis Perticensis ann. 1136. apud Souchetum ad Vitam S. Bernardi Tiron. pag. 273 : *A pedagiis, Traversibus, deprisibus , et quibusvis consuetudinibus..... liberi sint.* [Eadem habentur in Charta Guillelmi Episc. Catalaun. ann. 1228. pro Monasterio Tiron] Charta Richardi Ducis Norman. ann. 1021. tom. 2. Monastici Angl. pag. 1005 . *Liberum quoque transitum battorum eorum, sive navium per Sequanam ascendentium aut descendentium.... ab omni coustuma pontagii, vel Traversi,* etc. [Charta Radulphi Comitis Suession. ann. 1186 *Ecclesiæ de Valcellis... liberum et quietum transitum per totam terram nostram dedimus et concessimus , absque omni exactione Traversi vel pedagii.... nullas consuetudines Traversi vel pedagii solvent de omnibus illorum, quæ ad usum fratrum prædicte Ecclesiæ pertinent.* Charta ann. 1221. ex Chartul. 21. Corb.: *In elemosinam contuli ecclesiæ Corbeiensi ut omnes res ejusdem ecclesiæ per loca ubicumque Traversum habeo, libere sine Traverso et exactione aliqua.... possint secure pertransire.* Adde Chartam ann. 1170. tom. 2. Hist. Eccl. Meld pag. 65. Litteras Johannis Franc. Regis ann. 1360. tom. 3. Ordinat. pag. 131. alias incerti ann. tom. 4. earumd. Ordinat. pag 420. et tom. 5. Hist Paris. pag. 248. ex quibus omnibus emendo Litteras ann. 1345. apud Rymer. tom. 5 pag 441: *Absquo solutione, exactione Traversii, pedagii, etc.* Lego *Traversi.* Charta ann 1358. e Chartulario Domus Dei Pontisar. *Accorda que tous les biens quelsconques estans et appartenans audit Hostel* (Dieu) *soient frans et quittes au Travers de l'Isle Adam, soit en montant et avalant, par dessus ou par dessous le pont de iadite ville. Ex hac aliaque superius laudata Ricardi Ducis Norman. Charta discimus id juris exactum a navigiis, quæ secundo vel adverso flumine navigabant : quod qx aliis perinde est intelligendum, nisi aliud constet ex opposito usu.* Charta ann. 1177. tom. 2. Hist. Eccl Meld. pag. 64 . *Dix sols a prenre chascun au jour le Travers de S. Pathus* Adde tom 3. Ordinat. Reg. Franc. pag 42. n. 3.]

TRANSVERSUM. Charta Reginaldi Comitis Bononiæ in Tabulario Fiscanensi fol 11 *Relaxavimus Abbati et Monachis ... consuetudinem illam, quæ cognominatur Transversum, vel passagium, apud Harebbou,* etc. Alia Stephani Episcopi Paris. ann. 1124 : *Dedit etiam..... omnibus annis 40 solidos de Transverso suo inter S. Dionysium et Pontisaram, etc.* Alia Rainaldi de Claromonte : *Et concedo pedagium , quod dicitur Transversum de Lusarchis,* etc. Radulfus de Diceto ann. 1027. et Jo. Brompton. : *Thelonea et Transversa... dimunut.* Vide Hemeræum in Aug. Virom. pag. 109. et in Regesto pag. 71. 48. Chron. Nangii ann. 1025. etc.

TRANSVERSARIUS, Exactor *transversi,* vulgo *Traversier,* in Charta Matthæi Comitis Bellimontis ann. 1160. [*Litteræ* ann. 1370. inter Ordinat. reg. Franc. tom. 5. pag. 356, art. 6 . *Pour ce que les Traversiers ou peagiers, ou aucuns d'eux, sont coustumiers d'aumenter et accroistre les Travers et peages qu'ils tiennent des seigneurs.* Chartul. 21. Corbeiens. fol. 196. v° *Sans paier travers ne passage aucun as seigneurs de Bone, me à leurs gens, ne à leurs Travessiers.* Infra : *Traversiers.*]

¶ 2. TRAVERSUM, Gall. *Travers,* Transversum. Inquisitio. ann. 1371 pro Canonizatione Caroli Blesensis, apud Lobinell. tom. 2. Hist. Britan. col. 550 : *Fecit ...... magnum pulpitum fieri ex Traverso dictæ Ecclesiæ*. id est, ex uno latere ad aliud.

TRAVERTINUS, Tiburtinus, Ital. *Travertino*. Acta S. Juvenal. tom. 1. Maii pag. 401. col. 2. *Idem tumulum clausit primo lapide Tiburtino, vulgo dicto Travertino*. Occurrit præterea tom. 5. Jun. pag. 377. col. 2.

TRAVES, pro Trabes. Libert MSS. Barcin. ann. 1283. sub Petro II. reg. Aragon. cap. 58 : *Item quod quilibet potest habere atans perlarchi pro Traves in pariete vicino, etc.* [∞ Leg. *per larc e per traves*, per *transversum*.]

TRAVESTITUM. IN TRAVESTITO, Veste mutata, ab Italico *Travestire*, vestem mentiri vel mutare, Gall. *Se Travestir*. Hist. belli Forojul. apud Murator. tom. 3. Antiq. Ital. ævi col. 1209 : *Dum noctu in nemore in Travestito contra prædictos posuissent, et illi de Fanna, sed non omnes fœno equos et personas onerassent, nostri ex nimia ardoris voluntate impetum contra prædictos facientes, et insultum nimis subitum et ante debitam horam , quadraginta tres ex ipsis ceperunt.*

¶ **TRAVESA**, Idem ni fallor. quod Hispanis *Travesia*, Via transversa, nostris *Traverse*. Vetus Charta tom. 3. Concil. Hisp. pag 168. col. 1 : *Et perveniat ad illas Travesas inter Lor et Chayroga*. Vide Traversa 1.

¶ **TRAUCA**, pro *Treuga*. Vide in *Treva*.
* **TRAVEYA**. Intertignium, Gall. *Travée*, idem quod *Travata*. Charta ann. 1381. in Reg. 119. Chartoph. reg. ch. 232: *Insuper quamdam grangiam ad decem trabes seu Traveyas tegulis coopertam, etc. Traveure,* nautis vulgatius *Traversin,* Transtrum juxta gubernaculum, in Lit. remiss. ann. 1382. ex Reg. 120. ch. 189 . *En la Traveure de laquelle nef il avoit une jeune femme, que ledit Estienno avoit prise à Paris, pour mener audit Rouen.*

TRAUGUM, Foramen, Picardis *Treu,* vel *Trau,* nostris *Trou* Lex Ripuar. tit. 43 : *Si quis...... in clausura aliena Traugum ad transeundum fecerit ,* 15. *sol. muletatur.*

¶ **TRAVICES**. Vide in *Tranes*.
¶ **TRAVICTICUM**. Charta Ludovici Imp. apud Stephanetium In Antiq. Aurelian. MSS. pag. 311 : *Ullum theloneum , aut ripaticum, aut pontaticum, aut portaticum, aut salutaticum, aut cespitaticum, aut cenaticum, aut laudaticum, aut Travicticum*. Emendo *Tranaticum*. Vide *Trana* 2.

* **TRAULUS** dicitur, qui deficit in proferendo , j. elementum ; at est Græcum. Sed Oribasius in Commento Affor. exponit *blesum* ; at Papias blesum dicit balbum, verba scilicet frangentem. Glossar. medic MS. Simon. Januens. ex Cod. reg. 6950. Benzo episc. Albens. in Henr. III. imper. apud Ludewig. tom. 9. Reliq. MSS. pag. 823 : *Hinc est, quod ad comparationem vestri omnes nos sine albedine, sine lingua, sine sale comprobatis, hoc est, Ethiopes, Traulos et rancidos judicatis.*

¶ **TRAVOLTUS**, Inversus , contortus, Ital. *Travolto*, Gall. *Renversé*. Miracula S. Zitæ, tom. 8. Aprilis pag. 513 : *Pedem habebat Travoltum et attractum, et brachium non poterat elevare.*

— Hinc fortean nostrum *Travulse*, pro *Trouble, désordre,* Perturbatio. Lit. Joan. reg. Franc. ann. 1351. in vol. 12. arestor. parlam. Paris. : *Pour cause de harelies, esmeutes, seditions, Travulses, etc.*

¶ **TRAUVATICUM**. Vide in *Trabaticum.*
¶ **TRAXATIO** , Supplicium quo reus

quadratim discinditur. Chron. Angl. Th. Otterbourne pag. 228 : *Qui traxatione atque suspensione capitisque truncatione vitam finierunt*. Vide *Trahere* 6.

TRAYLEBASTON, a Gall. *Tray le baston*, hoc est *Trahe*, vel *Educ baculum ;* vox vulgaris apud Anglos, qua ita ii vocarunt severiores inquisitiones primitus factas a Justitiariis sub Edw. I. in omnes cujuscumque generis malefactores. Nic. Trivettus in Chronico ann. 1904 : *Hoc anno ordinati sunt Justitiarii, qui de malefactoribus inquirerent.... et juxta demerita punirent inventos. Hi Justitiarii ab hominibus popularibus vocati sunt de Tray le baston, quod sonat : Trahe baculum*. Matthæus Westmonast. ann. 1305. *Circa eadem vero tempora processit in publicum novum inquisitionis breve, quod Anglice dicitur Tray le baston, contra invasores alienarum terrarum, qui propter timorem conquerentium, ipsas terras vel prædia in manus potentiorum alienarunt, et contra conductitios hominum vapulatores, etc.* Historia Roffensis eod. ann. apud Spelmannum. *Circa hæc tempora processit in publicum novæ inquisitionis breve, quod Anglice dicitur Tray le baston , contra intrusores , conductitios hominum vapulatores, conductitios seisinæ captores, pacis infractores, raptores, incendiarios , murduratores , pugnatores. Multi hoc peremphti, multi, redempti, multi noxii, pauci innoxii sunt inventi, adeo quidem rigido processu hujus cohercionis justitia, quod pater proprio filio non parceret, etc.* Adde Thomam Walsinghamum eodem ann. 1305. Monasticum Anglic. tom. 2. pag. 77 : *Dominus Robertus filius Walteri cum aliis super Tray le baston apud Chelmisford, inquirendo de malefactoribus, etc.* Apud Spelmannum Justitiariorum Inquisitio sub Edw. III. Rege sic inscribitur : *Tray le baston coram Rogero de Grex et sociis suis Justic. apud S. Albanum, ex regni Regis Edwardi III. post conquestum, quinto.*

¶ **TRAYNARE**, Trahere, Gall. *Trainer*, Ital. *Trainare. Traymatus per civitatem crudeliter est peremptus*, Rolandino Patav. lib. 7. cap. 9. apud Murator. tom. 8. col. 278. *Traynatus et decollatus*, in Regiminibus Paduæ eod. tom. col. 430. Vide *Trainare.*

¶ **TRAYTURARIUS** , Proditor , Angl. *Traytor*, Gall. *Traître.* Gualterus Hemingford. de Gestis Edwardi I. Regis Angl. pag. 130 : *Vocaveruntque eum non Thesaurarium, sed Trayturarium Regis, et verius hoc quam credebant ; multos enim seduxit in via hac, sed et ipse seductus est, etc.*

¶ **TRAZEA**. Joh. Demussis Chron. Placent. apud Murator. tom. 16. col. 581 : *Tostea dant turtas et zoncatas cum Trazea zuchari desupra ;* id est, cum saccharo conspergo, deducta voce, ni fallor, ab Ital. *Traccia*, vestigium vel delinatio, Gall. *Trace.*

 * **TREAGA**. Homag. Johan. comit. Brit. ann. 1289. ex Cod. reg. 8342. 3 : *Nec alicui inimicorum ejus adhæreho, qui guerram cum ipso habeat vel cum hæredibus ejus, ni Treaga sit erga ipsum vel hæredes ejus*. An proditor, Gall. *Traître ?*

TREANS, pro Triens, in Form. 48. ex Andegavensibus; [pluriesque in Actis Episcoporum Cenoman. tom. 3. Analect. Mabillonii pag. 57. et 58. *Triens sive Treas, IV. unciæ*, apud Rabanum lib. de Computo, tom. 1. Miscell. Baluz. pag. 13.]

  * Apud Dalphinates *Tréant* appellatur, Ligo seu instrumentum ferreum, quo terra versatur, vulgo *Houe*. Lit. re-

miss. ann. 1409. in Reg. 164. Chartoph. reg. ch. 109 : *Un fesseur, appelle au pays* (Dauphiné) *Tréant.*

¶ **TREB** , TREU , TREF , Aremoricis *Trevo*, Ecclesia succursalis. Hæ voces passim occurrunt apud Lobinell. tom. 2. Hist. Britan. locis in Glossario indicatis.

TREBAX. *Trebacissimus senex* , apud Sidonium lib. 1 Epist. 11. ubi Savaro et Sirmondus dici pro *Tribacissimus*, vocemque esse Græcæ originis, nempe a τρίβαξ, vel τρίβαχος, *usu tritus, versatus*, observant. *Tribaces viri*, apud Plautum in Mostell. In Glossis Gr. Lat. τρίβαχος, exponitur *Pannosus*. Alibi τρίβαχα, *trita*, cap. de Vestimentis.

TREBACITER, adverbialiter idem Sidonius usurpat. lib. 9. Epist. 11 : *Malui factum confiteri simpliciter, quam Trebaciter diffiteri*, hoc est, callide, astute.

¶ **TREBBIARE**, verbum Ital. Triturare. *Trebbiare militum*, in Miraculis S. Zitæ, tom. 8. Apr. pag. 525.

¶ **TREBELLIANICA**, Vox fori Romani, Quarta pars successionis fideicommissariæ et alteri restituendæ, quæ remanet instituto hæredi, ne prorsus vacua sit et inutilis hæredis qualitas. Passim occurrit in Testamentis vox *Trebelliana*, inde ducta quod in Digesto titulus sit *ad Senatusconsultum Trebellianum*. Sed de his Jurisconsulti.

¶ **TREBES**, Pilum, instrumentum quo trituratur, Italis, *Trebbia* Stat. synod. eccl Castr. ann. 1358. part. 2. ex Cod. reg. 1592. A. fol. 76. r° : *Item unum Trebes ferreum, unum mortier. etc.*

¶ **TREBIUM**, Trivium, ab Italico *Trebbio* Memoriale Potestatum Regiens. ad ann. 1272. apud Murator. tom. 8. col. 1135: *Inceptum fuit palatium novum Communis Regii super Trebium illorum de Sesso.... et aliorum casamentorum cohærentium eidem Trebio.*

  * *Treyve*, eadem notione, in Lit. remiss. ann. 1147. ex Reg. 178. Chartoph. reg. ch. 215 : *Et ainsi s'en alerent ensemble jusques au Treyve ou carrefour, estant entre la croix et l'eglise de Beligny. Truy*, in Charta pro eccl. Vivar. ann. 1445. ex Reg. 177. ch. 151 : *En la rue droitte au Truy ou carrefour de S. Laurens*. Hinc forte Gallicum *Treble*, nunc *Triple, Triplex*. Stat. ann. 1382. tom. 2. Ordinat. reg. Franc. pag. 742 art. 1. *Festes solempnieulx, Trebles et jeunables, etc.* Consil. Petri de Font. pag. 138. art. 18 : *Sout contrains.... da rendre la Treble de la case ki li a esté dounée, et le double de che ki li a esté pronnis.* Mirac. B. M. V. lib. 1.

*Voir vous diral des prélas d'ore,
Ki les mains lor argente et dore,
Provendes a doubles et Trebles,
Qui pnet doner, moult sait de werbles.*

  * *Treble* præterea, pro *Trompette*, tuba, in Annal. regni S. Ludov. edit. reg. pag. 223 : *Comme devotement il fit chanter la messe, et tout le service à chant et à dechant, à ogre et à Treble.* Versio Bibliæ ibid. in Glossar. : *A oure que vous orrez le son des Trebles, de frestel, etc.* Ubi hæc Danielis verba cap. 3. v. 5. reddantur : *In hora, qua audieritis sonitum tubæ et fistulæ, etc.*

  * **TREBNICA**, f. Monetæ vel servitii species. Charta Boleslai ducis Polon. ann. 1149. inter Probat. tom. 2. Annal. Præmonst. col. 691 : *Contuli.... tabernam in Polsnica, cum villis Grabsfin, Socolnice, et Chenesa et Sabocisce quam dedit dux Uladislaus pro dimidia Trebnica.*

  * **TREBOLUS**, Turbidus, turbulentus,

Gall. *Trouble.* Pact. inter Arn. de Villanova dom. de Transio et incolas ejusd. loci ann. 1308. ex Tabul. D. Venciæ : *Quando aqua venit Trebola, possint piscare cum copia, etc.*

¶ **TREBORG,** Anglica vox de qua in *Temmantale.*

° **TREBUCATIO,** Ponderis monetarum minutio, idem quod supra *Trabuchio.* Charta Ludov. XI. ann. 1463. inter Probat. tom. 3. Hist. Nem. pag. 316. col. 1 : *Concessimus quod ob transgressionem præ teritam dictarum ordinationum monetarum, solo usu seu cursu, vel Trebucatione, quæ quidem Trebucatio nobis non fuit immoderate damnosa, nullus alicui pœnæ subjaceat seu etiam puniatur.* Legitur præterea in Reg. 13. Chartoph. reg. ch. 209. in Reg. 52. ch. 28. et in Reg. 165. ch. 207 Vide mox

° **1. TREBUCHARE,** Pondus monetarum minuere, de eo detrahere. Lit. remiss. ann. 1353. in Reg. 82. Chartoph. reg. ch. 13 : *Nonnullas auri et argenti billonum quantitates per se et ejus familiares Trebuchaverat,.... seu Trebuchari .... fecerat.* Vide *Trabucare* 1.

¶ **2. TREBUCHARE,** Evertere, dejicere, disturbare. Computus ann. 1202. apud D. Brussel tom. 2. de Feudorum usu pag. CCVII : *Pro hordamenta Feritatis, quod ventus Trebuchavit, et pro granchia reparanda* C. et XIII. s. Nostri *Trebucher* dicunt neutra notione pro titubare, vacillare, procidere, prolabi.

° Hinc *Faire le Trabuchet* vel *le Trebuchet,* Crus crure implicare ad aliquem dejiciendum seu prosternendum, vulgo *Donner le croc en jambe.* Lit. remiss. ann. 1413. in Reg. 167. Chartoph. reg. ch. 149 : *Icellui Symon fist le Trabuchet de son pié parmi les jambes de Jehannet, dont icellui feust chu à terre.* Aliæ ann. 1418. in Reg. 170. ch. 227 : *Pour ce que Colart Milon avoit fait le Trébuchet par esbatement à icellui Perresson* Vide supra *Garba* 1. et *Trabucare* 2.

¶ **TREBUCHATIO** MONETÆ. Vide *Trabuchare.*

TREBUCHETUM, TRABUCHETUM, etc. Catapultæ species, seu machina grandior ad projiciendos lapides, et concutiendos urbium obsessarum muros. Monachus Vallis Sarnaii cap. 86 : *Jaciebant siquidem hostes super nostros creberrimos lapides cum duobus Trabuchetis, mangonello,* et pluribus matafundis. Matth. Paris. ann. 1246 *Per septem Trebucheta ordinata, quæ tam de die, quam de nocte, in castrum Capacii projicere non cessabant.* Gesta Ludov. VIII. Reg. Franc. ann. 1226 : *Machinæ eriguntur, Trabucheta, petrariæ, mangonelli parum proficiunt.* Richardus de S. Germano in Chronico : *Combusta machina, quæ vulgo dicitur Trebuchetum.* Ita enim leg. pro *Trebuchetti.* [Rursum memorantur *Trabuchetti,* vel *Trabucheti* in enumeratione munitionum Castri Sommeriæ in Oecitania, apud Baluz. tom. 6. Miscell. pag. 259. Murator. tom. 6. col. 440. tom. '12. col. 587. 644. etc.] Philippus *Mouskes* in Phil. Augusto:

Grans porieres et mangoniaus,
Arbalestres et Trebukiaus,
Atravé sont droit à la mus.

Infra :

D'un Trebukiet fit trebukier
Mult grant partie de lors murs.

Trebus, in Chron. Flandriæ cap. 110 : *Et avoient avec eux plusieurs chariots, qui menoient Trebus et espringals.* Cap. 11 : *Et ebahirent plusieurs François de leur Trebus.* Germani *Trebock* dicunt. Fragmentum Hist. post Albert. Argentin. ann. 1212 : *Otto Imp. ab Apulia et Italia reversus obsedit oppidum Visense, quod similiter expugnavit usque ad arcam...... Ibi tunc primum cœpit haberi usus instrumenti bellici, quod vulgo Truboc appellari solet.* Apud Petrum deVineis lib. 2. Epist 57. scribitur etiam *Tribocchus.*

° Glossar. Lat. Gall. ex Cod. reg. 7679 : *Trebuchetum est quædam machina grandis et materialis, Gallice Trébuchet.* Aliud ann. 1348. ex Cod. 4120 : *Trabucheta, Gallice Trabuchet.* Glossar. Provinc. Lat. ex Cod. 7657 : *Trabuc, Prov. fundibolus, tormentum. Trabucar, Prov. iruere, præcipitare,* Guill. Brit' contin. Hist. belli sacri apud Marten. tom. 5. Ampl. Collect. col. 706 : *Mistrent la main à assegier le chastel et faire engins, et firent un grant Trébuchet, qui gettoit le pesant d'un quintax.*

TRABUCHUS, apud Auctorem Histor. Obsid. Jadrensis lib. 1. cap. 29. 36. 38. lib. 2. cap. 10. 11. Rollandinum in Chr. lib. 4. cap. 2. 4. 14. lib. 10. cap. 4. [Murator. tom. 6. col. 425. 446. tom. 10. col. 68. tom. 11. col. 67. 262. tom. 12. col. 786. tom 17. col. 1662. etc. Vide Lexic. Milit. Caroli de Aquino]

¶ TRABUCCUS, TRABUCUS, apud eumdem Murator. tom. 6. col. 411. 436. tom. 12. col. 551. 589. tom. 16. col. 463. tom. 17 col. 1033. etc.

¶ TRABUCKUS, in Chronico Siciliæ apud Martenium tom. 3. Anecd. col. 79. TRABUCHA, apud Monachum Paduanum lib 2. et Petrum de Vineis lib. 2. Epist. 1. Raimundus Montanerius in Chron. Aragon. cap. 17. col. 889: *Et su arbora 4. Trabuchs, qui tot jorns treien deins la ciutat.* Ita non semel in Chronico Petri Regis Aragon. edito a Mich. Carbonello, lib. 1. cap. 22. 17. 30. lib. 4. cap. 4. lib. 6. cap. 4. *Trabuquet,* in Historia bellorum Albigensium lingua vernacula scripta MS. in Bibliotheca Regia pag. 277. Petrus Gerardus Patavinus lib. 7. de Gestis Ezelini pag. 78 : *Gatti, mangoni, Trabuchi, ponti,* et ogni sorte di munitioni. Occurrit præterea pag. 81. in Historia Cortusior. lib. 1. cap 21 lib. 8. cap. 16. lib. 9. cap. 6. lib. 11. cap. 10. *Ædificia Trabucantia,* apud Rollandinum in Chr. lib. 6. cap. 6.

¶ TRABUCARE, Evertere, diruere, Ital. *Traboccare.* Chron. Parm. ad ann. 1285. apud Murator tom. 9. col. 808 : *Pars de Boschettis intrinsecorum Mutinæ equitavit ad guastandum et Trabucandum castrum de Livizano.*

TRABUCHELLUS, in Epist. scripta circa ann. 1220. in lib. 2. Miscell. Baluzii pag. 259 : *Super unam quamque turrem unus Trabuchellus fuit erectus.*

¶ TRIBUCCUM. Bern. de Breydenbach Itin. Jerosol. pag. 268 : *Machinam versilem, quod Tribuccum vocant, ingentia saxa in munitiones et hostium fossas torquens erigere statuunt.*

¶ TRIBUCETUM. Jac. de Vitriaco lib. 3. Histor. Orient. tom. 3. Anecd. Marten. col. 298 : *Nos interim petrarias, Tribuceta, scalas et alia bellica præparantes instrumenta, etc.* Alter locus exstat in *Biblia* 1.

¶ TRIBUCH, in Charta Johannis Regis Angl. apud Thomam *Blount* in Nomolexico.

¶ TRIBUCHETUM. Jac. de Vitriaco lib. 3. jam laudato, col. 291 : *In expugnatione turris cujusdam miræ magnitudinis, quæ nec petrariis nec instrumentis, quæ Tribucheta dicuntur, poterat superari.*

TRIBUCULUS, Eadem notione, apud eumd. Jac. de Vitriaco lib. 3. Hist. Orient. : *Quæ omnes (testitudines) remanserunt integræ, præter unam quæ crebris Tribuculis Templariorum ictibus concussa fuit aliquantum.* Infra: *Inventi sunt in Damiata Tribuculi quatuor, cum petrariis et mangonellis.*

TRIBUNCULUS, apud Matthæum Paris ann. 1099 : *Petrarias, Tribunculos et arietes.*

TREBUCULUS, apud eumdem ann. 1218: *Neque insultu petrariarum, aut Trebuculorum ictibus, parum vel nihil profecerunt.* An 1219. *Cum diutius usu petrariarum et Trebuculorum aliarumque machinarum muros civitatis subvertere laborasset*

TRABUCULUS, Infra: 2. Hist. Obsid. Jadrens. cap. 14. [et apud Muratorium tom. 7. col. 839.]

TREPGET, pro *Trebuchet,* apud Henricum de Knyghton ann. 1382: *Posuerat etiam unam machinam magnam, et unum Trepget, cum una magna gunna, etc.* Hinc appellatio mansit apud nos instrumentis, aut machinulis suspensis et lapsilibus, ad captandas aviculas. Has enim etiamnum *Trebuchets* appellamus. Vide *Tribuculus,* et Meursium in Τριμούρειον, ex Gallico *Trebuchet.*

° **TREBUCUS,** Calceamenti genus, pedum indumentum. Ceremon. MS. B. M. Crassens. : *Abluto vero corpore induatur cilicio et cuculla usque ad talos, Trebucis autem et caligis calcietur.* Vide *Trabucus* 1. et *Tubrucus.*

° **TREBULA,** Instrumentum piscatorium, Gall. *Truble.* Charta ann. 1287 in Chartul. Guill abb. S. Germ. Prat. fol. 218 v°. col. 2 : *Dicti homines de cetero piscare poterunt in riparia dictæ villæ ad pannerium, Trebulam, lineam et nassas tantummodo.* Vide *Trubla.*

° **TREBULETUM.** Charta ann. circ. 1133. ex Tabul. S. Petri Carnot. : *Adjecit etiam dono huic unam ibidem terræ accumulatam,.... cum una hospitatura in Trebuleto, et cum una area juxta ecclesiam, in qua monachi sufficienter possent hospitari.* An nomen loci ?

¶ **TREBUNA,** pro *Tribuna.* Vide in hac voce.

✱ **TREBUTUM.** [Tributum- « Damianus, filius, baccalarius dat censum porco I. lactantem I,.... *Trebuto* nummum I. » (Polyptic. Massil. an. 813. mas arch. dép. p. 5.)]

TRECA, Crines intexti. Vide *Trica.*

¶ **TRECANUM.** Expositio Liturgiæ Gallic. tom 5. Anecd. Marten. col. 96 : *Trecanum vero quod psalletur (tempore sacræ communionis) signum est catholicæ fidei de Trinitatis credulitate procedere. Sic (f. sicut) enim prima in secunda, secunda in tertia et rursum tertia in secunda, et secunda rotatur in prima : ita Pater in filio, etc.* Intelligo versus, qui tempore sacræ communionis in Missa canebantur, quique ita nuncupantur a ternario eorum numero et ratione cantus. Vide R. P. *le Brun* in Expositione Missæ tom. 2 pag. 263. et 330.

° **TRECCAMENTUM,** Fraus, deceptio, ab Italico *Treccare,* Decipere. Sacram. mercat. qui ad nundinas S. Mart. Lucens. confluebant, apud Murator. tom. 2. Antiq. Ital. med. ævi col. 881 *Juraverunt omnes cambiutores et speciarii, quod ab illa hora inantea non furtum faciant, nec Treccamentum, aut falsitatem infra curtem S. Martini.* Vide in *Tricare.*

° *Treceau,* Uvæ species, in Lit. remiss. ann. 1334. ex Reg. 146. Chartoph. reg. ch. 400 : *Le suppliant dist à iceulx vendengeurs que iz meissent les pinoz a part, sans y mettre autres raisins : mais* ce nonobstant ledit Jehannin mettoit des Treceaux et autres raisins avec les pinoz.

¶ TRECCIA, TRECCIS. Vide Trica.
¶ TRECENARIUM. Vide Tricenarium.
¶ TRECENSARIUS, Qui de prædio, quod tenet, solvit trecensum. Statuta S. Dionysii Leodiensis ann. 1330. inter Monumenta sacræ antiq. tom. 2. pag. 445 : Nec poterit canonicus sub eadem pœna aliquid a Trecensario dictæ ecclesiæ recipere vel levare..... nec etiam poterit pro se, ejus societate vel equis avenam vel alias expensas a Trecensario ecclesiæ recipere, quin solvat in promptu. Trecensiarius habetur in Appendice ad Hist. S. Laurentii Leod. tom. 4. Ampliss. Collect. Marten. col. 1190.

¶ Vel Qui prædium nomine locationis sub annuo reditu fundi possidet, vulgo Fermier; Trescenseur, in Pacto inter clerum et cives Leod. ann. 1297. tom. 2. Hist Leod. pag. 403 : Nous les anglises dususdits porons recevoir nos bleiz à telle mesure que nous volrons de nos Trescenseurs.

¶ TRECENSIUM, ut mox Trecensus. Charta ann. 1248. ex Chartular. Campan. fol. 442 col. 1 : Recognoscens se in feodum dicti Regis posuisse quadraginta sextarios bladi de terragiis et Trecensii de Verzenaio, videlicet medietatem silliginis et aliam medietatem avenæ et medietatem nemoris de Verzenaio.

¶ TRECENSUALIS TERRA, Quæ trecensui est obnoxia. Charta ann. 1210. in Chartul. S. Joan. Laudun. ch. 108 : Sciendum quod de illa Trecensuali duas modiatas terræ pro remedio animæ meæ, cuicumque voluero in elemosinam potero conferre; totam vero aliam terram Trecensualem ego et hæredes mei nemini vendere..... poterimus. Vide Trecensus.

TRECENSUS, Census ex terra seu prædio, quasi Terræ censusm, Gall. Trecens. Vetus Charta in Auctuario Flodoardi apud Labbeum : Ad Trecensem eam (terram) dederunt pro 3. libris nummorum Virmandensium, quas singulis annis acciperent de censu apud Nonincum in festo S. Dionysii. Orta est contentio inter Ducem Lovaniensem et Comitem Lossensem propter Trecensum sancti Trudonis ad Episcopum Metensem pertinentem. Charta Guarini Episc. Ambian. ann. 1144. in Tabul. Abb. S. Joan. Ambian. fol. 19 : Et clausuram piscium, quam Gilo de Sens dedit inter Pontem et Censum fluvium sub Trecensu trium solidorum et tercenium anguillarum. Infra : Concesserunt Ecclesiæ S. Joannis sub Trecensu 40. sextariorum frumenti. Charta ann. 1189. in Hist. Drocensi pag. 239 : Omnem terram quam juxta Cortiant tenebant de Monasterio S. Theobaldi ad Trecensum 10. solid. fratribus Ecclesiæ B. Mariæ sanctique Evodii de Brana vendidi et contuli in eleemosynam sub eodem Trecensu perpetuo possidendam. [Charta Bartholomæi Laudun. Episc. ann. 1189. tom. 2. Monument. sacræ antiq. pag. 16 : Item aliud quadrum acquiravit in eleemosynam a Monachis S. Martini de Campis sub Trecensu XXX. solid. Paris. monetæ...... dimidium quoque prædicti territorii acceperunt a monachis Majoris monasterii.... sub Trecensu XX. sextar. frumenti. Rursum occurrit supra in Primiceriatus et in Historia Mediani monasterii pag. 273. ubi etiam Trecensus, pag. 323. Tressensus, in Charta ann. 1252. ibid. pag. 322 Adde Marten. tom. 3. Anecd. col. 1184. 1192. tom. 4. Ampl. Collect. col. 1090. et Consuet. Leodic. cap. 6. art. 3 : L'on ne peut arrester fruits creus sur terre à Trescent, quant ils sont coupez, bien peut-on arester fruits croissans pour vieux et nouveau Trescent. Adde Statuta Lossensia apud Mantelinum part. 3. Hist. Lossens. pag. 51.]

° TRECENTIS cæcis a S. Ludovico institutis jus deferendi in veste florem lilii, quo ab aliis secernantur, concedit Philippus Pulcher Lit. ann. 1312. ex Reg. 48. Chartoph. reg. ch. 69 : Notum facimus..... quod nos fratribus et sororibus congregationis domorum cæcorum Paris. quam B. Ludovicus, quondam avus noster, pia devotione fundatæ, decrevit ut ab aliorum congregatione cæcorum ab aliis fundata, priusquam a prædicto avo quondam nostro, debeant et possint agnosci, ne sub eorum velamine elemosinas erogantium ceteri valeant usurpare, sicut interdum dicitur contigisse ; de speciali gratia duximus tenore præsentium concedendum, quod dicti fratres et sorores,.... qui nunc sunt et qui erunt pro tempore, signum unius floris lilii infixum in eorum veste superiori ante pectus cujuslibet deferre valeant de cetero imperpetuum, ad differentiam aliorum, quibus signum hujusmodi deferri districtius prohibemus. Vide supra Ordo Trecentorum in Ordo 6.

¶ 1. TRECIA, TRECOUER. Vide Trica.
° 2. TRECIA, Ornamenti architectonici genus. TRECIA CUM COLUMNIS, in vet. Inscript. templi Veneri vel Dianæ dicati, ex Museo Genovef.

° TRECITINI, pro Treceni, ut videtur, in Annal. Bertin. ad ann. 842. tom. 7. Collect. Histor. Franc. pag. 61 : Tandem inventum est ut missi Trecitini per universum suæ ditionis regnum deligerentur, quorum industria diligentior descriptio fieret.

¶ TRECOLLUM, Mons, collis. Provincialibus Trecola. Recognit. ann. circ. 1460. ex Tabul S. Vict. Massil. : Dederunt ad acapitum,...... quamdam boscam sive affare abosquitum in territorio de Alpibus, loco dicto la Brasqua, confrontantem cum Trecollo de Bretagna.

° TREÇONNUM, Idem quod Tressorium, Instrumentum plectendis et intertexendis crinibus aptum. Lit. official. Senon. ann. 1336. in Reg. 82. Chartoph. reg ch. 22. Item quatuor paria Treçonnorum seu gallonnorum ad pellas, chastonnos et Gallice esmaux. Vide in Trica.

¶ TREDECIMUM, Tertia decima pars, præstationis species, Gall. Le treizieme. Charta Phil. V. ann. 1317. in Reg. 56. Chartoph. reg. ch. 182. Assignamus in villa de Villechien, inhav..... in vendis, relevaiis, Tredecimis, regardis, curia et usagio xxlij. libras. Libert. Rupel. ann. 1372. tom. 5. Ordinat. reg. Franc. pag. 578. art. 7 : Concedimus per præsentes, quod amodo a futuris temporibus quamcumque imposicionem, gabellam, decimam, Tredecimum...... in dicta villa nostra de Ruppella...... non imponemus. Vide Trezenum.

¶ TREDECIMUS, Decimus tertius, in Actis SS. Aprilis pag. 714. [°° Anno tredecimo post domni nostri Dacoparti, diem tertium kalandas Setenb. in charta ann. 745. apud Neugart. Cod. Diplom. Alem. tom. 1. pag. 20. num. 14. In charta ibi sequenti, ab eodem notario exarata, iisdemque fere testibus signata, legitur : Facta cartola donationis anno 30. pos regnu Domni nostri Dacopirti reies, die tertiu Calandas Settenbris.]

¶ TREDENUM, Tricesimum. In Computo Vienn. ann. 1318 · Petrus Petri Castellanus de Avisano computat de receptis guidagiis, de laudimiis et Tredenis, de condempnationibus 1ˣ. 2ˣ. assisiæ, etc. Vide Tricesimalis consuetudo.

¶ TREFFA, Trifolium, Gall. Treffle. Acta S. Francisci de Paula, tom. 1. Apr. pag. 137 : Accipit quandam herbam, quæ erat ante ipsum vocata Treffa, etc. Nostri trabem et velum olim vocabant Tref. Chartularium Gemmetic. tom. 1. pag. 19 : Pour un Tref de nef nous est deu pour chascun cornet quatre deniers. Eodem præterea nomine donabant tabernaculum, tentorium. Le Roman de la guerre de Troyes MS. :

Tant ont alé et chevauchié,
Qe à l'ost de Graié sont reparié,
Au Tref Agamenon alerent.

Le Roman d'Athis MS. :

Dedans un gracieux vergier
Se fist le Roy Villas logier,
La ot maint riche Tref tendu
Do muscaber et de boufu. ...
Dedans son Tref dont la faiture
Racompte à painos l'escripture.

Et alibi :

Les aultres Trefs sont herbergié,
Mais nul n'y entre sans congié....
A chascun Tref a Despensiers,
Et eschansons et bouilliers.

Très, eod. significatu occurrit. Le Roman d'Artus :

Et ceus qui n'avoient hostex
Faire loger et tendre Trés.

Vide Borellum. Quid autem Tref Armoricis sonet, vide in Treb.

° Glossar. Gall. Lat. ex Cod. reg. 7684 : Traif de maison, laqueae, trabs. Charta ann. 1811. in Chartul. Pontin. pag 209 · Se sont consenti...... que li Tref, qui sont boté et enclavé dedenz ledit mur,..... tant comme il en pieri par dehors, soient ade et rasé reiz à-reiz doudit mur. Lit. remiss. ann. 1304. in Reg. 146. Chartoph. reg. ch. 246 Laquelle Jehanne pour aucune frenesie ou division, qu lui estoit venue, ou autrement,..... se pendi a un Tref de la cheminée de son hostel. Trez, eodem intellectu, in Vit. SS. MSS. ex Cod. 28. S. Vict. Paris. fol. 32. r°. col. 2 : Pose en ton cuer que ti pechié sont ausi com cis Trez, et li pechié de tui ausi com li festus. Pro velo legitur in Stat. ann. 1398. tom. 8. Ordinat. reg. Franc. pag. 304. art. 4 : Tellement que l'en puisse convenablement et profitablement et sans inconvénient tendre le Tref, se mestier en est, et le vent est bon. Trés, eadem notione, in Hist. contin. Guill. Tyrii apud Marten. tom. 5. Ampl Collect col. 621.

TREFFUNDUS, TREFUNDUS, quasi Terræ fundus, Ager, solum, Trasfond, in Consuetudine Turon. art. 1. et in Bapalmensi. Charta Radulphi Comitis Suession. anno 1283. in Historia Monasterii Sucssionensis pag. 449 : In toto territorio, sive Treffondo, nec non in dominio vel justitia Ecclesiæ, etc. [Charta ann. 1193. e Tabulario Monasterii S. Urbani : Salvis custumis domini cujus est Trefundus. Inventar. Chartar. Reg. ann. 1482. fol. 304. v° : Quietantia..... per quam Johannes de Marchain quictat dom. Regi Treffundum seu solum LXX. arpentorum. In anno 1236. Chartular. 2. S. Quintini in Insula pag. 284 Acquisierunt... unam senteriatam terræ arabilis sitam.... in Trefundo domini de Moy. Alia ann. 1298. apud Baluz. tom. 2. Hist. Arvern. pag. 297 : Totum commodum, Trefundum et hereditagium..... erunt quiete, libere et in perpetuum dictæ priorissæ. Adde tom. 4. Collect. Ampl. Marten. col. 1119. Charta ann. 1309. e Chartul. S. Vandreg. tom. 1. pag. 1125 : Lesdis religieux avoent en tout le Treffons par reison de lor seignorie.] Usatici urbis Ambianensis MSS.: *Et à savoir que cil qui ara suer l'iretage le premier cens, c'on appele le Treffons, ou s'il i avoit suer le lieu* 2. *Treffonciers, ou plus, aussi bien à un come à plusieurs, l'iretage leur sera delivrés, ne ne seront tenu à rendre nul chens à chiaus qui les i ont, se n'est du Treffons: et se cil qui les i ont autrement que de Treffons voelent rendre à Treffonciers leurs cens, l'iretage sera delivrés à celi qui le premier cens i ara apres le Treffoncier, etc. Ita etiam* hæc vox *Treffonciers*, qui terræ fundum possident in Charta Philippi Regis Franc. ann. 1383: *Et oye la relation des dits assouers furent trouvées aucunes choses doubteuses, et obscures si comme suersais de bois, tiers et dangiers de bois, d'autres Tresfonciers et autres choses, lesquels par coustume de pays ne par advisement de comptes, ou d'escripts, ne porroient estre bonnement justement prisez ne estimez à vallue de terre, ne a pris ancien, etc.* [Consuetudo Leodic. cap. 15. art. 17: *Trefonciers et lansagers peuvent deminer pour faute de relief.* In Stylo Curiarum sæcularium ejusdem urbis cap. 5. art 8. cap. 13. art. 20. et alibi *Seigneurs Trefonciers* dicuntur il, quorum propria sunt decimæ, redditus, census, justitia, prædium, licet alii sint usufructuarii.] Vide Origines Alsatienses Vignerii pag. 140. 141. Petrus de Guigneriis in Biblioth. Patr. : *Item capiunt per avios servientes Clericos, in quocumque Trifundo, absque hoc quod justitiam loci faciam appellari.*

¶ TREFONSUS, Eadem notione. Arestum ann. 1325. ex Chartul. Corb. 23 : *Abbas et conventus dicebant et proponebant contra dictos majorem et juratos quod ipsi major et jurati in Trefonssis et tenanciis dictorum religiosorum emerant et ratione emptionis tenebant.... unam domum, etc.*

¶ TREFUNDARII PATRIÆ, vulgo *Trefonciers*, singulari quadam nomenclatura et prærogativa nuncupantur insignis Ecclesiæ Leodic. Canonici. Chron. Zantfliet apud Marten. tom. 5. Collect. Ampliss. col. 457: *Requisiti sunt, ut Dominis Capituli Leodiensis, tamquam Trefundariis patriæ, juramentum fidelitatis, sicut cæterorum castrorum Castellani facere consueverunt, publice præstarent.*

¶ TREFFUNDALIS JUSTITIA, Jurisdictio minor, quæ de censibus, redditibus, et aliis quæ ad terræ fundum spectant, judicat, Gall. *Justice foncière.* Arrestum ann. 1306. ex Chartul. 23. Corb. · *Cum ipsi* (Religiosi) *habeant in dicta villa et ejus banleuca cognitionem treffundorum..... Dictum fuit quod dicti major et jurati de dicto pallicio locum prædictum et justitiam Treffundalem dictorum Religiosorum resaisient.*

¶ TREFFUS, f. Tripus seu craticula tripes. Vide *Tenales* et *Treparium.*

° Vel Sedile tripes. Vide *Trifocalium.* Hinc nostris *Treffouel* et *Treffeu.* Lit. remiss. ann. 1399. in Reg. 154. Chartoph. reg. ch. 616 : *Pour l'eschoison d'un Treffouel qu'il trouva, où il eschopa, il chey à terre.* Aliæ ann. 1441. in Reg. 176. ch. 10 : *Le suppliant tira son espée, et icellui de Logis print ung Treffeu pour courir sus l'un contre l'autre.* Vide supra *Traffeu.*

° *Treffond* vero, vestis species videtur, feminalia, vulgo *Culote*, in Lit. remiss. ann. 1460. ex Reg. 190. ch. 86 : *Ung meschant gibacier de soye, ouquel rien n'avoit,... deux paires de Treffons, une bourse de cuir, etc. Treffond,* pro *Tresfonds,* Instrumentum doliarii, in aliis ann. 1416. ex Reg. 169. ch. 391.

° TREFOAGIUM, Locus, ut videtur, cespitibus fodiendis idoneus. Charta Phil. V. ann. 1320. in Reg. 59. Chartoph. reg. ch. 520: *Item turbagium, nec non sex Trefoagia, ultra tria Trefoagia,.... in augmentationem feodorum,..... ad opus et usagium albergamenti seu manerii sui, Roberto de Perchi militi concedimus.* Vide in *Turba* 1.

¶ TREFONSUS, TREFUNDARIUS, TREFUNDUS. Vide *Treffundus.*

¶ TREGESTA, Domus triangularis, in Glossis ad Doctrinale Alexandri de Villa Dei. Male pro *Trestega*, vel *Tristega*. Vide in hac voce.

¶ TREGINERIUS, pro *Terræginerius*, per abbreviationem, ni fallor, Incola, in terra genitus. Translato SS. Abdon et Sennen ap calcem Marcæ Hispan. col. 1152: *Deinde apropinquans (Abbas) ad dictum locum de Arulis, ne videretur discrepare dignitati et officio quo fungebatur si dictum barrile in humeris portaret, conduxit unum hominem cum uno animali, qui dictum barrile ad sæpedictum monasterium portaret. Sed cum per loca transirent, campanæ per seipsas pulsabant, nullo humano auxilio suffragante. Sed cum dictus Treginerius hoc comperisset, cum fuisset prope cœnobium de Arulis prædictum, et campanæ omnes per seipsas, ut dictum est, pulsarent, dixit dictus Treginerius: Per Deum ego videbo, si porto diabolos vel quid porto, etc.*

° Rectius ad hunc locum tom. 7. Jul. pag. 141. col. 2. docti Hagiographi monent hanc vocem accersendam esse ab Hispanico *Traginero*, convector, mulio, a verbo *Traginar*, trahere, convectare, comportare, uti docent Acad. Madrit. in Diction. Hispan. Unde *Tregenier*, vector, nostris *Voiturier*, apud Rabelais. tom. 2. pag. mihi 22. Vide *Tragina* et *Traginare.*

TREGUA, Induciæ, *Treve.* Vide *Treva.*

° TREGULATA, Trabecula, ut videtur ; nisi sit Clathrus ad modum tragulæ sou retis formatus. Rubric. antiq. MS. eccl. Belvac. : *Duo pallia suspendantur ad Tregulatam juxta altare a dextris et a sinistris.* Vide supra *Alæ* 2.

° TREGUNA, pro Tribuna, ex vet. Necrol. laudato a Cl. V. Garampio in Disquis. de sigil. Garfagn. pag. 83. in notis

° TREHENUS, Haud dubie pro *Trezenus*, Pretii venditionis pars decima tertia. Charta Mich. archiep. Arelat. ann. 1214. ex Cod. Reg. 6107. 2. 2. fol. 57. r° : *Justitias, firmancias, Trehenos, medios Trehenos, laudimia, monetam, etc.* Vide *Trezenum.*

¶ TREJECTUS, pro *Trajectus*, qua trajicitur. Capitulare 2. ann. 800. cap. 9. et lib. 3. Capitul. cap. 54 : *Similiter in plano campo, ubi nec pons nec Trejectus est, ibi omnimodis præcipimus ut non telonoum exigatur.*

° TREILLIARE, Cancellare, clathris obducere, Gall. *Treilliser*, alias *Treslisser*. Lit. remiss. ann. 1357. in Reg. 89. Chartoph. reg. ch. 322: *Petrus Perrotel per alterum foraminum cujusdam hostii ferrei perforati sive Treilliati exivit. Une fenestre qui estoit Treillissée de fer*, in aliis ann. 1464. ex Reg. 199. ch. 579. Vide mox *Trelea.*

¶ TREILLEA. Vide mox in *Trelia.*

¶ TREIS, f. pro *Lathrud.* Ibi vide.

¶ TREIT. Vide *Panis de Treit.*

¶ TRELA, Cancelli, clathri, transenna, Gallice *Treillis.* Excerptum e Regesto Parlamenti ann. 1231 : *In dicta domo erat figura leonis de petra elevata et inter clusa Trelis de ferro.*

¶ TRAILLARE FERRO FENESTRAM, Cancellis munire, ornare, in Statutis Monasterii S. Claudii pag. 110.

TRELIA. Tabularium Bellilocense in Lemovic. Ch. 151 · *Mansum, ubi Raynaldus manet, cum ipsa Trelia.* Et Ch. 155 : in Charta Lothario regnante scripta : *Campmansionilem nostrum indominicatum cum ipso orto, et cum ipsis vineis, et cum ipsis Triliis indominicatis.* Tabular. Brivatense Ch. 188 : *Et Treliam cum curte, et orto, et ex eo* : *et Treliam unam, quam ipse excolit, etc.* [Fundatio Capellæ S. Nicolai in Palatio Paris. inter Acta et Statuta S. Capellæ Paris. : *Constituimus capellano...... Parisius in Trelia nostra retro Palatium sex modios vini. Vinea est trichilis suffulta, Gall. Treille, vel clathris inclusa ut mox* in *Trelia.*]

° TRELEA, Cancelli, clathri, transenna, Gall. *Treillis, grille,* alias *Traille.* Artic. reform. pro monast. S. Elig. Noviom. ann. 1370. ex Bibl. S. Germ. Prat.: *Item in dormitorio habent cameras clausas...... Quantum ad cameras clausas, abbas, quantum poterit, tolerabit ; dum tamen hostia camerarum, saltem pro tertia parte, de Treleis existant, ita quod infra camerarum videri possit, nulla cortina seu alio obstaculo repugnante* Chartul Corb. sign. Cæsar fol. 58. v° : *Fut donné congié. ... à Pierre de Bonez de mettre et assir une Traille à boitte à se maison à la chambre de haut.* Vide *Trela* et infra *Trilliatus.*

¶ TRELIEA. Charta Archidiaconi Suession. ann. 1216 : *Restituit...... quamdam vineam sitam ad Trilleam de puteo.*

¶ TRESLIA Charta Curiæ Suession. ann. 1274: *Cum Tresliā et appendiciis dictæ domus.* In Summario huic Chartæ præfixo habetur *Traillia.*

TRALIA. Vetus Charta ex Tabulario S. Benigni apud Perardum pag. 96 : *Quod..... Præpositus Divionensis homines S. Stephani... dispaliat propter Tralia..., quæ ipsi in quibusdam locis destruxerant.* Occurrit ibi pluries.

¶ TRELLA CHORI, Cancelli, clathri, in Statutis Capituli Tull. ann. 1497 *Trella vineæ*, Trichila, in Tabulario Vosiensi fol. 6.

¶ TREILLIA, Charta ann. 1285. e Tabulario Vercellaci: *Concessimus... duo sextaria frumenti et duos Cenomanenses annui redditus, que nos quos nobis debebat Guillelmus Morin.... pro quadam Treillia cum rocha..... inter Treillias nostras et Treillias à la Pussegnée, etc.*

TREILLIA. Jacobus I. Rex Aragonum in Constitutionibus Cataloniæ MSS.: *Domus, campi, vineæ, et omnes arbores cujuscumque generis sint, Trillæo, orti, ortales, etc.* Nos *Treilles* dicimus trichilas, seu pergulas in cratis modum confectas, quibus vites sustentantur, quasi forte *trilices.* Vide *Trolium.*

¶ TRELIA. Vide locum in *Tirunla.*

¶ TRILIA, TRILLIA. Charta ann. 1087. Marcæ Hispan. col. 970: *Terras et vineas, cultum et eremum, et Trilias et arbores diversi generis, etc.* Alia ann. 1019. ibid. col. 1019 : *Cum palatio et cum Trilis, etc.* Alia ann. 1234. apud Stephanot. tom. 3. Antiq. Pictav. MSS. pag. 817 : *Super jure parrochiali et quadam Trangia, Trillia et platea adjacenti.* Alia Philippi Pictav. Episc. ibid. pag. 836 : *Trilliam parvam, quæ est contigua ipsi arbor-*

gamento. Donatio incerti anni in Instrum. tom. 2. Gall. Christ. novæ edit. col. 338: *Concessimus Fratribus de Ordine Prædicat.* S. *Jacobi Paris.* ipsam *Ecclesiam* S. *Christophori cum Trilia et platea, et tota illius loci amplitudine ad ipsam Ecclesiam pertinente.* Locum interpretor clathris cancellisve ligneis aut etiam sepibus conclusum, in quo vineæ coluntur. Vide supra *Trelia.*

¶ TRILA, TRILLA. Charta ann. 1027. Marcæ Hispan. col. 1041 : *Cum ipsas Trillas, quas Miro Altemir ædificavit, et ipsas vineas et terras, quod nos habemus.* Alia ann. 1149. in Probat. novæ Histor. Occitan. tom. 2. col. 526. *Consentio tibi ortum et Trillam, et mediatatem insulæ, quæ est ultra flumen Aregiæ.* Chartarium Eccl. Auxitanæ cap. 86 : *Dedi Trilam, quæ circa vallum castri habetur.*

¶ TRILLETUS, Loculus cancellis clausus, qualis etiamnum in ecclesiis conspicitur. Inventarium Eccl. Noviom. ann. 1419. *Breviarium quod ponitur in uno Trilleto in quodam pilliari in navi Ecclesiæ.*

º TRELHIA, Vitis. Charta ann. 1385. in Reg. 3. Armor. gener. part. 2. pag xxv : *Permutavit.... partem suam cujusdam hospicii,... cum omnibus Trelhiis, terris suis cultis et incultis.* Vide in *Trela* et infra *Trilhata vinea.*

TREMA. Gloss. Græc Lat. MS. : Τρίβος, ἡ ὁδός, *Semita,* Frema. Editum habet *Trama.*

TREMACLUM. Lex Salica tit. 29. § 32 : *Si quis statuam, aut Tremaclum aut vertuolum* [vertivolum Baluzio] *de flumine furaverit,* etc. Ubi *tremaclum* Goldastus Germanicum *Tremmel* interpretatur, quod gyretur, inquit, ad aquam aliquo transferendam : Bignonio vero ad Wendelino, est rete bene contextum maculis, quod Normanni, *Tremail,* Burgundiones *Tremailler* vocant, forte quod ternis maculis constet, quomodo *Trilices* dicunt Latini. At § 28. de furto retis *ad anguillas capiendas de flumine,* jam egit. Deinde statuam, hoc loco, pro *conto* accipi supra observatum : unde *Tremmel* Goldasti, seu sparum, conto accedit. [Pactus Legis Salicæ præfert *Tremagolum*] Vide *Tramallum.*

Tremaculum, in Codice Estensi apud Murator. tom. 2. Antiq. Ital. med. ævi col. 288 : *Si quis statuum* [id est, *retias*] *aut Tremaculum, etc.* Ubi notat vir doctus : Retis genus, nunc Tuscis *Tramaglio,* Lombardis *Tramacchio.* Vide supra *Tramallum.*

º² TREMACULUM. Testament. ann. 1861. apud Guden. Codic. Diplom. tom. 2. pag. 310 : *Unum mortarium cum suo tondario. Tediferam cum Tremaculo. Unum feru cum tribus craticulis,* etc. Lamina denticulata suspendendis lychnis. Vide *Cremasclus.*

TREMATA, Romaria, Papiæ. MS. habet *Tomaria.*

º *Tremater,* Ordinem mutare, prævertere, nautis nostris. Ordinat. ann. 1415. in Reg. 170. Chartoph. reg. ch. 1 : *Les bateliers* (ordonnez pour passer la rivicre) *garderont run l'un envers l'autre sans entreprendre en Tremarter le run l'un de l'autre, sur peine de paier cinq sols Parisis d'amende, et de rendre à celui qui aura esté Trématé l'argent qui aura esté receu.*

º TREMBLEIA, Populetum album, locus *Tremblüs* consitus, vulgo *Tremblaye,* masculini generis *Tremblay,* in Lit. remiss. ann. 1443. ex Reg. 181. Chartoph. reg. ch. 609 : *Lequel Bertault mena icelle femme traversant en ung Tremblay,* etc.

Inquisit. forestæ Britolli in Reg. 34. bis part. 2. fol. 129. v. col. 1 : *Cathenæ et Tremblise de la Biguerrie recta via ad S. Eglen sunt defensa.* Vide mox

º TREMBLIUS, a Gallico *Tremble,* Populus tremula. Charta Thomæ comit. Pertic. ann. 1217. in Reg. forest. comitat. Alenc. fol. 50. r. ex Cam. Comput. Paris : *Confirmamus quod prior et monachi* (de Bellismo) *in prædicta foresta nostra percipiant..... omne genus mortui nemoris, præter charmenum et Tremblium et fraxinum.* Vide supra *Tramblus,* et infra *Tremulus.*

º TREMECIATUM, Bladi species, a *Tremesagio* seu trimeusi tritico distinctum ; unde Miscellam frumentum interpretor, ab Italico *Tramestare,* miscere. Bulla Clem. PP. III. ann. 1188. inter Probat. tom. 2. Annal. Præmonst. col. 194 : *Quatuor sextarios bladi, duos Tremeciati et duos tremesagii, quos Guido dominus de Cytripeio dedit ecclesiæ vestræ* (de Moncellis.)

¶ TREMEBUNDITAS, Tremor. Excidium Acconis lib. 1. cap. 6 : *Licet nos...... Soldani furentis sæviens sævitia, juxta quorumdam Tremebunditatem, possit nos reddere tremebundos.*

¶ TREMEIS, Trimense triticum. Vide *Tremesium.*

º TREMELAGIUM, Trimense triticum, forte pro *Tremesagium.* Vide in *Tremesium.* Charta Guid. de Garlenda ann. 1211. inter Probat. tom. 1. Annal. Præmonst. col. 478 . *Concessi unum modium bladi, mediatetam frumanti et mediatetam Tremelagii.*

TREMELLUM. [Infundibulum molendini, Gall. *Tremie,* Germ. *Tremellen,* Belg. *Tremellen.*] Monast. Anglic tom. 1. pag. 470 *Sciendum tamen est, quod prædicti monachi facient sectam molendinei mei tam de blado suo, quam hominum suorum. Ita quod ipsi habeant primam molituram post bladum, quod muvenerint in Tremello ; brasiatum autem pro primum in curia sua molent.* Vide *Treumia* [et *Tromeca.*]

¶ TREMEN, Ροδάνη, in Glossis Lat. Gr. Aliæ Gr. Lat. : Ροδάνη, *Trama, Tramen, Tremen, Subtemen.*

¶ TREMENSE, TREMENSTRUUM, Triticum trimense. Vide in *Tremesium.*

¶ TREMENTINA, vox Italica, Gall. *Terebenthine,* Terebenthina resina. Legitur in Conventionibus Saonæ, ubi de modo exigendi gabellam ponderis.

¶ TREMENTURA. Vide in *Tremctura.*

¶ TREMERE, Notione activa, Movere, agitare. Miracula S. Walarici, tom. 1. Aprilis pag. 29 . *Tremens manum pariter cum baculo, hoc, inquit, ibidem baculo graviter vapulabit.*

TREMERELLUM , Charta Communiæ Atrebat. ann. 1911. art. 37 : *Banni vini et banni venalium a 60. solidis et infra, et banni de Tremerello remanebunt hominibus civitatis.* Charta Communiæ Hamensis : *Habent insuper Major et Jurati mandatum super ludos, quos vulgo vocant Tremerel, et super potationes in tabernis.* Eadem Gallice exarata : *Sur les jeus c'on apelle Tromerel, et sur buveries en tavernes.* [Le Roman de Courtois d'Artois MS. :

Bien a son tens et son merel,
Qui boit et jeu au Tremerel]

☞ Hinc, ut videtur, *Tremelere* dicitur ejusmodi ludi studiosus. Philippus Mouskes de Roberto Guischard :

Cil Robert estoit un bevere,
Uns Cevelicrs fort Tremelere.

º *Tremreal,* in Charta ann. 1331. tom. 2. Hist. Leod. pag. 415 : *Item avons ordineit qu'il ne soit nulz que de ce jours en avant qui joue........ aus deis,....... ou aux autres jeuz, que ons appelle Tremrealz.*

º TREMESATUM, Eodem significatu, quo mox *Tremesium.* Charta Hugon. Senon. archiep. in Chartul. Barbel. pag. 363 : *Tres sextarios, mediatatem scilicet ivernagii et mediatatem Tremesati.*

TREMESIUM, etc. Idem quod Trimense triticum. Isidorus lib. 17. cap. 3 : *Trimense triticum ideo nuncupatum, quia satum post tres menses colligitur.* Τρίμηνιαῖος πυρὸς, Dioscoridi lib. 2. cap. 107. In Gloss. Lat. Gall. *Trimensa, une maniere de blé, secourgon* : nostris *Tremés,* aut *Tremois,* quod alii *les Mars,* vel *Marsés.* Illud, quod Itali *Martiolinum,* vel *Martiollum* vocant, ex eo, quod Martio mense seritur, ut ait Angelus Palea in Antidotar. Mesuæ cap. 111. Usatici urbis Ambianensis MSS. . *Nus ne doit mesurer pour vendre et pour acater blé ne Tramois fors à la mesure de Vidame.* [Chartul. 21. Corb. fol. 85. v : *Le carette........ de Tremois, doit* IX. den. Le Roman du Guesclin :

Failli nous est le vin, le bled et Tremois ;
Il nous convient manger chevaux et pallefrois.]

Vide Consuet. Comitatus S. Pauli cap. 22. [Charta S. Martini Pontisar. : *Medietas est de blado et alia medietas de Tremense.* Testamentum ann. circiter 1170. e Tabulario S. Remigii Rem. : XI. sextaria siliginis, et XI. Tremenstrui... III. minas siliginis, et III. Tremenstrui.* Charta ann. 1190. tom. 2. Monum. sacræ Antiq. pag. 545 *Ubi autem eodem anno frumentum fuerit, sequenti anno eadem Ecclesia Tremusse possidebit.* Charta Alani Eptsc. Autiss. ann. circiter 1160 : XII. biocheti Tramisii.] Tabular. Abbat. Hederæ fol. 107 . *Pro sex sextariis annonæ per singulos annos, tribus scilicet de ivernagio, et tribus de Tramoisio.* Tabularium S. Benigni apud Perardum ann. 1206 : *Istorum autem* 8. *jornalium unus erit in frumento, alius in Tremesio, tertia in veisatura. Sed ibi legendum versatura,* Gallis *Jachere.* Tabularium Prioratus Neronis-villæ fol. 12 : *Medietatem ivernagii et medietatem Tremesii, etc.* [Index MS. Beneficiorum Ecclesiæ Constantiensis fol. 21 : *Medietatem straminis et de yvernagio et medietatem de Tremesio.*]

¶ TREMESAGIUM , Eadem notione. Charta ann. 1208. e Tabulario Parthenonis de Crisenone : *Medietatem ivbernagii, et aliam Tremesagii.* In alia ann. 1215. legitur legitur *Tramesagii.* Charta ann. 1258. e Tabul. S. Mariani Autissiod. : v. *bich. frumenti,* v. *siliginis* et x. *Tremesagii super decimam de Cheriaco.*

TREMSATICA SATIO, seu Satio *trimensis tritici.* Polyptychus S. Remigii Remensis : *Mansi ingenuiles* 34. *arat unusquisque ad hibernaticam sationem mapp.* 1. *habentem in longum perticas* 60. *in transversum perticas* 6. *ad Tremsaticam sationem similiter, faciat corvadas* 4. Infra : *Mansus ingenuilis* 1. *habet in tascherelo, facit mapp.* 1. *ad Tremsaticam sationem, et facit corvadas de annona.* Polyptychus Floriacensis : *Arant ad hibernaticam unusquisque* (mansus) *perticas* 4. *ad Tramisium* 2. Occurrunt eadem verba ibi non semel, [ut et apud Baluzium tom. 2. Capitul. col. 1387. et seqq. ex Polyptycho Fossatensi. Codex Irminonis Abb. Sangerman. : *Arat ad hibernaticum perticas* iv. *ad Tramisem* perticas II. Alibi legitur *Tramisum, Tremis, Tremissum* et *Tremissa*. Polyptyc. Fiscamn. ad ann. 1235 : *Debet dimidiam acram aratare ad hiemalia, et dimidiam acram ad Tremeis.*] «

¶ TRIMENSILE SEMEN. Libertates Calmæ ann. 1209. tom. 1. Hist. Dalphin. pag. 19 : *Per tres dies in anno mihi serviant, scilicet ad movendum garachia per unum diem, ad semina hiemalia per alium, ad semina Trimensilia per alium.*

¶ TRIMENSE *dicitur quoddam genus ordei, quia satum post tres menses colligitur, etc.* Joh. de Janua. Gloss. Lat. Gall. Sangerm. : *Trimense, une maniere de blé, segourjon.*

¶ TRIMESIUM. Charta Guillelmi Episc. Autissiod. ann. 1171 : *Monachi Regniacenses tria sextaria annonæ Canonicis S. Petri persolvent, videlicet unum sextarium frumenti, aliud siliginis, tertium vero Trimesii.*

° *Tremis*, in Annal. Trenorch. ad ann. 1573. inter Probat. ult. Hist. ejusd. abbat. pag 293: *Les Tremis furent aussi très-endommagés par les chenilles, que l'on excommunia du côté de Brancion.*

° TREMESSALIS, Qui valet *Tremisse*. Charta ann. 777. apud Murator tom. 1. Antiq. Ital. med. ævi col. 723 : *Uno porco Tremessale et uno berbice similiter valente uno Tremisse, etc. Tremissalis,* in Friscinga.

TREMIA. Breviloquus : *Item antica dicitur pars Ecclesiæ, quæ dicitur Trema.*

° TREMIDUS, a verbo *Tremere* pro Trepidus. Chron. Andr. presbyt. ad ann. 840. tom. 6. Collect. Histor. Franc. pag. 681 : *Sed dum has angustias contemplarentur, refulsit sol, et quasi Tremidus umbraculum fugere cœpit.*

° TREMISIUM, Tempus, quo trimense triticum seritur, nostris *Tramois* et *Tremois* , eodem intellectu. Charta ann. 1836. in Chartul. eccl. Lingon. ex Cod. reg. 5188. fol. 103. r° : *Quilibet habitator dictæ villæ habens aratrum seu carucam, debet domino villæ ter in qualibet anno corvatam de bestiis suis trahentibus, videlicet..... semel in Tremisio*. Charta ann. 1308. in Reg. 40. Chartopt. reg. ch 64 : *Item chascune desdites quatre villes doit à la maison de Espaillx....... une journée en Tremois*. Alia ann. 1820. in Reg. 59. ch. 459 : *Les corvées des bestes traians,..... et des hommes, c'est assavoir des bestes trois fois en l'an, une fois en vayn, une en Tramois, et une en sombre.* Occurrit præterea in Lit. ann. 1381. tom. 4. Ordinat. reg. Franc. pag. 835. art. 4. et in aliis ann. 1357. tom. 6. earumd. pag. 680. art. 2. Vide in *Tremesio*.

¶ TREMISSALIS, Qui valet tremisse Vide *Tremessalis* et *Friscinga*.

TREMISSIS, pro *Tressi*, seu tertia parte assis, voluerunt nonnulli nostri pridem observatum a viris doctis. Capitolinus in Alexandro Severo : *Tremisses aureorum formati sunt.* Utuntur passim Lex Wisigoth. lib. 7. tit. 2. § 11. tit. 4. § 4. tit. 6. § 5. leg. 8. tit. 3. § 10 § 12. 15. tit. 4. § 11. 26. 31. lib. 9. tit. 1. § 9. 14. Lex Burg. in Præf. et tit. 4. § 3. tit. 5. § 3. tit. 6. § 1. tit. 27. § 1. Add. 1. tit. 2. § 3. Lex Bajwar. tit. 1. cap. 8. § 1. tit. 8. cap 2. § 4. Lex Frision. tit. 1. § 9. Lex Aleman. tit. 75. 77. etc. præterea Julianus Antecessor, Concil. Bracarense ann. 572. cap. 4. Paulus Warnefridus lib. 5. cap. 39. Leo Ostiens. lib. 2. cap. 8. etc. [²³ Chart. ann. 765. apud Brunett. Cod. Dipl. Etrur. tom. 1. pag. 584 : *Vindedit ad pretium placitum et finitum, quod inter nos bono animo conbenet , auro Trimissi septe fenitum et adinpletum pretium, etc. Ita quatuor Tremisses,* in Chron. Farf. loco exscripto mox in *Tremissus*,et in alia ann. 750. apud Brunett. pag. 566 : *Vindedit tibi qui supra Joviano petia una de terram aridipsima.... hoc est in Trimissi quatuor id est in uno sol. centum pedis in longa et centum in lato et in ullo uno Trimisse triginta pedis per triginta, et recipi ego qui supra vinditor ad te emtore pro supra scripta vinditione in auro Trimissi quatuor, finitum pretium, etc. Ubi primo Tremissis pro parte fundi usurpatum videtur, pro parte vero pedis tertia,* in Charta ann. 765. modo laudata ubi hæc leguntur: *Terrula....... mensurata est in una parte perticas 14. et de ali parte est perticias undeci et pedi sex e Tremisse unu, et de tertiam pars perticas septe et pedes sex et Tremisse uno, de quartam pars perticas tres, et ipsa perticias de pedes deodeci ad pedes justus.*]

☞ Minus attente *Tremissis* , pro *Tressi* dictum ait vir doctissimus : *Tressis* enim est trium assium ; *Tremissis* vero tertia tantum pars assis : quod non plurimum distant. Gloss. Lat. Gall. Sangerman : *Tremissis, la tierce part du sols. Tressis, le pris de 111. mailles.*

° Varro lib. 4. de Ling. Lat. : *A tribus assibus, tressis. Tricessis, a tribus decussibus, id est, trecenis assibus.* Laur. in Amalth. : *Tremisses, nummi valentes tertiam partem solidorum seu aureorum. Tressis, trium assium.* Persius : *Vilis et minimi preti.*

TREMISSUS, Eadem notione. Pactum Childeberti et Chlotarii § 6 : *Si servus minus Tremisso involaverit, etc.* Lex Alamannor. tit. 1. cap. 6. § 3 : *Saiga autem est quarta pars Tremissis, hoc est, denarius unus,.... Tremissus est tertia pars solidi, et sunt denarii quatuor.* Vetus Charta in Actis Episcopor. Cenoman. pag. 226 : *Et ego Adelbertus sol. 21. et Tremisso sicut diximus.* [Chron. Farf. apud Murator. tom. 2 part. 2. col. 401: *Vineam de Tremessis* IV. *emit pretio bovis unius. Tremissus pro eo qui valet Tremisse* legitur in *Friscinga. Tremissa pars,* pro tertia, ni fallor, apud Lobinell. tom. 2. Hist. Britan. col. 66.]

¶ TRAMISIA. Liber niger Scaccarii pag. 56 : *Octo solidos debunt ultra Tramisiam.*

TRIMISIUM. Anastasius Bibl. in Silvestro : *Domum quæ præstat solidos 58. at Trimisium.* Idem in Exilio S. Martini : *Nec semel de regione ista usque ad unum Trimisium , frumentum potui comparare.*

° TREMODIUM, Infundibulum, Gall. *Tremie ; Trammeur,* in Lit. ann. 1351. tom. 4. Ordinat. reg. Franc. pag. 298. art. 27. *Le fust granier* appellatur in Recognit. feud.MS. pro castro de *Buri* ann. 1906. Charta episc. Laudun. in Chartul. S. Joan. Laudun. cs. r° : *Si vero quis de aliorsum veniens ingranavisset, solum id quod in Tremodio erat, molere sinebant.* Vide *Tremœa*

° TREMODIUS, Mensura frumentaria, modius. Charta ann. 1812. apud Ludewig. tom. 9. Reliq. MSS. pag. 588 : *Annis singulis de qualibet rota decem Tremodios frumenti molendini,* cum modo *Lubecensis civitatis mensurandos expedite nostræ familiæ præsentabunt.* Occurrit rursum infra.

¶ TREMŒA, Idem quod *Tremellum*, Gall. *Tremie,* Infundibulum. Charta ann. 1217. apud Lobinell. tom. 2. Hist. Britan. col. 197: *Sine moustura post bladum quod erit in Tremœa.* Vide *Tremuia* et *Treumia*.

° TREMORIZE, Piscis species. Tract. MS. de Pisc. cap. 47. ex Cod. reg. 6838. C. : *Torpedinem Ligures a tremore Tremorize appellant.*

° TREMPA, Vinum aqua mixtum, dilutum in usus domesticorum, *Trempe,* apud Cotgravium. Stat. Massil. MSS. ex museo meo fol. III. r° : *Item quod nec in dicta civitate Massiliæ, nec in ejus districtu, aliqua persona privata vel extranea, si modo faciat vel fieri faciat vinum lyæ vel Trempam, quæ fiat cum aqua, etc.*

° *Trempoire* vero dicitur, Pondus pistrinarium, vulgo *Trempure,* in Lit. remiss. ann. 1459. ex reg. 189. Chartopt. reg. ch. 356 : *Icellui musnier se frappa au front contre la Trempoire du moulin.*

✱ TREMPARE. Gall. Faire tremper. [« Et pro *Trempando*, plicando et portando coudra, talucia, bastardos et vimina. » (Arch. Histor. de la Gironde T. 22. p. 188.)]

¶ TREMSATICA SATIO. Vide *Tremesium*.

¶ TREMUIA, TREMULA, Idem quod *Tremœa.* Charta ann. 1238. tom. 2. Hist. Eccl. Meld. pag. 140 : *Ad prædictum molendinum ad Tremuiam molentem sine contradicione locum molendi habebunt.* Charta ann. 1268. ex Chartul. Vallis B. Mariæ diœc. Paris. : *Ita tamen quod nos et hæredes mei debemus molere in perpetuum prope bladum quod invenienus in Tremuia dicti molendini.* Charta ann. 1448. ex Chartul. Corb. · *Quant lesdits habitants avoient mis leur blé au eschellon pour le mettre en le Tremuye et à molture, etc.* Charta ann. 1194. apud Marten. tom. 1 Anecd. col. 658 : *Post bladum quod invenerint in Tremuia inceptum molere.* Vide *Tremellum, Tremuta,* et *Treumia*.

TREMULARE, *Dubitare,* in Glossis Arab. Lat. [*Trepidare, timere,* in aliis Glossis MSS. a Vossio laudatis lib. 4. de Vitiis serm. cap. 28. Flodoardus lib. 3. cap. 3 : *Nimio frigore horribiliter cum fletu ac stridore dentium tremulans.* Acta S. Moduennæ, tom. 2. Julii pag. 309 : *Timore concussa , et omnibus Tremulatis membris, etc.*]

¶ TREMULUS, Populus tremula, Gall. *Tremble Ad Tremulum et ad charmum,* in Charta ann. 1213. e. Tabulario Crisenonis.

° Occurrit præterea in Lit. ann. 1229 tom. 5 Ordinat. reg. Franc. pag. 718. art. 34. Vide supra *Tremblius.*

TREMUM, Pars brachii inter cubitum et pupum. Lex Longob. lib. 1. tit. 6. § 6. [²² Roth. 887.]. *Si homini libero brachium..... subtus cubitum, hoc est, Tremum.... ruperit.* Ubi Edictum Rotharis Regis tit. 121. § 6. habet, *quod est Threno,* [MS. unus *Treno* ; alter *Reno,* ut est apud Murator. tom. 1. part. 2. pag. 48. col. 1.]

¶ TREMUS, Species monetæ. Vocabul. Lat. Sarrac. ad calcem Itinerarii Bern. de *Breydenbach* ann. 1490 : *Ducatus, Ducat. Denarius, Denar. Medinus, Medin. Tremus, Terem.* Forte leg. *Tarenus.* Vide supra

¶ TREMUTA, Infundibulum molendini, Gall. *Tremie.* Vetus Charta apud Kennettum Antiquit. Ambrosd. ad ann. 1164. pag. 120 : *Concesserunt mihi Fratres unam libertatem ad suum molendinum, scilicet molendi segetem meam pro multura reddenda pro segete, quæ est in Tremuta.* Vide *Tremellum, Tremuia* et *Treumia*.

* **TRENA.** [Lacrima, lamentatio. DIEF.]
° **TRENARE**, Trahere, Gall. *Trainer.* Arest. parlam. Paris. ann. 1399. inter Probat. ult. Hist. Trenorch. pag. 257: *Dictum Bonnelle per suos servitores usque ap portam dictæ villæ Trenorchii Trenari fuerat.* Vide supra *Trainare.*
TRENCA. Gratianus Lucius in Cambrensi everso pag. 306 : *Accuratiorem Hiberniæ divisionem priscus quidam scriptor Fintanus, Orfear dictus, carmine complexus est, e quo quæ huc facientia desumpserim, hic subjicio. Hiberniam universam in Trenchechead, quod voce Latina Trenca, nescio unde hausta Osullevanus exprimit, dispescuit. Trencam autem 30. pagis constare Fintanus ait, addítque singulos pagos pascua 4. boum armentis sic dissitis, ut se mutuo non pertingant, abunde suppedicant. Ultoniam vero 35. Trencas : Mediam 18. Connaciam 30. etc. complecti affirmat.*
° **TRENCARE**, Cædere, scindere, Gall. *Trencher, couper.* Charta ann. 1828. in Reg. 65. Chartoph. reg. ch. 261 : *Item idem Raimundus... scindit sive Trencavit... omnes arbores domesticas et silvestres, quæ erant domini nostri regis.*
TRENCATÆ, Ventris tormina. Gervasius Tilliberiensis in Otiis Imper. MSS. *Tortiones ventris, quas vulgo Trencatas nominant Galli etiamnum Tranchées dicunt, quod præ dolore contorsionum veluti rumpantur intestina, et discindantur; trancher enim scindere, secare dicimus : quod ea tormina sulcos ac Trencatas in ventre efficiant.*
° Alias *Tranchoisons.* Lit. remiss. ann. 1473. in Reg. 195. Chartoph. reg. ch. 705 : *Icelle defuncte se plaignit fort de Tranchoisons et autres froydures.* Glossar. Provinc. Lat. ex Cod. reg. 7057 : *Trencada, Prov. tortio.*
° **TRENCATOR**, Arbiter, qui rem aliquam definit , sic *Trencher* dicimus, pro Statuere, definire. Charta ann. 1267. in Reg. 4. Armor. gener. pag. III : *Tandem dicti arbitri cum tercio Trencatore, auditis utriusque partis rationibus,...... dictum suum seu arbitrium in scriptis pronunciaverunt. Trenquader, eadem notione*, in Sent. ann. 1447. ex Cod. reg. 8887. 4. fol. 115. r° : *Item nous voulons, ordonnons et decretons que ou ces que lesdiz quatre hommes ne se pousseront acorder de tout, ou de partie de les choses qui sont en debat, seront ordonnés Trenquadors ; lesquels Trenquadors ordonneront de tout ce que lesdiz quatre hommes ne se pourront acorder dedens deux mois après.* Ejusdem originis est adverbium vetus Gallicum *Trainchiémant* vel *Trenchéement* et *Trenchiement*, pro *Décisivement*, *absolument, sans retour*, Definite, plane, omnino. Testam. Hugon. V. ducis Burg. ann. 1314. inter Probat. tom. 2. Hist. Burg. pag. 155. col 1 : *Volons que nostres hoirs ou nostre hoir soient contraint Trainchiémant à tenir, à acomplir...... toutes les choses dessus dites.* Pactum inter comit. Fland. et scabin. Gand. in Reg. 2. Olim parlam. Paris. fol. 9. v° : *La u li troi des chiunc s'assentiroient précisément Trenchiémant et en chertain, cle seroit tenu.* Stat. ann. 1341. tom. 5. Ordinat. reg. Franc. pag. 518. art. 12: *Se nulz, ne nulle dudit mestier baille coustes à vendre à personne dudit mestier, s'il ne les vent Trenchéement sans reprendre, etc.*
TRENCATUM, Vallum, fossa, ex Gallico *Trenchée.* Monasticon Anglic. tom. 2. pag. 211 : *Locum suum in marisco de Dunston, ubi batha sua sita est, cum Trencato suo et aliis fossatis suis.* [*Trenque*, pro *Trenchée*, ni fallor, in Charta ann. 1434. ex Chartul. 23. Corb. : *Par lequel fossé ou Trenques l'eaue dudit fossé alloit oudit gardin, etc.*]
° Stat. ann. 1409. inter Probat. tom. 3. Hist. Nem. pag. 199. col. 2 : *Dicta aqua proveniens ex dicto fonte fluit, vadit et recedit per dictum fossatum seu vallatum, et per Trencatum dicti fossati seu vallati noviter facti, etc. Trankis, Trenchiz et Trenquis*, nostratibus, eodem intellectu. Charta Gall. *d'Estrommel* ann. 1308. in Reg. 72. Chartoph. reg. ch. 309 : *Puis avoir, toutesfois qu'il me plaira, yaue qui venra dudit filet par un Trankis* (infra *Tranquis*) *de le largeur d'un piet tant seulement.* Sent. arbitr. in Reg. 53. ch. 53 : *Nous volons que lesdiz Trenquis ou ouvretures ou fosses que il tiegnent si clos et si estraisne par quoy poyssons n'i peust venir, ni aler.* Monstrel. vol. 3. fol. 44. r° : *Les Gantois avoient malement fortifié* (ce village) *de Trenchis et boullevers, etc.*
¶ **TRENCHEATOR**, TRENCHIATOR, Scissor, scindendi obsonii magister, Gall. *Ecuyer trenchant. Johannes de Courteville Scutefer, Tranchiator Marescallus hospitiorum ejusdem Archiducis*, in Tractatu ann. 1497. apud Rymer. tom. 12. pag. 655. col. 1. Exstant tom. 15. pag. 327. Litteræ ann. 1553. *pro capitali Trenchiatore Regis, in quibus Trenchiator et Trenchiator legitur.*
° Ejusdem originis est vox Gallica *Tranchouoir*, Orbiculus mensorius, in quo dapes scinduntur. Lit. remiss. ann. 1398. in Reg. 145. Chartoph. reg. ch. 428. bis *Rogier Percepot, sommellier de nos napes,..... en venant querre la nef et les Tranchouoirs d'argent que l'en mist à table devant nous, etc. Trancheur*, in Ch. ann. 1543. Hinc Orbiculus lusorius, vulgo *Palet*, appellatur *Transchouer*, in Lit. remiss. ann. 1455. ex Reg. 191. ch. 123 : *Plusieurs marchans et autres gens de Lyon commancerent à jouer pour le vin aux Transchouers pour faire les mettre et getter au plus près d'une merche qui estoit sur une table.* Aliæ ann. 1467. in Reg. 194. ch. 258 . *Lesquelz compaignons se prindrent à jouer au jeu du Transcheur. Lesquelz compaignons se mirent à jouer pour le vin à ung jeu, appellé le jeu du Tranchoer*, in aliis ann. 1443. ex Reg. 184. ch. 604.
1. **TRENCHEIA**, Idem quod *Trencatum*, tom. 3. Monast. Angl. pag. 3. [Charta Henrici II. Reg. Angl. ex Archivo Beccensi : *De operationibus castellorum et molendinorum et vivariorum et fossatorum et Trenchearum.*] Vide *Trancheia* et *Trenkeia.*
° 2. **TRENCHEIA**, Jus scindendi lignum mortuum sine aridum in silvis. Vide supra *Trancheia* 2.
° **TRENCHIA**, Instrumentum ferreum, quo terra proscinditur, ligo, Gall. *Beche*, alias *Trenche. Tres Trenchias*, in Chartul. archiep. Bitur. fol. 165. v°. Lit. remiss. ann. 1478. in Reg. 195. Chartoph. reg. ch. 971 : *Icellui Anthoine portant une Trenche ou beche de fer en sa main, etc. Truble* appellatur, haud scio an mendose, in aliis Lit. ann. 1453. ex Reg. 185. ch. 291. *Icellui le Broddeur leva le Truble ou palle, duquel il faisoit le fossé, et en ferit le suppliant.* Hinc qui ligone muros suffodit, vulgo *Sappeur, Trencheor* dicitur apud Villehard. paragr. 42: *Et lor si mistrent lors Trancheors à une tour, et cil commencierent à trenchier le mur.* Vide supra *Trancheia* 1. Ligni fragmentum *Trenche* sonat, in Arest. parlam. Paris. ann. 1394. ex Cod. reg. 5190. fol. 110. r° : *Pluseurs Trenches faites sur ycelles appoiées, etc.* Unde *Trenches* legendum puto pro *Trouches*, in Lit. ann. 1376. tom. 6. Ordinat. reg. Franc. pag. 230. art. 28. *Trenchoir de pain*, pro *Trenche, morceau*, Panis frustum, offa, in Lit. remiss. ann. 1388. ex Reg. 132. ch. 236 : *Lesquelz apporterent par maniere de derision une plume de coq entichée sur un Trenchoir de pain.*
¶ **TRENCHIS**, Vox vernacula, Cæsio, a Gallico *Trencher*, Cædere, scindere. Charta ann. 1307. e Chartulario S. Johannis Angeriac. pag. 231 : *Tenentur defendere.... eamdem peciam nemoris.... ab omni pasturagio, durante scissione prædicta seu Trenchis secundum consuetudinem dictæ Forestæ.*
¶ **TRENCOLUS**, Ital. *Treccolo*, Qui res emit viliori pretio, ut carius vendat. Chron. Parm. ad ann. 1294. apud Murator. tom. 9. col. 827 : *Elevati fuerunt clamores et percussiones lapidum, bancorum et tabularum a pueris et Trencolis, et ab aliis hominibus stantibus in platea, etc.*
¶ **TRENKEIA**, Fossa, Gall. *Trenchée.* Charta Johannis Comitis Pontivi ann. 1181. pro Communia Abbatis-villæ *Concessi etiam iisdem Burgensibus habendam quietam et liberam habendam usque ad arborem de Maliort, usque ad Trenkeiam de monte Calberti, usque ad Trenkeiam novorum molendinorum, usque ad quatuor quercus.* Vide supra *Trancheia, Trencheia*, et *Trencatum.*
TRENO. Vide *Tremum.*
¶ **TRENTA**, Triginta, Gall. *Trente.* Formula vetus apud Murator. tom. 1. part. 2. pag. 72 col. 1 : *Et quod ego quod meus pater et quod iste per Trenta annos possessam.*
TRENTALE. Charta ann. 1152. Clementis Decan. Eccl. Paris. in Magno Pastorali, lib. 3. ch. 32 : *Si vero aliquis Capellano vel Parochiali Sacerdoti nummos, vinum, annonam, vel etiam illud quod vulgo Trentale appellat, reliquerit, commune habeatur.* Id est pecuniam, quæ pro *Trentenario* adimpiendo Sacerdoti exsolvitur. [Et quidem *Trentel*, pro Officio 30. Missarum dixerunt nostri. Testam. ann. 1448. ex Chartul. 21. Corb. fol. 277 : *Item je vœil et ordonne ung Trentel de Messees estre dictes et celebrées pour mi*.] [¶ *Trentuale*, in Charta Langobard. ann. 988. apud de Blasio Series Princ. Salern. Probat. pag. 124. num. 61: *Et faciamus pro vestre salutis hanime septima et Trentuale, etc.* Vide *Trentena* 2. et *Tricenarium.*]
° **TRENTANEA**, Grex tricenarius ovium, caprarum. etc. Testam. Beatr. ducis Burg. ann. 1228. ex Cod. reg. 9484. 2. fol. 112. r° : *Volo quod ecclesiæ sanctimonialium de las Ayes, ubi elegi sepulturam, detur condamina de Moiolan, in qua ipsæ habebant medietatem, cum decem Trentaneis ovium communium, et cum decem equabus. Trentanea*, eadem notione in Chartul. S. Vinc. Cenoman. : *Comme aussi avoue droit de deux parts de dixmes en trois Trantis de la paroisse de Place.*
° **TRENTANERIUM**, Eodem significatu. Testam. Guill. de Pratocomit. in Reg. 3. Armor. gener. part. 2. pag. IV : *Item lego dominæ Julianæ moniali Boniloci nepti meæ dimidium Trentanerium ovium tenendum per ipsam, quandiu ipsa vixerit.* Vide *Trentenarium.*
1. **TRENTENA**, Vectigalis species. Charta Joan. Militis Dom. de Ande-

sello ann. 1229, ex Tabular. Abbat. Barbellensis : *Quod eo tempore quo tenebam et percipiebam apud Meledum...... quendam reditum, qui dicitur Trentena, super naves per archeiam de ponte Meloduni ligna deferentes a Monachis de Barbeet, etc.*
° 2. **TRENTENA**, Triginta Missæ pro defuncto celebratæ. Charta ann. 1319. in Chartul. S. Maglor. ch. 58 : *Quando celebrabitur in dicta ecclesia, pro defunctis ibidem sepultis, missa, anniversarium, annualia, Trentenæ, totum emolumentum... erit commune. Trentenarium missarum* in Testam. Colæ *de Castillon* ann. 1461. 2. Aug. Vide *Trentale* et *Tricenarium.*

¶ **TRENTENARIUM**, TRENTENARIUS, vulgo *Trententer*, Grex tricenarius ovium, caprarum, etc. Charta ann. 1293. tom. 2. Hist. Dalph. pag. 72. col. 1 : *Item, quod monasterium S. Crucis prædictum non possit tenere in montaneis ipsius, nisi septem Trentenaria ovium cum lacte et vacemo, arietibus et agnis, quantum necesse fuerit secundum numerum ovium prædictum, ita quod ad totum numerum undecim Trentenariorum non trascendunt.* Charta ann. circ. 1062. ex Tabul. S. Victoris Massil. ' *Perdonarunt Rostagnus et fratres ejus quatuor Trentenarios ovium.* Sententia arbitralis ann. 1308 : *Uno quintali caseorum pro quolibet Trentenario animalium, etc. Trentenarium averis lanuti*, in Transactione ann. 1490. ex Schedis Præs. *de Mazaugues.* Hinc emendandum Statuta Vercell. lib. 3 fol. 56. vº : *Item si pastuar scriptum ducendi oves, capras, moltonos, seu alias pecudes extra districtum Vercellarum, non possit Notarius accipere pro scripto ultra den.* XII. *pro quolibet Trentonario.* Leg. *Trentenarium* Vide alia notione in *Tricenarium.*

° **TRENTENUM**, ut *Trentena* 2. Libert. Vienn. ann. 1361. tom. 7. Ordinat. reg. Franc. pag. 484. art. 50 : *Triginta denariis monetæ usualis pro Trenteno, etc*

TRENTUALE. Vide *Trentale.*
¶ **TRENUIS** Vide in *Threus.*
° **TRENUM**, f. pro *Terrenum*, Agger terreus, omissa abbreviationis nota, Gall. *Rempart.* Reg. feud. Aquit. in Cam. Comput. Paris. sign. JJ. rub. fol. 33. rº · *Item habet quod habitatores Langonii tenentur claudere ipsam villam palo, Treno et barreriis congrue.* Vide *Terrale* 2.

° **TRENUS**, pro *Threnus*, Lamentabilis, querībundus. Comœd. sine nomine act. 3. sc. 5. ex Cod. reg. 8163 : *Non opus est consumato consilio se illusum illudere turpiter satagentem, Trenis dolere faciamus angustiis.* Vide supra *Threnovus.*

¶ **TREOGA**, pro *Treuga.* Vide in *Treva.*
TREPALIUM. Concilium Autisiod. cap. 33 : *Non licet Presbytero, nec Diacono, ad Trepalium, ubi rei torquentur, stare.* Concilium Matiscon. II. cap. 19 : *Definientes, ut ad locum examinationis reorum nullus Clericorum accedat ; neque intersit atrio sauciolo, vel ubi pro reatus sui qualitate quispiam interficiendus est. Trepeil* videtur appellare vetus Poeta Gallicus MS. *du chevalier au Barisel :*

Vous m'avez mis en mal Trepeil,
Pour chel diable de bareil

Le Roman *de Rou* MS. :

Toute iert Bretaigne en grant Trepeil.

In Gloss. Lat. Gall. *Trepallus*, πρίαπος bis legitur. Est autem *Priapus* machina bellica : sed apud Scriptores longe recentioris ævi ; verum *Trepallus*, pro *Triphallus*, hic legi observat Salmasius.

¶ **TREPANUM**, a Græco τρύπανον, Terebra, qua utuntur Chirurgi ad cranium caute perforandum, apud Vossium de Vitiis serm. pag. 628.

¶ **TREPARE**, verbum Ital. Jocari, saltare, tripudiare, Gall. *Danser.* Charta Tolosana ann. 1192 : *Ipsum pratum et gravaria erant publica... causa spaciandi et Trepandi.* Le Roman *de Robert le Diable* MS. :

L'Emperere est enmy la sale
U il ne Trepe, ne ne bale.

Vide *Tripare.*

° Alias *Treper* et *Trepper.* Vitæ SS. MSS. ex Cod. 28. S. Vict. Paris. fol. 137. vº. col. 1. ubi de Nativit. S. Joan. B. : *Sainz Jehanz senti le fil du Dieu venir à soy, et par grand joie il commença à Treper ou ventre sa mere. Exultavit infans in utero ejus*, apud S. Luc. cap. 1. v. 41. Guignevil. in Peregr. hum. gener. MS. ubi de Juventute :

Je espringue et si carole,
Je Treppe et queur et danse et bale,
En alant à la witefale.

¶ **TREPASSUS**, Idem quod *Transitus*, Pensitatio quæ exsolvitur a transeuntibus per terras alicujus domini. Litteræ ann. 1324. inter Ordinat. Reg. Franc. tom. 5. pag. 318 : *Informant les diz Religieux (de la Luzerne) et leurs tenans de payer coustumes, Trespas, panages et plusieurs choses, etc.* Vide Consuet. Pictav. art. 99.

° Nostria *Trespas.* Charta ann. 1295. in Lib. rub. Cam. Comput. Paris. fol. 242. vº. col. 1 : *Item pour le Trespas de Geolet pour quatre livres, diz sols.* Occurrit præterea in Lit. ann. 1381. tom. 6. Ordinat. reg. Franc. pag. 639. Aliud sonat hæc eadem vox in Comput. Rob. de Seris ex Reg. 5. Chartoph. reg. fol. 7. r : *Une ceinture d'argent sur cuir blanc, ferrée au lonc à rondeaux esmaillez et à cuers et lettres, boucle, mordant, Trespas, reons touz dorez.* Ubi significari videtur Fibulæ claviculus, vulgo *Ardillon.*

° *Trespassé* vero dicitur de tempore jam diu præterito, in Charta ann. 1268. apud Lobinel. tom. 2. Hist. Brit. col. 408. Hinc *Trespessaules* nuncupantur bona hujus vitæ caduca et instabilia, in Serm. S. Bern. tom. 17. Comment. Acad. Inscript. pag. 181 : *Lic haitif fil d'Adam... quierent icil les choses défaillans et Trespessaules, Trescoper,* pro *Passer devant,* Antecedere, nunc nude *Couper*, in Lit. remiss. ann. 1448. ex Reg. 176. ch. 299 : *Jehan de Menreville tira ses chevaulx pour faire passer son char et Trescoper les autres.*

¶ **TREPATÆ VESTES**, Quasi Terebratæ, perforatæ, in Constitut. Jacobi I. Reg. Aragon. ann. 1248. Marcæ Hispan. col. 1430. Vide *Frepatæ vestes.*

TREPEDIA, Scabellum tripes. Vide *Tripetia.*

¶ **TREPEDICA**. Vide *Tripedica.*
¶ **TREPELLIUS**. Vide infra *Trespellius.*

TREPELLUM. Auctor Mamotrecti ad 4. Regum cap. 9. vers. 17 : *Globum, i. Trepellum. Globus est rotundus acervus, aut volumen, aut augmentum.* [°° Vox Italica, Globus, manipulus, multitudo hominum. Vide Barbarin. Docum. d'Amore voce *Treppello* et Raynouard. Glossar. Roman. tom. 5. col. 482. voce *Tropel*, *Trepell, etc.* infra *Troppus*.]

¶ **TREPERARIUS**. Vide *Traperius* in *Trapus.*
TREPGET. Vide *Trebuchetum.*

TREPIDARE, Idem quod *Torneare*, Hastiludio se exercere, vel decertare ; a *trepidare*, quod de equis dicitur, qui citato gradu incedunt, Gallis *Galoper ;* unde *trepidarii* equi, de quibus mox. Concilium Albiense cap. 15 : *Trepidare quoque, quod vulgariter biordare dicitur, cum scuto et lancea aliquis Clericus publice non attentet.*

TREPIDARII EQUI. Vegetius lib. 1. de arte veterin. cap. 56 : *Quod nihilominus inventum constat a Parthis, quibus consuetudo est equorum gressus ad delicias dominorum hac arte mollire. Non enim circulis atque ponderibus prægravant, ut soluti ambulare condiscant ; sed ipsos equos, quos vulgo Trepidarios, militari vocabulo Tottonarios vocant, ita edomant ad lenitatem et quædam blandimenta vecturæ, ut asturconibus similes videantur.* Ubi legendum forte *Trottonarios* vel *Trotarios.* Leo Imp. in Tacticis cap. 7 : Μετὰ τῶν σκουτερίων ἐπελαύνειν εὐτάκτως τριπόδῳ μόνῳ, ἤγουν κινήματι συμμέτρῳ τῷ λεγομένῳ κάλπῳ, καὶ μὴ δείλως τρέχειν. Ubi à voce Κάλπα, quæ eadem notione occurrit præterea apud Pelagonium lib. 1. Hippiatr. cap. 24. orta vox nostra *le Galop*, seu *le Galop,* uti pronuntiamus. Vide *Trotare* et *Tripedare,* et Salmasium ad Historiam Augustam pag. 244. 245. [Le Roman *de la guerre de Troyes* MS. :

La terre croille sor les piés
De la fierté dou Trepeis
Que font les destriers Arabis.]

¶ **TREPIDICA**. Vide *Tripedica.*
TRERONES, *Pavidæ columbæ*, in Amalthea.

¶ **TRES**, vox Gallica, Pone. *Pratum situm* Tres la Comba, in Charta ann. 1424. e Schedis D. *Aubret.*

° *Dès*, depuis præterea significat. Lit. remiss. ann. 1420. in Reg. 171. Chartoph. reg. ch. 260 : *Comme le suppliant ait esté nourry Très s'enfance avec feu nostre amé et feal chevalier Amé de Landres, etc.* Id est, ab infantia. Tresci-que pro *Jusque,* Usque, apud Villehard. paragr 28 : *Et chevaucherent Tresci-que à Pavie en Lombardie.* Tresque, infra paragr. 32

° **TRESANTIÆ**, Pars claustri, in qua lectioni vacabatur, forte a mensis seu scabellis tripedibus sic dictæ. Pactum inter episc. et archidiac. Paris. circa initium XII. sæc. tom. 2. Hist. Paris. pag. 81 : *Concessum ut neque scholares extranei in domibus claustri ulterius hospitarentur, neque in ista parte claustri, quæ vulgo Tresantiæ nominantur, deinceps legerentur studia vel Trisantia.*

¶ **TRESBELLIO**. Vide *Trespellius.*
¶ **TRESCENSUS**. Vide *Trecensus.*
¶ **TRESCIA**, Crines intexti, implicati, Gall. *Tresse.* Charta ann. 1318. in Reg. 49. Chartoph. reg. ch. 49 : *Post multa verba contentiosa, enormia et contumeliosa, quæ idem clericus.... eidem dixerat mulieri, ipsam per capillos et Trecias accipiens et.... extrahens, prostravisset ad terram, etc.* Hinc *Treque,* Rugatus pileolus, apud Math. de Couciaco in Hist. Caroli VII. pag. 672 : *Ayant sur la teste une Trecque à la guise de Sarasin de Grenade, etc.* Vide infra *Tricatrica.*

° *Tresque* vero , cujusdam monetæ Flandrensis nomen, in Lit. remiss. ann. 1392. ex Reg. 143. ch. 281: *Une piece de monnoye, appelée Tresque, de huit deniers.* Aliæ ann. 1401. in Reg. 156. ch. 330: *En laquelle bourse avoit trois solz, quatre deniers Parisis en blanche monnoie, avec une Tresque de la monnoie de Flandres.*

° **TRESCURTIS**, Prædium rusticum, idem quod *Cortis* 1. Charta ann. 1362. in Reg. 93. Chartoph. reg. ch. 241: *Item una Trescurtis Bernardi Martini, sita extra castrum ad portale inferius, ad censum unius ponheriæ ordei.* Vide supra *Transcurtis*.

¶ **TRESCUUM**. Charta ann. 1475. apud Calmet. in Probat. Hist. Lothar. tom. 3. col. 279: *Redditibus, censibus, servitiis, venationibus, piscationibus, casquis, bustis, bandinis, forescapiis, Trescuis et juribus, etc.* Lego *Tresenis*. Vide *Tresenum* et *Trezenum*.

° **TRESDECIMUM**, Pretii venditionis pars decima tertia, idem quod *Trezenum*. Charta Phil. Pulc. ann. 1310. in Reg. 47. Chartoph. reg. ch. 12: *Una cum simplici justitia, relevels et Tresdecimis.* Vide supra *Tredecimum*.

TRESELLUS, Dolii vinarii species. Tabularium Fossatense: *Valenton, ubi habet dicta Abbatia unum Tresellum boni vini in vindemiis super quibusdam vineis.* Usatica Vicecomitatus Aquarum Rotomagi MSS. ubi de præstationibus pro vino: *De tonneaulx qui sont sur le bout 5. sols, pour chacun doublier 3. sol. 6. den pour le Tresel 4. sols, pour le tonnel de la Rochelle, etc.* Infra: *S'il en a ou batel, ou en la nef 19. tonneaulx, et il y a doublier, Treseaulx, ou charetée qui facent moeson, le tonnel ne doit pas être prins, mès la moeson de 19. tonneaulx, etc.*

° Reg. S. Justi ex Cam. Comput. Paris. fol. 192 r°: *Tresellum vini, quatuor solidos; si coustumarius, xvj. denarios.* Vide infra *Trezellus*.

☞ *Tresel* præterea dictum nostris fasciculus telarum, pannorum, etc. ut colligitur ex Chartular. 21. Corb. fol. 85. v°: *C'est assavoir ly Tresiaux de toiles, de dras, de camelos, de sarges, etc.*

¶ **TRESENUM**, Decima tertia pars pretii venditionis domino persolvenda. Testamentum Anglici Episc. Alban. Card. ann. 1388. apud Stephanotium tom. 10. Frag. MSS. pag. 335: *Lego pro ipsa capellania fundanda omnes census, servitia, deveria.... laudimia, Tresena, avantagia et prælationes, et quæcumque usatica, etc.* Vide *Trezenum*.

° **TRESFONSARIUS**. Qui terræ fundum possidet, Gall. *Tréfoncier*. Arest. ann. 1282. in Reg. 2. Olim parlam. Paris. fol. 62. r°: *Tresfonsarii Resti utentur in dominio suo, sine livrea forestariorum.* Vide *Tresfundus*.

¶ **TRESGONELLUS**, Qui tres habet vestes *gonellas* olim dictas. Sic cognominatus est *Triscannus Episcopus*, apud Lobinell. tom. 2. Histor. Britan. col. 251.

TRESIDIA. Charta Walderi de Gant, Comitis apud Edw. Byssecum in Notis ad Uptonum pag. 86: *Cum suis pertinentus sibi congruentibus, boscis, subboscis, aquis, stagnis, gurgitibus, piscariis, vastis, moris, mariscis, turbariis, Tresidiis, petariis, gardimis, etc.*

° **TRESORARIUS**, a Gall. *Trésorier*, pro Thesaurarius, in Lib. pitent. S. Germ. Prat.

TRESPELLIUS, vel *Trespellio*, [sive *Tresbellio*, ut legit Eccardus in Pacto Legis Salicæ tit. 3. § 9.] Trium villarum, quasi *Tresvillio, trivillanus; bell* enim Germanis est villa. [Id negat Eccardus; unde *Tresbellio* deducit a *Tres*, et *Bulle*: quo nomine, inquit, taurum indigitamus; hac enim ratione *trium* sc. villarum *taurus* accurate exprimitur.] Alii scribunt *belle* dici campanulam, unde *belhuys* campanarium dicitur, tresbellio, *dryschel.* Lex Salica tit. 3. § 7: *Si quis taurum gregem regentem furaverit, qui de tribus villis communes vaccas tenuerit, hoc est Trespellius*, 700. den..... *culpab. judicetur.* Quibus verbis, ut quidam putant, non tam taurus, quem *Bannalem* dicimus, intelligi debet, quam is de quo Consuetudo Britannica art. 420: *En trois villages peut avoir un taureau, qui ne peut estre empesché d'aller à jeu: et pour icelui quelque part qu'il soit trouvé, ne doit estre payé amende, desdommage, ou assise.* Ex lege igitur Salica docemur, jam olim taurum admissarium communem fuisse tribus villis seu pagis. [☞ Vide Grimm. Antiq. Jur. Germ. pag. 592. et Graff. Thesaur. Ling. Franc. col. 332. tom. 6. voce *Spiton*.]

° *Trepellius*, in Cod. Estensi apud Murator. tom. 2. Antiq. Ital. med. ævi col. 287. ubi Glossa: *id est, qui bene trepat.* Porro Germanis, ut notat vir eruditus, *Treppe* idem sonat, quod Italis *Salita, moniata*; quod tauro admissario recte convenit.

° **TRESPES**, Tripes, Ital. *Treppiede*; ad lectum pertinet in Act. notar. Senens. ad ann. 1284. ex Cod. reg. 4725. fol. 25 r°: *Unum per linteaminum et Trespides de lecto, et unum scrineum magnum.*

° *Trespou* vero, Ornatus species videtur, in Lit. remiss. ann. 1395. ex Reg. 147. Chartoph. reg. ch. 288: *Deux patrons à faire bourse de soye, un Trespou de feuille d'or, et un trespou de soye vermeille.*

TRESSALITUS. Usatici Barcinonenses MSS. cap. 67. *Si quis Judæo, vel Saraceno baptizatis retraxerit illorum legem, vel appellaverit eos Tressalitis, vel Tressallits, etc.* [Vide *Tornadiz*. *Tresalé* de eo dicitur quod ex vetustate periit, Gall. *Qui est passé*, in Præcepto Johannis Reg. Franc. ann. 1353. tom. 2. Ordinat. pag. 533. ubi de Apothecariis. *Et quand ils l'auront confité, ils décriront dessus le mois qu'elle fut faite, si que quand elle sera Tresalée, l'en ia jettara.* Aliud sonat vox *Tressault*, in Consuet. Britan. art. 258. 551. Vide Gloss. Jur. Gall.]

° *Tressaillir*, pro *Sauter par dessus*, passer, Omisso medio transire, prætermittere, in Lib. Pedag Paris. ex Cam. Comput. fol. 5. r°: *Le jour de la feste de S. Vincent a li prévost de Paris et li peagiers à S. Germain des prez ung may de vin, si redoivent essaier le vin du convent tout avant, et puis après du four tonneaulx sans tressaillir.*

° **TRESSATORIUM**, Crinium intertextorum muliebris ornatus. Charta ann. 1357. ex Tabul. Massil.: *Attentis importunitatibus domnarum hujus civitatis Massiliæ diu gravantium civitatem importabilibus sumptibus, in arnestis pomposis, Deo et honestati displicibilibus, ut pote in coronis, Tressatoriis et aliis ornamentis perlarum, auri et argenti, in capitulis perlis, auro vel argento ornatis.* Vide *Tressorium* in *Trica*.

¶ **TRESSENQUUS** ARRO. Vide in *Arro*.

¶ **TRESSENSUS**, pro *Trescensus*. Vide *Trecensus*.

° **TRESSEPARE**, f. Perforare, vel perfringere. Libert. Montisfer. ann. 1201. in Reg. 181. Chartoph. reg. ch. 154: *Item quotiescumque acciderit, quod aliquis inventus fuerit de nocte seu die.... incendium ponendo, rapiendo, Tressepando, aut aliud crimen seu maleficium committendo, etc.*

¶ **TRESSETUS**, Fulmentum focarium, Gall. *Chenet.* Inventar. ann. 1476. ex Tabul. Flamar.: *Item plus in camino ignis ejusdem aulæ duos canes sive Tresseti ferri ponderis viginti librarum ferri ad communem extimationem.*

° **TRESSIS**. Vide supra *Tremissis*.
TRESSORIUM, Gall. *Tressoir*. Vide in *Trica*.

TRESTELLUS, [TRETELLUS,] Fulcrum mensarium, tripedis species, Gallis, *Tresteau.* Fleta lib. 2. cap. 16. § 1. *Mensas et Trestella providere et reparare.* Apud Will. Thorn. ann. 1309: *In tabulis, Trestellis, dressoriis faciendis, etc.* [*Aula munita tabulis, scabellis, banchis et Trestellis*, in Ordinatione ann. 1340. tom. 2. Hist. Dalphin. pag. 396. col. 1. *Item, procuret tabulas et Tretellos*, ibid. pag. 395. col. 1. Inventar. S. Capellæ Paris. ann. 1376. ex Bibl. Reg.: *Duæ tabulæ sive mensæ cum quatuor Tretellis super quas cerei et luminare fiunt et ordinantur.*]

° *Tretteau* fortassis mendose, pro *Terceau*, vulgo *Tiercelet*, Tertiarius falco, in Assis. Hieros. cap. 310. apud Thaumasser: *Pour l'estoir ou faucon formé, cent besans, et pour le Tréteau, cinquante besans.*

° *Trestourner*, pro Versare, Gall. *Faire tourner*, in Lit. remiss. ann. 1389. ex Reg. 138. Chartoph. reg. ch. 35: *Montet piqua son cheval et passa par derriere Guyenot, et lui hurta et Trestourna, tellement que à bien po qu'il ne cheut.*

TRESTORNATUS, Deflexus, *Destourné.* *Trestornatæ aquæ et obstructæ*, apud Bracton. lib. 3. tit. de Act. cap. 12. § 6. et in Fleta lib. 2. cap. 52. § 18. *Euves Trestornées*, apud Brittonum pag. 32. v. 71. v. Le Roman de *Garin*:

La veissiés Trestourner el guenchir.

[Le Roman d'*Athis* MS:

Moult la fist bien, moult y jousta,
Moult y guenchi, moult Trestourna....
Et approuchier et prés venir,
Et Trestourner, et d'eulx partir.

Le Roman de *Vacce* MS.

Qui chastel out bien le ferma,
Qui avoir out s'il Trestourna.]

☞ *Trestour*, pro Doius, fraus, Gall. *Détour, finesse*, in Bestiario MS:

Mais il n a oisiax pluisours
Qui les guiches et les Trestours
Dou goupal aperchoivent bien.

¶ **TRESTURA**. Vide *Transitura* in *Transitorium*.

¶ **TRESUM**. Charta ann. 1252. e Tabulario S. Nicasii Rem.: *Inter vineam Pouleti freparii ex una parte, et quoddam Tresum ex altera.* Leg. forte *Trelium.* Vide in *Trela*.

¶ **TRETELLUS**, Gall. *Tréteau.* Vide *Trestellus.*

¶ **TRETEUS**. Vide *Typica febris* in *Typus*.

¶ **TRETHING**, pro *Tething*, Decania. Locus exstat in Lech. Vide *Tethinga*.

¶ **TRETIA**, Volumen funium. Acta S. Rainerii tom. 3. Junii pag. 456: *Jactaverunt anchoram in mare ad retinendam navem.... nec extrahere eam valuerunt, imo in trahendo Tretiam, cum qua ligata erat, ruperunt.* Vide *Treza*.

¶ 1. **TREU**, Ædicula sacra. Vide *Treb*.

° 2. **TREU**, vox Gallica, Cribrum pollinarium, vulgo *Bluteau*, a forma cylindracea sic nuncupatum. Lit. remis. ann. 1398. in Reg. 153. Chartoph. reg. 298: *Guillaume le Foulon failli avant,.... et eust abatu à terre le suppliant, se n'eust*

esté un Treu à buleter la farine, à quoy il estoit apuyé. Hinc etiam Treulle, pro Treuil, Sucula, in aliis Lit. ann. 1389. ex Reg. 135. ch. 287 : Icelluk Enguerran prist la menevelle ou manche de Treulle d'un puis, etc.
TRÉVA, TREUGA, etc. Ugutio : Treuca, vel Treuga, scriptio regalis vel securitas ; unde Treugare, sedare, pacificare, Treugam facere, et Treugarius, qui Treugas inter aliquos facit. Gloss. Lat. Gall. : Treuga, Treves, seureté. Treugarius, qui fait treves. Treugare, faire treuves, appaiser, [assurer, in Sangerman.] A Gélio lib. 1. cap. 25. indcciæ dicuntur Pactitia armorum cessatio. Baldo in leg. 1. D. de Pactis : Treuga, securitas præstita rebus et personis, discordia nondum finita. Pax vero est finis discordiæ, vel plena discordiarum sedatio. Philippus de Bellomanerio in Consuet. Bellovacensi MS. cap. 60 : Treve est une cose, qui donne seureté de la guerre, et tans que elle dure. Vetus Consuetudo Normanniæ MS. part. 2. cap. 10 : L'en doit savoir que Treve, si come l'en la prent en laie court, est un asseurement qui est fait par la foie baillie du cors, que celui qui la donne ne fera mesuy mal, ne ne fera fere, ne par lui, ne par autre à celui à qui il la donne. Leges Alfonsinæ part. 7. tit. 12. lege 1 : Tregua es un asseguramento, que se hacen los fijos dalgo entre si unos a otros, despues que son desafiados, que non se fagan mal en los cuerpos, ni en los averes, en quanto la tregua durare, etc. Adde cap. 7. tit. 12. Vox porro Treva, vel Treuga, a Saxon. treow, vel Germanico Trew, aut Trueve, fides, pax, fidelis, verus, vulgo deducitur. Will. Tyrius lib. 1. cap. 15 Pax que verbo vulgari Treuga dicitur. Guill. Neubrigensis lib. 5. cap. 3 : Induciæ quas Treugas vocant. Fulbertus Epist. 98 : Quin Episcopo tuo Treugam des. Occurrit in Lege Longob. [in Bulla Benedicti VII. PP. ann. 977. Marcæ Hispan. col. 1006.] apud Willelmum Armoricum, Joan. Sarisberiensem Ep. 159. et alios passim.
TREVA, ex Gallico Treve, apud Hugonem Flaviniac. ann. 1041. Gregorium VII. PP. lib. 5. Epist. 16. [in Charta æræ 1050. Marcæ Hispan. col. 1011. in alia ann. 1187. apud Spouium tom. 2. Hist. Genev. pag. 48. etc.]
° Lit. remiss. ann. 1406. in Reg. 161. Chartoph. reg. ch. 39 . Comme Jehan Sirebon eust requis avoir Tréves de Guillaume Dumesnil, selon la coustume du pais, par devant le vicomte d'Orbec ; .... lesquelles Tréves ledit Dumesnil eust données et fiancées audit Sirebon ; et après ce ledit vicomte eust donné et assigné jour aux parties certain après ensuiant de comparoir par devant le bailli d'Evreux ou son lieutenant à son siège d'Orbec pour renfoncier lesdits Tréves, etc. Travers, pro Tréves, in Lit. ann. 1371. tom. 5. Ordinat. reg. Franc. pag. 719.
TREVIA. Guillelmus Pictavensis in Gestis Guillelmi Nothi Reg. Angl. pag. 193 : Sanctissime in Normannia observabatur Sacramentum pacis, quam Treviam vocant. Fulcherius Carnot. lib. 1. Hist. Hierosol. cap. 1 : Jurisjurandi firmitudine pacem, quam dicunt Treviam, invicem tenendam constituerunt. [Adde Johannem Carnot. Epist. 90. Sugerium Epist. ad Gaufridum Com. Andegav. Chartam ann. 1144. in Probat. tom. 2. novæ Histor. Occitan. col. 505. etc.]
TRIUVA, in Legibus Luithprandi Regis Longob. tit. 27. [∞ 42. (5,13.)] Τρίϐα, apud Pachymerem lib. 13. cap. 34.
TREUVIA, apud Albericum in Chron.

MS. ann. 1095. Philippus Mouskes in Hist. Francor. MS :

Quar il n'ot triuwe ne respit.

TREGUA, ex Italico Triegua, vel Hispanico Tregua. Acta Alexandri III. PP. apud Baron. ann. 1177 : Et Treguam Lombardorum .... bona fide servabit. Habetur ibi non semel. Rodericus Tolet. lib. 3. de Reb. Hisp. cap. 24 : Interposito fœdere Treguarum. Mox : De datis Treguis doluerunt. Ita lib. 7. cap 30. 34. in Historia Cortusiorum passim, et in Consuetudinibus Teneræmundanis art. 90. apud Lindanum pag. 94. [et Muratorium tom. 6. col. 172. tom. 11. col. 59. 60. tom. 12. col. 348. 359. 367. 480. 615. 1158. Adde Statuta Montis regalis pag. 174. Antiquitates Hortæ pag. 473. 486. Append. etc.]
¶ TREUGA, in Annal. Genuens. ad ann. 1237. apud Murator. tom. 6. col. 477. Rolandinum lib. 1. cap. 12. tom. 8 ejusd. Murator. col. 180. in Regiminibus Paduæ ibid. col. 482.
¶ TREWGA, in Epistola ann. 1276 apud Hansizium tom. 1. Germaniæ sacræ pag. 417.
¶ TRAUGA, in Litteris ann. 1309. apud de Lauriere tom. 2. Ordinat. Reg. Franc. pag. 150.
¶ TREOGA, in Aresto Parlam. ann. 1331. ex Archivo Bonæ-vallis.
¶ TREUVA, in Charta Alberici Archiepisc. Bituric. apud Baluz. tom. 2. Hist. Arvern. pag. 59.
¶ TREUGUA, Charta seu Instrumentum in quo conditiones treuguæ descriptæ sunt. Charta Honorii III PP. ex Chartul. Campan. fol. 28. v° : Procuratore vero Comitissæ prædictæ relaxari hujusmodi sententias juxta formam in Treuguis expressam et in litteris alterius partis contentam cum instantia postulante, etc.
◊ TREUGA ADRATA. Vide supra Adrare.
Treugæ dabantur, vel in curia Principis, vel in curia domini superioris seu vassalli Principis, altero ex iis, qui in bello erat, petente, ita tamen ut eas domino auferre non liceret, ut est in Consuetudine Andegav. art. 78. 82 83. 152. et Cenoman. art. 49. 89. 93. 94. 167 Domini quippe superioris officium erat in bellis vassallorum partes suas interponere, treugamque iis indicere, renuentes mulctare. Consuetudines Teneræmundæ artic. 15. apud Lindanum : Si vero Scabini ab aliquo Treugas petierint, pro quacunque discordia fuerit, et ille respondent, quod propinquiorem habeat parentem, ille debet ducere Scabinos ad propinquiorem parentem, et ab illo Treugas requirere Scabini. Et si ille negaverit, et dare Treugas noluerit, 20. libras persolvet. Et si de cætero ab ipsis Treugas petierint, et ille iterum dare negaverit, toties 20. librarum reus erit Si vero propinquior parens inventus non fuerit, ille, quem primo Scabini tenuerint, Treugas debet dare, donec Scabinus propinquiorem monstraverit parentem, et eodem Scabinis ostenso, debet quitus morari. Si autem Treugas dare renuerit, 20. libras dabit, sicut superius dictum est. Secus erat de Assecuramento, quod dominus indicere non poterat, nisi altera partium id petente. Vide Dissert. 29. ad Joinvillam.
IN TREUVIS POSITUS, dicitur, cui induciæ concessæ sunt, vel qui per induciæ datas securus esse debet. Baldricus Noviom. lib. 3. cap. 39. [∞ Le Glay 34.] : Eum... in Treviis positum etiam die Dominica interfecit. Sic enim legendum, non tribuis.
∞ TREUGAS SUMERE. Robert. de Monte ann. 1167 : Treugæ sumptæ et juratæ sunt inter reges. Treviæ Captæ, apud eund. ann. 1159.
TREUGÆ REDDI dicuntur, cum expletæ sunt. Rigordus ann. 1195: Sequenti mense Novembri, termino transacto, redditæ sunt Treugæ, et guerra inter duos Reges iterum incepta. [²² Adde Robert. de Monte ad ann. 1132. Pertz. Script. tom. 5. pag. 501. lin. 48.]
TREUGARUM INFRACTIO, Triuvæ tuttæ et ruptæ, in legibus Luithprandi Regis Longobard. tit. 27. [∞ 42. (5, 13.)] Treves enfraintes, in Consuetud. Norman. art. 45. 46. 47. Andegavensi art. 386. et Cenomanensi art. 89. 396. Treves trencades, in libello Catalanico MS. de Batallia facienda, ubi dicitur actionem de Treugarum infractione intra annum finiri. Gualterus Tervan. in Vita Caroli Comitis Flandr. cap. 15 : Accidit autem, ut quidam miles nobilis adversus alium nobilem in curia comitis de Treugarum infractione placitaret, etc. Statutum Friderici II. Imper. ann. 1234. apud Albericum in Chron. MS : Statuimus, quod si quis Treugas datas violaverit, si cum ipso in cujus manu Treugæ fuerant compromissæ, et cum duobus aliis synodalibus hominibus Treugas violatas esse convincere potuerit, et testari, violator manum perdat. De ejusmodi treugarum violatione agit præterea Lex Longob. lib. 1 tit. 9. § 28. lib. 2. tit. 21. [∞ Pippin. 11. Liutpr. 42. (5, 13.)] ut et Consuetudo Andegavensis art. 78. 152. Vetus Consuetudo Normanniæ cap 76. etc. Adde, quæ notavimus in Dissertat. 29 ad Joinvillam pag. 340.
TREUVA, TREUGA, seu TREVIA DEI Id nominis primum auditum in Gallia, ubi cum bella flagrarent domestica, seu ea, quæ vulgo consuetudinaria appellata docuimus ad Joinvillam dissert. 29. et unicuique injurias sibi illatas armis ulciscendi facultas esset, in Aquitania, in Arelatensi et Lugdunensi Provinciis, atque adeo in Burgundia, cæterisque Franciæ partibus, per universos Episcopatus indictum est, qualiter certis in locis a Præsulibus Magnatibusque totius patriæ de reformanda pace et sacræ fidei institutione celebrarentur Concilia : quod avide exceptum est ab omnibus majoribus ac infimis, quos terrebant clades prætoriti temporis. In his porro Conciliis illud potissimum statutum fuit, ut inviolabilis pax servaretur : ut scilicet viri utriusque conditionis, cujuscumque antea fuisset rei obnoxii, absque formidine procederent armis vacui. Quod, inquam, adeo lubentes omnes sunt amplexi, ut palmis ad Deum extensis, Pax, pax, pax, unanimiter clamarent, ut esset videlicet signum perpetui pacti de hoc, quod spoponderant inter se et Deum. In hac tamen ratione, ut evoluto quinquennio confirmandæ pacis gratia idipsum ab universis in orbe fieret inter se in modum. Hæc firma Glaber lib. 4. cap. 5. qui hæc ad ann. 1034. refert, quo scilicet celebrata sunt Concilia Bituricis, Bellovaci, et Lemovicis, in quibus pax universis indicta, ita ut nemo seditionem ageret, nullus per viam (al. vim) raperet, nullus, ut solebat, quasi propter justas querelas pugnam inire constitueret, arce.
☞ Eamdem rem sic narrat Sigebertus ad ann. 1082. [∞ ex Baldrico lib 3. cap. 52.] : Istiusmodi decretum a Franciæ Episcopis datum est servari subjectis sibi populis. Unus eorum (cujus nomen ignoratur) dicit cœlitus sibi delatas esse litteras, quæ pacem monerent renovandam in terra, quam rem mandavit cæteris. Et

hæc tradenda dedit populis, ut arma quisque non ferret, dirempla non repeteret, sui sanguinis, vel cujuslibet proximi, ultor minime existens, percussoribus cogeretur indulgere. Jejunium in pane et aqua sexta feria servaret, et in sabbato a carne et liquamine abstinerent ; ooloque hoc contenti jejunio, in omnium peccatorum remissionem nullam sibi scirent adjiciendam pœnitentiam, et hoc servare sacramento firmarent : quod qui nollet christianitate privaretur, et exeuntem de sæculo nullus visitaret, nec sepulturæ traderet.
Neque tamen ab omnibus id æque probatum Episcopis · Gerardus quippe Episcopus Cameracensis, ut habet Baldricus lib. 3 cap. 27. et ex eo Sigebertus, hoc non tam impossibile quam incongruum videri respondebat, si quod regalis juris est, sibi vendicari præsumerent. Hoc etiam modo sanctæ Ecclesiæ statum confundi, quæ geminis personis, Regali videlicet ac Sacerdotali administrari præcipitur. Huic enim orare, illi vero pugnare præcipitur. Igitur Regum esse, seditiones virtute compescere, bella sedare, pacis commercia dilatare : Episcoporum vero, Reges, ut viriliter pro salute patriæ pugnent, monere, ut vincant orare: hoc ergo decretum periculosum esse omnibus, omnes videlicet aut jurare, aut anathemati subjacere, omnes enim peccato communi involvi, si commento hujusmodi uterentur. Cessit nihilominus Gerardus Episcoporum et aliorum adhortationibus, invitus: ita tamen ut quod ante reclamabat, postea eventus probaverit, cum paucissimi perjurii crimen evaserint. Quas Gerardi querelas pluribus rursum refert idem Baldricus eodem lib. cap 52. [³³ Ed. *le Glay* cap. 22. et 47.]
Atque hæc quidem de pace ab omnibus servanda generatim sancita : at anno 1011. contigit, inspirante divina gratia, inquit idem Glaber lib. 5. cap. 1. primitus in partibus Aquitanicis, deinde paulatim per universum Galliarum territorium firmari pactum propter timorem Dei pariter et amorem, taliter ut nemo mortalium a feriæ quartæ vespere, usque ad secundam feriam incipiente luce, auret temerario praesumeret quippiam alicui hominum per vim auferre. neque ultionis vindictam a quocunque inimeo exigere, nec etiam a fidejussore vadimonium sumere. Quod si ab aliquo fieri contigisset contra hoc decretum publicum, aut de vita componeret, aut a Christianorum consortio expulsus patria pelleretur. Hoc insuper placuit universis, veluti vulgo dicitur, ut Treuga domini vocaretur.
Treugam istam Domini omnes licet per Galliam amplexati essent, hanc tamen recipere abnuit Neustria, ut testatur ibidem Glaber, flagrantibus tum Regem inter Angliæ Henricum, et Odonis Campanensis filios dissidiis ac bellis : quod etiam attigit Hugo Flaviniacensis : *Anno ipso* (1041) *Treva Dei primum statuta est, et firmata, et ipsa Treva Dei appellata : quæ non solum humanis præsidiis, sed et divinis confirmata est terroribus.* Quam cum noluisset recipere gens Neustriæ, viro Dei Richardo prædicante, et ut eam susciperent, quia voluntas Domini erat, et a Deo, non ab homine decretum hoc processerat, ammonente, divino judicio cœpit in eos desævire ignis, qui eos torquebat, et eo anno fere totus orbis penuriam passus est pro raritate vini et tritici. Paucis interjectis: Superest adhuc domus Eduensis Episcopus, vir vitæ longævitate grandævus, qui et referre solitus est, quia cum a S. Odi-

lone et cæteris ipsa pax divinis revelationibus instituta, Treva Dei appellata, et ab Austrasiis suscepta fuisset, et voluntas omnium in hoc esset una, et ubique servaretur, negotium hoc strenuitati hujus Patris nostri Gratia Dei ab omnibus impositum est, ut ejus studio et industria pax eadem in Neustria servaretur, eo quod certi essent de eo, quod tanta esset ejus erga omnes, et omnium erga eum gratia, ut quicquid servandum doceret, servaretur a cunctis ; quidquid vitandum monstraret, id cuncti vitarent. Quamobrem sategit Pater venerabilis, ut tantum bonum gratanter ab omnibus susciperetur: sed perversa quorundam voluntas, et mens indomita quasi inauditum hoc respuit, quasi qui nollent instituta paterna violare, et nova atque inaudita suscipere. Unde et subsequuta est divina ultio, ignis scilicet in rebelles et contumaces desæviens a Domino, quo torquebantur, qui viro Dei resistere, et mandata ejus contemnere non verebantur. Pacem hanc videlicet Normannici Proceres recipere abnuebant, quod belli indicendi jus, atque adeo regiam quodammodo, quam a primis Monarchiæ Franciæ incunabulis, et ab ipsis Danicis, a quibus processerant, gentibus, prærogativam hauserant, si non omnino abrogaret, saltem enervaret. Treugam hanc pariter sub Leone IX. Pontifice excepisse Proceres Alsatienses testatur Diploma descriptum a Glareano lib. 3. Rerum German. pag. 101. [³³ Vide Haltaus. Glossar. German. col. 740. voce *Gottesfried*.]
Hanc excepit tamen postmodum Neustria ipsa, maxime postquam Angliæ regnum, in quo obtinebat, adeptus est Willelmus Nothus. Quippe S. Edwardus, Anglorum Rex, qui regnare cœpit anno 1042. quo scilicet est instituta, in plerisque suis, ab ipso Willelmo confirmatis, cap. 8. in hunc modum, Pacem Dei ab omnibus observandam statuit : *Ab adventu Domini usque ad octabis Epiphaniæ pax Dei et sanctæ Ecclesiæ per omne regnum. Similiter a Septuagesima usque ad octabis Paschæ Item ab Ascensione Domini usque ad octabis Pentecostes. Item omnibus diebus quatuor Temporum Item omnibus Sabbatis ab hora nona, et tota die sequenti usque ad diem Lunæ. Item vigiliis sanctæ Mariæ, S. Michaelis, sancti Joannis Baptistæ, Apostolorum omnium, et Sanctorum, quorum solaennitates a Sacerdotibus dominicis annuntiantur diebus, et omnium Sanctorum in Kl. Novemb. semper ab hora nona vigiliantur, et subsequente solennitate. Item in parochiis, in quibus dedicationis dies observatur. Item in parochiis Ecclesiarum, ubi propria festivitas Sancti celebratur. Et si quis devote ad celebrationem Sancti adveniat, pacem habeat eundo, et subsistendo, et redeundo, etc.* Quod quidem Edwardi et Willelmi Regum Angliæ statutum de *Pace Dei* servanda firmatum est postea in Concilio apud Illebonam ann. 1080. sub Willelmo II apud Ordericum Vitalem lib. 5. pag. 552 : *Pax Dei, quæ vulgo Trevia dicitur, sicut ipse princeps Willelmus eam in initio constituerat, firmiter teneatur, etc.* Huic autem Synodo subjungitur Synodale decretum de eadem Trevia, in nupera Conciliorum editione. Ex quibus dubium oritur, an Edwardus ipse hanc sanxerit, an vero Nothus in Edwardi leges, a se emendatas retulerit.
Utcumque sit, vel hinc patet, non eosdem statutos *Treugæ Dei* deinceps fuisse dies. Nam primitus obtinuit illa a *feria quarta vespere, usque ad secundam fe-*

riam incipiente luce, ut habet Glaber ; lege vero Edwardi seu Willelmi, omnibus diebus Sabbati usque ad diem Lunæ: præterea aliis temporibus et festis ibidem designatis indicitur, atque in iis, in die dedicationis Ecclesiarum, quod Leo IX. PP. obtineri statuit in dedicatione ecclesiæ S. Stephani Bisuntinæ a se facta 5. Non. Octob. ann. 1059. ut habet vetus scheda apud Chiffletium in Trenorchio pag. 557 : *Statuit item, ut vigilia et dies dedicationis in Treuga Dei in perpetuum haberetur, et omnes illi, qui ad eandem dedicationem vel ad nundinas ibidem institutas convenirent, et omnis substantia eorum ubique quousque domum reversi essent. Vacces* au Roman de Rou MS :

Quant li Clergié et li cors saint,
Et li Barons, dont l'ont maint,
A Caen furent assemblé
Au jour qui lour est commandé
! Sour les cors saints lour fist jurer
Paix à tenir & à garder,
Dés Mercredy soleil couchant,
Tresqu'à Lundi soleil levant,
Que jà n'est celée en nul pais,
Qui autri batroit entretant
Ou mal suut appareissint,
Et qui riens de l'autrui prendroit,
Escumiegé estre devroit,
Et de noef livres en merchi
Vers l'Evesque. cen establi.
Et jura li Dus Lautemes,
Et tuit li Barons ensement,
C'en jurerent que pâix tendroient,
Et celle Trieves garderoient,
Puur la paix tout temps remembrer,
Qui tout temps devoit més durer.

Atque ut temporum ordinem sequamur, Raimundus Berengarii et Almodis uxor Comites Barcinonenses in Usaticis Barcinonensibus MSS. editis anno 1066. *Pacem et Treugam Domini* in suis dominiis observari præceperunt, cap. 86. et 97 : *Denique supradicti Principes, apud Barcinonem commorantes, in ecclesia sanctæ Crucis sanctæque Martyris Eulaliæ una cum consilio et auxilio Episcoporum suorum, assensione etiam et acclamatione illorum terræ Magnatum, cæterorumque Christianorum confirmaverunt pacem et Treugam Domini, et statuerunt illam tenere in illorum patria omni tempore : et si ullo modo fracta fuerit, sit redirecta et emendata, ita quemadmodum scriptum habebatur illo tempore, in unaquaque sede, vel in unoquoque Episcopatu.*
² Qualis fuerit in regno Aragoniæ, docet Constit. MS. Petri I. reg. : *Treugam etenim firmaverunt fortiter prædicti episcopi, videlicet ut omni tempore teneretur ab omnibus Christianis ab occasu solis quartæ feriæ Mercuris die, usque ad ortum solis secundæ feriæ et hunc diem. Item continuatum teneatur prima die Adventus Domini, usque ad octavas Epiphaniæ Domini, quando festivitas S. Ylarii agitur. Item similiter continuatim teneatur a die Lunæ, quæ antecedit caput jejunii, usque ad diem Lunæ, qui est primus post diem Dominicam octavarum Pentecostes. Item vigiliæ et festivitates Inventionis Dominicæ crucis, et in tribus vigiliis totidemque festivitatibus B. M. vigiliæ et festivitates omnium Apostolorum, vigilia S. Laurentii, festivitates insuper, cum eorum vigiliis, posuerunt in hac religionis observatione, scilicet S. Felicis Gerundæ et S. Johannis Baptistæ et S. Genesii ac S. Archangeli Michaelis, S. Martini confessoris. Item et vigilia et festum omnium Sanctorum, similiter et Quatuor Tempora posuerunt in tali observantia. Prædictos autem dies, qui sunt in Treuga Domini, confir-*

maverunt prædicti episcopi, cum omnibus præcedentibus et subsequentibus noctis (sic) *videlicet, ab occasu solis, quando ipsa Treuga Domini ingreditur, usque ad ortum solis diei ipsius qua egreditur. Si quis autem intra hanc Treugam prædictam Domini aliquod malum alicui fecerit, in duplum ei componat, et postea per judicium aquæ frigidæ Treugam Domini in sede S. Petri emendet. Si quis autem intra hanc Treugam voluntarie homines occiderit, ex consensu omnium Christianorum diffinitum est, ut ab omnibus diebus vitæ suæ exilio damnetur, et si fecerit hoc sine aliquo casu. Si autem cum casu hoc fecerit, egrediatur tamen a terra, usque ad terminum, quem episcopus et canonici existimaverint esse imponendum. Si quis vero intra hanc Treugam se miserit en agayt, vel ipsum agayt stabilierit pro morte alicujus hominis, vel post apprehensionem alicujus castelli, et tamen si hoc agere non potuerit, similiter emendet ad judicium episcopi et canonicorum ejus, ipsam Treugam Domini si certi facere, si fecisset quod agere ceptavit. Item prohibuerunt ne intrantibus continuatis Treugis, videlicet tempore Adventus Domini seu Quadragesimæ nullum castrum vel munitionem hædificare præsumat, nisi xv. diebus ante prædictas continuatas Treugas hoc inchoaverit. De prædicta autem pace vel descripta Treugæ querela ad episcopum vel ad ejus canonicos, seu fatigacio omni tempore fiat, sicut superius scriptum est in pace de ecclesiis: et ipsi in quibus episcopi et canonici prædictæ sedis se fatigaverint de redirectione præfatæ pacis et Treugæ Domini, sive fidejussores vel hostatici pro pace et Treuga Domini malam fidem portantes episcopo vel canonicis ejusdem sedis, cum protectoribus et adjuvantibus se, quamdiu contenderint, sicut infractores pacis et Treugæ Domini, et ipsi et res eorum non habeantur in pace et Treuga Domini.*

Edwardi vel Wilielmi Regum Legibus consentanea quodammodo statuit Henricus Episcopus Leodiensis ann. 1071. 6. Kal. April. *Nam cum nimia florent strages hominum*, verba sunt magni Chronici Belgici, *et incendia multa, et prædæ et rapinæ, eo usque ut idcirco multi ad inopiam devenirent, Henricus Episcopus dolens, consilio Alberti Comitis Namurcensis, de consensu omnium Primatum, Baronum, qui Ducatus, Marchias, Comitatus, feuda judicialia tenent in Leodiensi Diœcesi ab Imperio descendentia, pacem cum prædicto composuit, omnibus pauperibus et divitibus, nobilibus et ignobilibus in dicto Episcopatu profuturam. Cujusmodi autem illa fuerit, sic enucleatius prosequitur Ægidius Monachus Aureævallis cap. 12: Horum omnium petitione, consilio et voluntate decretum est, ut a primo die Adventus Domini usque ad exactum diem Epiphaniæ, et ab intrante Septuagesima usque ad octavas Pentecostes infra Episcopatum Leodiensem nemo arma ferat, nisi forte inde exiens et alia loca, aut aliunde domum revertens. Incendia, prædas, assultus, nemo faciat, nemo fuste aut gladio, aut aliquo armorum genere, usque ad collisionem membrorum aut internecionem in quempiam desæviat: quod si hoc fecerit homo liber, hæreditatem perdat, beneficio privetur, ab Episcopatu pellatur: servus autem amittat omne quod habet, et Dominus hæreditatem perdat. Quod si culpati fuerint contra pactionem hanc, liber juret cum duodecim; qui vero liber non est, judicio se purget, si tamen signa fuerint manifesta, alioqui cum septem se immunem esse probet. Incipiet autem observatio hujus pacis sexta feria, statim illucescente aurora, et durabit usque ad exordium diei, qui vocatur dies Lunæ, et observabitur per omnes festivitates, quæ proprie in hoc Episcopatu celebres habentur, et similiter per omnes illas, quas ubique universalis celebrat ecclesia, et maxime in festivitate S. Lamberti, et in dedicatione, et duobus diebus ante, et duobus post in utraque festivitate, propter adventum et reditum cæteraque impedimenta. Denique etiam in jejuniis quatuor Temporum, et in vigiliis prædictarum festivitatum eadem lex et pactio tenebitur, excepto quod in illis arma licebit ferre, ea tamen conditione, ne alicui noceatur. Hanc pactionem si quis violaverit, noverit se excommunicationi subjacere.*

Enimvero quod singuli Metropolitani vel Episcopi in suis diœcesibus subinde sancīverant, tum primum firmatum ab Urbano II. PP. in Concilio Claromontano anno 1095. can. 10. apud Ordericum Vitalem lib. 9. pag. 721: *Sancta Synodus statuit, ut Trevia Dei firmiter custodiretur a Dominica die ante caput jejunii, usque ad secundam feriam oriente sole post octabas Pentecostes, et a quarta feria ante Adventum Domini occidente sole, usque ad octabas Epiphaniæ; et per omnes hebdomadas anni a quarta feria occidente sole usque ad secundam feriam oriente sole, et in omnibus festis S. Mariæ et vigiliis eorum, et in omnibus festis Apostolorum et vigiliis eorum, ut nullus homo alium adsaliat, aut vulneret, aut occidat, nullus nummum vel prædam capiat. Statuit etiam, ut omnes Ecclesiæ et atria earum, et Monachi et Clerici, et sanctimoniales et feminæ, et peregrini et mercatores et famuli eorum, et boves, et equi arantes, et homines carrucas ducentes, et harceatores, et equi, de quibus herceant, et homines ad carrucas fugientes, et omnes terræ Sanctorum, et pecuniæ Clericorum, perpetua sint in pace: ut in nulla die aliquis audeat assalire, vel capere, vel prædari, vel aliquo modo impedire. Statuit etiam, ut omnes homines a 12. annis et supra jurent hanc constitutionem Treviæ Dei, sicut hic determinata est, ex integro se servaturos tali juramento: Hoc audiatis vos, etc. Adde* Fulcherium Carnot. lib. 1. Hist. Hieros. cap. 1 Will. Tyrium lib 1. cap. 13. Alberic. in Chron. MS. ann. 1095. etc.

Cujusmodi vero fuerint ista Episcopalia de pace Statuta, accipe ex Tabulario Celsinacensis Monasterii in Arvernis, cujus apographum legimus sat male descriptum: *In nomine divinæ, summæ et individuæ Trinitatis,* Wido *Dei gratia Aniciensis Præsul, supernæ pietatis misericordiam expectantibus Salutem et Pacem Notum esse volumus omnibus Dei fidelibus, quoniam videntes maleficia, quæ in populo quotidie accrescunt, congregavimus quosque Episcopos, Domnum* P. Vivariensem, Wigonem Valentinensem, Bergonem Arvernensem, Raimundum Tolosensem, Deusdet Rutenensem, Fredelonem Ludenensem, et Wigonem Glandensem, *et alios quamplures Episcopos, et quosque principes et nobiles, quorum numerus non est inventus. Et quia scimus, quia sine pace nemo videbit Dominum, ammonemus, propter nomen Domini, (et) ut sint filii pacis, ut in istis Episcopatibus, quos isti Episcopi regunt, neque in istis Comitatibus, de ista hora, et in antea Ecclesiam homo non frangat, extra Ecclesiam, quam in firmamento Castelliæ se sciente, nisi Episcopi præter eorum censum, consensum, prædam in istis comitatibus, neque in istis Episcopatibus homo non faciat de equis, pullis, de bovibus, de vaccis, et asinis et asinabus, et de fascibus, quos ipsi portant, neque de ovibus et de capris, neque de porcis, neque ea occidat, nisi per conductum suum, et suorum intime positorum, accipiat victum, sic ut ad suam domum nihil portet, et ad castellum bastire aut obsidere, nisi unusquisque de sua terra, aut de suo alode, et de suo beneficio, de sua commanda, Clerici non portent sæcularia arma. Monachis injuriam nullus homo aliquando faciat, neque his, qui cum eo perrexerint, qui arma non portaverint, nisi Episcopi aut Archidiaconi præter eorum consensum, villanum aut villanam præter redemptionem non nisi per suum forisfactum, et nisi eundem villanum, qui alterius terram araverit, et lahoraverit, quæ est in contentione, nisi unusquisque de sua terra, aut de suo beneficio terras Ecclesiasticas Episcopales, Canonicales, Monachales nullus præsumere audeat, neque aliqua mala consuetudine dishonorare, nisi de manu Episcopi, aut fratrum voluntate per precariam acquisierit de ista hora et inantea. Negotiatores etiam nullus apprehendere, aut rebus suis spoliare præsumat, se sciente, interdicimus etiam, ut nullus laicorum se immittat de sepulturis Ecclesiæ et offerendis: et nullus Presbyterorum pretium de baptisterio accipiat, quia donum Spiritus S. est. Si vero aliquis raptor fuerit, aut maledictus, qui hanc institutionem infregerit, et tenere noluerit, sit ipse excommunicatus, et anathematizatus, ut a b*minibus sancta*e matris Ecclesiæ segregatus, usquequo ad satisfactionem veniat: quod si non fecerit, Presbyter ei missam non cantet, divinum ei officium non faciat, et, si mortuus fuerit, Presbyter eum non sepeliat, neque ad ecclesiam sit sepultus, communionem ei non donet, se sciente, et, si aliquis Presbyter hoc infregerit, se sciente, ab ordine deponatur, dicimus et ammonemus, ut in isto tempore, scilicet mediante Octobri mense, ac istum Dei placitum cum bono animo et bona voluntate veniatis in Dei nomine, ut in remissionem peccatorum vestrorum consequi valeatis, procurante D. N. J. C qui cum P. et S. S. vivit et regnat.* Confirmat hoc Archiepiscopus Dagobertus Bituricensis sedis, et Dom. Theobaldus Viennensis Archipræsul. Vixere porro hic nominati Episcopi sub anno 993. unde liquet ante annum 1034. peractas hasce de pace servanda Constitutiones.

Exinde decretum Concilii Narbonensis ann. 1054. cap. 2. 3. 4. 5. etc. et Claromontani Concilii, de *Trevia Dei* in diœcesibus publicatam: quod colligitur potissimum ex Epist. 41. Ivonis Carnotensis Episcopi, qui eidem Concilio interfuerat, ex Concilio Narbonensi et Helenensi, ann. 1027. et 1065. Trojano ann. 1093. cap. 12. Rotomagensi ann. 1096. cap. 1. et Synodo Norhusunensi ann. 1105. de qua Conradus Abbas Uspergensis: firmatum deinde in Concilio Remensi ann. 1119. in Statuto Calixti PP. II. Remensi ann. 1136. cap. 11. Romano ann. 1136. sub Innocentio II. PP. can. 12. Lateran. III. ann. 1179. can. 21. Monspeliensi ann. 1195. etc. Ab Episcopis et Principibus in suis diœcesibus et dominiis delnceps publicatum, quod præ cæteris testatur Charta Guillelmi Auscitani Archiepiscopi et Apostolicæ sedis Legati, qui anno 1103. *juxta statuta generalia Concilii nuper statuti, Pacem et Treugam Dei in provincia sua indixit.* Unde conficit Marca in Hist. Beneharnensi lib. 5. cap. 14. num. 12. Idem Statutum perinde confirmatum in Concilio Lateranensi sub Paschali II. firmatum etiam a Nunone Sancii Domino Rossilionis ann. 1217. et Jacobo Rege Aragonum ann. 1228. in Chartis, quæ habentur tom. 8. Spicilegii Acheriani pag. 368. et 383. In posteriori ita describuntur dies *Treugarii*: *Præterea constituendum esse et firmiter observandum censuimus sub eadem pace et Treuga dies Dominicos, et festivitates omnium Apostolorum, et etiam Adventum Domini usque ad octabas Epiphaniæ, et Kadragesimam usque ad octabas Paschæ, diem Ascensionis Domini, nec non festum Pentecostes cum octabis suis, et tres festivitates S. Mariæ, et festivitatem S. Joannis Baptistæ, et S. Michaëlis, et omnium Sanctorum, et festivitates S. Eulalæ, et S. Felicis Gerundensis, et S. Martini.* Mox additur, pacem istam jurari debere a *militibus, civibus, et hominibus villarum a 14. annis et supra*; ubi Concilium Claromontanum habet, *a 12. annis*. Unde planum fit, *verum esse*, quod ait Ivo Carnotensis Epist. 90 : *Treviam Dei non fuisse communi lege sancitam; pro communi tamen utilitate hominum ex placito et pacto civitatis ac patriæ, Episcoporum et Ecclesiarum auctoritate firmatam*. Unde, subdit ille : *judicia violatæ pacis modificari oportet secundum pacta et diffinitiones, quas unaquæque Ecclesia consensu parochianorum instituit, et per scripturam vel testimonium bonorum hominum memoriæ commendavit.*

Jam vero quod Ivo ait de *Pacis seu Treviæ Dei* violatoribus, exigit, ut cujusmodi horum pœna fuerit, paucis attingamus. Quod ultro Gerardus Episc. Cameracæ, tam obstinato animo *Treviæ* institutioni obstiterit, causa illa præsertim fuit, quod cum omnes eidem sacramento interposito adstringi juberentur, decretum hoc periculosum esse omnibus judicaret, omnes enim communi peccato involvendos, si commoniti hujusmodi uterentur, quod sane probavit eventus : *Viæ* onim, ut ait Baldricus lib. 3. cap. 27. *paucissimi crimen perjurii evaserunt.* Id præterea attigere cæteri Scriptores, atque inprimis Glaber : *Plerique*, inquit , *vesani audaci temeritate præscriptum pactum non timuere transgredi, in quibus protinus aut divina vindex ira seu humanus gladius ultor extitit.* Hugo Flaviniacensis ann. 1038 : *Hic Flaviniacum veniens, honesta a nobis susceptus est, et in eadem nocte dominicæ diei cum ei honeste servissent , in Treva Dei bannos et scarritiones mercati homines ejus fregerunt et tulerunt, etc.* Et Conradus Usperg. ann. 1116 : *Neque pax Dei, cæteraque sacramenta firmata pacta custodientur, sed uniuscujusque conditionis et ætatis, præter solos ecclesiasticæ possessionis homines, quibus jam pene nihil præter miseram restat animam, cæteri, inquam, hoc tempore beluino furore bacchantur.* Adde Chartam Jacobi I Regis Aragon. ann. 1247. quæ habetur in Foris Aragon. lib. 9. pag. 182.

Pœna vero violatæ Pacis Dei primitus fuit vitæ compositio, aut excommunicatio, ut est apud Glabrum. Concilium Claromontense *fractionis pacis reum, prout judicatum fuerit, puniendum* statuit can. 1. Synodus Illebonensis ann. 1080. cap. 1. et 26. et Synodus Romana anno 1179. et alia ejusmodi reos excommunicando statuunt, ut perinde Rainoldus Archiepisc. Remensis in Epistola scripta circa ann. 1095. quæ habe-

tur tom. 5. Spicil. Acher. pag. 559. [Nicolaus II. PP. *Treguæ Domini infractores anathemate feriri*, decernit apud Baluz. tom. 7. Miscell. pag. 67.] Adde Ivonem Carnot. Epist. 90. Concilia Rotomagensia pag. 145. 185. [et Tolosanum ann. 1228. tom. 2. Spicil. jam laudati pag. 628 et 637.] Ad *Treugæ Dei* fractionem pertinent præterea hæc ex Charta Richardi Archiep. Bituric. ann. 1065. ex Tabul. S. Dionysii de Capella Ch. 20 : *Si alicui res sua furata fuerit, vel ablata in Treuga Dei, et forisfactor in nundinis inventus fuerit, et forisfactor sit salvus, qui in nundinis inventus fuit : si autem res vendita fuerit, et emptor legitime probaverit, se nescire illum esse latronem, de quo emerat, nec illam rem fuisse ablatam in Treuga Dei, habebit rem suam, et reddet emptori tantum, quantum dedit.* Præterea sequentia ex Concilio MS. apud Illebonam, quando Philippus Rex Franciæ subjugavit Normanniam : *Item diximus de Treuga, quod si aliquis vulneraverit alium, unde debet perdere membrum vel vitam, placitum remanebit in Curia D. Regis, si consequens vult persequi causam, et Ecclesia habebit emendam suam usque ad 9. libras. Si accusatus fuerit convictus, dominus Rex habebit residuum. Treuga vero durat a die Mercurii sero usque ad diem Lunæ mane.* Vide Marcam ad Can. 1. Concilii Claromontensis.

☞ Sed hæ *Trevæ* quamtumlibet firmatæ variis in Conciliis, cum male servarentur, non impedierunt, quin identidem civilia bella et intestinæ grassationes pluribus in provinciis grassarentur. Adeo invaluerant in Occitania præsertim et Aquitania circa annum 1182. ut iis malis novum adhibere remedium conati sint sodales *confratriæ Dei*, eo quo diximus modo in *Agnus Dei*. Qua vero ratione subsequentibus sæculis odia privata compescuerint Reges nostri, dictum est in *Quarentena* 4. Vide 1. Ordinat. Reg. Franc. num. 153. et seqq.

TREVIA, Immunitas, seu pax data, quamdiu nundinæ durant. Vetus Charta apud Puricellum in Ambrosiana Basilica pag. 519 . *Quo etiam die ad frequentationem hujus solennitatis statutum est annuale mercatum, et omnibus venientibus ad hanc solennitatem, vel causa orationis, vel causa mercandi, et redeuntibus stabilita est ab omni civitate firma et inviolabilis Trevia octo ante festum, et octo dies post festum, etc.* Vide *Pax Regis*.

° TREVANUS, f. Fecialis munitus. Chron. Sublac. apud Murator. tom. 4. Antiq. Ital. med. ævi col. 1050 : *Apostolicus autem hæc multum ægre ferens, tum quia per tempus factum erat, tum quia abbatem diligebat, misit Trevanum suum, Cetulum nomine , qui supradicto Bertrahiano ex Apostolica auctoritate præciperet, ut sine mora castrum S. Benedicto redderet.* Vide *Treugarius.*

° TREVARIUM, f. Acquisitum. Præcept. Theoder. III. ann. 676. tom. 4. Collect. Histor. Franc. pag. 637: *Cognoscat... quod res nominatus,... cum colonica, Trevario, et quicquid supradictus Adalricus de quolibet adtracto ibidem tenuit, etc.*

TREUDIS. Lex. Aleman. tit. 99. § 2: *Et si cervus ille,* (furto subreptus aut occisus) *Treudis non habet, medium sol. componat.* § 3 : *Si Treudis habet, et cum ipso nihil sagittatum sit, solvat sol. unum.* § 7. 8 : *Si cerva indomita fuerit occisa, tremisso solvat : si Treudem habuit, medium solidum.* Ita cervus, qui *Treudem*

habet, majoris compositionis et pretii censetur. Quod vero *Treudis* hic dicitur, *Triuta* appellatur in Lege Ripuar. tit. 42. § 2 : *Si quis cervum domitum, vel cum Triutis occiderit, aut furatus fuerit, etc.* Ubi *triutas* hinnulos quidam interpretantur, [pullos cervinos Eccardus, quem consule in hanc legem.] [☞ Vide Graff. Thes. Ling. Franc. tom. 5. col. 524.]

★ **TREVERTINUM.** [Gall. *Travertin*: « Pro parte ejus laborerit facti in *Trevertinis* fabricæ palatii apostolici apud S. Marcum. » (Edif. dubl. arch. Vatic. f. 1. an. 1467.)]

TREUGANUS. Vide *Treugarius*.

¶ TREUGARE, *Treugas* seu inducias facere, Gall. *Faire trève*. Elmham. in Vita Henrici V. Regis Angl. cap. 50 : *Nobilitas regia quibuscumque mediis allecta cum præfato Duce Treugare, fœdus invit.* Vide *Treva*.

¶ INTREUGARE, Eodem intellectu. Charta ann. 1289. e Bibl. Reg.: *Finita guerra vel Intreugata debetis mihi restituere vel meis ipsum castrum in eodem statu, quo accepistis.*

° Alias *Atréver* et *Atriéver*. Froissart. vol. 2. cap. 150: *Quand les chevaliers et escuyers du royaume de France... virent que les royaumes d'Ecosse et d'Angleterre s'estoient Atrévez ensemble, etc.* Lit. remiss. ann. 1359. in Reg. 87. Chartoph. reg. ch 233 : *Enguerran fist prendre Florimont de Brimeu chevalier....... pour avoir trièves et asseurement dudit chevalier et de ses amis; lequel chevalier Atriéva et asseura ledit Enguerran.* Aliæ ann. 1365. in Reg. 98. ch. 290 : *Duquel Ancel le suppliant fu approché de Atriéver ou asseurer, et finablement tant fu mené que Trièves ou asseurement il donna.*

° TREUGARIUS, *Treugæ* procurator et arbiter. Charta ann. 1177. apud Murator. tom. 4. Antiq. Ital. med. ævi col. 281: *Si contigerit quod aliqua prædictarum civitatum vel locorum vel personarum, quæ sunt ex parte societatis offenderit aliquam civitatem, locum vel personam, quæ sunt ex parte imperatoris, et non fuerit emendatum per Treugarios, qui ad hoc electi sunt, imperator vel alii, qui sunt ex parte sua, non propterea frangant treugam, sed civitates societatis et alii de societate ponant ea sub banno juxta arbitrium Treugariorum.* [☞ *Treuganos* et *Treuganorum*, apud Pertz. Leg. tom. 2. pag. 156. *Treugani* pro *Treugrani* vel *Treugrani* restituit Savinius Hist. Jur. Rom. med. temp. tom. 3. cap. 19. § 49. not. d. apud Pillium Summa in Tres lib. Cod. de irenarchis (10, 75.) : *Officium irenarchæ consistit in sedandis rixis atque discordiis..... in latronibus et aliis malefactoribus comprehendendis et similibus... forsan tales sunt homines, qui apud nos justitiæ consules vel Treugani hodie nuncupantur.*] Vide in *Treva* et *Trevanus*.

¶ TREVIA, Induciæ, Gall. *Trêve*. Vide *Treva*.

TREVIANUS, Societate vel fœdere conjunctus, ut videtur, Gall. *Associé*. Stat. MSS. eccl. Corisopit. ann. circ. 1540 : *Ordinamus quod nullus de futuro ad sacros ordines promovendus, recipiatur aut admittatur ad titulum alicujus nobilis, quamvis potens fuerit, aut alicujus parrochianorum, seu communitatum aut Trevianorum.*

¶ TREVISINI SOLIDI de *flore*. Vide *Floreni*.

° Perperam pro *Prebisini*. Vide supra in *Floreni*.

TREUMIA. Charta Fundationis Collegii Canonicorum in Ecclesia Parochiali Escolarum diœcesis Rotomag. ab Ingerranno de Marigniaco, mense Jan. 1810. ex 47. Regesto Tabularii Regii n. 64. *De etiam et concedo tam ipsis quam aliis personis Collegii liberum molere pro eisdem et familia sua tota in molendino meo de Becco, ita quod immediate post bladum existens in Treumia, quod vulgariter dicitur Ingranatum, eorum bladum moletur, et id facere abique damgerio vel exactione qualibet tenebitur in futurum molendinarius molendini, etc.* Vide Tremellum, [Tremœa, Tremuta, et Tremuta.]

TREUS. Libertus fidelis. Vide Threus.

¶ **TREUSA**, Tributi species dominis feudalibus exsoluta, sic dicta, ni fallor, a veteri Gallico *Treu*, *Treus*, vel *Trehus*, Tributum, illud maxime quod portorii nomine de mercibus, vel sale ab una in alteram regionem transvectis persolvitur. Libertates Bellomontis e MS. Coislin: *Absolventes prædictos homines ab omni..... exactione, extorsione, gallina, Treusa, etc.* Butelerius in Summa lib. 2. pag. 865 : *Item est à scavoir qu'au pays où le Treu du sel a liu, nul ne doit acheter sel fors au grenier du seigneur.* Vide Glossarium Juris Gall. v *Treu* et infra *Truagium* et *Trutanizare* in *Trutanus*.

¶ **TREUVA, TREUVIA.** Vide in Treva.

º **TREWILLUM**, Torcular, idem quod Trolium. Epit. in eccl. Vienn. apud Charvet. hist. ejusd. pag. 771. *xxx libras quæ positæ fuerunt in emptione Trewilli Ascherici apud costas d'Arey, anno incarnati Verbi mil cxxxiiij.*

º **TREYRA**, Modus agri seu vineæ. Charta admort. ann. 1415. in Reg. 168. Chartoph. reg. ch. 928. *Item pro decem Treyris vineæ,..... mediam Pictavinam* Nisi legendum sit *Treyla.* Vide supra *Trelhia*.

¶ **TREZA**, Crines intexti. Vide in *Trica*.

º **TREZEBIA**, Crinium intertextorum muliebris ornatus. Stat. ann. 1342. inter Monum. eccl. Aquilej. cap. 90. col. 903 : *Item quod nulla mulierum vel dominarum... audeat portare in ornamento capitis perlas, velos aureos et argenteos, nec alia ornamenta, excepta Trezebia vel curdella valoris unius marchæ, et non ultra.* Vide supra *Trescia* et *Tressatorium*.

º **TREZELLUS**, Dolii vinarii species. Arest. ann. 1414. 12. Maii in vol. 11. arestor. parlam. Paris : *Pro quolibet tonnello quinque solidos, pro Trezello quatuor solidos.* Vide supra Tresellus.

¶ **TREZENA**. Litteræ Humberti II. Dalph. ann. 1345. tom. 2. Hist. Dalph. pag. 519. col. 1 : *Summa dictarum personarum in numero, inclusa Domina, xxx. Extimantes esse necessaria pro dicta domina matre nostra cum personis prædictis et Trezena quolibet anno, videlicet de frumento CCCC. sest. etc.* Adnotat Cl. Editor nostris vulgo dici *Trezain* id, quod a venditore supra justum numerum datur emtori, qui res emit per numerum duodecim, seu *quarteronum* vendi solitas ; atque, per analogiam ad hunc usum Trezena hic dici de personis, quas D. Dalphina secum habere poterat ultra numerum 30. personarum sibi de more assignatarum. Quid si Trezena eo loci sit, pro *Terdena*, triginta, Gall. *Trentaine*. Nihil certe absurdi sequeretur.

¶ **TREZENARE.** Vide mox in *Trezenum*.

TREZENUM, Pretii venditionis pars decima tertia, quæ domino exsolvitur pro laudimio, seu vendendi facultate vassallo vel tenenti indulta. nostris, le *Treziesme denier :* nude *Treizième*, in Consuet. Norman. art. 114. 171. 174.

[*Trezain* Provincialibus : qua de re consulendi Bonus in Observat. ad Statuta et Consuetud, Provinciæ cap. 16. pag. 24. et *Mourgues* in Statut. pag. 153.] Charta Provincialis ann. 1236. in Regesto Tolosano Cameræ Comput. Parisiens. *Dantes prædictis Dominis Cadarossæ et eorum hæredibus et successoribus licentiam et plenariam potestatem, quod ipsi inter se nobis irrequisitis et inconsultis sine Trezeno, accepto* (leg. *accapto*), *et laudimio possint vendere, permutare, etc.* Donatio facta Templariis Tolonensibus a Gaufrido et Rostagno de Aguto : *Reddito tamen Trezeno vel seignoria, quam habent ibi Domni.* Charta Michaëlis Archiepiscopi Arelatensis ann. 1214. qua Castrum de Belliquadro cedit Simoni Comiti Montisfortis, in 30. Regesto Archivi Regii Ch. 59 : *Pedagia sive in aqua, sive in terra, lesdas, quintale, cordam, furnos, sextairale, jurisdictionem, justitias, firmantias, Trezenos, medios trezenos, laudimia, monetam, etc.* Adde Conc. Avenion. ann. 1279. cap. 1. et ann. 1326. cap. 11. [Instrum. Gall. Christ. novæ edit. tom. 3. col. 217 248. Statuta Massil. lib. 2. cap. 1. § 37. cap. 29 § 3. lib 3. cap. 30 § 12. cap. 5. § 3. 5 cap. 36. Hist Dalphin. tom. 1. pag. 98. col. 2 tom. 2. pag 74. col. 1. pag. 110. col. 1. *Trezenum in omni casu alienationis,* in Homagio ann. 1371. e Schedis Præs. de *Mazauques.* Occurrit passim in Chartis MSS. in quibus aliquando scriptum legitur Tresenum.]

[TREZENUM, Quævis decima tertia pars e qualibet re percepta. Transactio ann. 1212. ex Histor. Montis-Majoris MS : *Testes probaverunt monasterium habuisse pacifice ab omnibus ibi piscantibus ...... de quibus craneis Trezenum pro pulmenta, et de venatione capita aprorum, etc.* Transactio ann. 1223. e Schedis Pr. de *Mazauques :* *Licitum erat dictis hominibus in dicta sylva piscari et aucupari, dato domino sylvæ Trezeno avium et piscium.* Vetus Recognitio MS *Item quartam partem Trizeni pecuniæ, quam et quod percipit. Item etiam quartam partem Tresani seu Tresene partis pecuniæ, quam accipit in quolibet navigio.*

TREZENARE, dicitur, qui habet jus exigendi *Trezenum*. Charta Tarasconensis de venditione cujusdam *feudi Franci, sub majori domino, alta et bassa jurisdictione, baneria, et jure laudandi et Trezenandi magnifici et egregii viri Ludovici le Maingre, dicti Bossicault, Domini loci Burbonis et condomini Insularum de Massagauta.* [Charta clientelaris dominii de Tritis ann. 1533 : *Item census et servitia, tam pecuniaria quam bladi, cum jure laudandi, Trezenandi, jureque prælationis retinendi, etc.*]

TREDECIMA, recensetur etiam inter *auxilia*, imposita sub Joanne Rege pro bellicis necessitatibus, in Charta Caroli V. 16. Nov. 1880, quæ habetur in Regesto Andegavensi Cameræ Comput. Paris. fol. 49. *Par ces presentes quittons et remettons et annullons, et mettons du tout au neant tous aydes et subsides quelconques, qui pour le fait desdites guerres ont esté imposées, cueillis et levez depuis nostre predecesseur le Roy Philippe que Dieu absoille jusques aujourd'hui, soient fouages, impositions, gabelles, Treiziemes, quatriémes, et autres quelconques ils soient, et comment qu'ils soient dis ou nommez, etc.*

¶ **TRI**, Francis vet. Tres. Vide *Chunna*.

º **TRIA**, Columbarii species, nostris alias *Trie*. Charta ann 1847. in Reg. 79.

Chartoph. reg. ch. 13: *Comme Robert Videt nostre bourgeois de Carenten... tiegne une voulée ou Tris de coulons par dessus une establé.*

¶ **TRIACHA**, in Statutis Astæ, ubi de intratis portarum, et Statutis Montisregalis pag. 288. pro Italico *Triaca*, Gall. *Theriaque*, Theriaca, confectio nota. Vide *Triaculum*.

¶ **TRIACONTAS**, Tricenarius numerus, Tertulliano de Præscript. cap. 49. a Græc. τριχοντα. triginta.

TRIACONTASIMUS, ex Gr. Τριακοντάσημος, Pannus, qui triginta *clavis* exornatur Græci enim σῆμα et σημεῖον, Clavum auri et purpuram, qui vestibus adsui solet, vocant, ut observatum a Salmasio, et aliis. Petrus Diac. lib. 4. Hist. Casin. cap. 17 : *Misit...... pallium Triacontasimum pro altari nostræ Ecclesiæ* Et cap. 46. al. 48 : *Pallium Triacontasimum B. Benedicto direxit.* Epistola Alexii Comneni Imp. in Regesto ejusdem Petri n. 148 : *Misa sunt vobis causa memoriæ ab Imperio meo libræ 8. solidorum Michalatorum, et pallium Triacontasimum super altare vestræ Ecclesiæ.* Alia editio habet *Triacontas*.

º **TRIACULUM**, a veteri Gallico *Triacle*, pro *Theriaque*, Theriaca ; unde *Triacleur*, et *Triaclier*, ejusdem propola Lit. remiss. ann. 1376. in Reg. 110. Chartoph. reg. ch. 300. *Fuit tamen materia, in dicta piscide existens, illico in judicio per expertos in talibus examinata et exprobata ; et repertum quod hoc erat bonum et finum Triaculum, absque macula pravitatis ;... confitens etiam ipse Dorentot quod dictam piscidem et materiam quæ in ea erat, emerat tanquam bonum Triaculum a magistro Martino Triacli* (sic) *venditore.* Aliæ ann. 1381. in Reg. 119. ch. 44 : *Jehan Merlin cirurgien de rompture et de taille,... s'estant accompagné d'un Triaclier, nommé Adam le Lievre, pour aler par pais pour leur pain gaigner de leurs sciences ou mettiers, etc.* Rursum aliæ ann. 1334. In Reg. 147. ch. 87 : *Comme le suppliant ausi est acheter une petite bouteille de Triacle d'un, qui estoit appellé maistre Martin le Triacleur, etc.* Vide supra *Thiriaca*.

¶ **TRIACUMINIS** CULTELLUS, Cui tria sunt acumina, seu latera secantia. Vide in *Cultellus* et *Trialemellum*.

¶ **TRIADES**, Trinitas, a Græco Τριάς, άδος. Fortunatus in Carmine ad Martinum Episc. Gallicæ :

Lumen apostolicum cum splendore vago Triades.

TRIAEN. Lex Salica tit. 40. § 13 *Triaen componat, quod est tertia pars solidi, id est* 12. *denarii, et tertia pars unius denarii.* Editio Tilii habet *Triente uno componat, quod est tertia pars solidi, est denarii, et tertia pars denarii.* Ubi deest vox duodecim, quæ habetur in Heroldina tit. 41. § 15. et Pithœana. Supra tit. 37. § 4 40. *den. qui faciunt solid.* 1. *et Tranti uno, quod est tertia pars solidi, culpabilis judicetur.* Edit. aliæ habent, *Triente.* Vide Wendelinum.

TRIALEMELLUM. Albericus in Chron. MS. ann. 1214. [᛫᛫᛫ pag. 481. ed. Leibn.] : *Ante oculos ipsius Regis occiditur Stephanus de Longo campo, in capite percussus longo, gracili, Trialemello, quem Falsarium nominant.* Id est, pugione, vel cultro longiori, triplicem *lamellam*, seu laminam ferream habente : nam *alemelle*, et *alumelle*, cultri laminam etiam num dicimus. Philippus Mouskes in Hist. Franc. MS. in Philippo Aug. :

*Un coutiel ot moult rice à pointe,
D'acier ert l'Alemielle jointe.*

[Le Roman d'*Athis* MS.

Selon le corps les la mamelle
Lui a conduite l'Alemelie.

Vide *Triacuminis cultellus* et *Falsarius* 1.]

TRIALLUM. Vide *Triare.*

¶ **TRIALOGUS**, Mutuum inter tres colloquium Hoc titulo donavit J. Wiclefus præcipuum e suis, quæ Latine scripsit, operibus : in quo *Veritatem, Prudentiam*, et *Menducium* inducit una sermocinantes.

TRIANFACTA. S. Cyprianus Epist. 21 : *Pro se dona numeravit, ne sacrificaret ; sed tantum ascendisse videtur usque ad Trianfacta, et inde descendisse.* Ubi Pamelius locum fuisse opinatur, ubi sacrificabatur. Alii volunt locum esse, qui Romæ *Tria fata* dicebatur, de quo Procopius lib. 1. de Bello Goth. cap. 25. Anastasius pag. 116. etc. Vide Rosweidum ad Paulini Epistolam 58. [et Baluzii notas ad hunc locum.]

¶ **TRIANGULARE**, *Facere aliquid triangulum vel triangulare*, in Gemma gemmarum. [⁂ Hæc ex Vossio de Vit. Ser. lib. 4. cap. 28. Gemma habet *Triangulare est triangulos facere*.] Nicolaus de Jamsilla de gestis Friderici II. Imp. apud Murator. tom. 8. col. 565 : *Factu sunt de ingenio Marchionis Bertholdi quædam lignea instrumenta Triangulata sic artificiose composita, quod de loco ad locum leviter ducebantur.*

¶ **TRIANNUM**, Triennium, Gall. *Triennal.* Inquisitio ann. 1268 : *Ipse stetit...., per tres annos pro pastore, et dixit quod vidit qualibet anno dictorum Triannorum, etc.*

¶ **TRIANTUS**, f. pro *Striatus*. Vide *Castriatus.*

⁑ **TRIARCHES**, Sic vocantur tres filii Ludovici Pii, qui regnum Francorum in tres partes diviserunt, ut notat D. Bouquet ad Mirac. S. Maxim. tom. 7. Collect. Histor. Franc. pag. 372 : *Ludovico piissimo augusto, ut credimus, regna cœlestia petente, imperium Francorum armis diu quæsitum, atque a Carolo ejus patre multipliciter propagatum, a nobili illius corporis compage multis nationibus coacta trifariam dividitur, Triarchesque filii constituti, id regendum sortiuntur.*

⁂ **TRIARCHUS**, *Navigans, præpositus in exercitu*, in vet. Glossar. ex Cod. reg. 7641. Aliud ex Cod. 7613 : *Trias, præpositus navigantium* (secunda manu, *navigans*) *in exercitu.*

¶ 1. **TRIARE**, Ex multis eligere, Gall. *Trier*, Provincialibus *Triar*. Inquisitio ann. 1268 : *Et ipse venit ad dictas oves,... et elegit sive Triavit oves pastorum*. Infra: *Triaverunt per sacramentum dicti pastores avere eorum.* Litteræ ann. 1287. apud Rymer. tom. 4. pag. 808 : *Ad eligendum et Triandum mille homines Wallenses ad lanceas*, etc. Aliæ ann. 1388. tom. 5. pag. 7 : *Centum homines Wallenses.... de melioribus, validioribus et fortioribus...., eligatis, Trietis et arraiatis , vel eligi, Triari et arraiari faciatis*. Vide *Assidere* 3.

² Charta ann. 1342. in Reg. 72. Chartoph. reg. ch. 341 : *Offero vobis restituere et Triare fustam, quæ vestra fuit, juxta pacta prædicta, aliter protestor de dampno,..... si dicta fusta deterioraretur.* Hinc

☞ *Triaige*, Separatio, selectio : quo nescio an spectet vox *Triaige* in Chartul. Latiniac. fol. 267. v° : *Sauf et reservé certain dixmage que l'Abbé de S. Mor des fossez et les hoirs Tiersault preignent certain Triaige oudit terrouer d'Ongnes.* Ubi fortassis legendum est *Terrage* vel *Tierrage.*

° *Triege* vero, Territorium sonat, in Chartul. Gemmet. tom. 1. pag. 53 : *Nous prenons toutes les grosses et menues dixmes du Triege, appellé la rue des Aiguillons ;... et au Triege enclos dedans la rue du Sauve prenons comme dessus et toutes les dixmes des vins.*

2. **TRIARE**, vox Fori Anglici, *Causam agere, rem probare, actione experiri, examen litis subire*, denotans a Saxon. t r i w i a n, uti vult Somnerus, i. *probationibus innocentiam suam ostendere, vel fidem suam injuste in dubium vocatam probare, seque dignum cui fides adhibeatur.* Spelmannus : *Triatio, Triatores, Anglis Tryaours , vocabula forensia quibus nulla, quod sciam, Latine respondeant satis apposite. Est autem Triatio, exactissima litis contestatæ coram Judice per duodecimvirale sacramentum exagitatio , quod et Triare dicitur : et ipsi Sacramentales inde Triatores, eorumque sacramento res comprobata, Triata appellatur.* Fleta lib. 4. cap. 10. § 4 . *Si parentes producantur, qui quærentem suum sub potestate domini constitutum probaverint, Triantur per hoc tam causa status, quam assisa, et talis liberabitur domino suo, ut villanus suus.* Adde § 5. [et Chronicon Wethamstedii pag. 425.] Will. Thorn. ann. 1335 : *Qui vero Salomon, hujus sæculi prudens fabricavit sibi stateram, Abbati et Conventui postea dolosam et abominabilem,.... et cum illa Triavit 20 sol. in denariis antiquis ponderis maximi, cum quibus æqua lance recipiebat denarios quosmuncunque.* Hæc verba non plane percipio, nec video, quomodo vocis notioni a Somnero et ab aliis allatæ conveniant. [⁂ Vide *Triare* 8.] Littleton. sect. 198 . *Ceo sera Trié en le countie lou le plaintif avoit conceive son action, et nemy en le county lou le manor est, etc.* Infra : *Si ascun villaine voylloit suer ascun manor de action à son use demesne en ascun countie, où il est fort à Trier envers son Seignior, etc.* Jo. Britto de Legib. Angl. cap. 29 : *A quel jour le Visconte faca Trier 12. des plus sages et plus leals, et plus souffisans de tout le hundred, et ceux faire jurer, etc.* Hinc forte vox Gallica *Trier*, pro *seligere, cligere.*

TRIALLUM, Ipsa *triandi* actio. Wilelm. Stanfordius lib. 2. de Placitis Coronæ cap. 49 : *Le Triel est per verdit de 12. hommes ; le confession est per la partie mesme, quand il ceo confesse devant le Coroner, ou devant les Justices.* Triplex autem *Triallum* recenset idem Stanfordius : *Trial par bataille*, lib. 3. cap. 1. 13. 14. cum quis a crimine defendit per duellum : *Trial par les Pays du Royaulme*, eodem cap. 1. cum quis reus nobilis a Paribus suis judicatur : et *Trial par le pays*, cap. 2. et seqq. Vide *Patria.* In quo vero differat *Triallum* ab *indictamento*, vide eumdem Stanford. lib 2 cap. 26. pag. 90.

⁂ 3. **TRIARE**, f. Aurum vel argentum ab aliis metallis, quæ in monetis permisceri solent, separare, idem quod supra *Rechassare*. Charta pacis Petri cardin. sub Jacobo I. reg. Aragon. : *Item statuimus quod si quis monetam Barchinonensem falçaverit, vel Triaverit, vel ad fundendum alicubi portaverit,.... tanquam monetæ falsarius puniatur.*

⁂ **TRIARIUS**, Qui tertio loco constituitur, portitor signorum, in vet. Glossar. ex Cod. reg. 7613. [⁂ *Super tres constitutus*, addit Joh. de Janua.]

¶ 1. **TRIAS**, SS. Trinitas, a Gr. τριάς, Ternio. Sigebertus Levita in Vita Theodorici Episc. Metensis, apud Leibnit. tom. 1. Scriptor. Brunsvic. pag. 294 :

Adsis una Trias, animæ trinæ monas.

° 2. **TRIAS**. Vide supra in *Triarchus.*

⁑ **TRIATEL**, Vox vulgaris, nomen fortasse cujusdam prædii rustici. Charta ann. 1126. ex Chartul. S. Eparch. : *Dono S. Eparcho illud ædificium, quod vulgo appellatur Triatel, in parrochia de Narciaco...... Iterum cum isto dono de Triatel illum censum, quem pater noster Hugo præpositus habebat in ista valle.*

¶ **TRIATIO**, TRIATOR. Vide *Triare* 2.

¶ **TRIATRUS**, *Tertius dies.* in Amalthea. [⁂ *Tertius dies post Idus*, apud Festum Pauli.]

TRIAVERDINI, cum Brebantionibus et Ruptariis junguntur in Concilio Lateranensi III. ann. 1079. can. 2. 27 . *De Brebantionibus et Arragonensibus et Navarris, Basculis et Coterellis, Triaverdinis, qui tantam in Christianos immanitatem exercent, etc.* Vide an non legendum sit *Trialemellinis*, qui scilicet *Trialemellis sicis*, de quibus supra, utebantur.

° 2. **TRIBA**, pro Turba. Charta ann. 1260. inter Probat. tom. 3. Hist. Occit. col. 543 : *Dictus episcopus Albiensis, cum magnis et multis Tribis militum et peditum armatorum, cum vexillis et tubis, etc.* Plures ibi. *Une grant Trouble de gens*, apud Bellomaner. MS. ex museo meo pag. 97. v°. col. 2.

TRIBATTERE. Lex Salica tit 40. § 9 . *Si quis jumenta aliena Tribatterit, et evaserint, etc.* § 14 : *Caballos aut jumenta aliena Tribatterit, aut debilitaverit, etc.* Spelmannus *tribattere* ait, esse sine sanguinis effusione verberare, vel cædere, Anglis *Dribeat*, a Saxon. drife. Angl. Dry, i. *aridus*, et beate, *percutio*. [Melius forte Vossius lib. 4. de Vitiis serm. cap. 2. *Tribattere* interpretatur *ter sive sæpius battere* seu *percutere*.] Vide *Trabattere.*

TRIBIANA, Vitis species, de qua Petrus de Crescentiis lib. 4. cap. 4.

¶ **TRIBILIUM**, a Gr. τρίβλιον, Catinus, *paropsis*, vas in quo cibi proponantur. Agnellus in Vita Georgii Episc. Ravenn apud Murator. tom. 2. pag. 185. col. 2 : *Judith vero Caroli mater dedit eisdem sacerdotibus Tribilium* (vel *Tribilion*) *argenteum modicum unum, asserens se non plus habere, dicens : Tollite hunc ferculum, refocillate pauperiam vestram.*

¶ **TRIBILLUM** Vide supra *Tibrillum.*

✶ **TRIBILO**, (*Escalder*. (Gloss. ms. Turon XII. s. Bibl. Schol. Chart. 1869, p. 328.]

° **TRIBLA**. Instrumentum piscatorium, Gall. *Truble*, alias *Treubleur*. Charta ann. 1243. ex Tabul. priorat. S. Mart. de Lavard. : *Homines de Lavardino piscabuntur ibidem, prout piscantur in aliis aquis nostris de Lavardino, videlicet cum Triblis seu banastis, etc* Lit. remiss. ann. 1409. in Reg. 164. Chartoph. reg. ch. 57 : *Ilz trouverent un petit Treubleur, duquel ilz prindrent des anguilles oudit chalan.* Vide *Trubla.*

TRIBLAGIUM, Species tributi pro prestationis, in Tabulario S. Vandregisili, [scilicet in Charta ann.1214. tom. 2. pag. 1718 : *Ego Hugo Mandegures dedi... monachis ibidem Deo servientibus.... totum tenementum..... apud Avesnes, cum omnibus pertinentiis, tam in serviciis quam in redditibus, releviis, auxiliis.... fenagiis, Triblagiis, et omnibus aliis, quæ ad manum meam.... debent devenire.* Servitium intelligo quo vassalli debent terere frumentum dominorum suorum ; nisi forte legendum censeas *Criblagium.* Vide *Tribulagium.*]

* Servitium, quo vassalli tenentur poma conterere, ut ex iis succus exprimatur, a verbo *Triblare,* terere, contundere. Reg. S. Justi ex Cam. Comput. Paris. fol. 208. r° : *Item omnes homines feodi debent fenagium, Triblagium, etc.* Ibid. fol. 194. r° : *Item homines feodi, qui debent claudere jardinum, colligere poma et Triblare, portare fimum ad campos et spargere.* Et fol. 207. r° : *Item sunt ibi tresdecim homines, qui debent colligere poma et Triblare.* Arest. Scacar. apud Rotomag. ann. 1296. ex Cod. reg. 4651 : *Si avoient letre que l'ael audit Raoul les avoit quittés de service de cheval et de pommes piler, etc.* Hinc *Atribler,* pro *Accabler, écraser,* obterere, opprimere Chron. S. Dion. tom. 3. Collect. Histor. Franc. pag. 257 : *En celle meisme année li olz le roi Childebert se combati contre les Auvergnaz, qui reveler se voloient ; si les Attriblerent, si que il les menerent aussi comme à souvraine desconfiture.*

TRIBLATTON, Trini coloris pallium, vel in blatta aut cocco ter tinctum. Petrus Damian. lib. 4. Epist. 7 : *Mihi pallium reverenter obtulit, quod Triblathon juxta sui generis speciem nuncupatur. Trium quippe colorum est, et blathon pallium dicitur, unde Triblathon pallium vocatur, quod trium cernitur esse colorum.* Leo Ost. lib. 3. cap. 20 : *Viginti pannos sericos, quos Triblattos vocant, coëmit.* Infra : *De Triblattis vero omnibus pluviales fieri jussit.*

TRIBOK, TRIBOICHUS. Vide *Trebuchetum.*

¶ **TRIBOLLETUS** PANIS. Vide in *Panis.*

¶ **TRIBON**, Græc. τρίβων, Pallium tritum, sordidum. Vide *Tribunarium.* Ausonius Epigr. 53. 1 :

Pera, polenta, Tribon, baculus, scyphus, arcta supellex.

¶ **TRIBONA**, Idem quod *Tribuna,* si non est ita legendum, Ambo, pulpitum Ecclesiæ. Chron. Siciliæ apud Marten. tom. 3. Anecd. col. 10 : *Consecrata fuit Ecclesia S. Spiritus de Panormo,* videl. ann. Dom. MCLXXX. *ut scriptum est in Tribona magna Ecclesiæ ipsius.*

¶ **TRIBUCCUS.** Vide supra *Trebuchetum.*

¶ **TRIBUCES**, Ocrea lanea. Vide *Tubrucus.*

¶ **TRIBUCH**, Machinæ genus. Vide *Trebuchetum.*

¶ **TRIBUCHARE** MONETAM. Vide *Trabuchare.*

¶ **TRIBUCHETUM**, TRIBUCULUS. Vide *Trebuchetum.*

¶ **TRIBUERE**, Præstare. Cod. Theod. lib. 13. tit. 3. leg. 10 : *Medicis et magistris urbis Romæ solvant omnes immunitatem esse concessam ; ita ut etiam uxores eorum ab omni inquietudine Tribuantur immunes.*

¶ SIBI TRIBUERE, Sibi vindicare, in eodem Codice lib 9. tit. 42. de Præscript. leg 14.

1. **TRIBULA**, Charta Mariæ Reginæ ann. 1293. pro fundatione domus Dei Tornodor. : *Item redditum illum in quo piscatores ad Tribulam et ad piscandum nobis singulis annis tenentur pro piscando in riparia Tornodorensi.* Machina forte piscatoria, in modum *tributi* bellici, de quo mox.

☞ Idem haud dubie est quod infra *Trubla,* nostris *Truble* vel *Trouble,* ut rursum colligitur ex Charta ann. 1279. ex Tabular. Sangerm. : *Inter eos est accordatum quod dicti homines de cetero piscare poterunt in ripparia dictæ villæ ad pannerium, Tribulam, lineam, nassas, etc.*

○ 2. **TRIBULA**, Herche, in Glossar. Lat. Gall. ex Cod. reg. 7679. Aliud ex Cod. 7692 : *Tribula, esmotouer, vel herse, vel pele.*

○ 3. **TRIBULA**. Genus vehiculi spinarum ; machina qua teruntur frumenta, Glossar. vet. ex Cod. reg. 7613. [∞ Vide Forcellin. in *Tribula* et *Tribulus.*]

¶ **TRIBULAGIUM**, Tributi species. Litteræ Henrici VIII. Regis Angl. ann. 1537. apud Rymer. tom. 14. pag. 581 : *Concedimus eisdem Johanni Greynfeld (servienti ad arma) Tribulagium nostrum, sive consuetudinem vocatam le Tribulage infra hundreda nostra de Penwyth et Kerr. et infra stannariam nostram de Penwyth et Kerr. prædictis in comitatu nostro Cornubiæ provenientem, de omnibus et singulis hominibus operantibus cum eorum tribulis infra dictam stannariam et limites ejusdem, videlicet de quoli bet tribulo duos denarios. Tribulam vel Tribulum* Latini dicebant vehiculi genus, quo frumentum in area terebatur. Vide *Triblagium.*

∞ **TRIBULAMEN**, Tritura, Ruodl. fr 3. vers. 390 :

Has jubet obduci rex glutine valde tenaci
Polline commixto multo Tribulamine.....
Ut non abradi nec aqua queat hoc aboleri.

Confer. Plin. Hist. Nat. lib. 18. cap. 12. al. 26.

TRIBULANTES, pro *Tribulati,* Vexati, Energumeni, Dæmoniaci, qui χειμαζόμενοι in Conciliis, [πασχικοί, in Vita S. Euphraxiæ n. 26. et 28.] dicuntur. Epistola 8. inter Francicas tom. 1. Hist. Franc. : *Ubi Tribulantes, id est dæmonia habentes, et alios suspensi torquentur.* [∞ Vita S. Anskarii cap. 19 : *Intelligite quod vanum sit a dæmonibus auxilium petere, qui non possunt Tribulantibus subvenire.*] Vide Glossar. med. Græcit. in Πασχικός.

¶ 1. **TRIBULARE** proprie Tribulis tundere, comminuere, ut Catoni de Re R. cap. 23. metaphorice vero Affligere, vexare, in Bibliis sacris passim ut et apud Scriptores ecclesiasticos : quod improbat Vossius lib. 1. de Vitiis serm. cap. 34.

○ Hinc nostris *Tribouler,* eodem intellectu. Lit. remiss. ann. 1379. in Reg. 115. Chartop. reg. ch. 169 : *Regnault de Villiers renommé d'estre usurier, et de grever, Tribouler et dommager le menu pueple, etc.* Unde *Tribouleur et Tribulerres,* qui ita agit. Lit. remiss. ann. 1382. in Reg. 122. ch. 177 : *Icellui Conte, qui estoit homme très rioteux, emputeur de gens et Tribouleur, fust fait adjourner à ce jour le suppliant, etc.* Mirac. MSS. B. M. V. lib. 1 :

Se vous foissies uns Triboulerres,
Uns useriers, uns amasserres, etc.

Inde etiam substantivum *Tribol* et *Tribou,* Afflictio, animi dolor, in Comment. ad Psal. ex Glossar. ad calcem Joinvil. edit. reg. : *Dex delivre Israel.... de toz leur Tribous.* Ubi Psal. 24. v. 22 : *Libera Deus Israel ex omnibus tribulationibus suis.* Et Psal. 80. v. 8 : *In tribulatione invocasti me, et liberavi te.* Quæ sic Gallice redduntur ibid. : *En ton Tribol m'apelas, et je le delivrei.*

¶ 2. **TRIBULARE**, Turbare, turbulentum facere, Gall. *Troubler.* Statuta Massil. lib. 2. cap. 41. de operatoriis Blancariorum : *Ne perturbent, vel misceant, vel Tribulent suas calquerias vel torcularia, quando eas vel ea curabunt.... Imo aquam pausatam et claram, quanto plus poterunt inde ejiciant, ne cum aqua prædicta fimus seu lutum in dictis calqueriis seu torcularibus contentum ad portum possit decurrere.*

TRIBULATIO, in Glossis antiquis MSS. Contritio, amaritudo, [ærumna, calamitas, afflictio, in Scripturis sacris et apud Scriptores ecclesiasticos sæpissime.]

○ *Tribouler,* pro multa agere, maximam dare operam ; quod in malam partem accipitur, in Lit. remiss. ann. 1410. ex Reg. 164. Chartoph. reg. ch. 248 : *Icellui deffunct Triboula et fist tant par son malice, qu'il fist excommenier le suppliant.* Tribuler vero, Turbate agere, movere sonat, in aliis ann. 1402. ex Reg. 157. ch. 305 : *Ainsi comme le suppliant Tribuloit et démenoit ses mains parmi ledit coffre, etc.* Hinc *Troubleur,* Perturbator, in Lit. Caroli VI. ann. 1413. ex Memor. H. Cam. Comput. Paris. fol. 18. v° : *Toutes lesquelles choses ont esté faites à l'instigation, impression, violence, importunité et pourchas d'aucuns séditieux, Troubleurs de paix, malveillans, etc.* Eo etiam pertinere videtur vox *Tribert,* in Lit. remiss. ann. 1414. ex Reg. 167. ch. 331 : *Icellui prestre appella l'exposant Tribert et malotru,... à quoy icellui exposant eust respondu qu'il n'estoit Tribert ne malotru : mais estoit homme paisible.* Nisi tamen dissolutum et libidinosum hominem significet, quo sensu vox *Trubert* intelligenda videtur, in aliis Lit. ann. 1359. ex Reg. 90. ch. 180 : *Quant icellui Jehan ot oy que icellui Vincent l'ot appellé Trubert, etc.* Aliæ ann. 1399. in Reg. 154. ch. 727 : *Lequel Colart respondy qu'il n'estait pas paillart ne Trubert.* Trubart, in aliis ann. 1377. ex Reg. 111. ch. 197. Unde *Triboul,* pro *Trouble,* tumulte. Rixa, contentio, tumultus, perturbatio. Joinvil. in S. Ludov. edit. reg. pag. 141 : *Il ot à un parlement, qui fu à Paris, grant Triboul de moy et de l'évesque Pierre de Flandres.* Lit. remiss. ann. 1390. in Reg. 139. ch. 87 : *Tandis qu'ilz se débatoient en ce conflict et Tribouil, icellui suppliant soy sentant ainsi feru, etc.* Et *Tribou,* Commotio, successus, vulgo *Agitation, secousse,* in aliis ann. 1448. ex Reg. 179. ch. 204 : *Icellui Bertran fut mis en une charrete à beufs, pour estre porté au cizurgien ou medecin ; mais avant qu'ilz peussent estre là, pour le Tribou de la charrete, etc.*

TRIBULOSUS, Tribulis plenus, senticosus, asperrimus, apud Sidonium lib. 1. Epist. 7. lib. 4. Ep. 3.

○ **TRIBULUM**, Pistillum, instrumentum quo *triblatur* seu teritur, Gall. *Pilon.* Glossar. Gall. Lat. ex Cod. reg. 521 : *Tribulum, pestel.* Vide supra *Triblagium.*

TRIBULUS, TRIBUCULUS, Machina bellica, eadem, ni fallor, quæ *Trebuchetum,* de quo supra. Jac. de Vitriaco lib. 3. Hist. Orient. pag. 1183 : *Nos vero considerantes turrim capi non posse petrariarum vel Tribulorum ictibus, etc.* Infra pag. 1143. Tribuculos, vocat : *Inventi sunt in Damiata Tribuculi 4. cum petrariis et mangonellis plurimis, etc.* Matth. Paris ann. 1099 : *Petrarias, Tribunculos, et arietes cum scrophis ad murum suffodiendum construxerunt.* Infra : *Alii vero infra machinas et castella constituti cum petrariis et Tribunculis molares maximos, et lapides damnosos ad mœnia dirigentes, etc.* Supra ann. 1097. habet *trubuculos : Petrarias, Trubuculos et mangonellos.* Auctor incertus post Theophanem in Leone Armeno pag. 484 : Πρὸς δὲ τούτοις παρεσκεύαζε διαφόρων ἐλεπόλεων ὄργανά τε καὶ μηχανήματα, καὶ μαγγανικὰ παμμεγέστατα, τριβόλους τε καὶ τετραβόλους, καὶ χελώνας, etc. Ubi lego πιτραβόλους. Aliud enim hoc loco τρίβολον est a murice, seu a *Tribulo* Romanorum, eo scilicet propugnaculo, uti habet Vegetius lib. 3. cap. 24. *quatuor palis confixo, quod quomodo abjeceris, tribus radiis stat, et erecto quarto infestum est*: uti vocem τριβόλους usurpat Leo in Tactic. cap. 11. § 28. 40. cap. 14. § 45. cap. 19. § 56. de quo etiam Salvianus lib. 6 : *Sicut enim exercitus pugnatur ea loca, per quæ venturas hostium turmas sciunt, aut foveis intercludere, aut sudibus præfigere, aut Tribulis infestare dicuntur, scilicet ut si non in omnia ea quispiam incidat, nullus tamen penitus evadat, etc.* De ejusmodi tribulis videndus Budæus in Annot. ad Pandect. [et Car. de Aquino in Lex. Milit.]

TRIBUNA, Ambo, pulpitum Ecclesiæ, quod *Tribunal* quidam e Patribus vocant. Vulgo nos *Tribune*. Alii *Tribunam* interpretantur opus rotundum et testudinatum. Ugutio : *Absida est Græcum, et interpretatur lucida, i, latus ædificii, vel Trebuna, etc.* Epitaphium Wiffredi Comitis Barcinonensis apud *Fra Diago* lib. 2. Hist. Comitum Barcinon. cap. 15. et Anton. de *Yepez* tom. 4. Chron. Ord. S. Benedicti pag. 362: *Sub hac Tribuna jacet corpus quondam Vuifredi Comitis, etc.* ann. 914 [Acta S. Bertrandi tom. 2. Junii pag. 802 : *Apud Tribunam majoris aræ et penes monumentum, in quo præfati corpus Jesuidis in pace quiescit, etc.* Jac. de Varagine Chron. Januense apud Murator. tom. 9. col. 36 : *Cum vero in Tribuna imago pulcherrima deberet destrui taliter sunt ingeniati, quod illam trofinam (cidfunnam in Cod. Ambros.) salvam et integram cum illa imagine per brachia xxv. traxerunt, et eam in fundamento, ubi modo est, stabiliter collocarunt.* Concil Lugdun. ann. 1527 : *Evangelium alta voce in Tribuna et capella crucis more solito.... dixit et evangelizavit. Tribuna*, Cruscanis Academicis dicitur, *la parte principale di edifici sacri, o di altre fabbriche insigni*; Macris vero fratribus *Tribuna* dicitur Hemicyclus muralis, qui in fine Presbyterii solet terminari, quasi Tribunal, quia ibi Tribunal sive pontificalis cathedra collocabatur, ut in Templo S. Ceciliæ Transtiberinæ regionis ex lapide alboe exstat, etc.]

1. TRIBUNAL, inquit Amalarius, lib. de Divin. Offic. cap. 18. vocat Cyprianus gradum, super quem ascendit Diaconus ad legendum, scribens ad clerum et plebem de Celerino Confessore , lib. 4. Epist. 5 : *Hunc ad nos venientem ... quid aliud quam super pulpitum id est super Tribunal Ecclesiæ oportebat imponi, ut loci altioris celsitate subnixus, et plebi universæ pro honoris sui claritate conspicuus legat præcepta et Evangelium Domini.*

2. TRIBUNAL, Gr. βῆμα, in Vitis Patrum, [Locus in templo ubi Sacerdotes consistunt, laicis interdictus, nostris *Sanctuaire*. Ordo Rom. apud Mabillon. tom. 2. Musei Ital. pag. 56 : *In hoc honorabili ministerio debet Pontifex venire in Tribunal Ecclesiæ et inclinare caput contra altare*. Vita S. Dionysii Mediol. n. 14. tom. 6. Maii pag. 46 : *Et cœperunt se Ariani intra Ecclesiam cum Catholicis miscere, ita ut Episcopi illorum Tribunal conscenderent.* Neque aliter accipienda hæc vox videtur in Translat. S. Hunegundis sæc. 5. Bened. pag. 224. tametsi de capitulo Monachorum intelligit Mabillonius : *Feruntur beata pignora in cryptam sanctæ et individuæ Trinitatis in honore dedicatam, retro ejusdem ipsius monasterii Tribunal fabricatam atque contiguam.* Ibid. pag 226 : *Sacras reliquias.... in sacro peribolo retro altare sanctæ virginis Hunegundis intra pyramidem, quod nos oraculum dicimus, digno cum obsequio componunt.*]

3. TRIBUNAL. *Tribunalia* inter ministeria sacra videntur reponi in Testamento S. Aredii *Item coopertorium lineum valentem solid.* 4. *pallas corporales* 4. *minores* 3. *et Tribunalia valentia solidos* 12. *et alia cotidiana valentia sol.* 6. *et alia cotidiana, quæ sunt ante altare valentia sol.* 5. *et multa alia pretiosa ornamenta.* Infra : *Simul et de Sisciaco oratorio Tribunalia duo valentia solid.* 4. *vela ad ostia* 3 *valentia solidos* 6. *turres, calices, pallos, etc.*

☞ Mabillonius lib. 1. de Liturgia Gall. cap. 7. n. 7. suspicatur intelligenda esse sedilia ministrorum, aut pulpita mobilia, seu quamvis aliam suppellectilem mobilem ad ornatum altaris : quod hic mobilia dumtaxat ornamenta recenseantur. Vide *Sedes Majestatis* in *Sedes* 2.

¶ **4. TRIBUNAL**, Agger. Josephus de Excidio Judaico : *Aliud in eo suggestum et tanquam Tribunal exstructum est e lapidibus magnis apte junctis, et in eo turris imposita sexaginta cubitorum.*

TRIBUNAL *novemdecim accubituum.* De eo multa nos in Constantinopoli Christiana. [Vide *Accubitor.*]

¶ TRIBUNALIA SIDEREA, Cœlestes Beatorum sedes, in Actis SS. Saturnini et aliorum Martyrum Africanorum, tom. 2. Miscell Baluz. pag. 146.

° 5. **TRIBUNAL**. Hemicyclus testudinatus, ut videtur, in Translat. SS. XII. Fratrum mart. tom. 1. Sept. pag. 143. col. 2 : *In honorem sanctæ et individuæ Trinitatis (ecclesiam) Tribunalibus adornaverat tribus, sub magno altari, ad hoc ipsum in medio Tribunali parato, bissena pretiosissima corpora honorifice collocavit*. Vide *Tribuna*.

η **TRIBUNALIA**, Genus est feræ in mari. Glossar. vet. ex Cod. reg. 7613.

TRIBUNARIUM, Vestis sordida, a voce Græca τρίβων, seu τριβώνιον, quæ proprie erat vestis seu indumentum Philosophorum, ut et apud Moschopulum et alios : unde τριβώνιον μεταμφιέσασθαι, apud Eunapium in Ædesio pag. 54. pro *Philosophum agere*. Interpres Hist. Apolonii Tyrii pag. 10: *Apollonius, exuens se Tribunarium, ingreditur lavacrum.* Lexic. Gr. MS Reg. cod 2062: Τριβώνιον, ἔνδυμα φιλοσόφου, ἔχον σημεῖα, ὡς γράμματα. Aliud cod. 930: Τρίβων, στολίσμιον, τριβώνιον, ἱμάτιον παλαιόν Τριβώνιον etiam Monachis tribuit Psellus de Operatione dæmonum pag. 133. quod alii *pallium* vocant. Vide *Pallium* 1.

¶ **TRIBUNATUS**. Vide in *Tribunus.*

¶ **TRIBUNCULUS**. Vide *Trebuchetum* et *Tributus.*

★ **TRIBUNETTA**. [Gall. *Petite Tribune :* « Pro incolaudo *Tribunettas* ecclesiæ S. Marci. » (Edif. public. 1467-71. f. 37. Arch. Vatic.)]

¶ **TRIBUNITIARIUS**. Vide in *Tribunus.*

TRIBUNUS, Vox Latinis Scriptoribus nota.

TRIBUNI FABRICARUM, Qui fabricis armorum præerant, de quibus Ammianus lib. 14. 15.

TRIBUNUS MARITIMORUM. de quibus est formula Senatoris 24. lib. 12. His cura potissimum incumbebat in oris maritimis navigia præparandi pro re publica, quæ adeo etiam in fluviis, quorum oras continebant. Præterea salinas curabant.

TRIBUNI ET NOTARII simul, quibus utebantur Principes ad mandata perferenda. De iis multa habent Jacobus Gothofredus ad Leg. un. Cod. Th. de Mandatis Princip. et Henricus Valesius ad lib. 17. Ammiani pag. 140. quos non excribo. Idem

TRIBUNI NOTARIORUM dicti , apud Marcellinum Comitem et Zozimum lib. 5. atque ii fuere proprii Notarii Principis, quorum summa erat dignitas. Vide Conc. Chalcedon. act. 1. Collat. Carthag. I. can. 3. S. Augustinum Ep. 159. 160. Ambrosium Ep. 32. Senatorem lib. 1. Ep. 4. lib. 6. Ep. 2. etc.

TRIBUNUS ORDINIS PRIMI, apud Lactantium lib. de Mortibus Persecutor. n. 18.

TRIBUNUS VOLUPTATUM, in lege 13. Cod. Th. de Scenicis, apud Senatorem lib. 5. Ep. 25. lib. 6. Ep. 19. lib. 7. cap. 7. qui *Voluptatis* urbicæ, seu ludorum curam gerebat. Vide Passionem S. Savini num. 1. Idem, qui τρίβοῦνος τῆς θυμέλης, in Actis S. Maximi Confess. num. 12.

Erant præterea complures aliæ dignitates hac *Tribuni* appellatione, de quibus in utroque Codice, apud Ammianum, in Notitia Imperii, in Veterib. Inscript. apud Gruterum in Indice cap. 5. etc.

☞ Hebræis quoque noti fuerant *Tribuni*, de quibus passim mentio est in Scripturis sacris. Horum institutio refertur Exod. cap. 18. Mille viris præerant, jusque dicebant populo.

TRIBUNI vero dignitas quæ fuerit in Francia sub primis Regibus, non omnino constat: tametsi militibus præfuisse satis innuit Walafridus Strabo de reb. Eccl. cap. 31: *Sicut Tribuni militibus præerant, ita Abbates Monachis athletis spiritalibus præesse noscuntur.* [Si tamen hic intelligendi non sint *Tribuni* Romanorum, ut interpretatur P. *Daniel* lib. 1. Milit. Franc. cap. 2.] Comitibus postponuntur *Tribuni* in Lege Wisigoth. lib. 11. tit. 1. § 2. Gradum vero fuisse ad Comitis dignitatem indicat Fortunatus lib. 7. Poëm. 16:

Theodorico ovans ornavit honore Tribuni,
Surgendi auspicium jam fuit inde tuum.
Theudeberto cum Tribuno pagina cessit,
Auxit et obsequiis cingula digna tuis.

Vir tribuniciæ potestatis, apud Gregorium Turon lib. 10. cap. 21. Penes Tribunos fuisse castrorum et carcerum custodiam observare est ex eodem Fortunato in Vita S. Germani Episc. Paris. cap. 62. 68. et in Vita S. Radegundis cap. 38. Tribunorum meminit etiam idem Gregor. Turon. lib. 7. cap. 23. Desiderius Episcop. Cadurcensis Epist. 16. et Monachus Sangall. lib. 2. de Carolo M. cap. 41. sub quo, et successoribus, *Tribuni*, Comitum Vicarii fuisse videntur. [☞ Vide Vitam S. Galli apud Pertz. Script. tom. 2. pag. 12. lin. 1. et pag. 18. lin. 43.] Hinc *Tribuni seu Vicarii*, in Concilio Moguntino cap. 50. et in Lege Longob. lib. 2. tit. 47. § 5. [☞ Ludov. P. 56.] Sed in Charta ann. 1077. ex Tabulario Corbeiensi apud Duchesnium in Hist. Guinensi pag. 318. Gualterus Comes Ambianensis dicitur in vasisse Vicecomitatum et omnem *Tribunitiariam Corbeiæ potestatem.* Tribunum illustrem quemdam vocat Ordericus Vitalis lib. 6. pag. 606. Vide eumdem pag. 674. [et mox *Tribunatus.*] Tributa præterea videtur exegisse : nam

478 TRI TRI TRI

TRIBUNUS dicitur, qui *tributa* recipit, apud Ebrardum in Græcismo cap. 9 :
Qui solet accipere sub Rege tributa, Tribunus.
Infra :
Quique Tributa legit, ille Tribunus erit.
Cap. 19 :
Præbeo præbendas, tribuoque tributa Tribuno.
Gloss. Lat. Gall. : *Tribunus, Tribune*, *qui a sous lui* 30. *hommes, ou qui reçoit truage.*
TRIBUNI apud Wisigothos, post Comites erant, ex Lege Wisigoth. lib. 11. tit. 1. § 2. ut supra attigimus.
⁂ TRIBUNUS, Qui populo jus dicebat. Charta Ottonis comit Ravenberg. ann. 1166. inter Probat. tom. 2. Annal. Præmonst. col. 699 : *Tribunos et jurisperitos in marchia conversantes secretius advocavi, qui unanimiter in idipsum consentiebant.*
TRIBUNUS. Scribit Johannes Lucius lib. 2. Hist. Dalmat. cap. 16. Magistratum, quo Belgradensis in Croatia civitas olim regebatur, *Tribuni* appellationem habuisse, qui ut plurimum *Trun,* vel *Trum,* per abbreviationem scriptus reperitur.
¶ TRIBUNUS, Syndicus, seu Procurator civitatis. Synodus Oriolana ann. 1600. tom. 4. Conc. Hispan. pag. 725. col. 1 : *Absque consensu et approbatione Episcopi, justitiæ, juratorum, magistri rationum, Tribuni sive Syndici, et advocatorum civitatis Oriolanæ.*
⁂ TRIBUNUS SACRI CUBICULI *et magnus camerarius Franciæ* appellatur Claudius, princeps Lotharingiæ, in Procurat. reg. Angl. ann. 1265. apud Bassompierre tom. 1. Ambass. pag. 55. Vide infra *Triscamerarius.*
¶ TRIBUNATUS, TRIBUTIANA, POTESTAS, Præfectura. Charta ann. 1078. ex Chartul. 23. Corb. : *Quia acturi sumus de Tribunatu Corbeiæ, primum de libertate loci pariter libuit intimare.... Omnem Tributianam potestatem invasit.* Vide paulo ante ubi laudatur Charta ex eodem Tabular. quæ meminit *Tribunutiariæ potestatis Corbeiæ.*
TRIBUS. Regula S. Pachomii cap. 16 : *Vocatur autem una Tribus, habens tres vel quatuor domos, pro numero et frequentia monasterii, quas non Familias vel Populos unius gentis possumus appellare.* Adde cap. 15.
TRIBUS, Pagus, villa. Felix Monachus Girwensis in Vita S. Guthlaci n. 8. apud Mabillonium : *Cum ad salutaris lavacri sacratas undulas propinquasset, sex appellatione illius Tribus, quam dicunt Guthlacingas, proprietatis vocabulum velut ex cœlesti consilio Guthlacus percepit, etc.* [Vide *Tribunatus* in *Tribunus.*]
¶ TRIBUS, Regio, tractus, Gall. *Canton.* Charta Gradloni Regis Britonum apud Lobinell. tom. 2. Hist. Britan. col. 17 : *Volo illi dare..... Tribum Carnam* XIII. *villas..... Tribum Petran* XXX. *villas in dicumbitione adere ; Tribum Chicon* III. *villas.* Tabularium Landevenec. : *Comes Conanus dedit* S. *Wingualoeo Tribum quamdam, cujus divisio est usque ad fluvium Elorn, etc.*
¶ TRIBUS, Ecclesia succursalis, vernacule *Treue.* Tabular. Kemperleg. : *Addidit.... ad procurationem fratrum augendam duas Tribus, quæ sunt in plebe Banadluc, quorum nomina sunt hæc, Treutballac et Treuguennon.* Vide *Treb.*
TRIBUTALES, Coloni liberi, obnoxiæ licet conditionis, ut qui ad tributa et serviles operas tenerentur. Donationes factæ Eccl. Salisburgensi cap. 1 : *Dedit ..... idem Theodo Dux, de Romanis Tributales homines* 80. *cum coloniis suis in diversis locis.* Cap. 3 : *Tradidit...... villam cum Tributalibus suis.* Ibid. : *Tradiditque Tributales Romanos ad eumdem locum in diversis locis colonos centum sedecim.* Eod. cap. : *Cum omnibus appenditiis suis et mansis* 60. *inter servos et Tributales. Tributales manentes,* cap. 5. [Vetus donatio apud Meichelbec. tom. 1. Hist. Frising. pag. 52 : *Dono casas, curies, mancipias, servos, liberos, Tributales, etc.* Et infra : *Hæc sunt nomina famulorum servientium seu liberorum Tributalium, etc.*]
TRIBUTARII, Eadem notione. Gloss. Lat. Græc. : Ὑπόφορος, ὑποτελής, *Tributarius.* Salvianus lib. 5. de Gubernat. Dei : *Tributarii omnino pauperes non putantur, nisi cum his tributi cumulus imponitur.* Testamentum S. Aredii : *Addimus etiam mancipia, quæ Colonaria appellantur, et nobis Tributaria esse perhibentur.* Gregorius Turon. l. de Gloria Confessor. cap. 103 : *Testisque est ipse populus hodieque, qui cum sanitatem recipiunt, statim se Tributarios loco illi faciunt, ac recurrente circulo anni, pro redditæ sanitatis gratia, tributa dissolvunt. Tributarius Romanus,* in Lege Salica tit. 43. § 8. et in Recapitulat. ejusdem Legis § 14. dicitur vetus Galliæ incola, respectu Francorum, qui ab omni tributo immunes erant, contra quam alii, ut docet Gregorius Turon. lib. 7. Hist. cap. 15. Charta ann. 744. tom. 2. Monastici Angl. pag. 844 : *Hæc vero nomina vocabulorum signa tomi stylo indita sunt, ne forte litium vel contento, seu jurgium, jam erepserit inter Tributarios vestros, nostrosque colonos, etc.* Vide tom. 3. pag. 113. 116. Theodorus Campedonensis, de S. Magno cap. 25 : *Inquisivit.... quomodo in vicina loca potuisset Tributarios invenire de eodem pago, qui vectigalia annuatim redditibus regis inferre debebant.* Traimundus Claravellensis Epist. 2 : *In tantum, quod aliqui ex vobis primæ institutionis obliti penitus, vel ignari, contra ordinis vestri gloriam et decorem, villas, molendina, ecclesias, et altaria possident, fidelitates et homina suscipiunt, rusticos et Tributarios tenent.* Adde Stephan. Eddium in Vita S. Wilfridi cap. 8. Egbertum de Ecclesiastica institutione pag. 92. Walafridum Strabum de Miraculis S. Galli cap. 11. etc. Observat Cujacius ad tit. Cod. de Agricolis, censitis et colonis, lib. 11. ascriptitios *tributarios* esse, id est, capitis censum sive capitationem præstare : colonos vero non esse tributarios, licet reditus certos et pensiones domino terræ præstent in pecunia, vel in speciebus, pro solo.
TRIBUTARIA TERRA, unde tributum ad partem regiam, vel ad Ecclesiam, exigi solet, in Lege Longob. lib. 3. tit. 8. § 2. [☞ Ludov. P. 31.] in Capit. Caroli M. lib. 4. cap. 37. et in Capitul. 4. ann. 819. cap. 2.
☞ TRIBUTARIA CASA, in Leg. Longob. Roth. cap. 257. et Luitpr. 59. (6, 6.)
TRIBUTARIUM, Modus agri a *tributariis* seu colonis possessus et cultus, *Colonia.* Charta Offæ Regis Anglor. in Evidentiis Ecclesiæ Cantuariensis ann. 990. *Dedi enim* illi 90. *Tributaria terræ bipartita in duobus locis,* 60. *in loco, qui dicitur, etc.*
¶ TRIBUTARE, Italis, Tributum exigere. Chron. Placent. Joh. Demussis ad ann. 1376. apud Murator. tom. 16. col. 527 : *Erant in dicto Episcopatu plusquam* L. *cives, qui tenebant bannitos et facie*bant Tributare districtuales, et etiam cives et forenses, qui transibant per dictum Episcopatum.* Statuta criminalia Ripeniæ cap. 116 : *Si quis Tributaverit aliquem, et qui tributum acceperit, in havere puniatur.*
TRIBUTATIO, Exactio. Historia Cortusiorum lib. 8. cap. 2 : *Decapitatur Pregadius de Caradesio Judex, et socius Potestatis, propter Tributationes, quas commiserat in officio.*
¶ TRIBUTIANUS. Vide in *Tribunus.*
⁂ TRIBUUM, Tributum, vectigal. Charta ann. 1317. in Lib. rub. Cam. Comput. Paris. fol. 584. rᵒ : *Item concessit* (Philippus Rex) *Esmelo de Albatis Judæo et ejus hæredibus, quod solvendo qualibet anno centum libras Turonensium vel Sanchetorum, sint quitti ab omni petta, tallia seu Tribuo.*
TRICA, TRICIA, etc. Crines intexti, implicati, a Gr. θρίξ, ut quidam volunt, vel ex Latino *Tricæ,* quæ Nonio sunt *impedimenta et implicationes,* uti rursum infra docemus. Nostri *Treces,* Itali *Treccie* dicunt. Σειραὶ, Naumachio Poetæ (uti observatum a Villiomaro, seu Josepho Scaligero ad Titium) et 70. Interpretibus. Ubi enim S. Ambrosius Epist. 24. ad Vigilium nude *crinem* habet : *Si dissoluti essent crines septem capitis sui, et quasi in cubitum intexti discederet ab eo virtus sua,* iidem τὰς ἑπτὰ σειρὰς τῆς κεφαλῆς, etc. dixerunt. Ita Festus *senis tantum crinibus* ornari licuisse Vestalibus scribit, id est *treciis.*
¶ TRICIA ASINI, f. Clitella e *crinibus* seu pilis farta. Charta ann. circ. 1080. e Tabul. S. Albini Andegav.. *De bulzone, de balteo, de Tricia asini, de talibus et his similibus minutis rebus, si furatæ fuerint, furto non deputari præcipimus.*
TRICA, TRICARE. Joannes de Janua : *Trico, as, a Trica capillorum dicitur, i. decipere, vel impedire, vel demorari.........* Item *Tricare, i. Tricas capillorum facere, et est verbum pertinens ad mulieres, quæ Tricant crines suos, quos in tres partes divisos subtiliter complicant et involvunt : et hujusmodi involutio Trica dicitur, quasi capiens, id est tres partes crinium : et inde detrico, as, unde Eccles.* 32 : *Et hora surgendi non te Trices,* i. *non sis piger, vel non facias moram in componendo capillos, sicut mulieres faciunt : vel non sis mollis et effœminatus, quando debes strenue operari, etc.* [Gl. Lat. Gall. Sangerman. : *Tricare, Trecer, ou devoyer, ou empescher.*] Matthæus Westmonaster. ann. 1057 : *Tunc Godiva Comitissa Deo dilecta die quadam, ut prædictum est, una equum ascendens crines capitis ad Tricas dissolvens, corpus suum totum præter crura candidissima indo velavit, etc.*
¶ TRICCIA. Sermo S. Humilitatis Abbatissæ in Actis SS. Maii tom. 7. pag. 835 : *Tricciæ sunt annulatæ.*
TRECEA. Vincentius Belvac. lib. 30. Speculi hist. cap. 71. de Tartaris : *Raduntur a parte posteriori, et longos habent capillos ac Trecas retro juxta aures.* Eadem habet Sanutus lib. 3. part. 12. cap. 9.
¶ TRECCIA. Acta S. Franciscæ Rom. tom. 2. Martii pag. 152 ᵃ : *Ipsa Dei famula sibi mutilari fecit Trecciam.*
¶ TRECCES *de cepis,* Ceparum implexarum fasciculi, in Tabulario Portus Regii.
¶ TRECIA. Joh. Demussis Chron. Placent. ad ann. 1314. tom. 16. Muratorii col. 485 : *Et tunc pluribus mulieribus incisi fuerunt digiti et Treciæ per certos crudeles de Placentia, causa accipiendi*

annulos de digitis et in Trezoriis de Trecciis ipsarum mulierum. Adde Acta SS. Maii tom. 7. pag. 154.

° TREZA. *Memoriale Potestatum Regiens.* ad ann. 1219. apud Murator. tom. 8. col. 1103 : *Soldanus........ arripuit ferrum quo cinctus erat, sibi barbam et Trezas et caudam et unum sui equi truncavit.*

TRESSORIUM. Fleta lib. 5. cap. 5. § 4. de Meretricibus : *Si tertio inventæ fuerint hospicii secutrices, considerabitur quod amputentur eis Tressoria, et quod tondentur.*

☞ Alias *Tressorium*, Gallis vulgo *Tressoir*, non sunt ipsi crines intertexti, sed vel instrumentum plectendis et intertexendis crinibus, vel crinium intertextorum muliebris ornatus. Le Roman de la Rose MS. :

En sa main tint un mirouoir,
Si out d'un riche Trochouoir
Son chef trechié moult richement.

Computus ann. 1289. e Bibl. Reg. : *Pro una centura argenti et duobus Trecouers.* Litteræ Johannæ Reginæ Navarræ ann. 1349. apud Lobineli. tom. 3. Hist. Paris. pag. 233. col. 1 : *Item, nos Tressons d'orfaverie, qui sont de rubis d'alixandre, d'esmeraudes et de perles.*

TRICALIUM, *Trivium*, *triplex callis*, aut via. *Tabularium Casauriense* ann. 968. [apud Murator. tom. 2 part. 2. col. 958 : *Et sine Tricalio de Caserese, et Tricalio de Meneliano.* Col. 959 :] *Et sunt infra fines sine Tricalio de Galisiano, et sine via, quæ pergit, etc.* Ubi vocabulo *tricalio* suprascriptum legitur majusculis litteris, sed antiquis, in *trivio*. Idem videtur quod *Tristinium*, de quo Isidorus Orig. 15. lib. cap. 14 *dictum eo quod trium possessionum fines adstringit*, vel forte *altingit*. Vide *Callis*.

¶ TRICAMERATUS, *Constans triplici camera.* Vide locum in *Bicameratus*.

¶ TRICAPITINUS, Triceps, tria habens capita. Gloss. Lat. Græc. *Tricapitinus*, Τριφυής, τρικέφαλος, ibidem.

¶ TRICAPITUS, Idem, tom. 1. SS. Julii pag. 489.

TRICARE, TRIGARE. Lex Salica edit. Heroldi tit. 88. § 4 : *Si quis alienum servum battiderit, et ei insuper 40. noctes Trigaverit opera sua, etc.* Edit. Pith. : *Ut in 40. noctibus operare non potuerit.* Ubi *Trigare*, pro *Tricare* habetur : est quippe *Tricare*, morari, differre, cessare : quomodo *Triga*, dicunt Occitani. Regula Magistri cap. 19 : *Si ad sextam horam refectionem Tricatum hebdomadarii offenderint*, i. non expeditam, aut paratam. Nam *Tricæ*, inquit Nonius, *sunt impedimenta et implicationes* : unde *intricare*, *impedire*, *morari*. Lex Alaman. tit. 97 : *Si carrucam involat, aut rumpit rotas in priori parte, ut ille illa opera Tricaverit.* Epistola Eadburgis Virgin. ad S. Bonifac. Mogunt. Epist. 16 : *Malui mori, si sic Deo auspici, cui arcana non latent, placuisset, vel tarda mero quam non Tricaverit.* Reinerus Mon. de Mirac. S. Gisleni cap. 5 : *Dixitque ei : Non te Trices adire Malbodium, dicturus Prælatæ, etc.* [Miracula S. Bertini lib. 2. cap. 8 : *Vigilandum potius..... quam segnitia Tricandum.* *Senio morbogue Tricatus*, in Vita V. Ægidis Abb. Fuldens. sæc. 4. Benedict. part. 1. pag. 239 Fridegodus in Vita S. Wilfridi Episc. eod. sæc. part. 2. pag. 724 :

Quid Tricer dictis? dabitur nunc his quoque finis
Credo quidem scriptis, etc.

Vide *Trica*.]

TRICARE, *Implicare*, *innectere*. Vita S. Deicoli Abbat. Lutrens. n. 34 : *Quo facto, sacramento jusjurandi super tanti Patris sepulchrum se unanimiter Tricaverunt, quatenus eorum nullus se subtraheret, quin in proximo seculo abrenuntiaret.* [Le Roman *d'Athis* MS. :

Ne pucelle n'a nul mestier,
Qu'on la doive d'amour Treschier,
Ne lui dire fausse parole.]

Alia notione, sed haud omnino certa usurpat Ethelwifus de Abbatib. Lindisfarnensib. cap. 10.

° *Tressir* pro *Texere*, vulgo *Faire un tissu*, in Lit. Phil. VI. ann. 1384. ex Reg. 69. Chartoph. reg. ch. 1.

¶ TRICARE, Conqueri. Will. Malmesbur. in Ethelwoldo Wintoniensi Episcopo : *Cum monachi miraculorum frequentia defessi essent, et sese inopes somni Tricarent, etc.*

DETRICARE, Idem quod *Tricare*, Morari, vel remorari. Pactum Childeberti et Chlotarii Regum § 5. post Legem Salicam : *Quod si placitum sunnis non Detricaverit.* Id est, si causa aliqua vel excusatio judicium non remorata fuit. *Magnum Recordum Leodiense* pag. 59 : *Et que en ce il n'i ait nul Detriance ne excusance : et s'il advenoit que aucun de ceaux, qui venent pardevant les Eschevins fussent Detriez ou prolongiez outre le terme convenu, etc.*

TRICHARIA, Gallis *Tricherie*, Deceptio. Ita autem appellabant Massilienses [alique] ludos aleæ. Statuta MSS. Massiliensis urbis lib. 5 : *Ordinamus, quod nemo deinceps in Massilia possit vel audeat tenere domum Tricharias, in qua publice lusores alearum, sive deciorum, vel taxillorum, sive Trichatores alii indifferenter at ludendum conveniant, hoc excepto, quod quilibet possit ludere ad scacos, et ad tabulas, et ad regmentam.* [Melius in editis cap. 10. reginetam.] Adde cap. 9. de Trichatoribus. Statuta Arelat MSS. art. 51 : *Tricharia non fiat, nec teneatur Arelate de nocte.* Statuta Eccles. Biterr. ann. 1342. apud Marten. tom. 4. Anecd. col. 651 : *Excommunicamus omnes.... qui Tricharias publice tenent, ubi nomen Christi et B. M. et SS. O. blasphematur.*

¶ TRICHERIA, Eadem notione. Charta Communis Balneoli ann. 1208 : *Si qua vilis persona, ut sunt tabernam frequentantes et Tricheriam, vel publice meretrices, etc.* Alia ann. 1300 : *Nullus postquam nox fuerit audeat ludere in tabernis ad taxillos, nec in aliis locis suspectis, nec in quibus teneatur Tricheria.* Vide *Trichator* suo loco.

TRICATOR, Idem qui *Trichator*. Id porro cognominis inditum Theobaldo Carnotensi Comiti. Hugo Flaviniacensis pag. 185 : *Odo filius Odonis, filii Tethaldi Carnotensis, cujus cognomen fuit Tricator.* Deceptores, et fraudum architectos etiamnum *Tricheurs* dicimus : qui res impediunt, vel *implicant*, ut est in loco citato Nonii.

° Hinc *Tricheur*, pro *Chicaneur*, Versutus ac fraudulentus litigator. Lit. remiss. ann. 1410. in Reg. 164. Chartoph. reg. ch. 223 : *Le suppliant dist à Bertran Ogier, Tu n'es que un Tricheur et un plaideur.* *Trikœur* vero, Deceptor, in Consil. Petri de Font. pag. 105. art. 1. *Tricherres*, apud Bellomaner. MS. pag 80. v°. col. 1. *Unde Tricherressement*, Dolose, fraudulenter, apud eumd. pag. 80. r°. col. 2. et in Pœnis Aurel. ad calcem Assis. Hierosol. pag. 467. *Trichot* vero, unde *Trichotoier*, vox contumeliæ, gravis injuriæ loco habetur apud Bigerrones. Lit. remiss. ann. 1414. in Reg. 168. ch. 362 : *Lequel Audet dist à icelui Arnault ces paroles : Comment ne veulctu faire arrester, Trichot que tu es, ne me va pas Trichotoiant, en t'appellant Trichot, qui est la plus grant injure et blasme que l'en puisse dire en icelui pays de Bigorre.*

TRICATORES, Florentinis dicti Inquisitores a judicibus delegati, ut Auctor est Petrus de Vineis lib. 5. Epist. 89.

° TRIGATHICA, Idem quod Academicis Crusconis *Trecciera*, *Ornamento per le trecce*, in Stat. Eugub. ubi de ornamentis capitum muliebrium, apud Cl. V. Garamp. in notis ad Leg. B. Chiaræ pag. 62. Vide supra *Trescia* et *Tressatorium*.

★ TRICATURA, [« *Tricatura*, *trechure*. » (Gloss. Lat. Gall. Bibl. Insul. n. E. 36.)]

★ TRICATUS. [Deceptio. DIEF.]
¶ TRICENARIA LEX. Vide in *Lex*.
TRICENARIUM, TRICENARIUS, Officium 30. Missarum, quod totidem diebus peragitur pro defunctis : vel obventiones quæ obveniunt Sacerdotibus ratione ejusdem officii. Martyrol. Corb. MS. de Societate Eccl. S. Medardi Suession. et S. Bertini cum Corbeiensi : *Et si brevis de defuncto eorum ad nos venerit, vel noster ad eos, statim percussa tabula..... agetur officium pro eo, deinde Tricenarius cum septenario, et ab unoquoque Sacerdote Missa pro eis dicetur.* Lanfrancus in Decretis pro Ord. S. Benedicti cap. 5. de Cantore : *Cura brevium, qui foras mitti solent pro defunctis fratribus, et cura numerandi Tricenaria et septenaria ad eum pertinet.* Historia de Fratrib. conscriptis, ann. 800. apud Goldastum : *Instituerunt, ut quandocunque frater aliquis obierit, et loco, vel senioribus annuntiatum fuerit, eo die Presbyteri 3. Missas et cæteri fratres pro eo psalterium ac celebrationem Vigiliæ decantent, communisque oblatio ab omnibus fiat. Item in die septimo 80. psalmos : Tricesimo autem Presbyteri omnes pro eo unam Missam, et cæteri 50. Psalmos impleant, etc.* Monasticon Anglic. tom. 1. pag. 150 : *Pro tripartita societate nostra hoc utrimque servabitur. Anniversarium in Martyrologio scribetur : cibus 30. diebus pro fratribus dabitur. Pro pastoribus autem locorum integro anno 30. officia plenaria in Conventu cantabuntur : singuli fratrum 80. Missas. vel decem psalteria persolvent. Tricennarius Missarum*, in Metropoli Remensi lib. 3. pag. 354. [Bernardus in Ord. Cluniac. part. 1. cap. 24 : *Si autem duo aut plures insimul sepulti fuerint, Tricenarius quoque Missarum et Psalmorum et septenarius pluraliter pro ambobus celebratur.* Conventio ann. 1200. apud Fleureau Hist. Bles. pag. 521: *Omnes Tricenarii, annualia, septenaria in communem ambobus, Prioris scilicet et Sacerdotis venient partitionem.* Litteræ Radulphi Prioris Caritate ad Canonicos S. Martini Turon. ann. 1171. tom. 1. Anecd. Marten. col. 557 : *Præterea statuimus, ut omni anno post Dominicam primam Quadragesimæ feria secunda..... anniversarium vestrum fiat, pro defunctis videlicet Canonicis in communi conventu solemniter, et ipso die incipiat Tricenarium, quod annuatim persolvetur, sicuti solemus facere pro fratribus nostris, scilicet Missas faciendo et pauperes reficiendo.* Regula S. Stephani Grandimont. cap. 5 : *Tricenarium, septenarium, annuale vel quodlibet pretium pro Missa nominatim vobis oblatum nulla-*

tenus accipiatis. Adde Radulfum Mon. in Vita Petri Ven. Abb. Cluniac. apud eumd. Marten. tom. 6. Ampl. Collect. col. 1198. etc.]

¶ TRECENARIUM. Charta ann. 1385. e Chartulario S. Joh. Angeriac pag. 458: *Istæ pauperum procurationes vel Trecenaria debent fieri in auditorio diebus superius annotatis.*

TRENTENARIUM. Gaufridus Vosiensis in Chronico l. part. cap. 55: *Instituit, ut ubicunque obiret Monachus S. Martialis, fieret pro eo Trentenarium Lemovicæ per duas Missas.* Infra: *Fiebat plenarie Trentenarium Lemovicæ, etc.* [Rursum occurrit in Charta Capituli S. Martini Turon. ann. 1171. tom. 1. Anecd. Marten. col. 556. et alibi. *Trentain* Galli dicunt eadem notione, olim *Trentier*, ut refert Borellus.]

¶ TRIGENARIUM Charta ann. 1248. ex Archivis S. Victoris Massil.: *Post vestrum obitum Trigenarium faciemus.* Chartul. S. Sulpitii Bituric. fol. 22: *Concedit omne ævum presbiterale, hoc est offerendam.... confessiones, vigilias, Trigenaria, decimas, etc.* Tabular. S. Florentii: VI. Non. Maii incipiemus Trigenarium pro fratribus S. Melanii Redon. Pluries occurrit ibi, ut et tom. 4. Concil. Hispan. pag. 10. et 32.

¶ TRIGESIMALE. Charta ann. 1200. tom. 1. Ampliss. Collect. Marten. col. 1097: *Celebrabunt anniversarium ejus cum classico... et facient annuatim unum Trigesimale pro eo.*

¶ TRIGESIMALIS. Concordia inter Canonicos S. Juliani et Monachos S. Vincentii Cenoman. ann. circiter 1100. eod. tom. col. 580: *Promisimus quoque illis pro defuncto illorum abbate unum Trigesimalem, et pro singulis defunctis monachis* VII. *Missas, et* VII. *vigilias nos esse facturos.*

TRIGINTALE. Monasticum Anglic. tom. 2. pag. 414: *Et Domus faciat celebrare Trigintale pro anima ejus et pro animabus omnium benefactorum, etc.* Occurrit præterea in Provinciali Cantuar. lib. 3. tit. 23. apud Will. Thorn. in Chr. cap. 25 § 1. etc.

¶ TRIGINTALIUM. Notitia ann. 1097. apud Marten. tom. 1. Ampl. Collect. col. 566: *Nos autem pro anima ipsius Julianæ, in primo obitus sui anno, quinque Trigintalia fecimus, et unusquisque nostrorum sacerdotum septem missas.*

¶ TRIGINTANARIUM. Testament. ann. 1517. ex Schedis D. Aubret: *Vult unum Trigintanarium Missarum fieri absque interruptione, et in qualibet Missa offerri panem, vinum et candelam, ut moris est, et illo Trigintanario finito aliud fiat.*

TRIGINTARIUS. Concilium Narbon. ann. 1054. cap. 14: *Monemus, ut nullus Laicorum in opus suum retineat presbyteros, neque oblationes, neque Trigintarios, qui recte pertinent a Clericis recipi pro fidelium defunctorum orationibus; sed Clericis, qui eisdem Ecclesiis præsunt, utendos relinquat.*

TRIGINTALE. Eadem notione, in Provinciali Cantuar. lib. 2. tit. 6. lib. 5. tit. 2. in Synodo Londinensi ann. 1391. apud Willelmum Thorn. in Chr. cap. 20. § 5. cap. 21. § 10. in Statutis Ordinis *de Sempringham* pag. 780. [in veteri Charta apud Lobinell. tom. 2. Hist. Britan. col. 225.] Atque ita legendum in Synodo Exoniensi ann. 1287. cap. 21. pro *Triennale : Statuimus insuper, quod parochiales Presbyteri annalia vel Triennalia non recipiant, per quæ parochiales Ecclesiæ careant officiis debitis et quotidianis.* Charta Adalaidis Comitissæ Bellimontis et dominæ de Gornaio: *Postquam supradicta Comitissa de hoc mundo migraverit, et certi fuerint Monachi de morte ejus, in crastino Tricennale incipient, et sic singulis annis redeunte tempore anniversarii ejus Tricennale facient.*

¶ TRICESIMALE. Societas Abbatiarum Sangerm. Paris. et Fiscamn. ann. 1116. in Probat. Histor. Sangerm. pag. XXXV: *Ideoque decrevimus, ut pro fratribus nostris semel per annum Tricesimale faciatis, dando pro eis per* XXX. *dies panem et vinum, et quidquid illud est.*

¶ TRIDECENNALE. Charta ann. 1245. e Tabulario S. Martini Pontisar.: *Odoni capellano* V. *sol. Paris. pro uno Tridecennali.*

TRITENNALE scribitur in Monastico Anglicano tom. 1. pag. 149. nisi legendum sit *Tricennale,* ut *Tricenarium,* pro

TRITENNARIUM, apud Ælredum Rievallensem in Vita S. Edw. Confess. lib. 2. cap. 2. *Adhuc de more Tritannarium pro Rege celebrabatur officium.*

TRICESIMA DIES defuncti. Septimus, vel etiam Tricesimus, vel annualis dies depositionis defuncti, in lib. 3. Sacramentor Eccl. Rom. cap. 105. Hincmarus Remensis in Capitul. ad Presbyteros cap. 14. ex Nannetensi Concilio: *Ut nullus Presbyterorum ad anniversarium diem, vel Tricesimam tertiam, vel septimam alicujus Defuncti, aut quacunque convocatione ad collectam Presbyteri convenerint, se inebriare præsumat, etc.* Charta Petri Archiep. Viennensis ann. 1125. in Tabul. ejusdem Ecclesiæ: *De obitu Canonicorum nostrorum et Archiepiscoporum.... præcipimus, ut Tricesimus Canonicis, et annuale obsequium Archiepiscopis persolvatur.* Ita apud Gregorium lib. 3. Decretal. tit. 26. cap. 20. lib. 5. tit. 40. cap. 29. Reinerum contra Valdenses cap. 5. extremo, etc. Vide Capitula Theodon Cantuar. cap. 19. 37. 90. edit. Acherianæ, ejusdem Pœnitentiale cap. 5. Capitula Herardi Turonens. cap. 58. Abælardum Epist. 24. etc.

¶ TRIGESIMUM, vel TRIGESIMUS nude. Statuta Cadubrii fol. LIIII. v°: *Decernimus, quod vos plebani, archidiaconi, Vicarii et aliarum Ecclesiarum rectores, pro salutari pœnitentia* IV. *sol.... pro oleo sancto sol.* XX. *p. pro sepultura totidem, pro septuagesimo sol.* XII. *pro Trigesimo* XII. *habere et percipere debeatis.*

☞ Insigne est hac de re Statutum Capituli S. Martini Turon. editum tom. 1. Anecdot. Marten. col. 62: *An. Dom.* DCCCGXXII. *Kal. Junii hortatu et suasione atque servitio cujusdam fidelis fratris gregis inclyti Confessoris Christi B. Martini, Adam sacerdotis et granicarii.... statuerunt ejusdem gregis generaliter fratres... ut ex illo tempore... quandocumque aliquis fratrum ex eodem cœnobio obiisset, cantarent pro eo quotidie per* XXX. *dies post Horas primæ expletum Capitulum, super altare dominicum propriam Missam, ad quam offerrent fratres generaliter, tam majores quam et minores, in Eucharistiam Christi, ut nos est, panem et vinum, et nihilominus jejunarent pro ipsius remissione peccaminum, aliorumque defunctorum fratrum, per eosdem* XXX. *duo vel tres fratres in pane et aqua usque ad vesperam, et si eadem die vinum biberent, idipsum redimerent, ipsiusque redemptionem pauperibus erogarent. Impetravit... iisdem præfatus frater, uti pro infirmante, vel infirmato fratre et ad exitum properante essent duo vel tres fratres... qui pro delictis deficientis fratris ante gloriosi B. Martini sepulchrum ad* VII. *Horas canonicas, ad unamquamque, usque ad expletum mortui fratris Tricesimum præscriptum diem, quotidie septies genua flecterent, suasque culpas ipsius vice ad Dominum proclamarent.*

Tricenarium autem a B. Gregorio M. PP. institutum ferunt, ex iis, quæ tradit lib. 4. Dialog. cap. 55. Vide, quæ de eo habent Alcuinus de Divin. Offic. cap. de Exequiis mortuor. Amalarius lib. 3. de Ecclesiast. Offic. cap. 44. Durandus lib. 7. Ration. cap. 35. n 8. Haeftenus lib. 8. Disq. Monast. Tract. 1. disq. 4. etc. Quomodo vero tricenaria a Monachis exsolverentur, vide in Antiquis Statutis Cartusiensib. 1. part. cap. 48. § 1.

Sed et ejusmodi tertios, septimos, trigesimos, et anniversarios defunctorum dies apud Melchitas, Maronitas, Cophtitas, et Jacobitas obtinere, docent Procemialia Conciliorum, laudata ab Abrahamo Echellensi ad lib. Ebed-Jesu cap. 60: *Facito tertia die commemorationem pro iis, qui obdormierunt, in Psalmis et precibus, quia Christus mortuus est, et resurrexit a mortuis. Fiat quoque* (commemoratio) *pro illis nona die in memoriam vivorum et defunctorum. Facito etiam pro iis Trigesimum* (diem)*, juxta antiquæ legis ritum, quoniam filii Israel luxerunt super Mose* 30. *diebus. Item fiat pro illis anniversarium, et erogetur de illorum bonis eleemosyna pauperibus, etc.* Videatur Petrus Comestor in Hist. Scholast. cap 114. Genes. Cumeanus Abbas de mensura pœnitentiarum cap. 14.

¶ TRICENNALIS, Tricenarius. Charta ann. 1131. tom. 8. Spicil. Acher. pag. 174: *Cumque fratres loci illius possessionem illam Tricennali tempore aut eo amplius quiete habuissent, etc.* Hoc est per annos triginta. De tricennali possessione, seu præscriptione consule præceptum Caroli M. pro Hispanis et vide supra Lex tricenaria.

¶ TRICEOLUS. Tabernarii, spiocarii et Triceoli, in Statutis Pisaur. inter Acta SS. tom. 3. Junii pag. 936. Forte ab Italico *Treccone,* esculentorum propola, caupo, Gall. *Aubergiste.* Alio significatu accipiunt Bollandistæ, quos consule.

¶ TRICESIMA, Thesaurus Regis Angliæ, ut patet ex Præcepto Henrici III. ann. 1288. dato *Fratri Hugoni de Stocton et Ricardo Renger et sociis suis, custodibus Tricesimæ suæ in Turri London.* apud Rymer. tom. 1. pag. 380. ubi legitur: *Præcipimus vobis quod de denariis, quos habetis in custodia vestra de eadem Tricesima, sine dilatione faciatis habere Imperatori* CP. *vel Flemento Militi suo, præsentium latori,* 500. *libras, de dono nostro.* Porro notum est ex superius dictis in voce *Templarii* Thesaurum regium apud Anglos Templariis commissum fuisse: qua vero ex causa ita appelletur doceant nos Angli.

¶ TRICESIMALE. Vide *Tricenarium.*

TRICESIMALIS CONSUETUDO, seu Tricesimæ, Præstatio tricesimæ redituum, quam Episcopi suffragani solvere quotannis tenebantur Ecclesiæ Ravennati. Anastasius in Nicolao I. pag. 213. ubi Ravennatem Archiepiscopum ita alloquitur idem Pontifex: *Præcipimus etiam, ut ipsos Episcopos illam malam consuetudinem, quæ a quibusdam Tricesimalis dicitur, nullo modo Ravennati*

exhibere, aut exercere compellas Ecclesiæ, nec illum morem, qui contra Episcop. privilegium sit, ab eis exigere quomodo tentes.
TRICESIMUS, et *Annalis nuptiarum dies*, olim cultus a Christianis in Ecclesia per Missæ sacrificium, in cujus Canone addebatur pecularis oratio, quam describit liber 3. Sacramentor. Eccles. Roman. cap. 52. etc. Menardus in libro Sacrament. ex Codice Remensi pag. 286: *Hanc igitur oblationem, Domine, famulorum tuorum, quam tibi offerunt ob diem Tricesimum conjunctionis suæ, vel annalem, quo die eos jugali vinculo sociare dignatus es, placabit suscipias, deprecamur, etc.*
⁂ **TRICESSIS** Vide supra *Tremissis*.
TRICHA, TRICHARIA, etc. Vide *Tricare*.
° **TRICHARIA**, Aleatorium. Charta ann. 1337. in reg. 74. Chartoph. reg. ch. 125 : *Consules et universitas loci de Portello nobis significaverant quod multa frequenter perpetrabantur omicidia, deprædationes, et alia enormia crimina et delicta in Trichariâ, quæ est extra villam prædictam,... ubi nisi duo vel tria existunt hospitia*. Vide in *Tricare*.
¶ **TRICHILA**, Stragulæ vestis prætenuis genus. Vide Rhodig. lib. 18. cap. 11.
¶ **TRICHORACHATUS**, Cristatus. Hist. Miscella lib. 22. apud Murator. tom. 1. part. 1. pag. 155. col. 1: *Dicebantur sane* (Longobardi) *ex genere illo descendere Cristati, quod interpretatur Trichorachati, pilos enim habebant natos in spina veluti porci.*
TRICHORUS, TRICORUM, etc. Ædificium appellabant, tribus concamerationibus constans. Τρίχωρον quippe Græcis proprie dicitur, quod tribus loculis, distinctum ac divisum est. Inde *Trichora apsis*, apud Paulinum, seu τρίχωρος ἁψίς est, quæ τρισσὰ ἐνδὸς κύκλων habet, uti loquitur Paulus Silentiarius in Descriptione ædis Sophianæ, vel ut idem Paulinus, *Trinos recessus; Triformem* dixit Fortunatus lib. 3. Poëmat. 5

Vertice sublimi patet aula formā Triformis,
Nomine Apostolico significatā Deo.

Atque ita videtur hanc vocem interpretari Papias, dum ait, *Tricora* esse *tres absidas, sive cameras.* Qua notione apud Spartianum in Pescennio *Trichorum* usurpari constat, et in veteri Inscriptione Christiana apud Ughellum in Episcopis Tolentinis, et Ferrarium: *Septima Severina C. E. marito dulcissimo ac sibi sarcofagum et Panteum cum Tricoro disposuit et perfecit*.
At quod idem Lexicographus subdit, *Tricorium esse locum juxta ignem et rupem altam*, fateor, me non plane assequi. Scio quidem, *Tricorium*, pro *Refectorio Monachorum*, seu *Triclinio*, ubi Monachi reficiuntur, et cibos capiunt, interdum usurpari. Ita Glossar. Ælfrici: *Tricorum, vel Triclinium gereordhus*, 1. domus refectionis. Qua sane notione vocem hanc usurpat Ordericus Vitalis lib. 3: *Mathildis Regina pretiosam infulam dedit, et cappam, ad Dei servitium, et centum libras Rodomensium ad agendum Tricorium*. Et lib. 6 : *Eisque datis sumptibus lapideum Tricorium, ubi una reficerent, construi fecit*. Ex quibus evidens est, *Trichorum vel Tricorum, aut Tricorium* esse cubiculum aliquod, vel cameram, quæ ἀριστήριον vicem, seu *pransorii*, aut *cœnaculi* præbuerit : illudque esse, quod *triclinium* Latini appellabant, quia forte cameræ istæ, quæ tot convivantes admittebant, spatiosiores erant, et in tres partes, seu totidem concamerationes, bino columnarum ordine divisæ. [Chartarium Farfense in Descriptione palatii, quam laudat Mabillon. tom. 2. Annal. Benedict. pag. 410 : *Trichorum*, id est *domus convivii deputata, in qua sunt tres ordines mensarum ; et dictum est Trichorum a tribus choris, id est tribus ordinibus comessantium.*] Joannes de Janua . *Tricorium, domus trina sessione convivantium ordinata. Solebant enim antiqui in clinis comedere, et tres lectos, vel tres ordines lectorum disponere : in unoquoque comedebant dominus et domina : in secundo familia : in tertio hospites, et talis domus dicebatur Triclinium.* Vide Casaubon. ad Spartianum, Descriptionem nostram ædis Sophianæ num. 50. [et Notam CL. in Epistolas S. Paulini edit. 1685.]
° Hinc *Trichart* nuncupatus carcer capituli Tullensis, ut discimus ex Stat. MSS. ann. 1497. ejusd. eccl fol. 97. r° : *Prisio seu carcer capituli, . quæ nominatur Trichart, quia continet tres carceres, unam in fundo, aliam in medio et tertiam in superiori.* Haud scio an in veteri Inscriptione hic laudata melius apud Mabill. in Museo Ital. pag. 224. legatur *Sacrophagum*, quam *Sarcofagum apud* Ughellum. [-° Vide Furlan, apud Forcell. in *Trichorus*.]
TRICIA, Crines intertexti. Vide *Trica*.
¶ **TRICIDIUM**. Vide *Labilicidium*.
TRICINA. Evagrius in vers. Vitæ S. Antonii, ab Athanasio scriptæ n. 70 : *Traxit quidam sportellæ, quam texebat, Tricinam, sive funiculum*. Græca sunt, σειρὴν τοῦ ἔργου. Est autem Græcis σειρὰ, apud nostri *Trece* dicunt, seu crinium intextorum series, uti monitum in voce *Trica*. Unde pro *Tricinam*, forte quis legat *Triciam. Tricina tunica*, pro *trichina*, quæ fuit Monachorum, in Vita S. Pelagiæ meretricis cap. 12. de qua vide Notas nostras ad Cinnamum pag. 456. 457. Vide Glossar. mediæ Græcitatis in Τρίχινος.
¶ **TRICINARE**, *Tricare*, in Amalthea ex Salmasio.
¶ **TRICINARII EQUI**, Qui gressibus intricatis, crebra genuim inflexione, gradum minutim tractum expediunt. Occurrunt apud Vegetium. Vide Hofmanni Lexicon et Salmasium ad Capitolinum in Maximinis cap 3.
° Nostris *Traquenard*. Vox ficta a Salmasio, quam, ipso vade, apud Vegetium legi crediderunt Laurentius et Hofmannus. Hæc post D. Falconet.
TRICINCTUM, Trinus fossarum vel murorum ambitus, *castrum triplici fossato, totidemque mœniis vestitum*, Matthæo Paris pag. 134. Willelm. Britto lib. 1. Philipp. :

.... Puer impiger
Tempore Tricinctum castri, qui continet in se
Jugera multa soli, signis obcinxit et armis.

TRICINIUM, quasi triplex cantus. Symmach. lib. 1. Epist. 41 : *Tricinium semivolucrum puellarum*, id est, Syrenum. Vide ibi Juretum.
TRICLINIUM, Tres ordines sedium, in Glossis Biblicis MSS. Vide *Trichorus*.
TRICLINUS Regula Magistri, cap. 18 : *De calceamentis vero oportet fratres caligas habere ferratas, Triclinas non ad luxum, sed ad usum*. Legendum forte *trichinas*, ex Gr. τριχινός, cilicinus, ex pilis.
TRICO. Gloss. Lat. Gr. : *Trico*, ἀγρέτος

Ἔκλυθος, λαγγών, [*Tricones*, ὀυσέρισες.] Gloss. Gr. Lat. : Λαγγών, *Reses, Trico*. Capitolinus in Vero : *Ut vagaretur nocte per tabernas ac lupanaria, obtecto capite cucullione vulgari viatorio, et commisceretur cum Triconibus, et committeret rixas, dissimulans, quis esset, etc.* [Nonius : *Tricones, morosi et ad reddendum duri.* Adducit locum Lucilii. Italis etiamnum *Tricone* dicitur morosus, qui est obducto vultu, nostris *Rechigné*, *difficile, tracassier*.]
TRIGOCINARE, *Scribrare*, seu cribrare, in Glossario Iatrico Reg. cod. 1486.
¶ **TRICODATUM**, **TRICOTADUM**, τρίτομον, Trifariam, seu in tres tomos divisum, in Glossis Lat. Gr. et Gr. Lat. *Tricodato*, tres habens caudas, Italis appellatur.
¶ **TRICODONUM**. Modulatus camparum sonitus, Gall. *Carillon*. Bulla Innocentii VIII. PP. ann. 1484 : *Cum duplicibus campanis ad longum tractum et debitum intervallum pulsentur, [Horarum officia,] tintinnabulum seu Tricodonum bene ordinatum melodiosum cum debita mensura faciendo*. Vide *Traselium* 2. et *Trouson*.
TRICOLUS, Ludi vel aleæ species, ex Græco forte τρίκωλος, a tribus membris, [vel potius ab Italico *Tricolone*. eodem significata,] apud Sanctor. lib. 1. Policrat. cap. 5 . *Hinc Tessera Calculus, Tabula, Urio, vel Dardana pugna, Tricolus, Senio, Monarchus, etc.*
° *Tricote*, Claræ lusoriæ species, in Lit. remiss. ann. 1457. ex Reg. 189. Chartoph. reg. ch. 188 · *Lequel Sauvestre print une Tricote ou billart,...... et en donna au suppliant sur le front.*
¶ **TRICORIUM**, Instrumentum coquinarium tricorne, ut videtur. Regest. Episcopat. Nivern. ann. 1287 : *Duo tripodes. Quatuor Tricoria. Quadraginta tres culcitræ*. Vide alia notione in *Trichorus*.
TRICORUM. Vide *Trichorus*.
° **TRICTARE**, Terere. Vide *Calotrictatorium*.
¶ **TRICTURA**, pro *Drictura*, ni fallor, Jus quod quis habet in re aliqua. Testamentum ann. 1173. tom. 1. Aneed. Marten. col. 575 : *Donavit et reliqui eidem Berengario nepoti suo... medietatem totius honoris vel Tricturæ, quam ipse habebat in prioratu vel honore S. Pauli*. Alia notione legitur in *Transitura*.
TRICULA, Παρατίλτρια, in Gloss. Græc. Lat. Ibidem : Παρατίλλω, *depilo*, *vellico*.
° **TRICULUS**, Esculentorum propola, Ital. *Treccone*, Gall. *Aubergiste*. Stat. synod. eccl. Carcass. ann. 1297. ex Cod. reg. 1613 : *Propter humanam necessitatem et cotidianum vescendi usum pistricibus panes et carnificibus carnes, meroriis sive Triculis res comestibiles vendendi ipsis diebus festivis licentiam non negamus*. Hinc Gallicum *Trigalle*, pro Taberna seu locus, ubi comessationibus, potationibusve vacatur. Lit. remiss. ann. 1401. in Reg. 156. Chartoph. reg. ch. 800 : *Une ville un port, nommé Vateville, sur Seine. ouquel lieu avoit une taverne ou Trigalle, etc.* Vide *Triceotus*.
TRICURIUM, Triplex cura, in Glossis MSS.
✱ **TRIGUSPIS**, [Lancea que habet tres acies. DIFF.]
¶ **TRIDECENNALE**. Vide in *Tricenarium*.
° **TRIDENA**, Trium mensium spatium. Comput. ann. 1450. ex Tabul. S. Vulfr.

Abbavil. : *Pro revestiariis dominorum canonicorum et cappellanorum majoris altaris, in prima Tridena incœpta xxviij. Septembris anno Domini 1449. et finienti xxvij. die Decembris ejusdem anni,...... cij. sol.*
TRIDENARIUS NUMERUS, pro *Tricenarius*, in Regula Ordinis *de Semgpringham*, pag. 77.
¶ **TRIDIE**, *Par trois jours*, in Glossis Lat. Gall. Sangerman. MSS. ex Johanne de Janua.
¶ **TRIDIGITALIS**, Trium digitorum. Vide supra *Thumelum*.
TRIDINGA. Vide *Trithinga*.
¶ **TRIDINIUM**, pro *Triclinium*. Vide *Bicellum*.
TRIDUANA, Tridui jejunium. S. Hieron. Epist. 10. ad Furiam. *Parcus cibus et venter esuriens Triduanis jejuniis præfertur*. Epist. 15. ad Marcellam : *Cumque per omnem annum jugi jejunio pascretur ; biduo Triduoque sic permanens, tum vero in quadragesima navigii sui vela tendebat, omnes pene hebdomadas vultu lætanies conjungens.* Epist. 22. ad Eustochium : *Nihil prodest biduo Triduoque transmisso vacuum portare ventrem, si pariter obruatur, si compensetur saturitate jejunium.* Quibus verbis biduanas et triduanas Christianorum innuit, de quibus egimus in *Biduana*.
° Notit. de exordiis monast. S. Trinit. in Apenn. ex Tabul. Vall. Umbr. : *Deinde fecimus Triduanam, ut Deus ostenderet nobis quid vellet de nobis facere, et ostendit nobis judicium suum.*
∞∞ **TRIDYMUS**, Trigeminus, a Gr. Τρίδυμος. Anastas. Mirac. SS. Cyri et Joh. sect. 44. apud Maium Spicil. Roman. tom. 3. pag. 481 : *Onus illud Tridymum.*
✝ **TRIEN**, *Tertia pars solidi*, in Lege Salica tit. 40. § 13. edit. Baluzii. Notus est Triens Romanus.
TRIENNALE. Vide *Tricenarium*.
TRIENNALIS. Monasticum Anglic. tom. 1. pag. 149 : *Qui ad superiorem mensam ut Gustos ordinis sederit, duplum* (panem percipiet.) *Qui Missam majorem celebraverit, duos, lector vero et servitores unum admixtum, Eleemosynarius autem sex de decima, et tres ad mandatum et duos ad Triennales currentes.* [An pro *Tricennales* ?]
¶ **TRIENNALITAS**, Administratio per triennium, *Triennalité* Charta ann. 1517. tom. 2. Hist. Eccl. Meld pag. 278 : *Experimento hactenus probatum sit inter cætera, nil tam officere quam præsidentum in monasteriis reformatis perpetuitatem, Triennalitatemque mirum in modum profuisse et prodesse.*
° **TRIENNUM**, pro Triennium. Epist. Bern. scholast. ad Fulb. episc. Carnot. tom. 10. Collect. Histor. Franc. pag. 493 : *Interea causa exstiti, qua ad urbem Andegavensem........ transmigrarem, ubi fere per Triennum per inanes nugas, vel verum confitear, tempus studii conterens, etc.*
° **TRIENS**, Furca trisulca. Consuet. Dombens. MSS. ann. 1335. art. 25 : *Nullus homo dictorum nobilium non potest nec debet perportare alium hominem de bobus ligatis nec de ligone, neque de Triente, etc.*
¶ **TRIERIS**, pro *Triremis*, a Gr. Τριήρης. Rostagnus Mon. de Translatione S. Clementis Martyris : *Miserunt quandam Trierem obviam eis, ut exploraret quænam gens esset. Onustæ mercimoniis Trieres,* in Actis S. Athanasii Episc. tom. 4. Julii pag. 78. Etiam usi sunt Th. Walsingh. loco in *Carrica* relato, vulgatus Interpres Bibliorum non semel. Glossæ Lat. Gal. Sangerm. : *Trieris, grans nefs.* Adde Joan. de Janua. Vide *Trigeris*.

TRIERIUM. Monachus Sangall. lib. 2. de Carolo M. cap. 19 : *In Trierio rusticano sedentem eum invenimus, et tridente areolam olerum novellantem, etc.* Forte *atrio*. [Idem videtur quod *Tripetia* dicitur Severo Sulpitio in Vita S. Martini. Vide infra in hac voce.]
¶ **TRIFACIARE** MISSAS *contra canonicas sanctiones* vetat Concil. Paris. ann. 1212. art. 10. tom. 7. Ampliss. Collect. Marten. col. 98. hoc est, Missas tres diversi argumenti usque ad Offertorium incœptas sub uno Canone concludere. Vide *Missæ bifaciatæ* in *Missa* 4.
° **TRIFERON**. Alex. Iatrosoph. MS. lib. 1. Passion. cap. 95 : *Collirium mitigativum Triferon ad eos, qui nullam mordicationem sufferre possunt.* Ubi Glossæ : *Delicatum.*
¶ **TRIFFOLETUM**, f. Trifolium, Gall. *Treffle.* Inventar. Eccl. Anic. ann. 1444 : *Item pannus aureus in campo seminatus cum magnis compas... cum quadam pluma de paon circumdata Triffoletis.*
TRIFILUM. Gloss. Gr. Lat. MS. : Τρίμιτον, κόσμος τις γυναικός, *Trifilum gemmarum.* Editum habet *gemmarium*, nostris *un collier de trois rangs de perles*. S. Hieron. in Vita Pauli Eremitæ : *Qui domos marmoribus vestiunt, qui uno filo villarum insuunt prædia.* Anastasius in Greg. III. pag. 165 : *Item murenam Trifilam auream, quæ habet gemmas albas numero 73.* In Regesto I. de Artificib. Paris. occurrunt *Trifntiers de fer, d'archal,* fol. 110. *Trifilum* confectores. [° Ubi lego rº : *Treffiliers d'archal* ; qua voce significatur Artifex, qui annulos catenarum innectit, et præsertim qui contexit loricarum maculas, ut in Stat. ann. 1416. ex Reg. 169. Chartoph. reg. ch. 483 : *Item nul n'aura que une forge et un Tresellier* (sic) *sur paine de cent solz d'amende...... Item nul dudit mestier* (de symeterie) *ne pourra riens doresnavant d'ouvrage ne prester à ses Triffiliers* (sic)*, sinon douze deniers jusques à tant qu'il soit venu à son service.* Vide *Trilices loricæ*.] Regestum Castri Lidi in Ancibus fol. 54 : *Li Sire de Pruillé a son usage au fié au Forestier, ... et à une fosse a dous cognées, et a un porteor il Tresillers, et de ce li Sire de Pruillé doit un haubert au Seignor de la forest, totes les faiz que le Sire mue.*
TRIFINIUM. Ager, qui tres fines spectat. [Isid. lib. 15. cap. 14 : *Trifinium dictum eo quod trium possessionum fines astringit.*] Lexicon Cambro-Britannicum, *Terfyn,* terminus, limes. Innocentius Agrimensor : *Ipsum terminum et ipsum locum directura Trifinium facit. Circa Musileum in pedes 70. amplius ped minus invenies. Trifinium subter rivum significat.* Aggenus *Locos frequenter in Trifinio et quadrifinio invenimus, sicut in suburbanis, et circa publica itinera constitutum esse perspicimus.* Vide Salmasium ad Inscriptionem Herodis pag. 59.
TRIFINITIUM. Testamentum S. Cæsarii Arelatensis : *Et pascua in campo lapideo vel si qua sunt alia, vel campum in Trifinitio super viam munitam, vel reliqua alia quæcunque sunt.* Vide an *Trifinitium* nomen sit loci.
¶ **TRIFOCALIUM**, Genus sedilis. Vide *Istomid.*
° **TRIPLORILIUM**, in Codice MS. Celestin. Ambian. sign. 104 : *Oratio devotissima, quæ Tristorilium vocatur, ad Beatam Virginem.*

TRIFOLIUM, Calceamenti genus, in Disputat. cum Manete pag. 200.
TRIFORIUM, Τρίθυρον, Macario, Homil. 27. pag. 384. Porticus, seu potius Porticuli in modum claustri species, quæ totum ædis sacræ ædificium ambit, eo fine ducta, ut transitum præbeat locum circuire vel lustrare volentibus, in ipso ædis muro, supra inferiorem columnarum et arcuum ordinem : ex cujus Triforii superiori parte emergunt majores ædis fenestræ, in ipsam fornicem elatæ. Triforium autem dicitur, quod ejusmodi strictioris ambulationis aperturæ intra ipsam ædem, duabus columnulis distinctæ, *trinas fores*, seu aperturas, quodammodo præferant. Id maxime inspicere est in majori et Cathedrali æde sacra Deiparæ Ambianensi, atque adeo in prospectu interiori ædis Cathedralis B. Mariæ Lincolniensis in Monastico Anglic. tom 3. pag. 257. ut de cæteris sileam. Gervasius Dorobernensis in Descriptione Ecclesiæ Cantuariensis : *Hic murus chorum circuiens in circinatione illa pilariorum in capite Ecclesiæ in unum conveniebat. Supra quem murum via erat, quæ Triforium appellatur, et fenestræ superiores, in quibus appositis clavibus et fornice facta, à turre majore usque ad pilarios prædictos, id est usque ad Crucem, Triforium inferius multis intexuit columnas marmoreis.* Mox : *Supra hos decem* (pilarios) *arcus et fornices posuit. Peractis autem utrisque Triforiis, et superioribus fenestris, cum machinas ad fornicem magnam volvendam præpararent. Rursum : Ibi cœlum ligneum egregia pictura decoratum, hic Ferrali et lapide in tofo levi decenter composita est. Ibi Triforium unum, hic duo in choro, et in ala Ecclesiæ tertium. Rursum : Super pilarios vero inferius Triforium et superius, cum fenestris et fornice majori.*

TRIFORUM, Limbus, vel ornamentum ad oram rei alicujus adtextum, in *Triforii*, de quo supra, speciem et formam. Inventarium Ecclesiæ S. Pauli Londinensis, in Monastico Anglic. pag. 309 : *Morsus Willelmi de Ely argenteus, cresta ejus argentea cum Triphorio exterius aureo et lapillis insitis, etc.* Infra : *Et 15. noduli cum Triphorio, etc.* Ibid. : *Cresta ejusdem argentea exterius deaurata, cum exteriori Triphorio aurato, etc.* Hinc Triforiatus, ibidem : *Morsus Alardi Decani Triforiatus de auro puro, cum Kamahutis, et aliis lapidibus multis, etc.* Passim ibid. Pag. 326 : *Item unus pannus, cujus campus purpureus, cum 14. listis in longitudine panni, ad modum Triforiæ contextis, cum multis leoninis intertextilis, etc.*

° Unde *Triforio* vel *Triphoire* appellatur Ars gemmas pala includendi, vulgo l'Art de mettre en œuvre, in Chron. S. Dion. tom. 3. Collect. Histor. Franc. pag. 188 : *Il estoient de fin or esmeré et aourné de très riches pierres précieuses d'œuvre Triphoire.* Alias de œuvre *Trifoire.* Ubi Aimoin. lib. 2. cap. 8. ibid. pag. 49. habet : *Opere inclusorio.* Vide *Inclusor.*

∞∞ **TRIFORMITER**, Trifariam. Argum. vetus in Matth. apud Maium Scriptor. Vet. tom. 9. pag. 161 : *Quaternario denario numero Triformiter posito.* Tatuinus Grammat. MS. cap. de verbo : *Præteritum tempus in declinationibus Triformiter dividitur, plus quam perfectum, perfectum, imperfectum.* Adde Sedul. Scot. Explan. Evang. Script. Vet. tom. 9. pag. 164. Hæc Maius in Glossario novo.

¶ **TRIFUNDUS**, Terræ fundus. Vide *Treffundus*.
TRIFURCULO. Vide *Furcula*.
1. **TRIGA**, Currus a tribus equis tractus, ut *biga*, a duobus. Gloss. Gr. Lat. : Τρίιππον, *Triga*. Papias : *Triga, currus est, quem pagani aiunt currere in inferis, eo quod per* 3. *ætates homines ad se rapiat, i. infantiam, juventutem, et senectutem ;* [ex Isidoro lib. 17. Orig. cap. 36. Joh. de Janua : *Triga, Currus Plutonis, quia rapit homines de tribus ætatibus.*] Stephanus Tornac. Epist. 228 : *Bigam autem seu birotum mittere nolumus, etc. Nam quod de Triga tibi jocando diximus, scias, quod sicut Trigam abominamur in vehiculo, ita etiam abhorremus in opere et verbo*. Ubi observandæ voces in *opere :* videtur enim alludere ad *Trigas*, seu *tricas*, id est vacationem ab opere : vel moras aut impedimenta ; nam *trigare* dixisse Scriptores ævi medii, supra docuimus.
☞ Eadem vox *Trigæ* pro moris aut impedimentis accipitur in Diplomate ann. 1339. apud Ludewig. tom. 5. Reliq. MSS. pag. 346 : *Promittentes etiam, quod si dominus noster Rex, vel sui hæredes, super prædicta civitate et terra Lubin, per Ducem Joannem Stinaviæ... aliquas Trigas, impetitiones seu quæstiones sustinere quolibet modo contingeret, etc.*
° 2. **TRIGA**, TRIGLA, Piscis genus, Ital. *Triglia*, Hispan. *Trucha* et *Trulla*. Tract. MS. de Pisc. cap. 106. ex Cod. reg. 6838. C : *Mullus, Græce* τρίγλη, *a Romanis Triga, a Massiliensibus Triga, etc.*
¶ **TRIGAMIA**, Τριγαμία, Tertium matrimonium. Constitut. Apost. lib. 3 cap. 2 : *Monogamia quidem naturæ atque legi consentanea est. Digamia vero post promissionem illegitima ; non ob conjunctionem, verum propter mendacium. Trigamia intemperantiæ indicium ; quæ autem Trigamiæ adduur, aperta fornicatio est et indubia incontinentia.* Concessam fuisse Trigamiam iis, qui quadragesimum ingressi fuerant annum, et liberis ex prioribus conjugiis caruerant, ex Nicephoro Chartophylace probat Suicerus in Thesauro ; secus vero iis qui ex prioribus matrimoniis liberos habuerant.
TRIGARE, Morari, differre. Vide *Tricare*.
¶ **TRIGARIUM**, Τόπος ὅπου ἵπποι γυμνάζονται, in Glossis Lat. Gr. Locus ubi equi exercentur. Scaliger in lib. 4. Prop. vult *Striga ;* sed et *trigis* exercitatio equorum esse potest, ut observat Martinius. Vide *Triga*.
¶ **TRIGENARIUM**. Vide *Tricenarium*.
TRIGENARIUS, *Tricesimus*, Johanni de Janua ; *Trentismes* in Glossis Lat. Gall. Sangerman. MSS.
TRIGERIS, pro *Trieris*, τριήρης, *triremis*. Hariulfus de Miraculis S. Richardi cap. 3 : *Fuit quædam Trigeris magna et fortis, quæ plena hominibus armatis, cursu veloci tendebat properare in Hierusalem, etc.* Mox : *Erant autem in ipsa maxima navi, de quibus cura fratribus Christi Augiæ asservato, apud Mabillon.* tom. 3. Annal. Benedict. pag. 700. col. 1 : *Acceptis enim vero donis legati mirificis, Trigerim gratulabundi conscendentes, et ..... prosperrimo navigantes remigio, etc.* Vide *Trieris*.]
TRIGESIMA, Pars trigesima, vel quantitas, rei petitæ in judicio, quæ a damnatis *Bajulo* seu Judici exsolvebatur. Quod locum habebat in causis omnibus tam mobilium, quam immobilium, præterquam in quæstionibus de commodato, mutuo, et debito, in quibus *Tertiaria*

dabatur. Vide Constitut. Siculas lib. 1. tit. 69. 70. 71.
° **TRIGERE**, Deradere, exsculpere. Stat. synod. eccl. Corisopit. MSS : *Si sanguis Christi fundatur vel cadat super terram, lignum vel lapidem, radendus vel Trigendus est locus iste, et pulvis in sacrario reponendus*. Vide mox *Trigma*.
¶ **TRIGESIMALE**, TRIGESIMALIS, TRIGESIMUM. Vide *Tricenarium*.
¶ **TRIGIES**, *Triginta vicibus*, Joan. de Janua. Varro dixit *Trigesies, Tricies* Tullius et alii.
° **TRIGILA**, Trichila, pergula, Gall. *Treille*. Necrol. vetust. eccl. Carnot. : *vij. Id. Febr. Obiit Aimericus frater Gelduini, et reliquit canonicis S. Mariæ...... vineam cum Trigila super ripam Auduræ.* Vide in *Trela* et infra *Trilhata vinea*.
TRIGILDUM, Tripla compositio, *Twigield*, in Legibus Juticis lib. 2. cap. 97. 99. etc. Ex voce *geldum*, quam vide, compositio, mulcta. Lex Burgund. tit. 63. § 1 : *Qui messem in granariis furatus fuerit, si ingenuus est, Trigildum solvat*. Vide *Trinumgeldum*.
TRIGINGE Vide *Trithinga*.
° **TRIGINTA**. Charta Gaufr. de Meduana episc. Andegav. ann. 1097 : *Querela erat inter canonicos* (S. Mauritii) *de parvo numero canonicorum vel monachorum, et quod numerus iste odibilis erat et refutandus, et in nulla ecclesia erat præter istam, et quod etiam laici per hunc numerum neque emere vel vendere aliquid audeant, quoniam sanctissimum Domini corpus Triginta, ut legitur, argenteis a Juda traditore venditum fuit, etc.* Mirandum certe argumentum, ut expungatur numerus *Triginta*.
TRIGINTALE, TRIGENTANARIUM, TRIGENTARIUM, etc. Vide *Tricenarium*.
° **TRIGLA**, Piscis. Vide supra *Triga* 2.
° **TRIGMA**, *Excoriatio*, in Gloss. ad Alex. Iatrosoph. MS. lib. 2. Passion. cap. 100 : *Facit autem et ad spasmata et Trigmata et ventositates et mulierum passiones*.
¶ **TRIGODÆMONES**, *Poetæ, qui fæcibus faciem collinere consueti, in viis curribus insidentes, ne cognoscubiles fierent, poemata concinebant, cavillis probrisque lacessentes, qui prætervirent, in* Vocabulario Sussannæi. [☞ Τρυγῳδός.]
¶ **TRIGONUS**, Τρίγωνος, Quævis figura triangularis Vitruvio ; quid vero sit Bernardo Monacho, salis ipse docet part. 1. Ord. Cluniac. cap. 47. *de supellectilibus coquinæ : Duo Trigoni, uterque de tribus lignis factus, licet imparibus angulis sed facti, qui in modum ostiorum huc et illuc versari possint ; in his pendent catenæ, quibus caldariæ suspenduntur, quæ implentur aqua prope aqueductum, et postmodum suspensæ deducuntur absque magno labore usque super ignem.*
✱ **TRIGULA**, [*Treulle*.(Glos. Lat. Gal. Bibl. Insul. F. 36, XV. s.)]
° **TRIGUM**, Triticum, Hispan. *Trigo.* Charta fundat. abbat. Aquilar. ann. 832. inter Probat. tom. 1. Annal. Præmonst. col. 105 : *Pro unos quisquis suos dominus pariet duos* (modios) *de Trigo ; et pro ovibus et capris et porcis, quoad melior inter eos invenerit, occidatur*. Vide infra *Trisicum*.
° *Trigo* vero, pro *Tico*, Fustis, in Lit. remiss. ann. 1460. ex Reg. 192. Chartoph. reg. ch. 63 : *Ung gros baston ou Trigot de plain poing*. Vide infra in *Triquetum*.
¶ **TRIHER**, Τρίϐολος, in Glossis Lat. Gr. Aliæ Gr. Lat. Τρίϐολος, *Tribula, Triher*. MSS. *Taher*, forte *Traha* vel *Trahea*, in-

quit Jungermanus ad Longi Pœmenica pag. 231. et 232.
TRIHORIUM, Spatium trium horarum, apud Auson. Eidyll. 3. de Capitone :

Nec duraturus post bina Trihoria mensis.

Utitur et Eidyllio 24.
¶ **TRILA**, TRILEA. Vide *Trela*.
¶ **TRILEX**, Τρίμιτος, in Glossis Lat. Gr. Et infra : *Triplex*, τρίμιτος, etc. Vide *Trilices.*
° **TRILHATA** VINEA, TRILHATUM, Vinea trichilis suffulta. Charta ann. 1371. ex Tabul. Moissiac. : *Abbas Exiensis tradat.... unam pipam vini communis.... de vineis Trilhatis.... Abbas divisim monachis tradere (habeat) unam pipam vini, et pro singulis annis aliis subsequentibus xj. barillos, et hoc de fructibus excrescentibus in Trilhatis*. Vide supra *Trilhia*.
° **TRILHIA**, Concameratio, cancellatio, Gall. *Treillage*. Lit. remiss. ann. 1371. in Reg. 102. Chartoph. reg. ch. 266 : *Dicta mulier..... credens saltare in quoddam viridarium, de subtus gradarium existens, supra quandam Trilhiam dicti viridarii cecidit*. Vide in *Trela*.
TRILIA. Vide *Trela*.
TRILICES LORICÆ, notæ apud Virgilium 5. et 7. Æneid. et alios. Sed et Dudo de Morib. et Act. Norman. lib. 2 : *Alii ferro auroque Trilices loricas, thoracas scilicet faciunt*. Infra : *Trilicique lorica indutus*. Will. Britto lib. 3. Philippid. :

. . . . thoraca Trilicem

Disilit.

Glossarium Latinum MS. Reg. *Trilice, triplice*. Le Roman *de Guillaume au Court-nez* MS :

Vestent haubers, et les broignes Trelices.

Le Roman *d'Auberi* MS :

Voit par la salle ces haubers Treilleis.

Ibidem :

U est un haubert, qui estoit Treilleis.

Le Roman *de Garin* MS :

En son dos vest une broigne Treslice.

Atque hinc patet, unde deducta vox nostra, *Treillis*, pro fenestra cancellata. Vide Isidorum lib. 19. cap. 22. Turnebum lib. 29. Advers. cap. 25. [et supra *Trilex*.]
° **TRILIS**, f. Currus a tribus equis tractus. Glossæ Cæsar. Heisterbac. in Reg. Prum. tom. 1. Hist. Trevir. Joan. Nic. ab *Hontheim* pag. 672. col. 1 : *Humfridus ad carradas duas et Triles tres*. Vide *Triga* 1.
TRILLA, TRILLIA, etc. Vide *Trelia*.
° **TRILLIA**, Cancelli, clathri, Gall. *Grille*. Comput. ann. 1412. ex Tabul. S. Petri Insul. : *Item pro pictura quatuor Trilliarum ferri circa pheretrum, una cum baculis suis sive lanchiis, xviij. sol.* Vide alia notione in *Trela*.
° **TRILLIATUS**, Transenna, Gall. *Jalousies*. Inst. ann. 1438. inter Probat. tom. 3. Hist. Nem. pag. 261. col. 1 : *Et etiam ligna, quæ pro tempore futuro orientur, proderunt pro aptando Trilliatos domus consulatus*. Vide supra *Trelea*.
¶ **TRILORIS** VESTIS, apud Vopiscum in Aureliano cap. 46. Quæ tripici *loro*, i. instita, limbo seu fascia erat prætenta et ornata. Vide Hofmannum in Lexico et Salmasium ad Vopiscum.
¶ **TRILUMINARE**, *Candelabrum trium luminum*, apud Laurentium in Amalthea.
¶ **TRIMA**. Chartularium Matiscon. fol.

107. ubi de *carricariis* debitis summatim habetur : *Omnes simul Trimas duas carricarias.* An legendum *(riginta?* Vide *Trinna.*

¶ **TRIMEGISTUS,** *Ter maximus,* Johanni de Janua : *Tres grand ou trois manieres,* in Glossis Lat. Gall. Sangerman. Aliis melius *Trismegistus,* a Gr. Τρισμέγιστος, quod est cognomen Mercurii ob incomparabilem, quam ei Gentiles tribuebant, scientiam. Vide Lactantium lib. 1. cap. 6. et 9

¶ **TRIMENSALE,** TRIMENSE. Vide *Tremesium.*

¶ TRIMENSIS, *Trium mensium, aliter Trimestris,* Joh. de Janua ; *De trois moys,* in Gloss. Lat. Gall. Sangerman.

° **TRIMENSTRUUM,** Trimense triticum, nostris *Tremois.* Bulla Alex. III. PP. ann. 1163. in Chartul. Monast. in Argona fol. 4. v° : *Sub annuo censu duorum sextariorum frumenti et dimidium et tolidem Trimenstrui.* Charta Boson. episc. Catalaun. ex eod. Chartul.: *Pro annuo censu trium minarum frumenti et trium Trimenstrui.* Vide *Tremesium.*

° *Trimesse* vero, Pellium genus, in Lit. remiss. ann. 1391. ex Reg. 140. Chartoph. reg. ch. 238 : *Deux milliers de belleeuvre, trois milliers de Trimesse.*

¶ **TRIMESIUM.** Vide supra in *Tremesium.*

TRIMILCHI, Maius mensis apud Anglo-Saxones. sic dictus, quod tribus vicibus in eo per diem pecora mulgebantur. Talis enim erat quondam ubertas Britanniæ, vel Germaniæ, e qua in Britanniam natio intravit Angiorum. Beda de Ratione temp. cap. 19.

TRIMISIUM, Tertia pars assis. Vide *Tremissis.*

¶ **TRIMITAT,** *Post urna,* in Glossis Isid. Grævius delet *post urna,* voces nullus rei : et scribit, ut apud Papiam : *Trepidat, tremiscit, horret.*

¶ **TRIMITUM,** Pannus ternis liciis textus, trillix, Gr. τρίμιτος. Vide *Dimitum.*

°° **TRIMIXTUM** TRITICUM, Idem forte quod *Tremesium.* Dynamidia lib. 1. cap. 6. apud Maium Auctor. Classic. tom. 7. pag. 406 : *Triticum Trimixtum levius furfuribus. magis tamen egeritur atque saginat et humectat.*

TRIMMA. Anastasius in S. Silvestro : *Cameram basilicæ ex auro Trimme in longum.* Ubi Bullingerus *Trimmam* esse ait, *aurum in tenuissimas bracteas tritum,* ex Gr. τρίμμα, nostris, *Or batu.*
☞ Sed non una est hujus loci lectio. Unus optimæ notæ codex a Muratorio laudatus præfert, *ex auro Trimita in longum.* Duo alii, *ex auro Crinitam in longum.* Romualdus II. Archiep. Salern. in Chron. apud eumd. Murator. tom. 7. col. 81 : *Ex auro Trinitam in longum.* Ut variæ sint lectiones, retinendum tamen esse putem *ex auro Trimme* vel *Trimmæ,* quod hanc vocem paulo post rursum usurpet Anastasius in eod. Silvestro : *Fecit autem et cameram basilicæ ex Trimma auri fulgentem.* Verum quidem est etiam hic codices cum edito non omnes consentire, atque in tribus MSS. a Muratorio citatis legi, *cameram basilicæ extremam ex auro fulgentem;* sed ex duobus locis simul collatis conjicio veram esse editorum lectionem, atque Anastasium, ut ipse Silvestri scriptorem, quisquis ille sit, ex Græco τρίμμα neutrius gen. finxisse Latinum *Trimma* feminini, ut alii dixerunt *schemiam* a τὸ σχῆμα, et *sacomam* a τὸ σάκωμα. Vide Vossium lib. 3. de Vitiis serm. cap. 53.

¶ **TRIMNIUNGELDUM.** Vide *Triniumgeldum.*

° **TRIMODIA,** Infundibulum, Gall. *Tremie.* Charta ann. 1197. in Chartul. prior. Lehun. ch. 20 : *Johannes miles de Hapelincurte habet in molendinis de Lehons apud Pontem degranum, cujuscumque sit frumentum, post illud quod inveniet in Trimodia.* Vide *Trimucium,* et *Trinodium.*

¶ **TRIMODUS,** Triplex. Wibertus in Vita S. Leonis IX. PP. cap. 9 : *Trimodam (venalitatem) compererat dictis B. Gregorii, scilicet a manu, ab obsequio, a favore.* [˜ Remig. ad Mart. Cap. lib. 4. apud Maium in Glossar. novo : *Trimodum enim genus est, primum generalissimum, etc.*]

¶ **TRIMORMA,** TRIMORMUS, Τρίμορφος. in Glossis Lat. Gr. Mehus in MSS.: *Trinorma, Triformis.*

° **TRIMUCIUM** ut *Trimodia.* Chartul. S. Nigasii Mellet.· *Quotiens annona antedictæ ecclesiæ ad molendinos occurrerit, remota omni consuetudine, post illum bladum, qui in Trimucio est, semper molere debet.* Vide supra *Tremodium.*

¶ **TRINA,** Piscis genus. Ang. Rumpelerus Histor. Formbac. lib. 1. apud Pezium tom. 1. Anecdot. part. 3. col. 433 : *At timalios, salmones, Trinas, murenas, accipenseres et alios delicatiores Athesi dimittimus.*

☞ **TRINA ILLATIO,** Idem quod *Illatio tertia,* apud Cassiodor. lib. 11. ep. 7. et lib. 12. ep. 2. Vide *Tertia* 8. et Savin. Histor. Jur. Roman. med. temp. tom. 1. cap. 5. § 103.

¶ **TRINCHETUS,** Rectus anterior malus, Ital. *Trinchetto,* Gall. *Trinquet.* Bern. de Breydenbach Itiner. Jerosol. pag. 243 : *Neque enim applicuimus civitatem (Ragusium,) propter festum tamen et reverentiam Dominicæ Nativitatis cum Trincheto duntaxat navigavimus.*

∞ **TRINE,** Trifariam, tribus modis. Virgil. Gramm. pag. 22 : *Hoc pronomen Trine videri declinandum.*

¶ **TRINIATIM.** Edgarus Rex in Legibus Monasterii Hydensis cap. 4. de Adamo : *Qui prole ad numerum patrata, numerosam Angelorum universa comitante prosapia, in lingua degustato ligni vetiti fructu, æthereos æternæ beatitudinis suggestas Triniatim cum Domino regnans conscendere Macrobius confidebat.* Alia Charta ejusdem Regis iisdem Legibus subdita : *Annuente altithroni Moderatoris imperio totius Albionis Triniatim potus regimine, etc.*

¶ **TRINICUM** SACRAMENTUM. Vide in *Juramentum.*

¶ **TRINION,** Modulatus et numerosus æris campani sonitus, nostris *Carillon.* Sententia Officialis Matiscon. ann. 1495 : *In diebus sollemnibus debent pulsari cymbalæ seu campanæ ad modum et instar du Trinion, secundum vulgarem et communem usum loquendi... Non debent pulsari campanæ ad modum et instar du Trinion sine congedio et licentia Prioris.* Vide *Trasettum* 2. et *Tricodonum.*

° **TRINISSIMUS,** Maxime trinus. In catalogo operum B. Raymundi tom. 5. Jun. pag. 705. col. 1. recensetur : *Liber de Trinitate Trinissima*

TRINITAS SANCTA adoranda publice tradita Catechumenis per 40. dies. S. Hieronymus Epist. 61. ad Pammachium cap. 5 : *Consuetudo apud no, istiusmodi est, ut iis, qui baptizandi sunt, per quadraginta dies publice tradamus sanctam et adorandam Trinitatem.* Id est, per 40. dies in mysteriis fidei instruerentur. Vide Cyrillum Hierosol. et alios.

¶ TRINITAS, Imago SS. Trinitatis. Andreas Floriac. Mon. in Vita MS. S. Gauzlini Bituric. Archiepisc. lib. 1 : *Fecit et argenteam miræ magnitudinis coronam, aureis circulis interstructam ante ipsam præcelsæ Trinitatis præsentiam.*

TRINIUMGELDUM, Compositio delicti majoris ac atrocioris, per ter novem *gelda,* seu mulctas: a Saxon. tri-ni-gon-geld, id est *ter nona solutio;* proinde diversa a *trigildo,* seu triplici compositione, vel mulcta. Lex Bajwar. tit. 2. art. 13. § 1 : *Si quis infra curtem Ducis aliquid involaverit, quia domus Ducis domus publica est, Triniumgeldum componat, hoc est, ter novem donet liber homo : servus nonigeldo solvat, aut manus perdat.* [Rursum occurrit tit. 1. art. 3. § 3. utrobique Baluzius legit *Trimniungeldo,* et *Terniungeldum* tit. 8. artic. 2. § 2.] *Triplum novigeldum* dicitur in Lege Burgund. tit. 76 § 2.

¶ **TRINKASTUBEN.** Taberna, a Germanico *Trincken,* Bibere, potare, et *Stuba,* Hypocaustum. *In stupis virorum, quæ dicuntur Trinkastuben,* in Statutis Eccles. Argent. ann. 1435. tom. 4. Anecdot. Marten. col. 550.

¶ **TRINNA,** Τριετία, in Glossis Lat. Gr. *Triennium.* In Glossario Sangerman. MS. legitur *Trima.*

¶ **TRINNUS,** pro *Trimus,* τριετής, in iisdem Glossis. In Supplemento Antiquarii habetur *Trinnuus.*

¶ **TRINODA** NECESSITAS, Triplex servitium, scilicet ad Expeditio militaris, Pontis et Arcis extructio, cui obnoxia erant apud Saxones omnia prædia, etiam *allodialia,* quæ aliunde ab omnibus præstationibus erant libera. Vide Hickesium Dissert. pag. 60. et Kennetti Glossarium ad calcem Antiq. Ambrosden.

¶ **TRINODIUM,** Infundibulum molendini, Gall. *Tremie.* Charta Hugonis Episc. Autiss. ann. 1141. pro Monasterio Crisenonis : *Molita primum annona sua, quæ fuerit in Trinodiis,* non est modum sit in hac voce. Vide *Tremellum, Tremoa, Trimodia,* et *Tremuia.*

TRINOFORENSE JUDICIUM, in Jure Hungarico, Rigida citatio per nundinas ter facta. Sambucus.

★ **TRINOMIUS,** [Tria habens nomina. DIEF]

¶ **TRINQUETUM,** Scrupulorum ludus, Gallice *Trictrac,* vel, ut alii scribunt, *Triquetrac.* Statuta Eccl. Lingon. ann. 1404 : *Prohibemus clericis....... ne omnino ludant ad taxillos, ad aleas, ad Trinquetum, quod aliter nominatur ad punctum scacarii, neque ad cartas.* Vide *Triquetum.*

° Neque alius forte est ludus, qui nostris *Tringlet* et *Trinquet* nuncupabatur, inter aleatorios annumeratus. Lit. remiss. ann. 1385. in Reg. 127. Chartoph. reg. ch. 66 : *Icellui Michau, dist à Jehan de la Noë, qui il alast jouer au Tringlet au douze deniers, que il lui bailla, pour savoir s'il les pourroient multiplier. Les suppliant et Guillo Forget jouerent au Tringlet,* in aliis ann. 1396. ex Reg. 151. ch. 43. Tringuel, in aliis ann. 1408. ex Reg. 162. ch. 892: *Soubz ombre de ce que le suppliant joue aucunesfois au jeu de dez, aux tables, aux merelles et au Tringuel. Aliæ* ann. 1409. in Reg. 164. ch. 76 : *Lesquelz compaignons jouerent tous ensemble à un jeu, appellé le Trinquet.* Stat. pro civit. Trecensi ann. 1452. ex Cod. reg. 9827. 4. 4. fol. 105. v° : *Item que l'en deffend à tous les hosteliers et taverniers... que ils ne souffrent en leurs hostelz....... jouer aux jeux des dez, des cartes, d'un*

Trinquet,.... ne à autres jeux de fortune. Trimblet, eadem notione, in Litt. remiss. ann. 1402. ex Reg. 157. ch. 208 : *Comme ladite Lorette eust adiré ou perdu un petit blanc de cinq deniers Tournois, dont elle se jouoit au Trimblet en la chambre de sondit maistre, etc. Tunglet*, pro *Tringlet*, in aliis Lit. ann. 1390. ex reg. 154. ch. 300. Vide infra *Triquetum*.

☞ **TRINSARE**, TRINSIRE. In Carmine Philom. pro *Trissat hirundo*, alii legunt *Trinsat*, quod de arsis sc ad numerum moventibus dicitur in Ruodlieb fragm. 3. vers. 96 :

Erecti calcant pedetemptim murmure Trinsant.

Confer *Drensare*. Aldhelm. de re Gramm. apud Maium Class. Auct. tom. 5. pag. 569 : *Anseres Trinsiunt*.

☞ **TRINSECUM**, Intrinsecus. Charta Longob. ann. 860. apud de Blasio Series Princip. Salern. Append. pag. 162. num. 95 : *Morgincapu, id est quarta pars ex omnibus rebus substantie mee, hoc sunt de case, Trinsecum case, curtis, territorie, etc.*

¶ **TRINUA**, Ψύλλα, in Glossis Lat. Græc. ψύλλα, *Trinua, pulex, pulix*, in Græc. Lat.

TRINUNDINÆ, *Trium dierum mercatum*. Papias.

☞ **TRINUNITAS**, unica voce, pro Trina unitas, dicitur de SS. Trinitate. Benzo episc. Albens. in Henr. III. imper. apud Ludewig. tom. 9. Reliq. MSS. pag. 278 : *Ad ecclesiam B. Petri pergit omnis populus, referens Trinunitati gloriam, qui per Apostolos suos pro libertate imperii pugnantibus concessit victoriam*.

¶ **TRIOBULARIS** MILES, Minimi pretii, *Trioboli* Plauto. nostris vulgo *de trois deniers*, in Annalibus Novesiens. apud Marten. tom. 4. Collect. Ampliss. col. 525.

¶ **TRIODIUM**, Τριῴδιον, Liber ecclesiasticus, in quo officium in Ecclesiis Græcorum recitari solitum a Septuagesima, qua sua incipiunt jejunia, ad Sabbatum S. continetur. Sic dicitur, quod, cum canones et hymni in solemnitates D. N. J. C. B. Virginis et aliorum SS. novem habeant strophas, ᾠδάς nuncupatas, canones libro hoc comprehensi ternas ᾠδάς ut plurimum, non excedant. Hinc Dominica Septuagesimæ interdum nude dicitur etiam *Τριῴδιον*. Vide Allatium Dissert. 1. de Libris Eccl. Græc. Cangium in Glossario med. Græcit. et Suicerum in Thesauro.

¶ **TRIONES**, in Charta Thossiaci ann. 1404. vox est vernacula, qua significant arbores certa ratione decacuminatas, quibus agri, prata, præsertimque silvæ disterminantur in pago Dombensi.

TRIPA, Interanea, intestina, Gall. *Tripe*. Joh. de Janua : *Omasus, i. Tripa, vel ventriculus, qui continet alia viscera*. Pseudo-Ovidius lib. de Vetula :

...... tunc mos violenter adire
Ut vel se reddat Tripæ canibus lacerandum, etc.

[Ordinatio Humberti II. tom. 2. Hist. Dalphin. pag. 511. col. 2 : *Item, quod serviatur nobis... de uno intromeysio de Tripis bonis, bene paratis, coctis in aqua, et in bona quantitate, etc.*]

TRIPARE. Pactus Legis Salicæ tit. 27. § 5 : *Si quis in messe aliena in furtum metere præsumpserit, aut repascere inventus fuerit, etc.* Ubi Heroldus ad marginem ex alio cod. : *Si quis messem alienam Tripaverit, aut mederit, etc*. Lex vero Salica cap. 20. § 6 : *Si quis messem alienam per furtum metere aut Reffare præsumpserit, etc.* Ita *tripare* et *reffare*, pro *depascere* usurpantur, cum scilicet animalia in messem alienam immittuntur. Vide Wendelinum.

☞ Suspicatur Eccardus *tripare* corruptum esse ex *repare*, quod pro *reffare* legitur in MS. Guelferbytano ; *reffare* vero vel *repare* intelligenda esse de vulsione vel deceptione, a Saxonico repem, vellere. Vide *Reffare*.

☞ Olim nostri dicebant *Triper, Treper*, et *Tripeter*, pro Saltare, a Latino, ut videtur, *Tripudiare, Trepigner*, vel f. barbaro *Tripedare*, de quo infra. Le Roman *de la Rose* MS.:

S'il en patience travaillent,
Qu'il balent et Tripent et saillent.

Et alibi :

Quant de ma biauté me souvient,
Qui ces valès faisoit Triper,
Tous les faisoie defriper.

Et paulo post :

Et tous après moi les feisse
Par vive rage Tripeter.

Le Roman *de Vacces* MS.:

Mout le voissiez demener,
Treper et saillir et chanter.

Vide *Trepare* et *Triscare*.

TRIPARIUM, Supellectilis genus, forte *Tripus*, Anglis a *Trewet*, quasi *Threeseat*, Gall. *Trepié*, seu *trepier*. Tabularium Prioratus Lewensis in Angl. pag. 24 : *Unam, arcam, unum greil, 1. patellam, et 1. Triparium, et 3. barillos, et 10. discos, etc.*

☞ *Trenet*, In Lit. remiss. ann. 1471. ex Reg. 195. Chartoph. reg. ch. 621 : *Icellui Gremont print par la gorge icelle femme, ... disant qu'il lui couperoit la gorge, et mettroit le Trenet ou trepier sur le feu et l'asserroit dessus, s'elle ne leur bailloit son argent*.

¶ **TRIPARIUS**, f. Extaris propola, Gall. *Trippier*. Statuta Eccl. Leod. ann. 1287. apud Marten. tom. 4. Anecdot. col. 853 : *Item prohibemus, ne clerici exerceant..... officium cambitoris, carnificis, tabernarii... nec sint histriones, joculatores, ballivi, forestarii sæculares, goliardi, thelonearii, unguentarii, Triparii, molendinarii*. Possent etiam intelligi Saltatores a veteri Gallico *Triper*, Saltare. Vide *Tripa, Tripare* et *Triperius*.

☞ *Triepié, Personatus* seu dignitatis appellatio in ecclesia Abrincensi, ignota mihi vocis origine : nisi præcentor Vic designetur, a sede sua tripede sic dictus. Charta ann. 1452. in Reg. 188. Chartoph. pag. ch. 54 : *Maistre Jehan Basset tenant et possidant de présent le personnaige de Triepié (dans l'église cathédrale d'Avranches), etc.*

¶ **TRIPASSALUM**, Τριπάσσαλον, Tres habens clavos, juxta vim vocis : quam *Trifurcatam perticam*, vel *Palum tricipitem*, aut simile aliquod tormenti genus Syris proprium interpretatur Vossius, in Vita S. Ephræm Syri tom. 1. Februarii pag. 57 : *Postridie autem judice pro tribunali sedente, constituerunt coram illo Tripassalum, et quæcunque alia tormentorum genera*.

TRIPEDARE, Τραπέζειν, in Glossis Gr. Lat. de equis, qui incessu moderato vadunt. Vide Salmasium ad Hist. August. pag. 244 [et *Tripara*.]

¶ **TRIPEDIA**. Vide mox in *Tripetia*.

TRIPEDICA. Gregorius M. lib. 2. Dialog. cap. 30 : *Dum ad B. Joannis oratorium pergeret, antiquus hostis in mulomedici specie obviam factus est, cornu et Tripedicam ferens*. Ubi Zacharias PP. Τριπέδικλον. Quidam codd. *Trepedicam*, [alii *Trepidicam*] præferunt. Vide conjecturas Haefteni ad hanc vocem pag. 152.

☞ *Tripedicam* hic aiunt esse triplicem pedicam seu laqueum, quo tres equorum pedes impediuntur ; τριπέδικλον vero *Marrubium* est apud Interpol. Dioscor. cap. 525. Marrubium secum ferre potuit *mulomedicus* ; nihil tamen definio. Verum ut ut est de notione vocis *tripedicæ* loco citato, alibi idem sonat quod *Tripetia*, Sella tripes. Vita S. Ramuoldi Abb. tom. 3. Junii pag. 416 : *Velut servulus vilissimus in humili Tripedica coram eo sedit*. [☞ Arnold. de S. Emerammo lib. 2. cap. 33] Charta Narrioti domini de Tuciaco ann. 1110. qua dimittit Abbati Floriac. *omnes malas consuetudines...... vaccam de karro, Tripedicam, patellam et cacabum*. Gloss. Lat. Theodisc. apud Pezium tom. 1. Anecd. part. 1. col. 383 : *Tripedicam, Chuhbmin*.

¶ **TRIPERIA**, Locus ubi venduntur *tripæ* seu intestina, Gall. *Triperie*. Litteræ Caroli V. Regis Fr. ann. 1366. tom. 4. Ordinat. pag. 676. art. 7 : *Inspectores et regardatores marcelli* (macelli), *Triperie, piscarie, murorum, fustarum, etc.* Vide *Tripa*.

¶ **TRIPERIUS**, *Triparum* propola, Gall. *Tripier*, in Catalogo MS. Sodalium B. M. Deauratæ.

¶ **TRIPES**. *De suo Tripede pignorare*, in Charta ann. 1380. relata in voce *Ribaldi*, pag. 767. col. 1.

☞ *Id juris pertinebat ad Regem ribaldorum in scorta publica ; sed et eadem pœna mulctandus uxor, quæ manus in maritum suum injiciebat, ut discimus ex Advoam. loci de Breuil ann. 1398. apud Thaumass. inter not. ad Consuet. Bellovac. ad calcem Assis. Hierosol. pag. 407 : *Item in et super qualibet uxore maritum suum verberante, unum Tripodem*.

TRIPETIA, TRIPEDIA, etc. Glossæ MSS. Salmasii · *Trepodia, Tripedia, id est scabellum, quod tres pedes habet, vel mensa in sacris Apollinis, vel numus consecratus*. Glossæ Lat. MSS. Reg. Cod. 1018: *Trepedia, mensa*. [Gloss. Lat. Gall. Sangerm. : *Tripos, tretel, ou table, ou instrument qui a trois piez.*] Severus Sulpitius Dial. 2. de Vita S. Martini : *Sedebat autem S. Martinus in sellula rusticana, ut est in usibus servulorum, quas nos rustici Galli Tripetias, vos Scholastici, aut certe tu, qui de Græcia venis, Tripodas appellitatis*. Wolphardus Presbyter libr. 1. Vitæ S. Walburgis Virg. n. 18: *Cum ecce Tripediæ, quibus sua usus est in vita, divinitus e manibus... projectæ sunt*. Supra *scabella* appellavit, [intelligitque fulcra tres pedes habentia, quibus contracti homines reptant potius quam ambulant. Janssonius in Auctario Glossarum Isid. *Tripoda, Tripedia, scabillum habens tres pedes*. Vita S. Guidonis Abbat. sæc. 6. Benedict. part. 1. pag. 513 : *Custos Ecclesiæ ascenderat Tripodium, ut lampades... aptaret, etc.*] Vide Isaacum Pontanum in Glossario Prisco-Gallico pag. 271. [Usus Medii Monasterii pag. CXLVI. et supra *Scamellum*.]

☞ **TRIPHONUS**, Tribus mensuris constans. Virgil. Gramm. pag. 110 : *Sunt qui dicunt Triphonos aut quadriphonos versus*.

¶ **TRIPHORIUM**. Vide *Triforium*.

TRIPHUNT. Vide in *Canis*.

TRIPICTUS, Tripliciter conscriptus, in Glossis MSS. ad Prudentium.

☞ **TRIPIDARE**, TRIPIDIARE, Tripudia-

re, saltare, a *Tripidium*, Tripudium, Gall. *Danse.* Lit. remiss. ann. 1378. in Reg. 113. Chartoph. reg. ch. 236 : *Cum Petrus Hardici et quidam alii per villam Aquarum mortuarum, quodam die Dominico spatiando Tripidantes, Coletam...... surgere fecerunt pro Tripidando,... ipsam Coletam aliquantulum contradicentem..... extra Tripidium posuerunt.* Comput. ann. 1393. inter Probat. tom. 3. Hist. Nem. pag. 124. col. 2 : *Fecerunt* (joculatores) *festum in processione, et post per villam faciendo Tripidiare gentes.* Vide in *Tripare* et mox *Tripudiare*.
∞ **TRIPLABILIS.** *Triplabile* pro *Triplicabile*, habet Aldhelm. de re gramm. apud Maium Auctor. Classic. tom. 5. pag. 571. ex Sedulio. Locus est in *Simplare*.
¶ **TRIPLARE,** In triplum augere, Joh. de Janua.
¶ **TRIPLARIS,** Ternus, Macroblo in Somnium Scipionis lib. 1. cap. 6. 19. lib. 2. cap. 1.
¶ **TRIPLACIUS,** Ternus, Martiano Capellæ l. 9:
¶ **TRIPLICABILIS,** Qui triplari potest. Vide *Simplare*.
° **TRIPLICARE** PLANETAM, Illam ter in se replicare. Vide supra *Duplicare*.
¶ **TRIPLICATIO,** Tertia defensio, refutatio. Inventar. Chartar. Reg. ann. 1482. fol. 213 *Duo quaterni,... in quibus continentur petitiones et requestæ gentium Regis Angliæ et responsiones et rationes gentium ejus. Regis Franciæ cum pluribus replicationibus et Triplicationibus hinc inde factis.*
° Hinc *Tripliquier,* Tertio respondere, in Lit. procurat. ann. 1309. ex Chartul. Arremar. ch. 52 : *Donnons pooir...... de repliquier, dupliquier, Tripliquier, etc.*
∞ **TRIPLICITAS.** Versus in Natal. Christi apud Maium in Inscript. Christ. Script. Veter. tom. 5. pag. 22 :

Spiritus huic genitorque suus sine fine cohærent, Triplicitas simplex, amplicitasque triplex.

✻ **TRIPLICITATUS ,** [Triplicatus : « Ponas eum in aliquo suorum terminorum seu *Triplicitatum.* » (B. N. ms. Lat. 10272. p. 154.)]
° **TRIPLO** DECANTARE, Modus cantandi Vide supra in *Quadruplo*.
¶ **TRIPODA,** TRIPODIA. Vide *Tripetia*.
¶ **TRIPODARE,** Gradus baculo veluti tertio pede firmare. Chron. Watin. apud Marten. tom. 3. Anecd. col. 821 : *Si quando autem ad modicum remissa* (paralysis) *passione ad ecclesiam aut alicubi eundum erat, baculo sustollente, vivum cadaver segnier ac fatigabiliter Tripodabat, etc.* El col. 825 : *Suscipe ergo grabato decumbentem, et resigna nobis non, ut solet, miserabiliter Tripodantem, etc.* Vide *Tripetia*.

° **TRIPODIARE,** ut supra *Tripidare*.Lit. remiss. ann. 1376. in Reg. 109. Chartoph. reg. ch. 401: *Ipso, qui tunc quod Lugdunum moram trahebat, Tripodiante post prandium cum certis aliis juvenibus filius, etc.*

1. TRIPODIUM. Leges Henrici I. cap. 64 : *In quibus vero causis triplicem ladam haberet, ferat judicium Tripodii, i. 60. solid.* Quæ verba Spelmannus in voce *Lada,* intelligenda censet de triplici ordalio, scilicet de ferro pensante 60. solidos, id est, tres libras. Sed puto, *Tripodium* esse mensuram trium pedum, ex Gr. τριπέδιον, infra quam brachium in cacabum immittere tenebantur, qui aquæ ferventis judicium subibant, si triplicis ladæ delictum esset. Vide *Ferrum candens*.
° 2. **TRIPODIUM,** de quo plura apud Marten. de Ant. Eccl. Rit. tom. 1. pp. 568. et 569. idem omnino videtur, quod nuncupatur Gallorum vulgari sermone *Legile,* in quo Epistola et Evangelium cantantur ; licet Bonannius Eccl. Hierarch. cap. 72. pag. 299. Faldistorium significare vult. Ita Georg. Rhodig lib. 1. de Liturg. Rom. Pontif. cap. 8. num. 4. Hinc *Tripodium* appellatur Pannus, quo *legile* operitur, teste D. Le Beuf in schedis suis.
✻ **TRIPOFONIUM,** *Treffonier.* (Gloss. Lat. Gal. Bibl. Insul. E. 36. XV. s.)
TRIPONDIS. S. Zeno Veron. Episc. Serm. 6. ad Neophytos : *Singulos ponderate, invenietis nullum habere minus. Tripondes sunt homines numismati sacri una libra signati , qui mensæ deserviunt.* Vide Filesacum lib. 1. Selector. pag. 241.
° **TRIPONTIUM,** Pagi Arelatensis nomen, a tribus , ut videtur, pontibus. Charta ann. 1035. in magno Chartul. S. Vict. Massil. fol. 41 : *Donamus Deo et S. Victori.... de alode nostro duas pecias de terris Arelate in Tripontio.*
TRIPORTICUS, Atrium, vel area constans tribus porticibus : cujusmodi fuere ante ædes sacras. Papias. *Atrium, magna domus, dictum, quod et addantur tres porticus.* Anastasius in S. Hilaro PP. : *Fecit...... Nympheum et Triporticum ante oratorium S. Crucis, ubi sunt columnæ miræ magnitudinis , quæ dicuntur Hecatonpenta.* Sidonius lib. 2. Epist. 10 :

Huic est porticus applicata triplex, etc.

Paulinus Epist. 12 :

Alma domus triplici patet ingredientibus arcu.

Infra :

Ter geminis geminæ patuerunt arcubus aulæ.

[Joh. Diaconus de Eccl. Lateran. apud Mabillon. tom. 2. Musei Ital. pag. 572 : *Nympheum et Triporticum ante oratorium S. Crucis.*] Vide Descriptionem nostram ædis Sophianæ n. 20.
° Inde fortean *Tripot,* pro *Halle,* porticus nundinaria, in Confirm. privil. Cadom. ann. 1468. ex Reg. 204. Chartoph. reg. ch. 51 : *Item pevent lesdiz bourgois... mettre furez et gardes... au Tripot ou hale à blé, etc.*
✻ **TRIPOS,** *Tretel, hestal.* (Gloss. Lat. Gal. Bibl. Insul. E. 36. XV. s.)
¶ **TRIPS,** *Vermiculus lignis innascens materiasque vitians,* in Vocabulario Sussannæi.
¶ 1. **TRIPTES,** Τρίπτης, Frictor, unctor, cubicularius, apud Martianum Capellam lib. 2.
° 2. **TRIPTES,** *Dæmones illusores, dicti a Tripto verbo, i. deludo, vel quia triplicem habeant potestatem in corpore, umbris, spiritibus.* Glossar. vetus ex Cod. Reg. 7013. Vide *Triptire*.
TRIPTIRE, vel TRIPTIRI, In tres partes dispertiri, *Partir en trois,* in Glossis Lat. Gall.
∞ TRIPTITUS. Aldhelm. de re gramm. Class. Auct. Maii tom. 5. pag. 517 : *Triptitamque syllabarum differentiali.* F. pro *tripertitus.*
¶ **TRIPTOTUS,** *Nomen habens tres casus, a tris et ptotos, casus, ut Jesus, Jesum, Jesu, Johanni de Janua ; qui a trois cases dessemblans,* in Glossis Lat. Gall. Sangerman. MSS. Isid. lib. 1. cap. 6 : *Quod tantum in tribus (casibus variatur,)* ut *Templum.* Adde Martian. Capellam lib. 3.
¶ **TRIPUDIALIS,** Lætus, jucundus. *Fonte Baptismatis Tripudiali solemnitate renatus,* in Litteris ann. 1237. apud Rymer. tom. 1. pag. 374. col. 1.
✻ **TRIPUDIATOR,** [« Sacros fontes non potuit visitare quia impediti erant ex *Tripudiatoribus.* » *(Chevalier,* Visit. episcop. Gratianop. p. 84.)]
° **TRIPUDIUM ,** Gaudium , lætitia. Charta Loth. reg. ann. 984. tom. 9. Collect. Histor. Franc. pag. 655 : *Est enim egregium decus, eritque Christo favente in sæculorum progenies ipsius monasterii celsitudo semper in Tripudio, etc.*
¶ **TRIPUS,** 1, pro *Tripus,* odis, si non est mendum. Fulgentius lib. 1. Mythol. : *His Tripum quoque Apollinis adjiciunt* Vide Vossium de Vitiis serm. pag. 87.
° Bened. abbas Petroburg. de Gest. Hen. II. tom. 2. pag. 612. ad ann. 1190 : *Rex Angliæ exigebat a Tancredo rege Siciliæ...... mensam auream de longitudine duodecim pedum et de latitudine pedis et dimidii,...... et duos Tripodes aureos sub mensa aurea.* Ubi scabella interpretatur Hearnius : malim ego intelligere vasa, in quibus ignis ponebatur sub mensa, quæ tribus pedibus constabant.
¶ **TRIQUADRA,** *Tripartitum,* apud Vossium lib. 3. de Vitiis sermonis cap. 53.
° **TRIQUADRUS,** In tres partes divisus. Homil. de S. Helena tom. 3. Aug. p. 500. col. 2 : *Jure enim illi Triquadrum orbem obnoxium asserimus.* Ermold. Nigell. tom. 6. Collect. Histor. Franc. pag. 82 :

Hic per Triquadrum regnabat (proh dolor) orbem, Et genus humanum in sua regna dabat.

¶ **TRIQUETUM ,** Scrupulorum ludus, Gall. *Trictrac.* Statuta Eccl. Audomar. ex Archivo ejusdem : *Item statuimus etiam expresse, ne aliquis canonicorum... causa lucri ad taxillos, Triquetum seu scaquerium cum denario ludere præsumat.* Vide *Tringuetum*.
° *Triquet,* eadem notione, ni fallor, in Lit. remiss. ann. 1384. ex Reg.125. Chartoph. reg. ch. 38 *Icellui exposant jouoit au Triquet à Regnault Recher, etc.* Vide supra *Tringuetum*.
- *Trique* vero pro Statio navium, si tamen non est nomen loci, occurrit in Privil. Hareflori ann. 1398. ex Reg. 153. ch. 243 : *Octroyons que doresnavant aucuns marchans estrangiers ou habitans de la ditte ville , ou autres personnes quelconques, ne leur marchandises estans en ladite ville et és lieux de la Trique et de la fosse de l'Eure où se repose le navile venant au havre de ladite de Harfleur, ne puissent ou doient estre pris, urrestes. Triquotonet* autem Palmulæ vel cylindri species fuisse videtur, in Lit. remiss. ann. 1456. ex reg. 189. ch. 122 : *Le suppliant print le petit Triquotonet duquel il faisoit sa Trique, etc.* Vide supra *Trigum*.
¶ **TRISAGIUM,** Hymnus sic dictus a ter repetita voce ἅγιος, nempe "Ἅγιος ὁ Θεός, Ἅγιος Ἰσχυρός, Ἅγιος ἀθάνατος, ἐλέησον ἡμᾶς, Hymnus sacer apud Græcos frequentissimus. Vide Glossarium mediæ Græcit. et Suicerum in Thesauro, v. Τρισάγιον.
TRISANTIA. Bernardus Mon. in Consuet. Cluniac. MSS. cap. 28. [31. part. 1. in editis :] *Qui autem rasi fuerunt, finita psalmodia debent in illam Trisantiam ire, in qua locutio solet esse, et libros accipere, ungulasque, si fuerit opus,*

incidere. Cap. 70. [74. n. XII. ed. :] *Omnes, qui remanent de completorio, finita collatione, egressi de Capitulo, ad sinistram partem introitus, debent in Trisantia* [ed. *Trisantiis*] *remanere, donec toto conventu egresso, etc.* Cap. 77. [ed. 17. part. 2 :] *Qui ex una parte Trisantiæ sedent, unum versum, qui autem ex altera, alium dicunt.* Cap. 78. [et 75 :] *Donec infantibus ingressis Capitulum cæterisque extra Capitulum in Trisantiis stando ordinatis, Prior veniat.* Ibid. · *Pueri in Capitulo, et alii sic veniunt in Trisantiis stantes. Trisantiæ igitur Capitulo proximæ fuerunt,* [quæ idem fuisse videntur atque latera seu alæ claustri, forte sic dictæ a tribus, quibus constabat claustrum porticibus. Vide Marq. Herrgottum in Indice Onomast. ad calcem vet. Disciplinæ Monast. et in notis ad locos citatos, in quibus aliquando *Trisantiam* interpretatur puerorum aut monachorum turmam, sic forte dictam a Gallico *Trezain,* Tredecim, quod essent duodecim monachi, quibus decimus tertius præerat decanus. Malim ubique claustri alas intelligere.] [° Vide supra *Tresantiæ.*]
  TRISCABINA CHARTA, inscribitur formula 88. ex Lindenbrogianis : in textu vero, *nunc igitur complacuit nobis, atque convenit, ut talem chartulam Triscabinam seu ingenuitatis ipsi servo nostro nomine illo fieri et firmari rogaremus, etc.*
  TRISCAMERARIUS, Dignitas Palatina, Camerarii dignitate inferior. Chartam Friderici I. Imp. ann. 1162. apud Diagum lib. 2. de Comitib. Barcinon. cap. 174. subscribunt præ cæteris Principibus, *Rodulfus Dapifer, Harmannus Camerarius, Bertolfus Triscamerarius, etc.* Alia Friderici II. Imp. ann. 1244. apud Goldastum tom. 2. Constitut. Imp. pag. 6. et Joan. Noppium in Chron. Aquisgran. lib. 3. n. 1 : *Willelmus Advocatus Aquensis, Henricus frater ejus Triscamerarius noster, et fideles nostri, etc.* Scribunt Sammarthani, Jacobum Serenum Archiepiscopum Ebredunensem, adiisse anno 1276. Rodulfum Imp. et ab eo impetrasse confirmationem privilegiorum Ecclesiæ suæ, *et dignitate Triscamerarii perpetui Cameræ Imperialis adauctum.* [Quod fusius descriptum videre potes in Bulla hujus Imperatoris edita tom. 2. Hist. Dalphin. pag. 13. et 64.] [° Præter Jacobum Serenum eadem dignitate, sæculo elapso, insignitus legitur *Michael Dei gratia archiepiscopus Ebredunensis et princeps ac Triscamerarius imperialis,* in Charta ann. 1385. ex Tabul. S. Vict. Massil.)] [°³ Vide Haltaus. Glossar. col. 1800. voce *Trese-kœmmerer*, et Graff. Thesaur. Ling. Franc. tom. 5. col. 544. voce *Triso, Triso.*]
  TRISCARE, Mamotrectus ad lib. Esther cap. 8 : *Tripudiare quasi cum tribus pedibus saltare, vel chorizare, sive Triscare.* [*Tresche,* Saltatio, tripudium. Le Roman de la Rose MS. :

Il vit, ce dit, sor l'herbe fresche
Deduit qui demenoit la Tresche,
Et ses gens o lui karolans
Sor les florettes bien olans.

Ibidem :

Oiseaux privez, bestes domesches,
Karoles et dances et Tresches.

Vide *Trepare* et *Tripare.*]
  ° Hispan. *Triscar,* Ital. *Trescare.* Tripudiare, choreas agere, a *Tresca,* tripudium ; unde nostratibus *Trescher* et *Tresche,* eadem acceptione. Lit. remiss. ann. 1388. in Reg. 132. Chartoph. reg. ch. 281 : *Icellui Michaut ala vers la feste*

où s'esbatoient, dansoient et Treschoient les jeunes gens; et incontinent que icellui Michaut y apperçut et vit ledit Erart dansant et menant une Tresche, etc. Aliæ ann. 1394. in Reg. 147. ch. 127 : *Un compaignon qui voult mener une dance, que l'en dit Tresche, etc.* Aliæ ann. 1400. in Reg. 155. ch. 380 : *Quand la feste au rondel fu finée, on commança à danser à la Tresche. Treque,* eadem notione, in Lit. remiss. ann. 1381. ex Reg. 160. ch. 21 : *A saint Amand en Peule ès noces Jehan Gamet, certain débat se prist et esmeu..... pour cause de ce que lesdites parties menoient chascun une Treque ou dance.*
  ¶ TRISCELES. Vide mox in *Trisiles.*
  ¶ TRISCHISMA, Tertium vel triplex schisma. Vide locum in *Quartischisma.*
  TRISCURRIUM, Papiæ *Multiplex scurrilitas.* Guibertus lib. 1. de Vita sua cap. 11. *Quam miserabiliter extunc ad nostra sæcula pudor et honestas paulatim in virginea professione ruit, et res et species custodiæ matronalis extabuit, ut in omni earum habitudine sola possint notari Triscurria, ubi nil nisi jocularia sonant, et oculorum nutus et lingua.* Idem in Præfat. ad Hist. Hierosolymit. : *In id quod pie affectaveram fortasse a cunctis videndus, incessi, cachinnos ac Triscurria prætergrediens aliquorum, etc.* [Legitur apud Juvenalem Sat. 8. nisi cum Scaligero legatur *Transcurria* a *currendo.* Vide Vossium in Etymol. v. *Scurra,* et Hofmannum in *Triscurria.*]
  ° TRISELLUM. Vide supra *Trasellum.*
  ¶ TRISESINA. Vide mox *Trissesiva.*
  ° TRISIARCHIS *est Capillus in vesica, qui fit ex nervorum frigore, vel humoris infusione.* Glossar. vetus ex Cod. reg. 7613. [²⁵ *Trichiasis,* in cod. reg. 7644.]
  ° TRISICUM, Annonæ species, nisi sit pro *Triticum.* Charta ann. 1108. apud Murator. tom. 2. Antiq. Ital. med ævi col. 859: *De Tristoo, mileo et panico, atque legumine in area modium sextum, etc.* Vide supra *Trigum.*
  TRISILES. Papias, ex Isidoro lib. 20. cap. 4 : *Trisiles, Græce tripodes. Trisilis, a tribus liciis.* Isidorus habet *Trissiles.* Gloss. Anglo-Sax. Ælfrici : *Trisitis : drifotad fæd.* Ubi Somnerus emendat *Trisceles,* ex Gr. τρισχελής. Sax. *Dri, tres, fot, pedem* significat. [Vide Salmasium ad Lampridium in Commodo cap. 10. et Hofmanni Lexicon in *Trisciles.*]
  ¶ TRISIPPIUM, *Rotula seu nota impressa malis equorum emeritorum,* in Amalthea.
  ° TRISLICIUM, Culcita ex tela crassiori, dicta vulgo *Treillis.* Inventar. ann. 1320. ex Tabul. S. Vict. Massil. : *Item unum coopertorium de pellibus dorserii cuniculorum. Item unum bonum Trislicium, etc.* Vide supra *Translicium.*
  TRISOMUM, Sepulchrum trium corporum capax. In Cœmeterio Cyriacæ, via Tyberina, Romæ :

SE. BIBA. EMET. DOMINA.
LOCUM. A. SUCCESSUM.
TRISOMUM. UBI. POSITI.

Vide *Bisomum* et Glossar. med. Græcitat. in Τρίσωμον.
  ¶ TRISORIUM, f. pro *Drisorium,* mutato d in t, ut sæpe fit, Abacus, ubi vasa reponuntur ad ministerium mensæ, ut supra *Dressorium.* Vide ibi. Magnum Chron. Belgic. pag. 402. edit. Pistor. : *Principes intraverunt refectorium S. Maximini, quod sic erat ornatum : primo Trisorium decem scabellorum per modum graduum, etc.* Vide mox *Trissadorium.*

¶ TRISPEDIUM, Vas tribus pedibus constans. Inventarium ann. 1347. tom. 2. Hist. Dalphin. pag. 536. col. 1 : *Item, unum alium gobeletum argenteum...... cum uno Trispedio argenteo, etc.*
  ¶ TRISSADORIUM, ut supra *Trisorium.* Ordo Rom. apud Mabillon. tom. 2. Musei Ital. pag. 487 : *Sedet autem ipse Papa in una mensa eminenti solus, diversis et magnis aureis vasis et argenteis super mensam positis, vel in Trissadorio seu teloneo sitis propter mensam, a latere sinistro Papæ.*
  ¶ TRISSARE, De sono hirundinis dicitur Auctori Philomelæ v. 26. *Trissat hirundo vaga.*
  TRISSESIVA, apud Papiam MS. *Crassitudo.* Editus habet *Trissesina.*
  ¶ TRISSONUM, Pilum, Gall. *Pilon.* Charta ann. 1329. ex Archivo S. Victoris Massil. : *Item, unum morterium cum suo Trissono.*
  ° Provincialibus vulgo *Trissoun,* quibus *Trissar* terere sonat.
  TRISTA, TRISTRA. Cokus part. 4. Inst. pag. 306 : *De tristis, ancientes written traistis, andis derived of traist, i. trust, and signifieth, Ubi alii homines manentes in eadem foresta tempore quo Dominus chaceaverit, in eadem venire debent, et confisi sunt, Anglice, are trusted, ad tenendum leporarios certis locis assignatos pro feris ibidem expectandis et capiendis.* Etheiredus Rievallensis Abbas in Geneal. Regum Angl. cap. ult. : *Rex cum cæteris superior constituset, secundum legem venandi, quam vulgus Tristam vocat, singulis proceribus cum suis canibus singula loca delegat, etc.* Inquisitiones de forefacturis diversis super foresta Dom. Regis art. 13. in Additamentis ad Matth. Paris. : *Inquiratur.... si aliqua antiqua Tristra D. Regis, villa, vel domo, levatis, vel clauso impediatur : per quæ deductus Domini Regis impediatur.*
  Præterea Cowello dicitur immunitas ab illa servitute forestæ incolis imposita, qua quisque obligatur canem venaticum alere, et paratum in manu sua tenere, dominoque suo præsentare, quandocunque illi placuerit in foresta sua venari. Charta Edw. III. Regis Ang. tom. 2. Monast. Anglic. pag. 827 : *Et sint quieti de...... Henedpeny, et bucstall, et Tristris.* Vide Steph. Skinnerum in Etymologico Anglico [et Th. Blount in Nomolexico.]
  ° Inquisit. forest. *de Lyons* in Reg. 34. iis Chartoph. reg. part. 2. fol. 118. r°. col. 1 : *Robertus de Pissiaco habet leporem, vulpem,...... et Tristre inter boscum et forestam. Terarre* pro *Tristre,* in Cod. reg. 4558. A. fol. 79.
  ¶ TRISTABILIS, Tristis, molestus. *Tristabilis eventus,* in Litteris ann. 1341. apud Rymer. tom. 5. pag. 277. *Tristabilis tumultus,* in Vita B. Coletæ tom. 1. Martii pag. 578.
  ¶ TRISTAMEN, Tristitia, animi dolor, in Actis S. Urbici, tom. 1. Aprilis pag. 252.
  TRISTARE, Tristem facere, contristare, Gall. *Attrister.* Onomasticon : *Tristo, λυπέω.* Will. Britto lib. 10. Philipp. :

Indigno Tristavit funere campos.

Et lib. 11 :

Et tristi Tristassent funere mundum.

[Joh. de Janua : *Tristare, tristem facere, turbare ; Tristari, dolere, tristem esse.* Gl. Lat. Gal. Sangerman. : *Tristare, Courecier : Tristari, Soy courecier.* Libellus Episcoporum Ital. contra Elipandum : *Per animam caro esurit, sitit, Tristatur.*

Tristati sunt et conterriti, Rolandino Patav. lib. 5. cap. 10. *Acerbo mærore Tristati*, Elmhamo in Vita Henrici V. Regis Angl. cap. 3. *Tristantes gaudentibus* opponuntur in Chronico Whethamstedii pag. 364. Verum *Tristari*, pro Tristem esse usus usus etiam Seneca lib. 2. de Ira cap. 7. et de Provid. cap. 2.]
※ **TRISTARI**, Ægre ferre, Gall. *Etre fâché*. Charta Roberti reg. ann. 1007. tom. 10. Collect. Histor. Franc. pag. 589 : *Retulit se Tristari admodum, non esse in pago Turonico cœnobium, ubi sanctimoniales feminæ Christo possent suæ devotionis impendere officium, sicut in plerisque habebant partibus terræ*.
TRISTATÆ. Hieronymus in cap. 23. Ezechielis : *Tristatæ apud Græcos nomen est secundi gradus post regiam dignitatem, quos nos Magistratus utriusque Militiæ et Præfectos annonarii tituli vocamus*. Exod. 14 : Καὶ Ὁάβεν ἑξακόσια ἄρματα, καὶ Τριστάτας ἐπὶ πάντων. *Et accepit sexcentos currus electos, et Duces super omnes*. Et 4. Regum 7 : Καὶ ἀπεκρίθη ὁ Τριστάτης, *et respondens unus de Ducibus*. [Theodorus Studita in S. Platonem n. 17. Copronymum τῆς εἰκονομαχικῆς αἱρέσεως Τριστάτην vocat. Vide Glossar. med. Græc. col. 1611. d.] Fridegodus in Vita S. Wilfridi cap. 15 :

Convenere Duces, nec non basilica pubes,
Tristatæ, Comites, vulgi promiscua strages.

Et cap. 47 :

Non Reges, non Tristatas, Regumve clientes.

※ **TRISTATIO**, Tristitia, mœror. Sermo de B. Petro Acol. tom. 6. Sept. pag. 651 : col. 2 : *Quidam plebanus ecclesiæ S. Bastili.... jussit fieri..... quandam profundam foveam, in qua ipse fecit sepulcrum beati Petri sepeliri, non sine grandi Tristatione totius contratæ*. *Tristeur*, pro *Tristesse*, *chagrin*, *mélancolie*, Ægritudo, mœstitia, in Lit. remiss. ann. 1888. ex Reg. 145. Chartoph. reg. ch. 153 : *Par le courroux et Tristeur qu'il avoit au cuer, tempté de l'ennemi, le suppliant frapa d'un petit coustel trenchepain ledit Huquet par le bras, etc.* Vide *Tristificatio et Tristis*.
TRISTEGA, **TRISTEGUM**, Ædificium constans tribus tabulatis, (quæ κατασρώματα vocat Cantacuzenus lib. 1. Histor. cap. 36.) contignationibus, vel cœnaculis, ut habet Hieronymus in Ezechielis cap. 41. Jo. de Janua et Will. Britto in Vocab. et Auctor Mamotrecti : *Tristegum dicitur locus tricameratus*. Papias *Tristega, tricamerata, a trino tegmine, vel tribus tectis*. Gloss. Lat. Gall. : *Tristegum, Maison à trois ordres de sièges.* [Aliud Sangerman. : *Tristegum, Maison ou lieu à trois chambres*.] Vetus Interpres Juvenalis Sat. 3 : *Tabulata superiora tecta et Tristega*. Τρίστεγον, [in Actibus Apost. 20. 9. et] in Vita S. Euopraxiæ Virg. cap. 42. [Τρίστεγος οἶκος, apud Theophanem ann. 39. Theodosii Jun.] Hieronymus in cap. 41. Ezechiel. Τρίστεγα, tertia cœnacula interpretatur. Ita *Tristega*, proprie est cubiculum superius, tametsi sæpe pro quovis usurpetur. Abdias Babylon. lib. 3. Hist. Apostol. pag. 26 : *Sanctus quoque Apostolus descendens de Tristega, prædicabat eis verbum Domini*. Infra : *Et adhibentes scalas, voluit ascendere in Tristegam, ut eos interficerent*. Gregorius Turon. lib. 8. cap. 42 : *Dum epularetur cum diversis in Tristega, subito effracto pulpito domus, vix semivivus evasit*. Matthæus Paris ann. 1247 : *Habebat namque in ipsa navi, sicut de arca Noë legitur,* *diverticula, et Tristegas, cameras, et conclavia, etc.* Idem in Historia minori MS : *Clam concepit ab Stephano, qui eam duxerat ad Comitem Andegaviæ maritandam in nave, scilicet in quodam Tristego navis ipsis pro thalamo præparato.* [Gen. 6. 16 : *Fenestram in arca facies, et..... cœnacula et Tristega facies in ea.* Alcimus Avitus :

Tristegaque hic facies, simul et cœnacula in illis.]

TRISTEGA , Officina mercatorum. Charta Guarini Episcopi Ambian. ann. 1145. in Chartul. Ecclesiæ Ambian. : *Si autem cellarium, vel Tristega ad merces negotiatorum reponendas construere voluerint*.
TRISTEGA, Latrina. Vide *Privata*.
TRISTEGA , Machina bellica , turris tribus constans tabulatis. Sugerius de Consecr. Eccl. S. Dionys. pag. 358 : *Ad Tristegas et propugnacula facienda* Epistola Balduini Imp. CP. apud Arnoldum Lubecensem lib. 7. cap. 20 : *Turribus autem supereriguntur ligneæ turres altissimæ stationum sex, etc.*
BRISTEGA, perperam pro *Tristega*, non uno loco apud Will. Brittonem in Philippide lib. 4. pag. 138 :

.... *Nec minus alto*
Per loca Bristegæ, castellique lignea surgunt.

Idem lib. 7. pag. 174 :

Haud secus absumit Bristegas, valla, domosque.

Ubi frustra Gaspar Barthius vocem a Germanico accessit. Vide *Belfredus*.
TRISTEGUM, Machina lignea in campanariis, in quibus pendent campanæ, vulgo *Beffroy*. Liber Miraculor. S. Bertini cap. 3. apud Mabillonium : *Ast et turrite ipsius* (Ecclesiæ) *licet noviter esset superpositum , qua antiquo more erat factum, deposuerunt, et aliud miræ magnitudinis mirabilisque fabricæ studuerunt ædificare, cujus longitudo consistentis in terra æquabat altitudinem culminis Ecclesiæ, cui superponendum erat. Nec mirum, Tristegum enim, ut vulgariter loquamur, trium tripodum ordinibus factum fuerat, excepta summa claxendice.* Vide *Belfredus*. Sugerius de Administr. sua : *Lapideas turres, et lignens Tristegas concussit.*
TRISTEGUM occurrit alia, sed incerta mihi notione, apud Knyghton. lib. 1. de Eventib. Angl. cap. 2 : *Et post prandium cum intraret cameram, vidit unum Tristegum cum imagine ad similitudinem unius sagittarii, tenentis arcum cum sagitta.* [Tabulatum interpretor.]
TRISTEGON, nescio qua perinde notione usurpet Petrus Subdiaconus Neapolit. Ecclesiæ de Miracul. S. Agnelli Abbatis :

Tristegon uberius, decurrat sancta profundo
Agnelli sancti miracula sancto canando,

¶ **TRISTELLUM**, Idem quod *Trestellum*, Tripedis species, Gall. *Tresteau*. *Unum lectrum, duo desques et tria paria Tristellorum*, in Litteris ann. 1405. apud Rymer. tom. 8. pag. 398.
¶ **TRISTIFICATIO**, Tristitia. Vita S. Columbæ Abb. tom. 2. 21. Junii pag. 239 : *Hæc talis mihi mæsta retardatio hodiernæ Tristificationis non immerito causa fuit*.
TRISTIMONIUM, Tristitia, ut *ægrimonium*, in Fragmento Petronii de Cœna Trimalcionis pag. 51.
TRISTIS, Severus. Vulcatius de Cassio : *Hæc Epistola ejus indicat, quam severus et quam Tristis futurus fuerit Imperator.* Capitolinus in Maximo : *Fuit cibi avidus, vini parcissimus, ad rem veneream nimis rarus, domi forisque semper severus, ita* *ut et Tristis cognomen acciperet*. Idem in Pio, ex editione Mediolanensi : *Homo Tristis et integer*, i. severus. Italis *Trusto*, est improbus, scelestus. Vide Ferrarium.
※ **TRISTITER**, Dolenter, triste, Gall. *avec douleur*. Lit. remiss. ann. 1359. in Reg. 90. Chartoph. reg. ch. 318 : *Ex parte Petri le Brun nobis fuit expositum Tristiter lamentando, etc.*
TRISTITUDO, Tristitia, Apuleio in Apologia.
TRISTRA, Idem ac *Trista*, quod vide.
¶ **TRISTURA**. Vide *Transitura* in *Transitorum*.
¶ **TRISTUS**, Improbus, pravus, Ital. *Tristo*. Vita B. Columbæ Reatinæ, tom. 5. Maii pag. 867* : *Trista, Trista, semper vis protervire*.
※ **TRISYLLABATUS**, Trisyllabus, tribus Constans syllabis, apud Virgil. Gramm. pag. 67.
¶ **TRISYRTICUM**, quod tripliciter possumus interpretari, sive quod trifariam sumitur, seu *trahi* potest, a τρὶς, ter, et σύρειν, trahere. Vide Vossium lib. 4. de Vitiis serm. cap. 53.
¶ **TRITA**, Pulmentum ex rebus tritis. Statuta S. Claudii pag. 81 : *Die Nativitatis Domini.... debet pittantiarius ministrare ... generalia Tritarum*. Supra in voce *Carno, Trita* male editum pro *Trista*.
TRITÆ, *Tritarum societas, seu Tritorum*, vel *Trituratorum*, Germanis *der flegeler*, id est *Flagellatorum*, sic dicta quædam militaris turma, seu societas, forte quod armorum vice *flagella rustica* deferret, vel quod *blada* seu triticeas messes passim *detereret* : nam alii fuere a *Flagellatoribus*, de quibus supra egimus. Historia Landgraviorum Thuringiæ cap. 153 : *Eodem an.* (1411.) *incepit societas Tritarum, id est, der flegelern, quorum capitaneus fuit ille, etc.* Cap 157 : *Ex illa liga Tritarum, videlicet der flegellern, etc.*
¶ **TRITARE**, Frequenter terere, Joh. de Janua.
※ Vox Italica, dissecare, comminuere, in pulverem redigere , Acad. Crusc. Fragm. hist. Fulgin. apud Murator. tom. 4. Antiq. Ital. med. ævi col. 146. ad ann. 1321 : *Duravit tempus pluviosum per mensem et ultra, ita quod multas segetes in metis remanserunt ad Tritandum in mense Septembris*.
※ **TRITAVUS**, Haud scio an vulgari notione accipi debeat, in Homag. Amalr. vicecomit. Narbon. ann. 1337. ex Bibl. reg. col. 2 : *Dominum Aymericum patrem et prædecessores nostrum et Tritavum nostrum, etc.* Judicent genealogiarum periti.
TRITENNALE, Tritennarium. Vide *Tricenarium*.
¶ **TRITEUS** Vide *Typica febris* in *Typus*.
¶ **TRITHEITÆ**, Τριθεῖται, Hæretici sic dicti, quod tres in SS. Trinitate substantias et naturas per omnia similes esse dicebant, quamvis tres Deos dicere omnino refugerent. De his Biblioth. Photii cod. 24. pag. 16. Tritheïtarum ducem Joh. Philoponum, Philosophum Alexandrinum, tempore Phocæ Imp. fuisse scribit Nicephorus Callisti lib. 18. cap. 46. et 48. Vide Leontium de Sectis, act. 5. pag. 478.
TRITHINGA, Saxonice þriðing, apud Anglos, dicitur tertia pars Comitatus, seu provinciæ, continens tria vel quatuor Hundreda, seu centurias, cui, qui præerat, *Trihingerafas* dicebatur , ad quem deferebantur causæ, quæ definiri non poterant in Wapentachiis , sed Hundredis. Quod autem in *Trithingis* definiri non poterat, ferebatur in *Scy-*

ram. Ita Leges Edwardi Confess. c. 31. [∞ 31.] et ex iis Fleta lib. 2. cap. 61. § 23. [c͞o Vide *Leda* 2. Alia plane est *teo-͡bing* vel *decania*, Decem hominum societas, de qua agitur in voce *Friborga*. Ad hanc pertinent quæ sequuntur.] Hanc autem partitionem Ælfredo Regi adscribunt Scriptores Angli. Annales Wintoniensis Ecclesiæ de Elvredo Rege: *Iste instituit Hundredos et Tithingas ad latrones investigandos.* Id ipsum tradunt Ingulfus pag. 870. et Matthæus Westmonasteriensis ann 892 qui hoc loco *tithingas* pariter habet: *Centurias, quas Hundredos, et decimas, quas Tithingas appellant, instituit, etc.*

TETHINGA, in Charta Joannis Regis Angliæ ann. 1215. pro Libertatibus Angliæ ann. 1215: *Fiat autem visus de franco plegio, sic ut pax nostra teneatur, et quod Tethinga integra sit, sicut esse consuevit, etc.* Trithingarum mentio est præterea in Statuto Mertonensi cap. 10. et in Fleta lib. 1. cap. 20. § 48. 49. 107. Quem vero *Trihingerefas* vocant Leges Edwardi, alii *Tethingum*, vel *Tethingman* nuncupant. Hodie, inquit Watsius, res cum Lege antiqua prorsus evanuit, nomine tantum (*Tethingman*) remanente, et in Constabulario parochiano alicubi residente.

TRITHINGA, sumitur etiam crebro in veteribus Chartis Anglicis, pro *quietum esse de sectis curiæ Trithingarum*, apud Ingulfum pag. 875. et in Monastico Angl. tom. 1. pag. 372. 387. 390. hoc est, obligatione eundi ad placita Trithingarum. Adde idem in Monasticum tom. 1. pag. 310. tom. 2. pag. 812. 827. ubi nude habetur *quietum esse de Trithingis.*

¶ TRITICERUM BLADUM, Triticum, in Tabulario Calensi pag. 175.

¶ TRITILE, *Quod teri potest*, in Glossis Isid. et de Janua ; *Combrissables*, in Gl. Lat. Gall. Sangerm.

¶ TRITIO, *Actio terendi, contritio*, Johanni de Janua ; *Combrisemens*, in Glossis Lat. Gall. Sangerm.

TRITISCIUM MOLENDINUM, pro *Triticeum*, in Charta Waltheri *de Gant* Comitis, apud Edw. Bisseum in Notis ad Uptonum pag. 86.

¶ TRITOC, Triginta. Vide in *Chunna.*

˚ TRITOLITÆ *Hæretici dicti quod sicut tres personas, ita quoque tres astruunt Deos esse.* Glossar. vetus ex Cod. reg. 7613. Vide *Tritheithæ.* [∞ Isidor. Orig. lib. 8. cap. 5. sect. 68.]

¶ TRITONUS, Sonus inconcinnus, Gall. *Triton.* Guido Abb. Ord. Cisterc. MS. de Arte Musica : *B. rotundum inventum est propter auferentiam asperitatis Tritoni.*

¶ TRITOR, Τορευτής, in Glossis Lat. Gr. et Gr. Lat. Melius in MS. Sangerman. πορευτής, *Viator, qui terit iter.*

TRITORIUM, apud Ælfricum ferscel. [*Tritorium*, θριβαξ, in Glossis Lat. Gr. et Gr. Lat. Regestum vetus a Pittone laudatum in Annalibus Eccl. Aq. pag. 164: *Quædam magna ædificia.... cum pradellis, viridariis, Tritoriis, claustris, etc.* Locum intelligo ubi frumentum, vel racemos terebant.

˚ Pistillum, instrumentum quo teritur, Gall. *Pilon.* Lit. remiss. ann. 1357. in Reg. 89. Chartoph. reg. ch. 36 : *Ipsum servientem de quodam Tritorio seu pestello percutere nisus fuit.* Vide supra *Tritare.*

¶ TRITTERI, Milites. Vide *Ritteri.*

¶ TRITULARE, pro *Triturare*, in Bulla Gregorii IX. PP. apud Cencium inter Census Eccl. Rom.

˚ Stat. Avellæ ann. 1496. cap. 43. ex Cod. reg. 4624 : *Debeant ostendere dictum earum amasum bladi campariæ dictis sindicis et consulibus, antequam illud Tritulent vel Tritulari faciant.*

¶ TRITURA, Clava, ni fallor, a terendo sic dicta. Diarium belli Hussitici apud Ludewig. tom. 6. Reliq. MSS. pag. 168 : *Multitudinem armatorum fugabant, Trituris bene feratis, optimis armis armatos invadentes, et usque ad mortem sæpe prosternendo, etc.*

¶ TRITURARE, Excutere frumenti grana terendo, apud *Madox* Formul. Anglic. pag. 350. et in Charta ann. 1252. tom. 2. Hist. Eccl. Meld. pag. 158. Metaphorice Sidonius lib. 7. Ep. 6. dixit *Triturari variis passionum flagellis.*

TRITURATIO, Obligatio, qua subditus tenetur nuces suas ad oleum conficiendum terere ad torcular domini, simul et præstatio quæ illi debetur. Charta ann. 1268. in Chartul. S. Maglor. ch. 188 : *Cum.... orta esset materia quæstionis super duobus noeriis,... super eo videlicet quod..... volebant eradicare vel eradicari facere dicta duo noeria, et super eo quod dicti religiosi proponebant dictos dominum et ejus filium hoc non posse facere nec debere, quia Trituratio dictorum noeriorum, tempore ad hoc apto, et mediatetem fructuum ex eis provenientium annuatim ad ipsos religiosos, ut dicitur, pertinebat.*

TRITURATORES. Necrologium Ecclesiæ Carnotensis : *Acquisivit etiam apud Mennesin generaliter quicquid Major habebat in granica Capituli, scilicet duos Trituratores, vechiat, pesail, lentilat, favat, præter unam minam avenæ, quam habet propter submonitionem saccorum.* Alibi, 2. Id. Mart. : *Pro cujus anniversario habemus quatuor Trituratores in granchia de Clauso villari.* Rursum : *Acquisivit huic Ecclesiæ quicquid Major de Nongento fisci habebat in granica de Gaesvilla, videlicet unum Trituratorem, et stramina, et foragia, et paleas, et pilonem, et veciaculum, et pesat, et favat, et duos Trituratores, quos Major de Joy habebat in granica de Joy.* [Chartularium S. Vincentii Cenoman. fol. 7 : *Litigantibus coram nobis..... super tertia parte decimæ parochiæ de Lovigne cum uno Trituratore.* Usus est hac voce Columella pro eo, qui frumenti grana flagellis excutit : quæ notio locis allatis optime accommodari.]

¶ TRITUS, Τρίτος, Tertius. S. Bern. de cantu seu correctione Antiphonarii n. 3 : *Quatuor enim sunt diversitates seu maneriæ cantuum... Hæ apud Græcos vocantur Protus, Deuterus, Tritus et Tetradus.* Iisdem vocibus ad varios musicæ modos significandos utitur Aurelianus Mon. Reom. in Epist. ann. 851. apud Marten. tom. 1. Ampliss. Collect. col. 123. Statuta Canonic. Regular. apud R. Duellium lib. 1. Miscell. pag. 104 :

Horam post Tritum tunc Tertia perficiatur.

˚ TRIVALLUS, Fasciculus, ut videtur. Jura advoc. eccl. Aquilej. ann. 1202. inter Monum. ejusd. cap. 66. col. 648: *Cum erat (advocatus) in Aquilegia, riparius dabat ei sal ad cibum suum,....... et per singulos annos centum Trivallos cæparum.* Vide *Traces* de cepis in *Trica.*

¶ TRIVARIA PHILOSOPHIA. Vide *Trivium.*

TRIVARIUS. Acta Martyrii SS. Maximiani et Isaaci : *Veneraent ergo ad carcerem militum cunei et Trivarii fustibus onerati, etc.* Ubi forte leg. *Triarii.*

∞ TRIVENTER, Valde edax, gulosus. Reinard. Vulp. lib. 3. vers. 742.

Ante alios omnes Gripo Triventer adest.

¶ TRIVERBERO, Καρτερικὸς ἐν πληγαῖς, in Glossis Lat. Græc. *Qui fortiter verbera sustinet.*

˚ TRIVIALE VOLUMEN, In tres partes divisum, cujusmodi est Liber de Cultu vineæ domini : unde Joan. *Chappius* qui illum edendum curavit ann. 1514. ita scribit :

Quodlibet extollas, ut vis, Triviale volumen,
Nil isto melius, utiliusve scias.
Codice tam sancto præiextam quisque sacerdos
Oblongam mutet, si caret ære brevi.

¶ TRIVIALIS. Vide mox in *Trivium.*

˚ TRIVIALITER, *Vulgariter.* Trivialim, vulgo, passim. Glossar. vetus ex Cod. reg. 7613.

¶ TRIVISIO, In tres partes divisio. Acta prævia ad Concil. Pisanum ann. 1409. tom. 7. Ampliss. Collect. Marten. col. 1007: *Manifestum est ibi non esse utramque obedientiam, sed unam quæ ex duabus facta est, et ab illis divisa non unionem, sed Trivisionem facit.*

TRIVIUM, Grammatica, Rhetorica, et Dialectica ; ut quatuor aliæ liberales artes, Quadrivium, nempe, Astrologia, Geometria, Arithmetica, et Musica Ugutio : *Nota, quod Grammatica, Rhetorica, et Dialectica dicuntur Trivium, quadam similitudine, quasi triplex via ad eloquentiam.* Balbus in Catholico, et Joannes de Janua : *Grammatica, Dialectica, et Rhetorica dicuntur Trivium, quadam similitudine quasi triplex via ad idem, id est ad eloquentiam. Arithmetica vero, Musica, Geometria, et Astronomia dicuntur Quadrivium, quasi quatuor viæ ad idem, id est ad sapientiam tendentes.* Unde et Triviales dicuntur, qui docent, vel qui student in Trivio, sicut Quadriviales, qui in Quadrivio. Perperam igitur Valla per *Trivium*, solam Grammaticam intelligi, sique nuncupatam, quod in triviis et compitis doceatur, scripsit. Prologus in Vitam S. Maximini Martyris MS. : *Sed inter omnes illi judicati sunt, summam sapientiæ attigisse, qui Trivium illud terere conati sunt, in quo requiritur divinarum humanarumque peritia rerum ; quod constat in Physica, Ethica, et Logica, etc.* Braulio Cæsaraugust. in S. Isidori Vita : *In Trivii eruditione conspicuus, in quadrivii investigatione perfectus.* Adde ejusdem Isidori Vitam aliam a Luca Tudensi, ut quidam volunt, conscriptam n. 5. S. Conradus de Fabaria de Casib. S. Galli cap. 5 : *Qui in Trivio Grammaticæ, Logicæ, Rhetoricæ, et Philosophiæ mediocriter eruditus, etc.* Rigordus ann. 1209 : *Cum itaque in eadem nobilissima civitate non modo de Trivio et quadrivio, verum etiam de quæstionibus Juris Civilis et Canonici ..... plena et perfecta inveniretur doctrina, etc.* Hugo Metellus de Eucharistia : *Gerlando scientia Trivii quadriviique onerato et honorato.* Hugo Metellus, etc. Matth. Paris ann. 1252 : *Vir quidem in Trivio st quadrivio excellentissimus.* Et mox : *Omnem Trivii et quadrivii noverat difficultatem.* Wibertus in Leone IX. PP. : *Nempe ut primum competit rudibus, decurso artium Trivio, non solum claruerunt prosa et metro.* Laurentius Veronensis lib. 1. de Bello Balearico :

Ordine Levita, Trivii ratione peritus.

Vita Lietberti Episc. Camerac. cap. 3 : *Ducitur situbundo pectore currens ad fontem Philosophiæ, et saporis Tripertiti septem rivos ebibens, modo studet Logicæ, nunc insudat Physicæ, sic intendens vacat Ethicæ. Trivaria*, seu potius *Trivia-*

ria Philosophia, in Epistola Christiani ad Honorium Solitarium, seu Augustodunensem , de Imagine mundi. Vide Petrum Damian. lib. 6. Ep. 3. Lib. de Disciplina Scholarium cap. 2. 6. Chronicon. Augustan. 2. part. cap. 2. etc. et supra in *Quadrivium.*
¶ TRIUMPHALIS. Vide *Carticellæ triumphales.*
¶ TRIUMPHALITER, Triumphando, in Epistolis Frederici II. Imp. apud Marten. tom. 2. Ampliss. Collect. col. 1150. et apud Rymer. tom. 1. pag. 394. *Triumphaliter regnare*, i. gloriose, in Chartis ann. 1456. et 1490. e Schedis Pr. *de Mazaugues. Triumphaliter antiphonam explicare*, vel *canere*. Guidoni lib. 1. Discipl. Farf. cap. 18. 23. et 41. dicitur, cum antiphona quæ ad *Magnificat* cantari solet ter repetebatur, ut mox dicetur in *Triumphare.*
° Glab. Rodulph. Hist. lib. 1. cap. 1 : *Quorum videlicet* (regum Francorum) *ditioni Triumphaliter per plures annos applicatum est totum imperii culmen.*
1. TRIUMPHARE, Vincere, hostem superare, apud Ottonem de S. Blasio cap. 7. Albertus Argentin. pag. 138 : *Triumphaverant enim Veneti cum domino Mediolanensi, ita quod potentes fuerunt.* Adde pag. 157. Sic *Triumphare*, est causam vincere, in Jure Hungarico, ut auctor est Sambucus. [Gloss. Lat. Græc. : *Triumphare*, ποιμπεύω, παραδειγματίζω, τριαμβεύω, ἐπινίκια ἄγω. Lactantius lib. 6. cap 23 : *Triumphabit terram.* Et lib. 7. cap. 24 : *Gentes non extinguentur omnino, sed quædam relinquentur in victoriam Dei, ut Triumphentur a justis, ac subjugentur perpetuæ servituti.* Tullius alique dixerunt *de* vel *ex aliquo triumphare*.]
¶ TRIUMPHARE ANTIPHONAM dicebant Scriptores Liturgici, cum Antiphona ad *Benedictus*, vel *Magnificat* decantari solita ter repetebatur, 1°. ante *Gloria Patri*, 2°. ante *Sicut erat*, 3°. integro versu finito. Vide Martenium de antiq. Eccl. Disciplina in divinis Officiis pag. 28. et *Triumphaliter.*
° Ordinar. S. Martial. Lemovic. ex Cod. reg. 1138. fol. 31. v°. ubi de Sabbato S. : *Inchoat cantor Magnificat, quo completo et antiphona Triumphata, dicitur Oratio.*
¶ TRIUMPHARE INTROITUM, Simili notione. Capitulum gen. S. Victoris Massil. ann. 1312 : *Statuimus, quod diebus Dominicis et Festis, in quibus Missæ Introitus Triumphatur, ipse Introitus non reiteretur post versum, sed alta voce incipiatur Gloria Patri.*
¶ TRIUMPHARE KYRIE ELEYSON, Gaufrido Vosiensi in Chronico cap. 59. dicitur, cum inter *Kyrie* et *Eleyson* verba quædam insærebant, eo quod jam dictum est modo in *Farsa* 2. ibi vide.
¶ TRIUMPHATIO, Triumphatus, seu ipsa triumphi palma. Exstat apud Mabillon. de Liturg. Gallic. pag. 458. Epistola S. Augustini inscripta *Domino vere sancto, palmæ triumphatione decorato et pontificali officio coronato, Bibiano ortodoxo*, Santonicæ civitatis antistiti.
¶ TRIUMPHATOR, Qui triumphum agit, apud Apuleium in Apologia et lib. de Mundo, S. Cyprianum Epist. 34. cap. 2. Interpretem Bibliorum et alios recentiores.
¶ TRIUMPHATORIUS, Pertinens ad triumphum. *Verbum Triumphatorium et insultatorium*, Tertulliano lib. 5. adversus Marcionem cap. 10.
° 2. TRIUMPHARE, Illudere. Vita B. Henr. Baucen. tom. 2. Jun. pag. 372.

col. 2 : *Cum diutius in oratione permaneret, supradictis existentibus sub dicto porticali, videntibus et ridentibus seu Triumphantibus de ipso, cum crederent ipsum fore totum aquam ex dicta pluvia respersum et madefactum, etc.*
✱ 3. **TRIUMPHARE**, [*Redoubler ;* Cf. Triumphare antiphonam, *répéter à trois reprises une antienne :* « ipsa autem cognovit patrem suum et sicut fons *Triumphabat* lacrimis. » (*Boucherie*, vita S. Euphros. § 14.)]
° TRIUMPHOSUS, Triumpho seu celebratione dignus. Gabr. Barelet. serm. in Epiphan. : *Quam digna sit laude et commendanda et honoranda et Triumphosa apud oculos mortales hodierna solemnitas clare ostenditur.* Nostris *Tropheureux*, idem qui superbus, arrogans. Lit. remiss. ann. 1432. in Reg. 174. Chartoph. reg. ch. 185 : *Icellui Goussart, qui estoit un Tropheureux homs et plain de haultaines et injurieuses paroles, etc.*
¶ 1. TRIUMPHUS, Ludi genus chartis pictis, Gall. *La Triomphe.* Memoratur in Statutis Pistoriensibus.
° *Triumple*, in Lit. remiss. ann. 1482. ex Reg. 206 Chartoph. reg. ch 828 : *Lesquelz se esbatirent à jouer aux quartes au jeu du Triumple.*
¶ 2. TRIUMPHUS, privilegium, immunitas. Charta ann. 1362. in Reg. 93. Chartoph. reg. ch. 211 : *Narbonensis ecclesia antiquissima, Triumphorumque titulis insignita, etc.*
° 3. TRIUMPHUS. Lætitia, gaudium ; quo sensu Itali dicunt *Triumphare*, Gaudere, festum agere, Gall. *Faire des réjouissances.* Gabr. Barel. serm. de Choreis : *Qui* (pater prodigi) *fecit in adventu filii fieri magnos Triumphos.*
TRIUNDALES, *Pelagi vortices,* apud S. Columbanum, Epist. 4.
TRIUTA, Pullus cervinus. Vide *Treudis.*
¶ TRIUVA, Securitas, *Treve.* Vide *Treva.*
TRIVULGI. Sanutus lib. 2. part. 4. cap. 8 : *Nono eget dictum navigium ollulis calce plenis, et etiam multis vasis molli sapone plenis, inter quas ollulas atque vasa sint aliqua instrumenta ferrea, quæ Trivulgi vulgariter appellantur, et etiam alia paramenta ad accendendum ignem, et etiam sagittandum loco et tempore opportuno, etc.* Videntur esse *tribuli,* Italis Trivoli, Gallis *Chaussetrapes.*
TRIZA. Fridericus II. Imp. lib. 1. de Venat. cap. 23. de bistardis, quæ habentur in desertis : *Habent pennas elevatas in medio capitis per longum usque ad dorsum, ad modum Trinium seu Trizarum.* Qua postrema voce expressit nostram *Tresse.* Vide *Trica.*
¶ TRIZOLICUS, TRIZOLINUS, TRIZOLUS, (sic varie scribitur) inter accipitres recensetur adjungiturque *falconis, austuribus* et *sparaveriis*, in Statutis Cadubrii lib. 3. cap. 82. et 83.
¶ TROA, Species ligni seu trunci ad instar mensæ, Gall. *Billot.* Statuta Vercell. fol. 94. recto : *Quod ipse mensurans debeant esse firmate cum cathenis ad Troam sive lignum super quo mensurabitur ipsum vinum, ita quod abinde removeri non possint ullo modo.* Eodem fol. v° : *Quas* (mensuras) *teneatur habere et tenere ad cathenas firmatas in Troa vel disco.*
¶ TROAS, *Prov.* Trossus, caulis, in Glossar. Provinc. Lat. ex Cod. reg. 7657.
° TROBA, *Prov.* Figmentum, in eod. Glossar. Hinc *Troubadours* appellati Poetæ Provinciales.

¶ TROBATICUM. Vide in *Trabaticum.*
° TROCA, Pannificis nostratibus *Trogue,* Catella, vulgo *Chaine.* Stat. pro arte parat. pannor. Carcass. renovata ann. 1466. in Reg. 201. Chartoph. reg. ch. 121 : *Item quod quælibet Troca, quæ fiet seu ordiretur in dicta villa Carcassonæ setezena, aut alterius majoris numeri, erit longitudinis... decem et septem cannarum ; et si reperiatur minoris longitudinis esse aliqua Torca, illa confiscabitur.... Item quod nullus parator.... possit.... texere aliquam pannum ex filatura lana, seu qui fuerit tinctus in Troca seu lana fixa.*
° TROCARE, Permutare, Gall. *Troquer,* alias *Trocher.* Charta ann. 1257. ex Tabul. S. Florent. Salmur. : *Si vero contingat meos homines equos vel aliud hujusmodi vendere vel Trocare in feodo prioris, etc.* Lit. remiss. ann. 1434. in Reg. 175. ch. 296 : *Laquelle vache le suppliant Trocha ou eschanga à un beuf, et ot un salut d'or de retour.* Aliæ ann. 1453. in Reg. 184. ch. 317 : *Lesquelz compaignons parlerent de Trocher ou changer leur bonnez l'un à l'autre, par laquelle Torche* (leg. Troche) *ou eschange, etc.*
¶ TROCCA, Species vestis superioris Ecclesiæ prælatis in usu, pro *Roccus*, ni fallor. Vide in hac voce. Protocollum de reformatione tom. 1. Concil. Constant. col. 614 : *Sub habitu clericali intelligatur quoad Prælatos, quod portent rochetum et cappam, vel Troccam, vel mantellum, et quoad regulares, quod portent habitum suæ religioni convenientem.* Ubi fortassis scriptum fuit *Hroccum.*
¶ TROCCUS, Calo, Gall. *Goujat.* Chron. Halberstad. ad ann. 1199 : *Tam inordinate autem soluta fuit hæc expeditio et confuse, quod nec Troccis, id est calonibus portiones dederant, etc.*
¶ TROCELLUS, Fasciculus, Gall. *Trousseau.* Charta Conventionum inter Carolum I. Comitem Provinciæ et Arelatenses ann. 1251. art. 22 : *Rapinas factas tam in Trocellis, quam in rebus aliis in stratis publicis terræ vel aquæ, etc.* [Charta ann. 1257. ex Archivis Episc. Massil. : *Episcopus possit........ recipere naulum vel passagium specialiter de Trocellis.* Alia ann. 1307. ex Archivo Civit. Massil. : *Pretextu arresti trium Trocellorum pannorum.* Alia ann. 1320. ex eod. Archivo : *Draperii Massil. vententes...... cum pluribus Trocellis pannorum, etc.* Adde Statuta Edwardi I. Regis Angl. apud Rymer. tom. 2. pag. 262.] Vide *Trossellus* in *Trossa.*
° 1. TROCHA, Florum vel gemmarum fasciculus, nostris alias *Troche* et *Troiche.* Testam. Guill. de Meleduno archiep. Senon. ann. 1376. in Reg. 108. Chartoph. reg. ch. 388 : *Item in pede dicti calicis sunt tres grossi quadrati Orientales, et sunt in pata dicti calicis novem Trochæ, et in qualibet Trocha tres pellæ Orientales et unus baleius in medio cujuslibet Trochæ...... Item unam aliam peciam dictæ crucis..... et sunt in dicta pecia sex Trochæ pellarum, videlicet quælibet Trocha de octo pellis. Duas Trochas cristalli,* in Invent. ann. 1218. inter Probat. tom. 1. Hist. Nem. pag. 66. col. 1. Aliud ann. 1393. inter Probat. tom. 3. Hist. Burg. pag. 170. col. 1 : *Cinq Troiches de perles, chascune de trois, et au milieu de chascune Troiche a un diamant.* Lit. remiss. ann. 1409. in Reg. 164. ch. 71 : *Une branche ou Troche de marjolaine, qui estoit moult belle, et estoit bien de deux piez de largeur pardessus. Troche* vero, *Turmam, catervam sonat,* apud Guill. Guiart. ad ann. 1187 :

Li rois Henris est tout devant,
L'escu au col, basse la chiere,
Et son fils Richart va derriere :
François n'entrent mie en leur Troche,
Car le jour faut, la nuit approche.

Idem ad ann. 1207 :

Li rois et des gens bele Troche.

Trosse, eadem notione, in Poem. Garini :

La veisiez tante Trosse guerpir.

Quod male ad *Trossam*, fasciculum, refertur in *Trossa* 2. Hinc etiam emendanda Mirac. MSS. B. M. V. lib. 1. ubi *Torche*, pro *Troche* :

Cis prestres ot une grant torche
De fox vilains en sa paroche.

° *Touse* idem significare videtur, in Poem. Rob. Diaboli MS. :

La Touse de petit jouvent
Va à la fantiestre souvent,
Pour déporter et pour déduire.

Vide mox *Trocus*.

° 2. TROCHA, Piscis fluviaticus, Gall. *Truite*. Acta MSS. Inquisit Carcass. ann. 1308. fol. 66. v° : *Pransi fuimus simul de Trochis recentibus, quas ipsi portaverant de Ax.* Vide *Trocta* 1.

¶ TROCHETUS, Trutina publica, ut videtur. Regest. Episcopat. Nivern. ann. 1287 : *Item illi qui emunt lanas et aguiculos et ponderant ad Trochetum, debent in festo prædicto duos denarios quilibet.* Vide *Trona* et *Turnus* 3.

¶ TROCHLEA, Supplicii genus apud Veteres, in Martyrum cruciatibus adhibitum. Proprie rota est, ut habet Baronius ad diem 7. Septembris, et post eum Baluzius tom. 2. Miscell. pag. 496. rotam continens volubilem, per quam funis tractorius immissus ligatum brachiis revinctum reum sursum trahit, vel remissus deorsum relaxat. Hic cruciatus memoratur in Passione S. Pontii n. 19. apud eumdem Baluz. tom. citato pag. 187. *Trochleæ tormentum*, pag. 326. Vide Altaserram ad lib. 5. Greg. Tur. cap. 49 et Gallonium de Martyrum cruciatu.

° Glossar. Lat. Gall. ex Cod. reg. 7679 : *Trochlea*, bindas. Aliud ex Cod. 4120 : *Trocla, est rota textoris.*

TROCHUS. Acta S. Quirini Mart. lib. 1. n. 5 : *Erat huic in aula Pipini filius tenerrimus, qui cum coætaneum sibi principem natum dicti Regis ludo scachorum sæpius superaret, exorta in lusu rixa, Trocho per tempora a Regis filio fuit trajectus.* Forte *Rocho*, ex Gallico *Roc* in scaccis.

☞ Notus fuit Latinis *Trochus*, vel pro turbine, *qui flagello percutitur et in vertigine rotatur*, vel pro *rota, quam currendo pueri virga regunt*, ut habet vetus Scholiastes Horatii. Prima notio potest accommodari loco laudato ; cum enim cuspidatus sit turbo, fieri potest ut quis alterius tempora *trocho* seu turbine trajiciat. Scio veterem Horatii Scholiasten a viris doctis, Salmasio ad Martialem lib. 14. Epigr. 168. Vossio lib. 1. de Vitiis serm. cap. 26, reprehendi, quod *Trochum* cum *Turbine* perperam confuderit : id tamen ab aliis postea Scriptoribus rursum factum est ; unde nihil mirum si et in Actis S. Quirini pro *turbine*, *Trochus* usurpetur. Ut ut est haud male excogitata videtur Cangii conjectura : de eo quippe quod ad manum præsto erat sermo sit.

¶ TROCIEYRA, Pars instructus equini, f. Postilena, Gall. *Croupiere*. Comput. ann. 1334. inter Probat. tom. 2. Hist. Nem. pag. 80. col. 1 : *Item pro tribus Trocieyris, quas habuit a Rocello cellario (sellario) solvi eidem, emptis pro dicto magistro Raymundo (qui assendit Parisius pro facto nundinarum) tres solidos Turonenses.*

° TROCISCUS, Trochiscus, pastillus. Alex. Iatrosoph. MS. lib. 1. Passion. cap. 23 : *Teres diligenter sicut collyrium, et facies Trociscos.*

¶ TROCINUS, *Sectæ genus arduum*, in Glossis Isidori. Pithœus in Excerptis habet *Trotinus*.

TROCIUM, Modus agri apud Majoricenses. Charta Majoricensis ann. 1816 : *Vendimus D. Sancio Regi Majoric. unum Trocium terræ, in quo sunt et esse debent 20. quarteriatæ terræ.* Alia : *Vendimus quoddam Trocium terræ tam laboratum quam eremum.*

° TROCLEA, pro *Trochlea*. Vide supra in hac voce.

1. TROCTA, Piscis fluviaticus notissimus, nostris *Truite*, vel, ut alii efferunt, *Troite*, Italis *Truta*. Ceremoniale Ambrosianum apud Puricell. in Monument. Basilicæ Ambrosianæ pag. 98 : *Et ibi Pontifex tribuit Abbati magnum ramum palmarum, et honorabilem Troctam.* De trocta vide etiam Vinetam in Ausonii Idyllia pag. 250. [et infra *Troita*.]

☞ Aliud est genus *Troctæ*, de quo S. Ambr. libr. 3. Hex. cap. 3 : *Alii ova generant, ut ii quos Troctas vocant, et aquis fovenda committunt.* Hinc emendandus est Papias, qui scribit : *Tructa piscis est varius, qui alvo generat et aquis committit fovendo.* Æliano τρώκτης est *Amia*, piscis marinus. Vide *Trutta*, Martinium in *Trocta*, et Hofmannum in *Trutta*.

° 2. TROCTA. Glossæ Cæsar. Heisterbac. in Reg. Prum. tom. 1. Hist. Trevir. Joan. Nic. ab *Hontheim* pag. 679. col. 2 : *Quid sit Troctas at porcellos ignoramus* : scio tamen bene, quod *Troctæ* non sunt pisces. An non sus femina ? Vide mox *Troga*.

¶ TROCTINGI. Vide infra *Trotingi*.

° TROCTUS, Citatus equi gradus, Gall. *Trot*, Ital. *Trotto*. Dom. de Gravina Chron. apud Murator. tom. 12. col. 710 : *Rex primus fuit eques, et totus exercitus post eumdem, et continuato cursu et passu celeri, etc.* Leg. forte *Trotto*.

° TROCUS, pro *Trochus*, turbo. Glossar. Lat. Gall. ex Cod. reg. 7692. *Trocus, Toupin*, vel *Troupe*. Vide supra in *Trocha* 1. et *Trochus*.

° TROEF, vox vulgaris, Jus quoddam dominicum, forte in res casu repertas, seu thesaurum inventum ; nisi idem sit quod mox *Troof*. Charta baill. castell. Moritan. ann. 1385. in Reg. 144. Chartoph. reg. ch. 309 : *Willaumes de Forest, dit Malprivet, disoit avoir..... ma terre et seigneurie de Forest .. le Troef, le cose espave et les biens et remanans demourez et remez par mort et trespassement de bastart et de bastardes. Truef,* eodem sensu, inter Redit. comit. Hannon. ann. 1265. ex Cam. Comput. Insul. : *Si a li quans à Jemappes le Truef et le estraijer. Tréveure,* Repertum, in Assis. Hieros. cap. 310 : *Si donra por la Tréveure d'estoir ou de faucon deux besans.* ibid. cap. 311 : *Troveure. Trouveures ou choses adirées,* in Lit. ann. 1358. tom. 3. Ordinat. reg. Franc. pag. 412. Dicitur de apum examinibus, quæ in silvis reperiuntur, in Libert. villæ *de Poilly* ann. 1841. ex Reg. 74. ch. 68 : *Se il avenoit que lesdits habitans....... trouvassent une mouchete ou plusieurs ou finage de Poilly,...... les trouveurs auront la moitié de ladite Trouveure pour leur part. Trouvaige,* eadem notione, in Consuet. *de Caumont* in pago Atrebat. ann. 1229. ex Reg. 198. ch. 441 : *Les Trouvaiges de mes terres sont miens, ainsi comme elles seuent, si comme de vaisseaux de es. Espaves et Trouvemens de mer,* Jus in res ad littus ejectas, in Charta ann. 1358. ex Reg. 82. ch. 256.

¶ TROF, TROOF, Raptus, rapina, Belgis *Roof.* Charta Caroli Com. Flandr. ann. 1112 : *Comitatus vero totius terræ S. Silvini ad abbatem pertinet, scil. ban, latro, Trof.* Consuetudines Furnenses MSS : *Dominus Comes..... retinet sibi rapinam mortui, id est Troof.*

¶ TROFA. Tabularium Casauriense : *Recepi a te in cambio terram tuam in viario, cum una Trofa de fica super se habente* [.*Ædificium quoddam, domus*, ut videtur.]

¶ TROFFA FOENI, pro *Trossa*, nisi me fallo, Falciculus, Gall. *Trousse*. Vide locum in *Buhors*.

¶ TROFIMA, TROFINA. Chronicon Parm. ad ann. 1278. apud Murator. tom. 6. col. 791 : *Fecerunt depingi figuram ejus ad Trofinam Ecclesiæ S. Petri... ad quam figuram magna miracula dicta sunt fieri ad curandum infirmos. Trofima* legitur in Tribuna, idemque esse omnino videtur. Vide ibi.

¶ TROGA, Sus femina, Gall. *Truie.* Tabular. Vosiense fol. 33 : *Adferat..... 1. popadam et explectum et suem.* Mox habetur *explectum* et *Trogam.* Passim occurrit ibi. Consuetudines Bragerlaci art. 93 : *Boves, vaccas, oves, porcos, sues sive Trogas, mutones,* etc. Vide *Troia* 1.

° Hinc *Troige*, Stabulum porcorum, in Lit. remiss. ann. 1375. ex Reg. 107. Chartoph. reg. ch. 283 : *Jehannette de la Sale avoit son Troige et certaines aisances assises près du mur, contre lequel ledit Guiot orinoit.*

¶ TROGALA, Τρωγάλια, (τρωγαλία) χάλις, in Glossis Lat. Græc. *Tolleno.*

TROGALIUM, Cicer frictum, Ægyptiis, apud Cassianum Collat. 8. cap. 1.

° TROGLIUS, Aqualiculus, Ital. *Trogolo* et *Truogolo.* Stat. Saluc. collat. 5. cap. 144 : *Teneantur prædicti vacuare de affaitaria ruscatium, et calcinatium, et Troglios affaitare in bedeli prædicto.* Vide *Troglum.*

¶ TROGLUM, Rivus, canalis vel aquæductus. Statuta Montis regalis pag. 274 : *Statutum est, quod quilibet habens rotam seu tenens in flumine Ellerix, vel aliorum fluminum..... debeat continue tenere et habere in principio canali seu Trogli unum rastellum, qui rastellus habeat graviglonos unum prope alium per unum semisse, sub pœna sol.* XX. Vide *Trolum.*

TROGULUS, *Cuculla, vestis monachalis*, Papiæ. Vita S. Egwini Episc. Wigorn. n. 16 : *A primævo juventutis flore semper usus fuit cilicio.... ad carnem nudam indutus erat Trogulo, ipsam debilitating et infirmitatem carnis suæ corporali maceratione et jejunio devincens.* Vita S. Mauri Abb. cap. 1 : *Sub Monachali tunica semper asperrimo a scapulis usque ad renes induebatur Trogulo.* Vita S. Genulfi l. 1. n. 10 : *Asperrimo ex pilis reinduebatur Trogulo.* Lib. 2. n. 2 : *Sed asperrime cilicii Truguli nuditatem corporeæ fragilitatis valerent.* [Ex his facile colligitur *Trogulum* genus cilicii fuisse, atque adeo a cuculla maxime distinctum.]

° Glossar. Lat. Gall. ex Cod. reg. 7692. *Trogulus, Froc vel chaperon à moigne.*

° TROILLATORIUM, ut mox *Troillium* 1. Locus est infra in *Truellium.*

1. TROIA, Machina bellica, Gallis *Truie*, seu *Troye*, uti suem vocat Consuetudo

Solensis tit. 15. art. 8. tit. 16. art. 5. ita dicta, quod humum, ut sus, subvertat. Turpinus cap. 9 : *Septimo mense aptalis juxta murum petrariis, et mangonellis, et Troiis.* Quo loco Meursius perperam *stotis* reponit : est enim *Troia*, nostrum *Truie*. Chronicon Bertr. Guesclini :

. . . . . C'estoit pour convoier
Un engin con nommoit Truie en cest heritier.

Froissart. 2. vol. cap. 2 : *Ils envoyerent querir à la Riolle un grant engin, qu'on appelle Truie, lequel engin ètoit de telle ordonnance, que il jettoit pierre de faix : et se pouvoient bien cent hommes d'armes ordonner dedans, et en approchant assaillir la ville.* Meminit præterea ejusmodi machinæ cap. 102. ejusd. vol. Sed vix crediderim ex genere *balistarum* fuisse, uti vult Froissartes, cum probabilius sit, inventam ad suffodiendos muros, eamdemque esse, quæ ab aliis Scriptoribus, vocabulo Latino, *Sus* appellatur. Vide in hac voce. *Troiam* autem veteribus Latinis pro sue accipi docet Pomponius Sabinus ad 1. Æneid. *Armaque fixit Troia : Troia*, inquit , *nomine in Latio scrofa appellatur, etc*. Sed et in Regesto Castri Lidi in Andibus fol. 47. occurrit : *Venatur etiam in longo alneto per singulos annos* 5. *cervos, totidemque cervas,* 5. *porcos, totidemque Troias.* [Chartul. S. Vincentii Cenoman. f. 169 : *Accepit a monachis S. Vincentii pro concessione ipsa quamdam Troiam.* Statuta Montisregalis pag. 207 : *Item statutum est, quod aliqua persona nòn possit nec debeat tenere, nutrire facere, in domibus plateæ dictæ civitatis, aliquas bestias porcinas, videlicet ultra tres porcos masculos, seu tres Troias grossas.* Rursum occurrit pag. 267. et alibi non semel. Itali *Troja* dicunt ead. notione. Vide *Bestemiæ.*]

¶ 2. **TROIA**, Idem quod *Treva*, si non est ita legendum, Gall. *Treve*, Induciæ. Chron. Episcoporum Merseburg. apud Ludewig. tom. 4. Reliq. MSS. pag. 410 : *Tandem factis Troiis et placitis servatis... tali pacto adjecto, etc.*

¶ **TROIÆ** PONDUS, apud Anglos dicitur quod 12. uncias in libra numerat. Spelmannus.

° 1. **TROILLIUM**, Molendinum quo olivæ aliave grana ad oleum conficiendum premuntur. Pact. inter Joan. dalph. et Petr Barral. ann. 1815 : *Concedentes..... omnibus habitantibus,... quod in ripperiis et rippagiis fluentibus per villam et vallem de Alvardo possint facere, construere, seu fieri et construi facere molendinum vel molendina, batorium vel batoria, gauchatorium vel gauchatoria, Troillium vel Troillia in proprietatibus suis pro libito voluntatis.* Recognit. feud. MS. ann. 1348 : *Item unum gauchorium, unum batistorium et unum Troyllium, cum suis domibus, fundis, rippagiis, etc.* Vide supra in *Torculare* et infra *Trollietum* et *Truellium.*

° 2. **TROILLIUM**, Campanæ instructus ; a Gallico *Treuil*, sucula. Sent. arbitr. ann. 1282. ad calcem Necrol. eccl. Paris. MS : *Item de campanis ecclesiæ Paris. ordinamus pro bono pacis, quod episcopus Paris. suis sumtibus et expensis ministret cordas, Troillia, ferraturam..... et alia munimenta et necessaria ad usum liberum et expeditum officium pulsandi; materiam tamen novam, excepta materia Troilliorum , quam episcopus tenebitur quærere, fabrica Paris. ecclesiæ ministrabit.*

° **TROINCHEA**, pro *Trenchea*, Vallum, fossa, Gall. *Trenchée*. Charta Joan. domicelli dom. de Confiento ann. 1298. in Chartul. eccl. Lingon. fol. 53. r° : *Idem dongio ab anteriori parte de muris, turribus et de Troincheis clauditur circumquaque.* Vide supra *Trencatum.*

¶ **TROITA**, Idem quod *Trocta*, Piscis notus, Gall. *Truite*, quibusdam *Troite*. Statuta Cisterciens. ann. 1199 : *Prohibetur ne quis de ordine nostro Troitas comparet in lacu Lausannæ, etc.*

¶ **TROITARE**. Gloss. Lat. Græc. : *Troito*, γειρίζω, ψηλαφῶ. Legendum *Tracto* , ut emendat Vulcanius.

° **TROLHALTORIUS** , Ad *trolium* seu torcular pertinens. Lit. ann. 1375. in Reg. 108. Chartoph. reg. ch. 68 : *Retulerunt...... se invenisse bona et res mobiles quæ secuntur,..... unam tinam.... Trolhaltoriam, etc.*

TROLIARE. Tabularium S. Theofredi in Velavis . *Dedit in eadem villa Marniaco, cum Troliare.* Idem quod sequens

TROLIUM, Torcular, Lemovicensibus, *Treüil.* [Vide *Trullum* 1.] Tabular. Britatense fol. 95 : *Et juxta Trolium de Valeira.* Tabular. Dalonense fol. 27. *Factum est hoc apud Exdolnum in domo Trolii Dolon.* Tabul. Celsinianense : *Hoc est mansio una cum curte, et horto, et Trolium et viridarium.* Tabularium Conchense Ruthenis cap. 106 : *Cum vineas, cum vernas, cum pratos, cum mansione, cum hortos, cum Trolio, cum terras cultas et incultas, etc.* Ita in Chartis 117. 139. 156. 237. 252. 355. etc. In Ch. vero 198. pro *Trolio*, habetur *Brotio : Cum vineas, cum Brotio, cum terras, cum pratos, etc.* Infra : *Et sunt ipsi Brotii vel ipsas terras in pago Ruthenico, etc.* Ita etiam in Ch. 199 : *Cum vineas, et campis, et pratis, et Broliis, etc.* Adde pag. 261.

☞ Nihil est, nisi me fallo, cur iis locis *Brotium* pro *Trolium* scriptum putes. illud quippe, ut pluribus suo ordine dictum est a Viro doctissimo, silvam significat camque maxime quæ muris circumsepitur : quæ notio locis allatis minime repugnat.

° Nostris *Troil*, *Treuil* et *Trueil*. Provincialibus *Trualh*, ex Glossar. Provinc. Lat Cod. reg. 7657. Charta ann. 1320. in Reg. 60. Chartoph. rcg. ch. 22 : *Pro arberyamento et Trolio, una cum cuppis..... et aliis utensilibus rebusque de trolium pertinentibus.* Quæ vernacule sic redduntur ibid. ch. 30 : *Du Troil, cubes..... Et autres pertenances à garnison de Troil.* Lit. remiss. ann. 1398. in Reg. 145. ch. 146 : *Le supplíant chevauchant sur un cheval..... auprès du Troul ou herbergement du seigneur d'Aigrefeuille, etc.* Alia ann. 1384. in Reg. 125. ch. 211 : *Guillaume et Jehan freres apporterent leur vendenge au pressouer ou Treuil de Michelet Tyart bourgeois de S. Gengoul. Treuil ou pressouer*, in aliis ann. 1465. ex Reg. 694. ch. 75. *Truel ou pressouer*, in aliis ann. 1458. ex Reg. 185. ch. 305. Hinc *Truiller*, uvas premere, *Truillaige* , jus torcularium, et *Treullour*, torcularis custos. Vide in *Trullare.*

¶ **TROLL**. *Arcus balisti ad Troll*, in Litteris ann. 1328 apud Rymer. tom. 4. pag. 367. col. 1. Sed legendum videtur *ad torn.* Sallem eadem notio est. Vide *Tornus* 1. et *Balista.*

¶ **TROLLERIUS**, Olearius a *trolio* sic dictus. Processus ann. 1389. tom. 1. Hist. Dalphin. pag. 128. col. 2 : *Et a singulis Trollerits singulis annis recipere unum lampada olei.*

° **TROLLIETUM**, Idem quod supra *Troillium* 1. Charta ann. 1390 : *Item ductum et decursum aquæ seu bialeriam molendi-* *norum, Trollieti et battitorii et aliarum aysiarum ipsius Johannis, etc.* Alia ann. 1507 : *Decursum aquæ bialeriæ molendinorum, Troillieti, battitorii et aliarum eysiarum ipsius recognoscentis, etc.* Vide infra *Truellium.*

¶ **TROLUM**, Cloaca, canaliculus, per quem effluant aquæ pluviales. Statuta Mutinæ rubr. 20 : *Quælibet persona civitatis habere Trolum teneatur tempore pluviarum, et de canaletis expellere putredinem debeat.* Vox f. ejusdem originis, cujus est Gallica *Trou*, Foramen. Vide *Troylum.*

° Vel *Trolus*, Aqualiculus. Vide supra *Troylius.*

¶ **TROMALIUM** , Retis species. Vide *Tramallum.*

¶ **TROMBA**, Ital. [° et Provincial.] Tuba, buccina, Gall. *Trompette.* Utitur Joh. Demussis in Chronico Placent. ad ann. 1250. apud Murator. tom. 16. col. 470. [°° Vide Graff. Thesaur. Ling. Franc. voce *Trumba*, tom. 5. col. 532.]

¶ **TROMBARE**, Verbum Ital. Buccinare, tuba canere, Gall. *Trompetter.* Chron. Parm. ad annum 1295. apud Murator. tom. 9. col. 829 : *Mediolanenses cum suis venerunt Laudium..... Trombando et clamando, etc.*

° **TROMBATOR**, Buccinator, Tubicen, Ital. *Trombatore*, Gall. *Trompette.* Computus ann. 1849. tom. 2. Hist. Dalphin. pag. 585. col. 1 · *Item, solvit et deliberavit pro xxx. hominibus in armis... et 11. Trombatoribus...* xI. ib. Rursum occurrit in Statutis Astæ collat. 3. cap. 49.

° Provincialibus *Trombador*, buccinator, ex Glossar. Prov. Lat. Cod. reg. 7657.

¶ **TROMBETA**, Buccina, vel Buccinator, Ital. *Trombetta* et nostris *Trompette* utraque notione. Statuta Montis-regalis pag. 21 : *Teneatur..... cridari facere per Trombetam in civitate et aliis locis consuetis.* Vide *Trompeta.*

° **TROMBETTA**, Tubicen, buccinator. *Quidam Trombetta tubam sonavit*, in Hist. belli Forojul. apud Murator. tom. 3. Antiq. Ital. med. ævi col. 1201.

¶ **TROMPATOR**, Idem qui *Trombator.* Cod. MS. Consuetud. Tolos. etc. fol. 33 : *Trompatores hujus villæ Tholosanæ tubicinati fuerunt, etc.*

° **TROMBUS**, Sanguis vel globus, in vet. Glossar. ex Cod. reg. 7613.

° **TROMPA**, vox Hispanica, tuba, cornu, buccina, Gall. *Trompette*, alias *Trompe.* Comput. ann. 1380. inter Probat. tom. 3. Hist. Nem. pag. 32. col. 2 : *Solvi Petro Sabaterii et suo socio, qui cum Trompis associaverant dictam processionem, pro vino quatuor blancas, j. grossum, j. blancam.* Occurrit rursum in alio ann. 1393. ibid. pag. 124. col. 1. Lit. remiss. ann. 1397. in Reg. 152. Chartoph. reg. ch. 283 : *Le supplíant prist dans le pennier dudit mercier une Trompe qu'il donna à Jehannot Garinot, et quatre autres Trompes de deux Tournois la piece, qu'il depeça.* Instrumentum esse videtur, quod *Guimbarde* dicimus.

¶ **TROMPARE**, *Trompa* seu tuba canere, buccinare, Gall. *Trompetter*, alias *Tromper.* Stat. comitat. Venaiss. ann. 1443. cap. 79. ex Cod. reg. 4660. A : *Trompetur et postea præconizetur quod talis est, et nominetur, qui bonis cessit.* Le Roman d'Alexandre MS. part. 2 :

La fist le paon hautement atachier,
Et a les lever fist à la feste reforcier,
Tromper et orguener et après vieler.

° Hinc *Trompeur*, Buccinator, in Invent. jocal. Eduardi I. reg. Angl. ann. 1297 : *Item un pot lavoir d'argent à yma-*

ginettes, s'a dessus le couvercle deux Trompeurs. Pro tubarum artifice, in Stat. artif. Paris. lib. 1. fol. 278. r° : *Ordonnance des forcetiers et Trompeurs de la ville de Paris.*
° TROMPATIO, Promulgatio quæ *trompa* fit, in iisd. Stat. : *Trompatio fiat, præsente illo qui bonis cessit, in locis publicis.*
° TROMPATOR, Irrisor, Gall. *Moqueur, railleur*; a verbo *se Tromper,* quod nostri dixerunt, pro *se moquer,* Irridere, ludificari. Lit. remiss. ann. 1356. in Reg. 84. Chartoph. reg. ch. 552 : *Idem Johannes erat Trompator, injuriator et verberator iniquus, ac comestor gentium.* Aliæ ann. 1388. in Reg. 135. ch. 135 : *Lors icellui Robert en disant : Tu te trompes de moy, je n'y bevray mais hui de ton vin.* Aliæ ann. 1390. in Reg. 138. ch. 265 : *Icellui suppliant veant que ladite femme se Trompoit et moquont de lui, etc. Icellui Perrot dist au suppliant : Tu te Trompes de moy ; à quoy le suppliant respondi : Je ne me Trompes point de toy,* in aliis Lit. ann. 1432. ex Reg. 175. ch. 220.
¶ TROMPERIA, Fraus, dolus, Gall. *Tromperie,* in Arresto Parlamenti ann. 1391. apud Menesterium Hist. Lugdun. pag. 78. col. 2. in Instrumento ann. 1407. apud Marten. tom. 2. Anecd. col. 1356. Utitur etiam Vincentius Cigaltius in Tractatu de Bello Italico.
¶ TROMPETA, Tubicen, Gall. *Trompette.* Computus ann. 1384. tom. 2. Hist. Dalphin. pag. 245. col. 1 : *Trompetæ misso dicta die in Provinciam..... IV. flor. auri.* Vide *Trombeta* in *Tromba.*
° TROMPHERIUM, Aquæ receptaculum, vel Aquæductus. Terrear. Bellijoc. ann. 1520. fol. 386. r° et 411. v° : *Pro et super quodam Tropherio conficiendo in curtibus..... ad capiendam aquam seu de aqua fontis dictorum confitentium, appellatum Perret, pro ipsam aquam reddendo infra dictum Tompherium ad facilius serviendum dictis de Sancto Jacobo.*
° TROMPILLATOR, Tubicen, buccinator, præco, nostris *Trompille,* eodem sensu, et pro ipsa tuba. Comput. ann. 1362. inter Probat. tom. 2. Hist. Nem. pag. 260. col. 1 : *Clavarius, Trompillator, Bertrandus Godet...... iverunt per suburbia fieri proclamando, ut unusquisque intraret villam cum suis victualibus infra triduum.* Lit. remiss. ann. 1411. in Reg. 166. Chartoph. reg. ch. 110. bis : *Colin Fouquet Trompille d'Evreux ala à Caen, et porta sa Trompille.*
TRONA, Statera publica, seu *trutina,* apud Scotos et Anglos, unde torte corrupta vox, uti censet Somnerus, qui eamdem putat cum ea, quam Angli *Troyweight* vocant. Statuta Davidis II. Regis Scotiæ cap. 39 : *Ordinatum sit, quod sit Trona ad lanas ponderandas in burgis regiis, per singulos portus regni,... et sit in quolibet loco Tronarius, qui percipiat de Rege unum denarium de sacco.* Iter Camerarii Scotici cap. 1 : *Custumarii Tronæ.* Cap. 30 : *Et faciat, quod examinentur pondere Tronarum.* Adde Fletam lib. 2. cap. 12. § 15.
TRONATORES, Qui ad *tronam* lanas appendunt. Idem Iter Camerar. cap. 15 : *Tronatores calumniabuntur, quod non custodiunt officium suum in tentando* (al. *Tronando) lanas ; sed quibusdam personis lanas tentabant, etc.*
TRONAGIUM, Vectigal, quod pro *trona* pensitatur, in Fleta lib. 4. cap. 1. § 16. Monastic. Anglic. tom. 1. pag. 976 : *Sint quieti de omnimodo pavagio, ... cariagio, picagio, terragio, Tronagio, pontagio, etc.* Vide Seldenum de Titul. Honorar. edit.

1. part. 2. pag. 199. et Steph. Skinnerum in Etymologico Anglico. [Privilegium Leduini Abbat. S. Vedasti Atrebat. ann. 1036. e Chartulario ejusd. Abbatiæ : *Majus pensum lanæ, fileti, uncti, casei Anglici* III. *den. pro thelon. et* I. *den. pro Tronagio... pensum casei Flamingi* II. *den. pro theloneo et pro Tronagio* I. *obol.*] Vide *Pesagium.*
☞ Ex iis emendo Litteras ann. 1358. apud Rymer. tom. 5. pag. 762. col. 2 : *Cum eadem lanæ, coria, pelles et plumbum debite Trovata et cokettata... fuerint.* Leg. *Tronata,* i. ad tronam appensa. Sic et in aliis ann. 1356. ibid. pag. 875. col. 1 : *Licentiam dedimus præfato Thomæ, quod ipse dictos centum saccos lanæ usque dictam villam Berewici ducere, et eos ibidem per Trovum* (leg. *Tronam) pro lanis ponderandis in portu villæ Novi castri deputatum* (deputatam) *in præsentia collectorum custumarum nostrarum in dicto portu Novi castri, per Trovatorem* (leg. *Tronatorem) nostrum in eodem portu Novi castri ponderare, etc.*
° Nostris *Troneau* et *Tronel,* Stateræ species, verticillum, harpax, vulgo *Peson.* Lit. remiss. ann. 1386. in Reg. 130. Chartoph. reg. ch. 78 : *Lequel exposant prist un Troneau, appellé plumes au pays* (Meun-sur-Loire) *duquel il pesoit à la main son chanvre, ses cordes et denrées, etc. Un crochet ou Troneau à quoy on poise fil,* in aliis ann. 1401. ex Reg. 156. ch. 257. Aliæ ann. 1408. in Reg. 163. ch. 76 : *Cum Guillelmus Voleius..... caseos suos in platea loci de Laurano venderet et cum pondere romanæ, Gallice Tronneau, ponderaret, etc.* Denique aliæ ann. 1393. in Reg. 145. ch. 281 : *Jehan des Champs d'un Tronel, dont l'en poise laine, rua audit Jourdain pour le cuidier ferir.* Vide supra *Thronum.*
° TRONARE, Concamerare, unde *Tronatura,* Concameratio, fornix. Codex reg. 7887. fol. 3. v°. *Hæc sunt ornamenta quæ A. de Brucia subprior dedit Deo et beato Martiali.... Claustrum infirmariæ fecit Tronare, et tam Tronaturam quam parietes pingere.*
TRONARII Charta Caroli M. ann. 795. apud Ughellum in Episcopis Aretinis, inscribitur *omnibus Episcopis, Abbatibus, Ducibus, comitibus, Guastaldis, seu reliquis Tronariis, et cunctis fidelibus, etc.* [Suspecta vox, quam frustra quæsieris in aliis ejusdem Caroli Diplomatibus. Hujus loco non semel occurrit *Centenariis.* An ita restituendum est ? an legendum *Officiariis ?*]
° Jure suspecta vox : cum Charta ipsa, unde eruitur, commenti signa patentia præferat, ut notat Muratorius tom. 1. Antiq. Ital. med. ævi col. 123.
° TRONCHA, Truncus, Truncus, stirps, Gall. *Tronc d'arbre.* Comput. ann. 1402. ex Tabul. S. Petri Insul. : *Pro duabus Tronchis pro dicto aisselin, xxxvj. sol.* Ibidem : *Pro tribus Tronchis d'orme ad faciendum aisselin, etc.* Id est, tabulas, Gall. *Planches.* Pactum inter Humbert. dalph. episc. Gratianopol. ann. 1343. in Reg. 134. Chartoph. reg. ch. 84 : *Usque ad rivum de Barbello in pede cujusdam tronci seu Tronchæ cujusdam arboris, nunc vocatæ Nux sancti Petri.*
° TRONCHETUS, Sedile ligneum, ut videtur, in Charta ann. 1303. ex Chartul. parvo episc. Paris. fol. 165 : *Ratione unius auventi duorum Tronchetorum et unius fenestræ, etc. Un Tronchet de bois,* in Lit. remiss. ann. 1415. ex Reg. 168. Chartoph. reg. ch. 332. Vide *Truncus* 7.

° TRONCHIA. Vide supra *Troncha.*
° TRONCHONUS, Globus, Gall. *Bille.* Stat. crimin. nova Cumanæ cap. 80. ex Cod. reg. 4622. fol. 84. r° : *Nullus homo nec puer, habens a decem annis supra, ludat nec ludere debeat..... in plateis publicis..... ad Tronchonum, nec ad boletam.*
¶ TRONCIRE. In frusta diffringere, Gall. *Tronçonner.* Fori Alcaçonenses : *Et qui ferivet de lancea aut de spada polaciada, peite* 10. *sol. et si Tronciret ad altera parte, peite* 20. *sol. ad quereloso.* Le Roman de *Cleomades* MS. :

Maint escu pierché et troé,
I orent, quant furent ajousté,..
Et mainte lanche Tronchonée.

Tronchonneur, pro jurgator, vel censor austerus, in Bestiario MS. :

Chi mondes est si desloiaus,
Et si traitres et si faus,
Si cuvert et de male part,
Si tronchonneus, et si guernart, etc.

° *Tronsonner,* in Poem. du *Chevalier Deliberé* MS. :

Ma lance si fut Tronsonnée
Par force de moy défendre.

Destroncener, eodem sensu, in Lit. remiss. ann. 1399. ex Reg. 154. Chartoph. reg. ch. 443 : *Icellui Guillaume decoppa et Destroncena par grant despit à Jehan de Cyrot arçonnaur, la corde de son arçon. Tronçonner,* pro Obtruncare, vulgo *Couper le col,* in Chron. S. Dion. tom. 3. Collect. Histor. Franc. pag. 263 : *Jasoit ce que si anemi Tronçonnassent ses gens comme berbis.* Ubi Aimoin. lib. 3. cap. 67. ibid. pag. 115 : *Quamvis exercitus ejus more pecorum obtruncaretur. Tronsonner* vero et *Troncer,* pro Truncare, amputare, cædere, Hisp. *Troncar* et Ital. *Troncare.* Lit. remiss. ann. 1394. in Reg. 146. ch. 256 : *Icellui Guillot senty le poulce de Jehan son frere, qui le cuidoit pas estrangler, le prist à ses dens, en tele maniere l'estraigny, que à pou qu'il ne lui Tronsonna.* Aliæ ann. 1468. in Reg 195. ch. 160 : *Icellui Perrenet se print à copper et Troncer lesdiz ormes.*
° TRONÇONNUS, Fragmen, Gall. *Tronçon,* Ital. *Troncone.* Lit. remiss. ann. 1352 in Reg. 81. Chartoph. reg. ch. 494 : *Sumpta ab eo quadam doua dolii seu Tronçonno unius latæ, etc.* Huc fortasse pertinet vox *Troinsaille,* in Lit. ann. 1450. ex Reg. 185. ch. 34 : *Icellui Terrin embaxeroit d'une Troinsaille, etc.* Vide mox *Tronso.*
° TRONCUDUS, Hispan. *Troncado,* Truncatus, discerptus. Leg. Lusitan. sub Alph. reg. tom. 1. Probat. hist. geneal. domus reg. Portugal. pag. 11 : *Homo qui fecerit rouum cum ferro moludo, vel sine illo, vel dederit cum lapide, vel ligno Troncudo, faciat illum alvazir componere damnum.*
¶ TRONCUS, Arcula stipis recipiendæ in ædibus sacris, Gall. *Tronc.* Obituarium MS. Eccl. Morin. : *Die Dominica ad processionem ponuntur in Tronco per Canonicos in regressu processionis* 16. *denarii.* Vide infra *Truncus* 3.
° *Tronquet,* in Lit. remiss. ann. 1431. ex Reg. 174. Chartoph. reg. ch. 73 : *Le suppliant dist à icellui Drouet qu'il avoit emblé et emporté l'argent du Tronquet de l'église de Neufbourg.*
¶ TRONOLIARE CAMPANAS, in antiquo Consuetudinario Monasterii S. Marcellini Cantagilensis, Æra campana numerose modulateque pulsare, Gall. *Carillonner.* Vide *Trinion.*
° *Tron,* Hispanis, Sonitus, boatus, fra

gor; unde Provincialibus *Tron, tonitruum*, ex Glossar. Provinç. Lat. Cod. reg. 7657.
° **TRONSO**, a Gallico *Tronçon.* Frustum, fragmentum. Charta ann. 1407. in Reg. 161. Chartoph. reg. ch. 311 : *Cum tribus peciis seu Tronsonibus piscis.* Vide supra *Tronconnus.*
¶ **TRONUS**, Ligustrum Germanicum, Gall. *Troëne*, Species arbusculæ Charta Sangerm. ann. 1221 : *Dicti homines in prædicto nemore capient..... Tronum, retortam, etc.*
° *Tronne*, Arboris species vel Dumus videtur, in Lit. remiss. ann. 1374. ex Reg. 105. Chartoph. reg. ch. 872 : *Jehan Denoiers son haigneux et malveillans, accompaignié d'un appelé Rogier Quesnot, garnis d'espée et d'autres diverses armes, estoient de lez son chemin à l'ouraille d'un boys et un val, appellé le vauchiel Simonnin, en droit une Tronne.* Nisi idem sit quod vox *Troyne*, quæ Viridarium sepimento clausum sonat, ni fallor, in aliis Lit. ann. 1472. ex Reg. 195. ch. 702 : *A l'occasion de ce que Guillaume Reignet...... prenoit des paulx et cloison en une Troyne ou proprieté appartenant au suppliant et aux siens, etc.*
¶ **TROOF**, Rapina, raptus. Vide *Trof.*
TROPARIUM, TROPARIUS, TROPERIUS, etc. Vide *Tropus.*
° Glossar. Lat. Gall. ex Cod. reg. 7679 : *Troparius, a Tropus, quia Troparii ornatos habent sermones*, Gall. *Sequencier.* Lib. nig. eccl. S. Vulfr. Abbavil. fol. 29. v° : *Unum collectarium, unum Troparium; ... un Tropier.* Vide in *Tropus* 1.
° **TROPELLUS**, Grex, pecudum caterva, Gall. *Troupeau.* Charta Phil. VI. ann. 1828. in Reg. 65. Chartoph. reg. ch. 217 : *Ipsi pro quolibet grosso animali quatuor denarios Turon. et pro quolibet Tropello minutorum animalium duos solidos Turon. solvere tenebuntur.* Charta ann. 1341. in Reg. 72. ch. 868 : *Nisi tota custodia animalium sive Tropellus infra dicta talia scienter vel aliter fraudulenter immitteretur vel custodiretur, ad aliquam pœnam minime teneantur.* Occurrit præterea in Stat. Taurin. ann. 1360. cap. 72. ex Cod. reg. 4622. A. Vide *Tropus.*
★ **TROPHEUS**, [Victoria. DIEF.]
∞ **TROPHICUS**, Triumphalis. Atton. Polypt. apud Maium Vet. Script. tom. 6. pag. 58 : *Helenæ filium Constantinum Trophicis strenuum armis pancratiari christicola.*
¶ **TROPHIUM**. Agnellus in Vita S. Ursicini Episcopi Ravenn. apud Murator. tom. 2. pag. 101. col. 1 : *Ædificatum est monasterium S. Petri, quod vocatur Orphanum Trophium.* Legendum unica voce *Orphanotrophium*, locus ubi nutriuntur orphani. Vide *Orphanotrophium.*
° **TROPHONARIUM**, Idem quod supra *Troparium.* Ordinar. MS. S. Petri Auresæval. : *Quæ responsoria et quæ antiphonæ decantari debent (in processione diebus Dominicis) non est opus ut de ipsis mentionem faciamus, quia in parvis Trophonariis satis invenitur signatum.* Nisi sit pro *Antiphonarium.* Vide in *Tropus* 1.
° **TROPIA**, *Imago, signum.* Glossar. vet. ex Cod. reg. 7613.
★ **TROPICAM**. [« Pecuniæ cupiditas hæc *Tropica* instituit. » (Petron. ed. Buecheler, § 88.)]
TROPPUS, Grex, Gall. Troupeau. Lex Alamann. tit. 72. § 1 : *Si enim in Troppo de jumentis illam ductricem aliquis involaverit, etc.* § seq. *gregem* vocat : *Alia autem jumenta de grege, quæ lactantia sunt, etc.* Charta 15. inter Alamannicas Goldasti : *Trado ad Monasterium S. Galli quidquid in die exitus mei de hac luce in pecuniali causa non datum, et non usitatum, id est caballis domalibus, cum cætero Troppo, caballis cunctis, auro, argentoque, etc.* [∞ Confer Graff. Thesaur. Ling. Franc. tom. 5. col. 252. voce *Drupo*, et col. 488. voce *Troppus*]
1. **TROPUS**, est quidam versiculus, qui præcipuis festivitatibus cantatur immediate ante Introitum, quasi quoddam præambulum et continuatio ipsius Introitus, ut verbi gratia, in festo Nativitatis, ante Introitum illum : *Puer natus est, etc.* præcedit tropus iste : *Ecce adest, de quo prophetæ cecinerunt, dicentes : Puer natus est, etc.* Continet autem tria Tropus, videlicet *Antiphonam, Versum*, et *Gloriam.* Ita Durandus lib. 4. Ration. cap. 5. n. 6 qui hæc subdit lib. 6. cap. 114. n. 3 : *Hi autem versus Tropi vocantur, quasi laudes ad antiphonas convertibiles :* Τρόπος *enim Græce, converso dicitur Latine.* Concilium Lemovicense ann. 1031. sess. 1 : *Inter laudes autem, quæ* τρόποι *Græco nomine dicuntur, a conversione vulgaris modulationis, dum versus sanctæ Trinitatis a cantoribus exclamaretur, etc.* Infra : *Angelico interea hymno cum Tropis, id est, festivis laudibus, ornatissime expleto, etc.* [~ Ademar. Hist. lib. 3. cap. 56 : *Canonici S. Stephani cum monachia S. Marcialis alternatim Tropos ac laudes cecinerunt.*] Jam vero an Ecclesiæ Græcanicæ τροπάρια aliquid commune habeant cum Tropis Latinorum, vide quæ de iis commentari sunt Leo Allatius in Dissertat. 1. de Libris Eccles. Gr. pag. 62. 63. 64. Goarus ad Euchologium pag. 32. 434. 485. et Meursius in Glossar. [Adde Glossar. mediæ Græcit. col. 1617. a. 72. c. 507. a. 606. a. 610. d.] Regula SS. Pauli et Stephani Abbatum cap. 14 : *Ne, quæ cantanda sunt in modum prosæ, ea quasi in lectionem mutemus ; aut quæ ita scripta sunt in ordine lectionum utamur, in Tropis et cantilenæ arte nostra præsumptione vertamus.* Eckehardus Minimus de Vita B. Notkeri Balbuli cap. 16 : *Et non solum ea, quæ beatus vir Notkerus dictaverat, verum etiam ea, quæ socii et fratres ejus in eodem monasterio S. Galli composuerant, omnia canonisavit, videlicet hymnos, sequentias, Tropos, litanias, etc.* [Adde Joh. Abrinc. de Offic. Eccl. pag. 70. 139. et 145. edit. 1679. Chr. Trudon. tom. 7 Spicil. Acher. pag. 446. etc.]
TROPI LUGUBRES, apud Rupertum lib. 5. de Divin. Offic. cap. 27 : *Qui extinctis luminaribus in ipsis Tenebris, præcinentibus cantatoribus, et choro respondente, flebili modulatione decantandi, incipientibus a Kyrie eleison.*
TROPONARIUS, *Liber continens* τρόπους, *id est, cantus, qui cum Introitu Missæ dicuntur, præsertim a Monachis.......* Quidam etiam hunc librum Prosarum, a prosis appellant. Ita Beletus cap. 59. et ex eo Durandus lib. 9. Ration. cap. 1. num. 26.
TROPARIUM, Eadem notione, in Vitis Abbatum S. Albani : *Missalibus, Troparis, Collectaries, etc.* [Inventarium S. Martini Pontisar. ann. 1241 : *Duo hymnarii grossati, octo Troparia, duo omiliarii.* Adde Gesta Episc. Cenoman. tom. 3. Analect. Mabillonii pag. 391. Catalogum Eccl. Syrac. apud R. Pirrum Siciliæ sacræ pag. 137.]
TROPHARIUS, pro *Troparium*, Liber continens *tropos.* Ordericus Vitalis lib. 3. pag. 485 : *Plures dulcisonos cantus in Trophario et Antiphonario edidit.* Adde Synod. Exon. ann. 1287. cap. 12. Vide *Troparius.*
TROPERIUM, in lib. 3. Provincialis Ecclesiæ Cantuariens. cap. 27. Lindwoodus, *librum sequentiarium interpretatur, ut et Watsius.* Necrologium Ecclesiæ Parisiensis 10. Kal. Aug. : *Dedit nobis Missale, Lectionarium, Antiphonarium, Gradale, Psalterium cum hymnis, duos Troperios, duos Versarios, etc.* Adde Id. Aug. Ita etiam in Synodo Wigorniensi ann. 1240. cap. 1. et in Monast. Angl. tom. 3. pag. 328.
★ [« Stephanus, Parisiensis episcopus (1208-1279).... legavit et dedit successoribus suis... tria gradualia, unum ordinarium episcopale, unum collectarium, unum *Troperium.* » (Cart. N. D. Paris. I, 5.)]
° 2. **TROPUS**, f. Malus. Acta S. Prisci tom. 1. Sept. pag. 214. col. 1 : *In qua* (nave) *nec aliqua pars solaminis inveniatur, abjectis Tropis et antennis, omni solatio viduata clavorum, etc.*
° Nostri *Trop*, ut et Itali *Troppo*, dixerunt, pro *Beaucoup, fort, extrêmement*, Admodum, valde, multum. Chron. S. Dion. tom. 3. Collect. Histor. Franc. pag. 183 : *Soixante calices d'or Trop riche et trop précieux.* Ubi Aimoin. lib. 2. cap. 8. ibid. pag. 49 : *Pretiosissimi calices.* Hinc *Trop* plus, Multo plus, in Lit. remiss. ann. 1389. ex Reg. 138. Chartoph. reg. ch. 47 : *Icellui compaignon dist que en sa tasse avoit Trop plus que l'en ne lui avoit restitué.* Aliæ ann. 1405. in Reg. 160. ch. 102 : *Pour ce qu'il estoit en grant bateur de gens, Trop plus fort et jeune que le suppliant.*
¶ **TROQUERE**, pro Torquere. Lit. remiss. ann. 1351. in Reg. 81. Chartoph. reg. ch. 97 : *Ipsum per capatium cepit, illum Troquendo circa collum et de eo ejus faciem velando.*
¶ **TROSCELLUS**, Fasciculus. Vide in *Trossa* 3.
¶ **TROSISCUS**, pro *Trochiscus*, τροχίσκος, Medicamenti genus in orbiculos et pastillos fictum, Gall. *Trochisque.* Statuta Avenion. lib. 1. rubr. 21. art. 11 : *In syruppis, cum servis (conservis) electuariis, oppiatis, pillulis, Trosiscis, pulveribus, etc.*
1. **TROSSA**, TROUSSA, Tributum, nescio quod. Gesta Abbatum S. Germani Autisiod. cap. 15 : *Meditatem villæ S. Gregorio a Joanne de Barris comparavit, gistum, costumas, Trossas, denarios, remanentiam hominum, etc.* Charta ann. 1904. in Tabulario Autisiodor. fol. 427 : *Super hoc, quod dicti homines dicebant, posse iisdem sub nomine burgesiæ se transferre in posterum, et tallias dictorum Decani et Capituli, festagia, coustumas, et Troussas, et alias redeventias prædiales et reales propter hoc evitare.* [Trossæ poccorum, vel forte *porcorum*, aliis præstationibus adduntur, in Charta Guillelmi Abb. Floriac. ann. 1296. Codex MS. redditum Episcopatus Autissiod. Charbuiaci : *Troussæ ad festum B. M. Magdal. L. s. Troussæ de Wessello* XXII. *s.* Touciaci : *Troussæ et torchæ circa* XX. *s.*] Consuetudo loci de *Troy* in Biturigib. art. 4. apud Thomasserium : *Ladite Seigneurie a droit de prendre par chascun an le jour et feste de S. Barnabé sur chascun des habitans de Troy ayant bestes à laine, un agneau, pourveu qu'ils ayent 3. agneaux, lequel droit s'appelle la Trousse.* Ejusdem fere nomenclaturæ ac originis videtur esse id genus præstationis, de

quo ita Charta ann. 1553. pro Prædio et Baronia *de Linieres,* in eodem pago : *Item ledit Seigneur a en ladite terre et Baronie de Linieres, et lui compete et appartient un autre droit appellé l'Estrousse et Malestrousse, qui est tel, qu'un chascun homme ou femme serf et de serve condition audit Seigneur, ou autres manans et demeurans au terroir de Biscoutau, qui ont recueilli foin en l'année en leur prez ou autres heritages, doivent audit Seigneur par chascun an à chacune feste de Noël,* 15. *den. tournois rendus, conduits comme dessus; et tous les habitans demeurans au terroir de Beaupuis, et chascun d'eux, qui ont bœufs,* 12. *deniers tournois ; et ceux qui n'ont bœufs, et chascun d'eux doivent pour ledit droit de l'Estrousse et Malestrousse* 6. *deniers tournois à ladite feste de Noël, rendus, conduits comme dessus.* Vide veteres Consuetud. Bituricenses apud Thomasserium pag. 332.

° Charta Milonis *de Marchais* ann. 1210. in Reg. 66. Chartoph. reg. ch. 122 : *Agnum in die Maii, et curtes ad Natale, et la Trosse at vetturas omnimodas et corveias.... quittum clamavimus.* Ubi servitium videtur, quo subditi fenum in fasciculos tenentur colligare. *Trouvée de fourche* appellatur ejusmodi opera, in Charta ann. 1331. ex eod. Reg. ch. 570 : *Item chascuns bourgois ou bourgoise.... paieront en fenisons..... une journée, que on dit Trouvée de fourche ou de retel.* Sed legendum forte est *Courvée,* pro *Corvée.*

¶ 2. TROSSA, Polyspastos, Nautis nostris *Trosse* et *Trisse.* Occurrit semel et iterum in Informationibus Civitatis Massil. de passagio transmarino, e Codice MS. Sangerman. [☞ Vide Jal. Antiq. Naval. tom. 2. pag. 399.]

° Parum accurate, ut me monuit D. Falconet : *Trosse* quippe, et non *Trisse,* aliter *Chappellet,* est Orbicularium lignorum congeries, Isidoro *Mateoli.* Polyspastos autem multis trochleis constat Lit. remiss. ann. 1407. in Reg. 161. Chartoph. reg. ch. 345 : *Le suppliant s'en ala parler à un charpentier, qui lui promist de venir tailler ses Trousses.*

3. TROSSA, Fasciculus, Gallis *Trousse, Trousseau.* Charta Willelmi Comitis Nivern. in Tabulario Augustodun. Ecclesiæ *Si quis amodo in potestate hospitalitus fuerit, pro* 12. *nummis, et garba, et fœni Trossa annuatim salvus erit.* [Alia ann. 1165 : *Trossam fœni habet dominus S. Germani, aut in horninibus S. Germani, aut in prato aut in domo ; si in domo fœnum non inuenerit, Trossam paleæ accipiet.*] M. Pastorale Eccl. Paris. lib. 16. ch. 29 : *Excepta Trossa una straminis de unaquaque domo.* Charta Joannis Comitis Forensis ann. 1292 : *Remittimus charreium, et quandam Trossam fens* (sic vel *feirs*) *in quibus nobis tenebatur tum ratione tenementi sui. etc.* Tabular. Maurigniacense ch. 69 : *Tres Trossas straminis annui reditus.* [*Pratum in quo fit una Trossa fœni, in Indiculo censuali* ann. 1391. In pago Bellijoci *Trossa fœni* continet 300. libras, estque tertia pars *quadrigatæ,* quæ 900. vel 1000. libras complectitur : in Forensi provincia *Trossa fœni* æquivalet tribus *quintalibus.* Ordinatio ann. 1340. tom. 2. Hist. Dalphin. pag. 392. col. 2 : *Habeant duos bonos equos et portet eorum quilibet malam Trossam cum lecto nostro et de aliis opportunis. Trossæ tractum.* Pharetra, corytus, in Monstris prope Chassagniam factis ann. 1511. nostris etiam *Trousse, carquois.* Litteræ Johannis Ducis Britan. ann. 1425. apud Lobineli. tom. 2. Histor.

Britan. col. 999 : *Ceux qui sauront tirer de l'arc, qu'ils aient arc, Trousse, cappeline, coustille, etc.*]

¶ TROUSSA, TROUSA, Eadem notione. Chartarium Maurigniac. : *De tribus modiis {vini, sex gianis alliorum et tribus Troussis straminis annui redditus nobis venditis, etc.* Tabularium Portus Regii : *Guill. de Chaponval debet* v. *sext. hybernagii et* v. *avenæ et* 1. *Trousam straminis.* Le Roman *de Garin :*

La veissiez toute Trose guerpir.

¶ TROSSUS. Charta Bellijocensis ann. 1382 : *Sub servitio duorum Trossorum fœni.*

¶ TROUSSIA, in Libertatibus de Ponte Ursonis, inter Ordinat. Reg. Franc. tom. 4. pag. 641.

TROSSULA, dimin. a *Trossa.* Vide in *Redorsare,* [et in *Implagium* 2.] [☞ Vide *Trossis*]

TROSSELLUS, Idem quod *Trossula, Troussel* et *Trousseau,* in Consuet. Comitatus Burgund. art. 87. Britanniæ art. 463. Trecensi art. 143. Meledunensi art. 277. Senonensi art. 268. Autissiodor. art. 258. et Catalaunensi art. 104. in quibus tamen locis [ut et in Testamento ann. 1457. apud Lobineli. tom. 5. Histor. Britan. col. 1478.] vox hæc sumitur pro ea supellectile, quæ in augmentum dotis novæ nuptæ a parentibus datur. [*Trousselet* dicitur in Computo ann. 1459. eod. tom. 2. Histor. Britan. col. 1258.] Charta Odonis Ducis Burgundiæ ann. 1199 : *Notum.... me dedisse.... unum denarium in unoquoque Trossello transeunte sive per Vergeium, sive per Vooget, ad emendum cereum luminarium, etc.* Hominia Nobilium Bressens. ann. 1272. apud Guichenonum : *Et quidquid tenet in pedagio de Loysa, videlicet in unoquoque Trossello unum obulum Parisiensem.* [Diploma Frederici II. Imp ann. 1238. tom. 1. Hist. Dalph. pag. 88 . *De quolibet Trossello vel soma transeunte plenam habeat potestatem accipiendi* XII. den. Vienn. *Trosselli et fardelli,* in Statutis MSS. Montispessul. ann. 1204. Adde Consuetud. Lugdun. ann. 1206. apud Menester. in Probat. Hist. ejusdem Civit. pag. 96. col. 2. *Trossellus* et *Troussellus,* in Litteris ann. 1291. tom. 4. Ordinat. Reg. Franc. pag. 23. n. 39.]

¶ Eodem quoque nomine interdum appellata sponsi supellex. Lit. remiss. ann. 1407. in Reg. 161. Chartoph. reg. ch. 342 . *Pour estre auxquelles noces et y corner, icellui de Bailloul eust esté loué ; et pour ce qu'il ne vint pas assez à heure pour aler querir les Trousseaux des fiancés, ainsi qu'il est acoustumé ou pays* (Evreux), *les affiés d'icelles noces ou leurs amis prierent audit Jehan...... qu'il alast corner pour querir lesditz Trouseaux des fiancés. Troussouere* vero, Zona, cingulum, quo vestes succinguntur, in Lit. remiss. ann. 1469. ex Reg. 197. ch. 72 : *Une Troussouere d'argent ser ung tissu gris.* Aliæ ann. 1471. in Reg. 195. ch. 1028 : *Deux tissus, deux Troussoueres,* [...] *les deux Troussoueres, l'une ferrée d'argent et l'autre ferrée de boucles d'or ou au moins dorées.*

¶ TROSCELLUS, in Concessione ann. 1241. tom. 1. Hist. Dalphin. pag. 189 : *Unum denarium in quolibet Troscello transeunte.*

¶ TROSELLUS, in Epistola Eugenii II. PP. tom. 3. Spicil. Acher. pag. 483. in Charta ann. 1301. e Regesto *Olim,* in Chronico Astensi apud Murator. tom. 61. col. 160. in Statutis Montis-regalis pag. 817. etc.

¶ TROUSSELLUS, in Libertatibus Pontis-Ursonis, tom. 4. Ordinat. Reg. Fr. pag. 641. n. 42. in Codice MS. redditum Episcopatus Autissiod. *Troussellus* et *Troussellum,* in Charta ann. 1357. tom. 4. earumd. Ordinat. pag. 208.

¶ TRUSSELLUS. Charta ann. 1178. apud Baluz. tom. 2. Hist. Arvern. pag. 68 : *Concessimus Anicensi ecclesiæ...... ut nomine pedagii* XIII. *denarii Podiensis monetæ de unoquoque Trussello..... infra civitatem Anicii accipiantur.* Alia ann. 1219. ibid. pag. 86 : *De qualibet grossa bestia, quæ portabit Trussellum vel mercaturam, levabuntur* xv. *Claromontenses.*

TROSSELLARIUS, Qui *trossellum,* seu fasciculum defert. Libertates MSS. Villæ-franchæ concessæ ab Archembaldo D. Borbonensi ann. 1217 : *Quisque Trossellarius semel in anno* 4. *denarios.*

TRUSSARE, Trussare, Convasare, suppellectilem in sarcinas, seu *Trossellos* cogere, vulgo *Trousser bagage.* Knyghtonus ann. 1347: *Sed franci nocte ante diem Jovis Trussaverunt quæcunque sua, quæ cariare voluerunt, et retraxerunt se loco suo, etc.* Le Roman *de Garin* MS. :

Troser somiers, les charetes garnir.

Alibi :

D'or et d'argent fist charger quatre murs,
Et autretant de bons pailles bofus,
Cent palefrois et cent murs à fontrer,
Quatre somiers d'or et d'argent Trousser.

[Le Roman *de la guerre de Troyes* MS :

Les Troiens ont encontrez
De prissions et d'avoir Trossez.

Et alibi :

Ses chiers avoirs fist emmaler,
Ses draps, ses robes fist Entorser.]

Itinerarium MS. Comitis Pontivi : *Et fai vostre maisnie lever, et Trouser, et aler leur voie, ot tu remains, et Torseras nostre lit.* Speculum Historiale MS. Joannis Abbat. Laudunens. ann. 1488. lib. 11. cap. 54 · *Lors fist Monsieur Rober d'Artois desloger son ost, et Trousser ses tentes.*

¶ TROSSARIUS. Idem, ut quod *Trossellus.* fasciculus. *Troussoire,* in Pedagio Bapalmarum ex Chartul. Corb. 21. fol. 359. v° : *De la Troussoire de toille* XII. *den. ob.* Vide locum in *Perfinelli.*

¶ TROSSATUS, Divisus, intercisus, interruptus. Statuta Arelat. MSS : *In omnibus robinis de Camargiis, per quas transeunt viæ publicæ, que sunt Trossatæ per dictas robinas, illi quorum sunt dictæ robinæ, tencantur facere pontes.*

° TROSSERIA, ut *Trossa* 3. Fasciculus, supellex quælibet in fascem collecta. Capit. pacis ad calcem Stat. MSS. Massil. ex museo meo fol. 104. r°. col. 2: *Concessit dictus dominus comes..... franquesiam... de omnibus bonetis seu Trosseriis, seu de pedagio, quod solvebatur seu consuetum erat solvi, occasione bonetarum seu Trosseriarum ipsi vel dominæ comitissæ seu alii eorum nomine ; ita quod ratione bonetarum seu Trosseriarum seu eorum, quæ in bonetis seu Trosseriis portabuntur nec* (nil) *solvere teneantur.* Charta ann. 1354. in Reg. Cam. Comput. Paris. sign. Vienne fol. 65. v° : *Sint de cetero liberi et immunes.... a bastis, cellis et malis seu Trosseriis.*

✴ TROSSEYRIA. (Gall. Trousse (?) «.... Pro borrando cellas et *Trosseyriis...*» (Arch. Histor. de la Gironde, t. 22. p. 394.)]

° TROSSIS, Vasis genus, unde diminut. *Trossollus,* eodem sensu. Invent. MS. ann. 1356 : *Item tres Trosses baucallorum, etc.* Charta ann. 1248. in Chartul. Guill.

abb. S. Germ. Prat. fol. 113. v°. col. 1 : *Item licebit nobis et ecclesiæ nostræ habere bannum singulis annis in dicta villa de Antogniaco de duabus tonis, quæ ibi sunt, vel aliis tantumdem tenentibus, cum duobus Trossollis pro implagio.* Ubi male editum *Trossulis* in *Implagium* 2.

¶ TROSSO CEREI, Fragmen seu pars cerei, ni fallor, forte sic dicta a Gallico *Tronçon,* Fragmen. Tractatus Nazarii Thesaurarii cum Capitulo Autissiod. ann. 1398 : *Item tenetur singulis diebus ministrare unum parvum Trossonem Cerei per longum Matutinarum super gradus in medio ardentem, in quo quilibet qui vult lumen recipit, vocatum Reggipant.* Proprie vero Gallica vox *Tronçon* de lancearum assulis accipitur, pro qua *Trons* usurpat le Roman d'*Athis* MS :

La lance au Duc en Trons vola.

° Idem quod mox *Trossus.* In loco autem ibi laudato, pro *Reggipant,* legitur *Regtppant* inter Probat. Hist. Autiss. pag. 131. col. 2.

² TROSSUS, Thyrsus. Glossar. Provinc. Lat. ex Cod. reg. 7657 : *Trossus, id est, Caulis.*

¶ TROTANUS, Idem qui *Trutanus,* Erro, hariolus, mendax. Otto Frising. in Prologo de Gestis Friderici I. Imp. apud Murator. tom. 6. col. 637 : *Sed quisquis fuit ille propheta seu Trotanus, qui hoc promulgavit, videat si in futuro adhuc aliqua expeditione implendum expectetur.* Vide *Trutani.*

TROTARE, TROTTARE. Ugutio : *Succusso, frequenter succutio, et succussare, dicitur Trotare,* et *Succussatura dicitur Trotatura,* et *Succussator, Trotator equus dicitur , unde illud : Gradarius equus mollis incessus, sine succussatura innitens. Equi Trotatores,* apud eumdem Ugutionem. Vincentius Belvac. lib. 32. cap. 21 : *Itaque iter arripuimus,... et equitando, quantum equi Trotatores poterant.... omni die properabamus.* Cap. 25. sub finem : *Mutatisque frequentius equis, nullatenus parcebatur eis, sed equitabamus velociter ac sine intermissione, quantum poterant equi Trotares.* Vide *Tottonarius.* Petrus de Crescentiis lib. 9. de Agricult. cap. 6 : *Equitator faciat ipsum* (equum) *per agros aratos summo mane Trotare, etc.* [*Trottare* legitur apud Murator. tom. 12. col. 809. Ludewig. tom. 8. Reliq. MSS. pag. 67. *Trottans,* pro *Equus,* apud Martenium tom. 6. Amplissime Collect. col. 3.]

Salmasius ad Hist. Aug. vocem a *Tolutare* deducit : *Tolutare,* inquit, *Trotare, et inde nostrum, Troter.* Nam tolutim incedere equus etiam dicebatur, qui trepidabat. Hinc tolutarii et tolutares equi, qui et trepidarii ; [a torquere vero, quod *trotator* equus sessorem torqueat, Carolo de Aquino in Lexico Milit. quod, si lubet, consule.] Sed longe potius videtur huic orta a pedum equorum ita ambulantium sonitu.

° Glossar. Provinc. Lat. ex Cod. reg. 7657 : *Trotar, Prov. succussare. Trotiar, succussarius. Trossel, succussatura, involicium.* Hinc *Trotier* appellatur equus, qui tolutim graditur. Lit. remiss. ann. 1369. in Reg. 100. Chartoph. reg. ch. 287 : *Un bon et bel coursier et deux gros rousins Trotiers.* Unde *Trotuner,* Citato gradu ambulare, in aliis ann. 1410. ex Reg. 164. ch. 376 : *Le suppliant entré dedens la chambre,... commença à Troturer ou aler par icelle chambre.*

TROTARI dicebantur adulteri, qui per urbem nudi traducebantur. Ea enim fuit apud Francos nostros recepta in adulteros et adulteras pœna ; quemadmodum olim apud Pisidas, ut auctor est Nicolaus Damascenus apud Stobæum serm. 42. pag. 292. [²² Adde Tacit. German. cap. 25.] Charta Aymonis de Sabaudia D. Baugiaci pro villa de Sagiaco, ann. 1266. apud Perardum : *Pro adulterio 6. sol. tam in adulterio, quam in adultera nobis.... retinemus, aut Trotabuntur nudi per villam, sic dictam pœnam pecuniariam voluerint evitare.* Consuetudo Valentiæ in Aginnensi provincia ab Edwardo I. Rege Angliæ indulta, quæ habetur in Regesto Constabulariæ Burdegal. fol. 142 . *Adulter et adultera, si in adulterio reperiuntur, et clamor factus fuerit, vel videbitur per homines fide dignos, vel in judicio ostensum fuerit, in 100. sol. quilibet pro justitia puniatur, vel nudi Currant villam, et sit optio eorumdem.* Libertates Salvæterræ in Ruthenis ann. 1284. et Novæ Bastidæ in Occitania ann. 1298. *Si quis in adulterio deprehensus fuerit, Currat per villam, et in aliis villis nostris fieri consuevit, aut solvat nobis 300. solidos, et quod voluerit, habeat optionem eligendi.* Libertates Aquarum Mortuarum : *Adulter sine fustigatione Currat nudus.* Fori Morlanenses cap. 26 · *Si aliquis vel aliqua cum alterius uxore vel marito captus vel capta fuerit, totam villam Currant uterque nudus.* Similia habentur in Charta Libertatum Bellævillæ ann. 1233. in Consuet. Salignaci et Riomagi in Arvernia ann. 1270. Libertates Villæ Martelli in Lemovicibus ann. 1219 : *Quicunque habitator villæ Martelli cum aliqua uxorata in eadem villa captus esset, et probatus adulter, Trahetur per genitalia nudus, et sic per villam.* Charta Ildefonsi Regis Aragonum ann. 1187. pro libertatibus villæ Amiliani, (*Milhau*) in Regesto Lud. Hutini Reg. Franc. fol. 7 : *Item constituimus, ut captus vel capta in adulterio non Currant de nocte, sed de die, et ne redimatur crimen illius pecunia, et ne pro reatu mariti uxor non rea damnum sequatur, nec pro uxore sua maritus non reus aliquod damnum incurrat.* His addenda sunt, quæ narrant Otho Frisingens. lib. 2. de Gestis Friderici I. et Joinvilla noster pag. 95. Vide præterea Lurbeum in Chronico Burdegalensi ann. 1317. Marcam in Hist. Beneharn. lib. 4. cap. 17. n. 8. [Franchisias Bauciaci apud Guichenonum in Probat. Hist. Bressiæ pag. 63. Libertates Moirenci ann. 1164. tom. 1. Hist. Dalphin. pag. 16. col. 1. Inquisitionem Vienn. ann. 1276. ibidem pag. 25. col. 1. ubi videre et *trotationi* aliquando adjuncta fuisse verbera. Adde Libertates S. Georgii de Esperanchia ann. 1291. ibid. pag. 28. et 29. ubi statuitur, ut *unus sine alio Trotari non debeat, si adultera simul cum adulterio trotari debebant.*]

° Libert. Petræ-assis. ann. 1341. in Reg. 74. Chartoph. reg. ch. 647 : *Item quod si aliquæ personæ in adulterio deprehendantur, currant per villam, aut ambo solvant sex libras Turonenses, et habeant perpetuam electionem de prædictis ; sic tamen quod non teneantur solvere nec currere, nisi nudus cum nuda vel vestitus cum vestita, brachiis seu femoralibus baissiatis seu depositis.*

TROTARIUS, TROTERIUS, Cursor, vel pedissequus. Petr. II. Rex Aragon. in Charta MS. confirmationis Libertatum Cataloniæ : *Mittantur nuncii per vicarios vel alios officiales nostros pro citatoribus faciendis, qui nominentur Correus,* (curritores, cursores) *vel Trotarii, et credatur eis pro sola oblatione citationis.* Charta civium Biterrens. in Regesto Carcassonensi fol. 17 : *Facit se vocari G. de Lodeva, quia fuit Troterius sive qarcifer D. G. de Lodeva quondam.* [Capitulum gener. MS. S. Victoris Massiliens ann. 1218 : *Prohibemus ne scutarii vel Trotarii eorum (Visitatorum) deferant vestes frepatas.* Rursum ibi : *Quilibet uno equo et Trotario sit contentus.* Concessiones Episcopi Telon. Canonicis ejusd. Eccl. ann. 1223 · *Canonici qui tenebunt equitaturas, possint tenere Trotarium et scutiferum, qui comedant in canonico.*] Adde 30. Regestum Archivi Regii Ch. 37. Re Roman d'*Aubery* MS :

Ou son garson, ou son serjant Trotier.

Le Roman *de Girard de Vienne :*

N'y a ribaut, ne fol garçon Trotier,
Qui ne demaint avaine a un somer.

Statuta Gallica MSS. Ordinis S. Joannis Hierosol. : *Et quant il chevauchoit, il avoit 4. chevaucheures avec soi, et un frere sergent, et 2. chevaulx, un tricoplier, un escripoain, un Trotier ou deux quand il vouloit, etc.* [Vide *Tripare.*]

° *Trote-à-pié,* in Mirac. B. M. V. MSS. lib. 2 :

Qui parleront plus bel c'uns pages,
C'uns Trote-à-pié, ne c'uns corlicus.

TROTTARIUS, pro *Trotare.* Andreas Aulæ regiæ Capellanus in Amatoriis : *Præterea turpes nimis et indecentes doceniter equitabant caballos, scilicet macilentos valde, et graviter Trottonantes, et neque fræna habentes, etc.*

¶ TROTINGI , *Joculatores,* Papiæ Lex Longob. lib. 1. tit. 16. § 8. [²² Aistulph. 6.] : *Dum quidam ad suscipiendam sponsam cujusdam sponsi cum paranymphis aut Trotingis ambularent, perversi homines aquam sordidam et stercoratam super ipsam jactassent, etc.* Editio Heroldi pag. 257. aut *Trutingi ambularent.* [Codex Estens. : *cum paranympha et Thoringis,* teste Muratorio tom 1. part. 2. pag. 91. col. 1. ubi per *Trotingos* lubentius intelligeret Comites sponsæ sive paranymphos, quam joculatores. Ejusdem opinionis est Vossius lib. 2. de Vitiis serm. cap. 18. Vide *Druchte* et *Trutanus.*] [² Vide supra *Trossellus.*] [²² Graff. Thesaur. Ling. Franc. tom. 5. col. 519. voce *Truhtinc.*]

¶ TROTTA apud Italos, Piscis notus, Gall. *Truite.* Acta S. Francisci de Paula tom. 1. Aprilis pag. 145 : *Non potuerunt capere anquillam, sed ceperunt Trottam.* Vide *Trocta.*

TROTTARE, TROTTONARE. Vide *Trotare.*

¶ TROVA, TROVATOR, etc. Vide *Trona.*

¶ TROUCADA, Morbus equinus. Miracula MSS. Urbani V. PP : *Quidam mulus suus casu fortuito cadit in terra semimortuus, credens quod malum fuisset de vivis sive Troucradis, quod vulgariter Goutes appellatur.*

¶ TROUSSA, Gall. *Trousse.* Vide *Trossa.*

¶ TROWENTUS , Armoricis *Trowent,* Moletrina, cujus molæ ventorum vi versantur, Gall. *Moulin à vent.* Necrologium Abbatiæ *de Daoulas* diœc. Kimperl.. *Habemus medietatem in duobus Trowentis cum pertinentiis suis apud Lanhurmel in parochia Hansvec.* Pluries occurrit ibi.

¶ TROXES, vox Hispanica. Vide *Pomera* 2.

¶ TROYA , Sus femina, Gall. *Truie,* Ital. *Troja.* Legitur in Statutis Astæ collat. 7. cap. 1. et collat. 11. cap. 64. *Troya saubage, i. silvestris,* in Consuet. Beneharn. Vide *Truia.*

° **TROYLLIUM**, Molendinum. Vide supra *Troillium* 1.

TRUA, Instrumentum, quo lanam seu pilos pannorum extrahi prohibetur, in Stat. pro arte parat. pannor. Carcass. renovat. ann. 1466. ex Reg. 201. Chartoph. reg. ch. 121 : *Item quod nullus poterit nec debebit cardare aliquem pannum... cum Trua, sub pœna confiscationis panni.* Latinis *Trua* dicitur vas, quo aqua e coquina in lavatrinam fundi solet ; quæ notio huc non pertinet.

° **TRUAGIUM**, Vectigal, tributum, *teloneum ;* quæ vox a nostratibus varie effertur Arest. ann. 1401. 14. Jan. in vol. 9. arestor. parlam. Paris. : *Nequa cuiquam licet vectigal aut Truagium seu pedagium inducere.* Glossar. Gall. Lat. ex Cod. reg. 7684: *Truage que l'en paye aux mariniers, teloneum.* Charta Margar. comit. Fland. ann. 1271. in Reg. 38. Chartoph. reg. ch. 84 : *La église de Foisni est quitte du wienaige, de Treuage et de toutes autres exactions en nostre tiere de Flandres.* Lit. remiss. ann. 1376. in Reg. 109. ch. 189 : *Jehan Potier qui menoit ou faisoit mener par-dessus le pont de Sée certaines denrées, pour lesquelles il estoit tenu de paier certain Treuaige ou reddevance, à cause du passaige d'icelui pont.* Vitæ SS. MSS. ex Cod. 28. S. Vict. Paris. ubi de S. Math. fol. 246. r°. col. 1 : *Saint Mathe laissa les raisons de la paie des Treusaiges non parfaite, etc.* Charta ann. 1381. in Reg. 70. ch. 28 : *Chascun tonneau de vin, qui sera chargiet audit port, paieront deux soulz de petits Tournois...... pour tout Treulage et pour toute costume de vin... A recevoir ledit treu et quitte du wienaige, sera estabil un homme, etc.* Sed et *Truage* dicitur id, quod a recens advenientibus, potationis causa, exigitur, in Lit. remiss. ann. 1409. ex Reg. 164. ch. 29 : *Lesquelx jeunes compaignons dirent que icelle femme, qui estoit venue d'estrange pays et près d'eulx, paieroit son Truage, ainsi que jeunes gens ont acoustumé de faire. Truette*, Præstationis annuæ species, inter Redit. comit. Campan. ex Cod. reg. 8312. 5. fol. 90. r°. *Item le sires a...... in la ville de Fenges une rente, appellée la Truiette.* Quæ omnia a voce *Treu*, pro tributo, originem habent. *Trehu*, apud Joinvil. in S. Ludov. edit. Cang. pag. 86. *Subside ou Trehus*, in Ch. ann. 1270. ex Tabul. S. Mich, in Erêmo. *Trahu*, eadem notione, in Consolat. Boetii MS. lib. 1.

*Champaigne avoit lone temps heu,
Par un prevost qui gouvernoit,
Malctote et grant Trahu,
Qui le Peuple grevé avoit.*

Hinc *Sergent de la commune True*, Tributorum seu *talliarum* collector et exactor, in Charta Rudolfi ducis Lothar. ann. 1345. ex Chartul. Romaric. : *De toutes bestes et autres meubles qui sont de la prevosteé de celui lieu de nostre commandement par les sergens de la commune True de Lothorainne, et par les nostres... Elles n'entendent point quiéter telle action qu'elles puent et doient avoir contre les signours et gouverneours de ladite commune True et contre nous.*

° *Trehu* præterea sumitur pro quavis præstatione domino exsolvenda. Consuet. Castell. ad Sequanam ex Cod. reg. 9898. 2 : *Mondit seigneur de Lengres a ung droit et Trehu, appellé tierces de blefs en plusieurs terres estant sur la finaige dudit Chastillon, qui est tel, que de tous les blefs et grains, qui croissent en icelles terres, y prent de unze gerbes une gerbe,...* *Item... a ung droit et Trehu, qui est tel... que quiconque..... laboure à charue, doit chacun an à mondit seigneur de Lengres trois courvées de la charue..... Item que mondit seigneur de Lengres avec mondit seigneur de Bourgoingne a droit de prendre..... de toutes personnes foraines, qui viennent demeurer audit Chastillon ung Trehu, qui s'appelle franc marchief et estellaige... Item que audit Martigny sont plusieurs meix et maisons qui doivent chacun an ung Trehu, appellé messaiges, etc.* Lit. remiss. ann. 1481. in Reg. 207. Chartoph. reg. ch. 369 : *Morice de Curel fermier de certain Treheu, qu'on lieve sur les blez et farines, etc.* Vide in *Trutanus.*

¶ **TRUANNUS**. Mendicus, *Truand*. Vide *Trutanus.*

¶ **TRUBIA**. Rete piscatorium. Charta ann. 1424. in Statutis Perusiæ pag. 31 : *Eis licitum sit... piscari... ad rattæ*, (retia) *navissam, Trubiam, etc.* Vide mox *Trubla.*

★ **TRUBILUM**, [Parapsis. DIEF.]

TRUBLA. Compotus Præpositurae Parisiensis ann. 1333 : *De Præpositura Montislerici, de hallagio, ... de Trubla d. 100. de pondere et costuma bestiarum, etc.* Nostris *Truble* est instrumentum piscatorium, cujus mentio est in aquarum et silvarum constitutionibus apud Mallavillæum cap. 90. Charta Philippi Ebroicensis ann. 1320. pro incolis Melienti in Tabulario Prioratus S. Nicasii fol. 72 . *Lesdiz habitans pourront pescher en nos rus de Meulent et des Muriaux à la Truble et au panier tant seulement.* Vide *Trullia.*

¶ **TRUBLATOR**, Qui *Trubla* piscatur. Charta Floriac. ann. 1250 : *Item debet habere unum anserem de quolibet novo Trublatore Frequenteis sunt qui Trubla piscantur in Ligori : iis Trubla dicitur circulus ferreus cum retiolo perticæ annexus, capiendis piscibus in piscinis et ripis accommodatus Troubleau,* in Consuet. Aurelian. art. 169.

° **TRUBLIA**, idem quod *Trubla*, Instrumentum piscatorium. Lit. remiss. ann. 1387 in Reg. 131. Chartoph. reg. ch. 39 : *Et inde altero ipsorum accedente quæstum quamdam Trubliam fili...... de dicta piscatura sive serva cum dicta Trublia quaterviginti pecias piscium....... furtive ceperunt.* Vide supra *Trebula.*

TRUBLIUM, *Parapsis*, Papiæ ; perperam *trubuum*, in MS. ex Gr. τρύβλιον, quod idem sonat.

TRUBUCULUS, Machina bellica. Vide *Tribulus.*

TRUCA, Cista, locellus, German. *Truhe*, Gallis *Luseau*. Eberhardus Altahensis ann. 1296. de Henrico Ratisp. Episcopo : *Sepulchrum similiter sibi longe ad..... fabricavit et prævidit juxta altare B. Virginis in majori ecclesia Ratisponensi ; similiter Trucam etiam, in qua sepeliri debuit, cum vestibus funeralibus ibidem imposito, in memoriam continuum mortis suæ per eosdem annos habuit locatam a latere lecti sui.* [²² Vide Graff. Thesaur. Ling. Franc. tom. 5. col. 511. voce *Truh*.] Scribit Petrus Resenius in Notis ad Jus aulicum Canuti II. Regis Daniæ pag. 629. Danis *Trug*, et *Tru*, alveolum, vas concavum, vel lintrem significare ; ut Islandis, *Trog* et *Trua*, lintrem.

¶ **TRUCANUS**, pro *Trutanus :* quod videsis

° **TRUCHA**, Piscis fluviaticus notissimus, Gall. *Truite*, Hisp. *Trucha*. Charta ann. 1303. ex Tabul. D. Venciæ: *Quod nulla persona castri ipsius... sit ausa... piscari turtures sive Truchas in aqua Nartubiæ..... Et ne turtures sive Truchas destrui et dissipari valeant tempore quo gravant, etc.* Vide *Trocta* et mox *Truta.*

° **TRUCHETUS**, f. Vallum, fossa, aquæ receptaculum. Charta Joan. dalph. ann. 1316. in Reg. 87. Chartoph. reg. ch. 84 : *Sicut lubitur rivus Raimberz usque ad Truchetum de Mollis, et a dicto Trucheto, sicut protenditur via publica a dicto Trucheto versus fontem Geneveysii.* Vide supra *Trompherium.*

° **TRUCIDUM**, *Boudin*, in Glossar. Lat. Gall. ex Cod. reg. 7692. Vide *Tucetum.*

¶ **TRUCILARE**. Vide mox in *Truculare.*

TRUCINA, Temeritas, insultatio, pertinacia. Decreta Colomani Reg. Hung. lib. 1 : *Si quis ad conventum Episcoporum et Comitum venire neglexerit,...... Trucinam compesset.*

TRUCINARE. Rigordus in Philippo Aug. ann. 1185. de Joculatoribus : *Et cæteras ineptias Trucinantibus buccis in medium eructare non erubescunt.* Vide *Trutanus.*

° Inflare, tumefacere, ut videtur: unde Gallicum *Trouser*, eodem intellectu. Bestiar. MS.:

*Volentiers fait Trouser ses joes
Li goupils en toutes saisons
De gelines et de capons.*

TRUCLUDE, *Alea*, in Glossis Arabico-Latinis

¶ **TRUCTA**, Piscis notus, aliis *Trutta*, Gall. *Truite*. Vide *Crassomtus*, *Dursus*, *Trocta*, et consule Gesneri expositionem de *Truitis.*

¶ **TRUCTE**, Paranymphus. Vide *Druchta.*

¶ **TRUCULARE**, *Trucidare*, Johanni de Janua ; *Tormenter*, in Glossis Lat. Gall. Sangerman. Auctori Philomelæ v. 17. *Truculare vel Trutilare est Turdorum voce clamare :* pro quo in *Baulars* legitur *Trucilare.*

° **TRUDA**, *Trudes*, idem quod *Trudio*, Glossar. Lat. Gall. ex Cod. reg. 7692 : *Truda, trorte.*

TRUDANUS, TRUDENNIS. Vide *Trutanus.*

° **TRUDERE**, *Bouder*, in eod. Glossar. f pro *Bouter.*

TRUDIO Gregor. Turon. de Vitis Patr. cap. 4 : *Senuit autem sacerdos Dei, et in tantum ætate provectus est, ut sputum oris in terram projicere non valeret, sed adhibito labiis Trudione, in eam salivas oris exponeret.* Videtur diminutivum *Trudis*, qui Isidoro lib. 18. cap. 6. in Gloss. Arabico-Lat. et Joanni de Janua, dicitur *Contus et fustis ferratus, quo naves trudantur.* [Vide *Truca*, *Trulio* et *Trullio.*]

TRUEGA, seu Gallico *Truie*. Charta ann. 1342 *Item* 25. *inter porcos et Truegas.*

° **TRUEIA**, Sus femina, Gall. *Truie*. Stat. Avenion. ann. 1246. cap. 106. ex Cod. reg. 4659 : *Pro porco vel Trueia..... quatuor denarios.* Vide *Truega.*

1. **TRUELLA**, *Trulla*, *Ferrum latum*, quo parietes linuntur, Papiæ, ex Gall. *Truelle*. Charta ann. 1168. apud Drolium Truelle. Parisiensi lib. 2. [et Lobinell. tom. 3. pag. 64] *Dominus autem Papa reliquias inter altare posuit, et accepto instrumento, quod vulgo Truella dicitur, easdem cæmento introsigillavit.* Vox forte formata a Latinorum *Trua*, de qua voce Varro lib. 4. de L. L. cap 25. et Nonius cap. 1. num. 68. [Vide *Sagoma.*]

° 2. **TRUELLA**, a Gallico *Truau*, Sesquimodium continens in quibusdam locis, mensura annonaria. Charta Phil. abb. de Cultura ann. 1224 : *Reddet dictus* abbas..... *quatuor sextarios avenæ de forragio ad legalem mensuram minoti adæquati, ad Truellam cumulatam et semel pulsatam.* Vide *Trugga.*

¶ **TRUELLIUM**, ut supra *Troillium* 1. Molendinum, quo olivæ aliave grana ad oleum conficiendum premuntur. Charta Henr. regent. Dalph. ann. 1322. in Reg. 101. Chartoph. reg. ch. 105: *Concedentes eidem Soffredo quod ipse ac hæredes et successores ipsius soli et in solidum possint molendina, batistoria, gauchatoria, Truellia, seu alia aixiamenta similia, quæ aqua mediante operantur, in dicto loco et ejus mandamento..... construere..... Quod dicti Soffredus, hæredes ac successores ipsius....., possint compellere omnes habitantes in dicto castro et ejus mandamento molere, bannire, gauchire et Trulliare ad molendina, baucheria, Troillatoria prædicta*

¶ **TRUERE**. Vita S. Cæsarii Arelat. Episc. lib. 1. n. 26: *At ille publica voce, elevatis oculis et manibus in cœlum, dixit: Domine Jesu Christe, ne in loco ultra apri accessum habeant. Et eadem hora usque in præsentem diem nunquam ibi Truerunt, etc.* Quidam habent *nutrierunt;* sed *truerunt* præfert Mabillonius, cui *truere* idem videtur ac *destruere,* quod apris optime convenit. Malim a Gallico veteri *Truir,* pro *Trouver,* invenire, vocem deducere: ita ut sensus sit, *ex eadem hora usque in præsentem diem nunquam ibi inventi sunt.*

° Fortassis male scriptum vel lectum *Truerunt,* pro *Fuerunt.* [ɔɔ vel *Ruerunt.*]

TRUFA, TRUFFA, TRUPHA, Fraus, nequitia, jocus. Guill. Britto in Vocab.: *Nuga dicitur Trufa, unde Nugor, aris, nugas* [f. *Trufas*] *facere.* Gloss. Lat. Gall.: *Nuga, Truffe.* Jo. Brompton. in Ricardo I. *Minæ sunt, et quasi Truffæ, quas loqueris.* Cæsarius lib. 2. Mirac. cap. 25. *Ille cogitans qualiter liberaret puellam, hujusmodi Trupham invenit.* [*Trusam* male editum apud Ludewig. tom. 2. Reliq. MSS. pag. 108.] Alberic. in Chron. MS. ann. 1239: *Heu me, inquit, quamdiu durabit Truffa ista.* Raymundus in Summula:

Sed quis sortilegas compescet ab hac mulieres, Sectas et Trufas harum qal scribere vellet.

Vide Will. Thorn. pag. 2064. Vitam B. Angelæ de Fulginio cap. 6. Indicem error. Valdensium § 15. Synodum Coloniensem ann. 1280. can. 4. Michaëlem Scotum lib. 4. Mensæ Philosophicæ cap. 43. [Gesta Archiep. Trevir. apud Marten. tom. 4. Ampliss. Collect. col. 277. Synodum Avenion. ann. 1340, apud eumd. tom. 2. Anecd. col. 564. Trecorensem ann. 1435. ibid. col. 1140. Chronicon Petri Azarii apud Murator. tom. 16. col. 331.] etc. W. *Guiart:*

Et ne cuit pas emplir mes pages
De Trufes, ne de fanfelues,
Dont les histoires sont velues.

[Le Roman *de la Rose* MS.:

Certes je tendroie à grant Trufle,
Qui diroit que tu fusses hom.

Neque alio sensu *Trulle* apud Philippum Mouskes in Henrico I:

Et l'Abbé qui set mult de Trulle,
S'en ala droit en Pulle.

Huc etiam, ni fallor, revocandum est *Trut,* quod ita per fallacia, dolo vel fraude usurpat Poeta vetus in Historia Johannis IV. Ducis Britan. apud Lobinell. tom. 2. Hist. Britan. col. 730:

François prenoint trop divers noms
Pour faire paour aux Bretons;
Mais ils savoient plus de vieil Trut
Que vueille truie qui est en rut.

Alias *Tracth* veteribus Aremoricis idem est quod nostris *Flaterie,* Blanditiæ, teste Lobinello.] Vide Christianum Pisanam 1. part. *du Tresor de la Cité des Dames* cap. 4. 24. H. Stephanus *Trufer* a Græco τρυφειν, subsannare, deducit: Ferrarius a *tropha,* alii a Germanico, etc.

☞ *Ex iis emendo* Litteras ann. 1342. apud Rymer. tom. 5. pag. 305. *Et quamvis per diversos tractatus, per Trussas et ambages, nos diu protraxit sine fructu,* etc. Lego *Truffas.*

° *Truffe* inter ornatus muliebres recensetur in Diario regni Caroli VII. pag. 511. ad ann. 1420: *Les hommes ardoient tables et tabliers,..... et les femmes les atours de leurs testes, come bourreaux, Truffe, etc.* Haud scio an huc spectet vox *Truiflet,* in Lit. remiss. ann. 1385. ex Reg. 127. Chartoph. reg. ch. 41: *En laquelle boursette ladite femme avoit pris... un Truflet, qui estoit à clochettes de plon.*

TRUFARE, TRUFFARE, vel **TRUFFARI,** Illudere, fallere, apud eumdem Cæsarium, lib. 5 cap. 29. et in Vita B. Angelæ de Fulginio cap. 28. Mamotrectus ad 28. Isaiæ: *Illudere, i. Trufari et deridere.* [Rursum occurrit in Actis SS. tom. 2. Aprilis pag. 825. tom. 4. Maii pag. 538. tom. 1. Junii pag. 791. tom. 2. pag. 733. apud Marten. tom. 2. Anecd. col. 1454. tom. 7. Ampliss. Collect. col. 833. Robertum Avesbur. in Hist. Eduardi III. Regis Angl. pag. 209. 241. Murator. tom. 12. col. 950. tom. 16. col. 394. tom. 19. col. 388. etc.] Le Roman *du Chevalier au Barisel:*

Mais que je vois pour nus Trufer.

° *Truffler,* pro *s'Amuser, se divertir,* Nugari, jocari, apud Christ. Pisan. in Carolo V. part. 1 cap. 16: *Avec ses serviteurs par bonne familiarité se Truffloit de paroles joyeuses et honnestes.* Unde additur Se *Truffler* en raille ou moquerie, in Lit. remiss. ann. 1453. ex Reg. 184. Chartoph. reg. ch. 317. cum in malam partem accipitur.

° Aliud sonat vox Gallica *Trufflet,* Ictum nempe in faciem, ni fallor, in Lit. remiss. ann. 1397. ex Reg. 152. Chartoph. reg. ch. 184: *Icellui Riviere respondit qu'il esconvenoit que le suppliant eust un Trufflet, qui est à dire un cop.*

TRUFATOR apud eumdem Cæsarium, et in Cont. Nangii ann. 1351. *Trufandie Occitanis.* [Trufantor et *Trufator,* in Memoriali Potestatum Regiens. ad ann. 1284 apud Murator. tom. 8. col. 1168. *Abusores sive Truffatores,* in Synodo Trecor. ann. 1435. apud Marten. tom. 4. Anecd. col. 1140. et Lobinell. tom. 2. Hist. Britann col. 1600. *Truffatores et terrarum exploratores,* in Synodo Salisburg. ann. 1456. apud Hansejum tom. 2. German. sacræ pag. 505.] Matth. Silvaticus: *Ambagum,* id est *Trufarium, vel vagum.* Will. *Guiart:*

Si vraiment come an ce livre
Ne veull les Trufeeurs ensuivre
Qui par cestre delitables,
Ont leurs Romans emplis de fables.

¶ **TRUFATORIUS,** Dolosus, fraudulentus. Processus ann. 1306. in Probat. Libertatum Gallic. cap. 39. n. 20: *Archidiaconus... comparuit, proponendo multas exceptiones Trufatorias, etc.*

° **TRUFFATORIUS,** Jocosus, facetus. Lit. remiss. ann. 1385. in Reg. 127. Char-

toph. reg. ch. 16: *Verba Truffatoria seu jocosa et ociosa ad tempus eludendum inter se proferendo, etc.* Vide supra *Trufare.*

¶ **TRUFFATICUS,** Eadem notione. Charta ann. 1377. e Bibl. Regia: *Incepimus eis dicere, quod ista erat oblatio temptativa et videbatur Truffatica.*

¶ **TRUFATICE,** Jocose. Vita S. Contardi, tom. 2. Aprilis, pag. 449: *Arbitratus aliquos insolentes et juvenes in campanilis vertice fore, qui sonitum hunc Trufatice causarent.*

¶ **TRUFABUFA** et **TRUFEBUFA.** Sic in Ecclesia Lugdunensi nuncupatur Solemnis nominatio, quæ publice 23. Decembris fit, eorum qui in officiis divinis festivitatis Natalitii Christi deservire debent, voce, ut videtur, composita ex *Bifarii* et *Trifarii,* uti appellantur ii, qui ad bifaria vel trifaria officia designantur. Ordinar. MS. Offic. divin. Eccl. Lugdun.: *Item panitarius debet facere candelas Trufebufe.* Huc spectat Monachus Sangall. lib. 1. de Carolo M. cap. 5: *Fuit autem consuetudo ut magister Scholarum designaret pridie singulis quod responsorium cantare deberent in nocte Nativitatis Christi.*

¶ **TRUGGA,** Mensura frumentaria, de qua hæc habet Th. Blount in Nomolexic. e Codice MS.: *Tres Trugge frumenti vel avenæ facunt* 2. bushels. Anglis *Trugg* proprie alveus est atque ferculum humerale, quo utuntur cœmentarii, Saxon. *Trog.*

¶ **TRUIA,** Sus, Gall. *Truie.* Duas Truias et octo porcellos, in Archivo S. Victoris Massil. Vide *Troya.*

° **TRUIGA,** Sus femina, Gall. *Truie.* Consuet. Carcass. in Reg. L. Chartoph. reg. ch. 9: *Nec quis vendat... carnem de Truiga pro carne porci.* Vide *Truia.*

♪ **TRUITA** a Gallico *Truite,* Piscis fluviatilis notus. Charta ann. 1220. inter Instr. tom. 12. Gall. Christ. col. 389: *Moriente comite Gebennensi, successor ejus hominium faciet et fidelitatem jurabit domino Tarentaseinsi archiepiscopo, et nomine recognitionis duas magnas Truitas* (dabit). Vide infra *Truta.*

¶ **TRULA, TRULLA,** Instrumentum piscatorium, vulgo *Truble.* Charta ann. 1267. in Chartul. Buxer. part. 12. ch. 11: *Ego Guido dominus de Choun...... confiteor religiosos Buxeriæ habere in dictis aquis usuagium plenum piscariæ seu piscationis ...... ad Trulam, si necesse fuerit et voluerint.* Alia Boson. episc. Catalaun. ex Chartul. Monast. in Argona fol. 9. r°: *Concessit...... piscationem cum Trulla in aqua sua pro infirmis.* Vide *Trubla* et *Trullia.*

¶ **TRULIO.** Scriptura ann. 780. tom. 3. Concil. Hispan. pag. 90: *Binos, tres vasos Salomoniegos, et XII. culiares argenteos, et 1. argenteum Trulionem.* Vide *Truca* et *Trullio.*

1. **TRULLA,** Joanni de Janua, *Bombus vel sibitus ani, quia trudendo emittitur.* Florentinis, *Peto dicere, peditare, sonitum ventris emittere.* [Vide *Trullus.*]

° Glossar. Lat. ex Cod. reg. 7684: *Trulla, vesse ou pet.* Occurrit etiam in Glossar. Prov. Lat. ex Cod. 7657. Ital. *Trullo.*

° 2. **TRULLA,** Astutia, dolus, fraus. Mirac. S. Gundech. tom. 1. Aug. pag. 185. col. 1: *O qualem Trullam adinveniunt Eichstettenses clerici pro pecunia obtinenda !* Trulle, nostratibus, eadem acceptione, ut videre est in *Trufa.*

¶ **TRULLARE,** Uvas prælo premere, Gall. *Pressurer,* alias *Truiller.* Transactio inter Abbates et Monachos Crassenses ann. 1351. e libro viridi fol. 53 : *Quod Ortolanus prædictus recipiat...... fimum totum stabulorum omnium..... et totam vindemiam Trullatam tempore vindemiarum.* Litteræ ann. 1354. tom. 4. Ordinat. Reg. Franc. pag. 296. n. 15 : *Lidit habitant ne moorront, cuirront, Truilleront à autres molins ; fours et Treuls, que aux nostres ; se n'estoit par le deffaut desdiz molins, des meuniers ; desdiz fours, des fourniers ; desdiz Treuls, des Treullours : et se autrement le faisoient, cils qui autrement le feroit, paieroit cinq sols d'amende avec le proffit, c'est assavoir la mousture, le fournaige et Truillaige.* Vide *Trolium* et *Trullum* 1.

¶ TRULLARIA, Ζωμάρυστον, in Gl. Lat. Gr. Vide Casaub. ad Theophr. Charact. pag. 221.

TRULLIA, Instrumentum piscatorium. Charta Otton. Comitis Burgund ann. 1281. apud Perardum : *Eis concedimus et donamus perpetuam piscariam liberam in ripariis de Lupa et de Clogia alte et basse pro voluntate sua, ad vernale, ad Trulliam, et ad alia omnia genera ingeniorum, absque nave et sagena, et magno rete.* Sed videtur legendum *Trubliam.* Vide *Trubla.*

° TRULLIARE, *Truellio* premere. Vide supra *Truellium.*

TRULLIO, Olla vel trulleum, apud Octavium Horatianum lib. 4. Rer. medicarum pag. 94. [Vide *Trulio* et *Inferturia*, ubi legitur *Trullo*.]

1. TRULLUM, Torcular, *Pressoir.* Charta Hugonis Ducis Burgundiæ ann. 1253. apud Perardum pag 476 : *Bannum Trullorum, furnorum, vinorum, nemorum, vindemiarum, etc.* Infra : *Et in furno de 12. panibus grossis et parvis, et de placentis, et de pitanciis, unam præstare (tenentur) et in Trullis pro pressura suarum uvarum de singulis modiis vini sextarium dimidium..... reddere debent.* [Vide *Trolium* et *Trullare*]

¶ 2. TRULLUM, Vas vinarium. Frodoardus lib. 14. Carm. cap. 18. de S. Columbano :

Et quondam liquor emissus famulante cliente,
Nec tamen effusus pervadens claustra coronæ
Spargit honum, quin Insueto potu agmine cœlum,
Tolliter in vomitum, placidæque coquente Trullum.

Vide alia notione mox in *Trullus.*

TRULLUS, Ædificium rotundum, σφαιροειδές, concameratum in formam ovi, unde ὠῶν etiam quibusdam appellatum : quo quidem nomine dicta pre cæteris ædes in Palatio Constantinopolitano, in quo habita Synodus, quæ inde *Trullana*, vel in *Trullo* dicitur, uti pluribus a nobis observatum in Descriptione ædis Sophianæ n. 32. ubi etiam id nominis Byzantinorum Scriptores tribuere potissimum docuimus excelso et sublimi hæmisphærio, quod toti ejusdem ædis structuræ incumbit, τρούλλαν et τρούλλον promiscue appellantes. Anastasius in Sergio PP : *Trullum vero ejusdem Ecclesiæ fusis chartis plumbeis cooperuit atque munivit.* A forma concamerationis rotundæ, *Trullum, Ciborium,* interpretatur Papias ; nam ea fuit Ciboriorum, ut alibi docuimus. Vide Glossar. med. Græci. col. 1618. et in voce Ὠαντός, col. 1787.

TRULLUM, vel TRULLUS, Quævis ædes, a forma scilicet tecti in rotundam concamerationem confecti. Gesta Innocentii III. PP. pag. 146 : *Pene omnes cupi fecerunt, et in Trullo Joannis de Stacio violenter includi. Infra Domus Joannis de Stacio* dicitur.

° TRULUS, Machinæ bellicæ jaculatoriæ species, vel Jaculum. Stat. Mutin. ann. 1306. apud Murator. tom. 2. Antiq. Ital. med. ævi col. 484 : *Eligantur unus dominus et unus notarius pro qualibet porta, qui faciat parari trabuchos, sive manganos, balistas grossas, sagittamenta, Trulos, et alia necessaria.*

° TRUMA, Plaga, contusio, Gall. *Meurtrissure.* Lit. remiss. ann. 1376. in Reg. 110. Chartoph. reg. ch. 159 : *Johannes de la Treille.... venit quadam die Jovis...... ad dictum Michaelem clamando alta voce, Michael amice, ecce ventrem meum, qualiter et quomodo Johannes de Bume vulneravit, et michi fecit Trumas, quæ apparent in ventre meo.*

¶ TRUMÆ, Πρωτίδες, in Gl. Lat. Gr. Strumæ.

¶ TRUMBA, Buccina, Ital. *Tromba.* Godefridi Viterb. Pantheon tom. 7. Muratorii col. 420 :

Venit et imperii gestivit in urbe coronam,
Organa cum cithara, fistula, Trumba sonant.

Vide *Tromba* et *Trumpa.*

¶ TRUMBA, Fistula seu pars cava tormenti bellici, in qua lapis ejiciendus ponitur. Chronicon Tarvisin. apud Murator. tom. 19. col. 754 : *Est enim bombarda instrumentum ferreum fortissimum cum Trumba anteriore lata, in qua lapis rotundus ad formam Trumbæ imponitur, habens cannonem a parte posteriori secum conjungentem, longum bis tanto quanto Trumba, sed exilorem, in quo imponitur pulvis niger artificiatus cum salmitrio et sulphure, etc.*

¶ TRUMBARE, *Trumba* canere, buccinare, Ital. *Trombare.* Gall. *Trompetter.* Chron. Parm. ad ann. 1282. apud Murator. tom. 9. col. 800 : *Equitaverunt, et iverunt prope Cremonam...... et ibi diu steterunt et Trumbaverunt, et nemo exivit ad eos.*

¶ TRUMBATOR, Qui canit *trumba*, Ital. *Trombatore*, Gall. *Trompette.* Legitur in Computo ann. 1383. tom. 2. Hist. Dalphin. pag. 279.

° TRUMELATOR, a veteri Gallico *Trumeleur*, f. Scortator, libidinosus, a voce *Trumel*, femur. Vide mox *Trumulieres.* Lit. remiss. ann. 1357. in Reg. 89. Chartoph. reg. ch. 74 : *Prædictus Fromage dixit et reprobavit præfato des Poulies, quod ipse non erat nisi quidam assidator scotorum et etiam Trumelator, publicusque lusor tallorum.* Quæ Gallice sic habentur in Reg. 90. ch. 119 : *Lequel Fromage reprocha et dist audit des Poulies que il n'estoit que un asseeur d'escoz, Trumeleur publique et joueur de dez.*

¶ TRUMEN, Τρύγος τριχινόσεν, in Glossis Lat. Græc. Vulcanius suspicatur emendandum, τρύγος ταρίχινον. Martinius mallet, *Turben*, τροχός, τροχίσκος τι. Hunc consule.

TRUMMETA, Tuba, *Trompette.* Thwroczius in Ludov. Rege Hungar. cap. 22 : *Cui Tribunus cum Romanis potioribus per quatuor milliaria Gallicana, vestibus seu pannis purpureis ad hoc specialiter sub uniformalite aptatis, solenniter in Trummetis, et diversi generis musicorum apparatibus, circa centum personas de una vestitura bene induti obviam venientes, etc.* [Vossius lib. 2. de Vitiis serm. cap. 18. legit in recto *Trummetum*, a Germanico *Trumme*, vel *Trummen*, Belgis *Trommel.*]

TRUMPA, Buccinæ species, *Trompe*, *Trompette*, Italis *Tromba* et *Trombetta.* Gloss. Theotisc. Lipsii : *Drumbon*, tuba, Alibi : *Trumbon*, tubæ. Lexicon Cambro-Britannic. *Trumpis*, tuba. Vitæ Abbatum S. Albani : *Tuba, quam vulgus Trumpam vocat.* [Vossius lib. 2. de Vitiis serm. cap. 18. vocem hanc deducit a veteri Germanico *Trompe* ; unde, inquit, et Gallicum *Trompe* et Ital. *Tromba*, et Hispan. *Trompa* : Belgæ usitatius *Trompet* : Angli et *Trump* et *Trompet* dicunt.]

¶ TRUMPETTIS. Litteræ ann. 1482. apud Rymer. tom. 12. pag. 180 : *Assignavimus...... marinarios, magistros navium, soldarios.... alios artifices pro hujusmodi navibus necessarios quoscunque, et homines vocatos Trompettis.* Non alios puto quam Tubicines, Angl. *Trumpetters*, nostris *Trompettes.*

° Qui ignem, dictum *Trompe*, in naves hostium projicit, nostris etiam *Trompette.* Lit. remiss. ann. 1405. in Reg. 160. Chartoph. reg. ch. 131 : *Un appellé Gabriel le Peschour Trompette de ladite barge, etc.*

¶ TRUMULIERES. Locus est in *Armatura.* Vide *Trutices Loricæ.*

° *Trumelieres*, apud Joan. *de Meun*, Ocreæ seu femorum armatura, vulgo *Cuissarts.* *Trumiau*, pro *Jambe*, Crus, tom. 2. Fabul. pag. 228 :

Cela a escorchié ses Trumiaux,
Qui sont gros dovers les talons.

Trumel, Vervecis femur, vulgo *Gigot*, in Lit. remiss. ann. 1428. ex Reg. 172. Chartoph. reg. ch. 414. *Un Trumel de mouton, qui avoit esté mengié par les compaignons.* Le Roman de *Garin.*

Un pauvre gars tot le Trumiax rostis.

Ibidem :

Quaire ribauz toz les Trumiax rostis.

° TRUNCAGIUM. Commissiones ann. 5. Edward. II. reg. Angl. Northumbr. rot. 11. in Abbreviat. Rotul. tom. 1. pag. 186 : *Rex commisit Henrico de Percy custodiam castri regis de Baumburgh cum Truncagio regis ibidem et redditu in villa de Warnemuth habendum quamdiu regi placuerit, reddendo inde per annum 110. libr.* Ibidem pag. 198. ann. 6. ejusd. Linc. Dors. rot. 8 : *Rex concessit Isabellæ de Bello Monte dominæ de Vescy..... in recompensacionem pro castro de Bamburgh cum Truncagio regis ibidem et redditu, etc.* Ita etiam pag. 220. 221. etc. Pag. vero 156. ann. 1. ejusd. rege scribitur *custodian castri regis de Bamburgh cum Tronagio regis ibidem et redditu, etc.* Et pag. 145. ann. 33. Edward. 1. *cum turn. regis.*

TRUNCARIUS, Papiæ, *Devorator.*

¶ TRUNCATA. Charta Willelmi Ducis Aquitan. ann. 1087. apud Beslium pag. 404 : *Dederam in civitate de lavagio salis duas partes. Dono etiam eis Truncatas a stagno usque ad fluvium Clennis.* Vide *Truncus salis* post *Truncus* 7.

¶ TRUNCATIO, Obtruncatio, amputatio. *Truncatio digitorum*, in Cod. Theod. lib. 7. tit. 13. leg. 5. *Truncatio capitis*, in Chronico Dom. de Gravina apud Murator. tom. 12. col. 588.

TRUNCATUM, pro *Trunco*, apud Adamnanum lib. 1. de Locis SS. cap. 11.

° TRUNCATURA, Mutilatio, amputatio. Lit. remiss. ann. 1384. in Reg. 69. Chartoph. reg. ch. 236 : *Item probare intendit dictus Alquerius..... quod (Petrus) in fine suo et post finem corpus suum seu cadaver erat et fuit et apparuit omnibus qui viderunt, palpaverunt et tenuerunt absque aliquo vulnere et absque aliquo ictu, Truncatura, vel macatura, vel læsura.* Vide *Truncatio.*

¶ TRUNCATUS, Amputatus, vox haud prorsus ignota. *Truncatas caligas in mo-*

dum pœnitentis habere dicuntur Canonici Regulares, in Epistola Odonis ejusd. Ord. tom. 2. Spicil. Acher. pag. 585.

¶ **TRUNCHETUS**, Pœnitentiæ genus apud Monachos. Vide *Truncus* 7. Statuta Sangerman. in Probat. Hist. ejusd. Abbatiæ pag. CLXXI : *Item si aliquis fuerit in sententia Truncheti, non debet radi, donec fuerit absolutus.*

¶ 1. **TRUNCHUS**, Decretus, statutus, definitus, ut *Trancher* dicimus pro præcise decernere. Statuta Vercell. fol. 74 : *Prædicta omnia et singula sint Truncha, præcisa et jurata, et inviolabiliter serventur, etc.*

° Vide supra *Trencator*.

°2 **TRUNCHUS**, Arcula in ecclesiis ad recipiendas fidelium eleemosynas, Gall. *Tronc*. Charta ann. 1286. in Suppl. ad Miræum pag. 142. col. 1 : *Retinentes nobis..... medietatem oblationum..... quæ fient in denariis,..... sive proficiantur vel ponantur in Truncho infra ecclesiam civicam, vel extra.* Vide *Truncus* 3.

? **TRUNCIA**, *Cæsio, putatio dicitur de ramis arborum truncatis.* Inquisit. forestæ Britoln in Reg. 34. bis Chartoph. reg. part. 2. fol. 137. v°. col. 2 : *Unam quadrigam* (habent) *ad fagotos de residuis asinorum ; et post primam Trunciam, residuus, quicumque secet arborem.*

1. **TRUNCUS**, *aut Lapis cavus, ubi aqua, unde sacra lavantur, effunditur*, in ædibus sacris. apud Gillebertum Luniceusem Episcopum de usu Ecclesiastico.

2. **TRUNCUS**, Vas apum, in *truncis* arborum. Vetus Charta apud Augustinum *du Pas* in Stemmat. Armoric. pag. 822. [et Lobinell. tom. 2. Hist. Brit. col. 173 :] *De panagio et de herbagio, atque de omnibus vasis apum, quæ vasa Truncos vocant vel Eroisa.*

° Charta Petri episc. Tull. ann. 1179. inter Probat. tom. 1. Annal. Præmonstr. col. 553 . *Dedit etiam prædictus Odo prædictis fratribus Truncos mustarum* (leg. muscarum) *de nemoribus in banno de Baigneval, ubicumque inventi fuerint.*

2. **TRUNCUS**, Arcella, cujusmodi in Ecclesiis nostris prostant ad recipiendas fidelium eleemosynas, sic dicta, quod trunci arboris speciem referat ; vel quod ea arcellæ ex truncis arborum cavatis fieri solerent. Radulfus de Diceto ann. 1166 : *Collectam Jerosolymitanorum usibus destinandam Truncus in singulis Ecclesiis adacta sera conclusit.* Gervasius Episc. Sagiensis Epist. 3 : *Pecunia Truncorum, qui fuerunt in singulis Ecclesiis instituti.* Innocentius III. PP. in Epist. quæ habetur in Gestis ejusdem Pontificis pag. 74 : *Ad hæc in singulis Ecclesiis Truncum concavum poni præcipimus..... ut et in eo fidelis quilibet, juxta quod Dominus eorum mentibus inspiraverit, suas eleemosynas firmiter statuta deponere in remissionem eorum peccaminium moneantur.* Occurrit præterea in Charta Henrici II. Regis Angl. apud Gervasium Dorobern. ann. 1166. in Synodo Exon. ann. 1287. can. 12. Cicestr. ann 1292. can. 5. [in Anecdotis Marten. tom. 4. col. 376. 640. 1300. in Charta ann. 1178. apud Lobinell. tom. 2. Hist. Britan. col. 848. in alia ann. 1291. tom. 10. Spicil. Acher. pag. 277. in alia ann. 1318. tom. 2. Hist. Eccl. Meld. pag. 201. in Statutis S. Capellæ Paris. apud eumd. Lobinell. tom. 3. Hist. Paris. pag. 157. in Concilio Hispan. ann. 1512. tom. 5. Concil. Hispan. pag. 9. Vide *Truncus et*] Joseph. lib. 9. Antiq. Judaic. cap. 8. etc.

4. **TRUNCUS**. Adalardus lib. 2. Statutor. Corbeiensium cap. 1 : *Et unusquisque habeat ad hortum excolendum, sive ad alias necessitates explendas, fussorios* 6. (fossoria) *bessos* 2. *securres* 2. *dolatoriam, taratra* 2... *falcilia* 2. *falcem* 1. *Truncos* 2. *cultrum* 1 *servam* 1. *etc.* [°° Genus ferramenti quod truncat, Guerardo. Idem forte quod *Fractorium* apud Notker Psalm. 78. verso 6 : *Mit partium unde mit Sticchele brachen sie sia, In dolabro et fractorio dejecerunt ea.* Ubi Vulgata *in securi et ascia dejecerunt eam.* Vide Schmeller. Glossar. Bavar. tom. 3. pag. 609.]

5. **TRUNCUS**, Stipes, ad quem alligantur rei. Andreas Suenonis lib. 7. Legum Scanicar. cap. 1 : *Ac sic capto, nec licet ei Trunco pedes infigere, nec manus vinculis colligare.* Charta Rudolphi Imp. ann. 1277. in Metropoli Salisburg. tom. 1. pag. 890 et 894 : *Furcas seu patibula, Truncos et alia tormenta, quibus reorum crimina puniuntur, publice erigenda, concesso ipsis etiam quod Bannum vulgariter appellatur.* Vide *Cippus, Lignum.* [°~ Haltaus. Glossar. German. voce *Stock*, col. 1747]

¶ 6 **TRUNCUS**, Truncati seu mutilati membri extremitas, Gall. *Moignon*. Passio S. Savini Episc. tom. 2. Miscell. Baluz. pag. 52 : *Tunc Savinus Episc.* [cui manus abcissæ fuerant] *posuit Truncos suos super oculos cæci, etc.*

¶ 7. **TRUNCUS**, Sedile ligneum et humile. Guido lib. 2. Discipl. Farf. cap. 16 : *Nullus bibat in refectorio sedens in sedilium suppedaneis aut puerorum Truncis.* Vide *Trunchetus*

TRUNCUS SALIS. Charta Alexandri PP. III. in Tabulario S. Nicasii Mellentensis fol. 10 · *In theloneo aquæ* 10. *libras, et decimum Truncorum salis, etc.* Alia Philippi Regis Franc. ann. 1195. fol. 14 : *Totam decimam de reditu salis Truncorum per aquam transeuntium, etc.* [Vide *Truncata et Tuminus.*]

¶ **TRUNGULUS**, Κολοβός, ἐνκωλϵὸς, in Glossis Lat. Græc. Mutilus. Adde Græc. Lat.

¶ **TRUNINA**. Acta consecrationis Ecclesiæ Parthenonis de Epeia diœc. Veron. : *Urbanus* (III PP.) *consecravit et confirmavit propriis manibus altare S. Mariæ, quod est intus subtus Truninam.* Ubi legendum videtur *Tribunam.* Vide in hac voce.

¶ **TRUNUS**, Thronus. Charta ann. 1480. apud Lobinell. tom. 2. Hist. Britan. col. 1617 · *Et confestim ipse Dom. Episcopus,* (Corisopit.) *equum suum ascendens...... versus dictam ejus civitatem ad introitum suum gressus suos direxit ; et ipso applicato in Truno juxta lapidem consuetum sessionis ac delationis suarum subtus arborem quercus in eodem Truno infra dictum burgum de loco Mariæ, dominis Archidiacono, Thesaurario, Canonicis..... processionaliter cum cruce eidem R. in Christo Patri...... obviam accedentibus, etc.*

TRUPHA, Fraus, nequitia. jocus. Vide *Trufa.*

¶ **TRUSA**, pro *Trufa.* Vide in hac voce.

○ **TRUSALE**, Pugio. Chart. ann. 1329. in Lappenb. Origin. Hauseat. Probat. pag. 322 . *Item si aliquis sociorum sacris omnibus consedentibus introierit in societatem cum Trusali, vel armis aliis, etc.* Vide ibi Glossarium in hac voce et mox *Trusorium.*

¶ **TRUSIO**, Trudendi actio, ejectio. Vita S. Leodegarii apud Duchesnium tom. 1. pag. 601 : *Cumque alter pro perpetrato scelere datus fuisset in exsilii Trusionem.*

TRUSORIUM, Instrumentum ferreum, quo aliquid truditur. Ericus Upsaliensis lib. 3. Hist. Suecor. ann. 1287 : *Intraverunt cum parva lucerna* 7. *viri armati, quorum unus Regis caput cum manu supposita, grosso Trusorio perforavit.* Vide *Trusale.*

¶ **TRUSSA**, pro *Truffa.* Vide in *Trufa.*

TRUSSARE, TRUSSELLUS. Vide *Trossa.*

TRUSTIS, Fides, fiducia, ex Germ. *Trost*, vel *Trust*, quod in Teutonico *Troost*, quod idem sonat, præterea solamen, solatium, levamen, etc. Marculfus lib. 1. form. 18 : *In manu nostra Trustem et fidelitatem visus est conjurasse*, id est, fidelitatem sacramento firmasse. Capitulare ann. 779. cap. 14. et Lex Longob. lib. 3. tit. 4. § 2. [°° Carol. M. 11.] : *De Truste facienda, ut nemo præsumat ad nos venientes mansionem vetare, et quæ necessaria sunt, sicut vicino suo ei vendat.* Ubi Boherius : *Expone de Truste facienda, i. regali servitio faciendo.* Glossæ aliæ *Caballicatam,* hoc loco *Trustem* interpretantur, sed perperam : est enim *Trustem facere*, fidem, seu, ut posteriores locuti sunt, *hominium* Regi præstare. Lex Salica tit. 43. § 4. *Si quis eum occiderit, qui in Truste dominica, est, etc.* Ita tit. 44. § 2. et in Recapitul. ejusdem Leg. §31. Lex Rip. tit. 11. § 1 : *Si quis eum interfecerit, qui in Truste Regis est, etc. Homo ex Truste regali, in eadem Lege* Sal. tit. 66. § 2. Quibus locis *in Truste dominica. In truste Regis,* vel *De truste regali* esse dicuntur qui regi ipsi fidem jurarant quod Procerum præsertim fuit, quos inde *Antrustiones* vocarunt, *Fideles* 11 postmodum dicti. Vetus Codex MS. Pacti Salici ex Bibl. Regia, pro eo, quod habetur in edito : *Si quis eum occiderit, qui in Truste Dominica est, etc.* hæc præfert : *Si quis Antrustionem Dominicum occisserit*, Malb. *Malcha*, 24. *denarius, qui faciunt solidos* 600. *culpabilis judicetur.* Id præterea omnino declarat Marculfus formula laudata, cujus titulus est, *De Regis Antrustione* [vel *Amrustione,* ut est apud Lindenbrogium form. 47.] *Rectum* est, ut qui nobis fidem pollicentur inlæsam, nostro tueantur auxilio. *Et quia ille fidelis, Deo propitio, noster, veniens ibi, in palatio nostro, una cum armania sua in manu nostra Trustem et fidelitatem nobis visus est conjurasse, præterea per præsens præceptum decernimus ac jubemus, ut deinceps memoratus ille in numero Antrustionum computetur. Et si quis forsasse eum interficere præsumpserit, noverit se wirgildo suo sol.* 600. *esse culpabilem* - *judicetur.* Ubi *Antrustio,* seu *fidelis* fidem Regis profitetur, et vicissim Rex tuitionem ac patrocinia ob juratam fidelitatem *Autrustioni* pollicetur. Fiebat autem ejusmodi *Trustis,* seu fidelitatis sacramento, a fidelibus, more Francico, in manus *Regis* in vassaticum manibus commendatis, Sacramento interdum ad sanctas Reliquias præstito ut est apud Continuatorem Aimoini lib. 4. cap. 64. Quam quidem fidelitatem *Hominium* postmodum appellarunt. Vide *Commendatus, Fidelitas, hominium, Vassaticus, etc.* Fuisse autem *Antrustionum* summam dignitatem ex eadem Lege Salica tit. 32. § 20. edit. Heroldi, colligitur, ubi, si quis *Salecus Salecum castraverit,* 600. *solidis culpabilis judicatur ; si quis vero Antrustionem castraverit,* 1800. *solidis culpabilis* ° *judicetur.* Et tit. 74. ejusdem edit. *hominis ingenui Chreodiba luitur solidis* 600. *Antrustionis* 1800. id est triplo. Unde cum viri Salici et ingenui inter nobiles haberentur, consequens est, *Antrustiones* viros fuisse in aula Regis primarios. Adde tit. 76. ejusdem edit. ubi locis citatis *Antrussio* editum habetur.

TRUSTIS pro eo, qui *in Truste Regia* est. Ita videntur vocem hanc usurpare Capitula Caroli C. apud Carisiacum ann. 877. cap. 20 *Nullus homines nostros sive alios deprædari audeat,.... quod si atiquis præsumpserit, in triplo componat, sicut ille, qui in Truste dominico committit.* Ubi observanda triplex compositio in eo, qui *trustem* occiderit, seu qui *in truste Regis est*, ut et habent Leges Salicæ et Ripuariæ, ut et Marculfus locis laudatis.

TRUSTIS, non omnino eadem notione, occurrit in Decretione Chlotarii Regis post Legem Salicam, apud Bignonium pag. 182 : *De fiscalibus, ut contra dominum censuimus, pro tenore pacis jubemus, ut in Truste electi Centenarii ponantur, pro quorum fide atque sollicitudine pax prædicta servetur. Et quia propitiante Domino inter nos germanitatis charitas indirupto vinculo custodiatur, Centenarii inter communes provincias licentiam habeant latrones persequi, vel vestigia assignata minare, et in Truste, qua defecerit, sicut dictum est, causa remaneat. Ita ut continuo capitale ei qui perdiderit, reformare festinet, et latronem perquirat ; quem si in Truste pervenerit, medietatem sibi vindicet, vel delaturam.* Supra § 3. de latrone : *Qui si in Truste invenitur, medietatem compositionis Trustis adquirat, et capitale exigat a latrone.* Ubi *trustis* non est, qui in *truste* regia est, sed provincia ipsa suo quæque Principi subdita, et *fide* obstricta. Ejusmodi igitur verborum sensus est, ni fallor, in hac Childeberti Decretione, quæ pars est pacti ejusdem Regis cum Chlotario Rege, ut verba ipsa satis ostendunt, et recte observatum a Bignonio. Injungitur ergo Centenariis, ut in qualibet *truste,* i. in utriusque Regis provinciis *fide* sibi obstrictis, eligantur Centenarii, qui latrones persequantur, ita ut si *defecerint,* i. si eos comprehenderint in *truste,* seu in provincia alterius Regis, in ea latronis causa peragatur, ipsaque *trustis,* seu dominium Regis ipsius, ubi captus fuit, mediatetam compositionis habeat, et perinde *trustis alia,* e qua profecti sunt Centenarii, alteram.

☞ Posteriorem locum *de latrone* paulo aliter ex MS. refert Eccardus pag. 138. *Trustemque* ibi interpretatur eum, qui jussu Regis excubat et vigiliis fungitur. Sed Schilterus in Glossario Teuton. V. *Drost, Trustem* Decretionis Chlotarii, consent. quo Cangius, sensu explicat per *fines provinciæ scilicet sive territorium fide Regi obstrictum.* [2° Vide Grimm. Antiq. Jur. Germ. pag. 269. 275. et 943.]

° TRUSULA, TRUSULLA, Strigilis. Glossar. Lat. Gall. ex Cod. Reg. 7679 : *Trusulla, estrilles.* Aliud ann. 1352. ex Cod. 4120 : *Trusula, instrumentum clientium.* (sic)

¶ TRUSULUS, Ὁ ἐν μικρῷ παχύς, in Glossis Lat. Græc. pro *Turusulus* vel *Torosulus.* Th. Marsil. ad Persium pag. 33. Italis *Trusulo,* Nanus, nostris *Nain.*

¶ TRUTA, Quidam piscis, quia vim habet *trudendi,* vel quia semper moretur obstrusa, Johanni de Janua; *Truite,* un *poisson,* in Glossis Lat. Gall. Sangerm. Occurrit in Statutis Montis-regalis pag. 280. et apud Mabillon. in Onomastico ad calcem sæculi 5. SS. Benedict. ex miraculis S. Rudesindi Episc. p. 540. ubi tamen habetur *Turta* pro *Truta.* Vide *Trocta* et *Trutta.*

° Dialog. creatur. dial. 46 : *Interea Truta, piscis est quidam semper motus ad trudendum, etc. Troute,* in Lit. ann. 1403. tom. 8. Ordinat. reg. Franc. pag. 614. Vide supra *Trucha* et *Truita.*

° TRUTANNARE, Dicipere, illudere. In Cod. MS. Bibl. Univ. Argent. f. 4. legitur :

Nullum Trutannes, sic præcipit esse Johannes.

Cui voci superscriptum est, id est, *Decipias.* Hinc

° TRUTTANNUM, Ludificatio, simulatio. Lit. remiss. ann. 1350. in Reg. 80. Chartoph. reg. ch. 150 : *Dictus Guillelmus dicebat quod dictus Johannes faciebat Truttannium, et quod non erat mortuus.* Galli diceremus, *Faisoit semblant. Truenderie* vero, pro Fallacia, mendacium, in aliis Lit. ann. 1409. ex Reg. 164. ch. 112 : *Adonc icellui Jameton dist audit Coyrier ce ne sont que Truenderies que tu me dis.* Vide in *Trutanus.*

TRUTANUS, TRUDANUS, etc. *Trutani,* dicuntur Errones, plani, mendici, Normannis etiamnum et cæteris Gallis, *Truans.* Gloss. Lat. Gall.: *Truttania, Truandise ; Trutanicus, Truant ; Trutanus,* idem ; *Trutanisare, Truander.* Hæc appellationie donantur vulgo ignavi illi, qui per provincias passim vagantur, et mendaciis ac strophis suis omnibus illudunt, dum alios se fingunt, quam revera sint ; unde passim vox hæc usurpatur pro mendaciorum confectoribus. Ugutio : *Trutanus, planus, levis.* Gaufridus Vosiensis cap. 68 : *De urbe pellitur quasi Trudanus, qui super Christi discipulum pridie Missam celebraverat ut Pontifex Magnus.* Ebrardus Bethuniens. contra Valdenses cap. 25 : *Novum genus Trutanorum, qui locorum varietates aliter videre non poterant, nisi se fingerent esse Christos.* Cæsarius lib. 1. Mirac cap. 3 : *Asserebat....... quemdam Clericum actu Trutanum, quales per diversas vagari solent provincias, venisse ad Claram vallem.* Lib. 8. cap. 59. *Sæpe ab hujusmodi Trutanis illusus est is.* Lambertus Ardens pag. 175. 176 : *Istum autem Balduinum, qui apud ipsos nuper emerserat, Trutanum esse, et populi seductorem, et pseudoconversum non ambigere.* Infra : *Et ipsum vero Trutanum fuisse audivimus.* Boncompagnus de Arte Dictaminis lib. 2. MS. : *Velut scurra totam Italiam regiravit cum cantatoribus, et tanquam eximius Trutanorum se fingit esse medicum doctrinatum, ut fornicandi et adulterandi opportunitatem valeat invenire.* Poëta MS. infimi ævi in Biblioth. Thuana:

Dat Trutanus in ir, paterem tenet, et sedet ad Pyr,
Regem Cappadocum computat esse cocum.

Occurrit præterea apud Ægidium de Roya ann. 1419. in Vita Caroli Abbat. Villariensis n. 18. in Chronico Andrensi pag. 555. [in Gestis Gaufredi Lodun. Episc. tom. 3. Analect. Mabillon. pag. 386. in Tractatu de expugnatione CP. tom. 5. Ampliss. Collect. Marten. col. 787. in Concilio Trevir. ann. 1227. tom. 7. ejusdem Collect. col. 117. *Trutanus,* in Lugdun. ann. 1274. ibid. col. 196.] et apud Albertum Stadensem ann. 1224. apud quem bis perperam editum *Trucanus,* pro *Trutanus.* Nos etiamnum id generis erronum et mendicorum *Truans* appellamus. Le Roman *de Garin*:

Entre les poures fu li Truans assis.

[Historia Johannis IV. Ducis Britanniæ apud Lobinellum tom. 2. Hist. Britan. col. 709 :

Los mit ses gens lous en arroy ;
Bien sembloit avoir cœur de Roy,
Non pas de gars ne ne Truant,
Mais d'homme plein de hardement.]

Truhanes Hispani vocant. Vide Leges Alfonsinas part. 7. tit. 13. Leg. 1.

¶ TRUANNUS. Processus de Vita S. Yvonis tom. 4. Maii pag. 545 : *Et ex hoc dictus juvenis dicebat verba opprobriosa D. Yvoni, vocando ipsum coquinum sive Truannum.*

TRUDENNES, Eadem notione, usurpat Guibertus lib. 7. Hist. Hieros. cap. 20 : *Thafur autem apud gentiles dicuntur, quos nos, ut nimis literaliter loquar, Trudennes vocamus, qui ex eo sic appellantur, quia trudunt, id est leviter transigunt quaquaversum peragrantes agros.*

TRUTANIA, in Gloss. Gall. *Truendie.* Le Roman *d'Auberi* MS. :

Et dist Lamhers, bien savez le mestiers,
De Truandise, n'avez soin de laissier.

Guillelmus *Guiart* ad annum 1302 :

Entour dis mil largement
D'autres gens que de Truandalilles.

[Bible *des Noëls* :

Vous n'estes rien que Truandaille,
Vous ne logerez point ceans.]

¶ TRUTANIUS. Ordinatio Humberti II. Dalphini ann. 1340. tom. 2. Hist. Dalphin. pag. 403. col. 1 : *Præcipimus, ut semper pauperes magis indigentes, et minime Trutanii et baraterii, ad ipsam eleemosynam admittantur.*

TRUTANICUS. Jo. de Janua : *Trutania, Trutanulus, Trutanicus.* Gloss. Lat. Gall.: *Trutanicus, Truant.* Silvester Giraldus in Descript. Cambriæ cap. 8 : *Tam remotissima generis enarratio multis Trutanica potius quam historica videtur.* Charta anno. 1346. in Tabular. Episcopatus Amblan. fol. 179 : *Hæc verba vel similia proferentes : Excite, excite, per sanguinem Dei, Trutanica familia, vos moriemini in hac domo.* [Vita S. Columbæ Reatinæ, tom. 5. Maii pag. 328 [2] : *Cum tamen affines consanguinei mugitis Trutannicisque verbis, una cum procacibus minis, eam sæpius retunderent, etc.*]

TRUTANIZARE, vitam et mores trutanorum gerere, Joanni de Janua : mendicare, *Truander,* Gallis. Le Roman *du Chevalier au Barizel* MS. :

Or li convint par forche aprendre
A Truander s'il veut mangier.

Le Pelerinage *de l'ame* :

Cheste main emprunte souvent
Pour Truhander le gentil gent.

Infra :

Et bien la scevent enganter,
Quant il en veulent Truander.

Le Songe-creux :

Ou a porter à son col la bezasse,
Pour Truander faisant pure grimace.

Vocis etymon quidam a Theotisco *Thurthic,* Egenus, accersunt, ut est in Gloss. Theot. Lipsii ; alii a Cambro-Britannico, *Truan,* miser, ærumnosus, ut est apud Boxhornium. Gubertus loco citato a *Trudo* ; a quo idem etymon accepisse videtur Joannes de Janua: *Trutanus, a trudo, trudis, eo quod verbis suis trudat at hoc quod decipiat ; facit enim credi, quod verum non est.* Neque etiam placet Caroli Bovilli etymon, qui *truant,* a *trua*, vase ita appellato deducit, quo scilicet aqua e coquina in lavatrinam fundi solet. Hi autem, inquit, quos *Truans* vulgus vocat, amatores sunt culinæ, et liguritores catinarum ac vasorum. Neque porro aliorum etiam magis arridet, qui a *trufa*, fraus, arcessunt. Vide *Trotingi*. Sed longe probabilius videtur a Gallico *treu* vocem confictam, id est, tributum, ex quo efficta vox *treuans*, qua indigitabantur Tributorum collectores et exactores, qui ostiatim a tributariis, seu tributo obnoxiis, tributa exigere solebant, ac præsertim ejusmodi census, qui inde *Cens truans* dicuntur in Consuetudine Soesmensi art. 3. et *Cens à queste*, in Biesensi art. 113. qui a domino requiri et peti debent. Ita *quæstores a quærendo*, dictos ait Varro lib. 4. de Lingua Lat *quod conquirerent publicas pecunias*; ut et Pomponius leg. 2. § 22. D. de Orig Juris. Charta Henrici Imp. ann. 1107. apud Chappeauvillum : *Item in dombus ad claustrales sedes pertinentibus forensis potestas jus nullum spoliandi, aut ostium observandi, vel vigiles, vel ostiatim denarios exigendi habebit, etc.* Qui porro quærunt, inveniunt. Hinc illud Matthæi 7. Αἰτεῖτε, καὶ δοθήσεται ὑμῖν. Proinde Gallis *Treuver*, seu, ut hodie efferimus *Trouver*, ut Itali *Trovare*, etymon petendum ab ejusmodi tributorum Collectoribus, qui dicebantur *avoir treuvé*, cum tributum, seu *le treu* exegissent, quam vocem postmodum pro *invenire* usurpavimus. Le Roman *de Merlin* MS. : *Et chevauche tant k'en la forest se met, et Trueve les esclos, si point tant après le Chevalier, etc.* Sic alii passim. De voce vero *Treu*, pro tributo, ita præ cæteris Guill. Guiartus in Hist. Francorum MS. ubi de Francis nostris :

Cil du royaume par nature,
Resont hardis outre mesure,
Et de droite ancienneté
Car selonc la certainté
De l'Histoire, qui point ne ment,
Par leur outrageux hardement,
Dont jadis furent esmeu,
S'aquiterent-il du Treu,
Que li Romain ont'aus levoient,
Et que l'emperiere devoient,
Oncques quis n'en furent pelés,
Parquoi ils sont France appelés
De raisonnable accoutumance,
C'est a dire sans redevanee.

[Le Bestiaire MS. :

Li Apostres nous ammoneste
Que serum qui est Treuage rendon
A chel à qui nous le devon.]

Occurrit vox ista passim. Hinc *Treuage*. Idem Guiartus ad annum 1270 :

Et rendroit toutes les années
Comment qu'il i eust domage
Au roy Charles son Truage,
Duquel il dut estre rentiers,
Ainsi comme son devanciers.

Le Roman *de Garin*.

Et de Gironde tretost le Treuage.

[Le Roman d'*Athis* MS. :

Dieux er pourray de duell mourir,
S'estrange homme convient tenir
Ce que mien est par heritage,
Car l'oultres y clamoient Treuage, etc.

Le Bestiaire MS. :

Quant il li a ce Treuage
Rendu, comme chou qui sien est, etc.

Treuage et *Treulages*, in Litt. Johannis Reg. Franc. ann. 1380. tom. 5. Ordinat. pag. 494 : *Les aides et subsides ordonnez et à ordonner pour le fait de notre délivrance et les Treuages devant dis. Item.*

Ne paieront aucuns paiages, travers, chauciées ou Treulages. Judicium ann. 1395. apud Lobinell. tom. 2. Hist. Britan. col. 773 : *Neantmoins de son autorité il avoit levé ezdis ports et havres certeins Truages, nommez traites, entrées et yssues, dont il avoit grand finance.* Inquisitio ann.1461. ex Chartul. Monast. Baugesii : *Ladite piece de bois..... n'est subjecte à segrvaige, pesson, herbaige, ne aultre quelconque Truaige et lestet. Trueve*, in Chartul. Latiniac. fol. 246. v° : *Autres menues Trueves*, LXX. *lib. Le Treu de sel*, apud Butillerium in Summa rurali lib. 2. tit. 40.]

Neque mirum, si Oct. Ferrarius vir doctissimus vocis *Trouare* etymon ignorare se profitetur, cum a veteri idiomate vocabulorum plerumque origines sint petendæ.

◦ Hinc *Trutin*, pro Mendax, calumniator, in Lit. remiss. ann. 1410. ex Reg. 164. Chartoph. reg. ch 356 : *Lequel Hardelet dist au suppliant qu'il avoit menti comme mauvais Trutain, filz de putain, Navarrois. Truand*, idem qui Malus, improbus, nequam ; sic *Truand garçon* usurpatur, in aliis Lit. ann. 1388. ex Reg. 137. ch. 6 Quoad vocis etymon spectat, probabilior censenda mihi videtur illa originatio, quæ variis hujusce vocis acceptionibus facilius potest aptari ; quod in voce *Treu* reperire est. Reprobanda ergo quæ deducenda a duabus linguis, Etrusca nimirum *Tru*, aruspex, et Hispana *And*, circumire, proponitur in Mercur. Franc. mens. Dec. ann. 1760 pag. 120.

¶ *TRUTILARE*, Turdorum est. Vide *Truculare*.

¶ *TRUTINA* MONASTICA, Regula, norma *Vitam sub monastica castigare Trutina*, in Epistola Henrici Clerici apud Mabillon. tom. 5. Annal. Benedict. pag. 322. ad ann. 1093.

¶ *TRUTINARE*, Trutina examinare, ponderare. Gloss. Lat. Gr. : *Trutino*, σταθμίζω. Joh de Janua : *Trutinare, librare*. Nic. Specialis lib. 4. de Rebus Siculis cap. 1 : *Gloriosus judex, qui desuper Trutinat lites hominum in statera. Trutinans animo*, in Glossario Barthii ex Guiberti Hist. Palæst. *Trutinans in questum*, in Hist. Mediani Monasterii pag. 266. Notkerus Balbulus de Interpr. Scripturæ cap. 6. apud Pezium tom. 1. Anecd. part. 1. col. 8 : *Ex hoc ergo Trutinari debes et examinari*. Sidonius lib. 7. Epist. 9 : *Statu satis superque Trutinato*. Conventiones Saonæ ann. 1326. pag. 28 : *Omnibus sic expositis et maturo examine Truttinatis*. Sensu vetri deponentis usus est Persius Stat. 3. v. 82 :

Atque exporrecto Trutinantur verba labello.

¶ *TRUTINGUS*. Vide in *Trotingi*.

¶ *TRUTTA*, Piscis fluviatilis notus, Gall. *Truite*. Passim occurrit. Vide *Truta* et *Trocta*.

¶ *TRUTANUS*, Erro, *Truant*. Vide *Trutanus*.

◦ *TRUTTANNUM*. Vide supra in *Trutannare*.

¶ *TRUTTINARE*. Vide *Trutinare*.

◦ *TRUTTURERIUS*, Errante oculo lectum est in Stat. ann. 1378. ex Reg. 115. Chartoph. reg. ch. 209. et editum tom. 6. Ordinat. Reg. Franc. pag. 395. pro *Tincturerius*, infector, Gall. *Teinturier*.

¶ *TRUTZELMANNUS*, TRUTZSCELMANNUS, *Bernardo de Breydenbach* Itin. Jerosol. pag. 37. et 195. Interpres, nostris *Trucheman*. De vocis etymo consule Menagium et Dictionarium universale Trevoltianum.

¶ *TRUYA*, Porca, sus, Gall. *Truye*. Regest. Episcopat. Nivern. ann. 1287 : *Bos venditus in foro debet* II. *den..... Truya ob. Capra ob*. Vide *Truia*.

¶ *TRUYNA*. Chron. Estense ad ann. 1311. apud Murator. tom. 15. col. 404 : *His diebus completa fuit Truyna Episcopatus S. Georgii de Ferraria et laborerium Historiæ S. Petri*. An *Struina*, ædificium, domus, ab Ital. *Struire*, construere ?

TRYGEED. Leges Scaniæ Andreæ Suenonis lib. 5. cap. 4 : *Statim exhibitam emendationis tertiam, exhiberi debet pariter et tertia juratoriæ cautionis, quam lingua propria Trygeed appellat, in qua tantum quatuor nominati de consanguineis interfecti jurant de iis, qui satisfecerunt, vindiciam de cætero cessaturam*. Ex *tryg*, et *eed*, id est, tertium juramentum.

¶ *TRYGSIERN*. Vide in *Sfiersiern*.

TRYTULA, Piscis, qui alias *Tructa*, vulgo *Truite*. Alanus de Insulis in Planctu naturæ : *Trytula sinus marinos ingrediens in æquore baptisata, Salmonis nomine censebatur*. Vide *Trutta*.

¶ *TRZEDNIKO*, Justitiarius, magistratus, apud Bohemos. Vide locum in *Czudarus*.

TRZNE, Mensura regalis, in Charta ann. 1258. in Bohemia sacra pag. 61.

¶ *TUABOLA*, TUALEA, TUALIA, etc. Mappa, Mappula. Vide in *Toacula*.

¶ *TUAGNA*, *Tuaingne* vernacule apud Andegavos, Vitis silvestris species, f. labrusca. Lit. remiss. ann. 1415. in Reg. 168. Chartoph. reg. ch. 327 : *Lesquelz Pelletier et Prieur Prindrent icellui pillart et lui mistrent chacun un Tuaingne au col : lequel Tuaingne est une maniere de vigne montant contramont les arbres et porte petiz raisins ; et le pendirent desdiz Tuaingnes.*

¶ *TUAZA*, Mensura sex pedum, Gall. *Toise*. Charta ann. 1356. tom. 2. Hist. Eccl. Meld. pag. 232 : *Per spatium duarum Tuazarum quadratarum terræ dicti fratres facient........ cæmeterium.* Vide *Teisia*.

1. *TUBA*, Morbus equinus, *subtus caput gavecti in magno posteriori nervo aliquam putrefactionem faciens per ipsam longitudinem nervi, etc.* Petrus de Crescentiis lib. 9. de Agricult. cap. 87. A ejus Interpres Gallicus vetus habet, *la courué, ou la courbe*.

◦ 2. *TUBA*, Præco, qui tuba aliquid promulgat. Stat. comitat. Venaiss. ann. 1443. cap. 72. ex Cod. reg. 4660. A : *Tubam concedat curia temporalis, curia spiritualis requirente.* Quod sine tuba prætermittendum non est.

¶ *TUBÆ* IGNEÆ, Organum ad usum pugnæ navalis inventum et ad pilarum emissionem instructum, quod post Bosium lib. 27. in obsidione Melitensi fusius describit Carolus de Aquino in Lexico militari : quod, si opus est, consule.

◦ *TUBALITER*, Instar tubæ. Acta S. Domin. tom. 1. Aug. pag. 598. col. 2 : *Manus longas (Dominicus) habebat et pulcras : vocem magnam et pulcram, et Tubaliter resonantem.* Vita S. Pardulfi n. 19 : *Illam tubam, quam.... ad significandum prælium Tubari consuevi, etc.* Concilium Ravennense ann. 1317. cap. 18 : *Tubis præcedentibus et Tubantibus*. [Gloss. Lat. Gr. : *Tubo*, σαλπίζω. Rursum occurrit in Statutis criminalibus Saonæ cap. 26. et inter varios Germaniæ populos *Tubantes* numerat Isidorus lib. 9. Orig. cap. 2.]

¶ *TUBARIUS*, Qui tubas facit, lib. 50. Dig. tit. 6. leg. 6. pro quo tamen Turnebus *Tribularius* mallet lib. 9. Advers. cap. 16. licet *Tubarii* vocem pro tubarum opifice non improbet.

¶ **TUBATOR**, Ital. *Tubatore*, Qui tuba canit, in Chronico Parm. ad ann. 1287. apud Murator. tom. 9. col. 811. In Chronico Estensi ad ann. 1318. apud eumdem Murator. tom. 5. col. 451. in Statutis Placentiæ fol. 4. Vercellarum fol. 2. v° in Diplomate ann. 1415. apud Ill. Fontaninum ad calcem Antiq. Hortæ pag. 457. Vide *Nacara*.

∞ **TUBBA**, Vas, dolium. Chart. Comit. Flandr. ann. 1252. apud Lappenb. Origin. Hanseat. pag. 60 : *Tubba ile slip* (i. e. ærugo ferri) *duos denarios*. Anglis *a tub*.

¶ **TUBECTA**, Tuba, Gall. *Trompete*. Chronic. D. de Gravina apud Murator. tom. 12. col. 60 : *Pulsantes nostra buccina seu Tubecta, nos ipsi applicuimus, etc*.

° **TUBEL**, Arabice, *Squama seu batitura cujuscumque metalli, quæ cadit ab incude, quando malleatur*. Glossar. MS. medic. Simon. Januens. ex Cod. reg. 6959.

✱ **TUBER**, [Inflatio pectoris, gibbus in dorso. Elevatio in superficie ligni. Dief.]

✱ **TUBERARE**. [Inflare ; superbire. Dief.]

¶ **TUBERNIUM**, *Contubernium*, apud Laurentium in Amalthea ex Aldhelmo.

✱ **TUBEROSITAS**. [« Plana facies sine *Tuberositate* et eminentia litigiosum, discolum, injuriosum et invidum testatur (B. N. MS. Lat. 16080. f. 105. ᵈ.)]

¶ **TUBEROSUS**, *Tuberibus plenus, inflatus, superbus*, Joh. de Janua ; *Enflez ou orgueilleux*, in Glossis Lat. Gall. Sangerman. Non semel occurrit nativa notione pro tuberibus pleno ; metaphorice pro inflato seu superbo, apud Guibertum lib. 3. de Vita sua cap. 1 : *Multiplices Regi paciscitur munerum copias, spes et promissa divitiarum Tuberosus amplectitur, etc*.

¶ **TUBEX**, pro *Tumex*. Vide in hac voce.

° **TUBIANEI** dicebantur Judæi illi, qui ex alienigenis convocati in auxilium inde venerant, et dicebantur *Tbianei* (sic) quia tubis conducti. Anonymus in Glossis MSS. Biblicis ex Bibl. reg. Vide Diction. Trevolt. v. *Tubianéen*.

° **TUBICENA**, Qui tuba canit. Testam. Caroli comit. Provinc. ann. 1481. 10. Dec. : *Item legavit dominus noster rex suis Tubicenis, sive Trompettes, summas sequentes, etc*. Vide *Tubicinator* in *Tubicinare*.

¶ **TUBICINARE**, Tuba canere. Gloss. Lat. Græc. : *Tubicino*, Σαλπιζω. *Tubicinare ad cornu vel ad sonum cornu*, in Requisitione incerti anni tom. 2. Hist. Dalphin. pag. 128. Vide *Cornuare*.

TUBICINARE ALIQUEM, Per præconem citare : Gall. *Citer qu'elqu'un à son de tromps*. *Tubicinium*, [*Tubicinatio*,] ipsa citatio, non semel in Consuetudinibus Tolosæ.

¶ **TUBICINATOR**. Qui tuba canit, in Charta ann. 1326. tom. 1. Hist. Dalphin. pag. 57. in Consuet. Tolos. et alibi. Vide *Salpista*.

¶ **TUBITA**, Eadem notione. *Tubita et præco publicus*, in Charta ann. 1459. e Regesto *Columba* Cameræ Computorum Provinciæ.

✱ **TUBICINATORIA NOCTURNA**. [« Officium *Tubicinatorie* nocturne castri regii civitatis Carcassone vacans. » (Coll. Eug. Charavay, 20. oct. 1428.)]

° **TUBICINIUM**, Proclamatio, quæ tubæ sonitu fit. Charta ann. 1340. in Reg. 66. Chartoph. reg. ch. 576 : *Quod pro venditionibus seu Tubiciniis factis per præco-*
nem de Granata, non recipiatur nisi quantum recipere consueverunt consules de Gymonte. Vide in *Tubicinare*.

TUBLIUM, Mensuræ frumentariæ species, apud Italos. Gesta Innocentii III. PP. pag. 149 : *Cum famis invaluisset inedia, ita ut Tublium frumenti a 20. usque ad 30. solidos venderetur*. [Muratorius edidit *Rublium*, tom. 3. p. 567. col. 1. Vide *Rubus* 2.]

✱ **TUBRAGUS**. [Tibiale. Dief.]

TUBRUGUS, Tybrugus, etc. Lanea ocrea, ocreis aut calceis coriaceis superimponi solita, quam vulgo *Gamache* appellamus. Isidorus lib. 19. cap. 22. et ex eo Papias : *Tubrucos vocatos dicunt, quod tibias, braccasque tegant. Tubraci quod a braccis ad tibias usque veniant*. Gloss. Ælfrici Saxonicum : *Tubroces, vel bracce*, strapula : Paulus Warnefridus lib. 4. de Gestis Longob. cap. 33 : *Calcei vero eis erant usque ad summum pollicem pene aperti, postea vero cœperunt osis uti, super quas equitantes Tybrugos birreos mittebant*. [*Tubragos* edidere Martinius et Macri *fratres*. Vide Vossium lib. 2. de Vitiis sermonis cap. 18.]

TIBRACA, Eadem notione. Beda in Vita S. Cuthberti Episc. n. 31 : *In tantum a cultu sui corporis animum substulerat, ut semel calceatus Tibracis, quas pelliceas habere solebat, sic menses perduraret integros*.

¶ **TRIBUCES**, pro *Tubruces*. Statutum Cœnobii Gelion. ann. 150. apud Stephanot. tom. 8. Fragm. MSS. pag. 175 : *Duo paria femoralium, et duo paria Tribucum, et duo paria calsonum et totidem caligarum*.

¶ **TRIBUCUS**, pro *Tubrucus*. Visitatio Monasterii Castrensis ann. 1261. ex Archivo S. Victoris Massil. : *Duo quoque paria staminearum et femoralium, Tribucorum et sotularium, etc*.

¶ **TUBULARIUS**. Ammianus lib. 28. cap. 1 : *Obscurissime natus est patre Tubulario*, id est, Tubulorum seu tuborum opifice, si vera lectio est. quibusdam enim legendum videtur *Tabulario*.

TUBULI, Tibialia, quæ Græci recentiores τουβία vocant. Auctor Querolì : *Æstum vestitis genibus, brumam nudis cruribus, in soccis hyeme, cancros in Tubulis age*. Idem : *Occurrat non venientibus, uiaturque in æstu Tubulis angustis et novis*.

TUCARIUM, Καλύβη, in Glossario Lat. Gr. MS. S. Germani Paris. At in Gloss. Gr. Lat. Henrici Steph. Καλύβη, *Casa, Tugurium, pergula*.

° **TUCCETUM**, pro *Tucetum*, Delicatus cibus. Vita S. Caii episc. Mediol. tom. 7. Sept. pag. 396. col. 1 : *Ambrosio redolentibus favore Tuccetis, etc*. Consule ibi notam doctorum Editorum. Vide *Tucetum*.

¶ **TUCEPTUM**, idem quod *Tucetum*. Vide in hac voce. Consuet. MSS. monast. S. Crucis Burdeg. ann. 1305 : *Abbas cum familiaribus suis recipit solum de coquina conventus sex scutellas Tuceptorum, quando cellerarius dat*.

¶ **TUCETARIUS**, Qui facit tuceta. Johan. de Janua. *Qui fait tucetum de char dehachée*, in Glosar. Lat. Gall. Sangerman.

¶ **TUCETOSUS**, Optimus, fertilis. Papias. Ex seq. *Tucetum*. [☞ *Tucerosus*, in vet. Gloss. ad Juven. sat. 7. vers. 175. apud Maium in Glossar. novo.]

TUCETUM, Ζωμὸς παχύς, in Gloss. Lat. Gr. [Jus crassum, quo bubula caro conditur. Scholiastes Persii : *Tucetum, bubula condita apud Gallos Cisalpinos condimentis crassis oblita et macerata, et*
ideo toto anno durans. Hinc emendandæ Isidori Glossæ, ubi : *Tucetum, bula condita apud Gallos Albinos*. Fulgentio *Tuceta dicuntur escæ regiæ ; salcictæ vulgo*, ut addit Papias. Laudes Berengarii lib. 4. vers. 160. apud Murator. tom. 2. pag. 411 :

Ac decet ut Regem, variant Tuceta ministri.

Joh. de Janua : *Tucetum, Cibus qui fit ex carnium contusione, sicut salcicia est, Viande de char déhachée, si comme saucice*, in Gloss. Lat. Gall. Sangerman. Menotus Serm. fol. LXXVII : *De illis et visceribus (porci) fiunt bona Tuceta*. Vide Lexicon Martinii.]

TUCHINATUS, Rebellio. Charta Caroli VI. Regis Franc. 11. Sept. ann. 1389. pro Carcassonensibus : *Correctionem et punitionem omnium criminum commissorum et perpetratorum per medium Tuchinatus, inobedientiæ vel rebellionis*. Ita legendum apud Beslium in Caroli VI. tabulis, pro *Turcinatus* satis declarant [Condonatio ejusd. Caroli iisd. rebellibus indulta eod. ann. 8. Martii apud Marten. tom. 1. Anecd. col. 1390 : *Capitaneorum, Tuchinorum* (Tuchinorum) *et aliorum rebellium ordinationes, armationes, etc.*] ac Placitum ann. 1387. 21. Jan. in quo hæc habentur : *La ville de Nismes est bonne ville et la plus noble de la Seneschaucée de Beaucaire ; les habitans ont toujours esté bons sujets, vrais, et obeissans au Roy, et ils ne furent oncques Tuchins, mais ont toujours eu les fleurs de lys sur les portes de la ville, etc*. Occurrit ibi non semel. Joan. *De la Gogue* in Hist. MS. Principum Dolensium in Biturigibus : *Et icellui saint Mor accompagné de Touchins, que l'en appelle aujourd'hui brigans, etc*. Vide mox

¶ **TUCHINUS**, Prædo, grassator ; unde ad rebelles translata vox, nostris *Touchin* et *Tuchin* : a voce Gallica *Touche*, silva, quod in silvis laterent ejusmodi prædones. Vide supra *Touchia*. Iidem proinde qui alibi *Feuillards* vel *Godins* appellantur. Vide supra in *Foillaia* et *Gualdus*. Lit. remiss. ann. 1364. in Reg. 98. Chartoph. reg. ch. 188 : *Illi de comitiva Seguini de Badefol suspenderant ad unam arborem, ante dictam villam de Brivata, quemdam Tuchinum, qui eis dixerat quod in veteri Brivata morabantur Tuchini*. Aliæ ann. 1389. in Reg. 137. ch. 67 : *Dudum durante secta pessima Tuchinorum rebelli in partibus Occitanis, etc*. Aliæ ann. 1277. in Reg. 112. ch. 177 : *Une compaignie de robeurs et pilleurs, lesquelx se appelloient communaument, entre les bonnes gens dudit pays, Touchis ; lesquelx Touchis ès bois et dehors guettoient, desroboient, destruyoient et murdrissoient les bonnes gens, etc*. Brigant et *Touchin de bois*, in aliis ejusd. ann. ex Reg. 111. ch. 68. Aliæ ann. 1389. in Reg. 137. ch. 107 : *Provensal l'appella Touchin, jasoit que oncques l'en eust esté, ne de leur secte..... Benat considerant que autant valoit dire Touchin, comme rebelle et traitre, etc. Ou temps de la rebellion, qui fu ou pays de Languedoc, environ 1380. aucuns Tuchins issus de la ville de Mende*, in aliis Lit. ann. 1390. ex Reg. 138. ch. 277. Aliud significare videtur vox *Touchien*, quæ injuriæ vim habet, in Lit. remiss. ann. 1417. ex Reg. 170. ch. 85 : *Laquelle femme dist teles paroles ou semblables à son mari : Orde, vil, villain, Touchien, etc*. Id est, *Totus canis*. Hinc

° **TUCHINARE**, Rebellare, *Tuchinum* gerere ut, nostris *Touchiner* ; unde *Touchinage* et *Tuchinerie*, Rebellio, seditio.

Lit. Joan. ducis Bitur. ann. 1386. inter Probat. tom. 3. Hist. Nem. pag. 489. col. 2 : *Cum tempore adventus nostri ad partes Occitanas, tamquam domini mei locumtenens, quo rebelliones et Tuchinatus contra dictum dominum meum et nos fiebant, ... quidam vulgariter vocatus Vachon, qui tunc pro parte Tuchinorum senescalliæ Bellicadri unus de capitaneis existebat, contra gentes in servitio dicti domini mei in illis partibus tunc existentes, guerram publicam nisus fuerit facere,.... cum aliis sequacibus suis,..... Tuchinando et more hostili contra dictas gentes.... irruerunt.* Lit. remiss. ann. 1393. in Reg. 145. Chartoph. reg. ch. 429. bis : *Comme au temps du Touchinage aucuns de noz gens et officiers du baillage de Vivarois eussent envoié le suppliant devers les Touchins ; en dissimulant que le suppliant vouloit estre desdiz Touchins et Touchiner avec eulx.* Aliæ ann. 1385. in Reg. 126. ch. 227 : *Les grans rebellions, desobeissances, Tuchineries, crime de leze majesté et autres maleficcs, que les universitez, gens et habitans des villes de Thoulouse, Carcassone, Narbonne, Nymes. ont commis, etc. Comme ou pays de Languedoc et duchié de Guyenne.... plusieurs rebellions, désobeissances et Touchineries eussent esté faites,* in aliis ann. 1392. ex Reg. 144. ch. 480. Vide supra *Tochinare* et *Tuchinatus*.

¶ TUCIA, vox Italica, Cadmia fossilis, Gall. *Tuthie*, in Statutis Astæ, ubi de intratis portarum.

¶ TUCLERA. *Sub Tuclera mittere*, in Fundatione Monasterii Vallis-Clusæ ann. 979. apud Marten. tom. 1. Ampl. Collect. col. 831. Forte pro *sub tutela :* adeo lacerum est istud Instrumentum, ut nihil certi ex eo colligere liceat.

✧ TUCUFA, perperam pro *Cucufa*, Tegmen capitis, in Stat. ann. 1810. tom. 1. Hist. Trevir. Joan. Nic. ab Hontheim pag. 82. col. 2 : *Mitras seu Tufucas, etc.* Vide *Cuphia*.

TUCUS, *Quem Spani Cuculum vocant, a voce propria nominatus.* Ita Isidorus lib. 12. cap. 7. et Glossarium Arabico-Lat. [Gloss. Lat. Gall. Sangerm. : *Tucus, un oisel, Gocul.*]

✧ Vir cujus uxor mœchatur, forte pro *Cucus* vel *Cugus*. Vide in hac voce.

¶ TUDATUS. Joh. de Janua : *Tudes vel Tudatus, malleus ; unde Tudatos appellamus illos, qui habent capita grossata ad modum mallei grossi.* Gloss. Lat. Gall. Sangerm. : *Tudatus , Grosse teste , testart.*

✧ Hinc *Tacon* et *Tecon* nostris, Ludus tudicularis, vel globulus ipsæque tudicula, qua ille propellitur, Gall. *Mail*. Lit. remiss. ann. 1461. in Reg. 198. Chartoph. reg. ch. 317 : *Ainsi que le suppliant et plusieurs autres se esbatoient à ung jeu, appellé du Tacon, etc.* Aliæ ann. 1446. in Reg. 178. ch. 16 : *Le suppliant jouoit... au jeu, appellé le jeu du Tecon, ... lequel suppliant print le mail et le Tecon pour commancer de jouer, et failli ..... à passer par dedans les passes.* Aliæ ann. 1447. in Reg. 179. ch. 30 : *Le suppliant jouoit avecques Pierre le Sort au jeu de Tecon, autrement dit bole. Toquon et Touquon,* eodem sensu. Lit. remiss. ann. 1455. in Reg. 187. ch. 147 : *Lesquelz compaignons se admonesterent l'un l'autre de jouer au jeu, appellé le Touquon ;..... lequel Gaillart qui tenoit en sa main ung petit maillet de bois, dequoy il frappoit la bille, etc.* Aliæ ann. 1463. in Reg. 199. ch. 311 : *En jouant les ungs à ung jeu, que on appelle au Toquon,..... Guillaume de Caumont..... voult frapper Bernart Estobier d'un Toquon sur la teste. Thencon vero, Malleus vel clavæ species,* in aliis ann. 1474. ex Reg. 195. ch. 1312 : *Le suppliant va prendre ung Thencon,..... abatit l'uys et entra dedans.*

¶ TUDECULUS, Species aviculæ. Vide *Tudus*.

✧ TUDELA, f. Arx, castrum, nisi sit nomen loci, aliter *Tutela*, urbs Navarræ. Reg. feud. Aquit. in Cam. Comput. Paris. sign. JJ. rub. fol. 4. r° : *Petrus de Burdegala domicellus juratus dixit et recognovit se tenere in feudum a domino rege Angliæ et duce Aquitaniæ Tudelam cum placea, quæ est ante eam, et cum omnibus feodatariis suis, qui circa prædictam Tudelam morantur.* Le Roman de Robert le Diable MS :

Il n'a homme dusqu'à Tudielle,
S'il avoit espousé la bielle,
Qui ne s'en deust moult bien faire.

✱ TUDELLUS, [TUELLUS, *Tuyau :* « *Tudello* I. quem fuit missus in altare, emendare. » (Thes. eccl. Claromont. an. 980, Mus. arch. dép. p. 40.)]

¶ TUDIATORES, χαλκοτύποι, in Glossis Lat. Gr. Qui æs tundunt. Martinius mavult *Tudiiatores*, a *Tudes, tuditis*.

✱ TUDITARE, [Percutere, negociari. DIEF.]

¶ TUDITES, TUDETES, Cognomen Caroli Martelli, a *Tudes*, malleus. Vide *Martius*.

¶ TUDUS, Species aviculæ , *Rubecula*. Gloss. Lat. Gr. : *Tudos, Tudeculus,* ἐριθακος. Vide Martinium.

¶ TUELLA , Triticum præstantius. Charta ann. 1467. ex Archivo S. Victoris Massil. : *Monachi conquerentur..... quod cellerarius non ministraret ipsis bonum panem de farina Tuellæ sive annonæ.* Alia notione occurrit in *Toacula*.

✧ Idem quod supra *Tozella*. Vide ibi.

1. TUELLUS, Radix ungulæ equi, Italis *Tuello*, apud Petrum de Crescentiis lib. 9. cap 50. 54. 55. etc. ubi vetus ejus interpres Gallicus *Tuyau* vertit, ex Lat. *Tubulus*.

✧ 2. TUELLUS, Canalis, tubus, camini alveus, Gall. *Tuyau*, alias *Tuel*. Charta ann. 1801. in Chartul. Guill. abb. S. Germ. Prat. fol. 122. v° : *Itaque amodo non poterimus diminuere seu impedire Tuellos vel conductus, sic quod ipsa fons et cursus ejusdem, etc.* Alia ann. 1258. in Chartul. S. Austreg. Bitur. fol. 47. r° : *Decanus et capitulum ecclesiæ Austregesili Graciacensis accensaverunt Stephano quamdam domum, sitam in burgo Graciacensi, et tenebitur prædictus Stephanus facere caminos cum Tuello.* Proces. Egid. de Rays ann. 1440. in Bibl. reg. fol. 151. v° : *Misit idem Franciscus eidem reo quamdam rem ad modum unguenti in quodam Tuello sive canali argenteo.* Lit. remiss. ann. 1397. in Reg. 152. Chartoph. reg. ch. 249 : *Ainsi que icelle Jehanne reculoit, par cas d'aventure et fortune bouta son pié dedans le Tuel de la cheminée de la cuisine dudit hostel, ... et parmi icellui Tuel passa ladite Jehanne et chey jusques en bas en l'atre d'icelle cheminée.* Pro seræ tubo legitur in aliis Lit. ann. 1420. ex Reg. 171. ch. 275 : *Ouquel patron de cire n'y avoit que l'esprainte et enseigne du Tuel de la serrure... En maniere d'une clef à Tuel.* Vide *Tuppa*.

∞ TUERE, Virgil. Grammat. pag. 13 : *Est autem hoc verbum Tuo, tuis, tuit ; et est sensus, clare aspicio. At si de tutelâ dixeris, tueor, tueris.*

¶ 1. TUERI, Defendi, protegi, passiva notione. Index veterum Canonum, tom. 3. Concil. Hispan. pag. 19. col. 2 : *Ut monasteria virginum a monachis Tueantur.* Adde Capitul. lib. 1. cap. 96. Concil. II. Hispal. can. 11. et Epistolam Cleri Moguntini ad Ludovicum Pium a Baluzio laudatam tom. 2. Capitul. col. 1152.

✧ 2. TUERI, Administrare, regere. Charta ann. 1264. inter Probat. tom. 1. Annal Præmonst. col. 351 : *Cum adhuc hæreditario jure et successive post dilectum fratrem nostrum Florentium terram Hollandiæ et Zeiandiæ Tueremur, et ecclesiastica beneficia vacantia, ad nostram in eadem terra spectarent donationem sive præsentationem, etc.* Vide infra *Tutor 2*.

✧ TUERIA, Fenestræ species in muris castrorum, qua in hostes tela aliaque id genus emittebantur, Gall. *Meurtriere*. Reg. 34. bis Chartoph. reg. part. 1. fol. 96. r°. col. 1 : *Tornella habebit..... portam colariam ante et Tueriam*.

TUERNAY. Leges Burgorum cap. 34 : *Si uxor alicujus fuerit calumniata de aliquo, in placitis Burgorum utitur Tuernay.* Et cap. 28 : *Si quis fuerit implacitatus coram Justitiario domini Regis, vel alio Ballivo, si Dominus ejus vel Ballivus venerit, et allegaverit pro ipso in debita hora, poterit recuperare curiam Domini sui. Et si per negligentiam suam responderit et dixerit Tuentinay, de omnibus sibi oppositis plane respondebit, et sic amittit curiam Domini sui. Ubi Skenæus de Verbor. signif. ex quo supradicta desumsimus,* scribit, *in quibusdam libris legi Twentinay, sed quid hoc sit, valde ambigere, et hic aliorum avide exspectare judicium. Conjici tamen esse antiquum verbum forense, quo reus utens intelligatur approbasse judicem, adeo ut eum postea declinare non possit.*

TUFA, Genus vexilli apud Romanos, ex confertis plumarum globis. Vegetius lib. 3. cap. 5 : *Muta signa sunt, aquilæ, dracones, vexilla, flammulæ, Tufæ, pinnæ*. Beda lib. 2. Hist. Angl. cap. 16. et ex eo Henricus Huntindon. lib. 2. pag. 316 : *Ubique autem ante Regem* (Edwinum) *vexilla gastabanrur, nec non per plateas illud genus vexilli, quod Romani Tufam* (al. *Tuphum*) *vocant, Angli Tuf appellant, ante eum ubilibet ferri solebat*. Byzantini etiam Scriptores τούφαν appellarunt apicem, qui galeæ imminet, ut Zonaras in Basilio, et Leo Grammaticus in Theophilo Imp. cum de Justiniani statua in Augusteo verba faciunt. Ita nostri vocem hanc usurparunt. Charta vernacula sub Ricardo II. Rege Angliæ, descripta ab Edw. Bysseo : *..... Que Jeo Gervais de Clifton Chevalier aye donnée, grantée, et par ceste ma presente charte confirmée à mon bien aymé Richard de Bevercotes, un heaume, c'est assavoir une Tuffe de plume, la moitié, c'est-à-dire par amont de plume noire, et l'autre moitié, c'est-à-dire par aval de plume blanche, à avoir et tenir ladite heaume, etc.* Vide a nobis observata ad Joinvillam Dissert. 24. pag. 293. [Glossar. mediæ Græcit. v. Τούφα col. 1592. d. et Lexicon Milit. Caroli de Aquino.]

✧ Nostris *Toffel* alias, pro *Touffe*, Congeries herbarum, aliarumve rerum. Lit. remiss. ann. 1420. in Reg. 171. Chartoph. reg. ch. 197 : *Le suppliant s'approucha desdiz enfans pour les ortier, et en prist un qu'il getta en un Toffel d'oriyes*.

¶ TUFELLUS. Vide mox in *Tufus*.

¶ 1. TUFFA. Acta B. Michelinæ tom. 3. Junii pag. 929 : *Michelina ad hæc verba respondit : Omnia ista videntur Tuffæ et *canciæ.* Puto legendum *Truffæ;* saltem eadem notio est. Vide *Trufa.*

¶ 2. **TUFFA.** Acta S. Francisci de Paula, tom. 1. Aprilis pag. 129 : *Accipias parvum herbum... vocatæ Tuffa.* An legendum *Treffia, Trifolium,* Gall. *Trefle?*

° **TUFFOSUS,** Tophicius, tophinus, Gall. *de Tuf.* Tract. MS. de Re milit. et mach. bellic. cap. 97 : *Rubertus habebat recursum ad fossatores, qui fodant* (sic) *dictam montaniam aut montem, si ipso est cretosa, sive Tuffosa aut petrillosa, quæ fodi possit.* Hinc nostris *Tuffier,* Lapicidina tophina, Gall. *Carriere de tuf.* Lit. remiss. ann. 1407. in Reg. 162. Chartoph. reg. ch. 118 : *Le suppliant a fait ouvrir ès nettes de sa ditte ferme un Tuffier ou carriere de pierres de tuf, et d'icellui Tuffier a pris environ xij. ou xvj. charretées.* Vide *Tufus.*

TUFUS, pro *Tophus.* Glossæ Lat. Gr. *Tofi,* πώροι· λίθοι. Est autem *Tophus* lapis friabilis, minimum ponderis in structuris habens, de quo Vitruvius lib. 2. cap. 6. 7. et alii ; nostris *Tuf.* Papias : *Tofus, lapis cavernosus et mollis.* Ejusdem Vitravi Abbreviator cap. 4 : *Primo ut arena aspera paretur, et cæmentum de silice, vel lapide Tuficio, etc.* Joan. de Janua: *Tofus, a todere dicitur, lapis asper et cavernosus, quia ambulantes super se todere facit.* Anastasius in S. Hadriano PP. pag. 115 : *Plusquam 12. millia Tufos in litore alvei fluminis in fundamentis ponens a solo usque ad summum tectum muræ magnitudinis porticum reparavit.* Infra : *Maximum monumentum de Tiburtino Tufo... demolitus est. Sarcofagus de Tufello,* in Gestis Guillelmi Majoris Episc. Andegav. cap. 5 : [*Sarcofagum Tuveum, arca Tuvea,* in Annalibus Genuens. apud Murator. tom. 6. col. 861.]

TOFUS. Gloss. Græc. Lat.: 'Ασβεστώδης, *Tofus.* Matth. Silvaticus : *Tofus, lapis est lævis, spongiosus, satis abstersivus.* [*Tofus arenosus atqua jejunus,* Palladio 1. 5.] *Lapis Tofosus,* in Chronico Fontanell. cap. 13. pag. 238. et 240.

TOPHUS. Glossæ Gr. Lat.: Πῶρος ὁ λίθος, *Tofus, Tofum.* Joan. Archid. Barensis in Translat. S. Sabini Episc. Canusini n. 4 : *Hujusmodi etiam scriptura inventa est in tabula una marmorea, quæ ibidem tunc reperta est, simul et in uno Topho.* Charta ann. 1237. in Hist. Monast. S. Nicolai Andeg. pag. 97 : *Quidquid vero remanet a sinistra parte tanseriæ a Topho eundo versus portale, etc.* [Utuntur etiam Virgilius lib. 2. Georg. Ovidius lib. 3. Metam. Columella lib. 3. cap. 11. et alii.] *Tophici lapides,* apud Capitolinum in Maximinis. *Tofinei termini,* apud Agrimensores.

TUGELLARIA. Vide *Tectum.*

¶ **TUGURIUM,** Calamus quo sanguis Christi hauriebatur e calice, Gallice *Tuyau, chalumeau.* Usus Sangarmen. in Probat. Hist. ejusd. Abbatiæ pag. CXLIX. col. 1 : *Quando diaconus communicaverit, ipse accipiat calicem, et feret supra altare matutinale, et conventus ibit illuc potum cum Tugurio argenteo secundum quod ipsi communicaverint.* Vide *Fistula* 1. et *Tegorium.*

¶ **TUGURIUNCULUM,** Tuguriolum, in Vita B. Lidwinæ Virg. tom. 2. Aprilis pag. 134.

¶ **TUIFADUS.** Vide supra in *Thiuphadus.*

° **TUIFICARE,** Tueri, confirmare, stabilire. Chartul. Miciac.: *Quantum pertinet ad Tuificandum etiam munificentiæ meæ largitatem, do quoque illis alodum meum, qui est juxta Maternam silvam.*

° **TUILHERIUS,** a Gallico *Tuilier,* Tegularum artifex, in Inventar. ann. 1476. ex Tabul. Flamar. Vide supra *Teulis.*

¶ **TUISARE,** *Vocare aliquem* Tu *per despectum,* Laurentius in Amalthea, Gallis *Tutoyer.*

° Quod injuriæ loco habebatur, maxime ab iis qui matrimonio juncti erant, ut discimus ex Lit. remiss. ann. 1394. in Reg. 147. Chartoph. reg. ch. 60 : *Et apres ce Jehan Maras charron eust dit à Phelipot de Bretis escuier très-arrogamment, me tutoies-tu, j'ai une preudefemme espousée.* Aliæ ann. 1422. in Reg. 179. ch. 213 : *Le suppliant dist à icellui commandeur qu'il ne faisoit pas son honneur de le Tutoyer, attendu qu'il estoit marié.* Pro *Tutoier,* nostris alias *Atuiser* et *Atuider.* Lit. remiss. ann. 1452. in Reg. 181 ch. 194 : *Icellui Dauvergne parlant rigoureusement et fierement au suppliant, le Atutea et le desmenti.* Aliæ ann. 1467. in Reg. 195. ch. 116 : *Icellui maistre Baude dist au suppliant, en le Atuisant, que non feroit.* Vide supra *Tibissare.*

° **TUISSIMUS,** Totus tuus. Eckius scribens Carolostado se dicit *Tuissimum :* quam vocem reddit illi Carolostadius epist. 19. in Collect. G. Olearii edit. ann. 1698. Sic Annibal Caro finxit vocem *Vostrissimo.* Hæc post D. Falconet.

¶ **TUITIALIS,** Tutus, ut puto. Schisma Avenion. ad ann. 1378. apud Marten. tom. 7. Ampl. Collect. col. 429 : *Urbanus VI. PP. captus fuit a Carolo Rege Siciliæ et in carcerem Tuitialem positus.*

1. **TUITIO,** Immunitas, tutela, defensio, quam Rex fidelibus suis, vel Ecclesiis indulget, quæ et *Mundeburdium* dicitur. Vide *Mundiburdus.*

¶ 2 **TUITIO,** Administratio rerum et bonorum pupilli, Gall. *Tutela.* Chartul. Episc. Paris. ad ann. 1269. fol. 12 : *Ysabella de Bourgaignemont..... fecit homagium ligium dom. Episcopo Stephano,..... ratione liberorum suorum quos habet in Tuitione sua sive en bail. Tuition ,* *Tution,* Practicis nostris. Charta ann. 1485. ex Chartul. Latiniac. fol. 251 : *Raulin Sebert en nom et comme tuteur, et curateur de Jehan Eller... suffisamment fondé par lettres de Tution et curation, etc.* Infra : *Tuition. Tution,* in Consuet. Medunt. art 184

° *Tuicion, garde et deffense,* in Instr. ann. 1370. apud Lobinel. tom. 2. Hist. Brit. col. 538. Legitur præterea in Lit. ann. 1371. tom. 5. Ordinat. reg. Franc. pag. 414. et alibi.

¶ **TUITISCI.** Vide supra *Theotisci.*

° **TULCO,** Munimenti genus. Tract. MS. de Re milit. et mach. bellic. fol. 1 : *Castella sive oppida..... de istis sint fulcita..... puteis, Tulconibus, turribus ambulatoriis.* Vide *Tuldum.*

TULDUM vocarunt nuperi, in militia, quod Latini vasa, impedimenta, Græci ἀποσκευήν. Lexicon Gr. MS. Reg. Cod. 2002 : 'Ἀποσκευή, τὸ λεγόμενον νῦν' τούλδον, τὰ σαγμάρια. Vox sane nuperis Tacticis Græcis familiaris, qui hanc a nostris hauserunt, tametsi apud Scriptores Latinos inferioris ævi haud reperiatur, quod sciam, sed in vernaculis nostratibus crebrius, *Toudis* et *Tauldis,* vel *Taudis,* qui has voces vulgo usurpant pro incomposita rerum quarumpiam congerie, vel impedimentis, quæ nullo ordine in castris jacent ; et Monstrelletus 1. vol. cap. 238. 2. vol. pag. 38. 53. Pertingius in Hist. Arthuri Ducis Brit. pag. 92. 94. Philippus Ravestanus in Tacticis, et alii. Octavianus Sangelianus in Viridario honoris : *Sur eschauffaulx, fenestres et Tauldis.*

Vide Notas nostras ad Nicephorum Bryennium lib. 4. num. 6. [et Glossar. mediæ Græcitatis in Τοῦλδον.]

° Hinc *Taudisser,* dicitur de munitione festinanter et incomposite facta, in Lit. remiss. ann. 1479. ex Reg. 205. Chartoph. reg. ch. 369 : *Le suppliant ne voulut souffrir que l'on print de ses tonneaulx pour fortifier et Taudisser les murailles de ladite ville de Pouence.*

¶ **TULERE,** pro *Tollere,* Auferre. Acta S Vitaliani Episc. tom. 4. Julii pag. 169 : *Vestimenta cum vademantis, quibus sanctus vir indui solebat Tulentes, etc.*

° **TULERIA,** Tegularum officina ; unde *Tulerius,* earumdem artifex. Lit. remiss. ann. 1352. in Reg. 81. Chartoph. reg. ch. 361 : *Dum dictus Colardus Tulerius nuper quodam sero de quadam Tuleria, in qua operatus fuerat, veniret, etc.* Vide supra *Teudis.*

° *Tulieu* vero inter supellectilem domesticam recenseatur, in Convent. inter abbat. S. Richar. et incolas ejusd. villæ ann. 1318. ex Reg. 61. ch. 453 : *Li maires et eskevins se douloient que nostre viscouens avoit prins un saint, une lampe, un Tulieu et un coutel, etc.* an Pistillum? Vide supra *Tritorium.*

¶ **TULES,** Πρώθυμα, in Glossis Lat. Græc. An a τύλος, callus? Vide Martinium et infra *Tusillæ.*

TULI, Papiæ, *Aquarum projectus,* Forte *Tubi.*

¶ **TULIBOSUS.** Rolandinus Patav. lib. 11. cap. 7. apud Murator. tom. 8. col. 330 *Elevato tumultu clypei contra clypeos crepuerunt, fragor strepuit lancearum, easium tinnitus insonuit, et clavis nodosis et ferreis ferientibus ad galeas Tulibosas, igneæ resultarunt scintillæ.* Melius, ut videtur, *calibosas* legitur in MS. Estensi.

TULICATUS, *Carptus, i. acceptus,* in Glossis MSS. [Gloss. Isid.: *Tuligatum, Carpitum.* An *Tilptalium?* de quo supra.]

¶ **TULIPA,** Pileus seu amiculum capitis Turcis in usu, et inde Flos notus, nostris *Tulippe,* quod inversus hujus pilei speciem referat. Hunc florem describunt *Pomey* et alii recentiores. Vide Vossium de Vitiis serm. Hofmannum et Menagium.

¶ **TULIPANTUS,** Pileus Turcicus, Gall. *Turban,* in Miraculis S. Georgii Mart. tom. 3. Apr. pag. 153.

TULIT ANNOS, pro Vixit. Vetus Inscriptio apud Gruterum pag. 881. I. D. M. NICE CONJUGI. BENEMERENTI. FECIT. TULIT. ANNOS. QUOD. POTUIT. Alia 947. 9. CUM. QUA. VIXIT. ANNOS. XXXXII. TULIT. ANNOS, LII.

¶ **TULLIA,** *Media vel regia,* in Glossis Isid. Martinius corrigit : *Trulla, media aula regia.* Vide *Trullus.*

¶ **TULTA,** TULTUS. Vide *Tolta* et *Toltus.*

⁂ [« Et si ego Hicterius in villa Molendino Pizino ullum malum usum mittebam aut ullam malam *Tultam* faciebam. » (Cartul. Conchar. Ruthen. an. 1019, p. 201.) — « Vetamus autem ut ullus homo aut femina in ipsum jamdictum alodem guardam nec commandam neque nullam *Tultam* non habeat. » (Cartul. Conchar. Ruthen. an. 1051, p. 12.)]

¶ **TULUTANUS,** Βαδιστής, in Glossis Lat. Gr. Leg. *Tulutarius,* pro *Tolutarius, Gradarius.*

° **TUMACULUM,** TUMACULARIUS, pro *Tomaculum* et *Tomacularius, Venter* *porci*, inter notas Tironis ex Cod. reg. 170. Vide *Toma.*

★ **TUMAX**, [Qui cito emittitur. «DIEF.]
1. TUMBA, TUMBUS, sepulcrum, ex Gr. τύμβος, quod cadaveri terra ingesta tumulum faciat. Gloss. Lat. Gr., *Tumuli,* βουνοί, λόφοι, τύμβοι, σωροὶ γῆς. Ita emendat Salmasius ad Hist. August. pag. 439. Ebrardus Betun. in Græcismo cap. 12 :

A tumulo tumulum . a moneo, monumentum, etc. Hoc nomen Tumba comprehendit omnia dicta.

Prudentius in Passione S. Hippolyti :

Sunt et muta tamen tacitas claudentia Tumbas Marmora, quæ solum significant numerum.

S. Hieronym. in cap. 39. Ezechielis : *Et in Tumba sepulturæ illius retrudantur.* S. Althelmus de laude Virgin. :

Clausæ per campos et Tumbæ sponte patescunt.

Alcuinus Poëm. 9 :

Omnia de priscis exurgent corpora Tumbis.

Rathbertus de Casibus S. Galli cap. 9 : *Tumbaque argento et auro sibi parata honorifice in eam sancti viri exuviæ sunt perlatæ.* Hist. Apparitionis S. Michaëlis in Monte Tumba cap. 1 : *Hic igitur locus Tumba vocatur ab incolis, ideo quod in morem tumuli, quasi ab arenis emergens in altum, etc.* [Vide Valesium in Notitia Gall. pag. 388. col 1. et Mabill. tom. 2. Annal. Bened. pag. 19.] *Antrum tumbale* sepulchrum Christi vocat auctor Panegyrici Berengarii Imp. Utuntur præterea Beda lib. 3. Hist. cap. 12. Poeta Saxonic. in Annalibus Caroli M. ann. 800. Avitus de Ordinat. Formosi lib. 2. cap. 4. extr. Adrevaldus lib. 1. de Miracul. S. Benedicti cap. 26. Aimoinus lib. 2. de Translatione S. Vincentii cap. 3. Anastasius in Vit. PP. pag 131. Harigerus in Vita S. Landoaldi n. 8. Eckehardus de Vita Notkeri Balbuli cap. 2. Ermanricus in Prologo ad Vitam S. Solii, Alcuinus Poem. 164. Walafridus Strabus de Vita S. Galli cap. 25. Hepidannus de Miracul. S. Wiboradæ cap. 1. 7. Epitaphium Alcuini apud Browerum in Annal. Fuldensib. pag. 41. Petrus Abbas Cellensis lib. 6. Epist. 12. Versus relati a Serario in Moguntia pag. 722. Historia Invent. corporis S. Mastidiæ pag. 52. Thiotfridus in Florib. lib. 1. cap. 6. Synodus Atrebat. ann. 1125. tom. 13. Spicileg. pag. 49. etc. *Opertorium* vocat Sidonius lib. 3. Epist. 13. ubi Savaro, vide in hac voce. [Le Roman *de Robert le Diable* MS. :

De saint Robiert enquist la vie,
Si en a la Tombe ravie,
L'eissemente qu'il y trove
Plus d'avoir rouver n'en porta.

Le Roman *de la guerre de Troyes* MS. :

Tiel sepulture et tiel Tombel,
Ne tant precieus, ne si bel, etc.]

TUMBULA, Parvula tumba. S. Althelmus de laude Virginitatis cap. 30 :

Saxea quadratis quos condit Tumbula fossis.

Vetus Epitaphium apud Gualter. in Tabular. Sicul. pag. 33 :

Virginis exemplo majorem Tumbula templo Claudit, Gualterii dum fovet ossa pii.

TOMBA. Pactus Legis Salicæ tit. 58. § 5 : *Si quis Tombam super mortuum hominem expoliaverit, etc.* Codd. alii, *Tomolam;* Lex vero Salica tit. 57. § 2. *Tumulum* habet.

☞ Exteriorem sepulcri partem, sive cooperculum hic intelligit Eccardus,

quod olim sepulcra pretiose quandoque exornarentur. Jornandes de rebus Geticis : *Noctuque secreto cadaver est terra reconditum, cujus coopercula primum auro, secundo argento, tertio ferri rigore communiunt.*

Proprie autem *tumbam* hodie dicimus sepulcrum lapideum. Chronicon S. Benigni Divion. pag. 438 : *Sepulchrum vero sancti et gloriosi Martyris ita est constructum; est Tumba ex quadris ædificata lapidibus, quæ 8. cubitos in longum, quinque autem tenet in latum, etc.* [Chron. Senon. ad ann. 1215 : *Sepultusque est in ecclesia S. Apri in Tumba elevata lapidea satis decenter sculpta. Lapides tumbales* in Statutis Eccl. Trecor. ann. 1453. apud Marten. tom. 4. Anecd. col. 1135. et 1156.]

☞ Sed et pro sacrarum Reliquiarum capsa apud *La Mure* Hist. Lugdun. pag. 285 : *Anniversarium Agnetis de Curresia, quæ jacet subtus Tumbam B. Albrici.* Hinc nostris *Tombe,* eodem sensu. Stat. ann. 1355. tom. 3. Ordinat. reg. Franc. pag. 11. art. 2 : *Si celuy eprouvé, est tel qu'il doive estre orfevre,... il le sera ; mais il n'ouvrera, ne fera ouvrer jamais d'autre métal que de bon or et de bon argent, si ce n'est en joyaux d'église, comme Tombes, chasses, croix, etc.* Unde *Tombier,* earum artifex, in alia Stat. ann. 1350. tom. 2. earumd. Ordinat. pag. 379. art. 245.

TUMBUS, Eadem notione. Inscriptio Christiana apud Gruterum 1170. 4 :

Exornans rutilum pretioso marmore Tumbum, In quo poscentes ætra superna vident.

Epitaph. S. Cumiani, Episcopi Hiberni, Bobii in Italia :

Pretioso lapide Tumbum decoravit devotus.

TYMBA, in alia inscriptione, apud eumdem, 1173. 6. Vide *Tymbus.* Cæterum a *tomba,* vox nata nostris *Tomber,* pro *Jacere,* vel *cadere;* qui enim *tombatus* est, seu in *tomba* jacet, is prostratus est.

† TUMBA, Tumulus honorarius. Charta ann. 1457. apud Ludewig. tom. 11. Reliq. MSS. pag. 521 : *In prænarratis autem vigiliis et missis custodes præfatæ ecclesiæ pulsabunt solempniter ac Tumbam unam ministrabunt panno coopertam funerali, circa quam præmemorati quatuor altaristæ ordinabunt ac ponent quatuor candelas ardentes, prout in diebus funerum seu exequiarum fieri est consuetum.*

¶ TUMBATUS, Sepultus. Obitus S. Hathmodæ vers. 255. apud Pezium tom. I. Anecd. part. 3. pag. 515.

Membra Aaron Vatis mons Or Tumbata retentat.

Rursus habetur in Epitaphio ann. 1871. apud Georg. Christianum tom. 1. Rer. Mogunt. pag. 680.

2. TUMBA, Area. Otto Morena in Histor. Rerum Laudensium pag. 73 : *Tamdem privatim per fossatum, et per aliquam Tumbam egrediantur, et post terga ipsius Placentini irruentes, etc.* Petrus Crescentius lib. 1. de Agricult. cap. 19 : *Curiæ sive Tumbæ faciendæ in rure occasione habitationis domini et rusticorum... quadruplex est consideratio, etc. Lib. 11. cap. 6 : Domus et Tumbæ, seu areæ, et curiæ magnitudo fieri debet in rure secundum domini facultatem, etc.* Mox : *In Tumbarum munitionibus fructiferæ arbores non plantentur.* Ubi versio Gallica jussu Caroli V. Regis Fr. exarata, semper *Combe* præfert.

☞ Agrum fossa seu terra in tumuli

modum elevata munitum *Combe* alicubi vocant.

☾ 3. TUMBA, Villa, casa; *Tomba,* Acad. Crusc. eadem acceptione. Charta ann. 1198. apud Murator. tom. 2. Antiq. Ital. med. ævi col. 87 : *De policinis vero, Tumbis Suventinensium, exemplis, fluminibus navigalibus, et de aliis, quæ ad publicaria spectant, etc.*

☾ TUMBALUM, pro *Tubel, Stephanus scripsit,* in Glossar. med. MS. Simon. Januens. ex Cod. reg. 6950. Vide supra *Tubel.*

☾ TUMBARELLUS, Plaustrum. Vide supra *Tombarellus.*

¶ TUMBATOR, Tubicen, Gall. *Trompette.* Computus ann. 1338. tom. 2. Hist. Dalphin. pag. 281 : *Item, duobus Tumbatoribus de Sabaudia,* II. *flor.* Vide *Trumbator* et *Tumbetta.*

¶ TUMBATUS, Sepultus. Vide *Tumba 1.*
¶ TUMBELLUM. Catalogus reliquiarum et ornamentorum Ecclesiæ S. Quintini ann. 1800. apud Hemeræum in Augusta Viromand. pag. 204 : *Casula dom. Regis cum dalmatica et Tumbello. Casula alba cum dalmatico et Tumbello ejusdem coloris. Casula rubea cum dal. et Tumb. ejusd. color. Casula virgulata de auro cum dal. et Tumb. ejusd. color. Casula domini Bartholomæi de Roya cum dal. et Tumb. deauratis.* Idem omnino videtur quod *Tunicella,* adeo ut *casula* vestis sit presbyteri, *dalmaticum* diaconi, *tumbellum* subdiaconi; sed f. leg. *tunicellum.*

¶ TUMBERELLUM. Vide mox in *Tumbrellum.*

¶ TUMBETTA, Tuba et Tubicen, Gall. *Trompette.* Computus ann. 1338. tom. 2. Hist. Dalphin. pag. 279 : *Pro equo thesaurarii, taren.* XV. *Pro equo Tumbatoris, taren.* XVII. Ibid. pag. 281 : *Tumbettæ Ducis Duratii pro emptione unius roncini,* XVII. *flor.* Ordinatio Humberti II. ibid. pag. 813 : *Quando pulsabitur campana vel Tumbetta seu tuba, etc.* Vide *Trumba.*

TUMBRELLUM, Gall. *Tombereau,* Instrumentum fuisse volunt inventum ad castigandas mulieres rixosas, quo in aquam dejiciuntur, immerguntur, et inde madidæ et potæ extrahuntur. Cowellus ait esse plaustrum, in quo fornicationis aut adulterii rei contumeliæ causa per civitatem aut burgum circumferuntur. A Gallico *Tomber,* quod est cadere, volvi, volutari, deducta vox. Ejusmodi vero supplicii infligendi jus, quemadmodum *furca* et *pilorium,* altam seu superiorem justitiam spectabat. *Pœna Tymboralis* dicitur apud Bractonum lib. 3. Tract. 1. cap 6. § 1. et Tract. 2. cap. 3. § 6. *Pœna Tumberelli,* in Fleta lib. 2. cap. 1. § 8. cap. 12. § 19. Leges Burgor. Scoticorum cap. 21 : *Si aliquis vel aliqua sit in forisfacto de pane vel cervisia.... pistor pœnam super collisterium, quod dicitur Pillorie, brasiatrix super Tumbrellum, quod dicitur Castigatorium.* Charta Edwardi I. Reg. Angl. apud Prynneum in Libertat. Angl. tom. 3. pag. 465 : *In tertio transgressu habeant judicium de pillorio vel Tumberello.* Fleta lib. 2. cap. 12. § 29 : *Si pillorium, Tumborale, vel castigatorium de novo levari fecerit.* Henricus V. Rex Angliæ in Charta Fundat. Sheenensis Cœnobii in agro Surregiensi : *In hujusmodi terris, dominiis ac feodis habere possunt pillorium atque Tumbrellum pro punitione malefactorum.* Wilelm. Thorn. : *Similiter clamat habere furcas, pilorium, Tumbrellum, etc.* Joan. Britton. in Legib. Angl. pag. 24 : *Et aussi soit de touts ceux que juise de*

Tomberel ou perte de membre averont suffert par jugement. Pag. 80 : *Ou juise de pillori ou de Tomberel, ou de aver, vreck de mer, etc.* Adde pag. 31. v. 76. et 135. [et Nomolex. Angl. Th. *Blount* in hac voce.] Hinc nostris, *Le Tomberel,* in faciem cadere de aliquo superiori loco. Joan. de Condato MS. :

> Car enmi le plus Lut chei,
> Et fist un si lait Tumbe[jel,
> Qu'il se roumpi le hasterel.

Sed et *tombereau* nostri etiamnum vocant birotum plaustrum quoddam, quod cum deoneratur, omnino resupinum sternitur. Chronicon Flandriæ cap. 8 : *Henri de Maltrait fut mené par les quarefours de Paris en un venel ou Tombereau, et après rendu à l'Evesque, et illec mourut en la chambre que l'on dit Oubliette.*
° Alias *Tumerel* et *Tumereau.* Lit. remiss. an. 1346. in Reg. 75. Chartoph. reg. ch. 582 : *Icellui Phiippon estant en la compaignie d'un sien charreton,..... qui menoit un Tumerel à un sien cheval; liquelz Tumeriaus versa, etc.* Aliæ ann. 1419. in Reg. 171. ch. 15 : *D'iceulx eschastessons icellui Colesson fist un trousseau lié de corda pour gieter sur son Tumereau, et mener à l'ostel de son maistre.*

TUMBRELLUM præterea appellata nescio quæ machinæ bellicæ species. Philippus *Mouskes* in Ludovico VIII :

> Qu'il orent assez mangonlaus,
> Et trebukes et Tumeriaus.

Infra :

> Sour quatre rues fit engiens,
> Et de cloies et de mernens,
> Et pous torneis, et castiaus,
> Et Tumeriaus, et trebukes.

¶ **TUMBERELLUM**, [f. Typus quo nummi percutiuntur et signantur.] Fleta lib 1 cap. 22. § 12 : *Ut de pondere cujuslibet denarii sciatur legitimum pondus, concessum est, quod licebit cuilibet pecuniam recipere, et liberare particulatim per pondus 5. solidorum ad hoc provisum, et quod fuerit inferius per Tumberellum per custodem cambii Regis significat.* Vide Skenæum de Verbor. significat. voce *Tumbrellum.*

¶ **TUMBULA**, Parva *Tumba.* Vide Tumba 1.

TUMBURGT, *Major Advocatus,* in Privilegiis Ratisbonensibus ann.1290. [°° An *Tumbvogt?*]

¶ **TUMBUS**, Sepulcrum, *Tombe.* Vide *Tumba* 1.

¶ **TUMENTUM**, a *Tumere,* quia in filo vel tela tumeat, nec subtilitatem habeat, unde *Tumentuosus,* tumento plenus, Joh. de Janua, male pro *Tomentum,* ut videtur. Gloss. Lat. Gall. Sangerman. *Tumentum, Enflament, Tumor.*

° **TUMERELLUS**, Mensuræ seu dolii species. Charta Odardi de Alneto armig. ann. 1254. in Chartul. Thenol. ex Cod. reg. 5649. fol. 53. v° : *Concessimus ecclesiæ Tenoliensi medietatem quatuor modiorum vinagiorum et quinque sextariorum et dimidii Tumerelli et medietatem censuum.*

¶ **TUMEX**, Σμωλἐξ, αἰματώδης τόπος, in Glossis Lat. Gr. et Græc. Lat. Livor, vibex. Perperam in Supplemento Antiquarii *Tubex.* Pro *νῶπος,* Martinius vellet *τύπος.*

¶ **TUMIDARE**, Inflare , tumefacere. Acta SS. Valeriani et Soc. Mart. tom. 2. Aprilis pag. 208 : *Vita sicut quam humores Tumidant, ardores exsiccant.* Gloss.

Gr. Lat. : Οἰδαίνω, Tumesco, Turgesco, *Tumido.*
¶ **TUMINUS**, Species mensuræ Siculis et Neapolitanis. Charta ann. 1504. pro Carmelitis Neapol. in Bullario Carmel. pag. 624 : *Eleemosinaliter dare providerint Tuminos salis duodecim singulis annis pro usu fratrum et Deo famulantium in eodem monasterio, etc.* Occurrit pluries. Vide *Truncus salis* post Truncus 7. *Tumminus,* et *Tumulus.*

TUMIX, Τύμπανον, in Gloss. Gr. Lat. MS. et edito.
¶ **TUMMINUS**, Idem quod *Tuminus.* Constitut. Frederici Regis Siciliæ cap. 20 : *Considerantes itaque quanta nostri Siculi sustinuerint incommoda propter diversitatem Tumminorum, ad quorum mensuram victualium constitit commerciorum, etc.* Pluries occurrit ibi. Rursum cap. 42 : *Statuimus, quod Barones et Domini terrarum recipiant...... eorum terragia, non ad grossum Tumminum Baronis vel Domini, sed ad generalem et justam mensuram.*

° **TUMNA**, Campanæ clava ferrea, Gall. *Battant.* Charta ann. 1402. ex Tabul. Moissiac. inter schedas Mabill : *Item super querela reparationis campanarum quoad Tumnam ipsis campanis et cymbalis necessariam, dictus dominus abbas Exiensis obtulit fore promptum pro nunc dictam Tumnam fieri facere, et quod dictus sacrista ipsam habeat poni facere in dictis cymbalis et campanis.*
¶ **TUMO**, Temo, Gall. *Timon.* Guido de Vigevano de modo expugnandi T. S. cap. 12 : *Et aliæ duæ rotæ cum Tumone remaneant extra domum.*

° **TUMOR** BOECII, Morbi genus. Mirac. S. Th. Aquinat. tom. 1 Mart. pag. 684. col. 1 : *Jacobus Marcellucius de Piperno, patiens in gutture Tumorem Boecii, etc.*
¶ **TUMORATUS**, Tumens, tumidus. Processus de ven. Maria de Malliaco, tom. 3. Martii pag. 751 : *Habebat unam maxillam infirmam et Tumoratam.*

TUMPLEBANUS, in Metropoli Salisburgensi tom. 3. pag. 80. qui pag. 4. *Major plebanus.* [°° Vide *Tuomum.*]
¶ **TUMPLETURA**, f. Ars exstruendarum munitionum, a Saxonico *Tun,* Sepes, septum, sepimentum, et Latino-barbaro *Pleitura,* seu *Pleidura,* locus septus. Epitaphium ann. 1585. in Ecclesia de Fouguequourt diœcesis Ambianens : *Florentius Morandus filius Mathæi,* pietatis studiosus, æquitate florens, agriculturæ, geometriæ, Tumpleturæ artibus peritus, claris probisque viris virtute laude comparandus, placida morte solutus, etc.

° Mendum est, pro *tum pictura*; quod etiam vidit D. *Graverol de Flogrhevar* in Disquist. ad legem *Papia Poppæa* edita tom. 2. Jan. ann. 1765. Diar. Trevolt. pag. 835.
¶ **TUMULARIUS**. *Tumularia sepultura, Tumba,* Sepulcrum. Andr. Floriac. Monac. in Vita MS. S. Gauzlini Bituric. Archiepisc. lib. 1 : *Olosericam pallam S. Benedicto dereliquit moriens, in quo loco Tumulariam est adepta sepulturam.* Vide Tumba 1. et *Tumultus.*

° Vita MS. S. Martial. Lemov. : *In quo* (oratorio) *ad Occidentem Tumulariam sibi statuit sepulturam.*
¶ 1. **TUMULATIO** S. BENEDICTI, Quæ hodie *Illatio* appellatur ; cum scilicet corpus S. Benedicti ab Aurelia reductum, in ædem S. Mariæ restauratam solemniter illatum est ; quod festum celebratur 4. Dec. Cerem. MS. S. Mariæ

Crass. : *Fidelium tuorum quæsumus, Domine, vota serenus intende et interventu beati confessoris tui Benedicti, cujus Tumulationis celebramus diem, a cunctis nos reatibus absolutos, festis interesse concede perpetuis. Per Dominum, etc.*

✳ 2. **TUMULATIO**. [Gall. *Ensevelissement* ; vide CYMITERIUM.]
¶ **TUMULATOR**. In Necrologio Eccles. Carnut. ad diem v. Idus Julii : *Sigo levita..... ammirandi præsulis Fulberti..... dicitur Tumulator liberalis,* quippe qui celebrandis ejus exsequiis, ornandoque tumulo opes et operam contulerit, ut habet Mabillonius tom. 4. Annal. Benedict. pag. 80.
¶ **TUMULLULUS**, *Parvus tumulus,* Johan. de Janua : *Petit sepulcre ou petit Tombliau,* in Gloss. Lat. Gall. Sangerm. Vide *Tumularius.*

° **TUMULTARE**, Tumultuari. Charta ann. 1379. inter Probat. tom. 3. Hist. Nem. pag. 24. col. 1 : *Dictus dominus dux publice proponi fecit... contra populum supradictum, quod pluries et frequenter, indebite et enormiter se congregaverant Tumultando et seditiones committendo, etc.* A Latino Tumultus, nostri *Tesmouts* dixerunt. Occurrit in Chron. S. Dion. tom 3. Collect. Histor. Franc. pag. 282. et 284. *Temoute,* in Gest. Ludov. Pii ibid. tom. 6. pag. 148. Le Roman *de Robert le Diable* MS. :

> Par ru si tres grant la Temoute,
> Que l'empereres les escoute.

° **TUMULTUARE**, Tumultuose clamare. Lit. remiss. ann. 1386. in Reg. 129. Chartoph. reg. ch. 41 : *Cum ipse Johannes..... audivisset Tumultuare, quod in planatio dicti loci Guiniaci Deodatus Vassalli, ejus consobrinus germanus, a quibusdam interficiebatur, etc.*
¶ **TUMULTUARII** MILITES, f. Recens collecti. Hist. Franc. Sfort ad ann. 1428. apud Murator. tom. 21. Script. Ital. col. 214: *Tumultuarii item milites, qui ad spectaculum venerant, nec concurrunt.* Verum et pauci et inermes.
¶ **TUMULUS**, Mensura frumentaria, Siculis et Melitensibus, *Tomolo.* Miracula B. Joachimi Abbat. tom. 7. Maii pag. 124 : *In loco quodam arboribus undique septo, cujusdam vitæ Mauri genitoris sui, in agro Cælicensi positæ capacitatis in semine Tumulorum trium cum dimidio.* Vide Tuminus et *Malbergium.*

° Charta Joan. regin. Sicil. tom. 5. 2. Hist. Cassin. pag. 591. col. 1 : *Mandamus quatenus eisdem monachis,..... pro eorum victu... de grano Tumulos mille quingentos assignare debeatis.*
¶ **TUNC**. Ad *Tunc,* Tum, tunc, Gall. *Alors,* apud Thomam Madox Formul. Anglic. pag. 273 : *Ex nunc pro ut ex tunc, et ex tunc pro ut ex nunc,* formula in Litteris Caroli V. Reg. Franc. ann. 1369. tom. 5. Ordinat. pag. 269. et alibi, qua aliquid firmo ac statuto consilio factum esse significatur.
¶ **TUNC** TEMPORIS, Dicitur de iis, qui Chartis testes aderant iisque subscribebant ; qui usus obtinuit XI. sæculo et sequentibus. Charta ann. 1093. tom. 5. Annal. Bened. pag. 309. num. 55 : *Ego Hugo episcopus Tunc temporis et cancellarius scripsi et subscripsi.* Consule novum Tract. diplom. tom. 4. pag. 573.
¶ **TUNCHINIUM**, Decania vel cœtus judicialis cui præerat *Tunginus,* si vera lectio est. Pactus Legis Salicæ tit. 63 : *Si quis de parentilla tollere se voluerit, in mallum aut in Tunchinium admallare de-*

bet, etc. Aliter Lex Salica tit. 63. § 1. ut videre est mox in *Tunginus.*

¶ **TUNGEREAFA,** TUNGEREFA, *Præpositus curiæ urbanæ,* Hickeslo Dissert. Epist. pag. 57. a Saxonico t u n, villa, prædium, vicus, et g e r e f a : de quo supra. Vide *Tungravio.*

TUNGINUS, *Judex, qui post Comitem est,* in veteri Glossario : *Tungi,* seu villæ Præfectus, Judex ; a t u n, Saxon. villa, vicus, prædium, territorium ; quod malim, quam quod vult Wendelinus, a Teutonico *Tong,* i. lingua, deductum vocabulum, quod *Tunginus* lingua sit centenarii Alii a t e g n, Saxonico, *Minister,* de qua voce egimus in *Thaynus,* profectum volunt. Lex Salica tit. 46. § 1 : *Tunginus aut Centenarius mallum indicent, etc.* Tit. 48 : *Debent testes jurati dicere, quod ibi fuissent in mallo, ubi Tunginus et Centenarius indixerunt.* Tit. 69. § 1 : *Si quis de parentilla tollere se voluerit, in mallo ante Tunginum aut Centenarium ambulet, etc.* [∞ Vide Grimm. Antiq. Jur. Germ. pag. 584. et supra *Centenarius.*]

☞ Eccardus in notis ad Pactum Legis Salicæ tit. 47. § 1. asserit nomen *Tngini, Tungini,* vel *Tunzini,* formatum esse ex *Tincman,* et proprie significare *Decanum,* quod invenerit in Glossario MS. Florentino *Centenarium, hunno, Decanum* vero *Tincman* vocari. Origo vocis, inquit, *Tohun,* vel *Tia,* quæ pro *Decem* legitur in Pacto Legis Salicæ tit. 2. § 5. et 8. hinc *Tehing, Ting, Tinginus, Tincman* verbotenus ut Decanus. Aliunde accessit Vossius lib. 2. de Vitiis serm. cap. 18. ubi etiam habet *Tonginus.* Vide *Decanus* et *Tunchinum.*

TUNGRAVIO, TUNGRAVIUS, TUNGREVIUS, *Tungi Præpositus,* id est, villæ : nam t u n, ut mox diximus, Saxonibus est villa, vicus, prædium, territorium : et g e r e f, Præfectus, Præpositus ; quasi t u n-g e r e f. Leges Ethelredi Regis Angl. apud Wenetyngum editæ cap. 24 : *Si Portireva, vel Tungravio, vel alius Præpositus compellat aliquem, quod theloneum supertenuerit, etc. Tungravius,* in ejusdem Ethelredi Legibus apud Habam cap. 2. *Tungrevii,* in Legib. Henr. I. cap. 7 : *Intersint autem* (generalibus placitis) *Præpositi, Barones, Vavasores, Tungrevii, et cæteri terrarum domini diligenter intendentes, etc.*

1. **TUNICA,** Vestis Sacerdotalis, quam duplicem induunt Episcopi subter casulam, ut est apud Amalarium lib. 2. de Eccl. Offic. cap. 22. Rupertum lib. 1. de Divin. Offic. cap. 23. Durandum lib. 3. Ration. cap. 10. etc. Eadem *Tunica poderis* dicitur apud Innocentium III. lib. 1. Mysterior. Missæ cap. 10. 55.

TUNICA CUM TINTINNABULIS. Missa vetus ex codice Ratoldi Abbatis Corbeiensis : *Super hæc itaque ministretur ei* (Episcopo) *Tunica gyris in tintinnabulis mirifice referta, etc* [Vide *Tintinnabulum.*]

TUNICA, est etiam Clericorum vestis propria, apud Honorium August. lib. 1. cap. 233.

TUNICA PLUMBEA. Lex Bajwar. tit. 1. cap. 11. § 1 : *Si quis Episcopum, quem constituit Rex, vel populus sibi elegit Pontificem, occiderit, solvat eum Regi vel plebi, aut parentibus secundum hoc edictum. Fiat Tunica plumbea secundum statum ejus, et quod ipsa pensaverit, auri tantum donet, qui eum occidit, etc.*

TUNICA CHRISTI, de qua Gregorius Turon. lib. 1. Miracul. cap. 8. Chron. Fredegarii cap. 11. Aimoinus lib. 3. cap. 78. Math. Paris ann. 1156. etc.

TUNICA B. MARIÆ, quæ in Carnotensi Ecclesia religiose asservatur et colitur. De hac agit Dudo de Morib. Normann. lib. 2. pag. 80.

TUNICA Monachorum, in Regula S. Benedicti, quæ et *Capuliata* fuisse dicitur apud Lanfrancum in Statut. cap. 18. Vide Haeftenum lib. 5. Disquisit. Monast. tract. 3. disq. 7.

TUNICA AGILIS. Joan. Mon. in Vita S. Odonis Abbat. lib. 2 cap. 8 : *Cumque ejus membra tabescere cernerem, fieri ei agilem Tunicam jussi, quæ ejus posset tueri et calefacere penetralia.* Ita editio Mabillonii ; at Duchesniana habet *agiliter.*

¶ TUNICA FEMORALIS, Quæ ad femoralia descendebat. Canones Hibern. apud Marten. tom. 4. Anecd. col. 5 : *Quicumque clericus ad hostiario usque ad sacerdotem sine Tunica femorali visus fuerit, quæ turpitudinem ventris non tegat et nuditatem, etc.*

2. **TUNICA,** Sagum militare, quod armaturæ ferreæ, vel thoraci superinduebatur, *Cotte d'armes.* Ita fere semper Scriptores nostri hac appellatione donant, vario vocabulo elato. Chronicon Flandriæ cap. 51. de Henrico Luxemburgico Imper. : *Et avoit vestu un Tournicle d'or à aigle noir, etc.* Vetus Poeta MS :

Armez fut d'un haubert clavez de double maille,
Un Tournicle dessus aussi come d'escluintle.

Chronicon Bertrandi Guesclini :

Là n'y avoit Seigneur de haute renommée,
Qui si Tunicle n'eust en son dos endossée.

Inventarium bonorum mobilium Ludovici Regis Franc ann. 1316 : *Deux houces, et deux Tunicles, des armes de France, et le chapeau de meismes. Item deux Tunicles et un gamboison de bordures des armes de France. Item deux Tunicles bastues des armes de France* Computum Stephani de la Fontaine Argentarii Regis incipiens a 4. Febr. ann. 1351. cap. de Harnois : *Pour 2. aunes de velluyau jaune pour faire une Tunicle. Et infra* : *Pour 2. aunes 3. quarts de veluyau ynde à faire la garnison d'un chamfrain, et l'escarteleure de la Tunicle 16. escus, etc.* 2. onces 15. estellins de perles a pourfiller les fleurs de lys de la Tunicle. *Rursum* : *Pour 6. pieces de camocas blans à faire 2. harnois de cheval ; c'est assavier colliere, crupiere, banniere, panonceaux et Tunicle.* Rursum : *Pour 2. onces et demye d'or trait pour faire l'armorie des Tunicles.* Statuta MSS. des Armoiers et coustepointiers de Paris : *Tout homme, qui fera Toraicles quelles quelles soient, que elles soient armoiées de surtal, et que le surtal soit aussi bon comme le champ et que il soit curelie de poins, et pourfilez de chiefs, et cousus de soyse bien nettement, et s'il y a cotton, que il y en ait autrendroit du cendal, ou cas que elle ne seroit drappée, et que elle seroient de poins enfernez et brochiez, si l'en a loisir de le poindre.*

¶ TUNICA AD ARMARE, Eadem notione. Comput. ann. 1202. apud D. Brussel tom. 2. de Usu feud. pag. CCI : *Pro 11. Tunicis de Esteinfort ad armare,* XXXIII. sol......... *Pro* VI. *cendalis ad capam,....... etc. pro* I. *Tunica ad armare,....... et pro duabus Tunicis cendalis viridis ad armare,* VIII. *l.*

⁕ Testam. Rich. de Bisunt. archiep. Rem. ann. 1389. inter Instr. tom. 10. Gall. Christ. col. 70 : *Item dedit et legavit magistro Johanni Vetulæ, olim ballivo* suo *Remensi, suam Tunicam, Gallice Cote à armer, ferratam argento.*

⁕ TUNICA AUDAX, Sagi vel tunicæ species, viris perinde et feminis familiaris, idem quod *Cotardia.* Guagia et robæ familiæ Rob. comit. Clarim. ann. 1205. apud Ludewig. tom. 12. Reliq. MSS. pag. 13. col. 2 : *Pro xiij. alnis marbreti pro quatuor Tunicis audacibus pro quatuor pagiis, lviij. sol. vj. den.* Lit. remiss. ann. 1357. in Reg. 80. Chartoph. reg. ch. 55 : *Quidam nuncius, dicens se esse ad dominum Montismorenciaci,...... quandam suam Tunicam audacem novam cum capucio, quod etiam novum habebat,...... eidem supplicanti amoverunt.* Testam. Odon. Morini curionis de Jonqueretis diœc. Ebroic. ann. 1881. ex Bibl. reg. : *Item* (do) *domino Gauffrido le Grain unum mantellum et unam Tunicam audacem.*

⁕ TUNICA HARDIATA, HARDITA, Eodem intellectu. Vide supra in *Hardiata* et *Hardita tunica.*

¶ TUNICLA. Chronic. Brioc. ad ann. 1394. apud Lobineil. tom. 2. Hist. Britan. col. 864 : *Aderant autem in illo exercitu...* II. *millia et* D. *milites at armigeri arma sua in suis Tuniclis super se defferentes, etc.*

¶ TUNICATIM, ad instar tunicæ. Pseudo-Ovidius de Vetula :

Inque novem cœlos extrinseca dividitur pars,
Quorum forma quasi Tunicatim contineat se.

TUNICELLA, Vestis Subdiaconorum propria, quæ et *subtile.* Vide Durandum lib. 3. Ration. cap. 11. num. 3.

☞ Pro *tunica* pontificali occurrit in Synodo Valentina ann. 1590. tom. 3. Concil. Hispan. pag. 469 : *In officio Missæ celebrans semper utitur planeta super albam ; si autem sit Episcopus et solenniter celebrat, super dalmaticam et Tunicellam. De usu Tunicellæ* plura videsis apud Macros fratres in Hierolexico.

TUNICELLA Monachorum. Vide Haëftenum lib. 5. Disquisit. Monast. tract. 3, cap. 7. extremo.

¶ TUNICELLA Sanctimonialium , in Vita B. Coletæ, tom. 1. Sanctorum Martii pag. 552.

∞ TUNICALE. Charta ann. 1121. apud Guden Cod. Dipl. tom. 1. pag. 50 : *In festo S. Mariæ… duo Tunicalia, quæ inter fratres circumeant, quorum utrumque valeat 3. solidos.*

⁕ 3. **TUNICA** FURNI, Ambitus ejusdem, ni fallor. Glossæ Cæsar. Heisterbac. in Reg. Præm. tom. 1. Hist. Trevir. Joan. Nic. ab *Hontheim* pag. 669. col. 1 : *Curia de Denesbure et Hermansbanide adducunt palos,......, et perticas Gorten ad Tunicam furni sepiendam.* Vide *Tuninum*

⁕ TUNICELLUS, dimin. a Tunica, tunicella. Acta B. Joan. Firm. tom. 2. Aug. pag. 461. col. 1 : *Nihil aliud ad usum habere voluit, nisi solum tunicam habitualem , chordam et femoralia...... excepto quod circa finem* (vitæ) *habuit parvum Tunicellum, quem infra habitum portabat.*

¶ **TUNICIUM,** Tunetum, Tunetanum regnum , *Tunis,* in Inventar. Chartar. Reg. ann. 1432. fol. 100 : *Littera Regis Tunicii de treuga inita inter Franciæ et Siciliæ Reges et ipsum.*

¶ **TUNINA,** Thunnus salsus, Ital. *Tonnina.* Annales Genuens. ad ann. 1285. apud Muratori. tom. 6. col. 590 : *Invenit in mari Tolariæ navem unam Venetorum onustam caseo et Tunina.* Vide *Tonnina* et *Tunnaria.*

⁕ Stat. Mont. reg. pag. 318 : *Item pro*

qualibet barrito Tuninæ, solvat octo denarios.
TUNINUM. [∞ vel TUNINUS, TUNIMUS.] Lex Bajwar. tit. 1. cap. 14. § 5 : *Ad casas dominicas, stabulare, fenile, granicam, vel Tuninum recuperandum, peditures rationabiles accipiant.* Editio Tillana habet *stabilire, et recuperando ;* Heroldina, *stabulum.* Quidam putant, tuninum hoc loco esse ædificium *tunnis* recondendis idoneum. Vossius vero vocem formatam putat ex Germanico *tuyn,* quod universim locum septum sonat, ac particulatim hortum.
☞ Huic interpretationi favet Codex Irminonis Abb. Sangerm. fol. 65. v°. Brev. 13. sect. 1 : *Claudunt de Tunini perticam unam in curte domnica.* Et fol. 70. ibid. sect. 64 : *Autlemarius servus..... facit caropera, claudit in curte dominica de Tunino parietem unum, etc.* [∞ Breve 11. sect. 2 : *Claudunt in curte dominica de Tunino perticas 4. de sæpe.* Fiscor. describend. Formul. apud Pertz. Leg. tom. 1. pag. 179 : *Curtem Tunimo circumdatam, desuperque spinis munitam, cum porta lignea. Habet desuper solarium. Curticulam similiter Tunimo interclusam.* His locis *Tuninus* vel *Tunimus* videtur sepimentum structile, quo circumdatur chors ; ita ut *sepes in prato* sit sepis vivæ naturale sepimentum. Glossa antiq. apud Graff. Thesaur. Ling. Fr. tom. 5. col. 678 : *Tunino, Hovazûn.* Pro chorte vero ipsa in qua aliules aves custoditur, usurpatur apud Adalhard. Statut. Corb. lib. 2. cap. 18 : *Aucas autem et pulli, quæ in Tunninis dominicis nutriti fuerint, semper decimus portario detur.* Vide Guerard Glossar. ad Polypt. Irminon. et supra *Tunica Furni.*]
¶ **TUNLEIUM**, Tributum. Vide in *Telon.*
TUNNA, TONNA, Vas aquæ, vini, cerevisiæ, et alterius liquoris capax, Gall., Germ. Belg. *Tonne.* Gloss. Anglo-Sax. Ælfrici : *Cupa*, tunne. [⁖ Vide Graff. Thes. Ling. Franc. tom. 5. col. 431.] Lexicon Cambro Britannicum, *Tunnel*, dolium. Alcuinus Poëm. 221 :

Et Nemias Græco infundat sua pocula Baccho,
Qui secum Tunnam semper portare suescit.

Quibus verbis innuit Pincernam regium S. Audoënus in Vita S. Eligii lib. 2. cap. 38 : *Cumque vasa sua sigillatim sollicite consideraret , reperit fortuitu Tunnam, ubi pauzillum habuerat antea, usque ad os tunc vino exundante repletam.* Vita S. Philiberti cap. 18 : *Rogans eum cellarium ingredi, et vas vinarium , quod Tunna dicitur benedicere.* Epistola 73. inter Francicas, quæ habentur tom. 1. Historiæ Francor. : *Superexcrevit quidem et superabundavit benedictio largitatis vestræ adeo ut dum nos unam falerni amphoram deposcimus, vos eminentia vasa, et, ut usitatius dicam, Tunnas decem elegantissimi falerni tanti habuistis dirigere.* [∞ Vide Lappenb. Orig. Hanseat. Probat. pag. 62. not. 9.]
° Glossæ Cæsar. Heisterbac. in Reg. Prum. tom. 1. Hist. Trevir. Joan. Nic. ab *Hontheim* pag. 671. col. 1 : *Solvit Tunnam unam. Tunnæ, de quibus hic mentio fit, non puto esse Tunnas, per quas deducitur vinum ; quædam autem vasa magis ad vindemiam valde necessaria, quæ appellantur Buden.* Vide supra *Thona* 1.
° *Tune* vero, Pars quædam aratri, in Lit. remiss. ann. 1386. ex Reg. 129. Chartoph. reg. ch. 183 : *Desquelles charues l'exposant arracha, print et emporta les cops, la jauge, deux chevilles de fer et la Tune.*

TONNA. Vita S. Tillonis Mon. n. 29 : *Erat etiam.... in cellario fratrum positum vas, quod vulgo Tonna vocatur, habens modicum falerni.* Vita S. Sori Eremitæ n. 4 : *Tres illas apothecas, quas rustici Tonnas vocant.* Heribertus Monachus de Hæreticis Petragoricensibus : *Simbi ferreis catenis vel compedibus vincti missi fuerint in Tonnam vinariam, etc.* Vita MS. S. Agerici Episcopi : *Quia præter vas medium, quod Tonna vulgariter dicitur , nihil habemus.* [Charta ann. 804. apud Lobinell. tom. 2. Hist. Britan. col. 81 : *Nunciatum est.... quoddam vas miræ magnitudinis vini meri plenum esse inventum, quod vulgo Tonna nuncupatur*] Adde Aimoin. lib. 2. Miraculor. SS. Georgii et Aurelii cap. 21. Vitam S. Herlindis n. 13. Ordericum Vital. lib. 13. pag. 898. Sugerium de Admin. sua cap. 16. Historiam S. Martini de Campis pag. 441. etc.
¶ TONA, in Miraculis S. Angilberti Abbat. sæc. 4. Benedict. part. 1. pag. 134. in veteri Charta apud Lobinell. tom. 2. Hist. Britan. col. 268. et alibi non semel.
¶ TONNAUS, Eodem significatu. Charta ann. 855. in Append. Marcæ Hisp. col. 788 : *Et vinum qui exinde exibit quinales ccc. et sunt Tonnai VIII. et de annona modii XXX.*
TUNNARE, ex Gall. *Entonner*, in tunnam seu dolium infundere, doliis vina aut simile quid infuse. Iter Camerarii Scotici cap. 6. de Gustatoribus cerevisiæ : *Quod non sunt parati ad gustandum, quotiescunque brassiatriæ Tunnaverit.* Cap 10 : *Quod non faciunt gustari cerevisiam, seu Tunnari, antequam illam vendant.*
TONNELLUS, Parva *tonna*, apud Petrum Cellensem lib. 9. Epist. 5. [*Tonellus*, in Privilegio Leduini Abb. ann. 1036. e Chartulario S. Vedasti Atrebat. in Computis ann. 1202. apud D. Brussel tom. 1. de Feudorum usu pag. 515. et tom. 2. pag. CXLI. et alibi sæpe. *Tonnel*, in Charta ann. 1448. et Tonnet, in alia ann. 1295. ex Tabul. Corb]
° *Un Tonnellet de huit loz ou environ*, in Lit. remiss. ann. 1408. ex Reg. 163. Chartoph. reg. ch. 208. *Toullon* et *Toulon*, eadem notione. Lit. remiss. ann. 1425. in Reg. 173 ch. 375 : *Ouquel celier les suppliantes trouverent ung grant Toulon, ouquel avoit de la terre et cinq cent vingt pieces d'or. Ung Toullon d'uille tenant huit pintes,* in aliis ann. 1452. ex Reg. 181. ch. 166
TONNELLA, apud Bandoviniam in Vita S. Radegundis cap. 10. et Guibertum lib. 3. de Vita sua cap. 8. [*Tonella* in nave Ecclesiæ cereorum multitudine circumhonoratæ, in Gestis Gaufredi de Loduno Epist. apud Mabillon. tom. 3. Analect. pag. 378. V. *Redda.*]
TUNNELLA, apud Thwroczium in Hist. Hungar. ann. 1335.
TONNAGIUM, in Statuto 2. Westmonasteriensi cap. 20. Vectigal ex vino et mercibus quibusdam, tam evectis quam advectis, juxta *tonnarum* pondera impositum. Spelmannus. [Recensio reddituum Castell. Petræfontis ann. 1300. e Bibl. Regia : *Tonnage de vin que lan lieve ou terrouoir de S. Jacque, de S. Supplis et de Pierrefons, pour chascun tonel* 11. den. ob. Vide Th. *Blount* in Nomolexico.]
¶ TONELARIUS *Tonelarum* artifex, victor, Gall. *Tonnelier.* Conventio ann. 1202. apud Lobinell. tom. 5. Hist. Paris. pag. 600. col. 1 : *Unus clausarius vinearum, unus Tonelarius, etc.* [∞ *Tunelarius* in

Chartul. S. Petri Carnot. num. 185. pag. 397. ed. Guerard.]
¶ TONNELLARIA , Doliaria officina, Gall. *Tunnelerie,* in Charta ann. 1306. apud eumdem Lobinell. tom. 3. pag. 131.
TONNARIA, TUNNINA, TONNARIA, Vivarium, seu piscaria tynnorum. Charta Caroli I. Regis Siciliæ ann. 1277. apud Ughellum tom. 7. pag. 807 : *In Tunnaria vero Palermi annis singulis 50. barilia de mansæ de Zurra, et totidem de alia Tunnina deferanda per mare expensis nostris, etc.* Tunnariæ Panormitanæ mentio fit etiam in Charta Friderici II. Imp. ann. 1211. apud Rocchum Pirrum tom. 1. pag. 144 : *Confirmamus vobis..... decimam omnium piscium Tunnariarum nostrarum Panormi, etc.* Vide eumdem pag. 314. 402. 418. tom. 2. pag. 25. Bullarium Casinense tom. 2. pag. 191. [Chronicon Siciliæ apud Marten. tom. 3. Anecd. col. 82. et 95. et Constitutiones Frederici Regis Siciliæ cap. 32.] Charta Caroli Regis Sicil. ann. 1275. apud eumdem Ughellum tom. 1. pag. 337 : *Et certa quantitate Tonninæ de Tonnaria curiæ Siciliæ, etc.* Charta Willelmi Regis Siciliæ ann. 1176. apud Rocchum Pirrum in Arch. Montis Regal. : *Tonnariam quoque, quæ est in insula, quæ dicitur Fimi..... libere habendam concedimus, ut omni tempore liceat eidem Monasterio ad utilitatem suam officium piscationis Tunnorum ..... exercere.* Alia ann. 1289 : *Asserens dictam Ecclesiam nullam habere Tonnariam in dicta maritima, nisi Tonum tantum unum, impedit constructionem Tonnariæ in præjudicium Ecclesiæ memoratæ, etc.*
¶ TYNNINA, Eodem intellectu. Notitia Eccl. Cephalædit. apud Rocchum Pirrum in Sicil. sacr. pag. 485 : *Anno Salvatoris* 1347. *N. abbas ejusdem B. M. de Pedali Ordinis S. Benedicti a Rege Friderico III. obtinuit pro suo monasterio quasdam butticellas Tynninæ singulis annis.*
TUNNARA PISCATIO, in lẹg. venditor. D. Commun. præd. De Thynnorum piscatione circa Bosphorum apud Oppianus lib. 3. et 4. Halieut. Adde Plinium lib. 9. cap. 15.
¶ TUNNINA, Thunnus salsus, Ital. *Tonnina.* Chronicon Richardi de S. Germano apud Murator. tom. 7. col. 1090 : *Pro porco gr.* 3. *pro ariete gr.* 2. *pro agno gr.* 2. *de Tunninis et sardellis servabitur forma.* Vide *Tunina* et *Tonnara.*
¶ TUNNINUM, *Locus tunnis reponendis destinatus,* in Amalthea e Cod. Leg. antiq. Vide *Tuninum.*
° TUNSILLÆ, *Malæ,* in Glossis ad Alex. Iatrosoph. MS. lib. 1. Passion. cap. 136 : *Furfurum et caricarum zoniam dabis ad gargarizandum, et maxime quibus Tunsillæ habent ab initio flegmonem.*
¶ **TUNSIM**, Minutim, concisim vel percussim, Jo. de Janua ; *Menuement,* in Glossis Lat. Gall. Sangerm.
* **TUNSIO**, [Percussio. DIEF.]
° **TUNUS**, pro Thunnus, pluries in Lit. Renati reg. comit. Provinc. ann. 1477. Vide *Tunnaria.*
TUNZINUS, Decanus, Judex. Vide *Tunginus.*
TUO, ἀτενίζω, in Gloss. Lat. Gr. Alius Græc. Lat. : Ἀτενίζω, Contemplor, *Tuo, Contueor, Intueor.* Unde *Tueres*, pro *Tueri*, videre ; dictum colligitur. Vide *Tuere.*
TUOMUM, ex Ital. *Domo*, ædes in Tholi formam ædificata, in Vita S. Udalrici Episcopi Augustensis num. 24. edit. Mabillonii. [∞ Pertz. Script. tom. 4. pag. 398.] [Malim a Germanico *Thuom, Thum,* vel *Dom,* Dominicum templum,

27

Basilica, Ecclesia cathedralis, deducere. Vide *Ecclesia*, pag. 5. col. 1. et *Domus*, pag. 922. col. 1.] [∞ Grimm. Gramm. German. tom. 3. pag. 427.]

✱ **TUPA.** [« Actum apud Gratianopolim, infra domum dict. fratrum, videlicet in *Tupa* seu peylo. (*Chevalier*, Cart. Fratr. Prædicat. Gratianop. p. 40, an. 1385.)]

¶ **TUPHA,** Genus vexilli. Vide *Tufa*.

¶ **1. TUPINA,** Species exercitii militaris ludicri, Gallis olim *Tupineis*. Litteræ Edwardi III. Regis Angl. ann. 1329. apud Rymer. tom. 4. pag. 386: *Ex parte nostra inhiberi faciat........ tornementa, burdeicias, Tupinas aut justas facere, aventuras quærere, etc.* Præceptum Philippi Pulchri ann. 1312. tom. 1. Ordinat. Reg. Franc. pag. 509 : *Nous eussions fait defendre generalement par tout notre royaume toules manieres d'armes et de tournoiemens, et que nuls, sur quanques il se poient meffaire envers nous, n'allast à tournoiemens en nostre royaume, ne hors, ne' feist, ne alast à joustes, Tupineis, ou fist autres fais, ou portemens d'armes, etc. Le Roman de la Rose* MS. :

Ne veistes tel chapleis,
Là out si fort Tupyneis
Conques en nul tornoiement.

Vide P. Honoratum de S. Maria lib. 1. Dissertat. Histor. et Critic. in Equitum Ordines pag. 191. [∞ Cangium post Joinvill. Dissert. 6. in fine.]

◦ **2. TUPINA,** Olla terrea, vas terreum, Gall. *Pot de terre*, alias *Tupin* et *Tuppin*; unde *Tuppinier*, eorum artifex vel mercator, et *Tupinarium*, ejusmodi vasorum congeries. Charta fundat. priorat. S. Viviani Vasat. ann. 1081. ex Tabul. S. Florent. Salmur. : *In unoquoque foro, unam junctam salis, et de uno Tupinario indeterminato unam Tupinam et unum pigarium.* Charta ann. 1318. in Chartul. S. Mart. Augustodun. : *De ceulx qui vendent ès dittes foires chairs cuites en chaudieres, iv. deniers ; et de ceulx (qui vendent) chairs cuites en Tupins, ij. deniers. Pot ou Tuppin de terre*, in Leg. Claudii de Guysia inter Comment. Cond. ult. edit. tom. 6. part. 2. pag. 40. col. 2. Charta ann. 1328. inter Probat. ult. Hist. Trenorch. pag. 243 : *Le Samedi après l'Ascension, toutes les ventes des Tuppiniers et de soliers de dehors qui deschargent à Tornus chacun an, etc.* Vocis etymon a Latino *Tophus* accersendum censet *Duchat* in notis ad Rabelais. lib. 1. cap. 4. ubi Gallicum illud proverbium laudat:

De bonne vie bonne fin,
De bonne terre bon *Tupin*.

◦ **TUPINUS, TUPINERIUS,** Ejusdem, ut videtur, originis et significationis. Stat. Avells ann. 1496. cap. 172. ex Cod. reg. 4624: *Quod aliqui pegoloti, seu Tupinerii, et alii quivis non debeant...... ire hostiatim per locum Avillianæ... ad vendendum mercerias, Tupinos, speciarias, vel alias res.*

¶ **TUPPA CATENÆ,** Sera, in Vita S. Raynerii, tom. 3. Junii pag. 448. ab Italico *Toppa*, Academicis Cruscanis, *Strumento di piastra di ferro con ingegni, per li quali si volge la chiave, fatto per serrare.*

◦ **TUPUS,** pro *Tripus*, Mensa fulcro tripede suffulta, ut suspicantur docti Editores ad Acta B. Amadei tom. 2. Aug. pag. 585. col. 2 : *Ecce quod ipse pater Amadæus, dum ad ejus cellam accederet et invenisset in refectorio Tupodem præparatum cum pane et aqua, ad cellam ipsius consocii sui ivit valde admiratus de tali præparatione, et cum eum socium suum interrogasset, quisnam in refectorio præparasset panem et aquam super Tupode ;.... et consurgens a dormitorio suo ad refectorium ivit cum eodem patre, et invenerunt unum panem sinum et album, et craterem unum aquæ recentis super Tupode.*

¶ **TURABULA,** Baculus collo porcorum appensus, ne prata subvertant, in Consuet. Solensi tit. 15. art. 18.

TURABULUM, pro *Thuribulum*, in veteri orbis Descriptione cap. 18. Vide *Batillum et Thuribulum*.

¶ **TURACHIUM,** Epistomium, dolii obturamentum, Ital. *Turacciolo*. Vita S. Bernardini Sen. n. 54. tom. 5. Maii pag. 276. ◦ : *Turachium seu spinam vegetis abstraxit et maxima pars vini defluxit.*

✱ **TURADIA,** pro *Curadia*. Vide *Curatura*.

✱ **TURATA,** [Gallice *Levée*, amas : « In buttis, molis sive *Turatis* reponuntur (lapides) in quibus ex se in alumen convertuntur. » (Diar. Burchard, éd. Thuasne, II. 171. an. 1494.)]

1. TURBA, Niger cespes, qui e terra palustri et bituminosa eruitur, et vicem lignorum præbet, nostris, *Tourbe*, Teutonibus *Torf*, vel *Turf*, aut *Turve*. Lambertus Ardensis pag. 257 : *Quendam similiter mariscum, ut aiunt, proprium perfodi fecit, et in Turbas dissecari.* Charta Eustachii *de Campanies*, seu *de Hames* ann. 1210. in Tabular. S. Bertini : *Decem millia glebarum, quæ Turbæ vocantur..... fodere valeat ad focum suum.* Chronicon Andrense pag. 453: *Pro eo, quod uxor ejus focum glebarum vel Turbarum exorsum habeat.* Provinciale Cantuariensis Eccles. lib. 3. tit. 16 : *Decimæ Turbarum in locis, quibus fabricantur et foduntur.* [Adde Chartam ann. 1191. diœc. Autom. inter Instrum. Gall. Christ. novæ edit. tom. 3. col. 128. aliam ann. 1232. apud Myræum tom. 1. pag. 420. Formul. Anglic. Th. *Madox* pag. 27. etc.]

¶ **TURFA.** Charta ann. 1246. apud Miræum tom. 2. pag. 1323. col. 1 : *Morum dedit dictus Comes dictæ ecclesiæ de Thosan ad Turfas fodiendas.*

TURVA, pro *Turba*, scribitur apud Rogerum Hovedenum pag. 784. ex Anglico *Turf*, vel *Torf* : *Qui autem forisfecerit in foresta Regis de viridi sive per culpaturam, sive per esbranchicaturam, sive per fodilionem Turvarum, sive per escoriationem moræ, etc.* Differt autem *turva*, a *blestia*, ait Spelmannus, quod *turba* e terræ corpore effoditur, *blestia* ab ejus superficie abraditur; utraque in ignis alimentum a rusticis plurimis et a nobilibus ipsis in palustribus regionibus adhibita. *Blestiam*, nostris *Bleche* appellari subdit. Vide Plinium lib. 16. cap. 1. Leges Burgorum Scoticorum cap. 38. ◦ 2. *Buzelinum Gallofordum.* pag. 318. Notitiam Ecclesiarum Belgii cap. 208. [Miræum tom. 2. pag. 867. 873 1321.] et quæ de *Turbis* ex professo scripsere Martinus Schoockius, Professor Groninganus, Carolus Patinus, et aliquot alii.

¶ **TURVUS.** Charta ann. 1101. apud Miræum tom. 1. pag. 163. col. 2 : *Præter jus ad dicum, necnon et unum sach ad Turvos et ad silvam.*

¶ **TURBO,** Eandem notione. Johan. Iperii Chron. S. Bertini apud Marten. tom. 3. Anecd. col. 757 : *Officium fuit granatarii omnia monasterii ædificia sustentare ..... panem, cervisiam, ligna, Turbones.... providere, etc.* Chartæ Corbeienses ann. 1190. et 1201 : *Ecclesia Corbeiensi mediatatem omnium, quæ ex nemore de Wouhust et wastinis adjacentibus vel Turbonibus provenerint, recognosco.* Charta ann. 1345. in Instrum. Gall. Christ. novæ edit. tom. 3. col. 128 : *Item in lignis combustibilibus* 18. *lib. item in Turbonibus* 20. *sol.* [∞ Chart. ann. 1152. apud Lappenb. Orig. Hanseat. Probat. pag. 64 : *Scuta cum Turbonibus* 1. *den. sed si alias merces intus habuerit* 2. *den.*]

TURBARIÆ, Loci ejusmodi cespitibus fodiendis idonei, quomodo describuntur apud Willelmum Armoricum lib. 2. Philipp. ubi de Flandria :

Arida gleba loco siccis incisa mariscis.

In Charta Hugonis Gandensis Castellani ann. 1228. apud Lindanum in Teneræmunda : *Concessimus etiam eis, ut habeant* 20. *bonaria palustris fundi ad opus ignis.* Et in libro de Proprietatibus rerum lib. 15. de Flandria : *In plurimis est bituminosa, ex qua foditur materia, apta ad ignium nutrimenta.* Vide Scaligeriana I. edit. pag. 349. Monasticon Anglic. tom. 1. pag. 284 : *Pascuis, et molendinis, et Turbariis, et stagnis, etc.* Adde pag. 687. Idem Monast. tom. 2. pag. 173 : *In Turbaria tantum turbæ, quantum convenit eis, etc.* Pag. 207: *Quandam Turbariam, habentem in latitudine* 20. *perticas, et in latitudine, quantum ipsa mora extenditur. Turbaria*, apud Brittonem pag. 185. vº. Adde Statutum 2. Westmonast. cap. 23. Fletam lib. 1. cap. 12. ◦ 21. lib. 2. cap. 41. ◦ 2. Concilium Maghfeldense ann. 1330. Gul. Prynneum in Libertat. Angl. tom. 3. pag. 463. Edw. Musæum et Nicolaum Uptonum pag. 86. [Matth. Paris ed. lin. 1213. et in Addit. 32. Formul. Angl. in *Madox* pag. 183. Litteras ann. 1359. apud Rymer. tom. 8. pag. 95. alias ann. 1408. ibid. pag. 561. Chartam ann. 1360. apud Lobineli. tom. 2. Hist. Brit. col. 503. etc. *Tourberie*, in Invent. Chartar. Reg. ann. 1482. f. 207. ex Chartul. Reg. ann. 1200. Rursum occurrit in Charta ann. 1348. ex Chartul. 21. Corb.] De *Turbariis* Anglicis ita Cambdenus in Lancastrensi agro : *Ubique solo tolerabili, nisi uliginosis quibusdam et minus salubribus locis, Mosses vocant, qui tamen suis incommoda, commodis suis resarciunt uberioribus; abrasa enim superficie, unctuosos cespites, Turffes dicunt, ad ignis fomitem ..... suppeditant.* Præallatis addere placet, quod de hujusmodi Turbariis habet Chronicon Montis Sereni num. 1181 : *Civitas autem in palude ædificata erat triplici vallo, et muro forti munita. Palus autem circa civitatem porrecta, non patans, sed sud cespite latens erat, et cespes ipse non solidus, sed vestigiis cedens, quasi immersionem desuper ambulantibus minabatur. Super hunc machinæ multæ diversi generis multo labore et sumtibus magnis ad capiendam civitatem constituebantur. Interim vero hi, qui obsessi fuerant, stultum judicantes nihil per se agere, quoniam hujusmodi materies flammæ admodum capax est, cespitem in ea parte, qua extremo civitatis vallo jungebatur, obsessoribus ignorantibus incenderunt. Ignis autem subterraneo meatu serpens cito dilatatus est, qui cum locum machinarum venisset, cespes subter igne exesus, molem superpositam ferre non valens, repente subsidit, totaque illa structura cadendo secuta, copiosum igni pabulum ministravit.*

¶ **TURBERA,** Idem, ut puto, quod *Tur-*

baria. Formul. Angl. Thomæ Madox pag. 275 : *Concessi.... pasturam de Middelmora cum Turbora quantum ad nos pertinet, et terram nostram, etc.*

¶ TURBAGIUM, Jus *turbas* fodiendi. Charta Philippi Pulchri Regis Franc. ann. 1308. ex Chartul. 23. Corb. : *Super dictis Turbagiis et pasturagiis dictorum mariscorum partes prædictæ alias fuerant ad dictum ballivum remissæ.* Alia ejusdem Reg. ann. 1310. ibid. : *Omnia jura ad ipsam communiam et singulares personas... spectantia in dominio, proprietate, possessione, saisina, mariscis, Turbagiis, clausuris murorum, portis, befredo, carceribus, etc.* Vide *Turbatio.*

⁕ TURBAGIUM, Actio fodiendi *turbas.* Charta Will. comit. Pontiv. ann. 1203. in Lib. nig. priorat. S. Petri Abbavil. fol. 212. vº : *Concessi.... ad extrahendum turbas ; ita quod singulis annis de nummis inde receptis quadraginta solidos sterlingorum, quamdiu in prædicto marisco Turbagium flet,... recipiam.*

¶ TURBARE, *Turbas* fodere, Gall. *Tourber.* Charta Philippi Pulchri Regis Franc. ann. 1308. ex Chartul. 23. Corb. : *Major et Jurati villæ Corbeyæ dicentes se indebite et de novo per Abbatem et Conventum Corbeyæ impeditos in saisina Turbandi quædam maresia quæ ipsi dudum emerunt, etc.* Charta ann. 1321. ibid.: *Lesdits marés, porront et poent lesdits Reliyieux Tourber et effondrer toutefois que il leur plaira. Tourbier dicitur qui turbas fodit,* in Charta ann. 1372. ex Chartul. 21. Corb. fol. 266.

2. TURBA , Practicis nostris vulgo *Turbe,* vel *Enquests par turbe,* Inquisitio a judice delegata super usu et more recepto in aliqua provincia : *Ordinatio de inquisitione consuetudinum facienda. Inquiretur de consuetudine in hunc modum : Vocabuntur plures sapientes , carentes suspicione. Ipsis vocatis proponetur eis consuetudo, et dabitur eis in scriptis ; qua proposita, jurabunt quod ipsi dicent, et fideliter referent illud, quod sciunt, et credunt, per os unius ex ipsis. et viderunt usitari super illa consuetudine. Quo juramento prostito, trahent se ad partem, et deliberabunt, et referent deliberationem illam, et dicent inter quas viderunt illam consuetudinem, et in quo casu, et quo loco, et si fuit judicatum, et de circumstantibus, et omnia redigent in scriptis. Et mittantur ad curiam clausa, sub sigillis inquisitorum, et reddent omnes causam dicti sui, etiam in Turba.* Habetur etiam in veteri Consuetudine Bituricensi, edita a Thomasserio, articulus : *Coment Coustume se doit prouver,* ubi eadem ferme statuuntur. Ejusmodi *Turbas* amovit Rex Ludovicus XIV. edicto suo anno 1667. art. 13.

¶ 3. TURBA, Hæreticorum conventus. Cod. Theod. lib. 16. tit. 5. leg. 3 : *Ubicumque Manichæorum conventus vel Turba hujusmodi reperitur, etc.* Rursum occurrit leg. 6.

⁕ 4. TURBA, vox forensis, practicis nostris *Trouble,* Actio juridica, qua quis in possessione sua *turbatur* et impeditur. Charta ann. 1319. in Reg. 59. Chartoph. reg. ch. 320 : *Idcirco supplicant abbas Villæ longæ et syndicus nomine sui monasterii dictum impedimentum et Turbam tolli et amoveri.*

¶ TURBAGIUM Vide in *Turba* 1.
TURBAMEN, Turba, motus, apud Willelmum Neubrigensem lib. 4. cap. 8.

¶ TURBANTIA, ut *Turbamen.* Chron. Danduli apud Murator. tom. 12. col. 213 : *Si autem, quod absit, omnes habitatores Istriæ vobiscum aliquam Turbantiam vel molestiam habuerint, etc.*

TURBARE, Omnem animi sensum cædendo auferre. Lex Bajw. tit. 5. § 6 : *Si eum plagaverit, ut cervella appareant,.... et si eum tantum ceciderit, et Turbaverit, usque dum eum semivivum relinquat, etc.* [Vide alia notione in *Turba* 1.]

TURBARE OCULUM, Excutere, pro *Exturbare.* Charta Alfonsi VI. Imperat. Hispaniar. ann. 1086. apud Anton. de Yepez tom. 6 : *Qui oculum Turbaverit, aut dentem excusserit, aut membrum secaverit, seu damnaverit,* 60. *solidos dabit Abbati.*

¶ TURBARIA. Videsis in *Turba* 1.
¶ TURBARIUS. Vide mox in *Turbiculi.*
¶ TURBATIA , Confusio, perturbatio, Gall. *Trouble.* Stat. Univers. Aurel. ex Cod. reg. 4223. A. fol. 67. vº : *Sunt nonnulli.... qui alios studentes diffidant vel bellum sibi, ac si essent principes, barones vel milites, indicendo ;...... ex quibus dissentiones, debata, scandala, Turbatiæ totius Universitatis et pericula quam plurima.... obvenerunt. Turbil,* eodem intellectu, in Vitis SS. MSS. ex Cod. 28. S. Vict. Paris. fol. 30. vº. col. 2 : *La foy Catholique sera trastornée en grant Turbil.* Hinc *Tourbel,* pro Meslée, Conflictus, acies, in Poem. Alex. MS. part. 2 :

Alons an ce Tourbel, qui jh est estourmis,
Ceus de Phezon ji vot de combatre aatis.

⁕ TURBATICUS, Agitatus, turbulentus, quieto oppositus. Acta S. Sebaldi tom. 3 Aug pag. 772. col. 1 : *Vitam Turbaticam* (et) *activam benigne perfecit in oppido ; sed vita quieta et contemplativa fungebatur in silva.*

⁕ TURBATIO , Jus *turbas* fodiendi. Charta ann. 1294. in Chartul. S. Gauger. Camerac. fol. 8 : *Super Turbationibus..... in mariscis, aquis et piscariis villæ de Ham in Cameracesio.* Vide in Turba 1.

TURBEDINES, pro *Turbines,* apud Ruricium Lemovicensem Episcop. lib. 2. Epist. 51 : *Propter vitæ istius Turbedines ac procellas.*

¶ TURBELA, Turba, molestia. Capitularia Caroli C. tit. 17 : *Quatenus moderata rerum distributio...... non alia constitutione moveatur, quæ eorum animos aliqua Turbela in divino servitio tepescere cogat.*

TURBELA, Seditio. Ammianus lib. 14 : *Populari quondam Turbela discerpti.*

¶ TURBELIX. Δίχηλος, bisulcus, in Glossis Lat. Gr. Aliæ Gr. Lat. : Δίχηλος, ὀρνέου εἶδος, *Turbalia, disulcus, bisulcus, bifidus.* Martinius emendat *Turdelix,* κίχλα, parvus turdus.

TURBELLA, Procella, quæ aerem turbat. S. Augustinus lib. 1. de Civit. Dei: *Omnem motum cordis, et salum, omnesque Turbellas fluitare asserit.* Baldricus Dolensis in Vita Roberti de Arbrisello : *Cum me et multo multi fluctivagi inquietet Turbella.* Alii codd. habent *procella.*

¶ TURBERA. Vide supra in *Turba* 1.
¶ TURBICARE. Vide mox in *Turbidare.*
TURBICULI, TURBARII, vulgo *Kerni,* dicti apud Hibernos milites levis armaturæ, qui jaculis amentatis, machæris, et cultris, sive sicis, *Skeynes* vocatis, dimicabant; de quibus Henricus Marleburgensis, et ex eo Jacobus Waræus in Antiquitatib. Hibernicis cap. 12. sect. 1.

¶ TURBIDARE, Perturbare, iram concitare, in Gemma, Solinus lib. 1. Epist. 2 : *Animæ serenitatem secularium versutiarum flatibus Turbidare.* Mart. Capella lib. 1 : *Commutationum nubilo Turbidari.* In Glossario MS. quod laudat Vossius lib. 4. de Vitiis serm. cap. 28. habetur : *Turbicare, Turbationem facere.* Vide *Turbulentare.*

¶ TURBIFICARI, Raucum fleri, Gall. *S'enrouer.* Medicina Salernitana edit. 1622. pag. 111 :

Si vinum rubrum nimium quandoque bibatur,
Venter stipatur, vox limpida Turbificatur.

¶ TURBINARE, Ἐπιτροχίζω, in Glossis Lat. Græc. *Turbinatus,* in formam turbinis acutus, apud Plinium et alios. *Turbinatus capillus,* Calamistratus, cincinnatus, Gall. *Frisé, bouclé,* in Synodo Oriolana ann. 1600. tom. 4. Concil. Hispan. pag. 719.

∞ TURBINOSUS , Turbatus. Virgil. Gramm. pag. 117 : *In Turbinosa cordis profunditate.*

¶ TURBINUS , Turbo, Gall. *Toupie.* Glossæ Græco-Latinæ : Στρόμβος, *Turbo, Turbinus.*

¶ TURBITUDO, Turbo. Vita S. Amandi, tom. 1. Junii pag. 631 : *Sic Turbitudine involvuntur incendii, ut interfectis plurimis, semiusti aliqui vel saucii tollerentur.*

¶ TURBO , Gleba, Gall. *Tourbe.* Vide *Turba* 1.
TURBONES, Minæ, terrores, clamores. Papias.
TURBULENTARE. Utitur S. Zeno Veronensis serm. de Patientia. [Vide *Turbidare.*]

¶ TURBULOSUS, Conturbatus, Vita S. Elizabethæ Schonaug. tom. 3. Junii pag. 615 : *Quia necesse est consolari animam Turbulosam.*

⁕ TURBUS, Turbo, Gall. *Toupie.* Glossar. Provinc. Lat. ex Cod. reg. 7657: *Tornet, Prov. trochus, Turbus.* Vide *Turbinus.*

TURCARE, Quempiam ad Mahumetanam superstitionem traducere, *Turcum facere.* Raimundus de Agiles pag. 143: *Turcæ per annos* 14. *Antiochiam obtinuerant, atque Armenios juvenes per penuria domesticorum Turcaverant, et uxores eis dederant.* Infra: *Quidam de Turcatis, qui erat in civitate, per Boimundum principibus magnum nostris, etc.* Idem pag. 171 : *Si qui per Dei gratiam contempsissent, Cœruptore tradere pulchros parvulos suos ad circumcidendum vel Turcandum, etc.* [Adde Gesta Tancredi apud Marten. tom. 3. Anecd. col. 170.]

TURCASIA, Pharetra. Mauritius Episcop. Catanensis in Hist. Translat. corporis S. Agathæ V. et M. num. 4 : *Artus reliquos, ne quovis indicio possent detegi, in duabus pharetris, quas vulgo Turcasias nominant, attulerunt.* Et num. 18 : *Reliquias de Turcasiis reverenter extraxit.* [Ita etiam apud Bollandistas tom. 1. Febr. pag. 638.] Quibus locis Pirrus *Thareassios* et *Tarcasios* habet ; et recte, si vocem Græcanicam ævi inferioris spectemus ; nam ταρκάσιον hac notione occurrit apud Cananum pag. 19. et alios a Meursio laudatos. Itali etiam *Turcasso* dicunt, quo uoce utantur Jo. Villaneus lib. 8. cap. 35. et Matthæus Villaneus lib. 6. cap. 54. Non vero *Carquois* dicimus. Vide Oct. Ferrarium in *Carcasso.*

¶ TURCELLUS, pro *Turtellus.* Vide in *Torta* 1.

¶ TURCHEMANNUS, Interpres, Gall. *Trucheman.* Vide *Dragumanus.* Aliud est in *Turcomannus.*

¶ TURCHESIUS, Lapis pretiosus, Gall. *Turquoise,* Turcica gemma. Occurrit in venditione *jocalium* facta ann. 1347. tom. 2. Hist. Dalphin. pag. 568. Vide *Turchina* et *Turkesius.*

TURCHIFARUS, Monetæ aureæ Turcicæ species. Conventiones Michaëlis Palæologi Imper. et Genuensium ann. 1261. a nobis editæ post Historiam Gallo-Byzantinam: *Yperperos aureos et Turchifaros liceat eis extrahere ad eorum voluntatem et deferre.*

¶ **TURCHIMANNUS**, Interpres, Gall. *Trucheman*. Hist. Sicula apud Murator. tom. 8. col. 779: *Corrado quidem Turchimannus Soldani, dixit: Quare tuis conculcas pedibus Domini crucem?* Vide *Dragumanus*.

¶ **TURCHINA**, Academicis Cruscanis: *Pietra preziosa, così detta dal suo colore, che anche si chiama azzurro*. Lapis pretiosus, nostris *Turquoise;* quem cum veterum calaïde multi confundunt. Acta S. Franciscæ Rom. tom. 2. Martii pag. 112°: *Decimus vero lapis erat similis Turchinæ*. Vide Philib. *Monet* in suo Gallicæ ac Lat. linguæ Inventario, Menagium in Etymol. Gall. et *Turkesius*.

¶ **TURCHINUS**, Cœruleus, Ital. *Turchino*, Gall. *Turquin*. Translatio SS. Prosperi et Venerii, tom. 5. Junii pag. 70: *Duobus velis sericeis coloris Turchini*. *Turchinus* dicitur a Turcis, quod iis admodum placeat color cœruleus.

° **TURCHISCA**, Turcica gemma, Gall. *Turquoise* Invent. MS. thes. Sedis Apost. ann. 1295: *Item unam saleriam de cristallo,.... cum quibusdam granatellis, perlis et Turchiscis*. Vide *Turchina*.

¶ **TURCHOMANNUS**. Vide in *Turcomannus*.

¶ **TURCHONIANUS**, pro *Turchomanus*, mendose, ni fallor. Epistola Odonis Episc. Tuscul. ann. 1249. ad Innocentium IV. PP. tom. 7. Spicil. Acher. pag. 215: *Turchoniani paulo ante cum nimia multitudine Antiochiam aggressi fuerant.*

¶ **TURCIMANUS**, Interpres, peregrini sermonis explicator, Gall. *Trucheman*. Richardi de S. Germano Chron. apud Murator. tom. 7. col. 987: *Per Turcimanum suum, id est interpretem, dat eis responsum*. Vide *Dragumanus*.

¶ **TURCISCHA**, Vestis species Turcorum propria. Candidus Decembrius in Vita Philippi Vicecomit. Mediolan. apud Murator. tom. 20. col. 1007: *Postremo deposito omni ornatu, cum jam gravior esse cœpisset, nihil amplius, quam cubicularibus indutus est tunicis, quas forma strictiores, et ad pedes usque demissas, Turcischas appellant*. Vide *Turquesum*.

¶ **TURCOISIUS**, a Gall. *Turquoise*, Lapis pretiosus. Inventar. S. Capellæ Paris. ann. 1376. ex Bibl. Reg.: *Item, duo morsus alii argenti deauratis.... muniti de perreria, videlicet.... de saphiris et de Turcoisiis*. Vide *Turchina*.

TURCOMANNUS, inquit Scaliger lib. 3. Canonum Isagogic. aut *Turcmen*, proprie est νομάδιος, qui stabile stabulum, ut Plautus loquitur, non habet, cujusmodi est natio, unde isti Turcomanni sumebantur, Circassis finitima. *Turchemanni*, apud Sanutum lib. 3. part. 12. cap. 1: *Hi*, inquit, *inter Saracenos præ cunctis despectiores, nec castra, nec civitates habent, nec lucris inhiant, solis animalibus contenti, tentoriis de filtro utuntur*. [Radulfus de Gestis Friderici I. Imp. apud Murator. tom. 6. col. 1194: *Post hæc invenerunt Turcomannos de Berza; sunt enim agrestes Turchi, qui nullo detinentur imperio, et nulla loca possident, sed morantur in agris*. Eadem fere habet Sicardus Episc. Cremon. in Chronico apud eumdem Murator. tom. 7. col. 609. Perperam *Turcuianni* legitur in Chronico T. S. Radulphi Coggeshal. Abb. apud Marten. tom. 5. Ampliss.

Collect. col. 560. ut satis patet ex col. 548. ubi iidem populi memorantur atque dicuntur *Turcomanni*.] Vide S. Hieron. de Vita Malchi, Will. Tyr. lib. 1. cap. 7. Jacobum de Vitriaco in Hist. Hieros. cap. 11. et notas nostras ad Cinnam. pag. 466.

° Guill. Tyrii contin. Hist. apud Marten. tom. 5. Ampl. Collect. col. 732: *Cil Turquemans sont une gent sauvage, qui n'ont ne ville ne chastiaus, ains sont les jors herbergies en tentes qu'il ont de feutres, et ont bestes à grant foison, etc. Turs*, pro *Turcs*, in Assis. Hierosol. cap. 64.

TURCOPULI, Milites levis armaturæ, ut auctor est W. Tyrius lib. 1. cap. 7. lib. 19. cap. 24. lib. 22. cap. 27. *Turcopuli equites*, in Additamentis ad Matth. Paris pag. 119. Sic porro dicti, inquit Ramundus de Agiles, *qui vel nutriti apud Turcos, vel de matre Christiana, patre Turco procreantur*. Albertus Aq. lib. 5. cap. 8: *Turcopoli quos impia et dicta Christiana nomine, non opere, qui ex Turco patre et Græca matre procreati, etc*. Nempe quasi Turcorum filii; ea enim vis est dictionis πούλος apud Græcos recentiores. Τουρκόπουλα neutro genere effert Nicephorus Gregoras lib. 7. pag. 159. edit. Genev.

Τurcopli, apud Rogerum Hovedenum pag. 660. ex Gallico *Turcoples*. *Le voyage d'Outremer du Comte de Pontieu* MS: *Après le mangier, arcier et Turcoples vindrent au Soudan*. Adde Villharduin. n. 168. His Alexium Imperatorem, aliosque Principes in bellis usos observant Scriptores Byzantini. Ordericus Vital. lib. 10. pag. 791: *Turcopolisque, qui Getica locutionis et ritus patriæ, viarumque gnari erant, præeuntibus iter inierunt*. Guibert. lib. 3. Hist. Hierosol. cap. 8: *It, qui vocantur Turcopoli, quos non alios quam familiares ejus* (Alexii Imp.) *Militias intelligimus, etc*. Vide Odoricum Rainaldum in Annalib. Ecclesiast. ann. 1229. n. 3.

Τurcopularius, Qui *Turcopolis* conductitiis præfectus erat, quo nomine erat dignitas in Aula regum Cypri, de qua mentio fit in Assisiis Hierosol. MSS. et apud Stephan. Lusinian. in Hist. Cypr. ut et apud Hospitalarios Equites. Statuta Ordinis Hospital. S. Joan. Hierosol. tit. 19. § 7: *Turcopolerius, Bajulivus Conventualis venerandæ linguæ Angliæ, dicitur a Turcopolis, qui ut in historiis bellorum contra Christianis in Syria gestorum habetur, equites erant levis armaturæ*. De ejus officio vide tit. 10. § 25. 26.

¶ Τurcoplarius de Rhodes, Prior Hospitalis S. Johannis Jerusalem in terra nostra Hiberniæ, in Litteris ann. 1408. apud Rymer. tom. 8. pag. 525. *Turcupler de Rodes*, in aliis an. 1443. tom. 11. pag. 45.

¶ **TURCUIANNUS**, Vide in *Turcomanus*.

¶ **TURCUS** MAGNUS, Bernardo *de Breydenbach* Itin. Hierosol. pag. 212. Imperator Turcarum, ut apud Gallos *le grand Turc*. *Turchus* unde pluries dicitur in Epistola Calixti III. PP. ann. 1456. ad Carolum VII. Regem Franc. e Bibl. Regia.

° **TURDUS**, Piscis species. Tract. MS. de Pisc. cap. 74. ex Cod. reg. 6838. C: *Merula, quam peritiores piscatores merle vocant, nonnulli Tourd, non distinguentes Turdum a merula*. El cap. 75. *Turdum nostrates, Provinciales, Itali, Hispani turdo, Galli Vieille vocant*.

1. **TURELLA**. Ugutio MS.: *Toles, itis, sunt membrorum tumores circa uvam stantes; has vulgo per diminutiones tunicas, vel Turellas vocant. Hæc in faucibus solent turgescere*. Jo. de Janua habet *Tusillas*.

¶ 2. **TURELLA**, Parvus agger inter agros ductus, per quem inceditur. Privilegium Henrici domini de Soliaco ann. 1301. apud Thomasserium in Biturig. pag. 123: *Si quis accusatus fuerit de pasturalli, Turella, vel platea arata, etc*. Vide *Torallum*.

° Vulgo *Toral*: *Turaut*, eadem notione, in Lit. remiss. ann. 1373. ex Reg. 104. Chartoph. reg. ch. 351: *Laquelle fille dist que elle vouloit veoir traire lesdis arbalestriers, et derriere lesdis murs se monta sur un Turaut et se leva sur ses piez pour mieulx veoir ledit trait, etc*. Idem quoque sonat vox *Turgeault*, in aliis Lit. ann. 1471. ex Reg. 194. ch. 344: *Les boufz recullerent sur ung petit Turgeault, et en recullant verserent et tumberent ladite charrette*. Unde *Turée*, pro *Turcie*, agger, in Lit. remiss. ann. 1478. ex Reg. 205. ch. 63: *Ilz s'en alloient le long de la Turée de la riviere de Loire*. Hinc etiam *Turet* Blesis nuncupatur, Scopus, quod terræ aggestæ infigi soleat. Lit. remiss. ann. 1416. in Reg. 169. ch. 452. *Lesquelz compaignons avoient empris que la partie, qui frapperoit premierement de sa bille contre une verge de bois fichée en terre, que l'en appelle ou païs* (Blésois) *le Turet, gaigneroit le jeu*. Vide *Toro*.

¶ 3. **TURELLA**, Turricula, Gall. *Tourelle*. Charta Edwardi I. Regis Angl.: *Fundata per muros et Turellas villæ Burdegal*. Et mox: *In muris et Turellis prædictis*. Charta ann. 1354. apud Marten. tom. 1. Ampliss. Collect. col. 1318: *Concessi..... locum.... qui portenditur in burgum a rure conjuncto dictæ portæ usque ad proximam Turellam exclusive, et extenditur in latum versus plateam, etc*. Haud scio an hinc repetanda sit vocis *Tureture* origo, qua significari videtur arcis portam quæ *Turellis* seu turriculis defendi solet. Chron. Bertrandi Guesclini:

Et puis la Tureture fui en l'eure formée.

¶ **TURELLUS**, Idem quod *Turella* 3. Litteræ ann. 1327. apud Rymer. tom. 4. pag. 297: *Muros, fossata et Turellos ac munitiones ejusdem civitatis*. Rursum occurrit ibidem, ut et in Litteris ann. 1378. tom. 7. pag. 185.

° *Legitur præterea* in Lit. ann. 1416. tom. 10. Ordinat. reg. Franc. pag. 399. et 403. Ita nostris *Turei*, pro *Tourelle*. Lit. remiss. ann. 1383. in Reg. 122. Chartoph. reg. ch. 342: *Icellui de la Barre bouta l'exposant d'un haut Turet aval en la quarriere dessoubz ledit Turet*. Vide infra *Turrella*.

¶ **TURELUPINI**. Vide infra *Turlupini*.

¶ **TURFA**, Cespes, vulgo *Tourbe*. Vide *Turba* 1.

¶ **TURGEOLUM**. Vas interius grossum et turgidum, apud Johannem de Janua. [Lego *Turgiolum* in editione ann. 1514. ut et in Glossis Lat. Gall. Sangerman. ubi redditur *un vaissel gros dedans*.]

¶ **TURGIA**, Sus, ut puto, Gall. *Truie*, Ital. *Troja*. Statuta Montis-regalis pag. 306: *Item pro qualibet Turgia sol. den. octo. Item pro qualibet bestia vaciva sol. den. octo.*

¶ **TURGIDARE**, Tumefacere. Miracula S. Gibriani pag. 647: *Cancer.... infectione sua ipsam coxam in modum columnæ Turgidarit*.

¶ **TURGIOLUM**. Vide in *Turgeolum*.

TURGNI, Species columbarum, a colore sic dicti, inquit Petrus de Crescentiis lib. 9. cap. 88. ubi vetus ejus inter-

pres Gallicus *bruns* vertit ; sed forte legendum *Turchini*.
[Vide *Turchinus*.]
¶ **TURGO**, Acipenser, Tursio, Gall. *Esturgeon*. Vide locum in *Atacheia*.
¶ **TURGOR**, Tumor, *Turgiditas*, Joanni de Janua ; *Enflure*, in Glossis Lat. Gall. Sangerman. Flodoardus lib. 1. Hist. Rem. cap. 20 : *Mirabili Turgore distentus intumuit , et expirans crepuit medius*. Utitur etiam Mart. Capella lib. 2. et 5. pag. 35. et 187. A *turgere turgor*, ut a *tumere tumor* effecerunt.
¶ **TURIBULARIUS**, TURIBULUM. Vide in *Thuribularius* et *Thuribulum*.
TURIDUBUS. Miracula S. Eutropii n. 12. de quibusdam captivis : *Timens autem de evasione eorum, misit quosdam de Turidubis suis, et jussit, ut de Ecclesia S. Eutropii vi amore inde compedes ferreos fortissimos apportarent*. Locus luxatus ; ubi legendum forte *Turribus*, milites scilicet, qui turres servabant.
TURIO, Arboris vel arbusti teneritas, apud Columellam lib. 12. cap 48. *Lauri Turiones in hoc usu mittito, ut olivas deprimant*. Apicius lib. 8. cap. 1 : *Elixatur in aqua marina, cum Turionibus lauri et metho*. Occurrit apud Gariopontum lib. 1. cap. 17. lib. 2. cap. 3. lib. 3. cap. 19. 30. 52. et alibi non semel. Nos vulgo dicimus *Bourjon*, forte pro *Tourjon*.
☞ Glossar. medic. MS Sim. Januens. ex Cod. reg. 6959 : *Turiones dicunt teneritates summitatis arborum vel arbustorum, ut vitium*.
☞ **TURIUS**, pro *Sturius*, Sturio, Gall. *Esturgeon*. Charta ann. 1039. (1036. in Reg. 66. Chartoph. reg. ch. 869.) inter Instr. tom. 11. Gall. Christ. col. 14 : *Quod si homines abbatis piscem, qui vocatur Turium, capiunt, totus erit S. Michaelis ; crassus piscis, si captus fuerit, ala una et medietas caudæ erit monachis*. Sturjon ex eadem Charta eddit Cangius in *Craspiscis*. Vide *Turgo*.
¶ **TURIZELLUS**, Turricula, ni fallor. Chron. Parm. ad ann. 1307. apud Muratori. tom. 9. col. 866 : *Duo Turizelli primo facti et levati fuerunt super baptismo Ecclesiæ majoris cum colonellis et cum pannis deauratis*.
TURKESIUS, Lapis pretiosus, vulgo *Turquoise*. Monasticum Anglic. tom. 5. pag. 314 : *Et in circuitu insaruntur lapides Turkesii, etc*. De etymo, vide Scaligerum Exercitat. 325. in Cardanum n. 10. 15. et Philandr. ad Vitruvium lib. 7. cap. 2. Adde Bartholomæum Anglic. lib. 15. de Proprietatib. rerum cap. 97. cui *Turchogis* dicitur. [Vide *Turchesius*.]
TURLUPINI, [vel ut legit Hofmannus, *Turelupini*,] Hæretici Valdensium sectarii, in Gallia sub Carolo V. Rege Franciæ ann. 1372. de quibus Bernardus Lutzenburgius et Prateolus de Hæretic. sic dicti, inquit Vignerius ann. 1159. quod ea tantum habitarent loca, quæ lupis exposita erant. Computum Nicolai Mauregard Burgensis Parisiensis de Auxiliis Præpositurœ Paris. ann. 1374 : *A Frere Jacques de More de l'Ordre des Freres Prescheurs Inquisiteur des Bougres de la Province de France, pour din lui fait par le Roy par ses Lettres du 2. Fevrier 1373. pour al recompensation de plusieurs paines, missions, et despens qu'il a eus, souffers, et soustenus, en faisant poursuivre contre les Turlupines et Turlupines, qui trouvez et pris ont esté en la dite Province, et par sa diligence pugnis de leurs mesprentures et erreurs, pour ce 50. francs, valent 10. livres Parisis*. [Chron. vernaculum ab ann. 1214. ad ann. 1412 :

L'an MCCCLXXII. je vous dis tout pour voir,
Fareut les Turelupins condamnes à ardoir,
Pour ce qu'ils desvoient le peuple à decepvoir
Par feaultés heresies, l'Evesque en souit levoir.]

Vide Menagium in Originationibus Francicis [et Dissertat. *de Beausobre* de Adamitis part. 2.]
1. **TURMA**, TURMARII. Lex 3. Cod. Theod. de Privileg. eorum, qui in sacro Palatio militant (6,35.) : *Quibus omnibus condonamus, ne Exactorum vel Turmariorum, quos Capitularios vocant, curam subeant, vel obsequium Temonariorum, vel Prototypiæ*. Ubi *Turmarii* inter vilia officia numerantur ; erant quippe ii, qui *Turmas* Tyronum exigebant. Nam cum provinciales tenerentur ad Tyrones præbendos, ut in lege 7. Cod. Theodosii de Tyronibus, pro quibus interdum eorum æstimatio præstabatur, quæ 36. solidorum erat ex d. l. qui has æstimationes recipiebant, *Temonarii* dicebantur ; ut *Turmarii*, qui pretium *Turmarum*, hoc est, plurium Tyronum unde conflaretur Decuria aut Centuria, vel cohors. Ita enim vox *Turma* usurpatur in lege 8. d. tit. de Tyronib. (7,13) · *Inter optimas lectissimorum militum Turmas, neminem e numero servorum dandum esse decernimus, etc*.
2. **TURMA**, Regio. S. Augustinus de Cura pro mortuis cap. 12 : *Homo quidam de Turma, Curina nomine, municipii Tultiensis, quod Hipponi proximum est, curialis pauper, vix illius loci Duumvir altius et simpliciter rusticanus, etc*. Eustathius ad Iliad. α : Καὶ τόποι Λυδικοί, νόμοι ἐγχώριοι λέγονται, καθ' ἅ τις ἂν εἴποι ῥέγεόνες. ἢ τόρμα, ἢ μᾶλλον ἐνοριαι. Τοῦρμαν dixit hac notione Constantius de Administr. Imperio. Vide Notas nostras ad Alexiadem pag. 273. et Glossar. med. Græcil. col. 1590.
TURMARCHA , Turmæ seu regionis Præfectus ; constabat autem Turma 30. militibus. *Theophylactus Turmarchus* , apud Johannem VIII. PP. Epist. 240. Fragmentum Hist. Longob. editum a Camilo Peregrino pag. 146 : *His diebus Theodorus Turmaca Benevento præerat*. Legendum ibi indubie *Turmarcha*, ex Græco Barbaro τουρμάρχης. Ita etiam emendandum apud Ughellum tom. 1. pag. 995 : *Stratigotis, Judicibus, Vicecomitibus, Turmarchis, Platearits, etc*. pro *Curmarchis*. Constantinus Porphyrog. lib. 1. de Themat. pag, 11 : Οἱ δὲ λεγόμενοι Τουρμάρχαι, οἱ τῶν μεγίστων στρατηγικῶν τῶν ἐχόντων ὑφ' ἑαυτοῖς στρατιώτας τοξοφόρους πεντακοσίους, καὶ πελτασταὶ διακοσίους, καὶ ἐξελκόμενους ἑκατόν. Ita Τουρμάρχης apud Leonem Imp. in Tacticis cap. 4. § 8 in versione Lat. (nam in Gr. habetur μεράρχης. Idem porro μέρος Leoni, quod τοῦρμα, eodem cap. § 43. 44.) et § 65. De *Turmis* militaribus agunt passim veteres Inscriptiones. Consule Indicem Scaligeri cap. 6. Vide præterea Glossaria Rigaltii, Meursii, et Fabroti ad Cedrenum.
3. **TURMA**. In Capitul. Caroli M. lib. 7. cap. 163. [☞ 281.] jubentur omnes Presbyteri parochiæ ad civitatem per *Turmas, et per hebdomadas, ab Episcopo sibi constitutas , convenire discendi gratia, ut aliqua pars in parochiis remaneat, ne populi et Ecclesiæ Dei absque officio sint, etc*. At cap. 360. [☞ 460.] jubentur pariter Primates Provinciarum, *ut de universis Episcopis, vel duas vel tres Turmas faciant, ac de singulis Turmis vicissim quotquot electi fuerint, ad diem Concilii occurrant*. Titulus vero hujus capitis hisce verbis concipitur : *Ut non alii Metropolitani Primates appellentur, nisi illi,*

qui primas sedes tenent, quia alii non possunt facere tres Turmas de Episcopis, quam illi, qui primas sedes tenent, qui tres Turmas facere debent, sicut in hac sententia jubetur. Vide Vitam Aldrici Episcopi Cenoman. pag. 84. supra *Psallentius*, et Chartam Chlodovei Jun. Reg. apud Mabillon. de Re Diplomat. pag. 466. Vide *Norma*.
☞ **TURMELLA** , TURMULA , dimin. a *Turma, compenha, Prov*. Glossar. Provinc. Lat. ex Cod. reg. 7657. Charta Wilgfridi episc. Virdun. inter Probat. tom. 2. Annal. Præmonst. col. 320 : *Sub regula sancti Benedicti monachorum Turmulam.... coadunare pro tempore et posse conati sumus*.
¶ **TURMELLUS**, Coxa bovis, Gall. *Trumeau*. Regest. Episcopat. Nivern. ann. 1287 : *Quando Episcopus Nivernensis est præsens, ipse percipit de qualibet animali unum Turmellum pro tribus denariis*.
TURMINOSUS, Torminosus. Gloss. Sax. Ælfrici : *Turminosus*, fortogen, i. contractus.
¶ **TURMUS**, Vermis in carne. Glossar. vet. ex Cod. reg. 7613. Tarmes.
1. **TURNA**, Quanti pluris res sit compensatio, in permutationibus vel bonorum divisionibus : *Tourne*, in Consuetudine Montargensi cap. 1. art. 51. 61. cap. 2. art. 24. 30. 48. cap. 16. art. 9. Aurelianensi c. 1. art. 61. 83. 111. 130. 284. 208. Blesensi art. 120. et Dunensi art. 38. Libertates Burgi in Bressia ann. 1397. apud Guichenon. : *Quod si intervenirent in dictis permutationibus Turnæ pro pluris valentia, vel alias , quod pro pretio dictarum Turnarum nobis debeantur laudes et vendæ, etc*. Vide *Turnus* 1.
2. **TURNA**, Modus agri. *Fodere in campis unam Turnam fossati*, in Statutis Patavinis. Vide *Tornatura*.
☞ Chron. Patav. ad ann. 1292. apud Murator. tom. 4. Antiq. Ital. med. ævi col. 1152 : *Et sunt (terræ illæ) longitudinis unius milliarii et latitudinis unius Turnæ et æl. perticarum*.
☞ 3. **TURNA**, Idem quod supra *Torna* 3. Vide in hac voce.
¶ **TURNARE**, Vertere, Gall. *Tourner*. Ad calcem veteris Collectionis Canonum MSS. e Bibl. DD. *Chauvelin* Custodis Sigillorum Reg. legitur : *O beatissime, qui nostras manus tuas, et sic librum apprehende, leniter folia Turna, etc*. Lex Bajwar. tit. 5. § 5 : *Si eum tantum cæderit et Turnaverit usque dum eum semivivum relinquat, etc*. Vereor ne hic legendum sit *tranaverit*, id est, traxerit, ut nos Gallice dicimus *Trainer*, trahere, raptare. Vide *Trahere* 1. [☞ Alii legunt *Turbaverit*. Vide *Turbare*. *Turnare* occurrit apud Ekkehard. in Chron. apud Pertz. Script. tom. 6. pag. 67. lin. 10. pag. 69. lin. 38. pag. 72. lin. 23. et alibi sæpe. Vide *Tornare*.]
¶ **TURNARIUS**, Particeps, qui prædium vel feudum cum aliis possidet. Chron. Salisburg. ad ann. 1375 apud Schwart. in Hist. fin. princip. Rugiæ col. 451 : *Johannes Rosses emit a Turnario milite pro promptis pecuniis pro industriam acquisitis certa prædia,... quæ dedit conventui*. Vide supra *Tornerius* 1.
¶ **TURNEARE**, TURNEIMENTUM. Vide supra in *Torneamentum*.
¶ **TURNELLA**, Turricula, a Gall. *Tournelle*, eodem sensu notione. Computus ann. 1202. apud D. *Brussel* tom. 2. de Feudorum usu pag. CLXX : *Pro duabus Turnellis retegendis*, VIII. l. Vide *Tornella*.
☞ **TURNICLIA**, Sagum militare, quod armaturæ ferreæ, vel thoraci superin-

duebatur, a veteri Gallico *Tornicle* et *Tournicle*, pro *Tunigue*. Vide *Tunica* 2. Lit. ann. 1269. in Reg. 11. Chartoph. reg. fol. 81. v°: *Mandamus vobis quatinus duo paria Turniclarum et duo paria cuissetorum, duas testerias ad equos et duas coriatas........ apportari faciatis vobuscum.* Quarum literarum inscriptio sic concipitur: *Litteræ clausæ missæ magistro Th. de Novilla super negotio Turnicler* (sic) *cuissetorum et coriatarum.* Vide supra *Tornichum.*

TURNINI. Richardus de S. Germano in Chronico ann. 1221: *Per totum regnum pondera et mensuræ mutantur, ponuntur rotuli et Turnini.* [Et ann. 1222: *Pro jure mensurarum victualii tam in saumα quam in Turninis servabitur forma antiqua.* Unde *Turnini* ad mensuras spectare colligitur.]

¶ 1. **TURNUS,** Vices, seu ordo quo quisque vice sua aliquid peragit, Gall. *Tour, rang.* Charta ann. 1465. pro Cantoria S. Capellæ Paris. apud Lobinell. tom. 3. Hist. Paris. pag. 138. col. 1: *Capellani Canonicorum ad suæ Turnum hebdomadæ ad totum teneantur servitium.* Statuta ejusdem S. Capellæ ibid. pag. 156. col. 2: *Completo uno Turno incipit alius.* Adde pag. 499. col. 1. Chartam ann. 1480. apud Miræum. tom. 2. pag. 1343. col. 1. Constitut. Eccl. Valent. tom. 4. Concil. Hispan. pag. 182. Bullam ann. 1602. tom. 3. Hist. Lotharingiæ inter Instr. col. 440. etc.

° Nostris vulgo *A son tour,* alias *sa fois,* vice sua. Lit. remiss. ann. 1406. in Reg. 161. Chartoph. reg. ch. 182 *Quant icelluy varlet fu bian lassé d'avoir getté des pierres et n'en povoit plus, il dist au supplant....... qu'il getast auxdiz oiseaux des pierres sa fois. Ung tour de taille,* dicitur de unica silve cæsione, in Reg. 18. Corb. sign. *Habacuc* ad ann. 1511. fol. 120: *Pour les copper* (les bois) *ung Tour de taille, tant qu'ilz seront une foiz tous coppez.* Hinc *A tour de papier,* pro vulgari *A tour de rolle,* in Lit. remiss. ann. 1419. ex Reg. 180. ch. 72.

TURNUS, vel *Turnus Vicecomitis,* ad verbum significat vicem Vicecomitis, id est, duo tempora in anno, quibus ille *letam* universi Comitatus tenet. Est ipitur *Turnum Vicecomitis,* Curia recordi in omnibus rebus, quæ pertinent ad *Turnum*; et est *leta* Regni per totum Comitatum, cujus Vicecomes judex est. Quicumque proinde *letam* habet, eadem gaudet præogativa in procinctu suo, qua Vicecomes in *Turno.* Ita Rastallus. Joan. Britton. in Legib. Angl. cap. 29: *Et sount ascuns articles touchaunts nostre Corone et nostre peas enfreint pledables par Visconles autrefoys que à jours de countees, et ailleurs que par là ou les plées del Visconte sount tenus, lesquels plées sount appelez Tours de Visconte, que deux foits per an se doit tenir parmi chescun Hondred de son Conté.* Fleta lib. 1. cap. 20. § 106: *Vicecomites non debent facere Turnum suum, nisi bis in anno;* [videlicet et semel post *Pascha,* et iterum post festum *S. Michaëlis,* ut est in Charta Henrici Regis Angl. ann. 1155. apud D. Brussel tom. 2. de Feudorum usu pag. vi.] Adde lib. 2. cap. 52. § 2. et Statutum 2. Westmon. cap. 15. Ad ejusmodi *Turnos* omnes tenentes convenire tenentur, præterquam Archiepiscopi, Episcopi, Abbates, Priores, Comites, Barones, ac viri religiosi, præterea mulieres, nisi eorum præsentia ob aliquam causam specialiter exigatur. Qui vero diversa tenementa habebant in diversis hundredis, ad eos tantummodo Turnos

venire tenentur in ballivis, ubi sunt conversantes. Ita Statutum Marlebridgense sub Henrico III. cap. 10. Scribit Joannes Stiernhookus lib. 1. de Jure Sueonum vetusto cap. 2. initie, judicia antiquitus *Hwarp* dicta fuisse, Adamo Bremensi (cap. 229.) teste, quæ vox hodie circuitum, revolutionem, seu vicissitudinem significat, sive, inquit, quod judicia ad revolutiones solares lunaresve haberentur, quod et Tacito in Germania observatur, sive quod in unam convenirens multitudo, Judici circumfusa, conglomeraretur, sive denique, quod per vices facto circuitu singuli territorii Patres familias ad judicia convenire tenerentur, prout id in antiquo et novello jure præceptum exstat.

TURNUS, Pro ea præstatione, quæ Vicecomiti datur, *Turnum* tenenti, pro exentione et immunitate eundi ad *Turnum.* WII. Thorn.: *Sed nihilominus solvit quoddam certum ad Turnum Vicecomitis cum aliis de hundredo, etc.* Idem alibi: *Erat istud breve directum Rogero de Reinham Vicecomiti Cantiæ per Galfridum Barown pro tenentibus Abbatiæ non veniendis ad Turnum Vicecomitis, nisi per unum hominem, qui deferat Turnum.* Mox ex Charta Edw. II. Regis Angl. ann. 1330: *Et per petitionem suam coram ipso patre nostro Consilio suo exhibitam, suggerentium, quod Borghesaldrus et quatuor homines de qualibet borga eorumdem manieriorum, tempore, quo ipsi ad Turnos Vicecomitis in eodem Comitatu ad ea, quæ ad visum franci plegii contingunt, præsentandum venerunt, et quandam redditum, qui Turnus Vicecomitis nuncupatur, secum detulerunt. Monasticum Angl. tom. 1. pag. 502: In perpetuum quietæ sint de sectis Comitatuum et hundredorum nostrorum, de visu franci plegii et Lawedayorum, de Turno et auxilio Vicecomitum, et omnium aliorum ballivorum et ministrorum nostrorum.* Adde pag. 669 Vide *Auxilium Vicecomitis.*

TURNUS BURSÆ, alias *Retractus per bursam.* Libertates Bergeraci in Vasconia [art. 39.] *Quicumque vendiderit aliquam rem immobilem, et quis de parentela infra quartum gradum venditoris voluerit eam habere per Turnum bursæ, etc.* Infra [art. 41:] *Rem venditam Tornare poterit infra annum et mensem, etc.* Rursum ibid. [art. 44. et 45.] *Tornarius dicitur, qui retrahit rem venditam* [atque etiam *Tornator* art. 48.] Vide *Consuetud.* Andegav. art. 870. 871 Cenoman. art. 380. 381. Blesensem art. 200. [Lemovic. art. 41. etc.]

¶ TORNARIA, Idem quod *Turnus bursæ.* Consuetudines Ausciorum MSS. ann. 1901. art. 60: *Ratione Tornariæ prædicti proximiores prædictis primoribus emptoribus restituunt et reddant, quasvis tornatas habebunt et tenebunt.*

¶ 2. **TURNUS,** Census pecuniarius. Epistola Ruperti Rom. Regis ad Ducem Lotharingiæ apud Marten. tom. 4. Ampliss. Collect. col. 121. et 122: *Cum tu potieris, ut nos tibi nostram etiam Kirchel, præterea nostros Turnos seu census pecuniarios Bodobrigenses, sive in Bodpartim, pro quinque milibus florenorum perscribere velimus.* Pluries occurrit ibi. Haud scio an huc revocari possit Transactio inter Abbatem et Monachos Carassenses ann. 1351. e libro viridi fol. 53: *Quolibet anno in festo Assumptionis B. M. xL sextaria frumenti boni et pulchri cum suis Turnis* [solventur.]

° *Tournage,* Præstationis annuæ species, in Pacto inter capit. Turon. et Humb. *Reboule* milit. ann. 1338. in Reg. 66. Chartoph. reg. ch. 1437: *Item leur baille et delaisse une rente et une ayde, appellée Tournage, que ledit chevalier a acoustumé a avoir en leur terre, et avoir, prendre et lever dedit goyet et chapitre. Tournoerie,* eadem, ut videtur. notione, in Charta Phil. Pulc. ann. 1308. ex Lib. rub Cam. Comput. Paris. fol. 340. v°. col. 1: *Et pour la Tournoerie pour trente et sept livres Tournois de rente par an.*

¶ 3. **TURNUS,** Verticulum, Gall. *Tourniquet,* si bene interpretatur Lobinellus in Glossario ad calcem Hist. Britann. Vide locum in *Pontus* 2.

° Stat. ann. 1357. inter Probat. tom. 2. Hist. Nem. Cap. 194. col. 1: *Fiat desuper portale unus Turnus ad levandum et baysseandum dictam novam trappam cum corda canapis opportuna.* Hinc nostri *Touroul* appellarunt. Lignum versatile, quod pessuli vicem præstat. Lit. remiss. ann. 1408. in Reg. 162. Chartoph. reg. ch. 262: *Icelle jeune fille oy gens qui hocquetoient à l'uis du jardin,.... lors ala regarder que c'estoit, et apperceu que ledit huis estoit presque ouvert, et pour ce la ferma au Touroul. La supplante ouvry la trappe... fermée au Touroul,* in aliis ann. 1409. ex Reg. 163. ch. 264. bis.

° 4. **TURNUS,** Versatile tympanum, seu locus ubi illud existit, apud moniales, vulgo *Tour;* unde *Thoreria,* monialis *turno* præposita, Gall. *Tourriere.* Regula Fontis-Ebr. cap. 22: *Nequε liceat in Turno loqui vel audire, nisi petere vel respondere; et solis illis, quibus intra et extra onus Turnorum commissum est.* Ibid. cap. 28: *Thoreria cellam debet habere juxta Turnum, ut pulsantes præsentem inveniant, a qua responsum quam citius accipiant.* Vide supra *Tornus* 6.

° 5. **TURNUS,** Idem fortassis quod supra *Tornus* 7. Consuet. Perpin. MSS. cap. 32: *Item si quis venditerit oleum cum mensura militiæ Templi in die Jovis, debet dare pro Turnis unam cossam, quorum duodecim faciunt medium cartanum, cum quo oleum mensuratur.*

¶ TURNUS BALISTERIUS. Vide *Tornus* 1.

¶ **TURO,** Collis rotundus. Vide *Toro.*

TURONENSES, Monetæ Francicæ Turonibus cusæ, vulgo *Tournois.* Charta Jacobi Reg. Aragon. ann. 1309: *Confitemur nos debere... Jacobo Regi Majoric..... patruo nostro 160. millia Turonensium argenteorum S. Ludovici bonæ memoriæ Regis Franciæ de lege undecim denariorum et oboli, quorum Turonensium 57. minus tertia parte unius ponderant unam marcham ad pensum Montispessulani.* Passim. [Vide in *Moneta.*]

TURONIUM, TURONUS. Vide *Toro.*

° **TURONUS,** Moneta Francica, Gall. *Tournois.* Unum grossum seu Turonum argenti solidorum duorum, in Stat. comitat. Venais. sub Clem. PP. VII. cap. 55. ex Cod. reg. 4660. A. Vide supra *Tornensis.*

¶ **TURPARE,** Mutilare. Statuta Suavii Abb. S Severi in Capite Vasconiæ circa ann. 1100 apud Marten. tom. 1. Anecd. col. 280: *Si quis de villa altero de suis membris majoribus se privaverit,* cl. solidos Abbati persolvat; *et cum eo de Turpato membro et de Turpatione aliorum membrorum in arbitrio sit judicantium.*

¶ **TURPATOR,** Qui turbat. Vide *Turpefacere*

TURPEDO, quam multi pustulam dicunt, alii morbillum, alii lepram, et alii passionem santam infra corpus. Ita Gariopontus lib. 5. Passion. cap. 6. qui addit, hanc ægritudinem ita appellari,

eo quod in facie turpitudinem demonstrat. [*Turpedines*, pro *Turpitudines*, sordes, dixit Nicolaus de Jamsilla in Gestis Friderici II. Imp. apud Murator. tom. 8. col. 495.] Vide *Turpido*.
TURPEFACERE. Gloss. Gr. Lat.: Αισχροποιῶ, *Turpefacio* ; αισχροποιὸς, *Turpificator*, *Turpator*. Edictum Rotharis Regis Longob. tit. 72. § 2. [²⁰ 190.]: *Sponso autem.... in duplum componatur ab illo, qui ei desponsatam suam Turpefecit.*
¶ **TURPERE**, *Esse vel fieri turpem*, Joanni de Janua; *Enlaidir*, in Glossis Lat. Gall. Sangerman.
TURPIDO, Turpitudo, apud Tertullianum de Corona Mil. cap. 14. Occurrit etiam in Charta ann. circiter 997. apud Felibianum Hist. San-Dionys. pag. LXXXI. Vide *Turpedo*.
¶ **TURPILIANUM**, Infamia. *In Turpilianum cadere*, Infamiam subire, apud Columberium in Theatro honoris pag. 208.
° Senatus consultum *Turpillianum* hic indigitatur, quo decretum erat illos calumniatorum pœnam atque proinde infamiam incurrere, qui ab intentata criminis accusatione desistebant: de quo tit. 16. lib. 48. Digest. et tit. 45. lib. 9. Cod. et alibi.
TURPILOQUIUM, Αισχρολογία, in Gloss. Gr. Lat. Αισχρορρημοσύνη , Theodorito serm. 9. Græc. affect. *Laide parole*, in Gloss. Lat. Gall. S. Ferreolus in Regula cap. 25 : *Turpiloquium amore pudicitiæ sit monacho turpe proferre*, etc. Lambertus Ardensis pag. 78 : *Nec tamen amaricato gutture in nepotem linguam exasperat, nec eum in Turpiloquio, aut turpibus invehitur objectis*, etc. Infra : *In os iram concitatus est aut Turpiloquium*, etc. [Utitur etiam Tertullianus de Pudicitia, cap. 17.]
¶ **TURPILOQUUS**, Qui turpia loquitur. Statuta Canonicorum Regul. tom. 1. Miscell. Duellii pag. 97 :

Vaniloquos, ac Turpiloquos fuge, sperneque, vitâ.

TURPILUCRIS, Αισχροκερδός, in Gloss. Græc. Lat. [Joh. de Janua habet *Turpilucrum* ; unde *Turpilucrus*, *turpiter lucrum faciens*. Gloss. Lat. Gall. Saugerman. *Tupilucrum*, *lait gain*.]
TURPIO, Qui turpia loquitur, un vilain ; vox Latinis Scriptoribus haud ignota. Marius Mercator lib. Subnotat. cap. 4 § 3: *Quis scenicus Turpio, quis durio, vel sannio professe licentia turpitudinis publicæ ista proferret ?*
¶ **TURPITER**, de adulterio proprie dicitur in Codice Theod. lib. 2. tit. 1. leg. 3.
TURPITUDO, Locus turpis, obscœnus, cloaca. Thwroczius in Salomone Rege Hungar. cap. 36 : *Corpus Saraceni rapuerunt, et in Turpitudinem projecerunt*.
TURPITUDO MULIERIS, Pudenda, in Legibus Luithprandi Regis Longob. tit. 106. § 1. [°° 135. (6, 82.)] Capitula Theodori Cantuar. cap. 29 : *Si quis obtrectaverit puellæ aut mulieris pectus, vel Turpitudinem earum*, etc. Occurrit non semel hac notione in Libris sacris. Vide Concilium Calchutense ann. 787. can. 10.
¶ **TURQUEMEN**, Peregrini sermonis interpres, Gall. *Trucheman*. Jac. de Vitriaco apud Marten. tom. 3. Anecd. col. 271 : *Tertia die per Turquemen, (id est interpretem : respondit nuncius*, etc. Vide *Turchimannus* et *Dragumanus*, ubi habetur *Turquigentem* pro *Turquemen*, ex alia editione.
✱ **TURQUESA**, [Gall. *Sarrasine* (?) *barre pour maintenir une porte :* « ... Item pro *Turquesas* pro stabulo. » (Arch. histor. de la Gironde, t. 22, p. 425.)]
¶ **TURQUESIUM**. Species vestis. Statuta Massil. lib. 2. cap. 39 : *Item de gardacors, vel de Turquesio, vel garnachia, vel sobrecot froirato*, etc. Vide *Turcischa*.
° **TURQUIA**, a Gallico *Turquie*, Turcia. Annal. Vict. MSS. ad ann. 1242 : *Hoc tempore Tartari vastaverunt multas terras, quas a viginti annis invaserant per unum ex principibus suis scilicet Indiam, Georgiam , Armeniamque majorem et Turquiam*. Vide supra *Turcomannus*.
TURQUIGENS. Videsis in *Turquemen*.
° **TURRAGIUM**, Turris seu carceris custodia. Charta ann. 1356. ex Cod. reg. 8387. 4. fol. 36. r° : *Officium Turragii et portagii castri regii Burdegalensis*.
¶ **TURRALES** DOMUS. Vide in *Domus*.
¶ **TURRARIUS**, Turris custos. Vide *Turris*.
¶ **TURRELLA**, Turricula, in Reparationibus factis in Senescallia Carcasson. ann. 1455. MSS. Vide *Turella*.
° *Tourecle*, in Charta ann. 1316. ex Tabul. S. Petri Carnot. *Qu'il n'avoit droit en aucunes édifices faites sur les murs de la clousture dou chastel, c'est asavoir une Tourecle hebergée sur iceus murs et autres édifices. Tourele, in alia ann. 1822. ibid. Vide supra Turellus.*
¶ **TURRESINUS**, Idem quod *Turrella*, Turricula, Gall. *Tourelle*, vel specula, Gall. *Guerite*, quod eodem fere redit, speculæ enim sunt turriculæ. Jac. de Layto Annales Estenses ad ann. 1404. apud Murator. tom. 18. col. 995 : *Mœnia cum scalis ascenderant, et custodes repulerant, duosque Turresinos ceperant*. Vide *Turrininum*.
¶ **TURRESTINA**, TURRUNDA, Assatura, Gall. *Roti*. Glossar. Provinc. Lat. ex Cod. reg. 7657 : *Raustida, Prov. Turrestina, Turrunda. Raustir, Prov. torrere, assare*
¶ **TURRETA**, Turricula. Vide *Glatia*.
¶ **TURRIBILE**, Thuribulum, Ital. *Turibile* et *Turibulo*, Gall. *Encensoir*. *Turribile argenti pro altari*, in Charta ann. 1402. apud Rymer. tom. 8. pag. 277.
¶ **TURRIBULUM**, eadem notione. Chartul. S. Vincentii Cenoman. fol. 95 : *Donum super altare cum uxore sua per coclear de Turribulo posuit*. Adde Kennettum in Glossario ad calcem Antiquit. Ambrosd. et vide *Thuribulum*.
¶ **TURRICELLA**, Turricula, in Chronico Jac. Malvecii apud Murator. tom. 4. col. 968.
¶ **TURRICELLUS** ut infra *Turile*. Annales Mutin. apud Murator. tom. 8. lib. 1. col. 57 : *Dicto anno (1217.) fulmen percussit Turricellum Ecclesiæ majoris Mutinæ*.
TURRICULUS, pro *Turricula*. Glossar. Græc. Lat.: Πυργισκάριον, *Turricula*, armarium, πυργισκος, *idem*. Testamentum S. Remigii apud Flodoardum lib. 1. cap. 18 : *Jubeo Turriculum et imaginatum calicem fabricari*. De ejusmodi turriculorum usu in Ecclesiis egimus in Descriptione ædis Sophianæ. [Vide *Turris*.]
« Hinc *Tourt*, si mendum non est pro *Tronc*, Arcula in ecclesiis ad recipiendas fidelium eleemosynas, in Lit. remiss. ann. 1359. ex Reg. 90. Chartoph. reg. 152: *Lesquelz Jehan et Guillot s'estans mis à reffuge en l'eglise de la ville de Gif,...... eussent rompu et ouvert la Tourt à aumosnes d'icelle et y eussent pris environ trente solz Parisis*, etc.
✱ **TURRIFEX**, [Qui *fabrique les tours de sièges :* « Accesserunt huc e contra mirandi artifices et de lignis nimis altis facti sunt *Turrifices*. » (Du Méril, poes. Lat. Med. æt. p. 243.)]
° **TURRIGER**, *Turrigera specie*, Turris instar, apud Glabr. Rodulph. tom. 10. Collect. Histor. Franc. pag. 22.
TURRILE, Campanarii pyramis, Gall. : *la fleche du clocher*. Liber. 2. Miracul. S. Bertini cap. 8 : *Sed et Turrile ipsius (Ecclesiæ) licet noviter esset superpositum, quia antiquo more erat factum, deposuerunt, et aliud miræ magnitudinis, mirabilisque fabricæ studuerunt ædificare, cujus longitudo consistentis in terra æquabat altitudinem culminis Ecclesiæ, cui superponendum erat*.
¶ **TURRIONUS**, Turris major, Italis *Torrione*. Petrus Azarius apud Murator. tom. 16. col. 436 · *Pontem cum Turriono ascenderunt et ipsum fulciverunt balistariis et aliis habilibus ad defendendam portam*.
✱ [« Pro laborerio facto in *Turriono* existente in capite viridarii domini nostri pape pro residentia aliquorum peditum de Interamne ad custodiam palatii apostolici deputatorum. » (Mandat. Camer. Apostol. Arch. Vatic. 1417-21. f. 175)]
TURRIS, Campanarium. Miracula S. Columbani cap. 2 . *Ecclesiam.... ex lapidibus struxit, Turremque super eam ædificavit, et lampadas fecit in ea pendere*. Vita S. Anstrudis Abb. Laudun. cap. 14 : *Viderunt de Turriculo Ecclesiæ globum igneum exire usque ad cœlum*. Utuntur etiam Silvester Girald. in Topogr. Hibern. Dist. 2. cap. 9. et 37. Liber. 1. Miraculor. S. Dionysii cap. 15. et alii passim.
¶ TURRIS, ARX, castrum. Will. Gemet. lib. 8. cap. 22 : *Henricus Rex Turrim Wartewilla funditus jecit everti*. Robertus Montanus ad Chronicon Sigeberti : *Mortuo Valerano Turris Turen venit in manu Regis*. Alia exempla suppetunt apud Will. Britonem in Philipp. Idiotismum fuisse Scriptorum sæculi Longobardici observat Carolus de Aquino in Lexico militari. Charta ann. 1272. ex Chartul. Episcopat. Carnot. : *Girardus de Loigniaco...... recognoscho quod ego Turrim meam de Loigniaco... tenere debeo ad unam fidem et homagium ligium a rev. patre dom. Carnot. Episcopo*.
TURRIS, Carcer. *Ad Turrim condemnari*, mitior pœna est quam ad carcerem, leviorumque delictorum erat, in Statut. Hospitalor. S. Joan. Hieros. tit. 18. § 39. 53.
TURRARIUS, Turris vel carceris custos, *Tourrier*, ou *Geolier*, in Stylo Leodiensi cap. 12. art. 10. et cap. 18.
·· Obit. Ms. eccl. Camerac. fol. 31. r°: *Obiit Egidius de Camba Turrarius capituli, quadraginta solid.* Turon. tripartite. Lit. remiss. ann. 1372. in Reg. 108. Chartoph. reg. ch. 92 : *Icellui Gillequin avec aucuns de ses amis charnelx ala veoir ledit Hennequin ès dites prisons et parlerant à lui en la presence et audience du cepier ou Tourrier sans rien meffaire. Thourier de postre chastel et tour de Laon*, in aliis ann. 1376. ex Reg. 109. ch. 223. *Tourier*, in Lit. ann. 1383. tom. 7. Ordinat. reg. Franc. pag. 22. art. 3.
TORAGIUM, [Idem quod *Geolagium*, quod carcerario exsolvitur. Aresta Pentecost. ann. 1290. in Regesto B. Parlamenti Paris. fol. 86. verso: *Cum plures Burgenses Remensis Archiepiscopi missi fuissent Laudunum, ut tenerent ibi prisionem pro defectu solutionis expensarum factarum in Coronatione D. Regis, Toragerius Laudunensis nisus fuit habere Toragium ab eisdem, licet in prisione clausa*

non fuerint, nec prisionem in villa tenuerint, dictum fuit per arestum, quod hi prisonarit solvere Toragium non tenentur. Veruntamen si aliquis magnus homo accusatus de crimine vel de aliquo enormi facto haberet gratiam, quod per securitatem vel alios posset ire per villam, et non teneretur in prisione firmata, nihilominus Toragium solvere teneretur. Adde Regestum 1. fol. 108. verso sub ann 1260. [Memoriale Cameræ Comput. Paris. ann. 1362 : *Officium Toragii seu befredi de Lauduno. . positum fuit ad domania dicti Regis, et fuit dictum et ordinatum tunc, quod dicta officia extunc levarentur et explectarentur de cætero ad utilitatem Regis.*] Gravamina Nobilium Campaniæ quæ habentur in Regesto Magnorum Dierum Trecensium, ann. 1297 : *Item quant on prent les hommes aux Gentils hommes, et on les mainne és Chastellenies dont ils sont, on les fait mettre en Tour et en vilaine prison, jaçoit qu'ils ne soient pris pour nul vilain fait, ce qui ne fut onques fait du temps des Heritiers, ains leur faisoit on tenir prison dedans les villes, et sans paier Tourage.* Computum terræ Campaniæ ann. 1348 : *Du Tourage de la Tour de Troies amoisonné à Jean de Reneval pour 2. ans, etc.* Computum Dom. Hesdini ann. 1475: *Du Tourage et chepage de Hesdin, etc.* Passim alibi.

TURRES Ministeriis sacris accensentur in Testamento S. Aredii, apud Mabillonium tom.2. Analector.: *Quod unusquisque locus sanctus constitutus ibi habeat Ministerium declaratum, ... id est Turres* 4. *coopertoriolos olosericos* 8. *calices argenteos* 4. *etc.* Occurrunt rursum infra. Vide *Turriculus.*

☞ Vasa, in quibus Christi corpus adservabatur, in turrium exiguarum figuram efformata fuisse, testis est inter alios Gregorius Turon. lib. 1. de Gloria Mart. cap. 86. *Acceptaque Turre, diaconus, in qua mysterium Dominici corporis habebatur, ferre cœpit ad ostium ; ingressusque templum, ut eam altari superponeret, etc.* Expositio antiquæ Liturgiæ Gallic. apud Marten. tom. 5. Anecd. col. 95 : *Corpus vero Domini ideo defertur in turribus, quia monumentum Domini in similitudinem turris fuit scissum in petra.*

☞ **TURRIS** AMBULATORIA , Machinæ bellicæ species. Tract. MS. de Re milit. et mach. bellic. cap. 62 : *Turris ambulatoria cum ponte levatorio, tracto a naspo sive varrochio, super sex rotellas ædificata, etc.*

¶ **TURRISINUM**, TURRISINUS, ut *Turresinus.* Chron. Parm. apud Murator. tom. 9. col. 774 : *Ipse suis expensis fecit fieri murum, qui est ad pontem Galeriæ ..... cum Turrisino, quod est ibi prope dictam portam.* Et col. 880 : *Factus fuit murus Communis de S. Maria nova versus flumen Parmæ, et in capite de subtus unus Turrisinus.* Vide *Turrionus.*

☞ **TURRISTA**, Turris defensor, in Tract. MS. de re milit. et mach. bell. cap. 92: *Turris cum molendino, quod volvitur ab asino, est utilissimum in altitudine turris ; quia Turristæ de molenda sunt fulciti.*

.:☞ **TURRIX**, Attonis Polypt. pag. 54 : *Turrix cuspidis.*

☞ **TURRUNDA**. Vide supra *Turrestina.*

☞ **TURSIE** dicit Avicenna, *quod est Ammoniacum.* Glossar. medic. MS. Sim. Januens. ex Cod. reg. 6950.

¶ **TURSUS**. Gloss. Gr. Lat. : Καυλός, *Caulus, Tursus.*

¶ **TURTA**, TURTELLUS. Vide in *Torta* 1.

TURTEGETES, Tugurium, ædicula. Vita

B. Coletæ num. 49 : *Oratoria sic constructa fuerant, quod vix se poterat in eis erigere seu elevare, magisque videbantur Turtegetes vel tuguria altilium, vel anserum, quam habitationes rationabilium personarum.* Ubi quidam Codd. habent *Curtegetas,* f. ex Gall. *Tourjette,* TURRICULA.

¶ **TURTIBULI**, alias *Tibuli* sive *Tiguli,* dicuntur foramina, per quæ exit fumus caminorum *; et iidem dicuntur fenestræ, quibus calor balnei evaporat.* Ita vetus Vocabularium juris utriusque pro *Tubull,* Gall. *Tuyaux.* [⁰⁰ Dig. lib. 8. tit. 2. fr. 13. (12.)]

¶ 1. **TURTUR**. Pactus Legis Salicæ tit. 7. art. 9 . *Si quis Turturem de trappa furaverit, etc.* Ubi Eccardus : Turtures tensis retibus non capiuntur ; unde hic Turturem cum Turdo confundi clarum est.

☞ 2. **TURTUR**, Piscis fluviaticus, Gall. *Truite.* Locus est supra in *Trucha.*

☞ **TURTURA**, An pro *Tortura* ? certe supplicii genus videtur. Decreta Placent. ad calcem statut. fol. 108. r° : *Quas pœnas si non solverint infra decem dies, dent ei quinque squassus, sive bottæ curli vel Turturæ.* Vide mox

ᵇ **TURTURELA** inter machinas propugnationi utiles recensetur, in Stat. Ferrar. ann. 1279. apud Murator. tom. 2. Antiq. Ital. med. ævi col. 508 : *Potestas teneatur mittere ad prædicta loca unum bonum notarium,.... qui scribat statum cujuslibet loci, scribendo,.... manganos et Turturelas et catenas et victualia, quæ ibi erunt pro communi Ferrariæ.* Eadem quæ *Tortirella.* Vide in hac voce.

¶ **TURTURELLA**, Turtur, Ital. *Tortorella*, Gall. *Tourterelle ,* in Annalibus Mediolanensibus ad ann. 1389. apud Muratorium tom. 16. col. 807.

☞ Alias *Turtre.* Comput. Rob. de Seris incipiens ann. 1382. in Reg. 5. Chartoph. reg. fol. 3. v° : *Ou milieu de la pate du chaperon a une cage pour oiseaux, faite au vif, et dedenz ladite cage a une Turtre d'argent esmaillié.* Vide supra *Tordera.*

TURTURI. Ugutio, in *Turtur : Turturi dicuntur pastores, qui fistulis canunt.* Ita etiam Joh. de Janua.

TURTURILLA, Locus, ubi panis ponitur, Ugutioni. An *Turundilla* ? [Glossæ Isidori : *Turturilla, ita dictus locus, in quo corruptelæ flebant, quod ibi turturi opera daretur, id est, panem.* Pro panem alii substituunt *peni,* alii *ganeæ.* Falluntur qui *Turturilla* de loco dici notant, si credimus Grævio. Non dubitat ipse, *Turturillos,* vel *Turturillas* dictos esse cinædos, molles, impudicos, qui a militia arcebantur, et in urbe securi erant. Convitium hoc, inquit, a turture derivatum est ; accipiter enim fertur captæ turturi parcere, et pretium salutis accipere, ut tradit Porphyrius lib. 4. Vide Vossium lib. 3. de Vitiis sermonis cap. 58. et Martinium in Lexico.]

¶ **TURVA**, TURVUS, *Tourbe.* Vide *Turba* 1.

TURUCA, Papiæ *Vestis regia.*

☞ **TUSCA**, TUSCHA, ut supra *Touchia,* Nemus, silvula, nostris *Touche.* Chartul. S. Joan. Angeriac. fol. 68. v° : *Also bellus dedit Deo sanctoque Johanni octavam partem alodii,... et est super Tuscas de Pariniaco, unum quoque molendinum ad Tuscas.* Unde diminut. *Tuscula* ibid. fol. 95. r° : *Donavit domum, hortum, fraxineiam, prata, vineas cum Tuscula, etc.* Charta ann. 1404. in Reg. feud. comitat. Pictav. ex Cam. Comput. Paris. fol. 68. r° : *Item et manerium de Bello-fonte cum*

sua clausura, garena, Tuschis, vineis, pratis, etc. Alia ann. 1405. ibid. fol. 66. r° : *Item unum herbergamentum,...... insimul cum Tuscis et terris ;... quæ quidam pertinentiæ tenentur ex una parte Tuscæ de Fayola, una fovea in medio posita.* Vide *Tuscha.*

¶ **TUSCHA**, Lucus, arbores ad ornatum consitæ, Gall. *Touche.* Charta Adelæ Comitissæ Blesensis ann. 1104. e Tabulario Dunensi : *Est autem ipsa determinatio talis.... per landas et per placitum de brueria, et inde per Tuscham de nucaria.* Chartul. S. Vincentii Cenoman. fol. 29 : *Dederunt etiam quamdam Tuscham juxta molendinum, et terram ex utraque parte Tuschæ sitam, unum sextarium seminis suscipientem.* Vide *Tusca, Toscha* et *Tosca.*

☞ *Touquet* nostris alias, pro *Coin,* Angulus. Lit. remiss. ann. 1376. in Reg. 110. Chartoph. reg. ch. 88: *S'en issi la feu Mirouwant........ pour s'en aler en sa maison, et comme il vint au coing ou Touquet de la maison Jaque Compere derriere l'église S. Leu à Amiens, etc.* Charta ann. 1393. in Reg. 145. ch. 500 : *Une maison séant en la ville de Douay, en la rue de Bellain, faisant Touquet à la rue que on dit de Luisiaux. Toucquet ou coing de la rue de la boulenguerie,* in Reg. 13. Corb. sign. *Habacuc* ad ann. 1511. fol. 77.

ᵇ **TUSCARIUS**, Tuscus, Gall. *Toscan.* Charta ann. 1866. in Reg. 97. Chartoph. reg. ch. 613: *Falco Chacii, civis Tuscantiæ, capitaneus universitatis Tuscanorum et Lombardorum mercatorum, etc.*

ˣ **TUSCHINUS**, ut supra *Tuchinus.* Lit. remiss. ann. 1383. in Reg. 128. Chartoph. reg. ch. 182: *Petrus Petri qui erat Tuschinus, homo pessimus, malæ vitæ et conversationis inhonestæ,... armatus quodam disploide, etc.*

ᶜ **TUSCULA**, diminut. a *Tusca.* Vide supra in hac voce.

¶ **TUSCULANUM** , Prædium quodvis amœnum. Chrystophorum Mullerus apud R. Duellium tom. 1. Miscell. pag. 279 : *Cum enim in præsulari nostro Tusculano, pro excitando salientis aquæ fonte, profundius fodare necesse fusset, etc.*

¶ **TUSCUS**, Rudis, Hisp. *Tosco.* Vita B. Columbæ Reatinæ, tom. 5. Maii. pag. 325. *Zonulas illas in disciplinam Tuscam commutavit.*

TUSILLÆ. Isidorus lib. 11. cap. 1 : *Toles Gallica lingua dicitur, quas vulgo per diminutionem Tusillas vocant, qua in faucibus turgescere solent.* Vide Januensem de Janua in *Toles.* [Festus : *Toles, tumor in faucibus, quæ per diminutionem Tonsillæ dicuntur.* Glossæ Græc. Lat. : Παρίσθμια, *Tonsillæ, Tolia, Tolæ, Tusillæ, Tules.*]

¶ **TUSONDA**, Celtis, Mille. Vide *Chunna.*

TUSPOLLEM, Manna vel genus pigmenti, in Glossis Isid. Gloss. Lat. Græc. : *Tuspollina,* μάννα. Aliæ Gr. Lat. addunt, *Turspollen.* Legendum *Thuris pollen* ex illo Scholiastæ Juvenalis : *Thus minutum,* quod est thuris pollen, *manna vocant.*

☞ **TUSSITARE**, Frequenter tussire. Richalmi abb. lib. Revelat. cap. 4. apud Pez. tom. 1. Anecd. part. 2. col. 89 : *Videte quomodo jam fatigant me tussi inter loquendum, cum tamen signem me. N. Cum ita Tussitatis, secretum nostrum proditur.* Hinc *Entoussé,* Tussi affectus, in Hist. Caroli VI. ad ann. 1414. pag. 274: *Es mois de Février et de Mars se leva un vent mervetlloux, puant et tout plein de froidures. Pour occasion duquel* *plusieurs gens....... furent tellement enreumez et Entoussez que merveilles.* Vide *Tussitus.*

¶ **TUSSITUS,** Toussement, in Glossis Lat. Gall. Sangerm. MSS. ex Johanne de Janua.

✳ **TUSSOLS,** Exactionis species. Constit. MS. Jacobi II. reg. Aragon. ann. 1291 : *Item quod clerici et milites non teneantur solvere in Illerda, vel in aliis locis, leudam, pedagia vel Tussols de reditibus eorum propriis.*

✳ **TUSTAQUA,** Tectum porcorum. Charta ann. 1328. in Reg. 65. Chartoph. reg. ch. 261. *Tenuit eam in domo ipsius uxoris incarceratam, ligatam in quadam Tustaqua sive gualhiniera, in tantumque ipsam verberavit,........ quod ipsam interfecit.*

¶ **TUSTARE,** Pulsare, Occitanis *Tusta.* Vetus Ceremoniale MS. B. M. Deauratæ : *Dum priori videtur, quod sit hora Tuslandi, etc.* Infra : *Mittit aliquem ad Tustandum cum massa.* Charta ann. 1200 e Schedis D. *le Fournier* : *Tustando ad portam cameræ et dicendo aperi.*

✳ *Tuster.* in Lit. remiss. ann. 1448. ex Reg. 179. Chartoph. reg. ch. 187 : *Icellui Baratier Tusta ou hurta à la porte, etc.*

✳ **TUSTAYNUM,** perperam pro *Fustaynum*, Vestis ex panno, Italis *Fustagno* dicto, confecta. Testam. ann. 1274. tom. 2. Hist. Genuens. pag. 502. col. 2 : *Item relinquo Roffrido servienti meo unciam auri unam, cappam meam Tustaynum, bracas et camisiam.* Vide supra *Fustaneum.*

✳ **TUSTINNA,** Idem videtur quod *Tolta* 1. Exactio, quæ per vim fit, quod contra jus tollitur, quodvis tributum. Privil. Univers. Glasguens. concessa per Will. episc. ann. 1453. ex Chartul. ejusd. eccl. Cod reg. 5540. fol. 103. vº : *Concedimus liberam facultatem emendi et res proprias vendendi..... ubique per regalem nostram et alias terras, portus...... absque exactionibus Tustinnarum et licentia a quocumque petenda.*

¶ **TUSTORIUM,** Species porticus, ut conjecto. Locum vide in *Baletum.*

TUTACULUM, Tutamen, apud Prudentium.

✳ **TUTALANA,** Pannus e lana tantum confectus. Stat. Ferrar. ann. 1279. lib. 2. rubr. 345. apud Murator. tom. 2. Antiq. Ital. med. ævi col. 424 : *De vestito bixelli, id est mezalanæ Tutalanæ stanfortis et cujuslibet alii panni, sine tribus cucituris, tres solidos Ferrarenses.* Reg. Mutin. ad ann. 1306. ibid. col. 897 : *Soma pannorum de Mediolano et Como et Florentia et Tutalanis de Bononia, etc.*

¶ **TUTALIS** Cura, pro Tutelaris cura, seu tutela, in Libertatibus S. Palladii MSS.

TUTAMENTUM. Glossæ Isonis Magistri : *Tutamen, firmamentum, protectio.* Vide *Tensamentum.*

TUTARE, ex Gallico *Tuer,* Occidere. *Tutare candelam, aut cereum,* extinguere, Galli dicunt : *Tuer la chandelle.* Ordo Romanus : *Lumen autem Ecclesiæ apud Romanos ab initio cantus nocturni inchoatur extingui; hoc tamen ordine, ut ab introitu ipsius Ecclesiæ incipiat paulatim Tutari.* Mox : *Ubi audierit primam Antiphonam, tenens cannam in manu sua, Tutat lampadem unam ; in fine vero Psalmi ipsius Tutat aliam sinistræ partis.* Hac notione utitur etiam Alcuinus de Divinis Offic. pag. 247. et Regula Magistri cap. 19. et 29. Itali *Attutare* et *Stutare,* Restinguere dicunt. Jo. Villan. lib. 12. cap. 20 : *Attutarsi la furia dello*

VIII

sfrenato popolo. Porro nostrum *tuer,* pro occidere, a τύειν, mactare deducit H. Stephanus.

¶ 1. **TUTATIO.** Diploma ann. 1356. apud Ludewig. tom. 5. Reliq. MSS. pag. 516 : *Certa bona et possessiones....... debeant assignari ad existimationem et Tutationem, etc.* Sed *taxationem* legendum puto ; hæc enim respondent verbis subsequentibus, *æstimatores et taxatores bonorum talium.*

✳ 2. **TUTATIO**, Tutamen, protectio. Charta Hug. et Rob. reb. ann. 994. tom. 10. Collect. Histor. Franc. pag. 562 : *Cujus abbatiæ Tutationem sub manu regum aut forte ducum ejus regni constituimus, etc.*

✳ **TUTELA,** Idem forte quod *Tufus.* Vide in hac voce ; nisi sit nomen loci. Pactum inter eccl. Rom. et episc. Tricastr. ex Cod. reg. 5956. A. fol. 74. vº : *Item sibi retinuit nativum saxum, quod communi vocabulo Tutela vocatur, ubi est ecclesia S. Justæ.*

✳ **TUTELARIUS,** Qui sub tutela et protectione alicujus est. Chron. vet. ad ann. 1293. apud Ludewig. tom. 9. Reliq. MSS. pag. 180 : *Expeditio Burgeri regis Sueciæ facia est in Kareliam et Karoli (l. Kristi) fidem susceperunt, et facti sunt Tutelarii domino regi Tueciæ.* Sed legendum opinor *Tributarii.*

TUTELATOR, *Protector,* in Glossis MSS. S. Germani Paris. Cod. 524. [Martianus Capella lib. 2 : *Tutelator fidelissimusque germanus.*]

¶ **TUTELATUS,** In tutelam datus. Genus agri *Tutelatum*, Aggeno de Limit. agr. pag. 58. [» *Tutelare, Defender,* apud Joann. de Janua.]

¶ **TUTELIORIS,** perperam pro *Tutelaris.* Charta ann. 1195. apud Cencium i. ter Census Eccles. Rom. · *Et ego specialiter Petrus pro me et dictis impuberibus, quorum tutor sum Tutelori officio vobis... quæ dicta sunt omnia observare.... promittimus.*

¶ **TUTELLA,** a Gall. *Tutelle,* Administratio bonorum pupilli, ex Charta ann. 1472. in Inventar. Chartar. Reg. ann. 1482. fol. 814.

✳ Nostris alias *Tuterie, Tutirie* et *Tutrie.* Charta ann. 1301. in Lib. rub. Cam. Comput. Paris. fol. 142. rº. col. 2 : *Madame Aliz de Partenay, dame de Surgeres, tutreisse desdiz héritiers par nom de Tuirie, etc.* Alia ann. 1322. in Reg. 61. Chartoph. reg. ch. 457 . *A esté trouvé que il seroit grant profit ausdiz mineurs se nous leur voulons donner aage, par quoy il fussent hors de Tustirie, etc. Tuterie, apud* Belloman. MS. cap. 16. Guill. Guiart. —

Puis orent li baron envie
De ce que de la Tuterie
Du regne iert Blanche la royne
La mere le roi en saisine.

Tuterresse, pro *Tutrice,* in Lit. remiss. ann. 1373. ex Reg. 105. ch. 210.

✳ Hinc *Tutelle* nostratibus nuncupata, Domus, ubi scholares nutriuntur et instituuntur, vulgo *Pension.* Lit. remiss. ann. 1478. in Reg. 205. ch. 58 : *Lesquelx escoliers estans en une chambre en la Tutelle maistre Jehan Perot audit Orléans ; ...... pour ce qua on avoit dancé en ladite Tutelle, ainsi qu'il est accoustumé chacun an au jour S. Martin, etc. Jean Code tenant Tutele en l'Université d'Orléans,* in Ch. ann. 1513. ex Bibl. *de Du Verdier* pag. 715. Unde *Tuteur d'enfans,* in Lit. ann. 1448. ex Reg. 179. ch. 367.

TUTELLI, inter Ministeria sacra. Chronicon Centulense Hariulphi lib. 3. cap.

3 : *Scyphus argenteus major ; minores argentei 4. ex aurichalco 1. Tutelli argentei 4. urcei argentei cum aquamanillibus 2. etc. Ubi forte legendum cutelli,* seu *cultelli.* Idem lib. 2. cap. 10 : *Atramentarium optimum argenteum auro paratum 1. cultellus auro et margaritis paratus 1. etc.*

✳ **TUTELLUM,** pro Tutela, tutamen. Codex MS. olim S. Martial. Lemov. nunc Bibl. reg. 5600. fol. 101 : *Qualis est homo Christianus, qui pro Domino muras et tineas veneratur, quibus se per Tutellum cubelli aut arculi non subducantur aut panis aut pannus.*

¶ **TUTELUS.** Lactantius de mortibus persecutorum n. 36 : *In primis indulgentiam Christianis communi Tutelo datam tolit.* (Maximinus Imp. Legendum est *communi titulo,* hoc est, communi utriusque Imperatoris consensu.)

¶ **TUTHIA,** Cadmia. Statuta datiaria Riperiæ cap. 12 : *De quolibet plaustro sive vezeto Tutiæ pro introitu vel exitu, et sic pro rata, solidi sex. De quolibet modio mellis soldi* IV. Usus est Diodorus Euchyon Polychemiæ lib. 1. cap. 2. qua notione τουτία dixere Græci recentiores. *Tuthie* etiam vocamus Cadmiam fossilem ab Arabico *Tuthia.* Vide Salmasium ad Solinum, Vossium de Vitiis serm. lib. 2. cap. 18. et Glossarium mediæ Græcit. in Τουτία.

✳ Italis, *Tuzia.* Vide *Tucia.*

¶ **TUTILLA,** Septum, ἔρκος, in Gloss. Gr. Lat.

¶ **TUTILLA,** pro Tutela, ni fallor. Renovatio testamenti pro Carolum M. apud Murator. tom. 2. part. 2. col. 752 : *Domnos patruus meus Semforianus..... diebus vitæ suæ Tutillam meam in suam habuit recepta potestate.* Hoc est, si bene conjecto, Tutor meus fuit.

✳ **TUTIO** Devota, Signum crucis, quo Christiani se tuentur. B. de Amoribus in Speculo sacerdot. MS :

Multis naunque modis Dominus veniale remittit,......
Præcipue deica facit hoc oratio sacra,
Tutio devota reverenter pectore facta.

1. **TUTOR,** Advocatus prædii Ecclesiæ. Charta Henrici Regis Franc. ann. 1043. ex Tabul. Fossat. fol. 151 : *Quam utique villam præfatus Miles sub velamine tuitionis, velut iniquissimus prædo, atterebat... Abbas ipse manibus duorum clientum coram omnibus sacramento probavit, quod Tutor villæ jam dictæ in ea jure non debet capere, nisi unum avenæ sextarium de arpennis, in quibus hospites hospitantur ; cæteri vero arpenni a domibus remoti nihil aliud reddunt Tutori, nisi minam avenæ, etc.*

¶ **TUTOR,** Fidejussor, approbator, confirmator. Charta ann. 1216. e Chartulario Domus Del Pontisar : *Ego autem Radulfus de Constantino Miles, filius prædictæ Mabiliæ, dominus feodi a quo tenementa movent, sum Tutor hujus quitationis, et ad petitionem matris meæ prædictæ....... sigillo meo præsentem cartam consignavi.*

¶ **TUTOR vel Curator** ad litem litigantibus minoris ætatis hæreditas conceditur in Edicto Philippi Franc. Regis ann. 1330. idque contra Legem Romanam, quæ personis tantum, non causis tutores dabat. Vide de Laurière tom. 2. Ordinat. Reg. Franc. pag. 64.

✳ 2. **TUTOR, Tutrix,** Qui vel quæ administrat, regit ; titulus comitum Hollandiæ. Charta ann. 1257. inter Probat. tom. I. Annal. Præmonst. col. 858 : *Nos Florentius Tutor Hollandiæ notum facimus, etc.* Alia ann. 1261. sororis et hæredis ejusd. Florentii ibid. col. 354: *Aleydis quondam uxor domini Joannis de Avennis, Tutrix Hollandiæ et Zelandiæ, etc.* Vide supra *Tueri* 2. Obiter monebo legendum fortean esse *Escuiers*, loco *Tuiers*, in Lit. Phil. VI. ann. 1829. tom. 2. Ordinat. reg. Franc. pag. 41: *Commandons à tous ducs, comtes, barons, Tuiers, seneschals, baillifs, etc.*

TUTTA, Exactio, tributum. Vide *Tolia*.

° **TUTUBA**, Tubicen, buccinator. Comput. ann. 1504. inter Probat. tom. 4. Hist. Nem. pag. 80. col. 1: *Item solverunt Johanni Mortan, Tutubæ sive trompetæ Nemausi, pro suis laboribus sonando trompetam, etc.*

° **TUTULA**, pro Tutela, defensio. Charta Phil. Pulc. ann. 1801. in Lib. rub. Cam. Comput. Paris. fol. 128. v°. col. 2: *Poterunt dicti religiosi (S. Ebrulfi) habere unum forestarium seu servientem, sagittas et arcum in dictis boscis ... et circa, portantem ob eorum custodiam et Tutulam.*

∞ **TUTULUS**. Attonis Polyptych. pag. 58: *Tutulos destruens*. Ubi glossa: *Tutulos dicebant sacerdotes brevium templorum*. Vide *Tulatus* apud Forcellin.

TUTUPIA, Capitis tegumentum Clericis proprium, cujusmodi hodie les bonnets quarrez. Statuta Synodalia Nicolai Episc. Andegav. ann. 1265: *Clerici sive conjugati sive non conjugati, cum in Ecclesiis parochialibus, in quibus commorantur, ad Missam, vel ad Vesperas, veniunt, cum Tutupiis congruentem deferentes tonsuram incedant, psalmodiantes, legentes, et cantantes ibidem cum Presbyteris,...... tamen coram Episcopo, Archidiacono, Archipresbytero, vel Decano suis appareant cum Tutupiis, et amotis caputiis se præsentent.* [Acherius tom. 11. Spicil. pag. 208. legit *Tutuptiis*, suspicaturque forte legendum esse *tutulis*. Erat autem *tutulus*, capitis ornamentum seu vitta purpurea, qua crines ad verticem convolvebant Flamines, ut est apud Varronem et Festum.]

° **TUTUS**, Securus, tranquillus. Mirac. S. Raym. Palmar. tom. 6. Jul. pag. 658. col. 1: *Unde quia credebatur eum habere lapidem, quidam dicebant eum exponere manibus medicorum, ut ab infirmitate liberaretur; quod at avia ejus prohibuit, hæsitans prius de sanctitate beati Raymondi. Quocirca dixit, se de infirmitate pueri esse Tutam.*

¶ **TUVEUS**, ex *Tufo*. Vide in *Tufus*.
¶ **TUXIDURA**, Vectigalis species, teloneum. Charta ann. 954. apud Murator. tom. 2. Antiq. Ital. med. ævi col. 131: *Item omne teloneum, quod dicitur Tuxidura de navibus, flumen Adice veclo percurrentisu, etc.*

¶ **TUYSUS**, f. Vellus, Gall. *Toison*. Vide *Clack*.

TWEIFHINDUS. Vide *Hindeni homines*.
¶ **TWELFHÆNDMAN**. Vide *Liberalis homo*.

¶ **TWENTINAY**. Vide in *Tuernay*.
¶ **TWIGILD**, Dupla solutio, vel duplex pecunia, a Saxonico t w y, Duo. et *gild*, sive geld, solutio, pecunia. Ita Spelmannus.

TWYGAVEL. Vetus Charta Cantuariensis Ecclesiæ apud Somnerum in Tractatu de *Gavelkynd* pag. 28: *Idem respondet de* 814. *et dimid. ped. clausur. hayag. fac. circa manerium, ex consuetudine, unde de Twygavel* 200.

¶ **TWYHINDUS**, TWYHYNDEMAN, Is qui in æstimatione capitis 200. sol. censetur, a Saxon. t w y, duo, et h y n d, vel h u n d, centum. Idem Spelmannus. Vide *Hindeni homines*.

¶ **TYBARIUM**, pro *Typarium*. Vide in hac voce.

¶ **TYBARUD**, Genus pugnæ ludicræ, ut puto. Vetus Charta a Mabillonio laudata tom. 4. Annal. Benedict. pag. 28: *Ita ut nemo illorum* (hominum burgi S. Martini Exoldun.) *pergat ad pugnam, quæ alio nomine vulgariter vocatur Tybarud, neque botagium vini alicui reddat.* Vide *Quintanat* 3.

✶ **TYBIA**, [Tibia: « Qui habet malum mortuum in *Tybiis* abluet *Tybias* cum aqua stercoris. » (B. N. ms. lat. 10272, p. 219.)]

¶ **TYBRUCUS**, Ocrea lanea. Vide *Tubrucus*.

¶ **TYBRUS** Vide *Typrus*.
¶ **TYBURIUM**, f. pro *Ciborium*, vel *Tegorium*. Vide in his vocibus. Memoriale potestatum Regiens. ad ann. 1209. apud Murator. tom. 8. col. 1128: *Tyburium ecclesiæ majoris fuit levatum, videlicet illud quod est supra plateam.*

¶ **TYGANUM**, Sartago, Græc. τήγανον, in Actis Sanctorum Maii tom. 7. pag. 7.

¶ **TYGURIUM**. Vide in *Tegorium*.

TYHTLAN, vox Saxon. Accusatio. Leges Ethelredi Regis cap. 2: *Nec componat aliquis pro ulla Tyhtlan, si non inserit testimonium Præpositi Regis.* Hinc emendare licet Leges Kanuti Regis Angl. cap. 56. apud Bromptonum: *Si quis amicis destitutus, vel alienigena, ad tantum laborem venerit, ut plegium non habeat, in prima Thilac, id est accusatione, ponatur in carcanno, et ibi sustineat donec ad Dei judicium eat.* Legendum enim *Tyhtlan*.

° **TYLIA**, pro Tilia, Gall. *Tilleul*, in Chartul. Norman. ex Cod. reg. 4658. A. fol. 88: *Monachi de Lyra habent..... tres Tylias ad scutellas, etc.*

° **TYMALLUM**, f. *Placitum*, domini feudalis judicium, ad quod vassalli convenire tenebantur. Charta Petri Attrebat. episc. ann. 1201. ex Tabul. abbat. de Laude *Illic etiam declaratum est alodia de Coidnes, præ cæteris alodiis, tantæ libertatis esse, ut nullum debeant in Tymallo responsalem.* Vide *Mallum*.

¶ **TYMBA**, Sepulcrum. Vide in *Tumba* 1.
TYMBORALIS PŒNA. Vide *Tumbrellum*.
TYMBRIS. Senator lib. 5. Epist. 1: *Cum piceis Tymbribus, et pueros gentili candore lucentes, et spathas nobis etiam arma desecantes, vestra Fraternitas destinavit.* Ita prima editio Senatoris, et aliæ posteriores, tametsi menda non pauca in hisce paucis verbis liceat subodorari. Nam quid vox *piceis*, si a *tymbribus* distinguatur, quid *pueros*, cum armis, quæ in munus mittuntur? Certe *pyceas tymbres* hic interpretor *tympana ærea coloris picei*. Nostri quippe *tymbres*, inde vocarunt, quæ Latini *tympana*. Gloss. Lat. Gall.: *Tympanum, Tymbre. Tympanistria, Menestrier de tymbre. Tympanizo, chanter ou timbrer, Tintinnabulum, tymbre.* Poeta Anonymus vernaculus MS. de expugnatis Hierosolymis per Titum:

Mult parlont helo noise en l'ost li Olifant,
Li cor et les buisines, et li Timbre sonant.

Alius Poeta MS:

La oissiez tabours et Timbres retentir.

Galterus Metensis in Mappamundi MS. cap. 58:

Une fontaine est clere et coie,
Quand dessus a riens qui s'esjoie
Et ou Timbre ou vielle sonne,
Ou autre instrument qui resonne,
Si s'eslieve ainsi con de joie,
Et s'espant paraval la voie.

Inde postmodum galeas ipsas *Tymbres* etiam appellarunt, seu quod *tympanorum* speciem referrent. Guillel. de Guignaviíla in Peregrinatione animæ:

Où sont bannieres desploiées,
Où sont hyaumes et bachines,
Timbres et vestus velués,
A or batu et à argent.

Seu quod, galeæ pulsatæ sonum tympanorum ederent. Guntherus lib. 4. Ligurini:

Non jam missilibus telis, ferroque volanti,
Sed gladiis pugnare libet: Tinnire sonoros
Ictus audires galeas.

Et lib. 7:

.... Tinnire cavas mucronis ab ictu
Audire galeas.

Inde igitur nostri etiamnum *tymbres* vocant galeas, quæ armorum insignibus imponuntur. *Tenir littres en ses armes et tymbres*, in Consuetud. Turonens. art. 60.

Sed nescio, an aliud sonet hæc vox in Computo Stephani *de la Fontaine* Argentarii Regii ann. 1351. cap. cui lemma est: *Parties delivrées en ce terme à cause de l'obseque de M. Gieffroy de Varennes Chambellan du Roy, etc. pour faire tunicles, houçes, arconnieres,* 2. *Timbres de crestes des armes dudit Chevalier à mettre sur les heaumes*. Vide *Timbrum*.

TYMBUS, Τύμβος, Sepulcrum, *Tumba*. Vetus Epitaphium apud Ughellum in Episcopis Bobiensib.:

At pater egregiæ polens intercessor es iste
Pro gloriosissimo Luitprando Rege qui suum
Precioso lapide Tymbum decoravit devotus.

Vide *Tumba* 1.

¶ **TYMIAMATERIUM**. Vide *Thymiamaterium*.

☞ **TYMIARIA**, mendose pro *Tymiama*. Vide in hac voce. Pontif. MS. eccl. Elnens ubi de benedictione campanæ: *Consequenter ponitur in thuribulo ignis et Tymiaria, thus et mirra, si haberi possunt.*

✶ **TYMO**, [Italis *Timone*, temo: « Caput Herculis, ex una parte habet quasi forcipes, ex alio latere clavam, sub collo habet *Tymonem*. » (Inv. card. Barbo ex transcript. Müntz, 1457.)]

° **TYMONAGIUM**, Idem quod Timonagium. Tributum seu præstatio pro currus temone. Charta Ingelr. dom. de Couciaco ann. 1267: *Nec non* (habuerimus) *tertiam partem taillie boulengariorum Cameracensium, quæ fit bis in anno, et Tymonagium et sextam partem domorum seu locorum foris factorum, censuum et caponum domorum foris factorum.* Vide supra *Timonachum*.

¶ **TYMONUS**, Gubernaculum. Vide *Temo* 1.

¶ **TYMPA**, Cauda caputii acuminata. Buschius de Reform. Monast. lib. 2. cap. 28: *Patrem quemdam magum statura, in longa nigra toga usque ad talos protensa incedentem, caputio nigro magno cum lirippio seu Tympa caput tegentem, habuimus adversarium contradicentem.* In Saxonia inferiore *Tympa* proprie dicitur Extremitas seu crassioris, in fine contractioris, seu in acumen desinentis: quod belle congruit caputio. Vide *Liripipium*.

TYMPANARIA. Concilium Grateleanum ann. 928: *Et si villanus excrevisset, ut haberet plenarie quinque hidas terræ propriæ, Ecclesiam, et coquinam, Tympanariam, et januam, et sedem, et sundernotam in aula Regis, deinceps erit Taini lege dignus.* [☞ Idem quod sequens, Anglosax. Bell-hus.]

TYMPANARIUM, Campanarium. Vetus Ordo Canonicorum, quem S. Protadii librum vocant, in die Palmarum, apud Chiffletium in Dissertat. de Conversione Constantini M. cap. 5 : *Et cum venerint ad Portam Martis, quæ nunc dicitur Nigra, stent super murum Tympanarii pueri cantantes, Gloria, laus, et honor, etc.*

¶ **TYMPANELLUM**, Tympanum, Gallice *Tambour*. Chron. D. Gravinæ apud Murator. tom. 12. col. 617 : *Tympanellum pulsans, clamabant nobis dicentes : Properate ad montem*. Vide *Tympanum* 1.

¶ **TYMPANILE**, Idem quod *Tympanarium. In cimiterio comitum ante Tympanile intra ecclesiam*, in Actis SS. Junii tom. 1. pag. 707.

¶ **TYMPANIOLUM**, Parvum *tympanum. Tympaniola, libra, psalteria*, Arnobio lib. 6. sub finem.

TYMPANISTRIA, Campanæ, *Tymbres*. Codex MS. Monasterii Novi Pictaviensis : 10. *die Febr. celebratur obitus pro filio nobilis Comitis Pictavorum,..... pro quo sonantur omnia Tympanistria, duo classes de sero, et unus de mane ante Missam, etc.*

¶ **TYMPANIZARE**. Vita S. Geraldi Abb. tom. 1. Aprilis pag. 428: *Totum intumuerat corpus ejus, cutisque facta lívida, per omnes corporis partes ad tactum quemlibet Tympanizans, vehementissime tendebatur.* Cl. Editor reddit, *Tendi instar tympani* ; malim, *Instar tympani resonare.* [℞ Vide Gloss. med. Græc. voce Τυμπανίτις, c. 1621.]

※ Nostri *Tympaniser* dixerunt , pro *Timbrer*, signo notare, imprimere ; unde pro Typis edere, Gall. *Imprimer*, occurrit in Lit. remiss. ann. 1469. ex Reg. 195 Chartoph. reg. ch. 66 : *Le suppliant dist à icelluy menuisier qu'il faisoit faire lesdiz moles pour Tympaniser livres.* Hinc nihil emendandum videtur in Charta Frider. II. laudata v. *Typarium* 4. ubi legendum *Typarium* opinatus est Cangius ; quæ vox rursum legitur in Charta ejusd. imper. ann. 1226. ex Tabul. eccl. Camerac. ut et in Ch. ann. 1234. inter Probat. tom. 6. Hist. Occit. col. 369. et in alia ann. 1233. ibid. col. 375.

※ Opuscul. vet. MSS. ad 1. Reg. 21, 13 : *Et immutavit os suum et inpingebat in ostia portæ. Alia editio habet : Et affectabat et Tympanizabat in ostia civitatis.* Maius in Glossario novo.

1. **TYMPANUM**, Isidoro lib. 2. Orig. cap. 2 *est pellis, vel corium, ligno ex una parte extensum*. S. Augustinus in Psal. 67 : *Tympana fiunt corio siccato et extento.* Gesta Ludovici VII. Regis cap. 8 : *Clamabant, et ululabant et latrabant sicut canes. Tympanis et nacariis, et aliis similibus instrumentis horribiliter resonabant.* Monachus Florent. de Expugn. Accon.:

Si ferire Tympana, tubasque sonare
Videres, et vocibus Turcos reboare, etc.

Vide quæ notamus ad Joinvillam pag. 61. ubi tympana, quæ *Tamburla* nostri vocant, Turcorum propria fuisse docuimus

2. **TYMPANUM**, Papiæ, *dicitur medium ; pars media symphoniæ in similitudinem cribri* Item,

TYMPANA, *Tacta vehiculorum.*

¶ 3. **TYMPANUM**, Campana, quæ non clava, sed malleo percutitur, qua monachi ad refectorium vocantur. Gall. *Timbre.* Consuet. S. Germani a Pratis inter Probat. Hist. ejusdem Abbat. pag. 134 : *Postea sonabitur Tympanum, et ibit conventus ad potum.* Vide *Tymbria.*

4. **TYMPANUM**. Charta Friderici II. ann. 1237. Lambecium lib. 2. Comment. de Biblioth. Cæsar. pag. 81 : *Præsens privilegium fieri fecimus, et bulla aurea Tympano majestatis nostræ impressa jussimus insigniri Leg.* videtur *Typario.* Vide ibi [℞ Vide *Tympanizare*.]

¶ **TYMPENI**, Tributi genus. Vide *Tinpeni.*

✿ 1. **TYMPORA** MITRÆ, Ejus partes vene *Tymporum* atque cervicis rubescere videantur foris.» (B. N. Ms. Lat. 16080, laterales, Garampio in not. ad Invent. ann. 1814. in Disquis. de sigil. Garfagn. pag. 86 : *Una* (mitra) *solempnis cum xvj. zaphiris grossis in cruce ante et retro, ij. zaphiris in Tymporibus.... xxxiv. balatus in cruce ante et retro, et xv. in Tymporibus.* [✿✿ Pro Tempus. Ekkehard. IV. Casus S. Galli cap. 16 : *Pugno illum in Tympus validissime percussit.*]

✱ 2. **TYMPORA**. [Tempora : «Cum f. 99 d)]

¶ **TYNA**, Vas grande, etc. Vide *Tina* 2.

¶ **TYNDIACA**. Sallas Malaspinæ de Rebus Sicul. apud Baluz tom. 6. Miscell. pag. 819 : *Dum iidem conspiratores vellent eum quibusdam verbis excusationis in peccatis excusandæ perungere et Tyndiaca palliationis frustra propinatum abolere venenum, non passus est eos prœloqui, surgens ait, etc.* An *Tyriaca*? Vide ibi.

☨ **TYNERARIUS**, Vasorum ligneorum, quæ *Tynæ* vocantur, artifex. Reg. forest. de Broton. ex Cod. reg. 4653 : *Talis est usus forestæ Brotoniæ, quod omnes illi, qui reddunt pro consuetudine forestæ avenas et garbas et ova et tortellos et gallinas, possunt et debent capere... residuum gloerii et lignifabri et caronnii et Tynerarii.* Vide *Tyna* 2.

☨ **TYNNEN**, Teutonica vox, cujus vis explicatur in Mirac. S. Auct. tom. 4. Aug. pag. 53. col. 2 : *Quidam potentissimus regum obsidens olim civitatem Brunswicensem, cum quadam nocte... intueretur ejusdem civitatis mænia, vidit clara speculatione in singulis propugnaculis, quæ Teutonice Tynnen vocantur, singulos angelos stantes.*

¶ **TYNNINA**. Vide supra *Tunnaria*.

¶ **TYPACIUM**, ut *Typarium*. Vide ibi.

TYPARIUM. Sigillum, cui Principis τύπος, seu imago insculpta est. [Charta ann. 1124. apud Mabill. tom. 5. Annal. Bened. pag. 668. col. 2: *Hoc sigillum scribere jussimus per manum Michaëlis nostri notarii, ac plumbea bulla nostri soliti Typarii bullari.* Ubi male editum *Typacii.* Charta Roberti Comit. Palatini ann. 1171 : *Hoc recordationis præceptum per manus Nicolai nostri curialis notarii scribi, nostrique Typarii impressione insigniri præcepimus.*] Charta Willelmi Regis Siciliæ ann. 1177. apud Bromptonum : *Præsens privilegium... bulla aurea nostro Typario impressa, roboratum nostro sigillo jussimus decorari.* Perperam *Siipario* præferunt Chartæ aliæ Siculæ in Bullario Casinensi tom. 2. pag. 203. Petrus de Vineis lib. 2. Epist. 41 : *Cum in castrorum nostrorum combustione camera nostra cum aureæ bullæ Typario, et regni nostri sigillo perdita et amissa fuerit.* Bulla Aurea Caroli IV. Imp. de electione Imperatoris cap. 27. § 2 : *Duo vel unus sigilla et Typaria Imperialia sive regalia a Cancellario Curiæ recipient.* Occurrit ibi plures. Joan. Hocsemius in Adolfo a Marka Episc. Leodiensi cap. 80 : *Ostensum fuit in Capitulo coram Magistris sigillum plumbeum sive stanneum, ejusdem Typarii cum magno sigillo argenteo Episcopi, etc.* [Adde Corpus diplom. tom. 1. pag. 83. Murator. tom. 7. col. 1021. Miræum tom. 2. pag. 1246. col. 2. Ludewig. tom. 4. Reliq. MSS. pag. 257. etc.]

¶ **TYBARIUM**, pro *Typarium*, in Charta Caroli IV. Imp. ann. 1336. inter Ordinat. Reg. Franc. tom. 5. pag. 227 : *Sub bulla aurea Tybario Imperialis nostre Majestatis impressa, etc.*

☨ **TYPHARIUM** SIGILLUM, Cui principis τύπος seu imago insculpta est. Charta Caroli reg. Sicil. ann. 1276. in Reg. S. Ludov. ex Chartoph. reg. fol. 96. r° : *Præsens exemplar..... celsitudinis nostræ sigillo Typhario regiæ majestatis impresso jussimus communiri.*

☨ **TYPHLOCOMIUM**, Domus, in qua cæci aluntur, a Græco τυφλοκομεῖον. Mirac. S. Anast. Persæ tom. 2. Jan. pag. 489. col. 2 : *Mulier quædam, Photi nomine, ministra effecta sacri Typhlocomii, sive cæcorum domicilii, etc.*

1. **TYPHUS**, Superbia, mentis elatio, ex Gr. Τύφος, Isidorus, et ex eo Papias : *Typhus, herba, quæ se ab aqua inflat ; unde etiam ambitiosorum et sibi placentium tumor, Typhus dicitur.* Arnobius : *Mentis elatio, et Typhus qui appellatur a Græcis.* Glossæ Gr. MSS. Regiæ : Τύφος, ἡ ἀλαζονεία, ἡ ἀναψὴς καρδία. Hesychius : Τύφος, ὑπερος, ἀλαζονεία, ὑπεροδοξία. S. Ambrosius in Epist. ad Romulum : *Sic Moyses Typhum illum dissipavit Ægyptium, etc.* Commodianus Instr. 30 :

.... *nimium te tollis in altum,*
Et Typhum ducis, nec respicis pauperes ultro.

Althelmus de Octo vitiis princip. cap. 8 :

Dum mentis Typhus ventoso pectore turget.

Et alio loco :

Qui tumido nescit mentis turgescere Typho.

Utuntur passim Scriptores alii, Martinus Capella lib. 5. extremo, S. Augustinus Epist. 48. 49. 57. 64. lib. 3. Confess. cap. 3. et alibi non semel, S. Benedictus in Reg. cap. 31. Gregorius M. lib. 6. Epist. 26. lib. 7. Ind. 2. Epist. 54. Concil. Forojuliense ann. 791. Leges Monachorum Heydensium cap. 3. Vita Ludovici Pii Imper. ann. 819. Anselmus Leod. cap. 107. etc.

Typus, Eadem notione. Vide *Typus* 3.

2. **TYPHUS**, pro Febris. Vide *Typus* 1.

TYPI, Imperatorum Constitutiones, decreta, θεῖοι τύποι. Anastasius in Leone II. PP. de Ravennatibus : *Sed et Typum autocephaliæ, quem sibi elicuerunt, ad amputanda scandala Sedis Apostolicæ restituerunt.*

TYPI, præsertim dicta Edicta Principum de fide. Lexic. Græc. MS. Reg. Cod. 2062 : Τύπον, ὅρον, κανόνα. Anastasius in Martino PP. de Paulo CP. Patriarcha : *Insuper studuit ad subreptionem proprii erroris quorumdam subreptioni, ut et clementissime Principi suaderet Typum exponere, qui catholicum dogma destrueret. In quo Typo omnes voces SS. Patrum cum nefandissimorum hæreticorum dictionibus enervavit, etc.* Adde ejusdem Nicolai Epistolam ad Amandum Episcopum Trajectensem. Cedrenus ann. 2. Zenon.: Τοῦτον ὁ Βασιλίσκος ὡς ἀπὸ μετὰ τύπου εἰς Ἀλεξάνδρειαν κατὰ τῆς συνόδου ἐξέπεμψεν. Theophanes ann. 17. Constantini Pogonati : Τῆς ἕκτης συνόδου κεφαλαιώδεις τύποι. Vide Baron. ann. 648. n. 1. Gloss. med. Græcit. in voce Τύποι, et supra in voce *Forma* 9.

TYPICARE, Figurare, exprimere. [Epist. Johannis de Varennis apud Marten. tom. 7. Ampliss. Collect. col. 569 : *Columba lætabunda, quæ ad arcam Domini ramum ferens olivæ, virentibus foliis pacem nuntiavit patriarchæ summo Noe, caput ecclesiæ Typicanti.* Acta S. Cassiani apud Illustr. Fontaninum in Antiquit. Hortæ pag. 359 :

Alter erat Paulus Typicans oracula rebus.]

Will. Brito lib. 12. Philipp. de Virga Aaronis :

Fronduit, et subito produxit amygdala, flore
Virginis intactæ Typicans nova gaudia partus.

¶ TYPICE, Figurate, apud Vulgat. Interpr. l. Cor. 10. 11. et in Epist. Hadriani PP. inter Concil. Hisp. tom. 3. pag. 94.

¶ TYPICOSUS, Figurativus, per imaginem expressus, ex vet. Cod. Emmeram. apud Pezium tom. 1. Anecdot. Præfat. pag. XXXIX :

Hic aperit Typicosa novæ signaccsa legis
Quam statuit sub carne novi præsentia Regis.

¶ TYPICUS, Eadem notione, apud Tertull. de Patient. cap. 6. S. Hieronym. Epist. 9. aliosque Scriptores ecclesiasticos.

∞ TYPIFER, Figurativus. Arnoldus de S. Emmer. lib. 2. cap. 41 : *In hac ergo tam Typifera basilica, etc.* ; in qua scilicet ut cap. 40. narratur S. Trinitas, quatuor Evangelia, etc. numero columnarum, altarium, etc. exprimebantur *typice*.

∞ TYPICARE, Formare. Virgil. Gramm. pag. 147: *Ex prædicto participio Typicata sunt.* Et mox : *Typicale nomen.*

TYPICUM, Liber Græcorum Ecclesiasticus, Latinis *Ordinale* vel *Ordinarium.* Vide Glossar. med. Græcit. col. 1622. voce Τυπικόν.

TYPRUS, Vasculi species. Jonas in Vita S. Columbani cap. 16 : *Vas, quod Typrum nuncupant, in celerarium deportavit, et ante vas, in quo erat cervisia, deposuit, extractoque epistomii vertibulo, in illud cervisiam excepit.* Infra : *Cernit autem ultra Typrum usque adeo excessisse cervisiam, ut duplo altior Typrus videretur, etc.* Theodorus Campedonensis de S. Magno cap. 3. ubi de eodem miraculo, *Typrum* pluries præfert. [*Typrum* edidit Mabillonius sæc. 2. Benedict. pag. 16. ubi monet Anonymum scribere *Gillonem* : quod Lagenam, vas vinarium supra sumus interpretati. Vide *Gillo.*]

1. **TYPUS**, Febris accessio, vel febris ipsa. Galenus lib. 1. Περί τρόπων. Τύπος ἐστι τάξις ἐπιτάσεως καὶ ἀνέσεως. Papias : *Febres quotidianæ Typum patiuntur, i. accessionis formam.* Idem : *Typi, sunt frigidæ febres, quæ abusive Typhi dicuntur, ab herba, quæ in aqua nascitur, ex accessionum et recessionum revolutione.* Gloss. Ælfrici : *Typus*, Lengten-ads, i. febris accessus. [∞ adl. Morbus vernus.] Glossæ MSS. ad Alexandrum Iatrosoph. : *Typus,* i. *figura in typica*, i. *figurative, quia cum intus patiuntur typicam febrem, extra frigore nimio perurgentur.* Apuleius lib. de Virtutib. herbar. cap. 102 : *Ad frigora et omnes febrium Typos.* Aimoinus lib. 1. de Miracul. SS. Georgii et Aurelii n. 2 : *Typo febrium per tres menses ægre laborans. Typum frigoreticum incurrere,* apud Gregor. Turon. de Gloria Confess. cap. 15. Fortunatus in Vita S. Germani Paris. cap. 20 : *Typum dupliciter incurrens febris et frigoris. Typus tertianæ, quartanæ, quotidianæ,* apud Serenum Sammonicum de Medecina cap. 50. 51. 52. *Typus quotidianæ, tertianæ, vel quartanæ febris,* in Vita S. Leobini Episcopi Carnot. n. 17. *Quotidianus febrium Typus,* in Vita S. Severi Episcopi Ravennat. n. 15. *Typus tertianus,* apud Ruffinum de Vitis Patrum lib. 2. cap. 1. *Typus frigoris,* in Vita MS. S. Severini Abb. *Quartanus Typus,* apud Gregor. Turon. de Gloria Confess. cap. 15. 21. 24. 82. 89. lib. 2. de Miracul. S. Martini cap. 22. 32. 50. de Vitis Patrum cap. 6. Fortunatum in Vita S. Germani Paris. cap. 41. in libro Miraculorum S. Wandregesili cap. 6. in Miracul. S. Eusebiæ Abbatissæ Hamatic. n. 17. in Vita MS. S. Magnobodi Episc. Andegav. cap. 14. apud Radulphum in Vita S. Richardi Episc. Cicestrens. n. 85. etc. *Typus tertianus,* apud S. Audoenum in Vita S. Eligii lib. 2. cap. 68. Victorem III. PP. lib. 3. Dialog. pag. 75. Alexandrum Iatrosophist. lib. 3. Passion. Ermentarium lib. 2. de S. Philiberto cap. 83. Odonem Cluniac. de Miracul. S. Mauri cap. 17. etc.

TYPICA FEBRIS. Glossæ antiquæ MSS : *Typica febris est, quam quidam periodicam vocant.* Papias. vel *Triteus,* vel *Tetreus,* vel *Tphemerius,* vel *penteus,* vel *apteus,* vel *hebdom.* Joan. de Janua, *febris periodica.*

TYPICI, *Qui patiuntur typicam febrem,* in Gl. MSS.

TYPHUS, pro *Typus* dictum observat loco citato Papias. Aimoinus lib. 4. de Miracul. S. Benedicti cap. 23 : *Cœperunt omnia illius membra, more eorum qui quartano laborant Typho, tremere, etc.* Cap. 25 : *Quicunque febricitantium, sive quotidianis, seu tertianis, vel quartanis detentus fuerit Typhis, etc.* Gislebertus lib. 2. de Miraculis S. Romani cap. 11 : *Quartano validissimo vexabatur Typho.* Cap. 16 : *Laborioso febrium æstuans Typho.* [Oratio de S. Sigismundo apud Melchelbec. tom. 1. Histor. Frising. pag. 357 : *Inclina, Domine, pias aures tuas ad desideria supplicantium, et quod devoto corde poscimus, benignius admitto, et huic famulo tuo qui Typhi cotidiani, biduani, tertiani, quatriduanique, aut qualibet reliquarum febrium vexatione fatigatur, etc.*]

2. **TYPUS**, Lagena. Vide *Typrus.*

3. **TYPUS**, Idem quod *Typhus*, superbia. Glossæ antiquæ MSS. : *Supercilio, Tipo, fastidio.* Sergius II. PP. in Epist. ad Episcopos Transalpinos : *Sed nos.... confidimus, quod nullo Typo sæcularis audaciæ vestra succumbit auctoritas.* Charta Formosi PP. ann. 891. in Spicileg. Acher. tom. 12. pag. 150 : *Aliquo Typo aut fastu superbiæ, etc.* Alia Athelstani Regis Angl. in Monastico Anglic. tom. 3. pag. 129 : *S..... aliquis Typo supercilii turgens, etc.* Will. Neubrigensis lib. 1. cap. 2 : *Homo typicus Typo immanissimæ superbiæ, Jactantiæ Typo elatus,* apud Alcuinum Epist. 9. *Typo superbiæ turgidus,* in Vita S. Fructuosi n. 1. Regino ann. 886 : *Vanæ gloriæ Typus.* Continuator Hist. Abbatum Lobiensium pag. 614 : *Dantur igitur Apostolicæ auctoritatis mandata, ut electum* (Abbatem) *dominus Leodiensis, cum hoc spectabat, investiret, et investitum dominus Cameracensis absque Typo consecraret.* Id est, absque ulla pompa, vel solemnitate. Guibertus lib. Quo ordine sermo fieri debeat, pag. 2 : *Ex Typo nimio dedignantur.*

° TYRA. AD TYRAM, Recta, Gall. *Tout droit,* alias *à Tire* vel *de Tire.* Charta Blanchæ comit. Trec. ann. 1217. in Chartul. Campan. ex Cam. Comput. Paris. : *Vendidimus duas forestellas nostras, sitas desuper Columbarium, unumquodque arpentum in pretio sexaginta solidorum, ad arpentum de Columbario.... Ita tamen quod omnia arpenta illa capientur continue et ad Tyram.* Lit. remiss. ann. 1453. in Reg. 184. Chartoph. reg. ch. 270 : *Quant le suppliant vit icelle femme, il vint à elle de Tire meu et couroucié, etc.* Guill. Guiart. in S. Ludov. pag. 131. col. 2 :

Vont s'en li François vers Champaigne,
Bannieres levées à Tire.

¶ TYRAMNIZARE. Vide in *Tyrannus.*
¶ TYRANNA, et TYRANNIS, Muller quæ tyrannidem exerceret, apud Trebell. Pollion. et Salmas. in Not. pag. 322. Vide *Tyrannus.*

∞ **TYRANNIA**, Improbitas, nequitia, perversitas. Lit. remiss. ann. 1874. in Reg. 105. Chartoph. reg. ch. 601 : *Dominus de Morebeque in sua Tirannia et malo proposito perseverans, etc.*

° **TYRANNIDE**, Atrociter, inhumane, Gall. *Cruellement.* Lit. remiss. ann. 1380. in Reg. 117. Chartoph. reg. ch. 63 : *Cum quodam baculo adeo Tirannide dictum Johannem percusserat et vulneraverat, quod satis cito expiraverat.*

∞ **TYRANNIDES**, pro Tyrannis, grassatio, Gall. *Brigandage.* Mirac. S. Bertini tom. 7. Collect. Histor. Franc. pag. 381: *Temporibus divæ memoriæ Caroli filii Ludovici, prius regis, postea imperatoris, cum sæva Tyrannides paganorum emergeret, famosa flumina Sequanæ ac Ligeris advolans, et per totam grassando Neustriam, etc.*

¶ **TYRANNIS**, adject. Tyrannicus. Præcept. Lud. Pii pro Monast. Arulensi inter Conc. Hisp. tom. 3. pag. 128 . *Nullus episcopus aut comes.... ibi aliquam dominationem aut Tyrannidem potestatem exerceant, etc.*

¶ **TYRANNISARE**, TYRANNISSA. Vide *Tyrannus.*

TYRANNITAS, pro Tyrannis; nostris Tyrannie. Occurrit apud Fredegarium in Chronico pag. 777. [et in Chron. Domin. de Gravina apud Murator. tom. 12. col. 507.]

TYRANNOPOLITANUS, apud Sidonium lib. 5. Epist. 8 : *Nam tua scripta, nostrorum vitiis proficientibus Tyrannopolitanorum locupletabuntur.* [*Tyrannopolitarum* edidit Sirmondus, quem consule.]

TYRANNUS, non modo Rex pessimus atque improbus ; sed etiam Rex quivis dictus. Isidorus lib. 9. Orig. cap. 3. sect. 19: *Tyranni Græce dicuntur, iidem Latine et Reges ; nam apud veteres inter Regem et Tyrannum nulla discretio erat.* Et Virgilius lib. 7. Æneid. :

Pars mihi pacis erit dextram tetigisse Tyranni.

Ubi Donatus. Monachus Sangallensis lib. 1. de Carolo M. cap. 12 : *Comedente autem Carolo, ministrabant Duces ac Tyranni,* vel *Reges diversarum gentium.* Adelbertus Heidenhemensis pag. 330 : *Quidam præpotens Tyrannus juxta cellam Heidenhemensim in prædio suo habitationem habuerat.* Ubi Gretzerus editor ad marginem posuit, *Dynasta.* Vide Nicolaum Fullerum lib. 4. Miscell. sacr. cap. 10. [et Addit. 2. ad Capitul. cap. 24.]

¶ **TYRANNUS**, Dominus feudi, apud Lobinell. tom. 2. Hist. Britan. col. 23 : *Regnantibus Karolo, Lothario, Hlodovico, et Nominoe possidente Britaniam, Susanno episcopo, Wrbilio Tiranno, etc.*

Tabul. Rothon.: *Liosic abbas monasterii Rothon. interpellavit Alfritum Tyrannum et vere Tyrannum, de Monasteriolo seu Duccoean in plebe Clagerac, quod dedit Rothworet presbyter.* Ibidem: *Courungten episcopo, Hoiarnwocon, Jarnithin, tres Tyranni.*

° Idem atque *Baro:* dicitur de quibusvis nobilibus. Conc. apud Rossacum celebratum ann. 1257. cap. 1. ex Cod. reg. 1590: *Cum milites et Thiranni et fere omnes layci..... clericis opido infesti, et peccatis exigentibus, fere per omnes regiones milites et barones, rustici et burgenses constitutiones,...... machinationes alias varias et diversas... facere præsumpserint et præsumant,* etc.

¶ TYRANNISSA, Domina feudi, apud eund. Lobineli. ibidem col. 69. ex Charta ann. 1872: *Et commendavit Salomon Aourken Tyrannissæ manifestare hoc illius plebis hominibus, quia ipsa Aourken uxor Jarnithin Mactiern ex plebe Russac tunc sub potestate Salomonis (Regis Britanniæ) in ipsa plebe Catoc vice legati habebatur.*

¶ TYRANNIZARE, *Tyrannidem exercere.* Gemma. Chron. Angl. Th. Otterbourne pag. 188: *Unum certo scitur, quod ab illo tempore cœpit Rex Tyrannizare, etc.* Epist. Joh. Galcatii ann. 1400. apud Marten. tom. 1. Ampl. Collect. col. 1612: *Qui florentem illam civitatem* (Florentiam) *sub libertatis specie Tyrannisant.* Occurrit præterea in Chron. S. Isidori inter Conc. Hisp. tom. 2. pag. 186. et Baluz. tom. 5. Miscell. pag. 86.

¶ TYRAMNIZARE, Tyrannum agere, regnare. Chronic. Modoet. apud Murator. tom. 12. col. 1079: *Cum adhuc Berengarius in aliquibus terris Lombardiæ Tyramnizaret, ab Ottone capitur, et in Bavariam in exilium mittitur.*

¶ TYRATUS, Extentus. Vide *Tirare* 3.

¶ TYRENUS, an pro Thyrrenus? Histor. Episc. Rom. apud Stephanot. tom. 7. Fragm. Hist. MSS.: *Silvester constituit sacrificium altaris nec in serico, nec panno tincto, sed lineo Tyreno celebrari, sicut corpus Domini in syndone munda sepultum est.*

TYRIACA, TYRIACUM ANTIDOTUM, pro *Theriacum,* quod vulgo *Theriaque* dicimus. Stephanus Episc. Tornacensis Epist. 129: *Mitto vobis ampullam, Tyriaca probatissima plenam.* Ita etiam Ælfricus pag. 57. Fulcherius Carnotensis lib. 3. Hist. Hierosol. cap. 59: *Antidotum Tyriacum de corpore serpentis confici dicitur.*

° Vide supra *Thiriaca.*

TYRIUM, Purpura Tyria, vel pannus purpureus. Anastasius in Leone III: *Vestes duas, ex quibus unam albam holosericam,..... ornatam in circuitu de chrysoclavo, aliam de Tyrio habentem in medio tabulam de chrysoclavo,* etc. In Gregorio IV: *Vela alba serica 4. unum habens undique Tyrium, et in medio crucem et gammadia de chrysoclavo.* Passim alibi.

TYRO. Papias: *Tyrones dicuntur fortes pueri, qui ad militiam deliguntur, atque habiles existunt.* [°° Isidor. Origin. lib. 9. cap. 3. sect. 37.]

TYRONES in Palatio appellat auctor Vitæ S. Pelagii Nobiles aulicos, qui Principis ministerio inserviebant, qui *Militares Regis pueri, et regalibus ammonis nutriti* dicuntur S. Eulogio in Memor. SS. lib. 2. cap. 3. Dudo de Morib. et Actis Norman. pag. 98: *Confestim Willelmus quemdam Tetgerum Tyronem domus suæ principem misit ad Heinricum Transrhenanum Regem,* etc. Idem pag.

103: *Quem Hugo Dux, non reverenter, ut solitus erat, suscepit; sed in parilitate suorum Tyronum tenuit.* [°° Ruodlieb. fragm. 3. vers. 402:

Compare tam fido tam miti tamque benigno,
T.li Tyrone regem sesæque carere.

Adde fragm. 13. vers. 27.]

TYROCINARE, Tyrocinium exercere. S. Gerardus Abbas Sylvæ majoris in Vita S. Adelardi Abbatis Corbeiensis n. 4: *Tyrocinabatur in Palatio* (Karoli) *puer bonæ indolis.* Historia Translat. S. Guthlaci n. 19: *Militabat et in expeditionibus ad tempus Tyrocinabatur.* [Otto Frising. in Friderico I. Imper. apud Murator. tom 6. col. 661: *Ad seria tandem Tyrocinandi accingitur negotia.*]

¶ TIRONICARE, *Militare.* Gloss. Isid. ubi Excerpta habent, *Tyronizare,* forte pro *Tyronissare.*

TYRO, Qui in arenam descendit, vel duello pugnat, Campio. Arnoldus Lubec. lib. 2. cap. 15. de Drogone, duellum Inituro cum quodam Helia: *Dominus meus exibit ad vos cum Tyrone suo, completurus quod dixit.*

TYRO, Miles, qui Militiæ cingulo recens decoratus est, et necdum in bellis vel torneamentis tyrocinia suum exercuit. [Gloss. Lat. Gall. Sangerm.: *Tyro, nouviau chevalier.* Elmham. in Vita Henrici V. Reg. Angl. cap. 59. pag. 151: *Tyro quidam, nuper per Regem in festo S. Georgii, apud Cadomum celebrato, secundum solempnes balneorum observantias, creatus in militem,* etc.] Joan. Monachus Majoris Monast. de Gaufredo Duce Normanniæ, *Milite creato: Taliter ergo armatus Tyro noster, Militiæ postmodum flos futurus,* etc. Simeon Dunelmensis ann. 1150. de Henrico ejusdem Gaufredi filio recens militem hac facto: *Et rex David, et Tyro Henricus Dux Normanniæ,* etc. Ita vocem TYRO usurpat non semel Matthæus Paris. pag. 871. 445. etc.

¶ TYRUNCULUS, Eodem intellectu. Balderic. in Chron. Camerac. cap. 98: *Post cujus* (Ottonis) *excessum Otto filius suus gloriosissimus, licet primævo flore Tyrunculus,* etc. Vide *Neoptolemus.*

¶ TYRO, nude pro Vassallus, Miles, apud eumdem Balderic. cap. 83: *Walterus Castellanus Tyro inhumanissimus;* idem *Castri vassallus* dicitur cap. 92.

TYROCINIUM, *Militia, Chevalerie.* [Gloss. Lat. Gall. Sangerm.: *Tirocinium, nouvelle chevalerie, ou office de nouveau chevalier.* Vita S. Arnulfi sæc. 6. Bened. part. 2. pag. 533: *Quidam miles Aldemborgensis indigena, nomine Willelmus, statura et agnomine longus, habuerat filium jam adultum Tyrocinio mancipatum,* etc. Epist. Manfredi Reg. Sicil. apud Baluz. tom. 1. Miscell. pag. 486: *Eundem..... in fontis cujusdam balneo sub novæ militiæ solemnitate lavarunt, et per duos milites ab inde transeuntes, ut Tyrocinii causa celebrius agerentur, procuravere balneatum eundem militiæ cingulo decorari sub veste rubea.*] Joannes Monachus Majoris Monasterii lib. 1. Hist. Gaufredi Ducis Norman. de ejusdem Militia: *Illucescente die altera, balneorum usus, uti Tyrocinii suscipiendi consuetudo expostulat, paratus est.* Infra: *Dies illa Tyrocinii honoris et gaudio dicata,* etc. Gaufredus Vosiensis in Chron. part. 1. cap. 58: *Regem Scotorum Henricus* (Rex Anglorum) *apud urbem Petragoricam in prato Episcopali Militiæ cingulo redimivit, qui novus Miles 30. heroum liberos recentis Tyronnii consocios faciens, prosecutus est Regem.* Petrus de Vineis lib. 3. Epist. 20: *Quia tamen Militiæ cingulum, quod*

reverenda sanciuit antiquitas, nondum Serenitas nostra acceperat, die præsentis mensis Augusti, cum solemnitate Tyrocinii, latus nostrum etigimus decorandum.

TYROCINIUM, Torneamentum, ludi equestres, in quibus novi Milites armorum suorum tyrocinia exercebant. [Litteræ Philippi Aug. reg. Franc. ann. 1221. tom. 5. Ordinat. pag. 143: *Pro Tirocinis, torneamentis, expeditionibus, et aliis usibus eorumdem,* etc.] Willelmus de Nangiaco in Vita Philippi III. Regis Francor. ann. 1279: *Princeps Salernæ Carolus Regis Siciliæ illustrissimi filius, veniens in Franciam cum magno honore a rege et Baronibus est receptus, ac pro ejus amore et reverentia dedit licentiam Philippus Rex in ludis Tyrociniorum Milites exercendi.* Infra: *Ipse vero Rex per Tyrocinia, commonendo Milites ad probitatem, discurrens,* etc. Joan. de Beka in Ottone III. Episcopo Trajectensi: *Eodem anno Florentius Comes imperterritus multa Tyrocinia per diversas provincias frequentavit, de quibus præconium laudis acquisivit.* Infra, ait, eum, qui Militarem ordinem susceptirus erat, jurasse, *Tyrocinia non nisi causa Militaris exercitii se frequentaturum.* Sic Matthæus Paris. pag. 372. 493. 495.

¶ TIROCINIUM, Stipendium. Vita S. Arialdi tom. 5. Jun. pag. 292: *Cujus locum quidam clericus, nomine Lanfrancus protinus rapuit, refutato pro eo Tirocinio non modico, quod annuatim sumebat de pontificali domo.*

TYRONIA, pro *Tyrocinium,* Exercitatio militaris. Arnobius Junior in Psal. 106: *Sicut Tyronia corpus exercet, ita animam divina præcepta instituunt.*

TYRONATUS, Infra: in leg. 21. Cod. Th. de Tyronibus (7, 13.), pro eo tempore, quo tyrones militare incipiebant.

¶ TYROPATINA, Patina casearia, apud Apicium lib. 7. cap. 11.

TYROS. Glossæ MSS. ad Concil. Afric. cap. 57: *Tyrorum, latronum. Tyros, Rusticus.* Vide *Syri.*

TYSANA, Ptisana, nostris *Tisane,* [Ital. *Tisana,* in Gloss. Gasp. Barthii apud Ludewig. tom. 3. Reliq. MSS. pag. 444. ex Gulberti Histor. Palæst.] Acta S. Martinæ Virg. n. 88: *Erat autem leo immanissimus,* (cui devoranda objecta est S. Martina) *qui comedebat 40. libras carnis quotidie, et in potu ejus decimatas 8. Tysanæ.* Vide *Tisana.*

¶ TYTERES, vox Hispanica, Ludicra sigilla, Gall. *Marionnettes.* Synodus Oriolana ann. 1600. inter Conc. Hisp. tom. 4. pag. 719: *Gestorum item Christi et integerrimæ Virginis et Sanctorum repræsentationes, imagunculis restitibus, mobili quadam agitatione compositis, quas Tyteres vulgari sermone appellamus,* etc.

TYTHLAN, vox Saxonica, Accusatio, in Æthelredi Regis institutionibus cap. 2: *Ne componat aliquis pro ulla Tythlan,* etc.

° *Tythlan* ex iisdem Legibus vide in hac voce.

¶ TYUPHADUS. Vide supra *Thiuphadus.*

TZANGÆ, Calcei, seu potius Cothurni, qui crura et pedes tegebant. Glossæ Basil.: Τζάγγα, ὁ ὑπόδημα. In Chronico Alexandrino pag. 768. et apud Theophanem, et Codinum de Offic. Lex 2. Cod. Theod. de habitu, quo uti oportet, etc. (14, 10.): *Unum Tzangarum alque braccarum intra urbem venerabilem nemini liceat usurpare.* Concilium Aurelianense I. cap. 20: *Monacho uti orario in Monasterio, vel Tzangas habere non liceat.* Canones editi a Jacobo Petito pag. 218. hic habent *Ciangas.* Capit. Caroli M. lib.

7. cap. 314 : *Ut Clerici pampis, aut Tzangis, vel armis non utantur.* [☞ Bal. 398. *pompis aut sagis*] [Vide Gloss. med. Græcit. v. Τζάγγαι, col. 1155.]
TZANGÆ, ZANCHÆ, in leg. 3. d. tit. Cod. Th. Epistola Galieni apud Pollionem in Claudio : *Zanchas de nostris Parthicis paria tria.* [Vita S. Maximiani apud Murator. tom. 2. pag. 105 : *Similiter accersivit sutores calceamentorum, præcepit illis, ut magnas Zanchas ex hircorum pellibus operarent.*]
¶ ZANGA, Eodem significatu. Index vett. can. inter Conc. Hisp. tom. 3. pag. 19 : *Monachi orarium vel Zancas in usu non habeant.* Cencius in Ord. Rom. apud Mabill. Musæi Ital. tom. 2. pag. 170 : *Indutus manto precioso, et calceatus Zanca una aurea, id est una caliga, altera rubea, etc.*
ZANGÆ. Vetus Interpres Horatii ad Sat. 6. lib. 1. vers. 27 : *Nam ut quisque insanus nigris medium impedit crus Pellibus. Nigris pellibus*, inquit, *Zangis.* Glossæ Isidori : *Zanga pellis.* Glossæ MSS : *Zanga, ossa,* i. ocrea. Vide *Osa.* *Tzangæ* autem ad medium crus usque pertingebant, unde *Ocreas* vocant Scriptores Latini. Hist. Miscella : *Et rubris enim ocreis agnoscebatur.* Ubi Theophanes pag. 263 : Ἐκ τῶν ἀληθινῶν γὰρ τζαγγίων ἐνωρίζετο. Will. Tyrius lib. 15. cap. 28. de Manuele Comneno : *Ocreis, ut mos est in illo imperio, insignitus purpureis, ab universis legionibus certatim Augustus est appellatus. Caligæ* dicuntur Luithprando lib. 3. cap. 9. et Alberico, ubi de Balduino Imperatore CP : *Caligis rubeis secundum morem indutus. Cothurni,* Corippo lib. 2. *Hueses,* seu *ossæ,* Willharduino num. 116.

Tzangas porro purpureas, proprias fuisse Imperatorum Constantinopolitanorum, docent passim Scriptores Byzantini ; nam ut ait Corippus de Laud. Just. lib. 2. vers. 111 :

Augustis solis hoc cultu competit uti.

Ita Basilius in Paræenesi cap. 63. Theophylactus Bulgar. de Institut. Regia cap. 27. et alii, quos laudat Meursius.
Sed et Lazis Regibus τζάγγια ῥουσαῖα περσικῷ, σχήματι adscribit Chronicon Alexandrinum pag. 768. κοκκοβαφὲς πέδιλον, vel πέδιλα ἐρυθρα, Scilitzes ; et Bulgaricis Principibus, Nicetas in Isaacio lib. 1. num. 5. Gothicis Regibus, Gregorius M. lib. 2. Dialog. cap. 14. Imperatoribus Occidentalibus, Panegyricus Berengarii Imp. lib. 4. vers 167 :

Cum Princeps nitidus Tyrio procedit in ostro,
Tegmina vestitus crurum rutilante metallo,
Quale decus terræ soliti gestare magistri.

Alii promiscue, Albertus Aquensis lib. 9. cap. 8 : *Caput vero Gerbodonis, et ejus crura pretioso ostro calceata et induta amputantes, defensoribus urbis ostenderunt.* Vide *Calcar.*
De vocis etymo censet Salmasius, cujus sententiam amplecti videtur Jacobus Gothofredus, ab ἄγχω, quod est *constringo,* et ἄγχη, *vinculum,* quo quid constringitur, deductam, unde factum ζάγχη, pro διάγχη, ut *Zabolus,* pro *Diabolus, zeta,* pro *diæta,* et similia apud Latinos. Verum τζ apud Græcos recentiores pro διὰ usurpatum vix reperire est ; imo semper ab iis præpositum litteræ s inflexione Italica, quod monent Eustathius ad Dionysii Perieg. pag.

100. edit. Henric. Stephani, satque probant verba allata a Meursio incipientia a τζ. Proinde nescio, an non potius a Gallico *Sangle,* id est *Cingulum,* deduci debeat, tametsi conjecturam hanc omnino pro probabili, nedum pro vera nolim præstare. Vide Cujacium lib. 21. Observ. cap. 28. Leunclavium in Pand. Turc. n. 199. Fabrotum in Notis ad Anastasii Historiam Eccl. pag. 95. Meursium in Gloss. Jacob. Gothofredum ad d. tit. Cod. Theodos. etc.
¶ **TZAUSIUS,** Dignitatis nomen apud Græcos recentiores, idem qui *Chiausius,* vel *Chiaussus* hodie Turcis dicitur. Vide Glossar. mediæ Græcitatis v. Τζαούσιοι.
¶ **TZECCHA.** Vim Vocis docet Bern. *de Breydenbach* in Itin. Jerosol. pag. 15 : *Quilibet peregrinus ipsi patrono pro hujusmodi omnibus per eum, ut præfertur, faciendis vel exponendis quadraginta duos ducatos de Tzeccha dictos, id est noviter monetatos dare tenealur.* Quam lectionem nolim præstare : insolita enim abbreviationis nota hæc vox annotatur. [☞ Vide *Nuovo di zecca,* apud Acad. Crusc. in voce *Zecca.*]
¶ **TZICURIS,** Securis, ut videtur, apud Leonem in Tacticis cap. 7. Vide Gl. med. Græcit. voce Τζεκούριον.
¶ **TZUSTRIA,** Monomachia ludicra, hastiludium singulare, idem quod *Justa* 1. Vide in hac voce, et Gloss. med. Græcit. voce Τζούστρα.
¶ **TZWYDIK,** Lini manipulus. Charta ann 1285. apud Ludewig. tom. 1. Reliq. MSS. pag. 141 : *Plebanus in Dobir habebit de unoquoque manso totidem putlos et totidem manipulos lini, qui vulgariter Tzwydik dicuntur.*

V

V. LITTERA numeralis, quæ 5. designat. Unde versus :

V. vero quinque dabit tibi, si recte numerabis.

Seu, ut habet Ugutio :

V. quoque pesaundans, non plus quam quinque
[redundans.

Eidem litteræ si recta linea superaddatur, 5. millia significat.
V. inquit Notkerus Balbulus, Opusc. *Quid singula literæ significent, in superscriptione Cantilenæ : Licet amissa in sua, veluti valde Vau Græca, vel Hebræa, velificat.* Vide *A.*
¶ V pro B. et vicissim B pro V, in frequenti usu apud Hispanos aliosque : *Octaba* passim pro octava ; *Guvernare, deveas, haveat, livertas,* in Charta Fundat. Monast. S. Michaelis in Apuniano ann. 728. apud Marten. tom. 1. Ampliss. Collect. col. 25. et 26. Vide infra *Vanleuga, vannería,* etc.
☞ Et apud Italos, ut videre est apud Murator. tom. 1. Antiq. Ital. med. ævi col. 188. 197. 198. 199. 1014. tom. 5. col. 371. et in Access. ad Hist. Cassin. part. 1. pag. 86. col. 1.
V. Litteram ut F, Germanos efferre, observat Ægidius Schudus in Descriptione Rhætia cap. 36. exemplisque aliquot probat Stephanus Baluzius in No-

tis ad Agobardi librum de Judaicis superstitionibus, adeo ut *Valradus, Vulda,* et similia promiscue scribantur, pro *Fulradus,* et *Fulda.* [Hinc in Epitaphio ann. 1007. legitur *Folfo,* pro *Volvo,* et *Fifo,* pro *Vivo:* ita perinde F. mutatur in V, ut monet Morales in Eulogii Vitam pag. 193. Vide supra *F.*]
¶ V pro O scriptum frequenter ab antiquis librariis monet idem Baluzius in Notis ad Capitul. col. 990. quod ex corrupta enunciatione factum esse existimo.
☞ V vel Y. efformatum in monogrammatis Regum Francorum quid significet, vide in *Monogramma,* pag. 507. col. 3.

° **VA**, Præpositio, quæ idem sonat atque A, ab. Charta ann. 1408. apud Lamium in Delic. erudit. inter not. ad Hodœpor. Charit. part. 3. pag. 1033: *Fines autem et terminos loci illius cum suis adjacentiis ita decernimus, sicut jam olim concessimus. Va ab Oriente parte a Nespolo.... Va meridie vero ab ipsa collina.... Da Occidente a vado.... Ad Aquilonem vero da rixa de palestro revertitur usque ad Nespulum.* [☞ Pro Vadit.]

¶ **VAANAGIUM**, Fructus ex agro culto, idem quod *Gagnagium*. Vide in hac voce. Chartular. S. Vandreg. tom. 1. pag. 395: *Vendidi..... pro* XLVIII. *sol. Turon. duas minas Vaanagii redditus, quale videlicet Vaanagium terra subnotata annuatim afferet. Vasnagium ibidem occurrit. Waagnaige*, eodem sensu, in Statutis pro pistoribus Atrebat. ann. 1355. inter Ordinat. Reg. Franc. tom. 5. pag. 510. § 12 : *Puet li maires du mestier.... commander as fourniers qu'il entamechent leurs fournaiges, pour voir dedans s'ils sont de loyal Waagnaige.* Semel et iterum occurrit ibidem. Vide *Gagnagium* et *Vannagium*.

° *Waagnaige*, eadem notione, in Stat. ann. 1355. tom. 5. Ordinat. Reg. Franc. pag. 510. art. 12. *Waingnaige*, Ager culturæ aptus, in Lit. Joan. dom. de *Commerci* ann. 1386 : *Qui auroit Waingnaige pour chevaulx et pour bœuf, il payroit à l'advenant.* Unde *Waingnié* dicitur, Ager cultus, in Charta Guid. comit. Fland. ann. 1290. ex Reg. 48. Chartoph. reg. ch. 200. *Waagnerie*, pro ipsa cultura, in Charta ann. 1317. ex Lib. nig. 2. S. Vulfr. Abbavil. fol. 68. rº : *Et se.... faisions despens par le defaute de se Waagnerie, il seroit tenus à rendre et à restorer.* Vide *Gagnagium* et *Wangnale*.

° **VAARIA**, Districtus, territorium. Charta ann. 1114. ex Tabul. episc. Carnot.: *Confirmamus etiam eis* (monachis Tironensibus) *annuale modium avenæ, in festo S Joannis Evangelistæ, eis per majorem de Garzeia super Vaaria (al. Vaagia) et territorio nomine de Vastina, ... exsolvendum.* Vide *Viaria* in *Viarius*.

¶ **VAASARIUS**, f. Vasorum custos. Vide *Vasarium* et *Vasarius*. Comput. ann. 1202. apud D. *Brussel* tom. 2. de Usu feud. pag. CLXXXII. Pro debitis *Vaasariorum quærendis*, LX. s.

° **VAASSORES**, ut infra *Vavassores*, ex eodem Computo pag. CLXXXI : *Et pro Vaassoribus*, XI. *l.* III. *sol. Vasseurs*, in Consuet. Paris. art. 51. Carnot. art. 17. 48. Blesensi art. 12.

° **VAASSORIA**, Prædium, quod sub annua pensitatione tenetur. Charta Phil. Pulc. ann. 1305 in Lib. rub. Cam. Comput. Paris. fol. 280. rº. col. 2 : *In ripariis, portubus, veariis, Vaassoriis, molendinis, piscariis, etc.* Vide *Vavassoria* in *Vavassores*.

¶ **VABALLUM**. Vide infra *Varballum*.
¶ **VABRA**, *Callidus, artificiosus. Vabrum, varium, multiforme.* Gloss. Isidori. Forte leg. *Vabrus*, pro *Fabrus*, f in v mutato, quod sæpe fit : nisi cum Græv\io malis ex Papia *Vafer*.

° **VACALIA**, Vaccarum grex. Charta pro monast. S. Steph. de Fontaneto in Reg. 106. Chartoph. reg. ch. 271: *Et si aliquo tempore Vacalias aut ovilia seu porcarias ibidem agogare facerit, donavit decimas omnium profectuum illorum.* Vide *Vaccæ*.

¶ **VACANS**. Vide infra *Vacantes*.
° **VACANS**, Jus caduci in beneficiis ecclesiasticis, quando vacant, idem quod *Deportus*. Pactum inter episc. Tarb. et abbat. Casæ Dei ann. 1327. ex Reg. capit. Bitur.: *Item voluerunt quod Tarbiensis episcopus... dum rector vel rectores dictarum ecclesiarum mori contigerit, habeat pro Vaccante primi anni cujuslibet rectoris post eorum.... medietatem omnium fructuum, reditum et proventuum, et quod alia medietas sit dicti D. abbatis. Vacquant*, eadem acceptione, in Lit. ann. 1403. tom. 8. Ordinat. reg. Franc. pag. 623 : *Et par especial veulent exiger les services ou Vacquans des prelatures, dignitez et autres benefices qui ont vacqué.* In ordine vero militum S. Joan. Jerosol. *Vacans* nuncupatur, Redditus qui a prima Maii post mortem ultimi possessoris, usque ad primam Maii anni sequentis obveniunt. Lit. ann. 1401. ibid. pag. 479 : *Les mortuaires et Vaccans des prieurés, chatelainies et commenderies dudit Hospital appartiennent au commun tresor du couvent de Rodes.* Vide *Mortuarium* 2. et *Vacantia* 3.

VACANTANEUS, Improvisus, incautus. Isid. Pac. in Chron. æra 782 : *Sed Maraon unus ex Arabas Palatium adiens, periturum, et propria bella in diversa distractum, Vacantaneum per tyrannidem ferociter appetens bellum.*

¶ **VACANTES**, dicuntur Supernumerarii Magistratus, qui Codicillos magistratuum, annonas præterea et salaria dignitatis obtinebant a Principe, licet nullam functionem agerent. Ita *vacantes Tribunos* non semel habet Ammianus, ubi consuendo Henricus Valesius pag. 63. ut et Casaubonus ad Lampridium, et Jacobus Gothofredus ad leg. ult. Cod. Th. de Agentib. in reb. (6, 27.)

VACANS ECCLESIA, Σχολάζουσα ἐκκλησία dicitur, quoties viduata est, vel titulus a nullo possidetur. Episcopus vero, vel Clericus σχολάζων nuncupatur, qui ab hostibus, paganis, vel hæreticis sede vel titulo pulsus est. [Vita S. Virgilii sæc. 3. Bened. part. 2 pag. 818 : *Unum Vacantem Episcopum nomine Liuti ibidem advocavit, qui ipsam discordiæ ecclesiam consecravit.*] Vide Glossar. med. Græcit. col. 1510.

VACANTES TERRÆ, Desertæ, incultæ, in leg. 8. Cod Th. de Veteranis (7, 20.), quæ in leg. 8. eod. tit. *Vagantes*, quomodo nostri eadem notione *Terres vaines et vagues*, [in plerisque Consuetud. municipalibus. *Vains lieux*, in Litteris Roberti Ducis Burgundiæ ann. 1282. inter Ordinat. Reg. Franc. tom. 4. pag. 381. *Hostel wide et Vacqus*, ubi nullus habitat, in Charta ann. 1455. ex Chartul. Latiniac; Vide *Vagantes*.

VACANS MULIER, Vidua, Marciano JC. [*Vacans* nostri, pro *Absens, absentes*, dixerunt. Tabular. Sangerm. ann. 1467 : *Les abbé et prieur dudit S. Germain estoient Vacans.*]

¶ 1. **VACANTIA**, *Otium*, σχολή, in Gloss. Gr. Lat.

¶ 2. **VACANTIA**, Reditus unius anni cujuscumque beneficii *vacantis*, idem quod *Anata* 1. Vide in hac voce. Instrum. ann. 1415. apud Marten. tom. 2. Anecd. col. 1549: *Jordanus Morini magister in Theologia... dixit.... quod tollantur dictæ Vacantiæ.* Centies ibidem occurrit. Adde *le Brasseur* Hist. Ebroic. pag. 277. et Calmet. inter Probat. Hist. Lothar. tom. 3. col. 413. Vide *Vacata*.

¶ 3. **VACANTIA**, Jus succedendi deficiente hærede, atque bona quacumque ratione vacantia sibi accipienti, Practicis nostris *Desherance, Droit d'escheance*, in vet. Consuet. Norman. cap. 25. Vide *Escaeta*. Fragm. Chronic. apud eumdem Marten. tom. 5. Ampl. Collect. col. 1151 : *Cum nobilitiis, hostagitiis, hominibus, censibus, terris et reditibus, pedagiis, præfecturis, Vacantiis, et albiniis, etc.*

° Hinc *Vacans* appellantur, Bona, quævis, quorum dominus ignoratur, quæ ad dominum feudi pertinent. Notæ ex vet. Reg. commissariorum ann. 1378. ex Cod. reg. 5991. A. : *Biens Vacans, sont biens d'aventure, comme ung cheval eschappé, que l'en ne sceit à qui il est; une bourse trouvée en ung chemin, ung homme incongneu trouvé mort ou murdri en ung chemin. Et telles choses et semblables appartiennent au hault justicier, et les doit garder en forme ou valeur ung an et rendre à celui qui y vouldroit clamer et monstrer droit.*

VACANTIA IMPERIALIS. Acta S. Theodori Ducis Mart. num. 2 : *Tunc nuntiatum est ei de quodam doctore Dei viro, nomine Theodoro, qui factus erat Judicator Imperialis Vacantiæ.* Ubi Metaphrastes, *Defensorem Regium* habet.

° 4. **VACANTIA**, Locus vacuus. Charta ann. 1386. apud Pez. tom. 6. Anecd. part. 3. pag. 76. col. 2 : *Et semper una Vacantia ante fores et domos eorum, pro via publica ipsis maneat libera et nullo modo occupata.* Vide *Vacantivus*.

VACANTIVUS, Otiator, ἀνεργής, qui vacat. Suidas : Βχχαντίδος, σχολάζοντες, μὴ παρχμένων τῷ πράγματι αὐτοῦ. Ita vocem hanc usurpat Synesius Epist. 67. ad Theop. ubi de Episcopis qui vagi et errabundi sedes suas deserebant, otio indulgentes. Lampridius in Severo : *Jurejurando deinde constrixit, ne quem adscriptium, id est Vacantivum haberet, ne annonis Rempublicam gravaret.* Ubi Casaubonus legit, *ne quem adscriptitium, id est, vacantem haberet.* Vide *Vacantes* et *Vacivus*.

¶ **VACANTO**. Vide *Vaccato*.
¶ **VACARETIUS**, Ad vaccas spectans. Charta ann. 1054. inter Instrum. tom. 6. Gall. Christ. novæ edit. col. 177 . *Et de ipso Jounco usque in via Vacaretia, quæ discurrit Cortasellas.*

¶ **VACARIA**, ut infra *Vaccaria*. Index MS. Benefic. Eccl. Constant. fol. 26: *Rector percipit omnes grossas decimas et minutas, excepta Vacaria de bosco, de qua prior B. M. Magdalenæ Rothomag. percipit duas garbas. Rector percipit tertiam partem dictæ Vacariæ.*

¶ **VACARIUS**, Qui pelles vaccinas, sive bubulas depsit ac præparat, vel iis utitur. Codex censualis Episc. Autissiod. : *Pelliparu istius villæ qui sunt quitti de ventis, corduanarii, Vacarii, savetarii istius villæ debent quilibet unum obolum.* Vide *Sutor vaccæ*, et *Vacinarius*.

¶ **VACATA**, ut supra *Vacantia* 2. Acta S. Francisci de Paula tom. 1. Apr. pag. 150 : *Qui quidem Rex respondit...... quod pro Vacatis ejusdem episcopatus sibi donabat summam decem millium scutorum auri.*

1. **VACATIO**. Tabularii Prioratus de Domina in Delphinatu fol. 71 : *In hoc alodo accipient Monachi de Domina 9. denarios et unum dimidium de servitio. Reddent autem prædicti monachi 7. denarios de Vacatione.* [Forte idem est atque præstatio, *Altarium redemptio* dicta, quæ vacante personatu exsolvi debebat. Vide in *Altare* I. Persona.]

° 2. **VACATIO**. Bulla Calixti PP. II. ann. 1121. inter Probat. ult. Hist. Trenorch. pag. 150 : *Decernimus ergo ut nulli omnino hominum liceat vestrum cœnobium temere perturbare, aut ejus possessiones auferre, vel ablatas retinere,* *minuere, aut temerariis Vacationibus fatigare.* Sed legendum videtur, ut in aliis Chartis, *Vexationibus.*

¶ VACATIO, Gall. *Vacance,* Cessatio. Index .MS. Benefic. Eccles. Constant. fol. 41 : *Rector alterius portionis dicti loci quam sibi difforciavit Rex, asserens jus præsentandi ad ipsam portionem sibi debere pertinere pro quadam Vacatione unica.* Gloss. Lat. Græc. : *Vacatio,* εὐσχολία.

VACATIUM. Vide *Vaccagium.*

VACATURA, Beneficium Ecclesiasticum nondum vacans, sed *vacaturum,* ad quod Summus Pontifex, vel Prælati ipsi seu Episcopi Clericum aliquem promovebant ; quæ quidem *provisionis* species interdicta variis Conciliis, ac præsertim Tridentino sess. 24. cap. 19. Joan. Brompton. de Ludovico VII. Rege Franciæ : *Dum autem Clericus quidam privilegium Papale ei attulisset, quod in omni Cathedrali Ecclesia regni sui primam Vacaturam haberet, cum fructibus medio tempore provenientibus, ille statim litteras combussit, dicens, se malle tales litteras comburere, quam animam suam in inferno torqueri.* Jacobus Stephanescus lib. 3. de Vita S. Cælestini V. PP. cap. 11. de ejus ineptis promotionibus :

O quam multiplices indocta potentia formas
Edidit ! indulgens, donans, faciensque recessit,
Atque Vacaturas concedens, atque vacantes,
Assumens precibus nonnullum ad culmina sedum
Pontificum, variosque gradus, absente senatu, etc.

Vide Historiam S. Mariæ Suession. pag. 443. et Historiam Academiæ Parisiensis tom. 3. pag. 582.

VACCÆ, olim in aliquot regionibus ac provinciis, præcipuæ fuerunt hominum facultates, adeo ut et mulctæ judiciorum in vaccis exsolverentur, ut colligitur ex Leg. Malcolmi II. Reg. Scot. cap. 8. Statut. Will. Reg. Scot. cap. 5. 6. Leg. Forestar. Scot. cap. 3. ex Reg. Majest. lib. 3. cap. 19. ex Quoniam Attachiam. cap. 72. 73. etc. Statutis Alexandri II. Regis Scottæ cap. 1. 15. etc. atque eæ denique vice pecuniæ in commerciis darentur. Tabulæ Fundationis Monasterii S. Severini in Vasconia : *Qua de causa cum locum ab illis cum omnibus ad se pertinentibus, dando illis trecentos solidos duodenarios argenti quadraginta quinque Vaccas, cum multis rebus aliis.* Scribit Jacob. Waræus in Antiquit. Hibern. cap. 12. ex veteri Poeta Gallico sub Ricardo II. equum generosissimum emtum vaccis 400. Huc spectant ista Columellæ in Præfat. lib. 6 : *In rusticatione vel antiquissima estratio pascendi, eademque quæstuosissima ; propter quod nomina quoque et pecuniæ et peculii tracta videntur a pecore ; quoniam id solum veteres possederunt, et adhuc apud quasdam gentes unum hoc usurpatur divitiarum genus,* etc. Vide Reginonem ann. 874. Monasticum Anglic. tom. 3. pag. 205. Marcam in Hist. Beneharn. lib. 1. cap. 12. n. 10. 11. lib. 3. cap. 8. n. 1. cap. 11, n. 5. in Probat. Adde præterea, quæ habent A. Gellius lib. 11. cap. 1. Plinius lib. 18. cap. 3. lib. 33. cap. 3. Tacitus de Moribus German. etc.

VACCA MULSA, *id est, lactans,* in Lege Bajwar. cap. 2. § 6.

VACCA JUGO DOMITA, *Vacca junctoria,* Quæ ad aratrum jungitur, in Leg. Longob. lib. 2. tit. 21. § 6. 7. [°° Roth. 254. 256.] [*Vacca domita,* nude in Lege Salica tit. 3. cap. 5.]

¶ VACCA DE KARRO, Quæ ad *carrum* jungitur, in Charta ann. 1110. ex Tabul. Floriac.

VACCA ALBA. Joannes de Deo in Pœnitentiario lib. 5. cap. 10. de Pœnitentia Archidiaconi : *Secundo quia volunt habere pecuniam, vel Vaccam albam pro investituris Ecclesiarum vel beneficiorum,* etc. Quia rara. [° f. Pellis vaccina certa ratione præparata, quæ alutariis nostratibus *Vache blanche* nuncupatur.]

° VACCA FARSSITA, Farta. Vide supra *Farssitus.*

∞ VACCA INFERENDALIS. Vide in *Inferenda.*

∞ VACCA PERPETUA. Vide in *Perpetuus.*

¶ VACCA VARIA, Quæ variis coloribus distinguitur. Vide *Varius* 1. Inventar. MS. ann. 1366 : *Univit et annexavit Romanæ Ecclesiæ castrum novum Canalicensis diocesis, quod a dicto abbate* (S. Guillelmi de desertis) *in feudum tenebatur cum suis juribus, hominibus, territoriis, ac pertinenciis universis sub annuo censu unius Vaccæ variæ sive calhæ.*

☞ Eodem nomine nuncupatur distributio quædam incertæ originis in Ecclesia Autissiodorensi usitata, quæ in eo posita est ut 82. priores Canonici mensuram frumenti, quæ *Bichetus* dicitur, percipiant, quibus singulis aliisque decem subsequentibus Canonicis sexdecim vini mensuras, quas *Pintes* nominamus, suppeditat Abbas S. Germani Autissiodorensis : aliis Canonicis totidem a Capitulo suo accipientibus. Hujus distributionis mentio est in Statutis Ecclesiæ Autiss. ann. 461. *De hora qua lucratur Vacca varia:* cujus media pars assidua sex mensium mansione obtineri ibidem dicitur ; altera pars ab eo qui die festo S. Aniani Missæ solemni interest. Hæc præstatio primum, ut videtur, in vacca varia exsoluta, unde vocis origo, exinde in pecuniam commutata est, ut colligitur ex Tabul. ejusd. Autiss. Eccl. ad ann. 1369 : *Ab abbate S. Germani Autiss. pro Vacca varia de termino S. Andreæ, pro toto* xv. *sol.* Rursum ad ann. 1387 : *Ab abbate monasterii S. Germani Autiss. pro Vacca varia de termino S. Joannis, pro toto* xv. *sol.*

° VACCA MASCULA, Bos. Charta Phil. IV. ann. 1310. in Reg. 53. Chartoph. reg. ch. 250 : *Priorissæ et conventui sororum ordinis Prædicatorum de Pissiaco.... concedimus........ usagium pro viginti Vaccis, tam masculis quam femellis, in foresta nostra Layæ.*

* Est et ludi genus, qui *ad Vaccas* vel *ad Vacculam* nuncupabatur, cujus mentio est in Lit. remiss. ann. 1456. ex Reg. 183. ch. 96 : *Le suppliant et Satin se prindrent à jouer aux Vaches pour le vin seullement.* Aliæ ann. 1457. in Reg. 189. ch. 159 : *Lesquelx se prindrent à jouer aux Vaches, au plus de blanches ou de noires.* Aliæ ann. 1395. in Reg. 148. ch. 40 : *Jehan le Noir et aucuns des compaignons jouerent ensemble pour l'argent à un jeu appellé le jeu de la Vachette.*

¶ VACCA, μελετητικὸς αὐλός, in Gloss. Lat. Græc. ubi infra *Vasca* legitur. Vide Cujacium.

° VACCA DANICA, Hafnia, vulgo Copenhague, appellatur in Chron. Danic. ad ann. 1490. apud Ludewig. tom. 9. Reliq. MSS. pag. 127 : *Emiserunt* (Hanseatici) *ex urbibus grandem classem ducentarum et sexaginta navium,........ et duxerent in insulas Oresund Daniæ prædatum et ut mactarent Vaccam Danicam........ Dani eos viriliter oppugnaverunt,....... perfeceruntque ut..... fugam inirent, cum magno detrimento et dedecore Daniam et ejus Vaccam relinquentes intactam.*

° VACCA Ferri, Instrumentum quoddam coquinarium. Invent. ann. 1218. inter Probat. tom. 1. Hist. Nem. pag. 67. col. 1 : *Item inveni duodecim grillonos et Vaccas ferri et quasdam ferrias.*

VACCAGIUM, Tributum ex vaccis. Tabularium S. Trinit. Vindocinensis : *In curte S. Dionysii.... perdonat Comes Vaccagium totum.* Sammarthani in Abbat. O. SS. Andegav. ediderunt *vacatium.* In Charta Henrici III. Regis Angliæ pro Monasterio S. Salvatoris in Hibernia in Monastico Anglic. tom. 2. pag. 1082. mentio fit *vaccarum solutionis, quæ dari solent pro Capitulis Utlagorum.* [Vide *Vaccaticum.*]

¶ **VACCARE,** pro Vacare, in Consuet. MSS. Monast. Fontanell. : *Ut per hoc liberius Vaccet Deo.*

VACCARIA, Ager, vel prædium vaccarum numero alendo idoneum. Charta Joan. Regis Angl. tom. 3. Monast. Anglic. pag. 35 : *Concessimus etiam eis, quod habeant ibidem Vaccariam 40. vaccarum, cum pastura earum in foresta illa, et cum secta earumdem ad duos annos ; ita quod in fine singulorum duorum annorum amoveatur de foresta nostra secta earumdem 40. vaccarum de duobus annis.* Monasticum Anglican. tom. 2. pag. 165 : *Et de bosco meo, sive arborum succisione, sufficientem materiam ad faciendas domos, et faldas duarum Vaccarum, quot opus habuerint, et virgas sufficientes ad domos faciendas in eisdem Vaccariis, quantum necesse fuerit.* ° Glossar. Provinc. Lat. ex Cod. reg. 7637 : *Vaccaria, prov. polia, armentum.*

VACCARITIA, Eadem notione. Lex Alamann. tit. 75 : *Si quis in Vaccaritia legitima ubi sunt 12. vaccæ vel amplius, taurum ex ea involuerit vel occiderit,* etc. Charta Caroli C. ann. 37. pro Monasterio S. Bertini Audomarens. in Tabul. ejusdem Ecclesiæ : *Ad portam autem, ante fores Ecclesiæ Vaccaritiam cum hortulo.* *Vaccaritiæ dominicales,* in Charta ejusdem Caroli C. apud Malbrancum lib. 6. de Morinis cap. 29. Occurrit præterea in Capitulari de Villis cap. 23. [in Vita Aldrici Episc. Cenoman. apud Baluz. tom. 3. Miscell. pag. 31. et apud Mabill. tom. 3. Analect. pag. 266.]

¶ **VACARITIA,** in Codice censuali MS. Irminonis Abb. Sangerman. : *Sed propsa Wacaritia quod prævidet, non solvit denarios, seu facit curvadas.*

VACCARIA, in Monastico Anglicano tom. 1. pag. 74.

¶ **VACHERIA,** in Charta Hugonis Episc. Dunelmensis tom. 3. ejusd. Monastici pag. 92.

VACCERIA. Charta Philippi Regis Franc. ann. 1066. et Roberti Comitis Flandriæ ann. 1080. apud Miræum in Cod. Donat. piar. cap. 57. 58 : *In eodem territorio apud Alfringhem 7. mansa terræ continentia 100. vaccas.* Et infra : *Apud Ferlingehem dimidiam Vaccariam 16. Vaccarum.*

VACHERIA, in Fleta lib. 2. cap. 41. § 13 : *Inquiratur si aliqua Vaccaria, porcharia, vel alia domus, vel clausum aliquod construatur infra metas forestæ, et per quem et quando, et quantum per æstimationem pastura Regis favorata fuerit aut deteriorata per animalia, qui exeunt a domibus illis.* [Constitut. MSS. Cluniac. : *Nullus Monachus infra bannos exemptionis nostræ comedat aut bibat, aut de die ac nocte jaceat,....... vdelicet in grangia helemosinarii, Vacheria teleria.*] Vide *Vallesheria.*

VACHIVIA, Idem videtur quod *Vaccaria,* in eodem Monastico Anglican. tom.

3. pag. 15 : *Item dedit eis unam quarrucatam terræ,.... et unam Vachiviam de 40. vaccis cum secta earum per tres annos, et pasturam ad 500 oves cum secta earum per 3. annos, etc.* Mox : *Et quod liceat fratribus loca eligere cum Vachiviam mutare voluerit per totam forestam, et fœna colligere in foresta, ad pasturam ovium et vaccarum.*

¶ **VACCARIUM**, Stabulum vaccarum, Gall. *Vacherie.* Vita S. Kierani Episc. tom. 1. Mart. pag. 396 : *De hujus Sancti Vaccario vaccam abstulit.*

VACCARIUS, Qui Vaccarum curam habet in prædiis rusticis : Gall. *Vacher.* Hujus officium describitur in Fleta lib. 2. cap. 2. [Testam. S. Irminæ Abbat. ann. 698. apud Marten. tom. 1. Ampl. Collect. col. 9. *Omnia ista cum adjacentibus eorum, una cum pastoribus, Vaccariis, porcariis, brevicariis cum gregibus eorum, etc.* Vide *Vacherius.*] [⁷⁵ Occurrit in Polypt. Sithiens sect. 22. post Irminonem pag. 404. et 405.]

Vaccarios præterea quidam sectarii ac factiosi sese appellarunt sub ann. 1320. de quibus ita Chronic. MS. Monspeliense vernaculum : *Item aguel an meteis se mogran autra manieira de gens que se appellavan Vaquiers, e volran passar et aussiau e cassanou los mesels.*

¶ **VACCATICUM**, Tributum ex vaccis, seu præstatio pensitata ob jus immittendi vaccas in pascua. Charta Alani Comit. Britann. apud Lobinell. tom. 2. Hist. Britan. col. 236 : *Ut nec Comes...., nec alia prorsus aliqua persona præter ipsum habere visa sit ullam dominationem in hominibus ipsius parrochiæ distringendis, nec annonaticum, nec friscingaticum, nec fumaticum, nec Vaccaticum, nec ullam redhibitionem, nec vel ipsum bannum.* Alia ann. 1138. ibid. col. 202 . *Item in Bethia duos arpennos prati et pasturam seu Vaccaticum quamdiu ibidem aliqua bestia fuerit.* Vide *Vaccagium et Vachagium.*

⚜ *Vacherie*, eodem sensu, in Charta admod. majoriæ Castell. ann. 1380. ex Reg. 116 Chartoph. reg. ch. 243 : *Tout le droit des commendises,..... Vacherie, pasturages des bestes à laine, etc.*

VACCATO, Fragment. Petronii : *Scilicet jam strigæ puerum involaverant, et supposuerant stramentitium Vaccatonem.* ☞ Fascis, manipulus, cento volucrum corpore alio vacuus, interprete Reinesio, pro *Vacantonem* legit. Vide præterea notas Joh. Schefferi in hunc locum.

¶ **VACCATURA**, ut supra *Vacatura*, apud Cigaltium de bello Italico : *Sicut Papa non committit symoniam in curia Romana accipiendo Vaccaturas, etc.*

⚜ **VACCATUS**, Annal. Victor. MSS. ad ann. 1235 : *Hoc anno Paleologus, Græciæ dictus Vaccatus, vir potens et famosus, cum multo exercitu invasit terram imperii Constantinopolitani.*

⚜ **VACCEIA**, pro Vasconia, in Vita S. Rictrud. tom. 1. Febr. pag. 300. col. 2 :

Ergo pueri satis tandem cum pervia Francis
Hæc eadem fieret Wasconiæ, quæ vocitata
Vaccei ast olei cognomine, etc.

Vide notam ad hunc locum.

¶ **VACCENTIUM**, Annonæ species. Vide *Jarba.*

¶ **VACCERIA**, VACCHARIA. Vide *Vaccaria.*

¶ **VACCHELLA**, Vacca junior, vaccula. Ital. *Vaccarella.* Chron. Parmense apud Murator. tom. 9. col. 884. *Et sic addiscunt Vacchellæ arare.* Ibidem col. 844 : *Ut Vacchellæ arare addiscent.* Proverbium est apud Italos tritum, quod durioribus assuescere sonat.

¶ 1. **VACCHETA**. Statuta datiaria Riperiæ fol. 14 : *Item quod libris et Vacchetis dictorum emptorum, et cuilibet eorum, et cujuslibet eorum officialibus , stetur et stari debeat.* Academicis Cruscanis : *Vacchetta, Libro cosi detto per iscriversi giornalmente.* Diarium, Gall. *Journal.* Vide *Vacheta 2.*

⚜ 2. **VACCHETA**, Vacca junior, vaccula. Acta S. Jacobi Mevanat. tom. 4. Aug. pag 730. col. 1 : *Hanc* (pecuniam) *duabus cum Vacchetis faciliter usque ad ecclesiam fratrum Prædicatorum portari fecit.* Vide *Vacchella.*

¶ **VACCINIA**, Δαμάλιον, in Gloss. Lat. Gr. MSS. habent, *Vaccina.* Vide *Vacchella.*

⚜ Nostris *Vachin*, Corium vaccinum. Lit. remiss. ann. 1459. in Reg. 188. Chartoph. reg. ch. 139 : *Le suppliant fut à la place Maubert chez ung cordouennier,..... et print deux courdouans, ung Vachin, etc. Les vachins à faire empaignes et houseaux*, in Stat. ann. 1372. tom. 6. Ordinat. reg. Franc. pag. 120. art. 6. Pedag. Divion. MS. : *Li Vaichins entiers paiera un denier.*

⚜ **VACCIPOTENS** PRÆSUL. Regionis pascuæ episcopus. Dicitur de Albrico episcopo Ultrajectensi, in Carm. quod Alcuini esse opinatur D. *Le Beuf* tom. 2. Dissert. pag. 423 :

Si meus Albricus veniens occurrat in agmine,
Vaccipotens præsul properans tu dicito : Salve.

¶ **VACELLUS**, Modus agri, ut videtur : nisi sit pro *Valliculus.* Tabul. S. Quintini in Insula fol. 75 : *In aresna de Correel 2. sestaria ; in alio Vacello citra 1. modium ; in Vacello juxta campum Alberici, etc.* Vide *Vallo 1. Vancellus, et Vauchellus.*

¶ **VACEMUM**. Charta ann. 1293. tom. 2. Hist. Dalphin. pag. 72 : *Item quod Monasterium sanctæ Crucis prædictum non possit tenere in montaneis ipsius, nisi septem trentenaria ovium cum lacte et Vacemo, arietibus et agnis, quantum necesse fuerit, etc.* Vide *Vascinum* in *Rassaria.*

¶ **VACHAGIUM**, ut supra *Vaccaticum.* Vide in hac voce. Tabular. S. Martini Vertavensis : *Notum sit omnibus homines de castellania Palatii de jure B. Martini Vertavensis terragium, et decimam, et Vachagium ; et pasnagium Monachis ; antequam vineæ in eadem terra flerent, reddidisse.*

¶ **VACHARIA**, Stabulum vaccarum, Gall. *Vacherie.* Sententia arbitralis inter Aymarum de Pictavia Comit. Valent. et Jacobum Abbat. Monast. de Lioncellis ann. 1308. ex Schedis D. Brunet : *Animalia ressariæ venientia in montanea supradicta ebibere debeant per iter novum factum prope Vachariam Monasterii supradicti.* Vide *Vaccarium.*

¶ **VACHERIA**. Vide in *Vaccaria.*

⚜ **VACHERINUS**, Caseus ex lacte vaccino. Stat. Avellæ ann. 1196. cap. 126. ex Cod. reg. 4624 : *Emere non liceat..... caseos, serarios, Vacherinos, etc.*

¶ **VACHERIUS**, ut supra *Vaccarius.* Charta Caroli Comit. Provinciæ ann. 1274. ex Cod. MS. D. Brunet fol. 69. vº : *Vacheriis singulis decem bestias bovinas* (dent pascendas.) Vide *Vacquerius.*

⚜ **VACHERMI**, Hac voce concluduntur articuli confessionis ut negationis cujusdam clerici, de homicidio insimulati a promotore curiæ Cabilonensis, in Charta ann. 1390. ex Reg. 139. Chartoph. reg. ch. 1 : *Respondet et negat articulum Vachermi.... Anno et die quibus supra. Ita est ste Vachermi.* Vide infra *Wacharmen.*

1. **VACHETA**, Navis species. Andreas Dandulus in Chron. MS. ann. 1257 : *Viginti novem galeas*, 10. *Vachetas, et 9. naves festinanter præparari fecerunt.* [Bartholomæus Scriba in Annal. Genuens. ad ann. 1241. apud Murator. tom. 6. col. 490 : *Inimici autem hoc videntes, relictis anchoris, scalis et Vachetis, continuo mari et terra de loco Nauli fugerunt.* Ibid. col. 583 : *Duo antiani civitatis Pisanæ qui ibant in una Vachetta armata cum hominibus XVIII., etc.* Jac. de Varagine in Chron. Januensi apud eumd. tom. 9. col. 50 : *Super quamdam Vachetam conscendens aufugit, et Vachettam dereliquit.* Navis humilior et velocior esse videtur, a Latino-barbaro, *Vasellum, Vacillum*, quod ex Gallico *Vaisseau.* navis, efformatum existimo. Vide in *Vas.*]

☞ Haud scio an idem sit quod *Vans* dicitur, apud Marten. tom. 1. Anecd. ubi de capta CP. ann. 1453. col. 1820 : *L'armée du Turc estant tant au port que dehors de seize a dix huit galliees ; soixante, ou soixante dix galliotes, de dix huit à vingt Vans, de seize à vingt barques petites, comme pour porter chevaulx et fustes* Vide *Wachellus.*

⚜ 2. **VACHETA**, VACHETTA, vox Italica, Codex membraneus, diarium. Stat. Valis-Ser. rubr. 83. ex Cod. reg. 4619 : *Notarius præfati domini vicarii teneatur..... describere in una Vacheta dietim quoslibet dies feriatos, etc.* Stat. Mantuæ lib. 1. cap. 32. ex Cod. reg. 4620 : *Teneantur..... dicti notarii statim porrecta accusa seu denuncia, seu processu formato, nomen accusati, denunciati..... scribere in Vachetta seu libriculo judicis maleficiorum.* Vide *Vacheta.*

VACHIVIA. Vide *Vaccaria.*

VACIA. Ignotus Casinensis in Hist. Longob. cap. 10 : *De B. Benedicti cœnobio abstulit..... Vacias duas, peasantes libras 80. et fundatos duplices 7.* Idem forte quod *Vauca.* Vide *Bauca 1.*

¶ **VACIÆ**, pro Uvæ, in Gloss. Isid. v. *Trictilia.* Vide supra in hac voce.

⚜ **VACILIUM**, vel VACILE, pro *Bacile*, Vasis genus, pelvis, pollubrum, Gall. *Bassin.* Vide in *Bacca 2.* Chron. Sublac. apud Murator. tom. 4. Antiq. Ital. med. ævi col. 1053: *Quinque calices, tria thuribula, duo Vacilia, duas cassellas, septem candelabra, etc.*

¶ **VACILLUM**, Πυραμίς, in Gloss. Lat. Gr. ubi MSS. habent, *Vatillum.* Alia notione, vide in *Vas.*

¶ **VACINARIUS**, ut supra *Vacarius*, in Bulla Pii IV. PP. tom. 1. Bullarii pag. 119. 121 : *Quemadmodum artes Vacinariorum, seu coriariorum, nec non artificum, chordas musicales ex animalium fibris facientium, malum reddentes odorem, ad fluminis ripam separatæ reperiuntur.*

VACIVUS, Otiosus. Regula Magistri cap. 18 : *Et si alii fratres sequestrantur in alio laboris opere, istos sequestrentur, qui Dei plus possint præsentiam timere, præoccupato in coquina Præposito, cum negligentiore remanente Vacivo Præposito ; ut et vicibus honorem impleant emendandi, et vicibus humilitatem exerceant serviendi.* Alias Plauto, et aliis, *Vacivus* est *vacuus.* In Glossis vero Lat. Gr. *Vacivus*, exponitur εὔκαιρος, i. e. opportunus, tempestivus. Vide *Vacantivus.*

¶ **VACIVA** BESTIA, Ex vacca nata, Italis *Vaccino.* Statut. Montis Regal. fol. 306 : *Item pro qualibet bestia Vaciva sol. den. octo.*

VACO. Charta Occitanica ann. 1208. in Regesto Philippi Pulchri Regis ann. 1299. n. 13. ex Tabulario Regio: *Item stagiam dictæ domus contiguam, Vaconem seu insulam, quæ est juxta domum prædictam, quater viginti et quindecim jornalia terrarum cultarum, tam intra insulam de Baria, quam in parochiis de Vassaria et de Castellione.* [Terra inculta, ut videtur.]

¶ **VACQUERIUS**, VAQUERIUS, Vaccarum custos, *Vacher.* Vide *Vacherius.* Inquisitio ann. 1208. ex Schedis Præsid. *de Mazaugues : Et vidit' adæquantes bestias in dicto stagno Vaquerios Portii Durandi.* Ibidem : *Postea stetit per annum unum cum Domino templi pro Vaquerio.* Rursum : *Quod equarii et Vacquerii Arelatis custodiebant equas et vaccas.*

VACTROPERITI, Philosophi, sic dicti quod baculum et peram deferrent. Vide *Bactroperatæ.*

¶ **VACTUALIA.** Vide *Victualia* 2.

◊ **VACUAMENTUM**, Locus vacuus ædificiis et incultus. Charta ann. 1054. apud Murator. tom. 2. Antiq. Ital. med. ævi col. 645 : *Concedo et largior seu confirmo vobis res juris predicti monasterii nostri : id est Vacuamentum integrum, extendentem in longitudinem suam pedes, plus minus, supra platea sexsaginta et quattuor, et in lato ab uno capite pedes quadraginta et quattuor, et ab alio capite similiter pedes, plus minus, similiter triginta et quattuor, cum egresso et regresso suo,.... quæ est posita in hac civitate Ravenna...... prope basilica S. Laurentii.* Alia ann. 1141. ibid. tom. 5. col. 227 : *Capella mea in eo sita, seu etiam cum toto et integro cimiterio, et Vacuamento circa jam dictam S. Georgii martyris Christi ecclesiam posita. Voi*, pro *Vude*, ut videtur, vacuus, in Lit. ann. 1815 tom. 1. Ordinat. reg. Franc. pag. 600. Vide supra *Vacanta* 4.

¶ **VACUARE** Vide infra in *Vacuus.*
VACUARIUM, in Notis Tyronis pag. 198. [◊◊ Kopp. pag. 399 : *Vacuaneum*.

¶ **VACUASIO**, Charta qua quis declarat se nullum jus habere in controversas legitimamque esse adversarii possessionem agnoscit. Placitum ann. 852. inter Probat. tom. 1. novæ Hist. Occitan. col. 100 : *Cum nos vidissemus suum recognitionem et Vacuasione, etc.* Alibi *Exvacuatio* dicitur. Vide *Exvacuare.*

¶ **VACUATURIA**. Vide infra in *Vacuus.*

¶ **VACUE**, Inaniter, Gr. κενῶς, apud vet. Interpr. S. Irenæi lib. 1. cap. 13. num. 3.

VACUEFACERE, Vacuare, κενοῦν. Utitur Macrobius Saturn. lib. 1. cap. 2. lib. 7. cap. 12.

◊ **VACUI**, vernacule *Vagos*, inter civiles Magistratus recensentur in Arest. ann. 1279. ex Reg. *Olim* parlam. Fran. fol. 46 : *Cum scabini, Vacui et consiliarii Gandenses,.... comitem Flandrensem coram nobis super defectu jurι fecissent adjornati.... Per nostram curiam fuit declaratum dictos scabinos, Vacuos et consiliarios male appellasse.* Ibid. fol. 54 : *Cum scabini, consiliarii et Vacui Gandenses supplicassent, etc.* Pactum inter comit. Fland. et scabinos Gandav. in Reg. 2. *Olim* fol. 9. r° : *Nous Guis cuens de Flandres et marchis de Namur, et nous echevin, consciilleur et Vage de la ville de Gand, etc.* Infra *Vaghe.* Ii videntur esse, ad quos potissimum cognitio mensurarum pertinebat : a Teutonico *Waeghe*, vel Germanico *Wag*, vel *Weghe*, libra, trutina, statera. Vide *Waga.* [◊◊ Warnkœnig. Histor. Flandr. tom. 2. pag. 56.]

¶ **VACULUM.** Conc. Avenion. ann. 1457. apud Marten. tom. 4. Anecd. col. 385 : *Item, quia Judæi carnes seratas juxta eorum Vaculum, et per macellarios christianos vendunt, etc.* f. *Oraculum*, eorum legem significans.

VACUUS, Irritus, inanis. Charta Chlotarii Regis in Conciliis Sirmondi : *Quæ* (licentia) *si quolibet ordine impetrata fuerit, vel obtenta, a judicibus repudiata habeatur et Vacua.* Collectio Canon. Martini Bracarensis cap. 33 : *Ordinatio ejus Vacua deputetur.* Testamentum Hadoindi Episcopi Cenoman. : *Et si aliquis exinde Epistolam quasi a nobis factam protulerit, Vacua et inanis permaneat.* Marculfus lib. 2. form. 17 : *In reliquo vero qualescunque a quocunque Epistolæ de nostro nomine, manu nostra firmatæ ostensæ fuerint.... Vacuæ permaneant.* Formulæ secundum Legem Roman. form. 1 : *Et si fuerit ulla quælibet persona quæ præter istum alterum instrumentum exinde præsentaverit, aut anterius aut posterius, quod nos nec fecimus nec facere rogavimus, nullum sortiatur effectum, nisi Vacuum et inane permaneat.* Leges Luithprandi Regis Longob. tit. 17. § 4. [◊◊ 22. (4. 4.)] : *Et si aliter fecerit, sit ipsa venditio Vacua.* Sic Latinis etiam priscis. *Vacui fasces*, apud Calpurnium Eclog. 1. vers. 69. cassi, ac nullius potestatis, cujusmodi sunt Consulis codicillaris :

Jam nec adumbrati faciem mercatus honoris
Næ Vacuos tacitus fasces, et inane tribunal
Accipiet consul.

Observationes vacuæ, inanes, apud Apuleium lib. 9. *Vacuus labor*, etc. [Nostris, *Laisser vague*, re aliqua non uti. Litteræ Caroli V. Reg. Franc. ann. 1370. tom. 5. Ordinat. pag. 833 : *Qui ne sauroient ne pourroient faire ne soustenir le fait de la dicte Commune, et ja l'ont laissié Vague.*]

◊ Unde *Widisve*, Res inanis, in Mirac. MSS. B. M. V. lib. :

Vostre amie, ne vostre fame
Me feral ja jor que je vive :
De grant noient, de grant Widisve,
El tempre et ieri vous dubatez
Et trop fer froit certes batez.

¶ VACUUS, Incultus. Chronicon S. Trudonis apud Acher. tom. 7. Spicil. pag. 724 : *Duæ Lovaniensis.... majora* (mala) *adhuc minabatur, neque bona ecclesiæ solvenda ab invasione, nisi prius fossatum ad Vacuum quid contra eum elevaverant repleretur...... Igitur repleta atrii fossa et Vacua parte Ducis ira recepit ecclesia nostra sua bona Vacua, et post multos annos inutilia.* Vide *Vacantes.*

VACUÆ TERRÆ. Vetus Consuetudo Normaniæ cap. 8 : *Toutes terres cultivées sont en deffens, de quoy bestes peuvent legierement tollir les fruits. Vuides terres sont en deffens depuis la my Mays jusques à la sainte Croix en Septembre. En autre temps elles sont communes, se elles ne sont closes ou deffendues d'anciennetè, si comme de haies ou telles choses.* Glossar. Græc. Lat. : Σχολάζουσα, *Vacua.* Alibi : Ψιλή χώρα, ἡ σχολάζουσα, *Vacua.* Ψιλός τόπος, *Vacuus.* [Vide *Vacantes.*]

VACUARE, Inane, irritum, et *vacuum* efficere. Gloss. Gr. Lat. MS. : 'Ακυρωσία, abrogatio, evacuatio, irritum. Perperam in edito, *arrogatio.* Facundus Hermianensis lib. 2. cap. 1 : *Nam si legibus vestris bene atque utiliter censuistis, ut quæcunque vestra rescripta, contra ipsas, quas promulgastis, leges, in quibus vobis deservitur, et quas vobis infringere licet,*

per subreptionem fuerint elicita, Vacuentur, etc. Regestum Joannis XXII. PP. in Secret. ann. 18. fol 208 : *Nec non dissolvendi, Vacuandi, annullandi ac irritandi quasvis colligationes..... facultatem concedimus.* [Charta ann. 1388. apud Ludewig. tom. 5. Reliq. MSS. pag. 518 : *Cassantes nihilominus easdem literas et annulantes, et eas omnibus juribus Vacuamus.*] *Viribus vacuari*, irritum haberi, in leg. 8. Cod. Th. de Suariis. (14, 4.) Vide Constit. Gener. Chlot. Regis cap. 9.

EVACUARE, Idem quod *Vacuare*, Vacuum et inane reddere. Lupus Ferrar. Epist. 71 : *Sed postea ad persuasionem dulcesce, Evacuata duplici eleemosyna, votum secularium de memorata cella implere coacti estis.* Baldricus Noviom. lib. 3. cap. 3 : *Non solum Evacuavit promissum, etc.* Joannes Sarisber. lib. 1. Policrat. cap. 2 : *Parricidii siquidem species est, impugnare jura naturæ, et sacrilegii instar, parentis leges Evacuare, et matri omnium honorem debitum non referre.* Apud Littletonem sect. 64 : *Cest eschange est Voide, por ceo que les estates ne sont mie égales.*

Utuntur præterea his vocibus lex 3. Cod. Th. de Immunit. nemini conced. (11, 12.) S. Ambrosius in Apolog. David et in Lucam, S. Augustinus de Cura pro mortuis, Concil. Regense cap. 3. Vide Chart. ann. 876. in Baluz. Append. ad Capitul. num. 104.

EVACUATORIA, Apocha, qua creditor, amissa cautione, profitetur, sibi solutam fuisse pecuniam : *cautione enim reddita, apocha non datur, cum reditio chirographi ad solutionem probandam sufficiat.* Id indicant Formulæ, quibus pro lemmate est : *Evacuatoria*, apud Marculfum lib. 2. form. 25. et Formulæ veter. apud Bignon. pag. 253. et 372. 1. edit. *Vacuatoria* inscribitur in Formul. Andegav. 17. et 18. Formula autem *Evacuatoriæ* habetur in leg. 47. D. de Pactis (2, 14) : *Si quod instrumentum apud me remansit, vanum et pro cancellato habebitur. Evacuata obligatio*, sublata dicitur in leg. 4. fin C. de Solut. (8, 48) S. Augustinus de Cura pro mortuis : *Ubi esset recautum, quo illa cautio Vacuata fuerit, indicavit.*

EVACUATORIUS, Idem quod *Evacuatoria.* Marculfus lib. 2. form. 27 : *Et quomodo solidos vestros reddere poteret, meam cautionem absque ullo Evacuario intercedente recipiamus.* Vide *Vacuarium.*

VADA, Itinera, vectigalia etiam fluviorum, in Jure Hungarico. Sambucus. [Regest. Olim ann. 1290. fol. 92 : *Cum nos concesserimus majoribus et juratis et communitati villæ Corbeiensis ut ipsi levarent super mercaturis bladorum et avenarum et aliorum quorumcunque granorum, necnon super mercaturis de Vade de qualibet libra istarum mercaturarum tantummodo duos denarios Parisienses.*] [◊◊ *De Vaide*, in edit. Beugnot. tom. 2. pag. 320. Vide *Waida* in *Guaisdium.*]

¶ **VADABILIS**, Vadosus, Gall. *Guéable.* Epist. S. Ludovici de liberatione sua : *Quia fluvius Thaneos non erat Vadabilis propter profunditatem aquarum et riparum altitudinem, etc.*

VADACULUM, Tolosæ, *le Vadacle*, [vulgo *Bazacle*; f. diminut. a *Vadum*, Gall. *Gué.* Vide *La Faille* in Addit. ad Annal. Tolos. tom. 1. pag. 19. et infra *Vadellum.*] Will. de Podio Laurentii cap. 17. de Tolosanis : *Ex improviso...... versus pontes Garumnæ vexilla dirigunt transeuntes, et vadantes subtus Vadacu-*

lum, ad exercitum apud Vaurum properarunt. Adde cap. 30.

° **VADÆ**, Excubiæ, vigiliæ, Gall. *Guet.* Charta ann. 1348. ex Tabul. S. Vict. Massil.: *Communitas S. Leontii* (Ruthen. diœc.) *et pagesii ejusdem tenentur facere excubias seu Vadas, eorum propriis sumptibus et expensis.* Ubi vernacule legitur : *Item tendre ayssi de gens à lor despens per far spias per evitar inconveniens de gens d'armes.* Vide *Wactæ.*

¶ **VADARE**, Vado transire, Gall. *Passer à gué.* Gloss. Lat. Gall. Sangerm.: *Vadare, Guéer, ou passer gué* [° Glossar. Provinc. Lat. ex Cod. reg. 7657: *Guasar, Prov. vadare, ire per vadum.*] Chronicon Permense apud Murator. tom. 9. col. 776: *Flumen Taronis propter pluvias crevit, ita quod nullo modo poterat Vadari.* Alia notione, vide in *Vadium.*

¶ **VADATIO**, ut *Vadium.* Vide in hac voce.

¶ **VADDIO**, *Vadius,* fidejussor, in Charta Chlodovæi III. Reg. ann. 692. inter Instr. Hist. Sandion. Felib. pag. 12.

¶ **VADE IN PACE**, Carcer monachorum, sic dictus quod qui in eum conjiciebantur, ibi ad mortem usque perseverabant. Hujusce inhumanitatis, ut docet Petrus Venerabilis lib. 2. Mirac. cap. 9. auctor fuit Matthæus Prior S. Martini de Campis. Hist. chronolog. Parlament. Occitan. laudata inter Notas Baluzii ad Capitul. col. 1088: *Vicarius generalis Stephani Archiepiscopi Tolosani ex mandato dicti Archiepiscopi conquestus est de horribili rigore quem monachi exercebant adversus monachos graviter peccantes, eos conjiciendo in carcerem perpetuum, tenebrosum et obscurum, quem Vade in pace vocitant, qui nihil aliud habebant pro victu quam panem et aquam, omni consortio sodalium illis adempto.*

¶ **VADELINCUS**, Inter vestes recensetur in Charta ann. 855. Append. ad Marcam Hispan. col. 788: *Cupertorio siricio* I. *et vellats* XI. *et quadincos* XI. *et Vadelincos* VIII.

¶ **VADELLUM**, an diminut. a Vadum, Gall. *Gué?* Charta ann. 1188. apud Calmet. tom. 2. Hist. Lothar. inter Probat. col. 402 : *Cum domo lapidea ad Vadellum, et* XII. *nummos pro vinea Himaris nepotis sui annualim solvendos.* Vide *Vadaculum.*

VADERE. *Qui mentiendo vadunt,* in Capitul. 1. ann. 810. cap. 1. lib. 3. Capitul. cap. 59 et in Addit. 2. Lud. cap. 11. Phrasis Gallica, *qui vont mentant.*

¶ **VADIACO**, VADIAMENTUM. Vide in *Vadium.*

° **VADIAMENTUM**, Pignoris ex judicis sententia captio. Comput. ann. 1380. inter Probat. tom. 3. Hist. Nem. pag. 28. col. 1 : *Solvi Bertrando Meruli, servienti,... pro quibusdam Vadiamentis per ipsum, ad instantiam dictorum dominorum consulum, factis, etc.* Vide alia notione in *Vadium.*

¶ **VADIANI**, Augustino iidem qui aliis *Audiani,* Anthropomorphitæ, Hæretici qui Christum purum hominem asserebant. De iis passim mentio occurrit.

¶ **VADIARE**, VADIATOR. Vide in *Vadium.*

° **VADIARE**, Sponsionem facere, pignore certare, Gall. *Gager, parier.* Stero in Chron. ad ann. 1251. de Freder. II. imper.: *Veneno extinctus sepultus est,.... tam occulte, quod multi per annos quadraginta Vadiabant eum vivere.*

° **VADIARIUS**, Testis fidejussor. Charta ann. 921. in Chartul. eccl. Vienn. fol. 56. v°. col. 2 : *Ego Ado presbiter rogatus donatione ista fieri et firmare rogavi, et propter meam infirmitatem roborare non potui..... Ego Rainteus presbiter Vadiarius.*

° **VADIGO**, Piscis genus. Vide supra *Glaucus.*

¶ **VADILE**, Instrumentum quo utuntur agricolæ. Statuta castri Redaldi lib. 1. fol. 17 : *Ordinamus quod nulla bestia aratoria, plaustra, aratra vel versoria, ligones, vomera, secures, Vadilia, et alia utensilia ad laborandum terras vel vineas et prata possint vel debeant robari, deprædari vel pignorari, etc.* Leg. forte *Radilia.*

¶ **VADIMONIARE**, VADIMONIUM. Vide *Vadium.*

° **VADIMONIUM** SANGUINOLENTUM. Stabilim. Phil. Aug. pro Judæis tom. 1. Ordinat. reg. Franc. pag. 44. art. 5: *Nihil præstabunt Judæi super alicujusmodi vasa, vel ornamenta ecclesiastica, nec super Vadimonia sanguinolenta vel recenter madefacta.* Melius in altero pro iisdem Stabil. ann. 1218. ibid. pag. 86. art. 4 : *Item nullus Judæus accipiet in vadium ornamentum ecclesiæ aut Vestimentum sanguinolentum aut madidum, etc.*

° **VADISCAPIUM**, Aquagium, aquæductus. Charta Adalber. episc. Laudun. ex Chartul. S. Vinc. Laudun. ch. 13 : *Est autem terra ipsa pervio contermina ducenti ad transsitum aquæ, ab Oriente idem habens pervium, a sinistro latere Vadiscapium, a dextro latere et ab Occasu terram de prædicta S. Hilarii abbatia.* Vide *Waterscapum.*

° **VADITUR**, pro Itur, Gall. *On va.* Charta ann. 1318. in Reg. 56. Chartoph. reg. ch. 250 : *Per quorum alterum* (bivium) *Vaditur ad quadrigam de Choisiaco in forestam Cuysiæ, per alterum Vaditur ad quadrigam Compendii versus portum Hugonis. Va-lui-dire,* Modus conviciandi convicium reticendo, in Lit. remiss. ann. 1476. ex Reg. 206 ch. 1088: *Laquelle femme dist à son mary que icellui Barre estoit ung larron et ung Valui-dire.*

VADIUM, WADIUM, GUADIUS, GUADIA, etc. Vadimonium, pignus, fidejussio. Ebrardus in Græcismo cap. 19 :

Vado viam, Vado quadrupedem, Vadio, Vadium do :
Pro consorte Vador : sonat hoc quod sum fidejussor.

Chronicon Laurishamense : *Ornatum quoque Ecclesiasticum, quem Vintherus ambitu simoniaco expilaverat, et in Vadio exposuerat, plurima ex parte recuperavit.* Alibi : *Tres libros auro et argento, gemmisque pretiosis exornatos, crucemque auream in Vadio exponenda concessit.* [Charta Petri Leucorum Episc. ann. 1179: *Garsierus miles dedit fundum alodii sui in Vadio et sine Vadio.*] Glanvilla lib. 10. cap. 6. et Regiam Majestatem lib. 3. cap. 2 : *Creditur quandoque ex mutuo res aliqua sub Vadii positione, quod cum fit, quandoque res mobiles, ut catalla ponuntur in Vadium. Quandoque res immobiles, ut terræ et tenementa, et redditus, sive in denariis, sive in aliis rebus existentes.*

° Quam vocem ab Anglo-Sax. *Bad,* pignus, unde *Badian,* pignus dare, accersendam esse docet Wachterus in Glossar. Germ. v *Wette,* quem consule, ut et Bonson. in Vocabul. Anglo-Saxon. WADIUM. Tabularium Prioratus de Domina in Delphinatu fol. 80 : *Facio autem hoc donum pro salute mea, et pro Wadio, quem ad finem daturus sum, ut quacunque morte præoccupatus fuero, deinceps de hac vita sine Wadio et confessione non exeam.* Id est, non facta eleemosyna. [Charta apud Lobineli. tom. 2. Hist. Britan. col. 73 : *Quæsivit Wetenan solidos a Monachis Rotonensibus in Wadio pro duabus Saltnis habentibus* XI. *capitellos.*]

¶ **WAGIUM**, in Tabul. S. Sergii Andegav.: *Haimelinus Boitellus dedit duos arpennos prati in Wagium pro* XXIV. *solidis et* VIII. *denariis, quos pro ipso emendavit Dalbutus Abbas.* Wage, in Charta ann. 1802. ex Chartul. 21. Corb. fol. 101.

° *Wagiere,* pro *Hypotheque,* in Charta ann. 1255. ex Chartul. Monast. fol. 1 : *Et ce cist eritage estoit amconbreis de Wagiere ou de sans* (cens) *ou d'autre chose, etc.*

¶ **VADIUM**, Res ipsa in pignus data. Charta Ludovici Comit. Bles. ann. 1197: *Qui Wadium clerici vel militis, vel alicujus servientis mei habebit, non tenebit illud ultra viginti dies nisi sponte sua, et tunc sine causa vendere poterit. Vadium plegii dicitur alibi.* Vide in *Plegius.*

¶ **GAGIUM**, Eodem intellectu, in Charta Ludovici VII. Reg. Franc. ann. 1174. apud Marten. tom. 1. Anecd. col. 576 : *Ne alicui Judæo in eadem villa die ac nocte, nisi per legitimum testimonium, Gagium aliquod, sive equum, sive bestiam aliam liceat recipere.*

¶ VADIMONIUM, Eadem notione, in Literis Ludovici VII. Reg. Franc. ann. 1145. tom. 1. Ordinat. pag. 10.

WADIUS, Fidejussor, sponsor, vas. Capitula ad Legem Salicam cap. 1. § 8 : *Liber, qui se loco Wadii in alterius potestatem commiserit, etc.* Lex Alaman. tit. 3 : *Roget sibi eum reddere, et donet legitimum Wadium, ut illam culpam illi servo concessam habeat.* Ita in Lege Bajvar. tit. 1. cap. 6. § 8. tit. 10. § 3. etc. Ubi quandoque idem videtur quod *Vadium.* Capitula Caroli M. lib. 3. cap. 29 *Liber, qui se loco Wadii in alterius potestate commiserit.* Cap. 65. *Semetipsum in Wadio pro servo dare studeat.* Annales Francor. ann. 777: *Saxones reddiderunt per Wadium, et spoponderunt se esse Christianos, etc.* Odo Cluniac. lib. 1. de Vita S. Geraldi cap. 24. *Scilicet quod debitum Wadii nequaquam debitori relaxare solitus erat, omnino falsum est, etc.*

WADIA, Fidejussor. Lex Longob. lib. 2. tit. 21. § 9 : *Si quis alii Wadiam et fidejussorem de sacramento dederit, etc.* Adde § 10. 12. 14. 15. etc. tit. 30. 33. 34. 50. 55. lib. 8. § 10. [° Roth. 365. 255. Luitpr. 15. 36. 87. (3, 1. 5, 7. 8.) Carol. M. 72. 108. Roth. 225 Lothar. I. 75. Roth. 366. Ludov. II. 1. Charta ann. 765. apud Brunett. Cod. Dipl. Tusc. tom. 1. pag. 590. post subscriptiones testium et notarii : *Dedit wadia Gunterid Bonulo de solid. quattuor et fidiussore posuet, etc.*]

GUADIUS, GUADIUM. Herardus Turonensis Archiep. in Capitul. cap. 42 *Non constringantur per Guadios vel sacramenta.* Vetus Notitia apud Beslium pag. 224 : *Unde judicatum est a domno Comite, et ab omnibus suis circumstantibus, quod prædictus Launus euntem alodem secundum legem et judicium per Guadium suum eidem Isarno reddidisset, quare eum inquietaverat, cum lege et fide facta.* Charta Heccardi Comitis Augustodunensis in Tabulario Prioratus Persiaci in Burgundia apud Perardum : *Ut sicut per instrumenta Kartarum vobis tradidi, et per Guadium et andalugum, seu per istos breves commemoratum habeo.* In alia apud eumdem habetur, seu per *Guadium et andalegum.* Proinde emendanda formula 183. apud Lindenbrog.

per meos Wadros aut andelangos : legendum enim Wadios.

¶ PONERE PER VADIUM, Idem quod Vadium dare infra. Charta ann. 1298. apud Kennet. in Antiq. Ambrosd. pag. 334 : Præcipimus tibi sicut alias præcepimus quod ponas per Vadium et salvos plegios... quod sint coram justitiariis nostris.

VADIUM DARE juri standi, vel rectum faciendi, quod Vadium recti vocant. Leges Henrici I. Regis Angl. cap. 52. Per judicium recti vadimonium dare, ibidem. Charta Alamannica 90. apud Goldastum : Post hoc testimonium dedit Odatharius Wadium Folchroho Misso, ut esset paratus in præsentia Domini Imperatoris in placito generali justitiam faciendi. [Dare Wadia de placito, in Notitia ann. 972. apud Murator. delle Antic. Estensi pag. 150] Tabularium Vindocinense fol. 117 : Comes Burchardus puer honorem Vindocinensem obtinens, ætatis puer, senili maturitate, ipse faciens emendationem, Vadimonium rectitudinis tradidit, ann. 1077.

DARE VADIUM in misericordia pecuniæ suæ, hoc est, ni fallor, ita ut in arbitrio sit domini Vadium reddere. Charta Henrici I Regis Angliæ apud Ricardum Hagustaldensem : Et si quis baronum meorum forisfecerit, non dabit Vadium in misericordia pecuniæ suæ, sicut faciebat tempore patris mei vel fratris; sed secundum forisfacti modum ita emendabit, etc.

¶ WADIUM, GUADIUM dicitur de eo quod alicujus signum ac symbolum est : hinc festuca quam in signum atque pignus translatæ possessionis tradebat emptori venditor, Wadium appellatur. Charta Salomonis Ducis Britonum ann. 860. apud Marten. tom. 1. Ampl. Collect. col. 14 : De omnibus quæ ad memoratum monasterium (Prumiense) pertinent, quæ sub nostra scilicet erant potestate, per Wadium nostrum eum revestivimus. Ubi procurator. qui alterius vices gerit, intelligi potest : at prior notio certa videtur ex Placito ann. 971. inter Probat. tom. 2. novæ Hist. Occit. col. 123 : Et multo plures alii communi voto decreverunt judicantes, ut tali ratione que ibi proclamavit per Guadium suum, id est per festucam de vite ipsas res superscriptas in manu Ameti Episcopi reddidisset, et quirpitionem effecisset, etc.

¶ VADATIO, Pignus, fidejussio. Charta inter Instr. tom. 2. Gall. Christ. novæ edit. col. 270 : Aliud etiam fecit donum ut quidquid monachi possent adquirere de feudis ad se pertinentibus emtione, sive donatione vel oblatione, seu Vadiatione, esset liberum et immune. Nescio an idem sit

¶ VADIACO, in Charta ann. 1248. apud Ludewig. tom. 8. Reliq. MSS. pag. 270 : Cæterum admittimus ut Vadiaco civium in Witsdock sint quatuor solidi, Vadiaco autem hospitum ibidem sub pœna sit octo solidorum. Vide mox Vadiatura, p. 231. col. 1.

¶ VADIAMENTUM, ut Vadium, Pignus, in Leg. Norman. apud eumd. tom. 7. pag. 278 : Recordationem curiæ super hoc postulare poterunt et habere per eos qui duelli vadiamento affuerunt.

¶ VADIMONIUM, Eodem significatu. Chartular. S. Vincentii Cenoman. fol. 177 : Et suum Vadimonium dare voluit se vidisse et audisse quod prædictus Herbertus jam dictam terram annuit. Ibid. fol. 192 : Otho Mathua tradidit in Vadimonium terram quandam quæ est apud Mortarios Geminos. Chartul. S. Vandreg. tom. 2. pag. 1360 : Clamabat etiam de jure hospitari apud Abbatiam S. Vandregisilli quot vicibus vellet in anno et quietari Vadimonia sua, quæ pro expensis suis in villa mitterentur. Charta ann. 1181. ex Tabul. S. Urbani : Si fundus terræ Monachis aut Sacerdoti datus fuerit, Monachorum erit, ni Vadimonium fuerit, de quo Sacerdos tertiam partem habebit. Adde Thomasser. in Biturig. pag. 195.

¶ VADEMONIUM, in Tabul. Pontisar : His itaque ecclesiæ datis et super altare, ut dictum est, Vademoniis ab omnibus datoribus positis.

¶ VADIMONIARE, Pignori ponere, Gall. Engager. Chartul. Eccl. Apt. fol. 71. vº · Tali autem tenore ne Vadimoniare, vel vendere, vel aliquo modo alienare absque consilio canonicorum eum honorem possis. Charta Henrici IV. Imper. ann. 1113. apud Marten. tom. 1. Ampl. Collect. col. 682 : Ea videlicet conditione ut nec præfatus Abbas, nec aliquis successorum........ quicquam de eisdem bonis alicui beneficiare, sive Vadimoniare præsumat. In Vadimonium conferre, in Hist. Mediani Monast. p. 258. In Vadimonium mittere, apud Stephanot. in Antiq. Aurel. MSS. pag. 478.

VADIUM MORTUUM, est Hypotheca creditori sic oppignerata, ut fructus, quos durante tempore oppignerationis producit, omnes fiant creditoris, idque sine computo inde debitori faciendo. Ita Cowellus lib. 2. Instit. tit. 4. § I. Regiam Majestat. lib. 2. cap. 2. § 5 : Item invadiatur res quandoque in mortuo vadio, quandoque non ; dicitur autem Mortuum Vadium illud, cujus fructus, vel redditus percepti interim, in nullo se acquietent. Quæ quidem vadii mortui species pro usuraria semper habita est. Ibidem lib. 3. cap. 5. et Glanvilla lib. 10. cap. 8. Cum vero res immobilis ponitur in vadium, ita quod inde facta fuerit seisina ipsi creditori, et ad terminum, aut ita convenit inter creditorem et debitorem, quod exitus et redditus interim se acquietent, aut sic quod in nullo se acquietent. Primo conventio justa est, et tenet, secunda injusta est et inhonesta, quæ dicitur Mortuum Vadium, sed per curiam domini Regis non prohibetur fieri, et tamen reputat eam pro specie usuræ. Unde si quis in tali vadio decesserit, et post mortem ejus hoc fuerit probatum, de rebus ejus non aliter disponetur, quam de rebus usurarii. Vetus Consuetudo Normanniæ MS. 1. part. 2. sect. cap. 8 : L'autre maniere d'usure si est en mortgage. Mortgage est dit, quant cil, qui tient la chose en gage, en a les fruits et les issues, et ne contrevient en la dête. Si comme aucun baille à un autre sa terre en gage pour 20. livres, quant cil, qui tient la chose reçoit les issues par dessus son chatel, tout est tenu à usure. Alibi : Mortgage est qui de rien ne sera aquitté, si comme quant aucune terre est baillée en gage pour cent sols, par tel convenant, que quant cil, qui l'engage, la voudra avoir, il rendra les cent sols. L'en appelle vif gage, qui se aquitte des issues ; si comme quant l'en baille en gage une terre pour cent sols jusques à trois ans, qui doit être rendue toute quitte en fin de terme ; ou quant terme est baillié jusque à tant que les deniers, qui sont prestez, soient trait des issues de la terre. Exstat in libro Anglico Justice of peace pag. 148. Forma de morgaigy feoffando per debitorem.

¶ GAGIUM MORTUUM, Eodem intellectu, in Tabul. Eccl. Dolensis : Propter hoc volunt quod dictum Capitulum habeat in pignus et Gagium mortuum omne jus quod dicti conjuges habent in decimis bladorum in territorio de la Blachonaie usque ad VII. annos. Et est expressum formaliter quod fructus a Capitulo percipiendi non computabuntur in sortem, et quod dicti conjuges dictas decimas redimere non poterunt durantibus VII. annis invito Capitulo. Elapsis VII. annis dicti conjuges eas redimere poterunt, quandocumque plane simul solvent XXX. libras. Et quamdiu a prædicta solutione cessabunt, dictum Capitulum dictas decimas in Gagium mortuum possidebit, fructibus earum in sortem non computandis.

Appellationis rationem eam esse putat Littleton sect. 132. quod ejusmodi vadium pereat et moriatur debitori, si condicta tibi summam pecuniæ, pro qua prædium impignoratum est, non exsolvatur, contra creditori perinde pereat, si exsolvatur. Unde vivum vadium dici ait Edw. Cokus, quod nunquam moritur ex aliqua parte, quod ex suis proventibus acquiratur. Multa habet hoc loco Littleton, et sectionibus seqq. de mortuo vadio.

MORTUUM VADIUM Practici etiam nostrates vocant feudum, seu prædium, quod a parentibus datur liberis in maritagium, vel per testamentum, quo, ut et roditibus, si fruantur, donec constituto tempore redimatur. Aresta Parlam. in oct. Nativ. B. M. ann. 1250. fol. 95 : Balduinus D. Bellævallis dedit in maritagium filiæ suæ 800. libras, et pro qua pecunia tradidit ipsi centum libratas terræ de feodo Regis in Mortuum Gagium, etc. Petrus de Fontaines in Consilio : Mès se deniers furent donné en mariage, et la terre baillie à mort Wage por les deniers après le mort à la fille, qui n'a point d'oir de son corps, demorra la terre por la moitié de nombre au mari, ou à son oir, etc. Hujusmodi mortui vadii mentio est præterea in aliquot Consuetudinibus municipalibus, Insulensi nempe art. 27. et aliis locis, et Artesiensi tit. 89. apud Butlerium in Summa rurali, etc.

GAGIUM-PLEGIUM. In Consuetud. Normanniæ art. 28. 108. 189. et seqq. et 866. Gageplege. [Le Roman d'Athis MS. :

Nous les scaurons bien maintenir
A cognoistre preu ou dommaige,
Nous passerons Plaigier Gaige.

Vide Basnag. in art. 185. Consuet. Norman.]

VADIUM PLICARE. Le Roman de Garin MS. :

Devant le Roi sont li Gages pliés,
Des doux Barons qui ne sont gueres chier.

º Pignori ponere. Charta Bern. de Balescamp mulier. ann. 1238. in Chartul. Montis S. Mart. part. 1. ch. 100 : Obligavi me et meos hæredes, meo fidejuplicato, secundum morem patriæ, in manibus scabinorum supradictorum, et præ dictam in singulis articulis firmiter observanda.

VADIUM AD REMANENS. Concilium apud Clarendonam ann. 1163. cap. 4 : Excommunicato non debent dare Vadium ad remanens, nec præstare juramentum ; sed tantum vadium et plegium standi judicio Ecclesiæ, ut absolvantur. Ita apud Bromptonum, ubi Matth. Paris habet ad remanentium.

VADIA, Stipendia, nostris Gages. Bromptonus in Ricardo I : Et dedit unicuique eorum, (Militum) Vadia sua et liberationem ab illo die usque ad proximum Pas-

cha sequens. [Comput. ann. 1202. apud D. *Brussel* de Usu feud. tom. 2. pag. CXCIII : *Hugo piscator pro suis Vadiis.* XL. sol..... *Luparius pro suis Vadiis duorum mensium,* LVI. *sol.* Conventio inter Carolum Provinc. Comit. et Arelat. ann. 1251 : *Quandocumque ibunt cum domino Comite habebunt ab eo stipendium sive Vadia.* Charta Johannis Reg. Franc. ann. 1351. apud Marten. tom. 1. Ampl. Collect. col. 1167 : *Cum* 400. *hominibus armorum et* 800, *servientibus retinuerimus ad nostra Vadia consueta, etc.* Occurrit præterea tom. 3. Ordinat. Reg. Franc. pag. 483. tom. 2. Hist. Dalph. pag. 74. apud Lobinell. tom. 2. Hist. Britann. col. 677. et Menester. Hist. Lugdun. pag. 136.]

¶ GADIA, Eodem significatu. Litteræ ann. 1311. tom. 2. Hist. Dalph. pag. 152: *Concedentes dicto procuratori nostro plenam et liberam potestatem, ac speciale mandatum et generale dicta Gadia seu stipendia quantacumque et qualiacumque sint, petendi et recipiendi a quibuscumque thesaurariis, etc.*

¶ GAGIA, Eadem notione. Leges Palat. Jacobi II. Reg. Majoric. inter Acta SS. tom. 3. Jun. pag. LXXXII : *Si absentes a curia sua Gagia sive quitationes reciperent, etc.* Litteræ Roberti Reg. Siciliæ ann. 1314. tom. 2. Hist. Dalph. pag. 151 : *Infrascripta Gagia statuimus... Prædicta vero Gagia solvi et fieri mandabimus successive per terminos oportunos.*

¶ VADIUM, Merces, honorarium quod ex officio competit. Statutum Caroli VII. Reg. Franc. apud Marcellum Hist. Paris. pag. 478 : *Absque tamen aliquorum a nobis propterea perceptionis Vadiorum locum inter eos assignare teneantur.*

GUADIA. Ugutio, et Joan. de Janua : *Guadia, debita constitutio.* Notitia Judicati in Tabulario Cæsauriensi : *Ipse Majo per inquisitionem, et per idoneos homines Guadiam dedit ad probandum.* Chronicon Farfense pag. 653 : *Tunc ab omnibus decretum est, ut idem Pando Guadiam cum suis ad partem Palatii daret, et componeret juxta edicti paginam de ipso Judicatu incenso.* Infra : *Et Guadiam de compositione juxta legem dare fecerunt.*

VADIARE, GUADIARE, *guadium constituere, vel guadia firmare,* Ugutioni. Gloss. Lat. Gall. *Guadiare, Gager, fermer.* Leges Alvredi Regis West-Sax. cap. 1 : *Si quis autem Vadiet, quod fieri justum sit, et transgrediatur, etc.* [Statuta Humberti Bellijoci apud Marten. tom. 9. Spicil. pag. 184 : *Si quis portaverit pannum intra operatorium ad faciendum indumentum, non debet Vadiari ab eo in operatorio, nisi ab illo cujus pannus erat, si non fuerit pagatus.*] Chronicon Farfense pag. 666 : *Si autem aliqua querimonia adversus hujus monasterii rectores insurrexerit de jam dictis rebus,..... nostræque acclamaverint clementiæ præsentiam, Comes noster et Missi nostri discurrentes, seu Ministri Reipublicæ, faciant ambas partes in nostram audientiam Guadiare.* Vetus Notitia apud Beslium in Episc. Pictavensibus : *Postea vero Presbyteri Guadiaverunt, quod injuste ita sane fecerant, et illorum extitit fidejussor Launo Abbas.* Alia Notitia Judicati apud Gallandum de Franco alodio pag. 296 : *Guadiavit ergo Heudo Comiti per judicamentum curiæ ejus forisfactum invasionis et injustitiæ suæ ; et cum deinde judices, quid in guadio contineretur, Heudo interrogaret, responderunt judices: Quantum Comiti placeret.* Concilium Insula-

num ann. 1234. can. 9 : *Quicumque auctoritate vel temeritate propria Ecclesias, vel Ecclesiasticas præbendas pignoraverit, vel Guadiaverit, etc.*

GATHGIARE, GUAGIARE. Tabularium monasterii Deiparæ Sanctonensis fol. 23 : *Nobis baculo in cartula pendente Gathgiavit.* Charta Mauritii *d'Arablay,* in Tabulario Vindocinensi fol. 201 : *Et recognovit, quod in præfato burgo, et taliata nihil habebat, et quod injuste calumniatus fuerat, et inde Guagiavit rectum cum cornu cappæ suæ Domino Roberto Abbati.* Stero in Chron. ann. 1251. de Frederico II. Imp. : *Veneno extinctus sepultus est..... tam occulte, quod multi per annos* 10. *Vadiabant eum vivere.* [° Vide suo loco.]

¶ WADIARE IN PRÆTORIO et *Wadium suum in judicio comprobare,* in Statut. Archiep. Bremens. ann. 1246. Vide Leg. Longob. lib. 3. tit. 1. § 43. [*° Lothar. I. 43.*] Capitula Ludovici Pii ann. 826. edita a Labbeo in Conciliorum editione cap. 6 : *Si forte quispiam aliquem mallaverit, et ille, qui mallatus fuerit, dixerit eum servum suum esse,.... jubemus ut præsentialiter inter se Wadient, ut ad primum, vel secundum, vel tertium placitum causam ipsam definiat.*

INVADIARE, Pignori ponere, *Engager,* Quasi rem *in vado* ponere, id est, tuto, apponere pignore, alicui dare. Notum proverbium apud Terentium et Plautum: *Res in vado est,* unde forte nata vox *vadium et Invadiare.* Leges Edwardi Reg. Angl. cap. 35. de armis : *Non debent illa Invadiare, nec extra regnum vendere, etc.* Burkhardus de Casib. S. Galli cap. 1 : *Calicem aureum .. Invadiavit, etc.* Occurrit passim. [*Envagement, pro Engagement,* in Charta ann. 1311. ex Chartul. 21. Corb fol 295 v°.]

¶ INGAGIARE. Eodem intellectu. Charta ann. 1006. ex Tabul. S. Albini Andegav. : *Pactionem etiam talem cum prædictis monachis fecerunt ut de terra vel possessione jam dictæ curtis quæ sibi remanebat nihil unquam venderent aut Ingagiarent, nisi ipsis monachis : casati etiam sui, si de ipsa terra vel possessione aliquid vendere vel Ingagiare voluerint, hoc prius offerent illis duobus fratribus superius nominatis.*

VADIUM in duello, seu monomachia, appellabant rem quamvis, quæ vice pignoris ab eo, qui provocabat, in medium projiciebatur coram judice ; quo quidem facto verum se dicere, vel ab objecto probatorum profitebatur. Tum enim accusator, aut quivis alius, pignus a terra tollebat, eoque ipso duellum amplectebatur. Skenæus ad Regiam Majestat. lib 3. cap. 23 · *Vadiatur duellum, cum actor, sive appellans, querelam suam proponit, eamque duello per vel per suum campionem se probaturum offert. Et reus sive appellatus affirmat contrarium esse verum, et se vel suum campionem in sui suæque causæ defensionem ad duellandum affert.* Hinc inde dantur *Vadia ;* ab actore vadium *disrationandi ;* a reo vadium *defendendi, quod in hoc regno fit, cum duelliones hinc inde chirothecas offerunt.* Vetus Charta : *Sed quia ipse erat debilis corpore,...... quidam nepos ejus nomine Guitcelinus dedit Vadimonium duelli judicio curiæ pro eo, et venerunt in campum ad faciendum duellum, etc.* [Litteræ Philippi Reg. Franc. ann. 1186. tom. 4. Ordinat. Reg. pag. 75 : *Et si homines de Boscum. Vadia duelli temere dederint, et præpositi assensu, antequam tribuantur*

obsides, concordaverint, duos solidos et sex denarios persolvat utrique (uterque ;) *et si obsides dati fuerint, septem solidos et sex denarios persolvat uterque.*] Philippus de Bellomanerio cap. 61 : *De tos cas de crieme on pot apeler ou venir à Gages, si li accuseres en veut fere accusation, selont ce que apiax se doit fere ; car il convient, que cix, qui est apelés, se deffende.* Qui porro vadium tollebat, dicebatur *illud operire.* Harduinus *de la Jaille* in Tractatu MS. *du champ de bataille : Et si aucun des parties se partoit après jugement assis, Gaige jetté et convert, sans la licence ou bonne seureté, icelui partant doit estre tenu et prononcé pour convaincu.* Vide *Duellum* 3.

° *Unde Oultrer gaiges* dicebatur, cum datis et receptis vadiis, peragebatur duellum. Libert. villæ *de Tannay* ann. 1352. tom. 6. Ordinat. reg. Franc. pag. 60. art. 8 : *Se quil ne soient combatu, et il se puissent accorder entr'eulx, il s'en pourront yssir et départir en payant cent sols Tournois d'amende ès dessus nommez ou à l'un d'eulx, sans auvient, que cix, qui est apelés, se deffende. Qui porro vadium tollebat, dicebatur puniciun, et enporteront leurs armeures quittes et délivrées en l'un cas et en l'autre; et se li Gaiges est oultrez, l'amende sera se le vaincu, selon la coustume du pais.* Vide in *Duellum* 3.

VADIARE BELLUM, seu duellum. Bromptonus : *Ahi vero dixerunt, quod Comes nec Baro, nec aliquis Regi subditus bellum de lege potest Vadiare; sed in toto ponere se in misericordia sua, et emendas sibi offerre competentes.* [Tabul. B. M. de Bono nuntio Rotomag.: *Et vidit duellum inter duos homines Vadiari in curia dictorum Religiosorum super mehaingnia.*]

JUDICIUM FERRI VEL AQUÆ VADIARE, in Legibus Adelstani Regis cap. 30. id est, purgationem criminis sibi impositi per hæcce judicia offerre.

LEGEM VADIARE. Vide *Lex.*

¶ VADIARE MULIEREM, Eam sibi in sponsam pignore asserere. Statuta Cadubrii lib. 2. cap. 98: *Mandamus quod si quis sine voluntate patris mulieris eam Vadiaverit, vel desponsaverit, vel juraverit... in* 50. *lib. Pyro. condemnetur.*

¶ GAJARE, Aliquem pecunia corrumpere. Inquisitio ann. 1268. ex Schedis Præsid. *de Mazaugues : Quia juvit ibi ad Gajandum homines de Arelate et aliunde pro segnoria domini Barralis.*

VADIARE DE SERVITIO dicebatur vassalli, cum notum faciebant domino sese ab ejus homagio recessuros, nisi eorum *Pari* jus seu rectum facerent. Ita passim in Assisiis Hierosolym. MSS. cap 205. 206. 207. ubi formula vadiandi servitium sic describitur : *Nous tous ensemble, et chascun par soi vous Gajons (vel Gageons) dou service, que tous devons, tant que vous aiez rendu à nostre Per son fié, ou ne dites raison pourquoi vous ne le devez faire.* Cap. 207. al. 287 : *Et tous les homes dou Roy requistrent au Roy que il s'en soffrist de ce, que il avoit encis tor Per congée, et que il s'en soffroit, et menoit Messire Raoul par esgart de sa Court, que ils li Guageroient tous ensemble, et chascun pour soi, dou service que ils devoient, tant que rendu fust leur requeste.* Et cap. 24 : *Sont les cas ausquels on peut Gager de service le Seigneur, ou le conjurer de sa foi.* Vide capp. seqq.

DISWADIARE, Rem oppigneratam redimere, *Desgager.* [Charta Ludovici VII. Reg. Franc. ann. 1169. apud Marten. tom. 6. Ampl. Collect. col. 239 : *Tali te-*

nore stat wadium, quod non Diswadiabunt illud nisi ad suum retinere, et quod de manu sua decimam non ejiciant.] Chronologia Augustinensis Cantorberiensis: *Carla de terra, quam Abbas Hugo Diswadiavit de Wiberto de Thaneto.* Charta Richardi de Porcomortuo in Hist. Abbat. S. Cathar. Rotom.: *Quousque pecunia nostra, de qua omnes illas res debent Diswadiari, ab uxore ejus et filio nobis reddatur.*

° DEVADIARE, Item oppigneratam redimere, practicis nostris *Dégager*, alias *Débailler*. Charta ann. 1195. inter Instr. tom. 11. Gall. Christ. col. 141: *Heldebertus factus monachus in ecclesia S. Taurini, partem hereditatis suæ donavit ecclesiæ, reliquam partem invadiavit ipse, et frater suus Devadiavit.* Lit. remiss. ann 1457. in Reg. 187. Chartoph. reg. ch 75: *Si tu ne delivres aujourd'hui le cousteau, que tu me baillas Dimanche en gaige de quatre deniers, tu ne le Débailla ras jamais.*

DISVADIARE, Pignori capere, vel pignus auferre et retinere. Charta Reginaldi de Bosco in Hist. Abb. S. Audoeni Rotomag. pag. 436: *Neque nos possumus vel debemus in prædicta foresta aliquem Disvadiare propter aliquod forisfactum, nec capere propter aliquam manuum operationem, quam in ea faciat.* [Charta ann. 1054. ex Tabul. S. Victoris Massil.. *Et si ita non fecerint, licentiam dederunt Bertranno Monaco ut Disvadient eos infra treugam et foras treugam.*] Hac notione *Desgager*, usurpant Consuetudines S. Aniani art 5. Stampensis art. 154. Montargensis tit. 12. art. 12. 13. cap. 18. art. 6. Camerac. tit. de Actionib. artic. 4. 5. *Desengager*, in Consuet. S. Severi tit. 14. art. 2.

DIVADIARE, Eadem notione, Pignori capere, in pignus retinere. Leges Henrici I. Regis Angl. cap. 28: *Si quis blodwitam... et hujusmodi forisfaciat, et inde veniat sine Divadiatione, vel calumnia, placitum domini sui est.* Cap 41: *Si quis autem, ubi forisfecerit, retentus vel Divadiatus sit, plene componat.* Cap. 57: *Si inter eos homines disceptetur in curiis super accusationibus, alternatim sibi rectum faciant in causis suis nisi quis retentus, vel Divadiatus sit, vel plegiatus pro culpa sua, etc.* Cap. 80: *Aut Divadietur aut retineatur ibi malefactor.* Adde cap. 41. et 94.

° *Deswaigier*, eodem sensu, in Charta ex Tabul. Camerac. *Desgager* idem perinde sonat, in Lit. remiss. ann. 1378. ex Reg. 113. Chartoph. reg. ch. 282: *Lequel sergent print l'un après l'autre (les exposans) aus corps et aus draps moult felonnessement, pour les vouloir despoiller et Desgager.*

VADIARE, GAGIARE, GUAGIARE, Eodem significatu, Pignus a debitore invito auferre, præsertim ex sententia judicis. Charta Durandi Episcopi Cabilonensis, [inter Instr. tom. 4. Gall. Christ. novæ edit. col. 247:] *Ita tamen quod non possunt Vadiare in claustro; sed quando ille, qui forafecit, recedit à claustro, tunc possunt emendam levare, secundum quod forefecit.* [Charta ann. 1199. apud D. Brussel tom. 2. de Usu feudor. pag. 683: *Pro forisfacto quod Vicecomes faciat, vel pro debito quod ipse debeat, non potest aliquis eum in Vicecomitatu Vadiare.* Litteræ Guidonis Nivern. Comit. ann. 1281. inter Ordinat. Reg. Franc. tom. 8. pag. 118: *Præpositus noster Nivernensis tenebitur censam levare secundum transcriptum quod ei tradiderint dicti quatuor burgenses, et eciam Guagiare, si opus fuerit, sed propter hoc nullam habebit emendam.*]Consuetudines MSS. Solemniact in Arvernis: *Creditor, qui habebit domum apud Solignac, poterit ibidem debitorem suum autoritate propria Gagiare ratione debiti ibidem contracti.* Concilium Avenionense ann. 1279. cap. 1: *Occupare, detinere, pignorare, seu Gadiare, etc.* Charta ann. 1292. apud Perardum pag. 564: *Quod præpositus Tornodori..... non potest, vel non poterit Gagiare, vel facere gagiari, nec justitiam exercere in villa S. Michaelis prædicta, etc.* Libertates oppidi Montis-Regalis in Sebusianis ann. 1287: *Si Miles, vel quilibet extraneus debeat debitum alicui Burgensi Montis-Regalis, Præpositus, vel alius de familia domini debet ire cum creditore, vel sine creditore, sine aliqua contradictione, et sine dono et mercede ad Gagiandum debitorem, et cum gagiare.* Assisiæ Hierosol. cap. 113. de Sponsoribus: *Si ledit pleige dit que il n'a de quoi li lui puisse faire que pleiges, l'autre li doit dire, Fournisses en l'assise, et si la dot fournir ensi, que il dot jurer sur sains, que il ne autre pour lui n'a dou sien à couvert, ne à descouvert daquoi il puisse faire que pleige, que la robe de son vestir, et dras de son lit; et se pleige fit ledit serment, il fournit l'assise, que l'autre ne peut, ne ne doit Gager par l'assise la robe de son vestir, ne de son lit, si convient il que il seuffre tant, que il trove aucune chose don sien, que il puisse Guager, etc.* [Litteræ Caroli V. Reg. Franc. ann. 1371. tom 5 Ordinat. pag 385: *Que doresnavant vous ou aucuns de vous, ne Gagez ou contraignés, ou souffrés estre Gagés ou contraints, comme que ce soit, en corps ou en biens, etc.*] Ita vocem *Gager* usurpant Consuetudines aliquot municipales, Senonensis art. 129. Burbonensis art. 134. Baïonensis tit. 8. art. 11. tit. 26. art. 13. Melodunensis art. 327. 328. Calvimontensis artic. 95. Victriacensis art. 120 Biturid. tit. 10. artic. 5. Altisiodor. art. 171. etc. *Dégager*, eadem notione, Consuetudines S. Aniani art. 5. Sellensis art. 2. Feritatis Imbaldi art. 7. Tremblajensis art. 7. et aliquot aliæ.

Pignerationem duplicem statuunt Jurisconsulti, unam scilicet quæ fit invito debitore, quam *pignus coactivum* vocant; alteram, quam debitor ipse sponte præstat, *pignus conventionale* appellatam. Prior pigneratio fit ut plurimum judicis auctoritate, qua creditor domum debitoris ingreditur, inque eam ipsius, in debiti sibi statuta die exsolvendi securitatem, involat et manus injicit, ni debitor prior præterita debitum exsolvat, distrahendam et subhastandam. Idque ἐνεχυράζειν dicunt Græci, pignora capere invito debitore, ad discrimen ἐνεχυράζεσθαι quod est pignus dare et radere. Ἐνεχυράζειν τὴν οἰκίαν, apud Demosthenem contra Everg. domum debiteris vi, eoque invito, ingredi, et pignora auferre, quod vetatur in Deuteron. cap. 24. v. 10. II: *Cum repetes a proximo tuo rem aliquam, quam debet tibi, non ingrederis domum ejus, ut pignus auferas; sed stabis foris, et ille tibi proferet pignus quod habuerit.* Ubi versio 70. Interpret. οὐκ εἰσελεύσῃ εἰς τὴν οἰκίαν αὐτοῦ ἐνεχυράσαι τὸ ἐνέχυρον αὐτοῦ. Ejusmodi vero pigneratio coacta, Pragmaticis Gallis GAGERIA dicitur, quæ fit ex vi contractus obligatorii, vel sententiæ, aut aresti contra debitorem lati, cujus res mobiles in Regia manu ponuntur, et sequestrantur. [Charta ann. 1151. tom. 1. Macer. Insulæ Barbaræ pag. 84: *Stephanus de Villars pedesticum de Roccataillia...... misit Girino seneschalcho et Lugdunensi Ecclesiæ in Gageriam, pro decem millibus solid. Lugdun. monetæ.*] Charta Joan. Briennensis ann. 1200. in Tabul. Campaniæ Thuano pag. 270: *Et octingentas libras, quas posui in Gageria, quam a fratre meo accepi.* Alia Gaufredi D. Joinvillæ Seneschalli Campan. ann. 1190. pag. 71: *Si absque ipsius licentia de prædictis terris amodo dividerint, vel in vadium sumerent, emptionem suam et Gageriam amittent.* Institutiones Capituli Gener. Cisterciens. dist. 11. cap. 3: *Gageriæ autem ulterius non accipiantur, exceptis feudis nostris, secundum quod à jure est concessum, etc.* Eadem habent ferme Statuta antiqua Cartusiens. 2. part. cap. 32. § 29. Libertates Oppidi Jasseronis in Sebusianis ann 1283: *Item concedimus, ut nullus teneatur accipere pignus, vel Gageriam, a nobis, vel ab aliquo alio, nisi plus tertio valuerit, quam illud, pro quo offertur, etc.* Ita usurpant veteres Chartæ apud Roverium in Reomao pag. 232. 233. 236. 240. quæ potissimum sunt de prædus in Gageriam datis. [Iis adde Hist. Dalphin. tom. 2. pag. 192. Marten. tom. 1. Anecd. col. 868. et Gall. Christ. tom. 4. inter Instrum. col. 507.]

¶ GAYGERIA, GUATGERIA, in Chartul. S. Petri de Domina fol. 63: *Octavam partem decumariæ de Thadesio accepit D. Hugo prior in Guatgeria de Petro Bruno pro 100 sol Valencianis. De hac Gageria fuit fidejussor dom. Aynardus, etc.*

¶ VADIUM, Eadem notione. Charta Stephani Noviom Episc. ann. 1214. apud D. Brussel tom. 1. de Usu feud. pag. 311: *Nos pro quibusdam Vadiis Meldensis Ecclesiæ quæ præpositus Comitissæ detinebat, villam invenimus supposttam interdicto.*

¶ GADIUM, pro *Vadium, Pignus*. Tabul. S. Victoris Massil.: *Dodonus misit pro Gadio unam sechuram prati que est sub pontellari de Mota. Ibidem: Martino non permiserunt suum Gadium dare sicut decet.* Chartul. majus ejusdem Monast. pag. 103. v. *Ego Rostagnus et uxor mea Constantina donamus Gadum nostrum ex omnibus laboribus nostris et ex omnibus acquisitionibus nostris.*

¶ VAGIUM, Eodem intellectu. Charta Ludovici Reg. Franc. ann. 1133. apud D. Brussel tom. 1. de Usu feud. pag. 275: *Quia in Vagio S. Mammetis facta est, et ad eum nihil pertinet, etc.* Charta ann. 1174. apud Rymer. tom. 1. pag. 38: *Pro amore filii sui ad pacem revertantur, si Vagium et plegium dederint standi in judicio de hiis, quæ ante gwerram forisfecerunt.* Chartul. S. Vandreg. tom. 2. pag. 1636: *In villa autem Alpici vel omni terrario, si sanguis effusus fuerit, vel facta seditio, vel Vagium habeb datum, meum est judicare.*

VADARE, Fidejubere pro alio, vel in vadem se dare. Glossæ Isid: *Vadatur, promittit, pollicetur, fide dicit.* Flodoard. lib. 4. Hist. Remens. cap. 19: *Pro quo facinore Vadatus in hac Synodo, centum libris argenti pacatur cum præfato Stephano Episcopo, etc.* Adde Baldricum Noviom. lib. 1. cap. 65. lib. 2. cap. 1.

REVADIARE, REWADIARE, REGUADIARE, Eadem qua prius notione, Vadium dare pro re quavis. Chartæ Parensales form. 6: *Sic ei in præsenti fuit judicatum, ut ipsum servitium sancti illius, unde negligens aderat, ipsi Advocato sancti illius Rewadiare deberet, quod ita et fecit, et seipsum ad servitium sancti illius ibi se in præsenti recradidit.* Vetus Charta apud Beslium pag. 176: *Sic ad præsentem ipsa falsitione per ipsa Charta*

Rewadiaverunt, et in servitium S. Juniani de parte genitore eorum Allifredo se cognoverunt, et ad pedes ipsius Ramnulfo se prostradiderunt, et wadios de omnibus ei dederunt, per quid ipsa falsitione præsentaverunt, vel per quid illo servitio contenderunt. Placitum Caroli C. ann. 22. in Tabul. S. Dionysii : *Visi fuimus judicasse, ut memoratus Major nomine Autrencus inantea adietisset, et unusquisque de sæpedictis servis ipsum servitium inferiorem, unde de legibus probatus habet, mallasset vel repetisset, et ipsum servitium emendassent, et Revadiassent, sicut et fecerunt.* Baldricus lib. 1. Chron. Camerac. cap. 118 : *Eo siquidem pacto ut Walterus pro admissis 20. libras argenteorum Revadiaret.* Continuator Historiæ Episcoporum Virdunensium n. 4 : *Deinde summam pecuniæ ad diem denominatum Domno Episcopo Revadiuvit.* Vetus Notitia apud Perardum pag. 149: *Tunc judicatum est a supradictis Scabineis, ut de ipsis casnis quod mortificavit, legem faceret et Rewadiaret, sua supradiciam terram legaliter redderet, quod et fecit.* Chronicon Farfensis Monasterii · *Tunc supradicti Missi et judices eos Rewadiare fecerunt, fidejussores utriusque secundum legem ponentes. Heribannum rewadiare,* in Capitul. 1. ann. 812. cap. 2. 9. Capitul. Caroli M. lib. 4. cap. 70 : *Ut vassi nostri..... qui anno præsente in hoste non fuerunt, heribannum Rewadient, etc.* Appendix 2. ejusd. lib. cap. 8 : *Ut omnia, quæ wadiari debent, juxta quod in Lege continetur, plenier secundum ipsam legem Rewadiata fiant. Bannum rewadiare,* lib. 5. cap. 48. [*ᵏ* 98.] et in Addit. 4. Cap. Imp. cap. 72. [35.] in Capitul. 1. ann. 812. cap. 3. 5. in Edicto Pistensi cap. 21. in Capitul. Caroli C. tit. 40. cap. 1. apud Flemarum Laudunensem pag. 610. 612. etc. *Bannum wadiare,* in Lege Longob. lib. 3. tit. 1. § 43. [*ᵏ* Loth. I. 43.] Adde lib. 2. tit. 21. § 20. [*ᵏ* Car. M. 126.] ex Addit. 2. Capitul. lib. 4. cap. 8. *Debitum rewadiare,* in Edicto Pist cap. 22. *Debitum wadiare,* in Lege Longob. lib. 1. tit. 2. § 11. [*ᵏ* Lud. P. 42.] *Rewadiare œnium,* apud Flodoardum lib. 3. Histor. Rem. pag. mihi 560. [In Gloss. Lindenbrog. *Rewadiare* est relaxare : unde hoc verbum adhibebant cum pignus liberabatur, solvebatur, ut monet Eccardus in Notis ad Leg. Sal. pag. 173. Id tamen raro factum fuisse ex locis a Cangio laudatis colligitur.]

¶ VADIUM, Pœna, mulcta pecuniaria. Charta Balduini Comit. Flandr. ann. 1116. apud Miræum tom. 2. pag. 1154. col. 1 : *Vadium etiam, si pro qualibet forisfactura acceperit ab aliquo, non alibi quam infra curtim S. Amandi commendabit.*

¶ VADIATURA, VADIATIO, Pari significatu. Charta ann. 1271. apud Rudolff. Cod. Diplom. Megalop. Fasc. 1. pag. 65. num. 24 · *Quod Vadiatura 5. solidorum integraliter nostra erit.* Privileg. Mundense ann. 1246. apud Haltaus. Glossar. Germ. col. 918 : *Major Vadiatio quæ fit judici unum est talentum.* Vide eundem Haltaus. col. 2089. voce *Wette,* supra *Vadiaco.*

GAGIUM, Eadem notione. Charta ann. 1256. in Regesto Comitum Inculismensium : *Remittendo et franchisando nobis et dictæ villæ garenam suam quam habebat in vinoblio et territorio dictæ villæ, et Gagia sive pœnam, quæ occasione dictæ garenæ a venantibus in eadem consueverat percipere et habere.* Consuetudo Castri Bellaci in Charta Hugonis Marchiæ Comitis in eodem Regesto : *Si quis bannum Comitis infregerit, debet reddere de Gagio solidos 60.* Charta ann. 1289. in Hist. Beneharn. pag. 811 : *Census nostri sunt assignati et statuti ad Morigagia et pœnæ similiter.* Alia Raduifi Issoldunensis ann. 1235 : *Si vero ex prædicto pascuario non fideliter soluto Gagium contingeret evenire, totum Gagium meum erit.* Charta Philippi Regis Franc. ann. 1310. pro Libertatibus Bastidæ in Petragoricis, ex Regesto 47. Tabularii Regii n. 88 : *Et nisi prædictæ oblæ nobis solutæ fuerint prædicto termino, 5. sol. nobis solventur pro Gagio, et oblæ supradictæ.*

¶ GAIGIUM, Simili sensu, in Litteris Caroli V. Reg. Franc. ann. 1370. tom. 5. Ordinat. pag. 345 : *Quod si temporibus futuris.... universitatem et habitatores, super quibuscumque causis et litibus contingeret poni in deffectu, vel ipsos debere clamores et Gaigia aliqua LX. solidorum, vel majores emendas solvere, etc.*

¶ GATGIUM, Eodem intellectu. Consuet. Brageriac. art. 76 : *Item nullus sit ausus vitam dicti loci et districtus ejusdem dolia tonellorum vacuorum transferre, neque mayramen, neque vimos, neque codram ; et si faciat contrarium in sexaginta solidos pro Gatgio condemnetur.*

¶ GADIUM, GUADIUM, Pari significatu. Diploma Caroli M. inter Instrum. tom. 2. Gall. Christ. novæ edit. col. 179 : *Ita ut nullus ecclesiasticus infra claustrum manens, aut alicui ecclesiastico serviens, Gadium, nec teloanarium, nec aliquam justitiam per vim exsolveret.* Charta ann. 1038. inter Probat. tom. 2. novæ Hist. Occit. col. 280 : *Non requirant in isto loco jam nominato ullum censum, non Guadium, non receptum, nec ullum forsfactum non faciat.*

¶ GUAGIAMENTUM, Eadem notione. Charta Humberti Dalphini ann. 1343. pro Libertatibus villæ de Pineto ex Schedis V. Cl. Lancelot : *Item quod in dicta villa Pineti pro Guagiamento dentur 2. den. etc*

GAGIARE, Mulctam solvere. [Charta ann. 1102. ex Tabul. S. Albini Andegav.: *Omne quod S. Albino pro supradicta calumnia abstulerat, Gagiavit, et in ejus* (abbatis) *conspectu omnem calumpniam quam de Artesiaco faciebat, dimisit.* Regest. *Olim* ad annum 1304. fol. 68 : *Cum dicti Religiosi dicerent se esse in saisina recipiendi et levandi ab his qui vendunt ibidem merces seu denariatas in stallis seu fenestris quinque denarios quolibet anno, et Gagiandi deficientes in solutione prædictorum, etc.] Emendam gagiare,* in Statuto S. Ludovici ann. 1259. *Gager l'amende,* in Consuetudine San-Paulana art. 32.

¶ GATGIARE, Eodem intellectu. Charta Caroli Reg. ann. 1367. ex Tabul. Archiep. Auxitan. : *Coram nobis aut nostro locatenente Gatgiatures et emendaturos, etc.* DISGAGIARE, nostris *Desgager,* Mulctam impositam exsolvere, in Consuet. Villæ-novæ d'Arjençon in Pict. ann. 1283. *Gajare* nostris, eadem notione. Charta ann. 1290. tom. 1. Chartul. S. Vandreg. pag. 913 : *Fu Emeline la chanteresse en amende por garant relachié vers hommes religieux et honnestes Mr. l'Abbé et le Convent de S. Vandrille de la coustume que eus li demandoent : et Gaga ladie Emeline as devant dit Religieux coustume de toute marchandise et les arrierages du tans passé.] Gager at pater le rachapt,* in Consuetud. Lotharingiæ tit. 17. art. 1. 8. Turon. art. 144. Lodunensi cap. 11. art. 6. cap. 14. art. 3. Andegav. art. 115. 266. Cenoman. art. 126. 284. etc. Hinc

¶ GAGIATA, Solutio, non semel in laudato S. Albini Tabulario.

GADIUM, pro Testamento. Testamentum Guillel. de Tortosa filii Guillelmi D. Montispessulani ann. 1157. Oct. : *Sic ultimum elogium meum compono, etc. Gadium sive testamentum meum nuncupative facio, etc.*

¶ GUADIUM, Eodem sensu, Chartular. Aptense fol. 34 : *Si in itinere quod agere dispono ad Jerusalem defunctus fuero, dabo per Guadium ipsum vasculum plenum vino puro ad prædictum opus.* [*ᵍ* Vide S. Rosa de Viterbo Eluc. voce *Gadea,* Raynouard. Glossar. Rom. tom. 3. pag. 440. voc. *Gaje, Gadi, Gazi.*]

GADIARE, in Gloss. MS. Reg. Cod. 1701 : *Res suas ante mortem disponere.*

GADIATOR, Executor testamentarius, qui fecit testatoris in *vadium* habet, ut de iis disponat. Testamentum Raimundi Comitis Tolosani ann. 1219. apud Catellum pag. 374 : *Residuum vero de decem millibus marchis supradictis quod restat, distribuendum volumus arbitrio Commissariorum nostrorum infrascriptorum, qui Gadiatores, seu spondarii vulgariter appellantur ad pias causas, sicut saluti animæ nostræ magis expedire videbunt.* Infra: *Commissarii autem, Gadiatores, seu spondarii nostri isti sunt, etc.* Testamentum Rostagni de Podio alto ann. 1261 : *Item volo, quod*⁎ *Rostagnus filius meus restituat et solvat de bonis meis omnia forefacta mea, arbitrio et cognitione Gadiatorum meorum, etc. Gadiatores seu Executores testamenti,* in Concilio Avenionensi ann. 1270. cap. 2.

¶ GUADIATOR, Eadem notione, in Testam. Beatricis de Alboreya Vicecom. Narbon. ann. 1367. apud Marten. tom. 1. Anecd. col. 1521. 1524. et in Testam. Guillelmi Vicecom. Narbon. ann. 1397. ibid. col. 1682.

¶ VADIATOR, Eodem intellectu. Charta Amblardi Lugdun. Episc. ann. 978. inter Instr. tom. 4. Gall. Christ. novæ edit. col. 5 : *Itaque jurejurando præcepi Vadiatoribus meis pro Deo, pro omnibus sanctis,.... ut chartam meæ eleemosynariæ integram et expressam facerent supradictis monachis...... Ideoque nos Vadiatores, etc.*

GAGIARIUS, Eadem notione. Synodus Cenomanensis sub Mauritio Episcopo MS. cap. 118. *Presbyteri inhibeant infirmis, ne plures quam tres Gagiarios instituant, et hoc etiam publiceut in Ecclesia, et in ordinatione testamenti.* Et cap. 120: *Incipiant Gagiarii exequi voluntatem defuncti, etc.* Testamentum Guidonis Dom. Lavalli ann. 1265. apud Duchesnium in Hist. Monmorenciaca pag. 886 · *J'ai establis..., mes Gaigiers et mes executors à fere et accomplir mon testamenz, si comme il est contenu cy-empres.*

¶ GUAGIARIUS, Pari significatu. Charta ann. 1228. ex Chartul. S. Johannis in Valle : *Petebant Guagiarii a dicto Thoma omnia mobilia dicti defuncti Gaufridi et quod idem Thomas satisfaceret tanquam hæres legitimus super X. lib. annui redditus, quas præceperat idem Gaufridus in suo testamento pauperibus erogari......* Tandem dicti Guagiarii, etc.

¶ GADIATOR, Tutor, forte is, qui testamento constituitur, Gall. *Tuteur.* Statuta Montispessul. MSS. ann. 1204 : *Puella quæ numquam habuit virum non possit notere sine consilio parentum suorum vel cognatorum, vel Gadiatorum suorum, et ille qui eam duceret sine consilio jam dic-*

torum, incidat in manus domini persona ejus et tota sua superbia.
GADIARIUS, Fidejussor. Charta Longobardica ann. 973. apud Ughellum in Archiep. Benevent. : *Qualiter... guadium mihi dederunt Simeon Clericus, et Nardus Clericus, et mediatores posuerunt Gadiarios de jam dicta civitate, etc.*
CONTRAGAGIAMENTUM, vulgo *Contregage.* Charta Philippi Regis Franc. data Parisiis 12. Junii anno 1309. in Regesto Tabularii Regii, qua bella privata inhibentur : *Item ne quis sine nostri licentia in regno nostro cælum, cohortem, vel aliquam congregationem faciat armatorum ; ne quis Contragagiamentum acceptet, vel pacem nostram regni nostri quolibet modo infringat. Et cum aliqui corruptelas pro Consuetudinibus in iis casibus soleant allegare, tales damnatas Consuetudines tollimus, et penitus reprobamus, etc.* [Vide *Contragagiamentum* suo ordine, et supra *Plegius*.]
¶ 2. VADIUM, pro Vadum, Gall. *Gué,* quomodo *Vadum,* pro *Vadium,* Pignus, aliquando occurrit. Regest. feud. Campaniæ fol. 82. v⁰ · *Comes Campaniæ potest conducere mercatorem suum usque ad la Beurowe, et usque ad Vadium de Sablonieres, quod est longius.* Pactum inter Jacobum Aragon. Reg. et Berengarium Magalon. Episc. ann. 1272 : *Exinde descendit per rectam viam usque ad Vadium Juvenale, et ex ipso Vadio Juvenali per rectam viam, etc.* Chartul. S. Vandreg. tom. 2. pag. 2036 : *Præterea terram quamdam quam prædictus Hugo in Vadum miserat pro decem solidis, etc.*

1. VADUM. Charta ann. 1268. ex Tabulario urbis Ambianensis : *Nobis concesserunt pro utilitate domus nostræ facienda, ut nos Vadum, quod subtus clausum nostrum, per quod vaccæ civium Ambian. a pascuis, etc.* Ubi Charta Gallica vertit, *Wez.* Alia ann. 1344. ex Tabulario S. Quintini in insula fol. 85. etc : *Et avoir Wez et puisoirs esdites yaues.* [Privilegium Garsiæ I. Reg. inter Conc. Hisp. tom. 3. pag. 170 : *His quoque terminis circumdatur ad Oriente, strata de Vado Regis in Pistorica usque ad Vado de Perales.* Alia notione, nempe pro *Vadium,* vide in hac voce.]
¶ WADUM, Eadem notione. Præceptum Widonis Imp. ann. 892. apud Murator. tom. 2 pag. 416. IX : *Insuper condimus in præfato monasterio pro mercede animæ nostræ Wadum unum in Pado ad piscandum.* Alia ann. 1040. ex Tabul. S. Victoris Massil. : *Dono Wadum meum omnipotenti Deo et S. Victori, etc.*
º 2. VADUM MOLERE, Purgamentum ex re quavis molita seu obtrita. Stat. Taurin. ann. 1360. cap. 94. ex Cod. reg. 4622. A. *Item qui nulla persona ponat leamen,... vel aliquid aliud sordium projiciat in mercatum vel in vias publicas solatas,... vel* (possit) *cranare rapiam, seu feciam, vel Vadum molere in ipsa civitate, sub pæna denariorum xij.*
¶ VÆ, substantive usurpatur in Statutis Canonic. Regul. apud R. Duellium tom. 1. Miscell. pag. 98 :
Claustrales sibi nil teneant sine velle scituve
Prælati, vitare si velint perpetuum Væ.
[² *Væ namque in divinis litteris pro æterno luctu scribitur,* Bertholdi Annal. ad ann. 1077. apud Pertz. Scriptor. tom. 5. pag. 302. Vide *Væveniri.*]
¶ VÆCORDIA. Vide infra *Vecordia.*
¶ VÆNALICIARIUS, σωμιέμπορος, in Gloss. Lat. Gr. pro Venalicius. Vide Salmas. ad Plin. pag. 273.

º VÆNALIS, f. Publicus. Vide supra *Balneum vænale.*
¶ VÆNARE, Venundare, vendere. Statuta Canon. Regul. apud R. Duellium tom. 1. Miscell. pag. 95.

Nullus prælatus quid distrahet, aut alienet,
Ad longum tempusve locet cui, cui neque Vænet.

¶ VAERIA, Idem quod *Viaria,* Gall. *Voirie.* Legendum fortean *Voeria.* Vide in *Viarius.* Charta ann. 1269. ex Tabul. S. Albini Andegav. : *Fulco de Forallo minor miles., vendidit et concessit.... omnes fructus quos habere poterat.... in bannis, pressoriis, pressoragiis, meseria, bonagiis, jaleagiis, mensuris, mensuragiis, et Vaeria sive Vaeriis, dominiis, etc.* Vide *Vaieria.*
º VÆVENIRE, Malum evenire, vulgo *Arriver malheur.* Lit. remiss. ann. 1366. in Reg. 97. Chartoph. reg. ch. 77 : *Volendo dicere dicto locumtenenti seu aliis curialibus regis, quod Vævenıret eis de corpore.*
⸺ VAFA. *Guespe, Vafer, Bourdon.* Glossar. Lat. Gall. ex Cod. reg. 7692.
º *Vafolart* vero Dalphinatibus dicitur, Pugionis species. Lit. remiss. ann. 1407. in Reg. 162. Chartoph. reg. ch. 162 : *Pierre Giraudier qui portoit un grant couteau, nommé ou pais* (Dauphiné) *Vafolart à sa sainctiere, etc.*
¶ VAFRAMENTUM, Astutia, calliditas. Gloss. Lat. Gr. . *Vaframentum,* κερφοσύνη. Bernardus Thesaur. de Acquisit. T. S. apud Murator. tom. 7. col. 778 : *Hoc itaque Vaframento mirabili obtento civitatis dominio, nuntios suos Saladinus exercitui destinavit.*
¶ VAFRITAS, Eadem notione, Astutia. Chronic. Tarvis. apud eumd. Murator tom. 19. col. 768 : *Dubitantes ab illorum manibus evaderes non posse, Vafritate hac usi sunt, etc.*
VAGA. Vide *Vanga.*
º VAGABUNDITER, Vagando, errando. Lit. remiss. ann. 1411. in Reg. 165. Chartoph. reg. ch. 211 : *Vagabunditer per mundum eundo, etc.* A vagari, nostrates *Vacabonder* formarunt. Lit. remiss. ann. 1479. in Reg. 205. ch. 446 : *Le suppliant trouva sa femme Vacabondant, et qui s'en alloit mener vie dissolue. Vaaris,* idem qui Erro vel extraneus, alienigena, in aliis Lit. ann. 1401. ex Reg. 156. ch. 156 : *Et après pour estre ungs ment ès mains d'un homme Vaaris et vagabonde par pais, non expert ne approuvé en fait de medecine, ne de cyrurgie.* Vide *Vagabundus.*
¶ VAGABUNDUS, Erro, Gall. *Vagabond.* *Vagabundus,* ἀνεμιμένος, in Gloss. Lat. Græc. Vocabul. utriusque Juris : *Vagabundus, est qui non habet domicilium, sed hodie hic, et cras alibi.* Apparatus bellicus Caroli VIII. Reg. in Ital. apud Marten.Itin. Litter. pag. 380 : *Qui omnes fuerunt vel malefici, vel latrones, vel Vagabundi, et tales quos mendicos validos appellamus.* Adde Blount in Nomolex. Anglic. et Rymer. tom. 14. pag. 430. *Gens vagants,* in Charta ann. 1435. apud Lobinell. tom. 2. Hist. Britan. col. 1042. Vide *Vagus.*
¶ VAGABUNDIA, Vagatio. Statuta Collegii Narbon. ann. 1879. apud Lobinell. tom. 5. Hist. Paris. pag. 668. col. 2 : *Si quis autem propter delatores armorum vel nocturnas Vagabundias... in carcerem trusus fuerit, etc.*
⸺ VAGABUNDITAS, Simili notione. Adolf Archiep. Reformat. Canon. in Pfaffenswabenheim ann. 1548. apud Guden. Cod. Diplom. tom. 4 pag. 407 : *Fratres illius non Vagabunditati seu lasciviis*

insistant, sed juxta professionis suæ vota, in castimoniæ sanctitate deo devotum exhibeant famulatum.
¶ VAGALICANA EXTENSIVA, Genus scripturæ. Vide in *Scriptura.*
VAGANTES, pro Vacantes. Concilium Wormaciense ann. 868. cap. 62 : *De Episcopis et de Presbyteris Vagantibus, qui parochias non habent, etc. Vagantes terræ,* pro *vacantes,* desertæ, incultæ, etc. Vide in *Vacantes.*
º VAGARI, Gauler. Vagus, Gaule. *Vagatio, Gaulerie.* Glossar. Lat. Gall. ex Cod. reg. 7692. Hinc *Vagautus.*
¶ VAGATIO, Libera super fluvium discurrendi potestas absque ulla præstatione exsolvenda. Charta Sigeberti Reg. ann. 651. apud Marten. tom. 2. Ampl. Collect. col. 8 : *Et portum illum qui dicitur Sellus, immoque et Vagatio super fluvium Ligeris, etc. Vagationes silvaticæ cum canibus,* in lib. 5. Capitul. cap. 2. Vide Baluzii notas ad Agobardum pag. 82. et Petrum Blesensem Epist. 56. et 61.
º VAGAUTUS, Fustis species. Stat. crimin. nova Cumanæ cap. 24. ex Cod. reg. 4622. fol. 69. rº : *Si aliquis puer... fe cerit bellum cum alio in civitate Cumana, vel infra confinia, de lottis, lapidibus, vel Vagautis et baculis,... solvat pro banno.... soldos decem.*
¶ VAGERASSIN, σποράδην, in Gloss. Lat. Græc Sed leg. *Vage, sparsim.*
⸺ VAGERIA, Aquagium, aquæductus, ut videtur, idem quod supra *Vadiscapium.* Charta ann. 1201. inter Probat. tom. 2. Annal. Præmonst. col. 177 . *Concessi absque omni retentione.... Vageriam meam de molendino, et partem prati adjacentis*
¶ VAGETRA, *Dyacre,* in Glossar. Lat. Call. ex Cod reg 7692.
¶ VAGEZARE, ab Ital. *Vagheggiare,* Oculis vagantibus placere alicui blandiri. Chron. Mutin. apud Murator. tom. 11. col. 117 : *Quidam presbyter S. Faustini ecclesiæ burgi Bajoariæ rector in tantum ardebat quemdam nomine Albertinum Guitonum incolam dicti burgi ætatis 70. annorum et plurium, quod die noctuque sine ejus præsentia permanere non poterat, Vagezando eumdem, ut moris est adamantis feminas Vagezare.*
¶ VAGIARE, Pecus, (vagum seu oberrans) ob damna abigere. *Vagiator,* qui detinet abacta pecora, in Jure Hungarico.
᛭ VAGILLARE. *Onagri Vagillant,* Aldhelm. de re gramm. apud Maium Classic. Auct. tom. 5. pag. 570. *Mugilare* legitur in *Baulere.*
¶ VAGINA HABITATIONIS, Domus, habitatio. Gesta Norman. apud Duchesn. pag. 83 : *Verum post annum unum, quo Vaginam suæ habitationis egressus fuerat, et omnem oram maritimam incendiis et rapinis contaminaverat.*
¶ VAGINA NATIVI INCOLATUS, Patria, nativum solum apud Andream Floriac. lib. 1 Miracul. S. Benedicti ex Cod.MS. Vaticano.
¶ VAGINARE, *Vaginas parare,* in Gemma. Gloss. Lat. Gall. Sangerman. : *Vaginare, Faire gayne. Vaginarius, Gaynier.*
º VAGINARIUS, Vaginarum artifex. Charta ann. 1227. in Chartul. AD. S. Germ. Prat. : *Præpositus et scabini confratriæ mercatorum Parisiensium, Guillelmus Vaginarius, etc.* Vide *Vaginare.*
VAGINATUS, e Vagina eductus, nempe ensis, Gall. *Desgaigné.* Gloss. Lat. MS. Reg. Cod. 1018 : *Vagina, theca gladii. Vaginatus, exagitatus.* [Ita etiam apud

Isidorum et Papiam. Primam nihilominus periisse syllabam primumque scriptum fuisse *Evaginatus, ex vagina extractus*, putat Grævius : nisi fortasse legendum sit *Vagulatus, exagitatus ;* ex XII. Tabul. Legibus. Vide Festum in *Vagalatio*. Ut ut est *Vaginatus*, sensu opposito pro vagina insertus, occurrit in Statutis Eccl. Avenion. apud Marten. tom. 4. Anecd. col. 582 : *Nullus prædictorum de cætero audeat portare gladium super vestem superiorem Vaginatum argenti, etc.*]
⁕ Hinc nostris *Evaginer*, e vagina educere, Gall. *Tirer du fourreau*. Lit. remiss. ann. 1464. in Reg. 199. Chartoph. reg. ch. 362 : *Le suppliant mist la main à son couteau et le Evagina*.
VAGINELLA, *Faba siliqua*, Matthæo Silvatico.
VAGIPALARE. Leges Henrici I. Regis Angl. cap. 88 : *Si quis in hostem suum incidat, vel Vagipalantem, vel alium, qui juste requisitus rectum per omnia denegaverit. Vagans dicitur cap. 58. et 82.*
⁕ **VAGIRE**, *leporum*, in Glossar. Provinc. Lat. ex Cod. reg. 7057. Occurrit in Carmine de Philomela ad calcem Cod. reg. 6816.
⁕ **VAGISARE**, VAGIZARE, Italis, *Vagheggiare*, Intente aspicere, contemplari. Gabr. Barel. serm. in fer. 3. hebdom. sanctæ ubi de modo audiendi Missam : *Quidam Vagisant hinc inde, etc.* Alius in festo S. Steph. : *Crimen non contrahitur, nisi voluntas nocendi intercedat. Exemplum de oculo, qui Vagizat ; et manu, quæ occidit.* Hinc forte Gallicum *Vaguette*, qua voce Modus amasiam inspiciendi significari videtur, apud Christ. Pisan. in Carolo V. part. 1. cap. 29 : *Et ainsi cestuy saga roi deffendoit que livres deshonnestes ne fussent leus ne portez à la cour de la royne, ne de ses enfans, et soubz peine de perdre sa grace, ne fust si hardi qui osast à son filz le daulphin ramentevoir matière luxurieuse. Dont une fois fut rapporté au roy, que un chevalier de sa cour, jeune et jolis pour le temps, avoit le daulphin instruit à amours et Vaguette : le roy pour celle cause le chaça*. Vide *Vagezare*.
VAGITARE, Vagari, discurrere. Isidorus Pacens. Episc. in Chronico æra 730 : *Per Hispanum e Palatio Vagitavit*.
¶ **VAGITARI**. Gloss. Isid. : *Vagitatur, violenter stet*. Grævius emendat, *Vagitat, a vagio, vagito*.
¶ **VAGITUS**, pro *Vagatio, Discursus*, vagatio. Litteræ Edwardi II. Regis Angl. ann. 1819. apud Rymer. tom. 3. pag. 789. *Fragilitatis humanæ compago tantis discurrit Vagitibus et varietatibus temporum quatitur, etc.* Vide *Vagositas*.
¶ **VAGIUM**, ut *Vadium*. Vide in hac voce.
⁕ **VAGIUS**, *Qui va sans piés*, in Glossar. Lat. Gall. ex Cod. reg. 7692.
¶ **VAGIVUS**, Desertus, incultus. Charta ann. 1115. apud Murator. delle Antic. Estensi pag. 318 : *Offero in eadem ecclesia, hoc est, petiam unam de terra, partim aratoria, et partim Vagiva, et in parte cum silva super se habet, etc.* Vide *Vacantes et Vacuus*.
¶ **VAGNA**, Lagena, vas vinarium. Gloss. Lat. Gr. : *Vagna, vogæ, cuppa*, Βοῦττος. Vide *Gaio*.
¶ **VAGOSITAS**, Discursus, vagatio, huc illuc itio. Arnonis Scutum Canon. apud R. Duellium tom. 1. Miscell. pag. 80 : *Adolescentes quoque cum de schola puerorum et de sub virga in conventum seniorum et capitularem disciplinam assumuntur non suæ voluntatis arbitrio, non otio et Vagositati permittentur*. Vide *Vagitus*

⁕ **VAGULA**, Genisce. *Vagulus, Véel*, in Glossario ex Cod. reg. 7692.
¶ **VAGULATUS**. Vide supra *Vaginatus*.
¶ **VAGULUS**, Vagans. Gualvaneus Flamma apud Murator. tom. 12. col. 1023 :

. . . . . Vagulosque per arva
Ad prædam doctos equites dat Crema Quirites.

VAGURRIRE, Per otium vocare, seu vagari, in Gloss. Arabico-Lat.]Gloss. Isid. : *Vagurrit, per otium vagatur.*]
1. **VAGUS**, Servus fugitivus, nequam, Sambuco. Decreta Colomani Regis Hungariæ lib. 1 : *Si Rex aliquem Vagum servum alicui donaverit, etc.* Mox : *Quicumque absque licentia Regis Vagum tenuerit, etc.... Cum quis Vagum apprehensum tenuerit, a domino ejus primo exigatur.* In Lege Wisigoth. lib. 2. tit. 4. § 9. servi fugitivi a dominorum jure inlicite evagari dicuntur. *In fuga vagare,* in Lege Longob. lib. 1. tit. 25. § 22 [⁕⁕ Roth. 278] *Vagans homo*, in Legibus Henrici I. Regis Angl. cap. 82. Vide Traditiones Fuldenses lib. 2. tradit. 88. Codicem Theod. tit. *Si Vagum petatur mancipium*, (10, 12.) ibi Jacobum Gothofredum, [et supra *Vagabundus*.]
☞ Alia notione *Vague* occurrit in Statuto Philippi VI. Reg. Franc. ann. 1349. tom. 2. Ordinat. pag. 318 : *Lesdits gardes, ou l'un d'eux seront à la foire dès la veille des trois jours, et y demeureront l'un d'eux jusques les plaidoiries soient faites, et deuëment delivrées et finies. Et quand il se partira ou vague de la foire, leur lieutenant y demeurera, jusques lesdits gardes, ou l'un d'eux y sera retourné pour le paiment.* Eadem leguntur in alio Statuto ejusdem Regis ann. 1844. ibid. pag. 305. Ubi *Vague de la foire*, Nundinarum exitus significari videtur. Vide *Vacantes et Vacuus*.
⁕ 2. **VAGUS**. Vide supra in *Vagari*.
⁕ **VAIARIUS**, Qui pelles, quas *Vares* vocabant, parat vel vendit, Ital. *Vaiaio*. Stat. ant. Florent. lib. 5. cap. 19. ex Cod. reg. 4621 *Septem majores artes, videlicet ..... ars Vaiariorum et pelliparorum, etc.* Vide *Vares*.
¶ **VAICELLA**, ut *Vaissela*. Vide in hac voce.
¶ **VAIERIA**, ut supra *Væria*, Jurisdictio *Viarii*, vulgo *Vairia*, Gall. *Voirie*. Terrarium Montisfortis fol. 68. apud D. Brussel tom. 2. de Usu feud. pag. 788 : *Hylarius de Fromevilla. Tenet de domino Comite gardam terræ suæ et domum suam, et Vaieriam de Autolio ; et est homo ligius*. Vide *Viarius*.
⁕ *Vaierie*, eadem notione, in Recognit. feud. MS. ann. 1856 : *La Vaierie, sauve les trois grant cas, c'est assavoir, rapt, encis et meurtre*.
¶ **VAIERUS**. Statuta dataria Riperiæ cap. 12. fol. 5. v° : *De qualibet pense Vaierorum laboratorum, soldi decem*. Vide *Vares*.
¶ **VAILDA**, an idem quod *Waida?* Vide in *Guaisdium*. Polyptychus Fiscam. ann. 1285 : *Quando rusticus facit Vaildam in terra vilanagii, ... reddit de qualibet acra unum sexterium.* Rursum : *Et si Vailda facta fuerit in terra vavassoriæ, reddit tertium decimum denarium de valore Vaildæ.*
⁕ *Vaude*, et *Voide*, eodem sensu, in Stat. ann. 1378. tom. 6. Ordinat. reg. Franc. pag. 365.
¶ **VAILLENTIA**, Valor, pretium, Gall. *Valeur*. Ad *Vaillentiam sexaginta librarum*, in Charta ann. 1232. apud Stephanot. tom. 3. Antiquit. Bened. Pictav. MSS. pag. 798. Vide *Valentia* 2.
⁕ **VAINA**, Mensuræ annonariæ species. Charta Renaudi abb. S. Eugendi ann. 1187. in Chartul. Campan. fol. 162. v°. : *Quicumque apud prædictam villam mansurus venerit, domui de Sarmasia, videlicet domino eorum unam Vainam avenæ annuatim persolvet*.
¶ **VAIRUS**. Vide infra in *Vares*.
⁕ **VAISCHA**, VAYCHIA, VAISHA, Arboris minutioris species. Charta ann. 1332. in Reg. 66. Chartoph. reg. ch. 1098 : *Usum in tota foresta habere consueverunt, videlicet in sunalhis mortuis ad terram prostratis, ... et faciendi alia necessaria et opus lignandi, portandi, vehendi seu tirandi ligna et fustes prædictas de tota foresta prædicta, videlicet de Vaychiis et aliis arboribus viridibus, exceptis.... arboribus fructiferis, etc.* In Charta sequenti legitur *Vayschis*; altera habet *Vaischis*. Charta ann. 1341. in Reg. 72. ch. 860 : *Prædictam concessionem dictarum quadraginta sextariatarum terræ, cum quibusdam Vayshis et aliis minutis arboribus modici valoris..... vobis facimus...... Et quod prædictas Vayshas et alias arbores minutas, infra dictas terras existentes, possitis in totum vel in parte evellere*. Quibus ultimis verbis Dumus, Gall. *Buisson*, significari videtur.
¶ **VAISELLUM**, Vas quodvis. Chartul. S. Petri de Domina fol. 86. v° : *Istud prior retinuit per conventionem, si unum arcam et unum Vaisellum in eadem domo vellemus mittere, omnibus temporibus sine servicio nobis liceret habere*.
⁕ **VAISSA**, Vacca. Charta ann. 1868. in Reg. 102. Chartoph. reg. ch. 57. *Item de vendendis ad macellum, habebunt prædicti consules* (Astefortis) *de bove vel Vaissa sex denarios*.
⁕ **VAISSALAMENTA**, Vasa, supellex. Arest. ann. 1330. 20. Apr. in Reg. Olim parlam. Paris. : *Harnesium et Vaissalamentam argenteam dicti abbatis* (S. Richarii) *quæ super quadam quadriga in sacis et coffinellis....... asportari faciebat, ceperant*. Vide *Vaissela*.
¶ **VAISSELA**, VAISSELLA, Vasa, supellex, a Gall. *Vaisselle*. Testam. Petri de Crozo Card. Archiep. Arelat. ann. 1388 : *Item volumus et ordinamus statim post obitum nostrum Vaissella nostra quæ erit, per executores nostros vendatur, pro debitis nostris persolvendis*. Statuta Capituli Ebredun. ann. 1295. inter Instrum. tom. 3. Gall. Christ. novæ edit. col. 184 : *Fuit propositum in capitulo ipso per eum. Ebredunum Martini de injuria quam fecerant prædicatores de Sistarico super cappellis, multis libris, diversis calicibus, Vaissella argentea, et anulis pretiosis, etc.* Statutum Caroli V. Reg. Franc. ann. 1367. tom. 5. Ordinat. pag. 7 : *In Vaissella vero ac gallandis et aliis grossis operibus argenti, etc.* Vide *Vassella* et *Vessella*.
¶ VAICELLA, Eadem notione. Testam. Olivarii de Pennart Archiep. Aquens. ann. 1481. inter Instrum. tom. 1. Gall. Christ. novæ edit. pag. 70. col. 2 : *Pro eadem fundatione lego primo centum marchas argenti, quæ sunt in Vaicella mea argenti, exceptis sex magnis meis taceis cum pede*.
¶ **VAIXELLA**, Pari significatu, in Charta ann. 1420. ex Tabular. Angeriac. : *Et sui successores valeant de Vaixella stagnea et aliis utensilibus conventui prædicto providere...... Et sui successores Vaixellam stagneam quamcumque,*

quæ de successione vel spoliis religiosorum nostri prædicti monasterii decedentium bvenerit, possint et valeant liberę percipere.

¶ VAISSELLAMENTUM, Eodem intellectu. Testam. Adalasiæ ann. 1293. tom. 1. Histor. Dalph. pag. 197. col. 2 : *Item volo quod... omnia victualia mea et omnia Vaissellamenta mea argentea, et omnia jocalia mea argentea et aurea..... vendat, et pretium omnium eorum piis locis et personis distribuat.* Charta ann. 1301. ex Tabul. S. Urbani : *Concedimus quod totum Vaissellamentum nostrum tam in ciphis argenteis, murreis, scutellis, platellis, coclearibus, quam in aliis quibuscumque vasis argenteis, etc.* Mandatum Philippi Pulchri Reg. Franc. ann. 1311. tom. 1. Ordinat. pag. 481 : *Nulli liceat usque ad annum aurea vel argentea vasa, seu Vaissellamenta fabricare vel fabricari facere.* Statutum Philippi VI. ann. 1348. tom. 2. earumd. Ordinat. pag. 292: *Que nulz orfevres ne soient si hardys de faire Vaisseilement d'argent, fors d'un marc et au dessoubs, si ce ne sont calices, ou vaisseaux à Sanctuaires pour Dieu servir.* Aliud Johannis Reg. ann. 1358. ibid. tom. 3. pag. 255: *Que nul billon, Vaissellemente, joyaux d'or et d'argent , etc. Vaisselmente,* in altero tom. 5. pag. 301. Charta ann. 1802. ex Chartul. 21. Corb. fol. 101 : *Et aura elle toute nos Vaissellemenche d'or et d'argent, si comme pos grans et petits, etc.* Testam. Caroli Comit. Valesii ann. 1320 : *Item, je laisse à Loys mon fils toute-ma Vaisselemente d'argent, etc.* Le Roman *de Cleomades* MS.:

Mainte riche Vaisselemente
Trouverent bielle et noble et gente,
Pos, hanas, et platiaulx d'argent.

Vide in *Vessella.*

¶ VAIXALLAMENTA, Eodem sensu. Testament. Guischardi de Bellijoco ann. 1331. ex Tabular. Villæ-Franchæ: *Lego uxori meæ mediatatem omnium garnimentorum, utensilium et superlectilium, et totius Vaixallamentæ meæ de argento.*

¶ VAISSILOMENTUM , perperam pro *Vaissellamentum,* in Testam. Odonis de Rossilhone ann. 1298. apud Marten. tom. 1. Anecdot. col. 1806· *Exceptis tamen.... Vaissilomentis meis argenteis omnibus, etc.*

° **VAISSELLUS**, Occit. *Vaisselier,* nostris *Egoutoir,* Tabulæ ligneæ species, cui supullex stillanda imponitur. Leudæ min. Carcass. MSS. : *Item de archis, Vaisselis et lectis fusteis, de quolibet unum denarium.*

° *Vaisselet* vero, mensuræ species, in Lit. remiss. ann. 1477. ex Reg. 206. Chartoph. reg. ch. 980 : *Dont une mesure appellée ung Vaisselet, dont les dix huit font le sextier, mesure de Chaalons* (sur Marne). Vide supra *Vaina.*

VAIVODA, VOYVODA, Dalmatis, Croatis, et Hungaris, est exercitus ductor, hodie vero promiscue pro quolibet exercitus vel ordinum doctore accipitur, ut apud Italos Capitaneus, ut Auctor est Jo. Lucius lib. 6. de Reg. Dalmat. cap. 1. *Joannes Leunclavius in Pandecte Turcico n. 71 : Vaivodæ nomen generaliter significat Præfectum militum, quem Capitaneum vulgo vocant. Sed apud Hungaros, ut olim, sic etiam hodie, duæ sunt appellationes administrationum maximarum ; una Bani, altera Vaivodæ. Vaivoda vero Præses dicitur, loco Regis administrationem habens in aliqua provincia, puta Transsilvania, Valachia majori, Valachia minori, etc. Vaivodas* Bulgaris tribuit Theophanes ann. 24. et 83. Constantini Copronymi, et ex eo Hist. Miscella lib. 22. cap. 56. pag. 700. siquidem βοιλάδαι iidem sint cum iis, quos βοιεβόδους vocant Constantinus Porphyrog. de Administr. Imperio cap. 38. Βοεβόδαϛ Ducas. cap. 19. Vide Johannem Seldenum in Titulis honorariis part. 2. cap. 2. n. 3. Glossar. med. Græcit. in Βοεβόδαϛ, col. 207.]

☞ *Vaivoda* vel *Voivoda* vox Illyricorum est, ut vult Carolus de Aquino ad vocem *Bani*, notans ductorem pugnæ, composita a nomine *Voj* vel *Boj*, pugna, et verbo *Vodit*, ducere. Vide *Vouvoda.*

° **VAJUS**, Pannus aureus Codex Ambros. Bibl. apud Murator. tom. 5. Antiq. Ital. med. ævi col. 302 : *Postea venit* (archiepiscopus) *extra ecclesiam, ubi sunt columnæ, ubi erat unus equus coopertus de Vajo, id est, panno aureo.* Pro pelle Pontica, vide in *Vares.*

° **VAIVUS.** RES VAIVA, Res derelicta et quæ a nemine repetitur ut sua, idem quod *Wayf.* Consuet. Norman. part. 1. cap. 19. Cod. reg. 4631 : *De rebus Gaivis. De rebus autem Vaivis notandum est, quod dux eas habere debet per dominium suum ..... Vaiva, sunt res vel animalia, quæ nullius proprietati attributa, sine possessoris reclamatione sunt inventa.* Ubi male editum *Vania* apud Ludewig. tom. 6. Reliq. MSS. pag. 189. Vide supra *Gaivus.*

¶ **VAIXALLAMENTA**, VAIXELLA. Vide *Vaissella.*

¶ 1. **VAL**, Color cineritius, in Gloss. Teuton. Schilteri ex Procop. lib. 1.

° 2. **VAL**, VALLUM, Jus domini in bona hominum *manus mortuæ* sine prole defunctorum, Germanis etiam nunc *Todtfall*. Charta Frider. I. imper. ann. 1153. inter Probat. Hist. S. Emmer. Ratisbon. pag. 146 : *Stabilimus etiam ei* (monasterio) *ut morticinia, quæ Val dicuntur, de hominibus sæpe dicti monasterii, ubicumque defuncti fuerint, monasterio salva sint et custodita, nec in eis alicujus loci libertate injuriam patiatur. Idem erit observandum in perceptione mediatatis totius substantiæ mobilium et immobilium, quæ monasterio sæpe recitato debetur, quando moriens caret suæ conditionis prole.* Charta ann. 1211. tom. 2. Geneal. diplom. aug. gentis Habsburg. pag. 215 : *Omnes homines proprie ad me pertinentes, qui in ipsa valle de hac vita migraverint, cum jure quod vulgo dicitur Val, abbati et fratribus..... decrevi donare.* Alia ann. 1212. ibid. : *Valla sua..... seu mortuaria.* Vide supra *Morticinium 2.* [☞ Haltaus. Glossar. German. col. 420. voce *Fall.*]

° **VALL**, ejusdem originis, Quod ex decedentium legatis, ecclesiis obvenit. Necrol. MS. abbat. Altorf. in Alsatia, ord. S. Bened. : *Obiit Anna de Tutelhem vij. Id. Nov. quæ dedit unum pallium in einen Vall.* Rursum : *Obierunt Greda et Gertrudis, quæ dederunt dominis, ut dicitur, in Vall.* Quod *Mortuarium* nuncupatur ibidem : *Obiit Ellina de Tutelheim, quæ dedit tunicam pro Mortuario.* Vide *Mortalagium* et *Mortuarium 1.*

° **VALABILIS**, Justus, legitimus, Gall. *Valable. Absque causa Valabili*, in Charta Ludov. Bavari imper. apud Oefelium tom. 1. Script. rer. Boicar. pag. 774.

¶ **VALANIA**, ab Ital. ut videtur, *Balane*, Gallice *sorte de Chataignes*, Balanus. Statuta datiaria Riperiæ cap. 12. fol. 5 : *De qualibet soma Valaniæ depensibus viginti pro introitu vel exitu soldi sex.*

° **VALARE**, Firmare. Vide infra in *Vallare 4.*

¶ **VALARGIUM**, Annonæ species. Inventar. ann. 1476. ex Tabul. Flamar. : *Item plus duas carterias speutonis et Valargii.* Vide *Balargus.*

° **VALATOR**, perperam pro *Valitor*, Coadjutor. Vide in *Valere.* Formul. MS. Instr. fol. 16. v°. *Quoscumque alios fautores consiliatores et Valatores ipseum* (Joannem) *et alios quoscumque contradictores et rebelles... excommunicatos publice nuncietis*

¶ **VALATUM**, Fossa. Vide *Vallatum.*

¶ **VALBIRE**, et VALBUCIRE, pro Balbire et Balbutire, in Gl. Lat. Gr.: *Valbio, Valbucio,* Ψελλίζω.

VALCATORIUM, Molendinum. Charta Ludovici II. Imper. ann. 875. apud Ughellum tom. 6. Ital. Sacr. pag. 1309 : *Cum possessionibus et juribus,.... aquarum decursionibus, piscationibus, Valcatoriis, rupibus, silvis, etc.* Alia ann. 962. apud eumdem tom. 1. part. 2. pag. 49 : *Exhibens etiam.... liberam licentiam construendi molendina et Valcatoria ubicumque voluerint per totum Comitatum suum.* Ex his emendandum videtur Chronicon Pisanum, editum ab eodem Ughello, sub ann. 1158 : *Omnia balatoria juxta Arnum destructa sunt.* Legendum enim *Balcatoria.*

☞ *Valcatorii* nomine molendinum significari ex allatis haud certo colligitur : imo a molendino distinguendum esse suadere videtur Charta ann. 962. jam laudata : quod D. *Brussel* monuit in Tract. de Usu feud. tom. I. pag. 43. unde cum ipso aut aggerem esse facile crediderim, aut *exclusam,* locum scilicet ubi concluduntur aquæ, aut denique lignum quo aquæ continentur interpretabor. Vide infra *Varcatura.*

¶ **VALCELLA**, f. diminut. a *Vaccaria.* Vide in hac voce. Tabularium Aquicinense fol. 46 : *Dederunt nobis Valcellam Dodonis quam tenebant ab ecclesia de Hunoncurt.*

° **VALCENI**, inter Valdensium sectarios annumerantur, in Const. Freder. contra hæreticos ex Cod. reg. 10197. 2. 2. fol. 16. r°.

¶ **VALCHERIA**, f. Idem quod supra *Valcatorium.* Regest. Campaniæ ann. 1256. fol. 26. apud D. Brussel tom. 1. de Usu feud. pag. 43 · *Dominus Johannes de Floriaco. Est homo ligius domini Campaniæ... de omni justitia usque ad plerum ultra Valcheriam Secanæ.*

VALDENSES, Dicti quidam Hæretici, a primo eorum auctore *Petro Valdo*, cive Lugdunensi prædivite, qui sub peculiari paupertatis professione hæreses complures docuit, sub ann. 1160. unde ipsos sectatores dicti etiam *Pauperes de Lugduno*, aliisque subinde nominibus appellati, quæ peculiari commentario complexus est Gretzerus ad Scriptores contra eamdem hæresim ab eo edito ann. 1613. Monachus Vallis Sarnaii in Histor. Albigensium cap. 2 : *Erant præterea alii hæretici, qui Valdenses dicebantur, a quadam, Valdio nomine, Lugdunensi, etc.* [*Valdenses* nuncupantur ab Alphonso de Castro lib. 4. contra hær. inter Conc. Hisp. tom. 3. pag. 680. et in Statutis Astens. fol. 2.] De eorum erroribus, vide præter eumdem Monachum Vallis Sarnaii, Rainerum, Pilichdorffium, Lucam Tudensem ; Ebrardum Bethuniensem, Bernardum Abbatem Fontis Calidi, Ermengardum, editos a Gretzero, Guidonem Elnensem Episcopum in Summa de Hæresibus ; ex recentioribus Claudium Seissellum adversus Valdenses edit. ann.

1520. Joan. Chassancum in Histor. Albigens. edit. ann. 1595. Balthazarum Lydium in Valdensibus edit. ann. 1616. Joannem Paulum Perrinum in Histor. Valdensium edita ann. 1618. Columbum lib. 4. de Gest. Episcopor. Valentinensium n. 9. denique quæ habentur inter Rerum Bohemicar. Scriptores. [Iis adde Lexicon Hæres. Stockmanni. Eorum hæresis

¶ VALDESIA dicta, apud Limborch. Hist. Inquisit. Tolos. pag. 280 : *Abjuravit et renegavit omnem hæresim et specialiter omnem Valdesiam, et promisit se nunquam redire ad eom. Et pag. 282 Detinebantur in muro... pro dicto crimine Valdesiæ.*] *Vauderie* vocat Joh. Molinetus fol. 112. v° :

J'ay veu grant Vauderie
En Arras pulluler,
Gens plein de rederie
Par jugement brusler.

° Hii cum quibuslibet libidinibus addicti putabantur, *Vaudoix* appellatus, qui cum bellua rem habuerat. Lit. remiss. ann. 1458. in Reg. 187. Chartoph. reg. ch. 246 : *Icellui Rousselot publia à plusieurs personnes que le suppliant estoit Vaudoix, et qu'il avoit esté à une vache* Aliæ anu. 1479. in Reg. 205. ch. 487 · *Icellui Loys estoit tenu et réputé user de sorcerie ou Vauldoyerie.* Ubi *Vauldoyerie,* idem sonat atque Veneficium, incantamentum. Sic et apud Monstreletum vol. 3. fol. 83. v°. *Vaudoisie* nuncupantur nocturni illi conventus, quos vulgo *Sabbats* nominamus.

¶ VALDESTOLUM, Sella plicatilis. Locus est in *Cliothedrum.* Vide *Faldistorium.*

° VALE ULTIMUM, præstatio, quæ a subditis domino fit, cum ab ejus dominio recedunt. Charta redit. priorat. S. Vinc. de *Naintré* in diœc. Pictav. ex Tabul. S. Germ. Prat. : *Le prieur prend la moitié de sept solz Tournois, que doivent lesdiz mariez, quant ils s'en vont demourer hors ladite paroisse de Naintré, pour leur Ultimum Vale.* Eadem nomenclatura donabatur apud Argentinenses Præstatio pecuniaria, quæ ultra portionem canonicam plebanis pensitabatur ab hæredibus eorum, qui extra parochiam suam elegerant sepulturam. Vide Schilter. ad Chron. Kœnigsh. pag. 1123

¶ VALECTOR. Vide in *Valetus.*
¶ VALECTUS. Vide infra in *Valeti.*
VALEDICERE, VALEDICTUS, cui *Vale* dicitur, *Dire adieu.* S. Gerardus Abb. Sylvæ Major. in Vita S. Adalardi cap. 5 : *Quibus cum ipse Valediceret, et ipse Valedictus ab eis recederet, etc.*

VALEFACERE, Eadem notione, in Synodico adversus tragœdiam Irenæi cap. 41. Idalius Barcinon. in Epist. ad Julian. Tolet. : *Suggestionibus meis Valefactionem alternans sanctitudinis vestræ, etc.* Vita S. Roberti Abbatis Molismensis n. 8 : *In quorum humilitate et paupertate non mediocriter ædificatus Episcopus et compunctus, Valefecit et recessit.* Vita S. Theodardi Archiepisc. Narbon. apud Catellum pag. 767 : *Commendans eos Domino, et Valefaciens eis, Romam redire sollicite satagebat.*

∞ VALEDICERE, Abdicare se jure suo, eo decedere. Charta ann. 1316. apud Haltaus. voce *Verziehen,* col. 1917 : *Omni actioni et impetitioni, quam habuit et habere se asseruit contra ecclesiam renuntiavit coram nobis, et omni modo Valedixit.* Occurrit passim.

✱ VALEDIRE, [Valedicere : « Quia Va-

ledire volemus. » (Boucherie, Vita S. Euphros. § 4.)]

¶ VALEDO, Valor, pretium, *Valeur.* Charta Manassis Episc. Aurel. ann. 1163. ex Chartul. Miciacensi : *Verumtamen ad augmentanda memoratæ ecclesiæ gravamina,* L. *librarum Valedinem violenter rapuerat.* Vide *Valentia* 2.

¶ VALEFACTIO, Salutatio. Vide in *Valedicere.*

¶ VALEIA, Vallis, Gall. *Vallée.* Tabul. Majoris Monast. : *Amaricus cognomine Crespinus, dedit nobis decimam omnium rerum quæ habebat apud Bessiacum, redecimam totius parochiæ quæ sua erat, et tria arpenna prati, ex quibus duo sita sunt in Valeia, etc.* Vide infra *Valleya.*

VALENBRUNUS, Panni species. Vide *Galabrunus.*

° VALENCHENÆ, Valentianæ Hannoniæ urbs, vulgo *Valenciennes* alias *Valenchiennes.* Lit. remiss. ann. 1376. in Reg. 108. Chartoph. reg. ch. 299 : *Cum... Florimundum Joye, quem dictus exponens tantum suis expensis prosecutus fuit, quod ipsum Valenchenis reperit, etc.* Hinc *Valenchenois* nomen mensuræ agrariæ, in agro Valentianarum usitatæ, inditum in Charta Valteri abb. S. Humberti Marical. ann. 1304. ex Cod. reg. 10196. 2. 2. fol. 75. r° : *Item as près au fief deux mencaudées en un Valenchenois, que Baudes de l'ostellerie tient.*

° VALENDRANUM, pro *Balendranum,* vulgo *Balandras,* Palii seu tunicæ species. Charta ann. 1360 : *Vitalis de Suslorda, accusatus de blasphematione B. Mariæ Virginis, fuit condemnatus ad currendum villam Tolosæ cum Valendrano depicto, cum ymachinis diaboli depictis.* Vide *Balandrana.*

1. VALENS, Valor, pretium. Tabularium Bellilocense in Lemovicib. n. 175 : *Et accepi a vobis pretium, juxta quod inter nos bene complacuit, vel aptificatum fuit, hoc est, tam in Valente, quam in argento solidos mille.* [Charta apud Madox in Formul. Anglic. pag. 253 : *Quod si præfatam terram eis warentzaren non poterimus, mutuum ad Valens in ausiamento fratrum, eis dabimus.* Charta ann. 1042. ex Tabul. S. Victoris Massil. : *Si vero non potero, Valentem illam dabo in alio loco.* Alia ann. 1410. ex Schedis Præs. *de Mazaugues : Totam illam magis Valentem donavimus.* Cæffari Annal. Genuens. apud Murator. tom. 6. col. 288 : *Erat scilicet Valens librarum miliaria decem et septem.*]

2. VALENS, Magnanimus, fortis, Gall. *Vaillant.* Wippo de Vita Chunradi Salici ann. 1028 : *Et quidam bene Valens vir Cunradus..... cum aliis interfectus est.* [Informat. pro passagio transmarino ex Cod. MS. Sangerm. : *Et illæ galeæ habeant unum capitaneum Valentem hominem et boni consilii, etc.* Vide *Valorosus.*]

° *Unde Vaillart* in derisum accipi videtur, nisi sit pro *Vieillard,* in Lit. remiss. ann. 1415. ex Reg. 168. Chartoph. reg. ch. 305. *Lequel Regnault dit au suppliant qu'il estoit un sanglant Vaillart ès yeux escardoilliez.*

° VALENS, Gravis, magnæ auctoritatis. Concil. Pisanum ann. 1409. apud Acher. tom. 6. Spicil. pag. 300 : *Secundum multorum Valentium Doctorum consilia.* Chron. Trivetti apud eumdem tom. 8. pag. 625 : *Honestas et Valentes personas assumpsit.*

° 3. VALENS, Monetæ species, Gall. *Vaillant* et *Vailleat.* Lit. remiss. ann. 1364. in Reg. 96. Chartoph. reg. ch. 149 : *Convenerunt inter se de ludendo causa*

spatii ad taxillos, et in hujusmodi ludo ponendo quilibet duos Valentes, per modum tamen hunc, quod ille ipsorum, quem contingeret duos Valentes alterius lucrari, eos traderet pro habenda una pinta de clareto. Aliæ ann. 1358. in Reg. 90. ch. 70. *In crumena alterius mulieris unum denarium argenteum, vocatum Vaillant, invenerunt.* Aliæ ann. 1363. in Reg. 92. ch. 310 : *Une penne d'escureux, qui avoit esté vendue deux flourins de Florence et un Vaillant.* Aliæ ann. 1378. in Reg. 114. ch. 221 : *Jean Poitrau changeur, demourant à Blois, achata pluseurs monnoies de dehors nostre royaume et autres que de nostre coing, tant d'or comme d'argent ;... les autres d'argent, estoient nommées Vaillans et vatarans.* Denique aliæ ann. 1385. in Reg. 128. ch. 119 : *Icellui Bonnelle donna à icellui Sauve un denier blanc, appellé Vaillant.* Occurrit præterea in Stat. ann. 1338. tom. 3. Ordinat. reg. Franc. pag. 222. art. 2. Inter monetas nigras seu æreas episcopi Cameracensis *Vallant* recensetur, in Charta ann. 1347. ex Tabul. ejusd. eccl. : *Item fera* (ledit monnoyeur) *pour nous et en nostre nom deniers noirs, que on appellera Vallans ;... et cursus ichelle monnoye pour deux deniers Tournois la pieche.*

° VALENSA, Juvamen, auxilium. Charta ann. 1231. tom. 1. Probat. Hist. geneal. domus reg. Portugal. pag. 27 : *Denique promittimus bona fide et sine enganno vobis dare et facere juvamen, auxilium, Valensam, et defensionem, et retentionem prædicti muri.* Vide in *Valentia* 2. et mox *Valere.*

° VALENTER, Commode, fructuose. Necrolog. MS. Fr. Minorum Claromont. in Arvern. : *x. Febr. Obiit bonæ memoriæ Joannes de Murolio cardinalis, qui multum utiliter et Valenter honoravit istum conventum.* Vide infra *Valiacio.*

1. VALENTIA, *Virtus* ; ρώμη, δύναμις, in Gloss. Gr. Lat. Alibi : Σθένος, *Valentia, robur.* Gloss. Lat. MS. : *Valentia, fortitudo, firmitas, robur.* Vox Latinis Scriptoribus nota. Macrobius Comment. lib. 2. cap. 14 : *Ut medicus, ut exercitator corporum, sanitatem vel Valentiam, quam ille ægris, hic luctatoribus præstat.* Harigerus Abbas in Vita S. Landoaldi n. 6 : *Mox ut illuc destinavit, Valentia totius corporis statim reintegrari maturat.* [Ratherii Veron. Episc. Serm. 1. de Quadrag. apud Acher. tom. 2. Spicil. pag. 295 : *Quale vero caput habet anima tua, quas manus, quos pedes, quæ alia membra ? monstra mihi saltem si vales colorem ejus ; si non vales, ego ejus tibi demonstro Valentiam.*] Utitur etiam Gregorius VII. lib. 1. Epist. 46. [°° Berthold. Annal. ad ann. 1077. apud Pertz. Scriptor. tom. 5. pag. 302 : *Eggibertum non parvæ Valentiæ et virtutis comitem, qui sibi rebellaverat.... hostiliter impetebat.* Charta ann. 1231. apud Guden. Cod. Diplom. tom. 3. pag. 1102 : *Abbas et conventus ejusdem monasterii facere debent de propriis expensis murum circa cœmeterium parochiæ memoratæ ; qui videlicet murus in 4. annis debet perfici et consummari, ita quod ejus Valentia possit muro cimiterii in Flagestat per omnia comparari.*] Charta ann. 1239. in Regesto Comitum Tolosæ Cameræ Comput. Paris. fol. 120 : *Quod fideles vobis et successoribus vestris Valentiam faciemus in placitis, et in guerris contra omnes homines, cum a vobis vel vestris fuerimus requisiti, etc.* Ubi *Valentiam facere,* est omnem vim adhibere, *Faire son pouvoir.*

☞ Rectius dixisset eo loci *Valentiam facere* idem esse quod infra *Valere,* juvare, auxilio esse. Hæc quippe formula est qua vassalli dominis suis in clientelari professione auxilia consueta jurabant : quod ex sequentibus manifestum fit. Charta ann. 1197. in Append. ad Marcam Hisp. col. 1387 : *Promitto vobis et ecclesiæ Arulensi fidelitatem, et Valentiam, et adjutorium per bonam fidem de membris vestris et honore vestro et de avere.* Paulo ante legitur : *Quod erimus vobis adjutores boni et fideles defensores contra omnes homines et feminas.* Charta ann. 1212. apud Acher. tom. 10. Spicil. pag. 180 : *Præstabimus etiam vobis et successoribus vestris Valentiam et auxilium contra omnes personas.* Charta ann. 1257. ex Schedis Præs. de Mazaugues : *Quod teneantur.... facere de his quæ eis tradentur fidelitatem et homagium, cavalcatas, et Valentiam de placito et de guerra.* Quod alibi sequi et juvare dominum de placito dicitur. Charta ann. 1288. tom. 2. Hist. Dalph. pag. 27. col. 1 : *Quod daret seu eis faceret auxilium, juvamen seu Valentiam in nęcessitatibus quæ eis occurrent.* Homagium ann. 1332. ex Schedis D. de Remerville : *Promisit dicta domina tutrix.... in perpetuum se præstituram Valentiam, consilium et auxilium.* Adde Spicileg. Acher. tom. 8. pag. 225.

○ Charta ann. 1234. ex Cod. reg. 4659 : *Liceat dicto Geracido Amico facere guerram seu Valentiam de terra dicti feudi vel dictorum feudorum, per se vel per amicos suos ;.... dum tamen non faciat guerram seu Valentiam contra civitatem Avinionis.* Vide supra *Valensa* et mox *Valere.*

2. **VALENTIA**, Valor, pretium, *Valance*, in Consuet. Aquensi tit. 9. art. 40. [Charta Innocentii II. PP. ex Chartular. Episc. Paris. fol. 35 : *Ipse* (Abbas) *parrochianorum punivit excessus in Valentia ferculorum.*] Acta Innocentii III. PP. pag. 11 : *Daret et Valentiam auri viginti millium unciarum.* Rogerus Hovedenus pag. 783 : *De excadelio dom. Regis et eorum Valentiis, et quis eas habeat, etc.* [Sententia ann. circ. 1080. ex Bibl. Colbert. : *Usque ad diem quo pliverunt drictam in manu Vicecomitissæ ad ipsam Valentiam qua valebat in ipso die quo ipsum castellum accepit.* Charta ann. 1235. ex Schedis Præs. de Mazaugues : *Et nunquam in aliquo contraveniet ratione majoris Valentiæ.*] Occurrit etiam apud Will. Malmesburg. in Vita S. Aldhelmi cap. 10. [Calmet. tom. 1. Histor. Lothar. inter Probat. col. 248. et alibi. Vide *Vaillentia.*]

○ *Vaillance*, eadem acceptione, in Charta Henr. comit. Grandisprati ann. 1247. ex Chartul. Campan. Com put. Paris. fol. 251. v°. col. 2 : *Et cil devantdiz blez doit estre paiez à la Vaillance de minage.* Alia ann. 1269. Inter Probat. tom. 2. Hist. Burg. pag. 32. col. 2 : *Que lidit Jahans hait six cens et sexante et dis livrées de terre à Viennois avec la Vaillance de ladite terre de par sa mere ; laquelle Vaillance doit estre contée esdites six cens et sexante et dis livrées. Valler,* pro *Valoir,* in Charta ann. 1438. apud Lobinell. tom. 2. Hist. Brit. col. 1060.

¶ **VALENTINENSIS** MONETA. Vide in *Moneta Baronum.*

¶ **VALENTINI** seu VALENTINIANI, Hæretici a Valentino quodam Ægyptio sic dicti, fabulis ex Judæorum pariter et Platonicorum doctrina confectis celebres : adversariis celebriores habuerunt S. Irenæum, S. Justinum Mart. Tertullianum aliosque. Horum deliramenta videre licet apud laudatos Patres.

¶ **VALENTIUS**, Magis. Charta ann. 1069. ex Tabul. S. Victoris Massil.: *Offerens illis ad hoc in vicissitudine Grimaldum castrum in Frazencto situm, asserens illud Valentius Monasterio profuturum.*

VALERE, Juvare, auxilio esse. Hominium factum a Raymundo Principe Arausionensi Episcopo Tricastinensi ann. 1274 : *Et si dictus nobilis Raimundus de Bauxio, vel ejus successores..... nollent, vel non possent dictum Episcopum seu suos successores juvare, seu es Valere de placito, seu de guerra.* Tabularium Barcinonense apud Marcam lib. 6. Histor. Beneharn. cap. 8. num. 3 : *Promitto, nec non convenio vobis et vestris successoribus per me et per meos successores, quo vobis Valeam et adjuvem vos, et vestros successores cum mea terra, et meis militibus et hominibus bona fide et sine enganno contra omnes homines, etc.* Le Roman d'*Artus* MS.:

Tuit cil qui de ta terre sont,
Qui de toi fieus et terres ont,
Te deivent aider et Valer,
Si feront-il en leur poer.

Raimundus Montanerius in Chron. Aragon. cap. 79 : *Que nos som obligats al Rey d'Arago cunyat nostre ab sacrament de Valer et ajudar li contra totes les personnes del mou, etc.* [Vide *Valentia* 1.]

○ *Valere,* eodem intellectu, dicunt Itali et Hispani *Valer.* Charta ann. 1251. ex Cod. reg. 4659 : *Licebit omnibus civibus Avinionis cuilibet amico suo Valere de guerra, nisi sit contra dominos supradicios vel alterum alterutrum.* Vide supra *Valentia* 1.

VALITOR, qui Froissarti vulgo *Aidant,* Coadjutor. *Valedor,* in Consuetud. Catalaniæ MSS. et tom. 18. Spicilegii Acheriani pag. 315. Charta Raymundi Comit. Tolosani ann. 1242 : *Et terram nostram supponimus, et nostros pariter Valitores, quos illos tantum intelligimus, qui de guerra ista nos emparaverint, et guerram nobiscum antea non habebant. Hæreticos autem et condemnatos de hæresi, nunquam nostros reputamus, vel reputabimus Valitores.* Ubi Catellus perperam, Vassaus, reddidit. Alia ejusdem Raymundi ann. 1238 : *Vos et omnes vestros contra ipsos et omnes suos Valitores, seu coadjutores,..... adjuvabimus.* Charta Philippi Pulchri ann. 1299. in Regesto Constabulariæ Burdeg. fol. 284 : *Confoederatos, alligatos, et Valitores.* Alia apud Marcam lib. 6. Histor. Beneharn. cap. 5. n. 6 : *Et ego Ildefonsus Rex jam dictus recipio vos Guillelmum de Montecatano, et filios vestros in mea emparanta atque adjuda, et ero vobis Valitor et adjutor de Biarnensi Vicecomitatu.* Joannes XXII. PP. tom. 2. Epist. 1559 : *Contra.... complices, adjutores, Valitores, sequaces, et fautores eorum, etc.* Occurrit passim in Chartis. Le Roman *de Garin Voaillor* eadem notione dixit :

N'a en la route, ne ribaut ne garçon,
Més chevaliers, et fieus de Vavassors,
Bliaut de paille ont tot li Voaillor.

¶ VALECTOR, Eadem notione. Litteræ Edwardi I. Reg. Angl. ann. 1295. apud Rymer. tom. 2. pag. 690 : *D. H. Comiti Baren. fideli notario, ac utriusque nostrum speciali et præcipuo Valectori transmittebamus, etc.*

¶ **VALERIANI**, Nummi ab Imperatore Valeriano cusi, de quibus Trebellius Pollio in Claudio cap. 17.

¶ **VALERIUM**. Vide infra in *Volarium.*

∞ **VALESCENTIA**, Sanitas. Epist. Conrad. Archiep. Mogunt. ann. 1431. apud Guden. Cod. Diplom. tom. 4. pag. 186 : *Ne plaga hujusmodi in longum torpente, propensioris fraudis livore accrescat, sed provisionis debitæ resarcita munimine, pristinæ Valescentiæ juvamine integretur.*

¶ **VALESIA**, ut *Valisia.* Vide in hac voce.

¶ **VALESIANI** et VALESII, Hæretici conjugium atque liberorum procreationem abhorrentes : unde seipsos aliosque etiam invitos castrabant, asserentes solos exsectos salvari posse. Horum parens fuit quidam Valens Arabs quem alii circa annum Christi 198. alii 240. vixisse tradunt. Vide Epiphanium Hær. 58.

¶ **VALESTRIA**. Vide infra *Vallestria.*

○ **VALETE**, Vox, qua utimur, cum ab amico discedimus. Acta S. Sebaldi tom. 3. Aug. pag. 770. col. 1 : *Hac doctrina sponsæ virgini pro Valete dicta, et imperavit silentium, et more beati Alexii, a virgine recessit.* Vide *Valedicere.*

VALETI, VALECTI, appellati vulgo magnatum filii, qui necdum *militare* cingulum erant consecuti. Nam ut Vassalli iidem, qui postmodum *Milites,* quod in hac voce docemus ; ita vassallorum filii *Vasseleti* dicti, ut et *Domicelli,* respectu parentum, qui postmodum nude compellabantur, unde postmodum formata vox *Vasletus,* deinde *Valetus,* uti recte observatum a Pithœo in Consuetud. Trecens. Quod præterea firmant Scriptores aliquot a nobis laudati in Notis ad Villharduinum pag. 274. apud quos *Vasletus* scribitur, uti etiam in Charta ann. 1204. post Ordericum Vitalem edita pag. 1058 : *De militibus et Vasletis de terra Comitis Roberti, etc.* In alia apud Spelmannum in hac voce : *Thomas filius dicti Radulphi* (Militis) *Vasletus in custodia Regis, qui similiter morabatur in servitio Regis cum fratribus suis.* Le Roman d'*Amile et d'Amy* MS.:

Passa avant li gentis prous Vaslés.

Nobilium autem seu militum, atque adeo Procerum ac Principum filios, qui nondum militarem ordinem erant adepti, generatim *Valetos* appellatos in Notis ad Willharduinum docuimus, qui Imperatoris Constantinopolitani filium hac nomenclatura donat. Sed et ita non semel magnatum filios indigitant Poetæ nostrates. Le Roman *de Rou* MS. de Guillelmo Notho Duce Normanniæ:

Guillaume fut Vallet petit
A Falese posé et norrit, etc.

Rursum :

O Guillaume fist Gui norrier
Dus que il fut Vallez petiz.

Alibi :

Et me fist avoir en ostage
Deus Vallez de noble lignage.
L'un fils, l'autre ert nevou Gondouine,
Encor les ai en ma sesine.

Alio loco :

N'ert mie Chevalier, encor ert Valleton.

Alibi :

Hue Chapet si fis l'ara asseurée,
Vallet ert, ne porquant si fu l'ewre hastée.

Idem de Henrico II. Rege Angliæ :

Cinquante-trois ans plus sa terre justisa
Emprés la mort son pere qui Vallet le laissa.

Alibi :

Trois Vallez out de son Seignor,
Robert clamerent le graingnor.

Le Roman d'*Alixandre* MS. de Filio Regis :

Li Valos enient la promesse,
Que lendemain après la Messe
Le veut son pere adober.

Le Roman *de la prise de Hierusalem* MS. de Vespasiani Imper. filio :

Sire, dist li Vallez, mi mettez en sejor,
Faites vos en semondre, etc.

Le Roman *de Guillaume au Court nez* MS. :

Mes per cel Deu que je dois aourer,
Fet sen Guillaume sans nul arrestement ;
O le Valet chevauchent helement.

[Le Roman *de Guillaume au Faucon* MS.] :

Jadis estoit un damoiseau,
Qui moult estoit cointes et beax,
Li Valez si a nom Guillaumes :
Chercher peust on vingt roiaumes
Ains son peust trover si gent ;
Et s'estoit moult de haute gent :
Il n'estoit mie Chevaliers,
Vallez estoit, VII ans entiers
Avoit un chastelain servi.]

De Militum seu procerum filiis ita perinde alii. [Charta ann. 1266. ex Tabular. Buzeii : *Geraudus Chaboz Valletus dominus Radesiarum. Nobilis quondam domina Eustachia mater mea domina Radesiarum, cum assensu dom. Gerardi Chaboz patris mei, etc.* Alia ann. 1291. ex Tabul. Eccl. Dolensis : *Guillelmus de Ruperforti Vicecomes de Donges miles, et Theobaldus de Ruperforti ejusdem Vicecomitis filius, Valletus.*] Vide Testamentum Ælfredi Regis.

Eadem perinde nomenclatura donantur magnatum filii ab Anglicis Scriptoribus. Capitula Placitorum Coronæ Regis Angl. apud Rogerum Hovedenum pag. 788 : *De dominabus, et de Valectis et puellis quæ sunt vel esse debent in donatione Domini Regis, ad de valentiis terrarum suarum, et si quis eorum vel earum sit maritatus, et inquiratur quis, per quem, et a quo tempore.* Bracton. lib. 3. Tract. de Corona cap. 1. § 3 : *De Valectis et puellis qui sunt et esse debent in custodia Domini Regis.* Infra : *De Vicecomitibus et Ballivis, qui ceperint redemptionem de Valetis integrum feodum militis tenentibus.* Adde Fletam lib. 1. cap. 20. § 19. 94. Ubi *Valecti* sunt militum filii.

¶ VALETUS dictus qui sine liberis erat. Exordium Monast. S. Martini Tornac. inter Instrum. tom. 3. Gall. Christ. novæ edit. col. 66 : *Ipse et Moninus, quem eo quod sine liberis esset, Valet cognominabant.*

° *Et qui sine muliere.* Libert. villæ de *Tannay* ann. 1352. tom. 6. Ordinat. reg. Franc. pag. 60. art. 9 : *Li Vallet, pucelles et femmes qui n'auront esté mariées, etc.*

¶ VALLETUS LEGUM, Qui in eo gradu est, ut videtur, ut ad Doctoratum aspirare possit. Charta ann. 1292. apud Lobinell. tom. 2. Hist. Britan. col. 336: *Raginardus de Monasterio legum Valletus.*

Universim vero sic pariter appellati, quos *Scutiferos* dicimus. [Homagia Castrinovi apud D. *Brussel* tom. 1. de Usu feud. pag. 122 : *Jocelinus Pictavini Valletus. Fecit homagium ligium sine achaptamento.* Charta ann. 1299. apud Stephanot. tom. 3. Antiquit. Bened. Pictav. MSS. pag. 916 : *Monsour Helyes de la Vergne Chevalier et Heliot Chenin Vallet pour soy et pour Gauvin son frere seigneurs de Lucac.* Alia ann. 1293. ibid.

pag. 945 : *Ge Jofreis de Lezignen Valet segnor de Chastelachart, etc.* Rursum alia ann. 1294. ibid. pag. 968 : *Peres Daneis de saint Sauvor et Aunis Valet et Johane sa femme, etc.* Adde Rymer. tom. 2. pag. 109. 995. et 1021. et Statuta MSS. Caroli I. Reg. Siciliæ cap. 173.] Constitut. Siculæ lib. 3. tit. 39. § 4 : *Ut dignitatum gradus et hominum qualitates, injuriis apertius distinguantur, statuimus burgensem seu rusticum, qui militem verberaverit, nisi probabitur, quod se defendendo hoc fecerit, manus detruncatione puniri ; eadem pœna Valetto imminente, qui militem nobilioris gradus verberaverit.* Sanutus lib. 3. part. 10. cap. 8 : *Ad cautelam autem Dominus Armeniæ ducentos equestres in nemora occultat, locuturus Principi duobus cum sociis, relicto seorsim cum cornu Valeto, etc. Valettos autem sese appellitasse ipsos Scutiferos, declarant complures Chartæ descriptæ a Duchesnio in Historia Plessiaca.*

Quod vero *Valetti* militibus ipsis in occasionibus bellicis ministrarent, eorumque arma ac scuta deferrent, unde *Armigeri et Scutiferi* passim appellantur, horum nomenclatura data deinceps honoratioribus famulis, quomodo etiam usurpatur a nostris. [Litteræ Philippi Pulchri Reg. Franc. ann. 1295. tom. 1. Ordinat. pag. 326 : *Bichio et Moncheto Guidy fratribus delectis Valletis et receptoribus nostris, etc.* Comput. ann. 1425. apud Kennett. in Antiquit. Ambrosd. pag. 576 : *Et in blodeo panno pro armigeris et Valectis Prioris de Johanne Bandye, etc.* Testam. Rotherami Eborac. Episc. ann. 1498. in Lib. nig. Scaccarii pag. 679 : *Sic quod generoso Valecti et garciones de camera habeant de propriis equis meis, secundum limitacionem executorum meorum.*] Asserus de Ælfredi rebus gestis pag. 24 : *Et volo, quod armigeri mei cum Valectis, et omnes, qui cum ipsis in servitio meo existunt, ista distribuant modo supradicto.* Ubi alii sunt ab Armigeris. Thomas Walsinghamus pag. 229 : *Jussus autem exhibere captivum, cunctis admirantibus ministrum suum obtulit, qui ei astiterat, et more Valecti serviebat, etc. Valettus Cameræ Imperatoris,* apud Petrum de Vineis lib. 5. Epist. 56. *Valettus Regis,* apud Ughellum tom. 9. pag. 364. In Testamento Caroli Pulchri Regis Franc. ann. 1324. fit mentio *des Valez trenchans, Valez entiers, des valez servans de vin, des valez servans de l'escuelle, des valez de porte, des valez de forge;* in Testamento Ludovici Hutini Regis ann. 1316. *des valez servans de sale, des valez de nostre chambre.* Sed hæc nota.

° *Et qui officia honoratiora exercebant.* Hinc ballivus Remensis, *Varlez du Roy* inscribitur, in Lit. remiss. ann. 1362. ex Reg. 98. Chartoph. reg. ch. 51 : *Johans Dartois Varlez du roy nostre seigneur et bailli de Reims, salut, etc.* Ita et Vicarius Nemausensis, in Charta ann. 1308. Inter Instrum. tom. 1. Hist. Nem. pag. 182. col. 1 : *Galvanni Boni-et-belli, Veyletti domini regis Franciæ, vicarii Nemausi, etc.* Vide *Valleteria.*

¶ VALETUS MERCATORUM, Institor, Gall. *Facteur.* Litteræ Philippi Pulchri Regis Franc. ann. 1309. tom. 2. Ordinat. pag. 160 : *Si quis Valetorum suorum in dicta villa vel alibi matrimonialiter copularetur, et aliquas de denariatis aut mercaturis ipsorum mercatorum recelaret, aut alias alienaret, justitia loci in quo mercaturæ prædictæ reperirentur, tenebitur eas ponere in manu salva alicujus probi viri loci illius ubi reperirentur. Dicti mercatores et sui Valeti per nos, et gentes nostras a vi et violentia indebitis contra omnes et erga omnes custodientur.*

¶ VALETUS, Tiro, operarius mercenarius, Gall. *Apprenti, Compagnon.* Statuta Caroli V. Reg. Franc. pro Tonsoribus ann. 1371. tom. 5. Ordinat. pag. 441. art. 9 : *Que aucun barbier ne doit oster ou soustraire à un autre barbier son aprentis ou Varlet, etc.* Litteræ ejusd. Reg. ann. 1372. ibid. pag. 528 : *Les Varlés du mestier de tixerrandrie.* Infra : *Les Varlés tixerans, etc.*

VAYLETUS, Armiger. Constitutiones Petri Ruthenensis Episcopi Legati Apost. pro Ecclesiis Cypriis ann. 1313. cap 8 : *Nec coronam lineam, ut Miles laicus, seu Vayletus clericus deferat.* De *Valetis* consule Seldenum de Titulis Honorariis 2. part. cap. 5. § 47.

VALECTUS, Non omnino eadem notione apud Anglos. Fortescutus de laudibus Legum Angliæ cap. 29 : *Quod in ea villula tam parva reperiri non poterit, in qua non est miles, armiger, vel paterfamilias, qualis ibidem Franciæ vulgariter nuncupatur, magnis ditatus possessionibus, nec non libere tenentes alii, et Valecti plurimi suis patrimoniis sufficientes, ad faciendum juratam in forma prædicta ; sunt namque Valecti diversi in regione illa, qui plusquam sexcenta scuta per annum expendere possunt, qui juratæ superius descriptæ sæpissime in regione illa fiunt, præsertim in ingentibus causis, de militibus, armigeris, et aliis, quorum possessiones excedunt duo millia scutorum per annum.*

¶ VALLETUS, VALLECTUS, Famulus, Gall. *Valet,* hodierna notione. Charta Philippi Pulchri Reg. Franc. ann. 1302. apud Menester. Hist. Lugdun. pag. 87 : *Oportet eum, vel eam habere proprium Valletum seu famulum aut ancillam, qui serviant personis prædictis.* Charta apud Madox Formul. Anglic. pag. 385 : *Cum uno Vallecto per me nominato ad serviendum eisdem Nobilibus.* Processus de Vita S. Yvonis tom. 4. Maii pag. 567 : *Et idem miles palæfredum suum cum Valleto præmitteret, etc. Valetus pedes,* in Testam. Amedei Delph. ann. 1355. apud Baluz. tom. 2. Hist. Arvern. pag. 323.

¶ VAYLETUS, Eodem sensu, in Testam. Roberti III. Comit. Claromont. ann. 1302. apud Baluz. tom. 2. Hist. Arvern. pag. 307 : *Legamus cuilibet de Vayletis, sommelerus,..... sexaginta solidos Turonenses semel solvendos. Vayletus,* in Miraculis MSS. Urbani V. PP. ex Tabul. S. Victoris Massil.

° VALLETUS CAMERÆ. Lit. Phil. Pulc. ann. 1297. in Lib. rub. Cam. Comput. Paris. fol. 447. r°. col. 1 : *Notum facimus quod nos obtentu grati servicii, quod Johannes Victoris de S. Germano in Laya, tailliator noster et Valletus cameræ nostræ, nobis impendit, etc.* [°° *Valletis meis cameræ meæ,* in Testam. Johan. Duc. Burgund. ann. 1360. in Histor. Burgund. tom. 2. Probat. pag. 258. num. 209.]

° VALLETUS CURRUS *domicellarum Perrotus de Nulliaco,* in aliis Lit. ejusd. Reg. ann. 1804. ex eod. Lib. fol. 472. r°. col. 1. Cujus officium indicatur in aliis ibid. col. 2 : *Johannetus de Pissyaco,* qui tenebat manum ad currum Johannæ consortis nostræ.

° VALLETUS ELEEMOSINARIÆ *Ingeranus,* in Charta ann. 1317. ex eod. Lib. rub. fol. 585. r°. Alia ann. 1379. in Reg.

115. Chartoph. reg. ch. 131 : *Bertaut Duchemin, Valet de nostre aumosne, etc.*
° VALLETUS GARDEROBÆ *Johannæ consortis nostræ Robinus Fabri*, in Lit. Phil. Pulc.-ann. 1304. ex eod. Lib. rub. fol. 475. r°. col. 2.
° VALLETUS HONORIS. Charta Phil. VI. ann. 1347. in Reg. 68. Chartoph. reg. ch. 385 : *Pour le bon tesmoignage et rapport, qui de la personne de nostre amé Vallet de honneur Baudoin Eude nous a esté fait,... yccllui Baudouin anoblissons.*
° VALLETUS MAPARUM *nostrarum dilectus Arnouletus*, in Charta Phil. Pulc. ann. 1310. ch. 58. ex Cod. reg. 9607. 8.
° VALLETUS PALEFREDORUM *Johannæ consortis nostræ Guillotus Hardi de Lymay*, in Lit. ejusd. reg. ann. 1304. ex Lib. rub. Cam. Comput. Paris. fol. 473. r°. col. 1. Lit. remiss. ann. 1400. in Reg. 155. Chartoph. reg. ch. 97 : *Loys de Blet, Varlet des grans chevaulx de nostre oncle le duc de Berry, etc.*
° VALLETUS PEDESTER REGIS. Memor. H. Cam. Comput. Paris. ad ann. 1415. fol. 57. v° : *Alphonsus Ruys. nuper Varletus pedester regis, retentus ejus serviens armorum de numero et ordine aliorum.*
° *Varlet*, Falcis manubrium appellatur, in Lit. remiss. ann. 1460. ex Reg. 189. Chartoph. reg. ch. 440 : *Icellui Jaquemart print le baston de sa faulx, appellé le Varlet.*
VALETRO, in Glossario Lat. MS. Reg. et apud Papiam, *Glutto*. Jo. de Janua : *Valetro, i. gluto, quia valet multum in lecacitate*. [Gloss. Lat. Sangerman. : *Valetro, Lechour, Glouton.*]
° Glossar. Provinc. Lat. ex Cod. reg. 7657 : *Valetro, vorax, vorator*.
¶ **VALETTUS**, VALETUS. Vide in *Valeti*.
VALETUDINARIUM, Quod alias in monasteriis *Infirmaria* dicitur. Gloss. Lat. Gr. : *Valetudinarium*, ὑγιαστήριον, διαιτητήριον. Ugutio : *Valetudinarium, domus, in qua morantur infirmi*. Vox Senecæ, Columellæ, et aliis nota. Vitæ S. Austrebertæ Virgin. cap. 3. de Montali : *In stragulo.... ad Valetudinarium deportaverunt*. In Miraculis ejusdem n. 1. *Cellula infirmarum dicitur*.
1. **VALETUDO**, VALITUDO, Facultas, potestas. Vita S. Isidori Hispalensis Episc. num. 18 : *Qui quanto honore et reverentia a Romano Antistite et Cardinalibus fuerit receptus, non est nostræ disserere Valitudinis*. Vita S. Guthlaci num. 27 : *Omnem Valitudinem maligni spiritus ab eo depulit*. Vide Anon. in Mirac. S. Ursmari per Flandr. num. 4.
¶ VALETUDO, VALITUDO, Robur, virtus, auctoritas. Lambertus Ardensis apud Ludewig. tom. 8. Reliq. MSS. pagin. 630 : *Ne forte supervenirent* (Ghisnensis comes) *et eos in Valetudine et manu fortium ab opere removeret*. Charta ann. 1406. apud Lobinell. tom. 2. Hist. Britan. col. 890 : *Prout de præmissis et aliis conventis lacius patet in publicis documentis manibus cujuslibet notarium subscriptis ad majorem Valitudinem premissorum.*
° 2. **VALETUDO**, VALITUDO, Valor, pretium, Gall. *Valeur*. Charta ann. 1175. inter Probat. tom. 3. Hist. Occit. col. 137. *Et est sciendum quod si supradicta moneta deteriorata fuerit de Valetudine, quæ nunc est, etc*. Chartul. Gelsinian. ch. 630 : *Si perditum fuerit, alium* (mulum) *aut aliam* (mulam) *aut equum ejusdem Valitudinis..... reddant*. Vide supra *Valentia* 2.

¶ **VALEXIUS**, Hippopera, Gall. *Valise*. Conventiones civitatis Saonæ ann. 1526: *Item pro qualibet salmata... dobletorum ac Valexiorum, cerarum, piperum, etc*. Vide *Valisia*.
¶ **VALGIA**, VALGIARE. Vide *Valgium*.
¶ **VALGIS**, *Foras versis, tumentibus*. Gloss. Isid. Male, uti monet Grævius; *Valgi* sunt qui crura habent inferius versa, quibus opponuntur vari. Vide Salmas. in Plinium pag. 603. edit. Traject.
VALGIUM, in Gloss. Latin. Græc. στρεβλόν. Gloss. Græc. Lat. : Στρεβλὸν ἐπὶ ξύλου, *curvum, uncum*. Hugo Parisiensis de Instit. Novitiorum : *Sunt præterea mille larvæ, mille subsannationes, et corrugationes narium, mille Valgia et contorsiones labiorum, quæ pulchritudinem faciei et decorem disciplinæ deformant.*
¶ VALGIA, *pro Retorsione labiorum quam facimus quando deridemus aliquem*, in Gloss. Biblicis MSS. Anonymi ex Bibl. Reg.
° Glossar. Lat. Gall. ex Cod. reg. 7692: *Valgia, moë*.
¶ VALGIARE, VALGIRE, *Labia habere exdrorsum prominentia, ex* Gemma apud Vossium de Vitiis serm. lib. 4. cap. 29. [²° Gemma : *Labia retorquere,* Germ. *den muff in gespotte mit dem mund schlahen*]
¶ **VALGUSTUS**, *Fustis uncus,* Calep. male lectum apud Isidorum lib. 14. cap. 9. pro *Valli, fustes sunt quibus vallum muniturn.* Vide *Valgium*.
° **VALIACIO**, Utilitas, commodum. Extant in Chartul. Bitur. fol. 33. r°. Literæ Gregor. IX. PP. ann. 4. pontif. ejusd. quibus declarat archiepiscopum Bituricensem non teneri satisfacere creditoribus suis, nisi probent debitum esse conversum *in Valiacione* ecclesiæ. Vide *Valenter*.
¶ **VALIDARE**, Validum reddere, Gall. *Valider*. Arestum Parlamenti ann. 1304. apud Menester. Hist. Lugdun. pag. 79. col. 2 : *Litteram supradictam ann septimi, ut præfertur, revocatam aliqualiter, non Validabat, erat eaim subreptitia impetrata*. Statuta Pallavic. lib. 1. cap. 40. fol. 50 : *Neque juramentum per ipsos minores super dictis contractibus vel distractibus factum vel appositum, habeat Validare ipsos contractus, quantum est in præjudicium ipsorum minorum.*
¶ VALIDARE, Munire, Gall. *Fortifier*. Ripalta in Annal. Placent. apud Murator. tom. 20. col. 872 : *Et ita munitis per prius castellis et cittadella, Validatis portis omnibus civitatis, magno cum apparatu et pompa abiit* (Facinus.)
° **VALIDE**, Valde, multum. Consuet. monast. S. Crucis Burdeg. MSS. ante ann. 1305: *Item hortolanus... debet tenere hortum conventus Valide garaitum.....* de cunctis herbis et legumenis.
¶ **VALIDITAS**, Valor, pretium, Gall. *Valeur*. Testam. S. Gennadii Episcopi Asturic. inter Conc. Hisp. tom. 3. pag 173 : *Pomares, horta, molina, ex integro Validitatibus præstitis,....... ab integritate sint propria monasterii S. Petri*. Vide *Valentia* 2. et *Valutare*.
° **VALIDUS**, Legitimus, admittendus. Stat. Ord. S. Joan. Hierosol. ann. 1584. tom. 2. Cod. Ital. diplom. col. 1850 : *Sancimus ut de cætero nulla melioramenta pro Validis approbentur, nisi, etc.*
¶ **VALIMENTUM**, ut *Validitas,* ab Italico *Valimento*, eodem sensu. Chronicon Parmense ad ann. 1281. apud Murator. tom. 9. col. 795 : *Fuit ordinatum quod quilibet habens Valimentum* CCC. *librarum, mutuaret communi* XX. *solidos imperiales*. Statuta Genuens. lib. 1. cap. 23. fol. 30 : *Et insuper illam personam, quæ dictam possessionem acceperit, condennare debeat in decimam partem Valimenti rarum acceptarum*. Statuta Vercell. lib. 2. fol. 37 : *Item statutum est quod aliquis creditor, undocumque sit, non possit petere vel exigere prætextu interesse vel alio aliquo modo vel causa, cujuscumque conditionis sit debitum Valimentum seu melioramentum monetæ ab aliquo districtus Vercellarum*. Statuta crimin. Saonæ cap. 43. fol. 99 : *Et ultra illum condemnare* (teneatur Magistratus) *in tanta quantitate pecuniæ quantum erit Valimentum rei, de qua possessionem invaserit, vel occupaverit, facta æstimatione post accusationem juxta probationes legitimas fiendas a prædicto accusatore, cujus condemnationis, seu Valimenti, tertia sit injuriam patientis, etc.* [² Consuet. Perpin. MSS. cap. 24 : *Si creditor conqueritur de eo, quod dictum pignus minus valet ; dabit reus debitor de illo minus Valimento justitiam, si succumbit*. Vide supra *Valetudo* 2.]
¶ **VALIS**, Planus, Gall. *Plat*. [° Melius forte Cavus, Gall. *Creux*.] Guido de Vigevano, de modo expugnandi T. S.: *Fiat bota una cum tergius et orlis, ut dictum est supra. Sed ista bota sit totaliter rotunda, et sit longa brachiis duobus et alta brachio, et in medio ab una parte habeat parum Valis, ut homo possit supra sedere*.
¶ **VALISIA**, Hippopera, Ital. *Valigia*, Gall. *Valise*. Epist. Gregorii XII. PP. ann. 1407. apud Marten. tom. 7. Ampl. Collect. col. 738 : *Salvis Valisiis, navigiis, rebus, et bonis omnibus, etc.* Statuta datiaria Riperiæ cap. 17. fol. 15 : *Permittendo sese et eorum mercantias, vel res, fardellos, Valisias, salmas,..... temptare, perquirere, dissolvere, etc.* Vide *Vallegias*.
¶ **VALIXIA**, Eodem significatu. Chron. Estense apud Murator. tom. 15. col. 400 : *Justa cameram erat quidem stallus pro Valixiis et aliis necessariis cum quadam robaleta, in qua mittebant ligna et alia victualia*. Joh. Demussis Chron. Placent. apud eumdem tom. 16. col. 518 : *Et hunc videate stipendiarii et sacomani dicti dom. Comitis Virtutum quod Anglici erant sconficti, posuerunt se ad derobandum equos et Valixias Anglorum.*
¶ **VALESIA**, Pari intellectu. Litteræ Richardi II. Reg. Angl. ann. 1298. apud Rymer. tom. 8. pag. 51 : *Cum 50. equis vel paucioribus, et Valesiis, ac aliis rebus et hernesiis suis quibuscumque, etc.* Occurrit rursum pag. 161.
¶ **VALISARIUS**, Qui *valisias* portat, vel eas curat. Acta SS. tom. 4. Maii pag. 468. de Coronatione Bonifacii VIII: *Primo incedunt Valisarii Cardinalium suo ordine...... Tonsor et sartor Papæ cum Valisiis rubeis, in quibus sint vestes, quæ pertinent ad SS. Dominum nostrum*. Adde Ceremon. Rom. lib. 1. § 12. cap. 2.
¶ **VALITARE**, Valere. *Valitant, valent*, in Gloss. Isidori.
VALITOR Vide *Valere*.
° **VALITUDINARIA**, Locus in monasteriis, ubi infirmi curantur. Glossar. Lat. Gall. ex Cod. reg. 7692 : *Valitudinaria, enfermerie.* Vide *Valetudinarium.*
¶ 1. **VALITUDO**. Vide *Valetudo*.

° 2. **VALITUDO**, Valor, pretium. Vide supra *Valetudo* 2.
° 3. **VALITUDO**, Animi firmitas, strenuitas. Lit. Caroli VI. ann. 1401. in Memor. H. Cam. Comput. Paris. fol. 16. v°: *Notum facimus, quod nos confidentes ad plenum de magnitudine, audacia, Valitudine, magnanimitate patrui nostri* (Joannis ducis Biturrcensis), *etc.*
° 4. **VALITUDO**, Vis, violentia. Annal. Victor. MSS. ad ann. 1270: *Circa mediam noctem post Dominicam, iterum orta est tempestas gravior quam prima, pro venti cujusdam Valitudine, etc.*
° 5. **VALITUDO**, Infirmitas, morbus. Epist. Fulb. Carnot. ann. circ. 1022. tom. 10. Collect. Histor. Franc. pag. 471: *Magna autem eo anno lues in populos fuit. Valitudines vero variæ, melinæ, cum pustulis et vesicis, etc.* Vide supra *Valitudinaria*.
° **VALL**, VALLUM. Vide supra in *Val* 2.
¶ **VALLADA**. Johan. de Bazano in Chron. Mutin. apud Murator. tom. 15. col. 596: *Pedites dictorum dominorum Vicariorum communis Mutinæ iverunt in districtum Bononiæ,... disrobantes ibi bestias, Valladas, et vestes, et res alias in maxima quantitate.*
° Res quævis in fascem collecta, sarcinarum fascis. Vide *Balla* 2.
¶ **VALLADERIUS**, Fossor, cui fossatorum cura incumbit, qui fossis fodiendis vel reparandis invigilat, sic dictus a *Vallatum*, Vide in hac voce, Charta ann. 1471. ex Schedis Præs. *de Mazaugues*: *Injuncit modernis æstimatoribus... quatenus,... vocatis prius partibus quæ languntur,.... Valladeriis, magistris expertis, et aliis necessario evocandis, etc.*
VALLAGIA. Vita S. Geraldi Abbatis Grandis-silvæ num. 4: *A mento denique usque ad verticem, non ferri, sed quæ gravior erat, infirmitatis ligatus Vallagia, nusquam caput, nisi cum totius corporis circumferre valebat machina.* Ubi *Vallagiam* sepimentum quidam interpretantur.
¶ **VALLAMEN**, ut *Valatum* infra. Guilvaneus Flamma apud Murator. tom. 12. col. 1019:

Regis vexilla fugient, times Vallamina Brixæ.

¶ **VALLAMENTA**, Conditiones, quibus pacto aliqua *vallatur*, unde vocis origo. Charta ann. 1270. apud Menester. Hist. Lugdun. pag. 6: *Mandantes et præcipientes ex præsentatione compromissoria partibus auts dictis sub pœnis et Vallamentis contentis in litteris compromissi, quatenus, etc.*
° **VALLANIA**, f. Castanea, nucis species, balanus. Charta ann. 1228. apud Murator. tom. 2. Antiq. Ital. med. ævi col. 32: *Quicumque emit Vallaniam, sive foglam, aut semen lini, solvat quatuor imperiales de modio.* Vide *Valania*.
° 1. **VALLARE**, Obsidere. Charta Casimiri Reg. Polon. ann. 1335. apud Ludewig. tom. 5. Reliq. MSS. pag. 508: *Ipsorum castra, fortalitia et possessiones Vallare et expugnare tenebitur.*
¶ **VALLARE CASTRUM**, Militibus ad defendendum munire. Hist. Glabri Rodulphi apud Duchesn. tom. 4. pag. 19: *Vallaverat enim illud* (castrum) *Landrici Comitis exercitus, nec non ejusdem loci famitiares viri, hostium siquidem metuentes sacri gregis direptionem.*
¶ 2. **VALLARE**, VALLATIO, Saltare, Saltatio. Vide supra in *Balare*.
¶ 3. **VALLARE**, pro *Vannare*, Ventilare, Gall. *Vanner*. Statuta Vercell. lib. 3. fol. 78. *Si receperit molinarius sive conductor ad macinandum quartaronos sex rasos frumenti cumunalis et bene cribiati sive Vallati, etc.*
° 4. **VALLARE**, Firmare, stabilire. Charta ann. 1392: *Item fuit in pactum expressum, deductum et conventum inter partes ipsas et ex pacto solemni et valida stipulatione Vallatum, quod, etc.* Alia ann. 1427: *Ex pacto inter dictas partes habito et Valato, etc.*
¶ **VALLATA**, ut mox *Vallatum*. Charta ann. 1343. tom. 2. Hist. Dalph. pag. 470. col. 1: *Idem dom. Dalphinus ædificabit fortalitium, seu fortalitia hujusmodi, muros, Vallatas seu terrralios faciet.*
VALLATORIUM, Projectum. Charta ann. 1178 apud Ughellum tom. 7. pag. 410: *Et plenaris gradus fabricæ habeatis, et cum ipse Vallatorium suum de ante se, etc.* [Charta ann. 1266. ex Tabul. S. Victoris Massil.: *Actum Pisis ex parte Kinthicæ in claustro ecclesiæ sancti sepulcri super Vallatorio ipsius claustri, præsentibus, etc.*]
° **VALLETERIA**, *Valleti* conditio. Arest. ann. 1205. in Reg. Olim parlam. Paris.: *Majore Rothomagensi et civibus dicentibus dictos valletos, concives suos, non obstante nostra Valleteria, teneri ad contributiones pro feodis et misiis dictæ villæ. Valeterie vero, Valetorum,* hoc est, juvenum loci alicujus, societatem sonat, in Lit. remiss. ann. 1402. ex Reg. 157. Chartoph. reg. ch. 11: *Au soir après souper, que il estoit heure de requerir et demander à l'espousé desdites nopces certain droit de pain, de vin et de char, que les Varlez de ladite parroisse* (de Noyers lez Lorris en Gastinois) *qui sont de la Valeterie de ladite parvoisse, ont accoustumé de demander, avoir et prendre sur chacun marié en ycelle le soir du jour des nopces.* Vide in *Valeti*.
VALLATUM, VALLATUS, Fossatum, vel locus vallo septus. [Charta ann. 1193. inter Instr. tom. 1. Gall. Christ. nov. edit. pag. 79. col. 1: *Et tangit muros civitatis et Vallatum*. Pactum inter Jacobum Aragon. Reg. et Berengarium Magalon. Episc. ann. 1272: *Usque ad vium quæ est juxta dogam Vallati Montis-pessulani.* Tabul. S. Victoris Massil.: *Ut quilibet habeat vel in futurum habebit plateas sive luegas juxta dogas Vallatorum murorum dictæ civitatis.* Charta ann. 1070. inter Instr. Gall. Christ. tom. 6. col. 352: *Refutaes... duas tertias partes de feudis quæ tenuit Petrus Liecas de S. Petro extra Vallatos Montis-pessulani* Statuta Arelat. MSS. art. 40: *Addentes quod Vallati qui in directum vadunt seu portendunt in Rodanum, etc.*] Tabularium Brivatense ch. 448: *Cum Ecclesiis in eodem Vallato, seu vico dicatis.* Eximius Salanova Justitia Aragonum, de militum privilegiis: *Ad constructionem, refactionem, sustentationem et reparationem portarum villæ, Vallatorum sive valvatium, et murorum tenentur.* Adde Observant. Regni Aragon. lib. 6. sedem tit. § 1. et tit. de Munitionib. Charta Rutenensis ann. 1307. ex Regesto 2. Philippi Pulchri Regis Franc. Chartophylacii Regii num. 4: *Et ex parte inferiori cum domibus Stephani Cantaire, et cum Vallato dicti loci.* Alia ann. 1309. ibid. n. 75: *Item 16. branchiatas Vallati seu fossati dicti castri, in quo sunt tres domus ædificatæ.* Alia num. 85: *Vallata, fossata, muros, fortalitia, etc.* Historia MS. bellorum Albigensium in Bibl. Regia pag. 51: *Mais ainsin que son estats arribats alsdits Valats,* (supra, les fossats) *et en commensat de donnar l'assaut, etc.*

¶ **VALATUM**, Eadem notione, Provincialibus etiam hodie *Valat*. Charta ann. 1490. ex Schedis Præs. *de Mazaugues*: *Sequendo riales sive Valatum, etc.* Statuta Avenion. lib. 1. rubr. 48. art. 5. pag. 135: *Item quia deterioratio viarum, ut plurimum contingit culpa eorum, qui permittunt aquas suarum fossarum, seu, ut vulgo dicitur, Valatorum, per dictas vias defluere, etc.* Vide *Vallum*.
¶ **VALLECTUS**. Vide supra in *Valeti*.
¶ **VALLEGIAS**. Ælfricus in Gloss. ubi de Vestimentis: *Vallegias*, vynegar. Italis *Valigia*, nostris, *Valise*, est Bulga, hippopera. [Vide *Valisia*.]
¶ **VALLEMAGIA**, Saltatio. Vide *Balare*.
¶ **VALLENSES**, Nummi sic dicti a valle Joachimica. Vide Schlegel. in Dissertat. de Nummis antiquis Gothanis, etc. pag. 19.
¶ **VALLESHERIA**, Parentela interfecti, f. unus ex parte patris, et alius ex parte matris, apud Wallenses Anglicos: vox formata, ut *Inglisheria*, de qua nos alibi. Statutum Walliæ ann. Edw. 12. cap. 4: *Quod proxima 4 villatæ propinquiores loco, ubi casus homicidii, vel infortunum contigerit, veniant ad proximum Comitatum, una cum inventore, et Vallesheria,* i. *parentela hominis interfecti, et ibidem præsentent factum feloniæ, et casum infortunii, etc. Sed aliud sonare videtur*
WALECHERIA, in Charta Anglica apud Spelmannum: *Dicunt, quod sunt ibi Walecheria, quæ reddit de annuo redditu 3. lib. 12. den. ad festum S. Michaelis. Item in tota Walecheria sunt 4. homines, et quilibet eorum debet invenire unum hominem per 3. dies in qualibet septimana a festo S. Michaelis, usque ad festum B. Petri ad vincula. Significat, inquit Spelmannus, Wallica pars, ut videtur.* Ego vero *Walecheriam* idem sonare existimo, quod *Vacheria*, prædium certo vacarum numero alendo idoneum. Vide *Vaccaria*.
VALLESTRIA, Valles. Papias MS.: *Valestria, agrorum, sicut Campestria.* Edit. habet *vallestria*. Fulcherius Carnot lib. 3. Hist. Hierosol. cap. 48: *Circa gurgitem Italiæ multotiens naves assuescunt periclitari, et undique flabra commoveri, quæ de montanis per Valestria præcipitanter per anfractus subterraneos rite assuescunt intorqueri, etc.* Utitur S. Ambrosius [lib. de Fuga sæculi cap. 5. num. 31].
¶ **VALLETUS**. Vide supra in *Valeti*.
¶ **VALLEYA**, Vallis, Gall. *Vallée*. Charta Fulconis Episc. Andegav. ann. 1337. in Tabul. S. Albini Andegav.: *In terris de novo ad agricultiram redactis et aliis sitis in illa parte Valleyæ quæ ballivia S. Remigii vulgariter nuncupatur.* Vide *Valeia*.
° **VALLITELLUM**, f. pro *Vallicellum*, Vallicuus, Ital. *Valloncello*. Charta ann. 1031. apud Murator. tom. 1. Antiq. Ital. med. ævi col. 217: *A parte Meridiei est finis, sicut aliquantum Vallitellum discernit, et passus centum..... Ab ista parte Septentrionis, sicut aliquantum vallone discernit, etc.* Vide *Vallo* 1.
° **VALLIUM**, pro *Ballium*, Jus quoddam dominicum, idem quod supra *Ballum* 3. Charta Joan. ducis Brit. ann. 1239. ex Bibl. S. Germ. Prat.: *De Valliis autem et rachatis, concessit idem comes, quod terræ ipsius Radulphi et hæredum suorum quittæ sint et immunes.*
1. **VALLO**, Vallis, *Vallone* Italis, nostris *Valon*. [Charta ann. circ. 1063. ex Schedis Præs. *Mazauques*: *Usque ad flumen aquæ et usque ad Vallonem, qui vocatur*

de Lantrico. Infra : *Dedimus etiam Vallonem ipsam, per quam cucurrit fons de Guirarda.*] Occurrit in Chartis Italicis apud Ughellum tom. 7. Italiæ sacræ pagin, 100. 126. tom. 8. pag. 140. 361. et apud Rocchum Pirrum tom. 1. Notit. Sicul. pag. 311.

¶ VALLONUS, Eodem intellectu. Charta Gaufridi de Signa dom. *de Neaulles* diœc. Tolon. ann. 1285 : *Et quandam aliam terram quæ est in Vallono Ferrani, etc. De Vallono qui dicitur Bojarol,* in Charta ann. 1258 ex Tabul. S. Victoris Massil.

VALLONCELLUS, Valliculus, in Charta Roberti Comitis Montis Scabiosi ann. 1068. et apud eumdem Ughellum tom. 7. pag. 196. Adde pag. 361. Le Roman *de Garin* MS :

Gironville est fermée en un Vaucel,
Sur une roche qui fu del tans Abel.

¶ 2. **VALLO**, Vallus, stipes, palus, Ital. *Vallo,* eadem notione. Acta S. Procopii tom. 2. Julii pag. 144 : *Qui mox quasi Vallone percussus aut Bellonæ oestro, sine dilatione locum mutavit.* Statuta Montis Regal. fol. 313 : *Item pro quolibet Vallo sol. den. octo.* In Glossis antiquis MSS. *Vallo, palos vinearum.*

° Nostris alias *Vaule.* Lit. remiss. ann. 1402. in Reg. 157. Chartoph. reg. ch. 258 : *L'exposant happe ou embrace une Vaule ou fourche, etc.* Vide supra *Vagari.*

¶ **VALLONCELLUS, VALLONUS.** Vide in *Vallo* 1

¶ 1. **VALLUM**, VALLUS, ut *Vallatum,* fossa, in Gasp. Barthii Gloss. apud Ludewig. tom. 3. Reliq. MSS. pag. 242. ex Raimundi Agilæi Hist. Palæst. : *Vallum quod a monte descendens, etc.* Charta ann. 1348. apud eumdem tom. 5. pag. 567 : *Et ultra hæc omnia castra, fortalitia, dominia, bona, vallos et villas cum suis attinentiis, etc.* Charta ann. 1047. inter Instr. tom. 2. Gall. Christ. novæ edit. col. 480 : *Item de sylva nostra,.... quæcumque fuerint necessaria ad domos sculcet ædificandas vel restaurandas ad cuppas, ad dolia, ad Vallum, ad naves, etc.* Vide *Vallo* 2.

° 2. **VALLUM** Vide supra in *Val* 2.

° **VALLUS**, Corbicula, qua fluit mustum, vel palus vinearum, sive qui genibus junctis ambulat ; *vel vanus.* Glossar vetus ex Cod. reg. 7618 Vide *Vallo* 2 Aliud sign. 7641 : *Valus, qui pedibus junctis ambulat.* Valgus.

¶ **VALNA**, Perperam fortassis pro *Valisa,* hippopera. Litteræ Henrici V. Reg. Ang. ann. 1413. apud Rymer. tom. 9. pag. 48 : *Cum equis, harnesiis, Valnis, manticis, bouges, robis, etc.* Vide *Valisia.*

¶ **VALNEARE**, Vasconum pronuntiatione pro Balneare. Inventar. ann. 1476. ex Tabul. Flamar. : *Item plus unam cubam pro Valneando mulieres.*

¶ **VALNUS**, Φλαγξ, Καράδρα, in Gloss. Lat. Gr. Sed legendum *Vallis,* Φάραγξ, ex Gloss. Gr. Lat. Καράδρα, *fossa, vallis.*

¶ **VALO**, Sarcina, fasciculus, Gall. *Ballot.* Formul. MSS. ex Cod. reg. 7657. fol. 29. v° : *Ipsam raubam, librariam et jocalia et arnesia supradicta..... infra certos coffros et Valones sive trocellos diversos.... projecit.*

¶ 1. **VALOR**, Strenuitas, virtus bellica, in Gasp. Barthii Gloss. ex Hist. Palæst. Fulcherii Carnot. apud Ludewig. tom. 3 Reliq. MSS. pag. 309. Vide *Valorosus* 1.

° 2. **VALOR**, Quidquid emolumenti ex re aliqua percipitur. Consuet. Dombens. Mss. ann. 1325. art. 6 : *Quilibet nobilis.... possit et debeat saisire et saisiri facere per se, vel per alium ejus nomine, terram, fundos, fructus, Valores, exitus et proventus super hominem seu homines tailliabiles alterius.* Vide mox *Valorium.*

° 3. **VALOR**, Valetudo, facultas. Charta Adami *de Wallaincort.* ann. 1181. in Chartul. Montis S. Mart. ch. 33 : *Ponent ..... sacerdotem qui pro me..., Missam celebrabit cotidie..... Secundum Valorem corporis sui, ut contingit in minutione vel ægritudine.*

° **VALORIA**, Valor, pretium. Charta ann. 1483 : *Et pro majori Valoria dictæ cavalcatæ, etc.* Vide supra *Valetudo* 2.

° **VALORIUM**, Reditus, emolumentum. Charta ann. 1002. tom. 1. Probat. Hist. Brit. col. 480 : *Pro cujus,* (conjugis) *anima condonavit Eudonus vicecomes Valoria sui honoris, faventibus omnibus filiis ejus,* Goscelino primogenito cum cæteris *fratribus.* Vide supra *Valor* 2.

¶ 1. **VALOROSUS**, Fortis. strenuus, Gall. *Valeureux.* Chron. Domin. de Gravina apud Murator. tom. 12. col. 702 : *Sed Rex idem animo regio Valorosus, ignem gerens in manibus, tutela clypei processit ad portam primam castri ejusdem, positurus ignem in illa custodientium ad terrorem.* Vide *Valens* 2. et *Valvus* 2.

° 2. **VALOROSUS**, Magni pretii. Chron. Bergom. ad ann. 1395. apud Murator. tom. 16. Script. Ital. col 890 : *Qui miles posuit in capite ipsius domini comitis Virtutum unum biretum valde Valorosum, creando ipsum ducham cum dicto bireto ; et hoc fuit super quodam tribunale, constructo super platea domini S. Ambrosii Mediolani cum magnis festivitatibus.*

¶ **VALOS**, Panni genus. Inventar. ann. 1476. ex Tabul. Flamar. : *Item plus duas displeydes sive giponas civuli* (clerici) *nigri vocati Valos.* Vide Balosius.

° **VALOZIUS**, Vadensium comitum moneta, eadem quæ Crespiacensis. Vide in Moneta Baronum. Comput. ann. 1826. ex Cod. reg. 9434. fol. 4. v°. : *cxxxxj. lib. Burdegal. valent ; facta deductione de Burdegal. ad Turon. parvos, computando uno Valozio pro tribus denariis cum obolo Burdegal. debilium iiij*[xx]*. xiiij. lib. v. sol. x. den. Turon.* Stat. ann. 1329. Inter Probat. tom. 2. Hist. Nem. pag. 66. col. 1 : *Item quod omnis persona, quæ vendit caseos recentes, det duos ex ipsis qui cum fiunt, pro uno Valoys, et quod eos non minuant.*

° **VALSATURA**, Sepimentum ex cratibus, quo locus vallatur. Comput. ann. 1486. ex Tabul. S. Petri Insul : *Pro aliis duabus dietis, quibus vacavit ad reponendum cloyas ante capellam parochiæ, et pro reparatione loci in hangardio ecclesiæ, ad ponenda ligna hourdagii, Valsaturæ sive celaturæ, v. sol.*

° **VALUA**, Reditus, emolumentum, Gall. alias *Value.* Charta ann. 1235. in Reg. 31. Chartoph. reg. fol. 93. r°. col. 2 : *Silva Drua cum secretaria et tota Valua sua, etc.* Vide supra *Valorum* et *Valutare* in Glossar.

VALVARTE, Propugnaculum, Hispanis *Balvarte,* nostris *Boulevart,* ex Germanico *Burg-wart,* quod burgum servat, tuetur. Salanova Justitia Aragonum in Observantiis, de Infantionibus : *Tamen ad constructionem, refactionem, sustentationem, et reparationem portarum villæ, vallatuum, sive Valvartium, et murorum tenentur.*

VALVASOR, VALVASORIA, VALVASINUS. Vide *Vavasores.*

° **VALVASSERIA**, Vide infra in *Vavassoria.*

¶ **VALUCA**, Arena aurosa. Vide *Balluca.*

VALVE, Arnoldus Lubecensis lib. 6. cap. 5 : *Nec defuit ibi* (apud Bohemos) *illud perditissimum hominum genus, qui Valve dicuntur, crudelitates suas et nequitias exercentes, de quibus loqui non est ædificatio, sed miseria.* Et lib. 7. cap. 14. de Philippo Imp. : *Contrahens secum auxilia pessimorum, qui dicuntur Valve, cum immensa virtute balistarum, etc.*

¶ **VALUM**, Index redituum Monast. S. Petri Corbeiensis : *Summarii qui minas et Vala hujusmodi advehunt, debent focatam.* Vide *Vallo* 2.

° **VALUS**. Vide supra *Vallus.*

¶ **VALUTARE**, Vox Italica, Æstimare, Gall. *Évaluer.* Charta ann. 1546. apud Rymer. tom. 15. pag. 101 : *Solvere promisit... in pecunia Valutata juxta Statutum Cæsareæ Majestatis. Value,* pro valor, pretium, in Charta ann. 1332. ex Tabul. S. Martini Pontisar. : *Jusques à la Value et quantité de soixante solz Parisis.* Vide *Valentia* 2.

1. **VALUUS**, Aquæ ductus, per quam decurrit, vel janua, vel modici muri ante portam. Papias. De priori significatu nihil succurrit, alter *valvam* seu fores videtur spectare ; tertius *Valvartium,* seu nostrum *Boulevart ;* de qua voce supra.

¶ 2. **VALUUS**, Fortis, strenuus. Diarium belli Hussit. apud Ludewig. tom. 6. Reliq. MSS. pag. 147 : *Communitas tamen Pragensis vi Valua juxta domum Ducis Saxoniæ expugnata, non tamen sine suorum damno, civitatem parvæ partis ingreditur, etc.* Vide *Valorosus.*

¶ 3. **VALUUS**, Villosus, Gall. *Velu.* Locus est in *Bigera.* Vide ibi.

¶ **VAMBAL**, Bambalio. Vide *Bambalo.*

¶ **VAMMUM**, Conc. Lillebonæ ann. 1080. apud Marten. tom. 4. Anecd. col. 118 : *Nulli licuit inimicum quærendo, vel Vammum capiendo, vexillum vel loricam portare, vel cornu sonare...... Nulli liceat in Normannia haufare facere, vel incendium, vel raptum mulieris, vel Vammum capere, quin fieret inde clamor apud eum, qui clamorem inde habere debuit.* An Clarigatio ? Vide *Repræsaliæ.*

° Perperam pro *Nammum* vel *Nammium,* Pignus. Vide in hac voce.

° *Vamon* vero, Morbi genus, idem, ut videtur, quod Gallicum *Goitre,* in Lit. remiss. ann. 1398. ex Reg. 153. Chartoph. reg. ch. 293 : *Jehan Coton estoit entachiez d'une enferteté ou maladie, appellée Vamon, laquelle lui faisoit ou accumuloit une grant boche ou col.*

VAMPA, Flamma, ex Italico vocabulo, Danti et Petrarchæ familiari. Inscriptio in Conventu Minorum Bononiæ in Italia, apud Wadding. ann. 1340. num. 15 :

Nam accensa lampas fundit necessario Vampas.

1. **VANA**. Tabularium Prioratus de Paredo in Ducatu Burgundiæ fol. 8 : *Acceptique unum equum, et 30. solid. et unam Vanam, et unum barilu.* Fol. 24 : *Et pro hoc acceperunt 5. solid. et unam Vanam.* [Stragulum acu punctum, ut videtur, Gall. *Courtepointe,* Provincialibus *Vano.* Vide *Vanna* 1.]

¶ 2. **VANA**. Bractea versatilis, Gall. *Girouette,* ab Angl. *Vane,* eadem notione ; quod a Saxon. fana deduci potest. Comput. ann. 1425. apud Kennet. Antiquit. Ambrosd. pag. 575 : *Cum 11. ventilogiis, videlicet Vanys de tyn emptis de fabro de Chariton ponendis super utrumque finem prædicti dormitorii, v. sol. 11. den.*

★ **VANABULUM**. [« *Vanabulum,* epie. » (Lex. Lat. Gal. Bibl. Ebroic. n. 23. XIII. s.)]

¶ **VANACIARE**, Delirare, desipere, vana dicere, Ital. *Vaneggiare,* Gall. *Rêver.*

Acta S. Gerardi tom. 1. Jun. pag. 772 : *Cum crederent quod Vanaciaret, nec quod tam longe ire posset, etc.* Vide *Vaniare* et *Vanitare.*

¶ **VANÆPASTURÆ** Jus dicitur, quod tenentibus vel mansionariis alicujus tenementi, vel villæ seu prædii competit, animalia sua immittendi, pascendi causa, in loca publica, prata, agros, silvas, et alia, quæ clausa non sunt, certis anni temporibus; cum scilicet fœnum a pratis, messes ab agris ablatæ sunt; vel in silvis, cum non vetitæ sunt ac defensæ. Consuetudines Nivernensis tit. 3. art. 5 : *Vaine pasture doit estre entendue, en chemins, prez, en prairie, despouilles, terres, bois, et autres heritages non clos, ne fermez, excepté toutefois où et quand lesdits heritages sont de deffense par la Coustume.* Charta Simonis Ducis Lotharingiæ ann. 1076. apud Hieron. Vignerium : *Vanam quoque pasturam quibuslibet animalibus eorum, per terram meam transeuntibus, et cætera usualia necessaria, etc.* De vana pastura agunt passim Consuetudines nostræ municipales locis a Raguello indicatis. [Vide *Pastura* 1.]

¶ **VANAGLORIARI**, vox Italica, Jactare se, ostentare. *Se Vanagloriando quod prope portum Januæ venirent, etc.* in Annal. Genuens. Jacobi Auriæ apud Murator. tom. 6. col. 586. Vide *Vanitare*. Hinc

VANAGLORIOSUS, Vir *vanam gloriam* aucupans, ex Italico *Vanaglorioso*. Gloss. Lat. Græc. : Κενόδοξος, *vanægloriæ*. Utitur Michaël Scotus de Physionomia cap. 71. 76. 85. 100. 101.

¶ 1. **VANARE**, vox fori, Vanum reddere, Gall. *Annuler*, ut videtur. Charta ann. 1351 : *Plenam potestatem ad ... sententias quascumque interlocutorias et definitivas postulandum, Vanandum et audiendum.* ° *Vanare judicium* dicitur, cum lite contestata, partes ante judicum sententiam inter se conveniunt. Instr. ann. 1217. inter Probat. tom. 1. Hist. Nem. pag. 55. col. 1 : *Utraque pars Vanavit judicium et renunciavit omni allegationi de facto et productioni testium. Quo etiam sensu intelligendus videtur locus supra laudatus.*

¶ 2. **VANARE**, pro Vannare, vanno purgare, *Vanner*. Statutum Humberti II. ann. 1340 tom. 2. Hist. Dalph. pag. 394 : *Ipse Marescallus personaliter interesse debeat, ut avena Vanetur.* Libertates Portis-Ursonis inter Ordinat. Reg. Franc. tom. 4. pag. 440 : *Molendinarius Vanat triginta boessellos, pro una placenta.* Chartul. S. Vandreg. tom. 1. pag. 761 : *Ratione cujusdam servitii, quod in granario suo Vanando blada sua facere debebam.*

¶ **VANASSORES**, mendose pro *Vavassores* apud Miræum tom. 1. pag. 191. col. 1. 2. pag. 192. col. 2. pag. 391. col. 1. et pag. 392. col. 2.

° **VANATA**, Tempus, quo frumenta aliave grana vanno purgantur. Charta ann. 1248. in Chartul. S. Corn. Compend. fol. 160. v°. col. 1 : *Et percipiet... bladum et arenam in prædicta grangia annis singulis ad duas Vanatas, quas ipsi maluerint. Vanée,* in pro *Bote de paille,* fascis straminei, in Comput. ann. 1369. ex Tabul. S. Petri Insul. : *Item pour six Vanées de paille, iij. solz.* Vide *Vaneia, Vunnato* et infra *Ventilatio.*

✱ **VANATOR**. [Gallice *Vannier,* ex Prolegom. Cart. S. P. Carnot.]

¶ **VANATURA**, Purgamenta, quæ ex tritico ventilato remanent, Picardis nostris *Hottons.* Vide *Hauto.* Charta

ann. 1258. ex Chartul. S. Vandreg. tom. 2. pag. 1721 : *Ego et hæredes mei habemus stramina et Vanaturas, exceptis tantummodo Vanaturis frumenti ordeum forense valentibus.* Vide *Vaneia.*

¶ **VANCELLUS**, pro *Valloncellus,* Valliculus, ni fallor. Vide in *Vallo* 1. Charta Raimundi Comit. Barcinon. ann. 1016. in Append. ad Marcam Hispan. col. 997 : *Et pervadit usque in ipsos Vancellos de Romaniano; et inde vertit usque ad mare.* Vide *Vauchellus.*

° **VANCQUA**, a vulgari *Wangue,* Pervencia, Gall. *Pervenche.* Comput. ann. 1496. ex Tabul. S. Petri Insul. : *Item custodi ecclesiæ pro ramis et Vancqua, pro decoratione chori in die dedicationis ecclesiæ, pro duobus annis, xx. sol.*

¶ **VANDAGIA**. Vide *Wandangiæ.*

¶ **VANDALIENSES**, Militum genus apud Anglos. Charta ann. 1362. apud Rymer. tom. 6. pag. 370 : *Si contingat dom. Regem Castellæ et Legionis, Alfonsum filium suum, aut ipsorum hæredes, hominibus ad arma, castellanis, sagittariis, guietibus, Vandaliensibus, aut aliis indigere, etc.*

° **VANDEL**, Mulctæ pecuniariæ nomen, apud Polonos. Stat. ann. 1505. inter Leg. Polon. tom. 1. pag. 313 : *Si Judæus judici suo in pœna pecuniaria, quæ Vandel dicitur, reus inventus fuerit, etc.*

¶ **VANDILAGO**. Vide in *Andelangus.*

VANDOSITAS. Vide *Bandositas.*

¶ **VANEIA**. Ipsa purgatio granorum, quæ vanno fit. Charta ann. 1222. ex Tabul. Corbeiensi : *Concesserunt quattuor modios frumenti de territorio de Tanes in grangia sua ejusdem loci annuatim hæreditarie capiendos ad mensuram ejusdem villæ fuste ad fustem mensuratos, ad quamcumque voluerint Vaneiam veniendi festum S. Remigii; et si una Vaneia non sufficeret, non defectum capiemus ad primam Vaneiam subsequentem.* Vide *Vanatura* et *Vannatio.*

¶ **VANELLA**, Agger, ut videtur, Gall. *Chaussée.* Charta ann. 1297. ex Tabul. Angeriac. : *Quarum domorum una sita est in Vanella quæ est extra arbergamentum quod fuit Arnaldi Gobeti, per quam quidem Vanellam itur de minagio dictæ villæ versus arbergamentum aux Torsiez.* Leg. forte Venella, via strictior. Vide *Venella* 1.

° Idem certe quod *Venello* 1. Viculus, angiportus, via strictior. Libert. civit. Caturc ann. 1344. in Reg. 68. Chartoph. reg. ch. 312 : *Item creant... dicti consules.... curatores seu gardiatores operum et ædificiorum, parietum, Vanellarum, ayguriarum, stilicidiorum, etc. Quæ rursum leguntur in Reg. 80. ch. 487.*

VANELLUS, Avis species, *Vanneau,* de qua Philosoph. N. Imp. lib. de Venatione cap. 2. 11.

° **VANERE**. *Deficere, evanescere, Deffalhir,* Prov. Glossar. Provinc. Lat. ex Cod. reg. 7657. Vide *Vanare* 1.

° **VANEZA**. Charta ann. 1130. apud Murator. tom. 3. Antiq. Ital. med. ævi col. 171 : *Campum unum, Vanezas quatuor juxta Cavazocho, etc.* Vide *Vanæpasturæ.*

VANGA, Sarcula. Ugutio et Jo. de Janua : *Vanga, genus fossorii, quia vagando fodit.* Glossæ MSS. : *Vanga, pala cum ferro.* Lexic. Lat. Gall. : *Vanga, Besche.* Italis *Vanga,* idem sonat quod *Bipalium.* Olla patella :

Sarcula, marra, ligo, traha, tribula, Vanga, securis.

[Ad calcem Codicis MS. not. 780. ex Bibl. Sangerm. legitur hoc distichum :

E manibus duris non me trahat incola ruris,
Quorum sunt juris traha, tribula, Vanga, securis.

Elmham. in Vita Henrici V. Reg. Angl. cap. 97. pag. 278 : *Lignorum insopitæ curæ, torquentes telluris viscera Vangarumque numerabile vulgus, mordaci terræ ruptura indulgens vigiliis, etc.*] Leges Burgorum Scoticorum cap. 125. § 1 : *Scamnum, scabellum,.... Vangam, securim.* Gregorius M. lib. 3. Dial. cap. 14 : *In horto monasterii fecit jactari ferramenta, quæ usitato nos nomine Vangas vocamus. Et mox : Facto autem mane..... hortum ingressus, quot Vangas jactari præceperat, tot in eo laborantes operarios invenit,.... qui inculta illius horti spatia, quæ inculta fuerant, coluerunt. A Gregorio eadem habent Acta S. Felicis apud Bolland. 14. Januar. § 1. Vide Petrum Crescentium lib. 1. de Agricult. cap. 6.*

VANGA interdum pro nescio quo armorum genere accipitur. Gloss. Ælfrici : *Vanga, spada.* Vocabular. Anglo-Lat. ann. 1440 : *Spade, Vanga, fossorium.* Pro eo nempe gladio, quod instar fossorii erat; vel quod rustici ejusmodi fossoriis pro armis uti solerent. Gervasius Dorobernensis ann. 1198 : *Unde factum est, ut rustici impetiti, Vangis et fossoriis assueti, armis militaribus gloriarentur inviti. Ejusmodi porro Vangas,* nostri *Vouges,* videntur appellasse. Le Roman de Garin MS. :

Hauce un Vouyge que entre ses mains tint,
Le bras senestre li a copé parmi.

Froissartes 2. vol. cap. 9 : *Si estoient bien 700. lances, et 2000. d'autres gens, que nous appellons maintenant gros Vallets, à Vouges, dagues, et bastons d'armes.* [*Voulges,* in Charta ann. 1430. apud Lobinell. tom. 2. Hist. Britan. col. 1019 : *Jehan le Senechal conestable de Fougeres, et qui a la garde des portes de ladite ville à raison de son office,* vi. *h. à Voulges au Delleguet.* Vouge Nicotius interpretatur Venabulum iste ferro.] Vide *Panga.* Qui porro in bellis ea arma deferebant, *Voulgiers* vocantur in Chronico scandaloso, uti vocant, Ludovici XI. Regis Franc. pag. 58. et 70. [*Vougiers,* in Recensione ann. 1477. apud eumdem Lobinell. ibid. col. 1379 : *Eonnet du Bout* II. *Vougiers, un coustillieur. Jehan de Quelen homme d'armes,* II. *Vougiers,* I. *coustillieur, etc.*] Idem porro videtur

VAGA, apud Anglos. Liber Anglicus inscriptus *Justice of peace* f. 77. v : *Scilicet gladiis, baculis, Vagis, falcastris, arcubus, et sagittis, etc.* [Vide *Vougelus.*]

VANGAMENTUM, Vindicta, ultio, ultio; ex Gallico *Vangement,* vel ut hodie obtinet, *Vengement.* Charta Fundationis Capituli S. Martini Artonensis in Arvernia ann. 1048. apud Phil. Labbeum tom. 2. Bibloth. pag. 754 : *Sed si tale forisfactum mihi aut aliis illi Canonici, vel illorum Clerici, seu homines eorum fecerint, ut factum facere noluerint, infra 14. dies Vangamentum non capiam, et in his 14. dies admonebo illos duos vel tres per me, aut per unum Missum in Capitulo illorum duas vices, ut rectum faciant.*

¶ 1. **VANGARE**, pro *Vagari,* ut videtur. Memoriale Potestat. Regiens. ad ann. 1250. apud Murator. tom. 8. col. 1117 : *Et Regini iverunt ad Novem et combusserunt terram, et Vangaverunt undique, et ceperunt multos homines et jumenta.*

¶ 2. **VANGARE**, Terram *Vanga* seu ligone versare, vox Italica, Gall. *Bécher.* Chron. Bergom. apud eumdem

Murator. tom. 16. col. 875 : *Vangabat in campo Monacharum S. Bernardi, etc.* Hinc

¶ **VANGATA**, Ipsa actio terram ligone versandi. Statuta Mutin. Rubr. 135. fol. 24. v°: *Statutum est quod Pontesellus, qui vadit per braidam dom. Rainerii de Nonantula, per tres Vangatas ab hominibus de Nonantula cavari debeat.*

VANI, Pennæ species in avibus, Italis *Vanni*, de qua sic Fridericus II. lib. 1. de Arte venandi cap. 50 : *Numerus itaque pennarum in unaquaque ala est 26. quatuor magis propinquæ corpori, quæ dicuntur Corales, et postea 12. quæ dicuntur Vani, firmiores et duriores coralibus, et alterius coloris et figuræ. Denum versus extremitatem alæ aliæ sunt 10. quæ forinsecæ dici possunt; hæ sunt firmiores, duriores, et longiores illis, quæ dicuntur Vani; ultima harum decem dicitur Saxellus, etc.* Adde cap. 46. 51. Vide Oct. Ferrarium in *Vanni*.

¶ **VANIARE**, Vagari, vana dicere. Vide supra *Vanaciare*. Acta S. Franciscæ Rom. tom. 2. Mart. pag. 125 °: *Repausa ergo tuam mentem, ne vadas Vaniando, fige te in amore benigno.* Vide *Vanizare*.

VANIASTUTUS, Ματαιόφρων, in versione Confessionis Nicephori Patriarchæ Constantinopolitani, apud Baron. ann. 811. 51.

° **VANIGLORIUS**, Vir *vanam gloriam* aucupans. Vita S. Walth. tom. 1. Aug. pag. 259. col. 2 : *Vaniglorium datorem derident.* Vide *Vanagloriosus*.

VANILOQUIUM, Ματαιολογια, *Frustratio : ματαιολογος, Vaniloquus,* in Gloss. Græc. Lat Leo III. PP. Ep. 1: *Omnes rationem reddituri sint Domino de Vaniloquiis.* Occurrit in 1. et 2. ad Timotheum, ut *Vaniloquus*, in 1. ad Titum, in Capitul. Aquisgran. ann. 789. cap. 69. in Capitul. 2. Carol M. incerti ann. cap. 36. etc. [☞ Pro Fictio, commentum occurrit in Thangmari Vita Bernwardi apud Pertz. Scriptor. tom. 4. pag. 779 : *Bernwardus Ep. divina inspiratione doctus non ejus Vaniloquio attendens, obligationis suæ anathema illi retexit.*] [*Vaniloquens*, in Oberti Cancell. Annal. Genuens. apud Murator. tom. 6. col. 302 : *Istos videtis Vaniloquentes, et de uno ad aliud sine mora transeunt.*]

¶ **VANIRE**, VANNUERE, Vannare, Gall. *Vanner.* Gloss. Lat. Gr. : *Vanio*, Βράσσω. *Vannuo*, λιχνίζω.

VANITARE, VANIZARE. Jo. de Janua: *Vanitare, vanitatem dicere, vel vaniando laudare.* Unde nostris *Vanter, se vanter.* S. Augustinus lib. de Quantit. animæ cap. 88 : *Vanitas est fallacia, Vanitantes autem vel falsi, vel fallentes, vel utrique intelliguntur.* S. Bernardus de Morib. Episc. cap. 2 : *Et nos Vanitando peritis, et nos spoliando perimitis.* [Gozechini Epist. apud Mabill. tom. 4. Analect. pag. 366 : *Ergo arguis in me levitatem Vanitantis animi, qui velut hac illac fluitans vacare desideret, et gloriolari, pro eo quod Leogium nostrum tantopere laudaverim.* Gloss. Lat. Gall. Sangerm. : *Vanitare, dire vanité, vanter, ou en venteur loer.*]

VANIZARE dixit IvoCarnotensis Epist. 66 : *De vestra benevolentia plus justo præsumentes, Vanizando dicunt, quod juxta petitionem Turonensis Archiepiscopi, eum consecrabitis, etc.* Vide Ægid. Menagium et Oct. Ferrarium in *Vanitare*.

VANITAS. Gloss. Græc. Lat. : Φαντασία, *vana visio, imago, Vanitas, visus.* Glossæ antiquæ MSS. : *Filacteria, Vanitas.* Qua postrema notione vocem hanc usurpat Gaudentius Brixiensis Tract. 4 : *Veneficia, præcantationes, suballigaturæ, Vanitates, auguria, sortes, etc. Vanitatem*, pro mendacio, usurpasse Ciceronem, Tacitum, et alios, observatum ab Octavio Ferrario in Orig. Linguæ Ital. in *Bugia*.

° *Wain*, pro Phantasma, in Mirac. MSS. B. M. V. lib. 1 :

Li deables ki lost brocha,
A l'encontre si rest venus,
Com uns grans Wains noirs et velus.

Vide *Umbræ*.

VANITIES, pro *Vanitas*, apud Ammianum lib. 21. pag. 180.

¶ VANITAS, Lassitudo, virium defectio, Gall. *Abatement.* Consuet. Fontanell. MSS. : *Nobis autem conceditur post matutinas redire ad lectum, ne somnum quem corpori fragili subtraheremus, resumere per diem lassitudine et Vanitate compelleremur.* Nostri *Etre vain* eodem intellectu dicunt. Le Roman de Robert le Diable MS. :

Mais sa biele fille la bloie
Ne fait de nul deduit samblant :
Ains a le cuer Vain et dolant.

° Hinc *Vain*, pro Languidus, in Lit. remiss. ann. 1384. ex Reg. 125. Chartoph. reg. ch. 9 : *Laquelle Perenelle, qui estoit laisse et l'aine, tant pour ce qu'elle n'avoit mengié de tout le jour, comme pour ce qu'elle estoit malade.*

¶ VANITARE, ut supra *Vanaciare*: Bonincontrus in Chron. Modoet. apud Murator. tom. 12. col. 1172 : *Cum crederent quod Vanizaret, nec quod tam longe esse posset, etc.* Vide alia notione in *Vanitare*.

VANLEHEN. Vide *Fahnelen* et *Feudum vexilli.*

¶ VANLEUGA, pro *Banleuga*, Gall. *Ban heuë,* Modus agri, cujus finibus loci alicujus immunitas vel jurisdictio terminatur. Vide *Bannum leugæ* in *Bannum* 8. Charta ann. 1350 ex Tabul. B. M. de Bono-nuntio Aurelian. : *De Consuetudine ecclesiæ nostræ Carnotensis communiter observatæ in villa Vanleuga Carnotensi.*

¶ 1. **VANNA**, Straguli species, vulgo *Vanne* dicta. Leges Palat. Jacobi II. Reg. Majoric. inter Acta SS. tom. 3. Jun. pag. LVII : *Habeantur et teneantur in promptu Vannæ, Linteamina, coopertoria, et aliæ decentes vestes, ultra illas quæ pro lectis nostris sunt ordinatæ.* Ita etiam legendum in Statutis MSS. Capitulorum S. Victoris ann. 1216. et 1294. ubi Vanoa legit D. le Fournier : *Item vestiti stamineis, braccis et caligis et cincti, sicut conveniunt et sunt, dormiatis, linteamina, Vannas et coopertoria non tenentes, nisi necessitatis causa.* Capitul. ann. 1294 : *Calcaria, lectus, matalacia, Vannas, flansadas, lapides pretiosi, etc.* Semel et iterum Vanoa occurrit in Inventario ann. 1379. ex Schedis Cl. V. Lancelot, ubi perinde emendo *Vanna*. Vide *Vana* 1. [° Vide *Vanoa*.]

° Hinc *Vanner*, pro *Berner*, Aliquem e stragulo in altum jactare, in Lit. remiss. ann. 1377. ex Reg. 112. Chartoph. reg. ch. 106 : *Pour laquelle chose ledit Jehan Pastor exposant par esbatement avec plusieurs autres de la ville (de la Terrasse) pristrent icellui Lambertet, en disant : Vous devez estre Vannez ou baculez; car vous avez routé la fueille du til : et est la coustume telle, que ceulx qui prennent riens du til, doivent estre Vannez.* Vide infra *Vanoa*.

¶ 2. **VANNA**, ut infra *Venna*, ni fallor. Regest. Episcopal. Nivern. ann. 1287 : *Item quilibet qui vendit archas Vannæ scilicet situlos, tinas, criles, bussellos, debet in festo S. Cirici* II. *den.*

° Charta Childeb. I. ann. 558. tom. 4. Collect. Histor. Franc. pag. 622 : *Cum insulis quæ ad ipsum fiscum adjacent, cum piscatoria, quæ appellatur Vanna.*

¶ **VANNATIO**, Purgatio frumenti aliorumve granorum, ut supra *Vaneia*. Chron. Bonæ Spei pag. 293 : *Illi de Bona Spe aliam triturationem, seu Vannationem expectare tenebuntur.*

° *Vannage*, nostris, eadem notione. Pactum inter castell. et monach. de Britolio : *De chacun mui nous payerons ou fairons payer deux boitiaus de blé au bolliau du moulin, et pour les Vannages du blé, de un muis nous payerons quatre boitiaus de blé.*

¶ **VANNELLUS**. Vide infra *Vannus*.

¶ 1. **VANNERIA**, pro *Banneria*, Vexillum. Tabular. Æduense. *Et nihilominus dicti commissarii Vanneriam seu vexillum dicti actoris in dictis temporibus elevari et deferri per dictam villam Lugdunensem, ac si dictus actor Archiepiscopus foret Lugdunensis, fecerant.* Vide in *Bandum* 1. et *Vannulum*.

¶ 2. **VANNERIA**, a Gall. *Vannerie*, Locus ubi vanni et alia quæ ex vimine fiunt, conficiuntur. Charta ann. 1273. apud Lobinel. tom. 3. Hist. Paris. pag. 25. col. 1 : *Item terram quæ est in Vanneria,.... cum cuneo dictæ Vanneriæ, usque ad domum Johannis le Flament.*

¶ **VANNIUM**, pro *Bannium*, vel *Bannum*, Gall. *Ban,* Proclamatio. Conc. Salmant. ann. 1335. inter Hispan. tom. 3. pag. 589 : *Vannia autem in jure contenta fieri volumus isto modo : quod contrahentes vel veniant ad ecclesiam, vel ecclesiam (sic) foris ipsius, videlicet in Missa, aut debita hora Missæ ibidem populo congregato, prædicta Vannia, ut est juris, per presbyterum publicentur.* Ubi de solemni futurarum nuptiarum proclamatione agi nemo non videt. Adde *Bannum* 1.

¶ **VANNIUS**, f. ab Hisp. *Vanno,* vel *Banno.* Balneum : nisi sit nomen loci. Charta inter Conc. Hispan. tom. 3. pag. 168 : *Et conclude per illum flumen usque intrat Lor in Sylæ, et item ad aquiaria et per Vannios.*

¶ **VANNUERE.** Vide supra *Vanire*.

¶ **VANNULUM**, Vexillum minus, ut supra *Vanneria* 1. Charta ann. 1328. apud Ludewig. tom. 2. Reliq. MSS. pag. 275 : *Conferentes eidem ac infeodantes et investientes...... per sceptrum regale, sub Vannulis et vexulis, ut est moris.*

¶ **VANNULUS**, diminut. a *Vannus*. Gloss. Lat. Gr. : *Vannulus*, ὀρίναξ, λικνάριον.

¶ 1. **VANNUM**, Pars navis. Contractus initus inter S. Ludovicum Reg. Franc. et Venetos ann. 1268 : *Et habet duos paradisos, et unum Vannum et supervannum coopertum et duos pontes.*

¶ 2. **VANNUM**, pro *Bannum.* Charta Goscelini Archiepisc. Burdigal. inter Instr. tom. 2. Gall. Christ. novæ edit. col. 923 : *Itaque illius et quorundam religiosorum virorum consulta supradictum locum consecrando justitiæ Dei et nostræ Vannum imposuimus.*

VANNUS, VANNELLUS, Mensurarum

species in *Vanni*, seu *ventilabri* speciem forte confecta. Ermentarius Monachus lib. 2. de Vita S. Filiberti cap. 14 : *Advecta est deinde in vase, quod Vannus vulgo dicitur, quædam fœmina duplici damnata incommodo, etc.* Libertates MSS. Villæ S. Desiderii in Campania ann. 1228 : *Vannellus carbonis minuti vendetur* 5. *solidis tantum, et continet in se duodecim Vannos per mensurationem Scabinorum.*

° *Van,* eodem sensu, in Lit. remiss. ann. 1388. ex Reg. 183. Chartoph. reg. ch. 105 : *Jehannin de Mecon........ estoit tenuz et obligiez en la somme de quarente deux Vans de charbon. Banne* vulgo. Vide *Benna* 5.

¶ **VANOA**, pro *Vanna*. Vide in hac voce.

° VANOA, Stragulum acupictum gossipio fartum. Charta ann. 1331. in Reg. 66. Chartoph. reg. ch. 924 : *Item quod dictus Jacobus per sui officii* (vigueril) *potentiam, quandam Vanoam et ob causa* (sic) *valoris octo librarum et ultra cujusdam presbiteri, quæ ad inquantum vendebantur , etc. Item tres Vanoas tales quas,* in Invent. ann. 1361. ex Tabul. D. Venciæ. Nihil ergo temere mutandum in locis laudatis v. *Vanna* 1. ubi *Vanoa* legitur.

⁕ [« Et de duobus pulvinaribus cum pluma, et duabus *Vanois* bonis et integris. » (Cart. Magalon. ex Rev. Soc. Sav. 1873. p. 418.)]

° **VANONA**, Eadem notione. Charta ann. 1327. in Reg. 65. Chartoph. reg. ch. 55 : *Ivit ad domum dicti servientis, et deinde fecit abstrahi circa primum somnum tassas argenti, chalonos, coxinos, Vanonas et plures alias res.*

¶ **VANTA**, ut *Venda.* Vide *Venda* 1. et 8.

¶ **VANTALLUM**, ut infra *Ventalum.* Charta ann. 1209. ex Tabular. S. Nicasii Remens. : *Debemus habere et retinere imposterum Vantalla essaverie vivarii nostri.*

¶ 1. **VANTARE**, Vane ostentare. Glossæ MSS. apud Vossium lib. 4. de Vitiis serm. cap. 29 : *Jactare dicitur pro Vantare.* Quod a vento, vel potius a venditare efformatum docet ibidem Vossius.

° 2. **VANTARE**, Facti alicujus auctorem se publice fateri, nostris *se Vanter,* eodem intellectu ; unde *Vantance,* eadem acceptione. Conc. Marciac. ann. 1329 : *Attendentes superius nominatos...... se ipsos Vantasse et publice detexisse se fore culpabiles homicidii, etc.* Lit. remiss. ann. 1406. in Reg. 161. Chartoph. reg. ch. 73 : *Icellui Raoul persevereroit en sa fole et mensongeuse Vantance, et tellement l'avoit escandeslifié, que la chose estoit comme toute commune.*

° At vero *Vanter* sen plesge, Sponsorem suum liberare a fidejussione, significare mihi videtur, [ᶜᵒ auctorem laudare,] in Charta Ludov. comit. Claromont. ann. 1197. ex Reg. ejusd. comitat. : *Chacun porra Vanter sen plesge, si comme il doit. De Vanterai me plesge, si comme je suel, se il n'ara donné plesge de plevine amendée.*

VANTARIUS. Charta sub Edw. II. Reg. Angliæ, apud Spelmannum : *Richardus Rockesley miles tenebat terras Seatoniæ per serjantiam esse Vantarium Regis* (in) *Gascoign, donec perusus fuit pari sotularium pretii* 4. *den.* id est, dum trivisset par calcorum 4. den. Ubi idem Spelmannus : *Vantarius, præcursor* v. *vantarius Regis est assecla Regis, qui cæteros suos asseclas prægreditur,* the kings fore footman. Vim vocis fateor me non asse-

qui ; nisi *Vantarius* ponatur pro *Ventarius,* qui tributa Regia in Vasconia recipiebat, ita ut *serjantiæ* species fuerit. Vide *Ventarius,* in *Venda.*

° **VANTAYA**, f. Jus in arbores ventorum violentia eversas. Reg. feud. Norm. ex Cod. reg. 4658. A. fol. 189 : *Tenet quartam partem nemorum, excepto griagio et Vantaya.* Reg. S. Justi ex Cam. Comput. Paris. fol. 170. r°. col. 2 : *Dominus Galterus de Flavacourt.... tenet a domino Johanne de Monchevrel quartam partem nemorum, excepto griagio et Vantay.* Vide *Venteicium.*

¶ **VANTBRAS.** Charta Henrici V. Reg. Angl. tom. 4. Hist. Harcur. pag. 1440 : *Reddendo nobis et eisdem heredibus nostris unam cerotecam de plate pro dextra manu et unum Vantbras pro dextro brachio.* Ubi excidisse existimo literam A, ita ut legendum sit *Avantbras.* Vide *Antebrachia.*

¶ 1. **VANTUS.** Vide in *Wantus.*

° 2. **VANTUS**, perperam pro *Vancus,* et ex mutatione b in v pro *Bancus,* Scamnum, sedile. Charta ann. 1329. in Reg. 66. Chartoph. reg. ch. 90 : *In dicta platea communi, præsentibus dictis consulibus,...... cum quadam guivarma supra quemdam Vantum seu sotum decapitavit dictum Geraldum.*

° **VANUM** Pasturagium, idem quod *Vanapastura.* Locus est supra in *Pasturagium.*

⁕ **VANUS**. [Non fermentatus ; debilis, etc. Dief]

⁕ **VAPA**, Goudale. (Gloss. Lat. Gal. Bibl. Insul. E. 36. XV. s.)

VAPORARE, pro *Calefacere,* non semel dixit S. Ambrosius lib. 4. Hexaëmer. cap. 5. at cap. 8. pro *exurere* usurpavit. Auctor antiquus Vitæ S. Lupicini Abbatis Jurensis n. 5 : *Ut dum alii quotidie flabris scandali jam per elationem Vaporatum accendunt , etc.* Gloss. Medic. MS. Reg. cod. 1486 : *Vaporatio, celefactio.*

¶ **VAPORATORIUM** , Vaporarium, hypocaustum. Chron. Andr. Danduli apud Murator. tom. 12. col. 584 : *His diebus fuit maxima tempestas Venetiis,...... ut...... multa Vaporatoria, multæ domus, multæ turres corruerunt aut corruptæ fuerint.*

VAPORUS, Vaporiferus, apud Prudentium.

¶ **VAPULARI**, pro Vapulare. Acta SS. Savini et Cypriani tom. 3. Jul. pag. 194 : *Suspendantur, exungulentur et Vapulentur a capite usque ad talos.* Translat. S. Athanasii apud Murator. tom. 2. part. 2. col. 1067 : *Qui mox exterritus evigilans, excitavit socios suos : Vapulati sumus, dilectissimi, inquit.*

° **VAPULATOR**, Qui flagello spicas excutit, Gall. *Batteur en grange.* Charta ann. 1180. in Chartul. S. Corn. Compend. fol. 127. r°. col. 1 : *Ecclesia ponet in grangia Mesvillaris Vapulatores, quantos voluerit.*

¶ **VAQUA**, Vacca, ita *Vaquæ,* pro *Vachæ,* in Charta ann. 1448. ex Chartul. 23. Corb. Stat. sabat. Carcass. ann. 1402. art. 7 : *Non sit ausus ponere seu immiscere de duobus coriis, quasi dicamus coriam mutonis conjungere cum corio Vaguæ seu de cordoa, etc.* Glossar. Provinc. Lat. ex Cod. reg. 7657 : *Vaquiar, Prov. Vaquarius, Prov. vaquaria.*

¶ **VAQUALIS.** Tabularium Camalar. diœc. Anic. : *Mansus Rasapota à la Liger reddit pro carcio* XII. *den. et sex Vaquales.* f. Moneta minutior vacca insignita, ut Benearhensis.

¶ **VAQUERIUS.** Vide supra *Vacquerius.*

¶ 1. **VARA**, Species aucupii fluvialis. Charta Occitanica ann. 1311. ex 47. Regesto Tabularii Regii num. 130 . *Item ordinavit, quod quicunque de cætero capient aves in aliquo dictorum stagnorum cum quadam arte vocata Vara,* drechuram *sive pulmentum consuetum domino, in cujus aquis aves prædictæ capientur, solvere teneantur, dato quod alibi cum avibus sic applicassent ; et quod de cætero nullus erit ausus aves aliquas capere cum quadam arte vocata emplumaihe, sive capusiera, sive cum quibusdam aliis artibus antiquis, arte tamen prædicta Vara duntaxat excepta.* Vide *Varus.*

¶ 2. **VARA**, Semita, Gall. *Sentier.* Statuta Avenion. edit. ann. 1612. rubr. 54. de via præstanda, art. 1 : *Sequatur Varam propinquiorem viæ publicæ.* Ibidem : *Si de vineis agatur, quæ parvis semitis (vulgo dictis Vares) circumdantur, etc.*

¶ 3. **VARA**, ut infra *Warda,* Custodia. Charta Rudolfi Episc. Halberstad. ann. 1147. apud Ludewig. tom. 1. Reliq. MSS. pag. 6 : *De singulis mansis duo maltra frumenti et unum anserem advocatus singulis annis recipiat hac conditione ut in legitimis placitis suis homines sub observatione quadam,* vulgo dicta *Vara,* astare et respondere non cogat. Vide Gloss. Schilteri in *Wara.* [ᶜᵒ Haltaus. Glossar. col. 437. voce *Far* et Oberlin. col. 1691. voce *Var.*]

¶ 4. **VARA**, WARA, Bonitas, valor : quod de monetis dicitur earumque sinceritatis examine, in Charta Ludovici Ducis Brandenburg. apud Ludewig. tom. 7. Reliq. MSS. pag. 5 : *Si vero denariorum dictorum monetariorum Varam decreverimus adhibere, hoc nusquam licebit fieri, nisi in eorum fabrica, vel in caposorum assere eorundem.... Nullus etiam dictis nostris monetariis Varam inferre præsumat, sive nostro consensu.* Charta ann. 1364. apud eumdem tom. 1. pag. 304 : *Vendidimus pro viginti et septem marcis Waræ Querwordensis in nostræ ecclesiæ profectum utiliter redactis quatuor mansos. War,* verus, in Gloss. Teuton. Schilteri.

VARANGIA. Vide *Warengangi* et *Vargi.*

¶ **VARANNA**, Facultas venandi cuniculos aut lepores, idem quod *Warenna.* Charta ann. 1153. apud D. Brussel tom. 1. de Usu feud. pag. 273 : *Varannas quæro, et alia multa qui contra me exercent in ipso castro ipsi et ministri ejus. Varenna* editum inter Instr. tom. 4. Gall. Christ. novæ edit. col. 178.

VARANTIA. Vide *Garantia* 1.

¶ **VARANTIZARE.** Vide in *Warantus.*

1. **VARARE**, vel **VARIARE**, dicitur flumen, quod *divaricatur,* seu in duos alveos finditur, apud Gromaticos pag. 295. Mago et Vegoia Agrimensores : *Sunt et alii pontes in vicinalibus et privatis viis, quorum alvei Varantur.*

° Goesius in Ind. ad Rei agrar. Script. antiq. legit *Vallantur,* contra Salmas. a quo in Lex. Vitruvil : *Varare flumen,* male Trajicere. Hæc ex animadv. D. Falconer. Vide apud eumd. Goes. quid sit *Varatio* et mox *Variare* 1.

¶ 2. **VARARE**, vox Italica, Navem mari committere, Gall. *Lancer un vaisseau.* Bartholomæi Scribæ Annal. Genuens. apud Murator. tom. 6. col. 495 : *Statim Varatæ fuerunt galeæ* X. *denuo factæ.* Rursum col. 503 : *Omnes galeas Vararii fecit* (Potestas) *et eas necessariis omnibus ordinari.* Statuta Massil. lib. 1. cap. 46 : *Constituimus ut commune Massiliæ habeat vasos magnos et parvos ad naves, et*

ad alia ligna Varanda, eosque teneat bene aptatos, et paratos (ad) Varandum, expensis communis, et quicunque navem aut aliud quodcunque lignum Varare volent a modo, illud Varent cum dictis vasis duntaxat, etc.
° Acad. Crusc. Deducere navim e navalibus. In Stat. vero Massil. hic laudatis, Carinare, navem reficere sonat, ut et in Lit. Salad. apud Lamium in Delic. erudit. inter not. ad Hist. Sicul. Bonincont. part. 1. pag. 198 : Imposuerunt nobis preces, ut naves eorum traherent ad terram ; et nos inquirimus duanam quam deberent, et duana testificabat, ut unaquaque nave deberent dare s. ij. ad tenendas naves et s. ij. Varandas et s. iiij. per timones. Varar vero, Provincialibus, Tutubare, labare, ex Glossar. Provinc. Lat. Cod. reg. 7657.
VARBALLUM. Jura et Consuetudines Normanniæ cap. 17. de Verisco, seu jure naufragii : Ex eo Dux habet..... omnem piscem ad Varballum, qui ad terram pervenerit. Ubi editio Gallica : Et tout poisson, qui par lui vendra a terre, ou qui aura esté prins à terre. [Vaballum editum apud Ludewig. tom. 7. Reliq. MSS. pag. 188.]
° Vaballum, ut apud Ludewigum, qui ibi monet inde Germanicum Walfisch, legitur in Cod. reg. 4651. ubi nihil reperitur in Gallico, quod huic voci respondeat.
° **VARCA,** pro Barca, Navicula. Lit. Salad. apud Lamium in Delic. erud. inter not. ad Hist. Sicul. Bonincont. part. 1. pag. 197 : Ibi non debent apprehendere aliquid, nec guardianus de duana, nec curatores, nec illi qui cum Varca servavit.
VARCATURA. Charta Guillelmi filii Rogerii Ducis Apuliæ ann. 1142. apud Ughellum tom. 8. pag. 417 : Et dictum molendinum cum parte Varcaturæ suæ, et cum integro sedio,... et cum lignaminibus eidem molendino sufficientibus ad aptandam Varcaturam solum pro palata ejusdem molendini, etc. Ubi varcatura idem valet, quod virgatura : (nostri vergne dicunt :) virgæ scilicet et ligna, quibus fluviorum aut staguorum ripæ continentur : nisi sumi debeat pro aggere ipso seu transitu ad molendinum : Italis enim, maxime poëtis, varcare est transire, ut varca, et varco, iter, transitus. [Vide Valcatorium.]
¶ **VARCHETTA,** ut supra Vacheta ; nisi sit pro Barchetta. Vide in Barca. Chron. Andr. Danduli apud Murator. tom. 12. col. 366 : XXXIX. galeas, decem Varchetas, et IV. naves festinanter præparari faciunt.
VARCINATICUM. Charta Ludovici Pii lib. 2. Chronici S. Vincentii de Vulturno pag. 682. [∞ Murat. tom. 1. part. 2. pag. 369. col. 2. B.] : De quibus una est donatio quam Lupus Dux ad prædictum sanctum locum fecit de Varcinatico, id est animalia, quæ exigebantur ad mensam Principis Ducatus Spoletani. Idem Chronicon pag. 685. [∞ Murat. pag. 373. 2. B.] : Obtulit quoque præceptum,... et de clausura in Marsis, et de Vuarcinatico, id est, animalia, quæ exigebantur ad mensam Ducis Spoletini. Idem videtur, quod Barganaticum in Charta Caroli M. Vide in hac voce et Warciniscum.
¶ **VARDECLOQUE,** a Warda custos ; et Cloque, campana. Statuta scoteriæ in Tabular. Audomar. : Teniat quolibet sero infra somum campanæ quæ pulsatur in ecclesia nominata Vardecloque.
¶ **VARDONUS,** Pars calcei, f. ab Italico Guardone. Statuta Saluciar. collat. 5. cap. 146 : Statutum est quod quilibet caligarius, seu fieri faciens subtulares ad vendendum in Saluciis, teneatur et debeat facere seu ponere eisdem subtularibus soleas de schina corii grossi, et in eis ponere Vardonos de schina corii grossi, et hoc intelligatur in subtularibus grossis : in subtularibus vero subtilibus debeat ponere soleas de corio breato, cum Vardonis corii breati.
¶ **VARE,** ut infra Varus. Vide Vervicine.
VAREA, Tributi species. Statuta Venetorum lib. 6. cap. 68 : Quod vertitur.... in damnum patronorum et aliarum mercationum, propter dacia, nabula, et Vareas. Ibidem : Vaream non dari, nisi de rebus, quæ in quaterno Scribani descriptæ sunt : nisi si libri aut furto ablati, aut in mare projecti sint : præterea de armis ac harnesiis. Agitur etiam de Varea pluribus cap. 73. 74.
¶ **VARECH.** Vide in Wreckum.
¶ **VARECTUM.** Vide Warectum.
¶ **VARENDA,** VARENDATIO, VARENDATOR. Vide Warantus.
VARENNA. Vide Warenna.
¶ **VARENS,** VARENTARE. Vide Warantus.
VARES, seu Varios vocant, murium Ponticorum speciem quamdam qui ventre tantum albi sunt, dorso fusciusculo, ut ait Julius Scaliger in Aristotel. ubi de Muribus Ponticis. Hos Vares vocat Josephus Barbarus in Itinerario ad Tanaim pag. 456 : Sibolinos, Armelinos, Dossos, Vares, vulpes, et id genus animalium alia illi offerentes. Veergares, seu Vairs gris, appellasse videtur Benjaminus Tudelensis in Itinerario, uti a nobis observatum in Dissertat. 1. ad Joinvillam. Hinc pelles Variæ, et vestes Variæ, apud Scriptores. Arnulfus Lexoviensis : Procedit interim inter cilicia pauperium fratrum et sordes, cartularii filius sericis adornatus et Varits. S. Bernardus de Vita et morib. Relig. cap. 10 : An non posset dormiri, nisi supra Varium stratum, aut sub peregrino coopertorio ? Will. Brito lib. 9. Philippid. :

Et quas huc mittit Varias Hungaria pelles.

Cæsarius Heisterbach. lib. 6. cap. 5 : Vestimenta ejus satis despecta erant. et humiliima, non grisea, non Varia, sed ovina. Synodus Monspessulana ann. 1258. cap 3 : Et qui tonsuram dimiserint, aut in habitu non vixerint clericali, vestes Varias deferendo, vel alias Clericos non decentes. Rogerus Hovedenus pag. 645 : Et quod nullus post proximum Pascha utatur Vario, vel grisio, vel sabellina, vel escarleta. Albertus Stadensis, et Historia Archiepiscopor. Bremensium ann. 1183 : Et sufficienter Archiepiscopum excusavit, videlicet quod Varium non ferret, nec cum suis vestibus alicui erogatis, mantellum Cleri aut Militis induisset, etc. Concilium Saltzburgense ann. 1386. cap. 6 · Hinc est, quod firmiter inhibemus, ne Clerici in publico utantur Vario, vel illud deferre præsumant, nisi in dignitatibus fuerint, vel Canonici Ecclesiastici Cathedralium, vel in gradu magisterii scientiæ fuerint constituti. [Computus ann. 1202. apud D. Brussel tom. 2. de Usu feud. pag. CLXXXIII : Et pro furura Varii minuti ad capam de camelino, ad S. Andream, c. s. Pro furura minuti Varii ad supertunicale quod habuit lunc, LXX. s. Statutum Humberti II. ann. 1340. tom. 2. Hist. Dalph. pag. 406. col. 2 : Item, pro folraturis raubarum Nativitatis erunt necessarii DCCCC. Varii, et pro illis Paschatis, DCX. Varii, pro illis O. SS. DCX. Varii. Pelles variæ, in Tabular. S. Vincentii Cenomanens.] Vetera Statuta peagii Parisiensis: Polleterie de toute bonne robe Vaire, dont la peour est Esclavonasse. Vari Sclavoniæ, apud Rollandinum in Chronico lib. 2. cap. 14. Adde lib. 1. cap. 13. [∞ Vide Murator. Antiq. Ital. tom. 2. col. 411. et 413. Lappenb. Orig. Hanseat. Probat. pag. 58. not. 5. ad chart. ann. 1252. ubi Telma Varii operis. Chron. Salernitan. cap. 28 : Varium indumentum.]
° Dialog. creatur. dial. 110 : Varius est bestia parva paulo amplior quam mustella. A re nomen habet, in ventre enim candidus, in dorso habet colorem cinereum, ita elegantem, ut mireris bestiam sua creationes spectabilem ; de genere piroli est, in arboribus habitat et fetus facit.... Varius licet sit parvus, propter nobilitatem pellis, animal excellentissimum est.
¶ **VAIRUM,** VAIRUS, Eodem intellectu. Johan. Demuss. in Chron. Placent. tom. 16. Murator. col. 580 Aliquæ dominæ utuntur mantellis... fodratis de zendallo vel Vairis. Tabular. SS. Trinit. Cadom. : Omne verecum quod exciderit apud Oistrehan, aurum vel Vairum, vel mantellum sive atachia, etc. Convent. civit. Saonæ ann. 1526 : Pro aliqua quantitate pellium affaitarum, Vairorum, dolsorum, etc. De grisio seu Vairo, in Tabul. Maclov. ann. 1415. Statuta Scabinorum Maceriarum ad Mosam : Le cent de Vairs doit IIII. den.
¶ **VAJUS,** Ital. Vaio. Eadem notione. Joh. de Bazano in Chron. Mutin apud Murator. tom. 15. col. 605 : Erant vestiti de scarleto fulcito de pellibus Vajorum. Concil. Tarracon. ann. 1591. inter Hispan. tom. 4. pag. 615 : Nullus audeat in vestibus seu capuliis forraturam portare de Vais albis vel de grisis.
¶ **VARUS.** Chron. Parmense apud Murator. tom. 9. col. 820 : Commune eidem fecit et donavit unam robam Varam pretio X. lib. imperialium. Memoriale Potest. Regiens. ibid. col. 1154 : Indutum erat corpus ejus de bono drappo de scarleto cum pulchra pelle Vara, et cum una capellina Vara de scarleto cum pulchro pallio. Vide Varus 2. suo loco.
¶ **VAYRUS,** in Constitut. Frederici Reg. Sicil. cap. 88 : Possint portare Vayros in caputio vel birretta. Adde cap. 89. et 105. Statuta Astens. collat. 11. cap. 109. fol. 86. v°. et Marten. tom. 3. Anecdot. col. 89.
¶ **VEYRUS.** Computus de ann. 1333. ad ann. 1336. tom. 2. Hist. Dalph. pag 273 : Cuidam pelliparo per manus Francisci sartoris pro pennis de Veyro robarum domini et Comitissæ consortis domini, etc. Infra : Pro Vayro pro dom. Comitissa, etc.
¶ **VARESCUM.** Vide in Wreckum.
¶ **VARETA.** Joh. Demussis Chron. Placentinum apud Murator. tom. 16. col. 579 : Quælibet domina communiter habet tot annulos et Varetas auri cum lapidibus pretiosis, etc. Nescio an sit pro Italico Baretta, vel Garetta.
¶ **VARGAIGNE,** vox Gallica pro Bargaigne, ut monuit Vir eruditissimus Falconet, Pactum, fœdus, tractatio, Italis Bargagno, Anglis Bargain, stipulatio, contractus ; unde Scriptoribus medii ævi Barcaniare, Barganniare. Vide supra in his vocibus. Statuta pro pistoribus Atrebat. ann. 1355. inter Ordinat. Reg. Franc. tom. 5. pag. 512. art : 24 : Quiconque crelera Vargaigne en la chité [cité] il doit venir pardevant le Majeur

d'Arras et les Esquevins et Jurez sur sains, qui le celera (cretera) loyaulment.

VARGI, Latrunculi indigenæ, Arvernis. Sidonius quippe lib. 6. Epist. 4. ait, *Vargorum nomine indigenas latrunculos nuncupare* Arvernos suos; neque alii videntur ab iis, qui

WARGI dicuntur in Lege Salica et Ripuaria, hoc est, *expulsi de pago*, banniti, qui latrocinio vivebant. Lex Salica tit. 57. § 5: *Si quis corpus jam sepultum effoderit, aut exspoliaverit, Wargus sit, hoc est, expulsus de eodem pago, usque dum cum parentibus defuncti convenerit.* Ubi Glossæ interlineares Codicis Thuani habent *dejectus.* Eadem, quæ Salica, habent Lex Ripuaria tit. 85. § 2. et ex utraque, Leges Henrici I. Regis Angl. cap. 83: *Et a quis corpus in terra, vel noffo, vel petra... exspoliare præsumpserit, Wargus habeatur.* Boxhornius a Punico *Farkin*, seu Hebræo *Perek*, vel *Pherek*, rapina, vocem deducit. Camdenus in Britannia ait, se invenisse in Glossario Ecclesiæ Landavensis *Verjad* Britannice latrones appellatos, hincque *Vargos* dictos putat. Wendelinus a Latino *vagus*, littera R. interposita. Multa de hac voce commentatur Savaro ad laudatum locum Sidonii, cujus vestigium agnosco apud Innocentium III. PP. lib. 13. Epist. 95. et in Bullario Casinensi tom. 2. pag. 242: *Cæterum cum Vargum Vadareni ad monasterium pertinere testes utriusque partis ostendari, etc.* Ubi *vargus* videtur esse Italicum *varco*, vel *varca*, iter, transitus, unde *varcare*, transire: quas vocous quidam a *varca*, pro *barca* deducunt. Est enim Italis proprie *varcare* fluvium vel montem pertransire. Potest etiam a *vargis* vox deduci, qui pro vagis sumuntur.

° Gothis *Vargur*, idem est ac Latro; hinc *Vargur i veum*, Latro in sacris, sacrilegus. Consule Verel. Ind. Ling. Goth. [☞ Vide Grimm. Antiq. Jur. Germ. pag. 306. 733. Mythol. pag. 558. 707. Graff. Thesaur. Ling. Franc. tom. 1. col. 979. voce *Warg*.]

WARGANES, Extraneus, alienigena, cujusmodi sunt *Vargi* extorres, et banniti, et a patria sua facti exules Charta Udoni, Episc. Tullensis ann. 1069. apud Hier. Vignerium in Alsaticis pag. 128. *Alienigenæ, id est, Warganei, qui manserint in banno, dabunt Comiti 4. denarios, etc.* Ab eodem denique fonte, non insulse opinor

WARINGOS, Anglo-Danos, de quibus fuse egimus ad Villharduinum n. 89. qui ex Anglia a Normannis expulsi, Byzantinorum Impp. obsequio sese manciparunt, accessit Spelmannus, qui ita appellatos putat a Saxonico, seu veteri Germanico, ac proinde Gallica varian, quod est *imprecari, exsecrari* unde *Waringe*, Angli maledictionem et anathematizationem, vocant, ita ut *Varingi*, perinde ac *Vargi* exules fuerint et *banniti* seu ut verbo utar Orderici Vitalis lib. 4. *extorres*: eosque Normanni, voce Anglica tunc recepta, et probrosa, *Vargos* et *Varingos* appellarint. Licet porro *Varingi*, quos Byzantini Scriptores βαράγγους vocant, iisdem non semel, ut et Willelmo Malmesburiensi lib. 2. de Gestis Angl. cap. 13. *Angli* dicantur, Anglo-Danos fuisse constat, tum ex ipso Willharduino, cui *Anglois-Danois*, tum ex Saxone Grammatico lib. 12. sub ann. 1098. cui *Danicæ voces homines* dicuntur, satis perspicuum est. Tametsi alii Κέλτους, seu Celtas, appellent Scriptorum plerique, ad præsertim Pachymeres lib. 7. cap. 35. extremo, et quos laudavimus

ad Villharduinum et ad Annam Comnenam, quia scilicet ita etiam Germanos indigitabant. Vide *Warengangi*, et Glossar. med. Græcit. voce Βάραγγοι, col. 175. et Append. col. 35.

☞ Eamdem originationem nomenclaturæ maris Balthici, quod Russis *Mare Waregicum* dicitur, tribuit Eccardus in Lege Salica pag. 243. quod scilicet piratæ celebriores, *Wargi* nuncupati, ab ea regione prodierint.

¶ **VARGUUS**, βλαισός, in Gloss. Lat. Gr. Vulcanius emendat *Valgus*: nisi sit pro balbus, Italis quippe *Varguo*, blæsum sonat.

¶ **VARIA**, pro *Baria*, Argenti massa, Gall. *Lingot, barre d'argent.* Epitome Chron. Casin. apud Murator. tom. 2 pag. 366 col. 1: *Item secunda vice* CCCLXV. *libras argenti, et tredecim mille aureos, et duas Varias argenteas ponderis librarum* XXX. *etc.*

◆ **VARIAMEN**, Varietas. Ruodlieb fragm. 8. vers. 36:

..... modo dextra
Tangendo chordas dulces reddit nimis odas,
Multum distincte faciens Variamina quæque.

° **VARIABILIS**, Sibi non constans, qui varia loquitur aut respondet. Charta ann. 1380. inter Probat. tom. 3. Hist. Nem. pag. 40. col. 2. *Quem nuntium, ex eo quod Variabilem in multis reperiit et mendacem, incarcerari fecit, volens ab eodem reperire veritatem super occisione prædicta.*

° 1. **VARIARE**, dicitur aqua per varios alveos decurrens. Stat. ann. 1409. inter Probat. tom. 3. Hist. Nem. pag. 199 col. 2 - *Per quod (fossatum) aqua dicti fontis fluit, Variat et vadit, et quæ aqua dicti fontis antea solebat venire ad molendinum...... Dicta aqua provenien ex dicto fonte fluit, vadit et recedit per dictum fossatum seu vallatum, et per truncatum dicti fossati seu vallati noviter facti.* Vide supra *Varare* 1.

° 2. **VARIARE**, Mutare, Gall. *Changer.* Charta ann. 1394. tom. 2. Hist. Trevir. Joan. Nic. ab *Hontheim* pag. 297. col 2: *Dicti religiosi dictum monachum sacerdotem poterunt pro suæ libitu voluntatis Variare.* Unde *Varier quelqu'un*, illum a sententia dimovere. Mirac. MSS. B. M. V. lib. 2 :

Se tu de chou point me Varies, etc.

Varier autem Contradicere sonat, ni fallor, in Lit. remiss. ann. 1387. ex Reg. 131. Chartoph. reg. ch. 100: *Laquelle femme contre le propoz et intention dudit exposant Varia tant, qu'il fu meu de vouloir frapper sa femme d'un petit baston qu'il avoit.*

¶ **VARIARE** Forum, Jurisdictionem pro libitu mutare. Alphonsi Reg. Aragon. Epist. ann. 1429. inter Concil. Hispan. tom. 3. pag. 660: *Ita quod de commissis vel committendis per eos excessibus, forum Variando ad votum, a nemine punitione debita valeant coerceri.* Vide *Varare* 1.

° **VARIASCERE**, Dicitur de uvis, quæ cum maturescunt colorem mutant sive variant. Alex. Iatrosoph. MS. lib. 2. Passion. cap. 117: *Cum Augusto mense incipit maturare vel Variascere uva, etc.* Vide mox *Varius* 3. et infra *Vayrare.*

VARIATOR, Ποικιλτής, in Glossar. Græco-Latin.: Ποικίλλω, *Vario.*

¶ **VARICA**, Struma. Vide *Gangula.*

¶ **VARICARE**, Transgredi. Gloss. Lat. Gr.: *Varicat*, ὑπερβαίνει, *Varicat, divertit, ambulat*, in Gl. Isid.

¶ **VARICATIO**, διστασμός, in Gloss. Lat. Gr. Græc. Lat.: Διστασμός, *hesitacio, Va-*

ricatio, dubium. Melius in Cod. reg. *Variatio.*

✶ **VARICINICULUM**, [Ara porcorum. DIEF.]

¶ **VARICOSUS**, *id est Curvus. Varix est vena quæ facit hominem curvum*, in Gloss. MSS. S. Andreæ Avenion.

VARICUS, Morbi species. Stephanus de Translat. S. Maurini Abbat. num. 10: *Puero cuidam morbus, quem dicunt Varicum, densa visum caligine obnubit, et oculorum munus extinxit.* Videtur legendum *Variolam*. Vide in hac voce.

¶ **VARIEGARE**, Variare, ornatus varietate distinguere. Utuntur Ausonius et Apuleius non semel.

¶ 1. **VARIETAS**, Dissensio, Gall. *Different.* Oberti Cancellarii Annal. Genuens. apud Murator. tom. 6. col. 309: *Nam inter nos Varietates, quæ ortæ fuerunt per universum Archiepiscopatum nostrum, hi consules in civitate ita caute et sapienter omnia tractaverunt, etc.*

¶ 2. **VARIETAS**, Astutia, calliditas S. Irenæi vetus Interpres lib. 4. cap. 41. n. 3: *Dixit sic progeniem viperarum, secundum similitudinem horum animalium in Varietate ambulantes et lædentes reliquos.*

3. **VARIETAS**, Invalitudo, Indisposition. Lex Ripuaria tit. 83. § 2. de impotionato: *Si autem mortuus non fuerit, et Varietatem seu debilitatem probabilem ex hoc in corpore habuerit, etc.* Vide *Inæqualitas.*

¶ 4. **VARIETAS**. Vide mox in *Varius* 3.

VARINGAGA. Vide *Guaringaga.*

° **VARINGUS**, Exterus, alienigena. Acta S. Olavi reg. tom. 7. Jul. pag. 116. col. 1: *Varingus quidam in Ruscia servum emerat, bonæ indolis juvenem, sed mutum, etc.* Vide in *Vargi.*

1. **VARIOLA**, [Boa, Medicis, Gall. *Petite Verolle.*] Glossæ MSS. ad Alexandrum Iatrosophistam: *Species turpedinis, quam vulgus Variolas dicit.* Constantinus African. lib. 2 Pantechn. cap. 14: *Variolæ sunt multæ pustulæ in toto corpore, aut ex majori parte dispersæ, aut in uno membro, in aliis non. Antiqui vocant has ignis carbones: Siculi Filias ignis.* Marius Aventic.: *Hoc anno morbus validus cum profluvio ventris et Variola Galliam Italiamque valde afflixit.* Vide Miracula S. Ludgeri Episcopi Mimigard. n. 21. 25. al. 29. 38. lib. 2. Miracul. S. Bertini cap. 13. [Bern. Thesaurarium apud Murator. tom. 7. col. 767.] et Salmasium de Anno climacterico pag. 726. *Variolas* Græci ἐκθέματα et ἐξανθήματα vocant.

¶ **VARIOLUS**, Eadem notione. Miracula B. Jacobi Philippi tom. 6. Maii pag. 171: *Joanna..... ob Variolum lumen amiserat oculorum.*

¶ **VAYROLA**, Eodem intellectu. Miracula S. Yvonis tom. 4. Maii pag. 572: *Macula nata fuit in oculo puellæ post assumtam infirmitatem quæ vocatur Vayrola.* Vide *Picota.*

¶ **VAYRGRA**, Pari significatu. Acta S. Francæ tom. 3. April. pag. 384: *Cæcitas occasione Vayrorarum exorta per S. Franceam est curata.*

¶ **VARIOLOSUS**, Punctis variolarum deformis. Appendix ad Agnelli Pontific. apud Murator. tom. 2. pag. 214. col. 1: *Statura pusillus, oculos habens parvos, magnum os, et magnos dentes habens, Variolosus in facie, etc.*

☞ 2. **VARIOLA**, Glastum. Charta Flandr. ann. 1262. apud Lappenb. Orig. Hanseat. pag. 80. Probat.: *Currus Variolæ* 7. *den. qui affert... qui emit Variolam de cupa obolum.* Ubi textus Fland. pag. 84. *die waghen weeds.* Confer *Waydia.*

VARISCAPIUM. Vide *Waterscapum*.

1. VARIUS, Equi color. Ugutio: *Equus varius, qui habet vias colorum.* Claudius Corte Italus lib. 1. del *Cavalerizzo* cap. 16: *Del color vario et misto : i pelami varii et misti sono quelli, che sono composti dei quatro colori suddetti, et io gli chiamo misti et varii, per cio che hanno i peli talmente misti, et posti insieme et colorati, che impossibil quasi sarebbe, ovver difficil molto, il bianco dal nero, o dal rosso saper con l'occhio dividere, o discernere, o dire.* Palladius de Agricultura in Martio cap. 13. de equis, et eorum coloribus: *Sequentis meriti, Varius cum pulchritudine, nigro, vel albineo, vel badio mistus* Gesta Consulum Andegav. cap. 8. n. 7 : *Ipse et quidam suus Miles equitans Varium equum.* Occurrit etiam in Testamento Ermengaudi Comitis Urgelli apud *Diago* lib. 2. de Comitib. Barcinon. cap. 73. Le Roman *de Gaydon* MS. de equo vario :

  Ferrans li rand Vairon qu'il ot pardu.

Infra :
  Et Amanfrois sor Vairon d'Aquilée.

Rursum :
  Estouls de Langres sist ou Vair de Cataigne,
  Et Bernard tist sor le Vair d'Alemaingue.

Ibidem :
  Le bon cheval, qui ot la crope Vaire.

Le Roman *de Vaces* MS.:
  Et goingner destriers blans, et Vairs, et ferrans.

Cheval vairon, in Testamento Balduini Comitis Guinensis ann. 1244. apud Duchesnium. Tribuitur etiam aliis animalibus. *Oves variæ, arietes varii, et maculosi,* quibus opponuntur *unicolores,* Genes, cap. 30. ubi Gr. πρόβατον, φαιόν, Scholiastes vero ποικίλον, περκνόν. Veteres Glossæ: *Varia,* ποικίλη, πάρδαλις. Fragmenta Petronii : *Rusticus varium porcum perdiderat.* Eadem Gesta Coss. Andeg. cap. 12. n. 1 : *Quidam nobilus dictus Vacca varia.* Cosmas Pragensis pag. 5 : *Ibi Dux vester duobus Variis bubus arat : unus bos præcinctus est albedine, et albo capite : alter a fronte post tergum albus, et pedes posteriores habens albos.* Vide *Farius, Ferrandus, Vaccæ, Vares.*

¶ 2. **VARIUS,** Leprosus. Fortunatus in Vita S. Germani Episc. Paris. tom. 6. maii pag. 778 : *Cui... facto de ipsis maleficiis Vario, et si mors vitam non abstulit, tamen signum mortis inflixit.*

✧ 3. **VARIUS,** Eodem sensu quo supra *Variascere.* Stat. Taurin. ann. 1360. cap. 164. ex Cod. reg. 4622. A.: *Nulla persona.... apportet seu apportari faciat de vineis... aliquam uvam acerbi seu agresti, Variam vel maturam, aut aliam uvam in agresto. Varietate sui maturitate existentem, nec Vairé, pro Emaillé, Distinctus, vermiculatus.* Invent. ann. 1424. apud Lobinell. tom. 2. Hist. Brit. col. 921: *Deux bacins d'argent Vairez, etc. Une aiguiere Vairée,* in Lit. remiss. ann. 1426. ex Reg. 178. Chartoph. reg. ch. 474. *Verié,* eodem sensu, in Instr. ann. 1341. ex Reg. B. Cam. Comput. Paris. fol. 161. r°: *Item les orfevres paieront, pour chascun marc d'argent blanc et Verié, j. den. et pour vesselles dorées et esmaillées, etc.*

¶ **VARIX.** Vide supra *Varicosus.*

¶ **VARIXATUS,** Varius. Pennæ acutæ Varixatæ, in Chron. Mutin. apud Murator. tom. 15. col. 606.

¶ **VARLARE,** f. pro *Vallare,* rem fide interposita asserere. Vide *Vallamenta.* Litteræ procuratoriæ ann. 1348. ex Chartulario 21. Corbeiens. fol. 193. v°: *Dantes dictis procuratoribus nostris....... potestatem..... testes ex parte adversa prædictos reprobandi ac suos testes salvandi, compromittendi, compromissum sub pena et fide Varlandi ac compromissum... prorogandi.* Aliæ Litteræ procuratoriæ de eadem re ibidem fol. 192. v°. concessæ a Maria Blesensi Ducissa Lothar.: *Donnons auctorité... de veir jurer tesmoings, de bailler reproeuces et salvations , de faire tous espoines,... de pascegier et pamger, de par pame, de ralonger ledit compromis.*

✧ **VARLETUS.** Vide supra in *Valeti.*

✧ **VARLOGNIA.** f. Piscaria, septum ad intercipiendum pisces. Charta Will. Norman. ducis ann. 1042. in Reg. 153. Chartoph. reg. ch. 542 : *Donavi decimam eidem ecclesiæ* (Cirisiaci) *in pasnagiis, in placitis, in vaccariis, in porcariis, in venationibus, in Varlogniis, etc. Valais,* Instrumentum piscatorium, in Stat. ann. 1388. tom 7. Ordinat. reg. Franc. pag. 779. art. 47. et in altero ann. 1402. tom. 8. pag. 585. art. 72 *Vallois,* in Stat. ann. 1326. tom. 1 earumd. Ordinat. pag. 792. art. 4 et pag. 794. in notis.

¶ **VARLOYS** Vide supra *Barloys.*

¶ **VARMIGRISUM,** Muris Pontici pellis. Leges Norman. apud Ludewig. tom 7. Reliq. MSS. pag. 187 : *Lapides pretiosos, insuper escallatam, Varmigrisum et pelles sebellinas, etc.* Vide *Vares.*

✧ **VARNACCHIA,** Togæ seu vestis talaris species, Ital. *Guarnaccia,* ubi videsis Octav. Ferrar. in Origin Ital. Stat. synod. eccl. Sabin. XIV. sæc. rubr. 27 : *Statuimus et inviolabiliter observari mandamus quod quilibet sacerdos sive prælatus diocesis Sabinensis cum...... Varnacchiis...... communis et honestæ longitudinis.... incedant.* Vide *Garnachia* 1. et *Varnazonus.*

¶ **VARNAZONUS,** Vestis genus. Statuta Placentiæ lib. 6. fol 80. v° : *Item de aliquo Varnazono drapi integri, etc.* Infra *Guarnazonus* dicitur. Vide in hac voce et *Guarnellum.*

1. **VARO,** et VIRO, pro *Baro.* Tabularium Aquense apud Marcam : *Consilio et voluntate sui Varonis Olivarii, qui ejusdem Castelli et Burgi possessor erat et dominus.* Observat idem Marca lib. 6. Hist. Benehrn. cap. 2. n. 6. Sanctum Guillielmi Comitem Vasconiæ in Charta fundationis S. Petri Generensis vassallos suos *Virones* appellare, ut insinuet hanc vocem a *Vir* deducendam. Vide *Baro.*

2. **VARO,** pro stulto. Papias.

✧ 3 **VARO,** Qui est virilis ætatis, Hisp. *Varon.* Leg. Portug. sub Alph. reg. tom. 1. Probat. Hist. geneal. domus reg. Portug. pag. 10 : *Si habuerit* (rex) *filios Varones, vivant et habeant regnum, ita ut non sit necesse facere illos de novo reges.*

¶ **VAROCHIUM.** VARROCHIUM, Carchesii versatilis species, idem quod supra *Naspum.* Tract. MS. de Re milit. et mach. bellic. cap. 57 : *Currus iste cum arbore et Varochio levante scalas, est apprime utilis ad ponendum dictas scalas muro oppidi suorum inimicorum.* Ibid. cap. 62 : *Turris ambulatoria, cum ponte levatorio tracto a naspo sive Varrochio, super sex rotellas ædificata, etc.* Rursum cap. 79 : *Varrochium hoc est utilissimum levandi omne magnum pondus cum duobus sudibus, et homines esse debent quatuor ad volgendum Varrochium causa trahendi altius campanam. Verochium* ibid. cap. 22. *Waroqueau,* Repaguli seu vectis species, in Lit. remiss. ann. 1393. ex Reg. 145. Chartoph. reg. ch. 466 : *Chascun d'eulx tenant en sa main un baston ou Waroqueau.* Aliæ ann. 1474. in Reg. 195. ch. 1269 : *Sur icelle charrete le suppliant print ung grand baston, appellé Waroquiau.*

¶ **VAROLUS,** Animal quoddam, cujus mentio est in Vita S. Bernardi tom. 2. Operum ejusdem col. 1288. edit. ann. 1690 : *Transiens autem per quandam villam, audivit ab incolis loci illius, duas feras immanissimas, quæ vulgo Varoli, in nemore proximo desævire.* A variis fortasse maculis sic dictum existimo. [² Lupi genus, *Waroul,* in Mirac. MSS. B. M. V. lib. 1 :

  De culuevre nous font anguile,
  Aignel de Waroul et de leu.]

[²° Vide Grimm. Mythol. Germ. pag. 621.]

¶ **VARONIA,** pro *Baronia.* Vide *Rici.*

¶ **VARONUS,** Italis *Varone,* Piscis genus, Gobius, Gall. *Goujon.* Statuta Placent. lib. 6. fol. 79. v° : *Item pisces minutos, botulos, Varonos, etc.*

¶ **VARRENTARE,** VARRENTATIO. V. *Warantus.*

✧ **VARRI,** Prov. *Promptuarium,* in Glossar. Prov. Lat. ex Cod. reg. 7657.

VARRIUM. Vide *Barium.*

✦ **VARRUS.** [Insipiens, stultus ; sub ablas, ap. DIEF.]

¶ **VARTIVUS,** στεδλός, in Gloss. Lat. Græc. Lat.: Στρεδλός, ὁ μὴ ὀρθὸς ἄνθρωπος, *Versutus, perversus, Vartivus.*

¶ **VARVASSURI.** Vide in *Vavassores.*

1. **VARUS,** *Septum ad capiendas bestias,* ubi *retia ponuntur,* vel pallium varium. Papias. Vide *Vara* 2. et *Vervicune.*

¶ 2. **VARUS,** Pellis muris Pontici. Charta Phil. Pulc. ann. 1801. in Lib. rub. Cam. Comput. Paris. fol. 195. r°. col. 1 : *Cum Maelinus miles constabularius Flandrensis, assereret se habere jure suo hæreditario... duo paria robarum de lana Flandrensi et tres forraturas de grosso Varo, etc.* Vide supra *Vares.*

✧ 3. **VARUS,** Morbi oculari species, macula. Locus est supra in *Pedata.*

1. **VAS,** Sepulchrum subterraneum cameratum, Sarcophagus ex lapide vel marmore, quomodo Arverni et Lemovices etiamnum usos dicunt. Lex Salica tit. 17. § 3 : *Si quis mortuum hominem aut in petra, quæ Vasa ex usu sarcophagi dicuntur, super alium miserit, etc.* Vetus Inscriptio: P. ELIUS VALERIANUS HOC VAS DISOMUM SIBI ET FELICITATI POSUIT. ET TRIBUNAL EX PERMISSU PONTIF. PERFECIT. Gregorius Turon. lib. 1. Miracul. cap. 89 : *Factum est autem, ut simplexis diebus in basilica B. Vincentii sepeliretur, in qua ipse sibi vivens Vas deposuerat.* Idem de Gloria Confessor. cap. 35. de Tumulo cujusdam puellæ: *Quo facto, ut Vas illud clausit opertorio, etc.* Josephus Sacerdos in Hist. Translat. SS. Ragnoberti et Zenonis cap. 3 : *Gaudio magno repleti collegerunt præfati venerabiles Sacerdotes ossa Ragnoberti Pontificis, transferuntque de sepulchro, novo in Vase posuerunt.* Sed hoc loco videtur esse feretrum. Historia Cœnobii Viconiensis cap. 15 : *Vas quoddam, Feretrum vulgo vocatur, ipso consentiente et conspectante ædificaverunt auro ac argento, ac pretiosis lapidibus decoratum : cujus rei causa ne tanti Vase vacuo remanente frustra laborasse dicerentur, ubicumque potuerunt ab Ecclesiis tam vicinis quam longinquis Sanctorum corpora perquirentes, magnam ex his copiam*

aggregaverunt. Vide Raimundum Montanerium in Chronico Aragon. cap. 153. Ita etiam usurpat Alcuinus Poem. 164.
VASCELLUM, Eadem notione. Vetus Inscriptio 1108. 6. DEPOSITUS. P. XII. IN VASCELLO ET MASSA, etc.
VASA autem videntur appellasse majores lapides. Sampirus Astoricensis Episcopus in Hist. Hispan: *Tunc ecclesiam in Compostella,... quam construxerat Rex Aldefonsus magnus ex lapidibus ex luto opere parvam, Rex iste præcipitavit, et ex calce quadratisque lapidibus, marmoreisque columnis, sive Vasis, construxit eam valde pulcherrimam.*
¶ VAS, pro qualibet re; quo sensu non semel occurrit in Scripturis sacris. Missale Franc. apud Mabill. Liturg. Gall. pag. 315: *Fiant omnia ista protectione tua tuta atque defensa, potens Domine, Vasa.*
VAS, Corpus. Julius Africanus lib. 3. Histor. Apost.: *Quid mihi et tibi Quirine proconsul, ut mitteres me ad hominem, qui non modo extrudere ab hoc Vase, verum etiam suis me virtutibus incendere potest ?* Utitur præterea lib. 7. pag. 94.
¶ VASA CHRISTI, Sanctimoniales. Eigil in Vita S. Sturmii sæc. 3. Bened. part. 2. pag. 269: *Quemadmodum a viris satis fidelibus, immo Vasis Christi, illius viri principia et conversationem....... agnovi.* Hinc Donatus Vesontionensis Episc. regulam ab se concinnatam inscribit Sanctimonialibus Jussaensis Cœnobii, quas *Vasa Christi pretiosissima* vocat.
VASA INFIRMIORA, Sequior sexus, feminæ. S. Pachomius in Regula: *Si sæculares homines, aut debiles, aut Vasa infirmiora, id est, mulierculæ, venerint ad ostium,* etc. Utitur rursum infra. [Addit. 2. ad Capitul. cap. 28: *In castitate uxores suas diligere, eisque ut pote Vasi infirmiori honorem debitum debeant impendere.* Mulierem *vas* appellat Paulus Apostolus 1. Thess. cap. 4. 4.]
⁰ Ibi non mulier, sed corpus humanum generatim significatur; bene vero apud S. Petrum Epist. 1. cap. 3. 7. ubi mulier *infirmus vasculum* dicitur.
VAS, VASA, Arma. Willelmus Brito in Vocabul.: *Vasa belli dicuntur arma, unde versus:*

Die belli Vasa, quæ bellum postulat arma.

Liber Regum cap. 14. ubi editio præfert, *alios armiger ejus interficiebat eos.* 70. Interpretes habent: *Et portans Vasa ejus, procedebat post eum.* Collatio Legis Mosaicæ tit. 1: *Si immiserit super eum aliquod Vas ex insidiis.* Apud Frontinum lib. 4. Stratag. cap. 1. cultrum inter *vasa* reponitur. Hinc *Vasa* conclamare, convasare, re militari. Vita S. Deodati Abbatis n. 5: *Quo tempore Clodoveus regimine sacer Francorum, jubet Vasis bellorum instrui gentem Francorum, etc.* Rodericus Toletanus lib. 8 de Rebus Hisp. cap. 2: *Hic itaque Pontifex cum multitudine citerioris Galliæ, Vasis belligeris, signis et armis honesta, urbem ingressus est Toletanam, etc.* [Miracula S. Angilberti sæc. 4. Bened. part. 1. pag. 134: *Ambianensis pagi fundum quemdam vocabulo Ranirillam raptores cum Vasis armorum assalientes,* etc.]
⁰ Hinc *Vase*, pro *Épée*, gladius, ensis, in Lit. remiss. ann. 1398. ex Reg. 153. Chartoph. reg. ch. 381: *Le suppliant tira sa vase et lui dit ces paroles: Ne me meffay, où je te crieray haro sur toy; et lui donna du plat de sa vase sur l'espaule.*
VASA, Campanæ. Walafridus Strabo de Rebus Eccles. cap. 4: *Vasorum autem usum primo apud Italos affirmant inventum. Unde et a Campania, quæ est Italiæ provincia, eadem Vasa majora quidem Campanæ dicuntur; minora vero, quæ et a sono Tintinnabula vocantur, Nolas appellant a Nola, civitate Campaniæ, ubi eadem Vasa primo sunt commentata.* Vita S. Materniani Episcopi Remensis n. 5: *Cucurrerunt ad signa tempti metallica; et cum cœpissent cuncta clangere Vasa Christi laudem reboantia, etc.* Ethelwolfus de Abbatibus Lindisfarnensibus cap. 14:

Ænea Vasa cavis crepitant queis pendula sistris.

VAS, Navis, Gallis *Vaisseau*. Ordericus Vitalis lib. 12. pag. 868: *Hoc feudum, Domine Rex, a te requiro, et Vas, quod candida navis appellatur, merito ad regalem famulatum optime instructam habeo. Cui Rex ait: Gratum habeo, quod petis: mihi quidem aptam navim elegi, quam non mutabo, etc.* Statuta Alexandri II. Regis Scotiæ cap. 25: *Si aliqua navis, vel fercosta, vel aliud Vas appulsum fuerit, etc.* Synodicon Nicosiense cap. 15: *Qui in Saracenorum publicis navibus, aut aliis Vasis regimen aut curarum gubernationis exercent.* Gregorius M. lib. 3. Dialog. cap. 36: *Nam cum in eorum morte ventorum nimietatibus elevati fluctus sævirent, vela in undis projecta, totumque Vasa navis quassatum nimiis fluctibus ab omni fuerat sua compage dissolutum. Vasa galearum,* in Historia Cortusiorum lib. 19. cap. 7. [Vita S. Gurthierni in Tabul. Kemperleg.: *Aspicite mare quotidie, et veniet ad vos Vas in quod intrabitis: qui navigantes, etc.* Memoriale Potestat. Regiens. apud Muratori. tom. 8. col. 1161: *Multas naves et galeas et Vasa marina fabricaverunt* (Pisani) *in flumine Arni.* Conventiones civit. Saonæ ann. 1526. fol. 9: *Quod homines Saonæ facere teneantur exercitum et cavalcatam per mare et per terram, et in Vasibus maritimis armandis ire.*] Ita σκεῦος interdum usurpant Græci Scriptores recentiores. Vide Glossar. mediæ Græcit. in hac voce. [*5*] Jal. Antiq. Naval. tom. 2. pag. 198.]
VASELLUM, ex Gallico *Vaisseau*. S. Ludovicus in Epist. de Captione sua: *Vasellis navalibus ut plurimum incendio dissipatis, etc.* Vincentius Belvac. lib. 32. cap. 97: *Rex cum Legato.... erat in quodam Vasello, etc.* Utuntur præterea [Jacobus Rex Siciliæ in Constitut. cap. 31.] Petrus de Vineis lib. 2. Epist. 36. Sanutus lib. 3. part. 9. cap. 8. et alii. Vocem porro a nostris hauserunt Græci recentiores. Index Iliados Græco-Barbaræ: Λέδητας, τὰ βαιξέλια, καὶ καράδια. *Veixells*, in Chronico Petri Regis Aragon. edito a Mich. Carbonello lib. 1. cap. 12.
¶ VASELLUM, Eadem intellectu. Charta Frederici Reg. Siciliæ apud Muratori. tom. 10. col. 881: *Impedimentis ventorum obstantibus dictum extollum nostrum Vasellis hostium nullatenus poterat adhærere.* [⁰⁰ Adde Epistol. Frider. II. Imper. ann. 1229. apud Pertz. tom. 2. Leg. pag. 261. sqq.] Charta ann. 1429. ex Tabul. Piscat. Massil.: *Piscatores possunt vendere pisces in Vasellis eorum.* Vide *Tarida* et *Vassalagium.*
VACILLUM, Eadem notione. Charta Friderici I. Imperat. ann. 1190. apud Will. Hedam in Episcopis Trajectensibus: *Regiæ nobilitatis tuæ prudentiam commonendo rogamus, quatenus idoneos Serenitatis tuæ Legatos Januam, Venetias, Anconam, Pisam, et alia loca pro galearum atque Vacillorum transmittentes præsidio, etc.*

2. Vas, Alveare apum. Vulsinus Episcopus in Vita S. Juniani: *Homo, qui nocte ad furandum venerat, turpiter ligatus in horto nostro jacet, arripuerat enim quoddam Vas mellæ plenum, etc.* Historia Rotonensis Monasterii MS. lib. 1. cap. 5: *Quidam vir rusticus.... videns Vasa mellis, quæ quatuor tantum erant in horto, etc.* Domesdei in Monastico Anglic. tom. 3. pag. 306: 14. *Averii,* 12. *runcini,* 116. *oves,* 24. *porci,* 24. *capræ, et Vasa apium, semper valuit* 10. *lib.* Vide Formulas Exorcismorum cap. 11. apud Baluzium tom. 2. Capitul. et Aimoin. lib. 2. Miracul. SS. Georgii et Aurelii cap. 10.
VASELLUM, Eadem notione. Pactus Legis Salicæ tit. 9. § 2: *Si quis unam apem, hoc est, uno Vascello furaverit de sub tecto, etc.* Ubi Lex Salica habet tit. 9. § 1: *Si quis unum Vas apium de intro clave aut sub tecto furaverit, etc. Vasculum* hac notione in Lege Bajwar. tit. 21. non semel.
3. VASA DECIMÆ. Charta Adelviæ dominæ Guisiæ ann. 1198. in Tabular. Eccl. S. Nicolai de Clarofonte Ord. Præmonstrat.: *Ego Adelvia domina Guisiæ notum facio,.... quod cum villa de Buronfossa construeretur, Gerardus Clericus de Cella, cui de* 9. *Vasis decimæ territorii ejusdem loci* 5. *competebant, nobili viro marito meo, in eadem decima de* 9. *Vasis tria possidebamus, pro bono pacis communis profectus, de illis* 5. *Vasis unum concessit in perpetuum possidendum, etc.* Merges, Garba.
☞ Hanc interpretationem iterum firmare licet ex Chron. Bonæ-Spei cap. 315: *Anno* 1344. *cessimus quoque Henrico Poreals jus terragii duorum bonariorum, ... et trium terræ mensurarum versus Souvré, sub censu quinque Vasorum bladi.*
⁰ Charta ann. 1198. in Chartul. Clarifont. ch. 78: *De novem vasis....., ex æquo divisum est ut ipse Gerardus in eadem decima quatuor vasa et nos quatuor sortiremur; residuum vero Vas, id est nonum, Galterus de Buries jure hæreditario possidebat.* Undediminut. *Vassellum,* eadem notione. Chartul. Thenol. ex Cod. reg. 5649. fol. 65. v⁰: *Item ad decimam de Burnelles nos habemus dimidium Vassellum, quod tenet a nobis Gerardus,... de quo debet reddere quolibet anno sex galetos bladi et totidem avenæ.... Item ad dictam decimam debemus habere quolibet anno unum modium bladi super Vas capellani Demorensis.* Chartul. S. Vinc. Laudun. ch. 97: *Duo Vasa, quæ habebat in decima de Mairi, pro supradicti prati recompensatione, in perpetuum concessit.* Vide infra *Vascellum.*
¶ VASCULUM, Eadem notione, in Charta ann. 1138. apud Miræum tom. 1. pag. 98. col. 1: *Terram in eadem parochia solventem annualim* xix. *sextaria brasii, cum decem Vasculis hordei, etc.*
⁰ 4. VAS, Dominium, possessio. Charta Nic. episc. Camerac. ann. 1161. in Chartul. Mont. S. Mart. part. 3. ch. 5: *Quibusdam dat* (Drogo Taxo) *feodum de Vase suo: quibusdam assignatæ sunt possessiones feodales.*
⁰ 5. VAS, Locus tectus, ubi grana frumentaria reconduntur, Gall. *Grange.* Charta Elienor. comit. Viromand. ann. 1198. in Chartul. Mont. S. Mart. ch. 7. part. 1: *Segetes collectas fratres, ubi voluerint, reponent, et quando voluerint excutient: partem vero canonicorum, quartam scilicet, excussam apud Montem S. Martini suis vecturis deductam, bona fide servabunt usque ad festum S. Johannis Baptistæ, et non amplius, et hoc in Vase tegulato. Vassure,* eodem intellectu,

in Lit. remiss. ann. 1427. ex Reg. 174. Chartoph. reg. ch. 51 : *Il avoit un petit maquet de foing dessoubz une Vassure d'icelle église, où le suppliant getta un tison de feu.*

○ 6. **VAS** DE SYMBOLO, Ciborium, sacra pyxis, in qua asservatur Corpus Christi. Vide supra *Symbolum* 2.

¶ 7. **VAS**, Supellex castrensis. Annal. Bonincont. ad ann. 1300. apud Murator. tom. 21. Script. Ital. col. 56 : *Ubi hostes in hos adventare intellexerunt, confestim Vasa colligentes, se se deseria obsidione in agro Mutinensi receperunt.* Vide in *Vas* 1.

¶ PER VASA VINUM VENDERE, Singulatim vendere, distrahere, Gall. *Vendre en détail, à pot.* Charta ann. 1319. apud Pez tom. 6. Anecd. part. 3. pag. 6. col. 2 · *Jus propinandi quindecim karratas vini in civitate Anasii et vendendi per Vasa vinum, quod ultra dictum numerum adduxerint in dictam civitatem, confirmavimus et innovavimus.*

VASA, æ. Observantiæ ad Foros Aragonenses, apud Michaelem del Molino in Repertorio pag. 75. v° : *Item pronuntiando declaramus, quod.... possint abebrare illas bestias, quibus excolunt in Vasis dictorum hominum de la Fraxneda,... et ipsis terras tenentes teneantur juvare dictos homines de la Fraxneda in scombra dicta Vasarum.* Vide [*Vasilium* et] *Vasso*.

¶ **VASALLAGICUM**, VASALLAGIUM, VASALLUS. Vide in *Vassus* 2.

¶ **VASANUS**, ἀκράχολος in Gloss. Lat. Græc. edit in MSS. : *Vesanus* et *Vesania*.

○ **VASARE**, In *vasa* seu dolia infundere, Gall. *Entonner.* Stat. ann. 1310. tom. 2. Hist. Trevir. Joan. Nic. ab Hontheim pag. 80 col. 2 : *Vina colligenda ipsis ecclesiis a prope situata, viæ possint colligi torqueri et Vasari.*

○ Aliud sonat Gallicum *Vasser*, Dirigere scilicet, Gall. *Régler, aligner*, in Lit. remiss. ann. 1469 ex Reg. 195. Chartoph. reg. ch. 282 : *Icellui Paliart avoit mis sus les terres deux estocquetz, comme il lui sembloit que ilz se devoient rigler et Vasser, et qu'il s'en rapportoit à tous les labourers.*

VASARIUM, Σκευοθήκη, in Gloss. Gr. Lat. κυλίκιον, in Lat. Gr. Hispanis *Vasar.* Alias hujus vocis apud Latinos notiones vide apud Turnebum in Adversar. Casaubonum ad Suetonium, Jacobum Gothofredum ad leg. 13. Cod. Th. de Censitoribus, etc. (13,11.)

VASARIA TERRA, ex figuli argilla, ut est apud Gariopontum lib. 5. Passion. cap.5.

¶ **VASARIUS**, Is qui vasariis sive vasibus præest. Liber niger Scaccarii pag. 347 : *Vasarius in domo comedet*, et III. ob. *homini suo*, et *sumarium cum libatione* (l. liberatione) *sua.* Vide *Vasearius*.

¶ **VASATICUM**, Quod navibus vel apibus exsolvitur. Vide supra *Vas*, navis, et *Vas*, alveare apum. Chron. Farfense apud Murator. tom. 2. part. 2. col. 548 : *De illis vero partes* II. et *nec angarias, nec xenia, nec glandaticum, nec Vasaticum, nisi Vasaticum operas a Vasallis debitas significet : earum quippe eo loci non semel mentio occurrit.* Vide alta notione in *Vassus* 2.

¶ **VASATUM**, Supellex. Annal. Novesienses apud Marten. tom. 4. Anecdot. col. 591 : *Publice voce præconis per plateas publicabatur..... unicuique liberum esse civitatem relinquere, discedere ; suaque assumere secum.... Signo dato, multi cum Vasatis suis fugerunt.*

✱ **VASCA**. [Ital. *Vasca*, Gall. *bassin* : « D. B Gambara subdiaconus apostolicus cum *Vasca* et bombice stet prope dictum acolytum. » (Diar. Burchard. éd. Thuasne, II. 139. an. 1494.)]

VASCANDA, *Genus vasis*, Papiæ. [Leg. videtur *Vascauda*.] Vide *Bascauda*.

VASCELLUM. Vide *Vas*.

✱ **VASCIGARE** [Percutere. DIEF.]

¶ **VASCINUM**, Grex ovium. Vide *Rassaria*.

VASCIO, Vasculum, Gallis *Vaisseau.* Octavius Horatian. lib. 4. Rer. medicar. pag. 100 : *Ursi natura stomachi dolorem curat, si Vascione circa stomachum suspensa collo portetur, ita ut nec aqua contingat, etc.*

¶ **VASCONES**, Societas Vasconum, cui, ut videtur, attributa erat mensæ publicæ administratio. Litteræ Philippi Pulchri Franc. ann. 1306. ex Regest. 62. Chartophyl. Reg. Ch. 64. fol. 37 : *Guillelmo de Nozeriis servienti nostro armorum arcariam quas Vascones tenere solebant cum omnibus juribus et pertinentiis suis, prout per dictos Vascones seu gentes nostras alias explectari solent concedimus in hereditatem perpetuam tenendam a prædicto Guillelmo et heredibus suis ex recta linea descendentibus faciendo servitium consuetum.*

¶ **VASCONIZARE**, Vasconum more saltare. Aimericus de Peyrato Abbas Moisiacensis in Vita Caroli M. ex Cod. MS. 1343. Bibl. Regiæ :

Quidam cubreta Vasconizabant, Levis pedibus persaltante.

¶ 1. **VASCULUM**. Alveare apum : item, Merges. Vide hac duplici notione in *Vas*.

○ 2. **VASCULUM**, Navicula. Charta Guihen. de Anciniso tom. 1. Probat. Hist. Brit. col. 437 : *Remisi itaque eis, tam de navi quam de alus omnibus navalibus Vasculis, res proprias S. Martini per Ligerim deportantibus, theloneum, quod in castello meo solebam accipere.* Vide *Vasellum* in *Vas* 1.

VASCUS, *Vanus*, nugatorius, in Glossis antiquis MSS. et apud Joannem de Janua.

¶ **VASELLA**, VASELLAMENTUM. Vide in *Vassella.*

✱ **VASELLARUS** [Figulus : « Magistro Jacobo Vasellaro sive figulo florenos...... 3. pro valore plurium vasorum ab eo emptorum ad usum manualium et scarpellinorum. » (Mandament. Camer. Apostol. Arch. Vatic. f. 234. an. 1464.)]

VASELLUM, Navis. Vide *Vas*.

○ **VASELLUS**, Subditus. Anonymus de Miseriis curator. : *Sic quidem plebanus a proprio domino suo repellitur, et a cunctis Vasellis Odio habetur.* Vide in *Vassus* 2.

○ **VASI**, Hæretici Valdensium sectarii, in Constit. Frider. imper. contra Hæret. ex Cod. reg. 10197. 2. fol. 19. r°.

¶ **VASILEUS**, pro *Basileus*. Vide in hac voce.

¶ **VASILIUM**, Stabulum, Equile, vel quid aliud simile, ut videtur. [? Vel Horreum. Vide supra *Vas* 5.] Charta ann. 1242. ex Tabular. Cartusiæ Montisrivi : *Et libertatem concessit cortes faciendi et Vasilia et cetero usus necessarios ad opus animalium.* Vide *Vasa*.

VASLETUS. Vide *Valeti*.

¶ **VASNAGIUM**. Vide *Vaanagium*.

¶ **VASO**, Cespes, Gall. *Gazon.* Locus est in *Investitura*, pag. 410. col. 1. Vide *Wazo*.

○ **VASPALE**, Purgamentum frumenti post trituram. Charta ann. 1194. inter Instr. tom. 12. Gall. Christ. col. 281 : *Idem quoque Stephanus* (dedit) *duas partes decimæ apud Aurigniacum et custodiam et tractum grangiæ et baltum* (leg.

balcum) *et volugranum et Vaspale et paleas et stramen.* Vide supra *Gaspalium*.

○ **VASPENNEGHE**, VASPENNINGE, ex *Vas*, dolium, et *Penning*, denarius. Gloss. Cæs. Heisterbac. in Reg. Prum. tom. 1. Hist. Trevir. Joan. Nic. ab Hontheim pag. 671. col. 2 : *Pro quibus* (tunnis) *solvit quodlibet feodum annuatim in vindemia octo denariis Colonienses, qui denarii vocantur Vaspenninge.* Ibid. pag. 685. col. 1 : *Pro tunna solvit octo denarios, qui appellantur Vaspenneghe.* Vide *Penningus* et *Vassellum* 1.

¶ **VASSA**, Instrumentum piscandi. Tabul. S. Quintini in Insula pag. 79 : *Ad ingenia quæ sequuntur videlicet à bois et bouloirs at communes Vassas à foitre,... piscari poterunt.* Sed legendum omnino *Nassas* Vide *Vervilium*.

¶ **VASSALA**, Gall. *Vassalle*, ex Charta ann. 1399. in Inventario Chartarum Reg. ann. 1482. fol. 313. v°. Vide in *Vassus* 2.

¶ **VASSALITIUM**, VASSALLAGIUM, VASSALLAGIUS. Vide *Vassus* 2.

○ **VASSALLAGIUM**, VASSALLUM, Navis. Gall. *Vaisseau* Vide *Vas* 1. et supra *Vasculum*. Stat. MSS. Caroli reg. Sicil. : *Magistri portulani..... teneantur exprimere...... nomen et cognomen Vassallagii, in quo hospitata sunt et ipsius Vassalli patroni.* Infra pluries *Vassellum*. Vide alia notione in *Vassus* 2.

¶ **VASSALLAMENTUM**. Vide mox *Vassella*.

¶ **VASSALLATICUM**, VASSALLATUS, etc. Vide *Vassus* 2.

○ **VASSALLUS**, VASSATICUM. Vide infra in *Vassus* 2.

○ **VASSALLULUS**, *Vassallus*, qui ratione feudi alicui domino fidei sacramento addictus est. Charta ann. 1300. in Chartul. eccl. Lingon. ex Cod. reg. 5188. fol. 44. v° : *Promittens idem dominus Valtherus.... ex nunc esse dicto domino episcopo et suis successoribus fidelem hominem seu Vassaulum.* Vide in *Vassus* 2.

¶ **VASSELLA**, Vasa, vasarium, supellex. Gall. *Vaisselle.* Ordinat Humberti II. ann. 1340. tom. 2. Hist. Dalph. pag. 393. col. 1 : *Portent necessaria ipsorum officiorum et Vassella coquinæ.* Processus de B. Petro Luxemburg. tom. 1. Jul. pag. 608 : *Et honorabiliorem gobeletum totius Vassellæ meæ.* Vide *Vaisselu*.

¶ **VASELLA**, VASELLAMENTUM, Eadem notione. Invent. Chartar. Reg. ann. 1482. fol. 76. v° *Littera Mariæ Reginæ Siciliæ et Hierusalem Ducissæ Andegaviæ continens qualiter ipsa confessa fuit quod magna Vasella Regis fuit multo data marito suo pro conquestibus Siciliæ.* Ad marginem : *Vasa argentea et aurea.* Jo. Demussis in Chron. Placent. apud Murator. tom. 16. col. 583 : *Utuntur ... altis pulchris arnixis et Vasellis et Vasellamentis.*

¶ **VAXELLA**, VAXILLA, Pari significatu. Testam. Guillelmi Vicecom. Narbon. ann. 1397. apud Marten. tom. 1. Anecd. col. 1632 : *Legamus capellæ S. Andreæ ecclesiæ de Crassa, pro quadam quantitate Vaxellæ argenti,..... sexaginta francos auri, de quibus.... dictam Vaxellam emi volumus.* Mirac. MSS. Urbani V. PP. ex Tabul. S. Victoris Massil. : *Fuit commissum quoddam furtum de Vaxella argenti dom. abbatis Montismajoris.* Testam. Guillelmi Marteleti Episc. Bethleemit. ann. 1402. ex Bullar. Fontanell. fol. 121 : *Ordino quod domus mea, in qua inhabito Parisius, cum omnibus meis municionibus tam libris quam aliis et Vaxilla mea argentea vendantur, etc.*

¶ **VAYCELLA**, VAYSSELLA, Eodem intellectu. Charta ann. 1399. ex Tabular. S. Victoris Massil. : *Fiant duo inventa-*

ria,.... qualia et quanta blada, vina, et cetera victualia, moneta, Vaycella aurea, argentea, etc. Adde Baluz. tom. 2. Hist. Arvern. pag. 539. Litteræ Humberti II. ann. 1340. tom. 2. Hist. Dalph. pag. 415. col. 2: *Sive esset billionus in monetis, Vayssellis, jocalibus, vel aliis quibuscumque auri vel argenti speciebus.*

¶ VASSALLAMENTUM, VASSELLAMENTIUM, ut *Vassella.* Charta Hugonis Abbat. S. Benigni Divion. ann. 1299. ex Tabul. ejusd. loci: *Mobilia quæ habemus et habere possumus, scilicet in denariis, Vassellamentis argenteis, etc.* Comput. ann. 1239. ex Bibl. Reg.: *Pro Vassallamento in hospitio juvenis Reginæ* C. sol. *Tur.* Alter Comput. ann. 1255. apud D. Brussel tom. 1. de Usu feud. pag. 470: *Pro calice aureo, candelabris, bacin. et aliis ad capellam et alia Vassallamenta argenti* VIII° XLV. *lib.* XVIII. *denarios.*

¶ VAYSSELLAMENTA, Eodem sensu. Testam. ann. 1328. tom. 2. Hist. Dalphin. pag. 227. col. 1: *Et quod dom. hæres suus aliquid non capiat ullo modo, quousque dicta fuerint adimpleta, excepta Vayssellamenta sua quam ex nunc sibi legavit.*

¶ 1. VASSELLUM, VASSELLUS, Vas, dolium, vasculum. Statuta Montis Regal. fol. 297: *Qui vendiderit vinum ad munitum... debeat postquam vendiderit totum Vassellum vini, quod vendere inceperit, hoc est vinum dicti Vasselli, dare et solvere dicto emptori dictæ gabellæ, etc.* Statuta Placent. lib. 6. fol. 83: *Item provisum est quod calderarii et alii facientes lebetes seu aliquos Vassellos de ramo, etc.*

¶ VASSELLUM, Pari significatu. Charta ann. 1040. ex Tabul. S. Victoris Massil.: *Dono* x. *dextros vineæ in villa Cathedra cum Vaxello, reservato michi usufructu.*

¶ VAYSSELLUM, Eadem notione. Charta ann. 1392. ex Tabul. S. Victoris Massil.: *Unum Vayssellum vini rubei tenentem novem metretas, sive meillarolas et duo scandalia.*

* 2. VASSELLUM, Merges. Vide supra *Vas* 3.

* 3. VASSELLUM, Navis. Vide supra *Vassallagium.*

* VASSELLUS, Idem quod *Boissellus.* Leudæ major. Carcass. MSS: *Item pro Vassello, j. den.* Turon. Ubi versio Gallica ann. 1544: *Pour un boisseau, etc.* Vide *Vassallum* 1.

* VASSERIUM, Navis, Gall. *Vaisseau.* Lit. Rob. reg. ann. 1328: *Fideles nostri patroni quidam cujusdam navis per mare Sardiniæ discurrentes, invenerunt in portu, vocato de Torres, quoddam Vasserium cum quantitate hordei et quibusdam aliis mercimoniis.* Vide *Vas* 1.

* VASSI, Fidejussores, in Gloss. vett.

* VASSILIUM, Vasarium, supellex. Charta fundat. abbat. Aquilar. ann. 832. inter Probat. tom. 1. Annal. Præmonst. col. 104: *Tres culiares argenteas et Vassilia multa ex lignis facta, etc.* Vide *Vassella.*

¶ VASSINUM, Grex ovium. Vide *Rassaria.*

VASSIS. Chronicon S. Vincentii de Vulturno pag. 678. de Petro Diacono Casinensi: *Quem Arichis suscipiens eum honorifice retinuit, a quo palatium infra Beneventum, et aliud in Salerno constructum, Vassibus decorari fecit.* Forte leg. *versibus,* nisi *vassibus* scribatur pro *basibus.* Vide *Vas,* et *Vassus* 2.

VASSO, Cujusdam Gallici numinis templum. Gregorius Turon. lib. 9. Hist. cap. 32. [⁰⁰ lib. 1. cap. 30]: *Veniens vero Arvernos, delubrum illud, quod Gallica lingua Vasso Galatæ vocant, etc.* Marti

dicatum fuisse opinatur Joannes Savaro in Orig. Claromont. Alii *Vasso,* templum et ædem sacram denotare aiunt, non Deum aliquem a paganis cultum: quippe juxta Claromontem locus, ubi olim fuit ædes S. Artemii, adhuc *le Vas saint Artem* appellatur, hoc est, templum S. Artemii: ut apud Delphinates in pago S. Gisleni *(S. Gilin)* locus, ubi ædes S. Marcellini fuit, postmodum destructa, et ad quem pro impetranda pluvia fiunt processiones Ecclesiasticæ, *le champ du Vas* dicitur, ut auctor est Claudius Expillius. Vide *Vasa.*

* VASSOR, ut supra *Vassallus,* nostris etiam *Vasseur,* pro *Vassal.* Charta pro capit. Carnot. ann. 1375 in Reg. 107. Chartoph. reg. ch. 290: *Unum Vassorem seu vassallum tenentem in feodum a domino dictorum molendinorum, etc.* Alia ann. 1393. ex Chartul. episc. Carnot.: *Si sont les Vasseurs appartenans à ladite chastellenie de Loigny, c'est assavoir....... la dame de la Lande comme garde de ses enfans.*

1. VASSUS, pro *Vas, Vassi de auro et de argento,* in Testamento Ranimiri Regis Aragoniæ æræ 1099. apud Martinezium.

* Charta fundat. abbat. Aquilar. ann. 832. inter Probat. tom. 1. Annal. Præmonst. col. 104. *Duos Vassos argenteos et tres culiares argenteas.* Vide supra *Vassilium.*

2. VASSUS, et VASSALLUS, iidemne fuerint, video controverti; quæ quidem inter eruditos controversia, ut facilius dirimatur, discutienda sunt quæ de utrisque habent Scriptores, et Tabulæ veteres.

Vassos primitus fuisse, quos *familiares* ætas posterior appellavit seu domesticos, et qui ex Regia, aut alicujus Principis, familia erant, videtur indicare Lex Alamannorum tit. 79. § 3: *Si alicujus Seniscalcus, qui servus est, et dominus ejus* 12. *Vassos infra domum habet, occisus fuerit, etc.* Marculfus lib. 2. form. 17. quæ est testamenti duarum personarum: *Quicquid exinde facere elegeris, aut pro animæ remedio in pauperes dispensare, aut ad Vassos nostros, vel benemeritis nostris absque repetitione hæredum meorum, quod tua decreverit voluntas, faciendi liberam habeas potestatem.* Ubi *Vassi* non alii sunt a famulis. Concilium Cabilonense II. can. 63: *Nullus Vassus Abbatissæ, nec minister aliquis, nec clericus, nec laicus claustra ancillarum Dei ingrediatur.* Præterea Capitula Caroli M. et Capitul. ann. 823. cap. 24: ac priora quidem lib. 2. cap. 24: *Vassi quoque et Vassalli nostri nobis famulantes, volumus, ut condignum apud omnes habeant honorem, sicut a genitore nostro et nobis sæpe admonitum est.* Agitur hoc lib. 3. cap. 73: *De Vassis Dominicis, qui habita intra casam servient, et tamen beneficia habere noscuntur,* statutum est, *ut quicunque ex illis cum domno Imperatore domi remanserit, vassallos suos casatos secum non retineat, sed cum Comite, cujus pagenses sunt, ire permittat.* Denique lib. 4. cap. 4: *De Vassis nostris, qui ad marcham nostram constituti sunt custodiendam, aut in longinquis regionibus sua habent beneficia, vel res proprias, vel etiam nobis assidue in palatio nostro serviunt, etc.* Erant igitur vassi iidem, qui famuli, quod præterea videtur indicare vocis origo apud Boxhornium in Lexico Gwallico, seu Cambro-Britannico, et Auctorem Catholici Armorici: *Gwas, vel Goas, servus, famulus. Antiquis signi-*

ficabat *juvenem, adolescentem virum.* [Quæ originatio Eccardo potior videtur. Hickesius in Grammat. Theot. pag. 99. hanc vocem accersit a Gothico *Fads,* quod in compositione significat rei vel negotii procuratorem, et respondet Anglo-Sax. v a d i a n, ordinare, dispensare, disponere: unde ministri et famuli Principum propter commissam sibi bonorum seu officiorum curam dicti sunt *Fadsi,* dein *Fassi* et *Vassi.* Vassallus autem, addit ille, est quasi *Fads-scalcus,* rerum dominicalium minister.] Gryphiander de Weichbildis Saxonic. cap. 49. a Saxon. *Vassen,* ligare, deducit: quia, inquit, per investituram vassallus solemni stipulatione ita alligatur domino, ut illius fiat homo. At Goldastus *Vassum* a *vade* dictum contendit, qui vadimonium pro beneficio accepto auctori suo dedit. Denique Turnebus lib. 21. Advers. cap. 15. Vassallos appellatos existimavit, quasi *Vasarios,* tanquam clientes, qui in nobilium *Vasario,* seu supellectile, fuerint. Ita in vocum originationibus ludunt viri eruditi. Iso Magister in Glossis: *Cliens, minor vassus, serviens.*

Vassi vero e familia Imperatoris aut Regis, *Vassi Regales,* in Capitul. Pipini Regis Italiæ ann. 793. cap. 36. et in Capitul. 4. Caroli M. incerti anni cap. 9. vulgo vero *Vassi dominici* appellantur, id est, *proprii* Imperatori aut Principis, et qui ex ejus familia erant. Apud Eginhart. Epist. 27. filius cujusdam Comitis, *Vassus Dominicus* dicitur. Tabularium Conchensis Abbatiæ in Ruthenis ch. 481. sub Ludov. Pio Imp.: *Mansellos illos, qui sunt in illa valle de ratione S. Mariæ Laudunense, quæ Bertrandus Dominicus Vassus pro regia potestate, vel gubernatore sanctæ Mariæ in beneficio habebat, etc. Comites et Vassi domestici,* in Concilio Ticinensi ann. 855. sub iidem sunt, qui Dominici. Horum ordo magnus fuit, ut qui post Episcopos, Abbates, et Comites statim nominentur in Capit. Caroli C. ann. 877. cap. 1. in Capitul. apud Tusiacum ann. 865. et in veteri Placito, quod describitur in Vita Aldrici Episcopi Cenoman. num. 47. ubi Ragenarius et Fulco Comites Palatii, *Vassi dominici* pariter inscribuntur, etc. Sed et *Misso Dominico,* et *Vasso* Regio facta injuria pari pœna puniebatur, ut est in lege Longob. lib. 1. tit. 13. § 3. [⁰⁰ Carol. M. 29.]

Ita tamen ex familia Regia erant, ut fide et sacramento Principi obstricti essent, ut canit in Capitul. Caroli C. tit. 23. cap. 4. junguntur *drudis,* id est, *fidelibus: Sine solatio et comitatu drudorum atque vassorum nuda et desolata exibit.* Deinde quicumque Regi eodem fidelitatis sacramento obstringerentur, *Vassi* omnes appellati, ut qui hocce pacto ex ejus familia esse censerentur. Annales Franc. ann. 787: *Ibique veniens Tassilo ex jussione Domini Regis, sicut et cæteri ejus Vassi, etc.* Annales S. Nazarii de eodem Tassilone ann. 787: *Illucque veniens Dessilo, Dux Bejweriorum ad eum, et reddit se cum baculo ipsam patriam,... et effectus est Vassus ejus.* Annales Franc. Moissiac. ann. 795: *Ipsi adhuc pleniter non venerunt, eo quod Vassum Domini Regis Cahelim Abotritarum occiderant.* Atque ex eo, quod dominorum servitio astricti essent, dictos volunt a *Vassen* Germanico, obligare, vincere: ita Fridericus Bandius ad Consuetudines feudales Gelriæ pag. 6.

Vassi isti *Dominici* extra ordinem interdum mittebantur a Principe in provincias, ut Comitibus adessent in justitia administranda, et cum eo jus dicerent, aliaque reipublicæ negotia exsequerentur, quod docent Lex Longob. lib. 2. tit. 52. § 2. [∞ Car. M. 18.] Capit. Caroli M. lib. 5. cap. 133. [∞ 204.] Synodus Carisiaca cap. 2. Capit. Caroli O. tit. 32. cap. 12. etc. Tabularium Casauriense ch. 237 : *Ego Heribaldus Comes in vice Comitis Palatii ad singulas hominum justitias deliberandas, residentibus mecum Lacinaldo et Erifredo et Cariprando Bassis Domini Imperatoris, Adelberto, Joanne, Maculfo judicibus, etc.* [Notitia ann. 843. in Append. ad Marcam Hispan. col. 779 : *Cum in Dei nomine resideret vir inluster Adalaricus Comes una cum viro sanctissimo Gondemaro sedis Gerundensis Episcopo, Wadamiro, Carpioni et Leuchiriaco Vassos dominicos, necnon Assemundo et Hermanni Vicedomini, seu et judices qui jussi sunt dirimere causas, etc.*] Exstant alia *Judicatorum* exempla coram Comitibus et Vassis, in laudata Vita Aldrici Episcopi Cenom. pag. 130. et in Chronico Laurishamensi pag. 59. et apud Catellum lib. 5. Rerum Occitan. pag. 742. et Sammarthanos in Archiepisc. Narbonensib. num. 5. Neque, opinor, alii sunt *Vassi Comitum* a *Vassis Dominicis*, cum ita appellentur, quod iis a Rege ut collegæ darentur in jure dicundo, in lege Longob. lib. 2. tit. 42. § 1. lib. 3. tit. 12. § 1. [∞ Car. M. 49. 121.] et in Capitul. Caroli M. lib. 3. cap. 51. ubi revera jus dixisse satis docent ; quod tamen nolim omnino præstare, ex lib. 4. Capituli. Caroli M. cap. 70. [° Nihil hic dubitandum esse asserit, atque prorsus distinctos fuisse vult Muratorius tom. 1. Antiq. Ital. med. ævi col. 558. Sed invalido, ut mihi videtur, ex argumento.] Proinde *vassi Dominici* respectu Comitum, erant sicut Capellani minores respectu Episcoporum et Abbatum. Walafridus Strabo lib. de Rebus eccles. cap. 31 : *Capellani minores ita sunt, sicut hi, quos Vassos dominicos Gallica, consuetudine nominamus.*

Sed et hi interdum *ad Marcham custodiendam* mittebantur, ut est in Capitulis Caroli M. lib. 4. cap. 4. Vita Ludovici Pii ann. 778. et Continuator Aimoini lib. 5. cap. 1: *Ordinavit per totam Aquitaniam Comites, Abbatesque, nec non alios plurimos, quos Vassos vulgo vocant, ex gente Francorum ; quorum prudentiæ et fortitudini nulla calliditate et nulla vi obviare fuerit tutum, eisque commisit curam regni prout utile judicavit, finium tutamen, villarumque regiarum ruralem provisionem.* Quæ quidem verba postrema videntur potissimum spectare *vassos dominicos*, qui interdum *villicorum* vices agebant. Lambertus Ardensis : *Ab antiquo Comitis Walteri tempore, quendam Villicum, vel Præpositum, quem antiquiora tempora Vassum suum appellant, in terra Ghisnensi habebant, qui de omnibus decimis et possessiunculis, quas in eadem terra possidebant, eis ut villicus sufficienter respondebat.* Adde Capit. Caroli M. lib. 4. cap. 70. Legem Longob. lib. 3. tit. 4. § 5. [∞ Pip. 16.] etc.

Cum igitur vel ad sua *ministeria* pergebant, vel cum in iis consistebant, quemadmodum *Missi Dominici* et Comites, conjectum accipiebant, ut est in iisdem Capitul. lib. 4. cap. 69. et in lege Longob. lib. 3. tit. 1. § 88. tit. 4. § 2. [∞ Lud. P. 54. Pip. 16.] Quin etiam Comitibus eorumque jurisdictioni suberant, adeo ut si *justitiam non fecissent*, in eos Comites animadverterent, ex lege Longobard. lib. 2. tit. 52. § 2. tit. 54. § 1.

[∞ Carol. M. 18. Loth. I. 15.] Quod et de *vassallis Dominicis* perinde habent Capitularia Karlomanni Regis tit. 2. cap. 11.

Vassis Dominicis dabantur etiam a Principe *Beneficia* in Provinciis. Capitulare ann. 779. cap. 10. et in Addit. 4. Capitul. cap. 120. [∞ in leg. Longob. lib. 2. tit. 39. § 3. Carol. M. 9.] : *Similiter et Vassi nostri, si hoc non adimpleverint, beneficium et honorem perdant.* Capitula Caroli M. lib. 4. cap. 4 : *De Vassis nostris, qui ad marcham nostram constituti sunt custodiendam, aut in longinquis regionibus sua habent beneficia, vel res proprias, etc.* Vide Eginhartum Ep. 26. 27. Odo Cluniacensis lib. 1. de Vita S. Geraldi cap. 17 : *Neque patiebatur, ut quilibet senior beneficia a suo Vasso pro qualibet animi commotione posset auferre, etc.* Quo loco vassus idem sonat quod *vassallus* ; qui scilicet ratione feudi domino est obnoxius. Idem cap. 32 : *Nam reipublicæ statu jam nimis turbato, regales Vassos insolentia Marchionum subjugaverat.* Et lib. 4. cap. 7 . *Cum vassus quidam nomine Aldradus, etc.* Tabularium Vindocinense fol. 54: *Guido de Blasone Dominicus vassus accedens ad Dominum Ordericum Abbatem, etc.* Idem Tabular. ch. 98 : *Comparavit igitur Agnes incluta Comitissa legitima emptione a Lancelino Dominico Vasso de Castro Balgentiaco Ecclesiam S. Beti, cum tota integritate sua, quæ sita est juxta murum Vindocini, etc.* [Charta Ludovici Pii ann. 815. inter Probat. tom. 1. Hist. Lothar. col. 297 . *Noverit utilitas fidelium nostrorum, Comitum videlicet et Vassorum nostrorum, vel quisquis beneficia ex ratione monasterii S. Michaelis habere videtur, etc.*]

Denique *Vassorum* et *Vassallorum Dominicorum* ea erat prærogativa, ut si criminis aut alterius delicti incusarentur, non ipsi, sed *meliores illorum homines* juramentum persolverent, ut est in Capitulis Karlomanni Regis tit. 2. cap. 4. et 11. ubi hæc habentur : *Honorem enim talem nostris Vassis Dominicis concedimus, ut ipsi non sicut reliqui manu propria sacramentum jurent ; sed melior homo illorum et credibilior agere non differat.* Neque alius est *honor condignus*, quem vassis haberi volunt Capitula Caroli M. lib. 2. cap. 24. Porro qui *vassi dominici* appellantur in Capitulis Karlomanni d. tit. 2. cap. 4. iidem *Vassi* et *Vassalli dominici* promiscue dicuntur d. cap. 11. adeo ut *Vassalli Dominici* non alii ac diversi fuerint.

Vassorum deinde et *Vassallorum*, ut *Cataneorum*, seu *Capitaneorum*, sub postremis Imperatoribus Alemannicis inductus fuit ordo honorarius, qui etiam ad posteros transmittebatur, nulli illoc addictus loco, aut gubernationi. Chartam Conradi Regis Burgundiæ anni 944. descripsit Guichenonus ex Tabulario Cluniacensi, exaratam coram Episcopis et Comitibus in ea nominatis, *Vassis dominicis majoribus et minoribus*. Aliam Willelmi Comitis Provinciæ ex eodem Tabulario laudat Antonius Rufius, qua perinde exarata dicitur coram *Vassis dominicis tam Romanis, quam Salicis*. Petrus Damiani lib. 1. Epist. 9. pag. 21 : *Narravit mihi Humbertus, quia Vassus quidam, dum iter ageret, accidit, ut juxta molendinum equo insidens pertransiret, etc.* Lib. 6. Epist. 9 : *Frater meus talis Vassi unicam filiam sibimet in matrimonio copulavit, etc.* Decretum Mainardi et Joannis Cardinalium pro ecclesia Mediolanensi, apud Baronium ann. 1067.

num. 11 : *Clericus autem vel laicus pro ordinis ac dignitatis suæ qualitate, hac potestate tali mulctetur damno, ut siquidem de ordine Capitaneorum fuerit, viginti denariorum libras, Vassorum autem decem ; negotiatorum quinque...... componat.* Sed et *Vassos* et *Vassallos* creatos ab Imperatoribus, interdum etiam ipsosmet Augustos aliis nobilibus eosdem creandi jus impertiisse legimus. Exstat bulla Caroli IV. Imperat. ann. 1355. qua *Milano de Beccharia*, civi Papiensi, Notarios et Tabelliones creandi, et illegitimos natalibus restituendi facultatem impertiri, in qua sequentia adduntur : *Et quod possitis, tu et filii tui... quoscunque sponte volentes Vassallos facere, ad vassallatus onus inducere auctoritate prædicta, illustribus Principibus, Ducibus, Comitibus, Baronibus duntaxat exceptis.*

¶ VASSATUS, Eadem notione, in Charta Alphonsi Reg. Lusitan. æræ 1142. ex Tabul. Claravall. : *De consensu Vassatorum meorum... me ipsum, regnum meum... sub B. Mariæ de Clara-valle tutelam... constituo.*

☞ Inter Nobiles secundi ordinis habitos fuisse colligi posse videtur ex Charta ann. 1040. in Tabul. S. Victoris Massil. : *Factum est placitum in quo congregati sunt utriusque loci primates et Vasses, plebeique ac urbani diversi ordinis, diverseæque ætatis utriusque sexus, quorum nomina exprimi duximus... Attanulphus Vasses urbis Arelatensis, etc.* Idem innuit Charta ann. 1239. apud Lobinell. tom. 2. Hist. Britan. col. 392 : *Noveritis quod nos ad precationem Episcoporum, Abbatum, Baronum, et Vassallorum Britanniæ, etc.* Vide Vavassores.

BASSUS etiam pro *Vassus*, dixit Charta laudata ex Tabulario Casauriensi, ut et Capitulare I. Caroli M. ann. 802. cap. 39. Diploma Ludovici Imp. : *Si Comes aut Bassi nostri remanserint.*

☞ Vox diversis notionibus usurpata : Familiaris seu domesticus ex familia regia aut alicujus principis ; vel qui alicui ratione tutelæ et protectionis, aut feudi sacramento addictus est ; qua ultima notione, *Vasse* occurrit in Lit. ann. 1367. tom. 5. Ordin. reg. Franc. pag. 10 : *Eussions ordené que le ressort de la conté de Bloys et des Vasses et subgés doudit conté, etc.* Ut autem ex mutatione v in b, *Bassus* pro *Vassus*, dixerunt Scriptores medii ævi, ita nostri *Basse* usurparunt pro Famula, ancilla. Lit. remiss. ann. 1450. in Reg. 185. Chartoph. reg. ch. 19 : *Le Prestre et sa Basse ou chamberiere, qui parloient d'icelle suppliant, comme n'eut ilz estoient, pour ce que icelle Basse ou chamberiere dudit prestre dist entendiblement, Veez la cy venir.*

¶ VASATICUM, Clientum et feudalium agmen, familia. Vita S. Bernwardi apud Leibnit. tom. 1. Script. Brunsvic. pag. 455 : *Jubent universos Theotiscos Episcopos circa Natale Domini ad illorum præsentiam festinare, non solum ad synodum, sed cum omni suo Vasatico ita constructos, ut ad bellum quocunque Imperator præcipiat, possent procedere....... Hos conscivit Sophia, cunctos videlicet, quos de Vasatico Archiepiscopi, vel familia illius convocare poterat.*

VASATICUM, Fides, quam præstat Vassus Domino, vel Principi : proinde idem quod *Hominium*. Annales Franc. ann. 757 : *Ibique Tassilo venit Dux Bajoariorum, in Vasatico se commendans per manus, etc.* Ubi Ado Viennensis : *Seque illi in Vassallum commisit.* Iidem

Annales ann. 788 : *At ille videns se undique constrictum, venit per semetipsum, tradens se manibus Regis in Vassatico, renovans sacramenta.* Charta Caroli Calvi pro Barcinonensibus, apud *Diago* lib. 2. cap. 4. et tom. 2. Hist. Francor. : *Noverint præterea iidem Hispani sibi licentiam a nobis esse concessam, ut se in Vassaticum Comitis nostri, sicut alii Franci homines, commendent ; et si aliquod beneficium quisquam eorum ab eo, cui se commendavit, fuerit consecutus, sciat se de illo tale obsequium Seniori suo debere exhibere, quale nostrates homines de simili beneficio Senioribus suis exhibere solent.*

° Clientelam potius intellige, saltem in locis hic laudatis, a potentiori domino vel principe concessum illi, qui ipsius tutelæ sese commendaverat, ob quam fidelitatem suam ei juramento obligabat ; unde *Vassus* appellabatur, nullo licet sibi collato beneficio aut feudo. Consule Muratorium tom. 1. Antiq. Ital. med. ævi col. 548. Vide supra *Commendatus.*

VASSATICUM præterea appellabant præclarum in præliis, vel occasionibus aliis bellicis facinus, vel animi magnitudinem : forte quod *vassi* et *vassalli* essent viri militares, et iidem, qui postmodum *milites* vulgo appellati sunt. Hincmarus Remensis in Opusculo 55. Capitulorum cap. 52 : *De hoc quoque vitio superbiæ descendit, quod multi ex apud plurinos dicunt de fortitudine et agilitate tui corporis gloriari, et in præliis, atque ut nostratium lingua dicitur de Vassaticis frequenter ac libenter sermonem habere, etc.* Ubi sane malim *vassaliticis*, tametsi vox *vassaticis* tolerari possit, a *vassus*. Sed ut priorem præferam, facit recepta deinceps vox *vasselage* hac eadem notione apud Scriptores vernaculos inferioris ævi. Le Roman *de Garin* MS :

Tel Vasselage certes pris ge petit.

Le Roman *de Roncevaux* MS :

Par Vasselage soloie i estre vos drus.

Le Roman *d'Artus* MS :

De force ne de Vasselage,
N'ot son per en tot le bornage.

Le Roman *de Florimont* MS :

Li Rois avoit riche corage,
Et pensa un fier Vasselage.

Le Roman *d'Alixandres* MS :

Or m'en iron sor lui veoir son Vasselage.

Guill. *Guiart* anno 1267 :

Mesire Erart de Valeri,
Un haut baron courtois et sage,
Et plain de grant Vasselage,
Que son cors et ses fais looient,
Tuit cil qui parler en ooient.

Le Roman de *Vacce* :

Que Richart ert moult prous, et de grant Vasselage.

Chron. MS. Bertrandi *du Guesclin* :

Si ay trouvé en lui d'honneur si largement,
Et tant de Vasselage et de fier hardement.

Robertus *de Bourron* in Hist. Merlini MS : *Nostre Sire nous a fait moult grant honnour, quant vous si haut homme, comme li Rois est, avés pris par vostre Vasselage.* Chronicon Franc. MS. ex Bibl. Memmiana in Carolo V : *Onc convoiteux ne fit beau Vasselage.* Adde Chronicon Flandriæ cap. 18. 30. et Buzelinum in Gallo-Flandria lib. 3. cap. 6. pag. 482.

Ut porro *Vasselage*, pro animi magnitudine usurparunt nostri, ita et *vassaus*, viros fortes appellabant. Philippus *Mouskes* :

Après li resorst an Banolere
Une guerre orgilleuse et fiere,
Le Sire iert Dus, s'ot non Rassaus,
Qui moult estoit prous et Vassaus.

Le Roman *de Guillaume au Courtnez* MS :

Dux né de Baviere, qui fit pros et Vassaus.

Guillelmus *Guiart* ann. 1304 :

Espaignols qui ces trois nez gaient,
Ou moult a de hardis Vasseaus.

Le Roman *de Garin* :

Maint bon Vassal i firent trebucher.

Alibi :

Meillor Vassal de lui ne sache mie.

Vetus Poëta MS :

Biaus fu et lons et dreis, bien ensemble Vassal.

Le Lusidaire MS :

Quant Jacob vint li Senescaus,
Qui mult estoit preus et vassaus.

Le Roman *de Roncevaux* MS :

Othes fu preus, et bons vassaus vaillans.

Chron. Flaundriæ cap. 15. Matthæum de Montemorenciaco *gentil Vassal* appellat.

☞ Hinc *Vassaument*, pro fortiter, ut virum fortem decet, in Hist. Johannis IV. apud Lobinell. tom. 2. Hist. Britan. col. 729 :

Comme s'il vouloit de sa grace
Laisser rigueur et toute espresse
Contre ceux qui moult loyaument
L'avoient servi bien Vassaument.

Vassalli, si Marcam audimus lib. 1. Hist. Beneharn. cap. 28. num. 10. sunt *vassorum vassalli*, seu *vassis* ratione clientelæ obnoxii. Id non omnino verum esse patet ex iis, quæ supra attigimus, nobisque fusius probandum incumbit. Constat sane utramque vocem ejusdem originis, si non omnino notionis.

° VASSALLUS, idem qui *Vassus*. Consuet. Catalon. MSS. cap. 43 : *Vassallus debet vitam domini præferre vitæ suæ propriæ, quia si dominus debet facere duellum, puta quia aliquis vult probare per duellium contra dominum ipsum, quod commiserit crimen lesæ majestatis, vel aliud : certe prædictus dominus potest præcipere homini sive vassallo suo, ut pro ipso subeat duellum.*

Vassos diximus fuisse domesticos et familiares Principis aut alterius cujusvis, quod etiam de *Vassallis* dici posse evincunt Scriptores, præsertim Hincmarus de Ordine Palatii cap. 28. describens ministeria et familiam Principis : *Tertius ordo item erat tam majorum, quam minorum, in pueris vel Vassallis, etc.* Ubi *pueri* sunt ii, quos *famulos* dicimus. Monachus Sangalensis lib. 1. de Carolo M. cap. 20. *Scarionem,* seu ostiarium Aulæ regiæ, *vassalum* Imperatoris appellat. Cap. 22. de quodam Episcopo: *Hic habuit unum Vassallum non ignobilem civium suorum, valde strenuum et industrium ; cui tamen ille, ne dicam beneficium aliquod, sed ut nullum quidem aliquando blandum sermonem impendit.* Ita denique lib. 2. cap. 15. ubi de quodam puerulo, ab Imperatore in familiam suam adscito. Capitula Caroli M. lib. 2. cap. 24 : *Vassi quoque et Vassalli nostri nobis famulantes, etc.* Edictum Pistense Caroli M. cap. 14. ex iisdem parentis Capitulis : *Vassalli nostri nobis et nostræ conjugi famulantes, etc.* Concilium Ravennense ann. 904. cap. 10 : *Ut plebes Ecclesiæ nullatenus aut Comitibus, aut Episcoporum Vassallis aut ullis laicis beneficia tradantur.* Denique Adalardus in Statutis Corbeiensibus lib. 1. cap. 6. totam familiam monasticam in sex ordines distribuit : 1. *Famulorum vel matriculariorum, qui semper æqualiter habendi sunt ;* 2. *Fratrum :* 3. *Vassallorum :* 4. *Hospitum :* 5. *Pulsantium, vel Scholarium :* 6. *Singulorum huc illucque Præbendariorum.* Meminit etiam *casæ Vassallorum* cap. 1. (qui inde *Vassalli casati*, i. casæ addicti, dicuntur lib. 3. Capitul. Caroli M. cap. 73.) et *panis vassallorum* cap. 2. et 4. De ejusmodi vassallis agit Charta Aldrici Episcopi Cenoman. in ejus Vita pag. 85 : *Et alia* (pars) *detur Vassallis et capellanis, sive servientibus, qui domino nobisque in nostra mansiuncula militare videntur.*

Ut *Vassi* Comitibus erant assessores in judiciis publicis, ita et *Vassalli.* Charta Alamannica 95. Goldasti : *Jussum est Waningo Comiti Ruadperto Vassallo Regis inquisitionem de hac re fieri, etc.* Adde chart. 18. Vetus notitia sub Karolo Rege anno 14. apud Bestium pag. 224 : *Notitia qualiter vel quibus præsentibus, ibique veniens Hisarnus die Veneris 8. Kal. Aprilarum infra urbem Pictavam, ante Domnum Ebolum præsenente gratia Dei Comitem, si idem assistentibus Vassallis, interpellabat quamdam Diaconum, etc.* Conventus Ticinensis ann. 850. cap. 1 : *Ideo volumus, ut Comites nostri, eorum scuidasii, adjunctis secum Vassallis Episcoporum,.... studiosissime perquirant, etc.*

Porro qui *vassi*, vel *vassi dominici* dicuntur, nullo discrimine *Vassalli* vel *Vassalli dominici* appellantur, et cum *Comitibus* junguntur, nulla interdum vassorum facta mentione, in lege Longob. lib 3. tit. 4. § 5. (²⁰ Pip. 16.) in Capitul. Caroli M. ann. 807. cap. 3. 6. lib. 4. cap. 82. lib. 5. cap. 147. (²⁰ 278.) et lib. 2. cap. 24. *Vassi et Vassalli nostri, etc.* quasi idem fuerint. Præterea in Capitulis Caroli C. tit. 6. cap. 20. tit. 31. part. 2. cap. 2. et tit. 42. In Vita Ludovici Pii ann. 834: *Itemque Sanila Comes, nec non Madelemus Vassallus dominicus capite plexi sunt.*

Ut *vassis*, ita et *vassallis* beneficia a Principe concedebantur. Capitulare Compendiense ann. 757. cap. 6 : *Homo Francus accepit beneficium de seniore suo, et duxit secum suum Vassallum, et postea fuit ibi mortuus ipse senior, et dimisit ibi ipsum Vassallum, et post hoc accepit alius homo ipsum beneficium, etc.* Monachus Sangallensis lib. 1. de Carolo M. cap. 14 : *Cum illo fisco, vel curte illa, in Abbatiola, vel Ecclesia, tam bonum meliorem Vassallum, quam ille Comes est, vel Episcopus, fidelem mihi acquiro et facio.* Concilium Compendiense ann. 757. cap. 6 : *Homo accepit beneficium de seniore suo, et duxit* (senior) *secum suum Vassallum, etc.* Charta Ludovici Imp. in notis ad Biblioth. Cluniacensem pag. 113 : *Id est, villam ac beneficium illud, cujus vocabulum est Dodinaca curtis, habentem mansos 12. quam hactenus Vassallus noster, nomine Hisimbertus, nostra largitiones habuisse dignoscitur, etc.* Capitula Caroli C. tit. 6. cap. 20 : *Videtur nobis utile et necessarium, ut fideles et strenuos Missos ex utroque ordine per singulos Comitatus regni vestri mittatis, qui omnia diligenter imbrevient, quæ tempore aut ex patris vestri, vel in regio specialiter servitio, vel in Vassallorum dominicorum fue-*

runt, etc. Ubi nulla fit mentio *vassorum.* Charta Caroli C. Regis apud Loisellum in Bellovaco pag. 242 : *Villam quandam ..... quam Vassallus noster quidam nomine Sigefridus tunc in beneficium retinebat.* In Annalibus Francorum Bertinianis ann. 870. *Villæ vassallorum dicuntur , et opponuntur villis dominicalis.* Constitutio Ludovici II. Imp. pro expeditione Beneventana cap.5. apud Camillum Peregrinum : *Quod si comes aut bassi nostri aliqua infirmitate remanserint,..... aut Abbates vel Abbatissæ si plenissime homines suos non direxerint, ipsi suos honores perdant, et eorum Vassalli et proprium et beneficium perdant.* Adde Chartam Ludovici Pii de divisione Imperii ann. 814. editam a Baluzio, cap. 9. Præceptum Barnoini Archiepiscopi Viennensis ann. 881 : *Quæ namque res prænominati Cœnobioli quondam fratribus deservierant, sed jam ab eo abstractæ, et beneficium erant Vassallorum effectæ.* Denique Nicolaus I. PP. Epist. 20. ad Carolum Calvum Regem de Balduino Flandrensium Comitum stipite : *Balduinus Vassallus vester, etc.*

Vassalli præterea Chartas dominorum suorum subscribebant, adjecta hac ipsa *vassalli* dignitate. Binas descripsit Hemereus Alberti Comitis Viromandensis ; prior ann. 954. ita clauditur : *S. Adalberti Comitis,..... Geraldi, Hildradi, Anseri Vassallorum.* Altera ann. 959 : *S. Guntranni Vassalli, Anselmi Vasalli, Ottadi Vasalli.* Ubi ita appellantur, qui postmodum *Milites* dicti sunt : quo quidem etiam vocabulo *vassallos* seu *feudatorios* indigitari in Chartis suo loco docuimus.

¶ VASSALLUS, pro *Feudatarius,* Subditus, in Vita Walæ Abb. Corbeiensis sæc. 4. Bened. part. 1. pag. 512 : *Mementote etiam quod mei Vassalli estis mihique cum juramento fidem firmastis.* Charta ann. 1189. apud Lobineli. tom. 2. Hist. Britan. col. 167 : *Non teneatur Prior Pontis Castri pro aliquo negotio, sicut Vassallus, in curia mea vel successorum meorum respondere.*

¶ VASSALLUS, Miles. Mirac. S. Maioli tom. 2. Maii pag. 697 : *Quidam Vassallus pauper rebus, superbia tumidus, eumdem peregrinum obviat et assallit.* La vie de Jesus-Christ MS :

La pucelle prist à jus,
Vassal, laissáes la beste mue,
Nel navres pas en la char nue.

Vide supra in *Vassaticum.*

VASSALLUS INDOMINICATUS. Charta Caroli C. Regis Fr. ann. 3. ex Tabulario S. Cyrici Nivernensi. *Sed et concedimus ibidem auctoritate Regia omnes res ejusdem Ecclesiæ, quæ quondam fuerunt ab ea abstractæ, et quas modo nostri Indominicati Vassalli tenent, ut quia ipsi nobiscum dimicaverunt fideliter, in vita sua tantum , consensu ejusdem supradicti Episcopi eas teneant.*

[« In ipsa valle..... que Bertrandus Dominicus vassus pro regia potestate vel gubernatore sanctæ Mariæ in beneficio habebat. » (Cartul. Conchar. Ruthen. p. 332, an. 828.)]

VASSALLUS SIMPLEX. Vide *Signum* 6.

¶ VASSALLAGIUS, ut *Vassallus.* Charta ann. 1238. apud Cencium inter Rom. Eccl. Census : *Alia omnia capitula observabo et faciam quæ ad fidelitatem et vassallagium spectant, et quæ Vassallagius seu fidelis debet facere et tenetur.*

VASSALLATICUM etiam dixere veteres, ut *vassaticum,* pro fidei sacramento quod *vassalli* Domino vel Principi præstabant. Capitulare Pipini Regis Italiæ cap. 5 : *Stetit nobis de illos homines, qui hic intra Italia eorum seniores dimittunt, ut nullus eos recipere debeat in Vassallatico, sine comiato senioris sui, etc.* Adde cap. 36. Epistola Episcoporum ad Ludovicum Reg. ann. 858. cap. 15 : *Et nos Episcopi Domino consecrati, non sumus hujusmodi homines, ut sicut homines sæculares, in Vassalatico debeamus nos cuilibet commendare, aut jurationis sacramentum, quod nos Evangelica et Apostolica atque Canonica autoritas vetat, debeamus quoquo modo facere, etc.* Ubi *vassalaticum* non aliud sonat quam *vassaticum,* [ut et in Annal. Genuens. Jacobi Auriæ apud Murator. tom. 6. col. 578 . *Feciusque vassallum dicti communis,sprato Vassallatico per quem communi Januæ tenebatur.*] Quæ quidem vox usurpata legitur posterioribus seculis pro *hominio* ; quod etiam *vassalagium* appellatur in Charta ann. 1274 : *Pro quibus omnibus..... tenemur vobis homagium facere, et Vassallaticum, et fidelitatem jurare.* Speculator lib. 4. part. 3. de Feud. art. 2. § 5. ait, quod in Italia et alibi vocatur *vassalagium* , in Francia *homagium* appellari. Quod etiam observat Jacobinus de S. Georgio in tractatu de Homagiis § 5. Petrus de Vineis lib. 6. Epist. 9 : *Absolventes eos ab omni fidelitate Vassallagii, seu homagii juramento.* Charta Heliæ Talairandi Vicecomitis Leomaniæ et Dauvillarii, qua hominium præstat Abbati Moissacensi , ann. 1291 : *Fe homanatge et fe Vassals et Cavaliers al dich senhor. Quo loco tres hæ voces idem sonant. Vassallus* inim, uti observatum, et *Miles* , idem sunt. Charta alia : *Sciendum est, quoniam Ari Hodz Vescoms de Lomancha a fait homenatge, et ses faits Cavaliers et Hom al Senhor da Montperat Abad de Moyssac, el predich Vescoms mandet et autreget al Senhor predich Abad, que vos Cavaliers e fiels e loials li si a en tots locs, et que lui e le mostier de Moyssac el covent du quel meiss. Mostier, e totas las cosas garde e deffenda de mal e de domnage a bona fe par tots locs, etc.* ann. 1288. In Consuetudine Bituricensi tit. 1. art. 4. et 9. *vasseltage* usurpatur pro dominio, quod habet dominus in tenementum vassalli, seu pro *feodalitate.* Vide Statuta Mediolanensia 1. part. cap. 267. Georgium Pilonum in Historia Bellunensi pag. 106.

¶ VASSALLAGIUM, Vassalli conditio. Charta ann. 1814. tom. 2. Hist. Delph. pag. 149. col. 1 : *Dominus Dalphinus per subjectionem Vassallagii jam dicto dom. Regi* (Siciliæ) *stringitur connexe, etc.*

VASSALLAGIUM, Vassalli feudum ; item Fidei et obsequii professio quæ a Vassallo domino præstatur. Charta ann. 1283. tom. 2. Hist. ejusd. pag. 26. col. 1: *Cum feudis, allodiis, Vassallagiis et ejus pertinentiis universis, etc.* Occurrit rursum in alia ann. 1294. ibid. pag. 74. col. 1. Diploma Caroli IV. Imper. ann. 1376. apud Marten. tom. 2. Ampl. Collect. col. 137 : *Tum in feodis, feodalibus, Vassallagiis, quam aliis quibuscumque debitis obsequiis et servitutibus, etc.* Bulla Martini IV. PP. apud Rymer. tom. 2. pag. 257 : *Ego Dei gratia Rex Aragoniæ et Comes Barchinoniæ, plenum et ligium Vassallagium et homagium faciens Ecclesiæ Romanæ pro regno Aragoniæ, etc.* Adde Ludewig. tom. 5. Reliq. MSS. pag. 453. Constitut. Petri Reg. Siciliæ pag. 1. etc.

¶ VASSALLATITIUM, Eodem significatu. Litteræ Johannis Reg. Fr. ann. 1351. apud Marten. tom. 1. Ampl. Collect. col. 1470 : *Cum..... homagiis, feudis,* *Vassallatitiis, emphiteoticariis , et aliis quibuscumque honoribus ad dictum comitatum de Gauro..... pertinentibus.*

¶ VASSALLATUS, Pari intellectu. Charta ann. 1388. apud Ludewig. tom. 5. Reliq. MSS. pag. CLXXV : *De omnibus debitis et pecuniarum quantitatibus, in quibus ipsa dom. Rex nobis et heredibus nostris, ratione homagii et Vassallatus sibi de teris nostris per nos facti.* Alia ann. 1345. ibid. pag. 612 : *Cum omnibus suis honoribus , dominiis , Vassallatibus et aliis pertinentiis suis universis in feudum suscepimus.*

¶ VASSELAMENTUM, Præstatio pecuniaria a vassallo exsolvenda. Comput. ann. 1202. apud D. Brussel tom. 2. de Usu feud. pag. CLXXV : *De præposito Loriaci. De vavasoribus,* LXXII. *lib...... Et pro Vasselamento Romaudi* XXXV. *lib.*

VASSALLITIUM, semel atque iterum in Charta Alfonsi Regis Portugalliæ ann. 1142. apud Brandaonem lib. 10. Monarch. Lusitan. cap. 12. pro servitio, quod debet Vassallus domino , usurpatur.

VASSALLITIUS, pro *Vassallus.* Chronicon Magdeburgense MS. ex Bibl. S. Germani Paris. ann. 952 : *Ubi præscriptus cum filio suo Adalberto Regis se per omnia in Vassallicium dedidit dominationi, simul et Reginæ iram supplici venia placavit.* Ita etiam Regino.

VASSALLULUS. Minoris dignitatis vassallus. Matth. Paris ann. 1244 : *Et quis Christianorum ignorat, Principem Walliæ Regis Angliæ esse Vassallulum ?*

VASSELERIA. Charta ann. 1288. in Regesto Tolosano cameræ Computor. Parisiensis f. 97 : *Videlicet Baronias, et Vasselerias, etc.* Nescio an *Vasseleria* idem sit quod *Bacalaria,* indeque vox hæc postrema deducatur, ut *vasselaria,* feudum fuerit *vassalli* inferioris.

¶ VASALLES, pro *Vassallus,* in Charta Henrici Ducis Slesiæ ann. 1337. apud Ludewig. tom. 6. Reliq. MSS. pag. 12.

¶ VASSALAGICUS, Ad *Vassallum* pertinens. Charta Ruperti Comit. Palat. ann. 1356. apud eumd. tom. 5. pag. 576 : *Percepimus in jure vel onere Vasallagico seu feudali.*

¶ VASSALLOR, et VASALOR, Famulus. Dispositio rei famil. Cluniac. apud Baluz. tom. 5. Miscell. pag. 449 : *Sed de præbendariis vassallorum hoc est adiciendum, quod ante tempus nostrum panis eis qualis inferiori familiæ dari solet dabatur, hoc est, de Vassallor.* Vide *Panis servientalis.*

DESVASSALLARE. Michaël del Molino in Repertorio pag. 326 : *Si aliquis accusaretur de aliquo crimine, ex eo quod Desvassalavit aliquem vassallum a loco alterius , etc.* Infra : *Vassallum si aliquis extraxerit, aut juvaverit ad extrahendum a loco alterius causa deshabitandi eum, et ducendi tunc vassallum ad locum suum, aut alterius domini, talis extrahens et adjuvans incurrunt ex hoc in pœnam mortis corporalis, etc.*

BASSALLUS, pro *Vassallus,* in Constitut. Ludovici II. Imp. pro exercitu , edita a Camillo Peregrino, cap. 4. 5.

¶ 3. VASSUS, pro *Bassus,* Minor. Inventar. ann. 1476. ex Tabul. Flamar. : *Totum prædictum locum Montisastruci cum omnimoda jurisdictione alta et Vassa.*

¶ VASTADUM. Charta Caroli Reg. ann. 1391. apud Menester. Hist. Lugdun. pag. 122 : *Et consuevit dictus bailliuus..... cognoscere in ipsa sede nostra Lugdunensi de omnibus casibus Salvarum gardiarum nostrarum,.... delationes armorum, Vas-*

tadorum, ab intestato decedentium, etc. Vide *Vastum* 1.
* Mendose pro *Vastardus*. Vide in hac voce et supra in *Bastardus*.
¶ **VASTALÆ**. Papias : *Institæ, parvæ linteolæ, vel Vastalæ, unde mortuorum pollices ligantur.* Legendum ut in MS. Bituric. *Nasialæ.* Vide in hac voce.
* **VASTANTER**, Prorsus, omnino. Capitul. Caroli C. tom. 7. Collect. Histor. Franc. pag. 641 : *Et ipse frater meus Hludovicus ad hoc rediit in partem regni mei, ut mihi meum nepotem subriperet, et homines meos mihi subtraheret, ac fideles meos Vastanter imprimeret* (opprimeret). [☞ Convent. apud Saponarias ann. 859. cap. 7. Forte pro *Vastando interprenderet*.]
* **VASTARARIUS**. Instr. ann. 1220. apud Murator. tom. 5. Antiq. Ital. med. ævi col. 805 · *In Purificatione sanctæ Mariæ decem libras ceræ pro candelis et quatuor denarios pro juncis Vastarariis.* An pro *juncis*, qui per ecclesiam sparguntur ?
¶ **VASTARDUS**, pro *Bastardus*, Nothus. Inventar. ann. 1476. ex Tabul. Flamar. : *Quæ* (decima) *olim fuit cujusdam vocati Joh. de Lasgo ynspuri sive Vastardi de Lasgo.*
¶ 1. **VASTARE**, in Pactu Leg. Salicæ tit. 29. cap. 19. edit. Heroldi, pro *Jactare*, ni fallor, ut habent aliæ editiones. Vide alia notione in *Vastum* 2.
¶ 2. **VASTARE**, Verberibus conficere. Lex Salica tit. 10. § 1. tom. 4. Collect. Histor. Franc. pag. 180 : *Si quis animal aut caballum , vel quodlibet pecus in messe sua invenerit, penitus eum Vastare non debet.* Ubi *lædere* habent alia exemplaria.
¶ **VASTATOR**. Vide in *Vastum* 1.
* **VASTATORES**, Milites seu apparitores in domum vel castrum missi, ut ibi alienis sumtibus vivant, Gall. *Garnison*. Lit. remiss. ann. 1380. in Reg. 131. Chartoph. reg. ch. 2 . *Castrum de Albaripa in manu nostra gubernator Dalphinatus posuit seu poni fecit, Vastatores seu comestores in eo statuendo.* Vide aliis notionibus in *Vastum* 1.
¶ 1. **VASTELLUM**, Umbraculum, ut videtur, apud Matthæum Paris in Vitis Abb. S. Albani pag. 92. Vide *Dagus*.
¶ 2. **VASTELLUM**, VASTELLUS, Placentæ species. Vide infra in *Wastellus*.
¶ **VASTI**, Titulus Ducum Amalphitanorum ; quem a Græco corrupto σεβαστοῦ, venerandi, post Jul. Cæsar. Capacium Hist. Neapolit. lib. 1. cap. 13. deducit Brencmannus, in Dissertat. de Republ. Amalph. pag. 19. Aliam originationem assignare videtur doctissimus Cangius in voce *Vesti*.
¶ **VASTIDIUM**, pro Fastidium, ut videtur. Guido in Prologo ad Discipl. Farfensem : *Cum per universam Italiam Christi præcepta annularentur, et velut in Vastidio versarentur, etc.*
¶ **VASTIMENTUM**, pro *Bastimentum*, Ædificium. Vide in hac voce. Inventar. ann. 1476. ex Tabul. Flamar. : *Cum suis tenementis, ædificiisque et Vastimentis, etc.* Vide *Vestimentum* 3.
¶ **VASTINA**, VASTINIUM, VASTINUM, VASTITAS, VASTITIES. Vide in *Vastum* 1.
* **VASTIRE**, pro *Bastire*, Ædificare. Charta ann. 1470. ex Tabul. Flamar. : *Tota illa platea vacua hospitii, non Vastita.* Vide *Vastimentum*.
∞ **VASTITIUS**. Opusc. vet. MS. ad III. Reg. : *In argillosa terra. Alia editio in Vastitia terra.* Maius in Glossar. novo.

VASTRAPES, in Glossis Philoxeni, φιμνάλια. Occurrit hæc vox apud Rufinum in versione Josephi lib. 3. Antiq. Judaic. cap. 11. ubi Josephus habet ἀναξυρίδας. [Vide Vossium lib. 2. de Vitiis serm. cap. 19.
✶ **VASTRUM**, [Antrum ingens. DIEF.]
1. **VASTUM**, GASTUM, GUASTUM, WASTUM, WASTINÆ, etc. voces ejusdem notionis et originis.
VASTUM, Destructionem significat. Magna Charta : *Custos terræ hujusmodi hæredis, qui infra ætatem fuerit, non capiat de terra hæredis non nisi rationabiles exitus, hæc sine destructione et Vasto hominum, vel rerum.* [☞ Vide Placit. ann. 11. Joh. reg. Angl. Buck. rot. 4. et ann. 25. Henr. III. Essex. rot. 30. in Abbr. Placit. pag. 64 et 114.] [Charta apud *Madox* in Formul. Anglic. pag. 204 : *Nec aliquis eorum molestetur seu gravetur racione alicujus Vasti in dicto manerio,..... nisi dampnum ejusdem Vasti excedat valorem 40.lib.et nisi in casu ubi hujusmodi Vastum factum fuerit post mortem prædicti Ricardi Berners.* Nostri *Dégât* eadem notione dicunt.]
* *Wast*, eodem sensu, in Charta ann. 1290. ex Lib. rub. Cam. Comput. Paris. fol. 196. v°. col. 2: *En récompensace des griés et des dommages de muebles, de chateus, d'arsins et de Wast de forteresses et de plusieurs maisons, etc.*
VASTUM maxime dicitur de agris, qui non excoluntur. Paulinus Nolanus epist. 30. ad Aprum : *Qualem agri tui speciem a villico tuo fieri postulas, talem Deo Domino tuo redde culturam, et intellige, quicquid in agro tuo displiceat, aut placeat, idem in anima tua placere Christo. aut displicere. Si Vasta peccatis quasi dumis sordeat , neque Propheticis aut Apostolicis nubibus compluatur, in aridam solitudinem gratia deserente damnabitur.* Testamentum Fulradi Abbatis S. Dionysii : *Tertiam cellam infra Vasto Vosgo* (Vosegi) *ædificavi, ubi sanctus Coconatus requiescit.* Tabularium Vindocinense ch. 237 : *Osanna filia Gaufridi de Fay dedit duos arpennos prati censu quietos et liberos : et alios duos de quadam manufirma sua, quæ est de Morias. Quæ dum priscis coleretur temporibus , 12. den. census solvebat, modo vero quia Vasta est, nil census reddit, sed est allodium.* Tabularium Ecclesiæ S. Stephani Lemovicensis ann. 1081 : *Fecit Gosbertus Archidiac. totam terram de Monte S. Joannis esse Vastam.*
¶ VASTUM ea de causa dicitur Terra pascendis animalibus destinata. Charta apud *Madox* in Formul. Anglic. pag. 286 : *Noveritis me .. confirmasse eisdem... communem pasturam pro sexdecim animalibus bovinis et equinis, et pro centum animalibus ovinis pascendis in magno Vasto sive magna pastura vocata Sparowefeld pertinente manerio meo de Codyngton.* Charta ann. 1208. apud Kennett. in Antiquit. Ambrosd. pag. 171 : *Inquisitio fiat utrum... debeat participare de Vasto manerii de Bruhull ratione communæ ejusdem manerii in qua communa nihil habet, ut dicunt.* [☞ Vide Placit. ann. 6. Rich. I. Ebor. rot. 1. in Abbr. Placit. pag. 2.]
VASTUM FACERE, Littletoni sect. 67. *Faire Wast*, Destruere, depopulari. Inquesta de forisfacturis Forestar. Angl.: *Inquiratur etiam, qui fecerint, vel facere consueverint Vastum vel destructionem de viridi vel de venatione.* Monasticum Anglic. tom. 1. pag. 192: *Ita scilicet quod de Wasto quod facient quadrigæ, quæ ibunt in boscum de Walloy et Widelai,*

neque de Wasto aliarum quadrigarum, quæ ibunt in alios prædictos boscos non ponantur in merci, nec scribantur in Wasto. Pag. 518 : *Cum toto nemore suo, salvis aisiamentis suis, et hominum suorum de Hida, sine Vasto et venditione.* Tom. 2. pag. 204 : *Et de foresta sua omnia necessaria sua sine Vasto ad ædificandum, et ad aratra sua, etc.* Charta Henrici III. Regis Angl. apud Prynneum in Libert. Angl. tom. 3. pag. 974 : *De bosco Vasto extra villam de N. quod..... tenent ad feodi firmam, etc* Rogerus Hovedenus pag. 784 : *Item Rex defendit, quod nullus donet vel vendat aliquid ad destructionem bosci sui, vel Wastum, quæ sit infra forestam Regis : sed concedit bene, quod capiant de boscis suis, quod necesse iis fuerit sine Wasto, et hoc per visum forestarii sui, etc. Wastum facere in boscis,* in Charta Johannis Regis Angliæ pro forestis ann. 1215. Albertinus Mussatus lib. 7. de gest. Henrici VII. rubr. 1 : *Quorum plerique suspectioribus urgentibus causis ad Turrianorum loca discurrentes, quæ Vasta appellant, etc.* Computum Domanii Stapularum in Comitatu Bononiensi ann. 1475 : *Recepte des Wastis en la forest de Hardelo.* Et fol. 41 : *Recepte des Wastis en la forest de Boulogne, de pennaiges de vaches et veaux allans en ladite forest, pour 5. sols la vache, et 2. sols 6. deniers le veau.* Vide Johann. Bekam in Hungero Episcop. Leod. Differt autem *vastum* ab *exilio*. Fleta lib. 1. cap. 12. § 20 : *Vastum et destructio fere æquipollent, et convertibiliter se habent in domibus, boscis, et gardinis. Sed exilium dici poterit, cum servi manumittantur, et a tenementis injuriose ejiciantur.* Adde lib. 1. cap 12. § 1. 6. Bractonum lib. 4. pag. 316. 317. et Edw. Cokum ad Littletonem sect. 67. [☞ *Vastum* et *exilium* promiscue usurpantur in Placit. ann. 8. Joh. reg. Angl. Bedf. rot. 9. in Abbrev. Placit. pag. 84.]
VASTUM, seu *Wastum*, vel *Wasta*, in silvis, dicitur praeterea illud, quod *planum est*, seu absque arboribus. [Charta Edwardi I. Reg. Angl. apud Kennett. in Antiquit. Ambrosd. pag. 350 : *Sciatis quod de Vastis nostris in foresta nostra de Bernwode in comitatu Buck. dedimus, etc.* Charta ann. 1363. ibid. pag. 497 : *Et si boscus domini abeat in Vastum, tum acquietabunt dominum pro dictis housbote et haybote.* Tabularium Absiensis monasterii : *Concedo fratribus de Absie totum planum, vel, ut vulgo dicitur, totum Guastum, quod modo est, vel in posterum erit in bosco meo, etc.* Atque ita voces *Wasta*, et *Wastum* accipiendæ in Monastico Anglicano tom. 1. pag. 529. tom. 2. pag. 204.
¶ WASTINA, Eodem significatu. Tabular. Corbeiense ann. 1190. et 1201 : *Ecclesiæ Corbeiensi mediatantim omnium quæ ex nemore de Wouthust et Wastinis adjacentibus vel turbonibus provenerint recognosco. Infra terram nemore vacua dicitur.* Charta Johannæ Comit. Flandr. ann. 1234. inter Instr. tom. 5. Gall. Christ. novæ edit. col. 331: *Locus in quo idem monasterium situm est cum Wastinis adjacentibus collatis in eleemosynam, sive comparatis.* Hinc
¶ DEVASTARE BOSCUM, pro Silvam cædere, excidere, nostri *Dégrader une forest* dicunt. Charta ann. 1363. apud Kennett. in Antiquit. Ambrosd. pag.498: *Item dicunt quod Priorissa de Littlemore devastavit boscum suum de Shottore contra assisam forestæ.*
VASTUM, præterea, apud JC. Anglos,

jungitur cum anno et die, et dicitur *Annus, Dies et Vastum.* Quæ quidem verba jus designant, quod Rex habet in dominus et prædiis felonum minoris, ut aiunt, proditonis, *(Felonk de petite trahison)* quæ ab alio Domino, quam ab ipso Rege tenentur in feudum, vel jure dominii. *Cum enim in potestate Regis sit,* inquit Bracton. *prosternendi ædificia, extirpandi gardina, et arandi prata felonum, et quoniam hujusmodi vergebant in grave damnum dominorum, pro communi utilitate provisum fuit, ut hujusmodi dura et gravia desisterent, et Dominus Rex pro his haberet commodum totius terræ illius unum annum et diem, et sic omnia cum integritate reverterent in manus capitalium dominorum.* Proindeque id juris habebat Rex pro *vasto,* quod facere poterat in prædiis felonum. Vide Stanfordium in Placit. Coronæ lib. 3. cap. 30. et supra in *Condemnare.*

QUIETUM ESSE DE VASTO NEMORUM, in Monastico Anglico tom. 1. pag. 922.

VASTUM denique, seu *Breve de Vasto,* iisdem JC. Anglis, dicitur *breve,* quod conceditur contra eos, qui ad vitam suam aut ad vitam alterius, vel in donum, aut per *curialitatem,* vel per *vardam* possessiones aliquas possident, et in iis *vastum* fecerunt. Vide Rastallum, [et mox *Actio Vasti.*]

¶ ACTIO VASTI, Qua aliquis ob *vastum* factum in jus vocatur. Charta apud *Madox* in Formul. Anglic. pag. 204 : *Nec aliquis eorum molestetur vel gravetur per actionem Vasti pro aliquo Vasto in prædicto manerio cum suis pertinentiis.... faciendo..... Statuto, per quod ordinatum est quod in brevi de Vasto homo recuperabit versus tenentem per legem Angliæ, vel ad alio modo ad terminum vitæ, vel ad terminum annorum,..... non obstante.*

¶ VASTINIUM, Ager arenosus, sterilis, incultus : hinc in Episcopatu Constantiensi Monasterium dictum de *Vastinio candido,* alias de *Blanca landa.* Vide Valesium in Notitia Gall. pag. 630. et 681.

¶ VASTINUM, Eodem intellectu. Charta fundat. Monast. Montisplani ann. 863 : *Dono.... et castrum ipsum de Monteplano cum toto monte et ecclesia ibi dicata S. Laurentio cum omni jure, mancipiis, Vastinis, molendinis, censu, silvis, aquagiis altis et bassis.*

VASTITAS, Idem quod *Vastum,* [Planities.] apud Bractonum lib. 4. Tract. 1. cap. 41. et in Fleta lib. 4. cap. 25. § 1. Gloss. Lat. MS. Reg. · *Vastitas, solitudo, vel eremus.* Gloss. Gr. Lat. : Πόρθησις, *excidium, Vastitas, vastatio.* [Charta Caroli C. Reg. Franc. ann. circ. 850. in Append. ad Marcam Hisp. col. 784: *Cum omnibus aprisionibus quas ex eremi Vastitate traxerunt, etc.* Charta ann. 1125. apud Miræum tom. 1. pag. 377. col. 1 : *Concessimus quoque duo mansa terræ in illa Vastitate de Espousth.*]

¶ VASTITIES, Pari significatu, in Charta ann. 1207. Hist. Godliac. pag. 166: *Concedo præterea Vastitiem, quæ tenet ad Plessicutum d'Anisy.*

VASTATORES, Milites, qui agros depopulantur, nostris, ex Italico, *Gastadours.* Occurrit vox hæc apud Rolandin. in Chron. lib. 4. cap. 13. lib. 5. cap. 10. 17. lib. 10. cap. 5. [et in Charta ann. 1383 apud Guesnaium in Annal. Massil. pag. 437. fol. 2. in *Talare.*]

☞ Italis *Vastatores* nuncupantur Militum genus, fossores, munitores castrenses, Gall. *Pionniers.* Cruscani : *Guastatore, nella milizia si piglia per colui,* *che seguita l'esercito, a fine d'accomodar le strade, far fortificazioni, e simili.* Annal. Placent. ad ann. 1483. apud Muratcr. tom. 20. col. 971 : *Circumcirca Placentiam milites armatæ militiæ 1200. castra posuerunt, ultra alios levis armaturæ stipendiarios, Vastatores, scorpionistas et pilularios.*

¶ WASTATORES ex Chron.jam laudato lib. 5. cap. 10. editum apud Murator. tom. 8. col. 280.

GASTUM et GUASTUM, pro *Vastum,* non semel etiam occurrit Glossar Lat. Gall. : *Vastus, Vain, Gast. Terræ in Gastu, quæ non excoluntur,* in Regesto Philippi Augusti Reg. Herouvalliano fol. 143. *Guasta, damna, et incendia,* apud Petrum de Vineis lib. 5. epist. 112. Tabularium S. Vincentii in Bosco Carnot. ann. 1225 : *Si terra circumjacens pro communi guerra Gasta remanserit vel inculta.* Tabular. Absiense fol. 127 : *Et terras omnes, in quibus vineæ sunt, et omnes alias, sive Gastas, sive excultas. Gastum facere,* in Charta ann. 1215. apud Corium in Hist. Mediolanensi part. 2. pag. 157. et in Historia Cortusiorum lib. i. cap. 8. [Chron. Astense apud Murator. tom. 11. col. 245 : *Præterea sciendum est quod in canpis Montis Bersarii, dum essent in Guastis, Astenses ceperunt Gualetum.* Occurrit præterea apud eumdem tom. 12. col. 558. et 639. Adde Statuta crimin. Saonæ cap. 34 fol. 70.] *Faire ravage et gast, dissipation, etc.* in Consuetudine Turon. art. 169. Robertus Bouronus in Merlino MS. : *Et ensi mettoit à gast et à destruction trestout le Royaume de Logres. Simple gast d'heritages,* in Consuetud. Burbonensi art. 524. Assisiæ Hierosolymitanæ MSS. cap. 257 : *Car se il i a leus Gastes outre, qui soit dou Seignor, l'en la doit sauver au Seignor.* Le Roman *de Roncevaux* MS. :

Tout abat mort ou un Gaste sentier.

[Le Roman *d'Athis* MS. :

Qui les autres ont lui veus,
Et dits leur Gaz grans et menus,
Des bons ont parlé voulentiers,
Et de ceulx aux escus entiers.]

Sergent gastier, in Consuetud. Arvernensi cap. 31. art. 69. minister, qui in messibus, aut in agris, vel silvis invigilat, ne *vastum,* aut damnum fiat. Veneti *guasti* appellant circumjectam oppidis planitiem.

GASTINA, apud Innocentium III. PP. lib. 15. epist. 179. *Gastine,* in Consuetud. Arvernensi. *Wastina,* in Conventione inter Ducem Brabantiæ et Capitulum S. Waltrudis Montensis ann. 1209. apud Miræum in Diplomat. Belgic. pag. 160 : *Omnesque Vastinæ, quæ Terræ silvestres dicuntur.* Alia ann. 1247. ibid. pag. 173 : *In omni terra, quæ vulgariter Wastina dicitur.* [*Waestyna,* pluries in Charta ann. 1246. apud eumdem tom. 2. pag. 1323. col. 1.] Adde pag. 50. Probationes Historiæ Guinensis pag. 70 209. 466. 514. Charta Roberti Comitis Flandriæ anno 1089. ex Tabulario Monasterii S. Quintini in insula fol. 51. v° : *Omnem decimationem novæ terræ, quæ vulgo Wastina vocatur.*

¶ GUASTARE, Corrumpere, vitiare, Gall. *Gâter.* Johan. Demussis in Chron. Placent. ad ann. 1276. apud Murator. tom. 16. col. 480 : *Deus tantum pluit super terram in Italia, quod quasi omnes segetes de Plano Guastalæ sunt et perditæ.*

¶ GUASTARE, Agrum, domum *vastare,* depopulari. Statuta Astens. collat. 13. cap. 23. fol. 41. v° : *Si aliquis civis Ast.* *habuit terras et possessiones seu domos extra posse Ast. quas dubitet vel suspicet quod aliquis civis Astensis eas comburent vel Guastent, vel in eis incendium, vel Guastum seu damnum inferant, etc.*

Hinc *Agastiner,* pro *vastare* agrum, domum, silvam. Eædem Assisiæ Hierosol. cap. 257: *Et ques apartenances il semble, que il y peust et deust avoir en ce en la teneure, que les leus habités ont orendroit raisonnablement Agastiné, et murailles abatues, que par semblant deussent avoir, quant les leus estoient habités. Agastis,* in Consuetudine Inculismensi art. 24. damnum in forestis.

¶ 2. VASTUM, pro *Bastum, Bast,* Clitellæ, sagma. Hinc *Vastare, Vastum* imponere. Inventar. ann. 1476. ex Tabular. Flamar. : *Item plus unum alium equum sive rousinum pili bayhard Vastatum cum suo Vasto apresiatum ad valorem sive summam quatuor scutorum auri.* Vide *Bastum 1.*

¶ VASVASSORES, VASVESSORES. Vide *Vavassores.*

¶ VASUM, VASUS, Vas. Expositio antiquæ Liturg. Gall. apud Marten. tom. 5. Anecd. col. 95 : *Sanguis vero Christi ideo specialiter offertur in calice, quia in tale Vasum consecratum fuit mysterium Eucharistiæ. Vasum, Vasus,* στος ους, in Gloss. Lat. Gr. Utitur Plautus. Vide *Salomon.*

¶ 1. VASUS, pro *Vassus. Una et cum Leopardo et Adalberto Vasos domenicos,* in Placito ann. 867. inter Probat. tom. 1. novæ Hist. Occitan. col. 118. Vide *Vassus 2.*

° 2. VASUS, Ponticulus, Gall. *Ponton* Charta ann. 1038. ex Tabul. S. Vict. Massil. : *Alio loco donamus terram, ubi est Vasus de petra.* Stat. Massil. lib. 1. cap. 46 : *De Vasis navium a communi habendis. Constituimus ut commune Massiliæ habeat Vasos magnos et parvos ad naves et ad alia ligna varanda.*

¶ VASUUS, pro *Vassus,* ni faltor, domesticus, familiaris. Charta ann. 1033. apud Miræum tom 1. pag. 351. col. 2 : *Si forte contigerit, ut humilitas ac mansuetudo monachorum a Vasuis aut ab extraneis pro aliquo negotio non possit justitiam exigere, etc.* Vide *Vassus 2.*

¶ VATALHA, ut supra *Batalia 1.* Pugna, prælium, in Inventario ann. 1476. ex Tabul. Flamar.

✣ VATARON, Monetæ Flandrensis species, pretii xij. denariorum. Lit. remiss. ann. 1360. in Reg. 100. Chartoph. reg. ch. 261 : *Débat se mut entre eulx pour cause d'un denier de douze deniers , appellé un Vataron.* Aliæ ann. 1373. in Reg. 110. ch. 329 : *Deniers blans, appellez Vatarons de Flandres.* Occurrit præterea in Lit. ann. 1373. tom. 5. Ordinat. reg. Franc. pag. 644.

VATES, Episcopus. Tumulus Joannis II. PP. apud Baron. ann. 585 :

Hic tumulus Vatis conservat membra Joannis,
Ordine Pontificum qui fertur jure secundus.

S. Ildefonsus :

Crux hæc simul gerit geminorum corpora fratrum
Leandri, Isidori, pariterque ex ordine Vatum.

Rabanus Abb. Fuld. apud Browerum in Antiquit. Fuldensibus.

Hac Baptista potens sacra venerabitur ara,
Hac Vatum turba, atque Patrum colitur.

[Ermoldi Nigelli Carmen apud Murator. tom. 2. part. 2. col. 30. lib. 1. vers. 591 :

Denique Rex Vatem prostrato corpore adorat,
Paulinus Regem suscipit ecce pium.]

Amalarius Episcop. in Epistola ad Hieremiam Archiep. Senonensem: *Charissimo patri et accuratissimo Rhetori Iheremiæ Vati in nostra Jerusalem, Amalarius. Ætherius Arelatensis Vates*, apud Joannem Diacon. in Vita S. Gregorii M. lib. 2. cap. 35. Utuntur præterea Fortunatus lib. 5. Poem. 4. Paulus Emeritensis Diacon. lib. de Gestis Episcop. Emeritensium in S. Fidele num. 5. Theodoricus in Vita S. Celsi Episcopi Trevirensis n. 17. Candidus Mon. in Vita Eigilis Abb. Fuld. cap. 14. Christianæ Inscriptiones apud Gruterum 1070. 4. 1167. 9. 1169.

◊ **VATH**, Interjectio, pro *Vah*, sæpius occurrit in Comœdia sine nomine ex Cod. reg. 8168.

¶ **VATIA**, *Diversis plantis*. Gloss. Isid. Vide *Valgis*. Alio sensu vide in *Bauca* 1. et *Batia*.

¶ **VATICARE**, perperam pro *Vadiare*, Pignori ponere. Diploma Henrici III. Imper. apud Marten. tom. 1. Ampl. Collect. col. 433: *Quidquid autem illis placitis quisque reus Vaticaverit, arbitrio abbatis et suorum præpositorum et villicorum secundum culpam et posse uniuscujusque hominis cedat, et duæ partes abbati, tertia advocato cedat. Et si aliquis forte culpam furti vel seditionis inciderit, at abbas ob rebellionem temaritatis advocatum accerserit, ex eodem Vadio abbati duæ partes, advocato tertia proveniat*.

¶ **VATICINARE**, pro Vaticinari, prædicere, in Epistola Isidori Jun. ad Laudefredum inter Conc. Hisp. tom. 2. pag. 554.

¶ **VATICINARI**, Conjectura rem perpendere, in Gl. Gasp. Barthii ex Roberti Monachi Hist. Palæst. apud Ludewig. tom. 3. Reliq. MSS. pag. 100.

◊ **VATICINISSA**, Mulier, quæ vaticinatur. Anonymi Chron. Leob. ad ann. 1156. apud Pez. tom. 1. Script. Austr. col. 787. *Tempore Papæ Eugenii II. claruit in Theutonia Hiltigardis monialis, formosa prophetissa, vel fantastica Vaticinissa,... hujus prophetia a multis non curatur*.

¶ **VATICINIUM**, *Mendacium*, in Barth. Glossar. ex Baldrici Hist. Palæst. apud Ludew. tom. 3. Reliq. MSS. pag. 190.

VATILLUS, Idem quod *Batillus*, de qua voce multa commentator Casaubonus ad Pollionem. Julius Africanus lib. 9. Hist. Apost.: *Erant autem virgines cum lyris cantantes, et cum tibiis, alii cum Vatillis, et thuribulis*.

VATILLA vero, Papiæ, est *pala, qua aqua projicitur e navi*. Vide *Batulus*.

◊ **VATIMANA**, *Vasa rustica et maxima, a Vatimo Beneventano voracissimo*. Glossar. vet. ex Cod. reg. 7613.

VATIOLA, Vasculum. Vide *Batiola*.

∞ **VATIVOMUS**. De pistrice Jonam evomente. Joh. Erigena carm. 9. vers. 6:

Implens Vativomi prognostica symbola ceti.

Maius in Glossar. novo.

VATRAPETES, apud Armenios appellari monachos scribit Brocardus edit. Venetæ ann. 1519. part. 2. cap. 2. vox efficta ex *Bactroperatæ*. Vide in hac voce.

VAVASSORES, VALVASSORES, VASVASSORES, VAVASSORIA, VALVASINI, voces ejusdem originis.

VAVASSORES, vel VALVASSORES, generatim sunt vassalli feudales. Apud Gerardum Nigrum lib. 1. de Feudis tit. 1. *alii sunt Majores, alii Minores; Majores sunt, qui Regis, vel Regni Valvassores appellantur, iidemque Capitanei, qui a Ducibus, Marchionibus, et Comitibus: Minores vero, qui a majoribus valvassoribus feuda accipiunt.* De posterioribus intelligendus Otto Frisingensis lib. 2. de Gest. Friderici I. Imp. cap. 12. ubi de Longobardis: *Cunque tres inter eos ordines, i. Capitaneorum, Valvassorum, plebis, esse noscantur, etc.* Quos vero Capitaneos vocant, nostri Barones appellant. Ita *Vavassorum* duos ordines constituit Conradus Imp. [²° cap. 1.] in Lege Longob. lib. 3. tit. 8. § 4. *Majorum* scilicet, et *Minorum*. Sub Majorum appellatione complectitur, quos *Barones* alii vocant: sub *Minorum* vero, quos vulgo *Vavassores* dicunt, ut Leges Henrici I. Regis Angliæ *Thaynos minores*, respectu *Thaynorum* Majorum, qui Baronibus æquiparantur: quod quidem potissimum colligitur ex *relevio minorum Vavassorum*, de quo ita Conradus: *Si vero (minor vavassor) filios non habuerit, et aviaticum ex masculo filio reliquerit, pari modo beneficium habeat, servato usu majorum Vavassorum in dandis equis et armis suis senioribus*. Ejusmodi autem relevium obtinuit in *mediocribus Thaynis*. Leges Henrici I. Regis Angl. cap. 14. ubi de relevis: *Et mediocris Thayni equus cum apparatu suo et arma ejus*. Ubi Leges vernaculæ Willelmi Nothi cap. 24. quem mediocrem Thaynum Leges Henrici, vavassorem vocant: *De relief a vavassour à son lige Signeur, deite estre quites per le chival son peire, tel qu'il avoit à jour de sa mort, et per son habert, et per son haume, etc.* Atque minores ii Vavassores sunt, qui in Legibus ejusdem Henrici I. cap. 7. *Baronibus* postponuntur: *Barones, Vavassores, Tungrevii, etc.* quippe cap. 26. et 27. *liberas terras tenere, et curiam habere dicuntur, ac placita, quæ ad wytam et weram pertinent, super suos homines, etc.* Et in Charta Nobilium Pictaviensium ann. 1269. apud Gallandum de Francoalodio pag. 68: *C'est à savoir, que quant cil mourra, qui du Comte de Poitiers, ou des Barons, ou des Vavassours tiendra en fié, que nostre Sires li Coens, ou cil, de qui cil tendra, porra tenir le fié en sa main par an et par jour, etc.*

Ac ut de *majoribus Valvassoribus* primum agamus, hos intellexisse videtur Bracton. lib. 1. cap. 8. § 2: *In temporalibus sunt Imperatores, Reges, et Principes, in iis, quæ pertinent ad regnum, et sub eis Duces, Comites, Barones, Magnates, sive Vavassores, et Milites, et etiam Liberi et Villani, et diversæ potestates sub Rege constitutæ*. Et § 4: *Sunt et alii, qui dicuntur Vavassores, viri magnæ dignitatis. Vavassor enim nihil melius dici potest, quam vas sortitum ad valetudinem.* Charta Friderici Imp. ann. 1249. apud Guichenonum in Hist. Sabaudiæ pag. 93: *Marchionibus, Comitibus, Vavassoribus, Nobilibus, Potestatibus, etc.* Charta Henrici II. Reg. Angl. ann. 1166. *Comites, Barones, Vavassores, Milites, cives, burgenses, rustici, etc.* Radulfus de Diceto ann. 1040: *Quindecim sacramenta juravit Theobaldus propria manu consuli Gaufrido, et* 40. *Barones Castellenses cum eo, et* 40. *Milites Vavassores eisdem verbis, quibus ipse.* Andreas Aulæ Regiæ Capellanus in Amatoriis: *Quamvis probitas possit nobilitare plebeium, et tamen ordinem mutare non potest, ut plebeius Procer efficiatur, sive Valvasor, nisi per principis ei forte potentiam tribuatur*. [Rolandinus Patav. in Chronico apud Murator. tom. 8. col. 345: *Sed multam habebat fiduciam quod Vavasores et proceres et quidam magnates..... spem ei dederant*.] Ita pro majoris dignitatis Optimatibus *Vavassores*, seu, ut ibi semper effertur, *vavasores*, usurpantur in Usaticis Barcinonensibus MSS. a Raimundo Berengarii Comite Barcinonensi et Adelmodi ejus uxore editis; et in Constitutionibus Catalaniæ. Iidem Usaticii: *Ut qui interfecerit Vicecomitem vel vulneraverit, sive desonoraverit in aliquo, emendet eum sicut duos Comitores, et Comitorem sicut duos Vavasores, et de Vasvassore, qui quinque milites habet, per mortem ejus, emendentur* 60. *unciæ auri cocti, et per plagam* 30. *et si plures habuerit milites, crescat compositio sicut numerus militum. Militem vero qui interfecerit, donet in compositione* 12. *uncias auri: qui vero vulneraverit, tam pro una plaga, quam pro multis emendet et uncias* 6. Consuetudines Cataloniæ inter Dominos et Vassallos MSS. cap. 39: *Barones, ut sunt Comites, Vicecomites, Vasvassores, et consimiles, et etiam alii milites simplices, qui sunt Vassalli Principis hujus terræ*. Ubi opponuntur *Vavassores* simplicibus *militibus*: Milites enim majores, quos *Banneretos* vocant, Baronum prærogativa gaudent. Proinde ii sunt, quos pariter *Militibus* opponunt Statuta S. Ludovici Regis Franciæ loco mox laudando. Contra, *milites simplices* intelliguntur in Charta Anselmi Comitis S. Pauli ann. 1186. in Histor. Bethuniensi pag. 52: *Omnibus, qui eandem decimam tenebant Vavasoribus, sive militibus concedentibus, etc.* et in Charta Libertatum Baugiaci in Sebusianis ann. 1250: *Si aliquis de hominibus Militum, et Vavassorum dictæ villæ Baugiaci ad ipsam villam libertate donatam causa morandi et remanendi ibi venerit, etc.* Mox: *Si homines militum terræ Baugiaci, qui non sunt Vavassores, sua feudatarii dictæ villæ Baugiaci, etc.* Charta Odonis Abb. S. Dionysii ann. 1154: *Magnam portionem terrarum hominum nostrorum, qui Vavassores dicuntur, et hospites quamplures ad suum dominium traxit, etc.* Quinque porro *Vavassores* æquantur Militi, seu habenti *feudum hauberticum*. Regestum Philippi Aug. fol. 158: *Et propter hoc debet tenere unum militem, vel* 5. *Vavassores, quando submonetur*. Feoda Normanniæ post Ordericum Vitalem pag. 1117: *Apud Breteuil in eandem ballia duas partes unius militis, una Vavassoria minus. Sic feudum hauberticum constabat quinque Vavassoriis*.

Vavassores igitur Minores erant ii, qui majoribus suberant ratione tenementi: unde recte San-Julianus lib. 1. Hist. Burgund. cap. 26. dixit *Vavassores*, esse *vassallos vassallorum*. Consuetudo Marchensis art. 315: *Si aucun Baron, Chastelain, ou haut Justicier avoit moulin, son Valvasseur n'en est point, tous les hommes du Valvasseur demeurans en la banliene dudit moulin, iront moudre au dit moulin du Baron, jusques à ce que le Valvasseur ait moulin*. Generatim vero dicebantur, qui feuda minora tenebant, quæ inferiori tantum justitia, seu jurisdictione gaudebant, quod exerte docent Statuta S. Ludovici a nobis edita lib. 1. cap. 81: *Nus Vavassor ne puet faire forbann, ne ne puet à home faire forjurer sa Chastelerie, sans l'assentement du Baron, en qui Chastellerie il sera: et se il le fesoit, il en perdroit sa justice; car la justice si n'est mie au Vavassor*. Alio loco, ex MS. Ambianensi: *Nule court de Vavasseur ne porte recort: mais on peut bien requerre le court des Chevaliers, qui sont au jugement requerre souffisant recort, par les Chevaliers, ne mie par les Vavasseurs, mès on ne se met mie en recort ki ne veut, mesmement en Cour de Vavasseur, que che apartient à grant justiche. Et infra : Ne nus Vavasseur n'a le murdre, le rat, ne l'ancis, ne le traison, ne le tresor trouvé, ne la force à oster, etc. Car Vavasseur n'a que simple justice. De Vavassoribus agunt eadem Statuta lib. 1. cap. 39. 40. 41. 42. 45. 46. Atque ex his percipimus, cur Vavassor, Petro Fontano in Consilio a nobis edito cap. 21. inferior, seu minor dominus dicatur : Et se bas sire comme Vavasseur, etc. Quamobrem vulgo Vavassores inferioris ordinis ac dignitatis viris adscribi solent. Robertus Bourronus in Hist. Merlini MS.: Je suis un Chevalier nés de cest pais, et estrais de Vavasseurs, et de basse gent. Sed et ii cum prædiis venibant, quemadmodum hospites, aliique adscriptitii, ut hodieque etiamnum vassalli, seu hominia ipsa. Charta Caroli Comitis Flandriæ in Chronico Andrensi pag. 422. Concedimus terras, videlicet comitatus, (vide in hac voce) decimas, silvas, aquas, molendina, prædia, hospites, Vavassores, servos, ancillas, etc. Charta Joan. Comitis Pontivi ann. 1188 : Quidquid habemus apud Onicourt, cum omni dominatione temporali, et Vavassorum : Vavassorum de Flouron, decimam de Favieres,...... decimam de Haineville præter unum Vavassorem, etc. [Charta Philippi Reg. Franc. ann. 1208 apud Marten. tom. 1. Ampl. Collect. col. 1078 : Et præter hæc contulerunt eidem Nivelono duos Vavassores quos habebant apud Lyons, scilicet Bernardum Torel et Radulphum Bricart.] Immo præstationibus videntur fuisse obnoxii. Tabularium Abbat. S. Joannis Ambian. fol. 408 : Item a ladite Eglise droit de prendre in tous les fiefs du castel, et des Vasseurs estans en toute la paroisse d'Outrebois, etc. Ita etiam Vasseurs appellantur in Charta ann. 1147. apud Loisellum in Bellovaco pag. 274. et in vett. Consuetudinibus municipalibus Parisiensis art. 51. Perticensi cap. 16. art. 5. 6. Carnotensi art. 17. 48. et Blesensi art. 12. ubi iidem sunt, qui vassalli. Cum servientibus junguntur in Charta Communiæ S. Quintini ann. 1195 : Si Vavassor aut serviens Burgensi catallum debeat, etc. Cum gregariis militibus, apud Wipponem de Vita Chunradi Salici Imp. pag. 440 : Conjuraverant enim omnes Vavassores Italiæ et gregarii milites contra dominos suos, et omnes minores contra majores, etc. De ejusmodi Vavassoribus intelligendus videtur Will. Tyrius lib. 22. cap. 22. et Sanutus lib. 3. part. 11. cap. 11. extremo : Ad hanc formam reduxere negotium, ut datis obsidibus 20. Valvasoribus, etc. ut et Otto Frisingensis lib. 1. de Gest. Frederici I. cap. 3. de Guiscardo : Robertus iste ex mediocri stirpe in Normannia, ex eorum ordine, quos Vavassores vulgo illi dicere solent,...... editus.

Sed nondum plane mihi perspectum fateor, cur Veteranorum nomenclatura Vavassores donet Lambertus Ardensis pag. 31. cap. 86 : Factum est autem, ut liber quidam Veteranus, sive Vavassorus, nomine Willelmus de Bocherdis, Vavassorissam quandam de Fielnis similiter liberam, nomine Havidem, duceret in uxorem. Idem pag. 103. cap. 40 : Magnanimus quidam Veteranus, sive Vavassorius, qui ab Ardensibus in parte originem traxit, et qui tunc temporis Fielnensibus præerat, et qui principabatur, etc. Et pag. 171 : Et multis Ecclesiasticis personis, et Laicalibus Ardensis oppidi Paribus et Veteranis, etc. Ubi vavassoribus istis Fielnensibus, opponit Nobiles de Tingry, quorum prædium, Principatus dignitate hodie illustre, in eamd. Fiennensem familiam postmodum transiit : adeo ut Nobiles a vavassoribus videatur distinxisse. [☞ Vide Kilianum in Ouderlingh et Oudermannen, Haltaus. in Altsassen.]

☞ Vavassores aperte a Nobilibus distinguntur in Charta ann. 1187. apud Spon. tom. 2. Hist. Genev. pag. 47 : Omnes tam Nobiles, quam Vavassores, etc. Statutum Humberti II. ann. 1849. tom. 2. Hist. Dalph. pag. 586. Prelati,... Barones, et Banneroti, Proceres, Nobiles, Valvassores et Franchi, etc.

☞ Sed et inter Vavassores minores aliquid exstitisse discriminis variaque pro vario gradu ipsis concessa fuisse privilegia colligitur ex Charta Ludovici VI. Reg. Franc. ann. 1126. in Tabul. S. Richarii : Vavassores nostros qui cum armis feodum suum deserviunt, a prædictis consuetudinibus, a tallione videlicet, a fossis, ab excubiis, assensu burgensium privavimus.

¶ VAVASSOR, pro Vavassoris feudum. Charta ann. 1272. ex Chartul. B. M. de Josaphat : Ego (Baldoinus de Maignonvilla) vendidi Abbati et Conventui de Josaphat..... unum Vavassorem seu feodum unius vavassoris tenentis aliam medietatem dicti mojendini.

Vavassores interdum appellati generatim vassalli omnes, præsertim apud Poetas nostrates. Le Roman de Garin :

Les Vavassors fet del pais venir,
La feauté en prant li Dus Garin.

Le Roman de Girard de Vienne MS.:

Karlon li Rois ni fist plus demorer,
A Conseil a la Duchoise apelée,
Dame, fait-il, li n'i a moter celée,
Se il vos plaist, ge il bien vos agrée,
Je vos prendrai à mollier espose.
La dame l'ot, tote en fu trespassée,
Sire, fait elle, or m'avez vos gabée,
Ne doit nul Rois, c'est vérité provée,
La Vavassore prendre de sa contrée,
Fille de Roi vos doit estre donée,
Ou autre Dame de mult grant renomée.

Le Roman de la prise de Jerusalem par Titus MS.:

Li prince, et li Demaine, et li bon Vavaseur.

Le Roman de Vacces MS.:

Moult y ont pris Barons et Vavasseurs assés.

Vide Consuetud. villæ de Linieres in Bituribigus art. 1 5. etc. apud Thomasserium.

¶ WAVASSORES, in Charta ann. 1200. tom. 1. Macer. Insulæ Barb. pag. 129 : Nos frater Guido abbas Insulæ Barbaræ accedens ad Vismeias vocatis Vavassoribus dictæ villæ et eisdem consentientibus de claudenda villa nostra Vismiaci convenimus cum eisdem Vavassoribus.

VAVASSORIA definitur minus feudum, a Bractono lib. 2. cap. 39. n. 6. ad discrimen Baroniarum, quæ caput habent. Pro Medietate sumitur in Tabulario S. Martini Sagiensi albo fol. 135. in Charta ann. 1202. cujus titulus concipitur de Metearia. In Chartis vero Conchensis Monasterii promiscue pro tenemento usurpatur. Feudum unius Vavassoris, in Monastico Anglicano tom. 2. pag. 970. Verra unius Vavassoris, apud Ordericum Vitalem lib. 5. pag. 583. Charta Radulfi Abbatis Fiscamnensis in Tabulario Fiscamn. fol. 30 : Concessimus Hugoni de Paluel Presbytero Vavassoriam unam quam Lambertus Presbyter de Paluel tenuit,...... reddendo...... 5. solidos communis monetæ pro servitio, cum omnibus aliis redditibus et servitiis, quæ Vavassoria debet. [Polyptychus ejusd. Monast. ann. 1285 : Radulfus Bruman tenet unam Vavassoriam de quindecim acris terræ.] Monast. Anglic. tom. 2. pag. 977 : Exceptis duabus Vavassoriis, etc. Arestum ann. 1273 : Omnes vero aliæ terræ, ubicumque sint silæ, sive sint Baroniæ, sive Castellaniæ, sive Vavassoriæ, inter dictas sorores æqualiter dividantur.

* Charta ann. 1265. ex Chartul. S. Petri Carnot.: Philippus de Cluviler armiger confessus fuit se vendidisse abbati et conventui S. Petri Carnotensis pro xlv. libris... omnem majoriam de Cluviler, et quidquid juris habebat et dominii ratione Vavassoriæ, seu vassellagii.

VAVASERIA, in Monastico Anglic. tom. 1. pag. 775.

WAVASARIA, in eod. Monast. tom. 2. pag. 193. et in Chartis aliis apud Seldenum de Titulis honorariis pag. 626. 2. edit.

Vavassoriarum aliæ sunt villanæ, seu tenementis villanis accensentur ; aliæ sunt liberæ seu francæ. Vavassoriarum prioris generis meminit vetus Consuetudo Normanniæ cap. 26. posterioris cap. 34. ubi duplicem feudatorum ordinem statuit, quorum primus eorum est, quos Dominos capitales vocat ; alter eorum, qui istis subsunt, de quibus hæc habet : Les fiefs de pardessous sont, qui descendent des fiefs chevels, et sont submis à eulx, si comme les Vavassouries, qui sont tenuës par sommage et par service de cheval, et les autres fiefs, qui sont tenuës par acres du chef Seigneur. Ubi vetus Interpres : Et par ce mot Vavassouries, sont entenduës les mesures et les ainesses villainement tenuës, et sont communement appellés Vavassouries, et Vassaux, et les autres sont appellés Vavasseurs.

* Quæ et Serviles appellantur, in Consuet. Norman. part. 1. cap. 33. ex Cod. reg. 4651. Vide mox

* VALVASSERIA, Eadem notione. Charta ann. 1851. in Reg. 81. Chartoph. reg. ch 912 : Feodum de Troussebourc non erat nec fuerat feodum nobile, sed quædam Valvasseria non nobilis.

VAVASSORIA FRANCA, seu libera, est, quam tenent ii, qui tenent libera tenementa, de quibus supra : habent autem Vavassores, qui liberas terras tenent, placita quæ ad voytam vel veram pertinent super suos homines et in suo, et super aliorum homines, si in forisfaciendo retenti vel gravati fuerint, ut est in Legibus Henrici 1. Regis Angliæ cap. 27. in quibus etiam Curiæ Vavassorum mentio fit cap. 26. Charta S. Ludovici Regis in 30. Regesto Archivi Regii Ch. 394 : Decano et Capitulo (Lexoviensi) concessimus, ut in terra nostra possint acquirere in iis, quæ non tenentur per membrum loricæ, per francas Vavassorias, aut francas serjantias, vel etiam de Ducatu Normanniæ, in eo. 1. Regesto homagiorum Cameræ Comput. Paris Richardus de Widerville agnoscit tenere a Rege terram de Dangu in Normannia in Vicecomitatu Gisorciensi, par une franche Vavassorie, 6. Jan. 1481. Vide Feoda Normanniæ post Ordericum Vital. pag. 1047.

* Lit. Blanchæ ducissæ Aurel. ann. 1379. in Reg. 121. Chartoph. reg. ch. 125 : Ottroions de grace espécial, que Richart Condren et ses héritiers tiengnent de nous.... ladite terre ou fieu de saint Plan-

chois par foy et par homage, en franche Vavassourie, à simple gaige, court et usaige, ... avecques toutes les autres droitures, faisances et redevances. Vavasserie, Præstatio ratione *vavassoriæ* solvenda, in Charta Petri de Chambliaco ann. 1307. ex Reg. 44. ch. 87: *Item les rentes que l'en appelle Vavasseries, qui ont accoustumé estre payées à la saint Jehan et à Noel.*

¶ VAVASSATORES, ut *Vavassores*. Charta ann. 1244. ex Camera Chartophyl. Atrebat. : *Item feodum de Vy in quo sunt duo Vavassatores.*

¶ VASVESSORES, Eadem notione, in Testam. Jacobi Reg. Aragon. apud Acher. tom. 9. Spicileg. pag. 199 : *Et cum Comitibus, Vicecomitibus, Comdoriis, Vasvessoribus et aliis Militibus.*

¶ VASVASSURI. Charta Rodulfi Reg. ann. 1080. ex Tabul. S. Victoris Massil. : *Cunctis Rempublicam ministrantibus, ducibus, viscomitibus, scavinos, judices et vicarios seu Vasvassuris, etc.* Sic lego pro *Varvassuris.*

¶ VAVASSERI, in Charta Mauritii de Bellavilla D. Ganaschiæ ann. 1205 : *Vavasserii dabunt comedere omnibus biennariis suis, etc.*

¶ VEVASORES, in Confirmat. Chartæ Communiæ Abbavill. ann. 1350. tom. 4. Ordinat. Reg. Franc. pag. 57 : *Statutum est etiam quod nullum Vevasorem vel liberam, feodum in terra mea habentem, Burgenses de Abbatis-villa in suam communiam recipere poterunt.*

WALVASSORES, apud Arnulphum in Gestis Mediolan. tom. 3. Leibnit. Scriptor. Brunsvic. pag. 733 : *Unde factum est, ut quidam urbis milites, vulgo Walvassores nominati illius insidiarentur opibus, adversus ipsum assidue conspirantes.*

VALVASINI, Minimi *valvasores*, quo nomine, inquit Zazlus in Tract. de Feud. part 5. § 28 *intelliguntur privatæ personæ, pagani, et cives, qui in plebe paulo nominatiores sunt.* Lib 2. de Feudis tit. 10 : *Is capitaneus appellabatur, qui proprie Valvasor major appellabatur; qui vero a Capitaneis antiquitus beneficium tenent, Valvasores sunt. Qui autem a valvasoribus feudum, quod a Capitaneis tenent, similiter acceperint, Valvasini, id est, minores Valvasores appellantur, qui antiquo quidem usu consuetudinem feudi nullam habebant. Valvasore enim sine filio mortuo, feudum quod valvasori minori dederat, ad Capitaneum revertebatur. Sed hodie eodem jure utuntur in Curia Mediolanensi, quo et valvasores.* Vide ibi Cujacium, et cæteros interpretes.

¶ VAVASSORATUS, Vassalli servitium. Charta ann. 1189. apud Lobinell. tom. 2. Hist. Britan. col. 167 : *Ego in recompensatione damnorum quæ illis* (Monachis Majoris Monasterii) *intuleram, et ob salutem animæ meæ, quitavi eis in perpetuum Vavassoratum quem ab eis exigebam, ut videlicet prior Pontis castri pro aliquo negotio, in curia mea vel successorum meorum non teneatur de cætero respondere.*

Jam vero unde *vavassorum* vox orta, etsi non omnino constet, vix tamen probatam iri Bractonis allatam supra sententiam puto ; ut et Zazii, et aliorum, qui sic dictos volunt, quod ad *valvas* dominorum starent, ad eorum ipsas parati. Certe longe videtur probabilius a *vassis* etymon deducendum ; ut *vavassores* lidem fuerint, qui *vassi dominici,* qui non unius erant ordinis, cum alii majoris essent, inferioris alii ; quod

sane ipsum satis nomen et munus indicant.

⁕ VAVATO. [« Scilicet jam puerum strigæ involaverant et supposuerant stramenticium *Vavatonem.* » (Petron. éd. Buecheler, § 63.)]

VAUCA, Vasis species. Vide *Bauca* 1.

¶ VAUCHELLUS, Valliculus, ni fallor. Charta ann. 1341. ex Bullar. Fontanell. fol. 62 : *Fructus decimales crescentes in omnibus et singulis terris existentibus circumquaque dictam ecclesiam.... et in quodam Vauchello dicti Johannis Bascii, etc.* Vide *Vacellus* et *Vancellus.*

° *Vaucella,* eadem acceptione, in Poem. Alex. MS. part. 1 :

Perdicas et Lycino soudent d'unes Vaucelles.

° VAULARDIA, nostris *Vaulardie,* f. Locus publicus, ubi merces venum exponuntur, Gall. *Halle.* Charta ann. 1326. in Reg 72. Chartoph. reg. ch. 43 : *Item gros cens receuz à Chasteau Renart la veille de la saint Denis pour une cause de Vaulardie, quarante et cincq sols, qui se quintoient.... La granche qui est devant Vaulardie. Nisi idem sit quod Volarium,* Hortus, viridarium.

¶ VAULSURA, Fornix, concameratio, f. pro *Voltura.* Vide in *Volutio. Vaulte* etiam pro *Voute,* in Reg. 13. Corb. sign. *Habacuc* ad ann. 1516. fol. 295. v°. Comput. ann. 1492. ex Tabul. S. Petri Insul.: *Item custodi clerico usque ad benedicta et duobus aliis qui pluribus vicibus mundaverunt chorum , quando dealbabantur Vausuræ dicti chori, de gratia specialitæ.* sol. Codex MS. ejusd. eccl. : Anno 1484. *Vaulsura,* vel melius testudo campanilis cecudit. Hinc *Vaultis,* pro *vouté,* concameratus, in Vitis SS. MSS. ex Cod. 28. S. Vict. Paris.

¶ VAURA, Ager sterilis, incultus. Charta ann. 1208. apud Marten. tom. 1. Anecd. col. 809 : *Et terras quas habebant in Vaura, et etiam terras quae fuerunt Bocharii de Maroet in prædicta Vaura, etc.* Vide *Vastum,* et infra *Veura.*

¶ VAUTRARIUS. Vide infra *Veltrarius.*

° Nostris *Vautreur* et *Vautrieur ,* a verbo *Vautrier* vel *Viautrer ,* Venari aprum, leporem, etc. Lit. remiss. ann. 1387. in Reg. 131. Chartoph. reg. ch. 92 : *En la forest dudit Magni, qui est royaulx, avoit gens Vautreulx, qui rauboient la garenne... Lesdiz Vautreulx et robeurs, etc.* Aliæ ann. 1390. in Reg. 139. ch. 128 : *Disant icellui nostre sergent que il voulsissent aler avec lui celle nuit en ladite forest pour savoir s'il y trouveroient aucuns Vautrieurs ;..... et environ un quart de nuit eussent trouvé Vautriant par icelle forest les dessus nommez. Lequel Beuvillon estoit renommé de chacier et Viautrer de nuit aux sangliers,* in aliis Lit. ejusd. ann. ibid. ch. 109. Vide supra *Canis veltris* in *Canis* 2.

¶ VAXA, pro Vacca, in Inventario ann. 1476. ex Tabul. Flamar.

° VAXALLUM , Vasarium , supellex. Stat. synod. Reatina MSS : *Concessiones, distractiones Vaxallorum.... revocamus et annullamus.* Vide *Vassella.*

° VAXARE, perperam pro *Varare,* Vacuam Italica, Hispanis quoque *Varar,* Navim in mare inducere, impellere, Gall. *Lancer à l'eau.* Libert. Barcin. MSS. ann. 1283 : *Postquam lignum vel barcha aut navis fuerit in mari, vel parata ad Vaxandum, etc.* Vide supra *Varare* 2.

° *Vaucrer* vero, Errare, vagari sonat, apud Froissart. vol. 1. cap. 130 : *Si Vaucroient sur les champs et s'embattoient souvent à petite ordonnance sur les Anglois.* Idem vol. 2. cap. 76 : *Et n'eut pas

le roy conseil des barons qui là estoient, qu'il prit terre, mais commancerent à Vaucrer la barge amont et aval sur la riviere.*

° VAXEA, *Calciamenta sunt mulierum.* Glossar. vet. ex Cod. reg. 7618. Vide *Baxea.*

¶ VAXELLA, VAYCELLA. Vide in *Vassella.*

° VAXELLUM , Mensuræ annonariæ species. Charta ann. 1286. ex Chartul. S. Genguifi Tull. : *Duodecim denariorum Tullensium et unum resale avenæ...... et unum Vaxellum avenæ.* Vide supra in *Vas* 3. Alia notione occurrit in *Vassellum.*

° VAYCHIA, Arboris species. Vide supra *Vaischa.*

° VAYLETUS , VAYLLETUS. Vide in *Valeti.*

° VAYLH, Prov. Ovile, caula, in Glossar. Province. Lat. ex Cod. reg. 7657.

° VAYNUM. Vide infra *Vayvum.*

° VAYRARE, Variare, Ital. *Vaiolare,* dicitur de uvis, quæ cum maturescunt colorem mutant seu variant, Gall. *Tourner.* Stat. Avellæ ann. 1496. cap. 191. ex Cod. reg. 4624 : *Si aliquis canis vel catula invenerit fuerit in alienis vineis, altenis vel plantatis vinearum, postquam uvæ cæperint Vayrare et maturari, etc.* Vide supra *Variascere.*

¶ VAYROLA, VAYRORA. Vide *Variola.*

° 1. VAYRUS. Vide supra in *Vares.*

° 2. VAYRUS, Varius, versicolor. Reg. feud. Aquit. in Cam. Comput. Paris. sign. JJ. rub. fol. 16. v° : *Galhardus de Bladin.... et Willelmus de Bladin...... debent.... unam vaccam Vayram, etc.* Vide *Varius* 1.

° VAYSCHA, VAYSHA, Arboris species. Vide supra *Vaischa.*

¶ VAYSELLUM, ut *Vassellum.* Vide ibi.

° VAYSSALE, VAYSSELUM, Navis, Gall. *Vaisseau.* Charta Rich. comit. Pictav. ann. 1398. inter schedas Mabill. : *Concedo quod dicti Monachi vel homines eorumdem monachorum habeant Vayssalia piscatoria, propria sive portionaria, in quantacumque voluerint vel potuerint habere in portu Olonæ ; de quibus Vayssalis* (sic) *propriis seu portionariis dicti monachi habeant et percipiant totam costumam piscium.* Vide *Vas* 1.

¶ VAYSSELLA, VAYSSELLAMENTA. Vide *Vassella.*

° VAYTÆ, Excubiæ, vigiliæ. Stat. Taurin. ann. 1360. cap. 205. ex Cod. reg. 4622. A : *Intelligatur inter cives et districtuales civitatis Taurini, qui solvunt taleas et faciunt Vaytas.* Vide *Wactæ.*

° VAYVUM, vel potius *Vaynum,* nostris *Vayn,* Autumnus seu anni tempestas, in qua demetuntur in agris fruges. Charta ann. 1836. in Chartul. eccl. Lingon. fol. 108. r° : *Quilibet habitator dictæ villæ habens aratrum seu carucam, debet domino villæ ter in quolibet anno corvatam de bestiis suis trahentibus, videlicet semel in sombro, semel in Vayvo et semel in tremsio.* Vide supra *Gagnagium* 1.

¶ VAYVUS. *Vayva res.* Vide in *Wayf.*

¶ VAZI. Testam. ann. 1154. inter Probat. tom. 2. novæ Hist. Occitan. col. 550 : *Hæc est carta testamenti quod Raymundus Trencavellus in captionem Raymundi Comitis Tolosani, et testamentum, et Vazi est tale.* Vadium et Gadium pro Testamento, dixerunt Scriptores medii ævi.

¶ UBACUM. Tabul. S. Victoris Massil.: *Item aliam quandam terram sitam in Ubaco de Bleona.* Septentrionem hic designari nobis auctor est D. *le Fournier*

¶ UBAGUM. Charta ann. 1085. ex eodem Tabul. : *Ego Adalgarda dono Uba-*

gum totum de terra Magastris. Leg. forte *Usagium.*

¶ **UBALBALIA**, χολάδες, τὰ ἔντερα, in Gloss. Lat. Græc. *Vubalia,* in MSS. Sangerm. Gloss. Gr. Lat. : "Εντερα, *Intestina.*

¶ **UBALDINI** *sunt homines certi et signanter Clerici vel Canonici terræ vel ecclesiæ alicujus.....* Dicitur quod collegium Ubaldinorum non potest constituere syndicum. Vocabul. Juris utriusque.

UBANTUS. Vide *Wantus.*

¶ **UBARTILLUS**, Mensuræ species. Charta ann. 1177. tom. 2. Monument. sacræ Antiq. pag. 544 : *In festivitate S. Remigii similiter de singulis domibus nummum, et unum panem, et manipulum avenæ. In Domini natale ad festivitatem S. Stephani unum nummum, et panem, et Ubartillum avenæ de villa.*

¶ **UBERARE**, Fecundum esse, vel Ubera præbere, Gall. *Alaiter.* Vita S. Bernardi Menthon. tom. 2. Jun. pag. 1078 : *Gravidæ parturient, steriles Uberabunt.* Vide *Ubretare.*

¶ **UBERE**, Abunde. Gloss. Lat. Gr. : *Ubere,* ἀφθόνως, τὸ πολύ. MSS. Sangerm. *Ubertim.*

¶ **UBERTARE**, *Abundare , uberem ac fecundum esse, ubertim habere.* Gemma, apud Vossium lib. 4. de Vitiis serm. cap. 29.

¶ **UBERTUOSUS**, *abundans.* Joan. de Janua. [Hinc *Ubertuosus, planturevx,* in Gloss. Lat. Gall. Sangerman.]

¶ **UBERVANCH**, Præstationis species apud Germanos. Litteræ Friderici Ducis Austriæ ann. 1243. apud Ludewig. tom. 4. Reliq. MSS. pag. 226. *Quaslibet obventiones, scilicet losunge, Uberuanch, grantlos, etc.* [⁰⁰ Vide Haltaus. Glossar. German. col. 1813. voce *Uberfang.*]

⁰ **UBETA**, Vasis genus, f. pro *Cuveta,* Gall. *Cuve.* Litt. remiss. ann. 1370. in Reg. 100. Chartoph. reg. ch. 771 : *Guillelmus Amorosi asserebat quendam* (sic) *Ubetam sive payrollum, qui erat ibidem (ubi lanæ consueverunt Carcassonæ lavari) fuisse manualiter perforatum.*

¶ **UBI FECIT**, Formula loquendi, de qua plura in voce *Facere* 1. Vide ibi.

UBIA. Charta Raimundi Comitis S. Ægidii ann. 1164. in Bibliotheca Sebusian. cent. 2. cap. 50 : *Et in leda de mercato medietas erit mea et medietas illorum, excepta leda lumborum et linguarum, et excepta leda Ubiarum, et omnium fructuum, quæ ad sextarium non vadunt, quæ propria est Monachorum, et.* Forte *obliarum.* Vide in *Oblata.*

☞ Præponenda videtur lectio ejusdem Chartæ MS. inter Schedas V. Cl. *Lancelot* et editæ inter Instr. tom. 6. Gall. Christ. novæ edit. col. 300. ubi legitur. *Excepta leuda Urnarum.* Est autem *Urna* eo loci mensura liquidorum, vini, cerevisiæ, etc. Vide in hac voce num. 2.

¶ **UBICADA**, f. Modus agri. Charta Leotaldi Comit. Matiscon. ann. 942. ex Chartular. Matiscon. fol. 166 : *Concedimus... ad casam S. Vincentii res quasdam sitas in pago Lugdunensi in villa Montisgudim præter silvam quam reservamus, et de ipsa silva damus Ubicadam unam.*

⁰ **UBIDEM**, pro Ibidem. Inquisit. ann. 1210. inter Probat. tom. 1. Hist. Nem. pag. 48. col. 2 : *W. de Campels juratus dixit , quo transacta epdomada P. de Areolis venit ad domum suam, afferens loricam quam Ubidem dimisit.*

⁰ **UBILIA**, idem quod *Oblia,* Panum tenuissimorum præstatio, quæ postea in pecuniis summam evasit. Chartul. S. Marcelli Cabilon. : *Dederunt.... placitum generale hominum suorum et censum, qui a vulgo Ubiliæ vocantur.* Vide in *Oblata.*

UBIVIS, pro *Ubicunque ,* occurrit in Vita S. Anselmi Episcopi Lucensis pag. 100.

UBLADA, UBLIA. Vide *Oblata.*

⁰ **UBLICARE**, pro Obligare. Charta ann. 1084. apud Murator. tom. 1. Antiq. Ital. med. ævi col. 590. *De prædicto castro et curte, quæ nominatur Monte Renzuli, Ublicavit adversum prædictum Bonifacium,.... et Bonefacius marchio similiter promisit facere Bonifacio Enrici filio.*

¶ **UBRERA**, Pars navis nescio quæ. Contract. navig. reg. Franc. cum Massil. ann. 1268. in Reg. Cam. Comput. Paris. sign. *Noster* fol. 287. r° · *Mensura illius navis talis est, quod sit xiiij. palmorum in starreria et octo palmorum de dimidium in cooperta equorum, et Ubrera in cooperta inferiori a xxx. palmis usque ad xxxj palmos.*

⁰ **UBRI**, Prov. *Ebrius, temulentus. Ubrietal, ebrietas, temulentia.* Glossar. Provinc. Lat. ex Cod. reg. 7657. Ab Italico *Ubriaco,* ebrius , et *Ubriachezza,* ebrietas.

⁰ **UBRIACZ**. Glossar. vet. ex Cod. reg. 4120 : *Crocea, cuna infantium, dicitur Ubriacz.*

UCCUS, Clamor inconditus, Gallicis Scriptoribus medii ævi, *Hus,* unde Galli *Hucher,* Picardi *Huquer* dicunt, pro aliquem majori voce vocare, appellare. Formulæ vett. secundum Leg. Roman. cap. 30 : *Illa judex veniens in loco illo, sub dio illo, una cum bonis hominibus ad locum accessionis, ubi aliquis homo nomine ille quondam interfectus jacebat, requirens pro qua re interfectus fuisset ; sed venientes homines ibi commanentes, qui in initio litis ibidem fuerunt, vel, qui ad ipsos Uccos cucurrerunt, qualiter jam dictus homo ibidem interfectus fuit, taliter testimonium præbuerunt, etc.* Vide *Huesium.*

⁰ Ubi Codex regius habet *Huccos,* teste D. *Bouquet* tom. 4. Collect. Histor. Franc. pag. 582. in notis.

1. **UCHA**, Præstationis species. Charta Willelmi Ducis Aquitan. ex Tabulario S. Cypriani Pictav. : *Dono et concedo..... omnes consuetudines meas, quæ erunt in obedientia nomine Exoletia , videlicet præposituram et bannum, et Ucham, et expallum, et biannum, et friscingam, et pullos, et anseres, et annonam, etc.* Vide *Olea.*

☞ Haud scio an melius *Ucham* intelligas Proclamationem vini venalis, aut jus percipiendi tributum ex hac proclamatione solvendum. Vide supra *Hucagium.*

⁰ Vide supra Hucha 2.

¶ 2. **UCHA**, Arca, vel cistæ species, Picardis aliisque Hucha. Vide *Hucha.* Consuetud. MSS. Tolos. fol. 41 : *Libros prædictos in locis assisiarum vel bajuliarum prædictarum dimittant in certis Uchis et ipsos alibi transferre non præsumant.* Statutum Philippi Pulchri ann. 1384. apud Menester. Hist. Lugdun. pag. 91 : *Avez fait seeller les chambres et les Uches de plusieurs desdits citoyens.*

⁰ **UCHIA**, Arca, Gall. *Huche, coffre, armoire.* Charta ann. 1342. in Reg. 72. Chartoph. reg. ch. 341 : *Fuit repertus in quadam Uchia unus rotulus pergamenus, scriptus in tribus peciis pergamen consutis, etc.* Vide Ucha 2.

UCTARE. Charta MS. exarata Papiæ anno 1179: *Et non debent Uctare aliquem prædictorum locorum garnitum vel scaritum.* Occurrit rursum infra.

¶ **UDARE**, Udum facere. Gloss. Lat. Gr. Sangerman. : *Udo, humecto, delue, modeo, pluo,* βρέχω. Utitur Macrobius lib. 7 Saturn. cap. 12.

⁰ **UDITAS**, Moetete , in Glossar. Lat. Gall. ex Cod. reg. 7692. Humor, vulgo *Moiteur, humidité.*

UDO, Calceamentum laneum, vel ex pilis hircinis, Martiali lib. 14. Epigr. 140. dicitur, quod aliis *Odo.* Donatio Constantini M. in lectionibus variis ad Anastasium Biblioth. pag. 255. edit. Reg. : *Et ut amplissime Pontificale decus præfulgeat, decernimus et hoc, ut Clerici S. R. Ecclesiæ mappulis et linteaminibus, id est, candidissimo colore dealbatis equos equitent ; et sicut noster Senatus calceamentis utilitur cum Udonibus, id est, candida linteamine illustrentur, et ita cœlestia sicut terrena ad laudem Dei decorentur.* Ubi Græca σανδάλια λευκὰ διὰ ὀθονίων. Vide Salmasium ad Lampridium pag. 221. [et Gloss. med. Græcit. Constitut. Mellic. ann. 1625. in Chron. ejusdem Monast. pag. 785 : *De interioribus vestibus, item de mappulis, sudariis, Udonibus et ejusmodi, Prælato relinquitur, et unicuique pro necessitate sufficienter, honeste et rationabiliter juxta regulam provideat.*]

Eamdem vocem usurpant Scriptores recentioris ævi, pro equi stragulo coactili. Glossæ Gr. Lat. : 'Εφιππιον , *Udo.* Bulla Paschalis II. PP. ann. 1217. apud Ughell. in Papiens. Episcop. : *Tam tibi quam tuis successoribus concedimus in processione palmarum, et feriæ secundæ post Pascha equum album equitare Udone coopertum, etc.*

⁰ **UDWORNYCK**, UDWORNICI, unius sessionis nobiles : Aulici, et eis quiddam obligati, inquit Sambucus. S. Stephanus Rex Hungariæ lib. 2. Decret cap. 55 : *Si quis illorum, qui vulgo Udwornyck vocantur, furtum committit, lege liberorum dijudicetur.* *Udwornyck,* dicuntur in Decretis S. Ladislai Regis Hungariæ lib. 3. cap. 5. *Villæ liberæ ac etiam Udwornicales villæ,* in Decretis Ludovici Regis Hungar. cap. 8. quæ ad *Udwornicos* spectant.

¶ **VEADOR**, Hispan. *Veedor,* Oeconomus. Acta B. Ferdinandi Infantis Lusitan. tom. 1 Junii pag. 563 : *Allatas bullas Veadores susceperunt cum omni devotione.*

¶ **VEAGES**, Iter, Gall. *Voyage.* Testam. ann. 1430. apud Calmet. inter Probat. tom. 3. Hist. Lothar. col. 640 : *Item volumus et ordinamus fieri pro nobis unum Veagitem, una summam peregrinationem ad S. Michaelem de Monte.*

⁰ Nisi lectum sit *Veagitem,* pro *Veagium ;* quod satis probabile est.

¶ **VEAGIUM**, ut *Veages.* Litteræ Edwardi III. Reg. Angl. ann. 1325. apud Rymer. tom. 4. pag. 183 : *Ac jam, ut instantiam nonnullorum dictorum Magnatum et Procerum asserentium se propter brevitatem temporis, non posse ita sufficienter, sicut deceret,.... pro tali Veagio parari.* Regest. Eccl. Andegav. ad ann. 1444. in Vita Math. Menagii pag. 124 : *Qui pro suo Veagio habuerat mandata.* Occurrit rursum infra. Vide *Viagium.*

¶ **VEARIA**, Præstatio quæ ratione viariæ penditur. Vide in *Viarius.* Charta Phil. Pulc. ann. 1305. in Lib. rub. Cam. Comput. Paris. fol. 280. r°. col. 2 : *In riparii, portubus, Veariis, vaassoriis, molendinis, etc.*

⁰ **VEBARE**, Hædorum vox ; perperam pro *Vehare.* Vide supra *Baulare.*

¶ **VEBER**, Fiber, castor, Hispan. *Befre,* Gall. *Bièvre.* Conc. Dertus. ann.

1429. Inter Hisp. tom. 3. pag. 663 : *Neque folleratus deferat* (Clericus) *pellium de marthis, de fagnes, de Vebres.*

¶ VEBRINUS, Fibrinus. Gloss. Isid. : *Castorinum, vebrinum. Bebrinus* aliis. *Bebrinæ pelles,* Scholiastæ Juvenal. Sat. 11. 106. Vide *Castorinatus.*

¶ VEBTA, Vestis species. Charta ann. 855. in Append. ad Marcam Hisp. col. 788 : *Ob inde et de vestimenta frisis cum viatitos et Vebtas* 11. *et capas* v. *etc.* Vide *Vecha.*

¶ VECASSUA, πέταυρον, in Gl. Lat. Gr. MSS. Reg.

¶ VECHA, pro *Becha,* Rostrum, pars vestimenti quæ in *beccum* seu acumen desinit, vel species vestitus. Vide *Beca* et *Becha,* Litteræ patentes Caroli V. Reg. Franc. ann. 1367. de forma vestium pro Montispessulanis : *Item quod nulla ipsarum* (mulierum) *audeat portare in suis capuciis, vel Vechis, aut alias in vestibus suis aliquod genus rubanorum aureorum vel argenteorum..... Item quod nulla ipsarum audeat portare aliquam frapaturam in suis capuciis, Vechis, vel caragiis capuciorum, etc.*

° VECHARIA, pro *Becharia,* ni fallor, Macellum, laniena, Gall. *Boucherie.* Vide *Beccharia.* Charta ann. 1180. in Chartul. eccl. Lingon. fol. 141. r°. : *Ego Milo, comes Barri, notum facio, quod venerabilis dominus Man. Lingon. episcopus michi nepoti suo dedit ccxx. libras, quas titulo pignoris habebat super Vechariam de Pultheriis.*

¶ VECHIA, VECIA, Vicia, Gallice *Vesce.* Charta ann. 1190. ex Chartul. Pontisar.: *Petrus de Beoleio miles in Vulcassino dedit ecclesiæ S. Martini Pontisarensis tertiam partem forraginis avenæ et Veciæ apud Beoleium.* Alia ann. 1262. ibid. : *Stramina et fourragia garbarum bladi, avenæ, ordei, fabarum, pisorum et Vechiarum.* Charta ann. 1244 ex Tabul. Compend. : *Recognoverunt se vendidisse... totum granum et paleam, totam Vechiam, totam lenticulam, etc.* Charta ann. 1255. in Chartular. S. Bartholomæi Betun. fol. 60 : *Capitulum minus juste spoliavit decimis antedictis videlicet, lini, canabii, et viridium Vechiarum. Reposuerunt decimas bladi, avenæ, ordei, pisorum, fabarum, Vechiæ et aliorum granorum,* in Charta ann. 1303. ex Tabul. Corbeiensi. Occurrit præterea in Chartulario S. Vandreg. tom. 2. pag. 1521. Vide *Fabarium* et *Pesait.*

¶ VECHTINA. Charta ann. 1125. apud Miræum tom. 2. pag. 817. col. 2 : *Rusticis et colonis ecclesiæ sive pauperes essent, sive divites, jus illud quod sach appellatur in sylva de Bukenholt concessit, Vechtinam autem de porcis hominum suorum ecclesia habebit.* An quod pro pascendis porcis exsolvitur ? [°° Idem forte quod *Vedema* in Usib. Suestrens. in Gelria ann. 1200. apud Grimm. Antiq. Jur. German. pag. 322 : *Sciendum est quod melior porcus qui provenit de pastu porcorum, scilicet Vedema, est Scabinorum.* Vox pertinere videtur ad *Vet,* Pinguis. Kilianus : *Vet-mast,* Sagina.]

¶ VECIA. Vide supra *Vechia.*

VECIACUM, præstatio ex *vecia.* Locus est in *Mestivarius.* Vide *Mestiva.*

° VECINESCUM, Civilia onera hac voce significari opinor, in Stat. Taurin. ann. 1360. cap. 205. ex Cod. reg. 4622. A : *Intelligatur inter cives et districtuales civitatis Taurini, qui solvunt taleas et faciunt vaytas et Vecinescum ad modum civium.* Vide in *Vicinus.*

✱ VECLUS, [Gall. *Vieil :* « Vetulus, non *Veclus.* » (App. ad Probum, Meyer, text. bas latins, 1, l. 5.)]

¶ VECORDIA, Præcordia, Gall. *Entrailles.* Sebast. Perusinus in Vita S. Columbæ Reatinæ tom. 5. Maii pag. 378 ° : *Cujus* (aquæ) *frigiditate Vecordia plurimum reddebantur altiea. Væcordia,* ibid. pag. 367° : *In tantumque Væcordia nostra concusserat, etc.* Hinc

¶ VECORDIALIS, apud S. Bernardum in Epist. 441 : *Sæpe vero ut placerem hominibus, sive mihi, non Deo, mea erat præcordialis, et, ut verius dicam, Vecordialis intentio.* Vide *Vefaba.*

VECORIN, Papiæ, *Viam antestare.* Vox Longobardica. Lex Longob. lib. 1. tit. 36. § 4. [°° Roth. 376.] : *Si servus Regis oberos, aut Vecorin, seu merworphin, aut quamlibet talem culpam, vel minorem fecerit, etc.* [Verba sunt injuriosa ex aliis Glossis | [°° Confer Roth. 26. sqq.]

° VECTA, Tributum pro mercibus quæ vehuntur exsolutum. Charta Theoder. episc. Metens. ann. 1381. ex Cod. reg. 9801. 2. 2. fol. 99. r° : *Silvis, aquis, pascuis, stura, Vecta, ungelta. exactione, redditibus sive censibus, etc.* Quæ rursum occurrunt in alia ejusd. episc. Charta ibid fol. 100 r°.

¶ VECTABULUM, Vehiculum, vel quo aliquid vehitur. Gellius lib. 20. cap. 1 : *Jumentum quoque non id solum significat quod nunc dicitur ; sed Vectabulum etiam, quod adjunctis pecoribus trahebatur, veteres nostri jumentum a jungendo dixerunt.*

¶ VECTAGIUM, Servitium, quo vecturas suppeditare quis tenetur, vel Pecunia ejusdem servitii loco præstita. Charta Galt. episc. Laudun. ann. 1164. inter Probat. tom. 1. Annal. Præmonstr. col. 75 : *Cœpit idem Guillelmus..... quasdam consuetudines violenter exigere ; ... scilicet ut..... Vectagium vini, si forte vectura ad aquam ipsam deponeretur, exsolverent.* Vide in *Vectura.*

° VECTANS. Stat. comitat. Venaiss. sub Clem. PP. VII. cap 3. ex Cod. reg. 4660. A : *Effrænata cupiditas... suis juribus et finibus non contenta, nec falcem suam Vectans in messem ponere alienam, etc.* Sed legendum ibi *Varens.*

° VECTARE, Vecte seu pessulo fores occludere. Glossar. Gall. Lat. ex Cod. reg. 7684 : *Vectare, Quoreillier, fermer de quoreil de huys, de quoy l'en le ferme.* Vide supra *Corale* 1. et *Vecticularius.*

¶ VECTARIUS, Ad vehendum idoneus, portatilis. Miracula S. Benedicti tom. 3. Mart. pag. 313 : *Levatum sanctissimum corpus atque in loculo Vectario depositum, etc.*

°° VECTATA CORIA, in chart. Thelon. Thorait. ann. 1262 ubi in textu Flandr. *eist leder ghevettet.* Kilianus : *Vetten hut leder,* Macerare corium, arvina pingui linere, vulgo tanare, frunire.

° VECTATORIUM, *Civiere ou autre instrument à porter aulcune chose,* in Glossar. Gall. Lat. ex Cod. reg. 7684. Vide *Vectorium.*

° VECTATORIUS, Gestatorius. *Cathedra vectatoria,* in Chron. Ademari Caban. tom. 10. Collect. Histor. Franc. pag. 147. Vectatorius etiam legitur in loco laudato v. *Vectarius* ex tom. 7. ejusd. Collect. pag. 361.

° VECTICARE, Vehere, Gall. *Voiturer.* Epist. Peringeri abb. Tegerns. ann. 1008. apud Pez. tom. 6. Anecd. part. 1. col. 143 : *Habet nobis denique nostram navim ablatam, qua debuimus fratribus nostris Vecticare vinum et legumina, aliaque necessaria. Vieutrer,* eadem notione, in Charta ann. 1408 : *Et quant dudit port ilz* (les vins) *sont Vieutrez et transportez, mis et herbegiez en maisons ou celliers, etc.* Unde *Vieustrage* et *Vieutraige,* Tributum, quod pro mercibus vehendis exsolvitur. Reg. Cam. Comput. Paris. sign. Bel. fol. 121. v° : *Item le Vieustrage, carrage et roage de Jausy, etc.* Charta ann. 1811. in Chartul. Regalis-loci part. 1. ch. 30 : *Forages, roages, Vieutraige, tonnelieu, etc.* Hinc *Viautre,* tributi hujus collector, in Mirac. MSS. B. M. V. lib. 1 :

Mais tult dampné seront li autre,
Li mal waignon, li felon Viautre,

Vide infra *Vineragium.*

VECTICULARIUS, *Qui vectes vendit.* Dicitur etiam rapinosus, sicut dicimus aliquem vitam Vecticulariam agere, qui furto et rapinis intendit. Johan. de Janua. [Gloss. Lat. Gall. Sangerman. : *Vecticularius, qui fait verroulz.*]

¶ VECTIGALERII, ut mox *Vectigaliarii,* in Charta ann. 1380. tom. 2. Hist. Dalphin. pag. 229. col. 2. et 281. col. 1.

¶ VECTIGALIA, Vecturæ, Gall. *Voitures.* Concilium Bituricense ann. 1031. cap. 15 : *Ut in die Dominica Vectigalia non fiant, quod corregium vel sagmegium dicitur.* [Regula Conversor. Cisterc. cap. 10. *De fratribus bubulcis,* apud Marten. tom. 4. Anecd. col. 1650 : *Tempore messionis et secationi : euntes et redeuntes ad Vectigalia sua bini et bini loquantur ad invicem.* Ubi vehicula intelliguntur.]

° Charta Frider. I. imper. ann. 1179. apud Ludewig. tom. 10. Reliq. MSS. pag. 150 : *Semel in anno ab eis Vectigalia exposcet a meridie unius diei usque ad meridiem alterius diei.*

° *Vitigal* vero nostris, eodem sensu, quo Latinum *Vectigal.* Lit. remiss. ann. 1455. in Reg. 191. Chartoph. reg. ch. 199 : *A cause des terres et seigneuries de Caumont et de Tonnix, le seigneur de Caumont a droit de peage, et d'ancienneté a droit et a accoustumé de lever, recevoir et percevoir le Vitigal en la riviere de Garonne en Agenés.*

VECTIGALIARII, Qui vectigalia colligunt, apud Jul. Firmicum lib. 3. cap. 13 : *Erunt enim aut Publicani, aut Vectigaliarii, aut Curiosi.* Vide *Vectigalerii.*]

¶ VECTIGALIUM, Τελώνειον. Gloss. Lat. Gr. ubi Sangerm. habent *Vectigal.*

¶ VECTIGINAL, pro Vectigal. Charta Conventionis inter Ludovicum Reg. Siciliæ et Arelat. ann. 1385. ex Cod. MS. D. *Brunet* fol. 40. v° : *Sint liberi et immunes ab omnibus pedagiis, Vectiginalibus et quibusvis impositionibus, etc.* Ubi leg. forte

¶ VECTIGUAL, ut in Litteris Philippi VI. ann. 1340. tom. 3. Ordinat. Reg. Franc. pag. 234 : *A solutione cujuscunque leude, Vectigualis et pedagii ad nos spectantis in toto regno nostro etiam in ducatu Aquitaniæ, sint quieti, liberi et immunes : quodque occasione dicte leude, pedagii seu Vectigualis, ab eisdem nichil exigi possit.* Vide *Vestigual.*

VECTIS, Veretrum. Lex Angliorum tit. 5. § 7 : *Si libero* (testiculos evulserit) *centum sol. componat, vel juret ut superius ; si Vectem, similiter.* Lex Longob. lib. 1. tit. 7. § 18. [°° Carol. M. 82.] habet hoc loco : *si virgam absciderit, etc.* Vide *Hasta* 3. et *Virga* 2.

VECTORIUM, *Instrumentum,* quo aliquid portatur, Ugutioni, Feretrum, in Vita S. Urbani Episcopi Lingonensis num. 8. de Feretro S. Urbani : *Quocunque gressum converto, semper subsequitur me istud fulgens Vectorium.*

¶ VECTUAGIUM, Vectura, Gallice *Trans-*

port. Charta Petri Abbat. Caroliloci ann. 1268. ex Tabul. Compend. : *Cum mota fuisset discordia.... super Vectuagio seu conductu decimæ eorumdem de terris nostris ; ...... de quibus terris decimam cum campiparte dicebant nos debere sibi vecturis nostris propriis... in domum eorumdem ducere.*

¶ **VECTUALIA.** Vide *Victualia 2*.

¶ **VECTUARIUS,** Qui vecturas facit, Gall. *Voiturier.* Litteræ Johannis Reg. Franc. ann. 1353. tom. 3. Ordinat. pag. 445 : *De die in diem nituntur capere, arrestare dictos mercatores, Vectuarios ac eorum equos, harnesia, pisces et alecia ipsorum mercatorum et Vectuariorum sibi applicanda, etc.*

¶ **VECTUERIUS,** Eodem significatu. Litteræ Caroli V. reg. Franc. ann. 1367. tom. 5. earumdem Ordinat. pag. 108 . *Similis gabella et per modum similem levetur et exigatur in exitibus nostri Dalphinatus prædicti, a Vectueriis seu sal portantibus per eamdem. Paulo ante legitur, Vetuerii salis, etc.* Vide infra *Victerius.*

VECTURA, in Gloss. Lat. Gr. φόρετρον, ναῦλον. Alibi · Ναῦλον, *navis vectura, naulum.* [MSS. Sangerm. : *Vectura,* φόρετον, μισθὸς τοῦ ζώου.] Nempe merces, quæ pro vectione datur naviculario Joanni de Janua : *Naulum, pretium, quod datur pro portatura.* [Gloss. Lat. Gall. Sangerm. : *Vectura, porture, voiture, ou le pris que l'en baille pour porter.*] Plautus Mostell. :

Treis minas pro Islis duobus præter Vecturam dedi.

¶ **VECTURA,** *Omne jumentum,* nempe *equus, camelus, mulus, asinus, bos,* in Gloss. Gasp. Barthii ex Bartholph Hist. Palæst. apud Ludewig. tom. 3. Reliq. MSS. pag. 512. [⇨ Bongars. pag. 578. lin. 29.] Vide *Vehiculus* et *Vehitura.*

° Simul et Emolumentum, quod ex jumentis percipitur. Libert. Laudosi ann. 1392. tom. 8. Ordinat. reg. Franc. pag. 199 : *Per quamlibet mulierem viduam vel aliam viventem ex sua Vectura, unam cuppam bladi.*

¶ **VECTURA,** Servitium quo vecturas suppeditare quis tenetur. Charta ann. 1360. apud Ludew. Reliq. MSS. tom. 6. pag. 404 : *Ab omni exactione, collecta, contributione, talliis, precariis, Vecturis, steuris et aliis quibuscumque gravaminibus deservianti libertate.* Vide *Vechitura*.

VECTURAS CORPORE SUO FACITARE, pro Βαστάζειν, dixit Gellius lib. 5. cap. 3.
VECTURALIS, Mulio, ex Italico *Vetturale*, colui che guida bestia da soma. Processus de Vita S. Thomæ Aquin. n. 9 : *Contigit inde transire Vecturalem cum sardis.* [Chron. Parmense ad ann. 1284. apud Murator. tom. 9. col. 805 : *Quum commune Parmæ faceret conduci certam quantitatem salis de versus Bononiæ Parmam, et conductores et Vecturales non venirent per stratam rectam propter guerram Mutinensium.*]

¶ **VECTURALIS,** adject. Militaris. Statuta Pallavic. lib. 1. cap. 18. fol. 21 : *Et idem habeat locum in bobulcis Vecturalibus et nautis forensibus, de suis vecturis et mercedibus.*

¶ **VECTURARE,** Vecturam facere : *Vecturizatura,* Vectura, Gall. *Voiture,transport.* Statuta Castri Redaldi lib. 1. fol. 21 : *Nullus magnadrus, vel terzarinus habeat boves vel vaccas communes cum domino suo, vel quæ sint domini tantum debeat carrezare vel Vecturare, cum dictis bestiis, nec in terris alicujus laborare, nisi in terris domini sui absque licentia domini sui, et si contrafecerint, dominus*
petere possit, et habere redditum, quem habuit de dicta alia terra vel æstimationem pretii araturæ vel Vecturizaturæ. etc.

¶ **VEDA.** Libertates villæ de Salvitate ann. 1369. inter Ordinat. Reg. Franc. tom. 5. pag. 386 : *Quod pro fortificatione et aliis necessitatibus dicti loci, faciendis et supportandis, eis concedetur Vedam sive bannum... super victualibus vendendis in dicto loco.* Legendum videtur *Vetum.* Vide infra *Vetum vini.*

° **VEDAGIUM,** f. Tributum pro mercibus quæ vehuntur exsolutum, nisi sit pro *Vendagium.* Charta ann. 1114. ex Tabul. episc. Carnot. : *Concessit.... quod ipsi* (monachi Tironenses) *et sui conversi, donati, servitores et ceteri..... homines..... a Vedagiis, transitibus, panagiis, quadrigagiis.... in perpetuum liberi sint et immunes.*

VEDALARII, a *Vedar,* Hisp. Vetare, Qui *vetatis* invigilant. Observantiæ Regni Argon. lib. 7. tit. de Pascuis, § 5 : *Si Vedalarii viderint oves in vetato, et antequam eas capiant extraxerint inde, non possunt aliquam decollare extra vetatum.*

° **VEDALE,** pro *Bedale*, Rivi alveus, quo aqua ad molendinum decurrit. Form. MSS. ex Cod. reg. 7657. fol. 29. v° : *Dum fuerunt versus molendinum de Crota.... in itinere juxta Vedale seu vallatum profundum, per quod aqua dicti molendini solita est derivari aut labari, etc.* Vide *Bedum.*

° Gallicum vero *Vedoil*, Falcis species, qua in oppugnando vel deffendendo utebantur, in Lat. remiss. ann. 1450. ex Reg. 184. Chartoph. reg. ch 39 : *Icellui Perrin Richart prinst ung grant Vedoil enmanché en ung grant baston, etc.* Ex mutatione *b* in *v*, pro *Bedoil*. Vide supra *Badillus.*

VEDEMA. Vide *Vechtina.*
¶ **VEDITUR,** pro Videtur, in Charta Childeberti apud Doublet. pag. 688. et alibi.

¶ **VEDOGIUM.** Charta ann. circ. 1000. ex Chartular. Matiscon. fol. 116 : *Item* (in) *rata de bosco Volgerio* (damus) *unum Vedogium et ad unum destralem et ad 12. porcos saginandum.* Nescio an legendum sit *Vectagium.* Vide supra *Vectuagium.*

° **VEDOTIUM.** Vetus Charta exarata ann. 23. Caroli C. apud Catellum in Comitibus Tolosanis pag. 69 : *Villam, cujus vocabulum est Vaber, cum omni integritate et Vedotio, similiter biarcio, etc.* [Nomen forte loci alicujus proprium.]

¶ **VEERGARES.** Vide in *Vares.*
¶ **VEERSCHAT.** Vide supra *Ghescot.*
¶ **VEFABA,** *Parva faba*. Gloss. Isid. Ubi advertere est particulam *Ve* interdum minuere. quæ etiam aliquando in malam partem accipitur ut supra *Vecordialis.*

¶ **VEFRONDIS,** Dicitur de incrementis silvæ cæduæ. Glossar. Lat. Gall. ann. 1352. ex Cod. reg. 4120 : *Vefrondis, Croue* (crue) *amandée.*

¶ **VEGADA.** Charta ann. circ. 1124. inter Probat. tom. 2. novæ Hist. Occitan. col. 426 : *Et hæc suprascripta adjutoria fecerimus tibi per quantas Vegadas tu nos commonueris per te, vel per tuum missum.* Hoc est, quoties nos commonueris, Gall. *Toutes les fois que, etc.* ab Hispanico *Vegada*, eadem notione.

VEGÆ, Hispanis Valles, plantitiæ commodæ, apud Rodericum Toletan. lib. 1. de Rep. Hisp. cap. 5.

¶ **VEGARIA,** VEGARIUM, Idem quod *Vicaria*, Districtus vicarii. Tabular. Ro-
thon. : *Salomon dat S. Salvatori montem Alahart cum massis et vigilariis.* Factum in *Vegaria* Panzego *super Samanum*. Ibidem : *Alocellus situs in pago Namnetico Vegario Lusebiacense juxta fluvium Caher.* Vide *Vicarius* et *Vigerius.*

¶ **VEGARIS,** VIGARIA, ut *Vegaria.* Testam. Rogerii Comit. Carcasson. ann. circ. 1010. inter Instrum. tom. 6 Gall. Christ. novæ edit. col. 20 : *Et ipsa castello, quæ dicitur Saixago cum ipsa castellania, et cum ipsas Vegaris, quæ ad ipsum castellum pertinent.* Infra : *Et ipsa Vigaria de Savartense, post obitum Adelais, remaneat ad Bernardo filio meo.* Hinc

¶ **VEGARIUS,** ut *Vigerius*, *Vicarius*, in Charta Pipini Majoris-domus, inter notas Bignonii ad vett. Formul. cap. 7.

° **VEGERE.** Charta vetus inter Monum. eccl. Aquilej. cap. 39. col. 388 : *Centum amphoras vino ab ipso monasterio puellarum Vegant*. Id est forte *Veniant,* interprete Bern. Mar. de Rubeis.

VEGES, Vas vinarium, modius, dolium : Italis *Veggia,* Vita S. Joannis Episcopi Tragur. : *De tanta paucitate uvarum tres majores jam replevimus Vegetes.* Vita S. Andreæ de Galeranis : *Ivit ad Vegetum, et facto signo Crucis hausit abunde, Vegete replpleta divinitus.* Bondelmontius in Descript. CP. · *Vinea pro qualibet in ea vinea vel quatuor Vegetum vini crescit.* Domnizo lib. 1. de Vita Mathildis. cap. 13 :

Imperat quemlibet Vegetem subito fabricari.

Bulla Alexandri PP. ann. 1179. apud Ughellum tom. 8 : *Sexaginta saumas puri vini per annum, cum Vegetibus, in quibus possit reponi.* Vide eumdem tom. 6. pag. 646. Epistola Siculorum ad Martinum IV. PP. ex Chron. MS. Agrigentinæ Eccl. · *Nec est sub silentio contegenda nefanda malignitas pincernarum, qui sub prætextu unius Vegetis de falerno, ... omnes cives et cauponarios affligebant, vinum universarum cauponarum videlicet Vegetes sigillantes sub certa pœna, etc.* [Hinc emendanda Concilia Hisp. tom. 4. pag. 161 : *Teneantur* (præpositi) *præparare et habere cellaria, Vegeces et alia necessaria ad recondendos fructus præpositurarum.* Leg. *Vegetes.*] Vide Ottonem Morenam pag. 49. Petrum Mariam Campum in Regesto 2. part. Hist. Placentinæ pag. 361. 364. 873. Petrum Crescentium de Agricult. lib. 5. extremo, [Murator. tom. 8. col. 1088. tom. 9. col. 772. Acta SS tom. 2. April. pag. 463. Acherium tom. 3. Spicil. pag. 502. Marten. tom. 3. Anecd. col. 36. tom. 6. Ampl. Collect. col. 1817.] præterea Menagium et Ferrarium in *Vegghia.*

¶ **VEGIES,** ut *Veges*, non semel in Statutis Placent. lib. 6. fol. 81. v°.

VEGGIOLA, Doliolum, ab eodem Campum in Regesto tom. 3. pag. 264. *Veziola vini*, apud eumdem lib. 15. pag. 76.

¶ **VEGIOLLA,** VEGIOLUS, Pari significatu. Statuta Placent. lib. 6. fol. 66. v° : *Vegiolla vini in qua vendicur et ducitur calzina sit capax XVI. stariorum ad minus,* et *qui contrafecerint*, puniantur in *XX. sol. Plac. et ipsa Vegiolla in platea communis comburatur. Vegiolus*, ibidem fol. 82.

¶ **VEZOLA,** VEZOLUS, Simili acceptione. Johan. Demussis in Chron. Placent. ad ann. 1185. apud Murator. tom. 16. col. 456 : *Eodem anno fuit maxima abundantia vini, ita quod una vezola valebat vinum de Fuxusta pro denariis XVIII.* Castellus in Chron. Bergom. ibid. col. 900 : *Dum*

Tridaterra de la Corna habitator de valle Breni haberet certam rixam occasione cujusdam Vezoli cum Petro Thaddæi, etc.

¶ VEGESTIUNCULA, Eodem intellectu. Acta S. Davanzati tom. 2. Jul. pag. 527 : *Tamen semel quamdam Vegestiunculam imbuit vino, etc.*

VEGETICULUS , Eadem notione, in Chronico Anconitano apud Julianum Saracenum in Hist.Marcæ Anconit. pag. 139. [Mag. Boncompagnus de Obsid. Anconæ apud Murator. tom. 6. col. 931 : *Unde tunc quidam Vegeticulum resina et pice plenum, cum strue lignorum projecit.*]

¶ VEGITICULUS, Eodem sensu. Statuta datiaria Riperiæ cap. 12. fol. 5 : *De quolibet plaustro Vegiticulorum et doliorum, pro introitu soldi quinque, ... et intelligatur plaustrum de decem Vegiticulis, et plaustrum de doliis triginta.*

☞ Alia notione *Veges* legitur in Memoriali Potestat. Regiens. apud Murator. tom. 8. col. 1136 . *Muratum fuit palatium dictum communis Regii usque ad summitatem.... et facta fuit Veges murata de Foliano.* Vide *Vezia.* Nec magis mihi constat quo significatu occurrit in Chron. Parmensi apud Murator. tom. 9. col. 763 . *Et quum prope eos venissent cum duobus carrociis, summo diluculo de castris recesserunt, et Vegetes et multa alia dimiserunt.* Nisi *Veges* sit pro *vehes*, plaustrum.

VEGETAMEN, Vegetatio, motus. Occurrit apud Prudentium.

VEGETARE, Fovere, alere. Concilium Turon. III. cap. 36 : *Ut unusquisque....... ad se pertimentes inopes alere ac Vegetare studeat.* Lex Wisigoth. lib. 11. tit. 3. § 4 : *Si quis transmarinus negotiator mercenarium de sedibus nostris pro Vegetando commercio suo susceperit, etc.* Vide leg. 1. C. de Custod. reor. (9, 4.)

VEGETATIO. Breviarium Aquensis Ecclesiæ in Provincia : *B. Maria Magdalena Maximino sociata tunc iter usque ad mare direxerunt , ascendentes navem prospero cursu pervenerunt Massiliam, ibique Vegetationem navis reliquentes, Domino annuente,Aquensem aggressi sunt Comitatum.* [Forte *Subsidium*, adminiculum.]

¶ VEGETATOR, Qui vegetum reddit. S. Orienti Versus de Trinitate apud Marten. Collect. vett. Script. part. 1. pag. 31 :

Principium ac finis, Vegetator et intus et extra.

¶ VEGETICULUS. Vide in *Veges.*

VEGETUM. Lex Bajwar. tit. 21. cap. 6 : *Si vero de minutis silvis de Wic, vel quæcunque Kanejo Vegetum reciderit, cum solido et simili componat.* Editio Heroldi : *Vel quacunque Kaneovictum reciderit.* Et cap. seq. : *Si amplior fuerit numerus Vegetorum, non cogatur componere nisi restituere cum simil et sacramento.* Edit. Heroldi, et Baluz. : *Si amplius fuerit numerus Vegitarum, etc.*

¶ VEGGIOLA, VEGIES, VEGIOLLA, VEGIOLUS, VEGITICULUS. Vide in *Veges.*

VEGIUS, VEGITURA. Lex Burgund. tit. 16. de Inquirendis animalibus, § 3 : *Si vero Vegius extiterit, et Vagiaturas* (Herold. *vigaturas vias*) *acceperit, et is, cui indicat invenire non potuerit, furtum, quod se perdere mentiebatur, dissolvat in simplum.* Edit. Heroldi : *Furtum, quod prodere mentitur, in simplo solvat.* Additament. l. tit. 8 : *Quicunque mancipium, caballum, perdiderit, donet Vegio pro mancipio solidos 5. pro equa sol. 2. etc.* Ubi quidam *Vegios,* hariolos, vates, ac divinos fuisse aiunt, quos Saxones vigilere , Germani *Wiclers* vocant ; unde vigilan, hariolari. Furto enim subreptis mancipiis vel animalibus, hos consulebant, ut, ubinam essent, edocerentur, cujus indicinæ pretium *vegiaturam* vocabant. Alii a v e g, vel v æ g Saxonico, quod *viam* sonat, deducunt, ut *vegii* fuerint, qui pecudum vestigia indicabant.

VEGLONES, VEGLIONES. Charta Ariberti Archiepiscopi Mediolanensis, apud Puricellum in Monumentis Ambrosianæ Basilicæ pag. 339 : *Ad subdiaconos de ipso ordine dent solidos 12. ad Notarios sol. 5. ad Presbyteros Decumanorum ordine libras 4. et dimid. ad lectores sol. 5. ad custodes sol. 4. ad Veglones den. 40. ad scriptanes majores et minores, quod sunt breves quinque.* Occurrunt eadem verba infra pag. 470. et 482. Charta ann. 1100. apud Ughellum in Archiepisc. Mediolanensib. pag. 171 : *Finito autem officio, religiose et honorifice suscipiant majores tres solidos ex obedientiæ munere, 12. denarios accipiant cum Veglionibus custodes, duos item denarios habeat, qui crucem bajulaverit auream, etc.* Idem Puricellus pag. 97. ait, ita etiamnum appellari Mediolani utriusque sexus senes, (unde vocis etymon, a *Veglioni* Ital.) indumenta suimet status et officii propria gestantes, qui quidem processibus Ecclesiasticis cum cruce interesse solent. *Senes* nude dicuntur in Charta alia pag. 428.

¶ VEGLONI, et VEGLONÆ, Eodem intellectu. Ordo coronat. Henrici Imp. apud Murator. tom. 2. Anecd. pag. 328 : *Modus processionis talis est. Primo incedunt Vegloni et Veglonæ decenter ornati et ornatæ.*

✧ VEGOIGNIENSIS PAGUS, Gall. *Vegoignois,* in comitatu Blesensi, memoratur in Lit. remiss. ann. 1379. ex Reg. 114. Chartoph. reg. ch. 324 : *La paroisse S. Lubin en Vegoignois, etc. Vergoingnois,* in Lisd. Lit. ex Reg. 115. ch. 24.

VEGRI, Agri inculti, qui nostris *Varecti,* seu *Guerez.* Vide *Warectum.* Statuta Patavina Rubr. 36 · *Beccarii possint tenere et pascere in Vegris, intelligendo, quod illæ terræ sint Vegræ, quæ non sint laboratæ, et quæ non fuerint cultæ per tres annos proxime elapsos, cum aratro.*

✧ VEGUDA, an *Banni* seu prohibitionis cujuslibet denunciatio ? ab Submonitio ad excubias, ab Italico *Vegghia,* vigiliæ, excubiæ ? Libert. Montisfer. ann. 1291. in Reg. 181. Chartoph. reg. ch. 154 : *Item pro quolibet adjornamento, gatgiamento, Veguda infra villam,..... habeat serviens, qui fecerit, duos denarios Laurent.* Interrogat. Templar. ann. 1310. inter Probat. tom. 1. Hist. Nem. pag. 188. col. 2 : *Item dixit quod si ipse de dicto ordine exiret, nec per portam domus dicti ordinis, vel a Veguda, vel non a Veguda, et abstrahens inde signum vel non extraheus caperetur et poneretur in perpetuum carcerem.* Ubi *Veguda,* idem videtur quod Gallicum *Poste,* statio, locus in quo vigil constituitur. Vide *Vachanda.*

✧ VEHANIUM, f. Quod pro frumento vehendo ad molendinum, vel pro farina ab eo reportanda solvitur. Charta ann. 1306 : *Vendidit... medium Vehanium molendini bladarii, situm in molendinis Badacley.*

¶ VEHARE dicuntur hœdi. Vide *Baulare,* et infra *Vehyare.*

✧ Perperam *Vebare* supra in *Baulare.* Vide *Vehyare.*

¶ VEHATIO, Vectura, in Cod. Theod. lib. 14. tit. 6. de Calcis coctor. leg. 3. Vide *Sartatectum.*

VEHEITURA. Vide infra *Vehitura.*

VEHEMENTESCERE, Ingravescere. Cœlius Aurelianus lib. 1. Chron. cap. 2 : *Vehementescit autem hæc passio in hyeme, etc.*

¶ VEHEMENTIA, Stupor, ἄγχμα, in Gl. Lat. Gr.

¶ VEHEMOTH, pro *Beemoth,* Diabolus. Vide in hac voce. Nigelli Ermoldi Carmen pro Ludov. Imp. apud Murator. tom. 2. part. 2. pag. 13. Prolog. vers. 15 :

Talia cum facerent, quos vana perillis lusit,
Horridus et tetor depressit corda Vehemoth.

¶ VEHENDA, f. Specula, Gall. *Vedette.* Charta ann. 1351. ex Tabular. Massil. : *Quod custodes teneri faciant in locis solitis nocte et die, et in qualibet dictorum duos qui de Vehendas nocte et die faciant excubias.*

¶ VEHENUM, Octava pars, Gall. *Huitième,* a vulgari *Vech,* pro *Huit,* octo. Charta Massiliensis ann. 1522 : *Solvere tenentur Vehenum sive octavam partem omnium averium et animalium.*

¶ VEHERIUM, Vehiculum. Inventarium MS. ann. 1366 : *Item quod dominus Papa dum filium suum habuerit, mittet sibi Veheria XV. cum equitibus IIII. C.*

¶ VEHERIUS, Idem qui *Vicarius,* vel *Vigerius.* Vide in his vocibus. Dalphinatibus *Veherius* maxime dictus , quod *Vehier,* pro *Viguier,* vulgatius usurpant. Charta ann. 1194. tom. 1. Histor. Dalphin. pag. 143. col. 2 : *Veherius Geriæ sextam partem, Veherius Portæ Trioniæ duodecimam partem, Veherius Clericii duodecimam partem* (percipere consuevit.)

¶ VEHERIA, Districtus, officium, munus *Veherii,* vulgo *Veherie.* Extractum computi ann. 1318. ibid. col. 1 : *Computavit Giletus Coperii de hiis omnibus quæ habuit et recepit, solvit et deliberavit, rationes Veheriæ prædictæ.* Charta jam laudata ann. 1494. ibid. col. 2 : *Deinde per partem Dalphinalem fuerunt acquisitæ duæ veheriæ ; scilicet , Veheria Geriæ, Veheria Portæ Trioniæ. Droit de Veherie ou boutage,* in Consuetud. Baroniæ Castri-novi in Biturigibus tit. 2. art. 4.

¶ VEYERIA, Eadem notione. Charta ann. 1359. ibid. pag. 143. col. 2 : *Recognovit..... se tenere.... ab Episcopo* (Gratianopolit.)...... *Vicariam seu Veyeriam, quæ appellatur Vicaria seu Veyeria Portæ Trioniæ.* Alia ann. 1293. ibid. : *Item Veyeriam civitatis Gratianopolitanæ, prout pertinet ad ipsum.* Rursum alia ann. 1344. pag. 146. col. 1 : *Et pro ipsam Veyeriam quam habet apud Gratianopolim idem dom. Guilielmus, quæ Veyeria vulgariter appellatur Veyeria Clericii , una cum domo forti ipsius Veyeriæ.* Vide caput 8. Orationis 5. in laudata Hist. Dalph. tom. 1. pag. 113.

¶ VEJARIA, Pari intellectu. Chartul. Gratianopolit. fol. 41 : *Et cum omnibus rebus minutis quæ de lezda exeunt, et partem tertiam de Vejaria et medietas de manso Stephani, etc.*

¶ VEHIA, Vehes, onus vehiculi, Gall. *Charretée.* Litteræ Henrici VIII. Reg. Angl. ann. 1541. apud Rymer. tom. 14. pag. 720 *In magno horreo spatium sufficiens ad reponendum et recipiendum octoginta Vehias fœni et straminis.* Vide *Vehiculata.*

¶ VEHICULA, pro *Vetula.* Vide infra in *Vetula.*

¶ VEHICULARIS, Ad *vehiculum* pertinens, *Patrimonii sunt munera rei Vehi-*

cularis, *item navicularis, decemprimatus*, in Digest. lib. ult. tit. 4 leg. 1.

¶ **VEHICULARIUS**, Structor *vehiculorum*. Capitol. in Maxim. et Balb. : *Unus e plebe, ut nonnulli dicunt, faber ferrarius, ut alii rhedarius Vehicularius*. Adjective usurpatur a Spartiano in Severo.

¶ **VEHICULATA**, Vehes, onus vehiculi, Gall. *Charretée*. Charta Ludovici Crassi Reg. Franc. ann. 1134. ex Tabul. Monast. Montis-Martyrum : *In silva quoque nostra quæ Vulcenia vocatur cotidie Veiculam* (in autographo *Vehiculatam*) *unum mortuorum lignorum eis concedimus*. Vide *Vehia*.

° *Vehiculatura* ex eadem Charta editum inter Instr. tom. 7. Gall. Christ. col. 55.

¶ **VEHICULATIO**, Suppeditatio cum animalium tum vehiculorum in publicos usus, inter onera publica recensetur : hanc Italiæ remisit Nerva, unde percussus nummus exstat apud Spanhem de Numism. antiq. Dissert. 13. cap. 5. cujus inscriptio est : *Vehiculatione Italiæ remissa*. Vide Spanhem. loco laudato, Jac. Gothofredum in Cod. Theod. de Cursu publ. Casaubon. et Salmas. ad August.

⁹ **VEHICULUM**, Equuleus, Gall. *Chevalet*. Dialog. creatur. dial. 107 · *Lupus cum azello simul sarrabat..... Lupus autem præ dolore se retorsit et juravit ut Vehiculum præcipitaret*. Vide *Vehiculus*.

VEHICULUS, , VEHICULUM, Equus, a vehendo dictus, nostris *Voiture*. Historia Translat. S. Faustæ Virg. n. 7 : *Nam Vehiculus, qui eum ferre debuerat, cum illis, qui primitus vadum transierant, fortuitu vacuus, neminem in dorso suo ferens transnataverat*. Jonas in Vita S. Attalæ Abbat. Bobiens n. 8 : *Vehicula quiete fovet, libros lyganinibus firmat*. Vita S. Lupi Episc. Cabilon. n. 10 : *Contigit, quendam pauperem advenire asini Vehiculo*. Fortunatus in Vita S. Germani Paris. Episc. cap. 22 : *Cum equum necessarium ad sellam beati viri donasset Vehiculum*. Infra : *Sequenti die sellarem de stabulo... retraxit propter mortuum Vehiculum*. Occurrit apud eumdem Fortunatum in Vita S. Albini Episc. Andeg. Leonem Ost. lib. 3. cap. 23. etc. Ita ὄχημα, pro equo, usurpavit Nicetas in Joanne Comn. ex Cod. barbaro-Gr. Ildefonsus Toletan. de Scriptoribus Ecclesiast. cap. 4 : *Cum 70. monachis....... navali Vehiculo in Hispaniam commigravit*.

VEHICULUM, Facultas ducendi currum per silvam, pro qua nescio quid pensitabatur domino silvæ. Charta fundationis Abbatiæ S. Trinitatis Exaquensis apud Sammarthanos : *Et rectam decimationem, infra parcum et extra illius forestæ, de pasnagiis, et de Vehiculo et de venatione, et de omnibus lucris, quæ ibi facta sunt, aut facienda erunt*.

¶ **VEHIGELORUM**, *Genus fluvialium navium apud Gallos*. Gloss. Isid. Excerpta habent, *Veligebum* : Vulcanius emendat *Velugerum*. Neutrum Grævio arridet, qui ibi aliud latere putat.

VEHIGUAI, Ebrardus Betuniensis in Græcismo cap. 24. de Interjectione :

Hocque scias nulla voce indiget expositiva,
Sed quidam dicunt Vehiguai velut expositive
Cum non exponant, linguæque fruantur eadem.

Ubi Metulinus ait *vehiguai* esse interjectiones blasphemantis in lingua Hispana.

¶ **VEHITARE**, Vehere, Gall. *Voiturer*.

Acta Murensis Monast. apud Eccardum de Orig. Habsburgo-Austr. col. 221 : *In Autumno Vehitant cum plaustris vinum de Alsatia sive Brisgoja*.

VEHITURA, Vectura, *Voiture*. Tabularium S. Remigii Remensis : *Facit Vehituram in leugas* 30. *aut se redimit den.* 4. Occurrit ibi pluries. (Charta ann. 1190. in Tabul. S. Medardi : *Item singulæ potestates per singulos annos unam Vehituram ei* (advocato) *procurabunt ; et hujusmodi Vehituras in ullos alios usus habere poterit quam pro vino adducendo*]

¶ **VEHITURA**, Pari intellectu. Charta ann. 1302. ex Tabul. Massil. : *Ne fraus committatur per inimicos reginales tergiversaliter et dissimulative super Vehertura salis*.

¶ **VEHITURA**, Omne jumentum ad vehendum aptum. Charta ann. 1221 : *De managio autem bladorum ita compositum est quod equi hominum, vel Vehituræ eorum cum quibus excoluit terra* s *suas, cum propriis præpositi de Domno Martino simul ducent blada apud Meduntam*. Vide *Vectura*.

✱ **VEHOVOLENS**, [« *Vehovolens, Enragés*. » (Lex. Lat. Gal. Bibl. Ebroic. n. 28, XIII° s.)]

VEHTAT. Vide *Hemsuchung*.

VEHYARE dicuntur capræ. Ebrardus Betun. in Græcismo cap. 19. ubi animalium omnium voces sic recenset :

Drensat olor, clingit anser, crocitat quoque corvus,
Ac pardus fellit, vultur pulpat, leo rugit,
Ac onager mugilat, bos mugit, rana coexat,
Vociferans barrit elephas, grillusque minurrit,
Blatterat ac vespertilio, stricinnit hirundo,
Balat ovis, Vehyai capra, sed grillina procalit,
Frendit aper, vulpes quoque gannit, rudit asellus,
Hinnit equus, grunnit porcus, pipilat quoque nisus,
Sed catulus latrat, hinc murilegiusque catullat,
Est hominumque loqui, quod dicto prævalet omni.

[Vide *Baulare*.]

¶ **VEJARIA**, ut *Vicaria*. Vide *Veherius*.

¶ **VEICULA**. Vide *Vehiculata*.

¶ **VEIELUS**, Vetus, ni fallor, Gall. *Viel*. Charta ann. 1042. ex Tabul. S. Victoris Massil. : *Donamus unam braciariam quæ dicitur Ventia, et fuit de dominica Darna Veiela*.

¶ **VEJENTANUM** VINUM, *pessimum est, a loco*. Glossar. vet. ex Cod. reg. 7318.

¶ **VEILLUS**, ut *Veielus*. Jos. Moret. in Antiquit. Navarr. pag. 516 : *Regnante Rec Garsias in Navarra et in Castella Veilla*. Vide *Velius*.

¶ **VEIRERIA**, Vitriaria fornax, officina, Gall. *Verrerie*, passim in Charta Maurini Abb. Vallis-Sanctæ diœc. Apt. ann. 1509. er Schedis Pr. de Mazaugues. Nostris *Veirré*, ni fallor, pro vitreus, apud Lobinell. tom. 2. Hist. Britan. col. 921 : *Cagettes Veirrées pour mettre oiselets de Chipre*. Vide *Veyra*.

⁹ Minus recte *Veiré*, Vitreus exponitur ; idem quippe sonat quod Vermiculatus, Gall. *Emaillé*. Vide supra *Verius* 3.

¶ **VEISATURA**, pro *Versatura*. Vide *Tremisium*.

¶ **VEISSEGUE**, Exitus, Massiliensibus. Charta ann. 1308. ex Tabul. S. Victoris Massil. : *Habere debent suum exitum sive Veissegue, ad cammum publicum*. Vide *Huisserium* et *Veysseria*.

° **VEITURA**, Vectura, Gall. *Voiture*. Charta Nic. abb. S. Joan. Laudun. ann. 1196. ex Tabul. ejusd. eccl. : *Tot modios vini, quot nobis ad cellarium nostrum propriis Veituris apud Laudunum reddent*. Vide *Vehitura*.

VEKEN, vox Teutonica. Charta ann. 1291. apud Miræum tom. 2. pag. 874. col. 1 : *Quod præmissa bona fossatis seu aliis quibuscumque munitionibus firmare seu circumdare poterunt, et aditibus sive introitibus viarum obstacula nuncupata Theutonice Veken apponere, contradictione qualibet non obsiante*. In alia ann. 1208. ibid. pag. 876. col. 2 : *Inchoant enim bona prædicta ad quoddam obstaculum, vulgariter dictum Veken*. [꧜ Kilian. Repagulum, crates lignea, clathrus.]

1. **VEL**, sæpe pro conjunctiva, *et*, usurpatur apud Scriptores ævi medii. Fortunatus in Vita S. Germani Paris. cap. 35 : *Debilitatem manuum, Vel pedum incurrit*. [Tabul. Rothon. : *Regnantibus Hlotario et Carolo, Vel Hlodovico, et Numinoe Duce Britanniæ, Vel Susanno Episcopo in Venedia*.] Id jam observatum a Jacobo Gothofredo in Gloss. ad Cod. Theodos. J. Chiffletio in Anastasi Childerici cap. 7. et Marca lib. 4. de Concord. Sacerd. et Imper. cap. 5. lib. G. cap 21.

⁹ 2. **VEL**, *Hæc dictio alternativa quandoque ponitur pro* Id est. Glossar. jurid. Anonymi ex Cod. reg. 4611.

✳︎**VELA**, vox Italica, Velum. Lit. Salad. pro Pisanis apud Lam. in Delic. erudit. inter not. ad Hist. Sicul. Bonincont. part. 1. pag. 197 : *Quando ventunt tn tempore collandi, non debent retinere nec Velas, nec timones, etc. Vele*, eadem acceptione, in Lit. remiss. ann. 1464. ex Reg. 199. Chartoph. reg. 515 : *Le suppliant..... s'estoit associé..... de Olivier Retif.... pour.... conduire en nostre pays de Normandie toilles, canevas ou Velez*.

¶ **VELA**, f. pro Tela. Vide *Socinus*.

¶ **VELABER**, *Venditor minutarum rerum, Papiæ. Ugutio addit*, *comestibilium in tali loco, vel quia eas velat*. [Gloss. Lat. Gall. Sangerman. : *Velaber, Regretier, vendeur de menues denrées manjables*.]

¶ **VELAMEN** *Religionis in se suscipere*, pro Monachicam vitam inter Sanctimoniales profiteri, in Leg. Liutprandi [꧜ 30. (5, 1.)] Murator. tom. 1. part. 2. pag. 58. *Velamen S. Dei Genitricis dicitur velum Sanctimonialium, apud* Mabill. tom. 3. Annal. pag. 186.

° Notandum omnino est, in lege Liutprandi hic laudata de velamine agi, quod initio probationis assumitur ; quo semel suscepto, nubere virgini prohibetur : cujus legis hæc sunt verba : *Quia considerare debet omnis Christianus, quod si quiscumque secularis homo parentem nostram secularem sponsat, cum solo anulo subarrhat et quam facit ; et si postea aliam duxerit, culpabilis invenitur solid. D. Quanto magis debet causa Dei et sanctæ Mariæ amplior esse, ut quæ ipsum Velamen vel habitum suscipiunt in se, in eodem debeant permanere*.

° Haud scio an inde apud nostros obtinuerit usus, ut virgo, quæ in teneriori ætate, puta octo annis nata, quod non raro fortean factum est, velum susceperat, nulla licet solemni benedictione accepta, neo voto emisso, postea nuptui habilis, ipsius proles, nisi literis regiis ad successionem parentum obtinendam redderetur habilis, ea, ut nothi, privabatur. Cujus moris exemplum suppeditant Literæ legitim. ann. 1317. quas supra descriptas legere est in *Legitimare*.

° Velo religionis privabantur ad tempus moniales, quæ contra castitatis votum peccaverant. Reg. visitat. Odon.

archiep. Rotomag. ex Cod. reg. 1245. fol. 180. v°: *Visitavimus prioratum monialium S. Albini... Velum autulimus* (abstulimus) *Aelidi de Rothomago et Eustachiæ de Estrepigniaco ad tempus, propter earum fornicationem.* Stat. Præmonst. MSS. dist. 4. cap. 11 : *Quæcumque autem sororum in lapsu carnis fuerit deprehensa, ad aliud claustrum sororum, quam citius fieri poterit, in pœna gravioris culpæ mittatur. Hoc adjecto, quod Velo careat, nec revertatur ad domum propriam, sine speciali licentia capituli generalis. Quod si secundo commiserit, puniatur pœna prædicta. Hoc adjecto, quod circa quinquennium circa eam nulla fiat dispensatio revertendi, et cum reversa fuerit, usque ad quinque annos Velo careat.* Vide in *Velum.*

¶ 1. **VELARE**, Virginem in Monacham veli impositione suscipere. Charta apud *Madox* Formul. Anglic. pag. 386 : *Remisi... totum jus... quod... habere potui in præsentatione seu nominatione talium duarum mulierum per prædictos Abbatissam et conventum admittendarum vel Velandarum..... et concedo quod prædicti Abbatissa et conventus et successores sui ad prædictam admissionem, Velacionem,..... ad præsentationem seu nominationem meam vel hæredum meorum de cætero non teneantur.* Occurrit præterea in Conc. Hisp. tom. 3. pag. 19. apud Murator. tom. 1. part. 2. pag. 132. et alibi passim.

¶ 2. **VELARE**, Velificari, Gall. *Faire voile.* Litteræ Edwardi III. ann. 1337. apud Rymer. tom. 4. pag. 742 : *Insidiantes fidelibus nostris supra mare, nonnullas naves regni nostri, tam Velantes supra mare, quam ancoratas in littore invaserunt.* [↔ *Navem illam Velantem versus prædictam villam S. Johannis,* in chart. ejusd. regis ann. 1346. apud Lappenberg. Orig. Hanseat. Probat. pag. 385.]
↔ VELARE MENSAM, Tegere eam linteo, in Ruodlieb. fragm. 5. vers. 111.
★ **VELARIS**. [Venditor minutorum comestibilium in locis velatis. DIEF.]
VELARIUM, Ugutioni, Velum et dicitur etiam sic locus velo obumbratus, unde sic dicebatur locus in theatro, quo recipiebantur pueri post ludos, quia velum ante deportabant, ut esset secretior. Vox Juvenali nota. [ωυλάριον, in Inscriptione Antipolitana 173. 10. Willelmus Tyrius lib. 20. cap. 25 : *Dependebant ante Consistorium Velaria pretiosæ materiæ, etc.* Ita etiam ejusmodi *vela*, ante Principum consistoria, vocat Achmes cap. 262 : Ἐὰν ἴδῃ ὁ βασιλεὺς ὅτι τὰ βηλάρια αὐτοῦ διεῤῥάγησαν, εὑρήσει θλίψιν εἰς τὴν ἀγουσταν, καὶ εἰς τὰς γυναῖκας αὐτῆς. Alypius Antiochenus in Descriptione orbis cap. 58. § 1 : *Ligna, æramentum, ferrum, picem, nec non vero linteamen pro Velaria et funium usu.* Id est, supellectile, vel re velaria.
VELARIUS, Velorum confector, in veteri Inscriptione 599. 10.
◊ Inter milites recensetur in vet. Inscript. apud Joan. Vignol. pag. 293 : D. M. VALERIUS... NAT. ALEXANDRIN. EX VELAR. DUPLICAR. MIL. etc.

¶ **VELATI MILITES**, f. pro Veliles, apud Festum præter quem nemo alius horum meminit.

¶ **VELATIO**, Benedictio nuptialis, quia scilicet pallio velari solent matrimonio jungendi. Conc. Liman. ann. 1582. inter Hisp. tom. 4. pag. 266 : *Item si quis eorum ante auroram diei vel extra ecclesiam, in qua sponsi parochiales sunt, dederit benedictiones nuptiales, quas Vela-tiones vocant, absque licentia id faciendi, etc.* Pro solemni castitatis professione occurrit supra in *Velare* 1.

¶ **VELATOR**. Chron. Balduini diaconi tom. 2. Monument. sacræ Antiquit. pag. 207 : *Nec tamen mirum, erat si quidem fervor religionis, columpna ordinis, Velator castitatis, etc.* Ubi in margine f. *Zelator.*

◊ **VELAYANUM**. Vide infra *Velleyanum.*

¶ **VELE**. Charta Piligrini Colon. Archiep. ann. 1028. apud Marten. tom. 1. Ampl. Collect. col. 394 : *Cum vero silvam illam quæ præ magnitudine sui Vele nuncupatur, etc.* Occurrit rursus col. 396.

VELENSIS, *Tunica, quæ affertur ex Insulis, dicta,* vel quæ *sit apta,* Papiæ. In edito habetur, *sit nota.* [↔ Adde ex Cod. reg. *vel nepta.* Vide *Nepticula.*] [∞ Isidor. Orig. lib. 19. cap. 22. sect. 21: *Velensis tunica est, quæ affertur ex insulis*]

¶ **VELERIUM**, Gall. *Voilier,* Malus dicitur, quod vela ad illum alligantur. Charta ann. 1309. tom. 1. Hist. Dalphin. pag. 98 col. 2 : *Item unus malus sive Velerium solum, vel munitum antennis, debet viginti solidos.*

★ **VELEROSUS**. [Villosus (?): « Tres minores vero servientes coquinæ habent corda et linguas porcorum et pennam *Velerosam* et extales sive poitrones porcorum. »(Cart. N. D. Paris, III, 447, an. 1280)]

◊ **VELIFICARE**, Nave piscatoria uti; unde *Velificatio,* illius usus. Charta ann. 1292. apud Schwart. in Hist. fin. principat. Rug. pag. 223 : *Habebunt etiam liberam Velificationem cum suis mercibus, simul et piscationem per dictum stagnum et penam infra et supra, a rota molendini... Eandem libertatem piscandi, Velificandi in aquis Treble et Follensa possidebunt terminos infra nostros.*

◊ **VELIGARE**, Velificari, navigare. Chron. Danic. ad ann. 1287. apud Ludewig tom. 9. Reliq. MSS. pag. 36 : *Multis interfectis de Norwegien Veligantes Stubekiobing combusserunt.... Ad Suineburgh Veligantes eam incendebant ad modicum*

¶ **VELIGEBUM**. Vide *Vehigelorum.*

¶ **VELIMENTUM**, Velamentum, Gall. *Voile.* Laudes Papiæ apud Murator. tom. 11. col. 27: *Mulieres... Velimenta sua tam longa deferunt, ut vix possint earum pedum extremitates, nedum caligarum qualitas, apparere.*

⸫ **VELIS**, ut supra *Vela*, Velum Leudæ major. Carcass. MSS. : *Item pro capite Velis de cerico, j. den.* Turon. Ubi versio Gallica ann. 1544 : *Item pour chacune teste de Vels soye, etc.*

★ **VELITARE**, [Pugnare. DIEF.]

¶ **VELIUS**, Vetus, Gall. *Viel.* Charta vetus apud Mabill. sæc. 5. Bened. pag. 85 : *Et in Velio Salveniaco similiter, etc.* Vide *Veillus.*

◊ *Vellier,* eadem notione, in Lit. remiss. ann. 1459. ex Reg. 188. Chartoph. reg. ch. 139 : *Le supplyant vit iceulx Dutay, Colet et Savin couchez en ung umbre et passa pardevant eulx, et en passant les appella Velliers. Nisi insidatores intelligas, a verbo Veiller, épier, guetter ; quod ad illorum, de quibus agitur, situm satis apte convenit.*

VELKONES. Ephemerides Mon. S. Galli 16. Kal. Decemb. : *Eodem die dantur carnes, pisces,..... ad unum ferculum dantur cuilibet domino duo Velkones.*

¶ **VELLA**, pro *Velum.* Guido de Vigevano de Modo expugnandi T. S. : *Cum navis fuerit completa, operator provideat ponere Vella, ubi sibi videbitur pro meliori, taliter quod pertica Vellæ non tangat cornam capitis navis.* Vide *Vellus.*

¶ **VELLATA**, f. *Villosa.* Vide in hac voce. Charta ann. 855. in Append. ad Marcam Hispan. col. 788 : *Cupertorio Siricio* I. *et Vellatas* XL. *et quadincos* XI. *etc.*

¶ **VELLATIO**, *Titillatio,* γαργαλισμὸς, in Gloss. Lat. Gr. MSS. Sangerm. *Vellicatio* legendum putat Cujacius.

VELLEUS, adject. a *Vellus.* Asconius 2. Verrin. : *Crumenæ Velleæ et scorteæ.*

¶ **VELLEYANUM**, nude pro Senatusconsultum, quod M. Silano et Velleio Tutore Coss. factum est : hac lege uxori conceditur jus et privilegium in bona viri sui, præ omnibus creditoribus. Consule lib. 16. Digest. tit. 1. Statuta Massil. lib. 2. cap. 16. num. 11 : *Omnia vero quæ superius continentur, sicut in maribus, sic in fœminis volumus observari, adeo quod nec tueri se possint contra instrumentum beneficio Velleyani.* Statuta Pallavic. cap. 12. fol. 14 : *Tunc ipsa mater cæteris præferatur, dummodo renuntiet secundis nuptiis et Veleyano.* Instrum. ann. 1408. inter Instr. tom. 1. Gall. Christ. novæ edit. pag. 127. col. 1 : *Pro quo Alziaria Arthelane ejus uxor cavit in forma renuntiando Velleyano, etc.* Charta ann. 1291. ex Tabul Domus Dei Pontisar. : *Renonçans à tous privileges, et especialement ladite Agnes a l'Epitre du Senat Velleyen et Diviadien.* Alia ann. 1292. ibid. : *A l'Epitre Velleæen* (sic) *et Diviadrien acerlenée pour la faveur des fames.* Rursus in alia ann. 1298. ibid. : *Au benefice Beelleyan et Diviadryan, etc.*

◊ Seu potius *Velleianum,* pessime prorsus hic definitur : eo quippe Senatusconsulto cautum est, ne feminæ pro aliis fidejubeant, quod si fecerint, sponsione sua liberantur ; unde inscribi solet, *Senatus-consultum de intercessionibus feminarum.* L. 1. ff ad Sc. Vellejan. : *Velleiano senatus-consulto plenissime comprehensum est, ne pro ullo feminæ intercederent.* Id est, alterius obligationem in se transferrent, ut exponit Gothofredus. Vide tit. 29. lib. 4. Cod. et Lexic. juridic. Calvini.

¶ **VELLIBAT**, pro Volebat, in Charta Clotharii III. ann. circ. 658. apud Felibian. Hist. Sandionys. pag. VII.

★ **VELLICARE**, [Reddere, ledere, mordere. DIEF.]

¶ **VELLONUS**, VELLUETUM. Vide *Villosa.*

◊ **VELLUDELLUM**, VELLUELLUM, Pannus sericus villosus, Gall. *Velours. Dras Valeuirs,* in Lib. rub. fol. parvo domus publ. Abbavil. ad ann. 1258. fol. 36. v°. Lit. remiss. ann. 1351. in Reg. 80. Chartoph. ch. 427 : *Duo rubia, tres pecias Velludelli cepit.* Invent. S. Capel. Paris. ex Reg. I. ch. 7 : *Item una pecia de Velluello rubeo.* Hinc *Vestusvelúé,* Ejusmodi panno vestitus, apud Guignevil. in Peregr. hum. gen. MS.

De tous etours et chevauchiés
Ou sont banieres desploiés,

VEL

Ou sont hiaumes et bachinés,
Timbres et Vestusvelués,
A or batu et à argent.

Vide in *Villosa*.

¶ **VELLUS**, pro Velum. 'Joh. Demussis Chronicon Placent. apud Murator. tom. 16. col. 580 : *Purtant Vellos de seta vel de bambaxio pulchros et subtiles et albos.* Vide *Frontale* et *Vella.*

° **VELLUS** Monachile, Vestis monachica, quia villosa. *Monachili vellere fungi*, Professionem monasticam exercere, apud Willel. Gemetic. in Hist. Norman. tom. 10. Collect. Histor. Franc. pag. 189.

¶ **VELLUVIUM**. Vide *Villosa.*

¶ **VELO**, Velum majus. Acta S. Raynerii tom. 3. Jun. pag. 460. *Tunc de vento contrario turbati extenderunt Velonem.* Informat. MSS. pro passagio transmar. ex Cod. Sangerm. : *Cum tribus Velonibus arboris de prora, videlicet duobus tessayrolis et uno Velono, et Velonum modicum vult habere* XXXV. *goas d'antenal.*

¶ **VELOCITARE**, Celerare, properare, Gall. *Hâter*. Hist. Cortusior. lib. 2. apud Murator. tom. 12. col. 809 : *Tamen simul ordinaverant Velocitare iter suum ad passum S. Nicolai.*

¶ **VELONUM**, Velum. Vide *Velo.*

VELOTHYRUM, Velum, et aulæum, quod foribus prætenditur, quo diducto interior cubiculi pars patescit. Vox conflata ex Lat *velum*, et Gr. θύρα, *porta*. Guillelmus Bibliothecarius in Stephano VI. PP. pag. 287 : *Fecit etiam in eadem basilica egregii Doctoris gentium Belothera quatuor, ex quibus unum auro textum.* Infra : *Contulit in eadem basilica Apostolorum cortinam lineam unam, Velothera serica via in circuitu altaris.* Vide Descriptionem nostram ædis Sophianæ num. 72.

¶ **VELOTUM**. Vide in *Villosa.*

¶ **VELTRAGA**, VELTRAHA, VELTRAHUS, VELTRIS. Canis sagax. Vide supra in *Canis.*

¶ **VELTRARIUS**, VAUTRARIUS, Veltricibus canibus præfectus. Liber niger Scaccarii pag. 356 : *Veltrarii unusquisque* III. *den. in die, et* II. *den. hominibus suis.* Recorda ex Th. Blount de Tenuris antiq. ibid. laudata: *Richardus Rockesley miles, tenebat terras Seatoniæ in Com. Kantiæ per Serjentiam, esse Vautrarium Regis in Gasconia donec porusus fuit pari solutarum pretii* IIII. *den.* Vide *Vantarius* et *Vautrarius.*

¶ **VELVELLUM**, VELVETUM. Vide *Villosa.*

VELUM, quo Principum, vel judicum consessus ac cubiculorum vestibula occludebantur, quod duplex fuisse ait Alamannus, ad Procop. pag. 103. 1. edit. Primum nempe in primis ipsis et exterioribus cubiculis, quod *Consistorium* vocabatur, a consistente multitudine, et Principis audientiam præstolante : secundum vero ad interius cubiculum. Id firmat Anastasius Bibl. in S. Silverio PP : *Tunc fecit beatum Silverium Papam venire ad se in Palatium Principis, et ad primum et secundum Velum retinuit omnem clerum.* De velis Judicum Acta S. Euplii Mart. apud Baron. ann. 303. num. 146 : *Cum esset extra Velum Secretarii Euplius Diaconus, etc.* Acta SS. Claudii et Asterii Mart. apud eumdem Baron. ann. 285. num. 8: *Lysias introgressus, obduxit Velum, et post exiens ex tabella recitavit sententiam.* Levato velo, causas submersarum navium cognosci præcipit lex 6. Cod. Th. de Naufragiis.

(13,9.) Contra in facinorosorum judiciis ἐφέλκονται τὰ παραπετάσματα, ut est in Epist. 79. S. Basilii. *Non sit venale judicis Velum*, in leg. 1. al. 7. Cod. Th. de Offic. Rect. Prov. (1,7.) Ἡινc Κριταὶ τοῦ βήλου dicti apud Byzantios judices quidam, de quibus alibi agimus. Collatio Carthaginensis II. cap. 1 : *Pro Velo sunt utriusque partis Episcopi, si jubet Sublimitas tua, intromittentur.* Sexta Synodus act. 9 : Εἰστήκεσαν πρὸ βήλου Πέτρος ἐπίσκοπος Νικομηδείας, Σολομὼν ἐπίσκοπος Κλανέου. Synodus Romana sub Zacharia sess. 2 : *Deneardus religiosissimus Presbyter adest pro Velo, quid præcipitis? dictum est, ingrediatur.* In tertia sessione habetur, *præsto foribus, vel sacellis observant Vela.* De Principum velis, Lampridius in Severo : *Cum amicis tam familiariter vixit, ut... salutaretur quasi unus de Senatoribus patente Velo, admissionalibus remotis.* Lucifer Calaritan. lib. Moriendum esse pro Dei Filio . *In tuo Palatio intra Velum stans tulisti responsum a me ad conservandam salutem.*

VELA, dicta ædium sacrarum aulæa, quibus *velantur* parietes ipsi, vel etiam ipsi postes. Will. Brito in Vocabul. :

Velum cortina, velum tectura vocatur,
Templi etiam velo fore dicitur ejus origo

Paulinus Carm. 18 :

Aurea nunc niveis ornantur lumina Velis.

Anastasius in Leone III. : *Fecit Vela alba holoserica majora tria, quæ pendent ante regias in introitu.* Ita non semel alibi. Ejusmodi etiam velorum meminit S. Hieronymus Epist. 3. Epist 60. cap. 5. Gregorius M. lib. 9. Epist. 14. lib. 8. Epist. 15. lib. 9. Epist. 38. etc. ut cæteros sileam, quos laudat Rosweidus ad eumdem Paulinum.

VELUM, inquit Durandus lib. 2. Ration. cap. 1. n. 45. aliud est *Conversionis*, aliud *Consecrationis*, aliud *Professionis*, aliud *Ordinationis*, aliud *Prælationis.*

VELUM CONVERSIONIS accipit illa, quæ de seculari vita ad Religionem transiens, illud assumit. De ejusmodi velis virginum Deo dicataram agunt S. Augustinus Epist. 179. Concil. Cæsar-August. XII. cap. 8. Agathense cap. 19. Gelasius I. Ep. 9. Honorius August. lib. 1. cap. 192. Capitul Aquisgran. ann. 789. cap. 45. Cellotius lib. 6. de Hierarch. cap. 11. et alii.

VELUM CONSECRATIONIS a solis Episcopis solis virginibus, et solum in festivis et dominicis diebus datur. *Flammeum virginale*, S. Hieronymo in Ep. 8. ad Demetriadem. Vide Addit. 2. Ludov. Pii cap. 12. 14. Sacramentar. Gregorii M. pag. 174. 175. et ibi Menardum, et Baronium ann. 57. num. 84. et seqq.

VELUM PROFESSIONIS suscipitur a virgine, cum continentiam profitetur. Datur vero illud cum benedictione solenni et cum litania. Vide S. Hieronymum Epist. 48. cap. 3. Concil. Turon. III. cap. 28. Addit. 2. Ludovici Pii cap. 12. etc.

VELUM ORDINATIONIS, quod olim Diaconissæ dabatur, seu *viduæ*: *Diaconissas enim et viduas easdem esse suis locis docemus; de quarum velo multa habent Concilia*, Africanum cap. 89. Triburiense cap. 25. Turonense III. cap. 27. Wormaciense cap. 21. Capit. Caroli M. lib. 1. cap. 102. lib. 7. cap. 237. Additio 2. Ludovici Pii cap. 11. 14. 15. etc.

VELUM PRÆLATIONIS, Quod Abbatissis imponitur.

VELUM MONACHORUM, Quo velabantur cum benedicebantur. Capitula Theodori Cantuar. Episc. cap. 2 : *In Monachorum ordinationibus Abbas debet Missam agere, et tres orationes complere super caput ejus, et septem dies velat caput suum cuculla sua, et septimo die Abbas tollat velamen de capite monachorum ; sicut in Baptismo Presbyter septimo die velamen infantium abstollit, ita et Abbas debet monacho, quia secundum baptisma est, juxta judicium Patrum, et omnia peccata dimittuntur, sicut in Baptismo.* Additio 1. Ludovici Pii ad Capit. Caroli M. cap. 35 : *Ut monachus professione facta, tribus diebus cuculla coopertum habeat caput.*

VELUM in Ecclesia triplex suspenditur, primum, quod sacra operit, alterum, quod sacrarium a clero dividit, tertium, quod clerum a populo secernit. Ita Durandus lib. 1. Ration. cap. 3. num. 35. De postremo velo, Sacramentarium Gregorii M. pag. 156 : *Deinde pergant ad altare, ubi condendæ sunt,* (reliquiæ) *et extenso Velo inter eos et populum, etc.* Charta Ordonil Regis æræ 960. apud Anton. *de Yepez* in Chron. Ordinis S. Benedicti tom. 3 : *Vestimenta altaris, frontales, pallas, Velos principales qui inter vestibulum et altare dependent, etc.* Alia Urracæ Ferdinandi Regis filiæ, æræ 1187. apud eumdem tom. 4. pag. 460 : *Offero quoque unum Velum ante altare ponendum aureo et argenteo frixo* (phrygio) *mirifice textum, adjicio alterum Velum ante altare apponendum, etc.* Vide Glossar. med. Græcit. in Καταπετάσματα, col. 611.

VELUM QUADRAGESIMALE, Quo scilicet altaris conspectus aufertur, dum sacra Liturgia peragitur tempore Quadragesimæ. [Hist. Episc. Autiss. cap. 66. circa ann. 1300. legitur Petrum de Mornajo Episc. Autiss. dedisse *Ecclesiæ suæ speciosissimum Velum Quadragesimale.*] Provinciale Cantuariense lib. 8. tit. 17 : *Pixidem pro corpore Christi, honestum Velum Quadragesimale, vexilla pro rogationibus, etc.* Synodus Exoniensis ann. 1287. cap. 12 : *Item ad quodlibet altare, cum contigerit Missam inibi celebrari, sint superpellicea duo, et unum rochetum ; Velum Quadragesimale, velum nuptiale, palla mortuorum, frontellum ad quodlibet altare, etc* Adde Synodum Wigorniensem ann. 1240. cap. 1. Statuta Walteri Archiep. Eborac. ann. 1250. Concil. Mertonense ann. 1900. Concil. Eboracense ann. 1252. Statuta Joannis Archiepisc. Cantuar. ann. 1281. Monast. Anglic. tom. 3. pag. 176. etc. [*** Alibi *Velum jejunii.* Hist. Autiss. Glossar. German. col. 981. voce *Hunger-tuch.*]

° Obituar. eccl. Lingon. ex Cod. reg. 5191. fol. 173. v° : *Frater Dominicus abbas Morismundi dedit ecclesiæ cortinam langam et latam, diversis operibus contextam, quæ Quadragesimali tempore tenditur inter altare et chorum.*

Extra velum, mulierum confessiones, et in propatulo audiri vetantur in Concilio Sarisberiensi ann. 1217. cap. 25. et in Statutis Provincialibus. S. Edmundi Archiep. Cantuar. ann. 1235 cap. 17. In Provinciali Cantuariensi lib. 5. tit. 16. *quantum ad visum, non quantum ad auditum.* Contra S. Hugo Episcopus Gratianopolitanus apud Guigonem in ejus Vita num. 14 : *Mulierum confessiones non minus caute, quam benigne suscipiebat ; non enim in angulis, aut obscuris aut secretis locis, eas audire solitus erat, sed potius, ubi a pluribus conspici posset et aurem quidem satis familiariter appli-*

cabat, oculorum autem in alteram partem vertebat aspectum, auditum solum propter insidias diaboli, hujusmodi negotiis asserens applicandum.
° *Velum* meretricius publicis deferre prohibetur, in Stat. Avenion. ann. 1243. cap. 116. et Cod. reg. 4659 : *Statuimus quod publicæ meretrices et rufianæ.... Vela defferre non audeant.*
VELUM CIRCI. Vide *Mappa* 1.
¶ VELUM FACERE, a Gall. *Faire voile, Vela dare.* Epist. Petri de Condeto apud Acher. tom. 2. Spicil. pag. 551 : *Postquam dom. Rex Velum fecit, post multas maris amarissimas passiones, etc.* Adde Concil. Hisp. tom. 3. pag. 638. et Valesium Notit. Gall. pag. 217. col. 2.
° Gallicum vero *Voille,* quid significet non percipio, in Lit. remiss. ann. 1459. ex Reg. 188. Chartoph. reg. ch. 51 : *Le suppliant s'est transporté ou Voille du chasteau de Saumur en l'ostel d'Emery, etc.*
VELVONES, Vectigalis genus apud Siculos. Vocabulum exstat in Charta Rogerii Regis Siciliæ pro Messanensibus apud Bonfilium Constantinum in Hist. Sicula pag. 188.
¶ VELUSUS, VELUTUM, VELLUVIUM. Vide infra *Villosa.*
° VELYMEN. Annal. Monast. Bebenhus. ad ann. 1281. apud Ludewig. tom. 10. Reliq. MSS. pag. 418 . *Item donaverunt nobis duo jugera vinearum, unam libram Velyminum vini ex duobus jugeribus vinearum.* [∞ Forte *vel yminam* pro *Heminam.*]
° VEMENTIA, pro *Vehementia,* Jus per vim debitum exigendi. Charta ann. 1218. ex Tabul. S. Mich. in eremo : *Possint* (dicti religiosi) *in omnibus eorum* (debitorum) *terris, feodis, tenenciis omnes modos captionum et Vementiarum exercere.*
1. VENA, Mensura liquidorum. Andreas Dandulus in Chronico MS. ann. 1202 : *Cum annuali censu* 50. *Venarum vini, etc* [F. *Urnarum.*]
2. VENA, Platea, via. Fori Leirenæ : *Incipiens a mari ab occidentali parte, et a parte meridiana per Venam de Alcobatia, etc.* Vide *Venella.*
3. VENA, Metalli fodina. Charta Hispanica apud Colmenarezium in Segovia cap. 15. § 6 : *Et illi, qui in eadem aldea morantes erant, in quocumque loco Venam ferri potuerunt invenire, secure illam capiant, etc.*
¶ 4. VENA, pro *Venna.* Vide in hac voce. Charta ann. 1108. inter Instr. tom. 2. Gall. Christ. novæ edit. col. 277 : *Concedentes etiam pascua porcorum ingenue, et vaccas.... De Venis quoque piscatoriis cum faciæ fuerint ingenue. Faire les Venes,* in Tabulario S. Dionysii ann. 1284.
° 5. VENA, Series, Ordo. Protocol. vetus ex Cod. reg. 4184. fol. 30. v° : *In bona possessione, usagio et saisina capiendi... boscum viridem fractum et eradicatum per ventum vel aliter, exceptis septem arboribus de una Vena eradicatis per ventum.*
° 6. VENA, Alveus, canalis. Charta Ludov. reg. Germ. an. circ. 853. inter Probat. Hist. S. Emmer. Ratisbon. : *A locis videlicet, ubi ipsa* (flumina) *in Danubium fluunt, usque ad loca, ubi de Venis in amnes derivantur.*
° VENÆ DIMINUTIO, Venæ inciso, Gall. *Saignée.* Stat. Eimbec. apud Ludewig. tom. 10. Reliq. MSS. pag. 111 : *Dicimus ut canonicus in diminutione Venæ existens, etc.* Vide *Minuere.*
° VENÆ MATRIS, Gall. *Veines de la mere,* an Umbilicales ? Lit. remiss. ann.

1467. in Reg. 200. Chartoph. reg. ch. 64 : *Le suppliant parla à ung barbier,..... et lui demanda si vouloit seigner une sacouhade des Vaines de la mere ;..... ledit barbier saigna icelle Katherine es quatre parties de son corps, c'est assavoir en chacun pié et en chacun bras.... des Veines de la mere.*
¶ VENA ORGANALIS, Aspera arteria, ni fallor, Gall. *Trachée artere,* apud Loblnell. tom. 2. Hist. Britan. col. 565 : *Armiger percussus fuit tractu cujusdam balistæ, adeo quod sagitta seu carellus vocatus Enguegne Gallice intravit guttur ipsius quasi per longitudinem dimidii pedis et perforavit Venam organalem colli ejusdem.*
° Vide supra *Organalis.*
° VENABULA, Canes venatici. Charta Hugon. reg. ann. 990. inter Instr. tom. 8. Gall. Christ. col. 489 : *Leodie quoque silvæ venationem, sicut antecessores ejus visi sunt habuisse, eidem sanctæ matri ecclesiæ habere concedo, ejusque Vanabula per eam sine dilatione currere cunctis diebus auctoriso.* Vide *Venabulator.*
VENABULATOR, nude, in Gloss. Arabico-Lat. qui venabulo utitur, venator. [∞ Schol. MS. ad Statii Achil. lib. 1. vers. 165 : *Venator, quasi Venabulator, a venatione scilicet qua bestias perimit.* Maius in Gloss. novo.]
° VENABULICUM, *Quicquid vendi potest,* in vet. Glossar. ex Cod. reg. 7613.
¶ VENALIS , Spiculum venatorium, venabulum. Vita S. Samsonis Episc. Dolens. lib. 1. cap. 16. in Actis SS. Ord. S. Bened. : *Vidit Theomacham..... Venalem in manu tenentem, ac silvas veloci cursu volucritantem.* Adde cap. 27. At cap. 29. *Trisulca lancea dicitur.*
¶ VENALIS. Forum venale, in quo res venales exponuntur. Consuet. Pamiens. ann. 1212. apud Marten. tom. 1. Anecd. col. 831 : *Item, in Dominicis diebus nullum fiat forum Venale de cetero, etc.*
2. VENALIS , Venationi idoneus. Charta ann. 1464. inter Probat. Hist. Autissiodor. pag. 172. col. 1 : *Deferendo supra pugnum suum accipitrem sive avem Venalem.* Dicitur præterea de animali, quod quis venari potest, in Charta Nic. Andegav. episc. ann. 1289. ex Chartul. priorat. de Gullcio fol. 59. r° . *Poterunt dictus prior et ejus successores et eorum servientes venari ad cuniculos et lepores et alia Venalia parva, cum voluerint.* Vide *Venaria* et mox *Venatilis.*
¶ VENALE PASNAGIUM. Vide supra *Pasnagium* 1.
¶ 1. VENALITAS, Venditio, nundinatio, a Gall. *Venalité.* Bulla Martini I. PP. inter Libert. Monast. S. Amandi : *Et qui electus fuerit* (abbas) *sine dolo vel Venalitate aliqua ordinetur.* Charta Henrici I. Fr. Reg. ann. 1052. apud Stephanot. in Antiquit. Bened. MSS. Claromont. pag. 345 : *Absque omni Venalitate et munere instituatur.*
° 2. VENALITAS, Mercatura, negotiatio, Gall. *Commerce.* Vita S. Guidon. tom. 4. Sept. pag. 42. col. 2 : *Multis ambagibus tandem ad id perventum, ut Venalitatem et mercaturam suaderet.* Vide *Venalitaria.*
¶ VENALITIARIA, Mercatura. *Venalitiariam exercere,* apud Ulpian. Digest. lib. 32. tit. 1. leg. 73.
° VENALITIARIUS, Σωματέμπορος in Gloss. Lat. Gr. Occurrit non semel in Digest. de Verbor. significat. leg. 207. et lib. 14. tit. 4. leg. 1. etc.
VENAPES, Læna. Vide *Galnabis.*
¶ VENARI, pro Piscari. Charta Roberti Comitis Arvern. ann. 1284. apud Baluz.

tom. 2. Hist. Arvern. pag. 134 : *Volentes quod molendinum eorumdem abbatis ædificatum,..... et exclusa dicti molendini, et vortices contiguæ dicto molendino remaneant salva eisdem abbati et conventui,... retento etiam nobis et nostris omni usu Venandi in dictis voracibus.* (Legendum *vorticibus.*)
VENARIA, Animalia, quæ in silvis venatu capiuntur , ex Gallico *Venerie.* Leges Kanuti Regis cap. 108. et Leges Edwardi Confess. cap. 35: *Et omnis sit venatione sua dignus in nemore, in campo, in dominio suo, et abstineat ab omnibus Venariis Regis, ubicunque pacem eis habere voluerit super plenam vitam et forisfacturam.*
¶ VENARIÆ AVES, Venaticæ. Conc. Aptense ann. 1365. apud Marten. tom. 4. Anecdot. col. 333 : *Item etiam ordinavimus auctoritate hujusmodi concilii, ne nostrum aliquis histriones seu mimos habeat, nec canes, seu aves Venarias habeat ullo modo.*
1. VENATICUM, inter tributa recensetur, in Charta Lotharii Imper. ann. 840. apud Chifflerium in Trenorchio pag. 265.
° 2. VENATICUM, perperam pro *Vinaticum,* Vini penus, suppeditatio. Charta Caroli C. ann. 870. tom. 8. Collect. Histor. Franc. pag. 629 : *Constituimus ut omni anno de nostro dominico dentur ad Venaticum S. Medardi vini modia cxx.* Vide *Vinaticum* 1.
° VENATILIS, Dicitur de fera, quæ venatu capitur, ut supra *Venalis* 2. Charta ann. 1358. in Reg. 81. Chartoph. reg. ch. 589 : *Apri, cervi et alia animalia Venatilia dictæ forestæ nostræ.* Vide in *Venatio* 1.
1. VENATIO, Jus venandi. Charta Friderici I. Imp. ann. 1175. apud Guichenonum in Episcopis Bellicensib. : *Ripaticum, aquaticum, pascua, piscationes, Venationes, silvas, etc.* Vide Justellum in Historia Turenensi pag. 103. [et infra *Venatura.*]
VENATIO, Ferina, feræ ipsæ, quæ inter venandum capiuntur aut interficiuntur : Gallis *Venaison.* Charta Ottonis Comitis Viromandensis , apud Hemeræum in Augusta Viromand. ann. 1025 : *Eo tenore, ut bannum et latronem, corveias, carrucarias, silvas hajas ac capiendam Venationem ulterius non persolvant, nisi unum denarium, et unum panem, et unum sextarium avenæ.* Matthæus Paris ann. 1185 : *Sicut Rex Henricus fecerat, qui singulis annis eos implacitaverat, si vel Venationem cepissent in silvis propriis. etc.* Charta Joan. Regis Angl. pro Forestis ann. 1215 : *Nullus de cætero amittat vitam, vel membra pro Venatione nostra ; sed si aliquis captus fuerit et convictus de captione Venationis, graviter redimatur, si habeat, unde redimi possit.* Vitæ Abbat. S. Albani : *Obvium habuit quendam ministrum Domini Abbatis,..... ferentem Venationem, quam pro xenio idem serviens.... afferebat.* Ita apud Bromptonum pag. 808. 1024. Vita S. Fructuosi Archiepisc. Bracarensis n. 4 : *Cum eum vidisset super unum rupis gradum in oratione prostratum, existimans in rupe esse Venationem, tetendit arcum, etc.* Gariopontus lib. 5. Passion. cap. 12: *Ex volatilibus, attagenes, anates, perdices, ficedulas, et omnes Venationes, lepores, capreas, et alia agrestia omnia.* [Adde Legem Salicam tit. 35. § 1. et Chartam ann. 1281. apud Miræum tom. 1. pag. 750. col. 1.] Le Roman *de Vacces* MS :
Mout aura grant planté de char et de poisson,
De sangliers, de cers, et autre venoison.

34

[Vetus Poëta MS. e Bibl. Coislin. nunc Sangerm.:
Sire alez chacer en mon parc
O chiens, o reseau et o arc :
Alez chacer à Venoison
Que à grant foison ne avon.
Le Roman d'Athis MS :
N'est maniere de Venoison
Dont il n'y ait à grant foison.]

° 2. VENATIO, Auctio, Gall. Enchere, encan. Charta ann. 1319. in Reg. 59. Chartoph. reg. ch. 343 : *Quod quicumque bona et jura immobilia... emere vellent,... prout vellant, dicerent et offerrent coram illis, qui ad recipiendum dicas seu oblationes hujusmodi.... fuerant deputati... Ad dictorum bonorum venditionem, Venationem et concessionem, etc.* Rursum occurrit hæc vox in Ch. seq.

VENATIONES, Exactiones. Charta Caroli III. Imper. apud Cælestinum et Ughellum in Episcop. Bergomensib.: *Et quia ipse Præsul....... nostræ innotuit mansuetudini, quod quædam Venationes publicæ ex injusta et contra omnes leges inventa consuetudine in quibusdam Comitatibus vel ministeriis publicis a nostris exactoribus annuatim exquirantur, etc. Mox : Habemus, ut nullus sub regno nostro constitutus,... in quibuscunque comitatibus vel ministeriis publicis ullas hujuscemodi exactiones, aut alias quaslibet annuales donationes exigere...... audeat, etc.* Eadem habentur in Charta Ludovici Imper. ann. 901. ibidem. Vide *Arbustaritæ*.

° *Præstationes annuæ sui munera ex feris venatu captis. unde nomen*, oblata. Formul. literarum pro mittendo exenio venationis in Cod. reg. 4189. fol. 12. r°: *Vos requirimus... districtius injungentes, quatenus Venationis exenium (ut moris est) sic devote sicque honorifice in proximo futuro festo Nativitatis Dominicæ nobis pro Romana ecclesia faciatis,... ita quod quinque diebus ante festum Nativitatis prædictæ dictum exenium vestro nomine coram nostra præsentia præsentetur.* Infra : *Ensenia Venationis in festivitatibus Nativitatis et Resurrectionis Domini*.

1. VENATORES, quatuor principales olim fuere in Palatio Regum Francicorum, ut est apud Hincmarum de Ordine Palatii cap. 16. et 24. [Capitul. de villis Caroli M. cap. 47 : *Ut Venatores nostri, et falconarii, vel reliqui ministeriales, qui nobis in palatio assidue deserviunt, etc.* Epist. ejusd. Caroli ad Pipinum Reg. Ital. tom. 1. Capitul. col. 461 : *Pervenit ad aures nostras quod aliqui Duces et eorum juniores, Castaldii, Vicarii, Centenarii, seu reliqui ministeriales, Falconarii, Venatores, etc.*] *Maître Veneur de nostre nercie, qui de son droit doit estre maître de nos forests*, in Statuto Caroli V. Regis Fr. ann. 1375. Vide Chartam Henrici Imper. ann. 1014. apud Ughellum tom. 4. pag. 1008.

VENATOR, Minister publicus, qui scilicet Dominicæ venationi præest, cuique eo ipso procurationis a subditis exigere licebat. Charta Rainardi, Senonensis Comitis ann. 1164. ex Tabular. S. Germani Paris.: *Nullus Judex publicus vel Venator, seu ministerialis noster, ad freda aut tributa exigenda, vel homines in ea commanentes distringendos, aut mansiones vel paratas faciendas, vel teloneos tollendos, vel rotaticum vel pedaticum, seu stratum vel pastum Venatorum et canum accipiendum, aut barruum, aut raptum vel incendium, seu aliquam retributionem in eum ingredi audeat.*

° 2. VENATORES, Feræ ipsæ, quæ inter venandum capiuntur aut interficiuntur. Charta ann. 1313. in Reg. 52. Chartoph. reg. ch. 207 : *Tradiderunt..... pro franco allodio honorem in parahone,.... absque omni retenemento, præter astois et scapulas Venatorum.* Vide in *Venatio* 1.

° VENATORIA, Venatus, Gall. *Venerie*, officium in aula regia. Memor. D. Cam. Comput. Paris. fol. 100. r°: *Philippus de Courlguilleray, magister venator Venatoriæ domini regis institutus in dicto officio per litteras ipsius dom. regis.* Vide infra *Veneria*.

VENATORIUM, Ferratorium, vel ferramentum, vel locus venandi, Ugutioni. Papias : *Venatorium dicimus ferramentum, venaticum vero canem*.

VENATORIUM EXERCITIUM. Eginhardi Annales ann. 819 : *Venatorio quoque exercitio more solenni ibidem* (in Arduenna) *exacto,... revertitur.* Vide Vitam Ludovici Pii ann. 831. et quæ adnotamus in v. *Foreste*.

¶ VENATURA, Jus venandi. Charta Roberti Abbatis S. Joannis Laudun. ann. 1230 : *Custodiam autem dicti bosculi et forifacta ad ipsam custodiam pertinentia, cum Venatura ejusdem bosculi dictus Thomas vel heredes ipsius extra partem habebunt.* Vide *Venatio*.

¶ VENATUS, Venosus, venis distinctus, Gall. *Veineux*. Acta S. Leonis I. PP. tom. 2. April. pag. 21 · *Corpus S. Leonis conditum erat in capsa lignea quæ continebatur inter nobilem et pulcram tumbam... expolitis et Venatis marmoribus albis insigniter excultam*. Acta S. Cassii tom. 5. Jun. pag. 490 : *Et ita perventis ad urnam lapideam, Venatam colore albo et rubeo, intus altare novum firmatam*.

1. VENDA, VENTA, VENDITA, VENDITURA, etc. Teloneum, quod præstatur pro quibusvis mercibus, quæ in foris ac nundinis venduntur.

VENDA. Tabularium Angeriacense fol. 62 : *Illic etiam guerpivit querimoniam, quam faciebat de Venda S. Johannis. Nam prius dicebat debere sibi reddi Vendam ab omnibus, quicunque et undecunque venissent ad mercatum, sive ad nundinas, etc.* Tabularium Burgulense : *Pro incendio, pro teloneo, id est, Venda, etc.* Charta ann. 1092. apud Beshum pag. 496 : *Terram ante ipsam Ecclesiam positam ad burgum faciendum, in quo nec Vendam, nec pedagium, nec aliquam consuetudinem retinemus; sed ita libere et absolute donamus, ut si habitatores ipsius pagi ad castrum res suas vendere perrexerint, Venditio tantum consuetudinaria ab eis accipiatur, et nulla vis alia, vel injuria, vel tolla inferatur.* Regestum Castri Lidi in Andibus fol. 54 : *De burgo monachorum de mercatu Comitis, vel die feriæ, omnis Venda vel consuetudo hominum monachorum erit Comitis* Consuetudo municipalis Bellaici in Pictonibus in Regesto Inculsum.: *Comes habet Bellaici Venda et pedagium, et qui non tinuerit, de gagio debet 4. sol. sed miles non debet pedagium, neque Vendam.* [Tabul. S. Albini Andegav.: *Addo etiam decimas..... Vendarum mearum et censuum et furnilis mei dominici. Vendæ forenses*, apud Balv.z. tom. 12. Miscell. pag. 201. Iis adde Acher. tom. 6. Spicil. pag. 458. Instrum. tom. 2. Gall. Christ. novæ edit. col. 88. 285. 334. 344. 444. 468. Marten. tom. 1. Anecd. col. 646. 647. 649. Lobinell. tom. 2. Hist. Britan. col. 260. etc.]

VENTA. Charta Isenberti Pictavensis Episcopi ann. 1080. apud Chifiletium in Hist. Trenorchiensi pag. 320 : *Ventas etiam, quas Teloneum dicunt, de diversis quibuslibet rebus, singulis dominicis diebus, a primo signo, quo vespertina diei Sabbati pulsatur hora, usque ad finem sequentis dominici diei, et eo modo per singulas B. Petri festivitates, et ante festivitatem B. Johannis Baptistæ, die, quæ Mercurii nuncupatur, supradictis monachis liberaliter valde contradidit.* Alia Guidonis Dom. Virgiaci ann. 1169 : *Simul etiam hoc concessimus, ut nunquam in terra mea alicubi ab ipsis fratribus Cisterciensibus Venta, vel pedagium, aut aliqua consuetudo, quæ a sæcularibus solent accipi, requirantur.* [S. Bernardus in Epist. 426. tom. 1. col. 377. edit. ann. 1690 : *Statutum est de mercatoribus qui vendunt in domibus suis quod a quindecim in quindecim dies, vel a mense in mensem, telonearo Episcopi Ventas reddent, si quæsitæ ab eis fuerint.* Charta Fundat. Monast. de Aceio: *Gerardus de Strabona dedit Deo et B. Mariæ Accei vendere, emere in foro Strabonæ sine Venta.* Teloneum Episcop. Autissiod.: *De Venta alutarii. Duodena alutarii venditi debet* IIII. *denarios.*] Vide Histor. Virgiacensem pag. 78. Statuta S. Ludovici lib. 1. cap. 58. [Ordinat. Reg. Franc. tom. 4. pag. 387. Instrum. tom. 4. Gall. Christ. novæ edit. col. 186. 198. 650. etc.]

¶ VENTÆ REDDITUS, Eodem intellectu, in Charta Communiæ Claremontis ann. 1248. inter Ordinat. Reg. Franc. tom. 5 pag. 601 : *Si quis redditus Ventæ absportavit, nec sicut jus, persolverit, dix solz tenebitur persolvere pro emenda*.

¶ VANTA, in Charta ann. 1299. ex Tabular. S. Benigni Divion.: *Item super eo quod potestat nobis idem conventus quatuor libras Viennenses annui redditus pro pitancia facienda quolibet anno in festo Conceptionis B. M. V. percipiendas in Vantis nostris de Divione... Nos de consilio bonorum virorum concordavimus nos unanimiter in hunc modum quod dictæ quatuor libræ quolibet anno super dictis Vantis nostris persolventur*.

VENDITA. Formulæ veteres incerti Auctoris cap. 45 : *Nullus quolibet de judiciaria potestate vestra, nec Missus noster nulla telonea, nec nullas Venditas, nec rodaticum, nec foraticum, nec pontaticum, et, sicut dixi, nullus quaslibet telonea, nec Venditas ejus in nullo exactare præsumatis*.

VENDITURA. Charta Alani Episc. Autisiodorensis apud Sammarthanos : *Si bestia, vel aliquid ibi venditur, Vendituræ sunt Episcopi a duodecim nummis*.

VENDITIO. Tabularium S. Crucis Talemondensis fol. 3: *Si homo S. Crucis vendiderit bovem, vel vaccam, aut aliquam aliam pecuariam in toto honore meo, non reddat Venditionem, nisi S. Cruci, et ejus Abbati. Si in publico mercato vendiderit, tantummodo ibi Venditionem reddit.* [Charta Mathildis Comit. Nivern. ann. 1244. inter Instr. tom. 4. Gall. Christ. novæ edit. col. 108 : *Liberæ sint et immunes ab omni pedagio, leidis, Venditionibus, emtionibus, et ab omnibus exactionibus quibuscumque*.]

VENTARIUS, VENDARIUS, Qui ventas recipit. Charta ann. 1227. apud Perardum in Burgundicis pag. 531 : *Si aliquis pedagium, vel ventas extra villam Sinemuri absque consensu pedagiarii, vel Ventarii, portaverit*, 60. *solidis emendabit*. Alia Aimerici Vicecomitis Castri Airaldi ann. 1109. ex Tabular. S. Dion. de Valetta : *Ut neque ego, neque successores mei, neque præpositus, neque Vendarius, neque telonearios, neque portarius, sive aliquis ministrorum nostrorum imponant eis bellum, sive igniti ferri judicium, aut aquæ, sine legitimo testimonio. ☞ Eadem, ut videtur, notione vox *Ventier* occurrit in Litteris ann. 1348 inter Ordinat. Reg. Franc. tom. 3. pag. 250. et *Vendier*, in Charta Geraldi Abbat. Angeriac. ann. 1385. ex Chartul. ejusd. Monast. *In festo O. SS. debet prior de Muronio carnes unius bovis, prior de Neyriaco carnes unius bovis,... li Vendiers dimidium bovem, prior de Carboneriis dimidium porcum.*

2. **VENDA**, VENDITIO, Quod præstatur domino feudali pro distractionis seu venditionis prædii facultate. Consuetudines Bellaci in Pictonibus ex Regesto Inculismensi: *Debet reddere de nummis illis Vendas domino foudi; sed mutagium debet esse burgensium.* Tabularium Vindocinense Thuanum Ch. 20: *Ipsius terræ Vendas sex solidos et 8. denarios Archembaldus Præpositus recepit.* Charta Fulconis Comitis Andegavensis ex Tabulario Belliloconsi *Quicumque autem infra prædictum alodum aliquid vendiderit, cujuscumque ordinis aut dignitatis sit, Vendas vel costumas persolvet secundum consuetudinem loci.* [Charta Edwardi I. Reg. Angl. ann. 1289. apud Rymer. tom. 2. pag. 425: *Ita quod quilibet prædictorum... ad solvendum pro rata sporlani in mutatione domini, ex utraque parte, et etiam Vendas seu acceptamenta, si contingat vendi aliquem medietatem de rebus prædictis... teneatur.*] Libertates Oppidi Fezensagueti ann 1294: *Non debent habere seu recipere Vendas pro laudimio venditionis.* Libertates Vicecomitiæ Leomaniæ: *Que tot gentiu posca vendre et alienar de sos bens, ou à lui plaira, sens pagar Vendas, ni acaptes, ni nul autre degat, etc.* Libertates Villæ de Perusa ann. 1260. apud Thomasserium lib. 1 de Consuetud. localib. Biturc. cap. 66: *Qui sa meson vendara, dera de 20. sol. 12. den. de Vendes, etc. Ventes*, in Consuetudinibus municipalibus passim. Vide *Laudes* in Laudare 4. et *Muta* 2.

VENDITIO, Eadem notione. Tabularium Majoris Monasterii Ch. 32: *Et quia emptio sua erat, poterat eum dare, cui volebat, sine ulla contradictione. Sed quia census molini ipsius Nihardi erat, justum erat, ut inde Venditiones haberet, quas et in eodem placito recepit.* Charta Theobaldi Episc. Ambian. ann. 1175. in Tabular. Eccl. Ambian.: *Si de possessore ad alium possessorem possessio transierit, dabunt de Venditione de singulis solidis unum denarium.* Tabularium Vindocinense Ch. 68: *Pro Venditionis auctoramento auri unciam unam accepit.* [Litteræ Philippi Aug. Reg. Fr. ann. 1186. tom. 4. Ordinat. pag. 15: *Eorum quilibet res suas, si vendere voluerit, vendat; et reddits Vendicionibus suis, etc.*] Charta Philippi V. Regis Fr. ann. 1310. pro Libertatibus Oppidi Bastidæ in Petragoricis, ex 47. Regesto Tabularii Regii n. 38: *Item de qualibet solo de quinque canis vel ulnatis lato amplitudine, et 12. in longitudine, habebimus ex denariis, obliarum tantum et secundum magis et minus in festo omnium Sanctorum, et totidem de accaptamento in mutatione Domini; et si vendatur, habebimus ab emptore Venditiones, scilicet duodecimam partem pretii, quo vendetur.*

☞ Ex his aliisque colligitur vocibus *venda* et *venditio* idem sæpius significari, tametsi aliquando distingui videtur, ut in Charta Hervel Trecensis Episcopi ann. 1211. ex Chartul. Campan. fol. 170: *Dedit etiam ei octo libratas census... cum laudibus et ventis et Venditio-*

nibus et cum justitia pertinente ad censum. Ubi haud scio an idem sit quod *Venterolles* in Chartul. Latiniac. fol. 242: *Quiconques vent terres, heritaige ou possession en la terre S. Pere, conté et seigneurie de Laigny, il doibt pour chacune livre vingt deniers Tournois et l'acheteur autant pour lots et ventes; et si le vendeur a argent franc, sont doubz en oultre Venterolles.* Charta ann. 1520. ibid. fol. 247. v°: *Ceste prinze faicte tant moiennant douze deniers Tournois de menu cens portant loz, ventes, Venterolles, saizines et amendes quant le cas y escherra.* Hæc confer cum Glossario Juris Gallici v. *Venterolles.*

VENDITA. Pactum inter Raimundum Guillelmi Episcopum Nemausensem, et fratrem ejus Bernardum Guillelmi ex una parte, et Guillelmum D. Montispessulani ex altera ann. 1103. 9. Kl. Febr.: *Ab hac die in antea non erit factus furnus in toto Montepessulano, nec in domo, nec in terra, in qua dominus Montispessulani habet censum, vel Vendidam sine consilio Domini Montispessulani.* [*Vendedam* edidit D. Brussel tom. 2. de Usu feud. pag. 728. Charta ann. 1113. inter Probat. tom. 2. novæ Hist. Occitan. col. 388: *In quo* (furno) *habebat Bernardus Vendidas suas, si venderetur, et concilium, si impignoraretur.* Charta ann. 1253. ex Tabul. S. Andr. Avenion.: *Volunt præterea quod dictum monasterium seu ecclesia dicti loci habeat in tota dicta villa seu ejus territorio Vendidas, laudimia omnium rerum venalium seu quarumcumque possessionum.*]

¶ VENDITA, Eodem intellectu, in Charta ann. 1182. ex Chartul. Vallis B. M. diœc. Paris. *Guido de Meri (habuit) IV. lib. pro suis Venditis.*

¶ VENTA, Pari significatu. Charta ann. 1250. ex Tabul. S. Clodoaldi: *Ipse et successores ejus tenebant imperpetuum prædictas vineas ad opus capellaniæ prædictæ et nunc in manu mortua,... ita tamen quod quilibet successorum suorum... solvet nomine Ventarum seu revestiturae dictis Decano et Capitulo XVI. solidos Paris. Ibidem: Salvis tamen dictis Decano et Capitulo Ventis, si res prædictas vendi contingat et laudationibus... quæ competit eis ratione censivæ secundum consuetudinem Franciæ.* Charta ann. 1252. ex Tabul. S. Nicasii Rem.: *Item habebit investituras et Ventas ratione fundi.* Charta ann. 1041. ex Tabul. Trenorchiensi: *Ipse dominus* (Abbas) *percipiet banna, Ventas et laudimia.* Adde Hist. Paris. Lobinelli tom. 5. pag. 698. col. 2.

3. **VENDA**, in re forestaria. Charta Henrici Dom. de Sollaco et Aanoris Comitissæ Drocarum ann. 1210: *Item sciendum est, quod Venda, quam fecit Comitissa uxor nostra, mater dicti Joannis Odoni Fletart de nemoribus de Sorel remanet nobis; et Venda, quam ipsa Comitissa facit de hajes de Beu, et Venda, quam fecit Dionysio de Bosco Regis, et sociis suis remanet nobis similiter libere et quiete. Levata tamen venda de Sorel et de Beu, et Venda facta dicto Dionysio et sociis suis, omnia illa nemora, quæ pertinent ad Castellaniam de Drocis, nobis et dicto Johanni communia remanebunt... Poterimus etiam vendere partem dictorum nemorum nos et dictam Comitissam contingentem, loco et tempore, quando nobis viderimus expedire, et dictus Johannes debet laudare Vendam factam a nobis, nec contra ipsum veniet ullo modo.*

☞ Ubi *Venda* est Venditio seu cæsura cæduæ silvæ, Gall. *Vente*, vel *Coupe*

de bois, ut *Venta* in sequentibus. Charta ann. 1230. ex Chartular. Campan. fol. 360: *Nec nos dimittemus propter hoc Ventam nostram in nemore quod fuit defuncti Hugonis de Cornillon; sed durabit dicta Vanta nostra ab instanti festo S. Remigii in duodecim annos completos; nec nos poterimus aliam Ventam facere in grueria dicti Comitis, vel in nemore magno sito intra fossata terminalia abbatiæ nostræ infra decem annos dictæ Ventæ dom. Comitis supradicti, nisi infra illos decem annos contigerit dictum Theobaldum Comitem amovisse illam quartam nemoris.* Charta Auberti Abbatis Castricii ann. 1239. ibid. fol. 342. col. 2: *Habebimus plana pascua in dictis nemoribus dom. Regis Navarræ, excepto panagio et Venta nemoris quæ, quando scinditur, durat per quinque annos ad usus terræ suæ.* Testam. Philippi Comit. Bolon. ann. circ. 1235. apud Marten. tom. 1. Anecdot. col. 988: *Et vendantur per successores meos tali modo quod non uxor mea nec heredes mei possint aliquid vendere in prædictis nemoribus, donec dicti executores perceperint integre in Ventis factis da dictis nemoribus summam supradictam.* Charta S. Lud. Reg. Fr. ann. 1249. ibid. col. 1043: *Præterea dedi et concessi in puram eleemosynam pro abbatia prædicta fundanda duo millia librarum Turonensium, quas assigno super Ventas omnium nemorum meorum de S. Aniano, et de tota castellania, volens et præcipiens quod prædicta nemora ponantur in Ventam, etc.* Charta ann. 1390. ex Tabul. Sangerm.: *Deinde ibunt super locis contentiosis ad dictam Ventam faciendam.* Hinc *Ventiers* dicuntur Saltuarii emtores. Charta ann. 1577. tom. 2. Chartul. Gemetic. pag. 58: *A le charge dudit bois bien et deument user, vuider et nettoyer à telles et semblables charges et sujections que les marchands Ventiers de ladite forest ont accoustumé user leurs Ventes.* Vide *Vendere.*

¶ VENDITIO, Eadem notione. Charta ann. 1255. ex Tabul. B. M. de Josaphat: *Concessimus totum jus quod habebamus in tertia parte Venditionum nemoris de bosco S. Martini in territorio de Fresneio Comitis.*

° Unde *Venditor*, qui silvam cædit, in Charta S. Ludov. ann. 1246. ex Tabul. S. Albini Andegav.: *Cum gentes nostræ forestam Valleiæ in illa parte, quæ ballivia S. Remigii dicitur, venditerint, et abbas et monachi S. Albini Andegavensis ad præsentiam nostram accesserint super hoc conquerentes et asserentes, quod in illa parte forestæ usagium suum habent; nos Ventam cæsaro et Venditores ex inde jussimus amoveri.*

° 4. **VENDA**, Charta clientelaris professionis, a domino feudi, *Vendis* acceptis, approbata, in qua feudi limites et conditiones declarantur, vel ejusdem Chartæ ad causam probationem exhibitio. Arest. Parlam. ann. 1331. in Reg. 69. Chartoph. reg. ch. 96: *Dicebat dictus miles possessionem certorum jurium et devorium certorum locorum rivagii maris, de quibus locis Venda facta fuerat.... Dicto milite petente dictas attas voariam et justitiam dicti burgi villæ d'Esnaude, prout inde mostra seu Venda facta fuerat.* Vide *Venda 2.*

° 5. **VENDA**, Quidquid pecunia emitur, Cibaria, quæ venduntur. Leg. Alph. III. reg. ann. 1251. tom. 1. Probat. Hist. geneal. domus reg. Portugal. pag. 53: *Item quicumque ambulaverit et venerit ad aliquem locum, ubi ei noluerint dare Vendam, vocet duos homines bonos, qui*

apprecientur illud, quod voluerit comparare pro ad comedendum, etc.
VENDAGIÆ. Vide *Wandangiæ.*
¶ 1. **VENDAGIUM**, Venditio, Gall. *Vente.* Charta Theobaldi Comitis Campaniæ ann. 1229 : *Et quia hoc movebat de meo feodo, ego illud Vendagium ad preces dicti Milonis volui et laudavi.* Charta Nicolai Episc. Noviom. ex Tabular. Compend.: *Vendidit dom. Odoni de Yveri militi 11. bovaria terræ..... ea conditione quod.... ab instanti tempore Vendagii facti, etc..... Eodem statu in quo dicta terra vendita erat ante Vendagium factum ponere..... Tam pro venditionibus dicti Vendagii non solutis.* Memoriale D. Cameræ Comput. Paris. fol. 57. v°. *Officium Vendagii alecium et piscium. Vendagium vini*, in Charta Communiæ Clarimontis ann. 1248. tom. 5. Ordinat. Reg. Fr. pag. 600. Charta ann. 1272. ex Chartul. Campan. f. 260. v°: *Et cist Vandages fu fez por lou pris de IX^{xx}. livres quites. Et ce Vandage ladite Heluiz et lidiz Jehans ces filz ont otroié et creanté par devant nous*, in Charta ann. 1258. ibidem fol. 373. v°. *Vendaige*, eadem notione, ut videtur, in Statutis Scabin. Maceriar. ad Mosam : *Et supposé ores que en une seule lettres sous ung seul scel soient contenus un Vendaige, la reprinse dessus, et le revendaige, etc.*
⁂ Nostris alias *Vendage.* Charta ann. 1292. ex Tabul. S. Joan. Laudun. : *Ceste convenance et cest Vendage nous avons fait, etc.* Pluries occurrit in Ch. ann. 1339. ex eod. Tabul. *Vendaige*, in alia ann. 1298. ex Tabul. eccl. Camerac. *Vendagne*, eodem sensu, in Lit. ann. 1368. tom. 5. Ordinat. reg. Franc. pag. 135. art. 36.

¶ 2. **VENDAGIUM**, Idem quod supra *Venda* 2. Vide in hac voce. Charta ann. 1222. ex Tabular. Bethun. fol. 23. v°. *Pro hoc autem Vendagiu excambium habeo apud Hersin quantum ad homagium meum pertinet. Alia* ann. 1226. ibid. fol. 40 : *Relevia, terrarum Vendagia, placita, etc. Et* fol. 41 : LX. *sol. pro relevio*, LX. *de Vendagio.* Tabul. Montis S. Eligii ann. 1284 : *Dicta vero ecclesia Montis S. Eligii a solutione redditus annui unius denarii et trium solidorum pro relevio seu Vendagio ratione mencaldatæ terræ.* Rursum : *Balduinus et Gilota se obligaverunt ad observationem Vendagii cujusdam prati a nobis empti.....* Concedunt *Vendagium mansi Petri le Veske.*

¶ 3. **VENDAGIUM**, Vindemiarum tempus, Autumnus. Litteræ Ricardi II. Reg. Angl. ann. 1386. apud Rymer. tom. 7. pag. 542 : *Quia inimici nostri se parant et ordinant supra mare, cum maximo navigio et potentia armatorum, celerrime proficisci, ad mala quæ poterant, navigio regni nostri versus Burdegaliam, contra proxima Vendagia transituro, inferendum, sicut sumus pro certo informati..... Qui naves illas ad partes Vasconiæ, contra Vendagia prædicta mittere vel ducere intendunt.* Litteræ Henrici V. ann. 1413. apud eumdem tom. 9. pag. 47 : *Quia diversi inimici nostri supra mare, cum diversis navibus... saltem pro præsenti Vendagio transituris, etc.* Vide *Vindagia.*

¶ **VENDARIUS**, *Vendarum* exactor. Vide *Venda* 1.

¶ **VENDEDA**, ut *Venda* 2. Vide in hac voce.

¶ **VENDENIÆ**, ita scriptum pro Vindemiæ, in Necrolog. Monast. S. Petri de Casis, a vulgari *Vendenies*, eadem notione : *Donavit unam paucam vini singulis Dominicis a festo Paschæ usque ad Vendenias.* Vide *Vendiniæ.*

⁂ Nostris alias pro *Vendange, Venange* et *Venenge ;* unde *Venangier* et *Venengier*, pro *Vendanger*, Vindemiare, dixerunt. Consuet. Bitur. ex Reg. Cam. Comput. Paris. fol. 117. r° : *Quiconques loe son cheval à vin ou Venange mener à Bourges, il doit des Venanges à la S. Martin de chacun cheval, deux deniers Par. pour toute l'année.* Charta ann.1331. in Chartul. Arremar. ch. 32 : *Porront lidiz sires et sa femme Venangier en leurs dites vignes, toutesfois que il leur plaira, sanz tenir ban.* Libert. villæ *de Tannay* ann. 1332. tom. 6. Ordinat. reg. Franc. pag. 61. art. 11 : *Pourront Venengier toutesfoiz qu'il leur plaira, et mettent la Venenge là où il leur plaira. Venoinge et Venoingier*, eadem acceptione, in Libert. villæ *de Aanois* ann. 1304. ex Reg. 59. Chartoph. reg. ch. 346 : *Li autres qui ont et auront vignes, pourront Venoigier ou faire Veneingier leur vignes, charroier la Venoinge, faire leur vins, si comme il voudront, pourront Venoinger. Venoyge*, in Codic. Hugon. V. ducis ann. 1315. inter Probat. tom. 2. Hist. Burg. pag. 156. col. 2 : *Quittons..... quarante muix de vin... à panre... ou temps de Venoyge an nostre clouz de Chenoves.*

¶ **VENDERE**, in re forestaria est Cædere, Gallice *Exploiter.* Vide *Venda* 3. Charta Roberti Rotomag. Archiep. ann. 1217. tom. 6. Spicil. Acher. pag. 471 : *Item concessimus ob amorem D. Regis quod quamdiu Vendi faciet grossum et magnum nemus Novicastri et Luciaci, cum minuto sub eo existente, censarii nostri de Aliermont non ibunt ad Vendendum nemus apud Novum-castrum.* Charta ann. 1229. ex Chartul. Campan. fol. 398. v°. col. 2 : *Salvo quod illo nemore nullus potest Vendere vel essartare, nisi de mea voluntate et de Venda quæ fiet in illo nemore de licentia mea pro essartare ; vel sine essartare et de illo nemore quod Vendetur ad essariandum et de omnibus Vendis antedictis, ego reddam Comiti Carnotensi terciam partem bona fide sine malo ingenio.*

¶ **VENDERE**, Locare , Gall. *Affermer.* Litteræ Caroli V. Reg. Fr. ann. 1366. tom. 4. Ordinat. pag. 678 : *Quod tres Consules possint et valeant Vendere pondus farine et bladi, et quod nemo ponderare habeat, nisi in domo communi....... Quodque possint quascumque alias imposiciones inter ipsos facere, imponere et ordinare, pro subvencionibus regiis persolvendis,..... et eas Vendi facere, prout eis melius videbitur, absque nostro prejudicio.*

¶ **VENDERE SUB CORONA**, apud Eddium in Vita S. Wilfridi sæc. 4. Bened. part. 1. pag. 695: *Cogitans... sodales suos omnes spoliatos aut in servitutem redigere, aut Vendere sub corona, seu rebellentes occidere.* Præfat. ad Chartul. Aganonis ex Tabul. S. Petri Carnot. : *In captivitate ductos sub irrevocabili corona Vendebat.* Ubi respicit ad ritum servos vænum exponendi, qui tunc ramum gestabant in capite. Vide in *Servus.*

⁂ **VENDERE AD NOCTES**, quid sit, docent Lit. remiss. ann. 1351. in Reg. 82. Chartoph. reg. ch. 267 : *Certas res seu pignora dictus exponens Vendiderat ad noctes, sic videlicet , quod si ipsa pignora idem conquerens non redimeret infra certum tempus, juxta consuetudinem loci, ipsa amplius rehabere non posset.*

⁂ *Vandre* vero vel *Vander*, pro *Bander*, Extendere, Gall. *Tendre, allonger*, sonat in aliis Lit. ann. 1476. ex Reg. 195. ch.

1647: *L'un d'eulx estandi ou Vandi sa jambe senestre, etc.*

¶ **VENDESIA**, Piscis genus, Gall. *Vendoise.* Regest. *Olim* ann. 1273. fol. 195. v° : *Pro ea* (sergenteria) *tenebatur Regi reddere omnes Vendesias quas ibi capiebat.*

¶ **VENDETA**, Forum aut locus ubi merces venduntur. Miracula B. Simonis de Lipnica tom. 4. Jul. pag. 563 : *Matre jam nominata ipsius pueri eundo ad Vendetam cum rebus venalibus, quibus victum suum quærebat.*

¶ **VENDIBILIS PASTURA**. Vide supra *Pastura vendibilis.*

✶ **VENDICARE**, [« *Vendicare*, acquerre. » [Lex. Lat. Gall. Bibl. Ebroic. n. 23, XIII s.)]

¶ **VENDICIA**, Venditio, Gall. *Vente.* Charta ann. 1243. ex Tabul. S. Cornelii Compend. : *Juramento firmans quod ad hanc Vendiciam spontanea, non coacta, benignum præbebat assensum. Vandue*, in Charta ann. 1239. ex Chartul. Campan. fol. 291. v°. col. 2 : *Et a fiancé an nos mains que an ceste Vandue desor an avant que par li ne par autre ne reclamera nule rien.* Litteræ Theobaldi Comit. Barrensis ann. 1269. ex Tabular. S. Stephani Autiss. : *Nous Thiebaux Cuens de Bar..... loons et creantons la Vendue et le marchié que Pierre de Vaux a fait au Chapitre d'Auxerre de 50. arpens de bois.*

⁂ **VENDICION**, *Prov. Paraseve sanctorum est.* Glossar. Provinc. Lat. ex Cod. reg. 7657.

¶ **VENDICIUM**, Defensio, vindicatio. Gloss. Lat. Græc. : *Vendicium*, ἐκδίκησις. *Vindicium*, in Sangerm. Vide in hac voce.

¶ **VENDICOSI**, Ultores, Italis *Vindicarosi.* Chronicon Fossæ novæ : *Ann.* 1186. Ind. 8. *surrexit quædam secta in Regno Siciliæ, de vanis hominibus, qui faciebant se nominare Vendicosos, et mala omnia, quæ facere poterant, non in die, sed in nocte faciebant. Ad ultimum Adinulfus de Ponte Corvo, qui fuerat Magister et Princeps hujus sectæ, sententia Regali judicatus, suspensus est, et multi alii ferro ardenti signati sunt.* Horum etiam meminit Chronicon Anonymi Casinensis ann. 1185. apud Carracciolum.

¶ **VENDIDA**, ut *Venda* 2. Vide in hac voce.

¶ **VENDIER**. Vide in *Venda* 1.

¶ **VENDIMONIARE**, pro *Vadimoniare*, Pignori ponere. Charta ann. 1113. ex Chartul. Aptensi : *Ne possint eum castrum dare, vel vendere, vel Vendimoniare cuiquam sine absolutione illorum.*

¶ **VENDINIÆ**, pro Vindemiæ. Tabular. Camalar. : *Unusquisque debet in messos quartam et convivium, et in Vendiniis* III. *eminas.* Vide *Vendeniæ.*

¶ **VENDITA**, Venditio, VENDITURA. Vide supra in *Venda* 1. 2. et 3.

⁂ **VENDITIO**, Permutatio, in Glossar. Provinc. Lat. ex Cod. reg. 7657.

¶ **VENDOMEISIS**. Polyptychus Fiscamn. ann. 1235 : *De feodo Hude tenet Beatizia Laurence in masura tres virgultas ad campartum, et reddit* 18. *denarios et quatuor Vendomeises ad festum B. Michaelis.* Vide an idem sit quod *Vendesia.*

¶ **VENDRERIA**, Præstationis genus : vim et originem nominis docet Charta ann. 1497. ex Schedis Præs. *de Mazaugues: Dominus de Monte-Meyano dicebat se esse et prædecessores suos fuisse in possessione pacifica, seu quasi, exigendi singulis annis a norriguertis averis minuti dicti castri de Monte-Meyano pro singulo grege servitium perpetuum* 4. *caseorum vocatum* las *Vendrieros pro* 4. *diebus Veneris mensis Maii.* Infra : *Testis productus....* dicit *vidisse exsolvi dictas Vendrerias dicto domino, scilicet* 4. *caseorum pro quolibet grege, et esse in possessione illud jus accipiendi singulis annis.*

¶ **VENE.** Charta Godebaldi Ultraject. Episc. ann. circ. 1122. in Batav. Sacr. pag. 188 : *Eandem paludem cum terra adjacente, videlicet Vene cum proprietate, cum censu, decimis majoribus et minoribus, libere et legitime eidem ecclesiæ tradimus.* Belgis *Ven* vel *Venne* est locus palustris et bituminosus, vel pascuus. Vide *Venna*.

✻ **VENECUPIUM**, Idem videtur quod Aucupium. Stat. monast. Beccens. MSS. ex Bibl. S. Germ. Prat. : *Venecupia, venationes et alia ludicra non exerceant* (monachi).

VENEDONES, *Arbusta*. Glossæ MSS.

¶ **VENEDRIA.** Charta ann. 1204. ex Tabul. Maimac. : *Helias de Podio domicellus.... recognovit se vendidisse..... unam Venedriam, videlicet tertiam partem eminæ siliginis et unam quartam avenæ.* An a *Venda*, Præstatio pro facultate in nundinis vendendi ?

✻ **VENELA**, Semita, via strictior, Gall. Sentier. Libert. Navarierise ann. 1324. in Reg. 63. Chartoph. reg. ch. 206 : *In dicta calle usque ad Venelam cubitus terræ, ad quatuor denarios de censu.* Vide mox *Venella* 1.

✻ **VENELANUS**, Panni species. Vetus scheda Thuana : *Calcias venelanas paria* 1. *Venel*, eodem, ni fallor, intellectu, in Stat. pannif. art. 8. ex Lib. rub. fol. magno domus publ. Abbavil. : *Que nul qui vende Venel, quelconques que il soit, ne fille laine, etc.*

¶ **VENELANUS.** Vide *Calcia* 1. et *Venelenus.*

1. **VENELLA**, et VENULA, Viculus, angiportus, via strictior, Gallis *Venelle*, quod *venæ*, ut *ruga* rugæ in corpore speciem referat ; alii a *venire* deducunt. Fundatio Monasterii Norvicensis in Monastico Anglicano tom. 1. pag. 408 : *Quæ quidem terra S. Michaëlis incipit ad caput cujusdam Venellæ, quæ quondam jacuit inter cœmeterium.... et mansum Fratrum Minorum.* [Chron. Johannis Whetamstedii pag. 497 : *Compulsi erant retrorsum recedere, fugereque cum dedecore ad finem Occidentalem villæ; ubi per Venellam, quæ ducit ab ipso flne versus Boream, etc.* Hinc proverbium Gallicum : *Enfiler la venelle.*] Occurrit iterum pag. 593. et tom. 3. pag. 154. in Chron. Will. Thorn. ann. 1278. et 1367. in Itinere Camerarii Scotici cap. 39. § 7. et apud Gul. Prynneum in Libertatib. Eccl. Anglic. tom. 3. pag. 909.

Venulam dixit Hugo Falcandus : *Plerosque militum per congrua loca disponit : de hinc eam, qua transiturus erat, occulte præmunit insidiis, ac sicubi forte per Venulas, (ut plebeio dicitur) in vias alias lateraliter effluebat, easdem militibus suis proinde distribuit observandas.*

✻ Lit. remiss. ann. 1412. in Reg. 167. Chartoph. reg. ch. 71 : *Le suppliant se tourna en une Venelle entre deux maisons.* André Guillemineau passa par la *ruelle ou Venelle de la maison*, in aliis ann. 1454. ex Reg. 187. ch. 211. Hinc pro spatio lectum inter et parietem legitur, in Lit. remiss. ann. 1451. ex Reg. 181. ch. 68 : *Le suppliant mist son enfant tout mort en la Venelle de son lit.* Unde fortassis emendanda Literæ aliæ ann. 1459. in Reg. 189. ch. 372 : *En laquelle* (chambre) *estoient deux hommes couchiez, qui par crainte se laisserent cheoir en la Veuille ou ruelle du lit.*

¶ 2. **VENELLA**, diminut. a *Veana*. Vide in hac voce. Charta Sigeberti Reg. ann. circ. 648. apud Marten. tom. 2. Ampl. Collect. col. 6 : *Et* (concessit) *in directum item tres alias leuvas, nec non et aliam Venellam in fluvio nuncupante Alisna, ubi illa petra pro quadrata est.*

VENEL. Usatici MSS. urbis Ambianensis tit. *De clameur de venel: S'il avient cose cuns hom se claint d'un autre de deniers, qui die qui li doie de sen Venel, cil qui la dete claime, puet prouver par sen sairement dusques à* 5. *s.* 1. *den. mains, sans che que l'autre partie puise faire une cose encontra ki vaille, pourtant que le dete eust estè accreue, etc.* [Adde Consuet. vet. Monsterol. art. 38. Bolon. art. 144. et Desurenæ art. 6. ubi leg. *Venel*, monente Raguello.]

✻ **VENENAIGIUM**, Fructus ex agro culto, idem quod supra *Gagnagium* 1. Charta Alayd. ducissæ ann. 1234. inter Probat. tom. 2. Hist. Burg. pag. 11. col. 2 : *Abbas et conventus S. Benigni tenentur mihi..... reddere et adducere apud Lentenay ducentas et viginti minas bladi, quadraginta frumenti de meliori, quod erit in grangia de Pruneto, tam suo Venaigio quam de redditibus dictæ villæ; et si forte frumentum Venenaigii sui vel redditum dictæ villæ non sufficeret, etc.* Vide supra *Vaanagium.*

VENENARE, Veneno inficere : Gall. *Envenimer*. Occurrit apud Notgerum Leod. Episc. in Præfat. ad Vitam S. Landoaldi. [Le Roman *de Rou* MS :

Alexandre fu Roiz puissans,....
Mais cil conquist, poi il valut,
Envenimez fu, si morut.

Ibidem :

Puis fus oeis ô Nice par Envenimoison,
Un gars l'Envenima par conseil d'un felon.]

✻ *Envelimer*, eodem sensu, in Lit. remiss. ann. 1400. ex Reg. 155. Chartoph. reg. ch. 433 : *Survint un appostume ou bosse audit Geffroy, laquelle il fit fendre et flamer à un barbier, qui se Envelima telement, qu'il n'en pot estre gueri. Envelimé* vero, pro Exacerbatus, in aliis Lit. ann. 1468. ex Reg. ch. 153 : *Philippot le Clerc ressembloit fort enflamé et Envelimé contre icelui Foucault. Envenimeure,* Veneficium, vulgo *Empoisonnement*, in Consil. Petri de Font. pag. 133. art. 21.

VENENARIUS, Veneficus, vel artifex aut venditor veneni : *Maleficus, φαρμακεύς*, in Gloss. Lat. Gr. Papias et Joh. de Janua : *Venenaria, mulier quæ facit venenum.* Synodus Ticinensis ann. 850. cap. 25 : *Quædam etiam ita Venenariæ sunt, ut quosdam peremisse multo populi rumore deferantur.* Ita Appendix Codicis Theodos. Constit. 8. Venenarios cum Magis confundit : *Non aliquos in astra peccantes, non Venenarios, aut magos, etc.* Utuntur Suetonius, Opiatus, Tertullianus, Hieronymus, Collatio Legis Mosaicæ cap. 15. Jul. Firmicus lib. 6. cap. 19. Vetus Interpres Juvenal. Sat. 3. v. 44. Fragmentum Petronii pag. 17. etc.

¶ **VENENIFLUUS**, Qui infundit venenum. Vita S. Gothlaci tom. 2. April. pag. 41 : *Venenifluam desperationis sagittam totis viribus jaculavit.*

¶ **VENERABILIS**, Decens, consentaneus. Testam. Guillelmi dom. Montispessul. ann. 1202. ex Schedis Peiresc. apud Præs. *de Mazaugues : Filiæ meæ Mariæ.... donet has* CC. *marchas argenti, et ornamenta nuptialia honorabiliora,* scilicet IV. *vestimenta mutatoria, cum* IV. *Venerabilibus sectis ornatis.*

¶ VENERABILITER, Decenter, ea ratione ut venerentur. Charta ann. 1030. ex Tabul. S. Victoris Massil. : *Cedimus prædicto nostro Redemptori ejusque almæ genitricis memoriæ quæ sacrata consistit in eadem ecclesia qua creduntur cubare Venerabiliter beatissimorum prædictorum artus Victoris et comitum ejus.*

¶ VENERABILIS LEX, Christiana Religio, in Cod. Th. leg. 7. (6, 4.) de Judæis et leg. 7. de Prætor. (16. 8.)

¶ VENERABILIS ORDO, Senatus, ibid. leg. 7. de Decur. et silent. lib. 6. tit. 28.

¶ VENERABILIS SUBSTANTIA, Res privata Principis, ibid. lib. 16. tit. 5. de Hæret. leg. 54.

¶ VENERABILIS VITA, Monastica professio; unde *Venerabilis*, pro Monachus, nude non semel occurrit. Audoënus in Vita S. Eligii lib. 1. cap. 10 : *Buchinus ex gentili conversus, postea Venerabilis, id est Monachus, exstitit.* Ado Viennensis Episc. de Wilicario ejusd. Sedis Episcopo : *Relicto Episcopatu in monasterium SS. Martyrum Agaunensium ingressus, vitam Venerabilem duxit.* Hinc S. P. Benedictus *Vir vitæ venerabilis* a Gregorio M. prædicatur. Vide Annal. Bened. tom. 3. pag. 604.

✻ VENERABILIS, Titulus honorarius, quo Theobaldus Campaniæ comes donatur a Joanne comite Cabilonensi, in Charta ann. 1230. ex Chartul. Campan. Cam. Comput. Paris. fol. 212. r°. col. 1. Eo etiam interdum appellantur consules municipales. Vide *Discretus* et *Venerabilitas.*

1. **VENERABILIS**, Titulus honorarius Episcoporum, qui *Venerabiles* vulgo compellantur, in Collat. 1. Carthag. cap. 40. 62 apud S. Augustinum Epist. 76. 88. 189. in Epistola Vitalis et Constantii ad Capreolum Episcopum Carthag. edita a Nicolaum I. PP. Epist. 28. 44. etc.

☞ Regibus Francorum concessus est aliquando idem titulus : hinc Philippus I. in Charta ann. 1094. apud Mabill. Diplom. pag. 589. *Venerandus* nuncupatur : *Signum Philippi Venerandi Regis.* Necrolog. Argentol. pridie Idus Julii : *Anniversarium Venerabilis Philippi Francorum Regis.* Vide Mabill. Diplom. lib. 2. cap. 6. n. 8. et infra *Venerantia.* [✼ Remig. ad Marc. Capellam apud Maium in Gloss. novo: *Auctoritas heic Venerabilitas est alicujus personæ, quæ jure recipiatur.*]

✻ 2. **VENERABILITAS**, Veneratio, reverentia. Charta Hugon. Capeti ann. 987. tom. 10. Collect. Histor. Franc. pag. 549 : *Postularunt ut pro Dei omnipotentis amore et præmemorati martyris Venerabilitate nostrique regii status honore, etc.*

¶ **VENERABILITER.** Vide in *Venerabilis.*

✻ **VENERABILLIMUS**, Venerandus admodum, in Charta ejusd. reg. ibid. pag. 550. Unde *Venerabillime*, perquam reverenter, in Vita S. Emmer. tom. 6. Sept. pag. 496. col. 1.

¶ **VENERACIA**, f. pro *Vineritia*, Vinea, vindemia. Vide in hac voce. Charta Hellini Archiep. Trevirensis ann. 1152. apud Marten. tom. 7. Ampl. Collect. col. 73 : *Apud Girbespath medietatem Veneraciarum et guestus in placitis et avenam recuperavimus.*

¶ **VENERABILIS**, Venereus, libidinosus. Epist. Johannis de Varennis apud eumdum ibid. col. 574: *Ubi enim sunt filii ecclesiæ, qui a Deo pro ea misericordiam* *poposcant ?... opera potius scelerata in ea commitentes, Veneralia carnaliaque nimis planctu digna atque luctu.*

※ **VENERALITAS**, ut *Venerabilitas*. Acta S. Morandi tom. 1. Jun. pag. 352. col. 2 : *Claudos tres sospitati condonavit sancti Veneralitas.* Occurrit rursum infra.

VENERANDOSUS, pro *Venerandus*, in Charta Caroli C. ex Tabular. S. Cyrici Nivern. n. 2.

VENERANTIA, pro *Veneratio*. Abbatum titulus honorarius. Aimoinus de Vita S. Abbonis Floriac. cap. 17 : *Meque qui hæc scribo Aimoinum, cum Guillelmo suæ Venerantiæ, juxta Abbatum morem, tum bajulo.* [Vide Mabillonium sæc. 6. Bened. part. 1. pag. 52. et Annal. Bened. tom. 4. pag. 171.

¶ **VENERARIUM**, Calvarius mons, ob statuam Veneris in eo collocatam sic ab Ambrosio appellatus in Psal. 47 : *Dominus secundum cœli tractum in Venerario passus est.*

VENERATIO, Titulus honorarius Episcoporum et aliorum, apud S. Augustinum Epist. 78. 80. 91. 95. 104. 157. Nicolaum I. PP. Epist. 28. Ruricium lib. 2. Epist. 14. 49. etc. [Vide supra *Venerabilitas*.]

¶ **VENEREUS**, Veneri deditus. Chron Angl. Th. Otterbourne pag. 183 : *Obiit etiam* (ann. 1394.) *Ducissa Eborum, soror Ducissæ Lancastriæ uterina, domina carnalis et delicata mundialis, ut fertur et Venerea.* Vide *Veneripeta*.

※ **VENERIA**, a Gallico *Venerie*, Venatus, officium in aula regia. Memor. N. Cam. Comput. Paris. fol. 140. v°. ad ann. 1410 : *Dominus Guillelmus de Gamachiis miles, cambellanus domini regis, ordinalus et stabilitus magister venator et gubernator Veneriæ regis, loco Roberti de Franconvilla.* Vide supra *Venatoria*.

※ **VENERINUS DIES**, Dies Veneris. Lit. admort. ann. 1474. in Reg. 206. Chartoph. reg. ch. 460 : *Singulis septimanis perpetuis temporibus, diebus Dominicis, Mercurinis et Venerinis, etc.*

¶ **VENERIPETA**, *Luxuriosus*. Gloss. Isid.

VENERIS. Leges forestarum Kanuti Regis cap. 1. de forestarum custodibus : *Sint.... quatuor.... qui curam et onus tum viridis tum Veneris suscipiant.* Ita cap. 4. 11. 30. Et cap. 28 : *Aper vero quanquam forestæ sit, nullatenus tamen animal Veneris haberi est assuetus.* Ubi Interpres Normannus *Veneris* vocem usurpat pro venatione, ut infra observat Spelmannus, qui, si bene conjicio, non bene legit in suo MS. ubi forte *Veneriæ* habetur, nam *Veneriæ* dicimus venationem ; unde in Regum nostrorum Palatiis sunt Officiales, quos *de la Venerie* dicimus. [※ Vide supra *Veneria*.] [Vide *Viride* 1. ubi non semel *Venatio* et *Viride*, Gall. *vert* et *veneson*, Angloss. forte **wild and weald** vel **wudu**.]

VENEROSUS, Ἀφροδισιαστής, in Gloss. Gr. Lat.

¶ **VENERUS**, perperam pro *Venetus*. Vide ibi.

※ **VENESO**, Ferina caro, Gall. *Venaison*. Acta SS. tom. 1. April. pag. 181: *Omnia genera animalium ferocium et Venesonum ei nocebant.* Vide *Venatio*.

VENETIANI, Monetæ Venetorum, in Vita Balduini Lutzemburg. Archiepisc. Trevirens. lib. 2. cap. 10. [*Venetiales grossi*, in Chron. Rolandini Patav. apud Murator. tom. 8. col. 277.]

※ De origine et antiquitate monetæ Venetianæ consule dissertationem Hier. Zanetti editam Venet. ann. 1750.

※ **VENETUM**, Gall. *Venet*. Retis species. Lit. remiss. ann. 1423. in Reg. 172. Chartoph. reg. ch. 254 : *Le suppliant ala en la mer pour tendre un filé, nommé Venet, pour prendre des poissons.*

1. **VENETURA**. Regestum Castri Lidi f. 82 : *Ipse debet molendinare post illum, qui ad molendinum molendinat ; et post, debet molendinare Veneturas suas.* Forte pro *Vannituras*, id est, quod ex vano ventilatis superest.

※ 2. **VENETURA**, Perperam, ni fallor, pro *Unctura*, adeps, pinguedo, Gall. *Graisse*. Inquisit. Tolos. acta ad ann. 1238. inter Probat. tom. 3. Hist. Occit. col. 386 : *Et promisit quod...... neque comederet carnes ulterius, neque ova, neque caseum, neque aliquam Veneturam, nisi de oleo et piscibus.* Vide infra *Unitura*.

¶ **VENETUS COLOR**, Cæruleus, Ital. *Veneto*, Gall. *Bleu de Veniss*. Vita S. Chunegundis sæc. 6. Bened. part. 1. pag. 454 : *Obtulit et ipse beato Benedicto eodem die planetam optimam Veneti coloris.* Ita etiam legendum est in Chron. Romualdi II. ad ann. 814. ubi de Carolo Imper. apud Murator. tom. 7. col. 155 : *Vestitu patrio, id est Francico utebatur, ad corpus camisia linea et fœminalibus lineis, tunica vero quæ limbo serico utebatur ; tibialibus quoque cum fasciolis, crura et pedes calceamentis constringebat, amphibalo Veneto amictus et gladio semper accinctus.* Ubi perperam editum est *Venero*. [※] Einhard. Vit. K. M. cap. 23. Confer Juven. Stat. 3. vers. 170.]

★ **VENGA**, *Bæche*. (Gloss. Lat. Gal. Bibl. Insul. E. 36. XV. s.)

※ **VENGENCIA**, obsignatio. Charta Phil. Pulc. ann. 1306. in Reg. 38. Chartoph. reg. ch. 176 : *Missionem seu positionem præconis vinorum, prisiasque et Vengencias cum emendis, quæ exinde provenire possent, etc.*

※ **VENGHUS**, Ager viminibus vel arboribus consitus. Stat. Taurin. ann. 1360. cap. 144. ex Cod. reg. 4622. A : *Qui inciderit vel messuerit fascem alienam agreti vel Venghi, seu alienum Venghum excalverit, solvat pro quolibet et qualibet vice sol. 3.*

※ **VENGUETA**, Perperam pro *Lengueta*. Vide supra in hac voce.

¶ 1. **VENIA**, *Sacrosancta Eucharistia*, in Gloss. Gasp. Barthii ex Raimundi Agilæi Hist. Palæst. apud Ludewig. tom. 3. Reliq. MSS. pag. 252. [※ ed. Bongars. pag. 151 : *Sacerdos vadens habere Deum mortis suæ testem, ingressus ecclesiam B. Mariæ Virginis, habita confessione et sumpta Venia, etc.*]

※ 2. **VENIA**, Idem quod vulgo *Indulgentia*, Remissio aut relaxatio pœnæ seu pœnitentiæ pro peccatis, vel debitæ, vel impositæ ; præsertim illa indulgentia, quæ ad ecclesiam aliquam certo die concurrentibus conceditur a summo pontifice, vel ab episcopis. Vide supra *Pardonantia*. Fragm. Hist. Fulginat. ad ann. 1292. apud Murator. tom. 4. Antiq. Ital. med. ævi col. 141 : *Sanctus Johannes de Casalina venit Fulginium ad Veniam beati Feliciani.* Vide ibi notam. [※ Simili sensu in Inscript. ann. 1055. apud Schannat. Histor. Episc. Wormat. pag. 63. tom. 1 : *Dedicata est ista capella ...... in honorem..... S. Stephani Prothomartyris, Clementis papæ, Marcelli papæ et aliorum plurimorum martyrum et sanctorum, ad quorum Veniam Arnoldus præsul ante limen januæ istius templi coram clero et populo tradidit 6. mansos. Ad eorum indulgentiam obtinendam. Alia ann. 1084. ibid. pag. 67 : Azzechoni episcopo et Benzoni qui fecit Veniam rogata.*]

※ **VENIA DIGNA**, Idem quod *Bona venia*. Acta S. Jan. tom. 6. Sept. pag. 881. col. 2 : *Qualiter amplitudo corporis ejus secundum staturam æquiorem, ad quam metiri et comparari potuit, Venia digna, quinque pedum et sex digitorum prolixa fuisset, etc.*

¶ **VENIABILIS**, Culpa levis, Venia dignus. Sidonius lib. 9. Epist. 15 : *Sed tamen scribis tum quod erraverim Veniabile fors.* Charta ann. 909. apud Stephanot. tom. 4. Fragm. Hist. MSS. pag. 81 : *Nisi sponte sua Veniabilem hujus factionis protulerit emendationem.* Occurrit alibi.

※ **VENIALIS**, Eadem notione, apud Ludewig. tom. 6. Reliq. MSS. pag. 199. et alibi.

※ **VENIALIA PROMISSA**, Promissio veniæ, relaxationis pœnæ vel pœnitentiæ. Annal. Sax. ann. 1088. apud Pertz. Script. tom. 6. pag. 681 : *Mediolanus episcopus, adhuc in incœpta permanens transgressione, quia nec minis terreri, nec Venialibus promissis, quæ ei compassionis gratia tam a domino apostolico, quam a celeris episcopis offerebantur, ad pœnitendi satisfactionem potuit ad luci, etc.*

※ Unde nostris *Veniaument*. Lit. remiss. ann. 1383. in Reg. 122. Chartoph. reg. ch. 286 : *L'exposant deist icelles paroles fors Veniaument et simplement, sanz penser à aucun malice.*

1. **VENIÆ**, inclinationes, vel genuflexiones religiosorum, quæ Græcis μετάνοιαι, quod ut plurimum in *pœnitentiam* injungi solerent. Petrus Venerabil. in Statutis Cluniacensib. cap. 4 : *Sed et illa* (genuflexio) *quæ fieri solet ab iis, qui portanti Eucharistiam quolibet in loco occurrunt ; atque illis metanœis, quæ quotidiano usu in Capitulo fiunt, et vulgo Veniæ nominantur, etc.* Pœnitentiale MS. Thuanum : *Qui in Ecclæsia centies genua flexerit, id est si centies Veniam petierit, etc.* Pœnitentiale S. Columbani : *Si perdiderit...... longa Venia in Ecclesia, dum 12. Psalmos ad Duodecimam canunt, prostratus nullum membrum movens pœniteat.* Alibi : *Fabulas otiosas proferens, ... Venia tantum mulcteur. Regula S. Donati cap. 26 : Si ex negligentia vel oblivione, vel transgressione securitatis, tam in liquidis quam in aridis amplius solito perdiderit, longa Venia in Ecclesia dum. 12. Psalmos ad Duodecimam canunt, prostrata nullum membrum movens pœniteat.* Thomas Walsinghamus in Ricardo II. pag. 196 : *Rege interim prostrato in longa Venia, etc.* Chron. Laurisham. :

Per Venias centum verruat barbis pavimentum.

Liber 4. Insinuat. divinæ pietatis S. Gertrudis cap. 2 : *Cum vero finitus Psalmis conventus de Veniis surgeret, etc. Veniam petere,* lib. 5. cap. 22. [※] Ecbasis vers. 770 :

Jam prope psalteriam finivi carmine sacrum
Incumbens Veniis, ne foream victumarens.
Psalmos explebo cecini quos usque memento.
Psalmo finito curvabar poplito fixo.]

[Ordinar. S. Laudi Rotomag. ad calcem Joh. Abrinc. de Off. Eccl. pag. 724 : *Genuflexiones quas Venias appellamus hoc tempore postponuntur, exceptis illis quas accipiunt qui in choro in cantu vel psalmodia fallunt.* Necrolog. Domus Portarum apud Stephanot. tom. 7. Fragm. Histor. MSS. pag. 143 : *In suo obitu per solvemus ei duo psalteria unum cum Veniis, alterum sine Veniis.* Vita S. Bibiani Sancton. Episc. apud Marten. tom. 6. Ampl. Collect. col. 766 : *Dum.... gloriosus præsul lassata Veniis membra quieti accommodaret, etc. Veniam accipiant super natam,* in Consuet. Fontanell. MSS. *Veniam facere,* in Chron. Medic. pag. 334 : *Similiter servitores excedentes, Venias faciant.] Venias sumere, capere, suscipere ; veniam sumere super terram ; venias sanctimonialium discutere ,* in Statutis Ordinis S. Gilberti pag. 760. 761. 764. in Statutis Cartusiens. Guigonis cap. 18. § 4. in Antiq. Statut. ejusd. Ord. 1. part. cap. 13. § 35. 39. 44. cap. 18. § 7. cap. 26. § 3. cap. 36. § 19. 21. 26. et alibi. Vitæ Abb. S. Albani de forma receptionis Abbatis S. Albani de longinquis partibus venientis : *Et hoc fiet,.... cum itur in Ecclesiam, acceptis ante ipsum parvis Veniis, gaudenter et reverenter.* Udalricus lib. 2. Consuet. Clun. cap. 1 : *Instruendi sunt (novitii) quemadmodum faciant petitionem suam, primum, ut sciant Veniam petere more nostro.* Idem lib. 1. cap. 1 : *Cum venerint in chorum, complicantur formæ, sicut est consuetudo in his diebus, in quibus Venia non est petenda.* Cæsarius Heisterbach. lib. 3. cap. 33 : *Dominam nostram Dei genitricem Mariam centies, cum totidem Veniis, Angelico versiculo salutabis.* Cap. 85 : *Quoties illi speciales orationes sive Venias secretius offerre potuit, pro maximis deliciis reputavit.* Cap. 46 : *Summo honore eandem imaginem veneratur, salutationes, orationes, multasque Venias coram illa faciens.* Cap. 50 : *Singulis diebus in honore ejus 50. Ave Maria, cum totidem Veniis dicere consuevi.* Vide præterea cap. 38 49. et lib. 8. cap. 96. lib. 9. cap. 42. 49. 51. Vitam S. Samsonis Episc. Dolensis lib. 1. cap. 13. Vitam S. Arberti n. 4. Miracula S. Ludgeri Episc. Mimigard. num. 49. [Vitam S. Udalrici sæc. 5. Bened. pag. 427. Vitam B. Simonis Comit. sæc. 6. part. 2. pag. 379. Vitam S. Anselmi Episc. Lucens. ibid. pag. 480. Bernardi Mon. Ordin. Cluniac. part. 1. cap. 48. etc.]

Usurpatur etiam pro salutatione, [quæ apud Monachos cum inclinatione vel genuflexione fieri solebat.] Vita S. Vitalis Siculi num. 4 : *Postquam ad invicem recognoscunt, mutuamque sibi Veniam venerenter impendunt.* Num. 8 : *Præmissa salutationis elogio , consueta capitis inclinatione et genu flexo mutuam sibi venerentiam impenderunt.* Vide Metanæa.

VENIAM MANU PETERE *tantum,* i. e. manu ori admota, in Statut. Ord. Præmonstrat. dist. 1. cap. 5. et in Ordinario ejusdem Ordinis.

VENIALITER, Facta corporis inclinatione. Vita S. Wolfgangi Episcopi Ratispon. cap. 14 : *Cumque in præsentiam Cæsaris esset ductus , ante pedes ejus Venialiter prostratus, se dixit indignum, etc.*

¶ VENIAM ÆTATIS CONCEDERE, Emancipare, litteras dare quibus alicui bona sua administrare conceditur, quas nuncupamus *Lettres de bénéfice d'âge.*Charta Ottonis IV. Imper. ann. 1212. apud Murator. adde Antic. Estensi pag. 396 : *Postulavit ut Veniam etatis sibi concedere dignaremur....... Eidem Bonifacio Marchioni Veniam etatis ex certa celsitudinis nostræ scientia, imperiali auctoritate concedimus, ut ipse tanquam major libere possit agere, causari, petere, etc.*

° Charta ann. 1354. in Reg. 82. Chartoph. reg. ch. 532 : *Eidem* (Johanni) *duci Lotharingiæ de speciali gratia, de certa scientia et de plenitudine regiæ potestatis Veniam ætatis concedimus, ipsumque habilitamus habilemque facimus et reddimus ad universale regimen terræ suæ ac bonorum suorum mobilium et immobilium quorumcumque præsentium et futurorum.* Vide in *Veniæ* 1.

¶ 2. VENIÆ, perperam pro *Neniæ,* in Gloss. Lat. Gr. : *Veniæ,* ὕμνοι ἐπὶ τῶν νεκρῶν. Sangerm. vero habent, *Næniæ.*

¶ VENIALIS. Vide *Veniabilis.*

¶ VENIALITER, Absque culpa. Ratherii Veron. Epist. apud Acher. tom. 2. Spicil. pag. 250 : *Lupi illi gregem non quærebant invadere, sed pastorem, persequutusque in una civitate, fugere Venialiter potui in aliam.* Conc. Toletan. VI. inter Hispan. tom. 2. pag. 516: *Quod si quisquam jam talia iniqua deliberatione cum quocumque est meditatus, hoc sibi noverit esse sacerdotali moderatione concessum, ut Venialiter possit hoc sine mora principis auribus publicare.* Vide alia notione in *Veniæ* 1.

∞ VENIARE, Venias, genuflexiones facere Ruodlieb. fragm. 6 vers. 103 :

Ante diem surgit, senis ad tumulum Veniavit,
Donec sudavit, donec plus staru nequivit.
Tunc ruit in faciem dum fontem flens ibi facit.

¶ VENILIA, Accessus æstus marini. Vita S. Columbæ tom. 2. Jun. pag. 222 : *Uter quem salacia sustulit unda , ad suum locum post tutum egressum reportabit Venilia.* Consule Græfii Dissertat. hac de re edit. Ultraject. ann. 1716. Vide *Ventia.*

¶ VENIPETA, Qui *Venias,* seu inclinationes, vel genuflexiones iterat. Vita S. Ramuoldi sæc. 6. Bened. part. I. pag. 14. [∞ Arnoldus de S. Emmeram. lib. 2. cap. 18.] · *Quadam nocte discurrens inter altaria, ut ante solebat, frequens Venipeta, labori sacro vigilanter insistebat.* [∞ Qui veniam i. e. indulgentiam petit.]

¶ VENIRE, Activa significatione, Vendere. Drogo in Translat. S. Lewinæ tom. 5. Jul. pag. 618 : *Verum quosdam socios compatriotas reperiunt, qui similis mercis causa huc venerant, et quædam quæ secum detulerant, Veniunt ; quædam quæ vehant, mercantur.*

° VENIRE AQUA, Phrasis Italica. Chron. Patav. ad ann. 1201. apud Murator. tom. 4. Antiq. Ital. med. ævi col. 1124 : *Eo tempore facta fuit Venire aqua a Montesilice propter navigium veniendo Paduam.* Id est, Adducta est aqua.

° VENIRE DE BASSO, Gall. *Venir de bas,* Ex illegitimo concubitu ortum habere. Charta ann. 1402. in Reg. Joan. ducis Bitur. ex Cam. Comput. Paris. fol. 37. r° : *De la partie de Phelippe de Nohant, femme de Jehan du Jal,.... nous a esté exposé...... que comme elle feust Venue de bas et ne feust née en loyal mariage,.... et que de present elle a plusieurs enffans,.... il nous pleust iceulx enffans femeaulx et de sexe femenin habiliter,..... et à iceulx faire pareille grace que nous avons* (faiz) *à elle.* Vide supra *Bastardus.*

° VENIRE AD CAUSAM, Lite ad judicio contendere. Charta ann. 1206. in Chartul. eccl. Lingon. fol. 12. r° : *Si discordia oriatur inter me et episcopum de negotiis Castellionis, quæ Veniat ad causam, etc.*

¶ VENIRE CONTRA, Phrasis Gallica, *Venir contre,* Intercedere, Gall. S'Opposer. Statuta castri Origini ex Schedis D. le Fournier : *Renunciantes omni juri scripto et non scripto, civili et canonico promulgato, vel promulgando ad Veniendum contra.*

° VENIRE INTUS, Intervenire. Vide supra *Intus venire.*

° VENIRE AD MANUS, Manus conserere, pugnam inire, Gall. *Venir aux mains.* Steph. de Infestura MS. ubi de Innoc. VIII : *Maximus tumultus factus fuit in dicto conclavio, ita quod unusquisque credebat eos Venturos ad manus.*

° VENIRE IN OBITUM, Morti proximum esse. Charta ann. 1107. ex Chartul. de Domina in Dalphin. fol. 12 : *Dominus Wilelmus filius eorum, cum Veniset in obitum, monachus factus reddidit mansum.*

¶ VENIRE IN QUERELAS, Conqueri, in Cod. Theod. lib. 10. tit. 8. de Bonis vacant. leg. 3.

° VENIRE AD TERRAM, Gall. *Venir à terre,* Nasci. Charta ann. 1260. in Reg. 81. Chartoph. reg. fol. 102. v°. col. 2 : *Je Mahius, sire de Biauvoir, fas savoir à tous chiaus ki ces letres verront, que je tieng et ai tenu puis que je Ving à terre, et m anchisseur, etc.*

¶ VENISIA, VENISIS, Venetiæ, Gall. *Venise.* Sciatis quod, cum nuper quinque galeæ de villa *Venisii,* etc. in Litteris Edwardi II. ann. 1823. apud Rymer. tom. 3. pag. 1011. Inventar. S. Capellæ Paris. ann. 1376 : *Una pulcherrima crux cooperta auro de opere Venisiæ. De l'euvre de Venise,* in alio Inventar. Gallico.

VENITARE, Liber Ecclesiasticus, in quo descriptus Psalmus cum notis musicis, *Venite, exultemus Domino,* etc. quo *Matutini* incipiuntur. Synodus Exoniensis ann. 1287. cap. 12 : *Psalteria, Ordinale, Venitare, Hymnare, Collectare, etc.*

VENITARIUM , in Monastico Anglic tom. 3. pag. 332.

¶ VENITIA, Maris exæstuatio, quæ ad litus venit. Gloss. Isid. Male pro *Venilia.* Vide in hac voce.

¶ VENIVOLENTIA, pro Benevolentia, in Bulla Nicolai I. PP. ann. 863. apud Doublet. Hist. Sandion. pag. 456.

1. VENNA, VINNA, BENNA, Septum ad intercipiendos pisces. Brouverus lib. 5. Annal. Trevir. pag. 847. 1. edit. Belgæ vero *ven,* et *venne,* ac *veen,* quandoque locum quemvis pascuum vocant, sæpius palustrem et bituminosum, unde ad struendum ignem niger cespes, quem *Turbam* nuncupant, eruitur. [∞ Vide Graff. Thesaur. Ling. Franc. tom. 3. col. 522. voce *Fenna,* et col. 126. voce *Benna.*] Charta Childeberti Regis Franc. pro Ecclesia S. Germani Pratensis : *Cum piscatoria, quæ appellatur Venna, cum piscatoriis omnibus, quæ sunt in alveo Sequanæ.* Diploma Sigeberti Regis Austras. editum ab Henschenio 1. Febr. § 3. num. 17 : *De nostra silva Uriacensi, cum ipsa Venna Dominica, quæ dicitur Arnulfi.* Aliud Childerici Regis eod. § num. 21 : *Aviaco, ubi Gara lacus Vennam habuit.* Capitulare 2. ann. 813. cap. 19 : *Vivaria cum piscibus, Vennas, molina, stirpes, etc.* Charta Ludovici Pii edita a Mabillonio : *Quandam piscariam... in villa , quæ vocatur Rioilus in fluvio videlicet Sequanæ fieri jussit. Mox : Sed eandem monasteria omni tempore pro sua portione restauratio Vennæ atque emendationi adminiculum præstent.* Rursum : *Nec fiant opera huic Vennæ nocitura.* [∞ Charta Arnulfi R. ann. 888. apud Günther. Cod. Dipl. Rheno-Moseli. num. 5. tom. 1. pag. 49 : *Vennam in marcha Windiga sitam, cum silva quam Cone rivulus alluit, ad instaurandam eandem Vennam.*] Charta Ottonis M. Imp. ann. 959. apud Zyllesium : *In piscationes et*

Venna quadam in Ruvera fluvio constructa. Charta Ricardi II. Ducis Norm. pro monasterio Fiscamnensi ann. 1027 : *In fluvio Sequanæ piscatoriam, quæ dicitur Venna S. Leutfridi, et in eodem fluvio tractus piscatorios.* [Charta ann. 1188. apud R. P Benoist Hist. Tull. pag. XCIV : *Conferimus... decimam salmonum sive retibus sive Venna capiantur.*] Vide Doubletum pag. 795. Hinc nomen loco ad Sequanam prope Riogilum (*Ruel*) *Carolivenna*, Helgaudus in Roberto R.: *Venientes ad portum Sequanæ, qui dicitur Carolivenna, hoc est, piscatoria, quæ erat difficultate transmeabilis, etc.* Aimoinus lib. 1. de Miracul. S. Germani Episcopi Parisiensis cap. 1 : *Ad locum, qui vocatur Carolivenna.* Hodie *Chalevanne* dicitur. In Statuto Caroli VI. ann. 1415. art. 1. vetantur fieri in fluvio Sequanæ, *Vennes, gords, pieux, moulins, pescheries, etc.*
⁕ Glossæ Cæs. Heisterbac. in Reg. Prum. tom. 1. Hist. Trevir. Joan. Nic. ab Hontheim pag. 675. col. 2 : *Venna est instrumentum sumtuosum et satis utile, unde pisces capiuntur, quod appellamus Veer sive steyle.* Hinc *Venaige*, Jus ad *Vennam* seu aquarii canalis valvulam piscandi, in Lib. cens. castell. Arciac. ad albam fol. 2. v°: *Le Venaige des vennes des molins dudit Arcyes est tel, que nulz ne puet mettre peniers, ne filez au dessoubz du venaige des molins, fors que le seigneur ou celui à cui le sire ou ses gens le baillent à ferme, à peine de soixante solz d'amende. A Venna, Venne lier* appellatur pars aratri, qua illud attolitur vel dimittitur, in Lit. remiss. ann. 1377. ex Reg. 111. Chartoph. reg. ch. 85.

VINNA, Eadem notione. [Præceptum Ludovici Reg. ann. 871. apud Marten. tom. 1. Ampl. Collect. col. 194: *Quam etiam piscationem et Vinnam domnus Pippinus Rex cum terminis supra fluvium Rheni consistentibus de præscripta villa Naucravia concessit ad monasterium Prumiæ per suæ auctoritatis præceptum, et idcirco deprecatus est clementiam nostram.... ut nostræ auctoritatis præceptum super eamdem piscationem et Vinnam facere juberemus.*] Chronicon Laurisham. pag. 61 : *Tantis munificentiis suæ beneficiis adjecit clementia clementissimus Rex piscationis concessionem in Rheno flumine,.... ut Abbas et fratres licentiam haberent ad Vinnam faciendum, et piscandum, pro opportunitate Ecclesiæ, et stipendio ipsorum fratrum.*

BENNA, apud Leonem Ost. lib. 1. cap. 47 : *Ab ipso latere finis ipsa Benna, ab altero latere 7. viæ, ab altero alia Benna, quæ se simul conjungunt.* Charta ann. 1120. apud Ughellum in Episcopis Teatinis : *A capite est ipsa mangane, et descendit ad Bennam, et sicut decurrit, ascendit usque ad silvam, etc.* Infra : *Et descendit ad Bennam campi, etc.* Nisi his locis *benna* idem sit quod *Bonna*.

¶ VENNA, Sepimentum quodvis apud Dombenses præsertim, quibus etiam hodie *Vennes* sepes dicuntur. Charta Cassaniæ ann. 1897: *Tenet domum et vercheriam suam clausam Vennarum.* Occurrit præterea in Charta feudorum nobilium Castillionis Dombarum ann. 1463. Sed et ea notione usurpari videtur in Regest. Prumiensi tom. 1. Etymol. Leibnitii pag. 446: *Quibus Venna paratur, vel etiam fortes sepes.* Vide *Vanna* 2.

⁕ 2. VENNA, a Gallico *Vanne*, vel *Venne*, Amniculus, qui in antiquis tabulis, teste Valesio, *Venena* et *Veneta* nuncupatur. Charta Henr. Comit. Trec. ann. 1172. in Chartul. Pontiniac. ch. 72: *Concessi quod infra fines illos, quos claudit Lamboye fluvius, sicut in Vennam fluvium defluit, et Venna versus Senonis currit, etc.*

⁕ VENNELLA, Tegulæ species, nostris *Vennel* vel *Venneau*. Comput. ann. 1441. ex Tabul. S. Vulfr. Abbavil. fol. 24. v°: *Item pro duabus festissuris, xvj. den. Item pro xiij. Vennellis, iiij. sol. Arrestriers et Venneaulx pour dix solz le cent*, in Reg. 18. Corb. sign. *Habacuc* ad ann. 1514. fol. 219.

¶ VENNUS, ut *Venna*. Tabul. S. Victoris Massil.. *Donamus terram quam habemus ad molendinum quem vocant Bernardum usque ad alium molendinum Cautivennum, Vennum vendimus S. Zachariæ.*

⁕ VENOR, Perperam fortassis pro *Tenor*, nostris *Taille.* Testam. Caroli Andegav. ultimi comit. Prov. ann. 1481. 10. Dec. ex schedis D. Chaix advoc. Aquens. : *Item ordinavit dominus rex testator dominus est et manuteneri in eadem ecclesia Nostræ Dominæ Castri-Ayraudi duos Vicarios, qui vicarii sint Venores.* Vide *Tenor* 4.

1. VENTA, quæ et SUPERVENTA, Augurium, quod captabatur ex venientibus aut supervenientibus hominibus vel avibus, quas *Augurales alites* vocat Martianus Capella lib. 1. pag. 11. an ut aliis animalibus. Nonnus in Sylloge Hitor. pag. 151 : Ὀρνεοσκοπικὸν δέ ἐστιν, ὅταν πατομένου, τοῦ δὲ ἢ τοῦ δὲ ὄρνιθος, ἢ ἔμπροσθεν, ἢ ὀπίσω, ἢ δεξιὰ, ἢ ἀριστερὰ, εἴπωμεν, ὅτι τὸ δὲ συμβαίνει. λέγεται δὲ ἐξευρηκέναι πρῶτος Τηλέγονος. Sidonius in Panegyrico Majoriani :

Si Liciæ sortes sapiunt, si nostra volatu
Fata loquuntur aves, etc.

Ammianus lib. 21. cap. 1 : *Auguria et auspicia non volucrum arbitrio futura nescientium colliguntur (nec enim hoc vel insipiens quispiam dicet); sed volatus avium dirigit Deus, ut rostrum sonans, aut prætervolans pinna, turbido meatu vel leni futura demonstret. Amat enim benignitas nominis, seu quod merentur homines, seu quod tangitur eorum affectione, his quoque artibus prodere, quæ impendent.* Zeno Veronensis in serm. de Jona : *Qui per varios avium volatus conjecturis inanibus statum plumeæ salutis inquirit.* Et ut S. Maximus Taurinensis homil. in Circumcisione Domini, *qui auspicia etiam vanissimi colligere se dicunt, ac statum vitæ suæ inanibus indiciis æstimantes, per incerta avium ferarumque signa, futura rimantur.* Michaël Scotus de Physionomia cap. 56 : *Auguria sunt in Canonibus Ecclesiæ : Venta tamen dicimus, quod quidam accipiunt pro obviatione hominis, vel alterius animalis, vel pro auditu vocis.* Mox hæc addit : *Auguriorum quædam post, quædam dextre, quædam sinistre ; et cum diversa sint in sua disputatione,* (f. dispositione) *quodlibet illorum proprio nominatur, et proprio nomine cognoscitur interpretandum. Unde dicimus, quod auguria sunt numero* 12. *ad instar* 12. *signorum cœli, et sunt hæc : Fernova, Fervetus, Confert, Emponentb, Scimasarnova, Scimasarvetus, et bene sunt in dextro latere. In sinistro vero latere sunt Confernova, Confervetus, Vivian, Barian, Scassarnova, Scassarvetus*. Ibidem : *Unde sciendum est, quod augurium quodlibet significat bonum eventum, ut Confert, et Emponentb : quædam malum eventum, ut Viarum et Harenari: et quædam medium inter utrumque, ut Fert, et Confert.*

Horum auguriorum species singulatim enucleantur suis locis. Pœnitentiale MS. Thuanum : *Credidisti, quod quidam credere solent : dum enim iter aliquod faciunt, si cornicula ex eorum sinistra in dextram illis cantaverit, inde se sperant prosperum iter habere ; et dum anxii fuerint hospitii, si tunc avis illa, quæ Muriceps vocatur, eo quod capiat mures, et modo Pascata nominata est, viam, per quam vadunt, ante se transvolaverit, illi scilicet augurio, et forte divinis vel dæmoni magis se committunt, quam Deo, etc.* Vide Petrum Blesensem Epist. 65. et supra, *Superventa, et Avis S. Martini.* De veterum per auguria divinationibus, [egere Nilus Monachus lib. 2. Epist. 151. et alii quos laudant] Brissonius lib. de Formul. pag. 134. et Cæsar Bulengerus lib. 8. de Auspiciis cap. 2. [*Venta* alia notione, Vide in *Venda* 1. 2. et 3.]

¶ VENTA, perperam pro *Veuta*, in vet. Stilo Parlamenti cap. 11. et in Edicto Philippi VI. ann. 1344. tom. 2. Ordinat. Reg. Franc. pag. 218. Vide *Veuta.*

⁕ 2. VENTA, Locus, ubi merces venum exponuntur, seu tributum quod percipitur ex rebus ibi venditis, nostris etiam, eadem notione, *Vente.* Obituar. eccl. Lingon. ex Cod. reg. 5191. fol. 37. v°: *Johannes de S. Sequano dedit ecclesiæ Lingonensi sexaginta solidos Turon.... in Venta seu aula Montissalonis,... exigendos a ventario seu firmario Ventæ dicti loci.* Lit. remiss. ann. 1405. in Reg. 160. Chartoph. reg. ch. 68 : *Denisot Chevrecon, soy disant fermier de la Vente ou estalage de saint Disier, etc.* Pro rei venalis pretio, in aliis Lit. ann. 1410. ex Reg. 181. ch. 220 : *Le suppliant demande à un pescheur ou maronnel combien il faisoit une Vente de poisson qu'il avoit ; lequel pescheur ou maronnel lui eust fait un certain pris d'argent, etc.* Vide in *Venda* 1.

VENTACULUM, Flabellum, Muscarium, cujus usus in sacris Liturgiis, Gall. *Eventail.* Hariulfus lib. 3. cap. 2 : *Ciborium auro argentoque paratum unum, candelabra auro argentoque parata sex, Ventaculum deauratum unum, fuscellum deauratum unum, etc.* Petrus IV. Rex Aragon. in Chron. lib. 2. cap. 11. de solenni Regii convivii apparatu : *Blasco d'Alago quens tallas dels coltels davant, En Philippe de Castres quens servis de Ventall, etc.* Vide *Flabellum.*

Id etiam nominis datum a nostris galeæ parti, qua ventus hauritur, seu respiratur.

Le Roman *de Roncevaux* MS.:

L'escu au col, la Ventaille fermée.

Infra :

Elmes lacier, et Ventailles fermer.

Philippus *Mouskes* MS. in Carolo M :

La Ventaille II ont ostée,
Si li ont la teste copée.

Alibi :

Hiaumes et Ventailles lacies,
Et les enseignes desploies.

Guillelmus *Guiart* MS. ann. 1214 :

Sus hyaumes bruns, et sus haubers,
S'entrelancent estos et tailles,
Sus bacinez, et sus Ventailles.

Le Roman *de Garin* MS :

Sor la Ventaille li fu le hiaume asis.

Rursum :

Cent mile furent'à Ventailles fermées.

Alio loco:
Trois mile sont les Ventailles laciées.

Idem :
En li deslace le vert hyaume bruni,
Et la Ventaille de l'auberc c'ot vesti.

○ **VENTALIA**, Clathrus, cancelli. Cerem. vet. MS. eccl. Carnot. ad diem Cinerum : *Exeunte episcopo cum clero per Ventaliam, quæ claudit chorum, etc.*
VENTALIUM, VENTALLUM, Idem quod *Exclusa,* [Aquarii canalis valvula,] Gallis *Ventail.* Charta ann. 1073. ex Tabular. Montis S. Quintini in insula fol. 14 : *Quantum ad elevationem Ventallorum raheriæ exclusæ de Rovecourt, quæ Ventalla antiquitus vocabatur.* [Alia ann. 1237. ex eodem Tabul. fol. 157 : *Aquas illas exire permittent et effluere Ventaliis elevatis.* Infra : *Quod si contigerit dictas aquas supercrescere subito et in tanta quantitate superabundare quod dictæ raheriæ omnibus sublevatis Ventaliis non sufficiant ad egerendum dictas aquas. Ventales Busæ,* in Chron B. M. Bonæ Spei pag. 213. Chartul. M. S. Vedasti : *Les Ventailles des moulins de S. Vaast et les autres circonvoisins..... doivent avoir 28. pouces d'estraiere de hauteur. Passage ou Ventaille pour passer le navire,* in Charta ann. 1450. ex Chartul. 23. Corb.] Tabular. Episcopat. Ambian. fol. 95 : *De Ventallo, de Grapino, quod petebat Dom. Episcopus reparari, etc.*

¶ **VENTELIA**, Eadem notione. Regest. Olim ann. 1310. fol. 119. v° : *Gentes dicti Guillelmi per supra muros ascendentes intraverunt et ibidem tresdecim Ventelias aquæ prædictæ cum impetu defluxerunt et maximam copiam eorum piscium secum duxerunt.*

¶ **VENTAMUS**, Antenna, ut videtur, Gall. *Vergue.* Statuta Cadurii 51. v° : *Item ordinamus quod quilibet homo et persona qui in districtu Cadurii lignum aliquod inciderit, vel incudi fecerit causa faciendi Ventamos vel arbores, etc. Eorundem Correct.* fol. 51. v° : *Et pro qualibet antena vel Ventamo, etc.*

VENTARE. Fleta lib. 2. cap. 87. § 2. de Officio Cæseatricis : *Ipsius etiam interest Ventare, vannare, vel ballare, ignem tegere, et hujusmodi minuta opera facere.*

☞ *Venter* Poëtæ nostrates dixerunt pro *Aer,* nam *Venter,* in ventum spargere. Le Roman *de Vacce* MS :
Ne se lui fist la nuit au Conte Erneuf entendre,
Que li Rois d'Allemaigne le devoit la nuit prendre,
Et livrer à Richart et as Normans à pendre,
Ou arder en feu, et puis Venter en cendre.

¶ **VENTARIA**, Jus habendi *ventalium* seu *exclusam,* vel Præstatio quæ pro ejusmodi facultate penditur. Charta ann. 1203. apud Chiffletum in Trenorchio pag. 455 : *Inprimis enim nobis acquisierunt usagios villæ Trenorchiensis, videlicet saunariam, furnos, bichonagium, Ventariam, molendina, etc.* Vide *Ventalium.*

1. VENTARIUS, [○ Qui *ventas* seu tributa ex rebus in foro venditis colligit. Charta ann. 1206. ex Chartul. eccl. Lingon. fol. 12. v° : *Alienigena quisque, si in villa manere venerit et velit forum (liberum) requirere, antea...... præposito sextarium vini, et majori sextarium, et duobus villæ Ventariis, pro rei laudatione et concessione, duos denarios tenetur exhibere.* Alia ann. 1257. ibid. fol. 65. v° : *Renerus miles, dominus de Maresco recognovit quod tenebat a R. P. G. Dei gratia Lingon. episc. in feodum vij. lib. Lingon. annui redditus, quas percipiebat singulis annis in nundinis B. Mammetis a Ventario Lingon. quicumque pro tempore esset Ventarius Lingonensis.*] Vide in *Venda* 1.

○ **2. VENTARIUS**, Idem atque *Forestarius,* silvæ custos, nostris *Vantier.* Chartul. eccl. Lingon. fol. 143. r° : *Ventarius debet ire Chalandreyum ad colligendos redditus suos ibidem proxima Dominica post festum S. Johannis, vel in octava illius, pro sua voluntate, interrogatus prius ab illis, vel ab aliquo illorum, si faciunt corticem, quando ipse velit ire, et tunc procuretur ab eisdem hominibus in uno prandio... Præterea homines de Chalandreyo non exercent opus corticis, sine licentia Ventarii ; et illi qui volunt hoc opus exercere, propter hoc serviunt ei.* Libert. villæ *de Grancey* ann. 1348. tom. 9. Ordinat. reg. Franc. pag. 160. art. 3 : *Nous leur devons livrer bois pour toutes les nécessitez qui y (aux halles) fauront, en nos bois et forez,.... ilz seroient bailliez et delivrez par notre Vantier.* Vide supra *Venda* 3.

VENTATA. Charta ann. 1225. in Tabul. Ecclesiæ Carnotensis num. 257 : *Et in granchia nostra quolibet anno per manum nostram, vel mandato nostri, octo modios bladi ad mensuram Aurelianensem, videlicet quatuor modios avenæ, tres modios siliginis, et unum modium frumenti ad tres Ventatas, id est ter vannatum.*

¶ **VENTEICIUM**, Arbores ventorum violentia eversæ, eradicatæ, Gall. *Abbatis d'arbres par le vent.* Comput. ann. 1202. apud D. *Brussel,* de Usu feud. tom. 2. pag. CXCVII : *De Venteicio et bosco cheu in G'sia, æx. l.*

○ **VENTELHA**, Pars portæ, valva. Stat. sabbat. Carcass. ann. 1402. tom. 8. Ordinat. reg. Franc. pag. 561. art. 10 : *Quod nullus dicti ministerii sabbateriæ ..... in die Dominico... teneat nec tenere audeat portas sui operatorii sive botigiæ sabbateriæ omnino apertas ; unam tamen portam sive Ventelham portæ, videlicet majorem (leg. minorem) sui operatorii sive botigiæ, quilibet poterit in talibus tenere apertam libere et impune, alio hostio sive porta, scilicet majori, clausa remanente.*

¶ **VENTELIA**, ut *Ventalium.* Vide ibi.

○ **VENTELLA**, Pars lecti, quam *Pente* appellamus. Lit. remiss. ann. 1358. in Reg. 86. Chartoph. reg. ch. 335 : *Duas curtinas cum Ventellis unius lecti furtive cepit.*

○ **VENTELLUM**, Aquarii canalis valvula, *exclusa.* Charta ann. 1315. in Reg. 52. Chartoph. reg. ch. 122 : *Pro refectione Ventellorum et constructione cujusdam pilarii dictum molendinum sustinentis, etc.* Ventale, eadem notione, in Lit. remiss. ann. 1403. ex Reg. 158. ch. 225 : *Lesquelz compaignons alerent à un Ventale dudit vivier, et là l'un d'eulx rompi la fermeté dudit Ventaile, haucerent icelluy Ventaile, etc.* Vide *Ventalium.*

○ **VENTENUM**, Exactionis species, in Charta Caroli IV. reg. Rom. ann. 1365. tom. 8. Ordinat. reg. Franc. pag. 604. pro *Vintenum.* Vide in hac voce.

¶ **VENTER**, Fetus, fructus ventris, nostris *Ventrée.* Chartul. S. Iren. ann. 1293. apud Baluz. tom. 2. Hist. Arvern. pag. 705 : *Item Ventrem meum hæredem instituo in quadraginta libris Turon... et hoc si masculus fuerit : si cutem femina fuerit, instituo eam hæredem in mille libris.* Mirac. B. Ægidii tom. 3. April. pag. 244 : *Nolens... mulierem illam perdere Ventrem et innocentem ducere ad obscura, etc.* Statuta crimin. Saonæ cap. 24. fol. 47 : *Et si quandoocumque contingat de cetero sclavam alicujus civis vel habitatoris Saonæ ab aliquo gravidam fieri, sit in electione domini vel dominæ sclavæ, ipsam sclavam cum fœtu seu Ventre dare et tradere impregnanti.* [○ Occurrit præterea in Charta ann. 1313. inter Probat. tom. 2. Hist. Nem. pag. 10. col. 1. *Ventre,* pro *Matrice,* in Versione Genes. cap. 20. v. 18. ex Bibl. reg. : *Dieu out clos tous les Ventres de la maisoun Abimelech por Sarra la femme Abraham.* Ubi sacer textus habet, *Vulvam.* Hinc Franc *ventre* nuncupatur, *Mulier liberæ conditionis,* in Charta ann. 1349. ex Reg. 84. Chartoph. reg. ch. 500 : *Jasoit que le dit Symon ait esté nez et procreez en loial mariage et qu'il soit franche personne et de franc Ventre, hors de toute servitude.* Unde etiam *Ventriere,* appellata Obstetrix, vulgo *Sagefemme* Lit. remiss. ann. 1408. ex Reg. 162. ch. 223 : *Comme icelle Perrette se feust mise et appliquée à estre Ventriere et recevoir enfans naissans,..... et par longtemps a esté Ventriere jurée de nostre ville de Paris, etc.* Occurrit præterea apud Bellomanerium MS.] *Ventrée* cibos, quibus venter refertus est, vocat le Roman *de Robert le Diable* MS :
Est si saoulz li folemiers,
Que puis qu'il fu laiens premiers,
N'oi il mis si bonne Ventrée.

○ **VENTRES**, Intestina, hominum et animalium viscera, unde nostris *Ventrailles.* Charta ann. 1334. ex Tabul. D. Venciæ : *Item quod nulla persona faciat laicivam in fonte dicti castri, nec ibi lavet lanam, Ventres ac aliquam orduram,* in et *sub pœna pro qualibet vice et persona quinque solidorum.* Testam. Odon. IV. ducis ann. 1346. inter Probat. tom. 2. Hist. Burg. pag. 221. col. 1 : *Item ordonnons que nos Ventrailles soient mises devant le grand hautel de nostre chapelle de Dijon.* Lit. remiss. ann. 1380. in Reg. 117. Chartoph. reg. ch. 114 : *Le suppliant tua lesdiz moutons et escorcha, en vendi les peaulx, les Ventrailles et les cordées.*

¶ **VENTRES**, Pelles murium Ponticorum, qui ventre tantum albi sunt. Litteræ Henrici V. Regis Angl. ann. 1416. apud Rymer. tom. 9. pag. 335. *Duas furruras, utraque de trecentis Ventribus menever... Unam furruram de ducentis Ventribus menever.* Vide *Vares.*

VENTERIUM. Charta ann. 1178. apud Ughellum tom. 7. pag. 410 : *Et plenarie gradus fabricæ habeatis, cum ipsum vallatorium suum de ante se,..... quam et cum ipsum Venterium desuper ad fabricandum vobis illos in altum quantum volueritis, etc.* Ubi idem Ughellus, *Venterium,* ædis superius ædificium esse ait, a *ventis* dictum.

✳ **VENTIBRUM**, « *Ventibrum, ven.* » (Lex. Lat. Gal. Bibl. Ebroic. N. 23, XIII° s.)

VENTIGIATUS. Regula Magistri cap. 23 : *Statim secundum numerum mensæ prioris in uno galletæ vase mensuratæ potiones, ab eis calida misceatur, et Ventigiata a calice potione, petita benedictione, adasaporet, qui miscuit, si æqualis est temperie mixtum, et sic in prima mensa omnibus eroget.* Id est, mota, et ventilata.

VENTILABILIS, Qui ventilari, agitari potest. Virgil. Gramm. pag. 57 : *Famosa et Ventilabilis quæstio oritur.* Vide *Ventilare.*

1. VENTILABRUM inter vasa et ministeria Ecclesiastica reponitur a Baldrico in Chron. Camerac. lib. 3. cap. 49: *Multa ornamenta adhibuit, auream tabulam ampliavit, utrisque lateribus argenteas subrogans, cruces aureas cum Ventilabris æque aureis renovavit.* [Occurrit præterea inter vasa et ornamenta Ecclesiæ Spirensis apud Schannat. in Vindem. Litter. pag. 10 : *Cruces* 4. *cum hastilibus suis,... Ventilabrum deauratum cum hastili suo.* Ubi Ecclesiæ vexillum, Gall. *Banniere,* intelligo.]

2. VENTILABRUM, Muscarium, Flabellum. Continuator Historiæ Episcopor. Virdun. : *Hic S. Mariæ duas cappas optimas, et duo Ventilabra, aliaque honorifica ornamenta cum magna devotione contulit.* Tabularium Ecclesiæ Ambianensis : *Petrus de Augo Canonicus* (Galfredi Episcopi Ambian. nepos, vixit ille ann. 1258.) *dedit Ecclesiæ Ambianensi... Ventilabrum factum de serico et auro ad repellendum muscas et immunda. Insuper una est casula de bombace, duo pelves de opere Lemovicensi, et pecten ad usum Presbyteri.* Vide *Muscarium.*

⁕ **3. VENTILABRUM**, Follis. Glossar. Lat. Gall. ann. 1352. ex Cod. reg. 4120 : *Ventilabrum, souflet.*

¶ **VENTILAMEN**, Purgamentum ex frumento ventilato. Formulæ vett. ad calcem leg. Salicæ edit. Eccardi pag. 244 : *Tolle de* XII. *censariis singulas ovas, et da illis quotidie sal et Ventilamina et commixtum migma, ut tunc bonæ sint.*

¶ **VENTILAMENTUM**, λικμητήριον, in Gloss. Lat. Gr. Aliæ Gr. Lat. : Λικμητήριον, *ventilamentum, ventilabrum.* Vide *Ventilatorium.*

VENTILARE, Movere aliquid ad ventum captandum, apud Apicium lib. 1. cap. 7. *Eventer,* nostris.

VENTILARE, Inquietare. Charta Henrici Imp. ann. 1082. apud Ughellum tom. 1. part. 1. pag. 743 : *Nemo vero eorum per placita Ventilare, vel inquietare præsumat.* Legendum forte *ventitare.*

¶ VENTILARE CAUSAM, Eam agitare, de ea disputare, disserere. Judicium ann. 1027. in Append. ad Marcam Hispan. col. 1042 : *Cumque diu hæc causa fuisset Ventilata coram jam dictis omnibus, etc.* Occurrit etiam in Statutis Cadubrii lib. 2. cap. 14. et alibi. *Ventiler,* eadem notione, nostri dixerunt. Litteræ Caroli V. Reg. Franc. ann. 1367. tom. 5. Ordinat. pag. 25 : *Et toutes leurs causes mues et à mouvoir soient Ventillées et determinées ou temps avenir et en tous cas, en nostre chambre de Parlement.*

VENTILARE CORNIBUS. Liber 1. Machabæorum cap. 7 : *Et exierunt de omnibus castellis Judææ in circuitu, et Ventilabant eos cornibus, et convertebantur iterum ad eos, et ceciderunt omnes gladio, et non est relictus ex eis, nec unus.* Erchempertus in Hist. Langob. : *Atque cuneum eorum scindens, gladiis Ventilavit.* Infra : *Positoque præsidio pugnatorum in camisia, vicissim eos cornibus Ventilabat.* Vide Lud. de la Cerda in Advers. cap. 80. § 16.

VENTILARE, Vox recepta in re magica, de qua multa Jac. Gothofr. ad leg. 5. Cod. Th. de Malefic. et de Mathematic. (9, 16.)

VENTILARE. Supplex Libellus Monachorum Fuldensium Carolo M. oblatus § 15: *Nec mercimonia aliqua ab aliquibus ibi Ventiletur.*

⁕ *Ventiler,* alia notione usurpatur, scilicet dicitur de rumore in vulgus sparso, in Lit. remiss. ann. 1460. ex Reg. 190. Chartoph. reg. ch. 59 : *Il avoit esté Ventillé par le pays, que la suppliant estoit cause du feu de l'ostel du pere de son mary.*

⁕ **VENTILATIO**, Tempus, quo grana ventilantur. Charta ann. 1174. in magno Chartul. nig. Corb. fol. 130. r° : *Omundus major de Columellis... querpivit nobis.... duos vini sextarios, quos hactenus exegerat in singulis Ventilationibus.* Vide supra *Vanata.*

VENTILATORIUM, Papiæ, *Ventilabrum, a ventilandis paleis.* [Vide *Ventilamentum.*]

¶ **VENTILATRIX**, Mulier quæ frumentum *ventilat.* Comput. ann. 1425. apud Kennett. Antiquit. Ambrosd. pag. 576 : *Et in Ventilatricibus conductis in grosso ad ventilanda omnimoda grana triturata, etc.* Vide *Ventrix.*

⁕ **VENTILE**, Idem quod supra *Ventellum.* Charta Caroli V. reg. Franc. ann. 1379 : *Quod religiosi* (S. Amandi in Pabula) *essent... in possessione et saisina habendi et in solidum, in cursu rivuli prædicti, quoddam torculare ad oleum et unum Ventile sive exclusorium aquæ, in eorum alta justitia et dominio existentia et situata, dictumque Ventile erigendi, descendendi et claudendi, prout eis licebat, pro aqua fluenda vel retinenda, dum eis placebat et casus emergebant.*

⁕ **VENTILE** MOLENDINUM, Gall. *Moulin à vent,* quod vento versatur. Charta ann. 1490. apud Pez. tom. 6. Anecd. part. 3. pag. 429. col. 1 : *Præterea in antiqua Gora quatuor integros agrorum mansos, ... cum quatuor suis propriis colonis, atque duo Ventilia molendina, etc.* Vide in *Molendinum.*

VENTILOGIUM, vox ibrida, quasi *ratio,* vel index *venti,* ἀνεμογνώμων, pinnula versatilis, quæ in ædium culminibus poni solet, quæ ventum stantem designat. Gloss. Lat. Gall. MS ex Biblioth. Thuana : *Ventilogium, Le coichet, qui est sur le mostier.* Gallus perinde versatilis, qui in acumine campanilis Ecclesiarum eminet. Radulphus in Vita S. Richardi Cicestrensis Episcopi num. 60 : *Sicut præeminet Ventilogium toti fabricæ, quod quidem quanto altius erigitur, tanto plus tempestatibus irruentibus etiam fronte opponitur, etc.* [Comput. ann. 1425. apud Kennett. Antiquit. Ambrosd. pag. 575 : *Cum duobus Ventilogiis, videlicet vanys de Tyn emptis de fabro de Cherlton panendis super utrumque finem prædicti dormitorii v. sol.* II. *den.*] Huc pertinent ista Anonymi de Arte architectonica cap. 2. ex Vitruvio lib. 1. cap. 6. de Eratosthene : *Athenis turrem marmoream octogonam instituit, in qua imagines ventorum sculptas contra suos cujusque flatus ordinavit : supraque ipsam turrim metam marmoream posuit, et Tritonem æneum collocavit, et ita est modulatus, ut cum ventus aliquis aspirasset, quodam momento in gyrum ageretur, et supra caput ejus resisteret, et dextra manu virgam tenens, ipsum esse flantem monstraret.* Hanc turrim adhuc exstare aiunt, eadem octogona figura, in cujus singulis angulis inscripta leguntur ventorum nomina, hodieque appellari turrim *Andronici Cyrrhestæ.* Vide Respons. J. Sponii apud Guilletum pag. 293. Porro similem Tritonem æreum, ventorum indicem, Romæ fuisse ad templum Androgei Cyrenensis idem Scriptor ait. *Girouettes* nostri dicunt, Itali *Girelli,* quod *gyrando* volvantur. Exstat inter opera Petri de Alliaco Episcopi Camerac. et Cardinalis, liber inscriptus, *Ventilogium de Concordantia Astronomicæ concordiæ cum Theologia et Historica narratione.*

Sane *Ventilogii* nomenclatura longe potiori ratione tribui potest tetragonæ illi tabulæ nuper inventæ, quæ ædium fastigiis affigitur, in qua circulus describitur, in sedecim, vel triginta duas lineas divisus, quibus totidem adscripta ventorum nomina ; illum vero, qui tum spirat, seu, ut vulgo loquimur, regnat, ostendit index versatilis, quomodo sunt horologiorum, quem regit pinna perinde versatilis supra ædis culmen.

⁕ [« VENTILOGIUM, *Coquiet à vent.* » (Gloss. Lat. Gal. Bibl. Insul. E. 36, XV° s)]

VENTINULA. Ordericus Vitalis lib. 4. ex Vita S. Guthlaci pag. 538 : *Festucam in Ventinula posuit, et sic avibus nidum in sua cella designavit.* Ita in Vita ejusdem Guthlaci a Felice Gyrwensi conscripta num. 15.

⁕ Ad quem locum tom. 2. Apr. pag. 45. col. 2. docti Editores : videtur nidi fundamentum esse, prope fenestram poni solitum, et sic *Ventana* apud Hispanos fenestram significat. Consule Diction. Acad. Hispan. in hac voce.

¶ **VENTIO**, Venditio : item, Quod præstatur domino feudali pro distractionis seu venditionis prædii facultate. Vide *Venda* 2. Tabul. S. Sergii Andegav. : *Factæ sunt hæ Ventiones anno ab Incarnatione Domini 1074. etc.* Tabul. S. Vincentii Cenoman. fol. 21 : *Capturam quoque dumidiam istius vineæ ac Ventiones dimidias, etc.* Occurrit rursum ibidem fol. 43.

⁕ *Vençon,* eadem acceptione, in Charta ann. 1285. ex Chartul. Pontiniac. : *Guiz de Merligni... ai vendu... en non de Vençon à l'abbé et au couvent de Pontigni, etc.*

⁕ **VENTIRE**, Teloneum, quod præstatur pro quibusvis mercibus, quæ in foris ac nundinis venduntur, idem quod *Venda* 1. Charta Hugon. comit. Campan. pro eccl. Derv. ann. 1114. in Reg. 142. Chartoph. reg. ch. 134 : *Concessi eisdem fratribus et eorum famulis de præbenda ecclesiæ viventibus, in omni terra mea ad mercatum vel ad nundinas emere atque vendere sine Ventitione.* Vide supra *Venta* 2. et mox *Ventura.*

¶ **VENTOLIUM**, Locus ubi *ventilatur* frumentum. [⁕ Vel Tempus, quo ventilatur. Vide supra *Ventilatio.*] Charta Ludovici Junioris Reg. Franc. ann. 1142. ex Chartul. Maurigniac. : *Concesserunt duos modios et dimidium boni mistolii de decima et campiparte granchiæ suæ de Belloveidere ad mensuram Stampensem percipiendos in Ventolio prædictæ granchiæ infra festum Omnium Sanctorum.* Vide *Ventilatrix.*

1. VENTOSA, Cucurbita medica ad eliciendum sanguinem, vulgo *Ventouse.* [Gloss. Lat. Gall. Sangerm. : *Ventosa, Ventouse, un vaissel à ventoser.*] Ugutio : *Ginia, vel gina, vas vitreum, vel cucurbita, quæ Ventosa dicitur.* Papias : *Ventosa, quæ et guna : hæc et cucurbita dicitur Latine.* Gloss. MSS. ad Alexandrum Iatrosoph. : *Gebe, i. cufa, quæ dicitur Ventosa.* Gregorius Turonensis lib. 7. Hist. cap. 31 : *Presbyterum quoque unum... olisum super scamnum pugnis ac diversis ictibus verberavit, ut pene animam reddere videtur, et fecisset forsitan, si et mediocrum Ventosæ non subvenissent.* Consule Constantinum Afric. lib. de Chirurgia cap. 9. et 10. Albucasim part. 2. Chirurg. cap. 98. et seqq. etc. Vide supra in *Guna.*

* Alias *Ventoise.* Lit. remiss. ann. 1425. in Reg. 173. Chartoph. reg. ch. 244 : *La suppliante...... adenta un pot de terre sur les chandelles estans sur le ventre d'icelle malade, qui fut fait par forme de Ventoise, pour aidier à relever la marris d'icele malade.*

¶ 2. VENTOSA, Propugnaculi species ; an quod cucurbitæ formam referat, vel quod spiracula habeat, *Ventouses* etiam nuncupata ? Tract. MS. de Re milit. et mach. bellic. cap. 54 : *Possunt dictæ perticæ altius levari et inferius declinari, causa portas sive propugnacula, aut bertescas sive Ventosas comburendi.*

¶ VENTOSITAS, Ventus, flatus. Processus de B. Petro Luxemburg. tom. 1. Jul. pag. 573 : *Sensit ex aure exire quemdam ventum sive Ventositatem.* Chron. Mellic. pag. 488 : *Et deductis equis per litus nos duas naviculas ascendimus, nulla Ventositate extante.* Pro Jactantia occurrit apud S. August. lib. 4. de Doctr. Christ. cap. 6. et S. Fulgent. lib. 2. Mytholog. cap. 17. *Ventositas, Ventosites,* in Gloss. Lat. Gall. Sangerm.

¶ VENTOSARE, *Ventosa,* seu cucurbita medica adhibita sanguinem elicere. Constant. Afer de Elephant.: *Ventosandus est scapula.* Idem lib. 2. cap. 15 : *A parte naris effluentis Ventosetur.*

VENTOSUS, VENTOSIA. Ugutio : *Lascivus, qui vulgariter dicitur Ventosus, vel petulcus, unde lascivia, Ventosia.* [Gloss. Lat. Gall. Sangerm.: *Ventosus, venteur, venteus, plain de vent, jaugleur.*]

VENTRALE, VENTRALIS. Gloss. Gr. Lat.: Περίζωμα, *cinctum, lumbare, Ventrale.* Gloss. Lat. MS. Reg. Cod. 1013 : *Ventrale, fascia.* [*Ventrale, Ventrail ou ceingle,* in Gloss. Latin. Gall. Sangerm.] Ugutio: *Ventrale, fascia vel ligatura ventris, vel vinculum circa ventrem, vel zona, sive lumbare.* Papias : *Ventrale, fascia : dictum, quod solum ventrem operiat.* Villosa ventralia, apud Plinium lib. 8. cap. 48. Marcellus Empiric.: *Uncta oleo lanula involuta* in *Ventrali gestes.* Ubi accipitur pro sacculo, seu crumena, sub ventrem appensa. [*Ventralis,* κοιλιόδεσμος, φούλδα, in Gloss. Lat. Gr. Vide Salmas. ad Hist. Aug. pag. 753. Gloss. Meursii, et supra *Funda* 1.]

¶ VENTRERIA, Armorum species, qua venter defenditur. Comput. ann. 1202. apud D. *Brussel* tom. 2. de Usu feud. pag. CLX : *Pro* VI. *Ventreriis ferri,* XXX. *sol.*

∞ VENTRERIUS, Idem qui supra *Veltrerius,* Veltricibus canibus præfectus. Rotul. 11. ann. 44. Edward. I. reg. Angl. in Abbr. Rotul. tom. 1. pag. 150 : *Bertrandus de Croyel defunctus tenuit manerium de Setene in comitatu Kanciæ, per serjantiam inveniendi nobis, quando contingit ire in Vasconiam, unum hominem vocatum Ventrer ad ducendos tres leporarios nostros. quousque idem Ventrerius supravixit fuit uno pari socularium, precio 4. den. ad custum nostrum, etc.*

∞ VEOTRARIUS, Idem. Placit. ann. 38. Henric. III. in Abbrev. Placit. pag. 135: *Pars serjanciæ... pro qua debuit esse Veotrarius domini regis, etc.*

¶ VENTRICOLA, Ventri et gulæ deditus. Chron. Trudon. apud Acher. tom. 7. Spicil. pag. 409 : *Quidam tamen ex oppido nostro impurissimis nebulones Ventricolæ, apud quos data crustula hispidi panis cujusvis dignitatis nomen facile mercari, eademque subtracta patibulo reus posses adjudicari. Ventrailler* nostris pro *se vautrer,* Borello interprete, se volutare. Le Roman de *Rou* MS. :

Sovent s'endort, sovent s'exvelile,
Sovens s'estent, sovent Ventraille.

* Melius forte *Se coucher sur le ventre,* in ventrem accumbere, quod *Jesir à ventrillon* dicitur, in Poem. Alex. MS. part. 1 :

Il me fist hui jesir par lui à Ventrillon
A la terre estendu come pour oroison.

VENTRICULOSI, Qui Græcis κοιλιακοί. Vide Cælium Aurelian. lib. 3. Acut. cap. 17.
¶ VENTRILOQUI, *Præcantatores.* Gloss. Isid.

VENTRINA, *Bestia, quæ fert onus circa ventrem,* Joann. de Janua.

VENTRITICUM MOLENDINUM. Vide *Molendinum ad ventum.*

VENTRIX, Ventilatrix frumenti, *celle qui vanne les grains,* in Fleta lib. 2. cap. 82. § 2. [Vide *Ventilatrix.*]

VENTROSUS, προγάστωρ, προκοίλιος, in Gloss. Gr. Lat. et Lat. Gr.

* VENTURA, Idem quod supra *Venticio.* Charta Henr. episc. Trec.: *Concessit immunitatem ab omni exactione thelonei, vel Venturum et omnium secularium consuetudinum.*

¶ 1. VENTUS, f. pro Venditus, apud Camillum Pereg. Hist. Longobard. tom. 2. Murator. pag. 257. col. 2.

¶ 2. VENTUS ERAT, pro Venerat, ut infra *Venutus.* Acta S. Cassiani apud Illustr. Fontanin. in Antiquit. Hortæ pag. 347 :

Aller enim Cassianus cum Cæsare Ventus
Ex Asia, æquivocum sacravit honore patronum.

¶ 3. VENTUS, Auster. Charta ann. 1155 : *Ex Vento juxta vineam Claudii Miron et terram Antonii de Moles ; ex Borea juxta terras, etc.* Charta ann. 1523 : *Confrontat ab oriente cum domo ipsius de Veras, et a Bisa cum pratis nobilis Nohe de Rupesalva, et a Vento cum terris dicti Ludovici de Veras, et a solis occasu cum terris, etc.* Cui opponitur
¶ VENTUS GRÆCUS, Aquilonis. Tabul. Massiliens. *Sed quod spectent Ventum Græcum vel tramontanam, etc.*
* VENTUS PELAGARIS, Auster. Vide *Pelagaris.*

4. VENTUS, Anima, extremus halitus. Abbo lib. 2. de Bell. Paris. vers. 523 :

. . . . *Ventum de pectore jecit.*

* VENTUS TEMPORALIS, Honoris aura, Gall. *Vaine gloire.* Mirac. S. Raym. tom. 6. Jul. pag. 661. col. 1 : *Eum* (quem a cæcitate liberaverat) *in secretiori parte domus posuit, donec eum privatim conduxit extra civitatem, timore Ventus temporalis.*

¶ VENUARIUS, Venditor, pro *Vendarius,* ut videtur. Charta Ludovici II. Imper. ann. 861. tom. 2. Bullarii Casin. pag. 29. col. 2 : *Notum sit quia nos concessimus Amalbergæ nobili abbatissæ Brixiæ, ut quocumque iste Venuarius cum merchimoniis negotiando perrexerit, secure perqat.*

¶ VENULA, diminut. a Vena, apud Tertull. Scorp. cap. 1 : *Venenata intrinsecus Venula subtilis, etc.* Occurrit rursum infra cap. 5. Alia notione, vide in *Venella* 1.

VENUNDIPIRUS, *Qui vendit pira.* Joan. de Janua. [*Qui vent poires,* in Gloss. Lat. Gall.]

VENURA, Adventus, ex Gallico *Venure,* ut Picardi efferunt, alias *Venue.* Monasticum Anglicanum tom. 1. pag. 556 : *Et tenentur de venerabili patre Dunelmensi Episcopo, in puram et perpetuam eleemosynam, et pro una Venura ad Curiam ipsius Episcopi ad festum S. Michaelis per annum.* Forte *Venuta.* [Vide infra.]

¶ VENUS, Cyprium æs, apud Chimiæ peritos. Chron. Mellic. ad ann. 1465. pag. 476. col. 2 : *Crux super conum locatæ quinque fere cubitorum extat, Venere est vestita, sicut et pennæ propugnaculorum quatuor ad radicem tecti.*

¶ VENUSTARE, Ornare, decorare, comere. Acta S. Franciscæ Rom. tom. 2. Mart. pag. 168 * *Vidit animas illarum feminarum quæ in vita sua se Venustabant.* Occurrit in Gloss. Gasp. Barthii ex Baldrici Hist. Palæst. apud Ludewig. tom. 3. Reliq. MSS. pag. 206. Ita etiam legendum pro *Venustrare* in Litteris Johannis Reg. Franc. ann. 1361. tom. 4. Ordinat. pag. 398 : *Rite tamen censuit (Regalis magnificentia) illos copiosioribus gratiis et honoribus ac franchisiis et libertatibus debitis Venustrare quos novit...... regii culminis..... zelatores.*

¶ VENUTA, Adventus, Gall. *Venue.* Comput. Vienn. in Delphin. ann. 1318 : *Item in expensis et Venutis domini et gentium suarum,* 102. *lib.* 14. *sol.* 3. *den.* Ibidem : *In expensis et Venutis domini, dominæ Dalphinæ, domini Henrici et gentium suarum,* 48. *lib.* 11. *sol.* 10. *den. Vienn.* Litteræ ann. 1872. inter Ordinat. Reg. Franc. tom. 5. pag. 565 : *Savoir faisons que en notre Venuë ès parties de Xaintonge, etc.* Vide *Venura.*

* *Venue,* alia notione, nimirum pro Reditus, emolumentum, vulgo *Revenu, profit.* Charta ann. 1303. in Lib. rub. Cam. Comput. Paris. fol. 237. v°. col. 2 : *Lesquelex cent livres Parisis de rente..... messire Jehan de Chistelle et madame Marguerite sa fame..... ont transporté..... au dien et au chapistre de l'eglise N. D. de Paris..... sus la prevosté de Courbeil et sus les rentes et les Venues d'icelle prévosté.*

VENUTUS ERAT, pro *Venerat,* seu Gall. *Estoit venu.* Vetus Notitia apud Perardum in Burgundicis pag. 33 : *Ad ipsum placitum Venutus erat.* [Vide *Ventus* 2.]

★ VEOTARE, [Vetare = * *Veotare, deffendre.* » (Lex. Lat. Gall. Bibl. Ebroic. n. 23, XIII. s)].

¶ VEPRA, *Callidus, testificator, diversipellis.* Gloss. Isid. Leg. *Vafer,* vel *Versatilis,* ex Grævio.

¶ VEPROSA, *Vepres,* in Gloss. Gasp. Barthii, ex Baldrici Hist. Palæst. apud Ludewig. tom. 3. Reliq. MSS. pag. 206.

¶ 1. VERA, pro Veru, virga, Gall. *Broche, verge. Veratus, vera* obfirmatus. Guido de Vigevano de Modo expugnandi T. S. cap. 2. ex Cod. Colbert. 5080 : *Trunchus a duobus capitibus sit Veratus de ferro et ab una Vera ad alteram per longitudinem trunchi, ponantur quatuor Vere ferri per longum latæ uno grosso digito et grossæ una grossa cuspia cutelli, et fortiter inclavelentur cum truncho vel firmetur trunchus sive Veris per longum de cordis, ita ut trunchus sit fortis et levis.* Ibidem : *In capite unius calosi sit una Vera lata quatuor digitis cum tribus ramponibus..... Et in alio caloso sit una alia Vera cum tribus canalibus ubi intrent tres illi ramponi.*

¶ 2. VERA, Bellum, pro *Verra, Guerra.* Vide in hac voce. Inventar. MSS. ann. 1866 : *Nisi dicta civitas* (Bononiensis) *tunc esset obcesa vel contra eam actualiter guerra et Vera forsitan moveretur.* Vide *Verra.*

¶ VERACITER, Vere. Epist. Conc. Francoford. inter Hispan. tom. 3. pag. 105 : *Nec negamus et nos Christo hæc tria Veraciter inesse, divinitatem scilicet, animam et corpus.* Charta ann. 1368. ex Schedis Præs. *de Mazaugues : Justam causam ..... exprimat Veraciter et non mendaciter.* Occurrit apud *Madox* Formul. Anglic. pag. 70. S. Ambros. Epist. 30. Cassiodor. et alios.

° **VERACTARE**, *Reonner ou garetier*. *Veractus, a, um, champ reonné. Veractum, i, vel Veractus, us, garect.* Glossar. Lat. Gall. ex Cod. reg. 521. Vide *Warectum*.

VERAGIUM, Macula, a varius, de qua voce supra. Fleta lib. 8. cap. 4. § 4. de Officio Marescalli : *Ejus est.... de omni præda bestiarum totum habere Veragium videlicet omnes bestias maculatas, vel diversi coloris existentes, etiam pro minima stella.* Charta ann. 1300. in Regesto Philippi Pulchri Reg. Franc. ann. 1299. n. 36. ex Chartophylacio Regio : *Concedimus, quod ipse et sui hæredes, et causam ab eo habentes, et habituri in prædicta foresta Veragium, quod ibidem habere consuevit, tres fagos ad Natale, usagium ad ardendum et ædificandum sufficienter ad opus domus ipsius militis, etc.*

° Alia notione intelligenda videtur hæc vox in Charta Phil. Pulc. hic laudata, quæ rursum legitur in Lib. rub. Cam. Comput. Paris. fol. 120. r°. col. 2. ubi *Veragium* interpretor Jus veras seu virgas capiendi in silva, quod ad tres fagos determinatur. Vide *Vera* 1.

¶ **VERAGUS**, Verax, testis fide dignus. Præceptum Carolomanni Reg. ann. 770. apud Marten. tom. 1. Ampl. Coll. col. 33 : *Dum de hac causa sic ante nos fuit ratio deducta, et suam vel suis Gamaladionis tam per Veragos homines, quamque per confirmationis* (confirmationes) *Regum cognoscimus, etc.*

° **VERANTER**, Vere, Gall. *Avec vérité*. Acta Liter. Struvii tom. 2. fascic. 3. pag. 225 : *Anno 1413..... ubi tantus luctus et clamor pauperum auditus est, quorum possessiones in igne periere, quod effari, ut Veranter dicam, vix valeat.* Sed forte leg. *Veraciter*. Vide in hac voce.

¶ **VERARE**, Verum dicere, repræsentare. Gloss. Lat. Gr. : *Vero*, ἀληθεύω. Ennius apud Gellium lib. 18. cap. 2 :

Satin' vates Verant ætate in agunda.

¶ **VERATONUS**, Sagitta, pili genus. Processus de B. Petro Luxemburg. tom. 1. Jul. pag. 590 : *Et cum tenebat balistam de torno vel de lena, exposuit unum Veratonum per caput ipsius loquentis, ita fortem quod transivit galeam sive bacinetum ferri.* Leg. *Veretonum*. Vide in hac voce.

°**VERATRUM**, *Elleborus, quædam herba*, Gall. *Chiphoene*. Glossar. Lat. Gall. ex Cod. reg. 6959 : *Veratrum est Eleborus, Macro cap. de Ostrutio*.

¶ 1. **VERATUS**, Ratus, confirmatus, Gall. *Verifié, approuvé*. Epist. Harwichi viri illustris apud Marten. tom. 1. Ampl. Collect. col. 58 : *Et quicquid exinde egeris, feceris, gesseris, Veratum nim mandatum ad me te habiturum esse cognoscas.* [°° *F. gesseries, ratum.*] Vide alia notione in *Vera* 1.

° 2. **VERATUS**, Teli brevis et spissioris genus. Charta ann. 1385. ex Cod. reg. 5056. A. fol. 1. v° : *Gadrellos dictos Veratos de jauna iiij^m. lanceas ccl. dartos v°.* Vide *Veretonus*.

° 3. **VERATUS**, *Champ à tenir ver*, in Glossar. Lat. Gall. ex Cod. reg. 7692.

° **VERAX**, nude, pro Testis ; cujus nimirum præcipua dos est veritatem dicere. Charta ann. 833. apud Murator. tom. 5. Antiq. Ital. med. ævi col. 927 : *Tunc nos suprascripti missi fecimus venire Veraces, quos ipse Petrus episcopus nobis denominavit.... Interrogassemus de ipsa vestitura, et illi scirent, nobis certum dicerent veritatem*. Vide infra *Veritas* 1.

¶ **VERBAGO**, Herba sanando dentium dolori salubris. Vita S. Walfridi sæc. 3. Bened. part. 2. pag. 200 : *Adhelmo, qui nimium dolorem dentium suorum patiebatur..... pater apparens dixit : Herbam quam primitus foris sepulcrum meum repereris eam carpe et bibe ; et sanus efficieris. Ipse vigilans, extra exiens, herbam invenit, quæ Verbago appellatur, eamque colligens et in mortariolo terens, vino mixto bibit, qui statim ut eam accepit, ab eo dolor recessit, et molaris in suo permansit loco.*

¶ **VERBALITER**. Conc. Tarracon. ann. 1501. inter Hisp. tom. 4. pag. 517 . *Si clericus* (blasphemator).... *pœna pecuniaria vel corporali pro prima vice puniatur, pro secunda carceribus mancipetur, pro tertia Verbaliter degradetur et ad triremes mittatur.* Id est, per verba hac in re adhiberi solita.

° Expresse. Inquisit. ann. 1449. ex Tabul. D. Venciæ : *Interrogatus quibus verbis utebatur dominus testator prædictus in testando ; respondit, quod verbis testamenti prædicti, Verbaliter tamen loquebatur in romancio seu lingua layca.* Alius testis respondit, quod verbis in dicto testamento descripis in lingua laica seu romancia per eum prolatis.

¶ **VERBALITER**, Verbo, ore, Gall. *Verbalement*, in Litteris, ann. 1369. inter Ordinat. Reg. Franc. tom. 5. pag. 312.

° Alias *Verbaument*. Lit. remiss. ann. 1395. in Reg. 148. Chartoph. reg. ch. 307: *Icellui Vidal avoit ledit chastel d'Ambres Verbaument tant seulement rendu, et l'avant aussi Verbaument receu de nostre seneschal de Carcassonne.*

° **VERBATIM**, Gall. *Mot à mot*, prout verba sonant et ferunt. Stat. ann. 1476. inter Probat. tom. 3. Hist. Nem. pag. 333. col. 2 : *Item quod dicti consules et consiliarii tenebuntur omnia præ et infra scripta Verbatim tenere, servare et adimplere, sine infractione et detractione aliquali, prout superius scribuntur et specificantur.*

VERBECARIUS, Pastor berbicum. Vide supra in *Berbix* 1.

¶ **VERBELLA**, Πρόβατον, ἀρνίον, in Gloss. Lat. Gr. Adduut Gr. Lat. *Ovis, verbix*.

¶ **VERBENNA**, *Terra proscissa aratro, id est, vomere. Actum*. Gloss. Lat. Gr. Vulcanius emendat *Veru actum*. Vide *Warectum*.

VERBERACULUM, *Flagellum*. Joan. de Janua. [*Flael*, in Gloss. Lat. Gall. Sangerm.]

¶ **VERBERAMENTUM**. Vide in *Verberatio*.

VERBERARE CONTRA VENTUM, dicebatur is, qui in campum, monomachia a judice indicta dimicaturus, descendebat, adversario non veniente ; tum enim gladium tanquam pugnaturus vibrabat, victorque a judice pronuntiabatur. Speculum Saxonicum lib. 1. art. 63. § 7 : *Actor in circulum prior veniat, et si reus venire protraxerit, judex eum debet tribus vicibus per præconem de domo, in qua præparatur, adhibitis duobus bannitis, evocare ; quod si in tertia vocatione non venerit, actor surgendo se debet duello præsentare, et Verberando contra ventum, eum superabit in querela contra eum proposita, ac judex eum tanquam duello esset superatus, condemnabit.* Ubi alii codd. habent, *et bis percutiat seu feriat contra ventum, et tertio figat in terram, et sup.* [°° Germ. *Unde sla twene slege unde enen steke weder den wint.*]

¶ **VERBERATIO**, VERBERAMENTUM, VERBERATOR, Regimina Paduæ ann. 1260. apud Murator. tom. 8. col. 460 : *Incœpit hoc anno factum Verberationis in Paduano in villa S. Martini.* Memoriale Potestat. Regiens. ibid. col. 1121 : *Quem statum inchoatum dicunt in illa Verberatione, quæ facta est MCCLX.* Ind. III. *quando qui verberabant se, clamabant Dei voces, et non homines..... Et eo anno venerunt Verberatores per universum orbem ; et omnes homines tam parvi quam magni se ad invicem verberabant.* Jacobus de Varagine in Chron Januensi apud eumd. tom. 9. col. 49 : *Anno Domini* MCCLXI. *per totam fere Italiam facta fuit generalis Verberatio; nam magni et parvi, nobiles et ignobiles, depositis vestibus nudi a cingulo supra, civitates, villas et castella sic processionaliter se verberantes ibant Virginem gloriosam et cæteros Sanctos cantilenis angelicis implorantes...Ista tanta devotio a quibusdam pauperibus et simplicibus in Tuscia fuit inventa et per totam Italiam diffusa, et tam a parvis quam a magnis, tam a nobilibus quam ignobilibus observata. Ibant bini et bini per civitatem se verberantes, præcedentibus religiosis et clericis cum crucibus et vexillis. Multi quoque qui homicidia commisserant, cum gladiis denudatis ad hostes ibant, et in eorum manibus gladios nudos ponebant, ut de ipsis vindictam acciperent, sicut vellent. Sed illi gladios in terram projiciebant, Verberantes et lacrymantibus cunctis, qui hoc videbant, propter devotionem et cordis exultationem. Alii quoque verberabant se cum eis corrigiis ad hoc factis, aliqui cum spinis, aliqui cum manicis ferreis ; et quod fuit mirabile, quamvis Verberatio in media hyeme fieret, et homines nudi a cingulo supra, a mane usque ad horam tertiam pergerent, non est tamen inventum, quod aliquis fuerit frigore afflictus. Sed prima die alacriter se verberabant, secunda die alacrius et tertia die se verberabant.* Ricobaldi Ferrar. Histor. ibid. col. 134 : *Eo anno* 1260. *inaudita novitas fuit per omnes Italiæ partes. Nam omnes prima hyeme nudi longo agmine bini euntes tecto corpore infra umbilicum per urbes, vicos et villas villicolæ incedebant, se flagellis et loris cædentes et psallentes Dei laudes et B. Mariæ, clamitantes, Pax, Pax. Eo impetu discordiæ et hostilitates pacatæ sunt ; mulieres in turmis hoc noctibus faciebant ; sacrilegus habebatur quicumque id non ageret ; sed post Januarium paulatim defecit ea novitas, quæ appellata est Verberamentum.* Vide *Flagellatores*.

¶ **VERBERATURA**, Percussio. Statuta Humberti Bellijoci domini ann. 1233. apud Acher. tom. 9. Spicil. pag. 184 : *De Verberatura cum sanguine si clamor factus fuerit, dominus sexaginta solidos habere debet.... De Verberatura sine sanguine, etc.*

VERBERO, VERBEROSUS, Vide *Flagellatores*.

¶ **VERBETICINA**, Προβάτειον, in Gloss. Lat. Gr. Leg. *Vervecina*.

✶ **VERBEX**, [Ut Vervex, Gall. *Brebis* : « *Dat censo et tributo similiter, pasco Verbecem I.* » (Polyptyc. Massiliens. Mus. Arch. dép. p. 8, an. 814.)]

¶ **VERBICARIUS**, Berbicum pastor, Gall. *Berger*. Vide in *Berbix* 1.
VERBIGENA, Prudentio hymno 3. ante cibum, pro ipso *Verbo* seu Deo Filio. Vide Notas Anton. Nebrissensis. Perperam Iso *Verbo genitum* exposuit. Mamotrectus ad 4. Reg. cap. 25. ex Græcismo :

Communis generis sunt quæ componis ab illis,
Excipe Verbigena, quod Christo convenit uni.

° Pro Verbi genitore, in Contract. matrim. ann. 1470. in Reg. 3. Armor. gener. part. 2. pag. xl] · *In Dei altissimi Verbigenæ honore, Amen, etc.*
VERBIGERARE, [Fabulari, verba conterere.] Onomastic. vetus : *Verbigero*, λογοποιῶ. Apuleius in Apolog. : *Nimis multa oratio est, si velim memorare, quæ ego contra responderim, quamdiu et quoties inter nos Verbigeratum sit.*
¶ **VERBI GRATIA**. Exstat in Bibliotheca Clarævallensi, teste Martenio in Itin. litter pag. 102. Liber qui ita inscribitur · *Liber qui dicitur Verbigratia editus a domno Henrico quondam Abbate Montis S. Mariæ, postea Episcopo Trojano.*
VERBILOQUIUM, Sermo apud Fulgentium lib. 1. Mythol. Ἐτυμολογία, in Gloss. Lat. Gr. MSS. S. Germani Paris.
VERBISATOR dictus S. Paulus Apostolus in Vita S. Udalrici Episcopi August. cap. 3. Græcis σπερμολόγος. Vide Glossar. med. Græcit. in hac voce.
VERBISIMILIA, Papiæ, *Nomina, et verba sunt futuri temporis imperativi modi, et nomina, ut Contemplator, Amator.*
¶ **VERBITARE**, pro *Verberitare*, sæpe verberare, in Gloss. MSS. apud Vossium lib. 4. de Vitiis serm. cap. 20.
¶ **VERBIX**, pro Berbix, ovis. Passim.
¶ **VERBO**, Ambo, pulpitum ; unde ad populum verba habentur. Cantatorium MS. S. Huberti fol. 27 : *Ecce superveniens Olbertus cum tumultu... moræ impatiens arrepta stola sacerdotali Verbonem ascendit, et sine ulla contractione abbatem absentem et eos qui secum exierant nominatim excommunicavit.*
VERBOCINIUM, Colloquium, *Entretien*, ex *verbocinari*. Felix Gyrwensis Monachus in Vita S. Guthlaci n. 29 : *Cum quidam Abbas, ut adsolebat, ad Verbocinium præfati viri devenire proposuisset, etc.* Adde cap. 30. 31.
VERBOSARE, VERBOSATIO, VERBOSITARE, VERBOSITAS. Vide mox in *Verbosus.*
VERBOSUS. Gloss. Isid. : *Verbosus, nugator, pessimus.* Ugutio : *Garrulus dicitur, qui Verbosus vulgo appellatur accedente lætitia, nec volens tacere, nec valens.* S. August. in Psal. 76 : *Garruli enim proprie dicuntur, qui a vulgo Verbosi appellantur.*
VERBOSARE. Idem Ugutio, et Joan. de Janua : *Verbosare, multum loqui.* Idem Ugutio : *Garrire, verbosare.* Gloss. antiquæ MSS. : *Garrit, jocatur, Verbosatur aut perstrepit. Garrulitas, verbositas.* Mirac. S. Fursei n. 21 : *Cessa verbosare, Leutsinda.* Hincmarus Remensis in Ep. ad Adrian. PP. in Concil. Duziac. 1 : *Revertentes autem.... ebri, cœperunt Verbosare inter se, sicut ebrii facere solent, et illorum Verbosatio eousque processit, ut de ipsa sua nepte improperaret Presbytero, etc.* Passio SS. Didymi et Theodoræ num. 4 : *Judex dixit : Sustineo te verbosantem, etc.* Interpres VII. Synodi act. 6. φλυναφεῖν, *verbosare* vertit. Pirminius in Exerpt. · *Nullus in ipsa Ecclesia, vel ubi lectio divina recitatur, Verbosare præsumat.* [Occurrit præterea in lib. 3. Capitul. cap. 195. et apud Marten. tom. 9. Ampl. Collect. col. 197.]

° *Werbler*, Sermocinari, a *Verble*, sermo, in Mirac. MSS. B. M. V. lib. 1 :

Qui puet donner, moult scit de Werbles......
Si bel Werble, si bel chante, etc.

Werbloier, ibidem, pro Recitare, alta voce dicere.
VERBOSARI. S. Augustinus serm. 213. de Tempore : *In Ecclesia stantes, nolite Verbosari ; sed lectiones divinas patienter audite.* Serm. 251 : *In Ecclesia garriunt, ita Verbosantur, ut lectiones divinas nec ipsæ audiant.* Idem lib. 3. contra Julian. n. 46. *Inaniter verbosaris.*
VERBOSITAS, πολυλογία, in Gloss. Gr. Lat. Bachiarius de Recipiendis lapsis ; *Ne offendat te nostra Verbositas.* Acta S. Tarachi Martyris : *Maximus Præses dixit : Relinque Verbositatem istam, accede, sacrifica.* [S. Bonifacii Mogunt. Sermo 5. apud Marten. tom. 8. Ampl. Collect. col. 197: *Ibi* (in ecclesia) *orate et fabulas otiosas et Verbositatem diligenter cavete.*]
VERBOSITARE, Verba effutire, verbo tenus eloqui. Hieronymus Mon. Camaldul. in Vita S. Romualdi num. 74 : *Nullius enim meriti est ore divina officia Verbositare, et misera mente per phantasias......* vagando circuire. [S. Bonifacii Sermo 15. ibid. col. 218 : *Ad ecclesiam convenite, ibi orantes et non Verbositantes.*]
¶ **VERBOSULUS**, diminut. a *Verbosus.* S. Bernardus de Consid. lib. 4. tom. 1. col. 439. edit. 1690 : *Verbosulum adolescentem et studentem eloquentiæ, cum sapientiæ sit inanis, non aliud quam justitiæ hostem reputes.*
¶ **VERBOTENUS**, *Verbigratia*. Gloss. Isid.
VERBUM. Ebrardus Betuniensis in Græcismo :

Hoc nomen Verbum designat quatuor ista :
Est deceptio, pars, Filius Dei, atque loquela.

VERBUM, Securitas, tuitio. *In verbo Regis esse*, hoc est, in ejus tutela, in Lege Salica tit. 14. § 5. et in Lege Ripuar. tit. 35. § 3. Theophanes in Zenone : λόγον ἤτησε λαβεῖν, id est, *securitatem*. Idem in Leone Isauro : ὅς και ὁκνων μηδέν τῷ ἀδίκησαι, etc. Historia Miscella lib. 18. pag. 581. edit. Canisii : *Sophronius namque Hierosolymitanus summus Sacerdos Verbum accepit ad totius Palæstinæ securitatem.* Infra ann. 29. Heraclii : *Edesseni autem aperientes* (urbem) *acceperunt Verbum una cum regione, Magistroque militum, etc.* Quibus locis Theophanes habet λόγον. *Extra sermonem Regis esse*, in eadem Lege Salica tit. 59. dicitur, quem Rex amplius non tutatur. *Sermo tuitionis*, apud Marculfum. *Verbum immunitatis*, apud Anastasium in Gregorio II. PP. pag. 67. *Verbum impunitatis*, apud Aimolnum lib. 1. Hist. Franc. cap. 17. et eumdem Anastasium in VIII. Synodo act. 4. 7. Λόγος ἀπαθείας, apud Leonem Grammaticum in Theophilo pag. 452. Cedrenum pag. 476. Annam Comnenam in Alexiade pag. 158. 249. 292. etc.
¶ **VERBUM COMMUNE**, Sermo vulgaris, in Libello inquisitionis quem Reginoni præfixit Baluzius.
¶ **VERBUM CRUCIS**, Expeditio sacra, Gall. *Croisade*. Bulla Innocentii VI. ann. 1361. ex -Schedis V. Cl. *Lancelot* : *Coram nobis et dictis fratribus nostris et prælatorum ac nobilium multitudine copiosa proponi fecimus publice Verbum Crucis.*

VERBUM REGIUM, In *verbo regio* dicere, vel jurare, *Jurer en parole de Roy*, vulgaris formula de Regum pollicitis, quorum *verba* violari ab ipsis non debent. Ludovicus VII. Epist. 57. ex iis, quæ habentur tom. 4. Hist. Franc. : *In pleno Concilio et coram omnibus, in Verbo regio diximus, quod pacem hanc infrangibiliter teneremus.* Fortunatus lib. 6. Poem. 4. de Chariberto Rege :

Antea mons migrat, quam tua verba cadant.

Chromatius Episcop. Aquileiens. Conc. 1 : *Ideo Dominus inter juramentum et loquelam nostram nullam vult esse distantiam ; quia sicut in juramento nullam convenit esse perfidiam, ita quoque in Verbis nostris nullum debet esse mendacium.* Exstat in Archivo Regio, Scrinio Angliæ, num. 18. Charta ann. 1372. qua Rex Angliæ Joanni de Novavilla, Senescallo Hospicii sui, paciscendi potestatem cum Duce Britanniæ concedit, *et de promettre en l'ame dudit Roy en bonne foy d'armes et gentilesse, et de Parollas de Roy, ce qui sera avisé par luy, etc.* Quod Regibus maxime convenire debet. *Jurer en parole de fils de Roy*, apud Monstreletum 1. vol. cap. 153. *En parole de Prince* cap. 207. Vide Judicia Withredi Regis Cantuarior. cap. 17.
¶ IN VERBO SACERDOTIS, Formula juramenti Sacerdotum : *En parolęs de Prevoire*, in Stabilim. S. Ludovici lib. 1. cap. 71. Charta ann. 1472. ex Tabul. B. M. de Bono nuntio Rotomag. : *Juravit (Curatus) coram nobis in Verbo Sacerdotis ad sancta Dei Evangelia, etc.* Alia ann. 1477. ex eod. Tabul. : *Juraverunt coram nobis in Verbo Sacerdotum, etc.* Vide in *Juramentum.*
IN VERBO ET VERITATE JURARE, dicuntur Monachi in Capitulari Pipini Regis cap. 36. *In verbo veritatis*, Episcopi, apud Prynneum in Libertat. Angl. tom. 3. pag. 52. de qua formula quædam attigi in v. *Juramentum*, quibus hæc addo ex Charta ann. 1266. apud Fredericum Sandium in Consuetudines feudales Gelriæ pag. 433 : *Quod si Comes Gelriensis in Verbo veritatis dixerit, quod prædictum telonium non sit injustum, etc.* Infra : *Comes Clivensis in Verbo veritatis dicet, quod justum sit telonium, etc.* Ex quibus patet, non Sacerdotibus modo Sacramenti formulam propriam fuisse, sed et laicis, maxime Principibus.
VERBUM DIRECTUM HABERE, Gall. *Avoir droit de faire quelque chose.* Gregorius Turon. lib. 3. Hist. cap. 7 : *Nunc autem Hermenefredus, quod mihi pollicitus est, fefellit, et omnino hæc adimplere dissimulat ; ecce Verbum directum habemus, eamus cum Dei adjutorio contra eos.* Lib. 4. cap. 24 : *Desistite quæso, desistite ab hac intentione, Verbum enim directum non habemus.* [Vide *Directum* 1.]
VERBUM, Præceptum, mandatum. Capitulare Metense ann. 756. cap. 4 : *Qui res Ecclesiasticas per Verbum domini Regis tenent, etc.* Capitulare ann. 807. cap. 3 : *Et præcipiat de Verbo nostro, ut, etc.* Epistola Synodica Concilii Duziacensis 1. ad Hadrianum PP. part. 5 : *Annonam, vinum, et generis diversi ac sexus pecuniam, sive vivum vel literis, aut Verbo Regis, in sua parochia et missatico, illi per violentiam abstulit.* Id est *sans ordre du Roy.* Charta Ottonis III. Imp. ann. 997. apud Stangefolium lib. 2. Annal. Circuli Westphalici pag. 204 : *In his 4. forestis cervum vel cervam venandi nullus habeat licentiam, nisi Verbo et con-*

sensu Abbatissæ. Adde Capitul. Caroli M. pro partib. Saxoniæ cap. 31. et Hist. Bellunensem Georgii Piloni pag. 106. v.

⁂ *Verbode,* in Charta composit. inter comit. Fland. et scabin. Gand. ex Reg. 2. *Olim* parlam. Paris. fol. 10. v° : *Item se nous cuens devantdis, u nos baillus et li plus grande partie des eschevins devantdis fesissent estatuis, ke on appelle Verbode, à durer à terme chertain, il doivent durer lor terme tout hors.* [*⁂* Killianus : *Verbod,* Interdictum, prohibitio, inhibitio.]

¶ VERBUM PORTARE, Alloqui, sermocinari. S Bernardus Epist 129 : *Portabamus Verbum pacis : cumque invenissemus filios pacis, requievit super eos pax nostra.*

¶ VERCARIA, Locus vervecibus alendis idoneus, alius tamen ab ovili ; prædii species etiam cum certa agri portione. Exemplis in v. *Berbix* jam allatis addo Chartam ann. 825. inter Instr. tom 4. Gall. Christ. novæ edit. col. 263 : *Ipsam villam cum capella, casa dominicata et reliquis mansis,........ vineis, Vercaris, campis, pratis, sylvis, etc.* Vide *Vircaria.*

✱ VERCAYRALIS, [Mercede conductus : « Exceptis mensa mercenariorum seu *Vercayralum* et clericis pauperibus. » (Cart. Magalon. Rev. Soc. Sav. p. 418.)]

⁂ VERCE. Libert. villæ Brager. ann. 1334 in Reg. 70. Chartoph. reg. ch. 330 : *Si quis furatus fuerit domino suo..... decem solidos, curret villam et ponetur in ippillorio. Secundum furtum, Verce dicitur, cum diversis temporibus committuntur.*

⁂ VERCECA, *Ampulla*, quasi ampla bulla. *Verceca, fiala, a filo quo solet ferri.* Glossar. Provinc. Lat. ex Cod. reg. 7657.

¶ VERCELLUM, Modus agri, ut videtur, forte herbosus. Inquisitio ann. 1268. ex Schedis Præs. *de Mazauguex* : *Et a dicto dente per vallem majorem foras usque ad Vercellum de Naquessina juxta montadam per caminum, etc.* Pluries ibi. Huc forte spectat le Roman *de Garin* MS. :

Fromondin fiert el Ver de Valfondée,
Qui plustost l'ot qu'esprevier avolée.

Ibidem :

Et Fromond broche de Ver de Valfondée.

Vide *Verdonuna* et *Versana.*

VERCHERIA, Allobrogibus, Dos, fundus in dotem feminis concessus : Arverni superiores eadem notione *Valcheire*, inferiores *Chancere* dicunt. Charta Amalrici Comitis Montisfor. apud Guichenon. in Bibl. Sebus. cent. 1. cap. 31 : *Ego feci fidelitatem V. Bernardo Ebredun. Archiepiscopo de omnibus illis, quæ habeo in Ebredunensi civitate...... ratione Vercheriæ uxoris meæ, filiæ Comitis Dalfini.* [Eamdem Chartam refert *Bouche* tom. 2. Hist. Provinc. pag. 181. ubi monet nomine *Vercheriæ* Provincialibus significari dotem mulieris. Unde colligitur hanc vocem eodem sensu acceptam fuisse in pluribus provinciis.] [⁂ *Verchiere,* eodem intellectu, in Charta acquisit. comitat. Valent. et Diens. ann. 1404. ex Cod. reg. 6008. fol. 203. v° : *Item ledit Roy dauphin prend de present la charge de payer à l'ancienne comtesse de Valentinois, et à quoy ledit comte peut estre tenu à elle ou à aultre, à cause de la Verchiere ou dot, dont la dicte comtesse ou aultre pourroit faire poursuite ou demande contre ledit comte. Berchiere,* eadem notione, supra in *Bercheria.* Hinc *Vercayrar*, *Prov. Dotare*, in Glossar. Provinc. Lat. ex Cod. reg. 7657. Vide infra *Verqueria* 2.] Sæpe usurpatur pro quovis modo agri : [eoque præsertim qui alendis *vervecibus* idoneus est.] Charta ann. 1202. *Vendiderunt........ unum caponem* in manso *Curresii* in parochia *Perissei* posito, *et Vercheriam, quæ tendit a furno usque ad marescum, etc..... et* 2. *Vercherias, et* 1. *pratum, quæ sunt, etc.* Charta libertatum villæ S. Germani in Foresio ann. 1229 : *Volumus, quod, qui habent vineas, hortos, vel Vercherias infra terminos inferius expressos, etc.* [Terrag. Bellijoc : *Super quadam una Vercheria continente semen dimidiæ cupatæ vel circa, sita in dicta parochia loco dicto en la Verchiere Baudier.* Occurrit præterea in Actis capitul. Eccl. Lugdun. ann. 1345. fol. 126. v°. in Maceriis Insulæ Barbaræ tom. 1. pag. 110. et alibi. Vide *Vercheria* in *Berbix* 1.]

⁂ Lugdunensibus, Dumbensibus aliisque vicinis Viridarium seu agrum domui adjacentem sonat, vulgo *Verchiere.* Charta admort. ann. 1412. in Reg. 166. Chartoph. reg. ch. 272 *Item Jehanne femme de Jéhan Furcheron tient une autre terre ou Verchiere contigue à ladite terre.*

⁂ VERCHERIUM. Eadem notione. Libert. villæ Ayriaci ann. 1328. tom. 7. Ordinat. reg. Franc. pag. 817. art. 65 : *Volumus et præcipimus quod dicti burgaeses et habitatores dictæ villæ possint et sibi liceat claudere clausa et clausa tenere prata sua et Vercheria.*

¶ VERGOLENUM, pro *Vertolenum.* Vide ibi.

⁂ *Vercolle* nostris alias, nunc *Bricolle.* Funis est ad collum vel super humeros positus, quo aliquid trahitur vel sustinetur. Lit. remiss. ann. 1460. in Reg. 192 Chartoph. reg. ch. 53 : *Icellui varlet se ferma une corde au col en maniere d'une Vercolle pour soustenir le limond dudit demy char. Pendant qu'ils tiroient et halloient à la Vercolle,* in Hist. Caroli VIII. ad ann. 1495. pag. 137. *Warcolet,* Colli ornamentum, in Lit. remiss. ann. 1420. ex Reg. 171. ch. 222 . *Quatre aneaulx d'argent, deux Warcolez et une piece de cuevrechief crespé.* Vide supra *Epigium.*

¶ VERDATIA, in *Practica Bertrandi* cap. *de Ægritudinibus, Aurium* dicitur *taxus barbascus.* Glossar. medic. Simon. Januens. ex Cod reg. 6959.

¶ VERDEARIUS, Viridarium, pomarium, Gall. *Verger.* Testam. Gersindæ Comit. Ruthen. apud Marten. tom. 1. Anecd. col. 128 : *Illum alodem meum Buzingis, quem adquisivi de Adomaro cum caput manso, et vineas, et Verdearios cum terras, etc.* Vide *Verdegarius* et *Viridiarium.*

¶ VERDEDENE. Charta ann. 1183. apud Murator. delle Antic. Estensi pag. 371: *Persolvet prædictam pecuniam cum proficuo, aut Verdedene, aut cum servicio illato et cum expensis omnibus.* Vocem corruptam esse suspicor : forte scriptum fuit in authentico, *Varda den.* ut significaretur fenus debitum ob denarios non redditos. Vide *Warda.*

¶ VERDEGARIUS, Viridarium, ut supra *Verdearius.* Charta ann. 2. Lotharii apud Stephanot. tom. 1. Antiquit. Bened. Vascon. MSS. pag. 427 : *Quantum denique in ejusdem terminis et pertinentiis visus sum adhærere, tenere et possidere, id est kasas, kasales, ortos, ortales, Verdegarios, arbores, etc. Alia apud eumd.* tom. 3. Antiquit. Pictav. MSS. pag. 229 : *Ipse mansus cum casis, ædificiis seu cum bosco et Verdegario.* Rursum ibid. pag. 367. et alia Charta : *Cum curte et orto, et Verdegario, etc.* Charta ann. 961. in Append. Marcæ Hisp. col. 877 : *Et ipse campus qui finitur in ipso cimiterio S. Saturnini, et terras et vineas, cum illorum Verdegariis.* Vide *Viridiarium.*

¶ VERDERIA, Terra humilis ad littus maris viridi herba fertilis. Charta ann. 1181. apud Lobinell. tom. 2. Hist. Britan. col. 132 : *Jurati dixerunt quod..... omnes Verderiæ quas mare dimittit, sunt de dominio Archiepiscopi.* Occurrit rursum ibid. col. 134.

¶ VERDESCA, VERDESQUA, Specula. Glossar. Provinc. Lat. ex Cod. red. 7657. *Verdesca, Prov. specula.* Inquisit. super destructione bastidæ Sabran. ann. 1363. ex Cod. reg. 5956. A. fol. 78 v° : *Destruxerunt videlicet gascham et Verdescas ipsius turris.* Ibid. fol. 80. r° : *Ipsam bastidam dimisit bene paratam de Verdesquis, artilharia et aliis necessariis ad defensionem bastidæ ejusdem.* Hinc emendandum Instr. ann. 1381. inter Probat. tom. 3. Hist. Nem. pag. 46. col. i : *Ordinavit quod fiat superius, videlicet desuper murum ipsius hospicii habeatur dictum portale, una Verdesta, longa de longitudine unius cannæ cum dimidia, etc.* Ubi leg. *Verdesca.*

¶ 1. VERDETUM inter species aromaticas recenseur in Convent. Saonæ ann. 1526.

✱ 2. VERDETUM. [Gallice, *Etoffe verte*: « Adjecit etiam, quod dicti heretici rogaverunt ipsum testem ibi quod emeret eis pannum de *Verdeto.* » (Confess. coram inquisit. Tolos. an. 1256. mus. arch. dép. p. 162.)]

¶ VERDICTUM, ut *Veredictum.* Vide ibi.

VERDIGA, Species vitis, de qua Petrus de Crescentiis lib. 4. cap. 4.

¶ VERDIGARIUS, ut supra *Verdegarius.* Charta Stephani Episc. Claromont. apud Baluz. tom. 2. Hist. Arvern. pag. 31· *Cum mansis, campis, pratis, vineis, Verdigariis, etc. Verdugarius,* in Judicio ann. circ. 873. inter Instrum. tom. 6. Gall. Christ. novæ edit. col. 8 : *Per legem et justitia plus devet esse ipsas kasas, curtes, Verdugarius, ortus, etc.* Vide *Veredegarius* et *Viridiarium.*

¶ VERDONA, pro *Ferdo* seu *Ferto.* Vide in hac voce. Quarta pars marcæ.Charta ann. 1253. apud Ludewig. tom. 7. Reliq. MSS. pag. 497: *Item quod homines nostri supra deputatam et annuam pensionem advocatie, videlicet maldratam tritici et Verdonam Halberstadensis argenti, exactione indebita non graventur.*

¶ VERDONUM, f. Pratum. Charta ann. 1258. ex Tabul. S. Victoris Massil. : *De meridie de dicto Verdono descendit usque ad ysolum in Verdono.* Vide supra *Verceillum.*

¶ VERDUGARIUS. Vide *Verdigarius.*

¶ VEREBIARE, Mutilare. Gloss. Lat. Gr. : *Verebio,* κολοβῶ. Ubi Cod. Reg. *Brebio* : Sangerm. *Urebio.* At in Gloss. Græc. Lat. κολοβῶ, *Verebio, mutilo* Κολοβός, *truncat.*

⁂ VERECUM, Quidquid ex naufragiis ad littus appellit, nostris quoque *Verec.* Scacar. S. Mich. apud Cadom. ann. 1234. in Reg. S. Justi Cam. Comput. Paris. fol. 24. v°. col. 2 : *Accordatum est, quod Verecum custodietur in manu domini regis per annum et diem.* Charta ann. 1341. in Reg. 72. Chartoph. reg. ch. 234 : *Le chevalier disoit et affermoit que toutes les choses venantes et arivantes à Verec à la coste et à l'estande de la mer en la parroisse d'Anderville en la hague lui appartenoient,.... et ledit procureur disoit et affermoit que au duc nostre sire appartenoient lesdiz Verez en certaines metles en ladite parroisse.* Ita quoque legendum pro *Veret*, in Stat. ann. 1374. tom. 6. Ordinat. reg. Franc. pag. 47. Vide *Wrekum.*

? **VERECUNDANTER**, Inverecunde, absque ullo pudore. Vita S. Joan. Episc. tom. 3. Aug. pag. 511. col. 1 : *Præsul mæstus de tanto crimine tam Verecundanter facto presbyteri, illum a sacerdotio suspendit.*

¶ **VERECUNDARI**, Timore percelli, in Gloss. Gasp. Barthii apud Ludewig. tom. 3. Reliq. MSS. pag. 355. ex Hist. Palæst. Fulcherii Carnot. : *Nostri tanquam ad certamen bellicum Verecundari simulantes, astute nec fugere disposuerunt, nec pugnare cum eis disposuerunt.*

1. **VERECUNDIA**, Pudendum facinus, turpe, indignum ; quomodo Galli *Vergogne* usurpant. Constitutiones Cataloniæ inter dominos et vassallos MSS. cap. 51 : *Si Miles, qui emit castrum, est ita honoratus homo, ex quo Castalanus possit esse suus homo, sine Verecundia et reprehensione, seu blasma.*

? 2. **VERECUNDIA**, Injuria, contumelia. Vita S. Goberti tom. 4. Aug. pag. 379. col. 2 : *Quadam autem die vir Dei pius Gobertus, divina sibi gratia cooperante, sic fuit inspiratus, ut Verecundiam, quæ in sancta terra Jerusalem ab infidis contra Dominum opponitur, vellet vindicare.* Hinc nostris *Verecondre* et *Vergonder*, Contumelia et probro afficere. Lit. remiss. ann. 1457. in Reg. 185. Chartoph. reg. ch. 339 : *Lesquelx habitans prindrent icelle femme pour Vereconder et ahontir icellui prestre.* Aliæ ann. 1377. in Reg. ch. 306 : *En entencion de villener et Vergonder la femme dudit Perrinet. Lequel Jehan avoit ainsi induite, amenée et soublzelevée ycelle Mahaut, et Vergondée à tousjours,* in aliis ann. 1400. ex Reg. 155. ch. 112. Vide *Verecundium.*

? **VERECUNDIOSUS**, Pudendus, turpis, Hisp. *Vergonnoso.* Constit. MSS. Petri III. reg. Aragon. ann. 1359 : *Statuimus quod... in instrumento procuratorio aliquis non teneatur sigillatim exprimere impedimentum quod haberet, si tamen ipsum impedimentum Verecundiosum, aut periculosum vel damposum constituenti ipsum procuratorium ; et quod sic constituens procuratorium, super hoc scilicet quod sibi esset Verecundiosum vel damposum, etc. Vergonner vero, Verecundari sonat,* in Lit. remiss. ann. 1479. ex Reg. 206. Chartoph. reg. ch. 431 : *Aucuns d'iceulx jeunes gens se Vergonnoient de jouer l'esbatement, pour ce qu'il se failloit descouvrir jusques au ventre et montrer ses pauvretez.* Hinc *Verecundens* et *Vergondeux,* verecundans, pudens. Lit. remiss. ann. 1387. in Reg. 131. ch. 173 : *Jehan Jaquemart prisonnier, Verecundens de ce et doubtant tripure de justice, etc.* Aliæ ann. 1409. in Reg. 163. ch. 285 : *Desquelles choses le suppliant eust esté moult triste, honteux et Vergondeux.* Glossar. Prov. Lat. ex Cod. reg. 7657 : *Vergonhar, Prov. pudere. Vergonhos. pudens.*

VERECUNDIUM, Injuria, contumelia. Vetus Charta Anglica apud Somnerum in Tractatu *de Gavelkynd* pag. 174 : *Ea conventione, ut ipse Calvellus et hæredes sui singulis annis dent Cellerario 52. sol. pro omni re, præter* 3. *forisfacturas, id est, murdrum et furtum, si ipse Calvellus vel hæredes sui fecerint, et præter, si Verecundium ipse vel hæredes sui fecerint Monachis Ecclesiæ vel servientibus eorum.*

☞ *Vergonder* nostris pro aliquem probro afficere. La Vie de *Jesus-Christ* MS.:

Ensi ert li mons racatés,
Et li Diables Vergondés.

¶ **VEREDA**, Umbraculum foliis, aut arborum ramis concinnatum in quibusdam locis *Chariot* nuncupatum. Charta ann. 1344. ex Schedis Cl. V. *Lancelot* : *Item quod nulla persona cujuscumque conditionis existat, sit ausa facere.... ramadas sive Veredas per carrerias nisi habeant in altitudine duas cannas.* Vide alia notione in *Veredi.*

¶ **VEREDALIS** CHARTA, Authentica, vera et genuina. Charta Wernheri Episcopi Argent. ann. 1005. apud *La Guille* inter Instr. Histor. Alsatiæ pag. 24 : *Quorum omnium jura, et debita, et quantitates, sicut nos invenimus, in Veredali carta describi jussimus.* Vide *Veredictum.*

¶ **VEREDARIUS**. Vide in *Veredi.*

¶ **VEREDEGARIUS**, ut supra *Verdegarius.* Charta Adalindæ apud Baluz. tom. 2. Histor. Arvern. pag. 14 : *Hortos, hortales, Veredegarios, arbores pomiferas, vineas, etc.* Alia Acfredi Comit. apud Mabill. tom. 3. Annal. pag. 696 : *Domos coopertas, casales, curtes, ortos, ortales, Veredegarios, etc.* Vide *Verdigarius et Viridarium.*

VEREDI, Equi publico cursui destinati. Gloss. Lat. Gr. : *Veredus*, πῶλος. Glossæ MSS. Reg. : Βερέδων, τὸ χοῦστουρον. Papias : *Veredos antiqui dixerunt, quod veherent, i. ducerent redas, vel quod vias publicas currant, per quas redas ire solitum erat.* Gloss. Sax. Ælfrici : *Veredus* : crætehors, i. *Rhedæ equus.* Ebrardus in Græcismo usu : *Est Veredus equus, vectans rhædam quasi currum.*

Joan. de Garlandia in Synonymis :

Rhedæ vectores nos dicimus esse Veredos.

Alibi :

De veho, de rheda, dictum reor esse Veredum.

Victor lib. 2. Hist. de Persecut. Vandalor.: *Dirigit præceptum, quod aliæ universæ Africæ Veredis currentibus destinavit.* Gesta Constantini M.: *Qui ut Severum per Italiam transiens vitaret, summa festinatione post se truncatis Veredis, Alpes transgressus, ad patrem Constantin venit apud Bononiam, etc.* Charta Ludovici Pii Imp. pro Hispanis apud *Diago* : *Et Missis nostris aut filiu nostri, quos pro rerum opportunitate illas in partes miserimus, aut Legatis, qui de partibus Hispaniæ ad nos transmissi fuerint, paratas faciant, et ad subvectiones eorum Veredos donent.* Vita S. Theophanis Confess. n. 14 : Πάντες μὲν οὖν ἤγοντο ἵπποις, ἡμιόνοις, ἀνδραπόδοις, καὶ βερέδοις ὑπρετούμενοι. Occurrit passim in utroque Cod. tit. de Cursu publico, et al. et in vett. Formulis. Vide *Paraveredi.*

VEREDA, Via, per quam *veredi* vadunt. Vetus Notitia Hispanica æræ 829. apud Anton. *de Yepez* in Chronico Ordin. S. Benedicti tom. 3 : *Et descendit, ubi intrat arrogio, quæ dicent Rubisco in Syle, et conclude per illum arrogium de Rubiscum, et pergit per illa, quæ exiit in Donati ad illas Veredas de Mamonela, et pergit per illa Vereda antiqua usque vadit ad terram Tremu, etc.* Charta Ordonii II. Regis æræ 947. apud eumdem : *Et inde per radicem Litoriæ, deinde in Almanti, inde per Petraforta, et inde per medium montium, quæ vocitant Meta, deinde per illa Vereda majore, quod discurret de Astorica ad Castrum Litoriæ, etc.* Alia Bermudi II. Regis æræ 1085. apud eumdem tom. 5 : *Quæ jacent contra parte de Minea, sub illa Vereda, quæ descendit ad ambas mistas.*

VEREDARII, dicti, qui veredis publicis utebantur, et responsa vel mandata Principum deferebant, εἰς τὰς βασιλικὰς ἀποκρίσεις ἀεὶ στελλόμενοι, οὕς δὴ βερεδαρίους καλοῦσι, ut est apud Procopium lib. 1. Vandal. cap. 16. qua notione *Veredarios* habent leg. 17. et 50. Cod. Th. de Cursu publico (8, 5.), Senator lib. 2. Epist. 31. lib. 4. Epist. 47. Julius Firmicus lib. 3. Matth. etc. Papias : *Veredarius, a vehendo dicitur, qui festinanter equitando currit, habetque pennas in capite, ut intelligatur festinatio itineris.* Gloss. Lat. MS. Reg. cod. 1018 : *Veredarii dicuntur a vehendo, qui festinanter in equis currunt, non descendunt de equo, antequam liberant responsa sua : habent in capite pinnas, ut inde intelligatur festinatio itineris : datur semper iis equus paratus, nec manducant, nisi super equo, antequam perfecerunt.* Paulo aliter laudat hunc locum Jacobus Gothofredus ad leg. 1. Cod. Th. de Curiosis (6, 29.). Capitul. Caroli C. tit. 7. de Monachis : *Quos etiam nec Episcopus, nec Abbas, vel quilibet alius eos Veredariorum more in missaticis instanter transmittat.* Veterem Chartam ex Tabulario S. Martini de Campis apud Duchesnium in Hist. Monmorenciaca pag. 33. subscribunt *Ludovicus filius Regis* (postmodum Rex Franc. VI.) *Gervasius Dapifer, Frogerius Catalaunensis, Willelmus Garlandensis, Fredericus Camerarius, Balduinus Veredarius.* Forte is Magistratus, quem hodie *Le grand Maitre des Postes* dicimus. [? Ekkehard. IV. de Casib. S. Galli apud Pertz. tom. 2. Script. pag. 87 : *Innotuit res Chuonrado in Frantia tunc posito ; nam Veredarii ab episcopo capto et recepto dies et noctes celeres ibant.*]

¶ **VEREDICTIO**, Probitas, veritatis amor. Charta ann. 1374. apud Rymer. tom. 7. pag. 44 : *Domini Ducis et ejus Concilii veri Canzellarii, et bonæ et honestæ famæ, vitæ, et Veredictionis.*

1. **VEREDICTUM**, Testimonium 12. juratorum *in jurata*, aut *assisa*, in qua vera se dixisse affirmant : *Verdict* JC. Anglis. [? - Vera se dicturos. Vide Formulam Juramenti apud Bracton. lib. 4. Tract. de assis. nov. disseys. cap. 19. § 3 : *Hoc auditis justitiarii, quod Veritatem dicam de assisa ista, etc.*] Gloss. Gr. Lat.: Ἀληθινὸν, *verum dico.* Utuntur passim Anglici Scriptores, Statuta Davidis II. Regis Scotiæ cap. 20. § 2. Thomas Walsinghamus pag. 276. Littleton. sect. 366. Bracton. lib. 4. tract. 1. cap. 19. § 4. Fleta lib. 4. cap. 9. Fortescutus de Laude Legum Angl. cap. 26. Monasticum Anglic. tom. 1. pag. 481. tom. 2. pag. 32. 221. Regiam Majestatem, etc. Vide *Jurata* 2. [?° Placit. ann. 14. Edward. I. Kanc. rot. 10. in Abbrev. Placit. pag. 279 : *In hoc Veredicto* 10. *de juratis sunt unum et* 11. *dicunt aliud contrarium. Sed judicium redditum in hæc verba. Et quia dicto majoris partis juri standum est, consideratum est, etc.* Confer Glanvill. lib. 2. cap. 17.]

¶ VERDICTUM, Eadem notione, apud Madox in Formul. Angl. pag. 870 : *Sciatis nos reddidisse Willelmo de Homez advocationem capellæ de Elleton, quæ ad*

280 VER

eum pertinere dinoscitur secundum Verdictum legalium hominum viciniæ.

⁂ 2. **VEREDICTUM**, Scripta testificatio, Gall. *Certificat.* Libert. Domfnimed. ann. 1246. tom. 7. Ordinat. reg. Franc. pag. 691. art. 11: *Si milites vel aliquis alius debeat debitum burgensi, burgensis debet monere bailliuum per majorem, quod eat secum ad capiendum nammin pro suo debito vel catallo; quod si baillivus recusavert ire infra triduum, juratus ibit, si voluerit et poterit, pro catallis suis et nammiis capiendis, extra villam, sine emenda, per Veredictum majoris.*

¶ **VEREDIS**, pro *Veredus*, in Charta Caroli Calvi Reg. Franc. ann. 814. inter Instrum. tom. 6. Gall. Christ. novæ edit. col. 75: *Nec freda, aut tributa, vel paratas, aut Veredes seu mansiones accipere... audeat.* Leg. forte *Veredos*.

VERENNES, a *Vehere*, i. *portare, nominare, instrumenta rusticorum sunt.* Papias. [Isid. lib. 20. Orig. cap. 14: *Verennes a vehere, id est exportare nominatæ.*]

⁂ **VERENTER**, Reverenter. Candidus in vita Ægilis,tom. 1. Jun. pag. 491. col. 1:

Cherubin quoque, Seraphin pariterque Verenter
Jure tibi soli incessanti voce reclamant.

⁂ **VERERE**, *Trahere ad rete, quod Vericulum dicitur.* Glossar. vet. ex Cod. reg. 7618.

✱ **VERERIA**. [VERRERIA : « Excepto quod in duabus fenestris non sunt *Vererie.* »(Chevalier, Visit. episcop. Gratianop. p. 122.)]

¶ **VERES**. Vide in *Wreckum.*

¶ **VERESCENS**, *Veritus*, in Gloss. Gasp. Barthii apud Ludewig. tom. 3. Reliq. MSS. pag. 517. ex Bartolphi Hist. Palæst.

⁂ **VERETIA**, Laminæ vitreæ, quæ fenestris objiciuntur, f. pro *Verreriæ.* Vide in hac voce. Comput. ann. 1480. ex Tabul. S. Petri Insul.: *Renero Roussel pro duabus dietis, quibus vacavit in capellania S. Michaelis juxta aulam ad Veretia deponenda, x. sol.* Vide mox *Veretrum*.

VERETONUS, VERETTONUS, Ital. *Veretto, Verettone,* Gall *Vireton,* diminut. a *Veru,* Sagitta, Jaculum. Vide in hac voce. Chronicon Petri Azarii apud Murator. tom. 16. col. 308: *Uno Veretono in fronte exstitit vulneratus, et taliter quod ab equo subito cecidit interfectus.* Joh. Stella in Annal. Genuens. tom. 17. col. 1282: *Jaculis Veretonorum a longe bellantes, etc.* Chron. Tarvis. tom. 19. col. 768: *Vita donatus est beneficio unius piroli argentei deaurati, in quem Veretonus unus baliste emissus repercussit, ita ut intra viscera nequivit adire.* Jac. de Layto Annal. Estens. tom. 18. col. 1022: *Dum ferociter et impavide inter missilia balistarum laboraret ictu unius Verettoni saucius et trajectus fuit in brachio dextero,... et penetravit missile inter utrumque os brachium totum.*

⁂ *Teli genus, illud præcipue, quod per balistam emittebatur a Veru dictum videtur: non enim placet etymon a P. Daniele propositum lib. 6. cap. 4. de milit. Franc. Vareton,* in Charta ann. 1887. ex Reg. Cam. Comput. Paris. sign. Croix fol. 187. v° : *Et doit livrer et mettre en chascune galée vj^e. Varetons, iij^e lances, v° dares, etc.*

¶ VERETTO, Eodem intellectu, in Chron. Estensi apud eumdem Murator. tom. 11. col. 270: *Qui Gabriel eo die captus fuit et interfectus uno Verettone a gentibus præfati domini Marchionis.*

¶ VERRETTONUS, Eadem notione. Joh. Cermenas in Hist. Mediol. tom. 9. ejusdem Muratorii col. 1290: *Verum Januen-*

VER

sis subito Verrettonus volat oculos transiens caput ejus, quo vulnere cum securi de muro rejectus est. Andr. Billii Hist. tom. 19. col. 29: *Rejecta ob oculos galeæ specula, mox sagittæ (quam vulgo Verretonum nominamus) verreculo per eum locum ictus cecidit.*

⁂ **VIRATONUS**, Eodem intellectu, Nostris etiam *Viraton,* in Chron. Petri IV. Reg. Aragon. lib. 6. cap. 4. Charta ann. 1377. ex Tabul. S. Victoris Massil.: *Dedit .... balistas, Viratonos, pavesia, etc.* Miracula MSS. Urbani V. PP. ex eodem Tabular.: *Luserat cum nonnullis aliis ad balistam, unus cum Viratono seu Viram* (leg. *Virou,* ut efferunt Occitani) *percussit ipsum in coxia, quod transivit ultra ambabus partibus* Ibidem: *Fuit percussus de quodam Viratono in facie super oculum, ita quod totum ferrum erat in capite longitudinis quasi medii pedis.* Mirac. B. Ludovici Alamandi Arelat. Archiep. apud Staphonot. tom. 10. Fragm. Histor. MSS. pag. 301 : *Simili jactu magni Viratoni super faveriam dictæ cassidis percussus, etc.*

¶ **VIRETONUS**, Pari significatu, in Charta ann. 1315. tom. 2. Hist. Dalph. pag. 501. col. 1: xx. *caissiæ Viretonorum, in quarum qualitet ad minus sint* D. *Viretoni. Vireton garni de ses fers,* in Charta ann. 1461. apud Lobinellum tom 2. Histor. Britan. col. 1263.

⁂ **VERETRUM**, f pro *Veretrinum* vel *Victrinum,* Fenestra. Comput. ann. 1481. ex Tabul. S. Petri Insul.: *Magistro Widocque lathomo, pro reparatione magni Veretri vestibuli, cum suis adjutoribus et materialibus,.... xvij. lib. xij. sol.* Vide supra *Veretia.*

VERFREDUS, *Beffroy.* Vide *Belfredus.*

⁂ **VERGA**, Veru, ni fallor ; inter utensilia coquinaria annumeratur, ad calcem Stat. synod. eccl. Castr. ann. 1358. ex Cod. reg. 1592. A. fol. 76. v°: *Item j. trebes ferreum, j. mortier, j. Verga, etc.*

⁂ **VERGADELLE**, Piscis genus. Vide supra *Labeo.*

⁂ **VERGAIUM**, Jus mensuræ, ad quam exiguntur dolia vinaria, quod *virga* fit sic dictum, ut videtur. Memoriale D. Cameræ Comput. Paris. fol. 57. v°: *Officium barragii et Vergaii vinorum.* Haud scio an huc spectet vox *Vergage* ex Litteris Caroli V. Reg. Franc. ann. 1367. tom. 5. Ordinat. pag. 67 · *Ilz ne paient travers, passages, pontenages, tonlieux, chaucés, barrages, Vergages, ou autres exactions.*

⁂ *Male lectum Vergaii* in laudato Memoriali, ubi diserte habetur *Vergagii ;* a Gallico *Vergage,* eadem notione. Charta Phil. VI. ann. 1389. in Reg. ejusd. reg. ex Cam. Comput. fol. 168. r° : *Nos dittes gens... ont assigné... un roi de Boeme... à Vailly... le Vergage, le courretage des vins... A Filayns le chargage, le barrage....... et le Vergage, etc.* Hinc *Vergier, Virga metiri,* et *Vergeur,* qui ex officio id præstant. Charta ann. 1320. in Reg. 59. Chartoph. reg. ch. 426. *Que il ne peussent mettre les Vergeurs pour les vins Vergier, et que il ne peussent mettre les vardes pour varder les biens.* Lit. remiss. ann. 1476. ex Reg. 195. ch. 1558 · *Le maire et les eschevins de ceste ville* (de Dampierre) *ont Vergié le vin ; je en payerai ce qui sera trouvé par eulx.* Vide infra *Vergiare.*

¶ **VERGANTINUS**, Naviculæ species, vulgo *Brigantin,* Ital. *Brigantino.* Vide *Brigentinus.* Itiner. Adriani VI. PP. apud Baluz. tom. 3. Miscell. pag. 376 : *Sanctissimus pater cum sua insigni et præclara familia triremes ascendit ; quæ*

VER

licet numero octo cum scapha vulgo Vergantin appellata, principem ecclesiæ festive receperunt. Ibidem pag. 387: *Utcunque tamen fuerit cum Vergantinus et alia navigia puppim illam oppressam circumstarent, etc.* Rursum pag. 397 : *Et cum tota jam classis juxta oppidum esset aggregata, magnificentissimi Cardinales in uno monoremo Vergantino, ut ita dixerim, ad maximi antistitis pedum oscula delati sunt.*

⁂ **VERGATUM**, Gall. *Vergat,* Instrumentum piscatorium. Charta ann. 1297. in Reg. 155. Chartoph. reg. ch. 117 : *Piscantes cum pluribus et diversis rethibus, filatis, thesuris, etiam cum batudis et Vergatz, per ordinationes regias prohibitis. Verjat,* in Charta ann. 1403. ex Reg. 207. ch. 138 : *Petiz Verjaulx....... et claveaulx pour pescher et prandre anguilles et tout poisson.*

¶ **VERGATUS**, Variis coloribus distinctus, Ital. *Vergato.* Vide infra *Virgatus.* Chron. Parmense ad ann. 1291. apud Murator. tom. 9. col. 821: *Quidam asinus, Vergatus dictus, mirifice factus, et variis coloribus naturaliter pilosus et decoratus transivit per Parmam, qui mittebatur domino Regi Franciæ a domino Rege Tartarorum.*

⁂ **VERGENTA**. Litteræ Richardi II. Reg. Angl. ann. 1380. apud Rymer. tom. 7. pag. 283: *Unam Vergentam zinziberis facti cum aqua limonis.*

¶ **VERGERIUM**, a Gall. *Verger,* Viridarium, Ital. *Vergiero.* Charta ann. 1455 : *Quædam domus cum curia, curtili, columberio, raterio, Vergerio, etc.* Vide *Viridiarium.*

✱ 1. **VERGETA**, Modus seu mensura agri. Charta ann. 1284. ex Bibl. reg.: *Guillelmus de Vinea* (debet) *duos solidos, sitos super unam Vergetam terræ plantatam vinea.* Vide mox *Vergia.*

✱ 2. **VERGETA**, [Gall. *Espèce de cierge :* [« ... Pro IIII. cereis et XIII. *Vergetis* ponderantibus x. libras cere....... »(Arch. histor. de la Gironde, t. 22. p. 363.)]

¶ **VERGHA**, pro *Virga,* ni fallor, in Statutis Montis Regalis pag. 269. Ital. *Verghe.* Vide *Virga* 8.

⁂ **VERGHEFNESSE**, vox Belgica, Venia, culpæ remissio. Locus est infra in *Voëtval.*

⁂ **VERGIA**, Modus seu mensura agri, ut supra *Vergeta.* Charta ann. 1360. in Reg. 89. Chartoph. reg. ch. 550 : *Quæ domus ultra unam virgam seu Vergiam terræ vel circa in fundum... non excedit. Vergiée,* eodem sensu, in Ch. Phil. Pulc. ann. 1298. ex Lib. rub. Cam. Comput. Paris. *Deus cenz vint et huit acres et trois Vergiées de bois.* Vide *Virga* 6.

⁂ **VERGIARE**, ad *Virgam* dolia exigere, Gall. *Jauger,* alias *Vergier.* Vide supra in *Vergaium.* Arest. ann. 1828. 10. Dec. in Reg. Olim parlam. Parisien.: *Qui pro fructibus in campis existentibus custodiendis et vinis Vergiandis eliguntur.*

¶ **VERGIATA**, Eadem notione qua supra *Vergia.* Charta ann. 1354. in Reg. 82. Chartoph. reg. ch. 302: *Concedimus ut dictas septem Vergiatas terræ vel circa, cum ædificiis ibidem existentibus, teneant.*

⁂ **VERGNA**, Locus alnis, nostratibus alias *Vergnes* dictis, consitus. Charta Gaufr. episc. Ambian. ann. 1238: *Per arbitralem sententiam pronuntiamus haustorium, plaketa, Vergnas, pontes debere fieri de licentia decani et capituli Ambianensis in rivis Ambianensibus, a ravina usque ad Goudran.* Occurrit præterea in Charta Phil. III. reg. Franc. ann. 1283.

° **VERGO**, Piscis genus. Vide supra *Coracinus.*

VERGOBRETUS, Summus Magistratus apud Æduos, ut auctor est Cæsar lib. 1. de Bello Gallico : *Divitiacus et Lasco summo Magistratui præerant, Vergobretum appellant Ædui, qui creatur annuus, et vitæ necisque habet potestatem.* Glossæ Isidori : *Virgobretus, nomen Magistratus. Virgobretus*, habent etiam notæ Tyronis pag. 60. Etiamnum hodie *Vierg* dicitur supremus Magistratus Augustoduni. De vocis etymo vide Goropium Bekanum in Gallicis lib. 1. et 3. Hotomannum ad Cæsaris lib. 1. et lib. 7. n. 6. Isaacium Pontanum in Glossario prisco-Gallico, Bochartum de Colon. Phœnic. pag. 79. etc. [Iis adde Schilterum in Gloss. Teuton. v. *Fergen.*]

° Vide Mercur. Franc. mensis Mart. ann. 1737. pag. 502.

° **VERGOLAY**, Vox vernacula. Lit. remiss. ann. 1360, in Reg. 89. Chartoph. reg. ch. 679 · *Cum ipso Johannes Ernichin de Doullens, Petrus de Attrabato et Johannes, dictus Noefnolin, eundo nuper insimul ad quoddam festum, nuncupatum le Vergolay, etc.* Forte quod verno tempore celebraretur, sic appellatum. Vide supra *Maium.*

VERGUETA, Candela seu cereus ad modum *virgulæ*, unde nomen. Consuet. monast. S. Crucis Burdegal. MSS. ante ann. 1305 · *Rastellum ejusdem altaris debet compleri de candelis, nuncupatis Verguetas.... Exceptis duabus Verguetis ceræ, quas recipit solus sacrista.*

¶ **VERGUETUM**, Viridarium minus, Gall. *Petit verger.* Tabular. Gemetic. tom. 1. pag. 205: *Ecclesiam S. Andreæ cum Vergueto et quatuor hospiciis.* Vide *Vergerium*

° *Verguhe*, eadem notione, in Lit. remiss. ann 1479. ex Reg. 205. Chartoph. reg. ch. 270 : *Pour la conservation des fruz de laquelle terre ou Verguhe, les supplians fermerent et clouyrent icelle terre ou Verquhe de plaix.*

VERIA, f. pro *Molneria*, Reditus, qui ex molendinis percipitur. Charta ann. 1229. ex Cod. reg. 4659 : *Postquam vero molendina fuerint molentia et paratoria parantia, expensas in eis necessarias nos et vos communiter faciemus. Vos tamen pro Varia levabitis et habebitis de communi sextam partem emolumenti molendinorum et paratoriorum præedictorum, et ratione illius molneriæ vos semper tenebitis molendinarios ad opus molendinorum et paratoriorum.*

° Quid vero significet vox Gallica *Veria*, haud scio, in Ordinat. hospit. reg. ann. 1285. ex Reg. Cam. Comput. Paris. sign. *Noster* fol. 53. r° : *Cuisine.... Si aura Ysambert un seetier de vin au soir pour la Verie de la cuisine.* An legendum la *Laverie*, culinæ purgato ?

¶ 1. **VERIALE**, f. Locus herbis abundans. Chronic. Farfense apud Murator. tom. 2. part. 2. col. 511 : *Et concesserunt in hoc monasterio,sicut antea concesserant in ecclesia S. Adriani, terram semenlariciam cum Verialibus et padulectis et cryptis in fundo Persiceta.*

° *Veriel,*eadem acceptione,in Lit. ann. 1409. tom. 9. Ordinat. reg. Franc. pag. 480 : *Les prévost et maieurs (de la ville de Bethune ont) le gouvernement du Veriel et des mares d'icelle.*

¶ 2. **VERIALE**, Apertura, fenestra, spiraculum cancellis obductum, nostris alias *Verial.* Charta ann. 1254. in Reg. S. Ludov ex Chartoph. reg. fol. 98. r° : *Mandamus quod in omnibus parietibus seu domibus circa totam tenentiam fratrum minorum factis seu faciendis numquam fiat hostium, vel fenestra, vel Veriale, nec latrinæ, etc.* Lit. remiss. ann. 1460. in Reg. 192. ch. 52 : *Le suppliant se print à rompre ung Verial estant oudit hostel, en frappant fort contre ledit Verial d'un querelent... Le suppliant s'en entra dedans la cave..... par ledit Verial, et y print certaine quantité de fromages.* Vide infra *Vitriale.*

¶ **VERICHARIA**, ut supra *Vercheria*, Modus agri. Vide in hac voce. Charta apud Menester. Histor. Lugdun. pag. 35. col. 2 : *Cum ecclesiis, domibus, ædificiis, curtiferis, Vericharis, hortis, vineis, terris, silvis, pratis, etc.*

¶ **VERICULA**, Conspicilla, Gall. *Lunettes.* Miracula MSS. Urbani V. PP. ex Tabular. S. Victoris Massil. : *Poterat videre legendo nisi cum Vericulis.*

° **VERICUM**, Veru, Gall. *Broche.* Inventar. ann. 1218. inter Probat.tom. 1. Hist. Nem. pag. 67. col. 2 : *Quasdam molles, tria Verica, unam astellam, etc.* Vide *Verutum.*

VERIDICENTIA. Æsopus MS. in Vita Alexandri : *Quisque te consuluerit, Veridicentiæ tuæ non refragatur.*

° **VERIDICI**, Judices adlecti ad causam decidendam, interprete Ludewigo, ad Leg. Dan. tom. 12. Reliq MSS. pag. 166. nisi Testes intelligere malis. Vide supra *Verax.Item non debet aliquis ad placitum generale Veridicos citare, nisi executor causæ, vel aliquis alius ex parte sua ad hoc in placito constitutus, vel aliquis qui Veredicorum hesteleie exsolvere suffecit. Judices civiles, Voires-jurés* nuncupantur, in Recognit. feud. MS. ann. 1685 : *Doit avoir en ladite ville de Thun un mayeur et cinq juges, appellés Voires-jurés, qui connoissance de toutes choses et causes civiles.* Vide in *Juratus.*

¶ **VERIDISSIMUS**, pro *Veridicissimus*, a *Veridicus.* Fundatio Prioratus S. Petri de Salve ann. 1029. apud Marten. tom. 1. Anecdot. col. 150 : *Rogamus ut hoc testamentum, quod scriptum et firmatum est a nobis. atque roboratum ab assertoribus Veridissimis, firmiter a vobis retineretur.*

¶ **VERIFICARE**, Gall. *Verifier*, Probare. Charta ann. 1343. tom. 2. Hist. Dalph. pag. 481. col. 2 · *Et eos jurare fecerit tenere et inviolabiliter observare ipsas donationes, infeudationes, et conventiones, atque Verificaverit prædicta omnia.* Charta ann. 1495. ex Tabul. B. M. de Bono-nuntio Rotomag. : *Impedimentis nostris circa obtentum rescriptorum Apostolicorum per eosdem Religiosos Verificatis.* Occurrit etiam in Chron. Andreæ Danduli apud Murator. tom. 12. col. 459.

VERILOQUIUM, ἀκριβολογία, in Gloss. Gr. Lat. ἐτυμολογια, in Lat. Gr. Vide Quintilianum lib. 1. cap. 10.

¶ **VERILUCIUS**, Piscis genus. Limborch. Hist. Inquisit. Tolos. pag. 69 : *Item portavit....... medium Verilucium coctum pro quodam hæretico.*

° **VERINGATUM**. Formulæ MSS. ex Cod. reg. 7657. fol. 40. v° : *Dictum talem cum uno posatorio fuste et inde cum uno Veringato ipsam talem diversis ictibus percussit et vulnerarit.* Vide infra *Vernare 3.*

VERINUPTUM. Tabularium Monast. Molismensis : *Inter H. Presbyterum de Marcenai et Ecclesiam Molismensem........ Verinuptum illud, quod solet dari pro ferculo nuptianum, sive sit redemptum, sive non redemptum, et nummus, si offeratur, in visitatione infirmi, quando recipit viaticum, et nummus similiter, si offeratur in susceptiones baptismi : hæc tria solum erunt solius Sacerdotis.* Act. an. 1135. Vide *Ferculum* [et *Missus* 1.]

¶ **VERINUS**, Cochlea, Gall. *Vis*, Picardis *Verrin.* Inventar. ann. 1419. ex Tabul. Eccles. Noviom. : *Caput B. Godebertæ deargentatum et deauratum quadam corona coronatum, in qua deest quidam Verinus.*

¶ **VERIOLÆ**, Ψελιαί, in Gloss. Lat. Gr. Leg. *Viriolæ*, φῦλα, ex Gloss. Græc. Lat. ubi habetur : Ψέλιον, *Viriola*, armilla.

¶ **VERIORA**, Στάχνον, in iisdem Gloss. Lat. Græc. *Viriola*, in Sangerm. Aliæ Gr. Lat. : Στάχνον, *Veriora, totum.*

¶ **VERISCUM**,ut *Wreckum.* Vide in hac voce.

¶ **VERISIMILIS**. A verisimili, Probabiliter. Chron. Angl. Th. *Otterbourne* pag. 8 : *E quibus (Regibus) a Verisimili plures vi et armis quam sanguine successerunt.*

¶ **VERISMATA**, perperam pro *Karismata*, in Statutis Eccl. Valentin. inter Conc. Hisp. tom. 3. pag. 511. ubi referuntur versus de jejunio Quatuor Temporum, quos restituere licet ex iis qui in voce *Quatuor Tempora* laudantur.

1. **VERITAS**, Depositio testis : *veredictum* JC. Anglis, *Verité*, in Consuetud. Insularum tit. 1. art. 19. 20. Libertates urbis S. Desiderii in Campania ann. 1228 : *Quicunque plegios dederit, vel quicunque hæreditatem sive feodum habuerit, licet ad placitum venire noluerit, Veritatem suam sicut præsens habere debet.* Infra : *Si Scabini a domino, sive ministro domini submoniti falsum sub aliqua re judicium fecerint, Veritate Scabinorum de Ypra dominus eos convincere poterit, etc.* Rursum. *Si quis niam communem arando, seu alio aliquo modo destruxerit, et super hoc veritate Scabinorum convincentur, etc.* [Charta Philippi Aug. Reg. Franc. ann. 1194 : *Quacumque hora nos voluerimus de bannitis nostris, et de aliis rebus omnibus Veritatem habebimus, si Scabini eam dicere sciunt.* Banniti in Flandria per Veritatem vel per Scabinos Flandriæ, etc. Litteræ ejusd. Reg. ann. 1207. tom. 5. Ordinat. pag. 161 : *Pascua, herbagia, aquæ communes, ejusdem sunt amplitudinis, cujus bona Veritas patriæ, tempore Comitis Flandrensis et nostro, hactenus eas fuisse dixerit per juramentum.*]

¶ **VERITAS**, Inquisitio judiciaria, Gall. *Enquête* : item, Consessus proborum hominum ad excipiendas quorumlibet querelas. Consuet. Furnenses ex Tabul. Audomar. : *Qui in alteriùs aqua captus fuerit piscando, emendabit Comiti tres libras, et debet adduci ad justitiam, et retia et omnia instrumenta ejus erunt illius qui eum cepit, et inde debet fieri Veritas in communi Veritate de his qui capti non fuerint. Qui viam ecclesiæ...... foderit vel artaverit,et super hoc convictus fuerit per Veritatem, emendabit Comiti tres libras.* Ibidem : *Tres Veritates generales..... debent in quolibet anno fieri de omnibus forefactis tribus librarum. Præterea quolibet anno fiet Veritas libera, si Comes vult habere, de omnibus forefactis.* Statuta ann. 1350. inter Ordinat. Reg. Franc. tom. 4. pag. 211 : *Et si voulons que de toutes les amandes et forfaitures dudit mestier (de Tisserands in draps) par nos Echevins de Commines, en soient faites et oyes trois Veritez chacun an.*

* Idem quod *Assisa*. Hac triplici notione non semel occurrit vox Gallica *Verité*. Libert. Caiesii ann. 1804. in Reg. 69. Chartoph. reg. ch. 365 : *Une france Verité doit estre en l'an de toutes choses fourcellées : cascune Vérités qui sera prise par eschevins, doit jurer devant le bailli et devant eschevins sans sourpresure*. Lit. remiss. ann. 1366. in Reg. 97. ch. 321 : *Comme en la ville d'Alleux li sires.... une fois l'an, ou plus, peut faire une franque Verité, jurée et aprise par clain suz ses subgets... souspechonnez d'aucun mauvais cas et vices*. Aliæ ann. 1383. in Reg. 124. ch. 143 : *Et en adempliessant ledit jugiet, fu ladite Verité criée souffisamment en l'église de Herlies,..... presens hommes de fiefs de ladite salle ; et fu li jours et lieux noncez que on tenroit ladite Verité*. Adde Lit. ejusd. ann. tom. 7. Ordinat. reg. Franc. pag. 22. art. 7. et alias ann. 1488. in Hist. Caroli VIII. pag. 395. Hinc *Coyeverité* appellabant, judicium, nulla prævia inquisitione nec audita partis defensione, prolatum. Charta Phil. Pulc. ann. 1296. in Reg. 2. *Olim* parlam. Paris. fol. 12. r° : *Quod in criminibus, ubi majus versatur periculum, absque citationis edicto, nec partis defensione audita, indifferenter processum intolerabilem, Coyeverité vulgaliter nuncupatum, recipit et admittit*. *Voire*, pro *Verité*, in Vita J. C. MS. :

Cil Cleophas, selonc l'estoire,
Fu freres Joseph, c'est la Voire.

2. VERITAS, [Jus, privilegium : præcipue dicitur de Bonis propriis. Sententia arbitralis inter Aquens. Archiepisc. Capitulumque et Monachos S. Cæsarii ann. 1221. ex Schedis Præs. *de Mazaugues* : *Stipulantis servare Veritatem diocesis in tota causa*.] Concilium Coyacense Hispanicum ann. 1050. can. 9 : *Præcipimus, ut triennium tam non includat Ecclesiasticas Veritates : sed unaquæque Ecclesia, sicut Canones præcipiunt, et sicut Lex Gothica mandat, omni tempore suas Veritates recuperet et possideat*. Can. 13 : *Mandamus, ut omnes majores et minores Veritatem et justitiam Regis non contemnant ; sed sicut in diebus Adelfonsi Regis fideles et recti permansit, et talem Veritatem faciant Regi, qualem illis fecerunt in diebus suis, Castellani autem in Castello talem Veritatem faciant Regi, qualem fecerunt Sancio Duci, Rex vero talem Veritatem faciat eis, qualem fecit præfatus Comes Sancius*.

¶ VERITATES, non agnoscit prisca Latinitas ; occurrit tamen apud Tcrtull. de Resurrect. carnis cap. 20. et Ludewig. tom. 6. Reliq. MSS. pag. 184.

¶ VERITUS, Verecundus. Vita S. Eustasii tom. 3. Mart. pag. 786 : *Quam cum vidisset, sciscitatus est, utrum juvenilibus animis ad cultum divini timoris aspiraret. Quæ affata, ut tenera et Verita ætas, ait se paratam esse sacris præconiis obtemperare*.

¶ VERIUM, Idem quod infra *Vieria* 2. Vide in hac voce. Charta ann. 1227. ex Tabul. Corbeiensi : *Quicumque habuerint molendinis et Veria in dictis pasturagiis ad stagna facienda de cespite poterunt accipere*.

° VERIUS, pro *Varius*, Pellis muris Pontici. Bened. abb. Petroburg. de Gest. Henr. II. reg. Angl. tom. 2. pag. 498. ad ann. 1188 : *Quod nullus post proximum Pascha utatur Verio, vel grisio, vel sabelina, vel escarleta*. Vide in *Vares* et supra *Varus* 2.

¶ VERJUTUM, a Gall. *Verjus*, Omphax et Omphacium. Statuta Collegii Nar-

bon. ann. 1379. apud Lobinell. tom. 5. Hist. Paris. pag. 670. col. 2 : *Item nullus..... agrestam seu Verjutum domus pro privata necessitate capiat.... Et agresta seu Verjutum convertantur ad profectum domus, cujus sumptibus vineæ coluntur*. Occurrit rursum in Statutis Collegii Sagiensis ann. 1427. ibid. pag. 695. col. 1.

° VERLASCIUS. Inquisit. ann. 1871. in Access. ad Hist. Cassin. part. 1. pag. 433. col. 2 : *Item ferragnale unum cum arangiis et cum ædificio Verlasciorum juxta mænia terræ*.

¶ VERMELATUS, VERMELIUS. Vide *Vermiculus*.

¶ VERMELHUM, VERMELLATA. Vide mox *Vermellum*.

¶ VERMELLUM, VERMELHUM, Grani species, Coccum, vulgo *Vermillon*, vel *Graine d'écarlate*. Grana Vermelli, pluries in Charta ann. 1268. ex Schedis Præs. *de Mazaugues*. Alia ann. 1379. ex iisdem Schedis : *Item habet jura granæ Vermelhi, pro quo jure solvitur pro qualibet libra unus denarius, et ipsi homines portant venderes ubi volunt*. Vide infra *Vermiculus*.

¶ VERMELLATA, Tempestas qua *Vermellum* colligitur, in laudata Charta ann. 1268 : *Item dixit quod præconisatio fit quolibet anno per Arolatem ex parte curiæ tempore Vermellatæ, quod colligentes granam in dicto Cravo vendant eam*.

¶ VERMELLUS. Vide in *Vermiculus*.
° VERMELLUS, Obex, pessulus, Gall. *Verrou*. Comput. ann. 1446. ex Tabul. S. Petri Insul. : *Pro emtione trium magnorum ostiorum,.... pro quibus cum cardinibus et Vermellis, pro fienda quadam porta,.... lxx. sol*.

¶ VERMEN, pro Vermis, usurpatur in Vita B. Margaretæ de Cortona n. 89. [*Verme*, Italis : *Vermen*, eadem, ni fallor, notione, in Bestiario MS :

Chil qui ne manguent poisson
Habitent en la desermine,
Et ne manguent fors Vermine.]

¶ VERMESCERE, Vermibus consumi. Ratherius Episc. Veron. lib. 1. Præloq. apud Marten. tom. 9. Ampl. Collect. col. 796 : *Unde enim fit ut eadem corpora citius Vermescant æstate, quam hyeme, citius in calidioribus quam in frigidioribus locis, etc*.

¶ VERMEUM, *Vermiculum*. Tabulæ matrimoniales ann. 1468 : *Habuisse et recepisse in pretio duorum clamidum,..... unius chopæ parvi Vermei dictæ Aurora, etc. Id est, rosei coloris*. Vide *Vermiculus*.

¶ VERMICATUS, VERMICULATUS. Vide infra *Vermiculus*.
VERMICULANS PULSUS. Vide *Formicans*.

VERMICULUS, VERMIGULUM, VERMICULATUS. *Vermiculum*, in Gloss. MSS. *Lana rubra*. Papias : *Vermiculum, rubrum, sive coccineum. Est enim Vermiculus ex silvestribus frondibus, in quo lana tingitur, quæ Vermiculum appellatur*. Mox : *Vermiculum, tinctura similitudine vermis*. Alibi : *Rufa, rubra, vermicula*. Gloss. Græc. Lat. MSS. : Κόκκος, τὸ βάμμα, *Vermicla, hoc coccum*. Editæ habent, *Vermicula*, et τὸ abest. Alibi : *Rufa, rubra, vermicula*. Gervasius Tilleberiensis MS. de Otiis Imperial. Decis. 3. cap. 57 : *In Regno Arelat. et confinio maritimo est arbor, cujus sarcina pretium habet 12. nummorum Mergoriensium : ejus fructus in flore pretium facit 50. librarum, ejus cortex ad onus vestis pretium

habet 5. solidorum. Vermiculus hic est, quo tinguntur pretiosissimi Regum panni, sive serici, ut examiti, sive lanei, ut scarlata. Et est mirandum, quod nulla vestis linea colorem Vermiculatum recipit, sed sola vestis, quæ ex vivo, animantequæ, vel quovis animato decorpitur. Vermiculus autem ex arbore ad modum ilicis et quantitatem dumi pungitiva folia habente prodit ad pedem, nodulum faciens mollem ad modum ciceris, aquosum, et cum exterius colorem habeat nebulæ, et roris coagulati, interius rubet, et cum ungue magistraliter decerptus, nec tenui rupta pellicula humor inclusus effluat, postquam exsiccatur, corio includitur : cum enim tempus solstitii æstivi advenerit, ex se ipso Vermiculos generat, et nisi coriis subtiliter consutis includerentur, omnes fugerent, aut in nihilum evanescerent. Hinc est, quod Vermiculus nominatur, propter dissolutionem, æstivæ faciei ex natura roris Madialis*, (Maii) *a quo generatur : unde et illo tantum mense colligitur, arbor autem Vermiculum generans vulgo Analis nuncupatur*. Vide Joan. Ruellium lib. 2. de Nat. stirp. cap. 186. Capitulare de Villis cap. 43 : *Ad genitia nostra..... dare faciant, id est linum, lanam, waisda, Vermicula, warentia, pectines, etc*. [Regest. Prumiense apud Leibnit. tom. 1. Etymol. pag. 467: *Solvit unusquisque pro Vermiculo denarios sex*.] Tabularium S. Remigii Remensis : *Donat denar. 8. de Vermiculo, unc. 2. pull. 8. pastas 2. ova 50*. Occurrit pluries.

¶ VERMILIUS. Eadem notione. Charta ann. 1073. ex Tabul. S. Victoris Massil. : *Donamus monachis.... villam vel ecclesiam, sive mercatum, sive de pane, seu de Vermilio, vel de qualibet re ædificare aliquid voluerint*. Charta ann. 1156. inter Probat. tom. 2. novæ Hist. Occit. col. 559 : *Solvo etiam et guirpisco votum quem fecerant de Vermilio, ut deinceps non fiat*.

VERMICULATUS, Coccineus, Gallis *Vermeil*. Aimoinus lib. 3. Hist. Franc. cap. 91 : *Tunc si placebit, ego et tu Vermiculatis adoperti vestibus inter conferta congrediamur agmina*. Ubi Fredegarius in Chron. cap. 25 : *Induamur uterque ego et tu vestibus Vermioliis, etc*. Expressit Gallicum *Vermeil*. Monachus Sangall. lib. 1. de Carolo M. cap. 36 : *Erat antiquorum ornatus, vel paratura Francorum, calceamenta forinsecus aurata, corrigiis tricubitalibus insignita, fasciis crurales Vermiculæ, et subtus eas tibialia vel coxalia linea, quamvis ex eodem colore, tamen opere pretiosissimo variata*. Lib. 2. cap. 14 : *Palliaque Fresonica alba, cana, Vermiculata, vel saphyrina*. Tabularium Vindocinense Thuanum cap. 74 : *Caligas etiam habuit Vermiculatas annuendæ causa ipsius donationis*. Ch. 84 : *Dedimus Ivoni unum chamfrenum, et Roberto unas caligas Vermiculas*. Ch. 124 : *Aldradus caligas etiam habuit Vermiculas*. Will. Malmesbur. lib. 4. pag. 189 : *Vexilloque Boamundi*, *quod Vermiculatum erat, ventis in fastigio turris exposito, etc*.

¶ VERMELATUS, Eadem notione, in Comput. ann. 1244. ex Biblioth. Reg. : *Pro quatuor alnis uno quarterio escalate Vermelate pro novo milite*, LXXVI. s.

¶ VERMELIUS, VERMILIUS, Eadem significatu. Charta Rudesindi Episc. inter Conc. Hispan. tom. 3. pag. 181 : *Alias casulas* XIII...... *octava cardena merayce, nona Vermelia ex Ageg*. Statuta Vercell. lib. 4. fol. 88 : *Teneantur fornasarii prædicti de qualibet fornasata lapidum facere ..... unum de blanchis, et alium de ferriolis*, *et alium de Vermeliis*. Barthol.

Scribæ Annal. Genuens. apud Murator. tom. 6. col. 495 : *Naves* III. *magnæ depictæ colore albo, cum crucibus Vermiliis per totum.* Chron. Mutin. tom. 15. col. 604 : *Apparuit quædam crux rubea vel Vermilia in castro dicto Spello in Valle Spoletana.* Chron. Bergom. tom. 16. col. 895 : *Carra* XII. *moscatelli, et vini Vermilii. Vermail,* in Charta ann. 1285. tom. 2. Hist. Eccl. Meld. pag. 185 : *Toutes voyes enfin ledit Pierre de Quincy Chevalier a donné et octroié pour substantation du Chappelain qui celebrera en ladite Chapelle deux muys de vin blans et deux de Vermail. Vin vermeil,* in Charta ann. 1384.

¶ VERMELLUS, Pari intellectu. Testam. Beatricis de Alboreya ann. 1367. apud Marten. tom. 1. Anecd. col. 1523 : *Item, legamus ecclesiæ* B. M. *de Crassa unum pannum aureum moresc Vermellum foratum de tela livida.* Ibidem col. 1525 : *Item plus, alium copertorium panni de cirico Vermello.*

VERMICULATUS, Latinis quasi *vermiculis variatus vel distinctus.* Will. Brito in Vocab. et Joan. de Janua : *Vermiculatus, distinctus et variatus : tractum est a vermiculis, qui rodentes ligna aratiunculas ibi faciunt varias et distinctas, et quasi in modum vineæ conducuntur.* Gloss Gr. Lat. σκωληκίαεις, *Vermiculatum.* Σκωληκόρωτον, *Vermiculatum.* S. Bonifacius Mogunt. Epist. ad Cuthbertum : *Illa ornamenta vestium... latissimis clavis, vermium imaginibus clavata, adventum Anti-Christi ab illo transmissa præcurrunt.* Gillebertus Episcop. Londinensis in Cantica Canticor. cap. 1. n. 10 : *Vermiculatas, id est, more vermium decoratas.*

VERMICATUS. Statuta Ord. Præmonstrat. dist. 4. cap. 10 : *Sellis quoque Vermicatis, frænis, pectoralibus, calcaribus superfluitatem habentibus, non utentur.*

VERMILEUS, Rubeus, purpureus, ex Italico *Vermiglio,* et Gall. *Vermeil.* Chronicon Pisanum ann. 1119. [apud Murator. tom. 6. col. 169 :] *Et nota, quod Papa, quando Pisani iverunt Majoricam, suis omnibus Pisanis dedit vexillum Vermileum.* Vide *Vermiculus.*

² Glossar. Provinc. Lat. ex Cod. reg. 6757. *Vermelh, Prov. roseus, ruber. Vermelhesa, Prov. rubor, rubedo.*

⁻² VIRMILIUS, Coccineus. Contract. matrim. ann. 1290 : *Constituimus vobis in dotem et ratione dotis octo milia solidorum Turon. nigrorum, et ipsam* (Ceseliam) *indutam de mantello de perceto Virmilio, cum pellibus de vayrs.*

* *Vermillage* vero aut *Vermullage* dici videtur, Præstatio, pro facultate porcos in silvam immittendi, ut terram fodiendo, vermium instar, unde nomen, cespites eruant. Libert. pro incolis Pontis S. Petri ann. 1366. in Reg. 97. Chartoph. reg. ch. 305 : *Si ont pasturage en ladite forest* (de Loncbouel) *et ès mettes d'icelle pour leurs bestes, pannage et Vermullage pour leurs pors, quant pannage y a, parpaiant pour chascun porc un denier pour ledit pannage et pour chascun maile pour ledit Vermulage.... Chascun d'eulx ont acoutumé prendre et avoir...... le boy vart en gesant.... Pour chascun porc pour le Vermillage avoir en ladite forest une maille aus sergenz d'icelle.* Vide *Verrere* 2.

¶ VERMILIUM, VERMILIUS. Vide in *Vermiculus.*

¶ VERMINATUM, σκωληχίαεις, in Gloss. Lat. Gr. edit. melius in Sangerm. *Vermiculatum.*

¶ VERMINCULA. Vide in *Vermiculus.*

¶ VERMIS-CANIS, Scrofularum fortassis species aliqua, vel Herpes, qui Teutonice *Haeyr-worm,* id est pilorum vermis dicitur. Ita Bollandistæ ad Vitam S. Parisii tom. 2. Jun. pag. 485 : *Venetus item alius nobilissimus vir cum uxore, infirmitate illa quæ vulgo Vermis-canis dicitur, circum guttura corrodebatur, etc.*

* Hinc injuriæ loco habetur denominatio illa, in Stat. Vallis-Ser. rubr. 22. ex Cod. reg. 4619. fol. 83. v° : *Si aliqua persona dixerit alicui verba injuriosa, vel nominaverit turpe verbum, quod appellatur Vermis canis, etc.*

¶ VERMIS-CANIS, Eadem notione. Statuta Pallavic. lib. 2. cap. 14. fol. 36 : *Statutum est et ordinatum est, quod si quis dixerit alicui, nascatur tibi Vermiscanis, etc.* Italis *Verme* est Scabiei species, Gall. *Farcin.*

* VERMIS MARINUS. Piscis genus. Vide supra *Plota.*

VERN. Glossæ MSS. ad Alexandrum Iatrosophistam lib. 1. Passion. : *Ros Syriacus est flos arboris, quæ dicitur Alnus, vulgo Vern, de cortice cujus fit nigra tinctura.* [Armoricis eadem notione *Gwern,* vel cum articulo *ar Vern.* Vide *Vernagnum.*]

VERNA, Modus agri ; [nisi sit Locus alnis consitus, a superiori voce *Vern* sic dictus. Vide *Vernagium* et *Vernetum.*] Tabular. Abbat. Dalonensis in Lemovicib. fol. 3. *Verno ex integro quod habebamus, vel requirere poteramus in Verna de Dalones.* Et fol. 7 : *In Verna, quæ est de manso de Vernoil.* Rursum fol. 19 : *Damus etiam eis la Verna de stagno usque ad terram illam, etc.* [Vide *Vernia.*]

VERNACELLUS, Qui suscitat per dies festos. Gloss. Isidori. Ubi legendum *lusitat.* Ex *vernaculus.* [La Cerda vero scribit : *Qui lustrat per dies vernos.*]

¶ VERNACHIA, VERNACIA, Vini species : *Vernachion,* Petro de Crescentiis lib. 4. cap. 4. cujus Interpreti *Vin de Garnache* dicitur. Academicis della Crusca : *Vernaccia, spezie di vino bianco.* Skinnerus in Etymolog. Anglic. : *Vernaga, genus vini dulcioris et gratissimi, credo sic dictum quasi Veronaccia, ab agro Veronensi in quo optimum ex hoc genere vinum crescit.* Litteræ ann. 1845. tom. 2. Hist. Dalph. pag. 519. col. 1 : *De Vernachia* II. *somat. val.* XXVII. *flor. De muscadello* III. *som. val.* XIII. *flor* Statuta Vercell. lib. 4. fol. 95. v° : *Item statutum est quod nullus in civitate vel districtu Vercellarum audeat vel presumat vendere vel vendi facere vinum Vernacie, malvaxie, decreti, vel alterius generis vini, etc. Vernacia,* in Convent. civitatis Saonæ ann. 1526. *Vernacinum vinum,* apud Murator. tom. 12. col. 1038. ex Gualvaneo Flamma. Vide *Garnachia* 2.

✱ VERNACLUS. (Gall. *Qui appartient en propre :* « Vernaculus, non *Vernaclus.* » (App. ad Probum, Meyer, text. bas latin. 1. 1. 7.)]

VERNACULA TERRA, Proprietas, alodis. Charta Alamannica 36. Goldasti : *Quapropter Vernaculam juris mei terram eam in loco nuncupanti, quod dicitur Petenvillare, quantum mihi Deus donavit, et parentes mei in hereditate dimiserunt, trado Allidulfum, cum omnia mea, cum agris, cum pratis, etc.* Ch. 38 : *Propterea Vernacula terra juris mei in loco nuncupanti, quod dicitur Dada, cum servis et ancillis hæc nomina eorum, Gondaharancum, etc.* Denique ch. 41 : *Propterea Vernacula terra juris mei in loco, qui dicitur Openuvillare, tradimus* S. *Gal-* loni 20. *juchos,.... de colonis meis Erfoinum, etc.*

∞ VERNACULATIM, Vernaculo sermone. Virgil. Gramm. pag. 16 : *Dativus casus Vernaculatim verbum neutrale demonstrat.*

VERNACULUM, Quidquid domi nascitur, domestici fructus, res, quæ alicui nata est, et quam non emit.* Ita hanc vocem interpretatur Anianus in leg. 3. Cod. Th. de lustrali collatione, ubi Jacob. Gothofredus.

¶ 1. VERNAGIUM, Alnetum, locus alnis consitus, apud Dombenses et Lugdunenses, quibus alnus, Gall. *Aune, Verne* dicitur. Terrag. Humberti *de Villars domini du Chatelard* ann. 1391 : *Tenet quatuor bicheratas Vernagii.* Vide *Vern,* et *Vernetum.*

¶ 2. VERNAGIUM, Illud quod fit vel seminatur tempore veris. Glossar. vet. ex Cod. reg. 521.

¶ VERNALE, Instrumentum piscatorium, retis species. Charta Otton. Comit. Burgund. ann. 1281. apud Perardum : *Eis concedimus et donamus perpetuo piscariam liberam in ripariis de Lupa et de Clogia alte et basse pro voluntate sua ; ad Vernale,.... et ad alia omnia genera ingeniorum.* f. pro *Veruale.* Vide *Vertebolum* et *Vervilium.*

* *Vernot,* in Lit. remiss. ann. 1407. ex Reg. 162. Chartoph. reg. ch. 162 : *Pierre Giraudier et autres.... levoient et rompoient ses fillets, ou Vernos nommez au païs, et prenoient le poisson estant dedens iceulx.*

∞ VERNALIA, f. pro *Venalitiaria,* Mercatura, negotiatio. Stat. Taurin. ann. 1360. cap. 71. ex Cod. reg. 4622. A : *Judex sive rector teneatur fidentiam* (dare) *omnibus venientibus in mercandiam vel in Vernaliam.* Vide supra *Venalitas* 2.

¶ VERNALIS, Vernaculus, servus. Charta ann. 1288. ex Tabul. Archiep. Auxit. : *Accepit dominus abbas a prædictis hominibus centum solidos, et sex Vernales ad construendum molendinum.* Vide *Vernulitas.*

* An non potius *Alnus,* quibusdam in provinciis *Verne* ? Vide supra *Vergna* et *Vernagnum* 1.

¶ 1. VERNARE, Florere. Acta S. Cassiani apud Illustr. Fontanin. in Antiquit. Hortæ pag. 347 :

Prosapia Vernas gestorum, et simplicitate refulges.

Occurrit rursum pag. 336. et apud Marten. in Litter. pag. 46.

¶ 2. VERNARE, Canere, ut ex verborum serie colligitur, in Actis S. Petri Cælestini PP. tom. 4. Maii pag. 423 : *Et ecce turba magna angelorum circa se erat ita aperte ut videretur si quod vigilasset, et in ore cujusque illorum erant rosæ rubeæ, et cum illis rosis Vernabant delectabiliter nimis ; ita quod postquam excitatus fuisset a somno, cantum illum audierit per tantum spatium quo posset dici Pater noster.* Vide *Vernicare.*

* 3. VERNARE, Munire, instruere ; *Verné,* ea notione, legitur apud Joan. de Saintré cap. 40. pag. mihi 266. Stat. senesc. Bellicad. ann. 1320. inter Probat. tom. 4. Hist. Occit. col. 162 : *Item quicumque portaverit lanceas, gaverlotos, tela, ballistas, clavatas, guisarmas, secures, baculos ferratos, Vernatos, aut alias affaytatos, et hujusmodi arma mortifera, etc.* Vide supra *Veringatum.*

* VERNAZOLA, Vini species, idem quod *Vernachia.* Vide in hac voce. Acta S. Amad. tom. 2. Aug. pag. 585. col. 2 : *Ita quod ipse pater Amadæus alio quasi vino non uteretur in Missæ sacrificio, nisi de*

quodam vino Vernazolæ.... Ex quo (vase) *Vernazola ipsa hausta erat, ita quod in nocte sequenti tota ipsa Vernazola..... expansa tota inventa est in et per canepam.*

¶ **VERNARIA.** Vide infra *Vernia.*

VERNARIUM, Vernum tempus. Gerardus Marchetus Episc. Castrensis Epist. 112 : *Steti Parisiis per menses aliquot, ubi resumpsi lectiones magistrales usque ad Vernarium.*

° **VERNEDA,** Alnetum, locus vernis seu alnis consitus. Lit. remiss. ann. 1414. in Reg. 169. Chartoph. reg. ch. 19 : *Dum supplicans transiret per quamdam Vernedam inter dictos locum et villam existentem, etc.* Vide *Vernetum* et *Vernia.*

¶ **VERNEDUM,** ut *Vernetum.* Vide ibi.

VERNEMETIS, Gallica lingua veteri, *fanum ingens,* inquit Fortunatus lib. 1. Poem. 9.

° **VERNENSIS,** Monetæ species videtur. Inquisit. ann. 1288. in Access. ad Hist. Cassin. part. 1. pag. 388. col. 1 : *Quilibet macellarius pro qualibet vacca seu pro quolibet bove, quem occidunt in boccaria, ... reddunt cellarario Cassinensi Vernenses sex, et pro quolibet porco, Vernenses quatuor.*

¶ **VERNERIA,** ut *Vernia.* Vide in hac voce.

VERNETUM, VERNEDUM, pro *Vinetum.* Tabularium Monasterii S. Andreæ Viennens. : *Ego Steramnus vendo Lunam campum cum Vernetum salicetum in se tenente juris mei, qui est in Castolatis, etc.* Alia habet in campis, et salicetis, et Vinetis, juris nostri, etc. Alibi : *Unum curtillum ante januas positum, et tres diuturnas de terra, et Vernetum in dextra, et in sinistra parte positum ad ædificationem domorum habitantium in servitio prædictæ Ecclesiæ.* Acta Capitularia Eccles. Lugdun. ann. 1847. fol. 126. v : *Item super quodam Verneto, etc.* Charta alia Ermengardis Comitissæ Ceritan. ann. 898. in Append. ad Capitul. Baluziana n. 127 : *Verdegariis, Vernedis, boschis, silvis, garrcis, etc.* Chron. Petri IV. Reg. Aragon. lib. 3. cap. 20 : *Hon a una gran Vernada e pedral devant lo castell, etc.* Et cap. 21 : *Et faent mal deu dejus la vila de Perpinya en les vinies, e en un loch, que es nomenat Vernet.* Ita Cod. MS. ubi editus habet *Vernat.*

☞ Ex his omnibus nihil colligitur unde certo probetur *Vernetum* vinetum significare : cum vero ad vocem *Vern* propius accedat, qua alnum designari supra monuimus, idem esse atque *Vernagium* vix dubito ; quod ex sequentibus rursum facile efficitur. Terrag. Belljoc. : *Super quodam Verneto continente sex bichonatas seminis ut circa.* Ibidem : *Juxta brossiam seu Vernetum Anthonii de Grey.* Testam. Stephani II. Arvern. Episc. inter Instr. tom. 2. Gall. Christ. novæ edit. col. 73 : *Cum pratis, cum vineis, cum campis, cum silvis, cum farinariis, cum furnis, cum Vernedis, cum aquis, etc.* Ubi *Verneda* a vineis distinguuntur.

° Charta ann. 1295 : *Item tres fessoriatas prati cum Verneto, sitas in yllas retro molendinos suos.* Vide mox *Verniacum.*

° **VERNHA,** ut supra *Verneda.* Charta ann. 1843. in Reg. 67. Chartoph. reg. ch. 70 : *Item dixit et asseruit dictus nobilis dom. Guillelmus... habere in dicta terra de Maravalle... nemora, stangna, ortos, viridaria, arbores, silvas, brugerias, Vernhas, etc.* Vide *Vernia* et mox *Verniacum.*

VERNIA, VERNIARIA, VERNARIA, [Idem videtur quod *Vernetum,* Alnetum. Charta fundat. S. Hippolyti Verniensis in pago Ruthen. ann. 943. apud Marten. tom. 1. Anecd. col. 75 : *Villa mea quæ dicitur illa Vernia.* Infra : *Ad monasterium construendum in illa Vernia.*] Tabularium Conchense in Ruthenis ch. 103 : *Et illo prato de Roseto cum ipsas albaretas, cum ipsas Vernias similiter dimittimus, etc.* Ch. 106 : *Hoc est alodus noster de Vermo calmo, cum vineas, cum Vernas, cum pratos, cum mansione, etc.* Ch. 109 : *Unus campus cum Vernias, cum terras cultas et incultas, etc.* Ch. 110 : *Unus pratus cum Verniarias, cum albaredas, etc.* Ch. 115 : *Tradidimus, hoc est Vernaria nostra in loca, quæ vocatur, etc.... Et habet ipsa Vernaria et ipsa terra in se fines de uno latus, etc.* Ch. 116 : *Et de subtus terra cum Vernaria, etc.* Ch. 455 : *Et in parochia de Campolviado donamus alium mansum in illa Vernia, hoc totum damus ad alodem.* Adde ch. 117. 148. 163. 187. 266. 270. 306. 338. etc Charta fundationis Capellæ S. Valpurgis Compendiensis : *Dedimus in dotem tres mansos in Verneria, quam Hadegerus in beneficii jure de nostro tenebat dono, etc.* [Vide *Verna.*]

° **VERNIACUM,** ut supra *Vernetum,* nostris alias *Verney* et *Vernois.* Chartul. S. Joan. Angerlac. fol. 178. r° : *Concessi Deo et sancto Joanni et S. Mariæ de Ternant mariscum et Verniacum, quæ sunt sub molendino de Ternant.* Inquisit. ann. 1361. in Reg. 33. Chartoph. reg. ch. 69 . *Item un Vernoy assis de costé les viez Bonot.... Item un autre Vernoy ensemble d'une sagerie, qui est assise oudit Vernoy.* Lit. remiss. ann. 1419. in Reg. 171. ch. 50 : *Icellui Rassonneau fu trouvé en un Vernois, qui il estoit cheu dessus sa jument.* Charta admort. ann. 1412. in Reg. 166. ch. 272 : *Item un petit Verney assis au terrouer de Manopon.* Vide *Vernia* et mox *Vernus.*

✱ **VERNIARE.** [« Quod due fenestre indigent quod *Verniantur* et quod ibi provideatur de libris. » *(Chevalier,* Visit. Episcop. Gratianop. p. 122.)]

☞ **VERNICARE.** Aldhelm. de Gramm. pag. 569. apud Maium Auct. Classic. tom. 5 : *Aves minnuriunt, vel vernant, vel Vernicant.* Vide *Varnare* 2. et *Vibrissare.*

¶ **VERNICIUM,** Liquata juniperi lacryma, Gall *Vernis.* Vita B. Lidwinæ tom. 2. April. pag. 300 : *Sed quasi oleo vel Vernicio linita fuisset, tanto splendore et recenti albedine radiabat, ut, etc.* ° Stat. Avenion. ann. 1248. cap. 80. ex Cod. Reg. 4659 : *Sindici vero statuant lo cum idoneum extra civitatem, remotum a viis publicis, ubi Vernicium et cepum liquefiat. Vernir* dicitur de mulieribus, quæ purpurissum adhibent, in Mirac. MSS. B. M. V. lib. 2 :

Qui se Vernissent, qui se paignent,
Qui se fardillent et qui s'ongnent.

° **VERNICUS,** Vernaculus, familiaris, domesticus. Status eccl. Constant. inter Instr. tom. 11. Gall. Christ. col. 220 : *Si quis canonicorum moriebatur, non expectabat longo tempore, sed consilio reliquorum de ministris ecclesiæ servientibus restaurabat, cum..... judicaret..... multo justius et utilius esse serviloribus meritum reddere, quam Vernicis, vel gratiis, vel amore, vel prece, vel timore concedere.* Vide *Vernulitas.*

¶ **VERNIFICUS,** Vernus, Gall. *Printanier.* Vita MS. S. Wenwaloei fol. 119. v : *Floribus Vernificis redoleverat, etc.* Vide *Vernarium.*

✱ **VERNIX.** [*Verais : Recipe cristallum boracis, Vernicis,* draggi. (B. N. MS. Lat. 16089. f. 114°.)]

° **VERNONUS,** an Venalis ; quod de proba merce dicitur. Charta ann. 1340. in Reg. 73. Chartoph. reg. ch. 282 : *Item fuit repertum quod dominus noster rex habet in dicto loco* (de Cadola) *et ejus pertinentiis quatuor quartones olei Vernoni censuales.* Vide supra *Vernalia.*

✱ **VERNOSSATUS.** [Gall. *Vernis :* « De uno lecto fusteo, *Vernissato* et cordato. » (Cart. Magalon. ex Rev. Soc. Sav. 1873. pag. 413.)]

VERNULITAS, [Famulatus. Vita S. Dunstani tom. 4. Maii pag. 358 : *Quando debitas suæ Vernulitatis horas, ceterasque Missarum celebrationes Christo Domino solvere censuisset.*] HRoswitha Monialis in Panegyr. Ottonis M. Imp. vers. 174 :

Ex quibus Henrico quædam pars mente benigna
Devovit Regis fratri jus Vernulitatis,
Pars Everhardo Comiti studium famulandi.

Papias : *Verna, servus in domo natus : vernula, servus domi genitus vel nutritus.* Vide *Vernalis.*

1. **VERNUM,** Ver, Vernum tempus. Regula S. Fructuosi cap. 6 : *Verno vel æstate dicta Prima, commoneantur Decani a Præposito suo, quale opus debeant exercere.* Regula Magistri cap. 32 *In Verni vel æstatis tempore, etc.* [: « *Vernus,* in Anselm. Contin. Sigeb. ad ann. 1126. apud Pertz. Script. tom. 6. pag 580: *Hiems acerrima, Vernus etiam periculosus.*]

¶ 2. **VERNUM,** Vas coquinarium. Litteræ Henrici IV. Reg. Angl. an. 1405. apud Rymer. tom. 8. pag. 384 : *Quinque patellas, tres cacabos æreas, quatuor pelves,... quatuor Verna ferrea, etc.* Inventar. ann. 1476. ex Tabul. Flamar. : *Item plus sex Verna sive asta ferri.* Utrobique legendum existimo *Verua.*

↓ **VERNUS,** Alnus, nostris alias *Verne.* Charta ann. 1377. in Reg. 112. Chartoph. reg. ch. 212 : *Item circa triginta munelas terræ et plus, in quibus sunt brossiæ, durni, Verni et plures alii arbores in vurna existentes.* Vide supra *Verneda* et *Verniacum.* Alia notione vide in *Vernum* 1.

c **VEROCHIUM,** pro *Varochium.* Vide supra in hac voce.

↓ **VEROLA,** pro *Virola,* Vietoria fibula. Inventar. MS. thes. Sedis Apost. ann. 1295 *Item unum cultellum acutum cum manubrio albo et Verola de auro nigellato.*

° **VEROLAGIUM,** Gall. *Verolage.* Jus feudale, quo dominus tenentes suos ad suum molendinum frumenta sua molenda deferre potest cogere, *Droit de Verolie,* teste Constant. in art. 99. Consuet. Pictav. pag. 112. Reg. feud. comitat. Pictav. in Cam. Comput. Paris. Ch. ann. 1410. fol. 87. v° : *Je Jehan de Craon, sire de la Suze.... advouhe à tenir.... à foy et hommaige lige... mon herbergement de Charrace, aveeques toutes ses appartenances et appendances,... pescheries, deffens, galloys, estangs, Verolages, hommes, hommaiges, justice, etc.*

° **VERONENSIS,** Moneta Veronæ. Comput. decimæ in Italia collectæ ann. 1278. pro subsidio T. S. ex Cod. Reg. 5876. fol. 242. v° : *Libræ vij°. ij. et sol. ix. Veronensium parvorum,.... computato mihi per collectores quolibet Frisacensi pro xliij. Veronensibus parvis.* Formul. MS. Instr. fol. 68. v° : *Quoniam..... nomine pensionis....... unum Veronensem monasterio sancti..... singulis annis solvere tenebatur..... Solvit ipsi domino abbati solidos lx. pro l. Veronensibus in solutionem et satisfactionem pensionis, pro quinqua-*

VER VER VER

ginta annis debendæ ex domo emphiteotica.
VERONES. Aurelius Victor in Commodo : *hamitti prorsus feroque ingenio, adeo quidem ut gladiatores specie depugnandi crebro trucidaret : cum ipse ferrum objectum Veronibus plumbeas uteretur.* Ubi legendum videtur *ad ferrum,* etc. Adeo ut veronas fuerint species pectoralis, in quo ictus exciperet. Vide conjecturas virorum doctorum apud Schottum. [∞ Vide Forcell. in *Vero.*] [Huc etiam spectat Brito Armoric. Philipp. lib. 10. de Obsidione Nannetica :

Audacesque viri quos illa Britannia gignit
Oldere vel leviter extrema repugula curant,
Ejus in occursum potius in Verone retecto
Egresi pugnam committere gnaviter audent.

Vitiosum carmen hic advertere est cum Spelmanno, nisi Enniano more *S* forte elidatur.]
VERONICA, Romanis appellatur tabella, in qua Christi Domini, pergentis ad Crucis supplicium, divino miraculo expressa effigies efformatur, quæ asservatur et colitur Romæ in Ecclesia S. Petri. Voce, ut quidam volunt, formata ex *Vera Icon* Clemens IV. tom. 2. Epist. 48I. ann. 1268 *Quid enim superest, nisi ut ipsa Veronica cum Apostolorum capitibus transportetur, et urbs toto spoliata thesauro, confusionis induta diploide, habeat in æternum quod lugeat.* Nicolaus IV. PP. ann. 1290 .*In ea namque basilica sui pretiosissimi vultus imaginem, quam Veronicam fidelium vox communis appellat, in singularis amoris insigne tribuit venerari, etc.* Sed et alios Pontifices Clementem VI. VII. VIII. Gregorium XIII. etc. hanc tabellam, seu potius sudarium eo nomine appellasse auctor est ex Jacobo Grimaldo Bzovius in Annal. Eccl. ann. 1216. num. 16. Adde Jacobum Card. de Anno Jubilæo cap. 1. Matth. Paris et Matth. Westmonaster. ann. 1216. eumdem Matth. Paris ann. 1249. pag. 514. Bromptonum pag. 121. Henricum Rebdorffensem ann. 1350. præterea Bernardum Guidonem de Sanctis Lemovicensib. pag. 629. De S. Veronica integras disputationes instituerunt præter Baronium ann. 34. num. 138 vir singularis eruditionis Godefrid. Henschenius 4. Febr. Franciscus Quaremius lib. 4. Elucidar. Terræ Sanctæ, peregr. 6. cap. 14. § 4. et seq. et Bzovius ann. 1216. num. 15. et seqq.
— *Venice* appellatur in Lit. Caroli VI. ann. 1381. in Reg. 121. Chartoph. reg. ch. 117 : *Plusieurs habitans de nostre ville de Paris, hommes et femmes, c'est assavoir marchant de toyles ès hales de Paris..... meuz de dévotion ont entencion et propos de créer, faire et ordonner une confrarie à l'onneur de Dieu et de la benoite Vierge Marie et en especial de sainte Venice vierge..... en l'église parochial de S. Eustace de Paris, en la chapelle..... de S. Michiel l'Arcange, etc.* Plura erudite de *Veronica* disserit Mabillonius in Museo Ital. pag. 88. et 89.
¶ VERONICA, Imago tabellam prædictam repræsentans. Comput. ab. ann. 1333. ad ann. 1336. tom. 2. Hist. Dalphin. pag. 275 : *Pro tribus Veronicis magnis et sex parvis, taren.* 1. *gran.* x.
Veronicam appellatur Ciborium antiquæ basilicæ Vaticanæ videtur scribere Nicolaus Alemanus in Dissert. de Lateranensibus parietinis pag. 40.
° VERONOMENTUM. Anonymi Leobiens. Chron. ad ann. 1305. apud Pez. tom. 1. Script. Austr. col. 886 : *Albertus asserens hoc regnum* (Ungariæ) *ad impe-*

rium devolutum, instantissime repetebat, et orta sunt inter eos (Albertum et regem Bohemiæ) *gravissima Veronomenta.* Ita præfert Codex MS. ut monet doctus Editor. An pro *Werminmenta,* bella ? Vide supra *Guerra.*
VEROSUS, *Plenus veritate : Verositas, veritas.* Ugutio. [Mart. Cappela lib. 4 : *Argumentum Verosæ assertionis.*] [∞ Remigius ad hunc locum apud Maium in Glossar. novo : *Verosæ assertionis acrimoniæque, id est firmæ ac veridicæ ; vel, quod est melius, Verosæ, id est acutæ, ab eo quod est veru.* Kopp. § 332. habet *Virosæ.*]
¶ **VEROUIKE,** vox Anglica. Testam. Joh. *de Nevill* ann. 1386. apud *Madox* Formul. Anglic. pag. 428 : *Item domino Archiepiscopo Eborum fratri meo,* 1. *vestimentum rubeum de velvet cum le Verouike in gramis rosarum desuper brondata.*
VERPIRE, Possessionem rei alicujus dimittere. Charta ann. 1145. apud Calmet. tom. 2. Hist. Lothar. inter Probat. col. 321 : *Pratum unum quod habebant apud Vesusc-villam nostram nobis dederunt et fine tenus Verpierunt.* Verpir, apud Butiller. in Summa rurali. Hinc
¶ **VERPITIO,** Rei possessæ dimissio, in Charta inter Instr. tom. 2. Gall. Christ. novæ edit. col. 121 : *Vestituras etiam de omnibus terris.... perdonavit, reddidit, et Verpitionem fecit.* Vide *Guerpire.*
¶ **VERPUS,** ὁρῖλος, καὶ ὁ μέσος δάκτυλος, in Gloss. Lat. Gr. Vide Salmas. ad Hist. Aug. pag. 129.
° Glossar. vet. ex Cod. reg. 7613 : *Verpus dicitur impudicus digitus, quo Judæi feruntur Sabbato anum purgare : unde Judæi, Verpi dicuntur.* Aliud Lat. Gall. ex Cod. 7692 . *Verpus, grève, vel metre doy.*
¶ 1. **VERQUERIA,** Locus alendis verbicibus idoneus. Vide in *Berbix* 1.
° 2. **VERQUERIA,** ut supra *Vercheria* 1. Glossar. Provinc. Lat. ex Cod. reg. 7657. *Verquiara, Prov. dos, dotalitium.* Charta ann. 1522. in Reg 3. Armor. gener. part. 2. pag. xxxv: *Ex resta dotis et Verqueriæ dictæ Aldetæ Valeta matris suæ, etc.*
° 3. **VERQUERIA,** Septum ex verguis seu virgis, unde nomen, ad includendos pisces. Charta Jac. reg. Majoric. ann. 1299. ex Bibl. reg. cod. 15 : *Damus licentiam venerabili abbatissæ monasterii de Vinovolo et eidem monasterio,.... quod possint et eis liceat auctoritati nostra facere paixeriam sive Verqueriam in rivo de Gadirono.*
¶ **VERRA,** Bellum, pro *Werra.* Chartul. SS. Trinitat. Cadom. fol. 45. v : *Ista villa habebat undredum, sed in tempore Verræ difforciatum fuit.* Vide Guerra et *Vera* 2.
¶ **VERRACHIUM,** Nauticum instrumentum. Acta S. Raynerii tom. 3. jun. pag. 464 : *Et tunc non potuerunt retrahere anchoram nisi cum Verrachio, quando ibi cessavit tempestas.*
° Idem quod supra *Varochium.* Vide in hac voce.
* **VERRÆ,** VERRULÆ, VERROCIÆ. quod iis verritur, sic dictæ. Tract. MS. de Re milit. et mach. bellic. cap. 15 : *Deficientibus saccis et funibus, recurritur ad scopas et fiant Verræ, vulgari sermone dicuntur graniæ, et in eis fingantur* (figantur) *perticæ, et postea accendantur Verrulæ, et obcurratur ad rupturam muri contra rumpentes præfatum murum.*
¶ **VERRECULUM,** diminut. a *Veru,* Sagittæ acumen, Gall. *Pointe.* Andr. Billii

Hist. apud Murator. tom. 19. col. 29 : *Rejecta ob oculos galeæ specula, mox sagittæ* (quam vulgo verretonum nominamus) *Verreculo per eum locum ictus cecidit.*
¶ 1. **VERRERE,** Mittere. Gloss. Gr. Lat. : Ἀπάγω, *abduco, Verro, deduco, perduco.* Vita S. Eigills sæc. 4. Bened. part. 1. pag. 218 :

Hæc ubi dicta essent, Verrat fraterna potestas
Fratres ac socios proprio de corpore lectos,
Qui patrem simul noviter seniore recepto
Regis ad eximii super hoc decreta recurrant.

2. **VERRERE,** VERRIFICARE, Terram versare, quod faciunt porci, et *verres.* Statuta Willelmi Regis Scotiæ cap. 24 : *Si porci Verrant pratum alienum, dominus illorum tenetur omnes Verrificationes implere frumento.*
¶ **VERRERIA,** Vitri officina, Gall. *Verreris.* Charta ann. 1338. tom. 2. Hist. Dalph. pag. 363. col. 1 . *Pactis infra scriptis, videlicet, quod infra dictum nemus, dictus Guionetus faciat domum fortem et ibidem debeat habitare et Verreriam ibidem facere, tenere et operari facere in ea perpetuo opus vitrorum sive vitrei.* Vide *Vitreria.*
¶ **VERRERIÆ,** Laminæ vitreæ quæ fenestris objiciuntur, Gall. *Vitres,* olim *Verrieres.* Charta S. Ludovici ann. 1245. pro fundat. S Cappellæ apud Loblnell. tom. 3. Hist. Paris. pag. 121. col. 2 : *De ipsis obventionibus et oblationibus Verreriis ejusdem cappellæ reſtci et reparari volumus quoties opus fuerit.* Voirieres, ibid. pag. 702. *Voiries,* in Charta ann. 1183. ibid. tom. 3 pag. 141. col. 1. Alia Ludovici XI. ann. 1464. ibid. tom. 5. pag. 709. col. 1 : *A soustenir et entretenir les Verreries de ladite sainte Chapelle.* Verrieres , in Litteris Caroli V. Reg. Franc. ann. 1370. tom. 5. Ordinat. pag. 367. Bullar. MS. Fontanell. fol. 119 : *Totum cancellum tam in Verreriis, muris et massoneria, et coopertura, quam alio quovis modo.* La Vie de Jesus Christ MS :

Tout autrefez con vous vrés
Que li solaus est essaufés,
Con il trepasse la Verière
Est il plus entière.

Vide *Verrinæ* et *Vitrinus.*
¶ **VERRERIUS,** Qui vitra operatur et vendit, Gall. *Verrier.* Charta ann. 1309. tom. 1 Hist. Dalph. pag. 97. col. 2 : *Item a qualibet Verrerio exponente vitros suos ad vendendum, levatur unius vitrus, vel unus denarius, quod Verrerius maluerit.* Occurrit rursum ibid. tom. 2. pag. 363. col. 1.
° Quod opus, jamdiu est, a nobilibus exercebatur. Lit. remiss. ann. 1416. in Reg. 169. Chartoph. reg. ch. 139 : *Jehan Fouquant le jeune escuyer, faiseur de verres, ... demourant en la paroisse d'Oison, etc.*
VERRES, Porci masculi, quos Franci *Verrats* dicimus. Epistola Bartholomæi Monachi Fusniacensis, qui Episcopus Laudunensis fuerat, ad Conventum Remensem ann. 1158 : *Veruntamen nihil eis contuli, quod ad redditus pertinent Episcopi, præter porcos, quos vulgo Verres vocant, quos mensæ Episcopali Personæ solveberet Ecclesiæ.*
¶ **VERRETONUM,** VERRETTONUS. Vide *Veretonus.*
¶ **VERRIA,** f. Locus ubi verres nutriuntur, vel idem quod *Vernia,* quomodo etiam fortassis legendum est. Recognit. antiq. ex Regesto *Probus* fol. 59 : *Petrus Veters tenet de Comite casale domus suæ et Verriam, et debet inde* III. *sol. censuales.*

¶ **VERRICULATOR.** Papias MS. Bituric.: *Delictus, Verriculator.* [°° Cod. reg. 7609: *Verruculatus.*]

¶ **VERRIFICATIO.** Vide *Verrere.*

¶ **VERRINÆ,** ut supra *Verreriæ.* Comput. ann. 1202. apud D. Brussel tom. 2. de usu feud. pag. ccii. col. 2 : *Evrardus capellanus, pro Verrinis capellæ,* LV. sol.

¶ **VERRINUM,** Terebellæ species, ut videtur, Gall. *Vrille;* nisi sit Sagitta, jaculum, *Verrina* quippe Italis ea notione nuncupatur. Ogerii Panis Annal. Genuens. apud Murator. tom. 6. col. 402 : *Quidam latro venit Januam.... et taliter se misit nocte in crates Dominicæ crucis, custodibus S. Laurentii ignorantibus, quod capsam in qua erant repositæ cruces cum Verrinis perforavit et ipsas cruces de civitate portavit.* Vide *Verrubius.*

◊ *Voirrine* appellatur Gemma ex vitro factitia, in Stat. ann. 1355. tom. 3. Ordinat. reg. Franc. pag. 12. art. 8. *Voure,* eadem notione, nisi mendum sit pro *Voirre,* in Lit. remiss. ann. 1390. ex Reg. 138. Chartoph. reg. ch. 175 : *Un petit annel d'argent à une pierre de Voure.*

¶ **VERROLUS,** a Gall. *Verrouil,* Pessulus. Reparat. factæ in Senescallia Carcassonæ ann. 1435 : *Eidem* (Bernardo Serario) *pro duobus ansonibus et duobus Verrolis, qui positi fuerunt in uno hostio dictæ domus thesaurariæ.* Charta ann. 1334. apud Baluz. tom. 2. Hist. Arvern. pag. 188 : *Quod dictus Johannes fuerat furatus vectes, sive Verroilhs, padenas et gofetos.*

◊ *Verroul* etiam appellarunt nostri, Armorum seu venabuli genus Lit. remiss. ann. 1439. in Reg. 188. Chartoph. reg. ch. 197 : *Pierre Brunet print ung grand Verroul ou vouge sur son col, etc.* Aliud prorsus sonat vox *Verroilh,* in Charta ann. 1167. ex Tabul. S. Maurini inter schedas Mabill. : *Rector seu vicarius prædictus...... percipiat..... omnes offertas et oblationes, vulgariter dictas la Verroilh, ex integro ecclesiæ de Ferrussaco.* Vide *Vanga.*

¶ **VERRONIWAIDA.** Mirac. S. Emmer. tom. 6. Sept. pag. 496. col. 2 : *Illuc solus iter carpebat in loco, qui dicitur Verroniwaida, quod sermo Latinis exprimit : Lon gingua pascua, etc. Verromwaida* edidit Canisius. [°° Vide Graff. Thes. Ling. Franc. tom. 3. col. 656. voce *Fer,* etc.]

¶ **VERRUBIUS.** Papias : *Marra, terebrum,* id est *Verrubius.* Vide *Veru.*

? **VERRULÆ.** Vide supra *Verræ.*

¶ **VERRUS,** pro Verres, porcus masculus, in Leg. Salica apud Eccardum pag. 145 : *Si quis Verrum furaverit, etc.* Tabul. SS. Trinitat. Cadom. fol. 26. v° : *Scrofæ* XXIV. *Verri sex, etc.* Charta Caroli Regentis ann. 1358. ex Bibl. Reg. : *Item viginti solidos annui redditus in quibus domino Regi tenetur quolibet anno in festo Paschæ abbas de insula pro uno Verro*

¶ **VERSADURA,** Eluvies, effluvium, Provincialibus. Regest. *Columba* ex Schedis Præs. *de Mazaugues* : *Possunt recipere Versaduras et escolithas resclausæ vel bedalis.*

◊ **VERSAGIUM,** Idem quod *Usagium,* jus utendi foresta seu *versandi,* hoc est evertendi seu incidendi arbores ad ignem seu ædificium necessarias. Vide *Versare* 1. Charta ann. 1404. in Reg. feud. comitat. Pictav. ex Cam. Comput. Paris. fol. 63. v° : *Advoho..... maxime inter alia Versagium meum in nemoribus de Gastinain ad necessitatem meam seu opus manerii mei prædicti de Bellofonte et de Ses.*

VERSALITER. Thwroczius sub ann. 1312 : *Hujus mundi decus et gloria... semper variando Versaliter atque caduce se protendens in nihilum tanquam aqua decurrens incedit.* [Id est, Inconstanter. Vide Vossium lib. 4. de Vitiis serm. cap 36]

¶ 1. **VERSANA,** Arvernis *Versée,* Terra proscissa , ager de novo ad cultum redactus : aliis *Versane* est Terra in colle sita : denique *Versane* vocant nonnulli terram Aquiloni adversam. Tabular. Camalar. diœc. Anic. : *Donaverunt R. Roberto quandam vineam sitam subtus hortos et unam Versanam in Cumbas.* Charta apud Stephanot. Antiquit. Lemovic. part. 1. pag. 704 : *Dedit etiam Versana de gran ; .... in alio loco pratum del Martineze. Versenne,* apud Xantones Vide *Verseria.*

? 2. **VERSANA,** Tempus, quo agri proscinduntur, nostris *Varxenne* et *Verseret,* vel *Verserot.* Charta Joan. milit. *de Foilluel dom. de Ramicort* ann. 1242. in Chartul. Mont. S. Mart. part. 1. ch. 115. *Remisi dictæ ecclesiæ tres corveias in una carruca, in Versana, in Martio, in cooperana : in Versana et cooperana cum duobus equis tantum, in Martio cum quatuor.* Charta ann. 1406. in Chartul. priorat. Belleval. : *Item chascune charrue... paierat chacun an trois journées à la crowée de la charrue ; c'est assavoir à la Varxenne, à vaiien et à traimois.* Charta ann. 1326. in Reg. 73. Chartoph. reg. ch. 340 : *Troix croées de charrue ; ... c'est assavoir à trois saisons, l'une en Mars, l'autre en Verseret et l'autre en wayn.* Libert. Perrus. ann. 1317. tom. 7. Ordinat. reg. Franc. pag. 32. art. 3 : *Nuef courvées de charrues d'icelles bestes, c'est asavoir trois en Vayn, trois en tremois et trois au Verserot.* Hinc emendandus Libert. *de Bourlemont* ann. 1357. tom. 6. earumd. Ordinat. pag. 630. art. 2. ubi *Vorverot* legitur pro *Verserot.* Neque fortassis mendo caret Terreariatum ejusdem loci ann. 1571. ibidem inter notas laudato, in quo huic voci substituitur *Vergier.* Vide infra *Versarius.*

◊ **VERSANA,** Ager proscissus et nondum satus. Charta Roger. episc. Laudun. in Chartul. Thenol. ex Cod. reg. 5649. fol. 40. v° : *Cum terra circumjacens fuerit in Versana, poterunt ibi fratres, si voluerint, carriare.* Alia ann. 1343. ex Chartul. S. Vinc. Laudun. : *Li religieus ont accordé que nous porrons charier et rachariér par les terres de Malewarde, toutesfois qu'elles seront vuides, excepté le temps qu'elles seront tiertiées pour la Versaîme ou aréés pour le murs.*

? 3. **VERSANA,** Mensuræ species, nostris etiam *Versana.* Charta ann. 1238. in Hist. MS. S. Andr. Avenion. fol. 53. v° : *Cum controversia verteretur.... super limitatione manicæ et stagni de Rupesforti et territorii dicti monasterii,.... electus arbiter dixit ad monasterium pertinere quidquid a parte monasterii usque ad terminum positum in manica per duas Versanas.* Lit. remiss. ann. 1411. in Reg. 165. Chartoph. reg. ch. 158 : *L'hostel d'icellui Colin, où il faisoit sa demourance, est distant de l'hostel où il vendoit du vin, d'une Versane ou environ.* Aliæ ann. 1472. in Reg. 197. ch. 248 : *L'ostel de Jehan Templier distant de l'hostel d'Estienne Martineau cinq ou six Versanes.*

✱ **VERSANUS,** [Vesanus : « *Versanus, dervés.* » (Lex. Lat. Gal. Bibl. Ebroic. n. 23, XIII. s.)]

¶ 1. **VERSARE,** Gall. *Verser,* Evertere. Vita S. Bonæ tom. 7. Maii pag. 163 : *Quædam devota femina urceolum olei.... ante ejus altare portavit : quem cum clericus.... inconsiderate pedibus impulisset, pluribus videntibus est urceolus ipse Versatus ad terram.*

◊ Subvertere de quadriga dicitur, in Inquisit. ann. 1237. ex Reg. *Olim* parlam. Paris. fol. 93 : *Dominus rex præcepit quod.... .. quædam mala consuetudo, quæ est in quibusdam partibus Viromandiæ amoveatur , qua quis quadrigam suam, quando versatur, non audet levare, nisi de assensu domini, cujus est fundus ipsius terræ ; et si aliter levet, solvet sexaginta solidos ipsi domino.* Hinc

◊ **VERSATA LIGNA,** Quæ ventorum vi eversa sunt. Charta ann. 1308. in Reg. 44. Chartoph. reg. ch. 146 : *Donamus..... liberum usagium ad omnia ligna, videlicet arescentia seu sicca,..... Versata et voluta, etc.*

¶ 2. **VERSARE,** pro Versari, in Charta S. Rudesindi inter Conc. Hispan. tom. 3. pag. 180 : *Denique reminiscens ea in quibus ab ineunte ætate Versavi.*

◊ *Versar,* pro *Employer,* impendere, in Lit. ann. 1401. tom. 9. Ordinat. reg. Franc. pag. 10 : *Par la faulte et coulpe des maistres et gouverneurs, qui Versent mal et ailleurs que là où ilz doivent, les revenues et prouffis d'icelles maladeries.*

VERSARI vinum dicitur, quod corrumpitur, Petro de Crescentiis lib. 4. cap. 88 : *Qualiter possit providere, ne vinum Versetur.* Ubi Gallicus Interpres vetus : *Comme on peut remedier à ce, que le vin ne se tourne, ne corrompe.* [°° Ital. *Volgersi,* Vide *Versio.*]

◊ **VERSARI** IRRATIONABILITER, Cum animalibus misceri. Pœnit. vet. MS. ex cap. 15. Conc. Ancyr. : *De his qui irrationabiliter Versati sunt sive Versantur. Quotquot ante xx. annum tale crimen commiserunt, xv. annis exactis pœnitentiæ, communionem mereantur orationum. Deinde quinquennio in hac communione perdurantes, tunc demum oblationis sacramenta contingant..... Eos qui inrationabiliter vixerunt et lepra injusti criminis alios polluerunt, præcepit sancta synodus inter eos orare qui spiritu periclitantur inmundo.*

¶ **VERSARIUS,** Gall. *Verseau,* Aquarius, undecimum zodiaci signum. Charta Communiæ Clarimontis ann. 1248. inter Ordinat. Reg. Franc. tom. 5. pag. 600. art. 12 : *Retinemus autem nobis in dicta villa.... novam* (novem) *corvadas de omnibus animalibus ad aratrum trahentibus ; duas in Martio persolvendas, et duas in Versario, et duas in Automno.* Hac loquendi formula consignatur anni tempestas, qua sol Versarium subit, mensem scilicet Januarium. Vide alia notione in *Versana.*

◊ Nequaquam ; idem quippe *Versarius* hic, quod supra *Versana* 2.

¶ **VERSATILIS** GLADIUS de quo Gen. 3. versu ult. exponitur in Glossis Biblicis MSS. Anonymi ex Bibl. Reg. : *Utrobique secans vel aptus ad versandum et tollendum cum Deus vellet.* Consule Interpretes.

VERSATIM, Vice versa. Constitutio Chlotarii Regis ann 560. cap. 6 : *Si judex aliquem contra legem injuste damnaverit, in nostri absentia ab Episcopis castigetur ; ut quod perpere judicavit, Versatim melius discussione habita emendare procuret.*

◊ **VERSATUS.** Vide supra in *Versare* 1.

◊ **VERSCEPE,** vox Belgica, Navis onerariæ species. Charta ann. 1336. ex Cam. Comput. Insul. : *Toutes nos autres droitures et les leurs heritables, de pescheries, de ne/s, que on appielle Verscepe.* [∞ *Vere,* Trajectus.]

¶ **VERSCHAT.** Vide supra in *Ghescot.*

VERSCHINGA. Notitia ann. 1159. in Tabulario Monasterii S. Bertini : *Dabit Waltero de Ekas... pro banuvere* 4. *sol.... infra Kl. Maii, et Kal. Augusti* 2. *sol. pro expeditione, in festo S. Michaëlis* 2. *pro Verschingis, in festo O. SS.* 5. *sol. pro tessement, etc.* Videtur idem quod *Friscinga.* Vide in hac voce.

¶ **VERSERIA,** Aratio, actio terram *versandi.* Charta Roberti Laudun. Episc. ann. 1210. ex Tabul. S. Remigii. Rem. *Postquam homines de Corbiniaco versaverunt terras illas,.... reddent hominibus Prioris impensas de Verseria.* Vide *Versana.*

¶ **VERSETUS,** Versiculus, Gall. *Verset,* non semel in vet. S. Juliani Brivat. Rituali MS. Vide *Versus.*

¶ **VERSIBILIS,** Mutabilis. Victorinus apud Mabillon. tom. 4. Analect. pag 164 : *Versibiles enim qualitates et juxta hoc* μὴ ὄντα

VERSIBILITAS, Mutabilitas, inconstantia. Utitur Eulogius Cordub. lib. 2. cap. 15. et in Epist. ad Alvarum, qua illi Memoriale Sanctorum mittit. [Joan. Sarisber. Policrat. lib. 2. cap. 22 : *Quia nec ex mutabilitate rerum, nec ex temporis fuga, aut Versibilitate potest aliquid absconditum esse ab oculis ejus.*]

¶ **VERSICANORUS,** Poeta, ut mox *Versidicus.* Chron. Novalic. lib. 2. cap. 7. apud Murator. tom. 2. part. 2. col. 704 : *Famosissimus enim valde ubique fuisse refertur athleta ac fortis viribus, sicut de eo quidam sapiens Versicanorus scripsit, etc.*

✱ **VERSI CATAPULTINI,** [Ex Simone auctore vitæ S. Bertini (1131-1136.), P. P. Morand, 1872, versus hoc modo compositi (v. 505.) :

In ce dapibus ple na
te mente refre

Quod ita legemus :

In cena dapibus plena te mente refrena.]

-◦ **VERSICULARIUS,** Qui versus in officio divino cantare debet. Stat. MSS. S. Vict. Paris. part. 2. cap. 6 : *In matutinis, quando fit de feria aut est festum simplex, Versicularius versus ad altare e sede sua invitatorium inchoat de Venite cantat... In festis semiduplicibus vel duplicibus vel ejus generis, et in feriis octavarum Paschæ et Penthecostes, Versicularii duo ad gradus sanctuarii... Versiculorius, cum dicitur,* Laudate Dominum de cœlis, *librum claudat et reponat in armario. Quando responsorii versiculum cantat, stet versus altare, et post versum inclinet et sedeat.* Vide mox *Versilare.*

VERSIDICUS, Poeta. *Versificus,* apud Fab. Victorinum in 1. Rhetoric. Ciceronis. [∞ Occurrit apud Virgil. Grammat. pag. 67. et alibi.]

VERSIFICARE, Psalmos antiphonatim canere. Ordinarius Ecclesiæ Rotomagensis MS. in 4. feria majoris hebdomadæ : *Quo (igne) benedicto, redeant ad chorum Versificando :* Dominus illuminatio mea, *etc.*

° *Vel potius alternatim et submissa voce recitare.* Idem Ordinar. in die Parasceves : *Finita nona ad ignem benedicendum pergant Versificando sub silentio* Miserere mei Deus, *sicut in v. feria.* Infra in Sabbato sancto ubi de benedictione ignis : *Cantando submissa voce* Miserere mei.

¶ **VERSIFICI** PSALMI. Vide *Psalmi plebei* in *Psalmus.*

° **VERSILARE,** Psalmos alternatim canere, nostris alias *Verseller.* Reg. visitat. Odon. archiep. Rotomag. ex Cod. reg. 1245. fol. 80. r° : *Vicarii nolunt recipere capam ad mandatum decani, nec cantare responsoria : injunximus hoc emendari. Nimis cito Versilant : injunximus hoc emendari.* Mirac. Mss. B. M. V. lib. 1 :

Maint clerc, maint moine, maint provoire,
Car au marchié ou à la foire
Samblent bien que fuir s'en doient,
Quant il Versellent ou saumoient.

¶ **VERSILIS,** Qui vertitur, qui redit. Hymnus vet. de S. Germano Autiss. : *Sublime festum seculis, indicit annus Versilis, etc.* Occurrit apud Mart. Capellam lib. 4 pro eo qui facilis est ad vertendum. [∞ Vide Forcell.]

VERSIM, Adverso vultu, vel Alternis vicibus Pontificale antiquissimum : *Scola vero forinsecus cum Episcopo stans totum psalmum cum antiphona Versim decantet.*

ⱽ **VERSIO.** Andreæ Bergom. Chron. cap. 16. apud Pertz. Script. tom. 3. pag. 287 : *Vinum quomodo vindemiatum et intra vascula misso, statim turbulentus, qui dicitur Versio, fuit.* Vide Pet. Crescent. supra in *Versam.*

VERSIPELLO. Gloss. Gr. Lat. : *Versipello,* χαμαιλέων. In Lat. Gr. : *Versipellio,* χαμαιλέων καὶ λυκάνθρωπος.

° **VERSOR,** Gall. *Balayeur,* in Novitio, qui Apuleio *Converritor.*

¶ 1. **VERSORIUM,** Instrumentum rusticum quo terra *versatur.* Statuta Castri Redaldi lib. 1. fol. 17 : *Statuimus et ordinamus quod nulla bestia aratoria, plaustra, aratra vel Versoria, ligones.... possint vel debeant robari, deprædari vel pignorari, etc.*

¶ 2. **VERSORIUM,** *a verso, id est, Scopæ.* Goclenii Lexicon Philosophicum.

VERSULARIA. Vide locum in *Calceatorium.*

¶ **VERSUM,** ἄχρις, in Gloss. Lat. Gr. in MSS. additur, *usque.*

1. **VERSUS** APERTIONIS, in Regula Magistri cap. 44. Psalm. Domine, labia mea aperies, *etc.* Amalarius lib. 3. de Eccl. Offic. cap. 9 : *In nocturnali officio dicimus primo,* Domine, labia mea aperies, *etc. Deinde sequitur* Gloria.

VERSUS CLUSOR, quo dici solet in clausula Officii Ecclesiastici, qualis hodie : *Benedicamus Domino,* in eadem Regula Magistri cap. 37.

¶ VERSUS, nude dicitur Gratiarum actio post mensam, in Vita S. Odonis sæc. 6. Bened. pag. 193 : *Finis lectionis eum revocaverat ab excessu........ Versu dicto pro negligentia satisfacturus abbati, etc.*

VERSUM PERDERE dicebantur Monachi, cum a Refectorium tardius venerant, primusque aut secundus vel tertius orationis versus jam dictus esset, in libro Usuum Ordinis Cisterciensis cap. 109. 116. in Institutionibus Rainardi Abbatis Cisterciensis cap. 61 in Instit. Capituli General. ejusdem Ordinis, distinct. 6. cap. 6. dist. 14. cap. 13. quo casu pœnitentiæ seu *veniæ* obnoxius erat. *De versu refectionis,* agit idem liber Usuum Cisterc. cap. 121.

VERSARIUS, Liber Ecclesiasticus, continens *Versus,* qui canuntur in Ecclesia. Necrologium Ecclesiæ Parisiensis 10. Kal. Aug. : *Dedit nobis..... psalterium cum hymnis, duos troperios duos versarios, etc.*

¶ VERSUS. Constitut. 2. Justiniani de confirm. Digest. : *In centum quinquaginta pene millia Versuum totum opus consummantes et in septem partes eos digessimus. Ubi versus membra orationis integra sive periodos* Duarenus intelligit ; alii cum Contio lineas interpretantur.

¶ VERSUS. Prologus Defensoris Mon. in lib. Scintillar. apud Mabill. tom. 2. Annal. pag. 704. col. 2 : *Sicut naviganti portus, ita et mihi Versus fuit optabilis. Operis conclusio indicatur, nisi me fallo : usus quippe erat opera versu aliquo concludere.*

¶ 2. **VERSUS,** pro Adversus. Chron. S. Petri Vivi apud Acher. tom. 2. pag. 733 : *Invenerunt eum (Regem Franciæ) variis militiæ bellis implicitum, scilicet Versus Regem Anglorum, etc.*

° Hinc à *l'Environ,* pro *Envers, à l'égard,* erga, in Lit. remiss. ann. 1446. ex Reg. 178. Chartoph. reg. ch. 108 : *Tant par temptacion de l'ennemy et de jeunesse, que aussi pour le hardement, folos et simples manieres que avoit et tenoit à l'Environ d'icelluy suppliant une jeune fille,...... it la cogneut charnelement.*

¶ **VERSUTUS,** Perversus, δυεστραμμένος, in Gloss. Gr. Lat. ubi Lat. Gr. MSS. habent *Perversor.*

° **VERTA,** vox Italica, Retiaculum. Mirac. B. Laur. erem. tom. 8. Aug. pag. 307. col. 2 : *Corvus ablatum ex Vertis panem reportavit.*

¶ **VERTAGUS,** Canis species. Vide supra in *Canis veltris.*

¶ **VERTARPES,** Morbi genus. Epist. ann. 1221. de Mirac. S. Hugonis Abbat. apud Marten. tom. 1. Anecd. col. 888 : *Lætitia mulier jurata dixit, quod cum morbo qui dicitur Vertarpes miserabiliter laboraret, ad tactum manus domni Hugonis abbatis Bonarumvallium, apud Viennam per Dei gratiam est sanata.* Vide *Vermis canis.*

VERTEBOLUM, VERTUOLUM. Pactus legis Salicæ tit. 27. § 14: *Si quis statuam, aut tremagolum, vel Vertebolum de flumine furaverit, etc.* Lex Salica tit. 29. § 82. habet *Vertuolum,* [in edit. Baluzii *Vertivolum.*] Ubi interpretes genus retis esse aiunt, quod Normanni nostri *Verruel,* Latini *Verriculum* vocant : alii instrumentum, quod volvendo *vertitur,* ad hauriendum aliquid. Vide *Vertibulum,* sef. *Vervitium.*]

° **VERTEBRUM,** Gall. *Vertay,* id quod pendet in fuso mulierum. Glossar. Lat. Gall. ann. 1348. ex Cod. reg. 4120. *Vertail de fuseau,* apud Cotgrave. Vide mox *Verteolus. Vertail* vero ad artificium gladiorum pertinet. Stat. ann. 1468. ex Reg. 197. Chartoph. reg. ch. 7 : *Item ledix tonneliers ne pourront enfoncer queues nuefves sans Vertail, jusques à ce qu'elles seront veues et visitées par les maistres esgards.* Vide *Vertoguer,* in Lit. remiss. ann. 1387. ex Reg. 182. ch. 5 : *Ainsi que Jehan le Normant feust près d'une queue, que appareilloit au Vertogoit Gillet tonnelier, etc.* Et *Verto. sus. ubi de ead. re : Ordenoit et mettoit à point pour chargier, etc.*

° **VERTELLA,** Belgis *Viertel* et *Virtel,* Quarta pars jugeritis, in Matth. not. Syllog. Epistol. pag. 515. *Sed et iisdem certam liquidorum mensuram sonat.*

¶ **VERTELLUM,** vel VERTELLUS, f. Anfractus, Gall. *Détour.* Inquisitio ann. 1268. ex Schedis Præs. *de Mazaugues* : *Et a S. Gabrielle usque ad Vertellum de Ma-*

gnella,... *et a dicto Vertello de Magnella protendebatur, etc.* Leg. forte *Verceillum.* Vide in hac voce.

◊ **VERTEMOULA**, Vox vulgaris apud Normannos, vel *Vertemoulte*, ut legitur in Glossar. jur. Gall. et apud Cotgrav. qui *Droict de vert* exponit : at Terrianus in cap. 8. lib. 5. Comment. jur. Norman. Jus esse definit, quod domino debetur a subdito vel tenente, cum in horreum extra feudi limites positum grana frumentaria recondit. Lit. remiss. ann. 1482. in Reg. 200. Chartoph. reg. ch. 223. *Le suppliant dist que l'héritaige lui estoit subgect en rente, ou en Vertemoula.*

VERTENARIUM. Charta Thomæ Regis Manniæ ann. 1055. in Monast. Anglic. tom. 1. pag. 718 : *Cum piscariis, braciniis, consuetudinibus, ancoragiis et Vertenariis.*

◊ **VERTEOLUS.** Globus, qui ad extremitatem fusi superadditur, ut facilius vertatur. Mirac. S. Domin. tom. 1. Aug. pag. 648. col. 1 : *Cum secunda feria in mane infra octavam beati Dominici coram matre* (parvulus) *luderet cum quodam Verteolo ligneo, quod est pondus fusi nontium mulierum, juxta satis grossæ nucis quantitatem, illum cum fuso in gutture infixit ; extractoque fuso, Verteolus in gutture infixus remansit.* Vide supra *Vertebrum.*

¶ 1 **VERTERE,** Mutare. Domesdei tit. *Wrecestre* : *Quando moneta Vertebatur, quisque monetarius dabat* 20. *solidos ad Londinum, pro cuneis monetæ accipiendis. Vertir et towrner en autre obeissance,* in Litteris ann. 1272. tom. 5. Ordinat. pag. 565.

¶ Hinc VERTENTI FORTUNÆ, in Inscript. Lingon. tom. 9. Comment. Acad. Inscript.

¶ VERTENTES CAUSÆ, Quæ reapse coram judicibus agitantur. Libertat. villæ de Podio Mirolli ann. 1369. inter Ordinat. Reg. Franc. tom. 5. pag. 313 : *Concedimus tenore præsentium, de gratia speciali, quod.... causas coram dictis bajulo, consulibus aut quatuor probis, aut aliqua curia eorumdem, inceptas et Vertentes, ad se advocare nequeant.*

◊ 2. **VERTERE,** Versus aliquem locum gressus dirigere, accedere ; quo sensu *Tourner* usurpamus. Charta Th. abb. S. Germ. Prat. ann. 1230. in Reg. 30. Chartoph. reg. ch. 590 : *Salvo etiam hoc et retento nobis et ecclesiæ nostræ, quod omnes mulieres prædictæ villæ in die purificationis suæ post puerperium, et primo die, quo accedent ad parrochialem ecclesiam post sponsalia, ad ecclesiam nostram imperpetuum tenentur Vertere ratione matricis ecclesiæ, et oblationes ibidem facere, prout hactenus extitit.* Chartul. Thenol. ex Cod. reg. 5649. fol. 83- vᵒ : *Animalia carrucarum poterunt super idem nemus Vertere sine forisfacto, cum fuerit oportunum.*

¶ **VERTEVELLA.** Vide mox *Vertibella.*

VERTIBELLA, Forfex medicinalis. Ita Glossæ MSS. ad hunc locum Alexandri Iatrosophistæ lib. 1. Passionum : *Ex mulsa lavari bonum est, quando molesti humores in aure surrexerunt, et exit sæpius quod incidit, et Iatrolabon i. Vertibella facile trahitur.*

VERTEVELLA. Ebrardus Betun. in Græcismo cap. 12 :

Est vectis ferrum lingua pariterque rotundum,
Ostia quo firmo, dictum sit a Veho verbo :
At Vertevellas quædam foramina dicas,
Quod vertuntur in his vectes quocunque feruntur.

Gesta Consulum Andegav. cap. 3. n. 26 : *Fecit præterea aliam absidam... cum ostio fusili, quod gunfis et Vertevellis, et quatuor clavibus firmabatur.*

☞ Hæc excerpta ex Heberno in Mirac. S. Martini apud Baluz. tom. 7. Miscell. pag. 169. paulo aliter leguntur : *Gumphus, et Virtevellis, et quatuor clavibus firmabatur.*

VERTICULA, *cardines,* Papiæ. *Verticulum et verticillum,* σπόνδυλον, et σφόνδυλος, in Gloss. Gr. Lat.

◊ Glossar. Gall. Lat. ex Cod. reg. 7684 : *Vertevelle, cardo.* Lit. remiss. ann. 1398. in Reg. 153. Chartoph. reg. ch. 242 . *Le suppliant.... vint à l'uis de la chambre dudit Boucher, lequel il trouva fermé ; et lors prist un grant gaston, dont il rompi les Vertevelles de l'uis.*

◊ **VERTEX.** *Hatevel, coupel,* in Glossar. Lat. Gall. ex Cod. reg. 7692. Hinc *Vercaupe,* Pars capitis superior, quæ ab Anatomicis Gallice *Vertex* appellatur. Lit. remiss. ann. 1896. in Reg. 149. Chartoph. reg. ch. 322 : *Icelle Isabelet avoit esté malade de ce qu'on lui avoit fendu et osté de la teste la Vercaupe.*

◊ **VERTHEERINGHE,** Officium municipale apud Mechlinienses. Charta commun. Mechlin. ann. 1308. ex Cod. reg. 10197. 2. 2. fol. 82. rᵒ : *Item officia, quæ camencoep, Vertheeringhe et hammge Teutonice nominantur, etc. Vorghieringhe* editam ex ead. Charta apud Marten. tom. 1. Ampl. Collect. col. 1423.

¶ **VERTIBILIS,** Mutabilis, animo inconstans. Guibertus in Vita sua lib. 1. cap. 2 : *Quamvis immantanea pulcritudo sit sanguinea instabilitate Vertibilis.* Breviarium Hist. Pisanæ apud Murator. tom. 6. col. 183 · *Recte quidem Versilienses dicti sunt quasi Vertibiles ; omnia enim vertunt et pervertunt.*

¶ VERTIBILIS EQUUS, Cursor, stadiodromus equus, apud eumd. Murator. tom. 2. pag. 429. col. 2. Vide *Campitor.*

¶ **VERTIBILITAS** LINGUÆ, Mobilitas. Gall. *Volubilité.* Epistola Johannis de Monsterolio apud Marten. tom. 2. Ampl. Collect. col. 1420 : *Non adeo feroces sumus, ut quæ sit in disputando libertas ignoremus, aut linguæ Vertibilitati non noverimus indulgere.*

◊ **VERTIBILITAS** LIBERI ARBITRII, Facultas pro arbitrio ad id quod magis placet sese vertendi, apud Barelet. serm. in feria 3. hebd. 2. Quadrag.

VERTIBULUM, Idem quod *Verticulum,* vel est *instrumentum, cum quo carbones vertuntur in fornace.* Ugutio. Gloss. Lat. Gall. *Vertibulum, Rouable de fornaise.* Stephanus Episcopus Redonensis in Vita S. Guillelmi Firmati n. 16 · *Tunc subito latrunculus veste nudatus propria, sinistra tunicam, et dextra tenens Vertibulum, ad pedes Firmati provolvitur.* Supra baculum appellavit : *Extractam, qua induebatur, tunicam baculo superposuit.* [Pro vertebrarum compage occurrit in Mirac. S. Apri apud Marten. tom. 3. Anecd. col. 1033 : *Nam et Vertibulorum compages immensum dedere crepitum in restaurando suis locis.*]

◊ Glossar. Lat. Gall. ex Cod. reg. 7692 : *Vertibulum, trefeu.* Alia notione, vide supra in *Fidelium.*

VERTICALE. Glossæ divinæ Hist. MSS.: *Cytharim,* [Cidarim] i. *thyara, Verticale.*

¶ **VERTICILLUM.** Vide in *Vertibella.*

¶ **VERTICINARI.** Gloss. Gr. Lat. σκοτοῦ μαι : *Verticinor, tenebresco.* Vide *Vertiginare.*

¶ **VERTICULA,** VERTICULUM. Vide in *Vertibella.*

◊ **VERTIFACERE,** unica voce, Versare, Gall. *Faire tourner.* Terrear. Bellijoc.

ann. 1529. fol. 645. vᵉ : *Unam exculsam* (sic) *pro capiendo aquam..... ad et super rotas dicti molendini et aliorum ingeniorum prædictorum pro ipsis Vertifaciendo.*

◊ **VERTIFOLIUM,** Pluteus, ut videtur : aperta est nomenclaturæ ratio. Lit. remiss. ann. 1364. in Reg. 96. Chartoph. reg. ch. 427. *Eam* (domum) *more hostili intrans ad quoddam Vertifolium, in aula ipsius domus existens, de quadam clava seu massonya, quam deferebat, tam impetuose... percussit, quod ipsum Vertifolium ruperit.*

¶ **VERTIGALIS,** et VERTIGINALIS BALEA, Quæ in orbem *vertitur* et movetur. Vide *Balea.*

¶ **VERTIGILENSIS,** Trecorensis, Gall. *de Treguier* : Trecorium quondam *Vorganium* est appellatum. Charta Theobaldi Comitis Blesens. ann. 1186. apud Marten. tom. 1. Anecd. col. 627 : *Cum in basilicam S. Launomari convenissemus Vertigilensis Episcopus et ego Aalyps Comitissa, etc.*

¶ **VERTIGINALIS.** Vide *Vertigalis.*

VERTIGINARE, Circumvertere, apud Tertullianum de Pallio cap. 3. [Vide *Vertiginari.*]

¶ **VERTIGINOSUS,** Vertigine laborans, apud Plinium lib. 23. cap. 2 Occurrit præterea apud Leibnit. tom. 2. Script. Brunsvic. pag. 817. et alios.

★ **VERTIGUS.** [De *vertèbre* : « Et inferiora ventris ossa *Vertiga.* » (B. N. ms. lat. 10272, p. 125.)]

✱ **VERTILE,** Trochlea, quia facile vertit. Glossar. Lat. Gall. ex Cod. reg. 7692 : *Vertile, poulie* Vide supra *Tornus* 4

◊ **VERTILOGIUM,** Numella versatilis, Gall. *Pilori.* Arest. parlam. ann. 1420 in lib. 1. Stat. artif. Paris. fol 21 vᵒ : *Quibus* (ordinationibus) *inter alia inhibebatur ex parte nostra et sub pœna Vertilogii sive pillorii, aut subeundi aliam pœnam, etc.*

◊ **VERTITUS,** Versus, obversus, Gall. *Tourné,* alias *Vertus.* Lit. remiss. ann. 1386. in Reg. 134. Chartoph. reg. ch. 52 : *Dum ipse exponens intrabat dictum hospitium, habens dorsum Vertitum ad dictum Chabertum, etc.* Guill. Guiart. ad ann. 1270 :

En pleurs est leur déduit Vertis.

¶ **VERTIVOLUM.** Vide *Vertebolum.*

¶ **VERTO,** Quarta pars libræ ; male de libra exponitur in *Ferto.* Vide ibi. Necrol. MS. S. Aurel. Argent. ad vj. kal. Nov. *Sacristæ duos denarios et unum Vertonem ceræ, de quo debent parari duæ candelæ.* Vide infra *Vierlingus.*

¶ **VERTOLENUM,** Instrumentum piscatorium, Provincialibus *Vertoulen,* quod *Nasse* exponitur in Dictionario Provinciali. Inquisitio ann. 1368. ex Schedis Præs. de Mazaugues : *Requisitus cui de Arelate defferderent prædictum stagnum, dixit quod Joanni Arquimbaudo quem pignoraverunt de retibus suis et Vertolenis. Requisitus quod retia abstulerunt ei, dixit quod quatuor sagittas retium et tres duodenas Vercolenorum.* Vide *Vertolium.*

◊ Charta ann. 1308. ex Tabul. D. Venciæ : *Possint et valeant...... libere et impune piscare in aqua Nartubiæ... quocumque tempore cum Vertolenis, etc.*

★ **VERTOLIA,** [*Virole.* (Gloss. Lat. Gall. Bibl. Insul. E 36, xv. s.)]

★ **VERTOLIUM.** [*Véreuil.* (Gloss. Lat. Gal. Bibl. Insul. E 36, xv. s.)]

¶ **VERTON.** Vide in *Ferto.*

¶ **VERTONICA,** κισσός, in Gloss. Lat. Gr. Salmasius, cui accedit Rigaltius ad Onosandrum emendat, *ven. tunica,* id

est *Veneris tunica:* nisi, inquit idem Rigaltius, legendum sit *Vettonica*, κεστός, de qua herba ac voce egit Antonius Musa. Hæc in Castigat. Gloss.
VERTRACUS, VERTRAHA, Canis species. Vide *Canis Veltris.*
VERTUOLUM. Vide in *Vertebolum.*
¶ **VERTUOSUS**, Virtute præditus. Oratio habita ann. 1471. apud Acher. tom. 9. Spicil. pag. 329 : *Et si hominum Vertuosior in conspectu Christi Vicarii, Ecclesiæ Principis, tantique cœtus venerabilium ac reverend. Patrum affari pertimescat.* Vide *Virtuosus.*
VERU, Stipes instar subulæ præacutus. Vetus Inscriptio pag. 61 : HÆC AREA INTRA HANC DEFINITIONEM CIPPORUM CLAUSA VERUBUS. Charta Chrodegangi Episcopi Metensis, apud Meurissium pag. 169 : *Cum palis molendinariis et Verubus, etc.* Est etiam ,
VERU, Armorum species. Apud Smaragdum in Grammatica MS. *Veru,* in Glossa superlineari, exponitur *sagitta.* Will. Brito lib. 11. Philippid. pag. 232 :

Mox hastas hastata manus configit in illum,
Quorum cuspis erat longa, et subulæ instar acuta,
Et nonnulla velut Verubus dentata recurvis,
Cuspidis in medio uncos emittit acutos.

Infra :

Hic Verubus, cultris alter subularibus, arctas
Scrutatur thoracæ vias.

Ubi idem videtur *veru,* quod βερύττα, in Gloss. Gr. Lat.: Βερύττα, εἶδος ἀκοντίου, *Canumentum,* ubi forte leg. *cum amento.* Βηρύττει, ῥιπτάρια dicuntur Leoni et Mauricio in Tacticis, locis a Rigaltio indicatis in Gloss. Jo. de Janua: *Verutus, quoddam genus pili.* Papias : *Veruti, gens, uбi ferrum est solidum et productum, dicti, quod verubus pugnent.* [Gloss. Lat. Gall. Sangerm. *Verutatus, armes de hastes.*] Ammianus lib. 19 : *Retectisque gladiis et Verutis. Verettoni,* Italis. [Vide *Veretonus.*] Joan. Villaneus lib. 12. cap. 16. et lib. 18. colps. *Cominciarono a saettare con loro Verettoni.* Ita eod. libro cap. 19. 20. *Viratons,* in Chronico Petri IV. Regis Arag. lib. 6. cap. 4. *Viretons,* Scriptoribus nostratibus, quibus et *Broches* dicuntur. Guill. *Guiart* ann. 1213 :

Si cen François vont ordenant
Leur bataille en un tenant,
Garnis d'espées de Broches.

Chron. Bertrandi Guesclini :

De leurs Broches de fer se vont entracoulant.

Infra :

De sa broche de fer li a trois coups donnez.

Raimundus Montanerius in Chron. Regum Aragon. cap 221 : *Et ab una brotxa que tenia, donà la be 18. colps.*
Brochiis instructa fuisse scuta militaria docent Assisiæ Hierosol. MSS. cap. 95. ubi de Armis Militis, qui duello decertat : *Et en l'escu dont avoir deus broches de fer tout emmi l'escu, et l'autre au pié de soute, et doivent estre de tel grosse come il vodront, et de tel longour jusque à un pié, et neent plus, et entour l'escu tant de broches com ils vodront, aguës, ou rasours. Et le cheval doit estre couvert de couverture de fer, et avoir une testiere de fer, et emmi la testiere une broche de fer, telle comme celle de l'escu.*

✶ **VERUCA.** [Verruca: « *Veruca,* verue ou poreil en la main. » (Gloss. Lat. Gal. Bibl. Insul. E 36, xv. s.)]
VERUDATUS, Veru transverso obfirmatus, clausus, Gallis, *Verouillé.* S. Augustinus Quæst. 23. super libr. Judic.: *Proinde aut alia clavis allata est,*

aut tale clausuræ genus fuit, quod sine clavi posset claudi, nec sine clave aperiri. Nam sunt quædam talia, sicut ea, quæ *Verudata dicuntur.* Malim *verutata,* [vel *Veruclata,* ut ex MSS. restitutum est in ult. edit. Vide *Verutatus* et *Vera* 1.]
¶ **VERVECARIUS** PASTOR, *Vervecum* seu ovium custos. Charta S. Irminæ ann. circ. 698. apud Miræum tom. 1. pag. 243. col. 2 · *Itemque dono..., pastores vaccarios, porcarios, Vervecarios, cum gregibus suis.* Vide in *Berbix* 1.
✱ **VERVELLA,** f. pro *Vertevella;* nam apud ferrarios fabros *Vertevelle* appellatur Pessuli annulus. Comput. ann. 1450. ex Tabul. S. Vulfr. Abbavil.: *Item dicto Petro pro quadam pentura Flamenga, cum una Vervella ad quamdam fenestram cameræ domus,... xviij. den.*
✱ **VERVES.** [« *Verves, pois.* » (Lex. Lat. Gal. Bibl. Ebroic. n. 23, XIII. s.)]
¶ **VERUHIA,** Salicetum, ut videtur, Gall. *Saussaie.* Charta Comitatus Marchiæ ann. 1406 : *Cum omnibus et singulis ipsius mansi... nemoribus, arboribus, Veruchiis, contortiis, etc.* Terrarium Apchonii ann. 1511 : *Plus unam saulian, sive Veruhe simul contiguis, etc.*
⊕ Charta ann. 1377. in Reg. 112. Chartoph. reg. ch. 180 : *Item quamdam Veruhiam, sitam in territorio d'Estruel* (prope Brivam dictum *la Gaillarde*)*. Nisi legendum sit Vernhia, atque de alneto intelligatur.* Vide supra *Vernha* At vero scrupulum mihi injicit vox Gallica *Veruque,* quæ sive de alno, sive de salice exponatur, *Veruhia* dici potuisse insinuat. Lit. remiss. ann. 1467 in Reg. 200. ch. 183 : *Ung petit baston de Veruque, de qvoy le suppliant touchoit son bestail, etc.*
¶ **VERVICARIUS,** ut *Vervecarius,* in Chron. Novalic. apud Murator. tom. 2. part. 2. col. 744. Vide *Berbix* 1.
¶ **VERVICUNE,** Retis species, idem quod *Vervilium.* Charta ann. 1119. ex Tabul. Partiniac. apud Stephanot. tom. 2. Antiq. Pictav. MSS. pag. 499 : *Donavimus etiam et concessimus prædictis monachis piscationem aquæ Thoerit...... vare et pirverie atque Vervicune.* Vide *Vertebolum.*
VERVILIUM, Retis species, instrumentum piscatorium, [Gall. *Verveux.*] Charta ann. 1073. ex Tabular Monaster. S. Quintini in Insula fol. 13. v : *In possessione vel quasi amovendi et deponendi Vervilia ad alas, et alia magna ingenia a dicto ponte Frasceno* [*Terrasceno*]*, etc.* Infra : *Cum Vervillis ad alas, etc.* Rursum : *Ad communes nassas à foisne* [*foire*]*, ad Vervhia rotunda, et ad saccum tantummodo piscari poterunt.* Occurrit præterea pag. 15. et 16. ubi ejusmodi rete sic describitur : *Quod dicta Vervilia quibus piscari licet et licebit, non habeant in corpore ultra 50. maculas ad maculam Regis,* et 60. *maculas in collo : maculas autem colli Vervilli minores facere poterunt insulani, sed ut mensura Regis, dum tamen dictum collum Vervilli ultra* 16. *vias macularium non contineat.* Charta ann. 1315. ibid. fol. 18 v° : *Ont fait prendre et emporter aucuns Vreviex et engiens plusieurs à poissons ès yaux des Religieux d'Isle.* [Alia ann. 1428. ex Chartul. Latiniac. fol. 208. v : *Sans ce que nul y puisse ne doye aller tendre, ne pescher, soit à cage ou Verveux, ne à quelque autre angin que ce soit.* Vide *Vertebolum.*]
☞ Allud est quod *Vervelle* vocat Stephanus de la Fontaine Argentarius Regis Franc. in Computo ann. 1350 : *Pour* 13. *Vervelles d'argent dorées et esmaillées des armes de France pour les faucons du Roy.*

Annulus est ad pedem accipitris alligandus, cui insculptum est scutum gentilitium ejus cujus est accipiter. Vide *Bacinetum.*
⊕ *Verzeul,* eodem sensu, in Lit. remiss. ann. 1391. ex Reg. 141. Chartoph. reg. ch. 103 : *Les supplians trouverent dedens laditte riviere un engin, appellé Verzeul, pour prendre poisson.*
VERVISA, Panni genus, alias *Plankets* dictum, anno 1. Ricardi III. Reg. cap. 8. Cowell. et Spelm.
¶ **VERUIT,** Veritus est. Offic. Mozarab. de S. Pelagio tom. 5. Jun. pag. 216 : *Pro quo nec mori timuit, nec decollari Veruit.*
¶ **VERULA,** diminut. a *Veru,* Cochlea minor, Gall. *Vis.* Inventar. S. Capellæ Paris. ann. 1376. ex Bibl. Reg.: *Item caput sancti Symeonis,.... quod caput habet unam coquciam desuper firmatam cum una Verula esmaillata.* Aliud Gallicum ejusd. S. Capellæ: *Item le chief* S. Symeon,... *et a une coquesse d'argent sur la teste fermant à une Viz esmaillée.* Vide *Vicella.*
¶ **VERUM,** pro Æquum. Acta purgat. Cæciliani apud Baluz. tom. 2. Miscell. pag. 96 : *Non est Verum ut pater castiget filium contra veritatem, etc.* Vide Baluzii notas ibid. pag. 487.
¶ **VERUNDUM,** Rete. Vide *Sagena* 1.
¶ **VERUTATUS,** *Veru circumactus,* in Glossario Gasp. Barthii apud Ludewig. tom. 3. Reliq. MSS. pag. 200. ex Baldrici Hist. Palæst. Vide *Verudatus.*
¶ **VERUTIUS,** Mus Ponticus. Conc. Senon. ann. 1480. apud Acher. tom. 5. Spicil. pag. 820 : *Neque fœderaturas statui suo non congruentes et maxime minutos Verutios.*
¶ **VERUTUM,** Veru, Gall. *Broche.* Inventar. ann. 1379. ex Schedis Cl. V. Lancelot : *Item duo Veruta ferrea cum pedibus.*
⊕ **VERZARIA,** Viridarium, Ital. *Verziere.* Chart. ann. 762. apud Murator. tom. 5. Antiq. Ital. med. ævi col. 1011 : *Cum terra et vineas, silvis, Verzaria, olivis, pomis, arboribus, etc.*
¶ **VESANIOR** pro Ignobilior, Gr. ἀσημότερος, apud vet. S. Irenæi Interpr. lib. 1. cap. 5. num. 4.
⊕ Nostris *Vesardo,* pro *Frayeur, épouvante,* Pavor, terror. Lit. remiss. ann. 1477. in Reg. 206. Chartoph. reg. ch. 1132 : *Je vous feroi la plus belle Vesarde que vous eustes onques, depuis que nasquistes.*
✶ **VESCA.** [Parva comestibilia. DIEF.]
⊕ **VESCARAGO,** Aquifolium. Glossar. Lat. Gall. ex Cod. Reg. 7692 : *Vescarago, Hous.*
¶ **VESCARIUM.** Vita Calixti II. PP. apud Murator. tom. 3. pag. 420. col. 2 : *Ædificavit duas cameras contiguas , cum tuto Vescario, quod sub eis fieri fecerat.* f. *Vestiarium.*
⊕ f. Locus, ubi vescenda servantur, *Garde-manger,* qui in locis inferioribus collocari solet, maxime in Italia. Vide *Vesculentus.*
¶ **VESCES,** ὀλιγόστιος, in Gloss. Lat. Gr. Leg. *Vescus,* ut in Gloss. Gr. Lat. Vide *Vesculentus.*
¶ **VESCHERIA.** Ottoboni Annal. Genuens. ad ann. 1181. apud Murator. tom. 6. col. 356 : *Gualterius de Moach admiratus Guilielmi Regis Siciliæ cum maximo stolo de galeis et Vescheriis plurimis cum militibus venit in portum Januæ.* Ubi Codex alter habet, *Uscheriis,* ut observat Muratorius: at legendum existimo *Usseriis,* quo significantur naves, quibus equi transvehuntur. Vide *Huisserium.*

° **VESCIA**, a Gallico *Vesce*, Vicia. Charta ann. 1325. in Reg. 64. Chartoph. reg. ch. 364: *Item pro Vesciis pertinentibus ad dictam domum causa decimarum, extimarunt pro anno quolibet sexaginta solidos Paris.*

¶ **VESCILIÆ**, χαῖται φρυγός, in Gloss. Lat. Gr. Vulcanius ex Charisio emendat: *Quisquiliæ*, χαῖται φρυγάνων.

¶ **VESCOMTESSA**, Gall. *Vicomtesse*, Vicecomitissa, in Charta ann. 1212. ex Tabul. S. Martialis Lemovic.

VESCULENTUS, *Deliciis et escis plenus, vel vescis; Vesculentia, deliciarum vel vescorum copia.* Ugutio. Catholicon parvum: *Vesculentia, Abondance de viandes.* [Gloss. Lat. Gall. Sangerm.: *Vesculentia, Habundance de delices en viandes. Vescus, manjables ou delicieux à mangier.*] Jo. de Janua: *Vescus, comestibilis, vel ad vescendum habilis, vel vescibilis. Vel vescus, deliciosus: unde vesculus, etc.* Vide Festum, etc.

° **VESCUS**, *Non appetens cibi*, in vet. Glossar. ex Cod. reg. 7641. Sensu opposito, vide *Vesculentus.*

¶ **VESDUM**, Glastum, ut videtur, idem quod *Guaisdium.* Tabul. S. Audoëni Rotomag. inter Probat. Hist. Ebroic. pag. 9: *Universas decimas lini, canabi, tertiam partem Vesdi, lanæ, agnorum, omniumque minutarum decimarum obventiones universas.* Vide infra *Wesdia.*

° **VESIBOL**, Prov. *Runco, falcastrum.* Glossar. Provinc. Lat. ex Cod. reg. 7657. Vide supra *Besogium.*

° **VESICULA**, *ubi avis colligit comestionem, scilicet Ganaych,* in eodem Glossario.

¶ **VESILLUS**, an Exiguus? Charta Phil. V. pro monast. Pissiaci ann. 1317. in Reg. 61. Chartoph. reg. ch. 92: *Item super jardinum Vesillum per annum octo solidos, decem denarios.*

¶ **VESMETUM**, pro *Vesinetum*, vel *Visnetum.* Vide in Vicinus. Leg. Norman. apud Ludewig. tom. 7. Reliq. MSS. pag. 248: *Si vero pars adversa hanc dilationem esse factam fraudulenter noverit, inquisicio fieri debet de puerperio per homines de Vesmeto, et partus ad visionem multis demonstrari. Vesineté,* in Bestiario MS. ubi de Panthera:

Dont ist une tant bonne odour
De sa bouce, pour verité,
Qu'une toute la Vesineté
N'nule beste qui se tiegne
Qui maintenant a li ne viengne.

° Glossar. Provinc. Lat. ex Cod. reg. 7657: *Vesmansa,* Prov. *vicinitas, confinium.*

VESO, Felis seu cati species, nostris vulgo *Putois.* Petrus Venerabil. in Statutis Ord. Cluniac. cap. 17: *Ad coopertoria facienda solummodo, sicut hoc magis placuerit, Putosiorum: et juxta aliorum linguam, Vesonum pellibus utantur.*

¶ **VESONA**, Suessio, *Soissons,* dicitur Paschasio Radberto in Inscriptione libri de Partu B. M. V. quem *venerabili matronæ Christi, una cum Christi virginibus Vesona monasticis degentibus* nuncupavit. Quod vocabulum non errore amanuensis scriptum esse probat Mabillonius sæc. 4. Bened part. 1. pag. 131. cum ex Codicibus MSS. tum ex tribus locis Expositionis psalmi 44. ejusdem Radberti in quibus reperitur; maxime vero quod Ptolemæus *Vesones* et Strabo *Vesiones* appellant Suessionenses. Consule Mabillonium loco laudato.

✱ **VESOSUS**. [Legitur in « stationibus de carnibus porcinis » ap. Cart. N. D. Paris. III, 448, an. 1280: « Tres minores servientes de coquina, quilibet, duos solidos pro cordibus et linguis et penna *Vesosa* et poitronculis habebit. » Quo designare videntur *Vessie.* Confer *Velerosus.*]

VESPA. Gregor. Turon. de Vitis Patr. cap. 10: *Examen mirabilium atque sævarum muscarum, quas vulgo Vespas vocant, reperit.* Atqui vox Latinis cognita: Plinio præsertim lib. 11. cap. 21. a quo describitur, sed videtur expressisse vocem vulgarem *Wespe*, uti Germani efferunt, nos *Guespe.* [Gloss. Lat. Gall. Sangerm.: *Vespa, une mousche qui naist de charoigne d'asnes.* Arelatensibus, teste Præs. de Mazaugues, *Vespices* et *Vespiaires* nuncupantur, qui spinas, dumos aliaque ejusmodi evellunt, vocis origine mihi incomperta.]

VESPETUM, Locus, ubi vespæ abundant. Joan. de Janua.

° **VESPARIUM**, *Un essien* (essaim) *de guepes.* Glossar. Lat. Gall. ex Cod. reg. 7692. Vide infra *Vespetum.*

¶ **VESPER PRIOR**, Pervigilium. Carmen apud Mabill. tom. 4. Annal. Bened. pag. 287. laudatum, ubi de Notkeri obitu:

Vespere natalis Petri petit astra priore.

VESPERÆ, Una ex *horis* Ecclesiasticis, quæ sub vesperam dicitur, quam eamdem esse cum *Lucernario* volunt viri docti. Ugutio: *Hæ vesperæ,* significat id temporis, in quo pulsatur illud *officium: hi vesperi, ipsum officium. Vesperi siquidem cantantur; sed vespere pulsantur.* Quidam tamen non distingunt inter *vesperas* et *vesperos, quantum ad officium.* [Cæremon. MS. B. M. Deauratæ Tolos.: *Alia erunt de omnibus sanctis usque ad Vesperos.* Infra: *Et post Vesperos fit commemoratio de octava S. Martini.*] S. Hilarius Massiliensis in Vita S. Honorati Arelat.: *Hac igitur adhortatione completa, jubet congregationem æstatem sacrificium Vespertinæ laudationis offerre, et cibum consuetudinaria refectione perficere.* De *Vesperis*, seu officio Ecclesiastico ita appellato, vide Durandum lib. 5. cap. 9. ex recentioribus vero Garsiam Loaysam in Notis ad Concil. Tolet. I. can. 9. et in Emeritense can. 2. Marcellum Francolinum de Horis Canonic. cap. 12. 17. Gazæum ad Cassian. lib. 3. cap. 3. Hugonem Menardum ad Concordiam Regul. ad cap. 24. § 2. Hæftenum lib. 7. Disqu. Monastic. tr. 7. disq. 4. etc. Card. Bona de Psalmodia cap. 10. etc.

Consuet. Norman. part. 2. cap. 31. ex Cod. reg. 4671: *Alia autem est [visionum assignatio] ad Nonam, et in hac expectandum est usque ad Vesperas, i. usque ad medium temporis inter Nonam et solis occasum. Alia autem est ad Vesperas, et in hac expectandum est usque ad occasum solis.* Guill. Ventura in Chron. Ast. cap. 11. apud Murator. tom. 11. Script. Ital. col. 164: *Cum ministri et milites dicti* (Caroli) *regis inhoneste et insolenter viverent, tractati Johannis de Procida, qui per tres menses duravit, die Lunæ inter festum Resurrectionis Domini ad horam Vesperarum, cum pulsarentur campanæ, Galli omnes, qui in Sicilia erant, trucidati sunt, tam mares quam feminæ, pueri et senes; quin etiam et mulieribus prægnantibus ventres aperti sunt et occisi infantes: idque fuit anno Domini 1282. Inde advenit proverbium, Vesperi Siciliani.* Rem narrat scriptor cœvus, cujus proinde magni facienda auctoritas.

° **VESPERE BASSO**, Sub Vesperam, Gall. *Sur le soir.* Charta ann. 1391: *Guillelmus de S. Egidio et Guillelmus Fabriani ambassiatores electi a Consilio generali ad eundum Aquis ad dominam nostram reginam, cum applicuissent die Sabbati 22. mensis Julii basso Vespere, etc. Vespre,* eadem notione, in Lit. remiss. ann. 1389. ex Reg. 138. Chartoph. reg. ch. 151: *Robert et Donas s'estant trouvez à un Vespre, ils s'entrebattirent.*

° Hinc *Vesprée* et *Avesprement* nuncupatur, Serotinus conventus, ubi vel lanificio aliive operi vacabant aut indulgebant genio, vulgo *Veillée.* Lit. remiss. ann. 1378. in Reg. 112. ch. 288: *Icellui Jehan estoit à une Vesprée en la maison Adam Tercot en la ville de Beaubec.* Aliæ ann. 1380. in Reg. 118. ch. 9: *Advint que ycellui Alart d'Auxeville et un autre en sa compaignie trouverent ledit Caillot à un Avesprement en la ville de Rouen, et le battirent de couteaux.* Guignevilla in Peregr. hum. gen. MS:

Mais avant que plus vous en die,
Afin que je ne vous anuie,
Je vous donrai une Vesprée,
Et chi ferai ma pausée.

VESPERTINALES, Horæ scilicet. Concilium Aquisgran. II. cap. 2. can. 9: *Vespertinales quoque in vigilia Paschæ melius celebrandæ sunt propter lætitiam Resurrectionis Domini, quam dimittendæ.* [*Vespertinalis Synaxis,* in Ordine Romano, apud Mabill. Liturg. Gall. pag. 109.]

¶ **VESPERALIS**. Charta ann. 1157. apud Thomasser. in Biturig. pag. 700: *Promitto enim per fidem meam, quod contra promissa vel aliquod promissorum per me Vesperalium non veniam in futurum.* Manifestus error, pro *vel per alium.*

¶ **VESPERATUS**, Ad vesperam perductus. Acta SS. tom. 7. Maii pag. 398: *Confestim pluviæ apertis nubibus de cœlo descendentes, ingruunt sæpe, Vesperato festo. Die jam Vesperato,* apud Sohn. cap. 16. *Vesperare, Avespri,* in Gloss Lat. Gall. Sangerm. *Vesperare,* ἑσπερίζειν, in Gloss. Lat. Græc.

° Lit. remiss. ann. 1379. in Reg. 116. Chartoph. reg. ch. 113. *Icellui Jannot se departi d'eulx pour aler querir et cerchier deux buefs,... et demoura tant qu'il Avespra.* Unde *Estre Avespry*, Nocte opprimi, in aliis Lit. ann. 1399. ex Reg. 154. ch. 247: *Après que le suppliant fu Avespry, prist une hache... pour soy partir.* A veteri Gallico *Advesprement* et *Avesprant*, pro Vesper. Lit. remiss. ann. 1396. in Reg. 150. ch. 105: *Un certain jour environ l'Advesprement d'icellui, etc.* Aliæ ann. 1395. in Reg. 115. ch. 136: *Ainsi que les exposans estoient ou chemin en trepassant par la ville de Goille-fontaines, vers l'Avesprant.*

¶ **VESPERI**. Vide in *Vesperæ.*

VESPERIA, Ultimus, uti vocant, actus in Universitatibus ad consequendam Doctoris dignitatem, seu *Disputatio,* quæ a Baccalario fit pridie quam *Birreto* doctorali donetur, in qua disputant tres Doctores cum eodem Baccalario. Nicolaus Trivettus in Chron. ann. 1282: *Post disputationem, quæ Vesperia appellantur.* Statuta Facultatis Theologicæ in Academia Viennensi in Austria tit. 16: *Post Vesperias Licentiati secundum modum Parisiis consuetum, quem hic recipimus, sic fiant: quod per aliquot dies, ante scilicet decem vel circa, Licentiatus Vesperiandus in cappa venit una cum bedellis per domos omnium Magistrorum, et Baccalariorum formatorum, portandum eis titulum quæstionum quatuor, quarum* *duæ disputandæ sunt in Vesperiis, et duæ in aula, etc.* [Statuta Academiæ Paris. apud Acher. tom. 6. Spicil. pag. 382 : *Item quando unus bachalarius in Theologia habet Vesperias suas, etc.* Consuet. ejusdem per Robert. *Goulet* fol. 8 : *Theologi itaque licentiati secundum licentie ordinem post celebratas in suis scholis Vesperias, quilibet seorsum doctoratus dignitatem rotundumque magisterii birretum in aula domini Parisiensis Episcopi... suscipit.*]

¶ **VESPERIANDUS.** Vide in *Vesperia.*
¶ **VESPERTILIO,** *Serotinus.* Gloss. Isid. *Vespertilio,* νυκτερίς, in Gloss. Lat. Gr.

¶ **VESPERTINALES.** Vide in *Vesperæ.*
VESPERUGO, Vesper, tenebræ vespertinæ. [Gloss. Lat. Gr. : *Vesperugo,* ἕσπερος.] Vita S. Hugonis Episcopi Heduensis apud Mabill. sæc. 5. Bened. pag. 99 : *Continua illa brumalis aeria coagulatio... ita diversas in partes dispersa liquefiebat, ut nec vestigium alicujus obnubilati Vesperuginis appareret.*

¶ **VESPETUM.** Vide in *Vespa.*
ᶜ Italis, *Vespaio.* Glossar. Lat. Gall. ex Cod. reg. 7692: *Vespetum, Guepiere.* Vide in *Vespa.*

¶ **VESPILIO,** Grassator nocturnus, in Mirac. S. Cuneræ tom. 2. Jun. pag. 564: *Fuit captivatus a raptoribus, maleficis, Vespilionibus et captivus ab eisdem ductus in quamdam silvam.* Pro militum specie occurrit in Chron. Astensi apud Murator tom. 11 col. 264 : *Quidam Regis Vespiliones, sive soldati, de Ast exeuntes veruunt ad Sassellum, et villam intrantes bonis omnibus spoliaverunt.*

¶ **VISPILIO,** Eadem notione, apud Rigordum tom. 5. Duchesn. pag 51 : *Romipetas faciebat (Otto Imperator) a suis Vispilionibus, quos in castris posuerat, spoliari.* Ibidem pag. 58 : *Transibant Vispiliones per Ligerim fluvium.* Unde pro Vispiliorum legendum censeo Vispilionum in Chron. Angl. Th. *Otterbourne* pag. 178 : *Eodem anno (1389.) missus est cum armata manu dom. Mowbray comes Nottingham mariscallus, ut Scotorum irruptionibus se opponeret. Sed quia non erat par tantis exercitibus nihil egit, quippe qui non ultra 500. lanceas secum duxit contra tot milia Vispillorum.* Vocis origo aperitur infra in *Vispilio* suo ordine.

ᶜ **VESPRALARE,** Sub vesperam comedere, merendam sumere, Gall. *Gouter.* Acta MSS. Inquisit. Carcass. ann. 1308. fol. 36. rᵒ : *Aportavit eis fructus, et invitaverunt eum et dederunt ei ad Vespralandum, dantes sibi de pane suo.*

ᶜ **VESSA,** Prov. *Vicia,* in Glossar. Provinc. Lat. ex Cod. reg. 7657. Occurrit in Charta ann. 1356. inter Probat. tom. 2. Hist. Nem. pag. 176. col. 2. Vide supra *Vescia.*

ᶜ **VESSADA,** f. Naviculæ, vel instrumenti piscatorii species. Charta Will. episc. Norwic. ann. 1287. ex Cod. reg. 8387 4. fol. 59. rᵒ : *Reperimus usurpata seu surprisa.... videlicet... Vessadam pertinentem ad nassam vicecomitis.* Vide in *Nassa.*

VESSEIL. Joannes in Archithrenio lib. 2. cap. 10 : *De potu superfluo :*

*Ergo vagante cypho dictinclo gutture Vesseil
Ingeminant Vesseil, labor est plus perdere vini
Quam sitis, etc.*

Ubi ad marginem scriptum *Wersell ;* forte ex alio exemplari, quæ quidem ferri potest lectio, qua Gallicum *Versez* exprimitur, l. *funde merum.* Alias *Vesseil,* vas sonat, quasi dicatur, *vas* seu *scyphum affer,* ut bibam. Idem Scriptor lib. 7. cap. 1 :

*...... Nec sentit hydropicus unda
Congestos calices, nisi fosso vase, bibendi
Continuetur iter, etc.*

ᶜ Wachter. Glossar. Germ. voce *Heil* pag. 686. *Wes heil,* Salvus esto ; formula veterum, tam salutandi quam propinandi, cui respondet alter : *Drinck heil,* bibe salutem tuam. Glossar. Provinc. Lat. ex Cod. reg. 7657 : *Vessar, Prov. Redundare.*

✶ **VESSELAMENTUM.** [*Vaisselle :* « Pro locagio *Vesselamenti* coquine. » *(Refonte d'une cloche de N. D. en 1396,* Bibl. Schol. Chart. 1872, p. 373.)]

¶ **VESSELLA,** Vasa, vasarium, supellex. Charta ann. 1342. inter Probat. Hist. Sangerm. pag. 174. col. 1 : *Primo omnes oblationes factæ in auro, in moneta aut in Vessella de auro, aut in massa aut in jocalibus, etc.* Occurrit rursum infra. Vide *Vassella.*

¶ **VESSELLAMENTUM,** Eadem notione. Litteræ Edwardi III. Reg. Angl. ann. 1338. apud Rymer. tom. 5. pag. 60 : *Diversa Vessellamenta,...... unum calicem argenti, unum calicem auri,..... quæ quidem Vessellamenta et alia jocalia, etc.* Occurrit præterea in Litteris Ricardi II. ann. 1398. apud eumdem tom. 8. pag. 63. Charta ann. 1296. ex Chartul. 23. Corb. : *Se aucuns baillont en garde deniers, joiaux, Vessellement, etc. Que nulle Vessellemente d'argent blanche, etc.* in Statuto Philippi VI. Reg. Franc. ann. 1332. tom. 2. Ordinationum pag. 86. Vide in *Vaissela.*

¶ **VESSELLUM,** Pari intellectu, in Litteris Henrici IV. Reg. Angl. ann. 1411. ibid. pag. 709 : *Præstita et recepta denariorum, jocalium, et Vessellorum quorumcumque, etc.* Vide *Vexelamentum.*

¶ **VESSIDA.** Computus ab ann. 1388. ad ann. 1386. tom. 2. Hist. Dalph. pag. 275: *Pro uno baculo de ebore et Vessidis parvis sex, taren.* III. *gran.* XVI. Forte pro *Boscida,* globulus , Gall. *Boulette* , ut paulo ante legitur.

¶ **VESSILLUM,** pro Vexillum, in eodem Comput. pag. 276 : *Pro vagina lanceæ Domini ad apportandum Vessillum ante Dominum et pro uno laqueo de seta pro ipso Vessillo, taren.* I. *gran.* XIV.

ᶜ Ab Italico *Vessillo,* eadem notione.
VESTARARIUS, Idem qui *Vestiarius ;* qui vestium vel thesauri curam habet. Apud Anastasium pag. 99. Pandulus vestiarius, Desiderii Longob. Reg. in aliis codd. *Vestararius* nuncupatur. *Vestararius* summi Pontificis apud eumdem in S. Hadriano pag. 114. et in Leone III. pag. 121. ubi alii codd. habent *vestiarius.* [*Sergius presbyter et Vestararius ejusdem Hadriani* PP. apud Balaz. tom. 7. Miscell. pag. 122.] *Vestararius Ravennæ,* apud Guill. Bibliothecar. pag. 214. *Cæsarius filius Pipini potentissimi Vestararii,* in Epistola 7. Joannis VIII. PP. ex iis, quas edidit Sirmondus. [*Ravennæ Vestararius,* cui ejusdem civitatis claves commissæ erant, memoratur in fragmento Epistolæ ejusdem Papæ apud Baluz. tom. 5. Miscell. pag. 489.] *Georgius Vestararius,* in Actis Conc. Pontigon. ann. 878. cap. 8. Exstat apud Ferrarium Epistola Abbatis S. Benigni inscripta *Illustri sacri Palatii Vestarario, prima Senatori, nec non unico Romanorum Duci.* Occurrunt *Vestararii Ecclesiastici,* seu qui *vestiarii* Ecclesiarum curam habebant, apud Ughellum tom. 7. Italiæ sacræ pag. 610. tom. 8. pag. 209. 210. Adde præterea Chronicon S. Sophiæ Benevent. pag. 625. 638. 641. Petrum Diacon. lib. 4. Chron. Casin. cap. 108. 120. et Angelum a Nuce ad eumdem Scriptorem cap. 68. [∞ Annal. Cavens. ad ann. 1146. et 1232 : *Obiit.... abbas....; Vestararius loco ejus successit.*] Vide *Vestiarius.*

¶ **VESTARIARIUS,** pro *Vestararius,* apud Anastas. Biblioth. in Stephano IV. PP. tom. 3. Murator. pag. 190. col. 2.

∞ **VESTERARIUS, VESTERARISSA.** Inscript. Christ. apud Maium Scriptor. vet. tom. 5. pag. 215. num. 2 : *In hoc tumulo dormiunt Sergia et Bonifacius germani filii Theophilacti Vesterarii et Theodoræ Vesterarissæ, etc.*

ᶜ **VESTARIUS,** Idem atque *Vestararius,* qui vestium vel thesauri curam habet. Instruct. Pisan. legat. ad Alex. imper. CP. ann. 1199. tom. 3. Cod. Ital. diplom. col. 1492 : *Præterea studeant legati, quod omnia pro Pisana civitate data, sint libera, nec aliquo modo supponantur vel subjaceant eparco et Vestario.* [∞ Chronic. Salern. cap. 180: *Vestarius prædicti principis* (Landulfi).]

ᶜ **VESTARIUS,** Officium monachicum, idem qui *Vestiarius.* Charta ann. 1278. ex Tabul. Cassin. : *Casinenses Vestario solvere tenebantur de quolibet vino, sive vino vinearum, sive vitium, quæ arboribus substentantur, sive vini. De aliis vero victualiis et oliviis solvant eidem Vestario integraliter decimam spiritualem.* Vide mox *Vestiaria.*

ᶜ **VESTATI,** Idem quod *Vesti,* Dignitas Palatina apud imperatores Byzantinos. Chron. Barense ad ann. 1042. apud Murator. tom. 1. Antiq. Ital. med. ævi col. 36 : *Sed ipse Argyro susceptis imperialibus literis fœderatis. patriciatus an catepanus, vel Vestati honoribus, jussit argumenta incendi.* [∞ Apud Pertz. Script. tom. 5. pag. 56. *cathepanatus,* ita ut *Vestatus* sit dignitas Vesti.]

¶ **VESTERARIA,** Quæ vestium vel thesauri curam habet. Agnelli Pontif. apud Murator. tom. 2. pag. 124 : *Vir autem in illis diebus in ipso erat Regis palatio fortis nomine Helmegis, qui Vestariæ Reginæ concubitu fruebatur ; quem Regina accersitum hortabatur ut Regem extingueret ...... Quo excogitato consilio vocavit Vestariam suam, et ait ad eam, etc.* Pluries ibi. Vide *Vestiariæ, et Vestiarius.*

VESTERARIUS, VESTERARISSA. Vide in *Vestararius.*

VESTI, ex Gr. Βέστης, Dignitas Palatina apud Imperatores Byzantinos. Lupus Protospata in Chron. ann. 1051: *Descendit Argyrus Magister, Vesti, et Dux Italiæ.* Charta vetus apud Ughellum tom. 7. Ital. sacræ pag. 898 : *Nos Joannes Domini gratia Dux, et Imperialis Patrutius, Antyphatus, Vesti. Iis præerant* Βεστάρχαι, *quorum dignitas illustris fuit.* Horum meminit Joannes Euchaitarum Episcopus pag. 30. Bryennius lib. 1. n. 14. Scylitzes, Zonaras, et alii locis indicatis in Notis ad eumdem Bryennium. Vide Glossar. med. Græcit. col. 194. [Vide *Vasti.*]

¶ 1. **VESTIA,** Hispanis pro Bestia. Vide supra in *Barrium.*

¶ 2. **VESTIA,** ἑστία, in Gloss. Lat. Gr. Leg. *Vesta.*

¶ **VESTIÆ,** Balbæ. Gloss. Isid. Emendant viri docti, *Vestes, barbæ ;* ex Virgilii Interpretibus ad Æneid. 8 :

Aurea cæsaries illis, atque aurea vestis.

Ubi Servius : *Aurea vestis, hoc est barba,*

unde contra investes dicuntur imberbes. Vide Vesticeps.

¶ **VESTIARIA.** Vide Vestiarium et Vestiarius.

VESTIARITÆ, Nobiles aulici, qui circa Vestiarium Principis versabantur. Lexicon MS. Reg. cod. 2082 : Χοσβαίτης, ὁ Βεστιαρίτης. Willel. Tyrius lib. 20. cap. 26 : Sed et suis nihilominus non longe ab eodem Palatio honesta simul et commoda fecit hospitia præparari : ubi etiam sicut prius, impensas non solum necessarias et voluptuarias superessfluentes Vestiaritæ, et hi, quibus id officii deputatum erat, magnifice et superabundanter non cessabant ministrare. Vide quæ de Vestiariis annotamus ad Alexiadem pag. 285. [et Gloss. med. Græcit. in v. Βεστης.]

VESTIARIUM, Erogatio vestium, in Gloss. Lat. MS. Reg. cod. 1013. in Glossis Isidori, Erogatorium.

VESTIARIUM, Locus, in quo asservantur vestes : Ἱματοφυλάκιον, in Gloss. Gr. Lat. Lexic. Gr. MS. Reg. cod. 2082 : Βεστιάριον, παρὰ Ῥωμαίοις τόπος ἔνθα ἡ ἀναγκατα ἀπόκειται ἐσθής. Kero Monac.: Vestiario, wathuse, i. domus vestium. [Gloss. Lat. Gall. Sangerm. : Vestiarium, Vestiaire.] Vide Panciroluin ad Notitiam Imperii Oriental. cap. 81.

VESTIARIUM, Locus, ubi non modo vestes asservantur, sed etiam cimelia, atque adeo thesaurus et pecuniæ. Hesychius : Βεστιάριον, τόπος ἕν ᾧ τὰ χρήματα τίθενται καὶ τὰ ἱμάτια τοῦ κοινοῦ. Bulla Joannis III. PP. apud Baronium ann. 559. n. 5 : Insuper ex sacro nostro Vestiario hæc donaria contulimus : videlicet crucem unam auream pensantem libras sex, calicem unum aureum pensantem libras duas, duos argenteos pensantes libras quatuor, vestes quoque sericas cum gemmis albis, et auro contextas quatuor, etc. Gregorius M. lib. 2. Ind. 11. Epist. 35: Admone, ut Vestiarium omne Episcopi sui sciant deferendum, et quantum præviderint secum argentum adducant, etc. Joan. Diacon. lib. 1. Vitæ ejusdem Gregorii M. cap. 10 : Cui liberalissimus pater, accersito Vestiario, alia sex numismata dari præcipiens, cognovit in Vestiario nihil numismatum, unde posset consolari naufragum, remansisse. Apud Anastasium Leo III. PP. in Vestiario Patriarchii dicitur a parva ætate fuisse nutritus et educatus. Guillelmus Biblioth. in Stephano VI. Deinde cum venerabilibus Episcopis et Augustali Legato, per omnia sacri Palatii perrexit Vestiaria, quæ in tantum devastata reperit, ut de sacratis vasis, quibus mensas tenere festis diebus Pontifices consueverant, paucissima invenirentur, de reliquis vero opibus nihil omnino. Eginhardus in Vita Caroli Mag. sub finem: Quicquid in camera atque Vestiario ejus fuisset inventum, etc. Will. Tyrius lib. 2. cap. 15: Ex Imperialibus Vestiariis oblata sunt prædicto viro munera in auro, vestibus, vasis, et pretiosis lapidibus tam pretio quam dignitate incomparabilia. Adde lib. 18. cap. 18. lib. 20. cap. 12. Charta Boemundi II. Principis Antioch. apud Ughellum tom. 9. pag. 174 : Primum quidem indignationem nostram se incursurum, deinde vero 50. libras auri Vestiario et cameræ nostræ...... noverit se soluturum. Adde Chronicon Casinense lib. 1. cap. 28. lib. 4. cap. 61. Anastasium in Vitis PP. pag. 47. etc.

VESTIARIUM, Vestis ipsa, vel vestis genus. Concilium Budense ann. 1279. cap. 61 : Omnes in eodem Monasterio vel regulari Canonica, et sub eadem professione morantes indifferenter uno et eodem Vestiario induantur.

° Vestiaire vernacule, eodem intellectu, in Lit. ann. 1407. tom. 9. Ordinat. reg. Franc. pag. 288.

¶ **VESTIARIUM,** Certa pecuniæ alteriusve rei pensio quæ ad vestes emendas erogabatur, Quicquid ad vestes pertinet. Charta ann. 1136. apud Marten. tom. 2. Ampl. Collect. col. 98 : Duæ portiones decimationis ad Vestiarium fratrum nostrorum pertinebunt. Tabul. Bituric. : Præterea concedimus in Vestiaria et calcearia fratrum monachorum, sicut fuerat olim, omnes feras annuales mercati. Charta de Aquariatu de Talmundo ann. 1366 : Et non tenebitur dictus Aquarius ministrare dicto abbati, nec præposito, nec tribus officiariis sæpe dictis Vestiarium aliquod. Statuta Monast. S. Claudii pag. 77 : Et 1°. tenetur idem camerarius ministrare Vestiarium ad triginta sex Religiosos ;.... videlicet librare pannum, aut cuilibet Religiosorum prædictorum summam duorum florenorum monetæ in loco S, Eugendi. Capitul. gener. MSS. S. Victoris Massil. : Si tallias, procurationes, sive etiam census et Vestiaria seu familiarium prioratus vel officii, logeria et salaria de tempore suo idem inventus fuerit non solvisse. Vide Vestiarius.

1. **VESTIARIA,** pro Vestiarium, Locus in Monasterio, ubi reponuntur vestes Monachorum, apud Ingulfum pag. 866 : Askerus Prior in Vestiaria, dominus Lethwinus Supprior in refectorio ... detruncati sunt.

VESTIARIUS, A vestibus, qui vestes curat. Papias : Vestiarius, qui vestibus præest. [Gloss. Lat. Gall. Sangerm. : Vestiarius, vesteur, c'est celui qui vest.] A veste, in veteribus Inscriptionibus. Alia : L. AGRIO VESTIARIO TENUIARIO IMP. CÆS. ANTONINI PII. [Vestiarius Tenuiarius, i. e. tenuissimorum pannorum artifex, in Inscript. sepulcrali apud De Montfaucon tom. 9. Antiq. expl. pag. 92.] Vide Paulum Warnefridum de Gestis Longob. lib. 5. cap. 2. Ethelwlfus de Abbatib. Lindisfarnens. cap. 19 .

.... Et fratrum præfecit vestibus illum.

2. **VESTIARIA,** apud eumdem Warnefridum lib. 2. cap. 28. Vestiaria ancilla, quæ vestiarii domestici curam habet, in Lege Alaman. tit. 80. § 1. In Monasteriis feminarum Vestiaria : Quæ totum, quod ad curam indumentorum spectat, providet, etc. apud Abœlardum pag. 157.

VESTIARIUS, Dignitas in Ecclesia Cathedrali Magalonensi, instituta a Rainerio Episc. ann. 1247. cujus curæ incumbebat : Induere omnes Canonicos et Conversos, exceptis Prioribus, qui tenentur dare Vestiario singulis annis pro singulis Canonicis, quos induere consueverunt, 40. solidos, etc. Vide Gariellum.

☞ Obtinuit eadem dignitas in Ecclesia Nemausensi, ut colligitur ex Charta ann. 1208. Chartophylacii Regii : Ego Raimundus Dei gratia Dux Narbon... concedo et laudo tibi Hugoni et Laudumano Vestiario Ecclesiæ Nemausensis, etc.

¶ **VESTIARIUS** etiam apud Monachos dicebatur qui vestiarii monachici curam habebat, Gall. Vêturier. Charta ann. 1858 : Item quod grabotum omnium et singulorum bladorum inter ipsos curatum et Vestiarium, et eorum successores dividatur prout blada inter eos sunt dividi consueta, videlicet quod de graboto frumenti et siliginis dictus Vestiarius et sui percipiat et percipere debeat duas partes, et dictus curatus et sui tertiam partem.

De aliis vero bladis dictus curatus medietatem et Vestiarius Athanacensis monasterii aliam medietatem.

VESTIARIUS, cui non Vestiarii dumtaxat, sed et Thesauri et Cimeliorum, cura committitur. Ita non alius est Pandulus Vestiarius Desiderii Longobard. Regis apud Anastasium Biblioth. in S. Hadriano pag. 99. · Vestiarii summorum Pontificum non semel occurrunt, apud eumdem pag. 114. 121. quorum munus indicat Joan. Diaconus lib. 1. Vitæ S. Gregorii M. cap. 10 : Accersito Vestiario, alia sex numismata dari præcipiens, etc. Infra : Rursum Vestiarium suum si forte vas quodlibet aut vestimentum haberet, interrogans, etc. Vestiarius inter quatuor, qui summum Pontificem equitantem comitantur recensetur in ordine Romano. Vide Vestararius.

° 3. **VESTIARIA,** Officium vestiarii apud monachos, in Bulla secularisat. eccl. Magalon. ann. 1596 inter Instr. tom. 6. Gall. Christ. col. 890. et 893. Vide aliis notionibus in Vestiarium et supra.

¶ 1. **VESTIBULUM,** Vestiarium, sacristia. Vita S. Wilhelmi tom. 1. April. pag. 626 : Oratione completa Vestibulum ingreditur, et ad Missam celebrandam sacris vestibus induitur.

¶ 2. **VESTIBULUM.** Odo in Carm de varia Ernesti fortuna apud Marten. tom. 3. Anecd. col. 358. ubi de prophano sacrificio :

statimque ex more Sacerdos
Vestibulum pateramque gerens et thuris acerram
Egreditur, sanctumque infert altaribus ignem.

Leg. videtur *Thuribulum*.

¶ **VESTICEPS,** Pubertatis annos ingressus, vel etiam emensus. Vita S. Hugonis Mon. apud Mabill. sæc. 5. Bened. pag. 94. et tom. 2. April. pag. 764 : Non post multum quippe temporis spatium effectus Vesticeps, ad Leviticum promotus est gradum. Occurrit apud Tertull. lib. de Anima cap.56. Festus : Vesticeps puer, qui jam vestitus est pubertate : e contra investis, qui necdum pubertate vestitus est. Vide Vestiæ.

¶ **VESTIFICINA,** Ars vestes conficiendi, vel ipsa confectio. Tertull. de Pallio cap. 3 : Tantam igitur paraturam materiarum ingenia quoque Vestificinæ prosecuta, etc.

¶ **VESTIFICIUM,** Eadem notione, in Gloss. Lat. Gr. ἱματοποιία, Vestificium.

VESTIFICUS, VESTIFICA, Vestium artifex, in vett. Inscript. 578. 6. 7.

¶ **VESTIGABILIS** CANIS. Vide in Canis.

¶ **VESTIGARE** dicitur dominus, cui jus competit persequendi suos homines, cum eo inconsulto ad alium dominum transierint. Compositio inter Mathildem Teneræmundæ dominam et Joannam Flandr. Comit. ann. 1221. apud Miræum tom. 1. pag. 741. col. 1. Talis est conventio..... quod neutra potest Vestigare et sequi servos, nequealbinos;.... de uno dominio in alterum; sed et in feudis potest Vestigare et sequi, et earum homines sequenius, ubicumque solebant. Vide in Secta 4.

VESTIGARIUM. Vita Aldrici Episcopi Cenoman. apud Baluz. tom. 3. Miscell. pag. 33 : Postquam invenit traditiones et precarias, sive privilegia, et strumenta multarum Chartarum in Vestigario sive armario, etc. Ubi legend. videtur Vestiario. Vide in hac voce.

¶ **VESTIGIUM,** Pes, Gall. Pied. Vita S. Leonis PP. IX. apud Mabill. sec. 6. Bened. part. 2. pag. 64 : Nec pro ullo sæculari impedimento quemquam diem omittebat, quin omni mane ipse per se pauperum turbæ deserviret, ac dominico exemplo, eorum Vestigia abluendo victum sufficientem tribueret. Ferarum vestigiis latera persecare, i. e. unguibus, in Cod. Theod. lib. 9. tit. 12. leg. 1.

¶ VESTIGIUM MINARE, Vestigare, vesgium sequi, in Decretione Chlotarii II. Regis cap. 16. Vide Huesium.

¶ VESTIGIA VERITATIS dicuntur argumenta, testes, scripturarum conlatio, in Cod. Theod. lib. 9. tit. 19. leg. 2.

¶ VESTIGUAL, pro Vectigal, in Charta Gervasii Milit. ex Tabul. Cenoman.: Tradidi...... quietas ab omni consuetudine exactionis, vel vicariæ, seu ceterorum Vestigualium. Vide in Vectiginal.

¶ VESTIMEN, Vestimentum. Utitur Felix Gyrwensis in Vita S. Guthlaci n. 16.

¶ VESTIMENTI-CLAVIA, Vestiarium, Bollandistis, ex Testam. Bertichramni tom. 1. Junii pag. 722. Melius apud Mabill. tom. 3. Analect. pag. 131 : Vestimentum damea, i. e. Damascena. Vide Paricla.

¶ VESTIMENTUM. In Vestimento jurare, in Leg. Frision. tit. 3. § 4. Vide in Juramentum.

¶ 2. VESTIMENTUM, Missio in possessionem. Vide infra in Vestire 1.

¶ 3. VESTIMENTUM. Charta Johannis Reg. Franc. ann. 1361. ex Regest. 90. Chartophyl. Reg. ch. 608 : Et quicumque haberet domos, hospitia seu Vestimenta prope muros et fortalicium.... ubi inimici se possent includere, etc. Legendum Vastimentum, vel Bastimentum. Vide in his vocibus.

¶ 4. VESTIMENTUM, Aulæum. Vide Vestis.

¶ VESTINA, Titulus ecclesiæ, in qua feria secunda post Dominicam 2. Quadragesimæ statio erat, ut legitur in Capitulari Evangeliorum, quod Codici Luxoviensi Evangelia complectenti subjicitur, ubi rectius in Vestina habetur quam in Kalendario Frontonis inter Vestina.

¶ VESTIO. Vide mox in Vestire 1.

VESTIPLICA, femina, quæ vestes plicat. Papias, et Glossæ Arabico-Lat. [Femme qui ploie vestimentum, in Gloss. Lat. Gall. Sangerm. Occurrit apud Quintil. Declamat 363. Vestiplicus, qui viris idem officium præstat, apud Reines. Inscript. 9. 64. et 11. 90. unde apud Nonium legendum est fortassis Vestiplici pro Vestispici, et Vestiplicæ pro Vestispicæ, apud Plaut. Trinum. Act. sc. 1. uti præfert Codex MS. Camerarii, auctore Grævio ad Gloss. Isid. in hac voce.]

1. VESTIRE, Possessionem conferre rei alicujus, Investire. Vestir, in Consuetud. Laudunensi art. 227. Vestir et ensaisiner, in Sedanensi art. 259. 260. 262. [Notitia ann. 998. apud Marten. tom. 1. Ampl. Collect. col. 350 : Abbas nimium credulus promissionibus vicecomitis et suorum, apprehendens viregam suam dixit: In tali conventione, ut locuti estis, audiente me, Vestio vos; et ita Vestivit eum, etc. Occurrit passim.]

VESTITUS, Qui de re aliqua investitus est, qui rem possidet. Vestu et mis en possession, in Consuetudine Laudunensi art. 226. Calniacensi art. 32. 33. et aliis. Charta Caroli C. Regis apud Beslium pag. 220 : Unde Cænobium S. Dionysii Vestitum fuerat a bonis Deum timentibus hominibus. Alia Ricuïti Episcopi Forojuliensis apud Ruflum et Sammarthanos : Illi vero Inmorem Domini præ oculis habentes, tale et consilium dederunt, ut præter hæreditatem, quam Ecclesia prædicta ibidem antiquitus habuit, si propter hoc, quod ipse Episcopus post expulsionem paganorum (Fraxinetensium) primus Vestire cœpit ipsam civitatem, unam medietatem de omnibus, quæ in circuitu ejusdem civiatis adjacent, redderet vel donaret. Odo Cluniacensis de Reversione S. Martini cap. 7 : Nolo Ecclesiam meam tanto defraudari thesauro, quia Episcopus factus eo Vestitam inveni. Charta Caroli M. in Chronico Laurishamensi pag. 59 : Dum diceret, quod suus pater de ipso Monasterio Vestitam dimisisset, etc. [Præcept. Ludovici Pii ann. 3. ex Tabular. S. Mevenni : Dominus et genitor noster Karolus constituit ut ipse Helogar episcopus et abbas S. Mevenni, omnes res undecumque eo tempore prædictæ ecclesiæ juste et rationabiliter per diversa loca Vestitæ erant, tenerent, etc] Vide Chartam Alamann. Goldasti 42. Roverium in Reomao pag. 178. etc.

MANUM ALICUJUS VESTIRE, Tradere, investire : Manus vestita ejus, cui traditio facta est. Lex Bajwar. tit. 17. § 3 : Mei antecessores tenuerunt (territorium) et mihi in alodium reliquerunt, et Vestita est illius manus, cui tradidi. Charta Alamann. Goldasti 28 : Post meum discessum ipsas res ad Monasterium S. Galloni ameliaratas revertant, absque ulla contradictione vel minuatione, manu Vestita, partibus meis.... possideant.

VESTITURA, inquit Vadianus, hoc ipsum est, quod Investitura, hoc est, in possessionem missio, aut possessionis securitas et confirmatio, quam et beneficium illa secula, et feudum, quod fere a Francis natum ut inductum est, vocarunt. Et lib. 3 pag. 83. Vestituram intelligi ait, jus possessionis concedendum, quod Episcopi Abbatesve a Principe accepissent, nisi viderit queat Vestituram dici, quæ lehen dicitur. Capitula Caroli M. lib. 4. cap. 19 : Et coram eis rerum suarum traditionem faciat, et fidejussores Vestituræ donet ei, qui illam traditionem accipit, ut Vestituram faciat. [Ubi in Cod. Reg. in Nota marginali legitur: Hic notari potest quod ex sola traditione quæ fit per investituram, non transfertur dominium. Si enim transfertur, cum huc per investituram traditio facta fuisset, eoque factus dominus, qua occasione ab heredibus vexari poterat.] [º⁰ De Vestitura et Traditione videndus Beseler Pact. Hered. tom. 1. pag. 21. ad cap. 9. Capit. ann. 819. unde lib. 4 cap. 10] Tradit. Fuld. lib. 1. tr. 157 : Reginwald et Otwin fecerunt Vestituram in præsentia Hesses, et ego Wigger accepi. Infra : Horum omnium Vestituram cum stipulatione subnixa perfeci. Flodoardus lib. 1. Hist. Remensis cap. 20 : Eique in præsentia fidelium suorum, legali de more, Vestituram ex ea (villa,) et Chartam fecit. Tabular. Monasterii de Luco, apud Marcam lib. 3. Hist. Benebarn. cap. 3. n. 8 : Qui quidem Rex de hac patria Vestituram dedit avo Vicecomitis, qui erat de ejus progenie, quod Deo et S. Vincentio partem suam super altare. [Missos ei dedit qui ei inde plenam Vestituram facerent, in vet. placito apud Baluz. tom. 3. Miscell. pag. 125. Charta ann. 871. apud Murator. tom. 9. part. 2. col. 938 : Ad vestram partem corporalem facio Vestituram ad vestram proprietatem habendum. Qui (locus) populari judicio in regiam rectamque venit Vestituram, ex Charta Ottonis Imp. apud Mabill. sæc. 5. Bened. pag. 243] [⁰⁰ Annal. Hildesh. ad ann. 1030. apud Pertz. Scriptor. tom. 3. pag. 43 : Senior noster Thietmarus episcopus post obitum prædictæ domnæ Sophiæ decimas super Gandesheim circum-

jacentesque villulas, quas ipsa a nostris senioribus in beneficium habuit, in suam Vestituram recipi jussit. Quod Vestitura indominicata dicitur in Vita S. Gerardi cap. 21. ibid. tom. 6. pag. 503 : Concessit duci Beatrici..... tenere abbatias Medii monasterii et S. Deodati, retinens in Vestitura indominicata monasteria et 10. mansos, etc.] Adde Chronicon Maurinicense pag. 371. Maxime vero

IN VESTITURA rei alicujus esse dicitur, qui hanc possidet. Præceptum Caroli M. pro Hispanis, editum a Steph. Baluzio. Et dixerunt, quod aliqui paganses.... eos exinde expellant contra justitiam, et tollant nostram Vestituram, quam per 30. annos et amplius Vestiti fuimus, etc. Capitula ejusdem Caroli M. lib. 4. cap. 34 : Si quis proprium nostrum, quod in Vestitura genitoris nostri fuit, alicui querenti sine nostra jussione reddiderit, etc. Adde cap. 45. et Appendicem 3. ejusdem libri cap. 7. Capitul. 2. Ludov. Pii. ann. 819. cap. 6. 8. Concilium Suessionense ann. 853. part. 2. cap. 3. Compendiense ann. 868. cap. 3. Capit. Caroli C. tit. 39. cap. 8. Bullarium Cluniacense pag. 4. etc. [Notitia vetus apud Baluz. tom. 3. Miscell. pag. 118 : Insuper testantur quod.... mater Cenomanicæ civitatis ecclesia Vestituram legitimam habuisset de prædicto monasterio, et adhuc triginta anni non sunt transacti quod ex eo legitimam Vestituram habuit.] Chronicon Andrense : Hujus Ecclesiæ Monachi per annum et diem in ejusdem terræ Vestitura sunt. Charta Alamannica Goldasti 28 : Statuimus item nos, ut venerabili Abbati et fratribus prædicti Monasterii decimam in subnotatis locis, sicut illius temporis in illorum erat Vestitura, concederemus. Infra : Cujus decima tunc in mea Vestitura erat. Ita in Charta 95 97. in Chronico Besuensi pag. 504. etc. Discrimen tamen inter vestituram et possessionem notat Vestiture pag. Joannes IV. PP. in Epistola ad Isaac Syracusanum Episc. edita ab Holstenio : Majus enim fuit possessionem dare, quam sit Vestituram concedere. [In eo duntaxat differunt quod hæc nudam traditionem, illa vero securam stabilemque possessionem significet]

⁰ Charta ann. 928. tom. 1. Hist. Trevir. Joan. Nic. ab Hontheim pag. 272. col. 1 : Gulisam in pago supradicto et comitatu Everhardi de rebus sancti Servatii.... pro Vestitura et firmitate. Veste et Vesture, in Chartul. Theol. ex Cod. reg. 5549. fol. 64. rº : Ouquel terur nous avons le xiij. denier pour les Vestes, et xxij. deniers et obole de chascune Vesture. Ubi per Vestes, laudimia intelligo; et per Vesture, quod pro missione in possessionem seu investitura domino solvitur. Charta ann. 1311. in Chartul. abbat Regalis-loci part. 1. ch. 30 : Lesqueles religieus disoient et maintenoient que en tous les lieus ou il avoient cens fonsiers,.... il avoient Vest, devest, ventes, justice dou fons, etc. Vest autem rei venditæ emptori cessionem significare videtur, in Charta ann. 1293. ex Chartul. S. Corn. Compend. fol. 201. vº. col. 2. Quand il avenra que aucunes personnes marchanderont ensamble oudit liu, et il vehront que il y ait mestier ou devest doudit marchié ou de l'escanges, etc.

¶ VESTITUS, Beneficium, feudum, quo ab alio quis investitur, et opponitur acquisito. Charta ann. circ. 1095. ex Tabul. S. Victoris Massil. : Nos pariter donamus aliquid de hereditate nostra quæ nobis per comparationem, vel per Vestitum advenit.

¶ VESTITIO, Eadem, ut videtur, notione. Charta ann. 1004. apud Mabill. tom. 4. Annal. Bened. pag. 176 : *Facio hanc donationem.... de ipsa villa, quam vocant Campanias, de ipsa scilicet medietate mea, quam ego propter Vestitionis causam ibi habeo, vel habere debeo cum integritate et absque ulla diminutione.* Nisi tamen *propter vestitionis causam* intelligas ratione culturæ.

VESTURA. In aliquot Consuetudinibus municipalibus idem valet, quod *Vestitura,* aut *investitura,* ut in Laudunensi art. 226. et aliquot aliis. Joannes Abbas Laudunensis in Speculo Historiali MS. lib. 11. cap. 17: *Lequel les mist en Vesture de la Comté d'Artois, etc.* Chronicon Flandriæ cap. 8: *Pource qu'Alienor sa mere exhortoit le Roi son Baron à mettre Jean son fils en Vesture de ce qu'elle tenoit du Royaume de France.* Sed præsertim hæc vox in rebus tantum censui obnoxiis usurpatur, in Consuetud. Vitriacensi art. 18. Sedanensi art. 208. 261. Remensi art. 140. 142. Noviodunensi art. 34. Calniacensi art. 58. in Magno Recordo Leodiensi pag. 60. etc.

VESTIMENTUM, Idem quod *Vestitura,* Missio in possessionem, vel ipsa possessio. Bractonus lib. 4. Tract. 1. cap. 1 : *Possessionem nudam,* quam *Intrusionem* vocat, ait eam esse, quæ non *vallatur aliquo Vestimento, legitima vestitura.*

VESTITIO, Investitura. Charta S. Bonifacii de finibus Fuldensis Monasterii, apud Browerum lib. 1. Antiq. Fuld. cap. 4 : *Ideo placuit nobis, ut eundem locum, qualiter certis terminis consistit, annotemus, et idoneis testibus, qui in prædicti Principis traditione et Vestitione ipsius loci affuerunt, subterfirmemus.* [Charta ann. 838. apud Eccardum in Hist Misnens. col. 259 : *Signum Freibrathti et Otocari, qui hanc Vestitionem fecerunt. Vestue,* in Charta Garnerii Abbat. Corb. ann. 1307. ex Chartul. 21. ejusd. loci fol. 87. v° *Nous pris et requist ledis Jhans que ledis seigneur Regnault en vauxissons saisir et luy mettre en Vestue et recepvoir à homme, lequel nous en saisismes et Vestites et l'en receumes en nostre foy et en nostre hommages.*]

¶ VESTITUDO. Eodem significatu. Tradit. Emmeram. cap. 45. apud Pezium tom. 1. Anecd. part. 3. col. 330 : *Einhardus et Erhardus Vestitudinem fecerunt Adalveno Episcopo de his omnibus quorum hic commemoravimus.* Sed leg. forte *Rectitudinem.* Vide in hac voce.

¶ VESTITOR, Qui alterum *vestit,* seu in possessionem mittit. Tradit. Emmeram. cap. 4. ibid. col. 204: *Testium quoque nomina sunt hæc; Patho, Ogo,.... Lantpertus autem frater ejusdem Egulolfi et Adalhun uxores episcopi fidejussores et Vestitores extiterunt.*

VESTITURA , Census, qui quotannis exsolvitur in signum concessæ *vestituræ,* seu possessionis, [re tamen ipsa etiam nondum obtenta, ut ex dicendis manifestum fiet.] Charta Caroli C. ann. 855. in Spicilegio Acheriano tom. 12. pag. 117 : *Eo videlicet modo et tenore, ut Lambertus fidelis noster diebus vitæ suæ jamdictam Ecclesiam S. Stephani propter Vestituram singulis annis nonam et decimam ex ea persolvens, ipsam jure beneficiario et usufructuario interim teneat, etc.* Eadem verba habentur in Charta ejusdem Caroli ann. 3. in Tabulario Eccles. S. Cyrici Nivernensis. Vetus Charta in Tabulario Ecclesiæ Viennensis fol. 16 : *Tali itaque tenore, quatenus dum vivo, ex eisdem rebus usum fructuarium obtineam, et omni anno prædictæ Ecclesiæ modium unum vini in Vestitura persolvam.* Alia ann. 912. fol. 18: *Ea tamen ratione, ut dum advixero, usufructuario ipsas res obtineam, et annuatim festivitate S. Mauricii in Vestitura inter panem unum modium persolvam ; et si Ado frater meus superstes mihi fuerit, ipsas res dum advixerit sub eadem Vestitura obtineat.* Alia Bernuini Viennensis Episcopi ann. 887. ibid. pag. 147 : *Quæ deserta sunt restaurando, et quæ destituta ræedificando, et quæ non sunt vestita revestiendo, et ipsa die solennitatis S. Mauricii.... persolvant ad luminaria et Vestituram Ecclesiæ ejusdem S. Mauricii.* Testamentum Bernonis Abbatis Cluniacensis : *Eo tenore, ut per singulos annos census* 12. *denariorum pro Vestitura reddatur.* [Charta ann. 937. ex Chartul. Aptens. Eccl. fol. 54 . *Tenor istius præstariæ istæ est, ut Samuelus in uxor sua sive hæres illorum pro illis rebus ad S. Mariam et S. Castorem, sive ad Episcopum et ad clericos ejusdem ecclesiæ inter censum et Vestitura omnique anno ad mense Madio persolvat moltonem unum.* Vetus Charta apud Mabill. sæc. 4. Bened. part. 2. pag. 271 : *Pro Vestitura vero annis singulis in festivitate beatissimorum Maccabæorum Kalendis Augusti pastum unum fratribus canonicis in Viennensi Cænobio positis, faciatis.*Chartular. S. Petri de Neronis-villa fol. 9. v° : *Hæc omnia donavit Albericus monachis ad possidendum jure perpetuo, ita quod monachi haberent ea in eadem potestate et dominio quo Albericus tenuerat ea, excepto hoc quod Adelaidis, uxor ipsius Alberici, in cujus dote hæc omnia erant, teneret ea quandiu huic seculo adviveret et ea tenere vellet, tali pacto quod interim dum Adelaidis viveret et ea teneret, monachi haberent pro Vestitura ex eaque septimana unam eminam annonæ de supradicto molendino et de pratis unam carrucatam feni, et in aqua piscari facerent quotiescumque vellent ; et post decessum Adelaidis haberent monachi hæc omnia supradicta absolute ad possidendum in perpetuum.*] Tabularium Prioratus de Paredo fol. 34 : *Tali Conventu ut in vita sua teneat,* (mansum) *et sextarum frumenti omni anno in Vestitura persolvat.* Id est, cum ager fructus fert.

¶ VESTIO, Eodem intellectu. Vetus Notitia in Tabul. Abb. Belliloci in Lemovic. : *In unaquaque villa cedimus unum mansum, et in unoquoque manso de tota vicaria sua damus eis* 4. *denarios, et* 1. *gallinam, et tertiam partem de omnibus placitis, et de Vestionibus similiter.*

VESTITIO, Eadem notione, in Tabulario Conchensi Abbatiæ in Ruthenis, et in Tabul. Prioratus de Domina in Delphinata crebrius occurrit.

VESTURA, Pari significatu. Charta ann. 1278. ex Chartul. Campan. fol. 449. col. 2: *Omne illud quod dictus Huetus poterat haberi in Vesturis, ventis, etc.*

¶ VESTITURA TESTAMENTI, Census, qui quotannis exsolvitur in signum concessæ *vestituræ* earum rerum, quæ post mortem testatoris in possessionem donantur. Tabul. Latiniac. : *Pro Vestitura vero hujus testamenti quotannis tres modii vini in nomine sanctæ Trinitatis exhibeo ad elemosinam.*

ADVESTIRE, Idem quod *Vestire, Investire.*

ADVESTITURA, in Consuet. Castellaniæ Insulensis art. 46. Namurcensi art. 48. 70. 75. *Advest,* missio in possessionem. Chronicon Flandriæ cap. 59 : *Sauf ce que le Comte de Flandres devoit venir vers le Roy à Paris, et mettre le devant dit Loüis en l'Adveature de la Comté de Flandres.* Cap. 68 : *Là monstra Messire Robert d'Artois unes lettres sellées du seel du Conte Robert d'Artois, contenans, que quand le mariage du Conte Philippes d'Artois... fut faict, le Comte les mist en Adveature de la Comté d'Artois.*

DISVESTIRE, Possessione rei alicujus aliquem exuere : *Devestir,* in Consuetud. Calniacensi art. 30. Charta Henrici IV. Imp. ann. 1114. in Orig. Murensis Monasterii pag. 23 : *Ut nulla deinceps persona parva sive magna supradictum Monasterium de aliquo beneficio suo inquietare, molestare, Disvestire ulterius audeat.* Judicatum ann. 1073. apud Fr. Mariam in Mathilde Comitissa : *Ut nullus quilibet homo... sine legali judicio Disvestire præsumat.* Adde Ughellum tom. 1. pag. 252. [*Se sont dessaisis et devestus,* in Charta ann. 1382. ex Tabul. S. Martini Pontisar.] Actus ipse Divestionis *Devest* ou *dessaisine* dicitur in Consuetud. Remensi art. 168. *Vest et devest,* in Laudunensi art. 54. 132. Vide Gallandum de Alodio pag. 90.

Fiebat autem *Disvestitio,* projecto pilo vestimenti, quasi qui se *disvestiebat* de re aliqua, vestes revera deponeret.Hincmarus Laudunensis in Epistola ad Remensem. tom. 2. operam Hincmari Remensis Archiepiscopi pag. 341 · *Potestis ..... interrogare, cur ea, quæ nunc repetit, nullo cogente, nullo suadente, per pilum vestimenti sui a se terra tenus ejectum. non tantum dereliquit, quantum abominando despexit, adjiciens multo sibi melius, ac esse sine his, quæ ei dederam.* Charta Godefridi Ducis Brabantiæ ann. 1174. apud Miræum in Diplomat. Belg. cap. 65 : *Quadraginta ergo solidos, quos de horreo supradictæ villæ annuatim tollendos existimabam,.... projecto a me pilo pallii mei, juxta morem nobilium warpivi.*

¶ DEVESTITUM FEUDUM, Derelictum, ut videtur. Charta ann. circ. 970. ex majori Chartulario S. Victoris Massil. fol. 185 : *Unam medietatem ibi damus de feudum possessionis Devestito et de heremo et in antea de quantum vestitum erat unam medietatem habeas.*

¶ REVESTIMENTUM, Iterata missio in possessionem. Charta ann.1242 ex Chartul. Mauriniac. : *Pro laudationibus, venditionibus aut Revestimentum ab ipso emptore, vel a dictis abbate et conventu aut priore de Stampis veteribus, nichil penitus exigendo.* Alia ann. 1247. ibid. : *In ipsius Petri manu sæpedicti Ansellus et ejus uxor de dicto censu se desaisierunt et de ipso ad ipsorum petitionem idem Petrus Revestivit abbatem.* Vide *Revestire.*

¶ 2. VESTIRE, Colere, agrum excolere. Notitia an. 993. apud Marten. tom. 1. Ampliss. Collect. col. 349 : *Igitur cum.... terra Tolunensis cœpissed Vestiri, et a cultoribus coli.... His ita gestis, venerunt Theodericus et Noë fratres ad Adalardum abbatem, rogantes suis humillimis sub concederet eis Cathedram Vestire ad medium vestem, quod et factum est. Abbas vero missis bobus cæpit terram quæ est ante ecclesiam S. Damiani ambienter excolere, et huc illuc rumpere terram ad faciendas condamnias. Noë vero et Theodericus dixerunt ad alterutrum : Isti monachi semper habebunt totam terram raptam* (ruptam) *et nos qui dicimur Vestitores, quandoque erimus illius nihil habentes, etc. Domine abba, colligite me in medietatem terræ, et vestite me in tali conventione ..... Domine abba, isti vestri Vestitores* exhibuerunt vobis umquam mel vel ceram? Bonaldus debet ipsâm terram Vestire et edificare, in Charta ann. circ. 970. ex majori Chartul. S. Victoris Massil. fol. 185. Hinc

VESTITUS AGER dicitur, cui fructus insunt, et *abso* opponitur, seu inculto. Paulinus in Panegyrico pag. 523:

Cernite nulla suis emergere semina campis,
Ne prius interant labe soluta putri.
Nuda seris, Vestita legis, jacis arida grana,
Atque eadem fructu multiplicata metis.

Colonia vestita, in Concilio Valentino III. ann. 853. cap. 9. Charta Conradi Regis ann. 967. apud Joan. Columbum lib. 2. de Episc. Sistaric. n. 3 : *Omnia in omnibus cultis, et incultis, Vestitis et desertis, quæsitis et quærendis, etc.* Alia ejusdem anni in Tabulario Abb. Belliloci in Lemovicib. n. 68 : *Hoc est villam nostram, quæ vocatur Candidas, videlicet cum mansis Vestitis, aduestiendis, campis, pratis, etc. Unum curtile vestitum*, in Charta Balduini Comit. Flandr. ann. 1063. in Diplomat. Belgic. Alia ann. 1298. in Hist. Guinensi pag. 128: *Terram scilicet quandam, nemore Vestitam*, in *loco, qui dicitur, etc.* [Charta ann. 1180. apud Stephanot. tom. 1. Antiquit. Bened. Lemovic. MS. pag. 116 : *Medietas terræ tam desertæ quam Vestitæ pro 20. solidis Barbarinorum. Vinea vestita*, in Chartul. Matiscon. fol. 57. *Heritage couvert , Heritage descouvert , in Litteris* ann. 1324. inter Ordinat. Reg. Franc. tom. 5. pag. 380.] *Mensura vestita*, in Tabulario S. Flori in Arvernis. 4. *sextaria et eminæ bladi ad mensuram Vestitam S. Flori*. Vide *Absus*, et *Mansus*.

¶ VESTUS, Eodem intellectu. Charta Elizabetæ Comit. ann. 1224 ex Tabul. Abbat. de Balanetis, nunc de Valois diœc. Ambian : *Duos modios bladi et unum advenæ* (avenæ) *ad plenam mensuram, quod pro quartario Argoriæ tam in terris quam in aquis et maristis, excepto Vesto, eidem Allelmo dicta ecclesia annuatim persolvebat*.

¶ VESTITO, Mansio, domus cum agri culti portione. Charta ann. 1153. inter Probat. tom. 2. novæ Hist. Occitan. col. 548 . *Debeat in hoc honore ipsi fratres hospitalis quinque Vestitiones cum hominibus ad minus ponere. Si autem ibi plus ponere voluerint, eis licebit usque ad XII. quæ Vestitiones unaquæque habebit hortum suum unius sextariatæ sine quarto et decima : ultra XII. quantascumque voluerint, dum tamen hortum non habeant ..... Præterea si aliquibus fortuitis casibus Vestitiones supradictæ destructæ vel derelictæ fuerint, debent eas reædificare et reformare arbitrio abbatis S. Guillelmi ..... Quamdiu autem mansus sine Vestitione fuerit, habebunt in eodem manso jus pascendi, etc.*

VESTURA, Fructus quilibet agro hærentes : *Adveature*, in Consuetud. Namurcensi art. 23. Cameracensi tit. 12. art. 22. 23. Sanpaulana art. 20. Valentianensi art. 118. Insulensi, et aliquot aliis. Leges Inæ Regis cap. 69 : *Qui habet 20. hidas, debet comittere 12. hidas Vesturæ terræ, quando velit abire*. Fleta lib. 2. cap. 4 : *Inquirendum etiam, quantum Vestura singulorum bluscorum, et reflectorum prædictorum modo assartatorum valuerit, antequam assarta illa facta fuerint, etc.* Adde cap. 71. § 5. Monasticon Anglic. tom. 1. pag. 722 : *Et per omnes forestas, landas, et Vesturas meas, pasturam plenariam omnium animalium suorum, etc.* Pag 841 : *Exceptis pratis et bladis, ubi post ablatam Vesturam libere pascentur.*

Tom. 2. pag. 834. *Ita tamen, quod homines nostri communicabunt in omnibus prædictis terris, postquam prædicti Fratres Vesturas asportaverint, cum animalibus suis, etc.* [Charta apud *Madox* Formul. Angl. pag. 134 : *De prædictis vero pratis, pascuis et pasturis....... prædictus Abbas percipiet et habebit totum proficuum et totam Vesturam*.] [∞ Placit. ann. 81. Edward. I. reg. Angl. in Abbrev. Placit. pag. 250. Ebor. rot. 53 : *Quia per juratos testatum est, quod dictus abbas et antecessores prædictorum non dederunt solum, sed Vesturam, quæ Vestura non est liberum tenementum, immo quoddam proficuum exiens de prato prædicto, ideo, etc.*]

^a *Vesture*, eadem acceptione, in Lit. remiss. ann. 1444. ex Reg. 176. Chartoph. reg. ch. 332 : *Le suppliant aperceut sur l'oriere ou rive d'un champ, entre la Vesture d'icellui et ung fossé, icellui Colart et sa femme, etc.*

¶ VESTIS, Eodem significatu : hinc ad *medium Vestem-vestire, dare*, est pro medietate fructuum agrum colere. *Dederunt ei ad medium Vestium*, ex Tabul. S. Victoris Massil. regnante Rodulpho Reg. Alam. Vide supra *Vestire* 2.

HÆRETICUS VESTITUS, Convictus. Vide *Hæretici*.

OBLIGATIO VESTITA, Quæ nudæ opponitur apud Brittonem de Legib. Angl. cap. 28. Notio, quæ scilicet vestitur vel re, vel verbo, vel scripto, vel mutuo consensu, vel denique firma junctionis, etc.

PACTUM VESTITUM, seu quod habet *vestimentum*, opponitur *pacto nudo, ex* quo scilicet non nascitur actio. Contrahitur autem *obligatio ex sex vestimentis, quæ omnia dicuntur Vestimenta pactionum et donationum*, quæ recenset Fleta. lib. 2. cap. 56. § 3. et seqq

¶ 3. VESTIRE, Aulæis ornare. Vide in *Vestis*.

^a 4. VESTIRE SE IN DORSO ET IN LECTO, Rem vestiariam et supellectilem lectualem sibi suppeditare. Chartul. Celsinian. ch. 658 : *Memetipsum pro monacho tradidi, tali equidem pacto, ut ego memetipsum in dorso et in lecto Vestiam, excepto quod stamineas et femoralias supradictus prior michi dabit.* Ibid. ch. 688 : *Præparato sibi vestimento et lectulo.*

1. VESTIS, Aulæum, et maxime sic appellantur ea quæ sacrarum ædium parietibus appenduntur : vel panni sacri, et qui altari, aut circa altare, aptantur. Gregorius II. PP. in Epist. 2. ad Leonem Isaurum : *Cum sanctas Ecclesias fimbriatis Vestibus convestitas et variegatas invenisses, eas ornatu privasti atque vastasti.* Anastasius in Benedicto III. PP. pag. 205 : *Apostolorum Principi populique janitori obtulit miræ pulchritudinis Vestem unam aureo textam opere, decoreque fulgentem, almificam annuntiationis habentem Historiam, et Hypapanti, qualiter ipse unigentius Dei filius templum ingressus doctorum in medio residebat.* Vide pag. 128. 129. et alibi passim. Guilelmus Biblioth. in Stephano VI : *Plurimæ sacratissimorum altarium aureæ Vestes, cum reliquis pretiosis ornamentis non defuerunt.* Ibidem : *Vestem sericam super altare unum.* Frodoardus de Summis Pontific. :

Veste Petri gemmis auroque gravi induit aram.

Sugerius de Consecrat. Eccles. S. Dion.: *Cum ipsius parietibus et columnis et arcubus auro tectas Vestes margaritarum varietatibus multipliciter exornatas sus-*

pendi fecisset. Adde Joannem VIII. PP. Epist. 84.

VESTIMENTUM, Eadem notione. Testamentum Widradi Abbatis Flaviniac. ann. 1. Theodorici Regis : *Vel reliquas fabricaturas, seu ministeria Ecclesiæ vel strumenta chartarum, libros vel Vestimenta Ecclesiæ, vel omne præsidium quod vivens possidere videor, etc.* Vasa et *vestimenta Ecclesiæ*, apud Herardum Turonensem in Capitulis cap. 20. Ἔνδυμα, in Vita S. Nili junioris pag. 128 : "Ἄρτις με ἀμφιάσαι τὸ θυσιαστήριον ἐνδύμασι πολυτίμοις. Ἱερὰ ἐνδύματα in Epistola Synodica Joan. Damasceni ad Theophilum Imp. pag 141. et in septima Synodo act. 7. apud B. Dorotheum in Præfat. Doctr. [et Anonymum in Romano Lacapeno num. 44.] Vide Honorium Augustod. lib. 1. cap. 167. 171. et Descriptionem nostram ædis Sophianæ.

^o *Vestement*, eodem sensu, in Lit. ann. 1402. tom. 8. Ordinat. reg. Franc. pag. 514.

VESTIRE, [Aulæis ornare.] Liber Sacramentorum Gregorii M. pag. 156. edit. Menardi : *Post hæc Vestiatur altare, cum Antiphona : In velamento alarum tuarum, etc.*

^o *Vestir*, eodem sensu, in Compendio hist. Gall. tom. 10.Collect. Histor. Franc. pag. 279 : *Icist Robers roi de France Vesti le cors de monseignor saint Savyniens d'or et d'argent.*

DE VESTIBUS et familia alicujus, apud Continuatorem Chronici Nangiac. ann. 1314. Vide *Roba.*

^o VESTIS ALATA , Vestium ornatus instar alarum. Stat. synod. Tornac. ann. 1481. pag. 99 : *Inhibemus.... presbyteris, beneficiatis ac officialis et religiosis nostræ diœcesis ne Vestes nimium breves, aut in spatulis alatas...... portare præsumant.* Vide *Capæ alatæ.*

¶ VESTIS APOSTOLICA, Scapulare monasticum. Vide supra *Scapulare.*

VESTIS BELLICA, *id est*, lorica, in Lege Anglior. tit. 6. § 5.

¶ VESTIS CORDATA , Certa ratione torta. Conc. Terracon. ann. 1282. apud Marten. tom. 1. Ampl. Collect. col. 279 : *Statuimus quod clerici omnes provinciæ Terraconensis, sive sint in sacris, sive in minoribus Ordinibus constituti, non portent nec induant camisias, tunicas, vel alias Vestes cordatas.* Vide *Cordalæ Tunicæ* et *Cordellatus.*

¶ VESTES FERITÆ, f. Ex pellibus ferarum. *Donaverunt Vestes feritas quas habebant*, in Chron. Mutin. Johan. de Bazano apud Murator. tom. 15. col. 608.

¶ VESTES INNOCENTIÆ, Quibus baptisati induuntur. Statuta Eccl. Nannet. apud Marten. tom. 4. Anecd. col. 954 : *Item, cum in quibusdam parrochiis albæ Vestes innocentiæ baptismalis, sacro chrismate delutæ, in manus possidentium sortilegii, aut avaritiæ vitio a parvulorum matribus, soleant retineri, etc.*

¶ VESTIS INORDINATA, Vetita, quæ non decet, in Statutis Eccl. Aurel. apud eumd. Marten. tom. 7. Ampl. Collect. col. 1288 : *Ne habeant* (Sacerdotes) *cappas alatas et Vestes inordinatas, maxime houcias, etc.*

^o VESTIS LINGIA. Vide supra *Lingius.*

^o VESTIS NUPTIALIS, *Superpellicium*, Vestis linea , manicata. Charta ann. 1288. ex Chartul. S. Petri Insul. sign. *Decanus* fol. 115. v^o : *Ordinamus, ut quemadmodum præpositus Brugensis in ecclesia Insulensi,... in qua ecclesia ipse debebit semper sicut canonicus cum Veste nuptiali ire temporibus institutis, quociescumque ad ecclesiam ipsam accedet.*

Occurrit rursum in Ch. ejusd. ann. in Suppl. ad Miræum pag. 102. col. 1. Stat. ann. 1247. in Lib. nig. 2. S. Vulfr. Abbavil. fol. 25. r° : *Jurabunt* (capellani) *quod a prima pulsata usque ad meridiem, et a Nona pulsata usque ad completorium, ecclesiam nostram, nisi in Veste nuptiali, non intrabunt.* Stat. synod. Tornac. ann. 1366. pag. 24 : *Capellani ecclesiarum habentes capellanias in ecclesiis curatis, non incedant, dum divina celebrant, nisi in Habitu nuptiali, scilicet cum superpellicio.*

° VESTIS PECTORALIS, Qua pectus præsertim tegitur. Lit. remiss. ann. 1354. in Reg. 82. Chartoph. reg. ch. 301 : *Quidam ex ipsis dictum baillivum per Vestes pectorales maliciose ceperunt, pulsando et hurtando eumdem viliter ac turpiter huc et illuc.*

VESTIS SANCTÆ MARIÆ, Velum Sanctimonialium, vel virginum Deo sacratarum, in Lege Longob. lib. 2. tit. 37. § 1. 2. [∞ Liutpr. 30. (5, 1.) 75. (6, 22.)] Adde editionem Heroldi pag 218. Concilium Calchutense ann. 787. cap. 16 : *Virginem namque quæ se Deo voverit, et ad instar sanctæ Mariæ Vestem induerit, Sponsam Christi vocitare non dubitamus.*

¶ VESTES PARTITÆ. Vide *Partitæ*.
¶ VESTES PERFECTIONIS, perperam pro *Præfectionis,* vel *Præfecturæ,* Ornamenta Præfecti Urbis. Cæremon. Rom. MS. fol. 35 . *Ordo servandus in benedictione et investitura novi almæ Urbis Præfecti a Sixto IV. institutus. Inprimis præparentur hora competenti Vestes perfectionis, videlicet cum cella* (l. tunicella) *sericea ornata fimbrii* (l. fimbriis) *auratis et mantum et auro* (l. aureo) *limbo circumtextum.* Hæc ex edito emendantur.

° VESTIS PLENA, Ex panno unius coloris. Lit remiss. ejusd. ann. ex eod. Reg. ch. 338 : *Quamdam tunicam plena Veste, minime radiatam aut partitam..... induerat.*

¶ VESTIS RUBRA, βαδδὶ, in Gloss. Lat. Gr.
° VESTIS SCISSA, Certa ratione et curiose incisa. Stat. eccl. S. Laur. Rom. : *Prælati ecclesiarum manicas ad cubitum pendentes et longas cum magna et sumtuosa superfluitate, Vestes etiam scissas retro et in lateribus, cum foderaturis ultra oram excedentibus etiam in fissuris deferunt.*

¶ VESTES SCHOLASTICORUM talares cum caputis, ex Conc. Lugdun. ann. 1449. apud Marten. tom. 4. Anecd. col. 380.

¶ AD MEDIUM VESTEM VESTIRE, i. e. ad medietatem fructuum colere. Locus est in *Vestire* 2. Vide *Complantare,* et *Medium.*

∞ 2. VESTIS, Pro Bestia, ut videtur. Erchempert. Histor. Longob. cap. 51. et Chronic. Salern. cap. 129. apud Pertz. tom. 5. Scriptor. pag. 257. et 538 : *Ita ut terra desolata cultoribus, Vestibus et vepribus repleta fatiscat.*

¶ VESTIALIS, An pro Versatilis ? Libert. Brianc. ann. 1343. tom. 8. Ordinat. reg. Franc. pag. 210 : *Quoniam quæ geruntur in tempore, noverca perimit oblivio, fortuna Vestialis et inopinata, vel vestulas* (vetustas).

✳ VESTITELLUS , [Vestis quædam parva : « Rex deinde habens camisiam a retro apertam usque ad cingulum certis cordellis colligatam et diploidem et *Vestitellum.* » (Diar. Burchardi , éd. Thuasne, II, p. 129, an. 1494.)]

¶ VESTITIO, Actio vestiendi. Jac. Delayto in Annal. Estens. ad ann. 1395. apud Murator. tom. 18. col. 920 : *Hæc equidem simulata Vestitio acta erat in camera quadam secreta, in quam Azzo antequam vestes traderet perituro transiverat* Aliis notionibus, Vide in *Vestire* 1. et 2.

° *Vestison,* in Charta ann. 1311. ex Reg. 48. Chartoph. reg. ch. 53 : *Laquelle dame Contesse puet et doit prendre dévestisons et faire Vestisons de toutes les choses, censives et rupturieres, vendues et aliendes sour la seignorie de ce que ele tent.* Vide in *Vestire* 1.

VESTITOR, Idem qui a *Veste* est, Vestiarius. *Vesitores divinorum simulachrorum,* apud Julium Firmicum lib. 3. cap. 11. *Deorum vestitores,* cap. 14. qui Deorum statuas vestibus exornabant. Inscriptio Romæ in Exquiliis : *D. Phedimo Vestitori M. Aug. Phæder. fratri piissimo.* Alia in Roma Subterran. lib. 3. cap. 8 : *Hic positus est benemeritus El.... Vestitor Imperatori, qui vix..... depositus* D. VIII. *Kal. September... Domini Honorii Aug.* VI. ooss. Apud Lampridium in Severo : *Fullones. et Vestitores, et pictores, et pincernæ, etc.* Theophanes, προκένσου δὲ γενομένου ἐν τῷ Ἑβδόμῳ ἀπώλεσαν οἱ βεστήτορες τὸ στέμμα τοῦ Βασιλέως. Quo loco Cedrenus habet βεστιαρίτας. Notus est apud Græculos inferioris ævi Cosmas, cognomento Βεστήτωρ, cujus orationes seu Homiliæ quædam recensetur apud Allatium in Diatriba de Simonib. pag. 94. 95. 100. et alios. [Aliis notionibus, vide in *Vestire* 1. et 2.]

¶ 1. VESTITUDO. Guillelmus Armoric. de Gestis Philippi Aug. apud Duchesn. tom. 5. pag. 91 : *Eodem anno* (1218.) *in vigilia Assumptionis quadam latro Anglicus natione cum aliquod diebus in superioribus Vestitudinibus Parisiensis Ecclesiæ latuisset, etc.* Rectius Testudinibus in Chron. Alberici ad eumd. annum, ubi eadem habentur.

¶ 2. VESTITUDO. Missio in possessionem, *investitura*. Vide in *Vestire* 1.
¶ 1. VESTITURA, Quidquid ad vestimenta pertinet. Charta Henrici IV. Imper. ann. 1113. apud Marten. tom. 1. Ampl. Collect. col. 682 : *Ad Vestituram aliosque usus fratrum absque omni semper inquietudine permaneant. Ad opus cameralia ad Vestituram fratrum,* in Chart. MS. Monast. Beccens. pag. 363. Chartul. S. Vandreg. tom. 1. pag. 1167 : *Hunc vero redditum camerario ecclesiæ propter meam Vestituram assignavi.* Occurrit aliis notionibus in *Vestire* 1. Vide in *Vestiarium* et *Vestura* 1.

° *Vesture,* eadem notione, in Charta ann. 1265. ex Chartul. S. Joan. Laudun. : *Les gens des viles deseur dites doivent convertir par leur sairement chescun an parmenaulement en Vesteures et en chauceures cinquante et quatre sols de Parisis, de la somme d'argent que il recevront des vint livrées de Parisis deseure nommées.*

° 2. VESTITURA PLACITORUM, Idem quod *Servitium placiti,* quo vassalli placitis dominicis interesse debebant ; vel Obligatio suppeditandi quidquid tenendis iisdem placitis necessarium erat ? Charta Nic. abb. ann. 1196. ex Tabul. S. Joan. Laudun. : *Communes corveias, quas nobis debebant, et etiam Vestituras placitorum generalium...... relaxamus.*

° VESTITURIA, Census, qui quotannis exsolvitur in signum concessæ *vestituræ* seu possessionis ad tempus. Charta Alber. comit. ann. 971. inter Probat. unt. Hist. Trenorch. pag. 116 : *Eo tenore, ut dummodo vivo, usum et fructum exinde*

habeam. *Et in festivitate S. Mariæ iiij. Nonas Februarii duodecim denarios in Vestituria persolvam; post meum vero decessum, ad ipsum locum cum omni integritate veniant.* In *Vestitura* ex alia ejusd. Alber. ibid. pag. 117. Vide in *Vestire* 1.

¶ VESTITUS, 2æ declinat. Vestis, in Actis Episc. Cenoman. pag. 98 : *Censivimus vobis..... Vestitos duos, et capas duas episcopales, etc.* Vide in *Vestire* 1. et 2.

° Italis, *Vestito.* Stat. Mantuæ lib. 2. cap. 21 ex Cod reg. 4620 : *Quo facto demum induatur camisia, Vestito et zona, et vestitus dimittatur in pace.*

° VESTIZO, Mensuræ species. Charta ann. 1215. ex Cod. reg. 4659 : *De sarcina bestiæ sal deferentis, Vestizonem unum.*

∞ VESTRATIM. Probi Ars minor apud Maium Classic. Auctor. tom. 5. pag. 279. Endlich. num. 720 : *Ex his pronominibus sexdecim tantum Varro adverbia ejusmodi secundum sonorum rationem fieri demonstravit.... nostratim, et significat more nostro ; vester, Vestratim, et significat more vestro.* Habet etiam Virgil. Grammat. pag. 33.

¶ VESTROILT et VESTROL, Cognomen Roberti I. Sabolli Domini, ex *Vest, Vester,* castrum, et *Holt* idiomatis Burgundici, ut videtur Schiltero in Gloss. Teuton. v. *Fest* : ita ut idem sit qui πυργόφιλος. Regest. feudorum Castri Lidi : *Vir quoque ejusdem Hersendis Robertus Vestroilt, et Lisiardus eorum filius.* Tabul. S. Albini : *Venienti domno Roberto Burgundo et filio ejus Roberto Vestrol.* Infra- *Hanc recognitionem domni Roberti senioris..... viderunt et audiverunt Robertus Vestrol, filius ejus, etc.* Apud Menag. Sabol. pag 151.

¶ VESTUARIUM, ut supra *Vestiarium*. Vide in hac voce. Epitome Constit. Eccl. Valent. inter Conc. Hisp. tom. 2. pag. 163 : *Præpositi debent solvere Vestuarium prima die Madii et portionem canonicam prima quaque die sui mensis.*

1. VESTURA, Quidquid ad vestimenta pertinet. Statuta Leprosariæ S. Juliani in Anglia : *Item in festo S. Johannis* (habent) 4. *asidos pro Vestura.* [Charta Leduini Abb. S. Vedasti ann. 1086. ex Chartul. ejusd. Monast. V. pag. 243 : *Quod si ad equitatum suum vel ad carrucam suam palefridum emerit,.... inde theloneum non dabit Similiter de Vestura sua et de victu suo.* Testam. Joh Renawd ann. 1322. apud *Madox* Formul. Angl. pag. 430 : *Item lego ad expensas meas funerales ia cervisia et Vestura pauperum, etc.* Occurrit præterea apud Rymer. tom. 8. pag. 51. Kennet. in Antiquit. Ambrosd. pag. 620. etc. La Vie *de Jesus Christ* MS :

Failli vous onques fornesture,
Ne besoingnable Vesleure.

Le Roman *de Vacce* MS :

As mendis Vesteures et à mangier donna.

Vide *Vestitura.*]

2. VESTURA, Possessio. Vide *Vestire* 1. et 2.

¶ VESTUS, Ager cultus. Vide *Vestire* 2.
¶ VESUNTIONENSIS MONETA. Vide in *Moneta Baronum.*

¶ VETA, a Latino *Vitta,* Provincialibus *Veto,* nostris *Ruban.* Charta ann. 1270. ex Schedis Præs. de *Mazaugues* : In præsenti instrumento infra scripto pendent duæ bullæ in quadam Veta de filo, in quarum una est imago Episcopi. Alia ann. 1299. ex Tabul. S. Victoris Massil. : *In quodam instrumento sigillato sigillo...*

pendenti in *Veta* de *serico regali*. Pro Vitta qua vestium extremitas munitur in Statutis Massil. lib. 2. cap. 39. § 2 : *Item, de mantello sendati cum frezio, vel cum Veta, vel profilo* XX. *den. et sine frezio, Veta et profilo* XVI. *den.* Pluries ibi. Vide *Neca* et *Reta* 1.

° Glossar. Provinc. Lat. ex Cod. reg. 7657 : *Veta, Prov. vitta.* Pro fimbria, qua vestium extremitas ornatur, in Charta ann. 1382. ex Tabul. Major. monast. : *Duas tuniclas pro subdiacono ejusdem panni, munitas pannis aureis dissimilis coloris, et Vetis seu aurifresiis Romanis.*

VETARE, Negare, [vel potius Affirmare, contendere falsum esse quod objicitur.] Lex Longob. lib. 1. tit. 4. [° Liutpr. 71. (6, 18.)] : *Et si ipse, de quo dicitur, quod ista mala consiliatus fuerit, Vetare voluerit, quod consilium non dedisset, etc.* Leg. Liuthprandi Regis tit. 16. § 7. [° 21. (4, 3.)] : *Et si Dominus Vetaverit, quod per ipsius consilium factum non fuisset, purificet se ad legem Dei.* [*Veer*, eadem notione, in Charta ann. 1296. ex Chartul. 28. Corb. : *Ils en prendront congié as desmandits Religieux, lequel congié ne porra estre Veez.* Vide mox *Vetatum*.]

° Chron. S. Dion. tom. 5. Collect. Histor. Franc. pag. 242 : *Constantins li empereres de Constantinoble, qui moult avoit grant mautalent vers le roi Challemaine, pour ce que il li avoit sa fille Vée.* Eginhardus ibid. pag. 209 : *Propter negatam sibi regis filiam iratus.*

VETATUM, seu VETITUM, Locus, ager, pratum, vel silva ubi pascua seu animalia inmittere, vel aliud quidpiam facere, quod iis noceat, non licet. Fori sue Consuetudines Jaccæ in Aragonia : *Ganala cum descenderint, nullus audeat furari, vel rapere, vel pignorare ulla occasione, et non jaceani in Vetatis Militum.* Charta Sanctii Ramirezii Regis Aragonum apud Martinenzium in Hist. Pinnatensi lib. 3. cap. 27 : *Ipsi vero habeant Vetatos suos in omnibus decaniis suis, et in omni loco, ubi ipsi habuerint aliquid facere, ut nullus sit ausus pascere vel intrare absque eorum licentia neque ego : quod si fecerint, accipient carnales.* Alia Garsiæ Regis Navarræ apud Sandovallium in Episcopis Pampilonensib. pag. 70 : *Et de illa area de Verosain, usque ad Pelagium rotundum de Anoz, sit defensum et Vetatum tam aquarum quam terræ, etc.* Observantiæ Regni Aragon. lib. 7. tit. de Pascuis, § 9 : *Si habeo hereditatem in aliquo loco, in quo non habitem, non possum illam hereditatem Vetare, sic quod non possint ibi depascere ganata illorum habitantium ibi, nec possum illa pignorare, etc.* [Charta ann. 1502. ex Schedis Præs. *de Mazaugues : Cum.... pratis, pascuis, devensis, Vetatis, etc.*] *Bois vetez, dits vulgairement Bedats,* vetitæ silvæ seu defensæ, in Consuetudine Aquensi cap. 1. art. 12. 18. 20. *Viæ vetatæ,* in Charta Richardi Regis Angliæ apud Sammarthanos in Archiepiscopis Turon. ut supra observatum in voce *Defensa* 3.

¶ **VETATUS**, Idem videtur quod *Virgatus*. Inventar. ann. 1476. ex Tabul. Flamyr. · *Item plus unum alium lectum parvum munitum...... unius scamni sive bancal lanæ virgati sive Vetati et unius sargæ lanæ rubei coloris.*

¶ **VETERAMENTARIA**, Vestes detritæ, aliæque ejusmodi. Leg. municipales Mechliniens. tit. 19. art. 16 : *Tutoribus et curatoribus nihil licitum est ex bonis mobilibus pupillorum eorumque quorum curam*

gerunt, vendere, sine auctoritate pupillarum magistrorum, eaque ipsa venditio celebrabitur publice per coactores Veteramentariorum a civitate designatos.

VETERANA. Gariopontus lib. 5. Passion. cap. 6. quatuor species turpedinis statuit; primam, quæ dicitur *Stora* ; secundam, quæ dicitur *Pustula* ; tertiam, *Morbillum*, quæ *Veterana* nominatur ; et quartam, quam *Leniculam* vocant.

¶ **VETERANI**. Vide supra in *Vavassores*.

¶ **VETERARE**, Corroborari, confirmari ex diuturnitate. Bonincontrus in Chron. Modoet. apud Murator. tom. 12. col. 1101: *In Cremona Veteraverat Guelforum potentia, Gibellinis inde longo tempore expulsis.* Vide *Veteratio*.

¶ VETERARE, Vetustatem induere. *In accessionum et decessionum vicibus ubi Veteraverunt,* apud Celsum lib. 3. cap. 18. de febribus. Gloss. Lat. Gr. : *Vetero*, παλαιόω.

¶ **VETERARIUS**, Veteramentarius, in Gloss. Lat. Gr. *Veterarius*, παλαιοράφος.

¶ **VETERATIO**, Consuetudo. Mirac. S. Walarici tom. 1. April. pag. 28 :

Spargebat proprios hiemis Veteratio canos,
Manabant nares, lacrymis pluvialibus orbes :
Hic mos est hiemi , fuit illud mense Novembri.

¶ **VETERATOR**, Diabolus, qui Scriptoribus ecclesiasticis passim *Malignus* et *Malus* dicitur. Chartul. magn. S. Vict. Massil. fol. 42 : *Qui vicerat immundissimum Veteratorem, etc.*

¶ **VETERES**, Senes, vetuli, in aliquot veteribus Inscript. apud Meursium in Exercitat. Crit. part. 1. c. 8 : *Arcobriganses juvenes et Veteres statuam in foro posuere, etc.*

¶ **VETERINARIA**, Ars curandi veterina. Græc. κτηνιατρική. Vetus Interpres S. Irenæi lib. 2. cap. 32 : *Ab his autem omnem speciem rusticationis , et Veterinariæ, et pastoraliæ.... ediscere possunt.* De ea scripsit Vegetius. *Veterinaria medicina,* apud Columell. lib. 7. cap. 3.

¶ **VETERIVALLUS**. Vide supra *Sutriballum*.

¶ **VETERNARE**, Abolere, antiquare. Disput. Benedicti Levitæ adv. Felicianos, apud Baluz. tom. 5. Miscell. pag. 82 : *Et e contra Feliciani infandi adoptivum eum (*Christum) *Veternare contendunt.*

¶ **VETERNOSITAS**, Pigritia , torpor. Fulgent. Mythol. lib. 8. cap. 4. extr. : *Omnis colorata juventutis igniculus torpidæ Veternositatis algescit senio.*

¶ 1. **VETERNOSUS**, Veterator, versutus. Vitæ Patrum Emerit. inter Conc. Hisp. tom. 2. pag. 647 : *In omnium corde florebat perfecta charitas,.... ita nimirum ut devicto antiquissimo hoste ac superato Veternoso dracone, nemo mœrore consternatus,.... callidi anguis virulentis stimulus quateretur.*

¶ 2. **VETERNOSUS**, Vetustus, apud S. Bernardum tom. 1. Operum ejusd. col. 661. edit. 1690 : *Veternosas omnes (neque enim paucæ inveniebantur) abolebat superstitiones.*

¶ 1. **VETERNUM**, Vetustas. Vita S. Gerardi Episc. Tull. apud Marten. tom. 3. Anecd. col. 1063 : *Instinctu piæ devotionis locum S. Mansueti vir Domini sancto amore excolebat, cujus etiam cœnobium labili Veterno deciduum renovare satagebat.*

° 2. **VETERNUM**, Jaunice, maladie. *Veternus, qui a la jaunice*. Glossar. Lat. Gall. ex Cod. reg. 7692.

° **VETHARE**, pro Vetare, in Act. consecrat. eccl. S. Vict. Massil. ann. 1040 : *Vethamus et excommunicamus, etc.* Vide *Vetum*.

° **VETICULUS**, Vitulorum et juvencarum custos. Stat. Universit. Tolos. ann. 1329. ex Cod. reg. 4222. fol. 73. v° : *Dando eis jocalia, quæ potius sunt pro pastoribus et Veticulis, quam pro bonis hominibus vel magistris.* Vide infra *Vetulus*.

° **VETIGATIO**, Morbi genus. Vide supra in *Ranfus*.

¶ **VETOCHETUM**. Bulla Innocentii VIII. PP. ann. 1484. in Contin. Magni Bullar. Rom. pag. 287. col. 1 : *Pulsetur (*Officium Primæ) *hora octava cum duabus modis* (leg. *modicis* suppl.) *campanis) certis Vetochetis intermediis secundum quod est consuetum, etc.* Emendo *Retochetis,* et pulsus campanæ iteratos intelligo, Gall. *Tintemens.*

¶ **VETOLIA**, pro *Betolia*, Betula, Gall. *Bouleau*. Charta ann. 1212. in Chartul. archiep. Bitur. fol. 172. r° : *Qui habitabunt domum de Oblatissa, accipient in nemore quidquid eis necessarium fuerit ad domum ipsam, et de nemore mortuo poterunt accipere truncum principalem, exceptis Vetoliis, quas tamen capient ad liganda dolia.*

° **VETRALLA**. Petrus de Vineis lib. 2. epist. 58. edit. ann. 1609 : *Vestrum non lateat majestati , quod Theutonici et Latini stipendiarii vestri, quod* (quos) *ad fronterium urbis posueram in Vetralla,... stipendia sua non habentes,.... ad partis adversæ transfugium, quibus eadem pars duplicata persolvit stipendia , confugerunt.* Vide *Bretachiæ*.

¶ **VETRARE**, pro Veterare, contracte scriptum, in Gloss. Lat. Gr. : *Vetro*, παλαιῶ. Melius in MSS. Sangerm. *Vetero*.

° **VETRARIA**, perperam pro Ventraria, Ventris armatura, inter Munit. castr. ex Reg. 34. bis Chartoph. reg. fol. 93. r°. Vide *Ventreria*.

° **VETRENERE**. Monachus Sangallensis lib. 1. de Carolo M. cap. 21 : *Cum quidam juvenis cognatus Regis optime in quadam festivitate caneret Alleluia, dixit Imperator ad eundem Episcopum : Bene cantavit modo ille noster Clericus ; Qui juxta stultitiam suam jocularius illa verba suscipiens, et illum Imperatoris cognatum esse nesciens, respondit : sic omnes perriparii possunt bubne agricolantibus Vetrenere.* Vox asterisco notata, ut incertæ notionis, et mendi suspecta. [Forte more vetuli canere, hoc est cantu languido.] [° Confer *Vernare* 2.]

° **VETTIS**, VETTUS, Vectis. Comput. ann. 1362. inter Probat. tom. 2. Hist. Nem. pag. 260. col. 1 : *Qui fecerunt foramina in quibus ingaymantur Vatti portalium S. Anthonii et Carmelitarum...... Pro duabus baguis necessariis ad Vettem guicheti dictæ portæ.*

VETULA. S. Andoënus lib. 2. Vitæ S. Eligii cap. 15 : *Nullus in Kl. Januarii nefanda et ridiculosa, Vetulas, aut cervulos, aut jotticos faciat.* Pœnitentialis Theodori apud Spelmannum tom. 1. Concilior. Angliæ tit. 33 : *De idololatria et sacrilegio, et, qui Angelos colunt, et maleficos, ariolos, veneficos, et sortileges, divinos, et vota reddentes, nisi ad Ecclesiam Dei ; et in Calendas Januarias, in cervulo et Vitula vadit, et Mathematicos, et emissores tempestatum.* Pirminius in Excerptis ex libris Canonic. : *Cervulas et Vehiculas in quadragesima, vel aliud tempus nolite ambulare.* leg. *vetulas,* aut *veticulas*. Adde Cumeanum Abbat. de mensura pœnitent. cap. 7. et alios locos, laudatos in v. *Cervula*, in quibus *Vetula,* prisco more, pro *Vitula*, 6. juvenca, scriptum contendit Sirmondus ;

cujus sententiæ accedit etiam Hugo Menardus: quod nescio an verum omnino, cum etiamnum apud nos pueri in bacchanalibus larvatos consequantur inclamantes, *il a fait la vieille*, id est; *vetulam egit*, seu larvatus vetulæ in morem processit. Testantur præterea Maximus Taurinensis, et Faustinus Episcopus, in sermonibus dictis in Kalendis Januarii, hoc die paganos habitus muliebres assumsisse, et feminarum specie se deformasse : quod vetat Canon. 62. Synodi Trullanæ, ubi agit de Kalendis et aliis paganorum festis, quæ Christianis interdicuntur : Ὁρίζοντες μηδένα ἄνδρα γυναικείαν στολὴν ἐνδύσασθαι. Abulfeda in Epochis a Joanne Gravio editis pagin. 102. ait, apud Græcos, sextum et vicesimum *Shabat*, (mensis Februarii) esse *principum dierum vetulæ*, eosque esse septem. [²⁰ Theodor. Liber Pœnitent. edit. Thorp. cap. 27. § 19 : *Si quis in kalendas Januarii in cervulo aut vetula vadit, id est in ferarum habitu se communicant, et vestiuntur pellibus pecudum, et assumunt capita bestiarum; qui vero taliter in ferinas species se transformant, 3. annos pœniteant. Inscriptio capitis........ et in kalendas Januarii in cervulo et in vitula vadit.* Confer locum Faustini laudatum in *Cervula*. Pro Sirmondi sententia stat etiam Baluz. ad Regin. lib. 1. cap. 213.]

⚹ **VETULUS**, ut supra *Veticulus*. Charta ann. 1025. ex Cod. reg. 9612. X : *Dono... alodium meum proprium, videlicet mansionem de Corileto, cum Vetulo meo Bernuino. et ejusdem uxore sua Vetula mea.*

¶ **VETULONES** et **VETULONISSÆ**, ut supra *Veglones*, apud Mabillon. in Itin. Ital. pag. 15.

VETULUS DE MONTANIS. Vide *Senex de Montanis.*

¶ **VETUM**, Vetitum, interdictum ; a *Vetare*, prohibere, interdicere, notis *Veer*. Litteræ Caroli V. Reg. Franc. ann. 1370. tom. 5. Ordinat. pag. 330 : *Possint... facere prohibitionem et Vetum apponere... et quod ipsi Consules dictam prohibitionem et Vetum et tempus possint suspendere et removere, etc.* Ejusdem est originis vox *Vedar* quæ Provincialibus Interdicere et excommunicare sonat. Satyra Bertrandi *d'Allamanon* in Archiep. Arelat.:

Car hom Vedat
Vedar non mi porra.

Hoc est, Excommunicatus me excommunicare non poterit. *Vedar, devedar, defendre,* in Diction. MS. Alberici.

⚹ Nostris *Vée* et *Vehe.* Constit. MSS. Jac. II. reg. Aragon. ann. 1321 : *Statuimus quod inhibitio seu Vet, quod ibi positum est in victualibus non extrahendis usque ad messes, intelligatur quod duret usque ad primam diem mensis Junii.* Charta ann. 1343. ex Chartul. S. Vinc. Laudun.: *Mainteniens estre en saisine de faire les Vées et les desvées par nostre justice.* Libert. villæ d'Aiguepersit ann. 1374. in Reg. 198. Chartoph. reg. ch. 360 : *Item que lesditz consoulz puissent.... mettre et oster... les Vehes ou crides, etc.*

⚹ **VETUS**, Eadem notione. Charta ann. 1337. in Reg. 101. Chartoph. reg. ch. 103: *Quod dictus dominus dalphinus nec ejus hæredes seu successores in dictis castris, vel eorum mandamentis interdicta, vel prohibitiones aliquas, sive Vetos facere non possint.*

¶ **VETUM VINI**, pro Certo dierum spatio, quibus *vetitum* est vinum vendere, idem quod alibi *Bannum vini.* Vide in *Bannum* 1. Judicium ann. 1131. inter

Probat. tom. 2. novæ Hist. Occit. col. 460: *Vetum vini, ita ut per totum Augustum mensem vinum non vendatur ab aliquo in Biterrensi, nec aliunde emptum ibi aportetur, nisi ab Episcopo.* Vide *Devetum* et supra *Vetatum.*

⚹ *Vete* autem Armorum genus est, in Stat. pro Bono publico art. 6. in Lib. rub. fol. magn. domus publicæ Abbavil.: *Item des coutiaux, des Vetes, des faucons et de toutes aultres armeures deffendues, que nulz soit si hardis qui les porte.*

✱ **VETURA**. [*Housse* : « Pro *Vetura* certorum equorum et salmarum. » (Mandat. camer. apostol. arch. Vatic. 1417-21, f. 146)]

¶ **VETURERIUS**. Vide in *Vectuarius.*
¶ **VETUS** DE MUSSA. Vide in *Senex.*
¶ **VETUSTARE**, Vetustescere, Columellæ, Gall. *Vieillir.* Charta de Aquariatu de Talmundo ann. 1366 : *Et quando dictæ botæ fuerint Vetustatæ seu diruptæ, tunc dictus Aquarius tradet dictis religiosis antepedes.*

⚹ Nostri alias *Enviesir* dixerunt de re, quæ usu detrita est : unde *Envieissisure*, ipsa detritio, vulgo *Usure.* Charta ann. 1235. ex Chartul. S. Petri Insul. sign. Decanus fol. 129. v°: *Les maisons doit il censier, maintenir, fors que d'Enviesir. et se gros mairien i mettoit, rendre li doit on à l'issir.* Charta Rob. abb. Marchien. ann. 1312. in Reg. 48. Chartoph. reg. ch. 106 : *Et se en aucun temps, tant comme il le (manoir) tenront, gros marien y failoit par Enviesissure, livrer leur devons.*

¶ **VETUSTITAS**, pro Vetustas, Senectus, ætas provecta. Vita S. Macnisci tom. 1. Sept. pag. 665. col. 1 : *Mulierem quamdam, quindecim antea annis partu præ Vetustitate privatam, virtute orationis parere filium fecit. Vieilleur*, pro *Vetusté*, in Charta ann. 1366. inter Probat. tom. 3. Hist. Burg. pag. 16. col. 1 : *Quand lesdites fourches ou arbres sont cheues et démolies par Vieilleur ou autrement, etc. Viols*, pro *Vieil*, senex, in Vita J. C. MS.:

Joseph commencent à gaber
Qui à la Virge estoit venus,
Pour ceu qu'il est Viols el chenus.

⚹ **VEVAGIUM**, Jus quod viduæ, præter dotalitium, competit, practicis nostris *Droit de veuve.* Arest. ann. 1367. 7. Mart. in vol. 5. arestor. parlam. Paris.: *Ipsa domina in eadem curia nostra bonis mobilibus omnibus et singulis ubicumque existentibus ac debitis universis dicti quondam mariti sui... omnino renunciavit,... retenuta suis protestationes per candem facta de retinendo et petendo....... dotem seu dotalitium sibi promissum,... ac etiam suum Vevagium.*

¶ **VETYSA**, ut *Vechia*, nisi etiam ita legendum est. Vide in hac voce. Charta ann. 1236. ex Tabul. S. Quintini in Insula pag. 301 : *Quasdam garbas pysorum, Vetysarum, bladi et aliorum leguminum, etc.*

¶ **VEVASORES**, ut *Vavassores.* Vide ibi.
⚹ **VEUGLARIA**, Gall. *Veuglaire*, inter machinas bellicas jaculatorias recensetur, in Lit. ann. 1482. ex Reg. 174. Chartoph. reg. ch. 285 : *Canons, bombarders, Veulgaires, poudre, trait et autre artillerie, etc.* Aliæ 1484. ibid. ch. 313 : *Canons, Veuglaires, coulevrines, etc. Veuglaire* præterea legitur in Lit. Caroli VII. pag. 10. 122. et apud Monstrel. vol. 1. cap. 78. *Vuglaire*, in Lit. remiss. ann. 1455. ex Reg. 187. ch. 93.

¶ **VEURA**. Charta ann. 1133. inter Instr.

tom. 2. Gall. Christ. novæ edit. col. 60 : *Do itaque illi totam terram Carigniaci planam atque arabilem, quæ est a fonte qui Torchanessa dicitur, usque ad fontem justi in longum latumque porrecta, solam Veuram mihi retinens, quæ inter utrumque fontem media statione succrevit. Partem tamen ejusdem Veuræ quæ ad austrum respicit a parvula semita, quæ in transversum ducitur, una cum pratulo quod eidem adjacet et adhæret, prædicto heremitæ condono.* Legendum fortasse *Vaura.* Vide in hac voce.

⚹ Malim ego *Veura*, quam *Vaura ; rursum* quippe legitur in Charta ann. 1120. inter Instr. tom. 12. Gall. Christ. col. 26 : *Ex una parte dividit filus vallis Veuræ joculatoris, ex vero alia parte Veura runsata et rivus qui ab inde venit, sicut est usque ad Veuram joculatoris.* Ubi *Veura runsata* ager dumetis consitus significatur firmatverque explicato proposita in *Vaura.*

¶ **VEUTA**, a Gall. *Veue*, inspectio rei de qua litigatur. Practicis nostris *Veue* et *Monstrée*: quod Statuto ann. 1667. tit. 9. art. 5. antiquatum est. Præceptum Philippi VI. Reg. Franc. ann. 1317. tom. 2. Ordinat. pag 267 : *Ut partes ipsas super locum contentionum, si casus sit talis quod sit opus inspectione seu Venta, convocaret, seu adjornaret.* Vide ibi *De Lauriere, Venta*, perperam pro *Veuta*, in Edicto ejusd. Reg. ann. 1344. ibid. pag. 218. et in vet. Stilo Parlamenti cap. 11. Statutum Johannis Reg. ann. 1363. tom. 3. earumd. Ordinat. pag. 652 : *In eodem parlamento, si fieri posset, certa dies concedatur ad Veutam faciendam, et Veuta facta ad garandum adducendum, super garandum, si quem habere voluerit, per executorem ad Veutam faciendam deputandum, adjornari facere tenebitur.* Vide *Ostensio*, et infra *Visus.*

⸺ Arest. parlam. Paris. ann. 1473. in Lib. pitent. S. Germ. Prat. fol. 215. r°: *Pro parte vero dictorum defensorum plura in certarum facta et rationes propositæ, exhibissent ad finem seu fines, quod diceretur et declararetur præfatum arrestum certamque Veutam per eum in rebus contentiosis factam inadmissibiles fore, ac quod super dicta Veuta iidem defensores procedere minime tenebantur.* In conclusione nostrum actor Veutam seu ostensionem fecerat, etc. Bellomaner. MS. cap. 35 : *En Normendie a tele coustume en aucuns liex, que Veues d'iretages ne se puent faire entre laies personnes, se il n'i a quatre chevaliers à faire la Veue.*

¶ **VEXA**, Vexatio, apud Bern. *de Breydenbach* in Itin. Hierosol. pag. 225 : *Igitur redempti a Vexa per datas pecunias, etc.*

⚹ **VEXALLUS**, pro *Vassallus*, feudatarius. Charta Geraldi abb. ann. 1331. in ter Probat. ult. Hist. Trenorch. pag. 216: *Item debet habere idem marescallus... vestes nobilium feodalium Vexallorum nostrorum, sive sint viri, sive sint mulieres.* Vide in *Vassus* 2.

VEXATICUS, Papiæ, *Inergumenus*, qui a Dæmonio arguatur. MS. habet *Vexatus.* Vexaticus, apud Braulionem in Vita S. Æmiliani cap. 28. edit. Bivarii.

¶ 1. **VEXATIO**, Erogatio, profusio. Cod. Theod. lib. 12. tit. I. leg. 27 : *Dignitatis infulas fœda familiaris rei Vexatione mercantur.*

¶ 2. **VEXATIO**, Vectura. Chart. ann. 1150. apud Guden. Cod. Diplom. tom. 1. pag. 203 : *Ad administrationem ignis ad Vexationem unius plaustri continuum ex nostro tradidimus nemore.* Ubi forte legendum *Advexationem*. Comput. sec. XIV. apud Haltaus. in Glossar. German. col. 539. voce *Fron-furen: Servitia et Vexationes ad currus imperatoris, etc.*

¶ **VEXATIVUS**, Acutus, acer. Conc. Avenion. ann. 1209. apud Acher. tom. 2. Spicil. pag. 610 : *Vulnera quæ levia fomenta non sentiunt, mordicativis, seu Vexativis remediis curari oportet.* Cælius Aurel. Acut. lib. 3. cap. 29 : *Utitur etiam cum his potionibus Vexativis, absinthio infuso et thymo decoctis.... Quæ omnia.... sunt acria, et propterea tumori contraria.*

¶ **VEXELAMENTUM**, Vasa, vasarium, supellex. Excerpta et Instr. visitat. Simonis Archiep. Bituric. ann. 1284. apud Mabill. tom. 2. Analect. pag. 621 : *Ceterique officiales domini cum summariis ad argentum et Vexelamentum argenteum benigniter cum hilaritate vultus ibi fuissent recepti, etc.* Vide *Vessella.*

¶ **VEXELLUM**, Vas vinarium, ni fallor, in majori Chartul. S. Victoris Massil. fol. 101 : *Dodo et uxor sua dederunt S. Victori inter alia unum torcular et unum Vexellum.* Tabul. ejusd. Abbat. *In villa Tarasco de duabus Vexellis tertiam partem.* Vide supra *Vasellum* et *Vesseil.*

¶ **VEXENDA**. Statuta Montis Regal. pag. 307 : *Item statutum est quod bestiæ cavallinæ portantes Vexendas in dictis alpibus, non teneantur solvere dictum alpaguim, nec aliqua alia bestia, quæ non staret in dictis alpibus juxta per tres dies f. Vshenda,* onus, sarcina.

¶ **VEXILLAIA**, *Impetus fortis carrorum.* Gloss. Isid. Leg. *castrorum ex emendatione Grevii.* Vulcanius edidit *Vexilla.*

¶ **VEXILLARIA**, Officium, munus, dignitas *Vexillarii.* Bulla Bonifacii VIII. PP. inter Conc. Hisp tom 3 pag. 536 : *Quibus casibus ad exsequendum hujusmodi Vexillariæ, capitaniæ et admiratiæ officium nobis prædicto dictus Rex Aragonum se astringet.* Vide mox *Vexillarius*

VEXILLARIUS, Vexillifer, in vet. Inscript. apud J. Spon. tom. 3. Itiner. pag. 79. Gruter. 753. 4. et apud S. Cyprianum Epist. 30. sub finem. In Charta ann. 1809. Jacobus Rex Aragon. *S. Romanæ Ecclesiæ Vexillarius, Ammiratus ac Capitaneus generalis* inscribitur. [Idem legere est in Charta ann. 1299. ex Tabul. S. Victoris Massil. et in Epist. Frederici Reg. in Chron. Sicil. apud Marten. tom. 3. Anecd. col. 83. Nicolaus Spezialis de Reb Sicul. apud Murator. tom. 10. col. 970 : *Pandit ergo Vexillarius signa Regis, castra movent, etc.*] Necrologium S. Stephani Autisiodor. : *Pridie Nonas April. obiit Leotarius Vicecomes, hujus Ecclesiæ Vexillarius.* Vide *Vexillator, Vexillum, Vicedominus.*

VEXILLARIUS, Miles *Banneretus.* Vide in hac voce.

VEXILLATIONES, de equitibus proprie dicebantur ut *legiones* de peditibus, quia per turmas et vexilla divisi equites, quomodo nostri etiamnum dicunt *une Cornette de Cavalerie,* pro turma equitum. Vegetius lib. 2. cap. 1 : *Equitum alæ dicuntur, quæ nunc Vexillationes vocantur, ab* ∞, *quod velis, hoc est, flammulis utuntur.* Adde Cedrenum pag. 169. Ejusmodi autem *Vexillationum* passim mentio in Notitia Imperii, et in Cod. Th. leg. un. de Bonis milit. (5, 4.) leg. 22. 23. Cod. de Erogat. militaris annonæ (7, 4.) [De *Vexillationibus* et *Vexillarius* præ cæteris consulendus Schelius ad Hyginum de castrametatione.]

VEXILLATOR, Vexillifer. In Monastico Anglic. tom. 1. pag. 372 : *Gilbertus Tison, Domini Regis Angliæ summus Vexillator* inscribitur in ejusdem Diplomate. Philippus Mazerius in Vita S. Petri Thomasii cap. 4 : *Misit Dominus Apostolicus vexillum sanctæ Crucis et Ecclesiæ eidem Regi* (Ungariæ) *tanquam Vexillatori inclyto, etc.* [Vide *Vexillarius* et in *Vexillum.*]

¶ **VEXILLIFERATA**. Vide mox *Vexilliferi.*

VEXILLIFERI HÆREDITARII. Ordericus Vitalis lib. 3. ann. 1066. pag. 498 : *Radulfus de Conchis, Rogerii Teonitis filius, Normannorum signifer.* Charta Ludovici Imp. ann. 1328. pro Castruccio Duce Lucæ, apud Freherum tom. 1. Rerum Germanic. parte 2. pag. 81 : *Te pro te et successoribus tuis, et a te per lineam masculinam natis et nascituris in perpetuum ipsius Ducatus Ducem et Vexilliferum nostrum, et sacri Romani Imperii ubilibet... promovemus.* Id porro munus, *Vexilliferata* infra dicitur.

VEXILLIFERI MILITES. Vide *Bannereti.*

¶ VEXILLIFERI REGII dicti ii, quibus *Auriflammam* deferendam committebant Reges Francorum, apud Scriptores nostros passim. Vide Gallandum de Vexillis Franc. pag. 43.

¶ VEXILLIFERI, Supremi apud Florentinos, Bononienses, Lucenses et alios Magistratus, sub quibus armatus coiret populus. Poggius in Orat. funebri Leonardi Aretini, apud Baluz. tom. 2. Miscell. pag. 256 : *Functus est etiam summis magistratibus civitatis. Nam bis ex Decemviris summo civium favore factus fuit, Vexilliumque societatis tribus gessit, ex ex Prioribus unus creatus est. Ad id quoque (quod præcipuum est in civitate) Vexillum pervenisset, nisi mors videndi finem attulisset.* Idem lib. 1. Hist. Florent. apud Murator. tom 20. col. 197 : *Captaneum sibi populus, et duodecim seniores ac Vexilliferos viginti, quorum consilio Respublica administraretur, instituunt.....
Decennio post Vexillifer justitiæ, trigesimoque deinde anno duodecim viri, qui Boni appellantur elecii, et numerus viginti Vexilliferorum ad sedecim redactus.* Jac. De Layto Annal. Estenses apud eumd. Murator. tom. 18. col. 971. ad ann 1402 : *Et facta comitiis solitis electi fuerunt Antiani et Vexillifer justitiæ atque alii officiales non modo, per quos esset Respublica* (Bononiensis) *administranda. Litteræ Maximiliani I. Rom. Imper. pro Republica Lucensi apud Ludewig. tom. 4. Reliq. MSS. pag. 320 . Et in singulis locis dicti territorii Antianos, Vexilliferum, justitiæ Consiliarios et alios quoscumque magistratus ordinarios, etc.*

º Hist. Sicula Bonincont part. 3. apud Lamium in Delic. erudit. ad ann. 1285. pag. 55 : *Quo tempore Florentini sex cives in magistratu bimestri creavere, quos priores artis adpellavere, et non multo post, quasi consulis loco unus electus est, quem justitiæ Vexilliferum dixere.*

¶ VEXILLIFERI, Exercitus Duces, ni fallor, in Chron. Jac. Malvecii apud Murator. tom. 14. col. 883 : *Ipitur Brixiani se ad belli certamina præparantos, militum acies statuerunt in parte. Vexilliferos habuere, quorum hæc sunt nomina: Jacobus de Confaloneriis, Pontecelaus de Meyrano, Manuel de Contesio, alterius nomen non retinemus... Erant quippe hi quatuor generosi Milites ; statuuntque popularium quatuor acies, et unaquæque uno Vexillifero ducebatur.*

¶ **VEXILLUM**, Signum Crucis : *Crux enim est vexillum Christi, et signum triumphi sui,* inquit Durandus lib. 1. Ration. cap. 6. n. 26. Innocentius III. in Epist. ad Archiepiscopum Trinovitanum, in Gestis ejusdem PP. pag. 61. *Crucem, Vexillum scilicet Dominicæ passionis* appellat. Hinc in Hymno : *Vexilla Regis prodeunt, etc.* Paulinus lib. 2. de Vita S. Martini :

Protinus antetulit sanctum et venerabile signum,
Et crucis objecto propere venientibus obstat,
Gressus et instabiles Vexilli pondere sistit.

Infra :

. . . . Tum rursus eodem
Vexillo, atque ipso libertas reddita signo.

Lib. 4 :

Magna Crucis sanctæ melius, signumque salutis.

Lib. 5 :

Vexillum complexa Crucis, signumque salutis.

Prudentius in Hymn. :

Die triumphalem Crucem,
Pange Vexillum, notatis quod refulget frontibus.

Victor Vitensis lib. 1 : *Inter alios ventum est tunc ad Armogastem nostrum, cujus cum diu ac sæpius tibias torquendo tumentibus confringeret cordis, et frontem, in qua Christus Vexillum suæ fixerat Crucis, rugatam magisque aratam descendentes atque mugientes ostenderent nervi, etc.* Lib. 2 *Simulque Vexillo Crucis consignantes oculos ejus.* Gregor. Turon. lib. 10. Hist. cap. 29 : *Manus singulis cum Vexillo Crucis imponens, sanitati reddebat.* Adde eumdem de Vitis Patrum cap. 11. S. Eulogius in Apologet. : *Continuo Vexillo Crucis frontem præmunimus.* Paulus Diaconus Emeritensis in S. Masona Episcopo Emerit. cap. 9 : *Statim que in nomine Domini, edito Vexillo Crucis sanctissimæ, Sacerdos ascendit equum ferocem, etc.* Adde S. Hieron. Epist. 25. in Isaiam cap. 49. in Hierem. cap. 82. in Galat. cap. 4 in Vita S. Antonii, et alibi non semel, Paulum Diac. Casin. lib. de Mirac. S. Benedicti Casini patratis n. 33. Vitam S. Arnulfi Episc. Metensis cap. 10. Vitam S. Eremberti Episc. Tolosani cap. 5. Fortunatum in Vita S. Paterni Episc. cap. 5. Vitam S. Aniani Episc. Aurel. Vitam S. Leutfredi cap. 19. Ethelwifum in Abbatib. Lindisfarnens. cap. 20. etc.

¶ VEXILLA CHRISTI, nuncupantur Instrumenta passionis ejusdem, in Charta Johannis Reg. Franc. ann. 1360. pro S. Capella Paris. ex Bibl. Reg. : *Non autem præmissorum consideratione et attenta devotione quam nostri prædecessores et ecclesiam seu capellam prædictam ad sacratissima Christi Vexilla quæ in ea sunt, efficaciter habuerunt.*

¶ VEXILLA, Lavarum, pro Labarum, ex vet. Gloss. apud Turneb. Advers. lib. 28. cap 6.

VEXILLI BELLICI benedictio, habetur in Ordine Romano sub finem, quæ etiamnum usurpatur. Coactis enim cohortibus vel centuriis, ea ab Episcopo benedicuntur, quod etiam apud Byzantinos factitatum docet Leo Imp. in Tacticis cap. 19. § 22 : Καὶ πρῶτον μὲν πρὸ τοῦ ἀποκινῆσαι, ἁγιασθήτωσαν ἅπαντα τὰ φλάμουλα τῶν δρομωνῶν ἑκάστου διὰ θείας τῶν ἱερῶν ἱερουργίας, καὶ εὐχῆς ἐκτενοῦς πρὸς τῶν τῶν ὅλων θεὸν ὑπὲρ εὐοδώσεως τοῦ στρατοῦ κατὰ τῶν πολεμίων. Quorum verborum sensum non cepit interpres. [Ita rursum cap. 13. § 1.] Adde Ceremoniale Romanum lib. 1. sect. 7.

VEXILLI LINGULÆ, apud Ordericum Vitalem lib. 9. pag. 754. Vide *Flammula.*

Vexillum Regale, Regis Franciæ scilicet præcipuum, ex serico cæruleo, liliisque interstinctum, quod fulgo la *Banniere de France* appellamus. Will. Brito lib. 10. Philipp. de Prælio Bovinensi:

.... Nec Montinianum
Galonem taceam, qui mente immobilis ut mons,
Vexillum Regale die portavit in illo.

Alibi :

Ante tamen Regem signum Regale ferebat
Montinlacensis vir fortis corpore Galo.

Rigordus de eodem prælio : *Signum regale Vexillum scilicet floribus lilii distinctum ferebat Galo de Montiniaco.* Guillelmus Guiart de eodem Galone :

Gales de Montignl porte,
Ou la Chronique tans m'enseigne,
De fin azur luisant l'enseigne
A fleurs de lis d'or aournée,
Près du Roi fut celle journée,
A l'endroit du riche estendart.

Atque hinc error eruitur Philippi de Mouskes. Auctoris Chronici Senoniensis cap. 15. Tillii, et aliorum, qui Galonem de Montiniaco *Auriflammam* in prælio Bovinensi detulisse scripsere. [° Ut efficitur ex Annal. Victor. MSS. ad ann. 1214 · *Tunc communiarum legiones de tota Picardia, Viromandia et Francia cum vexillo S. Dyonisii venerunt ad locum, ubi Vexillum Regis portabat, quod ferebat illa die Galo de Montigniaco, et penetrantes cuneos se posuerunt ante regem.*] Idem Guiartus, quo loco describit prælium initum inter Carolum Siciliæ Regem et Manfredum :

Môs quant les banieres avisent,
Ou les fleurs de lis d'or reluisent, etc.

Et infra :

Tuit vont vers l'euseigne Roial,
Ou les fleurs de lis d'or esgardent ;
Le Roi et il sien, qui lo gardent,
Qui sont tres hardi fereor, etc.

Idem Scriptor ann. 1191. de Obsidione Acrensi :

Gens d'armes les portes approchent,
Ea espoir que leur fo s'i fiere,
Près de l'une est ja la baniere
D'azur, fut sus cendal parfaite,
Et à fleurs de lys d'or pourtraite,
Hardis est celui qui la porte,
Car il va sans qu'il se resorte,
L'escu au col, la teste encline, etc.

Rursum ann. 1205 :

Puis porte en la mestre tour
A la fenestre derreniere,
Au roi de Franca la baniere,
A fleurs de lys d'or bien apertes.

[° *Insignia regia ponendi in vexillis suis aliquando episcopis concessa facultas.* Id privilegium episcopo Vivariensi tribuit Philippus Pulcher. Charta ann. 1307. ex Regg. 122. Chartoph. reg. ch. 294 : *Portare debebit episcopus arma nostra regia ad eis uti in Vexillis et sigillis.*]

¶ **Vexillum Pandere**, Signum subeundæ pugnæ. Vide supra in *Russatus*.

Vexilla Submittere, in signum deditionis. Pacatus in Panegyrico : *Aliquanto melius manus illa consuluit, quæ submissis precabunda Vexillis petiit veniam necessitatis.*

Vexilli Erectio in altioribus urbium vel castrorum turribus, supremi dominii symbolum fuit. Tudebodus lib. 3. pag. 802 : *Comes S. Ægidii, qui in montanea ante castellum astabat, jussit ei portare Vexillum. Ille autem accepit illud cum gaudio, et misit illud in majorem turrim.* Adde pag. 808. 812. Ordericus Vitalis lib. 10. pag. 778.... : *Protinus illi, custodibus egressis, cunctas urbis munitiones nacti sunt, et in principali turre Vexillum Regis cum ingenti trophæo levaverunt.* Will. Tyrius lib. 13. cap. 13 : *In signum ergo victoriæ super eam turrim, quæ portæ civitatis imminet, positum est Domini Regis Vexillum : super autem eam, quæ dicitur Viridis, domini Ducis Venetiæ ; super eam autem, quæ dicitur turris Tanariæ, Domini Comitis Tripolitani, cum multa gloria sunt collocata Vexilla.* Idem Will. Tyrius lib. 14. cap. ult. : *Sic itaque fœdere completo, pace plenius restituta, Vexillo Imperiali super principalem præsidii arcem collocato, donis ingentibus cumulatus, cum suis Princeps* (Antiochenus) *in civitatem est regressus.* Albertus Argentin. ann. 1319 : *Carolus Rex hoc audito statim Banerium suum, quod dicitur Sturmfan, super turrim Ecclesiæ Spirensis constituit.* Charta Signis uxoris Centulli Comitis Astaracensis in Regesto Comitum Tolosæ Cameræ Comput. Paris. fol. 109 : *Et ibi super turrim Castri novi, et super turres et portalia aliorum suprascriptorum locorum, ratione et jure majoris dominii fecit ascendere Vexillum, suo banneriam dicti Domini Comitis Tolosani, et ex parte ipsius ter præconizari et clamare alta voce signum dicti domini scilicet Tolosani.* Tabularium Ecclesiæ Uzeclensis ann. 1223. fol. 20 : *Cognoverunt Episcopi quod Castrum de Montalen tenent ab eo et ab Ecclesia Uticensi, et est verum, et Episcopus debet illud recuperare, et Vexillum suum levare in mutatione Episcopi et domini de Salve.* Ibidem ann. 1209. fol. 56. 57 : *Petrus Bremundi mandato et voluntate D. Comitis reddidit causa præcognitionis Petro de Yllancis Vexillifero et Procuratori D. R. Episcopi, et per eum D. Episcopo et Ecclesiæ Uticensi Castrum,... ubi idem Petrus de Yllancis levavit vexillum S. Theodorici, scilicet Leonem rubeum, et fecit clamare signum S. Theodorici pro Episcopo Uticensi.* [Charta jurium Comit. Biterr. in civitate Albiensi ann. 1252 : *Item quando idem dominus Rex fecit transitum per terram Albiensem, tunc cives Albienses præstiterunt eidem sponte juramentum fidelitatis tanquam domino, Vexillum ipsius fuit appositum supra ecclesiam cathedralem et fuit præconisatum pro ipso in eadem civitate.*] Tradit Auctor Chronici Alexandrini, cum Jovianus Nisibim Persis concessisset, Junium, Persarum Satrapam urbem ingressum, mandato Regis Persarum ἐις ἕνα τῶν πύργων σημεῖον περσικὸν erexisse. Constantinus Porphyrogenit. lib. de Administrando Imperio cap. 46. ait, Constantem Patricium, capto Adranutzio, vexillum Imperatorium in mœnibus εἶναι ἀπὸ τῆς σήμερον ἡμέρας τὸ τοιοῦτον χάστρον. Ejusmodi porro vexilli erecti et elevatio non modo supremi dominii ; sed et *reddibilitatis* Castri Symbolum fuit, quo scilicet vassallus profitebatur, se redditurum Castrum suum domino irato et pacato, et quotiescumque vellet. Chartam ann. 1438. descripsit Dionysius Salvaingus lib. de Usu Feudor. cap. 8. in qua hæc verba sæpius repetuntur : *Quamdam Banneriam armis Delfini depictam in Donjono castri affixam, tenendam ibidem et remanendam nomine Delfinali spatio trium dierum naturalium, in signum reddibilitatis, dominique directi, et superioritatis, etc.* Adde Gesta Dominor. Ambasiæ cap. 5. num. 1. et quæ a nobis sunt observata in Dissertatione 12. ad Joinvillam pag. 219. 220. [Vide *Pannus* 5.]

° *Ut vexilli erectio in altioribus urbium vel castrorum turribus, supremi dominii symbolum fuit, ita illius ad portas murosque civitatum appensio, signum fuit rebellionis incolarum.* Lit. Phil. V. ann. 1319. in Reg. 55. Chartoph. reg. fol. 72. r° : *Jamque* (Flamingi) *Vexilla sua ad portas et muros villarum in signum rebellionis aperte suæque contumacionis nequitiæ posuerunt.*

Vexillum Duello Affixum. Metropolis Salisburgens. tom. 3. pag. 501 : *Abrenuntiavit omni querelæ, quam fecerat super patrimonium Comitis Sigbotonis,... et hoc factum est Stoyle sub Vexillo Ducis Austriæ duello affixo. Hujus rei testes sunt, etc. insuper omnes, qui aderant sub Vexillo Ducis.*

Vexilla Ecclesiarum, Quæ in publicis stationibus seu processionibus cum Cruce et funalibus ac cereis efferuntur : iisque peractis in ipsis ædibus sacris appendi vel erigi solent. Honorius Augustod. lib. 1. cap. 72 : *Cum ante nos Crux et Vexilla geruntur, quasi duo exercitus sequuntur, dum hinc inde ordinatim cantantes gradiuntur.* Durandus lib. 6. Ration. cap. 102. n. 8 : *Portantur etiam Vexilla ad representandum victoriam Resurrectionis et Ascensionis Christi, qui cum magna præda cœlos ascendit.* Infra : *Quod vero Cruces ad Vexilla portantur, a Constantino sumpsit initium : qui cum in somnis Crucis signum vidisset, eique dictum fuisset : Vinces in hoc signo, jussit Crucem in Vexillis bellicis insigniri, etc.* Gregorius Turon. lib. 5. Hist. cap 4 : *Cum psallentes de Ecclesia egressi, ad sanctam Basilicam properarent ; hic post Crucem præcedentibus signis, equo supperpositus ferebatur. Nisi hoc loco signa,* id est, *campanulæ,* intelligantur, quod puto.

° Ordinar. MS. eccl. Senon.: *Attendendum etiam, quod a Pascha usque ad octavam Penthecostes, non est deferenda crux sine Vexillo ad processionem, nisi ad officium mortuorum.*

En vero *Ecclesiarum vexilla in præliis et bellis præferri solebant,* cum Ecclesiæ ipsæ, vel earum rectores ac Prælati, vassallos suos in prælium educere vellent, aut ad hoc tenerentur. Anonymus in Vita S. Joannis Archiep. Eboracensis: *S. Joannis Beverdarensis Vexillum assumptum ab Athelstano, (Rege Angl.) quo tempore debellavit Scotos.* Ricardus Prior Hagustaldensis, de Bello Standardico: *Tunc Crucem suam, et S. Petri Vexillum, ac suos homines tradidit eis,* (*Turstinus Archiep.*) *Sed et Parochiani,* in casibus, præeuntibus Ecclesiarum suarum vexillis ad bella procedebant. Ethelredus Abbas Rievall. de eodem Bello Standardico, ann. 1138: *Turstinus Archiepiscopus per totam diœcesin suam edictum Episcopale proposuit, ut de singulis parochiis, Presbyteris cum Cruce et Vexillis, reliquisque Sanctorum præeuntibus, omnes, qui possint ad bella procedere, ad processionem præparassent, Ecclesiam Christi contra barbaros defensuri.* Ordericus Vitalis lib. 8. pag. 705 : *Igitur Quadragesimali tempore Rex Franciæ et Dux Normanniæ Brihervallum obsederunt, ibique fere duobus mensibus laboraverunt. Illuc Presbyteri cum Parochianis suis Vexilla tulerunt et Abbates cum hominibus suis convenerunt.*

Asservabantur porro ejusmodi Ecclesiastica vexilla in ipsa Ecclesia, sed et, qui ea delaturi erant in præliis, benedictione consecrata, recitatis ad id ab

Episcopo aut Sacerdote precatiunculis, accipiebant, finitoque prælio ad eumdem locum, unde sumta erant, reportabant. Ægidius Monach. Aureæ vallis cap. 101: *Proxima ergo tertia feria....... dictus Raso in medio majoris Ecclesiæ, ut est moris, armatur, et Vexillum accipiens cum civitatis populo urbem egreditur.* Et infra: *Regrediens itaque primo mane vigiliæ Ascensionis Domini, Vexillum reportavit recollocans in S. Altari S. Trinitatis, unde illud sumpserat.* Radulfus de Rivo cap. 7: *Lambertus de Upex miles strenuus sumens B. Lamberti Vexillum, in medio Ecclesiæ Leodiensis cum benedictione, e manu Episcopi, more prisco, accepit.* Id ipsum de vexillo S. Dionysii factitatum pluribus a nobis observatum in Disseriat. 18. ad Joinvillam. Super altare posita observat præterea Durandus lib. 1. Ration. cap. 8. n. 82: *Vexilla etiam super altare eriguntur, ut triumphus Christi jugiter in Ecclesia memoretur, per quem et nos de inimico triumphare speramus.* Ditmarus lib. 6. pag. 65. scribit *Luticos*, seu Lusatios Slavos vexilla sua in fano Radagastensi asservasse, eaque *nisi ad expeditionis necessaria*, nullatenus mota. Vide alia a nobis observata in voce *Advocati*.

VEXILLUM S. DIONYSII. Vide *Auriflamma*.

VEXILLUM S. MARTINI, Illud fuit, quod Monasterii S. Martini Turonensis proprium erat, et a Comitibus Andegavensibus, tanquam loci istius Advocatis, in bellis Monachorum et Canonicorum deferri solebat. Ex quo enim Ingelgerius Comes Defensor Ecclesiæ S. Martini a Monachis et Canonicisconstitutus est, quod exerte traditur in Historia Andegavensium Consulum, et in Chronico S. Martini, Andegavenses Comites, ut *Advocati*, ejusdem Monasterii Signiferi fuere. *Advocatorum* enim peculiare id munus fuit, ut supra docuimus. Atque hi quidem non in Monasterii duntaxat, sed et in privatis bellis, illud efferebant. Rituale S. Martini Turon.: *De Comite Andegaviæ, ipse habet Vexillum S. Martini, quoties vadit in bello, præterquam contra Regem Franciæ, quod homines Castrinovi sequuntur, domino de Pruliaco illud ferente.* Charta Philippi Aug. ann. 1181. pro confirmat. privileg. a Ludov. VII. parente incolis Castri novi concessorum, in Tabul. Regio, scrinio *Tours* Charta 2 *Comes etiam non potest, nec debet homines de Castronovo ducere in expeditionem sive equitationem contra aliquem, nisi forte causa, aut nomine belli, ita ut tamen, quod Vexillum B. Martini præcedat, contra vero Regem Franciæ nullo modo potest eos ducere.* Glaber Rodulfus lib. 5. cap. 2. refert, eo in bello, quod inter Goffridum Martellum Andegavens. et Theobaldum Blesensem, Comites, pro Turonensis urbis Dominatu gestum est, Goffridum expetivisse auxilium B. Martini, *indeque accepto Vexillo, imposuisse illud proprie hastæ, cum exercitu equitum peditumque multorum obviam perrexisse adversum se dimicaturi.* Id ipsum enarrans auctor Chronici S. Martini: *Comes Andegavensis Vexillum B. Martini, in illo bello, sicut consuetudo est, habebat.* Occurrit præterea mentio vexilli S. Martini in Tabulis Gaufridi II. Com. Andeg. ann. 1066. *Concessit Comes, ut si exercitum suum contra inimicos suos ire contingeret, homines in Prædicta villa* (Burnoimo sita, in pago Pictavo) *existentes, Præpositus Lausdunensis non moneat, aut alia occasione eis vim inferat; ut non alius quilibet nostrorum super homines illos potestatem exerceat; sed ammonitione Monachorum illic existentium, cum serviente scilicet S. Mauri illius patriæ, et Vexillo S. Martini in exercitum pergant.* Errare porro constat Tillium, Gallandum, et aliquot alios, qui *Capam S. Martini* cum *Vexillo S. Martini* confundunt. Nam *Capa S. Martini*, non ut vexillum, in acie et præliis delata a Regibus; sed ut Sancti miræ apud nostros auctoritatis λείψανον.

VEXILLUM, beatissimi *Martyris Mauricii, et Thebææ Legionis Principis, quo Carolus Magnus Rex in bello Hispanico quamlibet infestos et confertos inimicorum cuneos disrumpere, et in fugam solitus erat cogere,* cum aliis compluribus exeniis ac donis ad Edelstanum Regem Angliæ misisse Hugonem Capetum narrant Ingulfus pag. 878. et Will. Malmesburiensis lib. 2. de Gest. Angl. cap. 6.

VEXILLUM S. PETRI, χρυσῆ τοῦ ἁγίου Πέτρου σημαία. apud Annam Comnenam lib. 10. Alex. *Cruce et clavibus insignitum*, ut est in Epistola Innocentii III. PP. ag Joannitium Bulgarorum Regem in Gestis ejusdem Pontificis pag. 59. *Vexillum S. Crucis et Ecclesiæ Romanæ,* apud Philippum Mazerium in Vita S. Petri Thomasii cap. 4. Illud Pontifex Romanus ad Principes Christianos mittere solet, qui in Paganos expeditionem suscipiant, vel contra Schismaticos aut Hæreticos, seu, ut ait idem Innocentius loco citato, *contra illos, qui honorant labiis Crucifixum, cor autem eorum longinquum ab ipso*, Græcos Schismaticos innuens. Ceremoniale Romanum lib. 1. sect. 7: *Pontifex consuevit Vexilla Ecclesiæ et armorum suorum benedicere, et Capitaneo seu Vexilllifero sanctæ Romanæ Ecclesiæ dare in fine Missæ*, etc. Ita Victor III. idem vexillum S Petri Roberto Guiscardo in Græcos Schismaticos bellum moventi deferendum tradidit, apud Guiliel. Apuliens. lib. 4. de Gest. Normann. Urbanus II. Hugoni M. Viromandorum Comiti in prima expeditione sacra, ut habent passim Scriptores rerum Hierosolymitanarum, iocis a nobis indicatis in Notis ad Alexiadem ; Alexander II. PP. Wilielmo Nothio Duci Normanniæ in bello contra Haraldum apud Ingulfum pag. 900. et Ordericum Vitalem lib. 3. ann. 1066. pag. 493. Innocentius III. Joanni Bulgarorum Regi in eosdem Græcos, et Leoni Armeniæ Regi in Saracenos bellum parantibus. ut est in Actis ejusdem Pontificis pag. 59. 132. Innocentius IV. PP. Regi Ungariæ expeditionem in Turcos apparanti sub ann. 1355. apud Philippum Mazerium in Vita Petri Thomasii cap 4. Alia passim proferunt exempla Scriptores. Adde Gregorium VII. PP. lib. 5. Epist. 12. et Fridegodum lib. 8. S. Wilfrido cap. 28. Vide præterea Nicolaum Alemann. in Dissert. de Lateranensibus parietinis cap. 14. et 15.

¶ VEXILLUM CILICINUM in solemni pœnitentium reconciliatione adhibitum, ex Missali Eccles. Sarisber. apud Marten. de Antiqua Eccles. Discipl. in divinis Offic. pag. 238: *Feria 5, in cœna Domini in primis fiat reconciliatio pœnitentium hoc modo; Nona cantata, pergat excellentior sacerdos ad ostium ecclesiæ occidentale, indutus vestibus sacerdotalibus, in cappa serica rubra, cum duobus diaconis albis cum amictibus indutis, absque subdiaconis, et sine cruce per medium chori, præcedente Vexillo cilicino.*

º Sua quoque habuere vexilla piæ artificum sodalitates. Lit. ann. 1343. in Reg. 74. Chartoph. reg. ch. 60: *Chascun mestier* (de la ville de Mouster-viller a) *propre Banniere à leur dite confrarie, pour icelle porter aus corps des trepassez de ladite confrarie, toutlefoiz que le cas s'euffre, en significence que le corps trepassé est de ladite confrarie.*

VEXILLA MORTUA, Panni nigri, qui mortuorum ædibus appendi solent. Regiam Majestatem lib. 1. c. 19. § 7: *Si vero dixerit* (Sacerdos) *quod pro mortuario rem illam accepit, hoc debet probare cum testimonio proborum hominum de parochia, qui viderunt Vexilla mortua ante corpus defuncti illius.*

VEXILLA HASTARUM. Albertus Aquensis lib. 4. cap. 6: *Vexilla in hastis eorum nodis aureis et fimbriis argenteis montes in circuitu nimio lucis decore coruscare faciunt.* Vide *Flammula.*

VEXILLUM, Clamor militaris. Ita porro appellatus, quod vexillifer primus in præliis aliisque occasionibus bellicis clamorem militarem efferret, quem cæteri milites subsequebantur. Nangius in Chronico an. 1258: *Castrum cum illis, nescio cujus Vexillum ante intonans, ingressus est.* Chronicon Bertrandi Guesclini :

Chacun crie s'ensegne sans estre recreans.

Vide *Signum* pro clamore militari, et *Insigne* 1.

¶ VEXILLUM, pro *Vexillarius, vexillifer*. Charta ann. 1826 tom. 1. Hist. Dalph. pag. 57. col. 1: *Quod ipsi homines de cætero in cavalgatis ejusdem dom. Dalphini, quotiescumque per ipsum mandatæ fuerint, et ubique teneantur et debeant mittere quinquaginta bonos clientes bene munitos, inter quos sit Vexillum et tuba et unus gubernator eorum propriis sumptibus et expensis ; hoc excepto, quod dictus dom. Dalphinus teneatur gubernatorem, si æquas fuerit, dictorum quinquaginta clientum, Vexillatorem, tubicinatorem in dictis cavalgatis librare.*

º Charta ann. 1193. ex Tabul. Tutel. : *Præsentibus Vexillo S. Exuperii et Hugone de Chaufor*.

¶ VEXILLUM FEUDALE. Vide in *Feudum.*

VEXILLUM, Nota, quomodo *Enseigne* vulgo dicimus. [*Vexillum, testimonium, signum*, in Gl. Gasp. Barthii ex Baldrici Histor. Palæst. apud Ludewig. tom. 8. pag. 146.] Andreas Aulæ Regiæ Capellanus in Amatoriis : *Amans quidem a coamante licenter hac accipere potest, scilicet ornata capillorum ligamina, auri argentique coronam, pectoris fibulam, speculum et cingulum, marsupium, laterisque cordulam, toaumenta, vascula, repositoria, Vexilla causæ memoriæ,* etc. Id est, quæ amantis et dantis memoriam servandi dent occasionem.

¶ VEYERIA, ut *Vicaria.* Vide *Veherius*.

VEYLEIGA, [Idem fortassis quod *Vetatum* Vide in hac voce.] Charta Galeranni Comitis Mellenti in Tabulario S. Ægidii Pontis Audomari : *In nemoribus habebit pasnagium, et in Veyleiga husbotam et heilotam jussu Forestarii*. Forte legendum *heilbotam*. Vide *Haga*.

º VEYLETTUS, idem quod *Varlettus*. Vide supra in *Valeti*.

º VEYRERIUS, VEYRERIA. Qui vel quæ vasa vitrea vendit, Gall. *Varrier*. Comput. ann. 1334. inter Probat. tom. 2. Hist. Nem. pag. 88 col. 1 : *Pro æv. anforis, inter fractas et amissas,... solvi Veyreriæ vij. solidos*. Alter ann. 1362. ibid. pag. 261. col. 1 : *Solvit Guilhermino Veyrerio... pro una lampade vitri,* etc.

¶ **VEYRIÆ**, Fenestræ vitreæ. Testam. Bertrandi de Turre ann. 1285. apud Baluz. tom. 2. Hist. Arvern. pag. 582 : *Legavit dictæ ecclesiæ de Chastres viginti libras semel pro reparandis las Veyrias et pro emendis et excessibus dictæ ecclesiæ ab antecessoribus suis.... illatis.* Vide *Veireria.* Hinc *Veyrialis.*
° **VEYRIALE**, Fenestra vitrea. Charta ann. 1341. in Reg. 73. Chartoph. reg. ch. 306 : *Prædictum hospitium cum suis introhitibus et Veyralibus, fenestris, lucernis, tecto et fundamento, a cœlo usque in abyssum...... dedit et concessit.* Vide *Veyriæ.*
¶ **VEYRIALIS**, Vitreus. Mirac. MSS. Urbani V. PP. ex Tabul. S. Victoris Massil. : *Vas vitreum sive Veyriale sic appellatum, etc.*
° **VEYRIOLA**, Herbæ genus, forte Medica, Gall. *Luserne.* Stat. synod. eccl. Carcass. ann. 1399. ex Cod. reg. 1613 : *Ordinamus quod de herba, appellata Veyriola, ubicumque semnata exstiterit, creverit, recollecta fuerit in nostro episcopatu, tociens quociens renascetur et colligetur et a solo separabitur,.... solvatur decima et primicia, videlicet octava pars.*
¶ **VEYROLA**, Variolorum morbus. Processus de Vita S. Yvonis tom. 4. Maii pag. 572: *Macula nata fuit in oculo dictæ puellæ post assumptam infirmitatem quæ vocatur Veyrola.* Vide *Variola.*
¶ **VEYRUS**. Vide supra in *Vares.*
¶ **VEYSSELLATA**, Supellex quævis. Charta ann. 1809. tom. 1. Hist. Dalph. pag. 98. col. 1 : *Item de qualibet Veyssel lata vini exposita venditioni in villa prædicta, levantur quatuor denarii ; videlicet, unus denarius pro cridagio, et tres denarii pro mensuris.* Vide *Vaissela.*
° Minus recte ; idem quippe quod *Vassellum,* vas vinarium, dolium.
✱ **VEYSSELLUM**. [« Et II. *Veyssellis,* I. quartum frumenti legatis. » (*Chevalier,* Visit. episc. Gratianop. p. 63.)]
¶ **VEYSSERIA**. Quodam *Veysseriæ* medio, in Rescogn. Burgi S. Andeoli ex Schedis Cl. V. *Luncelot.* Vide *Huisserium* et *Veisseque.*
¶ **VEZENDA**. Statuta Massil. lib. 4. cap. 17. § 2 : *Tertia pars ipsorum marinariorum ad minus stet et jaceat qualibet nocte in eadem nave extra buccam portus Massiliæ, et medietas apud insulas Massiliæ, ita tamen quod domini vel ductores illarum navium teneantur providere illis marinariis in cibo et potu quamdiu jacuerint, et moram fecerint pro sua Vezenda in illis navibus, tam extra buccam portus quam ad insulas Massiliæ.* Et § 3 : *Scriptores dictarum navium speciali sacramento teneantur accusare et manifestare ...... illos marinarios.... qui Vezendam sibi injunctam non fecerint, ut superius est expressum.* Ubi de iis sermo est qui per noctem in nave excubare debent : unde *Vezenda* idem sonat fortassis quod Excubiæ, statio. [☞ Forte *Vices* quæ per orbem eunt, ordine ita servato ut partes suas suscipiat alius post alium.]
VEZETUS, in Statutis Mediolanensibus 2. part. cap. 450. Nugæ muliebres, ex Ital. *Vezzi.*
¶ **VEZIA**, Tubus per quem aqua currit, Gallice *Tuiau,* ab Ital. ut videtur, *Veggia,* vas. Vide *Veges.* Statuta Mutin. cap. 3. fol. 51. v° : *Declaramus quod ubi contigerit Veziam canalis Clari, quæ est ad portam Bajoariæ in foveis civitatis reparari seu denuo refici debere, et hoc idem observetur in Vezia Modenellæ.*
¶ **VEZOLA**, diminut. ut videtur a *Vezia,* in iisdem Statutis fol. 28. v° : *Statutum est... quod sdugarium antiquum... debeat cavari hoc modo.... habeat caput in fovea fratrum de S. Catharina et ibi in fundo Circæ communis fiant quædam Vezolæ de lapidibus sive de ligno.* Vide *Viazzola.*
¶ **VEZIOLA**, Doliolum. Vide in *Veges.*
¶ **VEZIRUS**, Dux exercitus apud Turcas, *Visir.* Hist. pacificat. inter Rodolphum II. Imperat. et Turcarum Imper. apud Ludewig. tom. 6. Reliq. MSS. pag. 304 : *Arbitri duce et commissarii Vezirus supremus, quartus honore ordine ab Imperatore Turcarum Amurates, etc.*
¶ **VEZOLA**, *VEZOLUS.* Vide *Veges* et *Vezia.*
¶ **VEZOTUM**, Vehiculi genus : nisi sit Onus, sarcina. Statuta datiaria Riperiæ cap. 12. fol. 4. v° : *De quolibet plaustro sive Vezoto tutiæ, pro introitu, vel exitu, et sic pro rata, solidi sex.*
¶ **VEZZOLUS**, Artemisia, Gallice *Armoise.* Vita S. Francæ Abb. tom. 8. April. pag. 385 : *Coquebatur quippe Vezzolus qui et Artemisia proprie dicitur, vel illius semen in vino quod bibebat tunc omni rejecta substantia.*
UFFER, pro *Wisser.* Vide *Huisserium.*
¶ **UFFESERIUS**, Vas culinarium, ni fallor. Charta ann. 1329. ex Tabular. S. Victoris Massil.: *Item, unum colletanum, duos Uffeserios, etc.*
° Leg. *Offertorius,* Liber continens offertoria missarum.
UFFINGI, dicti Reges Orientalium Anglorum, ab Uffa Rege, qui vixit ann. 578. Matth. Westmonast.
¶ **UGLATA**, ut *Oglata.* Vide ibi.
¶ **UGONENCI** DENARII. Vide *Hugonenses* in Moneta Baronum.
✱ **UGUERIUM**, Gall. *Foyer.* [« ......Pro bendis ferri facis de novo pro lari sive Uguerio dicte chaminerie. » (Arch. Histor. de la Gironde, T. 22, p. 195.)]
° **UHAT**, Interjectio, pro *Vath* vel *Vah,* occurrit non semel in Comœdia sine nomine ex Cod. reg. 8163.
1. **VIA**, nude, Iter, nostris *Voie.* [*Vée,* in Charta ann. 1297. tom. 1. Chartul. S. Vandreg. pag. 137 : *Une Vée soffisante que Guillaume Bouleuc et ses heritiers etoiant tenus trouver par son lieu là où il li seroit mains damajant à moy et à Maheut ma fame,.... et à ceux qui de par nous entendroient à aller et à venir toutesfois au dit pré. Vie,* apud Lobineli. tom. 2. Hist. Britan. col. 1490 : *Depuis une Vie qui amoegne jusqu'à la Tour neufve.*] [° *Vie,* in Charta admort. ann. 1412. ex Reg. 166. Chartoph. reg. ch. 272 : *Un petit ort, qui souloit estre chauchiers,...... une petite Vie entremi...... La Vie publique, etc.*] Consuetudo Claromontensis art. 226. et seq. quinque species viarum constituit, Semitam, quam *Sente,* appellat, latam 4. pedes, Carreriam, (*Carriere*) latam 8. pedes : Viam, *vugo,* Iter, latam 16. ped. *Cheminum* latum 32. ped. et Viam regiam, *Chemin Royal,* latam ped. 64. Consuetudo Bononiensis art. 156. et seq. varias viarum species recenset, ac primum Regiam, vulgo *Chemin Royal,* et grand chemin, quæ habere debet in latitudine 60. pedes : Viam Vicecomitalem, *Chemin Visconlier,* latam 30. Viam Castelleneam, *Chemin Chastellain,* latam 20. Viam foraneam, *Chemin forain,* latam 15. Semitam, *sente,* latam 5. etc. Vide Consuetudines Andegav. art. 60. et Cenoman. art. 69. [☞ Vide Grimm. Antiq. Jur. German. pag. 104]
VIA ÆQUALIS. Lex Bajwar. tit. 9. § 13: *Si quis viam publicam, ubi Dux egreditur, vel Viam æqualem alicujus clauserit contra Legem, etc.* Ubi Capitula Caroli M. lib. 5. cap. 201. [☞ 353.] : *Si quis viam publicam aut lithostratum, vel Viam com-
munem alicui clauserit contra legem, etc. Ita æqualis,* est *communis.*
¶ VIA ALTA, GENERALIS, Eadem quæ *Publica, Regia* infra. Inquesta ann. 1255. apud Kennett. in Antiq. Ambrosd. pag. 250 : *Item alta Via et generalis inter Brehull et Pidinton maneria dom. Regis omnino esset astopata.*
VIAM ANTESTARE. Vide *Antestare* et *Obstare.*
¶ VIA AURELIA, Sub Aurelio Imperatore exstructa, memoratur in Charta ann. 27. Conradi Reg. ex Tabul. S. Victoris Massil.
° VIA BICALLIS, Bifida. Vide supra *Bicallis.*
¶ VIAM CARNIS INGREDI, Mori : modus loquendi Scriptoribus Sacris et Ecclesiasticis familiaris. Barthol. Scribæ Annal. Genuens. ad ann. 1225. apud Muratori. tom. 6. col. 440 : *Dominus Brancaleo Potestas miles formosus et sapiens in castro Gavii (proh dolor) Viam carnis ingressus est universæ.*
° VIA CAREALIS, CARRABILIS, Qua carrum vehi potest. Vide supra *Carealis* et *Carrabilis.*
VIA CARRARIA, Qua carrum vehi potest. Ceremoniale Ambrosianum Mediolanense : *Dextrat et ducit eum per frænum per mediam Viam carrariam usque ad Ecclesiam S. Ambrosii.* Vide *Carreria* 1.
° VIA CARRARICCIA, Eadem notione, in Charta ann. 935. apud Murator. tom. 3. Antiq. Ital. med. ævi col. 1053. Vide *Via carraria.*
¶ VIA COMMUNIS, Publica. Charta Odonis Abb. S. Dionysii ann. 1244. ex Bibl. Reg. : *De quibus hominibus et hostibus eorum habebit idem Johannes justiciam et Viam communem cum dicto Reginaldo communiter.*
VIA, vel VIAM SEMITA CONVICINALIS, vel pastoralis, in Lege Bajwar. tit. 9. cap. 14 : *De Via convicinali vel pastorali, qui eam alicui contra legem clauserit.* § 15 : *Semita convicinalis.* Via *vicinalis,* apud Siculum Flaccum, Aggenum, Ulpianum L. 2. § *Viarum,* D. Ne quid in loco publ. etc. (lib. 43. tit. 8. fr. 2. § 22.) Adde Capitul. Pipini Regis ann. 744. cap. 38. [*Vicinale iter,* in Charta ann. 1052. inter Instrum. tom. 3. Gall. Christ. novæ edit. col. 198 : *Vadit per verticem ripæ dictæ Issolæ itinere Vicinali in medio, etc.*] *Chemin voisinal,* via 8. ped. lata, in Consuet. Turon. art. 59. et Bayonensi tit. 19. art. 1 : *Chemin de traverse,* nostris. Vias vicinales inter publicas vias ponit idem Ulpianus, ita tamen ut a Militaribus differant, *quæ exitum habent ad mare, aut in urbem, aut in flumina publica, aut ad aliam viam Militarem ; Vicinales, aut exitum habeant in vias Militares, aut sine ullo exitu intermorianutur,* in L. 3. D. de Locis et itiner. publ. (43, 7.) Glossæ Basilic. : Βικαυαλια, ὁδὸς ἡ εἰς κώμην ἄγουσα. Ubi legendum δικαυαλια, nisi malimus δία κανάλια, ut emendabamus in voce *Canalis.* Tabularium Ecclesiæ Viennensis fol. 26 : *In fronte terra Kandors, in superiori namque fronte Via vicinabile, et habet in uno latere perticas agripedales* 74. *pedes* 10. *etc.*
° VIA CURSABILIS, Eodem intellectu. Vide supra *Cursabilis.*
¶ VIAS QUATUOR DARE solitum in manumissionibus : potissimum quippe libertatis effectus est potestas eundi quo volumus. Leges Rotharis apud Murator. tom. 1. part. 2. pag. 34. col. 1 : *Item qui fulfreal fecerit, et quatuor Vias ei non daderit, etc.* Vide in *Manumissio.*
VIA DEI, Expeditio vel peregrinatio

Hierosolymitana : *Via Hierosolymitana,* apud Fulconem tom. 4. Hist. Fr. Guibertus lib. 2. Hist. Hierosol. : *Terminato itaque Concilio, quod Claromonti habitum, circa B. Martini octavas, Novembri mense consederat, magnus per universas Franciæ partes rumor emanat, de proponenda Via Dei,* (sic enim antonomastice vocabatur) *contiguos sibi ac familiares quoque sollicitat.* Chronicon Maurinlacense pag. 872 : *Cum Hierosolymis ire disponeret, in Capitulo nostro de Gummarvilla donum fecit, ut si in Via Dei, quod accidit, moreretur, etc.*

VIÆ FERRATÆ, Itinera a Romanis in provinciis exstructa et confecta, ita a posteris appellata propter eorum duritiem, vel quod ex silicibus subnigris compacta, ferri colorem referant, ut ait Bergerius lib. 1. de Itinerib. Roman. cap. 25. n. 2. Ugutio : *Agger dicitur media stratæ eminentia, ex alternatis lapidibus strata, ab aggere et alternatione lapidum dicta, quam historici Viam militarem et Ferratam dicunt. Cheminum ferratum,* in Charta ann. 1227. in Tabulario Ecclesiæ Meldensis fol. 82 : *A monte Dolio, usque ad Cheminum ferratum, quod vadit de Meldis ad Pontmorte.* Ita Poëtæ nostrates passim. Le Roman *d'Auberi* MS :

A l'hostel vn tout le ferré Chemin.

Le Roman *de Parise la Duchesse* :

Puis acoillent lor erre tot le Chemin ferré.

Robertus de Condato, MS :

J'entrai en un Chemin ferrés.

Le Roman *de Girard de Vienne* MS :

Si s'en tornerent le grant Chemin ferré.

Le Roman *de Gaydon* MS :

Vers Augiers vont tout le Chemin ferré.

Le Roman *de Garin* MS. :

Il regarda tot le ferré Chemin,
Et vit la route parmi les pres venir.

Chronicon Bertrandi Guesclini MS :

Et Dam Ferrant s'en va le Chemin grant ferré.

Alibi :

A la voie se misl par les Chemins ferrez.

Robertus *de Bourron* in Merlino MS : *Et chevauchent tout le Chemin ferré, tant que li jours lour faut.* Scitum autem ejusmodi Itinera, *Chemins de Brunehaut,* a nostris etiamnum appellari, de qua nomenclatura multa multi commentati sunt, ut observat loco citato Bergerius, ut et Wendelinus in Natali solo Legum Salicarum cap. 7. qui novum opinionem de ea promit. At enim, Bavaci in Nerviis usque nunc etiamnum exstare columnam Milliarem, a qua viæ Militares octo in omnem quaqua versum Galliam ac Germaniam ; quarum prima et longissima Coloniam Agrippinam tendit, hodieque vocatur *La haute chaussée,* et quoniam medio ferme itinere *inter Bagacum* et *Tongros vicum stringit Brunalium, nomen inde retinuit,* La Chaussée de Brunaut, *quod ipsum aliis quoque viis factum est commune.* Vide præterea Ægidium Bucherium in Belgico Romano lib. 1. cap. 12. [☞ Guerard. Prolegom. Chartul. S. Petri Carnot. § 8.]

VIA FORANEA, Nostris *Rue foraine,* Quæ devia est et non frequentata. Vide supra *Foraneus* 4.

VIARUM PUBLICARUM FRACTURA. Vide Michaëlem *del Molino* in Repertorio Fororum Aragon. pag. 161. col. 4.

VIA S. JACOBI. Ugutio : *Galaxias, lacteus circulus, quod vulgo dicitur, Via S. Jacobi.*

VIA JULII CÆSARIS. Radevicus lib. 3. de Gestis Friderici cap. 25 : *Per Viam Julii Cæsaris, quæ modo Mons Jovis vocatur, etc.* Vide Simlerum de Alpibus.

VIA LACINA. Vide *Lacina.*

¶ VIA LEVATA, Agger, nostris *Levée.* Ogerii Panis Annal. Genuens. ad ann. 1211. apud Murator. tom. 6. col. 402 : *Et ut strata securior iret, fecit fieri Potestas Viam levatam a Gavi usque cremiam Montis-cucelli.* Vide *Levata* 3.

° Chartul. eccl. Lingon. ex Cod. reg. 5189. fol. 22. r° : *Domus fortis apud Marat, sita super stanno inter duas magnas Vias levatas.*

° VIA LIEVA, Eadem acceptione. Vide supra *Lievus.*

VIA MILITARIS, *Quæ Publica dici poterit, et ducit ad mare et ad portus, et quandoque ad mercata,* inquit Bracton. lib. 4. tract. 1. cap. 16. § 7. Fleta lib. 4. cap. 6. § 3. Vide JC.

¶ VIA MOLARUM, f. Pensitatio pro frumenti molitura, Gall. *Mouture, droit de moulage.* Vide *Molta* 2. Charta ann. 1185. apud Concium inter Census Eccl. Rom.: *Confirmamus omnes res et possessiones, videlicet domos..... molendinum et Viam molarum, cum arboribus fructiferis et infructiferis.*

° VIA MOLENDINENSIS, Quæ ad molendinum ducit. Vide supra *Molendinensis.*

VIA MUNITA, lapidibus, nempe : nostris *Chaussée.* Testamentum S. Cæsarii Arelatensis : *Campum in Trisinitio super Viam munitam.* [Vide *Via Publica.*]

VIAM OBSTARE, *contradicere.* Vide *Obstare.*

° VIA ORIGINALIS, Quæ ab antiquo seu origine existit. Charta ann. 1225 inter Instr. tom. 12. Gall. Christ. col. 67 : *Concedo eis ut ibi faciant fossatum, quantum ad me pertinet, salvis originalibus Viis.*

VIA PASTORALIS *vel convicinalis,* in Lege Bajwar. tit. 9. cap. 14. et in Capit. Caroli M. lib. 5. cap. 202. [☞ 354.]

VIA PEAGEAU. Charta ann. 1190. apud Chopinum lib. 3. de Sacra Polit. tit. 7. § 5 : *Latrones in terra Archiepiscopi* (Turonensis) *capti apud Caynonem...... sunt Archiepiscopi, nisi capti fuerint in Via Peageau.* In Consuetudine Andegavensi art. 60. et Cenomanensi art. 69 : *Le grand Chemin Peageau doit contenir* 14. *pieds de large pour le moins.* Vocis notionem produnt Leges Henrici I. Regis Angl. cap. 80 : *Unaquæque Civitas tot magistras Vias, quot magistras portas habet ad teloneum et consuetudines insignitas.* [Hinc idem videtur quod]

¶ VIA PEDAGIARIA, In qua pedagium exigitur. Vide in *Pedagium. Chemin paaigeré,* in Charta Roberti de Veteriponte ann. 1330. ex Chartul. S. Jo. in Valle . *Nous confessons que touz les chemins et frous des villes du Breuil, de Fleur-fontaines, du Coudreau appartiennent audit prieur et ercluz toute justice, sauf à nous retenu et reservé les chemins qui sont nomez les Chemins reaus, voiorez et Paaigerez.*

¶ VIA AD PEDES, Qua pedes vadit, Gall. *Chemin de pied.* Inquesta ann. 1196. in tractu Dombarum : *Via ad pedes seu talon est communis et publica omnibus per eam meare et transire volentibus.*

° VIA PLENARIA, Nostris *Chemin plénier,* Publica, militaris. Guill. Guiart. *la Branche aux royaux lignages :*

Parmi les grans chemins Pléniers
Rissi pour aler en cele erre
Le comte de Blois de sa terre.

VIA PUBLICA, Regia, Militaris, in Lege Burgund. tit. 27. § 8. Lex Bajwar. tit. 9. § 13 : *Si quis Viam publicam, ubi Dux egreditur, vel viam æqualem alicujus clauserit contra Legem, etc.* Occurrit etiam apud JC. Siculus Flaccus : *Sunt Viæ publicæ regales, quæ publice muniuntur, et auctorum nomina obtinent.* Charta Adalberonis I. Episcopi Metensis apud Mauricium pag. 808 : *In publica Via, quæ dicitur Regia.*

VIÆ PUBLICÆ TRANSITUS, seu cognitio vel justitia de delictis, quæ in viis publicis perpetrantur, apud Hugonem Flaviniac. in Chronico pag. 182. Vide *Bannum viæ Regiæ.*

VIA QUADRIGALIS, Per quam quadrigæ vadunt, in Tabulario Leprosariæ Pontis Audomari. Vide *Carreria.*

VIA REGIA, REGALIS. Leges Henrici I. Reg. Angl. cap. 80. de Via Regia : *Tanta vero debet esse, ut inibi duo carri sibi possint obviari, et bubulci de longo stumbli sui possint assimulare, et* 16. *milites equitare possint armati de latere, et Via regia dicitur, quæ semper aperta est, quam nemo concluadere potest, nec minis suis, quæ ducit in civitatem vel burgum, vel portum Regium.* Will. Brito lib. 5. Philippid. pag. 153 :

Nos Viæ regalis Gisortum ducat oportet.

De ejus latitudine, vide Statuta Davidis II. Regis Scotiæ cap. 26. n. 4. Bractonum lib. 4. tract. 1. cap. 16. § 7. Fletam lib. 1. cap. 21. § 8. Consuetudines Claromont. art. 130. Ambian. art. 163. Bononiensem art. 157. Turon. art. 59. 84. Lodunensem cap. 5. art. 1. Normann. art. 25. Solensem tit. 38. art. 2. Santaudomarens. art. 17. Placitum apud Pinendenum inter Lanfrancum Archiepiscopum et Odonem Bajocensem Episcopum, apud Seldenum ad Eadmerum pag. 199 : *Demonstratum fuit, quod Rex Anglorum nullas Consuetudines habet in omnibus terris Cantuariensis Ecclesiæ, nisi solummodo tres.... Una, si quis homo Archiepiscopi effodit illam Regalem Viam, quæ vadit de civitate in civitatem. Altera, si quis arborem incidit juxta Regalem Viam, et eam super ipsam viam dejecerit, etc.* Adde pag. 200. [☞ Vide Haltaus. Gloss. Germ. voce *Kœnigsstrasse,* col. 1115.]

VIA SANCTORUM, Peregrinatio Hierosolymitana : *Sanctum iter,* apud Guillelmum *de Baldenzel* in Hodœporico ad Terram Sanctam pag. 120. Charta Communiæ Noviomensis ann. 1181 : *Qui in Via Sanctorum fuerint, viduæ, et quæ filios non habent adultos et arma ferentes, et puellæ sine Advocato, nullas debent consuetudines.* Summula Raimundi Ordin. Prædicat. :

Si rapior fueris, aut usurarius, aut fur,
His, ut consilium dederis, vel opem, scio quod non
Te Via Sanctorum, nec Crux, nec Passio Christi
Absolvat, quin sint hæc omnia reddita, reddi
Si potierit.

Vide *Via Dei.*

° VIA SEMITATA, Semitis trajecta. Charta ann. 1257. in Chartul. eccl. Lingon. ex Cod. reg. 5188. fol. 233. v° : *Unum jornale in forea Diaboli et in Via semitata de dicto Prailleio.*

° VIA SEPULCHRI, Expeditio vel peregrinatio Hierosolymitana. Charta Juelli dom. de Meduana ex Tabul. Major. monast. : *Eo tempore quo rex Francorum et rex Anglorum ob succursum terræ Jerosolymitanæ cruces acceperunt, ego quoque*

cælesti pulsatus desiderio, Viam sepulchri aggredi deliberavi.
VIA SPIRITUS SANCTI. Vide Inspiratio.
VIA TRIUMPHALIS, Quæ ducit ad civitatem, in Charta Fulconis Comit. Andeg. ann. 1088. pro Monast. S. Nicolai Andegav.
¶ VIA VIARIA, Trita, Gall. Chemin passant. Charta ann. 1213. apud Stephanot. in Antiq. Aurel. Bened. MSS. pag. 286: Qui (hospites) manent apud pratella, sicut Via viaria et metæ. dividunt et demonstrant. Chemin vouevé, in Charta ann. 1330. Vide locum supra in Via Pedagiaria.
° VIA VICINALIS, Quæ est in vicis vel in vicos ducit, ut interpretantur docti Editores ad Acta S. Alex. tom. 6. Sept. pag. 232. col. 2 : Ego vero simul cum quibus eram, pauperum more secus Viam vicinalem sedentes, exspectabamus in loco, quo mihi præcepit angelus Domini. Alia notione, vide in Via convicinalis.
¶ VIA ULTRAMARINA, ut supra Via Sanctorum, Gall. Voyage d'outremer Inventar. Chartar. ann. 1482. sub Ludovico XI. fol. 13. v° : Littera consensus dom. Ludovici Regis præstiti per eum super redemptione Viæ ultramarinæ quam per juramentum tenebatur facere Ingerranus de Coussiaco ratione delicti et forefacti per eum commissi et per dictum Regem translati et transmutati in dictam Viam ultramarinam... anno 1261.
° Voie d'Oultremeire, in Charta ann. 1424. tom. 2. Hist. Leod. pag. 446. Sed et quælibet peregrinatio a nostris Voie nuncupata. Voie de Rochemadou, in Ch. ann. 1335. ibid. pag. 422 Lit. remiss. ann. 1368. in Reg. 100. Chartoph. reg. ch. 585 : Lequel Michault fu condampné par la loy de Tournay en une amende de lx. livres et à faire une Voie à S. Jaques en Galice.
Viarum et itinerum exstructiones ac reparationes inter publica onera recensentur, a quibus nemo,cujuscumque dignitatis esset, immunis erat, ut est in tit. de Itinere muniendo in Cod. Th. et in leg. 4. Cod. de Privileg. domus aug istæ. Όσοῦ κατάστασις dicitur Leoni Imp. in Tacticis cap. 20. § 71. Purgatio seu stramentum, vel impletio cænosorum itinerum, Monacho Sangallensi lib. 1. de Carolo M. cap. 32. quo spectant, quæ habet Cognitosus, in S. Brigida pagin. 637 : Cum Regis tilius patriæ per plebes et provincias, quæ sub ejus erant ditione, præceptum invalesceret, ut de omnibus ejus regionibus et provinciis convenirent populi omnes, atque ædificarent viam latam et firmam ramis arborum, petris in fundamento positis, et munitionibus quibusdam firmissimis in gronna profunda et pene intransmeabili, et in locis humentibus, atque in paludibus, in quibus grandis currebat fluvius; quæ constructa quadrigas et equites, et currus, et plaustrorum rotas, et impetum populorum, atque incursum undique hostium sustentare posset. Convenientibus autem undique populis pro cognationes et familias diviserunt Viam illam, quam ædificare debuerant in partes proprias, ut unaquæque cognatio et familia suam sibi creditam construxisset partem, etc. Vide Pons.
¶ 2. VIA, Modus, ratio, Gall. Voye, moyen. Charta ann. 1395. apud Acher. tom. 6. Spicil. pag. 131 : Habita inter nos deliberatione provida et matura super omnibus Viis et modis, quibus schisma.... posset... facilius sedari et extirpari, et ipsa Ecclesia ad unionem reduci, Via cessionis utriusque partis,.... præ cæteris quibuscumque Viis elegimus et eligimus tanquam breviorem. Occurrit præterea apud Rymer. tom. 8. pag. 333. 331. et alibi : sed et Latio etiam eo significatu vox nota et usurpata est.
° 3. VIA. Charta Phil. Aug. pro comite Bellimont. ann. 1216. in Reg. 34. bis Chartoph. reg. part. 2. fol. 59. v°. col. 2 . Mercatores reddent quatuor solidos tantum, et ita erunt quiti de navigio illo, nisi quod reddent pro gubernaculo de qualibet Via unum denarium. Id est, pro qualibet vice. Duabus Viabus, pro Vicibus, in Vita MS. S. Amabilis.
° VIAM ET RECTUM FACERE, Juri stare. Charta Alienor. ducissæ Aquit. ann. 1199 in Reg. A. Chartoph. reg. ch. 33 : Si tortitudinem aliquis hominum monachorum fecerit præposito nostro, non cogat eum præpositus noster in curia Viam et rectum facere.
¶ VIA CULTIONIS DIVINÆ, Clericatus, in Cod. Theod. lib. 12. tit. 1. leg. 49.
¶ VIA EXECUTIVA, Pignorum ablatio, pigneratio, Gall. Execution. Statuta Avenion. lib. 1. rubr. 81. art. 2. pag. 105 : Item conductor operarum, si non solverit die conventionis de solvendo factæ, vel intra diem assignatum, post præstitas operas, Via executiva quoad bona solvere cogatur.
¶ VIA REGARDI. Charta ann. 1430. apud Rymer. tom. 10. pag. 454 · Pro labore et expensis dictorum Ricardi et Ricardi, centum marcas per Viam regardi. Alia ann. 1432. ibid. pag. 514: Ambassiator domini nostri Papæ, nuper per ipsum domino nostro Regi certis de causis missus, habeat de dono Regis, per Viam regardi L. Marcas. Id est, beneficii seu mercedis titulo. Occurrit rursum pag. 522. et 526. Vide Regardum 1.
¶ VIA REGIA, Titulus libri, cujus mentio est in Indice librorum ad calcem antiquissimi Pontificalis.
° VIACH, Prov. Veretrum, ramex, penis. Glossar. Provinc. Lat. ex Cod. reg. 7657.
‿ VIACULUM, diminut. a Via, semita. Lit. remiss. ann. 1356. in Reg. 81. Chartoph. reg. ch 714 · Eas vaccas ducentes per unum Viaculum seu semitam ad campos. Viaul, eadem notione, in aliis ann. 1416. ex Reg. 169. ch. 102 : Le suppliant passant par un certain Viaul ou pasturage, ouquel estoit son varlet et gens gardans et repaissans ses chevaulæ. etc.
¶ VIACULUS, ὁδῶν ἐπιμελητής, in Gloss. Lat. Gr. Leg. Viocurus. Vide in hac voce.
¶ VIACUM, Locus vacuus, ut videtur, ædificandis domibus idoneus. Status eccl. Constant. inter Instr. tom. 11. Gall. Christ. col. 219 : Cum autem non haberet in civitate sive in suburbio tantum possessionis ecclesiæ, ubi maneret episcopus, vel proprius equus ejus posset stabulari,...... multa Grimoldi Viaca...... trecentis libris comparavit et acquietavit.
¶ VIADUCTUS, Idem quod in aliis Chartis Exitus, Ingressus dicitur, Reditus annuÆ aliaque iterarum commoda quæ exeunt et proveniunt ex aliqua re, fructus prædii. Charta ann. 1048. apud Marten. tom. 1. Ampl. Collect. col. 407: Cum Viaductibus, vel reductibus, quæ ipsa spelunca Dei adquisivit in comitatibus omnibus, et cum omnibus terminibus suis, etc. Vide Exitus 1.
¶ VIAFORA, Clamor publicus. Vide Biafora.

° VIAGERIA, Jurisdictio seu justitia viarii ; interdum quod ratione viariæ præstatur a tenentibus, Gall. Voirie, in Transact. inter abbat. S. Albini et abbatis. Fontis-Ebraldi ann. 1229. Vide in Viarius.
¶ VIAGERIUS, Usufructuarius. Viager, in Consuetudinibus Insulensi art. 187. Montensi cap. 21. 28. 25. Camerac. tit. 9. art. 6. tit. 12. art. 24. etc. Viager ou Viageresse, in Statut. Lossens. art. 19. Arestum Parlamenti ann. 1450. apud Baluz. tom. 2. Hist. Arvern. pag. 400: Jurando quod bene et rationabiliter dictis terris et dominis utetur,.... et circa hæc omnia faciet quæ bonus paterfamilias Viagerius facere debet.
¶ VIAGERIUS REDDITUS, Annua pensio quæ morte exstinguitur, Rente ou pension viagere, passim in Consuetud. municipal. Arestum Parlamenti ann. 1499. apud eumd. Baluz. ibid. pag. 465 : Cum quo.... idem defensor ad mille ducentas libras Paris. annui et Viagerii redditus pro dicta redemptione appuntaverat. Vide Viagium 2. Viarium et Vitalitium.
1. VIAGIUM, Iter, Gall. Voiage. Historia fundationis Hospitalis S. Leonardi Eboracensis : Deinde ad Eboracum declinans, in Ecclesia B. Petri ibidem diu et devote precibus insistens, se et Viagium Deo et B Mariæ..... humiliter commendabat. [Testam. Bernardi Comit. Armaniaci ann. 1302. apud Marten. tom. 1. Ampl. Collect. col. 1409: Item, legamus militibus, scutiferis, ... clericis solmentariis et quartonibus hospitii nostri, qui in isto Viagio nobiscum sunt, etc. Ordinat. Humberti II. ann. 1340. tom. 2. Hist. Dalph. pag. 396. col. 1 : Quando extra hospitium pro nostris negotiis (messagerius) transmittetur, habeat pro personis personæ suæ die qualibet qua vacaverit in Viagio faciendo per eum unum grossum. Charta ann. 1473. ex Schedis Præs. de Mazaugues : Ultra sumptum et Viagia quæ contingeret facere. Occurrit præterea apud eumd. Marten. tom. 2. Anecd. col. 1040. et tom. 3. col. 29. Lobinell. tom. 2. Hist. Britan. col. 855. Menester. in Hist. Lugdun. pag. 78. col. 2. Elmham. in Vita Henrici V. Reg. Angl. cap. 23. pag. 51. in Statutis Massil. lib. 3. cap. 5. 16. 17. 18 et alibi Veage, in Inquisitione ann. 1378. ex Tabul. Cartusiæ B. M. de parco.]
¶ VIAGIUM, Itineris terminus. Tabul. S. Victoris Massil. : Videns dominus Admiralus non posse navigare versus Viagium suum, etc.
¶ VIAGIUM, Expeditio.Elmham.in Vita Henrici V. Reg. Angl. cap. 29. pag. 69 : Rex cum exercitu et captivis per medium campi, quo exercitus commissum erat prælium, tanquam viam suo Viagio apctorem, rediens, etc. Infra pag. 79 : Ducem Bedfordiæ hujus Viagii capitaneum constituit et præfectum.
¶ VIAGIUM, Itineris pretium, præstatio pro facultate iter faciendi. Charta ann. 1368. ex Tabul. S. Victoris Massil. : Item quælibet galea solvat pro Viagio quinque renos. Item quælibet barchia de pallela aut de tymono bayonesto pro quolibet Viagio 3. grossos. Vide Viaticum.
¶ VIAGIUM, Peregrinatio, et maxime Hierosolymitana. Chron. Corn. Zantfliet apud Marten. tom. 5. Ampl. Collect. col. 211 : Et ne juxta legem patriæ oporteret maximam partem superstitum diversa Viagia, secundum exigentiam culparum exsolvere, qui forsitan in itineribus morerentur,... decreverunt concorditer unam erigi capellam, etc. Occurrit rursum col.

476. Procuratio Edwardi I. Reg. Angl. ann. 1289. apud Rymer. tom. 2. pag. 420 : *Librarum Turonensium nobis dudum mutuatarum in Viagio et pro Viagio nostro ad Terram sanctam.* Menoti Serm. fol. 147. v° : *Tu promisisti Viagium tuum : maritus tuus non vult quod adimpleas : tu non obligaris.* Vide *Via Sanctorum.*

° *Veage de la Croix,* Expeditio Hierosolymitana, in Test. Petri comit. Alenc. ann. 1282. pag. 182 : *Donnons planier pouoir à nos executeurs, s'il avenoit par aventure que nous ne peussions mie aler en Veage de la Croix,* etc. Vide *Voiagium.*

¶ VIAGIUM SEPTEM SANCTORUM. Inquisitio MS. pro Canonisat. S. Yvonis : *Nobilis vir D. Alanus de Keraxraiz miles et domina Theophania de Pestivien ejus uxor, cum vellent transfretare...... ad faciendum Viagium septem Sanctorum, etc.*

° *An ad septem pueros martyres in Sicilia,* de quibus tom. 3. Mart. part. 611. et tom. 1. Apr. pag. 809 ?

¶ VIAGIUM, Processio. Obituar. MS. Eccl. Morin. fol. 30 : *Item in conductu processionali feretri B. Mariæ et in ejus regressu quilibet habitualus de gremio ecclesiæ Morinensis et omnes alii supra in articulo præcedenti declarati, cum aliis servitoribus in Viagio dicti feretri ordinatis per capitulum, quilibet percipiet tertiam partem quatuor denariorum.*

¶ 2. VIAGIUM, Vita, cursus hujus vitæ, *Viage* passim in Consuetud. municipal. Charta ann. 1440. ex Chartul. 21. Corb. fol. 248. v° : *De terme en terme durant les Viages desdits et le dernier vivant tout tenant. Durant les vies,* in Charta ann. 1443. de eadem re ibidem. Vide *Viatores 2.* Hinc

¶ VIAGIUM, Annua pensio ad vitam, *Usufruit, Pension viagere, Viage, nude,* in laudatis Consuetud. Statutum Caroli V. Reg. Franc. ann. 1370. tom. 5. Ordinat. pag. 363. art. 8 : *Res appreciabitur per sacramentum proborum virorum et fidelium, ad præcium quod res poterit valere in vendeado ipsam, una vice ; et secundum illud precium, et non pro minore precio, exigatis financiam una vice ; videlicet, summam dicti precii ; considerata tamen in dicto precio reservacione dicti Viagii.* Charta ann. 1346. ex Chartul. 21. Corb. fol. 305. v° : *Soufs les Viages de Hue de Baumillier et Marque sa sœur qui premerement l'heritage dessusdit accaterent à leurs vies audit messire Nicole Hunaut ; lesquels Viages dessusdits.... Monsieur de Corbie accaia asdits Marque et Hue pour le somne et pris de xxix. livres Parisis de la monnoye courrant.* Vide *Viagerius* et *Viagium.*

° *Nostris Viage.* Charta ann. 1340. in Reg. 72. Chartoph. reg. ch. 217: *Cinc deniers à Colles du Ponciel pour une Viage sur leurs mès.* Alia ann. 1387. in Reg. Joan. ducis Bitur. ex Cam. Comput. Paris. fol. 153. v° : *Soufs ladite demission mons. le duc de Berry entrera et sera receux en foy et hommage, possession et saisine de l'usufruit et Viage d'icelles terres, pour joir et user des fruiz, proufiz et émolumens d'icelle sa vie durant, tout aussi plainement en toutes noblesses et prérogatives, comme s'il estoit plain seigneur et proprietaire desdittes terres, nonobstant que par la coustume Viagiere et fruittuaire n'en deust pas si plainement user.* Ubi *Viage* intelligi potest de annuo prædii reditu, quo sensu accipitur in Sent. ann. 1445 : *Nous adjugeons auxdits demandeurs le moitié en treffons et pro-*

prieté de le maison et hiretaige où ledit Jehan demouroit au jour dudit homicide,... avec son Viage et tout ledit hiretaige pour le vendre et adenerer selon lesdites clauses de le loy,

¶ VIALBORA. Anonymus in Annal. Mediolan. apud Murator. tom. 16. col. 812 : *Bacile unum deauratum cum floronis et Vialboris in ortis et aliis operagiis.* Et col. 813 : *Bussula una argenti laborata ad Vialboras cum pomello uno et uno radio.* Vide *Viarbora.*

° VIALE, Tributum, quod a transeuntibus per vias exigitur. Charta ann. 1507. inter Probat. tom. 2. Annal. Præmonst. col. 221 : *Omnia quæ ad necessitatem et usum domus Dei et conventus per terras nostras adferentur aut vehentur, erunt libera a telonio et Viali.*

¶ VIAMEN, Jus commeandi. Vita B. Caroli Comit. Flandr. tom. 1. Mart. pag. 192 : *Pacem et Viamen latoribus Sanctorum offerendo, etc.*

¶ VIANDA, Cibaria, iter facienti necessaria ad victum, Gall. *Viande,* Ital. *Viandare* est Iter facere. Statuta Massil. lib. 1. cap. 67. § 1 : *Bladum.... nullatenus extrahatur vel exportetur de civitate Massiliæ, per mare vel per terram ab aliquo extraneo vel privato, nisi hoc faceret pro Vianda sua vel marinariorum suorum.* Ibid. lib. 4. cap. 24. § 2 : *Ordinamus etiam quod nullus dominus vel rector navis seu ductor habeat ad Viandam suam ultra quatuor peregrinos, nisi gratis et pro miseria vellet eum transvehere, omni mercede cessante ; nec habeat aliquam societatem cum cargatoribus in cargaria seu Vianda peregrinorum, nec expleto viagio, domini navium aliquid accipiant vel auferant de eo quod superaverit de Vianda.* Occurrit rursum cap. 26. et 27. Oberti Cancellarii Annal. Genuens. ad ann. 1161. apud Murator. tom. 6. col. 298 : *Et quum Vianda incipiebat deficere, rogaverunt Regem ut victum deferre faceret, ut possent levius et commodius expectare integri debiti solutionem.* Adde col. 309. 400. 410. Vide *Placa 1.* et infra *Vivanda.*

° Glossar. Provinc. Lat. ex Cod. reg. 7657: *Vianda, Prov. cibus, esca, victus, viaticum.* Ita et nostri *Viande,* pro qualibet re homini alendo idonea usurparunt. Lit. ann. 1387. tom. 7. Ordinat. reg. Franc. pag. 191 : *Dure chosa seroit et est de faire contraindre gens de diverses bonnes villes et notables user et vivre de pareilles Viandes, et par especial de pain, qui est le principal et la plus noble Viande pour sustentacion de corps humain.* Vide supra *Festum S. Petri epularum.*

¶ VIANENSES, Nummi Viennenses. Stat. Taurin. ann. 1360. cap. 246. ex Cod. reg. 4622. A : *Solvendo tres denarios Astenses pro duobus Vianensibus.*

° *Aliud vero sonat vox Gallica Vianoie,* Vellus scilicet, in Lit. remiss. ann. 1388. ex Reg. 135. Chartoph. reg. ch. 110 : *Lequel exposant prinst seze Vianoies ou toisons de laine, douze escueles d'estain, etc.*

¶ VIANS, Vivens, Ital. *Vivente.* Charta ann. 1164. inter Probat. tom. 2. novæ Hist. Occitan. col. 608 : *Notum sit quod ego Raymundus comes S. Egidii cognosco et confiteor villam S. Saturnini allodium et proprietatem esse B. Petri Cluniacensis : sed propter amicitiam quam monachi erga me habebant, et ut per meam defensionem villa ipsa in commercio Vianciumº magis augeri possit, statuimus, etc.*

° VIANUM, pro *Bianum,* Servitium, quod a subditis exigitur. Gall. *Corvée.* Sent. Henr. dom. de Causanciis senesc.

Vascon. ann. 1268 : *Item super eo quod occasione Viani, idem nobiles homines prædictæ terræ contra antiquum statutum et consuetum indebite molestaret, plus ab eis debito exigendo, etc.* Infra : *Bianum.* Vide *Biennum.*

° VIARAGIUM, Idem videtur quod supra *Viageria.* Charta ann. 1352. in Reg. 82. Chartoph. reg. charta 424 : *Item Petrus Andreæ pro Viaragio de Ornone, sex gallinas.* Vide supra *Vaieria.*

VIARAM, Una e 12. speciebus Auguriorum, de quibus in verbo *Venta,* quæ sic describitur a Michaele Scoto de Physionomia cap. 56 : *Viaram est augurium, quando homo vel avis suo itinere vel volatu ante te transit, veniens a dextra parte tui, et tendens in sinistram evanescit. Istud est tibi bonum signum super negotio.*

¶ VIARBORA, inter mulierum jocalia recensentur in Statutis Genuens. lib. 2. cap. 17. fol. 48. v° : *Intelligantur esse in bonis et de bonis viri vestes, zonæ, corrigiæ, cordellæ, Viarbora et alia localia* (leg. jocalia) *et quæcumque bona habuisset a dicto viro suo, vel a patre, vel ab alio pro eo.* Vide *Vialbora.*

1. VIARE, *Iter facere, ambulare,* Papiæ. Onomasticum vetus : *Vio,* ὁδεύω. Glossar. Gr. Lat. : Παχπατρέω, *Rebio.* MS. Revio. S. Ambrosius lib. 5. Hexaem. cap. 10 : *Quis tribuit dispositionem Viandi.* Adde cap. 16. Fortunatus lib. 9. Poem. 7 :

Si minus possum pedibus Viare,
Ducor amore.

Flodoardus lib. 14. Carm. 18 :

Destinat officio.......... Jumenta viandi

Utuntur præterea Solinus cap. 40. 42. Apuleius lib. 10. et in Florid. Ammianus lib. 15. 20. Sidon. lib. 4. Epist. 3. 6. Saxo Grammatic. lib. 8. Alanus in Anti-Claudiano lib. 1. cap. 8. 9. etc. [Albert. Mussatus in Chron. apud Murator. tom. 10. col. 726 : *Plerumque pro spoliis rapiendis Viantes trucidabant.* Notum fuit Quintiliano qui illud inter infelicius ficta reponit lib. 8. cap. 6.]

° *Voyer* vero *Mulgere,* vulgo *Traire,* significat, in Lit. remiss. ann. 1474. ex Reg. 195. Chartoph. reg. ch. 1289 : *Laquelle fille respondit au suppliant qu'elle alloit Voyer ses vaches.*

2. VIARE, in Charta ann. 1148. inter Probat. Hist. Autiss. pag. 15. col. 1. edidit *D. Le Bœuf,* ex cujus schedis editum *Wiare* infra. Vide in hac voce.

° VIARESUS, Italis *Viareccio,* Qui in itinere portari potest. *Altare Viaresum,* idem quod *Portatile.* Charta ann. 1214. apud Murator. tom. 5. Antiq. Ital. med. ævi col. 519 : *Et dicit, quod dictæ ecclesiæ dedit altare Viaresum, pallium, toalias et antiphonarium unum de die et unum de nocte, etc. Ubi male Altare et Viaresum virgula separantur.*

¶ 1. VIARIA. Vide mox in *Viarius 2.*
¶ 2. VIARIA. Vide mox in *Viarius 2.*

¶ VIARIUM, Annua pensio ad vitam, ut videtur. *Viaire,* in Consuet. Calmont. art. 38. Placitum ann. 874. apud Murator. tom. 2. col. 945 : *Et ipsi Liuteri et ipsi Garefuso renuntiavimus, ut de omni ipsa supradicta re Candoli de Suriano et Romani, et de Germanis suis de paterno et de ipso cambio de Viario sibi quiescerent.* Vide *Viagerius* et *Vitalitium.*

° *Nostris Viaire* et *Viers,* pro *Visage, Vultus,* dixerunt. Lit. remiss. ann. 1368. in Reg. 99. Chartoph. reg. ch. 520 : *Les assailli, navra et plaia en plusieurs lieux* de leurs *Viaires*, corps et membres. Aliæ 1381. in Reg. 120. ch. 96 : *Laquelle femme eust esté blaciée ou visage à sahc, et elle meue de courroux pour le deshonneur de son Viaire, etc.* Aliæ ann. 1401. in Reg.156. ch. 204 : *Icellui Toustain regarda par plusieurs fois ledit Maillot, et lui fu advis qu'il ressembloit bien de Viaire à icellui Caron son cousin.* Le Roman de Garin :

Rigaud chevauche o le Viere fier.

Rursum :

Et fiert Garnier el Viere devant.

* An inde *Wiart* nuncupatur, Velamen, quo vultus operitur, quod et *Wite* dicitur, forte a *Witta*, in Mirac. MSS. B. M. V. lib. 2 :

S'image muche sous Wiart.......
L'image à la dame de gloire
Adonc remuce sous sa Wite.

1. VIARIUS, Dominus feudalis, cui competit *inferior* vel *media justitia* : nostris, *Seigneur voier*. Duplex enim est Justitia *Viarii*, alia, quam *Basse voirie* vocat Consuetudo Turonensis tit. 1. art. 1. *Simple voirie*, Andegavensis art. 1. Cenomanensis art. 3. et Blesensis art. 27. cæteræ Consuetudines *Basse justice*. Alia, quam *Granda voirie* appellat eadem Turonensis Consuetudo art. 39. *Grosse voirie*, vel certe *la Justice du gros Voier*, Blesensis art. 21. 22. 23. 24. 26. ubi utriusque jura recensentur, quibus allas explicandis non licet immorari. Describam tantum, quæ de *viaria* generatim habent Statuta S. Ludovici Reg. Franc. lib. 1. cap. 38 : *De Justice de Vavasor. Tous Gentishomes, qui ont voierie en leur terre pendent larron de quelque larrocin, que il ait fait en leur terre. Et infra : Car eus tiennent leurs batailles devant euls de toutes choses fors de grans meffés, que nous vous avons nommez par devant, et ils ont leurs mesures en leurs terres, les prennent, et les metent ès cors des Chastiaus, et les baillent à leur homes, et puis se eus trevent seur leur homes fausse mesure, li drois en est leur, et en puent lever soissante sos d'amende, etc.* [Quæ fuerint *Viarii* Parisiensis jura, videsis ex Regesto Ludovici *Sarrazin* apud D. Brussel tom. 2. de Usu feud. pag. 741. et seqq. ubi fusius explicantur. Charta Ludovici Jun. ann. 1160. ibid. tom. 1. pag. 536 : *Neque pro Præposito, sive Viario, neque pro alio se justitiabunt, nisi pro corpore Regis.*] Pactum inter Philippum Regem Franc. et Ricardum Regem Angliæ mense Febr. ann. 1254. pro justitia seu Jurisdictione utriusque in urbe Turonensi, ex Regesto Andegavensi fol. 43 : *Viarii autem Comitis infra ambitum claustri nullam habent jurisdictionem. Et infra : Viarii Comitis in nullo affidamento justitiam habent.* Usatica oppidi Chableiæ , in Tabulario Campaniæ Thuaneo fol. 287 : *Dominus Noerii est Viarius Chableiæ, et non potest ponere apud Chableiam Viarium, qui non juret, quod fidelis erit Præposito B. Martini, quod vitam et honorem, et membra ejus pro posse suo servabit.* Ejusmodi *Viarios* vulgo dictos putant plerique, quod eorum jurisdictio potissimum sit in *viis* tenementorum suorum ; idque eruunt ex aliquot Consuetudinibus municipalibus, præ Ambianensi art. 184. in quo dicuntur Domini omnes feudales, quibus major est media justitia competunt, esse *Seigneurs Voiers ès frocs, fleyards, chemins, et voiries estans au devant de leurs tene*mens *ou heritages, soit par eau, ou par terre.* Certe quidquid sit de *Viariorum* justitia in *viis* tenementorum suorum, hanc constat non in eo præsertim constitisse ; sed in aliis quampluribus juribus, quæ passim recensent Consuetudines municipales, ubi de inferiori justitia agunt. Quin potius *Viarios* dictos existimo, quasi *Vicarios*, eosdemque esse cum *Vicariis*, quos Lex Longobard. lib. 2. tit. 52. § 7. [Gg Carol. M. 69.] de minoribus causis cognovisse docet, quique per *pagos constituti erant*, ut ait Walafridus Strabo. Unde ejusmodi *Vicarii* non alii sunt ab iis, quos ætas posterior *Majores*, et *Villicos villarum* appellavit. [Composito inter Odonem Episc. Paris. et Johannem Abbat. S. Genovefæ ann. 1202. ex Chartul. Episc. Paris. fol. 38 : *Nullus prædictorum viginti sex* (servientium) *Viarius poterit esse vel major burgi, ita ut prædicta gaudeat libertate.*] Nisi quis mallt *Viarios* dictos ex Gallico *Voiers*, seu *Vouiers*, id est, Advocatos, cum *Viaria* et *Advocatio* idem esse dicantur in Chartis aliquot mox laudandis. Neque aliter vox *Voier* accipienda apud Guill. Guiart in Hist. Francor. MS. ann. 1207 :

Simon de Monfori i demeure,
Come Seneschaus ou Voiers,
Et bien XII*. soudoiers.

* Circa varias hujusce vocis acceptiones diversaque *Viariorum* munia et jura, consule D. *Bouquet* tom. 1. Jur. publ. Franc. pag. 154. et seqq. Cave tamen ne ipsius conjecturis nimium fidas.

SUBVIARIUS, Vicarius *Viarii*. Chartam Henrici Regis Franciæ ann. 1057. in 8. tomo Spicilegii Acheriani pag. 156. subscribunt præ aliis *Hervæus Viarius*, et *Herbertus Subviarius*. Vide tom. 3. pag. 156.

VIARIA, Jurisdictio seu Justitia *Viarii*, Practicis nostris *Voirie* ; interdum quod ratione viariæ præstatur a tenentibus. *Veherie*, in Consuetud. locali Castellinovi in Biturigib. art. 4. Chronicon Mauriniacense lib. 1. pag. 360 : *Mea est, aiebat iste, Viaria.* Pag. 365 : *Censum plus minus 50. solidorum, et dimidietatem Viariæ huic Ecclesiæ dederunt.* Charta Roberti Regis Franc. ann. 2. ex Tabulario S. Maglorii Paris. : *Cum omnibus appendiciis et consuetudinibus , id est, bannum et Viariam, et omnes terras ad Marnacum pertinentes.* Alia Gilberti Episcopi Parisiensis ann. 1117 : *Censum, nemus, justitiam, dominium, Viariam, et omnes feodos, et omnes dominicaturas tam in nemoribus, quam in terris, etc.* Alia Ludovici Regis Franc. ann. 1124 : *Cum bosco et plano, et molendino, et pratis, et Viaria et justitia, et cum omnibus ad eandem villam pertinentibus.* [Litteræ Philippi III. Reg. Franc. ann. 1272. apud Lobinell. tom. 3. Hist. Paris. pag. 293 : *Habebunt etiam dicti Religiosi* (S. Germani) *in omnibus locis et vicis Viariam et justitiam Viariæ, et quicquid pertinet ad Viariam, et falsas mensuras,.... et in saliis domorum, quæ fient in vicis sitis infra metas superius nominatas.*]

¶ VIARIA, Districtus Viarii. Charta ann. 1278. apud eumd. Lobinell. ibid. pag. 28. col. 1 : *Si vero contingat quod Major S. Mederici, vel ipsius serviens, vel servientes jurati aliquem capiant in terra S. Mederici,.... et captus se recutiat in Viaria vel extra Viariam :...... et ob hanc causam..... mellesia oriatur, sive in dicta Viaria, sive extra Viariam in terra S. Mederici, etc.*

¶ VIARIA, Idem quod *Præpositura*, in Charta S. Ludovici Reg. Franc. ann. 1230. ex Tabul. Abb. de Pietate Dei, vulgo *l'Espau : Insuper addidimus L. libras Turon. annui redditus percipiendas in nostro redditu de Cenomanis in Viaria sive Præpositura singulis annis.*

VIARIAM, cum *Vicecomitia*, seu Vicecomitis jurisdictione confundit Ordericus Vitalis lib. 5. pag. 596 : *Concesserunt sancto Ebrulfo Vicecomitiam, id est, Viariam, quantum habebant in villariis vastatis.* Tabularium Henrici Comitis Trecensis ann. 1159. in eod. Tabular. S. Martini : *Jus Vicecomitatus, seu Viariæ, quam in villa S. Gemmæ se habere dicebat, etc.* *Vicecomitatus* et *Wigaria*, in Charta Henrici Imper. ann. 932. Rursum VIARIA, Idem est quod *Advocatio*, in Charta Stephani Episc. Paris. ex Tabul. S. Martini de Campis : *Cujusdam vineæ in territorio S. Clodoaldi sitæ Advocationem, quæ vulgo Viaria dicitur, Monachis S. Martini de Campis concedo.* Alia Gaufredi Episcopi Meldensis ann. 1208. ex eodem Tabul. : *Quitavi eis in integrum quidquid habebam vel tenebam in villa de Choisiaco, et in tota ejus potestate, tam in Viaria et advocatione, et omnibus aliis rebus et domaniis, etc.* Alia Guillelmi de Monstiers militis, ejusdem anni, ibid. : *Tam in Viaria, quam in Advocatione.* In quibus locis vox *viaria* videtur exprimere Gallicam *vouerie*, pro *Advouerie*, *advocatura*, quomodo *Voulrie* usurpatur in Consuetudine Vitriacensi art. 70. 100. 141. 143. pro potestate parentum in liberos. Vide *Advocatio*.

¶ VOUUEARIA, Eodem notione, in Charta Hugonis dom. de Monte-corneto ann 1245. ex Tabul. S. Nicasii Remens.: *Quittavimus etiam advocationem sive Vouuearum.* Occurrit rursum in alia ejusdem anni ibidem. *Voulrie* in clientelari professione ann. 1581. dicitur præstatio quæ advocato pensitatur propter tutelam.

VIATURA, Idem quod *Viaria*. Charta Philippi Regis Franc. ann. 1091. pro Compendiensi Ecclesia : *Advocationem et Viaturam de Longelio usque ad medium fluminis Isaræ, Viaturam de Saccio, Viaturam de terra illa, quam habet in prædicta Ecclesia in Gellis, etc.* Charta Ludovici VI. Regis Fr. 1118. ex Tabulario Fossatensi fol. 14 : *Precatus est etiam, ut præfatæ Ecclesiæ tertiam partem ejusdem Viaturæ, quam Vicecomes Meledunensis de feodo nostro in ejusdem mansuris et terra habet.... concederemus.* Charta Ludovici Regis Franc. ann. 1122. apud Chopinum lib. 3. de Sacra Polit. tit. 2. § 12 : *Terram B. Mellonis intra vel extra Castrum Pontisaræ sitam exoneramus ab omnibus taillis et exactionibus ; in qua tamen retinemus Viaturam, equitatum, et expeditionem. Ita quod quoad Viaturam, si qua in ea forisfacta facta fuerint ab hominibus B. Mellonis, Præpositus noster eum submoneat tantum, et reddat Canonicis, etc.* Charta Ludovici Regis Franc. ann. 1123. ap. eumd. sua cap. 4 : *A filio ejus Ludovico Viaturam ejusdem villæ, et omnes redditus ejus, præter vinum et avenam.... obtinuimus.* Et cap. 21 : *Villa, quæ dicitur Maroguum , occasione cujusdam Viaturæ quam Ansoldus de Cornello fere usque ad ipsas villæ domus possidebat, gravissime infestabatur.* Charta Geraldi de Valengoiart, in Tabulario S. Victoris Parisiens. ch. 21 : *Sciendum est, quod ego de assensu Theobaldi primogeniti mei dedi in eleemosynam præfatæ Ecclesiæ totam Viaturam in longum et latum de viis, quæ sunt circa eorum porprisiam , et quantum terræ durat, quam vendiderunt in magno chemino versus domum Leprosorum.* Charta ann. 1247.... *Quod Viatura et omnimoda justitia est Abbatis et Ecclesiæ B. Dionysii in toto chemino, etc.* Vide Doubletum pag. 857.

¶ VOERIA, Eodem significatu. Regest. Campaniæ ann. 1256. apud D. *Brussel* de Usu feud. tom. 2. pag. 1042 · *Johannes de Tooquin. Ligius, de fortericia de Tooquin, de Voeris et conductu mercati de Rosoi. Hugo de Charni filius dom. Adæ. Ligius, de Voeria, et justitia et medietate S. Fiacrii.* Occurrit pluries in Litteris Caroli Johannis Reg. primogeniti ann. 1357. ibid. pag. 753.

¶ VOUERIA, Eodem sensu. Charta ann. 1286. ex Tabul. S. Aviti Aurel.: *Et etiam potum nemoris siti juxta Voueriam.*

¶ VIATIO, Eadem notione. Tabul. Beccense ann. 1080: *Galo de Flavacourt dedit Ecclesiæ quod habebat apud Laïencort, scilicet altare et atrium et quadrantem ejusdem villæ et duas partes vicecomitatus et Viationis.*

VIATORIA, [Pari intellectu. Charta ann. circ. 1183. tom. 2. Hist. Eccl. Meld. pag. 25 : *Comes Theobaudus clamavit quietum quidquod capiebat in tota terra Berceii et Ortolii, sive per justitiam sive per Viatoriam.*] Charta Vicedominorum Gerborensium ann. 1160. apud Louvetum : *Et super Viatoriam totius terræ Monachorum quantumlibet acquirere poterunt intra unam leucam circa Ursimontem.* [Charta ann. 1211. ex Chartul. S. Johannis in Valle : *Hæredes Viatoriam quam dictus Focaudus habebat in terra S. Johannis de Vallaia apud Hauvillam de cætero in suam non reclamabunt.*] Occurrit præterea in Charta Philippi Regis Franciæ ann. 1180.

VIATOR, Idem qui *Viarius.* Rogeri Episcopi Bellovacensis Epitaphium in Ecclesia Bellovacensi :

Hic rexit Cathedram, non pressit, Pontificalem.
Ornamenta domus, status et possessio Cleri,
Libertas patriæ pulso Comitatus dominio,
Atque Viatorum demisso gaudia censu, etc.

Charta Communiæ Nivernensis et Altisiodor. ann. 1194 : *Statutum est et concessum, quod Iterus de Tociaco Vicecomes Autisiodorensis, et Viator Altisiodorensis, supradictis burgensibus omne jus, quod habebant in omnibus forisfactis...... quittavit, etc.* Infra, *Viarius* dicitur. Charta ann. 1160. apud Louvetum in Bellovaco : *Concessi eidem Ecclesiæ in eleemosyna perpetua medietatem Viatoris (f. viatoriæ) Ursimontis et Goslenicurte..... insuper et Viatoriam totius terræ Monachorum, etc.* [Poggius lib. 2. Hist. Florent. apud Murator. tom. 20. col. 228 : *Moris est Romanorum Pontificum, cum in quempiam ob commissum facinus animadvertere volunt, ut eum per Viatorem, ad criminis defensionem vocent.*] [∞ Vide Glossar. med. Græcit. col. 1267. voce Προελευσιμαῖοι, et Forcell. in *Viator.*]

° 2. VIARIUS, Carceris custos, cujus officium *Viaria* appellabatur. Charta Ludov. X. ann. 1814. in Reg. 50. Chartoph. reg. ch. 118 : *Nuper defuncto Viario seu geolario geolæ Silvanetensis, qui jure hæreditario Viariam seu geolam loci ejusdem tenebat, officium Viariæ seu geolæ hujusmodi cuidam alii concessimus. Voyer* vero, qui prædiis culturæ invigilat, in Lit. remiss. an. 1407. ex Reg. 162. ch. 95 : *Au lieu de Choies ou mandement d'Auberive* (en Dauphiné) *icellui chevalier avoit pluseurs biens, et y tenoit un Voyer, qui faisoit illec les labourages.*

¶ VIASOS, Conc. Tarracon. ann. 1591. inter Hisp. tom. 4. pag. 510 : *Nullus beneficiatus seu clericus......, portet lanceam aut scutum, vel ballistam cum sagittis ; nec ad sonum de Viasos seu rixam, quæ aliquando in civitatibus, villis seu castellis seu locis fieri contingunt, exeant cum armaturis prædictis.* Leg. *Via fors.* Vide in *Biafora* et *Sonus* 2.

VIATICA LITTERA, quæ ab Abbate peregre exeunti Monacho datur, apud Ingulfum pag. 860.

¶ VIATICARE, *Viatico* instruere. Acta S. Censurii tom. 2. Jun. pag. 278 : *Huic si legitimam, ut mos est, solutionem perexiguæ segetis indulgeas, tanquam opipare Viaticatus, cum gratiarum actione remeabit.* Gloss. Lat. Gr. : *Viaticor,* ἐφοδιάζεσθαι.

¶ VIATICARIUS, Viator, ductor. Chron. Domin. de Gravina apud Murator. tom. 12. col. 607 : *Viderunt per Maffeum Caczollam de Juvenatio habitatorem Gravinæ familiarem dictæ dominæ Viaticarios sero præterito introductos, robbam et bona dictæ dominæ onerare in stalla dictæ dominæ in platea vicina quidem longe parum a domibus dominæ supradictæ.*

¶ VIATICI LIBRI, f. Rituales, in quibus de *Viatico* administrando sermo est ; vel Breviaria viatorum utilitati accommoda. Diarium belli Hussit. apud Ludewig. tom. 6. Reliq. MSS. pag. 191 : *Item omnes libri missales, aut cantuales, similiter et Viatici et libri hymnorum, et omnis ornatus seu vestes missales,...... hæc omnia sunt destruenda vel comburenda.*

1. VIATICUM, Via, iter publicum. Charta Othonis Comitis Viromand. ann. 1085 · *Districtionem terræ exterioris silvæ ac prati villæ Humolariensi pertinentium, cum Viatici publici banno, etc.*

VIATICUM, Tributum ab itinerantibus præstitum, in Charta Lotharii Reg. Fr. apud Marlotum in Metrop. Remensi lib. 4. cap. 24 : *Ab omni exactione et teloneo et Viatico liberæ...... permaneant.* Alia Ildefonsi Regis Aragonum ann. 1184. apud Saxium in Pontificio Arelatensi : *Vel aliquod prorsus Viaticum ab eis exigetur.* [Radevicus de Gestis Friderici I. Imper. apud Murator. tom. 6. col. 776 : *A fodro et Viatico et ab omnimoda exactione se ibidem per omnem eorum ditionem continebunt.* Vide *Viagium* 1.]

VIATICUM, Iter, itineratio, *Voyage.* Fortunat. lib. 6. Poëm. 4 :

Deducit dulcem per amara Viatica natam.

Charta Jacobi Regis Aragon. ann. 1209 : *Pro Viatico, quod fecimus in Sicilia.* Occurrit in aliis apud Joan. Dametum in Hist. Regni Balearici pag. 203.

¶ VIATICUM, Pecunia, *viaticum* seu iter facienti necessaria, vel quæ in mercede *viatici* conceditur. Bulla Leonis X. PP. apud Illustr. Fontaninum in Antiq. Hortæ pag. 492 : *Ne aliquid ultra quindecim ducatos ; quos alias ex antiqua consuetudine pro hujusmodi visitatione pro expensis seu Viatico suo solvere consuevistis, ad solvendum pro dictis expensis seu Viatico astringi de cetero possetis.* Pecunia viatica dicitur in Chron. Farfensi apud Murator. tom. 2. part. 2. col. 624 : *Sed quoniam Viaticam pecuniam, utpote regulariter inopes, monachi minime habebamus. Viatique,* eadem notione frequenter usurpant Monachi. Conc. Constant. tom. 1. col. 683 : *Una et eadem vice et per eumdem nuncium ad eundem locum unum, de una tantum sicut de alia, æquale Viaticum seu bravium, et sic pecunias ultra debitum multas extorquent.* Statuta Mutin. rubr. 284. fol. 80 : *Si nuntius iverit extra civitatem ad capiendum aliquem, habeat... pro quolibet miliario unum imperialem pro suo Viatico.... Teneantur nuntii pignora quæ acceperint pro suis Viaticis dimittere in villa.*

VIATICUM, Sacra Eucharistia, quæ ægris ac morituris datur. S. Thomas part. 3. quæst. 73. art. 4 : *Hoc Sacramentum est præfigurativum fruitionis Dei, quæ erit in patria ; et secundum hoc dicitur Viaticum, quia hic præbet nobis viam illuc perveniendi.* Paschasius de Corpore et Sanguine Domini cap. 9. al. 19 : *Hoc mysterium nonnunquam Viaticum appellatur, quia, si quis illo fruitur in via, pervenit ad vitam, quam jam in se habet.* Capitul. Caroli M. lib. 7. cap. 101. [138.] : *De his, qui recedunt de corpore, pœnitentia accepta, placuit sine reconciliatoria manus impositione eis communicare, quod morientis sufficit consolationi, secundum definitiones Patrum, qui hujuscemodi communionem congruenter Viaticum nominaverunt.* Joan. Abrinc. Episc. de Off. Eccl. : *Corpus Domini tripliciter dividat, quarum partium unam Sacerdos Calici immittens, Pax Domini, alia voce dicendo, protinus subdat secrete : Fiat commixtio corporis et sanguinis Domini nobis accipientibus in vitam æternam. Alia se, Diaconum, Subdiaconumque communicet, tertiam Viaticum, ut opus fuerit in patena usque ad finem Missæ reservet ; tertiam, quæ remanet in altari, vocat sancta Ecclesia Viaticum morientis, etc.* Illud porro τὸ δεσποτικὸν ἐφόδιον dicitur in Concilio Nicæno cap. 13. *Viaticum nostri itineris,* apud Gaudentium Brixiensem tract. 2. *Viaticum munus,* in Epistola 1. Siricii PP. cap. 5. et in Epist. 1. et 7. Hincmari ex Labeanis. *Viaticum Eucharistia,* in Capitul. Caroli M. lib. 5. cap. 51. [∞ 118.] : *Sacra Communio in Viatico,* in Lege Longob. lib. 1. tit. 30. § 15 [∞ Ludov. II. 3.] *Viaticum, id est, viæ custodia,* in Canonibus Hibernicis lib. 2. cap. 16. *Typica salutiferi viatici stips,* apud Dudonem lib. 3. de Actis Norman. pag. 157. *Sacramentum progredientium, quod ideo Viaticum seu Eucharistia appellatur,* in Synodo Exoniensi ann. 1287. can. 1. Vide præterea Innocentium I. PP. Epist. 3. cap. 2. Gelasium capitulo 20. Gregor. M. lib. 7. Epist. 62. Concil. Arausic. I. can. 3. Vasion. sub Leone I. PP. can. 2. Carthag. IV. can. 77. Gerundense sub Hormisda can. 9. Arelat. II. can. 28. Agath. can. 15. Epaon. can. 36. Aurel. III. can. 6. Matisc. 1. can. 12. Lugdunense can. 3. Remense can. 9. Sarisberiense ann. 1217. can. 34. Gregor. III. Epist. 1. cap. 7. Amalar. lib. 3. de Eccl. Offic. cap. 35. Gropperum de Eucharistia pag. 434. 435. Gretserum in Muricibus Christianis pag. 67. 70. Henricum Valesium ad Eusebium lib. 6. cap. 44. etc.

Eucharistiam porro infirmis dari in viatici modum dicimus, cum non jejuno datur, quod *ad succurrendum* vocant Statuta antiqua Cartusiensis Ordin. 2. part. cap. 8. § 22 : *Providendum est, ut infirmus communionem sacram jejunus accipiat ; eam namque post cibum dari non licet, nisi forte ad succurrendum.* ☞ *Viaticum* dicta etiam Communio sanorum qui eam jejuni accipiebant. Gerardus in Vita S. Udalrici cap. 8. num. 11 : *Cum Viaticum ab eo accepturi accederent, digitum ori superposuit, de visione tacerent.* Rursum cap. 4. num. 20 : *Quo benedicto, et populo sacro Viatico recreato, vesperaque expleta, ad sacrarium venit chrisma et oleum clericis dispensandum.* Denique cap. 12. num. 42 :

Ministerio sacro peracto, Viatico sacro omnes recreavit. Statuta Canonic. Regul. apud R. Duellium tom. 1. Miscell. pag. 100. ubi caput 74. inscribitur, *de Viatico recipiendo*:

In summis festis Communio sacra ministris Debet partiri, etc.

¶ VIATICUM, Subsidium, auxilium quodvis. S. Irenæi vetus Interpres lib. 1. cap. 31. num. 4: *Viatica quoque dabimus ad eversionem ipsorum, occurrentes omnibus sententiis secundum narrationis ordinem.*

¶ VIATICUS, *In via necessarius, vel delatus, vel in via sustentatus,* in Gloss. Biblicis MSS. Anonymi ex Ugutione.
♦ 2. VIATICUM, Aditus, Gall. *Entrée*. Formulæ MSS. ex Cod. reg. 7657. fol. 42. r° : *Per cujus (domus) lansissam seu supernum solarium, idem talis dictæ tali scienter dedit Viaticum et accessum.*
♦ 3. VIATICUM, Cibus, esca. Comput. ann. 1362. inter Probat. tom. 2. Hist. Nem. pag. 244. col. 1 : *Item pro salario bedelli S. Petri martyris, qui paravit Viatica in dicta die, tres grossos.*
♦ 4. VIATICUM, *Quod homo facit in una die,* in Glossar. Provinc. Lat. ex Cod. reg. 7657.
♦ 5. VIATICUM, Merces, præmium. Parid. de Grassis Cerem. capellar. papal. MS. : *Et in fine pro sui ministerii mercede, quod Viaticum appellant, ex vetusto ritu donatur* (diaconus cardinalis) *crumenula, cum quadraginta solidis.*
♦ 1. VIATICUS, Idem qui *Viarius* 1. Charta ann. 1195. in Chartul. S. Dion. Vergiac. fol. 14. r° : *Viaticus de Edua et præpositus de Dijon, etc.*
♦ 2. VIATICUS, *Vagus, errat,* Prov. Glossar. Provinc. Lat. ex Cod. reg. 7657.
¶ VIATIM, *Per vias,* in Gloss. Gasp. Barthii apud Ludewig. tom. 8. Reliq. MSS. pag. 526. ex Lisiardi Hist. Palæst.
¶ VIATIO, Iter. Acta S. Urbici tom. 1. April. pag. 252 : *Expedita Viatione ad Iciodorum pervenit monasterium.* Alia notione, vide in *Viarius.*
1. VIATOR, Parvus cyathus, vel cochlear, quo utebantur viatores, seu qui in viam se dabant, unde nomen. Hesychius : Βιάτωρ, κυάθιον μικρὸν ἤγουν κοχλιάριον.
2. VIATOR, Idem quod *Viarius.* Vide in hac voce.
1. VIATORES, Fratres conversi in monasteriis, ita dicti, quod pro negotiis monasteriorum a præfectis missi crebrius viæ se committerent. Cæsarius lib. Mirac. cap. 87 : *Homo quidam religiosus de ordine Viatorum, cum apud quandam matronam hospitaretur, conquestus est illi, etc.* Idem lib. 6. cap. 20 : *Tales sunt multi ex his Barbatis, qui in habitu et tonsura religionis terras circumeunt, et plurimos decipiunt..... Et licet quidam ex hujusmodi Viatoribus, viri sint sancti et sine felle, propter malos tamen despiciuntur.* Vide lib. 8. cap. 96. lib. 10. cap. 36.
2. VIATORES, Qui in hujus vitæ cursu versantur. Marsilius Patavinus in Defensore pacis part. 2. cap. 12 : *Sic igitur singulariter nobis ostenso, Christum et ipsius Apostolos Viatores, statum paupertatis et humilitatis docuisse, atque servasse, etc.* [Vide *Viagium* 2.]
¶ VIATORIA, ut *Viaria.* Vide *Viarius.*
VIATRIX, ut *Viator.* Martianus Capella lib. 6. initio : *Crepidas peragrandæ telluris causa, easdemque permeno orbe contritas, Viatrix infatigata gestabat.*

VIATURA. Vide in *Viarius.*
♦ VIAZOLA, Canalis, per quem aqua vehitur seu decurrit. Charta ann. 1226. apud Murator. tom. 4. Antiq. Ital. med. ævi col. 216 : *Et eundo versus mane usque ad Viazolam de podio Bellii, et inde eundo recto fine per viam et campos usque ad locum, ubi fuit molendinum de Bellio.* Vide *Vezia* et *Viazzola.*
¶ VIAZZOLA, ut supra *Vezola.* Vide in *Vezia.* Statuta Mutin. rubr. 326. fol. 65 : *Quod massarius S. Geminiani accipere possit et extrahere medietatem aquæ, quæ extrahitur de canali situlæ, et inter hortum Monacarum S. Eufemiæ in capite Viazzolæ, quæ est inter hortum prædictarum Monacarum.*
¶ VIBRAMEN, Coruscatio. Gislebertus in Mirac. Romani Mon. tom. 5. Maii pag. 163 : *Qui sanctos suos potenter mirificans, vario non cessat decorare miraculorum Vibramine.*
¶ VIBRELLA , Tormentum bellicum, Gall. *Canon,* a verbo Lat. *Vibrare,* Gall. *Lancer, jetter avec force.* Litteræ Margaritæ Reg. Angl. ann. 1554. apud Rymer. tom. 15. pag. 360 : *Vi et armis, videlicet gladiis,.... tormentis sive Vibrellis vulgariter vocatis Canons, etc.* Hinc
¶ VIBRELLARIUS et VIBRELLATOR, Tormentorum librator, Gall. *Canonier.* Litteræ Henrici VII. Reg. Angl. ann. 1490. apud eumd. Rymer. tom. 12. pag. 468 : *Cum nos quandam expeditionem contra Gallos instruere decrevimus, volentes proinde de certo numero navium ac Vibrellariorum et balistariorum, etc. Usque ad numerum quingentorum navium et infra, et Vibrellarios et balistarios usque ad numerum trescentorum, etc.* Aliæ Edwardi VI. ann 1547. ibid. tom. 15. pag. 161 : *Navium magistros, nautas, naucleros, Vibrellatores sive bombardatores, et marinarios, etc.* Adde pagg. 198. et 694.
¶ VIBRIANUM, Axilla, Gall. *Aisselle.* Acta S. Gerardi tom. 1. Jun. pag. 770 : *Ei sub Vibriano sinistri brachii apostema ad modum ovi grossi natum est.*
¶ VIBRINUS, Regula S. Cæsariæ tom. 1. Jan. pag. 734 : *Moneo specialius..... vestimenta lucida vel nigra, vel cum purpura, vel Vibrina nunquam in usu habeantur, nisi tantum laia et lactena.* Ubi Vossius de Vitiis serm. lib. 3. cap. 55. rescribendum existimat *Fibrina,* vestemque interpretatur factam ex pilis fibri, quibus nihil mollius. Vide *Viverita.*
¶ VIBRISSARE, μυνυρίζειν, in Gloss. Lat. Gr. Festus : *Vibrissare est vocem in cantando crispare.*
♦ VIBRUCÆ, τρίχες ῥινός, in iisdem Glossis, quo *Vibrissæ,* pili in naribus hominum, dicti, quod his evulsis caput vibratur. *Vibrisse* Italis eadem notione.
∞ VICACITER, Pervicaciter. Vita Johannis Gorziensis cap. 18 : *Orationes, etc.... memoriæ Vicaciter, ut nemo superius, commendavit.*
VICÆN, Idem quod *Boda,* i. habitatio, domus. Saxonibus Vicæn vel pagus, vicus, unde *Vicenga, incolæ,* habitatores. Charta Waldemari Regis Daniæ ann. 1226. apud Isaac. Pontanum lib. 7. Hist. Danic. : *Item omnia, quæ sub pondere vendi solent, possunt in ipsorum bodis sive Vicæn vendere et alienare cum statera Coloniensi, et pondere debito trutinare. Item vinum, quod personaliter apportarint, possunt in suis Vicæn, ad clepsidras vendere et alienare.*
♦ VICALUS. Charta ann. 1405. in Reg. feud. comitat. Pictav. fol. 87. v°. ex Cam. Comput. Paris. : *Johannes Rabaudi valletus..... me habere et tenere confiteor...... decimam et terragium bladorum, vini, porcellorum, agnorum, lanorum, Vicalorum et cæterorum quorumcumque.* An pro *Vitulorum ?*
♦ VICANA JUSTITIA, Pagi jurisdictio. Charta Ludov. VI. ann. 1124. in Reg. 108. Chartoph. reg. ch. 272 : *Vicanam quoque et omnimodam justitiam....... a fluvio Secanæ , videlicet a molendino, quod vulgæ appellatur Baiart,...... contulimus*
1. VICANALE. Statuta Mediolanensia 2. part. cap. 490 : *Aliquæ Comminantiæ, Vicanalia vel pascua, etc.* [Laurentio in Amalth. Quæ ad aliquem pagum in universum spectant.]
♦ 2. VICANALE, Exactionis species. Charta Ottonis III. imper. ann. 1210: *De nostra benignitate concessimus alienationes sive invasiones factas ab aliquo suorum parentum, contra formam feudi, de castris sive castellis,........ alpibus, pascuis, Vicanalibus, fodris, bannis, etc.*
♦ VICARIA, VICARIALIS. Vide mox in *Vicarius.*
¶ VICARIA, VICARIATA, VICARIATIO, etc. Vide mox in *Vicarius.*
♦ VICARIARE, Permutare, ni fallor. Charta ann. 1099. tom. 1. Hist. Cassin. pag. 413. col. 1 : *Si prædicto xenodochio ordinatus, vel aliquis de pertinentiis ejus; ubicumque permanserit, emere aut Vicariare cum hominibus nostris voluerit, sit eis licentia invicem emendi et Vicariandi sine contradictione.*
¶ VICARICATIO, pro VICARIATIO. Vide in *Vicarius.*
VICARIUS, generatim dicitur ille, qui alterius vices gerit, obit. Cledonius Romanus in Arte : *Sæpe quæsitum est, utrum Vicarius dici debeat is, cui Magnificentissimi Præfecti vices suas in speciali causa mandaverunt ; nam Vicarius dicitur is, qui ordine codicillorum vices agit Amplissimæ Præfecturæ. Ille vero, cui vices mandantur propter absentiam Præfectorum, non Vicarius, sed Vices agens ; non Præfecturæ, sed Præfectorum dicitur tantum. Senator lib 6 form 15. de Vicario urbis Romæ : Vices agentium mos est, sic judicium voluntatibus obedire, ut suos non habeant dignitates. Subjecto mutuato lumine, nituntur viribus alienis, et quædam imago in illis videtur esse veritatis, qui proprii non habent jura fulgoris. Tu autem Vicarius diceris, et tua privilegia non relinquis ; quando propria est Jurisdictio, quæ datur a Principe.* [Excerpta ex Lege Longobard. cap. 24 : *Ut omnes Episcopi, Abbates et Comites, excepta infirmitate, vel nostra jussione, nullam habeant excusationem quin ad placita Missorum nostrorum veniant, aut talem Vicarium mittant qui in omnibus causis pro illis rationem reddere possit.*]
VICARIUS, Sequioribus sæculis, dictus est, qui vice Comitis, aut alterius judicis partes exequitur in pagis, vel minoribus oppidis: Gallis *Viguier.* Walafr. Strabo lib. de Reb. Eccl. cap. ult. : *Centenarii, qui et Centenariones, et Vicarii, qui per pagos constituti sunt. Præceptio Gunthranni Regis in Concilio Matisconensi* ann. 585. *de Comitibus : Non Vicarios aut quoscunque de latere sua pro regimen sibi commissum instituere vel destinare præsumant, qui quod absit, malis operibus consentiendo venalitatem exerceant.* Concil. Cabillon. II. ann. 813. can. 21. *de Comitibus : Sed et ministros, quos Vicarios et Centenarios vocant, justos habere debent, etc.* Gregorius Turon. lib. 10. cap. 5 : *Interrogare præcepit, cu-*

jus auxilio Cuppæ ereptus fuerat, ut ab iis non comprehenderetur, qui sequebantur ? Responderunt : Hoc Animodi Vicarii dolo, qui pagum illum judiciaria regebat potestate, factum fuisse. Monachus Sangallensis lib. 1. de Carolo M. cap. 32 : *Fuit consuetudo in illis temporibus, ut ubicunque aliquod opus ex Imperiali præcepto faciendum esset,...... ea Comites per Vicarios et officiales suos exæquerentur.* Hincmarus Remensis Opusc. 15. cap. 15. *Comites et Vicarii, vel etiam Decani plurima placita constituant, etc.*

Ejusmodi vero *Vicariorum* Comitum jurisdictio erat tantum in levioribus, non vero in majoris momenti, aut criminalibus causis, cum cæ ad Comitem spectarent. Unde ortam licet opinari non modo *inferiorem*, vel *mediam*, quam vocamus *justitiam*, vulgo *vicariam* appellatam : sed et vocis *Viaria* nomenclaturam, uti supra monuimus. Capit.–1. ann. 810. cap. 2. et Append. 2. cap. 28 : *Ut ante Vicarium et Centenarium de proprietate aut libertate judicium non terminetur, aut adjuretur, nisi semper in præsentia Missorum Imperialium, aut in præsentia Comitum.* Lex Longob. lib. 2. tit. 52. § 7. [∞ Carol. M. 69.] : *Ut ante Vicarios nulla criminalis actio definiatur, nisi tantum leviores causæ, quæ facile possunt judicari, et nullus in eorum judicio in servitio hominem conquirat ; sed per fidejussorem mittatur usque ad præsentiam Comitis.* Proinde ii videntur Comitum Missi, de quibus Walafrid. Strabo lib. de Reb. Eccl. cap. ult.: *Comites quidam Missos suos præponunt popularibus, qui minores causas determinent, ipsis majora reservent.* Adde Capit. 2. ann. 810. cap. 15. Atque ii, si Missi dominici in provinciis mitterentur, cum Comitibus eorum publicis conventibus interesse necesse habebant, ut est in Lib. 2. Capitul. cap. 28. [De iis inquisitionem faciebant Comites, ex Capitul. Lotharii lib. 3. § 3 : *Volumus ut Comites nostri licentiam habeant inquisitionem facere de Vicariis et Centenariis.*] Horum etiam erat tributa colligere et exigere in suis districtibus ex Addit. 4. Ludovici Pii cap. 116. quod *Villicorum*, seu *Majorum Villarum* curæ etiam potissimum incubuit ; adeo ut hos ab istiusmodi *Comitum Vicariis* originem sumsisse par sit existimare. *Vicariorum* vero Comitum occurrit passim mentio in Lege Wisigoth. lib. 2. tit. 1 § 23. lib. 3 tit 6. § 1 lib. 4. tit. 5. § 6. lib. 8. tit. 1 § 5. lib. 9. tit. 2. § 3. lib. 12. tit. 1. § 2. in Capitul. ad Legem Salicam tit. 1. cap. 21. tit. 2. cap. 5. in Capitul. Caroli M. lib. 2. cap. 28. 32. lib. 3. cap. 11. lib. 4. cap. 44. 63. 64. in Capitul. Caroli C. tit. 31. cap. 28. in Concil. Arelat. ann. 813. can. 23. apud Adrevaldum lib. 1. de Mirac. S. Bened. cap. 24. Marculfum, Benigne cap. 247. etc.

☞ Ad *Vicarios* pertinebat non modo tributa colligere, ut paulo ante observatum est, sed etiam *banna et justitias levare*, et *recipere clamores* seu *referre ad Comitem*, ex Inquisit. pro juribus Dalph. tom. 1. Hist. Dalph. pag. 149. col. 1. Neque vero omnium Vicariorum eadem fuit conditio : de causis quippe cum civilibus, tum criminalibus, atque de iis quæ ad superiorem justitiam spectant, maxime Vicarii Regii, aliquando cognoverunt et judicaverunt. Epist. Geraldi Archiep. Burdigal. inter Instr. tom. 2. Gall. Christ. novæ edit. col. 292 : *Ipse tamen dominus Rex, sicut credimus, dedit postea Vicarias suas paucis quibusdam militibus suis, qui sanguinis justitiam vice ipsius exercent in toto vel in parte, et in aliquibus locis quæ sunt domini Regis.* Litteræ Philippi VI. Reg. Franc. ann. 1310. tom. 3. Ordinat. pag. 169 : *Cum ordinatum fuerit quod in dicta villa Biterris essent unus Vicarius et unus judex pro nobis et nostro nomine instituti, qui in dicta villa Biterris de omnibus causis tam civilibus quam criminalibus, et aliis quibuscunque ad nos pertinentibus in dicta villa, ac Vicaria tunc constituta emergentibus, soli et in solidum primam cognitionem haberent, omnesque subditi dictæ Vicariæ, sive personæ Ecclesiasticæ, sive Nobiles, seu aliæ cujuscunque status seu conditionis, casu primi resorti ad nos pertinentis, coram dictis Vicario et judice ad senescallum nostrum Carcassone appellarent ; quo casu debebat dictus Senescallus in villa Biterris et non alibi, cognoscere de promisso.* Varia itaque exstitere Vicariorum officia pro diversis temporibus, locis, aut etiam pro dignitate eorum, quorum erant Vicarii. Vide in *Vigerius*.

☞ *Vicarias* sæculo undecimo ineunte jam sub clientelari professione concessas, ea etiam conditione, ut feminæ eas possiderent, probat D. *Brussel* tom. 2. de Usu feudor. pag. 718. ex Charta Roberti Reg. Franc. ann. 1027. qua Harsendæ Garini viduæ *Vicaria* de Antoniaco hæreditatis nomine asseritur : *Ad ultimum vero nos et uxor nostra Regina Constantia uxorem Garini, Harsendam nomine, ad cujus hæreditatis beneficium tantummodo camporum Vicariæ respiciebant, ante nostram præsentiam convocavimus.* Id vero apud Occitanos in primis obtinuit, ut ex Charta infeodationis Vicariæ Montispessulani ann. 1103. ibid. pag. 726. colligitur. Charta ann. 1162. inter Probat. tom. 2. novæ Hist. Occitan. col. 590 : *Ego Guillelmus de Petramala... confiteor tibi Ugoni priori Salvensi quod Vicariam de portis et quidquid habeo in tota villa, teneo a S. Petro de Salve, et a te Ugone priore...... ad feudum, et debeo illud servire vobis.* Exstant etiam apud Delphinates, sed recentiora, ejusmodi infeodationum exempla. Inquisitio pro juribus Dalphin. tom. 1. Hist. Dalph. pag. 143. col. 1 : *Archinjauæ est homo ligius Comitis, et tenet de eo Vicariam.* Charta ann. 1237. ibid. pag. 114. col. 2 : *Nos Guigo Dalphinus Viennæ et Albonis Comes... retinemus ad feudum d. Jacobum de Boczosello de Vicaria Gratianopolis, et de omnibus quæ habet infra muros civitatis ejusdem et de aliis, et quæ de nobis tenet in feudum ; de qua Vicaria et aliis, si qua tenet a nobis, debet et tenetur nobis facere homagium ligium et fidelitatem.* Hæc rursum memorantur in Charta ann. 1311. ibid. col. 1.

¶ VICARIUS MAJORIS, Qui sub Majore cæteris villæ incolis præest, in Capitul. Caroli M. de Villis cap. 10.

SUBVICARIUS, Qui *Vicarii*, eo absente, vices agit. [*Qui placitat placita pro Vicario*, in Convent. ann. 1251. inter Carolum I. Prov. Comit. et Arelat. *Yppovicarius*, in Charta ann. 25. Caroli Reg. apud Stephanot. tom. 3. Antiquit. Pictav. Bened. MSS. pag. 326.] *Ypovicarius*, in vet. Charta apud Beslium pag. 222. Petrus I. Rex Aragon. in Constitut. edita apud Barcinonam ann. 1228 : *Dignum est, et firma observantia teneatur, quod Vicarius non audeat sibi Subvicarium ponere per villas, vel parochias suæ Vicariæ, nisi ubi ab antiquo habere forsitan consuevit Subvicarii*, in veterum Diplomatum subscriptionibus occurrunt non semel, apud Beslium in Comitibus Pictavensibus pag. 223. et in Episcopis Pictav. pag. 38. 48. [*Subvicarius Massiliæ*, in Statutis ejusd. civit. lib. 1. cap. 2.] [∞ Vide Savin. Histor. Jur. Roman. med. temp. tom. 2. § 49. not. f.]

VICARII porro alii fuere a Vicecomitibus. In Tabulario Persiensi exstat Notitia Judicati sub Theoderico Comite Augustodunensi, quod subscribitur a *Bligario Vicecomite*, et a *Girbaudo Vicario*.

☞ Quod minus accurate dictum est, si ubique et semper id obtinuisse contendas ; præter quam enim quod in Codice Reg. ad cap. 27. Excerptor. ex Lege Longobard. ubi memorantur *Vicarii*, in margine legitur, id est, *Vicecomites*, vel *Vicedomini* ; certum est terram Toarcensem, quæ Rigordo in Gestis Philippi Aug. *Vicecomitatus Toarcii* dicitur, a Giraldo de Turtiniaco *Vicariam Toarcensem* appellari.

VICARIA, Districtus *Vicarii*, locus, in quo justitiam suam exercet. Charta Agii Episcopi Aurellan. ann. 854 : *In eodem pago*, in *Vicaria Orcellensi*, etc. [∞ Chart. Carol. C. ann. 855. apud Baluz. Capitul. tom. 2. col. 1161. *Dedit..... in pago Parisiaco*, in *vicaria Buciaxinsa*, in *villa Dubro*, *cortile unum*, etc.] Rodericus Toletan. lib. 4. de Reb. Hispan. cap. ult : *Post quod etiam cepit Anagarum, quod olim Ticium vocabatur, et Vicarium, quæ ex eo nomen dicitur habuisse, quod Gothorum tempore sedes judicii habebatur.* Albertinus Mussatus lib. 2. rubr. 4 : *Per colonarium incolas, quas Vicarias appellant.* Vide Biblioth. Cluniacensem pag. 263.

☞ *Vicaria* eo significatu certis continebatur limitibus ; ut enim provinciæ in pagos, monente Valesio in Præfat. ad Notit. Gall. xl. sic pagi in *vicarias* dividebantur, quæ ex multis villis seu vicis constabat. Hinc *pago vicaria*, et *vicariæ* villa subjicitur in Tabul. S. Eparchii Inculsim. ubi passim occurrit: *In pago Egolismensi, in Vicaria N. in villa N.* Rursum : *In pago Petricorico, in centena Berciaense, in villa N.* Ex quibus haud male colligit idem Valesius *Vicariam* et *Centenam* unam eamdemque rem esse. Vide *Centena 2*. [∞ Polypt. Irminon. Br. 12. sect. 24 : *Donationem quam fecit Wintudis in pago Oximense in centena Carbonense, in loco qui dicitur Curtis Dodleni*, etc. Sect. 25 : *Donationem quam fecit Haduardus in eodem pago et in eadem Vicaria, in villa qui dicitur Curtis Saxone*.] Charta ann. 704. sæc. 3. Bened. part. 2. pag. 195 : *Et est præscripta Ecclesia in eadem patria Arvernica, in Vicaria Rundanense*. Alia ann. 828. sæc. 4. part. 2. pag. 157 : *Tradimus villam seu curtem nostram... quæ est in pago Lemovicino, in Vicaria Asnacense*. Occurrit rursum pag. 158. et 161. Tabul. Montis S. Michaëlis : *Ego Guihenoccus dedi monasterio S. Michaëlis quatuor villas, quarum tres sitæ sunt in Vicaria nuncupata Miniac. quarta vero in Vicaria Mochon*. Ubi *Vicaria* generatim pro terræ tractu usurpatur, in

¶ VICARIUM, in Tabul. Landevenec. : *Budic Comes tradidit S. Wingualoeo de sua propria hæreditate quatuor villas, silva Carrec, duas in Vicario Encter, Caer Bullane, in Vicario Damett, Caer Wenheli. Ibidem : Tradidit..... de sua propria hæreditate, id est tria Vicaria, Voeduc, Luhan, Ruduc S. Wingualoeo*.

VICARIA, Jurisdictio *Vicarii*, [ejusdem officium, munus.] Charta Innocentii II.

PP. apud Doubletum pag. 486 : *Vicariam quoque ac omnimodam justitiam, ac plenariam libertatem juxta villam S. Dionysii, etc.* Alia Ludovici VI. Regis ann. 1120. ex Tabulario Sandionysiano : *In eadem Curia perennem indulgemus libertatem, Vicariam omnimodam in Curia ipsa, et Curiæ dominus conferimus, etc.* [Adde Chartam infeodationis Vicariæ Montispessulani ann. 1103. apud D. *Brussel* de Usu feud. tom. 2. pag. 726. et Chartam ann. 1131. inter Probat. tom. 2. novæ Hist. Occitan. col. 537.]

¶ VICARIATUS, Eadem notione. Charta ann. 1219. inter Macerias Insulæ Barb. tom. 2. pag. 529 : *Recognoverant siquidem dicti Levratenses quod vicariam de Dalgoiri cum pertinentiis ad Vicariatum tenebant a dom. de Ruvria, et hominium liquum inde debent. Pertinentia ad Vicarium sunt illa, etc.* Synodus Pergam. ann. 1811. apud Murator. tom. 9. col. 547 : *Sancimus quod aliquis clericus, sive ecclesiastica persona absque diœcesani sui licentia officium publicum vel officialitatem alicujus secularis rectoris seu communitatis seu universitatis burgi, castri, loci, aut parochiæ... exercere vel suscipere de cætero non præsumat, scilicet consulatus, tabellionatus, gastaldiæ, Vicariatus, vicedominatus, etc.*

VICARICIA POTESTAS. Charta Gaufredi Comitis Andegavor. pro Monasterio S. Albini : *Concessimus quoque eis, ut nulla in eorum terra Vicaritia dominetur potestas, nisi de homicidio, aut furto, vel incendio, etc.* Idem quod

¶ VICARIA, Justitia, seu jus cognoscendi et judicandi de criminibus. Charta fundationis Monast. B. Johannis de Mota, apud Mabill. tom. 3. Analect. pag. 302 ³ : *Quidquid ad eumdem locum pertinet, vel pertinere videbitur, videlicet decimam, Vicariam furti, raptus et sanguinis, omnesque insuper omnimodis totius loci reditus et consuetudines.*

¶ VICARIA, Legitima Vicarii portio, quod ipsi ex officio competit. Charta ann. 1103. apud D. *Brussel* de Usu feud. tom. 2. pag. 726 : *Sed si de militibus Montispessulani, vel de uxoribus illorum, ego Willelmus dominus Montispessulani verum habuero propter placita Montispessulani, habeas inde Vicariam tuam. De qua (justitia) Vicarius habebit suam Vicariam,* in Charta ejusdem anni inter Probat. tom. 2. novæ Hist. Occit. col. 361.

VICARIA, Exactio, quam Vicarius faciebat intra Vicariæ suæ limites. Tabular. S. Eparchi Inculsim. fol. 22. ex Testamento Humberti Guerillæ ann. 1107 : *Concedo... totam illam pravam consuetudinem seu injustitiam vel inquietudinem, quam in terra S. Eparchii, quæ vulgo Vicaria appellatur, violenter et injuste per occasionem Vigariæ capiebam.* Tabularium Celsinianense : *Et ista omnia sine mala consuetudine, et sine ulla Vicaria.* Tabularium Vindocinense ch. 55 : *Habebat vineas agripennum unum, allodialiter immunem, hoc est, ab omni censu et Vicariæ redhibitione liberum.* Tabularium Abb. Belliloci in Lemovic.: *Si aliquis contra hunc titulum aliquam calumniam inferre tentaverit, aut ullus Vicarius Vicariam requisiverit, vel ullam dominationem.* Tabularium Abbat. Conchensis in Ruthenis ch. 49 : *Dono et cedo et perpetuum derelinquo Vicariam et malos usus et consuetudines, et cætera omnia, quæ juste vel injuste habeo, etc.* Charta Henrici Regis Franciæ ann. 1048. ex Tabulario Ecclesiæ Carnotensis num. 29 : *Et hoc mihi aliquantisper cogitanti ad memoriam rediit Canonicorum Carnotensis Ecclesiæ, quam sæpius inculcaverant, petitio, per quam a diversis exhibitionibus et exactione illa, quæ vulgari nomine Vicaria vocatur, illum fiscum, cui Unigradus vocabulum est, liberum et quietum deinceps concederem, etc.* Charta Philippi Regis Francor. apud Doubletum pag. 856 : *Ad ultimum vero regalis sublimitas, tantam incolis Capellæ libertatem concessit, ut nullus in ea bannum, vel theloneum, aut Vicariam aliquam nisi S. Dionysio persolvisset, etc.* Alia Anselli Episcopi Belvacensis ann. 1099 : *Dedit B. Petro in suburbio Belvacensi 12. hospites cum omni justitia, excepta Vicaria, foragio, et teloneo, etc.* [Tabul. Majoris Monast.· *Quæ omnia libera ab omni consuetudine exactionis, vel Vicariæ, seu cæterorum vectigalium facio.* Charta alia ibid.: *De hospitibus quoque qui in terram monachorum hospitati fuerint, concessit et dedit eisdem monachis omnem Vicariam et omnes consuetudines.* Vicariorum cupiditas notatur in Capitul. Ludovici Pii ann. 829. cap. 5.] Adde Spicilegium Acherianum tom. 13. pag. 292. [Mabill. sæc. 6. Bened. part. 2. pag. 389. et Lobineli. tom. 2. Hist. Britan. col. 190.]

VICARIETAS, Eadem notione. Tabularium Vindocinense ch. 48 : *Emit liberam a lege Vicarietatis.* Fol. 51 : *Liber ab omni redditione Vicarietatis, vel alterius lege, excepta decima.*

¶ VICARIATA, ut Vicaria, Jurisdictio, officium Vicarii. Notitia ann. circ. 1068. apud Marten. tom. 1. Ampl. Collect. col. 473 : *Post mortem autem ipsius domni Gervasii Archiepiscopi, confirmavit et corroboravit omnino Gervasius ipsius nepos donum hoc, id est Vicariatam prædictæ terræ de Sarciaco, et quicquid ad Vicariatam pertinet et venationem totius bosci S. Vincenti.*

VICARIATIO, Functio Vicarii, seu ejus, qui alterius vices agit. [Epist. Agapeti PP. ann. 951. in Append. ad Marcam Hisp. col. 867 : *Si quis autem, quod non credimus, in aliquibus frangere tentaverit, sciat se, nisi resipuerit, auctoritate Dei et S. Petri Apostoli atque nostra, qui ejus fungimur Vicariatione, anathematis vinculis indissolubiliter innodandum. Eadem leguntur ibid. col. 868. et apud Marten. tom. 1. Ampl. Collect. col. 825.] Flodoardus lib. 4. Hist. Remensis cap. 1 : *Qui si veniendi facultas defuerit, suos cum eo dirigant legatos, qui eorum Vicariatione perfuncti, disceptandi et deliberandi libertatem possideant.* Legendum *Vicariationes*, uti habetur in Charta Gauffredi Comitis Andriensis ann. 1175. apud Ughellum tom. 7. pag. 1091. 1092 : *Si aliquis tentaverit facere furnum, vel etiam portare panem in suo territorio, incidat in dictam pœnam, et medietas dictæ pœnæ sit Curiæ regalis, et alia medietas sit Ecclesiæ ; et si ego, qui sum dominus, vel hæredes et successores mei tentaverint, incidant in dictam pœnam, quam Vicariationem concessit mihi dominus Rex per litteras sigillatas magno sigillo, etc.* Infra : *Pro qua concessione et Vicariatione fateor me accepisse a dicto Mario Episcopo Ecclesiam Majorem, quæ est prope Castrum dictæ civitatis ; et dictus Marius obtinuit licentiam de dicta Vicariatione et concessione dictæ Ecclesiæ, etc.* Sic autem concipitur Chartæ initium : *Nos Gauffredus, etc. vicariam cum Mario venerabili Episcopo Montis Viridis, furnum, quod habes in civitate, etc. Ita Vicaria et Vicariatio, idem sonant.*

º Hinc nostris *Vicariat,* Scriptum, quo quis alicujus procurator constituitur. Lit. remiss. ann. 1480. in Reg. 206. Chartoph. reg. ch. 478 : *Le Vicariat, contenant la puissance baillié par l'arcevesque de Tours à maistre Jehan de Plains son officiat, et au moyen duquel a esté par ledit de Plains, comme vicaire, fait collation d'icelle cure.*

º VICARII, ecclesiis pastore viduatis constituti interdum vicini episcopi a summo pontifice. Charta ann. 1107. in Chartul. Cluniac. ch. 137 : *Ego Wido Viennensium archiepiscopus et Apostolica auctoritate Bisumptinæ sedis Vicarius confirmo.*

¶ VICARII CHRISTI nuncupantur Episcopi in Epist. Synodi ad Teudonis-villam inter Capitul. Caroli Calvi tit. 2.

VICARII S. PETRI, *et Apostolorum,* vel *Apostolicæ Sedis,* passim dicti summi Pontifices, quod loco Petri Christi vicem gerant in terris, inquit Baronius ann. 740. n. 5. apud Gelasium PP. Epist. ad Anastasium Augustum, Symmachum in Apologetico ad eumdem Imperat. in Romana Synodo ann. 800. in Præfat. ad Concilium Meldense ann. 845. et can. 80. etc. Vide, quæ annotavit Baluzius ad Epist. 84. Lupi Ferrariensis.

VICARIUS SEDIS APOSTOLICÆ, qui alias *Legatus Sedis Apostolicæ* dicitur, cui nempe vices suas in Ecclesiis aut Provinciis designatas summus Pontifex committit. Hujus dignitatis formula exstat in variis Epistolis Gregorii M. Joannis VIII. PP. præterea in Sergii II. PP. Epistola, qua Drogoni Episcopo Metensi Caroli M. filio vices suas impertitur, tom. 3. Concil. Sirmondi pag. 9 : *Sed quia nos cunctarum sollicitudo angit Ecclesiarum, ubi ipsi esse non possumus, more præcedentium nostrorum moderationis nostræ Vicarios damus.* Vide Gregor. VII. lib. 6. Epist. 21. et alibi, Annales Francor. Bertin. ann. 884. et quæ Marca commentatur in Dissertat. de Primatibus num. 49.

VICARIUS summi Pontificis *in Spiritualibus* Romæ, cujus munus quale sit, accipe ex Bulla Benedicti XII. PP. ann. 1341. *Te* (Episcopum Assisinatem) *in urbe supradicta, ejusque suburbiis et districtu Vicarium nostrum in Spiritualibus usque ad nostrum beneplacitum tenore præsentium constituimus, ac etiam deputamus, visitandi Ecclesias, Monasteria, et loca Ecclesiastica, sæcularia et regularia, quorumcunque ordinum, non exempta nec privilegiata, et tam Ecclesiarum, Monasteriorum, et locorum ipsorum, quam alias personas Ecclesiasticas, urbis, suburbiorum, et districtus prædictorum cujuscumque status, ordinis, vel conditionis exsistant, nec non reformandi, quæ in eis reformationis ministerio noveris indigere, earum et cujuslibet excessus et crimina corrigendi, et puniendi, aliaque faciendi et exercendi auctoritate nostra, quæ ad hujusmodi Vicariatus officium pertinere noscuntur.* Vide Gregor. IX. lib. 1. tit. 28. cap. 5.

¶ VICARIATUS, Ejusmodi Vicarii dignitas, officium. Charta ann. 1409. apud Ludewig. tom. 5. Reliq. MSS. pag. 57 : *Nostram ordinationem et amicabilem compositionem sigillo Vicariatus nostri in Spiritualibus.... fecimus... communiri.*

¶ VICARII S. DONATI, Ita passim sese inscribunt Aretini Episcopi, ut ad Instrumentum ann. 1027. observat Mabillonius sæc. 6. Bened. part. 1. pag. 277 : *Theodaldus S. Donati Vicarius, etc.*

¶ VICARII EPISCOPORUM nuncupati *Chorepiscopi.* Vide supra in hac voce. Memorantur Episcoporum Vicarii in

Capitul. Ludovici Pii ann. 816. cap. 28. et in Addit. 2. cap. 19.

¶ VICARIUS GENERALIS Abbatis Casinensis, Cui scilicet Abbas suas vices committit, in Supplemento Vir. Illust. Casin. Placidi Diac. apud Murator. tom. 6. col. 77.

VICARII, dicti *Beneficiati* quidam in Ecclesiis Cathedralibus, qui Majoribus Missis decantandis, et officiis Ecclesiasticis peragendis potissimum addicti erant, in eoque *vices* Canonicorum peragebant, unde *Canonici Vicarii* etiamnum appellantur. Canonici, Vicarii, seu *simplices choriales*, in Concilio Coloniensi ann. 1810. cap. 7. in Senonensi ann. 1820. cap. 4. et Parisiensi ann. 1324. cap. 4. Necrologium Ecclesiae Ambianensis : 4. *Kal. Mart. ob. Enguerrani de Croy Canonici. Iste ordinavit in Ecclesia nostra perpetuis temporibus redditus ad decem Vicarios annuatim instituendos, videlicet duos Capellanos, duos Diaconos, duos Subdiaconos, quatuor Presbyteros. De Capellanis autem unus celebrabit Missam de B. Virgine, alius pro defunctis, et utruque eorum ministrabit in Missa unus Diaconus, et unus Subdiaconus de praedictis, etc.* Vide Gobelinum Personam in Cosmodrom. pag. 241. Statuta Ecclesiae Leichefeldensis in Monastico Anglic. tom. 3. pag. 243. Chronicon. Archiepiscop. Upsalensium pag. 216. et Metropolim Salisburgensem tom. 1. pag. 264.

° Unde *praebenda* illis attribuia, *Vicarialis* nuncupabatur. Lit. admort. ann. 1382. in Reg. 121. Chartoph. reg. ch. 110 : *Cum defunctus magister Radulphus de Ailluco, tunc canonicus Ambianensis, ... ordinaverit unam praebendam perpetuam, Vicariatum et Vicarialem in dicta ecclesia Ambianensi fundare, etc.*

¶ VICARII CHORALES, Eadem notione, in Testam. Rotherami Eborac. Episc. ann. 1498. ex Lib. nig. Scaccarii pag. 678 : *Volo etiam quod Vicarii Chorales ecclesiae Eboracensis praedictae habeant c. lib.*

VICARIA, Ejusmodi Vicarii dignitas seu Beneficium, apud Stephanum Tornac. Epist. 168.

¶ VICARIATUS, Eodem intellectu. Obituar. MS. Eccl. Morin. fol. 8 : *Prima die cujuslibet mensis Vicarii ecclesiae Morinensis tenentur ire in capitulum, et ibi resignare suos Vicariatus per traditionem unius festucae.*

¶ VICARIA, Sacellum redditus annuis instructum a presbytero deserviendum, Gall. *Chapelle*, vel *Chapellenie*. Charta Guillelmi II. Episc. Ultraject. ann. 1301. in Batav. sacra pag. 173. col. 2. *Superesunt et litterae expiatoriae hujus caedis, quo nomine mater Hannonis Comitis Hollandiae fundavit Vicariam unam alteramque largiter dotatam.* Testam. Bertrandi de Turre ann 1328. apud Baluz. tom. 2. Histor. Arvern. pag. 709 : *Volo et ordino quod in capella de Olergio.... ibi quaedam Vicaria quae semper conferatur per haeredem meum dominum Olergii, quotiescumque ipsam Vicariam vacare contigerit, cuidam presbytero vicario pro divinis ibidem celebrandis pro animae meae et parentum .... salute.* Testam. Amedei Dalphini ann. 1355. ibid. pag. 323 : *Item instituo Vicariam in hospitio meo de Melhau de quinque sextariis frumenti et de quinquaginta solidis Turon. in capella dicti hospitii mei de Melhau, et de bonis meis dicti loci de Melhau solvendis et reddendis illi qui dictae Vicariae deserviet ; ita quod illi seu illa qui in dicta capella deservient ter in septimana Missas celebrare in eadem capella teneantur.*

Occurrit rursum ibid. pag. 317. Le Roman de S. *Leocade* MS :

Cil sert à riche Vicairie,
Qui sert à la Vierge Marie ;
Provende el ciel ici deservent,
Qui jor et nuit de cuer la servent.

° Lit. remiss. ann. 1389. in Reg. 138. Chartoph. reg. ch. 154 : *Pour l'ame d'icellui prestre, Loys Baille doit fonder de sa rente une Vicairie ou chapelle.*

VICARII in Ecclesiis dicuntur, qui vices agunt Parochi, de quibus est titulus apud Gregor. IX. et in Sexto. Thomas Walsinghamus pag. 275 : *Docuit nempe plebem, decimas non esse dandas Curato, nisi is, qui daturus esset, foret ditior quam Vicarius, qui acciperet, sive Rector.* Vide Concilium Arelatense ann. 1260. cap. 5. Sic porro appellabantur, Anglis praesertim, *Vicarii perpetui*, qui in Ecclesiis constituuntur, quae Monasteriis aut Collegiis Canonicorum appropriatae sunt, id est, quae ad Monasteria aut Collegia Canonicorum pertinent. [*Prestre fermier ou Vicaire de l'eglise parrochial dudit Croisey*, in Charta ann. 1456. ex Chartul. Latiniac. f. 177. v°.] Compositio facta inter Hugonem Episcopum Lincolniensem et Guill. Abbatem S. Albani ann. 1209 : *Et super appropriatione omnium Ecclesiarum, in quibus jura Pontificalia non habent Abbates S. Albani; et assignatione Vicariarum in eisdem, nec non et custodia earumdem Ecclesiarum et Vicariarum, cum eas vacare contigerit.* Charta Henrici Archiep. Senonensis ann. 17. Ludov. Reg. ex Tabul. S. Germani Pratensis : *Quae duo altaria praedecessores ejus abbates, sub titulo et respectu Vicariorum a nostris praedecessoribus tenuerunt, remotis et condonatis Vicariorum pensionis, praedictae Ecclesiae B. Germani sub censuali tenore possidenda in perpetuum concederemus, etc.* [Charta ann. 8. Henrici V. Reg. Angl. apud Blount in Nomolex. : *Ego Joannes Webbe perpetuus Vicarius ecclesiae parochialis de Bromyard dedi domino David Hay perpetuo Vicario ecclesiae parochialis de Anenebury duas acras terrae*.] Vide *Appropriare*.

¶ VICARIA, Ejusmodi Vicariorum dignitas seu beneficium. Statuta Eccl. Nemaus. apud Marten. tom. 4. Anecd. col. 1065 : *Praecipimus districte ne aliquis rectoriam seu Vicariam alicujus ecclesiae praesumat ab aliquo recipere, nisi prius nobis fuerit praesentatus a nobis illius ecclesiae curam receperit animarum.* Charta ann. 1201. ex Tabul. B. M. de Bononuntio Rotomag. : *Ad communem omnium notitiam volumus pervenire nos intuitu Dei dedisse.... ecclesiam S. Mariae de Beruila super Secanam integre cum omnibus pertinentiis suis in perpetuum, salvo jure pontificali, possidendam et in usus pios convertendam, salva vicaria decem librarum usualis monetae a nobis et successoribus nostris Vicario conferenda.* Vicaria *parrochialis*, in Charta ann. 1309. tom. 1. Chartul. S. Vandreg. pag. 931. Charta ann. 1377. apud Kennett. in Antiquit. Ambrosd. pag. 511 : *Vicaria in capella de Hedingdon.... consistit in omnibus obventionibus altaris, cum minutis decimis totius parochiae, exceptis decimis agnorum et decimis casei de curia domini provenientibus... Et valet Vicaria quinque marcas et amplius, tota autem ecclesia* xx. *marcas.* Occurrit rursum ibidem pag. 193. 488. 505. et 543. apud Lobinell. tom. 3. Hist. Paris. pag. 603. et in Hist. Mediani Monast. pag. 376. 377. et alibi.

¶ VICARIA PRIMAE MISSAE, Redditus assignatus pro prima Missa. Charta ann. 1380. apud Ludewig. tom. 1. Reliq. MSS. pag. 401 : *Nicolaus Episcopus Misnensis Vicariam primae Missae in Ecclesia parochiali de Kirchhain, vestro monasterio univit.*

° VICARIA, Stipendium *vicario* ecclesiam deservienti assignatum. Charta Gualt. archiep. Rotomag. ann. 1200. Inter Instr. tom. 11. Gall. Christ. col. 81 : *Dedimus autem et confirmavimus dictis canonicis omnes praedictas ecclesias, ... salvis honestis Vicariis sacerdotum, in praedictis ecclesiis ministrantium.*

° VICARIA, Idem videtur quod *Praebenda*, cibi scilicet ac potus diurna portio vicario concessa. Charta ann. 1486. inter Probat. tom. 2. Annal. Praemonst. col. 864 : *Campanarius pro salario suo habebit quolibet anno viginti octo Vicarias, etc.*

° VICARIA CYMITERII, Jus sepeliendi in coemeterio. Charta Guill. *de Loischet* ex Chartul. S. Dion. de Nogento : *Dono .... presbyterium S. Martini Loischeli, ... id est, offerendas, sepulturas, primitias, Vicariam et theloneum cymiterii.* Nisi reditum *vicariae* intelligas.

° VICARIA THELONENSIS, Jus exigendi *teloneum.* Charta fundat. S. Launom. Bles. ann. 924. inter Instr. tom. 8. Gall. Christ. col. 412 : *Do et concedo.... S. Launomaro et monachis ejus.... omnes consuetudines ipsius* (pagi), *terras et aquas, videlicet totam Vicariam thelonensem, rotaticum, bannum, feoda, etc.*

VICARIORUM REDEMPTIONES. Vide *Altarium Redemptiones*, in *Altare*.

VICARII IMPERII dicti sunt, quos Imperatores et Reges Romani, cum ipsi per se negotiis regni et Imperii sufficere non possent, ex aulae suae proceribus constituebant, qui vice illorum cognitioni causarum praeessent ; et horum quidem munus, cum persona, quae eidem praeficiebatur, temporarium erat. Ejusmodi fuerunt, quos in Germaniae Principatibus delegare solebant Imperatores, qui sub dignitate *Comitis Palatii*, vices Imperatorias agebant, et in iis supremo jure causas dijudicabant. Neque omnino diversi ab iis, qui vulgo

VICARII GENERALES IMPERII nuncupantur, quibus scilicet Imperator, in certis districtibus, Vicariam Imperatoriae potestatis et dignitatis committit, seu ad vitam, seu etiam in liberos masculos translata eadem dignitate. Quae quidem Vicaria maxime dari consueverat in Italia et Gallia, quo etiam recedebant Imperatores. [Charta Ottonis I. Imper. ann. 962. apud Murator. tom. 20. col. 626 : *Creamus dictum Valterium Vicarium Imperialem et primum Marchionem Mantuae*.] Charta Friderici Imp. ann. 1248. apud Guichenonum : *Thomas de Sabaudia Comes, sacri Imperii a Papia superius Generalis Vicarius.* Alia ejusdem Imper. ann. 1249. apud eumdem : *Ipsum* (Thomam) *nostrum et sacri Imperii generalem Legatum in partibus ipsis ducimus statuendum.* [Inventar. Chartar. Reg. ann. 1482. fol. 281. v° : *Rotulus in papiro non signatus continens quandam informationem factam contra praesumentes defuncto Imperatore Vicariatus Imperii nomen sibi attribuere, maxime in partibus Mediolanensibus. De anno 1308.*] *Guillelmus Comes de Monteforti pro Seren. D. Ludovico D. G. Roman. Rege in Mediolano et ejus Comitatu specialis, nec non in tota Lombardia Vicarius Generalis*, in Charta ann. 1827. in qua fit mentio Bertholdi Comitis de Marsteten, dicti Nysfen, *olim Regis Henrici in partibus Italiæ Vicarii Generalis.* Matthæus Vicecomes D. gratia....' *Serenissimi D. Henrici Romanorum Regis et sacri Imperii in civitate et districtu Mediolani Vicarius Generalis* ann. 1812. [*Joannes Galeatius Vicecomes Mediolani, Imperialis Vicarius generalis*, in Chron. Andr. Danduli apud Murator. tom. 12. col. 478.] Rupertus Imp. Brunorium *de la Scala*, et filios masculos legitimos. *Vicarios generales* constituit in civitatibus Veronæ et Vincentiæ et eorum territoriis, constitutione ann. 1484. quæ descripta legitur apud Goldastum tom. 1. pag. 395. De Vicariatu Imperii in Regno Arelatensi Carolo V. Regi Franciæ, tum Delphino, a Carolo IV. Imp. concesso, egerunt Anton. Dominici in Assertore Gallico pag. 234. 235 et alii. Adde Bodinum lib. 1. de Republ. cap. 9. pag. 137. Formula vero dandi *Vicarium* Imperii, habetur apud Petrum de Vineis lib. 3. Epist. 79. lib. 5. Epist. 1. et apud Goldastum tom. 1. Constitut. Imper. pag. 395. 396.

VICARII præterea *Imperii* appellati, quos Imperator, extra provinciam discedens, veluti in Italiam proficiscens, in Reipublicæ administratione sibi substituebat. Ita Otto M. in Italiam proficiscens *Vicarium* ordinavit, sibique substituit absenti Hermannum Brunswicensem: Fridericus I. filios suos Regem Henricum, et Philippum Sueviæ Ducem: Otto IV. quo tempore *profectus est Romam coronari in Imperatorem, Imperium supra Mosellam fratri suo Henrico Palatino regendum* dimisit, ut est apud Cæsarium Heisterbach. lib. 1. Henricus VII. filium Johannem Bohemiæ Regem, et Berchtoldum Hennembergicum, primum ejus familiæ Principem: Sigismundus Cæsar, Guillelmum Bavariæ Ducem; Ludovicus Bavarus Cæsar consensu Imperii Principum Ottonem Austriæ Ducem Vicarium Imperii constituit Paduæ et Tarvisii: ut ab eodem Ludovico Cæsare Edwardus Angliæ Rex Generalis Vicarius per Germaniam deputatus est, apud Froissart. 1. vol. cap. 35. [° Codex reg. 10197. 2. 2. fol. 110. r°: *Anno Domini* 1338. *Ludovicus IV. Romanorum imperator.... apud Confluenciam supra Rhenum tenuit consistorium imperiale, in quo..... de consilio Electorum, principum et procerum suorum, Eduuardum III. regem Angliæ personaliter ibi præsentem, Vicarium imperii solempniter constituit.*]Idem Rex ab eodem Cæsare Ludovico et Ordinibus Imperii per Galliam et regnum Arelatense constitutus est, teste Goldasto tom. 3. pag. 411. Rupertus Imp. Romam proficiscens coronam suscepturus, Ludovicum Palatinum Comitem Rheni filium, in absentia sua, in Germania, Gallia, et regno Arelatensi Vicarium constituit, ut est apud eumdem Goldastum tom. 1. pag. 381. Quæ quidem Ruperti Constitutio docet præterea, *de Jure Comitatus Rheni fuisse, et esse, quod cum Romanus Imperator vel Rex ultra montes in Italiam ingressus fuerit, in ipsius absentia Vicariatum Imperii in Germania, Gallia, et regno Arelatensi, ad Comitem palatinum Rheni pertinuisse et pertinere*. De quo quidem Comitis Palatini jure, ut et de Vicariatu Imperii, qui ad eum, et Ducem Saxoniæ, durante interregno, pertinet, docte disputat Wicfordius in tractatu Gallico de Electione Imperatoris cap. 12. cui adjungendus Christophorus Gewoldus in Tract. de Septemviratu Imperii cap. 11. [Vide supra *Electores*.]

° *Vicarios* autem Imperii in Italia, *vicariatus* honore et jurisdictione, morte imperatoris qui illos constituerat, privari, atque ad Romanum pontificem continuo pertinere illius exercitium, statuere nititur Joannes PP. XXII. in Constit. ex ejusd. Reg. fol. 102 r°: *In nostram et fratrum nostrorum deductum est, fama divulgante, notitiam, quod licet de jure sit liquidum et ab olim fuerit inconcusse servatum quod, vacante imperio, sicut et nunc per obitum quondam Henrici Romanorum imperatoris vacasse dinoscitur, cum in illo ad secularem judicem nequeat haberi recursus, ad summum Pontificem, cui in persona beati Petri terreni simul et cœlestis imperii jura Deus ipse commisit, imperii prædicti jurisdictio, regimen et dispositio devoluntur, et ea, tempore durante ipsius vacatione imperii, per se vel alium seu alios exercuisse noscitur in imperio memorato. Nonnulli tamen in Italiæ partibus, potestatis et dignitatis fastigium illicite ambientes, in nostrum et sanctæ Romanæ ecclesiæ matris, quantum in eis est, præjudicium evidens ac diminutionem honoris et juris, vicariatus seu alterius cujuscumque nomen officii, quod ipso imperatore vivente, ex ipsius commissione gerebant in certis terris, territoriis, sive locis, post decessum ipsius, absque nostra vel Apostolicæ sedis petita vel obtenta licentia, retinere sibi, et nonnulli etiam de novo assumere quod non gesserant, aut gestum antea, posteaquam obivisset, resumere temerariis ausibus præsumpserunt ...... Præsentium auctoritate monemus, sub excommunicationis pœna, omnes et singulos, cujuscumque status, præminentiæ, dignitatis aut conditionis existant,... quatenus de cætero a denominatione hujusmodi seu nominis assumptione, resumptione ac retentione prædictis, necnon usu, potestate et exercitio supradictis prorsus abstineant et omnino desistant.*

° VICARII Romæ appellati Præfecti urbis. Bonincont. in Hist. Sicul. part. 3. apud Lamium in Delic. erudit. pag. 300: *Ea tempestate duo Urbis præfecti, quos Vicarios adpellabant, rempublicam administrabant, tique a senatu Romano creabantur, et annuum magistratum cum potestate summa habebant.*

¶ VICARII, Fidejussores, apud Leonem et Anthemium in leg. omnes. 33. § in hac C. de Episc. et Cleric. ex Pancirolo lib. 1. Thesaur. var. lect. cap. 77. [²ᵈᵒ Cod. lib. 1. tit. 3. const. 33. § 3. *Vicariæ fidejussiones.*]

VICARIUS, Campio, pugil, qui pro alio monomachiæm seu duelli, vel cujuslibet aliud vulgare judicium, exsequitur et experitur. Hincmarus remensis de divortio Hlotarii, interrog. 1: *Quæ ipsa denegans, probationis autore, testibus que deficientibus, judicio Laicorum nobilium, et consultu Episcoporum, atque ipsius Regis consensu, Vicarius ejusdem fœminæ ad judicium aquæ ferventis exiit, et postquam incoctus fuerat ipse repertus, etc.* Infra, interrogat. 6: *Vicarius ipsius in judicium exiens incoctus evasit.* Atto Vercellensis Episc. de Pressuris Ecclesiast.: *Ad pugnam producere (heu) nostros compellimur Vicarios, ut vel istorum cæde victi, vel illorum quasi absoluti esse videamur, etc.* Notitia ann. 961. in Tabular. Abb. Belliloci in Lemovicib.: *Judicavit prædictus Raymundus et alii Venerabiles et assistentes, et ut ipsi duo prætaxati viri Vicarios sibi duos eligerent ad certamen expeditos, quo Dominus manifestare dignetur veritatem hujus rei,*

quod ita factum; nam secunda diei hora et certantibus usque ad solis occasum, etc.

VICARII SERVI, Qui vices domini agunt in villis ac prædiis; *villici ministeriales*, in Chronico Reicherspergensi. [Gloss. Lat. Græc.: *Vicarius*, δοῦλος οἰκέτου: in Cod. Reg. additur *Gallo*, seu galo. Tabul. S. Albini Andegav.: *Ego Zacharias filius Frotmundi Vicarii de Credone :* idem qui *Villicus Credonensis*, in alia Charta ejusdem Tabul. dicitur. Donatio ann. 1103. inter Probat. tom. 2. novæ Hist. Occitan. col. 364: *Cum omnibus fevatibus et Vicariis utriusque sexus, etc* Charta apud Ughellum tom. 1. Ital. sacræ col. 1429. edit. ann. 1717: *Statuimus ut universæ Andreæ quondam prædecessoris sui donationes, præstationes, precariorum seu libellorum, atque Vicariorum conscriptiones... irritæ sint.*] De iis exstat vetus Notitia in Tabulario Abb. Belliloci in Lemovicib.: *In istis vero curtibus servos Vicarios debemus imponere, ut fideliter exigant servitia dominis suis, omnes servos istos eligimus ex Lemovicino de Curto Camayraco. Imprimis in Curte de Favars elegimus judicem servum, nomine Johannem. In Curte vero de Agiraco imponimus judicem servum, nomine Imonem,...... per omnes curtes sive villas imponimus judices servos, in tali convenientia, ut nullus ex illis, neque de posteris eorum efficiatur miles, neque ullus portet excutum, neque spadam, neque ulla arma, nisi tantum lanceam, et unum esperonem, non habeant vestem scissam antea et retro, sed tantum clausæ fiant, vectigalia non exigant; quamdiu fideles permanserint, si infideles reperti fuerint, perdant totum, et ad servitutem revertant. In unaquaque villa cedimus unum mansum, et in unoquoque manso de tota Vicaria sua damus eis 4. denarios, et unam gallinam, et tertiam partem de omnibus placitis, et de vestionibus similiter; propter hoc jurent fidelitatem super altare B. Petri in præsentia Abbatis, et Monachis, qui obedientiales fuerint illis diebus. Si ullus ex illis obierit, honor ejus S. Petro remaneat, et seniores sui honorabiliter sepeliant. Si filios legitimos habuerint, major honorem totum teneat, post suum decessum secundus honorem teneat, et sic usque ad ultimum. Et si ullus ex illis abierit, centum solidos successor, qui post eum voluerit, ad Monachos det, et fidelitatem faciat, et sic in venturis generationibus.* Vide *Servi Vicarii* et *Villicus.*

¶ VICARIUS VICI, Major, apud Aimoinum lib. 2. Mirac. S. Bened. cap. 3. n. 5.

° VICARIUS, Inferior justitiæ minister ab aliquo constitutus. Charta ann. 1307. tom. 7. Ordinat. reg. Franc. pag. 299. art. 4: *Quod servientes in terra ecclesiæ explectabili, quam dicti decanus et capitulum habent, sive ahi Vicarii ejusdem ecclesiæ, etc.*

VICARIUS denique dicitur is, qui vice monasteriorum, aut virorum Religiosorum, vel Ecclesiarum, domino feudali offertur, qui de prædiis ab iis acquisitis, neque amortizatis, respondent, tam de forefacturis, quam de relevis: *Vicaire*, in Consuet. Aurelian. art. 42. 118. et seqq. art. 44. 45. *Nul vulgo apud nostros dicitur, homme vivant, mourant, et confiscant*. Tabular. Vindocinense Thuan. col. 128: *His ita peractis Odo Rufus, in cujus terra vineæ supradictæ consistunt, dicens eas emptas a nobis venditiones, inde 15. solidos requisivit : quos sibi paciscentibus nobis reguavit se pro his vineas nobis nisi sub Vicario auctorizare, quo scilicet superstite quietas eas haberemus; defuncto autem, aut ab Odone, aut ab hærede suo relevaremus.* Tabularium Majoris Monasterii: *Mentitus est Monachus illum nostræ terræ illius fuisse Vicarium, et ideo justum esse ut relevaretur, quandoquidem esset defunctus.* Vide in voce *Relevamentum* 2.

VICARIANUS. In Novella Justiniani 26.

¶ VICATIM, Alternatim. Diarium obsidionis Varadin. ann. 1589. apud Ludewig. tom. 6. Reliq. MSS. pag. 333: *Sempèrque pro lasso vulneratoque milite, validos recentesque Vicatim substituendo, etc.* [↝ Aldhelm. de re Grammat. pag. 522. apud Malum Classic. Auct. tom. 5 : *Prædictis litterarum characteribus Vicatim et alternatim positis.*]

¶ VICCIA, ἀράκος, Gloss. Lat. Græc. Aliæ: Ἀράκη, *tendicula, Viccia.*

VICCINGI, appellati Dani Rerum Anglicarum Scriptoribus, ait Cambdenus, quod piraticam exercerent : *Biccingar* enim Saxonica lingua, teste Alfrido, piratam denotat. *Viccingos* autem vocat, quos Dani hodie *Bütinger.* Vide Olaum Wormium ad Monumentum Tirstadense. [Vide infra *Withingi.*]

¶ VICEADMIRATUS, Propræfectus maris, Gall *Vice-Amiral.* Marchisii Scribæ Annal. Genuens. ad ann. 1221. apud Murator. tom. 6. col. 421 *Quum recessus ipsius comitis ad Potestatis notitiam pervenisset, coadunata gente sua, et facta dispositione ipsorum, qui exercitui tam maris quam terræ præesse debebant, Lanfranco Guilelmi de Mari Viceadmirato ad lignorum custodiam constituto præcepit, etc*

¶ VICEADVOCATI. Vide in *Advocati.*

¶ VICEAGENS ROMANÆ ECCLESIÆ Petrus presbyter subscribit Concilio sub Nicolao I. PP. Romæ celebrato, apud Murator. tom. 2. pag. 205. col. 2.

¶ VICEBAILLIVUS, *Vibaillif*, in Edicto Caroli IX. Reg. Franc. ann. 1566. voce etiam hodie apud Delphinates usurpata. *Coram præfatis dominis Vicejudice et Vicebaillivo,* ex Regest. laudato, tom. 1. Hist. Dalph. pag. 303. Vide *Subalus.*

¶ VICECAMERARIUS PAPÆ memoratur in Ordine Romano Venetiis excuso ann. 1561. ubi de Ordine processionis.

¶ VICECANCELLARIUS, Idem apud quid Notarius. Vide Mabill. Diplom. pag. 126. Et quidem sæpius Notariorum munus obiere Vicecancellarii : unde *Subcancellari* etiam nuncupati. De Vicecancellario Ecclesiæ Romanæ, vide supra in *Bibliothecarius.*

¶ VICECAPITANEUS, Ducis tenens locum, Ital. *Vicecapo*. Mirac. B. Simonis de Lipnica tom. 4. Jul. pag. 543: *Item nobilis domina Hedwigis, consors generosi domini Joannis vocati Sznaclek pro tunc Vicecapitanei comitis Cracoviensis.* Litteræ Ducis Venet. ann. 1382. apud Rymer. tom. 7. pag. 354 : *Transmittamus duas nostras galeas, quarum sunt patroni nobiles viri Hermolaus Lambard Vicecapitaneus ipsarum, etc.*

VICECOMES, Vicarius Comitis, qui vices Comitis exsequitur ; {*Vicontier*, in Charta ann. 1516. ex Chartul. 23. Corb.] *Sub Comite agens,* in Charta Ottonis Imp. ann. 984. apud Barth. Fizen. in Hist. Leodiensi pag. 269. Cujus dignitatis meminit Gregorius M. lib. 7. Ind. 1. Epist. 20. Edictum Pistense cap. 14 : *Habeat in Silvanectis civitate unusquisque Comes...... Vicecomitem suum cum duobus aliis hominibus, etc.* Capitula Carlomanni tit. 2. cap. 9 : *Comes præcipiat suo Vicecomiti, suisque Centenariis, etc.* Adde Legem Longobard. lib. 2. tit.

30. § 2. [∞ Carol. M. 72.] [Charta Philippi Comit. Ebroic. ann. 1320. ex Tabular. Episc. Paris. : *Guillaume Goullaffre nostre Bailli d'Evreus, qu pour le temps estoit Viconte duduct lieu.*] Ut Comites non civitati duntaxat, sed et toti pago civitati adjacenti præfecti erant, ita et Vicecomitum munus et jurisdictio in totum pagum porrigebatur. Faustus in Vita S. Mauri Abb. : *Prædictus denique vir Florus, cum in omni regno Theodberti Regis summam obtineret potestatem, ac Vicecomitis in Andegavensi eo tempore fungeretur pago, etc.* Agobardus de Insolentia Judæorum pag. 61: *Dederunt mihi indiculum ex nomine vestro, et alterum ei, qui pagum Lugdunensem Vice comitis regit.* *Vicecomes pagi,* apud Hincmarum Opusc. 29.

Ab ipsismet Comitibus deligebantur. Fragmentum Historiæ Aquitanicæ, de Vulgrino Comite Inculismensi : *Miseratque in Martitiacum Robertum legis doctum, et cum eo amicum suum fidelissimum nomine Ranulfum, feceratque eum Vicecomitem suum.* Infra : *Willelmus autem Sector ferri honorem eorum restituit Odolrico fratri eorum, qui minor natu erat, fuitque ei suus Vicecomes.*

Denique ut *Comites,* ita et *Vicecomites* in absentia Comitum, judiciis publicis præerant. Vetus Notitia Viennensis Ecclesiæ C. ann. 863 : *Veniens Wifredus Ecclesiæ S. Mauricii Advocatus publice in Viennam civitatem in præventia D. Ardoini ejusdem Ecclesiæ venerabilis Archiepiscopi, et Erluini* [Erlulfi] *Vicecomitis Missi illustris Bosonis Comitis, vel judicum, qui ibi aderant, etc.* Tabularium Persiense ch. 19 : *Ibique veniens Fredelus in Augustiduno civitate, in mallo publico, ante Blitgario Vicecomite, et plures Scabineis, qui ibidem erant, placitum suum legibus attendidit, etc.* Chronicon Besuense pag. 505 : *Notitia, qualiter ante Bettonem Episcopum et Tabularium Vicecomitem, et ad vicem Hildegarni Comitis, seu Scabinorum, qui ibidem aderant, veniens Advocatus Monasterii S. Petri, etc.* Vide Rollandinum in Summa Notariæ 1. part. cap. 7. rubr. ult. ubi habetur formula creandi Vicecomitem.

¶ VICECOMES, Idem qui *Vicedominus* Episcoporum : neque enim alia ratione, ut videtur, *Hugo Decanus et Vicecomes,* quem subsequuntur alii Canonici, subscribit post Archiepiscopum Chartam Archembaldi Archiep. Turon. ann. 993. ex Tabul. Majoris Monasterii. Vide in *Vicedominus.*

VICECOMITES PROVINCIARUM, apud Anglos, sunt Regis Officiales ad Comitatus gubernationem quotannis constituti. Interdum judicis loco funguntur, ad causas scilicet minores, quæ illorum jurisdictioni subsunt, interdum etiam Ministrorum et mandatariorum Regis officium exsequuntur. Ita Cowellus. Liber Niger Scaccarii : *Vicecomes dicitur, quod iste positus in placitis illis, quibus Comes ex suæ dignitatis ratione participat cum Rege.* Matth. Paris ann. 1076. de Walthero Episcopo Dunelmensi : *Et Vicecomitis vices vices, laicali se foro immiscuit.* Horum institutum Alvredo Regi Angliæ adscribunt Scriptores Anglici. Ingulfus de eodem Alvredo : *Præfectos vero Provinciarum, qui antea Vicedomini, in duo officia divisit, i. in judices, quos Justitiarios vocamus, et in Vicecomites, qui adhuc nomen retinent. Horum cura et industria tanta pax in brevi per totam terram effloruit, ut si viator quantamcunque summam pecuniæ in campis et publicis compitis vespera di-*

misisset, mane vel post mensem rediens, integram et intactam indubie inveniret. Quemadmodum vero ii eligi a Rege soleant, docet hisce verbis Fortescutus lib. de Laud. Leg. Angliæ cap. 24 : *In qualibet Comitatu est officiarius quidam unus, Regis Vicecomes appellatus, qui inter cetera sui officii ministeria, omnium mandata et judicia curiarum Regis in Comitatu suo exequenda, exequitur, cujus officium annale est, quo ei post annum in eodem ministrare non licet, nec duobus tum sequentibus annis ad idem officium reassumetur. Officiarius iste sic eligitur. Quolibet anno in crastino Animarum conveniunt in Scacario Regis omnes Consiliarii ejus, tam domini spirituales et temporales, quam alii omnes Justitiarii, omnes Barones de Scacario, Clericus rotulorum, et quidam alii officiarii, ubi ii omnes communi assensu nominant de qualibet Comitatu tres Milites, vel Armigeros quos inter cæteros ejusdem Comitatus ipsi opinantur melioris esse dispositionis et famæ, et ad officium Vicecomitis Comitatus illius, melius dispositos : ex quibus Rex unum tantum eligit, quem per literas suas patentes constituit Vicecomitem Comitatus, de quo eligitur pro anno tunc sequente : sed ipse antequam literas illas recipiat, jurabit super sancta Dei Evangelia, inter articulos alios, quod bene et fideliter et indifferenter exercebit et faciet officium suum toto anno illo, neque aliquid recipiet colore sui causa officii sui, ab aliquo alio quam Rege.* De ejusmodi Vicecomitum jurisdictione, vide Regiam Majest. lib. 1. cap. 1. Statuta Roberti III. Regis Scotiæ cap. 23. 24. 25. 26. et Bracton. lib. 3 tr. 2. cap. 35.

SUBVICECOMES, apud Anglos JC. est Officialis aut Deputatus Vicecomitis. Cowel. [In Formul. Angl. *Madox* pag. 59. Charta iis testibus subscribitur *Roberto de Curtenay tunc Vicecomite Devoniæ, Willelmo de Nimet tunc Subvicecomite per eumdem, etc.* Litteræ Henrici V. Reg. Angl. ann. 1415. apud Rymer tom. 9. pag. 253 *Per personalem supervisum tuum, aut Subvicecomitis tui ejusdem Comitatus, etc.*] Vide Spelman. in *Vicecomes.*

VICECOMITES in Normannia nostra appellantur Judices, qui in minoribus oppidis jus dicunt, de quibus intelligendus Ordericus Vital. lib. 8 : *Hic Orbecci Vicecomes et Causidicus fuerat,...... in negotiis et placitis ad libitum judicabat, et pro accipiente munerum judicia pervertebat.* De horum jurisdictione et officio ita vetus Consuetudo Normanniæ MS. 1. part. sect. 1. cap. 9. *L'office du Viconte adcerctes, si est qu'il tienge les plez, et qu'il face tenir en droit point les anciennes voies, et les sentes, et les chemins, et que il face ramener en leur ancien cours les eues, qui sont remues contre droit, et qu enquers diligentement et en segret des malfaiteurs, des traitres et des trahisons, des muitres et des multriers, des ardeours, des descauseurs, d'arsons, des pucelles prises par force, et de tous autres crimes, et ceux, que il trouvera coupables, face premierement scrutine, ou enqueste secrètement, sus ceu par le serment de loyaux homes, que il ne soient pas soupeçonneuses, il les doit fere tenir en prison, tant que il attendent et aient la commune enqueste, et tant que il soient délivrez par la loy del païs, et si doit accomplir tous les autres offices de droit. Eorum præterea munus erat tributa et vectigalia fiscalia exigere, et de iis rationis exhibere.* Ordericus Vitalis lib. 11. pag. 805 : *Præfatus autem Consul de Mellento, per partem Yvonis, qui Municeps erat, et Viccomes, et firmarius Regis, callide intravit.* Et lib. 12. pag. 841: *Cur inique in dominum suum operatus fuerit, cur ad curiam ejus ter accersitus non venerit, cur de regiis reddihbus ac Vicecomitatum Argentonii et Oximorum Fatesiæque pertinentibus, ut Regis Vicecomes et officialis, rationem non reddiderit, cet de aliis reatibus rationabiliter impetitus est.* Id etiam muneris fuisse Ballivorum supra ostendimus.

¶ VICECOMITES SCACARIORUM, Eadem notione. Litteræ Philippi Pulchri Reg. Franc. ann. 1290. tom. 1. Ordinat. pag. 319 : *Quod judices foranei, qui vocantur Vicecomites Scacariorum, amoveantur, nec deinceps ponantur ibidem.*

VICECOMES, interdum idem qui *Castellanus.* Lambertus Ardensis pag. 88: *Flandrensis honoris Comes et Princeps Theodoricus, inconsulto Gandavensi, imo jam Ghisnensi Comite Arnoldo, Gandavensis burgi Castellariam Curtracensi Vicecomiti Rogero ad tempus concessit et commisit habendam.* Quem enim Vicecomitem nominat Rogerus, Castellanus fuit Curtracensis. Ita *Vicecomitissam* Yprensem vocat pag. 200. quæ *Castellana* dici debuit : nam *Castellani* pariter appellati Yprenses domini. Vicecomitibus præterea Castellorum custodiam incubuisse docet Wiljelmus Gemeticensis lib. 8. cap. 15 : *Robertus Comes Mellenti turrim illam custodiens, Vicecomitis officio in prædicto officio fungebatur : egit itaque calliditate solita, ut idem Castellum Willelmo de Britolio redderetur.* Vide D. *Brussel* de Usu feud. lib. 3. cap. 1. et 2.]

Vicecomitum ejusmodi interdum quidam erant infeudati, id est, *Vicecomitatus* jure feudali obtinebant, ut indicant Statuta Davidis II. Regis Scotiæ cap. 30. § 3. *quorum jurisdictio, media justitia* dicitur practicis nostris, *la Justice Vicontiere,* in Consuetudine Ambianensi art. 191. 246. Pontavensi art. 82. 84. 104. Monstroliensi art. 6. 7. 25. 26. 27. 29. Insulensi tit. 1. Hesdinensi passim, S. Richarii art. 2. Atrebatensi art. 5. etc. Eadem et

VICECOMITATUS appellatur, et cum *Viaria,* et *Advocatione* confunditur. Charta Galteri Tirelli ann. 1186. in M. Pastorali Eccl. Paris. lib. 8. ch. 2 : *Cum .... teneret a me in feodo medietatem totius Vicecomitatus seu viariæ,* etc. Charta Theodorici Episcopi Ambianensis ann. 1171. ex Tabulario ejusdem Ecclesiæ fol. 53 : *Cum tandem absolutionem postularent, nec in auro vel argento de manum habentes, unde ablata restituerent, Vicecomitatum et Advocationem de Berberis..... Ambianensi Ecclesiæ pro obtinenda absolutione sua in eleemosynam donaverunt.* Charta Odonis Episcopi Belvacensis ann. 1140: *Concesserunt præfatæ Ecclesiæ..... quicquid habent in villa et in terra Teoleti, videlicet Advocaturam et Vicecomitatum, et quicquid habebant ibi aliud.* [Charta ann. 1210. qua Galterius de Wasnou vendit Blanchæ Comitissæ Campaniæ Vicecomitatum *de Cuis,* apud D. *Brussel* tom. 2. de Usu feud. pag. 692: *Illud tamen michi retinui, quod si aliquis in eadem villa de me ienet feodum, dummodo non sit de Viccomitatu vel de advocatia, michi liberum remanebit.*] Vide *Vicecomitura.*

VICECOMITIA, Eadem notione. Ordericus Vitalis lib. 5. tit. 696: *Concesserunt S. Ebrulfo Vicecomitiam, id est, viariam, quantum habebat in villariis vastatis.* Vide *Viare, Vicarius, Advocati.*

¶ VICECOMITATUS, Exactio quam Vicecomes faciebat intra Vicecomitatus limites. Charta ann. 1226. ex Tabul. S. Urbani : *Ego Hugo miles de Fronvilla.... agquitavi ecclesiæ S. Urbani Papæ et Martyris quoddam geiætum et Vicecomitatum, et quidquid juris ego et prædecessores mei in villa de Blehecuria habebamus. Vicontage* dicitur in Chartul. Gemmetic. tom. I. pag. 40 : *Et pour ce prend le Roy notre dit sire ou ses ayans cause cinquante sols chacun an de Vicontage sur nos hommes.* Neque alia notione occurrit

¶ VICECOMITALIS PARS, in Charta Engolism. inter Probat. tom 2. Gall. Christ. novæ edit. col. 444: *Willelmus Comes beatissimo Petro..... tribuit ante festivitatem S. Johannis Baptistæ septem diebus et dimidium duas partes de venda, sicut olim tertiam partem, id est Vicecomitalem ipse sedes habere videbatur.*

º VICECOMITATUS, Jus vicecomiti debitum. Charta Milonis de Maichais ann. 1210. in Reg. 66. Chartoph. reg. ch. 122 : *Garbagium nostrum et Vicecomitatum nostrum et omnes esschies, sicut erant in blado et in denariis,.... quittum clamavimus. Viconté, eodem sensu,* in Lit. ann. 1359. tom. 3. Ordinat. reg. Franc. pag. 864. Vide infra *Vicontagium.*

VICECOMES, Nomen dignitatis, inductum posterioribus seculis, maxime in Anglia, ubi creari cœpere. Aiunt enim Scriptores seu Heraldici Anglici, Joannem *Robersart,* S. Salvatoris oppidi seu Castri in Neustria Præfectum, *Vicecomitem de Robersart* creatum ab Henrico V. Descripsit Thomas *Miles* lib. de Nobilitate politica et civili pag. 63. Litteras Henrici VI. pro erectione *Vicecomitatus de Bellomonte,* pro Ludovico de Bellomonte Milite Ordinis Garteriani. Alii complures subinde a Regibus Anglicis creati Vicecomites, quorum stemmata exhibent Radulphus *Brooke,* Vincentius *Rougecroiæ,* Yorkus allique Feciales Anglici: Exstat etiam apud Ruffium in Comitibus Provinciæ pag. 147. Charta ann. 1225. qua Willelmus Comes Forcalquerii R. de Cadaneto *in perpetuum Vicecomitem facit per eum et successores suos, et Castrum ejus de Cadaneto in Vicecomitatum erigit, cum prærogativis, gratiis et honoribus, quibus cæteri sui Vicecomites eriguntur,* etc. Spuriane sit an legitima, non disquiro. [Vide D. *Brussel* de Usu feud. tom. 2. pag. 693. 694. et 695.]

¶ VISCOMES, ut *Vicecomes,* in Charta ann. 1366 : *Ego Perrotus Vichart vallelus ..... confiteor.... me tenere in feodo et ad homagium liggium a nobili et potente Guidone de Calumiaco Vistonite de Brucia sex jornalia prati et novem quarteria vineæ. Visqueux,* in Litt. ann. 1291. inter Ordinat. Reg. Franc. tom. 8. pag. 295. art. 9.

¶ VICECOMITISSA, Vicecomitis uxor, vel quæ Vicecomitatum possidet. Charta apud Spelman. . *Rex concessit ecclesiam de Thorncomba abbati de Forda sicut Adelicia Vicecomitissa illud manerium ei dedit.* Occurrit etiam in Tabul. B. M. de Bononuntio Rotomag.

º VICECOMITURA, Idem quod *Viaria;* quo sensu etiam accipitur *Vicecomitatus.* Vide in *Viecomes.* Charta ann. 1115. in Chartul. S. Corn. Compend. fol. 76. vº. col. 2 : *Dicti fratres tanquam per hæreditarium prosequentes, Vicecomituram villulæ et totius territorii ipsius.....* occupaverunt. Semel et iterum rursus occurrit.

VICECONJUX, Concubina, in aliquot Inscriptionibus, ut monet Cujacius in Paratit. ad tit. Digest. *de Concubinis,* et ad Nov. 18. Unde recte Julianus Antecessor dixit *concubinam imitari legitimam uxorem.*

VICECONSUL, Vicecomes. Leges Edwardi Confess. cap. 12 : *Qui modo vocantur Vicecomites, tunc temporis Viceconsules vocabantur : ille vero dicebatur Viceconsul, qui Consule absente ipsius vices supplebat in jure et in foro.* Profert Oyhenartus in Notitia Vasconiæ pag. 249. Chartas duas *Lope Execonis,* et *Semerionis Garcis Viceconsulum de Bygur,* vel *de Beygur,* ann. 1119. et 1168. Vide *Consul* 2.

¶ VICECUSTOS. Inter subscriptos testes Chartæ ann. 1304. tom. 2. Hist. Dalph. pag. 121. occurrit *Frater V. Baratt. Vicecustos Avenionensis.* Officium apud Franciscanos. Vide *Custodia* 2.

¶ VICEDAMUS, a Gall. *Vidame,* pro *Vicedominus. Dominus Vicedamus de Chartres,* in Charta ann. 1550. apud Rymer tom. 15. pag. 214. *Vidamé,* pro hospitio Vicedomini, in Charta Guillelmi Vicedomini Carnot. ann. 1404 ex Pancarta Episc. Carnot. : *Le Vidamé de Chartres mon hostel assis au chevet Nostre Dame de Chartres, avec la tour Nouvellon.*

¶ VICEDAPIFER, qui *Dapifeii* vices supplet. Occurrit apud Scriptores Hist. T. S. si fides Gallando de Vexillis Francicis pag. 28.

¶ VICEDECANUS, Subdecanus, Gall. *Sous doyen. Uuiversis et singulis presentes literas inspecturis Johannes Weidesnepel, Vicedecanus totumque Capitulum Ecclesiæ Lubicensis,* etc. in Charta ann. 1487. apud Ludewig. tom. 5. Reliq. MSS. pag. 336.

¶ VICEDEFENSOR, Qui ab Ecclesiarum defensore prædiorum tutelas in se recipiebat. Charta Friderici Ducis Austriæ ann. 1243. anud Ludewig. tom. 4. pag. 226: *Sed quia ecclesiæ utilitas exigit, ut propter occupationum nostrarum frequentias, alicui vices nostras in defensione ecclesiæ committamus..... Quia vero pretextu talium commissionum hujusmodi Vicedefensores frequenter aviditate temeraria in jura se solent ingerere advocatorum, firmiter interponimus observantiam, ut, si quando a tali Vicedefensore Præpositus se senserit gravari, liceat ei ipsum coram nobis nostrisque successoribus recusare et alium sibi magis idoneum postulare* Vide in *Advocati.*

¶ VICEDOGNATUS, ut *Vicedominatus, Vicedomini* munus, dignitas, officium. Charta ann. 1353. tom. 1. Hist. Dalph. pag. 147. col. 1 : *Item officium suum veherie seu Vicedognatus Domenæ, una cum juribus et utilitatibus suis.* Alia ann. 1308. ibid. tom. 2. pag. 142 : *Item quod dictus D. Hugo et successores ipsius nullum in perpetuum impedimentum apponant per se vel per alium quominus dictus D. Comes Sabaudiæ et successores ipsius castrum insulæ Gebenensis, Vicedognatum Gebennensem, et omnia quæ idem D. Comes habet,* etc.

¶ VICEDOMNATUS, VICEDOMPNATUS, Eadem notione, in Charta ann. 1290. apud Spon. tom. 2. Hist. Genev. pag. 60 : *Item nos Episcopus..... concedimus dicto domino Comiti in feudum dictum Vicedompnatum tenendum et regendum toto tempore vitæ nostre,* etc. Inquesta ann. circ. 1217. ibid. pag. 409 : *Item dicit quod cum episcopus Humbertus haberet in vadi-*

monio *Vicedomnatum Gebennensem pro sexaginta libris* Turon. *Vidomnat* vulgo apud Genevenses, a *Vidomne,* uti efferunt. pro *Vilame.*

¶ VICEDOMINA, *Vicedomini* uxor, apud Pillet. inter Probat. Histor. Gerbor. pag. 339. *Madame Jehanne de la Chartre Vidamesse de Chartres,* in Charta ann. 1410. ex Chartul. 21. Corb. Vide in *Vicedominus.*

¶ VICEDOMINALIS, Ad *Vicedominum* pertinens, Agnellus in S. Felice apud Murator. tom. 2. pag. 159. col. 1 : *Iste* (Felix) *monasterium B. Bartholomæi, ubi ego Deo favente Abbas, præfuit, et Vicedominalia gubernacula suscepta luculentissimus tenuit.*

¶ VICEDOMINARIUS, Eodem significatu. *Vicedominarium placitum,* quod ab Ecclesiæ Vicedomino tenetur. Vide infra in *Vicedominus.*

¶ VICEDOMINATUS. Vide mox in *Vicedominus.*

° VICEDOMINICO, pro *Vicedominus;* dicitur de judice qui vice domini ejusque nomine jus dicit. Charta Judoci march. Moraviæ ann. 1880. apud Pez. tom. 6. Anecd. part. 3. pag. 68. col. 1 : *Committentes camerario supremo Czudario, notario et aliis Vicedominicombus Czudæ Olomucensis præsentibus seriose, quatenus præfatas villas supradictis priori et conventui intabulent et auctoritate suorum officiorum intabulari disponant, dum primum celebrabitur colloquium dominorum.*

° VICEDOMINIUM, *Vicedomini* dignitas et munus. Glossar. Gall. Lat. ex Cod. reg. 7684: *Vicedominium, Vidamsté.* Vide in *Vicedominus.*

VICEDOMINUS, Qui vices aut locum domini obtinet, ἀντικύριος, in versione Gr. Concilii Lateranensis IV. can. 45. Ulpianus leg. 157. D. de Regul. jur. : *Si vel dominis, vel qui vice dominorum sunt, veluti tutoribus et curatoribus obtemperaverint. Vicedominus loci,* in Actis S. Eutychetis 15. April. Regula Magistri cap. 11 : *Sicut in hominis domo, ut securus sit de omnibus præparandis, domnus rei ordinat Majores familiæ, quos vice domini minores timeant, id est, Vicedominum, Villicum, Saltuarium et Majorem domus, etc.* Quibus locis *Vicedominus, Villicus,* et *Major domus* iidem videntur. Et certe Gregorius M. lib. 9. Epist. 66. titulum *Majoris domus* tribuit Vicedomino Ecclesiæ : observatque Browerus lib. 8. et 12. Annal. Trevir. pag. 474. 669. 671. 1. edit. *Vicedominum* seu Advocatum Trevirensem, *Majorem domus* interdum vocitari a Scriptoribus.

Est igitur *Vicedominus* idem qui *Vicarius,* seu locum tenens. Chronicon Erford. an. 1015 : *Episcopus ad nutum Imperatoris, Ludovicum in totam Thuringiam misit, et ibi Vicedominum, id est, Vicarium per totam Thuringiam fecit.* Charta Goscelini Archiepisc. Burdegalensis in Tabulario Burguliensis Monasterii : *Simon frater meus Partiniacensis castri mei Vicedominus.* Apud Gregor. M. lib. 9. Epist. 37 : *Petrus vir clarissimus Vicedominus in provincia Siciliæ nostræ Rusticianæ Patriciæ, etc.* Adde Alexandrum Abbatem Celesinum lib. 3. cap. ult.

Apud Adamum Bremensem cap. 184. et Albertum Stadensem ann. 1068. *Vicedominus* dicitur possidere is, qui post Principem in regno *rerum summam* obtinet. Quo sensu Willelmus Malmesburiensis scribit, Odonem Bajocensem Episcopum et Cantiæ Comitem, *totius Angliæ Vicedominum* sub Rege Wilelmo Notho fuisse. Et auctor Historiæ Trevirensis tom. 12. Spicilegii Acheriani pag. 242 Brunonem Archiepiscopum Trevirensem defuncto Henrico IV. Imp. *communi consilio Principum Curiæ Regiæ Vicedominum effectum esse* sub Henrico V. Juniore.

VICEDOMINUS *Bergensis pagi,* in Morinis, idem videtur qui *Castellanus,* apud Drogonem Monachum in libro Miraculor. S. Winoci cap. 5. Nam Bergum paruit Castellanis, non Vicecomitibus.

VICEDOMINUS, dictus quondam Massiliensis Judex, qui sub Patricio Provinciæ jus dicebat, a quo ad eumdem Patricium provocabatur. Ita Guesnaius in Annal. Massil. ann. 768. ex veteri Notitia Carolo M. imperante confecta, quæ integra exstat apud Sammarthanos in Episcopis Massiliensibus, apud quos habetur alia exarata sub Lothario Imp. ibid. num. 17. in qua ejusdem *Vicedomini* Massiliensis occurrit mentio.

VICEDOMINUS, in Anglia, idem qui *Vicecomes,* ut observat Seldenus lib. de Titul. honor. 2. part. cap. 5. § 20. Atque ita accipitur in Legib. Henrici I. cap. 7. unde Ingulfus dixit, in Anglia *Vicedominos* dictos Præfectos provinciarum. [Charta Alfredi Reg. apud Pillet. Hist. Gerbor. pag. 306 . *Præfectos vero provinciarum, qui antea Vicedomini, in duo officia divisit.*] Vide Senatorem lib. 5. Epist. 14. [et supra in *Vicecomes.*]

☞ Ejusdem conditionis videtur Pilleto Dominus *d'Esneval* qui *Vicedominum Normanniæ* sese inscribere solet. Hunc consule loco jam laudato.

VICEDOMINI ECCLESIARUM, aut *Episcoporum,* iidem qui Theophani et Scriptoribus Græcis οἰκονόμοι, apud Paulum Diaconum in Historia Miscella lib. 23. et 24. pag. 733. 762. editionis Canisii, Anastasium in Historia Ecclesiastica pag. 160. Paulum Diaconum Neapolitanum in Vita S. Theophili Pœnitentis cap. 1. etc. Honorius Augustodunensis lib. 1. cap. 182 : *Vicedominus, qui vicem Episcopi agit.* Capitul. 1. ann. 802. cap. 13 : *Ut Episcopi, Abbates, atque Abbatissæ Advocatos atque Vicedominos, Centenariosque legem scientes pacificosque et mansuetos habeant, etc.* Adde Capit. 2. ejusdem anni cap. 21. Concilium Remense ann. 813. can. 24 : *Ut Præpositi et Vicedomini secundum regulas vel Canones constituantur.* Flodoardus lib. 2 Hist. Rem. cap. 18 : *Contigit.... dum ad S. Cyricum oratum vanisset in Culnisciacum, locutum cum cum Oeconomo Remensis Ecclesiæ, qui aderat, etc.* Mox : *Interea mulier quædam anserem attulit Vicedomino, etc.* Ubi Vicedominus est, qui supra Oeconomum : ut et in Historia Episcoporum Autisiodor. cap. 24 : *Constituit, ut Abbates Presbyteri cum Clero ad suprascriptum officium peragendum convenientes ex dominico cellario ab Oeconomo Ecclesiæ stipendium sufficiens accipiant : si autem tardi occurrerint, aut negligentes apparuerint, 40. dies a vino abstineant. Vicedominus autem aut Cellarius, si quod jure ministrare debuerint, in aliquo subtraxerint, retrusi in monasterium per annum dimidium pane et aqua contenti debitam pœnitentiam persolvant.* Neque opinor de alia dignitate intelligendus Gregor. M. PP. lib. 5. Epist. 55. dum ait, Protasium *Vicedomini curam gessisse* in Ecclesia Arelatensi, antequam ad Episcopatum Aquensem proveheretur. Apud Innocentium III. lib. 2. Epist. pag. 448. fit mentio *Hugonis Vicedomini Majoris Ecclesiæ Placentinæ.* In Charta Petri Episcopi Salernitani sub ann. 880. apud Ughellum, *Lupenandus Presbyter et Vicedominus Episcopi* dicitur, in qua et memoratur *Rodalgaldus Castaldeus et Advocator Episcopi.* Unde alium fuisse *Advocatum,* alium *Vicedominum* colligitur. In Gestis Pontificum Cenomanensium legimus: *Herlemundum Episcopum Thimierum Abbatem S. Vincentii, Archidiaconum suum Vicedominum per totam diœcesim esse constituisse.* Aliorum Vicedominorum ejusdem Ecclesiæ Cenomanicæ mentio passim occurrit in Actis Episcopor. Cenoman. pag. 212. 223. 234. et 235. In Diplomate Wernheri Argentinensis Episcopi anno 1005. apud Guillimannum cap. 7. subscribit *Herbo Canonicus Vicedominus. Gerardi Vicedomini* Argentinensis meminit Arnoldus Lubec. lib. 7. cap. 10. *Macconis* cujusdam *Vicedomini* Hermanni Archiepiscopi Hamaburgensis, Adam Bremensis cap. 102. Apud Lambertum Schafnaburg. ann. 1085. *Hermannus Vicedominus Moguntinus,* ejusdem Ecclesiæ Pontifex fit. Anonymus in Histor. Pontificum Eboracensium :

Presbyter egregius successit jure Johanni
Wilfridus, heres patri dignissimus almo,
Qui prius Euboricæ fuerat Vicedomnus, et Abbas :
Postea sed magno meritorum culmine fretus,
Pontificis summi condignus sumpsit honorem.

Monachus S. Mariani Autisiodor. ann. 1096 : *Senonensi Ecclesiæ post Richerium præfuit Dainbertus ipsius Ecclesiæ Vicedomnus.* Vide Sigebertum ann. 587. Joan. Mauritium Gudenum in Hist. Erfurtensi lib. 1. n. 13. et Ughellum tom. 4. pag 656.

Habuit etiam *Vicedominos* suos Ecclesia Romana, qui a Pontifice Romano ex ordine Cleri, et aliquando ex Episcopali constituebantur, viri prudentes, et rerum gerendarum peritia insignes, quibus Episcopi vel Palatii Lateranensis cura et administratio committebatur, in gubernanda domo, hospitibus suscipiendis, et domesticorum causis cognoscendis. Anastasius Bibl. in Vigilio PP. : *Retransmisit Romam Ampliatum Presbyterum et Vicedominum suum et Valentinum Episcopum sanctæ Rufinæ ad custodiendum Lateranum, et gubernandum Clerum.* Idem in Constantino PP. : *Joannes Patricius..... veniens Romam jugulavit Saulum Episcopum et Vicedominum.* Rursum in Vita S. Zachariæ PP. meminit *Benedicti Episcopi et Vicedomini,* scilicet Ecclesiæ Romanæ. Is Pontificem equitantem comitari solebat una cum Vestiario, Nomenclatore, atque Sacellario, ut est in Ordine Romano. Interdum summi Pontifices *Vicedominos,* seu Vicarios suos, constituebant, qui vice sua Episcopos in Ecclesiis ordinarent, ut est apud Gregorum M. lib. 1. Epist. 11. Porro Vicedomini Ecclesiæ Romanæ ædes Romæ in Palatio Lateranensi erat, eaque

VICEDOMINIUM dicebatur, in qua scilicet munere suo fungebatur. Anastasius Bibl. in Stephano IV : *Quem.... in Lateranense Patriarchium introduxerunt, et ascendentes cum eo in Vicedominio,... compulerunt eum, ut orationem Clericatus eidem Constantino tribueret.*

Vicedominos etiam ex ordine Cleri habuere Abbates, qui interdum iidem, qui *Advocati.* Non semel ii occurrunt apud Scriptores, præsertim apud Eginhardum Epist. 12. 14. 23. 37. 52. Exstat Testamentum Leodeboldi Abbatis Monasterii S. Aniani tom. 4. Hist. Franc. quod inter cæteros subscribit *Higecius Diaconus et Vicedominus.* In Tabulis Bartholomæi

Episc. Laudunensis ann. 1125. fit mentio *Vicedomini Abbatis S. Dionysii in Francia*, apud Gallandum de Franco alod. pag. 74. ut in libro 2. Vitæ et Miraculor. S. Austregisili pag. 358 : *Vadomari Vicedomini Cœnobii ejusdem S. Austregisili: qui pro causa utilitatis Monasterii disposuit ad urbem Pictavorum ambulare.* Capitul. 1. Caroli M. ann. 802. cap. 13. supra laudatum.

VICEDOMINI ABBATISSARUM memorantur etiam in Capit. Caroli M. lib. 2. cap. 38. Atque hæc *Vicedominorum* Ecclesiasticorum dignitas

VICEDOMINATUS appellatur apud Gregorium IX. Extra de Simonia cap. 38 . *Quicunque Vicedominatum, vel aliam Ecclesiasticarum rerum administrationem per pecuniam obtinere voluerint, tam ementes quam vendentes cum Simone percelluntur, etc.* Utitur etiam Adamus Bremensis cap. 148.

Vicedominus ad hoc constitutos constat, ut essent, qui rerum temporalium, ad Ecclesias pertinentium, curam gererent, quamdiu Episcopi, quorum vices agebant, et a quibus erant instituti, rebus spiritualibus et divino officio vacabant: *Quia Episcopi, et universi Sacerdotes*, inquit Lex Long. lib. 2. tit. 47. § 9. [∞ Lothar. I. 96.] *ad solam Dei, et bonorum operum actionem constituuntur* Eam esse præcipuam Vicedominorum institutionis causam, et ad Advocatorum, disertus insinuat Charta Ludovici VI. Regis Franciæ ann. 1125 ex Tabulario Ecclesiæ Laudunensis, his verbis: *Notum igitur esse volumus ..... quod cum in Episcopio Laudunensi Vicedominatus et Præpositura, quæ ministeria a principio piæ dispensationis providentia ad hoc fuerant instituta, ne quies Episcopalis ab orationeet prædicationis studio secularium causarum turbarum tumultibus exturbaretur, crescente sensuum pravitate in exterminium terræ, et oppressionem pauperum Ecclesiæ redacta fuissent, etc.* Adamus Bremensis cap. 182: *Et tunc quidem Vicedominus noster, quasi fidelis dispensator et prudens, ad custodiendas pauperum eleemosynas deputabatur* Hincmarus Remensis Opusculo 27. al. 29. rerum secularium seu externarum Vicedomino, ut Ecclesiasticarum Præposito Ecclesiæ incubuisse munus indicat, ut Regem Carolum C.: *Et postea, sicut audivi, per Cancellarium Palatii vestri mandastis Vicedomino et Præposito istius Ecclesiæ cum non modica interminatione, ut providerent quatenus ullum obsequium ab Ecclesiæ ipsius* (Remensis) *hominibus, nullumque subsidium de facultatibus Ecclesiasticis per Clericum vel Laicum ipse Episcopus posset habere: et Vicedominus Laicos cum carris et operariis, et Præpositus Clericos habentes beneficia huc secum adducerent.* Idem apud Flodoard. lib. 3. pag. 560 : *Carcer quoque firmiter a Vicedomino restauretur, et custodes, si necesse fuerit, adhibeantur.*

Vicedominus eligebant ipsi Episcopi, qui ipsorum res strenue tutarentur, et vassallorum seu clientum Ecclesiæ suæ causas judicio dirimerent. Gregorius Mag. lib. 9. Epist. 66: *Volumus autem ut memoratus frater noster Paschasius et Vicedominus sibi ordinet, et Majorem domus; quatenus possit vel hospitibus supervenientibus, vel causis, quæ eveniunt, idoneus et paratus existere. Si vero et negligentem eum prospicis, et ea, quæ diximus, implere differentem: omnis Clerus ejus adhiberi debet, ut communi consilio ipsi eligant quorum personæ ad ea, quæ prædiximus, valeant ordinari.*

Lex Longobard. lib. 2. tit. 47. *de Advocatis et Vicedominis*, [∞ Carol. M. 22.] præcipit, *ut tales eligantur, qui sciant et velint justitiæ causam discernere.* Et § 3. [∞ Pipin. 27.] : *Omnibus Episcopis, Abbatibus, cunctaque Clero præcipit Vicedominos, Præpositos, Advocatos, sive defensores bonos habere, non crudeles, non cupidos, non perjuros, non falsitatem amantes; sed Deum timentes, et in omnibus justitiam facientes, vel diligentes.* (Eadem habentur in Concil. Mogunt. cap. 50.) Et § 9. [²² Lothar. I. 96.] Episcopi et Sacerdotes præcipiuntur, *habere Advocatum non mala fama suspicatum, sed bonæ opinionis et laudabilis artis inventum.* In iis vero eligendis Comes adesse debebat, § 7. [²² Lothar. I. 10.] qui si *pravi essent*, amovebantur, ut est in Capitulo 2. ad Legem Salicam § 5. Vetat tamen eadem Lex Longobardorum, ne Episcopi, aut Abbates, Comites, aut Comitum Centenarios in Advocatos sibi asserant, § 4. [²² Ludov. P 46.] Quæ quidem Advocatos aut Vicedominos assumendi prærogativa solis competebat Episcopis aut Sacerdotibus; cum Laicis, præter Comitem in Ecclesiasticis causis habere non liceret, a. tit. § 10. [²² Otto II. 8]

☞ In *Vicedominis* eligendis aderat Comes, quia cum eo judices sedere consuevarant, ut discimus ex Notitia judicati ann. 843. in Append. ad Marcam Hisp. col. 779 : *Cum in Dei nomine resideret vir inluster Adalaricus Comes una cum sanctissimo Gondemaro sedis Gerundensis Episcopo,.... nec non Assemundo et Hemani Vicedominos, seu et judices qui jussi sunt dirimere causas....* Tunc *nos supradicti vassi dominici, Vicedomini, vel judices interrogavimus Seluvane.*

Singulis denique Episcopis et Abbatibus aut Abbatissis duos habere Advocatos licitum fuit, quorum *alter causam procuraret, alius sacramentum deduceret*, ut est in eadem Lege Longobardorum lib. 2. tit. 47. § 8. [∞ Lothar. I. 18.] Nam nec Episcopi, nec quivis e Clero, in quacumque controversia, sive criminali, sive civili, jusjurandum qualibet ratione subire compelli poterant : sed *Advocatis suis propriis idoneis* hoc officium delegabant. Ita in § 11. [∞ Henr. II. 1.] Ex quibus quidem locis *Advocatos* et *Vicedominos ex Laico ordine* ea tempestate obtinuisse palam est, maxime ex quo Prælati ac Episcopi ratione *Regalium* suorum, vel bellis, castris, seu præliis Regis interesse, vel bona sua bello proprio tutari compulsi sunt. Tum enim, quod arma ipsi gerere, vel prælia inire, Canonibus Ecclesiæ vetarentur, viros nobiles in sui tutelam adscripserunt, qui eorum vice vassallos Ecclesiæ in aciem educerent, præliis interessent, præterea justitiam iis administrarent: quos ut in sui tuitionem validius illigarent, bonorum Ecclesiasticorum partem aliquam eis in beneficium ultro concedebant, ut ab hostibus suis impeterentur. Ea enim feudorum lex est, ut vassallus dominum tueri ac juvare in bellis suis teneatur. Id præ ceteris testatur Helgaldus Floriacensis in Vita Roberti Regis Franc. pag. 68 : *Crescens quippe ætate, et vir factus virtute, totam terram sanctæ Crucis, quam Fulco Episcopus* (Aurelianensis) *pro sui adjutorio Hugoni potentissimo Belvacensi dederat, hic vir Dei, qui laude et verbo omnipotenti complacebat Deo, mœsto factus animo, per secula celebrando saluti-*

feræ Crucis loco suo reddidit dono. Gregorius VII. PP. lib. 7. Epist. 9 : *Clamor Abbatis Aureliacensis Cœnobii.... auribus nostris insonuit, videlicet super quibusdam personis, qui injuste detinent beneficia prædicti Monasterii prædecessoribus suis sub fidelitate et dominio pro defensione Ecclesiæ sibi et suis antecessoribus olim concessa.* Quo etiam referenda, quæ habet liber. cui titulus : *Carnotensis Ecclesiæ principum : Fuerunt sane priscis illis temporibus alii atque alii Carnutum Pontifices, qui cum Episcopatu Comitatum assecuti, rebus bellicis pariter et civilibus gloriose prudenterque præfuerunt. Proinde omnia ab uno gerebantur : sed unus Hardouinus ab Episcopatu Comitatum distraxit, Episcopus ab se abdicavit, quem in Odonem consanguineum suum bellicarum rerum peritissimum, data illi bonorum tolerabili portione, transtulit, paulo post vero ex parte oneri* ⸱ *vi ferebatur non repente. Item Francorum Regibus intercedentibus, convenit ut de bonis ad principatum intra et extra Carnutum spectantibus, intactis aliquot arcibus æquis partes, æquo jure, Episcopus Comesque sibi haberent. Mox autem ut Episcopus et novus Comes sibi constitutos creavere; hic Vicecomitem ille Vicedomnium, et rursus Vicecomes varios dominos, totidem Vicedominus sibi substituere, ipsusque quædam sua jura decreta sunt, quibus etiam latrones judicare fas esset.* Prædictis addenda præterea Charta Henrici Regis Franciæ ann 1058 ex Tabulario S. Mauri Fossatensis : *Ut enim a nostris majoribus comperimus , jam dictus comes Burchardus* (Corboliensis) *nihil aliud ab avo nostro jamdicto Hugone, de ipso loco* (Monasterio Fossatensi) *habuit, neque tenuit, nisi ut providentiam atque defensionem adversus hostes et inimicos sanctæ Dei Ecclesiæ, atque pervasores prædiorum ipsius loci haberent, atque ipsum locum sublimare, atque ditare terrarum suarum beneficiis atque possessionibus iuvaret.* Chartam integram descripsit Gallandus de Franco alodio pag 285.

Hinc passim legimus Vicedominos. atque adeo Advocatos, pro ejusmodi beneficiis jure feudali obnoxios esse Episcopis, et ab iis feuda sua in qualibet mutatione excipere, seu relevare. Ita Vicedominus Ambianensis seu Pinconiensis, ratione clientelæ obnoxius est Episcopo Ambianensi; et Fulco Vicedominus Cameracensis inter *Casatos* Gerardi Episcopi subscribit apud Lindanum in Teneræmunda ann. 1089. pag. 217. Gregorius VII. PP. lib. 7. Epist. 19 : *Super quibusdam personis, qui injuste detinent beneficia prædicti Monasterii prædecessoribus suis sub fidelitate et dominio pro defensione Ecclesiæ sibi et suis antecessoribus olim concessa.* Apud Gallandum lib. de Franco alodio pag. 335. hæc habentur : *Au denombrement du Vidamé de Châlons rendu à l'Evesque l'an 1581. toutes les fois, que le Vidame ou Vidamesse reprend dudit reverend Pere, il le doit resaisir par le bail de son anel, lequel anel est et demeure audit Vidame ou Vidamesse, toutes les fois qu'il y a nouvel Evesque.* Hæc passim obvia.

Idem fuit Vicedominorum in bonis Ecclesiæ tutandis munus, quod Advocatorum exstitisse supra observavimus : scilicet ut si ablata essent, aut per vim erepta, ea corum judicibus publicis repeterent, et rursum Ecclesiæ assererent. Flodoardus lib. 2. Hist. Rem. cap. 19. de Ebone Archiepiscopo: *Mancipia vel colonos quosdam Ecclesiæ desertores tam* per se ipsum, quam per Radulphum Vicedominum et Ecclesiæ Advocatum apud judices publicos legibus evindicatos, et obtentos Ecclesiastico juri restituit. Exstant in hanc sententiam Notitiæ judicatorum veteres aliquot apud Perardum in Tabulis Burgundicis pag. 152. 153.

Ut Vicedomini causas Ecclesiæ, tamquam Advocati et Patroni, coram Principe, aut quovis alio, examinabant et tuebantur, sic eorum munus erat ejusdem Ecclesiæ vassallis jura impertiri, et eorum lites judicio dirimere. Veteres Tabulæ apud Ferreol. Locrium in Chron. Belg. ann. 583. de Vedulpho Episcopo Atrebensi : *Duos suo titulo semper habuit Archidiaconos, et Vicedominum, qui absente Episcopo causas Atrebatensis Episcopatus animadvertebat*. Alia hujus rei prostant exempla apud Henricum Mon. de Mirac. S. Germani cap. 52. Eginhardum Epist. 18. in Capitul. Caroli M lib. 5. cap 120. [>9 191.] apud Guibertum de Laudibus B. Mariæ cap. 10. etc. Quod quidem Vicedominorum munus in judiciis obeundis, *Placitum Vicedominarium* appellatur in Diplomate Berengarii Episcopi Virdunensis, quod exstat apud Hugonem Flaviniacensem in Chron. ann. 951. pag. 132.

Cætera denique munia, quæ ab Episcopis injungebantur, obibant Vicedomini, tamquam eorum clientes et famuli, quod constat ex Eginhardo Epist. 23. Adrevaldo de Mirac. S. Benedicti cap. 6. Aigrado Monacho in Vita S. Ausberti Archiepisc. Rotom. n. 29. Adamo Brem. cap. 183. etc. Quo spectant verba Caroli C. Reg. Franc. in Epist. nd Hadrian. PP. apud Baron. ann 871. n. 100 *Quia Reges Francorum ex Regio genere nati, non Episcoporum Vicedomini, sed terræ domini hactenus fuimus computati*.

Curabant præterea Vicedomini, ut morientibus Episcopis res ab iis relictæ in tuto essent, neque domus eorum expilarentur. Pravus quippe mos invaluerat superioribus sæculis, ut statim atque decesserant, domus eorum invaderentur, resque ab iis quondam possessæ diriperentur. Quod non solum post Episcoporum, sed ipsorum etiam summorum Pontificum obitum fieri solitum docent Acta Synodi Romanæ sub Joanne IX. ann. 904. cap. 12. ubi talis abusus prohibetur, his verbis : *Quia scelestissima etiam consuetudo inolevit, ut obeunte S. R. E. Sedis Pontifice, ipsum Patriarchium deprædari soleat ; et non solum in ipso sancto Patriarchio, sed etiam per totam civitatem et suburbana ejus talis bacchatur præsumptio : nec non quia et id inultum hactenus neglectum est, adeo ut omnia Episcopia eadem patiantur, uniuscujusque Ecclesiæ obeunte Pontifice, quod ne ulterius præsumatur, omnimodis interdicimus, etc.*

Ejusmodi autem ædium et bonorum Episcopalium direptiones et vastationes ab ipsis fere Ecclesiæ Christianæ primordiis obtinuisse ex eo colligere est, quod in prioribus Conciliis, et ab ipsis summis Pontificibus identidem prohibitas legamus, in Concilio nempe Chalcedonensi can. 22. Antiocheno, Trullano can. 35. Tarraconensi sub Hormisda PP. can. 12. Ilerdensi sub Johanne II. PP. can. 16. Valentino Hispan. ann. 524. can. 2. Pontigonensi ann. 876. can. 14. Troslejano ann. 900. can. 14. Romano ann. 966. Romano ann. 1050. can. 2. Claromontano ann. 1095. can. 30. Nemausensi ann. 1096. can. 7. Pictavensi ann. 1109. can. 15. Tolosano ann. 1119. cap.

4. Remensi ann. 1131. cap. 3. Lateranensi ann. 1139. can. 5. Budensi ann. 1279. can. 49. in Constitut. Ludovici Pii ann. 824. cap. 2. apud Holstenium in Collect. Romana, etc.

Hujus præterea moris pravissimi mentionem agunt Epistola Leonis IX. PP. ad Auxitanos apud Baronium ann. 1051. n. 3. Vita ejusdem Leonis tom. 8. Ughelli pag. 127. et apud Henschenium et Papebroch. tom. 10. pag. 667. Gregorius Turon. lib. 6. cap. 11. Baldricus lib. 1. Chron. Camerac. cap. 14. III. Atto Vercellensis lib. de Pressuris Ecclesiasticis part 3. initio, Epist. Urbani PP. II. ann. 1091. ad Hugonem Gratianopolitanum Episcopum in Tabulario ejusdem Ecclesiæ fol. 79. Joannis Sarisberiensis Epist. 57. Chartæ Innocentii et Paschalis PP. pro Ecclesia Carnotensi in Tabulario ejusdem Ecclesiæ n. 1. 13. 32. 67. et aliæ apud Doubletum in Hist. Monasterii S. Dionysii pag. 852. Catellum in Historia Occitan. pag. 786. in Magno Pastorali Parisiensis Ecclesiæ lib. 10. ch. 87. et in Probationibus libertatum Ecclesiæ Gallicanæ cap 16. n. 1. 4 Vide Marcam de Concordia Sacerdotii pag. 816. 847. 2. edit. et quæ in id argumentum congessit Ludovicus Thomassinus in Lib. de Disciplina Ecclesiastica circa dignitates Ecclesiasticas parte 2. lib. 4. cap. 25. 26.

Verum sensim cessavit ea labes, Principibus ipsis, qui id sibi juris in Episcoporum decedentium bona arrogaverant, Ecclesiis id ultro cedentibus. Necrologium Ecclesiæ Parisiensis 6. Idus Januar. : *Eodem die obiit Theobaldus Parisiensis Episcopus,... Fecit et aliud solenni dignum memoria : cum enim de consuetudine prava, usitata tamen, Rex Episcopo sedem relinquente, domus Episcopi rebus in eis inventis spoliaret, talliam etiam in terra Episcopi pro sua voluntate faceret, nacta opportunitate, cum pius Rex Ludovicus Hierosolymam proficisceretur, idem Episcopus precibus fusis, et data pecunia impetravit ab eo, ut de cætero Rex in domibus Episcopi nihil omnino capiat in ferro, vel ligno, vel aliquibus utensilibus domuum, vel ornamentis : in terra etiam Episcopi tallia sexcentas [sexaginta] libras excedere non possit.* [Charta Ludovici VII. qua ejusmodi juri cedit exstat in Chartul. Episc. Paris. fol. 20. ubi sic legitur : *facimus quia nos, quibus ex antiquo prædecessorum nostrorum tenore quasi jure fisci omnia quæ mortuo Parisiensi Episcopo in domibus ejus inveniebantur, absportare licebat, volentes ecclesiæ Dei et Episcopis Dei servicio mancipatis debitam reverentiam exhibere et eos donis majoribus ampliare, moti precibus et supplicatione karissimi nostri Theobaldi Paris. Episcopi viri religiosi, quicquid suppellectilis de materia lignea vel ferrea deinceps inventum fuerit in domibus Episcopi Paris. post mortem ipsorum in quibuscumque locis et villis domus illæ forte sitæ sint, intactum et integrum succedentibus Episcopis in perpetuum possidendum libere et quiete manumittimus et confirmamus assensu et consilio dominæ Alienordis Reginæ collateralis nostræ.*] In parvo Pastorali ejusdem Ecclesiæ describitur Charta Philippi Regis ann. 1190. qua ejusdem Ludovici parentis Chartam confirmat, ex Theobaldi Episcopi precibus : *Quicquid supellectilis et materia ferrea inventum esset in domibus Episcoporum Parisiensium post mortem ipsorum in quibuscunque locis et villis domus illæ*

sitæ essent, intactum et integrum succedentibus Episcopis in perpetuum possidendum libere et quiete manumisit, etc. [Rursum memoratur hæc Ludovici cessio in Bulla Innocentii III. PP. an. 1199. ex Chartul. Episc. Paris. fol. 45. v° : *Auctoritate quoque Apostolica interdicimus ut suppellectilem decedentis Episcopi Paris. nullus omnino diripiat ; sed ad opus ecclesiæ et successoris sui illibata permaneat, sicut a supradicto Ludovico illustri quondam Francorum Rege concessum est et scripto suo firmatum.*] Exstat similis Charta Henrici cogn. Stephani Comitis Blesensis et Carnotensis in Tabulario Ecclesiæ Carnotensis n. 67. et in Regesto 7. Archivi Regii, qua pravam illam consuetudinem eidem Ecclesiæ dimittit : quam descripsit Jacob. Petitus post Pœnitentiale Theodori pag. 449. 550. Describitur etiam Ludovici VII. Charta Cabilone exarata ann. 1166. in 7. Regesto Tabularii Regii, in qua Girardus Comes Viannensis *cognovit in plena curia, quod vacante sede per mortem Episcopi Matisconensis, nihil omnino habere in domibus Episcopalibus, neque in terris aut Episcopum pertinentibus, nec in rebus mobilibus, professus est, et terras Ecclesiæ prorsus esse liberas*, etc. Describitur præterea in Regesto VII. num. 2. ejusdem Ludovici Charta alia ann. 1147 : *Quando viam Hierosolymitanæ expeditionis intravit*, exarata in Castris apud Virdun. qua Bartholomæo Episcopo Catalaunensi concessit, *ne post decessum Catalaunensis Episcopi, sicut antiquæ consuetudinis tenor huc usque habuerat, in domibus Episcopalibus quicquam ligneum aut ferreum, sive per se, sive per ministeriales suos de cætero caperet : animalia quoque Episcopi, et cætera omnia, quæcumque ad supellectilem domorum Episcopalium pertinere dignoscuntur, sub eadem immunitate concludat, præter annonam, vinum, aurum, et argentum, quæ omnia juxta vetustam consuetudinem in manu sua et potestate regia retinuit.* Quæ quidem extrema verba potissimum observanda. Adde eumdem pag. 451. tom. 13. Spicil. Acher. pag. 296. 297. Colmenarejum in Segovia cap. 18. § 1. Baluzium lib. 2. Miscellan. pag. 225. Ægidium Gelenium in Engilberto pag. 96. 202. etc. Hunc denique pravum morem diripiendi bona Episcoporum post eorum mortem, qui apud Græcos pari jure invaluerat, coercuere novellis suis Constitutionibus, quæ in jure Græcorum describuntur pag. 147. 154. 177. Impp. Joannes Comnenus, Manuel Comnenus, et Joannes Ducas.

Id porro juris in conservandis et tuendis defuncti Episcopi bonis habuisse Vicedominum Ambianensem docet sequens Charta, quam ex Tabulariis Corbeiensi et Pinconiensi eruimus : *Excellentissimo Domino suo Philippo D. G. illustri Francorum Regi R. ejusdem permissione Amb. Ecclesiæ Minister humilis, Sal. et cum honore debito devotum obsequium. Ad instantiam et preces dilecti et fidelis nostri Vicedomini Ambianensis, quod videmus, hoc testamur. Vidimus siquidem tempore bonæ memoriæ patris vestri, quod vacante sede Ambianensi post decessum felicis recordationis Theodorici Episcopi, Gerardus tunc Vicedominus servavit domos et reddidit Episcopi. Et ad testimonium Ecclesiæ nostræ, quæ jus Vicedomini testificata est, serviens quidam, qui illuc introire volebat ex parte patris vestri, voluntate ejusdem patris vestri recessit : et Vicedominus in possessione pacifica remansit, tam custodiæ do-*

mus, quam reddituum *Episcopi*: cum etiam ex significatione sui nominis habeat *Vicedominus*, quod vices Domini debebat agere, bona *Episcopi* conservando, sed non disputando, si esset in hoc vestræ serenitatis assensus, posset uti jure suo, ut videlicet domos et redditus bona fide custodiret, et non dissiparet.

☞ Omnibus vero Vicedominis id juris assertum fuisse nolim præstare : præter quam enim quod ex allata Charta de eo aliquando controversum esse colligitur, constat Vicedominum Meldensem in bona defuncti Episcopi nihil habuisse ; sed ad Comitem Campaniæ spectasse ut iis conservandis invigilaret. Vide D. Brussel de Usu feud. lib. 2. cap. 21. et lib. 3. cap. 5. num. 6. Ast sedulo est observandum quod ubi Episcopus testamento disposuerat de iis etiam rebus quas, aliis remissis, exceperant Reges, nec Vicedominus nec alius quivis eas invadere poterat. Charta Ludovici VII. ann. 1147. jam laudata, apud Marten. tom. 1. Ampl. Collect. col. 803 : *Quod si de his præfatæ sedis* (Catalaunensis) *Episcopus ante obitum suum sub legitimo testamento disposuerit, illius contradicere dispositioni nec possumus, nec debemus.* Quod firmare iterum licet Litteris Philippi Aug. ann. 1222. ex Chartul. Campaniæ in Camera Comput. fol. 13.

Olim, juxta Canonum Statuta, Episcopo decedente, Archiepiscopus, cui suberat vacans Ecclesia, *Visitatorem* delegabat, qui bona ipsius Ecclesiæ, et Episcopi adversus invadentes tutaretur, cui Carolus Calvus Comitem adjungi voluit, in Capitul. tit. 43. § 8. Adde Constitut. Sicul. lib. 3. tit. 38. Vide *Visitator.*

Vicedominorum præterea officium erat Episcoporum exercitus conducere in hostem, si bellum pro bonis Ecclesiæ conservandis suscipi ab iis necesse foret. Nam olim et *Clerici lite non contenti, arma corripiebant, vibrantia telis tela conferebant, et non verbo, sed ferro contra sui ordinis regulam dimicabant*, ut ait Petrus Damianus lib. 1. Epist. 15. quod rursum improbat lib. 4. Epist. 9. his verbis, ubi de Ecclesiarum rectoribus : *Plerique mox ut eis vis infertur injuriæ, ad indicenda protinus bella prosiliunt, armatorum cuneos instruunt, sicque hostes suos acrius forte quam læsi fuerant, ulciscuntur. Quod mihi plane videtur absurdum, ut ipsi Domini Sacerdotes attentent, quod turbis vulgaribus prohibetur : et quod verbis impugnant, operibus asserant. Quid enim magis Christianæ religioni contrarium, quam redhibitio læsionum?* Tradit Ingulfus ann. 870. Osgotum, Vicedominum *Lincolniensem*, veteranum et validissimum bellatorem, cum cuneo Lincolniensi, num. 500. bellum cum Paganis commississe, et victoriam insignem adeptum esse, occisis tribus Regibus cum ingenti multitudine. Idem tradit Chronicon Petroburgense in Monast. Anglic. tom. 1. pag. 68. Alia in hanc rem exempla prodit Historia Australis ann. 1295.

Denique si Episcopus ratione Regalium suorum a Principe submoneretur ad exercitum, Vicedominus Ecclesiæ vassallos conducebat, eaque obibat munera, quæ Episcopus, cujus vices eo casu tenebat, pro sua dignitate implere non poterat. Id provisum et cautum videtur in Capitulari Caroli C. tit. 3. § 8. firmaturque ex iis, quæ habet Hincmarus Remensis Arch. Opusc. 29. initio.

Sed sæpe accidit, ut, qui res Ecclesiæ et Episcoporum tueri debebant, eas invaderent, sibique et posteris assererent. Unde non semel prostat hæc querela contra Advocatos et Vicedominos, cujusmodi est illa in laudata Charta Ludovici VII. Regis Franc. Quo etiam spectant, quæ in hanc sententiam habet Adamus Bremensis cap. 183 : *Cumque rapinarum quæstio in omnes caderet Episcopo subjectos, non transivit etiam negotiatores, qui ex omni parte terrarum Bremam solitis frequentabant mercibus, eos omnes execranda Vicedominorum exactio coegit sæpe abire nudos.* Adde cap. 182. et Concilium Lateranense IV. can. 45. Quæ porro hic de Vicedominis adnotantur, communia censeri debent cum iis, quæ de Advocatis supra observavimus, ut qui, maxime a quo ex ordine Laico eligi cœpere, nomine tantum differant, cum Episcopi non semper *Vicedominos*, sed sæpe Advocatos habuerint.

Quæ vero *Vicedominorum* appellatione Tutores ac Advocatos habuerint Ecclesiæ, hic obiter annotabimus. Eæ vero sunt : *Ambianensis*, apud Guibertum, Willelmum Tyrium, et alios passim. *Lincolniensis*, apud Ingulfum pag. 859. 861. 864. *Belvacensis*, apud Loisellum in Histor. Belvacensi cap. 5. num. 2. 3. [et Pilletum Hist. Gerbor. passim.] *Parnensis*, in Additamentis ad Matth. Paris pag. 107. *Carnotensis*, apud Fulbertum Epistol. 130. *Rotomagensis*, apud Aigravam Mon. in Vita S. Ansberti Archiepiscopi Rotomag. num. 27. *Tarvanensis*, apud Bovonem de Inventione reliquiarum S. Bertini cap. 3. *Ravennensis*, in Charta ann. 1031. apud Rubeum in Histor. Ravennat. lib. 5. pag. 280 *Silvanectensis*, apud Sammarthanos in Gallia Christ. in Episcop. Silvanect. num. 40. ann. 1090. *Remensis*, apud Joan. Sarisberiensem Epist. 214. Duchesnium in Hist. Castilionea lib. 2. cap. 1. et seqq. *Cenomanensis*, apud Faustum in Vita S. Mauri Abbat. num. 16. 34. 37. Adrevald. de Miracul. S. Benedicti cap 6. etc. *Lucensis*, apud Ughellum tom. 7. Ital. sacr. pag. 1296. *Cameracensis*, apud Lindanum in Teneræmunda pag. 217. [et Carpentarium in Hist. Camerac. part. 1. pag. 252.] *Laudunensis*, apud Guibertum de Laude B. Mariæ cap. 10. Duchesnium in Histor. Monmorenc. Probat. pag. 52. *Gebennensis*, apud Guichenonum in Episcopis Bellicensibus pag. 45. [et Spon. Hist. Genev. tom. 1. pag. 30. 53. 201. etc.] *Cumarum*, in Italia, in Charta Henrici Regis Normann. ann. 1311. in Regesto Papiensi Cameræ Comput. Paris. fol. 184. [*Senonensis*, ex lib. 1. feud. Campaniæ fol. 44. *Catalaunensis*, ibid. et apud Pillet. Hist. Gerbor. pag. 290. *Meldensis*, ibid. pag. 305. et ex laudato feud. lib. fol. 26. Vide Pilletum ad calcem Hist. Gerbor.]

⁰ *Vocabul. jur. canon.* Mart. MS. : *In quolibet episcopatu debet esse Vicedominus, qui et hospitibus et causis supervenientibus, loco episcopi, possit satisfacere.* Hinc in alio Anonymi ex Cod. 4611 : *Laicus non potest esse Vicedominus, sed potest esse auditor ecclesiæ.* Quod de ecclesia Romana intelligendum est, in qua Vicedomini ex ordine cleri et aliquando ex episcopali constituebantur, secus vero in aliis ecclesiis, ut invicte probat Cangius. *Vicedomini* munus idem fuisse atque *Advocati* negat Muratorius tom. 5. Antiq. Ital. med. ævi col. 910. in nota ad Placitum ann. 902. ex quo tamen id officii præstitisse mihi apertum est ; si *advocati* nomine patronum causæ intelligas. En placiti verba col. 309 : *Ibique nostris præsentiis veniens Viventius archipresbyter et Vicedominus, qui causam da pars ipsius ecclesiæ episcopatui agebat, et ex alia parte Ghispertus presbyter... alterationem inter se abentes.* Dicendum ipse *Viventius archipresbyter : Volo justitiam abere ab isto Ghisperto presbytero, etc. Vicedominus* suos habuit etiam ecclesia Sabinensis, et aliquando ex ordine episcopali, ut patet ex perveustis ejusdem ecclesiæ Constitutionibus editis ann. 1737. In quibus memoratur *Nicolaus de Zabarescis, episcopus Hortanus, Vicedominus Sabinensis.*

⁰ In ecclesia Cameracensi *Vicedominatus* officium ad capitulum ejusdem ecclesiæ pertinebat, cujus jura explicantur in Charta Nicolai episc. ann. 1252. ex Tabul. hujus eccl. : *Cum dilecti filii præpositus, decanus et capitulum Cameracense, vacante sede, administrationem habentes spiritualium et exercitium ecclesiasticæ jurisdictionis et emolumenta ejusdem per Cameracensem civitatem et diocesim, cum administratione temporalium in bonis episcopalibus universis participarent et sua facerent ratione Vicedominatus, quem ipsi habent per totam castellaniam Cameracensem et in villa de Thinio, cum suis pertinentiis, omnia mobilia spectantia ad episcopum tempore mortis suæ, necnon et omnes proventus episcopatus provenientes infra terminos antedictos, vacante sede Cameracensi, et etiam donec electus pro tempore sua regalia recepisset et de hoc fidem fecisset capitulo memorato, et super modo utendi Vicedominatu prædicto inter nos et prædictos præpositum, decanum et capitulum quæstio mota esset, etc.*

¶ VICEM-DOMINUS, in Charta Agiradi, Episc. Carnot. ann. 696. apud Felibian. in Hist. S. Dionysii pag. 16 : *Ut nullus de successoribus nostris, nec archidiaconus Vicem-domini, nec Missi clerici vel laici discurrentis.... tenere vel dominare videntur.*

VICEDOMINATUS, in Ecclesia Cabilonensi, dicta quadam *officia*, quæ conferebantur ab Episcopo Cabilonensi Canonicis ejusdem Ecclesiæ in *terrariis* Capituli Cabilonensis, (ita prædia quædam Ecclesiæ vocabant, quorum possessores *Terrarii* dicti,) qui quidem *Vicedominatus* iidem sunt, quos *Præpositatus* vocant in aliis Ecclesiis Cathedralibus, Gall. *Prevosteez.* De iis vide Sanjulianum in Cabilone pag. 468. Probationes Historiæ Cabilonensis tom. 2. pag. 143. [Gall. Christ. novæ edit. tom. 4. inter Instr. col. 252.]

∞ SUBVICEDOMINUS, German. *Untervitztum*, apud Guden. Codic. Diplom. tom. 1. pag. 964. et 968. in Catalog. Vicedominorum Moguntin.

¶ VICEDOMNATUS, VICEDOMPNATUS. Vide supra *Vicedognatus.*

¶ VICEDONNUS, ut *Vicedominus.* Charta ann. 1298. apud Spon. Hist. Genev. tom. 2. pag. 70 · *Certum est quod ecclesia Gebennensis domina est et princeps unica et in solidum totius civitatis, et suburbii et castri Jasule Gebennensis non habens in dominatu ejusdem civitatis aliquem participem vel consortem, sed habens et exercens per se aut per Vicedonnos et officiales et alios ministros et judices suos in ea et pertinenciis ejus omne merum et mixtum imperium, etc.*

¶ VICE-DUX, Qui Ducis vices agit apud Venetos, Ital. *Vice-Duca*, Gall. *Vice-Duc*, vel *Vicedoge.* Translat. SS. Pauli et Barbari tom. 7. Maii pag. 772 : *Tum vero suis ex locis assurgens serenissima dominatio cœpit procedere sub hac serie : Com-*

mendatores, Capitanei,.... Cancellarii ducales, Vice duæ, Oratores, Magistratus et excellentissimus Senatus.

¶ VICEGERENS, Judex Ecclesiasticus, qui Officialis vices agit, Gall. Vice-gérent. Charta Ludovici II. Reg. Sicil. ex Cod. MS. D. Brunet fol. 116 : Requisitus per ordinarium seu vicarium,... aut locum tenentem vel Vicegerentem, Instrum. ann. 1358. inter Ordinat. Reg. Franc. tom. 3. pag. 292 : Nos vero Officialis Vicesque gerens præfatus in testimonium præmissorum præsens Instrumentum fecimus nostræ curiæ sigilli appensione muniri.

¶ VICEGERENTIA, Vicegerentis officium. Charta ann. 1601. in Hist. Mediani Monast. pag. 408 : Pro cujus quidem Vicegerentiæ exercitio dictus Vicegerens.... percipiat duas tertias partes omnium proventuum.

¶ VICE-IMPERATOR, Qui vices agit Imperatoris, ex vet. Inscript. apud Murator. tom. 3 pag. 371. col. 2.

VICEJUDEX, in Lege Longob. lib. 2. tit. 80. § 2. [^{xc} Carol. M. 72.] qui vices judicis agit. [Vide Vicebaillivus.]

¶ VICELLA, Cochlea minor, Petite vis. Inventar. S. Capellæ Paris. ann. 1363. ex Bibl. Reg. : Item caput S. Blasu repositum in quodam vase argenteo facto ad instar capitis unius Episcopi, in quo vase ..... defficiunt..... una ala, una Vicella ad firmandum mitram dicti capitis. Aliud ann. 1376. ubi de eodem capite : Una verula ad firmandum dictam mitram. Inventar. aliud ejusd. anni . Duæ parvæ ymagines, scilicet B. Mariæ et S. Johannis Evangelistæ, tenentes duos parvos libros in manibus, in quibus sunt reliquiæ certæ et volvuntur cum Vicellis. Et tournent à vis, in Inventario Gallico. Vide Verula et Vis 2.

^{v} VICELLULA, VICELLULUS, diminut. a Vicus, Gall. Petite rue. Lib. nig. 2. eccl. S. Vulfr. Abbavil. fol. 43. r^{o} : Magister Hugo Meschons viij. solidos de quodam prato.... retro domos in Vicellula Huberti..... Masura vacua in Vicellula Punctæ. Vide Viculus.

¶ VICENARIUS , Monetæ species. Charta ann. 1335. tom. 4. Sept. pag. 729. col. 1 : In Ellenpogen unum prædium, quod Guldeinerius colit, pendet quinque libras et sex Vicenarios pro canone.

¶ VICENDA. Charta Gregorii IX. PP. apud Ughell. tom. 1. Ital. sacræ edit. ann. 1717. col. 1129 : Concedimus.... quandam etiam vineæ in pertinentiis vallis de Colova sitam, et quandam Vicendam in pertinentiis S. Stephani sitam. Vicenda Italis dicitur locus qui alterius nomine occupatur. Unde Vicenda de prædio, vel de re qualibet sub pretio conducta intelligi potest.

^{o} VICENESCALLUS, pro Vicesenescallus, Qui vices senescalli agit. Charta ann. circ. 1450. in Reg. 2. Armor. gener. part. 3. pag. xxxviij : Coram vobis egregio et venerabili viro domino Vicenescallo comitatuum Valentinensium, etc.

VICENNA. Charta ann. 962. pro Monasterio S. Bartholomæi de Carpineto : Cedimus ipsi Monasterio Vicennam nostram, quæ dicitur Sanguinetum, per mensuram modiorum centum , exhibentes etiam fratribus.... liberam licentiam construendi molendina, etc. Idem forte quod venna.

^{co} VICENTER, Vicissim. Si sancti Vicenter eadem patrent miracula, Anast. in Mirac. S. Cyri sect. 50. apud Maium tom. 3. Spicil. Rom. pag. 318. ubi in græco S. Sophronii ἀλλήλοις.

^{o} VICENTIUS, f. pro Vicinus, Loci incola. Charta ann. 1030. tom. 10. Collect.

Histor. Franc. pag. 624 : S. Gauffredi episcopi Cabilonensis inibi donantis S. Ypolito, audientibus et concedentibus omnibus sancti Vicentiis.

¶ VICEPLEBANUS, Plebani seu Curionis vicarius. Statuta Eccl. Argentin. ann. 1485. apud Marten. tom. 3. Anecd. col. 532 : Pro communi bono et cultu divino augmentando, statuimus ut promissarii seu præbendarii parochialium ecclesiarum suis plebanis seu Viceplebanis reverentiam exhibeant. Occurrit apud R. Duellium tom. 2. Miscell. pag. 325. Vide Plebes.

¶ VICEPRÆCEPTOR , Qui præceptoris seu procuratoris vices agit, in Statutis Equitum Teuton. apud R. Duellium ibid. pag. 60 : Vicepræceptor debet omnibus officiis necessaria ministrare et servitores acquirere juxta consilium fratrum qui sunt in Officio. Vide Præceptor.

VICEPRINCEPS, Qui vices agit Principis, et qui Principatui alicui præficitur a Principe, apud Ughell. tom. 6. pag. 328. tom. 7. pag. 1288. Chronicon Casinense lib. 3. cap. 38. (al. 40.) : Quidam Joannes.... Vicecomes Jordani primi Principis. Lib. 4. cap. 13 : Cidrus Vicecomes Richardi Principis.

¶ VICEPROTONOTARIUS, Idem qui Vicecancellarius , qui summi Cancellarii vices agit. Charta Friderici Reg. Sicil. ann. 1212. apud La Guille Hist. Alsat. inter Instr. pag. 32. col. 2 : Datum in nobili civitate Basiliensi per manus Viceprotonotarii, VI. Kal. Octobris. Alia ann. 1344. apud Ludewig. tom. 5. Reliq. MSS. pag. 472 : Datum.... per Sergium,.... Viceprotonotarium regni Siciliæ. Vide in Notarii.

¶ VICEPURGRAVIUS, Burgi Vicecomes, in Charta Caroli Imper. apud Steyerer. in Comment. ad Hist. Alberti II. col. 325 Vide Purgkravius.

¶ VICERECTOR, ut Viceplebanus, Rectoris vicarius. Charta Guntheri Archiep. Magdeburg. ann. 1409. apud Ludewig. tom. 5. Reliq. MSS. pag. 55 : Super presentatione, institutione et obedientia Vicerectoris seu substituti per prepositum in ecclesia parrochiali S. Mauritii. Occurrit ibidem non semel.

¶ VICEREX, Prorex, qui Regis nomine agit, Gall. Viceroy, in Chron. Astensi ap. ann. 1495. apud Murator. tom. 11. col. 273.

^{c} VICERIA, pro Vicaria, ut opinor. Vide in Vicarius. Obit. MS. S. Joan. Carnot. : iiij. Id. Jan. Obut Mathildis uxor Robertus huic ecclesiæ suam partem Viceriæ, quam habebat in Osainvilla, scilicet quartam portem, dedit.

¶ VICEROSISSIMUS, Dilectissimus, intime, ut viscere amantissimus. Charta ann. 1284 tom. 2. Hist. Dalph. pag. 118 : Ego Randona Montis-Albani domina,.... dono et trado tibi Vicerosissimo filio meo Ronsolino domino Luneiti filio quondam nobilis viri Gaucelini quondam Lunelli domini primi mariti mei.

¶ 1. VICES, pro Naves, in Charta Joannæ Reginæ Castellæ ann. 1257. tom. 4. Hist. Harcur. pag. 1654.

$^{\circ}$ 2 VICES, dicitur de animalibus, quæ matrem sequuntur. Charta Beatr. comit. Bigorrit. pro monast. de Scala Dei ann. 1160. in Reg. 148. Chartoph. reg. ch. 51 : Donavi pastum de æstivis.... cantum vaccis cum Vicibus suis. Vide supra Sequela 7.

- Vices Gallice, pro Fonction, employ, charge, a Lat. Vices, in Vitus SS. MSS. ex Cod. 28 S. Vict. Paris. fol. 35. r^{o}. col. 1. ubi de S. Vinc. : Li évesques commist

ses Vices à S. Vincenz ; car il avoit la lengue plus empechié.

¶ VICESIMA. Vide infra Vintenum.

VICESIUM. Vide Huesium.

VICESSOR, Qui vices alterius agit. Lex Bajwar. tit. 17. cap. 2. Venditor dicit : Ecce wadium tibi do, quod tuam terram alteri non do, legem faciendo. Tunc ille alter suscipiat wadium, et donet illum Vicessoribus istius ad legem faciendam. Ita etiam editio Heroldi.

¶ VICEVICARIUS , Qui Vicarii vices agit, in Regim. Paduæ ad ann. 1328. apud Murator. tom. 8. col. 439. Vide in Vicarius.

¶ VICHIELLA, Aromatum species, in Convent. civitatis Saonæ ann. 1526.

$^{\circ}$ VICIATIUM, Viciæ tritura, vel quod ex vicia triturata remanet. Charta ann. 1187. ex Chartul. A. eccl. Camerac. ch. 100 : In residuo straminis et in Viciatio, si canonici suam ibi fecerint trituraverint viciam, quod utrumque suum (majoris) totum erit, quicquid de utroque, post usus dominorum, absque venditione, supererit.

VICIBUS, Per vices, aliquando, quandoque. Fortunatus Pictav. in Vita S. Paterni Episcopi Abrincat. cap. 9 : Imperans..... ut cellulas, quas ipse construxerat, in carro Vicibus visitaret. Et lib. 1. Poem. 15 :

Aula Dei et pastor, Vicibus sibi prævia reddunt.

Lib. 7. Poem. 7 :

Sed Vicibus mundum sol, modo nubila complent.

Adde Gesta Acacii, Regulam Magistri cap. 18. 21. 23. 24. 40. Nicolaum I. PP. Epist. 7. Leonem III. PP. Epist. 1. Veterem Schedam de Aratore Subdiacono tom. 1. Bibl. Labbei pag. 668. Passionem S. Bercharii pag. 68. apud Camusatum, etc.

^{v} VICICOLA, Incola vici. Append. ad Mirac. S. Bert. tom. 2. Sept. pag. 628. col 2 : Hic quia una et timeri ac placere desiderabat, nimium nimiumque Vicicolas labores usque impensa acto promebat.

¶ VICINABILIS. Vide Semitarius, Terra vicinabilis, et Via convicinalis in Via 1.

¶ VICINAGIUM. Vide in Vicinus.

¶ VICINALIS. Vide Via convicinalis in Via 1.

¶ VICINANTIA. Vide in Vicinus.

¶ VICINARE, VICINARI, Vicinum esse, appropinquare, Gall. Avoisiner. Anonymus de gestis Manfredi et Conradi Reg. apud Murator. tom. 8. col. 585 . Sed antequam civitatis mœnibus ejus se Vicinaret exercitus. ex Nic. de Jamsilla de gestis Friderici II. Imper. ibid. col. 541 : Superiores Apuliæ partes , quæ magis parti adversæ Vicinabantur repetere decrevit. Vita S. Eugenii tom. 8. Jul. pag. 506 : Fuit iste in quadam civitate proxima evemo, quæ Tripolitanæ provinciæ Vicinatur. Occurrit præterea apud Sidon. lib. 2. Epist. 11. lib. 6. Epist. 9. lib. 7. Epist. 2. Cœl. Aurel. lib. 2. Acut. cap. 6. 27. in Conc. Hisp. tom. 3. pag. 554. S. Bernardum tom. 1. col. 379. in Bullario Carmelit. part. 1. pag. 94. etc.

¶ VICINARE, Vicini boni more agere. Gemma apud Vossium lib. 4. de Vitiis serm. cap. 29.

^{o} Charta ann. 1889. apud Lamium in Delic. erudit. inter not. ad Hodœpor. Charit. part. 2. pag. 473 : Et ut dicta communia inter se pacifice et quiete vivant, et inter se fraterno more ad invicem Vicinent, etc.

¶ VICINATICUM, VICINATUS, etc. Vide Vicinus.

VICINUS. Frontinus : Cultorum agro-

rum silvæ absunt in montibus, ultra quartum aut quintum forte Vicinum. Alibi : *Ager, qui a fundo suo tertio vel quarto Vicino situs est.* Nempe *agro.* [Charta Conradi Imper. ann. 1088. pro Monaster. S. Apri Tullensis : *Silini curtem cum ecclesia, et Grimaldi Vicinum cum appendiciis suis, etc.* Hinc]

¶ VICINITUS, Circum. quaquaversum, in Cod. Theod. leg. 4. tit. de Oper. publ. (15, 1.) : *Omnes infra centum pedes Vicinitus, quantum ad horrea pertinet, arceantur.* Ubi nonnulli minus recte, ni fallor, emendant *Vicinitates.*

¶ VICINUS. *Affinis,* ἀγχιτέρμων, in Gloss. Lat. Gr. Reg.

VICINUS, Loci incola, civis, Italis et Hispanis *Vicino* et *Vezino.* [Lex Salica tit. 47. § 4 : *Si autem quis migraverit in villam alienam, et ei aliquid infra duodecim menses secundum legem contestatum non fuerit, securus ibidem consistat sicut et alii Vicini.* Itiner. Adriani VI. PP. apud Baluz. tom. 3. Miscell. pag. 451 : *Die Mercurii in aurora egressi concessimus Viterbiam civitatem, quam, ut rear, mille Vicini colunt.* Occurrit ibid. pag. 462.] Observantiæ Regni Aragon. lib. 2. tit. de Foro competenti § 10 : *Si agatur contra aliquem Militem, qui sit Vicinus civitatis vel alterius loci, etc.* Passim in Foris Aragon. *Vicinos* etiam pro Burgensibus usurpat Charta Anselmi Archiep. Mediolanensis ann. 1099. apud Puccinellum in Zodiaco Mediolanensi in Vita S. Simpliciani pag. 71. ut et ipsa Statuta Mediol. non uno loco. *Voisins de la ville,* in aliquot Consuetudinibus Galliæ municipalibus, Baionensi tit. 5. art. 48. 44. 45. tit. 22. art. 2. tit. 26. art. 12. et tit. 30. et S. Severi locali tit. 9. ubi *Vicini* dicuntur fieri tribus modis : Primo quidem cum quis filius vel filia e urbe ortum ducit : Rursum cum extraneus vel extranea in ipsamet urbe nuptias contrahit, et in ea domicilium figit : Tertio denique cum extraneus vel extranea ad jus civitatis admittitur ab Urbis Majore, certa persoluta pecuniæ quantitate, etc. In Consuetudine vero eadem S. Severi ibid. fœmina extranea nupta *vicino* sequitur conditionem mariti : sed si eo extincto alteri vicino rursum nubat, amplius non est *vicina.* Ita si homo non *vicinus,* in conjugem *vicinam* accipiat, neque is nec liberi *vicinagii* jure gaudent. Sic varia interdum ac diversa fuit ejusce in oppidis juris ratio. Vide præterea Capitulare Saxonum ann. 797. cap. 3. et Præceptum I. Lud. Pii pro Hispanis cap. 2.

¶ VICINANTES, Incolæ. Capitul. 5. Caroli M. ann. 806. cap. 7 : *In aliquibus locis ipsi Vicinantes multa mala patiuntur.* Hinc

VICINATUS, Jus civitatis, *Burgesia,* dicitur in Foris Oscæ ann. 1247. fol. 26 : *Vidua omnem Vicinitatem faciat, excepto exercitu,* i. civium onera omnia subeat. Charta Adelfonsi Regis Hispaniæ æra 1164. apud Antonium de Yepez tom. 4. pag. 458 : *Undecunque venerint illi homines, qui ibi populati fuerint, sint in potestate et subjectione Abbatis sancti Dominici et Prioris S. Martini, et nulli alio domino serviant, neque ab aliquo hominum opprimantur, nec faciant Vicinitatem in alio loco ; sed permaneant in servitio et libertate vestra, secundum consuetudinem prædictorum in perpetuum.* Vide Michaelem Molinum in Repertorio pag. 332.

¶ VICINITAS, *Burgesiæ* concessio, in *vicinum* seu civem admissio. Correct. Statut. Cadubrii cap. 70 : *Volumus et jubemus quod aliqua regula et commune Cadubrii non audeat... aliquem forensem in vicinum seu regulerium acceptare, nisi prius apparuerit dictum talem sic requirentem in vicinum assumi, per consilium fuisse admissum,... et quod omnis Vicinitas quæ ab aliqua regula Cadubrii facta fuisset contra ordinem præsentis Statuti, ipso jure sit nulla.*

VICINANTIA, Burgesia, Italis *Vicinanza.* [Statuta Mutin. rubr. 28. fol. 4 : *Si quæ universitas, Vicinantia, aut singularis persona, aut locus religiosus, etc.*] Occurrit præterea in Hist. Cortusiorum lib. 1. cap. 18. et alibi.

° *Vicinorum* seu incolarum congregatio, societas. Charta ann. 1167. apud Murator. tom. 4. Antiq. Ital. med. ævi col. 39 : *Absolvimus homines de Lemonte et de Civenna, ut non teneantur esse de Vicinantia hominum de Bellasio.* Vide in *Vicinus.*

VICINAGIUM. Charta Communiæ Peronensis ann. 1207. de Milite, qui debitum Burgensi non solvit: *Major debet super hoc militem convenire, ut Burgensi debitum reddat, aut communionem villæ, creditionem et Vicinagium interdicat, etc.* Infra. *Si miles hominem feodatum in Communiam habuerit, ipse homo in hospitio suo eum recipere poterit ; sed nec creditionem, nec Vicinagium ei faciet.* Eadem habet Charta Communiæ Tornacensis art. 17. quæ quidem nescio an his locis capienda sint 'de libertate, privilegio, vel jure civitatis, quo invicem gaudent *Communiæ* alicujus jurati seu cives, [ut supra *Vicinitas* : sed et de iis officiis quæ sibi invicem exhibent vicini hæc possunt intelligi : quod vidit Vir eruditus *Secousse* in nota ad hunc locum tom. 3. Ordinat. Reg. Franc. pag. 161. ubi monet eo spectare art. 5. ejusdem Chartæ : *Si quis extraneus qui de Communia non fuerit, cum homine de Communia mesleiam fecerit infra banleugam, Vicini sui de Communia, illum juvare debent.*]

¶ VICINANTIA, Urbis seu burgi regio. Statuta Vercell. lib. 1. fol. 15. v° : *Statutum est quod Potestas teneatur infra duos menses ab introitu sui regiminis compellere consules cujuslibet Vicinantiæ facere aptare vias in sua vicinia de terra glarea et calcestro, ita quod quilibet vicinus in facie domus in qua habitaverit aptare teneatur eo modo quod possit per vias commode conmeare et itinerare.*

¶ VICINEA, Eodem significatu, ut videtur. Charta Cremonensis MS. ann. 1244 : *Voce præconia convocatis credenderiis, consulibus Vicinearum et paraliciorum, et convocatis judicibus, etc.*

VICINETUM, VISNETUM, VICINITAS, Anglis Practicis, est Jus, forma, vel modus dirimendi controversias civiles vel criminales, in rebus dubiis neque omnino certis, per assisam vicinorum de villis, vel civium, aut Burgensium, iis scilicet advocatis, ex quorum *veredictis* seu depositionibus judex pronunciat : cujusmodi fere sunt, quos *Tesmoins voisinaux,* vocant Consuetudines Turonensis art. 159. et Lodunensis cap. 15. art. 4. Vox deducta ex Normannico *vesiné,* vel *voisiné : Visnet,* in vet. Consuet. Norman. cap. 33. nos *Voisinage* dicimus *viciniam.* Regiam Majestatem lib. 2. cap. 11. § 11 : *Si vero contradicatur status libertatis eorumdem productorum, vel de eorum statu dubitetur, ad Vicinetum erit de patria recurrendum : ita quod per Vicineti veredictum sciatur, utrum illi liberi homines sint, an non : et secundum hæc judicabitur.* Cap. 43 : *Si vero dubium fuerit de hæredis ætate, procul dubio domini ipsius tam hæredem, quam hæreditatem in custodia habebunt, donec ætas rationabiliter probetur per legales homines de Vicineto, et per eorum juramenta. Assisa de Vicineto,* ibidem lib. 1. cap. 1. § 8. Adde lib. 2. cap. 74. § 7. [°° Glanvill. lib. 2. cap. 3. § 6. cap. 6. § 4. lib. 5. cap. 4. lib. 7. cap. 9. § 7.] *Proportatio patriæ vel Vicineti,* i. declaratio, in Quoniam attachiamenta cap. 68. *Postulare vicinetum,* cap. 78. *Per fidele Vicinetum transire,* in Statutis Alexandri II. Regis Scotiæ cap. 2. § 2. *Legales homines de Visneto seu de villa,* apud Gervasium Dorobernensem pag. 1387. et Will. Thorn. ann. 1269. [Charta ann. 1314. apud Kennett. Antiq. Ambrosd. pag. 367 : *Per sacramentum proborum et legalium hominum de Vicineto de Chesterton*]

VICINITAS, Eadem notione, in Quoniam attachiam. cap. 82. Neque aliud videtur

VICINATICUM, in Usaticis Regni Majoric. MSS. *Ponat partem suam in omni communi vicinali seu Vicinatico civitatis Majorrc.* Est enim *vicinaticum,* juratorum seu *vicinorum* civitatis conventus, *Communia* ipsa.

¶ VICINENTIUM, Eodem intellectu. in Statutis Vercell. lib. 1. fol. 21. v° : *Et facta extimatione si fuerit probatum damnum, fiat talea secundum solidum et libram Vicinentis et nobilibus et castellanis extimatis in ipsis Vicinentiis usque ad quantitatem extimi.*

VICINIUM, Vicinitas. Capitulare Pipini Regis Italiæ cap. 36 *Aut si in illo Vicinio habitare voluerint, etc.* Ordericus Vital. lib. 8 pag. 707 : *In tantum crevit ejus insania, ut pene omnes Ecclesiasticæ possessiones in Vicinio ejus depopularentur insolantia.* [Statuta Collegii de Dinvilla ann. 1380. apud Lobinell. tom. 3. Hist. Paris. pag. 511. col. 1 : *Expellatur ab eadem domo nostra, sine scandalo et rumore in Vicinio, sicut melius poterit fieri.*]

¶ VICINATUS, Eadem notione. Diarium belli Hussit. apud Ludewig. tom. 6. Reliq. MSS. pag. 165 : *Multitudinem non modicam... de Vicinatu congregavit.*

¶ VICINITUDO, Pari significatu. Litteræ Edwardi I. Reg. Angl. ann. 1307. apud Rymer. tom. 2. pag. 1044 : *Volunt sub Vicinitudinis optentu mutuo se juvare.*

° Gall. *Voisinage,* alias, *Vosiné* et *Voisineté.* Lit. remiss. ann. 1369. in Reg. 100. Chartoph. reg. ch. 382 : *Comme icellui Guyot, pour affinité de Voisiné, eust traite son espée avec lesdiz freres contre lédit barbier.* Aliæ ann. 1408. in Reg. 163. ch. 288 : *Comme Denis de Montran, qui estoit voisin du suppliant, l'eust prié qu'il voulsist aler aveecques lui à Evreux,...... il pour raison dudit Voisiné, etc.* Occurrit rursus in aliis ann. 1478. ex Reg. 206. ch. 11. Lit. ann. 1415. in Reg. 168. ch. 315 : *Le suppliant pour l'amour de Voisinité presta un escu à icellui Rabare. Visnage* etiam dixerunt, pro *Voisinage.* Lit. remiss. ann. 1389. in Reg. 135. ch. 106 : *Lequel exposans dist audit Biguet que volentiers, par bonne amour et Visnage, il buvoit aveeq li. Vesineté,* eadem notione, in Bestiar. MS. :

De trestout le païs entour,
Dont ist une tant bonne odour
De sa bouce, pour vérité,
Qu'en toute la Vesineté, etc.

° VICINIUM SECRETI dicitur de re propemodum secreta et cum paucis tantum amicis communicata. Epist. Constant. presbyt. ad S. Censur. tom. 7. Jul. pag. 201. col. 1: *Cum obedientia mea ad beatitudinis vestræ notitiam pervenisset, ut iterato in temeritatem prorumperem, præcepistis ; jubendo ut paginula, quæ adhuc intra secreti Vicinia tenebatur, longius, me auctore, procederet.*

⁕ VICINATUS, Civitatis vel burgi districtus et jurisdictio. Charta Phil. VI. ann. 1340. in Reg. 73. Chartoph. reg. ch. 190: *Concedimus quod castra de Retro singula et de Coisseto, cum eorum pertinentiis, in et de bailliviagio et Vicinatu immediatis dictæ civitatis Condomii remaneant.*

⁕ VICINIA, Vicus, civitas. Mirac. S. Rolandi tom. 5. Sept. pag. 121. col. 1: *Primo domina Francischina, Viciniæ S. Mariæ de Gonçaga, etc.* Visné, eodem sensu, in Lit. remiss. ann. 1482. ex Reg. 206. Chartoph. reg. ch. 814: *Auquel bergier le suppliant avoit baillé icelle beste pour garder avec celle du Visné, où il estoit demourant.* Vide in *Vicinus.*

⁕ VICINITAS, Commodum quod ex vicinia percipi potest. Charta ann. 1168. in Chartul. Clarifont. ch. 81: *Insuper etiam laudaverunt omnes terræ suæ aisentias, Vicinitatem et pasturas et nemora sua, tam ad comburendum, quam ad sepes faciendum.* Vide in *Vicinus.*

¶ VICIOLUM, dimin. a Vitium. Gloss. Lat. Gr., *Viciolum*, ἐλαττωμάτων.

VICISSERE, Per vices agere, Gallis, *Se relaier*. Vita S. Samsonis Episcopi Dolensis lib. 1. cap. 16. in Actis SS. Ord. S. Benedicti: *Frater autem ejusdem Presbyteri, Vicissentibus se per ordinem cæteris Monachis, hujus monasterii pistor effectus est.* Vide *Vicibus.*

¶ VICISSITUDINARIUS, Qui fait foiées d'autrui, in Gloss. Lat. Gall. Sangerm. Vide *Focata* et mox suo loco.

VICISSATIM, Subinde, *vicissim*, in Gloss. ann. MSS.

⁕ VICISSITUDINARIUS, Reciprocus, alternus Charta ann. 1238. apud Ludewig. tom 5. Reliq. MSS. pag. 58: *Vicissitudinario obsecundatione alienarum obligemur in eum.* Littera Caroli Principis Salernit. ann. 1289. apud Rymer. tom. 2. pag. 443: *Ut ad pacis intuitum, Vicissitudinariis hinc inde tractatibus ... venire laudabiliter valeamus.* Adde Marten. tom. 1. Ampl. Collect. col. 1587. Vide *Vicissere.*

¶ VICISSITUDO ÆTERNA, Præmium vitæ æternæ, in Epist. Johannis V. PP. apud Mabill. tom. 2. Annal. Bened. pag. 756: *Et quod pia devotione pro intuitu æternæ vitæ Vicissitudinis cupit, etc.*

⁕ VICITUDO. [« *Vicitudo, remuance.* » (Lex. Lat. Gal. Bibl. Ebroic. n. 23, XIII. s.)]

¶ VICIUM, Minus, ἧττον. Gloss. Lat. Gr. in Cod. Sangerm. habetur *Parum.*

⁕ VICLUS. [Gall. *Veau* : « Vitulus, non *Viclus.* » (App. ad Probum, Meyer, text. bas latins, 1, l. 6.)]

¶ VICOMERCATUM, Nomen loci proprium ex Italico *Vico* et *Mercato*, Vicus ubi *mercatum* seu emporium fit. Bonincontrus in Chronico Modoet. apud Murator. tom. 12. col. 1134: *Raynerolus de Pirovano dicta contratas nobilis, custos castri, mandavit ad Vicomercatum Marco, ut sine dilatione ei mitteret auxilium, sine quo mala erat ei defensio.*

VICONIUM, et *Cistifer*, nomina metallorum. Papias.

⁕ VICONTAGIUM, Jus vicecomiti debitum, nostris etiam alias *Vicontage.* Charta Phil. V. ann. 1317. in Reg. 56. Chartoph. reg. ch. 284: *Dimisit centum libratas terræ ...... percipiendas ...... super bladis, avenis, ordeis et gallinis, quæ nobis ratione seu occasione usagiorum forestæ nostræ de Goufart, ac etiam ratione seu occasione Vicontagiorum ab usagiariis ejusdem forestæ... nobis annuatim debentur.* Charta ann. 1359. in Reg. 87. ch. 889: *Lesquelles avennages, barnaiges, Vicontaige et gelines furent lors prisées par le bailli de Caen.* Vide in *Vicecomes* et supra *Vicecomitatus.*

¶ VICORIUM, Vicus minor, mansionum vel ædium collectio a majori vico dependens. Charta ann. circ. 1180: *Ego Robertus Marmion perfeci et (Matthæo de S. Germano) xv. acras terræ et præterea donavi ei viginti acras terræ de proprio domino meo in Vicoria de sancta Germano et de Fontaneto.* Occurrit rursum in alia Charta ejusdem ætatis. Vide *Viculus.*

¶ VICORNIUM, VICORNUM, Vas quoddam duabus ansis instructum. Inventar. ann. 1476. ex Tabul. Flamar: *Item plus tria Vicornia sive seumals armorum clausa cum eorum clavibus vacua.* Ibidem: *Item plus duo Vicornia sive semals avietis.* Rursum. *Item plus unum Vicornum sive semal armorum sive guerræ vacuum et cum clave clausum.* Vide *Semalis.*

⁕ VICTA. [Vitta: « *Victa, quenseulle.* » (Glos. Lat. Gal. Bibl. Insul. E 36, xv. s.)]

¶ VICTARE, Victitare, *vivere*, in Gemma.

¶ VICTARIUS. Comput. ann. 1202. apud D. Brussel tom. 2. de Usu feud. pag. CLX. col. 2: *Et XXIII. bacones, qui fuerunt perditi per Victarios et exercitum.* f. Præbitor annonarius, Gall. *Vivandier;* nisi idem sit qui *Victurius.*

⁕ VICTATORIUM, pro *Invitatorium* ; sic appellatur psalmus *Venite exultemus*, qui ad officium matutinum cantatur. Reg. capit. eccl. Lugdun. ex Cam. Comput. Paris. ad ann. 1338. fol. 36. r. col. 1: *Item ordinaverunt quod canonici diaconi faciant Victatoria.* Ibid. ad ann. 1841. 70. v. col. 2: *Ordinaverunt quod statutum factum super Viciatoris et responsis teneatur, cum adjectione et moderatione quam faciant dom. præcentor et magister.* Rursum fol. 73. r. col. 2. *Item uni de incorporatis, qui cantabit Victatorium et matutinas, xij. denarios.* Vide *Vitatorium.*

¶ VICTERIUS, Vector, vectarius, Gall. *Voiturier.* Charta ann. 1378. ex Regest. Columbi fol. LXII. v: *Anthonius Albi de Cayratio in Briansono diocesis Ebredunensis Victerius promisit et convenit ...... quod ipse Anthonius portabit seu portari faciet cum multis triginta et octo balas.* Vide *Vectuarius* et *Victuralis.*

¶ VICTICOLA, pro *Viticola*. Gall. *Vigneron*, in Statutis Avenion. lib. 3. rubr. 6. art. 13. pag. 344.

¶ 1. VICTIMA, Idem quod *Friscinga.* Vide in hac voce. Acta S. Meinwerci tom. 1. Jun. pag. 523. et apud Leibnit. tom. 1. Script. Brunsvic. pag. 590: *Concessit... I. poledrum ac v. Victimas; id est fristingas.* (l. friscingas vel friskingas.) [°° Chart. Mazelini Præpos. Wormat. sec. XI. apud Schannat. Hist. Episc. Wormat. tom. 1. pag. 122: *Unam Victimam porcinam, quæ sit præcio quindecim denariorum.*]

° 2. VICTIMA. Epist. Pering. abb. Tegerns. ann. circ. 1003. apud Pez. tom. 6. Anecd. part. 1. col. 141: *Sed de illis tacemus, aliisque rebus supra modum et irrationabiliter hinc inde distractis in denariis, in vestibus, in bubus et ovibus, multoque grano cum multigenis Victimis.* Alia ibid. col. 143: *Plura etiam retia habet nobis tulta, Victimasque et granum, quod nostri debuerunt seminare in agrum.* Instrumenta rustica videntur designari.

¶ VICTIMARE, Immolare, mactare. Gloss. Lat. Gr.: *Victimo*, Βουθυτῶ: addunt Sangerman. immolo. Gloss.: Isid. *Victimo, immolo. Victimare, Sacreficer*, in Gloss. Lat. Gall. Sangerm. Eccli. cap. 34. 24: *Qui offert sacrificium ex substantia pauperum, quasi qui Victimat filium in conspectu patris sui.* Martyrium Thebæor. tom. 1. Hist. Lothar. col. 6: *Mauricius vero apud Agaunum oppidum cum suis sociis pro Christo Victimatus occubuit.* Utitur Apuleius lib. 7. Metamorph. semel et iterum.

VICTOR IGNIUM, dicitur S. Laurentius, in Historia Institutionis Archiepiscopatus Magdeburgensis, edita a Gabr. Cossartio cum Conciliis sub anno 967. [Vide *Victor.*]

¶ VICTORABILIS, Vincere consuetus, in Gloss. Gasp. Barthii apud Ludewig. tom. 3. Reliq. MSS. pag. 381. ex Gauterio de Bellis Antiochenis.

VICTORALIS, ἐπινίκιος, in Gloss. Gr. Lat. MS. editum habet *Victorialis*, quomodo Capitolinus in Galieno *Victoriales dies* dixit. [*Victoriales litteræ*, Epistolæ victoriæ nunciæ, in Lexic. Phil. Gocleni. *Victoriales triumphi*, Ammiano lib. 22. cap. 4.]

VICTORIARE, Victoriam adipisci, referre, apud S. Eulogium in Epist. ad Alvarum, et Sebastianum Salmanticensem Episcopum in Hist. Hispan. pag. 45.

° *Victorier*, eadem notione, apud Froissart. vol. 3. cap. 27: *La couronne de laurier au chef, ainsi comme anciennement souloient les rois faire, quand ils estoient Victorient ou deconfisoient un roi en bataille.* °° Virgil. Grammat. cap. 48: *Nam cum dicis Victorio, nescio quomodo ad meditationem pertineat, quocumque sensu intelligatur ; sive ut dicimus, quandoque vincam, sive ut quidam, volo vincere.*

¶ VICTORIATUS, νικηφόρος, in Gloss. Lat. Græc.

¶ VICTORIFER. Eadem notione. *Lacrymas fundens ante Victoriferos clavos manibus D. N. J. C. affixos*, in Hist. Liutprandi cap. 11. apud Murator. tom. 2. pag. 456. col. 2.

° VICTORICIS, Manu victrici, apud Petrum de Vineis lib. 1. Epist. 15.

¶ VICTORIOSUS, Victor. Anonymus de Gestis Manfredi et Conradi Reg. apud Murator. tom. 8. col. 585: *Et aliqui itaque domandam proterviam, et per hæc restituenda læsi jura sua Rex Victoriosus accingitur.* Charta Milonis Abb. S. Remigii Rem. ex Chartul. Campan. fol. 245. col. 2: *Actum anno dominicæ incarnationis M. CC. VI. regnante glorioso et Victorioso Francorum Rege Philippo.* Eodem perinde titulo illustris fuit Carolus VII. Francorum Rex. *Victoriosissimus*, apud Sidon. lib. 3. Epist. 3. in vet. Inscript. Gruter. 179. 2. S. August. de Civ. Dei lib. 5. cap. 25. et in Charta Renati Reg. ann. 1453.

° *Victoriosissimi*, appellantur Henricus I. et Ludovicus VI. reges Francorum. Charta ann. 1060. inter Probat. ult. Hist. Trenorch. pag. 130: *Actum publice Lausduni... regnante Henrico Victoriosissimo Francorum rege anno xxx.* Alia ann. 1182. inter Probat. tom. 1. Annal. Præmonst. col. 502: *In nomine sanctæ et individuæ Trinitatis. Ludovicus Dei gratia Victoriosissimus rex Francorum.* Eodem titulo donatur Alphonsus rex utriusque Siciliæ, in Charta ann. 1443. ex Tabul. Cassin.

¶ VICTORIUS, Pari intellectu. Sallas

Malaspinæ de Rebus Sicul. apud Baluz. tom. 6. Miscell. pag. 273 : *Quodι si strenuos et fideles habuisset compugiles, vel majorem nostræ gentis partem Victoriæ subegisset, etc.*
° *Victorien*, eodem sensu, in Lit. remiss. ann. 1463. ex Reg. 199. Chartoph. reg. ch. 79: *Icellui Loys pour cuider demourer Victorien, a trouvé maniere de soy faire guiseler, etc. Victoire*, pro *Réjouissance, fête*, Lætitia publica, festum in aliis Lit. ann. 1388. ex Reg. 132. ch. 275 : *L'exposant regardoit à jouer à la folesuye le jour d'une Victoire, etc.*
VICTORINUS, Monetæ species a Friderico II. Imp. in Italia, dum Ferrariam obsideret, cusa, cum castra instar urbis vallis ac fossa hac mente muniisset, ut direpta et eversa civitate in eo ipsomet loco, ubi stativa habuerat, *Victoriam* urbem conderet, uti narrat Joan. Candidus lib. 5.
¶ **VICTORIOSE**, VICTORIOSUS, VICTORIUS. Vide supra in *Victoriare*.
¶ **VICTRINÆ**, Fenestræ vitreæ. Chron. Beccense pag. 27 : *Quam cappellam B. Mariæ Magdalenæ Victrinis sumtuosis clausit.* Vide *Veyriæ* et *Vitrinæ*.
° Comput. ann. 1498. ex Tabul. S. Petri Insul. : *Matthæo Bernard vitrario, pro carellis novis et reparatione veteris Victrinæ, quæ servierat in capella S. Catharinæ, etc. Pro toto vitro ambarum Victrinarum, ij^c. xxxvij. lib.* in alio ann. 1511. ex eod. Tabul.
1. VICTUALIA, Commeatus, victui necessaria, Gallis *Victuailles*, Italis *Vituaglie*. Glossæ Dositheï : *Alimonia, victuaglia.* Occurrit apud S. Ambrosium lib. 5. Hexaëmer. Petr. Blesen. Epist. 69. cap. 21. Fulbert. Epist. 38. Petrum Chrysolog. serm. 63. et 155. Flodoardum lib. 2. Hist. Rem. cap. 11. Arnulph. Epist. 4. in Capitul. 2. ann. 812. cap. 8. et lib. 3. cap. 74. in Hist. Miscella ann. 6. Justiniani M. in Hist. Cortusiorum passim, etc. Vide Notas Felicis Osii ad Hist. Ottonis Morenæ pag. 57.
VICTUALIUM, in Synodo Metensi ann. 753. cap. 4. [Chron. Richardi de S. Germano apud Murator. tom. 7. col. 1030 : *Pro jure mensurarum Victualium tam in sauma quam in turninis servabitur forma antiqua, etc.*]
VICTUALIS NECESSITAS, in Lege Alaman. tit. 2. § 1 : *Ministerium victuale*, apud Apuleium de Dogmate Platonis.
¶ **2. VICTUALIA**, singulare non habet, γυμνασίων τῶν μονομάχων. Gloss. Lat. Gr. ubi codex Reg. habet *Vectualia*, Sangermanensis legit *Vactualia*, quod vero proximum est, vel legendum enim *Battualia.* Vide *Battuere*.
° **VICTUALIARE**, Commeatu urbem vel castrum munire, Gall. *Avitailler*. Memor. C. Cam. Comput. Paris. fol. 191. v^o : *ij. die Decembris* 1357. *fuit dies assignata Petro Peneillon, servienti regis anno* 1355. *commisso ad faciendum certas garnisones gramorum pro villa et castro Boloniæ Victualiandis.* Vide *Victualia* 1. et *Vitellatio*.
¶ **VICTUALIO**, Ipsa victualium distributio, vel eorum usus. Charta ann. 1492. apud Rymer. tom. 12. pag. 476 : *In eodem obsequio circa provisionem victualium et Victualionem exercitus armatæque Regis in partibus prædictis moraturus, etc.* Infra minus bene editum : *Circa provisionem victualium et Victualionem, etc. etc.*
¶ **VICTUARIA**, ut *Victualia* 1. Parisius de Cereta in Chron. Veron. ad ann. 1243. apud Murator. tom. 8. col. 634 : *Et ab alio capite dicti pontis erat Entius Rex filius ipsius Imperatoris cum Parmensibus extrinsecis, defendentes et evitantes quod Victuaria non intrarent in Parma.*
¶ **VICTULATIO**. Vide *Victualio*.
¶ **VICTUALIS**, Vector, Gall. *Voiturier*. Statuta Vercell. lib. 4. fol. 71. v^o : *Item Victurales tempore vindemiarum portent super stolis butallorum traciarolios qui vinum colligant.* Vide *Victerius*.
° **VICTURIA**, ut *Victuaria*, victui necessaria. Notit. ann. 851. ex Chartul. Lemov.: *Totum quæsivit jam dictus advocatus Guntramno ad opus matriculariorum S. Stephani altaris pertinentium, excepto Victurias et ortolinse.* Vide *Victualia* 1.
¶ **1. VICTUS**, Pensio annua, qua victui necessaria comparantur. Charta fundat. Collegii de Cardineto ann. 1302. apud Lobinell. tom. 5. Hist. Paris. pag. 609. col. 2 : *Idem ad quatuor Victus pro quatuor artistis, et ad duos Victus pro duobus theologis, me et bona mea presentia et futura obligo. Vivre naturel* dici videtur portio quæ natu minori ad victum tribuitur in bonis paternis sive maternis. Charta ann. 1419. ex Chartul. 21. Corb. fol. 246. v^o . *A la Charge de tel portion de quint et Vivre naturel qui par raison et la costume des lieux poet appartenir audit Estevenot fils maisné et heritier dudit feu Jaque.* Alia ann. 1442. ibid. fol. 243 . *Generalement de tout ce que à cause dudit quint, Vivre naturel ex autrement de toutes coses il eust poeult faire demande, action ou poursieute dudit Jaque le Petit son frere.* Vide *Viagium* 2. *Vita* et *Vitalium*.
¶ **2. VICTUS**, Paralyticus, debilis, παραλυτικός, in Gloss. Lat. Gr. MSS. Sangerm. et Edit. Gr. Lat.
° **VICTUS MORTUI**, Portio cibaria, quæ pro canonico vel monacho defuncto pauperibus primum solebat distribui. Charta ann. 1100. inter Instr. tom. 12. Gall. Christ. col. 336 : *In anniversariis diebus canonicorum,... Victum mortui... prædictæ ecclesiæ servitoribus donamus.* Infra : *Præbenda mortui.* Vide in hac voce.
¶ **VICUCIA**, μώλωψ, in Gloss. Lat. Gr. Aliæ Gr. Lat. : Μώλωψ, *Vicucia, vibex*.
¶ **VICULUS**, dimin. a *Vicus*, ut supra *Vicorium*. Charta Henrici III. Imper. ann. 1044. apud Eccardum Hist. Landgrav. Thuring. col. 315 : *Nec non saltum innovans ad campestria Viculos per se statuit, atque ex his omnibus.......... prædium unum colliget.* Pro semita, Gall. *Sentier*, occurrit in Chartul. S. Vandregesilli. tom. 1. pag. 629. ubi de manerio quod aboutat ad *Viculum* in uno bouto. *Viculus, ruele*, in Gloss. Lat. Gall. Sangerm.
° *Wiquet*, eadem notione, ut videtur, in Lit. remiss. ann. 1394. ex Reg. 147. Chartoph. reg. ch. 64 : *L'exposant requist à icelle femme que elle s'en alast dehors le Wiquet merdeux de la ditte ville de Monstereul, et que aux champs il parleroit à lui secrétement.*
VICUS, Vici, Papiæ, Castella et pagi sunt, qui nulla dignitate civitatis honorantur ; sed vulgari hominum cœtu incoluntur, et pro parvitate sui civitatibus attribuuntur. Infra : *Vicus, castrum sine munitione murorum.* [²º Ex Isid. Orig. lib. 15. cap. 2.] [Scriptoribus ante annos 1200. idem quod *villa*, ut observat Valesius Notit. Gall. pag. 283.]
VICUS CANONICUS, Qui ad Canonicos pertinet, in Actis Episc. Cenoman. apud Mabill. tom. 3. Analect. pag. 259. *Vicus publicus et Canonicus*, ibid.

VICUS EPISCOPALIS, ibid. pag. 305.
VICUS PUBLICUS, Qui fisci est, qui non est in beneficium datus. Capitulare 6. ann. 806. cap. 21. et Append. 1. Capitul. cap. 62 : *Ut festivitates præclaræ non nisi in civitatibus aut Vicis publicis teneantur.* Concilium Ravennense ann. 904. cap. 11. de Comitibus : *In publicis Vicis domos constituant, in quibus placitum teneant, et secundum antiquam consuetudinem hospitentur.* Quo nomine appellantur *Compendium*, apud Bedam lib. 3. Hist. cap. 28. et *Leodium* in Annalib. Francor. Loisellianis et Metensib. ann. 760. Aigradus Monachus in Vita S. Ansberti Archiep. Rotomagensis n. 25 : *Census autem, qui de Vicis publicis Canonico ordine ad partem Pontificis persolvi consueverant, gratuita benignitate in restaurationibus Ecclesiarum benignissime Presbyteris indulsit earumdem Dei ædium.* Tabularium Persiense cap. 30. apud Perardum : *Cum resideret Dominus Ado Præsul apud Matisconum in propria Synodo, venerunt ante præsentiam ipsius duo Monachi Leotaldus videlicet et Girboldus, viva voce proclamantes, quod non deberent Episcopalem receptionem facere apud sanctum Marcellinum, quæ Cappella est, non Vicus publicus : exenia vero et servitium se dare debere aliis in locis dixerunt, etc.* Vide Vitam Aldrici Episc. Cenoman. pag. 30. 31. Acta Episcoporum ejusdem urbis pag. 242. 243.
¶ **VIDA**. Charta ann. 1311. apud Baluz. tom. 2. Hist. Arvern. pag 141 . *Donatarius et ejus hæredes..... sint astricti annis singulis in festo Corporis Christi... facere unam eleemosynam generalem, in qua detur cuilibet pauperi ad ipsam venienti usque ad valorem trium denariorum Turonensium, Vida de pane ad valorem duorum denariorum, et de carnibus ad valorem unius denarii.* Mendum typographicum pro *Videlicet*.
¶ **VIDACERIUS**, Locus editus, ut videtur, unde conspectus patet , a verbo *Videre*. Charta ann. 1344. ex Schedis Cl. V. Lancelot : *Item quod nulla persona cujuscumque conditionis existat, sit ausa facere Vidacerios infra villam Balneolis*.
↓ **VIDATIO**, Locus, unde ligna cæsa evacuantur, Gall. *Vuidange*, silva cædua. Charta Manas. Aurel. episc. ann. 1167. inter Instr. tom. 8. Gall. Christ. col. 517 . *Concedimus et fratribus loci illius usuale suum in nemoribus nostris,...... ligna ad faciendum ignem, ad domos ædificandas, ad clausuras faciendas, ad vineas sustinendas et ad usus cæteros sibi necessarios, excepta Vidatione seu venditione.* Vide *Venda* 3. et mox *Videngea*.
° **VIDATUS**, f. pro *Vineatus*, eadem saltem notione, Ager vineis consitus. Charta ann. 1394. apud Murator. tom. 1. Antiq. Ital. med. œvi col. 721 : *Ad meas detenui manus, quod est inter terrola aratoria seo et Vidata, quamque et prativa per singulas petiolas, etc.*
° **VIDECACUS**, Rusticulæ majoris species, Gall. *Beccasse*. Charta Rob. milit. ann. 1255. inter schedas Mabill. : *Concedo quod dicti abbas et conventus* (S. Audoeni) *percipiant..... decimas..... gallinarum, avenarum, ovorum, Videcacorum, etc. Vuidecoc*, in Lit. remiss. ann. 1380. ex Reg. 118. Chartoph. reg. ch. 33 : *Comme Jehan Chierel..... et Colin son frere.... feussent alez à heure de vespre tendre aus oisiaux, appellez Vuidecox, autrement ment bequaces, etc.* Reg. S. Justi ex Cam. Comput. Paris. fol. 791. v^o : *Item quolibet rete ad Videcos, iiij. denarios.* Vide *Videcoqs*.
VIDECOQS, vel WIDECOQS, [Gall. *Bé-*

casse; male pro *Wit-coc*, ut vult *Belon* lib. 5. de Avibus cap. 26. ab Anglico *Wood-cok, Beccasse,* proprie gallum silvestrem significat. Statutum Johannis Reg. Franc. ann. 1350. tom. 2. Ordinat. pag. 364 : *Lesdiz jurez toutes les semaines, trois ou quatre fois, verront et visiteront par ouvroüers et hostels desdits poulailliers, tous les consils, lievres, perdrix, Videcoqs, et autres bestes et oiseaux sauvages.*] Computum Domanii Stapularum in Comitatu Bononiensi ann. 1475 : *Recepte pour volées de Videcoqs, chacune volée à 20. den. sauf les volées du maretz de Condette, dont on ne paye fors 13. den. pour chascune volée.* In Computo de *Desure*, ejusd. anni, fol. 49. verso : *Recepte de Widecoqs deus à Neufchastel, deus au jour de S. Remy. De Pierre de Wierre pour un pastich, etc. doit au dit terme 6. Widecoqs, qui à raison de 4. den. pieces valent, etc.*

ᵒ **VIDENGEA**, a Gallico *Vuidange*, Evacuatio, in Tract. Joan. de Monsterolio, in quo continentur occasiones seu colores, quibus rex quondam Eduardus Angliæ prætendebat habere jus ad coronam Franciæ, ex Cod. reg. laudato tom. 17. Comment. Acad. Inscript. pag. 339.

¶ 1. **VIDENTES**, Testes oculati, ut infra *Visores* 1. Vide in hac voce. Charta ann. 1116. ex Tabul. S. Victoris Massil. : *Facta est diffinitio ista.... in præsentia... Comitis Barchinonensis,........ Videntibus Pontio Priore Massiliæ et Raymundo de Barre, etc. Alia ann. circ. 1132. inter Probat. tom. 2. novæ Hist. Occitan. col. 466 : Videntes istius conventionis vel diffinitionis sunt Raimundus de Balcio, Raimundus de Barjago, etc. Cui formulæ* respondet ea quæ sequitur in *Videntia*.

∞ 2. **VIDENTES**, Prophetæ, apud Liutpr. Antapod. lib. 4. cap. 6

VIDENTIA, Charta Bernaldi Guillelmi D. de Monbasone, qua dictum Castrum Guillelmo D. Montispessuli concedit : *Hoc donum fuit pactum et laudatum cum hac charta 7. Id Aug. anno Dominicæ Incarn. 1118. in Videntia et præsentia Pontii de Monthlur, etc.* [Charta ann. 1120. inter Instr. tom. 6. Gall. Christ. novæ edit. col. 276 : *Hanc solutionem... facimus ..... in præsentia et Videntia et audientia et testimonio canonicorum Lutevensium, etc.* Occurrit præterea tom. 2. novæ Hist. Occitan. inter Probat. col. 470. et 511. Vide *Videntes*.]

VIDERE, Salutare, nostris, *Voir quelqu'un.* Ammianus Marcellinus lib. 14 : *Contempto Cæsare, quem Videri decuerat.* Vide Henricum Valesium ad hunc locum.

¶ **VIDERE SE**, Apparere. Acta B. Tomassi tom. 3. Mart. pag. 601 : *Quæ ut recommendavit se B. Tomasso, continuo ipsum fusi frustum Vidit se, et exivit ex eadem parte aliunde.*

¶ **VIDERE**, Instrum. ann.1368. ex Schedis Præs. *de Mazauguez : Visis et diligenter examinatus ac correctis secundum Videre nostrum, etc.* Id est, prout nobis visum est. Vide in *Visus*.

ᵒ **VIDERE**, Sollicite observare, ab aliquo nunquam dimovere oculos, Gall. *Garder à vue.* Scacar. S. Mich. ann. 1217. in Reg. S. Justi ex Cam. Comput. Paris. fol. 19. vᵒ col. 1 : *Judicatum est quod relicta comitis Alenconii, quæ gravida est, debet Videri, et quod dominus rex faciat eam custodiri per idoneas personas.*

ᵒ **VIDERE IN ALIQUO**, Perscrutari.Reg. visitat. Odon. archiep. Rotomag. ex Cod. reg. 1245. fol. 125. rᵒ : *Visitavimus abbatiam de Cæsaris-burgo ;... canonici habent scrinia : abbas vel prior non Vident in eis. Injunximus priori ut Videat in ipsis, sive abbas.*

¶ **VIDERI**, Esse, in Cod. Theod. lib. 12. tit. 6. leg. 18. Passim occurrit in veteribus Chartis apud Mabill. Diplom. pag. 465. 466. 469. etc. Hæc monuisse sufficiat.

☞ Hinc fortean nostris *Voir* dicitur de eo quod revera est, quod certe existit. Chron. Johannis IV. Ducis Britan. apud Lobinell. tom. 2. Hist. Britan. col. 697 :

*Prisonnier fut Charles pour voir
Et le Sire de Beaumanoir.*

Instr. ann. 1487. ibid. col. 1046 : *Item un cinquiesme signé : Pierre Gutho, Voir est.*

¶ **VIDIMARE**, Apographum ad exemplar exigere, Gall. *Vidimer*. Litteræ Vidimus ann. 1559. ex Schedis Præs. *de Mazauguez : Illud transcribi et Vidimari, et illius Vidimus seu transcriptum cum Instrumento prædicto originali dubia collationari... petiit. Infra : Transcribi, Vidimari et exemplari. Aliæ ann. 1564. ex Tabul. Eccl. Massil. : Dictas litteras transcribi, transumi et Vidimari... requisivit.* Hist. Epist Patav. Georgii II. et Friderici I. apud R. Duellium tom. 2. Miscell. pag. 812 : *Nosque debita cum instantia rogavit quatenus easdem litteras diligenter conspicere et examinare, Vidimareque transsumtum et exemplar... dignaremur.*

¶ **VIDIMATIO**, Recognitio scripturæ. Translat. S. Norberti tom. 1. Jun. pag. 913 : *Præsentes sub sigillo vicariatus et amplissimi domini Vicarii generalis Vidimatione, per secretarium expedirí fecimus.* Vide in *Visus*.

VIDIMUS, pro Apographo a Notario vel Secretario descripto ; de qua voce vide Reinhartum Robigium lib. 10. Robigal. cap. 16. *Vidimus de leitre*, in Consuetudine Nivernensi tit. 4. art. 16. 35. tit. 5. art. 6. 14. [Ordinat. Humberti II. ann. 1340. tom. 2. Hist. Dalph. pag. 398 : *Item quod de ipsis privilegiis et cautelis Registrum in forma publica fieri faciat, ad hoc ut originalia semper in tuto remaneant, et Registrum seu Vidimus possit cum fuerit expediens produci, et etiam præsentari.* Testam. Philippi Britan. ann. 1411. apud Miræum tom. 2. pag. 1262. col 2 : *Volumus denique ut Litteris publicationis aut earum apographis, vulgo Vidimus dictis, quæ post decessum nostrum inde describentur, etc. Concedit........ Vidimus unum aut plura fieri vim originalis in se habentia*, apud Marten. tom. 6. Ampl. Collect. col. 611.] Interdum pro *Vidimus*, habetur vox *Inspeximus*, ut in Chron. W. Thorn. pag. 2123. Veterum formulæ a fuit formula ex Tabulario Brivatensi fol. 1 : *In nomine Dom. Ego Ludovicus Dei gratia Rex Francor. et Dux Aquitanor. Hoc est, præceptum Karoli gloriosissimi Regis ad munificentiam B. Juliani, datum sub tempore venerabilis Frotharii Archiepiscopi : Si petitionibus, etc.* Ita in Charta alia ann. 1279. fol. 2.

☞ Variæ tantisper pro variis sæculis obtinuerunt formulæ, in Diplom. Mabillonio Diplom. lib. 1. cap. 7. Antiquior est ea in qua prioris instrumenti duntaxat fiebat mentio et confirmatio : recentior vero quæ illud integrum exhibebat, quod sub Carolo M. inductum fuisse probat ejusdem Imperatoris Diploma pro Novalliciensis Instrumenti renovatione : *Non enim, inquit, ex consuetudine anteriorum Regum hoc facere decrevimus : sed solummodo propter necessitatem et mercedis augmentum transcribere præcipimus.* Consule Mabillonium loco laudato.

VIDISSE, Eadem notione. Arestum Paris. 6. Febr. 1821 : *Exhibentis copias seu Vidisse quorumdam arestorum, etc.*

VIDUÆ, apud Scriptores Ecclesiasticos dicuntur, quæ servandæ *viduitatis professionem* (quam secundum castimoniæ gradum vocat Hieronymus Epist. 26.) coram Episcopo in Secretario emittebant, imposita ab eo veste viduali, ut est in Concilio Arausicano I. can. 27. Toletanum IV. can. 56 : *Duo sunt genera viduarum, seculares et sanctimoniales : Seculares viduæ sunt, quæ ad hoc disponentes nubere, laicalem habitum non deposuerunt.* Sanctimoniales sunt, quæ mutato habitu seculari, sub religioso cultu in conspectu Sacerdotis vel Ecclesiæ apparuerunt. Honorius Augustod. lib. 1. cap. 241 : *Viduarum prima Dina filia Jacob extitit ante legem, a qua usus vidualis cœpit. Hanc sub lege Judith et aliæ imitatæ sunt : sub gratia vero Anna et aliæ plurimæ secutæ sunt, quæ secundas nuptias contempserunt. Harum quoque habitus est mundo despectus.* Ejusmodi mulieres *sanctæ professionis viduas* vocat Salvianus lib. 3. ad Ecclesiam Catholicam. *Viduas continentiam professas*, in præfat. ad eosdem libros. *Quæ instant orationibus die ac nocte*, lib. 2. ab eorum veste viduali, *pullatas viduas*, Vincentius Lirinensis in Commonitorio 1. Denique *Professæ, Consecratæ, Benedictæ*, in Conciliis aliquot Gallicanis appellantur, locis a nobis indicatis in Notis ad Alexiadem pag. 418. ubi easdem esse cum priscis *Diaconissis*, fuse satis probavimus. Ecclesiasticis stipendiis victitabant. S. Hieronymus in ep. 8. Esaiæ : *Nec Ecclesiasticis vidua sustentatur alimentis, nisi quæ sexaginta annorum sit, et maturitatem habet morum pariter et ætatis.* [Index vett. Canonum tom. 3. Conc. Hisp. pag. 20 : *De Viduis adolescentulis et infirmis victu Ecclesiæ sustentandis.* Vocis etymon sic tradit Rhabanus lib. 1. Comput. cap. 83. *Vidua, quasi valde idua, id est valde divisa. Aut vidua, id est a viro divisa.*] Harum ordo τὸ τῶν χηρῶν τάγμα, dicitur Palladio in Vita S. Chrysostomi pag 47 edit. Emerici Bigotii : τὸ χηρικόν, apud Clementem lib. 3. Constit. Apostol. cap. 8. Oecumenium ad 1. Timoth. 1. v. 19. et in Clementini Homil. 11. cap. ult. *Viduatus*, apud Tertullian. de velandis Virg. cap. 9. quod jam antea observatum a viro doctissimis Joan. Bapt. Cotelerio in eruditissimis Commentariis ad veterum Patrum scripta. Multa præterea possent hic de viduis, earum habitu, et consecratione, congeri, cum ex Conciliis, tum ex Regum Capitularibus, quæ hæc attigimus in Notis ad Alexiadem et in Glossar. med. Græcit. voce Χῆροι, col. 1751. Addere tantum placet quædam recentioris paulo ævi de Viduarum castitatis professione, quæ edidit Willelm. Dugdalus in Antiquitat. Warvicensis Provinciæ pag. 654 : *Joannes.... Cov. et Lich. Episc. dilecto fratri nostro NN. salutem et fraternam in Dn. charitatem. Per partem honestæ mulieris Margeriæ Midlemore, relictæ Ricordi Midlemore nostræ diocesis, nobis est humiliter supplicatum, quod cum ipsa propter ipsius animæ salutem uberiorem, ac viduitatis ordinem strictiorem, ad Dei honorem devotius et celebrius servandum, votum continentiæ emittere, ac continentiam expresse et solenniter* *fovere, nec non in signum viduitatis suæ hujusmodi perpetuo, Deo servando velum sive peplum cum habitu hujusmodi viduis continentiam perpetuam expresse et solenniter profitentibus debitam et consuetam, seu ab eis communiter usitatam sibi sumere, et ad vitam ea uti in castitate, ut asserit, devote intendat, ipsam ad hujusmodi suum propositum admittere dignaremur; Nosque hujusmodi supplicationem piam atque devotam ac Deo placabilem reputantes, aliasque multiplicibus occupati, quo minus hujusmodi intentum præfatæ Margeriæ ad debitum valeamus perducere effectum; ad recipiendum igitur expresse et solenniter continentiæ votum, et castitatis promissum dictæ Margeriæ, ac in signum cujusmodi continentiæ et castitatis promisso perpetuo servando, eandem Margeriam velandam seu peplandam, habitumque viduitatis hujusmodi viduis, ut præfertur, ad castitatis professionem dari et uti consuetum, cum unico annulo assignandum, cæteraque omnia et singula faciendum, exercendum et expediendum, quæ in negotio hujusmodi de jure vel consuetudine necessaria seu opportuna fore dignoscantur, vobis committimus potestatem per præsentes. Sigillo nostro signatum, etc.* Id porro actum sub Henrico VIII. Rege Angl. ann. 22.

Formulam vero Professionis accipe ex eod. Dugdalo pag. 319: *Nono die mensis Augusti an. Domini 1360. apud Warwyk, dictus venerabilis Pater altam Missam in Pontificalibus in Ecclesia collegiata B Mariæ Warwici antedicta celebrans votum castitatis Philippæ nuper uxoris Domini Guidonis de Warwic admisit et acceptavit: et dicta Philippa votum castitatis emisit sub his verbis:* En le nom de la seint Trinité, Pier, et Fitz, et seint Espirit, jeo Philippe, que fu la feme Sire Guy de Warwic, face purement, et dez queor, et volonter entierement avow à Dieu et saint Eglise, et à la benure Virgin Marie, et à tout la bele compeigne celestine, et à vous Reverend Piere en Dieu Sire Reynaud par la grace Dieu Evesque de Wyncestre, que jeo ameneray ma vie en chastitée desore en avant, et chaste sera de mon corps, et tout le temps de ma vie. *Vide* Velum.

VIDUA REGIS, JC. Anglis et Cowello est illa, quæ dotem legitimam e terris et tenementis viri sui, qui in capite de corona Regis tenebat, Regis auxilio sibi subveniri petit.
⁎ Glossar. Provinc. Lat. ex Cod. reg. 7657: *Veusa, Prov. Vidua, quasi viri dua, i. a viro divisa.*

¶ VIDUALIS, Vidua. Testam. Guillelmi Vicecom. Nathon. ann. 1397. apud Marten. tom. 1. Anecd. col 1630 : *Statura, sive imago lapidea similis corpori dictæ dominæ matris nostræ, et ad modum unius dominæ Vidualis.* Vide in *Viduæ.*

¶ VIDUARE, Orbare, privare. Capitul. lib. 5. cap. 50: *Illud tamen vobis et omnibus scire cupimus quod non propterea hæc petimus ut.... eorum ecclesias Viduare cupiamus, etc.*

¶ VIDUARE, Evacuare, Gall. *Vuider, déloger.* Ch. Lud. an. circ. 1407. apud Lobinell. tom. 2. Hist. Britan. col. 885: *Qui quidem Comes..... insulam comburi et devastari et ab omnibus domesticis suis Viduari fecit.*

⁎ VIDUARI, Viduam esse. Testam. ann. 1480. inter Probat. tom. 3. Hist. Nem. pag. 308. col. 1 : *Item legavit Egidiæ Radulphæ, ejus sorori, casu quo Viduaretur, in suis domibus posse convenire et morari cum heredibus suis mariti, etc.*

¶ VIDUATUS. Vide in *Viduæ.*

¶ VIDUBIUM. Vide *Viduina* et *Viduvium.*

VIDUINA, vel VIDUNIA, Bivira, quæ duos viros habuit, Papiæ. Savaro ad Sidonii lib. 6. Epist. 8. legit in Gl. Isid. MSS. *Vidubium, qui duos maritos amisit.* [Quod est ineptum Grammaticorum commentum.] [⁂ Schol. ad Juven. sat. 3. vers. 311. apud Maium in Glossar. novo : *Marræ vulgo Vidubia dicuntur.*]

⁎ VIDUITALIS, Ad viduam pertinens. Testam. Nicolai de Pratocomit. ann. 1474. in Reg. 3. Armor. gener. part. 2. pag. xlj : *Item lego et relinquo nobili Jametæ Forneriæ uxori meæ, videlicet victum et vestitum cum hærede meo, et non alias, tantum quantum vitam Viduitalem tenebit.*

1. VIDUITAS. Epistola Alexandri III. PP. 161. ad Ludovicum VII. Regem Franc. tom. 4. Hist. Franc.: *Regiæ Serenitatis industriam postulamus, quatinus consilium et Viduitatem tuam charissimo in Christo filho nostro Willelmo illustri Siciliæ Regi litteris tuis prudenter aperias, eum attentius admonens, etc.* [Prudentiam, providentiam, Gall. *Prévoyance,* interpretor.]

2. VIDUITAS, Vox fori Normannici, Gall. *Veuveté,* de qua sic Jura et Consuetudines Normann. cap. 121. *Consuetudo est in Normannia, ex antiquitate approbata, quod si quis uxorem habuerit, ex qua hæredem aliquam procreaverit, quem natum vivum fuisse constiterit, sive decesserit, totum feodum, quod maritus possidebat ex parte uxoris suæ, tempore, quo decesserit, ipsi maritu, quamdiu ab aliis cesserit nuptiis, remanebit. Post decessum autem ejus, vel post contractum cum alia matrimonium, hæredibus mulieris, ex cujus decessu feodum per Viduatatem tenebat, ipsum redibit feodum successionis ratione.* Vide in *Curialis* 4.

Id etiam in Aragonia obtinet: Ita tamen, ut teneatur de bonis viduitatis alimentare non solum filios eorum communes; sed etiam privignos sive entenados: si quidem ti alunde bona non habeant, unde se possint alimentare, ut ait Michaël Molinus. Jacobus I. Rex Aragon. in Foris Oscæ ann. 1247. fol. 83 : *Defuncto viro, uxor vidua, licet ab eo filios habuerit, omnia, quæ simul habuerant, possidebit, ea tamen vidua existente, et non licet accipiat virum, si manifeste tenuerit fornicatorem vel adulterum, amittat Viduitatem et dotes, ac si duxisset virum.* Multa de jure Viduitatis habent etiam Fori Aragonensium lib. 5. tit. de Jure viduitatis, et Liber 5. Observantiarum lib. de Jure dotium, et lib. 8. tit de homicidio, § 20. et Consultatoria post easdem Observantias pag. 43. Videatur præterea idem Molinus in Repertorio Fororum Aragon. in voce *Viduitas.* [Le Roman de Vacce MS :

Mainte fame honnie et mainte en Veuveté,
Et maint enfant petit et bers envelopé.]

⁎ Alias *Vefvé* et *Vesvet.* Lit. remiss. ann. 1399. in Reg. 154. Chartoph. reg. ch. 384 : *Comme Berthomée Nynone.... depuis son Vefvé eust conceu un fils, etc.* Consuet. Camerac. MSS : *Homs ne feme, qui sont en Vesvet, ne puœent vendre leur hirestaige, ne donner, ne amenrir, s'ili ont enfans de leur char, qui soit d'espousé. Vefveté,* in Stat. ann. 1402. tom. 8. Ordinat. Reg. Franc. pag. 505. art. 7. *Vevveté,* in Lib. rub. fol. parvo domus publ. Abbavil. ad ann. 1309. fol. 103. v°. Pro jure viduitatis occurrit ibid. fol. 105. v° : *Se aucune femme demande à avoir ses Vevetés, etc. Veufveté,* in Stat. ann. 1390.

tom. 7. earumd. Ordinat. pag. 858. art. 10. *Voivée,* in Ch. ann. 1302. tom. 1. Chartul. S. Vandreg. pag. 490. A voce *Voive, vidua,* in Hist. contin. Guill. Tyrii apud Marten. tom. 5. Ampl. Collect. col. 643 : *En ce tans fu le roi de Hongrie mort, et la roine demora Voive sans hoir. Vesvaige et Vesve,* eo quod apud Normannos accipitur sensu, pro jure scilicet usufructuario mariti in bona uxoris defunctæ, cum ex eo vivum filium habuerit, in Lit. remiss. ann. 1874. ex Reg. 105. ch. 273 : *Paur ce que nostre cousin le conte* (de Tonnerre), *son pere* (Louis de Chalon) *qui par la coustume de Normendie a, à cause de Vesvaige, l'usuffruit d'icelle terre, chastel et chastellenie* (du Bec de Mortemer), *pendant sa vie, et a promis récompenser ledit conte de sondit Vesvé ou usuffruit sur ses terres de saint Agnen, etc.*

1. VIDULA. Ordericus Vitalis lib. 9. pag. 728 : *Qui acceptis securibus et Vidulis, aliisque multimodis ferramentis ad carecta et fructeta stirpanda, etc* [Emendat G. Barthius in Gloss apud Ludewig. tom. 3. Reliq. MS. *Guvüs* vel *Gumbalis.* Vide *Guvia.*]

2. VIDULA, Instrumentum musicum. Vide *Vitula.*

¶ VIDUMARII, f. pro *Vituriarii,* in Cod. Theod. lib. 14. tit. 7. leg. 2. ex Gothofredi notis ad hunc locum.

¶ VIDUNIA. Vide *Viduina.*

⁎ VIDUTUS, Vetus, antiquus, ut videtur. Charta Soldani pro Pisan. ann. 1174. apud Lam. in Delic. erudit. inter not. ad Hist. Sicul. Bonincont. part. 1. pag. 199 : *Aliquando ut merces eorum minuisse de pretio, ista faciunt; post habend guardata et Viduta, et sic faciunt ista biscosse.*

VIDUVIUM, Viduitas. *Duturni Viduvii vulnus,* apud Sidonium lib. 6. Epist. 2. Glossæ veteres: *Vidubium, προστυλον χηρίαι.*

¶ VIELLA, VIELLATOR. Vide *Vitula.*

¶ VIELLARE, Instrumentum musicum, quod *Viellam* appellabant, pulsare. Glossar. Lat. Gall. ex Cod. reg. 7692: *Viellare, Vieller.* Vide *Vitula.*

? *Vielle* vero feni acervum, vulgo *Meule de foin,* sonat, in Lit. remiss. ann. 1474. ex Reg. 195. Chartoph. reg. ch. 1800 : *En icelle prée au pié d'une Vielle de foing, ledit seeur se coucha.* Infra : *Vielle.*

¶ VIENAGIUM, Præstatio quæ domino exsolvitur pro securo transitu. Vide in Guida. Charta ann. 1198. apud Miræum tom. 1. pag. 397 : *Omnia ad prænominatam ecclesiam, vel ad usus fratrum in ea commorantium pertinentia, qualicumque modo, sive terra sive navigio per terram nostrum transeant, absque telonæo et Vienagio et omni exactione, libere transire permittantur.*

VIENATICUM. Vide *Guidaticum.*

¶ VIENATIUM, VIENATOR, ut *Vienagium*: et qui jus illud exigit. Vide in Guida.

⁎ VIENDA, *Flectenda et modulanda carmina,* in vet. Glossar. ex Cod. reg. 7613.

¶ VIENNENSIS MONETA. Vide in *Moneta Baronum.*

⁎ VIERDENCELLA, Quadrans, mensuræ species. Charta ann. 1279. tom. 3. Geneal. diplom. aug. gentis Hasburg. pag. 489 : *Reditus unius Vierdencellæ speltæ et trium quartalium avenæ.* Vide *Vierlingus.*

¶ VIERE, Instrumentum ann. 1282. inter Ordinat. reg. Franc. tom. 3. pag. 260 : *Poterunt illi carnifices habere servientes, ad ipsas carnes scoriandas, scaturizandas, Viendas, et prout decet, preparandas, et non ad eas scindendas.* Ad hunc locum distinguendum censeo : adeo ut *Vieræ purgare, exenterare*, Gall. *Vuider,* significet.

¶ 1. **VIERIA**, ut *Viaria,* ni fallor, Jurisdictio *Viarii.* Charta ann. circ. 1080. tom. 2. Histor. Eccl. Meld. pag. 10 : *Eblo de Roceiaco castro habebat quamdam consuetudinem in terra Morissarti, quæ Vieria vulgo dicitur.* Tabul. S. Martini Pontisar. : *Odo Comes de Corboilo concessit Deo et S. Germano Pontisariensi Vieriam quam habebat in terra Morissarti.* Vide *Viarius.*

2. **VIERIA.** Charta Henrici Regis Franc. ann. 1060. pro Monast. S. Martini de Campis : *Cum omnibus redditibus atque redhibitionibus terræ, silvæ, vinearum, atque pratorum : de redditibus quidem pastionis, Vieriæ, silvæ, atque icigii, omnem decimam.*

☞ Quid sit *Vieria* altera hac notione aperte docet Charta Nicolai Epise. Cameraс. ann. 1189. inter Instr tom. 4. Gall. Christ. novæedit. col. 295 *Addidit etiam idem Gerardus piscatorias tendiculas quatuor, quas vulgo Vieria nominamus.* Ubi haud obscurum est *Vieria* significari locum in fluvio palorum serie coarctatus piscium capiendorum gratia, idem proinde esse quod nostris *Gord* dicitur. Vide *Gordus.* Neque aliud sonat

VIERUS, in Charta ann. 1197. ex Tabulario Lehunensi ch. 20 : *Sanctus vero Petrus habet Vierum super molendinum, et intra illud Vierum et molendinum non potest habere prænominatus Johannes Vierum, aut ingenium dormiens.... Sed D. Johannes piscari potest ibi cum tramello et sacco. Et sciendum, quod Vierus B. Petri tantum habere debet consuetæ clausuræ et assuetæ pasturæ supra molendinum, quantum Vierus debet habere in riveta de antiqua consuetudine.*

☞ Ejusdem esse intellectus *Vierum* atque *Vieriam* rursus probare facile est. Charta ann. 1260. ex Tabul. Corbeiensi : *Recognoverunt se vendidisse Johanni de Fontanis ad vitam ipsius Johannis pro decem et septem libris Parisiensibus.... quidquid habebant in molendino et Viero de Bouzencourt. Quæ vernacule sic efferuntur in Charta Johannis Abbat. Corb.* ejusd. anni in eod. Tabul. : *Fremin nos maires et nos hom de Bouzencourt est venus devant nous et a reconut qu'il a vendu par loial vente a Jehan de Fontaines notre neveu par toute sa vie chelui Jehan tous les pourfis qu'il avoit et pooit avoir au moelin de Bouzencourt et en sen Vier, les quez coses il tient de nous.* Charta ann. 1261. ex Chartul. 24. ejusd. Monast. : *Johannes dictus paganus de Cherisi et domicella Margarita ejus uxor recognoverunt coram nobis se vendidisse...... quoddam Vierum suum situm inter Cherisiacum et Sailliacum aquosum.* Alia ibid. ann. 1331 : *Confessi fuerunt.... se vendidisse... dimidiam piscaturam... a loco qui dicitur le Vier du Cherisier usque ad calceiam de Sailliaco aquoso.* Eadem vernacule ibidem leguntur : *Il avoit et pooit piesquier devant ceste vente, si comme il dist, de tous harnas en la reviere de Somme, depuis le Vier du Cherisier jusques à la cauchié de Sailly Liaurech.* Chartul. S. Quintini in insula pag. 96 : *Item quant à l'article de Viers de cloies ou de verges.... en leur vivier par dessous le pont Terrissien, disons et ordonnons que la premiere aisle des Viers faits de cloies ou de verges dessous le dit pont aura 100. pieds et le trou tenant à la lé dite en avallant aura 7. pieds et les deux aisles de montée chacune aura 50. pieds, et li trou d'iceli montée aura 8. pieds et li trou de l'avallée ensuivant aura 7. pieds, et li darraine aisle des Viers ou cloies dessusdites aura 100. pieds.* Vide *Verium.* Interdum *Vierus* idem significat quod supra *Bedum* et *Bierum.* Vide in his vocibus.

⚬ **VIERLINGUS**, Quarta pars libræ, Germ. *ein Vierling.* Necrolog. MS. S. Aurel. Argentin. ad XIV. Cal. Apr. : *Et unum Vierlingum ceræ ad conficiendum duas candelas.* Vide infra *Virlingus.*

¶ 1. **VIERRUM**, in Codicibus censualibus Dombarum et Calomontis, interprete D. *Aubret,* est Ager incultus et sterilis. Charta Bellijoc. ann. 1460 : *Item possidet quoddam Vierrum quod fuit alias confinatum a Margarita Claret.*

⚬ 2. **VIERRUM**, f. pro *Vitreum.* Vide in hac voce. Charta Eduardi reg. Angl. pro castro Bellimont. in agro Petragor. ex Reg. 198. Chartoph. reg. ch. 266 : *De onere Vierrorum, videlicet de onere hominis, unum denarium aut unum lactrum, valent unum denarium.*

¶ **VIERSCARA**, Belgis *Vierschare,* Tribunal, ubi de rebus cum civillibus, tum criminalibus suprema sententia judicatur . a *Schare,* Belgis turma, collectio, Saxon. Scaru, idem. Consuetud. Furnenses ex Tabul. Audomar. : *Quicumque fur cum pronuntia captus fuerit debet in Vierscara adduci et ibi debet audiri allegationes.* Ibidem : *Quicumque in Vierscara bannita tumultum vel clamorem fecerit, emendabit 2. sol. Quicumque in Vierscara uni coratori contradixerit, cuilibet coratori ibidem præsenti emendabit 18. sol. Rursum : Quicumque clamorem suum fecerit super aliquem in Vierscara et ipse firmaverit se habiturum auxilium coratorum, et defecerit, emendabit Comiti 3. libras.* Vide *Vircharnia.* [☞ Grimm. Antiq. Jur. Germ. pag. 811. Haltaus. Gloss. Germ. col. 1859. voce *Schrannen,* et col. 92. voc. *die vie Bœnke.*]

⚬ Lit. Caroli VIII. reg. Franc. ann. 1483. inter Observat. ad Hist. ejusd. reg. pag. 395 . *Mais en tant que touche les cas crimineîs, bannissemens et relégations, dont lesdits de Bruges cognoissent en la forme que l'on dit les Franches vérités, et d'estre mandez d'estre à la Vierschare,* etc. Vide infra *Virscara.*

¶ **VIERUS.** Vide *Vieria* 2.

¶ **VIETA**, diminut. a *Via,* semita. Charta ann. 1819. in Reg. 59. Chartoph. reg. ch. 318 : *De dicto rivo, sicut quædam Vieta ascendit versus locum de garriga, usque ad iter publicum.*

¶ **VIETATIO** , Vietum, interdictum. Charta Bonæ Principissæ Sabaudiæ ann. 1424. in Statut. Perus. fol. 31 *Non obstantibus pœnis, inhibitionibus, Vietationibus factis seu fiendis quibuscumque.* Vide *Vetum.*

⚬ Hinc *Viese* dicitur de re vetita, in Lit. remiss. ann. 1457. ex Reg. 189. Chartoph. reg. ch. 192 : *Icellui bergier respondit... qu'il entreroit lui et ses bestes en icelles estuelles,... puisqu'elles estoient Vieses.*

¶ **VIETOR**, ὑσιοπλόκος, in Gloss. Lat. Gr. editis : unde emendandum est *Victor* et *Vitor* in MSS.

⚬ **VIETUM**, i. *Incurvum, flexum ;* unde *Vietos vocaverunt ligna rotarum ; quæ cantu ambiuntur.* Glossar. vetus ex Cod. reg. 7618.

⚬ **VIEZERIA**, Vestiarii mangonii forum, Gall. *Friperie.* Charta locat. præposit. Ambian. ann. 1292. in Reg. 70. Chartoph. reg. ch. 252 : *Omne jus nobis competens..... in theloneo bladi et aliorum granorum, Viezeriæ, esteriæ,* etc. *Viefware,* eodem sensu, in Charta Margar.

comit. ann. 1274. ex Chartul. 1. Fland. Cam. Comput. Insul. ch. 266 : *Nous avons donné à loyal cense.... no tonliu dou blei, del escoherie, de le Vies-ware lingers et langes.* Unde *Vies-warier,* Interpolator, vulgo *Frippier,* inter Redit. comitat. Namurc. ann. 1265. ex Reg. sign. *Papier velu* ejusd. Cam. fol. 6. vᵒ : *Si a li cuens l'estalage de le hale des dras, des toiles, des corbisiers, des Vieswariers, etc. Viesier,* eadem acceptione, in Lib. nig. priorat. S. Petri Abbavil. fol. 22. vᵒ. *Viese* dicitur de re detrita, in Lit. remiss. ann. 1375. ex Reg. 107. ch. 238 : *Deux bourses de soye Vieses.*

¶ **VIGA**, VIGUA, Tigni species. Reparat. facta in senescallia Carcass. ann. 1435. ex Schedis Cl. V, *Lancelot : Pro ponendo in dicto molendino plures fustes et Vigas .... Pro una Viga quæ erat nova, longitudinis quatuor cannarum...... Carpentario pro quatuor diebus, quibus vaccavit tam pro ponendo dictas Vigas et fustes in dicto molendino.... Pro ponendo in domo ... unam Vigam et plures cabirones.* Ibidem : *Pro duabus Viguis reve Narbonne, qualibet longitudine sex cannarum cum dimidia.... Pro duabus Viguis reve de Narbonna continente qualibet septem cannas ex longitudine pro faciendo ab ipsis postes Carcassone.... VII. l. XV. s.*

⚬ Pro *Biga,* nostris etiam *Bigue,* eadem notione, ex mutatione *b* in *v.* Vide Biga 2.

¶ **VIGAIA.** Charta ann. 1298. ex Chartul. S. Vandreg. tom. 1. pag. 805 : *Accepi ..... unum ortium situm intra ortum meum ex uno latere et suam Vigaiam ex altero.* Haud satis asserta est lectio, ut vocis notionem aperiam.

⚬ **VIGANEUM,** Permutatio, idem quod *Deganeum ;* vox etiamnum familiaris apud notarios Lucenses ea acceptione, ut monet Muratorius tom. 1. Antiq. Ital. med. ævi col. 136. ad Chartam ann. 754 : *De partia Curtis regia de ipso Viganeum in ecclesia sancti Martini data fuera, etc.* Ubi promiscue *Cambium* vel *Commutatio* occurrunt, ut et in alia Charta ann. 782. ibid. tom. 6. col. 297 : *Manifestum est mihi Allo in Christi nomine dux, quia convinet mihi una vobiscum Teudo presbyter rectorem ecclesiæ S. Silvestri,...... ut inter nos Viganeum facere deberemus.* Pluries ibi legitur. Vide supra *Deganare.*

¶ **VIGARIA.** Vide in *Vigerius.*
¶ **VIGATURA.** Vide supra *Vegius.*
¶ **VIGENNIUM**, Vicennium. Ante decennium et Vigennium, in Actis S. Wernheri tom. 2. April. pag. 724.

¶ **VIGERALIS**, VIGERARIUS. Vide in *Vigerius.*

¶ **VIGERE**, Adolescere, roborari, invalescere, Gr. ἀκμάζειν. Vetus Interpres S. Irenæi lib. 5. cap. 35 : *Et sicut vere resurgit, sic et vere præmeditatio corruptelam, et augebitur, et Vigebit in regni temporibus, ut fiat capax gloriæ Patris.*

¶ **VIGERIA**, VIGERIATA. Vide in *Vigerius.*

VIGERIUS, Vicarius, ex Gallico *Viguier. Vigarius Comitis,* in Chartis Parensalibus form. 6. et 7. Charta Ludovici VI. Regis Franc. ann. 1114 : *Ita ut in toto foro nec in claustro.... in prædictis solemnitatibus Dapifer noster, vel Præpositus, vel Vigerius, vel Thelonearius aliquid auferre ..... præsumat.* Chronicon MS. Bertrandi Guesclini :

Je vous fay mon Viguier, le miien lieu tenrez.

[Occurrit præterea apud Thomasser. in Biturig. pag. 227. *De Lauriere* tom. 1. Ordinat. Reg. Franc. pag. 10. Menester. Hist. Lugdun. pag. 84. *Fleureau* Hist. Blesens. pag. 112. in Gall. Christ. tom. 4. col. 149. etc. Vide *Viarius* et *Vicarius.*]

¶ Viguerius. Eodem significatu. Litteræ ann. 1356. inter Ordinat. Reg. Franc. tom. 8. pag. 112 : *Ut nos de cetero justiciam faceremus, et fieri et servare mandaremus per senescallos, Viguerios, prepositos et alios quoscumque officiales, etc.* Libertat. villæ Figiaci ann 1369. ibid. pag. 264 : *Viguerius et judex ipsius villa Figiaci, qui soli judices nostram curiam regalem in dicta villa habent exercere et eciam gubernare, etc.* Charta ann. 1274. tom. 1. Hist. Dalph. pag. 126 : *Item..... quod dictus Archiepiscopus, Viguerius, correarius seu judex non occupent, etc.* Occurrit rursum ibid. pag. 140. Arestum Parlamenti Tolos. ann. 1498 : *Si prisonerios et præventos in causa criminali coram præfatis officiariis.... ad ipsos Viguerium et judicem Albiæ appellare contingat.* Statuta Avenion. rubr. 2. art. 1. pag. 3 : *Institutus Viguerius jurabit in concilio civitatis, de dicta civitate et ejus territorio extirpare pravitatem hæreticam, etc.*

° Alias *Vier* et *Vierg.* Lit. Roberti ducis Burg. ann. 1294 inter Probat. tom. 1. Hist. Nem. pag. 135. col. 1 : *Il est bon que vous mandez les chastelains, les prévoz et les Viers de vostre seneschaucie, etc.* Pactum inter Phil. ducem et episc. August. ann. 1366. inter Probat. tom 3. Hist. Burg. pag. 17. col. 1 : *Item comme Oudot de Ramilly, lors Vierg d'Ostun pour mons. le duc, eust gaigié, etc.*

Vigerii, Viarum Domini, *Seigneurs Voiers. Vigerii feodales*, in Libertatibus *de Boisdecené* in Pictonibus ann. 1265. Vide in *Mestiva.*

Vigeria, Justitia et jurisdictio Vicarii. Charta Gaufredi Comitis Andegav. et Agnetis uxoris pro fundatione Abbat. B. Mariæ Santonensis ann. 1047. in Reg. 114 Tabul. Regii ch. 289. [et inter Instr. tom. 2. Gall. Christ. novæ edit. col. 481 :] *Consuetudinem illam etiam, quæ Vigeria dicitur, scilicet de homicidio, de furto, rapto, et incendio Deo et B. Mariæ.... concessimus.* Alia Joannis Regis Angliæ ibid. : *Sed domos, curtes, possessiones suas, homines et mansionarios earumdem, Vigeriam, altam et bassam justitiam de furto, de raptu, etc.* Charta Bernardi Episcopi Santonensis ann. 1151 : *Et contra vero Ecclesia ista instantius cum omni reluctantine hæc omnia negabat, asserens, quod nec consuetudines istas, nec Vigeriam, nec exactionem aliquam in hominibus suis faceret, etc.* [Charta ann. 1208. ex Tabular. B. M. de Nantolio diœc. Inculism.: *Vigeria parva seu magna, seu cognitio, cohertio et punitio cujuscumque cohertionis realis, et personalis, seu mixtæ, et omni emolumentum jurisdictionis prædictæ, etc.*] Charta Mauricii de Bellavilla Dom. Ganaschiæ. Sept. 1265 pro Libertatibus *de Boisdecené* : *Sed sciendum est, qualis sit Vigeria : illa talis est, raptum, furtum, murtricia, et traditiones, et omne malefactum de caminis feodalibus, la meslée caminorum feodalium, in qua sanguis non apparuerit, etc.*

¶ Vigeriata, Jurisdictio, districtus *Vigerii.* Charta Ludovici VIII. Reg. Franc. ann. 1224. tom. 1. Ordinat. pag. 49 : *In septena, et unaquaque Vigeriata unus tantum Vigerius habeatur.*

¶ Vigaria, Eadem notione. Charta ann. 883. inter Probat. tom. 1. novæ Hist. Occitan. col. 138 : *Curte mea.....*

quæ est in pago Rutenico, in *Vigariis cui vocabulum sunt Cambarense et Bruscense.* Notitia ann. 957. ex Tabul. Gellon. : *Una de vinea modiata......... in Vigaria Agonensi. Vigaria Albiensis*, in Testam. Johannis Episc. Albiens. ann. 1478. apud Marten. tom. 1. Anecd. col. 1843.

¶ Vigeria, Justitia, jurisdictio, officium *Vigerii.* Charta ann. 1332. tom. 1. Hist. Dalph. pag. 146 : *Jaquemetus Archinjaudi filius... nobis fecit homagium de Vigueria et officio toto Vigueriæ castri et mandamenti de Peyrino cum pertinentiis ejusdem.*

¶ Vigueria, Exactio quam *Viguerius* faciebat intra *vigueriæ* seu limites. Homagium Guidonis Vicecom. Lemovic. præstitum Abbati S. Martialis ann. 1245. apud Stephanotium tom. 2. Fragm. Histor. MSS. : *Nos et præpositus, et viguerii, et præpositi nostri in quadam parte burgi de Monmalier ingerendo nos et levando ibidem et in aliis locis accusagia et Vigueriam et quædam alia quæ ad abbatem et conventum jure domini pertinebant.* Charta ann. 1262. ex Chartular. S. Benigni Divion. : *Idem Bertrandus pro illis quadraginta solidis....... quittavit in perpetuum decimam et Vigueriam suam in fluagio de Giron.*

° Vigeria, Præstatio, quæ *vigerio* solvitur. Charta ann. 1342. in Reg. 75. Chartoph. reg. ch. 337. *Petebat idem Durandus sibi reddi et dimitti ab eadem religiosis* (Mauziaci) *quasdam Vigerias et decimas bladi, junctas seu commixtas quodammodo supradictis parceriis.*

¶ Vigueriatus, ut *Vigeria,* Justitia, jurisdictio *Viguerii.* Bulla Nicolai V. PP. ann. 1447. apud Sebast. Fanton. tom. 1. Hist. Avenion. pag. 81 : *Decernimus ut sicut hactenus fuit curia Vigueriatus auditoris causarum cameræ Apostolicæ in civitate prædicta firmiter conservetur.*

¶ Vigeria, Uxor *Vigerii.* Obituar. Eccl. Autiss. MS. ad diem 18. Mart. : *Eodem die obitus Nazariæ Vigeriæ Autissiodorensis.*

¶ Vigeralis, Vigerarius, Justitiæ *Vigerii* obnoxius. Charta Philippi Episcopi Pictav. ann. 1232. apud Stephanot. tom. 3. Antiquit. Bened. Pictav. MSS. pag. 844 : *Fuit taliter diffinitum quod mobilia murtrariorum convictorum hominum abbatis Vigeralium, prior de Mairec vel mandatum abbatis de cetero saisibit, et divisione facta eorumdem mobilium per priorem vel per mandatum abbatis media pars electa a Vigerio per manum prioris eidem tradetur.* Charta ann. 1314 ex Chartul. S. Johannis Angeriac. pag. 168 : *Una cum omnibus censibus, redditibus, hominibus Vigerariis, jurisdictione, juribus et deveriis omnibus.*

¶ Vigesimare, Solidum pro libra exigere, Gall. *Lever le sol pour livre.* Locus est in *Superponere* 1.

¶ Vigetus, Vigens. Fridegodus in Vita S. Wilfridi sæc. 3. Bened. part. 1. pag. 176 :

Mox proceres inter ramusculus exilit aulæ,
Scilicet adventasse virum virtute Vigetum.

¶ Vigia, pro Jugia. Vide *Cusa.*

¶ Vigilanter, Prudenter, sapienter. Chron. Fontaneil. apud Acher. tom. 3. Spicil. Acher. pag. 258 : *Cum..... humiliter illi suggerrent, ut quid inde agere deberent, decerneret, Vigilanter hoc decrevit, etc.*

Vigilantia, pro *Vigiliis,* seu *Matutinis,* Horis Canonicis ita dictis. Charta Willæ Comitissæ Bonifacii Marchionis filiæ sub anno 995. apud Ughellum tom.

3. Italiæ sacræ pag. 48 : *Sic esse instituo, ut omni tempore diu noctuque orationes seu Missarum solennia, ac nocturna Vigilantia in ipsa Domini Ecclesia monasterii facere seu canere debeant, secundum regulam S. Benedicti, etc.* Alia Ottonis III. Imper. ibid. pag. 51 : *In Psalmis, hymnis, seu Missis, et orationibus, et nocturnis Vigilantiis, etc.*

¶ Vigilare, Excubias agere, Custodire. Conc. Legion. ann. 1012. inter Hisp. tom. 3. pag. 192 : *Et in tempore belli et querræ veniant ad Legionem Vigilare illos muros civitatis.* Vide in *Vigiliæ.*

° Charta ann. 1376. tom. 7. Ordinat. reg. Franc. pag. 68. art. 2 : *Quod teneantur et debeant excubiare, defendere, custodire et Vigilare murum et fortalicium dicti castri.* Vide in *Vigiliæ.*

¶ Vigilare Se, Cavere sibi, Gall. *Prendre garde à soi,* in eod. Conc. can. 24. pag. 191 : *Si quis homicidium fecerit, ... et usque ad novem dies captus non fuerit, veniat securus ad dominum suam et Vigilet se de suis inimicis.*

¶ Vigilare Ægrotum, Assidere totam noctem ægroto sollicitando, Gall. *Veiller un malade.* Menoti Serm. fol. 176 : *Videns domina quod quotidie infirmitas augebatur, nec medici dabant ei bonum responsum, misit ad conventum nostrum, ut mittarentur duo fratres ad Vigilandum eum* (maritum suum) *de nocte.*

¶ Vigilari. Appendix ad Antiphon. Rom. a Thomasio edit. ann. 1686. pag. 440 : *Et quoniam hæc sancta Dei et B. Petri basilica est fundamentum et caput omnium ecclesiarum....... quadam prærogativa in ea tantum Vigilantur pallia.* Ubi ad eum respicit usum de quo Auctor Ceremonialis Romani lib. 1. sect. 10 : *Sic confecta pallia per subdiaconos portant ad basilicam Principis Apostolorum, et per Canonicos basilicæ ponuntur super corpora Petri et Pauli Apostolorum sub altari majori : ubi factis ex more Vigiliis illa per noctem dimittunt, deinde restituunt subdiaconis, qui in loco honesto ea conservant.* Vide *Pallium* 3.

¶ Vigilator, Iidem, ni fallor, qui *Vigiles* mox. Vide in hac voce. Tabul. Rothon. : *Salomon dat S. Salvatori montem Alahart cum massis et Vigilariis.*

° Vigilato, Obligatio vigilias seu excubias agendi. Libert. Montisfalc. ann. 1369. in Reg. 149. Chartoph. reg. ch. 296 : *Habitatores omnes et singuli loci de Montefalcone...... ab omnibus jurisdictione, tailhagiis, guetis et Vigilationibus et a quibuscumque aliis servitutibus....... exempti sint.* Vide in *Vigiliæ.*

Vigilator, Idem quod *Gaita.* Charta ann. 1248. apud Gul. Prynneum in Libertatib. Eccles. Angl. tom. 3. pag. 568 : *Quod quidem videns quidam Robertus le Wayte Vigilator ipsius Episcopi, coronavit post socios suos, et alios de familia Episcopi.*

° *Villeur,* eodem sensu, in Instr. ann. 1355 ex Tabul. Duac.

Vigilatores, Exploratores : βιγλάτορες, recentioribus Græcis, de qua voce egimus in Glossar. mediæ Græcit. Vetus Charta apud Brandaonem lib. 10. Monarch. Lusitan. cap. 1 : *Bene audisti paullo antea per tres Vigilatores, quod sunt infiniti Comites, et multo plures pedanes.*

¶ Vigilax, Vigilans, industrius. Sidonius Epist. 11. lib. 5 : *In paginis ejus Vigilax lector inveniet veriora nomina Camenarum.* Adde Epist. 12. lib. 8.

¶ Vigiles, Tenentes, qui excubias debent. Charta Gaufredi Vicecomitis Bituricensis ann. 1012. pro Monasterio S. Ambrosii Bituric. : *Relinquo quoque omnes consuetudines, videlicet villicationem, stabulationem, et ita liberum reddo eundem burgum, etc..... a molendino quoque, qui vocatur Mirabello, reddo Vigiles homines ibi manentes, usque ad eundem burgum, ex utraque parte aquæ, ad Monasterium vel burgum custodiendum, cum eisdem, quæ in eodem burgo morantur.* Charta Henrici Regis Romanor. ann. 1107. apud Chapeavillum tom. 2. Hist. Leodiensis pag. 54 : *Item in domibus ad claustrales sedes pertinentibus, forensis potestas jus nullum spoliandi, aut ostium observandi, vel Vigiles, vel ostiatim denarios exigendi habebit, etc.* Tabularium S. Genovefæ Paris. ann. 1211 : *Custos vero turris et portarius, et asinarius, et Vigil, qui de nocte turrim vigilabat, etc.* Charta Stephani Comitis Sacri-Cæsaris ann. 1178: *Obolos, quos Vigiles capiebant.* Vetus Charta in Additamentis ad Matth. Paris pag. 150: *Quod Vigiliæ fiant per singulas villas, sicut fieri consueverunt, et per viros probos et validos.* Vide *Wactæ*.

VIGILGALLUS. Vide *Vigiliarii*.

VIGILIÆ, Nocturnæ preces, quibus veteres olim Christiani vacabant, nunc abolitæ, et in solis fere monasteriis et aliquot Ecclesiis Cathedralibus usurpatæ. Libellus precum Marcellini et Faustini pag. 66 : *Sed quia pro conditione rerum quolibet tempore vel clam salutis nostræ sacramenta facienda sunt, idem sanctus Presbyter Macarius dat Vigilias in quadam domo convocare fraternitatem, ut vel noctu divinis lectionibus fidem plebs sancta roboraret.* Cassian. de Instit. Cœnob. lib. 3. cap. 8 : *Vigilias, quæ singulis hebdomadibus a vespera illucescente, Sabbato celebrantur, idcirco seniores hyemali tempore, quo noctes sunt longiores, usque ad quartum gallorum cantum per monasteria moderantur, ut post excubias totius noctis, reliquis duabus ferme horis reficientes corpora sua nequaquam per totum diei spatium somni torpore marcescant.* Vigent tamen etiamnum Vigiliæ Natalis Domini apud omnes Christianos. Greg. Turon. de Vitis PP. cap. 8: *Ad Vigilias Dominica Natalis advenit, monuitque Presbyterum, dicens: Vigilemus unanimiter ad Ecclesiam Dei, etc.* Et lib. 3. Hist. cap. 17: *Cum Dominici Natalis nox alma populis effulsisset, idem Pontifex priusquam ad Vigilias descenderet, jussit, etc.* De Vigiliis Christianorum, vide Concil. Matisconense II. cap. 1. Isidorum lib. 2. de Eccl. offic. cap. 22. Honorium Augustod. lib. 3. cap. 6. Durand. de Ritibus Eccl. lib. 2. cap. 4. Covarruviam Var. resol. lib. 4. cap. 19. § 10. Mundelhemium Antiq. Mon. Ep. 69. Card. Bona de Divina Psalmod. cap. 4. etc. Glossar. med. Græcit. voce Ἀγρυπνίαι, col. 20.

VIGILIÆ. Ipsum Officium nocturnum, quod in vigiliis nocturnis olim celebratabur. Durand. lib. 5. Ration. cap. 3. n. 6 : *In tempore æstivali celebrat Ecclesia nocturnum officium in tempore primæ nocturnæ, licet quandoque tempestivius, (quod quidem Vigilias sub antiquo nomine vocat) et specialiter in festivitatibus Beatorum Joannis Baptistæ, Petri et Pauli, etc.* Infra : *Romani quoque in præcipuis festivitatibus totius anni, in eis dicunt* 3. *Psalmos, et* 3. *Lectiones, quos Vigilias vocant, et in Nocturnis idem repetunt.* [Epist. Gualonis Presbyteri Paris. apud Baluz. tom. 5 Miscell. pag. 361 : *In nocte autem nativitatis Domini sine Domine labia mea aperies, et sine Deus in adjutorium meum intende, et sine invitatorio ab antiphona et psalmo incipientes, novem lectiones faciunt, quas Vigiliam vocant. Vigiliarum cantica celebravit,* in Chron. Novalic. apud Murator. tom. 2. part. 2. col. 748.]

VIGILIÆ, Officium, quod pro Defunctis canitur, quomodo etiamnum appellatur. Concilium apud Saponarias anno 859. can. 18 : *Pro eo, qui decesserit, in sedibus septenæ Missæ, totidemque Vigiliæ Domino persolvantur, etc.* Hugo Flaviniacensis in Chron. pag. 172 : *Quanto vero affectu et studio memoriam defunctorum eorundem, id est, officium. quod Vigilias dicimus, et Missæ celebrationem agi instituerit, noverunt, qui hoc facere consueverunt.* Udalricus lib. 1. Consuetud. Cluniac. cap. 3 : *Servitoribus autem expectatis, usque dum et ipsi surrexerint a mensa, agitur officium, vel quod a nostratibus Vigilia vulgo appellatur, quod aliquando cum tanti defuncti non haberentur, fieri solebat cum tantum lectionibus tribus et responsoriis, nisi alicujus fratris anniversario superveniente.* Vide Durandum lib. 2. de Ritib. Eccl. cap. 24. n. 14. [Charta fraternitatis inter Monachos S. Martini de Campis et Moniales Faremonast. ann. 1241: *Quandocumque aliqua de monialibus Faremonasterii mori contigerit, obitu dictæ monialis nunciato vel cognito apud S. Martinum, tabula pulsabitur, et officium seu Vigilia statim fiet, in crastina Missa celebrabitur in conventu pro defuncta.*]

¶ VIGILIÆ, inter obventiones Curionum recensentur in Tabulari. Gellonensi : *Bernardus et uxor ejus Willelma ecclesiam S. Hilarii et S. Mariæ,... cum decimis, et primitiis, et offerentiis, Vigiliis et cimeterius....... concedant.*

VIGILIA. Joan. de Janua : *Vigilia dicitur dies profestus, scilicet dies primus ante festum, quia tunc in sero vigiliæ vacamus.* Alcuinus de Offic. divin. : *Ad quod signandum,* (temporalem Sanctorum angustiam) *præcedentibus eadem natalitia diebus, quas vulgo Vigilias eorum appellamus, solito parcius vescentes, eadem solennia debitis jejuniorum obsequiis, et maceratione carnis devote prævenimus, ut per pridianam purificati abstinentiam, dignius celebremus sequentis festi lætitiam.* Honorius Augustod. lib. 3. cap. 6 . *More antiquo duo nocturnalia officia in præcipuis festivitatibus agebantur ; unum in initio noctis a Pontifice cum suis Capellanis absque Venite: aliud in media nocte in Clero, sicut adhuc, solenniter celebrabatur, et populus, qui ad festum confluxerat, tota nocte in laudibus vigilare solebat. Postquam vero illusores bonum in malum permutaverunt, et turpibus cantilenis ac saltationibus, potationibus et fornicationibus operam dederunt, Vigiliæ interdictæ, et dies jejunii dedicati sunt, et vigiliarum nomen retinuerunt.* Similia habent Belethus cap. 137. et Duran. lib. 6. cap. 7. n. 8. Gregor. Turon. lib. 10. cap. 31. n. 6. de S. Perpetuo Episc. Turon. : *Hic instituit jejunia Vigiliasque, qualiter per circulum anni observarentur, quod hodieque apud nos tenetur scriptum, etc.* Vide Glossar. med. Græcit. col. 1112. voce Παραμονή. In Græcanica ecclesia nonnisi in festis Christo et Deiparæ sacris fiunt. Vide ibid. voce Παννυχίδες, col. 1098.

° VIGILIA, Festum solemne in signum lætitiæ publicæ, Gall. *Fête*. Comput. ann. 1494. inter Probat. tom. 4. Hist. Nem pag. 64. col. 1 : *Item fecerunt aliam Vigiliam, ob honorem dictæ nativitatis domini dalphini, dicti domini officiarii regii et domini consules, cum omnibus consiliariis villæ, advocatis, notariis, et aliis notabilibus civibus dictæ villæ.* Paulo ante : *Convenerunt ut fieret in crastinum solempnitas propter jocundam nativitatem dicti domini dalphini. Veille,* non dissimili sensu, in Lit. remiss. ann. 1384. ex Reg. 125. Chartoph. reg. ch. 159 : *La vegille de la feste de la Magdelene derrenierement passée, le suppliant estant en la ville de Saint Crist, où l'en a acoustumé faire Veilles de sainte Juille entre aucuns varlez, qui dançoient et faisoient lesdittes Veilles, etc.*

° VIGILIA VIGILIÆ, Dies qui *vigiliam* præcedit, in Menckenii Script. tom. 1. pag. 648. *Vigilia Vigiliæ Nativitatis Christi.* apud Leibnit. tom. 3. Rer. Brunsvic. pag. 227. et 252. *Præviglitam* aliquando dici observat Haltausius in Calendar. med. ævi Germ. pag. 17.

VIGILIAM FACERE, [Officio vigiliæ adesse.] Charta Pontii Archiepisc. Arelatensis ann. 1000. tom. 6. Spicilegii Acheriani pag. 427 : *Quod si est talis, qui per indictam sibi pœnitentiam non introeat Ecclesiam,.... hic talis ad jam dictam Ecclesiam si venerit, in die videlicet dedicationis ejus, aut semel in anno cum sua vigilia, et adjutorium dederit ad opera Ecclesiæ S. Mariæ, quæ modo noviter construitur in prælibato monte,.... sit absolutus ab ipso die, quo suam Vigiliam fecerit de tertia parte majorum peccatorum, unde pœnitentiam habet acceptam, etc.* Infra : *Ipsis autem oratoribus, qui cum sua Vigilia venerint ad Ecclesiam S. Crucis, etc.*

VIGILIÆ, quas *in honore Domni Martini observabant,* prohibentur in Concilio Autisiodor. can. 5. quod per superstitionem et ad sortilegia eæ fieri solerent.

VIGILIÆ, quæ in eodem Concilio [° *Pervigiliæ* utroque loco.] can. 3. fieri prohibentur, intelligendæ sunt non eæ duntaxat, quæ in privatis domibus fieri consueverant, ut observat Baronius ann. 599. n. 58. 54. sed eæ etiam, quæ in ipsis ædibus sacris ; sed cum choreis, et pagano ritu : *Non licet compensos in domibus propriis, nec Vigilias in festivitatibus Sanctorum facere.* Vetus formula, post Pœnit. Theodori pag. 350 : *Si in solennitatibus abstinuerit se ab uxore sua,..... si ivit ad choreas, et maxime in Ecclesia et devote, sicut quidam, qui faciunt Vigilias in festis in quibusdam partibus, et facunt ludos inhonestos.* Sed et, ut supra observatum, *Vigiliæ* in *honore Domni Martini* celebrari, ut superstitiosæ vetantur in eodem Concilio Autisiodorensi can. 5. ut et in *Vigiliis circa corpora mortuorum*, vetantur *choreæ, et cantilenæ, seculares ludi, et alii turpes et fatui,* in Synodo Wigorniensi ann. 1240. cap. 5. ubi additur : *Nec ad dictas Vigilias aliqui veniant, nisi causa devotionis, etc.* Adde Concil. apud Pontem Audomari ann. 1279. cap. 10.

VIGILIAS FACERE dicebantur Tyrones, qui Militarem ordinem erant consecuturi; pridie enim in Ecclesiam secedebant, ibique pernoctabant, orationibus dantes operam. Matthæus Westmonast. ann. 1306 : *Ipsa quoque nocte in templo prædicti tyrones, quotquot poterat capere locus ille, suas Vigilias faciebant. Sed Princeps Walliæ præceptor Regis patris sui, cum præcelsis tyronibus fecit Vigilias suas in Ecclesia Westmonasteriensi.* Vetus Ceremoniale Creationis Militum de Balneo : *Et en ceste guise demorera l'Escuier en la Chapelle, tant qu'il soit jours, tousjours en oroisons et prieres, requerant le puissant Seigneur, et sa benoite mere, que de leur digne grace leur donne pouvoir et confort à prendre cette haute dignité temporelle en l'onneur et louange de leur, de sainte Église, et de l'Ordre de Chevalerie. Et quant on verra le point du jour, on querra le Prestre pour le confesser, etc.* Vide *Miles*, pag. 377. col. 2.

¶ VIGILIA, Obligatio excubias faciendi. Chartâ ann. 1131. inter Probat. tom. 2. novæ Hist. Occitan. col. 459 : *Conquerebatur prædictus Episcopus .... de lectis mortuorum, et de,* Vigilia *ecclesiæ S. Mariæ Magdalenæ, et quod nolunt eum sequi in expeditione homines eorum et sui.* VIGILIÆ MURORUM, a quibus nemo excusatur. Greg. M. lib. 7. Ind. 1. Epist. 20. *Quia vero comperimus, multos se a murorum* Vigiliis *excusare, sit fraternitas vestra sollicita, ut nullum neque per nostrum vel Ecclesiæ nomen, aut quolibet alio modo defendi a* Vigiliis *patiatur; sed omnes generaliter compellantur, etc.*
VIGILIAS CUM CLAVA NOTIFICARE. Chartâ Chrodegangi Episcopi Metensis ann. 765. apud Meurissium : *Debent omni nocte vigilare, et* Vigilias *cum clava invicem notificare.* Id est is, qui *vigilias* facit, debet clavæ percussione subinde se vigilare indicare, quod etiamnum faciunt *vigiles* in *Berfredis* seu turribus, urbium sub regni confinia.

◊ Aliud sonat *Veille*, Nervum scilicet bovinum, vulgo *Nerf de bœuf*, in aliis Lit. ann. 1387. ex Reg. 134. ch. 55 · *Quia dicta Guygona prius adulterium commisisse confessa fuerat, ipsam idem judex per ejus sententiam definitivam tondi, et tonsam cum Veilles bouum mattando carnem verberari, absque effusione sanguinis,... pronuntiavit. Vit de bœuf* nuncupatur, in Lit. remiss. ann. 1474. ex Reg. 195. ch. 1268: *Le suppliant batit sa femme de verges et aussi d'un fouet, nommé Vit de beuf.*

◊ *Veille* præterea, pro *Vrille*, Terebella, inter instrumenta doliariorum recensetur, in Lit. remiss. ann. 1416. ex Reg. 169. ch. 391. Unde diminutivum *Veillette*, in aliis ann. 1377. ex Reg. 111. ch. 101 : *Jehan des Broces avoit presté à un appellé Jehan Postel un foret ou Veillette, etc. Villette à forer et percier les queues de vin*, in Lit. ann. 1376. ex Reg. 110. ch. 147. *Ville*, eodem sensu, in Lit. ann. 1396. ex Reg. 150. ch. 211 : *A l'aide d'un sisel de fer et d'une Ville de tonnelier, etc.* Visle, in Lit. ann. 1381. ex Reg 119. ch. 124 : *Comme... l'uis de la chambre du seigneur de Marcoussis eust eté percié en deux lieux, au droit du perle, d'une Visle à percier vin, etc.* Gumbelet nuncupatur, in aliis ann. 1412. ex Reg. 165. ch. 418 : *Un Guinbelet ou foret à percer vins. Vellevuesée*, in aliis ann. 1411. ex Reg. 165. ch. 417: *Quatre tarieres, une Vellevuesée, une douloere, etc.*

VIGILIARII, Monachi, qui in monasteriis alios evigilant ad Matutinos, quibus sollicitudo excitandi incumbit, qui septimanam exercitationis exercent. Regula Magistri cap. 31. Regula S. Fructuosi cap. 3 : *Ita ante medium surgentes noctem, duodenos per choros recitent Psalmos, secundum consuetudinem; prius tamen quam surgant cæteri, a* Vigiliariis *Fratribus Præpositis excitetur, ut cum benedictione sua et signum moveatur, et cunctorum lectula ab eo, priusquam consurgant, strenue visitentur.*

☞ *A* Vigilucis edidit Menardus in Concordia Regul. pag. 418. Sed legendum suspicatur *a* Vigilucits ex Gloss. Lat. Gr. ubi minus bone legitur *Vigilicius*, ἄγρυπνος, pro *Vigilucius*. Ut ut est iidem etiam

VIGILGALLI vocati, ut observat eadem Regula Magistri d. cap. ex singulari *Vigilgallus*; a galli gallinacei vigilantia : *Magna enim merces apud Dominum est excitantium ad divinum opus, quos pro fama Regula Vigilgallos nominavit.* [Ubi emendo : *quos profana regula,* id est sæcularis, *Vigilgallos nominavit.*]

¶ VIGILICIUS. Vide in *Vigiliarii.*
¶ VIGILIS, Lucerna vitrea, Massiliensibus *Veillole*, in Inventario ann. 1342. ex Tabular. S. Victoris Massiliensis.
¶ VIGILIUM, ἄγρυπνία. Gloss. Lat. Græc. in Sangerman. *Pervigilium.*
¶ VIGILIUS, Γρηγόριος, in veteribus Glossis pag. 359.
¶ VIGINTI-QUATUOR. Magistratus apud Hildensemenses, qui de rebus gravioribus statuunt. Telomonius de Bello cum civit. Brunsvic. apud Leibnit. tom. 2. Script. Brunsvic. pag. 96 : *Tandem autem dicunt, sibi non ex usu fore, ut in his magnis rebus sibi expositis atque arduis, civitates certiores reddere possint, nisi prius harum rerum ad eos, quos* Vigintiquatuor *appellant, imo quoque ad totius civitatis suæ communitatem relationem faciant.*

◊ VIGNALS, Ager vineis consitus, Gall. *Vigne*, alias *Vignau*. Codex reg. 4189. fol. 20. r° *Item unum* Vignalem *positum supra S. Felicem.* Lit. remiss. ann. 1474. in Reg. 195. Chartoph. reg. ch. 1195 · *Les suppliants osterent du chemin icellui compaignon et le mirent en ung Vignau.*

¶ VIGNEA, pro Vinea, in Litteris ann. 1248 inter Ordinat. Reg. Franc. tom. 5. pag. 601. art. 18. Hinc
¶ VIGNETÆ, Viticulæ, ornamenta in modum vitium, Gall. *Vignettes*. Inventar. S. Capellæ Paris. ann. 1376. ex Bibl. Reg. : *Item, duo alii mores argenti deaurati et hachiati ad* Vignetas. Βοηρόδια, Græcis recentioribus eadem notione. Vide *Vineatus.*

◊ VIGNOBLUM, a Gallico *Vignoble*, Vinetum, alias *Vignoy.* Charta ann. 1320. ex Tabul. Busser. : *Renaudus legavit conventui de Busseriis unam summam super vineam suam de Nota in Vignoblo Herissonii pro anniversario suo.* Lit. remiss. ann. 1408. in Reg. 163. Chartoph. reg. ch. 1 : *Quarante quarreaux de vigne assis ou Vignoy d'Argenteuil.* Vide infra *Vinolium.*

¶ VIGNOLA, pro *Vignicola*, Viticola. *Vigneron*, apud Cigaltium de Bello Ital. : *Caritas me instigat ad laborem vineæ, quia* Vignola *grossus.*
◊ VIGOR, Consuetudo, usus. Libert. Dalph. ann. 1349. in Reg. Cam. Comput. Paris. sign. Vienne fol. 10. v° : *Antiquis duntaxat gabellis, pedagiis antiquis et bonis usibus et Vigoribus permansuris.* [Charta Caroli Reg. Hungar. ann. 1338. apud Ludewig. tom. 5. Reliq. MSS. pag. 488 : *Salvis et suis juribus et Vigoribus quoad omnes et singulos suos articulos, etc.*]
¶ VIGORARE, Corroborare, confirmare, vigorem præstare. Charta Henrici III. Regis ann. 1040. apud Marten. tom. 2. Ampl. Collect. col. 60 : *Bannique nostri impositione, ne deinceps quisquam hæc audeat infringere, Vigoramus.* Bulla Leonis IX. PP. apud Mabill. tom. 4. Annal. Bened. pag. 735. col. 1 : *Eadem quoque firmitate Vigorandi acta et instituta Regum Clodovei, Dagoberti, Childerici, Theoderici, qui eadem præceptis suis confirmaverunt.* Arnaudus in Rosario MS. lib. 2. cap. 7 : *Deinde Vigora ignem paulatim donec habeas totum aerem igne mixtum.*

¶ VIGORARI, Vires acquirere. Rolandini Patav. Chron. apud Murator. tom. 8. col. 322 : *Quantum homines in mærore tabescunt, tantum in lætitia Vigorantur.* Adde Marten. tom. 8. Ampliss. Collect. col. 447.
¶ VIGORATUS, Vigore præditus, *Vigoureux.* Dudo lib. 3. de Act. Norman. pag. 128 : *Cernens eum Vigoratum et præcellentem in omnibus factis, etc.*
¶ VIGORATUS, Excitatus, accensus. Charta Balduini Comit. ann. 1084. inter Instr. tom. 8. Gall. Christ. novæ edit. col. 22. *Dei inspiratione compunctus et matris prædictæ confortatione Vigoratus, tunc consensit, etc.*
¶ VIGOROSE, Acriter, strenue, Gall. *Vigoureusement.* Hist. Cortus. lib. 2. apud Murator. tom. 12. col. 801 : *Cum forte quadraginta equitibus qui eum Vigorose sunt sequuti, pertransivit pedites prædictos, etc. Ut fidelitatem domini sui Vigorosus resumant et conservent*, in Charta ann. 1244. apud Rymer. tom. 1. pag. 271.
✱ VIGOROSUS. [« Idcirco erit intellectus *Vigorosus*, agens et fortis. » (B. N. Ms. Lat. 10272, p. 97.)]
¶ VIGRA. Charta ann. 1097. apud Murator. delle Antic. Estensi pag. 82 : *Has autem suprascriptas massaritias cum omnibus earum pertinentiis, cum casis, ... terris, Vigris, aratoriis, vineis, campis, etc.* Vide infra *Vilaria.*
◊ Vel potius adject. *Vigrus*, Incultus, ut videtur. Charta ann. 952. apud Murator. tom. 2. Antiq. Ital. med. ævi col. 138: *Idem in integrum omnibus casis et rebus illius juris et proprietatis nostræ,... qui positi sunt ipsis casis et rebus,... tam terris casalivis et terris cum vineis et terris aratoreis seu Vigris, vineis, campis, pratis, pascuis, etc.*
¶ VIGRINARE, VIGRINULA. Vide *Virginare* et *Virginula.*
¶ VIGUA. Vide supra *Viga.*
¶ VIGUERIA, VIGUERIATUS, VIGUERIUS. Vide in *Vigerius.*
¶ VIGUS, pro Vicus, in Charta Childeberti III. Reg. Fr. ann. 710. apud Felibian. Hist. Jacobin. pag. 18. et in Bulla Agapeti PP. ann. 954. inter Probat. tom. 2. novæ Hist. Occitan. col. 96.
¶ VILAGER. Tabularium Prioratus de Lewes in Anglia fol. 16 : *Et flagellabit prœbendus Prioris per unum diem cum corredio domini, et habebit 2. panes ad vesperam cum campanagio, exceptis illis, qui non dant Vilager.* Ibid. fol. 14 : *Quicumque in villa de Hecham habuerit bovem et vaccam, dabit, 1. den. ad Inventionem S. Crucis, et pro vitulo unius anni obol. Et qui plures habuerit, tot denarios dabit Vilager. Et paulo post : Osemundus de Stane pro suo Vilager cum suo censu, etc.* [∞ *Idem videtur quod Villenagium,* Servitium *Villani.*]
◊ VILAGIUM, Pannus laneus, ut videtur, villosus. Pactum ann. 1406. inter abb. et convent. S. Vict. Massil. ex Lib. Statut. ejusd. ubi de vestibus : *Unicuique de Vilagiis secundum gradum suum.* Vide *Vilanus.* Alia notione exponitur in *Villagium.* Haud scio an melius.
¶ VILANAGIUM, VILANATICUM, VILANIA. Vide infra in *Villenagium.*
◊ VILANITER, Injuriose, contumeliose. Instr. ann. 1401. inter Probat. tom. 3. Hist. Nem. pag. 158. col. 1 : *Quandoque gentes verberando, aut alias verbo Vilaniter injuriando, etc.* Vide *Villania.*

¶ **VILANUS**, f. pro *Villosus*. Vide *Villosa*. Statuta Eccl. Ambian. apud Marten. tom. 7. Ampl. Collect. col. 1226 : *Juppones quoque, houppelandas, Vilanos, et alia vestimentorum diversorum genera..... non portent* (Clerici.) Vide alia notione in *Villani, Villanicus,* et *Villenagium.*

¶ **VILARIA**, Villula, viculus, ni fallor, idem quod *Villare.* Testam. Guillelmi D. Montispessulani ann. 1146. apud Acher. tom. 9. Spicil. pag. 142 : *Dimitto ei castrum de Monteferrario cum omnibus suis pertinentiis,..... orratas, caminos, boscos et pascua, aquas et Vilarias, etc.*

¶ **VILARIUM**, Eadem, ut videtur, notione. Charta ann. circ. 1182. inter Probat. tom. 2. novæ Hist. Occitan. col. 465: *Guillelmus de Montepessulo similiter reddidit puellæ et viro suo omnem honorem Melgoriensi Comitatus, qui infra prædictos honores supra caminum versus Montemferrarium est, excepto Vilario vetulæ Melgoriensis comitissæ, si viva fuerit.* [° Charta ann. 990. inter Instr. tom. 6. Gall. Christ. col. 482 : *Quæ sunt fundatæ in comitatu Rossilionensi, et in Vilarium, quem vocant Fontanas.*] Neque aliud forte sonat

¶ **VILARUS**, ın Charta Odaccaris Episc. Lemovic. ann. 883. inter Instrum. tom. 2. Gall. Christ. novæ edit. col. 165 . *Ipsum jam dictum mansum vobis cedo..... cum ecclesia in honore S. Sebastiani martyris, Vilaris, pratis, pascuis, silvis, etc.* Vide *Villagium.*

¶ **VILANIPINIUM.** Vide in *Usis.*
¶ **VILATGIUM.** Vide infra *Villagum.*
¶ **VILATUS.** Expositio antiquæ Liturg. Gall. apud Marten. tom. 5. Anecd. col. 98 : *Membra parvuli sabana, id est candido ac Vilati linteo exterguntur, ne corium ei lædatur.* Leg. *Villoso.* Vide *Villosa.*

¶ **VILEFACERE**, *Parvifacere*, Villi habere, in Gemma.

¶ **VILENAGIUM**, VILENAGIUM. Vide infra *Villenagium.*

° **VILENIARE**, Vulnerare, grave vulnus infligere, nostris *Villener*, eodem sensu; unde *Villenie*, vulnus grave. Arest. parlam. Paris. ann. 1306. in Reg. *Olim : Dominus de Poix..... procuraverat plures de hominibus dictæ communiæ Vilenari et mutilari.* Lit. remiss. ann. 1389. in Reg. 137. Chartoph. reg. ch. 10 : *Jean Richier courut sur ledit Lancelot, lequel doubtant qu'il ne le tuast ou Villenast, feri ledit Richier d'un cousel.* Aliæ ejusd. ann. ibid. col 45 · *Il lui jetta une pierre à la teste et lui fist une grande plaie et Villenie.* Quæ vox eadem notione intelligenda in *Villania*, eodem Envillenir, eodem sensu, in Lit. ann. 1407. ex Reg. 162. ch. 185 : *Il le ruerent dessoubz eux au piat de la terre, pour le cuider Envillenir de son corps.*

¶ **VILERE**, Vilipendi. Elogium Milonis Monac. apud Mabill. tom. 5. Annal. Bened. pag. 670. col. 2 :

Proventur census, Vilet sine nomine sensus.

Vilo, adnihilo, ἐντελίζω, in Gloss. Lat. Gr. *Vilio*, in Sangerm. MSS.

¶ **VILESCERE**, Contemnere, vili habere. Sermo S. Humilit. inter Acta SS. tom. 7. Maii pag. 834 : *Quia qui Vilescunt eas* (virtutes) *omnia perdunt.* Pro in contemptum adduci, occurrit in Litteris Caroli Johannis Reg. primogeniti ann. 1359. tom. 3. Ordinat. pag. 305 : *Nolens quod humana creatura quam sue similitudini conformarat, ruditate Vilesceret, etc.*

¶ **VILHETA**, pro *Bilheta*, Schedula, libellus, syngraphum. Inventar. ann. 1476. ex Tabul. Flamar. : *Item plus unum aliud debitum de summa viginti sex scutorum auri...... mediante apoca sive Vilheta per eumdem nobilem Stephanum manu sua propria subsignata.* Vide *Billa* 1.

¶ **VILIABUNDUS.** Papias MS. Bituric. : *Amorreus interpretatur amarus ; unde Amorrei. filius fuit Canaham, vel Viliabundus interpretatur.* [°° In cod. reg. 7600: *Amorreus interpretatur amarus vel Vihabundus, dictus ab Emor patre Sichem, qui fuit filius Chanaan, unde Amorrei dicuntur.* In cod. reg. 7644. ex Origene : *Amorreus interpretatur Viliabundus et amarus et amaritudo.*] In indice vocum hebraicarum ad calcem Bibliorum : *Amorrhæi, amari, rebelles.* Nihil præterea succurri.

¶ **VILIARI**, pro *Biliari*, irasci. Gloss. Lat. Gr. : *Viltor*, χολᾶ. *Bilior*, in MSS. Sangerm. Vide *Vilere.*

¶ **VILICUS.** Vide infra *Villicus.*
¶ **VILIFICARE**, Vilem reddere, submittere. Auctor Imitat. Christi lib. 3. cap. 8 : *Si autem me Vilificavero, et ad nihilum redegero, etc.*

¶ **VILIPENDIUM**, Contemtus. Statuta Ecclesiæ Avenion. ann. 1341. apud Marten. tom. 4. Anecd. col. 567 : *Item ut excommunicationis sententia quæ habetur in hac diœcesi, ut plurimum, Vilipendio,..... de cetero amplius timeatur.* Charta Caroli VI. Reg. Franc. apud Menester. Hist. Lugdun. pag. 123 : *Ad sedem Matisconensem evocavit..... in nostrum,.... et ipsius curiæ nostræ Vilipendium et contemptum, etc.* Occurrit præterea in Conc. Hisp. tom. 3. pag. 663. in Actis SS. tom. 1. Mart. pag. 589. apud Ludewig. tom. 6. Reliq. MSS. pag. 61. et Rymer. tom. 8. pag. 577.

¶ **VILIPENSIO**, Eodem significatu. Guibertus in Vita sua lib. 3. cap. 7 : *Ipsos etiam tantis addici constituerat Vilipensionibus clericos, etc.*

° *Viltance*, in Hist. contin. Guill. Tyrii apud Marten. tom. 5. Ampl. Collect. col. 699. *En la Viltance des pelerins Templiers,* eodem sensu, in Mirac. MSS. B. M. V. lib. 1 :

En despit de tous Crestiens,
Et en Vientanehe de lor loy,
Grans merveilles feraï de loy.

Viuté vero, pro *Vilté*, dicitur de re vili, in Chron. S. Dion. tom. 8. Collect. Histor. Franc. pag. 343 : *Et li offrirent par charité du pain d'orge et de l'iaue ; et li dux ne la voit prendre, ainz en ot desdaing pour la Viuté du pain.* Hinc *Voutoier* et *Vultoier*, Contemnere, in Lit. Chron. ibid. tom. 3. pag. 183 : *La commença a Voutoier : ne pas l'aimoit, ne honouroit comme roine.* Ibid. pag. 277 : *Disoit que il enfes estoit encore trop jones, et que il le convenoit Vuutoier et tenir souz piez.*

¶ **VILITAS**, Ignavia. Gall. *Lacheté.* Lanfranci Pignoli Annal. Genuens. ad ann. 1266. apud Murator. tom. 6. col. 588 : *Quum sanius consilium foret intrare mare et se parare ad bellum : admiratus tamen stupefactus et Vilitate præditus militavit consilium, etc.*

¶ **VILITER**, Cum dedecore et contumelia. Diarium belli Hussit. apud Ludewig. tom. 6. Reliq. MSS. pag. 196 : *Reliquias Sanctorum de monstrantiis et altaribus sumentes Viliter ad angulos projiciebant.*

VILLA, Civitas, Gallis *Ville*. Ita usurpasse videtur Rutilius Numatianus in Itiner. dum oppida a civitatibus distinguit, et ortas civitates ex oppidis indicat :

Nunc villæ ingentes, oppida parva prius.

[°° Ubi *villa* sensu Latino usurpatum pro *vicus*, Gall. *Village.* Loquitur Rutil. (locus est lib. 1. vers. 223.) de Pyrgis et Alsio, olim oppidis Etruriæ nunc excisis.] Lambertus Schafnaburg. ann. 1073. de urbe Hartesburg. Apud Pertz. tom. 5. Script. pag. 205. Conf. pag. 179. lin. 14.] : *Et quia Villam viris fortibus, vallis et æris undique munitam incursare haud satis tutum putabatur, etc.* [Juramentum Universit. Paris. ann. 1251. tom. 7. Spicil. Acher. pag. 226 : *Promiserunt quod juramenta.... a magistris et scholaribus facerent renovari et jurari quod servarent pacem Villæ bona fide pro posse suo. Villa nostra Parisius,* in Litteris Caroli VI. Reg. Franc. ann. 1386. apud Lobinell. tom. 3. Hist. Paris. pag. 225. Occurrit rursum ibid. pag. 171. col. 1. 178. col. 2. et 175. col. 1. Adde eumd. Lobinell. tom. 2. Hist. Britan. in Gloss. et Murator. tom. 12. col. 662.] Will. Brito lib. 2. Philipp. :

Hinc obstat Comiti, ne vires transferat ultra,
Tam bona ne pereat sub opprobrio Villa furore.

Et Nicolaus de Braia in Ludovico VIII. de Rupella :

Ingreditur vigilanter Villam, victori supplicat hostis.

De Avinione :

Quos villæ statuit custodes Rex Ludovicus.

Villas hodie, non quomodo Latini prædia rustica ; sed complurium in agris mansionum vel ædium collectionem appellamus. Jo. de Janua : *Villa; quasi a vallis, quasi vallata, eo quod vallata sit solum vallatione valiorum, et non munitione murorum. Inde Villanus.* Glossæ Basil. : οὐ δὲ οἰκοδομαὶ ἐν μὲν ταῖς πόλεσι οἰκεῖαι λέγονται, ἐν δὲ τοῖς χωρίοις, Βίλλαι. Vita S. Gregorii primi Episc. Aniciensis : *In quodam vico,..... quem situm juxta fluvium Bornæ vulgaris lingua Villam nuncupavit, eo quod pollerei quondam frequentia pagensium, ac pluribus luguriis.* [Charta ann. 1264. inter Instr. tom. 2. Gall. Christ. novæ edit. col. 436 : *Arbitrabuntur fore necessarium ad construendam et faciendam bastidam seu Villam, et ad plateas et carreyrias dictæ bastidæ seu Villæ capacem convenienter prædicti abbas et conventus se devestiverunt.*]

° Charta ann. 1308. in Reg. 40. Chartoph. reg. ch. 57 : *In Villa seu manso de Sauvac, continente quindecim focos paleos seu palea coopertos.*

Liber inscriptus *Cartaria*, scriptus tempore Ricardi II. Regis Angl. *villas* dividit in *murales* et *rurales* : ac *rurales* quidem ait, *continere campum, pratum et boscum.* Sic passim in Chartis, terra arabilis, prata, pascua, bosci, dicuntur jacere *in villa de, etc.* Jo. Fortescutus de Laude Legum Angliæ cap. 24 : *Hundreda dividuntur per villas, sub quarum appellationes continentur et burgi atque civitates. Villarum etenim metæ, non muris, ædificiis, aut stratis terminantur ; sed agrorum ambitibus, territoriis magnis, hamiletis quibusdam, et multis aliis, sicut aquarum, boscorum, et vastorum terminis, quæ jam non expedit nominibus designare, quia vix in Anglia est locus aliquis, qui non infra villarum ambitus contineatur, licet privilegiati loci quidam infra villas de iisdem villis pars esse non censentur.* Bracton. lib. 4. tract. 1. cap.

31. § 1 : *Sciendum, quod de jure gentium agris sunt termini positi, ædificia sunt collata sive vicinata, et ex qua collatione fiunt civitates et villæ, et ex pluribus ædificiis collatis et vicinatis, et non ex uno ædificio constructo, ut si quis in agro unicum faciat ædificium, non erit ibi villa; sed cum ex processu temporis cœperint coadunari et vicinari plura ædificia, incipit esse Villa, etc.* Et lib. 5. tract. 5. cap. 28. § 1 : *Villa est ex pluribus mansionibus vicinata, et collata ex pluribus vicinis.* Quo loco pro *collata*, Fleta lib. 6. cap. 51. § 2. habet *Villatæ*. Vide *Villeta*.

° VILLA ARRESTI, in qua mercatoribus foraneis licet bona personasve debitorum suorum *arrestare* seu manum apponere. Vide supra in *Arrestum* 1.

VILLÆ CAPITANEÆ, Majores, in Capitulari de Villis cap. 19.

° VILLA AD CLOCHERIUM, Parœcia, Gall. *Parroisse*. Catal. MS. episc. Carnot. ann. circ. 400 : *Pro parte capituli, extra partem episcopi et comitis, sunt in diocesi Carnotensi septuaginta duæ Villæ ad clocherium,·videlicet quod in qualibet villa est ecclesia parrochialis.*

VILLÆ DOMINICALES, *Dominicatæ*, et *Indominicatæ*, proprie Regum vel dominorum. *Villæ dominicatæ*, quibus opponuntur *Villæ vassallorum*, in Annalib. Francor. Bertinianis ann. 870. Edictum Pistense cap. 5. 8 : *Villæ nostræ indominicatæ, etc.* Charta Divisionis Imperii Ludovici Pii, edita a Steph. Baluzio, cap. 2 : *Et insuper duas Villas dominicales ad suum servitium, etc.* Poëta Saxonicus in Carolo M. ann. 785 :

.... Properarunt protinus ambo
Ad Regem, jam tum fuerat qui forte reversus
Ad Villam propriam, quæ dicitur Attiniacus.

Ubi *propriam*, idem valet, quod *Dominicam*. Vide *Dominicum* 3.

VILLÆ FISCALES, Quæ ad fiscum pertinent, apud Gregorium Turon. lib. 6. cap. 32. [Marculfum lib. 2. form. 52.] Flodoardum lib. 1. Hist. Remensis cap. 20. etc. [°° *Villæ regalis fisci*, apud Lambert. Schafnaburg. ann. 1070. Pertz. Scriptor. tom. 5. pag. 178. lin. 26.]

¶ VILLÆ FORENSES, Rurales, quæ a civitatibus distinguuntur. Charta Rudolphi I. Imper. ann. 1277. apud Ludewig. tom. 4. Reliq. MSS. pag. 261 : *Ad hæc statuimus auctoritate qua fungimur, confirmantes.... homines ipsorum proprie tatis vel in prædiis eorum modo quolibet positos, qui ad civitates vel Villas forenses, quæ erectæ per omnem ipsam terram fuerint et libertati dediti, etc.*

¶ VILLA FRANCA, Libera, immunis a certis præstationibus et oneribus. Charta Guillelmi de Bellovidere ann. 1256. tom. 1. Hist. Dalph. edit. Paris. pag. 67 : *Volentes facere Villam francam pro nobis nostrisque successoribus...... concedimus plenariam libertatem quam habent et habere debent habitantes alias Villas francas,.... scilicet quod infra metas insertas declaratas capi vel detineri personæ, vel bona ipsorum a D. de Bellovidere qualvis alia persona non possint, nisi tale sco crimen commisisse constiterit propter quod ..... videlicet furtum, homicidium, adulterium, falsa mensura, etc.*

¶ VILLA INGENUA, Eadem notione, in Conc. Legion. inter Hisp. tom. 3. pag. 190 : *Junior vero qui transierit de una mandatione in aliam et emerit hæreditatem, possideat eam integram ; et si noluerit in ea habitare, mutet se in Villam ingenuam.*

VILLA LEGIS, Quæ legibus suis regitur, et judices suos habet, Majores et Scabinos : *Ville de Loy*, in Consuetud. Bononiensi art. 13. 99. [*Ville de commune, cui opponitur Villæ baptice vel bateiche*. Bellomaner. cap. 4 : *Entendons nous pour Villes bateiches hors de communes, car les Villes de communes ont leurs Maires et leurs Jurez*.] Aresta Candelosæ ann. 1262. f. 125 : *Determinatum, quod homines Crispiaci in Laudunesio possint arrestari in villa D. Ingeranni de Cociaco. quæ dicitur Fara, et est Villa legis, pro debitis ipsorum, per justitiam ipsius lige ranæi, etc.* Ibidem fol. 14 : *Non est probatum, quod Burgenses D. Regis non possunt arrestari in Villa regente se per legem.* In alio Arresto 20. Aug. ann. 1411. Tenremondia, seu Teneræmunda in Flandriæ Comitatu , dicitur *notabilis Villa legis, habens campanam, sigillum, burgesiam, et banleucam, etc.* In Hist. Betuniensi pag. 116. Vide Raguellum in v. *Loi*.

° Quomodo etiam legendum, pro *Ville de lay*, in Stat. ann. 1389. tom. 8. Ordinat. reg. Franc. pag. 358. art. 7.

VILLÆ MERCATORIÆ, MARCHANDIÆ, Quæ habent jus nundinarum, in Fleta lib. 1. cap. 24. § 8. lib. 2. cap. 50. § 30.

¶ VILLA PACIS , Cujus civibus non licet bellum indicere vel facere, aut illatas sibi injurias ulcisci. Ejusmodi erat civitas Parisiensis, ut patet ex Charta ann. 1344. laudata in Gloss. Jur. Gall. voce *Ville*.

VILLÆ PUBLICÆ, Quæ ad Fiscum regium pertinent. Eutropius lib. 10 : *Nicomediæ in Villa publica obiit*. Anonymus de Gestis Constantini M. : *Et in Villa publica Appiæ viæ..... custodiri fecit.* Alibi, mortuum ait Constantinum M. in *suburbano Constantinopolitano, Villa publica, juxta Nicomediam*. Fredegarius : *Omnes Francos, sicut mos Francorum est, Bernaco Villa publica sed se venire præcepit*. Idem ann. 761 : *Melciacum Villam publicam incendio cremaverunt.* Et ann 765 : *Totam regionem illam vastans, Villas publicas, quæ ditionis Vuaifarii erant, totas igne cremare præcepit. Sparnacus, prædium publicum,* in Passione S. Bercharii apud Camusatum pag. 69. Adde Jonam in Vita S. Columbani cap. 19. Annales Francor. Metenses ann. 692. 714. 754. Chronicon Hildesheimense ann. 741. etc. Vide *Vicus publicus*.

VILLÆ REGIÆ, Dominicæ, quæ Regum erant propriæ. *Palatia, Curtes Regiæ, Fisci et vici Regis,* interdum nude *Villæ* appellatæ in Francorum Annalibus. *Villæ regiæ atque proprietates,* in Annalibus Francor. Bertinianis anno 858. Theganus de Ludovico Pio Imp. cap. 19 : *In tantum largus, ut antea nec in antiquis libris, nec in modernis temporibus auditum est, ut Villas Regias, quæ erant sui, et avi et tritavi, fidelibus suis tradidit nas possessiones sempiternas, et præcepta construxit, et annuli sui impressione cum subscriptione manu propria roboravit.* Unde colligitur , villas istas fuisse ex propriis Regum patrimoniis, quando quidem Ludovici tritavorum fuere. Idem Annales Bertiniani an. 867 : *Vicario scilicet Salomonis Comitatum Constantini cum omnibus fiscis et Villis Regiis et Abbatiis in eodem Comitatu consistentibus...... confirmat.* Charta Henrici II. Imp. ann. 1023. apud Nicol. Zyllesium sic clauditur : *Actum in Triburia, Regia villa, Palatio publico, etc.* Eadem *Villæ Regiæ* nomenclatura donantur *Weimodus*, apud Miræum in Cod. Donat. piar. pag. 28 *Carisiacum*, in Vita Lud. Pii ann. 834. *Cassinogilus,* apud Ademarum in Vita Ludov. Pii initio, etc. Alias in Anglia proferunt Asserus de Gestis Ælfredi ann. 853. 871. 878. 885. Matth. Westmonast. ann. 870. Simeon Dunelm. ann. 887.

° VILLA VIELHA, vulgo *Ville-vieille*. Charta ann. 1589 : *Item quamdam aliam terram,... sitam in eodem territorio, loco vulgariter appellato à la Villa-vielha.* Rursus : *Item aliam terram.... in eodem territorio de Villa-laura, loco dicta à la Villa-vielha.*

¶ VILLA URBANA, Quæ prope urbem est exstructa. Chartul. majus S. Victoris Massil. pag. 103 : *Et est ipse alodis beneficium in comitatu Aptensis civitatis, ex parte in territorio et quædam latifundia Villæ urbanæ.... Sunt namque alibi terræ, sicut prædiximus, in territorio Villæ urbanæ, aratro et tritico aptæ.*

° VILLAM PERDERE, E civitate ejici, ejusque privilegiis privari. Charta ann. 1338. in Reg. 74. Chartoph. reg. ch. 657 : *Quicunques est présens, aidans ou confortans à occire homme ou femme dedens la ville et banlieue (de Tournay) et li occis murt sans parler, ne accuser le malfaiteur, tous les présens sont encoulpé du fait et Perdent la ville à tousjourmais.* Unde *Rendre la ville,* pro In civitatem et jura civium restituere, apud Math. de Coucaio in Hist. Caroli VII. pag. 682.

· **VILLAGIUM**, Villa, vicus, ex Gallico *Village*. [Charta ann. 1285. apud Lobineil. tom. 2. Hist. Britan. col. 385 : *Bernardus filius Tangui juratus dixit, quod vidit quod avus ipsius et pater et avunculus ipsius fuerunt de terris illis et Villagiis, tanquam de hæreditate sua.* Charta ann. 1339. tom. 2. Hist. Dalph. pag. 318. col. 1 : *Transtulit ad vitam ipsius dom. Dalphinæ subscripta castra sua cum hominibus, fortaliciis, Villagiis, mandamentis, etc.* Adrian. de Veteri-busco de Reb. Leod. apud Marten. tom. 4. Ampl. Collect. col. 1271 : *Et ubicumque veniebat, fiebat magna solemnitas, et ex omnibus Villagiis occurrerunt ad eum videndum.* Occurrit præterea in Actis SS. tom. 2. April. pag. 318. Gall. Christ. novæ edit. tom. 3. col. 734. apud eumd. Marten. tom. 3. Anecd. col. 1446. Menotum serm. fol. 164. 176.] Nicolaum Uptonum lib 4. de Militari officio pag. 185. Perardum in Burgundia pag. 313. et in Chartis variis.

¶ VILAGIUM, in Statuto ann. 1446. ex Tabul. S. Victor. Massil. : *Super differentia pannorum alborum Olandorum anno quolibet in festo S. Michaëlis monachis conventualibus ministrandorum, videlicet unicuique de Vilagiis secundum gradus suos.* Ubi si videntur indicari Monachi qui in prædiis rusticis habitabant, ut iis excolendis invigilarent. Vide *Villagium* suo loco.

¶ VILLATIGIUM, Eadem notione, Arvernis, in Charta ann. 1445. apud Baluz. tom. 2. Hist. Arvern. pag. 734.

¶ VILLAGIUM, VILAGIUM, Mansus, prædium rusticum. Charta Comit. Marchiæ ann. 1406 : *Ad ossensam perpetuam tradiderunt..... quemdam mansum suum , sive Villagium vulgariter nuncupatum lo Chuo-au-brun situm et situatum in parochia S. Aredii le Boust.... cum omnibus et singulis ipsius mansi sive Villagii et tenquæ supradictis introitibus, exitibus, etc.* Obituar. MS. S. Gerardi Lemovic. fol. 20 : *Martialis da la Lande nobis legavit decem libras pro decem solidis levandis et percipiendis in et super totam suam partem Vilagii sui.* Ibid. fol. 22 : *Ex qua quidem summa fuerunt empti quinque solidi in quadam terra situata in paro-

chia S. Gentiani prope Vilagium de la Chatre.
° Charta ann. 1308. in Reg. 44. Chartoph. reg. ch. 140 : *Nos considerantes grata servitia, quæ magister Petrus Barriere, dilectus clericus noster, nobis exhibuit,..... eidem locum seu Villagium villæ Rasent,..... cum domibus, terris, pratis ... damus et concedimus.* Pariag. inter reg. et abbat. Elnon. in Ruthen. ann. 1313. ex Reg. 61. ch. 21 : *Quia locus sive Vilagium de sancto Paulo contiguus est terræ dicti monasterii, etc.* Lit. admort. ann. 1443. in Reg. 184. ch. 600 : *Dictus testator dimisit ecclesiæ S. Stephani de Gimello quoddam Villagium, nuncupatum de Laleu, situm in parrochia de Champagniaco diœcesis Lemovicensis.* Testam. Joan. Chati ann. 1482. in Reg.3. Armor. gener. part. 1 : *Item do.... tria septeria siliginis mensuræ S. Aredii rendualia, quæ assigno..... supra mansum seu Villagium de la Chieze.*
° VILLAGIUM, Villæ districtus, territorium. Chartul. Floriac. fol. 105. r° : *Poterit unusquisque existens in villa Castellione, confinio seu finagio et Villagio ejusdem parochiæ pressoriare ubicumque voluerit.*
¶ VILLALINUS, f. *Villanus,* rusticus, rudis. Vita S. Menelei tom. 5. Jul. pag. 316 : *Sicut in superioribus noster Villalinus calamus descripsit.*
° VILLAMENTUM, Eodem intellectu. Lit. remiss. ann. 1319. in Reg. 74. Chartoph. reg. ch. 175 : *Cum Nobilis de Burnino miles dicerelur culpabilis de morte Petri Arnaldi, dicti Bastol, murtro per eundem in Villamentis Paraserii, ut dicitur interfecti.* Vide *Villicatus* in *Villicus.*
¶ 1. VILLANAGIUM , ut *Vinagium* 2. quomodo etiam forte legendum est. Obituar. MS. Bellijoc. ann. circ. 400. vel 500 : *Berardus Bordon decanus Bellijoci dedit medietatem Villanagii vinearum del Sauncy. Dedit pro melioramento anniversarii patris sui Villanagium Pontii Vela.*
¶ 2. VILLANAGIUM, ut *Villenagium.* Vide ibi.
VILLANI dicti sunt a *villa,* eo quod in villis commorentur, qui et *Rustici,* a ruribus, quæ excolunt et *Pagenses,* etc. apud Vitalem Episcopum Oscensem. Constitut. Neapolit. lib. 2. tit. 32 : *Villanus, qui in villis et casis habitat, etc.* Brito in Synonymis :

Rusticus, agricola, rudus, et Villanus, agrestis,
Ruino, ruricula, rurestris, villicus assint.

Ebrardus Betuniensis in Græcismo :

Quando mulcetur Villanus, pejor habetur.
Pangas Villanum, polluet ille manum :
Ungentem pungit, pungentem rusticus ungit.

Notum apud nos proverbium. [° Dialog. creatur. dial. 51. ubi de fabula agni et lupi : *Tunc clamavit lupus : A n loqueris, furcifer, id est Villane? ac irruit in eum et devoravit.*] Capitul. Karlomanni tit. 2. cap. 14 : *Volumus, ut Presbyteri et Ministri Comitis Villanis præcipiant, ne collectam faciant, quam Geldam vocant, contra illos, qui aliquid rapuerunt.* [Sententia Navarri Episc. Conseran. ann. 1208. apud Marten. tom. 7. Ampl. Collect. col. 93 : *Possessiones etiam rusticorum et Villanorum S. Severi emptionis titulo et pignoris sibi vendicant violenter.* Adde Litteras Pontificii Aug. Reg. Franc. ann. 1186. tom. 4. Ordinat. pag. 75. Chron. Domin. de Gravina apud Murator. tom. 12. col. 645. et Chron. Modoet. ibid. col. 1134.]

° Glossar. Provinc. Lat. ex Cod. reg. 7657: *Vilan, Prov. paganus, rusticus agellarius. Vilania, Prov. rusticitas, rusticatio.*
VILLANI propriæ apud Scriptores ævi inferioris dicuntur, qui *villæ* seu glebæ adscripti sunt, et villis ac servilibus habentur conditionis, et ut servi in commercio erant, et cum villis ac prædiis venibant. Charta Willelmi II. Regis Angliæ apud Ordericum Vital. lib. 6. pag. 602 : *Dedit et 16. rusticos ad ipsas decimas custodiendas, atque 9. Ecclesias. Dedit enim 3. Villanos, etc.* Ubi *Rustici* et *Villani* iidem sunt. Eodem lib. : *Ipse quoque terram et Villanos, et omnes consuetudines de ipsis Villanis in vico Silvatico concessit.* [Charta ann. 1233. apud Kennett. Antiquit. Ambrosd. pag. 212 : *Concessi... sex virgatas terræ de villenagio cum Villanis et eorum sectis et servitiis.* Eadem occurrunt infra pag. 216. 272. 288. et 310.] Charta Alfonsi Regis Castellæ æræ 1240. apud Marcam in Hist. Beneharn. cap. 14. n. 6 : *Dono igitur vobis quindecim Villanos, quos habeo in Angonne et in Sa, cum omnibus juribus, quibus mihi tenebantur jure hæreditario, ut in perpetuum habendos, et irrevocabiliter possidendos.* Britton. in Legib. Angl. pag. 78 : *Nul ne poit estre vilein, fors que de auncienne nativité, ou par reconnoissance, et nul ne peut estre plus vilein de autre. Car un que est serfe, il est ausi serfe comme nul autre ; car sount touts de autele condition. Vilain,* in Consuetud. Marchensi art. 153. Le Roman de *Vacces ou de Rou* MS. :

Et come qu'il tollut as Villains lor labor,
Les semences et les biens, et tout lor autre ator, etc.

Occurrit passim vox *Villani* ea notione in Chartis Normanno-Siculis apud Rocchum Pirrum Hunc vide tom. 2. pag. 387. 388. etc. et Fulconem Benev. pag. 311. etc.
° Horum occisio apud Hannones triginta Turonensibus redimebatur. Lib. rub. Cam. Comput. Paris. fol. 581. v° : *Vous scavez que la coustume de Haynaut est, que qui tue un Villain, puisque il est chevalier ou filz de chevalier dessouz xxvj. ans, il est quictes pour xxvij. blancs, ce sont xxx. Tournois. Et aveecques ce, se nobles ou non, forfait le corps en Haynaut, il ne pert ne héritage, ne chastel, et à ses noblesces.* Longe humanius habentur a Wenceslao imperatore in Edicto ann. 1398. ex Tabul. eccl. Camerac. · *Comme .... aucun soy disant nobles.... ayent use de envayr bonnes gens paisibles des dictes cité et conté (de Cambresis), iceulx ochir, navrer et de leurs bien parsécuter et dépouiller, disant qu'il leur loist contre tels, que il appellent, de leur volenté téméraire, Villans : Nous deffendons à tous et singuliers, de quelconque estat ou condition qu'il soient, fermement et estroitement que il ne procedent contre aucuns des dictez cité et conté, en offendant en corps ou en biens, sans deffiances précédentes, lesquelles deffiances ils doivent notefier competamment, et en icelles deffiances mettre cause raisonnable ad ce mouvans : car quiconques fera le contraire ou mandera estre fait, nous le déclarerons encoure paine capital et confiscation de tous biens.*
Differunt tamen *Villani* a servis. Petrus de Fontanio in Consilio a nobis edito cap. 21 : *Et sache bien, ke selonc Diex ke tu n'as me plenisre poesté seur ton vilain. Dont se tu prens du sien fors les droites redevances ki te doit, tu les prens contre Dieu et seur le peril de l'ame et come robierres. Et ce kon dit, toutes les coses ke vilains a, sont son Seigneur, c'est voirs à garder. Car s'il estoient son Seigneur propre, il n'avoit nule différence entre serf et vilain, mais par notre usage n'a entre toi et ton vilain Juge fors Dieu, tant com il est tes coukans et tes levans, s'il n'a autre loi vers toi fors le commune.* Adde Brittonum de Legib. Angl. cap. 31. initio.
☞ *Villani* iis opponuntur qui tenent per feudum, in Charta tom. 1. Hist. Dalph. pag. 94. col. 2 : *Omnes autem homines Villani de toto Oysentio, præter quosdam,..... sunt taillabiles dom. Comiti ...... Item omnes tenentes in Oysentio per feudum, si placitum non sit determinatum, debent placitum ad misericordiam, ad mutationem tenementarii, et omnes tenentes per Villenagium, si placitum non est determinatum, debent placitum ad duplicem censum, et ad mutationem tenementarii.* A Militibus distinguuntur, in Charta ann. 1026. apud Lobinell. tom. 2. Hist. Britan. col. 161 : *Omnia jura et dominia quæ...... tam super Militibus quam super Villanis jure hereditario habebam, etc.* Chron. Farf. apud Murator. tom. 2. part. 2. col. 681 : *Suaserunt ei ut armatam manum equitum nostrorum seu Villanorum ad nos compescendos et conterrendos in hoc monasterio faceret venire.*
☞ VILLANUS, Villicus, villæ œconomus. Anastas. Mirac. S. Cyri sect. 43. pag. 470. tom. 3. Spicilegii Romani : *Possessionis Villanus Taurinus erat.*
VILLANI SOCMANNI, Qui tenent tenementa sua in socagio.
VILLANI ADVENTITII, Qui ea tenent per certa servitia et expressa ex conventione, etc. apud Bractonum lib. 2. cap. 8. § 2.
Villanorum rursum alii sunt aspicientes ad manerium, vel tenementum aliquod, qui scilicet ad ea spectant, et quibus adscripti sunt, ita ut cum iis veneant. *Aspicere* enim *Manerium,* et soli villani dicuntur ; res vero aliæ ab iis dependere. Alii denique nuncupantur
VILLANI IN GROSSO, seu *Villains en gros,* Qui nullas terras habent, ratione quarum certo tenemento adscribantur. Est hæc ex curia recordi se pro villanis agnoscunt. Vide Littletonem sect. 181. et seqq.
¶ VILLANI PLENARII, Qui *Villenagium* purum debent. Vide infra *Villenagium.* Chartul. SS. Trinit. Cadom. fol. 20. v° : *In Oistrehau habemus 29. Vilanos plenarios, etc.*
Villani uxor, non *Villana* ; sed Nativa appellatur, solique viro *Villani* appellatio congruit. Idem Littleton. sect. 286.
☞ Id moris ubique obtinuisse docent Statuta Widonis Aniciensis Episc. inter Instr. tom. 2. Gall. Christ. novæ edit. col. 226 : *Villanum aut Villanam propter redemptionem non nisi per suum sorsfactum* (forsfactum) *et in eundum villanum qui alterius terram araverit, etc.*
VILLANI COLLATERII, et *de Parada,* apud Hispanos, de quibus ita Vitalis Episcopus Oscensis · *Villani Collaterii tam crudeli erant subditi servituti, ut etiam inter filios dominorum suorum ducerentur gladio dividendi, qui quondam, temporum conditione cogente pestifera eorumdem, contra dominos suos insurgentes, tandem composuerunt cum eis communiter, et ultranea voluntate certa tributa et conditiones supra se et suis fi-*

liis assignantes. Qui post compositionem hujusmodi Villani de Parada taliter nuncupati, hoc cum suis dominis inter cætera pepigerunt, ut quotiescunque domini eorum fidejussione indigeant, hujusmodi solvere sint compulsi; nec si dominus, pro quo fidejussit, indemnitati ejus voluerit providere, nunquam postea pro ipso domino fidejussione casu aliquo teneantur. Eximinus Petri Salanova Justitia Aragonum, et Martinus Didacus *Daux* Justitia Aragon. lib. 6. Observant. tit. de Privileg. Militum § 7 : *Item sunt quidam, qui dicuntur Villani de Parada, id est, de conventione; scilicet illi, qui nihil habent, nisi de bonis Infancionum, et in domibus Infancionum populati sunt cum conventione, ut semper ibi sint. Et tales non peytant in aliquo cum hominibus signi Regis, nec pro ganatis, neque aquis, ut quidam dixerunt.* Ubi Salanova videtur indicare *Villanos* ejusmodi *de Parada* nuncupatos, quod ita cum dominis de specie servitutis convenerint. Atqui *Parada* apud Hispanos, non est *conventio*, sed *hospitium*, vel potius præbitio hospitii, quomodo *Parata* usurpatur Scriptoribus ævi inferioris, uti suo loco docuimus. Proinde longe probabilius videtur, ita appellatos, quod *paratas* dominis suis præberent, hoc est hospitia, præstationes, et procurationes. Quod sane satis docet idem Vitalis Episcopus : *Quæ deveria sunt reliquiæ illius pestilentis et miserabilis conditionis Villanorum de Parada ; quæ in usu per dissuetudinem habentur.* Ea autem *deveria*, de quibus loquitur, quæque *Ricis hominibus* præstabantur, sunt quædam personalia tributa, ut est panis et pullus ; et quædam alia, quæ secundum diversas consuetudines præstantur a singulis domibus annuatim. In Foris Oscæ ann. 1247. fol. 21 : *Villanus de parada tenetur fidejubere pro suo domino, quotiescumque necesse fuerit ipso domino.* Vide Michaëlem *del Molino* in Repertorio in voce *Villanus.*

° VILLANA ECCLESIA, Ruralis. Vide supra in *Ecclesia.*

° VILLANUS Locus illi opponitur, qui jure gaudet immunitatis, quique idcirco *Francus* appellatur. Liber rub. fol. parvo domus publ. Abbavil. ad ann. 1268. fol. 29. r° : *Il fu atiré, par l'assentement de viés eskevins et de nouviaus, que li boulengiers ki sera trouvés manans au jour de le saint Remi en Vilain lieu, il paiera l'amende, tele comme on le doit au visconte, et chi ki sera manans à le saint Remi en franc lieu, n'en paiera riens.*

°VILLANUS, Piscis genus. Tract. MS. de Pisc. ex Cod. reg. 6838. C. cap. 11 : *Capito, a Gallis Munier, quod circa moletrinas plurimus sit ; ab aliis Villain, id est turpis ac fœdus, a victus ratione, quia stercore, cœno, sordibus delectetur ac vivat.*

° *Villain* præterea nostri appellarunt Candelabrum quoddam ligneum. Lit. remiss. ann. 1378. in Reg. 113. Chartoph. reg. ch. 299 : *Laquelle Margueron print en sa main un chandellier de bois, appellé un Villain.*

VILLANIA, Probrosa actio, qualem *villani* et viri ignobiles facere solent, ex Gallico *Villenie*, Italico *Villania*. Auctor Destructionis vitiorum cap. 105 : *Vulgariter dicitur, Villanus ille est, qui facit Villaniam, non qui in villa nascitur.* Le Songecreux :

Ceus sont Villains qui Villanie font.

Item Injuria, probrum, convicium, contumelia. Aresta ann. 1284. in Re-gesto Parlam. B. fol. 69 : *Occasione cujusdam injuriæ seu Villaniæ dicto Girardo irrogatæ, etc. Villaniæ seu improperia*, in Charta ann. 1338. apud Petrum Mariam Campum in Regesto 3. part. Hist. Placent. pag. 290. [Jacobi Auriæ Annal. Genuens. apud Murator. tom. 6. col. 578 : *Dixerunt se multa opprobria, et Villanias a Januensibus recepisse.*] Vetus Consuetudo Normanniæ cap. 86 : *En simple ledange, se cil qui l'a dit, en est attaint, il le doit amander à la Justice, et à celui qu'il ledanga, et doit dire simplement que la Villanie, que il lui dist par follie, n'est pas en lui.* Statutum Philippi Pulchri Regis Franc. ann. 1302. pro Castelleto Parisiensi in Regesto 12. Chartophyl. Regii ch. 12 : *Et autel sera fait as Villanies dites entre petites personnes et batteures legeres, et en petites querelles.* Vide in *Villenagium.*

☞ *Vilonie*, Eadem notione, in Charta Auberti Abb. Castricii ann. 1247. ex Chartul. Campan. fol. 343. col. 2. v° : *La femme qui dira Vilonie à autre, si come de putage, paiera v. s. ou elle portera la pierre toute nue an sa chemise à la procession, et cele la poindra après an la nage d'un aguillon, et cele disoit autre Vilonie qui atourt a honte de cors, elle paieroit III. s. et li hons ausinc.* Ubi conviciatoris pœnam observare est. Notanda perinde est Sententia Ballivi Valesii ann. 1320. qua damnatur Isabella *de Lergny pour avoir appellé Renaut Copperel puant et cogu, à faire trois processions nuds pieds, en pur corps, déceinte, désafjublée et dire devant tous quand les processions rentreroient au moustier, que les laides paroles qu'elle avoit dit dudit Renaut et sa femme, elle avoit menti, et qu'elle ne scavoit rien en ladite Teneuse qu'elle ne fust prude femme et de bonne vie.* La Vie de Jesus-Christ MS. :

Ne pour chou ne lairies mie
Ne me feissies Vilounie.

Vilaner et *Villener*, Conviciis insectari. Litteræ Caroli V. Reg. Franc. ann. 1370. pro restitutione Communiæ Tornac. tom. 5. Ordinat. pag. 378. § 28 : *Et s'aucuns, sur la paix de la ville criée par Sergent, comme dit est, Villenent ou feroit personne aucune, etc.* La Vie de Jesus-Christ MS. :

Ensi l'ont toute nuit gabé,
Et escopi et Vilané.

¶ **VILLANICUS**, VILLANUS, ad *Villanum* spectans, *Villani* more. *Villanica servitus*, *Villana consuetudo*, Idem quod infra *Villenagium*. Vide in hac voce. Tabul. Rothon. : *Quidam eques accepit ab abbate Perenesio locum Tetguitel in servitutem Villanicam, reddendo qualiquid villani reddere consueverunt.* Placit. ann. 34. Henrici III. Reg. Angl. apud Th. *Blount* in Nomolex. Anglic. : *Willemus Maynard qui tenuit terras in Heurst, cognoscit se esse Villanum abbatis de Abbendon et tenere de eo in Villenagio et per Villanas consuetudines, videlicet per servitium 18. den. per annum et dandi maritagium et marchetum pro filia et sorore sua ad voluntatem ipsius abbatis et faciendo omnes Villanas consuetudines.* Vide in *Villenagium.*

¶ **VILANUM FEODUM**, Censui certisve præstationibus obnoxium. Charta ann. 1233. in Chartul. S. Vandreg. tom. 1. pag. 1162 : *Duæ partes omnium decimarum bladi, et omnium minutarum decimarum terrarum et pomorum totius feodi Johannis de Bosco et totius Vilani et liberi feodi Johannis Coisbel...... eisdem in perpetuum remanent.*

¶ **VILLANITER**, *Villani* more. Idem Chartul. tom. 1. pag. 171 : *Garnerius autem dimidiam acram francæ terræ secundum consuetudinem villanæ terræ suæ Villaniter tenebit.* Id est, *sub onere præstationis, census et operarum.* Vide in *Villenagium.*

¶ **VILLAR**, ut mox *Villare*. Conc. Hisp. tom. 3. pag. 168 : *Usque ad cacumen montium, quæ vocitant Villar Solanu. Omnes habitantes.... per Villar Masarefe,* ibid. pag. 195

¶ **VILLARE**, VILLARIS, Villula, vel viculus decem aut 12. domorum, seu familiarum, in Scaligerianis : *Hameau*. Charta Cyliniæ filiæ Deodati uxoris Bajonis Viri inlustris ann. 7. Childerici Regis, ex Tabul. Flaviniacensi : *Terras scilicet Villares, cum ipsa cava indominicata, cum omnibus ædificiis, etc.* Testamentum Bertichramni Episcopi Cenoman. : *Cum villare, cui nomen Pincinia-co, etc.* Stephanus Monachus in Vita S. Rudisindi Episc. Dumiensis n. 5 : *Hoc Villare fuit hæreditas avorum suorum, situmque erat in amœna valle.* Charta Caroli C. ex Archivo Gerundensis Ecclesiæ : *Et in pago Bisuldunensi villam, quæ nominatur Baschara cum suis Villaribus, etc.* Aliæ ejusdem Caroli ann. 869 : *Villulam, quæ vocatur Prunetas, cum suo Villare Domnolena.* Flodcardus lib. 2. Hist. Remens. cap. 2 : *Childebertus etiam rex Villarem quendam situm in Vosogo prope fluvium Satoam, tam ipsi quam Ecclesiæ suæ possidendum, instrumentis adhuc manentibus inveniter tradidisse.* Et cap. 5. n. 27 : *Ac portionem suam de Villari quodam cum mancipiis, vineis, pratis, cæterisque adjacentibus, etc.* Vetus Charta ann. 679. ex Tabulario S. Benigni, apud Perardum : *Curtiferis, Villaribus, campis, etc.* Alia ann. 890. apud eumdem : *Donatumque in perpetuum esse volo,.... id est, Villarem integrum cum casas hominibus, etc.* Adde Chartam 62. inter Alamannicas Goldasti et alias apud Baldricum in Chronico Camerac. lib. 1. cap. 52. Doubletum in Hist. Sandionys. pag. 813. Castellum in Hist. 5. Rerum Occitan. pag. 747. 777. [Hist. Occitan. novam tom. 2. col. 562. Marcam Hisp col. 772. Acta SS. tom. 6. Maii. pag. 820.] Baluzium in Notis ad Concilia Narbon. pag. 70. 75. 76. et in Appendice ad Capitul. num. 60. 62. 64. 75. 78. 96. 119. 144. [☞ Confer. Graff. Thesaur. Ling. Franc. tom. 1. col. 841. voce *Wilari.*]

VILLARICELLUS, diminut. a *Villaris*, Villula, in Charta ann. 878. ibid. n. 110.

¶ **VILLARUNCULA**, Eadem notione. *Cum villulis vel Vilarunculis earum*, in Actis consecrat. Eccl. Urgell. in Append. ad Marcam Hisp. col. 762.

¶ **VILLARIA**, ut *Villare*, in Computo ann. 1902. apud D. *Brussel* tom. 2. de Usu feud. pag. CLXXVII : *Villariæ S. Pauli, etc.*

¶ **VILLARITUM**, Eodem intellectu. Charta ann. 875. inter Probat. tom. 1. novæ Hist. Occitan. col. 127 · *In alio loco mansos duos, qui dicitur Frominio ad illum Villaritum mansos duos.* VILLARITUM, non semel in Foris Aragonum. [Charta ann. 1152 inter Probat. tom. 2. novæ Hist. Occitan. col. 527 : *Donamus.... omne jus nostrum quod habemus... in Villario S. Johannis de Villa longa.* Antiquit. Bened. Pictav. MSS. apud Stephanot. tom. 3. pag. 686 : *Donavit insuper prædictus Stephanus par-*

tem suam de pratis et Villarium Lemovicinum. Statuta Montis Regal. fol. 6: *Teneatur dictus dominus vicarius ire, si opus fuerit per totam jurisdictionem dictæ civitatis et per ejus Villaria.*]
° Nostris *Villois* et *Vilois.* Charta Rob. ducis Barrens. ann. 1388. in Reg. 136. Chartoph. reg. ch. 157: *Toutes les villes et Villois y appartenans appendens de présent en ladite ville de Dun et à la chastellerie et prévosté d'icelle.* Chron. S. Dion. tom. 8. Collect. Histor. Franc. pag. 335. *Et vindrent jusques aus portes de la cité de Rains; ce que il troverent dehors les murs roberent, et aucuns Vilois d'entor mistrent tout à feu et à flamme.* Ubi Annal. Bertin. ad ann. 882. ibid. pag. 37. habent, *Villulas.*

¶ **VILLARIUS**, Villicus: nisi legendum sit *Villanus.* Charta ann. 1141. inter Instr. tom. 2. Gall. Christ. novæ edit. col. 200 · *Ego ipse Amelius dono eisdem fratribus quidquid poterunt acquirere de fevalibus meis, et servientibus, et Villariis ubique, et in omnibus locis.* Vide *Villani.*

VILLATA, VILLETA, Adunatio plurium mansionum, seu villa major. Fleta lib. 6. cap. 51: *Inter Mansionem, et Villam, et Manerium est differentia; quia Mansio esse poterit constructa ex una domo vel pluribus, et sic dicitur habitatio una et sola, cum nulli sit vicina. Si autem alii mansioni fuerit vicinata, ideo propter hoc erit Villa. Villa vero ex pluribus mansionibus est vicinata, et Villata ex pluribus vicinis; Manerium autem fieri potest ex pluribus villis, vel ex una; plures enim villæ esse possunt in corpore unius manerii, sicut et una, etc.* Ingulfus pag. 860: *Quod si extra prædictos 20. pedes in ripis exterioribus aquarum vestrarum, aut extra Villata, quæ communia vobiscum vendicant in occidentalibus mariscis vestris, etc.* Gervasius Dorobernensis ann. 1169: *Et Missis servientibus suis per omnes Villatas Angliæ faciant jurare omnes illos, qui ad Comitatus non fuerunt, quod hæc mandata cum cæteris tenebunt.* Idem Scriptor ann. 1170: *Inguiratur de Vicecomitibus et Ballivis eorum, quid vel quantum acceperint de singulis hominibus, etc.* Monasticum Angl. tom. 1. pag. 583: *Extra vero hos terminos. hoc sive aliarum Villatarum facere potuimus, etc.* Mox: *Sic enim Turkillus per Regem Cnud constituit, ut nulla Villata in alterius marisco fodaret vel falcaret sine licentia. Officium Coronatoris · Statim accedere debet* (Coronator) *et statim mandare 4. Villatas vicinas, vel 5. vel 6. quod sint coram ipsis in tali loco.* Infra: *Appretiare faciant terras, blada et catalla, sicut statim venidi possint, et statim liberentur toti Villatæ, ad respondendum de prædictis coram Justitiariis.* Fleta lib. 1. cap. 18. § 11: *Si aliquid receperit de Villatis, in quibus fieri fecit adjuvationes.* Adde cap. 24. § 7. [Charta ann. 1102. inter Probat. com. 2. novæ Hist. Occitan. col 357: *Ego prædictus Bertrandus Archiepiscopus et nos prædicti canonici Narbonensis sedis damus, laudamus et concedimus Deo et monasterio S. Pontii (Thomeriarium)........ monasterium S. Aniani prædictum cum ipsa Villata cum omnibus juribus suis et servitiis et pertinentiis.* Chron. Joh. Whethamstedi pag. 383: *Ac etiam quod omnes honores, castra, dominia, villæ, Villatæ, maneria, terræ, etc. In omnibus burgis et Villatis nostris,* in Charta ann. 1288. apud Kennett. Antiquit. Admond. pag. 311.] Vide *Villa.*

¶ **VILLATICA**, Communitas, homines unius villæ. Miracula S. Etheldredæ tom. 4. Junii pag. 574: *Juraverunt Richardus sacerdos et tota Villatica Stephani, etc.*

VILLATICUS, Rusticus, in Legibus Presbyterorum Northumbrensium cap. 51.

¶ **VILLATURIA**, *Territoria.* Gloss. Isid.

¶ **VILLATUS**, *us,* Fori Oscæ sub Jacobo I. Rege Arag. ann. 1247: *Ad constructionem et reparationem villæ Villatuum, et murorum.* Sed videtur legendum *Vallatuum.* Vide Foros Aragon. fol. 145. et supra in hac voce.

° 2. **VILLATUS**, *Villæ* incola, rusticus. Charta Henrici VI. reg. Angl. ex Cod. reg. 8387. 4. fol. 108. v°: *Concessimus...... potestatem ... jura quæcumque rustica vel urbana, homagia....... a quibuscumque ligeis nostris, feudatoribus, affeotatis, enfiteotis, censuariis et tenenciariis, ecclesiasticis seu secularibus. nobilibus, burgensibus, Villatis et quæstalibus..... recipiendi.* Lit. Ludov. reg. Sicil. ex Tabul. Massil.: *Inclitum principem comitem Gebennensem, coasanguineum nostrum carissimum, cum copioso Villatorum cœtu campos intraturum jam pridem transmisimus.*

VILLENAGIUM, Conditio villani. Glanvilla lib. 5. cap. 1: *Placitum est quandoque inter aliquos, quando quis trahit alium a libertate in Villenagium; vel quando aliquis, in Villenagio positus, petit libertatem. Cum quis autem petit alium in Villenagio positum tanquam nativum suum, habebit breve de nativis Vicecomiti directum, etc.* Cap. 5: *Pluribus autem modis potest in libertatem aliquis in Villenagio positus deduci, etc.* Adde Regiam Majestatem lib 2. cap. 11 12.

° *Villenage,* in Charta domini et abbatis Britolii: *Et si li dis religieux mettoient les mazures qui sont franques, en Villenage, etc.*

VILLENAGIUM, praeterea definitur *Villanum servitium,* id est, illud, quod *Villani* præstant. [Hinc *tenere in Villenagium* est tenere sub onere villani servitii quod mox proponitur. Charta ann. 1253. ex Tabul. Sangerm.: *Item Henricus fide præstita in manu nostra corporali quod dictam domum ipse et ejus heredes et illi qui causam habebunt, ab ipso in Villenagium tenebunt. Quam terram tenebat a Monachis in Vilenagio,* in Charta ann. 1232. ex Tabul. B. M. de Bono-nuntio Aurelian.] [°° *Facere Vilenagium,* in Placit. 9. Johan. reg. Angl Norf. rot. 9. in Abbrev. Placit. pag. 57: *Willelmus dicit quod non potest contradicere, quin cartæ factæ fuissent, (quod libere tenet et tenere debet Radulfus), sed dicit quod ipse Radulfus, numquam usus est cartis, quia semper fecit Vilenagium et consuetudines, ita quod ipse Willelmus vendidit quandam sororem suam (Radulfi) pro 4. sol. et inde producit sectam, etc.*]

VILENAGIUM, Circuitus manerii vel feudi, cui villani adscribuntur. [Chartul. SS. Trinitat. Cadom. fol. 61: *Si dederit filiam suam extra Vilenagium dabit 3. sol. Abbatissæ.*] Statuta S. Ludovici: *Istes villains achete un Fief, qui tient de toi franchement, et il lieve et couche un ton Vilenage.*

VILLENAGIUM denique est Tenementum *villani,* vel quod *villano* concessum est ad excolendum, sub onere præstationis, census, et operarum; ita ut qui ejusmodi tenementum possidet, hisce servitutibus obnoxius sit, sive *villanus* sive *liber.* Nam liberi procul dubio se tenere villenagia. nec ei, qui liber est, *Villenagium vel servitium quidquam detrahit libertatis,* ait Bracton. lib. 1. cap. 6. § 1. cap. 8. § 1. Littleton. sect. 172. Britton. pag. 165. et alii. [°° Placit. ann. 29. Edward. I. reg. Angl. Ebor. rot. 30. in Abbrev. Placit. pag. 243: *Compertum est quod prædictus Martinus, avus prædicti Johannis, adventicius fuit et sic liberæ conditionis quoad prædictum Willelmum, et eciam prædicti Robertus et Johannes, qui ipsum succiderunt de sanguine, licet servam terram tenuerunt; nec ejusmodi terra ipsos sic liberos de sanguine existentes villanos facere potest, etc.*] *Quod adeo certum est, ut rex Navarræ domum Parisiis ea conditione obtinuerit.* Charta ann. 1263. in Reg. parvo S. Germ. Prat. fol. 29. r°: *H. Dei gratia rex Navarræ, etc. Notum facimus quod quandam domum, sitam Parisius... in fundo et dominio religiosorum virorum abbatis et conventus S. Germani de pratis, quam a magistro Symone de Verzellis clerico emimus, cum ipsius domus pertinentiis et appenditiis, volumus quod, tam nos quam successores nostri, in eadem domo et pertinentiis ipsius teneamus non in manu mortua, sed ad usus et consuetudines et omnia, cum aliis domibus seu virgultis aut locis ibidem a nobis seu nostro nomine emptis.* Charta vero sic inscribitur: *Hæc littera est quod rex Navarræ tenet in Villenagium domum suam.*] [°° Vide mox: *Villenagium a manu mortua,* etc.] [Bellomaner. cap. 14 · *Nous appellons Villenage, heritage qui est tenu de Seigneur à cens, ou à rentes, ou à champart; car de chelle qui est tenu en fief, l'on ne doit rendre nule redevance.*] Fleta lib. 5. cap. 5 § 18: *Villenagium est, quod traditur villanis ad excolendum, et terra precarie dimissa, quæ tempestive, et pro voluntate domini poterit revocari.* Bracton. lib. 1. cap. 11. § 1. ait servos, sive nativos appellari, *qui tenent Villenagia, et per villana servitia et incerta, qui.... villanas faciunt consuetudines, et quidquid eis præceptum fuerit.* Charta Edw. III. Regis Angl.: *Cum wardis, relevis, et escaetis, nativis et coterellis suis et eorum catallis et sequelis et tenementis, quæ quondam quidam nativi et coterelli de ipso tenuerunt in Villenagio.* Charta Philippi Aug. Regis Franc. ann. 1185. in Hist. Vastinensi pag. 707: *Omnes feodi servientium cadent et venient ad censum in Villenagium ea ratione, quod qui domum in feodo habuerat, eam ab Ecclesia Ferrerarium tenebit ad censum 5. solid. donec aliam in terra habeat, unde 5. sol. reddat. Si autem in terra Ecclesiæ domum jam habet, vel deinceps habuerit, que non sit in feodo, de ea 5. solidos reddet, sicut et alii. Domum vero suam de feodo, cum alio feodo suo, ad censum 12. denar. in Villenagium tenebit.* Tabularium Campaniæ ann. 1279: *Quos nos tenemus in Villenagium, id est, ad censum quidquid habemus ad Fisc. fol. 37: Concessit Roberto.... dimidium Villenagium apud Escrutevillam tenendum de Ecclesia Fiscamensi, faciendo omne jus vel servitium, quod debetur de* dimidio *villenagio.* M. Pastorale Eccl. Parisiensis lib. 1. cap. 15. ann. 1263 : *Quam domum ipse Presbyter promisit bona fide, quod ipse tenebit in Villenagium, et ipse solvet ratione dictæ domus talliam, costumas, redhibitiones et alia onera.* Adde lib. 5. ch. 25. 26. 27. 30. 31. 32. ubi de *villenagiis* agitur. Tabularium Fossatense fol. 34. Monasticum Anglic. tom. 1. pag. 148. 493 554 tom. 2. pag. 138. 139. Historiam Academiæ Parisiensis tom. 3. pag. 498. etc.

¶ VILENAGIUM, VILLANAGIUM, Eadem notione. Inquisitio ann. 1181. apud Lobineil. tom. 2. Hist. Britan. col. 135 : *Terræ quas tenet Alanus Brientii et Vilanagia sunt de dominico Archiepiscopi.* Polyptychus Fiscamn. ann. 1245 : *Robertus Vilon tenet unum Villanagium, et reddit.... servitia omnia.* Ibidem : *Philippus filius Ricardi tenet duas partes unius Vilanagii.*

¶ VILEINAGIUM, Pari intellectu. Charta Petri Meld. Episc. ann. 1289. ex Chartul. Campan. fol. 188. v°. col. 1 : *Notum facimus quod magister H. de Lusarchiis Archidiaconus Meld. in nostra præsentia constitutus recognovit se tenere in Vileinagium, scilicet ad censum, quidquid habet apud Triam Bardoli.*

VILLENAGIORUM aliud *purum,* aliud *privilegiatum.* Villenagium purum est, quod sic tenetur, quod ille, qui tenet in villenagio, sive liber, sive servus, faciet de villenagio, quidquid ei præceptum fuerit, nec scire debeat sero, quid facere debeat in crastino, et semper tenebitur ad incerta. Talliari autem potest ad voluntatem domini ad plus vel minus, etc.

VILLENAGIUM PRIVILEGIATUM est illud, quod tenetur a Rege, idque dicitur *soccagium villanum.* Eorum autem privilegium est, quod a gleba amoveri non debent, quam diu velint, et possint facere servitium debitum, et hujusmodi Sockmanni dicuntur *Glebæ adscriptitii.* Villana autem faciunt servitia, sed determinata. Nec compelli possunt contra voluntatem suam ad tenenda hujusmodi tenementa, et ideo dicuntur Liberi. Dare autem non possunt tenementa sua, nec ex causa donationis ad alios transferre, non magis quam Villani puri, et unde, si transferri debeant, restituunt ea domino, vel ballivo, et si ipsi ea tradunt aliis in villenagium tenenda. Ita Bracton. lib 4. tract. 1. cap. 38. § 1. Vide eumdem lib. 1. cap. 6. § 1. cap. 8. § 2. lib. 2. cap. 6. § 2. Plura de *Villenagiis* habentur apud Littletonem sect. 172. et sequentibus, Brittonem cap. 66. et in Consuetudine Marchensi art. 147. et seqq.

☞ *Villenagium* a manu mortua distinguitur in Charta ann. 1219. ex Tabul. Sangerm. : *Recognoscimus quod nos dictam domum et ejus pertinentias et sufferentia et speciali gratia dicti abbatis non in manu mortua, sed in Vilenagio, sicut antecessores, habemus.* Et quidem ea ætate usus invaluit ut viri Ecclesiastici et Nobiles terras ab aliis tenerent in *villenagium.* Charta ann. 1229. ex Tabul. S. Clodoaldi : *Odo presbyter vicarius S. Victoris in ecclesia S. Clodoaldi recognovit se tenere in Villenagium dimidium arpentum vineæ sitæ, ut asserit, in censiva Canonicorum S. Clodoaldi ad septem pictavinas censuales.* Arrestum Magn. Dier. Campaniæ ann. 1286. apud D. Brussel tom. 1. de Usu feud. pag. 155 : *Pronuntiatum fuit, quod si in feodum teneatur, hominem de dicta terra habebit ; si autem in Villenagio, tenentem obtinebit.* Sed *Villenagium* iis aliisque similibus in locis idem sonat quod *Feudo-firma.* Vide in *Feudum,* et supra : *Villenagium,* Tenementum.

☞ Neque aliam ob causam, ut opinor, *Villenagium* opponitur proprio seu dominio, ut in Charta ann. 1205. apud *Madox* in Formul. Anglic. pag. 26 : *Si vero collatæ fuerint eis post tempus memoratum aliquæ terræ in manerio de Hembiria, sive de dominio, sive de Villanagio Episcopi, de omnibus illis terris integre decimas garbarum ecclesiæ de Hembiria persolvent.* Et in Charta ann. 1291. tom. 2. Hist. Dalph. pag. 43. col 2 : *Absque eo quod dictus dom. Archiepiscopus et capitulum* (Viennensis Ecclesiæ) *jura sua tam in feudis, jurisdictione quam proprietate et territoriis, seu Villenagio et jure spirituali, etc.* Vide mox *Vilnagium.*

¶ VILNAGIUM, ut *Villenagium.* Charta ann. 1193. apud Kennett. in Antiquit. Ambrosd. pag. 151 : *Dedimus totam terram nostram de Votesdun et de Westcote cum omnibus pertinentiis suis, scilicet dominum nostrum cum Vilnagio.*

VILANIA et VILLANIA, Idem quod *Vilenagium.* Tabularium S. Amantii Inculismensis : *Accepit Guillelmus Gastolus de Abbate Joscelino Vilaniam deu Vilar de la Croz Bochart, cum hominio.* Tabular. Dalonensis Abbatiæ fol. 148 : *Damus in perpetuam eleemosynam Vilaniam supradicti loci.* Observantiæ Regni Aragon. lib. 6. de Munitionib. · *De consuetudine licet Infantionibus regni sic proprium recipere, et non dare pro aliqua Villania, et per consequens exactionibus regalibus sum etiam poteriis non teneantur contribuere, etc* [Charta ann. 1152. inter Probat. tom. 2. novæ Hist. Occitan. col. 541: *Militias meas neque Vilanias quas castello prænominato habeo vobis non authorizo.* Tabul. Piperac. : *Jordanus de la Rocha dedit G. abbati Villanam clausati post turrem.* Charta ann. 1290. ex Chartul. S. Vandreg. tom. 1. pag. 185 : *Je Robert du Tybout.... de la volenté Aelis ma mere en tems de sa veuveté ai donné.... trois acres de terre et une vergine à campart et à Vileine que j'avois.*]

☞ VILLENAGIUM, Census ipse, qui nomine *villenagii* debetur. Lit. remiss. ann. 1383 in Reg. 123. Chartoph. reg. ch. 181 : *Icellui Roussel ot paroles à icellui Domas de achater le Vilenage d'une sienne terre, dont ledit Chaucial fit le marché.*

¶ VILLANIA, Servitium, maxime cui prædium alioqui liberum, obnoxium est. Charta ann. 1193. ex Tabul. S. Eparchii : *Dedit ipse Hugo Abbas Heliæ Ramnulfi et Gerardo Ramnulfi nepotibus meis ut habeant Villaniam istius allodii ab Abbate S. Eparchi, ita ut reddant omnibus annis in cena Domini ad mandatum pauperum oblias, 11. solidos de terra et de bosce.*

¶ VILLENATIO, Eodem intellectu. Charta apud *Madox* Formul. Anglic. pag. 419 : *Cum toto claimo servitutis et Villenationis quod ego vel hæredes mei in eis habuimus.... Ita tamen quod nec ego Aundrina, nec hæredes mei.... aliquid clami servitutis vel Villenationis in memoratis Agnete et Symone.... de cætero vindicare nec exigere poterimus.*

VILANATICUM, *Per vilanaticum tenere.* In Judicato Consulum Placentinorum ann. 1153. apud Petrum Mariam Campum in Hist. Eccl. Placentin.

¶ VILLICALIS, VILLICANUS, VILLICARE, VILLICARIA, VILLICATIO, VILLICATURA, VILLICATUS, etc. Vide in *Villicus.*

VILLICUS. Gloss. Lat. MS. Reg. : *Villicus, Actor, Exactor villæ pensionum, Insularius.* Papias ex Isidoro lib. 9. cap. 4 : *Villicus, Dispensator vel Gubernator Propriæ villæ est Gubernator, unde a villa nomen habet.* [*Villicus,Gouverneur de ville,* in Gloss. Lat. Gall. Sangerm] Gloss. S. Benedicti cap. de Agric. : *Villicus,* οἰκονόμος. Gloss. Gr. Lat. : Οἰκονόμος ἐπὶ τῆς κώμης, *Villicus.* S. Hieronymus Ep. 151. Quæst. 6 : *Villicus proprie villæ gubernator est, unde et a villa Villicus nomen accipit :* οἰκονόμος *autem tam pecuniæ quam frugum et omnium, quæ dominus possidet, dispensator est, qui apud Græcos dicitur, apud nos vero et οἰκονομικός, Xenophontis pulcherrimus liber est, qui non modo Gubernationem villæ, sed dispensationem universæ domus, Tullio interprete, significat.* Riculfus Suessionensis Episcopus ann. 889. cap. 15: *Villici, id est, provisores villarum.* [*Vilicus Aquæ Claudiæ,* in vet. Inscript. apud Reines. pag. 565. quem consule.] Passim Scriptores Latini veteres, et ex recentioribus Rudolfus Presbyter in Vita Rabani Mauri, Wil. Malmesbur. lib. 1. de Gest. Anglor. cap. 2. præterea Lex Wisigothor. tit. tit. 1. § 1. lib. 9. tit. 1. § 8. 9. lib. 11. tit. 1. § 2. Capitula Caroli Magni lib. 6. cap. 120. [☞ 122.] etc.

Sed posterioribus seculis pro eo accipitur, qui vulgo *Major* villæ dicitur, seu is sit ad tempus, ut sunt *Majores* Scabini in civitatibus, sive id muneris habeant in prædiis rusticis ratione feudi. Charta Abbatis de Christa in Tabular. Campan Bibl. Regiæ fol. 365 : *Institutio autem et destitutio Villici, id est, majoris et omnium servientium villæ, in dispositione præfati dom. Regis.* Lambertus Ardensis : *Ab Antiquo Comitis Walteri tempore, quemdam Villicum, vel Præpositum, quem antiquiora tempora Vassum suum appellant, in terra Ghisnensi habebant, qui de omnibus decimis et possessiunculis, quæ in eadem terra possidebant, eis, ut Villicis, sufficienter respondebat, etc.* Charta Adalberonis Episcopi Metensis ann. 1065 : *Cæterum testati sunt Abbatis vel Villici mei esse arbitrii, ut legitime et libere quæquid libuerit, sine Advocato possent placitare de terris, de domibus, etc.* Joannes de Beka ann. 1322 : *Ex parte sua Ballivum sive Villicum deputavit.* Idem in Hereberto Episcopo *Nam antea Pontifices, aut per seipsos, aut per villicos eadem dominia judicaverunt.* Villicus et Scabini Leodienses, apud Joannem Hocsemium cap. 10. *Villici et Scabini de Vilvordia,* in Charta ann. 1232. apud Miræum in Donat. Belgic. lib. 1. cap. 99. Charta ann. 1160. apud eumd. tom. 1. pag. 688. col. 1 : *Nullus Villicus, qui vulgariter Major vocatur, etc.* Adde pag. 197. 227. et Litteras ann. 1248. tom. 6. Ordinat. Reg. Franc. pag. 600. etc.] Atque hac notione passim accipitur, in Orig. Murensis Monasterii pag. 36. in Chronico S. Trudonis lib. 5. pag. 395. apud Ægidium Monach. Aureæ vallis cap. 26. Innocentium III. lib. 33. Epist. 55. et in Chartis variis apud Meurissium in Hist. Episcopor. Metensium pag. 487. 478. Hieron. Vignerium in Stemmate Alsatico pag. 110. 112. 118. 121. 122. Petrum Chiffletium in Beatrice Cabilon. pag. 134. 156. 159. 171. Chapeavillum in Hist. Leodiensi tom. 2. pag. 54 305 Miræum in Cod. Donat. piar. pag. 310. Duchesnium in Historia Luxembourgensi pagin. 28. etc. [☞ Vide Haltaus Glossar. German. voce *Schuldheiss,* col. 1657. et *Schuldheiss-amt,* col. seq.]

☞ *Villici* conditio apud Ecclesiasticos eadem fuisse videtur quæ *Præpositi* apud Laicos. Charta ann. 1206. apud D. Brussel tom. 1. de Usu feud. pag. 433 : *Licet Præposito justitiam exercere in homines Ducis, sine Villico ; et Villico similiter in homines Episcopi, sine Præposito.*

¶ VILLICANUS, ut *Villicus,* in Sententia Navarri Episc. Conser. ann. 1208. apud Marten. tom. 7. Ampl. Collect. col. 96 : *De terris rusticorum et Villicanorum, quos sine consensu abbatis in pignus accipiunt, vel emunt, decernimus quod de cetero non fiat.*

VILLICI MINISTERIALES. Charta Conradi Imp. ann. 1145 : *Villicos ministeriales et Scabinos ponere vel deponere poterit Præpositus Marsnensis sine Advocato. De reditibus S. Remigii per Villicum et Scabinos placitabit Præpositus sine Advocato.*

¶ SUBVILLICUS, Qui sub Majore, seu *Villico* cæteris villæ incolis præest, apud Stephanot. tom. 5. Fragm. MSS.

¶ VILLICA, *Uxor villici,* vel quæ tale *officium exercet.* Joh. de Janua.

VILLICALES CURTES, quæ subsunt *Villicis.* Charta Eberhardi Bambergensis Episcopi, in Chronico Reichersperg. ann. 1134 : *Tres videlicet curtes Villicales cum adjacentibus molendinis, etc.* [et in Metropoli Salisburgensi tom. 1. pag. 373.]

¶ VILLICANÆ CURTES, Eadem notione, in eadem Metropoli tom. 3. pag. 494.

VILLICARE. Glossæ Lat. MSS. Regiæ : *Villicat, villam agit, vel colligit.* [*Villicare, Gouverner ville,* in Gloss. Lat. Gall. Sangerm. *Villicari, coli,* in Gloss. Gasp. Barthii apud Ludewig. tom. 3. Reliq. MSS. pag. 343. ex Hist. Palæst. Fulcherii Carnot.] Epist. Nicephori Patriarchæ CP. apud Baron. ann. 811. n. 81 : *Ego autem non eorum, qui possunt Villicare et regere hæc, sed dispositione et regimine indigentium particeps sum, etc.*

¶ VILLICATUS, Districtus *villæ.* Charta Johannis Abbat. Corbeiensis ex Tabul. ejusd. Monast. : *Pro quadam terra...., quam ei dederat Comes Flandriæ Philippus in Parrochia et Villicatu Usciæ, quam terram cum nemore dicebamus nostri juris esse.* Vide mox *Villicatio.*

VILLICATURA, Munus *Villici.* Lambertus Ardensis : *Ghisnensis Comes factus Sifridus, Villicaturam sive Præposituram villico et suis reliquit hæreditibus, a quibus denuo Ardensibus usque in hodiernum diem Villicatura sive Præpositura successit dominis.* [Diploma Lotharii Imper. ann. 1136. apud Marten. tom. 2. Ampl. Collect. col. 97 : *Præsenti privilegio involabiliter sancimus, ne jure hereditario villici vel judices fiant, sed utrumque ministerium, id est, Villicaturæ et juweriæ, in potestate abbatis et gratia consistat.*]

¶ VILLICATUS, Eodem significatu, officium et munus *Villici,* seu Majoris villæ. Charta Roberti Abbat. Corbeiens. ex Tabul. ejusd. Monast. : *Nosque Villicatum et in feodum concessimus, apposita determinatione infra scripta. Igitur de Villicatu concessimus ei unam masuram cum curtillo, de duo rupticia, porro duos sextarios vini de venditionibus, de banis duos sextarios, de mortua manu duos sextarios, duos denarios de donatione terræ, qui decurrit de wantibus.*

¶ VILLICATIO, Eadem notione. Charta ann. 1140. apud Miræum tom. 1. pag. 688 : *Quod ministeriales sui curtum suarum ministeria, id est judiciarias potestates et Villicationes per feudum et hereditario jure vellent obtinere.* Occurrit rursum ibid. pag. 742. col. 1.

VILLICATIO, Prædium rusticum, cujus administratio *Villico* committebatur. Charta Conradi II. Imp. apud Browerum lib. 3. Antiquit. Fuldens. cap. 17 : *Cui primum in mandatis dedimus, ut omnes Villicationes a Laicis reciperet, et per Præpositos suos, viros honestos et religiosos officia dispensando disponeret. Alia Marcwardi Abbatis Fuld. ibidem cap. 18 : Nec mirum, nam Laici habebant inter se divisas Villicationes, et, quod volebant, retinebant. Hac inquam occasione maxima distractio primum facta est huic Ecclesiæ. Nam quicunque Laicorum aliquanto tempore habebat inter manus Villicationem hujus Abbatiæ, optimos exinde sibi excepit mansos, eosque pro beneficiali jure in suos hæreditavit filios, ita ut aliqua Villicatio plures amitteret hubas, quam retineret ; et Villicatio, quæ debebat servire in monasterio ad 14. dies, vix 7. serviret fratribus, et quæ 7. vix tres dies, vel prorsus nihil serviret fratribus.* Infra. *Villicationes meas Laicis interdixi, quas statim cum fratribus meis et quibusdam rusticis, sicut mihi ratum et consultum videbatur, disposui.* Alia Conradi Imp. ann. 1114. apud Miræum lib. 2. Donat. Belgic. cap. 4 : *Adjicimus quoque, ut sicut ex sententia Principum coram nobis judicatum est, nullus Villicationem in possessionibus ad eundem locum pertinentibus hæreditario jure teneat vel repetat ; sed Abbas, qui pro tempore fuerit, idoneum et fidelem Villicum de familia monasterii constituat.* Vide Traditiones Fuldenses lib. 3. tradit. 40.

¶ VILLICATIO, ut infra *Villicaria,* idem quod *Viaria* seu *Vicaria,* vulgo *Voirie.* Charta apud Lobinell. tom. 2. Hist. Britan. col. 199 : *Per omnes enim novem circumfacentes parrochias, et nec quantumcumque extenditur Lupicini Villicatio, quæ etiam vulgari vocabulo Viatura dicitur.* Tabul. S. Vincentii Cenoman. : *Concessit.... terram de Paleis quam dedit Robertus filius Frogerii cum Villicatione et una decima.*

⁂ Homag. præstitum Aymer. vicecom. Narbon. ann. 1273. inter Probat. tom. 4. Hist. Occit. col. 59 : *Tu Guillelmus Raymundi de Burgo ... a nobis tenes hodie Villicationem sive vicariam dominationis vicecomitalis burgi Nerbonæ.... Tenetis pro ipsa vicaria usaticum anguillarum, etc.* Vide in *Villicus.*

¶ VILLICATIO , Parochiæ districtus. Charta ann. 1203. ex Tabul. Latiniac. : *Notum facimus quod cum abbas et monachi S. Petri Latiniacensis haberent mediatatem in quodam operatorio sito in Villicatione S. Petri et quod adhærebat Ecclesiæ S. Furcei, etc.*

VILLICATIONES , Præstationes , quæ fiunt Villicis a Tenentibus. Charta Gaufredi Vicecomitis Bituricensis an. 1012. pro monasterio S. Ambrosii Bituricensi : *Relinquo quoque omnes consuetudines, videlicet Villicationem, stabulationem, et ita liberum reddo eundem burgum, etc.* Notitia ann. 1190. ex Tabulario Eccl. S. Laudi Andegav. fol. 79 : *Cum... molendinis, piscationibus, sanguine, Villicatione, etc.* Tabularium S. Martini de Campis : *Dedit S. Martino de Campis.... Villicationem et capturam, et omnem consuetudinem justam et injustam, quam habebant in terra de Tullo, etc.* [Tabul. S. Vincentii Cenoman. fol. 103: *Tenetur idem Hugo et ejus hæres successive omnes tallias prædicti arpenni domnis feodi omnino reddere, et monachi debent de cetero unum denarium de Villicatione tantummodo reddere annuatim.*]

¶ VILLICATUS, Pari intellectu. Testam. Roberti Vicedom. Carnot. ex Tabul. B. M. de Josaphat : *Leprosis de Belloloco in meis Villicatibus Carnoti* XX. sol. *annuatim constitutos ad faciendam eis pitanciam.*

VILLICARIA, Idem quod *Viaria,* seu *Vicaria,* vulgo *Voirie.* Regestum Castri Lidi : *Ad Texuam habet Comes Villicariam, sanguinem, raptum, furtum, incendium.* Occurrit ibi non semel. Charta ann. 1227. in eodem Regesto fol. 13 : *Et hæc teneat de me cum omni Villicaria et cum justitia ad servitium equorum et armorum ad meas expensas, nec pro rebus prædictis aliud mihi teneatur impendere. Ego autem ipsius augmentum facere cupiens, ipsi pro servitio suo honore scilicet et amore, augmentavi et concessi eidem Fulquero et suis hæredibus in homagium prædictam totam Senescallam et Villicariam de Mota Achart, etc.* Charta Fulconis Regis Hierosol. et Comitis Andegav. pro Canonicis S. Laudi : *Quia.... Gaufridus Comes pater meus eisdem Canonicis dederat terram de Butta Meduanæ, cum aquis et Villicaria, et omnibus consuetudinibus terræ, etc.* (Charta ann. 1265. ex Tabul. S. Albini Andegav. : *Concedimus monachis S. Albini... omnem Villicariam et omnem jurisdictionem et districtum quos habebamus in parochia de cella Guirchiensi.*] Vide *Major, Viarius, Vicarius.*

¶ VILLICARIA, Exactio quam Villicus faciebat intra limites *Villicariæ* suæ. Chartul. Vincentii Cenoman. fol. 51 : *Itaque villa de Soudai remansit monachis cum præfatis duobus mansionariis quita et libera.... ab omni exactione, scilicet fenatoribus, Villicaria et omni gravamine, in perpetuum possidenda.* Ibidem : *Ipse autem Galterus Villicariam habet in mansionariis extra cimiterium.* Charta ann. 1269. ex Tabul. S. Albini Andegav. : *Vendidit et concessit...... omnes fructus quos habere poterat.... in pressoragiis, meseria..... væria sive væris, dominis, et Villicariis universis.*

¶ VILLICOLÆ, Habitatores villarum, rustici. Hist. Episc. Rom. MS. apud Stephanot. tom. 7. Fragm. pag. 204 : *Per urbes, vicos et villas Villicolæ incedebant se flagellis et loris cædentes, etc.*

✶ VILLIPENDERE, [« *Villipendere, petit priser.* » (Lex. Lat. Gal. Bibl. Ebroic. n. 23 XIII. s.)]

⁂ VILLONIA, Probrum, convicium, contumelia, nostris alias *Vilonie.* Vide in *Villania.* Lit. remiss. ann. 1357. in Reg. 89. Chartoph. reg. ch. 86 : *Dictus Johannes ... tot injurias, diffamationes et Villonias verbis et aliter dicto commissario fecit et intulit, etc.* Hinc *Envillener* pro *Deshonorer, Probro afficere,* in aliis Lit. ann. 1391. ex Reg. 141. ch. 145 : *Icellui Perceval s'estoit mis en peine de Envillener la femme dudit Bouher.*

VILLOSA, VILLOSUS, VILLUSUS, Pannus τριχωτός, Gallis *Velu,* vox Latinis nota. Glossæ Lat. Gr. : *Villosum,* μαλλωτόν. [Gloss. Lat. Gall. Sangerm. : *Villosus, plain de floches ou de peaulx.*]

Hinc nostri *Velous* appellarunt pannos laneos, vel potius sericos villosos, licet alii, ut Goldastus ad S. Valerianum Cimelenensem pag. 105. a *Vellus* deducat. Matth. Paris in Vitis Abbatum S. Albani : *Quemdam pannum villosum, qui Gallis Villuse dicitur,.... ipsum asserens esse S. Amphibali Caracallam.* Regula Templariorum cap. 70 : *In omni tempore tegmine lineo, id est, Veluso, frui bene licebit.* Necrologium Ecclesiæ Parisiensis 17. Kl. Junii : *Dedit...... duas cappas de cangio viridi, unum pannum sericum, qui vocatur Veluel, et unum manuterium sericum.* Concilium Senonense ann.

1320. can. 4. et ann. 1346. can. 2: *A parte exteriori almutias de cendeto seu de Velveto deferre.* [*Vestimentum rubeum de Velvet*, in Testam. Joh. *de Newill* ann. 1386.· apud *Madox* Formul. Anglic. pag. 428. Inventar. S. Capellæ Paris. ann. 1363. ex Bibl. Reg. : *Item una toaillia parata de Velveto yndo ad flores lilii aureos.* Inventar. Gallicum : *Item une touaille parée de Velluyau ynde à fleurs de lis d'or.* Aliud ann. 1376 : *Tunica de Velvello ad aves auri.*] Vide Monasticum Anglic. tom. 3. pag. 176. Vulgo *Veloux* appellamus, quam vocem a Græco βῆρος deducit Cujacius ad leg. 4. de Vestib. holoveris tit. 9. lib. 11. *Serica enim,* inquit, *dixere βήρους, ut nunc Galli Verours*. Sed aliud est vocis etymon.

¶ VELLUETUM, Eadem notione, in Computo Grasivod. ann. 1332 : *Item pro expensis duarum peciarum de Vellueto tractarum dom. Dalphinæ apud Avenionem,* 89 sol. 7. den.

¶ VELLUTUM, in Actis S. Antonini tom. 7. Maii pag. 682 : *Operimento coloris rubei, vulgo dicto Velluto rosso. Quoddam bravium Velluti rubei,* in Chron. Estensi apud Murator. tom. 15. col. 512.

¶ VELUTUM, Testam. ann. 1438. ex Tabul. Eccl. Massil. : *Paramenta altaris de panno auri et de Veluto rubeo circumcirca cum armis nostris.* Inventar. Eccl. Aniciens. ann. 1444 : *Item quoddam repositorium corporalium de Veluto nigro.* Occurrit præterea in Hist. Dalphin. tom. 2. pag. 276. et apud Acher. tom. 5. Spicil. pag. 626.

¶ VELUTUS, in Serm. de Vita et obitu Fregosii Abbatis S. Benigni Divion. ann. 1540. ex Tabul. ejusd. Monast.: *Ad nos misit munus egregium trium pannorum sericeorum quos Velutos vocamus, triplicis coloris.*

¶ VELLUVIUM, in Charta ann. 1308. apud Lobinell. tom. 2. Hist. Britan. col. 25 : *Pro capitalibus sericis aut byssynis Velluvio intextis.*

¶ VELOTUM. *Abstineant a.... caligis Veloto ubicumque circumdatis,* in Conc. Lugdun. ann. 1449. apud Marten. tom. 4. Anecd. col. 380. *Unam casulam de Veloto,* in Necrolog. Eccl. Paris. MS.

¶ VELLONUS, ut *Villosus*, apud Mabill. sæc. 3. Bened. part. 1. pag. 102.

Sic porro vocabant tersoria, sive lintea villosa ad tergendos pedes vel manus. Bonifacius Moguntin. Episcop. Ep. 3 : *Transmitto..... Villosam ad tergendos pedes Dilectionis vestræ.* Zacharias PP. Epist. 1. ad eumdem Bonifac. Episc. : *Interea munuscula parva vobis direximus, ... id est, Villosam unam, et argenti et auri tantillum.* Alia ejusdem Bonifacii, quæ est 8 : *Villosam ad tergendos pedes .... servorum Dei.* Occurrit præterea Epist. 74. et 95. Chronicon Fontanellense : *Lintea ad manus tergendas villosa.* Traditiones Fuldenses lib. 2. trad. 38 . *Lectaria, sive Villosi, sive manutergia, sive camselli, sive cujuscunque sint vestimenta linea vel lanea.*

¶ VILLULA, ἐποίκιον, in Gloss. Lat. Gr. *Villula, petite ville, villette*, in Gloss. Lat. Gall. Sangerm. Charta ann. 1180. apud Baluz. tom. 7. Miscel. pag. 298 : *Quicumque sunt Aurelianis et in suburbiis vici et Villulis ejus infra quintam leugam existentibus,* etc.

○ VILLULA PRÆDIOSA, Prædium rusticum. Bulla Eugen. PP. III. ann. 1152. inter Probat. tom. 2. Annal. Præmonst. col. 446 : *Alia quæcumque bona, sive concambius, sive qualicumque alio pretio conquisita in Villulis prædiosis.* Vide *Villula*.

VILLUM, τὸ οἰνάριον, *Petit vin*, vox a Terentio usurpata. Petrus Cluniacens. lib. 2. de Miracul. cap. 28. de Cartusiensibus : *Inde est, quod pane furfureo semper utuntur, vino adeo adaquato, ut merito magis Villum, quam vinum dicatur.* Utitur semel alibi.

○ VILLUS, *Qui dependet et longus est.* Glossar. vet. ex Cod. reg. 7613.

¶ VILMIUS, pro Ulmeus, apud Bern. Pezium in Præfat. ad tom. 1. Anecd. pag. XVIII : *Exemplar fuit scriptum Campidonæ pro liberaria super cortice Vilmio caduco in multis passibus vetustate prænimia.*

¶ VILNAGIUM, ut *Villenagium*. Vide ibi.

¶ VILTBAN, Jus foresti, interprete Joan. Nic. ab *Hontheim* tom. 1. Hist. Trevir. pag. 670. col. 2. Vide *Wildbann.*

¶ VILTRATUS, pro *Filtratus*, ex filtro seu grossiori et villoso panno. Chron. Mellicense pag. 860 : *Qui voluerit acum cum filo, duas caligas, duos calceos parvos in æstate, duos etiam magnos Viltratos in hyeme saccos,* etc. *Viltrum* enim pro *Filtrum* aliquot Scriptores usurpasse supra monuimus in v. *Filtrum*.

VIMARIUM, [Procella, tempestas.] Regestum Castri Lidi in Andibus f. 52. v. : *Et poeut prendre la bruiere sans fauchier en lou ou il a bois. Et poeut prendre les arbres arrachies et brisies sans Vimaire ; et se Vimaire i avient, il n'i ont riens. Vimaires est quant l'en puet voir cinq arbres chaieiz tout d'une veué.*

○ Calamitas, casus quivis adversus. *Vimarium glaciei*, in Transact. inter abb. S. Albini et abbatis. Fontis-Ebr. ann. 1229. ubi et *Vimarium guerræ.*

○ VIMBRERIA, si bene scriptum aut lectum, Jurisdictio quædam videtur ; forte etiam pro *Vinagiaria*, jus vinagium seu *pedagium* percipiendi. Vide mox *Vinagiarius*. Arest. parlam. Paris. ann. 1328. in Reg. 61. Chartoph. reg. ch. 305 : *Ejusdem præpositus Vimbreriæ Burdegalensis pro dicto duce* (Aquitaniæ) *uxorem et familiam dicti Gombaudi a possessione prædictorum ejecit.*

¶ VIMENA, Vimen, ut videtur, *Vimine,* Italis. Statuta Vercell. lib. 5. fol. 127 : *Item quod quilibet portonarius vel custos portarum civitatis et locorum teneatur bonam securitatem præstare communi quod non permitteret portari in civitate, vel loco, vel etiam alio, quod sciat, carracias, rebias, Vimenas, plantas,* etc. Vide *Vimus*.

★ VIMETUM, [*Osiere*. (Gloss. Lat. Gal. Bibl. Insul. E 36, xv. s.)]

VIMICILLUM, Crates, Gall. *Claye*, quia ex viminibus confecta. Mauritius Chennay Cartusianus in Hist. Mart. sub Henrico VIII. Reg. Angl. cap. 10 : *Educti de carcere, statim dejecti erant super Vimicillum, vulgariter a Hurdle dictum, et resupini huic alligati fuerunt toto corpore extenso in longum.*

¶ VIMPLA, Velum muliebre. Vide *Guimpa*.

VIMPUM. Charta Philippi Regis Franc. ann. 1304. ex 12. Regesto Chartophylacii Regii n. 195: *Plumbum, stamen, seu quodcunque metallum, cineres, Vimpum, seu gravellam vinorum, et quascunque merces seu mercaturas alias,* etc. Videtur esse vappa Latinorum.

☞ Vox est contracte scripta pro *Viniperum*, ut legitur in eadem Charta edita tom. 1. Ordinat. Reg. Franc. pag. 423. ubi habetur : *Quodcumque metallum, cineres, viniperum, seu gravellam vinorum,* etc. Haud dubie pro *Juniperus*,

Gall. *Genévrier,* cujus usus frequens apud Medicos.

○ Lectoris vitium fuit, non scriptoris: *Winiperum* quippe exhibet Registrum 12. in Charta laudata.

¶ VIMUS, Vimen, Italis *Vime*, Occitanis *Vims* vel *Bims.* Consuet. Brager. art. 76 : *Item nullus sit ausus extra villam dicti loci et districtus ejusdem dolia tonellorum vacuorum transferre, neque mayramen, neque Vimos, neque codram.* Ceremoniale vetus B. M. Deauratæ Tolos. : *Monachi surgent ad mandatum prioris et recipient scobas sive Vimes, et ferient super excommunicatum nudum. Vimois nostri eadem notione dixerunt.* Vide *Vismera.*

¶ VINABLIUM. Vide infra *Vinoblium.*
¶ VINACEA, VINACENUM. Vide mox *Vinacia.*

¶ VINACHERIÆ, ut *Vinageriæ* infra. Testam. Johannis Gasgui Episc. Massil. ann. 1814. ex Tabul. Eccl. Massil. : *Item lego.... duas Vinacherias meas argenteas.* Vide *Vinagium* 1.

¶ VINACIA, στέμφυλα, in Gloss. Lat. Gr. Papias : *Vinacea, quæ remanent in uvis, quando premuntur a vino.* Statuta Vercell. lib. 7. fol. 150. v° : *Item statutum est quod si quis homo, vel aliquis de familia sua aliquas scoparturas vel letamen, Vinacias, ... in viis projecerit,* etc. Statuta Montis Regal. fol. 208 : *Et si aliquis projicerat, vel projici fecerit, terram, fimum seu Vinaciam in aliquam viam,* etc. Statuta Astens. cap. 79. fol. 33 *Statutum est et ordinatum quod ille, qui intus civitate Ast. projecerit Vinaciam in via publica,* etc. Vide *Vinatium.*

¶ VINACIUM, Eadem notione. Gloss. Lat. Gr. *Vinacium,* στέμφυλον. Glossæ Biblicæ MSS. Anonymi ex Uguitone : *Vinacium et Vinarium idem significant : sed posterius vinum quod et Vinacenum dicitur et est quasi fex totius vini et proficitur extra.* Statuta Eccl. Meld. apud Marten. tom. 4. Anecd. col. 901 . *Prohibeant sacerdotes... maxime tempore vindemiarum, ... ne aliquis Christianus Vinacium vindemiarum quas Judæi calcant, retineat in aliquo modo.*

○ Glossar. Gall. Lat. ex Cod. reg. 7684: *Vinacium, marc qu'en gette quant le vin est fait.* Vide infra *Vinacia.*

¶ VINACULUM, Agellus vineis consitus. Chartul. S. Vincentii Cenoman. fol. 68 : *Abbas et monachi S. Vincentii Cenomanensis fecerunt quoddam escambium cum Vitali Estallart de quodam Vinaculo sito apud Noenz....* et *pro eodem Vinaculo quod Galterus presbyter de S. Audoeno eisdem monachis in eleemosinam assignavit , habuerunt quoddam jornale terræ.* Vide *Vineatica.*

1. **VINADA,** Gall. *Vinade*, in Consuetudine Marchensi, dicitur obligatio, qua qui possidet prædium villanum, seu servitae tenetur semel in anno, vinum dominus cum duobus boum jugis et carro in ejus domum deducere, nisi malit dominus quindecim solidos sibi pro hisce operis præstari, art. 138. 139. 140. etc. 192. 430. et in Arvernensi cap. 25. art. 21. [Vide *Vinagium* 3. et *Vinata* 2.]

2. **VINADA,** ut *Vinagium* 2. Vide in hac voce. Charta ann. 1201 inter Instr. tom. 2. Gall. Christ. novæ edit. col. 323 : *Unum sextarium frumenti, et unam saumam vini ad Missas cantandas in Faezla pro redemtione animæ meæ totiusque generis meæ, de frumentada et de Vinada, quæ censualiter in terra et podio Johannis sine contradictione nuncio domus de Faezia omnibus annis præcipio reddendam.* Tabul. S. Petri de Cella-froini in pago

Engolism. 12. circ. sæc. : *Dedit Deo et S. Petro et servitoribus ejus quosdam redditus qui dicuntur Vinade, quos famuli ejus accipiebant de terra S. Petri.* Vide Vinata 1.

¶ 3. **VINADA.** Inventar. ann. 1476. ex Tabul. Flamar. : *Item plus unam barriquam poculo sive Vinada plenam.* Vinum acidum aquæ mixtum pro vili plebecula, Gall. *Piquette.*

VINAGERIÆ, Ampullæ vinariæ, in quibus vinum reponitur ad sacrificium, *Burettes,* Hispanis *Vinagera,* unde nostris *vinaigrier,* ampulla aceto reponendo idonea. Kalendarium Ecclesiæ Lemovicensis 9. Kl April. apud Labbeum tom. 2. Biblioth. pag. 760 : *Qui decoravit sanctam Lemovicensem Ecclesiam de 4. capellis munitis* (f. minutis) *novis, cum paramentis altaris, duobus calicibus, uno argenteo aurato cum armis suis, et alio ex auro, cum duabus Vinageriis, etc.* [Vide *Vinacheriæ* et *Vinateriæ.*]

¶ **VINAGIALIS,** *Vinagio* obnoxius, in Charta Suession. ann. 1267 . *Ex altera* (parte) *Vinagialis eidem ecclesiæ, vel totum vinagium, etc.*

¶ VINAGIALIS CULTURA, Ager vineis consitus. Chartul. S. Joh. Laudun. ann. 1217 · *Pronuntiaverunt quod tota decima de culturis censualibus ext ecclesiæ nostræ, tota decima de culturis Vinagialibus est ecclesiæ S. Johannis.*

º **VINAGIARIUS,** Qui *vinagium* seu pedagium exigit. Arest. ann. 1348. 10. Jul. in vol. 2. arestor. parlam. Paris. : *Robertus, dictus* le Grand, *pedagiarius seu Vinagiarius de Maisiaco super Auxonam,... ratione pedagii seu vinagii non soluti, etc.* Vide mox *Vinagium* 5.

1. **VINAGIUM,** Idem quod *Vinageriæ.* Acta Episcopor. Cenoman. tom. 3. Analect. Mabill. pag. 310 : *Et per ipsum S. Juliano cum maxima balsami quantitate, et cum quinque palliis pretiosis, et Vinagiis argenteis et deauratis, et acerra argentea, cujus materia artificium superabat, destinavit.* [Vide *Vinearium* 1.]

2. **VINAGIUM,** Præstatio certæ vini mensuræ pro vineis, quæ vulgo domino feudi exsolvitur vice census, ut est in Consuetudine Claromontensi art. 121 : *Les droits de vinages deux pour et au lieu de censives sur vignes, se doivent paier à bord de cuves, et ne peut tirer le detenteur son vin, sans avoir premierement paié ledit Vinage, etc.* Ejusdem Vinagii meminit præterea Consuetudo Remensis art. 161. et Silvanectensis art. 263. Charta Gaufredi Comitis Andegavor. pro Abbatia S. Sergii : *Dono ergo,... pro quatuor arpennis vinearum dominicarum.* Alia ejusdem Comitis in Hist. monasterii S. Nicolai Andegav. pag. 10 : *Perdonavi quoque vinagium omnium vinearum suarum, quamdiu ipsi vel Condonati eorum ipsas colturent, etc.* Charta Gaufredi Andegavorum Comitis ann. 1135. ex Archivo Regio : *Notum sit omnibus,... quod Gaufridus Andegaviæ Comes, Fulconis venerabilis Hierosolymitanorum Regis filius, concessit omnibus hominibus Andegaviæ, quod debiteres Vinagii sui, unaquoque arpento suæ terræ, unde ipsa Vinagium habere debebat et solebat, per singulos annos proxima die post festum S. Michaelis pro Vinagiis suis census ei reddant. Quod si illa die non reddiderint, proxima die sequenti et censum, et consuetam Vinagii legem persolvent. Ac si nec censum nec legem reddere voluerint, Comes de vinea sive de terra suum velle faciet.* Alia ejusdem Gaufredi Comitis Andegav. ann. 1136. pag. 71 : *Vinagium omnium vinearum suarum, et foragium omnium terrarum suarum eidem Ecclesiæ concedo.* Alia ann. 1162. in Hist. Castilonea pag. 26 : *Septem modios vini de Vinagia meo de Motana ad mensuram Castellionis, et illud vinum jure perpetuo possidendum concedo.* Alia anno 1209. ibid. pag. 36 : *Et sex modios vini in Vinagiis ejusdem villæ.* Charta Guillelmi Episcopi Laudunensis in 31. Regesto Tabularii Regii : *Vinagia villarum Lavalli et Novienti, videlicet* 80. *modios, et* 4. *sextaria, et dimidium vini annui reditus.* [Charta ann. 1216. ex Tabul. S. Medardi Suession. : *Recognoverunt se vendidisse ecclesiæ B. Medardi Suessonensis decem et septem sextarios Vinagii, scilicet undecim ollas et dimidium vini super vineam, etc.*] Charta Beatricis Abbatissæ B. Mariæ Suession. ann. 1232. pro Communia Aisiaci : *Sciendum est etiam, quod si forte contingat, quod homines prædicti velint solvere Vinagium suum in vindemiis, et nos ea capere voluerimus, ipsi debent ea afferre in curiam nostram apud medium Martium, nisi voluerimus. Neque possumus homines compellere ad ea solvenda ante medium Martium. Et qui die medii Martii in solutione Vinagii defecerit, emendaret nobis per* 7. *sol. et dimid. monetæ patriæ, et nihilominus reddere teneretur Vinagium, et nos vinagii forum apponemus, secundum quod consuevimus. Et sciendum, quod omnia Vinagia debent esse ab albo vino, sano, legali, et pagabili.* Libertates concessæ a Galchero Comite Regitestensi ann. 1255. villis de *Raucourt* et *Heraucourt* : *Contuli adhuc eisdem et concessi, quod quicunque in dictis villis sub ista libertate et assisia manserit, vel venerit, quod ibi remaneat, et de vinagiis, libere recedat, et de omnibus, quæ reliquerit, ubicunque gaudeat absolute, ita tamen, quod duos dictos assisiæ solvet, et adhuc solvet Vinagium, sicut aliquis extraneus, salvo intercursu, si aliquis sit, etc.* Eadem habentur in Charta Libertatum Maceriarum concess. ab Hugone Comite Regitestensi ann. 1233. Vide Alexandrum III. Epist. 32. apud Sirmondum, Sammarthanos in Archiep. Turonensib. pag. 125. Monast. Anglic. tom. 2. pag 980 etc.

º *Vinagia seu census vinearum,* in Charta Phil. Pulcr. ann. 1306. ex Lib. rub. Cam. Comput. Paris. fol. 285. rº. col. 1. et in Chartul. Regalis loci ch. 12.

º VINAIGIUM, Eadem notione, in Charta ann. 1281. ex Chartul. S. Vincent. Laudun.

VINAGINES. Charta Berlaii de Monsterello ex Tabulario Monast. Fontis Evraldi fol. 189 . *Scilicet vineas, prata, nemus, census, Vinagines, vel quasdam alias res, etc.* Ita edidit Michael Cosnierus ad Vitam B. Roberti de Arbresello pag. 178. sed vereor, ne legendum sit *vinagia.* Regestum Ludovici Regis Siciliæ et Ducis Andegav. fol. 55 : *Les Vinaiges desdits lieux, qui se paient en moustoisons.* Tabularium magnum Corbeiensis monasterii : *Tout li roage en li forage de ledite ville sunt sien* (à l'Abbé) *et li Vinages, chest à savoir de tous les vins, qui sont amené en ledite ville et vendu.* [Charta ann. 1383. apud D. Brussel tom. 2. de Usu feud. pag. 758 : *Item les cens et Vinages de Chaudefossé, etc.* Terrarium Insulæ Adami : *Au lieu de Parmain il y a deux grands pressoirs à vin, banniers, dont a le droit de Vinage à raison de quatre seaux du vin y pressuré.*]

¶ 3. **VINAGIUM,** Idem quod supra *Vinada* 1. Charta Ansoldi Abbat. Compend. ex Tabul. ejusd. loci : *Quisque equus harum trium villarum ad submonitionem advocati debet Vinagium ; et debent ire in Belvacensi territorio citra Isaram, ita quod illi qui duxerint carrum vacui redibunt, et alii vinum adducent.*

¶ 4. **VINAGIUM,** Vox ibrida, ni fallor, ex vinum et ἅγιον, Vinum benedictum, sacrum orationibus et Reliquiarum alicujus Sancti tactu, apud Tortarium in Mirac. S. Benedict: cap. 21. et 43. Mirac. S. Petri Mart. tom. 3. April. pag. 719 : *Petebant ut ampulla cristallina, in qua dictæ erant Reliquiæ, perfunderetur vino ; et bibentes multi ab infirmitatibus suis curati sunt...... Venit quædam mulier petens sibi dictum Vinagium fieri.* Mirac. B. Edmundi Cantuar. apud Marten. tom. 3. Anecd. col. 1893 : *Mulier ab inflammatione nimia sanatur sumto Vinagio.... Lijart de Castellione super Sequanam cæca illuminatur, oculis ad portam monasterii Vinagio lotis.* Exstat in Ritualibus antiquis *Benedictio vinagii.* Vide *Vinaticum* 3.

º Consuet. MSS. S. Crucis Burdeg. ante ann. 1305 : *Item debet* (sacrista) *semper esse paratus ad faciendum sanctum Vinagium cum Reliquiis S. Mummoli.* Infra : *Quando sacrista vel ejus vicarius benedicet vinum vel aquam cum reliquiis, etc.*

º 5. **VINAGIUM,** Pro qualibet præstatione. Assignatio dotaliüi Johan. Regin. Franc. ann. 1319. in Reg. 60. Chartoph. reg. ch. 69 : *Item pro Vinagio forestæ de Vernone, quinquaginta solidos.* Charta ann. 1310. in Lib. rub. Cam. Comput. Paris. fol. 324. vº. col. 2 : *Pour les Vinages des chevaux de l'Iecques, dont a la S. Martin d'iver quinze deniers.* Charta ann. 1343. ex Chartul. S. Vinc. Laudun : *Seront tenu de envoier un vallet au lieu dou droit Winage, pour dire à nos Winigeurs qu'il passent ou rapassent par lesdiz faux travers ou passages.* Vide *Vinagium* in *Guida.*

º 6. **VINAGIUM,** Pro eo quod præter pretium corollarii vice in emptionibus conceditur, aut in domanii locationibus a ministris regiis exigitur, mercedis loco. Lit. ann. 1388. tom. 7. Ordinat. reg. Franc. pag. 766. art. 10 : *Qu'aucuns esleus et commis ne pourront avoir ne prendre sur fermier quelconque, ne autres, douze deniers pour livre pour Vinage.* Lit. remiss. ann. 1383. in Reg. 123. Chartoph. reg. ch. 181 : *Icellui Chaucal fit le marchié,...... et ce fait ledit Roussel envoia querir un pichier de vin pour le Vinage ; lequel ilz beurent tous ensemble.* Aliæ ann. 1479. in Reg. 205. ch. 233 : *Le suppliant dist à icellui Glaude qu'il estoit content lui laisser lesdiz pourceaulx pour quarente solz, parmi ce qu'il paieroit pinte de vin pour le Vinaige.* Vide supra *Stilus* 2.

¶ **VINAGO,** Avis species. Gloss. Lat. Gr. *Vinago,* ἡ, οἰνάς. Vide alia notione in *Vinagum* 2.

º **VINAGRERIUM,** a Gallico *Vinaigrier,* Acetabulum. Invent. ann. 1218. inter Probat. tom. 1. Hist. Nem. pag. 67. col. 2 : *Inveni etiam in solario primo... canistrum et Vinagrerium, novem scutellas, etc.* Glossar. Provinc. Lat. ex Cod. reg. 7657 : *Vinaygraria, Prov. acetabulum.*

º **VINAGUERIUS,** Vinarius. Invent. ann. 1320. ex Tabul. S. Vict. Massil. : *Item* *duos dollaires, quorum unus est asaquerius, alter Vinagerius.*

¶ **VINAJERIÆ**, ut *Vinageriæ*, in Inventar. ann. 1329. ex Tabul. S. Victoris Massil. nisi legendum sit *Vinateriæ*. Vide in hac voce.

1. VINALE. Tabular. Dalonensis Abbat. fol. 104 : *Concedimus in perpetuam eleemosynam Vinalia mansi Pollenc.* Infra : *Et quod requirere poteramus in prædictis Vinalibus.* Idem videtur *Vinale*, quod *Vinagium* 2.

☼ **2. VINALE**, VINHALE, Vineaticum semen, Columellæ, Gall. *Jeune vigne*. Charta ann. 1308. in Reg. 42. Chartoph. reg. ch. 6 : *Item emit ab Hugone Bec nobili xij. denariis Ruth. censualibus, quos sibi debebat pro quodam Vinali seu ortis de fluenvielh.* Alia ann. 1311. in Reg. 48. ch. 89 : *Sub hac venditione comprehendi specialiter volumus... vineam cum Vinhali et campo contiguis.*

¶ **VINALIA**, πιθοιγία, in Gloss. Lat. Gr. **VINARIA**, in Gloss. Gr. Lat. . Οἰνών, ὁ τόπος. Οἰνοφόρος γῆ, *vinifera terra*. [Ὑπάμπελος γῆ, in jure Græco-Rom. pag. 152. *Cella ubi vinum reponitur*, in Gloss. Biblicis MSS. Anonymi.]

VINARIUM, Eadem notione, in Charta Balduini Comitis Gisnensis, quæ habetur in Chron. Andrensi pag. 450: *Præter terram, quæ contigua est Vinario Monachorum.* [☞ Fragment. Polypt. S. Remigii post Irminon. pag. 294 : *In Tasiaco habet mansum dominicatum cum cæteris ædificiis, hortum cum arboretis, Vinario, etc.* Charta Emmerici Ep. Wormat. ann. 1315. apud Guden. Cod. Diplom. tom. 1. pag. 182 : *Tradimus ortum et Vinarium nostrum cum pomœrio, etc.*] [Charta ann. 1252. ex Chartul. Campan. fol. 255. vº. col. 1 : *Tenet in feodo ab illustri domino Theobaldo Dei gratia Rege Navarræ,... calceiam et patellam Vinarii sui de Lecheriis et quod dictæ calceia et patella dicti Vinarii sunt de justitia dom. Regis supradicti.* Charta Caroli Regentis ann. 1358. ex Bibl. Reg. : *Item sexdecim libras redditus quas quolibet anno percipit dominus Rex super Vinariis de Rogny. Cum... aquis, stagnis, Vinariis, viis, etc.* in Litteris Henrici IV. Reg. Angl. apud Rymer. tom. 8. pag. 95. ubi legendum videtur *Vivariis*.]

☼ Charta Hugon. dom. Brecarum ann. 1168. inter Instr. tom. 12. Gall. Christ. col. 272 : *Quantum sedes abbatiæ et Vinarii continet in eleemosynam concessi et donavi... Qui (rivulus) juxta pratum Rainaldi situs est subtus Vinarium.* Charta Theob. reg. Navar. ann. 1269. ex Bibl reg. : *Adjunxit cuidam Vinario, quod habet apud Ulcheium duos septuarios bladi hyemalis...... Vendiderunt priori dicti loci quoddam Vinarium, situm versus grangiam.*

¶ **VINARIENSES** NUMMI, Moneta urbis Vinariæ, vulgo *Weimar*, cujus mentio occurrit in Charta ann. 1293. apud Schlegelium in Dissertat. de Nummis antiquis, etc. pag. 196. ubi varios ejusdem monetæ typos exhibet. Hunc consule.

¶ **1. VINARIUM,** Idem quod *Vinagium* 2. Charta ann. 1219. ex Chartul. Prioratus Lehunii : *Cum Vinarium quod prior et conventus Lehunii habebant inter Curchy et Foucheles omnino desicatum fuisset,... Concesserunt mihi tertiam partem terræ in qua erat Vinarium, et ipsi duas alias partes de me tenebunt per censum* XII. *den. singulis annis.* Occurrit etiam in Necrolog. Abb. Heder. Vide alia notione in *Vinaria*. [☞ Hic ut eo loco legendum videtur *Vivarium*.]

¶ **2. VINARIUM**, Vas vinarium, poculum. Necrolog. Eccl. Paris. MS. ad calcem : *Servienti de vino dantur duæ candelæ ad servandum et trahendum Vinaria.*

VINARIUS, Vinosus, qui multum vini bibit, οἰνοπότης, ὁ πολὺ πίνων, in Gloss. Gr. Lat. Usurpant Lex 4. § 1. et lex 25. § 6. D. de Ædilit. Edict. (21, 1.)

¶ VINARIUS, Torcular. Gloss. Lat. Gr. *Vinarius*, ὑποληνιον. In MSS. Sangerm. *Lacus vinarius.*

VINARIUS, Qui vina vendit, institor vinarius : οἰνοπώλης, in iisdem Glossis Gr. Lat. Victor Schotti in Galieno · *Inter hæc ipse popinas ganeasque obiens, lenonum ac Vinariorum amicitiis hærebat, etc.* Senator lib. 10. Epist. 28 · *Et ideo arcarios, prorogatores tritici, vini et casei, macellarios, Vinarios, Capitularios horreariorum et tabernariorum, etc.* Mentio est apud Lampridium, ut *Corporis vinariorum Lugdunensium*, in vet. Inscript. 466. 7. [*Prince des Viniers*, Qui institoribus vinariis præest, in Statuto pro iisdem ann. 1373. tom. 5. Ordinat. Reg. Franc. pag. 614 : *Aiant lesdis seignifians ordenné, et accoustumé de tres lonc et ancien temps, à faire eslire et renouveller de commun assentement et par l'accord de chascun d'eulx, chascun an, un chief auquel il ont recour. conseil et advis sur les fais dessus diz, lequel ont dist et appellé le Prince des Viniers.*]

VINARIUS, Officium Monasticum, cui vini cura incumbit. Tabularium Cisoniense ann. 1266 : *Conventus quoque Vinarium sibi eligat, et vinis præponat, ut fieri solet, per diversum in officio suo duraturum, etc.* Historia ejusdem Monasterii pag. 528 : *Potest autem dictus Abbas officiales suos et obedientiarios, excepto Vinario Conventus, instituere et destituere pro suæ libito voluntatis.* Frater *Vinarius* dicitur apud Joan. Monachum Bertinianum in Vita S. Bernardi Pœnitentis num. 18. *Custos vini,* apud Bernardum Monach. in Consuetud. Cluniac. MSS. cap. 9. ubi de ejus officio hæc habet : *Custos vini est, qui vinum recipit et custodit, vindemia consummata, sicut granatarius de annona, etc.* Adde Udalricum in iisd. Consuet. lib. 3. cap. 19. [Vide *Vineator* et *Vinitarius.*]

1. **VINATA**, [Idem quod *Vinada* 2. et *Vinagium* 2. Tabul. Aurel. : *Petrus de Charlut dedit mansum unum de villa quæ dicitur al Poi Deo et S. Johanni quidquid habebat, scilicet la* Vinata*, qui* XII. *denarios in ortis, etc.* Tabul. Vosiense: *Mansus de la Boaria Vinata* VI. *den.*] Charta Vulgrini Comitis Engolismensis ann. 1147: *Ego vero habebam in ipsa curte Vinatam, ita quod de singulis domibus, in quibus invenebatur, singulis annis sommam vini habebam, exceptis domibus cimeterii, de quibus inter me et Canonicos querela habebatur.* Tabular. S. Eparchii fol. 95: *Et in his vineis habebat Comes Willelmus Taglofet Vinatam, quam dedit B. Eparchio, etc.* [Vide *Vinataria* 1.]

¶ **2. VINATA**, ut *Vinada* 1. Charta Comitat. Marchiæ ann. 1406 : *Tenebuntur reddere et solvere annuatim et anno quolibet præfatis conjugibus assensatoribus et suis successoribus unam Vinatam sive boatam cum quadam quadrigua et cum duobus bobus, et in casu in quo prædicti conjuges non vellent diciam Vinatam, etc.*

¶ **3 VINATA**, Vinea, vinetum, Gallice *Vignoble*. Consuet. Brageriac. art. 75 : *Item, nullus sit ausus vina sua deferre apud Brageriacum nec in districtu ejusdem, nisi ea duntaxat quæ crescunt in vineis quæ sunt et nominantur de Vinata dicti loci Brageriaci.* Vide infra *Vineta.*

¶ **1. VINATARIA**, ut *Vinata* 1. Litteræ Humberti Dalph. ann. 1348. inter Ordinat. Reg. Fr. tom. 3. pag. 275 : *Ecclesia de Romanis sola et in solidum habuit, habere consuevit et habet in singulis cellariis seu penoribus sitis infra villam de Romanis, a tenentibus cellaria, unum quartale vini semel in anno, quod Vinataria appellatur.*

★ **2. VINATARIA.** [Vinea : « *Ista honore donaverunt et istam ecclesiam et airalos et Vinataria, in convenientia que sit formida ecclesia in servicio Dei.* » (Cartul. Conchar. Ruthen. p. 395, XII sæc.)]

1. **VINATARIUS**, Institor vinarius, *Marchand de vin, Vinotier.* Charta Ildefonsi Comitis Tolosæ ann. 1141. apud Catellium : *Vinatarii ipsius villæ, qui foris ibunt emere vinum, et in hanc villam revendere portabunt, etc.* [Conc. Legion. ann. 1012. can. 39. inter Hisp. tom. 3. pag. 192 : *Qui Vinatarius non fuerit per forum, vendat vinum suum in domo sua sicut voluerit, per veram mensuram.*] Vide *Vinator* et *Vinetarius.*

☼ **2. VINATARIUS**, Qui vinum domini in ejus domum vehere tenetur ; quod servitium *Vinadam* appellabant. Charta Guid. vicecom. de Combornio ann. 1284. in Reg. 61. Chartoph. reg. ch. 421 : *Item volumus et concedimus quod Vinatarii de Traymhaco nobis et successoribus nostris non teneantur ad comportum faciendum, nisi pro proprio vino nostro apportando.* Vide *Vinada* 1. et *Vinata* 2.

¶ **VINATERIÆ**, Ampullæ vinariæ, in quibus vinum reponitur ad sacrificium, Gall. *Burettes.* Inventar. ann. 1342. ex Tabular. S. Victoris Massil. : *Item duas Vinaterias de stagno. Duas Vinaterias argenteas, vel duas canalas*, in alio Inventario ex eodem Tabulario. Vide *Vinagerie* et *Vinajeriæ.*

¶ VINATGERIÆ, Eadem notione. Inventar. Eccl. S. Martial. Lemovic. : *Item duæ Vinatgeriæ de argento.*

ʋ **VINATERIUS**, Vineis consitus, in Charta ann. 1460. ex Tabul. S. Vict. Massil Vide *Vineatus.*

¶ **VINATICUM**, ut *Vinagium* 2. Charta ann. 1218. in Chartul. S. Joh. Laudun. Ch. 77 . *Recognovit... se contulisse in eleemosinam præfatæ ecclesiæ sex modios Vinaticorum albi vini.* Occurrit iterum ibidem. Vide *Vinaticum* 2.

¶ **1. VINATICUM**, Vini penus, suppeditatio, præbitio, Gall. *Provision, fourniture de vin.* Charta Caroli C. apud Mabill. tom. 3. Annal. Bened. pag. 665 : *Quapropter statuimus...... ut ad ecclesiæ luminaria concinnanda et Vinaticum ac oblationes, istas res habeant concessas atque indultas.* Alia ejusd. Imp. ann. 877. apud Miræum tom. 1. pag. 138. col. 2 : *Ad Vinaticum similiter de indominicato, de vino modia* XII.

¶ **2. VINATICUM**, Eadem notione qua *Vinagium* 2. Charta ann. 1150. ex Chartul. Charmensi qua Goslenus Episcopus Suessionensis concedit Ecclesiæ de Charmo duos modios *Vinatici* apud Ciriacum. Alia Nivelonis itidem Suession. Episc. ann. 1192. ex Tabul. S. Crispini in Cavea : *Guido de Guni dedit eis...... unum modium Vinatici in vinea ecclesiæ S. Crispini apud Biaumont.* Rursum alia ejusd. Nivelonis ann. 1188. ibid. : *Unum modium vini et dimidium...... in Vinaticis ... apud Billi annis singulis recipiendum.* Vide *Vinaticium.*

¶ 3. **VINATICUM**, ut *Vinagium* 4. in Mirac. S. Richarii tom. 2. Annal. Bened. pag. 473.

VINATIO, Gall. *Vinée*, Certa vini quantitas, quam in torculari suo percipit dominus feudi ex vindemiis tenentium et hominum suorum. Pactum inter Comitissam Campan. et Episc. Meldensem ann. 1218. in Tabul. Campan. Bibl. Thuan. f. 276 : *Comitissa Campaniæ habet justitiam in prædicto clauso salva Vinatione Episcopi, et eo salvo, quod nullus audet removere vindemiam, donec Episcopus habuerit Vinationem suam.* [Vide *Vinata* 1.]

¶ **VINATIUM**, ut supra *Vinacia*. Constitut. Frederici Reg. Sicil. cap. 116 : *Idem quod procurent immunditias terrarum, maragmatum et Vinatium deferri et ejici extra civitatem prædictam.*

⁕ Glossar. Lat. Gall. ex Cod. reg. 7692 : *Vinatium, la pel du resin.* Vide supra *Vinacium.*

VINATOR, Vini venditor. Jacob. I. Rex Aragon. in Foris Oscæ ann. 1247. fol. 30 : *Vinatores, tabernarii, qui emunt vinum per villas et castella, et ducunt eum per civitates, etc.* Vide *Vinatarius.*

⁕ **VINATUM**, ut supra *Vinagium* 2. Charta Hugon. comit. Trec. ann. 1114. ex Tabul. Dervens. : *Pater meus... Vinatum vinearum, quas tunc ibi habebant vel habituri essent, eidem dono addidit. Vinote eodem sensu,* in Ch. ann. 1270. ex Tabul. S. Mich. in Eremo · *Octroyons perpétuellement esdis religieuses et à leurs successeurs de leurs vignes........ ne soient tenuz à nous payer receit ou Vinote.*

VINCANUALAGIÆ, *Labiorum obtorsiones,* in Glossis MSS.

VINCELUNA. Indiculus superstitionum et paganiarum, in Concilio Liptin. ann. 748 : *De lunæ defectione, quod dicunt Vinceluna.* Disjungendæ voces videntur, *Vince Luna,* quia forte, dum Luna deficeret, superstitiosi clamarent : *Vince Luna,* id est, non patere te a Sole superari : idque ex veterum superstitione, qui Lunæ deficienti ac *laboranti tuendæ* tinnitum dabant, ut auctor est Plutarchus in Æmilio, et Tacitus lib. 1. Annal. Seneca lib. 7. Natural. quæst. cap. 1. etc. quod pridem docuere Criticorum filii. S. Eligius, apud Audoënum in ejus Vita lib. 2. cap. 15 : *Nullus si quando Luna obscuratur, vociferare præsumat, etc.* S. Maximus Taurin. Homil. de defectu Lunæ: *Nam cum ante dies plerosque de vestræ avaritiæ cupiditate pulsaverim, ipsa die circa vesperam, tanta vociferatio populi extitit, ut irreligiositas ejus penetraret ad cœlum. Quod cum requirerem, quid sibi clamor hic velit, dixerunt mihi, quod laboranti Lunæ vestra vociferatio subveniret, et defectum ejus suis clamoribus adjuvaret.* Huc spectant etiam ista Gregorii III. PP. in Pœnitent. cap. 23. et Bedæ lib. de Remed. peccator. cap. 21 : *Vel quando Luna obscuratur, vel cum obscuritas suis, vel maleficiis sacrilego usu se defensare posse confidunt.* [⁰⁰ Theodor. Pœnitent. ed. Thorpe cap. 27. § 25 : *Qui student exercere quando luna obscuratur, ut clamoribus suis vel sacrificiis sacrilegis usu eam defendere confidunt, etc.* Adde Burchard. lib. 19. cap. 5. pag. 269. v°. edit. Paris.] Tunc enim Lunam a Sole impeti credebant. Narrat præterea Delrius in Notis ad Senecæ Hippolytum, Indos etiamnum existimare, tum Lunam usque ad sanguinis effusionem flagellari. Vide Oct. Ferrar. in orig. Ital. v. *Glubiana.* [∞ Grimm. Mythol. German. pag. 401.

An pro *Vinceluna* legendum *Vinstrina,* vel quid simile ?]

⁕ **VINCENNARIUS**, Qui curionis vices agit, seu vicarius perpetuus. Charta Albr. archid. Metens. ann. 1300. ex Reg. 3. feud. episc. ejusd. eccl. fol. 153. in Bibl. reg. · *Cum vicarii et Vincenarii, qui ad vitam suam debent in suis ecclesiis deservire, nobis sint præsentandi, etc.* Vide *Viceplebanus.*

⁕ **VINCENTISSIMUS**, ut supra *Victoriosissimus.* Joan. ab Insula de Gest. memorab. Franc. apud Lam. tom. 3. Delic. erudit. pag. 26 : *Vincentissimus noster comes* (Montis-fortis) *Angliæ regem ...... propulit et devicit.* Vide supra *Victoriosus.*

⁕ **VINCENUM**, VINCHENUS, pro *Vintenum* et *Vinthenus.* Libert. castri de Outsiaco ann. 1333. in Reg. 69. Chartoph. reg. ch. 54 : *Quod consules et consiliarii dicti loci.... possint,... si de dictæ universitatis seu majoris partis ejusdem processerit voluntate, Vincenum seu Vinchenos vel alias quotas.... levare facere.* Vide in *Vintenum.*

¶ **VINCENA**, pro *Vintenum.* Vide in hac voce.

¶ **VINCERE**. Convincere. Conc. incerti loci apud Marten. tom. 4. Anecd. col. 156 : *Diffamati fama publica vel verisimilibus indiciis super crimine aliquo, de quo Vinci non possunt, moveantur semel, secundo et tertio, ut confiteantur et satisfaciant.*

¶ **VINCHATA**, Mensuræ species videtur. Charta Joffredi Comit. Engolism. ex Tabul. S. Eparchii : *Reitnquo ad basilicam S Eparchii...... de tali tributo quod de Ponte Bossellis, quod parentes mei habuerunt, hoc est, de asinarios qui portant salem de Vinchatas, de homines qui portant ad collum palmatas.*

⁕ **VINCHINA** CASEI, Corbis viminea, ut videtur, in qua caseus ponitur, apud Bern. Rubeum in Monum. eccl. Aquilej. cap. 74. col. 747. Italis, *Vincheto,* ager viminibus consitus.

¶ **VINCIALES**, Excerpta Cæsarii Heisterbach. apud Leibnit. tom 2. Script. Brunsvic. pag. 523 · *Tempore discordiæ inter Ottonem et Philippum, in oratorium S. Goari confessoris... firmissimum, tum propter situm loci, tum propter Vinciales se, suaque transtulerunt.* Ubi legendum videtur *Provinciales.* Vide *Provincialis.*

⁕ **VINCLE.** Vasis genus. Invent. ann. 1419. ex Tabul. monast. Montisol. inter schedas Mabill. : *Unum Vincle cristalis, in quo portatur Corpus Christi.*

⁕ **VINCONEUS**, Monetæ species. Charta ann. 1481. in Pomer. diplom. pag. 186 : *Quatuor marchis Vinconeum tantum moderni valoris a prædicto monasterio...... realiter sibi solvendum reservamus.* Vide *Vintenus.*

¶ **VINCTUM**, f Idem quod Proprium, alodis. Vide supra *Subvincta.*

1. **VINCTURA**. Gualbertus in Vita Caroli Comitis Fland. n. 177. prælium describens : *Ibique dejectus est Comes Fridericus, et contra illum vinctus Riquartus ex Woldman in priore Vinctura ; plures quippe et infinitæ fiebant in invicem Vincturæ ; tandem gladiis contendebant.* Sed legendum videtur *juncturæ,* id est, commissiones in prœliis.

¶ VINCTURA. Tabul. Ambian.: *De unoquoque equo quem habet homo in Vinctura persolvit XII. garbas et dimidiam : ille vero qui equum non habuerit 10.* Forte *Vectura.*

⁕ 2. **VINCTURA**, si tamen non est vox factitia, Vinctorum custodia, nostris

alias *Vintrie ;* cujus officii, nomine feudi concessi, jura explicantur tom. 1. Hist. Vales. pag. 250. et tom. 2. pag. 365. idem quod *Geolagium* et *Turragium.* Vide in his vocibus.

VINCULARE, *Ligare,* Joanni de Janua ; in vincula conjicere. *Vinculatus, ligatus,* apud Papiam, carceri mancipatus ; occurrit apud Martianum Capellam lib. 1. Gregorium M. lib. 3. Epist. 31. Thuribium Episcopum Asturicensem de Libris apocryphis, Venericum Vercellensem de Unitate Ecclesiæ conserv. pag. 34. in Lege Wisigoth. lib. 9. tit. 1. § 2. in Historia Cortusiorum non semel, apud Alanum de Planctu naturæ pag. 288. et alios.

¶ VINCULARI, Obligari, astringi. Charta apud Lobinell. tom. 2. Hist. Britan. col. 1554 : *Item, ex juramento generatur obligatio principaliter Deo; sed Deus non vult aliquem Vinculari ad iniquitatem : ergo dictum Vinculari nullomodo est servandum.*

IN VINCULO COMPONERE. Vide *Componere* 2.

VINCULATA BONA, Practicis Hispanis dicuntur, quæ hypothecæ vel substitutioni subjacent, apud Michaëlem del Molino in Repertorio Foror. Aragon. Vide Foros Aragon. lib. 6. tit. *de Rebus vinculatis,* et Observantias Regni Aragon. lib. 5. eodem titulo.

VINCULATORIUM, δεσμοτήριον, Carcer, in Vita S. Eutropii cap. 12 : *Cum ego et comprehensi beatissimi viri in Vinculatorium duceremur, etc.*

¶ VINCULATIVA CUSTODIA, Eodem intellectu. Gesta Trevir. Episc. apud Marten. tom 4. Ampl. Collect. col. 395 : *Quæ Rex nudiens, nuntios secum misit, qui eum cancellarium cum litteris ceperunt, et Vinculativæ custodiæ addixerunt.*

⁕ VINCULATIO, Vinculum, catena. Vita S. Solen. tom. 7. Sept. pag. 70. col. 1 : *Tarsius jam triennio carcere situs et vincula ferrea collum, manus et plantas ita adstrictus...... exclamavit voce magna dicens : O pie Solennis,.... erue me de hac Vinculatione.*

¶ **VINDAGIA**, Vindemiæ, *Vendanges.* Litteræ Richardi III. Reg. Angl. ann. 1483. apud Rymer. tom. 12. pag. 208 : *Concessimus eidem Thomæ unum dolium vel duas pipas vini Vasconiæ...... juxta quod Vindagia se habent.* Vide *Vendagium* 3.

¶ **VINDEMERE**, Vindemiare, *Vendanger.* Notitia vetus ex 2. Chartul. Campaniæ apud D. Brussel tom. 2. de Usu feud. pag. 787 : *Dominus Noerii nullam justitiam habet in banno vini vendendi, nec in banno vindemiarum Vindemendarum.*

¶ **VINDEMIA**, Racemi, vindemiarum collectio, *Vendanges* eadem notione usurpamus. Charta ann. 1261. ex Chartul. S. Vandreg. tom. 2. pag. 1891 : *Et ego dictus Joannes aut hæredes mei tenemur bonam Vindemiam afferre ad pressorium dictorum Religiosorum de Gallon, et in dicto pressorio Vindemiabimus præfatum vinum ad custus meos.* Occurrit præterea in Litteris Johannis Reg. Franc. ann. 1351. tom. 4. Ordinat. pag. 88.

¶ **VINDEMIALIS** PULLUS, Qui vindemiarum tempestate solvitur. Polyptychus Fiscamn. : *Solvit pullos* 3. *cum ovis* 15. *et alios pullos Vindemiales cum ovis.*

¶ 1. **VINDEMIARE**, Vindemiam premere. Locus est in *Vindemia.*

¶ 2. **VINDEMIARE**, Fructus quoslibet

colligere. Charta ann. 1151. apud Murator. tom. 5. Antiq. Ital. med. ævi col. 318: *Quod ipse Landolfus easdem terras earumdem ecclesiarum et beneficia eorumdem presbyterorum iterum invasit, et per suos ministros Vindemiari fecit.......... Quod jam dictus Landolfus cum primis negare vellet, tandem confessus est ministros suos arbusta suo præcepto Vindemiasse.*

VINDEMIARII, Vindemiatores, *Vendangeurs*. Occurrit in Vita S. Joan. Episc. Tragur.

¶ **VINDEMIATIO**, Vindemia, Actio colligendi racemos. Charta Conrardi Abbat. Præmonst. ann. 1222: *Et ad augmentum hujusmodi coactionis Vindemiationem hujusmodi vineæ impediret.*

¶ **VINDEMIATOR**. Non raro occurrit illa servitus qua aliquis tenetur homines, qui fœnum, vindemiam, aliaque colligant, domino subministrare. Tabul. S. Albini Andegav. ann. 1099: *Concessit...... quasdam ineptas consuetudines quas in domo illa habebat, Vindematorem scilicet, fenatorem, hospitalitatem, etc.*

⁕ *Vendengeor*, eadem acceptione, in Chartul. archiep. Bitur. fol. 126. v°: *Habebant abbas et conventus unum servientem de logiis hominum abbatiæ qualemcumque voluerint, liberum et absolutum ab omni consuetudine et exactione, videlicet ab omni tallia seu touta de charroy, de fenœor, de Vendengeor, etc. Vendengeresse, pro Vendangeuse, in Lit. remiss. ann. 1397. ex Reg. 152. Chartoph. reg. ch. 195: Entre les autres vendengeurs et Vendengeresses et hotteurs, y estoit une baisvelette qui s'esbat volentiers, etc.*

¶ **VINDEMNIA**, pro Vindemia, in Instrum. ann. 1366. inter. Ordinat. Reg. Fr. tom. 5. pag. 228.

VINDENATES, [Termini species, cujus usus in finiendis agris.] Vide *Arca* 1.

¶ **VINDERE**, Vendere, in proprium concedere. Charta ann. 845. in Append. ad Marcam Hisp. col. 781: *Sic placuit mihi et placet et propria mea hoc elegit bona voluntas ut tibi filio meo Berane Vindere deberem, sicuti et Vindo, in suburbio Elenense, in pago Russulhonense. Vindo tibi in ibidem loco villas duas, etc.*

✱ [In carta cerdanica anni 989. ap. Mus. Arch. dép. p. 38: « *Concedimus tibi similiter ipsa tercia parte abendi, Vindendi, donandi.* »]

VINDICABILE, *Passibile*, Papias.

° **VINDICARE**, Usum habere. Mirac. S. Germ. Autiss. tom. 7. Jul. pag. 268 col. 2: *Tanquam æneus* (Nonninus) *diriguit; ita ut nullum membrum posset ullatenus Vindicare aut vocem emittere.*

¶ **VINDICATIO**, Redemtio prædii, Gall. *Retrait*. Charta ann. 1288. apud Ludewig. tom. 5. Reliq. MSS. pag. 429: *Renunciantes ex nunc pro nobis et quibuslibet nostris successoribus omni dominio omnique Vindicationi, seu juri quod nobis ipsis, vel nostris successoribus aut hæredibus competeret in iisdem, aut competere cuipiam videretur.*

° Rectius, ni fallor, Jus quodlibet in rem aliquam, quo quis illam venditam vel dimissam reclamare et sibi vendicare potest. *Vengement*, eodem sensu, in Stabilim. S. Ludov. cap. 41. tom. 1. Ordinat. reg. Franc. pag. 289.

¶ **VINDICATRIX**, Ultrix, *Vengeresse*. Charta ann. 1956. apud Rymer. tom. I. pag. 591: *Placeat igitur vestræ Excellentiæ talem medelam apponere ad castigationem dicti ballivi, quod non oporteat nos, ad ejus transgressiones, manum apponere Vindicatricem.*

VINDICES, Exactores, exactioni tributorum præpositi; qui ea a provincialibus exigebant, et singulis civitatibus eo nomine præfecti erant. De his agunt Novellæ Justiniani 38. 124. 125. 128. Chronicon Alexand. pag. 785. Evagrius lib. 3. cap. 42. Eclog. Basilic. 58. Cyrillus Scythopolitanus apud Alamannum ad Procopii Arcana pag. 100. 1. editionis, etc.

VINDICIUM, Vindicta. Gl. Gr. Lat. MS.: Ἐκδίκησις, *Defensio, Vindicium, vindicta*; in edito *Vendicium*. Ἔκδικος, *Defensor, vindictor*. Eulogius lib. 1. Memorial. Sanctor.: *Stimulator zelo ultionis cohors iniqua gentium, celerisque animadversionis energit Vindicium in obtrectatores sectæ suæ*. Utitur etiam lib. 2. cap 1. [Vita S. Perfecti tom. 2. April. pag. 586: *Nam celerem ad Vindicium sui militis ultionem effundens, etc.*]

VINDICTA, *In vindictam dari*. Decretio Chlotarii II. Regis cap. 10: *Si servus ante admonitum dominum defuerit, capitale dominus restituat, et de servo faciat cessionem, et cum inventus fuerit, detur in Vindictam. Id est, judici tradatur, ut pœnam de eo condignam exigat.*

¶ **VINDICTA SANGUINIS**, Alta ut vocant, seu suprema justitia. Charta ann. 1226. apud Ludewig. tom. 1. Reliq. MSS. pag. 37: *Cum Vindicta sanguinis et sententia capitali, et cum omni libertate et utilitate, sicut eas pater noster in sua habuit potestate.*

¶ **VINDICTA**, Mulcta, ut videtur. Annal. Genuens. Oberti Cancell. apud Muratot. tom. 6. col. 340: *Nam præfati consules rempublicam satis honeste tractantes, fecerunt collationem infra urbem nostram denariorum* VIII. *per libram, exceptis denariis* (sic) *plebium, Vindictarum et navium*. Iidem Annal. Ottoboni ibid. col. 364: *Quum in civitate consules communis assignassent ac concessissent potestatem Vindictarum exercendarum, etc.*

¶ **VINDICTOR**, *Defensor*, Ἔκδικος, in Gloss. Lat. Græc. *Vindex*, in MSS. Vide *Vindicium*.

¶ **VINDIGATUS**, pro Vindicatus. Locus est in *Elitigare*. Vide in hac voce.

¶ **VINDIGESTÆ**, τὰ ἐν ἀμφισδητήσει πράγματα, in Gloss. Lat. Gr. Leg. *Vindiciæ*. Vide Festum.

¶ **VINDINIA**, pro Vindemia, in Tabul. Camalar.: *Mansus Rigaldenchus debet octo sextarios annonæ, et civatæ* III. *eminas et recetum, et in Vindimias pro carreio* XII. *den.*

¶ **VINDOCINENSIS** MONETA. Vide in *Moneta Baronum*, suo ordine.

VINDRAGIUM. Tabularium Vindocinense ch. 204: *Concessit etiam Dom. Harduinus, ut post obitum Presbyteri Vindragium deveniret in manus Monachorum, et ad votum suum quemcunque vellet, haberet Presbyterum*. Et Charta 210: *Presbyteratum, quod vulgo dicitur Vindragium.* Vide in *Vineragium*.

☞ *Junioragium* probabili omnino conjectura emendat Vir doctissimus in voce *Junior*, id post Vassorium putat esse quamlibet Ecclesiam, seu potius Ecclesiæ curam, quæ a personarum dependet. Correctioni simul et interpretationi lubens assentior, nisi alibi, nec semel, hæc vox occurreret diversa notione. In Chartulario Dunensi *Vindragium* definitur *feudum presbyterale*. Charta 23: *Fevum presbyteralem quod Vindragium vocant...... ut Vindragium illud et capellaniam simul ecclesiæ de Montiniaco nobis auctorizaret*. Strictiori sensu usurpatur in Tabul. S. Vincentii

Cenoman.: *Presbiterium totum habebunt supradicti Monachi mortuo præsente presbitero nomine Gaufredo, quo mortuo possidebunt monachi Vindragium*. Ibidem: *Dedit,... quidquid in ecclesia de Attiniaco videbatur habere, videlicet totum altare et omnia primitiva, ac sepulturam, decimasque omnium leguminum, nec non Vindragium ecclesiæ*. Charta ann. 1070. ex eod. Tabul. apud Marten. tom. 1. Ampl. Collect. col. 481: *Concedo Vindragium videlicet ecclesiæ, panem, et candelam, et sepulturam, et omnes primitias*. Unde *Vindragii* nomine, quod casu obvenit significari videtur, Gall. *Casuel*.

¶ 1. **VINEA**, Villa, hortus, notione Romanis usitatissima. Charta ann. 1176. inter Instr. tom. 6. Gall. Christ. novæ edit. col. 46 *Hæc charta fuit laudata et firmata in quadam Vinea juxta Perpinianum.*

¶ **VINEA** QUARTONERIA, Ex qua *Quarto* percipitur. Vide *Quarto* 7.

¶ **VINEA** *quæ ad quintum racemum*, hoc est, ad quintam partem excolitur, in Charta ann. 1309. tom. 1. Hist. Dalph. pag. 97. col. 2.

¶ **VINEA SALIS**, pro Vena, Gall. *Veine*. Charta ann. 1065. inter Probat. Hist. Tullens. pag. 75: *Apud Medianum-vicum Vineam unam salis, cum sesso*. Neque enim raro reperiuntur salis fodinæ in diœcesi Tullensi.

¶ 2. **VINEA**, Machina tectoria, compacta ex lignis trabibusque in modum cratis contextis: lateribus etiam vimine crudisque coriis obfirmatis, ne jactis desuper saxis telisque perfringatur. *Vinea* dicitur, quia ad vineæ vitiferæ similitudinem et texturam accedunt. Hujus constructionem usumque describit Vegetius lib. 4. cap. 15. Vide Carolum de Aquino in Gloss. milit.

↳ 3. **VINEA**, Præstatio certæ vini mensuræ pro vineis, vel ex ipsis vineis decima Arest. parlam. Tolos. ann. 1287. inter Probat. tom. 4. Hist. Occit. col. 85: *Item de petitione eorumdem* (consulum) *petentium,...... quod non possint perturbari capiendo Vineam in camino ex qua fuerint ponderatæ, sed quod deymerii percipiant decimam in vineis dictorum hominum.* Vide supra *Vinagium* 2. et *Vinatum*

& **VINEA PRÆGNANS**, Machinæ bellicæ species. Tract. MS. de Re milit. et mach. bellic. cap. 24: *Vinea est machina habens in se alium parvam machinam, per quam transit super pontem ejus..... Vinea prægnans per seipsam intratur.* Vide *Vinea* 2.

VINEALE, BINIALE, Ager vineis consitus, vel plantandis idoneus. Charta ann. 1158. in Tabulario Casauriensi: *Dedit cannabinam meam cum Biniale eidem cannabinæ adjacent*. Alia ann. 1163: *Unam petiam de vinea....... et unam canapinam, et unum Viniale in loco, qui dicitur... cum arboribus suis*. Charta Odonis Episc. Carnotensis ann. 975: *Dedit ad eundem locum terram Vinealem* 20. *solidorum, quæ est proxima civitati Carnotinæ*. [Charta ann. 1283. apud Cencium inter Census Eccl. Rom.: *In domibus, casalinis, ortis, canapinis,...... vineis, Vinealibus, arboribus fructiferis, et infructiferis, etc.* Vide *Vinearium* 2.]

VINEARE CAMPUM, Vineis conserere, in Pacto ann. 1246. inter Thomam Comitem Sabaudiæ et Abbat. Pinarolensem: *Habeat et planum campum, quem similiter Vineare possit.*

⁕ *Viner*, vitem colere, propagare, in Lit. remiss. ann. 1469. ex Reg. 197. Chartoph. reg. ch. 88: *Laquelle vigne j'ai podée, fossée, Vinée, et gouvernée*. Vinum vendere seu tabernam tenere sonat, in Charta ann. 1325. ex Reg. 62. ch. 401: *Lequel prévost, juré et gouverneur avoient ordené, establi et défendu..... que nul ne Vinast ne vendesist vin en cité de Tournay, fors que la ville tant seulement, et avoient défendu à toute maniere de gent que il ne Vinassent ne vendissent vin*.

¶ 1. **VINEARIUM**, Ampulla vinaria, Gall. *Burette*. Tabul. Monast. S. Theofredi in Velaunis: *Vinearia stagnea, id est ampullæ, vinum et aquam continentia, etc.* Vide *Vinagium* 1.

¶ 2. **VINEARIUM**, Ager vineis consitus, idem quod *Vineale*. Charta Willelmi Comit. ann. 806. inter Probat. novæ Hist. Occitan. tom. 1. col. 34: *In Montenigro mansos quinque, cum toto Vineario, quem vocant Oliveto*. Vide *Vinarium* in *Vinaria*.

VINEARIUS, Qui vineas servat. Magn. Pastorale Eccl. Paris. ch. 21. ann. 1259: *Messarii autem et Vinearii in dicta villa ponentur*. [Charta Philippi IV. Reg. Franc. ann. 1293. apud Thomasser. in Biturig. pag. 65: *Prohibemus etiam, ne deinceps Vinearii ponantur in vineis, sed gardæ reddentur die, quam statuerint hii quibus debentur*.]
° Nostris Vigneur. Libert. villæ de Chagny ann. 1282. tom. 4. Ordinat. reg. Franc. pag. 880. art. 1: *Les Vigniers et les missiers pour garder les vignes et les blefz, etc*. Lit. remiss. ann. 1402. in Reg. 157. Chartoph. reg. ch. 263: *On a accoustumé, quant aucuns robent les roisins ès vignes, pour appeller les Vigniers de crier aux chenilles. Messiers et Vingniers*, in Charta ann. 1311. ex Chartul. Regalisloci ch. 30. *Vingneur*, in Libert. villæ *de Tanay* ann. 1362. tom. 6. earumd. Ordinat. pag. 61. art. 13. Vide infra *Vinyogalaris*.

¶ **VINEARIUS**, Qui vineam colit. Tabul. Casaur. sub Carolo et Pipino Regibus: *Constat me... veudidisse tibi Adersi scultdasio cartularios et Vinearios in loco qui dicitur in Vico*.

VINEATICA, vel **VINEATICA TERRA**, Ager vineis consitus. Tabularium Casauriense: *Omnes ipsas res genitoris nostri inter cultam et incultam, in silvam modiorum centum, et terra, quæ est Vineatica modiorum 20. per tremissos vites palorum centum. Alibi: Et sunt ipsæ res... inter terram cultam et incultam, et vineæ et Vineaticæ et silvæ per singulas petias exunatæ insimul faciunt modiorum quatuor centum*. Vide *Vineale* et *Vineatus*.

VINEATOR, Ugutio: *Vinitor, qui vineam custodit, quasi Vineator, etc*. Vide *Vinitor*, et *Vinearius*. Chronicon Beccense ann. 1247: *In eodem capitulo elegerunt unanimi consensu D. Robertum de Clarobecco, tunc Vineatorem Becci in Francia,... in Abbatem*. Videtur ibi mendum subesse. An *Visitatorem*?

☞ Officium fuit apud Monachos, cui scilicet vinearum vel vini cura demandata erat, ut discimus ex Charta ann. 1248. in Hist. MS. Monast. Beccensis pag. 615: *Si quid vero damni dictus Joannes, vel ejus servientes intulerint occasione viæ quam sibi liberam per masuram præfatam voluit reservari eundi causa ad vineas suas, vult et concedit ut ad arbitrium Vinearii eorumdem Religiosorum qui pro tempore fuerit, debeat emendari*. Vide *Vinearius* et *Vinitarius*.

¶ **VINEATUS**, **VINEATA TERRA**, Ager vineis consitus. Chron. Farf. apud Muratori. tom. 2. part. 2. col. 444: *Dedit in hoc monasterio unam petiam terræ Vineatam. Unam petiam terræ arativæ et Vineatæ*, in Charta ann. 1328. inter Probat. familiæ *de Gondi* pag. 87. Statuta crimin. Saonæ cap. 42. fol. 94: *Nec quisquam possit, nec præsumat in aliquo horto, jardino, viridario, campo, aut aliqua alia terra Vineata incidere, etc*. Vide *Vineale* et *Vineatica*.

¶ **VINEATUS**, Ad modum vineæ acupictus. Visitatio Thesaur. S. Pauli Londin. ann. 1295: *Casula Alardi decani de nigro sameto, dorsali et pectorali optimi aurifrigei Vineati*. Vide *Vignetæ*.

¶ **VINECUM**, Idem quod *Vinagium* 2. Charta ann. 1131. inter Probat. tom. 2. novæ Hist. Occitan. col. 460 · *Censum de Vineco et de calrheriis, et mortuorum lectiones,... habeat*. Vide *Vinetum*.

° **VINEMIA**, Vindemia. Charta ann. 1221. tom. 1. Hist. Cassin. pag. 317. col. 1: *Et in tempore messis et Vinemiæ duos dies et cordiscum*.

° **VINENA**, Vinea, ager vineis arboribusque consitus. Bulla Greg. IX. PP. ann. 1230. apud Murator. tom. 2. Antiq. Ital. med. ævi col. 35: *Item curia pro qualibet mansa debet accipere de Vinenis unam cistram inter uvas et alios fructus*.

¶ **VINEOLA**, diminut. a Vinea, in Testam. Bertichrami Episc. Cenoman. apud Mabill. tom. 8. Analect. pag. 112. *Viniola*, ibid. pag. 121. et in Charta Ludovici Pii ann. 836. apud Marten. tom. 1. Ampl. Collect. col. 96.

✱ [« In Bassao mansellum I. cum *Vineolis*. » (Constit. Concil. Pist. an. 864. Mus. arch. dép. p. 20.)]

¶ **VINERA**, Vinea. Charta libertatum S. Palladii ex Cod. MS. Coislin.: *Nullo vero tempore aliquis equitando veniat in Vinera, nec etiam pedes postquam Vineræ fuerint fossæ*.

VINERAGIUM, Tributum pro vino, quod in urbem adducitur ; vel idem sit quod *Vinagium* 2. In Terrario Insulæ Adami, teste de Laurnere in Gloss. Jur. Gall. dicitur *Vieutrage* et *Traisnage*, quod intelligitur de ea præstatione quæ domino fit ob vini dolium emtum, quod traha ducitur.] Charta Philippi Regis Franc. ann. 1308. ex 2. Regesto ejusdem Regis n. 9. in Tabulario Regio: *Item Vineragium, cavagium et rotagium quæ habebamus apud Jauzi, etc. Vineragium dicitur in Consuetudine Silvanectensi art. 125: Item peut prendre forage, rouage, Vientrage, des vins et autres breuvages vendus, etc*. Ubi forte legendum *Vinerage*.

☞ Nihil immutandum est, si tamen asserta est lectio Chartularii S. Cornelii Compend. ubi occurrit *Vintragium* ex Charta Petri Abb. ejusd. Monast.: *Concessimus prædicto Petro clerico nostro jus integrum quod habebamus... in dicta domo, videlicet roagia, foragia, Vintragia, salvis et retentis nobis et Ecclesiæ nostræ omnibus justitiis altis et bassis*. Hinc emendanda alia Charta ex eodem Tabulario: *In quacumque ripa a bucca Isaræ usque ad Ecclesiam de Gellis, dolium vini si ejectum fuerit ab aqua obolum debet, et denarium de Witragio, si a terra fuerit ejectum*. Ubi legendum videtur, *Vintragio*.

Pro *Vineragium*, in Ch. Phil. Pulc. ex Reg. 2. Chartoph. reg. hic laudata, *Viutragium* legitur in ead. Charta ex Lib. rub. Cam. Comput. Paris. fol. 349. r°. col. 2. quomodo etiam legendum est in Chartul. Compend. ubi nihil quoque mutandum opinor in voce *Witragium*. Unde pro *Vientrage* emendandum censeo *Vieutrage*, ut colligitur ex locis laudatis supra in *Vecticare*.

VINERATICA, Eadem notione, si bene auguror, in veteri Charta Italica apud Ughellum tom. 5. pag. 1538: *Vinum pro Vineratica decimatæ octo*. Perperam enim editum *vivaritia*. Sed malim leg. *Vineatica*. Vide in hac voce.

VINERICIA. Charta Caroli M. in Actis Episc. Cenoman. pag. 266: *De Vinericiis quoque et perdonato, de pastionibus et pascuariis, etc*. Perperam edit. *Vivericiis*, in Vita Aldrici Episc. Cenoman. pag. 31. [et *Umericia* ibid. pag. 144. tom. 3. Miscell. Baluz. Ubi *Vinericia* idem esse videtur quod *Vineale*, *Vineatica*. In sequentibus vero Vindemiam ipsam, id est, vindemiarum tempestatem seu collectionem significat.] [°° Guerardo in Glossar. Irminon.: *Servitus devahendi vindemiam collectam vinumque recens factum, tum tributum pro illa præstatione redimenda*.] [Codex censualis Irminonis Abbat. fol. 40. v°: *Facit Vinericiam cum duobus animalibus*. Fol. 41: *Facit curvadas sicut ceteri et Vinericiam cum uno bove*. Fol. 61: *Faciunt dua carra ad Vinericiam et ad magiscam dua carra*. Denique fol. 62. v°: *Solvunt de capite suo sol. III. et denar*. III. *faciunt angariam ad Vinericiam*.] Polyptychus S. Remigii Remensis: *Facit ad pratum dies 3... facit Vineritiam et carrum, aut donat den*. 6. Alibi: *Et solvunt... ad substratum et materiam car*. 10. *de Vineritia aut car*. 5. *aut solid*. 10. Polyptychus Floriacensis: *Solvit unus quisque* (mansus) *de hostileso, vel est, pro bove solidos* 2. *et porcos* 2. *aut solid*. 4. *multones* 2. *aut sol*. 2. *solvit inter Vinericiam et pascionem de vino mod*. 6 *etc*.

¶ **VINERITIA**, Idem videtur quod *Vineragium*, nisi forum intelligas in quo venditur. Regest. Episcopat. Nivern. ann. 1287: *Episcopus habet terciam partem bladeriæ et Vineritiæ*.

¶ **VINETA**, Vinea. Tabul. S. Victoris Massil : *Cujusdam condaminæ cupiditate seducti ob uberrimam Vinetarum habundantiam, etc*. Vide *Vinata* 3.

¶ **VINETARIUS**, Institor vinarius. Charta ann. 1226. apud Thomasser. in Biturig. pag. 83 · *Mercatores, panetarii, Vinetarii, carnifices et alii quicumque negotiatores, etc. Mercator vinetarius*, in Litteris Henrici V. ann. 1420. apud Rymer. tom. 9. pag. 868. [°° Breve ann. 14. Edward. II. Reg. Angl. in Abbrev. Rotul. tom. 1. pag. 258: *Quia datum est nobis intelligi, quod Vinetarii ejusdem civitatis* (Londin.) *et eorum tabernarii vina ad indulcandum... vendentes, vina debilia et corrupta cum aliis vinis miscent, etc*.] Vide *Vinatarius*.

¶ **VINETUM**, ut *Vinagium* 2. Tabular. S. Petri de Cella-froini in pago Engolism.: *Dedit Deo et S. Petro Apostolo de Cella froino unum mansum,...... et dimidium Vinetum de vineis, et mansum, et vineas*. Vide *Vinecum*.

° **VINGAREUM**, Idem forte quod Italis *Vincheto*, Ager viminibus consitus, a *Vinciglio*, vimen. Charta ann. 1011. apud Lam. in Delic. erudit. inter not. ad Hodœpor. Charit. part. 1. pag. xxx: *Cum... terris, vineis, olivetis, quiercetis, castanietis, silvis, Vingareis, pratis, etc*. Vide infra *Vinterium*.

° **VINGNERIUS**, Qui vineas colit, Gall. *Vigneron*. Charta admort. ann. 1407. in Reg. 162. Chartoph. reg. ch. 84. bis: *Item vineæ ad quantitatem quadraginta dierum unius Viagnerii*.

¶ **VINGORDUS**. Charta Innocentii II. PP. ann. 1140. in Hist. Mediani Monast.

pag. 287 : *Apud Rabaldi vilare tres Vingordos. Apud Castinove cortem cum vineis.*

⁕ Idem forte quod supra *Vingareum.*

¶ **VINGTEMIUM**, ut *Vintenum*. Vide in hac voce.

⁕ **VINGTENUM**, ut *Vintenum.* Vide in hac voce. Charta ann. 1304. inter Probat. tom. 2. Hist. Nem. pag. 52. col. 1: *Distribuit aliis tribus dominis tres solidos, qui appellantur tria Vingtena, ex viginti portionibus computando, alios vero septem solidos, qui appellantur septem Vinglena, rex sibi retinet.*

⁕ **VINGUENNA.** Arest. ann. 1330. 23. Jan. in vol. 3. arestor. parlam. Paris.: *Episcopi* (Lemovicenses) *possidebant navigia et arrivagia dictæ civitatis, quæ Vinguennæ vocatur, cum emolumentis et proventibus eorundem.*

⁕ **VINHALE.** Vide supra *Vinale* 2.

¶ **VINHAURIUS**, Vini haustor, bibax. S. August. lib. 16. contra Faustum cap. 31. edit. Latinii : *Ecce homo vorax et Vinhaurius.*

¶ **VINIALE**, ut *Vineale.* Vide in hac voce.

¶ **VINICAMBIA**, Præstatio quæ in permutationibus domino debetur. Tabul. S. Victoris Massil.: *Donamus et concedimus omnem Vinicambiam et venditionem de turri quæ dicitur Amalcheri. Et habent Monachi Cambia de vino,* in majori Chartul. ejusdem Monast. pag. 108.

⁕ **VINICOPIA,** *Winkouff,* in Vocabul. Germ. MS. Twingeri. [⁕⁕ Vide Ilaltaus. Glossar. Germ. voce *Wein-kauf,* col. 2058.]

¶ **VINIDIMIA,** pro Vindemia, in Tabul. Castriduonensi f. 12. v°. Locus est in *Vinum pede pressum.*

VINIDRIA, Datio vineæ ad medium vinum. Tabular. Celsinianense: *Et si est ipsa vinea,... in tali ratione, et quamdiu Domino donante vixero, ad Vinidriam teneam, et anni singulis mediatatem de vino per unumquemque annum ad Monachos in vestitura persolvam.* Similia verba occurrunt in aliis Chartis.

¶ **VINIFICARE,** Vinum producere. Inscriptio apud Cuffetum Hist. Cabilon. pag. 769 : *Nunc vites nostræ Vinificatund lætius, arva luxuriabunt uberius, etc.*

VINIFORUM, Βαυχίς, in Glossario Lat. Gr. MS. S. Germ. Paris. Vas vinarium. [Leg. *Viniferum.*] Vide *Bauca.*

↷ **VINIGATUS,** Vinum, vini saporem habens. Addit. ad Vit. S. Henrici apud Pertz. Script. tom. 4. pag. 818 : *Virginis filius... aquæ liquorem in Vinigatissimum converterat saporem.*

¶ **VINIGOLIUM.** Charta ann. 1093. inter Probat. tom. 2. novæ Hist. Occit. col. 332 : *Istos vero mansos et homines prænominatos ego Bertrandus retineo in vita mea cum omnibus quæ modo habent et tenent, et cum Vinigoliis, et decimis, et primutiis, et quartis, etc.* Idem videtur quod *Vinagium* 2.

⁕ **VINIMETUM,** *Ouserie, le lieu où croissent les ousiers,* in Glossar. Gall. Lat. ex Cod. reg. 7684. pro *Viminetum.*

¶ **VINIOLA,** ut *Vineola.* Vide in hac voce.

VINIPA. Liber Anniversariorum Basilicæ Vaticanæ apud Johannem Rubeum in Vita Bonifacii VIII. pag. 345 : *Item tria superpellicia de Vinipa et cortina.* Puto legendum *vimpa,* pannus scilicet lineus ex quo conficiebantur *vimpæ,* seu pepla mulierum. Vide *Guimpa.*

¶ **VINIPERUM,** Βαυχίς. Gloss. Lat. Gr. MSS. Perperam pro *Viniferum,* ut et in cod. Reg. ubi *Juniperum* legitur. Vide *Viniforum.*

⁕ **VINIPERUS,** pro Juniperus. Vide *Vimpum.*

¶ **VINITARIUS,** Officium Monasticum, cui vini cura demandata erat. Iperius in Chron. S. Bertini apud Marten. tom. 3. Anecd. col. 757 : *Quartum officium fuit Vinitarii, qui providebat de vinis, fœnis, lectisternis et omnia necessaria hospitum.* Vide *Vineator.*

¶ VINITARIUS, Institor vinarius. Charta ann. 1493. apud *Madox* in Formul. Anglic. pag. 438 : *Ego Johannes Porter civis et Vinitarius civitatis London. ac liber homo ejusdem civitatis, etc.* Vide *Vinarius* et *Vineator.*

VINITOR, ἀμπελουργός, in Gloss. S. Benedicti : *Qui vineam custodit, vel qui calcat uvas, vel qui custodit vinum.* Ita Ugutio, Gallis *Vigneron.* Vox Latinis Scriptoribus nota. [Occurrit in Leg. Salica tit. 11. § 5. Testam. S. Irminæ ann. 698. apud Marten. tom. 1. Ampl. Collect. col. 10 · *Similiter dono ad jam dicta loca sanctorum vineæ pedeturam unam in monte Viennensi cum Vinitore nostro Alithfrido cum omni peculiari suo.*] Gregorius Turon. lib. 5. cap. 49 : *Cracina Pictavensis insula vocatur, in qua a fiscalis Vinitoris servo, Leocadio nomine, nascitur.* Tabular. S. Remigii Remensis : *Vineæ* 19. *cum totidem Vinitoribus, ubi possunt colligi de Vino mod.* 177. Charta Chrodegangi Episc. Metensis ann. 763 : *Similiter donamus in pago Magnise in villa Pomaria sortes cum Vinitore, vel illam vineam, quam ipse Vinitor facit, etc.* Vita S. Joan. Episc. Tragur. Romæ edita . *Grando superveniens vineas contudit adeo, quod Vinitores non uvas, sed racemos rarissimos domum referrent.* Charta Philippi Reg. Fr. in M. Pastorali Eccl. Parisiensis lib. 19. ch. 79 : *Noverint... apud nos fecisse querimoniam de Vinitoribus vinum de potestate Spedonæ villæ per aquam deferentibus, qui rotaticum, quod alii Vinitores vinum per terram deferentes reddebant, ad plenum reddere recusabant.*

¶ **VINNA.** Vide *Venna.*

¶ **VINNETUM,** pro *Vicinetum,* vel *Visnetum, Assisa* vicinorum. Vide in *Vicinus.* Charta apud *Madox* Formul. Angl. pag. 305 : *Si vero jam dictus Willelmus de Corfiun vel hæredes sui arbitrio legalium hominum de Vinneto, aliquo prædictorum modorum infideliter se gesserint, etc.*

¶ **VINNOLATA** Vox, *est levis et mollis, atque flexibilis. Et Vinnolata dicta a vinno, hoc est cincinno, molliter flexo.* Ita Isidorus lib. 3. Orig. cap. 19. § 18. [⁕⁕ Vide Forcell. in *Vinnolus.* Ademar. Chron. lib. 2. cap. 8 : *Omnes Franciæ cantores didicerunt notam romanam quam nunc vocant franciscam, excepto quod tremulas vel Vinnolas, sive collisibiles vel secabiles voces in cantu non poterant perfecte exprimere.*]

VINOBLIUM, Vinea, Ager vitibus consitus, ex Gallico *Vignoble,* in Charta ann. 1256. Regesti Inculismensis Cameræ Comput. Paris. pag. 34 : *Garenam suam, quam habebat in Vinoblio et territorio dictæ villæ Karoffensis, etc.* [*In Vinoblio de Romanis vel terrutorio abbatiæ,* in Charta Humberti II. Dalphini inter Ordinat. reg. Franc. tom. 3. pag. 280. *Vignou,* in Charta ann. 1312. ex Chartul. S. Martini Pontusar. fol. 80. v°.]

¶ **VINOBRE.** Eodem intellectu. Charta ann. 1053. apud Marten. tom. 1. Anecd. col. 177 : *In parochia Mauriago ipsa medietate de ipso Vinobre, qui vocatur Caizago.*

✻ [Vox magis occitana quam latina,

⁕ **VINIPERUS,** pro Juniperus. Vide

Vinea : « XII. solidos Podienses in toto illo *Vinobre* de Castlar. » (Cartul. Conchar. Ruthen. p. 388. an. 1087.)]

⁕ **VINOLIUM,** Vinetum, Gall. *Vignoble.* Charta ann. 1363. in Reg. 93. Chartoph. reg. ch. 281 : *Viginti duas operatas vineæ ..... in territorio seu Vinolio Belnæ situatas.* Vide *Vinoblium.*

⁕ **VINOPETIO.** pro *Verpitio,* Abdicatio, rei alicujus dimissio, ipsa abdicationis charta. Chron. S. Benigni Divion. ad ann. 1007. tom. 2. Spicil. ult. edit. pag. 388. col. 2 : *Tradidit super altare S. Benigni ipsam Vinopetionem, ut neque ipsa deinceps, neque ullus militum ejus de illo beneficio quidquid retineret, nisi tempore vitæ suæ. Post obitum vero uniuscujusque, quod tenebant, rediret ad jus S. Benigni.*

¶ **VINOSITAS,** dicitur de nitore lapidis pretiosi, eadem notione qua Galli *Eau* usurpant. Locus est in *Orphanus* 2.

✶ **VINOSUS.** [Appetitor vini. DIEF.]

⁕ **VINOTARIUS,** Institor vinarius, in Stat. eccl. Tornac. ann. 1366. pag. 50. art. 7. Vide *Vinitarius.*

✶ **VINTANUM.** [*Vingtaine, câble fait de vingt filins* : « Duabus *Vintanis* furnitis de joncheriis ad dictam campanam descendendam necessariis. » (*Refonte d'une cloche de N. D. en* 1896. Bibl. Schol. Chart. 1872. p. 389.)]

⁕ **VINTENARIUS,** Qui *Vinteno* colligendo præpositus est. Charta ann. 1356. inter Probat. tom. 2. Hist. Nem. pag. 176. col. 2 . *Ad unam receptam levandorum per dictos consules, seu Vintenarios per ipsos deputandos, etc.*

¶ **VINTENERII,** *Consilium Vintenariorum,* quod ex viginti Consiliariis compositum esset, sic appellatur. Regest. Massil.: *Anno Domini* 1802. *congregato honorabili consilio civitatis Massiliæ...... primum fuerunt lectæ in consilio pro parte consilii Vintenariorum castri Arearum, etc.*

¶ **VINTENIUM,** ut *Vintenum,* apud Guidonem Papæ locis laudatis infra in *Vintenum.*

VINTENUM, Vicesima, quæ Domino feudi competit, cujus jure percipit vicesimam fructuum in terris vassallorum, aut subditorum, eoque ipso tenetur castrorum et burgorum muros reficere suis sumtibus ad hostium incursus propulsandos. De hoc jure agunt Guido Papæ q. 7. et 372. et Dion. Salvaingus Boissius in Tract. de Jurib. domin. et usu feudor. cap. 46. 47. 48. Concilium Avenionense ann. 1279. can. 1 : *Census, tascas, trezena, laudimia, Vintena, feuda, lesdas, pedagia, etc.* [Charta ann. 890. in Append. ad Marcam Hisp. col. 824 : *Et dabimus primitiam ad Vintena et duas partes decimarum.* Libertates Bellivius ann. 1256. tom. 1. Hist. Dalph. pag. 59. col. 1 : *Dominus clausuram debet facere et reficere pro vicesimo fructuum quam levabit.* Charta ann. 1334. ibid. pag. 200. col. 2 : *Vintenum suum quod ipse dom. Dalphinus percipit et ejus prædecessores percipere consueverunt super fluvium et in fluvio Rhodani apud Quiriacum.* Testam. Guillelmi de Bellovidere ann. 1277. ibid. tom. 2. pag. 17. col. 2 . *Item volo quod Vintenum de cætero levetur ab hominibus qui sunt vel essent in mandamento castri de Bello videre, salvo Vinteno hominum ipsius castri, quod mihi dederunt ipsi homines pro franchimento ipsius castri, nisi forte pro clausura ipsius castri, vel alia justa causa et necessaria de voluntate ipsorum hominum dictum Vintenum levaretur. Vintenum seu vicesima pars totius laboris et legumium dicti loci* (de Rellaneta) in Charta ann. 1296. Donatio ann. 1263. ex Schedis Præs. de Mazaugues : *Item Damus.... vobis libertatem et immunitatem, ut de cætero non teneamini, nec debeatis dare Vintenum de aliquibus possessionibus quas nunc possidetis. Jus Vinteni de lignis et vasis omnibus navigantibus, quæ in dicta civitate vel ejus portu emuntur vel venduntur per extraneos,* in Charta domanii urbis Tolonii ann. 1332. Ita etiam legendum in Charta Caroli IV. Imper. ann. 1366. inter Ordinat. Reg. Franc. tom. 5. pag. 225. ubi editum est *Vinteriis.*] Vide *Muragium.*

¶ VINCENA, pro *Vintenum*, in Litteris ann. 1321. ex Chartophylacio Reg. Regest. 87. Ch. 84 : *In possessionem... . censuum usagiorum, serviciorum, feudorum, tailliarum, etc.*

¶ VINGTEMIUM, Eodem significatu, a Gall. *Vingtième.* Charta ann. 1299. inter Instr. tom. 4. Gall. Christ. novæ edit. col. 34 : *Pedagium et Vingtemium Quiriaci* 360. *libras, pro quibus pedagio et Vingtemio addidit ille princeps Delphinus* 8, *alias Moniales.*

¶ VINTENUM, VINTENUS, Ita nuncupantur muri urbium vel castrorum, a *Vinteno* seu vicesima fructuum parte, quæ iis exstruendis vel reficiendis exigebatur, Delphinatibus *Vingtain.* Charta ann. 1347. tom. 1. Hist. Dalph. pag. 67. col. 1 : *Item invenerunt mænia seu Vintenum dictæ villæ in pluribus locis dirupta, ... quare fuit præceptum et injunctum Castellano ut dicta mænia, seu Vintenum refici faciat de communi dictæ villæ.* Computus an. 1324. ibid. pag. 192. col. 1 : *Galopinus reddit parcellas, et per juramentum, videlicet pro merlando Vinteno burgi dictæ villæ.* Charta an. 1343. ibid. tom. 2. pag. 468. col. 2 : *Item, et ex eo quia idem dom. Dalphinus vult.... noviter construere mænia seu Vintenos cum terralitis promeliori et tuitiori custodia ipsius civitatis.* Charta ann. 1336 : *Item quod si processu temporis sint Vinteni faciendi, vel reficiendi seu reparandi in castro Yserandi, etc.* Confruntatur cum *Vinteno præsentis burgi S. Andeoli*, in Recognit. ejusd. loci ex Schedis V. Cl. *Lancelot.*

¶ VINTENUM, Viginti, vicenarius numerus, Gall. *Vintaine.* Charta ann. 1324. apud Rymer. tom. 4. pag. 78 : *Ita quod omnes arms sufficientibus muniti, videlicet equites in coustabulariis, et pedites in centenis et Vintenis arraiati prompti sint et parati, etc.* Litteræ Edwardi III. ann. 1369. apud eumd. tom. 6 pag. 614 : *Armis competentibus muniri, et in millenis, centenis, et Vintenis poni, etc.* Statuta Genuens. lib. 1. cap. 14. fol. 23 : *Vintenum etiam eumdem tutor vel curator (ut dictum est) cogatur solvere de bonis suis proprius. Vintenum seu viginti saumatarum racemorum,* in Charta Massil. ann. 1522. *Vintisme,* in Charta Auberti Abb. Castricii ann. 1247. ex Chartul. Campan. tom. 343.

¶ VINTENUS, Moneta Dalphinalis pretii viginti denariorum. Extractum computi ann. 1389. tom. 1. Hist. Dalph. pag. pag. 95. col. 2 : *Deinde computavit dictus Siardellus operari et cudi fecisse in Avisano de Vintenis et dozenis albis sub liga, pondere et remediis supradictis.* Alio significatu, vide in *Vintenum.*

¶ VINTERIUM, pro *Vintenum.* Vide in hac voce.

° VINTERIUM, Vimen, Occit. *Vint*, Gall. *Osier.* Leudæ minor. Carcass. MSS : *Item de viginti Vinteriis, unum Vinterium.* Vide supra *Vingareum.*

° VINTINA, Exactio ad vicesimum denarium. Stat. antiq. Florent. lib. 5. cap. 95. ex Cod. reg. 4621 : *Non possint* (magnates) *esse vel intervenire in aliquo officio; vel in aliqua universitate ad ponendum denarios Vintinarum , etc.* Vide *Vintenum.*

° VINTRAGIUM. Vide supra in *Vineragium.*

¶ VINUM, nude pro eo quod præter pretium corollarii vice in emtionibus conceditur ; *Vin du marché* passim in Consuetud. municipal. Tabul. S. Vandreges. : *Vendidi... unam petiam terræ... pro* LXXV. *solidis Turon. et v. solidis in Vino.... tenendam, etc. Droit de Vins et ventes*, in Consuetud. Silvanect. art. 215. Claromont. art. 13. Aurelian. art. 107. est id quod domino exsolvitur ab emtore prædii censualis.

☞ Vinum etiam ab iis qui inter cives adscribebantur Majori et Scabinis civitatis præstari solitum erat. Id ex pluribus Communium Chartis discimus, ac præsertim ex Litteris ann. 1248. inter Ordinat. Reg. Franc. tom. 5. pag. 601. art. 21 : *Sy vero aliqui alieni in dicta libertate apud Clarimontem morare* (sic) *venerint, bene licebit villico et scabinis eos retinere, tali modo quod in introitu, cinq solz Pruvinenses persolvent villico pro nobis, et sextarium vini pro ipso et scabinis ; et ceteram omnes alios redditus secundum processum temporis, sicut alii liberi.*

° VINUM, Certa vini mensura. Charta ann. 1188. inter Instr. tom. 12. Gall. Christ. col. 276 : *In Apparitione habet sacerdos in parochiali missa octo denarios et octo panes et octo Vina.*

¶ VINUM-ACETUM, Acetum Gall. Vinaigre. Leg. Palat. Jacobi II. Reg. Majoric. inter Acta SS. tom. 3. Jun. pag. XXI : *In dicto reservatorio rerum infra scriptarum copia inveniatur videlicet,.... caseorum, piscium salsorum, Vini-aceti, etc.*

° VINUM ADVIAMUM *fit per admixtionem aquæ cum vino novo, et simul coquitur.* Glossar. medic. Simon. Januens. ex Cod. reg. 6959. Leg. forte *Adynamum,* infirmi saporis, idem quod *Vinum expensabile.*

¶ VINUM AGASATUM, Eadem notione. Inventar. ann. 1476. ex Tabul. Flamar. : *Item plus tres pipas ex Vino agasato sive poculo pleaas.* Ibidem : *Item unam pipam ex poculo sive Vino agasato plenam.* Aigrevin, in Charta ann. 1391. ex Chartul. 23. Corb. : *Une queue de Aigrevin, etc.*

° VINUM AMINEUM, in vet. Glossar. ex Cod. reg. 7613.

° VINUM AQUATICUM, Aqua mixtum, in Mirac. B. Margar. Favent. tom. 5. Aug. pag. 853. col. 1.

° VINUM BASTARDUM, Idem videtur quod mixtum. Charta ann. 1320. in Reg. 60. Chartoph. reg. ch. 30 : *Quater centum libras Turonenses et quatuor pipas Vini bastardi, Vin bastard*, in Ordinat. ann. 1415. ex Reg. 170. ch. 1. Vide supra in *Bastardus.*

¶ VINUM BETATUM. Charta Henrici dom. de Soliaco ann. 1081 : *Vinum fecidum vel Betatum non poterit vendere.* Legendum videtur *Botatum,* quod vas vinarium redolet, *Qui sent le fust.* Vide in *Butto* 3.

° Stat. ann. 1411. in Reg. 166. Chartoph. reg. ch. 201 : *Item que aucun dudit mestier* (de Buffetier) *ne mette en besongne lye puante, ne Vin bouté ne puant.*

¶ VINUM DE BOCHA, Gall. *Vin de la bouche,* Quod mensæ Principis apponi solet. Ordinat. Humberti II. tom. 2. Hist. Dalph. pag. 314. col. 1 : *Habeantur tria genera vinorum, Vinum videlicet de bocha pro persona nostra.* Vide *Bocha.*

° VINUM BUFFETI. Stat. tabernar. in Lib. rub. fol. magno domus publ. Abbavil. art. 9 : *Que nulz buffetiers soit si hardis qu'il vende Vin de buffet à taverniers aulcuns.*

¶ VINUM BULLITUM *cum ruta*, apud Limborch. Inquisit. Tolos. Hist. pag. 3 : *Vidit prædictos tres hæreticos simul et portavit pro altero illorum Vinum album bullitum cum ruta.*

° VINUM CARENUM, in vet. Glossar. ex Cod. reg. 7613. Vinum decoctum. Vide *Carenum.*

¶ VINUM CIPRICUM, *Clarificatum,* apud Duchesn. Hist. Comit. Guisnens. inter Probat. pag. 119.

¶ VINUM CLARETUM, quod est turbativum cito capitis, in Menoti Serm. pag. 156. v°. Gall. *Vin clairet,* rubellum. Ita etiam nuncupatum aliquando vinum conditum, ut in Continuat. Chron. Joh. Iperii apud Marten tom. 6. Ampliss. Collect. col. 620 : *Conventus quatuor pota Vini confecti, quod Clare weant, a custode ecclesiæ de gratia accipit.* Hisp. *Clarea,* Germ. *Claret.* Vide *Vinum Expensabile.*

¶ VINUM CLERICI, *Vin du Clerc,* in Edicto Caroli VIII. ann. 1493. art. 107. Quod a litigantibus tabularii forensis Clericis ultro conceditur.

VINUM COCTUM. Capitulare de Villis cap. 34 : *Vinum acetum, moratum, Vinum coctum, garum, sinapi, etc.* Adde cap. 62. [Joh. Demussis in Chron. Placent. apud Murator. tom. 16. col. 582 : *Et post prædicta dant pisces lucios assatos cum salsa de aceto vel sinapi cum Vino cocto et speciebus.* Gall. *Vin cuit,* ut *vinum arvisium, Malvoine.*]

° VINUM COLLATUM, pro *Colatum,* Defecatum, purum. Testam. Guill. milit. de castro Barco tom. 3. Cod. Ital. diplom. col. 1941 : *Item relinquo ecclesiæ S. Columbani..... unum vineale,.... pro quo solvit mihi annuatim tres uvas* (f. urnas) *Vini collati.* Vide *Collatum* 1.

¶ VINUM COMITIS, Idem quod *Vinagium* 2. Vide in hac voce. Charta ann. 1278. in Chartul. Latiniac. : *Promittimus bona fide reddere et solvere.... octo solidos Turonenses.... tam pro censu quam Vinagio, quod dicitur Vinum Comitis.* Alia ann. circ. 1513. ibid. : *Hoc etiam statutum est quod ille qui collegerit per villam nummos quos debent burgenses de Vino Comitis, etc. Le revenu du Vin le Conte vault par an environ huyt livres Tournois,* in Charta ann. 1516. ibid. fol. 244. v°.

¶ VINUM CONFECTUM. Vide *Vinum claretum.*

¶ VINUM CONVENTUS vocati *Bibende,* facti *in vindemia,* in Libert. villæ de Romanis ann. 1348. tom. 3. Ordinat. reg. Franc. pag. 275. art. 10. Dalphinatibus *Couvin,* Gallis idem quod *Vinum expensabile.* Vide supra *Bibende.*

° VINUM CRETICUM *fit ex vinis in vite passatis, postea expressis, et est dulce, et vocatur triptos et protopas.* Glossar. medic. Simon. Januens. ex Cod. reg. 6959.

° VINUM CRISUM *est coloris aurei,* in eodem Glossar.

° VINUM CUBITUS, *Vin de couchier,* in Ordinat. hosp. reg. ann. 1317. ex Reg. Cam. Comput. Paris. sign. *Crox* fol. 75. v°. Vide mox in *Vinum maritagii.*

° VINUM DECANI, Quod decano a canonicis recens institutis debetur. Obituar. Rotomag. MS : *Sequuntur jura, quæ canonici tenentur solvere in eorum adventu.... Pro vino decani duos gallonos vini, vel decem solidos.*

¶ Vinum Decreti, in Statutis Vercell. Locus est in *Malvaxia*.

∞ Vinum Ducillatum, Vinum dolio promendum. Gemma Gemmarum : *Ducillus ein zapf. Ducillare, zepffen.* Testament. ann. 1361. apud Guden. Cod. Dipl. tom. 2. pag. 348: *Sex carratas vini in vino Franciro et Hunnico in 13. vasis majoribus et minoribus; vino pro ipsa familia Ducillato, quod in vulgari dicitur gezepht, et vino ipsis pauperibus deputato, duntaxat excepto.*

◊ Vinum Ebliffagum *cum salvia.* Glossar. medic. Simon. Januens. ex Cod. reg. 6959.

◊ Vinum Enantinum, *Quod fit per admixtionem enantia floris labruscæ,* in eod. Glossar.

◊ Vinum de Expensa, Aqua mixtum in usus domesticorum. Charta ann. 1257. in Chartul. Buxer. part. 8. ch. 20 : *Abbas et conventus Buxeriæ asserebant, quod quædam pecia vineæ.... debebat ipsis quoddam modium vini puri..... Bonus Amicus Lambert e contrario dicebat, quod illud modium vini debebat esse mixtum aqua, videlicet de expensa.* Vide *Vinum expensabile.*

¶ Vinum Expensabile, Quotidiani potus in usus domesticorum, *Vin de dépense*, nostris vulgo *Boite*, vel *Bouvande.* Liber Niger Scaccarii pag. 341 : *Unum Sextarium de vino claro, et unum sextarium de Vino expensabili.*

∞ Vinum Francum, Vide *Vinum Hunicum.*

◊ Vinum Frumentaticum, Quod ex præstatione seu censu debetur. Vide supra *Frumentaticus.*

◊ Vinum Gazeum, in vet. Glossar. ex Cod. reg. 7613.

◊ Vinum Hostis, Gall. *Vin d'ost.* Præstatio, quam tenentes ac vassalli domino exsolvebant in belli sumptus. Libert. Matiscon. ann. 1346. tom. 2. Ordinat. reg. Franc. pag. 349. art. 12 : *Tout homs qui..... tient feu et lieu (à Mascon) et veult paier Vin d'ost au roy,..... en paiant la valeur du demi sextier de vin, etc.* Vide in *Hostis* 2.

∞ Vinum Hunicum, Vinum vilius, cui opponitur *Vinum francum*, generosius. Notit. vet. apud Guden. Cod. Diplom. tom. 2. pag. 764 : *In festo S. Martini debetur ei unum quartale de cellario Archiepiscopi Vini Franci, et in Cena Domini tantumdem de cellario Prepositi, in festo O. Sanctorum tantumdem ; aliis vero temporibus anni, videlicet Nativitatis Dni, etc.... singula quartalia a preposito Hunnici vini debebat.* Transactio Capitul. Mogunt. inter et Pinguens. ann. 1267. ibid. tom. 3. pag. 1134 : *Campanario ecclesiæ Pinguensis, quod contra auram venientem compulset, de communi torculari nostro dimidiam amam Vini Franci et tantumdem Hunici annis fruct. in autumpno.* Charta ann. 1310. ibid. pag. 59 : *Quod ipsos decanum et capitulum 40. carratis Vini Hunici censualis.... singulis annis census nomine ipsorum ecclesiæ provenientes spoliarunt.* Confer chart. ann. 1339. in Gunther. Cod. Diplom. Rheno-Mosell. tom. 3. pag. 407. *Frentz-und Huntz-win*, dicitur Germanice in alia charta apud eumdem Gunther. tom. 4. pag. 127. ann. 1408. Chart. Vendit. ann. 1314. apud Guden. Cod. Diplom. tom. 2. pag. 1010 : *Pro anna et perpetua pensione sex amarum vini Franck nostri crementi melioris, etc.* Charta Richolfi Abbat. Ebersperg. ann. 1272. ibid. tom. 3. pag. 1145 : *Nos illo anno Pinguensi ecclesiæ ad solucionem duorum vasorum Franci vini, vel 16. marcarum, quod eorum pocius elegerint pœnæ nomine teneamur.* Alia vide apud Bodmann. Antiq. Rhingav. pag. 204. et 401. qui vinum *Hunicum* et *Francum* dictum vult Ungaricum et Gallicum. Lacombleto Archiv. Rheni infer. tom. 1. pag. 284. vinum Hunicum est quod Huni vel centenarii colligebant per centenas rusticas. Adde Scherz. Glossar. German. voce *Huinsch*, Plebeius, vilis, col. 712. et chartam ann. 1290. apud Bodmann. pag. 205. ubi *Vinum nobile* idem videtur, quod alibi *vinum francum.*

◊ Vinum Jactatum, in vet. Glossar. ex Cod. reg. 7613. forte legendum *Jaccatum.* Vide *Vinum Jaquesium.*

¶ Vinum Jaquesium, *Vin de Jaca*, in Instr. ann. 1527. ex Tabul. Archiep. Auxit.

¶ Vinum Inacidum, pro *Mucidum*, ut emendat Cl. Editor in Charta Humberti Dalphini ann. 1348. inter Ordinat. Reg. Fr. tom. 3. pag. 288 : *Ita tamen quod dictum Capitulum vinum vendere debeat non corruptum, non acetosum nec Inacidum :* nisi idem sit quod *Subacidum.*

◊ Vinum Infertum, ibid. idem quod *Vinum sacrificale.* Vide *Infertum.*

◊ Vinum Investituræ, Jus quod domino capitali pro missione in possessionem penditur. Charta Phil. V. ann. 1319. in Reg. 59. Chartoph. reg. ch. 279 : *Item tallias, census, coustumas, Vina investiturarum, etc.* Vide in *Investitura.*

Vinum Italicum, i. forte. Ita Glossæ MSS. ad Alexandrum Iatrosoph. Vide Cœlium Aurelian. lib. 4. Chronicon cap. 3.

◊ Vinum Latinum, in Necrolog. Diessensi apud Oefelium tom. 2. Script. rer. Boicar. pag. 678. col. 2 *Dabuntur duo fercula ad consuetam præbendam, albus panis et potus Latini vini.* An idem quod *Italicum*, id est, forte ? [∞ Vinum Italicum aut Tyroliense Westenriedero in Glossar. German. col. 316. voce *Latini*; Vinum Gallicum Bodmanno in Antiq. Rhingav. pag. 205.]

◊ Vinum Liberum. Stat. MSS. eccl. Tull. ann. 1497. fol. 54. r° : *Præpositi pro suis stipendiis percipuunt in qualibet dimissione seu arrendatione villicaturarum ..... decem octo grossos, dictos Vina libera, pro tribus annis.*

◊ Vinum de Lieppe, *d'Ozaie*, recensentur inter vina extranea, in Ordinat. ann. 1415. ex Reg. 170. Chartoph. reg. ch. 1.

◊ Vinum Lyæ vel Trempa, Ex aqua cum amurca. Vide supra *Trempa.*

Vinum Lymphatum, Aqua mixtum, dilutum, in Constitut. Siculis lib. 3. [Elmham. in Vita Henrici V. Reg. Angl. cap. 90. pag. 251 : *Edicit proclamacione publica, ut nullus Anglicus Vinum non limphatum potare præsumat.*]

◊ Vinum Maritagii, Præstatio, quæ ab artifice matrimonium contrahente ejusdem artificii sociis pensitatur. Stat. ann. 1404. tom. 9. Ordinat. reg. Franc. pag. 46. art. 6 : *Chascun maistre dudit mestier (de tanneur) sera tenu payer pour Vin de mariaige vingt solz Tournois. Vindonner* etiam appellabant nostrates id, quod sponsus die nuptiarum sociis suis ad bibendum et comedendum ex usu præstare tenebatur. Lit. remiss. ann. 1357. in Reg. 87. Chartoph. reg. ch. 27 : *Guillelmus, Johannes ac ipsorum complices post cœnam et recessum dictarum nuptiarum redeundo de quodam spatiamento, le Vin-donner Gallice nominato, in dictis partibus (Normanniæ) fieri consueto, et quod spatiamentum supra maritum sumitur, etc.* Aliæ ann. 1378. in Reg. 113. ch. 229 : *Comme l'exposant et plusieurs autres furent alez en la paroisse de Hotot de S. Sulpiz au Vin-donner des nôces de Jehan le Francois pour eulx esbatre, etc.* Occurrit præterea in aliis ann. 1381. ex Reg. 120. ch. 210. *Vin de Couchier* dicitur, in Lit. remiss. ann. 1428. ex Reg. 174. ch. 222. Vide supra *Cochetus* 3. *Bannum* 5. et *Nuptiaticum.*

◊ Vinum Medietarium, Quod inter dominum et colonum partitur. Charta ann. 1326. in Reg. 65. Chartoph. reg ch. 278 : *Acquieverunt tertiam partem unius assignatæ Vini dicti de moitié.* Vide *Medietarius.*

◊ Vinum Mellicratum, in vet. Glossar. ex Cod. reg. 7613. Vide *Mellicratum.*

◊ Vinum de Mercato, Gall. *Vin du marché*, Quod in emptionibus præter rei venditæ pretium, in potatione absumitur. Stat. Cadubr. lib. 2. cap. 18 : *Datis arris, vel bibito Vino de mercato, vel data spalmata, etc.*

◊ Vinum Momellum, in vet. Glossar. ex Cod. reg. 7613.

¶ Vinum Mundum, Merum. Chron. Farf. apud Murator. tom. 2. part. 2. col. 473 : *Item pro solidis VIII. in Carboniano ad centum reddendum Vini mundi decimatas quinque.*

◊ Vinum Muscidum, Mustale, Mustum. Vide supra *Muscidus* et *Mustalis.*

◊ Vinum Myrtinum, in quo coquitur summitates myrti cum bacis suis. Glossar. vet. ex Cod. reg. 7613.

◊ Vinum Navigabile, Quod per mare transvehi possit. Charta ann. 1147. apud Murator. tom. 2. Antiq. ital. med. ævi col. 88 : *Per singulos annos duas amforas Vini navigabilis et unum pastum omni anno præstare debere.... præcipimus.*

Vinum Nuptiarum, in oblationibus gratuitis, quæ Curionibus fiunt, recensetur in Charta Guillelmi Episcopi Ambian. ann. 1281. in Tabul. Episcopi Ambian. fol. 27. v.

◊ Vinum Oximellum, in vet. Glossar. ex Cod. reg. 7613.

◊ Vinum Palmeum, *Quod cum dactilis.* Glossar. medic. Simon. Januens. ex Cod reg. 6959.

◊ Vinum Partitum, Quod habet dulcorem admixtum, in eod. Glossar.

◊ Vinum Passum, in vet. Glossar. ex Cod. reg. 7613.

¶ Vinum Pede Pressum, Quod pede tantum calcatur, medium inter vinum sponte defluens, et illud quod torculari expressum est ; unde *vinum de pressoragio* dicitur. Charta Ludovici Comit. Blesens. in Chartul. Castridum. fol. 12. v° : *Duos modios Vini pede pressi in cellario meo Castriduni annuatim in vinidimiis capiendos* (concedo.) Charta ann. 1217. ex Tabul. S. Petri Carnot. : *Persolvent... justam decimam de vineis suis, unam medietatem de pede presso et alteram medietate de pressoragio.* Chartul. Campan. ann. 1190. fol. 525 : *Debet 50 modios Vini de prima gutta pede pressa.*

¶ Vinum Pigmentatum. apud Duchesnium in Hist. Comit. Guisnens. inter Probat. pag. 119. Vide *Pigmentum* 1.

¶ Vinum Piraceum, *Vin Poirau*, in Stat. ann. 1391. ex Chartul. 23. Corb. : x. *sols Paris. pour l'acquit de une queue de Vin poirau.* Vide *Piratium.*

◊ Vinum Pitimum, Quod resinam pitimiam habet. Glossar. medic. Simon. Januens. ex Cod. reg. 6959.

∞ Vinum Ponticum. Chart. Sifrid. Archiep. Magunt. ann. 1074. apud Guden. Cod. Diplom. tom. 1. pag. 882 :

Omnes simul solverent nobis et successoribus nostris annuatim de mansis et jugeribus, uti prædictum est, sub nomine decimæ, 40. *carratas Vini Pontici.* Bodmann. Antiq. Rhingav. pag. 398. vertit *Lauterwein.*

⁕ VINUM PRÆSENTATARUM, Quod alicui in urbem advenienti honoris causa præsentatur, vulgo *Vin de présent.* Comput. ann. 1431. ex Tabul. S. Vulfr. Abbavil. fol. 10. v°: *Item viij. die Martii pro media parte quatuor quennarum Vini præsentatarum ambassiatoribus Universitatis Paris, qui ibant ad Concilium Basiliense, quolibet toto valoris ij. sol. sunt viij. sol.*

⁕ VINUM PRIMÆ AQUÆ. Consuet. MSS. S. Crucis Burdeg. ante ann. 1305: *Item hortolanus recipit a cellerario duas pipas Vini primæ aquæ de cubis torcularis...... Item duo furnerii recipient cum lagena unam et dimidiam pipam primæ aquæ et unam dimidiam vini puri a dicto cellerario.*

⁕ VINUM PROMELLUM, in vet. Glossar. ex Cod. reg. 7613. An *Pomellum*, potio ex pomis extracta? Vide *Vinum piraceum.*

VINUM PROTROPUM, Cælio Aureliano lib. 2. Chron. cap. 7. est vinum sponte defluens, antequam uva calcetur ; mustum.

¶ VINUM DE PURA GUTTA, Eadem notione , Gall. *De mere goutte.* Vide in *Gutta* 7.

¶ VINUM QUADRAGESIMÆ, Cujus usus in Quadragesima. Necrolog. Eccl. Paris. Id. Maii : *Dedit nobis tria arpenta vinearum ad Vinum Quadragesimæ. Vinum Quadragesimale,* ibidem.

⁕ VINUM REGALIUM, Ex vineis, quæ mortuo episcopo ad regem redeunt, collectum. Charta Phil archiep. Bitur. ann. 1288. in Reg. 81. Chartoph. reg. ch. 1 : *Recepimus de Radulpho de Gandeluz baillivo Bituricensi centum et tres libras et duos solidos Paris pro Vino de regalio Bituricensi et Exoldunensi.* Chartæ inscriptio : *De pecunia reddita pro Vino regalium.* Vide in *Regalia* 2.

⁕ VINUM REGIS, Præstationis species ex vineis, quæ primum regi solvebatur. Charta ann. 1299. in Chartul. S. Maglor. Paris. ch. 100 : *Item unum dolium vini annuatim de superdominio, quod habemus apud Arcolium, quod nuncupatur Vinum regis.* Vide in *Tensare.*

⁕ VINUM RODOMELLUM, in vet. Glossar. ex Cod. reg. 7613. Vide *Rodomellum.*

" VINUM ROSACEUM, *Quod cum rosis fit.* Glossar. medic. Simon. Januens. ex Cod. reg. 6359. Vide *Rosatum.*

¶ VINUM ROSATUM. Vide supra *Rosatum.*

VINUM SACRIFICALE, quod Missæ sacrificio potissimum addictum est, in Metropoli Salisburgensi tom. 3. pag. 48: *Præterea singulis annis custodes monasterii retroactis temporibus procuraverunt, de communi nostro cellario volumus recipi, etc.* [∞ Germ. *Opferwein.*]

⁕ VINUM SANCTI JOHANNIS, f. Ignitum, fervidum vel ex aliquo ejus nominis territorio collectum. Lit. remiss. ann. 1344. in Reg. 176. Chartoph. reg. ch. 326 : *Pour ce que icellui Bernes but Vin de Saint Jehan ou menga oultrageusement,.... fevre le prist.* Stat. tabernar. in Lib. rub. fol. magno domus publ. Abbavil. art. 4. *Que nulz meche vin Franchois aveuc Vin de S. Jehan, etc.*

" VINUM SANCTI STEPHANI. Charta Phil. V. ann. 1318. in Reg. Caroli Pulc. ex Cam. Comput. Paris. fol. 2. r°: *Ut quinque novi Canonici per dictum dominum et genitorem nostrum et per nos in capella prædicta creati novissime et fundati, antiquis canonicis in perceptione omnium et singulorum ipsorum proventuum, reddituum , anniversariorum , aequestuum, in oblationibusque indulgentiarum et de Vino S. Stephani.* Illud forte quod in festo S. Stephani seu diaconorum distribuebatur. Vide in *Kalendæ.*

⁕ VINUM SAQUATUM, in vet. Glossar. ex Cod. reg. 7613. Consuet. Castel. ad Sequanam ex Cod. 9868. 2 : *Vin de sac ne tient point de ban ; mais se vend sans licence.* Vide *Saccatum.*

⁕ VINUM SININUM, *Quod ex sin, i. lentisco, et similiter terbenthinum.* Glossar. medic. Simon. Januens. ex Cod. reg. 6959.

¶ VINUM STALLI. Vide in *Stallum* 2.

¶ VINUM STILITICUM , *Quod fit cum squilla,* in eodem Glossario.

¶ VINUM SUPERLATIVUM, Generosum, optimum, Gall. *Excellent.* Vide supra *Superlativus.*

¶ VINUM DE TENELLO, Familiarium seu domesticorum, qui in *Tenello* comedunt. Vide *Tenellus* 2. Portent. . 12. *mensuras vini puri de Tenello.... Vinum pro Tenello, etc.* in Ordinat. Humberti II. Dalphini tom. 2. Hist. Dalph. pag. 814. col. 1.

⁕ VINUM TERRESTRE, Quod in territorio nascitur, Gall. *Vin du pays.* Charta ann. 1305. apud Ludewig tom. 12. Reliq. MSS. pag. 231 : *Quod singulis sabbatis per anni cursum, prædictis fratribus...... media stopa Vini terrestris sen communis dabitur et ordinabitur.* [∞ German. *Landwein.*]

⁕ VINUM TINCTUM. Charta Phil. V. ann. 1320. in Reg. 61. Chartoph. reg. ch. 439 : *Duo dolia Vinorum tinctorum, quæ solum ad dandum colorem suis aliis vinis sunt necessaria.* Lit. remiss. ann. 1397. in Reg. 152. ch. 64 : *L'exposant prist trois los de Vin de tainte du pris de huit solz ou environ.*

VINUM TOLTICIUM, Quod domino in censum præstatur. Tabularium Ecclesiæ Gratianopolitanæ sub Hugone Episcopo fol. 28 : *Dono Domino Deo et Ecclesiæ Gratianopolitanæ et Hugoni Episcopo* 4 *sextarios de Vino tolticio, quos in vinea Episcopi, quam emit de Petro Aldiarde, per unum quemque annum solitus eram accipere.*

¶ VINUM TORNATUM, Vapidum, Gall. *Vin tourné.* Vide supra in *Tornare.*

VINUM TORTIVUM. Cælius Aurelian. lib. 2. Acut. c. ult. : *Cum vino ultimæ expressionis, hydatodem Græci vocant, nos abusive Tortivum.* [² Adde ex D. Falconet : Cælius Aurelian. lib. 3. Acut. cap. 21. ubi legitur ὑδατῶδες, non *hydatodem.*]

¶ VINUM VALERINUM, *Italicum,* in Glossar. medic. Simon. Januens. ex Cod. reg. 6959.

¶ VINUM VERMILIUM. Vide in *Vermiculus.*

¶ VINUM VERNACIE. Vide *Vernachia.*

¶ VINUM VINAGII, Quod pro censu vinearum exsolvitur, in Charta ann. 1320. ex Chartul. Regalis-loci part. 1. ch. 88. Vide supra *Vinagium* 2.

⁕ VINUM VINEARUM, Ex vineis humilibus factum. Charta ann. 1273. ex Tabul. Cassin. : *Et de vino, de quo similiter, terraticum Casinenses vestiario solvere tenebantur de quolibet vino, sive Vino vinearum, sive vitium, quæ arboribus substentantur.*

¶ VINUM VINOSUM, Bonæ notæ, Gall. *Vineux,* in Medic. Salernit. edit. ann. 1622. pag. 142.

VINUM VIRIDE, Acerbum, ex viridi uva expressum, quomodo *vin verd* dicimus. Utitur Nangius in Chronico ann. 1258. *De vinis variis* vide Onomastic. Brunsfeldii.

¶ VINUS, pro Vinum, in Judicio ann. 873. inter Probat. tom. 1. novæ Hist. Occitan. col. 125.

VINYOGALARII, Vinearum custodes. Martinus Didacus *Daux* Justitia Aragon. lib. 3. Observantiar. tit. Si quadrupes, § 3 : *Vinyogalarii, et messegarii tenentur emendare damnum in vineis et messibus, si salarium recipiunt a domino pro messegueria, vel Vinyoguelaria.*

⁕ *Vinyogolls,* in Charta Petri III. Reg. Aragon. ann. 1346 : *Licet nuper.... providerimus, quod custodes terrarum seu Vinyogolls dictæ civitatis, haberent tenere et assecurare cum fidejussoribus, etc. Intellecto.... custodes et Vinyogolls esse talis status et conditionis, quod non invenierent, qui pro eis fidejuberent, etc.* Vide supra *Vinearius.*

✱ **VIOALA,** [*Violette.* (Glos. Lat. Gal. Bibl. Insul. E 36, xv. s.)]

¶ **VIOCURUS,** *et statim cestifer,* in Gloss. Isidori et Arabico-Lat. Ultima resecat Grævius utpote ad rem nihil pertinentia : est enim *Viocurus,* viæ curator. Unde etiam emendandæ Gloss. Lat. Gr. ubi *Viaculus* legitur, ut et Gloss. Græc. Lat. quæ habent ἀστυνόμος, *iecorus*: nam Græcis ἀστυνόμοι Ædiles nuncupantur quibus viarum provincia demandata erat. [²⁰ Notæ Tyron. habent etiam *Viocurus* sequente voce *Cestifer.* Vide Furlan. apud Forcellin. in *Cestifer.*]

¶ 1. **VIOLA,** Angustior callis, semita. *Voyette,* in Chartul. S. Job. Laudun. ann. 1438. Charta ann. 1241. tom. 1. Hist. Dalph. pag. 142 : *Et unde sicut tendit via publica usque ante domum Davidis Bonois quæ est extra muros, et unde sicut descendit quædam Viola usque ad illum locum usque, sic dicitur Partitorium.* Vide *Violus.*

2. **VIOLA,** ut *Vitula.* Vide in hac voce.

⁕ **VIOLABILITER,** pro violenter, vehementer. Mirac. S. Vicinii tom. 6. Aug. pag. 192. col. 2 : *Ammirans igitur, stupens, hæsitans, ne ab insequentibus caperetur, Violabiliter formidabat.*

1. **VIOLARIUM,** Census Hispanis : *Violaria,* apud Joannem Dametum in Hist. Regni Balearici pag. 87. Curia generalis celebrata in villa Montissoni ann. 1289. sub Alphonso Rege Arag. MS. cap. *Quod donationes factæ Officialibus Regis per monasterium vel alias personas sunt revocatæ : Illud idem ordinamus super Violariis iis assignatis existentibus Officialibus.* Curia secunda generalis celebrata Barcinone a Jacobo II. Rege Aragon. ann. 1299. MS. : *Item quod aliquod officium prædictorum officiorum non donemus amodo in perpetuum, vel ad Violarium, vel ad certum tempus.* Curia ann. 1338. celebrata ab Alfonso Rege in villa Montisalbi : *Item quod officiales et Violarium tenentur celebrare de triennio in triennium.* Capitis seguentis titulus sic concipitur . *Quod fiat inquisitio contra officiales, qui habent officium ad inperpetuum, vel ad tempus.* In ipso textu, *ad inperpetuum, vel ad Violarium.* Curia celebrata in villa Montissoni ann. 1363 : *Istam taxationem censualium, mortuorum, et Violariorum in Instrumentis, quæ fiunt de sententiis tam judicialibus quam arbitralibus, etc.* Observantiæ Regni Aragon. lib. 5. tit. de Jure dotium, § 10 : *Si aliquid datum fuerit ad Violarium viro et*

uxori ad tempus, altero conjugum mortuo, superstes non debet in illo Violario, in quantum tangit partem mortui viduitatem tenere, sed transit ad hæredes mortui, etc. Vide Repertorium Michaëlis del Molino in v. *Violarium.* Alias

2. VIOLARIUM, Latinis dicitur Hortus, seu locus, violis consitus. Sedulius lib. 1. Paschalis operis cap. 20 : *Dum... lilia nimio decore mollissima rubus asper exurat, aut per Violaria florentis campi purpurea, carduus et spinosis armatus aculeis Paliurus exurat.* Fortunat. lib. 4. de Vita S. Martini.:

Ungue recido rosas, et per Violaria curro.

Occurrit apud Juvencum, et alios. [Vide *Vivariolus.*]

° Nostratibus *Violier* nuncupatur, Opus quoddam cæmentarium. Lit. remiss. ann. 1372. in Reg. 104. Chartoph. reg. ch. 108 : *Pour ce que Perrette la Chapeliere de ladite ville de Laigny n'avoit pas volu* (payer le suppliant maçon) *de certains Violiers, qu'il lui avoit fait ou jardin d'icelle Perrete, etc.*

☆ **VIOLASSIUS,** [Gallice *Violet :* « Una tunicella de damasquino *Violassii* coloris.... cingulum magnum de serico *Violassio...* unum aliud cingulum, non ita magnum, de serico *Violassseo.* » (Inv. card. Barbo ex transcript. Müntz, 1457.)]

VIOLATUS, pro *Violaceus,* nostris *Violet.* Charta ann. 1197. apud Ughellum tom. 7. pag. 1275 · *Cappa de xamito Violato.* [Adde Notitiam Eccl. Diniens. pag. 150. Vide *Violetus.*]

VIOLENS, pro *Violentus,* usurpavit Saxo Grammaticus lib. 5 : *Violensque amplexuum usus extabat.* [Eadem notione utitur Horatius lib. 1. Epist. 10. v. 37.]

¶ **VIOLENTARE,** Vi cogere, Gall. *Violenter.* Vita S. Petri Cælestini tom. 4. Maii pag. 493 : *Papalem dignitatem magis Violentatus, quam voluntarius acceptavit.* Buschius de Reformat. Monast. apud Leibnit. tom. 2. Script. Brunsvic. pag. 850 : *Ne postea Violentatos se fuisse conquererentur.* Occurrit præterea tom. 1. et 3. April. pag. 784. et 918. Adde Conc. Toletan. ann. 1323. inter Hisp. tom. 3. pag. 570.

° **VIOLENTIA,** pro Violatio, profanatio, nostris alias *Violeté.* Charta ann. 1365. ex Cod. reg. 5187. fol. 39. v° : *Vobis confiteri volentium confessiones audiendi,..... etiam in et de casibus dicto domino Lugdunensi reservatis, exceptis tamen... Violentia cimiteriorum et ecclesiarum,..... potestatem et licentiam impartimur.* Consil. Petri de Font. pag. 183. art. 21 : *Ceus qui ont fait Violetes de sainte église apertes, etc.*

¶ **1. VIOLETA,** Viola. Inventar. Eccl. Noviom. ann. 1419 : *Item duo alii panni aurei coloris Violetæ, cum magnis roellis.*

¶ **2. VIOLETA,** Minister, ut videtur, in Ecclesia Aniciensi. Charta ann. 1312. ejusd. Eccl. : *Thesaurario ecclesiæ VIII. lib.... Turibulario* C. *sol. pro Violeta* x. *sol. pro marrelario* C. *sol.*

° **3. VIOLETA,** Carceris publici nomen apud Nemausum. Comput. ann. 1362. inter Probat. tom. 2. Hist. Nem. pag. 316. col. 2 : *Pro elemosina facienda...... incarceratis, tam in Violeta quam in episcopatu, ij. grossos.* Vide *Violetta.*

¶ **VIOLETTA,** Locus in quo judicia exercent *Scabini* Leodienses, domus publica Ædilium. Adrianus de Veteribusco Rer. Leod. apud Marten. tom. 4. Ampl. Collect. col. 1286 : *Et Magister Ægidius ductus super Violettam in foro, ubi faciebat tunc palatium, quia esset causa sanguinis, quæ in palatio Episcopi non deberet tractari ; etc.* Infra col. 1295 : *Statim duxerunt in Violetta captivum.* Pluries ibi.

¶ **VIOLETUM,** VIOLETUS. Vide *Violus.*
¶ **VIOLETUS,** pro *Violaceus.* Inventar. ann. 1433. ex Tabul. Eccl. Massil. : *Item unam hopelandam nostram sive tunicam brevem de Violeto obscuro, etc.* Vide *Violatus.*

¶ **VIOLUS,** Angustior callis, semita, quasi minor via. vulgo *Viol, sentier.* Inquisit. ann. 1268. ex Schedis Præs. *de Mazaugues : Protenditur recta linea per Violum quo itur a dicto rompeali usque ad caminum quo itur, etc.* Infra : *Protenditur recta linea per caminum S. Petri usque Violum quo itur ad vallem sauneriam.* Charta ann. 1278. ex Tabul. Massil. : *Ita quod dictus claperius remanens a parte orientis et dictus Violus in medio dicti claperii, etc.* Alia ann. 1447. ex eodem Tabul. : *Donavit ortum suum confrontantem cum bario civitatis et cum Violo quo itur super moenia. Violo in medio,* in Necrolog. Eccl. Regiens. Charta Maurini Abb. Vallis-sanctæ diœc. Apt. ann. 1509 · *Reservato quodam Violo sive draya pro passagio.* Inventar. Recognit. num. 18. cap. 41. de Vouta fol. 336 : *Confrontat cum Violo tendente de S. Albano ad mansum, etc.* Vide *Viola* 1.

¶ VIOLETUM, VIOLETUS, diminut. a *Violus,* Eodem intellectu. Consuetud. Dombenses MSS. ann. 1325 : *Si ita esset quod aliquod iter publicum seu Violet iret seu tenderet per terram alterius nobilis, etc.* Terrarium Castellion. Domb. ann. 1463: *Violetum tendens de Lurciaco ad portum Bellevillæ ex Occidente.* Terrarium Bellijoc. : *Juxta Violetum tendens ab ecclesia sancti Mamerti ad mansum de la Cortablize.* Pluries ibi. Inquisit. ann. 1496. in tractu Dombarum : *Guillermus Viverii deponit se noscere metodum seu senterium de quo agitur, qui metodus sive Violetus, est via ad pedes,... est communis et publica.*

¶ **VIONAGIUM,** Præstatio quæ Domino exsolvitur pro securo transitu, vel mercium exportatione per terram illius. Charta Raynaldi Archiep. Rem. ann. 1184. tom. 2. Monum. sacræ Antiq. pag. 14 : *Vionagium, aut theloneum, aut mensuram in rebus propriis emendis, aut vendendis exigere, imponere præsumat.* Occurrit rursum in Charta ann. 1189. ibid. pag. 18. Charta Radulphi I. ann. 1196. inter Instr. Hist. Codiciac. pag. 146 : *Concedo in eleemosynam in perpetuum ecclesiæ B. Vincentii....... centum solidos communis monetæ annuatim... ad Vionagium meum de Fara recipiendos.* Vide in *Guida.*

° **VIOTTOLA,** vox Italica, Angustior callis, semita. Charta ann. 1297. apud Lam. in Delic. erudit. inter not. ad Hodœpor. Charit. part. 1. pag. 115 : *Et est quædam Viottola, qua itur ad molendinum plebis de Caiano.* Vide *Violus.*

¶ **VIPA,** VIPPA, Gall. *Rotie, soupe au vin.* Hermolaus Barbar. lib. 5. cap. 65. Corollarii in Dioscoridem : *Erat veteribus jentaculum buccea ex vino, quod genus Barbari a vino et pane Vippam vocant.* Buschius de Reformat. Monast. lib. 3. cap. 31. apud Leibnit. tom. 2. Script. Brunsvic. pag. 984: *Ad cellarium suum eum secum sumsit, ubi Vipam bonam de vino factam eum comedere et bibere fecit.*

° Manuale sacerdot. diœc. Ambian. edit. ann. 1554. ubi de Ritu matrim. fol. 17 : *Pane et vino benedictis, faciat sacerdos tres Vippas : unam pro seipso, secunda datur sponso et sponsæ partim, tertia datur circumstantibus. Post presbyter bibit et dat sponso et sponsus sponsæ, similiter circumstantibus. Quo facto aspergit aquam benedictam super thalamum et super sponsum et sponsam.*

VIPIDA. Pactus Legis Salicæ tit. 44. § 3 : *Si quis hominem in puteum, aut in Vipida jactaverit, et vivus ex inde exiverit, etc.* Ubi Lex Salica tit. 43. § 10. habet *in pelagus.* Idem Pactus § 13 : *Simili modo, qui hominem in pelagus impinxerit, et exinde evaserit,* etc. Unde liquet *Vipidam* hoc loco sonare *pelagus,* seu aquæ gurgitem, uti hanc vocem usurpari docuimus ; qui Taxandris *wimpel,* vortex ; sicut, inquit Wendelinus, nomina indita duodus fluminibus circa Liram in Brabantia *Wimpe,* et *Wimpede,* quod sint vorticosa et periculosissima. [Ex quibus colligit Eccardus *Vipda* legendum esse ; non *Vipida.*] Vide *Wapeldrinc.*

1. VIRA, Uxor. Formula 37. ex Baluzianis : *Dum omnipotens Deus concessit jugale consortium, et tale permissum dedit et in omnibus, ut unusquisque cum Vira sua nubat juxta voluntudinem anteriorum Christianorum, etc.*

¶ **2. VIRA,** ut *Viratonus,* Teli species. Vide in hac voce.

⚜ A Gallico *Vire,* eadem notione. Lit. remiss. ann. 1380. in Reg. 118. Chartoph. reg. ch. 331 : *Partie d'iceulx arbalestiers eussent traict de l'un bersail à l'autre et feussent alez aprés le traict de leurs Vires ès parties du bersail ou iraict avoient..... Ainsi que ledit Eslie eust desnoqué son arbaleste, sa Vire encontra ledit de la Chapelle , etc. Vireton,* in aliis ejusd. ann. ibid. ch. 170. Aliæ ann. 1396. in Reg. 151. ch. 12 : *La Vire ou boujon, dont icellui du Quesnoy jouoit et que paravant il avoit entezé, etc.* An inde *Virailles* nuncupatum locum, in Lit. remiss. ann. 1402. ex Reg. 157. ch. 270 · *Une piece de cuir, appellée Virailles.* An a Gallico *Virer,* abigere ? Vide mox in *Virare* 3.

⚜ **3. VIRA,** f. pro *Bira,* Fossa. Vide supra *Bivia.* Lit. admort. ann. 1375. in Reg. 109. Chartoph. reg. ch. 401 : *Item in quadam petia campi.... confrontante cum honore hæredum Guerandi Janesni,... vallato sive Vira in medio.*

¶ **VIRAGIUM,** ut *Homagium* ab homo, ita *Viragium* a vir, pro Clientelaris professio, Gall. *Hommage, Hominium.* Vide in hac voce. Charta ann. 1235. apud Lobinell. tom. 2. Hist. Britan. col. 383 : *Dicunt etiam quod Comes non poterat levare Viragum ab hominibus Baronum ..... Nec vidit quod aliquis Comitum ante istum caperet Viragium........ De Viragio dixit quod aliquis Comes nunquam ipsum cepit.*

VIRAGO. Ælfricus in Gloss. Saxon. *Virago,* ceoristrang fæmne ; id est, *mascula, fortis virgo.* [Gloss. Lat. Gall. Sangerm. : *Virago, fort femme.*] Julius Firmicus lib. 3. cap. 6 : *Eunuchos faciet mulieresque Viragines, et quæ se nunquam virili coitu conjungant, vel si se aliquando viro conjunxerint, nunquam concepturas, vel partum edituras.* Octavius Horatianus lib. 4. Rer. medicar. pag. 110 : *Sic denique si prior feminini cursus in vasculis concedat, masculi ex eo nascuntur superveniente similis semine. Si vero antecasserit virile semen, et in vasculis ceciderit, prius superveniente femineo semine, feminæ nascuntur. Hinc est rationi consentaneum, quod ex virili semine puellæ nascantur : ex femineo semine pueri nascantur. Si itaque utro-*

rumque semen permixtum, obviando sibi in vasculorum cavitatem ceciderit, hos Viragines appellamus. Ingulfus de filiabus Ethelstani Regis Angliæ pag. 878 : *Vadunt ad littora cum Cancellario quatuor Viragines, quæ castitatis honore Dianam vincebant, et corporali pulchritudine etiam Helenam superabant.* [Vide *Viverna.*]

1. **VIRARE.** Lex Alamannor. cap. 84 : *Et ponat signum ubi iste voluerit, et ubi ille alius voluerit terminum, et Virent ipsam contentionem.* Ita aliquot codd. præferre monet Baluzius, ubi aliæ *girent* habent. Alius vero pro *contentionem,* præfert *terram.* Ita *girare,* vel *virare contentionem,* est agrum, de quo lis est inspicere cum judicibus. *Virer*, porro nostris idem sonat quod *girare.* Vide *Visus.*

° Unde nostris *Vironner,* eodem sensu. Lit. remiss. ann. 1465. in Reg. 194. Chartoph. reg. ch. 75 : *Icellui Maillon tousjours couroit et suivoit de près le suppliant... et Vironnerent tout entour d'une maison.* Ejusdem originis vox *Virolet,* pro *Girouette,* in Glossar. Provinc. Lat. ex Cod. reg. 7657 : *Virolet, Prov. Giraculum.*

¶ 2. **VIRARE,** Vertere deorsum sursum, nostris *Virer.* Statuta Eccl. Massil. ann. 1472 : *Marrelarii non teneant campanas erectas, nec illas Virent sub pœna denariorum IV.*

° 3. **VIRARE** SE, Serpere ; dicitur de morbo, in Mirac. B. Ant. Ripol. tom. 6. Aug. pag. 540. col. 1 : *Valde fortiter postea ipsa inflatura se Viravit in fronte, et postea retro caput super capitio.* Nostris vero alias *Virer,* idem videtur quod Abigere, nunc *Chasser.* Lit. remiss. ann. 1400. in Reg. 155. Chartop. reg. ch. 171 : *Icellui Estienne gardant ses bestes menues et grosses aumailles et avecques Leonarde.... ala Virer ses bestes.* Aliæ ann. 1452. in Reg. 181. ch. 128 : *Jehan Brosse dist à la femme du suppliant...... qu'il iroit bien Virer icelles vaches de son pré.*

¶ **VIRATIUS,** Magnarum virium. Nonius.

¶ **VIRATONUS,** Teli species. Vide *Veretonus.*

¶ 1. **VIRATUS,** Viri officium. Sidonius lib. 7. Epist. 9 : *Bono Viratu æmulis suis magis prodesse cupiens, quam placere.*

2. **VIRATUS,** Virilis, fortis, vel viro honoratus [vel *ornatus.*] Vita Johannes Chrysostomus, mulier virata non facile decipitur. Vita Ugutio. Ecclesiastic. cap. 28. 16 : *Lingua tertia mulieres Viratas ejecit,* etc. Rect. Gr. γυναῖκας ἀνδρείας. Ubi Mamotrectus : *Viratas, id est, viriles, vel Viratas de fide thori, vel Viratas, viro hærentes semper.* [*Viratus , fors , fermes, seurs,* in Gloss. Lat. Gall. Sangerm.]

¶ **VIRBIUS,** Bis vir existens, a Bis et Vir : seu qui binas habuit vel habet uxores : vel etiam qui bis fecit facta viro digna : vel qui resuscitatus est, ut Lazarus et Hippolytus. Joh. de Janua. unde Gloss. Lat. Gall. Sangerm. : *Virbius, deux fois hommes.* Vita S. Bibiani Sancton. Episc. apud Marten. tom. 6. Ampl. Collect. col. 789 : *Sicque in vitalem statum adprime restitutus, pedestri calle domum rediit Virbius qui ad humandi ultimum obsequium ecclesiæ fuerat inlatus.*

¶ **VIRCARIA,** ut supra *Vercaria.* Charta ann. 1195. apud Stephanot. tom. 1. Antiquit. Bened. Occitan. MSS. pag. 437 : *Concedit...... quatuor molendinos,.... cum Vircariis, aquis, aquilibus, etc.* Charta ann. 9. Conradi Reg. apud eumd. tom. 7. Fragm. Histor. MSS. pag. 357 : *Curtilum indominicatum cum Vircaria, et vinea, et quidquid ad ipsum curtilum adspicit.* Alia ibidem pag. 360 : *Dedit S. Martino Saviniensi sanctoque Juliano de Sal unam Vircariam cum mansione et horto suo indominicato.* Charta Widonis Vicecomit. Arverniæ apud Baluz. tom. 2. Hist. Arvern. pag. 40 : *Silvis, aquis, aquarumque decursibus, viridariis, Vircariis, molendinis, pascuis, etc.*

¶ **VIRCHARNIA,** pro *Vierscara.* Vide in hac voce. Charta apud Miræum tom. 1. pag. 681. col. 1 : *Comparuimus Brugis in Vircharnia coram domino Guidone Comite Flandriæ super dicta controversia.....* Actum in *Vrcharnia Brugensi* anno Domini 1261.

¶ **VIRDEGARIUM,** Viridarium , Gall. *Verger.* Instr. tom. 2. Gall. Christ. novæ edit. col. 328 : *Anno Domini 936. Ind.* 10. *ego Tetolo.... dicavi hanc ecclesiam, et dicamus cum dote,.... masnilis, curtiferis, Virdegariis, vineis, etc.* Tabul. S. Petri de Cellafroini in pago Engolismensi : *Cedo ego et frater meus et uxor mea mansum unum qui vocatur Hunorsus cum aquis, pratis, vineis , Virdegariis , etc.* Occurrit non semel. Vide *Viridiarium.*

¶ **VIRDUNENSIS** MONETA. Vide in *Moneta Baronum.*

¶ **VIRECTUM,** Locus viridium, locus viriditate plenus. Nisi communis usus obsisteret, dicerem quod *Virectum* deberet scribi *sine c*, sicut *olivetum, miretum et Alnetum.* Ita Glossæ Biblicæ MSS. Anonymi ex Bibl. Reg. Vide *Viridiarium.*

✱ **VIREDARIUM ,** [« Episcopus cum sua comitiva merendavit in quodam *Viredario* dicte ecclesie. » *(Chevalier,* Visit. episc. Gratianop. p. 102.)]

VIREDO. Willel. Brito lib. 10. Philipp.:

Tot latera ambiit livere Viredine ferri.

° **VIREDUS,** Custos viridarii. Glossar. Lat. Gall. ex Cod. reg. 521. Qui servat *virgultum;* in altero ann. 1852. ex Cod. 4120.

¶ **VIREGA,** pro *Virga,* Baculus Abbatis. Notitia an. 993. apud Marten. tom. 1. Ampl. Collect. col. 350 : *Apprehendens Viregam suam dixit : In tali conventione, ut locuti estis, audiente me, vestio vos.*

° **VIRELI,** Ludi inhonesti genus. Reg. visitat. Odon. archiep. Rotomag. ex Cod. reg. 1245. fol. 442 *Clerici vicarii ac etiam capellani* (S. Ildeverti de Gornalo) *in festivitatibus quibusdam , præcipue in festo S. Nicholai, dissolute et scurriliter se habebant, ducendo choreas per vicos et faciendo de Vireli.*

VIRENTIA, Virens herba, ramalia virentia, quibus in publicis festis sternuntur plateæ. Vita S. Leodegarii cap. 8. apud Duchesnium tom. 1. Hist. Francor. : *Lætatur Ecclesia de præsentia pastoris rediviva, plateæ exornantur Virentiis, aptant Diaconi cereos, etc.*

¶ **VIRETONUS,** Pili species. Vide *Veretonus.*

1. **VIRGA,** Lingua Gallica, purpuram sonat, inquit Servius ad illud Virgilii lib. 3. Æneid. *Virgatis lucent sagulis.* Id est, *purpureis.*

2. **VIRGA,** Veretrum. Lex Longobard. lib. 1. tit. 7. § 18. [⸫ Carol. M. 82.] : *Si Virgam absciderit, etc.* Vide *Hasta 3.* et *Vectis.*

3. **VIRGA,** Baculus Episcopalis, vel Abbatis. Petrus Diac. lib. 4. Chr. Casin. cap. 78. de Episcopis : *Dicentes, nihil aliud superesse, nisi ut sublatis Virgis et annulis, deservirent Monachis.* Cap. 27 : *Virgam et annulum ei juxta morem antiquum confirmans.* [Notitia vetus apud Baluz. tom. 6. Miscell. pag. 437 : *Episcopatum reliquit, et anulum Virgamque reddidit.* Sermo habitus in Conc. Lemovic. ann. 994. apud eumd. Baluz. Hist. Tutelens. col. 387 : *Virga tua* (S. Martialem alloquitur) *quæ in urbe sedis meæ pro pretioso hactenus custodiebatur thesauro, etc.* Adde Spicil. Acher. tom. 8. pag. 173.] *Abbatiam per Virgam concedere,* in Charta ann. 1120. tom. 1. Spicilegii Acheriani pag. 172. [Vide *Uncus 2.*]

✱ [« Si alii archiepiscopi vel episcopi regni qui sunt advocati in abbatiis aliorum episcopatuum jure ecclesie sue ex concessione vel ex tolerantia sedis apostolice electis abbatibus *concessionem per Virgam* fecerint, episcopus quoque Basiliensis abbatibus qui in ecclesia beati Blasii proponendi sunt post electionem hoc ipsum faciat. » (Chart. Clun. Coll. Burgund. B. N. t. 80. n. 198. bis, an. 1120.)]

¶ **VIRGA PRÆCENTORALIS,** Baculus Præcentoris. Andreas Floriac. in Vita MS. S. Gauzlini Bituric. Archiep. lib. 1 : *Fecit et præcentoralem Virgam argenteo scemate nitentem.*

VIRGA ALBA, Pacis symbolum. Britton. in Legib. Angl. cap. 53 : *Si comme par simple dessesine faite de jour sauns force et armes, oue une blaunche Verge en signe de peas.*

∞ **VIRGA COLERIA.** Vita S. Galli apud Pertz. Script. tom. 2. pag. 7 : *Consuetam vir dei orationem quærens corruit in vepre pedem offendens....... et cum surrexisset ab oratione fecit de Virga Coleria crucem.* Editor interpretatur *Colurnam.*

VIRGÆ CONSECRATÆ. Gregorius Turon. lib 7. cap. 32. et ex eo Aimoinus lib. 3. Hist. Fr. cap. 68 : *Post hæc misit iterum Gundobaldus duos Legatos ad Regem cum Virgis consecratis , juxta ritum Francorum, ut scilicet non contingerentur, sed exposita legatione cum responso reverterentur.* Valerius Flaccus lib. 4 :

Ille virum ut contra venientem, umbrataque vidit
Tempora Parrhasio patris de more galero,
Paciferaque manu nequicquam insignia Virgæ.

° **VIRGA DECORTICATA,** *Verge pelée,* meretricibus tribuitur, in Mirac. MSS. B. M. V. lib. 2 :

Tele ribaude et avolée,
Ki porté a verge pelée
Plus de sept ans par le pais.

¶ **VIRGÆ DISCIPLINATORIÆ,** in Vita S. Galterii sæc. 6. Bened. part. 2. pag. 821 : *Liceat mihi peccantis lege, id est nudis pedibus, lotoque corpore circa renes tantum præcincto, manibus meis Virgas disciplinatorias ferenti, in capitulum venire, et coram Deo, et vobis fratribus meis veniam de offensionibus meis petere, et in vobis omnibus Virgarum correctionem, dignam videlicet factis meis recompensationem, recipere.* Vide *Disciplina.*

VIRGAM FERREAM *per medium linguæ portare,* Pœna blasphemantium apud Catalanos. Curia generalis Cataianiæ in villa Montissoni an. 1363. MS. : *Qui verba nefandissima Deum omnipotentem, ac B. Mariam Virginem et eius virginitatem tangentia, Sanctos et Sanctas Dei, protulerit, si ex proposito dixerit, sine spe aliqua veniæ moriatur. Si in ludo, rixa, vel cum ira, vel casu protulerit, portando* *per medium linguæ unam virgam ferream, fustigetur.*

VIRGÆ MINUTÆ. Vide *Flagellatio* 1.

VIRGA REGALIS. Vide *Baculus* 2.

¶ 4. **VIRGA**, Annulus, nostris *Verge*, eadem notione. Testam. Beatricis de Alboreya Vicecomit. Narbon. ann. 1367. apud Marten. tom. 2. Anecd. col. 1527: *Item unum anulum cum parva Virga.* Tabulæ matrimoniales ann. 1468 : *In pretio duorum clamidum unius Virgæ auri, etc.*

5. **VIRGA**, vel VIRGATA REGIA, Districtus Senescalli Hospitii Regis Angliæ, cui in signum jurisdictionis commissa est *Virga* coram Rege deferenda, ut olim *Curopalatæ,* qui idem fere muneris obibat apud Impp. Byzantinos. is enim *aurea virga decoratus inter obsequia numerosa ante pedes regios primus incedebat,* ut auctor est Senator lib. 7. Form. 5. Quæ quidem Curopalatæ virga χρυσοῦς ῥάβδος ἀεὶ προκέλευθος ἀνάκτων , dicitur Paulo Silentiario in Descript. S. Sophiæ part. 2. v. 126. Vide Glossar. med. Græcit. Διχανίχιον, *Virga*. Fleta lib 2. cap. 2. § 2 : *Senescalli Hospitii Regis interest de omnibus actionibus contra pacem Regis infra metas Hospitii continentes duodecim leucas in circuitu Regis ubicumque fuerit in Anglia, quod quidem spatium dicitur Virgata regia.* Cap. 2 § 2 : *Dicitur Virga, quæ sequitur Regem ubicunque fuerit in Anglia, spatium continens 12. leucarum.* Adde lib. 2 cap. 61. § 7. 8. [Litteræ Edwardi III. Reg. Angl. ann. 1346. apud Rymer. tom. 5. pag. 523 : *Et nos plurimum affectantes quod felonias et transgressiones infra Virgam hospitii prædicti custodis (videlicet per duodecim leucas in circuitu ejusdem hospitii) perpetratæ, ac si ipsæ infra Virgam hospitii nostri, si nos præsentes essemus, factæ fuissent, audiantur et terminentur, etc.*] De hac *Virgata* agunt etiam Leges Malcolmi II. Regis Scotiæ cap. 6. § 3 · *Omnes transgressiones sub Virga Marescalli D. Regis (videlicet infra 12. leucas) debent determinari in Curia Regis coram prædictis Marescallo et Constabulario. La verge,* nude, in articulis super chartas editis ann. 28. Edw. I. cap. 3. et apud Brittonum pag. 1. 8. 9. 69. 75. 76. etc. Apud Francos, *Curia regia* decem leucarum quaquaversum esse intelligitur, a loco, ubi Princeps ipse moratur : uti Edicto Francisci I. mens. Jun. ann. 1544. statuitur, quod a Miramontio describitur in Præposito Hospitii pag. 289. Vide Isidorum Pelusiot. lib. 3. Epist. 176.

¶ VIRGA ERECTA, Gall. *Verge droite,* in Consuet. Leod. cap. 15. art. 10. de jurisdictione prætoris intelligitur.

VIRGA, quam præferunt *Servientes* coram Justitiariis, in Statuto Westmonast. 2. cap. 46. 48. Vide *Virgarius* et *Virgatores.*

° Pro districtu seu officio servientis, aut feudi ejusdem reditu interdum usurpatur. Scacar. S. Mich. apud Cadom. ann. 1241. in Reg. S. Justi ex Cam. Comput. Paris. fol. 26. r. col. 1 : *Judicatum est quod uxor cujusdam defuncti debet habere dotem de omnibus, de quibus maritus ejus erat in die et hora, quando uxorem recepit suam in sponsam, saisitus per hæreditagium videlicet de feodo loricæ et de serjenteria et de Virga et de omni feodo, quod tenetur per hæreditatem.* Declarat. Joan. de Sacro cæsare milit. ann. 1318. in Reg. 112. Chartoph. reg. ch. 6 : *Item la Verge de ladite prévosté de la justice haulte et basse....*

sont prisiés xxv. livres par an à pris de terre.

° *Virga* servientis projecta intra muros domus, cujus apertio illi detrectabatur, in signum peracti officii seu manus appositæ. Lit. remiss. ann. 1390. in Reg. 138. Chartoph. reg. ch. 253: *Le prévost de Dourlens accompagné de plusieurs sergens alla en la ville de Fieffes devant la maison dudit Chambellan,... estant en dehors devant ladite porte il fit lire sa commission à Jeanne femme dudit Chambellan et fit les commandemens contenus en icelle commission..... Jeanne en fut refusante et defendi que riens ne fust ouvert...... Par signe de désobéissance le prévost getta par dessus la porte en ladite basse-court une Verge de l'un des sergens qui estoient avec lui , et s'en parti.*

6. **VIRGA** TERRÆ, Modus, seu mensura agri, gyrd-land, *virga terræ,* Anglo Saxonibus. Donationes factæ Eccl. Salisburgensi cap. 13 : *Dedit de proprio in salinis suis, in harena Virgas* VI. *quæ Virga habebat pedes* XXVI. *et dimidium, hoc est, in orientali parte ipsius harenæ.* Liber Ramesiensis ch. 207 : *Dedit* 3. *Virgas de terra in Ladingewrth, et unam Virgam in Slepe.* Occurrit apud Ingulfum pag. 909 Ordericum Vital. lib. 5. pag. 602. in eodem Monastico Anglic. tom. 1. pag. 280. 313. tom. 2 pag. 8. 91. etc. [Tabul. S. Bertini : *Sapiunt Virgas* 5. *et in monasterio inter omnes Virgas* 4. Occurrit ibi non semel. Charta ann. 1174. apud Miræum tom. 1. pag. 191. col. 1 : *Centum quoque mensuras marasci ad Virgam Comitis Flandriæ.* Adde tom. 2. pag. 832. 1328. et 1329. Charta Roberti Comitis Moretonii ann. 1453. apud Stephanot. tom. 18. Fragm. Hist. MSS. pag. 123 : *Et unicuique burgensi dabunt monachi terræ unam Virgam ad inhabitandum, qui ibi sunt vel hospitandi sunt. Verge de terre, Vergine, Virgine, Vergue,* in Chartul. S. Vandreg. tom. 1. pag. 185. ex Charta ann. 1300 : *Trois acres de terre et une Vergine à campart et à vilaine. Trois Virgines de terre quatre pergues moins,* in Charta ann. 1293. ibid. pag. 177. Alia ejusd. anni pag. 214 : *Pour una livres et deux sols Tournois,..... v. Verges de terre. Una pieche de terre contenant chint Vergues de terre et sept perques,* in Charta ann. 1305. ibid. pag. 184.] Nomenclaturæ rationem forte ultimam attulit Acta Murensis Monasterii pag. 45 : *Quantum enim hæreditatis unusquisque possidet , tantum dat et census : et quantum census dat, et arat, et secat fœnum, et metit seritque; et pullos det et lini resticulas. Cum autem debent arare, cum Virga metitur eis, qua et mansi solent metiri. Et ipsa Virga signata est secundum uniuscujusque rationem, et ubicunque signum occurrerit, ibi parvum lignum figitur in terra, et ipsi tamen in prima scissura et seminatione arant.*

° Pro pannorum quoque mensura occurrit, in Lit. remiss. ann. 1411. ex Reg. 165. Chartoph. reg. ch. 230 : *Dix Vergues ou aulnes de drap bureau.*

¶ VIRGA FERREA, Quæ aliarum mensurarum est exemplar. Chartular. Prior. Leominstr. apud Th. Blount in Nomolex. Anglic. : *Dedi unam placitam terræ meæ,...... cujus latitudo in fronte continet in se* XVI. *Virgas ferreas præter unum quarterium, et totidem a retro.* Vide *Ulna* 2.

¶ VIRGA PUBLICA, Eodem intellectu. Chronic. Farf. apud Murator. tom. 2. part. 2. col. 593 : *Item Romadus Comes concessit in hoc monasterio ecclesiam S.*

Silvestri in territorio de Perito, cum modiis centum de terra ad Virgam publicam circa eam.

VIRGATA TERRÆ, Idem quod *Virga terræ,* tantum agri, quantum *virga* continet. Leges Inæ cap. 69 : *Si quis Virgatam terræ a domino mercede conductam araverit, etc.* Chronicon Monasterii de Bello : 8. *virgæ unam hidam faciunt : wista vero* 4. *Virgatis constat.* Infra . *Dividitur leuga per wistas, quæ aliis in locis Virgatæ dicuntur.* Ita fere Monasticum Anglicanum tom. 1. pag. 313. Vetus Codex · *Virgatæ terræ continet* 24. *acras, et* 4. *virgatæ constituunt unam hidam, etc.* Alius Codex : 10. *acræ terræ faciunt secundum antiquam consuetudinem unam ferdellam, et* 4 *ferdellæ faciunt Virgatam, etc.* Sic quantitas varia est pro locorum varietate. Vide Dugdalum in Antiquit. Warwicens. pag. 665.

° Reg. Cam. Comput. Paris. sign. *Noster* fol. 340. r° : *Quadraginta perticæ faciunt Virgatam ; quatuor Virgatæ faciunt acram...... Quadraginta perticæ terræ faciunt Virgatam; duæ Virgatæ faciunt arpentum.*

¶ VIRGATA OPERARIA, Quæ operibus obnoxia est. Chartul. SS. Trinit. Cadom. fol. 37 *Ricardus de Colecis tenet* 1. *Virgatam operariam pro* 5. *sol. et facit consuetudines sicut Adam.* Fol. 59: *Unaquaque Virgata operaria de Hantona debet operari unaquaque hebdomada et per totam hebdomadam.*

¶ VIRGADA, ut *Virgata. Salomon dedit unam Virgadam,* in Tabul. Roton. Charta apud Lobinell. tom. 2. Hist. Britan. col. 74 : *Tradidit .. partem Virgadæ unius cum manente supra.*

¶ VIRGATA, Prædium rusticum, vel terra indefinitæ mensuræ. Tabul. Roton. : *Nobilis vir Rethuobri veniens ante ecclesiam Vernensem donavit Virgatas suæ hæreditatis, quarum hæc sunt nomina : Hoetlmonoc, Ran Turnoc, et Ran Rnvocon.*

VIRGATA DECIMA hæreditatis , quæ fisco Regis debetur, cum de hæreditate inter hæredes controversia est, et ad eam componendam Rex Missum suum transmittit, in Capitul. 2. ann. 813. cap. 7.

¶ 7. **VIRGA** PONDERIS, proprie est Verticillum librarium, Gall. *Verge de peson,* quo utuntur ad merces ponderandas : unde usurpatur pro Præstatione quæ pro ponderibus publicis exsolvitur, dum res et merces ponderantur, Nostris *Droit de poisage.* Vide in *Pondus.* Litteræ Humberti II. Dalph. ann. 1318. inter Ordinat. Reg. Franc. tom. 3. pag. 277 : *Et etiam Virga ponderis quam tenet nunc ab ipsa Ecclesia censualem dom.* Catherinæ de Podio. Charta ann. 1377. ex Camera Comput. Provinc. : *Una cum juribus Virgæ ponderis, et tractæ bladi, et leydarum.*

8. **VIRGA**. Speculum Saxonicum lib. 3. art. 45. § 14 : *Duæ Virgæ et una forpex emenda illorum est, qui feriundo aut spoliando juri derogant sua.* [°° § 9. Germ. *Tvene besmen.*]

¶ VERGHA, pro *Virga,* in Statutis Montis Regalis fol. 269 : *Ponendo quatuor Verghar azali, etc.*

¶ **VIRGADA**, Modus agri. Vide *Virga* 6.

¶ **VIRGARETUM**, Virgetum. Charta ann. 1048. apud Lam. in Delic. erudit. inter not. ad Hodœpor. Charit. part. 3. pag. 1034 : *Cum campis, paschuis, silvis, arboribus pomiferis, fructiferis, castanetis, Virgaretis, cultis et incultis, etc.* Vide *Virgareum.*

VIRGAREUM, VIRGASTRUM, Virgetum.

Vetus Charta exarata circa ann. 908. apud Ughellum in Archiepiscop. Florentinis tom. 3. pag. 47: *Terris et vineis, silvis, Virgastris, pratis, pascuis, etc.* In alia vero pag 52 *Silvis, olivetis, Virgareis, pratis, etc* habetur, ut et in Charta Grimoaldi Pisani Episcopi ibid. pag. 404.

¶ **VIRGARIUM,** ut *Virgareum.* Tabul. S. Albini Andegav.: *Donamus,... unum Virgarium cum custodia sua et una domo supra ripam Sarte.*

VIRGARIUS, *Lictor,* ῥαβδοῦχος, in Gloss. Gr. Lat. Exstat in Foris Aragon. lib. 1. pag. 36. titulus *de Virgariis Curiæ Justitiæ Aragonum,* ubi *Vergueros* dicuntur. [Vide *Virgibajulus.*]

¶ VIRGARIUS, Gall. *Bedeau,* Apparitor. Ceremoniale MS. B. M. Deauratæ Tolos.: *Sacerdos vero aliis diebus Dominicis indutus pluviali una cum Virgario defferente virgam, etc.* Charta ann. 1370. tom. 2. Hist. Eccl. Meld. pag. 236: *Parvis capellanis, Virgariis, matricularius clericis, qui interfuerunt dictæ processioni.* Adde Concil. Hisp. tom. 4 pag. 468. et Calmet. Hist. Lotharing tom. 3. col. 468. Vide infra *Virgifer.*

¶ VIRGARIUS, apud Camaldulenses is esse videtur qui facultates monasterii administrat, vel qui agrorum culturæ invigilat. Epist. 35. Ambrosii Camaldul. apud Marten. tom. 3. Ampl. Collect. col. 429 : *Dices ex nobis fratri Johanni Virgario, ingrate illum nimis agere, qui pecuniam mutuo acceptam restituere non curaverit nobis, quam debemus creditori.* Epist. 36. ibid. col. 480 : *Virgarius noster opus habet Petro de Moggiona toto mense isto, bubulco nostro illo loquor.*

¶ **VIRGASTRUM.** Vide *Virgareum.*

¶ **VIRGATA,** ut infra *Virgatus,* Pannus virgis quibusdam distinctus, *Etofe rayée.* Comput. ab ann. 1333. ad ann. 1336. tom. 2. Hist. Dalph. pag. 283 : *Item, pro infoderatura unius garnatiæ et caputii pro dom Andrea Dalphino de Virgata quam dominus portavit de Francia,* VI. lib. VI. sol. Vien. Alia notione vide in *Virga* 6.

VIRGATORES, Qui Anglis *Servientes ad arma,* qui *virgas* argenteas deauratas deferunt ante Regem, ut est apud Watsium. Matth. Paris ann. 1249 : *Quidam vero de virga civilate tunc præsentes, dum regii Virgatores populum ibidem propter rei novitatem congregatum et compressum retroire cogerent, etc.* Fleta lib. 2. cap. 1. § 15 : *Sunt quædam injuriæ, quæ restitutionem in triplo inducunt damnorum, sicut.... de Virgatoribus injustum feodum capientibus.* Cap. 38 : *In eadem curia (Regis) sunt Virgatores, populum gravantes, gravia feoda petentes.* Vide *Servientes ad arma.* Vox *virgatores* occurrit apud Plautum in Asinaria pro iis, qui *virgis* cædunt. [Vide infra *Virgibajulus.*]

VIRGATUS, Italis, *Vergato, panno,* o *vestimento divisato di piu colori,* Pannus virgis quibusdam in longum vel in latum varia serie et colore pretiosis distinctus, uti *Virgata* Gallorum *sagula.* apud Turnebum lib. 2. Advers. cap. 4. Glossæ Gr. Lat. · 'Ραβδωτός, *virgeus.* Statuta Innocentii IV. PP. pro reformatione Nigri ordinis · *Non adolescentes, non nobiles, non consanguineos, nec indutos vestibus Virgatis, aut argenteis nodulis ornatis, vel partitis, vel viridibus, aut rubeis, etc.* [Statuta Eccl. Gerund. ann. 1274. apud Marten. tom. 8. Ampl. Collect. col. 1168 : *Pannis rubeis, vel cendatis, seu viridibus, aut Virgatis tunicis, etc. Vestes Virgatas continue publice portantes,* in Concilio Bituricensi ann. 1280. apud eumdem tom. 4. Anecdot. col. 192. *Vestes partitæ vel Virgatæ,* in Statutis Ecclesiæ Argentoratensis ann. 1435. ibidem col. 539.] Concilium Palentinum ann. 1388. cap. 3 : *Vestem superiorem non Virgatam, aut bipartitam, etc. Vestito di vergato,* apud Scriptores Italos, laudatos a Pergamino. [Vide in *Pannus* 2. *Vetatus, Virga* 1. et *Virgata*]

¶ **VIRGEIA,** Modus vel mensura agri, ut supra *Virga* 6. Chartul. S. Vincentii Cenoman. fol. 34 : *Robertus de Larcamps* (dedit) *unam Virgeiam terræ.* Occurrit rursum fol. 91.

◦ **VIRGELLA,** Italis *Vergella,* Virgula ; instrumentum musicum videtur, f. fistula, in Actis B. Christ. tom. 4. Jun. pag. 410. col. 2 : *Fungatur officio consolatoris plebanus Joannes, ubi locus fuerit arripiens Virgellam suam, et disponat se toto corpore et corde, sicut decet amicos Dei, et dulcis melodiæ cantus de caritate Dei incipiat personare.*

¶ **VIRGENDEMIA,** ῥαβδολογία, in Gloss. Lat. Gr. Nonio ex Varrone. *Virgindemia,* virgarum apparatus, demtio, vel decerptio.

¶ **VIRGERIUM,** Gall. *Verger,* Viridarium. Chart il. majus S. Victoris Massil. fol. 58 : *Ego Bermundus clericus dono dimidum Virgerii ad S. Victorem.* Ibidem : *Ego Jaufredus Carbonellus dono totam partem hæreditatis meæ de uno Virgerio simul cum mansuario.*

¶ **VIRGEUS** SERPENS, Virga Moysis in serpentem conversa, apud Glabrum Rodulphum.

¶ **VIRGIBAJULUS,** Idem qui *Virgator,* officium in aula Regum Angliæ. Vide *Virgatores.* Charta Edwardi V. Reg. Angl. ann 1483. apud Rymer. tom. 12. pag. 183 : *Concessimus eisdem . officium Virgibajuli, alias dictum Virgarii ad portandum virgam coram nobis et hæreditus nostris ad festum S. Georgii infra castrum nostrum de Wyndsore annuatim.* Vide mox *Virgifer.*

¶ **VIRGIFER,** Qui fert virgam, apparitor, in Charta ann. 1107. apud Lobinell. tom. 2. Hist. Britan. col. 266. Vide *Virgarius.*

¶ VIRGIFER vocatur in recentiori Ceremoniali Ecclesiæ B. M. Deauratæ Tolosanæ qui in processionibus baculum cantoris defert, idem qui *Propheta* in veteri Ceremoniali nuncupatur. Vide *Propheta,* ut supra *Virga* 3.

¶ **VIRGILDUM.** Vide in *Wera.*

¶ **VIRGINAL.** Vita S. Gerardi sæc. 5. Bened pag. 270 : *Qui* (Deus) *sicut expertum legimus Virginal beatæ martyris Agathæ, universa curans restaurat solo sermone, etc.* Ubi de restituta mamma S. Agathæ sermo est · alibi *Virginal* idem sonat quod virginitas Gloss. Isidori : *Virginal, membra virginis in quo habitat.* Martinius emendat, *Virginal, membrana virginis, in qua habitat,* scilicet virginitas seu hymen. *Virginal, la partie où est faite la conception,* in Gloss. Lat. Sangerman. Glossæ Isonis Magistri, *Virginal, locus in quo devirginantur virgines, Virginalia, παρθενεῖα,* in Gl. Lat. Gr. παρθένεια, in MSS.

◦ Glossar. vet. ex Cod. reg. 521 : *Virginal, illa pellicula, quæ rumpitur, dum virgo defloratur.*

¶ VIRGINAL, f. Liber officium B. M. Virginis continens. Testam. ann. 1415. apud Rymer. tom. 9. pag. 276 : *Et unum parvum librum vocatum Virginal, coopertum in blodio panno de auro de Cipre.*

VIRGINARE, Παρθενεύειν, in Gloss. Gr. Lat. MS. perperam in edito : Παρθενεύω, *Vigrino.* Ugutio : *Virginare, fricare, et facere, quæ possunt fieri salva virginitate.* [Vide *Virginula.*]

¶ VIRGINARE, *Caste, more virginum vivere,* in Gemma. Tertull. de Virg. veland. c. 12 : *Virginari volunt sola capitis nuditate.*

¶ VIRGINARE, Rem cum virgine habere. Lambertus Ardensis apud Ludewig. tom. 8. Reliq. MSS. pag. 363 : *Postea vero idem Balduinus pater meus cum quadam alia eminentis, immo supereminentis formæ, generosæ nobilitatis juvencula.... nomine Natalia Virginabat, et ex ea genuit Simonem.*

◦ **VIRGINATA.** Virgetum ; nisi mendum sit pro *Virgata.* Charta Hugon. de Gornaco pro fundat. Belloz. ann. 1198. inter Probat. tom 1. Annal. Præmonst. col. 231 · *Dedi culturam de Rustachon et unam Virginatam juxta, et aliam ad viam Romesen, et virgatas tres ad spinam de Merval.* Vide supra *Virgaretum.*

◦ **VIRGINIA,** de femina conjugata, apud Murator. tom. 3. Collect. Inscript. pag. 1893. 3 : PRINCIPIUS SE VIVO SIBI ET ASTEMIÆ VIRGINIE SUÆ DOMUM PERPETUAM FECIT. *Virginius,* pro Maritus, ibid. pag. 1479. 13. *Virgine* nostris pro *Vierge,* Virgo. *L'an de grace mil et trois cenz le samedi après la Purification Nostre Dame Virgine,* in Lib. rub. Cam. Comput. Paris. fol. 150. vo. col. 1. *Virge, Virgene,* et *Virgine,* eadem acceptione, in Vita J. C. MS. metrice scripta. Vide *Virgo.*

¶ **VIRGINIFICARI,** παρθενεύεσθαι, Virginem fieri. Vetus Interpres Origenis, Comment. tract. 32. in Matth. : *Virgines sunt Virginificatæ per verbum Dei, qui credere volunt, sui crediderunt.*

¶ **VIRGINISSIMUS,** Castissimus, in Serm. S. Humilitatis de S. Joanne Evang. tom. 7. Maii pag. 833 : *Inter chorum virginum tu virgo Virginissimus, etc.*

VIRGINULA, Παρθενιχάριον, in Gloss. Græc. Lat. ubi edit. *Vigrinula,* ut in voce παρθενεύω, *vigrino :* sed in Cod. MS. est *virgino,* uti monuimus.

VIRGO, de femina conjugata. Encomium Emmæ Reginæ pag. 172. de eadem Emma Ricardi I. Ducis Normanniæ filia, Ethelredi Regis Angliæ vidua, a Cnutone Danorum in Anglia Rege in uxorem expetita : *Placuit ergo Regi verbum Virginis, et jusjurando facto Virgini placuit voluntas Regis. Et sic, Deo gratias, Domina Emma mulierum nobilissima fit conjux Regis fortissimi Cnutonis.* Henricus Rosla in Herlingsberga ·

Inter quas Virgo coronam
Regalem capite dimisit, seque profudit
Regnantis pedibus : quod non tulit ipsa ; sed alto
Exsiliens solio, nam mater erat sua, blando
Sustinet afflatu, etc.

[Baldricus Noviom. in Chron. lib. 3. cap. 8. Waldetrudem Abbatissam Castriloci *Virginem* appellat, quæ nondum Monialis plures liberos tulerat. Vide Isidorum Pelusiotam lib. 3. Epist. 176. et Bollandi Observationes prævias ad Vitam S. Hermenildæ tom. 2. Febr. pag. 691. *Virgo vidua,* apud Tertull. lib. de Virgin. Veland. cap. 9.]

◦ VIRGO, de sancto dicitur, in Vita S. Steph. Grandimont. tom. 2. Febr. pag. 206. col. 2.

¶ VIRGO, Persona scaccorum, quæ et *Regina* appellatur. Vide in *Scacci* 1.

¶ **VIRGOBRETUS.** Vide *Vergobretus.*

¶ 1. **VIRGULA,** Modus vel mensura agri.

Polyptychus Fiscamn. ann. 1235 : *Tenet unum masagium cum una Virgula terræ.* Vide *Virga* 6.

° 2. **VIRGULA**, Notula, qua utuntur ad supplendas omissiones in textu, vulgo *Renvoi.* Pactum inter Guigonet. *de Jarente* dom. de Montcl. et universit. ejusd. loci ann. 1392 : *Et quia facta diligenti collatione cum nota et correcto et additis in fine, quæ omissa fuerunt usque ad Virgulam*, Petrus Chaboti, *quod bene cum nota concordat, igitur hic manu propria, etc.* Huc spectat Ordinat. Franc. I. ann. 1535. cap. 19. art. 8 : *Et esdits registres n'y doit estre rien laissé en blanc: ains doivent estre escrits tout d'un contexte, sans mettre apostille à la marge ou interligne ; et si par inadvertance quelques mots avoient esté omis, ils dovent estre rejettés à la fin de l'instrument avec marque de renvoy.*

° 3. **VIRGULA**, Viridarium, pomarium. Vide infra in *Ungula.*

<small>VIRGULA FUMI, Fumus qui erigitur. Ecbas. vers. 574 :</small>

<small>Lignifer a nemore comportet robora silvæ,
Torrida ligna vehat, ne fumi Virgula surgat,
Quo corrumpantur dorsalia, etc.</small>

Ex illo Cant. Cant. cap. 3. vers. 6 : *Ascendit per desertum sicut Virgula fum ex aromatibus myrrhæ.* Vide Graff. Thes. Ling. Franc. tom. 4. col. 257. voce *Rouhgerta.*

¶ **VIRGULATUS**, ut supra *Virgatus*, Pannus *virgulis* quibusdam in longum vel in latum varia serie et colore porrectis distinctus, Gall. *Etofe rayée.* Statuta Eccl. Leod. ann. 1287. apud Marten. tom. 4. Anecd. col. 850 : *Clerici pannis rubeis, viridibus, et Virgulatis indecentis mensuræ non utantur sine causa.* Synodus Pergam. ann. 1311. apud Murator. tom. 9. col. 547 : *Vestes Virgulatas seu de catabriato, de mediatate, vel listatas... minime deferentes.* Adde tom. 1. Rer. Mogunt. pag. 94. Inventar. S. Capellæ Paris. ann. 1363. ex Bibl. Reg.: *Item una alia toallia parata ad losenginas de armis Franciæ Virgulata de perlulis ad fimbrias.* Inventarium Gallicum: *Item un autre touaille parée à losenges des armes de France raiée de perles rouges.*

° *Vergelé*, eodem sensu, in Invent. jocal. Eduardi I. reg. Angl. ann. 1297 : *Item une (coupe) d'or grenetée dedens, fachonée à maniere d'un hanap de voirre Vergelee.*

VIRGULTA, Modus agri. Monasticum Anglic. tom. 1. pag. 760 : *Dedit prædictæ Ecclesiæ....... unam Virgultam terræ in manerio de Cumptone, etc.* Forte pro *Virgata.* Vide in hac voce. [Occurrit rursum in Polyptycho Fiscamn. ann. 1235 : *De feodo Hude tenet Beatitia Laurence in masura tres Virgultas ad campartum, et reddit 18. denarios.* Et in Chartul. S. Vandregesili tom. 1. pag. 140. Sed si quid mutandum est, malim legere *Virgulam.* Vide in hac voce.]

° Idem quod *Virgata* : quæ voces promiscue usurpantur in Instrumentis. Bulla Lucii II. PP. ann. 1144. qua confirmatur Charta fundat Ardenæ ann. 1138. inter Instr. tom. 11. Gall. Christ. col. 79 : *Duas acras terræ et tres Virgultas in Varenda lunga.* Ubi *Virgatas* habet Charta fundat. ibid. col. 78. Pluries *Virgulta* occurrit in Reg. 52. Chartoph. reg.

¶ 1. **VIRGULTUM**, Viridarium, pomarium, *Verger.* Charta ann. 1178. inter Probat. Hist. Ebroic. Comitat. pag. 3 : *Præterea domum Marcellini cum Virgulto... concedimus.* Charta Eccles. Arausion. ann. 1239 : *Factum fuit hoc apud Auraicen in stari dom.* Episcopi *in Virgulto juxta chorum* S. *Petri.* Occurrit etiam in Litteris ann. 1248. inter Ordinat. Reg. Franc. tom. 5. pag. 601. art. 18. Charta ann. 1256. ex Tabul. S. Mellani Pontisar.: *Droco molendinarius de Drincuria et Eustachia ejus uxor dederunt in contraplegium quoddam herbergamentum cum Virgulto dicto herbergamento tenenti.* Chartul. S. Vincentii Cenoman. fol. 121 : *Concessi Deo et abbatiæ* S. *Vincentii Cenomanensis Virgultum quod habebam apud Aceium* le Boigne, *cum domo in eodem Virgulto sita, et cum omnibus ad Virgultum pertinentibus.* Hist. Harcur. tom. 4. pag. 1516 : *Scilicet 60. ac/as terræ in parochia* S. *Audomari, et Virgulta circa ecclesiam fossatim vallata.* Atque ita legendum est in Indice MS. benef. Eccl. Constant. fol. 44. v°, pro *Virgultum : Rector ejusdem ecclesiæ... habet manerium cum Virguio et unam virgatam terræ.* Vide *Viridarium* 1.

✱ 2. **VIRGULTUM**, [Gall. *Claie, verge* : « Solvi carpentario qui fecit clidas pro lectis... pro portando clidas seu *Virgulta* de nemore Laureimontis. » (Arch. histor. de la Gironde, t. 22, p. 374.)]

¶ **VIRGUNCULOSUS**,Virgultorum ferax, in Charta Caroli Simplicis Reg. Fr. ann. 909. apud Mabill. tom. 3. Annal. Bened. pag. 696. col. 2. et inter Probat. tom. 2. novæ Hist. Occitan. col. 52.

° *Nostris Vergeron*, diminut. a *Verge*, virgula. Lit. remiss. ann. 1389. in Reg. 135. Chartoph. reg. ch. 237 : *Pierre Danois... prinst deux Vergerons de saulx et l'en bati* (l'enfant) *à nu par les fesses, etc.*

¶ **VIRGUTUM**, pro *Virgultum.* Vide in hac voce.

¶ 1. **VIRIA**, *Viriola, Brachiales.* Gloss. Isid. Excerpta melius, *Brachiale.* Vincuntur Tertull. de Pallio cap. 4. S. Ambrosius lib. de Abraham cap. 3. et Plinius lib. 33. cap. 3.

¶ 2. **VIRIA**, f. Pratum virens. Charta Guilielmi de Agnivilla ann. 1227. ex Tabul. Corbeiensi: *Redda sex denarios quos debet mihi Johannes Fokiers de avena quam tenet de supra vallem Moberti de quatuor denariorum de quadam pecia terræ quam Robertus de Fractamola tenet inter Viriam et boscum de Harencourt.* Vide *Viridaria.*

¶ **VIRIBILITER**, Viriliter. Epist. Hadriani IV. PP. inter Conc. Hisp. tom. 3. pag. 364 : *Cum ipse Comes....... rabiem scilicet Sarracenorum... reprimere intendat et Viribiliter impugnare, etc.*

¶ **VIRIDARE**, Virere, florere. Gloss. Græco-Lat.: Ἀνθω, *Virido, floreo, floresco, viresco, pullo, vigeo.*

° *Verdoier*, alia prorsus notione, scilicet pro Tentare, explorare, ad certamen provocare, in Hist. Caroli VI. pag. 30 : *Toutefois aucuns dient que un chevalier, nommé messire Robert de Beaumannoir, fut ordonné à tout cinq cens lances pour les Verdoier et escarmoucher, pour voir leur estat et gouvernement.* Rursum pag. 228 : *Entre les autres y avoit un homme d'armes, nommé Saillant,... qui ne failloit point seul au matin et après disner..... à venir Verdoyer entour de Paris ; et faisoit scavoir s'il y avoit personne qui voulust rompre une lance, etc.*

° **VIRIDARIA**, Officium viridarii, custodia forestæ, nostris *Verderie.* Charta ann. 1316. in Reg. 54. Chartoph. reg. fol. 4. v° : *Dominus rex concessit Roberto, dicto* le Breton *custodiam castri de Mortaing et Viridariæ forestæ de Landa* putrida. Reg. A. 2. Cam. Comput. Paris. ad ann. 1321. fol. 41. r° : *A Pierre du Chaesne verdier de Trinchebray est renouvellé l'office de la Verderie dudit lieu.* Pro ipsa *viridarii* jurisdictione, cum scilicet de forisfacturis forestarum coram ipsarum præfecto refert et judicat. Lit. remiss. ann. 1402. in Reg. 156. ch. 431 : *Jehan de Vendosme escuier, maistre et enquesteur de nos eaues et forests ès parties de Normandie.... tenant les jours de la Verderie de la forest de saint Stuer, etc.* Vide *Viridarium* in *Viride* 1.

° 1. **VIRIDARIUM**, Ager, in quo ad viridis tantummodo pabuli saginam, ordeum vel granum quodvis invicem mixtum seritur. Charta ann. 1139. in Append. ad tom. 6. Annal. Bened. pag. 667. col. 2 : *In ferragine quoque, quæ Viridarium dicitur, illam habeant tascham, quam emerunt a laicis, et vos terræ culturam.* Vide *Ferrago.*

¶ 2. **VIRIDARIUM**. Vide *Viridarium* 1.

¶ **VIRIDARIUS**. Vide in *Viride* 1.

¶ 1. **VIRIDE**, inquit Watsius, in Legibus Forestarum, intelligitur quidquid frondes fert, aut folia viridia, unde pascantur, aut ubi tegantur cervi et damæ. Vide Skeneum de Verbor. significat. voce *Verd.* Capitula placitorum Coronæ Regis apud Hovedenum pag. 784 : *Item præcipit, quod in quolibet Comitatu, in quo veniunt habet, ponantur* 12. *Milites ad custodiendam venationem suam, et Viride, in forestis suis.* Infra : *Qui autem forisfecerit in foresta Regis de Viridi, sive per culpaturam, sive per esbrancaturam, sive per foditionem turvarum, etc.* Inquisitio de forisfacturis forestarum : *Inquiratur etiam, qui fecerint vel facere consueverint vastum vel destructionem de Viridi, vel de venatione in foresta, etc.* [Charta ann. 1091. apud Kennett. in Antiquit. Ambrosden. pag 73 : *Exceptis indictamentis de Viridi et venatione, quæ domino Regi omnino reservabantur.* Adde Gualterum Hemingford. de Gestis Edwardi III. pag. 319. et Chron. Whethamstedii pag. 373.] Statutum Edwardi III. ann. 1. cap. 9 : *Des trespasses faits en nos forestes de Vert et de veneson.* Vide Gul. Prynneum in Libertat. Anglic. tom. 3. pag. 1142. supra *Veneris.*

VIRIDE ET SICCUM. Tabularium S. Crucis Talemundensis fol. 3 : *Adauxi etiam... Monachis... de silva Orbisterii de Viridi, et de sicco, ad omnia necessaria officiorum, ædificium, videlicet ad Ecclesiam, ad claustra facienda, atque recuperanda cum deciderint, etc.*

VIRIDARIUS, Officialis in forestis, qui forestario subest, Gallis *Verdier*, Anglis *Verder.* [*Verdiers, maistres et enquesteurs des eaux et forestz*, in Charta Ludovici XI. Reg. Fr. ann. 1477. ex Bibl. Reg.] Is autem viridis, seu silvæ cæduæ curam habet, et in jurisdictione in forisfacturis forestarum usque ad multam 60. solid. huic subsunt servientes, et custodes forestarum, *les Sergeants et Gardes de bois.* Cognoscit etiam de mulctis consuetudinariis , et ab ejus judiciis appellatur ad Magistrum Aquarum et forestarum. *Viridarii* vero fere semper iis Forestariis junguntur, ut qui cum illis Forestas curent, in Charta Joan. Reg. Angl. de Libertat. Forestæ, in Legibus Forestarum Scoticar. cap. 11. § 5. apud Rogerum Hovedenum pag. 784. 785. [Madox in Formul. Anglic. pag. 313] in Monastico Anglic. tom. 1. pag. 402. 849. 863. in Additamenti. ad Matth. Paris pag. 130. etc. [Vide *Werder.*]

° *Hinc Verdage*, pro Custodia animalium *viride* pascentium, et emolumentum quod inde provenit. Confirm. Libert. urbis Cadom. ann. 1466. in Reg. 202. Chartoph. reg. ch. 51 : *Item peuent lesditz bourgeois..... donner l'office..... de Verdage ès bois des bestes omailles.*

2. **VIRIDE**, vel VIRIDIS, Pellis *varia*, de qua in *Varius*. Bractonus lib. 3. tract. de Corona cap. 26. § 1 : *Abstulit ei....... unam robam de Viridi talis pretii, etc.* Ita *Viridis pannus*, pro *varius*, seu *pellis varia*, in Rotulo ann. 1267. ex Camera Comput. Paris.: *Pro scallatis, tiretana Persa, et panno Viridi ad coopertoria, etc.*
¶ VIRIDUM, Eadem notione. Comput. ann. 1324. tom. 1. Hist. Dalph. pag. 133. col. 1 : *Pro septem ulnis de Virido, computata qualibet ulna* XXXII. *sol. valent* XI. *lib.* IIII. *sol.*
VIRIDIS, etiam color olim in pretio habitus. Statuta Innocentii IV. PP. pro reformatione Nigri ordinis : *Non adolescentes, non nobiles, non consanguineos, nec indutos vestibus virgatis, vel partitis, vel Viridibus, aut rubeis, etc.* Ricordanus Malaspinus cap. 149. de Manfredo · *E sempre vestiva drappi verdi.* [Charta ann. 1309. apud Lobinell. tom. 2. Hist. Britan. col. 1639 · *Et aura escu de fuust et de cuers et de Vers garni souffesamment.* Statutum pro Pannificis de Commercy ex Cod. MS. ejusdem loci pag. 18 : *Ceux dudit metiers qui feront pers, brunette, Verdz et mambres, etc.*] Adde Conc. Avenionense ann. 1209. can. 18. Monspeliense ann. 1214. cap. 3. Lateranense IV. can. 16. Synodum Wigorn. ann. 1240. can. 21. Constitutiones Nicosienses cap. 8. Synodum Exoniensem ann. 1282. can. 17. [Vide supra *Virgulatus*.]
¶ VIRIDERIA, f. ut *Viria* 2. vel *Viride* 1. Vide in his vocibus. Tabular. Veterisvillæ : *Dedi abbatiæ Veteris villæ in Virideria, in terra quæ dicitur Rabies, quatuor acras terræ ab omni exactione liberas.*
° VIRIDERIUS, Viridis. Inventar. MS. thes. Sedis Apostol. ann. 1295 : *Item unam cupam de cristallo,... in pede tria esmaltuta Virideria, rotunda.*
° VIRIDEUS, Eadem notione. Comput. ann. 1492. inter Probat. tom. 4. Hist. Nem. pag. 56. col. 2 : *Pro una canna panni Viridei seu viridis, etc.*
° VIRIDIACUM, Virens herba, ramalia virentia, quibus in publicis festis sternebantur plateæ. Comput. ann. 1357. ex Tabul. S. Vulfr. Abbavil. fol. 5. v° : *Misia franci festi...... Pro Viridiaco, v. sol. æ. den.* Vide *Virentia*.

1. **VIRIDIARIUM**, VIRIDIARIUM, pro *Viridarium*, qua voce usus Suetonius. Glossæ antiquæ MSS.: *Paradisum, Viridiarium*. Jo. de Janua : *Viridarium, locus ubi sunt viridia.* Gloss. Gr. Lat.: 'Ἀνδών, *viridarium*. Verger nostris : Italis, *Verzario* : [Verjan, Poetis Provincialibus :] *Bergée*, in Foris Benehan. tit. 1. art. 20. Gloss. Gr. Lat. MSS.: 'Ἀνδιών, *Viridiarium*. Editum habet *Viridarium*. Aliud Gloss. Ἀνδών, *Viridarium*. Leo Ost. lib. 2. cap. 26 : *Viridiarium etiam, quod est ad Pontem Casulini. Viridiarium* etiam aliquoties legi in Pandectis Florentinis observante Cujacius ad Ulpian. tit. 6. unde inquit, et *Viridiarium alii* deduxere, *Viridarium* habent plerique. [Tabul. S. Victoris Massil.: *Viridiarium prope ipsas mansiones est postea factum.*] Vita B. Heldradi Abbat. Novaliciensis num. 2 : *Composuit pulcherrimum ibidem Viridiarium, ex quo cuncti venientes habere possunt edulium.* Charta ann. 1246: *Laudamus vobis D. Henrico Sistaricensi Episcopo totum Viridiarium, sive hortum sanctæ Sistaricensis Ecclesiæ.* Chron. S.

Trudonis lib. 10 : *Sunt et atria et porticus ante has utrasque cameras, et Viridarium spatiosum et delectabile hospitibus cum pluribus lignis diversos fructus ferentibus.* Vide Hildebertum Cenoman. in Vita S. Hugonis Abbat. Cluniac. Albertum Aqu. lib. 3. cap. 15. etc.

VIRIDIARIUM, Eadem notione. Formulæ veteres Lindenbrogii n. 79 · *Cum... vineis arpennorum quatuor, Viridigariis, silvis, pratis, etc.* Ubi perperam putavit vir doctus esse adjectivum silvæ, cum distingui verba debeant. [Charta ann. 869. in Append. ad Marcam Hisp. col. 792 : *Cum domibus, ædificiis, curtiferis, Viridigariis, hortis, vineis, etc.* Adde Tabular. Bituric. et Stephanot. tom. 3. Antiquit. Bened. Pictav. MSS. pag. 344.] Tabularium S. Cypriani Pictavens.: *Cum terris, mansionibus, curtiferis, ortilis, Viridigariis, vineis, pratis, etc.* Occurrit præterea in Charta Fulconis Comit. Andeg. ann. 1033. et aliis non semel.
¶ VIRIGARIUM, Pari intellectu. Charta ann. 1000. in Append. ad Marcam. Hisp. col. 956 : *Iterum cedo jure ac ditioni suprædictarum ecclesiarum... Virigario consito lateribus eorum sicut habere debent per nota illorum cimitneria.*

2. **VIRIDIARIUM**, Cœmeterium Monasterii pro Monachis, [seu atrium quod cingunt claustri porticus in Monasteriis, vulgo *le Preau*.] Tabularium Prioratus de Domina in Delphinatu : *Eo tenore ut eos in sua reciperent societate, et si ad exitum vitæ ad tantam egestatem devenerint, ut, quod tribuant, non habuerint, pro hoc dono in Viridiario eos sepeliant.* Alibi : *Et ut Monachi sepeliri nos dimittant in Viridario suo.* Vide *Pratum*.
☞ Antiquior est hujus vocis ad cœmeterium significantum accommodatio. Romanis quippe ita nuncupabatur quæcumque subdialis sepultura, ut observat Raphael Fabretti in Inscript. antiq. pag. 225. quæ *Viridiarium* a monumento, tanquam locum apertum ab operto distinguit.
° VIRIDIGARIUS, Idem videtur quod supra *Viridarium*. Chartul. S. Ursini Bitur. ch. 2 : *Ego in Dei nomine Giraldus de Vevera do sancto pastori Ursino pro sepultura mea meam partem bene exquisitam de Calmos, id est terram arabilem, boscum, prata, Viridigarios, vel quidquid mihi ibidem ex mea parte evenerat.* Vide in *Viridiarium* 1.
¶ **VIRIDISNETUM**, f. *Omphacium*. Gall. *Verjus*. Lobinellus in Glossar. ad Hist. Paris. tom. 3. v. *Pointorminum : Unam caudam vini albi pretio* LX. *solid. unum pointorminum de Viridisneto pretio* VII. *sol.*
° Haud dubie ; sed legendum est *de Viridi succo*, pro *de Viridisneto*. Vide mox
° **VIRIDIS-SUCCUS**, Succus ex viridi seu immatura uva, Gall. *Verjus*. Arest ann. 1351. 30. April. in vol. 2. arestor. parlam. Paris.: *Item dictus dominus acceperat Viridem-succum, quem plures habitantes dictæ villæ habebant in suis vineis.*
¶ **VIRIDITAS**, Color rutilus, qualis est auri. Vita S. Lietberti apud Acher. tom. 9. Spicil. pag. 678: *Cujus dorsi posteriora in Viriditate auri.* Verba sunt Psalmi 67. v. 14 : *Et posteriora dorsi ejus in pallore auri.* Ubi Græcus habet, ἐν χλωρότητι χρυσίου.
¶ **VIRIDITENTORIUM**, qui et *de Viriditentorio*, Factioni apud Leodienses sub annum 1466. primum a colubrissis *Colubrissarii* appellati, dehinc a viridi vexillo

seu tentorio, quo utebantur, dicti *Viriditentoriani*. Adrianus de Veteri-busco de Reb. Leod. apud Marten. tom. 4. Ampl. Collect. col. 1288 : *Colubrissarii dominabantur, nec permittebantur duo boni cives loqui pariter, quin vellent scire de quibus esset sermo. Et si aliquis contradixisset ipsis, de mane invenit domum combustam vel horreum incensum. Igitur in hebdomada sacra ante Pascha, domus absentium cœperunt spoliari, et illi de Viridi-tentorio discurrebant per totum Comitatum Lossensem, spoliando et incendendo domos eorum qui partem faciebant cum electo.* Ibidem col. 1306: *Tunc temporis cœperunt illi de Viridi-tentorio iterum spoliare domos absentium.* Rursum col. 1809 : *Illi de Viridi-tentorio associaverunt se super forum in Hasselt.*

VIRIDIUM, Locus viriditate plenus. Joann. de Janua: [*Verdeur, lieu plein de verdeur*, in Gloss. Lat. Gall. Sangerm.]
¶ 1. **VIRIDUM**, ut *Viride* 2. Vide in hac voce.

✱ 2. **VIRIDUM**, [Gall. *Huile de vers de terre (?):* « Pro I. uncia de Viridi... pro v° dragmis de succi de rosis... » (Arch. histor. de la Gironde, t. 22, p. 333.)]
° **VIRIDUS**, pro Viridis. Charta ann. 1334. ex Tabul. D. Venciæ : *Item quod nulla persona privata vel extranea scindat aliquam arborem Viridam nec sequam in deffensis.*
✱ [« Quatuor coperte de cosinis de coreo rubeo et *Virido*. » (Invent. Calixti III, an. 1458, in archiv. Vaticano.)]
¶ **VIRIGARIUM**. Vide in *Viridiarium* 1.
¶ **VIRILIS**, ἴσον, κατὰ ἀναλογίαν, in Gloss. Lat. Gr. Vulcanius emendat *Viritim*.

¶ VIRILIA ARMA, Cingulum militare quandoque dicitur Scriptoribus ævi Longobardici; quod traditio militaris cinguli, et cooptatio in ordinem militarem vere virum faceret. Rigordus de Arturo : *Philippus in eodem loci Arturum militem fecit, tradens ei Britanniæ Comitatum, qui jure hæreditario eum contingebat. Ante autem hanc armorum traditionem non licebat iis uti, unde Arma dicuntur Virilia, velut virum facientia.* Henricus Huntindon. de Stephano Rege: *Henrico nepoti suo David Rex Scotorum Virilia tradidit arma.* Eustachius vero filius Regis Stephani, nam et ipse eodem anno *Virilia* sumpserat arma, irruit in terras procerum. Vide in *Arma* 1. et in *Miles*.

° **VIRILISSIME**, Perquam viriliter. Reg. Cam. Comput. Paris. alias Bitur. ad ann. 1426. fol. 99. v° : *Attendentes egregiosissima, ardurissima et memorandissima, quæ prudentissime nobis impendit obsequia....... Gilbertus Metern, nunc dominus dicti loci de Fayeta, marescallus Franciæ, tam in antiquos nostros hostes Anglicos et eorum sequaces,... quos honorabilissime, probissime et Virilissime....... debellavit, etc.*

° **VIRILISSIMUS**, Præstantissimus, perquam egregius. Epist. Alexii imper. ann. 1097. apud Murator. tom. 5. Antiq. Ital. med. ævi col. 389 : *Et ab omnibus, qui de ipsis partibus veniunt, nobilibus ac Virilissimis comitibus atque ducibus, etc.*

1. **VIRILITER**, Pro virili parte, κατὰ μέρος, ἐν μέρει, uti efferunt JC. Andreas Suenonis Archiep. Lundensis lib. 2. Legum Scaniæ cap. 1 : *Deficientibus primi gradus liberis, admittuntur neptes et nepotes, non Viriliter, sed in stirpes, etc.* Lib. 3. cap. 6: *Inter novercam et ipsos pro Virilibus portionibus dividatur.*

° 2. **VIRILITER**, Vi adhibita. Stat. ann. 1419. tom. 11. Ordinat. reg. Franc. pag. 34. art. 15 : *Compellantur* (Judæi) *etiam Viriliter ad habendum et tenendum eorum cancellum in villis in quibus morantur, etc.*

¶ **VIRIOLA**. Vide supra *Viria* 1.

VIRIOSUS, *Virosus*. Gloss. Gr. Lat. MS. : 'Ανδρεῖος, *Fortis, virilis, Viriosus*. Quæ vox postrema deest in edito. [*Viriosi, viribus subnixi*, in Glossar. Sangerm. num. 501. Gloss. Isid. : *Viriosus, austerus*. Papias : *Virosa pectora, fortia, a viro*.] Jo. de Janua : *Virosus, a vires dicitur, viribus plenus*. [Vide *Virosus*.]

VIRIPOTENTES, Feminæ nubiles, quibus nubere licuit, dicuntur in Synodo Romana ann. 826. can. 29 : *Feminæ vero, quæ habitum religiosum aut velamen obtentu religiositatis susceperunt, cum essent Viripotentes, deinceps viro sociari non permittantur ; sed eligentes Monasteria regulariter vivant, aut in domibus susceptum habitum caste observent.* [Hinc emendandæ Glossæ Isidori : *Virops, quæ jam opus habeat viro*. Leg. *Viripos* : quod jam viderat Grævius.]

¶ **VIRISCUM**, ut infra *Wreckum*. Leges Norman. apud Ludewig. tom. 7. Reliq. MSS. pag. 186 : *In cujuscumque terra Viriscum fuerit applicatum, dominus feodi, cum ad ejus notitiam pervenerit, illud in littore, vel juxta, prout commodius viderit faciendum, salvo debet facere custodiri.*

VIRISSARE, *Viriliter agere, vel viriliter superare*. Jo. de Janua. [*Faire vertueusement, ou savoir*, in Gloss. Lat. Gall. Sangerm.]

¶ **VIRITA**, Nupta, viro conjuncta. Guibertus in Vita sua lib. 1. cap. 13 : *Quid virgo ineunte sub ævo, quid Virita, quid vidua studio jam possibiliore peregerit, cogitaverit, dixerit, etc.* Ubi de matre sua loquitur.

¶ **VIRITANUS**, *Viritim distributus*, apud Festum.

VIRITEUM, *Genus potionis*, Papiæ, apud Ægyptios scilicet vel Alexandrinos, cujus meminit Gregorius M. lib. 6. Epist. 37. apud quem *Juritheum* editum, (locum vide in *Cognidium*) illud forte, de quo S. Hieronymus de Vita Clericorum, cum palmarum fructus exprimuntur in liquorem, coctisque frugibus aqua pinguior coloratur.

° **VIRLANUS**, vulgo *Virlan*, Nummus argenteus ducum Burgundiæ ad usum Flandriæ. Monstrel. vol. 2. ad ann. 1432. fol. 88. r° : *Si fut faicte nouvelle monnoye d'or, nommée riddes, lesquels valloient xxxiij. sols en blanches monnoye, nommée Virelans*. Hist. Caroli VII. ad ann. 1435. pag. 86 : *Exceptè la monnoye du duc de Bourgongne, c'est à sçavoir Virlains, pour douze deniers la piece* Lit. remiss. ann. 1449. in Reg. 184. Chartoph. reg. ch. 29 : *Le suppliant devoit paier douze solz Parisis, à compter ung Virlen pour douze deniers Parisis*. Aliæ ann. 1458. in Reg. 189. ch. 258 : *Plusieurs pieces de monnoye, tant Virlans, comme blans de Lorraine. Virtlans*, in aliis ann. 1449. ex Reg. 176. ch. 690.

¶ **VIRLENDINUM**. Charta ann. 1054. inter Instr. tom. 6. Gall. Christ. novæ edit. col. 177 : *De ipsis patuentiis, et de ipsis boscis, et Virlendinis, et palude, et cum ipsis expletiis, etc.* Leg. forte *Molendinis* Vide *Virideria*.

VIRLINGOSUS, Loquax. Andreas Aulæ Regiæ Capellanus in Amatoriis . *De mulieribus Virlingosis. Est etiam omnis femina Virlingosa, quia nulla est quæ novit suam compescere linguam, etc.* Vox forte formata ex Psalmo 139 : *Vir linguosus non dirigetur, etc.*

° Glossar. vet. ex Cod. reg. 521 : *Virlingosus, burdator.*

VIRLINGUS, Quarta pars sextarii. Sent. curiæ Argentor. ann. 1514 : *Quinque sextariis et uno Virlingo siliginis*. Vide supra *Vierlingus.*

° **VIRMILIUS**, Coccineus. Vide supra in *Vermiculus.*

¶ **VIRNA**. Chron. Wormat. apud Ludewig. tom. 2. Reliq. MSS. pag. 174 : *Alter quidam* (Judæus) *cum haberet sartorem et sibi fila pretiosa non consideret in cistula conclusa, ita tamen ut necessaria inde sumeret, qui Judæi intelligens simplicitatem, tamdiu glomum filorum per Virnam volvit cistulæ, quousque vix aliquid remaneret*. Leg. forte *rimam.*

¶ **VIRNELLUS**, Modus agri. Chron. Andrense tom. 9. Spicil. Acher. pag. 372 : *Dedi...... sex Virnellos terræ quas tenebat Fulboldus, et boscum quem dedit nobis Eunna Vicecomitissa. An Jornellos ?* Vide *Jornala.*

VIRO, Baro, tanquam a vir deducatur vocabulum ipsum *Baro*. Occurrit in Charta Sancii Willelmi Vasconiæ Comitis pro fundatione Monasterii S. Petri Generensis apud Marcam in Hist. Beneharn. V. *Varo.*

¶ **VIROLA**, a Gall. *Virole*, Victorius anulus, victoria fibula. Arrestum Parlamenti ann. 1302. ex Regesto *Olim* fol. 106 : *Garnitores pomellorum, bandarum, capellorum, Virolarum, etc*. Litteræ Humberti II. ann. 1347. tom. 2. Hist. Dalph. pag. 567. col. 1 : *Maciæ marescallorum erunt operatæ argento, et servientium cum tribus Virolis argenti*. Le Roman *de Garin* :

Hueses tirées et esperons chauciez
Et à son col le cor d'ivoire chier
De cinq Viroles de fin or fu liees,
La guige en est d'un vert paille entaillié.

° Arest. parlam. Paris. ann. 1368. in lib. 1. Stat. artif. ex Cam. Comput. fol. 306. r° : *Dicti manubriatores præfati mercerii manubria et Virolas per alios prædictos facta, etc. Viveulle*, in Lit. remiss. ann. 1410. ex Reg. 165. Chartoph. reg. ch. 70. *Viroeule*, in Chartul. Corb. sign. *Ezechiel* ad ann. 1415. fol. 25. v°. Hinc *Envirolè*, victoria fibula instructus, in aliis Lit. ann. 1406. ex Reg. 161. ch. 148 : *Une paire de cousteaux...... Envirolez d'argent.*

¶ **VIROMANDENSIS** MONETA. Vide in *Moneta Baronum.*

¶ **VIROPS** Vide *Viripotentes.*

1. **VIROSUS**, Potens, fortis, ἀνδρεῖος. Fridegodus in Vita S. Vuilfridi cap. 50 :

Suscepti vacuas Ædwulf Virosus habenas.

Alias *virosus* φιλάνδρων sonat. [Vide *Viriosus.*]

¶ 2. **VIROSUS**, a *Virus*, Venenatus, Gall. *Empoisonné*. Præfatio ad Chartul. cui titulus *Aganus* in Tabul. S. Petri Carnot. : *Propter invidentium Virosa verborum jacula.*

¶ **VIRPIENS**, Qui alteri tenetur ad evictionem, Gall. *Garant*. Charta ann. 1162. inter Instr. tom. 6. Gall. Christ. col. 439 . *Si autem homo aut femina aliquid rerum prædictarum vobis amparaverit, vel successoribus vestris, erimus vobis et illis, sine vestro illorumque ingannno, Virpientes*. Id est, efficiemus ut res usurpata dimittatur ; quo sensu, *Virpire* dicebant. Vide *Guerpire* et *Virpiscere.*

¶ **VIRPISCERE**, Possessionem rei alicujus dimittere, deserere. Placitum ann. 1119. inter Probat. tom. 2. novæ Hist. Occitan. coll. 411 : *Dono, solvo, Virpisco omnipotenti Deo, et altari S. Salvatoris Gellonensis cœnobii, etc.* Vide *Guerpire.*

° **VIRRETUM**, pro *Birretum*, Capitis tegumentum. Cerem. Rom. MS. ubi de funere cardinalium fol. 25. v° : *Habebunt tamen singuli* (familiares) *nigrum Virretum spensis defuncti.*

VIRSCARA. Consuetudines Arkenses ann. 1231. in Tabulario S. Bertini : *Qui Virscaram bannitam pugnando, vel pugnare volando, temere perturbaverit, tres libras emendabit*. [Leg. *Vierscara*. Vide in hac voce, et infra *Viscarna.*]

° Nihil corrigendum esse in hac voce, probat Charta ann. 1286. ex Chartul. Namurc. in Cam Comput. Insul. fol. 42. v° : *Esqueils Virscarè et eskevinage devantdis je avoie le tierch des amendes.*

° VIRSCARNA, Eodem intellectu. Charta Phil. comit. Fland. pro libert. castel. Brug. ex ead. Cam. : *Statutum est Sabbato post Epiphaniam præcones convenire ad Virscarnam, et ibi edictum accipere, die Dominica in ecclesiis denuntiare, etc.* Vide infra *Viscarnia.*

¶ **VIRSIONENSIS** MONETA. Vide in *Moneta Baronum.*

¶ **VIRTEVELLA**, ut *Vertevella*. Vide *Vertibella.*

¶ **VIRTICA** MARINA, σκάλαψη. in Gloss. Lat. Gr. Vulcanius emendat, *Urtica marina*, σκαλώψη.

¶ **VIRTUOSE**, Honeste, fortiter, ex Gloss. MSS. apud Vossium lib. 4. de Vitiis serm. cap. 36. Vide *Virtuosus.*

¶ **VIRTUOSITAS**, Virtus, honestas. Caffari Annal. Genuens. ad ann. 1162. apud Murator. tom. 6. col 281 : *Archicancellarius vero pietate commotus, capellanum suum dominum Ricardum, virum quidem omni Virtuositate præclarum, Januam visit.*

¶ **VIRTUOSUS**, Virtute præditus, probis moribus, Gall. *Vertueux*, apud Ludewig. tom. 5. Reliq. MSS. pag. 320. Vide *Vertuosus.*

¶ **VIRTUOSUS** . Honestus, laudabilis. Charta Caroli V. Reg. Franc. ann. 1372. tom. 5. Ordinat. pag 582. lin. ult. : *Nos attenta Virtuosa et commendabili fidelitatis constancia, qua dicti Consules et habitatores dicte civitatis S. Flori, etc.* Vide *Virtuose.* Occurrit alia notione in *Virtus* 1.

¶ **VIRTUOSISSIMUS**, Epithetum Ludovici XI. Franc. Reg. in Charta ann. 1479. ex Tabul. Cartusiæ de Bassa villa : *Datum Indict.* XI. *regnante Ludovico Virtuosissimo Francorum rege.*

1. **VIRTUS**, Vis, violentia. Iso Magister in Glossis : *Vigor, virtus*. Alibi : *Vim, virtutem*. Pactus Legis Salicæ tit. 35. § 5 : *Si quis ligatum per superbiam aut per.... Virtutem a Gravione tulerit,.... vitam suam redimat*. Ubi Lex Salica tit. 34. § 5 : *Si quis hominem noxium ligatum per Vim tulerit Grafioni*. Eadem Lex Salica tit. 14. § 15 : *Si quis cum ingenua puella per Virtutem mœchatus fuerit*, Lex Alamann. tit. 5. § 2 : *Si vero per Virtutem hoc raptor de Ecclesia abstulerit, etc.* § 5 : *Nam si per Virtutem servus hoc fecerit, etc.* Edictum Chlotarii II. Regis in Synodo Parisiensi V. de puellis Deo sacratis : *Quicumque aut per Virtutem, aut per quemlibet ordinem ipsas detrahere, aut sibi in conjugium præsumpserit sociare, etc.* Annales Francorum ann. 738 : *Pipinus Rex in Saxoniam ibat, et firmitates Saxonum per Virtutem introivit, etc.* [Charta Pontii Archiep. Arelat. ann. 1000. apud Acher. tom. 6. Spicil. pag. 430 : *Et quando ipse Abba de corpore exierit, qui in loco ejus ordinandus est,*

judicio Congregationis eligatur et electione, non per nobilitatem generis vel parentum, nec per Virtutem, nec per pecuniam, etc.] Adde Capitul. 3. ann. 810. cap. 3. Legem Longob. lib. 1. tit. 17. § 4. Edictum Rotharis Regis Longobard. tit. 101. § 17. [∞ 269.] Leges Luitprandi tit. 26. § 6. tit. 105. § 1. tit. 110. § 1. [∞ 40. (5, 11.) 134. 141. (6, 81. 88.)] etc.

∽ VIRTUS, Possessio, prædium. Vide Podere 1. Petri Damiani Vita S. Romualdi cap. 39: *Romualdus locum cum suis discipulis deserens, non longe a castro prædii in Virtute Rainerii, qui postmodum Tusciæ marchio factus est, habitavit.*

VIRTUOSUS, Qui viribus pollet, in Vita S. Theodardi Archiep. Narbon.: *Ut colaphizaretur.... duntaxat uno ictu Virtuosi hominis.* [Roland. Patav. in Chron. Tarvis. apud Murator. tom. 8. col. 234 : *Incusatus fuit quidam prudentissimus nomine Zungus, campio Virtuosus et pugil, etc.* Elmham. in Vita Henrici V. Reg. Angl. cap. 6. pag. 12 : *Membra ejus non multum musculosa carne tumencia, multa tamen fortitudine mirabiliter Virtuosa.*]

ᛩ *Virtueux*, eadem acceptione, in Lit. remiss. ann. 1400. ex Reg. 155 Chartoph. reg. ch. 27: *Doubtant la fureur et ire d'icelluy feu son frere, qui estoit plus jeune, fort et Vertueux que lui.* Aliæ ann. 1448. in Reg. 176. ch. 664 : *Icellui Lucio qui estoit homme rigoreux, grant et Vertueux de corps, etc.*

¶ VIRTUTUM VIRI, Strenui, viri magno fortique animo, Gall. *Valeureux*. Chron. Angl. Th. Otterbourne pag. 227 : *Interim Rex, commendatis filiis suis majori London et civibus, et in turri London positis, cum Virtutum viris persequi statuit dominos supradictos.*

2. VIRTUS, Miraculum. Matthæus 14 : *Ipse surrexit a mortuis, et ideo Virtutes operantur in eo.* Marc. 6 : *Et non poterat ibi Virtutem ullam facere, nisi paucos infirmos, impositis manibus, curavit.* Hist. S. Apollinaris Mart.: *Faciens multas Virtutes in nomine Jesu Christi.* Marcellini et Faustini Libellus precum pag. 78 : *Per quem et divinas Virtutes operatus est non solum in Sardinia, sed in ipsis quoque quatuor exiliis : usque adeo ut eum adversarii magnum dicerent, cum Apostolicus per eum Virtutes fieri negare non possent.* Pag. 74 : *Et in nomine Christi sit Virtutes operatus.* S. Hieronymus Epist. 15 : *Viri Apostolicorum signorum atque Virtutum.* Einhardus de Miraculis SS. Martyrum Marcellini et Petri lib. 4. cap. 8 : *Nihil, inquit, modo apud aulicos tam celebre est, quam signa et Virtutes, quæ fiunt in domo Einhardi per quosdam Sanctos, quorum reliquiæ in oratorio domus suæ habere dicitur.* Adde cap. 9. Leo Ost. lib. 2. cap. 78 : *Multis post mortem Virtutibus claruit.* Testamentum Bertichramni Episc. Cenoman.: *Quia et Virtutes ibi ostensæ sunt.* Acta Episcopor. Cenoman. pag. 179 : *Quæ hactenus Ecclesia manet, atque in ea Dei virtute meritisque S. Dei genitricis Mariæ multæ Virtutes divinitus fiunt.* Adde pag. 180.

¶ 3. VIRTUS, Copia, vis hostilis, in Gloss. Gasp. Barthii apud Ludewig. tom. 3. Reliq. MSS. pag. 19. ex Hist. Palæst.: *Maxima vero Virtus illorum veniebat retro.* Tudebodus lib. 4. cap. 18. de Bello Hierosol.: *Postquam venit maxima Virtus illorum, quæ erat retro, acriter invasit nostros.* Occurrit passim apud Scriptores sacros. Psal. 135 : *Et excussit Pharaonem et Virtutem ejus in mari rubro.* Et alibi.

1. VIRTUTES, Angeli, ex secundo Angelicæ hierarchiæ gradu, quorum est ea procurare omnia, quæ ad religionem spectant in communi, *per quos signa et miracula fiunt in mundo,* inquit Rabanus lib. 1. de Univ. cap. 5. et ex eo Papias. Inest etiam in eo nomine quædam fortitudo, quam efficaciam inferioribus spiritibus ad exequenda divina ministeria, ait S. Thomas 1. part. q. 108. Isidorus lib. 7. Orig. cap. 5 : *Virtutes, Angelica quædam ministeria perhibentur, per quæ signa et miracula in mundo fiunt, propter quod et Virtutes dicuntur.* S. Hieronymus Epist. 17 : *Denique etiam Josephum..... asserere illo tempore, quo crucifixus est Dominus, ex adytis templi Virtutum cælestium erupisse voces dicentium, etc.*

2. VIRTUTES, pro Reliquiis Sanctorum. Formula 174. apud Lindenbrogium : *Et aliud de ista causa in nullo non redebeo, nisi in justo et idoneo sacramento per hunc locum et Deum altissimum, et Virtutes Sancti illius.* Tabularium Carrofense, apud Beslium pag. 156: *Quo dedicato, cœpit conqueri Imperator cum Domino Apostolico et Duce Rogerio de Virtutibus Sanctorum, etc* Occurrit rursum infra. Charta Hispanica æræ 905. apud Martinezium in Hist. Pinnatensi lib. 1. cap. 21: *Ecclesia.... ubi sunt reconditæ Virtutes præfati Apostoli, et B. Andreæ fratris ejus, etc.* [Eckehardus Junior de Casib. S. Galli cap. 5 : *Sancti Magni Virtutem quam manibus gerebat, hanc esse adstantibus prædicans asseruit.* Charta ann. 1388. tom. 2. Hist. Dalph. pag. 360: *Ipsius dom. Dalphini responsione habita accedentibus DD. Canonicis, Capellanis et Clericis dictæ ecclesiæ cum cruce, Virtutibus et paramentis solemniter modo processionis, etc.*]

¶ 3. VIRTUTES, Jura, privilegia. Charta Ludovici Reg. filii Bozonis pro Episcopo Gratianopolit. ann. 804. apud Baluz. tom. 2. Miscell. pag. 156. et Chorier tom. 2. Status polit. Dalph. pag. 19 : *Sancimus ut ipse Ysahac ejusque successores nullo contradicente in prædicta ecclesia cum omni ejusdem loci clero teneant, possideant omnes Virtutes quas mater ecclesia perpetim videtur habere in omnibus ecclesiasticis ordinibus, chrisma volenti in Domini cœna benedicendo, pœnitentiam peccatoribus dando, etc.*

¶ VIRTUTIFER, Potens, efficax. Mirac. S. Galterii sæc. 6. Bened. part. 2. pag. 824 : *Hic de Dei misericordia, et famuli sui Virtutifero confisus potentia advenit, etc.*

VIRTUTIGENA, Cui est ingenita virtus. Glaber Rodulfus in Vita S. Guill. Abb. Divion. in Præfat.: *Ideo communem fidelium Virtutigenum observamus charitatem, etc.*

¶ VIRVICARIUS SERVUS. Vide in Berbix 1.

VIRULE, Venenum, Papiæ, ex voce virus.

° VIRUS. ἰηρός, in Gloss. Lat. Gr. *Vitis*, ἵτις, in MSS. Sangerm.

⌖ VIRZETA, Virgetum, ut videtur. Chartul. S. Joan. Angeriac. fol. 142. v° : *Et habet* (salina) *laterationes de tribus partibus, terram sancti Nazarii, hoc est una Virzeta et quantum ad ipsam Virzetam pertinet.* Vide supra Virgaretum.

¶ 1. VIS, Manuopera, manuum opera. Charta ann. 1338. *Tandem tenentur ad construendam domum pastoris satis commodam, sicut et ad Vim, ut aiunt, et vecturam materialium, pro ædificanda vel reparanda ecclesia et domo partorali, mediante refrigerio moderato.*

¶ 2. VIS, Cochlea, Gall. *Vis d'un pressoir*. Inventar. ann. 1476. ex Tabul. Flamar.: *Item plus in eodem stabulo unum torcular vini.... cum uno anulo et una cavilha ferri, existentibus in uno foramine unius Vicis dicti torcularis pro torculando vindemiam tempore vindemiarum.* Hinc emendanda Acta S. Angeli tom. 2. Maii pag. 62 : *Arcasque prædictas prædicti argentarii clavis et Vitibus ferreis fortiter simul affixerunt et cooperierunt.* Ubi legendum est *Vicibus,* ut *Vicis* pro *Vitis,* in Miraculis S. Antonii de Padua tom. 2. Jun. pag. 788 : *Cujus lingua erat modicum prominens extra guttur et brevissima, ad modum Vitis torcularis retorta, sic quod videbatur intuenti blanda et rugata.* Ejusdem originis est

¶ VIS, pro Turris, cujus scalæ in modum cochleæ spiratim sunt circumductæ, Gall. *Escalier à vis.* Chron. S. Petri Vivi apud Acher. tom. 2. Spicil. pag. 758 : *Per claustrum ecclesiam introivit, et in Vitem* (l. Vicem) *quæ ad defendendum in eadem ecclesia est, ascendit, et ostium post se clausit.* Inventar. supra laudatum : *Et in quadam camera quæ est in superioritate prædicti castri prope Vicem per quam ascenditur et descenditur in eodem castro.* Vide Vicella.

° Nostris quoque *Viz.* Joinvil. in S. Ludov. edit. pag. 127 : *Il tenoient leur parlement en une Viz, qui descendoit de l'une chambre en l'autre.* Lit. remiss. ann. 1404. in Reg. 159. Chartoph. reg. ch. 201 : *Lequel Johan de Billy monta en une Viz, etc.* Aliæ ann. 1417. in Reg. 170. ch. 105 : *Une Viz par laquelle l'en monte à la chambre. Vifz,* in aliis ann. 1451. ex Reg. 184. ch. 114 : *Le suppliant monta par la Vifz en la salle du chastel de Senecey, jusques à l'uys de la chambre de la dame; aprés ce descendit par ladicte Vifz.*

¶ VIS LAICA, in Charta Edwardi I. Reg. Angl. ann. 1298. apud Kennet. in Antiquit. Ambrosgl. pag. 335 : *Præcepimus quod omnem Vim laicam que se net in ecclesia de Bukenhull, quo minus idem Episcopus officium suum spirituale ibidem exercere possit, sine delatione amoveres ab eadem.... prædicti Johannes, Gilbertus, Johannes, etc. qui se Vi laica in eadem ecclesia tenuerunt in adventu tuo ibidem se alibi transtulerunt, et confestim post discessum tuum ab ea, aggregatis sibi aliis malefactoribus se in eam Vi armata iterato intruserunt.* [∞ Placit. ann. 25. Henric. III. reg. Angl. Sutht. rot. 27. in dors. in Abbrev. Placit. pag. 113 : *Præceptum fuit vicecomiti quod amoveri faceret Laicam Vim, per quam homines prioris de Mertonia obsessi sunt in capella de Roppel, ita quod liberum habeant ingressum et egressum.... Præterea præcepium fuit eidem vicecomiti quod attachiaret per salvos plegios magistrum Albericum, officialem archidiaconi Wyntoniensis de esse coram Dno Rege, etc. ad respondendum quare contulit prædictam capellam et in ea personam instituit contra clamorem dicti Regis.... Vicecomes mandavit quod non fuit inventa Laica Vis et quod magister Albericus non fuit habitus laicum feodum nec voluit invenire plegios. Et quia testatum fuit quod clerici obsederunt homines dicti prioris in prædicta capella, præceptum fuit vicecomiti quod amoveri faciat omnem vim tam clericorum, quam laicorum, per quam, etc.*]

VIS MAGNA, ET PARVA, seu *Ad magnam vim et parvam*: Formula, quæ crebro reperitur in Chartis, quæ agunt *de feudis* vel *Castellis reddibilibus*, id est, quæ vassalli reddere domino superiori tenebantur, seu is vellet ea ingredi cum mediocri comitatu, *ad parvam vim;* seu cum majori comitatu, *ad magnam vim*, [ut colligitur ex Inventar. Chartar. Reg. ann. 1482. fol. 116 : *Promittit (dom. de Vitriaco) dominum Regem in suis castris recipere in magna et parva comitiva. De anno 1230.*] Ea notione has voces intelligi debere pluribus docuimus in Dissertat. 30. ad Joinvillam pag. 352. 353. [Vide *Feudum Reddibile*, in *Feudum*, et *Reddere*.]

◦ Quod rursum probat Charta Ludov. comit. Valentin. ann. 1375. in Reg. 108. Chartoph. reg. ch. 204 : *Dictus dominus Eynerius et ejus successores in prædictis infeudatis et donatis teneantur recolligere in dictis castris et eorum utroque, omni tempore guerrarum et pacis, nos et nostros hæredes et successores et gentes nostras, iratos et pagatos, cum armis et sine armis, in magna quantitate et parva.* Vide supra in *Fortia* 2.

¶ 3. **VIS**, Procurator, actor, qui alterius auctoritate et nomine agit. Charta Guillelmi Aurel. Episc. ann. 1253. ex lib. albo Episc. Carnot. : *Noveritis quod cum Præpositus Carnotensis seu Vis nobilis dominæ M. Comitissæ Carnotensis res Johannis Collirubei et Petri dicti Sequart cepisset et captas detineret, etc.* Eadem leguntur in Charta prædictæ Comitissæ ejusdem anni ibid. : *Cum præpositus noster Carnotensis seu Vis nostra, etc.* Infra *Mandatum* dicitur. Vide in hac voce num. 8. *Force*, eodem sensu, occurrit in Composit. inter Carolum Carnot. Comit. et Capitul. Carnot. ann. 1306 : *Se le Prevost ou la Force le Conte prennent ou seisissent hoste de chapistre, ou les biens de l'oste, etc.* Infra : *Se la cause de la prise, ou de la sesine depent dou fet dou baillif ou dou prevost, etc.*

¶ 4. **VIS**, Sollicitudo, cura. Testam. Johannis Fabri Carnot. Episc. ann. 1390 : *De quibuscumque aliis scripturis modicam Vim facio, quod sancta rusticitas omnia palam habet.*

¶ 1. **VISA**, Vox jurisdictionis ecclesiasticæ, vulgo *Visa*, a formula in his litteris approbationis usitata ducta origine. Expositio compend. benefic. fol. 47 : *Possessionem præcedere debet Ordinarii collatio, aut signatura Papæ cum Ordinarii approbatione quæ Visa dicitur.*

◦ 2. **VISA**, Inspectio. Charta Caroli IV. ann. 1326. in Reg. donor. ejusd. ex Cam. Comput. Paris. fol. 17. r° : *Cujusmodi informationem nobis ab ipso missam ballivo inspici et videri fecimus, per quam Visam reperimus quod, etc.* Vide *Visus*.

◦ **VISAGIUM** FALSUM, Larva, Gall. *Masque*, alias *Faux* vel *Fol visage.* Arest. ann. 1330. 20. April. in Reg. Olim parlam. Paris. : *Falsum Visagium occasione cujusdam chaverii, quod tunc in dicta villa (S. Richarii) fiebat, deferentem invenerant, graviter vulneraverunt.* Lit. remiss. ann. 1379. No. 82. Chartoph. reg. ch. 168 : *Mutoninis et arietinis induti pellibus, cum aliis falsis Visagiis, etc.* Aliæ ann. 1367. in Reg. 97. ch. 558 : *Icellui Clays avoit esté à sa maison armez à fol Visage le jour du nouvel an. Visaige* nuncupatur, Pars capitii, qua vultus includitur, in Lit. remiss. ann. 1394. ex Reg. 147. ch. 134 : *Le suppliant trouva ledit Cousin, lequel il print par le Visaige de son chapperon, et en le hauchant asez courtoisement, etc. Faire visage*, pro hodierno *Faire face*, Convertere vultum in aliquem, dixerunt nostri. Lit. remiss. ann. 1390. in Reg. 138. ch. 207 : *Lesquels compaignons sacherent leurs espées en lui faisant Visage pour resister à sa mauvaise voulenté.* Hist. Caroli VII. ad ann. 1429. pag. 512 : *La Pucelle leur fit Visage et marcha contre les Anglois. Visance*, pro *Apparence*, species, apud Phil. Mouskes :

Par la *Visance* et par semblant.

Vide supra *Masca*.

¶ **VISAMUM**. Vide supra *Bisamum*.
VISANTIUS, Visanteus. Vide *Byzantius*

◦ **VISARE**, a Gallice *Viser*, Collineare, dirigere. Lit. remiss. ann. 1355. in Reg. 84. Chartoph. reg. ch. 43 : *Qui Johannes quemdam quarrellum tunc accepit, et illum posuit in nuce dictæ balistæ Visando versus quemdam acervum fimi, pro trahendo dictum carrellum ibidem ; et antequam potuisset cepisse suam visionem, nux dictæ balistæ se laxavit, etc.*

¶ **VISATUS** Charta ann. 1131. apud Calmet. inter Probat. Hist. Lothar. tom. 2. col. 292 : *Ecclesia beati Joannis, quæ est in insula Leodii, anniversarium teloneum de foro Visati, per regiam traditionem.* Nomen loci proprium.

¶ **VISCAL**, Census species. Charta Phil. comit. Fland. pro libert. castel. Brug. ex Cam. Comput. Insul. : *De censu Viscal, cujus quilibet nummus requiritur cum duodecim denariis in secundo die post solutionem, etc. Cens viscal*, in Charta ann. 1828 ex eod. Cam.

◦ **VISCANISSA**. Bulla Callixti II. PP. ann. 1120. in Suppl. ad Miræum pag. 83. col. 1 : *Quadraginta mensuras terræ ex Viscanissa ex berquaria Girardi ad præbendam unius fratris... Item in Viscanissa ad restaurandam ecclesiam prædictam unam berquariam.*

¶ **VISCARE**, Visco implicare, capere, corripere, in Gemma. *Viscatus* occurrit apud Ovidium Art. amator. lib. 1. v. 391. et Plinium lib. 9. Epist. 30. Vide *Visgarius*.

◦ Glossar. Gall. Lat. ex Cod. reg. 7084 : *Viscare, Engluyer, prandre o gluyz.*

¶ **VISCARIA**, ut mox *Viscarnia*. Charta ann. 1265. in Chartul. S. Petri Insul. sign. *Decanus* fol. 189. r° : *Ballivus Furnensis fecit ductos Willelmum et Claïs in Viscaria Furnensi ad judicium evocari.*

¶ **VISCARIUM**, Viscus. Epist. Lamberti Abbat. S. Rufi apud Marten. tom. 1. Anecd. col. 332 : *Ego judico, si cum viris feminæ habitant, Viscarium non deerit Diaboli.*

◦ Stat. hospit. S. Gertrudis ann. 1255. in Suppl. ad Miræum pag. 610. col. 2 : *Nunquam solus cum sola sedeat, ne capiendis malignis insidiator Viscarium intendat.* Hinc emendanda statuta hospit. Sylvæduc. ann. 1277. ibid. pag. 184. col. 1. ubi legitur *Viscarium*.

VISCARIUS, Qui visco aves captat, ἰξευτής, aucuparius, auceps, in Gloss. Gr. Lat. Ibid. ἰξεύω, visco aucupor, ἰξὸς, viscum, et *viscus*.

¶ **VISCARNA**, ut supra *Vierscara* : quomodo etiam legendum videtur, Charta Caroli Comit. Flandr. ann. 1125. ex Tabul. S. Bertini : *Dicente eodem Theinardo quia de placitis, quæ ad scultedum pertinent, non deberet placitari ad Viscarnam Abbatis, neque per Scabinos inde judicari.*
Vide *Virscara*.

◦ **VISCARNIA**, ut *Vierscara*, Tribunal apud Flandros, ubi de rebus cum civilibus tum criminalibus suprema sententia judicatur, ejusque districtus. Charta Ferrandi et Joan. comit. Fland. ann. 1234. in Suppl. ad Miræum pag. 96. col. 1 : *Omnes illi de octo Viscarniis, manentes infra officium Brugense, qui ad scabinagium pertinent, etc.* Vide supra *Virscara*.

¶ **VISCELLUS**, Vivarium. Vide *Giscellus*.

◦ **VISCERABILIS**, Intimus. Epist. synod. ann. 877. inter Capit. Caroli C.: *Viscerabili affectu sequimur, et celebri laude prosequimur, etc.*

¶ 1. **VISCERABILITER**, Ex animo. Chron. Trudon. ad ann. 999. apud Acher. tom. 7. Spicil. pag. 348 : *Adelardus .. familiam ecclesiæ nostræ Viscerabiliter dicitur dilexisse.* Litteræ Edwardi II. Reg. Angl. ann. 1307. apud Rymer. tom. 3. pag. 12 : *Ob specialem affectionem quam ad præfatum genitorem nostrum et suos Visceraliter habuistis.* Vita S. Wolbodonis tom. 2. April. pag. 862 : *Spondens Viscerabiliter quod si spatium sibi daretur, cuncta quæ abstulerat ex integro restitueret.* Vide *Viscerosus*.

¶ **VISCERALITER**, In intimis visceribus. Charta Imberti Episc. Paris. apud Marten. tom. 1. Ampl. Collect. col. 417 : *Quando divini cultus studio Visceraliter percellimur, etc.* Occurrit præterea in Litteris Caroli V. Reg. Franc. ann. 1372. tom. 5. Ordinat. pag. 561. Vide Vossium lib. 4. de Vitiis serm. cap. 36

¶ **VISCERATIM**, Eadem notione. Testam. Caroli Ducis Andegav. Reg. Sicil. ann. 1481. inter Probat. Comment. de Comines tom. 3. pag. 245 : *Pro amore quem ipse dominus Rex noster testator habet et Visceratim gerit erga ipsum* (dom. Dalphinum.)

¶ 2. **VISCERABILITER**, Cum miseratione. Translat. SS. Georg. etc. tom. 7. Collect. Histor. Franc. pag. 355 · *Cum vivum* (fratrem) *capere posset* (Carolus) *ei locum abeundi Viscerabiliter induluit.*

◦ **VISCERALIS**, Intestinus, in Epist. Hincm. Rem. ibid. pag. 547 : *Nunc autem qualiter regnum istud, ... ut ita dicamus, Viscerali commotione... sit perturbatum.*

¶ **VISCERARI**, Intimis visceribus seu Præcordiis commoveri. Charta Widegerni Episc. Argent. apud *La Guille* Hist. Alsat. inter Instr. pag. 9 : *Unde nos congratulantes hujus viri sanctæ devotioni et illorum glorioso proposito, Viscerati caritate et pietate, commoti devotione promptissima, ... ut ad ipsum monasterium... privilegium conscribere vel confirmare deberemus.*

VISCERATIO, διανομὴ κρέως, in Gloss. Gr. Lat.

◦ **VISCERIUM**, pro *Viscarium*. Vide supra in hac voce.

¶ **VISCERIUS**. Chartam ann. 1193. apud Cencium inter Census Eccl. Rom. subscribunt *Petrus de Cencio* dom. *Papæ Viscerius testis : Paulus Malagromensis* dom. *Papæ Viscerius : Petrus Roberti similiter Viscerius testis.* Infra in alia Charta legitur, *Viscerius.* An pro *Usserius ?* Vide in hac voce.

◦ 1. **VISCEROSE**, Ex animo, toto corde. Charta Ludov. reg. Sicil. ann. 1882. in Reg. Joan. ducis Bitur. ex Cam. Comput. Paris. fol. 26. r° : *Viscerose cupientes in eodem regno nostro nobiscum alteram ipsorum liliorum plantulam propagare, etc.* Vide *Viscerabiliter* 1.

◦ 2. **VISCEROSE**, In intimis visceribus. Lit. remiss. ann. 1358. in Reg. 81. Chartoph. reg. ch. 896 : *Ex maternali amore* *in tantum fuit Viscerose commotus, etc.* Vide *Visceraliter.*

¶ **VISCEROSUS,** Intimus, sincerus, in Litteris ann. 1394. apud Acher. tom. 6. Spicil. pag. 102.

¶ Viscerosius, Ex animo. Charta ann. 1418. apud Lobinell. tom. 3. Hist. Paris. pag. 477. col. 1 : *Ipsosque in sacræ religionis nostræ observantia laudabili Viscerosius confovere...... cupientes, etc.*

VISCIDE, *Fortiter*, in Gloss. MSS. ad Alexandrum Iatrosoph.

VISCIDUS, *Viscosus.* Gariopontus lib. 1. cap. 6 : *Hæ causæ nascuntur de sanguine Viscido, id est, amaro.* 1. edit. habet *inscido.* [Papias: *Musteum, medium, viride, Viscidum. Viscidum acetum,* apud Theod. Priscianum lib. 1. cap. 2. Compar. *Viscidiores cibi* , apud eumd. de Diæt. cap. 18.]

VISCOCUS. Fragmentum Petronii pag. 15: *Solebat sic cœnare quomodo Rex apros gausapatos, opera pistoria, Viscocos, pistores.* [Vocem dividit Schefferus locumque sic restituit : *Opera pistoria, avis, cocos.* Ubi *avis* pro *aves* more haud infrequenti. Ipsum consule in Notis ad hunc locum.]

¶ **VISCOSITAS,** Viscus, gluten, Gall. *Viscosité.* Arnaldus in Rosario MS. lib. 2. cap. 3 : *Propter contritionem et assationem ad ignem dividuntur partes ligatæ a Viscositate quæ est in corporibus.*

¶ **VISCOSUS,** *Visco* S. Fiacrii, vulgo *le fic de S. Fiacre,* laborans. Est autem cancri genus, carnosis partibus adhærere solitus, primo calli instar durescit: dein callus in pus conversus, proximas partes sensim depascitur. Vita S. Fiacrii sæc. 2. Bened. pag. 600 : *Septem peregrini de S. Dionysio venientes, cum non longe essent a monasterio S. Fiacrii, dixerunt quatuor ex illis : Eamus ad S. Fiacrium. Reliqui vero tres dixerunt : nos Viscosi non sumus, non habemus necesse ire ad eum, ipse non habet peregrinos nisi Viscosos..... Ite Viscosi ad medicum Viscosorum.* Vide *Unctuosus.*

VISENETUM. Vide *Vicinus.*

¶ **VISER,** Hippegus. Vide *Huisserium.*

¶ **VISERIA,** a Gall. *Visiere,* Specula, locus unde visus patet, *Echauguette.* Charta ann. 1370 : *Pro faciendo et ædificando unum murum cum duobus Viseriis super barrum vetus.* Vide *Visorium.* Hinc

¶ Viseria, Cassidis conspicillum, vulgo *Visiere.* Comput. ann. 1396. tom. 2. Hist. Dalph. pag. 326. col. 1 : *Item duos bacignetos cum Viseriis,* II. sol. VI. *den. gr.* Mirac. B. Ludovici Archiep. Arelat. apud Stephanot. tom. 10. Fragm. Hist. pag. 310 : *Fuit percussus quadam sagitta magnæ bastiæ quæ infra Viseriam cassidis intravit.* Chron. Petri Azarii apud Murator. tom. 16. col. 308 : *Volens videre castramenta partis Gibellinæ et qualiter procedebant, levata Viseria barbutæ, etc.* Occurrit præterea in Annal. Estens. apud eumd. tom. 18. col. 991. et in Chron. Tarvisino tom. 19. col. 787. *Heaume à vissere* (leg. *à visiere*) in Testam. Odonis de Rossilione ann. 1298. apud Marten. tom. 1. Anecd. col. 1306. Vide in *Visus.*

° *Vidaille,* in Lit. remiss. ann. 1455. ex Reg. 187. Chartoph. reg. col. 255 · *Le suppliant haussa son baston,..... et d'icellui donna audit Valete ung cop sur l'uisse ou Vidaille.*

¶ **VISERIUS.** Vide supra *Viscerius.*

° **VISIA,** Aspectus, Gall. *Vue.* Inquisit. forestæ Britolii in Reg. 34. bis Chartoph. reg. part. 2. fol. 129. v°. col. 2: *Oves suæ possunt ire in boscos, quantum durat Visia plani. Visio legitur* in Cod. reg. 4653. A. fol. 89.

¶ **VISIBILITAS,** Forma, sensus, apud Tertull. lib. de Carne Christi cap. 12 : *Visibilitas per carnem.*

¶ Visibiliter, Aperte, in Charta ann. 1379. apud Ludewig. tom. 6. Reliq. MSS. pag. 504. Utuntur præterea S. August. de Gen. ad litt. cap. 6. et S. Paulinus Epist. 20 ad Delphinum.

° **VISIFICUS** Spiritus, Ad videndi sensum pertinens. Alex. Iatrosoph. MS. lib. 1. Passion. cap. 94 : *Adhuc autem et senioribus ætate defectum Visifici spiritus reparant et renovationem faciunt visui.* Vide infra *Visivus.*

¶ **VISILLIS.** Testam. Guidonis Comit. Nivern. ann. 1289. tom. 1. Macer. Insulæ Barbaræ pag. 152 : *Et quod in parte quam habeo in decima sancti Pauli juxta Visillis, ponatur et assignetur dictum anniversarium.* Mendum esse facile deprehenditur; at non ita in promptu est emendatio.

¶ **VISINANCIA,** Vicinia, Gall. *Voisinage,* Ital. *Vicmanza.* Memoriale Potest. Regiens. ad ann. 1260. apud Murator. tom. 8. col. 1122 : *Et die altera omnes Regini fecerunt confalones cujuslibet Visinanciæ; et fecerunt processiones circa civitatem, etc.*

¶ **VISINIA,** pro Byssina, in Charta Rudesindi Episc. Dumiensis æræ 1016 apud Ant. de Yepez in Chron. Ord. S. Benedicti tom. 5. et inter Conc. Hisp. tom. 3. pag. 184 · *Indumenta Sacerdotum et levitarum... auro texta, Visinia, purpurea et linea.*

¶ **VISINOCHA** Febris, pro *Synocha.* Vide *Febris* et *Synochus.*

° 1. **VISIO,** Prospectus in domum vel tenementum vicini. Arest. parlam. Paris. ann. 1275. in Reg. 2. Olim fol. 28. v° : *Licet major et pares Medontenses a tempore, a quo non exstat memoria, in villa Medontensi exercuerint justitias quæ sequuntur, videlicet..... Visiones impeditas, stillationes, domorum clausuras, etc.* Vide *Visla* 1.

° 2. **VISIO,** Intentio in scopum, Gall. *Visée.* Locus est supra in *Visare.* Aliis notionibus, vide in *Visus.*

∞ **VISIONABILIS** *Dualitas virtutum,* apud Anastas. in Homilia Cyrilli de SS. Cyro et Joh. Maius in Glossario novo.

¶ **VISIONES,** Theoremata, Ant. Augustino, Gr. Θεωρίαι. Justinianus in 2. Præfat. Digest. *Et in partibus in quibus perfectissimæ Visiones expositæ nobis erant fuerant, quod particulatim in eas fuerat sparsum, hoc dividere ac separare, penitus erat inutile.* Vide Pancirol. lib. 1. Thesauri variarum lect. cap. 77. et Lexicon Calvini.

° **VISITANTIA,** Præstatio, quæ curioni fiebat aut a peregrinantibus, aut propter *visitationem* infirmorum. Tabul. S. Flori : *Stephanus Amricus dedit..... ecclesiam de Lasternes et omnia quæ ad ipsam pertinent, hoc est decimam, primitias, Visitantias, baptisterium, etc.* Vide in *Visitatio* 1.

° **VISITARE,** Frequentare. Stat. ann. 1534. ex Tabul. S. Petri Insul.: *Præterea nullæ erunt vacantiæ, sed continuo Visitabunt usque ad vigiliam Nativitatis Dominicæ, denuo Visitaturi easdem scholas, festis finitis.* Vide alia notione in *Visitatio* 1. et 2.

¶ **VISITARIUS,** ut infra *Visitator* Monachorum. Charta ann. 1315. apud Lobinell. tom. 3. Hist. Paris. pag. 322. col. 2 : *Una cum,.... fratre Iacobo capellano dicti Visitarii, etc.* Infra legitur *Visitatoris.*

1. **VISITATIO,** Pensitationis species : ita appellata, quod tenentes Dominos suos identidem *visitare* tenerentur cum xeniis aut muneribus, quod postmodum in præstationem necessariam abiit, et in Gallia nostra *Salutatici* nomine innotuit. Orig. Murensis Monasterii pag. 39 : *Villicus autem debet dare, sicut omnes villici nostri debent, piscem magnum pretio 5. solidorum ante Natale Domini, quod vocatur Vintatio.* Pag. 40 : *Rustici autem, qui habent scopasse, serviunt diem in ebdomada, et qui dimidiam in secunda, vel censum dant, et Visitant villicum semel in anno.* Id est, jus visitationis præstant. Pag. 47 : *Villici, qui sub se habent homines servientes, ex diurnalibus, quorum Visitationem accipiunt, debent dare pisces singuli quinque siclorum, alii autem non ; sed secundum uniuscujusque constitutionem: nam ille, qui multos habet Visitatores, et quoque nullos, possunt coæquari.* Vetus Charta ibidem pag. 65 · *Persolventem annuatim in censum sextum decimum dimidium modium avenæ, et siliginis aridi, et in festivitate S. Thomæ 4. solidos ad Visitationem.* [∞ Tabular. Abbat. Metloc. in Diario Diplom. tom. 2. pag. 122 · *In Natale Domini, aut Visitationem, aut sex denarios.* Ibid. pag. 123 : *In Natale Domini in Visitatione sua duos solidos et 40. panes et 20. modia avenæ reddunt.*]

¶ Visitatio Imperatoris, Præstatio, quam a vassallis et tenentibus exigebant Domini, cum ab Imperatore ad curiam evocabantur auxilium in bello per se, vel per milites suos præbituri. *Auxilium pro eundo ad Imperatorem* alibi dicitur. Vide *Auxilium,* pag. 500. col. 2. Litteræ ann 1289. Hist. Dalph. pag. 64 : *Est de jure imperii, ut principibus ecclesiasticis venientibus ad curiam de speciali mandato et pro servitiis imperii, ab eis qui tenent regalia ecclesiæ suæ in subventione congrua debeat provideri.* Charta ejusd. anni ibid. : *Præcipiendo quatinus pensata liberalitate , quam solummodo pro nobis exhibit, in hoc facto ipsi Archiepiscopo in centum libris Viennensibus pro cavalcata D. Imperatoris ad requisitionem ejus ei totaliter satisfacere procedatis, ne iram D. Imperatoris et nostram et pœnam appositam incurrere valeatis.* Quæ præstatio nomine *Visitationis* significatur in Charta ann. 1292. ibid. pag. 63. col. 2 : *Nos ex scientia et plena deliberatione, primo a petitione subventionis seu juvaminis per clericos et cives civitatis nostræ Diensis, ratione Visitationis Imperatoris ut Regis Alamanniæ, pro utilitate nostræ Diensis, ecclesiæ, ut taliter nobis debitæ et debiti autoritate cujusdam privilegii et privilegiorum ecclesiæ nostræ Diensi ab Imperiali culmine concessorum desistimus.*

¶ **VISITATIO,** Peregrinatio, ut videtur, seu emolumentum quod ex fidelium peregrinationibus sacerdoti obvenit. Charta Odonis Episc. Paris. ann. 1205. ex Chartul. ejusd. Episc. fol. 58 : *Licebit autem priori et monachis in loco prædicto, si voluerint, ædificare capellam,.... salvo in omnibus parrochiali jure presbitero S. Petri de Gonessa, scilicet quod idem presbiter habebit Visitationes, confessiones, sepulturas, etc.* Tabul. Episcopat. Ambian. ann. 1281 : *Habebit curatus gratuita quæ sequuntur : videlicet oblationes confessionum, Visitationes, vina nuptiarum, etc. Nisi sit præstatio quæ pro visitationibus infirmorum exsolvebatur.*

° 2. **VISITATIO**, Solemnis sacramentorum infirmis administratio. Stat. Einbec. apud Ludewig. tom. 10. Reliq. MSS. pag. 112. cap. 30 : *De Visitationibus canonicorum. Sciant universi sententia capituli concorditer diffinitum, quod in Visitationibus canonicorum cum Eucharistia vel Extrema unctione, omnes existentes de gremio ecclesiæ et præsentes vocari debent, et Visitationi interesse. Visitatus tamen venientibus pro tunc nihil dare debet in præsenti, nisi solum campanario et scholaribus, si qui portaverint cereas.* Neque aliter videtur intelligendus Glaber Rodulph. tom. 10. Collect. Histor. Franc. pag. 22 : *Convocatis ceteris fratribus, secundum morem ei Visitationem fecerunt. Tertia namque die peracta, incipiente nocte migravit a corpore.*

VISITATOR, Episcopus, qui in locum alterius Episcopi demortui, vel propter crimen a communione suspensi, aut remoti, a Metropolitano, vel Summo Pontifice, mittebatur, ad obeunda in ea diœcesi Episcopalia munera, donec alius Episcopus ordinaretur, cujus electioni intererat. Vide Gregorium M. lib. 2 Ind. 10. Epist. 19. 20. 21. 27. lib. 3. Epist. 11. lib. 4. Epist. 13. 14. 20. 21. lib. 5. Epist. 21. lib. 6. Epist. 16. lib. 7. Ind. 2. Epist. 25. 26. 91. lib. 11. Epist. 16. Formulas antiquas Promotionum Episcopalium editas a Sirmondo ad calcem tom. 2. Concilior. Galliæ, et tom. 8. Conciliorum Labbeanæ editionis, Form. 1. 2. 3. et seqq. Aliam descripsit Baronius Johannis II. PP. ann. 534. n. 49. exaratam, pro *Visitatore* dando Ecclesiæ, cujus Episcopus ob crimen remotus fuerat. Aliam vide ejusdem Pontificis ad Cæsarium Arelat. Agapeti I. Epist. 7. ad eumdem Cæsarium. Vide præterea Leonis Archiepisc. Senonensis Epistolam ad Childebertum Regem tom. 1. Concil. Galliæ, Concilium Regiense can. 6. in Actis Episcop. Cenoman. pag. 305. Diurnum Romanum cap. 7. Anastasium in S. Hormisda PP. Synodum apud Vermeriam ann. 853. cap. 1. Capitul. Caroli C. tit. 43. cap. 8. Conc. Roman. ann. 1079. can. 6. Joannem VIII. PP. Epist. 308. etc.

Ejusmodi *Visitatorum* officium accurate perstringit vetus Formula electionis Episcopi in Spicilegio Acheriano tom. 8. pag. 154 : *Prisca modernaque Ecclesiarum moderamina theologuelariis sanxere canonibus, quo arripientibus viam universæ terræ quarumlibet sedium Præsulibus, per viciniorem Episcopum, aut alium Episcopum, cui Archipræsul injunxerit, extincti fratris tumulatorem, orbatæque sedis Visitatorem atque consolatorem, sine cujus conscientia sacri prohibent Canones confiteri aut confici de subrogatione Episcopi, perficiatur Ecclesiasticarum inventarium rerum. Tunc vero prioribus viduatæ sedes, dispositio Œconomis commendetur. Postmodum autem Cleri plebisque ordinis desideriorum consensus requiratur, quinimo amotis simoniacis sacculis, postpositisque omnium cupiditatum argumentis, universa fideliter notitiæ Archiepiscopali significentur, quo disponente, cuncta in talibus expedit cum Suffraganeorum consilio, sub divina censura disponi negotiis, atque ordinari. Igitur Metropolitano dominica vocatione rebus humanis valique perfuncto, hæc eadem fideliter exigenda sunt omnia a Visitatore atque tumulatore, et omnium diœcesanorum, si fieri potest, cognitioni significanda prudentialiter, quo urbes, quas gentilium temporibus habebant idolicolæ Flamines, nunc gubernent Christicolæ Præsules. Cum ergo pastorem contigerit subrogandum, post advocationem et clamationem Cleri petitionemque viduatæ plebis, ne urbs Præsulem minime optatum non spernat, nec odium habeat, fiatque minus religiosa quam convenit, cui non licuit habere quem voluit : quoniam difficile est, quod bono peragantur exitu, quæ malo sunt inchoata principio, expedit orbatæ sedi cum Episcoporum electione, Cleri ac populi ipsius Ecclesiæ acclamatione Episcopum ordinari atque inthronisari.* Quapropter, etc. Historia Trevirensis : *Zacharias PP. B. Bonifacium doctrina et operatione clarum, Treverensi et Remensi Ecclesiæ Visitatorem, et spiritualium negotiorum provisorem constituit*, cum *Milo Tyrannus res utrorumque teneret.*

VISITATORES in Monasteriis, qui in Capitulis Provincialibus deligebantur, qui Monasteria visitarent, in Monachos, atque adeo in ipsos Abbates inquirerent, horum delicta emendarent, mulctas pro ipsis delictis et pœnas monasticas irrogarent, etc. Cæsarius lib. 1. de Miracul. cap. 1 : *Visitatio est disciplinæ conservatio : duo enim primitivi Patres instituerunt ad vitiorum correctionem, et caritatis conservationem ; videlicet generale Capitulum, et singulis annis Visitationes domorum* Chronicon Montis-Sereni pag. 195 *Gotfridus Monachus, quoniam in ordine Cisterliensis usitata res est visitatio, modum ejus talem esse asseruit, ut singuli fratrum jurati dicerent veritatem de omnibus, quæ vel a Præposito, vel ab aliis in Ecclesia sua fieri certum esset.* Sed cum ejusmodi Visitatores, sub prætextu et obtentu visitationis, Monasteria gravibus expensis premerent, seu longiori mora, vel sumtuosis, quas sibi administrari curabant, epulis, vel denique numeroso comitatu, interdum et ab ipsis pecuniis extorquerent, cautum deinceps Constitutionibus Gregorii IX. Nicolai IV. Benedicti XII. et aliis, quæ habentur post Chronicon Casinense edit. Brolii, ne Monasteriis et locis visitatis onerosi et graves existerent. Quo spectat querela Burkardi de Casib. S. Galli cap. 16 : *Videant dona largissima quæ donavit in Curia, ne forte fratres sui opprobrio subjacerent Visitatorum, qui multa perturbaverunt Monasteria, ne longe petamus exemplum, sicut fecerunt in Augia, quos totonderunt, et jurare ad suum coegerunt mandatum.* Et cap. 21 : *Visitatores etiam per diversas missos Ecclesias, cum multos perturbassent tam Abbates quam Monachos, imo etiam plebanos et Clericos minoris ordinis, cohibuit, ne ad monasterium venientes suos perturbarent fratres, non hoc sine summi Pontificis obtinuit permissione, audiunt enim qualiter in nobili Ecclesia Augiensi processarant, et quemadmodum fratres ipsius perturbaverant Monasterii.* Vide Decretal. Gregorii IX. lib. 3. tit. 35. cap. 8.

° **VISITATORIUS**, Ad *visitatorem* pertinens. Synod. apud Vermer. ann. 853. tom. 7. Collect. Histor. Franc. pag. 611 : *Ecclesiæ Nivernensi ea, quibus indigeret, Visitatorio officio impenderet et ordinaret.* Vide Visitator.

° **VISIVUS**, Ital. *Visivo*, Ad facultatem videndi pertinens. Vita S. Rosæ tom. 2. Sept. pag. 437 col. 2 : *Erat quædam virgo nomine Delicata, quæ ab ipsa sua nativitate caruerat virtute Visiva.* Vide supra *Visificus.*

¶ **VISMERIA**, Viminetum, virgetum, locus viminibus consitus, Gall. *Ozeraie*, Lemovicibus *Vismiere*. Obituar. S. Geraldi Lemovic. fol. 33 : *Quem censum nobis assignavit in et super quibusdam vinea, Vismeria, et orto seu leza ejusdem Guillelmi.* Charta ann. 1519 : *Petrus Aureys.... confitetur se tenere quamdam lezam continentem unum jornale hominis situm in territorio deu Minudet inter terram Joannis Quiffort et Vismeriam magistri Johannis Lamyt.* Charta ann. 1537 : *Francoise de Poyel.... declare qu'elle est dame fonciere et directe de certaine Vismiere et Leze contenant environ deux journeaux, assise au clau Laurier territoire de Limoges confrontant à la Vismiere de maistre Laurent du Puy*, etc. Alia ann. 1543 : *Jehan le Picard horlogeur de Limoges reconnoist tenir et exploiter certaine Vismiere et leze assise au territoire de ladite ville confrontée avec la leze at Vismiere de heoirs seu maistre Laurens du Puy* Vide Vimus.

¶ **VISNETUM**. Vide supra in *Vicinus.*

¶ **VISOLA**. Statuta Monast. S. Claudii ann. 1148. pag. 74 : *Recipere debet quinque Visolas ultra suam præbendam.* Ibidem pag. 82 : *Tenetur idem pittantiarius ministrare... in die Jovis sancta cuilibet ex prædictis Religiosis tres Visolas.* Legendum *Rosola*, Placentæ species, a colore rubicundo sic nuncupata. Vide ibi.

¶ **VISON**, Bison, genus bovis silvestris. Acta S. Ferreoli tom. 3. Jun. pag. 11 : *Silvester adhuc cum locus esset, Vison ibi fera reperta est.* [°° Ekkeh. Chron. Univ. ad ann. 1104. apud Pertz. Script. tom. 6. pag. 225 : *Illius nimirum famosi Aerbonis posteri, quem in venatu a Visonta Bestia confossum, vulgares adhuc cantilenæ resonant.* Vide Graff. Thesaur. Ling. Franc. tom. 1. col. 1078. voce *Wisunt.*]

1. **VISORES**, Testes, qui rem actam viderunt, eique interfuerunt. Formulæ vett. secundum Legem Roman. cap. 30 : *Sed postea taliter in jam dicto loco ipsi illi judicatum fuit, ut in noctes 40. apud homines 86. manu sua 37. in Ecclesia illa, in loco nuncupante illo conjuravit debeat, apud homines Visores et cognitores, eo quod illi quondam malo ordine super eum venisset, etc.* Cap. 31 : *Similiter testes sibi similes Visores et cognitores, etc.* Vetus Notitia apud Perardum pag. 60 : *Affirmantes, se habere plurimos et veraces atque Visores testes, qui hoc ita verum esse scirent, etc.* Tabularium Regulæ ad Garumnam : *Visores et testes hujus negotii fuerunt, etc.* Charta Lapurdensis apud Marcam lib. 4. Hist. Benebarn. cap. 9. § 8 : *Testes et Visores hi sunt, etc.* Tabularium S. Petri Generensis apud eumdem lib. 5. cap. 25. § 8 : *Hujus donationis testes Visores, etc.* Blanca in præfatione ad Commentaries rerum Aragonensium : *Alterum quidem pro eorum robore et firmitate, quod sit de solemnitatibus substantialibus contractuum, ut testes illorum stipulationi præsentes intersint, atque hos testes, Visores et Auditores appellabant, et ita appellati passim inveniuntur.* Charta Alfonsi Regis Aragon. æræ 1159. apud eumdem pag. 641 : *Sunt testes Visores et auditores de hoc donativum suprascriptum, etc.* In alia pag. 794 : *Testes sunt et Visores hujus rei, etc.* [Charta ann. 1088. ex Tabul. Ausc. : *Visores hujus negotii fuerunt Pontius Episcopus Bigorræ, etc. Visores et testes sunt W. Arnaldi de Jugun, et filius ejus Arnaldus*, in Chartul. Auxit Charta ann. 1117. ex Tabul. S. Tiberii : *Testes et testes hujus defensionis sunt, etc.*] Hinc formula sat frequens diplomatibus ads

cripta : *Hæc autem Viderunt et audierunt, etc.* [Vide *Videntes.*]

¶ VISORII TESTES, Eodem significatu. Vita S. Leonis IX. PP. tom. 2. April. pag. 662. et apud Murator. tom. 3. pag. 296. col. 1 : *Cujus rei testes Visorii, a minimo usque ad maximum cuncti illius urbis dicuntur extitisse.*

2. **VISORES**, Qui forestis inspiciendis, ne vasta fierent, præfecti erant a Rege. Matthæus Paris ann. 1135 : *Quod nefandi genus placiti adeo fuerat execrabile, quod si Visores alicujus silvam, quem esse pecuniosum sciebant, a longe conspicerent, statim vastum in ea prohiberent, sive esset, sive non, ut eum sine merito redimere potuissent.* [*Viser* nostris pro *Inspicere*, *explorare*, *observare*. Le Roman de Vacce MS. :

Ses forestiers a fait Viser
Ou il porroit grant cerf trouver.

Chron. ab ann. 1341. apud Lobinell. tom. 2. Hist. Britan. col. 721 :

Les François les firent Viser,
Afin qu'ils peussent s'aviser
De les combattre en cette place.

Visitacion, pro Inspectio, in Litteris Caroli V. Reg. Franc. ann. 1372. tom. 5 : Ordinat. pag. 527 : *Nous aions entendu que plusieurs nos subgez s'efforcent de entreprendre la Visitacion et cognoissance de aucuns desdiz mestiers, vivres et marchandises, etc.*] Vide *Vista* 4.

° *Veours*, eadem significatione, in Charta ann. 1314. ex Reg. 65. 2. Chartoph. reg. ch. 72 : *Le verdier dou lieu, les Veours des forais, les serjans de la forest fiefez et autres, etc.* Voir jurez d'eauwes, in Ch. ann. 1355. tom. 2. Hist. Leod. pag. 421.

VISORES, Qui ad tenementa inspicienda delecti sunt. Vide *Visus.*

∞ VISORES INFIRMITATIS. Vide *Reseantisa* et *Essonium Mali Lecti* in *Sunnis*. Placit. ann. 9. Joh. reg. Angl. Cumberl. rot. 8. in dors. in Abbrev. Placit. pag. 58 : *Adam de Tindal optulit se versus Aliciam uxorem Roberti de Courtenay, quæ se essoniavit de malo lecti..... et ipsa non venit, nec Visores Infirmitatis illius, quia vicecomes significavit, quod ipse non fecit eam videri.... Consideratum est quod vicecomes faciat eam videri per 4. milites de comitatu suo, etc.* Adde Placit. incert. temp. ejusd. reg. Northumb. rot. 1. in dorso ibid. pag. 69. et Glanvillam lib. 1. cap. 18. sqq.

VISORIA, Cassidis conspicillum, Gall. *Visière.* Garnis. inventæ in castro Carcass. ann. 1294 : *Quatuor capelli ferri cum Visoria.* Vide supra *Viseria.*

¶ **VISORIUM**, Locus unde visus patet. Senator. lib. 5. Epist. 42 : *Amphitheatrum quasi in unum juncta duo Visoria.* Vide *Viseria.*

° **VISPIA**, Domus episcopalis. Charta ann. 1194. inter Probat. tom. 1. Hist. Nem. pag. 4l. col. 1 : *Actum est hoc in urbe Nemausi in Vispia, etc.*

¶ **VISPILIATOR**, τυμβωρύχος, in Gloss. Lat. Græc. Aliæ Græco-Lat. : Τυμβωρύχος, *Sepulchri violator, Vispiliator.*

VISPILIO, Tersorium, Gall. *Goupillon :* quæ quidem vox Gallica formata a *Goupillon*, vulpecula, seu cauda vulpeculæ, quod ejusmodi tersoria plerumque ex caudis vulpecularum fierent. Fleta lib. 2. cap. 76. § 9 : *Prodest etiam boves de die bis tergere cum Vispilione, eo quod affectus se lambebunt.* [Vide *Vespilio.*]

° Nostris *Vipillon*, pro *Goupillon*, Aspersorium. Lit. remiss. ann. 1416. in Reg. 169. Chartoph. reg. ch. 143 : *Le suppliant par maniere d'esbatement, vestu d'un surpeliz ou roquet de toile, prinst un pot d'arain en quoy il avoit de l'eaue et un Vipillon, dont il enrosoit en alant par le chemin les gens qu'il trouvoit.*

¶ **VISPILLUS**. Vide supra in *Vespilio.*

° **VISPOLIATOR**, Grassator ; ex *vis* et *spoliator*. Charta Phil. VI. ann. 1345. in Reg. 124. Chartoph. reg. ch. 257 : *Latrones, homicidæ et Vispoliatores inibi et circumvicinis locis habitantes, etc.* Vide *Vespilio.*

° **VISQUIAMUS**, *Quasuete*, in Glossar. Lat. Gall. ex Cod. reg. 7692.

¶ **VISSIUM**, Βόσμα, in Gloss. Lat. Gr. Flatus ventris. MSS. Reg. *Vissium*, *bissium ;* Sangerm. *Visio :* et mox : Βάτω, *viso ;* ubi Reg. *bisso, pedo.*

1. **VISTA**, Prospectus in domum vel tenementum vicini : *Veue sur quelqu'un.* [*Droit de veues* in Consuet. Bituric. tit. 11. art. 2. 13] Libertates concessæ Barcinonensibus a Petro Rege Aragon. ann. 1288. MSS. : *Nemo potest habere Vistam in alterum, nisi primo aspiciat super tenedonem suam.*

° Occurrit præterea in Instr. ann. 1388. tom. 8. Ordinat. reg. Franc. pag. 284. art. 6. Neque alio sensu hæc vox accipienda videtur infra num. 2. hoc est, in conspectu monasterii, Gall. *En vue du monastere.* Vide supra *Visio* 1.

¶ VISTA, Locus unde visus patet, Provincialibus la *Visto*. Inquisitio ann. 1268. ex Schedis Præs. de Mazaugues : *Et a Berbegal usque ad Vistam qua videtur totum Cravam.* Vide *Visura.*

¶ 2. **VISTA**, in Charta ann. 1295. ex Schedis Præs. de Mazaugues : *Non possit.... aliquod novi facere, aliquod fortalitium vel tenere vel habere, nec castellum in Vista monasterii.* Id est, ni fallor. intra monasterii districtum, territorium. [° Vide *Vista* 1.]

¶ 3 VISTA, Colloquium, congressus, Gall. *Entrevue.* Litteræ Philippi III. Reg. Francor. apud Rymer. tom. 2. pag. 152 : *Speciales nuncios destinavit cum potestate plenaria tractandi de faciendo Vista seu colloquio de nobis et eodem Rege super pace perpetua.* Infra : *Extitit conventum quod pro Vista seu colloquio hujusmodi celebrando, nos apud Montem-Marcianum, idem autem Rex apud Baionam personaliter erimus.* Litteræ Edwardi Reg. Angl. ann. 1286. ibid. pag. 330 : *Terminum Vistæ, inter nos et vos ad invicem faciendæ exposuimus eisdem secreto.* Occurrit præterea reg. 869. 457. etc. Inventar. Chartar. Reg. ann. 1482. fol. 309 : *Litteræ procuratoriæ Regis Castellæ super Vista et congregatione Regis Francorum et ipsius super concordiis inter eos confirmandis. De anno 1288.*

¶ 4. **VISTA**, Inspectio, visitatio, Hispanis *Visita*, Gall. *Visite.* Conc. Terracon. ann. 1329. apud Marten. tom. 4. Anecd. col. 285 : *Ne fiant Vistæ in monasteriis. Item, præcipimus et mandamus omnibus judicibus et advocatis litteratis, ne conveniant vel intersint alicui Vistæ, quæ fit vel fiat in monasteriis vel grangiis religiosorum.* Vide *Visores* 2.

5. **VISTA**, Alia notione. Charta pro Vicario Buriensi, ex Tabulario S. Sulpicii Biturc. Gall. : *Similiter de molendinis* (habebit) *unum molendinum, de Vistis unam Vistam, similiter ex liberis et scamnis de sacerio unum paronarium.* Quæ quidem mendo non carent.

Vasis genus significari existimo, ut et apud Limborch. Sentent. Inquisit. Tolos. pag. 67 : *Item quadam vice portavit.... unum panem et unam Vistam vini ad domum Raymundi sartoris.* Et pag. 161 : *In domo prædictæ Aymengardis in Rapistangno vidit duos hæreticos, unum qui vocabatur Petrus, cui misit unam Vistam de Vino.* Ubi legendum censeo *Justa*, ut videre est in hac voce ; tametsi *Viste* pro urna seu vase sepulcrali legitur in Poemate *de la guerre de Troyes* MS :

Le cors fist mettre en une biere,
Molt richement à grant honor,
Si con firent si ancessor,
Le feu ont a lui ardoir,
Et si poez de li savoir
Qe la poudre fu bien gardée,
En une Viste de fin or,
Qe avoit Prians en son tresor,
Precieuse d'estrange guise,
L'ont dedenz scelée et mise.

Vide *Urna* 2.

° Locum ex Tabul. S. Sulpicii sic emendo ex accuratiori lectione : *De Vistis, unam Vistam ; similiter ex tiberis et scamnis de Saacerio, unum pozonarium.* Hinc corrigendæ Litteræ ann. 1397. inter Probat. tom. 3. Hist. Burg. pag. 187. col. 2 : *Une Viste d'or toute plaine à vingt un caras, pezant onze mars et demi.* Ubi leg. *Viste.*

° 6. **VISTA**, Nota, signum, quod facile videri potest. Stat. pro pannif. ann. 1817. in Reg. A. Cam. Comput. Paris. fol. 197. v° : *Ut omnes et singuli panni,... per quem facti fuerint condientius cognoscantur,..... videlicet in Carcassona et ejus suburbiis et toto Carcassesio, in primo capite cujuslibet panni fiet una radicula seu Vista de cotonno albissimo latitudinis ad minus trium digitorum communium.*

¶ **VISTELLA**, apud Bern. de Breydenbach in Itin. Hierosol. pag. 218. ubi de Moyse aquis exposito, pro *Fiscella*, ut legitur Exod. cap. 2. 3.

¶ **VISTRIGILIUM**, σφραγιδοφύλαξ , in Gloss. Lat. Gr. Leg. *Custos sigilli*, ut jam emendavit Vulcanius.

¶**VISUALITER**, Manifeste, *Visiblement.* Chron. Comodoliac. apud Stephanot. tom. 2. Fragm. Hist. MSS : *Idem vero serpens obediens præceptis S. Juniani Visualiter evolans et per Pictaviam transiens et nemini et tunc nocens, arripuit et subintravit gurgites maris Oceani.*

VISUMARIUS, vox Gallica vetus, qua *trifolium* denotatur, ut auctor est Marcellus Empiricus cap. 3. extremo.

¶ **VISURA**, Prospectus. Notæ obituum in Martyrol. Eccl. Cathedr. Aquens. : *Ipso die obiit Johannes Boerii qui reliquit anniversariis istius ecclesiæ unam eminam annonæ censualem ad Visuram Massiliæ.* Locus pulcherrimo prospectui, qui vulgo *La visto de Marseille* dicitur. Vide *Vista* 1.

¶ **VISURA**, Inspectio. Acta Joannis de Organia tom. 1. April. pag. 803 : *Facta fuit Visura et inspectio ocularis cujusdam arcæ ligneæ.* Vide *Inspectura.*

¶ **VISUS**, Oculus. Lex Alemann. tit. 61. § 3. 4 : *Si enim Visus tactus fuerit in oculo, ita ut quasi vitrum remaneat, etc. Si autem ipse Visus foras exierit et militus, etc.* Ubi per *oculum*, orbem oculorum intelligit. [∞ Vide Leg. Ripuar. tit. 5. § 3.]

¶ **Visus**, Cassidis conspicillum, ut videtur, Gall. *Visière.* Fulcherius Carnot. in Hist. Palæst. in Gloss. Gasp. Barthii apud Ludewig. tom. 3. Reliq. MSS. pag. 337 : *Ut in Visibus eorum et peltis, etc.* Vide *Visura.* Bongars. pag. 415. lin. 50. Vultus forte, ut sequens.]

¶ **VISUS**, Vultus, Ital. *Viso*, Gall. *Visage*, olim *Vis.* Mirac. S. Humil. tom. 4.

Maii pag. 405 : *Habebat autem Visum valde tumefactum ac inflatum, ita quod oculis humanis nimis horribilis apparebat.* Vide *Viseria.*

° VISUS, ut supra *Vista* 1. Charta ann. 1358. in Reg. 86. Chartoph. reg. ch. 598 : *Una cum ipsius domus omnibus et singulis juribus, pertinentiis et appendiciis, Visibus et agoiis, etc.*

VISUS, Inspectio. Rogerus Hovedenus pag. 784 : *Sed concedit bene quod capiant de boscis suis quod necesse iis fuerit sine wasto, et hoc per Visum forestarii sui, et viridariorum suorum.* Monasticum Anglic. tom. 1. pag. 507 : *Et similiter de toto anno de bosco ipsius Roberti usque ad Creyton scisso per Visum forestariorum nostrorum.* In Charta ann. 1300. Regesti Philippi Pulchri Reg. Fr. ann. 1299. ex Tabulario Regio num. 36 : *Usagium ad ardendum et ædificandum sufficienter ad opus domus ipsius Militis de Iuez per Ostensionem a viridario dictæ forestæ faciendam, etc.* Vide *Ostensio* et *Visores* 2.

° Lit. remiss. ann. 1409. in Reg. 163. Chartoph. reg. ch. 408 : *Les parties furent appointées en faiz contraires et en enqueste et Veue termée sur eulx.*

¶ VISUS, Officium inspectoris ejusque emolumenta. Inquesta ann. 1289. apud Kennett. in Antiquit. Ambrosd. pag. 314 : *Certus Visus valet per annum* II. *sol. et reddit domino Regi pro prædicta hida et certo Visu* x. *sol.*

¶ VISUS, Judicium, arbitrium. Charta ann. 1249. ibid. pág. 241 : *Rex illas* XVI. *libras et dimidiam marcæ ad quas homines..... in Pydinton..... nuper talliati fuerant, assignavit ponendas per Visum Hugonis Gargate custodis prædictorum maneriorum in prædictis maneriis instaurandum.* Litteræ Caroli V. Reg. Franc. pro restauratione Communiæ Tornac. ann. 1370. tom. 5. Ordinat. pag. 376. art. 8 : *Lesquelles (ordonnances touchans loy et justice) demourront et seront mises en la Veue de Prevoz et des Jurez.* Occurrit rursum pag. 377. art. 20.

VISUS, VISIO, Inspectio rei, de qua litigatur, *Veue,* in veteri Consuet. Normanniæ art. 66. Cameracensi, Bononiensi, etc. ut et in veteri Consuetudine Bituricensi edita a Thomasserio cap. 12. *View,* Rastallo et JC. Anglis. *Monstrée de terre,* in Consuetudine Turonensi, Lodunensi, Cenomanensi, Britanniæ, etc. Bracton. lib. 4. tr. 1. cap. 16. § 4 : *Necesse est, quod fiat Visus de tenemento a juratoribus ut certa res deduci possit in judicium, et quod juratores verum et certum facere possint sacramentum, et quod perinde possit justitiarius justum proferre judicium.* [Litteræ procuratoriæ ann. 1348. ex Chartul. 21. Corb. fol. 193. v° : *Dantes dictis procuratoribus nostris... potestatem.... Ostensionem et bosnagia faciendi. De requerre veuez ou hestencions de lieux,* in aliis Litteris de eadem re ibid. fol. 192. v°. Charta ann. 1394. ibid. fol. 81 : *Faire et veoir faire veues et ostensions de lieux, etc.*] Quomodo autem visus fiat, et de quibus rebus, aperit ibi pluribus idem Bracton. et lib. 5. tract. 3. cap. 8. et Fleta lib. 2. cap. 54. § 2. lib. 4. cap. 6. ubi modus *videndi* præscribitur : præterea Stabilimenta S. Ludovici lib. 1. cap. 46. 56. lib. 2. cap. 10. Philippus *de Beaumanoir* cap. 9. Assisiæ Hierosol. cap. 27. 222. Statuta secunda Roberti I. Regis Scotiæ cap. 37. 38. Glanvilla lib. 2. cap. 1. [∞ Placit. ann. 6. Ricard. reg. Angl. Lincoln. rot. 4. Norfolc. rot. 3. in Abbrev. Placit. pag. 3. Wiltes. rot. 3. ibid. pag. 6.] Statutum

2. Westmonaster. cap. 53. Vetus Consuetudo Normanniæ cap. 68. 85. etc.

VISIO, Eadem notione, in Regiam Majestatem lib. 1. cap. 9. § 3. [Judicium Scaccarii S. Michaelis ann. 1225. apud D. *Brussel* tom. 2. de Usu feud. pag. 964 : *Judicatum est quod duellum vadiatum nullum sit, ex quo nullus miles fuit ad Visionem.* Aliud ann. 1236. ibid. : *Præceptum est quod Visio potest fieri sine militibus in omni placito, de quo bellum non possit exire.* Chartul. S. Vandreg. tom. 2. pag. 1904 : *Ex parte dom. Regis vobis significamus qualiaus presbiteros propinquos et loci vicinos fide dignos et non suspectos per aliquem decanum vestrum,..... citari faciatis ad Visiones et ad assisias.*]

¶ VISIO, Recognitio scripturæ, ut supra *Vidimatio.* Vide in *Vidimare.* Charta ann. 1294. apud Lobinell. tom. 2. Hist. Britan. col. 21 : *Datum hujus Visionis factæ a nobis Roberto Macloviensi Episcopo, etc.*

VISORES, Qui ad *visum* tenementi delecti sunt, apud Bractonum lib. 5. tract. de Essoniis cap. 14. et in Fleta lib. 4. cap. 6. § 1. *Veeurs,* in Scacario Normannico ann. 1497. Vide *Ostensio* et *Visores,* suo loco.

VISUS FRANCI PLEGII. Vide *Plegius.*

° VISZELLARIUM, F. Viminetum, virgetum. Charta ann. 1139. inter Probat. tom. 1. Annal. Præmonst. col. 64 : *Ab hinc revertendo per Viszellarium, ascendendo montem in dextris, etc.* Vide supra *Virzata.*

VITA. VITA COMMUNIS, quam Monachi profitentur, qui in communi vivunt, ac simul degunt, et ut ait Cassianus coll. 18. cap. 5. *ex communione consortii, Cœnobitæ, cellæque ac diversoria eorum Cœnobia, vocantur.* S Augustinus lib. 1. de Morib. Eccl. cap. 81 : *Quis non illos miretur et prædicet, qui contemptis atque desertis mundi hujus illecebris, in communem Vitam, castissimam sanctissimamque congregati, simul ætatem agunt, viventes in orationibus, in lectionibus, etc.* Cæsarius Arelat. serm. 17 : *Vovit aliquis ...... ire ad communem Vitam in societate sanctorum, etc.* Infra : *Hic quibus placet, relicta omni spe seculari, et omni actione terrena voveant, se conferendo in societatem sanctorum, et in communem illam Vitam, Vitam, ubi non dicitur aliquid proprium ; sed sunt omnia communia, et est illis anima una, et cor unum in Deum.* Adelbertus Abbas Heidenheimensis pag. 833 : *Qui cum non invenisset certas rationes, quibus communis Vita in singularem proprietatem et secularem voluptatem esset transmutata, etc.* Hanc etiam Laici interdum profitebantur, ut etsi habitu nec Clerici nec Monachi, nequaquam tamen iis dispares eorumque instar sæculo abrenuntiantes, sub Clericorum et Monachorum regulariter viventium, atque adeo Sacerdotum obedientia, devotissime vivebant, et eis serviebant : de quibus egit Baronius ann. 1091. num. 4. 5. 6. Vide præterea Turrianum pro Epistol. Pontificum lib. 5. cap. 5. Bertholdum ann. 1091. Vitam S. Altmanni Episcopi Pataviensis pag. 42. Vitam S. Anselmi Episc. Lucensis, Gerhohum Reicherspeg. cap. 16. etc.

¶ VITA VULGARIS, scilicet Laicorum, in lib. 1. Chartul. cap. 452.

VITA. Stephanus Episcopus Tornacensis Epist. 1. de Regula Grandimontensium : *Libellus eorum, qui Constitutiones continet, non Regula appellatur ab eis, sed Vita. Inde est, quod sicut a regula, quam observant Canonici nostri, dicuntur*

Regulares : sic etiam ipsis necesse est a Vita, quam profitentur, dicantur Clerici seu Laici Vitales.

¶ VITÆ LIBER, Martyrologium. Vide in *Liber.*

¶ VITA, pro Vitta, in Gloss. Gr. Lat. λῶμα, *filum, Vita.* Leg. forte λῶρον, *filum, vitta.*

¶ VITA, Pensio annua ad vitam, vel ususfructus, ut infra *Vitalitium.* Charta ann. 1233. ex Chartul. 21 Corb. fol. 322 : *Quem mansum tenet modo et possidet domina Hessa de Bousencourt. salva tamen Vita prædictæ Hessæ.* Vide *Viagium* 2. et *Victus* 1.

° VITA MENSALIS. Cibus, victus. Charta ann. 1467. ex Tabul. S. Maurini inter schedas Mabill. : *Ordinamus ulterius, quod si dictus rector sive vicarius perpetuus Vitam mensalem in dicta abbatia et refectorio ejusdem sumere noluerit, prænominatus abbas solvat eidem rectori sive vicario perpetuo..... quatuor quarterios bladi frumenti. Fille de vie, nude appellatur, quæ libidini inservit,* in Stat. urbis Trecens. ann. 1306. ex Cod. reg 9827. 4. 4. fol. 43. r° *Item que toutes filles de Vie .... facent leurs bouticles ès lieux à ce ordonnez d'ancienneté.*

¶ VITÆ. Testam Johannis Fabri Carnot. Episc. ann. 1390· *Eos* (executores) *rogo intime quod papirus quos Vite soleo appellare, eidem domino Petro Solier, et non alteri tradant, quod meæ fatuitates vulgarentur amplius, quod non expedit homini qui statum habuit in vita.* Forte, Gesta. annales.

¶ VITALIA, Corporis partes, unde vita potissimum pendet. Nicolaus Specialis de Reb. Sicul. apud Murator. tom. 10. col. 943. n. 1 in Marca Hisp. col. 620 : *Quam* (bipennem) *cum Rogerius telum educens ex vulnere, illudque cominus in hostem vibrans, ejus Vitalia ferro trajecit. Vitalia, intestina, quia in vita, i. anima continentur,* in Glossis Biblicis MSS. Anonymi. [∞ Pro intestinis passim occurrit apud scriptores medii ævi.]

¶ VITALIA, Victui utilia aut necessaria. Formulæ vett. apud Bignon. cap. 13 : *Aurum, argentum, drapala, arma, vinum , annonam, vel Vitalia sua per suas claves commendasset ad custodiendum, etc.*

° Nostris *Vitailles.* Stat. ann. 1304. tom. 1. Ordinat. reg. Franc. pag. 426. art. 7 : *Et est à entendre que quiconques voudra, puisse droite voye, sans fraude, amener et faire amener à Paris, pour l'aisement de la ville, toute maniere de denrées de Vitailles.* Lit. remiss. ann. 1391. in Reg. 140. Chartoph. reg. ch. 303 · *Il of certaines sommes d'argent, Vitailles et autres choses des habitans dudit lieu.* Hinc *Vitalier,* pro Cibaria, annonam colligere, vel vivere, in aliis Lit. ann. 1362. ex Reg. 98 ch. 154 : *Lequel suppliant aidoit les ennemis à Vitalier seur le dist païs, par lequel il couvoient.* Vide *Victualis* 1. et *Vitellatio*

¶ VITALIS. Vide in *Vita* et *Vitalitium.*
¶ VITALITAS, Vita in abstracto intellecta, ut loquuntur Philosophi, in Libro Victorini apud Mabill. tom. 4. Analect. pag. 161.

¶ VITALITIUM, Quod ad viduas mulieris vitam victumque assignatur, idem quod *Dotalitium,* apud Spelman. ex Alb. Crant. Daniæ lib. 7. cap. 35. *Droit de Viveiotte vel Vivenotte,* in Consuet. Insulensi tit. 1. art. 58. Vide Glossar. Jur. Gallici.

¶ VITALIS REDDITUS, Eadem notione, in Charta ann. 1504. apud Rymer. tom.

13. pag. 95 : *Dedimus et concessimus eidem carissimæ conjugi nostræ in Vitali redditu et in donationem propter nuptias, etc.* Occurrit rursus semel et iterum.

¶ VITALITIUM , Annua pensio quæ morte exstinguitur, Gall. *Pension viagere.* Bodonis Chronicon Gandeshem. apud Leibnit. tom. 2. Script. Brunsvic. pag. 337 : *De Calcheyra abbatissæ quondam ex vinearum redditibus quotannis duo vasa vini curru ferrato deferebantur..... Illud vinum cum attinentiis multo tempore jure Vitalitio venditum, quasi jam perditum esset, haud sperabatur cito reverti. Verum hujus dominæ novissimis pene diebus ultima in Vitalitio empto domina futuri cautior, super innovanda emptione, dominæ huic abbatissæ scripsit..... Vitalitium jam jamque defecturum et finem accepturum recuperavit.* Bernetenius in Chron. Marienrod. ibid. pag. 444 : *Bona ad usuram obligata laboribus et industria redemit, aut arte ad Vitalitia perduxit.* Vide *Viarium*, et supra in *Vita*.

¶ VITALITIUS REDITUS, Eodem intellectu. Charta ann. 1382. apud Miræum tom. 2. pag. 1249. col. 1 : *Item quod hujusmodi reditus Vitalitios pro capitali summa,.... volumus ut isti reditus Vitalitii penitus remissi sint, et maneant ; nam isti boni homines illis Vitalitiis reditibus diutius sunt gavisi quam valebat eorum pecunia, propter quam ipsis reditus is Vitalitius erat attributus.* Vide *Viagerius.*

✱ VITARE, [Disponere ; vitam ordinare. DIEF.]

VITARI dicuntur excommunicati, quorum consortium et conversatio fidelibus interdicitur. Charta ann. 1334. ex Tabul. Episcopat. Amiaben. fol. 165 : *Super eo, quod nos Episcopus conquerebamur, quod Thesaurarius noster tanquam excommunicatus Vitatus fuerat, per dictos Decanum et Capitulum, etc.* Infra : *Pronuntiabunt infra 8. dies, utrum sit Vitandus, vel ad Ecclesiam admittendus, etc.*

VITAS PATRUM, indeclinabile, Liber Ecclesiasticus, continens Vitas SS. Patrum , qui Græcis Πατερικῶν et πατρικῶν appellatur. Vide Rosweidum ad Vitas Patrum in Prolegom. Liber Ordinis S. Victoris Paris. MS. cap. 19 . *Quales sunt Bibliothecæ, et majores Expositores, et Passionarii, et Vitas Patrum, et Omeliarii.* [Necrolog. Heder. xv. Kl. Febr. : *Odelina Deo sacrata quæ fecit scribere librum Vitas Patrum.*] Occurrit etiam in Vita S. Ayberti n. 24. et in veteri Charta tom. 12. Spicil. Acher. Greg. Turon. in Præf. ad Vitas Patrum : *Et quæritur a quibusdam, utrum vita Sanctorum, an vitæ dicere debeamus.* Aulus Gellius autem, et complures alii Philosophorum vitas dicere voluerunt : *nam Plinius auctor* in tertio *Artis Grammaticæ libro ait : Vitas antiqui cujuscumque nostrum dixerunt ; sed Grammatici pluralem non putant habere vitam, unde manifestum est, melius dici Vitam Patrum, quam vitas : quia cum sit diversitas meritorum virtutumque, una tamen omnes vita cor pie alit in mundo.* Vide Serenum Sammonicum in Prologo. Gennadius de Script. Ecclesiast. ait, Evagrium librum scripsisse, *qui attiulatur Vita Patrum ;* ut Petronium scripsisse *putari Vitas Patrum Ægypti Monachorum.* Fulbertus Carnot. Ep. 79 : *Mitto tibi Cyprianum, Porphyrium, et Vitas Patrum cum psalterio, etc. Vita Patrum* , dixit auctor vitæ Burchardi Episc. Wormaciensis.

VITAS-FRATRUM , Unica etiam voce opus suum inscripsit Gerardus Frachetus Lemovicensis Dominicanus, qui vixit circa ann. 1263. in quo Sanctorum aut virorum illustrium ordinis sui vitas et elogia descripsit. Vide Rosweidum in Prolegomenis ad Vitas Patrum cap. 1.

¶ VITATORIUM, VYTATORIUM, Invitatorium, psalmus invitatorius. Ordinar. MS. S. Petri Aureævallis : *Dicant Alleluia, Alleluia, Alleluia . et postea* Venite *suo cantu consueto. Finito Vitatorio inclinent se omnes, etc.* Occurrit etiam in vet. Cæremoniali MS. B. M. Deauratæ Tolos. forte pro *Vocatorium*. Vide in hac voce. [° Vide supra *Victatorium*.]

¶ VITATUS. Charta ann. 874. apud Murator. tom. 1. Antiq. Ital. med. ævi col. 833 : *Offerimus ibi terram, quæ appellatur de Pandula ad ipsas quercias, capientem seminationem modiorum quatuor, et et est ibi arbustum Vitatum,.... et aliam terram quæ fuit de Dominiu quæ est arbustum Vitatum, modii unius.* An pro *Viratum ?* ut per *Arbustum viratum* intelligas *Viretum.* [⁰ Vide *Velatum* et *Bilatus*.]

¶ VITAXA, Persica vox, Equitum magister, apud Ammianum lib. 23 : *Sunt autem in omni Perside hæ regiones maximæ, quas Vitaxæ, id est equitum magistri, curant.*

ᶜ VITELLA, Surculus, ni fallor. Libert. castri Theodor. ann. 1301. In Reg. 38. Chartop. reg. c. 77 : *Item volumus et concedimus quod præpositi nostri dictæ villæ..... non capiant.... Vitellas racemorum in vineis.* Diminut. a *Vitis.*

VITELLARIUS, Qui vendit *victualia*, ex Gallico *Victualier*, quo nomine censentur pistores et braciatores, in Statuto, quod *de pistoribus, braciatoribus et aliis Vitellariis* inscribitur.

¶ VITELLATIO, Commeatus, victui necessaria, Gall. *Victuailles. Vitaille*, in Charta ann. 1379. apud Lobinell. tom. 2. Hist. Britan. col. 601. Litteræ Henrici V. Reg. ann 1415. apud Rymer. tom. 9. pag. 251 : *Et volentes proinde, pro Vitellatione dominorum et aliorum in comitiva nostra, versus partes prædictas profecturorum, in hac parte providere, tibi præcipimus firmiter injungentes quod statim, visis præsentibus, boves, Vitellatos et vaccas, usque ad numerum centum bestiarum, etc.* Infra . *Pro Vitellatione et sustentatione dominorum, etc. Vitaillours*, in Charta ann. 1411. apud eumd. Lobinell. ibid. col. 897. *Vitaille*, eodem significatu, Poetis nostratibus. Le Roman *de Rou* MS :

Pristrent robe, pristrent Vitaille, etc.

Le Roman *de la Rose* MS :

Et por issir hors de dangier,
Qu'il n'aura mestier de mengier
Onques de petite Vitaille,
S'en passera comment qu'il aille.

La Vie *de Jesus Christ* MS. :

Chel jour li fali sa Vitaille :
Mais n'en fist mie grant bataille.

Vetueiller, victualia præbere, in Charta ann. 1379. apud Lobinell. tom. 2. Hist. Britan. col. 601 : *Le duc, sez heires et touz sez subgiz et obeisanz de luy et de sez ditz heires serront tenuz à receiver et Vetueiller amiablement par mer et par terre ledit Roy.* Vide *Victualia* 1. et *Victuaria*.

¶ VITELLATUS, Necessariis ad victum instructus, Gall. *Avitaillé.* Litteræ Henrici IV. Reg. Angl. ann. 1402. apud Rymer. tom. 8. col. 283 : *Ac pro eo quod quam plures naves villæ Novi-castri super Tynam bene Vitellatæ, et super mare armatæ, etc.*

° VITELLUM, pro Vitellus, Gall. *Jaune d'œuf*, apud Alex. Iatrosoph. MS. lib. 1. Passion. cap. 32 : *Succos ptysanæ dabis et Vitella ovorum et malvas juscellatas.*

¶ VITICUS, Actor, exactor villæ *pensionum, insularius.* Gloss. Isid. Excerpta melius habent : *Villicus.* Vide in hac voce.

¶ VITILIGARE, *Vituperare*, ex vett. Gloss. apud Turneb. Adversar. lib. 28.

¶ VITINEUS, COLUMNÆ VITINEÆ. f. Tortiles, Gall. *Colomne torse*, in modum *Vitis* elaboratæ. Vide in hac voce. Anastasius in S. Silvestro apud Murator. tom. 3. pag. 107. col. 1 : *Sic inclusit* (Constantinus) *corpus beati Petri Apostoli, et recondidit, et ornavit supra ex columnis porphyreticis, et alias columnas Vitineas quas de Græcia perduxit.* Eadem habentur in Chron. Romualdi II. Archiepisc. Salernit. apud eumd. Murator. tom. 7. col. 81. Vide *Vitium*.

¶ VITIS. Cochlea. Vide *Vis* 2.

¶ VITIUM. Anastasius Biblioth. in S. Zacharia PP. pag. 78 : *Hic in Lateranensi Patriarchio.... a novo fecit triclinium, quod diversis marmoribus, et Vitio, metallis, atque musivo, et pictura ornavit.* Ubi Codex Mazarin. habet *vitri metallis :* Thuanus , *Vitro.* Nihil tamen temere mutandum puto in editis : ita enim fortasse *vitium*, vel potius unica voce *vitiometallum* appellavit Anastasius tessellatum opus, in quo expressæ vites, quasi vites ex metallis : quod etiam opus inde *Vignettes*, quasi vineolas seu vitículas appellamus. Conjecturam hanc fulcit Paulus Silentiarius noster in Descript. ædis Sophianæ parte 2. v. 285. quo loco tessellatum opus et musivum ejusdem ædis depingit :

μετ' εὐχεράους δὲ κελεύθους,
Κλήμασι χρυσοκόμοισι περίδρομος ἄμπελος
ἕρπει,
Δεσμὸν ἑλισσοπόρην σκολιοῖς πλέξασα κορύμβοις,
Ἥρεμα δὲ προνενεύκεν, ὅσον καὶ γείτονα πέτρην
Βαιὸν ἐπισκιάειν ἑλικώδεϊ πλέγματι χαίτης
Αἰθούσης.

Post præclaros istos meatus, palmitibus auricomis innixa circumserpit vitis, tortuosum nectens obliquis corymbis vinculum : sensim vero propendet, donec vicinum lapidem volubili fulgentium frondium textu tantisper obumbret. Vide Gloss. med. Græcit. voce Βοθρύδια, col. 208.

° VITIUM S. BLASII, Gulæ vitium, Gall. *Gourmandise*. Gabr. Barel. serm. Dom. in Pass. : *Quod movet gulosum ad gulam ?* certe *gula, Vitium sancti Blasii.* Vide supra in *Morbus.*

¶ VITIUS, pro Vitium, in Decretione Childeberti Reg. ann. 595. cap. 4. Testam. ann. 878. in Append. ad Marcam Hispan. col. 803 : *Et nec fiet Vitius aut stirpatio monasterii. Vice Poetis* nostratibus pro Convicium, maledictum, Gallice *Injure*. Le Roman *de Rou* MS :

Assez distrent di Rois Vices et maudichons.

¶ VITLINA, *μόσχιον*, in Gloss. Lat. Gr. Vulcanius emendat, *Vitulina*, μόσχειον κρέας.

¶ VITOR. Vide supra *Vietor*.

¶ VITRA , Fenestra vitrea. Chronic. Bern. Yteri Mon. S. Martialis ad ann. 1214. apud Stephanot. tom. 1. Fragm. Hist. MSS : *Media nocte quæ præcedit vigiliam S. Andreæ, vehementia venti cecidit lapis summus de claustro S. Martini Lemovicensis, et media Vitra quæ est super arcam operis.* Vide *Vitreæ*.

° **VITRAGO** ab *Oribasio*, cap. *de Effusione urinæ, vocatur paritaria, quæ vitriola dicitur, herba vitri.* Glossar. medic. Simon. Januens. ex Cod. reg. 6959.
¶ **VITRALE**, ut *Vitra*. Statuta Eccl. Trecor. ann. 1455. apud Marten. tom. 4. Anecd. col. 1155: *Sepulcra et Vitralia confracta, et alia delicta in eisdem ecclesiis.... commissa. Vitrales fenestræ,* ibidem col. 1156. Vide *Vitreæ*.
° **VITRALLUM**, a Gallico *Vitrail*, Fenestra major vitrea. Charta ann. 1408. in Reg. feud. comitat. ·Pictav. ex Cam. Comput. Paris. fol. 255. v°: *Johannes Salebrache domicellus.... confiteor habere ..... altam, mediam et bassam justitiam et juridictionem dicti loci de Vitriaco, prout tendit et dividit de et per mediam vitram seu per medium Vitrallum ecclesiæ parrochialis de Vitriaco.* Vide *Vitra*.
¶ **VITRARE**, Vitro instruere, vitreis laminis occludere, Gall. *Vitrer*. Eadem Statuta ibidem col. 1156: *Qui fenestras ecclesiarum et capellarum dictarum nostrarum civitatis et diœcesis aliquando devotione, aliquando ambitione et superbia Vitrare, et vitris hujusmodi arma et signa depingi faciunt, prætenduntque per appositionem et picturam armorum et signorum hujusmodi vitra memorata, immo et sepulcrorum loca, ecclesiarum, et capellarum hujusmodi partes sibi aliquas appropriare, ac eas et ea jure hæreditario possidere.*
° *Verisier*, eadem significatione, apud Matth. de Couciaço in Carolo VII. pag. 667: *Le premier entremets fut mis au bout d'icelle table, qui representoit une église croisée. Verisiée, etc.*
VITRARIUM, ὑαλούργιον: *Vitrarius*, ὑαλούργος, in Gloss. Gr. Lat. Ruricius Episc. Lemovicensis lib. 1. Epist. 12: *Vitrarium, sicut jussistis, me destinasse significo, cujus opus nitore, non fragilitate oportet imitetur, ut dilectio, etc.*
VITREÆ, Fenestræ vitreæ, nostris *Vitres, Verrières*. [Vide *Vitrinæ*.] [° Glossar. Gall. Lat. ex Cod. 7684: *Vitrea, Voirriere comme d'église*.] S. Audoënus in Vita S. Eligii lib. 2. cap. 45: *Apparuit subito in pariete circa Vitream maximam, veluti arcus in rotundo, etc.* Gregorius Turon. lib. 6. cap. 10: *Ascendentes per eum, effracta Vitrea ingressi sunt.* Lib. 7. cap. 29: *Effractis cellulæ Vitreis, hastas per parietis fenestras injiciunt.* Lib. 1. Mirac. cap. 59. *Si aliud, inquit, invenire non possum, vel has ipsas, quas cerno Vitreas auferam, etc.* Fortunatus lib. 2. Poëm. 11. de Ecclesia Parisiaca :

Prima capit radios Vitreis occulata fenestris,
Artificisque manu clausit in arce diem.

[°° S. Aldhelm. de laudib. Bugge vers. 67 :

Hæc domus interius resplendet luce serena,
Quam sol per Vitreas industrial forte fenestras,
Limpida quadrato diffundens lumina templo.]

Admirandarum vitrearum operarii, apud Sugerium lib. de Adm. sua cap. 29. [Necrol. Eccl. Paris. XIII. Kl. Jan.: *Obiit Barbedaurus decanus et sacerdos, qui..... fecit fieri Vitream quindecim libris comparatam.*] Occurrit præterea in Chronico Mauriniacensi lib. 1. et 2. pag. 360. 363. 371. in Historia Episcopor. Autissiodor. cap. 45. 49. in Actis Episcoporum Cenoman. pag. 805. 379. in Nomastico Cisterciensi pag. 271. 275. etc. Anastasius in Leone IV. PP. pag. 191. *vitrearum* meminit, sed alia, ut opinor, notione : *Idem fecit prædictus Præsul in Ecclesia B. Clementis Martyris atque Pontificis, regnum quod pendet super altare majus, ex auro purissimo, sculptile, sine gemmis, habens in medio crucem de auro, cum gemmis fixis in eadem Cruce, Vitreas quinque, et quæ pendent item Vitreas numero quatuor pensantes libr. quinquaginta.* [Vitra non ad prospiciendum duntaxat, sed et ad ornamenta parietum erant. Vide Plinium lib. 35. cap. 1. et Salmas. in Vopiscum pag. 442. et 443.] In lemmate ænigmatis de Speculari apud Symphosium, legi in Codd. MSS. *vitrium* monet Salmasius :

Perspicior penitus, nec lumine arceo visus.

In aliis habetur *vitrium specular ;* quæ verba disparanda putat. Ἠέλιον Philopono in 2. post. Anal. Τὰ ὑέλια, ἃ διὰ τῆς γυψεμπλαστικῆς τέχνης ἐπιτίθενται ταῖς οἰκείαις χάριν τοῦ φωτίζεσθαι ταύτας. Lexicon Herbarium. Σπέκλον, τὸ τοῦ φεγγίτου ὑέλιον. Vitrearum fenestrarum meminit Hieronymus, quæ vitro in tenues laminas fuso obductæ erant. Beda lib. 1. de Wiremuthensi monast. cap. 5 · *Misit legatarios in Galliam, qui Vitri factores, artifices videlicet Britanniis eatenus incognitos, ad cancellandos ecclesiæ porticuumque et cœnaculorum ejus fenestras abducerent.* Thomas Stubbs in Actis Pontificum Eboracensium sub ann. 726. de Wigfrido Episcopo Wigorniensi : *Artifices lapidearum et Vitrearum fenestrarum primus omnium* (in) *Angliam ascivit.* Leo Ost. lib. 3. cap. 27. (al. 29.) et cap. 32. (al. 84.) : *Fenestras.... plumbo simul ac Vitro compactis tabulis, ferroque connexis inclusit.* Vetus inscriptio in musivo absidis Ecclesiæ S. Mariæ Capuanæ :

Condidit hanc aulam Landulfus, et Oto beavit
Mœnia, res morem : Vitreum dedit Ugo decorem.

[° De musivo opere, quod ex vitreis tessellis compactum fuisse certum est, recte hæc intelligit Muratorius tom. 2. Antiq. Ital. med. ævi col. 363. quem consule.]
VITREALE, Durando lib. 1. Ration. cap. 3. n. 5.
✶ **VITREARE**. [« Fenestre a parte altaris non sunt *Vitreate* nec etiam desuper ubi sunt cappelle. » (*Chevalier*, Visit. Episcop. Gratianop. p. 140.)]
¶ **VITREARIUS**, Charta Caroli C. Reg. ann. 863. apud Marten. tom. 1. Ampl. Collect. col. 168 : *Et in Diptiaco mansum unum cum Vitreario Baldrico. Et in Barisiaco mansum dimidium cum ipso Vitreario Ragenulfo, cum uxoribus et infantibus eorum, etc.* Leg. fortassis *Vinearius*, qui vineas custodit vel colit.
° Legendum fortasse *Villicarius*. Vide in *Villicus*.
¶ **VITREATOR**, Qui circa vitrum operatur, Gall. *Vitrier*, in Necrologio S. Aviti Aurelian. Vide infra *Vitriarius*.
¶ **VITRIATOR**, Eadem notione. Charta Ricardi II. Reg. Angl. ann. 1386. apud Rymer. tom. 7. pag. 527 : *Cum quædam capella.... reparanda existat, ac de vitro et Vitriatoribus, pro reparatione fenestrarum et aliorum locorum ejusdem capellæ multipliciter indigeat, etc.*
¶ **VITRERIA**, Vitri officina, Gall. *Verrerie.* Inventar. Chartar. Reg. ann. 1482. fol. 98 : *Transtulerunt dicto dom. Regi unam domum sitam Parisiis in vico Vitreriæ. De anno 1364.* In margine : *Vicus de la verreris.* Vide *Verreria*.
¶ **VITREUM**, Vitrum. Statuta datiaria Riperiæ cap. 12. fol. 4. v° : *De qualibet cargatura moiolorum et Vitreorum pro introitu vel exitu, etc.*
✶ **VITREYARE**. [Ecclesia habet plures fenestras quas est necessarium *Vitreyare*. » (*Chevalier*, Visit. Episcop. Gratianop. pag. 123.)]
¶ **VITRIÆ**, ut supra *Vitreæ*, in Charta ann. 1347. ex Tabul. S. Victoris Massil.: *Incipiat reparare Vitrias dictæ ecclesiæ*.
° **VITRIALE**, Apertura, fenestra vitrea. Charta Henr. episc. Claromont. ann. 1392. in Reg. 153. Chartoph. reg. ch. 144 : *Item nituntur dicti habitantes* (de Laudozo) *penetrare murum fortalicii faciendo fenestras, hostia et Vitrialia in dicto muro.* Vide supra *Veriale* 2.
¶ **VITRIARIUS**, Vitrorum artifex, in Cod. Th. leg. 2. de Excusat. artif. (13,4.) Occurrit in Opusculo Gualvanei Flamma apud Murator. tom. 12. col. 1011. Vide *Vitreator*.
¶ **VITRIATIO**, Vitrorum collectio, idem quod *Vitreæ*. Chron. Joh. Whethamstedii pag. 580 : *Et circa nudam facturam domus istius expendisse fertur, deducta Vitriacione..... ultra summam 150. lib.* Vide infra *Vitrinæ*.
¶ **VITRIATOR**, ut *Vitreator*. Vide in hac voce.
° **VITRICARE**, Vitrici more agere. Petrus de Vineis lib. 1. epist. 32. edit. ann. 1609 : *Dum sublato de medio quondam G. summo Pontifice, qui velut paternæ dilectionis ignarus, in filium Vitricans, tanti discriminis origo fuit et causa.*
¶ **VITRICUS**. Charta apud Ludewig. tom. 1. Reliq. MSS. pag. 261 : *Macellum de quo jam dictum sæpium datur in presenti ad ecclesiam civitatis predicte* (Hain) *dinoscitur devolutum, unde Vitricus ecclesiæ pro tali sæpto respondebit.* Legendum videtur *Villicus*.
° Nihil hic emendandum est, ut colligitur ex Epist. anonymi de Miseriis curatorum : *Quicquid ergo in supra nominatis Ecclesiæ acciderit, Vitrici est colligere, sed solius plebani est dispensare.* Ubi Quæstor ecclesiæ significari videtur. [°° Statut. Synod. Magdeb. ann. 1266 : *Layci parochialium ecclesiarum provisores seu Vitrici, qui altirmanni vulgari vocabulo nuncupantur.* Vide Haltaus. Glossar. German. voce *Altermænner*, col. 19. Germanice dicitur *Kirchenstiefvater* in Carpzov. Chron. Zittan. apud Frisch. Lexic. German. tom. 2. pag. 334. col. 3.]
¶ **VITRINÆ**, ut supra *Vitreæ*. Statuta Collegii S. Bernardi ann. 1493. apud Lobinell. tom. 3. Histor. Paris. pag. 176. col. 2 : *Similiter ne aliqui in eorum discessu a collegio.... removeant ostia, seu seras, vel fenestras aut Vitrinas camerarum suarum.* Charta ann. 1490. ibid. tom. 5. pag. 720. col. 1 : *In Vitrinis, pavimentis camerarum et structuris lyneis, etc. Ex quibus (francis) formula magnæ Vitrina fuit facta,* in Necrolog. Fratrum Minorum Silvanect. Vide *Specular*.
¶ **VITRINUS**, Vitreus. Inventar. S. Capellæ Paris. ann. 1376. ex Bibl. Reg. : *Caput B. Clementis, in quodam vase argenti deaurati,.... ornatum lapidibus Vitrinis.... Deficiunt super duo cornua mitræ duo lapides de vitro perforati.* Inventar. Gallicum : *Le chief* S. *Climent en 1. vaissel,.... aorné de pierre de Voirre... Et y faut dessus les cornes de la mitre deux pierres de verres perciez.* Vide *Verreriæ*.
¶ **VITRIOLI**, Ampullæ vitreæ. Anonymus in Annal. Mediolan. tom. 16. col. 812 : *Vitrioli duo deaurati pro altare, unus cum uno corallo, et alter cum uno botano.* Vide Bernh. *de Breydenbach* in Itin. Jerosol. pag. 212.
¶ **VITRISCUS**, Avis species. Vide *Bitriscus*.
VITRUM, pro Scypho vitreo , Gall. *Verre.* Luitprandus in Legatione : *Soli mensæ assident nudæ, paximatium sibi*

apponentes, balneaque (genus potionis) *tunc Vitro permodico non bibentes, sed sorbillantes.* Candidus Monachus Fuldensis in Vita Eigilis Abbatis Fuldensis :

Instant ferre dapes : alii namque inclita Vitro
Ordine composito miscebant pocula Bacchi.

Ordinatio Hospitii S. Ludovici Reg. ann. 1261 : *Tam pro scyphis, quam pro Vitris quærendis.* [Ceremoniale MS. B. M. Deauratæ Tolos. : *Unus portat unum pulcrum Vitrum plenum vini pro illo qui facit cenam.* Ibid. : *Interim Vitrisque preparati a refectorario, etc.*]
° *Et amphora.* Comput. ann. 1362. inter Probat. tom. 2. Hist. Nem. pag. 244. col. 1 : *Item pro laquerio Vitri, scutellarum, etc.* Alius ann. 1380. ibid. tom. 3. pag. 27. col. 1 : *Item pro Vitro duarum amphorarum, etc. Voeire,* in Ordinat. hospit. reg. ann. 1317. ex Reg. Cam. Comput. Paris. sign. *Croix* fol. 76. v : *Item il y aura un madrinier, qui servira des hanaps et des Voeires. Voirre,* in Lit. ann. 1407. tom. 9. Ordinat. reg. Franc. pag. 708. art. 1.

¶ **VITRUS**, pro Vitrum. Vide in *Verrerius.*

¶ **VITTARE**, Vitta redimire. Pipinus in Chron. lib. 2 cap. 49. apud Murator. tom. 9. col. 669 : *Matronæ vittis latis tempora et genas cum mento Vittabant.*

✻ **VITTATIO.** [Ligatura ; velatio capitis. DIEF.]

¶ **VITTATORIUS**, Vittatus. Hartmannus in Vita S. Wiboradæ tom. 1. Maii pag. 284 : *Deinde subtus theristrum Vittatorium verticis compositionem detrahens et revellens, sinu interiore reconditi.*

° **VITTEA.** Præfat. in Lib ant. lingua Saxonica scriptum tom. 6. Collect. Histor. Franc. pag. 256 : *Juxta morem vero illius poematis, onne opus per Vitteas distinxit, quas nos lectiones vel sententias possumus appellare.*

∞ **VITTONICA**, Betonica. Fiscor. Describ. Formulæ apud Pertz. Leg. tom. 1. pag. 179. lin. 22. *Vetonica, Vectonica, Bettonica,* habent codices in Hortul. Walafrid. Strab. vers. 338.

✻ **VITTREARIA.** [« Pro apportando de *Vittrearia* ecclesiæ ad logiam S. Dionisii de Passu omnia cum milliare metalli. » (*Refonte d'une cloche de N. D. en 1496,* Bibl. Schol. Chart. 1872. p. 370.)]

VITULA, VIDULA, VIELLA, Instrumentum musicum, nostris *Vielle,* et *Violon* dictum. Ugutio et Joan. de Janua : *Vitula, quædam instrumentum musicum, unde Vitulari, cum Vitula cantare.* Galfridus de Vino Salvo, qui floruit sub Ricardo I. Rege Angliæ, in Poëtria MS. seu de Coloribus Rhetoricis :

Cymbala præclara, concors symphonia, dulcis
Fistula, somniferæ cytharæ, Vitulæque jocosæ.

VIDULA, Eadem notione, apud Constantinum Africanum lib. 1. de Morbor. curat. cap. 16 : *Ante infirmum dulcis sonitus fiat de musicorum generibus, sicut campanula, Vidula, rota, et similibus.* Occurrit præterea in lib. MS. Miraculorum Rupis amator. part. 1. cap. 34.
VIELLA, Ejusdem notionis. Egidius Parisiensis MS. lib. 1. Karolini :

.... Et decantata per orbem
Gesta solent melicis aures mulcere Viellis.

Nicolaus de Braia in Ludovico VIII :

Occurrunt mimi dulci resonante Viella,
Instrumenta sonant, non sistrum defuit illic, etc.

[Odo in Carm. de Varia Ernesti Ducis Bavariæ fortuna, apud Marten. tom. 3. Anecd. col. 315 :

..... sistris respondent cymbala, dulces
Organa concordant voces, lyricisque Viellæ
Contendunt odis, etc.]

VIELA, in Statut. Ordin. Præmonstrat. dist. 4. cap. 10. Le Roman *de Girard de Vienne* MS :

Par le Palais vont grant joie menant,
Li uns Viole, li uns conte Romans.

Le Roman *de Philippe de Macedoine* MS. :

D'arpe, de Vielle aprist.

Le Roman *du Renard* MS. :

Harpes i sonnent et Vielles,
Qui font les melodies belles.

Colinus Musetus MS. :

J'alai à li praelet,
O tot la Vielle et l'archet,
Si li ai chanté le muset.

Menestriers de Vielle, in Chronico Flandriæ cap. 9.
VIOLA, Vox ejusdem originis et notionis, instrumentum musicum, quod vulgo nostri *Viole* dicunt. Sanutus lib. 2. part. 4. cap. 21 : *Alia genera dulcia musicorum, ut sunt Violæ, cytharæ, et roctæ.* [Statuta crimin. Saonæ cap. 26. fol. 53 : *Pulsando cum lira, Viola, leuto, seu alio quovis instrumento, etc*]
° Gervas. Tilber. in Otiis imper. 111. Decis 92. ubi de Giraldo de Cabronis : *Violam trahebat, dominæ choreum ducebant et equus ejus incomparabilibus circumflexionibus saltabat. Violer,* pro lyram pulsare, in Consolat. MS. Boetii lib. 3. ubi de Orpheo :

Et si doucement Viola,
Qu'il fist au doulz son de sa corde
Encliner à misericorde
Celles qui tormentent les armes...
A demener son instrument,
Que pour son très douls Violer,
La roe cessa reoler.

FIOLA, pro Viola. Sueno in Histor. Danica cap. 3 : *Quos ingenti tripudio cœtus comitatur histrionum in Fiolis, citharis, et tympanis modulantes.*

¶ **VIELLATOR**, Qui ejusmodi instrumentum pulsat, Gall. *Vielleur.* Vita S. Amalbergæ tom. 3. Julii pag. 105 : *Organistæ, buccinistæ, tympanistæ, Viellatores et citharistæ, etc. Vieloor,* apud Lobinellum in Gloss. ad calcem tom. 2. Hist. Britan.

VITULAMEN. Liber Sapientiæ cap. 4. v. 3 : *Multigena autem impiorum multitudo, non erit utilis, et spuria Vitulamina non dabunt radices altas.* Ubi edit. Gr. : Καὶ ἐκ νόθων μοσχευμάτων οὐκ δώσει ῥίζαν εἰς βάθος. Quo loco vox μοσχεύματα interpretem fefellit. Nam licet μόσχοι vitulum apud Græcos significet, hic alia notione sumitur, pro stolone scilicet seu suriculo, [ut in Gestis Episcop. Leod. apud Marten. tom. 4. Ampl. Collect. col. 875 : *Necesse est ergo spirituali cultro succidere spuria Vitulamina. Vitulamen planta illa infructuosa quæ nascitur a radice vitis,* in Gloss. Biblicis MS. Anonymi.] Vide S. Hieronymum.
° Glossar. Lat. Gall. ex Cod. reg. 7692 : *Vitulamina, Bourjons.* [∞ Vide Forcellin.]
VITULARE, Vitulum edere, Gallis *Vesler.* Fleta lib. 2. cap. 76. § 10 : *Cum vitulus taurinus Vituletur, primo mense non ablactetur.*

¶ **VITULARI**, Esjoir par voix, in Gloss. Lat. Gall. Sangerm. Vide in *Vitula.*
° **VITULARIUM**, Stabulum vitulorum, seu locus, ubi propter aeris intemperiem collocantur vituli. Charta ann. 1841. in Reg. 72. Chartoph. reg. ch. 250 : *Item quod habent....... usum recipiendi, scindendi... arbores... de dictis nemoribus... ad faciendum brandas, falhas, cabanas, ovilia, Vitularia et cortilia, etc.* Vide *Vitularius.*

VITULARIUS, Qui vitulorum curam habet. Gloss. Ælfrici : *Vitularius,* cealfahus. Ad verbum, *Domus vitulorum.*
VITULI. Willelmus Gemetic. lib. 2. Hist. Novellæ extremo : *Sed flexerunt ejus impetum precibus multis Vituli, qui arctissimarum necessitudinum parentes, quos apud Hamtunam habebant, ærumnis cæterorum involvi timerent. Genus hominum nauticorum est, quos Vitulos vocant.* Vide sequens.

¶ **VITULIANI**, Hominum nauticorum genus. Chron. Danic. incerti auctoris ad ann. 1390. apud Ludewig. tom. 9. Reliq. MSS. pag. 116 : *Venit subito multitudo magna Gregariorum et Vitulianorum, et mare intrant : sed sine discrimine obvios quosque in mari deprædabant.* Vide *Vituli.*

¶ **VITULINIUM**, Pellis vitulina, ad scriptionem idonea et parata, Gall. *Velin.* Testamentum Petri de Dene Canonici Eboracensis ann. 1321 : *In primis decreta mea in Vitulinio in corio ligata.*

° **VITULUS.** VITULI LABIORUM, Preces. Charta Phil. Pulc. ann. 1310. in Reg. 45. Chartoph. reg. ch. 159 : *Ut salutare nostrum zelantes* (dicti monachi) *pro nobis apud Dominum suorum offerant Vitulos labiorum.*

¶ **VITUMEN**, ἄσφαλτος, in Gloss. Lat. Gr. et Gr. Lat. pro Bitumen.

¶ **VITUPERABILITAS**, Vituperatio. Guibertus in Vita sua lib. 3. cap. 7 : *Quod ad maximum sui detrimentum et Vituperabilitatem, et multorum perniciem redundabat.*

¶ **VITUPERATE**, Probrose, in Actis S. Ægidii, tom. 3. April. pag. 234. Vide *Vituperosus.*

¶ **VITUPERATIO**, Vitium, defectus. Testam. Jacobi Reg. Aragon. ann. 1262. tom. 9. Spicileg. Acher. pag. 198. ubi de Instrumento non vitiato, nec cancellato,... *et in sui figura absque suspicione et Vituperatione aliqua apparente, etc.*

✻ **VITUPERIUM**, [Crimen, vitium. DIEF.]

VITUPERONES, Vituperatores, apud Gellium lib. 19. cap. 7. [Gloss. Lat. Gr.. *Vituperones,* ψέκται.]

VITUPEROSUS, Vituperio dignus, vox Italica, in Hist. Cortusior. lib. 8. cap. 13. *Vituperose,* turpiter, lib. 7. cap. 15. *Vituperosamente,* Italis. [Vide *Vituperate.*]
° *Vituperable,* Injuriosus, contumeliosus, in Lit. remiss. ann. 1870. ex Reg. 102. Chartoph. reg. ch. 49 : *Pour aucunes paroles Vituperables et detrahens à l'onneur dudit Andrieu, etc. Vituperi* lampadem vocant Mimatenses.
VITUS, Flexura, *Viere* Gallis. Gloss. Lat. Græc. κανθὸς τροχοῦ. [In editis perperam *Vrus,* pro *Vitus.*] Occurrit apud Marium Victorinum ann. 1870. ex Reg. Chartoph. reg. ch. 46 : [∞ et Probum apud Maium Auct. Class. tom. 5. pag. 235.]

¶ **VITUTIARII**, in leg. 2. Cod. Th. de Collegiatis (14, 7.), qui fuerint, pluribus ibi disquirit Jacobus Gothofredus, quem consule, si lubet.

¶ **VITZIA**, apud Stephanot. tom. 2. Antiq. Bened. Lemovic. MSS. pag. 291. et 368. pro *Jutzia.* Vide in hac voce.

¶ 1. **VIVA**. Tabul. S. Mariæ de Nagera apud Mor. Moret. in Antiquit. Navarræ pag. 559 : *In Aucense vero Vivam, quæ*

vocatur Aggeges integre cum omnibus quæ ad eam pertinent. Leg. forte *Villam* : certe *Vivam* Hispanice *Lugar* vertit Moretus, quod villam, vicum sonat.
¶ 2. **VIVA**, Cibaria. Hist. Monast. Gemmet. MS. pag. 74 : *Subtus genuinas ædes, alteras condendis Vivis, alteras cibis apparandis.* Vide *Vivanda.*
◦ *Vinis legendum opinor.*
¶ **VIVACITAS**, Diuturnitas. Charta Roberti Abbatis Maurigniac. ann. 1218. ex Chartul. ejusdem Monast.: *Quoniam ea quæ geruntur litterarum Vivacitati committere consuevimus antiqui, etc.*
¶ **VIVÆ**, ut infra *Vivolæ*, Equorum morbus, Gall. *Avives*. Mirac. MSS. Urbani V. PP.: *Quidam mulus suus casu fortuito cecidit in terra semimortuus, credens quod malum fuisset de Vivis, sive troucadis, quod vulgariter goutes appellatur.*
¶ **VIVALIS**. Chron. Balduini Diaconi inter sacræ Antiquit. Monum. tom. 2. pag. 61 : *Quod sustinetur si de anno emergenti intelligatur, quamquam de secundo anno, quod de anno Vivali verum est, qui a Kalendis Januarii computatur.* Legendum est *Usualis*, id est, communis Vide in voce *Annus*.
VIVANDA, VIVENDA, Italis, proprie cibus omnis præter panem. Capitulare 5. Caroli M. ann. 803. cap. 2. edit. Baluzii : *Excepto Vivanda et fodro, quod iter agentibus necessaria sunt, etc.* Charta ann. 1242. apud 'Ughellum in Archiep. Benevent.: *Et sua personæ consueverunt percipere et habere Vivandam ab Ecclesia Beneventana, etc.* Anonymus de excidio S. Joannis de Taronça : *Et recordatus est fratrum, qui erant in illis locis, et vivit cum bonis hominibus videre locum de sua Vivenda : et cum invenisset eos pauperes, et viventes in tuguriis, etc.* Gosuinus de expugnat. Alaçar :

Aura datur, more sulcator quampluribus alnis,
Portugal ratibus intra Vivenda patet.

[Vide *Vianda* et *Vivendus*.]
¶ **VIVARIOLUS**, Hortus. Vitæ Patrum Emerit. inter Conc. Hispan. tom. 2. pag. 640 : *Tu mecum profecturus eris, ut tibi ostendam Vivariolum meum quem habeo,... apprehendensque manum meam, eduxit me in hortum amœnissimum, etc.* Vide *Violarium* 2.
◦ **VIVARIUM**, Quod ad vitam victumque necessarium est. Charta Gualt. archiep. Rotomag. ann. 1190. inter Probat. tom. 1. Annal. Præmonst. col. 234 : *Confirmavimus dictis canonicis omnes prædictas ecclesias, cum omnibus pertinentiis, salvis honestis Vivariis sacerdotum, in prædictis ecclesiis ministrantium.* Vide supra *Vita mensalis*.
¶ **VIVARIUS**, pro Vivarium, Gall. *Vivier*, in Capitul. Caroli M. de Villis cap. 21. et in Charta ann. 1220. tom. 2. Chartul. S. Vandreg. pag. 1835.
◦ *Vivret* eadem significatione, ut videtur, in Charta ann. 1340. ex Reg. 72. Chartoph. reg. ch. 217 : *Deux deniers maaille à Jehan le Geromme pour son Vivret, deux solz pour le goulot de son Vivret.*
¶ **VIVEN**. Charta Richardi Reg. Angl. tom. 4. Hist. Harcur. pag. 1280 : *Et duos hospites in eadem villa liberos et quietos ab omni consuetudine, et Viven mille anguillarum apud Brionnam ad Purificationem S. Mariæ.* Mendum subesse suspicor.
¶ **VIVENDA**, Mensuræ genus videtur. Charta Bliahardi Archidiaconi Rem. ann. 1217. ex Tabul. S. Nicasii Rem.: *Duas partes quindecim cartellorum avenæ,... et duas partes duarum Vivendarum,... et duas partes dimidiæ Vivendæ.* Vide *Vivanda*.
¶ **VIVENDUS**, Vividus, vivus. Epist. Martini V. PP. ann. 1420. apud Ludewig. tom. 5. Reliq. MSS. pag. 420 : *Cum ipse pro Vivenda ecclesia Dei multa pie devoteque feceris, etc. Vivenda terra, id est, fertilis.* Locus est in *Vivanda*.
◦ Nostris alias *Estre en Vive*, pro vulgari, *Estre sur le qui vive*, Anxium, inquietum esse. Gesta Brit. apud Marten. tom. 3. Anecd. col. 1487 :

Quar trop long-temps les Alemans
M'ont fait toujours en Vive estre.

¶ **VIVENTIA**, ut *Vivanda :* unde Gallicum *Viande*, et *Vivandier :* a *Viventarii*, teste uno Valesio in Vales. pag. 7. aliquando est usurpatum.
VIVERATICA. Vide *Vineragium*.
¶ **VIVERE**, Vim habere, alicujus esse virtutis. *Quæ ergo ante non motæ sunt actiones, triginta annorum jugi silentio, ex quo competere jure cœperunt, Vivendi ulterius non habeant facultatem,* in Cod. Theod. leg. un. de action. certo temp. finiend. lib. 4. tit. 14.
VIVERE de suo. Lex Longob. lib. 2. tit. 52. § 2. [◦◦ Carol. M. 18.]: *Si Comes in suo ministerio justitiam non fecerit, tunc Missus noster de hac causa sonare faciat, usque dum justitiæ ibidem factæ fuerint. Et si vassus noster justitiam non fecerit, tunc Comes et Missus noster in ipsa causa sedeant, et de suo Vivant, quousque justitiam faciat.* Capit. Caroli M. lib. 5. cap. 133. [◦◦ 204.] paulo aliter hæc habent : *ubi de suo vivant*, id est, nihil eis ex publico præbeatur, nec *conjectum* habeant.
VIVERICIA, pro *Vineritia*. Vide ibi.
VIVERITA. Concilium Monspeliense ann. 1214. can. 27: *Canonicus Regularis capa nigra et clausa, non Viverita, et consuta pellibus, cum equitat...... utatur.* Forte *Viverina*, a *viverra*, Gallis, *Furet :* vel *Beverina*, a *castorea*. Glossæ Græc. Latin.: Γαλῆ ἀγρία, *Viverra*. Unde *Viverrarum*, γαλεάγρα, in iisdem Glossis. [Vide *Vibrinus*.]
◦ *Vivre*, pro Vipera, in Vit. SS. MSS. ex Cod. 28. S. Vict. Paris. fol. 147. vº. col. 2. ubi de S. Paulo : *En la isle Mitelene une Vivre le prist par la main : mais ele ne li fist point de mal. Voivre*, apud Joinvil. in S. Ludov. edit. reg. pag. 47.
¶ **VIVERIUM**, Vivarium, locus piscibus servandis aptus, Gall. *Vivier*. Charta regnante Theodorico Rege apud Mabill. tom. 1. Annal. pag. 686. col. 1 : *Curtes nostras indominicatas cum ecclesiis aut solariis, et Viveriis, et fructuariis, piscatoriis, etc. Piscatio, quæ facta fuerit in Viveriis*, in Charta Gellonensi ann. 1098. Adde Baluz. tom. 2. Hist. Arvern. pag. 436. ex Charta ann. 1362. Vide *Viverium*.
¶ **VIVERIUS**, Vivarium cuniculorum, leporumve, Gall. *Garenne*. Charta ann. 1816. ex Schedis Præs. de Mazaugues: *Item convenerunt.... quod quicumque acceperit cuniculum, vel venatus fuerit, vel clapos clauserit seu Viverios, teneatur, etc.*
◦ *Viverou*, inter Redit. comitat. Namurc. ann. 1265. ex Reg. Cam. Comput. Insul. sign. *Le papier aux ayssettes fol. 14. rº : Encor doit Pierars li Ermites par an un muis d'espautre pour trois piechetes des Viverous ou bos de Flerwis, et s'il ne le patoit, le comte porroit mettre main aus Viverous.* Nisi idem sit quod *Vivier*. Vide supra *Vivarius*.
¶ **VIVERNA**, γεννοία, in Gloss. Lat. Gr.

Aliæ : Γεννοία, Viverna, *Virago*. Vide in hac voce.
¶ **VIVERRA**, VIVERRARIUM. Vide *Viverita*.
¶ **VIVESCERE**, Plinio, Viviscere, vivere. S. Paulinus Epist. 24 : *Cedendo vincere et moriendo Vivescere.* Epist. 44 : *Aures vitales........ germina nostra Vivescant.*
◦ **VIVIA**. Vide mox in *Vivius*.
¶ **VIVIALE**, Vivarium. Charta ann. 901. in Append. ad Marcam Hisp. col. 837 : *Et de ipso Viviale ipsi homines de Artedone et de Tregale donare faciant per singulos annos ipsam decimam vel tascham.*
¶ **VIVIBILIS**, Βιωτός Vita, Βιωτός. *Virtus corporis*, Βιωτός. *Vita donatus*, Βιδόωρος. Gloss. Lat. Gr. Reg.
¶ **VIVICOMBURIUM**, Crematio vivorum, supplicium ignis. Tertull. de Anima cap. 1: *De patibulo et Vivicomburio, etc.* Rursum cap. 33 : *Scelerum merces patibula, Vivicomburia, etc.*
◦ **VIVIDA**, Via inclinata. Glossar. vet. ex Cod. reg. 7613.
¶ **VIVIERIUM**, a Gall. *Vivier*, Vivarium. Charta ann. 1231. ex Tabul. S. Martini Pontisar.: *Hugo de Castellione Comes S. Pauli de consensu Mariæ uxoris concessit ecclesiæ S. Martini Pontisarensis et presbytero de Moressart quinque quarterios nemoris sitos juxta villam de Moressart et Vivierium suum.* Vide *Viverium*.
ᵘ Hinc eadem nomenclatura donatur Vas servandis piscibus aptum, in Lit. remiss. ann. 1808. ex Reg. 154. Chartoph. reg. ch. 15 . *En laquelle avoit un vaissel, nommé Vivier, dedans lequel Vivier avoit certaine quantité de menue peschalle.*
¶ **VIVIFICA**, Vimex, libor, μωλωθ, in Glossar. Lat. Gr. MSS. Sangerm. Codex Reg. *Juncus, vimen, bibex.*
¶ **VIVIFICARE**, Vitam dare, Gall. *Vivifier*, apud Scriptores Ecclesiasticos passim.
¶ **VIVIFICATOR**, VIVIFICATRIX, Qui vel quæ vitam dat, in Conc. Bracar. III. et in Indice vett. Can. inter Conc. Hisp. tom. 2. pag. 675. et tom. 3. pag. 44.
¶ **VIVIFICUS**, Eadem notione, Græc. ζωοποιός, Ciceroni, vim habens vitalem. Occurrit in Necrolog. Parthenonis S. M. Suession. et alibi.
¶ **VIVITURUS**, pro Victurus, in Charta ann. 1079. inter Instr. tom. 6. Gall. Christ. novæ edit. col. 349 : *Et ad clericis omnibus communiter illic viventibus vel Vivituris naves ad portum maris pertinentes, etc.*
◦ **VIVIUS**. AQUA VIVIA, Fluvius vel Vivarium. Charta fundat. abbat. Exaq. 1036. inter Instr. tom. 11. Gall. Christ. col. 225 : *In silvis, et pratis, et aquis, et piscationibus, et duas dimidias, piscarias in aqua Vivia juxta Hulmum. Vivia*, nude, in Ch. Henr. I. reg. Angl. pro eod. monast. ann. 1126. ibid. col. 231 : *Duas dimidias piscarias in Vivia, quæ est juxta Hulmum.*
VIVOLÆ, Equorum morbus, de quo Jordanus Rufus Calaber MS. lib. 2. de Medicaminibus equorum ad Fridericum II. Imp. [Vide *Vivæ*.]
¶ **VIVOLARIUS**. Bulla Alexandri III. PP. ann. 1163. in Append. ad Marcam Hisp. col. 1337 : *Donationes quas Arnulfus Episcopus, Almaricus clericus....... in ecclesiam vestram contulerunt, cum Vivolariis quæ tenuerunt per S. Felicem, decimas et primitias vallis Aradi, etc.* Leg. videtur *Violariis*. Vide supra *Violarium* 1. Hinc

¶ VIVOLARIA CHARTA, Censualis, in qua possessiones et census exhibentur. Charta ann. 968. inter Probat. tom. 2. novæ Hist. Occitan. col. 115: *Si Archiepiscopus hujus loci, aut aliquis per ejus fortitudinem rumpere tentaverit ipsam cartam Vivolariam quam nobis fecit Aymericus Archipræsul, hæc hæreditas suprascripta mihi Johanni revertatur.* Vide in Census.

° VIUTRAGIUM, Tributum pro vino, quod in urbem adducitur. Vide supra in *Vineragium.*

¶ VIVULA. ζώσα. Gloss. Lat. Gr. In MSS. Sangerm. *Vuivula.*

° VIVUM, Vita. Lit. official. Belvac. ann. 1498. pro abbat. Bretol.: *Carrucaturam liberam habebunt de Vivo nostro.* Phrasis Gallica, *De notre vivant.*

¶ 1. VIVUS. *Viva voce audire,* id est, proprio ore, Gall. *De vive voix.* Oberti Cancell. Annal. Genuens. apud Muratori. tom. 6. col. 328: *Equidem prætaxati Consules ut relationes et maxime Viva cursoris voce audierunt, Pisanos cum quibusdam galeis pro nostris offendendis in Provinciam ituros, etc.* Vide in Sermo 2.

° 2. VIVUS, Recens ; dicitur de carne porcina, quæ non est aspersa sale. Consuet. MSS. S. Crucis Burdeg. ante ann. 1305: *Infirmarius habet dare semel in anno ...... abbati et suis servitoribus tres libras sallatas porci, et tres palmas Vivas, et quosdam astes unius porci integri.*

¶ VIZA, VIZIA, Inspectio. Dicitur potissimum de silva, cujus pars cædenda assignatur, diligenti prius inspectione facta. Statuta Cadubrii lib. 2. cap. 68: *Non liceat alicui communi, vel hominibus alicujus villæ districtus Cadubrii aliquas possessiones, vel pasculum, vel publicum. vel Vizam ejusdem villæ in totum, vel in partem vendere, vel obligare, etc.* Correctiones eorumd. Statut. cap. 110: *De nemoribus Vizatis. Volumus ac jubemus quod nulla regula, vel commune Cadubrii possit nec valeat sibi facere, et terminare aliquam Vizam sine expressa licentia consilii .. neque aliquis notarius conficere possit aliquod instrumentum Vizæ alicujus, nisi deliberatum, et terminatum fuerit per consilium... Præterea quod nullus homo... audeat... incidere vel incidi facere in aliquibus nemoribus Vizatis aliquod lignum, vel ligna, nisi pro pontibus, domibus, vel stratis aut clausuris, etc.* Ibidem cap. 26. inscribitur : *Quod nullus vendat lignamina facta in Viziis.* Vide in *Visus.*

¶ VIZACH, Vasis species, inter ministeria sacra recensetur, in Charta Rudesindi Episc. Cellenov. æræ 980. inter Conc. Hisp. tom. 3. pag. 181 : *Orabecela, Vizach, szutas de mensa tandem xx.*

¶ VIZATUS, VIZIA. Vide in *Viza.*

° 1. ULA, Albula, in Gloss. ad Alex. Iatrosoph. MS. lib. 1. Passion. cap. 97 : *Collirium theodosion magnum ad dolores et passiones antiquas et veteres, Ulas enim et thylos detergit.*

° 2. ULA. Charta Andr. reg. Hungar. ann. 1214. inter Probat. tom. 2. Annal. Præmonst. col. 19: *Cujus prædii primæ metæ incipiunt a kalenda Vidze,...... circumeunque per mediam paludem prope arbores, quæ vulgo Ule vocantur.* Forte Salices.

¶ ULADARIUS. Vide infra *Wladarius.*

°° ULCA, Annal. Roman. ad ann. 1118. apud Pertz. Scriptor. tom. 5. pag. 479: *Postquam vero (Gregorius PP.) in eorum venit potestate, expoliaverunt eum vestimentis suis, et induerunt eum duas versas ovinas Ulcas, et posuerunt eum super camilum, qui ferebat caldarie pontificis Calixty, etc.* Vellus, ut videtur.

ULCEA, *Locus pascuæ, ab uligo dicitur.* Jo. de Janua. *Lieu de pasture,* in Catholico parvo.

° ULCERARIUM, Marrubium. Glossar. vet. ex Cod. reg. 7613.

° ULCEUS, pro Urceus : haud infrequens enim mutatio literæ *r* in *l* et vicissim. Charta Rob. de Couciaco dom. de *Pinon* ann. 1213. in Reg. 74. Chartoph. reg. ch. 116 : *De torculari talis est consuetudo , quod undecimum Ulceum persolvere tenebuntur.* Vide mox *Ultare.*

ULCUS, Navis oneraria, Belgis *Hulca.* Anglis *Hulcke,* et Gr. ὁλκάς, ut quidam volunt. Leges Ethelredi Regis editæ apud Venetingum cap. 23 : *Si major,* (navis) *et habet siglas,* 1. den. *si adveniat ceol,* vel *Ulcus, et ibi jaceat,* 4. den. *ad thelonæum dentur.* [Vide *Hulka.*]

¶ ULIXICE, Ulyssis more, astute, subtiliter. Vita Paschalis II. PP. apud Muratior. tom. 3. pag. 356. col. 1 : *Oppidum, quod Stephanus occupabat, clavibus Ulixice expressis in ceram, et ad earum exemplar de ferro confectis, noctu dispositis insidiis caute aggrediuntur.*

¶ ULLOMINUS, Ullomodo. Charta fundat. S. Salvat. Tull. inter Probat. Hist. Tull. pag. 81 : *Neque subjectioni alicujus congregationis cœtum fratrum ibi adunatorum Ullominus subdatur.*

° ULMATELLUS, diminut. ab Ulmus. Charta ann. 1257. in Reg. S. Ludov. ex Chartoph. reg. fol. 55. v°: *De dicta meta usque ad Ulmatellos et usque ad lausam de Dompnova.*

¶ ULMETA, Locus ulmis consitus, ulmarium, Gall. *Ormoie.* Chartul. majus S. Victoris Massil. fol. 26 : *Dedimus unam semodiatam vineæ quæ est in Ulmeta.*

¶ ULMICIO, Eadem notione ; in Charta Hilduini ann. 832. apud Felibian. inter Probat. Hist. Sandion. pag. 51 : *Ad Ulmicionem perticas quinque, etc.*

° ULMEYA, Locus ulmis consitus, ulmarium, Gall *Ormaie.* Charta ann. 1295. in Reg. 3. feud. episc. Metens. ex Bibl. reg. fol. 213. v° : *Pacifice possidebat quandam peciam , tam Ulmeyæ quam orti , situatam apud Cristolium.* Vide *Ulmeta.*

°° ULMINEA ARBOR, Ulmus, in Bened. Crisp. Poem. med. apud Maium Auct. Class. tom. 5. pag. 401.

1. ULNA, Servio, proprie est spatium, in quantum utraque extenditur manus, licet Suetonius unum cubitum tantum esse velit. Assisa Davidis Regis Scotiæ de Ponderibus et mensuris § 7 : *Ulna debet habere in se triginta septem pollices mensuratos cum pollicibus trium hominum, scilicet ex magno, mediocri, et parvo, et secundum mediocrem pollicem debet stare. Aut secundum longitudinem trium granorum hordei sine cauda debet mensurari ad radices unguis pollicis.* Adde Statuta Roberti III. Regis Scotiæ cap. 22. § 10. [Vide *Alna*]

ULNARE, Ulna metiri, Gall. *Auner,* apud Bractonum lib. 2. cap. 37. § 2. et in Fleta lib. 1. [Consuet. Lemovic. art. 16 : *Item, quia dicti Consules nomine suo et dictæ communitatis habent in domo sua communi pondera et mensuras frumenti, vini, salis et olei, ulnas et cubitos, ad quorum exempla mensuratur, ponderatur, Ulnatur et cubitatur in dicto castro.*]

¶ ULNAGIUM, Telarum, pannorumve ad ulnæ rationem dimensio, item Præstatio quæ ob id domino exsolvitur, Gall.

Aunage. Litteræ Edwardi III. Reg. Angl. ann. 1338. apud Rymer. tom. 5. pag. 74 : *Nec sub colore Ulnagii, seu forisfacturæ, dictorum pannorum aliquid exigant.... Ab Ulnagio de pannis illis infra regnum nostrum faciendo sint quieti.* Charta ann. 1398. ex Tabul. B. M. de Bono-nuntio Rotomag. : *Solvere recusando pedagium, Ulnagium, impositionem, custumam, etc.* ° Libert. Cadomi ann. 1426. in Reg. 173. Chartoph. reg. ch. 509 : *Item prædicti burgenses poterunt conferre...... officium Ulnagii pannorum et telarum.* Vide in *Ulna* l.

¶ ULNATOR, Qui ulna metitur, Gall. *Auneur,* in laudatis Edwardi Litteris ibid. : *Concessimus eisdem quod Ulnatores pannorum cismarinorum per nos quibuscumque portubus vel aliis locis regni nostri, assignati, etc.* Adde ann. citat pag. 79 . *Quod panni.... per Ulnatores nostros.... absque ulteriori dilatione ulnentur et signentur.*

¶ ULNATIM, Minutatim, ulna metiendo. Charta ann. 1387. apud Ludewig. tom. 6. Reliq. MSS. pag. 41 : *Pannos et stamina non falsificata, cujuscumque valoris et coloris fuerint, licite possint vendere et incidere per ulnas, Ulnatim vel integre.*

2. ULNA, Modus agri apud Anglos, cujus mensura exacta ad *ulnam ferream* Johannis Regis Angliæ. Monasticum Anglic. tom. 2. pag. 883 : *Totam terram illam,.... quæ continet in fronte secus vicum Regium occidentalem in latitudine* 44. *Ulnas de Ulnis ferreis Joannis Regis Angliæ : et in capite orientali versus campum, qui vocatur....* 127. *Ulnas de eisdem Ulnis.* Et pag. 480. in Charta Alienoræ Reginæ : *Quandam partem terræ,... quæ continet* 14. *Ulnas, et tria quarteria unius ulnæ ferreæ Domini Regis, etc. Aune de terre,* in Stabilim. S. Ludov. lib. 1. cap. 153. et in Consuetud. Baionensi tit. 5. art. 28. [Vide *Virga ferrea,* in *Virga* 6.]

ULNATA TERRÆ. Charta R. Abbatis Caroffensis ann. 1308. ex 2. Regesto Philippi Pulchri Regis Fr. n. 11. in Tabular. Regio : *Item de quolibet solo de* 4. *canis vel Ulnatis lato amplitudine, et* 12. *in longitudine, habuimus* 6. den. *Petragoric. obtiavrum, etc.* [*Ulnaris editum* tom. 3. Ordinat. Reg. Fr. pag. 205. Sed *Ulnatis* legendum esse monet Cl. Editor.]

° 3. ULNA, Inguen. Gall. *Aine.* Comment. Jac. Picinini comit. apud Muratori. tom. 20. Script. Ital. col. 75: *Hic Tibertus dux bombi fulmine in Ulna sauciatur.*

¶ ULOZE, Majoris navigii genus. Charta ann. 1276. apud Ludewig. tom. 1. Reliq. MSS. pag. 115: *Quacumque hora indiguerimus, majori navæ, quæ vulgo Uloze nuncupatur , transvehere nos tenebitur sine mora.* [°° *Caudicaria navis,* Germ. *Flosz*]

ULPICUM, Oleo simile. Glossar. Longobard. S. Germani Paris. ex antiquis Glossis.

° ULTARE, ut et Gallicum *Ulter,* ex mutatione *r* in *l,* pro *Urtare* et *Urter,* Fores pulsare, vulgo *Heurter.* Lit. remiss. ann. 1397. in Reg. 151. Chartoph. reg. ch. 344 : *Prædictis Johanneta et Mariota existentibus ante domum habitationis memorati Guillelmi Perreli, et Ultare ad hostium pro vino habendo volentibus, etc.* Aliæ ann. 1369. in Reg. 100. ch. 427 : *Lequel Mont-faucon encor plus corrocie,........ le bouta tellement qu'il li fist Ulter de la teste contre une paroie ;*

après lequel Ultement, etc. Vide supra *Ulceus*.

○ **ULTATUS**, *Damnatus*, Glôssar. vet. ex Cod. reg. 7613.

¶ **ULTELLA**, Lecythus. Acta S. Raynerii tom. 3. Jun. pag. 456 : *Et offerant ibi quisque donativum suum et brachium candelæ, atque Ultellam seu lecythum olei, et sanus eris.* Leg. forte *Ulicella*, ab Italico *Uliva*, olea. [○ Legendum puto *Ulcella*, diminut. ab *Ulceus*. Vide supra in hac voce]

ULTERPES, Choreæ species, ex Gallico forte *Outrepied*. Concilium Salisberiense ann. 1217. can. 76 : *Adhuc prohibemus, ne choreæ Ulterpes, et inhonesti ludi, qui ad lasciviam invitant, fiant in...* Forte in atrio, seu cœmeterio.

¶ **ULTIMARE**, Ad extrema vergere, in ultima parte esse. *Cum Ultimarent tempora patriæ, etc.* apud Tertull. lib. de Pallio cap. 1.

ULTIMATE, pro Ultimo. [Charta ann. 1415. ex Tabul. Sangerm. : *Recognosco me recepisse...... summam* IV. *lib. et* X. *sol. Paris. pro termino pascali Ultimate præterito.* Sententia ann. 1497. inter dominos et habitatores Galliani : *Item amplius et Ultimate fuit actum et in pactum deductum, etc.*] Ericus Upsalensis lib. 4. Hist. Suecicæ pag. 121 : *Regnum de obedientia Regis Burgeri et filii Ultimate el finaliter eruptum.* Utitur et pag. 123.

ULTIMATIM, Eadem notione, apud Thwroczium in ·Hist. Hungar. pag. 5. 26.

¶ **ULTIMATUS**, Ultimus, extremus. *Veniendo contra... tenorem arresti Ultimati in præsentia domini nostri Regis, etc.* in Charta ann. 1399. apud Menester. Hist. Lugdun. pag. 124. *Fili, ego debeo esse finis tuus supremus et Ultimatus, etc.* apud Joh. Gerson. lib. 3. de Imit. Christi cap. 11. Hinc

¶ **ULTIMATUM**, pro Ultimo consilium, sæpissime occurrit in Cancellariis Germ. Consil.

ULTIMIOR. Constitutio Justiniani, Ut ii, qui in Africa sunt intra quinquenn. etc... *Ultimiore requisitione penitus quiescente, etc.*

ULTIMISSIMUS, Omnium postremus, apud Baldricum Noviom. lib 3. cap. 23. Form. 8. ex Baluzianis : *Ego ancilla vestra Ultimissima, servissima omnium ancillarum vestrarum, etc.*

ULTIMITAS, Extremitas. Constantinus African. lib. 4. de Morbor. curat. cap. 8 : *Quæ frigiditas cum augmentata naturalem modum excedat, Ultimitatem appetendi necesse et faciat.* Adde lib. 1. Pantechn. cap. 5.

○ **ULTIMUM** VALE. Vide supra *Vale ultimum*.

○ **ULTIMUS** CARTERIUS, Gall. *Quartier de derriere*. Charta ann. 1357. tom. 4. Ordinat. reg. Franc. pag. 449 : *De quolibet cervo sive bicha medietatem unius carterii Ultimi, in qua pes teneat*.

ULTIMUS HÆRES. Vide *Hæredes*.

○ **ULTISSIMUS**, Omnium postremus, in Chron. Cameric. tom. 10. Collect. Histor. Franc. pag. 200 : *In his verbis Ultissimis spiritum exhalavit*. Vide *Ultimissimus*.

○ **ULTRA**, pro Contra ; quo sensu *Outre* Galli dicimus. Lit. remiss. ann. 1397. in Reg. 154. Chartoph. reg. ch. 344 : *Prædicti Johannes Viardetus et Hugo..... dictam Johannetam rapuerunt.... Ultra velle dictæ Johannetæ,.... et semper Ultra velle suum dixerunt, etc.*

¶ **ULTRABRENTANEÆ** PARTES, Quæ sunt ultra Brintam fluvium. Hist. Cor-tusior. lib. 2. apud Murator. tom. 12. col. 816 : *Villæ vero positæ circa Paduam, ne ex eis Paduani perciperent aliqua victualia, et omnes Ultrabrentaneæ partes, distantes a Castro, bonis omnibus fuerunt spoliatæ, etc.*

1. **ULTRAGIUM**, Quod excedit summam aliquam. Tabularium Vindocinense charta 295 : *Ita, ut si quis censum consuete ac juste nobis non reddiderit, legaliter emendet nobis, retento mihi Ultragio aliarum omnium pristinarum consuetudinum mearum.* Regestum Peagii urbis Bapalmarum : *Pour chacun drap d'or, doit d'outrage* 8. *den.* Apud Christinam Pisanam lib. *du Tresor de la Cité des Dames* 1. part. cap. 18. et alibi passim, *Oultraige* usurpatur pro quovis excessu in re aliqua, *Excès*. Vide Joan. Britton. in Legib. Angl. pag. 31. v. [Vide *Ultris*, et *Undramentum*.]

OUTRÉE, au *dénombrement de la Seigneurie de Robert Espagne en Barrois* : *Le Seigneur aura le droit d'once pour l'Outrée de la grosse disme pour recompense du pourchas fait en icelle, lequel droit est de* 9. *gros. paiable par cellui qui a l'Outrée*, id est, *qui est adjudicataire*.

○ Nostris *Outreplus*, Quod excedit. Charta Phil. V. ann. 1317. in Lib. rub. Cam. Comput. Paris fol. 549. vº : *Retenant pour nous sus l'Outreplus, ce qui miex nous plaira.* Vide supra *Otradiosus*.

○ 2. **ULTRAGIUM**, Præstationis species. Charta R. Cameric. episc. ex Chartul. S. Ghisl. : *Addiderunt quod de venditione lignorum, quæ super eam Haynæ ripam, quæ Roæ proxima est, deposita fuerunt, ecclesia lactenus, quoties ibi deposita sunt, jus suum accepisse dignoscitur, quod Ultragium nuncupatur.*

○ 3. **ULTRAGIUM**, Immoderatio, imprudentia. Lit. remiss. ann. 1354. in Reg. 82. Chartoph. reg. ch. 329 : *Robinus Reginaldo mortem suam indulsit, dicendo publice quod ipse per factum summet et Ultragium moriebatur*.

○ 4. **ULTRAGIUM**, Convicium, injuria, Gall. *Outrage*. Charta ann. 1371. apud Murator. tom. 6. Antiq. Ital. med. ævi col. 738. inter not. : *Item supradictæ partes debeant vivere pacifice sine Ultragio aliquo.* Arest. ann. 1411. 12. Mart. in vol. 11. arestor. Parlam. Paris. : *Plurima gravamina, villanias, Ultragia et excessus perpetraverant*.

¶ **ULTRALIGIRIENSIS** ARCHIDIACONUS in ecclesiis Turon. et Andegav. Vide supra *Transligerensis*.

ULTRAMARINUS. Vide *Ultreia* et *Transmarinus*.

¶ **ULTRAMONTANUS**, Qui ultra montes, hoc est Alpes, degit, *Ultramontain*. Bulla Clementis IV. PP. ann. 1265. tom. 9. Spicil. Acher. pag. 241 : *Item, idem Comes veniet cum mille ad minus Ultramontanorum militum comitiva*.

¶ **ULTRAPADANA** REGIO, Quæ est ultra Padum. Chron. Petri Azarii apud Murator. tom. 16. col. 380 : *Petierunt propinquam regionem Ultrapadanam*.

○ **ULTRARE**, Contumeliam facere, injuriis afficere. Charta ann. 1316. in Reg. 76. Chartoph. reg. ch. 328 : *Idem Stephanus clericus manus apposuit temere violentas in dictum Willelmum, ipsumque pluries Ultruit, tiravit et bolavit animo irato.* Nisi sit pro *Ultavit*. Vide supra *Ultare* et *Ultragium* 4.

¶ **ULTRA-RHODONENSES**, Qui ultra Rhodanum habitant, Occitani comparate ad Massilienses. Charta ann. 1312. ex Tabular. S. Victoris Massil. : *Erat* *discordia in monasterio S. Victoris, et tota congregatio erat divisa in duas partes, et una adhærebat Ultra-Rhodonensibus, altera Provincialibus.*

¶ **ULTRAVADARE**, *Transvadare, trans vadum ire, vel trans vadum ducere.* Will. Brito in Vocabulario MS.

ULTREIA. Landulfus de S. Paulo in Hist. Mediolanensi cap. 2. ubi de expeditione Hierosolymitana Conradi Italiæ Regis sub ann. 1098 : *Rege igitur in regno deficiente supradictus Anselmus de Buis Mediolanensi Archiepiscopus, quasi monitus Apostolica auctoritate, jamdicto Presbytero nolente, studuit congregare de diversis gentibus exercitum, cum quo caperet Babylonicum regnum : et in hoc studio præmonuit præelectam juventutem Mediolanensem Cruces suscipere, et cantilenam de Ultreia, Ultreia cantare. Atque ad vocem hujus prudentis viri cujuslibet conditionis per civitates Longobardorum, villas et castella eorum, Cruces susceperunt, et eandem cantilenam de Ultreia, Ultreia cantaverunt.* Ubi Bernardinus Ferrarius lib. 6. de veterum acclamationibus et plausu cap. 7. existimat, hac cantilena sese invicem ad expeditionem Hierosolymitanam, vocibus conflatis ex *ultra, et eia*, quasi forte *eia ultra eamus*, vel potius *ultramare* : nam expeditiones istæ vulgo *ultramarinæ* appellatæ. Sed parum certa videtur ejusmodi conjectura.

○ **ULTRERIUS**, Transversus. Stat. Avenion. ann. 1243. cap. 129. ex Cod. reg. 4659 : *Statuimus quod de calopedibus sive soccis clavi pedum sint Ultrerii et integri, etc.*

○ **ULTRINUS**, pro Uterinus. Charta ann. 1382. ex Bibl. reg. : *Cum matrimonium dudum contractum, et inde consummatum fuisset inter dictum ducem* (Britanniæ) *et dominam Johannam sororem Ultrinam dicti regis* (Richardi), *etc.*

¶ **ULTRIS**, Auctus, Gall. *Augmenté*. Charta ann. 1803. ex Tabul. S. Vandreg.: *At postmodum fructus ejusdem ecclesiæ in tantum Ultres apparuerunt, quod ex ipsis duos rectores honeste et commode poterunt de cetero sustentari, nec est verisimile quod de cetero minuantur, etc.* Vide *Ultragium*.

○ **ULTROJECTUS**, Postpositus. Formula MSS. ex Cod. reg. 7657. fol. 24. vº : *Ipsi delati... Dei timore penitus Ultrojecto, etc.* Ibid. fol. 28. rº : *Ductus delatus sua præsumptiva audacia motus, hujus reverentia sæculi Ultrojecta, etc.*

ULTRONEITAS, Facultas faciendi,quod quis vult. Walbertus de patrocinio S. Rictrudis n. 41 : *Quoniam, ni fallor, Ultroneitati liberi arbitrii, primo concessæ parenti, non legitime resisto.* [Epist. Gunzonis ad Augienses fratres ann. 960. apud Marten. tom. 1. Ampl. Collect. col. 295 : *Ergo Ultroneitate arbitrii sibi concessa abutentes aut irrationabilibus animalibus comparantur, aut in nihilum rediguntur, quorum exitus unus est.*]

¶ **ULTRONIUS**, ἄσμενος. Gloss. Lat. Gr. *Ultroneus*, in MSS. Sangerm.

¶ **ULVETUM**, *Locus ubi crescunt ulvæ.* Gemma. Haud scio cur Vossius lib. 3. de Vitiis serm. cap. 56. rescribendum putet *Ulmetum*, et *ulmi*: nota quippe vox *Ulva* Virgilio et Ovidio pro herba palustri.

ULULAMEN, Ululatus, apud Prudentium. [Vita S. Romani Archiepisc. Rotomag. apud Marten.tom. 3. Anecd. col. 1663 :

Pestis ad hæc dirum rumpens a pectore luctum
Altius ingemuit, planctus, Ululamina fudit.]

¶ **UMACIA**, pro *Vinacia*. Vide *Stemphiaci*.

UMBELLUM, Umbraculum ad arcendos solis ardores, pilei species, Byzantinis familiaris Gloss. S. Benedicti cap. de Pellibus · *Umbellum*, σκιάδιον. Sic enim legendum arbitror pro *libellum*, σκιάδρον. Sciadia Byzantinorum procerum recenset Codinus de Offic. Aulæ CP. cap. 3. Πυραμίδα vocant Acropolita cap. 11. Καλύπτραν πυραμοειδῆ Nicetas in Andronico lib. 1. Imperatorium sciadium, cujus apex gemma grandiori insigniebatur, πῖλον non semel appellat Cantacuzenus lib. 3. cap. 27. lib. 4. cap. 14. Quibus vero jus esset utendi sciadiis, docet Codex MS. Biblioth. Reg. sign. 2028. Ἰστέον ὅτι τὰ χρυσοκλάκινα σκιάδια φοροῦσιν οἱ ἀπὸ τοῦ Ὑπερσεβάστου μέχρι τοῦ μεγάλου Στρατοπεδάρχου, τὰ δὲ συρμάτινα, οἱ ἀπὸ τοῦ μεγάλου Πριμμικηρίου μέχρι τοῦ Κουροπαλάτου, τὰ δὲ κλαπωτὰ, οἱ ἀπὸ τοῦ Πρωτοθεστιαρίου μέχρι τέλους. τὰ δὲ σαρακίνικα φοροῦνται οἱ ἀπ' ἀρχῆς μέχρι τοῦ λογοθέτου τῶν ἀγελῶν· τὰ δὲ κόκκινα, οἱ ἀπὸ τοῦ λογοθέτου μέχρι τέλους. De ejusmodi sciadiis ita præterea Raimundus Montanerius in Chronico Catalanico Reg. Aragon. cap. 199. extremo: *E daquest Megaduch trames privilegi ab Bulla d'or be fermat per ell, e per sos fills, à frare Roger: é li trames la vergat de Megaducat, e la senyera, et lo capell, que tots los officis de Romania han capell triat, que altre no gosa portar semblant capell daquell*. Et cap. 212. de eodem Rogerio Cæsare creato: *Et l'Emperador porta capell vermell, e totes ses robes vermelles: e el Cesar porta capell blau, e totes ses robes blaues ab fres d'or estret*.

UMBELLUM et UMBRACULUM dicitur, quod ex pellibus compactum est, quodque expandi aut contrahi solet ad arcendos pariter solis ardores, cujusmodi *sciadia* describuntur ab Aristophane in Avibus. Gloss. Gr. Lat.: Σκιάδιον, *umbraculum*. Lexic. Gr. MS. Reg. cod. 2062: Δερβίδιον, σκιάδιον, δερμάτινον. Claudianus lib. 1. in Eutrop.:

...... Jam non Umbracula gestant
Virginibus.

Idem in 4. Consul. Honorii:

...... Neu defensura calorem
Aurea summoveant rapidos Umbracula soles.

UMBRELLA. Chronicon MS. Andreæ Danduli anno 1177: *Anconitani vero duas Umbrellas præsentant, unam Papæ, Imperatori aliam, etc.* [Chron. Forolov. apud Murator. tom. 19. col. 888: *Ante corpus Christi præcedebant Umbrella, et sex equi albi.*]

UMBER, Canis venaticus e sagacibus ex Umbria Italiæ provincia. Glossar. Græc. Lat. MS.: Ὁ θηρευτὴς κύων, *Umber*. Gratius in Cynegetico, de canibus venaticis:

At fugit adversos idem quos reppererit hostes
Umber, etc

Meminit etiam infra, ut et Silius Italicus lib. 3. vers. 295:

..... Aut exigit Umber
Nare sagax e calle feras.

Notgerus Episcopus Leod. in Vita S. Hadelini Confess. cap. 2: *Cumque locelli jam dilatari cœpissent angustia, duo equites, cum duobus assuetis venatibus (al. venatoribus) Umbris forte fortuna ignari, cujus dignitatis esset vallicula,* *venientes, etc.* Sidonius in Panegyrico Aviti:

Jam si forte suam latratibus improbus Umber
Terruit, etc.

UMBLATA, in veteri Charta Italica apud Ughellum tom. 7. Ital. sacr. pag. 257. quem consule, si lubet. Apud Papiam lego: *Umbrata, coronata*.

✱ **UMBLICUS**. [Umbilicus: « *Umblicus, Nombril.* » (Gloss. Lat. Gal. Bibl. Insul. E. 36, XVe s.)]

¶ **UMBRA**. Vide mox in *Umbræ*.

✱ **UMBRA**, Territorium urbi adjacens. Pariag. inter reg. et episc. Anic. ann. 1307. tom. 6. Ordinat. reg. Franc. pag. 346. art. 17: *Si infra dictam civitatem, vel sub Umbra ejusdem, nos aliquam jurisdictionem, vel quodcumque aliud acquirere contingat, in illis eum associare, cum recompensatione debita et congrua, teneamur*. Vide *Umbraculum*. [» Forte suburbia ex art 1.]

¶ **UMBRACULUM**. Chartal. Bituric. fol. 30: *Sacrosanctæ basilicæ S. Sulpicii Nivensis monasterii qui est sub Umbraculum Biturige civitatis constructus, etc.* Hoc est prope muros civitatis.

UMBRÆ, Phantasmata, vox Latinis Scriptoribus nota. [Nostris *Ombres*, eadem notione.] Papias *Umbræ*, *animæ*, *simulacrum*, *imagines*, *somnii*. Valerius Flaccus 1. Argon.:

Tartareos tum sacra Jovi, stygiisque ferebat,
Si quid ab exitiis melius pernosceret Umbris.

S. Augustinus lib. 10. Confess. cap. 5: *Non curo nosse transitus siderum, nec anima mea unquam quærit responsa Umbrarum, omnia sacrilega detestor*. Vide eumdem lib. 7. de Civit. Dei c. ult. Durandus lib. 7. Ration. cap. 8. num. 4: *Ipsi tamen ab animabus circa sepulchra obeuntibus, quas Umbras vocabant, vastari putabant*.

UMBRARII, Qui *umbrarum* seu spirituum responsa expetunt. Edictum Theoderici Reg. c. 108: *Si quis pagano ritu sacrificare fuerit deprehensus, arioli etiam atque Umbrarii, si reperti fuerint, sub justa æstimatione convicti capite puniantur*. Prudentius lib. 1. contra Symmachum ·

Murmure suam magico tenues excire figuras,
Atque sepulchrales scire incantare favillas,
Vita itidem spoliare alios ars noxia novit.

UMBRATICI, Ipsæ umbræ, præstigia. Vetus Formula Pœnitentialis, edita a Jacobo Petito: *Item, si credit, quod Umbratici vadant, et comedant: propter quod dæmones ita homines decipiunt, quod se transfigurent in hominum figuras, et cætera multa, quæ observantur*.

º UMBRATICUS, Fictitius. Robert. de Monte Chron. ad ann. 1168. apud Pertz. Script. tom. 6. pag. 517: *Rex Anglorum submonuerat Eudonem, Vicecomitem de Porroholt, qui eatinus Umbratico nomine comes vocabatur*.

¶ **UMBRA**, Species, simulatio, Gall. *Ombre*, *prétexte*. Chron. Trivetti apud Acher. tom. 8. Spicil. pag. 483: *Cognoveruntque Legati... innocentiam viri, atque sub Umbra illius a quibusdam attentatum id fuisse*. Charta ann. 1316. tom. 1. Chartul. S. Vandreg. pag. 34: *Significatum est nobis forestam nostram de Tractu multipliciter devastatam sub Umbra livreiæ.*

UMBRA VIRI, Speculum Saxonicum lib. 3. art. 45 § 12: *Histrionibus, joculatoribus, et his, qui se in servitutem dederunt, emenda datur Umbra viri*. [»» Vide Grimm. Antiq. Jur. Germ. pag. 677.] [Figura scilicet, imago: qua notione]

¶ UMBRA LEONIS dicitur in Testam. dom. *le Scrop* ann. 1415. apud Rymer. tom. 9. pag. 272: *Volo quod... fiat tumba mea........ habens imaginem mei super dictam tumbam, armatam in armis meis, cum Umbra leonis in le Bende prout vivens utor*.

¶ UMBRATILITER, Levi pictura, rudibus lineamentis. Sidonius lib. 2. Epist. 10: *Quæ imaginaria tantum, et quodammodo Umbratiliter effingimus*.

º Nostris *Ombragé*, pro *Lent*, *paresseux*. Tardus, segnis, iners. Mirac. MSS. B. M. V. lib. 1:

Ombragiés iert et à estais
A Dieu servir et à bien faire :
Mais à renber et à mal faire
Estoit vistes et remuans.

º *Umbrier* vero, pro Occultare, in Lit. remiss. ann. 1464. in Reg. 194. Chartoph. reg. ch. 247: *En laquelle rue iceulx compaignons se Umbrierent contre une grange, où ilz aguetterent, etc.*

UMBRÆ, Tymalli, pisces Hibernis familiares, apud Silvestr. Girardum in Topogr. Hibern. dist. 1. cap. 7. Vide Columellam lib. 8. cap. 16.

º Scribe *Thymalli* et vide *Thymallus*.

º **UMBRALE**, Velum, conopeum, Gall. *Rideau*. Necrol. MS. abbat. Altorf. in Alsat.: *Obierunt Nicolaus Kasch et uxor ejus iv. Cal. Nov. qui dederunt,..... duo Umbralia*. Ita vir doctus D. Schœpflinus; haud scio tamen an de Umbella, Gall. *Dais* non sit intelligendum.

¶ UMBRARIUS, UMBRATICUS. Vide *Umbræ*.

º **UMBRATA**. Vide Umblata.

¶ **UMBRELLA**, ut *Umbellum*. Vide in hac voce.

º **UMBULUS**, in aliquot Chartis, auctore D. Falconer, vulgo *Ombre* vel *Umble*, Piscis qui reperitur in lacu Dalphinatus. Vide *Thymallus* et *Umbræ*.

¶ **UMECTA**, Loca paludosa, vel Palustribus vicina. Charta apud Meichelbeck. Hist. Frising. tom. 2. pag. 38: *Pascuas, venationes, Umecta, seu et fructeta, omnia ad eadem pertinentia, etc.* Vide *Humectus*.

¶ UMEXA, Eadem notione, pro *Umecta*, ibid. pag. 86: *Campis, pratis, pascuis,... Umexis, etc.*

¶ **UMERICIA**, pro *Vinericia*. Vide ibi.

¶ **UMERUS**, ὠμος. Gloss. Lat. Gr. *Humerus*, in MSS.

¶ **UMEXA**. Vide supra *Umecta*.

º UMGA, pro *Bauga*. Vide in hac voce.

º **UNGULA**, pro *Ungula*, Pes animalis. Libert. Bellivis. ann. 1313. tom. 8. Ordinat. reg. Franc. pag. 162. art. 20: *In venacionibus aprorum retinemus nobis caput et Ungulas*.

¶ **UMILARI**. Gloss. Latin. Gr. *Umilor* προσπίπτω. Humilior, in MSS. Sangerm. Προσπίπτω, *Interpello, Umilor, procido*, in Gloss. Gr. Lat.

º **UMILIA**, pro *Homilia*, Liber continens sanctorum homilias. Tabul. Cassin.: *Ponemus ibidem intro de ecclesia duos libros miszales, e unam Umiliam*. Vide in *Homiliæ*.

¶ **UMIMEGARICUS**. Liber censuum Eccl. Rom.: *Monasterium S. Stephani cum omnibus sibi pertinentibus præstat annue in auroque* CVIII. *Umimegaricos*. Notis numericis in errorem inductus est librarius. Emendo, in auro CVIII. *melgoricos* vel *melgorienses*.

UMLO. Vide *Humlo*.

¶ **UMMO**, ὀμφαλὸς ἀσπίδος. Gloss. Lat.

Gr. Melius in MSS. Sangerm. *Umvo*, seu *Umbo*.

° **UMULUS**, pro *Humulus*, Gall. *Houblon*. Descript. censuum monast. S. Emmer. apud Pez. tom. 1. Anecd. part. 3. col. 68: *Ipsi persolvunt... duodecim ova et duos modios Umuli*. Vide *Humlo*.

° **UMUS**, pro *Helmus*, Cassis, Gall. *Heaume*. Charta ann. 1345. inter Probat. tom. 4. Hist. Occit. col. 201 : *Ramundus Arquerii, athilator Tolosæ dom. nostri Franciæ regis, recognosco habuisse...... pro iij. Umis de tachis, xliij. pavesiis, centum fundis, etc.* Vide *Helmus* 1.

¶ **UNÆ**. Chartul. S. Vandreg. tom. 1. pag. 115 : *Obtuli Deo et sancto Vandregesillo et monachis ibidem Deo servientibus quidquid clamabam jure hæreditario.... scilicet duodecim panes, ... Unas botas et unam summam avenæ.* Ceremoniale vetus MS. B. M. Deauratæ Tolos.: *Et quilibet istorum (Monachorum) debent portare unum amictum sintatum, et Unas manutergias in collo per modum stole.* Numerum duplicem hac voce significari non existimo.

° Reg. feud. Aquit. in Cam. Comput. Paris. sign. JJ. rub. fol. 6. v° : *Habent et tenent prædicta cum Unis cirothecis sporlæ.* Id est, cum pari chirothecarum.

¶ **UNALIS**, Singularis. Canones Hibern. apud Acher. tom. 9. Spicil. pag. 27 : *Monachus Græce, Latine Unalis, sive quod solus in eremo vitam solitariam ducit; sive quod sine impedimento mundiali mundum habitat; sive quod in hac vita solus, et si inter multos habitet, versetur.*

¶ **UNAMITANS**, pro Unanimis, in Testam. S. Gennadii Episc. Asturic. inter Conc. Hisp. tom. 3. pag. 173: *Ab integritate sint propria monasterit S. Petri, et nihil communionis ibidem habeant. Sed præ cæteræ ecclesiæ quæ in supradicto eremo constructæ sunt, nisi forte Unamitans gratia aliquid pro misericordia concessum fuerit.*

¶ **UNAMMES**. Gloss. MSS. Bituric. : *Amazones, feminæ bellatrices...... adustis dexterioribus mammis Unammes dicuntur. Unimammæ*, ex Isidoro in Gloss. MSS. Sangerm. num. 501. *Unimamma, femme à une mamelle*. Gloss. Lat. Gall.

¶ **UNANIMARE**, Unius esse animi, unanimum esse. Ammianus lib. 31 . *Unanimanti ardore, summi et infimi, inter se congruentes.*

¶ **UNANIMITAS**, Animi necessitudo. Epist. Johannis X. PP. ann. 928. ad Aymericum Narbon. Archiep. inter Instr. tom. 6. Gall. Christ. novæ edit. col. 16 : *Litteras ab Unanimitate tua nostro directas apostolatu, apostolica patientia suscepimus.*

¶ **UNANIMITUS**, Una mente, uno animo, Gall. *Unanimement*. *Alexandro Unanimitus electo*, in Chron. Waldhusano tom. 1. Miscell. R. Duellii pag. 57. *Unanimiter dixit Vopiscus* in Tacito: utitur etiam Vulgatus Interpres Act. 11. 14.

¶ **UNARE**, Unum efficere, congregare. Tertull. adv. Praxeam cap. 27 : *Qui unum eumdemque contendunt Patrem et Filium, incipiunt dividere illos potius, quam Unare.*

UNATIM, Simul, una, in Charta Hispanica æræ 988. apud Anton. *de Yepez*, in Chronico Ord. S. Bened. tom. 5. pag. 435 : *Unatim mereamur triumphare in cælis, etc.* [Vita S. Caretoci tom. 3. Mali pag. 586: *Ipsi autem convenerunt Unatim.*]

[∞ *Ponit inter adverbia congregandi* Tatuin. Gramm. MS. cap. de adverb. Maius in Glossar. novo.]

¶ **UNCA** MANU, *Stricta manu*, μυλλή. Gloss. Isid. Κυλλή rectius in Excerptis. Constantiensis : *Uaca manu, curva manu, stricta. Uncat, curvat.* Vide *Uncatus.*

° **UNCALIS** BOMBARDA. Vide supra in *Bombarda*.

UNCARE, Ursorum clamor proprius. V. Salm. ad Hist. Aug. pag. 168. et *Urcare*.

° Carmen de Philomela ex Cod. reg. 6810 :

Tam linces urcando fremunt, ursus ferus Uncat.

¶ **UNCATUS**, Instar unci factus. Sidonius lib. 4. Epist. 20 : *Lanceis Uncatis, securibusque missibilibus dextræ refertæ.* Hinc *Syllogismus uncati*, apud eumdem lib. 9. Epist. 9. Vide *Unca.*

° **UNCEA** DENARIORUM, in Necrol. MS. S. Aurel. Argent. ad diem Epiph. Vide *Uncia* 1.

UNCEASESATH. Leges Inæ Regis. cap. 37. [∞ 35.] : *Qui furem occiderit, liceat ei probare jurejurando, quod eum fugientem pro fure occidit, et parentibus ipsius occisi juret Unceases ax, i. sacramentum sine electione vel nominatione.* Ubi *ath*, pro *ax*, emendat Somnerus, aitque perperam has voces Saxonicas redditas a Bromptono et Lambardo ; sed potius legi debere, ut præfertt codex Roffensis, Unceastes a þ, i. *cognati vero interfecti* (furis) *jusjurandum præstant* (cædem ejus) *se non vindicaturos*. Ceast enim Saxon. Iis, jurgium, inimicitia ; cul, un, adversariva particula præposita, contrarium significat.

1. **UNCIA**, *Uncia auri*, in mulctis pecuniariis. Lex Wisigoth. lib. 3. tit. 3. § 3 *Qui in raptu interfuisse cognoscitur, si liber est, sex auri Uncias reddat, etc.* Adde lib. 2. tit. 1. § 25 Lex Bajwar. tit. 1. cap. 2 : *In primis incurrat Dei judicium, et offensionem sanctæ Ecclesiæ, et judici terreno persolvat auri Uncias tres, etc.* Decretale precum quorumdam Episcoporum ann. 799 : *Et qui redimere ipsas biduanas voluerit, fortiores Comites Uncias tres, mediocres Unciam et dimidiam, minores solidum unum.* [Vide Pachymerem lib. 11. cap. 21. pag. 290.]

¶ **UNCIA**, Monetæ genus, in usu apud Siculos aliosque. Computus ab ann. 1333. ad ann. 1336. tom. 2. Hist. Dalph. pag. 285 : *De quo toto præsenti computo collectæ sunt summariæ informationes quæ secuntur, videlicet, de pecunia recepta in Karolensis argenti et reducta ad Florenos de Florentia, computata qualibet Uncia pro quinque florenis, et qualibet floreno pro VI. tarenis, et qualibet tareno pro duobus Carolensis, et qualibet Caroleno pro decem granis, etc.* Litteræ Roberti Reg. Jerusal. et Siciliæ ann. 1314. ibid. pag. 151. col. 1 : *Infrascripta gagia statuimus ; videlicet pro persona sua ad rationem de Uncia una per diem, cuilibet dictorum militum ad rationem de Unciis tribus ponderis generalis per mensem.* Occurrit rursum pag. 151. 238. et 239. Memoriale Potestat. Regiens. ad ann. 1218. de Obsidione Damiatæ, apud Murator. tom. 8. col. 1091 : *Sed de pane recenti et vino, et de carne frescha caristiam magnam habebant, ita quod aries unus X. Uncis venditus fuit, et una gallina XXX. soldos, et unum ovum duos soldos.* Falco Benevent. in Chron. ad ann. 1132 : *Affirmabant quoque Uncias auri a Rege innumeras accepisse.* Charta ann. 1045. ex Tabul. S. Victoris Massil. : *Et accipiet ab eo Uncias X. auri boni de Ispania per XV. Uncias auri legitime pensatas.* Epist. Petri de Condeto apud Acher. tom. 2. Spicil. pag. 568 : *Promisit etiam dictus Rex Tunis se redditurum domino Regi Franciæ et Baronibus suis, pro expensis in viam factis ducentas et decem mille Uncias auri, quarum qualibet Uncia valet quinquaginta solidos Turonenses.* Charta ann. 1384. *libram et Unciam promiscue accipit : alia ann. 1284. duas libras censuum in 24. uncias dividit.* Utramque laudat Schilterus in Gloss. Teuton. v. *Unze*. Donatio Anshelmi Abb. Laurisham. apud Tolner. inter Instr. Hist. Palat. pag. 17 : *Bubo ex duobus mansis et prato, ... et de una biunda XX. denarios, et de molendino in Furden V. Uncias solvere debet.* [∞ Vide Guerard. Proleg. Polypt. Irminon. pag. 192.]

2 **UNCIA**, UNCIATA TERRÆ, [Modus agri, f. duodecima pars jugeri,] in Charta Thomæ Regis Manniæ ann. 1055. in Monastico Anglic. tom. 1. pag. 718. *Unciæ agri*, in Tabulario Landavensi in eodem Monastico Anglic. tom. 3. pag. 190. 197. 200. 203. *Mansus trium Unciarum*, ibid. pag. 197. Adde Ughellum, tom. 1. Ital. Sacræ part. 1. pag. 144. [Chron. Farf. apud Murator. tom. 2. part. 2. col. 459 : *In fundo Turriano Uncias II..... In fundo Adriani Uncias II...... In fundo Sallani Unciam* 1. *In fundo pollicni Uncias VI.* Ibidem col. 539 : *Et pro libris XI. concessit in campo sancti Benedicti Unciam unam principalem, et medietatem de medietate ipsa, quæ nobis pertinet.* Placitum ann. 1105. apud Le Blanc in Dissertat. de Monetis pag. 57 : *Hujus etiam temporibus Leoninus Consul et Dux, monachus factus, tres Uncias sese Aretinæ, quibus parentum fruebatur hæreditate, decimo quinto milliari ab urbe, via Ardeatina, beato Petro Apostolo perenniter concessit permanendas.*] [∞ Polypt. Irmin. Brev. 25. sect. 8 : *Habet Unciam* 1. *de terra arabili habentem bunuaria* 3. *et de prato aripennum unum, quæ de hereditate proximorum suorum ei in hereditatis successit.* Adde Brev. 24. sect. 101 102. 108. et vide Savin. Histor. Jur. Rom. med. temp. tom. 2. cap. 14. § 14. et 79.]

° Charta Lothar. imper. ann. 854. tom. 8. Collect. Histor. Franc. pag. 393 : *Sed Romanæ igitur ecclesiæ duas Uncias terræ, pro Chartarum instrumentis, singulis annis cognovimus tantum debere.* Oncelé, Mensura vinaria, eadem atque amphora, in Chron. S. Dion. tom. 3. ejusd. Collect. pag. 225 : *Entre les mauveses coustumes que il* (Chilperic) *avoit alevées, establi-il que tuit et gentilt et vilain, qui vignes avoient, ... rendroient chacun en une Oncelée de vin à la table le roy.* Ubi Aimoin. lib. 3. cap. 31. ibid. pag. 81 : *Amphoram vini regiæ inferebant mensæ.*

° **UNCIA**, Pars duodecima rei cujuslibet. Testam. Franc. de Pratocomit. ann. 1874. in Reg. 3. Armor. gener. part. 2. pag. xvij : *Substituo...... fratrem meum in octo Unciis seu duabus partibus hæreditatis meæ, et in aliis quatuor Unciis seu tertia parte.... nepotes meos. Uncias molæ, Molendini portio*, apud Crescemb. lib. 2. cap. 7. Hist. S. Mariæ in Cosmed.

¶ 3. **UNCIA** POLLICIS, Articulus pollicis. Processus de Vita S. Yvonis tom. 4. Maii pag. 575 : *Erat ille lapis ad quantitatem primæ Unciæ pollicis, et ad similitudinem ossis pruni. Uncia digiti*, in Inventario Eccl. Anic. ann. 1444. Acta Epi-

scop. Cenoman. apud Mabill. tom. 3. Analect. pag. 323 : *Ibi quoque thesaurus incomparabilis , thesaurus desiderabilis signatur, scilicet quædam Uncia ejusdem* (Demetrii) *Martyris cum dente S. Johannis Baptistæ, et quidam capillus gloriosissimæ Dei Genitricis.*
¶ **UNCIALES** LITTERÆ, seu characteres, [Uncia, id est pedis duodecima parte, constantes.] S. Hieronymus præfat. in Job : *Habeant, qui volunt veteres libros, vel in membranis purpureis, auro, argentoque descriptos , vel Uncialibus, ut vulgo aiunt, litteris, onera magis exarata, quam codices, etc.* [∞ Al. *Iniciaiibus.*] Vide Allatium in Antiq. Etrusc. Monum. [et Mabillonium in Diplom. lib. 1. cap. 11. num. 4. et supra in *Litteræ.*]
² **UNCIARE**, *Oncier, mesurer par onces*, in Glossar Gall. Lat. ex Cod. reg. 7684.
¶ **UNCIATA** TERRÆ. Vide Uncia 2.
¶ **UNCIATUM**, *Mabinhcolo*, in vet. Gloss. Lat. et Franco-Theotisco apud H. Wanleium in Append. ad Catalog. Codd. MSS. Septentr.
¶ **UNCINA**. Chartul. S. Vedasti Atrebat. V. pag. 265 : *Si custos rebellis est cellerario, famuli Uncinas satsient, et vivent supra, usque dum satisfaciat.*
¶ **UNCINARE**, Hamare, unco prehendere. Gloss. Lat. Gr. : *Uncino*, ἀγκιστρεύω. Aliæ Græc. Lat. . Ἀγκιστρεύω, *Uncino, hamo, adhamo.*
¶ **UNCINATUS**. Vide mox in *Uncinus.*
UNCINUS, Uncus, cui inhærent catenulæ, Italis *Uncino.* Papias : *Uncus, curvus, anchora, uncus, Uncinus, diminutivum.* Glossæ Gr. Lat. : Κόραξ σιδηροῦς θύραξ, *Uncinus, repagulum* Alibi : Μόχλοι οὐγκινος, *repagulum.* Rursum : Ὄγκινος, *Uncinus, reticulus.* Anastasius in Gregorio IV. PP : *Signum Christi habet historiam in modum leonis incapillatam, cum diversis operibus purissimis aureis pendentibus in catenulis quatuor, et Uncino uno ; Item gabatham saxiscam habet in modum leonis, cum diversis historis serpentium, et in medio stantem pineam, et quatuor leunculis exauratam, qui pendent in catenulis tribus, et Uncino uno.* Idem in Leone IV : *Nec non et aliam coronam minorem ibidem obtulit, cum catenulis quatuor, et delphinis decem habentem lilium , et Uncinum pensant. lib. duas.* Martyrolog. 10. Janu. : *Equuleo et Uncinis ferreis jussus est suspendi.* Occurrit hæc vox non semel in Libris sacris.
UNCINATUS, Uncis, seu eorum figura distinctus pannus. Donatio facta Eccl. Cornut. edita a Suaresio · *Vela loricata melinoporphyra Uncinata duo.*
² Hinc *Oucin* appellatus nostris. Baculus recurvus. Lit. remiss. ann. 1389. in Reg. 138. Chartoph. reg. ch. 6 : *Icellui Jehan vint qarni dun grant paul, appellé Oucin de charrette à bœufs, etc.*
° **UNCIRE**, *Crocher, pandre sa crochet,* Glossar. Gall. Lat. ex Cod. reg. 7684.
¶ **UNCIUNCULUS**, Calceamenti recurvi species, ut videtur : nam, ait Continuator Nangii ann. 1365. extr. *alii* (sotulares) *in obliquum,ut Griffones habent retro et communiter deportabant.* Vita Meinwerci apud Leibnit. tom. 1. Script. Brunsvic. pag. 529. et tom. 1. Jun. pag. 523: *Unum pauperem sunt una camisia, una braca, uno cotte, una tunica, duabus caligis et Unciunculis et calceamentis et chirothecis, pileo et cingulo vestiret.*
¶ **UNCTARIA**, UNCTARIUS, Qui vel quæ unctum vendit. Codex censualis Episc. Autissiod. ann. circ. 1290 : *De Unctariis. Unctarii et Unctariæ debent in quolibet Sabbati unum obolum.* Infra : *De Unctariis istius villæ. Quisquis vendat Unctum diebus Sabbati ad estallum, quilibet debet obolatam.* Vide *Unctum.*
° Nostris alias *Ointier.* Reg.' Cam. Comput. Paris. sign. *Pater* fol. 255. r° : *Marchans et vendeurs de suif, d'oint et de sain, soient Ointiers ou autres, paieront pour chascun cent de suif et de oint, l'un parmi l'autre, trois deniers.* Pedag. Divion. ex Cod. reg. 4653. fol. 26. v° : *Les Ointieres qui vendent à estaul, etc.*
¶ **UNCTIO**, Oleum sanctum. Inventar. S. Capellæ Paris. ann. 1376. ex Bibl. Reg. : *Item unum vas argenti ad ponendum sanctum crisma et alias sacras Unctiones.* In Inventario ann. 1368. post *crisma* additur, *oleum sanctum et oleum infirmorum.* Infra : *Item unum aliud vas argenti ad ponendum sacras Unctiones. Item un vaissel d'argent à mettre le cresme et les autres onctions,* in Inventario Gallico.
° Hinc loquendi formula vulgaris, *Estre mis en Unction,* pro Sacram seu extremam Unctionem suscipere, in Lit. remiss. ann. 1382. ex Reg. 120. Chartoph. reg. ch. 314. Aliæ ann. 1458. in Reg. 188. ch. 45 : *Ilz firent confesser ladite chambriere et mettre en Unxion ; et le jour ensuivant ala de vie à trespassement.*
ᵇ **UNCTOR**, ut supra *Unctarius.* Charta ann. 1407. in Reg. 161. Chartoph. reg. ch. 337 : *Arnaldus de Argileriis Unctor,... Johannes del Lonc olierius, etc.*
∞ **UNCTOSUS**, Galen. Lat. MSS. ad Glauc. II, 4. apud Maium in Glossar. novo : *Cave ne pingue aliquod aut Unctosum medicamen vulneri isti adhibeas ...... siccare enim se vult valde vulnus rheumaticum , non impinguari vel humidari.*
UNCTUM, Adeps, Gall. *Oint.* Capitulare de Villis cap. 43 : *Carbones, sapinem, Unctum, vascula, etc.* [Ubi oleum, quo utuntur lanam carminantes, significari opinor.] Adde cap. 62. Chronicon Fontanellense : *Porcos saginatos ad adipem et lardum, cum Unctis 60.* [Tabul. S. Albini Andegav. : *Tulit Willelmus viarius de Mosterolo* XXX. *et* III. *sol. et* XIII. *sextarios de frumento et latus de porco et Unctum unum. De bacone,* I. *ob. de Unctum,* I. *ob.* in Charta Leduini Abb. S. Vedasti ann. 1096. ex Chartul. V. ejusd. Monast. pag. 243. Codex censualis Episc. Autiss. ann. 1290 : *De his qui apportant Unctum in hac villa. Quicumque affert Unctum in hac villa ut vendat, solvit de tourtello* 1. *ob.... Et si fuerit de porco suo ut de sauvamento Comitis, nihil solvit. Venditores Uncti et sepi* (dant) *sex denarios ,* in Cod. censuali Corbeiensi.] Marbodus lib. 4. de Virtutib. herbar. cap. 13 :

Uncto cum veteri fertur podagræ medicari.

Galbertus in Vita Caroli Comitis Flandr. num. 181 : *Ignem pecu et Uncto veteri et cera levius ardentem machinæ injecerunt.* Ubi *unctum vetus* est nostrum, *Vieil oint.* Liber Ordinis S. Victoris Parisiensis MS. cap. 18 : *Quoties subtalares ungendi fuerint , fratrum tam Laicorum, quam Clericorum, Vestiarius eos ungi faciet : Unctum autem a Camerario accipiet.* Vide in *Cordebisus.*
° Lit. remiss. ann. 1397. in Reg. 152. Chartoph. reg. ch. 152 : *Icellui Collart prist et embla..... un Oint pesant sept livres et demie ; et le vendi à Faluy six deniers et maille Tournois la livre. La moitié d'un Oint de porceau,* in aliis ann. 1454. ex Reg. 182. ch. 130. Ubi Adeps suillus in massam compactus intelligendus videtur. Unde *Oingnace* nostri dixerunt de homine spurcissimo, vulgo *Qui est bien cochon.* Lit. remiss. ann. 1408. in Reg. 162. ch. 278 : *Jehan Jacon commença à pissier.... devant l'uis de la taverne, veans les bourgois, auquel le suppliant dist qu'il estoit bien Oingnace de pissier devant les genz.*
¶ **UNCTUOSUS**, Unguine plenus, Gall. *Onctueux.* Leonardus in Speculo lapidum lib. 1. cap. 1 : *Per aqueum intelligit humidum , Unctuosum seu viscosum, etc.*
¶ **UNCTURA**, Adeps, idem quod *Unctum.* Capitul. Aquisgr. ann. 817. § 2 : *Saponem et Uncturam sufficienter, pinguedinem ad esum, etc.*
° *Ointure,* eodem sensu, in Stat. ann. 1327. tom. 1. Ordinat. reg. Franc. pag. 805. art. 19. Pro jure, quod ex *Uncto* percipitur, occurrit in Charta Phil. VI. ann. 1328. ex Reg. donor. ejusd. in Cam. Comput. Paris. fol. 29. v° : *Item l'Ointure, prisiée quarente sol par an.*
1. **UNCUS**, Modus agri apud Danos. Charta Valdemari Regis Danorum ann. 1240. apud Isaac. Pontanum lib. 6. extremo : *Licet alicui terram vel Uncos jure feudali concessisse dignoscimur, semper tamen solutionem decimæ decimarum excipimus.* Alia Erici Danorum Regis ann. 1249. lib. 7 : *Unde cum in consecratione ipsius promissimus providere Ecclesiæ Revaliensi de dote,... octoginta Uncos apud Revaliam dotis nomine assignavimus.* Mox : *Insuper autem concedimus ipsi Episcopo 40. Uncos in Vironia, in villa quæ dicitur Salgalle, etc.* [Vide *Uncia 2.*]
° Et apud Polonos. Charta ann. 1234. tom. 5. Cod. diplom. Polon. pag. 13. col. 1 : *Inbeneficiantes.... Jordanum ejusdem ecclesiæ plebanum in viginti quinque Uncis in Curonia, in castellatura Lodgiæ,* in provincia *Ugesse,* quos *Uncos , tam ei quam successoribus suis, secundum æstimationem Uncorum, qui fuerunt intra viginti annos, assignamus cum decimis.* Idem esse quod nostris *Mansus,* colligitur ex Charta ann. 1355. ibid. pag. 64. col. 1 : *Reservatis sibi..... hæreditatibus, sive Uncis vel mansis.* Vide supra *Laneus 2.* [∞ Annal. Corbeiens. ad ann. 1114. apud Pertz. Scriptor. tom. 3. pag. 8 : *Scyripenses Slavi...intulerunt, civitati Corbeiæ... annuatim se debere aut vulpinam pellem, aut bis terdena nomismata Bardewicensis monete similitima vel propria, de uniuscujusque soli sui Unci cultura, quem nostrates aratrum vocitant.*]
2. **UNCUS** PASTORALIS, Virga vel baculus Episcopicus recurvus. Thomas Archidiaconus Spalatensis in Hist. Salonitana cap. 16 : *Fecit etiam urceum magnum , et alium parvum , et ciminile manicatum, calicem et capsam, Uncum Pastoralem, et crucem, et alia quædam, etc.* Vide *Cambuta, Ouncin* in *Uncinus et Virga* 2.
UNCUTH. Vide *Agenhine,* et *Gust.* Ubi addendum ex Joanne Britton. cap. 3 : *En droit de hostes, volons que chescun respoine pur son hoste que il avera herbergié, plus de deux nuits ensemble, issint que la premiere nuit soit les estraunge tiers Unkouth, l'autre nuit Geste, et la tierce nuit Hoghenhine.*
¶ **UNDACIO**, Inundatio, in Charta apud Lobinell. tom. 2. Hist. Britan. col. 882 : *Undacio aquarum crevit taliter in fluvio Ligeris propter nimiam pluviarum abundanciam, etc.*

° Nostris *Ondée* alias, idem quod *Douleur, tranchée*, Alvi torsio, doloris æstus, maxime in partu. Lit. remiss. ann. 1457. in Reg. 189. Chartoph. reg. ch. 165 : *Icelle Deniseta et deux fortes Ondées de mal, et tellement qu'elle ot enffent.*
¶ **UNDAIZARE**, UNDARE. Vide *Undeiare.*
UNDANTER, *Copiose, vel affluenter*, in Glossis MSS. S. Germani Paris. cod. 524. [Vide *Underare.*]
1. **UNDE**, pro De quo, Gallis. *D'où.* Jornandes de Rebus Geticis : *In Scania vero insula*, *Unde nobis sermo est.* Alibi : *Juxta Mæotidem paludem commanentes præfati, Unde loquimur.* Galli dicimus, *dont nous parlons.* Ordericus Vitalis lib. 9. pag. 723 : *Turonis aliud Concilium tenuit, et ea Unde apud Clarummontem tractaverat, confirmavit.* Idem lib. 10. pag. 797. *In hoc negotio Unde contractamus, etc.* Usum etiam Poitionem hac loquendi formula observavit Salmasius pag. 388.
¶ UNDE, pro Cujus, Gall. *Dont.* Litteræ Edwardi II. Reg. Angl. ann. 1323. apud Rymer. tom. 3. pag. 985 : *Cum olim Jakeminus de Recto mercator de Janua, nobis dedisset intelligi, qualiter ipse cum quadam magna nave, quæ vulgariter Dromunda nuncupatur, Unde idem Jakeminus patronus et dominus erat.* Charta Ricardi II. Reg. Angl. ann. 1393. apud eumd. tom. 7. pag. 744 : *Concessimus..... quod tres grossas naves guerrinas ; ...... videlicet navem Unde Johannes Wysebech est magister, navem Unde Jacobus Frobbyng est magister, et navem Unde Adam Outelowe est magister, etc.*
° 2. **UNDE**, Qua, Gall. *Par où.* Charta Frider. I. imper. ann. 1159. apud Lam. in Delic. erudit. inter not. ad Chron. imper. Leonis Urbevet. pag. 188 : *Quoniam...... nulla major est in mundo hoc merces, quam in locis egentibus construere fontes et hospitales, et maxime in Alpibus, Unde domestici Dei debent transire, etc.*
¶ **UNDECIMA**. Conventiones MSS. Archirinci Abb. Montis-Majoris cum incolis Correni de censibus : *Talis usus longævus in territorio Corrensi habetur apud nos, ut decimam, et Undecimam, quæ Undecima apud nos tasca nuncupatur, dominis suis habitatores ejusdem loci reddant, quia rationibus consuetudinis cautum est et legalibus, ut decima Deo, Undecima domino de omnibus quæ possident, persolvantur.* Hæc apertiora etiam sunt in Charta ann. 1309. tom. 1. Hist. Dalph. pag. 86 col. 2 : *Levatur ipsa taschia in hunc modum ; videlicet de quolibet jornali fimato capitur Undecima gerba, in jornali non fimato decima gerba.* Vide *Undensus.*
UNDEIARE, UNDAIZARE, Infantem vel moribundum non omnibus adhibitis Baptismi ceremoniis baptizare, nostris *Ondoier*, lustrali aqua perfundere. Epist. Petri Episcopi Claromontensis ad Mauricium Episcop. Parisiensem, apud 3. inter Epistolas Stephani Episcopi Tornac. : *Cum igitur puer natus esset, nec posset sacerdos ad baptizandum eum congrue reperiri, pater ejus immersit eum aqua, dicens : In nomine Patris et Filii, et Spiritus sancti. Et hæc est pessima consuetudo in terra nostra, ut in talis necessitatis articulo dicant : In nomine Patris, et Filii, et Spiritus sancti, nec totam exprimant verborum formam, quæ debet exprimi in baptismo, quod Undeiare vocant. Et Epist. 5 : Hoc enim dicere solent, qui literas ignorantes parvulos Undaizant : In nomine Patris, etc.* In hisce Epistolis tractatur, an ejusmodi Baptismus valeat.

¶ UNDARE, Eodem significatu. Manuale sacerdotum ad usum Eccl. Autiss. ann. 1536. ubi de Baptismo : *Sacerdos debet interrogare mulieres si infans fuerit Undatus aut non ; et tunc si fuerit Undatus, sub conditione baptizet eum.*

° *Ondéer*, in Lit. remiss. ann. 1389. ex Reg. 138. Chartoph. reg. ch. 3. *Umdéer*, in aliis ann. 1449. ex Reg. 180. ch. 77 : *La suppliant enfanta d'un fils, lequel incontinent qu'il fut né, elle print et Umdea.*

¶ **UNDENUS**, Idem quod *Undecima.* Vide in hac voce. Statuta Eccl. Biterr. ann. 1375. apud Marten. tom. 4. Anecd. col. 663 : *Item, fuit prohibitum clericis et maxime in sacris ordinibus constitutis, quod non emant Undenos, retrodecimas, nec possessiones laicas.*

° *Undenum*, in Charta ann. 1332. ex Reg. 66. Chartoph. reg. ch. 947: *Pro ipsis libertatibus et franquesiis offerendo... Undenum seu Undena, vinteum seu vintena, et alia arrendamenta seu alios redditus.* Alia ann. 1374. in Reg. 119. ch. 1 : *Qui personæ et correctarii retulerunt ipsis consulibus se nullum volentem emere Undenos, vintenos, vel retrodecimas reperisse.*

¶ **UNDEOLUS**, pro Urceolus, in Gemma.
¶ **UNDERARE**, Abundare, affluere. Epist. S. Hildegardis apud Marten. tom. 2. Ampl. Collect. col. 1016 : *Sed o tu qui generosus es in voluntate tua, attende quod multa flumina Underant in te, rixando in magno strepitu.* Vide *Undanter.*

UNDESCERE, In undas excrescere, tumere. Vita S. Endei Abb. Arianensis n. 15 : *Ita quod non Undescit mare in via, per quam transiit dolium ; sed serenitas semper ibi apparet.*

° **UNDESECUS**, Undequaque. Epist. synod. Conc. Suession. ad Nicol. I. PP. ann. 866. tom. 7. Collect. Histor. Franc. pag. 587 : *Qui isdem specialis filius vester diverso Undesecus Northmannorum aliorumve agitatur incommodo, etc.*

¶ **UNDIFRAGUS**, Qui undas frangit. De Excidio Thuringiæ apud Leibnit. tom. 1. Script. Brunsvic. pag. 61 :

Prompta per Undifragus transissem puppe procellas,
Flatibus Hybernis læta moverer aquis.

° **UNDINÆ**, pro Nundinæ, ex concursu litteræ n, in Charta ann. 1332. Locus est supra in *Levagium.* Vide *Undines.*

¶ **UNDINES**. Charta Petri de Mintriaco ann. 1283. ex Tabul. Calensi : *Abbatissa dicti monasterii quæ pro tempore fuerit solvet et reddere tenebitur annuatim in Undinis Latigniacensibus conventui dicti monasterii 100. sol. Parisienses.* Leg. *nundinis*, altera n, ut sæpe fit, ob præcedentem omissa.

¶ **UNDISIA**. Continuat. Chron. S. Bertini apud Marten. tom. 6. Ampliss. Collect. col. 618 : *Hic* (Joannes) *receptus ecclesiam suam in tertia parte omnium bonorum diminutam reperit, et per venditiones ad vitam in 4080. libris Parisiensibus in pecuniis, et ad 988. raserias bladi, in puris Undisius debitis, in 42. millibus Francorum auri obligatam invenit.* Vide an idem sit quod

¶**UNDRAMENTUM**, Reliquum, quod excedit summam. Charta ann. 1280. apud Stephanot. tom. 3. Antiquit. Bened. Pictav. MSS. pag. 796: *Concessum est etiam inter partes quod omnium Undramentorum residua habebit abbas dictus et sui.* Alia ann. 1282. ibid. pag. 822 : *Eodem modo de decimis, agnorum, vitulorum,..... et denariorum inde provenientium, et Undramentorum, si quæ pervenerint, et vendarum habebit serviens tertiam partem.* Rursum alia ann. 1230. ibid. pag. 832 : *Petebant quod dictus Prior debebat eis garire pratum de Pestilence tam de quatuor denariis census quos petebat capellanus de Pairec in medietatem prati supradicti quam de Undramento dicti census et dampnis quæ dictus capellanus intulerat eis in eodem prato per census supradicto...... Concesserunt se reddituros de cætero censum supradictum et ejus Undramenta.* Infra pag. 833 : *Et tunc debent adducere secum capellanum de Pairec et liberare Priorem absolutione census, et ejus Undramenti.* Vide *Ultragium.*

¶ **UNDREDUM**, UNDREDUS. Tabular. SS. Trinit. Cadom. fol. 45. v : *Ista villa habebat Undredum,... sed in tempore werræ disforciatum fuit.* Vide *Hundredus*

UNDRES. Fleta lib. 1. cap. 9: *Ante ætatem 21. annorum robusti vel habiles ad arma suscipienda pro patria defensione non reputantur, et ideo Undres dicuntur, et sub tutela dominorum interim remanebunt*

UNEG-UVORFIN, In Edicto Rotharis Regis Longob. titulus 10. inscribitur *de Uneguvorfin*, id est, corbitaria. [°° cap. 26. ubi Murat. *De Vegoveri arbitraria.* Glossar. in Cod. Cavens. : *Vechorin i. e. arbitaria.*] Mox sequitur . *Si quis mulieri liberæ aut puellæ in via se antepostuerit, aut aliquam injuriam intulerit, componat, etc.* Vide *Rapoworfin* et *Marahworfin.*

UNFRIDMANNUS, *Non habens pacem*, in Gloss. Saxon. sub Edw. III. exarato. Vox confecta ex negativa particula u n, et frid, pax, et m. manus. Vide *Frithmannus.*

UNGAREH. Vetus Glossarium, collectioni Dionysii Exigui subditum in Cod. Metensi, laudatum a Steph. Baluzio ad Capitularia tom. 2. col. 1574 : *Seditiosus, id est, qui rixos (rixas) et dissensiones vel injurias, nec non, qui dicitur in rustica parabola Ungareh.* [°° Vide Graff. Thesaur. Ling. Franc. tom. 2. col. 398.]

UNGEBENDRO. Leges Ethelredi Regis cap. 25. [°° Instit. London. cap. 4.] : *Et diximus, homo, qui hamsocnam faciet intra portum sine licentia, et summam infracturam agat de placito regio, vel qui aliquem affligat in via regia, jaceat in ungilde akere.* Hic hæret Somnerus, in Saxonicis alias perspicacissimus.

UNGEBODENDING, in Charta Udalrici Abbatis ann. 1071. in Chronico Laurisham. : *Et ut familiam ejusdem Curiæ ab omni gravedine et molestia immunem redderemus, a tribus principalibus mallis, quæ vulgo Ungebodending vocantur, quibus ad curiam Linterheusem annuatim manniebantur, utrorumque consensu, eam omnimodis absolvimus.* Ubi Freherus vocem hanc *Curiam non indictam* vertit: Vossius eamdem deducit a *bieden, jubere ; unde geboden, jussus, ongeboden,* non jussus, a quo *onge-bodending*, conditio non obnoxii alienis jussis ; ac proprie jussis alicujus malli, sive concessus judicum civilis, hominem citantis. [°° Vide Grimm. Antiq. Jur. Germ. pag. 827. Haltaus. Glossar. Col. 1931.]

UNGELD. Fœdus Ethelredi Regis cum Analano, etc. cap. 3 : *Si frithman, i. homo pacis fugiat vel repugnet, et se nolit judicare, si occidatur, jaceat Ungeld, i. insolutus.* Ex Saxon. geld, solutio et pecunia, et un, particula privativa. Vide *Agild.*

UNGELTUM, seu tributum, in aliquot Chartis Germanicis, apud Joan. Noppium in Hist. Aquisgran. lib. 3. n. 2. pag. 19. 20. [Charta Friderici I. Imper. ann. 1189: *Liberi sint ab omni theloneo et Ungelt, exactione veniendi et redeundi.* Vide Petrum Lambecium in Orig. Hamburg. pag. 84. Charta Caroli IV. ann. 1357. inter Instrum. tom. 5. Gall. Christ. novæ edit. col. 526: *Exemptæ ab omni steura, Ungelto, impositione et vexatione quacunque. Nullum telonium vel Ungeldt,* in Chronic. Wormat. ann. 1366. apud Ludewig. tom. 2. Reliq. MSS. pag. 146. *In jure quoque percipiendi telonia, pedagia, et id quod Ungelt vulgariter dicitur, et alias exactiones, etc.* in Charta Friderici Comit. Terretensis ann. 1225. apud Steyerer. in Comment. ad Hist. Alberti II.]

♂ Charta ann. 1308. tom. 2. Hist. Trevir. Joan. Nic. ab Hontheim pag. 36. col. 1: *Scabini et communitas dictæ curiæ nostræ Trevvrensis.... valeant.... onus vel talliam, quod vulgariter dicitur Ungeld. imponere sibi ipsis. Ungelun,* inter Redit. assignatos a duce Austriæ ex Cod. reg. 9484. 2. fol. 694. v°: *Item de impositione vinorum venditorum, ibidem nuncupata Ungelu vulgariter, annis communibus xl. libris.* [☞ Vide Haltaus. Glossar. German. voce *Ungelt,* col. 1933.]

♂ UNGELTA, Eadem notione, in Charta Theod. episc. Metens. ann. 1381. ex Cod. reg. 9861. 2. 2. fol. 99. r°.

♂ UNGERE CORIA, Illa macerare. subigere. Charta S. Ludov. ann. 1229. in Chartul. Barbel. pag. 606: *Poterunt etiam uti dictis molendinis ad recipiendum quoscumque de foris venientes ad molendum tannum, ad fullandum et parendum pannos, ad Ungendum coria, ad molendum ferramenta.*

♂ UNGIANA, Annonæ species. Sent. official. Lugdun. ann. 1378. ex Cod. reg. 5187. fol. 89. r°: *Solvere consueverunt..... decimam tantummodo de grossis bladis,.... scilicet de frumento, siligine, de ordeis, de Ungianis et de avenis.* An idem quod *Unigranum?* Vide *Gravanetum.*

↔ UNGUENARIUS. Ut Unguentarius ab Unguentum, ita Unguenarius ab Unguen. Gloss. MSS. ad Æn. lib. 1. v. 697: *Amaracus regis fuit Unguenarius.* Maius in Glossar. novo.

¶ UNGILD, ut *Ungeld.* Vide *Ungebendro.*
¶ UNGUENTARE, *Ungere, unguento inungere,* in Gemma.

¶ UNGUENTARIUS, Qui *unguentum,* id est. *Unctum,* adipem, vendit. Statuta Eccles. Leod. ann. 1287. apud Marten. tom. 4. Anecd. col. 853: *Nec sint (Clerici) histriones, joculatores, bailivi, forestarii sæculares, goliardi, thelonearii, Unguentarii, tripartii, etc.*

¶ UNGUENTUM, *Unctum,* adeps. Charta ann. 1418. ex Chartul. S. Aviti Aurelian.: *Item tenetur idem capicerius tradere et ministrare Unguentum pro omnibus campanis dictæ ecclesiæ.*

⊕ Hinc nostris *Onniement,* pro *Onguent.* Lit. ann. 1372. tom. 5. Ordinat. reg. Franc. pag. 580: *Emplastres, Onniement et autres médecines, etc. Oignement et Ongement,* in Vita J. C. MS. ubi de Magdalena:

Els avoit moult cluer Ongement,
Une livre tout igaument,
Forment ert chiers et précieux....,
En ses mains tenoit l'Olgnement, etc.

¶ UNGUEUMPARIS, μυρεψός, in Gloss. Lat. Gr. Emendant viri docti, *Unguentarius* vel *Unguentiparus.*

¶ UNGUICULARIUM, ὀνυχιστήριον, Gloss. Lat. Gr. Culter aut quid simile quo ungues resecantur.

¶ UNGUINA, pro Inguina. Gesta Episcop. Cenoman. apud Mabill. tom. 3. Analect. pag. 313: *Plantas ejus, clunes, Unguina, tenera manu demulcendo.*

¶ UNGUINARIA, *Institura, negotiatio pinguedinis,* in Gloss. Arabico-Lat.

¶ UNGUIS. Stat. Conc. Trevir. ann. 1238. tom. 1. Hist. Trevir. Joan. Nic. ab Hontheim pag. 722. col. 2: *Cum communationes, quæ fiunt per inspectionem Unguis aut gladii, vel alio quovis modo, penitus sint reprobatæ, etc.*

UNGUIUM SCISSURA, Pœnæ levioris species apud Anglos, de qua Fleta lib. 1. cap. 26. § 4.

1. UNGULA, Ferramentum mucronatum, quo sulcatim corpora laniabantur et fodiebantur. Ugutio: *Ungula, genus tormenti, quia effodiat, ut fides inveniatur.* Papias: *Ungulæ, genus tormentorum, dictæ, quod effodiant, hæ et fidiculæ.* S. Cyprianus de Lapsis: *Jam lassum corpus nunc flagella scinderent, nunc contunderent fustes, nunc equuleus extenderet, nunc Ungula effoderet, nunc flamma torreret.* Idem de Laude Martyr.: *Non prædurantibus licet costis Ungula recurrat in vulnus.* Prudent. in Romano Mart.:

Scindunt utrimque milites teterrimi,
Mucrone hiulco pensilis latus viri,
Sulcant per artus longa tractim vulnera,
Obliqua recta, recta transversa secant.

Lib. Peristeph.:

Illa virgas et secures et bisulcas Ungulas
Ultro fortis expetebat, etc.

Alibi non semel, in S. Vincentio, in S. Agnete, etc. Hieronymus Epist. 49: *Cum lividas carnes Ungula cruenta pulsaret, et sulcatis lateribus dolor quæreret veritatem.* [Acta S. Secundiani tom. 1. Junii pag. 92: *Jussit eos omnes singulatim in eculeo suspendi, et radi latera eorum Unguibus caprarum.* Quod in extremitate bisulca essent, atque adeo caprinam ungulam referrent, sic appellabantur.] Castinus Episcop. Tolet. Hymno in S. Christophorum:

Sanctum jubet Christophorum pensum, rudibus Ungulis
Denudatas ejus costas carnibus excipereт.

Strabus in Mammete:

...... Jubet altius ergo
Sanctum suspendi, tormentisque acribus amens
Pulsat utrumque latus, dum carpitur Unguibus uncis,
Nullam dat Mammes vocem.

Adde Acta Proconsularia Mart. apud Baron. ann. 285. n. 5. Acta SS. Phileæ, Philoromi, etc. n. 3. Acta S. Saturnini n. 8. Passio S. Savini n. 7. Lactantius de Mortib. Persecutor. n. 16. etc. Occurrit passim in Vitis Sanctorum. *Lacerationes, ungularum scilicet. Eculeis atque lacerationibus ungularum,* n. 4. Cod. Theod. de Numerariis (8, 1.) *Lacerationes membrorum,* apud Senecam lib. 3. de Ira cap. 3. Vide Gallonium.

UNGULARE, EXUNGULARE, Ungulis subjicere, ungularum tormentum inferre. Vita S. Potiti Mart. ex MS. Neapol. cap. 6: *Ferantur scilicet ferreæ ungulæ, et Ungulet ur.* Ejusdem Vita ex MS. Velseri cap. 4: *Iterum jussit eum Exungulari.* Acta S. Eulaliæ Barcinon. num. 6: *Jussit eculeum afferri et suspendi eam, quamdu Exungulaveret.*

¶ 2. UNGULA. S. Irenæi vetus Interpres lib. 2. cap. 24. n. 3: *Et incensum autem similiter de stacte, et Ungula et galbano, etc.* Ubi vulgatus Bibliorum Interpres Exod. 30. 34. a Gr. ὄνυχα, habet, *Onycha.* Vide supra in hac voce.

*3. UNGULA. Instr. ann. 1308. tom. 5. Cod. diplom. Polon. pag. 30. col. 2: *Totaliter arbores fructiferas, plantas, et alias Ungulas, pascua, prata, et alias segetes igne devastarunt.* Ubi legendum opinor *Virgulas* atque intelligendum viridaria, pomaria. Vide *Virgultum.*

¶ UNIA, μία, καὶ ἅμα. in Gloss. Lat. Gr. Leg. *Una.*

¶ UNIAMENTUM, Metallorum temperatio, vulgo *Alliage,* vox monetariorum. Statutum Ludovici VIII. ann. 1225. tom. 2. Ordinat. Reg. Franc. pag. 141: *Sciendum est autem quod imprimis operarii tenentur venire coram magistris juraturi, quod in argento nullum ponent Uniamentum, nec polluent denarium ullo modo.*

¶ UNIANIMIS, Unanimis. *Fratres carissimi, oratione Unianimes deprecemur,* in Liturg. Gall. Mabill. pag. 246. [☞ Occurrit Rom. XV, 6. et Philipp. II. 2. Maius in Glossar. novo.]

¶ UNIBOS, Uno bove vectus. Mirac. S. Vincentii Madelgarii tom. 3. Jul. pag. 681: *Reparat vehiculum, et adjuncto bove uno quem habebat solum, iterum supponit suum miserabile monstrum. Ita Unibos ille, in corde et re semper habens S. Gudilæ memoriam, iter solivagus carpebat versus Brossellam.* [☞ *Unibos* dicitur, qui in fabulis Germanicis vulgo *Bürle, Rusticulus,* apud Poetam anonymum in Grimmii et Schmeller. Poemat. Lat. sec. X. et XI. pag. 355.]

☞ UNICASALIS Tatuin. Gramm. MSS. cap. de nomin. apud Maium in Glossar. novo: *Monoptoton, Unicasalis.*

¶ UNIGOLEUS, UNITESTIS, μονόρχις, in Gloss. Gr. Lat. Qui unicum habet testiculum.

¶ UNICOLORARE, *Rem facere unicolorem.* Gemma.

¶ UNICOMIS. Charta ann. 1372. inter Probat. Annal. Tolos. tom. I. pag. 98: *Petierunt et retinuerunt quod cum anno isto post impositionem sex denariorum pro libra, et post promissionem unius Unicomis pro foco,.... sub retentione tamen quod dicti quinque solidi eis restituerentur, ad deducerentur de dicto focagio dicti quinque solidi illis qui nondum solverunt dictum Unicomem, quod ad solutionem dicti Unicomis tenentur, deducantur et defalcentur, et illis qui solverunt Unicomem et quinque solidos Turonenses pro foco, dicti quinque solidi eisdem reddantur.* Leg. *Mutonis et Mutonem.* Vide in *Maltô.*

UNICORDIA, Concordia. *Unicors, concors.* Joan. de Janua.: [*Unicordia, concordance. Unicors, d'un courage. Unicordier, accordamment, d'un cuer,* in Gloss. Lat. Gall. Sangerm.]

¶ UNICORNUS, μονοκέρως. Gloss. Lat. Gr. *Unicornuus,* in MSS. Sangerm.

¶ UNICORPORIS, UNICORPOREUS, Unius corporis. Guibertus de Pignor. SS. cap. 3. § 2. lib. 1: *Aut quid Deo pertinacius, quam illi qui Deo Unicorpores sunt? Unicorporeus,* apud Jul. Firmicum.

¶ UNICUBA, *Unius viri uxor.* Isid. Gloss. Epist. S. 3. S. Paciani tom. Conc. Hisp. tom. 2. pag. 92: *Vos exsulem formam novo colore pinxistis, vos thorum vestrum a conjugio separastis antiquo, vos a matris Unicubæ corpore recessistis, etc.* Vetus Poeta Christianus anonymus de Beliani baptismo v. 127:

Felix Apra, cui licuit terraque poloque
Conjugis Unicubæ juge tenere bonum.

Unicuba, μονολεχής, in Gloss. Lat. Gr. *quæ viduas noctes ducit sine viro.* Gloss. Lat. Gall. Sangerm.: *Unicuba, femme d'un seul homme.* Vide *Univira.*

¶ **UNICULTOR**, Unius Dei cultor. Prudent. in S. Cypriano v. 90 :

Edere jussus erat, quid viveret ? Unicultor, inquit,
Servo salutiferi mysteria consecrata Christi.

° **UNICULUS**, f. Capsula quæstuaria, cui una est apertura, quasi unus oculus. Stat. eccl. Tornac. ann. 1386. pag. 36. art. 4 : *Item inhibemus decanis et presbyteris, ne Uniculos quæstuariorum aliquatenus admittant, nisi sigillo nostro, indulgentiarum causa, Uniculos viderint sigillatos, et non permittant aliquibus cum litteris indulgentiarum ostiatim eleemosynas quærere, nisi hoc eis per litteras nostras specialiter concedatur.*

° **UNICUS**, mendum videtur docto Editori pro *Nuncius*, cui sponte assentior. Libert. Gleolæ in Ruthen. vulgo *Guiole*, ann. 1350. tom. 2. Ordinat. reg. Franc. pag. 481. art. 22 : *Quod unicus dicti consulatus possit et debeat deferre baculum depictum foribus* (floribus) *lilii, et arnesium suum, sicut servientibus in talibus deferri consuetum. Et quod dictus Unicus pro negotiis et causis supradictis ad dictum consulatum pertinentibus, possit et valeat imponere pœnam quinque solidorum Turonensium domino nostro regi applicandorum, ex parte dictorum consulum.* Idem qui *Nuncius* non semel nuncupatur ibd. pag. 479.

UNICUS POMORUM, vas aucupis, Papiæ. MS. habet *Pomorum*.

¶ **UNIFICARE**, *Unum facere*. Joh. de Janua : unde Gloss. Lat. Gall. Sangerm.: *Unifirare, Unifier, faire un, unir*. S. Paulinus in Epist. ad Severum tom. 1. pag. 129. edit. ann. 1685 : *Et unificantis gratiæ æternum fœdus agnovit*.

UNIFORMIS, μονοειδής, apud Jul. Firmic. lib. 1. Mathes. *Uniformitas*, apud Macrob. lib. 7. Saturn. cap. 5. *Uniformiter*, apud Diomed. lib. 1. Grammat. Victorinum in 1. Rhetor. Ciceron. etc.

¶ **UNIFORMISARE**. Uniformem reddere. Acta ad Conc. Basileense apud Marten. tom. 8. Amplis. Collect. col. 205 : *Utraque faciens unum, nos quidem natura sejunctos, per gratiam Uniformisans, sibi ipsi copulavit.*

° **UNIFORMITER**. Stat. ordin. Cartus. ann. 1261. in Append. ad tom. 6. Annal. Bened. pag. 689. col. 1 : *Stola non cancellata, sed Uniformiter deportetur*. Id est, non cancellatim posita, sed pendens. Alia notione, vide in *Uniformis*.

UNIGAMUS, vox ibrida, *Qui uni tantum nupsit ; unde unigamia*, pro monogamia. Jo. de Janua. [Unde Gloss. Lat. Gall. Sangerm.: *Unigamus, c'est qui n'a esté mariè que une fois en mariage. Unigamia, estat de celui ou celle qui n'a esté ou est que une fois en mariage, unigamie.*]

¶ **UNIGENA**, Ejusdem gentis. Gesta Tancredi apud Marten. tom. 3. Anecd. col. 126 : *Huc accedebat quod casus idem Normanniæ comitem, Boamundumque Tancredumque seorsum a patria divertebat, quasi ut Unigenæ uno consilio unam patriæ suæ gloriam prærogarent.*

¶ **UNIGENEA**, Quæ sunt ejusdem generis. *Unigeneitas, homogeneia*. Goclenii Lexicon Philos.

UNIGRANUM, [Grani genus.] Vide *Gravanetum*.

° Vide supra *Viridarium* et *Ungiana*.

¶ **UNIMAMMÆ**. Vide supra *Unammes*.

∞ **UNINOMEN**. Ars D. Bonifacii apud Maium Class. Auct. tom. 7. pag. 476 : *Homonyma, hoc est Uninomina.*

¶ 1. **UNIO**, Fœdus, consociatio, Gall. *Ligue, union*. Bulla Clementis VI. PP. ann. 1346. tom. 2. Histor. Dalph. pag. 535. col. 1 : *Vellet insulam ipsam præfato Dalphino et aliis de Unione, usque ad triennium dumtaxat accommodare ob favorem fidei de gratia speciali, datis sibi tam per nos, quam per illos de Unione prædicta cautionibus idoneis, de restituendo sibi libere dictam Insulam*. Adde Ludewig. tom. 5. pag. 402. etc.

¶ UNIO, Societas, fraternitas. *Jubet synodus ut intra sex menses omnium hujusmodi Unionum tituli et acta ad Ordinarium deferantur*, in Synodo Tolet. ann. 1565. inter Conc. Hisp. tom. 4. pag. 80.

¶ 2. **UNIO**, Unitas. Libellus Episcop. Italiæ contra Elipandum inter ead. Conc. tom. 3. pag. 99 : *Unionem namque in essentia confitemur ; Trinitatem vero in personarum discretione prædicamus*. Vide *Unionitæ*.

¶ **UNIO**, Vox fori Ecclesiastici in re beneficiaria, cum duorum beneficiorum fructus sub eodem titulo uni tribuuntur. Expositio compend. benefic. fol. 48 : *Ad Unionum securitatem confirmatio Papæ necessaria est.* Charta ann. 1293. tom. 2. Hist. Dalph. pag. 72. col. 2 : *Item, quod si aliquo tempore contingeret, quod absit, quod monachi seu monasterium Boscodoni ad aliam regionem se transferret absque licentia Archiepiscopi et Ebredunensis ecclesiæ speciali, quod Unio hujusmodi non teneat.*

¶ 3. **UNIO**, Cepe, Gallice *Oignon*. Charta vetus : *Habebunt totum thelonium ollerum, porrorum, alliorum et Unionum, omniumque herbarum quæ vendentur*. Vide *Onio*.

UNIOCULUS, Cocles, *Borgne*, μονόφθαλμος. Ditmarus lib. 4. initio : *Cum Comite Eckberto Unioculo*. *Unoculus* dixit Plautus in Curculione :

De cœlitum prosapia tedesse arbitror :
Nam ii sunt Unoculi.

UNIONES. Ordericus Vitalis lib. 8. pag. 682 : *Instituit sibi fieri longos, et in summitate acutissimos subtolares, ut operiret pedes, et eorum celaret tubera, quæ vulgo vocantur uniones*. Id est, non margaritæ, perles ; sed cepæ, *oignons*, apud Latinos ; nam ab unionibus, cepis ita apud rusticos veteres dictis, ut testatur Columella lib. 12. cap. 10. nomen cepis capitatis mansit, ut vult Ruellius lib. 1. de Natura stirpium cap. 5. et lib. 2. cap. 84. Glossæ vet. de Oleribus: *Uniones*, κουκούδαι. Salmasius emendat μονόκοκκα.

UNIONITÆ, Hæretici, quos refellit Prudentius in Apotheosi, carmine inscripto, *contra Unionitas*. Ubi Iso Magister: *Id est, Sabellianos. Unionitæ sunt, qui dicebant unam substantiam et unam personam, Filium et Spiritum negabant, sed dicebant: Idem Deus, quando vult, Pater est ; quando vult, Filius est ; quando vult, et Spiritus sanctus. Ariani dicebant tres esse personas et tres substantias in Trinitate ; Sabelliani e contra unam personam, et unam substantiam. Fides autem Catholica utriusque extrema errorem, unam Deitatis substantiam et tres personas veraciter affirmat. Nam Ariani bene tres personas, male tres substantias: Sabelliani bene unam substantiam, male unam personam dicebant.* [Vide *Unio 2*.]

UNIPECIUS, Integer, *d'une piece*, Gallis. Marcellus Empiricus cap. 15. pag. 108 : *Manipulum tenerum urticæ Unipeciæ in aluum rudem bisextialem cum aqua mittes*. Vide *Pecia*.

¶ **UNIRE**, Gall. *Unir*, Conjungere. Synodus Leonis III. PP. adv. Felicem, inter Conc. Hisp. tom. 3. pag. 115 : *Hi vero qui conversi fuerint, et nostræ societati se Unierint, etc.*

¶ **UNISONUS**, Ejusdem soni, Italis *Unisono*, Gall. *Unisson*. Coronatio Bonifacii VIII. PP. apud Murator. tom. 3. pag. 647. et tom. 4. Maii pag. 405 :

Concrepat inde chorus, duplicat sua vulnera pæon.
Hic petit Unisonum, stabili firmatus in uno.

¶ **UNISSIMUS**. S. Bernardus de Considerat. lib. 5. cap. 7 : *Tam simplex Deus, quam Unus est. Est autem unus, et quomodo aliud nihil. Si dici possit, Unissimus est.*

UNISUBSTANTIANI. Vide *Homousiani*.

UNITAS. Charta ann. 1203. MS. : *Talis intervenit forma conventionis inter Henricum Ducem Lothar. et Ottonem Comitem Gelriæ.... Omnes jus, quod idem Comes se habere asserebat in Unitate totius Campaniæ*, (Campingne) *quæ Unitas vulgariter Evingo dicitur, ipsum Ducem habere permisit*.

¶ 1. **UNITATUS**, Unitas, conjunctus, Gall. *Uni*. Leges Palat. Jacobi II. Reg. Majoric. inter Acta SS. tom. 3. Jun. pag. LIX : *Candelas vero disponimus esse tales, quod xi. Unitatæ unius libræ ponderis videantur.*

¶ 2. **UNITATUS**, Planus, nudus, vacuus, *Uni*. Charta Gaufridi de Melleio ann. 1222. ex Tabul. S. Petri Carnot. : *Præterea idem Gaufridus de Cheslesmoines dedit prioratui in elemosinam perpetuam totam vineam suam tam plantatam quam Unitatam.* Hoc est, Agrum vineis plantandis idoneum, sed iis nondum consitum.

¶ **UNITENA**, male pro *Vintena*, in Statutis Genuens. lib. 4. cap. 76. fol. 129. v° *Non (audeant) accipere pro molitura, nisi Unitenam partem dicti grani.*

UNITER. Fortunatus lib. 5. Poëm. 4 :

Unius estis oves, hea cur non Uniter itis.

Quasi *unum iter*. [Vide *Unitim*.]

° **UNITERUS**. Charta ann. 1086. tom. 1. Hist. Trevir. Joan. Nic. ab Hontheim pag. 368. col. 1 : *In primorum militum ac sui præsentia, Sigobodonis, Arnolfi, Arnolfi comitum, nec non Odelberti Uniteri nostri, Hazonis Gozelonis sui militum*. Ubi Editor, id est, archiepiscopi et advocati *uniter* seu pariter militis sui vassalli. [** Nomen proprium esse videtur, forte *Winteri* legendum.]

¶ **UNITESTIS**. Vide supra *Uncoleus*.

¶ **UNITIM**, Una, simul, apud Camilum Peregrinum in Hist. Longobard. cap. 2. § 2. ubi Muratorius tom. 2. pag. 290. Cuneatum edidit. Vide *Uniter*.

¶ **UNITIO**, Conjunctio. Charta Mariæ Reginæ Provinciæ ann. 1390. ex Schedis Peiresc. apud Præs. de Mazaugues : *Sicut de Unitione, incorporatione et unexione constare vidimus*. [?? Occurrit apud Boeth. de Unit. et uno pag. 965. et in Anast. laud. SS. Cyri et Joh. num. 11. apud Magnum Spicil. nov. tom. 3.]

UNITIVUM, ita ἑνωτικὸν Zenonis reddit non semel Liberatus Diacon. cap. 17. et seqq.

¶ **UNITUM**, Panni species, a simplici textura sic dicti. Charta ann. 1446. ex Tabul. S. Victoris Massil.: *Cellerarius tenetur in festo S. Michaelis singulis annis assignare pro vestiariis albis monachorum S. Victoris, scilicet, ... 48 cannas de panno appellato Unitum de Sejan capellani.*

° **UNITURA**, Adeps, pinguedo, Gall. *Graisse*. Acta Inquisit. Carcass. ad ann. 1244. inter Probat. tom. 3. Hist. Occit. col. 437 : *Promiserunt quod ulterius non co-*

mederent carnes, nec ova, nec caseum, nec aliquam Unituram, nisi de oleo et piscibus. Vide supra *Venetura* 2. et *Unctura*.

¶ **UNIVERSALIS** dictus Gislebertus, de quo mentio est in Martyrol. S. Stephani Autiss. : *Pridie Idus Augusti obiit venerabilis memoriæ Magister Gislebertus veteris et novi Testamenti glosator eximius, qui Universalis merito est appellatus, hujus ecclesiæ Canonicus, postmodum vero Lundoviensis factus Episcopus.*

✿ **UNIVERSALITAS**, Jurisdictio universa. Glaber Rodulph. Hist. lib. 4. cap. 1 : *De Universalitate ecclesiæ a Constantinopolitanis injuste requisita. Circa annum igitur Domini* 1024. *Constantinopolitanus præsul cum suo principe Basilio, aliique nonnulli Græcorum consilium iniere, quatinus cum consensu Romani pontificis liceret ecclesiam Constantinopolitanam in suo orbe, sicuti Romana in universo, Universalem dici et haberi.*

¶ **UNIVERSALITER**, Universe. Lanfrancus Pignolus in Annal. Genuens. ad ann. 1266. apud Murator. tom. 6. col. 537 : *Universaliter sine prælio et labore aliquo ad ejus mandata devenerunt.* Inquisitio ann. 1268. ex Schedis Præs. de *Mazauques* : *Vidit eos uti prædictis Universaliter per dictum territorium.* Charta ann. 1356. apud Ludewig. tom. 5. Reliq. MSS. pag. 577 : *Oppidum Plaven Universaliter cum omnibus et singulis suis juribus et pertinentiis supradictis ab ipso domino nostro Imperatore..... receperunt in feudum.*

¶ **UNIVERSITAS**, nude pro Incolarum urbis vel oppidi universitas, idem quod *Commune* 2. Statuta Arelat. MSS. art. 132 : *Prout inter bonæ memoriæ dominum Barralum quondam patrem nostrum et inter Consilium et Universitatem Arelatis hactenus existit incartatum.* Charta ann. 1271. tom. 2. Hist. Dalph. pag. 92. col. 2 : *D. Hugo Macea miles, et Jacobus Martis consules Universitatis hominum de Vapinco, et ipsa Universitas statuunt præsens, etc.* Charta ann. 1385. ex Cod. MS. D. Brunet : *Item, retinet dicta Universitas* (Arelat.) *patuum Castelleti Montismajoris et Auriculæ. Universitas dicti castri,* in Charta ann. 1438. ex Schedis Præs. de Mazauques. Occurrit apud Rymer. tom. 3. pag. 911. in Conc. Hisp. tom. 3. pag. 580. Ordinat. Reg. Franc. tom. 4. pag. 403. et alibi passim.

° Nostris *Université,* eodem sensu. Lit. remiss. ann. 1385. in Reg. 126. Chartoph. reg. ch. 227 : *Et autres malefices que les Universitez, gens et habitans des villes de Thoulouze, Carcassonne, Narbonne, Nymes ont commis.*

° UNIVERSITAS, Collegium canonicorum. Charta Werrici decani et capituli S. Quint. Viromand. ann. 1178. in Chartul. Montis S. Mart. part. 5. fol. 98. v°. col. 2: *Conventiones quasdam celebratas inter ecclesiam Montis S. Martini et Adam de Wallaincort,... idcirco scripto mandamus, quia ex parte ad nostrum pertinet Universitatem rem gestam concedere, nostrique sigilli testimonio roborare. Potest et de superiori dominio haud male intelligi,* Gall. *Suzeraineté.*

¶ UNIVIRA, ὁμόθυμκδόν, in Gloss. Lat. Gr Vulcanius emendat *Universim.*

UNIVIRA, Quæ uni nupsit, apud Tertullian. lib. de Monogamia. [Vide *Unicuba.*]

¶ UNIVIRATUS, Status, conditio univirarum, quæ quondam habent lib. 1. extr. ad uxorem et lib. 2. initio.

∞ **UNIVOCUS**, Æquivocus. Boethius in Aristot. de interpret. ed. sec. pag.

337 : *Specialis homo et particularis Univoca sunt. Univoce,* adj. apud Bonif. Cons. in Maii Spicil. tom. 3. pag. 159. Vide *Univocatio* et *Univoce* in Furlan. Append. Lex. Forcell.

UNIXIS, Vetus Chartula plenariæ securitatis exarata sub Justiniano, [∞ lin. 21.] apud Brisson. lib. 6. formul. : *Cenca aurea una, orceolo æneo uno, lucerna cum catenula Unixe ærea una, ferro fracto libras duodecim, etc. Ubi legendum forte unimixe.* hoc est, unius luminis. Vide *Bimixæ lucernæ.*

UNLAGE, ex Saxonico unlagha, lex iniqua, vel potius non lex, lagha enim lex, un, particula privativa. Leges Kanuti Regis cap. 84: *Si quis deinceps Unlage, i. non legem erigat, vel injustum judicium judicet, etc.* Eadem habentur in Legibus Henrici I. cap. 34. Adde cap. 84.

UNLAUCH. Vide *Wrang.*

UNMUNDLING, Servorum species. Charta Ottonis Imp. : *Si vero aliquis ex libertate Unmundling, vel litus fieri, aut etiam colonus ad monasteria supradicta, cum consensu cohæredum non prohibeatur.* [∞ Vide Schmeller. Antiq. Jur. Germ. pag. 311. et supra *Jammundling,* ubi eadem charta paullo aliter legitur.]

UNNITHING. Vide *Nidering.*

¶ **UNOSE**, Simul, ex Pacuvio, apud Nonium.

✿ **UNO SEMEL**, Aliquando, Gall. *Une fois.* Lit. remiss. ann. 1455. in Reg. 189. Chartoph. reg. ch. 33 : *Et contigit Uno semel, quod.... duo filii domini de Roeda cum certis aliis nobilibus essent alloyiati in certa domo, etc.*

✿ **UNQUAM**, Quondam, Gall. *Autrefois.* Acta MSS. Inquisit. Carcass. ann. 1308. fol. 23. r° : *Dixit quod duobus annis fuit in illa credentia, et postea pœnituit,....... et petit misericordiam et veniam, quia Unquam credidit erroribus dictorum hæreticorum.*

¶ **UNSCHAMA** Glossæ ad calcem Collect. Canonum Apost. x. circ. sæc. ex Bibl. DD. Chauvelin Sigillorum Reg. Custodis: *Inpudenter, Unschama matich.* [∞ Vide Graff. Thesaur. Ling. Franc. tom. 6. col. 494.]

UNTHPRUT. Lex Bajwar. tit. 21. § 10 : *Si autem dominus arborem vel vasculi* (mellis) *non interpellaverit, et sine illius conscientia ejectum domino restituerit, et ille, cujus vasculum fuerat, eum compellaverit, ut eum sponte vel arbore mes tulisset, ad restituendum compellaverit, quod Unthprut vocant, etc.* Alii codd. habent *Unterprunt.* [∞ Vide Schmeller. Glossar. Bavar. tom. 2. pag. 845.]

UNUS, pro Quidam ; quomodo dicimus *Un.* Vetus Charta Hispanica apud Bivarium ad Chron. Maximi pag. 330 : *Et Unus discipulus proterva mente respondit.* Hispani dicerent, *un discipulo respondio.* Vita S. Wunebaldi cap. 30 : *Evenit, ut Unus homo vinctus duceretur.* Adde Hodœporicum S. Willelbaldi n. 14. 15. Vorstium de Latinitate falso suspecta, et Olaum Borrichium lib. de Variis linguæ Latinæ ætatibus pag. 265.

UNWANT. Lex Bajwar. tit. 3. cap. 2. *Si quis alium de ripa, vel de ponte in aquam impinxerit, quod Bajwarii in Unwant dicunt, cum* 12. *solid. componat.* Cap. 4 : *Si alicui scalam injuste ejecerit,.... quod in Unwant dicunt, etc.* Adde cap. 6. tit. 9. cap. 4. § 1. in quibus locis edit. Heroldi habet in *unuvan.* [Conjunctis vocibus edidit Baluzius, *Inunwant.*] [∞ Vide Grimm. Antiq. Jur. German. pag. 681.]

¶ **UNWISTOM**, *Ignavia*, in Glossis x.

circ. sæc. in *Unschama* laudatis. [∞ Vide Graff. Thesaur. Ling. Franc. tom. 1. col. 1073.]

¶ **UNX**, *Unguis*, ὄνυξ, in Gloss. Lat. Gr.

¶ **UNZIA**, Uncia, in Statutis Vercell. lib. 3. fol. 86. v°.

1. **VOA**. Concil. Dertusanum ann. 1429. cap. 1 : *Nullus audeat in vestibus, vel capuliis folieraturam portare de Vois vel Grisis.* Videtur legendum de *Variis.* Vide *Vares.*

¶ 2. **VOA**, f. Via, Gall. *Voye.* Chartul. S. Vincentii Cenoman. fol. 85 : *Litigantibus coram nobis monachis beati Vincentii...... super quadam Voa et clauso defuncti Thomæ Esguerræ, sitis in parochia de Corgaigneio.* Guillelmus Guiartus :

Par terres seches, et par Voe
Sus le fleuve de la Dunoé.

VOARIA, Jus advocationis, *Avoüerie,* et *Voüerie.* Vetus Charta apud Mariotum in Chronico S. Nicasii Remensis cap. 10 : *In villa nostra, quæ Hundiliaca dicitur, Heribertus.... advocationem, quæ vulgo Voaria dicitur, se habere... dicebat.* [Hist. S. Florentii Salmur. apud Marten. tom. 5. Ampl. Collect. col. 1127: *Monachum inclamitando ad se evocans, ignorabat ejus nomen proprium, ut S. Florentii illi aliquod vexillum daretur, contra ejus et suos inimicos ad bellum ferre volens, ut vulgariter vocamus ad Voariam.*] Vide *Advocati, Viarius, Vicarius.*

¶ **VOBISARE**, Aliquem honoris gratia plurali numero alloqui. Epist. Mathiæ Chlunitzan ann. 1482. apud Marten. tom. 8. Ampl. Collect. col. 177 : *Nec moleste feras, frater carissime, quod more scripturarum utendo, tibi in singulari et non in plurali scribitur, nam et Christus magister omnium neminem umquam legitur Vobisasse, et parem modum scribendi erga me, dum opus exegerit, opto ubilibet observari.* Erasmus barbaros irridens dixit *Vossitare* et *Vobissitare.* Vide *Vosare.*

¶ 1. **VOCABULUM**, Villa, prædium. Charta ann. 1064. apud Ughellum tom. 1. Ital. sacræ edit. ann. 1717. col. 534 : *Vendo et trado vobis a die presentis quoque modo de terra posita in Vocabulo, quod nuncupatur Caratioli cum ejus fine et mensura.* Alia ann. 857. ibid. col. 758 : *Concedimus.... totam jam dictam civitatem,.... ac Vocabula circumquaque posita.* Placitum ann. 1105. apud *Le Blanc* in Dissert. de Monetis pag. 62 : *Non omnis Italia, sed quædam in ea loca sive Vocabula parti B. Petri Ecclesiæ patrimonio fuerunt tradita.* Chron. Farfense apud Murator. tom. 2. part. 2. col. 535 : *Item Marco filius Ansefredi et Anna uxor ejus dederunt res suas territorii Sabinensis in Lejano super castellum de Cantalupo ; et in alio Vocabulo, qui dicitur Mogianus.* Rursum col. 592 : *Gregorius filius Rodulphi concessit in hoc monasterio res territorii Sabinensis, ubi dicitur Antiquus..... Rodulphus et Petrus filii Joannis concesserunt in prædicta ecclesia S. Angeli de Tancia res suas in eodem Vocabulo antiquo.* Occurrit præterea ibid. col. 538. 570. et 1003. Vide *Vocatio* 1.

✿ 2. **VOCABULUM**. Vita B. Vict. III. PP. tom. 5. Sept. pag. 419. col. 1 : *Sane in altari B. archangeli Michaelis reliquias condidit SS. Nicandri et Marciani, Johannis et Pauli, Viti, Mercurii et Caterinæ, et Vocabula sanctorum Apollinaris episcopi, Proti et Jacinthi. Ubi nomina sanctorum scripto mandata in altari con-*

dita fuisse significari videtur, cum eorumdem reliquiæ, uti aliorum, non adessent.

VOCALIS, Qui voce scite canit: εὔφωνος, et φώνασκός, in Glossis Gr. Lat. *Qui a bonne voix.* [Gloss. Lat. Gall. Sangerm. *Vocalis, voieul, de voix.*] Vetus Interpres Juvenalis Sat. 6: *Nam omnes pueri Vocales fibulas in naturis habent, ne coëant.* Alios vide apud Savaronem ad Sidonium lib. 1. Epist. 2. et lib. 8. Epist. 9. et Salmasium ad Hist. August. pag. 211. Ex recentioribus hos addo. Chronicon Trudonense lib. 8. de Pueris in Monasteriis : *Et si qui forte eorum Vocales essent, tropos, qui tunc temporis apud nos cantabantur, aut graduale sive alleluya cantarent.* Beletus de Divinis Offic. cap. 35 : *Paulus Historiographus, Diaconus Romanæ Curiæ, Monachus Casinensis, cum die quodam Paschalem cereum consecraret, fauces ejus raucæ factæ sunt, cum prius esset satis Vocalis.*

VOCALIS, Voce, nomine tenus, vel appellatione. Matthæus Westmonasteriensis anno 1277. de Principe Walliæ : *Vocalem Principem diligenter instructum ad partes easdem redire permisit, successores suos Principatus nomine sententialiter privans.* Idem ann. 1294: *Post hæc Morganus de tribu Wallensium, et alter nomine Mandocus, Vocalis Princeps eorum, etc.* Anno 1301: *Sedit ergo in tristitia fidelium Ecclesia, deducta per Vocales tutores suos miserabiliter sub tributo.* Denique ann. 1304: *Quique præcaventes in futurum, ut Rex Angliæ, non quasi Vocalis eorum, et regni Regis Franciæ Dominus quidquam constitueret, verum etiam ipsum tanquam advocatum, dominum, et realem possessorem omnibus castellis, civitatibus,...... ipsum per dies 40. pacifice saisiarunt, etc.*

¶ VOCALES, Qui suffragii ferendi in capitulis jus habent, Gall. *Vocaux.* Constitut. Fratrum Prædicat. col. 80: *Vocales, tam capitulorum generalium, quam provincialium, ab eisdem absque urgenti necessitate, non se alienent... Fratres Vocales ad capitula spectantes, mutuo associati ad illa procedant.* Vide *Vox* 8.

VOCALES, Philosophorum modernorum secta. Vide *Nominales.*

¶ VOCALITAS, Clamor, clangor, in Gloss. Gasp. Barthii apud Ludewig. tom. 3. Reliq. MSS. pag. 451. ex Guiberti Hist Palæst.: *Tam terribilis Vocalitas ferebatur, ut pulsari strepitus cælorum supremitas crederetur.* Guibertus de Pignor. SS. lib. 1. cap. 2. § 3 : *Humanum ruisse quippiam nihil (in puteo) ex voce percipiunt, quem dum multa Vocalitate civissent, fœminam advertunt.*

° VOCALITER, Voce, ore. Testam. Audoyni card. Ostiens. ann. 1363. in Cod. reg. 4228. fol. 139. v°: *Omne aliud testamentum vel codicillum per me hactenus in scriptis vel sine scriptis, aut Vocaliter seu verbaliter factum cassans.*

∞ VOCALITER, Nominatim. Privil. Ludov. Imper. ann. 1818. apud Guden. in Sylloge Diplom. pag. 480: *Universis et singulis, a quibuscumque districtibus illic confluentibus aut venientibus....... pax et tranquillitas sit libera et secura ; his tantummodo exceptis, qui disposcentibus suis excessibus Vocaliter sunt proscripti.*

VOCAMEN, Idem quod Vocabulum, Nomen. Glossæ vett. apud Barthium : *Vocamen, appellatio, vocatio.* Erchempertus in Hist. Longob. cap. 47 : *In cujus Vocamine et charta exaratæ, et nummi figurati sunt.* Utitur et Solinus cap. 30. et alibi. [Epitaphium Gauzlini Ar-

chiep. Bituric. ad calcem Vitæ MS. ejusdem:

Vir celebris sapiens, Gauzline, qui dulce Vocamen,
Perpes cum sanctis en requies tibi sit.

Vide *Vocitamen.*]

¶ **VOCAMENTUM**, Vocatio, citatio. Leges Norman. cap. 52. apud Ludewig. tom. 7. Reliq. MSS. pag. 233: *Vocamentum autem garanti terminationem querelarum prorogat.*

° Ubi vetus Consuetudo Gallica ex Cod. reg. 4651. habet : *Du Vouchement de garant ;* ita inscribitur caput 52. part. 1. quod incipit : *Vouchement de garant prologne la fin des pletz.* A verbo *Vocher,* vocare in jus, citare ; ut *Vogement,* eadem notione, a verbo *Vogier,* in Charta ann. 1355. tom. 2. Hist. Leod. pag. 420 : *Item se ungs homs fait aultruy Vogier qu'il lui doit,..... se cil qui seront Vogié estoit fours de pais,.... devera ly Vogement demourer jusqu'à sa revenue en suspens. Vocero,* Hispan. eodem intellectu. Charta Adef. reg. Aragon. pro Tutel. ann. 1165. in Reg. 53. Chartoph. reg. ch. 295 : *Nullus adducat ibi aliquam potestatem, vel aliquem militem aut infancionem per banderica, vel per Vocero contra suum vicinum,* Vide *Vocare.*

° Aliud sonat vox Gallica *Voche* vel forte *Noche ,* Mactram nempe, vulgo *Paitrin ,* in Lit. remiss. ann. 1466. ex Reg. 194. Chartoph. reg. ch. 230 : *Le suppliant ala en son hostel, ouquel il trouva contre une mect ou Voche, etc.*

¶ **VOCANS**, pro Vocatus, appellatus. Præceptum Ludovici Pii inter Conc. Hisp. tom. 3. pag. 139 : *Villam nuncupatam Olianus cum suis terminis, et villam Vocantem Cacavianus.*

¶ **VOCARE**, Agnoscere, profiteri, *Reconnoitre, declarer.* Charta ann. 1234. apud Cencium inter Census Eccl. Rom. : *Confessus est se recepisse ab eodem triginta libras denariorum senatus, de quibus se bene quietum Vocavit atque pacatum.* Alia ejusd. anni ibidem : *De quibus (denariis) me bene Voco quietum et pagatum. Vocher,* a Lat. *Vocare, appeller,* in Assieiis Hieros. cap. 27 : *Lui donra un an et jour de respit de ses guarens amener, se il les Voche outremer.* Cap. 67 : *Se il les a vochés au Royaume ou il est, il y a quinze jours de respit,..... et qui les Voche deça mer hors dou Royaume, il en a 40. jours de respit. Voucher à garant,* ibid. cap. 68. et 69. *Voucher un Record,* in Consuet. Norman. lib. 2. cap. 4. *Vouchement de garent,* ibid. cap. 50. *Voer,* in Legibus Guillelmi Nothi cap. 43.

¶ **VOCARI**. Cod. Theod. leg. 7. de Oper. publ. (15, 1.) : *Ad hujusmodi necessitatem Senatorum substantia non Vocetur ;* id est, non astringatur, non impendatur.

¶ 1. **VOCATIO**, Res, possessio, in quam aliquis vocem, seu jus habet ; vel districtus intra quem illa consistit. Placitum ann. 933. inter Probat. novæ Hist. Occitan. tom. 2. col. 69 : *Quod nullus comes, seu vicecomes, nec vicarius, nec centenarius, nec ullus homo in eorum (monachorum) Vocatione, in illorum monitate prendidisset nec boves, nec caballos, etc.* Vide *Vox* 4.

2. **VOCATIO**, Vox in asceticis frequens, [Gr. κλῆσις, Officium.] Cæsarius Arelat. serm. 17: *Et ideo non solum frequenter, sed multis vicibus deprecor, ut unusquisque vestrum Vocationem suam consideret, et in quocumque statu vel gradu a Domino vocatus est, in eo permaneat, si non vult in æternum perire, nisi forte in melius proficiendo ad districtiorem vitam ascendere cupiat.*

VOCATIO, in Litaniis, cum sancti alicujus nomen decantatur, in Concilio Cloveshoviensi ann. 747. cap. 17.

¶ VOCATIO DOMINICA, E vita excessus Domino vocante, mors. Forma electionis Episcopi apud Acher. tom. 8. Spicil. pag. 154 : *Igitur metropolitano Dominica Vocatione rebus humanis vitaque perfuncto, etc. Sua Vocatione præscita,* in Vita MS. S. Martialis Lemovic.

° Nostri *Vocation* de signis et nutibus dixerunt. Lit. remiss. ann. 1409. in Reg. 164. Chartoph. reg. ch. 191 : *Guillaume Erambourt doubtant que le mary de sa fille ne s'aperceust de telles Vocations, etc.*

ɔ **VOCATOR** Gentium dicitur S. Paulus Apostolus, in Charta Lietberti episc. Cameracens. ann. 1076. ex Tabul. ejusd. eccl.

VOCATORIÆ LITERÆ, Evocatoriæ, citatoriæ. Alexander II. PP. 12 · *Age modo, debitum tenentes ordinem, et adversariis tuis Vocatorias literas dirigemus, et tibi tuæque Ecclesiæ justitiam exequi procul dubio pollicemur.* [Gloss. Lat. Gr. *Vocatorium, κλητικόν.* In MSS. Sangerm. *Citatorium.*]

VOCATORIA EPISTOLA, in Ordine Romano dicitur, qua is, qui absens in Episcopum alicujus Ecclesiæ a Clero et plebe electus est, ad hanc dignitatem capessendam evocatur, directa Epistola a Metropolitano ad Episcopum et Presbyteros. ex quorum diœcesi et parœcia est electus. Istiusmodi Epistolæ formula ibidem describitur, hisque verbis clauditur · *Ob quam rem hanc direximus admonitionem, quemadmodum optime placuit sanctæ Synodo, Episcopum sine Vocatoria suscipi non debere, ne obscuritas dubiæ ordinationis incurrat.* Vide *Diurnum* Rom. cap. 3. tit. 2.

VOCATORIUM, Psalmus invitatorius. Ordo Officii in domo S. Benedicti [apud Mabill. tom. 4. Analect. pag. 455 :] *Congregati omnes in oratorio versum non dicant, nec Vocatorium, nec Presbyter compleat, nec orationem dicat, etc.* [Vide *Vitatorium.*]

¶ 1. **VOCATUS**, Nomen, appellatio. Tertull. adv. Hermog. cap. 25 : *A cujus habitu quid divertit, pariter et a Vocatu ejus recedit, appellationis, sicut et conditionis proprietate.* Vide *Vocamen.*

¶ 2. **VOCATUS**, pro Advocatus, patronus, Teuton. *Vogt.* Charta Alaman. Goldasti 32 : *Recepit pretium venditor ab emtore, cum Vocato suo Honorato, et cum Majors suo Abraham.* Vide *Vogtetus.* [ɔ° *Liceat præfato venerabili episcopo suisque successoribus et suo Vocato res prædictæ ecclesiæ..... quiete ordine possidere,* in chart. Arnolf. reg. ann. 889. apud Manser. Histor. Osnab. Probat. num. 7. et 8. *Monasterii sanctimonialium in Herzenbroch Vocatus,* in chart. Otton. II. ann. 976. ibid. num. 16. noviss. edit.]

3. **VOCATUS** EPISCOPUS. Formula loquendi sat frequens in designandis Episcopis electis, sed nondum consecratis. Verbi gratia in Synodo Belvacensi ann. 845. in Capitul. Caroli C. tit. 4. Hincmarus Remensis ita postremus Episcoporum vocatur, *Hincmarus Presbyter et Vocatus Archiepiscopus.* Vide Notas Baluzii ad hunc locum tom. 2. Capitular. pag. 1262. præterea tomum 2. Spicilegii Acheriani pag. 587. tom. 2. Hist. Franc. pag. 341. etc.

☞ Frequentissima tametsi occurrit hac nottone allata formula : monet Mabillonius Diplom. cap. 20 § 3. lib. 2. non idcirco electum duntaxat esse dicendum quemque Episcopum, qui eo modo subscribit, quando sola modestiæ causa hac uti formula potuit ; ut S. Bernardus qui in epistola 14. ad Honorium Papam nomen suum inscribit : *Frater Bernardus Vocatus Abbas.* Consule Mabillonium loco laudato.

¶ **VOCE**, Βάκες, ἰχθύες. Glossæ Lat. Gr. editæ et MSS. Sangerm. At Regiæ habent : *voce, pisces sunt.* Infra : Βὼξ, *piscis habens magnum ventrem.* Cujacius legit, *Boqus.*

⁂ **VOCEMISSARIUS**, inter officiales inferioris gradus recensetur, f. idem qui Nuncius, in Bulla Steph. IX. PP. ann. 1078. apud Murator. tom. 5. Antiq. Ital. med. ævi col. 976 : *Ita sane juvemus, ut nullus dux, sive marchio, comes, vicecomes, gastaldus, curialis, exactor, decanus, Vocemissarius, vel etiam ulla persona hominum audeat intercedere vel constringere hoc, quod a nobis constitutum et confirmatum est.* Vide *Vocimissarius.*

¶ **VOCGRIUM**. Vide infra in *Vogranum.*

¶ **VOCIBILITAS**, Objurgatio. *Ut nullus audeat confugientes ad ecclesiam, vel residentes inde vi abstrahere, aut quidcumque Vocibilitatis, vel damni, seu spolii residentibus in loco sancto inferre.* Can. difinivit quæst. 4. Ita Marci in Hierolexico. Sed legendum videtur *Nocibilitatis.* [⁂ Quod legitur in Decret. part. 2. caus. 17. qu. 4. c. 35.]

VOCIDUCTUS, Tubus, canalis cavus, seu fistula, per quam vox emittitur. Epistola 28. incerti ad Dardanum de diversis generibus musicorum, tom. 9. operum S. Hieronymi, de Tuba : *Tribus fistulis æreis in capite angusto inspiratur, in capite per quatuor Vociductus æreos, qui per æreum fundamentum quaternas voces transmittunt, etc.*

VOCIFERARE, Vocare in jus. Vetus Placitum, apud Franc. Mariam in Mathildi lib. 3. pag. 117 : *Unde plures vices eum Vociferare fecistis , ut ad vestrum placitum venisset, etc.* Eadem habentur verba in alio Placito ibidem pag. 155. Ita apud Codinum de Orig. CP.: ἀπειθῆ ταχέως, φώνησον αὐτούς.

¶ **VOCIFERARIUS**. Vide *Vocipararius.*

VOCIFERATIO, Idem quod *Huessium*, quod vide Leges Henrici I. Regis Angl. cap. 12 : *Qui furem plegiatum dimiserit, qui ei obviaverit, et gratis sine Vociferatione dimiserit, etc.*

VOCIMISSARIUS, Præco, in Glossematibus MSS. ad Prudentium, in cod. 561. Bibl. S. Germani Paris. qui vocem emittit. [⁂ Vide *Vocemissarius.* Maius in Glossar. novo : Comment. MS. ad Mart. Cap. lib. I : *Præcones dicuntur Vocimissarii, qui adventum judicum prænuntiant.* Item Schol. MS. ad Juven. Sat. 1. vers. 44 : *Quos in schola Vocimissarios dicunt. Cum illac clamaverint omnium multitudo collaudat.* Item sat. 7. vers. 44. *Magnas comitum voces, gesto, MS. Vocimissarios.*]

VOCIPARARIUS, φωνασκητής, in Gloss. Gr. Lat. ex emendatione Salmasii ; nam editus et MS. codex habent *Vociferarius.* Est autem *Vocipararius*, qui vocem parat, seu magister formandæ vocis, qui Græcis φωνασκός.

☞ Haud necessaria videtur emendatio : nam præter Glossas Lat. Græc. occurrit etiam in Ordinario S. Protadii Vesont. pag. 30. Collegerunt *cantatur studiose, qua finita eligantur duo Vociferarii qui cantent versum.*

¶ **VOCISSIMUS**, ἠχώ, in Gloss. Lat. Gr. Vulcanius emendat, *Vocis simius* : Meursius vero, *Vocis sonus.* Gloss. Græc.

Lat.: Ἠχώ, *sonus, Vocissimus, resona, resultatio.*

¶ **VOCITAMEN**, Vocabulum, nomen, appellatio. Charta ann. 1018. inter Instr. tom. 4. Gall. Christ. novæ edit. col. 139 : *Quæ vitæ spiraculo plena Vocitamen de sui matheria figmenti dicitur esse sortita.* Vita S. Vincentii Madelgarii tom. 3. Jul. pag. 669 : *At mater regia Francorum stirpe venam ducens, et Onoguera Vocitamen habens, eidem viro illustrissimo jure connubiali erat inserviens.* Vide supra *Vocamen.*

¶ **VOCLUCA**, θλέρας, in Gloss. Lat. Gr. Legendum *Bos luca* pridem monuerunt Lipsius, Delrius, et alii.

¶ **VODANUS**, Deus a populis Septentrionalibus cultus Vide in *Wodan.*

¶ **VODEGELDUM**, ut infra *Wodegeldum.* Vide *Gildum.*

VODER, Mensuræ Teutonicæ species. Theloneum Monasterii S. Bertini : *Ligna textoris*, 2. *den. Vodar allium,* 2. *den.*

⁑ **VODUM**, f. Fossa. Charta Alfonsi VII. Imper. Hisp. æræ 1115. apud Ant. de Yepez in Chron. Ordin. S. Benedicti tom. 6 : *Item intra istos terminos nullus intret pro casteleria, nec pro rogo, nec pro Vodo, nec pro maneria.* Leg. forte *Vadum.* Vide in hac voce.

⁑ **VOERIA**, ut *Viaria.* Vide *Viarius.*

⁑ **VOETVAL**, vox Belgica, Actio sese ad pedes alicujus prosternendi. Lit. remiss. ann. 1420. in Reg. 171. Chartoph. reg. ch. 242 : *Se fu à Warneston sur le halle implorée la mercy dudit fait, que on appelle en Flament de Voetval ghedaen.*

⁑ **VOGARE**, vox Italica, Remigare. Charta ann. 1340. tom. 4. Cod. Ital. diplom. col. 1935 : *Intelligantur galeæ et ligna armata, quæ ducunt ultra unum hominem pro banco ad Vogandum........ tempore pacis ; tempore vero guerræ, intelligantur galeæ armatæ, quæ Vogabunt seu habebunt ultra Vogerios centum viginti.* Vide mox *Vogherii.*

¶ **VOGATIUM**, Præstatio ab iis qui super fluvium navigant exsolvenda ; *Voguer,* navigare, Galli dicimus. Bulla Leonis IX. PP. apud Mabill. tom. 4. Annal. Bened. pag. 735. col. 2 : *Telonea quæ ad portum Vetraria sunt super fluvios Tarinaco et Itta, et portum qui dicitur Sellis, et Vogatium super fluvium Ligerim ipsi adhuc viventi sancto Remaclo tradidit.*

¶ **VOGATUS**, pro Vocatus, in Judicio ann. 821. inter Probat. tom. 1. novæ Hist. Occitan. col. 74.

¶ **VOGELEN**. Charta ann. 1283. apud Miræum tom. 1. pag. 819. col. 2 : *Item recognoscimus venationem, piscationem et aucupium seu avium captionem, Teutonice Vogelen, ubique supra bona sua esse suas.*

VOGHERII, Nautæ, [remiges, Gall. *Vogueurs.* Bartholomæi Scribæ Annal. Genuens. ad ann. 1244. apud Murator. tom. 6. col. 509 : *Et continuo paratæ fuerunt in Janua galeæ omnes, et electi in ipsis supersalientes et Vogherii quicumque deberent ascendere in eis.*] Conventiones inter Michaëlem Palæologum Imp. et Genuenses ann. 1261. a nobis editæ : *Supersalientes uniuscujusque galeæ PP.* 100... *Panetarius uniuscujusque galeæ..... Vogherii* 108. *uniuscujusque galeæ PP.* 88. *etc.* In Charta Gallica habetur *Vogueors.*

⁑ *Vaugueurs*, in Lit. remiss. ann. 1379. ex Reg. 105. Chartoph. reg. ch. 69 : *Lequel suppliant fu retenu en nostre service pour la guerre de la mer, là où il nous a*

servi comme Vaugueur en l'une de noz galées, de laquelle Angelin Nige estoit patron. Vauchiere, eadem acceptione, vel pro Remus, apud Monstrel. vol. 3. fol. 59. r : *Quatre-vingt galiotes de dix-huit à vingt Vauchieres.*

¶ **VOGRANUM**, Spicæ non omnino trituratæ, minoraque stramina quæ ventilatione a tritico separantur, idem, ut videtur, quod *Hauto* alibi, vel *Gaspaleum* dicitur. Charta ann. 1163. ex Tabul. Majoris Monast.: *Major noster S. Peregrini Guillelmus Chabart dicebat se habere in grangia nostra apud S. Peregrinum areæ scopationem, sedem moncelli segetum in grangia congregatarum , et Vogranum grangiæ cum tractu decimæ.* Vide *Vogranum.*

¶ **VOGREIUM**, VOCGRIUM, Eodem intellectu, Chartul. S. Vincentii Cenoman. fol. 10 : *Proponebat... se debere habere ab altari unum panem, tractum quoque decimæ annonæ,...... et quandam vineam et plateam domus de quibus erat contentio, et totum Vogreium et duas partes paleæ.* Ibidem : *Similiter Simon habebit in palea tertiam, sacerdos aliam abbas tertiam. In Vocgrio nihil recipiet Simon.*

⁑ *Virgrain*, eodem intellectu, in Lit. remiss. ann. 1401. ex Reg. 156. Chartoph. reg. ch. 267 : *Ouquel son pré Pierre Racine vit le filz d'un appellé Martin et le filz de feu Regnault, qui gardoient les bestes ;... auxquelz il dist qu'ilz avoient fait mengier son Virgrain, et que encores venoient-ilz faire mengier ses pastures.*

¶ **VOGTETUS**, Advocatus, a Germ. *Vogt.* Vide *Voistrecht.* Chron. S. Michaelis Hildesh. apud Leibnit. tom. 2. Script. Brunsvic. pag. 402 : *Constituit pro Vogteto Borchardum Schraderum juniorem.*

¶ **VOGTEUS**, Eadem notione. Vide in *Voietvrecht.*

VOGTMAN, Cliens, qui se alicujus imperio, vel tutelæ subjicit, *Commendatus* ; vox Germanica, ex *Vogt*, Præfectus, Patronus, Advocatus, et *mann*, homo. Fridericus II. Imp. in privilegiis Ratisbonensis urbis anno 1280 : *Quicumque residens in civitate impetitus fuerit, quod sit Vogtman alicujus ; et ille civis existens collectas det nobis et Episcopo, tanquam alius civis, nulla postmodum Advocato servitia exhibebit per coactionem, etc.* [Charta ejusd. Imper. ann. 1219. apud Tolner. inter Instr. Hist. Palat. pag. 68 : *Item quicumque dominus aut creditor alicui Nuremburgensi accommodare reddere renuerit, mansionarius illius aut mercator, vel suus Vogtmann, erit pignus Norimbergensibus.*] [⁂ Advocatitia. Vide Haltaus. Glossar. German. voce *Vogtmann.* col. 1978.]

¶ **VOGUES** dictæ vulgo in provincia Viennensi festivitates oppidorum vel vicorum, quales sunt dedicationis ecclesiæ aut patroni, ad quas concursus fit ex vicinis parochiis, ut choreis et saltationibus indulgeant. Conc. Viennense ann. 1557. apud Marten. tom. 4. Anecd. col. 447 : *Et ut occurratur frequentibus delictis atque offendiculis, quæ hactenus in celebritatibus festorum oppidorum et pagorum hujus provinciæ perpetrata sunt ; inhibuit hoc concilium ne deinceps in hujusmodi celebritatibus festorum, quas vulgo Vogues vocant, choreæ, saltationes, joculationes, ludi et cetera ejus farinæ ludicra fiant.*

⁂ **VOIAGIUM**, Peregrinatio. Lit. remiss. ann. 1354. in Reg. 82. Chartoph. reg. ch. 652 : *Eidem Johanni pœnam corporalem hujusmodi in peregrinationem seu Voiagium Beatæ Mariæ de Bolonia, quam seu quod... nudus pedes et sine ro-*

bis lingiis facere tenebitur. Vide supra Viagium 1.
* Voiage, pro Carrus vel Navis transiens, a nostratibus usurpatum. Lit. admort. ann. 1445. pro eccl. Vivar. in Reg. 177. ch. 151 : Item trois avediers de sel, que souloit prendre Guillaume de la Roche sur chacun Voiage de sel passant par la riviere du Rosne. Voiagier, pro Messager, Nuntius, in Lit. remiss. ann. 1415. ex Reg. 168. ch. 395 : Le suppliant gagne voulentiers sâ vie à estre messagier et Voiagier pour autrui.
¶ VOIAVADA, in Litteris Andreæ Reg. Hungar. ann. 1222. apud Cencium inter Census Eccl. Rom. Voiauvada, in Charta Belæ itidem Reg. Hungar. ann. 1233. ibid. Voavoda, in alia ejusd. Reg. ibid. Idem qui supra Vaivoda. Vide in hac voce.
* VOICTURA, a Gallico Voiture, Vectura, vectio. Obituar. eccl. Lingon. ex Cod. reg. 5191. fol. 235. r° : Duos bichetos boni frumenti, quos tenetur reddere Lingonis sine Voictura. Hinc Voicturon, Vector, qui vecturas facit, in Lit. remiss. ann. 1410. ex Reg. 104. Chartoph. reg. ch. 223 : Ces Voicturons et charretiers... gastent tout à mener paissant leurs chevaulx. Voituron, in Statutis Maceriar. MSS. Vide Voituarius.
* Voiture, alia notione, pro Clava lusoria scilicet, vulgo Billard, in Lit. remiss. ann. 1357. ex Reg. 86. ch. 22 : Gilaut Norbelin... feri ledit tavernier d'une Voiture ou billart sur le bras, etc.
¶ VOIERIA, a Gall. Voirie, Jurisdictio seu justitia Viarii. Charta Philippi Pulchri ann. 1307. in Necrolog. Ecl. Paris.: Ceteraque omnia domnia, justitiam altam et bassam, et Voieriam ac omnia alia deveria, que habet et habere debet ratione dictæ domus. Vide in Viarius.
* Voiere, in Stabilim. S. Ludov. cap. 90. tom. 1. Ordinat. reg. Franc. pag. 180.
VOIETRECHT, Rectum seu jus Advocatiæ, ex Germ. Voiet, vel Vogt, Advocatus, et Recht, jus, rectum. Charta Ottonis Comitis Palat. et Ducis Bavariæ ann. 1235. in Metropoli Salisburgensi tom. 1. pag. 164 : Statuentes, quod de prædicta curia nihil propter jus, quod Voietrecht dicitur, secundum antiquam consuetudinem a nobis vel a nostris successoribus exigiatur. Alia ann. 1224. ibidem pag. 237 : Advocatiam, quæ Kesten-Vogtei dicta. [°° Vide Haltaus. Glossar. German. col. 1979. voce Vogtrecht.]
* VOIGTDING. Charta Herm. march. Brandeburg. ann. 1308. apud Ludewig. tom. 12. Reliq. MSS. pag. 378 : Expedite tamen, quemdam judiciarium vel judicii casum, qui Voigtding vel sheding nominatur, ibidem habere volumus. Germ. Voigt vel Vogt, Advocatus. Vide Voietrecht. [°° Vide Haltaus. voce Vogtding, col. 1976.]
¶ VOILLAGIUM. Charta ann. 1123. apud Lobinell. tom. 2. Hist. Britan. col. 245 : Quirmarhocus filius Ristanet donavit Deo et S. Nicolao dimidium portum de Cordimense et medietatem expletorum portus, scilicet Voillagium, pedagium, pontonagium. Leg. f. Moillagium, a Gall. Mouillage, Præstatio pro statione navis exsolvenda : nisi a velum, Gall. voile, accersas, et ea sit præstatio pro nave quæ vela dat, pensitanda.
* VOISDIUS, nostris Voisdis, Panni species. Lit. remiss. ann. 1406. in Reg. 161. Chartoph. reg. ch. 127 : Deux draps, un Voisdie et un burel ; le Voisdie contenant vint verges et le burel onze verges.
* VOITFUETER, Mensuræ annonariæ species. Charta ann. 1280. apud Pez. tom. 6. Anecd. part. 2. pag. 144. col. 2 : Super quodam jure, quod nobis videbatur contingere ab antiquo, in villa Tetendorf, unde aliqualem mensuram avenæ, quod Voitfueter dicitur, habere debebamus. Vide Fodrum.
¶ VOITUARIUS, Vector, qui vecturas facit. Voiturner. Charta ann. 1379. ex Chartul. 21. Corb. fol. 351. v° : Erant in saisina et usu... ducendi et duci faciendi averia sua per chemina per quæ volebant et per Voituarios per quos volebant sine emenda solvenda pedagiario Bappatmarum. Occurrit rursum infra. Voicturier par eaue, in Charta ann. 1476. ex Chartul. Latiniac. fol. 245. v°. Vide Victerius.
VOIVODA. Vide Vaivoda.
¶ VOLAGIUM. Vide Evolagium.
1. VOLAGIUS, ex Gall. Volage. [Appellatio volagia, Practicis nostris Appel volage. Vide in Appellatio. Arrestum ann. 1301. ex Tabul. S. Johannis Laudun. : Super eo quod dictus abbas nitebatur contra ipsos uti appellationibus Volagiis.] Petr. de Cuigneriis tom. 3. Biblioth. Patrum pag. 79 : Item plures habitatores terræ dictorum prælatorum vocant se ad invicem ad Curiam officialium, ex quadam appellatione Volagia.
¶ 2. VOLAGIUS. Sanguis volagius, Vulnus leve. Gall. Blessure legere. Franchisiæ urbis Lugdun. ann. 1320. apud Menestr. Hist. Lugdun. pag. 95. col. 2 : Pro sanguine Volagio tres solidi sex denarii fortium novorum, si fiat sanguis cum baculo, lapide, vel gladio absque mutilatione membrorum, sexaginta solidi fortium novorum.
Libert. villæ de Priseyo ann. 1243. tom. 3 Ordinat. reg. Franc. pag. 596. art. 2 : De triplici sanguine, triplex consuetudo invenitur ; quia de sanguine, qui vocatur Volages, debentur tantum tres solidi. Libert. villæ Ayriaci ann. 1328. tom. 7. earumd. Ordinat. pag. 316. art. 58 : Qui maliciose injuriandi causa, alteri sanguinem fecerit sine gladio, excepto sanguine Volagio, etc. Libert. Matiscon. ann. 1846. in Reg. 77. Chartoph. reg. ch. 111 : Qui fiert de pame, ou de poin, de verge, ou de le gros baston, et sanz yssoit Volages, le fereour ne doit que trois solz. Vide supra Sanquis 2.
* Volage, Præteriens, advena, extraneus, in Lit. remiss. ann. 1377. ex Reg. 112. ch. 87 : Trois compaignons Volages, et dont ladite Marguerite ne scet les noms, vinrent en ladite ville de Neuvis ou baillage de Troies, etc. Volant, eodem intellectu, in Lit. ann. 1414. ex Reg. 167. ch. 483 : Lequel Besson, qui estoit Breton et compaignon Volant, qui n'avoit femme, ne enfans, ne riens que son corps. Pro idiota, Gall. Idiot, imbecille, legitur in aliis Lit. ann. 1386. ex Reg. 180. ch. 112 : Lequel Huart est homme ancien et homme lunatique et insensible, et par pluseurs foiz comme Volage et ydiot.
* VOLANA, Gall. Volaine, Volant, Voulant, Falcis species, vulgo Serpe, idem quod supra Goia 1. Lit. remiss. ann. 1441. in Reg. 176. Chartoph. reg. ch. 399 : Loys Bonneau ayant ung baston ferré, appellé Volant,...... frappa du bout du manche de sondit Volant, etc. Volin, in aliis ann. 1397. ex Reg. 152. ch. 309. Aliæ ann. 1451. in Reg. 185. ch. 265 : Icelluy Loys estoit embastonné d'un Voulant pour buissonner. Aliæ ann. 1452 in Reg. 181. ch. 128 : Jehan Brosse dist à la femme du suppliant qu'elle venist faire ce qu'il faisoit, qui estoit esguiser une serpe appellée Volaine. Guillaume Dalmas tenant en sa main ung Voulain, autrement dit goyart, in aliis Lit. ejusd. ann. ibid. ch. 226. Vollain ou petite serpe, in aliis ann. 1453. ex Reg. 182. ch. 75. Vollant, in aliis ann. 1476. ex Reg. 201. ch. 94. Denique Lit. ejusd. ann. in Reg. 204. ch. 29 : Une sarpe enmanchée, appellée in commun langaige Uolant, etc. Vide infra Vougetus.
¶ 1. VOLARE, Per vim auferre, furari, Gall. Voler. Vide supra Involare.
* 2. VOLARE, dicitur de Nave velocius navigante, in Annal. Placent. ad ann. 1181. apud Murator. tom. 20 Script. Ital. col. 967 : Naves dimissas quasi numero 75. violenter desuper Padum Volare facit. Faire Vouler le dragon, pro Vexillum explicare, in Lit. remiss. ann. 1388. ex Reg. 123. Chartoph. reg. ch. 235.
¶ VOLARIUM, f. pro Violarium 2. Hortus. Charta ann. 1208. ex Tabul. S. Melanii : Johannes dictus le Channe civis Rhedonensis dedit prioratui S. Nicolai de Montfort plateam suam cum Volario sitam inter prioratum S. Nicolai de Montfort et furnum ejusdem prioratus. Alia ann. 1257. ibid. : Clemens le Gallet cum assensu et voluntate Flegæ uxoris suæ dedit in excambio priori S. Nicolai de Montfort Volarium eorumdem Clementis et Flegæ situm in parochia S. Nicolai de Montfort, in dominio ejusdem prioris prope cimiterium S. Nicolai de Montfort, in clauso in quo vinea prioratus S. Nicolai sedet.
¶ VOLERIUM, Eodem significatu, in Charta ann. 1230. apud Marten. tom. 1. Anecd. col. 982 : Concessimus insuper eidem Volerium pone pressorium. Hinc emendanda Charta ann. 1231. ibid. col. 985 : Manerium de Brion cum Valerio juxta pressorium. Leg. Volerio.
VOLATA. Monasterium Anglicanum tom. 2. pag. 139 : Et dimidiam hidam, quæ fuit Gaufrid, cum prato, quod ad easdem terras pertinet, et unam croftam et Volatam, quam Hemmingus Presbyter solebat habere, et pannagium de propriis porcis suis, etc. [Vide Volarium.]
* VOLATICHA, Farina subtilior, quæ ab aeris motu jactatur. Stat. Vallis-Ser. cap. 59. ex Cod. reg. 4610. fol. 116. r° : Conductores.... ipsorum molendinorum... non possint nec debeant tenere in ipsis molendinis... assides, pannos, nec aliquas res pro capiendo Volaticham, nec farinam.
¶ VOLATICUS, pro Volatilis. Harpyæ, virgines Volaticæ. Gloss. Isidori.
VOLATILE, Proprie pro eo unum genere, quæ in cortibus rusticis nutriuntur. Capitulare, in Consuetudine Aquensi tit. 12. art. 9. Volture, in Aurelianensi art. 162. Conventus Aquisgranensis anno 817. cap. 8. et Addit. 1. Capitul. cap. 8 : Ut Volatilia intus forisque, nisi pro infirmitate, nullo tempore comedant (Monachi.) Adde cap. 9. Joannes Italus in Vita S. Odonis Abbat. Cluniac. lib. 3 : Ibat autem circa pedes grex cornicum, quas nos Gallinas vocamus. Tunc quasi furens quoddam bacillum arripuit, et, quam ei placuit, percussit, ac furibundo ore dixit : Hæc erit hodie mihi piscis. Cæteri siquidem, qui circumstabant, cum quodam rubore cæperunt ei dicere, fortassis licet tibi carnem comedere, pater ? At ille, Volatilia, inquit, non est caro, Volatilia enim et pisces unam habent originem, etc. Adde Constantinum Africanum lib. 1. de Morbor. cognit. cap. 10.
¶ VOLATILIATICUM, Præstatio ex volatilibus. Charta Ludovici VII. Reg. Franc. ann. 1173. inter Instr. tom. 6. Gall. Christ. novæ edit. col. 327 : Donamus etiam tibi et tuis successoribus in ipso comitatu pulveraticum, pascuarium, pisca-

ticum tam maris quam stagni et aquæ currentis, Volatiliaticum, in salinis, *iheloneis, etc.*
° Ita quoque legitur in Charta Caroli Calvi tom. 8. Collect. Histor. Franc. pag. 496. quæ mox laudatur, pro *Volitiaticum*, editum inter Probat. tom. 1. Hist. Occit. col. 95.
¶ VOLITIATICUM, Eodem significatu. Charta Caroli Calvi ann. 848. inter Probat. tom. 1. novæ Hist. Occitan. col. 95. pro ead. Eccl. Agathensi : *Piscaticum tam maris quam aquæ currentis, Volitiaticum salinaticum, etc.* Sed leg. videtur *Volatiliaticum*.
¶ VOLATILIS COLUMNA , f. Tortilis. Anastasius in Vitis PP. apud Murator. tom. 3. pag. 208. col. 2 : *Simulque et columnas Volatiles tam in ingressu corporis dextra, etc.* Vide *Vitineus*.
° VOLATILIS NUMMUS, Levioris, quam par est, ponderis, adeo ut flatu agitetur. Charta Cunradi archiep. Magdeburg. ann. 1226. apud Ludewig. tom. 12. Reliq. MSS. pag. 318 : *Quid mirum, si cuduntur infra civitatem denarii , extra muros minime sint dativi, pro eo quod librati in statera, stateram cras et hodie non teneant uniformem, imo de die in diem cudi soleant leviores, pro parvissima vi flaminis usquequaque Volatiles.*
¶ 1. VOLATUS, Venatio cum accipitre, ut videtur. Charta ann. 1461. apud Lobinell. tom. 2. Hist. Britan. col. 278: *Inter prædictum Regem, Ducem, et suos fuerunt plurima colloquia super venationibus, Volatibus, et aliis amenitatibus suis per aliqua tempora.*
² Tempus, quo rusticulæ gregatim accedunt, vesperam nimirum. Sic designarunt per *Volée d'assée*. Lit. remiss. ann. 1454. in Reg. 191. Chartoph. reg. ch. 35: *Entre Volée d'acée et jour couchié, etc. C'estoit devers le soir à Volée d'assée,* in aliis ann. 1476. ex Reg. 201. ch. 74. *Volée,* Trutinæ libratio, in Lit. ann. 1376. tom. 6. Ordinat. reg. Franc. pag. 194. art. 5 : *Et n'aura de Volée du fort au feble* (denier) *que deux grains. Volée præterea,* pro *Aile,* Ala ; quo nomine appellatur Vectis transversarius carchesii, in Lit. remiss. ann. 1450. ex Reg. 184. ch. 46 *Le suppliant se appuya contre la Volée du windas estans sur le rivage d'icelluy kay.*
¶ 2. VOLATUS, f. Locus in quo volatilia includuntur. Charta apud *Madox* Formulare Anglic. pag. 378 : *Dederunt nobis et successoribus nostris dicti abbas et monachi unam partem bosci qui vocatur Crattel, sicut per certas divisas separatur per viam inter boscum nostrum de Odybern et Volatum Ricardi le Hore.*
¶ 3. VOLATUS APUM, Jus in apum examinibus : idem quod *Abollagium*. Vide in hac voce. Charta Caroli Comit. Flandr. ex Tabul. S. Bertini: *Volatus apum totius silvæ de Grenni conceditur abbati.*
° 4. VOLATUS, VOLATA LIGNA, Rami ab arbore, ventorum vi aut alia ratione avulsi, nostris *Volis*. Charta Phil. Pulc. ann. 1308. in Reg. 44. Chartoph. reg. ch. 146 : *Donamus..... lignorum usagium ad omnia ligna, videlicet arescentia seu sicca, stantia et jacentia, necnon et nihila versata et Volata, jacentia seu caduca in boscis seu silvis, quæ vocantur defensa.* Alia Phil. V. ann. 1320. in Reg. 59. ch. 485: *Donamus usagium in foresta nostra, de Calvomonteto, in usagio dicto ad feminas, in nemore sicco, stante scilicet et jacente, viridique jacente ad dicto Volais et mortuo.* Vide *Cabulus.*
¶ VOLAX, Volucris, velox. Petrus Damiani lib. 3. Epist. 8 : *Atque ut Volaces gressus acceleret, exoratur.*
° VOLEAT, pro Velit, in Capitul. Caroli Calvi ann. 856. cap. 14: *Et si aliquis fuerit de vobis, qui Voleat dicere, quia non credit senioris nostri fidem, etc.*
° VOLEMA, an a *Volemo,* poma quævis significantur, Gall. *Fruits ?* Lit. remiss. ann. 1416. in Reg. 169. Chartoph. reg. ch. 540 : *Bernardus de Castronovo et nonnulli alii in studio Tholosano studentes ad ludum lignibolini sive chucarum luderunt pro vino et Volema.*
VOLEMUM, Gallica lingua, bonum et magnum dicitur, inquit Papias, ex Isidoro lib. 17. Orig. cap. 6. Glossæ Lat. Gr. : *Volemi,* κολοκυντίδες, ἄπιοι. [° *Malum,* loco *magnum,* habet Glossar. vetus ex Cod. reg. 7613.] [°° Apud Serv. ad Æn. lib. 3. vers. 233. *bona et grandia pira.*]
° VOLEMUS, *Raura. Versus :*

Planta Volemus erit pira dans, verboque Volemus.

Glossar. Lat. Gall. ex Cod. reg. 7692. [°° Vide Forcell. in *Volema.*]
¶ VOLENTES, Qui non ex officio, sed sponte et voluntarie serviunt, Gall. *Volontaires.* Charta Ludovici Reg. Comit. Provinciæ ann. 1409. ex Schedis Præs. de Mazaugues : *Jus inquirendi, procedendi, ac puniendi officiales et servitores nostros, qui Volentes dicuntur, et sunt ad honores, et nostræ Majestati et Curiæ continuo actu non serviunt.* Vide *Voluntarii.*
VOLENTIA, Voluntas. Felix in Vita S. Guthlaci in prologo n. 1 : *Sciat nos hoc opusculum non tam Volentiæ, quam obedientiæ gratia incœpisse.*
° VOLERIA, an Advena, extraneus ? Stat. Taurin. ann. 1360. cap. 81. ex Cod. reg. 4622. A: *Item quod nulla Voleria vel alia persona ponat busasum, stercora in via publica.* Vide supra in *Volagius* 2.
¶ VOLERIUM. Vide supra in *Volarium.*
° VOLES, f. Hortus. Vide *Volarium.* Placit. ann. 920. inter Probat. tom. 1. Hist. Nem. pag. 19. col. 1 : *De ipsos campos unde Geosaldus interpellavit jam dicto Ansemiro presbytero ana domno Uberto episcopo, et de Voles minores usque in ipsa langana, et ad ponte majore. ipsas decimas, qui ibidem fuerunt de ipsa laboratione, etc.*
¶ VOLETUS, Velum minus. Inventar. Eccl. Noviom. ann. 1419 : *Item unus Voletus sericus ad rigas sericas diversorum colorum.* Leg. f. *Voiletus,* a Gallico *Voilet.*
° Hinc nostris *Volet* et *Voulet,* Capitis tegumentum. Matth. de Couciaco in Carolo VII. pag. 665 : *Et estoit son chef* (de cette dame) *paré de ses cheveux beaux et blonds, ayant par-dessus une tocque, affulée et couverte d'un Volet fort enrichy de pierreries.* Lit. remiss. ann. 1390. in Reg. 138. Chartoph. reg. ch. 254 · *Le suppliant prinst..... un Voulet de soye.* Aliæ ann. 1482. in Reg. 206. ch. 320: *Le suppliant print par un bout le Voulet* ou *cuevrechief que icelle Michielle avoit sur sa teste. Un quevrechief ou Volete,* in aliis ann. 1408. ex Reg. 158. ch. 90. *Volet* etiam appellarunt Jaculum quoddam. Lit. remiss. ann. 1476. in Reg. 195. ch. 1592 : *Le suppliant joua et tira d'un arc... une sayette ou Volet.* Aliæ ann. 1479. in Reg. 205. ch. 453 : *Le suppliant remonstra qu'il n'avoit point de fleches pour tirer ; mais seulement avoit ung petit Volet.*
° VOLGE, Jus, quod domino capitali competit persequendi suos homines , cum eo inconsulto ad alium dominum transierunt. Charta ann. 1283. apud Ludewig. tom. 12. Reliq. MSS. pag. 377 : *Quod nullus in episcopali curia et sala, ac ipsarum attinentiis jus feudale, quod Volge vulgariter appellatur, debet vel potest habere.* Vide supra *Secta* 10.
¶ VOLGERE, vox Ital. Vertere, Gall. *Tourner.* Acta S. Franciscæ tom. 2. Mart. pag. 131 : *Vultum iste Archangelus a loquentibus in aliam partem Volgebat.*
° Tract. MS. de Re milit. et mach. bellic. cap. 79 : *Varrochium hoc est utilissimum levandi omne magnum pondus cum duobus sudibus, et homines esse debent quatuor ad Volgendum varrochium, causa trahendi altius campanam.* Hinc
¶ VOLGOLUS, Instrumentum versatile. Statuta Mutin. rubr. 294. fol. 58 : *Quod ad hauriendam aquam habens catenulam sint Volgolus habens catenam longam cum duabus situlis, una videlicet ab uno latere catenæ, et altera ab altero capite dictæ catenæ. Et quod alium Volgolum sint aspæ opportunæ ad hauriendam aquam.*
° VOLGONIUM, Instrumentum versatile. Lib. MS. Mirac. S. Thomæ Cantuar. ad calcem ejus Vitæ a Joan. Sarisber. scripta : *Posita est itaque juxta lignum sarcinula pellium, lanæ, lintei, togæ cum ferramento, quod Volgonium vulgus appellat.* Vide *Volgolus.*
VOLGRANUM, [VOLGRENUM, ut supra *Vogranum.*] Tabularium S. Benigni apud Perardum pag. 138 : *Quietam clamaverunt querelam, quam habebant adversum nos de redecima decimæ, et Volgrano, et conreio, et de domo, quam habemus ibidem.* Vetus Charta apud Beslium pag. 400 : *Quidquid in horreo et in area habebant, garbas, atque Volgrenum, etc.*
¶ VOLIPES, Pernix, velox pedibus. Liutprandi Hist. lib. 2. cap. 28. apud Murator. tom. 2. pag. 438. col. 1 : *Rex nonnulla his similia advenire cœperat, quum Volipes nuncius Hungaros in Meresburgo.... esse nunciabat.* Vita S. Gerardi sæc. 5. Bened. pag. 270 : *Non distulit humillima petitione per Volipedem legatum efflagitare, quatenus ad sui præsentiam usque dignaretur defatigari.*
¶ VOLITIATICUM. Vide *Volatiliaticum.*
¶ VOLITUS, pro *Bolidus,* vel *Boletus,* Fungi genus, in Vita S. Pardulfi ex Cod. Lemovic. laudato a Mabill. sæc. 3. Bened. part. 1. pag. 576. Locus est in *Lemiga.*
VOLLEHEN. Vide *Fahnelen.*
° VOLONES, Milites voluntarii, in Onomast. ad tom. 2. Mail, ubi error est in numeris. Vide *Voluntarii.*
VOLUNTATUS, pro Voluntarius. Stat. MSS. eccl. Corisopit. : *Omnis Volontata seminis emissio, mortale peccatum est, nisi per matrimonium licitum excusetur.*
¶ VOLSINA, Vestis pellitæ species. Chartul. S. Joan. Angerlac. fol. 176. v° : *Habuerunt autem pro hac de charitate S. Johannis triginta solidos et uxor illius unam Volsinam de galebruno* (cum) *pellibus suis.*
¶ VOLSSORS. Statuta Massil. lib. 3. cap. 18 : *Statuimus quod in lapidibus vendendis in Massilia, et ejus territorio servetur hæc forma, scilicet quod Volssors habeant duos palmos, etc.* Subesse mendum videtur.
VOLSURA. Vide *Rufia.*
¶ 1. VOLTA, Fornix. Vide *Volutio.*
¶ 2. VOLTA, Terra locum aliquem circumcludens , *Vautar ,* circumagere , *Vauto,* ambitum , dicunt Provinciales. Charta ann. 1110. in Chartul. Aptensi fol. 73: *Damus la Volta dal molin en Vercennum ad Vineam plantandam, tali tenore ut..... in perpetuum tres partes ha-*

beant, et de omnibus arboribus in supradictis Volta plantatis quartam partem canonicis reddant. Hinc Voltæ nuncupantur loca quædam aquis circumclusa. Charta S. Odilonis ann. 1025. sæc. 6. Bened. part. 1. pag. 685 : Incepimus ædificare ecclesiam in quodam proprii juris monticulo, qui Volta vocatur, eo quod præterfluentibus aquis Hylaris fluminis, partibus ex tribus concluditur, et, ut ita dicam, quasi sinuatim involvitur. Extant præterea Volta de Ventadour, in pago Vivariensi ; Volta Podemniaca, in pago Valavio. Vide Valesium in Notit. Gall. pag. 621.
★ [Per portam Sancti Pauli exivit urbem, galeam in Volta S. Pauli cum duabus aliis galeis ibidem pro familia sua paratis, ipsum expectantem. » (Diar. Burchard. ed. Thuasne, II, 33, an. 1493.)]
¶ VOLTA, Margo putei, quia in orbem est. Chron. Parmense ad ann. 1367. apud Murator. tom. 9. col. 866 : Et in ipsa contrata fuit Parma (flumen) sic magna, quod fuit desuper Voltas puteorum contratæ, ita quod puteus implevit.
¶ 3. VOLTA, Ornamenti genus, f. Circulus. Statuta Vercell. lib. 2. fol. 27. v° : Appellatione josalium intelligatur garlanda una quæ portatur omni die,.... et Volta una et coatie quæ portantur omni die.
° 4. VOLTA. Italis, idem quod Vicis. Charta ann. 1199. apud Murator. tom. 4. Antiq. Ital. med. ævi col. 709 : Qui concordier laudaverunt ut assazatores Ferrariæ habeant pro assazatura salis pro unaquaque navi de sale, sive sit parva, sive sit magna, pro unaquaque Volta, septem imperiales, et non plus.
¶ Volte vero, a Lat. vola, Alapam. vulgo Soufflet, sonat, in Lit. remiss. ann. 1392. ex Reg. 143. Chartoph. reg. ch. 96 : Arnault de la Forge malicieusement toucha de sa main sur la poitrine ledit barbier, et lui donna une Volte. Voulte d'œfs, pro Omelette, Ovorum intrita, in aliis Lit. ann. 1388. ex Reg. 132. ch. 314 : Ainsi que Jaquin Chifflot et l'exposant buvoient ensemble, et que ledit Jaquin s'estoit levez de son escot pour aler faire une Voulte d'œfs, etc.
¶ VOLTARE, Concamerare. Vide in Volutio.
¶ VOLTICIUS Pons, Versatilis, Gall. Pont tournant. Petrus Azarius apud Murator. tom. 16. col. 435 : Et tunc deliberati pontem Volticium ipsius terræ depresserunt a parte qua gens erat marchionis. Vide in Pons.
VOLTO. Charta Italica ann. 1356. in Hist. Bononiensi lib. 1. pag. 25 : Juxta viam publicam,.... juxta Voltonem antiquæ portæ civitatis, etc. Idem forte quod Volta 1.
¶ VOLTURA, in Charta Cluniac. apud Ægidium Bry in Hist. Comit. Pertic. lib. 2. pag. 72 : Volturam etiam molendini qui in ipso stagno situs est de annonis suis concedo eis. Sed leg. videtur Moltura. Vide in Molta 2. Voltura, pro Fornix, vide in Volutio.
VOLTURIUM, γύψ, in Gloss. MSS. Sangermanensi, Vultur, nostris etiam Votour, seu Vautour.
VOLUBILIS. Vide Monubilis.
° VOLUBILIS, Involutus, implicatus, Gall. Embarrassé. Charta Joan. dom. Castrivil. ann. 1279. in Chartul. Cluniac. ch. 807 : Nos prædictus Johannes dominus Castrivilani et Luziaci ad evitandum juris et consuetudinis Volubilis laqueos et advocationum versutiam, etc.
° VOLUBRUM, Velle, in Glossar. Lat. Gall. ex Cod. reg. 7692.

¶ VOLUCLUM. Vide Volucrum.
VOLUCRARE, Subigere, in Gemma.
VOLUCRES DENARII, vulgo Vlieghers, in Legibus Opstalbomicis Frisiæ cap. 21. Kilano, Vliegher, est drachma, nummus 4. stuferorum, aquilæ, sive angeli volantis effigie donatus.
VOLUCRITARE, Celeriter locum pertransire instar volucris. Occurrit in Vita S. Samsonis Episc. Dolens. Vide locum in Venalis.
¶ VOLUCROSUS, Abundans volucribus, in Carmine de Laudibus Lutetiæ ad calcem Consuetudinum Universit. Paris. per Robertum Goulet edit. ann. 1517.
VOLUCRUM, Involucrum, quo peregre euntis sarcinæ ac vestes conduntur, ac involvuntur, Gallis Male, portemanteau. Glossarium S. Bened. : Volucrum, εἰλημα. Gregorius Turon. lib. 3. Hist. cap. 15 : Unum etiam Volucrum cum vestimentis tollentes. Lib. 4. cap. 26 : Cumque hæc collectis rebus, factisque Volucris, a cœnobio pararet egredi. Adde lib. 5. cap. 19. In oblivionis Volucrum delabi, in Vita B. Mariani Abb. Ratisp. n. 1.
¶ 1. VOLVERE, Expellere, ejicere, Gallice Classer. Consuetudo ann. 1268. ex Schedis Præs. de Mazauges : Et custodiebant oves suas in dicto territorio alte et basse sine prohibitione alicujus, et non vidit quod aliquis Volveret eos, nec ejiceret de dicto territorio. Infra : Et non invenerabant qui Volveret eos, nec diceret eis : malefacitis quia huc venistis. Rursum : Nullus Volvebat eum, nec pignorabat eum.
¶ VOLVERE SE, Vertere, Gall. Se tourner. Acta S. Franciscæ Rom. tom. 2. Mart. pag. 105 . Quibus dictis Volvit se Regina cœli ad beatam Franciscam. Vide Volutus.
¶ VOLVERE CAUSAM FINITAM, Eam renovare, in indice seu rotulo rursus inscribere ; Galli diceremus : Remettre au rôle. Leges Rotharis [∞ Conclusio, post 390.] apud Murator. tom. 1. part. 2. pag. 48. col. 2 : Et hoc addimus atque definimus, ut causæ, quæ finitæ sunt, non Volvantur. Quæ autem non sunt finitæ,... aut quæ motæ fuerint, per hoc Edictum incidantur et finiantur.
° 2. VOLVERE, Ambitu complecti, Gall. Avoir de tour. Pactum inter Reg. Franc. et Venet. ann. 1268. in Reg. Cam. Comput. Paris. sign. Noster fol. 286. v° : Item una storia de feno, quæ Volvat pedes viij. et medium et sit alta cum testis pedes v. et medium.
° 3. VOLVERE, Concamerare, Gall. Vouter. Reg. 34. bis Chartoph. reg. part. 1. fol. 96. r°. col. 2 : Tota Turris (de Ribemont) Volvenda, planchanda et solennda et quernelanda et escuanda, et turriculam, quæ erat ante portam, oportet non Volvere et desuper facere 1. estage, etc. Vide Voltare in Volutio.
★ VOLUGENA. [« Volugena, moe. » (Gloss. Lat. Gal. Bibl. Insul. E. 36. XV. s.)]
° VOLUGRANUM, Purgamentum frumenti post ventilationem. Charta ann. 1194. inter. Instr. tom. 12. Gall. Christ. col. 281 : Idem quoque Stephanus (dedit) duas partes decimæ apud Aurigniacum, et custodiam et tractum grangiæ et baltum (leg. balcum) et Volugranum et vaspale et paleas et stramen. Vide Vogranum.
¶ VOLUMEN, Tholus. Vide in Volutio.
° Nostri Volume, a Latino Volumen, vulgo Rouleau, appellarunt Chartam in speciem rotulæ convolutam. Lit. remiss. ann. 1330. in Reg. 117. Chartoph. reg. ch. 172 : L'exposant et aucuns ses com-

plices entrerent de nuit en la maison du bedel de l'estude de Tholouse, et prindrent en icelle..... un Volume et unes viez concordances de Théologie. [∞ Pars Corpor. Jur. Justin. Vide Savin. Hist. Jur. Rom. med. temp. tom. 3. § 191. 192.] Falcis speciem significat hæc eadem vox, nisi, quod puto, mendum sit pro Votaine. Vide supra Votana. Lit. remiss. ann. 1466 in Reg. 202. ch. 82 : Le suppliant tenant en sa main ung goyart, autrement appelé Volume, etc.
¶ VOLUMINOSUS, Glomerosus, convolutus. Sidonius Carm. 9. 76 . Angues corporibus Voluminosis alte squamea crura porrigentes, in vestigia fauce desinebant.
★ VOLUMPTUOSITAS. [Luxuria : « Quare invirilitas, pigrities, indocibilitas, oblivio, Volumptuositas et hujusmodi apparebunt. » (B. M. Ms. Lat. 16089. f. 112v.)]
VOLUNTARII, Qui ultro militant, et castra sequuntur, nec sacramento militari astricti sunt. Capitolinus in Marco : Instante adhuc pestilentia, et deorum cultum diligentissime restituit ; et servos quemadmodum bello Punico factum fuerat, ad militiam paravit, quos Voluntarios, exemplo Volonum appellavit. Θηλυματαρίων ejusmodi meminit Georgius Pachymeres lib. 2. cap. 14. [Vide Volentes.] et Glossar. med. Græcit. col. 487.]
1. VOLUNTARIUS, Propensus, qui ultro in rem aliquam incumbit. Vita S. Isidori Episcopi Hispalensis n. 20 : Si quem in lege Domini Voluntarium reperisset, nimia venerabatur dilectione, et inter suos secretarios amicabiliter annotabat. [Charta ann. 1523. apud Ludewig. tom. 2. Reliq MSS. pag. 335 : Ad ea Voluntarii sumus.]
° Nostris alias Voulenteux, pro Benevolens. Lit. remiss. ann. 1464. in Reg 199. Chartoph. reg. ch. 466 : Afin que icelle Girauds...... fust plus enclinée et Voulenteuse envers le suppliant, etc.
¶ 2. VOLUNTARIUS, Qui tributum voluntarie præstat. Vide Tallia.
¶ 3. VOLUNTARIUS, Pertinax, obstinatus, nostris Volontare, eadem notione. Chron. Jo. Whethamstedu pag. 329 : Abbas, nunctum istud audiens, et fratres in suis dictis Voluntarios pocius quam racionabiles esse intelligens, etc.
° Voulenteulx et Voulentix alias nostris, eadem significatione. Lit. remiss. ann. 1375. in Reg. 108. Chartoph. reg. ch. 48 : Lequel Mahieu qui estoit homs chaux et Voulentix, etc. Aliæ ann. 1477. in Reg. 205. ch. 482 : Le suppliant estant en jeune aage et Voulenteulx, non cognoissant l'obeissance qu'il devoit à ses pere et mere, etc. Voluntarie, Navis species, apud Rabelais. tom. 4. pag. mihi 100.
VOLUNTARIE, Libenter, Gall. Volontiers, occurrit non semel in Capit. Caroli C. tit. 26. 28. 31. etc.
° VOLUNTARIUM, Voluntas, arbitrium. Pariag. inter Reg. et abbatis. Elnon. in Ruthen. ann. 1313. ex Reg. 61. Chartoph. reg. ch. 21 : Si dominus noster rex vel ejus senescallus ab hominibus dicti pariagii fidelitatis sacramentum exigeret ;..... quod dictum sacramentum quandocumque exigeretur seu præstaretur, præstare deberent abbatissæ eodem modo seu ejus Voluntario. Hinc Voluntairement, Ad arbitrium suum, vulgo A sa volonté, à sa fantaisie, in Lit. remiss. ann. 1464. ex Reg. 199. ch. 403 : Que le suppliant avoit gouverné Volontairement et s'estoit enrichi des biens et revenus d'icelle ville (de Hesdin dont il étoit maire).

* 4. **VOLUNTARIUS**, Qui quovis modo jus habet in rem ex voluntate possessoris, practicis nostris *Ayant cause*.Charta Joan. comit. Arman. ann. 1357. in Reg. 159. Chartoph. reg. ch. 25 : *Concedimus Guillelmo Rolando militi quod ipse et hæredes et successores sui et Voluntarii, possint...... construere, habere et tenere molendina navalia et alia quæcumque in fluminibus Garonæ et Tarni.* Vide *Voluntarius*, 1. 2. 3. in *Voluntarii.*

* 5. **VOLUNTARIUS**, Strenuus, animosus, Gall. *Qui a de la volonté, courageux, brave*, alias *Volontarieux*. Hist. belli Forojul. apud Murator. tom. 3. Antiq. Ital. med. ævi col. 1198 : *Nostri vero animum Voluntarium habentes, non attendentes ad eorum requisitionem, putabant eos illo die superasse.* Ibib. col. 1203 : *Si quid de nostro volueritis, et contingat vos ad nos venire, nos paratos vos velle recipere videbitis, non pavidos, sed Voluntarios.* Froissart. vol. 2. cap. 193 : *Quand l'evesque de Norduich, qui estoit jeune et Volontarieux, et qui se desiroit armer.*

¶ 1. **VOLUNTAS**, Tributum spontaneum. Vide supra *Tallia.*

VOLUNTAS, Id quod cuique rei convenit. Statuta S. Claudii ann. 1448. pag. 81. *Ministrare debet idem pittanciarius ..... salsas croceas vel virides secundum naturam et Voluntatem carnium.*

" 2. **VOLUNTAS**. ESSE SUÆ VOLUNTATIS, Ad arbitrium suum agere. Lit. remiss. ann 1356. in Reg. 84. Chartoph. reg. ch. 561 : *Ipsa Perrota, quæ erat fortis conditionis et status...... et alias erat mulier suæ Voluntatis, etc.* Vide supra *Voluntarium.*

↳ **VOLUNTATIM**, *dictum est ex voluntate.* Virgil Gramm. pag. 78.

VOLUNTATIO, f. pro *Volutatio*, Districtus, qui certis limitibus circumscribitur : *Tournée*, non multum dissimili notione dicimus. Libert. Montisfalc. in comitatu Bigor. ann. 1369. tom. 8. Ordinat. reg. Franc. pag. 52. art. 4 : *Quod ex nunc imperpetuum consules dicti loci...... sint assistentes bajulo ipsius loci, in omnibus et singulis causis criminalibus in eodem loco et infra Voluntationes præscriptas, pendentibus et emergentibus quoquo modo.*

VOLUNTATIVUS, Volens, non coactus, non invitus. Berthold. Annal. ad ann. 1077. apud Pertz. Scriptor. tom. 5. pag. 308. *Quicquid enim illi oneris per obedientiam imponebant, sine mora deo subdita Voluntativa satis supportabat.* Vide *Voluntarius* 1. Verborum forma desiderativa dicitur voluntativa apud Virgil. Grammat. pag. 48 : *Nam cum dicis victorio, nescio quomodo ad meditationem pertineat...... ergo non meditativam, licet id consuetudo nobis invexerit, sed promissivam ac Voluntativam dicere debemus.*

¶ **VOLVOLUS**, Instrumentum piscatorium, retis genus, idem quod *Vertebolum* et *Vervilium* supra. Vide in his vocibus. Charta Thossiacensis ann. 1404 : *Tenet quasdam rivas et aquas piscatorias seu pos Volvolorum ad capiendum pisces.* Ala ejusdem anni : *Guillelmus Regis tenet tria foramina seu pertuis ad ponendum Volvous existentia in dicto prato.*

¶ **VOLUPTARE**, Voluptatem afferre, voluptate donare. Brito Armor. lib. 11 .

..... nunc mixta peremptis
Viva concervans, aliena labe Voluplat.

VOLUPTIFICUS. Apuleius lib. 2. Florid. : *Jovis* (stella) *benifica, Veneris Voluptifica.* [Id est, voluptatem parit.]

¶ **VOLUPTUOSE**, Delicate, *Voluptueusement*. Rolandin. Patav. in Chron. Tarvisino, apud Murator. tom. 8. col. 310 : *Minabuntur quidam Voluptuose viventes civitatem Vicentiam insultare.*

¶ **VOLUPTUOSITAS**, Voluptas. Johan. de Cardalhaco Serm. in Circumcisione Domini : *Tanquam bestiales ratione non utentes et Voluptuositati servientes, etc.*

* Unde nostris *Voluptuosité*, pro *Volupté*. Lit. remiss. ann. 1474. in Reg. 195. Chartoph. reg. ch. 1289 : *Lequel supplant pour la* (fille) *attraire à Voluptuosité,..... la toucha en plusieurs manieres.*

* **VOLUTABRUM**, Cylindrus, instrumentum quo adæquatur. Glossar. Lat. Gall. ex Cod. reg. 7692 : *Volutabrum, Policher.* Vide *Volutabrum,*

VOLUTARE, Vasis species. Apitius lib. 2. cap. 3 : *Ubi jam commiscueris, uvam passam, carenum, vel passum desuper confractum, asperges, atque in Volutari inferes.* Lib. 5. cap. 2 : *Quum bene ferbuerint, obligabis, addes in Volutari oleum cum viridi lenticula.* Adde lib. 6. cap. 2. et lib. 8. cap. 7. ubi Humelbergius legendum putat *boletari*, quod est vas boletis serviens : unde illud Martialis lib. 14. Epigr. 101 :

Cum mihi boleti dederint tam nobile nomen,
Prototomis, pudet heu, servio colicilis.

¶ **VOLUTARIUM**, κύλινδρος. Gloss. Lat. Græc. in MSS. *Volutabrum.*

¶ **VOLUTATICUM**, Vectigal seu tributum quod pro damno, quod in viis publicis currus *volvendo* facere solent, exsolvitur domino prædii. Charta Pipini Reg. ann. 759. apud Felibian. Histor. Sandion. inter Probat. pag. 28 : *Retinebat teloneo infra Parisius ex navibus et pontis Volutaticus ac rotaticos, etc.* Vide *Vultaticum.*

VOLUTIO, Fornix, concameratio, Gall. *Voute*, quod sursum in fornicis speciem *volvatur*. Papias : *Concameratio, fornix, transvolutio* Vita S Eligii lib. 2. cap. 45 : *Visum est Episcopo,.... ut ædificata ultra altare Volutione, illic ei demum corpus dignum facerent translationem.* Vita S. Desiderii Episcopi Cadurcensis cap. 11 : *Sepulturam quoque sibi in eodem monasterio sub dextri lateris Volutione præparari jussit.* Cap. 17 : *Qui monasterii septa, prærogativa quadam dignitate in..... domorum amplitudine, et basilicarum admiranda altitudine, ac Volutionum ambienda pulchritudine, pene studio ac singulari fabrica sustulerit.* Gregorius Turon. lib. 1. de Mirac. S. Martini cap. 38 : *Crypta super eos miro opere fabricata est, quæ in arcuum modo Transvoluta firmissima stabilitate subsistit.* Idem lib. 10. Hist. cap. 31 : *Ante altare basilicæ fundamenta jecit, erectamque absidem uno opere constituit et Transvolvit.* Ea vero transvoluta disruptoque pariete arcum ædificat.* Ermentarius Monach. in Vita S. Philiberti Abbat. cap. 28 : *Locus sepulturæ mirifice est Transvolutus, tribus perinde absidis circumcirca adjectis.* Chronicon Abbatis S. Trudonis lib. 6. initio : *Similiter et cryptam, quam Volutam tantum invenit, cæteris omnibus, quæ deerant, consummavit.* Gloss. Ælfrici : *Voiubilis*, sinvealt, i. rotundus. Gr. Lat. : Εὐκύλιστον, *Volubilis*. Ναὸς εἰλματικός, Constantino Porph. de Administr. Imper. Vide Salmasium ad Solinum pag. 1219.

TRANSVOLUTIO. Vita S. Saturnini Mart. : *Transvolutionem desuper tumulum multo latere diligenter extruxit, etc.* Vide *Concameratio.*

VOLTA, Fornix, Italis etiam *Volta*. Su-

perior *Voltarum sublimitas,* apud Sugerium lib. de Administr. sua cap. 28. Adde cap. 31. Durandus lib. 1. Ratio cap. 1. n. 19. *Exedra est absida, sive Volta.* [Charta Philippi Reg. Franc. ann. 1206. ex Tabul. Montis Mart. : *De qua Volta reddebat singulis annis unum bisantium.* Tabular. B. M. de Bono-nuntio Aurel. : *Ut tamen dictam capellam..... de copertuvis, Voltis, muris, et aliis refectionibus habeatis sustinere.*] Liber niger Ecclesiæ Dublinensis apud Jacobum Waræum in Antiquit. Hibernicis : *Dedit S. Trinitati et Donato primo Episcopo Dublinensi locum ad ædificandam Ecclesiam S. Trinitatis, ubi fornices sive Voltæ sunt fundatæ, etc.* Thomas Fiche Canonicus Ecclesiæ Cathedralis S. Trinitatis Dublinensis de Fundat. ejusdem Ecclesiæ : *Quapropter S. Patricius celebravit Missam in uno fornice sive Volta, qui in hodiernum diem appellatur fornix, sive Volta S. Patricii.* Le Roman d'Abladane MS. : *Et dit que li Messagiers y entreroit par Vaultes, qui estoient faites dessous terre de long temps, et par dessous ces Voltes cil d'Abladane pouvoient moult bien secourir, etc.* Vide Petrum Mariam Campum in Histor. Eccl. Placent. lib. 14. pag. 17. [Occurrit præterea apud Marten. tom. 3. Anecd. col. 1680. 1684. Bollandistas tom. 6. Maii pag. 49. Murator. tom. 6. col. 410. tom. 8. col. 1148. tom. 9. col. 803. tom. 12. col. 508. 1011. 1147. tom. 15. col. 499. in Statutis Astens. fol. 1. v°. etc.] Vide *Vosta*, suo loco.

* Hinc *Volu*, pro *Voûte*, concameratus. Le Roman d'Alexandre MS. part. 1 :

... Lez un arbre fueillu ,
Sa se tret Alexandre desous une arc Volu.

Ibid. de scuto in fornicis speciem *voluto* :

Il lor trenche les elmes et les escus Voutis.

¶ **VOLTA**, pro Cella vinaria et carcere, quod in voltæ seu fornicis speciem exstrui solent. *Quædam cava seu Volta lapidea*, apud Fantonum Hist. Avenion. pag. 164. [° *Voulte*, in Chartul. Corb. sign. *Cæsar* fol. 11. v° : *Nulz taverniers ne portent ne facent porter remplage de Voulte à autre, ne de cellier à autre.*] *Volte*, carcer, au Roman de *Partonopex* MS. :

Et viennent à la Volte oscure,
Ou li frons hom se demesure.

Infra :

Sovent revent à la geole
En quei Partonopex s'afole.

¶ **VOLTURA**, Idem quod *Volta*, fornix. Hist. Monast. S. Laurentii Leod. apud Marten. iom. 4. Ampliss. Collect. col. 1189 : *Reconciliatus itaque abbati fecit pingi apostolos Petrum et Paulum et circa Volturam.*

VOLUMEN, Tholus. Vetus Interpres Palladii Lausiaco. cap. 22 : *Fuit ubi Voluminum cellulas fecit.* Ubi Palladius cap. 43. Τραπεζοφόρου.

VOTA, Eadem notione. Charta ann. 1246. apud Columbum in Episcopis Sistaric. lib. 3. num. 21 : *Nec non casalia... item Votam S. Joannis contiguam Beato Thyrso cum pertinentiis omnibus.* [Comput. ann. 1292. apud D. Brussel tom. 2. de Usu feud. pag. ccii. col. 1 : *De Vota sub Castelleto*, xxx. *sol.* Charta ann. 1251. apud Stephanot. tom. 3. Antiquit. Bened. Pictav. pag. 873 : *Cum frater Johannes de Villa-Dei sacrista ecclesiæ nostræ acquisivisset et de proprio suo condidisset domum cum Vota,... tradidit

Benedictæ mulieri,... excepta tamen Vota et interiori particula ejusdem domus quæ per parietem dividitur, quam etiam Votam et particulam dictæ domus sacrista Nobiliacensis in perpetuum possidebit. Tabul. Sangerman. ann. 1267 : *Juxta domum dicti Guillelmi de marcantiis et Votam elemosinarii nostri.*]

¶ VOUTA, Fornix. Comput. ann. 1270. apud Lobinell. tom. 2. Hist. Britan. col. 412 : *Item sunt in Vouta* XL. *ciphi albi sine pedibus.* Charta ann. 1370. ex Tabul. S. Victoris Massil. : *Solvimus magistro Johanni Joglari lapicidæ magistro operis turrum portalis Laureti pro Voutis et ampliethiis secundæ turris dicti portalis faciendis, etc.* Chron. Beccensis Monast. MS. : *Fecit prædictus dominus Gaufridus Voutam continuari et antiquæ conjungi.* Statuta Grandimont. apud Marten. tom. 4. Anecd. col. 1287 : *Voutæ quidem ecclesiarum sint tantum planæ, et simplicitati nostræ religionis congruæ.* La Vie de Jesus Christ MS. :

> Jouste le mur en est venus
> Sous le Vaute d'un arc volu, etc.

Le Roman de *Robert le Diable* MS. :

> D'alés le chien Rober se couche,
> Qui de lés uns Vaute eut couche.

¶ VOSTA, Eadem significatione, Gallice *Arcade*. Charta Petri Senon. Archiep ann. 1213. ex Chartul. Maurigniac.: *Habebit capicerius altare competens intra ambitum magni chori ecclesiæ ubi celebrabit, donec navis ecclesiæ de una Vosta excreverit.*

¶ VOLTARE, Concamerare, Gall. *Vouter*. Chron. breve S. Dion. apud Acher. tom. 2. Spicil. pag. 813. et Felibian. Hist. Sandion. inter Instr. pag. 205 : *Turris ubi sunt cymbala a parte vestiarii non erat perfecta, nec Voltatus erat chorus.* Hist. fundat. Cælestin. Suession. apud Marten. tom. 6. Ampl. Collect. col. 608 : *Deinde sacristiam, capitulum et collationem contiguas de lapide Voltatas supra, etc.*

¶ VOLUTUM, perperam pro *Velutum*, Gall. *Velours*, in Comput. ann. 1508. ex Tabul. S. Petri Insul. Vide in *Villosa*.

¶ VOLUTUS, Subversus. Mirac. S. Walarici tom. 1. Aprilis pag. 28 :

A fundo templum qui dæmonis arte Volutum Incipiens struxit.

⁰ VOLVUS est *Pellis oculi*, in Glossar. Lat. Gall. ex Cod. reg. 7692.

⁹ VOMER ANSERINUS, pro Calamus. Vita S. Idæ tom. 2. Sept. pag. 267. col. 1 : *Omnia autem velle disserere, quæ eo loci beatæ Ydæ opitulamine patrata audivimus, non nostræ opis est,... aut anserino Vomere apte exarare, etc.*

⁹ VOMERE, *Gomir*. Vomitus, Gomissement, in Glossar. Lat. Gall. ex Cod. reg. 7692. Vox Picardis etiamnum in usu. Haud scio vero quid significet *Etre vomi*, ubi de vulnere capiti, cum incisura inflicto, agitur. Lit. remiss. ann. 1847. in Reg. 77. Chartoph. reg. ch. 172 : *Gillet Hideux feru la femme d'icellui Tristan d'un baston à la teste, si et en telle manière, qu'elle en fu Vomie et quarrelée.*

1. VOMERES IGNITI, Purgationis per ferrum candens species, quos qui innocentiam suam jubebantur adstruere, calcare nudis pedibus tenebantur. *Ad novem Vomeres ignitos judicio Dei examinare*, in Capitul. ad Legem Salicam cap. 5. in Lege Angliorum et Werin. tit. 14. in Capit. 2. ann. 803. cap. 5. in Lege Longob. lib. 1. tit. 10. § 3. [☞ Carol. M. 105.] in Capitul. Caroli M. lib. 4. Append.

2. cap. 3. et in Legibus Henrici I. Regis Angl. cap. 89. Capitula Theodori Cantuar. cap. 36. et Concilium Moguntinum sub Rhabano cap. 24 : *Qui Presbyterum occidit, si liber est, cum* 12. *juret; si autem servus, per* 12. *Vomeres ferventes se expurget.* Annales Franc. Metenses et Regino ann. 887: *Idque se approbare Dei omnipotentis judicio, si marito placeret, aut singulari certamine, aut ignitorum Vomerum examine fiducialiter affirmat.* Vita S. Cunigundis Imperatric. n. 2 : *Sed quia crudelis est, qui famam suam negligit, expurgationis gratia, ad Vomeres candentes illud sibi judicium elegit, quod propter duritiam hominum institutum esse cognoscitur.* Infra : *Hoc dicto, stupentibus et flentibus universis, qui aderant, Vomeres candentes nudo vestigio calcavit, et sine adustionis molestia secura pertransiit.* Similia habentur in Vita S. Henrici Imper. cap. 21. Helmodus lib. 1. cap. 24. et ex eo Anonymus in Chron. Sclavic. cap. 25 : *Et vetavit Comes, ne Sclavi de cætero jurarent in arboribus, fontibus, et lapidibus; sed offerrent criminibus pulsatos Sacerdoti, ferro ac Vomeribus examinandos.* Albertus Abbas Stadensis ann. 1192. et ex eo Cromerus in Metropoli lib. 7. cap. 14 · *Interfectores examinati judicio duodecim Vomerum, rotæ supplicio sunt affecti.* Annal. Winton. Eccl. : *Fœmina illa infamis pro se ipsa* 4. *pro Episcopo* 5. *scilicet* 9. *continuos passus super* 9. *ignitos Vomeres faciat nudatis pedibus; si titubaverit, si singulos Vomeres pleno pede non presserit, si quantulumcunque læsa fuerit, sententia proferatur in mœchum et formicariam, etc. Ignitorum Vomerum examen,* apud Reginonem ann. 887. *Per ignitos Vomeres incedere,* in Actis Synodi Remensis in causa Arnulphi. Adde Gobelinum Personam in Cosmodromio ætate 6. cap. 52. Saxo Grammaticus lib. 13. de Haraldo : *Qui cum se magno Hiberniæ populatore procreatum astrueret, affirmationi suæ fidem divini examinis argumento præstare jussus, super candentes laminas nudatis pedibus (nam id ob eo experimentorum poscebatur) incessit, hisque nulla ex parte corruptioribus, complures Norwagensium liquido incolumitatis miraculo ad assertionis suæ credulitatem perduxit.* [Theodoricus Hist. Norwag. Reg. cap. 34 : *Sywardus... jussit eum calcare novem ignitos Vomeres contra ecclesiasticam censuram: sed, ut creditur, divinitus adjutus inustus apparuit.*] Andreas Suenonis Archiepisc. Lundensis lib. 5. Legum Scanicarum cap. 15 : *Sin autem prioris ferri candentis judicio convincatur exustus, in principali causa succubuisse pariter censeatur, ut si reus obtinuerit, ubique permittatur hæres adhuc octo viros eodem ordine singulos singulis vicibus accusare. Postremo si nullus eorum convictus fuerit, decimum eodem ordine accusantem, hoc modo ad calcandum Vomeres ardentes compellat, ut jure cum viris* 12. *quod nec fuerit nec odii causa ei homicidii reatum imponant.* Alibi ait, triplex esse ferri judicium usu receptum, *unum, quod in duodecim ignitis Vomeribus calcandis consistit, etc.* Ut porro vomeres ejusmodi benedicerentur, vide apud Hugonem Mathoudum in Observat. ad Robertum Pullum pag. 375. [☞ Vide Grimm. Antiq. Jur. Germ. pag. 914.]

PEDALE EXAMEN præterea appellatur ejusmodi purgatio in laudatis Annalibus Wintoniensis Ecclesiæ, quod vomeres ignitos pleno pede premere deberet, qui ejusmodi judicio exponebatur: *Noveritis, quod plus de indulgentia quam de rigore procedit sententia, quæ non dicam decernit, sed sustinet Pedali examine crimen capitale purgari.* Vide *Ferrum candens.*

¶ 2. VOMERES, Machinæ jaculatoriæ. Gesta Tancredi apud Marten. tom. 3. Anecdot. col. 176 : *Missilia jacula eminus, cominus Vomeres marmora demittunt.*

¶ VOMERULUS, Ferrum lanceæ obtusum. Vide supra *Soket*.

VOMITARIA, Macrobius Saturn. lib. 6. cap. 4 : *Vigilius, Mane salutantum totis vomit ædibus undam. Pulchre, Vomit undam, et antique; nam Ennius; et Tiberis flumen vomit in mare salsum.* Unde et *tunc Vomitaria in spectaculis dicimus, unde homines glomeratim ingredientes, in sedilia se fundunt.*

☞ Hinc *Vomitaria* vel *Vomitoria* nuncupantur atria Ecclesiarum ritu Gothico exstructarum, ut observat *le Blanc* in Tract. architect. pag. 29. edit. 1733.

¶ VOMITINA, ἔμετος, in Gloss. Lat. Græc.

VOMITUS SANCTITATIS. Vet. Pœnitentialis apud Morinum pag. 35 : *Qui vero inebriantur, contra præceptum Domini, si Vomitum sanctitatis habent, hoc est, Ebriositas, quando sensum mentis immutat, et lingua balbutit, et oculi turbantur, etc.* [⁹ Legendum videtur *Votum sanctitatis.* Vide Theodor. Pœnitent. apud Thorp. Leg. Anglos. pag. 291. not. 3.]

⁹ VONT-E-VONT, Voces vernaculæ adhibitæ ubi de inquisitione juridica sermo est. Charta ann. 1334. in Reg. 60. Chartoph. reg. ch. 9 : *Cum curia regia mandasset et comisisset discretis viris..., secundum dictarum partium articulos, Vont-e-vont inquirerent cum diligentia veritatem, etc.* Id est forte, huc et illuc eundo. Vide supra *Pertalcare.*

¶ VORA, Liturg. Gallicana Mabili. pag. 264 : *Ut a deliciis jejunantes absolvas, quos incontinentia Vorarum in pravitatis transgressione immersit.* Gulam significare videtur.

¶ VORACES, pro Vortices. Vide *Venari*.

⁹ VORAGIRE, *Vorare, deglutire, Devorar*, Prov. Glossar. Provinc. Lat. ex Cod. reg. 7657.

¶ VORAGO. Inventar. Eccl. Aniciensis ann. 1444 : *Item duo tasselli argenti pro cappis argentei pro* XII. *unciarum et dimidiæ, quorum unus est quadratus ad modum Voraginis, cum uno emaudo quadrato, etc.*

¶ VORANGIA, Vastitas. Epist. Caroli VIII. Reg. Fr. ann. 1494. apud Marten. Itiner. litter. pag. 381 : *Revolventes innumerabilia damna et incommoda, cædes et Vorangias, ac nobilium civitatum et fidelium populorum desolationes et devastationes, etc.*

VORANTA, Modus agri. Charta Anglica laudata a Spelmanno : *Retinuit ad opus suum de eadem terra in villa de Heiden unam Vorantam terræ, scilicet dimidiam virgatam, quæ fuit Gwarini Palmar, et dimid. virgatam de dominico ejusdem terræ.* Sed legendum *virgatam,* quod sequentia evincunt.

VORATRINA, Popina, ubi carnes vorantur. Tertull. Apologet. cap. 39 : *Non epulis, nec potaculis, nec ingratis Voratrinis dispensatur.*

⁹ VORENON, Ruthenensibus Vaginæ species. Lit. remiss. ann. 1464. in Reg. 199. Chartoph. reg. ch. 534 : *Quem penardum in manica sua sine vagina, vocata Vorenon, detulerat.*

⁹ VORGHIERINGHE. Vide supra *Vertheeringhe.*

⁹ VORLETA, vulgo *Vorlete*, Pistillum.

Lit. remiss. ann. 1377. in Reg. 112. Chartoph. reg. ch. 179 : *Laquelle Jaquemette (demeurant en Viennois) print une grant Vorlete, appellée en France pestail ou pillette, de laquelle elle bati ladite marastre.*

∞ **VORS**, Virgil. Grammat. pag. 77: *Versus autem a quibusdam in nomine non recipitur principali, sed in participio; ibi autem vorsum scribunt, quia Vors ipsa pagina dicitur, Lucano dicente: Vortibus egebant multis.*

¶ **VORSEIS**, Viminalia. Charta Tossiac. an. 1404: *Tenet pratum cum suis foraminibus vocatis de la Gotta, et les Vorseis, et les triones ipsius prati existentibus circum circa.*

° **VORST**, VORSTERÆ. Charta ann. 1108. apud Pez. tom. 6. Anecdot. part. 1. col. 285 : *Saltum autem, qui Vorst vulgo dicitur, cum omni usu, quem habet, venationibus, melle, pellibus, marconum et saltuaribus, qui Vorstere dicuntur.* [∞ Vide supra *Foresta*, et Graff. Thesaur. Ling. Franc. tom. 3. col. 608. voce *Forst.*]

¶ **VORSURA**, Cœtus, conventus. Charta ann. 1523. apud Ludewig. tom. 5. Reliq. MSS. pag. 313 : *Quas (marchas) nobis juxta sigillatas litteras multis annis debuit, in Vorsura atque conventu ad festum trium Regum Kile anno 23. adnumeraret.* [∞ Vulgo *Kieler Umschlag*, Nundinæ magnæ Kilonii in Holsatia, quotannis die Epiphaniæ. Frisch. Lex. Germ. Lat. pag. 191. col. 1. tom. 2.]

¶ **VORTACIUS**, Cognomen Arnaldi cujusdam Bernardi I. Petragoric. Comitis filii : *quod lupum, ut vocant, antropophagum fortiter aggressus superaverat, sic appellatus.* A *Vortigo, Morbus cum omnia circumagi videntur ; scotoma, scotodinia, cum caligine multa oculi offunduntur, et caput gravatur cum ratione,* apud Laurentium in Amalthea. Vide Beslium in Comit. Pictav. pag. 47.

° **VORTEX**, Viæ flexus, Gall. *Tournant.* Libert. villæ Castri-pontis in Alvern. ann. 1318. ex Reg. 66. Chartoph. reg. ch. 534: *Inter Vorticem monacorum ex parte una, et Vorticem Guillelmi de Turiaco ex parte altera, usque ad quadruvium de la Rosilha.*

¶ **VORTING**, Chron. Episcop. Merseburg. apud Ludewig. tom. 4. Reliq. MSS. pag. 424: *Item quod ipsi cives in perpetuum singulis annis et quater in anno, quando judicium sæculare, vulgariter Vorting, servari et celebrari contigerit, omnes claves turrium, valvarum et munitionum civitatis Merseburgensi episcopo et capitulo ibidem pro tempore existentibus, absque contradictione aliqua præsentabunt.* [∞ Vide Haltaus. voce *Vording.* col. 1989.]

¶ **VORWERKUS**, Villa, prædium, Germ. *Vorwercke.* Vita S. Meinwerci tom. 1. Junii pag. 523 : *In de episcopatu unum Vorwere cum xx. litis et xi. aratris ei concederetur.* Charta fundat. Eccl. Raceburg. ann. 1158. apud Ludewig. tom. 6. Reliq. MSS. pag. 237 : *Ad hoc infra Albim sequentur Vorwercki, circulus scilicet Raceburg cum aliis comprovincialibus pertinentibus: unde cuilibet episcoporum libere decem Vorwerckos emancipavimus.* [∞ Vide Graff. Thesaur. Ling. Franc. rad. *Fôra*, tom. 3. col. 597.]

¶ **VORZEHENT**, Primitiæ. *Ad hæc decimas, vulgo Vorzehent, quas in nostris parochiis, videlicet...... in capella Holenburg dicti fratres ex pia Pontificum possident traditione, scripto præsenti et episcopali banno communimus,* in Introduct. Christoph. Mulleri ad Hist. Sand-Hippolit. tom. 1. Miscell. Duellii. pag. 371.

[∞ Vide Frisch. Lex. Germ. Lat. tom. 2. pag. 467. col. 3. et Schmeller. Glossar. Bavar. tom. 4. pag. 241.]

¶ **VOS**. Litteræ Caroli VIII. Reg. Franc. ann. 1483. inter Observat. Godefridi ad Vitam ejusd. Reg. pag. 385: *Sic signatum supra plicam, Per Regem in suo Consilio, in quo Vos, Dominus Desquerdes, et plures alii erant. Par le Roi, en son Conseil ou quel Vous estiés, etc.* in Statuto Caroli V. Reg. Franc. ann. 1373. tom. 5. Ordinat. pag. 653. Formula in Litteris Regiis usitata qua Cancellarius denotatur. Huic simillima est ista, *Ad relationem vestram*, quæ passim occurrit in Litteris Regiis. Vide easdem Ordinat. tom 5. pag. 581.

¶ **VOSAGUS**, Vosegus, Solitudo. Charta Theodorici Calensis pro Monast. Morbac. apud Eccardum in Origin. Habsburgo-Austr. col. 113: *Monasterium virorum in heremo vasta, quæ Vosagus appellatur, in pago Alsacinse.... conatus est constituere.* Testam. Folradi Abb. ann. 777. apud Felibian. inter Probat. Hist. Sandion. pag. 38 : *Tertiam cellam infra vasta Vosgo ædificari, ubi sanctus Cocovatus requiescit super fluvium Laima.* [∞ Mons *Vogesus, Vosegus, Vosagus* dictus. Vide Forcellin.]

¶ **VOSARE** *dicitur a Vos, sicut Tuare a tu : unde quidam :*

Unum Vosamus falso ; vereque tuamus.

Joh. de Janua: unde Gloss. Lat. Gall. Sangerm. *Vosare, Vosoier.* Vide *Vobisare.*

° **VOSSURA**, Cella vinaria, Gall. *Cave.* Charta pro hospitali Pruvin. ann. 1373. in Reg. 105. Chartoph. reg. ch. 562 : *Item unius domus, Vossuræ et plateæ ultra pontem Cæcorum situatæ. Voulsure,* pro *Voute*, fornix, in Charta ann. 1386. ex Reg. 130. ch. 158 : *Icellui pourra edifier depuis l'escourtement des Voulsures de l'arche en amont.* Vide supra *Vosta*.

¶ 1. **VOSTA**. Statuta Eccl. Andegav. ann. 1423. apud Marten. tom. 4. Anecd. col. 525 : *Prohibemus sortilegia, sive invocationes, divinationes seu Vosta facere, etc.* Leg. *Vota.* Vide *Caracter* 2. et *Votum* 1.

° 2. **VOSTA**, Fornix, concameratio, Gall. *Voute*. Epitaph. Gatiani de Moncellis episc. Corisopit. qui obiit ann. 1415. tom. 2. novæ Hist. Brit. pag. xxvij :

Omnibus urbanus de Moncellis Gatianus ..
Ipsa chori Vostas fieri fecit magis altas.

Hinc carcer concameratus, *Voste,* dicitur in Lit. remiss. ann. 1382. in Reg. 121. Chartoph. reg. ch. 149 : *Icellui de Bethune estant en une Voste es dittes prisons, fist un treu ou planchier d'icelle Voste, qui n'est que de plastre, etc.* Vide Vosta 2.

° Ejusdem originis videtur Gallicum *Voster*, pro *Tournoier*, Circumvolvi, in aliis Lit. ann. 1446. ex Reg. 178. ch. 33 : *Lesquelz compaignons alerent courir et Voster devant le suppliant et sa compaignie, pour les adviser et regarder quelz genz ilz estoient. Vouster*, Equum circumagere, in Lit. remiss. ann. 1447. ex Reg. 179. ch. 34 : *Quant Walerant de Chastillon fut monté sur ledit cheval, il lui faire Vouster, et en le Voustant la laisse ou sangle dudit cheval rompy, etc.* Nunc dicimus *Faures des voltes.*

¶ **VOSTUS**, pro *Bostus*, mutato b in v. Vide in hac voce. Charta Rob. de Curtiniaco apud Thomasser. in Biturig. pag. 427 : *Homines dictæ villæ habebunt usagium in Vost.*

¶ 1. **VOTA**, pro *Boata*, vel *Bohada*, Servitium quo vassallus seu tenens unum par boum domino præstare tenetur ad illius vinum conducendum. Vide in *Bovagium* et *Vinada* 1.

¶ 2. **VOTA**, Fornix. Vide in *Volutio*.

° Hinc pro Oratorium seu sacellum subterraneum, in Charta ann. 1319. ex Chartul. S. Maglor. ch. 58: *Si quis.... suam elegerit sepulturam..... in Votis seu crotis dictæ ecclesiæ* (S. Bartholomei), *etc.* Unde etiam nostris *Vote*, pro Cella vinaria, in Lit. remiss. ann. 1410. ex Reg. 165. Chartoph. reg. ch. 40 : *Lesquelz coffres furent mis et avalez en uns Vote ou celier dudit hostel.* Haud scio an inde *Voutet*, pro Navicula vel arca, ubi pisces servantur. Lit. remiss. ann. 1402. in Reg. 157. ch. 188 : *Comme icellui Beaucorps ait accoustumé de pescher en ladite riviere de Loire et de y tenir poissons en un petit Voutet, etc.* Vide supra *Vosta* 2.

¶ **VOTALIS**, Votivus. Vita S. Bonæ tom. 7. Maii pag. 164 : *Et sub obligatione Votali promisit, etc.*

¶ **VOTANEUM**, Votum temere factum. Conc. Avenion. ann. 1326. can. 87: *A quibus juramentis eos absolvimus ad cautelam, ut pro Votaneo, seu temerario sacramento, a suis confessoribus pœnitentiam recipiant salutarem.*

¶ **VOTARE**, Vovere, spondere. Gloss. Lat. Gr. Voto, ὁμολογέω. [∞ Ekkehard. IV. Cas. S. Galli. cap. 2. Pertz. pag. 93: *Filium uxor tua pariet, quem S. Gallo Votabis.* Jornand. de Regn. Success. cap. 89 : *Julianus apostata.... Christianorum post victoriam sanguinem diis suis Votavit.*]

¶ **VOTAREA**. Anastasius in Constantino PP. pag. 65 : *Philippicus hæreticus in Imperiali promotus est arce, cujus et sacram cum pravi dogmatis exaratione Constantinus suscepit, sed cum Apostolicæ Sedis consilio respuit. Hujusque rei causa zelo fidei accensus omnis cœtus Romanæ Urbis imaginem, quam Græci Votaream vocant, sex continentem sanctas ac universales Synodos, in Ecclesia B. Petri erexerunt.* Ad marg. scribitur *Pancaream ;* ut et apud Baronium, qui locum exscripsit ann. 711. num. 11. [Muratorius tom. 3. pag. 153. monet alias legi, *Botaream.*] Hanc imaginem rursum erexisse Theodosium, Philippici et Anastasii successorem tradit idem Anastasius in Constantino PP. pag. 67 : *Protinus etiam, ut ingressus est memoratus Theodosius Regiam urbem, imaginem illam venerandam, in qua sanctæ erant sex Synodi depictæ, et a Philippico non dicendo fuerat deposita, in pristino erexit loco, ita ut hujus fidei fervore omnis ab Ecclesia cessaret quæstio.*

¶ **VOTATIO**, Donum ex voto. Mirac. B. Simonis de Lipnica tom. 4. Jul. pag. 518 : *Pollicetur.... cor de argento nitido super sepulchrum ipsius.... Cor etenim dominæ suæ post Votationem missam recreatur non modica ex parte.*

¶ **VOTIFICARE**, Votum libare. Papias. [*Votificantibus, dona libantibus,* in Gloss. Isid. Passio S. Mercurii apud Marten. tom. 6. Ampl. Collect. col. 743 : *Præterea si cuicumque Deorum ad pugnam faventi prælaturi Votificabant, procul dubio victores effecti fortuiti templa statuebant ex voto, etc.*]

¶ **VOTISSIMUM**. Vide in *Votivus.*

¶ **VOTIVE**, Optabiliter. Litteræ ann. 1394. apud Acher. tom. 6. Spicil. pag. 104 : *Qui (Deus) vestras Reverentias sancti Spiritus gratia in præmissis confirmet, et dirigat in longitudinem dierum feliciter et Votive.*

¶ **VOTIVE**, Ex voto, sponte. Charta ann. 3. Rodulfi Reg. ex Tabul. Dolensi. *Dominus vero Froterius Episcopus eam*

(Chartam) *tangens Votive firmavit. Votive, ex voto,* in Gemma.

¶ **VOTIVUM,** Votum, optatum. Litteræ Johannis Reg. Franc. ann. 1355. apud Ludewig. tom. 5. Reliq. MSS. pag. 456 : *Serenissimo principi Carolo, Dei gratia Romanorum Imperatori,... Johannes, eadem gratia Rex Franciæ, incrementa, semper successum Votivorum.*

VOTIVUS, Voto consecratus. [Gloss. Lat. Gall. Sangerm. : *Votivus, votist, astraint par veu.*] Glossæ Antiquæ MSS. : *Votivum, immolativum.* Papias : *Votissimum, quod jam dedicatum est voto. Votivum, quod promissum est votis.* Lex Salica tit. 2. § 14 : *Si quis majalem sacrivum, qui dicitur Votivus, furaverit, etc.* Oratio super populum, in libro Sacramentorum S. Gregorii M. : *Præsta, quæsumus, Domine, ut semper nos B. Laurentii lætificent Votiva Martyria, quæ semper esse non desinunt admiranda.* Ubi *votiva, devota, Deo oblata et consecrata*, interpretatur Menardus. Alias *votivus,* est voto expetitus, de qua voce multa commentatur Jacobus Gothofredus in Notis ad leg. 1. Cod. Th. de Feriis. (2, 8.)

∞ VOTIVUS, Voti religione obstrictus. Ekkeh. IV. Cas. S. Galli cap. 10. Pertz. pag. 127 : *Ego enim nuperrime Votivus quidem locum illum adiveram, etc.*

¶ VOTIVI HOMINES, in Codice censuali Irminonis Abb. Sangerm. fol. 18. v°. ii appellati videntur, qui in servitium alicujus sancti voto adscripti erant. [²² Guerardo iidem qui *Oblati.*]

¶ **VOTODIO.** Charta ann. 632 apud Mabill. Diplom. lib. 6. ch. 4 : *Deinde per ipso fluvio usque rio quæ est Salmagnaria, et Votodio Lupiniano et per alio latus, etc.*

¶ **VOTORIE,** Ex voto. Th. Walsingham. in Edwardo III. pag. 169 *Haymo, Episcopus Roffensis sponte et Votorie renunciavit episcopatui, resignans illum in manus domini Papæ.* Forte contracte scriptum fuit pro *Voluntarie.* Vide *Votive.*

¶ **VOTTA.** Instr. ann. 1399. apud Marten. tom. 7. Ampl. Collect. col. 634 : *Hunc affectum et zelum Dei, quem sub prædecessores meo, ut Vottam in tantum optabilem cunctis exponerem, non deposui postquam mihi onus principaliter incumbebat.*

° Pro Affectio, intentio, ut legitur in loco citato ibid. col. 635.

1. **VOTUM.** Concilium Namnetense can. 20 : *Omnibusque interdicatur, ut nullus Votum faciat, aut candelam, vel aliquod munus pro sanitate sua rogaturus alibi deferat, nisi ad Ecclesiam Domino Deo suo.* Excerpta Gregorii III. PP. cap. 16 : *Si quis Votum voverit præter Ecclesiam, vel qui divinationes faciunt in incantationibus suis,.... tres annos pœniteant.* Vide Cumeanum Abbatem de mensura pœnitent. pag. 37. cap. 7. De iis votis intelligendus Canon 62. Synodi Trullanæ : Τὰς οὕτω λεγομένας Καλάνδας, καὶ τὰ λεγόμενα βοτά, καὶ τὰ λεγόμενα Βρουμάλια....... ἐκ τῆς τῶν πιστῶν πολιτείας περιαιρεθῆναι βουλόμεθα. Quæ enim ad hunc Canonem effutit Balsamon, nihili sunt Vide Glossar. med. Græcit. in Βοτά, col. 212. His consona sunt, quæ habet Capitulare Pipini Regis Italiæ cap. 32 . *De pravis illis hominibus, qui brumaticos colunt,* (sic legendum) *et de hominibus, qui subtus maida cerias incendunt, et Votos vovent, etc.* Designatur vero, ni fallor, his locis, *Votorum* nomine, dies festus Romanorum, tertio Nonas Januarii celebrari solitus, qui in Kalendario Bucheriano *Vo-*

torum nuncupatio appellatur, interdictus prædictis Canonibus, quod Paganismum redoleret.

° Nequaquam *Votorum* nomine hic dies festos Romanorum intelligendos esse, sed Tabellas votivas, quas Deo, Sanctisque suspendere in usu fuit, censet Muratorius in Anecd. part. 1. pag. 191 quod præsertim probat ex Natali III. S. Paulini :

Alma dies magnis celebratur cœtibus, omnes
Vota dicant sacris rata positius, etc.

VOTUM, Sacræ preces, εὐχή, apud S. Augustin. Epist. 50 ad Paulinum : *Porro, si usitatius, ut dixi, in Scripturis Votum appellatur* εὐχή, *excepto nomine orationis, ea proprie intelligenda est oratio, quam facimus ad Votum,* id est, πρὸς εὐχήν. *Voventur autem omnia, quæ offeruntur Deo, maxime sancti Altaris oblatio, quo sacramento prædicatur nostrum illud Votum maximum, quo nos vovimus in Christo esse mansuros utique in compage corporis Christi.* Canon Missæ : *Memento Domine famulorum famularumque tuarum,.... qui tibi offerunt hoc sacrificium laudis pro se suisque omnibus, pro redemptione animarum suarum, pro spe salutis et incolumitatis suæ, tibique reddunt Vota sua æterno Deo, vivo, et vero.*

2. **VOTUM,** Suffragium. Vetus Statutum Academiæ Parisiensis : *Novi Magistri, priusquam admittantur ad congregationem Facultatis, jurabunt in ea fideliter referre Vota Baccalariorum Formatorum de sufficientia vel insufficientia Baccalarii, qui sub eo de questione Tentativa responderit.* Occurrit ibi pluries. [Vita Jacobi Gelu Archiep. Turon. apud Marten. tom. 3. Anecd. col. 1947 : *Et habebam quatuordecim contrariantes, verum super me Vota cecideruntet meritum.* Adde Conc. Hispan. tom. 4. pag. 155.]

¶ VOTUM DECISIVUM, Suffragii ferendi jus. Epist. Card. Carafæ ad Card. Quirogam inter Conc. Hisp. tom. 4. pag. 222 : *Abbates minime habere Votum (quod vocant) decisivum ; nisi si quod privilegium ab Apostolica sede impetratum, vel legitima consuetudo præscripta eis suffragetur.* Vide Vox 3.

° Nostri *Se vouer* dixerunt, pro vulgari *S'en rapporter,* Alicujus opinioni vel judicio stare. Lit. remiss. ann. 1390. in Reg. 138 Chartoph. reg. ch. 252 : *Bacleros se Voua en eschevins de la leve, qui de toutes les coses dessusdites en savoient bien parler, parmi les bonnes informations qu'ils en avoient faites, et requist loy qu'il en recordassent ce qu'il en savoient.*

3. **VOTUM,** Nuptiæ. S. Ambrosius serm. 25 : *Solent autem homines, sicut mos est, in Votis suis, hoc est, nuptiis, præcipue saltare vel canere.* S. Augustinus lib. 11. de Genesi ad liter. cap. 41 : *Nisi forte sponsa erat a patre tradenda, et expectanda erat Votorum solennitas, et convivii celebritas.* Canones S. Patricii cap. 28 : *Eadem ratione observanda sunt prima Vota et prima conjugia, etc. Fortunatus* in Epist. ad Mumolenum lib. 10. Poëm. : *Ad cujus* (filiæ Mumoleni demortuæ) *forte Vota jam festinans familia fervebat, sedule parentela excitabatur.* [Charta ann. 1262. vel 1264. apud Acher. tom. 10. Spicil. pag. 192 : *Gubernabit communes filios usque dum pervenerint ad ætatem viginti annorum : dum tamen eadem domina ad secunda Vota non convolet.*] Fleta lib. 4. cap. 2. § 16 : *Si donatarius ad alia Vota convolaverit.* Adde lib. 3.

cap. 3. § 6. et Alexandrum III. PP. in Appendice ad Concilium Lateranense III. part. 5. cap. 1. Hinc *dies votorum*, pro die, quo nuptiæ peraguntur, in Lege Longob. lib. 2. tit. 4. § 3. tit. 14. § 21. in Legib. Luithprandi Regis tit. 74. § 2. [∞ Luitpr. 102. (6, 49.) 3. (1, 3.)] Vetus Charta ann. 1038. in Tabulario Casauriensi : *Ut alia die post noctem nuptialem, qui est dies Votorum nostrorum, etc.*

¶ 4. **VOTUM.** Exactio seu præstatio sub nomine *voti,* idem quod *Precaria* 2. et *Preces* 1. Testam. ann. 1156. inter Probat. tom. 2. novæ Hist. Occitan. col. 538 : *Solvo etiam et guirpisco Votum quem fecerant de vermilio, ut deinceps non fiat.*

² Ita præsertim appellatæ fidelium in usus ecclesiæ vel ecclesiasticorum oblationes. Charta ann. 1265. in Chartul. Cluniac. : *Archidiaconus Bracarensis...., habet... tertiam partem mortuariorum, de mobilibus tantum, et Vota a rusticis consueta.* Acta Tull. episc. apud Marten. tom. 3. Anecd. col. 1017 : *Adducitur* (Drogo Miles) *vectus subsidio servulorum, ingressusque templum venerabile, imposito cervici vinculo, sancto se ex libero in servum dedicat, et Votum censuale die certo devovet.* Vouf, pro *Vœu,* in Charta ann. 1420. apud Loblnel. tom. 2. Hist. Brit. col. 974. *Vœu* prætereaappellatur nostri, nisi mendum sit pro *Vout,* Imaginem ex cera compactam ad effigiem illius, quem ejusmodi imagine percussa, vulnerare aut etiam occidere volebant. Lit. remiss. ann. 1382. in Reg. 120. Chartoph. reg. ch. 170 : *Après ce avoit fait acheter ladite Sauverelle par ladite Arzent un quarteron de cire, duquel elles firent un Veu à la fourme d'un homme ; lequel Veu ladite Arzent par le conseil de ladite Sauverelle avoit porté à l'ostel dudit capitaine et fu mis soubz son lit, où il demoura par l'espace de sept ou quinze jours ; et après ce s'en estoit venue ladite Jehannette, femme dudit capitaine, à ladite Arzent en la présence de ladite Jehanne Sauverelle, et lui avoit dit..... qu'elles lui devoient faire mourir ledit capitaine son mary, et il estoit en meilleur point que paravant.* Vide supra *Imaginatio* 2. et infra *Vultivoli.*

☞ Votorum, quibus sese obligant Monachi, in simplicia et solemnia distinctio, primis Monachorum parentibus prorsus incognita, sæculo duodecimo ineunte antiquior non videtur. Gratianus dist. 27. allatis quibusdam in hanc rem canonibus addit: *Hic distinguendum est quod voventium alii sunt simpliciter voventes ;..... alii sunt quibus post votum benedictio accedit consecrationis.* Et quidem hactenus nihil interfuerat utrum simpliciter a monacho vel abbate quis susciperet benedictionem ; at multiplicatis Monachorum congregationibus professiones ab eis exactæ sunt et benedictiones super eos datæ,.... *ut monasticus ordo, quanto firmius in conspectu Dei et hominum et solemnius ligaretur, tanto robustius et devotius ab ipsis servaretur,* inquit Ivo Carnot. Epist. 41. De iis fusius Glossa in can. quod autem. 27. qu. 1. et Glossa in can. quod voventes, ibidem.

¶ VOTA SUBSTANTIALIA, Principalia, potissima, quæ Solemnia vulgo dicuntur. Acta Capituli Paris. 1. Julii. ann. 1401 : *Hodie Martinus de Toulouse fecit tria Vota substantialia.* Hodie sorores *Agnes de Londres, Joanna de Rivo de domo* (Dei) *Parisiensi professæ sunt et fe-*

cerunt tria *Vota substantialia*. Vide *Substantialis*.

☞ Simplicior quondam fuit formula solemnis monachismi professionis, ut discimus ex antiquissimo Pontificali, ubi legitur : *Promitto Deo ego ill. et Sanctis ejus in quorum honore hoc consecratum est oratorium, et tibi pater ill. conversionem morum meorum, et pro his rationem reddendum in die judicii. Qui vivit et regnat.*

¶ **VOTUS**. Inventar. ann. 1476. ex Tabul. Flamar. : *Item plus unum saccum Voti, in quo quidem sacco Voti erant aliqua instrumenta in forma publica redacta.*

° **VOVARICE**, an Cum obligatione præstandi ova, ab Italico *Uovo*, ovum , vel terram ligone versandi ? Charta an. circ. 1070. tom. 1. Hist. Cassin. pag. 235. col. 2 : *Cum ortuis et vineis, Vovarice sive mannarice, cum omni illorum pertinentia.*

° **VOUCLA**, Angiportus, Gall. *Ruelle*. Charta ann. 1310. in Reg. 43. Chartoph reg ch. 160 : *Domum quamdam.... apud Vernonem, sitam... juxta domum... Johyelis Judæi ex parte una, et Vouclam seu ruellam, per quam itur ad Secanam ex altera,... concedimus.*

⁰ Ad telarum mercaturam spectare videtur vox Gallica *Vouderon*, in Lit. remiss an. 1464. ex Reg. 199. ch. 515 *Le suppliant en démenant et exerçant le fait de marchandise de Vouderon ou pays de Bretaigne, s'estoit associé...... de Olivier Retif..... pour conduire en nostre pays de Normandie toilles, canevas et velez.*

¶ **VOVENDÆ**, Missæ votivæ. Sebast. Perusinus in Vita B. Columbæ Reatinæ tom. 5. Maii pag. 378° : *In Vovendis frequentius superaddebat*, Credo in Deum, *et injungebat imagines cordis.*

¶ **VOUERIA**, VOUUEARIA. Vide in *Viarius*.

¶ **VOUGETUS**, Idem quod supra *Vanga*. Vide in hac voce. Recensio apud Chassagniam ann. 1511 : *Injunctum : una hasta sive unus Vouget, alias Voujo.*

° Falcis species, nostris *Vouge, Vougesse* et *Voulge*. Lit. remiss. ann. 1389. in Reg. 142. Chartoph. reg. ch. 215: *Icellui Paillart meuz de chaleur prist un Vouge, dont l'en trenche les espines. Un Vouge de quoy on plesse les haies, in aliis ann.* 1440. ex Reg. 176. ch. 5. *Alie ann.* 1421. in Reg. 171. ch. 336 : *Un Voulge, qui est un instrument pour retrancher buissons et faire cloisons de hayes. Une serpe emanchées en ung baston pour coupper bois, qu'on appelle Voulge*, in aliis ann. 1479. ex Reg. 205. ch. 212. Aliæ ann. 1456. in Reg. 189. ch. 120 : *Le suppliant feri ung coup d'un goy, autrement appelle Vougesse, de quoy l'en arrache les buissons. Voge, eodem sensu, in Chartul. archiep. Bitur. fol. 165. v°. Vide supra Volana.*

° **Vuorge** vero, Armorum genus ad modum falcis videtur, in Lit. remiss. ann. 1415. ex Reg. 16. ch. 327 : *Pour ce que ledit Pillart ne leur sembloit mie mort , le suppliant lui donna d'un Vuorge parmi le col ; et assez tost après ledit cop ala de vie à trespassement. Vide Vanga.*

¶ **VOVITIO**, Votum. Mirac. S. Dionisii sæc. 3. Bened. part. 2. pag. 363 : *Martinum corporali intuitu carentem,..... mulier, Adela nomine.... Christi vovens allaturum martyribus, mox in ipso Vovitionis articulo pridie Idus Septembris videntem ablactavit filium.*

¶ **VOVIUGIN**. Vide infra *Wuiugin*.

° **VOUTUS**, a Gallico *Vouté*, Concameratus. Charta ann. 1209. ex Bibl. reg. cot. 19 : *Vendimus... tertiam partem totius petræ, quæ est in illo portale Vouto ibimet.* Vide supra *Volutio*.

1. **VOX**, diversis notionibus accipitur : interdum enim pro clamore militari, *Cry d'armes*. Cæsarius lib. 7. de Mirac. c. 39 : *Nos hodie dextras vobis dedimus, nos signa vestra militaria ibi vidimus, nos Vocem vestram ibi audivimus.* De torneamento loquitur Will. Brito lib. 11. Philippid. :

...... Necdum Vox ulla sonabat.

² Pro Pars. Stat. ann. 1378. tom. 6. Ordinat. reg. Franc. pag. 394 . *Qui dictorum civitatis et burgi majores esse dicebantur, aut specialiter Vocem majorem habere in regimine reipublicæ, universitatis, civitatis et burgi prædictorum.* Pro Fama, nostrates *Voix* usurparunt. Stat. ann. 1378. tom. 5. earumd. Ordinat. pag. 649. art. 18 : *Et pour ce qu'il est Voix et commune renommée, que, etc.*

2. **VOX**, Jus testimonii ferendi. Edictum Theoderici Regis Italiæ § 48 : *Quia hujusmodi personæ* (servi et liberti) *neque in civilibus neque in criminalibus causis contra patronos aut dominos, eorumque liberos, etiamsi pro eis dicant, Vocem possunt habere legitimam, etc.* Concilium Francoford. ann. 794. can. 36. al. 34 : *De criminosis, ut non habeant Vocem accusandi majores natu, aut Episcopos suos.* Definitio Concilii Duziacensis de Duda Monacha can. 2 . *Quapropter Vocem non habeat, ut sacramento de hoc sacrilego adulterio se... valeat expurgare.* Concilium Pontigonense ann. 876 : *Si post quatuor menses purgare se canonice non poterit, nulla ejus Vox penitus audiatur.* Lactantius lib. de mortibus Persecutor. num. 13. de Christianis : *Non de rebus ablatis agere possent, libertatem denique ac Vocem non haberent*, id est, jus testimonii ferendi.

VOCEM NON HABERE, dicitur apud Bractonum lib. 3. tr. 2. cap. 34. § 3. et in Fleta lib. 1. cap. 34. § 9. cap. 38. § 21. ille, qui inter infames habetur, eoque ipso ad testimonium dicendum non admittitur.

¶ VOCEM DARE, Accusare, deferre, querelam deponere, Gall. *Former sa plainte*. Conc. Legion. ann. 1012. inter Hispan. tom. 3. pag. 192: *Si quis vulneraverit aliquem, et vulneratus dederit Vocem Sayoni regis ; ille qui plagam fecerit, persolvat Sayoni regis cannatellam vini, et componat se cum vulnerato.*

3. **VOX**, Jus suffragii ferendi in Capitulis, etc. Charta ann. 1246. apud Columbum in Episcop. Sistaric. : *Concedimus, quod in Capitulo nostro Vocem tanquam Canonicus habeatis.* [Charta fundat. S. Capellæ Vicennarum ann. 1379. apud Lobinell. tom. 3. Hist. Paris. pag. 192. col. 2 : *In quo* (capitulo) *thesaurarius primam, dictus vero cantor post eundem thesaurarium immediate et dictam vocem habeat... In quo duorum vicariorum Voces pro una Voce dumtaxat computabuntur.* Adde tom. 4. Gall. Christ. edit. col. 116. et Hist. Mediani monast. pag. 410.]

4. **VOX**, Jus, quod quis habet in rem aliquam. Lex Wisigoth. lib. 4. tit. 3. § 4: *Quia vero quidam tutores aut persuasione aut indignatione circumveniunt eos, quos tueri gratissime debuerunt, et de rebus reddendæ rationis securitates accipiunt, vel certe diversarum obligationum scripturas ab illis exigendas insistunt ; quo ex-*

tinctis *Vocibus eorum, quæ illis competent nunquam inquirere, vel recipere permittantur.* [Testam. Guifredi Comit. Cerritan. ann. 1085. apud Acher. tom. 6. Spicil. pag. 432 : *Quantum ibi habeo vel habere debeo, sive per prisione, sive per parentorum, vel per qualicunque Voce, etc.* Charta ann. 1070. in Append. ad Marcam Hisp. col. 1153. *Per hanc scripturam venditionis meæ vendo vobis omnes Voces et dretaicos, possessiones, etc. Per alodium, sive per aliam qualemcumque Vocem.... Per nos vel per nostram Vocem, etc.* in Charta ann. 1126. inter Probat. tom. 2. novæ Hist. Occitan. col. 442.] Berengarius Comes Barcinonensis in donatione civitatis Tarraconensis Romanæ Ecclesiæ, ann. 1090 : *Ea scilicet deliberatione, ut ego et mei posteri omnes..... teneamus hoc totum per manum et Vocem S. Petri, ejusque Vicarii Romanæ Sedis Apostolici, per quinquennium persolventes et 125. libr. purissimi argenti ad justum pensum.* Charta Alfonsi Regis Legionensis apud Anton. de Yepez in Chron. Ord. S. Benedicti tom. 3. pag. 227 : *Do et offero monasterio S. Vincentii Ovetensis, quod dicitur Capella Regum, totam Vocem et totum jus Capellaniæ, in ipsa plantatione, aliamque extensa fuerit, etc.* Charta Sancii Regis Aragon. æræ 1181. apud eumdem tom. 7 : *Sicut unquam habui, vel tenui, seu habere potui per qualescunque Voces, etc.* Charta Ranimiri Regis Aragon. æræ 1173. apud Blancam in Comment. Rer. Aragon. pag. 647: *Cum suis terminibus,... directaricis, eremis, et populatis. et montibus, et aquis, et palustris, et cum omni censu, quod pertinet ibi, vel pertinere debet ad meam regalem personam vel Vocem.* Alia apud Catellum lib. 4. Rerum Occitan. pag. 651. de quadam Inquisitione : *Aut si de ipsa insula terræmeritum exuunt ad potestatem Rainardi, aut permansit postea in Voce Vaidrani, etc.* Vide tom. 2. Capitul. Regum Franc. col. 1548.

Vox, Eadem, ni fallor, notione, in veteri Charta Rivipoliensi æræ 888. apud Yepez in Chronico Ord. S. Benedicti tom. 4 : *Ipso alode cum fines et terminos suos, sicut in ipso judicio resonat, quem acquisivit per Vocem liberto suo, etc.*

MALA Vox, vero Mala voce possidere dicitur is, qui contra jus rem detinet. Charta Garsiæ Regis Navarræ, æræ 1185. apud Sandovallium in Episcopis Pampilon.qua concedit Episcopo Pampilonensi, Synagogam Judæorum de Stella, *liberam et integram, sine ulla Mala Voce, ad peragendum in ea Ecclesiasticum ministerium , etc.* Fori Oscæ ann. 1247. f. 5 : *Quicunque miserit Malam Vocem in hæreditatem, quam alius possidet, et forte infra unum annum et unum diem noluerit accipere directum de illo, qui tenet illam hæreditatem, etc.* Observantiæ Regni Aragon. lib. 6. tit. de Generalib. Privileg. § 21 : *Postea sine Mala Voce retinere potest emptor, etc.* Adde Foros Aragon. lib. 7. pag. 182. v. 183. etc. Michael del Molino in Repertorio Foror. Aragon. pag. 381 : *Viduitatis jure si possidet vidua aliquam rem, et imponitur sibi in ea Mala Vox, debet in judicio nominare hæredes viri sui mortui, et dabitur ei dilatio, ut denuntiet Malam Vocem hæredibus sui viri, etc.* Adde pag. 81. 82. v.

¶ 5. **VOX**, Actio qua rem aliquam quis postulat, ceu in eam jus habens. Notitia j dicati ann. 1036. in Append. ad Marcam Hispan. col. 1063 : *Quod si aliquis homo utriusque sexus hanc donationem seu consignationem disrumpere ten-*

taverit, Vox ejus in nullo proficiat. Eadem occurrunt apud Marten. tom. 1. Anecd. col. 156.

¶ 6. **VOX**, Fiscus, dominium. Charta Fernandi Hispan. Reg. ærm 1210. apud Cencium inter Census Eccl. Rom. : *Si quis igitur..... hoc meum spontaneum factum irrumpere præsumpserit,...... pro temeraria ausu parti regiæ et nostræ centum libras auri persolvat ; et quod invaserit vobis vel Voci vestræ in contradupium reddat.*

☞ Haud facile est divinare quid significet *Prendre la voix du Roy* in Litteris ann. 1872. inter Ordinat. Reg. Franc. tom. 5. pag. 565 : *En nostre presence ont prins la Voix du Roy nostredit Seigneur, et mis ses penons et bannieres ès forteresses des dictes villes.* Ubi de supremi dominii professione agitur : unde Cl. Editor suspicatur iis significari posse ab iis hominibus jus regium in eos agnitum fuisse : haud probabiliori fortasse conjectura existimem ego intelligendum esse proclamationes Regis nomine factas, quod signum erat supremi dominii non secus ac vexillorum erectio, ut videre licet supra in voce *Vexillum*.

FALSIS VOCIBUS CANTARE, [dicitur Musicis de voce acutam vocem ementiente, Gall. *Fausset*. Alii a *faucibus* vocis originem accersunt.] Institutiones Capituli Generalis Cisterciencis Ord. cap. 71 : *Viros docet virili voce cantare, et non more fœmineo, tinnulis, vel ut vulgo dicitur, falsis Vocibus histronicam imitari lasciviam.*

○ **VOYAGIUM**, Itineris sumptus, Gall. *Frais de voiage*. Memor. G. ′Cam. Comput. Paris. ad ann. 1409. fol. 131. v°: *Guillelmus Estrepintot, grenetarius Harefluctus, emendavit et fecit emendam regi, pro eo quod...... volebat capere super regem unum Voyagium de xviiij. diebus... et in computo suo præcedenti..... ceperat unum aliud Voyagium de x. diebus,... et in eodem tempore voluit capere duo Voyagia.* Vide supra *Voiagium*.

○ **VOYERIUS**, a Gallico *Voyer*, idem qui *Viarius*. Memor. H. Cam. Comput. Paris. ad ann. 1418. fol. 108. v° *Johannes de Monsterio institutus Voyerius et receptor Medunta*.

VOYSKINE, Slavis dicuntur Contributiones belli causa exigi solitæ, a *Voyska*, exercitus. Ita Joann. Lucius lib. 6. de Reg. Dalmat. cap. 1.

UPLANDA, Superior terra, Anglis, seu ut vulgo loquimur *terra firma*, respectu paludosæ ; ex Saxonico et Anglico up, supra, et land, terra. Ingulfus pag. 853: *Per aquam de Uplanda, id est, de superiori terra, scaphis deferri jussit.* Vide Gul. Prynneum in Libertatibus Eccl. Anglic. tom. 3. pag. 990.

UPLANDENSIS, Anglis *Uplendish*, Rusticus, agrestis, silvestris, montanus. Leges Burgor. Scoticor. cap. 27 : *Si burgensis calumniatus per ruremanantem, seu Uplandensem de furto aliquo invento in domo sua.*

¶ **UPOTHECA**, Apocha, quomodo etiam forte legendum est, Gall. *Quittance*. Procuratio Reg. Majoric. apud Rymer. tom. 2. pag. 464 : *Dantes et concedentes dictis procuratoribus nostris, vel alteri eorum plenam et liberam potestatem agendi, petendi,.... recipiendi et Upothecam de soluto faciendi.* Galli dicerent, *Donner quittance de payement.*

○ **UPPATURA**, Cantilenæ vel Cantus species. Constit. Carmelit. MSS. part. 1. rubr. 3 : *Neque motetos, neque Uppaturam, vel aliquem cantum magis ad lasciviam, quam devotionem provocantem ali-*

quis decantare habeat, sub pœna gravioris culpæ.

○ **UPSCLACH**, vox Belgica, Exactionis videtur species. Charta ann. 1336. ex Cam. Comput. Insul. : *Item li Upsclach d'Antwerps demoura en la maniere que il a demouré jusques à ore.*

UPUA Formula 14. ex Baluzianis : *Volat Upua, et non arundo, etc.* Forte pro *Upupa*.

○ **UQUA**, Bannum. proclamatio. Pactum inter comit. Armaniac. et jurat. Tarbæ ann. 1370. in Reg. 163. Chartoph. reg. ch. 217 : *Item fu autroiet et accordat que la meitat des emoluments de la Uqua o crida des bis de la dicha villa de Tarba, etc.* Vide supra *Hucha* 2. Hinc

○ **UQUEVINUS**, Præco, qui vinum venale proclamat. Charta ann. 1380. pro monast. Grandis-silvæ in Reg. 68. Chartoph. reg. ch. 576 : *Item quod plures præcones seu Uquevini in dicta villa per consules instituuntur, prout sufficiens et utile fuerit dictæ villæ.*

URA, αὔαξ, in Glossis MSS. S. Germani Paris. Edit. *Sulcus, Hecura.* Distinguendum *Hæc ura.*

¶ **URADEHT**. Vide *Walapaus*.

¶ **URANIUS**, URANICUS, URANUS, a Græco οὐρανός, οὐράνιος, Cœlestis. *In honore agii stratiotis Urani,* in Hist. Translat. S. Hilarii Episc. Carcasson. ann. 970. inter Probat. tom. 2. Hist. Occitan. col. 120. [²² Johann. Scoti carm. 12. apud Maium Classic. Auctor. tom. 5. pag. 450 :

Ἀρχῶν Ἀρχαγγέλων τε chorus ἀγελῶν τε [τελαυτῶν]

Mentibus Uraniis tertia τάξεις inest.]

Guillelmus Gemmet. lib. 6. Hist. Norman. cap. 3 · *Decedente igitur duce Richardo a mundani principatus culmine et regna, ut credimus, Uranica scandente, etc.* Sequentia pro festo Purificat. B. M. ex Cod. Autiss. : *Post funera, Urania nos duc ad habitacula.* Missale vetus Eccl. Carnot. in festo S. Launomari *Illius salutifera supplicatione Uranicæ patriæ civibus nos interesse concede.* Epitaphium in Comment. litter. tom. 1. pag. 243 :

Hic Janin gaude, qui vixisti sine fraude,
Ordine, reque Minor, sacri consors, ut opinor,
Corporis Uranici, caro cujus conditur ici.

Adde Acta S. Mansueti in Hist. Tull. pag. 190.

¶ URANITA, Eadem notione, Uραυλήνης. Mirac. S. Gibriani tom. 7. Maii pag. 620 : *Ut.... irrigua superius peteret, et Uranitis civibus associaretur.*

○ **URANOSCOPUS** Tract. MS. de Piscibus cap. 100. ex Cod. reg. 6838. C. : *Piscis, qui pulchro nomine veteribus dicitur Uranoscopus, a Massiliensibus pudendo, vocatur Tapecon, quod pessi instar conformatus esse videatur ; et Raspecon, quod caput ob aspertatem ad scalpenda muliebria pudenda accommodari possit ; ab Italis Boca in capo, a nostris fiat appellatur.* Vide *Uranius*.

URASDA, Slavis dicitur compositio pecuniaria pro homicidio, vel membrorum mutilatione. Vide Joan. Lucium lib. 6. de Regno Dalmat. cap. 1. et Statuta Ragusii lib. 6. cap. 76.

¶ **URATISLAVIENSIS** MONETA. De Johannes Uratislaviensibus Godofredus Rhonius dissertationem edidit, Vratislaviæ ann. 1693.

URBACIO, *Circumductio*, περιγράπεις, in Gloss. Gr. Lat. [in MSS. Sangerm. : *Circumductio, urbatus, orbs.*]

¶ **URBALIS**, Urbanus. *Ecclesiæ urbales,*

Majores, Cathedrales. Sermo 5. Abbonis apud Acher. tom. 9. Spicil. pag. 105 : *Auferunt namque perversa calliditate Urbalibus Ecclesiis, nec non Monasticis, res et villas, quibus debant Episcopi, Monachi et Canonici vivere. Diversis plane dotis et fraudibus prædicti invasores ecclesiæ destruunt præsidia Christianitatis, hoc est sedes Episcopales et Monasteria.*

¶ **URBANARI**, Rempublicam administrare in urbe degere. Gloss. Lat. Gr. : *Urbanor,* πολιτεύομαι.

✶ **URBANIE**, [*a Urbanie, cortoisement.»* (Lex. Lat. Gal. Bibl. Ebroic. n. 23, XIII. s.)]

¶ **URBANTUS**, perperam pro *Wantus*. Vide ibi.

URBARA. Acta Murensis monast. pag. 40 : *Exceptis agris et pratis et silvis, quæ ad nos ex toto quod dicunt Urbara, vel ad Clericum pertinent, etc.*

² Pro Urbora vel Urbura. Vide in his vocibus.

○ **URBARIUM**, Prædium, ut videtur, urbi proximum. Charta ann. 1335. inter Acta SS. tom. 4. Sept. pag. 728. col. 2 : *Si autem id quatuor septimanis omiserint,..... ego, mei hæredes vel successores plenam potestatem habeamus urginti libras pecuniæ in binis illorum Urbariis, in Mieders xiv. libras pecuniæ et in Clapfs sex libras ad aliam ecclesiam vel monasterium dandi.*

○ **URBARIUS**, Exactionis, *Urbora* nuncupatæ, collector. Dipl. Caroli IV. imper. ann. 1356. apud Pez. tom. 6. Anecd. part 3. pag. 37. col. 1 : *Assignamus octo marcas nostri regii pagamenti, de nostra rum Urboræ et monetæ Chutnensis proventibus, per Urbarios nostros Chutnenses, quoscunque pro tempore esse contigerit, dictis fratribus, sine intervallo quolibet, persolvendas singulis septimanis.* Vide *Urbara, Urbor* et *Urbura*.

○ **URBATUS**, Sulco, qui fit in urbe condenda urvo aratri designatus. Hist. Lossens. Comit. part. 2. pag. 42 . *Pera et Hamonte exceptis : quia tunc, juxta Mantel. in Camp. Hist. Loss. cap. 9. fol. 44. nondum fuerant Urbata cinctaque mœnibus, aut donata oppidorum prærogativis.* Festus : *Urvat, circundat, ab eo sulco, qui fit in urbe condenda urvo aratri, quæ sit forma simillima uncini curvatione buris et dentis, cui præfigitur vomer.* Gloss. Lat. Gr. : *Urbata,* περισφραγισμένα. Vide Vossii Etymolog. in voce *Urbs*, et infra *Urvus*.

¶ **URBECULA**, Oppidulum. Dialogus ann. 1456. apud R. Duellium tom. 1. Miscell. pag. 286 : *Estne hæc Dianæ dicata Nympha extra mœnia Urbeculæ non pocul a Sillanis quondam castris.* Gloss. Lat. Græc : *Urbicula,* πολίγνων.

¶ **URBICARIÆ** REGIONES, Quæ a Præfecto urbis administrabantur, urbi proximæ. Acta SS. Luceiæ, Euceiæ, etc. tom. 5. Jun. pag. 12 : *Per omnem Italiam, tam etiam per omnes Urbicarias Africanasque regiones, etc.* Vide *Suburbicaria*.

○ **URBICLUS**, pro *Orbiculus*, in Inscriptione Christiana ann. 532. a pluribus allata, quem male Bollandus *mensam* interpretatur : Clypeus potius votivus vel, ut docet Fontaninus in Dissert. inscripta *Discus argenteus, etc.* pag. 51.

¶ **URBICUS**, Civis. Vita S. Joannis Abb. Parm. tom. 5. Maii pag. 183 : *Cum quidam Urbicus ultra flumen qui juxta murum civitatis fluit, transire voluisset, etc.* [²² Vide Annal. Corb. ad ann. 1114. apud Pertz. Script. tom. 3. pag. 8. lin. 22.]

¶ URBICUS, Publicus. Charta Cornutiana ann. 471. apud Mabill. Diplom.

lib. 6. Ch. 1 : *Quæ omnes species appensatæ habent ad stateram Urbicam argenti pondo quinquaginta quatuor uncias.*
¶ URBICUS, Romanus, eadem ratione qua Roma κατ' ἐξοχήν Urbs appellatur. S. Paulinus Epist. ad Severum tom. 1. pag. 27 : *Sed plenius indicare potuerunt conservi nostri,.... quantum nobis gratiæ Dominicæ detrimentum faciat Urbici Papæ superba discretio. Urbici pistores,* in Cod. Theod. lib. 13. tit. 5. leg. 2.
¶ URBOR. Charta Conradi Episc. Ratisbon. ann. 1224. in Metropoli Salisburg. tom. 1. pag. 237. et apud Tolner. inter Probat. Hist. Palat. pag. 148 : *Excepimus illam (advocatiam) Duci recompensaturi per feudum, quod vacare ceperit ad æstimationem 20. librarum, quarum 10. sint absoluti redditus, quod vulgo sonat Urbor.* Charta Ottonis Ducis Meraniæ ann. 1231. ex Schedis Mabill. : *Cæterum quia privilegium ecclesiasticæ libertatis, immunitatem videlicet ecclesiæ violari, et in possessiones familiaresque Urbor vulgo dicuntur, etc.* Gloss. Teuton. Schilteri : *Urber, orbore, reditus, ususfructus, Belgis orboir.* Vide *Uroma*. [☞ Vide Graff. Thesaur. Ling. Franc. tom. 3. col. 175. Schmeller. Glossar. Bavar. tom. 1. pag. 184. Haltaus. Glossar. German. col. 1997. sqq.]
° URBORA. Vide supra *Urbarius.*
URBS AUREA, Roma Petrus Diaconus lib. 4. Chron. Casin. cap. 125. de Lothario Imp. : *Juxta auream Urbem pervenit. Auream Romam* dixit etiam Martialis lib. 9. Epigr. 60 :

In septis Mamurra diu, multumque vagatus
Hic ubi Romæ suas Aurea venxit opes.

Juvencus lib. 1. initio :

Non orbis, non regna hominum, non Aureæ Romæ.

Et Prudentius in Apotheosi :

Et veneratam Deum percenset Aurea Roma.

Catwelphus in Epistola ad Carolum M. Regem . *Auream et Imperialem Romam intrasti, et Italiarum regna cum omnibus preciosis a Rege Regnorum suaviter accepisti, etc.* Carmen de Carolo Calvo Imp. v. 17 :

Aurea cum totum regnaret Roma per orbem
Consiliis, sublime caput solenniter asiris
Extulit, ac tonitru sonuit per climata mundi.

Auctor Panegyrici Berengarii Imp. :

..... Valeat tuus Aurea Princeps
Roma diu, etc.

Adde Vitam S. Faronis cap. 124. Vitam S. Adalberti Episc. Pragensis n. 12. Alcuinum Poem. 178. etc. In sigillis præterea Imperatorum *Auream Romam* dici annotat Angelus a Nuce.
¶ URBS ÆTERNA ET ÆTERNABILIS, itidem Roma appellatur, in leg. 3. Cod. Theod. de Collat. donat. (11, 20.) et in leg. 11. eod. Cod. lib. 15. tit. 1. de Operib. publ. Vide Præfat. Baluzii in Reginonem.
¶ URBS LAPIDUM, Carnutum sic appellabatur : rationem docet Agano in Præfat. ad Libr. Chartarum S. Petri Carnot. : *Erat* (urbs Carnotensis) *ex quadratis immanissimis lapidibus constructa. altisque turribus munita, et idcirco Urbs lapidum vocitata.*
☞ *Urbs* seu *Civitas,* ut Roma, sic Alexandria κατ' ἐξοχήν est appellata, in Cod. Theod. leg. 15. tit. 12. lib. 12. de Legat. et leg. 9. tit. 1. lib. 15. de Operibus publ. Vide ibi Gothofredum.
☞ *Urbs* et *Oppidum* idem sonat Valesio in Præfat. ad Notitiam Galliarum pag. XIII. et seq. Vide *Oppidum.* *Urbs* pro *Civitas* dicta interdum sedes Archiepiscopi, præcipue in monetis, ut observat *Le Blanc* de Monet. pag. 155. vel 167. Vide *Castrum* et *Civitas.*
° Consule *Du Bos* tom. 2. Hist. critic. monarch. Franc. 2ᵉ edit. pag. 17.
URBURA, Jus regium in fodinis aureis, argenteis, etc. apud Hungaros. Decreta Ludovici Reg. Hungar. ann. 1351. cap. 18 : *Si possessiones ipsas minerosas Regia Majestas pro concambio habere nolit, ex tunc jus regale, seu Urburas juri regio pertinentes recipere suo nomine faciat.* Quale autem fuerit ejusmodi regium in fodinis jus, docet vetus Fragmentum de *Urburis* inscriptum : *Reges Hungariæ ab eorum montanistis receperunt Urburas, hoc est, de singulis mineris auri, argenti, et cupri habuerunt decimam partem.* Vide Thwrocz. in Sigismundi Rege Hungar. cap. 15. [et Bonfinii Decades Rer. Ungaric. edit. 1581. pag. 118.]
¶ URCA, Modus agri. Charta Alexandri IV. PP. ann. 1255. apud Ughellum tom. 1. Ital. sacræ col. 53. edit. 1717 : *Ecclesiam S. Mariæ de Fulano in quatuor Urcam, et dimidiam, etc.* Sed legendum videtur *Uncia.* Vide in hac voce, num. 2.
¶ URCARE, Lyncum clamor. Vide *Baulare.* [☞ Vide supra *Uncare.*] [☞ *Ursi Urcant,* in Aldhelm. Grammat. apud Maium Classic. auct. tom. 5. pag. 570.]
URCEOLUS, Inter ministeria seu vasa sacra recensetur. Lanfrancus Cantuar. Epist. 13 : *Urceolus quid sit, liquido patet, est enim vas superius, unde lavandis manibus aqua infunditur.* Stephanus Eduensis lib. de Sacram. altaris cap. 4. ubi de Acolytorum ordinatione : *Accipiunt et Urceolum, in quo datur eis potestas infundendi aquam in calicem dominicum.* Testamentum Riculfi Episcopi Helenensis ann. 915 : *Conchas æreas 2. ad chrisma conficere, Urceolo uno cum aquamanile, etc.* Charta ann. 1197. apud Ughell. tom. 7. pag. 1274 : *Duos Urceolos argenteos pro vino et aqua.*
ORCEOLUS, in veteri Charta plenariæ securitatis, exarata sub Justiniano, apud Brissonium in Formul. pag. 647 : *Conca aurea una, Orceolo æreo uno , lucerna cum calenula, etc.* [Acta Episcop. Cenoman. apud Mabill. tom. 3. Analect. pag. 390 : *Duos Orceolos argenti cum pyxide argentea ad hostias reponendas.*]
¶ URCEOLUS, Situla, Gall. *Seau.* Falcandus in Hist. Sicul. apud Murator. tom. 7. col. 257 : *Ubi et rotæ volubilis obsequio descendentibus itemque ascendentibus Urceolis, puteus videas exhauriri, cisternasque adjacentes impleri, etc.*
° Glossar. Lat. Gall. ex Cod. reg. 7692 : *Urceolus, Ponsonnet.*
¶ URCEUS, Sepulcrum, feretrum, theca reliquiarum. Acta S. Domitiani tom. 1. Febr. pag. 702: *Dum ossa illa sancta levarentur, et Urceo novo imponerentur, etc.* Vide *Urna* 3.
URCHRICHIAD. Leges Hoeli Boni Regis Walliæ : *Urchrichiad, i. Edling, qui post Regem habet succedere, præ omnibus, qui sunt in Curia præter Regem et Reginam, honoratur. Iste erit filius ejus vel frater ejus. Locus ejus est in aula ultra ignem, in opposito Regis. Inter hæredes et columnam primo loco habet judex sedere.*
¶ URCIUS, pro *Urceus,* in Testam. Ermentrudis, apud Mabill. Liturg. Gall. pag. 463.
¶ URDENANDUS, ex antiquæ scripturæ vel pronuntiationis vitio, pro Ordinandus, apud Doublet. Hist. S. Dionys. pag. 689.

° URDICIUS, pro *Hurdicius,* Cratis lignea, qua obducebantur mœnia, ne ab arietibus vel missilibus lapidibus læderentur. Bened. abb. Petroburg. de Gest. Henr. II. reg. Angl. ad ann. 1190. tom. 2. edit. Hearn. pag. 627 : *Exierunt Saraceni a civitate Acræ circiter quatuor millia armati, et combusserunt quatuor Urdicios per ignem Græcum. Hurdicios,* infra pag. 653. Vide *Hurdicium.*
° URDILLA, URDILLIA, f. pro *Utensilia,* vel *Usibilia.* Vide in hac voce. Eo saltem sensu accipi videtur, in Ordinat. Caroli dalph. ann. 1357. ex Reg. Cam. Comput. Paris. sign. *Vienne* fol. 18. vº : *Item concedimus dicto magistro, quod ipse Urdilia nostra monetarum nostrarum, ubicumque fuerint, capere possit, pro ipsis ad dictum locum S. Marcellini ad opus dictarum nostrarum monetarum cudendarum apportanda, quæ finito operagio dictarum monetarum, nobis seu gentibus nostris reddere teneatur.* Alia ann. 1362. fol. 42. vº : *Item voluit et concessit dictus dominus locumtenens dicto magistro , quod Urdillia dictarum monetarum Dalphinalium , ubicumque fuerint , capere possit.*
° UREDIUS. Charta senesc. Ruthen. ann. 1313. in Reg. 50. Chartoph. reg. ch. 143 : *Item albergum unius militis et Uredii, quod dictus dominus noster rex percipit.*
° UREDO, *Nielle, qui chiet sur les blés,* in Glossar. Gall. Lat. ex Cod. reg. 7684.
° URGEOLUS, pro *Urceolus,* vas inter sacra recensitum, in Invent. eccl. S. Egid. ann. 1491. inter Probat. tom. 4. Hist. Nem. pag. 55. col. 1 : *Item sex Urgeolos . desuper deauratos, etc.*
URGESCERE, pro sæpius urgere, usurpat Lucifer Calaritanus lib. 2. pro S. Athanasio pag. 124.
° URGETA. Inquisit. super destructione bastidæ Sabranorum ann. 1363. in Cod. reg. 5956. A. fol. 79. rº : *Supra quadrigam..... coaptaverunt unam Urgetam plenam melle albo.* Sic, sed legendum prorsus *Vegetem.* Vide *Veges.*
¶ URGUERE, Accusare, in Cod. Theod. tit. 1. lib. 9. de Accusat. leg. 9 : *Cum juxta formam juris antiqui, si quid cæperit Urguere, aut vindicta proposita sit, si vera detulerit : aut supplicium, si fefellerit.*
¶ URGUERE, pro Urgere, in Præcepto Ludovici Pii ann. 822. apud Baluz. tom. 2. Capitul. col. 1421. et alibi.
° URGUO, Lapidis species. Testam. Audoyni card. Ostiensis ann. 1363. in Cod. reg. 4223. fol. 136. rº : *Supra corpus meum ponatur unus lapis planus, vulgariter dictus de Urguone , in quo nulla penitus sit sculptura.*
° URIDO, *Ventus Boreas,* inter notas Tironis ex Cod. reg. 190.
URIGO, *Vertigo,* in Gloss. Arabico-Lat.
¶ URINA, Origo, a vet. Gall. *Orine,* eadem notione. Vide *Originarii.* Charta ann. 1287. ex Tabul. Calensi pag. 116 : *Ysabellis de Glevoy recognovit se esse feminam de corpore ecclesiæ S. Georgii Kalensis ex propria Urina ac etiam materna nacione.*
¶ URINA LAXIVA, Cerevisia dicitur cuidam Versificatori apud Henricum Rebdoff. ann. 1347.
¶ URINALE, URINALUS, Matella, Gall. *Urinal. Urinale, Urinarium, matella,* in Gloss. MSS. apud Vossium lib. 3. de Vitiis serm. cap. 56. Transactio inter Abbatem et Monachos Crassenses ann. 1351 : *Infirmarius....... debet habere pro monachis infirmis in dicto monasterio..... ollas, mappas, manutergia, Urinals, cel-*

las (sellas) *et oleum.* Charta ann. 1338. tom. 2. Hist. Dalph. pag. 363: *Duodecim duodenas amphorarum, sex duodenas duodenas Urinalorum, etc.*
✣ Glossar. Provinc. Lat. ex Cod. reg. 7657: *Urinale, Urinarium, Orinalh, Prov.* Urinam nostri alias *Escloie* appellarunt. Lit. remiss. ann. 1877. in Reg. 110. Chartoph. reg. ch. 302: *La femme d'icellui Geraumin... entra en son hostel et y print un pot de terre garni d'Escloie et d'autre ordure, et icelle ordure getta à la teste dudit Molin, et le gasta très-deshonnestement. Date,* eodem significatu, sed incerta mihi origine, in aliis Lit. ann. 1476. ex Reg. 195. ch. 1592: *Il fist mettre sur le lieu où il avoit esté frappé ung petit du Date d'un des autres jeunes enfans, qui estoient là présens, avec ung petit de mousse, pour cuider tappir et faire cesser le sang.*
¶ **URINARE**, a Gall. *Uriner*, Mingere. Miracula MSS. Urbani V. PP. ex Tabul. S. Victoris Massil.: *Roncinus erat per totum corpus valde inflatus nec feucabat, nec Urinabat.*
¶ **URIO**, Ludi genus. Vide *Senio*.
✣ **VRISACENSES**, Monetæ species. Comput. decimæ in Italia collectæ ann. 1278. pro subsidio T. S. ex Cod. reg. 5376. fol. 243. r°: *Marchas xliij. et denarios xxxix.* ad computum in *Vrisacensibus, Labacensibus et aliis diversis monetis Carinthiæ.*
✣ **URITRA**, Virga, veretrum. Alex. Iatrosoph. MS. lib. 2. Passion. cap. 120: *Qui autem in vesica aut in Uritra ulcera aut vulnus habent, injicias per Uritram, i. per virgam, cum lacte asinino, aut muliebri, aut cum aqua.*
¶ **VRIVOLSA**, Sclavonica vox. Ditmarus in Chron. Episcop. Merseburg.: *Qui vecordes in malum hoc irrisorie mutabant, Vrivolsa, quod nostra lingua dicitur, Alnus quæ stat in frutectis, etc.* [✍ lib. 2. cap. 23. ubi Pertz. *Ukrivolsa*.]
URLARE, Orulam, vel limbos inserere, Gall. *Orler.* Monasticum Anglic. tom. 3. pag. 317: *Amictus de aurifrigio... Urlatur aurifrigio puro et stricto.*
✣ **URLUS**, Idem quod *Orlus*, a Gallico *Orle, Ora*, margo. Chartul. archiep. Bitur. fol. 129. v°: *Domina de Alneto et Rabellus filius ejus confessi sunt, cum....... Philippo D. G. archiepiscopo Bituricensi... amicabiliter convenisse in hunc modum, videlicet quod casale, ... qui est in via versus carrobrias, juxta domum Bigot, usque ad ulmum qui est in Urlo dou plassers, etc.* Vide *Orlum.*
1. **URNA**, pro *Orla*, seu *orula*, Limbus, Gall. *Orlet.* Leo Ost. lib. 1. cap. 57: *Aliam planetam cum leonibus, Urnas de pallio longitudine passuum 4. latitudine palmorum trium, pannum de altare diarodinum, etc.* Lib. 3. cap. 11: *Capitulum renovavit, illudque gypsea Urna in gyro, vitreisque fenestris ac pulchro variorum marmorum pavimento decorans tegulis cooperuit.* Cap. 20: *Tunicam diapistin cum Urna amplissima a pedibus et manibus ac scapulis aurea.* Cap. 57: *Coopertorium cum Urna purpurea.* Cap. 33. (al. 31:) *E quibus* (iconis) *decem ex quadratis prædictus Frater apud Constantinopolim crasso argento sculpsit ac deauravit, ... rotundas vero omnes argentea solum Urna 4. librarum circumdans, cætera coloribus ac figuris depingi Græca peritia curavit.* Cap. 58. (al. 57:) *Coopertorium altaris sericum cum Urna purpurea ornatum margaritis.*
2. **URNA**, Mensura liquidorum, vini, cerevisiæ, etc. [*Vini* IV. *carradæ et dimidia et duæ Urnæ,* in Charta Anshelmi Abb. Laurisham. apud Tolnerum inter Probat. Hist. Palat. pag. 16. Necrolog. ejusd. Abbatiæ apud Schannat. Vindem. litter. pag. 26: *Hæc constituit* 10. *Urnas vini in Urebach in anniversario ejus fratribus ad caritatem.* Charta ann. 1289. apud Ludewig. tom. 4. Reliq. MSS. pag. 117: *Sex Urnas vini montani juris, et sexaginta denarios de quodam agro, etc.* Adde pag. 146. et 254. Hinc retinenda videtur hæc vox in Charta Raimundi Comit. S. Egidii ann. 1164. inter Instr. tom 6. Gall. Christ. novæ edit. col. 300. atque adeo emendanda in voce *Ubia.*] Occurrit præterea in Metropoli Salisburgensi tom. 2. pag. 292. tom. 3. pag. 40. et alibi non semel.
✣ Hinc *Urna,* pro Tributo, quod ex mensuris percipitur, in Charta Bereng. I. Ital. reg. ann. 897. apud Murator. tom. 2. Antiq. Ital. med. ævi col. 97: *Ut nulla magna parvaque persona deinceps audeat..... teloneum ac redhibitionem aliquam, seu Urnas atque mutas, vel ullas collectas ab eis, vel a prædicto monasterio pertemptare ullo ingenio exigere.*
✣ *Urlée* vero, Præstationis vel mensuræ annonariæ species videtur, in Reg. feud. comitat. Clarimont. ex Cam. Comput. Paris. fol. 87. r°: *Item au jour de Noel une Urlée, deux mines d'avoine, deux cappons, etc* Nisi, quod satis arridet, Placentæ genus intelligas, quod in die Natalis domino a subditis vel prædiorum conductoribus offerri solitum erat. Vide *Panis natalitius* et *Torta* 1.
3. **URNA**, Theca, feretrum, in Vita Aldrici Episcopi Cenom. cap. 45. [Charta ann. circ. 894. apud Mabill. tom. 2. Annal. Bened. pag. 203. qua Geraldus Comes annuum censum 12. solidorum ad *Urnam beatri Petri* persolvi præcipit. Andreas Floriac. lib. 4. Mirac. S. Bened. MSS.: *Pridie quam viam ingrederetur universæ carnis, quo sepeliendus foret præmonuit, locumque secus exteriorem cryptæ sanctæ Crucis frontem indixit, indicendoque oravit. Porro et pollincitoribus negligentibus, atque alias Urnam accelerantibus, etc.* Vide *Vista* 5. et *Urceus.*]
¶ 4. **URNA**, Machina bellica, quam sic describit Hero de Mach. bellicis cap. 9: *Fiunt itaque fictiles Urnæ laminis ferreis exteriori parte colligatæ, minutisque carbonibus implentur: ab extrinseca vero laminæ facie fundum versus forantur at aperiuntur usque unius digiti foramen, ferreumque tubulum inde suscipiunt, cui tubus alius follem habens adjungitur. Cum autem ignem carbones susceperint, dum sufflantur, similem flammæ perficiunt combustionem. Quippe quæ lapidem penetrat atque confringit, aceto vel urina, vel alio quopiam acrium superinfuso.*
URNATORES, Qui urnis aquas ex altis puteis levant, apud Julium Firmicum lib. 3. Matth. cap. 11. lib. 4. cap. 6: *Aut enim ex altis puteis, quotidiano opere aquam levare cogentur, etc.* [Vide *Urceolus* 1.]
✣ **URNEA**, f. Aquæductus. Reg. 34. bis Chartop. reg. part. 1. fol. 95. v°. col. 2: *Et facient palicium fossati duodecim pedes altitudinis super terram et faciant unam Urneam de lapidibus.* Vide **Urna** 4.
¶ **UROMA**. Leges Mechlinienses tit. 10. art. 1: *Hæres feodi intra proximas sex hebdomadas a morte defuncti investituram a Domino petere debet, eique dabit pro integro feodo, tredecim equites, singulos triginta stuferis æstimatos; pro non integro Uromam, sive ὀπώρα, hoc est fructus unius ann. aut quanti in annum conducitur.* Vide *Urbori*. [✍ Kilianus: *Vrome van een taer, Opora, fructus unius anni.*]
✣ ¶ **VRON-AME**, VRON-VUDER, voces Germanicæ. Glossæ Cæsarii Heisterbac. in Reg. Prum. tom. 1. Hist. Trevir. Joan. Nic. ab *Hontheim* pag. 673. col. 1: *Quinque modii faciunt amam, quam appellamus Vron ama, et sex amæ faciunt carratam, quam appellamus Vron-vuder.* [✍ Vide supra *Fronomen*. A *Frone*, Publicus, dominicus.]
✣ **VRONEN**, vox Germanica. Vide supra *Absare* 1. [✍ et Haltaus. Glossar. German. col. 531.]
¶ **UROR**, pro *Urus*. Vide in hac voce.
✣ **UROWENRADA**. Vide supra *Frauwenrada*.
URPHEDA, Germ. *Urfelit,* Juramentum, quod ex carcere dimissus præstat de non ulciscendo. Goldast. [Vide Vossium de Vitiis serm. lib. 2. cap. 19. et supra *Faida*.] [✍ Haltaus. Glossar. German. voce *Urfehde*, col. 2000.]
¶ **URSA** LIBRA, pro *Arsa*, apud Kennett. Antiquit. Ambrosd. pag. 165. Vide *Arsura*.
¶ **URSARIA**, Hispaniæ urbs, vulgo *Madrid*. Itiner. Adriani VI. PP. apud Baluz. tom. 8. Miscell. pag. 394. *Sed dum Franciæ Rex captus detinebatur Ursariæ, quæ Madrid vulgo dicitur, etc.*
¶ **URSARITIUS** CANIS, Qui ursos prosequitur. Vide in *Canis*.
✢ *Oursière.* Ursi latibulum, in Vitis Patrum MSS.:

Tant a l'Oursière avironnée
Qu'il a une sente trouvée,
C'une ourse i avoit donnée.

¶ **URSARIUS**, Vir e familia, domesticus, officialis palatinus: unde suspicari facile est legendum esse *Huscaria*. Vide in hac voce. Hist. MS. Monast. Beccens. pag. 52: *Hostis antiquus ter insurrexit in me, et ter cecidit in semetipsum, et Ursarius Domini mei, id est Angelus bonus liberavit me.* Charta Balduini Comit. Hannon. ann. 1176. apud Marten. tom. 1. Ampl. Collect. col. 896: *Præstita fide et Sacramento confirmavi, quod neque ego, neque Ursarii mei, neque venatores in aliqua domorum ecclesiæ per violentiam jacebimus.*
¶ **URSARIUS**, Cui ursos ad spectaculum instruendi cura commissa est. Lambertus in Hist. Comit. Ardens apud Ludewig. tom 8. Reliq. MSS. pag. 552: *Compromisit de qualibet oppidi furno ad quodlibet furniamentum, pro procreandum ursum et pascendum, panem unum Ursario se daturum, et sic ludum ursi ad spectaculum singulis diebus festis ad placitum suum haberent et conspicerent.*
URSUS, Præstatio Regi Bohemiæ recens dicto fieri solita. Albertus Argentinensis in Chron. pag. 145: *Collecta enim ibi imposita, quæ Ursus dicitur, et de novo Regi creato debita, apud Bohemos remansit.*

URSUM CIRCUMDUCERE. Hincmarus Remensis in Capitul. ad Presbyteros cap. 14: *Nec plausus et risus inconditos, et fabulas inanes ibi referre aut cantare præsumat. Nec turpia joca cum urso, vel tornatricibus ante se facere permittat.* Synodus Trullana can. 61: Τῷ αὐτῷ τούτῳ ἐπιτιμίῳ καθυποβάλλεσθαι δεῖ καὶ τοὺς ἄρκτους ἐπισυρομένους ἢ τοιαῦτα ζῷα, πρὸς παίγνιον καὶ βλάβην τῶν ἀπλουστέρων. Ubi observat Balsamon in ejusmodi ursorum capitibus et corporibus tincturas appendere solitos, dareque passim ex pilis eorum cum tincturis, tanquam phylacteria, ad depellendos morbos, atque adeo oculorum fascinos amoliendos. Vide *Minator* 2.

¶ URSORUM PASTUS, [inter onera quæ a vassallis suis domini exigebant, recensetur in Charta Dudonis Abbatis Dervensis ex Tabulario ejusd. Ecclesiæ.] Vide in *Pedatura*.

URTELLA, Idem quod *Ordalium*, judicium divinum, purgatio vulgaris; Germ. *Urdel*. Decretum Tassilonis de popularibus legibus cap. 9 : *Ut hi, qui Ducali manu liberi dimissi sunt, ad eadem cogantur judicia, quæ Bajoarii Urtella dicunt*. Vide *Ordela*.

✱ URTICARE. [*Aiguillonner*, *enflammer* : « Quem timor *Urticat*, verbis mellitur in istis. » (Du Méril, orig. lat. theatri, p. 290)]

○ URTICATIO. Vide supra *Ferulatio*.

¶ URTIFER, pro *Hortifer*, Hortus. Tabul. S. Sulpitii Bituric.: *Cum adpenditiis earum, Urtiferis et cultiferis, viridigaris, etc.*

URTIO Vide *Alchaz*.

URTUM, pars aratri, quæ plicatur, Papiæ : in MSS. *Urnum*.

¶ URUBHI, Titulus est capitis 16. Leg. Rotharis Reg. ex Cod. Ambros. apud Murator. tom. 1. part. 2. pag. 19. col. 2 : *Si quis hominem mortuum in flumine, aut foris invenerit, exspoliaverit, et celaverit, componat parentibus mortui solidos LXXX. etc.* [☞ Vide *Rhairaub*.]

° Grassatio in itinere regio, a Germanico *Uz*, foris, et *Rauben*, furari, prædari.

¶ URUCA, λαχάνων Κάμπη. Gloss. Lat. Gr. in MSS. Sangerm. *Urtica*.

URUS, vox Gallica vetus, Germanis hodie *eyn uhrochs*, ut docet Cluverius lib. 3. Germ. antiq. cap. 47. Gl. Gr. Lat.: Βούβαλος, *urus, bos silvestris*, [Gloss. Lat. Gr. *Uror*, βους γεωράνος. Leg. *Urus*, ut infra : *Urus, bos silve,* βούβαλος : in MSS. *silvester* : addunt Regiæ *Bufalus*.] Glossæ antiquæ MSS.: *Uri, vituli agrestes, quos Bubalos vocant*. Macrobius lib. 6. Saturn. cap. 4 : *Nec non et Puniciis Osciscque verbis usi sunt Veteres, quorum imitatione peregrina verba non respuit ut in illo, Silvestres uri assidue ; Uri enim Gallica vox est, qua feri boves significantur*. Aimoinus lib. 1. Hist. Franc. cap. 1. ubi de Herciniæ sylvæ feris : *Tertium est genus earum, quæ Uri appellantur. Hi sunt magnitudine paulo infra elephantos, specie et colore et figura tauri. Magna vis eorum est, et magna velocitas ; neque homini neque feræ, quam conspexerint, parcunt. Hos studiose captos foveis, interficiunt. Hoc se labore durant adolescentes, atque hoc genere venationis se exercent,... amplitudo cornuum et figura et species multum a nostrorum boum cornibus differt. Hæc studiose conquisita ab labris argento circumducunt, atque amplissimis epulis pro poculis utuntur. Postremis Aimoini verbis convenient, quæ scribit Fulco lib. 1. viæ Hierosol.*:

Uris cornua sunt immensæ concavitatis,
Ex quibus ampla satis, et salva pocula fiunt.
Vitibus et mensis et honori et commoda prosunt,
Seu docii artifices ea quadrificata rotundent,
Integra sive sinant, et fissa caloribus aptent.

Idipsum Cæsar. lib. 7. et Plinius lib. 11. cap. 87. de urorum cornibus vice poculorum tradunt. Urorum vero venationis meminit Monachus Sangall. lib. 2. de Carolo M. cap. 11 . *Cum ecce quietis et otii impatientissimus Carolus ad venatum bisontium vel Urorum in nemus ire, et Persarum nuntios secum parat educere*.

° URUS. Vide supra *Modolagium*.

¶ URVUS, Aratri curvatura proprie : item, Sulcus aratro designatus , intra

quem urbem ædificarent. Rolandin. Patav. in Chron. Tarvis. apud Murator. tom. 8. col. 249 : *Et quia scivit quod antiqui magnates respiciebant ascendens, cum volebant condere civitates ; et faciebant ipsimet Urvum cum aratro, quo circumdabant civitates, unde dictæ sunt urbes, etc.* Vide *Urbatus*.

1. USA, Fluvius, ex Saxonico use. Fœdus Alfredi et Godrani cap. 1. de regni terminis : *Tunc in rectum ad Undefordum ; tunc sursum in Usa, ad Wetelingstreet*. [☞ Nomen proprium fluvii, hodie *Ouse*.]

° 2. USA, Jus utendi aliqua re. Dicitur potissimum de nemorum usu. Charta ann. 1308. in Reg. 40. Chartoph. reg. ch. 187 : *Dicebant...... se...... habuisse Usam et explectam se alenhando de lignis nemorum totius mandamenti et districtus prædicti castri de Brusca*. Vide *Usagium*.

° USAGGERIUS, Officium apud Templarios. Interrogat. Templar. ann. 1310. inter Probat. tom. 1. Hist. Nem. pag. 204. col. 1 · *Frater Stephanus de Clumaco, serviens templi , Usaggerius conventus Montipessulani, etc.*

° USAGIARE, Ea, quæ ex usu vel consuetudine debentur, præstare. Charta Beatr. dom. Foucign. ann. 1295. in Chartul. Sabaudiæ fol. 37. v° : *Mandantes et præcipientes per has nostras patentes litteras hominibus et feudatariis nostris,..... ut dicto domino comiti de cætero respondeant et Usagient de prædictis. Quibus factis nos omnes et singulos homines et feudatarios prædictos solvimus et quittamus de homagiis et usagiis, in quibus nobis pro prædictis tenebantur*. Recognit. feudal. MS. ann. 1348 : *Item ipsas seystorias cum dimidia prati, sitas apud Valorseyri, de quibus Usagiant tenementarii eidem domino dalphino*. Vide in *Usagium*.

¶ 1. USAGIARIUS, Quo uti licet. Charta Libertat oppidi S. Palladii ann. 1279. apud Thomasser. in Biturig. pag. 113 : *Solvent unum denarium de quolibet porco lactente quem habebunt in alio nemore communi et usagiario. Usagié, solitus* ; dicitur de eo quod in usu est, in Charta ann. 1289. ex Chartul. S. Johannis in Valle : *L'eure usagiée et accoustumée*.

° 2. USAGIARIUS, Qui in silva aliena usagium seu usum habet ad pascenda animalia, vel ad ligna cædenda. Charta Joan. de Cabilone episc. Lingon. ann. 1331. in Chartul. ejusd. eccl. fol. 272. v° = *Item octies viginti vel circa arpenta nemorum vestitorum sine plathels , quæ ascendunt ad Usagium arpenta franca domino, sine Usagiarus*. Vide *Usuagiarius* in *Usagium*.

¶ USAGIUM, Usus, mos, Gall. *Us et coutume* : ita sæpissime appellantur Consuetudines municipales. Charta ann. 1284. apud Rymer. tom. 2. pag. 264 : *Regni antiquæ consuetudines approbatæ bonaque Usagia, quæ sacris canonibus non repugnant, illibata serventur*. Libertates Belleevillæ ann. 1288. ad Acher. tom. 9 Spicil. pag. 182 : *Similiter de Usagia et franchesia Belleevillæ continetur, quod, etc.* Mandatum Philippi Pulchri Reg. Franc. ann. 1302. apud Menester. Hist. Lugdun. pag. 85: *Servando et custodiendo diligenter Usagia locorum et consuetudines approbatas*. Charta ann. 1329. ex Tabul. Eduensi : *Renunciantes etiam in hoc facto prædicti venditores..... omnibus aliis juribus, et legibus, Usagiis, consuetudinibus, etc. Usagia locorum*, in Chartul. S. Vandreg. tom. 2. pag. 1854. Regest. Episcopi. Nivern. ann. 1287 : *Usagium de securibus et de potariis et de*

lupercis solent valere xv. *lib.* Vide in *Usaticum*.

° Hinc *Se mettre à bon Usaige*, pro Agendi rationem emendare, in Lit. remiss. ann. 1426. ex Reg. 178. Chartoph. reg. ch. 545 : *Le suppliant depuis se mist à bon Usaige et achetoit du blé et le menoit vendre à Beauvais. Usage*, pro *Usage*, Jus utendi silva aliena. Charta Margar. regin. Navar. ann. 1255. in Chartul. Campan. : *Et del Usuge en touz les bois de Derf, etc.*

¶ USAGIUM, Jus utendi aliqua re. Dicitur potissimum de nemorum usu, Gall. *Droit d'usage*. Charta ann. 1217. apud Lobinell. tom. 2. Hist. Britan. col. 197 : *Dedi etc.... boscum mortuum in foresta de Jugne ad Usagium domus de Beriaco*. Alia ibid. col. 389 : *Dono iterum et concedo dictæ abbatiæ in perpetuum totum Usagium plenarium in perpetuum tatum dum libere et expedite per totam forestam meum*. Chartul. S. Vincentii Cenoman. fol. 71 : *Monachi S. Vincentii Cenomanensis habent in foresta sua de Pait Usagium suum ad opus domus suæ S. Leonardi,...... ad calefagium suum et ad omnia ædificia sua construenda et reparanda*. Charta ann. ullo censu et sine ullo Usage, in Charta ann. 1096. ex Tabul. S. Victoris Massil. Inquisitio ann. 1268. ex Schedis Præs. *de Mazaugues* : *Item dixit quod vidit quod Guillelmus Castellus vendidit Rostagno de Margaidis Usagium et pasquerium prædicti territorii vaccis suis*. Consuetud. Cluniac. MSS. ann. 1301. ex Tabul. B. M. Deauratæ : *Nullus abbas, nullusque prior aut monachus...... habeat canes ad venandum, his dumtaxat exceptis qui in aliquibus suis locis usum et Usagium habeant necessarium. Habebunt Usagium suum ad piscandum*, in Litteris ann. 1248. inter Ordinat. Reg. Franc. tom. 5. pag. 601. art. 17. Adde Mabill. tom. 3. Analect. pag. 583. et Hist. Harcur. tom. 4. pag. 1359. Vide *Usuaria*. [☞ Haltaus. Glossar. German. voce *Echtwort*, col. 252.]

¶ USAIGIUM, Eodem significatu. Charta Odonis Ducis Burgund. ann. 1216. ex Tabul. S. Benigni Divion. : *Et quicumque in castro edificaverit, de edificio suo voluntatem suam facere poterit , salva censa nostra de nemore de Pasques. Concedo eis Usaigium in perpetuum ad quidquid eis fuerit necessarium*.

¶ USATGIUM, Arvernica enunciatione, in Charta ann. 1285. apud Balaz, tom. 2. Hist. Arvern. pag. 135: *Cum cæteris universis ayssis et Usatgiis, servitutibus, emolumentis, etc.* Occurrit rursum inter Instr. Gall. Christ. novæ edit. tom. 2. col. 145.

¶ USUAGIUM, Pari intellectu. Bulla Honorii III. PP. ann. 1223. apud Lobinell. tom. 3. Hist. Paris. pag. 80. col. 1 : *Cum pratis, vineis, terris, nemoribus, Usuagiis et pascuis in bosco et plano, etc.* Eadem leguntur in Bulla Gregorii IX. PP. ann. 1234. apud Miraeum tom. 2. pag. 1223. col. 2. Charta ann. 1228. ex Tabul. S. Richarii: *Super nemore illo quod dicitur Fagetum S. Richarii, in qua dicti homines Usuagium clamabant*. Alia ann. 1235. inter Instr. tom. 4. Gall. Christ. novæ edit. col. 206 : *Cum abbas et conventus S. Benigni Divionensis dicerent se habere Usuagium in nemoribus, etc.* Litteræ S. Ludovici Regis Franc. ann. 1236. ex Tabul. Montis Mart. : *Inquiri fecimus diligenter quale jus et quale Usuagium abbatissa et capitulum Montis Martyrum debebant habere in nemore nostro de Roberto*. Occurrit præterea apud

49

Ludewig. tom. 6. Reliq. MSS. pag. 447. Vide *Foagium* 2. et *Laeya*. ¸

¶ USUAGIARIUS, Qui in usu est rem aliquam agendi, maxime qui in silvis alienis *usagium* seu usum habet ad pascenda animalia vel ad ligna cædenda. *Usagier de bois*, in Consuetud. Meld. art. 177. Ducatus Burgund. art. 123. Andegav. art. 182. Cenoman. art. 200. Blesensi art. 225. Sedan. art. 306. Charta Theobaldi Blesens. Comit. ann. 1215. ex Tabul. Calensi pag. 170 : *Et in eadem foresta chaufagium suum ad unum somarium ubi alii Usuagiarii capient.* Charta S. Ludovici Reg. Franc. ann. 1254. tom. 2. Hist. Eccl. Meld. pag. 161 : *Ut ipsæ in propria foresta nostra Resti* 50. *porcos...... possint ponere et habere quiete et libere annuatim,...... salvo aliis Usuagiariis jure suo.* Charta Ægidii Abbatis S. Martini Tornac. ann. 1809. ex Tabular. S. Richarii : *Nos habebimus omnia alia asiamenta in prædictis pasturagiis, sicut Usuagiarii alii in prædictis locis tantummodo.* Hinc emendanda Charta Joannis Abbat. Ursi-campi ann. 1303. ex eodem Tabul. ubi *Usugrarius* perperam legitur pro *Usuagiarius*. *Usager*, in Chartul. Lutiniac. fol. 210. 1° : *Item les maretz..... esquelz les demourans ès villages de Trille-Bardou*, etc. sont *Usagers d'y pouvoir pescher à la main et à la caige et non autrement*. Vide in *Usuaria*.

¶ USAGIUM , Tributum, vectigal, vel etiam servitium, quod domino ex usu et consuetudine debetur. Charta ann. 1150. tom. 1. Macer. Insulæ Barbaræ pag. 82: *Accepimus in feodum a domino Girino abbate, et ab ecclesia Insulæ Barbaræ quicquid juris vel Usagii habebamus .... de pedesticum de Rochetaillia.* Charta Roberti Archiep. Lugdun. ann. 1231. apud Menester. Hist. ejusd. urbis pag. 99 : *E contrario dicti cives proponebant quod nec senescalcus, nec alius, brochum vini, vel aliquod Usagium habebat pro pretio vini augmentato.* Inquesta tom. 1. Hist. Dalph. pag. 20. col. 1 : *Tenet mistraliam loci de Venos,... et nescit cujus modi Usagium facere debeat domino Comiti, quod non fecit umquam aliquod*. Libertat. S. Georgii de Esperanchia ann. 1291. ibid. pag. 27. col. 1 : *Item burgenses...... possunt vendere aut dare cuicumque voluerint res et bona sua, solvendo tamen jura et Usagia consueta*. Charta alia ibid. pag. 134. col. 1 : *Debet recolligere et levare census et omnia Usagia in mistralia, et fideliter reddere domino*. Litteræ ann. 1275. inter Ordinat. Reg. Fr. tom. 3. pag. 61 : *Quod consuetudines et Usagia quæ dicta Maria et vir suus ejus nomine, habent in castro seu villa prædictis et pertinentiis, in pedagiis, ledis ac Usagiis, leda panis et salis*, etc. Vide *Usancia* et *Usaticum*.

◦ USAGIUS , Vectigal, quod ex usu domino debetur. Charta Steph. abb. ann. 1202. inter Probat. ult. Hist. Trenorch. pag. 182 : *In primis nobis acquisierunt omnes Usagios villæ Trenorchiensis*. Vide in *Usagium*.

¶ USAGO , Usus , consuetudo, Gall. *Usage*. Charta apud Perardum in Burgund. pag. 350 : *Secundum consuetudines et Usaginem patris mei et prædecessorum nostrorum, etc. Usuge.* in Litteris ann. 1960. inter Ordinat. Reg. Franc. tom. 5. pag. 278 : *Par l'usuge et observance gardez de si lonc temps.* Vide *Usagium*.

¶ USAIGIUM, ut *Usagium*. Vide in hac voce.

¶ USAMENTUM. Vide in *Usare*.

¶ USANCIA, USANZIA, Præstatio quæ ex usu et consuetudine debetur. Charta ann. 1166. inter. Probat. tom. 2. novæ Hist. Occitan. col. 608 : *Faciatis et construatis forciam vel forcias in Cambones ; de tali tamen pacto ut in omnibus reddatibus et Usanciis et justitiis, quæ ad dominum castri pertinent,... habeamus nos duas partes, etc.* Charta Friderici Imperat. ann. 1186. in Corp. Diplom. tom. 1. pag. 110. col. 1 : *Et ut ab hinc in antea in eis omnem jurisdictionem et consuetudines, bonasque Usanzias habeat.* Vide supra *Usagium*.

USARE , Frui, gaudere, Gallis *User*, *jouir*. Formulæ veteres auctoris incerti form. 27 : *Quod taliter fecistis, ut tempore vitæ meæ ipsas res habere et Usare, vel condirigere debeam*. Et form. 41 : *Ut ipsas res quamdiu advivo, sub usu beneficii vestri tenere et Usare debeam, et alicubi ipsas res alienandi pontificium non habeam*. Charta Alamannica 68. apud Goldastum : *Postea mea fuit petitio, et nostra et fratrum decrevit voluntas, ut ipsam rem valeas excolere, vel Usare, et nihil exinde minuare non debeas, nisi quidquid ibidem addere aut immeliorare vel attrahere potuimus*. [Charta Ludovici Junioris Reg. Franc. ann. 836. apud Hansizium tom. 1. Germ. sacræ pag. 156 : *Ut dum Annecor Episcopus, atque Anno nepos ejus adviaxerint ipsas res tenere et Usare faciant*.] Occurrit præterea in Vita Aldrici Episcopi Cenoman. pag. 155. 162. 170. [Vide *Usare*.]

☞ *Usaire*, pro Usus, Utilitas, commodum, Gall. *Usage*. Tabular. Fossatense fol. 2 : *Les baniers de la terre de ladite Abbaie, c'est assavoir de Nogent et de la vallée de Susci achetent blé ou autre grain pour leur Usaire, ils ne doivent rien paier, mais que ce ne soit pour revendre ; et aussi est il se il achetent aucun bestail pour leur Usaire, ils ne doivent riens paier. User*, eodem sensu in Charta Caroli Regentis ann. 1960. ex Chartul. 23. Corb. : *Et avec ce du tonlieu des choses et de mets que l'en accate pour son User*.

USITARE , [Uti, idem quod *Usare*. Form. 19. Lindenbrog. . *Nisi tantum, dum advixero, Usitare et meliorare faciam*. Occurrit rursum in Form. 20. Vita Aldrici Episc. Cenoman. apud Baluz. tom. 3. Miscell. pag. 161 : *Nobis ad Usitandum tenere permississtis*. Guidonis Discipl. Farf. cap. 15 : *Si quis calidum potium vult Usitare ad charitatem collationis, poterit facere in loco suo*.] Homilia de decimis et jejunio edita a Steph Baluzio post Capitularia : *Et precamini Dominum, ut tam sua gratia et misericordia concedat vobis in pace colligere alios fructus, et in suo sancto servitio Usitare, et, quod illi placet, inde facere.* Charta 15. inter Alamannicas Goldasti : *Scuta cum lanceis, vestibus, vel omnibus utensilibus, quas in die obitus mei non datas alicui, et non Usitatas reliquerim, trado ad jamdictum monasterium, etc.* i. ad *utendum datas*.

¶ USARE et USSARE DE FORESTA, In ea habere *Usagium*. Vide in hac voce. Inquesta Vicecomit. castri Ayraudi ex Bibl. Reg. : *Requisitus si capiebat in foresta de Moleria rem quam non debebat Usare, dicit quod non.... Guillelmus Dore juratus et requisitus dicit quod vidit...... vicecomitem Aymericum... Ussare in pace de foresta de Molere, etc.*

☞ *Usager*, Jure *usagii* uti. Charta ann. 1886. in Reg. 131. Chartoph. reg. ch. 121 : *Ainsi Usagoient ès pastures et à l'aglan pour leurs pourciaux et pour leurs autres bestes grosses et menues. Usaire*, Qui eo jure utitur aut uti potest. Charta admort. ann. 1414. in Reg. 168 ch. 66 : *Certains champars qui se doivent chacun an des Usaires des bois d'Orouer..... Pour droit de forestaige à cause de l'usaige qu'ilz ont en tous les bois d'usaige, etc.*

USAMENTUM. Charta Rudolfi Regis Burgundiæ in Tabular. Agaunensi apud Guichenon. in Probat. Hist. Sabaud. pag. 3 : *Cum omnibus appendiciis sive Usamentis*. Forte *Aisamentis*.

☞ Nihil immutandum videtur in hac voce , tametsi *Usamentum* idem sonat quod *Aisamentum*, cum alibi rursum legatur. Charta ann. 1155. apud Spon. tom. 3. Hist. Genev. inter Instrum pag. 10 : *Et secundum quod ab eo tenuerant Usamentum facerent.* Vide *Usimentum*.

USATUS PANNUS, Detritus, Gallis *Usé*. Occurrit in Legibus Edwardi Confess. cap 38 [Vide *Usus* 4.]

¶ 1. USARIA, Hippegus. Vide *Huisserium*.

² 2. USARIA , Tributum, præstatio, quæ ex usu et consuetudine pensitatur. Charta ann. 1283. apud Manni de Sigill. antiq. tom. 1. pag. 98 : *Venduint possessiones et res et omnia servitia, præstationes, dationes,...... Usarias et jura, etc. Usure*, eadem acceptione, in Libert. loci de *Bourlemont* ann. 1357. tom. 6. Ordinat. reg. Franc. pag. 633. art. 28 : *Se lesdiz habitans ou aucun d'eulz devoient aucunes autres rentes, Usures ou droitures, etc.* Vide *Usuaria*.

ᶜ USATGIUM. ESSE DE USATGIO, *Usaticis* seu tributis obnoxium, vel alicui societati aut communi addictum esse. Libert. Montisfer. ann. 1291 in Reg. 181. Chartoph. reg. ch. 154 : *Item si ostensio fuerit faciunda de re aliqua, de qua contendatur inter dominum et aliquem de Usatgio, ille de Usatgio poterit rem ostendi, non dabit aliquid pro ostensione.* Vide *Consuetudinarius* in Consuetudo 4. *Usaticum* et *Usatus* 1.

¶ USATGIUM, ut *Usagium*. Vide in hac voce.

◦ USATICALIS, Ex usu et consuetudine debitus. Charta ann. 1378 in Reg. 118. Chartoph. reg. ch. 200 : *Ducenta sextaria ordei Usaticalis, annualia et censualia, etc.* Vide *Usaticus* 2.

USATICUM, Tributum, præstatio, [quæ ex usu et consuetudine pensitatur, vel ut quis jus *usagii* obtineat.] Charta Ildefonsi Comitis Tolosæ ann. 1141. apud Catellem : *Dono, et concedo, et salvo, quod quisque homo vel fœmina libere vendat vinum suum omni tempore, quo voluerit sine ullo Usatico, quod inde nunquam donet alicui homini vel fœminæ. Homines vero extranei, qui foris habitant in villis aut in castris, aut in aliis locis, habeant eundem Usaticum quod solent habere, etc.* [Charta Guillelmi IV. Comit. Forcalquerii ann. 1191. inter Instr. tom. 1. Gall. Christ. novæ edit. pag. 90. col. 1 : *Concessi etiam et donavi.... omnia Usatica in terra mea, tam in leudis, quam in pedagiis, et piscuis et aliis Usaticis meis, ubicunque habeam Usatica decima in terra illa.* Charta ann. 1250. ex Tabul. Montis-Majoris : *Animalia possint pascere sine præstatione pascuerii seu Usatici.* Statuta Arelat. MSS. art. 64 : *Quicunque recipiet pedagium antiquum vel novum Usaticum in riparia Rodani, etc.* Adde Litteras ann. 1369. inter Ordinat. Reg. Franc. tom. 6. pag. 284.] Hac notione usurpatam vocem in Antiquis Tabulis observare est ex Plantavitio in Chronologia Præsulum Lodovensium pag. 118. 135. 185. 234. 365. Philippus *Mouskes* MS. in Carolo Magno:

Et li commanda que tout cil,
Ne franc, ne sierf, ne bon, ne vil,
Ne clap, ne rous, ne blanc, ne noir,
Qui viennent à Aix manoir
De tous *Usages* fussent franc.

[Vide *Usagium* et *Usancia*.]
⁕ Charta Phil. Pulc. ann. 1309. inter Probat. tom. 1. Hist. Nem. pag. 164. col. 1: *Item Usaticum ceparum, seu redditum, quem percipit dominus rex in hortis dicti loci.* Vide supra *Usaria* 2.

¶ USATICUS, Eadem notione. Charta ann. 942 inter Probat. tom. 2. novæ Hist. Occitan. col. 85: *Omnes Usaticos et tallias, et questas, et albergas, etc.* Charta Willelmi Comit. Bisuld. ann. 1055. in Append. ad Marcam Hisp. col. 1105: *Trado... omnes Usaticos et albergas et quidquid ullo modo recte aut injuste inerant mihi in dominicatura quam dicunt Baschara.* Adde Chartam ann. 1131. in laudata Hist. Occitan. tom. 2. col. 460. aliam ann. 1145. col. 508. et Testam. Rogerii Vicecom. Biterr. ann. 1150. apud Marten. tom. 1. Anecd. col. 411.

USATICA et USATICI præterea crebro appellantur Consuetudines municipales. [Joseph. Moret. Antiquit. Navarræ png. 507: *Habeatis tales foros et tales Usaticos..... quales habeant Barones de Estella.*]

¶ 1 USATICUS, USATIQUS, Ususfructus, jus re aliqua utendi per vitam, ut videtur. Statutum Caroli V. Reg. Franc. ann. 1370. tom. 5. Ordinat. pag. 364. § 10: *Si tale legatum aut talis donatio fuerit facta super certo fundo, et quod legator sive dator obligaverit fundum vel Usatiqum, exigatis pro eisdem financam, prout superius declaratur.* Rursum pag. 365. § 17: *Pro redditibus vel possessionibus per innobiles acquisitis et acquirendis a nobilibus, in nostris feodis vel retrofeodis, per modum permutationis, vel ad accapitum, aut in emphiteosim vel Usaticum, vel ad certam partem fructuum annualem, etc.* Vide infra *Usuare*.

¶ 2. USATICUS, Ex usu et consuetudine debitus. *Sextaria censualia seu Usatica*, in Charta ann. 1344. ex Tabul. Gellon Vide alia notione in *Usaticum*.

¶ 1. USATUS, Societas certis *usaticis* addita Chron. Domin. de Gravina apud Murator. tom. 12. col. 714: *Sed perveniens Summam, invenit ipsam bene fossatam et sticcatam, et infinitis armigeris custoditam, ubi erant præter cives ferre de Usatis Malandrenis viri septingenti et ultra.* Idem quod *Commune* 2.

¶ 2. USATUS, Idem quod *Usaticum*. Conventio inter Comit. Provinciæ et Matrem Bausenquorum ex Cod. MS. D. Brunet: *Isti sunt mali Usati quos dimittunt Stephania de Baucio et filii ejus.* Vide *Usagum*.

¶ 3. USATUS, Detritus. Vide in *Usare*.

¶ USCERIUS, USCERIUS, Hippegus, navis qua equi transvehuntur. Italis *Usciero*. Vide *Huisserium*. Litteræ Edwardi III. Reg. Angl. ann. 1336. apud Rymer. tom. 4. pag. 710: *Galeas et Usceria hominibus et armis apparata, et et aliis necessariis sufficienter instructa.* Occurrit rursum pag. 728. Chron. Andr. Danduli apud Murator. tom. 12. col. 324: *Ad transfretandos prædictos equos tot Usceros dare debemus, quot fuerint necessarii.* Adde col. 430. et 445. Vide *Usarius*. [∞ Jal. Antiq. Naval. tom. 1. pag. 444. sqq.]

¶ USCHERIUS, Eadem notione, in Annal. Genuens. Jacobi Auriæ ad ann. 1281. apud eumd. Murator. tom. 6. col. 575: *Hoc etiam anno Carolus Rex Siciliæ fecit maximum apparatum galearum et Uscheriorum, et aliarum rerum necessariarum causa eundi contra Palæologum Imperatorem Græcorum.*

¶ USICHERIUS, USIGERIUS, Eodem intellectu. Ottoboni Scribæ Annal. Genuens. ad ann 1192. ibid. col. 368: *Ad acquirendum ei regnum Siciliæ sese magnifice accinxerunt, sic quod usque ad mensem Augusti cum Usigeriis, galeis, armis, et equitibus, et cæteris quæ ad exercitum pertinent de portu Januæ copiosissime exierunt. In quo stolio Pisani pro servitio Imperatoris cum XII. galeis et Usicheriis fuerunt.*

¶ USIHERUS, Pari significatu, apud Aug. Justinian. Episc. Nebiens. in Annal Genuens. ann. 1293.

¶ USCLADA, Pars silvæ combusta, idem quod *Arseia*. Vide in hac voce. Statuta MSS. inter Schedas D. *le Fournier: Quod aliqua persona non audeat facere Usclades infra dictas defensiones. Uselat* Tolosatibus idem quod ustus, Gall. *Brulé.* Vide *Ustatus*.

¶ USDUGARIUM, in Addit. ad Statuta Mutin. cap. 27. fol. 49. pro *Sdugarium.* Vide in hac voce.

⁕ USERIUS, Ostiarius, Gall. *Huissier*, pro *Usserius*. Vide in hac voce. Charta ann. 1195. apud Murator. tom. 1. Antiq. Ital. med. ævi col. 146 · *Paulus Malagromus, domini Papæ Userius, testis.*

¶ 1. USIA. Joan. Monachus Bertinianus in Vita S. Bernardi Pœnitentis n. 8: *Causa hujus doloris erat pediculus ovinus, quem Grammatica Usiam, quasi ab urendo vocant.* Loquitur de dolore aurium.

¶ 2. USIA, a Gr. οὐσία, Natura. Acta S. Cassiani Mart. apud Illustr. Fontanin. ad calcem Antiquit. Hortæ pag. 353:

Has tres personas unam dissertat Usiam
Nomine distinctam, sed majestate jugatam.

¶ USIATICUS, Tributum, præstatio quæ ex usu et consuetudine debetur. Charta ann. 1184. inter Instr. tom. 4. Gall. Christ. novæ edit. col. 23: *Concessimus... pedagia et omnes Usiaticos tam in terra quam in aquis. ..Concesserunt..... omnia sua nemora, aquas et pascua, et omnes Usiaticos per totam terram suam,... et in feudagiis suis perpetuam libertatem acquirendi sine aliqua fraude (l. laude) et consensu et sine aliquo Usiatico et dominio Vide Usaticum.*

¶ USIBILIA, Supellex, utensilia. Charta ann. 825. in Append. ad Marcam Hisp. col. 788: *De annona modii XXX. cum omnia Usibilia ligni et ferri quod necesse habet homo in omnibus, etc.*

¶ USICHERIUS, USIGERIUS, USIHERUS, Hippegus. Vide in *Uscerium.*

¶ USIMENTUM, Facultas, quam quis habet utendi in alieno prædio rebus non suis, eadem notione qua *Aisamentum*. Fundatio Monast. de Alta-ripa apud Marten. tom. 6. Monast. Collect. col. 312: *Dedit.... quidquid habebat in Unens, in hominibus videlicet et in campis, pratis, silvis, nemoribus, aquis, lapidibus et Usimentis, insuper et Usimentum et pasturam per totam terram suam.* Vide supra *Usamentum* in *Usare.*

¶ USINA, Ustrina, vel Officina quævis ad aquas exstructa, vulgo *Usine*. Charta Henrici Comit. Campaniæ ann. 1149. in Tabul. S. Eugendi: *Concessi quod nullus in prædicti castri (Firmitatis ad Albulam) banno Usinas aliquas construat sine laude Prioris et assensu monachorum præter eas quæ constructæ sunt ibi.* Borello *Usine* dicitur res familiaris, domestica, parcimonia, Gall. *Ménage.* Hinc *Usinare.*

⁕ *Wisine*, in Charta Margar. comitis. ann. 1274. ex Chartul. 1. Fland. ch. 263. in Cam. Comput. Insul. *Se nos avons besoing de mairien à nos moulins et à nos autres Wisines de Valenchienes, etc.* Hinc etiam *Wisenæ* et *Wisine* ad animal, cujus opera utuntur ad trahendum aut laborandum , translatum est. Libert. loci *de Vandeuvre* ann. 1271. in Reg. 72. Chartoph. reg. ch. 188: *Chascune beste Wisine surannée paiera deux deniers chascun an*; *et se il avenoit qu'il eussent beste traiant ou bestes Wisines, etc.* Charta ann. 1331. in Reg. 66. ch. 570: *Pour cheval Wisenæ ou qui fasse labour, etc.* Vide infra *Utensile* 2. et 3.

USINARE, [f. *Usimentum* habere.] Charta anni 1240. in Tabulario Campan. Bibl. Reg. f. 365: *Nullatenus Usinabunt, nec excolent homines dictæ villæ contra voluntatem nostram.... in quibuscumque vero locis homines dictæ villæ Usinabunt, nos prædicti fratres de Crista et pecora nostra, si vobis placuerit, omnimoda Usinabimus, hoc excepto quod in nemoribus villæ deputatis boscum non accipiemus nisi tantummodo ad usum furni.* [Vide in *Usagium.*]

USIS Epistola Basilii Macedonis Imp. ad Hadrian. II. PP. post. VIII. Synodum: *Transmisimus autem Sanctitati vestræ... et vellus prasinum vilarnipinium pro casula facienda unum, Usin rubeum aëreum habentem unum, Usin album unum, mulchumat unum, planetilia castanea duo.* Monstra verborum mihi plane incognita.

¶ USITARE, Frequentare. Charta Henrici IV. Regis Angl. ann. 1412. apud Rymer. tom. 8. pag. 723: *Si vobis placeat, mercatores villæ de Leim partes de Berne in Norwegia Usitantes, quod cum iidem mercatores per mercatores societatis de Hansa, partes prædictas frequentantes, etc.* Et pag. 724: *Tam pro omnibus sociis tuis, dictas partes Norwegiæ Usitantibus et in eis residentibus, quam pro seipsis regnum Angliæ Usitantibus et in eodem residentibus, quod omnes mercatores Anglici in dictis partibus Norwegiæ residentes et eas Usitantes, etc.* Vide alia notione in *Usare.*

¶ USITATA, Præstatio quæ ex usu et consuetudine exigitur. Charta Raymundi Guillelmi de Aguto D. Toloni ann. 1224: *Mercatores vero teneantur dare antiquam lesdam et Usitatam, vel usaticum, vel ripagium antiquum.* Vide *Usancia*, et *Usitatio.*

¶ USITATA, ἀπὸ χρήσεως, in Gloss. Lat. Gr. MSS.

¶ USITATI, Idem quod *Usitata*, in Charta ann. 1178. inter Instr. tom. 4. Gall. Christ. novæ edit. col. 585. qua Guido de Verginco concedit Deo et S. Mariæ Theoloci omnimodam *Usitationem in aquis, in agris, in silvis per omnem terram suam.* Vide infra *Ueus* 2.

¶ USITATIO, Usus, Gall *Usage, exercice.* Privilegia urbis Rupellæ concessa a Carolo V. Reg. Fr. ann. 1372. tom. 5. Ordinat. pag. 573: *Ac præterea quoscumque eorum usus et longevas observancias, licet a triginta annis citra ab eorum Usitacione cessaverunt, volumus et declaramus in suo valore persistere.* [∞ Victorin. Comment. epist. ad Galat. apud Maium Scriptor. Vet. tom. 3. pag. 34: *Longe semotum ab Usitatione.*]

⁕ USITATUS, Detritus, Gall. *Usé*. Acta S. Vict. episc. tom. 5. Aug. pag. 145. col. 2: *Ipse cæpit venire fossorium habens in manu, caput pulvere aspersum, et cal-*

cæmenta in pedibuς jam Usitata, ut decet operarium. Vide *Usatus* in *Usare.*

° **USIVA,** perperam in Append. ad tom. 6. Annal. Bened. pag. 724. col. 1. pro *Usina.* Vide supra in hac voce.

USLACT. Privilegium *da Sempringham* in Anglia : *Sint quieti tam ipsi quam homines eorum..... de omnibus misericordiis et amerciamentis, et forisfacturis,.... de murtro , et latrocinio, et conceylis, et Uslact, et hamsoka, grithbrich, blotwit, etc.* Alia in Monastico Anglicano tom. 2. pag. 827. ubi eadem habentur, præfert *utflat,* quæ forte *escapium* sonat ex Saxonico u t f l e o n , *aufugere.* Vide *Utlep.*

° Nostris *Uslage,* pro Exlex, vel exul, ut videtur. Mirac. MSS. B. M. V. lib. 2 :

Li Uslage, li maronnier,
Li desloiai, li pautonnier
Entor li viennent tout ensemble.

Vide *Utlaga.*

¶ **USLATUS,** pro Ustulatus, in MS. vet. Corbeiensi, cui titulus, *de mensa Abbatis : Habet idem famulus de porco Uslato .... tres juncturas versus testum.* Vide *Uselada.*

USONES, Pisces familiares Danubio, Germanis *Hausen ; pisces insanæ magnitudinis,* Bonfinio. Vide Thwroczium in Andrea Rege Hungar. cap. 48. [° Vide *Husones.*]

¶ **USPINIUM,** νεχροδότης, in Gloss. Lat. Gr. Vulcanius emendat, *Vespillo,* νεχροθά-πτης. Vide *Usuppelliones.*

¶ **USSARE,** Uti, Vide in *Usare.*

¶ **USSARIUS,** Hippegus, navis qua equi transvehuntur : leg. f. *Usserius.* Vide in *Huisserium.* Anonymi Epist. de capta urbe CP. ann. circ. 1200. apud Marten. tom. 1. Anecd. col. 786 : *Præterea quidam Ussarius suus habebat magnellum erectum.* Vide supra *Uscerium.*

° *Usscher,* in Arest. ann. 1359. 23. Dec. in vol. 4. arestor. parlam. Paris. : *Cum Nicolaus Valenconius patronus cujusdam navis religiosorum S. Johannis Jerosolymitani, Usscher nuncupatæ.*

¶ **USSERA,** Officii nomen in Ecclesia Coloniensi ; f. Ostiarius, a Gallico *Huissier.* Consuetud. MSS. ejusdem Eccles. : *Cellerario vini* 1. *den. Quatuor Ussere* 1. *den. tantum. Quatuor Ussere unus panis.* Vide *Usserius.*

USSERIA, USSERIUS, USSERS, Hippegus. Vide *Huisserium.*

¶ **USSERIUS,** Ostiarius, a Gall. *Huissier.* Comput. ab ann. 1333. ad ann. 1336. tom. 2. Histor. Dalph. pag. 277 : *Item, libravit per manus Jacobi de Riveria Usseriis regiis pro tortiis quas debuerunt habere, quando dom. Andreas fuit baptizatus, taren. v. gran.* XVI. Ordinat. Humberti II. ann. 1336. ibid. pag. 308. col. 2 : *Item, Ordinamus fore in nostro hospitio deputatos, unum porterium, unum Usserium aulæ, etc.* Vide *Huisserius,* et mox *Ustearius.*

¶ **UXERIUS,** Eadem notione. Leges Palat. Jacobi II. Reg. Majoric. inter Acta SS. tom. 3. Junii pag. XXXV : *Duo autem ipsorum in foribus nostrarum camerarum, post servientes armorum jaceant de nocte et Camerlengis et Uxeriis sint subjecti.*

° **USTAGIUM,** pro *Hostagium,* Census annuus, qui ratione *stagii* seu domicilii debetur. Redit. comitat. Namurc. ann. 1265. in Reg. Cam. Comput. Insul. sign. *Papier velu* fol. 22. v° : *Branchons. Si à li cuens deux fies l'an l'Ustage, c'on apiele borghetie, à le saint Jean et au Noel ; se vaut par an quarente solz.*

¶ **USTEARIUS,** USTIARIUS, pro Ostiarius clericus, Gall. *Portier.* Liturg. Gallic. Mabill. pag. 301 : *Benedictio Ustearii. Deum Patrem omnipotentem suppliciter deprecemur, ut hunc famulum suum benedicere dignetur, quem in officii Ustearii eligere dignatus est, Ustiarius,* in Missali Franc. pag. 398.

¶ **USTENSILIA,** pro Utensilia, Gallice *Ustensiles.* Necrolog. Lauresham. apud Schannat. in Vindem. litter. pag. 88 : *Faciemque templi dorsalibus, coronis,..... ceterisque Ustensilibus decoravit.*

° *Utillemens,* in Lit. remiss. ann. 1381. ex Reg. 121. Chartoph. reg. ch. 83. : *Lesquelz gens d'armes.... prenoient chevaux, jumans et Utillemens d'ostel, etc.* Hinc *Exstenciller,* Supellectile domum instruere, vulgo *Meubler.* Lit. remiss. ann. 1467. in Reg. 198. ch. 457 : *Le suppliant avoit mis, frayé et despendu de grans et sumptueux deniers . . à Exstenciller icellui prieuré de linge, lits. vaisselle et autre mesnaige.* Reg. Corb. 13. sign. *Habacuc* ad ann. 1512. fol. 151 : *A esté accordé à dampt Robert Dubos.... qu'il pust faire faire à ses despens de toutes choses ung molin à vent,..... et icellui molin Exstenciller et acoustrer de toutes choses.* Vide supra *Hustilimentum.*

¶ **USTERNA,** pro Ustrina. Gloss. Gr. Lat. κκθσις νεκρῶν, *bustuarium, Usterna.* In MSS. Sangerman. *Ustrena.*

¶ **USTILACIO,** ἀπόκυρμα, in Gloss. Lat. Gr. Aliæ addunt *Torres.*

✶ **USTIUS.** [Ostium : « Apertus est *Ustius.* » *(Boucherie,* vita S. Euphros. § 17.]

✶ **USTRA.** (Gall. Huître. « Missi ibidem unam bothilhiam de *Ustrus.....* » (Arch. Histor. de la Gironde t. 21. p. 240.)]

° **USTRANA,** *Rausier.* Glossar. Lat. Gall. ann 1852. ex Cod. reg. 4120.

¶ **USTRENA.** Vide in *Usterna.*

¶ 1. **USTRINA,** *Nidor carius,* inter notas Tironis ex Cod. reg. 190.

° 2. **USTRINA,** *Ubi porci ustulantur,* in veteri Glossar. ex Cod. reg. 7041.

¶ 1. **USTURA,** Ardor, inflammatio. Alex. Iatrosoph. MS. lib. 3. Passion. cap. 5 : *Si* (indigestiones) *fiant de calida distemperantia, ructus habent fumosos cum quadam Ustura, quam Romani carbunculum vocant.* Nostris medicis, *Fer chaud.*

° 2. **USTURA** LAMPADUM, Flamma. Acta S. Alex. tom. 6. Sept. pag. 282. col. 2 : *Post hæc eum ungulari et Ustura lampadum jussit cruciari. Lampades* scilicet *ardentes circa latera ejus supponi præcipiendo,* ut legitur ibidem.

° **USTUS,** Ustio. Stat. Cadubr. lib. 3. cap. 46 : *Fabricatores falsæ monetæ et facientes falsam monetam fieri, et qui scienter falsam monetam expenditerint, flammarum Ustibus comburantur.*

° **USUAGERIUS,** Qui in silva aliena *usagium* seu usum habet ad pascenda animalia, vel ad ligna cædenda, nostris *Usagier.* Charta Phil. Pulc. ann. 1309. in Reg. 13. Chartoph. reg. ch. 95 : *Tres quadrigatas bosci viridis.... capiendas in boscis prædictis in monstratis sibi et aliis Usuageriis villarum vicinarum,* per manum *nostri forestarii facienda, eo modo quo alii Usuagerii capere consueverunt,..... concedimus.* Vide supra *Usagiarius* 2.

¶ **USUAGIARIUS,** USUAGIUM. Vide in *Usagium.*

¶ **USUALE,** Jus utendi, ut infra *Usuaria.* Charta ann. 1150. ex Chartulario Charmensi : *Hugo filius Adam de Cruce contradicebat Usualia nemorum suorum, quæ pater suus ecclesiæ Charmi antea dederat.* Vide *Usualitas.*

USUALIS, Qui in usu est. [*Usuale argentum,* in Epist. Fulberti Carnot. apud Acher. tom. 2. Spicil. pag. 830.] *Usualis sermo,* apud Sidonium lib. 4. Epist. 11. ubi multa Savaro, quæ non exscribo. Vide *Moneta usualis,* in *Moneta.*

¶ **USUALITAS,** Idem quod *Usuale.* Vide in hac voce. Charta ann. 1261. in Hist. Mediani Monast. pag. 328 : *Contuli pro remedio animæ meæ.... Usualitatem pascuorum in banno de Haconville pro nutrimentis tam domus ipsorum, quam hominum de Barbonville.* Vide *Usagium* et *Usuaria.*

¶ **USUALITER** TENERE, ut *Usuare.* Formula 42. incerti Auctoris apud Baluz. tom. 2. Capitul. col. 438 : *Propterea has litteras in le adfirmavimus, ut dum advivis, Usualiter ipsam rem tenere et dominare debeas.* Adde Form. 35. Sirmond. 23. et 26. inter Lindenbrogiana.

° USUALITER LOQUI. Lingua vulgari, seu quæ in usu est. Charta ann. 1222. ex Cod. reg. 10197. 2. 2. fol. 21. v° : *Insuper quicumque exactus est pro patrono causæ, ille exactus tenetur proponere verbum illius, qui ipsum exegit, et negare non potest, dummodo sciat loqui Usualiter.* Vide infra *Vulgariter.*

¶ 1. **USUARE,** Frui, gaudere, ad usumfructum tenere. Formula 22. Lindenbrog. *Propterea expetii a vobis, et vos petitionem meam non denegastis, ut ipsas res, quamdiu advivo, sub usu beneficii vestri tenere et Usuare debeam.* Charta ann. 855. in Append. ad Marcam Hispan. col. 788 *Ibidem serviat, et Usuare faciat dum vivit, etc.* Ibidem col. 789 : *Denique de ab hodierno die et tempore Usandi vel exfructuandi unus ab alio quod supervixerit fratrem suum habeat potestatem ex eo vivere.* Adde Mabill. Diplom. pag. 514. Vide *Usare* et *Usaticus* 1.

° 2. **USUARE,** In usu esse, solere Inquisit. ann. 1262. in Reg. *Olim* parlam. Paris. : *Petrus dictus Kabat vendidit et Usuavit vendera tilium et corticem tiliæ de dicto bosco.* Hinc

° **USUATUS,** pro Usitatus. Lex Wisigoth. lib. 12. tit. 8 *Ne quis ergo ex his primævæ ritu traditionis et Usuati consuetudine moris, etc.* Unde nostris *Usé,* eodem sensu. Guill. Tyrii contin Hist. apud Marten. tom. 5. Ampl. Collect. col. 707 : *Aprés firent par accort et par connoissance des prodomes establissemens et assises, que il voudrent que il fussent tenues et Usées u roiaume.* Charta ann. 1312. ex Tabul. episc. Carnot. : *Premier article fesant mention dou cri et dou ban que l'en ha Usé de faire.* Alia ann. 1338. in Reg. 74. Chartoph. reg. ch. 657 : *Les habitans de la ville de Tournay nous ont signifié que par la coutume d'icelle ville, Usée et gardée de si lonc temps, qu'il n'est mémoire du contraire, etc. Aüsé,* pro Assuetus, in Mirac. MSS. B. M. V. lib : 1 :

Mais le cuer ot si aduré
Et Aúsé en tol orage.
Onques pour ehou son fol corage
N'amenda, ne ne bien faire.

° *User,* pro Sumere, ubi de sacra Eucharistia agitur. Petrus *Desrey* in Chron. Caroli VIII. ad ann. 1506. fol. 109. v° : *Userent le Corps Nostre Seigneur le roy de France et le roy d'Arragon, pour confermer la paix.*

USUARIA, USUARIUM, Ususfructus, seu potius jus utendi. [Bulla Innocentii II. PP. ann. 1142. apud Marten. tom. 3. Anecd. col. 1229 : *Confirmamus etiam vobis Usuarium per totam silvam quæ dicitur Otta.*] Tabularium Prioratus Paredi fol. 61 : *Dedit etiam illis hominibus, qui terram tenuerint, vel ibidem manserint,*

Usuariam in silva, quæ vocatur Maosta, ad domum ædificandam, ad molendinum faciendum, etc. Fol. 86: *Nec non conquisivit de quodam homine Andrea in bosco Monali Usuariam et consuetudinem, quam ipse meo de bosco habebat.* Rainardus Abbas Cisterciensis in Instit. Capituli General. Ord. Cisterc. cap. 44: *Si quis Abbatum terram habuerit, vel Usuaria, vel inde conventionem habuerit, nullus Abbatum quærat eam, vel in ea Usuaria sine assensu illius Abbatis.* Adde Nomast. Cisterciense pag. 319. 346.

USUARIUM, Eadem notione. Laurentius Leodiensis in Hist. Episcop. Virdunens. pag. 281: *Fridericus quoque Comes Tullensis Usuarium Argunnæ sui nemoris, tam ad rædificandan, quam ad retinendam Ecclesiam contradixit.* Charta Manassis Episc. Meldensis ann. 1140: *Totum nemus, quod appellatur Britel, et Usuarium suum in silva præfati Walterii.... ad comburendum et ædificandum.* Alia Philippi Regis Franc ann. 1190: *In commutationem Usuarii, quod Monachi S. Martini habebant in nemore nostro de Vienna, eis dedimus, etc.* [Charta ann. 1093. apud Calmet. inter Probat. tom. 1. Hist. Lothar. col. 497: *Dedit Usuarium sylvæ ad ædificia construenda, ad focum et ad omnes alios usus in perpetuum libere habendum.* Charta Theobaldi Comit. Campaniæ ann. 1227. in Chartul. Meld.. Asserebat dictus Episcopus quod habebat Usuarium in nemore Medonti ad duas quadrigas ad vivum et mortuum nemus, ad ardendum et ædificandum in omnibus domibus suis et ad vineas suas. Occurrit præterea apud Miræum tom. 1. pag. 299. tom. 2. pag. 813. La Guille* Hist. Alsat. pag. 29. inter Instr. Stephanot. tom. 4 Antiquit. Pictav. Bened. MSS. pag. 664 Marten tom. 3. Anecd col. 1224. 1225. Lobinell. tom. 3. Hist. Paris. pag. 86. col. 1. in Hist. Eccl. Meld. tom. 2. pag. 23 et Mediani Monast. pag. 172. *Usuaire*, in Charta E. Abbatissæ Parachti ann. 1245. ex Chartul. Campan. fol. 393. col. 2.)

⁰ *Usuaire*, nostratibus. Charta ann. 1245. in Chartul. Campan. ex Cam. Comput. Paris.: *Estoit saisi à sires de Monreal de mettre les forestiers en Heriwal, où li moine et lour home devant dit avoient Usuaire.* Alia ann. 1285. inter Probat. domus de Castelleto pag. vj. *En tel maniere que ly homme..... devoient avoir lour Usuaire pour maisonner, etc.*

¶ USUARIUS, *Qui alicujus rei usum habet.* Vocabul. utriusque juris Charta Philippi Pulchri Reg. Fr. ann. 1309: *Quod usagium, pasnagium, ac pasturam et logiam accipient in locis forestarum ipsorum aliis Usuariis deputatis vel in posterum deputandis.* Charta ann. 1242. inter Instr. tom. 2. Gall. Christ. novæ edit. col. 71: *Dedimus etiam eidem abbatiæ sex viginti arpenta nemoris, insuper unam quadrigatam.... percipiendam in loco quo alii Usuarii suum capiant usuarium ad ardendum.* Expositio compendiosa benef fol. 5: *Hinc jurgium quo disceptatur an beneficiarii usum tantum, an usumfructum habeant. Qui eos Usuarios esse dicunt, utuntur Concilio Antiocheno, etc. Usuaria femina*, apud Solinum, cap. 25. et *Usuarius servus*, in leg. 14. D. in quibus usum habemus. Vide *Usuagiarius* in *Usagium*.

¶ USUARIUS FRUCTUS, Idem quod Ususfructus. Tabul. S. Vincentii Cenoman. fol. 176: *De his duabus olchis retinuit sibi Usuarium fructum in vita sua, si vult* Vide *Usufructuarium*.

USUBANDILOS. Vetus Chartula plenariæ securitatis sub Justiniano scripta [⁹⁹ lin 19.] apud Brisson. lib. 6. Form. pag. 647 *Hoc est cocleares numero septem, scotella una, sibula de Bracile, et de Usubandilos, formulas duodecim, stragula polimita duo, etc.* Vide *Usis*.

USUCAPIO. Decreta Ladislai Regis Hungariæ l. 3. cap. 20: *Usucapiones capiantur a festo S. Georgii usque ad festum S. Joannis Bapt. ut ducantur in civitatem, teneanturque ad festum S. Michaelis, ac præsententur assidue in mercatu, ut si quispiam suam reperit personam, redimat 90. denariis, equum 12. bovem 5. ex quibus duas partes Regi, tres Comiti tribuantur. Si vero usque ad festum S. Michaelis inventi non fuerint, dividantur prædicto modo, tamen nullo pacto vendantur, vel celentur, sed tantum labore eorum utantur. Quod si collector vendiderit, vel celaverit, triplum reddat, ipseque decem pensas persolvat; Comes vero si itidem fecisse probatur, 55. pensas persolvat. Simili modo jubemus, ut qui Usucapiones tenuerunt a tempore Regis Belæ usque ad festum S. Stephani, dimittantur. Ubi usucapiones videntur appellari, servi fugitivi, animalia fugitiva, vagantia et errantia, quæ a Collectore rerum fugitivarum, quem vulgariter Locerdech dicunt. inventa ad civitatem Provinciæ reducuntur, ut singuli, quod suum est agnoscant, redimantque certo ac definito pretio. Vide supra cap. 13. Sambucus usucapionem alt esse pecus vagabundum.* [Vide infra *Usurpatio*.)

⁰ USUFRUCTARE, Uti, frui. Charta ann. 1272. apud Lam. in Delic. erudit. inter notas ad Hodæpor. Charit. part. 2. pag. 402. *Habeant, teneant, Usufructent rigarium et portum, ripam, plageas et penditias infra dictos confines; et quod liceat eis.... in dictorum locorum cohærentiis habere, facere, tenere, gaudere, Usufructare, etc.* Vide *Usufructuare*

USUFRUCTUARE, Dare ad usumfructum, usufructuari et precario jure. Charta ann. 955. apud Ughellum in Episcopis Veronens.: *Totas res, quod supra legitur, sit in earum potestatem retinendi et ad Usufructuandi, non alicui alienandi, etc.*

⁰ USUFRUCTUARIO, Usufructuario jure aliqua uti. Formula 20. inter Bignonianas: *Et ipsam rem dum adivivo per vestrum beneficium tenere et Usufructuare faciam*. Charta ann. 1183. apud Murator. delle Antic. Estensi pag. 371: *Deinde inveniri in possessionem pignoris, et habeat et teneat, et Usufructuet, etc.* Occurrit rursum infra. Bulla Pauli III. PP. ann. 1549. in Macerüs insulæ Barb. tom. 1. pag. 264: *Tenent, habitant, percipiunt, et Usufructuant, teneant, habitent, percipiant et Usufructuant, etc. Usfruis*, pro *Usufruit*, in Charta ann. 1438. semel et iterum. Vide *Usfrui*.

⁰ *Usfruit*, pro *Usufruit*, Ususfructus, in Charta ann. 1326. ex Lib. pitent. S. Germ. Prat. fol. 133. r⁰ *Retenu audit Pierrot le Usfruit desdis vingt solz Paris. le cours de sa vie tant seulement,..... et que ledit couvent ne puisse riens réclamer oudit Usfruit.*

USUFRUCTUARIUM, pro Ususfructus, (apud Gregorium M. lib. 2. Epist. 9] Vetus Charta in Actis Episcop. Cenoman. pag. 187: *Nobis temporibus vitæ nostræ beneficium ad Usufructuarium fecistis.* [Vide *Usuarius fructus* in *Usuaria*.]

¶ USUGRARIUS. Vide *Usuagiarius* in *Usagium*.

USUPELLIONES. Burchardus de Casibus S. Galli cap. 14. [⁹⁹ Conrad. de Fabaria, Pertz. pag. 179. lin. 31.]: *Scurræ, pelliparii, panifices, coriarii, textores, Usupelliones,* ⁰ *immotores* ⁰ *quasitatis adversus hunc clamabant in theatris, in stratis et viis, etc.* Sed legendum *vispellionem* observat Goldastus, de cujus vocis notione nihil dicam, cum Latina sit. [Vide supra *Uspinio*.]

⁰ USURANA, Jus usufructuarium et precarium, f. pro *Usuraria*. Charta ann. 1240. in Chartul. Busser.: *Ebo de Verdier vendidit olcham suam abbatissæ et conventui de Busseriis, et dictus miles, quod hæc venditio vera et non simulata, sine fraude et absque Usurana, promittet, etc.*

USURARE, Usuras producere. Bracton. lib. 2. cap. 26. § 2: *Debitum vero defuncti quod debetur Judæis non Usurabit, quamdiu hæres infra ætatem extiterit.* [*Usurer*, cum fenore reddere, *Rendre avec usure*. La Vie de Jesus Christ MS.:

Bien set Dame Diex Usurer,
Nus ne deust sour lui prester.]

⁰ Bened. abb. Petroburg. de Gest. Henr. II. reg. Angl. ad ann. 1188. tom. 2. edit. Hearn. pag. 498: *Ita quod fructus, quos inde perceperit, in solutione debiti computentur; et debitum post susceptionem crucis, quamdiu debitor erit in peregrinatione, non Usuret*.

¶ USURARE, In fenore nummos ponere, dare fenori pecuniam, ex Gemma, apud Vossium lib. 4. de Vitiis serm. cap. 29.

⁰ *Useleir*, eadem notione, in Glossar. Lat. Gall. ann. 1352. ex Cod. reg. 4120: *Fenerari, Useleir*. Idem sonat *Mener à son hues*, in Serm à son festum O. SS. ex Cod. MS. S. Vict. Paris. *Il fu uns prudom qui volt aler en un lointain pelerinage: quant il ot apareillé son oirre, si apela ses sergens et il lor livra de son avoir por mener marchandise à son Hues. Il alludit ad hæc verba Lucæ cap. 19. v. 13: Negotiamin dum venio.*

USURARII, Fœneratores, qui ad usuram commodant. *Qui usuris inservuint*, in Capitul. ann. 828. cap. 6. *Quos olim magno fuisse numero auctor est Saufredus Vosiensis l. parte cap. 73. Fœneratores olim publici obnoxii Principibus erant, nunc tam crebro reperiuntur, ut aliqui usuras vocitent census, quasi redditus agrorum. Qui autem ii proprie sint, docet Synodus Coloniensis ann. 1300. cap. 12: Manifestos autem Usurarios dicimus, de quibus per sententiam vel per confessionem in jure, aut evidentiam, quæ aliqua tergiversatione non potest celari, constiterit evidenter; et illos etiam, qui super usuris diffamati, intra tempus statuendum ab eo, qui super hoc habet potestatem, se non purgaverint, reputamus pro manifestis usurariis puniendos.* [Eadem totidem verbis leguntur in Statutis Eccles. Leod. ann. 1287. apud Marten. tom. 4. Anecd. col. 880. Concil. Trevirense ann. 1238. apud eumdem tom. 7. Ampl. Collect. col. 130: *Usurarios censemus sub pignore mutuantes, et ultra sortem percepta in sortem minime computantes.*] Adde Concilium Ravennense ann. 1817. cap. 15. Hos Concilia, præsertim Lateranense ann. 1179. excommunicari ab Episcopis præcipiunt. Quod quidem facuitatum testatur Matthæus Paris ann. 1219. pag. 250. Neque Ecclesia dumtaxat; sed et Laici Principes Statutis suis pestem hanc detestandam sæpius exagitarunt, ejusmodi fœneratorum bonis in fiscum redactis. Quippe, ut ait Cato de Re rustica. statim initio : *Majores nostri sic habuerunt, et ita in legibus posuerunt, furem dupli condemnari, fœneratorem quadrupli : ut quanto pejorem civem existimarint fœneratorem, quam furem, hinc liceat existimare* Leges Edwardi Confess. cap. 37 : *Usurarios quoque defendit Rex Edwardus, ne remaneret aliquis in tota regno suo; et si quis inde convictus esset, quod fœnus exigeret, omni substantia propria careret, et postea pro exlege haberetur. Hoc autem asserebat ipse Rex se audisse in Curia Regis Francorum, dum ibidem moraretur, quod usura radix omnium vitiorum esset* Charta Durandi Episcopi Cabilonensis ann. 1221. apud Sanjulianum pag. 405. Sammarthanos, et Petrum Chiffletium in Beatrice : *Si aliquis probetur esse fœnerator per testes idoneos, totum mobile ipsius erit Ducissæ.* (Burgundiæ,) *et Comitissæ* (Cabilonensis,) *quod tunc habebit, et similiter quotiescunque alias probaretur fœnerator.* Regestum Castri Lidi in Andibus fol. 24. *In omni terra de Castro Lidi cujuscunque terra sit, homines aubani sunt Comitis, et pecunia fœneratoris Comitis est.* Ita tamen ut non vivi ac superstites, sed mortui, seu post mortem punirentur. Regiam Majestatem lib. 2. cap. 54. § 1. 2 : *Usurarii omnes, sive testatus, sive intestatus decesserit, Domini Regis sunt. Vivus autem non solet aliquis de crimine usuræ appellari nec convinci.*

Licebat igitur *Usurariis* de bonis suis, dum adhuc erant in vivis, disponere. Statutum Ricardi I. Regis Angl. ann. 1190. pro Clero Normanniæ apud Mattheum Paris pag. 118 *Quidquid Laici in vita sua donaverint, vel quocumque titulo a se alienaverint, et si Usurarii fuisse dicantur, post mortem non revocabitur. Quæ vero post mortem non alienata invenientur, si cognitum fuerit ipsos tempore mortis fuisse usurarios, confiscabuntur.* Ad hoc tamen ut *usurarius* haberetur, necesse erat probare infra annum ante mortem ad usuram commodasse. Stabilimentum inter Clericos et Barones Normanniæ ann. 1205 : *De rebus Usurarii, quod quamdiu Usurarius est in lecto ægritudinis, si distribuat res propria manu sua, stabile est. Post mortem vero usurarii omnes res suæ domini Regis erunt, si probatum fuerit, quod infra annum ante mortem commodaverit ad usuram.* Vetus consuetudo Normanniæ cap. 20 : *Nul ne doit estre tenu à usurier, qui an et jour a cessé de usures mener, après ses derraines usures.* Alias pœnituisse censebatur. Regiam Majestatem d. cap. § 6 : *Sciendum est tamen, quod si aliquis quocunque tempore Usurarius fuerit, et super hoc in patria sua publice defamatus; si tamen a delicto suo ante mortem destiterit, et pœnitentiam egerit, post mortem ejus ipse vel res ejus lege usurarii non censeantur. Oportet ergo constare, quod urorarius decesserit aliquis ad hoc, ut de eo tanquam de usurario, post mortem ipsius judicetur, et de rebus suis, tanquam de rebus usurarii disponatur.* Solet autem inquiri et probari aliquem in tali crimine decessisse per triginta duos legales homines de vicineto, et per eorum sacramenta ; quo probato in curia, omnes res mobiles, et omnia catalla, quæ fuerant ipsius usurarii mortui, ad opus Regis capiuntur, penes quemcunque inveniantur. Sed et hæredes ipsius hac de causa secundum jus regni Scotici, exhæredantur, et ad dominum feudi vel ad Regem plenarie revertuntur, ut est in laudato capite.

☞ Eo tamen privilegio, de bonis scilicet suis disponendi, non gaudebant usurarii, nisi prius usuris inducta restituere suo testamento curassent: alioqui eorum testamentis conficiendis interesse nemini licet, eaque irrita et nulla pronunciantur; unde ecclesiastica sepultura privantur plurium Conciliorum Statutis. Statuta Eccl. Æduensis apud Marten. tom. 4. Anecd. col. 480 : *Item, quanquam usurarii manifesti. de usuris quas receperunt satisfieri expressa quantitate vel distincte in ultima voluntate mandaverint, tamen eis ecclesiastica sepultura denegetur, donec de usuris suis fuerit prout facultates patiuntur eorum plenarie satisfactum, vel illis quibus est restitutio facienda, si præsto sint, aut aliis qui pro eis possunt acquirere, vel eis assentientibus loci ordinario, vel ejus vices gerenti, sive rectori ecclesiæ sufficienter cautum de restitutione facienda. Omnes enim religiosi qui usurarios manifestos tradunt ecclesiasticæ sepulturæ, pœnas incurrunt superius annotatas. Item, nullus interesse debet in manifestorum usurariorum testamentis. Item, nullus debet eos recipere ad confessionem, aut eos absolvere, nisi de usuris satisfecerint, vel de satisfaciendo pro suarum viribus facultatum præstant, ut præmittitur, idoneam cautionem. Testamenta autem manifestorum autem non valeant, sed sunt irrita ipso jure.* Statuta Eccl. Cadurc. etc. ibid. col. 737 : *Sciendum est etiam quod usurarii manifesti non sunt admittendi ad ecclesiasticam sepulturam, nec ad confessionem, nec possunt facere testamentum, nec eorum oblationes sunt admittendæ, nisi prius satisfecerint de usuris illis quibus tenentur* Adde Statuta Eccl. Const. ibid. col. 828. Leod. ann. 1287. col. 880. et Conc. Avenion. ann. 1457. col. 385.

Aliud porro erat de usurariorum Clericorum bonis, de quibus ita statuit Ricardus I. Rex Angliæ apud Matthæum Paris, et Radulphum de Diceto ann 1190 *Item de bonis clericorum, et si dicantur fuisse usurarii, vel quocumque mortis genere præventi, nihil pertinet ad secularem potestatem,* sed *Episcopali autoritate in opera pietatis distribuentur.*

☞ Id præterea erat Ecclesiæ legibus statutum ne quis usurariorum causis patrocinaretur. Conc. Paris. ann. 1212. apud Marten. tom. 7. Ampl. Collect. col. 102 : *Statuimus sub pœna excommunicationis, ne quis clericus mundinarius vel alius fœneratori serviat, aut computationes usurarum aut venditiones usurarii ad terminum vel contractus ejus usurarios de mundinis ad nundinas scribat, et quod nullus advocatus causam usurarii vel hæresis defendat.* Sed et eorum mulieribus post partum ecclesiæ ingressus sacerdotumque benedictio denegabantur. Statuta Eccl. Suession. apud eumd. Marten. ibid. tom. 8. col. 1548 : *Nec uxor ejus* (usurarii) *cum de partu surrexerit, ad purificationem admittetur, et ita ei denegentur sacramenta ecclesiastica.*

Pœna igitur usurarii vivi ex prædictis, pertinet ad Ecclesiam, cum et excommunicari, et coram judice ecclesiastico in Curia Christianitatis accusari et conveniri potuerit, pœna vero usurarii mortui pertinet ad Regem, quod etiam docent Statuta Regum Angliæ Edw. III. ann. 15. cap. 5. apud Westmonast. ann. 11. cap. 8. Henrici VII. ann. 3. cap. 5. et 6 Henrici VIII. ann. 37. cap. 9. Edwardi VI. ann. 5. et 6. cap. 23. Sed et jure scripto, quo utimur, inquit Skenæus, usurarius in Curia Regis post mortem non damnatur, sed vivus variis pœnis punitur. Vide Gul. Prynneum in Libertatib. Eccl. Anglic. tom. 3. pag. 1209.

Usuræ autem nomine quid censeretur, ita definit S. Ludovicus Rex Franc. in Statuto ann. 1280. pro Judæis : *Usuras autem intelligimus, quidquid est ultra sortem.* Ita etiam Capitulare 5. ann. 806. cap. 12 lib. 3. Capit. cap. 119. Regiam Majestat. lib. 8. cap. I. § 5. et Concilium Auscitanum ann. 1308. cap. 3. Auctor Græcismi MS. :

Est usura suos quisquis tradit mihi nummos
Spe lucri, fœnus duplex Usura vocatur.

Consuetudines Montispessulani : *Fœnerarii, seu usurarii, qui denarios pro denariis accommodant, non recipiuntur in testimonio* Charta Philippi Reg. Fr. ann. 1204. pro Falesiæ incolis ex Regesto 120. Archivi regii num. 30 : *Sciendum etiam, quod nos aliquem de Burgensibus apud Falesiam residentibus facientibus, non capiemus ad occasionem usuræ nisi denarium pro denario, vel æquivalentiam alicui accommodaverit.* Exstat Statutum Philippi Franc. Reg. datum apud Montem Argi die Sabbati ante Festum Purific. B. M. ann. 1311. in quo usuram facere dicitur, qui ultra unum denarium in septimana, 4. denarios in mense, vel. 4. solidos in anno pro libra acceperit [Statuta Synodi Senon. ann. 1269. in Chartul. Episc. Paris. fol. 109 : *Ex qualitate autem negotii et personæ creditoris contractus Usurarios reputamus, videlicet si creditor consueverit fenerare.*] Vide Assisias, seu Statuta Caroli I. Reg. Sicil. MSS cap. 8. sub finem ubi de usuris Judæorum agitur. Charta Durandi Episcopi Cabilonensis supra laudata : *Doctores vero illum solum fœneratorem intelligunt, qui solidum vel libram per hebdomadam, vel mensem, vel annum pro denario, vel denariis ejusdem monetæ, vel alterius accommodat, ludo excepto, ita quod de retroactu, usque ad confectionem chartæ non potest aliquis super hoc convenire; alio modo non intelligitur esse fœnerator, et debet probari de usura, etc.* [Durandus a S. Porciano in Comment. ad Magistrum Sententiarum lib. 3. dist. 87. qu. 2 : *Hoc autem fit in usura in qua aliquid ultra pecuniam mutuatam vel vinum, seu bladum, petit sibi duas recompensationes, unam quidem recompensationem æqualem, aliam vero quasi pretium usus, quod Usura dicitur.*] Adde Glanvillæ lib. 10. cap. 8. extremo. Jura et Consuetudines Normanniæ cap. 22 : *Usurariorum autem catalla Duci Normanniæ consuetudine pristina dimituntur, ut hujusmodi occasione ambitiosa usurarum malitia in posteris refrænetur. Tribus autem modis usura committitur, uno scilicet modo, cum ultra taxatum pretium alicujus rei pro concesso solutionis temporis spatio, mutuator se tradenti obligat aliquid redditurum.... Secundus modus est, cum res unius speciei commodatur, pro re alterius speciei majoris pretii ad terminum persolvenda in eadem quantitate terminatum ; ut ordeum præstare pro frumento, vel cervisiam pro vino. Tertius autem modus est de mortuo vadio, mortuum enim dicitur vadium, cum fructus rei invadiatæ, quos percipit commodator, eam quitant in nihilo fructus vel proventus.*

¶ USURA REALIS et *Mentalis*, in Sta-

tutis Eccl. Constant. apud Marten. tom. 4. Anecd. col. 800 : *Usura realis est, quando mutuo dantur* XII. *denarii pro* XIII. *vel alias secundum magis et minus. Et mentalis est quando propter dilationem carius vendunt et vilius emunt.* Manuale Henrici Sistaric. Episc. ibid. col. 1085 : *Et nota quod usura non solum se extendit ad pecuniam mutuandam, sed ad quicquid ultra sortem accipitur, sive honoris, vel gageris, vel comestione equorum, vel de illicitis venditionibus, et hujusmodi.*
Sed cum ejusmodi *usurarum* prætextu domini vassallos seu tenentes suos vexarent, iisque persæpe id criminis contra jus imponerent, ut eorum sibi assererent bona, fiscisque suis addicerent, quod de *intestatis* factitatum supra observavimus, interdum id privilegii *communitatibus* concedebant, ut ab hac perquisitione essent immunes. Charta Philippi Regis Franc. ann. 1220. ex Regesto Normannico sign. P. in Camera Comput. Paris. fol. 26 · *Concessimus Burgensibus nostris de Cadomo residentibus in villa Cadomi, quod nec eos, nec uxores, nec hæredes eorum capiemus ad occasionem de usura in morte eorum, nec hæredes nostri.* Charta pro Communia Vernolii : *Quod nec ab illis, nec ab eorum hæredibus, si fuerint apud Vernolium per annum et diem residentes, aliquid exige mus pro morte usurarii de eis, quæ spectant ad usuram, si tempore mortis suæ apud Vernolium fuerint residentes omnino illa exactione quitamus in perpetuum.* [Libertat. hominum S. Georgii de Esperanchia ann. 1291. tom. 1. Hist. Dalph. pag. 27. col. 2 : *Præterea volumus et dictis burgensibus nostris et habitatoribus dictæ villæ concessum in perpetuum pro nobis et hæredibus seu successoribus nostris, quod in Usurariis manifestis vel non manifestis, sive decedant testati, sive non, qualiter et quocumque loco decedant, quod in bonis et rebus ipsorum nihil possumus vel debeamus ratione exercitii usurarum exigere vel habere, nec in vita, nec in morte, nec post mortem ipsorum; sed eorum res et bona deveniant ad hæredes et propinquiores ipsorum, dum tamen teneantur satis dare de clamoribus suis emendandis, et eos emendare ; hoc salvo, quod si aliquis usurarius vel alter decederet, nec vellet emendare clamores suos, vel præcipere quod emendarentur, bona ipsius ad nos pertineant ; nisi aliquis usurarius vel alter decederet morte subitanea ; ita quod non posset sciri, utrum voluerit clamores suos emendare vel non, tunc bona ipsius ad hæredes ipsius ut supra pertineant*]
USURARII PUBLICI, Qui, ni fallor, ii sunt quos Gaufridus Vosiensis loco citato vocat *fœneratores publicos, obnoxios Principibus.* Charta Henrici Imp. ann. 1156. pro erectione Ducatus Austriæ, apud Miræum in Donat. Belgic. lib. 2. cap. 52 : *Et potest in terris suis omnibus tenere Judæos et Usurarios publicos, quos vulgus vocat Gennerteschin, sine imperii molestia et offensa.*
° Constituit. Jacobi I. reg. Aragon. ann. 1228 : *Statuimus quod Judæi terræ nostræ non recipiant pro Usuris, nisi viginti solidos pro centum in anno.* Alia ejusd. reg. ann. 1240 : *Statuimus.... ut nullus Judæus audeat amplius recipere pro Usuris, quam quatuor denarios in mense pro qualibet libra denariorum.* Res autem mobiles, quæ fuerant usurarii mortui, in fiscum redigebantur, ut patet ex Lit. remiss. ann. 1416. in Reg. 169.

Chartoph. reg. ch. 379 : *Comme par la coustume de nostre païs de Normandie, les biens meubles de ceulx, qui sont entremis d'usaige de prest à usure, soient à nous confisquez et acquis, quant ilz vont de vie à trespas dedens l'an et le jour de l'intermission dudit prest, etc.*
¶ USURARIUM, Ususfructus, jus utendi, idem quod *Usuaria.* Vide in hac voce. Charta ann. 1124. apud Miræum tom. 1. pag. 276. col. 1 : *Walterus de Trudeneris .... prædium.... tradidit.... ad altare B. Laurentii, ex integro tam in culturis et pratis, quam in nemore et censu et familia,... cum omnibus Usurariis et appenditiis suis, cum omni decima indominicatus proprii, nec non et tota justitia ejus prædii.* Alia ann. 1136. apud Calmet. inter Probat. tom. 2. Hist. Lothar. col. 395 : *Liberum hic etiam Usurarium banni in pratis, agris, aqua et nemoribus, tam apud Commarceium quam apud Morleum, sive pro domibus, sive pro utensilibus sibi parandis.* Vide mox *Usuria.*
° USURATIVE, Cum fenore, Gall. *Usurairement.* Formulæ MSS. ex Cod. reg. 7657. fol. 31. r° : *Nec verens quam grave sit apud Deum et gentes, pecunias et alias facultates suas Usurative augmentare.*
USURIA, Jus utendi, *Usagium.* Vetus Charta apud Perardum in Tabulis Burgundicis pag. 31 : *Et Usuriam silvæ, etc.* [Vide *Usurarium.*]
USUROLUM. Charta ann. 1207. apud Ughellum in Episcopis Veronensibus : *Solvendo..... illud fodrum antiquum et Usurolum, quod solvebat prædicta universitas Imperatori cum ipse intrat Italiam, etc.* Forte *Usitatum.*
¶ USURPARE, Exorare, Gall. *Obtenir.* Acta SS Perpetuæ et Felicitatis num. 3 . *Usurpavi ut mecum infans in carcere maneret.* Vide mox *Usurpatio.*
¶ USURPATIO, apud Paulum JC. in leg. 2. ff de Usurpat. et usucapionibus, *est usucapionis interruptio.* Oratores autem *usurpationem* frequentem usum vocant. In leg. seq. *Usucapio* definitur *adjectio dominii per continuationem possessionis temporis lege definiti.* Hoc spectat vox *Usurpare* apud Gellium lib. 3. cap. 2. Vide Calvini Lexic. jurid. et Argentreum in Consuet. Britan. art. 266
° USURPATITIUS, Usurpatus. Indicul. de episc. Briton. deposit. tom. 7. Collect. Histor. Franc. pag. 289 : *Hos tres Usurpatitios episcopos constituit* (Nomenoius) *ceteris quatuor in antiquis urbibus derelictis.* Paulo ante *Pseudo-episcopos* appellat.
¶ USURPATIVE, Injuste, inique. Hugonis Metelli Epist. 42. tom. 2. Monument. sacræ Antiq. pag. 388 : *Panes sanctos quos non licet eis edere nisi solis prædicatoribus, Usurpative comedunt* (Cœnobitæ.)
° USURPATIVUS REX, Qui Regis nomen et jura usurpat. Fragm. Hist. Britan. Armor. tom. 7. Collect. Hist. Franc. pag. 52 : *Perlecta autem hac epistola in auditu Salomonis Regis Usurpativi, etc.*
° USURPATOR, Invasor, injustus occupator, Gall. *Usurpateur.* Chron. Turon. tom. 10. Collect. Histor. Franc. pag. 281 : *Contra Hugonem itaque regem pro Usurpatorem insurgit* (Carolus).
¶ USURULA, τοκαρύδιον, in Gloss. Lat. Gr.
¶ USUS, Musicæ species, quæ non per regulas, sed ex *usu* addiscitur, notis musicis in libris Ecclesiasticis singulis syllabis superpositis, abrogatis ac neglectis lineis et clavibus musicalibus ; cujus quidem musicæ speciei exemplum descripsit Menardus in Notis ad librum Sacramentorum Gregorii M. Anonymus Interpres Hugonis Reutlingensis : *Post Incarnationem Christi plures Doctores S. Ecclesiæ, et specialiter S. Gregorius et Ambrosius, cantum musicalem, quo tam Latini, quam Alemanni, cum cæteris linguarum diversarum nationibus, utuntur in divino officio, in duo volumina librorum, videlicet in Antiphonarium et Graduale collegit, dictavit, et neumavit, seu notavit. Processu tamen temporis quidam Alemanni, et præcipue Canonici Ord. S. Benedicti, qui cantum musicalem non solum ex arte, verum etiam ex usu et consuetudine perfecte et cordetenus didicerant, ipsum, omissis clavibus et lineis, quæ in neuma et nota musicali requiruntur, simpliciter in libris eorum notare cœperunt, et sic decantaverunt deinde juniores, et suos discipulos sine arte, ex frequenti usu et ex magna consuetudine cantum informare, qui cantus sic per consuetudinem doctus ad diversa pervenit loca. Unde jam non Musica, sed Usus est denominatus. In quo tamen cantu discipuli deinde a doctoribus et doctores a discipulis multiformiter discrepare cœperunt, ex qua discrepantia et artis ignorantia Usus dictus est confusus. Quo usu confuso spreto, nunc fere omnes Alemanni hactenus miserabiliter per cantum seducti ad veram artem Musicæ revertuntur.*
☞ Huc spectat Chronicon Trudonense lib. 8. apud Acher tom. 7. Spicil. pag. 441 : *Sed cum nesciret secundum usum claustri cantare (usus cantandi, nescimus unde hoc accidit), nulli comprovincialium nostrorum convenit) erubesceret vehementissime, quasi stipem inutilem inter cantandum in choro stare,.... graduale unum propria manu formavit, musiceque notavit syllabatim, ut ita dicam, totum usum prius a senioribus secundum antiqua eorum gradualia discutiens. Sed cum usus eorum per quamplurima loca propter vitiosam abusionem et corruptionem cantus, nullo modo ad certam regulam posset trahere, et secundum artem non posset notare, nisi quod regulari et verisona constaret ratione, ipse autem ab usu Ecclesiæ non facile vellet dissonare, miro, ut dixi, indicibilique labore in hoc tantum se frustra affilixit, quod ex toto usum mendacem regula vera tenere non potuit ; sed in hoc profecit quod quidquid alicubi in monocordo cantari potuit de usu Ecclesiæ non præteriisi se præterire.*
¶ 2. USUS, Præstatio qua ex usu pensitatur, idem quod *Usitata* supra. Charta ann. 1030. ex Tabul. S. Victoris Massil. : *Ego Rostagnus Avenionensis Episcopus contra præceptum Dei malum Usum habebam, ... scilicet accipiebam homines mei de vineis S Promacio pro custodiis quæ vulgo gardias dicuntur contra morem quantum illis videbatur. Sed et de villanis qui habitant in ipsa villa Sancti consuetudines malas accipiebam, et vi auferebant quod poterant ; unde ego considerans quia magnum peccatum esset hoc et contra Dei voluntatem, dimisi malum Usum.* Vide Consuetudo 4.
¶ 3. USUS, Jus utendi, ut supra *Usuria.* Inventar. Chartar. Reg. ann. 1482. fol. 204. v° : *Litteræ sub sigillo religiosorum abbatis et conventus S. Judoci in bosco mentionem facientes de excambio Usus sive usagii quod habebant in silva de Cressy.*
¶ 4. USUS, Detritus, Gall. *Usé.* Inventar. ann. 1476. ex Tabul. Flamar. : *Item plus duo linteamina Semiusa ejusdem telæ borgesiæ.* Vide *Usatus* in *Usare.*
° 5. USUS, adject. Qui ab antiquo tem-

pore in usu est, cujus initium ignoratur. Charta ann. 1285. in Chartul. Cluniac. : *Joceranus Grossus , Branceduni dominus,... concedo quitationem, quam Stephanus dominus Calvimontis fecit monachis Cluniacensibus de Bernardo des Pomiers, quem ipse Stephanus quitavit ab omnibus, exceptis moribus Usis in villa de la Verrere.*

○ **USUS-MERITUM**, Ususfructus, jus usufructuarium et precarium. Charta Ludov. reg. Germ. ann. 829. inter Probat. Hist. S. Emmer. Ratisbon. pag. 35 : *Qualiter Baturicus episcopus præstitisset eis ad Usum-meritum quasdam res, ex ratione monasterii sui S.Emmerani,... nec non et alias ex ratione ejusdem monasterii eis ad Usum-meritum diebus vitæ eorum concessisset, etc. Liceat illis, sicut diximus, diebus vitæ eorum usufructuario ordine tenere et possidere.*

○ **UTARE**, Uti. Lit. remiss. ann. 1358. in Reg. 86. Chartoph. reg. ch. 501 : *Qui Colardus in artificio marescalli et fabrili est expertus et subtilis,...... et in fortaliciis dictæ villæ de artificio suo Utabat utiliter.*

○ **UTAREUS**, UTARINUS, UTARIS, Vetus, antiquus, seu id quo uti solitum est ab antiquo. Reg. feudor. Aquit. in Cam. Comput. Paris. sign. JJ. rub. fol. 33. v° : *Cum duabus mensuris Utaribus seu veteribus, una rasa frumenti et alia avenæ ad cumulum.* Ibid. fol. 34. r° : *Et debent inde omnes insimul quatuor mensuras Utarinas' seu veteres bladi, scilicet duas frumenti rasas et duas avenæ...... Bidonus de Gravel..... debet dicto domino regi Angliæ unam mensuram Utaream et rasam frumenti.*

○ **UTCUMQUE**, pro Male, ni fallor, in Charta Ludov. VII. ann. 1112. ex Chartul. Compend. fol. 61. r°. col. 2 : *Unde ipse (Ranardus) multo postmodum tempore excommunicatus, Utcumque postmodum vitam finivit.*

¶ **UT DICITUR**, Formula quæ cautionis causa ad nauseam usque adhibetur in Instrumentis 11. 12. et 18 sæculi. omnium instar sit Charta Officialis Paris. ann. 1248. ex Tabul. Sangerm. : *Notum facimus quod in nostra præsentia constitutus Godefridus de Anthogniaco clericus, recognovit se vendidisse et in perpetuum quitavisse Abbati et Conventui S. Germani de pratis..... arpentum et dimidium vineæ sitæ apud prata, Ut dicitur, in censiva eorumdem Abbatis et Conventus, Ut dicitur, ad X. denarios, Ut dicitur, capitalis census, et ad VII. sextarios vini annui redditus, Ut dicitur. Item arpentum et dimidium vineæ sitæ apud Treugas, Ut dicitur, ad XII. denarios censuales, Ut dicitur. Item quoddam arpentum terræ sitæ apud Boufre, Ut dicitur, in censiva dictorum Abbatis et Conventus, Ut dicitur, ad VIII. denarios, Ut dicitur, censuales. Item dimidium arpentum vineæ sitæ in eadem censiva, Ut dicitur, ad' v. denarios, Ut dicitur, censuales, et quamdam domum sitam juxta eandem vineam, Ut dicitur, in censiva Domus Dei Paris. Ut dicitur, ad II. denarios, Ut dicitur, censuales.*

○ **UTDICUS**, a Belgico *Uytgedycke*, Agger contra inundationes maris , terra ex accessionibus maris aggregata. Charta Margar. comit. Fland. ann. 1209. in Suppl. ad Miræum pag. 602 : *Cum Johanna Flandriæ quondam et Hanoniæ comitissa contulisset ecclesiæ B. Mariæ de Camberona Cisterciensis ordinis totam terram de indico et Utdico in officio de Hulst; et occasione hujusmodi vocabuli Utdici, intelligere vellent abbas et conventus de Camberona omnes jactus maris ;.... nobis e contra asserentibus quod ratione dicti vocabuli Utdici, non debet intelligi nisi terra tempore factæ collationis habitata et dico omnino adhærens, quæ tantum commode inhabitari poterat vel adiri, etc.* Alia Joan. abb. de Camber. ejusd. ann. ibid. pag. 608. col. 2 : *Nullum jus de cætero reclamabimus in terris, moris, indicis, Utdicis et maris jactibus in officio de Hulst.* Charta Guid. comit. Fland. ann. 1285. ex Chartul. Namurc. in Cam. Comput. Insul fol. 2. r° : *Nos Guido comes Flandriæ..... dilecto filio nostro Johanni de Namurco dedimus et concessimus.... unum rejectum maris, qui dicitur vulgariter scor vel Utdich.* Alia ejusd. comit. ibid. fol. v° : *Avons donné à Ysabel nostre chiere compaigne..... tous les gées de mer, Utdis, comment ke on les puist ne doive apeler. Un scor c'on appielle Utdich*, in Ch. ann. 1281. ibid. fol. 7. v°.

¶ **UTELE**, UTELEIA, UTELIS, Mensura frumentaria item, Ager, in quo tantum frumenti seminari potest, quantum capit hæc mensura. Vide in *Octalium.*

✱ **UTENCILIA**, [Utensilia : « Reperit ipsam ecclesiam bene dispositam et omnia *Utencilia* ejusdem bona et sufficiencia. » (*Chevalier*, Visit. episcop. Gratianop. p. 117.)]

¶ **UTENSERIA**, Utensilia , suppellex. Continuat. Joh. Iperii Chron. apud Marten. tom. 6. Ampl. Collect. col. 627 . *In quo (testamento Willelmus Abbas) omnia vasa argentea religiosorum suo tempore defunctorum conventui reliquit, omnia debita ex pecunia per ipsum ecclesiæ suæ in necessitate mutuo data dimisit, successori suo omnia coquinæ Utenseria argentea dedit.*

1. **UTENSILE**, Instrumentum, Gall. *Outil*, Petrus Damian. lib. 6. Ep. 7 : *Calcaria, scutica,..... et si quæ alia equitandi sunt Utensilia.* (Mirac. S. Gibriani tom. 7. Maii pag. 648 : *Sed grave pondus ferri...... nisi Utensili ejusdem materiæ dissipari non potuit. Utisse Tolosatibus idem quod Outil, instrument.*]

¶ 2. **UTENSILE**, Ustrina, officina quævis, et ea præsertim quæ ad aquas exstructa est. Chron. Volemari apud Oefelium tom. 2. Script. rer. Boicar. pag. 582. col. 2 : *Rudolfus Romanorum rex..... civitatem Wiennensem..... bello cingit et vastatis circumcirca pomeriis et aliis civitatis Utensilibus dilapidatis, etc.* Vide supra *Usina.*

○ 3. **UTENSILE**, Vox generalis, quæ de animalibus, granis, aliisve rebus accipi videtur, in Charta ann. 975. tom. 1. Hist. Trevir. Joan. Nic. ab Hontheim pag. 318. col. 2 : *Legalis decimatio totius decimationis omnium Utensilium, ad eandem Referescheut curtem pertinentium, tam in porcis videlicet quam in aliis Utensilibus.* Vide supra *Usina.* [c° Chart. Carol. M. ann. 798. in Schannat. Histor. Wormat. Probat. num.1. *Erembertus Wormatiensis ecclesiæ episcopus nostram excellentiam adiit, se reclamans ob contentionem quandam, quam rei publicæ judices et exactores fecerunt inter ecclesiam suam, et inter regiam potestatem, de sylvis Otenwald et cæteris Utensilibus in pago Lobodunbergense, volentes omnem Usum prædicti pagi in dominicum fiscum redigere, proplerea ante nos in manibus detulit præceptum Dagoberti reg. Franc. in quo continebatur, qualiter.... tradidit..... omnem sylvaticum in sylvis Otenwald cum omni Utensilitate in omni pago Lobedunbergense, etc.*]

¶ **UTENSILITAS**, Utilitas, usus. Tertull.
de Cultu fem. lib. 1. cap. 4 : *Quod si de qualitate usus gloria est auro et argento, at quin magis ferro et æri, quorum ita disposita est Utensilitas, ut et proprias operas plures, et necessariores exhibeant rebus humanis..... jam igitur æstimandum est unde obveniat tanta dignitas auro et argento, cum et consanguineis, quantum ad genus, et potioribus, quantum ad Utensilitatem materiis præferantur.*

¶ 1. **UTENSILIUM**, Utensile, ornatus. Andreas Floriac. in Vita MS. S. Gauzlini Archiep. Biturc. lib. 2 : *Ornantes faciem templi olosericis aulæis, et multi generis Utensiliis, etc.*

○ 2. **UTENSILIUM**, Instrumentum, res quævis, qua quis utitur. Chartul. eccl. S. Dion. Exoldun. : *De quolibet equo portante Utensilium, quod vocatur baat, etc.*

○ **UTENSIS**, vel UTENSUS, Utilitas, commodum, quicquid usui aptum est. Charta Henr. reg. ann. 1011. ex Diplomat. Tegur. apud Oefelium tom. 2. Script. rer. Boicar. pag. 80. col. 2 : *Nobas regales læ...... concedimus de nostro jure in jus ac dominum eorum cum omnibus Utensibus, quæ ibi inveniri vel aptari possunt, prorsus transfundimus.* Vide *Utensilitas.*

○ **UTERIGIA**, Icterus, Gall. *Jaunisse.* Glossar. Lat. Gall. ann. 1852. Cod. reg. 4120 : *Utericia, Janisce.*

¶ **UTERINUS**, Gall. *Uterin : Fratres uterini* vulgo dicuntur qui diverso patre, sed eadem matre geniti sunt, in Cod. Theod. leg 9. tit. 42. lib. 9. Chron. Angl. Th Otterbourne pag. 183 : *Obiit etiam (ann. 1394.) Ducissa Eborum, soror Ducissæ Lancastriæ Uterina, etc.* Interdum *Uterini* etiam nuncupantur ex altero connubio procreati, ad discrimen duntaxat eorum qui eodem patre. sed diversa matre ex prioribus nuptiis nati sunt, ut in Charta ann. 1277. tom. 2. Hist. Dalph. pag. 17. col. 2 : *Drodonetus assignet Guidoni et Guillelmo fratribus suis Uterinis, cuilibet viginti libras Viennenses censuales ad vitam eorum tantum ...... Item ingenua Aymareto filio meo ex secunda uxore, relinquo jure institutionis castrum de Pineto, etc. ita tamen quod Aymaretus assignet Guillelmo et Alberto fratribus suis Uterinis, cuilibet viginti libras censuales Viennenses ad vitam, etc.*

¶ **UTERINI** appellantur Monachi ejusdem cœnobii alumni, apud Andream Floriac. in Præfat. ad lib. 1. Mirac. S. Benedicti ex cod. MS. Vatican. reg.

○ Glossar. Gall. Lat. ex Cod reg. 7684 : *Uterinus, d'un ventre.* Vide mox *Utrinus.*

✱ **UTERIUS**, [« *Uterius, d'un ventre.* » (Lex. Lat. Gall. Bibl. Ebroic. n. 28. xiii. s.)]

✱ **UTESILIA**, [Utensilia : « *Cujus domos omnino ducis ad dissipationem, munimenta et omnia Utesilia dicte capelle eodem modo.* »(*Chevalier*, Visit. episcop. Gratianop. p. 87.)]

¶ **UTFANC**. Charta Caroli Boni Comit. Flandr. ann. 1119. apud Miræum tom. 1. pag. 680. col. 1 : *Condonavi duas partes decimæ, id est duas garbas totius solitudinis seu deserti, quod Teutonice vocatur Utfanc vel Wostinia, in parochia de Ermingham, etc.* Vide *Ufangi.*

UTFANGETHEF, Bractono lib. 3. tract. 2. cap. 35. dicitur *latro extraneus, veniens aliunde de terra aliena, et qui captus fuit in terra ipsius, qui tales habet liberlates.* Ita etiam Fleta lib. 1. cap. 47. § 5. *Proprie autem ita appellatur jus cognoscendi et judicandi de ejusmodi furibus, quod qui habet, dicitur habere*

Utfangetef. Vide eumdem Bracton. eod. lib. cap. 8. § 4. Charta Joannis Regis Angliæ ex Monastico Anglic. tom. 1. pag. 310 : *Concedimus etiam eis, quod ipsi Abbas et Prior et Monachi habeant libertatem curiæ suæ de omnibus tenementis suis cum soka et saka, et tholl, et theam, et infangentef, et Utfangentef. Utfangetef,* scribitur in tom. 2. pag. 827. Adde Brittonum in Legib. Angl. pag. 90. v. [∞ *Utfangenetheof.*]

UTFANGI, Novales terræ, videlicet noviter excultæ, quæ vulgo *Utfangi* dicuntur. Ita Charta Theodorici Dom. de Avenis, apud Miræum in Donat. Belgic. pag. 181. [Vide *Utfanc.*]

UTFLAT. Vide *Uslact.*

¶ **UTHAGIUM.** Vide supra in *Huesium.*

UTHBAN. Charta Henrici III. Regis Angliæ tom. 2. Monastici Anglicani pag 1082 : *Et sint quieti..... de scutagio, et hidagio, et cavagio, et cornagio, et summagio, et Uthban, et schiris, et hundredis, etc.*

UTHESIUM. Vide supra in *Huesium.*

UTHLANDES. Charta Roberti Comitis Flandriæ in Tabulario S. Bertini : *Illi vero, qui in prædicta villa* (de Poperinghe) *ad banwerc constituti sunt, debent Comiti tantum Uthlandes, banwerc, et landwerc, et placitum inde erit Abbatis. Uut-lander,* Kiliano, est extraneus, alienigena.

¶ **UTHLEAW,** Multa proscriptis indicta, vel Jus proscribendi, Anglis *Outlaw,* Proscribere. Charta Eduardi reg. Angl. ann. 1044. in Suppl. ad Miræum pag. 13. col. 2 : *Concedo eis etiam in omnibus terris suis prænominatis consuetudines hic Anglice scriptas, scilicet...... Uthleaw, etc.* Vide *Uthlandes* et infra *Utlaga*

UTI, cum accusativo. Ferrandus Diac. in Brev. cap. 124 : *Ut lectores oraria non Utantur, etc.* Synodus Romana sub Zacharia PP. ann. 743. cap. 3 : *Ut Episcopus, Presbyter et Diaconus secularia indumenta non Utantur, nisi ut decet, tunica sacerdotali.* Alypius seu auctor Descript. orbis cap. 1 : *Escam vero non Utuntur omnino nec ab iniquitate mea.* Vide Domedem lib. 5. de Grammat.

¶ **UTI,** Solere, in usu esse. Litteræ Edwardi II. Reg. Angl. ann. 1317. apud Rymer. tom. 3. pag. 682 : *Secundum communem legem, quæ Utitur in partibus illis, se ad iudicium poni et multiplicare inquietari per eosdem, etc.* Acta S. Franciscæ Rom. mart. pag. 153 : *O mi Jesu Christe (id quod semper Utebatur in similibus oppressionibus dicere.)* Sic *Utebatur in illo loco,* in Vita MS. S. Gurthierni ex Hauteb. Kemperleg.

⁰ Constit. MSS. Jacobi II. reg. Aragon. ann. 1321 : *Ordinamus quod si aliquis fuerit bannitus per officialem nostrum, pro crimine quod commisit, et erit in loco prælati... aut alterius, qui Utitur et usus fuit, sustinere bannitos nostros in suo, etc.*

UTICA. Cista. Vide *Hutica.*

¶ **UTIFRUI,** Usumfructum habere, usufructuario jure re aliqua uti. Charta Alberti Ducis Austriæ ann. 1298. apud Ludewig. tom. 5. Reliq. MSS. pag. 444 : *Castra, civitates, et oppida, et districtus in omnibus supradictis teneant, et Utifruantur eis, quousque per nos vel successores nostros Romanorum Reges vel Imperatores eisdem Regi Boemiæ ac heredibus ejus de prædictis quinquaginta millibus marcarum ejusdem ponderis et argenti fuerit integre satisfactum.* Alia Bolkonis Ducis Silesiæ ann. 1364. apud eumd.

tom. 6. pag. 408 : *Ipsam villam....... cum omni libertate et absque omni servitutis onere habendam, tenendam, possidendam, Utifruendam et in usus suos placide et quiete pro omnibus nostris successoribus convertendam... donamus.* Litteræ Ludovici XII. Reg. Franc. ann. 1502 : *Dicta bona dicto Petro de Rohan et suis hæredibus et successoribus concedimus ad habendum, tenendum, possidendum et Utifruendum, de ipsiusque dandum, vendendum ad suæ libitum voluntatis.*

UTILIS, Probus, bonus, [strenuus, fortis :] *Utilitas,* Probitas, animi magnitudo. Constitutio Justiniani de Adjutorib. Quæstoris : *Si ille, qui deficiat non habuit filium jam Utilem, jam idoneum ad peragendum Adjutoris officium, etc.* Galli dicunt , *Capable d'exercer une charge.* Regula S. Benedicti cap. 7 : *Ut sollicitus sit circa cogitationes suas perversas, dicat semper Utilis frater in corde suo : Tunc ero immaculatus coram eo, si observavero me ab iniquitate mea.* Ubi interpres : *Utilis frater est, qui omnibus prodesse, et nulli desiderat obesse, qui nihil sapit, nisi quod Deo placere cognoscit, etc.* [*Humilis,* pro *Utilis,* rectius præferunt editiones ejusdem Regulæ recentiores.] Basina ad Regem Childericum, apud Gregorium Turon. lib. 2. Hist. cap. 12 : *Novi, inquit, Utilitatem tuam, quod sis valde strenuus, ideoque veni, ut habitem tecum. Nam noveris, si in transmarinis partibus aliquem cognovissem Utiliorem te, expetissem utique cohabitationem ejus.* Vide Gesta Regum Francor. cap. 7. Hist. Fredegar. cap. 12. et Aimoinum lib. 1. cap. 8. Vetus Notitia apud Ughellum tom. 5. pag. 1588 : *Pecora utilia, pulli utiles,... porcus bonus, utilis. Et si Utilis fuerit, faciet illum ordinari ad Presbyterum.* Adde lib. 1. Capitular. cap. 82. [∞ 76.] [Eadem notione χρήσιμος occurrit apud Græcos recentiores. Vide Gloss. med. Græcit. in hac voce.]

UTILITAS, Probitas, titulus honorarius, quomodo usurpatur a Gregorio Turonensi. Diploma Chilperici Regis apud Mabillonium : *Ideo cognoscat Magnitudo seu Utilitas vestra, etc.* Ita in Chartis Pipin. Regis apud Doubletum pag. 700. et Caroli M. pag. 707. Caroli C. apud Vassorium in Noviomo pagin. 682. et aliis passim.

UTILITATES, Commodum, proficuum, Profit : item, Negotia. Gregorius M. lib. 2. Ind. 11. Ep. 24 : *Admonentes Charitatem tuam, ut ita efficaciter omnes Utilitates ejus* (Ecclesiæ) *exerceat, quatenus tui præsentia proprium se, absentem habere non sentiat Sacerdotem.* Epist. 26 : *Præterea te duximus adhortandum, ut ita cunctis Utilitatibus Ecclesiæ tuæ pure ac diligenter exhibeas, etc.* Epist. 37 : *Sed et Christiana, ut dicitur, mancipia comparavit, et sua ea obsequiis ac Utilitatibus deputavit.* Guill. Bibliothecarius in Stephano VI : *Numquam psalmodiis cessabat, nisi cum Utilitates populi ad se reclamantis perficere cupiebat, etc. Utilitatem Regis facere,* in Lege Longob. lib. 1. tit. 9. § 6. [∞ Roth. 377.] Concilium Ticinense ann. 855 : *Quidam autem Episcopi et Rectores Monasteriorum res Ecclesiarum suarum subtractas, et aliis personis largitas queruntur, et ideo Ecclesiasticas Utilitates nequaquam se implere posse dicunt, etc.* [Andreas Floriac. Mon. in Vita MS. Gauzlini Archiepisc. Bituric. lib. 1. initio : *Vir pro certo in administrandis publicis Utilitatibus nulli priorum secundus.*]

UTILITAS, Usus, χρεία. Cicero lib. 4.

ad Herenn.: *Si idoneus esse potest ad eas Utilitates et aptus, quæ desiderantur ab equo.* Siculus Flaccus : *Ductus aquarum, qui Utilitatibus publicis servierint.* Synodus Romana ann. 826. cap. 13 : *Per sollicitudinem Episcoporum hæc quorum dioceseos existunt, ad easdem Utilitates, quibus constituta sunt, ordinentur, etc.* Vide Joannem VIII. PP. Epistol. 254. 263. 272. etc.

⁰ **UTILITAS** DOMUS , Rerum domesticarum cura, Gall. *Ménage.* Alex. Iatrosoph. MS. lib. 2. Passion. cap. 11 : *Si infirmus... circa Utilitatem domus sollicitudinem gerat, etc.*

⁰ **UTILLIMUS,** pro Utilissimus. Prolog. in vitam S. Morandi tom. 1. Jun. pag. 349. col. 1 : *Sanctorum Patrum præcedentium dicta vel gesta litteris tradere, et succedentium memoriis commendare, Utillimum est.* Occurrit rursum in Actis S. Nennocæ ibid. pag. 411. col. 2.

¶ **UTINGA,** Villa, domorum collectio. Vita S. Treverii tom. 2. Jan. pag. 33 : *Duo pueruli nomine Radigniselus et Salsufur de pago Dombensi, ubi Briscia dicitur, juxta fluvium Araris, sive Sagonnæ, de villa, sive Utinga, quæ sex millibus a Prissianico vico distat, etc.* Vide Hustingus.

¶ **UTINUS,** Consuetus, solitus, quo utimur. Charta Erlebaldi, Abb. Stabul. ann. 1182. apud Marten. tom. 2. Ampl. Collect. col. 130 : *Pauperibus eleemosynam de Utinis cibis annonæ, ad mensuram Stabulensis oppidi dari statui.*

¶ **UTIS.** Odo in Carmine de varia Ernesti Ducis Bavariæ fortuna, apud Marten. tom. 3. Anecd. col. 355 :

..... statimque hinc inde per omnem
Classem currentes, Utis abstracta marinis
Terga supervenient, etc.

Legendum videtur *Uncis,* id est anchoris.

¶ **UTITARI,** Sæpe uti, in Gloss. MSS. apud Vossium lib. 4. de Vitiis serm. cap. 29.

UTLAGA, Exlex, extorris, proscriptus, relegatus : apud Littletonem sect. 197 : *Hors de la Loy, Utlage,* ex Saxonico utlaga, *extra legem;* ex ute, foris, et laga, lex. Leges Henrici I. Regis Angliæ cap. 10: *Qui excommunicatur, vel Utlagam habet et tenet, etc.* Cap. 53 : *Si evaserit et aufugerit, pro Utlaga reputetur.* Adde cap. 13. etc.

UTLAGUS, in Regiam Majestatem lib. 1. cap. 18. § 3. *Utlagatus,* lib. 4. cap. 85. ut et apud Hovedenum pag. 654. 655. *Utlagi,* pag. 550. 774. Matth. Paris pag. 423. in Vitis Abbat. S. Albani pag. 99. etc. *Utlage,* in Legibus vernaculis Willelmi Nothi cap. 10. [De iis etiam, qui hostes, piratas malis interpretari, intelligendum videtur le Roman de *Blanchandin* MS.:

Quant il trespasserent les barges,
Se il encontrent les Uslaige.
Bien les porront illuec atendre,
Et le dromont vers ax deffendre.]

⁰ *Wecteloix,* eodem sensu, in Lit. remiss. ann. 1458. ex Reg. 189. Chartoph. reg. ch. 256 : *Par lequel ban furent deslors-en-avant* (les dessus nommés) *tenus et réputez Wecteloix par la coustume de Flandres.*

UTLAGARE, Extra legem ponere, exlegem facere, proscribere. Cum enim quis reus ad judicium vocatus non compareat, Comitatus seu assisias, non compareat, judex in eum sententiam suam pronunciat, qua eum *extra legem,* et extra protectionem Regis esse decernit, omniaque illius bona fisco addicit. Bracton. lib. 3.

50

tr. 2. cap. 13. § 1 : *Si cum sit quarto vocatus non comparuerit... in primis forisfaciat patriam et regnum, & exul efficitur, et talem vocant Anglici Utlaughe, et alio nomine antiquitus solent nominari, scilicet Frendlesman : et sic videtur quod forisfacit amicos : et unde si quis talem post utlagariam et expulsionem scienter paverit, receptaverit, vel cum eo scienter communicaverit, aliquo modo, vel occultaverit, eadem pœna puniri debet, ita quod careat omnibus bonis suis et vita, nisi Rex ei parcat de gratia sua.* [Charta Johannis Reg. Angl. in Lib. nigro Scaccarii pag. 383. *Et cum Utlagari deberet, secundum consuetudinem Angliæ, nos propter finem, quem prædicta Matildis nobiscum fecerat, mandavimus eidem Vicecomiti, quod hoc differret*] *Utlagari* autem potest masculus 12. annos habens et ultra, non autem si infra, quia prius in Lege Decenæ non debet admitti. Fleta lib. 1. cap. 27. § 11. Vide eumdem Bractonum lib. 3. tr. 2. cap. 12. 14. ubi varias causas *Utlagationis* refert, et Rastallum. Utuntur præterea hac voce Leges Edwardi Confess. cap. 7. 89. Matth. Paris pag. 179. 222. etc. Vide *Caput lupinum*, et in *Wayf.* Confer *Inlagare.*

¶ UTLAGHIARE, Eadem notione, apud Radulfum *Coggeshale* tom. 5. Ampl. Collect. Marten. col. 871 : *Rex Eustachium de Vesci et Robertum filium Walteri in comitatibus tertio requisitos cum eorum fautoribus Utlaghiari fecit.*

¶ UTLEGATUS, Idem quod *Utlaga*. Litteræ Edwardi II. Reg. Angl. ann. 1304. apud Rymer. tom. 2. pag. 950 : *Per eosdem proceres... adjudicatis et a regno Scotiæ Utlegatis, etc.*

UTLAGATIO, UTLAGATIO, Proscriptio, quæ inter jura Regia recensetur in Legibus Henrici I. cap. 10. 13. 47. scilicet *trium annorum Utlagaria*, (sic enim legendum) pro *trium stannorum.* Leges Wilielmi Nothi cap. 71 : *De omnibus Utlagariæ rebus Rex instituit, ut Anglica se purget ad judicium.* Charta Richardi II. Regis Angliæ apud Thomam Walsinghamum pag. 254 : *Ac etiam perdonamus eisdem ligeis ac subditis nostris omnimodas felonias, proditiones, transgressiones, extorsiones per ipsos vel per alliquem illorum qualitercunque factas, sive perpetratas, ac etiam Utlegariam vel utlegarias, si qua vel quæ in ipsos, vel aliquem ipsorum, fuerit vel fuerint his occasionibus promulgata vel promulgatæ, etc.* Eadem pene habentur pag. 270. Hinc apud Anglos Forenses *Outlawry*, eadem notione.

¶ UTLAGARIUM, Simili intellectu. Charta Henrici VI. Reg. Angl. ann. 1452. in Chron. Joh. Whethamstedi pag. 321 : *Ac etiam Utlagaria si quæ in ipsos abbatem et conventum hiis occasionibus, seu earum aliqua, fuerint promulgata, et firmam pacem nostram eis inde concedimus.*

UTLAGIUM. Leges Kanuti Regis cap. 32 : *Et qui opus Utlagii fecerit, ejus revocatio sit in misericordia Regis, i. qui crimen perpetravit, ex quo utlagium seu proscriptionem incurrerit.*

UTLAGATIO. Tabularium Leprosariæ Pontis Audomari : *Interdictum vulgare Utlagatio nuncupatum.* Apud Prynneum in Libertatibus Angl. tom. 2. pag. 278 : *Interdictum, quod vulgariter Utlagatio nuncupatur.* Bracton. lib. 3. tract. 1. cap. 12. § 5 : *Procedendum erit ad Utlagationem sive ad Utlagariam.* Adde § 8. et Fletam lib. 1. cap. 28. ubi fuse de *Utlagariis.*

UTLEP, Evasio, seu *Escapium latronum*, Fletæ lib. 1. cap. 47. § 14. *Utletpa*, in Legibus Henrici I. Regis Angl. cap. 43. eadem notione, a Saxonico u t h l e a p a n , aufugere, evadere. Vide *Escapium.*

◦ UTLIQUES, *Dedens*, in Glossar. Lat. Gall. ex Cod. reg. 7692.

¶ UTPUTE, ἅτε δή, in Gloss. Lat. Gr. editis : in MSS. vero, *Utpote.*

UTRIARIUS, 'Ασκόποιος, in Gloss. Gr. Lat. MS. Edit. *Coriarius* præfert.

UTRICISCUM, diminutivum ab *uter*. Gloss. Gr. Lat. MSS. 'Ασκίον, utricium. 'Ασκίδιον, *utricidum*. Editum habet *utriciscum*. [*Utruum*, pro *Utrium*, in Litteris Henrici IV. Reg. Angl. ann. 1411. apud Rymer. tom. 8. pag. 684 : *Cum quatuor duodenis paribus Utruum, etc.* Gloss. Lat. Gr. editæ : *Uter, utris, follis,* ἀσκός. MSS. habent, *Uter, utris, utreus, follis.*]

¶ UTRICLARII, Nautarum genus, ab utriculis, quæ forma navium erat, ita dicti, apud Sponium Miscell. Erudit. Antiq. pag. 61 : *Collegio Utriclariorum.* Et pag. 171 : *Inter Utriclarios Lugdunenses.* Vide ibi Sponium.

¶ UTRICULARIUS, ἀσκωλής, in Gloss. Lat. Gr. Qui inflat ex utre fistulam. Utitur Sueton. in Nerone cap. 54.

¶ UTRINARE. Gloss. Græc. Lat. Βυθίζω, *Utrino, commœrgo, mergo.* In MSS. Sangerm. *Urino.*

◦ Ad voce fortasse verbum pertinet vox Gallica *Ottron*, in Lit. Ludov. ducis Borbon. et comit. Clarimont. ann. 1360. ex Reg. 94. Chartoph. reg. ch. 36 : *Truant, merdous, bastar, Otiron pissé. etc.* Paulo ante, *Ortron.*

◦ UTRINUS, pro *Uterinus.* Vide in hac voce. Sentent. ann. 1411. apud Pez. tom. 6. Anecd. part. 3. pag. 129. col. 1 : *Proposuit eo modo, quomodo nobilis domina Anna vocata, avia sua, et nobilis domina mater Johannis, Petri et Nicolai filiorum Herke, de eadem sorores extitissent Utrinæ.*

◦ UTSETEN. Vide supra *Insetenys.*

¶ UTTERARE, a voce Anglica *Utter*, Proferre, distribuere. Litteræ Edwardi VI. Reg. Angl. ann. 1551. apud Rymer. tom. 15. pag. 292 : *Dictam falsam monetam sic factam, contrafactam et cuneatam, diversis ligeis nostris ignotis pro bona moneta felonices et proditoriis exposuit et Utteravit, ad grave dispendium coronæ nostræ.*

¶ UTTUM, infusura, τρίμμα προσφαγίου, in Gloss. Lat. Gr. in MSS. Sangerm. *Vivitum*, in Regiis, *Bibitum.* Aliæ Græc. Lat. habent, *Moretum.* Vide *Moratum.*

UTWARA. Capitula de Weregildis post Concilium Grateleanum ann. 928 : *Et si Tainus ascendisset ut serviret Regi, et equitatus sui vice fungeretur in familia sua, si tunc habeat Tainum, qui ad Utwaram Regis quinque hidas haberet, et in Aula Regis domino suo serviret, etc.* Vide *Wara* 1.

VU, pro U longo, in aliquot Inscriptionibus interdum usurpari observat Scaliger in indice 19. ed Gruterum : v. gr.: *Domvus*, τοῦ σἐλω, *Arbitrativi, etc.*

1. **VUA**, Vox exclamantis. Gesta Regum Francor. cap. 29 : *Ubi cum vexaretur, dicebat Vua, Vua, quid putatis qualis est ille Rex cœlestis, qui sic tam magnos Reges interficit.*

◦ Lemovices a la *Voul* inclamabant, cum injurium patiebantur. Lit. remiss. ann. 1409. in Reg. 164. Chartoph. reg. ch. 112 : *Icellui Jameton qui se sentit frappé, commença à crier, comme l'en dit en langaige du pays* (Limousin) *à la Voul, monsieur le prévost, je suis mort.*

¶ 2. **VUA**. Charta ann. 885. apud Baldric. Noviom. lib. 1. cap. 52. et Miræum tom. 2. pag. 935. col. 2 : *Terras cultas et incultas, pervia, Vua, discapia, prata, etc.* Sed legendum unica voce *Wadriscapia.* Vide in *Waterscapum.*

¶ **VUADA**, f. Præfurnium, Gall. *Bouche de four.* Reparat. factæ in Senescallia Carcassonæ ann. 1435 : *Pro faciendo Vuadam et solum dicti furni de terra et lapidibus, etc.*

◦ **VUADICARIUS**, VUADIGARIUS, vel *Wadicarius*, Executor testamentarius, qui res testatoris in *vadium* habet, ut de iis disponat. Chartul. eccl. Vienn. fol. 57. v° *Boso et Andreas diaconi, Leuboini quondam sacerdotis Vuadigarii, recognoscentes promissum et voluntatem ejusdem Leuboini, etc.* Infra *Vuadicarii.* Vide *Gadiator* in *Vadium.*

◦ **VUADRUS**, idem quod *Waldus*, Nemus, silva. Vide *Gualdus.* Charta ann. 824. apud Pez. tom. 6. Anecd. part. 1. col. 58 : *Cum omnibus mancipiis, cum Vuadris, campis, terris arabilis, etc.* Alia ann. 828. ibid. col. 65 : *Cum domibus, ædificiis, cum curtiferis, cum Vuadris, campis terris arabilis, tam cultis quam incultis, etc.*

VUASILUS. Capitula ad Legem Alamannor. cap. 4. *Si* (coxa) *non fuerit transpuncta, et nervora letigerit, ut ibi Vuasilus intrat, solvat sol.* 3. *Et cap.* 8 : *Si nervora tangit, et Vuasilus intrat, solvat sol.* 3. *Ubi Vuasilus videtur esse Flandricum et Gallicum Vuasse*, limus, lutum, cœnum, sanguis scilicet putridus, qui ex vulnere oritur. [Vide *Wassium.*]

◦ **VUEAUNA**, Fluvii nomen, in Charta ann. 1308. ex Tabul. S. Vict. Massil.: *Per nostras definitivas sententias declaramus, quod honaines burgi S. Zachariæ ab inde inantea non sint ausi transire dictam matrem Vueauna, pro pascayrando animalia grossa vel minuta.* Vide supra *Mater* 3.

¶ **VUERE**, Humere, pinguescere. Gemma. Gloss. Lat. Gall. Sangerm.. *Uvere, amoitir, encresser.*

` **VUERGIUM**, Annonæ species, secale, ni fallor, f. pro *Yuernagium.* Charta ann. 1225. in Chartul. Aremar. ch. 142 : *Concesserunt ecclesiæ Arrenarensi tres minas Vuergii et tres minas avenæ de decima magni Mesnili.* Vide *Hybernagium.*

VUERNAGIUM, pro *Wionagium.* Vide in *Guada.* Locus est in *Scartio.*

◦ **VUERNATUS**, Idem forte quod *Guarnitus*, instructus. Inventar. ann. 1361. ex Tabul. D. Venciæ: *Item quatuordecim equos Vuernatos.* Vide *Garaive* 1.

✱ **VUESCERE**. [Humere, impinguescere. DIEF.]

¶ **VUETAGIUM**. Vide in *Wactæ.*

◦ **VUIDANGIA**, Liberatio, expulsio, Gall. *Délivrance, expulsion*, alias *Vuide* et *Wide.* Arest. ann. 1369. 16. Jun. in vol. 5. arestor. parlam. Paris.: *Super variis pecuniarum summis per eumdem levatis et receptis, causa liberationis seu Vuidangæ fortalitii de Velainvilla in Persico, etc.* Lit. remiss. ann. 1391. in Reg. 141. Chartoph. reg. ch. 18 : *Nostre ami et feal chevalier et chambellan Jehan de Blaisy, par nous commis et ordonné sur le fait des Vuides des forteresses occupées par nosdiz ennemis.* Aliæ ejusd. ann. ibid. ch. 50 : *Jehan de Blaisy pour le fait de la Vuide des Anglais, par nous ordenée ès pays d'Auvergne, de Givaudan et autres, etc.* Occurrit præterea apud Marten. tom. 1. Ampl. Collect. col. 1523. et 1524.

◦ **VUIDENGIA**, Evacuatio, Gall. *Vui-*

dange. Memor. G. Cam. Comput. Paris. ad ann. 1412. fol. 207. v° : *Pro construendo et faciendo unum pontem nemoreum in villa Paris. inceplurum in buto vici S. Martini, in loco qui dicitur vulgaliter La Planche de Mibray, transversaturum fluvium Secanæ usque ad S. Dionysium de carcere, iterum recto tramite ad parvum Castelletum Paris.... cum provisione quod rupturæ, quæ occasione prædicta necessariæ erunt fieri pro Vuidengia, cedent ad commodum regis.*

¶ **VUIEGILDUM.** Vide in *Weregeldum.*
¶ **VUILITIVA.** Vide in *Vultava.*
VUITTA. Vide *Wita.*
VULATIO. Charta Ratchisi Regis Longobardor. ann. 746. apud Ughellum in Episcopis Placentinis tom. 2. pag. 250 : *Et firmaverat vobis portum qui dicitur Cotaleo, ubi naves militarem usum habebant Vulatione illa de ripatico, vel justitia, quod et inde in Palatio nostro veniebat, etc.* Ubi legendum forte cum *inlatione illa, etc.*
⁰ **VULCATIO,** Morbus igneus, seu inflammatorius. Annal. Victor. MSS. ad ann. 1361 : *Fuit mortalitas quasi universaliter, sed præciæ in regno Franciæ: mortuæque sunt personæ quamplurimæ de bossis, antraxibus, carbunculis et similibus Vulcationibus et inflaturis.*
⁰ **VULCEMENSES,** Incolæ pagi, nescio cujus monasterio Dervensi subditi. Charta Hugon. comit. Campan. ann. 1114. pro eod. monast. in Reg. 142. Chartoph. reg. ch. 184: *Apud Sparnacum me existente, quidam frater eorum, nomine Thebaldus, me adiit, remissionem supra consuetudines, quas Vulcemenses, in terra SS. Petri et Pauli, sanctique Bercharii commorantur, debebant, petiit.*
VULGAGO. Fulbertus Carnot. Epist. 46 : *Vulgaginem etiam petitam vobis mittimus, quamvis ætatem vestram tali jam vomitu fatigari non suademus; sed eo potius, si opus sit allevari, qui frequenter et sine periculo fieri possit ex oxymelle et raphanis valerianæ, quod seniori magis conducibile est morantem alvum laxativis pilulis incitari.* [Asarum, Gall. *Cabaret, nard sauvage.*]
⁰ Glossar. medic. MS. Simon Januens. ex Cod. reg. 6959 : *Vulgago est Azarum dictum Græce, Vulgago Latine.*

¶ 1. **VULGALITER.** Lingua vulgari, in Charta Ludovici VII. Reg. Fr. ann. 1117. ex Chartular. Maurigniac. Litteræ Johannis Reg. Franc. ann. 1351. tom. 4. Ordinat. pag. 117: *Donamus per presentes ad opus dicte domus omnes forefacturas tam in hereditatibus quam mobilibus, et omnes espavias, seu Espaves Vulgaliter* Vide *Vulgariter.*
✻ 2. **VULGALITER.** [« *Vulgaliter,* communement » (Lex. Lat. Gal. Bibl. Ebroic. n. 28 XIII s)]
VULGARIA, (Sirmondo ad calcem Supplem. Conc. Gall. pag. 345. dicitur id quod est commune omnibus villæ incolis, videlicet prædia quædam seu prata, queis utuntur indivisim ; apud nos les *Communes.* Vide *Communia* 2.] Leo III. PP. Epist. 10 : *Unde et jussistis ut nullus quilibet homo in posterum conquassare, aut in judicio promovere præsumeret, tam de Vulgaria, quam etiam de mansis, quod per vestrum dispositum Herminus.... nobis reconsignavit.*
⁰ **VULGARICUS,** Vulgaris. *Vulgarica lingua,* in Vita S. Bonif. tom. 1. Jun. pag. 464. col. 2. *Vulgaument,* pro *Vulgairement,* vulgariter, in Charta Isabel. Rom. Regin. ann. 1305. inter Probat. tom. 2. Hist. Burgund. pag. 122. col. 2. Vide supra *Usualiter.*

VULGARIS, Plebeius, δημότης, in Gl. Gr. Lat.
VULGARES, Vulgus, plebs. Agobardus Epist. ad Nibridium : *Nonnulli ex Vulgaribus et rusticis abducuntur,* Thomas Walsinghamus in Ricardo II : *Quæ cum audissent responsa Vulgares, in furorem versi, etc.* Occurrit etiam apud Amulonem, S. Augustin. Epist. 76. et alibi. [Vide *Vulgaritas.*]
VULGARIS, Colonus. Decreta S. Stephani Regis Hungar. lib. 2. cap. 33 : *Si Comes, si Miles, si Vulgaris quidem alterius sui similis mansiunculas invaserit,* 5. *juvencos solvat.* Ubi Jo. Sambucus : *Vulgaris, i. est rusticus liber factus ; nam servi dominos non possidebant.*
¶ **VULGARISARE.** Vide *Vulgarizare* 1.
VULGARITAS, Vulgus, vulgaris mos. Arnulphus in Hist. Mediol. apud Murator. tom. 4. pag. 24. col. 2 · *Hos tales cætera Vulgaritas ironice Patarinos appellat.* Johannes de Monsterolio Epist. 7. apud Marten. tom. 2. Ampl. Collect. col. 1329: *Animus fuit.... cum calamum arriperem tecum jurgari, quod tu Vulgaritatem sectando, quam fugere summopere philosophi nos admonent, mihi theuromata seu tapeta illa misisti.* Vide *Vulgaris.*
¶ **VULGARITER,** Lingua vulgari, vernacula. Chron. Mellicense pag. 329 : *Prior autem, ut expedire viderit, exponat vel literaliter, vel Vulgariter, quæ fuerint dicenda circa materiam.* Vide *Vulgaliter.*
1. **VULGARIZARE,** In vulgarem linguam traducere, ex Ital. *Vulgarizare,* in Charta Galeacii Comit. Virtutum ann. 1377. [Statuta MSS. Eccl. S. Laurentii : *Quilibet rector.... constitutionem Concilii generalis quæ incipit, Omnis utriusque sexus, publicare et pœnas in eadem contentas Vulgarizare seu in vulgari dicere teneatur.* Processus de B. Catharina Senensi apud Marten. tom. 6. Ampl. Collect. col. 1275 : *Item, aliud* (volumen) *in quo est dicta legenda Vulgarizata, partim in vulgari Placentino, partim in vulgari Senensi.* Adde eumd. Marten. tom. 4. Anecd. col. 1020. Chron. Domin. de Gravina apud Murator. tom. 12. col. 603. Statuta Vercell. lib. 7. pag. 168. Acta S. Wernheri tom. 2. April. pag. 719. etc.]
¶ **VULGARISARE,** Eadem notione. Charta ann. 1305. tom. 2. Hist. Dalph. pag. 125 : *Lectum fuit et expositum in vulgari eidem D. Dalphino hoc compromissum factum ejus nomine,.... quo compromisso lecto et Vulgarisato idem D. Dalphinus.... ratificavit et approbavit.* Sententia ann. 1497: *Supradicta sententia.... Vulgarisata et data intelligi in vulgari.*
¶ 2. **VULGARIZARE,** Vulgare, publicare. Gaietanus in Ordine Rom. apud Mabill. tom. 2. Musei Ital. pag. 383 : *Alii Cardinales et Prælati possunt differre recipere paramenta, quousque incipiantur processus, vel quousque diaconus cardinalis ipsos incipiat Vulgarizare.* Statuta Perus. fol. 15 : *Anno 1326. Indictione septima, die decimo nono Februarii Vulgarizati ibidem specifice.*
⁰ **VULGIA,** Labellorum obtortiones, in vet. Glossar. ex Cod. reg. 7613. pro *Valgia.* Vide in *Valgium.*
⁰ **VULGO,** Inordinate, confuse, incondite, in eod. Glossar. Hinc *Vulgo natus.* Illegitime natus, in Charta ann. 1362. ex Reg. 91. Chartoph. reg. 381 : *Quidam ejus* (Joannis de Taillencuria) *generationem ignorantes improperant, quod ipse Vulgo conceptus et natus fuit,.... licet ipse fuerit de legitimo procreatus.*
¶ **VULGULOSUS,** *In vulgo generalis,* in

Gemma. Vide Vossium lib. 3. de Vitiis serm. cap. 56. Gl. Lat. Gall. Sangerm. : *Vulgosus, peuplies.*
VULGUS, pro Vulgo. Epistola S. Remigii ad Chlodovæum Regem : *Quia quod Vulgus dicitur, ex fine actus hominis probatur.*
VULMINARE, pro Fulminare: Germani enim V. ut F. pronuntiant, uti supra observatum. Conradus de Fabaria de Casibus S. Galli cap. 16: *Videns Dux circumspectum Abbatis animum circa Regis negotia inconvulsum, verbis eum Vulminare attemptabat opprobriosis.* [Leg. forte *Vulnerare.*] [∞ *Fulminare,* apud Pertz. pag. 180. lin. 47.]
VULNERARIUS MEDICUS, Qui vulnera curat, in Gloss. S. Bened. cap. de Medicina, ubi exponitur ἰατρὸς ⁰ τετρωμένος. Forte τετρωμένων. [Gloss. Lat. Gr. : *Vulnerarius,* τραυματικός. Eædem : *Vulgenarius,* μωλωπώλης : ubi Vulcanius legit, *Vulnerarius,* μωλωπώλης. Hinc fortean emendanda Charta ann. 1069. inter Probationes Historiæ Tullensis pag. 84. quam subscribit *Valterus Vulneratus ;* pro *Vulnerarius,* ut videtur.]
⁰ Chirurgic. Mirac. S. Hyacinthi tom. 3. Aug. pag. 372. col. 2 : *Petrus sartor de Casimiria, manu dextra graviter vulneratus, et a medicis Vulnerariis destitutus, post vota sanatur.*
⁰ **VULNERATIO,** Damnum, detrimentum. Stat. Casimiri ann. 1346. inter Leg. Polon. pag. 18: *Decernimus quod extunc absque Vulnerationis causæ, testimonia eorundem testium per judicem recipiantur.*
⁰ **VULNUS** DIFFICILE, Grave, ad curandum haud facile, Gall. *Blessure dangereuse.* Lit. remiss. ann. 1373. in Reg. 105. Chartoph. reg. ch. 27: *Dictus Laurentius super renes seu dorsum dicti Guillelmi semel vel bis leviter duntaxat percussit, absque tamen alio ictu seu Vulnere difficili vel letale.*
⁰ **VULNUS** PENETRATUM, Penetrans, Gall. *Blessure qui pénetre.* Charta Phil. comit. Fland. pro libert. castel. Brug. ex Cam. Comput. Insul. : *Qui vulnus in capite, sive in ventre fecerit, quod dicunt penetratum Vulnus, convictus dabit vulnerato sex libras... de minutis vulneribus et a scabinis cognitis, dabunt tres libras.*
VULPECULAM aliquem appellare, convitii olim species fuit. Lex Salica tit. 32. § 3 : *Si quis alterum Vulpeculam clamaverit, etc.* [Ubi non hominem callidum et vafrum significari, sed timidum et meticulosum, auctor est Eccardus in Notis ad hunc locum : unde Provincialibus *Volpil* meticulosum, et *Volpilatge* inertiæ vitium dici observat ibidem Vir eruditus. At pro versuto homine usurpat] Auctor Vitæ B. Remigii : *Jussit nominari Vulpeculam: quod, cur ita nominari voluerit, qui fraudes et significationes ipsius animalis cognoscit, satis advertit.* Gregorius Turon. lib. 8. cap. 6 · *Multas eis perfidias et perjuria exprobravit, vocans eos sæpius Vulpes ingeniosas.* A voce *Vulpecula,* orta Gallica *Goupil,* qua nostri olim vulpem vocabant. Philippus Mouskes in Carolo Simplice :

Et cil Rollans ot dit ançois
A Hastenc tout pour son gabois,
Que il déstooit la bataille,
Pour que je gouplus sans faille
Ne seroit pris d'autre Goupil,
Ne leus par leu mis à cul.

Utitur eadem voce in Carolo M:

Tout ausement com li vilains,
U li postres loiaus et sains,
Gardent leurs bestes ès boins leus,
Pour les Gouplus, et pour les leus.

Ibidem :

Fourré de vair et de Goupis.

Galterius Metensis in Mappa mundi MS. cap. 18 :

Adont les en verriés aler,
Teste levée com Goupis,
Qui de proie s'en va saisis.

Le Pelerinage *de l'humaine lignée* :

Car il cuidoit que le Goupil,
Deist acertes, mais nenuil.

Gourpille, aliis. *Le Reclus de Moliens*, in suo Miserere MS :

Soutius sent com Gourpilles
Et attraians come formilles.

[Vide alia notione in *Vulpes* 1.]

¶ VULPECULATOR, Qui vulpes venatur. Comput. ann. 1202. apud D. *Brussel* tom. 2. de Usu feud. pag. CXC: *Vulpeculator de ultimo tertio*, XIX. l. VI. den. minus.] *Goupilleur*, in Computo Domanii Comitatus Bononiensis ann. 1402 : *A Estevene Denary Goupilleur de Monseigneur le Duc* (de Berry) *en sa Comté de Boulogne aux gages de 6. l. et 4. poquins de froment pour le gouvernement de 10. petits chiens qu'il doit parmy ce tenir à ses frais pour prendre les regnars.*

¶ VULPINOSUS, Callidus, versutus. Chron. ann. 1414. apud Lobinell. tom. 2. Hist. Britan. col. 884 : *Dicentes quod ipsa erat superba et intractabilis mulier, ac maliciis et Vulpinosis cavillationibus plena.*

¶ VULPENNIUS, Eodem significatu, in Rythmo satyrico apud Mabill. tom. 3. Analect. pag. 584.

¶ VULPINOSE, Malitiose, subdole. Chron. ann. 1411. ibid. col. 881 : *Dux Burgondie una cum Comite Derby Anglico cum magna Francorum..... comitiva Vulpinose Parisiensem civitatem intravit.*

✧ VULPERARIUS, ut *Vulpeculator*, Qui vulpes venatur. Lit. remiss. ann. 1352. in Reg. 81. Chartoph. reg. ch. 363 : *Robertus Trouart Vulperarius noster, etc.* Vide supra *Gopillator*.

✧ VULPERIUS, Eodem significatu. Vadia official. reg. ann. 1328. ex Cod. reg. 8406. fol. 288. r° : *Vulperius regis per diem, quatuor solidos ; et per annum pro roba, centum solidos.*

1. VULPES, Machinæ bellicæ species. Albertus Aquensis lib. 2. Hist. Hieros. cap. 30 : *Unus de majoribus Alemannis Vulpen ex proprio sumptu quercinis roboribus composuerunt, cujus in gyro tutos intexuerunt parietes, ut gravissimos Turcorum sufferent ictus armorum, omniaque jaculorum genera : ac sic in ea manentes tuti, et illæsi urbem fortiter impugnando perforarent. Hoc tandem Vulpis instrumentum, dum ad unguem opere et ligaturis perducerentur, milites prædictorum Principum loricati ad vginti in eadem Vulpis protectione sunt constituti. Sed magna virorum inundatione et conamine juxta muros applicata, non æquo subsedit aggere, etc.*

VULPECULA , Eadem notione, apud Ottonem de S. Blasio cap. 28. Vide Ericius 2.

2. VULPES, Aleæ species, nostris etiam haud incognita, vulgo, *le Jeu du Renard*. Jo. Sarisberiensis lib. I. de Nugis Curialium cap. 5 : *Hinc Tessera, Calculus, Tabula, Urio vel Dardana pugna, Tricolus, Senio, Monarchus, Orbiculi, Taliorchus, Vulpes, quorum artem utilius est dedis cere, quam docere.*

✧ VULPILIATOR, ut *Vulperarius*, in Tabulis cereis expens. reg. ann. 1307. ex Bibl. S. Germ. Prat. : *Perrotus Maillart Vulpiliator regis, etc.*

¶ VULPINOSE, VULPINOSUS. Vide *Vulpecula*.

VULPIO, Vafer, Veterator, apud Apuleium in Apologia : *Nosceretur te.... etiam cum matri blandirere, tamen jam tum Vulpionem et impium fuisse.*

¶ VULSELLA, Instrumentum ad pilos evellendos. Gloss. Lat. Gr. : *Vulsella*, τριχολαβίς, ἀκανθολαβίς. Est etiam apud Celsum Instrumenti chirurgici genus, quo exscindendis corruptis carnibus utuntur.

¶ VULSIO, Surculus, ramus a trunco avulsus. S. Irenæi vetus Interpres lib. 3. cap. 11. num. 1 : *Joannes Domini discipulus, volens per Evangelii annuntiationem auferre eum, qui a Cerintho inseminatus erat hominibus, errorem, et multo prius ab his qui dicuntur Nicolaitæ, qui sunt Vulsio ejus, quæ falso cognominatur scientia, etc.*

¶ VULSUS, διάσπασις, in Gloss. Lat. Gr. MSS. in Cod. Regio : *Vulsus, divulsio*.

VULTATICUM , Præstationis species, incertæ mihi prorsus notionis. [Idem quod supra *Volutaticum* : ex vitiosa pronuntiatione scriptum existimo *Vultaticum*] Charta Dagoberti Regis Franc. apud Doubletum in Hist. Sandionysiana pag. 656 : *Teloneos vel navigios, portaticos, rivaticos, rotaticos, Vultaticos, themonaticos, etc.* [*Vultaticus*, in Charta Caroli M. ibid. pag. 709.] Charta ejusdem Imper. ex Tabul. S. Germani Paris. : *Theloneum aut rotaticum, seu Vultaticum, cespitaticum, ripaticum, vel salutaticum accipiat.* In Charta Ludovici Pii Imper. ibid. pag. 732. habetur, *volutaticum* : *Tam de portatico, et pontatico, et ripatico, et rotatico, et timonatico, et Volutatico, et cispitatico, etc.* Charta Ricardi Comitis Normanniæ apud eumdem Doubletum pag. 816 : *Cum omnibus sibi adjacentibus, portu, telonéis, Vultaticis, piscatoriis, terris cultis et incultis, etc.* Charta Ludovic. Regis Franc. ann. 936. apud Sammarthanos in Episcopis Parisiensibus : *Neque theloneum, neque portaticum, neque piraticum, seu viaticum, nec etiam Vultaticum exinde aliquid accipiat potestas judiciaria.*

VULTAVA, VULTIVA, WULITIVA, Cicatrix ; Vulnus in *vultu*, seu facie illatum, unde ferre vocis etymon. [☞ *Wliti*, Vultus, facies, *Wam*, Nævus, macula.] Lex Saxonum tit. 5. § 5 : *Si os fregerit, vel Vultavam fecerit, corpus, vel coxam, vel brachium perforaverit, etc.* Ubi editio Heroldi *Vultivam*, Tilii *Vultivam*. Lex Frision. Addit. tit. 3. § 16 : *Si ex percussione deformitas faciei illata fuerit, quæ 12. pedum longitudine possit agnosci, quod Wulitivam dicunt, etc.* Edit. Heroldi *Vuilitivam*. Lex Anglior. tit. 5. § 10. ubi de Transpunctionibus et membris læsis : *Vultivam* 50. sol. componat. Ubi editio Heroldi *Vultivam* præfert. Vide Sibrandum a Sicama. [☞ et Grimm. Antiq. Jur. Germ. pag. 630.]

VULTIVOLI dicuntur , (verbis vir Joannis Sarisber. lib. 1. de Nugis Curial. cap. 12.) *qui ad affectus hominum immutandos, in molliori materia, cera forte vel nimia, eorum, quos perverterе nituntur, effigies exprimunt. Eadem verba habet Petrus Blesensis, seu Auctor libri de prestigiis fortunæ. Cujus illusionis in Pharmaceutria Virgilius meminit :*

Limus ut hic durescit, et hæc ut cera liquescit,
Uno eodemque igni, sic nostro Daphnis amore.

Naso quoque in libro Heroïdum :

Devovet absentes, simulachraque cerea fingit,
Et miserum tenues in jecur urget acus.

Atque inde forte genus sortilegii, *Defixio*, videtur appellatum, quod scilicet ejusmodi incantatores acus subinde *defigerent* in imagines cereas, iis locis, quibus viros ipsos pungere decreverant, qui puncturas ipsas, ac si ipsi pungerentur, persentiebant. Gloss. Lat. Græc. : *Defixiones*, νεκρομαντεῖαι. Paulus lib. 5. Sentent. tit. 23 : *Qui sacra impia nocturnave, ut quem obcantarent, defigerent, obligarent, fecerint, etc.* Apuleius lib. de Virtutib. herbar. cap. 7 : *Si quis devotatus defixusque fuerit in suis nuptiis, etc.* Vide Cujac. lib. 21. Observ. cap. 22. [☞ Grimm. Mythol. German. pag. 619.]

VULTUARIOS ejusmodi incantatores appellat Delrius lib. 6. Disq. magicar. Inde *Invultus*, ipsæ vultivolorum præstigiæ, in Legibus Henrici I. Regis Angl. cap. 71 : *Si quis veneno, vel sortilegio, vel invultu actione, seu maleficio aliquo faciat homicidium*. Exstant in Archivo Regis Christ. acta varia juridica contra Guichardum Episcopum Trecensem, qui, licet falso, accusabatur, Joannam Reginam Philippi Pulchri uxorem veneficio sustulisse, in quibus asseritur, testes fuisse, qui asseverabant, *quod idem Episcopus fecerat Invultari Reginam, et quod illa invultatione decesserat.* In Regesto Curiæ Parlam. Paris. ann. 1349. hæc legimus : *Sur les paroles, que ledit Messires Jean avoit dites au Roy, c'est assavoir que ledit Messire Henrys l'avoit Envulté, ou fait Envultar.* Vide Petrum Blesensem Epist. 65. Continuatorem Chron. Nangu ann. 1315. Balsamonem ad Nomocan. Photii et Browerum lib. 11. Annal. Trevir. n. 146. 148.

✧ Reg. visitat. Odon. archiep. Rotomag. ex Cod. reg. 1245. fol. 352. v° : *Galterus, presbyter de Brayo subtus Baudemont,...... confessus fuit se diffamatum esse de quodam Vultu cereo, constructo per sortilegium ; super quo juratus dixit se nichil scire, nisi per dictum cujusdam mulieris quæ conceperat et pepererat de ipso, et habuerat duos pueros.* Lit. Phil. V. ann. 1319. in Reg. 59. Chartoph. reg. ch. 20 : *Mandamus... quatenus, nisi vobis consiliterit.... legitime Johannam de Latigniaco in castellato nostro Paris. carceri mancipatam, esse culpabilem seu vehementer suspectam de Vultibus cereis olim, ut dicitur, factis contra personam dilecti et fidelis Karoli comitis Valesii, patrui nostri, præfatam Johannam a dicto carcere absque dilatione qualibet deliberetis.* Authent. proces. Rob. comit. Atrebat. ex Cam. Comput. fol. 185. v°. : Frere Henri de l'ordre de la Trinité demanda à Robert *que est-ce que vous? C'est un image de cire, lui répondit-il, que l'en fait pour baptiser, pour grever ceux que l'en vuelt grever. L'en ne les appelle pas en ces pays Voulz, repliqua le religieux, l'en les appelle manies.* Vide supra *Baptisare*, *Imaginatio* 2. et in *Volum* 4.

¶ VULTUARE, Veneficio occidere. Charta ann. 1396. apud Lobinell. tom. 2. Hist. Britan. col. 870 : *Et quamvis Dux Burgondie et major pars nacionis Britannie voluisset ipsos suspicatos extorquere, ut ipsi notificarent nomina aliquorum emulorum, qui ipsos, mediante pecunia et arte dyabolica, induxerant ad Vultuandum Ducem prelibatum.*

¶ VULTIVUA. Vide supra *Vultava*.

VULTORIUM, Vultur, Gall. *Vautour*. Gloss. Gr. Lat. MS. : Γύψ, *Vultor, Vultorium*. Editum habet *vultur*, [et *Vultor*.]

¶ **VULTUARE,** VULTUARIUS. Vide in *Vultivoli.*
VULTUOSUS, Superbus. Vita S. Erminoldi Abb. lib. 1. cap. 6: *Non despexit ut Vultuosus, aut contumax.*
¶ VULTUOSUS, *Pulcher, cum gravitate decora,* in Gloss. Gasp. Barthii apud Ludewig. tom. 3. Reliq. MSS. pag. 117. ex Hist. Palæst. Roberti Monachi. *Vultuosus, tristis.* Gloss. Isidori. Gloss. Lat. Gall. Sangerm. : *Vultuosus, biaus de visage, ou tristes.*
¶ **VULTURNALIS.** Chron. Angl. Th. Otterbourne pag. 6 : *Quarta* (via) *dicitur Rikenildstreat, tendens ab Africa in Boream Vulturnalem.* Gloss. Lat. Gr. : *Vulturnus,* εύρος, ούριος. Vide *Erminstreat.*
VULTUS, Quævis imago, interdum ea, quæ *Pectoralis* et *Thoracata,* ut observatum a Casaubono et Salmasio ad Vopiscum pag. 440. et Jacobo Gothofredo ad leg. 5. Ood. Theodos. Ne quid publicæ lætitiæ, etc. (8, 11.) Anastasius in Paschali PP. : *Obtulit imaginem ex auro purissimo, habentem Vultum sanctæ Dei Genitricis pens. libr.* 10. *et uncias* 4. Ibi et ipse fecit vestem de blattin Byzantea, habentem tabulas de chrysoclavo, duas cum Vultu B. Petri, et sanctorum Martyrum Processi et Martiniani,.... illic etiam obtulit vestem holosericam, habentem in medio tabulam de chrysoclavo cum Vultu dominicæ resurrectionis, etc. Idem in Steph. III. pag. 247 : *Fecit imaginem Dei Genitricis in throno sedentem, gestantem in genibus Vultum Salvatoris D. nostri Jesu Christi.* Et in Valentino II : *Fecit patenam.... habentem in medio Vultum Domini nostri, et a duobus lateribus Vultum ipsius beati Marci, atque ejusdem Præsulis.* Utitur alibi non semel pag. 161. 187. etc. Gauterius Monachus Cluniacensis de Miraculis B. Virginis Mariæ cap. 1 : *Ut quicunque patiens hanc infirmitatem coram B. Virginis Vultu adveniret, etc.* Heribertus Monachus de Hæreticis Petragoricensibus : *Crucem, seu Vultum Domini non adorant; sed adorantes prohibent, ita ut ante Vultum Domini dicant, simulachra Gentilium, etc.* Histor. Monast. Figiac. pag. 298 : *Crucifixi Vultus duas fecit imagines, etc.* Hinc colligitur, cur dicatur
VULTUS DE LUCA, Imago Crucifixi, quæ *Lucæ* in Italia in Ecclesia S. Crucis conspicitur, quam a Nicodemo, Christi discipulo, effictam volunt, cujus meminere ex veteribus Lucas Tudensis lib. 2. contra Valdenses cap. 11. Auctor Vitæ S. Ricardi Regis Anglo-Sax. ex MS. Bodecensi num. 5. Gervasius Tilleberiensis lib. MS. de Otiis Imperial. Decis. seu parte 3. cap. 25. etc. ex recentioribus vero, Cornelius Curtius Eremita in Tractatu de Clavis Christi, Cæsar Franciottus lib. de SS. Lucensibus. Silvanus Razzi de SS. Hetruriæ, Baronius ann. 1099. n. 40. et alii. Historiam præterea Inventionis S. Vultus, et Translationis Lucam, scripsit Leobinus Diaconus, qui interfuit, quam ex MS. Brenensi habet codex Thuanus 773. ex quo sunt sequentia : *Qua vero de causa Vultus Domini nuncupatur, paucis absolvam. Sicut enim facies visa illum, cujus facies videtur, certificat : ita pretiosi Vultus figura Redemptorem nostrum incarnatum, et pro nobis in cruce pendentem, quasi quibusdam lineamentis repræsentatum exprimit, etc.*
Scribit Eadmerus lib. 1. et 2. Hist. Novor. Willelmum Regem Angl. *per sanctum Vultum de Luca jurare consuevisse,* pag. 16. 19. 30. 47. 51. 54. Id etiam testatur Willelmus Malmesbur. lib. 4. Hist. pag. 121. 124. lib. 1. et 3. de Gest. Pontificum Angliæ pag. 217. 277. Doubletus in Hist. Abbat. S. Dionysii lib. 1. cap. 44. refert, in una ex Capellis Ecclesiæ asservari imaginem Christi crucifixi, longiori tunica, aut veste talari induti, quam vulgo *saint Voulst* [vel *le saint Visage de Lucques*] appellant, Latine *sanctum Vultum de Luca* vel *Leuca,* quod ejusdem prototypum magno cultu Lucæ asservetur.
Ejusmodi etiam crucifixi Christi effigies conspicitur apud Ruguenses in Pontivo, Picardiæ pago, a Nicodemo perinde confecta, ut creditur, cujus descriptionem videre est apud Malbrancum lib. 7. de Morinis cap. 11. et lib. 8. cap. 10.
♀ *Vout,* nostratibus, Quævis imago. Consuet. Genovef. MSS. ad ann. 1263. fol. 56. r°: *Cil de Sainte Genevieve furent resais à Contin d'un Vout* (de pendu), *c'est a savoir d'une chemise et d'un chaperon plain de fuerre en une charete.* Pro *Visage,* in Chron. S. Dion. tom. 3. Collect. Histor. Franc. pag. 167 : *Fiertex et leesche estoient ensamble mellées en son Vout et en son regart.* Voult, in Poem. MS. du Riche homme et du Ladre :

Il te convient pardonner tout,
Se vues veoir de Diu le Voult.

♀ *Vultus* autem species et forma, vulgo *Physionomie, Fizonomie* nuncupatur, in Lit. remiss. ann. 1389. ex Reg. 135. Chartoph. reg. ch. 174 : *Icelles jeunes femmes monstrèrent auxdiz sergenz enseignes de la Fizonomie et estat dudit Estienne, afin qu'ils te cognussent mieulx.*
♀ VULTUS VARIATI, Larvæ. Lit. remiss. ann. 1386. in Reg. 129. Chartoph. reg. ch. 46 : *Ex ludo quorumdam dictæ villæ* (S. Abundi) *qui Vultibus variatis procedebant, etc.* Vide supra *Visagium falsum.*
♀ VULUATICUM, Mendose ex Charta Dagoberti regis apud *Grosley* in Disquisit. ad Jus Franc. pag. 121. pro *Vultaticum* Vide in hac voce.
¶ VUOED. Vide infra *Weedt.*
¶ VUOTANT. Vide in *Wodan.*
♀ VURDO, pro Burdo. Gloss. Lat Græc.: *Vurdo,* ἡμίονος: in MSS. Sangerm. *Burdo.* Vide *Burdones.*
♀ UVULA, Medicis, Gall. *Luette.* Glossar. Lat. Gall. ann. 1352. ex Cod. reg. 4120 : *Uvula, quaddam membrum parvum pendens in gutture.*
♀ VUURE, pro *Feutre,* Pannus e coactis, lanis ? Testam. ann. 1392. inter Probat. tom. 3. Hist. Nem. pag. 169. col. 2 : *A magistro Egidio Viviani, pro uno capello Vuure, xvj. solidos, iiij. denarios.*
¶ UXELLATUS, Avibus ornatus, ab Ital. *Uccello,* avis. Statuta Vercell. lib. 4. fol. 85. v°: *De toaliis Uxellatis pro qualibet pariete solidos decem Pap.*
¶ UXERIUS, Ostiarius. Vide *Usserius.*
UXORARE, Uxorem dare, maritare, in Statutis Venetor. ann. 1242. lib. 1. cap. 57. lib. 2. cap. 8.
♀ Libert. S. Joan. Angeriac. ann. 1204. tom. 5. Ordinat. reg. Franc. pag. 671 : *Concedimus etiam, ut eis et eorum hæredibus ad libitum suum, puellas et viduas suas nuptui tradere et juvenes Uxorare.... liceat.* Occurrit etiam in Chron. Alber. monachi tom. 10. Collect. Histor. Franc. pag. 285. Glossar. Gall. Lat. ex Cod. reg. 7684 : *Uxorare. marier, prendre femme à mariage.*
¶ UXORARE, Nubere. Gloss. Lat. Gall. Sangerm.: *Uxorare, prandre femme par mariage, conjoindre à femme.* De viro et muliere itidem dicitur. Tabular. Calense fol. 117 : *Omnes homines ipsius monasterii* (Calensis) *de corpore tenentur ipsi monasterio in forimaritagio, si ipsos maritari seu Uxorari contigerit in alienam uxorem seu mulierem, feminam de corpore dicti monasterii non existentem.* Concil. Coyacence ann. 1040. inter Hisp. tom. 3. pag. 210: *Intra etiam dextros ecclesiæ laici Uxorati non habitent.* Charta Conani Ducis Britan. ex Tabul. B. M. Andegav.: *Plurimi antecessorum meorum præfatam capellaniam perniciose administrari permiserunt, dantes illam in hominagium Uxoratis sacerdotibus et filiis eorum jure hæreditario.* Charta ann. 1274. tom. 1. Hist. Dalph. pag. 126. col. 2 : *Non permittant..... morari mulierem Uxoratam publice in prostibulo :........ si aliquis cum ea causa adulterii capiatur, non puniatur pœna, qua adulteri consueverunt puniri, nisi constaret quod ille captus, sciret eam esse Uxoratam.* Statutum Johannis Regis Franc. ann. 1360. tom. 3. Ordinat. pag. 468 : *Quilibet Judeus Uxoratus caput domus, etc.* Quæ vernacule ibidem sic redduntur: *Chascun Juyfs chief d'ostel et Marié, etc.*
Uxorum commutationem obtinuisse olim ex abusu in Hibernia, docet Lanfrancus Cantuar. Archiep. in Epistola ad Gothricum Hiberniæ Regem : *In regno vestro prohibentur homines seu de propriarum, seu de mortuarum parentelæ conjuges ducere : alii legitime sibi copulatas pro arbitrio et voluntate relinquere ; nonnulli suas alii dare, et aliorum infanda commutatione recipere.* Eadem habet in Epistola ad Terdelvacum Hiberniæ Regem, apud Baronium ann. 1089. ut et S. Anselmus lib. 3. Epist. 142. 167. Vide Gregor. VII. PP. in Append. Epist. 1. et Joan. Sarisbernensem Epist. 53. Huc forte respexit Beda lib. de Remed. peccat. cap. 7 : *Qui dimiserit uxorem suam alteri conjugi, etc.*
¶ UXOREUS, Conjugalis. Charta Caroli Calvi ann. 862. apud Doubletum Hist. S. Dionysii pag. 800 : *Nec non et in Idibus Decembris, quando Dominus me et dilectam conjugem Hirmintruden Uxoreo vinculo copulavit.*
♀ UXOROSUS, ὁ τὴν ἰδίαν γυναῖκα φιλῶν. Gl. Lat. Gr.
♀ **UXORICIDIUM,** Uxoris cædes, occisio. Inquisit. ann. 1269. in Reg. *Olim parlam.* Paris. : *Terræ, quas Robertus Goderhar tenebat, ceciderunt in commissum propter Uxoricidium, quod perpetravit dictus Robertus.*
♀ **UXORISIUS,** Uxorius. Lit. remiss. ann. 1373. in Reg. 105. Chartoph. reg. ch. 206 : *Idem Johannes Uxorisio motus amore, capiendo uxorem suam dictoque domicello auferendo, percussit eundem domicellum.*
UXUS, Fredegarius Scholasticus cap. 64 : *Heraclius..... extrahens Uxum, caput Patricii Persarum amputavit.* Ubi loci *Saxum* legit Meursius in Gloss. sed perperam : Ecce enim iterum in collectione Historica apud Canisium tom. 2. Antiq. Lect. : *Gothi fraudulenter Uxos pro baculis in manu ferentes.* (Quidam codd. male *buxos* præferunt.) Aimoinus eamdem Historiam enarrans lib. 4. cap. 20. *ferreos ostii obices* habet. [♀♀ Vide Graff. Thes. Ling. Franc. voce *Achus,* tom. 1. col. 136.]
¶ **VYSSERIUM,** Navis qua equi transvehuntur, idem quod *Huisserium.* Vide in hac voce. Informationes de passagio transmarino ex Cod. MS. Sangerm.:

398

VYT

Cum suis navibus, galeis, Vysseriis, et lignis paratis. Infra : *Primo habebit quodlibet Vysserium* XLIIII. *goas in carena.* Vide *Uscerium.*

¶ **VYTATORIUM.** Vide supra *Vitatorium.*

UZI

UZBEG, in Jure Hungarico, Facinorosi ad aliquot dies inviolabiles. Sambucus et Molnarus. [Vide infra *Wzbeg.*]

UZIFUR. Glossæ MSS. ad Alexandrum Iatrosoph. : *Cinnabaris, i. Uzifur, scilicet minium.*

UZI

¶ **UZUPHAR**, Eodem significatu, in Carmine de varia Ernesti fortuna, apud Marten. tom. 3. Anecdot. col. 354 :

Hic pigmentorum species,......
Uzuphar et myrrham, thus, quæ portarat avarus
Extremus mundi currens mercator in oras.

WAC

W. Quod *Theutonicum* vocant, in aliquot antiquis Inscript. Lat. observatum a Scaligero in indice 19. ad Gruterum. Illud Germani ut *ou* efferunt, quomodo etiam Wallones ac Picardi etiamnum. Ægidius Schudius in Descriptione Rhætiæ Alpinæ cap. 36: *Consonantem V, nos Germani proferimus corrupte instar F, id quod Itali minime faciunt, sed proferunt etiam, ut nos proferre consuevimus literam duplicatam W, quæ gemina videtur esse pronunciatio consonantis V. Excogitaverunt autem Germani literam W. quæ est V. duplicatum, idque ex Græco et Eolico sermone, in quo fuit duplicatum YY, quemadmodum scribit Dionysius Halicarnasseus lib.* 1. Otfridus in Epistola ad Liutbertum Archiepisc. Moguntinum, præfixa versioni Evangeliorum, ait, linguam Theotiscam *in multis dictis scriptu esse difficilem, propter literarum congeriem, aut incognitam sonoritatem: nam interdum tria u u u, ut puto, quærit in sono, duo consonantes mihi videntur priores tertium vocali sono manente.* Somnerus in Gloss. Saxon. : *Franco-Galli semper g, vel, gu, utuntur, pro Saxonum et Germanorum W, etc.*

WAADESAAR. Andreas Suenonis lib. 5. Legum Scaniæ cap. 23 : *Ubi vulnus infligitur sine membri detruncatione, aut descendit in concavum, et ad interiora penetrat, aut non. Si non descendet, quod vulnus in lingua patria Waadesaar appellatur, trium marcarum exigit satisfactionem.* Veteribus Danis apud Pontanum in Descript. Daniæ , *aar*, est annus. Vide *Hulsaar.* [°° *Saar*, Vulnus, et *Waada*, quod usurpatur pro damno fortuito et non voluntario. Vide Ihrii Glossar. Suio-Goth. tom. 2. col. 1077.]

¶ **WACARITIA**, ut *Vaccaria.* Vide in hac voce.

° **WACHARMEN**, Belgis, interjectio est, Lat. Heu, nostris, *Helas ;* unde *Wa-*

WAC

carme, apud Guill. Guiart. ad ann. 1304. ubi de prælio navali inter Gallos et Belgas :

Cil qui sont de sanc entouchiez,
Soni entre les autres couchiez
O les mors, nul ne les désarme,
En criant Wacarme, Wacarme,
Qui vaut autant com dire, Helas.

¶ **WACHELLUS**, Navis species. Epist. Frederici I. Imper. ann. 1178. apud Marten. tom. 1. Ampliss. Collect. col. 910 : *Rogamus ..... quatenus idoneos serenitatis tuæ legatos Januam, Venetias, Antiochiam, atque Pisam, et alia loca per galearum atque Wachellorum transmittas præsidia.* Vide Vacheta et in *Vas.*

¶ **WACHERIA**, ut *Vaccaria.* Vide ibi.

¶ **WACTA**, Vadum, ni fallor, Gall. *Gué.* Charta Domnoli Episc. Cenoman. apud Baluz. tom. 3. Miscell. pag. 18 : *Per loca designata de Confluentes usque Bucias defluit in Indua usque termino Proliacense,........ inde per via Saturniacinsæ pervenit ad Wacta usque campo Daulfo, etc.*

WACTÆ, WAGTÆ, Excubiæ, vigiliæ ; Germanis *Wachte*, et *Waecke*, nostris *Guet.* Kero Monach. : *Vigiliæ, Wahtono. Vigilias, Wathun, Nathuwahchon. Vigiliæ nocturnæ, Watha de naht.* [°° Vide Graff. Thes. Ling. Franc. tom. 1. col 677.] Capitulare 3. ann. 818. cap. 84 : *Si quis Wactam aut wardam dimiserit, quando ille Comes ei cognitum fecerit, etc* Capitula Caroli M. lib. 3. cap. 68 : *Ut non per aliquam occasionem, nec pro Wacta, nec de scara, nec de wardea..... heribannum Comes exactare præsumat.* Charta privilegiorum a Ludovico Pio Hispanis concessorum tom. 2. Hist. Franc. pag. 321 : *Explorationes et excubias, quod usitato vocabulo Wactas dicunt, facere non negligant.* Capit. Caroli C. cap. 31. tit. 27 : *Et in civitate atque marcha Wactas faciant.* Capitulare de

WAC

Villis cap. 16 : *Et si judex in exercitu, aut in Wacta, seu in ambasciato, vel alicubi fuerit.* Cap. 27 : *Casæ nostræ indesinenter foca et Wactas habeant, ita ut salvæ sint.* [Codex censualis Irminonis Abb. Sangerm. fol. 53. v° : *Facunt dies tres in ebdomada et faciunt Wactam et quidquid eis injungitur.*] Tabularium S. Remigii Remensis : *Facit in anno corvadas 8....... facit Wactas pro bove den.* 1. Infra : *Facit idem Wagtas, et excutit annonam dominicarum.* Hinc formatæ voces.

GUETA, GUETTA, GUAYTA, GAITA, Excubiæ, vel jus excubiarum, quod competit majoribus Justitiariis. *Droit de Guet,* in Consuetudine Turonensi art. 215. Catalaunensi art. 3. Juliodunensi cap. 28. art. 3. Burbonensi cap. 36. et Britann. art. 392. *Onus vigilum et custodum,* in Charta ann. 1193. apud Marcam in Hist. Beneharn. lib. 6. cap. 12. n. 4. *Murorum vigiliæ,* apud Gregor. M. lib. 7. ind. 1. Epist. 20. *Sujets guetables,* in Consuet. Arvern. cap. 25. art. 17. qui excubias debent. *Wayte fée,* in Charta Anglica, apud Spelmannum in hac voce, tenementum *wactæ* obnoxium. Charta Caroli Calvi pro Barcinonensibus apud *Diago* lib. 2. cap. 4 : *Explorationes et excubias, quas usitato vocabulo Guaytas dicunt, facere non negligant.* Pactum initum inter Philippum Regem et Abbatem S. Germani Paris. ann. 1270 : *Nihil nobis et successoribus nostris juris..... retento, excepto Gueto , tallia , exercitu cavalcata , et banno.* Charta Joannis Regis Franc. ann. 1363. apud Sanmarthanos in Episcopis Paris. : *Erant in possessione et saisina custodiendi Ecclesiam B. Mariæ Parisiensis, ac fieri faciendi excubias, seu Guetum in ipsa, etc. Gaitam vel excubiam debere,* in Libertatibus Oppidi Jasseronis ann. 1283. apud Guichenonum in Histor. Bressensi pag. 107. Usatici et Libertates Aquarum mortuarum ann. 1246 : *Et sit de eorum officio mandare vel facere mandari Gathas et escargatas, et alias custodias, quando videbitur expedire Curiæ nostræ prædictæ*, etc. Vide Probat. Hist. *des Chasteigners* pag. 43.

GUETA, GUETTA, GAITA, ipse Vigil, Speculator. Gloss. Lat. Gall. : *Vigil*, *Veillant, Gaite*. Vetus Inquesta in Regesto Philippi Aug. Herouvalliano fol. 563 : *Et est Castellanus feodatus, et ponit Gaitam in Castro, et debet exercitum et equitationem, ut alii*. Testamentum Philippi Pulchri Regis ann. 1311 : *Item Adæ, et Stephano Gueltis nostris cuilibet* 60. *sol*. In Testamento Ludovici Hutini ann. 1316. et Caroli Pulchri ann. 1324. legata fiunt pariter *Simoni et Adæ Gueltis* ; in Computo Hospitii ann. 1312. *Guetta Luparæ, Gueta Castelleti, Gueta parvi Pontis*. Ioannes de Condato MS. :

Quant la Gaite corne le jour.

Chronicon. Bertr. Guesclini MS :

Y avoit une Gaite toute jour à journée,
Qui sonnoit un bucin, quant la pierre est levée.

° *Vete*, ipse vigil, qui excubias facit. Reg. domus publ. Duac. fol. 110. r°. ubi de solemni introitu Caroli ducis Burg. 15. Maii ann. 1472 : *Et y avoit alumerie de quarante huit flambeaux alumez, que portoient les Vetes de nuict et aultres*.

☞ *Agait*, dixerunt Poetæ nostrates locum, unde quis speculatur, insidias struit, *Aguet*, vulgo. Le Roman de Robert le Diable MS :

Robiers qui fait sa destinée,
Est saillis hors de son Agait, etc.

Vide *Aguayt*.

GATHA, seu *Præco*. Charta Philippi de Monteforti Dom. Tyri et Toroni ann. 1264. pro Communia villæ de Castris in Occitania : *Item obtinuerunt modo et tempore suprascriptis, quod Consules dictæ villæ mittunt seu constituunt in dicta villa Gatham seu præconem, cum eis videtur expediens et opportunum extitit, ipsi Gatha seu præco officium sibi commissum debet regere secundum ordinationem Consulum prædictorum, dummodo faciat et exequatur mandatas curiæ supradictæ, cum fuerit requisitus, etc*.

GUAYTARE, Excubare, excubias seu gaitam facere. *Guetter et veiller par nuit*, in Charta Gallica ann. 1383. apud Roverium in Reomao pag. 328. *Waltier*, in Magno Recordo Leodiensi pag. 87. Usatici Barcinonenses MSS. cap. 64 : *Omnes homines habentes seniores, nullo ingenio vel ratione, neque per difidamentum, neque per acuniadamentum, neque per illorum favum illis relictum, Guaytent personas eorum, nec encalcent, nec requirant, nec vulnerent, nec capiant, nec captos teneant*. Consuetudines Cataloniæ inter Dominos et Vassallos MSS. cap. 55 : *Debent etiam Gaytare, surgere, et custodire, ac excubias facere, et exigere ad omnem castri sonum*. Ordericus Vitalis lib. 3. pag. 479 : *Multis servitiis eos aggravavit, in ipsos homines que eorum munitiones suas apud Escalfoium et sanctum Serenicum custodire coegit*.

¶ WACTARE, Eadem notione. Codex censualis Irminonis Abb. Sangerm. fol. 70. col. 1 : *Solvit pullos* III. ova x..... *Wactat in curte dominica*.

° *Waiter*, eodem sensu, apud Petr. de Font. in Consil. cap. 32. art. 15. pag. 145. Unde etiam *se Waitier*, a re aliqua defendere se, in Mirac. MSS. B. M. V. lib. 1 :

Nus ne se puet Waitier de mort.

° *Se Contreguetter*, Contra aliquem sese tutari, in Lit. remiss. ann. 1400. ex Reg. 155. Chartoph. reg. ch. 120 : *Icellui Saillant ne voult faire paix ne accort avec ledit Jehan le Comte ; et pour ce ledit Jehan le Comte, qui se Contreguettoit, se tint sur sa garde*.

GUETAGIUM , GAITAGIUM , VUETAGIUM, Census, qui solvitur pro custodia castri. Charta ann. 1070. in Tabulario Vindocinensi num. 353 : *Ea domus solvit* 2. *den. census, et* 1. *obolum de Gaitagio*. Charta 421 : *Quam quidem eminus omni consuetudine liberam totam, exceptis obobus denar. censualibus, et duobus de Vuotagio*. Infra, Charta mox laudanda ex *Guetagio*, quod ab incolis præstabatur, excubias confectas docet. Idem census et *Wardagium* nuncupatur, et *Warda*. Vide in hac voce. Huc pertinet, quod habet Magna Charta Libertatum Angliæ apud Matthæum Paris ann. 1215. pag. 179 : *Nullus Constabularius distringat nobilem aliquem ad dandum denarios pro custodia castri, si ipse eam facere voluerit in propria persona sua, vel per alium probum hominem, si ipse eam facere non possit per rationabilem causam*.

° *Waitage*, eadem notione, inter Redit. contitat. Namurc. ann. 1265. ex Reg. Cam. Comput. Insul. sign. *Papier velu* fol. 88. v° : *Huns. Et si a li cuens à cascun feu une geline au Noel un pain, et pour Waitage six deniers*. Pluries ibi. *Wetaige*, in Reg. ejusd. Cam. sign. *Le Papier aux ayselles* ad ann. 1289. fol. 73. r°.

Id porro oneris ex conditione infeudationis vassallis incumbebat, qui tenere per *Castlegarde* dicuntur Littletoni sect. 111 : *Divers tenants teignent de lour Seigniors per service de Chivaler, et uncore ils ne teignent que per escuage, comme ceux qui teignent de lours Seigniors par Castlegarde : c'est à scavoire, à garder un tower del cast le lour Seignior, ou un huis, ou un autre lieu del Castle per reasonable garnishment, quant lour Seigniors oiont que ennemies voilent vener, ou sont venus en Engleterre*.

Ut porro ejusmodi excubiæ, *guetæ*, et custodiæ peragerentur a vassalis in castris dominorum, explicat idem Tabularium Vindocinense ch. 104 : *Hæ sunt consuetudines, quas tenebat in suo tempore Comes Burchardus in villa et in Comitatu Vindocini. Imprimis de excubiis Castelli, sicut ipse facere commendaverat, ut per menses ita fuisset custoditus. Ipse vero sicut Comes et major omnibus erat, quinque mensibus faciebat, videlicet Martio, Aprili, et Junio, et Julio, et Augusto. Primi duo menses facti erant de Camera Comitis, et alii tres de Guaitagio, qui prissus erat in burgo Vindocmi. September faciebat Oiradus pater Salomonis, de quo tenebat Septo et Artis. October faciebat Hervæus de sancto Marcello, de quo tenebat Cathedras et Vias, et Lulmas. November faciebat Hucbertus de Firmitate, de quo tenebat Ciconias et Ecclesiam de Tuscheriaco, atque culturam. December faciebat Gisleburtus Dives, etc. Isti omnes ita cum Comite custodiebant Castellum, quod in unaquaque norte habebat intra vetus Castrum* 5. *Gaitas, unam super portam subtus Castellum, alteram super portam juxta mansionem Salomonis, tertiam supra murum juxta mansionem Gisleberti ; et aliæ duæ tota nocte circumibant Castellum*. [Vide Observat. *Sauvageau* ad Aresta qua defendere se, in Mirac. MSS. B. M. V. lib. 1 :

Britanica Natalis *Dufail* pag. 57. et supra *Gayta* et *Stagium*.]

Sed et Regestum Ludovici Regis Siciliæ continens hominia præstita Reginæ Mariæ ejus matri ann. 1387. et 1388. a nobilibus Andegavensibus , ita varias excubiarum conditiones, vassallis impositas, prosequitur · *Jean des Roches Chev. à cause de sa terre de Brain doit* 20. *jours de garde en la ville d'Angers une fois en sa vie*. *Dame Isabeau de Clisson en doit* 40. *Messire Guy Amenart à cause de sa terre du Boullay en doit autant avenant semonsse en cas d'éminent peril*. *Jean de Coulaines Chev. doit* 15. *jours de garde une fois en sa vie, etc*.

REGUAYTA, alias *Scherguayta*. Charta ann. 1320 : *Si aliqua impositio, factio, guayta, vel Reguayta, seu custodia, eis imponeretur*. Charta ann. 1427. apud Thomasser. in Consuet. Biturig. pag. 128 : *Lesdits bourgeois seront tenus de garder la porte ou portail de ladite ville, y faire le Reguet par nuit, paier les Capitaines, etc* Vide *Warda, Scaraguayta*.

¶ WADARFIDA, Consuetudo. Vide *Cadarfreda*.

¶ WADDA, Bombycinum tomentum, ab Anglico *Wad*, Gall. *Ouate* : nisi glastum intelligas. Vide *Guaisdium*. Litteræ Ricardi II. ann. 1380. apud Rymer. tom. 7. pag. 283 : *Centum et septuaginta et duas balas Wadde*.

¶ WADDEMOLE, Grossioris panni genus. Comput. ann. 1425. apud Kennett. in Antiquit. Ambrosd. pag. 574 : *In quinque virgatis de Waddemole emptis pro coleris equinis hoc anno*, 11. *sol. 1. den*.

¶ WADER, f. Nemus, silva. Vide *Gualdus*. Charta ann. 1112. apud Calmet. inter Probat. tom. 1. Hist. Lothar. col. 531 : *Nec non in sylvula vel Wader in Talevangero marca fiscalium*, etc.

¶ WADFALTHO, in Pacto Legis Salicæ edit. Eccardi tit. 20. § 7. Emendat doctissimus Editor *Wadpaltho*, quo contusionem fecerit, vel percusserit, significatur. Ipsum consule.

¶ WADIA, WADIARE. Vide in *Vadium*.

¶ WADICARIUS. Vide supra *Vuadicarius*.

¶ WADISCARUM, WADISCAPUM. Vide in *Waterscapum*.

¶ WADIUM, WADIUS. Vide in *Vadium*.

¶ WADNA, in Tabulario S. Bertini : *Stituine habet bunnaria* XII. *arat bunnaria* 11. *dat carra ad Wadnam et ad monasterium*. Ita fortassis dicitur Vivarii purgatio, a Belgico *Wade*, vivarium, stagnum, Gall. *Vivier, étang*.

° WADREGANIUS, Judex, qui de aquarum cursu cognoscit, Belgis *Waterinighe*. Charta ann. 1244. in Chartul. 2. Fland. ex Cam. Comput. Insul. fol. 42. r° : *Dicta ecclesia ponere potest stillicidium sive gotham, ubi voluerit, in tenamento suo* ; ..... *et si aliquid esset emendandum de dicto stillicidio sive gotha, nuntiari debet istud dictæ ecclesiæ, et si ecclesia nollet emendare, per Wadreganios et per scabinos de Furnis debet emendari*. Vide *Watergangæ* et *Waterscapum*.

¶ WADRISCAMPUM, WADRISCANUM, WADRISCAPUM. Vide *Waterscapum*.

WADRUS, pro *Vadius*. Vide in *Vadium*.

WADTBAND. Andr. Suenonis lib. 7. Legum Scaniæ cap. 6 : *Et ut nullus ei communicet per totam provinciam judicabitur sub pæna trium marcarum, juri regio solvendarum, quod judicium Wadtbant lingua patria nominari consuevit*. [∞ Apud Westphal. tom. 4. col. 2064. *indicabitur* et *Madtband.* Vide Ibrii Glossar. Suio-Goth. voce *Matbaud,* Cibi interdictio, tom. 2. col. 141.]

¶ **WADUM.** Vide supra *Vadum.*

WAERIA. Vide *Wayeria.*

¶ **WAESTYNA.** Vide in *Wastum.*

WAGA, Mensuræ species, apud Anglos et Scotos. Statuta Roberti III. Regis Scotiæ cap. 22. § 7. in Assisa de ponderibus : *Waga sic Waw, debet continere duodecim petras ; cujus pondus continet octo libras.* Fleta lib. 2. cap. 76. § 12 : *Una Waga casei.* Monasticum Anglican. tom. 1. pag. 515 : *Unam Wagam salis de salinis suis, etc.* [Usatici Mechlin. apud Marten. tom. 1. Ampl. Collect. col. 1428 : *Item, de quolibet pondere, quod vulgariter dicitur Waghe, unus denarius Lovaniensis solum solvetur pondera rationis tenenti.*] [∞ Vide Graff. Thesaur. Ling. Franc. tom. 1. col. 664. voce *Wâga,* sqq.]

✶ Locum ex Martenio laudatum sic emenda ex Supplemento ad Miræum pag. 152. col. 2 : *Unus denarius Lovaniensis solum solvetur officium ponderationis tenenti.* Haud scio an huc spectet vox Gallica *Wagua,* quasi ponderis publici custos, in Lit. remiss. ann. 1408. ex Reg. 163. Chartoph. reg. ch. 179 : *Icellui Nicaise commença à moquer ou eschernir le suppliant, disant au Wagua : Et que fera-on de cela ?*

WAGARIA, Mensuræ jus, seu cognitio mensurarum, a Teutonico *Waeghe,* vel Germ. *Wag,'* vel *Weghe,* libra, trutina, statera, in Charta Henrici Imper. ann. 932. Locum vide in *Pergus.* [Occurrit præterea in Charta ann. 1131. apud Marten. tom. 1. Ampl. Collect. col. 710. ubi perperam *Nagaria* editum monet idem Martinius in Glossario ad calcem ejusdem Collectionis.] Apud Hieronymum Fizen. in Hist. Leodiensi, ubi eadem describitur, *Wargaria* scribitur.

¶ **WAGIUM,** ut *Vadium.* Vide in hac voce.

✶ 1. **WAIDA**, Glastum. Vide supra in *Guaisdium.* [∞ Graff. Thesaur. Ling. Franc. tom. 1. col. 778. voce *Weit.*]

✶ 2. **WAIDA**. Glossæ Cæsar. Heisterbac. in Reg. Prum. tom. 1. Hist. Trevir. Joan. Nic. ab *Hontheim* pag. 773. col. 2 : *Qui peculium vacuum habent in nostra Waida, id est pascuis, debent solvere pullum.* Vide infra *Waria.* [∞ Graff. Thesaur. Ling. Franc. tom. 1. col. 774. voce *Weida.*]

✶ **WAIDARE**, pro *Wadiare,* Vadimonium dare. Gall. *Assigner.* Charta ann. 880. apud Murator. tom. 1. Antiq. Ital. med. ævi col. 920 : *Jussimus ei hoc nostræ auctoritatis præceptum inde conscribi, per quod decernimus atque jubemus, ut si aliqua querimonia ex his omnibus adversum se horta fuerit, quæ sibi damnosa apparuerit, ut liceat sibi suoque advocatori ad placitum Waidare.*

WAINAGIUM, ut *Gagnagium.* Vide ibi.

WAISDA, Glastum. Vide *Guaisdium.*

✶ **WAISDIA.** Vide supra in *Guaisdium.*

¶ **WAIWIUM.** Vide infra in *Wayf.*

WALAPAUS. Leges Rotharis Regis Longobardor. tit. 12. [∞ 31.] : *Si quis homini libero violentiam injuste fecerit, idem [id est] Walapaus, 80. sol. componat.* Et mox : *Walapaus est, qui se furtim vestimentum alium induerit, aut sibi caput latrocinandi animo, aut faciem transfiguraverit.* [Varie hæc vox effertur in Codd. MSS. ex Muratorio tom. 1. part. 5. pag. 20. col. 2. *Walapa, Walpoz, Ewalaput* exhibent.] Lindenbrogius in hunc locum, *Wala,* caput, *panken,* vel *pautzen,* ornare, polire, est Germanis. [Vide Vos-

sium de Vitiis sermonis lib. 2. capite 20.] [∞ In Glossar. Leg. Longob. Cod. Cavens. *Gualpauz.* A glossatore additam esse Interpretationem in Legg. Roth. vidit Muratorius ; forte *Wala,* Extraneus, et *Paida,* Goth. Tunica. Vide Grimm. Antiq. Jur. Germ. pag. 685.]

WALARAUPA, vox composita ex Germ. *Wala,* caput, et *rauba,* vestis. Lex Bajwar. tit. 18. cap. 3 : *De vestitu utrorumque, quod Valaraupa dicimus, si ipse abstulerit, qui hos interfecerit, dupliciter componat.*

✶ Idem quod Germanicum *Volruf,* id est, hominis occisi spoliatio, ut monet Verelius Ind. Ling. Goth. in U. [∞ Vide Graff. Thesaur. Ling. Franc. tom. 1. col. 801. voce *Wâl, Clades,* strages.]

WALAWORF, WLTWORF. Lex Bajwar. tit. 7. cap. 3 : *Si autem discriminalia ejecerit de capite, Wtworf dicunt, vel virgini libidinose crines de capite extraxerit, etc.* Ubi editio Heroldi, *Vultuurfo dicunt,* cap. 11. tit. 5. *Waltworf,* editio Tilii præferunt. Sichardus vero edidit *Vatwfr.* Codices alii *Walwrst, Welwret, Wlwrst, Walworft,* ut monet Baluzius. Horum vocabulorum origo Germanica : si enim legatur *Walworf,* erit capitis dejectio, ex *Wala,* caput et *werf,* dejectio. Si *Wltworf,* erit capitis tegumentum, quod signat vox *ult.* Si denique *Vatwrf,* Germani, *Vat,* aut *Vade,* vestimentum dicunt. Spelmannus a Saxonico, ut solet, deducit. [∞ Vide Graff. Thes. Ling. Franc. tom. 1. col. 1042.]

¶ **WALDA.** Silva. Vide *Gualdus.*

WALDACH. In Nota de membrana in Archivis Regiis Anglic : *Pretium acr. 2. d. non plus, quia terra est in Waldach.* Spelman. forte silvestris, non culta, ex *Wald,* silva. Vide *Gualdus.*

WALDANA, Acies, equitatus. [✶ Perditorum hominum turma.] Vide *Gualdana.*

WALDEGRAVIUS, vox Germanica *Waldgraf,* Comes seu Præfectus silvarum, *Forestarius.* Auctor Panegyrici Berengarii Imp. lib. 2. vers. 284. pag. 37 :

...... Cum multa gementi
Waldegravi curvas perfringit lancea costas.

Ita enim omnino scriptum in codice monet editor, quod nomen librarius inepte in duo divisit, *valde gravis.*

¶ **WALDENSES,** Hæretici. Vide *Valdenses.*

¶ **WALDORA,** WALDUS, Silva. Vide *Gualdus.*

¶ **WALECHERIA.** Vide in *Vallesheria.*

WALENGA, Fustis. Vide *Falanga.*

WALISCUS, Servus, Minister, ex Saxon. w e a l h, *mancipium,* Ælfrico. Leges Inæ Regis cap. 31 : *Si homo Waliscus habeat terræ hidam, wera sua est 120 sol.* Cap. 35 : *Regis equi Waliscus, qui nunciare possit ad eum, Veregultum ejus est 200. sol.* Ubi *Waliscus,* equi regis, est *Equiso regius.* [∞ *Waliscus servus,* Leg. Henr. I. cap. 70. § 5. et sæpius, Waliscus natione, i est terra Wallia oriundus. Vide *Wallus.*] [Vide *Valeti.*]

¶ **WALLA**, WALLIA, Anglo-Saxonibus v a l l, Murus, paries, vallum, præsertim agger, Anglis a *wal,* Kiliano *Walle.* Monasticum Anglic. tom. 2. pag. 920 : *Mando vobis.... quatenus justicietis meos homines de.... ut faciant Wallas et watergangas, et clausuras Wallarum, sicut debent facere.* Consuetudines Monasterii de Bello in Anglia fol. 241 : *Tenet 8. acras terræ juxta Goreswal, capitant ad prædictam Wallam versus Northest.*

WALLIA. Idem Monasticum pag. 334 : *Quod ipsi mariscum prædictum cum perti-*

nentiis assewiare, et secundum legem marisci Vallits includere, et in culturam redigere..... possint. Charta Henrici III. de ordinatione marisci *de Roméney : Debent districtiones fieri super omnes illos, qui terras et tenementa habent in dicto marisco, ad reparandum Wallias et watergangias ejusdem marisci contra maris periculum.* Will. Thorn. ann. 1283 : *Exceptis Walliis contra mare, etc.* Wallea, apud eumdem ann. 1305. Idem ann. 1281 : *Terram, quæ jacet versus orientem inter Gutteram de Borstall et novam Wallam,* Joannes Renger construxit in *Heystete, quam Wallam per 1. mensem sequentem sumptibus suis contra mare sustinebunt.* Idem ann. 1285 : *Totum pratum, in quo continetur quædam Walla, vocata Walla seu Chasea Cellerarii Ecclesiæ Christi Cantuar. quæ continet 20. perticatas in longitudine, et 20. pedes in latitudine, etc.* Vetus Charta apud Somnerum in Tractatu de *Gavelkind,* pag. 181 : *Sciatis, quod nos concessimus et assignavimus Stephano de........ 100. acras de marisco nostro inter Wallas monachorum Pontis Roberti et Oxoniam, etc.*

WALLARE, Vallo, vel muro claudere. Eadem Charta : *Reddendo inde nobis 2. marcas argenti,.... pro omni servitio, nisi quod debet Wallare secundum quantitatem illius terræ intus et extra, etc.*

WALLACTOR. Lambertus Ardensis pag. 258 *Novaculatores sive rasores, cum rasoriis, paratores* (sic enim lego) *quoque et Wallactores, et Deuparii, et hiatores cum convenientibus et necessariis armamentis et instrumentis, etc.* Ubi forte *Wallactores,* pro *Wallatores* editum, i. *wallarum,* seu vallorum confectores. [*Wallatores* edidit Ludewigus tom 8. Reliq. MSS. pag. 600.] Vide *Walla.*

WALLIA. Vide *Walla.*

WALLROTH. Andreas Suenonis lib. 5. Legum Scaniæ cap. 6 : *Si corpus occisi vestimentis suis vel armis, quod crimen Wallroth in lingua patria nominatur, accusetur aliquis spoliasse, etc.* Adde cap. 26.

✶ Idem quod *Walruf.* Vide supra *Walaraupa.*

WALLUS, Extraneus, Anglo-Saxonib. Silvester Giraldus in Descriptione Cambriæ cap. 7 : *Saxones occupato regno Britannico, quoniam lingua sua extraneum quemlibet Wallum vocant, et gentes has sibi extraneas Wallenses vocant, et inde usque in hodiernum barbara nuncupatione et homines Wallenses et terra Wallia vocitatur.* [*Walles,* pro *Wallons,* apud Philippum Mouskes, ubi de Ludovico Pio :

Adone moru li Quens Oddeles
Qui tint quitte Flandres et Walles.]

✶ Hinc *Wallrin,* pro *Wallon,* Wallensis, in Lit. remiss. ann. 1385. ex Reg. 126. Chartoph. reg. ch. 173 : *Lequel François appellant ledit Perrin né de Blandin de lez Tournay, sanglant François Wallrin, il respondi que les François et li Wallrin estouent aussi bons comme les Flamens.* Et *Walesch,* pro Wallensium lingua, in Charta major. et scabin. Audomar. ann. 1397. ex Reg. 152. ch. 146 : *Lesquelles lettres nous avons fait translater de Flamenc en Walesch.*

WALO. Vetus Scheda de S. Aderaldo Trecensi, apud Camusatum : *Pater ejus nobilium nobilissimus Walo est dictus, qui lingua Austrasiorum interpretatur Bonus.* [∞ Vide Schmeller. Glossar. Saxon. voce *Wala,* Graff. Thesaur. Ling. Franc. tom. 1. col. 831. voce *Wela.*]

¶ **WALPIRE**, Possessionem rei alicujus dimittere, idem quod *Guerpire.* Vide in hac voce. Charta ann. 1107. apud Calmet. inter Probat. tom. 1. Hist. Lothar. col. 524 : *Jam dictæ ecclesiæ legitimam facio concessionem et investituram, et me exinde foras expulsam Walpivi et absentem me feci.*
¶ **WALPOZ** Vide in *Walapaus.*
° **WALTMASTA**, Saginatio, seu pastio in silva. Vide supra *Mast.*
¶ **WALVASSORES**. Vide in *Vavassores.*
° **WALVISC**, vox Belgica, Cete, piscis crassior. Charta Phil. comit. ann. 1163. in Chartul 1. Fland. ch. 325. ex Cam. Comput. Insul. : *Quicumque extraneus partem ceti, id est, Walvisc, emerit de marca una, sex dabit denarios.*
¶ **WALWORFT**, WALWRST. Vide *Walaworf.*
¶ **WAMBA**, *Venter, uterus,* in Gloss. Rabani Mauri et in Codice Ulfilæ. Anglo-Saxones *Wamb* et *Womb* dixerunt, unde Angli *Wombe* habent. Germani *Wampe, Wamme,* et *Wanst* eodem sensu hodie utuntur. Vide Notas Eccardi ad tit. 28. leg. Salicæ § 4. et supra in *Gambeso.* [∞ Vide Graff. Thes. Ling. Franc. tom. 1. col. 853.]
WAMBASIUM, WAMBISIUS, WAMBASARIUS, etc. Vide *Gambeso.*
° **WAMBITIUS**, WAMBOSIUM. Vide supra in *Gambeso.*
° **WANBURTICH**, quasi Male natus, ut notant docti Editores ad Vit. B. Meinwerci tom. 1. Jun. pag. 548. col. 2 : *Idem comes Bernardus, spurius, quod vulgo Wanburtich dicunt, fuit.* [∞ Vide Graff. Thesaur. Ling. Franc. tom. 1. col. 864. radice *Wan*, Deficiens, imperfectum. Mittermaier. Princip. Jur. German. § 435.]
¶ **WANCAPIUM**. Charta Hilsundis Comitissæ Striensis ann. 992. apud Miræum in Diplom. Belgic. lib. 1. cap. 24 : *Silvam ad porcos alendos, quemadmodum jacet inter duas marcas, cum omni jure Wancapio, teloneo, molendino, censu, pedagio, etc.* [Vide *Waterscapum*]
¶ **WANCLUGA**. Lex Bajwar. tit. 7. cap. 17 : *Si quis liberam feminam suaserit quasi conjugem, et in via eam dimiserit, quod Bajwarit Wancluga vocant, etc.* Editio Heroldi, *Vanclugt* præfert. Vox a Germanico *Wackelen*, vacillare, et *lugen*, vel *logen*, mendacium, ut *Wancluga*, sit mendacium vacillantis in negotio matrimonii. Ita Vossius, quem vide. Alias lectiones profert Steph. Baluzius pag. 1017.
WANCSTODAL. Lex Bajwar. tit. 3. cap. 11 : *De simulatis, quod Wancstodal dicunt,* editio Heroldi habet *Warstodal.* Ubi Lindenbrogius : *Wanck* , Germ. inde *Wanclesmodig,* animi dubia minimeque stabilis sententia. [∞ Vide Schmeller. Glossar. Bavar. tom. 4. pag. 117.]
WANDANGIÆ, vel VENDANGIÆ, Perones seu indumenti genus tibias et pedes operiens. Rainardus Abbas Cisterc. in Institutis Cisterc. dist. 1. cap. 85 : *Directi in villam, si voluerint, Wandangias ad devitandum lutum, sive ad expellendum frigus habere licet eis.* Idem dist. 9. cap. 8 : *Wandangiæ, quibus in via utimur, de pannis fiant. Definitiones ejusdem Ordinis dist. 9. cap. 3 : In sotularibus quoque, Vendagiis, fibulis, sellis equorum, staphis, omnis superfluitas et notabilis curiositas evitetur.* Vide *Gamacha.*
¶ **WANDEGLÆ**, Eadem notione, in Statutis ejusd. Ordin. ann. 1195. apud Marten. tom. 4. Anecdot. col. 1285: Perdules *de corio omnibus omnino interdicuntur, et de Wandegiis sententia scripta teneatur.*
¶ **VANDAGIA**, in aliis Statutis ann. 1258. ibib. col. 1411 : *Inhibetur auctoritate capituli generalis universi Ordinis nostri personis, ne sine corrigiis Vandagia sive sotulares portare præsumant.*
° **WANDELINGHÆ**, vox Belgica, proprie Ambulatio ; dicitur de meretricibus, quæ huc et illuc discurrentes obvios quosque ad se allicere tentant. Chartul. 2. Fland. ex Cam. Comput. Insul. : *Item rappel de Anne Wontslants bannie par le loy de Bruges à trois ans, pour cause de onredeleiker Wandelinghe.* [∞ *Conversatio inhonesta.*]
¶ **WANDELUT**. Instrum. ann. 1456. apud Hansizium tom. 2. Germ. sacræ pag. 499 : *Item provideatur de laicis contra clericos auctoritate sua arrestantibus bona, fructus, redditus, et proventus clericorum et clericos, militantium vulgariter Wandelut.* [∞ Vide Schmeller. Glossar. Bavar. tom. 4. pag. 98.]
¶ **WANDILUC**. Charta ann. 1076. laudata a Mabillonio tom. 5. Annal. Bened. pag. 102 : *Per cultellum et festucam nodatam, per wantonem et wasonem terræ et ramum arboris seu Wandiluc, etc.* Vide *Andelanus* et *Wantus.*
¶ **WANDINGEIA**. Vita S. Eusebiæ sæc. 2. Bened. pag. 986. et tom. 2. Mart. Act. SS. pag. 458 : *Secus oram fluminis in Orientem longo ordine porrectæ erant civium mansiones per Wendingeias quasi stadiis duobus, quod est quarta pars miliarii.*
° **WANDL**. Charta ann. 1274. apud Pez. tom. 6. Anecd. part. 3. pag. 17. col. 1 : *Præterea debemus locare officialem de consilio plebani et ad voluntatem : et omne lucrum sive acquisitio in tres partes divdi debet, quod Wandl dicitur.*
WANGA. Fredegarii Chronicon cap. 37 : *Uterque falangæ Wangas jungunt ad prælium.* Ad marginem scriptum, al. Ordines.
¶ **WANGENETHEOF**. Charta ann. 22. Henrici IV. Reg. Angl. apud Thom. Blount in Nomolex. *Manseriolum de A. sit quietum de gelth et scoth, de wreccho, et de Wangenetheof et danequeld.* f. pro *Outfangenetheof.* Vide *Outfangthief.*
¶ **WANGNALE**, WANGNAULE, Ager cultus et satus. Saxon. wang, campus, ager. Leges Balduini Comitis ann. 1200. apud Marten. tom. 1. Anecd. col. 770 : *Si homo moriatur antequam ejus uxor, heres ejus, si ætatem habuerit, succedet patri statim in feodis : ita quod uxor nihil inde retinebit, nisi dotalitium sibi datum, et mobilia illius anni in terra cultibili, quæ vulgariter Wangnaule dicitur. Similiter si femina decesserit, etc. nisi mobilia quæ supra terram suam cultibilem, id est Wangnale, fuerint illius anni.* Vide *Gagnagium.*
¶ **WANNABILIS TERRA**, Eodem intellectu. Charta apud *Madox* in Formul. Anglic. pag. 184 : *Confirmavi Roberto filio Hernaldi..... totam coturam meam de Berthfurlong Wannabilem,..... scilicet tantum terræ Wannabilis et prati, quantum habui in Hethul.*
¶ **WANNAGIUM**, Fructus ipse ex agro culto. Charta ann. 1284. apud *Madox* Formul. Anglic. pag. 307 : *Salvo prægagio Jordano vel assignatis suis Wannagio ultimi anni et eorum mobilibus.* Vide *Gagnagium* et *Waanagium.*
¶ **WANSBEISON**, inter utensilia prædii rustici recensetur, f. Vannus. Inventar. de Ruminiaco in Tabul. Compend. : *Quinque mensuræ ad bladum et avenam tam magnæ quam parvæ, et deus paeletis, et deus Wansbeisons et una broia.*
° **WANTONETTO**. Vide mox in *Wantus.*
WANTUS, WANTO, GWANTUS, GANTUS, etc. Chirotheca, Gallis, *Gant.*
WANTUS, VANTUS, Papias : *Chirotheca, Vanti,* f. manus *thecæ.* *Manicæ, quas vulgo Wantos appellamus*, in Capitul. Aquisgran. in Cod. Helmæstadiensi. Notgerus in Vita S. Hadalini n. 18. al. 10 : *Cumque Wantum in manu, ut moris est, legaliter tradendo teneret, etc.* Acta S. Mambodi Martyr. n. 7 : *Tegumenta manuum quæ Wantos appellant, pro caritate suscepit.* Beda in Vita S. Columbani cap. 14. al. 25 : *Tegumenta manuum, quæ Galli Wantos, id est, chirothecas vocant.* Vita S. Bertharii Episcopi Carnot. : *Nisus est abstrahere a manibus ejus chirothecas, quod vulgo Wantos vocant.* Wanti castanei auro parati, apud Hariulphum l. 3. cap. 3. Testamentum Riculfi Episcopi Helenensis ann. 915 : *Annulum aureum unum gemmis pretiosis, et Wantos paria unum.* Charta Berengarii Regis Italiæ apud Ughellum in Episcopis Veronensibus : *Igitur omnibus volo et statuo, atque per meam hanc paginam testamenti et judicati par wasonem terræ, ramum arboris, et festucam roboratum, atque cultellum, et duos Wantos, tiuom insimul juxta legem meam Salicam attendere visus sum, et confirmo, etc.* pag. 246 : *Ad pelles berbicinas, unde pelliceæ fiant,* col. 10. *ad Wantos lib. 1. ad fasciolas lib. 1. etc.* Ubi male editum *ubantos.* Occurrit præterea in Statutis Adalardi pro Abbat. Corbeiensi lib. 1. cap. 3. in Vita Aldrici Episc. Cenoman. pag. 37. n. 2. apud Sanutum lib. 3. part. 3. cap. 7. in Capitul. Aquisgran. ann. 817. et in Vinea Benedictina refloresc. cap. 22. in Vita S. Aicadri Abb. Gemetic. cap. 27. in Vita S. Filiberti Abb. lib. 1. cap. 11. apud Wolphardum Presbyt. lib. 3. de Miracul. S. Walpurgis n. 6. etc. Vetus Charta pro Episcopo Ambianensi ex Camera Comput. Paris. : *Chascune vente soit de maison ou de terre, il a uns Wans.* Vide *Chirothecæ.*
° Isthæc investituræ seu restitutionis per chirothecam ratio etiam memoratur in Charta ann. circ. 1315. ex Tabul. S. Magl. Paris. ch. 56 : *Le serjant fist le resaisine en la meson dudit Lucas de la prise qui faite y avoit esté par ledit serjant de S. Eloy, en metant son Gant à terre, en signe de resaisine de ladite prise.*
WANTO. Chronic. Novaliciense cap. 32 : *Sceptrum cum Wantonibus indutus tenens in manibus.* In vett. Chartis apud Franciscum Mariam in Mathildi, et apud alios : *Tradidi per wasonem terræ ..... atque per cultellum et Wantone, simulque andelagine.* [° In Charta Mathildis sic legitur apud Lam. tom. 3. Delic. erud. pag. 162 : *Per cultellum et Wantonnettoem seu andilaginem.*] Vide Perardi Burgundica pag. 189. [Marten. tom. 1. Ampl. Collect. col. 347. Calmet. tom. 1. Hist. Lothar. inter Probat. col. 524. etc.] ∞ Grimm. Antiq. Jur. German. pag. 152.]
GWANTUS, GUANTUS. Vita MS. Caroli M. scripta sub Friderico I. Imp. lib. 2. cap. 34. cujus lemma est, *de Gwanto Imperiali in aëre suspenso.* Vita S. Philiberti Abb. lib. 1. cap. 12 : *Latro Guantos illius inlicita præsumptione furatus est.* Habetur etiam in Tabulario Casaurensi. Tabular. Absiense : *De his itaque cum Guanto quodam Abbatem investiens,*

etc. [Statuta Vercell. lib. 3. fol. 107. v°: *Collarium ferri, Guanti ferri, etc.*]
GANTUS. Glossæ MSS.: *Chirotheca, manuum tectura, quod Gañtum vocamus.* Tabularium Caroffense: *Ipsi Monachi præfati Cœnobii afferant illi Gantos duos, et duos cereos, cum duobus botis nectare plenis.* Tabularium Deiparæ de Josaphat: *Dederunt cum venditionibus et Gantis.* Tabular. Brivatense fol. 146: *Investivit inde capitulum traditione unius Ganti,* Regula Monialium Fontis-Ebraldensium cap. 15: *Ut nunquam induant Gantos.* Vita MS. S. Ildeverti Episcopi Meldensis: *Cumque de manibus Gantos extraxisset, apposuit eos radio solis, etc.* [*Pro Gantis de cervo et aliis Gantis,* XIII. *lib.* X. *sol.* in Computo ann. 1289. ex Bibl. Reg.]
GANNUS. Tabular. Priorat. Neronis villæ fol. 11: *Et hunc concessum fecit...... ponendo librum super altare, et mittendo Gannum suum in manu Garmundi Prioris pro commemoratione.*
☞ **WAP,** Injuriæ loco habetur, in Lit. remiss. ann. 1879. ex Reg. 114. Chartoph. reg. ch. 320: *Le suppliant se accouta emprès icellui compaignon en disant, Dieu vous gart, seigneur; et lors icellui compaignon dist ainsi,* Wap; *et lors ledit suppliant respondi ces paroles, Beau sire, vous n'estes pas bien courtois de ainsi dire: et ledit compaignon dist ainsi, Doulz amis, c'est le guise de no pais: et icellui suppliant respondi que la guise n'estoit ne bonne ne honeste.* Wapes, pro Languido, cui vires animusque deficiunt. Le Reclus *de Moliens* in suo Miserere:

Moult aime pain hom qui est sains,
Et l'enferme est Wapes et vains,
Et mielx aime une pume sure. (Pome aigre.)

Vide supra *Vanitas* 2.

WAPELDRINC. Consuetudines Arkarum anno 1135. [1231.] in Tabulario S. Bertini: *Si vulnis in carne fecerit,...... quod si armis molutis......* Wapeldrinc, 3. libras domino, et 20. solidos læso emendabit. [Consuetud. Furnenses ex eod. Tabul.: *Item qui convictus est ex Wapeldrinc,* Comiti tres libras, *et cui factum est* XX. *sol.* Idem, Eccardo interprete, quod *Vipida.* Vide in hac voce.] ☞ Vide Grimm. Antiq. Jur. Germ. pag. 631. supra *Vipida.*]

WAPENTACHIUM, apud Danos Anglicos, idem fuit, quod *Comitatus* seu *Hundredus.* Leges Edwardi Confessoris cap. 32: *Quod Angli vocant Hundredum, supradicti Comitatus (qui ultra Watlingstrete sunt, scil. Eboracensis, Lincolniensis, Nottinghamensis, Leicestersis, Northamptonensis, etc.) vocant Wapentachium: et non sine causa. Cum quis enim accipiebat præfecturam Wapentachii, die statuto in loco, ubi consueverant congregari, omnes majores natu contra eum conveniebant, et descendente eo de equo suo, omnes assurgebant ei. Ipse vero erecta lancea sua ab omnibus secundum morem fœdus accipiebat. Omnes enim quotquot venissent, cum lanceis suis ipsius hastam tangebant, et ita se confirmabant per contactum armorum, pace palam concessa. Anglice enim arma vocantur* Wæpnu, *et* Taccare, *confirmare: quasi armorum confirmatio, vel ut magis expresse secundum linguam Anglicanam dicamus,* Wapentac, *armorum tactus est:* Wæpnu *enim arma sonat, tac, tactus est. Quamobrem potest cognosci, quod hac de causa totus ille conventus dicitur Wapentac, eo quod per tactum armorum suorum ad invicem confœderati sunt.* Ad Edwardo eadem hausere Rogerus Hovedenus pag. 607. et Auctor Fletæ lib. 2. cap. 61. § 21. 22. Ejusmodi vero mutuam per armorum contactum populorum confœderationem Angli a Danis acceperant: *quod imprimis docet* Dudo de Moribus et Actis Normannorum lib. 3: *Reperti sunt autem Bernardo inquirente trecenti viri parati cum Willelmo præliari et mori: qui unanimes ante illum venerunt, judiciumque (malo indicium) fœderis, fideique, et adjutorium more Danorum facientes, tela mutuæ voluntatis pacto una concusserunt. Cætera gens armis frigida recessit ad præsidium urbis celeri fuga.* Scribit Janus Dolmerus ad cap. 1. Juris antiqui Aulici Norvegici, in Chronico Norvegico, *Baaptnetach,* armorum applausum vel percussionem appellari, quæ fieri solebat cum strepitu armorum, quando incolæ in foro armis percutiebantur, quo facto indicabatur, vere se leges illas in æternum ratas habere, aut illico factum comprobare quod tunc in foro decernebatur, præsertim de Regibus eligendis, aut aliis ejusmodi causis.

At vocis *Wapentachii* originem paulo aliter refert Bromptonus, quo loco ait *Schiram, Hundredum,* et *Wapentake* idem sonare. Tum addit: *Wapentake Anglice,* idem est, *quod arma capere: eo quod in primo adventu novi domini solebant tenentes pro homagio reddere arma sua.* Infra. *Wapentake et Hundredus* idem sunt, *quia procinctus centum villarum in adventu novi domini solebat reddere arma sua.* [Hinc Vocabul. Anglic. ex Tabul. Beccensi: *Wapentac, estre quitte de feuté a hundret.* Litteræ Henrici Reg. Angl. ex Chartophyl. Reg. Regesto 92. Ch. 58: *Liberas et quietas de syre et hundred, et placitis et querelis, et de murdrum et Wapentac, etc.*] Cui quidem etymo favet Somnerus, vocem a Saxonico væpn, telum, et tæcan, dimittere, seu potius betæcan, tradere, committere, deducens. Ita passim pro Comitatu usurpant Leges Ethelredi Regis apud Venetyngam editæ cap. 1. 4. Decreta Guillelmi Nothi pag. 137. Leges Edw. Confess. cap. 13. Leges Henrici I. Regis Angl. cap. 2. Matthæus Paris pag. 109. Monasticum Angl. tom. 1. pag. 47. tom. 3. pag. 262. 267. et alibi.

WAPPENTAGUM, apud Bromptonum pag. 1162. et 1178. *Wapentagium,* apud Rogerum Hovedenum pag. 607. [et in Charta ann. 19. Henrici VI. Reg. Angl. apud Madox in Formul. Anglic. pag. 147: *Et omnia castra, maneria, Wapentagia, membra, hameletta, etc.* Adde Kennett. Antiquit. Ambrosd. pag. 389.]

DIMIDIUM WAPENTACHIUM. Charta Henrici I. Regis Angl. in Monastico Angl. tom. 3. pag. 463: *Si Wapentachium Episcopi Lincolniensis de Niwercha defendit se versus me pro dimidio Wapentachio: tunc præcipio, quod non summoneatis inde ad placita mea et Comitatus, nisi solummodo duos homines, etc.*

WAPINSCHAW, Census militum, nostris *Monstre,* vox Angl. *Weapons,* arma, et *show,* Ostendere. Statuta Willel. Regis Scotiæ cap. 23. § 5. 6: *Et omnes alii, qui habere poterunt, habeant arcum et sagittas extra forestam, et infra forestam arcum et pyle. Et fiat visus armorum, quod dicitur,* Wapinschaw.

¶ **WAPPENHAUBEN,** Tegmen capitis, cassis, a Germ. *Wappen,* arma et *Haube,* tegmen capitis, Gall. *Coiffe.* Statuta Equitum Teuton. apud R. Duellium tom. 2. Miscell. pag. 59: *Ipse (treperarius) tenetur dare fratribus ad arma deputatis spallaria, Wappenrock, kilinge, phavones, Wappenhersunn, Wappenhauben, et cingulos, vestimenta.*

¶ **WAPPENHERSUNN,** Vestis genus, quod aliis superinjiciebatur, seu quasi dominabatur; Germ. *herzschung,* dominatio. Vide in *Wappenhauben.* ☞ Tegumentum quoddam capitis, Germ. alias *Hersenier.*]

¶ **WAPPENROCK,** Germ. *Wapenrock,* Paludamentum, sagum militare, Gall. *Cotte d'arme,* in iisdem Statutis ibidem: *Clypeum et tunicam armorum, quæ dicitur Wappenrock ferre non debet, sicut magister.* Vide *Wappenhauben.*

¶ **WAPPENTAGUM.** Vide *Wapentachium.*

¶ **WAPRA.** Charta ann. 1158. apud Calmet. inter Probat. tom. 2. Hist. Lothar. col. 343: *Quidquid juris nostri erat infra cruces quas prædicti fratres nostro nostrorumque consilio et laude usque ad grossam Wapram posuerunt.* An Vepres?

1. **WARA,** Modus agri, apud Anglos. Monasticum Anglic. tom. 2. pag. 128: *Præterea concedimus in eleemosynam eidem Ecclesiæ, eadem libertate totam terram, quam tenuerat Brisardus in Stancs; scilicet Waram et dimidiam cum cotlandis, et insuper mediæ totius nemoris, etc.* MOV. *Ad opus Ecclesiæ vendiderunt, scilicet unam Waram et duas cotelandas cum dominio et prata, etc.*

☞ *Wara* Spicarum manipulus. vulgo, *Gerbe,* dicitur in Regesto Corb. 13. Habacuc ad ann. 1309. fol. 7: *Quant à leurs deux pieches, elles doibvent du cent* XVI. *gerbes ou Waras; mais elles sont en ruyne et non valoir.*

2. **WARA,** LIBERA WARA. Tabularium Abbatiæ S. Petri de Burgo in Anglia: *Libera Wara est unus redditus, et est talis conditionis, quod si non solvatur suo tempore, duplicatur in crastino, et sic deinceps in dies.*

¶ 3. **WARA,** Bonitas, valor. Vide *Wara* 4.

◊ **WARACHIA,** Equorum vel animalium pabulum, ex frugum leguminumque miscellanea, idem quod *Ferrago,* Gall. *Fourrage,* alias *Waras.* Comput. ann. 1469. ex Tabul. S. Petri Insul.: *Joanni Crassier pro Warachia, vesches, blado, avena et siligine, ix. sol.* Charta ann. 1840. in Reg. 72. Chartoph. reg. ch. 217: *Pour la terre qui fu Wautier Navet et la demiselle de Betune à Prumeruel, doze deniers et deux cenz de Waras.* Un trousseau de Waras de vesse, in Lit. remiss. ann. 1429. ex Reg. 174. ch. 314. Hinc

◊ **WARATUS,** Ejusmodi farraginis fasciculus, manipulus, nostris etiam alias *Warat.* Charta ann. 1220. in Chartul. S. Gauger. Camerac. ch. 68: *Triginta Warati veciæ, etc.* Lit. remiss. ann. 1397. in Reg. 152. ch. 290: *Lequel tison laditte Marion bouta dessoubz un Warat d'estrain. Deux Waras de vesse,* in aliis ann. 1447. ex Reg. 176. ch. 528. *Cinq ou six Waras de poix qu'il trouva aux champs,* in aliis ann. 1468. ex Reg. 195. ch. 71.

◊ **Warrage** vero, Præstationis species videtur, quæ domino solvebatur, ratione domicilii seu tuitionis. Charta Joan. Atrebat. comit. Augæ pro communia S. Valerici ann. 1876. ex Tabul. S. Vulf. Abbavil.: *Item nulle personne laie ne puet ou pourra demourer en ladite* *ville, qui ne doive Warrage.* Vide in *Warantus.*

¶ **WARACTUM**, ut infra *Warectum:* nisi etiam ita legendum sit. Chartul. Matiscon. fol. 109 : *Terra arabilis quæ conjacet in villa Sanciaco in Waractis ipsius villæ.*

¶ **WARADIA**, *Garantie.* Vide in *Warantus.*

¶ **WARANCHIA**, Rubia, Gall. *Garance.* Charta ann. 1449. ex Tabul. S. Audomari : *Tam citra quam ultra Scaldam decimas Waranchiarum ad decimam nonam.* Chartul. V. S. Vedasti Atrebat. fol. 248 : *Carethei de Warance* II. *den.* Pedagium Peronnæ in Chartul. 21. Corb. fol. 336. et seq. : *Item brouette qui maine waide Warancée, doit* II. *den.* Ibidem fol. 339 : *Item le cheval qui porte Warance, doit* XVIII. *den. ob.* Vide in *Garantia 1.*

* *Warenche,* in Lit. ann. 1378. tom. 6. Ordinat. reg. Franc. pag. 366.

¶ **WARANDA**, WARANDARE, WARANDIA, WARANDISARE, WARANDISIA, WARANDISATIO. Vide in *Warantus.*

WARANGI. Vide *Warengangi.*

WARANIO, Equus integer, *varan,* Goldasto : Equus admissarius : Hispanis, Occitanis, et Provincialibus, *Guaragnon,* [Italis *Guaragno*] Lex Salica tit. 40. § 2 : *Si quis Waranionem homini Franco furaverit, etc.* et § 4 : *Si quis Waranionem Regis furaverit, etc.* [*Varranannionem* et *Warranionem* edidit Eccardus.] Capitulare de Villis cap. 13 : *Ut equos emissarios, id est, Waraniones, bene providearit, etc.* Testamentum Bertichramni Episcopi Cenoman. apud Mabill. tom. 3. Analect. pag. 131 : *Reliquos vero Caballos tam Warannonis, quam spadas. seu poledras, qui inventi fuerint, et characterio sanctæ Ecclesiæ habuerint, etc.* Petrus de Crescentiis lib. 9. de Agricultura cap. 2 : *Sciendum etiam, quod equus debet gigni a stellione, quem Guaragnum vocamus vulgariter.* Michael Molinus in Repertorio Fororum Aragon. v. *Bestia : Bestiæ, quæ vulgariter nuncupantur Guaranyones, equæ, vel pulli bozales, non possunt pignorari per aliquem officialem regni,.... quia multiplicatio equorum respicit communem utilitatem propter bellum.* Sunt, qui a *Waranio* putant vocem effictam *Ferrant,* quæ equum sonat. Gloss. MSS. Eccl. Paris. ubi de equorum coloribus: *Cervinus est, quem vulgo Waranem dicunt. Eranem idem vulgus vocat, quod in modum aeris sit coloris.* In vet. Inscriptione apud J. Sponium tom. 3. Itiner. pag. 24. inter equorum nomina occurrit A PANIO AF. ubi forte leg. VARANIO AFRICANUS.

☞ Equum bellicum interpretatur Eccardus in Notis ad hunc locum Legis Salicæ ; vocemque a *Werre* vel *Warre,* bellum, et *Renneo* sive *Reino,* admissarius, formatam docet. [☞ Vide Graff. Thesaur. Ling. Franc. tom. 1. col. 978.]

WARNIO, Eadem notione, in Capitul. 3. ann. 813. cap. 24. Locum vide in *Wirdiria.*

GUARANYO. In Foris Aragon. lib. 8. titulus 8. ita concipitur : *Ut emissarii sive Guaranyones, equæ, vel pulli boçales occasione aliquarum executionum nequeant pignorari.*

¶ **WARANTIA**, WARANTISIO, WARANTIZARE, WARANTIZATIO. Vide mox in *Warantus.*

WARANTUS, Qui alteri tenetur ad evictionem. Lexicon Cambro-Britannicum : *Gwarant, assertor, vindex.* Spelmannus et Somnerus a Saxon. werian, *tueri de-*

ducunt. Malim a *creantare,* fidem facere, nostri enim *creanter, cranter,* et *granter* dicebant, unde formata vox *garantir.* Vide *Creantare.*

Aliquando significat eum, qui cavet de evictione, aliquando ipsam cautionem, quæ alias etiam *Warantia* dicitur, inquit Cowellus. Leges Henrici I. Regis Angliæ cap. 43 : *Sic potest ei Warantus esse, qui in servitio suo est.* Adde cap. 82. Vide *Theam 1.*

WARENTIS, Eadem notione, in Lege Longob. lib. 2. tit. 28. § 5. [☞ Otto II. 7. Locum vide mox in *Warens.*] et in Pacto seu fœdere Ethelredi Regis cum Analano, etc. cap. 10. *Prouver par guarans,* in Assisiis Hierosol. MSS. cap. 27. 59. 61. 62. 63. 65. et seqq. ubi statuitur, res omnes posse probari per duos *Warantos* inculpatos, *sans reproche.* Contra, *rebuter guarans,* est dicere *Warantos* culpa haud vacare, adeo ut non sint ejusmodi, qui *Warantiam* ferre, seu fide jubere pro alio possint.

☞ Testem præterea interdum designat, unde Provincialibus *Guarentya,* testis, ex Glossariolo MS. Johannis Nostradamus et Statutis MSS. Provincialibus apud Præs. *de Mazaugues : Quand Guarentya seran auzidas,* id est, testibus auditis.

¶ **WARENS**, Qui aliquid verificat, asserit, auctor rei alicujus, Gall. *Garant.* Leges Ottonis I. Imper. apud Eccardum in Lege Salica pag. 198 : *Si quis equum suum, vel cætera animalia, sive rem suam super aliquem repetierit, et ipse Varentem dare dixerit, statim ut ad certum Varentem eum conducat, et usque tertium Varentem, et tertium comitatum præcedat.*

¶ **WARENDARE**, Cavere ab evictione, spondere, præstare, defendere, auctorem esse, Gall. *Garantir.* Charta ann. 1308. apud Miræum tom 2. pag. 1012. col. 2 : *Supplicantes insuper dominum Ducem, quatenus omnia et singula præmissa approbare, laudare, Warandare, et quantum in ipso est ratificare dignetur.* Charta Rodulphi militis apud Ludewig. tom. 2. Reliq. MSS pag. 462 : *Volens eosdem ab impetitione quorumlibet Warandare.* Occurrit præterea apud eumdem tom. 5. pag. 47. et tom. 6. pag. 497.

¶ **WARENDARE**, Eodem intellectu. Charta ann. 1288. apud Eccardum de Orig. Domus Saxon. col. 91 : *De qua proprietate ipsum et ecclesiam Magdeburgensem Warendavimus, prout in privilegiis nostris desuper confectis plenius continetur.*

¶ **WERENDARE**, Pari sensu, in Charta ann. 1278. apud Schlegelium de Nummis antiq. Gothanis, etc. pag. 193 : *Ab omni impeticione nociva prædictam ecclesiam volumus Werendare.*

¶ **WARANDIZARE**. Charta ann. 1335. in Hist. Comit. Lossensium part. 2. pag. 37 : *Neque debemus... libertates aut privilegia defendere, vel Warandizare, neque liberos quomodolibet obtinere.*

WARENTIZARE, Bractoni lib. 5. tract. 4. § 2 : *Nihil aliud quam defendere, et acquietare tenentem, qui Warantum vocavit in saisina sua.* Similia habent Fleta lib. 5. cap. 4. cap. 15. § 2. lib. 6. cap. 23. § 2. Et Britton. fol. 197. ubi multa de *Warantia,* ut et apud Littletonem cap. 13. sect. 697. et seqq. Leges Edwardi Conf. cap. 36 : *Qui si Warantizaverit, quod recte facta sit justitia de ipso, etc.* Anglos. [Charta ann. circ. 1226 apud Hearnium ad calcem Annal. Edwardi II. Reg. Angl. pag. 267 : *Ego et heredes*

mei in nomine Domini omnes terras prænominatas Deo et hospitali prædicto contra omnes homines Warantizabimus. Adde Th. *Blount* in Nomolex. Anglic.]

¶ VARENTARE, VARRENTARE, in Charta ann. 1193. apud Murator. delle Antic. Estensi pag. 360 : *Audivit ipsum dicentem et Varentantem, quod ipse et ejus fratres invenerunt in feudum a Ducibus Este, etc.* Statuta Cadubrii lib. 2. cap. 26 : *Ante omnia Varrentatum sit ipsi officiali per aliquem præconem curiæ se non invenire aliqua bona mobiltia debitoris, etc.*

¶ VARANTISARE, VARANTIZARE. Charta Ricardi Reg. Angl. ann. 1197. apud D. Brussel, tom. 2. de Usu feud. pag. XIX : *Hæc autem omnia quæ idem Archiepiscopus in hoc excambio recepit, Warantisabimus nos et heredes nostri Ecclesiæ Rothomagi et prædicto Archiepiscopo et successoribus suis in perpetuum contra omnes homines. Varantizandum ab omni aida, etc.* in Tabul. Gemmetic. cap. 361.

¶ VARENDATOR, VARENDATIO, VARENDA, in speculo Saxon. lib. 1. art. 9. § 6. art. 15. § 2. art. 46. § 2 lib. 2. art. 15. 16. § 1. art. 36. § 4. 6. [☞ Vide Haltaus. Glossar. German. voce *Wæren* et seq. col. 2031. sqq.]

¶ WARANDA, Cautio, auctoritas, defensio, Gall. *Garantie.* Charta Alberti Magdeburg. Archiep. ann. 1216. tom. 1. Corp. Diplom. pag. 157 : *Et de bonis ipsorum, quæ in sua habeat Marchio Waranda, finalem faciet justitiam secundum jus fidelium suorum.* Vide *Garandia.*

WARANDIA, Gallis *Garantie.* [Charta Friderici Comit. Terret. ann. 1225. apud Steyerer. in Comment. ad Hist. Alberti II. col. 207 : *Atque pro his omnibus ejus munimen, et defensionem atque debitam Warandiam promitto.* Alia ann. 1250. apud Eccardum in Orig. Habsburgo-Austr. col. 246 : *Nihilominus ad cavendum de evictione, et præstandum sine difficultate qualibet Warandiam super præfatis bonis, et Warandie,* in Charta Thomæ de Couciaco ann. 1265. ex Chartul. S. Johannis Laudun.] Historia Archiepiscop. Bremensium ann. 1363 : *Albertus Archiepiscopus, Ducis Magni de Brunswick filius, cum magno exercitu contra potentiam et Warandiam Dom. Mauricii Decani in parte Utheshorne diœcesis Bremensis intravit, et castrum Worde expugnare proposuit.* [Hinc emendanda Charta Henrici Comit. apud Ludewig. tom. 1. Reliq. MSS. pag. 266 : *Volentes eis veram et justam de eodem manso facere. Waradiam. Legendum est Warandiam.*]

¶ WARANDIA DENARIORUM, f. Eorum cursus seu usus publicus, Gall. *Cours.* Charta apud Schannat. in Vindem. litter. pag. 210 : *Consules civitatis A. illustri principi Philippo Regi obedientium..... Non decet vestram Serenitatem ut tam vili denariorum Warandia omne vestri principatus dominium penitus desoletur... Imploramus quatinus hujusmodi desolationem flebilem vestra dignetur magnificentia detegere, terram metiori moneta favorosius intuentes.* Nisi denariorum lex et pondus intelligantur.

* Malim de eorum fabrica et signatura intelligere. Stat. capit. Gandersh. apud Leuckfeld. in Antiq. ejusd. inter Addit. pag. 44 : *Sex marcæ Gandersheimensis Warandiæ.* Vide in *Warantus.*

¶ WARANDISIA, ut *Waranda.* Charta

ann. 1291. apud Miræum tom. 2. pag. 874. col. 2 : *Promisimus..... prædictis religiosis super præmissis omnibus et singulis justam, debitam et rectam Warandisiam sive Warandiam e pro omnibus nostris heredibus et successoribus contra quoscumque. Warandison*, in Charta ann. 1340. ex Chartul. 21. Corb. fol. 300. v°.

¶ WARANDIZATIO, in Charta ann. 1277. apud eumd. ibid. pag. 869. col. 1 : *Et promittimus prædictis abbatissæ et conventui rectam et firmam Warandizationem de bonis prænominatis.*

¶ WARANTIZATIO. Charta ann. 1280. apud *Madox* in Formul. Angl. pag. 61 : *Et si contingat quod priorissa et moniales prædictæ..... aliquod dampnum seu jacturam incurrerint, pro defectu Warantizationis vel defensionis mei, etc.* Tabul. B. M. de Bono nuntio Rotomag. : *Pro hac etiam donatione, concessione,... Warantizatione et defensione dederunt mihi....* 40. libras sterlingorum.

¶ WARENTIZATIO, in Charta apud eumdem *Madox* pag. 159 : *Pro hac autem donacione, concessione, confirmacione, Warentizacione, etc.*

¶ WARANTIA, in Charta ann. 1130. ex Tabul. Regniac. : *Promisit etiam per manum Hugonis Episcopi Autisiodorensis et Willelmi Comitis Nivernensis se præfaturum Warantiam supradictis fratribus.* Charta apud *Madox* in Formul. Angl. pag. 219 : *Robertus de Wivilla ipsum Simonem traxit in placitum, et unde idem Simon vocavit de Warantiam prædictum abbatem in eadem curia.* Adde Kennett. in Antiquit. Ambrosd. pag. 477. et Th. Blount in Nomolex. Anglic. Vide *Garantia* 2.

¶ WARANTISIO. apud eumd. *Madox*, pag. 195 : *Pro hac igitur concessione, dimissione, Warantisione, et præsentis cartæ meæ confirmatione. dictus Galfridus dedit mihi Agneti* 20. *libras sterlingorum.*

¶ WARRENTATIO. Statuta Cadubrii lib. 1. cap. 19 : *Credatur et credi debeat cuilibet jurato soli sine alia probatione, et commissionibus sibi factis de citationibus, Varrentationibus, de præceptis per eos factis. Et lib. 2. cap. 26 : Qua Varrentatione facta dicto officiali possit ponere in curia seu super curia quilibet creditor habens instrumentum.*

QUO WARENTO, Brevis species, de quo passim Practici Anglici. Vide in *Breve.*

¶ PLACITUM QUO WARANTO, Actio qua quis in *Warantum* appellatur. Charta ann. 1288. apud Kennett. in Antiquit. Ambrosd. pag. 313 : *Johannes filius Nigelli sen. summonitus fuit ad respondendum Domino Regi de placito quo Waranto clamat habere visum franciplegii.*

GUIRENS, pro *Warandus*, passim in Chartis Occitanis, ex Francico *Guarant.* Charta ann. 1248. in Regesto Tolosano Cameræ Comput. Paris. fol. 72 : *Et de prædictis omnibus contentis in venditione Dom. Comes debet et convenit esse Guirens prædicto Raimundo Unaldo, etc.* In Consuetudine Tolosana est titulus, *De nominatione guirentis.* [Vide *Guirens* suo ordine.]

¶ WARENTUM, Charta qua alicui potestas agendi conceditur : vel Chirographum nummularium. Locus est infra in *Warderobarius.*

¶ WARASCHETUM, Idem quod infra *Warectum.* Charta Alberti Abbat. Indensis ann. 1248. apud Marten. tom. 1. Anecd. col. 1038 : *Nos autem ad emendationem feodi sui medietatem omnis Warascheti in quo jus habemus... J. de Audenarde concessimus possidendum..... Promisit etiam nobis prædictus J. dictus dominus de Audenarde quod nos et bona ecclesiæ nostræ et Warascheta in villis prædictis contra quoscumque deffendet,....... et propter hoc medietatem ipsorum Wareschetorum contulimus.*

¶ WARATARE. Vide in *Warectum.*

* WARATUS. Vide supra in *Waracchia.*

¶ WARCINATICUM. Vide *Varcinaticum.*

** WARCINUS, WARCINISCUM, WARCINIUM. Chart. ann. 736. apud Brunett. Cod. Diplom. tom. 1. pag. 488 : *Faichisi seo Pasquale, fratris germani, filii quondam Beninato, qui fuet aldio vestrum S. Saturnini...... tu predictu Pasquale et Faichisi in casa S. Saturnini resedire diveatis in Diano casa, vel in omni res patris nostro, quondam Veninato, quia manifestum est quod de livera mater natis sumus, et de istato nostro nulla condicione bovis redivibamus, nisi tantum bonis de ipsa casa vel omni res patris nostro, Warcinisca facere diveamus, sicut bovis pater nostrum quandam Veninatus usum facere fuet, ad pratum sicandi stabulum faciendi in via ubi vovis opum fuerit, sicut unum de Warcini vestri... Si nos Pasquale et Faichisi vel nostros heredes de ipsa casa exire voluerimus , aut ipsas Warcinia facere minime voluerimus, exeamus bacus et inanis et insuper conpunamus pine nomini auri sol. 20. etc.* Confer *Varcinaticum* et *Garcio.*

WARDA, GARDA, Custodia, Gall. *Garde.* Capitulare 3. ann. 818. cap. 84 : *Si quis wactam aut Wardam dimiserit, etc.* Leges Edwardi Confess. cap. 35 : *Et si Wardæ juste et rite observantur , et ut caute deinceps incendiis sibi illic provideant, cum ad propria redibunt.* Thomas Walsinghamus pag. 120 : *Data suis custodibus soporifera potione, evasit per omnes turris custodias, quas Wardas vocamus.* Pag. 814 : *Cepit insuper ulteriorem custodiam, quam Wardam vocant, Castelli Papæ et gardinum ejus. Id est, l'avantgarde.* [?? Vide Graff. Thes. Ling. Franc. tom. 1. col. 953. voce *Warta*, sqq.]

¶ GARDIA, Eadem notione. Charta Edwardi I. Reg. Angl. ann. 1296. apud Rymer. tom. 2. pag. 713 : *Et insuper quod Gardiam seu custodiam castri nostri dictæ civitatis alicui civium prædictorum committeremus.* In Statutis Massil. lib. 5. cap. 46. inscribitur *de Gardia vinearum.*

¶ GARDIA, in Breviario Hist. Pisanæ apud Murator. tom. 6. col. 672 : *Pisani... fecerunt quinque galeas ad Guardiam maris.* Occurrit rursum col. 175.

¶ GUARDIA, Præsidium, statio, *Corps de garde*, Poste. Chron. Domin. de Gravina apud eumd. Murator. tom. 12. col. 591 : *Et de eorum consilio in muris ipsius terræ scalas apponi, asserentes habere se intus dictam terram quam plures partiales eorum, qui Guardiam suam erant eis dare parati. Et col. 635 : Et ecce universus populus civitatis ipsius distribuitur per Guardias mœnrorum,... ne cum scalis ascenderemus per muros.*

¶ GARDIARE, Custodire, tueri, defendere. Charta Roberti Delph. ann. 1283. apud Baluz. tom. 2. Hist. Arvern. pag. 300 : *Promittimus bona fide vos et vestra temporalia rationabiliter et benigne Gardare tanquam bonus gardarius et superior vester dominus.* Regest. Magn. Dier. Campaniæ fol. 71. ann. 1288 : *Utrum... ad legem apertam (eum) receperat, videlicet de corpore suo defendendi [et de] honore suo Gardando.* Charta Beatricis Delphinæ Viennensis : *Juravit... feudum supradictum Gardare, defendere, et tueri. Fiat bona Garda de suo honore,* apud Stephanotium tom. 2. Antiquit. Bened. Occitan. MSS. pag. 490.

¶ GUARDIARE, in Transact. inter Philippum Pulchrum Reg. Franc. et Episc. Capitulumque Eccl. Vivar. ann. 1307 : *Homines, res, bona, et jura eorum, nos et successores nostri tenebuntur deffendere, et Guardiare ab omnibus injuriis, violentiis, bona fide, modis et remediis quibus bonus dominus et Guardiator debet suos fideles deffendere et etiam Guardiare.*

¶ GUARDIATOR, Custos. Barthol. Scribæ Annal. Genuens. ad ann. 1285 apud Murator. tom. 6. col. 474 : *Quæ (navis) nondum tota erat exonerata, per malam custodiam Guardatorum accensa fuit et igne combusta.*

¶ VARDA, in Statutis Cadubrii lib. 1. cap. 73 · *Exceptis pro capitaneis, Vardis, custodibus castrorum Cadubrii, etc.*

GARDA, Protectio, tutela, privilegium principis, quo, ne alicui vis inferatur , cavetur. Consuetud. Norman. apud Marten. tom. 4. Anecd. col. 117 : *Et hæc est justitia domini Normanniæ, quod in curia sua, vel eundo ad curiam, vel redeundo de curia nullus homo Gardam habuit de inimico suo.*

¶ GUARDIA, in Bulla Martini PP. apud Rymer. tom. 2 pag 243 : *Ne prædictorum Regum* (Siciliæ et Aragoniæ) *Guardiam recipere.... præsumas.*

¶ WARDUM, Pari intellectu, in Litteris Edwardi VI. ann. 1550. apud eumdem tom. 15. pag. 206 : *Venditiones, donationes et dispositiones Wardorum nostrorum quorumcumque.... remittimus.*

WARDA, Custodia pupillorum nobilium, quæ regi, aut domino feudali competit. Leges Malcomi Regis Scotiæ cap. 1. § 3. *Et ibi omnes Barones concesserunt sibi Wardam et relevium de hærede cujuscumque Baronis defuncti ad sustentationem Domini Regis.* Adde Quoniam attach. cap. 18. et Will. Thorn. ann. 1206. De his *Wardis* plura habes in verbo *Custos* 4.

☞ Quo anno id juris concessum fuerit Angliæ Regi docet Th. *Otterbourne* in Chron. Angl. pag. 78 : *Anno sexto Henrici Regis magnates Angliæ concesserunt eidem Henrico Wardas hæredum et terrarum suarum, quod fuit initium in Anglia multorum malorum.*

¶ WARDA, Custodia cujusvis pupilli. Consuetud. Furnenses ex Tabul. S. Audomari : *Quicumque in sua Warda puerum habuerit, qui fuerit infra annos et ipsum maritaverit sine consilio parentum, etc.*

¶ GARDA, Eadem notione. Testam. Guillelmi dom. Motispessulani ann. 1146. apud Acher. tom. 9. Spicil. pag. 146 : *Si Guillelmus major infra ætatem viginti annorum decesserit, quicumque filiorum meorum sibi successerit, similiter in Garda et in baillia, dominæ matris meæ usque ad ætatem viginti annorum permaneat. Garde de proisme, custos proximi, seu consanguineus in successione proximus, custos, et curator bonorum consanguinei absentis,* in Consuet. Leod. cap. 11. art. 10. *Gardeur*, pro *Tuteur*, in Charta ann. 1247. ex Chartul. 21. Corb. fol. 115. v° : *Par le volenté d'ichiaus nobles homes mes curateurs et Gardeurs de ma terre, etc. Garde*, eodem significatu, in Charta ann. 1393. ex Chartul. Episc. Carnot. : *La dame de la Lande comme Garde de ses enfans.* Vide *Gardiatrix* in *Gardia.*

¶ GARDIA, Pari intellectu. Litteræ Caroli V. Reg. Franc. ann. 1371. tom. 5. Ordinat. pag. 419 : *Cum igitur cives nostri Parisienses.... liberi usi fuerint et uti consueverint Gardiis et Balliis liberorum et consanguineorum suorum, etc.* Eædem vernaculæ ibid. pag. 418: *Adoncques, comme nos citeiens de Paris.... aient usé et accoustumé à user de Gardez et banz d'enfans et de leurs cousins, etc.*

¶ GARDIATOR, Testamenti executor. Testament. ann. 1286. tom. 2. Hist. Dalph. pag. 61. col. 2: *Ad prædicta omnia et singula exequenda...... constituo Gardiatores et executores meos D. Raymundum de Medullione.... Si vero unus dictorum Gardiatorum meorum decesserit, sit loco illius executor frater Raymundus Gibosi filius meus de Ordine Prædicatorum.* Vide *Gardiator*.

WARDAS et JUDICIUM PETERE, in Quoniam attachiam. cap. 16. § 5. cap. 34. § 1. 4. cap. 35. § 2. cap. 36. § 3. ubi *Wardas*, interlocutorium. *Judicium*, definitivam sententiam, interpretatur Skenæus.

WARDÆ ECCLESIARUM, seu Bonorum Ecclesiæ tuitio ac custodia, quæ ad Regem et Barones pertinet. Philippus Bellomanerius in Consuetud. Bellovacensi MS. cap. 46. quod *des Gardes des Eglises* inscribitur : *Nul n'a le Garde des Eglises, se n'est li Rois, ou cil qui du Roy tiennent en Baronie.* Deinde magnum statuit discrimen inter *Wardam* et *Justitiam*: cum quis justitiam habeat in aliquo loco, in quo *wardum* non habet. Mox subdit : *Que li Rois generalement a le Garde des Eglises du Royaume, mais especialement cascuns Barons l'a en sa Baronnie, se par renonciations ne s'en est ostez.* Quod si Baro *wardæ* renuntiavit, ad Regem continuo illa revertitur, cui alias *warda* generalis omnium Ecclesiarum regni sui competit : adeo ut si Barones in ea suo minus recte fungantur officio, ad Regem cuivis recurrere liceat : quo pertinent ista ex Charta Ludovici VII. ann. 1172. in Tabul. S. Victor. Paris. n. 24 : *Quoniam decrescente zelo Dei homines secularium rerum amore fervescunt, et si concessa eis potestas fuerit quorumcunque, et maxime Ecclesiæ bona diripiunt, necesse est, ut Majestas Regia Ecclesiis ipsis provideat, et protectionem suam omnibus modis apponat.* Et ex alia Regis Ludovici VI. ann. 1133. ex eod. Tabul. n. 30 : *Regiæ incumbit curæ et magnificentiæ Ecclesiis omnibus inposterum utiliter providere, earumque bona sub sua tutela conservare, et ab omni injuria defensare.* In Regestis Parlamenti exstat Arestum O. SS. ann. 1272. quo *præcepit Dominus Rex, et voluit in pleno Parlamento, quod novæ avoëriæ, seu Gardæ, quas Baillivi et servientes Domini Regis cœperunt de hominibus aliorum dominorum a 12. vel 10. annis citra, revocentur, et cassentur omnino, et pro nullis habeantur, nec nove de cætero recipiantur.* Tabularium Lingonensis Ecclesiæ anno 1239: *Nos dicimus et recognoscimus, quod idem Episcopus et ejus successores habent de jure in Abbatem. Ecclesiam, villam, et Burgenses Besuenses Gardiam et ressortum, etc.* Infra : *Ratione eorum Gardiæ et ressorti non poterit in villa Besuensi facere exstorsionem quamlibet, etc. Gardiarum Ecclesiasticarum ista habetur formula in Tabulario Absiensi* fol. 220: *Cunctosque ad eorum molarias, molendinum et opera venientes, et in eundo et in manendo, et in redeundo sub nostræ protectionis defensione suscipimus.* Occurrit ibi non semel. Vide *Commendisia*: præterea Chopinum lib. 2. de Domanio tit. 6. n. 1. Bretium de superioritate Regia, et Duchesnium

in Hist. Ducum Burgundiæ pag. 92. 93. 98. 101.

¶ GARDA, GARDIA, GUARDA, Eadem significatione. Charta Mathildis Comit. Nivern. ann. 1244. inter Instr. tom. 4. Gall. Christ. novæ edit. col. 104 : *In omnibus et singulis superius nominatis nobis et nostris successoribus Gardam atque omnimodam justitiam retinuimus.* Litteræ Philippi Pulchri ann. 1290. apud Marten. tom. 1. Anecd. col. 1234: *Et quia nos dicebamus ad nos pertinere Gardas, seu custodias ecclesiarum et abbatiarum prædictæ terræ : easdem Gardas seu custodias ecclesiarum de Ostrevant in manu nostra posuimus.... Guardam etiam ecclesiæ de Faïmi in manu nostra posuimus.... et super eadem Guarda veritas inquiretur.* Statutum ejusd. Reg. ann. 1302. tom. 1. Ordinat. pag. 344: *Item. Prætextu alicujus Gardiæ nostræ antiquæ in personis ecclesiasticis, non impediatis, nec impedire permittatis jurisdictionem ecclesiasticam Prælatorum. In his tamen quæ ad ipsam Gardiam nostram spectant, jus nostrum et illorum qui sunt de nostra antiqua Gardia, conservetis.* Occurrit præterea in Hist. Comit. Ebroic. pag. 29. apud Lobinell. tom. 3. Hist. Paris. pag. 131. col. 2. pag. 473. col. 2. tom. 5. pag. 656. col. 2. tom. 2. Hist. Britan. col. 334. et 452. Baluz. tom. 2. Hist. Arvern. pag. 152. etc.

¶ GARDIANUS, Idem qui *Advocatus*, defensor, qui jura, bona et facultates Ecclesiarum tuebatur. Vide in *Advocati*. Charta Johannis dom. Castrivillani ann. 1260. inter Instr. tom. 4. Gall. Christ. novæ edit. col. 210 : *Retineo autem gardiam dictorum canonicorum quantum ad temporalia, nec aliam quam me et heredes meos dominos Castri villani poterunt pro Gardiano dicti canonici advocare.*

¶ GARDA, GUARDA, Pari significatu, in Charta Rogerii Comit. Fuxens. ann. 1121. inter Probat. tom. 2. novæ Hist. Occitan. col. 417: *Solvimus ad ipsas Guardas ipsius loci, ad Raymundum Guillelmum, et ad Guillelmum Bernardum, et ad filios eorum hoc nomine,... ut sint adjutores S. Petri et Abbati et Monachis ipsius loci* (Lezatensis.) *Similiter nos qui sumus Gardas ipsius loci suprascripti nomina, guarpimus et solvimus per istam ipsam convenientiam, etc.*

¶ GARDIATOR, GUARDATOR, Eodem intellectu. Charta ann. 1280. tom. 2. Macer. Insulæ Barbaræ pag. 534 : *Et ego frater P. Sablera promitto pro me et successoribus meis non ponere in dicta domo super dictum Arthaudum et successores suos alium aliquem Gardiatorem vel deffensorem.* Charta ann. 1288. tom. 2. Hist. Dalph. pag. 45. col. 2 : *Item promittimus nos abbas prædictus modo quo supra, quod in abbatia, villa seu maneamento S. Theuderii, nullum Guardatorem vel avogerium seu etiam deffensorem, sub quocumque nomine apponemus nec apponi faciemus, etc.*

¶ GUARDERIUS, Eadem notione. Charta ann. 1217. tom. 1 Macer. Insulæ Barbaræ pag. 132: *Promiserunt bona fide quod in empta medietate nullum introducant Guarderium, nec in personam transferant alienam.*

¶ GARDIATOR, Cui a Rege committebatur custodia Ecclesiarum, quæ sub ejus tuitione erant. Charta Caroli V. Reg. Franc. ann. 1369. apud Lobinell. tom. 3. Hist. Paris. pag. 473. col. 2 : *Dilectos nostros religiosos priorem et conventum monasterii Cælestinorum.... in nostris protectione, tuitione ac salva et speciali gardia suscipimus per præsentes ;*

eisdemque religiosis Gardiatores concedimus et deputamus universos et singulos ostiarios parlamenti nostri, et servientes nostros qui nunc sunt et qui fuerint temporibus affuturis ; quibus et eorum cuilibet præsentium serie committimus et mandamus, quatenus prædictos religiosos.... defendant ab omnibus injuriis, violentiis, gravaminibus,... et in suis possessionibus, franchisiis,.... conservent.... Et qui prædictis Gardiatoribus aut eorum alteri Gardiatoris officium exercendo injuriam fecerint vel offensam,.... coram dilectis et fidelibus gentibus requestarum palatii nostri Parisius adjournent. Vide in *Gardia*, pag. 31. col. 1.

GARDÆ ECCLESIARUM, Quæ vacantibus earum Prælatis in manu regia sunt, ratione regaliorum. Matth. Paris et Matth. Westmonaster. ann. 1248. de Rege Henrico III. Angl.: *Redargutus est insuper, quod Episcopatus et Abbatias, et etiam Gardas vacantes immisericorditer depauperat, contra juramentum suum.* Huc spectant, quæ habet Concilium Lambethense ann. 1261. cap. *De Custodia Cathedralium Ecclesiarum et Conventualium.*

¶ GARDIATOR, Qui decedente Episcopo a Rege mittebatur, ut colligeret reditus ac proventus temporalitatis Episcopatus, qui de jure ad Regem pertinent, idem qui *Regaliator* et *Custos regaliarum* dicitur in *Regalia* 2. Statutum Philippi Pulchri Reg. Franc. ann. 1302. tom. 1. Ordinat. pag. 359 : *Volumusque quod custodes seu Gardiatores regaliarum prædictarum et Ecclesiarum vacantium.... compellantur ex nunc summarie et de plano, ad restituenda seu resarcienda damna et gravamina que eos fecisse constiterit.* Aliud Philippi VI. ann. 1338. ibid. tom. 2. pag. 124 : *Item. Edicto perpetuo prohibemus, ne amodo Gardiatores ecclesiarum, aut commissarii a nobis, vel senescallis nostris deputati, penuncellos vel gardias ponant, nisi in rebus de quibus Ecclesiæ fuerunt in possessione pacifica vel quasi.* Vide in *Vicedominus*.

¶ GARDA MONETARUM, Qui monetæ cudendæ præfectus est, Gall. *Garde de la monnoie.* Charta ann. 1340. tom. 2. Hist. Dalph. pag. 416 col. 2 : *Fiant et fieri debeant per Gardam Dalphinalem ipsarum monetarum deliberationes secundum remedia in qualibet prædictarum monetarum ordinata..... Quibus Gardis etiam dictum dom. Dalphinus statuit et concessit de jure suo, pro qualibet marcha que cudetur, unum obolum, sic ut ipsæ Gardæ tam magistri quam subrogati ab eisdem magistris Gardis ipsarum monetarum.... tres obolos habeant. Garda major et magistri monetarum*, in Litteris Clementis VI. PP. ann. 1345. ibid. pag. 516. col. 2. Vide *Custodes monetæ* in *Custos* 4.

¶ GARDERIUS, *Gardier* vulgo, Idem apud Dalphinates qui *Gastaldus* Longobardis. Vide in hac voce. Charta ann. 1305. tom. 1. Hist. Dalph. pag. 21. col. 2 : *Ludovicus de Villariis primæ Lugdunensis Ecclesiæ Archiepiscopus.... creat et ordinat illustres viros dom. Johannem Dalphini Comitem Vapincensem, et dom. Guidonem ejus fratrem, et quemlibet eorum in solidum, custodes et Garderios domus fortis de Bechevelleym et totius ejusdem domus mandamenti,.... volens..... quod.... ut Garderii et custodes ejusdem.... redditus et obventiones.... qui vel quæ ad dictam domum fortem spectant et pertinent.... per se vel per alium percipiant et habeant ex causa Garderiæ prædictæ.* Litteræ ejusd. ann. 1307. ibid. tom. 2:

pag. 136. col. 1 : *Constituimus illustrem virum carissimum consanguineum nostrum D. Guidonem Dalphini Garderium nostrum in villa et civitate Lugdunensi, et in ejus pertinentiis universis, et sibi dare promittimus singulis annis nomine et ex causa salarii annui mille libras Viennensis monetæ, et eidem solvere quandiu officium Garderiæ exercebit.* Vide *Chorier* Hist. Dalph. tom. 2. pag. 216. et *Valbonnais* tom. 1. ejusd. Hist. pag. 7.

¶ GARDERIA, *Garderii* officium. Vide in *Garderius*.

¶ GARDIATOR, Lugduni appellabatur Custos, seu Missus regius, qui iis juribus quæ ad Regem spectabant servandis invigilabat. Plura de eo scripserunt in Hist. Lugdun. *de Rubys,* Paradinus et Menesterius, quos consule, si placet.

¶ GARDIATA, Custos, defensor. Arestum Parlamenti ann. 1394. apud Menester. Hist. Lugdun. pag. 74 : *Nisi per nos qui Gardiata eorum sumus, vel ad dictam gardiam per nos deputatam occurreretur,* etc.

WARDA, Custodia oppidorum, vel castellorum, ad quam tenentur incolæ et *Tenentes.* [Item , Tributum quod ab iis pensitatur, ut ab hac servitute immunes sint.] *Garde lige,* in Consuetud. Andegavensi art. 174. ubi Chopinus. Monasticum Anglic. tom. 2. pag. 812 : *Sunt quieti de telonio et pontagio,.... et hydagio et Wardis, et operibus castellorum,* etc. Pag. 16. 17 : *Et sint liberi a..... placitis, querelis, et Warda, et warpani,* etc. Vide *Wardpeni.*

WARDAGIUM, Eadem notione. Idem Monasticum tom. 1. pag. 372 : *Sed sint quieti in civitatibus, burgis, foris, et nundinis per totam Angliam de quolibet telonio, tallagio, passagio, pedagio, lastagio, hydagio, Wardagio, et omnibus geldis,* etc.

¶ GARDAGIUM, Pari intellectu. Charta ann. 1213. ex Tabul. Majoris Monast. : *Ego Aelidis Ducissa Britanniæ et Comitissa Richemondiæ confirmavi eorum abbati et monachis Majoris Monasterii quidquid habent in villa de Lamballia, nihil mihi retinens, exceptis octo libris mihi per manus prioris in Quadragesima Domini, de Gardagio annuatim solvendis, et quod homines dicti prioris ibunt in exercitu meo et culvachia cum aliis hominibus meis de Lamballia.*

GARDIA, Præstatio pro tutela, [quæ et pecunia et rebus aliis usu consumendis pensitabatur. Charta ann. 1000. ex Tabul. S. Victoris Massil. : *Et ipsi dederunt omnia quæ in ea terra sunt, quomodo sunt vineæ, decimum, Gardia, obedimentum,* etc. Charta Godefridi Episc. Lingon. inter Instr. tom. 4. Gall. Christ. novæ edit. col. 179 : *Gardia autem et justitia, et quidquid præter usum molendi reddiderint molendini proprii monachorum erunt.* Inventar. Chartar. Reg. ann. 1482. fol. VII^{xx} VI. v° : *Littera Alfonsi filii Regis Franciæ Comitis Pictavensis et Tholosæ per quam dat abbati et conventui Majoris Monasterii Gardiam et omne quod habebat in dicta abbatia ex dono Johannis Comitis Blesensis. De anno* 1255] Charta ann. 1217. apud Gariellum in Episcopis Magalon. pag. 228 : *Et generaliter omnes Gardias, et usatica, quæ habebat nomine et occasione dictarum Gardiarum,* etc. Vide *Commendaria* et *Salvamentum* 1.

¶ GARDA, Eodem intellectu. Charta ann. 1229. apud Stephanot. tom. 3. Antiquit. Bened. Pictav. MSS. pag. 807 : *Recognovit... se nihil juris vel consuetudinis habere in dicta villa de Ferraboet,*

nisi quatuor sextarios avenæ annuos tantum de Garda. Charta ann. 1309. tom. 1. Hist. Dalph. pag. 86. col. 2 : *Item habet dominus in parochia de Loco Dei et apud Locum Dei in omnibus et singulis habitatoribus dicti loci Gardam, quæ Garda levatur in hunc modum ; videlicet de quolibet hospitio habente carrucam, levatur unum sextarium avenæ ; in hospitio habente duos boves vel tres, levatur tantum una hemina avenæ ; in hospitio non habente carrucam neque boves, levatur tantum unum quartale avenæ.* Alia ann. 1407. ibid. pag. 87. col. 2 : *Quæ Gardæ sunt talis naturæ, quod quando persona debens Gardam dom. nostro Dalphino moritur, vel recedit a dicta castellania nullis hæredibus relictis, dicta Garda moritur et est expirata ; cum dicta Garda proprie debetur pro persona et domicilio suo.* Charta ann. 1426 : *Petrus Jossadi recognoscit se esse hominem ligium, quitum, justiciabilem, burgensem et subditum domini Ducis Borbonii ad causam castri sui Villanovæ absque aliqua Garda seu tributo in persona ejusdem confitentis. Piper, cera et aurum pro Gardis,* in Comput. Grasivod. ann. 1387. Adde Tabul. Aurel. in Lemovic. Charta ann. 1260. ex Chartul. Campan. fol. 389. col. 2 : *Nostre taille de la saint Reme chacun an que nos avons acoutumé à faire por la reison de la Garde que li diz Rois a a nos homes et an nostre eglise chacun an.*

¶ GUARDIA, Pari significatione. Charta ann. 1258 : *Promittentes .. quod Guardias seu commandarias nullas recipiamus.* Charta ann. 1298 : *Promisit solvere... tascam, decimam, Guardiam et civatam de blado quod ex eisdem terris contigerit provenire.*

¶ WARDA, Eodem sensu. Charta ann. 1227. apud Kennett. in Antiquit. Ambrosd. pag. 203 : *Faciemus eidem Radulpho vel hæredibus suis competens escambium in Wardis et escheatis ad valentiam prædicti manerii.* Charta ann. 1360. apud Lobinell. tom. 2. Hist. Britan. col 503 : *Liberis consuetudinibus, Wardis, maritagiis,* etc.

GARDARII, Qui gardas faciunt. Statuta Delphinalia pag. 40 : *Item voluit ipse Do. Delphinus quietas esse, et quietavit pariter et remisit gardas quascunque, et quos habet in castris, villis, seu mandamentis Baronum et Banneretorum quorumlibet dicti D. Delphini, a decem annis citra receptis,* etc. [*Garderii,* tom. 2. Hist. Dalph. pag. 588.]

¶ GARDERII, Qui sub alicujus *Garda* seu protectione sunt, atque eam ob rem præstationi, quæ *Garda* dicitur, obnoxii. Charta ann. 1334. tom. 2. Hist. Dalph. pag. 249. col. 1 : *Quod ipse dom. Dalphinus emendaret aut emendari faceret dicto dom, Regi et regnicolis, ac Garderiis regiis plurima damna et gravamina illata eis....... Habita informatione eidem dom. Regi et gentibus ac Garderiis suis faciet emendam aut fieri faciet.* Alia ann. 1342. ibid. pag. 439. col. 2 : *Tuebitur et deffendet a quibuscumque personis, tanquam si essent sui proprii homines, et Garderii speciales.* Alia ann. 1343. ibid. pag. 481. col. 1 : *Necnon et Garderios quos habet de præsenti ipse dom. Dalphinus et in futurum habebit ipse et successores sui prædicti servare, custodire et deffendere teneantur contra omnes personas. Gardoiens,* in Charta ann. 1256. apud D. Brussel de Usu feud. tom. 2. pag. 1017 : *Et si est à savoir que si aucuns de mes homes, ou de mes fihex, ou de mes Gar-*

doiens venoient pour demorer en la comuneté dou Nuef-Chastel, etc.

° *Gardiers,* eadem acceptione , in Charta ann. 1398. ex Cod. reg. 5186. fol. 61. v° : *Item que nostre sire le conte (de Savoye) ne prendra, ne recevra par soy, ses gens, ne officiers quelconques, les hommes et subgetz desdits nombles* (nobles) *en garde ou à Gardiers, saulvegarde ou bourgoigie, sans la volunté ou exprés consentement desdits nombles.*

¶ GUARDIA, Gromaticis dicuntur quatuor silices ad metas appositi, qui metam esse ostendunt ; alias *Testis termini* nuncupantur. Vide in hac voce. Eodem nomine interdum appellatur quidquid id officii præstat. Charta ann. 990. inter Probat. tom. 2. novæ Hist. Occitan. col. 144 : *Guirpisco etiam atque dimitto villare Berbeiano qui terminat in loco qui vocatur Archas,... aliudque terminum infrontat in petra quæ est in via super portellum de Coteanicis et terminatur in Guardia Judaica.* Charta ann. 1019. ex Tabul. S. Victoris Massil. : *Ab Oriente terminatur usque ad montes majores, a Septentrione usque ad pojolas quos vocant Guardias,* etc.

¶ GUARDATOR, GUARDIATOR, Satelles. Bartholomæi Scribæ Annal. Genuens. ad ann. 1280 apud Murator. tom. 6. col. 461 : *Et quum milites dom. Spini. et octo nobiles, et Guardatores vellent ipsos malefactores de domo, in qua erant, extrahere, ad et supplicium ducere, mulieres cœperunt projicere lapides et impellere Guardatores.* Ibidem col. 524 : *Item quod haberet sacium unum judicem et duos scribas ad salarium communis, et Guardatores seu executores duodecim , et servientes sive clientes cum armis* 50. Statuta Castri Redalfii lib. 3. fol. 47 : *Item statutum est quod omnes homines videntes vel audientes cridare camparios seu Guardatores, teneantur currere ad prædictum rumorem, et dare auxilium et favorem campariis vel Guardatoribus capiendi malefactores.* Statuta Genuens. lib. 1. cap. 3. fol. 21. *Si vero nuncius communis , sive Guardiator eum præsentem in Janua vel districtu quæsierit,* etc.

¶ GUARDAGIUM, Custodia. *Officium et Gardagium porcorum,* in Charta ann. 1360. ex Memorial D. Cameræ Comput. Paris. pag. 57. v°.

GUARDATORES, Gall. *Wardeurs,* et *Eswardeurs,* in urbe Metensi exstitisse olim, observat Meurissius in Præfatione ad Histor. Episcoporum Metensium pag. 19. Sed quale fuerit eorum munus, ignorare se profitetur.

☞ Id facile doceremus, ex Litteris Caroli V. Reg. Franc. ann. 1370. pro restauratione Communiæ Tornacensis, tom. 5. Ordinat. pag. 374. et seqq. si ex unius civitatis institutis ad alterius cognoscendos usus legitima foret argumentatio. Ut ut est, hæc annotata existimo ex laudatis Litteris *Chacun an à certain jour, les chuefs d'ostel heritez de ladicte ville (de Tournay)...... à son de cloche,... assemblees... esliront trente preudommes, appellez les Eswardeurs.... lesquieulx trente...... esliront vint Juraz,... desquieulz vint , ils esliront deux Prevostz,..... et leur feront faire sairement solennel en la main du Maire des Eswardeurs... lesdiz irante Eswardeurs esliront quatorze preudommes, bourgois, herité et nez de la ville pour estre Eschevins... Les Jurez et Eschevins et les Eswardeurs, donront les offices de la ville...... Seront lesdix Eswardeurs tenuz de venir et assembler en la halle, avecques les Prevostz, Jurez et Eschevins, touz les Mardis, au*

son de la cloche, pour avoir ensemble avis et conseil des choses et besoingnes touchans le corps de la ville; et ce qui par l'accort des trois concistoires, sera ordonné pour le prouflt et utilité de la ville, vaudra et tendra; et se les Prevoz et Jurez pour aucune chose, mandoient lesdiz Eswardeurs à venir à leur hale plus souvant, et en autres journées, ils seront tenuz de venir à leurs mandemens, et que aucune des choses contenues en cest article, ne puissent passer ne estre valables, se il n'y a pas assens d'accort, onze Jurez. seize Eswardeurs et huit Eschevins du mains... Que aucuns de ceulx qui auront été Eswardeurs une année, ne puissent estre Eswardeur l'autre année ensuivant... Que les Eswardeurs n'aient aucune congnoissance de cause pardevant eulx; fors tant seulement de eslire et créer les Prevoz, Jurez et Eschevins, comme dit est cy-dessus; excepté que se aucuns des Jurez ou Eschevins se meffaisoient contre bien de justice, ou pechoient en leurs offices faisant, que ou lieu de celui ou de ceulx qui se meffairoient, il puissent remettre, et instituer un autre ou plusieurs, et iceulx meffaisans oster et destituer de leurs offices..... Que lesdiz Prevoz, Jurez, Eswardeurs et Eschevins, ou les trois concistoires seront d'accort, puissent faire toutes manieres de Ordonances, et ycelle rappeler, muer, accroustre et diminuer en tout ou en partie si comme bon leur sembleroit; pour le prouflt de la paix, la tranquilité et le bien du commun peuple de la ville de Tournay. Il vero potissimum ita nuncupantur qui ex quolibet artificio electi, rebus quæ venum exponuntur inspiciendis, præfecti sunt, Inspectores, Gall. *Egards. Regardeurs*, in Litteris Caroli V. ann. 1372. ibid. pag. 632. art. 20 · *Le Maire doit mettre Regardeurs sur les bouchers et poissonniers, qui jurent et rapportent se il font choses qui ne soit bien à poinct*. Vide in *Probus*.
¹ *Quod apte confirmat Charta ann. 1298. ex Chartul. Montis S. Mart.: Per appretiationem inspectorum villæ S. Quintini, qui Gallice nominantur les Eswardeurs de la ville, etc. Les Wards sur les mestiers*, in Ch. Phil. ducis Burg. ann. 1447. ex Tabul. Audomar. Vide supra in *Regardus*.
WARDÆ in urbe Londinensi, et aliquot aliis Angliæ oppidis, dicuntur urbis regiones, quæ pro numero Majoris et 24. Aldermannorum, 25. constitutæ sunt, præter *wardam* Burgi Southwarci, singulorumque *custoditæ* singulæ distributæ, unde nomen. Vide Will. Thorn. ann. 1394. et pag. 2019.
¶ **WARDAGIUM.** Vide in *Warda*.
WARDARFIDA Vide *Cadarfreda*.
° **WARDECOCIUM**, ut *Wardecosia*, Vestis seu tunica superior, quæ pectus constringit et custodit. Stat. provinc. ann. 1310. tom. 2. Hist. Trevir. Joan. Nic. ab *Hontheim* pag. 77. col. 1 : *Item prædictis personis* (clericis) *Wardecocia seu tunicas superiores, nimis breves aut strictas penitus interdicimus*. *Warkotium* et *Warhotium*, apud Ant. Matth. Syllog. Epistol. pag. 529.
WARDECORNE, Obligatio tenentis ad faciendam *wardam* cum cornu, de qua actum in voce *Cornagium*. Monastic. Anglic. tom. 1 pag. 976 : *Et sint quieti.... de thesauro ducendo, et wardepeny, Wardecorne, Averpeny, Hundredpeny, etc.*
° **WARDECORSUM**, Eadem notione qua *Wardecocium*. Stat. synod. eccl. Atrebat. cap. 1. ex Cod. reg. 1610 : *Ad sanctam synodum honeste veniant, prælati videlicet regulares in eorum vestimentis regularibus; seculares vero supertunicalibus et Wardecorsis induti*. Vide supra *Gardecorsium* et *Wardecocium*.
°° WARKORS. Testam. ann. 1332. in Guden. Syll. pag. 682 : *Lego Atheidi..... meum Warkors mixti coloris non furratum*. *Item lego et ordino Katherinæ....... aliam tunicam meam dicto Warkors attinentem*.
°° WARKOCUS. Testam. ann. 1330. apud Guden. Cod. Diplom. tom. 2. pag. 344 : *Lego meliores vestes meas, Warkocum et tunicam blaviam*.
¶ **WARDECOSIA**, Pars vestis quæ pectus constringit, idem quod *Gardacorsium*; unde legendum videtur *Wardacorsia*. Statuta Eccl. Leod. ann. 1360. tom. 2. Monument. sacræ Antiquit. pag. 452 : *Circa vero brachia usque ad cubitum et non ultra saltim notabiliter nodis, seu botonibus nodatis, seu botonatis utantur, vel cum illis incedant, nec manicas quicumque circa Wardecosiam deferat*. Inquesta ann. 1278. ex Schedis Præs. *de Mazauques : Requisitus quæ pignora abstulerunt eis, dixit quod tres capas,..... et tres Gardecorps*.
WARDEMOTUS, Wardarum Conventus, seu Curia : vox Saxonica confecta, ex ward custodia, et mote, Conventus, Curia. Charta Henrici I. Regis Angl. pro Londoniensibus post Caput. 2. Legum ejusdem Henrici : *Et terras suas, et Wardemotum [°° al. Vadimonia] et debita civibus meis habere faciam infra civitatem, et extra*.
¶ **WARDEPENE.** Vide *Wardpeni*.
¶ **WARDEROBARIUS**, Qui vestiario seu Garderobæ præest. Chron. Johan. Whethamstedii pag. 442 : *Jussit etiam* (Rex) *ut de avisamento sani sapidique concilii, warentum conciperet sufficiens, directum suo Warderobario ad providendum de panno aureo magis precioso, vocato vulgariter Crimesyme blawe*. Infra : *Garderobarius*. Vide *Garderoba 1.*
WARDEWITE, seu WARDWITE, ut est in Monastico Anglic. tom. 2. pag. 387. Mulcta ob custodias neglectas, a Saxon. ward, custodia, et wite, mulcta. Præterea in Fleta lib. 1. cap. 47. § 16. definitur *quietanita misericordiæ in casu, quo non invenerit hominem ad wardam faciendam in castro, vel alibi :* Rastallo, *quietum esse de denariis dandis pro wardis faciendis*.
¶ **WARDFEGH**, vel WARDFEOH, Pretium *wardæ*, seu pecunia persoluta, ut quis ab onere *wardarum* sit immunis ; Saxon. feoh, pecunia, nummus. Charta apud Th. *Blount* in Nomolex. Anglic.: *Reddendo inde annuatim ad festum S. Michaelis mihi et heredibus meis unum denarium pro omni servicio, herietto, relevio, warda, regali servicio, Wardfegh et pro omninoda secta curiæ meæ et heredum meorum*. Vide *Wardpeni*.
WARDIREVE. Vide *Leges Willelmi Nothi* vernaculas cap 32.[°° 28. In Lat. *Gwardereve, id est prepositus custodum*.]
WARDPENI, WARDEPENI, WARPENI, Denarii Vicecomiti, vel aliis Castellanis persolvi soliti, ob castrorum wardas seu custodias. Peny autem Sax. denarius. Monast. Angl. tom. 2. pag. 14 : *Liberi sine omni scotto et geldo, et placitis et querelis, et warda, et Wardpani et borghalpani*. Ita pag. 16. 17. etc. Ex Charta ann. 1330. laudata a Spelmanno : *Ric. Burre tenet unum mesnagium,..... et reddit inde per annum 3. sol. 4. den. ad prædictos 4. terminos, et ad festum S. Martini 2. Wardepenes*. Idem Monasticum pag. 827 : *Et sint insuper liberi scotto, et Wardepeny et burghalpenny,* etc. [°° Vide *Warda*. Notit. ann. 17. Edward. II. reg. Angl. Essex. rot. 4. in Abbrev. Rotul. tom. 1. pag. 282: *Tenuit manerium de Danseye... de nobis per servicium reddendi ad Wardam castri nostri Dovorriensis per quaslibet 20. septimanas 5. solidos, etc. Alia ejusd. ann. Warr. rot. 7. ibid. pag. 283: Tenuit quædam tenementa... per servicium reddendi inde per annum, etc. unum obolum, qui dicitur Warthe pro omni servicio, etc.* Vide *Warth et Wartepain.*]
¶ WARPENI. [Vocabul. Anglic. ex Tabul. Beccensi: *Warpeny, estre quitte de tallage pur warde*.] Monasticum Anglic. tom. 1. pag. 622: *Cum omnibus consuetudinibus, libertatibus, et quietationibus de Warpeni et nupeni, in bosco et plano, in pratis, et in pasturis, et in terris*, etc. Adde tom. 2. pag. 134.
¶ WARPENIG, in Charta Willelmi Reg. Angl. apud *Madox* Formul. Anglic. pag. 176.
¶ WARPENT. Charta Henrici I. Reg. Angl. pro Monast. S. Catharinæ Rotomag. in Regesto Norman. sign. P. in Camera Comput. Paris.: *Quietas, liberas et solutas.... de murdris, et de Warpent, et scutagio, et gildis, etc.*
¶ WARTPENY, in Charta Bertrandi Verdon. apud Th. *Blount* in Nomolex. Anglic.: *Retinui vero mihi et hæredibus meis Wartpeny et peterspeny de prædicta terra.*
WARDWITE. Vide in *Wardewite.*
¶ **WAREAGIUM**, perperam, ni fallor, pro *Wardagium*. Vide in *Warda*. Charta Johannis Regis Angl. inter Privilegia Ordin. S. Johannis Hierosol. pag. 5: *Homines sui liberi sint et quieti de omnibus querelis et placitis, et de... pontagio, vinagio, et Wareagio, et de omni caragio, etc.*
¶ **WAREC**, WARECH. Vide in *Wreckum*.
¶ **WARECTA**, WARECTATIO, etc. Vide mox in *Warectum*.
WARECTUM, Terra novalis, seu requieta, quia alternis annis requiescit, sic dicta, inquit Edw. Ockus, *quasi vere novo victum, vel subactum* : *Gueret*, in Consuet. Pictav. art. 104. et Menetoviensi super Carum art. 8. aliis *Gachere*. Fleta lib. 2 cap. 72. § 4 : *Ut terræ sint tripertitæ, tunc novies 20. acræ faciunt carucatam, eo quod 60. in hyeme, 60. in Quadragesima, et 60. in æstate pro Varecto debent exarari*. Adde § 5. Et cap. 76. § 4: *Nec in Warectum debent mitti fimi, quia per rebinuram fere subverterentur, et sic ante tempus seminis multum consumerentur*. [Monast. Anglic. tom. 2. pag. 253 : *In Warectis, in brueriis, in boscis, in mariscis, etc.* Charta apud *Madox* Formul. Anglic. pag. 184 : *Abbas et conventus integre percipient dictos decem croppos de terra arabili et chevesces quas receperunt ad Warectum.* Vide *Garachum*.]
¶ WARECTA, Eodem significatu. Charta ann. 1368. apud Kennet. Antiquit. Ambrosd. pag. 495 : *Dicunt quod in communi pastura, sicut in bosco et in campis ad Warectam possunt sustentari xvi. vaccæ et unus taurus cum boviculis.*
¶ WARETUM, in Charta apud *Madox* Formul. Anglic. pag. 130 : *Receperunt... terram Werefeldi in bono Wareto, ita reddendam in fine prædicti termini*. Vide *Waraschetum*. [°° *Warettum*, in Not. ann. 10. Edward. I. reg. Angl. Linc. rot. 9. in Abbrev. Rotul. tom. 1. pag. 41.]
°° *Unde Estre en Waret*, dicitur ager, qui requiescit, vulgo *Qui est en jachere*. Lit remiss. ann. 1472. in Reg. 195. Char-

toph. reg. ch. 701 : *Les suppliant vindrent sur un piece de terre..... estant en Waret, afin de la cultiver.*

¶ WARETABILIS, Prostissioni aptus. Charta ann. 1281. apud Kennett. Antiquit. Ambrosd. pag. 297. *Fieri fecit quoddam inhoc in campo Waretabili utriusque Ernicote.*

¶ WARECTATIO, Proscissio agri, in Charta ann. 1399. ibid. pag. 539 : *Tam post blada vincta, quam tempore Warectationis omni anno.* Vide *Gascha.* Qua anni tempestate flat hæc agrorum proscissio, docet Fleta loco mox laudando in *Warectare.*

WARECTARE, WARETARE, Gallis *Gacherer*, vel *Mener à gachere.* Fleta lib. 2. cap. 73. § 10 : *Mense Aprili, tempore videlicet, quo omnia aperiuntur, Warectandi erit tempus idoneum et amœnum, cum terra fregerit post carrucam; rebinandi vero post festum Nat. S. Joan. Bapt. cum terra pullulaverit post carrucam.* Vetus Charta apud Somnerum in Tractatu de Gavelkind pag. 17 : *Item sunt 30. juga: quodlibet arabit unam dimidiam acram ad semen frumenti, et seminabit, et herciabit, et unam acram ad semen hordei, et herciabit, et unam virgatam ad avenam, et herciabit, et Warectabit dimidiam acram ad ordeum, et nihil recipient, et vocatur istud opus Gavelert.* Monasticum Anglic. tom. 1. pag. 525 : *Et Rogerius de Almereio 25. acras unoquoque anno ad seminandum in Blechesdona, et totidem ad Waretandum.* Charta Guillelmi Episcopi London. in Historia Abbatiæ S. Audoeni Rotomag.: *Ducentas et viginti unam acras Warettatas, de quibus 51. acræ et dimidia fuerunt rebinatæ.* [Charta ann. 1292. apud Kennett. Antiquit. Ambrosd. pag. 320 : *Item uno die Warectabunt terram domini prout decet ad unum diem cum carucis suis.*]

¶ WARATARE, in Tabul. SS. Trinit. Cadom. fol. 48. v°: *Lewinus pro una virgata debet operari quaque die hebdomadæ sine sabbato cum uno homine, et in æstate Waratant 2. acras.*

¶ WARENDARE. Vide in *Warantus*

WARENGANGI, WAREGUANGI, Advenæ, in Gloss. *Qui non morantur in loco, seu, qui continuo huc et illuc discurrunt*: ex Germanico *Waren*, et *Gang*, incessus, gressus, ut quidam volunt. Sed potius videtur a *Vargis*, de quibus supra egimus, vocem deductam Rotharis Rex in Edicto [∞ cap. 390. in Lombard. lib. 3.] tit. 15 : *Omnes Warengangi, qui de exteris finibus in regni nostri finibus advenerint, seque sub scuto potestatis nostræ subdiderint, legibus nostris Longobardorum vivere debeant, nisi legem aliam a pietate nostra meruerint.* [*Gargangi* editum apud Murator. tom. 1. part. 2. pag. 48. col. 1.] [∞ *Waregang*, Herold. tit. 111.] Capitulare Radelchisi Principis Benevent. cap. 12 : *De Wareguangis, nobilibus, mediocribus et rusticis hominibus, qui usque nunc in terra vestra fugiti sunt, habeatis eos.* [*Warengnangi*, apud laudatum Murator. tom. 2. pag. 261. col. 1.] [∞ Vide Grimm. Antiq. Jur. Germ. pag. 396.]

¶ GARAGANGI, Pari intellectu, in Gloss. ad Constitut. utriusque Siciliæ lib. 1. tit. 62. pag. 84. edit. Gabr. Sarayna : *Garagangi, advenæ qui de exteris finibus in regni finibus adveniunt.*

WARGENGUS, Eadem notione. Capitulare 3. anno 813. cap. 8 : *Si quis Wargengum occiderit, solidos 600. in dominico componat.*

WARENNA, VARENNA, generaliter est Vivarium cuniculorum, seu leporum, quæ animalium species vulgo *Feræ de Warenna* dicuntur, ut et perdices et phasiani inter aves, quas *Francs oiseaux* vocat vetus Consuetudo Normanniæ cap. 10. Quidam etiam feris adjungunt capreolos. Charta Anglica ann. 13. Edw. III : *Videtur tamen Justitiariis hic et Consilio Dom. Regis, quod capreoli sunt bestiæ de Warenna, et non de foresta, eo quod fugant alias bestias de warenna.* [∞ *Canes prædicti Willelmi non currerunt ad aliquam bestiam de Warrenna, immo ad quendam damum, qui non est bestia de Warrenna, etc.* in Abbrev. Placit. pag. 214. anno 16. Edward. I. reg. Angl. Hertf. rot. 35.] Vita S. Baboleni Abbatis : *Rex ergo Clodovæus virtute divina motus, regali more decrevit scripto atque sigillo, eandem, quam nuperrime incipiebant, Ecclesiam, cum omni Varenna, quam Matronæ girat fluvius, ab ingressu fossarum prædicti castelli veteris, ab aqua in aquam irrefragabiliter ab omni inquietudine cunctorum malorum perpetuo manere liberam atque securam.* [*Garenne à toutes bestes et oyseaulx*, in Litteris ann. 1324. inter Ordinat. Reg. Franc. tom. 5. pag. 380. *Varenne*, in Litteris ann. 1268. ex Chartul. Monast. de Escureio.]

¶ GARENNIA, Eadem notione. Charta E. Abbatissæ Paraclyti ann. 1233 ex Chartul. Campan. fol. 398. col. 1 · *Et sciendum quod idem Comes retinet in illis LX. arpenta nemoris, totam justiciam et Garenniam suam.*

LIBERA WARENNA, Potestatem significat vel charta Regia, vel præscriptione obtentam venandi cuniculos aut lepores, vel etiam acupandi phasianos et perdices intra limites feudi sui, Cowello, Rastallo, et aliis Practicis Anglis. Watsio *libera warenna*, est libertas, immunitas, privilegium a Rege, Charta sua concessum, uti has et illas, aut avium, aut ferarum species aut etiam pisces in hoc vel illo dominii sui loco habeat, et solus fruatur, ita ut nulli alii licebit in illis agris, sive *warenna*, illa animalia venari aut capere. Charta Johannis Reg. Franc. ann. 1361. ex Tabul. Carnot. : *Item Garena seu venatio ad quascumque feras in boscis et nemoribus prædictis et nonnullis aliis vicinis.*] Matth. Paris ann. 1232 : *Item de libertatibus, quas habuit tunc temporis in forestis, Warennis, Comitatibus, et aliis locis, qualiter custoditæ sint, vel alienatæ.* Idem anno 1247 : *Licentiam venandi in libera Warenna S. Albani, etc.* Et anno 1248 : *Cum enim quibusdam eorum specialiter venatio judicialiter sub pœna decem librarum denegaretur, videbatur aliis non nominatis plena debere gaudere licentia lepores venandi in Warenna memorata.* Charta Edw. III. Reg. : *Quod ipsi et eorum successores habeant liberam Warennam in omnibus dominicis terris suis,....., dum tamen terræ illæ non sint infra chacias aut Warennas nostras, ita quod nullus intret terras illas ad fugandum in eis, vel ad aliquid capiendum, quod ad Warennam pertineat, sine licentia et voluntate ipsorum, etc.* Charta Edw. IV. Regis in Monastico Anglic. tom. 1. pag. 507 : *Quod ipse et successores sui habeant liberam Warennam in omnibus dominicis terris suis de Staynfeld, etc.* [Vide *Garanua*.]

WARENNA AQUARUM, Vivarium piscium. Nam et in illius *warenna*, non modo feræ, sed et pisces continentur, ut ex Watsio observatum. Utriusque meminit Consuetudo Perticensis art. 39. posterioris, Tabularium S. Bertini ann. 1186 : *De interclusionibus meatuum aquarum ejusdem Ecclesiæ, quæ vulgo Warren dicuntur, de quibus 42. anesas anguillarum annuatim persolvebant.*

Warennæ vocem a saxon. *werian*, vel Germanica, *wahren*, custodire, defendere vulgo deduciunt viri docti, quod feræ in warennis sint *defensæ*, id est, earum venatio cæteris interdicta, præterquam domino.

☞ Hinc *Warenna* idem quod silva defensa, in qua nempe venari, nisi domino, non licet. Charta ann. 1355. ex Chartul. 21. Corb. fol. 324 : *Lequel bos nous disons estre Warenne...... Nous disiesme estre en saisine de cachier ou faire cachier oudit bos toutefoys qu'il nous plaisoit et que le dit bos n'estoit mie Garenne quant à nous.* Vide *Defensa 8.*

¶ WARENTIA, Rubia. Vide *Garantia 1.*

¶ WARENTIS, WARENTISARE, WARENTISATIO, WARENTUM. Vide in *Warantus.*

¶ WARESCAPIUM. Vide *Waterscapum.*

¶ WARESCHETUM, ut *Waraschetum.* Vide ibi.

◊ WARESCUM, Jus, quod dominis feudalibus competebat in rebus per maris æstum ad littus ejectis. Charta Joan. regin. Castel. et comitis. Pontiv. ann. 1257. in Reg. 82. Chartoph. reg. ch. 308 : *Damus Ferrando progenito et hæredi nostro Noellam super Summam... et quicquid ibi habebamus.... in salinis, in sale, in Waresco, seu laganno.* Vide *Wreckum* et *Laganum.*

¶ WARETALIS, WARETARE. Vide *Warectum.*

WARFUS, WARPHUS, Ripa, crepido litoris, sinus aream habens contiguam navibus onerandis et exonerandis idoneam, Anglis *warfe*, in Charta Joannis Abbatis Monasterii S. Augustini Cantuariensis : *Piscarias, vias, chimina, Warphos, vacuos fundos, etc.*

WARGANEUS. Vide *Vargi.*

WARGARIA. Vide in *Waga.*

WARGENGUS. Vide *Warengangi.*

¶ WARGI, WARINGI. Vide in *Vargi.*

WARGILDA. Vide in *Wera.*

◊ WARHOTIUM, Vestis species. Vide supra *Wardecocium.*

◊ WARIA, Pascuum commune, ut videtur, fossis circumcinctum. Bulla Alex. III. PP. ann. 1180. inter Probat. tom. 2. Annal. Præmonst. col. 169 : *Octavam partem magni prati, quod est in guauria, et duas partes alterius prati in eadem Waria.* Vide supra *Walda 2.* et mox *Waschium.*

¶ WARINGA, inter ea, quæ quotidie distribuuntur Canonicis Ecclesiæ Coloniensis, recensetur in Consuetud. MSS. ejusd. Eccl. : *Cuilibet canonico vivo sive mortuo datur equaliter Waringa. Si quis etiam canonicus eligatur in Episcopum, vel in Priorem Coloniensem, quem oporteat vicarum habere, ipsi datur Waringa et non ejus vicario. Quatuor principalibus vicariis datur cuilibet ipsorum dimidia Waringa. Aliis omnibus vicariis nihil datur de Waringa. Fratres S. Margaretæ recipiunt de minori præbenda scholastici Waringam et unum denarium de quolibet convivio.* Ibidem : *Camerarius dedit annuatim XIII. convivia in majori ecclesia et de quolibet convivio desunt XIII. D. quos supplet camerarius de Waringa. De Waringa domini Archiepiscopi recipiunt VIII. solidos; similiter de canonicis qui in Episcopos et sacerdotes promoventur.* [∞ *An Meringa?*]

WARISCAPIUM. Vide *Waterscapum.*

◊ WARISCUM, ut supra *Warescum.*

Charta Conani ducis Brit. ex Bibl. S. Germ. Prat. : *Notum sit omnibus me dedisse........ Alano Rupho, meo militi, pro servitio suo in expectatione sui, Wariscum.*
WARKOCUS, WARCORS. Vide *Wardecorum.*
◦ **WARKOTIUM**, Vestis species. Vide supra *Wardecocium.*
WARNIAL. Petrus de Dusburg in Chronico Prussiæ cap. 79 : *Iste dictus fuit Warnial, ab illo panno lineo, dicto Warnal, quod instituit fratribus deferendum.* Monet Editor appellari *Pannum Prutenorum* in Chron. Lat. sub Friderico scripto. [*°³* Forte *Wammael*, quod legitur in chart. ann. 1252. apud Lappenb. Init. Hanseat. Probat. pag. 57 : *Centenum pannorum, qui teutonice dicitur Wammael.* V. ibi notat. supra *Waddemote.*]
¶ **WARNIMENTUM**, Apparatus bellicus, Ital. *Guarnimento*. Rolandini Patav. Chronic. Tarvis. apud Murator. tom. 8. col. 286 : *Hic revertitur Ansedisius Potestas Paduæ in Padua, dimisso Warnimento in villa plebis.* Rursum col. 343 : *Quibus duabus causis de facili sperat amodo suos conterere inimicos. Itaque mense Augusti prædicto anno, Warnimentum paravit quammaximum, et amicos suos congregans universos, et singulos, et quoscumque movere potuit proximos et remotos.* Vide *Guarnimentum* in *Garnire.*
◦ *Warnestura*, pro Munitio, in Charta Joan. comit. Pontiv. vernacule reddita ann. 1184. ex Lib. albo domus publ Abbavil. fol. 4. r° : *En tele maniere adecheries que par dedens ches mettes nule Warnesture porra estre faite.* Ubi in authentico : *Nulla poterit fieri munitio.*
WARNIO. Vide *Waranio.*
¶ **WARNISIO**, Præsidium militare, Gall. *Garnison*. Adrianus de Veteribusco de Reb. Leod. apud Marten. tom. 4. Ampl. Collect. col. 1280 : *Combusserunt villas Drabantiæ de banno de Hannunto, tenentes Warnisionibus et custodiam in Montenaken.* Ibidem col. 1874. *Dominus proposuit quod ponerentur homines in Warnisionibus, et quod dominus de Agimont non vellet aperire fortalitium suum, dicens quod bene custodiret.* Vide *Garnisio* in *Garnire.*
WARNITUS. Vide *Garnitus.*
¶ **WARNOTH.** Terræ de *Warnoth*, in Monastico Anglic. tom. 2. pag. 589. dicuntur apud Anglos Prædia obnoxia præstationi quæ duplicatur, quoties exacto solutionis tempore exigitur a domino prædii : hæc maxime circa Dubrim obtinuit. [°= Placit. ann. 33. Edward. I. Linc. rot. 46. in Abbrev. Placit. pag. 255 : *Vocatur illud servicium Warnoth, hac scilicet ratione, quod si redditus ille primo die termini non solvitur, duplex in crastinum solvetur, et si in illo crastino non solvatur, tunc tercio die triplum solvetur ; et sic de die in diem augmentabitur solucio illius redditus, quousque plene persolvatur. Et dicit quod ipse eadem feoda, etc. tenet de honore castri Dovoriæ, etc.* Vide Grimm. Antiq. Jur. Germ. pag. 387.]
¶ **WARPENI.** Vide *Wardpeni.*
¶ **WARPHUS.** Vide supra *Warfus.*
¶ **WARPIRE**, Possessionem rei alicujus dimittere. Judicium ann. 863. apud Marten. tom. 1. Ampliss. Collect. col. 171 : *Easdem res cum querela Warpivit, etc.* Vide *Guerpire.*
¶ **WARPISCERE**, Eadem notione. Charta ann. 1067. ex Tabular. S. Victoris Massil. : *Ego Poncius dono et Warpisco ad domum S. Victoris omnes compras quas fecit Bernardus Delphinus frater meus.*
¶ **WARPITORIA**, WARPITURIA, GUARPITORIA, Charta qua quid *Warpitur*. Charta ann. 945. inter Probat. tom. 2. novæ Hist. Occitan. col. 90 : *Facta Guarpitoria ista in mense Aprilis, etc.* Alia ann. 1002. ibid. col. 158 : *Notitia Warpitoria qualiter tenetur adscripta.* Charta ann. circ. 1030. ex Tabul. S. Victoris Massil.. *Pro animæ suæ et parentum suorum redemptione hanc cartam Warpturiam fieri jussit.* Vide in *Guerpire.*
¶ **WARRANANNIO**, WARRANIO. Vide *Waranio.*
WARREN, Vivarium. Vide *Warenna.*
WARSCOT, Præstatio pro bello, ex *Ware*, bellum, guerra, et *Scot*, præstatio, conjectum. Leges Kanuti Regis de Forestis cap. 9 : *Sint liberi ..... ab omnibus armorum oneribus, quod Warscot Angli dicunt.* Vide *Wardpeni.*
◦ **WARTA.** Gall. *Warte*, Præstationis species, eadem forsan quæ *Warda*. Vide in hac voce. Charta Milon. de Marchais ann. 1210. in Reg. 63. Chartoph. reg. ch. 122 : *Garbagium nostrum et vicecomitatum nostrum et omnes eschies, sicut erant in blado et in denariis et in Warte, et agnum in die Maii, etc.* Vide *Wart.*
WARTEDENIER. Vide mox *Wartepain.*
WARTEPAIN, WARTEPPAIN. Consuetudines Arkenses ann. 1281. in Tabulario S. Bertini Audomarensis : *Denarios tamen de porcis, et Wartepain eis remittimus et quittamus.* Charta Mathildis Comitissæ Bononiæ ann. 1253. ibidem . *Videlicet thelonea, motonagio, corveis, denariis, quæ dicuntur Wartedenier, panibus, qui dicuntur Wartepain, fresengagio, ovis, eschanchiis, et aliis universis, ad Justitiam et Comitatum pertinentibus.* Ubi denarii, qui *Wartedenier* dicuntur, videntur iidem, qui in Chartis Anglicis appellantur *Wardpeni*, locis in hac voce allatis ; nam pe n y, Saxonibus est denarius. Vide in hac voce.
WARTH. Charta Edwardi III. Regis in Monastico Angl. tom. 2. pag. 852 : *Ab omnibus secularibus servitiis, et omnimodis curtis, sectis, adventibus ad visum franci plegii, exactionibus, querelis, et demandis universis quiete possidendis, exceptis Warth et scutagio quantum pertinet ad 5. virgatas terræ, quas prædicta Alicia dedit prædictis fratribus in eadem villa.* Infra : *De tribus virgatis terræ, quæ appellantur Libera hida, in Bereford, quietis de Warth et scutagio, et ab omni seculari servitio.* [A Saxon. w a r d, custodia Vide *Warda.*]
¶ **WARTOLE** Charta ann 1028. apud Marten. tom. 1. Ampl. Collect. col. 306 : *Qui etiam ex eadem silva singulis annis in Epiphania Domini ligna, quæ vulgo dicuntur Wartole, ad caminatam abbatis deferent, vel etiam illos, quibus ipsi abbates pro misericordia concesserint.*
◦ Legendum videtur *Warcole*, et intelligendum de lignis, quæ in fascem collecta, ad collum cum fune portantur. Vide supra *Wercolenum.*
◦ **WASCHIUM**, WASKIUM, Gall. *Waschie* et *Waskie*, Idem videtur quod supra *Waria*. Charta Odoardi milit. dom. *de Oesil* ann. 1232. ex Tabul. abbat. Hamensis : *Concessi etiam quod si fiant alicubi in villa de Douchi Wauskire, quod hospites dictæ ecclesiæ habeant suas aisensias in Waskies, dum velint apponere adjumentum et custus, quantum ad illos pertinet, ad faciendum les Waskies.* Alia ann. 1147. in Magno Chartul. nig. Corb. fol. 219. r°. *Comme descors fust entre nous..... d'une voie et d'un Waschie, que nous clamons à avoir, etc.* Ibid. *Waskie* et *Wasquie*. Vide *Wasshum* et in *Waterscapum.*
◦ **WASHAYL**, vox Anglica. Testam. Joan. ducis Bedford. ann. 1429. ex Cod. reg. 9484. 2. fol. 597. v° : *Item à Jehan Barton nostre maistre d'hostel en hanap d'argent, couvert et escript de Washayl.* Anglis *Wash*, lavare, purgare sonat ; unde vas manibus lavandis aptum intelligi potest, Gall. *Aiguiere*. Vide *Vesseil.*
¶ **WASKIUM.** Vide supra *Waschium.*
¶ **WASO**, Cespes. Vide *Wazo.*
◦ **WASONNUS**, Cespes, Gall. *Gazon*. Charta ann. 1280. ex Chartul. S. Vinc. Laudun. : *Item justitiandi caventes Wasonnos, et terram et petras capientes in treffundo suo.* Vide *Wazo.*
◦ **WASPLEDRING**, Vim vocis exponit Charta Phil. comit. Fland. pro libert. castel. Brug. ex Cam. Comput. Insul. : *De Waspledring. Si homo ecclesiæ hominem liberum injecerit luto vel terræ, emendabit ei sex libras.* Vide *Wapeldrinc.*
WASSHUM, Vadum, terra undis vel mari abluta, ex Anglico *Wash*, lavo, etc. Henricus de Knyghton ann. 1346 : *Et sic transierunt per unum Wasshum maris ad longitudinem unius leucæ in vigilia S. Bartholomæi, et ex altera parte Wasshi, inimici fuerant parati ad prælium, etc.* Loquitur de Prælio Creciacensi, ubi Angli Somenam fluvium trajecerunt ad vadum, quod *Blanchetaque* vocant.
☞ Neque alia notione accipienda videtur vox *Wasier* in Charta vernacula ann. 1282. tom. 1. Chartul. S. Vandreg. pag. 995. *Avon baillé et ottroié à hommes religieux Monseignor l'Abbé et le Convent de S. Vandrille nostre Wasier que nos avon à Caudebec, si comme nostre masure se porte en lonc et en lé de la rue jusques à Seigne.* Vide *Vuasilus.*
¶ **WASSO**, Cespes. Vide infra *Wazo.*
¶ **WASSORES**, pro Vavassores, in Litteris Philippi Aug. ann. 1221. tom. 5. Ordinat. Reg. Fr. pag. 143.
¶ **WASTA**, VASTATOR. Vide in *Vastum.*
WASTELLUS, WASTELLUS, GASTELLUS, Panis delicatior, vel placentæ species, nostris *Gasteau*. Ita forte dictus a Saxonico w i t el, tegulum, tegmen ; est enim *wastellus*, panis in cinere tectus, coctus. Picardi etiamnum *Watel*, ejusmodi panes vocant, [ut et *Wasteler* qui eos conficit. Statutum pro pistoribus Atrebat. ann. 1355. inter Ordinat. Reg. Franc. tom. 5. pag. 511. § 13 : *Doivent cuire li fournier le fournee de pain et de Wastieux païsiblement.* 24 : *Doivent li Wastelier qui font Wastieux con dist razis, etc.* Infra § 15 : *Wastilier.*] Monasticum Anglic. tom. 1. pag. 149. *Habere debent Monachi singulos fiffuls de granario ad Wastellos.* Ibidem : *Et in eisdem festivitatibus singulos fiffuls de frumento ad Wastellos de granario. Panis de Vastello*, in Fleta lib. 2. cap. 9. § 1. Vide *Watellus.*
VASTELLUM, in Itinere Camerarii Scotici cap. 9. § 4. et alibi.
GUASTELLUS. Statuta Cluniacensia : *Duo Guastelli de granario et de meliori vino committi cellarii in cappa decenti coram eo afferri debet.*
GASTELLUS. Consuetudines Floriacensis Monasterii : *Et pitanciam de optimo vino a custode vini, et sero Gastellos habere debet.* Alibi : *Ad cœnam Gastellos et poma habere debemus.* Charta Communiæ Roiensis art. 39 : *Si quis Gastellos, vel fla-*

tones, vel hujusmodi, quæ villæ noceant, fecerit, Major potest prohibere, ne amplius fiant. Ugutio : *Placenta*, Gall. *Gastel*. Le Roman de *Gaydon* MS. :

Ainsi li fend con feist un Gastel.

Philippus *Mouskes* in Hist. Francor. MS :

A force prist tour el castiel,
Lor gens ni valu 1. Gasticl.

¶ **WASTINA**, WASTUM. Vide in *Vastum*.

◊ **WATELLUS**, Panis delicatior, vel placentæ species, Gall. *Gateau*. Stat. MSS. eccl. Tullens. fol. 61. v° : *Quarta collatio sit in cœna Domini,...... et loco hostiarum ministrantur cibi seu Watelli, quos oportebit aliquando cessare et redire ad hostias, ut antiquitus fiebat, quia propter aviditatem edendi dictos cibos seu Watellos, jam non sufficiunt nongenti aut mille.* Vide *Wastellus*.

¶ **WATERGAGIA**, ut mox *Watergangæ*. Locus est in *Inselenys*.

WATERGANGÆ, WATERGANGIA, Aquæductus et fossæ, per quas eliciuntur aquæ in palustribus regionibus, Flandris *Waterganck*, a *Water*, aqua, et *Ganc*, ductus, iter. Spelmannus a Saxonicis vocabulis, quæ idem sonant, deducit. Ordinatio Marisci de Romeney facta tempore Henrici III. Reg. Angl. apud Spelmannum : *Non liceat alicui de cætero facere dammas vel fordas, aut alia impedimenta in aliquibus landeis, Watergangiis, fossaiis, sive aquagiis communibus, in marisco prædicto*. Monasticum Anglic. tom. 2. pag. 920 : *Mando vobis atque præcipio, quatenus justicietis meos homines de Snargate, ut faciant wallas et Watergangas, et clausuras wallarum, sicut debent facere.*

◊ **Charta** Guid. comit. Fland. ann. 1282. ex Chartul. Namurc. in Cam. Comput. Insul. fol. 5. r° : *Avons otroiet à nostre chiere et amée compaigne Ysabelle comtesse de Namur cent bonniers di nostre muer , gisans encostre nostre vile d'Ardenborgh, avoec un Watergang ki parmi va, k'on claime Watergang seigneur Jehan.*

¶ **WATERGAVEL**, Præstatio pro jure piscandi exsoluta ; a *Water*, aqua, fluvius, et *Gavel*, tributum. Charta ann. 15. Henrici III. Reg. Angl. apud Th. *Blount* in Nomolex. : *Sciatis nos dedisse.... Huberto de Burgo Comiti Kantiæ et Margariæ uxori suæ redditum* XXXII. *sol. et* IV. *den. quem homines eorumdem Huberti et Margariæ de manerio suo de Elmour nobis reddere solebant singulis annis per manum balivi nostri de Menstreworth, nomine Watergavel.*

◊ **WATERINGHE**, Eodem intellectu ut *Watergange*, iisdem Flandris. Charta ann. 1331. ex Chartul. 2. Fland. in ead. Cam. ch. 584 : *Ceauæ de la ville de Gand et leur adherdans..... disoient que chil de Leet-polre et de Haut-poire, nului excepté, dovent payer et contribuer avecques eaux tous cous, tous frès et tous despens que il feroient à les Wateringhes et dikages de leur Leet-polre.*

WATERSCAPUM, WARISCAPIUM, WADRISCAPIUM, WADISCAPUM, Aquagium, aquæductus , ex Saxonico waeterschap, compositum ex waeter, aqua, et schap, ductus.

WATERSCAPUS. Vetus Charta Germanica ann. 793. apud Henschenium ad Vitam S. Ludgeri Episc. Mimigard. : *Cum Waterscapis , perviis, communis, pascuis, etc.* Occurrit præterea apud Miræum in Donat. Belgic. cap. 61.

WADRISCAPUM. Charta Nevelongi Comitis apud Doubletum pag. 724 : *Perviis, Wadriscapis,* (sic legendum pro *Wadriscanis) terminis, eliciatis, etc.* Alia ann. 808. pro Monasterio S. Bertini apud Duchesnium in Historia Guinensi, et Malbrancum lib. 5. de Morinis cap. 45 : *Hoc est mansa cum casa, castiltis, ædificiis, pratis, pascuis, terris, perviis, et Wadriscapiis.* [Occurrit præterea apud Marten. tom. 1. Ampliss. Collet. col. 127. Hinc emendanda Charta ann. 818. apud Meichelbec. tom. 2. Histor. Frising. pag. 208. ubi perperam divisis vocibus editum, *Wadris, capis.*]

⁰ **WATRISCAPUD**, in chart. Einhard. abbat. apud Teulet. in Oper. Einhard. tom. 2. pag. 423. ibique not. 2.

¶ **WADRISCAMPUM**. Chron. S. Bertini apud Marten. tom. 3. Anecd. col. 522 : *Super fluvium Isara terræ bunaria quinque cum amborum floco parnitis et Wadriscampis, etc*. Perperam divisim in Formul. 18. et 20. Lindenbrogii, *Wadris, capis.*]

WATRISCAPUM. Charta ann. 711. apud Marten. tom. 1. Ampl. Collect. col. 18 : *Cum Watriscapo, et aratoria terra, mobili cum immobili, etc.*

¶ **WATRISCHAFUM** et **WATRISCAFUM**, in Chartis ann. 709. et 710. ibidem col. 17.

¶ **WIDRISCAPUM**. Charta ann. 722. ibid. col. 24 · *Hoc sunt sessi cum Widriscapis, casis, campis, etc.*

WARESCAPIUM, WARISCAPIUM. Charta ann. 838. pro Sarcinisio in Leodicensi Episcopatu Abbatia, apud Miræum in Donat. Belg. lib. 2. cap. 10 . *Et mansas sex vestitas ad ipsam curtem conspicientes vel pertinentes, cum perviis legitimis, Warescapiis, pratis, pascuis, etc.* Testamentum Henrici III. Ducis Brabant. ann. 1260. apud eumdem in Diplom. Belg. : *Cæterum quidquid deliquimus in Wariscapiis, wastinis, sive pascuis communibus terræ, etc.* Alia apud Ægidium Auræ-vallis Monachum in Alexandro Episc. Leod. Chap. 26 : *Dotavi eam de* 4. *mansis.... et de cursu aquæ Mosæ a prima parte superioris insulæ.... usque ad ultimam partem inferiorem, quæ est contra Plumborum montem, et de Wariscapio utriusque ripæ.* [Chr. Corn. *Zantfliet* apud Marten. tom. 5. Ampl. Collect. col. 183 : *Sed et Warescapia et pascua communia, vel loca publica sibi usurpabant. Wericrhas ou aisemens, Weriscaps et aisemens*, in Charta vernacula ann. 1332. apud *Louvræx* in Collect. Edictorum, et Statutorum tractus Leod. pag. 481. unde patet voce *Warescapium* interdum significari loca publica quæ incolarum usibus permittuntur, idem proinde esse quod *Aisantia*, et *Aisamentum* alibi appellant.]

¶ **WARICAPIUM**. *Cum omni jure, Waricapio, telonio, etc*. in Charta ann. 997. apud Knippenberg. Hist. Eccl. Geldriæ cap. 58.

WADISCAPUM. Formulæ vett. Pithœi cap. 57 : *Super ipso magno posita seu et Wadiscapo, et inter terra et prato et silva bunnaria tanta , et mancipia tanta his nominibus ii. et ii. boves duas, vacca una cum vitulo, inter porcos et verveces capita tanta, et scapio deintus casa valentes solidos tantos.* Vetus Charta apud Baldricum lib. 1. Chron. Camer. cap. 52 : *Terras cultas et incultas, pervia, Wadiscapia, prata, pascua, etc*. Alia apud Doubletum pag. 730 : *Aquis, aquarumve decursibus, Wadiscapis, exitibus, et regressibus , etc.* [Corrigenda itaque Charta Henrici V. Regis Angl. apud Rymer.

tom. 10. pag. 236. ubi perperam editum *una discapo*, pro *Wadiscapo*.]

¶ **WADISCABUM**, in Charta ann. 828. apud Meichelbec. tom. 2. Hist. Frising. pag. 273 : *Cum domo et curte, curtiferisque et Wadiscabis, et cum omni ædificio.*

WARESCHAIX. Consuetudo Montensis cap. 50. 51 : *Item que nul sans congé de ladite Seigneurie, ou de personne puissante, ne fache , ne empire le Wareschaix de laditte ville en ladite Seigneurie, sur* 7. *sols* 6. *deniers blancs de loix, et remetre celui Wareschaix en estat deu. Item que chascun depuis la my Mars jusques à donc, que les biens seront depouillez, soit tenu de renclorre et fosser son heritage contre le Wareschaix sur* 27. *deniers blanc de loix.* Ibid cap. 54 · *Item qui enclorront son heritage contre chemin ou Wareschaix, où il y auront bonnes, etc.*

WATLING-STREAT. Vide *Erminstreat*.

WATSPENDA. Charta 86. inter Alemannicas Goldasti, et apud Vadianum pag. 91 : *Denique hanc eamdem ecclesiam præbenda pueri unius de claustro nostro, et una Watspenda , et beneficio unius mansus..... dotavi.* Ubi *Watspenda* quibusdam dicitur vestiaria pensio, Monachis præstari solita ab Abbate. Nam apud Germanos *wat* vestem significat, et *watman* dicitur , qui pannos vendit. *Spenda* vero annonam significat.

¶ **WATWRF**. Vide in *Walaworf*.

¶ **WAVASARIA**, WAVASSORES. Vide *Vavassores*.

¶ **WAUDA**. Teloneum S. Vedasti : *Carrethei de waisde* 2. *den. de warance* 2. *den*..... *de Wauda* 5. *sol*.

⁰ Nostris *Waude*, Annoæ seu glasti species. Charta ann 1266. ex Chartul. S. Juhani Camerac. : *Item pro harcellis et Waulis, xij. sol. Fland.* Alius ann. 1362. ibid. : *Item pro iiij. de Waules, pro cento iij. gros. valent xij. gross.* Lit. remiss. ann. 1423. in Reg. 172 Chartoph. reg. ch. 411 : *Icellui Jehan et sa mere sont alez par plusseurs et diverses foiz ès bois, et en iceulx ont fait plusseurs botes de Waulle. Hinc diminut. Waulette*, Virgula , in aliis Lit. ann. 1451. ex Reg. 184. ch. 154 : *Laquelle femme s'aproucha près, et frapa le suppliant par le visaige d'une Waulette, etc.*

WAULASSUS. Vetus Inquisitio apud Will. Dugdalum in Antiquitat. Warwicensis Provinciæ pag. 665 : *Et quotiescunque dominus ad venandum venerit, illi custumarii solebant fugare Waulassum, et stabulum in fugatione ferarum bestiarum secundum quantitatem tenuræ suæ, ut illi, qui tenuerunt integram virgatam terræ per* 2. *dies, et sic de aliis.* Infra : *Et solebant amerciari similiter, si non venerint ad Waulassum, quoties dominus ad venandum venerit.* [Anglis *Wawl* est felinum clamorem edere, Gall. *Miauler*. Porro eo loci agi videtur de incondito clamore quem ad fugandas

WAY

feras inter venandum ex servitio edere tenebantur vassalli.] [∞ Forte Volutabrum, ab Angl. *to wallow*, Volutare, Sax. wealwian.]

¶ **WAW**, Mensuræ species. Vide *Waga*.
¶ **WAWATUS**. Vide in *Wayf*.
¶ **WAXSCOT**, in Leg. Can. Eccl. cap. 12. Spelmanno est Tributum quod in ecclesiis pendebatur ad subministrationem ceræ et luminarium : ex *Wax*, cera, et *Scot*, symbolum. Idem quod *Ceragium*. Vide in hac voce.

WAYA. Monasticum Angl. tom. 3. pag. 50 : *Nec non et sedem molendini cum pertinentiis super Wayam in dominio meo de Wynfretone cum moltura ville* Adde pag. 51. [*Way* Anglis viam sonat.]

¶ **WAYDIA**, Glastum, Angl. *Woad*, Picardis *Waide*. Pedagium Peronnæ in Chartul. 21. Corb. fol. 336 : *Waide waranés doit.* II. *den.* Litteræ Edwardi III. ann. 1327. apud Rymer. tom. 4. pag. 327 : *Gravem querelam dilecti mercatoris nostri Wilhelmi de Rydale, de quadam Waydia dicti Willielmi capta et detenta apud Ambianum.* Vide *Wesdia*.

WAYERIA, WAERIA. Fleta lib. 4. cap. 1. § 20 : *Fit etiam disseisina de... bercaria, vaccaria, Wayeria, augmentatione curtis, etc. Waëria*, lib. 4. cap. 20. § 6.
° Vide supra *Vaieria*.

WAYF, WEIF, WEYVIUM, Res derelicta, et quæ a nemine repetitur, ut sua. Bromptonus lib. 1. cap. 10. § 10 : *Dicuntur res in nullius bonis esse, quæ habitæ sunt pro derelicto :* ...*item de his, quæ pro Wayvio habentur, sicut de avertis, ubi non apparet dominus.* Lib. 3. tract. 2. cap. 11. § 5. et in Fleta lib. 1. cap. 27. § 13 definitur *Wayvium, quod nullus advocat*. Vetus Consuetudo Norman. cap. 19 · *Choses Gaives sont, qui ne sont appropriées à nul usage de home, et qui sont trouvées, que nul ne reclame siennes.* Adde Novam, art. 604. Editio Latina : *Waiva, sunt res, vel alia, quæ nullius proprietati attributa sine possessionis reclamatione sunt inventa.* Occurrit hæc vox in eadem Consuetud. art. 194. 597. et seq. *Res vayvæ*, in Charta Ludovici Regis Franc. et Navarræ anno 1315. pro Normannis, res derelictæ. *[Choses Gayves, ut redditur in eadem Charta vernacula* tom. 1. Ordinat. Reg. Fr. pag. 591. Charta ann. 1128. apud Kenett. Antiquit. Ambrosden. pag. 186 : *Recognitum est a Militibus et liberis hominibus... quod ad nos spectat le Gwayf.* Ibidem ad ann. 1372: *Die* XIX. *Martii seisitæ fuerunt ibidem tamquam Weyf in manum Prioris.*] *Gaywon* in legibus Maris Oleronensib. art. 34. dicuntur , *Weife* , apud Britton. pag. 72. *Wefve*, præterea in Consuetud. Hannoniensi cap. 77. pro *viduitas* occurrit.

WAIVIUM, proprie, *est pecus vagans, quod nullus petit, sequitur, vel advocat,* ut est in Fleta lib. 1. cap. 43. § 2. Will. Thorn. : *Animalia, quæ dicuntur Weif, etc.* Leges Baronum Scoticorum cap. 48. § 14 : *Est autem et alia escheta de animali invento Wayff, in territorio alicujus domini.* Ubi Skenæus vertit, *errans pecus.* Erraticum habere, quod vulgo dicitur *Weredif*, (ubi legendum *Weif*) in Concilio Illebon. apud Ordericum Vitalem lib. 5. *Erroneum et errans animal,* in Lege Wisigoth. lib. 8. tit. 5. § 6. 7. 8. *Animal vagans,* in Lege Burgund. tit. 49. § 3. *Animal aberrans,* in Legibus forestarum Scoticar. cap. 19. § 1. Ita *asinus errans,* Exodi cap. 23. 4. Hinc emendandum Monasticum Anglic. tom. 2. pag. 187: *Et omnia animalia advenientia fugitiva, Gallice Withe, etc.* Legendum enim *Weif*.

WAY

Et pag. 103 : *Una cum mineriis, Weyvis, tolloniis, et stallagiis, etc.* *Jus* autem *weyvii* dicitur dominus feudi habere, cui pecora vaga inventa in suo feodo, et a nullo reclamata aut asserta competunt, in Fleta lib. 1. cap. 47. § 1. Quod interdum a Regibus concessum Monasteriis legimus, ut apud Ingulfum pag. 875 : *Cum omni illo, quod appellatur socha, saca, tol, et them, infanthef, Weif, et stray, etc.*

Wayvuum autem inter regia ponitur a Bromptono lib. 2. cap. 24. § 1. Dicitur vero esse catallum personale et mobile, felonia seu furto subductum, et a subducente metu captionis derelictum, cujus dominus non apparet ; quapropter, si quid tale inveniatur, Regi acquiritur, aut domino feudi, nisi proprietarius a fure per actionem, quam *Sectam* vocant, rem furatam repetat, eamque suam esse probet. Ita Wilielm. Stanfordius lib. 3. Placitorum Coronæ cap. 25. Cowellus lib. 2. Instit. tit. 1. § 44. et Rastallus. Placita coram Johanne de Berewel, et sociis suis Justit. Itiner. apud Salop. in Octab. S. Michael. 20. Edw. 1. rot. 29 : *Ricardus filius Alani Comes Arundel, summonitus fuit ad respondendum Dom. Regi de placito Quo warento clamat habere placita coronæ, et habere Wayf in manerio suo de Upton, et Comes dicit, quod ipse clamat habere infangetɇ vef et Wayf, et eadem placita et libertates habuerunt ipse et omnes antecessores sui, et eisdem uм sunt, a tempore, quo non extat memoria, etc .. Et Hugo de Louther, qui sequitur pro D. Rege, dicit, quod Wayf est quoddam grossum de corona, ita coronæ D. Regis annexum, quod nullus eo gaudere possit, nisi habeat inde speciale warantum a Domino Rege, vel antecessoribus suis concessum.*

WAYVIARE, Relinquere, pro derelicto habere : *Abandonner. Guesver l'heritaqe,* in Consuetud. Aurelian. artic. 121. 132. Bractonus lib. 2. cap. 7. § 4 : *Feoffatus bene poterit Wayviare feodum suum, cum hoc sit ad commodum sui feoffatoris, et ad proprium incommodum suum. Wayvare feodum,* apud eumdem lib. 2. cap. 35. § 12. *Wayvare,* infra eod. § et in Fleta lib. 3. cap. 10. § 3. cap. 12. § 2. Idem Bractonus lib. 3. tract. 2. cap. 11. § 2. ait, *fœminam utlagari non posse, quia non est sub Lege,* in. *inlaughe Anglice, scilicet in franco plegio, sive decenna, sicut masculus 12. annorum et ulterius ; Wayviari tamen posse, et pro derelicta haberi, cum per felonia aliqua fugam fecerit, sive ceperit. In eo autem differt Utlagatio a Weyvio, quod si viri seu masculi Utlagati capiantur, vel se reddiderint, eorum vita et mors sit in manu Regis, femina autem pro derelicta habeatur.*

¶ **WAVIARE**, Eodem intellectu , in Charta ann. 1509. apud Rymer. tom. 13. pag. 243: *Utlagata, Waviata, etc. Catalla Waviata et straiata,* in alia ibid. pag. 788. Hinc emendanda Charta ann. 1526. apud eumdem tom. 14. pag. 165: *Nec non catalla utlagatarum et Wawatarum et catalla qualiter quocumque confiscata. Leg. Wayvatarum.*

WEYVIARI, etiam dicitur femina, quæ si in judicium appellatur, non comparet ; tum quippe pro derelicta habetur. Nam femina proprie utlagari non potest, quia in nullius Decenna debet contineri, quo casu *Weyvium* utlagario equipollet quoad pœnam. *Utlagatus et Wayviata, capita gerunt lupina, quæ ab omnibus impune poterunt amputari ; merito enim sine Lege perire debent, qui secundum Legem vivere recusant. Hæc Fleta lib.

WEA 411

1. cap. 27. § 12. 13. Adde Rastallum verbo *Waiwe*. [∞ Vide Grimm. Antiq. Jur. German. pag. 738.]

° Hinc *Wauve femme* nuncupatur, Meretrix, quo sensu *Femme abandonnée* dicimus, in Charta ann. 1355. tom. 2. Hist. Leod. pag. 423 : *Item que Wauves femmes soyent miesés pour honnesteteit en ung certain lieu, ou en plusieurs ad ce convenables, si que plus ne voisent parmi la cité.* Vide supra *Vaivus*.

WAYIA. Genus ponderis apud Anglos, quibus 12. *Wayiæ charrum* conficiunt : et 2. *Wayiæ* lanæ faciunt unum *saccum* lanæ. Vide Fletam lib. 2. cap. 12. § 2. [Vide *Saccus* 2]

¶ **WAYNSCOTS**, Tabulæ abiegnæ quibus parietes vestiuntur, Germ. *Wandschotten*, a Teuton. *Wand*, paries, et *Schotten*, munire, vestire. Comput. ann. 1425. apud Kenett. Antiquit. Ambrosd. pag. 575 : *Et in* VI. *estregbords, videlicet Waynscots, emptis apud Steresbrugge* II. *sol.* III. *den.*

° **WAYNUM**. Annonæ seu hordei species, nostris *Wain*. Stat. MSS. eccl. Tullens. fol. 56. r°: *Qui quidem* (grenetarius) *præstat juramentum distribuendi grana æqualiter de puro et mixto frumento , Wayno et siligine, hordeo et avena pura et mixta.* Charta ann. 1246. in Chartul. Arremar. ch. 271 : *Duo sextaria bladi, quorum medietas · esse debet ordei, et alia medietas de Wain.* Vide supra *Marcescha*.

¶ **WAYVIUM**, WAYWARE. Vide *Wayf*.
WAZO, Cespes, nostris *Gazon ; Wason,* in Consuetud. Hannoniensi cap. 69. et in Consuetud. Castell. Insulensis art. 45. Veteres Chartæ apud Ughellum tom. 3. pag. 49. 61. 415 : *Legitimam facio vestituram per cultellum, festucam nodatam, wantonem, et Wazonem terræ, seu ramum arboris me ea inde foris expuli. et verpivi, et absesitum feci.* Alia vide in v. *Investitura.* Jo. Molin. pag. 57 :

Qu'ont emporté de ce mondain Wuason
David, Samson, Perseus, Hercules, etc.

¶ **Waso** , **Wasso** , Eadem notione. Charta inter Probat. tom 3. Gall. Christ. novæ edit. col. 330 : *Præfatam decimam vendidit et per ramum et Wasonem werpivit.* Adde Acta SS. Bened. sæc. 5. pag. 769. Charta ann. 1107. apud Calmet. inter Probat. tom. 1. Hist. Lothar. col. 524 : *Insuper per cultellum , festucam nodatam, wantonem et Wassonem terræ, aliquæ ramum arboris, jam dictæ ecclesiæ legitimam facio concessionem et investituram. On doit lui livrer terre et Wasson,* in Statutis Lossens. part. 3. ejusd. Hist. pag. 14. *Clorre de Wasons le peciel,* in Charta ann. 1340. ex Chartul. 23. Corb. [∞ Vide Graff. Thesaur. Ling. Franc. tom. 1. col. 1063. voce *Waso*.]

¶ **WEADING**. Vide infra *Wehadinc*.
¶ **WEALH**. Vide in *Sixhindi*.
WEALREAF, Mortui tumulati exspoliatio. Leges Ethelredi Regis apud Venetyngum editæ cap. 21 : *Wealreaf, i. mortuo referre, est opus inthingi, si quis hoc negare velit, faciat cum* 48. *thaynis plane nobilibus.* Vox composita ex Saxon. wæl, i. strages, et reaf, spoliatio, exspoliatio, quasi dicatur, *strati et extincti spoliatio, exspoliatio.* Vide *Walaraupa.*

° **WEARWITE**, Præstationis eo multæ species. Charta Eduardi reg. Angl. ann. 1044. in Suppl. ad Miræum pag. 13. col. 2 : *Concedo ceu etiam in omnibus terris suis prænominatis, consuetudines hic Anglice scriptas, scilicet... Wearwite, etc.* Vide *Wita.*

¶ **WEDBREDRIPA**, Pactum seu conventio dominum inter et tenentem de falcandis pratis, metendis messibus, etc. Vide in *Bedertpes.*
¶ **WEDDE**, Mulcta judicialis. Charta Wilbrandi Archiep. Magdeburg. ann. 1247. apud Ludewig. tom. 5. Reliq. MSS. pag. 45 : *Quod dapifer duas partes satisfactionis judicio debite, quod vulgariter Wedde dicitur, et in sententiam sanguinis Wergelt auferret eidem, etc.* [∞ Vide Haltaus. Glossar. German. voce *Wette*, col. 2089. Grimm. Antiq. Jur. German. pag. 657.]
° **WEDDINGUM**, Placiti seu assisiæ genus. Charta Phil. comit. Fland. pro libert. castel. Brug. ex Cam. Comput. Insul. : *In anno erit semel unum gouding. In anno erunt duo Weddinga.* Belgis *Wedding*, sponsionem, pignus sonat. Vide *Wehadinc.* [∞ Forte a voce præcedente *Welde*, mulcta, Consessus ad mulctas irrogandas. Vide Grimm. Antiq. Jur. German. pag. 832.]
¶ **WEDE**, pro *Waisda*, Glastum. *Summarius de Wede* 1. ob. in Teloneo S. Bertini. Vide *Guaisdum.*
° Unde *Wedelle*, pro Glasti semen. Lit. remiss. ann. 1386. in Reg. 130. Chartoph. reg. ch. 112 : *Icellui Jehan dit audit Huart qu'il alast livrer Wedelle, dite semence de Wede, qu'il avoit vendu.*
° **WEDIA**, a Belgico *Wed*, Aquarium, Gall. *Abbreuvoir.* Comput. ann. 1475. ex Tabul. S. Petri Insul. : *Item Gerardo Duquesne pro una via supra 'Wediam, vj solidos.... Johanni des Fontaines pro una via supra 'Wediam, iv. sol. Woue,* eadem acceptione, in Lit. remiss. ann. 1405. ex Reg 10. Chartoph. reg. ch 205 : *Comme une chambriere, appellée Jehannette, feust venue abuvrer un cheval au Woue ou gué, qui estoit devant l'ostel, etc.* A Lat. *Vadum* dictum videtur.
WEDREDO. Pactus Legis Salicæ tit. 76 § 1 : *Et qui admallatur, si eo venerit, tunc qui eum admallavit, si causa minor fuerit, aut minus, quam 85. solid. componatur, debet ibi sextus Wedredo jurare, etc.* Ubi Wendelinus : Compositum est a *Weder*, quod sonat, vicissim, *contra*, *juxta*, et *Ede*, quod est *jusjurandum*, ut sit *reciprocum juramentum*, etc. [∞ Vide Grimm. Antiq. Jur. Germ. pag. 906.]
° **WEEDT**, ut supra *Wede.* Charta ann. 1816. ex Cod. reg. 10197. 2. 2. fol. 82. r° : *Exceptis quatuor mensuris, videlicet mellis, salis et herbarum tinctoriarum, quæ Weedt et mede vocantur. Wuoed* editum apud Marten. tom. 1. Ampl. Collect. col. 1422.
WEGALAUGEN. Capitula ad Legem Alamannor. edita a Baluzio cap. 27 : *Si ancilla fuerit, 12. sol. componat, aut cum 12. medios electos juret, de Wegalaugen sex solidos solvat. Si litus fuerit, solvat solidos 4.*
¶ **WEGLOSE**. Charta Hermanni Herbipol. Episc. ann. 1334. ex Schedis Mabill. : *Mansum autem ipsum abbas vel procurator ecclesiæ instituendi vel destituendi liberam habeat potestatem, cum eo jure quod Weglose vocatur.* [∞ Vide Haltaus. Glossar. German. voce *Weglos*, col. 2047.]
WEGORF, WEGORANIT. Vide *Oberos.*
¶ **WEGSTURA**, Tributum ab itinerantibus ad reparandas vias exsolutum, apud Germanos, ex *Weg*, via, et *Stura*, idem forte quod *Storium*, copia. Ita B. Rhenanus, lib. 2. Rer. Germ. pag. 171. Vide *Transitus.*
WEHADING Lex Bajwar. tit. 11. cap.

5 : *Et si alia probatio nusquam invenirí dignoscitur, nec utriusque invasionem compensare voluerint, tunc spondeant invicem Wehadinc, quod dicimus, et in campiones non sortuantur; sed cui Deus dederit fortiam et victoriam, ad ipsius partem designata pars, ut quæritur, pertinent.* Ubi Herold. *Weladinc.* Decretum Tassilonis de Legibus popularib. cap. 5 : *De pugna duorum, quod Weadinc vocatur, etc.* Loccenius lib. 2. Antiq. Suecicar. cap. 8. vocem hanc deducit a *Wehen, Weihen*, sacrare, vel consecrare, quod ejusmodi sponsio quasi sacra haberetur. Spelmannus vero *Wehadinc*, ait esse Saxonibus, pignoris depositionem vel præstationem, ex *wead, pignus;* ita ut fuerit quod nostri appellant *gagium duelli*, seu sponsio ineundi duelli, *le gage de bataille.* Vossius denique scribit, *Wehahinc* esse sacram sponsionem singularem cum aliquo certamine, ex *Weha*, vel *Wethe*, Belgis *Wie*, sacer, et *Ding*, sponsio, contractus. [Vide Schilteri Gloss. Teuton. pag 224.] [³³Graff. Thesaur. Ling. Franc. tom. 5. col. 183.]
° **WEHRGELD**, Idem quod *Weregeldum.* Charta Cunradi archiep. Magdeburg. ann. 1226. apud Ludewig. tom. 12. Reliq. MSS. pag. 321 : *Pro pœna majori, quæ Wehrgeldt appellatur, qui eam inciderit, sex talenta judici exhibebit.*
¶ **WEIDTALA**, Vastatio, invasio, ac præsertim ea quæ in agris fit ; *Wieden* Belgis est evellere. Vide *Tala* 1. et *Talare.* Consuetud. Furnenses ex Tabul. Audomar. : *Quicumque fur cum pronuntia captus fuerit debet in vierscara adduci, et ibi debet audire allegationes, id est tala et Weidtala per manum ipsius qui eum cepit et quatuor bonorum virorum.* [⁵⁰ Vide Tala 1.]
¶ **WEIF**, WEIFE. Vide in *Wayf.*
WEILREF. Leges Henrici I. Regis Angl. cap. 83 : *Qui rectum offerentem occiderit, vel afflixerit in aliquo, emendet wytam, vel vulnus, vel denique sicut egerit, et quicquid adversus eum habeat, forisfaciat ; et qui ad aliquem quoquo modo perimit, videat ne Weilref dominis* (deest forte *depereat*) *; si quis mortuum refabit armis aut vestibus, etc.* [³³ Vide *Wealreaf.*]
¶ **WEKKUM**. Charta Edwardi I. Reg. Angl. ann. 1283. apud Rymer. tom. 2. pag. 238 : *Concessimus Johanni de Britannia libertatem honoris Richemondiæ cum omnibus ad libertatem illam pertinentibus, ut in visu franciplegii, wayviis, Wekkis, et omnibus aliis libertatibus consimilibus. Legendum videtur Wrekkis.* Vide *Wrekum.*
¶ **WELADING**. Vide in *Wehadinc.*
¶ **WELRWST**. Vide in *Walaworf.*
WEMMINGES. Leges Henrici I. Regis Angliæ cap. 83 : *Injusto quoque judicio contradici poterit Wemminge majori et sapientiori, præsertim si in redditione fuerit advocatum.* Adde cap. 64. 67. Somnerus in Glossario Anglo-Saxonico : *wem, vemme*, labes, macula, menda, vitium. Hinc autem *Wemminga*, alias *Wenunga* in Legibus Henrici I. id est causæ, vel sententiæ frustratio appellationis remedio ; vel, si placet, viti, errors, falsitatis, et injustitiæ decreti, vel sententiæ per inferiorem judicium in prima, ut vocant, instantia latæ, coram judice superiori ostensio, et judicii abrogatio. Vide *Falsare judicium.*
WENDUS, Procinctus terræ amplior, plura juga in se continens, perambulatio, circuitus, a prisco Anglico *towend*, i. meare, atque hoc a Saxonicco *wendan*, quod est vertere et converterae.

Rentale Regalis manerii de *Wy* pag. 31 : *Tres sunt Wendi, videlicet Downewend, Chitoniswend*, et *Bronsforwend, et in quolibet Wendo sunt 10. juga; et sic in tribus Wendis sunt 80. juga, quorum 26. juga et dimidium sunt in Wy, etc.* Infra : *Quilibet Wendus faciet 10. averagia semper de tribus septimanis in tres, etc.*
° **WENELACIA**, An idem quod supra *Wenela*, semita, via strictior ? Charta Willel. reg. Scot. in Chartul. eccl. Glasg. ex Cod. reg. 5510. fol. 76. r° : *De sic susum usque ad Wenelaciam Ricardi Cumin, et sic deinde susum, etc.* Nisi idem sit quod *Venna* 1. Vide in hac voce.
¶ **WENERDON**. Charta apud Lobinell. tom. 2. Hist. Britan. col. 70 : *Dedit istam terram sicut de transmare super scapulas suas in sacco suo detulisset,.... sine censu et sine tributo, præter censum Regis et Wenerdon.* Leg. fortassis *Werrerdon*, pro *Guerrerdon*, merces, munus.
¶ **WEN-MENED**, Aremorica vox quæ montem album sonat, ex Charta ann. 1187 in Tabul. Eccl. Nannet.
¶ **WENUNGA**. Vide *Wemminge.*
WEPONA, Anglis *Weapon*, idem quod *telum* apud Latinos, sonat. Vide Cowell. lib. 4. Institut. tit. 18. § 47
¶ 1. **WERA**, Specula, ut videtur, *Guerite.* Litteræ Henrici VII. Reg. Angl. ann. 1509. apud Rymer. tom. 13. pag. 243 : *Pardonavimus.... nobis forisfacta... contra formam seu effectum statutorum, actuum sive ordinationum, pro riparis,.... Weris aut mothis factis, ædificatis, etc.*
2. **WERA**, vox Saxonica, *were*, homo, præterea *hominis*, seu capitis æstimatio, voce *Gelt*, subintellecta, quæ *pretium* sonat. *Pretium nativitatis*, seu *Wera*, in Legibus Inæ Regis cap. 17. Canuti Regis, et Henrici I. Regum Angl. ut supra docuimus in voce *Pretium. Pretium redemptionis*, in Legibus Edw. Confessor. cap. 12. *Forisfactura* cap. 36. Quippe apud Saxones, et Anglos, quomodo etiam apud alias nationes Septentrionales, ut ex Legibus antiquis colligitur, forisfacta irrogata alicui puniebantur mulcta, pro hominis, cui facta fuerant, æstimatione, cum pro dignitate et nativitate cujusque varia esset æstimatio; nobilis enim, seu *Thaini*, æstimatio fuit 20. libr. *villani* centum solidorum, ut est in Legibus vernaculis Will. Nothi cap 8. Ejusmodi hominum æstimationis mentio est apud Egbertum in Dialogo de Ecclesiastica Instit. pag. 103. in Legibus Inæ Regis cap. 73. edit. Saxon. et Henrici I. cap. 8. 11. 76. etc. de qua etiam egimus in voce *Hindenus.* In Legibus Henrici I. cap. 12 : *Ex iis placitis quædam emendantur centum solidis, quædam Wera, quædam Wita, quædam non possunt emendari, etc.* Sed *Weræ* adeo crebra est mentio in Legibus antiquis Angiorum, ut supervacaneum sit locos adducere.
PLENA WERA, Solida. Leges Henrici I. cap. 70 : *Si prægnans occidatur, et puer in ea vivat, uterque plena Wera reddatur.* Infra : *Si infans occidat vel occidatur, sive nomen habeat, sive non habeat, plena Wera conjectetur.*
DIMIDIA WERA, in Legibus ejusdem Henrici I. cap. 51. 70. 75. in Legibus Vernaculis Will. Nothi cap. 13. *demiwere. Wera duplex*, in Legibus Edw. Confess. cap. 35. *Dimidium Weregeldum*, in Speculo Saxonico lib. 3. art. 48. § 1.

Media recompensa, in Wichbild Magdeburg. art. 17. § 6.

¶ WERÆ FRACTIO. Leges Inæ Regis cap. 51 : *Omni homini liceat firmationem et Weræ fractionem negare, si possit et velit.* Ubi Somnerus emendat *veræ factionem affirmare* ex Saxonica edit. Onsacon, *affirmare*. Præterea *factionem*, pro *fractionem* reponit, ut *Weræ factio*, sit *faidæ*, inimicitiarum scilicet propinqui mei susceptio pro ratione capitis æstimationis, nempe ut eatenus pro eo respondeam, et causam ejus præstem. Leges Inæ Regis apud Spelmannum : *Qui Werefaccionis, id est, homicidii fuerit accusatus, etc.*

¶ WERDER, Silva cædua, Germanis. Litteræ Hermanni Episc. Monaster. apud Ludewig. tom. 2. Reliq. MSS. pag. 385 : *Forestum, quod vulgo Werder dicitur, præfato molendino contiguum.* Vide in *Viride* 1.

¶ WEREDIF, pro *Weif*. Vide *Wayf*.

¶ WEREFACCIO Vide in *Wera* 2.

WEREGELDUM, vel WEREGILDUM, Idem quod *Wera*, *veræ*, seu pretii hominis *solutio*, id enim *geld* sonat, proinde idem quod *Wera*. Capitulare 3. ann. 813. cap. 6 : *Si quis Comes in suo Comitatu occisus fuerit, in tres Weregildos, sicut sua nativitas est, componere faciat*. Adde cap. 7 Eginhardus Epist. 18 : *Duo servi de villa Hedabatho.... fugerunt ad limina BB. Christi Martyrum Marcellini et Petri, pro eo, quod frater eorum quendam socium suum occidisset ; rogantes, ut eis liceat solvere illum Weregeldum pro fratre suo, et ut ei membra perdonentur.* Charta Henrici Claudi Imp. apud Browerum lib. 8. Antiq. Fuldens. cap. 15 : *Si autem aliquis occiditur, vel vulneratur, auctor homicidii, vulneris, obtruncationis, Weregeldum ulti Ecclesiæ, cujus homo est occisus vel truncatus, restituat.* Alia Henrici II. Imp. ann. 1028. in Chronico Laurishamensi : *Si autem ibi occiditur, omnes, qui hujus homicidii vel invasionis participes sunt, cute et capillis perditis supradicta combustione sequentur ; ac Werigeldum occisi domino suo autor homicidii persolvat, et cum proximis ejusdem interfecti reconciliationem faciat.* Alia Henrici III. ann. 1056. apud Nicol. Zyllesium in S. Maximino : *Si aliquis ex familia interfectus fuerit, pretium illius, id est, Weregelt, si sine advocato acquiri poterit, totum Abbatis erit.* Donationes factæ Eccl. Salisb. cap. 13 : *Saxo quidam debuit unum Weregildum solvere ad Salzburg.* Ita usurpant Concilium Triburiense ann. 895. cap. 3. 4. Leges Inæ cap. 13. 17. (ubi *Weregildum* dicitur *natalis pretium*) 85. 96. 80. Henrici I. Regis Angl. cap. 70. 75. 76. 88. Speculum Saxonicum lib 1. art. 8. § 4. art. 42. § 3. art. 65. § 4. lib. 2. art. 10. § 2. art. 16. § 6. lib. 3. art. 45. § 5. lib. 3. art. 9. 16. art. 48. § 1. Wichbild. Magdeb. art. 17. § 8. Burchardus Wormaciensis in Lege familiæ, etc. [☞ Vide Grimm. Antiq. Jur. Germ. pag. 650]

WARGILDA, in Capitulis Caroli M. pro partibus Saxoniæ ann. 797. editis ab Holstenio cap. 4.

¶ WEREGELDUM. Charta ann. 1005. apud Calmet. tom. 1. Hist. Lothar. inter Probat. col. 501 : *Item approbaverunt, ut si quis de familia ecclesiæ occisus fuerit, si pretium ejus, quod Weregeldum vulgari locutione vocant, etc.*

WERGELT, in Regiam Majestat. lib. 3. cap. 19. [Acta Josephi III. Episc. Frising. apud Meichelbec. tom. 1. Hist. ejusd. Eccl. pag. 54 : *Et sciat se alienam invasisse et judice terreno solvat,*

ut mos est, suum Wergelt. Vide supra *Wede.*]

¶ WIREGILDUM, in Charta Henrici III. Imper. apud Marten. tom. 1. Anecd. col. 434 : *Si ecclesiæ homo interfectus fuerit, et abbas aut villicus ejus ab homicida Wiregildum exigere poterit, totum uti juris erit.*

WIRGILDUM. Vetus Charta apud Catellum in Comitib. Tolosanis pag. 152 : *Et si quis hanc chartam donationis homo utriusque sexus voluerit infringere, componat tibi ipsi, qui hoc facere voluerit Virgildum, libras mille auri in perpetuum.* Codex MS. quem vidi, præfert in vinculum.

¶ WUIEGILDUM. Conc. Berghamst. ann. 697. can. 9. apud Godefridum *Hermant* Clavis ecclesiast. discipl. pag. 448 : *Si quis servum suum ad altare manumiserit, liber testis et habilis sit ad gaudendum hæreditate et Wuieguldo.*

WIDRIGILD. Papias : *Vidrigilth, i. secundum quod appretiatus fuerit.* Decretio Childeberti Regis cap. 10 : *Suum Widrigildum omnino componat*. Decretum Ludovici II. Imp. quod exstat in Histor. Longob. Ignoti Casinensis, edita a Camillo Peregrino, et apud Baluzium in Capitularib. Regum Francor. tom. 2. col. 357 . *Quicumque de mobilibus Widrigild suum habere potest, pergat in hoste. Qui vero medium Widrigild habet, duo juncti in unum qualitatem instruant, ut bene ire possint.*

GUIDRIGILD, Eadem notione. Capitulare Arechisi Princ. Beneventani cap. 13. de viduis, quæ sub Monasticæ vitæ prætextu ad lasciviam prolabuntur : *Si stupri crimine detectæ fuerint, componant Guidrigild suum in Palatium, Princeps videlicet ejusdem temporis cum ipso Guidrigild, rebusque propriis retrudat eas in monasterium.* Postremis his vocibus aliunde etymon accersit Wendelinus : *Wedrigildum* enim dictum putat a Teutonico *Weder*, i. contra, vicissim, juxta, et *Gelt*, i. æstimatio, pecunia, ita ut *Wedregeldum* sit æstimatio, qua caput alicujus, vel res quæpiam taxetur. Sed videtur potius a *Weregildum* detortas arbitrari.

¶ QUIDRIGILD, semel et iterum in Legibus Ludovici Augusti apud Murator. tom. 1. part. 2. pag. 120. col. 1. et 2.

☞ *Weregeldum* et *Widrigildum* distinguit Eccardus in Notis ad Leg. Salicam pag. 97. illud hominis pretium significat, hoc quamlibet compositionem seu quodcumque, quo alis res compensatur. Recte quidem ; at vocum originationes consulas : at in usu promiscue utramque vocem usurpatam fuisse docent superius allata, etc.

WEREGELTEF, seu WEREGELT-THEF, Fletæ lib. 1. cap. 47. § 13. *est latro, qui redimi potest ; wera enim* (inquit) *idem est in Saxonis lingua, vel pretium vitæ hominis appretiatum.* Quæ quidem ita interpretatur Somnerus, ut *latro, qui redimi potest*, sit is, cujus vita, pretio, pro capitis sui æstimati ratione, persoluto redimatur, siquidem occulti latrocinii reus sit, secus autem si manifesti. At Bromptono *Weregelthef* ait esse, *solutionem latronis evasi, id est,* (Gallice) *soute de larron eschappé*. Quam quidem interpretationem non video cur improbet idem Somnerus, cum definitioni ex Fleta non repugnet. *Latronis* enim, qui evaserat e carcere , pretium reddere tenebantur, ut in voce *Escapium* observamus, proinde pretium illud fuerit *Weregelt-*

thef, id est, *Weregeldum latronis* ; est enim *thef*, latro. Quale autem in Scotia fuerit *Weregeldum*, seu æstimatio furis, habes in Regiam Majestatem lib. 3. cap. 19 : *De unoquoque fure per totam Scotiam est Wergelt 30. vaccæ una juvenca, sive fuerit liber homo, sive servus*.

WERELADA, ad verbum, *Lex weræ* ; quo loco *Læx* idem valet quod *purgatio*. Est igitur *Werelada*, purgatio per tot sacramentalia, quot requirit hominis sese a crimine purgantis pretium vel æstimatio, seu dignitas. Quippe pro modo cujusque æstimationis sacramentalium numerus exigebatur. Qui pluris enim æstimabatur, majori consacramentorum numero sese expurgabat, quam qui minoris censebatur. Unde in Legibus Henrici I. cap. 64. *Thayni et Presbyteri de quacunque compellatione capitali vel communi plane jurare dicuntur, congruo numero consacramentalium, et qualitate parium suorum retenta. Quia Thayni jusjurandum contra valet jusjurandum sex villanorum*. Ita in Speculo Saxonico lib. 1. art. 8. § 3 : *Testimonium præconis vice stat duorum, ubi testimonium septem virorum agetur, id est, ubi septem testibus probanda venit causa.* Eædem Leges Henrici cap. 12 : *Homicidium vera solvatur, vel Werelada negetur.* Cap. 64 : *Si quis de homicidio accusatur, et idem se purgare velit secundum natale suum, perneget, quæ est Werelada.* Cap. 75 . *Et si placitum in accusatione sit, Werelada sicut ipse dominus natus est, abnegabit.* Cap. 66 : *Si quis ministrum altaris occidat, utlaga sit erga Deum et homines, nisi digna satisfactione pœniteat, et parentibus illius juste componat, vel Werilada perneget, etc.* Cap. 74 : *Si parentes eorum purgare velint eos, qui injuste vel sine judicio fuerint occisi, liceat eis secundum Legem pristinam Werelada pernegare. Si ad 4. libras natus sit, cum 18. ex patre sint, ex matre 4. Si ad 14. libras, cum sexdecim. Si bene juraverint, atrium ei quærat, qui occidit, et emendet ei per omnia, etc.* Adde cap. 75. 88. 92. Eodem sensu *secundum weram suam negare* habent Leges Inæ Regis cap. 17 : *Qui herethayvus, i. est conducens exercitus fuerit accusatus, weregildo, i. natalis sui pretio redimat, vel secundum weram suam neget.*

¶ WERENDARE, Defendere. Vide in *Warantus*.

¶ WERETHENA, Minister, a Saxon. were, homo, et tenian, minister: idem qui *Thainus*. Vide in hac voce. Hist. MS. Monast. Beccensis pag. 142 : *Dederunt Beccensi cœnobio unum tornatorem in foresta de Conchis et pasnagium de dominicis porcis et unam fabricam apud Perrariam, et apud Achignum unum burgensem,... et in Anglia magnum Werethenam.*

WERETOFF. Monasticum Anglic. tom. pag 669 *Est quieti de warpeny, et averpeny, de hundredpeny, et theugdpeny, de Weretoff, et de omnibus quæ contingent facienda per Angliam.* [Th. *Blount in Nomoles*. est accipere pretium hominis occisi, a Saxon. fortassis were, homo, et tofon, capere, accipere.]

¶ WERGELDUM, WERGELT, etc. Vide *Weregeldum*.

WERHADES, in Legibus Edmundi Regis cap. 1. Virilis sexus , ex Saxon. were, homo, vir, et Had, ordo, sexus, genus, persona : ut wifhades, ibid. muliebris sexus, ex wif, femina, mulier.

¶ WERILADA, ut *Werelada*. Vide ibi.

¶ WERINA, Agnominatio, a Germanico *Wehren*, ut notant docti Editores ad vit.

S. Verenæ tom. 1. Sept. pag. 169. col. 1 : *Unde contigit, ut cives loci illius eam Werinam vocitarent, quia omnia, quæ ab ea fideliter postulantur, sine dubio impetrantur.*

¶ **WERK-GAVEL**. Vide supra *Gavelwerck*.

¶ **WERLAMSTREAT**. Vide *Erminstreat*.

¶ **WERLUDE** dicti homines qui frumentum exigebant a mansionariis silvæ Vele, nomine abbatum Indensis et Brunwillarensis, ad quos hæc silva pertinebat. Hæc post Martenium in Glossario ad calcem tom. 9. Ampl. Collect. Charta Piligrini Colon. Archiep. ann. 1028. tom. I. ejusd. Collect. col. 394 : *Nullus autem extraneorum in ea aliquid sibi, quasi pro justitia, usurpandi licentiam habeat, præter illos tantum, quos prædicti abbates in illam silvam pro solvendo sibi frumento consignaverint, qui vulgo dicuntur Werlude, in ea tamen conditione, ut si ipsi homines aliquid contrarii admiserint liceat ipsis abbatibus eos inde expellere, et alios quos voluerint pro eis admittere.* Eadem occurrunt in Diplomate Henrici III. Imper. apud Tolner. Hist. Palat. inter Instr. pag. 27.

¶ **WERPIRE**, Abdicare. Vide in *Guerpire*.

¶ **WERPLANDIUM**, Terra derelicta, vel inculta, a Saxon. wupan, deserere, et land, terra. Charta Balduini Flandr. Comit. ann 1197. apud Miræum tom 2. pag. 1321. col. 1 : *Quinque mensuras, partim dunarum, partim Werplandii mei apud Greveninga ad retia desiccanda.*

WERRA, WERRARE, WERRIRE, WERRINUS. Vide supra in *Guerra*.

° **WERRA**, Litigium, controversia. Tradit. Diessens. ad ann. 1210. apud Oefelium tom. 2. Script. rer. Boicar. pag. 685. col. 1 : *Litigium sive Werra, quæ fuit intra canonicos Diezzensis ecclesiæ et milites quosdam, etc.* Vide in *Guerra*.

° **WERRARE**, WERRIARE, *Werram* seu bellum inferre, facere. Vide supra in *Guerra*.

WERVAGIUM, WHARVAGIUM. Charta Henrici III. Regl. Angl. in Monastico Anglic. tom. 1. pag. 550 : *Cum saka et sokna, tol et theam, et infangenethef, et cum omnibus aliis consuetudinibus, legibus, et libertatibus suis, et Wervagio suo bislande et bistrande, et sint quieti de placitis et querelis, etc* Alia Henrici V. Reg. ibidem pag 976 : *Quietam de omnimodo panagio, passagio, lestagio,..... chiminagio, ankeragio, Wharvagio, et tallagio, etc.* [Legendum fortassis *Wionagium*. Vide in *Guida*.]

° **WERVELA** VACCA, Recens taurum passa. Charta Ludov. comit. ann. 1381. in Chartul. 2. Fland. ch. 573. ex Cam. Comput. Insul. : *Item le tierce part d'une Wervele vache , pour lequel tierch on paie quarente deniers.*

° **WERVUM**. Charta Guid. comit. Fland. ann. 1269. inter Probat. tom. 2. Annal. Præmonst. col. 219 : *Viginti solidos annui census.... super duas partes mensuræ juxta Wervum suum.* Forte pro *Wernum*, alnetum. Vide supra *Vernetum*.

¶ **WESDIA**, Glastum, Picardis *Waide*. Polyptychus Fiscamn. ann. 1235 : *De ecclesia S. Petri de Vauvrei est abbas patronus, et percipit quatuor partes garbarum Wesdiæ. De ecclesia S. Stephani est similiter patronus, et percipit quatuor partes garbarum bladi et Wesdiarum.* Vide *Waida*.

¶ WESDUM, Eadem notione. *Super decimis Wesdorum in terris bladiferis crescentium responsurus*, in Hist. MS. Monast. Beccensis pag. 384. Vide *Vesdum*.

WESFELDINGI, Normannorum populi sic dicti, ex ea forte Daniæ regione, quam *Werstarfoldam* nuncupant. Annales Francor. ann. 813. Chronicon Ademari Cabanensis ann. 843 : *Nannetis civitas a Wesfeldingis capitur.* Chronica alia habent *Wesfaldingis*. Vide tom. 2. Biblioth. Labbei pag. 291. 321.

¶ **WESTECROFT**. Vide infra *Wetecroft*.

¶ **WESTLEED**, Decimarum species in Flandria. Vide supra *Oestleed*.

¶ **WESTOC**, Quinquaginta veteribus Francis. Locus est in *Chunna*.

WESTRUM. Vetus Scriptor : *In tantum igitur diebus illis religio illa excrevit, ut illi de Cistercio forent omnium Monachorum exercitium, studiosorum speculum, desidum Westrum.* Legendum *Oestrum*, stimulus, aculeus.

WESTSAXENELEGA. Vide *Lex West-Saxonum*.

¶ **WESTUA**. Charta Edwardi II. Reg. Angl. ann. 1316. apud Rymer. tom. 3. pag. 550 : *Et quod in consuetudine, quæ vocatur Westua , recipienda , pro qua vacca, vel quinque solidi solvuntur, sit in electione ballivorum nostrorum vaccam quam tenentes optulerint, vel quinque solidos recipere.* Vide in *Vestire* 1.

¶ **WETECROFT**. Monast. Anglic. tom. 2. pag. 40 : *Habebit mensuram unam, scilicet Wetecroft, cum orto, ubi possit manere, etc.* Leg. forte *Westecroft*, quo ager ad occidentem positus significatur. Angl. *West*, Occidens, et *Croft*, ager, *clausum*.

° **WETHERNWISTBOOTH**, Mulcta illius, qui ad cædem alterius præsens fuit. Leges Danicæ apud Ludewig. tom. 12. Reliq. MSS. pag. 167 : *Item de Wethernwistbooth, qui morti alicujus interfuerit, solvat hæredibus interfecti sex marcas et regi tres marcas.*

WEYCZ, Loca uda, separata, sagenisque apta, in Legibus Hungaricis, apud Sambucum, et Albertum Molnarum.

WEYF, WEYVUM. Vide *Wayf*.

¶ **WEZISTEIN**, *Coscotis*, in Glossis ad calcem Collect. Canonum ex Bibliot. DD. *Chauvelin* regiorum sigillorum Custodis. Vide *Coscez*. [°° *Cos*, cotis. Vide Graff. Thesaur. Ling. Franc. tom. 6. col. 689.]

¶ **WHARFA**, Littus ubi merces væneunt et permutantur, a Saxon. hwyrfen, permutare, in Leg. Ethelredi Reg. cap. 4. Spelman.

WHARVAGIUM Vide *Wervagium*.

WHASSUM. Vide *Wasshum*.

° **WHITEVUEYE**. Charta Joan. I. reg. Angl. ann. 1199. inter Probat. tom. 2. Annal. Præmonst. col. 402 : *Usque ad viam, quæ dicitur Alba via, et Anglice Whitevueye.*

¶ **WIARE**, Eodem sensu atque *Wirpire*, dimittere possessionem rei alicujus. Vide *Guerpire*. Charta Hugonis Episc. Autiss. an. 1148. ex Tabul. S. Germani Autiss. : *Quædam etiam terra erat apud Linerolias quam idem ipse Iterius calumniabatur. Hanc quoque B. Germano sicut Milo major ejusdem villæ prius Wiaverat, ac postmodum Petrus ejus filius in perpetuum guerpivit.*

¶ **WIBORAT**, Germanis , Consilium mulierum, a *Weib*, mulier, et *Rath*, consilium. Hartmannus in Vita S. Wiboradæ sæc. 5. Bened. pag. 44 : *Wiborat Teutonica lingua prolatum, si Latini sermonis translatione mutetur , consilium mulierum sonat.*

WIC. Lex Bajwar. tit. 21. § 6 : *Si vero de minutis silvis de Wic, vel quæcunque kaneio vegetum reciderit, etc.* Tiliana editio : *Si vero de minutis silvis, de luco,* vel quacunque kaheir vegetum reciderit. Ubi Lindenbrogius *de luco* esse interpretationem τοῦ *Wic* ait, et *Wic* Germanis esse silvam, unde *Wicgreve*, forestarius, ἀλσοφύλαξ. [Vide *Wicha*.] [°° *Wic* est lat. Vicus. Vide Graff. Thesaur. Ling. Franc. tom. 1. col. 721. *Wicgerefa* vel *Burhgerefa* est Oppidi præfectus. Vide Haltaus. Glossar. Germ. col. 2112.]

Wıc, Fluminis ostium Saxonibus significare docet Rhenanus, vel Stationem securam, ut Hadrianus Junius, vel denique Castellum.

¶ **WICHA**, Silva, ut videtur, idem quod *Wic*. Charta apud Th. *Blount* in Nomolex. Anglic. : *Ego Isabella Comitissa Penbr. pro salute animæ meæ.... dedi Deo et abbathiæ de Nutteleg. totam Wicham juxta prædictam abbathiam, etc.* Hinc

¶ **WICHARIA**, WICHARISCA, f. Servitii genus quod præstant vassalli in silva dominica. Codex censualis Irminonis Abbat. Sangerm. fol. 85 v° : *Carropera quantum in jubetur, pullos* III. *ova* XV. *arat ad hibernaticum perticas* IIII. *ad tramesum* II. *ad tertium annum Wicharia.* Ibid. pag. 46 : *Faciunt curvadas quantumcuinque necesse fuerit, et quando non arant, faciunt tres dies manopera ; et faciunt omni anno inter totas tres decanias carrum* 1. *ad Wichariscam, si eis injungitur.* [°° Br. 16 sect. 3. et Br. 9. sect. 3. Guerardo Vecturæ genus. German. *Wicca* est Vicia. Vide Graff. Thesaur. Ling. Franc. tom. 1. col. 727.]

WICHBILD, ita appellatur jus civitatis Magdeburgensis , cujus compilatorem esse aiunt *Burchardum Mangepheldum*, qui vixit sub Ottone IV. Imperatore, Duce Saxoniæ Brunswicensi, Comiteque Pictaviensi ; sic autem appellatum, quasi *jus municipale* , in Vocabulario Juris Saxonici, *Weichbild, etc.* Vide Goldastum in prolegomenis ad idem *Wichbild*, Joannem Gryphiandrum in Commentario de Wichbildis Saxonicis cap. 72. Hermannum Conringium de Origine Juris Germanici, Joan. Winkelmannum in Notitia Saxo-Westphalica, etc. [°° Haltaus. Glossar. German. col. 2051. sqq. supra *Banleuca, Burgbannus.*]

¶ **WICHENGREF**, in Legibus Kanuti Regis cap. 27. edit. Saxon. 5. vox Saxon. wiccan-creft, Ars venefica, a wicca, Anglis *Witch*, saga, venefica, et creft, Angl. *Craft*, ars.

¶ **WICHTERTHILA**. Leges Henrici I. Regis Angl. cap. 24 : *Nemo de cessione nemoris inoperati jure cogitur respondere per Wichterthilam, nisi domino suo, vel captus in eo* [Infra ex iisdem Legibus cap. 23 *Withercila*. Vide ibi.]

¶ **WICLEFISTÆ**, Hæretici qui Johannem Wiclefum natione Anglum patrem agnoscunt , cujus notissimos errores damnavit Concilium Constantiense. Consule ejusdem Concilii Historian auctore *Lenfant*.

° 1. **WIDA**, pro *Guida*, Præstatio, quæ domino exsolvitur pro securo transitu, vel mercium exportatione, per terram illius. Dipl. Frider. I. imper. ann. 1164. apud Murator. tom. 4. Antiq. Ital. med. ævi col. 220 : *Concedimus.... mercatum supra Roccam de Metula in secundo Sabbato uniuscujusque mensis, et Widam stratæ a ponte Cornelii usque Gloxam, et si ultra juste habere potuerit.* Aliud ejusd. imper. pro civit. Ferrar. eod. ann. ibid. col. 257 : *Concessimus et confirmavimus, ut de cetero habeant.... dimidium ripæ, dimidium quoque fori S. Martini, Widas et tansus omnes a flumine Tartari usque ad mare, etc.* Vide in *Guida*.

° 2. **WIDA**, Germanis *Weide*, Salix.

Gloss. Ratisbon. sæculo IX. conscriptæ: *Salix*, *Wida*.
¶ **WIDECOQS**. Vide supra *Videcoqs*.
° **WIDEGLAGE**, Glossæ Cæsar. Heisterbac. in Reg. Prum. tom. 1. Hist. Trevir. Joan. Nic. ab *Hontheim* pag. 663. col. 1: *Pro lignario isto adducet quilibet mansus carradas duodecim; quæ ligna vulgariter appellantur, kunikeges holtz sive Wideglage.*
WIDERBORA, Papiæ, *libera per garathinæ*. Est autem *garathinæ*, donum, eidem Scriptori. Lex Longob. Lib. 2. tit. 1. § 8. 9. [∞ Roth. 223. Liutpr. 106. (6,53)]: *Liberam thingare, et sic facere liberam quod est Widerboram.* Ubi Edictum Rotharis Regis tit. 89. § 2. habet *Wridibora*. Vossius *Widerboran*, renatum interpretatur, ex *wider*, iterum, *boran*, natus; quod libertate donatus, quodammodo renascatur. Vide *Garathinæ*.
WIDERDONUM, Tabularium Casauriense anno Imp. Caroli C. 2: *Quia tu, Dom. Romanæ Abbas, dedisti mihi Fulchrado pro memorata convenientia Widerdonum, caballum unum, et argentum solidos centum.* [Vox ibrida, *Widar* Teuton. pro, et donum, munus: qua voce significatur id quod pro consensu præstito concedi solet.]
° **WIDRIGILD**, WIDRIGILDUM. Vide *Weregeldum*.
° **WIENAGIUM**. Vide supra in *Guida*.
° **WIERENTARE**, Cavere ab evictione, salvum et tutum præstare, Gall. *Garantir*. Charta ann. 1100. apud Lam. in Delic. erudit. inter not. ad Hist. Sicul. Bonincont. part. 2. pag. 333: *Et si omni tempore, ita ut ipsa cartula legitur, per omnia non observaverimus et non Wierentaverimus et non defensaverimus, tunc dare et componere debeamus.... tibi jam dicto Andreæ abbati, tuisque successoribus pœnam auri optimi libras centum.* Vide *Warantus*.
WIFA, GUIFA, GUIFFA, Signum, quod prædio, possessioni, vel ædi, cujus possessionem quis adit, vel quam auctoritate judicis sibi vendicat, apponit. Lex Bajwar. tit. 9. cap. 10: *Quid signum, quod propter defensionem ponitur, aut iter exscindendum, vel pascendum, vel campum defendendum, vel amplificandum, secundum morem antiquum, quod signum Wifam vocamus, abstulerit, vel injuste reciderit, componat, etc.* Lex Longob. lib. 3. tit. 3. § 6. [∞ Ludov. P. 34.]: *Quod si denuo rebelles vel contradictores esse voluerint, et super ipsam Wifam sua auctoritate præsumpserint introire, etc.* Ubi quidam legunt *hufam*. [Ratherius Veron. Episc. lib. 4. Præloq. apud Marten. tom. 9. Ampl. Collect. col. 890: *Wiffam etiam quoddam vocant signum, quod qui regali habuerit dono, et alicujus invasu alicui subjacuerit damno, vindice defenditur gladio.*] [∞ Vide Graff. Thesaur. Ling. Franc. tom. 1. col. 784.]
GUIFA, GUIFFA, Eadem notione. Statuta Venetorum ann. 1242. lib. 3. cap. 34: *Nulla investitio valeat, nisi duo testes et ministeriales fuerint præsentes......... quando Guiffam imposuerit Riparius, etc.* Hinc
GUIFFARE, Titulum et signum apponere. Lex Longob. lib. 1. tit. 27. § 8. [∞ Liutpr. 148. (6,95.)]: *Si quis sua auctoritate terram alienam sine publico jussu Guiffaverit, dicendo, quod sua debeat esse, et postea non poterit probare, quod sua sit, etc.* Editio Heroldi habet *Gemfahuerit*, pag. 254. Glossæ vett. ad illa verba rubricæ Cod. Ut nemo privat....: *Vela regia suspendat; quod vulgo Longobardico more Guiphare dicitur, apud nos saisire, lingua vulgari Eyden.* Vide *Giffare*.
WIFARE in eadem Lege lib. 3. tit. 3. § 6: *Si iterum contemptores existunt, tunc per publicam auctoritatem domus vel casæ eorum Wifentur, etc.* Germanis, ut est apud Lindenbrogium, *Wip*, est signum, quod rei venali affigitur, ut vino hedera.
WIF-HADES. Vide *Werhades*.
¶ **WIFVER**. Charta ann. 1130. apud Calmet. tom. 2. Hist. Lothar. inter Probat. col. 290: *Si autem fuerint duella, raptus mulierum, quod vulgo Wifver, druga, homicidia, infra prædictos terminos extra atrium evenerint.* Melius unica voce editum *Wifverdragan* ex eadem Charta, apud Miræum tom. 1. pag. 277. col. 2. Occurrit rursum in Charta Caroli Boni ann. 1123. ibid. pag. 374. col. 1: *Si autem furta, duella, raptus mulierum, quod vulgo dicitur Wifverdragan, homicidia, etc.* Belgis *Wif*, mulier. et *Verdragen*, ferre aliquid ex loco in alium locum.
¶ **WIGANIATIO**, idem quod *Pignoratio*, Cautio, pignus, hypotheca, Gall. *Cautionnement*, *engagement*. Charta ann. 838. apud Murator. tom. 2. Antiq. Ital. med. ævi col. 980: *Scivi Johannem episcopum et Jacobum episcopum abentem ecclesiam sancti Fridiani, et imperantes usque ad diem mortis eorum, et Wiganiationem exinde faciebant de res ipsius ecclesiæ, et prandia recipiebat.* Nisi Bonorum ecclesiæ administrationem malis intelligere.
¶ **WIGARIA**, Jurisdictio *viarii*. Vide in *Viarius*.
° **WIGCH**, Mars, bellicosus. Ermoldi Nigel. Carmen de Ludov. Pio tom. 6. Collect. Histor. Franc. pag. 13:

Nam Hludowicus enim ludi de nomine dictus,
Ludere subjectos multifariam sueti.
Seu quis Franciscam mavult reserare loquelam,
Nonnis ut possit noscere notitiam.
Nempe sonat Hluto præclarum, *Wigch* quoque Mars est.

Vide ibi notam docti Editoris. [∞ lib. 1. vers. 49. Apud Pertz. *Wicgch*. Vide Graff. Thesaur. Ling. Franc. tom. 1. col. 704. voce *Wig*.]
° **WIHEGAZ**. Mirac. S. Verenæ tom. 1. Sept. pag. 168. col. 2: *Qui etiam, ut ipsi postea referebant, visus est eis se levare a platea, quæ usque hodie dicitur Wihegaz, quod est Sanctitatis via, etc.*
WILDBANN, WILTBAN, Vox Germanica, quasi *bannum* seu jurisdictio in silva: *Wild* enim silvam sonat. Browero lib. 16. Annal. Trevir. pag. 905. 1. edit. *Wiltban*, definitur jus piscandi aut venandi. [Schiltero in Gloss. Teuton. pag. 80. col. 1. Bannus ferarum, potestas banni supra feras. *Wild* enim Teuton. est ferus, silvester. Charta Piligrini Archiep. Colon. ann. 1028. apud Marten. tom. 1. Anecd. col. 395: *Præterea quatuor silvas..... cum omni integritate juris quod vulgariter Wiltban libera traditione præfato monasterio donavit. Ita proinde legendum in Charta alia ejusd. Piligrini de eadem re ibid. col. 393. ubi editum Witkan.*] Charta Henrici VII. Imp. ann. 1234. apud Goldast. tom. 1. Imperial. Constitut. pag. 300: *Hermannus Marchio de Baden et Egino Comes de Friburg, contendentes de argentifodinis, et custodiis silvarum per Brigauganum, quod vulgariter Wildbann dicitur, etc.* [Vide *Wiltpenne*.]
° Diploma Ludov. IV. imperat. ann. 1332. tom. 2. Hist. Trevir. Joan. Nic. ab *Hontheim* pag. 121. col. 2: *Insuper monetas, Judæos, jurisdictiones forestarias, dictas. Wildbant, dominia, etc. confirmamus. Wildpant*, in Dipl. Caroli IV. imper. ann. 1346. ibid. pag. 170. col. 2. [∞ Vide Pfeffing. ad Vitriar. lib. 3. tit. 18. § 8. tom. 3. pag. 1387. sqq. Haltaus. Glossar. Germ. col. 2012. sqq. Mittermaier. Princip. Jur. Germ. § 213. sqq.]
¶ **WILDEHORSE**, Equus indomitus, a *Wild*, ferus, indomitus, et *Horse*, equus. Testam. Radulphi *de Nevill* ann. 1423. apud *Madox* in Formul. Anglic. pag. 432: *Item do et lego dicto Ricardo filio meo IIII. Wildehorsez, ad tunc nuper tractos, vel in stabula meo existentes.*
¶ **WILDFANGIATUS**, Jus et facultas, ex privilegio Electoratui Palatino competens, retinendi homines alterius dominii, ita ut a propriis dominis repeti non possint: idem quod apud nos *Attractus* dicitur. Vide in hac voce num. 2. Consule *Imhof* Notit. Imperii lib. 2. pag. 70. edit. ann. 1699. Theoph. Maierum Crusian. Tract. de jure venandi cap. 16. pag. 351. et Schilterum in Glossario Teuton. voce *Wilt*. [∞ Mittermaier. Princip. Jur. Germ. § 106. Grimm. Antiq. Jur. Germ. pag. 899.]
¶ **WILLANI**, ut *Villani*, in Leg. Henrici I. Reg. Angl. cap. 30.
WILLEKEUR, Arbitrium, electio libera. Vox Germanica. Leges Opstalbomicæ cap. 13: *Pœna centum marcarum puniatur, et puerum restituat, et eidem puero secundum antiquum Willekeur, et novas constitutiones satisfaciat.*
¶ **WILLELMENSES**. Vide *Guillelmenses* in *Monetæ Baronum*.
¶ **WILLELMI**, WILLELMANI, WILLELMICI, WILLELMINI, Monetæ Germanicæ species, de qua pluribus Schlegel. de nummis Gothanis pag. 82. 83. 84. 85. et 157. *Grossi Willelmi cum capite Judæi pileato percussi* ann. 1489. vel 1440. dicti etiam *Grossi barbati*, quod caput illud Judaicum promissa ut plurimum esset barba, ibid. pag. 79. 81. 116. et 154.
WILLOT. Charta Communiæ Ambianensis ann. 1109. [1209.]: *Qui juratum suum servum recreditum, traditorem, Willot, id est, Coup, appellaverit,* 12. [20.] *sol. persolvet.* Alia MS. habet *Wislot*, et *Guop*. [*Wisloth* edidit Baluzius tom. 7. Miscell. pag. 324.] Fauchetus lib. 2. de Poëtis Gallic. de Hugone II. Maroniers scribens, ait, illum ab Simone d'Athies petere: *Lequel il aymeroit mieux, que sa femme sceust qu'il la fist Viothe, et elle en fut jalouse, ou elle le fist Wihot, et il n'en sceust rien.* Populares nostri hoc vocabulo *Wihot*, frequenter utuntur in hac significatione. Joann. de Condato MS.:

Il fu debonnaire et francs,
Car il n'estoit Wihos sofrans.

Infra:

Car du mestier estoit aprise
Vrais Wihos estoit ses maris.

° Vir, cujus uxor mœchatur; unde *Wihoterie*, hujusce viri conditio. Lit. remiss. ann. 1397. in Reg. 152. Charloph. reg. ch. 246. *En l'appellant par plusieurs fois coux ou Wihot, qui est à dire, selon la coustume dudit lieu de Tournay, coux.* Aliæ ann. 1469. in Reg. 195. ch. 300: *Icellui Bauldet dist à sa femme que icellui Motoys estoit Wihot, et que par sa Wihoterie il avoit esté prové à la Wirewite.* Occurrit rursum in aliis ann. 1451. ex Reg. 184. ch. 168. *Wilps*, eadem acceptione, in Lit. remiss. ann. 1367. ex Reg. 97. ch. 425: *Pour diffamer l'estat d'icellui suppliant et donner blaspheme deshonnorable, le clama pour ce Wilps ou coup,*

en reputant la femme dudit suppliant..... pour ribaude.
WILPIRE, Dimittere. Vide *Guerpire*.
WILTBAN. Vide *Wildbann*.
¶ **WILTPENNE,** Idem quod *Wilbann*. Charta Caroli VI. Imper. ann. 1354. apud Miræum tom. 1. pag. 221. col. 2 : *Cum omnibus silvis, rubetis,... bannis, sive inhibitionibus venationum, quæ vulgariter Teutonice Wiltpenne nominantur, et pœnis inde sequentibus, etc.* Vide *Wita*.
WILZ. Lex Bajwar. tit. 18. cap. 10. de equo : *Si mediocris fuerit, quem Wilz vocant, etc.* [*Wlz* edit. Baluzii.]
WIMPLA, Peplum. Vide *Guimpa*.
WINAGIUM, ut mox *Winaticum*. Locus est supra in *Guida*.
° **WINAGIUM,** pro qualibet præstatione Vide supra in *Guida*.
¶ **WINATICUM,** Præstatio quæ domino exsolvitur pro securo transitu. Tabular. S. Remigii Remensis : *Si monachi per loca ubi Winaticum et roaticum requiritur duxerint, nihil a viris qui super hoc negotium a me constituti sunt, extorqueatur.* Vide in *Guida*.
WINCHILSUL, Columna interioris ædificii dicitur, in Lege Bajwar. tit. 9. cap. 6. vox deducta a *Winchel,* angulus , et *Zuyl,* columna, quasi columna angularis.
° **WINDALUM,** a Gallico *Guindal,* Tolleno. Comput. ann. 1367. ex Tabul. S. Petri Insul.· *Item pro quadam rondella ferrea et kavilla ejusdem, quæ est ad Windalum supra chorum, ponderis de decem libris.* Vide mox
¶ **WINDASIUM ,** Instrumentum ligneum, quo in exonerandis doliis utuntur, rudentem circa illud obvolvendo, ab Anglico *Wind,* versare, volvere, Gall. *Tourner :* idem, ut videtur quod Nautis *Windlass* dicitur, quo anchoras sustollunt , unde *Windlasium* fortassis legendum est. Vide Skinneri Etymolog. Chartul. S. Vandreges. tom. 1. pag. 998 · *Concesserunt....... descarkagium sexaginta doliorum vel aliorum suis instrumentis scilicet caablis et Windasio tantum.*
° Nostri quippe ut *Guindal ,* ita et *Guindas* vel *Windas* dixerunt , eodem sensu. Lit. remiss. ann. 1450. in Reg. 184. Chartoph. reg. ch. 46 : *Le suppliant se appuya contre la volée du Windas, estans sur le rivage d'icelluy kay* (d'Amiens).
¶ **WINEGIATOR,** Judex viarum, seu qui itinerantium securitati invigilabat : atque adeo *Wionagii* exactor. Vide *Guida*. Charta Thomæ Dom. Codiciac. ann. 1218: *Mercatores habebunt cheminum quale solent habere et transitum liberum sicut habere solebant et justificabuntur tantummodo per Winegiatores prædicti domni mei.*
° Nostris alias *Wignageur*. Vide supra *Wienagium* in *Guida*.
¶ **WINERICIA.** Vide supra *Vineritia*.
¶ **WINILEODES.** Capitula Caroli M. de Diversis reb. ann. 789. cap. 3 : *De monasteriis minutis, ubi nonnanes sine regula sedent, volumus, ut....... earum claustra sint bene firmata , et nullatenus Winileodes scribere, vel mittere præsumant.*
Videntur esse epistolæ amatoriæ, vulgo *des poulets,* voce conficta ex Saxonico *wine,* dilectus, charus, et *Leodis,* et *Leuden,* homo ; quod ex dilectis scribantur, vel ab hac voce vulgo inciperent, *Dilecte,* et *Dilecta.* Vide *Leudes*. [°° Potius *Lied,* Carmen. Vide Graff. Thesaur. Ling. Franc. tom. 2. col. 200.]
¶ **WINKINGA,** Monasticum Anglic. tom. 1. pag. 592 : *Et dedi eis totas Winkingas in boschis et planis.*

° **WINLEKE,** Proclamatio vini venalis. Charta ann. 1424. tom. 2. Hist. Leod. pag. 455 : *Ordinons que nuls queilconques vendans vins dedains la citteit de Liege, ne polrat faire nonchier vin, etc. Et se le Winleke se faisoit sains le congiés ou mandement de son maistre, etc.*
¶ **WINOAGIUM.** Chron. Bonæ Spei pag. 181 : *Nulli pedagia, Winoagia et roagia, quæ pro hiis a sæcularibus exiguntur, solvere teneamini.* Leg. *Wionagium.* Vide in *Guida*.
¶ **WIPIRE,** Dimittere. Vide *Guerpire*.
WIRDIRA Capitulare 3. ann. 813. cap. 24 : *De quicquid in casa furaverit, in Wirdira solidos septem. De warnione, in Wirdira solidos septem.* Infra : *De porcis et vervecibus et animalibus juvenibus et de capris tertiam partem, quantum valet in Wirdira.* Adde cap. 25. Codex Navarræus habet *murdera.* Hic vero sumitur forte pro *Weregeldum.*
¶ **WIREGILDUM,** ut *Weregeldum*. Vide ibi.
¶ **WIRPIRE,** WIRPITIO, Dimittere, deserere, Dimissio. Vide in *Guerpire*.
WISCARDUS Vide *Guischardus*.
° **WISCHEPELE.** Locus est in *Corus*.
¶ **WISELEC,** vox Bohemica. Charta Wencesl. reg. Bohem. ann. 1249. inter Probat. tom. 1. Annal. Præmonst. col. 522. *Si vero aliquis hominum nominatæ ecclesiæ suspensus fuerit vel suspendendus, quod Wiselec dicitur Bohemice, etc. Wiseti, pendere,* in Diction. Bohem. Lat. Germ.
¶ **WISEVENE.** Glossæ Cæsar. Heisterbac. in Reg. Prum. tom. 1. Hist. Trevir. Joan. Nic. ab *Hontheim* pag. 684. col. 1 : *Ad natalem Christi duo maldera avenæ magnæ mensuræ, quæ appellatur Wisevene.*
¶ **WISLOT,** WISLOTH. Vide *Willot*.
¶ **WISSEL,** Fidejussor, ut videtur, qui pro alio spondet. Consuet. Furnenses ex Tabul. Audomar. : *Quicumque per judicium coratorum in obsidum venerint, debent facere per tres quodragenas in domo Comitis, vel sibi ponuntur, vel ipsi, vel Wissel pro eis sine ferro et compedibus, datis etiam tam a Wissel quam obsedibus bonis plegis quatuor pro quolibet.* Huc septat vox *Wison* qua pro Testis, Gall. *Temoin,* usurpari videtur in charta ann. 1378. ex Chartul. 28. Corb : *Et aussi aie prins Wison pour rouleurs et deffaire deux roulures qui estoient esdites mettes.*
° **WISS-KORN.** Charta ann. 1367. tom. 2. Hontheim, Hist. Trevir. pag. 239. col. 1 : *Assignavimus..... redditus annuos centum maldrorum tritici seu grani, quod vulgariter dicitur Wiss-korn.*
¶ **WISTA,** Mensura agraria, ex Saxonico *wiste,* dimidia hida, seu dimidium carrucatus terræ Monasticum Anglicanum tom. 1. pag. 813 · *Octo virgatæ (pl. virgæ) unam hidam faciunt ; Wista vero quatuor virgatis constat* Chronicon MS. Monasterii de Bello : *In Perlea est una Wista in dominio, ista enim 48. acris constat.* Ibidem : *Pretium maxime solenne unius Wistæ est 8. solid.*
WITA, Mulcta, Americamentum : vox Saxon. *wite,* quæ idem sonat. Leges Inæ Regis cap. 3 : *Et dominus* (servi) *emendet 30. solidos ad Witam.* Cap. 27 : *Vel emendet 36. solidis Witam, i. forisfacturæ emendationi.* Occurrit non semel in Legibus Henrici I. Regis Angliæ, ubi crebro junguntur *Wera, manbota,* et *Wita,* ita ut *Wera,* quæ est pretium hominis, agnatis, *Manbota,* Domino, *Wita,* parti læsæ exsolvi dicantur, in cap. 79.

87. etc. [°° Vide Grimm. Antiq. Jur. Germ. pag. 657. num. 12.]
WITA PLENA, Eadem quæ *Regis,* et 20. mancarum, quæ 50. solidos conficiunt, fuisse dicitur, in Legibus Henrici I. Regis Angl. cap. 11. 35. et 79. cum Episcoporum et Comitum, decem mancarum esset, Thanorum vel Baronum quinque. Eædem Leges cap. 40 : *Si Pundbreche, i. infractura parci fiat in Curia Regis, plena Wita sit, alibi quinque manca.* Cap. 51 : *Tertia vice plena Wita sit.* Ita cap. 66. 71. Eadem et plenæ *forefacturæ* nomine donatur in Legibus Edw. Confess. cap. 35 : *Et omnis sit venatione sua dignus in nemore, in campo, in dominio suo, et abstineat omnis homo et venariis Regis, ubicumque pacem eis habere voluerit, super plenam Witam, id est, forisfacturam.* In Legibus vero Willelmi Nothi cap. 64. *Regis forisfactura ;* in Legibus ejusd. Henrici cap. 64. *Capitalis* eadem nuncupatur. Vide *Bannum Regis,* et *Bannum plenum,* in *Bannum* 2.
SECUNDUM WITAM JURARE, est pro modo mulctæ irrogandæ pro crimine, tot adhiberre testes, quot criminis qualitas requirit. Leges Inæ Regis cap. 63 : *Juret secundum Witam, quod nec furti conscius vel coadjutor fuerit in eo, vel emendet 30. solid. Witæ, i. est forisfacturæ emendationi.* Vide *Werelada*. Ab hac porro voce formatæ et compositæ complusculæ aliæ , de quibus agimus suis locis, *Blodwita, Fintwita, Legerwita, Ferdwita, Chilwita, Wardwita, Heingwita, Flitwita, Leirwita,* etc. Ex prædictis lecet colligere quid sit
WITTA apud Anastasium in Stephano VI. PP.: *In supradicta venerabili basilica cum idem sanctissimus Papa omnium vitiorum fortissimus extirpator, malam consuetudinem invenieret, ut Presbyteri, qui ibidem quotidie Domino sacrificium offerebant , omni anno unam Wittam consuetudinem darent, etc.* ubi Baronius ann. 890. n. 7. perperam in *Wactam* emendat. Codex editus habet *mulctam,* recte.
° **WITELLUS,** Mensuræ annonariæ species, dimidia pars quartalis, Alamannis *Vierthel* dicti, unde *Witelata,* modus agri *Witellum* sementis continens, Gallo-Belgis *Witel* et *Witelée.* Charta ann. 1291. in Chartul. Thenol. ex Cod. reg. 5649. fol. 46. rº : *Dicebamus nos habere tres jaletos et unum Witellum frumenti, ad mensuram de Bruëriis, super molendinellum ad Barram... Pro tribus galetis et Witello. etc.* Obituar. MS. eccl. Camerac. fol. 54. rº : *Acquisivit eidem ecclesiæ Camerachensi in territorio de Willers dom. Pauli undecum Wytelatas terræ arabilis, decem Wytelatas pratorum et quinque Wytelatas nemorum.* Infra non semel *Witelatas.* Redit. comitat. Hannoniæ ann. 1265. in Reg. Cam. Comput. sign. *Papier velu : Pieres Grebiers pour sept Witeus et dont une Witeus de dessure Biauliu... xiij. Witeus de bos... j. Witel de pois..... Et si a encore deux Witeus de terre,..... ki doivent de rente six den. ob.* Charta Margar. comitis. ann. 1274. in Chartul. 1. Fland. fol. 265. ex ead. Cam.: *Encore doit Clarembaus avoir no rente de douze Witeus d'avaine et de douze Witeus de blei.* Hinc *Witelage,* Jus quod en mensione ad *Witellum* percipitur, in alia ejusd. Margar. Charta eod. ann. ibid. ch. 263 : *Nous avons donné à loïal cense... nos Witelages, nos Wienages par terre et par ewe.* Charta Guill. comit. Hannon. ann. 1312. ex Cod. reg. 10196. 2. 2. fol. 18. vº : *Nous avons donnei à rente... xxij. Witelées et demie de terre ahanaule ;....*

et pour cest arrentement... nous en doit... rendre... trois muis et Witel et demi d'avaine,... cascun Witel livré en no ville de Valenchiennes. Alia ann. 1350. in Chartul. Godefr. dom. Asperim. ex Bibl. reg. fol. 6. r°: *Deux muis, deux Witelées, noef verges et demie de terre ahanaule,... dont cascune Witelée de tiere est en pris de wit sauls blans par an... Item xv. muis, siept Witeuls et demi, etc.* Vide supra *Octalium.*

° **WITERCH.** Charta Oudardi milit. dom. *de Olesi* ann. 1217. ex Tabul. abbat. Hamens.: *Præterea iidem hospites ad furnum meum coquere panes suos, et annonas suas ad molendinum meum molere tenebuntur; ita quod de duobus sextariis unum boistellum Witerch persolvent.* an Rasus?

WITEREDEN, vox Saxonica, quæ apud Bedæ interpretem lib. 3. cap. 8. witehrædenne, effertur. Sic autem punitiones, ibi Saxonice versum. Proprie est *Witæ*, seu *mulctæ, redditio*, ex Saxon. wite, mulcta, et redenne, redditio. Charta Ethelwlphi Regis Occidentalium Saxonum apud Willelmum Malmesbur. lib. 1. Hist. Angl. cap. 2: *Ut sit tuta ac munita ab omnibus secularibus servitutibus, nec non regalibus tributis majoribus et minoribus, sive taxationibus, quod nos dicimus Witereden.* Perperam apud Ingulfum Saxonicum, winterden habetur. Vide Stephanum Skinnerum in Etvmologico Anglicano.

WITERSACAN, Apostata, transfugæ, qui omnes leges aut divinas aut humanas refugiunt, in Leg. Kanuti Reg. cap. 27. ubi *Utlagæ Dei* etiam dicuntur. Vox Saxon. composita a wider, contra, adversus, et secgan, dicere, loqui, quasi *ablocutores*, qui contra leges divinas et humanas loquuntur.

¶ **WITETHEOU**, vox Saxonica, Mulcta servi, þeow enim servum sonat, in Leg. Inæ cap. 23.

WITHERCILA. Leges Henrici I. Regis Angl. cap. 23: *Nemo enim de cæsione nemoris inoperati jure cogitur respondere per Withercilam, nisi domino suo, vel captus in eo.* Ubi Somnerus restituit *Witer-tihtlam*, i. est recriminationem contrariam, vel adversam accusationem ex Saxon. witer, contra, et tihtla, accusatio [Vide *Wichterthila.*]

WITHERLOGH. Vide *Lex Danorum*, in *Lex.*

WITHERNAMIUM. Liber Anglic. inscriptus *Justice of peace* pag. 145: *De plures replegiando ou le plus avera. Unde Withernamium.* Britton. in Leg. Angl. pag. 54. v.: *Et les bestes soient clos dedans meson, ou dedans parkes, ou si eles soient choses hors del Counté, ou se le Baillife autre disturbance trove, il est soient face prendre des bestes le deforceur à la double value come Withernam.* [Idem quod infra *Wythernamum.*]

¶ **WITHEYS**, Salicetum, ut videtur, a Saxon. Wiþig et Angl. *Withy*, Salix. Kennett. in Antiquit. Ambrosd. ad ann. 1395. pag. 305: *Item tres acræ apud le Whitheyes.* Ibidem pag. 400: *A quo quidem prato dimidia roda jacet atte Witheyes juxta pratum prioris.*

WITHINGI, Piratæ, Danis. Adam Bremensis cap. 213: *Ipsi enim piratæ, quos illi Wihingos appellant, nostris Ascamannos, Regi Danico tributum solvunt, ut liceat eis prædam exercere a barbaris, qui circa hoc mare plurimi abundant.* Vide *Ascomanni*, [*Vargi, Viccingi* et *Warengangi.*]

¶ **WITISCALCI.** Vide infra *Wittescalchi.*

¶ **WITKAN** Vide in *Wildbann.*

° **WITRAGIUM**, Tributum pro vino, quod in urbem adducitur. Vide supra in *Vineragium.*

¶ **WITREPERA**, Quadrivium apud Longobardos, ut videtur. Chron. S. Sophiæ Benevent. pag. 637: *In quarta manu tradidimus, qui te per nostram jussionem in Witrepera, in galida, et gnil constituit una cum filia tua.* Ubi de ritu manumittendi Longobardis usitato. Eadem formula legitur in Lege Longobard. lib. 2. tit. 35. § 1. [∞ Roth. 225.]: *Et ipse quartus ducat eum in quadrivium, et thingat in wadia, et gisiles tibi sint.* Vide in *Manumissio*, pag. 246. col. 2. [∞ Vide *Widerbora.*]

° **WITSCHEPA.** Charta Phil. comit. Fland. pro libert. castel. Brug. ex Cam. Comput. Insul.: *Cum præco vocaverit hominem ad lapidem, debet prius jurare cum Witschepa, vel testimonium a scabinis habere, quod eum submonuerit*, Flandris, *Schepen*, scabinus, judex civilis.

¶ **WITTA**, ut *Wita*. Vide in hac voce.

WITTEMON. Lex Burgund. tit. 66: *Puella quæ marito traditur, patrem et fratres non habens, nisi patruum et sorores, de Wittemon tertiam partem patrimus accipiat, et alteram tertiam sorores sibi noverint vindicandum.* Adde § 2. tit. 26. § 2. et Addit. 1. ejusdem Legis tit. 14. Gloss. Lat. Theotisc.: *Dos, Widimo.* Saxonibus wituma, weotoma, vel weotuma, dos, weotuman, dotis, quod coram testibus (Saxon. weotun, vel wittum) facta sit, inquit Spelmannus. [∞ Vide Grimm. Antiq. Jur. Germ. pag. 424. Graff. Thesaur. Ling. Franc. tom. 1. pag. 777. voce *Widamo.*]

WITTESCALCHI, Ministri, sive præfecti ad irrogandas mulctas, Seldeno in Titul. honor. pag. 261. 262. 1. edit. vel, ut Spelmannus, Ministri Regii, qui jussa Regia exsequebantur, et mulctas a judice decretas exigebant, ex Saxon. wite, mulcta, et scalc, minister. Lex Burgundion. tit. 76. *de Wittescalchis: Comitum nostrorum querela processit, quod aliqui in populo nostro ejusmodi præsumptionibus abutantur, ut pueros nostros, qui judicia exequuntur, quibusque mulctam jubemus exigere, etc.* § 3: *Mulieres quoque si Witiscalcos nostros contempserint, ad solutionem mulctæ tenebuntur.*

° **WITTO**, f. Circumforaneus pharmacopola, Gall. *Charlatan*. Mirac. S. Vicinii tom. 6. Aug. pag. 192. col. 2: *Hanc* (catenam) *quidam de Wittonibus, qui medicando terram circumeunt, dum tanti sacramenti* (in propellendis scilicet dæmoniacis spiritibus) *eam ignoraret, furatus est.* Ubi legendum *de viatoribus* suspicantur docti Editores.

¶ **WITWORD**, vox Saxonica, witword, Responsa prudentum, Somnero. Leges Ethelredi Reg. apud Venetyngum editæ § 3: *Et Landcopum et domini donum, quod per rectum habeat dari, et lacopum et Witword, gewitnessa, hoc ita permaneat. ut nullus evertat.*

WITWORF. Vide supra *Walaworf.*

WLADARIUS, Villicus, qui bladorum domini curam habet. Statuta Poloniæ pag. 520. de inculpato villico per ipsius dominum: *Præterea cum Dominus suum Wladarium, aut contra alium familiarem pro aliquibus rebus, aut injuriis moverit quæstionem, tunc ipse Wladarius aut familiaris domino suo non deferendo juramentum, teneatur se cum sex testibus expurgare.* Vide *Bladarius.*

¶ **ULADARIUS**, Eadem notione, apud

Longinum in Vita B. Kingæ tom. 5. Jul. pag. 789: *Petri Cracoviensis Episcopi Sandeczensis Uladarius Joannes Czudisch.*

WLGALITER, pro *Vulgariter*, in Litteris Caroli V. Reg. Franc. ann. 1868. tom. 5. Ordinat. pag. 151. Vide *Vulgaliter.*

° **WLGE**, pro *Vulgo*, in Charta Ludov. VI. ann. 1124. ex Reg. 108. Chartoph. reg. ch. 272. Vide *Wlgaliter.*

° **WLPIA**, Regio Belgica, interdum a mari circumcincta, cujus incolæ *Wlpingi* nuncupantur. Charta Phil. comit. Fland. pro libert. castel. Brug. ex Cam. Comput. Insul.: *De Wlpingis. Homines de Wlpia sive de Caedslandt submoniti, poterunt se ipsos sinuare* (son iare) *præstito juramento ad diem placiti, ad quem citius pro mari venire poterunt.*

WLPIRE, Dimittere. Vide *Guerpire.*

WLTWRFO, **WLWRST.** Vide *Walaworf.*

¶ **WLZ.** Vide supra *Wilz.*

WNCUS. Vita S. Columbani cap. 15: *Tegumenta manuum, quæ Galli Wuncos vocant.* Sed legendum indubie *Wantos.* Vide in hac voce.

¶ **WOARECH**, ut *Wreckum.* Vide ibi.

WODAN, Deus, a populis Septentrionalibus cultus, quem rei militari præesse credebant. Vide Paulum Warnefrid. de Gest. Langob. lib. 1. cap. 9. Adamum Bremensem, Saxonem Grammat. lib. 6. et ipse Lindenbrogius annotat ad Warnefridum. Vossius lib. 1. de Idololatria cap. 7. Olaus Wormius in Monumentis Danicis lib. 1. cap. 4. et alii passim. Ab eo etiam Regum suorum originem repetebant Angli, ut auctor est Malmesbur. lib. 1. de Gestis Angl.

¶ **VODANUS**, apud Jonam in Vita S. Columbani sec. 2. Bened. pag. 26: *Illi aiunt Deo suo Vodano, quem Mercurium vocant alii, se velle litare.* Anonymus ibidem in Notis a Mabillonio laudatus: *Qui apud eos Vuotant vocatur; Latini autem Martem illum appellant.* woðen, Mercurius, Somnero.

° Vita S. Kentigerni tom. 1. Jan. pag. 820. col. 1: *Woden vero, quem principalem Deum crediderant et Angli, de quo originem duxerant, cui et quartam feriam consecraverant, hominem fuisse mortalem asserunt, et regem Saxonum, a quo plures nationes genus duxerant.* Vide Bekker. in Mundo incanto lib. 1. cap. 2. pag. 18.

WODENIS DIES, Feria 4. Anglis, Wodano Deo sacra. Ordericus Vitalis lib. 7. pag. 639: *De quo Woden ortus est, a quo Angli feriam 6. Wodenis diem nuncupant.* Ita etiam Willel. Malmesbur. de Gest. Regum Anglor. lib. 1. cap. 1. et Matthæus Westmonast. pag. 155. 1. edit.

WODEGELDUM, [Census vel tributum, quod ratione nemorum in forestis colligitur, a *Wood*, silva, et gild, vectigal, tributum. Vide *Gildum.*] Monasticum Anglicanum tom. 2. pag. 827: *De omnibus Geldis, et Daneldis, et Wodegeldis, etc.* Vide Edward. Cokum ad Littleton. sect. 378

WODESPECHES. Monasticum Anglican. tom. 1. pag. 722: *Et amerciamenta propriorum hominum tenentium et servientium suorum, nos et hæredes seu assignatas nostras tangentia in curiis nostris, hundredis, shiris, halemotis, et Wodespeches, infra burgum et extra, etc.* [Legendum forte *Wodespleches*, a *Wood*, silva, et *Esplencha.* Vide in hac voce.]

¶ **WOGIMOTINZA.** Charta ann. 1158. apud Ludewig. tom. 6. Reliq. MSS. pag. 53

236: *Sed liberi sint ab omni gravamine et a Wogimotinza, qui census ducis dicitur.*

° **WOLDFOR**. Leges Danicæ apud Ludewig. tom. 12. Reliq. MSS. pag. 172: *Item violentia, quæ dicitur Woldfor, est talis, si aliquis aliquem violenter tulerit alicui, contra voluntatem, et est potens super eum, tanquam super captum.*

¶ **WONG**. Ager cultus et satus, ut videtur. Anglo-Saxon. *Wong*, Campus, ager. Charta ann. 14. Edwardi III. Reg. apud Th. *Blount* in Nomolex.: *Tres acræ terræ jacentes in lez Wongs.* Vide *Wangnale.*

WOODWARDUS, vox Angl. Silvarius, Viridarius, Saltuarius, proprie *silvæ custos*, Forestarius. Charta scripta sub Edw. I. apud Prynn. tom. 3. Libertat. Angl. pag. 1233: *Constabularius de Windesor nititur omnibus modis compellere Wodewardos nostros de manerio de Weregrave ad præstandum fidelitatis sacramentum de venatione Domini Regis fideliter conservanda, etc.* Vetus Inquisitio apud W. Dugdalum in Antiquit. Warwici pag. 665: *Et solebant inter eos habere dimidiam partem feodi Woodwardi de venatione capta.* Iter Justitiarior. pro forestis de Pickering. ann. 8. Edw. III: *Quod prædictus Henricus de Percy, et omnes antecessores sui, tenentes manerium prædictum a tempore, quo non exstat memoria, et sine interruptione aliquali tenuerunt prædictum manerium cum pertinentiis extra Regardum forestæ, et habuerunt Woodwardum portantem arcum et sagittas ad præsentandum præsentanda de venationes tantum, etc.*

WOODWARDIA seu WODEWARDIA, Silvarum custodia, in Charta Edw. III. Reg. Angl. laudata in *Raglorium.*

° **WOORSEDE-GERDE**, in Legibus Danic. apud Ludew. Reliq. MSS. tom. 12. pag. 175: *Sepes autem, quæ dicuntur Woorsede-gerde, debent ante festum beatæ Walburgis sepiri.* Vide *Woodwardus.*

WORDERINDE. Vetus Charta Anglica apud Somnerum in tractatu de *Gavelkinde* pag. 190: *Idem pro cibo Prioris quærendo, et pro servitio, quod dicitur Worderinde, et pro pomis frangendis 12. den. etc.*

WORFIN. Vide *Marahworfin.*

¶ **WOROP**. Vide infra *Worrop.*

¶ **WORPIRE**, Possessionem rei alicujus dimittere. Charta ann. 1126. apud Miræum tom. 2. pag. 817: *Worpivit proprio et totius curiæ meæ judicio, nihil sibi juris in his quæ donaverat reliquit.* Vide *Guerpire.*

¶ **WORROP**. Charta Wichmanni Archiep. Magdeborg. apud Ludewig. tom. 2. Reliq. MSS. pag. 339: *De tribus mansis........ quorum hereditas ipsi ecclesiæ prius pertinuit, censum, decimam, et Worrop, cum omnium reliqua justitia ipsi ecclesiæ contradimus.* Alia ibid. pag. 415: *Insuper decimam persolvet, et pensionem quæ Worop appellatur.*

¶ **WORSTEDE**, Lana texta, ab oppido Worsted in comitatu Norfolc. ejus opificio nobili, sic dicta. Litteræ Henrici IV. Reg. Angl. ann. 1462. apud Rymer. tom. 8. pag. 277: *Unum tapetum de rube Worstede brouderatum, et unum lectum de Worstede nigro et blodio cum curtinis.* Vide Skinner. Etymolog.

WORTH, Curtis, sive prædium rusticum. Matth. Westmonast. ann. 870: *In villa Regia, quæ lingua Anglorum Beodrichesvuort, Latine vero Beodrici curtis sive habitatio nominatur.* Cambdenus vero in Britannia, *Worth*, Insulam amnicam significare contendit, ex Saxon. weorþ.

° **WORTHELDH**. Constit. Erici reg. Daciæ ann. 1282. apud Ludewig. Reliq. MSS. tom. 12. pag. 207: *Item non debet aliquis, pro aliquo delicto, terram suam amittere, nisi pro crimine læsæ majestatis convictus fuerit, cum juramento Wortheldh.*

WORULD-THEINE, vel *Thegne*, Secularis Thanus, vox Anglo-Saxonica, ex woruld, seculum, et þein, nobilis, in Concilio Grateleano ann. 928. cap. 18. et in Legibus Adelstani Regis apud Bromptonum pag. 845. Vide *Thainus.*

¶ **WOSTINIA**, perperam pro *Wastina.* Vide in *Vastum.* Charta Caroli Boni Comitis Flandriæ ann. 1119. apud Miræum tom. 1. pag. 680: *Condonavi duas partes, decimæ, id est, duas garbas totius solitudinis seu deserti, quod Teutonice vocatur utfanc vel Wostinia.*

° Eodem certe sensu quo *Wastina;* sed nequaquam mendose scriptum, ut efficitur ex Charta Frider. I. imper. ann. 1154. apud Ludewig. tom. 10. Reliq. MSS. pag. 145: *Quatuor mansos terræ incultæ, frutectis tantum et arbustis occupatam, quæ Wostene vocatur, contradidimus.*

WOUNKARLE, Aurigæ, Danis, in Charta Waldemari Regis Daniæ ann. 1326. apud Pontanum lib. 7. Rer. Danicar. pag. 443.

¶ **WOYTTIECH**. Vita S. Adalberti sæc. 5. Bened. pag. 850: *In sacri baptismatis lavacro datum est nomen Woytiech.* Alia ejusdem Adalberti Vita ibid. pag. 865: *Woytiech, quod nomen interpretatum sonat, Consolatio exercitus.*

° **WOZNY**, Nomen officii apud Polonos. Stat. Casimiri ann. 1347. inter Leg. Polon. tom. 1. pag. 51: *Subjudex vel officialis, qui dicitur Wozny, habeant facultatem dandi ministerialem ad citandum.*

WRANG et UNLAUCH. Prima Statut. Roberti I. Regis Scotiæ cap. 17. § 1: *Nulla defensio seu exceptio sit calumniata, nec defendens sit indefensus, quamdiu defendens, aut suus prælocutor defendet tort, et non reason, quod dicitur Wrang et Unlauch, et damna in certo nominabuntur per querelantem.* Adde § 3. Quoniam attachiamenta cap. 1. § 1: *Quoniam attachiamenta sunt principium et origo placitorum de Wrang et Unlauch, et aliorum, quæ prosecuta sunt de Sickerborg, ideo de attachiamentis inchoandum.* Ubi Skenæus: *Wrang, id est, injuria,* Gallice *Tort. Unlauch, id est, sine lege, vel contra legem,* ἀνομία. Quibus verbis intelliguntur actiones civiles, ut criminales per *Sicher-borg*, id est, securos plegios. Adde Leges Burgorum Scoticor. cap. 33. 103. et eumdem Skenæum de Verbor. signific. in hac voce.

WRECKUM, inquit Bracton. lib. 3. tract. de Corona cap. 2. § 5. dici poterit, quasi derelictum, ut si quid navis ferendi causa a nave projectum fuerit ab aliquo, sine animo retinendi, vel repetendi. Id proprie dici poterit *Wreckum*, cum res projecta habita sit pro derelicta...... Item magis proprie dici poterit *Wreckum*, si navis frangatur, et de qua nullus vivus evaserit, et maxime si dominus rerum submersus fuerit. Adde Fletam lib. 1. cap. 48. § 2. et cap. 44. Vetus Consuetudo Normanniæ 1. part. sect. 2. cap. 5: *Toute icele chose est dite Werech, que la mer deboute et gete toute hors à la terre.* Edit. novam art. 597. et seq. et 194. *Wreccum maris,* inter jura Regia describit Bracton. lib. 2. cap. 24. § 1. lib. 3. tract. de Corona cap. 2. § 4. 5. et ad solum Regem pertinere ait, quidquid ex naufragiis ad littus appellit, nisi quis *de Wrecko habendo speciali gaudeat privilegio*; cujusmodi exempla aliquot profert Monasticum Anglic. tom. 1. pag. 21. 237. 230. etc. Adde Statuta Alexandri II. Regis Scotiæ cap. 25. Fletam lib. 1. cap. 20. § 11. 52. 76. etc. et quæ annotavimus in vocibus *Ejectus* 2. *Lagan*, et *Naufragium.*

Varie autem vox hæc scribitur: *Wreccum* et *Wreckum* locis laudatis. *Wrec*, in Monastico Angl. tom. 1. pag. 21. (Vide *Ejectus*) *Wrectum* et *Wreck*, in Statutis Alexandri II. Regis Scotiæ cap. 25. *Werech*, in veteri Consuetud. Norman. *Veriscum*, in Charta Ludovici Regis Franc. anno 1315. pro Normannis, et in Jurib. et Consuetudinib. Norman. cap. 17. *Woarech*, in 1. Regesto Parlamenti Parisiensis fol. 126. vº. [*Varescdum*, in Litteris Joannæ Reginæ Castellæ ann. 1257. tom. 4. Hist. Harcur. pag. 1654. *Verese*, in Charta Philippi V. Reg. Franc. ann. 1319: *Decima...... totius ejectivi, quod in illis finibus dicitur Veresc. Warec*, in Charta ann. 1181. ex Tabul. Eccl. Dolensis: *Jurati dixerunt quod totum le Warec et magni pisces,..... sunt de dominio Archiepiscopi. Warech*, in Monast. Anglic. tom. 1. pag. 783. *Verecum*, in Tabul. Monast. SS. Trinit. Cadom. *Wreccum*, in Charta Edwardi II. Reg. Angl. apud Rymer. tom. 3. pag. 2. Tabul. S. Vandreg.: *Nous avons portion de dimes à Ruenville........ avec droit de heurtage et Varré sur la mer.* Vide Glossar. Teuton. Schilteri pag. 799. et 885.] Etymon vulgo arcessitur a Saxonico wræc, i. *detortum, abdicatum,* seu, ut Somnerus habet, *Exilium.*

° Charta ann. 1375. in Reg. 173. Chartoph. reg. ch. 548: *Comme feust venuz et arrivez à Werecq en la parroisse de Morsalmes ou gravage, deux tonneaulx de vin, etc.* Lit. remiss. ann. 1407. in Reg. 162. ch. 113: *Le suppliant nostre fermier de Sᵗᵉ. Honorine de Pertes et de Coleville, ou diocese de Bayeux, print un certain Wrec de suif et de cire, qui estoit arrivée ès mettes de sa ferme, etc.*

★ [Navis dicta Sancta Maria profecta ex portu *Wreccum* ab episcopo, postquam rupibus ad Jernemuth illisa fuisset; redditur autem « quia secundum legem et consuetudinem regni nostri, navis aliqua, in qua aliquod animal vivens inventum fuerit, seu bona in navi illa existentia, *Wreccum* non sunt nec dici poterunt. » (Rymer, t. VI. p. 464. an. 1365.)]

WREZ, Tributi species apud Bohemos. Occurrit in Charta Ottocari Regis ann. 1221. in Bohemia pia pag. 58.

° vel Servitii genus. Charta Wencesl. reg. Bohem. ann. 1249. inter Probat. tom. 1. Annal. Præmonst. col. 522: *Sint etiam pauperes ab hoc quod dicitur Wrez et succisione sylvæ..... liberi et absoluti. Wres, sisara, erica*, in Diction. Bohem. Lat. Germ. Unde de servitio intelligendum est, quo subditi dumeta succidere et in culturam redigere tenentur. Vide *Exartus.*

¶ **WRIDDAHIALF**. Charta ann. 811. pro Eccles. Cantuar.: *Duas mansiones et dimidiam, quod Angli dicunt Wriddahialf haga.* [° Leg. *thriddahialf.*]

¶ **WRIDIBORA**. Vide in *Widerbora.*

WRISTE, Carpus, vox Anglica. Leges Athelstani Regis part. ult. cap. 19: *Immergatur manus post lapidem vel examen usque ad Wriste.*

¶ **WROINDE.** Regest. Prumiense cum Gloss. Cæsarii Heisterbach. : *Mansi absunt, qui non habent cultores, sed dominus eos habet in sua potestate, qui vulgariter appellantur Wroinde.* Vide *Absus.*
º **WRONHOFF.** Glossæ Cæsar. Heisterbac. in Reg. Prum. tom. 1. Hisl. Trevir. Joan. Nic. ab *Hontheim* pag. 662. col. 2: *De his fasciculis procurabitur lumen in domo dominica, quam appellamus communiter Wronhoff.*
¶ **WROTEBOLLA.** Vide *Throtebolla.*
¶ **WRTECOC,** Vox Anglica. *Habendum et tenendum (masagium) eidem Laurentio et hæredibus suis,.... libere et hæreditarie, per liberum servitium sex denariorum, per annum et 1. Wrtecoc, pro omni servicio, etc.* in Charta apud *Madox* Formul. Angl. pag. 58.
º **WSTECZ,** Polonica vox. Stat. Casimiri ann. 1347. inter Leg. Polon. tom. 1. pag. 42: *Quando super judicato dubitabitur et ad judicem recipietur, alias Wstecz, etc.*
WUDEHETH, Nemoris cæsio, in Legibus Henrici I. Regis Angl. cap. 87. ex Saxon. wu d e, silva.
WUIUGIN. Vita S. Odiliæ n. 21 : *Vas vinarium.... quod secundum idioma Galliensium Wuiugin vocatur.* [*Voviugin* editum apud Eccardum in Orig. Habsburgo-Austr. col. 95.]
WULFESHEOFOD. Vide *Caput Lupinum.*
¶ **WULITIVA.** Vide in *Vultava.*
¶ **WULTATICUS.** Vide *Vultaticum.*
WULTWORF. Vide *Walaworf.*
✱ **WURPICIO,** [Gallice *Abandon:* « Hoc donum et *Wurpicionem* fecerunt Gausfredus et filii ejus Almericus. » (Arch. dép. *Haute-Vienne*, f. s. Martial. H. inter 1063. et 1086.)]
✱ **WURPIRE,** [Gallice *Abandonner:* « Raimundus de Fauras et Gaufredus del Brol et uxor ejus, qui tenebant ipsam æcclesiam, *Wurpiverunt* illam sancto Martiali. » (Arch. dép. *Haute-Vienne*, f. s. Martial. H. 1098.)]
¶ **WURTPENNINGE.** Charta Wichmanni Archiep. Magdeburg. ann. 1182. apud Ludewig. tom. 5. Reliq. MSS. pag. 3 : *Remittentes etiam censum arearum, qui dicitur Wurtpenninge, in omnibus curiis eorum.* Vide *Worth.*
¶ **WYKA,** Prædium rusticum, vel villula, Angl. *Wick.* Monast. Anglic. tom. 2. pag. 154 : *Et totam Wykam cum hominibus, etc.*
¶ **WYKETTUM,** Portula, ostiolum, Anglis et Belgis *Wicket*, Gallis *Guichet.* Willel. Thorn. anno 1332: *Et cum venisset ad portam Ecclesiæ prædictæ, per quam competeret ipsum transire ad Ecclesiam, invenit eam clausam, ita quod non patuit ingressus ad eandem, nisi per unum parvum Wykettum.* Utitur rursum infra.
WYLISCUS. Leges Inæ cap. 70 : *Duodecim mambræ cervisiæ Wyliscæ,* 30. *hlutres.* Ubi Spelmannus *Whyliscæ,* vertit *potentioris, hlutres, tenuioris.* Vide eumdem Spelmannum in *Blintres* et supra *Hluttres.*
¶ **WYTA,** ut supra *Witta,* Mulcta. Locus est in *Danegeldum.*
º **WYIAZDY.** Vide supra in *Kopce.*
º **WYTELATA.** Vide supra in *Witellus.*
WYTHERNAMIUM, Repressalia, pignoris captio, Saxon. wyðer-nam, ex wiðer, contra, adversus, et nam, captio. Fleta lib. 2. cap. 47. § 10 : *Si catalla capiat serviens Regis de averiis illius in duplum, nomine Withernamii, etc.* [Vide supra *Withernamium.*]
WZBEG, Facinorosus ; sed aliquot diebus liber, apud Hungaros, inquit Sambucus. Vide Decreta S. Ladislai Regis Hungar. lib. 2. cap. 2. [Vide supra *Uzbec.*]

X

X. LITERA numeralis, quæ decem sonat. Unde versus :

X. duplex denos numero tibi dat retinandos.

Seu ut habet Ugutio :

Duplex X. solito decem jam more putatur.

Eidem literæ si recta linea superaddatur, decem millia significat.
X. inquit Notkerus Balbulus opusc. *Quid singulæ literæ significent in superscriptione cantilenæ* : *Quamvis Latina verba per se inchoet, tamen expectare expetit.* Vide *A.*
X. pro *Ch.* Inscriptio nummi Ludovici Pii Imper.
XRISTIANA RELIGIO. *Decanus Xristianitatis,* in Charta ann. 1221. apud Perardum. Secundinus Episcop. in Hymno Alphabetico in S. Patricium : *XRS. illum sibi elegit in terris vicarium, etc.* Versus antiqui apud Joan. Antonium Castil. de Antiquitate basil. Vincentianæ :

Circulus hic summi comprehendit nomina Regis,
Quem sine principio et sine fine vides.
Principium cum fine simul tibi donat A cum Ω,
X, et P, Xristi nomina sancta tenent.

Joan. de Janua : *Xristus, quia Græcum est, per X scribendum est Christus.* Sed *quia figura X repræsentat Ch. jam multi Latini scribunt Christus, per Ch.* [Vide infra *Xpianus.*]
¶ X. versibus præfigere solent veteres Critici, ut ex antiquis Scholiastis cognoscere est, cum χατάχρησιν vocisque insolentiam indicare volunt. Vide Casaubon. in notis ad Laert. et ejusdem animadversiones in Athenæum lib. 6. cap. 8.
¶ X. interdum pro *S,* vel *Sc,* ut videre est infra in *Xanccio, Xantus, Xexus* et *Xire.*

¶ **XABATENSES,** Hæretici Valdensium asseclæ et sectarii. Vide *Sabatati.*
¶ **XACHIA.** Tabular. Gellonense ann. 1097 : *Raimundus de Nant..... usaticum omnem et Xachiam, quam in hominibus et feminis, vel in honore..... habet,* tradit S. Salvatori Gellonensi. Leg. fortassis *Tachiam.* Vide *Tasca.*
º **Xaintura,** nostris *Xainture,* pro *Ceinture,* Cingulum, zona. Lit. remiss. ann. 1397. in Reg. 152. Chartoph. reg. ch. 106 : *Le suppliant print une Xainture de cuir garnie de six clos d'argent.* Vide supra *Centura.*
XAMITUM, Pannus holosericus. Vide *Exametum.*
º **XAMPLUM,** Ager recens exaratus, proscissus, idem quod *Exartus.* Charta ann. 1198. apud Murator. tom. 2. Antiq. Ital. med. ævi col. 85 : *Petebat scilicet.... novalia omnia sive Xampla, et flumina navigabilia.* Vide *Exemplum 2.*

¶ **XANCCIO**, pro Sanctio, *Constitutio pœna vallata*, in Vocabulario Johan. Erlebachensis.

° **XANOTERIUS**, nostris *Xanotier*, pro *Chanotier*, X enim pro *Ch* usurparunt, Qui canalium cura commissa est, a *Chanecia*, alveus, canalis : quod divinando proponimus. Lit. remiss. ann. 1458. in Reg. 188. Chartoph. reg. ch. 39 : *Ilz chargerent une petite coulevrine, que icellui Richart avoit ledit jour achattée, et certaine quantité de pouldre de canon du Xanotier de ladite ville* (de S. Maixent).

° **XANTIUM**, *Herba, quæ vocatur Fagasmon, i. gladiolus.* Theod. Priscianus, in Glossar. MS. medic. Simon. Januens. ex Cod. reg. 6959.

XANTUS, pro *Sanctus.* Commodianus Instr. 35 :

Xanta Dei lex est quæ mortuos vivere docet.

¶ **XAPHARDUM**, Tabulatum, ferale pegma, Gall. *Echafaut.* Adrianus de Veteri-busco de Reb. Leod. apud Marten. tom. 4. Ampl. Collect. col. 1214 : *Requisierunt ab officiali Leodiensi eum condemnari, et ad manus villici tradi. Quod factum est, et facto Xaphardo in medio Mosæ, ad vicum tinctorum, decollatus est.* Ibidem col. 1308 : *Fecerunt fieri unum Xaphardum quadrum et altum ad decaptandum homines, ut omnes possent videre.* Occurrit rursum col. 1311. et 1321.

¶ **XECHES**, Regulus, Arabibus. Thuanus lib. 26. Hist. : *Dynasta quidam Solimanus nomine, cujusmodi regulos vulgo Xeches vocant, idque nominis Arabes iis tribuunt, quorum angustæ ditiones regni titulo non habentur.*

✻ **XEMODOCHIUM**, [« *Xemodochium, ostelerie.* » (Lex. Lat. Gall. Bibl. Ebroic. n. 23, XIII. s.)]

XEMPLARE. Charta ann. 781. apud Joan. Petrum Puricellum in Monumentis Ambrosianæ Basilicæ Mediolan. pag. 13 : *Ut acceptet ipsa vorsus pro ista donatione a Theoperto Cellerario S. Ambrosii camixiam unam, et bragarum par unum, valentia solido uno , Xemplare unum, valens tremessibus duobus.*

¶ **XEMUS**, Imperfectus, non plenarius, pro *Semus.* Vide in hac voce.

XENIUM, Præstatio muneris vice. Testamentum S. Remigii Remensis Archiepisc. : *Incolæ loci illius multiplicibus Xeniis gravati, etc.* Capitula Caroli M. lib. 1. cap. 146 : *Ut nullus Presbyter ad introitum Ecclesiæ Xenia donet.* Id est, pro facultate *Intitulationis* ad Ecclesiam. Concilium Nannetense cap. 16 : *Ut si quilibet Presbyterorum defunctus fuerit, vicinus Presbyter apud secularem seniorem nulla precatione, vel aliquo Xenio Ecclesiam illam obtineat, etc.* Concilium Trosleianum ann. 909. cap. 6 : *Xeniis ac pastis vel paraveredis seu caballorum saginationibus Presbyteros affligunt.* Floardus lib. 1. Hist. Remensis cap. 14 : *Locorumque petentibus incolis, qui multiplicibus erant aggravati Xeniis, etc.* Lib. 2. cap. 11 : *Sic quoque ut nullus judex publicus...... quælibet judicia vel Xenia ibidem exigere ulterius præsumeret.* Ita cap. 17. 19. Leo Ostiensis lib. 2. cap. 8 : *Libellum fecit Leoni Presbytero et Joanni Gento pro Xeniis et servitiis eorum.* Charta Henrici III. Anglie pro Monasterio S. Valarici in Picardia : *Nulla autem persona parva aut magna..... aliquid ab hominibus et possessionibus prædicti Monasterii exigat.... vel opera, non tributa, non Xenia, non lestagia, etc.* Vitæ Abbatum S. Albani pag. 36 : *Xenia autem de maneriis annuatim proveniunt , etc.* Charta ann. 1367. in Metropoli Salisburgensi tom. 3. pag. 36 : *Dedit ad eandem domum quoddam prædium in Chriestorf , quod solvit annuatim dimidiam libram, et Xenia.* Adde alias apud Prynneum in Libertatibus Angl. tom. 2. pag. 476. 478. 479. Vide *Exenium*, *Donum 2.* *Visitatio*, et *Dissertat. 4. ad Joinvillam* pag. 154.

° **XENIA REGALIA**, Dona quæ regibus offerri solitum erat. Vita S. Bandar. tom. 1. Aug. pag. 64. col. 1 : *Domine rex, vidimus sæpius, et ab antecessoribus nostris accepimus, quod universi pontifices, qui regno vestro post vos præsident, regalia Xenia, quæ tantum deceant virum, vobis mittere vel deferre debent. Est autem Bandaridus Suessorum episcopus, qui ab hac consuetudine videtur esse sequestratus, et aulæ regiæ præsentiam suam subtrahit, et regia munera nullo modo mittit.* Vide *Donum 2.*

¶ **XENIA**, æ, Eadem notione, in Chron. Farf. apud Murator. tom. 2. part. 2. col. 542 : *Et atiam petiam ibi ad quartam et operam unam et Xeniam unum.*

¶ **XENIUM**, Quidquid alicui in subsidium conceditur. Charta ann. 993. apud Miræum tom. 1. pag. 147. col. 1 : *Quatenus benedictiones et licentia venerandi abbatis, sacerdos ibidem Deo psalmodiæ et Missarum celebraturus sacrificia, ut Xeniis adjutus, pro ereptione animarum nostrarum exoret indulgentiam.*

¶ **XENODOCHARIUS**, XENODOCHARIA, in Gemma, pro Xenodochii præfecto, præfectave. *Xenodochiarius*, eadem notione, in Gloss. MSS. apud Vossium lib. 3. de Vitiis serm. cap. 56. Vide infra *Xenodochus.*

¶ **XENODOCHIUM**, id est, Locus venerabilis in quo peregrini suscipiuntur, in lib. 2. Capitul. cap. 29. Occurrit passim.

¶ **XENODOCHIUM** , pro Monasterium. Vita S. Eugendi tom. 1. Jan. pag. 54 : *Destructis namque mansionum ædiculis, uno cunctos secum Xenodochio quiescere fecit.*

XENODOCHUS, Xenodochii Præfectus, apud Gregorium M. lib. 1. Epist. 9. lib. 3. Epist. 24. [Vide *Xenodocharius.*]

¶ **XENODOXIA**, Vana gloria, a Græco κενοδοξία. Vita S. Johannis Valentin. Episc. apud Marten. tom. 3. Anecd. col. 1697 : *Pauperes ad prandium coram se reficiebat, multos latenter, vitans Xenodoxiam, indumentis operiebat.*

¶ **XENODOZIOLUM**, diminut. a *Xenodochium.* Acta S. Arnulfi Episc. : *Egenorum etiam et maxime leprosorum misertus, iis Xenodoziolum condidit juxta cellulam , ipsisque quævis solatia , etiam usque ad viliora esse obsequia demittens, vir beatus impendit.* Gloss. Lat. Gall. Sangerm. : *Xenodociolum, petit hospital.*

XENOSTORIUM. Durandus lib. 1. Ration. cap. 5. num. 1 : *Loca humanæ necessitati deputata sunt Xenodochium Xenostorium, quod idem est, etc.* Vox, ni fallor, ibrida, ex Gr. ξένος, et *stare* Lat. ubi peregrini stant.

¶ **XENOTROPHIUM**, Eadem notione, quia ibi nutriuntur peregrini, in Gloss. Lat. Gall. Sangerm. : *Lieux honorables, c'est assavoir hospital ou conversent pelerins.* Hinc

¶ **XENOTROPITA**, in iisdem Glossis *Hospitelour de pelerins.*

XERAMPINUS, pro *Xerampelinus*, ex Gr. ξηραμπέλινος, color *inter coccineum* et *muricem medius*, Scholiastæ Juvenalis Sat. 6. quasi vitis siccæ, ut est apud Scaligerum Exercit. 325. in Cardanum. Errant enim Grammatici recentiores, qui xerampelinas vestes veteres et quasi desiccatas interpretantur , propterea forte quod idem Juvenalis *Xerampelinas veteres* dixerit eadem Sat. Papias et Ugutio : *Xerampelinæ dicuntur veteres vestes et præsiccæ.* [Gloss. Lat. Gall. Sangerm.: *Xeropellina, pel ou vestement melle. Xeropellinus, viel, sec, debrisé.*] Adelmannus Scholasticus in Rythmis :

Xerapelinos ornatus cum paucis jugeribus
Præsul durus denegarat.

[Martenius tom. 4. Anecd. col. 114. edidit :

Xerampelinos ornatus cum paucis regeribus, etc.]

Ubi codex Gemblacensis : *Xerapelinæ vestes dicuntur veteres et præsiccæ, pampineum habentes colorem, et ponuntur hoc loco pro qubuscumque antiquis vestibus.* Χλαμύδες ξηραμπέλιναι τῷ χρώματι, apud Codinum de Orig. pag. 51. edit. Meursii, et Suidam in Ἀτραβατικαί. *Xerampinum* vero, et *xeranpinium*, occurrit in Notis Tyron. pag. 159.

° **XERATUS**, Locus deambulationis, in vet. Glossar. ex Cod. reg. 7613.

¶ **XERGA**, vox Hispanica, Pannus sericolaneus, Gall. *Serge.* Vide *Sargineum.* Synodus Limæ ann. 1582. inter Conc. Hisp. tom. 4. pag. 249 : *Veste autem utantur nigra (Eremitæ.) Quod in paupertatis causa viliori panno uti velint, quem Hispanice vocamus Xerga, poterunt facile nigro colore inficere.*

XEROMYRRHA. Sedulius in Hymno de Christo :

Xeromyrrham post Sabbatum
Quædam vehebant corpori,
Quas allocutus Angelus,
Vivum, sepulchro non tegi.

Expressit illud Evangelii : *Et venerunt, ut ungerent Jesum.* An hæc unctio ex liquidis, an vero ex siccis constiterit, incertum. Ac siquidem ex siccis, *Xeromyra*, pro *Xeromyrrham*, si id pateretur ratio carminis , legendum censerem, cum ξηρομύρρα, nulla quod sciam occurrat mentio apud Medicos. [Ξηροσμύρνη, occurrit apud Medicos, ac præ cæteris apud Alexandrum Trallianum lib. 11. cap. ult. Exterius : Est autem ξηρόμυρον, Aëtio lib. 6. unguentum siccis omnibus et in pulverem redactis constans. [Gloss. Lat. Gall. Sangerm. : *Xeromirum, sec oingnement.*] Vide Gorreum in Definit. Medic. [et Cellarium in notis ad Sedulium pag. 110.] [⇨ Ξηρόμυρον, *Rosmarinum*, in Gloss. Lat. Gr.]

☞ Ingeniosa omnino est vetusque simillima correctio Fabri in Thesauro ad hanc vocem, ubi rescribendum censet Χρομύρραμ, id est, *Christo myrrham*, ex antiqua scribendi nomen Christi ratione, ut ex superius dictis animadvertendum *compares* ex Alcuino et tres Marias disignari. Hæc fusius dicta, videsis loco citato.

¶ **XEROPHAGIA**, Gr. ξηροφαγία, Aridus victus, arida comestio. Gloss. Lat. Gall. Sangerm. : *Xerofagia, seiche commestion.* Hæc cum athletis ad robur corporis, tum Christianis ad vivendi sobrietatem et castimoniam in usu fuit. Tertull. de Jejuniis cap. 1 : *Arguunt nos quod...... Xerophagias observemus, siccantes cibum ab omni carne, et ab omni jurulentia, et uvidioribus qubusque pomis.* Idem cap. ult. : *Saginentur pugiles et pyctæ Olympici : illis ambitio corporis competit, quibus et vires necessariæ, et tamen illi quoque Xerophagiis invalescunt.*

¶ **XEXUS**, pro *Sexus*, in Charta Henrici I. Imper. ann. 1014. apud Murator. delle Antic. Esteps. pag. 111.

¶ **XIA**, Vestis species. Concil. Tarracon. ann. 1591. inter Hispan. tom. 4. pag. 615 : *Exceptis canonicis cathedralium ecclesiarum,..... nullus clericus in sacris ordinibus constitutus vel beneficiatus deferat sericum cujuscumque qualitatis, neque vestes superiores de camelloto, neque Xias de tafatano.*

¶ Vox Hispanica, eadem atque *Chia*, quæ ab Academicis Madritensibus definitur, Capitis tegmen, quod duabus tæniis super dorsum defluentibus constabat. Vide *Chias*.

¶ **XILIVUM**, Xyli bombix, Gall. *Coton*. Statuta Avenion. rubr. 28. art. 1. pag. 100 : *Statuimus quod candelæ fiant ex bono sevo, et illarum ellichnium sit ex bono Xilivo seu bombaci, pœna viginti solidorum Turonensium et perditionis candelarum.*

¶ **XIRE**, Scire. Judicium ann. 873. inter Probat. tom. 1. Hist. Occitan. col. 125 : *Quia nos jam dicti testes Ximus, et bene in veritate notum havemus, et vidimus, etc.*

¶ **XISTUS**, Tribunal, pulpitum. Vita S. Dionysii Mediol. Episc. tom. 6. Maii pag. 46 : *Cumque de Arianorum sævitia quædam improbe loqui voluissent, ita ut quæ illi sævissime agerent, ita digna putaret, et Germinius jam tribunal conscendens resideret ; ingrate ferentes religiosi viri, a Xisto eum dejicientes abstraxerunt cum eunucho, et ita ecclesia sunt ejecti.*

¶ **XIUS**, Leges Palat. Jacobi II. Reg. Majoric. inter Acta SS. tom. 3. Jun. pag. XLVIII : *Summe laudabile atque bonum nec non caritati consonum judicamus, ut de iis quæ in mensa nostra pro refectione tam nobis quam aliis in eadem sedentibus apponuntur, partem optimis nostris Xiis Christi pauperibus, immo ipsi a quo omnia recipimus, tribuamus.* Ita expresse scriptum monent Bollandistæ, qui vim vocis ignorant, nisi sit idem quod patronus.

¶ **XOCA**, Xocca, Vestis genus. Ricobaldi Ferrar. Hist. Imp. apud Murator. tom. 6. col. 128 : *Virgines in domibus patrum tunica de pignolato, quæ appellatur sotanum, et paludamento linteo quod dicebant Xoccam, erant contentæ.* Vide *Subtaneum*.

° Eadem est quæ supra *Socca* 1. Vide in hac voce.

¶ **XPIANUS**, Crestien. Xristus, Crist, in Gloss. Lat. Gall. Sangerman. Charta apud *Madox* in Formul. Anglic. pag. 244 : *Ricardo Episcopo Cæstrie, et omnibus prælatis ecclesiæ, et omnibus hominibus suis, et omnibus Xpianis Johannes de Stutewil salutem.* Ubi scribendum cum ρ Græco. Vide in X.

¶ **XSANSSA**. Bern. *de Breydenbach* Iter Hierosol. pag. 212 : *Inde ipse quatuor potentissimis regibus suis convicinis encenia transmittit, videlicet Magno Cham de Cathey , Presbytero Joanni , Xsanssa domino Tartarorum, et Magno Turco.*

¶ **XUNGIA**, Unctum, adeps, Gall. *Saindoux*. Statuta Montis Regal. fol. 308 : *Item, pro quolibet rubo olei, sevi candellarum, sevi et salacii Xungiæ, solvat den. octo.*

¶ **XYSTARCHES**, a Gr. ἑυστάρχης. Præses certaminis seu xysti. Tertull. ad Mart. cap. 3 : *Bonum agonem subituri estis, in quo agonothetes Deus vivus est : Xystarches Spiritus sanctus.*

Y

YA

Y. LITERA numeralis, quæ 150. denotat. Unde versus :

<small>Argolicus centum quinquaginta facitque character.</small>

Ita Ugutio, et Notæ numerorum antiquæ. At Baronius versum sequentem habet :

<small>Y. dat centenos et quinquaginta novenos.</small>

Id est, 159. Eidem literæ si recta linea superaddatur, 150. millia significat.

Y. Otfridus in Epist. præfixa Evangeliis Theotiscis : *Ea etiam hoc elementum* (Y) *lingua hæc* (Theotisca) *horrescit interdum, nulli se characteri aliquotiens in quodam sono nisi difficiliter jungens.*

¶ Y. instar signi Crucis insertum fortasse est in Monogrammatis regiis, et ab Episcopis in suis subscriptionibus usurpatum. Vide Mabill. Diplom. lib. 2. cap. 10. num. 13.

¶ **Y**, nude, ut mox *Ya*, ex Onomastico ad calcem tom. 3. Act. SS. Julii.

YA, Ita : vox Saxonica, ut na, non. Charta Adelstani Regis Anglor. tom. 1. Monastici Anglic. pag. 173 : *Et quod homines sint credendi et per suum Ya, et per suum na. Ya,* pro *Ita*, obtinet etiam apud omnes Germanicas nationes, imo etiam apud Armoricos et Guallenses.

YBU

¶ **YBENNS**, Ligni species, Ebenus, Gall. *Ebene*. Inventar. S. Capellæ Paris. ann. 1363. ex Bibl. Reg. : *Item unus baculus de Ybenus ornatus argento esmaillatus armis Franciæ et Burgundiæ,.... pro officio cantoris dictæ S. Capellæ. Baculus de Ybenns rursus in Inventar. ann. 1376. Inventar. Gall.*: *Item un baston de Ybenns aorné d'argent , esmaillé aus armes de France et de Bourgoigne..... pour l'office du Chantre. Aliud incerti anni* : *Item unus baculus de Ysbernis, etc.* Quod facile ex allatis emendatur.

¶ **YBERNAGIUM**, supra *Hybernagium*. Vide in hac voce.

YBURPANANSECA, Furtum vituli vel arietis, vel quantum quis supra dorsum suum poterit portare de cibo, in Regiam Majestatem lib. 4. cap. 16. Vocis origo Skenæo ignota : quem vide præterea lib. de Verbor. significat. Spelmannus

YCH

vero ait, compositam ex *y*, pro *te*, prænomen, byryin, *onus*, et seca, *saccus*, quasi dicas *onerum saccus*. Vide *Byrthinsak*.

¶ **YCHIGARE**, Redditum annuum dividere, solvere, a voce vulgari *Ychide*, Reditus seu proventus annuus. Consuet. Labourt. tit. 17. art. 4 : *Si par le contrat de l'engagement a esté accordé que le creancier doive donner ou payer à celui de qui est la terre durant l'engagement certaine rente par an, vulgairement appellé Ychide, etc. Ychide ou agrer*, in Consuet. Solensi tit. 31. art. 4. Consuet. Brageriac. art. 115 : *Item, si quis receperit animalia quæcumque nutrienda ad lucrum et damnum et ad certum cabal ut supra ; dominus dictorum animalium quotiescumque ei visum fuerit poterit mandare dictum nutritorem de Yehic exegar, quo mandato dictus nutritor tenetur et debet post octo dies a tempore dictæ mandationis computandos, adducere dicta animalia in foro seu in villa Brageriaci, ubi dictus dominus animalium maluerit*

adducenda, et ea ipsi domino adhibere et *Ychigare* (alias *Yshiguare*.) *Et nihilominus dare bonos et competentes fidejussores de tenendo, complendo, solvendo dictum Yshic sive lucrum, si quod sit domino memorato.*
◦ Vulgo *Exiguer*, quod de re pecuaria rationem facere, proprie sonat. Vide *Capitale* 4.

¶ **YCHONIA**, Imago, Gr. εἰκών. Necrolog. B. M. de Argentolio fol. 56 : *Contulit ecclesiæ Ychoniam Beatæ Mariæ cum cæteris imaginibus.* Vide *Hyconia*.

★ **YCONA**. [Confer *Icone* : « Una Ycona greca, in qua est factus Jhesus Christus usque ad medium". » (Inv. card. Barbo, ex Transcript. Müntz, 1457.)]

YCONOMUS, pro *Oeconomus*. Vitæ Abbatum S. Albini : *In Ecclesia illa Rex Offa vices agens Yconomi et Custodis specialis, etc.* [*Alexius pincerna et Yconomus D. Adriani summi Pontificis*, in Charta ann. 1158. *Procurator seu Yconomus monasterii Saxivivi*, in Charta Innocentii IV. PP. ann. 1243. apud Fontanin. in Antiquit. Hortæ pag. 405. Infra : *Yconimus.*] Utuntur etiam Scriptores alii e recentioribus. [Occurrit apud Murator. tom. 2. pag. 15. Georg. Christianum tom. 2. Rer. Mogunt. pag. 887. Kenett. in Angluvit. Ambrosd. pag. 616. Rymer. tom. 3. pag. 460. Marten. tom. 3. Anecd. col. 1789. etc.] [◦◦ *Ykonomus*, apud Ekkeh. IV. Casus S. Galli cap. 16. Pertz. Scriptor. tom. 2. pag. 141. lin. 25.]

¶ **YCONOMUS**, Eodem intellectu. Charta Henrici Comit. Blesensis apud Marten. tom. 1. Ampljss. Collect. col. 622 : *Sive per Yconomem suum decreverint, etc.*

¶ **YCHONOMUS**, in Charta Stephani Episc. Tornac. ann. 1197. apud Miræum tom. 2. pag. 1202. col. 1.

◦ **YDAM**, *Arabice*, *pulmentum*, in Glossar. MS. medic. Simon. Januens. ex Cod. reg. 6959.

◦ **YDEMPTITAS**, pro *Indemnitas*, in Charta ann. 1240. ex parvo Reg. S. Germ. Prat. fol. 30. v°. col. 1.

¶ **YDIOTA**, Stolidus. *Alienatum a mente et factum penitus Ydiotam*, in Litteris ann. 1353. ex Regesto 82. Chartophylacii Reg. Ch. 61.

◦◦ **YDOLAGIA**, Idololatria. Folcuin. Gesta Abbat. Lobiens. in Prolog. : *Franci... Ydolagiam in christi tyrocinium commutaverunt.*

◦ **YDONEUM**, Præstatio quælibet, jus quodvis aut tributum legitimum jurique consonum. Pariag. inter reg. et abb. monast. S. Andr. Avenion. ann. 1292. in Reg. 93. Chartoph. reg. ch. 133 : *Item si contingeret dare leudam, sextayragium, portanagium, vel aliud Ydoneum, quod sit commune sicut jurisdictio, etc.* Vide supra *Idoneum*.

¶ **YDONEUS**, pro *Idoneus*, in Charta ann. 1204. ex Tabul. Episc. Paris. fol. CIII. et alia Caroli Comit. Provinc. ann. 1290. ex Cod. MS. D. Brunet fol. 76. v°. Occurrit non semel alibi.

¶ **YDRIA**, pro *Hydria*, Mensura vini, semel et iterum apud Hansiz. tom. 1. Germ. sacræ pag. 276.

◦ Metreta frumentaria, interdum liquidorum et vini. *Ydrie*, pro *Cruche*, Urceus, in Testam. Renati reg. Sicil. ann. 1474. tom. 2. Cod. Ital. diplom. col. 1279 : *Une des Ydries, esquelles nostre Seigneur fist miracle en conversion d'eaue en vin ès nopces d'Architriclin.* Vide supra *Hydria*. Hinc

¶ **YDRIATA**, Quantum *ydria* continetur. Lit. remiss. ann. 1355. in Reg. 84. Chartoph. reg. ch. 166 : *In vindemiis, unam Ydriatam vini, quam in alieno he-* *reditagio ceperat, in dicta domo sua apportaverat.*

◦ **YEMERIA**. Pactum inter comitis. et capitul. S. Quint. ann. 1211. in Reg. 34. bis Chartoph. reg. part. 1. fol. 84. v° : *Item ex parte comitissæ propositum est, quod burgenses S. Quintini nullam debent emendam pro excommunicatione, nisi peccoris tunsionem et Yemeriam.*

¶ **YEMS**, pro Hiems, apud *Madox* Formul. Angl. pag. 188. *Yemale semen*, in Charta apud *Blount* in Nomolexico Anglicano.

◦ **YERACA**, Hiera, compositionis medicinalis species. Lit. Joan. Presbyt. ad Emanuel. imper. ann. circ. 1165. apud Pez. tom. 6. Anecd. part. 2. pag. 21 col. 1 : *Magnificentia mea eorum, quæ ad gaudia pertinent, copiam indigentiæ tuæ per apocrisiarios nostros largiflue transmittet. Accipe Yeracam in nomine meo, et utere tibi.*

◦ *Yerre* nostris alias, pro *Lierre*, Hedera. Hist. S. Germ. Prat. inter Instr. part. 2. pag. 149. col. 2 : *Interdum quod erimus ad processionem, subeleemosynarius debet facere chorum juncari de Yerre, etc.*

◦ *Yeulage* vero, Acclamatio, ut videtur, in Recognit. feud. MS. terræ *de Bovincourt* ann. 1269 : *Et chil le sire de ledite ville arrive prisme en sedite ville, iront en devant les hommes et les fillettes en faisant et criant l' Yeulage, comme de droit est.*

¶ **YEROPHAGIA**, male pro *Xerophagia*, in Consuetud. MSS. Cluniac. ex Tabul. B. M. Deauratæ Tolos.

◦ **YFFANTARIUS**, Erro, qui infantes alienos abducit. Libert. Montis-olivi ann. 1312. tom. 7. Ordinat. reg. Franc. pag. 505. art. 38 : *Latrones autem publici et fautores ipsorum, bucellarii, Yffantarii, et alii insignes latrones, quibuscunque nominibus censeantur, severitati legum subiciantur.*

YGUMINUS, pro *Hegumenus*, ἡγούμενος, Abbas. Utitur non semel Thiotfridus Abbas Epternacensis in Florib. epitaphii Sanctorum in proœmio libri 1. eod. lib. cap. 6. et alibi.

YINGEMAN. Leges Henrici I. cap. 16 : *Danagildum, quod aliquando Yingeman dabatur, i. 12. den. de una quaque hida per annum, si ad terminum non redditur, vita emendetur.* Sic Cottonianus codex et noster, inquit Spelmannus ; sed utrique fidem suspectam habeo, ne mendose forte pro *Yngliseman* vel *Englisman*, i. Anglico. [◦◦ Thorp. Þingemannis, cap. 15. Vide ibi not.]

★ **YLARITAS**. [« *Ylaritas*, virilitas, liberalitas. » B. N. MS. Lat. 16089. f. 112ᵃ.]

★ **YLIA**. [Ilia : « *Yliis* simiorum comparata.» (B. N. MS. Lat. 16089. f. 107ᵇ.)]

◦ **YLLA**, Insula, Gall. *Isle*. Charta ann. 1295 : *Item tres fessoriatas prati cum verneto, sitas in Yllas retro molendinos suos. Alia* ann. 1321. in Reg. 60. Chartoph. reg. ch. 177 : *Retentis etiam domino regi altis et bassis justitiis, mero et mixto imperio in Yllis sive insulis prædictis.*

◦ **YMACHINATIO**, Instigatio, Impulsio. Lit. remiss. ann. 1364. in Reg. 98. Chartoph. reg. ch. 4 · *Cum eidem Johanni impositum exititiset dominos Petrum Ruffi et Guillelmum Ferrals ad jussum seu Ymachinationem dicti Johannis furatos fuisse, etc.*

◦ **YMACHINATUS**, Qui vices alterius in rebus gerendis implet, et *imaginem* quodammodo refert, suppositicius, in iisd. Lit. : *Idem Johannes tractavit malitiose et calidiosse cum quodam alio homine,* *qui se fingens se procuratorem dicti Guillelmi,.... ipsum Johannem quittaret ab omnibus, quæ occasione societatis seu comandæ... tenebat... Qui Johannes una cum dicto homine Ymachinato accessit, per quem se quitiari fecit.* Vide *Imaginarius*.

¶ **YMAGINACIO**, Cogitatio. Elmham. in Vita Henrici V. Reg. Angl. cap. 36. pag. 91 : *Regalis nobilitas Ymaginacione multiplici toto corde deliberat et exquirit, quomodo antiqua jura recuperet.* Instrum. ann. 1406. ex Bibl. Reg. : *Un des serviteurs de Messire Guil. Belier vint dire audit Rigolet que il s'en venist tantost a la sainte Chapelle, et que l'uys en estoit ouvert.... Ils apperçurent que les lampiers, qui estoient d'argent en estoient ostez et considererent comment ce pooit avoir esté fait et trouverent par Ymagination que ce avoit esté fait tant comme l'en disoit en cloistre.*

★ **YMAGINATIO**. [« Ratione *Ymaginationis* fortis tempore conventionis. » (B. N. MS. Lat. 16089. f. 112ᵇ.)]

¶ **YMAGINATOR**, Phrygio, *Brodeur*, recensetur in Catalogo Sodalitatis B. M. Deauratæ Tolos.

¶ **YMAGINATURA**, Imago acupicta. Inventar. Eccl. Noviom. ann. 1419 : *Una cappa de Cardinali de Limoges panni aurei cum orfretis de broderie et Ymaginaturis Apostolorum, operata auro et serico.*

◦ **YMAGINATUS**, Imaginibus adornatus, sculptus, nostris *Ymaginé* ; unde *Ymaginerie*, Sculptura seu opus scuptile, et *Ymaginette*, Parva imago, figura. Charta ann. 1851. in Reg 80. Chartoph. reg. ch. 503 : *Item gobeletum unum cum tribus pedibus, Ymaginatum de uno gallo sursum et tribus cavailleriis.* Inventar. MS. Jocal. Eduardi I. reg. Angl. ann. 1297 : *Item unu coupe d'argent doré, dont le pié est une rose à six fuelles, s'est Ymaginée de rois.... Item un pot lavor d'argent à Ymaginettes..... Item un autre (pot) purement doré et portrait d'Ymaginerie sans esmail.* Lit. remiss. ann. 1358. in Reg. 81. ch. 766 : *Un gobelet d'argent, esmaillé et doré, à quatre piez, Ymaginez à trois pelerins. Ymagerie*, Acupictus, vulgo *Brodé*, in Testam. Petri ducis Brit. ann. 1457. ex Bibl. reg. : *Deux paremens d'autel de tapisserie d'Arras,..... Ymagierez de la Passion, et esquels sommes nous et nostre compagne en presentation.* Vide *Imaginatus*.

¶ **YMATHINATIO**, mendose pro *Intimatio*, declaratio. *Ad jussum seu Ymathinationem*, in Litteris ann. 1364. ex Regesto 98. Chartophylacii Reg. Ch. 4.

◦ Male lectum pro *Ymachinatio*. Vide supra in hac voce.

¶ **YMBERNAGIUM**, ut supra *Hybernagium*. Charta Petri Episc. Meld. ann. 1226. ex Chartul. ejusdem Eccles. : *Habebit autem capellanus, pro victu et vestitu suo et clerici sui de bonis dictæ domus duos modios bladi Ymbernagii rationabilis.* Occurrit rursum in Charta ann. 1229. Locus est in *Grenerium*.

¶ 1. **YMIUS**, comparat. ab *Imus*, in Chron. Johan. Whethamstedii pag. 405 : *Dum transisset sabbatum sive solstitium anni istius, descendissetque sol Ymius et Ymius, etc.*

◦ 2. **YMIUS**, Fossilis. *Terra Ymia*, idem quod *Cadmia*, Gall. *Calamine*. Charta ann. 1281. apud Murator. tom. 2. Antiq. Ital. med. ævi col. 902 *Ferri non laborati, plumbi, stagni, rammi, terræ Ymiæ, de qua fit anchalcum (pro auricalcum).*

¶ **YMNISFITH**, Porcellus ablactatus, Schiltero in Gloss. Teuton. Vocem corruptam esse censet Eccardus in Notis

ad Leg. Sal. tit. 2. § 5. ubi *Ymnis*, vel potius *Ymnis* solidum interpretatur.
¶ **YMNIZARE**, a Gr. ὑμνίζειν, Laudare, prædicare, hymnos cantare. Pontificale antiquissimum : *Perveniens* (Rex consecrandus) *ad ecclesiam prosternat se coram altare et Ymnizetur* Te Deum laudamus, Te Dominum confitemur, *finetenus : quo Ymnizato erigatur de solo, etc.* Dudo de Ducibus Normannorum :

Ymnizante melos psallere voce queas.

Vide *Hymnizare* in *Hymnus*.
¶ **YMNODIA**, Canticum. Bibl. Heilsbr. pag. 63 :

Sit Jesu laus, et gloria sit Virgini Mariæ
Quod completum est carmen hujus Ymnodiæ.

Vide *Hymnodia*.
¶ **YMPNARE**, Liber hymnos continens, apud Will. Thorn. pag. 1835.
¶ **YMPNUS**, pro *Hymnus*, apud Elmham. in Vita Henrici V. Reg. Angl. cap. 124. pag. 321 : *Laudum Ympnos concinit.*
✻ **YMPRECEPS**. [Præceps: « *Ympreceps*, trebuchians. » (Lex. Lat. Gal. Bibl. Ebroic. n. 28 XIII. s.)]
¶ **YNDARDUS**, Autissiodorensibus *Indard*, Intrumentum quo naves adverso flumines navigant. unde *Yndardus* nuncupatur quidquid ea ratione exsolvitur. Codex censualis Episcopat. Autiss. ann. circ. 1290 : *Yndardi et aqua circa* XIᵐ. *lib. Yndardus S. Mariani circa* XVI. *lib.* Vide *Indardus*.
✻ **YNDEMPTITAS**. [Indemnitas : « Idcirco nos *Yndemptitati* providere volentes. » (Mandat. Camer. Apost. Arch. Vatic. f. 85. an. 1434-39)]
¶ **YNOLATUS**. Statuta Vercell. lib 5 fol. 123. vº : *Item quod fiant annualis sex mensibus duo libri Ynolati pro parte pusterne et parte ursonis, qui vocentur Memoriale*.
¶ **YNSPURUS**, pro *Impurus*, nothus. Locus est supra in *Vastardus.*
° **YOCRUS**. Alex. Iatrosoph. MS. lib. 2. Passion. cap. 11 : *Si infirmus colore Yocro fuerit, i. colore siligeneo, etc.*
° **YOPA**, Germ. *Yopen*, Vestimenti genus. Privil. sartor. ann. 1288. apud Ludewig. tom. 11. Reliq. MSS. pag. 687 : *Præsertim volumus quod nullus deferat tunicas crustatas, seu capucia, aut coltas vel Yopas in foro rerum venalium venales, præter in nundinis, quod interpretatur forum annuale*.
✻ **YPA**. [Souppe en Yawe. (Gloss. Lat. Gal. Bibl. Insul. E. 36. XV. s.)]
¶ **YPAPANTI** , Festum Purificationis Beatæ Mariæ. Vide supra *Hypapanti*.
¶ **YPATUS**, Gr. Ὕπατος. Vide *Hypatus*.
¶ **YPEPA**, Locus vel prædium a majori dependens, ut videtur. Descriptio bonorum domini de Eska ex Tabular. Audomar. : *In territorio et dominio villæ de Eska et aliarum Ypeparum circumjacentium.... Dividitur namque tota terra de Eska et de suis antedictis Ypepis, etc.*
¶ **YPERLIRICUS**, Vox Græca vim comparativi habens a lyricus. Elmham. in Vita Henrici V. Regis Angl. cap. 12. pag. 23 : *Ubi totidem tubarum tumultuosus strepitus partes æthereas tonitruoso rugitu reboare cogebat, citharædorumque Yperlirica melodia, etc.*
¶ **YPERPERATA**, YPERPERUS. Vide *Hyperperum.*
✻ **YPERPERUM**. [Moneta Venetorum : « In Corphoy vero et Mothono, sibi presententur de rebus comestilibus pro valore *Yperperorum* Lᵃ. » (Venise, Senato misti, LX. f. 218. an. 1410.)]
¶ **YPERUS**, ut *Hyperperum*, Moneta Imperatorum Byzantinorum aurea.

Bern. Thesaurarius de acquisitione T. S. apud Murator. tom. 7. col. 777 : *Jussit solium in palatio deferri, et Balduinum in eo sedentem, Yperis aureis usque ad verticem cooperiri sive circumdari.*
° **YPIA**, *Morsus gallinæ*, in Glossar. MS. medic. Simon. Januens. ex Cod. reg. 6959.
¶ **YPOCAMISIUM**, Vestimentum quod subtus camisium est. Vide *Hypocamisium.*
¶ **YPOCARE**, pro *Ypothecare*. Obligare, oppignerare. Charta ann. 1308. in Histor. Tull. pag. 470 : *Spontanee confessus est se jam dudum Ypocasse et pignorasse venerabili patri et DD. Conrado tunc Episcopo Tullensi...... medietatem villæ de Vannis*.
° **YPOCISIS** , *Aggregatum humidorum circa pupillam densatorum*, in Glossis ad Alex. Iatrosoph. MS. lib. 1. Passion. cap. 94 : *Adhuc autem at senioribus ætate defectum visifici spiritus reparant (axydorcica) et renovationem faciunt visui, et incipientes Ypocisis solverunt*.
¶ **YPOCOERCIUM**, vox ibrida, Locus ubi soleis ferreis equorum pedes muniuntur. Vide supra *Hippocoercium*.
° **YPOCRASIUM**, a Gallico *Hypocras*, Submissio vinum. Proces. Egid. de Rays ann. 1440. ex Bibl. reg. : *Dictus Ægidius de Rays reus ciborum et vinis delicatis, etiam Ypocrasio et clareto vulgariter nuncupato,.... usus fuit*.
¶ **YPODECANUS**, Subdecanus. Erlanus Ypodecanus subscribit Chartam Theotolonis Archiepisc. Turon. ann. 943. apud Marten. tom. 1. Anecdot. col. 74.
° **YPODIAC**, Subdiaconus. Charta Ludov. Pii ann. 824. tom. 2. Geneal. Diplom. aug. gentis Habsburg. pag. 20 : *Ego itaque Cosprehi immerens Ypodiac... rogatus scripsi et subscripsi.*
✻ **YPODROMIUM**. [Travail (equestre). (Gloss. Lat. Gal. Bibl. Insul. E 36, xv. s.)]
¶ **YPODROMUM**, YPODROMUS. Vide *Hypodromum*, et *Spidromum.*
° **YPODROMUS**, *Latrina, privata*, Prov. Glossar. Provinc. Lat. ex Cod. reg. 7657.
° **YPOGAMUS**, Navis species, f. pro *Ypogavus*, in eod. Glossar. Hippegus, navis qua equi transvehuntur. Vide *Ypogaubin*.
YPOGAUBIN, YPOGAVUS, Navis, ἱππηγος, Papiæ, *Navis, in qua equos vehere solitum est.* Glossar. Saxon. Ælfrici : *Ypogavus,* horsa scip, i. ad verbum, *equi navis.* Somnerus *Hippagus*, vel *Hippago* restituit. [Vide *Huisserium*.]
° **YPOGLOTIA**, *Paulo pillulæ, quæ sub lingua tenentur, quæ bekikiæ dicuntur.* Glossar. MS. medic. Simon. Januens. ex Cod. reg. 6959.
✻ **YPOMENUM**. [Cordial : « *Ypomenis* miscent aconita. » (Du Méril, Poes. lat. med. æt p. 164.)]
¶ **YPOPANTON**, pro *Ypapanti*, in Charta Paschalis II. PP. ann. 1104. inter Instrum. tom. 1. Gall. Christ. novæ edit. pag. 66. et in Charta Alexandri III. PP. apud Rocchum Pirrum in Sicilia sacra pag. 28. Vide *Hypapanti*.
¶ **YPOPIA**, *Aggregatum nigri sanguinis ex percussura*, in Glossis ad Alex. Iatrosoph. MS. lib. I. Passion. cap. 93 : *Nescio an hoc metius sit ad Ypopias aliud collirium.* Et cap. 100 : *Ad Ypopias et myocephala facit cum ovi liquore albo inunctum... Si autem myocephala aut Ypopius* (sic) *fuerit, post inunctionem ligabis oculos aut linteo in aqua infuso frigida, aut spongia in ipsa aqua infusa.* Glossar. MS. medic. Simon. Januens. ex Cod. reg. 6959 : *Ypopium*. Theod. Priscianus cap. de Ægritudinibus oculorum : *sed aut,*

inquit, *declinantibus oculorum doloribus, quidam tumor circa inferiorem angulum apparuit, quam Ypopisi* (sic) *dicimus*.
° **YPOPIRGIUM**, Area. Glossar. Lat. Gall. ann. 1352. ex Cod. Reg. 4120 : *Ypopirgium, Aire.*
° **YPOPYRGIUM**, Gall. *Andier*, in Glossar. Lat. Gall. ex Cod. reg. 521. Aliud Provinc. Lat. ex Cod. 7657. *Guachafasec,* Prou. *Ypopyrgium*. Vide supra *Ipopigerium*.
° **YPOROGIUM**. Vide infra *Yvorye*.
∞ **YPOSTASIS**, Gr. ὑπόστασις, Substantia, res. Liutprand. Antapod. lib. 3. cap. 41 : *Gezo cum omni sua Ypostasi meis tradatur in manibus.*
✻ **YPOSTOR**. [« *Ypostor, coton*. » (Lex. Lat. Gal. Bibl. Ebroic. n. 28, XIII. s.)]
¶ **YPOTECA**, YPOTHECA, Oppigneratio, obligatio, apud Rymer. tom. 2. pag. 308. Charta ann. 1282. apud Lobinell. tom. 3. Hist. Paris. pag. 272. col. 2 : *Obligaverit titulo specialis Ypothecæ.* Alii ann. 1477. ex Tabul B M. de Bononuntio Rotomag.: *Sub suorum omnium et singulorum Ypotheca et obligatione bonorum mobilium et immobilium*.
[✻ « Dictas triginta quinque libras Cluniacenses sub prestito sacramento et sub *Ypotheca* rerum suarum omnium ecclesiæ Cluniacensi totaliter restitueret. » (Chart. Cluniac. Coll. Burgund. B. N. t. 82, nº 333, an. 1255.)]
¶ **YPOTHECARIA**, Fundus oppigneratus, Gall. *Hypothecaire.* Charta ann. 1195. apud Cencium inter Census Eccl. Rom.: *Quodcumque itaque jus et quamcumque actionem personalem et in rem sive Ypotecariam adversus Romanam ecclesiam, etc.* Hinc
¶ **YPOTECARE**, YPOTHECARE, Oppignerare, *Hypotequer*, apud Rymer. loco laudato, Marten. tom. 7. Ampl. Collect. col. IIII. et Lobinell. tom. 5. Hist. Paris. pag. 655. Vide *Hypothecare*.
¶ **YPOTHECARIUS**, ¦ pro *Apothecarius*. Vide in hac voce. Computus ab ann. 1333. ad ann. 1336. tom. 2. Hist. Dalph. pag. 288 : *Item, cuidam Lombardo per manus Michaelis Ypothecarii domini pro muscato empto per dominum,* XII. *flor.*
¶ **YPOTHETICE**, Jure *ypothecario* seu oppignerationis. Charta ann. 1246. ex Tabul. Episc. Paris. fol. CCXIII : *Eidem Episcopo Ypothetica titulo specialiter obligavit.* Alia ann. 1256. ex Tabul. S. Crispini in Cavea : *Pro qua summa* X. lib *Ypothetice obligavit dimidium bladi hyematis.*
¶ **YPOVICARIUS**, YPPOVICARIUS. Subvicarius, qui Vicarii vices agit. Vide in *Vicarius*.
° **YPOYCARIA**. Charta ann. 1322. in Reg. 61. Chartoph. reg. ch. 126 : *Habent ab aliis personis diversas summas pecuniæ in operatoriis suis, tam de payreria quam de Ypoycaria.* Melius infra : *Ypothecaria*; pro *Apothecarii* seu pharmacopolæ officina. Vide *Ypothecarius.*
✻ **YPROBARE**. [Improbare: « *Yprobare, desprover.* » (Lex. Lat. Gal. Bibl. Ebroic. n. 28, XIII. s.)]
¶ **YPSIVREMETA**, ex Gr. ὑψιβρεμέτης, Altitonans. Epitaphium Crescentii, qui obiit ann. 1010. apud Baronium ann. 996. n. 11 :

Die rogo, dic lacrimis pietatis clausula, Jesu,
Parce tuo famulo Ypsivremeta pie.

¶ **YPULTIO**, [Impulsio]: « *Ypultio, haitement*. » (Lex. Lat. Gal. Bibl. Ebroic. n. 28, XIII. s.)]
✻ **YRANEA**. [Aranea : « Et reperte fuerunt ab infra circum circa lymacie

et *Araneæ.* » (*Chevalier,* Visit. episc. Gratianop. p. 57.)]
✱ **YRCINUS.** [Hircinus : « Barba *Yrcina,* paucorum pilorum ; spadoni enim similatur. » (B. N. ms. lat. 16089, f. 110 b.)]
¶ **YRCUS**, pro Hircus. Statuta Arelat. MSS. art. 87 : *Et pro quolibet porco et porca, ove seu mutone, Yrco et capra dent* 11. *den.*
¶ **YRENEUS**, Pacificus, Gr. εἰρηνικός. Acta S. Frederici tom. 4. Jul. pag. 461 : *Episcopum oportet esse irreprehensibilem, sobrium,... doctorem, Yreneum, non vinolentum, etc.*
YRIAS. Indiculus superstitionum et Paganiarum cap. 24 : *De pagano cursu, quem Yrias nominant, scissis pannis, vel calceis.*
✱ **YRONICE.** [Ironice : « De aliis obloquens *Yronice.* »(B. N. ms. lat. 16089, f. 110 b.)]
✱ **YRSUTUS.** [Hirsutus : « *Yrsuta* nimium et rugosa, cute tamen circumdata exili. » (B. N. ms. lat. 16089, f. 107 b.)]
✱ **YSADRA, EA.** [« *Yaadres* vitreæ fractæ sunt...... in *Yaadris* non sunt vitreæ. » (*Chevalier,* Visit. episc. Gratianop. p. 131.)]
¶ **YSARNODORI**, Ostium ferreum, lingua Teutonica seu veteri Gallica, ex Vita S. Eugendi tom. 1. Jan. pag. 50. col. 1.
¶ **YSBERNUS**. Vide supra *Ybenns.*
¶ **YSEMBRUNUS**, Panni species. Vide *Isembrunus.*
¶ **YSENGRINI**, Populi quidam de quibus in Hist. Viconiensis Monast. apud Marten. tom. 6. Ampl. Collect. col. 303 : *Sic Spiritus sancti gratia in vita exstitit debriatus* (Ægidius Abbas) *ut meruerit pacem inter Ysengrinos et Flaventinos, vel Flampedes in partibus Hollandiæ et Zelandiæ, et Flandriæ, quam nullus hominum attentare quibat, sive Rex, sive Comes, aut Baro reformare.*
✱ Furnesius tractus in Flandria incolæ, factiosi virtute bellica præstantes sub Philippo Augusto, nostris *Ingrins;* quare vero ita appellati, vide in *Isengrinus.*
¶ **YSHARTUS**. Vide mox in *Yssartum.*
¶ **YSHIC**, Yshiguare. Vide *Ychigare.*
✱ **YSHIDA**, Vectigalis species, et maxime illud, quod pro evehendis vinis aliisque mercibus ex aliquo loco persolvitur. Vide supra *Isshac.*
¶ **YSICIUS**, Salmo. Vita S. Kentigerni tom. 1. Jan. pag. 820 : *Nuntio cum hamo ad ripam fluminis Clyd festinare præcepit, et piscem primo extractum scilicet Ysicium, qui et Salmo dicitur, ad se reportare.* Codex MS. Rames. apud Spelman.: *In capite autem Quadragesimæ, octo fratribus Ysicios, etc.*
✱ **YSITARE**, Exhaurire, ni fallor. Charta ann. 1293. ex Tabul. Montispessul.: *Dominus Raymundus de Polano archidiaconus Fenolheti in ecclesia Narbonensi habens potestatem plenariam..... agotandi scilicet, Ysitandi ac desiccandi stagnum castri-novi in Narbonesio, etc.*
✱ **YSMIRALLUS**, Smaragdus, Ital. *Smeraldo,* Gall. *Emeraude.* Invent. ann. 1314. apud Ol. V. Garamp. in Disquis. de sigill. Garfagn. pag. 87 : *Item una mitra solemnis.... cum zaphiris, balatiis, perlis, Ysmirallis, etc.* Vide supra *Esmaraudus,*

¶ **YSNECA**, Navigii species, scapha. Nostris *Esneche;* idem quod *Naca* 1. Vide in hac voce. Statuta Massil. lib. 4. cap. 1 : *Puniatur inde taliter quod pro nave qualibet, et Ysneca, vel coca compellatur dare communi Massiliæ pœnam arbitrio rectoris, vel consulum Massiliæ.*
¶ **YSOLUS**, Parva insula, Gall. *Islot.* Charta ann. 1258. ex Tabul. S. Victoris Massil.: *De meridie de dicto verdono descendit usque ad Ysolum, et de Ysolo in verdono.*
✱ **YSON**. Dialog. creatur. dial. 73: *Yson, dicit Brito, avis est de genere vulturis, alba et minor quam vultur, sed rapacissima.*
¶ **YSOPUM**, Aspersorium, Gall. *Goupillon.* Vide *Ferratum* et *Hysopus.*
✱ **YSOPUS**, [*Ysope.* (Glos. Lat. Gal. Bibl. Insul. E 36, xv. s.)]
¶ **YSOTONUM**, ut *Ysopum,* mendose, ut suspicor, scriptum in Inventario ann. 1341. ex Tabul. S. Victoris Massil: *Item feiratum unum cum Ysotono.*
º **YSPIA**, Explorator ; unde *Yspiare,* explorare. Comput. ann. 1362. inter Probat. tom. 2. Hist. Nem. pag. 259. col. 2 : *Cum diceretur quod in loco Lunelli erat capta una Yspia, quod vellet eos certificare de confessione sua, etc.* Ibid, pag. 260. col. 1 : *Ad indagandum et Yspiandum quid in patria faciebant inimici.* Vide *Espia* et *Ispia.*
º **YSSAC**, Vectigalis species, et maxime illud, quod pro evehendis vinis aliisque mercibus ex aliquo loco persolvitur. Vide supra *Isshac.*
✱ **YSSAROP**, [Gall. *Sirop* : « Pro I. libra de *Yssarop...* pro pulvere posito in conserva de bryola. »(Arch. histor. de la Gironde, t. 22. p. 331.)]
º **YSSARTUM**, Ysshartum, Yshartus, Ager exaratus, dumetis purgatus ; unde *Ysshartare,* Interlucare silvas, Gall. *Essarter.* Charta ann. 1341. in Reg. 72. Chartoph. reg. ch. 368 : *Idem procurator dicebat quamplurima Yssharta et ignis commissiones quamplurimas in diversis nemoribus et dumis... eos immisisse, et ad novam culturam reduxisse....... Prædictis consultis* (S. Amancii) *asserentibus se esse in possessione.... Ysshartandi, extra tamen forestas supradictas, Yssharta et campos faciendi.* Alia ejusd. ann. in Reg. 80. ch. 466 : *Quod homines castri sive loci de Cabrayrolis... Yssharta quamplurima...* inde *fecerant et terras ad culturas redegerant.* Charta ann. 1361. in Reg. 103. ch. 78 : *Hæredes Guillelmi Raimundi servient unum sextarium frumenti pro quadam Yshartu, loco dicto ad Caverias.* Vide *Exartus.*
º **YSSEMBRUNUS**, Panni species. Charta Maurit. Cenoman. episc. ann. 1227. ex Tabul. monial. S. Juliani de Prato. *Mantellis etiam non utantur, nisi de præfatis pannis, aut de Yssembruno, aut de essaio de sancto Dionysio.* Vide supra *Isembrunus.*
º **YSSERTUS**, a Gallico, ut videtur, Issue, Transitus, exitus. Lit. Lancel. de Roya magist. forest. et aquar. in Occit. ann. 1394. ex Reg. 146. Chartoph. reg. ch. 121 : *In paxeria molendinorum Badacley Tholosæ nullus erat passus sive Yssertus, per quem dicti querelantes cum suis gabarrotis et parvis navibus navi-*

gando per flumen Guaronæ... libere transire poterant nec valebant... Concedimus licentiam..... in dictis Ysserto sive Yssertis tendere et pisces regales....... capere. Vide supra *Passus* 4.
º **YSSHIDIA**, Yssida, Vectigalis species, et maxime illud, quod pro evehendis vinis aliisque mercibus ex aliquo loco persolvitur. Vide supra *Isshac.*
✱ **YSTORIA**. [« *Ystorias,* fabulas et comestionis querit habundantiam. » (B. N. ms. lat. 16089, f. 110 d.)]
¶ **YSTORIATUS**, Intextus figuris, ornatus, Nostris *Historié.* Inventar. ann. 1416. ex Tabul. S. Victoris Massil.: *Cum duobus retaulis desuper Ystoriatis... Item duas postes modicas Ystoriatas nativitatis Domini et Veronissæ.* Vide *Historiatus.*
YSTRAICUS, Funestus. Isidorus Pacensis Episcopus, in Chron. æra 780 : *Sed quia nequaquam eam ignorat omnis Hispania, ideo illa minime recensiti tam Ystraica bella ista decrevit historia, quia jam il alia Epitoma qualiter cuncta extiterunt gesta patenter et paginaliter manent nostro stylo conscripta.* Ex Lat. forte *Oestraicus.* [ºº In edit. ann. 1729. *stragica,* a Strages.]
¶ 1. **YSTRIO**, Leno, ut volebat Statuta Astens. collat. 11. cap. 8. fol. 27. vº : *Ystrio, vel publicus lecator, vel publica meretrix.* Vide *Histriones.*
º 2. **YSTRIO**, pro *Histrio,* qui buccinas inflabat, vel musica instrumenta pulsabat. Lit. remiss. ann. 1355. in Reg. 84. Chartoph. reg. ch. 470 : *Cum Robinus pauper Ystrio sive menestrellus pro ludendo de suo artificio cum corneta ivisset, etc.*
º **YUCA**, Plantæ seu radicis species in America. *Nemo vel Hispanus vel Indus... faciat azua eo fare cum mistura Yucæ,* in Synodo Limensi ann. 1585. inter Conc. Hispan. t. 4. p. 426. Occurrit rursum p. 761.
✱ Battata Indica in Diction. Hispan. ad hanc vocem.
YVERNAGIUM. Vide *Hybernagium.*
º **YVERNALE**, f. Ager *yvernagio* seu secali satus. Charta Joan. ducis Bitur. ann. 1401. in Reg. ejusd. ex Cam. Comput. Paris. fol. 179. rº : *Molendina nostra... cum eorum saltibus, aquis, ripperiis, exclusis, alberiis, alberiatis, piscaturis, Yvernalibus, aquæductis, etc.* Vide supra *Hybernagium.*
º **YVORYE**. Joan. Germ. Cabillon. episc. in vita Phil. III. ducis Burg. apud Ludewig. tom. 11. Reliq. MSS. pag. 124 : *Jussionem principis completurus per alpes Cottias et montem Jura viam capit, per yporogium, quam Yvorye appellant ad plana Lumbardiæ se confert.* [ºº Eporedia, hodie Ivrea.]
¶ **YYESIA**, f. Cæcus paterni animi affectus in filium, a Gr. ὄψις, filius. Hugonis Cetelli Epist. 54. tom. 2. Monument. sacr. Antiquit. pag. 411 : *Nescis prorsus quid sit Yyesia, vir es discretionis, homo est pacis, nihil inmaniter, nihil inhumaniter agis.*
¶ **YZANES**, Inter supellectilem lecti recensetur, in Charta Hispanica æræ 1060. apud Ant. de Yepez in Chron. Ord. S. Bened. tom. 5. pag. 435 : *Literius* 3. *Yzanes* 2. *etc.*

Z

ZAB

Z. LITERA numeralis, quae 2000. efficit. Unde versus :

Ultima Z. canens finem bis mille tenebit.

Seu ut habet Ugutio :

Ultima Z. quae canit finem bis mille tenere.

Eidem literae, si recta linea superaddatur, bis millies mille significat.
Z. pro X. crebro *Zenia*, pro *Xenia*: *Zenodochium*, pro *Xenodochium*, in Gloss. Ælfrici pag. 62. 79.

° Z, pro R, saepius in Instr. Hist. Nem. *Cozona*, pro Corona. *Cizateca*, pro Chirotheca. *Ceza*, pro Cera, etc.

° Z, pro S. passim occurrit; *Zabaterius*, *Zandale*, pro Sabaterius, Sandale, etc.

ZA. Charta Italica ann. 1154. apud Puricellum in Ambrosiana Basilica pag. 711. 712 : *Et hoc fuit ab undecim annis in Zà, et a mense in là.* Infra: *Et hoc fuit a 40. annis in Zà, et a 25. in là.* Vulgare Italicum: Galli dicunt en çà.

ZABA, ZAVA. Lorica. Gloss. Arabico-Lat.: *Lorica*, Zaba. Papias: *Zaba, munimentum in praelio virorum fortium.* Julianus Antecessor cap. 304. *Zabas, sive loricas.* Lexicon Gr. MS. Reg. cod. 2062 : Ζάβα, ὁ θωράκιον. Ζαβαρεῖον, ἐν ᾧ αἱ ζάβαι. Quod vero ζαβαρεῖον dicitur, θῆκαι et θηκάρια τῶν ζαβῶν sunt Leoni in Tact. cap. 6. § 22. ubi ex corio bubulo esse jubentur. Zabarum vero non semel meminit idem Leo ibidem cap. 6. § 22: "Ἔχειν δὲ δι᾽ ἕκαστον ἄνδρα ὅπλησιν τοιαύτην, Ζάβας τελείας μέχρι τοῦ ἀστραγάλου ἀνασυρομένας διὰ λωρίων καὶ κρικελλίων μετὰ τῶν θηκαρίων αὐτῶν. Adde § 3. 13. 17. 25. et cap. 7. § 78. Ζάβας ἤτοι λωρίκια. Occurrit etiam vox eadem in Nov. 85. et in Chronico Alexandrino pag. 782. Vide Scriverium ad Vegetium pag. 564. praeter Rigaltium , et Glossar. med. Graecit. in Ζάβα.

ZAVA, Idem quod *Zaba.* Lex Wisigoth. lib. 9. tit. 2. § 9 : *Partem aliquam Zavis vel loricis munitam.* Ubi *Fuero juzgo* lib. 9. tit. 2. § 8 : *Muestre los bien armados de lorigas, e pertuntes.* Est igitur *zava* idem quod *perpunctum*, seu *gambasium*. Vide in his vocibus.

SABEA, vel SABEUM, pro *Zaba.* Capitula Herardi Archiep. Turon. cap. 113 : *Clerici....... si armis, sagis, vel Sabeis usi fuerint, deponantur.*

ZABATUS. Papias: *Cristatus, galeatus*,

ZAB

i. *Zabatus.* Alibi : *Zabatus, cristatus, galeatus.* Ubi *zabam* pro galea aut casside videtur usurpasse : nisi per *galeam* intelligat *loricam cucullatam*, quae et corpus et caput tegebat, uti legit Meursius in Gloss.

° **ZABALEGUM,** apud Aliabatem exponitur *Mastix*. Glossar. MS. medic. Sim. Januens. ex Cod. reg. 6959.

° **ZABARA** vocatur *a multis vulgariter planta, unde fit aloes, imitantes Arabicum, quod est Sabi*, in eodem Glossario.

° **ZABATERIUS**, pro *Sabaterius*; Calceorum sutor vel sartor. Stat. Avenion. ann. 1243. cap. 149. ex Cod. reg. 4659: *Statuimus quod curia elegat duos viros legales....... de Zabateriis, qui quaestiones quae orientur inter... Zabaterios possint... componere.*

ZABERNA, Papias : *Zaberna, ubi vestes ponuntur, aut quodlibet aliud* ; *Zaberna, arca, vel armariolum.* Gloss MSS.: *Zaberna, vestiarium.* [Tabul. Eccl. Audomar.: *Privilegia existentia in superiori parte almariae seu Zabernae magnae existentis in thesauro. In prima et superiori parte mediae seu secundae Zabernae sive almariae,... in tertia parte secundae Zabernae, etc.* Mirac. S. Udalrici cap. 25. saec. 5. Bened. pag. 468 : *Interim etiam quaesivit Zabernas et calceamenta, et non invenit.*] Hariulfus lib. 3. Chron. Centul. cap. 28. de Capsa, in qua erat corpus S. Vigoris Episcopi Bajoc. : *Hospitem exorat, ut Zabernam, quae sanctis ossibus erat onusta, diligentissime atque fidissimae traderet custodiae. Et mox : Acceptam vero Zabernam Bernardus tali loco ponere eam nititur, quem latrones adire non possent.* Infra, *Arca* appellatur : *Inquiri citius jubet, cujus esset arca. Zabernam fortassis hoc loco usurpavit Hariulfus pro taberna*, seu *arca aut capsa, ex tabulis ligneis compacta. Tabernae* enim, auctore Isidoro lib. 15. cap. 2. *dictae, quod ex tabulis ligneis essent confectae.* Vide infra in voce *Zabyra.*

¶ **TABERNA,** Eodem significatu. Drogo in Translat. S. Levinae tom. 5. Julii pag. 617 : *Novo linteolo ea (ossa) involvit...... hospitium venit, in una suarum Tabernarum collocavit.* Infra *Zabernam* vocat.

¶ **ZABOLATICUS,** ZABOLICUS, ZABULITICUS. Vide mox in *Zabulus.*

¶ **ZABULUM,** Sabulum, arena. Charta

ZAB

Henrici VII. Reg. Angl. ann. 1499. apud Rymer. tom. 12. pag. 714 : *Ita quod in velleribus lanarum terram, petras, fimum, Zabulum, arenas, et pilos minime paccent aut involvant.* Alia ann. 1533. apud Madox in Formul. Anglic. pag. 151 : *Cum omnibus aliis terris, pratis, pasturis, et omnibus aliis pertinenciis manerio praedicto pertinentibus; excepto Zabulo et lapidibus, etc.*

¶ **ZABULINUS CAMPUS**, Arenosus, in Inquisitione ann. 1196. apud Cencium inter Census Eccles. Romanae.

ZABULUS, Diabolus. Sic autem Dorice aiunt appellari. Dorica quippe lingua ζαβάλλειν, idem est quod διαβάλλειν ; ut ζάκορος, idem quod διάκορος. Aliter tamen censet Possinus in notis ad orat. Nicetae in SS. Michael. et Gabriel. pag. 60. Papias : *Zabulus*, est *Satanas, quod Latine sonat adversarius, vel transgressor.* Glossae vett. : *Zabulus, Satanas, contrarius.* [Gloss. Lat. Gall. Sangerm : *Zabulus, contraire, transgresseur, diables.*] Glossae aliae MSS. : *Zabulus, Satan*. Phoebadius Aginnensis in Epist. contra Arianos : *Cibum desideravit cum tentaretur a Zabolo. Zabolica subtilitas, Zabolicum virus*, apud eumdem. Consultatio Zachaei et Apollonii lib. 3 : *Horum igitur merito venturum Antichristum fides certa est, immo Zabulum sub persona hominis saeviturum.* Titulus memoriae S. Waldomeris, tom. 1. Histor. Francor. pag. 513 :

Hinc perdunt Zabulus vires, incendia Maurus.

Wandelbertus in Praefat. ad Martyrologium :

Fallens, ne Zabuli vincat iniquitas.

Utuntur passim Veteres, et aliquot aevi inferioris Scriptores, S. Cyprianus in Epist. ad Demetrianum, Auctor libri de Aleatorib. Cassianus Collat. 1. cap. 14. 21. S. Hilarius in Matthaei cap. 24. cap. 26. et alibi. S. Augustinus serm. 123. de Diversis, S. Ambrosius lib. 5. de Fide ad Gratianum cap. 1. Lactantius de Mortibus persecutorum cap. 16. S. Patricius Epist. ad Coroticum, Paulinus Nolanus pag. 28. 50. 55. 291. 498. Commodianus Instr. 35. 57. 59. 60. 78. S. Eulogius lib. 1. Memorial. cap. 55. et lib. 2. cap. 4. Thiotfridus Epternac. lib. 4. cap. 2. Notae Tyronis, Gildas de Excidio Britanniae, Florus Lugdun. Diacon. carm. 4. Fridegodus in S. Wilfrido cap. 36. Eigil in Vita S. Sturmii n. 6. Edgarus Rex Angl. in Leg. Monachorum Hydensium cap. 4. Vita S. Guthlaci cap. 18. 21. Vita S. Genulfi lib. 1. cap. 3. n. 21. Ordericus Vitalis pag. 460. Hariulfus lib. 3. cap. 18. Chartæ veteres in Bibliotheca Cluniacensi pag. 543. et apud Meurissium in Episcopis Metensib. pag. 349. etc.

¶ ZABOLATICUS, Diabolicus. Epist. encyclica apud Marten. tom. 1. Ampl. Collect. col. 354 : *Perplurimæ similes miseriæ, instigante Zabolatico conatu, perpetratæ sunt.*

¶ ZABULITICUS, Eadem notione. Vita S. Guthlaci tom. 2. April. pag. 42 : *Ille vero Zabuliticum magisterium despiciens, etc.*

ZABYRA. Abdias Babylonicus lib. 4. Hist. Apostol. pag. 46 : *Et haud mora collectis libris magicis, Zabyras plenas ad Apostolum attulit, cervicibus suis et discipulorum impositas, et cœpit eos ignibus coram eo comburere. Sed Jacobus prohibuit, ne forte odor incendii, inquit, vexet incautos.* Appende *Zabyris lapides, et plumbum, et mitte in mare*. Ubi Meursius emendat *zabarias*, ut fuerint ζαβάρεια, Zabarum repositoria. Sed hic non agitur de loricis, nec de eorum thecis : sed de cistis aut capsis : unde malim legere *zabernas*, quomodo ex MS. emendat Salmasius, et apud Ordericum Vitalem lib. 2. pag. 881. ubi eadem verba describuntur, legitur. Vide *Zaberna*.

¶ ZACCARUM, Saccharum. Comput. ab ann. 1333. ad ann. 1336. tom. 2. Hist. Dalph. pag. 284 : *Et undecim libris et uno quartone de Zaccaro, etc.*

° ZACCO, Gladii species. Instr. apud Lam. in Delic. erudit. inter not. ad Chron. imper. Leon. Urbevet. pag. 149 : *Item fratrem nostrum Ugonem cum Zaccone vulneravit.... Item Gallum cum Zaccone in capite et auricula percussit, ita quod sanguis emanavit.* Vide supra *Sacabuta* et *Sachs*.

¶ ZACHARA, ZACHARIA, ut Zaccarum. Hist. Orient. Jac. de Vitriaco apud Marten. tom. 3. Anecd. col. 279 : *Sunt ibi cannæ, ex quibus fluit fructus dulcissimus, et vocantur cannamelli Zachariæ*. Alter locus exstat in *Canamellæ*. Vide ibi.

° ZACHARELLUS, Arundo, ut videtur, unde elicitur *Zacharum*. Charta ann. 1281. apud Murator. tom. 2. Antiq. Ital. med. ævi col. 901 : *De soma datilorum, Zachirelorum et uvæ passæ, quatuor solidi Mutinenses auferantur*. Supra col. 899 : *Zacharellorum*. Vide *Canamellæ*.

ZACLUS, Retis ad capiendos pisces species, quæ describitur a Petro de Crescentiis lib. 10. cap. 37.

° Legendum forte *Zachus*. Vide supra *Sachus* 2.

ZACONES, pro Diacones, ut Zabolus, pro Diabolus. Commodianus Instr. 68 :

Ministerium Christi, Zacones, exercete caste,
Idcirco Ministri facite præcepta Magistri.

Sic enim hodie Lacedæmonii, vocabulo a *Lacones* detorto, appellantur a Græcis, ut auctor est Pachymeres lib. 5. cap. 25. Nicephorus Gregoras lib. 4. pag. 70. et Martin. Crusius in Turcogr. lib. 7. pag. 489. Vide Glossar. Meurs. in Τζάχωνες, [et Gl. med. Græcit. in ead. voce.]

ZAFALMERINUS. Vide in *Zavalmedina*.

° ZAFARANUM, ZAFFARANUM, Crocus, Ital. *Zafferano* , Gall. *Safran*. Charta ann. 1281. apud Murator. tom. 2. Antiq. Ital. med. ævi col. 901 : *De soma Zafarani,... sex solidi Mutinenses auferantur*. Alia ann. 1382. tom. 3. Cod. Ital. dipl. col. 1571 : *Habeant singulo anno in Kalendis Januarii pro supradictis eorum solitis et consuetis honoribus mediam libram Zaffarani, libram unam piperis, etc*. Vide *Zafframen*.

¶ ZAFFARDA, Capitis operimentum apparitorum proprium, unde vocis etymon : Italis quippe *Zaffo* est Apparitor. Vide mox *Zaffones*. Statuta Placent. lib. 1. fol. 10 : *Portare super caput caputium vel Zaffardum de panno jano cum signo ad arma communis. Quæ caputia seu Zaffarda dentur eis expensis communis Placentiæ quolibet anno.*

✱ ZAFFILUM. [Gall. *Saphir :* « Pro *Zaffilo* dicte rose florenos similes in camera 10. » (Mandat. Camer. Apost. Arch. Vatic. f. 32. an. 1435.)]

° ZAFFINUS, Ital. *Zaffiro*, Saphirus, gemma cærulei coloris, pro *Zaffirus*, unde diminut. *Zaffirellus* et *Zaffireolus*. Invent. MS. thes. Sedis Apost. ann. 1295: *Item unum urceum de opere Venetico ad filum,..... cum diversis lapidibus præxinis, Zaffinis et granatinis..... Item unam cupam cum... xviij. Zaffireolis de podio... Item unam cupam de cristallo cum pede, in quo sunt.... xij. Zaffirelli ;.... coperculum etiam est de cristallo, in quo sunt iiij. esmalta, viiij. Zaphirelli*. Vide *Saphirinus*.

¶ ZAFFIRELLUM. [Gallice *Saphir*. (B. N. MSS. L. § 180, f. 49.)]

¶ ZAFFONES, Venetis dicuntur Sagittarii , vel apparitores. Rollandinus in Chron. lib. 11. cap. 3 : *Quidam pedites et Zaffones illi, quos vulgo Waldanam dicimus, præcedentes inordinate ante militum acies, etc.* Cap. 5 : *Repente namque supervenerunt Berroarii seu Zaffones quidam, etc*. Denique cap. 16 : *Cum eadem gente, et quibusdam viris prudentibus alieni cupidis, quos appellamus Zaffones*.

ZAFFRAMEN, Crocus. Italis *Zafferano*, vel *Zaffarano*, nostris *Saffran*. Sanutus lib. 2. part. 2. cap. 6 : *Æs, stagnum, seu ramum, Zafframen, coralla, etc*. Caput 7. habet *Zaffranum*, quomodo forte legendum in cap. 6.

¶ ZAFRANUM, Eadem notione. Chron. Parmense ad ann. 1307. apud Murator. tom. 9. col. 867 : *Et propter hoc Zafranum quod ducebatur pro festo Nativitatis non inveniebatur ibi nec haberi potuit*. Vide *Zafferana*.

✱ ZAFIRUM. [Italis *Zaffiro* : « Tam pro uno *Zafiro* quam auro per eum posito in rosa aurea quam nuper SS. D. N. papa dedit principi della Morea. » (Mandat. Camer. Apostol. an. 1460-62, f. 106.)]

¶ ZAGARELLA, Fimbria, Gall. *Frange*, ab Italico *Zaccherella*, diminut. a *Zacchera*, Academici Cruscanis *vocabulo generico di tutte le cose di poco pregio*, reculæ, tricæ. Comput. ab ann. 1333. ad ann. 1396. tom. 2. Hist. Dalph. pag. 283 : *Item, pro ornandis caputiis domini et dom. Humberti de Villariis et Zagarellis aureis et setæ,* II. s. III. d. gros.

¶ ZAGUS, Nomen officii palatini apud Venetos. Appendix ad Transiat. SS. Pauli et Barbari tom. 7. Maii pag. 772 : *Captaneus major, Zagus, ceremoniarum magister, etc.* Vide *Adalides*.

¶ ZAHALMEDINA. Vide *Zavalmedina*.

° ZAIBAS, Arabice, Argentum vivum. Glossar. MS. medic. Simon. Januens. ex Cod. reg. 6959. Vide infra *Zibatum*.

° ZAIRUM. Placit. ann. 1077. apud Murator. tom. 1. Antiq. Ital. med. ævi col. 457 : *Peto vos..... ut vallis, quæ est foris hujus civitatis Patavi, quæ dicitur Vallis de Mercato, quæ simul se tenet pratum et Zairo voccato, cum valle seu cum casis et ortis simul se tenentibus cum prædicto Zairo, quod fuit antiquitus ædificium magnum... Ut concedas mihi fodere de Zairo aliquas petras, etc.*

¶ ZALA, Incendium, [Depopulatio.] In Gloss. Græco-Lat. ζάλη, est æstus, unde forte pro incendio vox usurpata : aliis est turbo, procella, agitatio maris. Capitulare Radelchisi Principis Benevent. ann. 851. § 8 : *Liceat per meam terram transire contra illos hostiliter et cum scara ad vindicandum absque homicidio, vel incendio, et deprædatione seu Zala, seu populo et terra mea. Et § 19 : De nullo homicidio vel præda atque Zala seu incendiis retroactis fiat aliqua requisitio vel vindicta.* Occurrit iterum § 21. Capitulare Adelchisi Principis Benevent. § 7 : *Sed ea per igne aut a Zalatione seu deprædatione perdidisset.*

ZALARE, Incendere. Chronicon Anonymi Barensis ann. 1036 : *Zalatæ sunt casæ Joannes Icanato*. Ann. 1051 : *Zalavit ipse Judæam.* Ann. 1070. *Zalatæ sunt casæ Meli Pezzi et obrutæ*.

¶ ZALAMELLA, ZALAMILLA, Instrumentum musicum. Chronic. Mutin. apud Murator. tom. 15. col. 608 · *Ibi fuerunt circa C. tubæ resonantes, Zalamellæ, et instrumenta alia mirabiliter resonantia*. Bern. Thesaurarius de Acquisit. T. S. apud eumd. tom. 7. col. 834: *Volebant enim sibi facere nomen cum tubis et Zalamillis et vexillis multis progressi*.

° Fistulatorius calamus, idem quod *Calamella* 1. Vide in hac voce.

¶ ZALANDRIA, Navigii species. Vide *Chelandium*.

¶ ZALATA, Grando. Joh. de Janua. Grelle, in Gloss. Lat. Gall. Sangerm.

✱ ZALASKA, Corylus, vox Polonica. Statut. confirm. ann. 1505. inter Leg. Polon. tom. 1. pag. 331 : *Si aliquis aliquem provocaverit in lite pro corilo, alias Zalaska ;... tunc provocatus ad corinum* (sic)*, arbitrium habebit eligendi ut sumat corilnum* (sic) *sive pro tribus marcis, sive pro sex scottis.*

ZALDA. Albertinus Mussatus de gestis Italicorum post Henricum VII. lib. 5. rubrica 2 : *Et insuper electorum balistariorum* 5. *millia, lancearum cum hastis longissimis, quas Zaldas vocant Italici,* 2. *millia, etc.* [Cruscanis, *Gialda*, lancea.]

✱ ZALDUS, Luteus, flavus, Ital. *Giallo*. Invent. MS. thes. Sedis Apost. ann. 1295: *Item unum altare viaticum de diaspro Zaldo et rubeo.*

✱ ZALGROSSEN, Monetæ species. Charta ann. 1356. apud Ludewig. tom. 11. Reliq. MSS. pag. 535 : *Eminus, recipiendi emtionis et venditionis contractu hinc inde interveniente, pro mille et septingentis et quinquaginta sexaginta grossorum usualium, qui Zalgrossen vulgari nomine nuncupantur, undecim Hallenses pro grosso computando, etc.*

✱ ZALLA, Mantile, linteum quo manus extergunter, Germ. *Zwelen*, a vet. Theodisco *Zwalla*. Guidonis Discipl. Farf. cap. 16 : *Pueri qui non valent portare charitatem, id est fialas ad mensam, non tergant manus suas ad Zallam in die Sabbatorum in capitulo*. Cap. 19 : *Zallam atque baciles domni Abbatis, etc*.

ZALMEDINA. Vide *Zavalmedina*.

° ZALOBA , Polonica vox. Stat. Vladisl. Jagel. ann. 1430. inter Leg. Polon. tom. 1. pag. 77 : *Provisum est insuper quod postquam unamquamque quæstionem coram judicio expositam, dictam Zaloba, aliquis edixerit, etiamsi plures personæ sint pro parte quarum quæstio agitatur, tantum unum memoriale exigatur.*

¶ ZALOUS. Chron. Tarvis. apud Murator. tom. 19. col. 803 : *Qua quidem cum antenna lignea totum id diversorium sustentabatur, Zalois de raza, et mirabilibus tapetis stratum, etc.* Leg. videtur *Zattois.* Vide *Zatouy.*

¶ ZAMA, *Genus monstri*, Johanni de Janua.

ZAMBILOTTUS, Pannus ex pilis camelorum confectus : ex Ital. *Zambelotto*, Gall. *Camelot.* Paulus Venetus lib. 1. cap. 64 : *Fiunt quoque ibi Zambiloti optimi de pilis camelorum.*

¶ ZAMELLETTUS. Joh. Demussis Chron. Placent. apud Murator. tom. 16. col. 581 : *Et aliqua ex dictis indumentis sunt de veluto, vel de serico de grana, vel de alio colore, vel de Zamelletto.*

¶ ZAMELLOTUS, ZAMELOTUS. Idem Chronic. col. 580 : *Et alium de Zamelloto undato, etc.* Statuta Placent. lib 6. fol. 81 : *Item de aliquo mantello Zendalis seu Zameloti, etc.*

¶ ZAMBORIUM. Conc. Hisp. tom. 4. pag. 176 : *In festis Pentecostes non fiat repræsentatio emissionis Spiritus sancti nisi in primo festo bis, horis Missæ et Vesperarum, modo tunc temporis non fiant tonitrua cum ballistris quæ damnum non modicum inferunt Zamborio sedis.* Leg. *Zimborio.* Vide in *Ciborium.*

¶ ZAMBRA, vox Hispanica, Saltationis Mauricæ species. Conc. Valent. ann. 1565. inter Hisp. tom 4. pag. 68 : *Neve potissimum in matrimoniis cantilenas in Machometi laudem, præsertim quas Zambras et sestas dicunt, concinant.*

¶ ZAMBUCA, Navis Indica. Maff. Hist. Ind. lib. 9 : *Zambucis, aut paronibus quadraginta octo cum magna Mahometanorum cæde potitus est.* [° Vide *Sambucca.*|

° ZAMENCOEP. Charta ann. 1316. in Cod. reg. 10197. 2. 2. fol. 82. r° : *Officia, quæ Zamencoep... Teutonice nominantur, etc.* Ubi Marten. tom. 1. Ampl. Collect. col. 1423. edidit *Zamecoop.* Germ. *Zahmen, donare, mansuefacere.*

¶ ZAMETUM, Pannus holosericus. Testam. Gualiæ Bicherii Card. Vercell. ann. 1227. apud August. *de la Chieza* in Hist. Eccl. Pedemont. cap. 36 : *Do..... unum apparatum de meis,.... scilicet planetam, dalmaticam, tunicam de Zameto rubeo.* Vide *Exametum.*

° ZAMETTA, Baculus, qui vicem gambæ præstat. Vita B. Joan. Bassandi tom. 5. Aug. pag. 888. col. 1 : *Reatina quædam mulier, Massia nomine, dum sic membris esset contracta, quod vix se movere possit, de terra sua venit cum Zammetis sive potenciis ad corpus venerabilis patris, etc.* Vide *Gambetta.*

¶ ZANBRERIUS, Camerarius, minister cameræ, ab Italico *Zambra*, camera. Charta ann. 1387. in Statutis Perusiæ fol. 9 : *Præsentibus testibus ad hæc specialiter convocatis Peroneto Pasquali, Petro de Sancto Secundo, et Stephanino de Lugduno sartoris familiaribus et Zanbreriis illustris domnæ Principissæ* (Sabaudiæ.)

¶ ZANCA, ZANCHA. Vide *Tzangæ.*

¶ ZANCHA, Tibia. Mirac. B. Henrici Baucenens. tom. 2. Jun. pag. 376 : *Ingottatus in manu dextera et gamba, Zancha.*

¶ ZANDALE, ut *Zendale.* Vide *Zendadum.*

✱ ZANDALIUM. [Gall. *Sandale* : « Quorum jussu ordinata sunt *Zandalia* cum caligis , tunicella , dalmatica. » (Diar. Burchard. ed. Thuasne, II, 36, ann. 1493.)]

° ZANUS, f. Niger. Charta ann. 1227. apud Murator. tom. 2. Antiq. Ital. med. ævi col. 903 : *Unum mantelum zendati Zani, coopertum de stanforte brano* (f. bruno), *etc.* Vide in *Zendadum.*

¶ 1. ZAPA, ZAPONUS, Ferrea solea. Statuta Montis Regal. fol. 268 : *Item. Statutum est quod omnes ferrarii facientes Zaponos ferreos equorum et asinorum, debeant habere tantummodo pro quolibet ferro bono et sufficienti seu Zapono, et pro ferratura unius ronceni et roncenæ, muli et mulæ magni corporis, solidos duos denarios novem, et de asinis et muletis parvis solidos duos, pro quolibet Zapono, et de asinis et somis parvis, solidum unum denarios novem, et de Zapa bovis, solidos quatuor et non plus.* Vide *Zapatura.*

¶ 2. ZAPA, ZAPPA, Ligo, Gall. *Hoyau*, Ital. *Zappa.* Inquisitio ann. 1196. apud Cencium inter Census Eccl. Rom. : *Item dixit quod vinea quæ fuit Marcoaldi et presbyteri Rolandi... est ad* XII. *Zappas... Item dixit quod vinea quæ fuit presbyteri Rollandi de Cocone est de curia et est ad* v. *Zappas.* Id est, tantum vineæ, quantum XII. vel v. *Zappis* seu ligonibus coli potest in anno. Memoriale Potestat. Regiens. ad ann. 1218 apud Murator. tom. 8. col. 1092 · *Et adduxerunt targias, et tabulas, et ostia domorum, Zapas, palleas, et multos mulos oneratos herbarum, quia volebant reimplere fossatum.* Chron. Domin. de Gravina apud eumd. tom. 12. col. 613 : *Habens Zappatum in collo et panem illam in bisacioolis et flascum vini, quasi iret ad vineas videbatur.* Anonymus in Annal. Mediol. tom. 16. col. 744 : *Habebat tria millia guastatorum cum Zappis et badillius. Aratra, Zappæ, badilia, nec aliqua utensilia ad laborandum terras,* in Statutis criminal. Riperiæ cap. 33. fol. 11. Vide *Sapa* 1. Hinc

¶ ZAPPARE, Italis, Terram *zappa* seu ligone fodere. Statuta Castri Redaldi fol. 22. v° : *Statuimus et ordinamus quod omnes mezadri et terzarini teneantur et debeant omnes arbores fructiferas Zapare ad pedem.* Chronic. Farfense apud Murator. tom. 2. part. 2. col. 563 : *Annualim* (debet) *operas tres, unam ad arandum, aliam ad metendum, tertiam ad Zappandum.* Mirac. B. Simonis Eremitæ tom. 2. April. pag. 828 : *Juravit quod de anno proxime præterito de hebdomada sancta, eo existente in quodam campo ad Zappandum, etc.*

¶ ZAPPATOR, Fossor, Italis, *Zappatore.* Chron. Parmense al ann. 1308. apud Murator. tom. 9. col. 872. *In publica concione more solito data fuerunt vexilla vexilliferis militum, et balestrariorum, et Zappatorum per dictum dominum Potestatem.* Chron. Domin. de Gravina apud eumd. tom. 12. col. 613 : *Habebant autem nuntium eorum fidum quendam nomine Johannem Maryonum virum Zappatorem et vilis conditionis.*

¶ ZAPATURA, Ictus calcis equi. Mirac. B. Henrici Baucen. tom. 2. Jun. pag. 378 : *Non bene viderat de oculo dextro propter Zapaturam cujusdam equi.* Vide *Zapa* 1.

¶ ZAPELLA. Statuta Montis Regal. fol. 178 : *Item statutum est, quod nulla persona........ præsumat ludere infra domos conventus Fratrum Minorum, Fratrum Prædicatorum, et Ecclesiæ S. Donati, ad aliquem ludum taxillorum, biglarum, pilotæ et Zapellæ, nec ad aliquem ludum inhonestum.*

¶ ZAPELLUS, Via imbribus excavata, ut videtur, Gall. *Ravin.* Statuta Mutin. rubr. 2. fol. 1 : *Quælibet villa sive locus districtus Mutinæ , teneatur et debeat vias, pontes et Zapellos aptare.* Ibidem fol. 24 : *Quælibet persona teneatur conferre ad laboreria pontium, Zapellorum, et aggerum.* Rursum fol. 47 : *Statutum est quod in canali Ganaceti ubi transit strata super dictum canalem fieri debeat unus pons lapideus pro communi et expensis communis, cum ibidem sit magnus Zapellus, ita quod plaustra commode conduci non possint a terra.* Statuta Castri Redaldi lib. 3. fol. 47. v° : *Nihilominus prætextu alicujus Zapelli nemini liceat aliquod vadum vel fossatum levatum explanare.*

° Vel *Fossa ad claudendum facta.* Stat. Avellæ ann. 1496. cap. 63. ex Cod. reg. 4624 . *Si aliqua persona....... quovismodo disclauserit alienum Zapellum vel alienam clausuram,... solvat sol. x.*

° ZAPHIRELLUS. Vide supra in *Zaffinus.*

✱ ZAPHIRUM. [Gallis *Saphir* : « Una rosa aurea cum uno *Zaphiro* in capite, cum pede argenteo deaurato, quam donavit Ecclesiæ.... C. de Malatestis, sub anno D. 1428. » (De Angelis Basilicæ S. M. Maj........ descriptio, Romæ, 1621. p. 138.)]

¶ ZAFOLARE. Statuta Castri Redaldi lib. 1. fol. 20. v° : *Omnes qui laborant terras,.... teneantur eas terras arare per quatuor vices congruis temporibus ad minus antequam seminent frumento, vel tribus vicibus antequam seminent spelta, vel hordeo, et seminatas Zapolare, et si opus fuerit mundare et roncare.* An idem quod *Occare* ?

¶ ZAPONUM, Pondus quoddam. Statuta Ast. de intratis portarum . *Azia sive Zaponum de fillo lini solvat pro libra sol. 10. Azia sive Zaponum de fillo canapis solvat pro qualibet libra ponderis sol 5.*

¶ ZAPONUS, Ligo. Vide supra *Zapa* 2.

¶ ZAPPA, ZAPPARE, ZAPPATOR. Vide *Zapa* 2.

° ZAPUSTA, Polonica vox. *Gajum*, dictum *Zapusta*, in Stat. Vladisl. Jagel. ann. 1420. inter Leg. Polon. tom. 1. pag. 80.

¶ ZARABOLLA, Bracæ, vestis qua crura et tibiæ teguntur, eadem notione qua *Saraballa.* Decreta Placent. ad calcem Statut. fol. 97 : *Ita quod qui cedit, nudus sit, discalciatus, non habens aliquod vestimentum, vel velamen , excepta Zarabolla.*

¶ ZARABULLA, Eodem significatu. Joh. Demussis Chron. Placent. ad ann. 1388. apud Murator. tom. 16. col. 581 : *Et etiam desubtus habent Zarabullas lineas strictissimas.*

¶ ZARABOTANA, Machinæ jaculatoriæ species. Chalcocond. lib. 7 : *Vehebantur bombardæ plurimæ, quas Zarabotanas nominant.* Statuta criminal. Riperiæ cap. 79. fol. 16 : *Si quis animo percutiendi sagittaverit cum balista vel arcu, vel Zarabotana ærea, vel ferri cum sagittis, etc.*

¶ ZAROBOTANUS, Eodem significatu, apud Gabr. Bareletam in Serm. part. 1. fol. 37. v°. col. 1.

1. ZARDA, Morbus equorum, *quædam æstuatio ad modum ovi, vel major vel mi-*

nor, quæ tam in parte interiori quam exteriori nascitur in garectis. Ita Petrus de Crescentiis lib. 9. de Agricult. cap. 10. et 35. *Zardre*, veteri ejus interpreti Gallico.

2. **ZARDA**, *Alienatus*, in Glossis MSS.

¶ **ZARDENUS**, ZARDINUS, Hortus, Italis *Giardino*. Charta ann. 1388. ex Tabul. Massil.: *Domibus, furnis, Zardenis, tenementis*, etc. Statuta Mutin. rubr. 371. fol. 75: *Statutum est pro custodiendis broilis et Zardinis et aliis terris positis intra confines civitatis Mutinæ eligantur... custodes sive saltarii.*

¶ **ZAROBOTANUS**. Vide *Zarabotana*.

¶ **ZARZAPARILLA**, Salsaparilla, Gall. *Salsepareille*, Italis *Sarsapariglia*. Acta SS. tom. 4. Jun. pag. 1146. de Canonizat. B. Aloysii: *Qui ante paucas horas ægram inspexerat, eique exsiccantia medicamenta per dies* XI. *suscipienda ex ligno sancto et Zarzaparilla, ut medicorum verbis utamur, præscripserat.*

¶ **ZATA**, ZATTA, Italis, Navis species. Mirac. B. Henrici Baucen. tom. 2. Jun. pag. 387 : *Confracti fuerunt tres remi, quibus gubernabatur dicta Zata.* Jac. Delayto in Annal. Estens. apud Murator. tom. 18. col. 928 : *Cum navigiis multis belligeris et cum duabus* Zatis. Ibidem col. 983 : *Et paratis certis navibus et constructis aliquibus Zattis de arboribus, etc.* Statuta Cadubrii cap. 22. fol. 56. v°: *Quod mercatores forenses non possint ligare Zattas, vel aliud lignamen, nisi solverint id quod tenentur sibi.*

ZATOUY, ZATOUIN, Pannus sericus rasus, vulgo bodie *Satin*. *Sateyn*, in Inventario Ecclesiæ Eboracensis ann. 1530. in Monastico Angl. tom. 3. pag. 77. Computus Stephani *de la Fontaine* Argentarii Regis ann. 1350 : *Pour* 7. *quartiers de Zatoun Ynde, et* 7. *quartiers de fort velluiau vermeil, pour faire deux cottes à armer, broudées et semées de grosses perles et menues pour ledit Seigneur. Pour* 3. *aunes de petit cendal à houcer ledit velluyau, et pour* 4. *aulnes de cendal vermeil et Inde à faire l'envers.* Crebro etiam scribitur *Zatouy*. [Vide *Zalous*.]

¶ **ZATTA**, ut *Zata*. Vide in hac voce.

1. **ZAVA**, Hominum collectio et adunatio. Lex Longobard. lib. 1. tit. 18. § 2. [⚜ Rach. 6.]: *Cognovimus enim, quod per singulas civitates mali homines Zavas, id est, adunationes contra judicare suum agentes faciunt.* Ita præferre ines codices monuit me Stephanus Baluzius: Editio Boerii et Heroldi pag. 253. *tanas*, Lindenbrogii *zanas*, [Boherii habet *ronas*.] Priorem lectionem firmat, (vel certe ita legisse videtur) Papias, in ordine litt. *zau: Zavas, id est, rutas.* In uno codicum MSS. Glossa interlinearis habet, *id est, rixas*. Vide *Rupta*.

2. **ZAVA**, pro Lorica. Vide in *Zaba*.

ZAVALCHENUS. Vitalis Oscensis Episcopus : *Sunt et alii judices, et officiales inter Judæos videlicet et Saracenos.' Zavalchen enim Saracenorum judicat causas, dictus a Zaval, Dominus, et Archen, id est, judiciorum. Qui Zavalchen executioni mandat sententias a se latas, et facit citationes, et cæteras compulsiones, quæ in Saracenorum curia imminent faciendæ. Item exercet tabellionatus officium inter eos, ita quod nullus alius inter Saracenos facit publicum instrumentum, etc.*

ZAVALMEDINA, ZALMEDINA, ÇALMEDINA, etc. *Prætor urbis*, tametsi, ut ait Blanca, in Epist. dedicatoria ad Commentar. de Reb. Aragon. non omnino respondeat id muneris Prætori urbano apud Latinos. Idem. pag. 638 : *His ergo rebus compositis Alfonsus Rex novæ urbi* (Cæsar-Augustæ) *Magistratus urbanos præficiendos curavit, etc. Itaque Prætorem urbanum ordinariæ causarum inspectioni præfecit, quem ipso Arabico nomine retento, Zalmedinam vocari passus est.* Vitalis Episcopus Oscensis, apud eumdem pag. 728 : *Et ipsi Rici homines in sibi civitatibus assignatis, Zavalmedinas, et in villis Bajulos, quos sibi placuerint, debent ponere. Qui Zavalmedinæ et Bajuli teneant et regant curias ipsorum locorum pro Ricis hominibus prælibatis.* Idem pag. 783 : *Sunt præterea officiales Domini Regis in prædictorum locorum singulis constituti, qui diversis nominibus appellantur. Quidam enim Zavalmedinæ, id est, Vicedomini civitatum ; zaval enim idem est, quod dominus, et medina idem, quod civitas, lingua Arabica; a qua hoc vocabulum fuit sumptum.* Vide *Cabet Medina*.

¶ **ZAHALMEDINA**, in charta ann. 1165. in Append. ad Marcam Hisp. col. 1343 : *Homines sui interfecerant quendam Saracenum, ipsum scilicet Zahalmedina.*

¶ **CAHALMEDINA**. Charta Jacobi Reg. Aragon. ann. 1232. ex Chartul. Campan. fol. 549. col. 2 : *Mandamus itaque firmiter præcipientes Majori domus, senioribus, bajulis, vicariis, merinis, justitiis, Cahalmedinæ, judicibus, etc.* SALMEDINA appellatur in Charta Alfonsi I. Regis Aragonum, apud eumdem Blancam pag. 789. Ex his emendanda Charta Adelfonsi Regis Aragonum contra Valdenses : *Balivis, Justitiis, Merinis et Zafalmerinis, etc.* Legendum enim *Zafalmetinis*. Aliam Adelfonsi Imperatoris Hispaniæ æræ 1156. apud Anton. de Yepez in Chron. Ord. S. Benedicti tom. 7. subscribit *Felix Chephalmedina*. Consuetudines Barcinonæ MSS.: *Statuimus,... quod nullus Lesdarius, Pedagiarius, Pensator, Senior, Major domus, Repositarius, Merinus, Çalmedina, Justitia, vel Judex, etc.*

¶ **ZAVATTERIUS**, Veteramentarius sutor, Italis *Zavattaro*, Gall. *Savetier*. Chron. Petri Azarii apud Murator. tom. 15. col. 390 . *Non solum homines Perusii stipendiarii, sed etiam mulieres et barberii cum Zavatteriis cucurrerunt.*

¶ **ZAUCEA**, ZAUZEA, Via strata, ut videtur, Gall. *Chaussée*. Statuta Ast. collat. 19. cap. 15. fol. 66 : *Teneatur Potestas scovari facere omnes Cauzeas sive strenitas de* XX. *diebus in* XX. *diebus*. Infra pluries *Zaucea*. Cap. 18. fol. 66 : *Teneatur Potestas quod si aliqua ecclesia est juxta aliquam Zauceam, quod ipse Potestas teneatur fieri facere pro parte ipsius ecclesiæ vel hospitalis de bonis ipsius ecclesiæ vel hospitalis ipsam Zauceam.*

° **ZAUFRAGIUM**, a Balistæ lignea compages, Gall. *Affut* ? Hist. Aquil. ad ann. 1442. apud Murator. tom. 6. Antiq. Ital. med. ævi col. 753. in not.: *Duæ bælistæ cum Zaufragiis, non minoris pretii ducatorum sex.*

¶ **ZAUNORRES**. Conc. Legion. ann. 1012. inter Hisp. tom. 3. pag. 192 : *Omnes carnizerii cum consensu concilii carnem porcinam, hircinam..... per pensum vendant, et dent prandium concilio una cum Zaunorres.*

° **ZAYMIE**, Polonica vox, cujus sensum docent Statuta confirm. ann. 1505. inter Leg. Polon. tom. 1. pag. 331 : *Si aliquis alicui pecus detinet, alias Zaymie, de damno et noluerit illud dare ad fidejussionem, etc.*

° **ZAYNA**, Vasis genus. Invent. ann. 1389. tom. 3. Cod. Ital. diplom. col. 365 : *Sequuntur vasa auri.... Zayna una auri cooperta cum suprascriptis sursum.*

¶ **ZAZZARA**, vox Italica, cæsaries, Gall. *Chevelure*. Joh. Demussis Chron. Placent. apud Murator. tom. 16. col. 581 : *Juvenes portant barbam rasam et collum a mediis auriculis infra et ab inde supra portant Zazzaram, sive cæsariem capillorum magnam et rotundam.*

° **ZEBBEIP**, f. mendum est pro *Zewerp*, ut in aliis Chartis legitur ; certe eodem intellectu, Jactura maris, seu terra ex jactura maris aggesta. Charta Phil. comit. Fland. pro Audomar. ann. 1211. in Reg. 61. Chartoph. reg. ch. 475 : *Omnes qui childam habent et ad illam pertinent et infra cingula villæ suæ manent, liberos omnes facio,... et per totam terram meam a Zebbeip liberi sint.* Vide infra *Zewerp*.

¶ **ZEBELINUS**, ZEBELLINUS, Martes. Henricus Episc. Albanensis in Epist. ad universos Prælatos · *Abjiciant varia grisea, Zebelinos, et pelliculas hujusmodi grandis pretii.* Vide *Sabelum*.

¶ **ZEBELLINA**, [Gall. *Martre zibeline :* « *Vestem longam usque ad terram de simili bruccato Zebellinis suffultam.* » (Burch. Diar. I, 166. an. 1485.)]

¶ **ZEBUS**, pro Diebus, in vet. Inscrip. apud Mabill. Analect. edit. Paris. ann. 1723. pag. 572. ut *Zabus*, pro Diabolus. Vide supra.

° **ZEBUTHIZ**, Piscis species. Charta Phil. comit. ann. 1163. in Chartul. 1. Fland. ch. 325. ex Cam. Comput. Insul.: *Centum plaethiz unum denarium centum de Zebuthis obolum.*

¶ **ZECH**, Bohemis, Fraterna clericorum laicorumque sodalitas. Reinerius de Valdensibus apud Freherum Script. Bohemic. pag. 225: *Confraternitatem clericorum et laicorum, quæ dicitur Zech, dissuadent : et hæc omnia dicunt agi propter quæstum.* Hinc *Zechum*.

° **ZECHA**, Officina monetaria, Ital. *Zecca* Stat. antiq. Florent. lib. 3. cap. 129. ex Cod. reg. 4621 : *Nullus ... aurum sive florenum auri audeat monetari,....... nisi in loco Zechæ seu in Zecha dictæ civitatis.*

¶ **ZECHUM**, pro Sodalitium quodvis, [° Præsertim compotantium, a Germanico *Zeche*, compotatio.] in Epistolis obscurorum virorum pag. mihi 81 : *Et quando sunt in Zechis ad vinum, tunc jurant per Deum et blasphemant et faciunt multa scandala.* Unde

¶ **ZECHARE**, Ejusmodi sodalitia frequentare, ibidem pag. 122 : *Relinquite libros vestros, vos nimium studetis, debetis aliquando solatium quærere et Zechare.*

¶ **ZEDA**, pro Scheda, apud Bern. *de Breydenbach* Itin. Hierosol. pag. 230.

ZEDOARIA. Jacobus de Vitriaco in Hist. Hierosol. cap. 85: *Sunt et aliæ arbores, quarum radices sunt Zinziber, Galanga, et Zedoaria, quæ vulgariter Citouar appellatur.*

° Gall. *Zedoaire*, alias *Citouad* et *Chitoual*. Reg. Cam. Comput. Paris. sign. *Pater* fol. 250. r° : *Pour la bale de Citoual, ij. s. vj. den. Male Citonal*, in Lit. ann. 1349. tom. 2. Ordinat. reg. Franc. pag. 320. art. 8. *Cytoal, un denier la livre*, in Chartul. Latiniac. fol. 240. Mirac. MSS. B. M. V. lib. 2 :

Tant i mettent à la foie
De gingembre et de Chitoual,
De gerofle et de garingal, etc.

✱ **ZEDUARIUM**, [*Cituaux.* (Glos. ms. Turon. Bibl. Schol. Chart. 1869, p. 330.)]

¶ **ZEDULA**, pro *Schedula*, Charta. Lit. ann. 1275. apud Pez. tom. 6. Anecd. part.

2. pag. 123. col. 2: *In cujus rei testimonium præsentem vobis assignamus Zedulam, sigillorum nostrorum muniminæ communitam.* Vide *Zeda.*

° **ZEEWERP.** Vide infra in *Zewerp.*

° **ZEHRMPFENNINGE,** vox Germanica, ex *Zehende,* decimæ, et *Pfennig,* nummus, a Saxonico *Peny,* denarius. Charta ann. 1288. apud Pez. tom. 6. Anecd. part. 2. pag. 84. col. 2: *Decimales denarios, qui vulgo dicuntur Zehrmpfenninge, similiter petiit, ut dicto capellano conferremus*.

¶ **ZEICHEN,** Potus species. Vide *Siden.*

ZEIDLARII, junguntur cum *forestariis,* in Charta Henrici VII. Imp anno 1316. et in Constitutione Caroli IV. Imp. anno 1358. *De forestariis, et Zeidlariis,* apud Goldastum tom. 1. Constit. Imper. ubi cap. 1. *Imprimis, quod omnes Officiales, Forestarii, et Mellicidæ, qui Zeidlarii vulgariter nuncupantur, etc.* Vide *Zidelweida.*

¶ 1. **ZELARE, ZELARI,** Expetere, peroptare. Epist. S. Ludovici Reg. Franc. apud Acher. tom. 2. Spicil. pag. 548: *Ut autem sæpius ad memoriam inducatur, et efficaciter hujusmodi præceptum nostrum servetur, sic ut in corde gerimus et Zelamus, etc.* Charta ann. 1399. ex Schedis Præsid. *de Mazaugues: Zelantes bonum commune dictæ patriæ Provinciæ, etc.* Anonymus de Gestis Manfredi et Conradi Reg. apud Murator. tom. 8. col. 613 *Cum esset homo probatæ fidei Zelans pacem et tranquillitatem urbis toto mentis affectu.* Nicolaus de Jamsilla ibid. col. 555. *Qui honorem principis Zelabantur, etc.*

¶ **ZELARE,** Studere, favere. Laur Byzynti Diarium belli. Hussit. apud Ludewig. tom. 6. pag. 150: *Nam præfati veritatis æmuli sacerdotes et laicos communionem calicis Zelantes, etc.*

¶ **ZELARE,** Fervere. Conc. Toletanum XVII. inter Hispan. tom. 2. pag. 756: *Gloriosissimus princeps noster Egica Rex, zelo Zelans pro domino Deo exercituum, inimicos veræ fidei... ita recto judicii tramite digna cernitur ultione percutere.*

¶ **ZELARE,** Amare ut zelotypus. Eccli. cap. 9. *Non Zeles mulierem sinus tui.* Vide *Zelosis.*

¶ **ZELARE,** Irridere, in Gloss. Gasp. Barthii apud Ludewig. tom. 3. Reliq. MSS. pag. 141. ex Baldrici Hist. Palæst.

° **ZELARE,** Impense protegere, tueri. Epist. Greg. III. PP. ad Carol. Martel. ann. 741. tom. 4. Collect. Histor. Franc. pag. 93: *Ut cognoscant omnes gentes tuam fidem et puritatem, atque amorem, quam habes erga Principem Apostolorum beatum Petrum, et nos, ejusque peculiarem populum, Zelando et defendendo.*

ZELARIA, E carnibus elixis jus concretum, Gall. *Gelée,* Ital. *Zeladina.* Joh. Demussis Chron. Placent. apud Murator. tom. 16. col. 582: *In æstate in cœnis dant Zelariam de gallinis et capponibus, vitelli, et capredi, et carnium porci, et pullorum, vel Zelariam piscium. Zelatina, ibidem col. 591. semel et iterum.*

° **ZELATIO,** Attenta rei consideratio. Stat. antiq. Florent. lib. 1. cap. 61. ex Cod. reg. 4621. fol. 30. v°: *In condemnationibus, absolutionibus, saldationibus et concuisitionibus, seu Zelationibus et rationum fiendis per ipsos (rationerios) debeant omnes, quattuor vel saltem tres ex eis invicem esse.*

¶ **ZELATIO,** Cupidus, in Bulla Innocentii VI. PP. ann. 1356. apud Ludewig. tom. 6. Reliq. MSS. pag. 17.

¶ **ZELATOR,** Fautor. *Quod vos reddatis inter optimos ejusdem fidei Zelatores, in Christi militia magis et magis gloriosos,* in Litteris Synodi Constant. ann. 1416. apud eumd. Ludewig. ibid. pag. 74.

¶ **ZELATORES,** Testes synodales dicuntur ex observatione Josephi de *Aguirre* ad calcem Conc. Tolet. ann. 1582. tom. 4. Concil. Hispan. pag. 219.

¶ **ZELATOR,** Æmulator, inimicus. Acta S. Urbani PP. tom. 6. Maii pag. 15: *Denique impiissimus Almachius non sufferens animo, cœpit dona promittere plurima, si quis investigator ac proditor Christianorum extitisset, per qualecumque ingenium aut calliditatem, ejusque auribus nuntiaret. Unde factum est ut tertium post diem quidam legis Dei Zelator præmiique cupidus nuntiasset et quosdam Christianos sese reperisse, etc.*

° **ZELATUS,** Cupidus, studiosus, Ital. *Zelato,* Gall *Zelé.* Testam. Romei de Villanova ann. 1250. ex Tabul. D. Venceri: *Item contituo et ordino gadiatores meos ad omnia legata et debita solvanda... dom. Grassensem episcopum et Petrum de Camerata canonicum Forojuliensem, de quorum conscientiis plenius confido, quod sint fideles et utiles Zelatosque salutis animæ meæ.* Vide *Zelator.*

ZELGA. Charta Alamannica Goldasti 69: *In omni Zelga jornale unum arare, et 3. dies a secare, et 3. a madere.* [Mensura agri videtur Schiltero.] [∞ Vide Grimm. Antiq. Jur. Germ. pag. 358. Gramm. Germ. tom. 3. pag. 416. Graff. Thesaur. Franc. Ling. tom. 6. col 659.]

✶ **ZELITIPUS.** [« *Zelitipus,* jalous. » (Lex. Lat. Gall. Bibl. Ebroïc. n. 28, XIII. s.)]

° **ZELOPIDITAS,** Zelotypia. Lit. remiss. ann. 1361. in Reg. 97. Chartoph. reg. ch. 588 · *Hugo de Metis civis et burgensis Lingonensis, cujus amasia Ysabellis prædicta dicebatur, nimia Zelopiditate motus prædictæ mulieri dixit, etc.*

¶ **ZELOSUS,** Zelo ductus, plenus. Gesta S. Hugonis Episcopi Lincolniensis apud Surium 17. Novemb. *Fuit vero non minus Zelosus contra quoslibet alios pauperum oppressores, Ecclesiasticæque libertatis violatores, etc.* Italis *Geloso,* est amore *flagrans,* nostris *Jaloux.*

¶ **ZELOTES,** Æmulator, vel etiam zelo plenus. Exodi cap. 20. 5: *Dominus Deus tuus, fortis, Zelotes.* Occurrit non semel apud cum sacros tum ecclesiasticos Scriptores. Gloss. Lat. Gall. Sangerm. : *Zelotes,* vel *Zelosus, amoureux,* ou *envieux, jaloux.*

¶ **ZELOTISSA,** Quæ zelum alicujus accendit, in Actis SS. tom. 4. Jul. pag. 517.

¶ **ZELTER,** Tolutarius equus, asturio, ambulator, gradarius, apud Schilter. in Gloss. Teuton. ex Gold. Alam. pag. 126.

∞ **ZELUM,** Gelu. Annal. Laubac. ad ann. 764: *Zelum magnum,* ubi Annal. S. Amandi *Gelus pessimus.* Apud Pertz. Scriptor. tom. 1. pag 10.

¶ 1. **ZELUS,** Studium, amor. Litteræ Innocentii IV. PP. ad Carolum IV. Imper. ann. 1356. apud Ludewig. tom. 6. pag. 19: *Quæsumus ita magnitudinem tuam, fili carissime, ut nostrum et ipsius ecclesiæ ad te Zelum puræ caritatis attendens, etc.* Gloss. Lat. Gall. Sangerm. : *Zelus, envie,* ou *amour,* ou *ferveur bone* ou *male.*

¶ **ZELUS,** Iracundia. Canones pœnit. apud Acher. tom. 11. Spicil. pag. 74 : *Si quæ fœmina furore Zeli accensa flagellis verberaverit ancillam suam, ita ut infra tertium diem animam cum cruciatu effundat.*

¶ **ZELUS,** animi, in Gloss. Gasp. Barthii apud Ludewig. tom. 3. Reliq. MSS. pag. 197. ex Baldrici Hist. Palæst.

∞ 2. **ZELUS.** Scelus. Cas. S. Galli Contin. II. cap. 3. apud Pertz. Scriptor. tom. 2. pag. 152 : *Laicos enim quos auxiliatores sui Zeleris invenit, multis beneficiis et donis ditavit.* Occurrit apud Thietmar. lib. 5. cap. 20. et lib. 6. cap. 14.

ZEMA, Illud est, quod nos vulgo *le bouillon,* id est, jusculum dicimus. Papiæ, *Zema* est *olla.* Idem Papias : *Jus coquinæ vel pistorum, quam Græci Zemam vocant.* A ζέω, *ferveo,* et bullio. Unde S. Hieronymus lib. 3. in Oseam, ἐπίζεμα, *ferventis ollæ superiores aquas* dixit. Anastasius Biblioth. in Vita S. Joannis Eleemos. n. 81: *Quanti vellent tingere panem suum in Zemate, quod proficiunt coqui mei?* Ubi Codex MS. Aquicinctinus *Zema* interpretatur *jacturam aquarum, ubi carnes coquuntur, vel fermentum aut fecem.* Apitius lib. 8. de Re culin. cap. 1 : *Et mittitur in zema, quod est decoctum.* Cap. 6: *Et bullienti Zema, quod est decoctum, cum modico salis submittetur.* Ubi, *quod est decoctum,* videtur esse glossema, abestque ab editione Humelbergii, qui *zymam* reponendum censet, id est, ζύμην, *quod fermentum est.* Sed aliud est *zema,* aliud *zyme.* Glossæ MSS. *Zyme, fermentum.* Physica sub nomine Democriti de Tingendis purpuris : Εἶτα λαβὼν ἀπὸ τοῦ πυρὸς τὸ ζέμα, βάλε εἰς ἀγγήην, προσδολῶν τὴν πορφύραν, καὶ ἐπιχέας τὸ ζέμα τῇ πορφύρᾳ ἔα βρέχεσθαι νυχθήμερον ἓν. Ubi quod ζέμα dicitur, jus appellat Plinius lib. 35. cap. 6.

ZEMA, Cacabus, παρὰ τοῦ ζέειν. Servius in 3. Æneid. : *Lebetas, ollas æneas Græce dixit: Zemas enim vulgare est, non Latinum.* Epistola Valeriani apud Trebell. Pollionem in Claudio : *Item in caucos, et scyphos, et Zemas pondo undecim.* Ita restituit Casaubonus, pro *zuma.*

¶ **ZEMBLA,** pro *Embla,* Jumentum sarcinarium, Z addito euphoniæ causa. Leges palat. Jacobi II. Reg. Majoric. inter Acta SS. tom. 3. Jun. pag. XXVI : *A Zemblis seu saumariis nostris, illis præcipue qui nostra deferunt ornamenta, cura debetur solicita, quam volumus per speciales et certos Zemblerios adhiberi.* Hinc

¶ **ZEMBLERIUS** dictus Qui cura Zemblarum commissa est, ibidem : *Ordinamus itaque quod in officio ils quatuor assignetur idonei, ad quos nostris pertineat saumariis necessaria procurare ; majorem Zemblerium super iis excitando, et eos majori Zemblerio subesse volumus.* Pluries ibi. Vide *Embla.*

¶ **ZENATUM.** Comput. ab ann. 1333. ad ann. 1336. tom. 2. Hist. Dalph. pag. 277 : *Item, pro cannis septem de Zenato pro roba Johannis medici, taren. xxi.* Rursum pag. 282 : *Pro Zenato et seta pro robis ejusdem, gros. VIII. Leg. Zendatum,* vel *Zendanum.* Vide *mox Zendadum.*

¶ **ZENDADUM,** Italis *Zendado,* Tela subserica vel pannus sericus, idem quod supra *Cendalum.* Vide in hac voce. Vita S. Petri Parentii tom. 5. Maii pag. 89 : *Sepulto itaque domino Petro Parentii, non lapide, sed cultra Zendadi, coopertum est modico tempore monumentum.*

¶ **ZENDALE,** Eodem significatu. Chron. Estense apud Murator. tom. 15. col. 397: *Cremonenses dictum carrocium conduxerunt super districtum Parmæ... cum tribus pariis bobum coopertis purpura et Zendali.* Vide *Zambiloitus.*

✶ [« *Pro seta Zendali cremesini,* ac auro et argento posito super ipsis scutis. » (Mandat. Camer. Apostol. Arch. Vatic. 1417-21. f. 87.)]

¶ **ZANDALE,** in Anonymi Annal. Medlolan. apud eumd. tom. 16. col. 810 : *Planeta una drappi nigri ultramarini fodrata Zandali nigro.*

¶ ZENDALIUM. Statuta Eccl. Argentin. ann. 1435. apud Marten. tom. 4. Anecd. col. 550 : *Variorum, Zendaliorum et serricorum forraturas prædictorum sex monasteriorum dominabus..... omnino interdicimus.*

¶ ZENDALLUM, in Chron. Placent. Joh. Demussis apud Murator. tom. 16. col. 580 : *Et aliquæ dominæ utuntur mantellis ..... fodratis de Zendalito vel vairiis.*

¶ ZENDARDUM, in Conc. Budensi cap. 3.

¶ ZENDATUM. Testam. Hugonis Aycelini Card. ann. 1297 : *Item legamus casulam, dalmaticam et tunicellam, quæ sunt de Zendato duplici.... De samitis etiam et Zendatis nostris quæ invenientur in cophinis nostris ordinabunt executores nostri.*

¶ ZENTATUM, in Computo ab ann. 1333. ad ann. 1336. tom. 2. Hist. Dalph. pag. 288 : *Item, pro quinque alenis de Zentalo pro Dom. Andrea filio domini ad faciendum duos cursetos,* XXIX. *s. Vienn.*

¶ ZENGIALUS, Aper, ni fallor, ab Italico *Cinghiale,* Gall. *Sanglier.* Joh. Demussis Chron. Placent. apud Murator. tom. 16. col. 581 : *Postea dant carnes assatas in magna quantitate, scilicet capponum, pullorum, faxianorum, perdicum, leporum, Zengialorum, et capriolorum et aliarum carnium.*

¶ ZENICUS, pro Scenicus, in Hist. Novient. Monast. apud Martenium tom. 3. Anecdot. col. 1127 : *Ipsi cultores fanatici et idolatræ, fanum culturæ deorum suorum et in ipso aram Dianæ et Mercurii construxerunt, et ludis Zenicis dedicaverunt.*

¶ ZENOBIUM, pro Cœnobium, in Chron. Episc. Merseburg. apud Ludewig. tom. 4. Reliq. MSS. pag. 445.

✱ ZENOLUS. [Nodus calami. DIEF.]

ZENTALA. Petrus de Crescentiis lib. 9. cap. 64 : *Tenendi sunt boves in talibus stabulis.... stratis et bene clausis, ut pedes ungulæ conserventur illæsi, ac ipsi defendi possint a Ventalis, muscis et tabanis.* Ubi vetus Gallicus Interpres : *Qu'ils puissent estre defendus de vers, de mouches, et autres bestelettes.* Italis *Zenzara,* est muscula, *moucheron.* [Vide *Zinzala.*]

¶ ZENTGRAVIUS quis proprie nuncupatus apud Germanos, videsis Notas Eccardi ad Leg. Salicam pag. 87.

¶ ZENTURA, Zona, cingulum ; Gall. *Ceinture.* Charta ann. 1227. apud Murator. tom. 2. Antiq. Ital. med. ævi col. 908 : *Petivit namque dictus Laxatus Mutinensis a Bonizo sindico Bondeni pro ipso communi, ipsi restitui.... unam Zenturam arcenti* (f. arienti), *cum una vursa setæ, etc.* Vide supra *Centura.*

¶ ZEPELLUS. Statuta Castri Redaldi lib. 3. fol. 90 : *Portet quilibet nuntius..... mazzam ligneam sine pœna in manu, ut cognoscatur, nec vadant in Zepellis.* Vide *Zipellus.*

ZERBALARIS TERRA, in Bullario Casinensi tom. 2. Constit. 52. 73. pro *herbalaris,* seu herbida. Chartæ aliæ *gerbida* præferunt, facili ac proclivi lapsu, pro *herbida.*

¶ ZERBIDUM, pro *Herbidum,* locus herbosus. Charta ann. 1083. apud Murator. delle Antichita Estensi pag. 88 : *De silvis, et Zerbidis juges centum.* Infra : *Gerbidis.* Vide *Gerba 1.*

¶ ZERBIUM, ut *Zerbidum.* Statuta Vercell. lib. 3. fol. 90. v° : *Possint ducere et duci facere per communia et Zerbia locorum et villarum ac territoriorum districtus Vercellarum.* Lib. 5. fol. 119. v° : *Item quod nullus camparius possit accusare in campo stipula vel Zerbio, nisi campus fuerit imblavatus, vel aliquo semine seminatus.* Ibidem fol. 128 : *Item quod quælibet persona civitatis et districtus Vercellarum possit.... seminare, ad cultum reducere..., possessiones quæ appellantur seghiæ, Zerbia, etc.*

❋ ZERBUS. Herbidus, vel locus herbosus, pascuus. Charta ann. 1007. apud Murator. tom. 4. Antiq. Ital. med. ævi col. 987 : *De sylvis sullareis et roboreis, seu Zerbis juges decem.* Alia ann. 1396. tom. 3. Cod. Ital. diplom. col. 349 : *Cum omnimoda jurisdiccione, terris, pratis, vineis, baschis* (l. boschis), *Zerbis, castaneis, etc.* Vide *Zerbidum.*

¶ ZERLA, Mensuræ genus. Statuta datiaria Riperiæ cap. 2. fol. 7 ; *Si aliqua persona habens bulletam conducendi vel conduci faciendi vinum, reperiretur conducere ultra quantitatem comprehensam in dicta bulleta usque ad unam gerulam sive Zerlam, non cadat, nec incidere intelligatur in aliquam pœnam, nisi solum in amissione illius gerulæ sive Zerlæ vini, et ab inde infra.* Italis *Zerlo,* vel *Gerlo* est Sporta dossuaria, Gall. *Hotte.* Hinc

¶ ZERLATOR, in iisdem Statutis cap. 13. fol. 10 : *Quod quilibet Zerlator, seu mensurator communitatis prædictæ, teneatur et debeat denuntiare seu notificare dicto emptori dati prædicti quantitatem vini quod portabit.*

ZERNÆ, *Impetigines, Feræ,* quæ etiam *Lichenes* appellantur. Macer de Virtutibus herbarum cap. 7 :

Zernas et lepras curam compescit eadem.

❋ ZEROMA, inter voces Latino-barbaras, quas collegit sine interpretatione Bern. Maria de Rubeis in Monum. eccl. Aquilej. col. 574.

ZESSUS. B. Odoricus Forojul. in Peregr. num. 18 : *Omnes naves ibi sunt albæ sicut nix Zesso depictæ.* [Italis *Zesso,* pro *Gesso,* gypsi speciem significat.]

1. ZETA, Cœnaculum, ex Gr. δίαιτα, ut pridem docuere Cujacius, Turnebus, et alii. Gloss. Græc. Latin. : Δίαιτα τὸ ὑπερῷον, *diæta, cœnaculum.* Papias : *Zetæ, domus, quæ subtus pedes habent aquas, harum aliæ hyemales, aliæ æstivales. Zetæ hyemales sunt, quas calidas facit subducta flamma. Zetæ æstivales, quas frigidas facit subducta aqua.* Gloss. Saxon. Ælfrici : *Zetas æstivales :* sumersolde, i. æstivalis sedes. *Zetas hyemales :* winter solde, i. hyemalis sedes. *Zetam hyemalem triclinium hyemale* vocat. Sidon. lib. 2. epist. 2. Ordericus Vitalis lib 2. pag 412 : *In quinto Zetas hyemales, in sexto Zetas æstivales.* [Descriptio palatii Spoletani ex Chartario Farfensi apud Mabill. tom. 2. Annal. Bened. pag. 410 : *In quinto Zetæ hiemali, id est cameræ hiberno tempore competentes. In sexto Zetæ æstivales, id est cameræ æstivo tempori competentes.* Gloss. Lat. Gall. Sangerm. : *Zeta, maison ou chambre.* Osbernus in Vita S. Elphegi Archiep. Cantuar. tom. 2. April. pag. 684 : *Zetam vero cum veluti percurrus intraret, etc.*] *Sæpius usurpatur pro quolibet ædis cubiculo,* ut apud Plinium lib. 2. epist. 7. lib. 6. epist. 5. cui ita appellatur locus capax unius lecti cum duabus sellis, qui velis obductis et reductis modo adjiciebatur cubiculo, modo auferebatur , cujusmodi sunt *Alcoviæ* nostræ hodiernæ. Acta S. Sebastiani cap. 4 : *Ubi sunt triclinia auro puro radiantia, quæ ex gemmis et margaritis habent Zetas instructas?* Julius Africanus lib. 5. Hist. Apostol. : *Jam enim regnum paratum vobis, et ex coruscantibus gemmis Zetas instructas, plenas gaudiis, plenas epulis, etc.* Lampridius in Heliogabalo : *Odores Indicos sine carbonibus ad vaporandas Zetas jubebat incendi.* Aldelmus libros de Virginitate, ubi de S. Babyla : *Ad Palatinas ducitur Zetas, et Imperialis vestibuli hypodromum.* Translatio S. Joannis Reomaens. cap. 3. de rustico quodam : *Cum maturiori pulli cantu, ob boum custodiam a Zeta propria prosilire contingeret. Zetulam dixit* Erkempertus]in Hist. Longobard. cap. 46 : *Et sibi in Zetula Episcopali mansionem exhiberi jussit.* Adde Wolphardum Presb. lib. 1. de miracul. S. Walburgis n. 19. [Fridegodum in Vita S. Wilfridi sæc. 3 Bened. part. 1. pag. 177. et Murator. tom. 2. part. 2. col. 1047.]

¶ ZETARIUM, Triclinium, in Actis SS. tom. 5. Jun. pag. 485. ubi de SS. Petro et Paulo : *Juxta palatium Neronianum in Vaticano, inter Zetarium,* et est *triclinium triumphale.*

ZETARIUS. In Martyrol. 26. Martii, et in Actis S. Sebastiani Mart. n. 69. et in Vita S. Castuli n. 1. idem S. Castulus Martyr dicitur fuisse *Zetarius Palatii, et hospes Sanctorum.* Quo loco *zetarium* corrupte pro *Diætario,* seu Atriensi, dici putat Fabrotus ad Cedrenum, quemadmodum *zabolus* pro *diabolus.* At rectius, ni fallor, Molanus ad Usuardum, et Baronius ad Martyrol. Rom. existimant, *zetarium* a *zeta* dictum : ut fuerit *Zetarius Palatii,* cubiculi interioris Palatii Custos. Apud Paulum lib. 3. Sentent. *Zetarii* præterea memorantur, qui *Diætari* appellantur in L. quæsitum, § idem, etc. de Instruct. vel instrum. leg. [☙ Chronic. Casinense cap. 8 : *Sichard Beneventanorum princeps a suis interfectus, Radelchis Zetarius palatii successit in principatum.*]

2. ZETA. Ordericus Vitalis lib. 8. pag 674 : *Castellum sancti Serenici.... postmodum tenuit, muris et vallis Zetisque munivit.* Lib. 10. pag. 770 : *Copiosos pecuniæ sumptus erogavit, unde municipia ejus vallis et muris ac multiplicibus Zetis undique claudereutur.* Pag. 775. *Quidam ad illum de sublimi Zeta lapidem projecit, etc.* Denique pag. 800 : *Arcem, et regiam, et murum in giro, Zetasque minores atque majores jam munite, sollicitique perscrutamini, aditusque servate, ne quis exeat vel ingrediatur sine vestra consideratione.* Ubi *zetæ* videntur appellari *speculæ,* quæ muris imminent. Ex his, ni fallor, emendandus Laurentius de Leodio in Hist. Episcopor. Virdunens. pag. 316 : *Post prandium socios extra turrim ad ectetas antemurales vocavit, lusu aleæ ibidem eos tenuit, etc.* Legendum enim videtur*zeta,* ut apud Vitalem.

3. ZETA, Vitii signum in libris. Paulus Diacon. in Epist. ad S. Adelhardum Abbatem Corbeiensem, præfixa S. Gregorii M. Epistolis, quas descripserat et correxerat : *34. ex eis scito esse relectas, et, prout potui, emendatas esse, præter pauca loca, in quibus minus inveni : et tamen meo ea sensu supplere nolui, ne viderer tanti Doctoris verba immutare : quibus in locis, et forinsecus ad aurem* [f. ad oram] *Zetam, quod est vitii signum apposui.* Apud Isidorum lib. 14. cap. 26. *zeta* significat in ponderibus *obolum.*

¶ ZETARIUM, ZETARIUS. Vide Zeta 1.

ZETHONIUM VELLUS. Vetus Epitaphium Mediolani , apud Puccinellum pag. 106 :

Ambrosiana dia pluvialis,... venustum
Vellere Zethonio, gemmis, auroque superbum.

Idem quod mox

¶ **ZETONINUM**, Pannus sericus, ex seta. Anonymus in Annal. Mediol. apud Murator. tom. 16. col. 810 : *Lectorinus unus Zetonini albi.*
✶ **ZETTANINUM**. [Ut *Zetteninum*, *Zetoninum*, Satin. « Pro una pecia *Zettanini* grane pro qua misimus Lucam. » (Mandat. Camer. Apostol. Arch. Vatic. 1417-21. f. 66.)]
¶ **ZETULA**, diminut. a *Zeta*, Cœnaculum. Vide in hac voce.
° **ZEUS**, Piscis genus. Vide supra *Citula*.
¶ **ZEWERP**, Jactura maris, idem quod *Swerp*. Vide in hac voce. Charta Philippi Comit. Flandr. ann. 1211 : *Ad portum Graveningiis et per totam terram meam a Zewerp liberi sint.*
° Seu potius Terra ex jactura maris aggesta ; a Flandrico *Zée*, mare, et *Werp*, jactus. Charta ann. 1267. in Chartul. 1. Fland. ex Cam. Comput. Insul: *Totam terram meam, quæ dicitur Zéewerp.* Alia Guid. comit. Fland. ann. 1282. tom. 4. Ordinat. reg. Franc. pag. 260. art. 1 : *Soient franc tout partout par ma terre et de Zewerp.*
¶ **ZEZI**, pro *Giezi*. Epist. Ægidii Tuscul. Episc. adv. Patriarcham Antiochenum apud Ludewig. tom. 2. Reliq. MSS. pag. 455 : *Utinam apperret Dominus oculos tuos, sicut aperuit Zezi ; videres multo plures hodiernis esse quam tecum.* Ubi respicere videtur ad cap. 6. lib. 4. Reg. v. 16.
° **ZEZOLIUM**, f. ab. Italico *Zezzo*, Extremus, postremus, Locus retro positus. Stat. Taurin. ann. 1360. cap. 93. ex Cod. reg. 4322. A : *Item statuerunt super facto Zezolium factorum per beccarios retro bancas beccariæ interea, quod ipsa Zezolia infra tertiam diem post publicationem præsentem destruantur,..... ad evitandum fraudes beccariorum ; quoniam multa committuntur et committi possunt in ipsis Zezoliis ; et quod de cetero fieri non possunt dicta Zezolia.*
ZIA. Zianus. Vide *Zius*.
° **ZIBATUM**, alicubi Stephanis scripsit pro Argento vivo, in Glossar. MS. medic. Sim. Januens. ex Cod. reg. 6959. Vide supra *Zaibas*.
° **ZIBELLINUS**, Pellis muris Pontici, Ital. *Zibellino*, Gall. *Zibelline*. Stat. datiar. Riper. fol. 4. r° : *De qualitet fodra ... Zibellinorum, foinorum,..... denarii sex.* Vide *Zebelinus*.
¶ **ZIBETHUM**, Italis *Zibetto*, Gall. *Civette*, Aromatis genus. Locus est in Lascopitium.
¶ **ZIBIBUM**, ab Italico *Zibibo*, Cruscanis, *Spezie d'uva ottima a seccare*, Passa uva. Joh. Demussis Chron. Placent. apud Murator. tom. 16. col. 582 : *Secunda die in nuptiis dant primo longetos de pasta cum caxeo, et croco, et Zibibo, et specuebus.*
ZIBYNNUS, ZIPINA. Suidas : Ζιβύνη, ὁλοσιδήριον ἀκόντιον, λόγχη, σπάθη. Ζιβύνη et ζηδύνη, *venabulum*, in vett. Glossis. *Missile*, dicitur in Nov. Justiniani 85. Ubi Julianus Antecessor, Constit. 79. § 4 : *Zybynos, quos Missilia vocant*.
ZIPINA, *Lancea*, in Glossis MSS. Papias : *Zimbina, lancea*. Ita enim MS. Vide Glossaria Antonii Augustini et Francisci Pithœi ad Julianum Antecess. prætereа Gloss. Rigaltii, Meursii [et med. Græcit. in Ζηδύνη.]
ZIDELWEIDA, (Glandes quernæ, quibus pascuntur porci. Meichelbeco interprete, tom. 1. Hist. Frising. pag. 191.) [☞ Locus, ubi apes curantur. Vide Schnelleri Glossar. Bavar. tom. 4 pag. 236, voce *Zeideln*, 1. supra *Cidalarius*.]

Charta Ottonis Imp. ann. 995. in Metropoli Saliburgensi tom. 1. pag. 138 : *Cum curtiferis, areis, pratis,... venationibus, piscationibus, Zidelweida, molendinis, exitibus, reditibus, viis et inviis, etc.* In alia Charta ann. 996. pag. 136. habetur *Zudulweden*. In alia, pag. 143. *Zidilreidia*. Pag. 144. *Zidelvreidis*. Tom. 3. pag. 458. *Sidelvreidis, Sidelweiden*, tom. 1. pag. 140. German. *Weide*, est ager pascuus.
¶ **ZIFFRÆ**, Notæ numerales, Gall. *Chiffres*, Ital. *Ziffera*. Chron. Mellic. ad ann. 1471. pag. 481 : *Collectæ vero, lectiones et evangelia per Ziffras seu numeros notentur, ubi reperiantur.* Statuta Montis Regal. fol. 192 : *Item statuerunt et ordinaverunt quod domini jus dicentes in decretationibus et condemnationibus bannorum per eos fiendis, non utantur Ziffris seu aliis literis brevibus.* Vide *Cifræ*.
¶ **ZIGAR**, vetus Alamannorum nomen, notat variarum speciminum compositionem. Hæc Goldastus ipsomet vide ex Schiltero in Gloss. Teuton.
¶ **ZIGEUNI** et Zygeni, apud Krantzium in Saxonica Historia ad ann. 1417. iidem qui Gallis *Ægyptii* seu *Bohemi*, Italis *Zingani* vel *Zingari*, Hisp. *Gittani* nuncupantur. Errones, præstigiatores, qui fictionibus et mendaciis imperitio multitudini imponunt. Consule Murator. tom. 5. Antiq. Ital. med. ævi col. 68. et seqq.
° **ZILENTI**, *Nisus*, in Gloss. ad calcem vet. Collect. Can. Apost. ex Bibl. DD. *Chauvelin* Regiorum sigillorum Custodis. [☞ Vide Graff. Thesaur. Ling. Fr. tom. 5. col. 657.]
¶ **ZILIUM**, Lilium, Italis *Giglio*. Anonymus in Ar ial. Mediolan. apud Murator. tom. 16. col. 807 : *Corona una auri cum Ziliis sex magnis, et Ziliis sex parvis, super cujus friso sunt saphiri sex grossi.* Et col. 808 : *Filum unum paternostrorum auri, ... cum quritis aliis pelis in capite dicti filii, in quibus sunt botoni LXXXIV. Januenses et Zilii sex albi.* Funus Joh. Galeaz. ibid. col. 1085 : *Erant enim prima duo scuta cum sola aquila nigra in auro, alia duo cum Ziltis et vipera in quarteriis.*
° **ZIMA**, *Fermentum, levame, Prov.* Glossar. Provinc. Lat. ex Cod. reg. 7657. Vide *Zymus* 1.
° **ZIMERA**, Pinna, galeæ ornamentum. Anonym. Leob. in Chron. ad ann. 1336. apud Pez. tom. 1. Script. Austr. col. 945: *Quem* (comitem) *dux Otto sibi in familiaritatem militaris contubernii combinavit, galeæque suæ decus, quod pinnam sive Zimeram vel glareotam dicunt, in bellis, torneis et hastiludiis utendum contradidit, coronam scilicet aureæ resplendentiæ galeæ circumduclam.* [☞ Germ. *Zimiar*.]
¶ 1. **ZIMUS**, *Fermentum*, in Gloss. ad Doctrinale Alexandri de Villa-Dei. Vide *Zema* et *Zymus*.
° 2. **ZIMUS**. Alex. Iatrosoph. MS. lib. 2. Passion. cap. 113 : *Accipiant pullos et gallinas non satis pingues, inopozimatas, magis quam Zimas.* Ubi Glossæ : *t. cum jure.* Vide *Zama*.
ZIMZIBERATUM, Zinziber, Gall. *Gingembre*. Acta Inquisit. Tolos. ad ann. 1244. inter Probat. num. 3. Hist. Occit. col. 441 : *Ipse testis habuit inde unam pixidem de Zimziberato.* Vide *Zinziber*.
ZINARUS. Apud Petrum de Crescentiis lib. 5. extremo.
¶ **ZINDARUM**, ut supra *Zendadum*. Testam. ann. 1518. apud Rocchum Pirrum Siciliæ sacræ pag. 187 : *Vestis una Zindari ad instar jubbæ, etc.*

° **ZINDOR**, vox vulgaris, qua Auris significatur. Lit. remiss. ann. 1466. in Reg. 202. Chartoph. reg. ch. 110 : *De laquelle pierre il le frappa en la teste en la Zindor, qui est à dire l'oye, etc.*
¶ **ZINESTRA**, Genista, Italis *Ginestra*, Gall. *Genêt*. Funus Joh. Galeaz apud Murator. tom. 16. col. 1085 : *Alio duo* (scuta) *cum divisa Imperatoris videlicet uno capitergio cum una gassa ; alia duo cum Zinestra.*
° **ZINGANI**, ZINGARI. Vide supra *Zigeuni*.
° **ZINNIRI**, An idem quod *Essoniari*, excusari ? Vide in *Sunnis*. Charta Phil. comit. Fland. pro libert. castel. Brug. ex Cam. Comput. Insul.: *Qui alterum in causam traxerit, tractus potest plegiari usque ad Sabbatum, et non amplius. Et tunc si non venerint, debet banniri et plegius ejus. Nullus in placito hoc potest Zinniri.*
✶ **ZINSILLA**. [« Bibio vel *Zinsilla*, *Cincelle*. » (Gloss. Lat. Gal. Bibl. Insul. E. 36, xv. s.)]
✶ **ZINSTIAS**, [Lanceas. DIEF.]
ZINURDONES. Chronicon Montis-Sereni anno 1171 : *Erat hic de familia Ecclesiæ ea ex genere hominum, qui Zinurdones appellantur, tantæ superbis, ut mirum esset, rusticam mentem angustis rebus et paupertati assuetam, tantum inflari potuisse.*
ZINZALA, *Parva musca, i. culex : unde zinzalarium, conopeum ad eas arcendas*. Ugutio. [*Zinzala, petite mousche, cincerelle*, in Gloss. Lat. Gall. Sangerm. Vide supra *Zentala*.]
° Glossar. Gall. Lat. ex Cod. reg. 7674 : *Cincenelle. Cincenaude, une petite mouche ainsi appellée, Zinzala. Cincenaudier, Zinzalarium.*
¶ **ZINZIBER**, *Gingimbre*, in iisdem Gloss. Lat. Gall. Comput. ab ann. 1333. ad ann. 1336. tom. 2. Hist. Dalph. pag. 284 : *Item, pro quinque libris de pipere, quinque de Zinziberi, v. s.* Adde Rymer. tom. 7. pag. 235.
✶ **ZINZIBRUM**, [Gingenbre. (Gloss. Lat. Gal. Bibl. Insul. E. 36, xv. s.)]
¶ **ZINZICLA**, Spongia, ut videtur. Hist. Belli sacri apud Mabill. tom. 1. Musei Ital. pag. 141 : *Alii qui remanserunt vivi, fugerunt in castrum. Quod Turci obsedernut continuo, eisque abstulerunt aquam, fueruntque nostri in tanta afflictione sitis, quod flebothomari faciebant suos equos et asinos, quorum sanguinem bibebant. Alii mittebant Zinziclas in piscinam, et ea deprimebant in os suum.* [☞ Apud Bongars. pag. 2. lin. 7 : *mittebant zonas atque panniculos in, etc.* Vide *Cincides*.]
ZINZINARE, proprium pardorum, Ugutioni.
° **ZINZITARE**, Merulæ vox. Carmen de Philomela ad calcem Cod. reg. 6816 :

Et merulus modulans tam pulchris Zinzitat odis,
Nocte ruente linet, cantica nulla canit.

° **ZINZIZULARE**, Avium vox, quarum mentio fit in eod. Carm. :

Regulus atque merops et rubro pectore progne
Consimili modulo Zinzizulare sciunt.

Vide *Zinzulare*.
¶ **ZINZULARE**, Merulæ vocem edere. Histor. Elevat. S. Zenonis tom. 2. April. pag. 75 : *At in itinere positum merula avis strepera voce Zinzulans, callem transvolans, quasi sinistrum omen significans, ab incepto revocabat.*
ZIOPIA. ΖΙΟΡΙUS, in Gloss. Arabico-Latino.
¶ **ZIPELLUS**. Statuta Placent. lib. 6.

fol. 82 : *Et si fuerint zochulæ magnæ et altæ cum Zipello quarto ab hominibus sive a fœminabus et cum corollis largis non possint accipere de pari ultra* II. *sol.* Vide *Zepellus.*

ZIPINA. Vide *Zibynnus.*

❋ **ZIPO,** Tunica ex maculis contexta. Stat. Ferrar. ann. 1279. apud Murator. tom. 2. Antiq. Ital. med. ævi col. 487 : *Quod quilibet custos deputatus ad aliquam custodiam alicujus castri vel loci civitatis Ferrariæ vel districtus, teneatur et debeat toto tempore custodiæ habere Ziponem, collarium de ferro, etc.* Vide *Gipo* et *Zuppa 2.*

ZIPPULA, Placenta, Italis *Fogaccia.* [*Zeppola,* Gall. *Bignet.*] Pelagius libello 4. n. 59 : *Fecit de farinula lenticulam et Zippulas.* Quo loco Ruffinus lib. 3. Vit. SS. n. 51. habet *placentas.* Occurrit rursum apud eumdem Pelagium libello 8. n. 15.

ZIRBUS, Omentum, Græcis ἐπίπλοον, pars stomachi. Vide Anatomiam Mundini pag 70.

❋ Glossar. MS. medic. Simon. Januens. ex Cod. reg. 6959 : *Zirbus, pinguedo involvens intestina.* Aliud Lat. Gall. ann. 1352. ex Cod. reg. 4120 : *Zirbus, Gall. Oins.* Italis *Zirbo.* [❋² Reinard. Vulp. lib. 3. vers. 1929 :

Viscera fissure non imperat ille cachinno,
Terque cachinnantur, quinque quaterque novem.
Jam connite cavas Zirbo transponere fauces,
Affuit hic abbas, etc.]

ZIRO, Propugnaculi species, Italis. Charta anno 1158. apud Ughell. tom. 2. pag. 369 : *Cum plebe et capellis suis et curte sua in integro, et toto Zirone supradicti castri, etc.* Rollandinus in Chron. lib. 5. cap. 15 *Unde in præsenti Dominus Ecelinus ipse fieri unum Zironem in Anoale, et tres Zirones in Mestre, ubi suprastantibus et custodibus constituits, et licentiato exercitu, reversus est ipse Paduam.* Cap. 17: *Fecit quoque fieri Zirones in campo franco, ibique nostris suprastantibus et custodibus, etc.* [Paris de Cereta in Chron. Veron. ad ann. 1242. apud Murator. tom. 8. col. 632 *Dom. Henricus de Egna Potestas Veronæ et dom. Icerinus de Romano cum Veronensibus in eam terram Montagnanæ intraverunt et eam mitigaverunt, et unum Zironem seu rocham fecerunt in ea.*]

❋ **ZIRONUM,** idem quod *Ziro,* Propugnaculi species. Chron. Patav. ad ann. 1221. apud Murator. tom. 4. Antiq. Ital. med. ævi col. 1129 : *Completum fuit Zironum castri de Cittadella.*

ZIRUM. Charta Dalmatica ann. 1069. apud Joan. Lucium lib. 2. de regno Dalmat cap. 6 : *De sororibus autem, quæ nunc Domino servituræ ibi ingrediuntur, et quæ eodem invitante ingressuræ aderint suis facultatibus,* ❋ *vino territoris libera cuncta, quæ in præfato monasterio obtulerint territoria, volumus adesse ab humano cuncta servitia* 1. *et ab illo, quod vulgo Zirum dicitur,* Italis *Ziro,* est amphora olearia major.

❋ **ZISAMUM.** [Sesamum : « Recipe radices asparagi siccas et pulverizatas et cum oleo de *Zisamo* misceantur. »(B. N. Ms. Lat. 10272, p. 286.)]

¶ **ZITATA,** ZITTATA, Italis *Gittata,* Jactus, mensura agraria. Statuta Placent. lib. 4. fol. 40 : *Ad detegendos et evitandos maleficatos qui secus stratas occultantur, firmiter statuimus quod omnes boschi..... existentes juxta stratum Romæam per* L. *Zitatas* (exscindantur.) Anonymus in Annal. Mediolan. apud Murator. tom. 16. col. 735 : *Quælibet Zittata dicti Navilii constabat florenis quatuor.*

ZIUS, Patruus, θεῖος, *Zio,* Italis. Notitia Judicati in Tabulario Casauriensi : *Et cum ipso Ildegario Zio nostro, qui erat Advocatus istius Petri.* In Actis S. Susannæ V. et M. seu Maximi Mart. n. 5. Caius PP. dicitur fuisse *zius* S. Susannæ, qui supra n. 3. ejus *Patruus* nuncupatur.

ZIA, Amita. Bernaldus Presb. de Reconciliatione lapsorum : *Nec otiose notandum, quod multa nobis obscura per diversarum collationem editionum sæpenumero declarantur, ut illud de Nicæno Concilio; quid sit subintroducta mulier. Hoc alia editio apertius ponit, id est, extraneam; ac si dicat : Clericus nullam feminam habeat secum extraneam; sed tantum matrem, vel sororem, vel Ziam, quam iterum alia editio apertius vocat amitam. Tusci enim pro amita, dicunt Ziam.*

ZIANUS, Idem qui *Zius.* Petrus Diac. lib. 4. Chron. Casin. cap. 24 : *Henricus frater ejus concesserat prius cuidam Ziano suo terras, etc.*

❋ **ZIZANEA**, Lolium, Ital. *Zizzania.* Glossar. Lat. Gall. ann. 1352. ex Cod. reg. 4120 : *Zizania, Gergerie, est quædam herba.*

✱ **ZIZANIA.** [Herba perversa. DIEF.]

¶ **ZIZANIUM,** Discordia, a Gr. ζιζάνιον, lolium. Monachus Patav. in Chron. apud Murator. tom. 8. col. 697 : *Humani generis inimicus seminavit Zizania inter eos.* Nota

¶ **ZIZANIATOR.** Qui *zizania* interserit. Charta Nicolai *d'Estouteville* ad calcem tom. 4. Hist. Harcur. post *Errata* : *Et ut ille Zizaniator charitati fidelium invidens, etc.*

ZIZERIUM, pro *Gigerium,* quo nomine Latini appellant gallinarum intestina, et quæ cum iis coquuntur : Galli *Zizier.* Apitius lib. 5. de Re culinaria cap. 3 : *Jecinora et Zizeria pullorum in cacabum mittes.* Humelbergius ad lib. 4. ejusdem Apitii observat legi in vett. codd. *cizeria,* ubi editi perperam præferunt *cirema,* pag. 89. Lucil. *Gigera sunt sine allio, his vescamur alacriter.* Gloss. Lat. Græc. *Gilerus gallinarum,* τὸ ἄκρον τῶν ὀρνιθίων. Reponit. Salmasius, *Gigerus,* τὸ ἀκρόων, ibid.

ZIZYPHA, Σιπιχά in Glossis Gr. Lat. Codex MS. S. Germani habet *Zizifa.* [Genus est minoris pruni vel olivæ medicis notum vulgo *Jujube.* Sebast. Perus. in Vita B. Columbæ Reatinæ tom. 5. Maii pag. 342 : *Porrexitque illis Zizyphas, jujubas dicunt, quas servabat in gremio.*]

¶ **ZIZIPHUM,** Eadem notione. Acta S. Onuphrii tom. 2. Jun. pag. 526 : *Erant autem fructus illarum arborum multæ palmæ, citri, punica, sycamina, Zizipha et vites.* Vide Gloss. med. Græcit. in Ζίζιφα.

¶ **ZIZZA,** vox Italica, Mamma. Proces. de B. Jacobo Bitect. tom. 3. Apr. pag. 588. col. 2 : *In una mamillarum patiens incurabile malum, etc.* Ubi *Zizza* habet originale instrumentum, ut notant docti Editores.

ZOA, Anima, ex ζωή, vita. Vita S. Udalrici Episc. August. cap. 21 : *Zoam in ultimis temporibus suam salvare cupiendo, etc.* [Fridegodus in Vita S. Wilfridi sæc. 3. Bened. part. 1. pag. 176 :

Utpote præteritis recolens choragia Zoæ.

Ubi pro vita usurpatur.]

ZOBELLINA PELLIS. Vide *Sabelum.*

❋ **ZOCA,** Stipes, truncus, Ital. *Zocco.* Stat. Avenion. ann. 1243. cap. 35. ex Cod. reg. 4659 : *Operarius ultra conventionem non audeat accipere ligna, vel vites, vel Zocas, vel gavellos, vel quodcumque aliud.* Vide *Zoccus.*

ZOCCHUS, Stipes, truncus, Italis *Zocco.* Innocentius III. lib. 13. Epist. 95: *Truncos arborum, quos ipsi* (Ravennates) *Zoccos, vel capitones* vocant, etc. [Statuta Mutin. rubr. 170. fol. 81 : *Cum per navigium Mutinæ naves commode conduci non possint propter impedimenta plurium Zoccorum, palorum,... statutum est quod... Zoccos et palos in dicto navigio existentes..... teneatur idem Potestas et debeat incidi facere, deradicari, etc.*] Vide Bullarium Casinense tom. 2. pag. 241. Ab Italis hausere Græci recentiores, τζόκος, eadem notione, quæ vox occurrit apud Joannem Cananum pag. 194. Adde Meursium in Τζόκος. Vide *Zucheus.*

¶ **ZOCHOLÆ,** ZOCHULÆ, Calones, crepidæ ligneæ, *Zocholarius,* earum artifex ; voces Italicæ, Gallis *Patins, galoches, soques.* Statuta Vercell. lib. 3. fol. 101. v°. *Vannum, corbes, ceppos Zocholarum, sapas, etc.* Statuta Placent. lib. 6. fol. 82 : *Item provisum est quod Zocholarii et facientes seu vendentes Zochulas non possint accipere videlicet de pari Zochularum ab homine sive a fœmina ultra* XX. *denar.* Vide *Zipellus.*

¶ **ZOCHOLI,** Eadem notione, in Serm. Gabr. Bareletæ part. 1. fol. 34. col. 2 . *Exemplum de muliere Bergomensi quæ ivit colligere ficus in Zocholo, cecidit intra fractis, quæ duxit : Maledictus sit Diabolus... Respondit demon : Maledicta sis tu, non ego Non scis si in Zocholis debet iri super ficum.*

❋ **ZOCUS,** ejusdem originis ac *Zoca,* pro Stolidus, ineptus, nostris etiam *Buche,* eadem notione, et in Latinis, truncus. Barel. serm. 2. in Dom. 1. Quadr. : *Vos, cives, me appellatis Zocum ob damnabile gulæ vitium ; ut video, in pluvia crucior.*

¶ **ZODIACTEUS,** Ad Zodiacum pertinens. Epist. Gunzonis ad Auglenses ann. 909. apud Marten. tom. 1. Ampl. Collect. col. 310 : *Zodiactea peragratio.* Occurrit etiam apud Mart. Capellam lib. 1. pag 3.

✱ **ZODOARE,** [*Citoal.* (Glos. Lat. Gal. Bibl. Insul. E. 36, xv. s)]

✱ **ZOEKARLE,** Nautæ, in Charta Waldemari Danorum Regis ann. 1826. apud Isaacum Pontanum lib. 7. Hist. Danicæ : *Nec per auriyas , qui dicuntur Wounkarle, nec per nautas, qui Zoëkarle, vel Sozdmen nuncupantur, etc.* Vide *Huscarla.*

¶ **ZOELLE,** ut *Zoll* infra. Vide in hac voce.

¶ **ZOETA.** Vita S. Johannis Abb. Rcomæens. tom. 2. Jan. pag. 867 : *Cum maturiori pulli cantu ad boum custodiam a Zoeta propria prosilire contingeret, etc.* Ronerius legendum censet *Cœta,* lectulo, quasi a κοίτη : at nihil emendandum esse haud male colligitur ex voce *Zotheca* infra.

❋ **ZOGOLATUS,** perperam, ni fallor, pro *Zoiolatus* vel *Zoiellatus.* Vide mox *Zoiellare.* Charta ann. 1389. tom 3. Cod. Ital. diplom. col. 359 : *Comes Virtutum pater noster mittet dictam Valentinam consortem nostram bene Zogolatam, ornatam et jocalibus munitam.* Vide in *Zoia.*

ZOIA, ex Italico *Zoia,* in Statut. Mediolanensibus part. 2. cap. 110. idem quod *Jocalia,* [Monilia, gemmæ, annuli,

aliaque id genus pretiosa.] Vide in hac voce.
¶ ZOIELLUS, Eodem intellectu, Ital. *Gioiello*. Statuta datiaria Riperiæ cap. 13. fol. 5. v° : *Exceptis Zoiellis, lapidibus pretiosis, de quibus nihil solvatur*. Anonymus in Annal. Mediolan. apud Muratori. tom. 16. col. 807 : *Zoiellus unus auri pro ponendo ad visum cum robinis* v. *diamantibus* VI.
¶ ZOJOLATUS, Ital. *Gioiellato*. Ejusmodi pretiosis ornatus, instructus. Idem Anonymus ibid. col. 806 : *Quod præfatus dominus Comes Virtutum pater noster mittit Valentinam consortem nostram bene Zojolatam, ornatam et jocalibus munitam, etc.* Eadem mox repetuntur.
° ZOIELLARE, Monilibus, gemmis, annulis aliisque id genus pretiosis instruere, nostris alias *Enjoieller*. Contract. matrim. inter Ludov. ducem Turon. et Valent. Mediol. ann. 1489. ex Bibl. reg. : *Dominus Joannes Galeas mittet dictam dominam Valentinam bene Zoiellatam, ornatam et jocalibus munitam*. Artic. matrim. inter Joan. Armaniac. et Blanch. de Brit. ann. 1406. ex ead. Bibl. : *Item mondit seigneur de Bretagne vestera, ornera et Enjoiellera madite dame Blanche sa sœur*. Vide supra *Joellus*.
¶ ZOLL, Vectigal, idem quod *Telon*. Vide in hac voce. Charta Henrici IV. Imper. ann. 1078. apud Ludewig. tom. 2. Reliq. MSS. pag. 277 : *Thelonium si quidem, quod Theutonica lingua interpretatum est Zoll, quod in omnibus locis regiæ potestati adsignantur...... Judæi et ceteri Wormatienses solvere prætereuntes debiti erant, Wormatienses ne ulterius solvant Zoll, remisimus*. Infra : *Quam firmationem super præfati Zoll remissione factam, ut nullus successorum nostrorum infirmare velit, rogamus. Zollantuome*, teloneo, in Gloss. Mons. pag. 899.
¶ ZOELLE, Eodem significatu, in Charta ann. 1259. apud Eccardum in Origin. Habsburgo Austr. col. 246 : *Item pedagia, sive thelonea, quæ vulgo dicuntur Zœlle, in Dietinckon hactenus solvi consueta, juri nostro et dominio specialiter excipimus et reservamus*. Hinc
¶ ZOLENARIUS, Qui *zoll* exigit, portitor, Germ. *Zöller*. Charta Chunradi Reg. apud Pezium tom. 1. Anecd. part. 3. col. 47 . *Pro honore Dei sancto Emmerammo concessimus de nostro jure decimam partem vectigalium, id est de ministerio Zollenarii ad concinnanda luminaria*.
° ZOLTE, Polonis, Glaucus. Vide supra in *Judæi*.
ZOMA. Corpus. Vide *Soma* 1.
1. ZONA, seu Cingulum. Vestis Sacerdotalis. Alcuinus lib. de Offic. divin. : *Sequitur Zona, quæ cingulum dicitur, qua restringitur poderis, etc.* Riculfus Episcopus Suession. in Statut. ann. 989. cap. 7 : *Cum orariis, id est, stolis duabus nitidis, item Zonis duabus, id est, cinctoriis, ac mappulis totidem nitidis, etc.* Vide Durandi Ration. lib. 3. cap. 4.
ZONA ROMANA dicitur, quod ab Ecclesia Romana zonæ usus in cæteras Ecclesias profluxerit. Alcuinus lib. de Offic. divin. : *Pro balltheo nunc Zonarum, quas Romanas appellant, usus receptus est*.
ZONA PELLICEA, inter vestes monachicas reponitur, apud Bedam in Vita S. Cuthberti Episcopi num. 37. 38. [Cujus Zonæ necessarium monachis usum docet S. Basilius, cap. 11. Reg. § 4. exemplis Eliæ et S. Johannis.] B. Dorotheus Doctr. : Κολόβιον μὴ ἔχον χειρίδια, καὶ ζώνη δερματίνη, καὶ ἀνάλαβος, καὶ κουκούλιον. Infra, de ejus significatu : Ἡ ζώνη, ἣν φοροῦμεν, σύμβολόν ἐστι πρῶτον μὲν ὅτι ἔσμεν ἐντρεπαμένοι εἰς ἔργον. Ἕκαστος γὰρ θέλων ἐργάσασθαι, πρῶτον ζώννυται, καὶ οὕτως ἄρχεται τοῦ ἔργου, etc. Adde Palladium in Hist. Laus. cap. 38. Vide Glossar. med. Græcitat. in Ζώνη, col. 470.
¶ ZONA, Corrigia, lorum. Statuta Equitum Teuton. apud R. Duellium tom. 2. Miscell. pag. 23 : *Calceos habeant sine Zonis, fibulis et rostris*.
2. ZONA, Ignis sacri species, quæ medium hominem ambit, cingitque, Gr. ἕρπης, et ζωστήρ. Scribonius Largus pag. 7 : *Facit hoc medicamentum ad carbunculos, et ad ignem sacrum, et ad Zonam, quam Græci ἕρπετα dicunt*. Eadem habet pag. 28. ut et Marcellus Empiricus pag. 89. et 156. Constantinus Africanus lib. 4. de Morbor. cogn. et curat. cap. 17. de Colica passione : *Locus ejus est in dextra parte inferioris ventri, circum cingens sicut zona usque in partem sinistram*. Vide Plinium lib. 8. de Medic. cap. 33.
3. ZONA REGINÆ, Præstationis species. [Chron. Corn. Zantfliet apud Marten. tom. 5. Ampl. Collect. col. 328 : *Eo tempore* (ann. 1385.) *Rex Francorum accepit in conjugem filiam ducis Bavariæ, juvenculam speciosam admodum et moribus ornatam, quam postmodum coronari fecit Parisius, advocatis ab Avenione duobus Cardinalibus de obedientia Clementis. Et imposuit Rex talliam magnam toti regno pro Cinctura Reginæ, velut ex antiqua consuetudine fieri famabatur.*] Regestum Memorialium Cameræ Comput. Paris. signatum E. fol. 217 : *Zona Reginæ dicta, la taille du pin et du vin, de tribus annis videlicet* 600. *ll, pro anno* 1389. Meminit præterea ejusce præstationis Arestum ann. 1415. quod describitur in 2. Regesto *des Mestiers de Paris*, in Camera Comput Paris. ex quo constat, de dicto subsidio 6. denariis pro qualibet cauda vini, et 3. denariis Paris. pro quolibet modio seu poinsono vini villam Parisiensem per aquam sive terram intrante exsolutas. Post hoc Arestum subjungitur titulus ita conceptus : *Taille du pain et du vin, dite la Ceinture la Royne, qui se lieve de trois ans en trois ans, etc*. Huc referenda, quæ habet Eustathius in Iliad. pag. 258. edit. Rom.
° 4 ZONA, Circuitus, ambitus. Reg. capit. Carnot. ad ann. 1518 *Ordinavit capitulum quod domini operis..... faciant albo et nigro super vitream zonam exemplaria imaginum in Zona ecclesiæ ponendorum*. Et ad ann 1519 : *Visis in capitulo duobus exemplaribus...... pro perfectione Zonæ seu clausuræ chori, etc*. Galli dicimus, *Le tour du chœur*.
° 5 ZONA DE SPE, Ordo militaris a Carolo VI. ann. 1390. institutus Tolosæ in ecclesia Carmelitarum, sub invocatione Virginis Mariæ de Spe Quæ fuerit hujusce institutionis causa et origo, videsis apud Vaissete tom. 4. Hist. Occit. pag. 396. et inter Probat. col. 380.
¶ ZONARIA, Perperam pro *Tonnaria*, Vivarium, piscaria tynnorum. Vide *Tunnaria*. Statuta Massil. lib. 6. cap. 17 *Statuimus quod nemini liceat, piscem vel pisces emere in Massilia, vel ejus districtu de nocte vel de die causa revendendi in Massilia, vel in territorio ejus, nisi essent tunni, locustæ, seu qui caperentur in Zonaria, et pisces minuti.*
° ZONATOR, Zonarum seu cingulorum artifex. Lit. remiss. ann. 1350. in Reg. 80. Chartoph. reg. ch. 57 : *Johannes de Floriaco pictor et Johannes de Floriaco Zonator ejus frater*.
¶ ZONCA, ZONCATA, Placentæ species. Joh. Demussis Chron. Placent. apud Murator. tom. 16. col. 581 : *Postea dant turtas et Zoncatas cum trazea zuchari desupra... et aliqui loco turtarum et Zoncarum dant in principio prandii turtas, quas appellant turtas factas de ovibus, et caæeo, et lacte, et zucharo*.
¶ ZONCHATA, Pari intellectu. Annal. Placent. ad ann. 1447. apud Murator. tom. 20. col. 891 : *Die* 3. *Junii duo ex stipendiariis Alexandri de regno Neapolitano ad domum de Rocho propter Zonchatam ad arma venerunt*.
° ZONCHARE, Cædere, forte Zocas, stipites, truncos eradicare. Stat. Vallis-Ser. cap. 67. ex Cod. reg. 4619. fol. 117. v° : *Possint tree per totum montem...... ad Zonchandum de lignis*. Et cap. 92. fol. 124. r° : *Non sit aliqua persona...... quæ audeat... incidere.... sive Zonchare aliqua ligna in nemoribus*.
° ZONIA, *Decoctio*, in Gloss. ad Alex. Iatrosoph. MS. lib. 1. Passion. cap. 136 : *Furfurum et caricarum Zoniam dabis ad gargarizandum*.
★ ZONICA, [*Trouce*. (Gloss. Lat. Gal. Bibl. Insul. E 36, xv. s.)]
★ ZONOPELICIA, [*Vestis de pellibus facta*. DIEF.]
° ZONOXALE, Armaturæ genus. Charta ann. 1370. apud Murator. tom. 2. Antiq. Ital. med. ævi col. 535 : *Et sit caporalis armatus a capite usque ad pedes ; et habeat equitatorem unum armatum panciatono, capello, Zonoxalibus, etc. Ab Italico fortassis Ginocchiello, genuale, quod genua defendat*. Vide supra Genualia.
¶ ZOPULUS. Laur. Byzynius in Diario belli Hussit. apud Ludewig. tom. 6. Reliq. MSS. pag. 168 : *Multotiens enim quinque aut decem de Pragensibus solum Zopulis indui magnam multitudinem armatorum fugabant*.
¶ ZOQUERIUS, Zocholarum artifex. Stat. Avenion. ann. 1243. cap. 129. ex Cod. reg. 4659 : *Statuimus quod de calopedibus sive soccis clavi pedum sint ultrerii et integri, et teneantur Zoquerii dicere ementibus, interrogantibus vel non, quod pata est corii veteris vel novi*. Vide *Zocholus*.
¶ ZORA, Sorbum, Gall. *Corme*. Synodus Limensis ann. 1604. inter Concil. Hispan. tom. 4. pag. 761 : *Item reservamus nobis absolutionem Hispanorum qui venderint chicha solius Zoræ, vel mistam yuca*. Vide supra *Sora*.
¶ ZOSTRA, Italis *Giostra*, Monomachia ludicra, idem quod *Justa* 1. Vide in hac voce. Chron. Andreæ Danduli apud Murator. tom. 12. col. 492 : *Quod mandatum fiat domino Peregrino de Partis et domino Bajamonti Teupulo, quod non faciant simul Zostram in hac terra, nec in districtu Venetiarum*.
ZOTHECA, Atticis ζωθήκη, quasi ζωοθήκη, Cella, in qua saginantur viva animalia, ut turdi, gallinæ et alia : ὀρνιθοτροφεῖον. Ita Salmasius ad Solinum. Vetus Inscriptio: S. Sulpitius Trophimus ædem, Zothecam, culinam, pecunia sua a solo restituit, [K. December. L. Turpilio Dexro M. Moncio Rufo Cos. id est, anno Christi 225.] Postea *zothecam* pro quolibet οἰκίσκῳ. et parvo conclavi usurparunt. [°° Vide Forcellin.]
¶ ZOTHECULA, diminut. a Zotheca. Sidonius lib. 8. Epist. 16 : *Per armariola et Zotheculas nostras non remanserunt digna prolati*. Et lib. 9. Epist. 11 : *Tam-*

diu potes uti libello, ut eum non amplius Zothecula tua, quam memoria includat. Vide ibi Notas Sirmondi.

ZOUGENZUHT. Decretum Tassilonis de Legibus popularibus cap. 13 : *Qui furtivum, quod Zougenzuht dicitur, super furem comprobaverit, furtivo componat more.* Sunt, inquit Lindenbrogius, *scrutinium* notat, quid *zougen*, non liquet. [*Zougenzuht*, vel *Zougenzunt* est Testium productio. *Zeugenziehen*, interprete Schiltero in Gloss. Teuton.] [°° Vide Graff. Thesaur. Ling. Franc. tom. 5. col. 617.]

° **ZOZENGA**, Offæ species, Consuet. MSS. S. Crucis Burdeg. ante ann. 1305 : *Dat piscionarius..... offas factas de astes de porc, nuncupatæ vulgariter Zozenga .. Similes offas dat cellerarius, quando facit infirmarias suas.*

° **ZRZEBCA**, Polonica vox. Stat. Casimiri ann. 1347. inter Leg. Polon. tom. 1. pag. 46 : *Ubi vero tertii, quarti vel quinti anni poledrum, vulgariter Zrzebca, occiderit, etc.*

¶ **ZUANUS**, Mensuræ species. Charta Andreæ Reg. Hungar. ann. 1233. apud Cencium inter Census Eccles. Rom.: *Pro salibus vero terrestribus dabimus unam marcham pro centum Zuanis..... Ecclesiæ vero retinebunt de salibus suis ad usus suos hoc modo : abbacia de Egris tres timinos ; Præpositus Orodiensis cum capitulo suo duo millia lapidum, monasterium S. Gothardi duo milia et quingentos Zuanos.*

¶ **ZUBER**, Vas vinarium ligneum majus. S. Wilhelmi Constit. Hirsaug. lib. 1. cap. 15 : *Pro signo vasis vinarii, quod a plebe Zuber nuncupatur, generali præmisso, rursum indicem utrumque supradicto modo incurva, quod commune est omnium vasorum, quæ binas aures habere videntur, signumque vim ad ultimum adde.* [°° Vide Graff. Thesaur. Ling. Franc. tom. 3. col 149. voce *Zuibar*.]

∞ **ZUCANISTRIUM**, Gr. Σζυκανιστήριον, Locus Constantinopoli in quo pilas ludebant in equis, apud Luitprand. Antapod. lib. 5. cap. 21. Vide Glossar. med. Græcit. col. 1576.

¶ **ZUCARA**, Saccharum, Gallice *Sucre*, in Litteris Philippi Pulchri Reg. Franc. ann. 1304. tom. 1. Ordinat. pag. 422. Vita B. Lidwinæ tom. 2. April. pag. 274 : *Interdum sumebat modicum Zucaræ vel cynnamomi.* Limborchius Sent. Inquisit. Tolos. pag. 173 : *Bibebat aquam cum Zucara quam ipsa ministrabat.* Vide *Zuccura* et *Zucrum*.

¶ **ZUCCARUM**, Eadem notione. Comput. ab ann. 1338. ad ann. 1336. tom. 2. Hist. Dalph. pag. 278 : *De Zuccaro albo libras* 12. *taren.* 11. Adde Statuta urbis Saonæ.

¶ **ZUCHAR**, **ZUCHARUM**, Pari intellectu. Leges palat. Jacobi II. Reg. Majoric. inter Acta SS. tom. 3. Jun. pag. xx : *In dicto reservatorio rerum infra scriptarum copia inveniatur, videlicet Zucharis, ziziberi, et aliarum specierum tritarum.* Bern. Thesaurar. de Acquisitione T. S. apud Murator. tom. 7. col. 759 : *Horti in quibus oriuntur cannamellæ, ex quibus nascitur Zucharum.* Vide in *Canamellæ.*

¶ **ZUCARATUS**, Saccharo mixtus. Processus de B. Petro de Luxemburgo tom. 1. Jul. pag. 593 : *Excepto quod ponebatur sibi cum pluma aqua Zucarata in ore.*

¶ **ZUCCA.** Inquisitio ann. 1196. apud Cencium inter Census Eccl. Rom.: *Item dixit quod campum zabulinum... est inter viam Gudonis monaci et Zuccam.* Italis *Zucca* est cucurbita, Gall. *Citrouille*.

° **ZUCCURA**, Saccharum, Ital. *Zucchero*. Vita S. Elzear. tom. 7. Sept. pag. 584. col. 2 : *Unde retulit semel suæ sanctæ consorti, quod, cum Corpus Christi sumeret, videbatur sibi in sapore, quod optimam Zuccuram degluttret.* Vide *Zucara*.

✱ **ZUCHARUM.** [Zaccharum : « *Cum pulvis et Zuchari* Sicilie *non habeant mutam, sed veniant quocumque tempore, et Zuchari* levantis *non, et bonum sit omnes Zuchari tractare equaliter, vadit pars quod pulvis et Zuchari* levantis*, ab hoc anno in antea, non sint subjecti alicui muta, sed conduci et venire possint, quocumque tempore, ut possunt Zuchari* Sicilie. » (Venise *Senato. Misti.* LVII, f 1475, an. 1429)]

ZUCHEUS, Stipes siccus et aridus, Italis *cocco*. Charta Edw. III. Reg. ann. 4. apud Spelm.: *Rex........ quia non est ad damnum,...... si concedamus Ricardo de Strelly omnes Zucheos aridos, qui Anglice vocantur Stovene, infra hayam nostram de Breskewode, quæ est infra forestam nostram de Shirewode, etc.* Alia ejusdem Regis ann. 22. *Rex concessit Thomæ de Colvile omnes Zucheos aridos, stubbes, arborum succisorum in foresta de Galtres, ibidem capiendos per visum..... custodum forestæ ultra Trentam.* Vide *Zoccus*.

¶ **ZUCHUS**, **ZUCUS**, Eodem sensu. Charta ann. 4. Henrici III. Reg. apud Th. *Blount* in Nomolex.: *Auxilium faciendum burgensibus Salop. de veteris Zuchis et de mortuo bosco, etc.* Statuta Montis Regal. fol. 251 : *Teneantur auferre omnes trabes et Zucos ibi positos in bealeriis prædictis, sub pœna juramenti.*

¶ **ZUCRUM**, ZUCCORIUM, Saccharum. Charta ann. 1393. apud Rymer. tom. 7. pag. 745 : *Centum triginta et duas libras de Zucurio, etc.* Locus alter exstat in *Canamellæ*. Vide *Zucara*.

¶ **ZUCUS**, ut *Zucheus*. Vide in hac voce.

1. **ZUDA**, Castellum. Charta Raymundi Comit. Barcinon. et Aragonum Princip. ann. 1170. Regni Leovici Senioris : *Dono tibi fideli meo Guillelmo Raimundo Dapifero urbem Tortosam, ut tu teneas ipsam Zudam, et habeas senioraticum de ipsa civitate et de ipsa villa. etc.* [Charta ann. 1165. in Append. ad Marcam Hispan. col. 1342: *In primis conquestus est de Guillelmo Raimundi quod ei Zudam Dertosa non custodiebat sicut in carta suæ donationis resonabat... Visa igitur carta ac perlecta, judicavit Barchinonensis curia quod ipsam Zudam procul dubio guardare ac custodire debebat...... Tenere autem Zudam, hoc est potestatem de ipsa habere, ita ut per eam possit totam civitatem distringere, et quotiescumque Comes, qui eam sibi donaverat, ipsam requisierit, libere possit eam reddere.*]

° 2. **ZUDA**, Tribunal, forte quod intra castellum sedebat, vel in loco, qui vallo vel sudibus claudebatur, sic dictum. Vide *Suda*. Charta Joan. reg. Bohem. ann. 1336. inter Probat. tom. 1. Annal. Præmonst. col. 525: *Quod ipsum monasterium et homines ipsorum, bonorum occasione eorum non possint nec debeant trahi ad judicia vel Zudas terrestria, seu etiam provincialia quoquo modo. Hinc*

° **ZUDARIUS**, Hujus tribunalis judex, vel Castellanus. Charta Caroli IV. imper. ann. 1338. ibid. col. 526: *Incolas omnium bonorum præfati Doxanensis monasterii a jurisdictione et judiciis quorumlibet extraneorum secularium judicum, Zudariorum, beneficiariorum et officialium Pragensium...... eximimus.* Vide *Zuda* 1 et in *Zupa*.

¶ **ZUDULWEBEN.** Vide *Zildelweida*.

° **ZUETA**, inter aves nocturnas recensetur, in Dialogo creaturarum dial. 82. forte a Gallico *Chouette*, monedula.

¶ **ZUFFERANA**, Crocus, Italis *Zafferano*. Vide *Zafframen*. Comput. ab ann. 1333. ad ann. 1336. tom. 2. Hist. Dalph. pag. 284: *Una libra cum dimidio de Zufferana, una libra de gariofolio, etc.*

¶ **ZUFFUS**, ab Italico *Zuffo*, Gall. *Toupet*, Cirrus. Joh. de Bazano in Chron. Mutin. apud Murator. tom. 15. col. 606 : *Venit Mutinam quidam Franciscus de Castro Montagnæ cum quodam mirabili animali, quod appellabatur Tassi Barbarinum,... habebat..... Zuffum a latere superiori ad modum barbæ caprinæ, etc.*

¶ **ZUGLARESIUS**, ZUGLARIUS, ZUGLARISSA, Mimus, scurra, joculator, ut opinor, ab Italico *Giullaro*. Statuta Vercell. lib. 3. fol. 84. v° : *Quod bannum sit cuilibet bibenti et comedenti duplicatum post ultimum sonum campanæ custodium noctis : exceptis tamen Zugliariis et Zuglaresiis, preconizatoribus et aliis personis quibus dono datum fuerit sine fraude.* Ibidem fol. 96. v° : *Item quod nullus de civitate Vercellarum, vel districtu livret aliquem Zuglarium, vel aliquem hominem de curte, vel Zuglarissam in aliqua curia. vel nuptiis, vel in aliquo convivio, vel festo. Rursum lib. 7. fol. 147 : Item quod nullus Zuglarius vel Zuglarissa non habeans salarium a communi Vercellarum ponatur in extimo communis Vercellarum nec fodrum, taleam, vel cavalariciam persolvat*

¶ **ZUMALZISIUS**, Mulus. Vide *Acemila*.

ZUNFTA. [ZUNFFTA, Cœtus, conventus ad tractanda negotia, Germ. *Zunfft*, idem quod alibi *Juncta.* Vide in hac voce. Chron. Wormat. ad ann. 1424. apud Ludewig. tom. 2. Reliq. MSS. pag. 152 : *Dominica die sequenti duo magistri civium hanc litteram Ruperti Regis legent in singulis Zunfftis civitatis.*] Albertus Argentinensis in Chron. pag 113 : *Hic ordinavit, quod cum uno anno Basileæ Psittacus esset Magister civium, eodem anno Stellifer esset Zunftarum magister, etc.* Occurrit ibi rursum. [°° Vide Graff. Thesaur. Ling. Franc. tom. 5. col. 666. voce *Zunft*]

¶ **ZUPA**, ZUPPA, JUPA, JUPPA, dicitur hodie apud Croatos et Dalmatas, Regio aliqua habitata, vel ejusdem regionis homines congregati. Charta Oresimiri Regis Croatiæ et Dalmatiæ ann. 1071. apud Joan. Lucium,...... *ut dicta Ecclesia habeat suas parochias, scilicet Juppam, quæ fuit sub Alpibus a castro.... Murula, etc.* Et infra: *Dedimus Episcopo Novensi Juppam Lichæ, Juppam Buchani, etc.* Alia Suinimiri Regis ann. 1078. apud eumdem Lucium cap. 15 : *Juppam eam, quam Centenam aiunt.* Croatia vero et aliæ Slavorum provinciæ in *Zupanias* distinguntur, quibus, ut præsunt, *Zupani* dicti. [°° Vide Haltaus. Glossar. German. voce *Saup*, et seq. col. 1596.]

JUPA, Idem quod *Zupa : Jupania*, ut *zupania*. Thomas Archidiac. in Hist. Salonit. cap. 15 : *Castrum Sibinicense cum tota sua Jupa.* Occurrit etiam non semel in Charta Calomani Regis Hungariæ anni 1111. apud Lucium ad Vitam S. Joan. Episcopi Traguriensis.

ZUPANUS, Regionis præpositus, ζουπάνος Græcis Scriptoribus: vox hac notione familiaris Sclavonicis populis, ut auctor est Constantinus de Administr. Imp. cap. 29. quem similiter firmat Innocentius III. PP. lib. 2. Epistolarum pag. 577. edit. Venetæ, *Zupanos* vero Comitum vicem obtinuisse auctor est Presbyter Diocleates in Hist. Dalmat. ut

Banos Ducum ; quo loco *Comites* intelligit urbium aut regionum Præfectos, qui pro arbitratu Principis mittebantur, quo urbes aut regiones regerent. Hos autem ad omne Concilium vocatos, simulque cum Ducibus, deinde Regibus, jus deliberandi vel consulendi habuisse, ex veteribus Tabulis tradit Joan. Lucius lib. 2. de Regno Dalmat. cap. 15. unde idem lib. 6. cap. 1. scribit, *Zupanos* loco *Comitum* nominari in antiquis Chartis. At postquam Croatia et Dalmatia in jura Hungaricorum Regum concesserunt, Zupanorum jurisdictiones Comitibus attributæ sunt, atque inde Zupanorum viluit appellatio, quæ minoribus Præfectis concessa deinceps legitur, vel etiam Judicibus.
¶ JUPANUS, in Charta ann. 1171. tom. 1. Corp. Diplom. pag. 89. col. 1 : *Si eorum Jupanus aut judex nobis rectum judicium non judicaverit, sive justitiam non fecerit, etc.*
SUPANI præsertim appellati Serviæ Principes, Ζουπᾶνοι Nicetæ in Isaacio lib. 3. n. 4. Willelmus Tyrius lib. 20. cap. 4. de Servis : *Hi Magistratus habent, quos Suppanos vocant.* Ζουπάνου Constantino de administrando Imperio cap. 29. Ἐκκρίνει τῶν Ζουπάνων, Annæ Comnenæ lib. 9. Alexiados pag. 265 : Ἀρχιζουπάνοι τῶν Σερβίων, Cinnamo, et aliis. Iidem et
MEGAJUPANI, dicti, in Actis Innocentii III. PP. pag. 65. ex quibus emendanda edem Acta pag. 68. ubi perperam editum *Magnippanus Serviæ*, nisi legendum sit *Magnus Jupanus*. Stephani Regis Serviæ sigillum apud Jo. Lucium lib. 5. de Regno Dalmat. pag. 256· Σφραγὶς Στεφάνου Μεγάλου Ζουπάνου Νεμανία, id est, *Stephani Nemanis Magni Zupani sigillum.* Idem Stephanus *Megajupanus* dicitur Thomæ Archid. in Histor. Salonitana cap. 26 : *Stephanus Dominus Serviæ, sive Rasciæ, qui Megajuppanus appellabatur.* Ἀρχιζουπάνος, Nicetæ in Manuele lib. 2. num. 7.
Neque apud Dalmatas et Servios tantum hæc dignitas obtinuit ; sed et apud Hungaros, quibus ita appellati, quibus proxima a Rege potestas erat, ut auctor est Cinnamus lib. 6. cap. 4. qui Hungaricorum Ζουπάνων præterea meminit lib. 5. cap. 20. et alibi.
Supanos, vel *Sopanos*, etiam habuere Bohemi, ut est apud Godefridum Monachum S. Pantaleonis anno 1212. et in Historia Australi ann. 1285. et 1290.

Vide Chronicon Montis-Sereni ann. 1109. et Notas nostras ad Alexiadem pag. 347.
POSTZUPANI, Zupanorum substituti, Vicarii, vel vicem gerentes. Vide Joannem Lucium lib. pag. 96. 97. 132.
¶ ZUPARELLUS , ZUPONARIUS. Vide *Zuppa* 2.
¶ 1. ZUPPA SALIS, Fodina salis. Joh. Longinus in Vita B. Kingæ tom. 5. Jul. pag. 748 : *Montes salinos seu Zuppas salis .... cum incendisset ignis, latusque manans incendium, singulas cameras montium irremediabiliter torreret.* Hinc
¶ ZUPPARIUS, Ejusmodi *zupparum* præfectus, ibidem pag. 745. Charta Uladislai Reg. Poloniæ ann. 1413. in Append. ad Bullar. Carmelit. pag. 617 : *Fratribus monasterii prædicti de viginti marcis annui salarii, in Zuppis nostris Bochnensibus et Wieliciensibus, salis providimus, et providemus tenore præsentium mediante, mandantes tibi Petro Pykarano moderno et aliis, qui pro tempore prædicti salis fuerint Zupparii, quatenus, etc.*
2. ZUPA, Sagum militare, ex Gallico *Juppe*. Sanutus lib. 2. part. 4. cap. 8 : *Est necessarium, quod quilibet homo armatæ prædictæ habeat Zuppam unam aptam et dextram protinus ad ferendum.*
¶ ZUPPA, Italis *Giubba*, Tunica. Statuta Placent. lib. 6. fol. 81 : *Item de aliqua Zuppa ab homine cussita per longum sive traversum cum reppo x. sol.*
¶ ZUPARELLUS, Italis *Giubberello*, diminut. a *Zuppa*. Joh. Demussis Chron. Placent. apud Murator. tom. 16. col. 581 : *Salvo quod portant caligas de panno sic longas ligatas in quinque partibus ad Zuparellos curtos et strictos, quos portant de subtus alia indumenta, quæ cooperiunt totas nates, membrum et genitalia cum dictis caligis.*
¶ ZUPONARIUS, *Giuponaro* Italis, Ejusmodi vestium sarcinator. Statuta criminalia Riperiæ cap. 126. fol. 19. v° : *Idem intelligatur de quolibet pilipario, seu strazarolo, vel Zuponario circa prædicta delinquente.*
¶ ZURA, Confœderatio, conjuratio, *Giura*, eadem notione dicunt Itali. Statuta Vercell. lib. 4. fol. 68 : *Item quod nulla societas, conspiratio seu monopolium, sive Zura aliquo modo vel ingenio fiat, etc.*
ZURAME. Charta Alfonsi III. Regis Portugalliæ ann. 1289 : *Quicumque acceperit alicui cappam, Zurame, pellem, aut aliquam vestem, etc.*
ZURB, seu ZURBA, *Cespes, terra avulsa,*

in Gloss. Latino-Theotisco. Unde cespites ignei *turbes*, vel *tourbes*. Lex Alamannorum tit. 84 : *Tollat de ipsa terra, quod Alamanni Zurb dicunt.* Alii Codd. habent *zturf*, alii *curffodi*. [∞ Vide Graff. Thesaur. Ling. Franc. tom. 5. col. 706.]
¶ ZURGIARE, Mulorum clamor. Vide *Baulare.*
¶ ZURRA, vel ZURRUS, Ogerii Panis Annal. Genuens. ad ann. 1204. apud Murator. tom. 6. col. 389 : *Navis quæ vocabatur Regina, et navis quæ vocabatur Dulcis fortuito casu ipso die naufragium passæ fuerunt.... ultra ballas CCCL. pannorum et baldinellarum invenerunt, et de Zurris piperis et lanæ, atque saccis bombaciis maximam quantitatem.*
° ZUZUM, Deorsum, Ital. *Giuso*. Charta ann. 1228. apud Murator. tom. 2. Antiq. Ital. med. ævi col. 29 : *Quod Francigena undecumque veniat sive de Zuzum, sive de sursum, cum quacumque negotiatione in suo adventu quocumque veniat aut vadat, secuti de avere e sona superius.*
ZWOD, Tributi species apud Bohemos. Occurrit in Charta Ottocari Regis anno 1221. in Bohemia pia lib. 6. pag. 88.
¶ ZWYNANCIA, Angina, Gall. *Esquinancie*. Buschius de Reformat. Monast. apud Leibnit. tom. 2. Script. Brunsvic. *Tandem in quandam incidit infirmitatem quam Zwynanciam vocamus, etc.*
★ ZYGARUS. [*Advena*, avicula. DIEF.]
° ZYGENI. Vide supra *Zigeni.*
° ZYGOSTATES, Magistratus per singulas civitates a Juliano constitutus, qui exortas de solidis controversias dirimeret, in Cod. Theod. l. 2. de ponderat. (12,7.) Gloss. Gr. Lat. : Ζυγοστάτης, *Libripendens, ponderator*. Alius ejusdem nominis exstitit Alexandriæ, qui admittendo frumento Alexandriam convecto præerat, de quo in leg. 1. de frum. Alexandr. (14,26.) Vide Gothofredum.
¶ ZYGOSTASIUM , *Zygostatæ* munus, ibidem.
★ ZYMA. [Fermentum, peccatum, locus secretus. DIEF.]
° ZYTHEPSA, Cerevisiæ coctor a *Zythum*, cerevisia, et πέπτω, coquo, ut notant docti Editores ad Mirac. S. Magni tom. 2. Sept. pag. 764. col. 2 : *Vilsis quædam Maria Ostlerin, ancilla Johannis Hoss Zythepsæ fuit.* Hinc
° ZYTHOPŒIA, Officina cerevisiaria, ibid. pag. 766. col. 2 : *Ac deinde Zythopœiæ admotus, in tollendis portandisque oneribus, corporis viribus strenue uteretur, etc.*

AVIS

CONCERNANT LE SUPPLÉMENT AU *GLOSSARIUM* DE DU CANGE

De savants philologues ont bien voulu nous prêter leur concours, afin de nous permettre de compléter le *Glossarium de Du Cange*. Ils ont recueilli un grand nombre de termes de la basse latinité qui ne se trouvaient pas dans les précédentes éditions. Plusieurs de ces termes nous sont parvenus trop tard pour figurer à leur ordre alphabétique. Nous les publions dans un supplément qui, nous le pensons, sera favorablement accueilli par nos souscripteurs.

Nous devons de vifs remerciements aux collaborateurs si dévoués qui ont facilité notre travail d'éditeur. Nous sommes heureux de pouvoir placer, à côté des noms illustres de Du Cange, de dom Carpentier et de L. Henschel, ceux de :

MM. **Pajot**, Archiviste Paléographe.

Luigi Fraty, Bibliothecario Municipale e Direttore della Sezione medievale del Museo Civico di Bologna (Italia).

A. Muller, curé à Cologne (Allemagne).

Berthelé, Archiviste Paléographe.

J. Chevalier, Professeur d'Histoire au Grand Séminaire de Romans (Drôme).

Leo Drouyn, qui a publié dans les Archives historiques de la Gironde les Comptes de l'Archevêché de Bordeaux, des XIIIe et XIVe siècles. Ces Comptes sont suivis d'un Glossaire dans lequel l'auteur a expliqué, avec une profonde érudition, les mots omis par Du Cange et ses éditeurs. Ce précieux Glossaire nous a été d'une grande utilité et nous lui avons fait de nombreux emprunts.

Le P. Ch. de Smedt, *Bollandiste*, qui a enrichi d'un Glossaire les textes inédits des Gestes des Evêques de Cambrai de 1092 à 1138, faisant partie de la collection des *Mémoires de la Société de l'Histoire de France*.

Enfin, **M. Justin Maumus**, Avocat à Mirande (Gers), nous a communiqué plusieurs termes de la basse latinité extraits du Cartulaire de Mirande.

Que ces savants reçoivent ici l'expression de notre profonde reconnaissance pour les services qu'ils ont rendus, avec un si louable empressement, aux études philologiques.

L'Editeur, L. **FAVRE**.

SUPPLÉMENT AU GLOSSARIUM DE DU CANGE

ABO

ABENA, Habenæ: « *Abena, rene.* » Glos. Lat. Gall. Bibl. Insul. E. 36. xv. s.
ABERGARIA. « Separando de Monte meliano, ubi pransus fuit in *Abergaria*. » *Chevalier*, Visit. episcop. Gratianop. p.74.
ABERGATOR. « Anniversarium Johannis de molaris, *Abergatoris*. » *Chevalier*, Necrolog. Fratr. Prædicat. Gratianop. p. 5.
ABLTON, *Vepre, ronse*. Glos. Lat. Gal. Bibl. Insul. E. 36. xv. s.
ABORARE, Gall. *Bourrer* : « ... Pro Abo-

ABU

rando Clitellos sive bast saumeriorum. » Comptes de l'Arch. de Bordeaux du XIII. et XIV. s. Arch. Hist. de la Gironde, t. 22. p. 502.
ABRIGARE, Gall. *Couvrir, chausser* : « .... Computavit se habuisse ad coperiendum seu *Abrigandum* partem vinearum de Pessaco.... II, 185.... Ad caussandum sive *Abrigandum* vineas....» Comptes de l'Arch. de Bordeaux du XIII. et XIV. s. Arch. Hist de la Gironde, t. 22. p. 181.
ABUSSUS, Abyssus : « Quecumque sint

ACO

vel reperiri possint a celo usque ad *Abussum*. » *Chevalier*, Invent. Archiv. Delphinal. n. 872. an. 1282.
ACODERARE, Gall. *Attacher, lier* : « ... Habuit x. homines ad plantandum et *Acoderandum* vites.... » Comptes de l'Arch. de Bordeaux du XIII. et XIV. s. Arch. Hist. de la Gironde, t. 22. p. 182.
ACOLLECTANEUM, Liber orationes dictas collectas continens : « *Acollectaneo I.* novo. » Thes. Claromont. Alvern. 980. Mus. Arch. dép. 41.

ACONA, Græcis εἰκών, *Icône:* « Altaria portatilia et *Acone* ornate argento. » Inv. Card. Barbo ex transcript. Müntz, 1457.

ACONETA, Parva ACONA, id est *petite Icône:* « Una alia *Aconeta* lignea ornata argento polchonato albo cum passione Domini in medio. » Inv. Card. Barbo, ex transcript. Müntz. 1457.

ACTAMEN, Fabrica: « Muratoribus pro parte... laboris de fabrica et *Actamine* camerarum in palatio apostolico combustarum. » Mandat. Camer. Apost. 1460. f. 7. Archiv. Vatic.

ACTITATIO. ut ACTITATA: « Cur est *Actitatio* contra justum mota. » Du Méril, poes. Lat. Med. æt. p. 169.

ADERBARE, Gall. *Mettre au vert* (?): « ... Pro expensis Gervasi et... qui steterunt apud Laureummontem VI. septimanas pro *Aderbando* dictas equitaturas. » Comptes de l'Arch. de Bordeaux du XIII. et XIV. s. Arch. Hist. de la Gironde, t. 22. pag. 447.

ADJUNCTAMENTUM. « Feceris caput muscæ et caput simile et pauci *Adjunctamenti.* » C. B. N. ms. Lat. 10272. p. 93.

ADMALLARE, in jus vocare; ita in dipl. Othonis III. regis pro Egberto archiepiscopo Treverensi de anno 989: *Videlicet ut nullus per mallobergos nec aliqua ingenia ejusdem ecclesiæ homines Admallare.... præsumeret.* Gunther cod. dipl. Rheno-Mosellanus I. 86. [A. M.]

ADUCTILE. « *Aductile, conduit.* » Lex. Lat. Gal. Bibl. Ebroic. n. 23. XIII. s.

ADZIMUS, Azymus, *Pur:* « Frons illius *Adzima,* Labia tenerrima. » Du Méril, poes. Lat. Med. æt. p. 227.

ÆTIMOLOGIA. « *Ætimologiarum I.* (liber). » Ap. Thesaur. Claromont. Alvern. an. 980. Mus. Arch. dép. p. 42.

AFACTATUS, Gallice *Tanné:* « Qui coria *Afactata* boum vel vacarum vel equorum aut equarum atulerint. » A. N. J. 328. n. 7. Tolos. an. 1158.

AFFRETARE. « Ecclesia non est *Affretata,* lapis batisterii non tenet, est sine missali. » *Chevalier,* Visitat. episcop. Gratianopol. p. 71.

AFINATURA, Gall. *Affinage:* « Pro Afi*natura* dicti auri ad rationem 2. florenorum, » Mandat. Camer. Apost. Arch. Vatic. f. 82. an. 1484 1489.

AGASO, Marschalcus; in calendario custodiæ eccl. cath. Colon: *Item Agasoni id est marschalco dabitur una candela* [A. M.]

AGREGARIS, Gall. *Médicament:* « ... Et I. uncia de *Agregari* infuso;... *Agregari* fusi. » Comptes de l'Arch. de Bordeaux du XIII. et XIV. s. Arch. Hist. de la Gironde, t. 22 p. 358.

AGRESSERIUM, AGRASSERIUM, Gall. *Vase pour mettre le verjus:* « Item solvi pro LII. jornalibus carpenteriorum qui repararunt LXXI. tonnellos, XIII. pipas, novem barriquas.... IIII. *Agrasseria;...* VI. muyatas, IIII. *Agresseria.* » Comptes de l'Arch. de Bordeaux du XIII. et XIV. s. Arch. Hist. de la Gironde, t. 22. p. 353.

AGRESTA, *Verjus.* Gloss. Lat. Gal. Bibl. Insul. E. 36. xv. s.

AHTIN, est tertia collocutio in judicio; ita in Dipl. anni 1275: *Homines de tribus villis ... in alto judicio domini de castro comparebunt et si qua accusanda illis temporibus in suis locis emerserint, accusamenti post tertiam collocutionem quæ vulgariter Ahtin appellatur.* Lakomblet, Urkundenbuch des Niederrheins II. 683. [A. M.]

AJUDICARE. « *Ajudicavit* D. Petro Auruscii dominium et censum cujusdam pecie vinee. » *Chevalier,* Invent. Archiv. Delphinal. n. 553. an 1268.

ALATRANA. « Facies imagines ad fugandas *Alatranas,* colubras in quocunque loco volueris. » B. N. ms. Lat. 10272. p. 106.

ALBERTUM, ALBERGUM: « *Albertum* Johannis Faucza et *Albergum* del Ponsars. » *Chevalier,* Invent. Archiv. Delphinal. n. 1636. an. 1302.

ALBISSINUS, Byssinus: « Tandem abluat se cum aqua calida et, excepto *Albissino* panno, exeat balneum. » B. N. ms. l. 16089. f. 113ᵉ.

ALICORNUS, Unicornis: « Coram qua genuflectit se *Alicornus* animal. » Inv. Card. Barbo ex transcript. Müntz, 1457.

ALIETUS, *Falcun.* Glossæ ms. Turon. XII. s. Bibl. Schol. Chart. 1869. p. 327.

ALITHIA, Graiis ἀλήθεια, unde nomen *Alice:* « Si ponas Ypolitum hodie Papie non erit Ypolitus in sequenti die; veneris in thalamos ducunt omnes vie; non est in tot turribus turris *Alithie.* » Confessio Golie, p. p. Wackernagel, Zeitschrift Haupt, V. 298. — « Quod ita explicatur a G. Paris (Romana 1878. p. 95): « Il faut reconnaître là une allusion à la célebre églogue de Théodulus où le berger *Pseustis,* qui représente le paganisme, dispute contre la bergère *Alithia,* qui représente la religion chrétienne. Le poète veut dire que de toutes ces tours de Pavie qui contiennent tant de *Thalamos Veneris,* on n'en trouverait pas une qui servit de demeure à la chaste et pieuse *Alithia.* »

ALLIACIO, ALLIGATIO. « Instrumentum.... continens *Alliaciones* et confederaciones factas inter....... Humbertum dalphinum. » *Chevalier,* Inv. Archiv. Delphin. n. 1562. an. 1301.

ALLODA, Alauda « *Alloda, Aloée.* » Gloss. Lat. Gal. Bibl. Insul. E. 36. xv. s.

ALODIALIS RES, *Bien en alleu:* « Accepit ab eodem domina Fucigniaci quasdam res *Alodiales* quas tenebat. » *Chevalier,* Inv. Archiv. Delphinal. n. 1544. an. 1302.

ALOENCICOTRUM, ALOENCICROTUM, Gall. *Aloès sucotrin* ou *socotrin:* « ... Pro pulvere *Aloencicotri;... Aloencicroti...* » Comptes de l'Arch. de Bordeaux du XIII. et XIV. s. Arch. Hist. de la Gironde, t. 22. p. 333.

ALQUELLA. « Similiter habent instrumentum *Alquellam.* » B. N. ms. Lat. 10272. p. 61.

ALTITUDO, Gallice *Voûte:* « Primo *Altitudo* seu crota ecclesie, cori et tocius navis minatur ruinam. » *Chevalier,* Visitat. episcop. Gratianopol. p. 66.

AMBLERIA. « Illud quod habet in Eythona, pedaglum, *Ambleriam,* questam, piscationem. » *Chevalier,* Inv. Archiv. Delphinal. n. 1590. an. 1346.

AMIDOLBA, legitur in cartulario Conchar. Ruthen. p. 408. an. 1076: « Et ego supradictus Sancius, gratia Dei rex (Aragoniæ).... et fiat ingenuo Garritoan, dominator Gasseu Cideritz de tota causa, sive de illo pasto, sive de illo forasto, sive de *Amidolba.* » In duplicata carta legitur *Amidaba.*

AMPULA, Ampulla: « Anniversarium fratris Stephani Poncerii conversi qui dedit duas *Ampulas* argenteas. » *Chevalier,* Necrolog. Fratr. Prædicat. Gratianop. p. 8.

ANANULUS, Annulus: « *Ananulus, li, anel.* » Lex. Lat. Gal. Bibl. Ebroic. n. 23. XIII. s.

ANARGENS, AVARGENS, Gall. *Espèce d'arbuste* (?)... Solvi cuidam homini qui plantavit in prato archiepiscopali deus *Anargens* et de gindolis... » Comptes de l'Arch. de Bordeaux du XIII. et XIV. s. Arch. Hist. de la Gironde, t. 21. p. 342.

ANCIPITALE. « *Ancipitale, avant pié.* » Lex. Lat. Gal. Bibl. Ebroic. n. 23. XIII. s.

ANEWANDUM, Anewinder, in descriptione bonorum monasterii Rupertsberg de anno 1200: *In lonesheimer Anewandum II. jugera simul.* Beyer, Urkundenbuch II. 360. Est districtus communitatis. [A. M.]

ANFORCIATUM, INFORTIATUM: « Unum *Anforciatum* antiquum. » Invent. Calixt. III. an. 1458. in Archiv. Vaticano.

ANGARII, denarii sunt census qui loco angariæ dantur; ita in carta Sibodonis, decani aquensis de anno 1285: *Quicquid vero superest quinque marcis denariorum Angariorum Mersnensium.* Lakomblet, Urkundenbuch des Niederrheins II. 201. [A. M.]

ANPARARE. « Suos sequi, juvare, deffendere et *Anparare.* » *Chevalier,* Inv. Archiv. Delphinal. n. 1571. an. 1815.

ANTEPOMETUM. « *Parvum munusculum, vel fructus, ut pomum vel nuces.* » Gloss. Lat. Gall. Bibl. Insul. E. 36. xv. s.

ANTIFANERIUS, ANTIPHONARIUM: « Non est *Antifanerius* nec legendarius nec gradale. » *Chevalier,* Visitat. episcop. Gratianopol. p. 26.

ANTIPIRALE, *Escren* Gloss. Lat. Gal. Bibl. Insul. E. 36. xv. s.

ANTIPORTA, Gallice *Portière:* « Due *Antiporta* cum uno muliere et una muliere. » Inv. Card. Barbo ex transcript. Müntz, 1457.

ANUAL, ANNUALIS, Gall. *Vase pour l'huile:* « ... Solvi pro v. *Anualibus* olei nucis. » Comptes de l'Arch. de Bordeaux du XIII. et XIV. s. Arch. Hist. de la Gironde, t. 21. p. 348.

ANUTERGIUM. « *Torchon de l'anus.* » Gloss. Lat. Gal. Bibl. Insul. E. 36. xv. s.

APIX, Gall. *Poix:* « Pro XLII. libris *Apicis* et I. libra ceupi emptis pro reparatione ymbricis expense... » Comptes de l'Arch. de Bordeaux du XIII. et XIV. s. Arch. Hist. de la Gironde, t. 22. p. 413.

APLUERE, Abluere: « Tali lexivia apluat capud mulier. » B. N. ms. l. 16089. f. 1139.

APPERTUS, Expositus: « Esse et fuisse dicto D. nostro dalphino comissas et *Appertas.* » *Chevalier,* Inv. Arch. Delphinal. n. 988. an. 1398.

APRISINE, Ablativum, pro *Aprisione;* vide APRISIONES: « Nam non per illorum *Aprisine* nec per beneficio comes nec de vice domino nec de alium quodlibet homine. » *Fonjoncouse, Aude,* an. 834. Mus. Arch. dép. p. 11. — Legitur inferius: « Et dum Johannes ipsum villare a bone integritate abuisset per suam *Adprisionem.* » Item p. 12: « Et occupavit Johannes eum ab omnem integritatem per suam *Aprisionem.* »

AQUIRIMENTUM, *Acquis:* « Predicta pecunia poneretur in *Aquirimentis,* que aquirimenta tenentur a D. Dalphino. » *Chevalier,* Inv. Archiv. Delphin. n. 414. an. 1279.

AQUITIATIO, *Quittance:* « Instrumentum.... continens *Aquitiationem* factam Johanni de Asseduna. » *Chevalier,* Inv. Archiv. Delphin. n. 1249. an. 1279.

ARANEA, est candelabrum in forma araneæ; in calendario custodiæ eccl. cath. Colon.. Item *Aranea per totas ma*-

tutinas *ardebit.* Habuit aranea septem candelas. [A. M.]

ARBOTUS, ARBOTS, Gall. *Vigne en espalier :* « ... Pro VI. duodenis latarum positis in dictis *Arbotis* seu vineis... feci putari *Arbotos* casalis... pro XII. jornalibus hominum qui levarunt et plicarunt los *Arbots*. » Comptes de l'Arch. de Bordeaux du XIII. et XIV. s. Arch. Hist. de la Gironde.

ARCHITECTUS, *Arc de triomphe :* « In reparari faciendo *Architectum* Lucii Septimii » Mandam. Camer. Apost. 1464-78, f. 63. Arch. Vatic.

ARCUOSITAS, *Arcade sourcilière :* « Si quidem *Arcuositas* curvitatis declinet ad tymporum gibbositates et genarum, negligens et male sue vite regimen denotatur disponens. » B. N. ms. lat. 16089, f. 103 ^{A}.

ARCUS FUSTEUS, FUSTIUM, Gallice *Fermes de la charpente :* « In ecclesia est unus *Arcus fusteus* in tecto qui indiget reparatione... *Arcus fustium* qui textum dicte ecclesie tenent putrefiunt et sunt in periculo fractionis. » *Chevalier,* Visit. episcop. Gratianop. p. 82, 83.

ARELLUS. « *Arellus*, *petit argnes*. » Lex. Lat. Gal. Bibl. Ebroic. n. 28. XIII. s.

AREST, Gall. *Broche :* « Emi pro servicio domus archiepiscopalis...... duo veruta sive *Arest* de ferro. » Comptes de l'Arch. de Bordeaux, du XIII. et XIV. s. Arch. Hist. de la Gironde, t. 21, p. 678.

ARMARIALIUM, Gall. *Armoire vitrée* (?) « Feci fieri in dicta camera duo *Armarialia* sive fenestras. » Comptes de l'Arch. de Bordeaux, du XIII. et XIV. s. Arch. Hist. de la Gironde, t. 22, p. 488.

ARMELINA, Gall. *Hermine :* « (Pro) laboratura columbe hujusmodi capelli et duorum bonorum de perlis ac foderature *Armelinarum* dicti capelli. » Mandat. Camer Apostol. Arch. Vatic. f. 158, an. 1417-21.

ARMIS, Armus : « Humerus, vel *Armis*, vel scapula, *espaule.* » Lex. Lat. Gal. Bibl. Ebroic. n. 23, XIII. s.

ARMONEAC, Gall. *Ammoniaque* (?) : « Galbanum I. libram, VIII. grossos ; *Armoneae,* 1/2 libram, VI. grossos..... » Comptes de l'Arch. de Bordeaux, du XIII. et XIV. s. Arch. Hist. de la Gironde, t. 22, p. 334.

ARMONIACUM, Ammoniacum : « Et modicum *Armoniaci* purissimi. » B. N. ms. lat. 16089, f. 115 ^{A}.

ARQUEIARE, Gall. *Arçonneur. «* Item ordinaverunt quod pro arqueyando dictam peyram lane ponderis VIII. librarum primarum dentur *Arqueyatori* pro sua mercede v. denar. turon. Chartul. Mirandæ folio 101. v°. ann. 1380. — Transcriptum instrumenti ministeriorum paratorum, textorum et tintereriorum pannorum lane. [J. MAUMUS.]

ARQUEYATOR, Gall. *Arçonneur.* « Item ordinaverunt quod pro arqueyando dictam peyram lane ponderis VIII. librarum primarum dentur *Arqueyatori* pro sua mercede v. denar. turon. Chartul. Mirandæ, folio 101. v°. ann. 1380. — Transcriptum instrumenti ministeriorum paratorum, textorum et tintereriorum pannorum lane. [J. MAUMUS.]

ARQUILLUS, *Arçon de selle.* Gloss. Lat. Gal. Bibl. Insul. E 36, XV. s.

ARRABONA, dicebantur vineæ, ita in Dipl. Regenbierg abbatissæ pro cœnobio in Gerresheim de anno 874 : *Quod jussu et rogatu genitoris nostri Gerici lege perpetua predia nostra sanctimonialibus ibidem Deo servientibus et Arrabona quæ sita sunt in Linchesce cum universis decimationibus ad vinum jugiter propinandum.... confirmamus.* (Lakomblet, Urkundenbuch des Niederrheins, I, 68). Monasterium dictum has vineas possedit usque ad annum 1803. [A. M.]

ARRATGE, Gall. *Tuile, tuile carrée* (?) : « Emi pro loco de Laureomonte I. miliare d'*Arratge* sive de losa. » Comptes de l'Arch. de Bordeaux, du XIII. et XIV. s. Arch. Hist. de la Gironde, t. 21, p. 337.

ARRECARI, RECARI, Gall. *Tirer au fin* (?), *nettoyer* (?). « .... Fecimus *Arrecari* XIII. tonellos de vinis... et fuerunt portate due pipe ... » Comptes de l'Arch. de Bordeaux, du XIII. et XIV. s. Arch. Hist. de la Gironde, t. 21, p. 487. « .....Solvi bubulcis pro portu XI. tonellorum *Arrecatorum* vini..... » Idem, t. 21, p. 491. *Raquer* une barrique : la vider par la bonde, — du gascon, *raquar*, vomir.

ARRIMARE, ARRUMARE, Gall. *Arrimager, placer les barriques sur les tins :* « Solvi pro duodena de convers ad *Arrimandum* vina. » Comptes de l'Arch. de Bordeaux, du XIII. et XIV. s. Arch. Hist. de la Gironde, t. 21, p. 687. « Ad *Arrumandum* vina. » Idem, t. 22, p. 451.

ARRUM, Gall. *Airain, cuivre :* « ..... Pro uno miliari clavorum d'*Arrum* ad latandum.... » Comptes de l'Arch. de Bordeaux du XIII. et XIV. s. Arch. Hist. de la Gironde, t. 21, p. 403. « ..... Pro v° clavis d'*Arrum* et C. clavis de gabarra et de calupo » Idem, t. 22, p. 194.

ARTHOCASEUS, *Flan.* Gloss. Lat. Gall. E 36, XV. s. Bibl. Insul.

ARTONIUM, *Tas de blé ou mule de fain.* Gloss. Lat. Gall. Bibl. Insul. E 36, XV s.

ARTORIRA, *Tarte.* Gloss. Lat. Gal. Bibl. Insul. E 36, XV. s.

ARVINA, in MS. Archivii Dusseldorp. de fratribus S. Lupi : *Et Arvina in subtalaribus.* [A. M.]

ARZENA, Ital. *Arzana, arsenal :* « Item quodam panno flavo rubeo et albo insimui posito super banca ubi fiunt solutiones operariorum in *Arzena.* » Archiv. Vatic. Mand. Camer. Apostol. an. 1455-56, f. 199.

ASAPI, Gall. *Corsaires :* Cf. AZAPIDES : « Quedam griparia de Candida, super qua erant ribebe CCC frumenti, de ratione virorum nobilium Marci Venerio et Cristofori Marcelo, capta fuerit per unam galeotam *Asaporum.* » (Venise, Arch. gén. Senato misti. XLVII. f. 65, an. 1406.)

ASPEN. Vide *Focula.* [A. M.]

ASSATURA, est caro assa ; in calendario eccl. cath. Colon. : *Et custos major dabit eis duas Assaturas.* [A. M.]

ASCRIBERE, Adscribere : « Monogramma nostri nominis decenter *Ascribi.* » Mus. Arch. dép. n. 47.an. 1030.

ASSE, Gall. *Crasse des cuves ou râpe qui reste dans la cuve après la piquette :* « ...... Feci dispergi et poni in vineis....., circa vites, femur sive lutum stabuli et l'*Asse* cuvarum. » Comptes de l'Arch. de Bordeaux, du XIII. et XIV. s. Arch. Hist. de la Gironde, t. 21, p. 696.

ASSETA, Gall. *Asse* (?) « Emi pro Bernardino, botelherio archiepiscopatus, I. *Assetam,* I. gimbeletum. » Comptes de l'Arch. de Bordeaux, du XIII. et XIV. s. Arch. Hist. de la Gironde, t. 22, p. 383.

ASSETUM, Gall. *Vinaigre.* « ..... Pro una pipa *Asseti.* » Comptes de l'Arch. de Bordeaux, du XIII. et XIV. s. Arch. Hist. de la Gironde, t. 21, p. 495.

ASSIDUS, Assiduus : « *Assidos* et validos debiles elidunt. » Du Méril, Poés. lat. med. æt. p. 161.

ASTERIUM, Gall. *Ruisseau d'un moulin* (?) : « Accessi ad locum de Laureomonte ad videndum *Asteria* molendini, et habuerat XVII° XVIII° homines...... et pro duobus palis necessariis ad dictum *Asterium* purgandum. » Comptes de l'Arch. de Bordeaux, du XIII. et XIV. s. Arch. Hist. de la Gironde, t. 21, p. 233.

ASTRIGUM, *Maçonnerie à la base d'une tour pour en resserrer les assises :* « Pro laboratura facta in una lumacha et facta in turri palatii sancti Marci pro *Astrigo* facto circumcirca turrim. » Edif. publ. f. 176, an. 1467-71, Arch. Vatic.

ATEPLUGE. Vide *Curuada.* [A. M.]

ATTEN. Vide *Mansi.* [A. M.]

ATTENTATOR, *Qui commet un attentat :* « Si cessant servitia sunt *Attentatores.* » Du Méril, Poés. lat. med. æt. p. 167.

ATTILIATOR, invenitur quoque in Chartis gallicis : « Operatorium Montis Argi, per Guillelmum *Attiliatorem.* » Mus. Britan. Addit. *Charters,* n. 13941, an. 1296.

AUBAR, Gall. *Saule :* « ..... Pro sex faciculis de coldra de *Aubar* quos emi pro reparatione vaysselle retrovini. » Comptes de l'Arch. de Bordeaux, du XIII. et XIV. s. Arch. Hist. de la Gironde, t. 22, p. 319.

AUCAIUS, *Avier.* Gloss. Lat. Gal. Bibl. Insul. E 36, XV. s.

AUCERULUS, *Oyson.* Gloss. Lat. Gal. Bibl. Insul. E 36, XV. s.

AUGIPULA, *Escoipel.* Glos. Lat. Gal. Bibl. Insul. E 36, XV. s.

AUDETUM (D'), FRUMENTUM D'AUDETUM, Gall. *Blé d'oiseau :* « Et fuit taxatum frumentum d'*Audetum* ad mensuram vendibilem..... » Comptes de l'Arch. de Bordeaux, du XIII. et XIV. s. Arch. Hist. de la Gironde, t. 21, p. 166.

AUGUZALIS. « Ut sunt cameli castrones, cervi *Auguzales.* » B. N. ms. lat. 10272. p. 121.

AULHARE, Gall. *Ouiller :* « Solvi duobus hominibus qui *Aulharunt* vina et dederunt colorem vinis..... » Comptes de l'Arch. de Bordeaux, du XIII. et XIV. s. Arch. Hist. de la Gironde, t. 22, p. 357.

AUOLHAGIUM, AUELHAGIUM, UAULOGIUM, Gall. *Ouillage :* « Posui in *Auolhagio* barricam vini clari. » Comptes de l'Arch. de Bordeaux, du XIII. et XIV. s. Arch. Hist. de la Gironde, t. 21, p. 330. « ..... Uno tonello vini rubei posita in *Auelhagio* pro dando colorem aliis vinis. » Idem, t. 21, p. 516.

AUQUETUM. « Solvi pro filo, *Auqueto* et labore magistro qui fecit candelas de ceupo..... » Comptes de l'Arch. de Bordeaux, du XIII. et XIV. s. Arch. Hist. de la Gironde, t. 22, p. 340.

AUSTRUVO, *Autour :* « Debuit domum fortem edificare reddibilem domino, omnia sub uno *Austruvone* census. » *Chevalier,* Inv. Archiv. delphin. n. 776, an. 1499.

AUXIONARIUS, *Regratier.* Gloss. Lat. Gal. Bibl. Insul. E 36, XV. s. Cf. *Auctionarius.*

AUXUNGIA, Axungia : « *Auxungiæ* porci, cerebri, canis rubei. » B. N. ms. lat. 10272, p. 212.

AVELUGEDUVEN, in calendario custodiæ eccl. cath. Colon. : *Et faciet eas ligari Avelugeduven.* [A. M.]

AXILES, in descriptione bonorum monasterii Pruniensis commentata 1222 : *Quilibet mansus tenetur L Axiles vel C*

AYG

scindulas ad tecta ecclesiæ restauranda annuatim persolvere. Axiles vulgariter appellamus esselinge et scindulas scundelen. Beyer, Urkundenbuch, I, 175. [A. M.]

AYA, Cf. *Ayes :* « Appendiciis et pertinenciis de Jayz, exsepta *Aya* et domo forti. » *Chevalier*, Inv. Archiv. delphin. n. 1594, an. 1291.

AYGUERIUM, Gall. *Evier, gouttière :* « Solvi ad secandum tabulas torcularis et ymbricum sive *Aygueriorum* factorum in cameris domini. » Comptes de l'Arch. de Bordeaux, du XIII. et XIV. s. Arch. Hist. de la Gironde, t. 22, p. 338.

AYRENEYS, Gall. *Terre en friche* (?) : « Cappellanus S^{ti}-Medardi debet pro omnibus decimis suis excepta l'*Ayreneys*. » Comptes de l'Arch. de Bordeaux, du XIII. et XIV. s. Arch. Hist. de la Gironde, t. 23, p. 111.

AZE

AZEBRA, *Zèbre :* « Ex animalibus hominem, camelos parvos ac *Azebras* et vivas simias et lupos. » B. N. ms. lat. 10272, p. 128.

AZI

AZINGEN, sunt expensæ factæ pro nutritione alicujus personæ; ita in dipl. Wicboldi archiepiscopi Colon. de anno 1298 : *Imo expensas factas per ipsum Burgravium in captivitate domini Moguntini, dictas Azingen, solvit pro eodem.* (Lakomblet, Urkundenbuch des Niederrheins, II, 998.) [A. M.]

B

BAL

BABTISMA. « Cum vasculo poterat aqua dicti fontis *Babtismatis* capi et hauriri. » *Chevalier*, Visit. episcopor. Gratianop. p. 50.

BABTISTERIUM, Gallice *Baptistère :* « Donamus etiam totam sepulturam et tricenarium et penitentias et guadios et *Babtisterium* et totam villam. » Cartular. Concarum Ruthen. PP. Desjardins, p. 4. an. 1061-1065. — « Donamus sancti Salvatoris de Conchas.... sepulturam et *Babtisterium* et penitentiam et offerentium. » Ibid. p. 15. ann. 1081-1059.

BACARIUS, Qui vasa vini facit ; in calendario custodiæ eccl. cath. Colon : *Item hostulario dabitur candela de fertone. Item bacario tantum.* [A. M.]

BACHO, est porcus saginatus ; in MS. archivii Dusseldorpiani de fratribus S. Lupi : *De prædicta domo carnium 7. Bachones sic dividendi sunt.* [A. M.]

BACILLUS, est lampas in modum bacini ; in calendario custodiæ eccl. cath. Colon. : *Item suspendent Bacillos ; et Bacillos confractos reparabit in pretio tantum.* [A. M.]

BACTRIO, Bacrio : « Tu jecisti seniorem, bibe, bibe *Bactrionem*. » Du Méril, Poes. Lat. Med. Æt. p. 212.

BADLIA, ut *BAILIA* : « Ego femina nomine Guarangardis dono me metipsa in guarda sancta Fide et in *Badlia* tota honore mea. » Cartul. Concar. Ruthen. p. p. Desjardins p. 165. XI. sæc.

BAGA, Provincialis vox, Gallis *baie*, *fruit*. (Confer Raynouard Lex. Rom. II. 164.) anno 1125. Bernardus Atto IV. vicecomes nemausensis concedit « Compram de *Bagas*, » ea lege ut nullus alius faciat « Oleum de *Bagas*. » A. N. J. 323. n° 4.

BAHCHUS. Vide *Camba*. [A. M.]

BAIULATOR, Baiulus, nuntius ; in descriptione bonorum monasterii in Mettlach : *Insuper sunt ibi* II. *obæ [hubæ] quas tenunt Baiulatores.* Beyer, Urkundenbuch, II. 339. [A. M.]

BALASCIOLUM, Gallice *rubis balais*. B. N. MSS. l. 5180. f. 65.

BALAXUS, *Rubis balais :* « In lapide rubini vel *Balaxi*. » B. N. MS. Lat. 10272. p. 91.

BALLISTARII (EQUI), Qui balistas trahebant : « De deffectu equorum *Ballista-*

BAN

riorum. » Mus. Britan. Addit. Charters, n. 13941. an. 1296.

BALMUNT, est alienatio bonorum ; ita in dipl. pro ecclesia S. Mariæ in Duisburg de anno 1209 : *Bona ista constituimus sub hoc pacto, ut usus eorum quamdiu vivimus nobis cedat, post mortem nostram habeat ecclesia et fratres ejusdem ordinis, hoc interposito, quod si aliquis de filiis fratris mei voluerint habere prædictam hæreditatem, solvant annuatim* XII. *solidos ecclesiæ et teneant quamdiu vivant sine alienatione, quæ dicitur Balmunt.* Lakomblet, Urkundenbuch des Niederrheins II. 29. [A. M.]

BALUTA, BALUTETZ, Gall. *Bluteau :* « Tradidi furnerio ad habendum IIII. cruotz et duos tamis et III. *Balutetz* cum tela necessaria.... feci fieri duas *Balutas* ad balutandum farinam........ » Comptes de l'Arch. de Bordeaux du XIII. et XIV. s. Arch. Hist. de la Gironde t. 21. p. 500. et 501.

BAMBOCHUM, Gall. *Bassin :* « Pro refactura cannarum *Bambochi* fontis orthei et pro aptatura palle. » Mandat. Camer. Apost. f. 24. an. 1458-60.

BANBINUS, Italis *Bambino*, *Enfant Jésus :* « Una alia pax argentea et deaurata per totum, cum duabus perlis parvis, et cum *Banbino* zaffiri et sancto Johanne Baptista. » Inv. Card. Barbo, ex transcript. Müntz, 1457.

BANDELLA, Italis *Bandella*, Gallice *Penture :* « Ferri per eum dati et venditi pro *Bandellis* et cardinibus novæ portæ palatii apostolici. » Mandat. Camer. Apost. an. 1462-63. f. 85. Arch. Vatic.

BANDERIA, Vexillum. Carta Gerardi de Hammerstein de anno 1313 : *Quod ego et mei successores feudum antedictum possidentes Banderiam et alia ejus insignia et suorum successorum contra eorum inimicos..... portare ac ducere tenebimur.* Gunther, cod. dipl. Rheno-Mosellanus III. 153. [A. M.]

BANROTHER, Præfectus militum ; ita in dipl. Theoderici de Schina de anno 1271 : *Nobis tamquam Banrother duodecim marcas, militi sex marcas et famulo tres marcas, existentibus in consortio nostro, pro stipendio ad mensem dabunt.* Lakomblet, Urkundenbuch des Niederrheins II. 614. [A. M.]

BAR

BARANDA, Gall. *Balustrade*, cf. vocem hispanicam *Baranda :* « Tenetur prepositus.... facere ac reficere portas seu januas ac *Barandas* scalarii.... tenetur prepositus facere.... gradarium fusteum reffectorii et. *Barandam* fusteam. » Cartul. Magalon. ex Rev. Soc. Sav. 1873. p. 415.

BARBAGALLI, Crista galli « Caput hominis cum crista *Barbagalli*. » Inv. Card. Barbo ex transcript. Müntz 1457.

BARBARINENSIS, ut *Barbarinus :* « Scilicet ut Aureliensis æcclesia deinceps singulis annis *Barbarinensis* monetæ, vel si illa caderet, mediate monetæ X. solidos abbati et fratribus Tusturiacensibus. » Arch. dép. Haute Vienne, ser. D. 943. an. 1138.

BARBARONIS, *Jouibare*. Gloss. Lat. Gal. Bibl. Insul. E. 36. XV. s.

BARLOYS, in descriptione bonorum abbatiæ Prumiensis commentata 1222 : *Notandum est, quod quandocumque aliquis sive sive mulier de familia ecclesiæ obierit absque hærede, quod nos vulgariter appellamus Barloys, quod dominus abbas ad opus suæ ecclesiæ omnia bona sua debet confiscare et sibi colligere.* Beyer, Urkundenbuch I. 176. [A. M.]

BARBOYS, est cibus ex diversis aliis compositus ; in MS. archivii Colon. t. II. 35 : *Est præbenda coci qui facit Barmoys.... De reliquis ovis dantur quinquaginta ad barmus et* 20. *quæ supersunt recipit cellerarius. Et villicus dabit duos den. pro lacte ad barmus et magister coquinæ dabit sagimen in consortio no- quinæ dabit sagimen et sigua et farina dabitur de pistrino.* [A. M.]

BARRA, Gall. *Barre*, *planchette en travers du fond d'une barrique :*.... « Pro viminibus, taluciis, *Barris* et meyanis... » Comptes de l'Arch. de Bordeaux du XIII. et XIV. s. Archiv. Histor. de la Gironde t. 21. p. 339.

BARROLHIUM, BARROLS, Gall. *Verrou :* « Computavi cum fabro qui posuerat sarraturas cum suis anulis et *Barrolhiis*, et fecerat modicos *Barrots* pro fenestris. » Comptes de l'Arch. de Bordeaux du XIII. et XIV. s. Arch. Hist. de la Gironde t. 21. p. 498.

BARRONUM, Quædam herba humi spargenda : « Tenetur prepositus.... providere et poni facere bis singulis annis

de *Barrono* in capitulo et in toto claustro, scilicet in Omnium Sanctorum..... et insuper tenetur poni facere joncum primum.... in capitulo et camera episcopi. » Cart. Magalon. ex Rev. Soc. Sav. 1873. p. 415.
BARTOCHIUM, BARTOC ou BARTOT, Gall. peut-être *Esquive*, petit bondon pour la bonde faite dans le fond de la barrique :.... « Pro bondis, faisetis et *Bartocs*. » Comptes de l'Arch. de Bordeaux du XIII. et XIV. s. Arch. Histor. de la Gironde t. 21. pag. 487... « Pro bondis et *Barthochis* sive *Bartocs*.... II. 507... solvi pro tres bondis-bartocis.... » Idem, t. 22. p. 871.
BASTARDUS, BASTARD, Gall. *Cercle de demi-grandeur* : Solvi pro XII. feysseriis de coudre, XIII. duodenis taluciorum, XV. duodenis *Bastardorum*... » Comptes de l'Arch. de Bordeaux du XIII. et XIV. s. Arch. Hist. de la Gironde t. 22. p. 188... « Pro I. faciculo de *Bastard*... » Idem. t. 22. p. 373.
BATITUM, BATUTUM. Item fuit actum et concessum per dictos conjuges.... quod liceat dictis feudatariis et cuilibet eorum ordinio, hedificare et facere et tenere et plantare in dictis possessionibus feudalibus, domos, vineas.... *Batita* seu bedata. Chartul. Mirandæ, folio 27. recto — ..... Au folio 16. verso, qui contient une autre copie de la même charte, on lit :.... Domos, vineas *Batuta* seu bedata. Item fuit actum et concessum quod predictus dominus Bernardus et successores ejusdem possint libere venari in dictis nemoribus et vedatis communibus dicte ville et territoriis, sine dampno et injuria dictorum feodotariorum et dum non offendat eosdem, exceptis *Batutis* et plaperiis eorumdem : folio 18. v°. ann. 1298. — Concessions par Bernard d'Astarac et Mathe de Foix aux consuls et habitants de Mirande. — Signifie très vraisemblablement : terrain réservé pour la chasse ou autre... Le sens de *Batuta* dans le *Glossarium* ne convient pas ici. Conf. aussi : *Glossarium V. Batruda*. [J. MAUMUS.]
BATTILORUS, Italis *Battiloro*, *Batteur d'or*, in Archiv. Acad. Pontific. S. Lucæ, 1478
BATUSTORIUM. Cf. BATISTORIUM : « Item molendinum et *Batustorium* de Colunges. » *Chevalier*, Inv. Arch. delphinal. n. 1544. an. 1302.
BAVES, BAVOSUS. « Quod si fuerit *Bavosus*, extollentur *Baves* et boni flet solatii » B. N. MS. Lat. 10272. b. 108.
BAYARDA, Gall. *Civière* ; en gascon : *Bayard* : « Emi pro stabulo II. paleas..... solvi pro I. *Bayarda*.... » Comptes de l'Arch. de Bordeaux du XIII. et XIV. s. Arch. Hist. de la Gironde t. 22. p. 381.
BAYON, BAYONARE, Gall. *Planche*, *poteau* : « Feci reparari scalam.... et quosdam *Bayons* in camera.... » Comptes de l'Arch. de Bordeaux du XIII. et XIV. s. Arch. Hist. de la Gironde t. 21. p. 680... « Pro XXV. postibus de *Bayona* pro *Bayonando* los corradors prope tinellum. » Idem, t. 22. p. 396.... « Pro postibus de *Bayona* necessariis pro arcalecto. » Idem, t. 22. p. 474. [*Bajou*, est la première et la plus haute planche des planchers (Dict. de Trévoux.)]
BAYSSARE, Gall. *Fouler*. Ne peut pas figurer dans le Glossarium, mais pas avec cette signification ; il y a cependant *Bayssator*, foulon. « Item quod pro parando peciam panni lane et borando ab utraque parte et *Bayssando* et ex toto perfecte perficiendo.... » Chartul. Mirandæ, folio 101. v°. ann. 1330. [J. MAUMUS.]

BECADA, ROSTRATA, Gall. *Bécasse* :.... « Pro una *Becada* et XIII. turturibus... » Comptes de l'Arch. de Bordeaux du XIII. et XIV. s. Arch. Hist. de la Gironde t. 21. p. 496.... In IIII. rostratis seu *Becadis*... » Idem, t. 22. p. 398.
BEDORETUM, BEDORISSARIUM. Frater Bernardus de S^{to}. Johanne grangerius *Bedoreti*. — Chartul. Mirandæ, folio 49. v°. ann. 1321. Partage de forêts indivises entre l'abbaye de Berdoues et la ville de Mirande. « Subsequenter, cum quoddam nemus barthe seu quod bartha vocatur, et quoddam *Bedorissarium* quod est prope grangiam de Augas. » — Ibid. folio 59. recto. ann. 1322. Délimitation des forêts partagées entre l'abbaye de Berdoues et la ville de Mirande. — Signifie *Bedouret*, *Bedorède*, bois de bouleaux. [J. MAUMUS.]
BEIER, Idem quod verres ; ita in descriptione bonorum monasterii Merensis de anno 1201 : *Unum verrem i. e. Beier pascere*. Lakomblet, Urkundenbuch des Niederrheins I. 1. [A. M.]
BELLARIUM, *Parvum munusculum, vel fructus, ut pomum vel nuces*. Gloss. Lat. Gal. Bibl. Insul. E. 36. XV. s.
BELLITROPA, *Tournoy*. Gloss. Lat. Gal. Bibl. Insul. E. 36. XV. s.
BERTRACHIA, Gallice *Bretèche* : « Universitas Gratianopolis habeat..... custodiam dictorum murorum ac turrium et *Bertrachiarum*. » *Chevalier*. Cartul. Fratr. Prædicat. Gratianop. p. 58. an. 1447.
BESTEWATHMAL, est optimum ex animalibus domesticis, sive ex equis, sive ex bovibus, etc. quod domino tradi debet, quando caput familiæ moritur ; ita in dipl. Henrici VI. imperatoris de anno 1195 : *In curia Wileburg comes recognosci episcopo justitiam in jure quod vocatur Huberecht, Buweteil, Bestewathmal*. Schannat Hist. Wormat. in probat. n°. 95. [A. M.]
BEURAGIUM, Gall. *Espèce de médicament*, *Breuvage* :... « Pro I. libra cum dimidia de aquis compositis... item pro uno *Beuragio*... » Comptes de l'Arch. de Bordeaux du XIII. et XIV. s. Arch. Hist. de la Gironde. t. 22. p. 383.
BICHERIUM, Italis *Bicchiere*, *Verre* : « Unum *Bicherium* cum uno copertorio. » Mand. Camer. Apost. 1464-66. f. 82.
BIDENCAMERA, est camera , in qua reponebantur ligna ad comburendum ; in calendario custodiæ eccl. cath. Colon : *Quæ contulit ecclesiæ Colon. in Unkele* 60. ligaturas lignorum, quæ comburuntur infra festum omnium sanctorum usque ad pascha in camera et deponentur in cameram, quæ dicitur *Bidencamera*. [A. M.]
BIFANG vel BIVANG, dicebatur ager vel locus septus ; ita in dipl. Epponis pro Monasterio Werthinensi de anno 887 : *Unum Bivang in saltu waneswalde*. Lakomblet, Niederrh. Urkundenbuch I. 52. [A. M.]
BIFURCATIO. « Barba cum quadam *Bifurcatione* pulcra. B. N. MS. Lat. 16089. f. 110^b.
BIQUERIUS, Gallice *Verre* : « Unus *Biquerius* magnus, deauratus per totum, excepto castro et zona que sunt in copertorio ad modum Almanie. Inv. Card. Barbo, ex transcript. Müntz, 1457.
BISIA, Gallice *Nord* : « Juxta possessionem Galeti.... et ejus fratris ex parte *Bisiæ*. » *Chevalier*, Visit. episcop. Gratianop. p. 121.
BITER, Gall. espèce de *vase*, quelquefois en terre :... « Pro duobus *Biters* magnis et VI. parvis emptis ad servitium domus.... I. 405. Tradidi... pro *Biters* et aliis pitalphis de terra habendis pro bu-ticularis... » Comptes de l'Arch. de Bordeaux du XIII. et XIV. s. Arch. Hist. de la Gironde. t. 22. p. 476.
BITZ ou VITZ, Gall. *vis du pressoir* :... « Pro ceupo necessario ad liniendum la *Bitz* que volvitur in torcularii... » Comptes de l'Arch. de Bordeaux du XIII. et XIV. s. Arch. Hist. de la Gironde. t. 21. p. 687.
BIVERUS, ut BEVER, Gallice *Bièvre*, *Castor* : « Waltero rachamatori florenos ..... 8. pro valore duorum pilleorum de *Bivero*. » Mandam. Camer. Apost. 1465. 2. sept. f. 99.
BIVORA. « Ad aggregandum tarantulas, colubras et *Bivoras*. » B. N. MS. Lat. 10272. p. 106.
BIVRIA, *Bievre*. Gloss. Lat. Gall. Bibl. Insul. E. 36. XV. s.
BIXOLATUM BLADUM. Vide *Bladum bixolatum*. [FR.]
BLESIZANS. « Lingua...... *Blesizans* dyarruam ventris dicunt medici ostendere. » B. N. MS. Lat. 16089. f. 105.
BLICHEN DAIT, est vulneratio ; ita in ordinatione arbitrorum inter Arch. Colon. Conradum et urbem Coloniam de anno 1258 : *Quod quicunque de vulnere aperto sive læsione, quæ Blichen dait dicitur, quærimoniam detulerit, ipse commonitus a judicibus jurare debet*. » Lakomblet , Urkundenbuch der Niederrheins II. 452. [A. M.]
BLOGMOYS, est cibus ; ita in MS. archivii Colon. t. II. 35 : *Sunt etiam quatuor coci. unus qui faciat Blogmoys.... In quolibet Blogmoys erunt* 9. *cloyse*, 3. *quartalia unius pulli*. 8. *frusta salucii, tres partes harst bene piperatæ cum bonis speciebus et dabit sibi cellerarius septies centum ova, quæ solvent villici, dimidium maldrum farinæ tritici*, 4. *sextaria smals, septem panes siliginis, carnes et ligna*. [A. M.]
BLUTRUNST, idem quod saucius ; ita in dipl. Sifridi Colon. arch. de anno 1285 : *Item de eo quod Blutrunst dicitur, vadiabit reus ad gratiam judicis quinque marcas, nisi velit aliquid remittere gratiose* Lakomblet, Urkundenbuch des Niederrheins II. 802. [A. M.]
BOCCLA, Gall. *boucle*.... « Pro IIII. *Bocclis* pro basto quas emit Bernardus. » Comptes de l'Arch. de Bordeaux du XIII. et XIV. s. Arch. Hist. de la Gironde t. 22. p. 408.
BOCHATELLA, Gall. *Petite ouverture* : « Pro *Bochatellis* 11 factis pro logitis gardini dicti palatii. » Mand. Camer. apost. Vatic. an. 1468-69, f. 26.
BOCHIAMENTUM, Gall. *Plâtre* : « Corus ecclesie maximo indiget *Bochiamento* et plastramento..... crota cori est fenduta in tribus locis et *Bochiamento* indiget. » *Chevalier*, Visit. episcop. Gratianop. p. 95, 92.
BOLETZ, Gall. *Espèce de cercles faits peut-être en bouleau* : « ... Pro II. faciculis de coldre piparum....... 1/2 feys de rende,.... uno faciculo de castanh,.... pro medio centenario de *Boletz*. » Comptes de l'Arch. de Bordeaux du XIII. et XIV. s. Arch. hist. de la Gironde.
BOLRA, Gall. *Bourre* : « ... Pro II^c et X. libris de *Bolra* et de lana emptis pro faciendo fieri VI. materassas. » Comptes de l'Arch. de Bordeaux, des XIII. et XIV. s. Arch. Hist. de la Gironde t. 22, p. 496.
BOMBARDERIUS B « Magistro Johanni franciqeno *Bombarderio* et sotiis suis. » Mand. Camer. apost. 1468, 8 oct. f. 180.
BONDONERIA, BONDONEY, Gall. *Instrument pour faire les bondes* : « Solvi pro uno gimbeleto et pro reparando

Bondoneriam. » Comptes de l'Arch. de Bordeaux, des XIII. et XIV. s. Arch. hist. de la Gironde, t. 22, p. 474. « Emi I. *Bondoney.* » Id. p. 22, p. 388.
BOQUALLE, BOCALLE, Gallice *Bocal*: « Duo *Bocallia* magna, argentea, deaurata, fabricata cum capellis... ipsa duo *Boquallia* sunt valoris 330 ducatorum. » Inv. card. Barbo ex transcript. Müntz, 1457.
BORNUM NAVIS (AD), Gall. *A bord d'un navire*: « ... Fuerunt venditi quibusdam mercatoribus de Anglia XXI. tonellos vini clari, dando quemlibet tonnellum portatum et conductum *ad Bornum navis*. » Comptes de l'Arch. de Bordeaux, des XIII. et XIV. s. Arch. hist. de la Gironde, t. 21, p. 651.
BORRENC, Gall. *Etoffe épaisse faite de bourre*: « Tenetur prepositus providere in dormitorio... de uno cot, vel equipolenti pro ipso *cot* videlicet de uno duplici *Borrenc*. » Cart. Magalon. ex Rev. Soc. Sav. 1873, p. 416.
BORSONUS, *Species bursæ*: « Unus *Borsonus* de cetanino cramesino rekamato, cum uno razio et floribus de auro et serico cum quatuor pulcherrimis pendentibus rotondis de argento deaurato. » Inv. card. Barbo, ex transcriptione Müntz, 1457.
BOSCADGUM, Gallice *Bocage*: « In ipsa Aqua Frigida illum *Boscadgum* cum terra. » Cart. Concar. Ruthen. p. p. Desjardins, p. 146, an. 997.
BOSGARE, Gall. *Labourer*: » Tradidi Geraldo pro arando sive *Bosgando* vineas de Pessaco. » Comptes de l'Arch. de Bordeaux, des XIII. et XIV. s. Arch. hist. de la Gironde, t. 22, p. 512.
BOSSARE, Gall. *Boucher*: « ..... Emi unum boysselum calcis pro faciendo morterium ad *Bossandum* sive claudendum foramina graneriorum. » Arch. hist. de la Gironde, t. 21, p. 671.
BOTILIA, Gall. *Manequin*: « Misi ad Rupemcissam unum quintale candelarum de ceupo... Item duobus *Botiliis* ad ponendum easdem candelas. » Comptes de l'Arch. de Bordeaux, des XIII. et XIV. s. Arch. hist. de la Gironde, t. 21, p. 327.
BOTRYFICUS, *Botrifer*: « *Botryficam* vitem scimus Christum fore mitem. » Du Méril, Poës. lat. med. æt. p. 385.
BOVARIUS, est mensura terræ, in carta Caroli majoris domus de anno 715-39: *Similiter terram arabilem Bovarios* XXX. Bever, Urkundenbuch, II, 3. [A. M.]
BOYSSIA, *Mesure*: « Et quarte partis I. *Boyssia* et dymidie canapis et IX. solid. de tallia. » *Chevalier*, Inv. Archiv. delphinal. n. 969, an. 1277.
BRACALIS. « Pro uno *Bracali* de corio Hongarie, empto in magno vico S. Dionisii. » *Refonte d'une cloche de N. D. en 1396*, Bibl. Schol. Chart. 1872, p. 374.
BRANT, est pars superior candelæ; in calendario custodiæ eccl. cath. Colon.: *Item recipiunt a custodis supremum Brant de cereo paschali et etiam recipiunt partem thuris*. [A. M.]
BRAYMAND, BRAYMANT, BRAYMANSUS, Gall. *Rouleurs, ouvriers du port*. Ce mot revient très souvent. Comptes de l'Arch. de Bordeaux, des XIII. et XIV. s. Arch. hist. de la Gironde.
BRECHERE, qui lapides effodiunt; ita in carta Godefridi de Drachenfels de anno 1273: *Quorum tres lapides frangent et qui vulgariter Brechere dicuntur, alii vero tres lapicidæ, sed et vorslegere nuncupantur*. Lakomblet, Urkundenbuch des Niederrheins, II, 652. [A. M.]

BRECLEFENKE: Si novus archiepiscopus electus vel institutus fuerit solvent rustici pro jure quodam (sc. pro redemptione nemorum), quod *Breclefenke* dicitur, ipsi archiepiscopo solidos; deinde reddent idem jus in septimo anno; in libro annualium jurium archiepiscopi Treverensis c. 1220: *Rustici de Renesfeld pro quodam jure quod dicitur Breclefenke ipsi archiepiscopo* VIIII. *solidos solvent*. Beyer, Urkundenbuch, II, 413. [A. M.]
BREDA, Gall. *Aubépine*, en gascon *Bret*: « ... Pro hominibus conductis ad claudendum de *Breda* ipsas vineas. » Comptes de l'Arch. de Bordeaux, des XIII. et XIV. s. Arch. hist. de la Gironde, t. 22, p. 458. —« ... Pro clausura, videlicet de *Breda*, vimine et....... » Id. t. 22, p. 321.
BREUTERIUS, Gall. *Boucher, charcutier*: « Solvi duobus *Breuteriis* qui portaverunt IIII^{or} porcos..... » Comptes de l'Arch. de Bordeaux, des XIII. et XIV. s. Arch. hist. de la Gironde, t. 22, pag. 475.
BREVIGERULUS, Gallice *Facteur, porteur d'assignations*, ex Cartul. S. Petri Carnot. in prolegom. Guérare.
BRIBIPIUM, *Bec de soler*. Glos. Lat. Gal. Bibl. Insul. E. 36, XV. s.
BRITUS, *Haneton ou une mousce*. Glos. Lat. Gal. Bibl. Insul. E. 36, XV. s.
BROCULA, *Broche*. Gloss. Lat. Gal. Bibl Insul. E. 36, XV. s.
BROLLYMENTUM, Gall. *Choses brouillées*: « Que bustia reperta est in dicto armario inter candelas, mapas non honestas et alia *Brollymenta*. » *Chevalier*, Visit. episcop. Gratianop. p. 76.
BRUEL, est terra palustris, idem quod murus, germanice moor, Gallice marais; ita in duobus dipl. Henrici II. imperatoris de anno 1018: *Usque ad murum qui vulgo vocatur Bruel — quæ est infra murum qui dicitur Bruel*. Lakomblet, Urkundenbuch des Niederrheins, I, 151 et 152. [A. M.]
BRUHUS. Vide *Camba*. [A. M.]
BRUTICA, *Bourache*. Glos. Lat. Gal. Bibl. Insul. E. 36, XV. s.
BRUYLE, *Peuplier*, en gascon *Brule*: « ... Pro una tabula de *Bruyle*... » Comptes de l'Arch. de Bordeaux, des XIII. et XIV. s. Arch. hist. de la Gironde, t. 22, p. 413.
BRYOLA, Gall. *Bryone*, *médicament*: « ... Pro pulvere posito in conserva de *Bryola*... » Comptes de l'Arch. de Bordeaux, des XIII. et XIV. s. Arch. hist. de la Gironde, t. 22, p. 331.
BUCSHUIT, est pellis hœdi; ita in carta Wilhelmi comitis Juliacensis de anno 1260: *Eodem die præsentabit ille qui est boimmeister pellem unam quæ dicitur Bucshuit vel* XII. *denarios pro illa pelle*. Lakomblet, Urkundenbuch des Niederrheins, II, 494. [A. M.]
BUDEHUVE, sunt agri destinati ad usum bidelli; ita in libro annualium jurium archiepiscopi Treverensis c. 1220. Beyer, Urkundenbuch, II, 413. [A. M.]
BUDEN. Vide *Tunna*. [A. M.]
BUDING, erat jurisdictio dominica de curtibus colonorum bonisque iis appertinentibus, ut in dipl. Henrici III. imperatoris de anno 1056: *Si cujus bona vel prædia propter aliquam culpam vel quærimoniam in placitis abbatis, id est Budingum, dominicata vel publicata fuerint, omnia abbatis erunt...... de bonis autem, quæ advocatorum placitis (in causis scilicet criminalibus) publicata fuerint, duæ partes abbatis, tertia vero pars in eodem tantum anno rerum et frugum advocato-*

rum erit. Lillesius in defens. abbat. S. Maximini, III, 39. [A. M.]
BUDULARE, Farinam depsere; in MS. archivii Colon. t. II, 35: *De istis præbendis habebit pistor unum famulum ante fornacem, qui sit magister et unum qui Budulat et unum qui ibit ad molendinum*. [A. M.]
BUERKOER, sunt jura minora alicujus civitatis; in carta Ottonis comitis Zutphaniensis de anno 1233: *Sed in minoribus articulis et causis, in quibus inter se cives sua statuta statuere consueverunt, quod wilkoer sive Buerkoer appellatur, recipient cives emolumentum*. Lakomblet, Urkundenbuch des Niederrheins, II, 191. [A. M.]
BULLITIO, Gall. *Fermentation du vin*: « Item recepi de vinis.... quos feci portari Burdegale post *Bullitionem*..... feci adportari x. pipas vini.... sed non erant bene bene nec fuerunt implete post bulitionem. » Comptes de l'Arch. de Bordeaux, des XIII et XIV. s. Arch. hist. de la Gironde.
BUNDOELLA, Gall. *Douelle où se trouve la bonde*: « ... Pro faciendo reverberari dictam pipam et reverti *Bundoellam*, cum altera esset rupta... » Comptes de l'Arch. de Bordeaux, des XIII. et XIV. s. Arch. hist. de la Gironde, t. 22, p. 487.
BUPENNINGE, in MS. archivii Col. t. II, 35: *Curtis in Erpele solvit in festo Mauritii* 2 *marcas, quæ dicuntur Bupenninge*. [A M]
BURCHWERC, dicebatur jus, castrum seu urbem muniendi; ita in dipl. abbatis Prumiensis Gerardi de anno 1197: *Ipse cum major esset advocatus villæ Monasteriensis quæ est in Eiphlia annuali exactioni et omni operi quod dicitur Burchwerc, quæ sunt possedisse videbantur antecessores... renuntiavit*. Gunther, cod. dipl. Rheno-Mosellanus, I, 486. [A. M.]
BURDEN, est mensura; ita in dipl. cujusdam Henrici pro monasterio Lacensi de anno 1168: *In die enim sancti Remigii per priores* v *hujus pacti annos eorum certis nuntiis anforam vini quam rustici Heimer vocant ministrabit, sequentibus vero annis omnibus eandem anforam in eandem mensuram quæ vulgariter Burden vocatur... duplicabit*. Gunther cod. dipl. Rheno-Mosellanus, I, 372. [A. M.]
BURSKATERE, in MS archivii Col. t. II, 35: *Item* 2. *sol. ad Burskatere*. [A. M.]
BUSCLA, *Boucle*: « Pro una *Buscla* cum cavilla ferri dicto bracalli necessaria. » *Refonte d'une cloche de N. D. en 1396*, Bibl. Schol. Chart. 1872, p. 374.
BUSO, *Crapaut*. Glos. Lat. Gal. Bibl. Insul. E 36, XV. s.
BUSOLUM, **SSOLUM**. Cf. *Bussolo*, *Boussole*: « Unum tabernaculum aureum ad formam *Busoli*, cum lapide calcidonei a parte posteriori... In pede vero ipsius *Busoli*, ex parte superiori, sunt duo zaffiri parvi. » Inventarium cardinalis Barbo, 1457, ex transcriptione A. M.
BUSQUERIUM, Gall. *Bûcher*: « ... Ad onerandum de dictis lignis et reponendum in *Busquerio*. » Comptes de l'Arch. de Bordeaux, des XIII. et XIV. s. Arch. hist. de la Gironde, t. 22, p. 454.
BUSSULA. « Hanc autem confectionem a nemine permittas videri et ipsam in *Bussula* plumbea reservabis. B. N. ms. lat. 10272, p. 273.
BUTA, Gallice *But*: « A parte solis ortus qui respicit econtra *Butam* dict. balistariorum. » *Chevalier*, Cart. Fratr. Prædicat. Gratian. p. 69, an. 1490.

C

CAM

CABILICUS, *Cavalier :* « Soluciones factas tam pro *Cabilicis* quam equis per eum datis. » *Chevalier*, Inv. Archiv. Delphinal. n. 1474. an. 1330.
CABISTRUM, Gall. *Licol :* « ... Pro duabus staquis sive *Cabistris* equorum. » Comptes de l'Arch. de Bordeaux du XIII. et XIV. s. Arch. hist. de la Gironde, t. 22. p. 502.
CACHINA. « *Cachina, moe.* » Glos. Lat. Gal. Bibl. Insul. E. 36. xv. s.
CACIAFISTULA, Caciafistre. Gloss. Lat. Gal. Bibl. Insul. E. 36. xv. s.
CACSA, Capsa : « Interrogatus curatus quare non tenebat corpus Christi in tali loco quod *Cacsa* non posset deferri. » *Chevalier*, Visit. episcop. Gratianop. p. 99.
CADALET, CADALEYT, Gall. *Chalit...* : « Arnaldus-Raymundi deu Mas computavit cum Petro Salier, carpentario... ad faciendum los *Cadalets*. » Comptes de l'Arch. de Bordeaux, du XIII. et XIV. s. Arch. hist. de la Gironde, t. 21. p. 497.
CADRIGA, *Carette*. Glos. Lat. Gal. Bibl. Insul. E. 36. xv. s.
CADRIVIUM, *Quarefour*. Gloss. Lat. Gal. Bibl. Insul. E. 36. xv. s.
CÆTATUS, Cœtus : « Omnes avaritiæ coeunt cætatum. » Du Méril, poes. Lat. Med. æt. p. 161.
CALAGINGA. « Linipes vel *Calaginga, eschace.* » Lex. Lat. Gal. Bibl. Ebroic. n. 23. XIII. s.
CALATUS, GALATUS, Gall. *Baste* (?), vaisseau vinaire. « ... Emi VI. *Calatos* et I. *Colador*. » Comptes de l'Arch. de Bordeaux, du XIII. et XIV. s. Arch. hist. de la Gironde, t. 22. p. 449.
CALDERIUM, est vas ad calefaciendum aquam ; in MS. archivii col. t. II. 35 : *Et quatuor solidos pro Calderio et patella.* [A. M.]
CALDUNIN, est cibus quidam ; in MS. archivii Colon. t. II. 35 : *Est quartus cokus agnorum qui dirigit Caldunin.* Et in MS. archivii Trevir. n° 1225 : *De novem ovibus fiunt fercula quæ vocantur Caldune a cocis.* [A. M.]
CALIANDRUM, *Pestel*. Gloss. ms. Turon. XII. s. Bibl. Schol. Chart. 1869. p. 328.
CALUPATA, Gall. *Charge d'une chaloupe :* « .. Fenum fuit portatum Burdegale... exceptis duabus *Calupatis* feni quod in ripa maris vendidi... » Comptes de l'Arch. de Bordeaux, du XIII. et XIV. s. Arch. hist. de la Gironde, t. 22. p. 150.
CALVAGATA, *Chevauchée :* « Hoc salvo quod venire debeant *Calvagatis.* » *Chevalier*, Inv. Archiv. Delphinal. n. 1948. an. 1330.
CALVEUS. « *Calveus, vei, cheneus, depié.* » Lex. Lat. Gall. Bibl. Ebroic. n. 23. XIII. s.
1. **CAMBA**, in descriptione bonorum monasterii Prumiensis commentata 1222 : *In qualibet curia potest dominus abbas Cambam suam sicut et molendinum habere. Cambam vulgariter appellamus bahchus et bruhus. In illa Camba tenentur*

CAN

homines ibidem manentes panem fermentatum coquere et cerevisiam braxare. (Beyer. Urkundenbuch I. 144.) [A. M.]
2. **CAMBA**, Gall. *Chanvre :* « Feci fieri duas... materassas... solvi pro xxx. virgis panni de *Camba* ad faciendum dictas materassas. » Comptes de l'Arch. de Bordeaux, du XIII. et XIV. s. Arch. hist. de la Gironde, t. 21. p. 492.
CAMEDREOS, *Gemandrée*. Gloss. Ms. Turon. XII. s. Bibl. Schol. Chart. 1869. p. 328.
CAMENDARE, Gallice *Chanter :* « Ad domum pauperum scolarium sancti Thome de Lupera venientes,... invenimus quosdam scolares, qui longis retro temporibus de bonis ejusdem domus vixerant, in tantam se insolentiam extulisse quod de nocte nisi sunt hostia domus fratrum frangere et violenter intrare ; alii, quasi de cibo securi plus quam expediret, longis temporibus studentibus collata comedentes, minus proficientes et studere nolentes, studentibus onerosi, quietem et studium aliorum multifarie molestabant... in fine anni domum exituri et sibi aliunde provisuri, nisi post octo dies ab egressu suo laudabili sua conversatione et evidenti profectu in studio *Camendandi*... fuerint revocati. » Cart. N. D. Par. 1. 350. an. 1228.
CAMINARE, *Cheminer :* « Qui vero hunc lapidem portaverit leviter et sine damno *Caminabit.* » B. N. Ms. Lat. 10272. p. 93.
CAMPELLUS, ut CAMPELLUS : « Dedit supradictus Quilinus I. *Campellam* ad adaugendum ipsius loci. » Cartul. S. Andreæ Vienn. éd. *Chevalier*, p. 314. XII. s.
CAMPHORA, Gallice *Camphre :* « Huic colature infrigidate addatur parum *Camphore.* » B. N. Ms. Lat. 16089. f. 114ª.
CAMPONIA. « Usagium dictum *Camponiam.* » *Chevalier*, Inv. Archiv. Delphin. n. 1590. an. 1308.
CAMSIL. Vide *Femorale*. [A. M.]
CANABRUM, *Cannevis* vel *Chennevis*. Gloss. Lat. Gal. Bibl. Insul. E. 36. xv. s.
CANABULUM, Cunabula : « Si posueris in domo qua infans timorosus nutritur ramum lauri et super ejus *Canabulum*, liberabitur a timore. » B. N. Ms. Lat. 10272. p. 287.
CANDELOMBRUM, Gall. Espèce de cierge : « ... Pro *Candelombris* cere, emptis in festo purificationis beate Marie, ponderantibus IX. libras et I. quartum cere ... I. libra cere in *Candelombris*... » Comptes de l'Arch. de Bordeaux, du XIII. et XIV. s. Arch. hist. de la Gironde, t. 22. p. 348.
CANETARIUS, Gallice *qui blanchit, qui prépare le cuir :* « Anno Domini MCC. octogesimo secundo, die veneris post assumptionem beate Marie Virginis, Guillelmus dictus le Tort, *Canetarius*, emendavit in capitulo, hora capituli, factum quod deliquerat, super eo quod

CAR

fecerat quasdam ocreas de bezana. » Cart. N. D. Paris. III. 440.
CANSILE, *Estrui*. Glos. Ms. Turon. XIII. Bibl. Schol. Chart. 1869. p. 328.
CAPETUM, Gall. *Ferme* (?), *faîte d'une toiture...* « Pro una trabe sive fuste... empta pro fustinando *Capetum* sive la fust buticularis. » Comptes de l'Arch. de Bordeaux, du XIII. et XIV. s. Arch. hist. de la Gironde, t. 22. p. 490.
CAPIFER, Gall. *Martingale :* « ... Pro *Capifero* mule domini. » Comptes de l'Arch. de Bordeaux, du XIII. et XIV. s. Arch. hist. de la Gironde, t. 22. p. 393.
CAPPELLA FUSTEA. « Infra ipsam ecclesiam est quedam *Cappella fustea* Johannis curati, que nondum dotata est. » *Chevalier*, Visit. episcop. Gratianop. p 189.
CAPPELLARIUS, *Cappelier*. Glos. Lat. Gal. Bibl. Insul. E. 36. xv. s.
CAPSAL, CAPSANA, *Ornement ou harnachement de tête :* « ... Pro uno *Capsali* et I. mos pro brida Theodorici. » Comptes de l'Arch. de Bordeaux, du XIII. et XIV. s. Arch. hist. de la Gironde, t. 22. p. 380. « Pro *Capsanis*, renis et falsarenis pro palafredo domini... » Idem, t. 22. p. 501.
CAPUT IEIUNII, est dies cinerum ; in calendario custodiæ eccl. cath. Colon. : *In capite Ieiunii, dum suspenduntur panni.* [A. M.]
CAPUTTEGIUM. « *Caputtegium, coivrechief.* » Gloss. Lat. Gal. Bibl. Insul. E. 36. xv. s.
CARCER MOLENDINI. « Si forte domini ejusdem monasterii... volebant firmare *Carcerem* dicti molendini seu pareriam dicti molendini construendam. » Chartul. Mirandæ, folio 83. v°. ann. 1297. Donation d'un padoen par l'abbaye de Mirande. — Doit avoir ici le sens que Honnorat. (Dict. provençal) donne à *Carce* : canal par lequel l'eau sort d'un moulin. [J. MAUMUS.]
CARCERATUS, *Incarcéré :* « Et si quis *Carceratus* fuerit et hunc lapidem secum portaverit a carceribus liberabitur. » B. N. Ms Lat. 10272. p. 94.
CARDENQUA. « Item ordinaverunt quod arqueiatores lanam sibi ad hujusmodi pondus traditam non ponant cum lana bona, lanam de bestis, de tondendis, de gratis, de *Cardenqua* de possels. Chartul. Mirandæ, folio 102. v°. ann. 1330. Charte citée au mot *Arqueiare*. Transcriptum instrumenti... Le *Glossarium* V. *Cardena* renvoie au mot *Alchar*, ainsi défini : *Sericum grossius*. Ici il s'agit d'étoffes de laine ; aussi je suppose que *Cardenqua* ou *Cardenca* (folio 108 recto) est la traduction latine du mot gascon *Cardatge* encore usité, pour les résidus donnés par le cardage.... » [J. MAUMUS.]
CARMUS, *Vermis lardi*. Gloss. Lat. Gal. Bibl. Insul. E. 36. xv. s.
CARRASSO, Gall. *Grand échalas :* « Bordilerius de Pessaco computavit se habuisse... x. homines ad faciendum *Car-*

rassones in nemore domini.... ad sacandum *Carrassones.* » Comptes de l'Arch. de Bordeaux, du XIII. et XIV. s. Arch. hist. de la Gironde, t. 22. p. 182.
CARRINTOLLE, est viarum vectigal, in carta Theoderici comitis Clivensis de anno 1300 : *Ex theloniis nostris in Wesele, quæ Carrintolle et upslach vulgariter appellantur.* Lakomblet, Urkundenbuch des Niederrheins II. 1056. [A. M.]
CARSATA. « Et a predicto prato recte usque ad *Carsatam* stagni. » *Chevalier*, Inv. Archiv. Delphin. n. 351. an. 1276.
CARUCARIUS, *Carton*. Gloss. Lat. Gal. Bibl. Insul. E. 36. XV. s.
CARUSTARIUS, *Caron*. Gloss. Lat. Gal. Bibl. Insul. E. 36. xv.
1. **CASALE**, idem quod curtis; ita in diplomate Henrici cujusdam pro monasterio Lacensi de anno 1168 : *Addidit adhuc singulariter unum Casale quod hovestat vocatur in eadem villa.* Gunther cod. dipl. Rheno-Mosellanus I. 379. [A. M.]
2. **CASALE**. « Videlicet pro uno arpento quindecim sol. turon. parvorum ; pro medio vero arpento septem sol. sex denar. turon, et sic secundum magis et minus, dum tamen illud quod ultra dictam rectam mensuram reperiretur ad unum ascendet *Casale*. » Chartul. Mirandæ, folio 96. recto. ann. 1316 : « Instrumentum pacis inter abbatem Berdouarum et villam (Mirande) super demandis decimarum et plurium aliarum rerum. » *Casale* a dans ce texte un sens spécial qui n'est pas indiqué dans le *Glossarium : Casal* (mesure agraire de l'Astarac). [J. MAUMUS.]
CASATI, Qui casas inhabitant : in carta Caroli majoris domus de anno 715-39 : *Hoc est Casatos VII, qui ad ipsam villam aspicere vel deservire tenentur.* Beyer, Urkundenbuch II. 3. [A. M.]
CASSALINUS, ut CASSALE : « Dedi et concessi duos *Cassalnos* predicte ecclesie scilicet Bugsabaragi et Begini cum omnibus pertinentiis et villanis suis. » Chart. Cluniac. Coll. Burgund. B. N. t. 78. n° 147. an. 1083.
CASSIGASTON, Gall. *Casse*, médicament. Comptes de l'Arch. de Bordeaux, du XIII. et XIV. s. Arch. hist. de la Gironde. t. 22. p. 380.
CASSICULA, Parva capsa : « Tenetur Corpus Christi in quadam *Cassicula* fustea super altare que sera firmata erat. » *Chevalier*, Visit. episcop. Gratianop. p. 99.
CASSIFISTULA, QUASIFISTULA, QUASIFISTULABRIS, Gall. *Casse :* « ... *Cassifistula*, III. libras. » Comptes de l'Arch. de Bordeaux, du XIII. et XIV. s. Arch. hist. de la Gironde, t. 22. p. 334. « ... Pro III. unciis de *Quasifistula.* » Idem, t. 22. p. 332. « ... I. quarto de *Quasifistulabris.* » Idem, t. 22. p. 332.
CASTANEACEUS, *Châtain :* Niger autem *Castaneaceus* innuit rectitudinem justicieque dilectionem. » B. N. Ms. Lat. 16089. f. 99°.
CASTANH, Gall. *Châtaignier, cercle de châtaignier :* « Pro II. faciculis de coldre.. pro uno faciculo de *Castanh* pro tonello... » Comptes de l'Arch. de Bordeaux, du XIII. et XIV. s. Arch. hist. de la Gironde, t. 22. p. 369.
CASTICIUS MANSUS, est mansus limitibus suis inclusus vel lapidibus terminalibus definitus; ita in Dipl. Ludovici regis de anno 910 : *Cum ceteris Mansis Casticiis, campis, pratiis, pascuis cultis et incultis, etc.* Kraemer orig. Nass. II. n° 25. [A. M.]

CASTRICOLÆ, Gall. *Habitants d'un Castrum :*
Affirmat denique nunquam absolvere
Gerardum nec suos de anathemate
Donec æcclesias arsas restituant,
Et mille decies marchas retribuant
Donec pretera de centum mortuis,
Tam de presbitero quam de *Castricolis,*
Deo satisfactum et illi veniant
Et penitentiam inde accipiant.
[G. E. CAMBRAI.]
CATA, Gratiis κατά, Gallice *Sur, par ;* Quæ præpositio formavit provinciale *Cadhun*, Gallice *Chacun :* « Similiter et de butero recentem, si acceperit tisecus, sed buter ipsum sale nec penitus non habeat. Nam si abuerit sale, pejus exterminat. Si purum et recentem et mel modicum admixtum fuerit, sic linguat *Cata* modicum et supinus se ponat. » Epistola Anthimi ad Theudericum, regem Francorum, de observatione ciborum, apud Ms. 762. Monaster. S. Gall. p. 255. — « Radix scillitici bulbi trita cum aceto panatritia sanat. Fit ex eadem aceto scilliticum multis causis. Bulbum ejus tritum imponito omnibus morsibus venetatorum, canino recenti, iscorpionis hictum, et subinde renovato *Cata* singulas oras donec dolor mittescat. » Liber de erbas Galieni et Apulei et Chironis, ibid. p. 116.
CATHENULA, Gall. *Chainette :* « ... Pro III. *Cathenulis* pro freno bayardi domini... » Comptes de l'Arch. de Bordeaux, du XIII. et XIV. s. Arch. hist. de la Gironde. t. 22. p. 426.
CATURSINUS, Gallice *Caoursin*, usurier de *Cahors*, ut CAORCINI : « *Catursinos* autem vel usuarios, in villa de Roseto... non sustinebit. » Cart. N. D. Paris. II. 282 an. 1230.
CAUSSARE, Gall. *Chausser :* « ... Computavit se habuisse ad *Caussandum* sive abrigandum vineas...... » Comptes de l'Arch. de Bordeaux, du XIII. et XIV. s. Arch. hist. de la Gironde, t. 22. p. 181.
CAVALHONARI, CAVELHONARI, Gall. *Labourer :* « Feci tertio arari vineas *Cavalhonari* vineas de Pessaco. » Comptes de l'Arch. de Bordeaux, du XIII. et XIV. s. Arch. hist. de la Gironde, t. 21. p. 247.
CAVALHONS, Gall. *Billons :* « Solvi bordilerio de Pessaco pro fodiendo los *Cavalhons* dictarum vinearum. » Comptes de l'Arch. de Bordeaux, du XIII. et XIV. s. Arch. hist. de la Gironde, t. 21. p. 247.
CAVANNA. « Alius curtilis, quem Auterius vendo cum *Cavanna.* » Cartular. S. Andreæ Vienn. ed. *Chevalier*, p. 65, an. 891.
CAXULA, Parva capsa : « Inventum fuit corpus Christi super altare ante ymaginem beate Marie in quadam *Caxula* sine sera. » *Chevalier*, Visit. episcop. Gratianop. p. 39.
CAYADUS. « Forma lunæ.... ejus dextra unum *Cayadum*, in sinistra vero speculum. » B. N. Ms. Lat. 10272, p. 88.
CECI PARISIENSES, *Les Quinze Vingts :* « Congregatio *Cecorum* Parisiensium. » Mus. Brit. Addit. Charters, n. 13941, an. 1296
CELIDONIA, *Celidoine*. Glos. Lat. Gal. Bibl. Insul. E. 36, xv. s. Cf. *Chelidonia*.
CELTES, sunt lapides ad ædificandum aptati, ita in carta Godefridi de Drachenfels de anno 1267 : *Ad educendum Celtes seu fracmina lapidum per viam eandem.* Lakomblet, Urkundenbuch des Niederrheins II, 570. [A. M.]
CEPHILACIUM. « *Cephilacium, amuche.*» Glos. Lat. Gal. Bibl. Insul. E, 36, xv. s.

CERASETUM, *Cerisei ou lieu où croissent cerisiers.* Glos. Lat. Gal. Bibl. Insul. E. 36, xv s.
CEREARII. Vide *Dagescalci.* [A. M.]
CERELICUS, Gallice *de soie :* « *Cerelicis* inducti superpelliciis, campanis pulsantibus et crucem portantes, exierunt. » *Chevalier*, Visit. episcop. Gratianop. p. 99.
CEROFOLIUM, *Cerfeul.* Glos. Lat. Gal. Bibl. Insul E. 36, xv. s.
CERTITUDINALITER. « Et inquirit cum omnibus suis partibus quousque *Certitudinaliter* intendit. » B. N. Ms. Lat. 10272, p. 98.
CERVISIARIUS, *Brasseur de cervoise :* « Quinque solidis parisiensibus quos super domo que fuit dicti Galteri *Cervisiarii* et Johanne ejus uxoris sita ante crucem dou Tirouer. » Cart. N. D. Paris, III, 455, an. 1267.
CESARBOLA, **ERBOLA**. « Si quis in sua manu acceperit ramum *Ceserbole.* » B. N. Ms. Lat. 10272, p. 292. — « Deinde calefaciat ipsam *Cesarbolam.* » B. N. Ms. Lat. 10272, p. 292.
CHALENDÆ, Calendæ : « Et ecclesia de Jemmis tres solidos in *Chalendis* may. » Cartular. S. Andreæ Vienn. ed. *Chevalier*, p. 207.
CHAMINERIA, Gall. *Cheminée :* « Cum in aula domus habitationis gentium domini archiepiscopi non esset aliqualis *Chamineria* pro faciendo ignem. » Comptes de l'Arch. de Bordeaux du XIII° et XIV° s. Arch. hist. de la Gironde, t. 22, p. 191.
CHANNABE, Cannabis · « Iterum domus in qua *Channabe* perchutitur. » Cartul. S. Andreæ Vienn. ed. *Chevalier*, p. 207.
CHASSIPOLLARIA, CHACIPOLLERIA : « Se tenere in feudum *Chassipollariam* de Perogiis. » *Chevalier*, Inv. Archiv. Delphin. n. 1036, an. 1338.
CHAYAGIUM, Gall. *Droit de chaiage ou d'emmagasinage :* « Solvi pro *Chayagio* dictorum vinorum. » Comptes de l'Arch. de Bordeaux du XIII° et XIV° s. Arch. hist. de la Gironde, t. 21, p. 119.
CHEVERONES. « IIII°ʳ *Cheverones* pro debitando ad faciendum *levriers* gallice. » Bibl. Scholæ Chart. *Compte de la refonte d'une cloche de N. D. en 1396*, an. 1872, p. 367.
CHIPHARIUS, *Hanapier*. Gloss. Lat. Gal. Bibl. Insul. E. 36, xv. s.
CHORECLOCKE, est campana, quæ pulsatur, quando matutinæ dicendæ sunt; in kalendario custodiæ eccl. cathedr. Colon. : *Hæ candelæ ardebunt ad matutinas et incarnationi ad campanam, quæ dicitur Choreclocke.* [A. M.]
CHORUS, sunt candelæ, quæ ponuntur circum altare; in kalendario custodiæ eccl. cathedr. Colon. : *Item in matutinis ad tertium nocturnum incendetur corona super reges et Chorus s. Martini.* Chorus sancti Petri habebat 36, *Chorus* b. Mariæ 27 candelas. [A. M.]
CHOZZO, in MS. archivii Dusseldorp. de fratribus s. Lupi : *Chozzo unus est idem quod byrrus sive birrus*, Germ. Oberkleid. [A. M.]
CHRISTIANITAS, Gall. *Soumission à l'autorité ecclésiastique :*

Galchere noster domine,
Te de Christianitate
Sicut rebellem Romanæ
Et Remensi æcclesiæ
Expectare ulterius
Non debemus nec volumus
Et te inde diffidimus.

[G. E. Cambrai.]

CHYANUS, Cyaneus : « Brevis est barbe et *Chyanorum* oculorum. » B. N. Ms. Lat. 16089, f. 109ᵃ.
CIA, « *Cia, hance.* » Glos. Lat. Gal. Bibl. Insul. E. 36, xv. s.
CICCA, *Misericorde.* Glos. Lat. Gal. Bibl. Insul. E. 36, xv. s. — Id est gladii species.
CIDELHUVE, sunt agri pro eo qui mel colligere debebat ; ita in libro annalium jurium archiepiscopi Trevirensis. Beyer, Urkundenbuch II, 413. [A. M.]
CINBER. Vide *Materiamen.* [A. M.]
CINIPHES, *Mouche asquiens.* Glos. Lat. Gal. Bibl. Insul. E. 36, xv. s.
CLAMATURA. Gallice *Criée* ; v. CRIA.
CLARETUM. Vide *Mora.* [A. M.]
CLAVELLATI CINERES. « Item quod tintureri emant et emere teneantur *Cineres Clavellatos* mensuratos ad mensuram Tholose, bonos et legales. » Cartul. mirand. fᵒ 102. rᵒ. ann. 1330. — Dans le Glossarium, *Clavetali Cineres.* [J. MAUMUS.]
CLAVETARE, Gall. *Cheviller* : « Conduxi quendam hominem ad congregandum de la molsa et del brin pro liniendo et *Clavetando* torcularia. » Comptes de l'Arch. de Bordeaux du XIII. et XIV. s. Arch. hist. de la Gironde, t. 21, p. 687.
CLAVETUM, Gall. *Clavette* : « Emi... I. assetam I. *Clavetum* et I. malhetum. » Comptes de l'Arch. de Bordeaux du XIII. et XIV. s. Arch. hist. de la Gironde, t. 22, p. 383.
CLEPSEDRA, *Brocque à tonnel, à vin ou aultre.* Gloss. Lat. Gal. Bibl. Insul. E. 36, xv. s.
CLERICULUS, ut CLERICUS, in Visit. episcop. Gratian. *Chevalier,* p. 153.
CLINQUETUS, Gall. *Loquet* : « ...... Pro una clave, uno *Clinqueto,* uno anulo et uno cobleto et *Clinqueto.* » Comptes de l'Arch. de Bordeaux du XIII. et XIV. s. Arch. hist. de la Gironde, t. 22, p. 504.
CLIPUS, ut κλέπος, latrocinium : « Sed fuit majoribus *Clipis* involutus. » Du Méril, Poes. lat. med. aet. p. 169.
CLITELLA, ut CLITELLÆ : « Ab animali vero vacuo et non onerato cum basto seu *Clitella.* » *Chevalier,* Inv. Archiv. Delphinal. n. 1777, an. 1357.
CLITELLUS, Gall. *Bat* : « ...... Pro uno *Clitello* sive *Bast* pro parvo mulato. » Comptes de l'Arch. de Bordeaux du XIII. et XIV. s. Arch. hist. de la Gironde, t. 22, p. 501. — « Pro aborando *Clitellos* sive *Bast.* » Id. t. 22, p. 502.
CLOETARIUS, Gallice *Cloutier* : « Contigua ex una parte domui defuncti Reginaldi *Cloetarii.* » Cart. N. D. Paris. III, 68, an 1270.
CLOVEN, in calendario custodiæ eccl. cath. Colon. : *Dabit cuilibet custodi unum Cloven et sextarium vini.* [A. M.]
CLOVIUS, in MS. Archivii Trev. nᵒ 1225 : *Cuilibet prædictorum officiorum dabit maior præpositus sextarium de cellario domnorum pro Cloviis, qui quondam ipsis de Erpele dabantur.* [A. M.]
CLOYSE, in MS. Archivii Colon. t. II, 35 : *In quolibet blogmoys erunt 9 Cloysæ.* [A. M.]
1. **CLUDE,** Massa, in calendario custodiæ eccl. cath. Colon. : *Custos maior habebit tria Clude sepi et implentur 26 crusibula.* [A. M.]
2. **CLUDE,** est dimidium pondus ; in carta pro abbatia veteris montis de anno 1281 : *Ad luminare ecclesiæ dimidium pondus cepi, quod Clude vulgariter nominatur.* Lacomblet, Urkundenbuch des Niederrheins II, 748. [A. M.]
CLUWEDE, idem quod *Clude.* [A. M.]
VIII

COACTANUS, *est arbre de pepin,* et fructus ejus *est nois de Sᵗ Grascien.* Glos. Lat. Gal. Bibl. Insul. E. 36, xv. s. Cf. *Coctana.*
COADCERVARE, Coacervare : « Verba partita in unam lucidam et perfectam *Coadcervabo* doctrinam. » B. N. Ms. Lat. 16089, f. 98ᵃ.
COBLES, Gall. *Mesure de toile :* « Solvi pro II. *Cobles* cum dimidio ex quibus habuerunt camisias. » Comptes de l'Arch. de Bordeaux du XIII. et XIV. s. Arch. hist. de la Gironde, t. 22, p. 418.
COBLETUS, COBLETZ, Gall. *Anneau :* « ... Pro uno *Cobleto* ferri. » Arch. hist. de la Gironde, t. 22, p. 195. — « ...... Pro II. *Cobletis* emptis pro colaribus duorum leporariorum una cum sonetis. » Idem t. 22, p. 479.
COCHINETUS, Gall. *Coussinet* (?) : « ..... Pro II. coperturis cellarum.... pro VIII. *Cochinetis.......* pro quibusdam loribus, *Cochinetis* et aliis reparationibus. » Comptes de l'Arch. de Bordeaux du XIII. et XIV. s. Arch. hist. de la Gironde, t. 22, p. 380.
COCINCINDIUM, Herba : « Squamoniam, ciminum, *Cocincindium,* auriolam, euforbium et cicutam. » B. N. Mˢ. Lat. 10272, p. 121.
COCTUM AURUM, ita in dipl. Gerfridi episcopi Monasteriensis de anno 834 *Si aliquis de hæredibus nostris hanc concambiam infrangere voluerit, inde ante conspectum Dei in die judicii reddet rationem, vel in hoc sæculo componat C. libros de auro cocto vel ducenti de argento.* Lakomblet Urkundenbuch des Niederrheins I, 48. [A. M.]
COGNEXA, Connexa : « Ecclesiam parrochialem de Treserva, dependentem et *Cognexam* prioratui de Aquis. » *Chevalier,* Visit. episcop. Gratianop. p. 5.
COGOLHA, Gall. *Escargots,* en gascon *Cagouille* : « ... Pro salario x. mulierum quas dixit se habuisse ad mundandum vineas de las *Cogolhas* que destrueband ipsas vineas. » Comptes de l'Arch. de Bordeaux du XIII. et XIV. s. Arch. hist. de la Gironde, t. 22, p. 184.
COLADUY, COLADOR, COLATOR, Gall. *Panier qui se place sous l'orifice du pressoir pour retenir les graines et laisser passer le vin seul :* « ...... Emi pro trolio unum panerium vocatum *Coladuy.* » Comptes de l'Arch. de Bordeaux du XIII. et XIV. s. Arch. hist. de la Gironde, t. 22, p. 465. — « ... Pro II. *Coladers.* » Id. t. 22, p. 356. — « ...... Pro uno *Colatori* ad colandum mustum. » Id t. 22, p. 483.
COLDRA, COUDRA, COUDRE, Gall. *Cercle de tonneau,* en gascon *Codre,* fait généralement avec des pousses de châtaignier : « ...... Solvi pro VI. feyssiculis *Coudre* et pro XXXII. talucis tam tonellorum quam piparum. » Comptes de l'Arch. de Bordeaux du XIII. et XIV. s. Arch. hist. de la Gironde, t. 21, p. 252. — « ... Item, XIII. feyssiculos de *Coudra* sive de circulis. » Id. t. 21, p. 416. — « Emi medium miliare de *Coldra* de Bayona et tantundem de *Coldra* de aubar. » Id. t. 22, p. 353.
COLIANDER, Gall. *Coriandre :* « ... Pro castori... pro *Coliandri...* pro conserva caporium. » Comptes de l'Arch. de Bordeaux du XIII et XIV. s. Arch. hist. de la Gironde, † 22, p. 391.
COLIGERIATUM, *Courge.* Gloss. Lat. Gal. Bibl Insul. E. 36, xv. s.
COLIGERIUM, *Courge.* Gloss. Lat. Gal. Bibl Insul E. 36, xv. s.
COLIMIDUM, *Cocque plumet.* Gloss. Lat. Gal. Bibl). Insul. E. 36, xv. s.
COLLECTANUS, COLLECTANEUM : « Libri boni excepto quod defficiunt unus *Collectanus* et unum epistolare. » *Chevalier,* Visit. episcop. Gratianop. p. 61.
COLLIBISTA, *Qui vel recipit Collibia pro usura, vel aliquo alio servicio.* Gloss. Lat. Gal. Bibl. Insul. E. 36, xv. s.
COLLOQUINTIDA, Colocynthis : « Si autem voluerit mulier habere pulcros et pissos crines, accipiat poma *Colloquintide* et ejectis interioribus impleat illico oleo laurino. » B. N. Ms. Lat. 16089, f. 113 ᵈ.
COMBUARE, Gall. *Laver à grande eau, ou faire tremper :* « ... Ad portandum de aqua supra dicta torcularia et cuvas, pro *Combuando,* et ad mundandum domum ubi sunt ipsa torcularia. » Comptes de l'Arch. de Bordeaux du XIII. et XIV. s. Arch. hist. de la Gironde, t. 21, p. 687.
COMESCOR, Comesor : « *Comescor* grandis omniumque ciborum. » B. N. Ms. Lat. 16089, f. 109 ᵉ.
COMISSIO, *Commise* : « Salvo et reservato jure *Comissionis.* » *Chevalier,* Inv. archiv. delphin. n. 984, an. 1393.
COMISSUM, *Commise* : « Ipsum feudum caderet eo ipso in *Comissum.* » *Chevalier,* Inv. arch. delphin. n. 1595, an. 1291.
COMMEMORATIVUS. « Negotiorum *Commemorativi* aliorum, curiosi sunt et callidi. » B. N. MS. Lat. 16089, f. 108ᵉ.
COMMOTIVA. « *Commotiva, Compaignie.* » Lex. Lat. Gal. Bibl. Ebroic. n. 23. xiii. s.
COMMUNIA, Gall. *Alliance :*
In firmam amicitiam
Et bonam sustinentiam,
Ligatos per *Communiam*
Et per fidem reddere.
[G. E. CAMBRAI.]
COMPLECTIO, Gallice *Complément :* « Pistolarium indiget reparatione et *Complectione,* quia non est integer. » *Chevalier,* Visit. episcop. Gratianop. p. 105.
COMPORTA, Gall. *Vaisseau vinaire servant à transporter le raisin de la vigne au pressoir, et le vin de la cuve dans les barriques :...* « Una barriqua vini clari, VIII. *Comportas.* » Comptes de l'Arch. de Bordeaux du XIII. et XIV. s. Arch. Hist. de la Gironde t. 21. p. 216... « Pro decima ipsarum vinearum, videlicet VI. *Comportis* vini. »
COMUNITAS, *Communes en armes :* « *Communitates* insignes dicte senescallie de licentia dicti domini senescalli (Carcassone) congregatas pro deffencione et tuitione patrie. » B. N. Coll. Clair. Sceaux, 234. p. 5. an. 1389.
CONCUBINATOR. « Si sint aliqui *Concubinatores* in sua cura, dicit quod sic. » *Chevalier,* Visit. episcop. Gratianop. p. 44.
CONCUBINATUS, Gallice *Concubinage :* « Et primo super *Concubinatu,* videlicet si sint aliqui concubinatores in dicta sua cura. » *Chevalier,* Visit. episcop. Gratianop. p. 44.
CONDEMINA ut CONDAMINA : « In molendino quod dicitur de Thiguriaco et *Condemina* desupper adjacenti. » Chart. Cluniac. Coll. Burgund. B. N. t. 82. nᵒ. 333. an. 1255.
CONDOSARE, *Doser* : « Postea *Condosa* eos et usui reserva. » B. N. MS. Lat. 10272. xv. s. scriptum, xiii. autem exaratum.
CONFEDERATIO. « Pactiones (nove) et *Confederationes* facte inter dom. Johannem Francorum regem. » *Chevalier,* Inv. archiv. delphin. n. 1610. an. 1352.

CONFORTATIVUS. « Sed quia in ordine nostro in Anglia... reperi... pauca *Confortativo* seu *Conservativo* (medicamine) fovenda. » Chart. Cluniac. Coll. Burgund. B. N. t. 84. n. 477. an. 1414-1418.
CONJECTI est vectigal, quod ministris regiis in itinere solvi consuevit, ita in dipl. Ottonis III. regis pro Egberto archiepiscopo Treverensi de anno 989: *Precipimus et jubemus, ut nullus judex publicus... ad causas audiendas vel freda aut tributa aut conjectos aliquos... ingredi audeat.* Gunther Cod. Dipl. Rheno-Mosellanus I. 87. [A. M.]
CONSERVA, Gall. *Confiture* (?) :... « Pro aqua rosea,... pro lectuario... pro *Conserva*... » Comptes de l'Arch. de Bordeaux du XIII. et XIV. s. Arch. Hist. de la Gironde t. 22. p. 331.
CONSOLATORIUM. « *Consolatorium, Confort.* » Lex. Lat. Gal. Bibl. Ebroic. n. 23. XIII. s.
CONTERMINIUM. « *Conterminium, Voisinage.* » Lex. Lat. Gal. Bibl. Ebroic. n. 23. XIII. s.
CONTICUITUM. « *Conticuitum, Cilence.* » Lex. Lat. Gal. Bibl. Ebroic. n. 23. XIII. s.
CONTRADICERE, CONTRAHERE, Gall. *Mettre opposition; interdire :*

Sed *Contradixit* tacere
Hoc Erleboldus nomine;
Jus suum clamat affore,
Cum custos sit æcclesiæ.
[G. E. CAMBRAI.]

CONTRESTARE. « *Contrestare, Taster.* » Lex. Lat. Gal. Bibl. Ebroic. n. 23. XIII. s.
CONTRUHERE, Ædificare : « Tractarent et procurarent qualiter in civitate Gratianopolitana possent *Contruhere* et ædificare domum ordinis. » *Chevalier.* Cart. Fratr. Prædicat. Gratian. p. 19. ann. 1288.
CONVERS, Gall. *Tuns, pièces de bois sur lesquelles on place les barriques :* « ... Pro duobus tignis sive magnis *Convers* emptis ad ponendum subtus dicta vina, in volta. II, 188... pro IIII^{or} *Convers* de corallo... I, 680... pro x. *Convers* de vernu. » Comptes de l'Arch. de Bordeaux du XIII. et XIV. s. Arch. Hist. de la Gironde t. 22. p. 174.
COPARINUS, COPERINA,... Gall. *Petite coupe* (?) : « Emi VI. platos, XII. scutellos et totidem *Coperinos*... solvi cuidam aurifabro qui erubiginavit III. lagenas, III. copertoria, III. taceas operatas, XI. *Coperinas*. » Comptes de l'Arch. de Bordeaux du XIII. et XIV. s. Arch. Hist. de la Gironde t. 22. p. 315.
COPERA, Gall. *Tranchoir, couperet :* « Emi III. platos, II. scutellas, VI. cissoria seu *Coperas*... » Comptes de l'Arch. de Bordeaux du XIII. et XIV. s. Arch. Hist. de la Gironde t. 22. p. 312.
COPERCULUM, Gallice *Couvercle :* « Fontes sine sera, *Coperculum* foncium ita parvum. » *Chevalier,* Visit. episcop. Gratianop. p. 37.
COPERTIO, Gallice *Toiture :* « Pluit in prebiterio, indiget *Copertione* nova. » *Chevalier,* Visit. episcop. Gratianop. p. 105.
CORDO, CORDONETUS, Gall. *Cordonnet :* « ... Pro *Cordone* cerici pro cutello domini... Pro IX. escavotis de serice Burdegale pro *Cordonetis* celle... » Comptes de l'Arch. de Bordeaux du XIII. et XIV. s. Arch. Hist. de la Gironde t. 22. p. 380.
CORNELEIDE, Ductores annonæ; in descriptione bonorum S. Maximini Trevir. initio II. sæculi. Beyer, Urkundenbuch II. 457. [A. M.]
CORONA, in kalendario custodiæ eccl. cath. Colon.: *Item in matutinis ad tertium nocturnum incendetur Corona super reges.* Tales coronæ erant duæ, una in choro S. Petri, altera super reges id est super sacellum regum in medio ecclesiæ; unaquæque habebat 96. candelas. [A. M.]
CORRADUS, Gall. *Corridor :* « ... Pro XXV. postibus de bayona pro bayonando los *Corrados* prope tinellum... » Comptes de l'Arch. de Bordeaux du XIII. et XIV. s. Arch. Hist. de la Gironde t. 22. p. 396.
CORROSIVUS, Gallice *Corrosif,* violentus : « Sed quare in ordine nostro in Anglia plura reperi ad abcisionem superflui conamine *Corrosivo* tractanda, aliqua vero medicamine sanativo curanda. » Chart. Clun. Coll. Burgund. B. N. t. 84. n. 477. ann. 1414-1418.
COSTERETUS, *Cotrets :* « Pro semicentum de *Costeretis* emptis in buscheria Parvi Pontis et pro apportagio. » (*Refonte d'une cloche de N. D. en* 1396. Bibl. Schol. Chart. 1872. p. 373.
COSTILLUM, Gall. *Coite* (?) : « Pro *Costillo* lecti nepotis domini. » Comptes de l'Arch. de Bordeaux du XIII. et XIV. s. Arch. Hist. de la Gironde t. 22. p. 411..... Pro *Costillis* emptis pro buticulario et pro Gervasio... pro faciendo parari dicta *Costilla*... » Idem, t. 22. p. 496.
COSTUM, Gall. *Medicament :* « Emi II. libras de *Costo*. » Comptes de l'Arch. de Bordeaux du XIII. et XIV. s. Arch. Hist. de la Gironde t. 22. p. 331. « ... Emi I. uncia *Costi* et I. quarto et I. uncia de croci... » Idem, t. 22. p. 343.
COT. Gall. *Pierre à aiguiser,* en gascon *Coutz :* « ... Pro una fargia et una petra vocata *Cot,* pro falce sive la dulha emptis... » Comptes de l'Arch. de Bordeaux du XIII. et XIV. s. Arch. Hist. de la Gironde t. 22. p. 499.
COTAFFARDIA, Gall. *Cotte-hardie :* « ... Pro duabus virgis panni ad faciendum *Cotaffardiam* cum caputio molendinario de Lauremonte. » Comptes de l'Arch. de Bordeaux du XIII. et XIV. s. Arch. Hist. de la Gironde t. 21. p. 289. « ..... Expendi pro quodam mantello d'Irlande ad faciendum *Cotaffardias* yemales pro nepotibus domini. » Idem, t. 21. p. 327.
COTULATUS, A *côte, rayé* (?) : « Oblamys, multifario Nitens artificio, Dependebat vertice ; *Cotulata* vario. » Du Méril, Poes. Lat. Med. æt. p. 227.
COUSQUILLA, Gousse. Gloss. Lat. Gal. Bibl. Insul. E. 36. xv. s.
COVARE, « *Covare, Couver.* » Lex. Lat. Gal. Bibl. Ebroic. n. 23. XIII. s.
CRAMH, in descriptione thelonii collegii S. Simeonis Trevir. Confluentiæ : *De quolibet tentorio, quod vulgariter dicitur Cramh, sub quo res habentur venales a festo S. Remigii usque ad festum S. Martini.* Beyer, Urkundenbuch II. 282. [A. M.]
CREDO, Tanneur. Gloss. Lat. Gal. Bibl. Insul. E. 36. xv. s.
CREYS, Gall. *Mesure de toile* (?) : « Emi XXXII. *Creys* cum dimidio de tela ad faciendum linteamina pro scutifferis et familiaribus. Item, feci fieri de dicto panno XXXII. linteamina.... Emi IIII. *Creys* de panno lineo ad faciendum mappas pro officiariis et aliis famulis... » Comptes de l'Arch. de Bordeaux du XIII. et XIV. s. Archiv. Hist. de la Gironde t. 21. p. 493. « Emi XXXVI. *Creys* et medium de tela de Britania pro faciendo mappas, antelas... » Idem, t. 22. p. 330.
CRIA, Gallice *Criée :* « Item preposituram et clamaturam seu *Criam* villæ Cluniaci cum omnibus juribus. » Chart. Clun. Coll. Burgund. B. N. t. 82. n. 383. an. 1309.
CRINZIN, est annona vanno ventilata, in carta monasterii S. Pantaleonis in Colonia de anno 1250 : *Item medietatem annonæ per wannum excussæ, quæ dicitur Crinzin.* Lakomblet, Urkundenbuch des Niederrheins II. 366. [A. M.]
CRITOCUS, *Safran.* Gloss. MS. Turon. XII. s. Bibl. Schol. Chart. 1869. p. 328.
CROADA, COROADA, CURVADA, est ager certæ magnitudinis, quem homines domino suo arare debuerunt, ita in dipl. Archiepiscopi Treverensis Theoderici de anno 973 : *Stagnum uni Croadæ assidens vineæ.* Gunther, cod. dipl. Rheno-Mosellanus I. 79. [A. M.]
CROSSITIES, ut *Crassities, Grasseyement :* « Cujus vox in medio mediocriter se habens subtilitate et *Crossitie,* sapiens, providus, verax et justus habetur. » B. N. MS. Lat. 16089. f. 102^b.
CROX, « ... Pro IIII. brachiatis corde pro ligando los *Crox* parvi mulati... » Comptes de l'Arch. de Bordeaux du XIII. et XIV. s. Arch. Hist. de la Gironde t. 22. p. 502.
CRUMPLEITH, est candela ; in calendario custodiæ eccl. cath. Colon. : *Custos major omni sabbato dabit custodi cameræ in cameram unum Crumpleith de fertone.* [A. M.]
CRUOTZ, Gall. *Mannequins en paille* (?) *pour recevoir la farine qui s'écoule du bluteau :* « Voyez Baluta. »
CRUSIBULUM, est vas sepo impletum ad ardendum ; in kalendario custodiæ cathedr. eccl. Colon. : *Item post completorium incendentur Crusibula et ardebunt ante matutinas et post matutinas per totam noctem.* [A. M.]
CRUSUL, Crusibulum est vas sepo impletum, quod incendebatur ad illucendum , in MS. in archivio Col. t. II. 83 : *Magister coquinæ providebit lumen dormitorii per totum annum. Præterea providebit ligna pistrinæ et coquinæ et incarceratis et qualibet nocte unum Crusul.* [A. M.]
CUBISONIUM, *Gambons.* Gloss. Lat. Gal. Bibl. Insul. E. 36. xv. s.
CUGNICULUS, *Cuniculus :* « Pro quibus (florenis) idem dominus Egidius habet penes se et pro pignore.... unum pellicium de *Cugniculis* quemdam comfetum (confectum) ad usum mulieris, furraturum de escuriolis. » Chart. Lingon. Coll. Campan. B. N. t. 152. n. 23. an. 1361.
CULNEATOR, *Graveur en coins :* « *Culneatores* monetarum et marmorios. » B. N. MS. Lat. 10272. p. 123.
CUNDEN. Vide mansi. [A. M.]
CUNEUS, est panis certæ formæ ; ita in dipl. Johannis archiepiscopi Treverensis de anno 1196 : *Cuneum et panem juxta modum eorum et dimidium sextarium vini singulis tribuantur.* Gunther, cod. dipl. Rheno-Mosellanus I. 481. et in MS. archivi Trevir. n.1225: *Dabit custos duo mus salmonis cocta, unum Cuneum et den. vini.* [A. M.]
CUPITACIO. « Cupientem librorum *Cupitaciones,* scientiarum scriptionem. » B. N. MS. 10272. p. 153.
CUPPARUS, « *Cupparus,* ornement, roquet ou manche broudée. » Gloss. Lat. Gal. Bibl. Insul. E. 36. xv. s.
CURATOR, Gall. *Cureur, terrassier :* « ... Solvi *Curatoribus* qui fecerunt foveam prope latrinas... » Comptes de l'Arch. de Bordeaux du XIII. et XIV. s. Arch. Hist. de la Gironde t. 22. p. 338.
CURRINUM, Vasis species : « Est ne aliquid in *Currino*? Immo certe plenum vino. » Du Méril, Poes. Lat. Med. æt. p. 215.

CURSORIUM, Gall. *Prétoire* (?) : « Solvi pro IIII. tabulis emptis pro reparatione *Cursorii* officialatus ubi tenetur curia, hora vesperorum... » Comptes de l'Arch. de Bordeaux du XIII. et XIV. s. Arch. Hist. de la Gironde t. 22. p. 491.

CURTILLANI, Inhabitatores curtis ; in descriptione bonorum ecclesiæ S. Maximini Trevir. : *In hac villa sunt 29. curtes, flagellant nobis Curtillani annonam nostram et recipiunt moytam.* Beyer, Urkundenbuch II. 442. [A. M.]

CURUADA, in descriptione bonorum monasterii Prumiensis commentata 1222 : *Sciendum est, quod omnes homines villas ac terminos nostros inhabitantes tenentur nobis Curuadas facere, non solum autem mansionarii, verum etiam et scararii, id est, ministeriales, et haistaldi, id est, illi qui non tenent a curia hæredutatem, quia communionem habent in pascuis et aquis nostris. Coruadam facere est, ita nobis sicut sibi ipsis arare, quæ corvadæ vulgariter appellantur atepluge. Qui enim non habet animalia, sive animal ad hoc utile, veniet quando ei præcipitur a nostro ministro cum suo fossario et cooperabitur aliis hominibus hoc quod ei injunctum fuerit.* Beyer, Urkundenbuch I. 145. [A. M.]

CURUCA, Curruca : « *Curuca, oysel*, Gallice *Cucul*, et aliquando *signifie* cil qui est cous et nourist aultrui enfant et cuide lez siens nourir. » Gloss. Lat. Gal. Bibl. Insul. E. 36. XV. s.

CUSTENGIA, stabulum ; in carta Godefridi de Heinsberg de anno 1298 : *Prædicti mansenarii suos porcos, in eorundem domibus et Custengia seu custu per hyemem enutritos, etc.* Lakomblet Urkundenbuch des Niederrheins II. 984. [A. M.]

CUVATUS, Gall. *Cuveau*, peut-être Baste ou petit Cuveau qui sert à porter les raisins au pressoir : «... Pro jornalibus carpenteriorum qui reparårunt, pipas, *Cuvatos* et barriquas... » Comptes de l'Arch. de Bordeaux du XIII. et XIV. s. Arch. Hist. de la Gironde t. 22. p. 373.

D

DEB

DAGESCALCI ; in carta Henrici V. imperatoris pro abbatia S. Maximini Trev. de anno 1116 : *Præbendarii etiam sive mansionarii fratrum circa monasterium infra miliare unum e vicino manentes, sive Dagescalci aut cerearti foris ubique per villas positi nullius advocati vel hunnonis placitum respiciant.* Beyer, Urkundenbuch, I, 496. [A. M.]

DAMINA, *Dain.* Glos. Lat. Gal. Bibl. Insul. E 36, XV. s.

DARAIZIA, septum quoddam, *Barrière, cloison.* Reg. des visites past. du dioc. de Die, en 1509 : *Fiat Daraizia lignea in intraitu chori, ne intrantes ecclesiam possint ingredi infra chorum.* Et in alio loco : *Fiat Daraizia in medio ecclesie, trabibus longis erectis confecta, et porta in medio illius, ponaturque magnus crucifixus in dicta ecclesia desuper, et depingatur de novo dictus crucifixus.*

DARESIA, Gallice *Grille* : « *Archas tenet in coro et in eodem non sunt Daresie.* » Chevalier, Visit. episcop. Gratianop. p. 65.

DATTILLUM. « *Dattillum, Date.* » Lex. Lat. Gal. Bibl. Ebroic. n. 23, XIII. s.

DATTILLUS. « *Dattillus, Datier.* » Lex. Lat. Gal. Bibl. Ebroic. n. 23, XIII. s.

DAURETUEE ; in descriptione bonorum monasterii Prumiensis commentata 1222 : *Dauretuee sunt cortices, qui excoriantur de arboribus.* Beyer, Urkundenbuch, I, 144. [A. M.]

DAVANTAL, DAVANTAU, Gall. *Tablier*, en gascon *Dabantau* : « Solvi pro quodam *Davantal* ad opus coquine. » Comptes de l'Arch. de Bordeaux, des XIII. et XIV. s. Arch. hist. de la Gironde, t. 21, p. 408. — « ... Pro VI. alnis tele de canapi pro faciendo mappas et *Davantaux* pro coquina... » Idem, t. 22, p. 330.

DEAURATIO, Gallice *Dorure nouvelle* : « Unus calix indiget *Deaurationes.* » Chevalier, Visit. episcop. Gratianop. p. 67.

DEBOCHIATUS. « Campanile est *Debochiatum* et puit infra, et nisi imbochietur est in periculo disruendi. » Chevalier, Visit. episcop. Gratianop. p. 59.

DER

DECOPERIRE, Gallice *Découvrir* : « Pars autem ecclesie a parte orientali a parte campanilis est *Decoperta.* » Chevalier, Visit. episcop. Gratianop. p. 185.

DEFECTUOSUS. « Et qui in scientiis non laborat est *Defectuosus* et debilis auctoritatis. » B. N. ms. lat. 10272, p. 35.

DEGENUS. « *Degenus* vel degener, fors lignables. » Lex. Lat. Gal. Bibl. Ebroic. n. 23, XIII. s.

DELIGATUS, Gallice *Dérelié* : « Libri sunt antiqui et *Deligati*, non habet statuta synodalia. » Chevalier, Visit. episcop. Gratianop. p. 95.

DEME (DEMEC) ; in libro annalium jurium archiepiscopi Trevir. de anno 1220 : *Eædem villæ jus quoddam quod Demes vocatur solvere debent, si fructus quercuum et fagorum habundaverit.* Beyer, Urkundenbuch, II, 413. [A. M.]

DENGMANNI, Homines judiciarii ; in carta pro abbatia Campensi de anno 1286 : *Cum quidam villas interfuerunt hi Dengmanni et testes ex utraque parte rogati.* Lakomblet, Urkundenbuch des Niederrheins, II, 817. [A. M.]

DENTATURA, *Dantes* : « *Dentature* oblique contorte. » B. N. ms. lat. 18089, f. 109 [b].

DEPERTIRE, *Impertire* : « Et intendere quæras *Depertire* mirabilia scientiæ nigromantiæ. » B. N. ms. lat. 10272, p. 2.

DEPRAVARE, Gall. *Mépriser, enfreindre* :
    Apostate increduli
    Ut gentiles et judei
    Depravant legem Domini
    Et prophanant jura Dei.
        [G. E. CAMBRAI.]

DER DEIDE SCHULDIGE, in compositionis carta inter Engelbertum II. arch. Colon. et civitatem Colon. de anno 1265 : *Pronuntiamus et ordinamus quod...... illis civibus et eorum complicibus, qui coram eodem domino nostro archiepiscopo Bunnæ in jus vocati et facti perpetrati rei dicti sunt, quod vulgariter Der deide schuldige dicitur, nulla super eo questio de* cetero *moveatur.* Lakomblet, Urkundenbuch, II, 550. [A. M.]

DIE

DESENTIUM, *Decennium* : « *Desentium, dis ans.* » Lex. Lat. Gal. Bibl. Ebroic. n. 23, XIII. s.

DESERPERE, *Decerpere* : « *Deserpere, despecier.* » Lex. Lat. Gal. Bibl. Ebroic. n. 23, XIII. s.

DESQUET, *Discus*, DESQUIS, DESQUETUS, Gall. *Panier, petit baquet* : « ... Pro duobus *Desquis* et pro biters ad servicium domus... pro habendo brocos, *Discos* pro vendemiis... pro solvendo panerios sive *Discos*... pro uno enfonil et pro duobus *Desquetis*....... pro uno *Disco* ad portandum morterium... » Comptes de l'Arch. de Bordeaux, des XIII. et XIV. s. Arch. hist. de la Gironde.

DESTITUERE, Gall. *Casser, annuler* :
    Rex hoc totum prohibuit
    Et prohibens *Destituit*,
    Quia quod esse noluit
    Ratum stare non debuit.
        [G. E. CAMBRAI.]

DEVACUATRIX, *Desvuideresse.* Gloss. Lat. Gal. Bibl. Insul. E 36, XV. s.

DEXTRARII, sunt equi majores et cataphracti, quibus utebantur potissimum in bellis et prœliis, ita in necrologio abbatiæ Arnsteinensis ad 7. Junii : *Anno domini* MCCCXXXIV *piæ memoriæ Emichonis comitis de Nassau qui contulit duos Dextrarios et duos equos.* Kremer, orig. Nass. II, pag. 410. [A. M.]

DICTAMEN, Gall. *Ecrit, chapitre d'un écrit* :
    Ut de regis itinere
    Quod Romæ debet facere
    In hoc loquar *Dictamine*
    Necesse est materiæ.
        [G. E. CAMBRAI.]

DIDISCALUS. *Didascalus* : « *Didiscalus, Maistres.* » Lex. Lat. Gal. Bibl. Ebroic. n. 23, XIII. s.

DIESCERE. « *Diescere, Mercier.* » Lex. Lat. Gal. Bibl. Ebroic. n. 23, XIII. s.

DIESO. « *Dieso, Ajornée.* » Lex. Lat. Gal. Bibl. Ebroic. n. 23, XIII. s.

DIESTAUS, DESTRAUS, Gall. *Attelabe, bêche, chèvre,* en gascon *crabe, estraugue, destrau* : « Die XXI. maii solvi pro salario trium mulierum quas habui ad prohiciendum quosdam vermiculos, vocatos *Diestaus,* de vineis de Figuerbelh....... » Comptes de l'Arch. de Bordeaux, des XIII. et XIV. s. Arch. hist. de la Gironde, t. 22, p. 184. — « ... Pro IIII^{or} mulieribus conductis ad prohiciendum vermiculos videlicet las *Destraus* qui devastabant vineas... » Id. t. II, p. 453.

DIETA; in MS. archivii Colon. t. II, 35 : *Item cellerarius unum vas vini accipiet supra dietam suam de cellario, de quo servire debet meringam.* [A. M.]

DIJUGIUM, *Disjonction, séparation ; le contraire de conjugium :* « Post labentis vitæ cursum, post carnis *Dijugia* Præsta nobis tecum esse in cœlesti patria. » Du Méril, Poës. lat. med. æt. p. 106.

DILE. Vide *Gardus.* [A. M.]

DIMITTERE, Gall. *Laisser, omettre de faire une chose commandée* :

Venerunt quidem ante se
Non audentes *Dimittere,*
Quamvis putent certissime
Vitam vel membra perdere.
[G. E. CAMBRAI.]

DINARIUM, *Intérêt :* « Precio IIe XX librarum et aliarum XX librar. pro *Dinariis.* » *Chevalier,* Inv. archiv. delphin. n. 995, an. 1392.

DINEST-PENNINGE, est pecunia pro operibus servilibus solvenda ; ita in dipl. de juribus ecclesiæ Ravingersburg de anno 1285 : *Item statuimus quod prædictus nobilis ab hominibus universis ecclesiæ attinentibus exactiones, tallias, angarias, vel perangarias aliquas non requirat nec recipiat, quæ vulgariter dicuntur Nahthelde, Herberge, Dinestpenninge, Fuderhavere.* Kremer, orig. Nass. II, p. 310. [A. M.]

DIRIDIA. « *Diridia, Menoisons.* » Lex. Lat. Gal. Bibl. Ebroic. n. 23, XIII. s.

DISBRIGARE, Ab onere liberare ; in carta pro ordine theutonico de anno 1278 : *Et Disbrigare ab omni homine et universitate.* Lakomblet, Urkundenbuch des Niederrheins, II, 717. [A. M.]

DISCALCIAMENTUM, *Action d'enlever les chausses* : « Depredationes, proditiones, denudationes, *Discalciamenta.* » B. N. ms. lat. 10272, p. 152.

DISLIGATI, Gallice *Dérelié* : « Non est ymago sancti in ecclesia, libri sunt *Dusligati.* » *Chevalier,* Visit. episcop. Gratianop. p. 26.

DISPENSANTER, *Par dispense :* « Christo contraria multa videntur quæ *Dispensanter* sæpe licet fieri. » Du Méril, Poës. lat. med. æt. p. 398.

DISSERPERE, *Discerpere :* « *Disserpere, escharpir.* » Lex. Lat. Gal. Bibl. Ebroic. n. 23, XIII. s.

DISSIPATIVUS. « Non se de ulla re contentans, *Dissipativus.* » B. N. ms. lat. 16089, f. 109 °.

DISSONANTIA, Gall. *Opposition, discorde :*

Qui sine *Dissonantia*
Electione habita,
Nil sumens de æcclesia,
Ex omnium licencia.
[G. E. CAMBRAI.]

DISSUERE. « *Dissuere, descendre.* » Lex. Lat. Gal. Bibl. Ebroic. n. 23, XIII. s.

DIVINATOR, *Sorcier :* « Fuit inquisitum etiam cum dicto curato si ibi sint aliqui sortilegi, *Divinatores,* adulteri. » Visit. episcop. Gratianop. p. 106.

DOGMITUS. « Scientia stellarum sortilegio *Dogmitus.* » B. N. ms. lat. 16039, f. 110 °.

DOMANORIUM, DOMANIUM : « Super *Domanorio* domorum de Vignay. » *Chevalier,* Inv. archiv. delphin. n. 1754, an. 1285.

DOMICELLANS, *Dominellus* : « Virgo reddit hominem pulcrum quasi *Domicellantem.* » B. N. ms. lat. 16089, f. 109 ᵇ.

DOMINIUM, Gall. *L'autorité* (sens concret), *les magistrats* :

Hoc opere gratissimo
Placet urbis *Dominio,*
Placet clero et populo,
Tam minori quam maximo.
[G. E. CAMBRAI.]

DOTATOR. « Capella Pontis Reclusi, cujus est fondator et *Dotator* Anthonius de Breno. » *Chevalier,* Visit. episcop. Gratianop. p. 64.

DOUFHOUT, sunt ligna inutilia silvæ ; in carta Godefridi de Heinsberg de anno 1298 : *Quod... mansionarii... ligna inutilia dictæ silvæ et non valentia, quæ vulgariter dicuntur Doufhout.. singulis annis secabunt.* Lakomblet, Urkundenbuch des Niederrheins, II, 934. [A. M.]

DOUIA, Gall. *Baille,* en gascon *Douil :* « ... Pro I. *Douia* lignea... pro desalando pisces salsos. » Comptes de l'Arch. de Bordeaux, des XIII. et XIV. s. Arch. hist. de la Gironde, t. 22, p. 395.

DRAGESCERPH, est merces pro portandis vasibus vini ; in calendario custodiæ eccl. cath. Colon.: *Et ad quamlibet amam unum obolum pro Dragescerph.* [A. M.]

DRESSADOR, Gall. *Petite nappe :* « ... Tela de Britania pro faciendo mappas, antelas... VIII. breves mappas seu *Dressadors...* » Comptes de l'Arch. de Bordeaux, des XIII. et XIV. s. Arch. hist. de la Gironde, t. 22, p. 330.

DRESSEDOR, Gall. *Dressoir :* « ... Pro una tabula quam emerat ad faciendum unum tabularium sive *Dressedor...* » Comptes de l'Arch. de Bordeaux, des XIII. et XIV. s. Arch. hist. de la Gironde, t. 22, p. 195.

DRYSCH, in dipl. Adolfi I. Coloniensis archiepiscopi de anno 1200 : *Terram incultam, quæ in vulgari Drysch vel venna dicitur.* Lakomblet, Urkundenbuch des Niederrheins, I, 567. [A. M.]

DUDULARE vina, est jus cauponas vinarias instituendi, ita in dipl. comitissæ Mechtildis Seynensis de anno 1238 : *Item illud jus Dudulandi vina quod ab amne Steyne usque in Rott solis canonessis dicti loci antehac et nulli rusticorum competebat.* Gunther, Cod. dipl. Rheno-Moselanus, II, 187. [A. M.]

DULH, Gall. *Cuveau,* en gascon *Doui :* « Solvi pro LVIII. jornalibus carpenteriorum qui repararunt... XII. *Dulhs,* VII. barriquas..... » Comptes de l'Arch. de Bordeaux, des XIII. et XIV. s. Arch. hist. de la Gironde, t. 22, p. 319.

DULHA, Gall. *Faux,* en gascon *Daille :* « ... Pro false sive *Dulha.* » Comptes de l'Arch. de Bordeaux, des XIII. et XIV. s. Arch. hist. de la Gironde, t. 22, p. 499.

DURSUNA, quod in concambio additur, ut concambium inconvulsum permaneat ; ita in dipl. Reinaldi archiepiscopi Coloniensis de anno 1160 : *Tunc domna Hildegundis ex consueta pietatis liberalitate et ut reconciliatio hæc permaneret indissolubilis et diffinitissima, quæ vulgo dicitur Dursune de portione quæ ipsam contigrat sorori suæ ista superaddidit scilicet allodium suum in Overmunte juxta Mosam.* Lakomblet, Urkundenbuch des Niederrheins, I, 414. [A. M.]

DUTIA, Canalis structilis, a voce italica *Doccia,* Gall. *Conduit, Tuyau.* Stat. Bonon. ann. 1250-67. tom. II. pag. 251 : *Addimus... quod liceat sororibus sancti Petri martiris conducere de aqua Savine... et hoc par aliquam Dutiam, vel aliud conductum, qui melius poterit.* [FR.]

DYAMARGARITA, Gall. *Perle (?), médicament :* « Pro media uncia pulveris *Dyamargarite* et pro una uncia dyarodalberic (?)... » Arch. hist. de la Gironde, t. 22, p. 331.

DYAMETRA, *Diametros :* « Statura inter tres *Dyametras* optinet equalitatem. » B. N. ms. lat. 16089, f. 107 ᵈ.

DYARODALBERIC (?). Voyez *Dyamargarita.*

DYOTA, Godet à II. anses. Gloss. Lat. Gal. Bibl. Insul. E 36, XV. s.

E

EMP

EDIFITIUM, EDIFFICIUM, HEDIFITIUM, Machina quæcumque lapidibus vel saxis ejaculandis idonea. Stat. Bonon. ann. 1250 67. tom. 1. pag. 281 : *Si quis dominus vel alius, traxerit de turri, vel tribata, vel domo cum mangano, vel prædaria, vel cacafusto, seu alio Edificio (Edificio '53, Hedifitio '62.) in palatio, vel curia comunis bon. solvat, etc* [FR.]

EDINA, Hædulus femininus · « In macello non vendantur carnes *Edine*, set carnes eduli. » A. N. J. 308. n. 88. Libertat. s. Anton. Ruthen. Circ. 1144.

EDULIA, Omne genus ciborum, præter panem ; in dipl. Johannis Archiepiscopi Treverensis de anno 1210 : *De VI. solidis comparantur Edulia dominabus.* Gunther, Cod. Dipl. Rheno-Mosellanus II. 101. [A. M.]

EFFEMINEATUS. « Mollibus vocibus citis atque disruptis loquens timidus et *Effemineatus* judicatur. » B. N. Ms. Lat. 16089. f. 102ᵉ.

EFFUSARIUM, ERIUM, Liber : « Defficit in ecclesia unum *Effuserium.* » *Chevalier*, Visit. episcop. Gratianop. p. 107. — « In qua deficit *l'Efusier* novus. » Id. p. 104. — « In dicta ecclesia deficit unum *Ufeser.* » Id. p. 102. — « Ibi non est bonus liber *l'Ofusier.* » Ibid. — « Non defficit ibi *Effusarium.* » Id p. 103.

EGIS, Ægis : « Egis, Escu. » Glos. Lat. Gal. Bibl. Insul. E. 36. xv. s.

EININGE, sunt statuta, quæ vim legis habent ; in carta Conradi arch. Col. de anno 1259 : *Statuta quoque quæ vulgariter Eininge et Kure nuncupantur.* Lakomblet, Urkundenbuch des Niederrheins II. 470. [A. M.]

ELECTRA, Gall. *Emaux*.

Dant et calicem aureum
De septem marchis conditum
Preter texturam lapidum
Et *Electrorum* precium.
[G. E. CAMBRAI.]

ELEGAMENTER. « *Elegamenter*, gentillement. » Lex. Lat. Gal. Bibl. Ebroic. n. 23. XIII. s.

ELEGINUS, Elinguis : « *Eleginus*, sans langue. » Lex. Lat. Gal. Bibl. Ebroic. n. 23. XIII. s.

EMALOTUS, ut AMALOTUS : « Si inventus fuerit patronus aut nauclerius et levaverit *Emalotum* aut sclavum. » Bibl. Schol. Chart. an. 1864. p. 229. an. 1408.

EMANDARE, Emendare : « Dicto D. episcopo respondit quod hujusmodi deffectus corrigere et *Emandare* intendebat. » *Chevalier*, Visit. episcopor. Gratianop. p. 181.

EMBOCHIARE, Gall. *Maçonner* : « Crocta prebiterii est pro presenti satis bona, attamen non est *Embochiata* ab infra. » *Chevalier*, Visit. episcop. Gratianop. p. 139.

EMER, Vide *Modius*. [A. M.]

EMISARIUS. « *Emisarius, fors voids.* » Lex. Lat. Gal. Bibl. Ebroic. n. 23. XIII. s.

EMPENTZ. « ... x. hominibus qui foderunt arbotos... et projicerunt lapides de dicto orto et fecerunt los *Empentz*... » Comptes de l'Arch. de Bordeaux, du XIII. et XIV. s. Arch. Hist. de la Gironde, t. 22. p 351.

EMPIREUM. « *Empireum, de feu.* » Lex. Lat. Gal. Bibl. Ebroic. n. 23. XIII. s.

EMPLECHIA, EMPLECHA : « Licet predicta bona sint sive consistant in staribus sive... *Emplechiis.* » *Chevalier*, Inv. Archiv. delphin. n. 1305. an. 1274.

ENFONIL, Gall. *Entonnoir* : « Emi unum *Enfonilh* cum longa canera ad implendum et colorandum dicta vina... » Comptes de l'Arch. de Bordeaux, du XIII. et XIV. s. Arch. hist. de la Gironde, t. 22. p. 189.

ENNOYCUS, Custos caprarum. Glos. Lat. Gal. Bibl. Insul. E. 36. xv s.

ENTREPLANTZ. « ... Unum par boum ad arandum los *Entreplantz* vinearum de Pessaco... » Comptes de l'Arch. de Bordeaux du XIII. et XIV. s. Arch. hist. de la Gironde, t. 22. p. 184.

EPIFUM, *Parune.* Glos. Ms. Turon. XII s Bibl. Schol. Chart. 1869. p. 329.

EPISCAUTERIUM, Gall. *Cheminée* (?), *fourneau* (?) : « Solvi duobus hominibus qui repararunt combustionem domus de Passaco prope *Episcauterium.* » Comptes de l'Arch. de Bordeaux, du XIII. et XIV. s. Arch. hist. de la Gironde, t. 22 p. 414

EPISTILIUM. « *Epistilium*, ce dessous la goutueure. » Lex. Lat. Gal. Bibl. Ebroic. n. 23 XIII. s.

ERECTORIUM, *Dressoer.* Glos. Lat. Gal. Bibl. Insul. E. 36. xv. s.

ERECTRARE « *Erectrare*, *siegiés.* » Lex. Lat. Gal. Bibl. Ebroic. n. 23. XIII. s.

ERFRESCHIT, Bona hæreditaria, in carta Johannis de Isenburg de anno 1311 : *Cum omnibus bonis quæ ipsi Ysaldæ competunt vel competere possunt, quod vulgariter erfheschit dicitur.* Gunther, Cod. Dipl. Rheno-Mosellanus III, 138. [A. M.]

ERGACULUM. « *Ergaculum, castre.* » Lex. Lat. Gal. Bibl. Ebroic. n. 23. XIII. s.

ERRAGIUM, ARERAGIUM : « Debitis pro *Erragius* quadrigentorum florenorum. » *Chevalier*, Inv. archiv. delphin. n. 238. an. 1354.

ESCABOTUM, ESCAVOTUM, Gall. *Echeveau* : « ... Pro XVI. *Escabotis* de cerico. » Comptes de l'Arch. de Bordeaux, du XIII. 21. p. 414. « ... Pro XVI. *Escavotis* de cerice Burdegale... » Idem, t. 22. p. 380.

ESCARTA, SCARTA, Gall. *Mesure de grain valant quatre boisseaux ou sacs.* Comptes de l'Arch. de Bordeaux, du XIII. et XIV. s. Arch. hist. de la Gironde.

ESCAY. « Item, si processu temporis, in terris concessis hominibus de Miranda... reperiebantur aliqui hominibus ad augmenta ultra donationem.... » Cartul. Mirand. fᵒ 18. verso et fᵒ 27. vᵒ. anno 1298. (Concessions par le comte Bernard d'Astarac et Mathe de Foix aux consuls et habitants de Mirande.) — Honnorat, op.

ESC

cit. Traduit *Escay* par coupon de drap. Il s'agit dans l'espèce d'un excédant de contenance, par conséquent d'une superficie. A rapprocher de *Escat* qui était le nom de la plus petite mesure agraire de l'Artarac. Conf. *Glossarium, V. Esca, Modus agri... Forte legendum Acras.* » [J. MAUMUS.]

ESCORRARE, Gall. *Soutenir avec des poteaux :* « ... Pro salario duorum carpentariorum quos habui ad *Escorrandum* et retinendum tectum domus. » Comptes de l'Arch. de Bordeaux, du XIII. et XIV. s. Arch. hist. de la Gironde, t. 22. p. 195.

ESMAYESCARE, voyez MAYESCARE.

ESMOLRE, Gall. *Aiguiser :* « ... Pro faciendo reparari et *Esmolre* dictam falcem sive dulham. » Comptes de l'Arch. de Bordeaux, du XIII. et XIV. s. Arch. hist. de la Gironde, t. 22. p. 499.

ESOX, Genus piscium, Germanice Lachs, Gallice Saumon ; in calendario custodiæ eccl. cath. Colon. : *Dabit custos major in cameram pueris unum mus Esocis assum.* [A. M.]

ESPACLERIA, Gall. *Caisse à argent ou bourse :* « Solvi pro *Espacleriis* emptis ad portandum pecuniam quam dictus Garos portavit domino nostro archiepiscopo...* » Comptes de l'Arch. de Bordeaux, du XIII. et XIV. s. Arch. hist. de la Gironde, t. 21. p. 299.

ESPAMPARE, Gall. *Epamprer :* « ... Pro salario VIII. mulierum quas habuerat ad *Espampandum* vineas... » Comptes de l'Arch. de Bordeaux, du XIII. et XIV. s. Arch hist. de la Gironde, t. 22. pag. 185.

ESRIGIALIS. « Fidei calor *Esrigialis*, Fœdere sponsalis, sed nulli connubialis. » Du Méril. poes. Lat. Med. æt. p. 428.

ESTICADOSARABIC, Gall. *Médicament :* « ... Pro una uncia *Esticadosarabic* et I. uncia castor. » Comptes de l'Arch. de Bordeaux, du XIII. et XIV. s. Arch. hist. de la Gironde, t. 22. p. 332.

EUFORBUS, Gall. *Euphorbe :* « ... Euforbi 1/2 unciam I. grossum. » Comptes de l'Arch. de Bordeaux, du XIII. et XIV. s. Arch. hist. de la Gironde, t. 22. p. 334.

EVELLANA, Abellana : « Recipe sicci foliorum cucumeris agrestis et lac amigdalarum amararum et *Evellanarum*. » B. N. Ms. Lat. 16089. f. 113ᵃ.

EXACERBARE, Gall. *s'Aigrir :*

Hæc precepta quæ facta sunt
Nil utique proficiunt,
Sed plus iram exactorum
Exacerbare faciunt.
[G. E. CAMBRAI.]

EXAGREGARE. « *Exagregare, desmonceler.* » Lex. Lat. Gal. Bibl. Ebroic. n. 23. XIII. s.

EXCECARE, Secare, secando avellere : « Bertrandus de Armazanicis debuit vallata *Excecare*. » A. N. J. 323. n. 115. circ. 1157. — « Sententia vicecomitis determinatum fuit ut vallata inter villam et castrum *Excecarentur*. » Ibid.

EXO

EXCRETERARE, « *Excreterare, esboueler.* » Lex. Lat. Gal. Bibl. Ebroic. n. 23. XIII. s.
EXCUNATUS, Gall. *Marqué du coin :* « ... Recepi in diversis monetis *Excunatis* per campsores... » Comptes de l'Arch. de Bordeaux, du XIII. et XIV. s. Arch. hist. de la Gironde, t. 21. p. 139.
EXERECTARE. « *Exerectare, desireter.* » Lex. Lat. Gal. Bibl. Ebroic. n. 23. XIII. s.
EXHIBERE, Gall. *Livrer :*

Atque paucis convocatis
De hominibus presulis,
Obtulerunt pontifici
Sanctobertum *Exhiberi :*
[G. E. CAMBRAI.]

EXMANIRE. « *Exmanire, vuidier.* » Lex. Lat. Gal. Bibl. Ebroic. n. 23. XIII. s.
EXOINARE, EXOINIUM. Philippi Fr. Reg. litteræ, anni 1207 : *Non possunt se Exoinare super his, nisi haberet Exoinium.* Ubi Glossa : *Excusare, Excusatio.* I, 106. B.
EXONNIS. « *Exonnis, sans some.* » Lex. Lat. Gal. Bibl. Ebroic. n. 23. XIII. s.
EXORZIZARE. « Vir venerandus domnus Amatus romane sedis legatus idemque Burdegalensis archiepiscopus. ..... missam solemniter cantavit, aquam *Exorzizavit*, cimiterium consecravit, nobiscum manducavit. » Not. quomodo inchoata sit ecclesia de Gravia (*La grave d'Ambarez*.) Chart. Clun. Coll. Burgund. B. N. t. 79. n° 178. XII. sæc.
EXPERGECTUS, Experrectus : « Post *Expergecta* gemit intra viscera secta. » Du Méril, poes. Lat. Med. æt. p. 328.
EXTASIS, Gall. *Etonnement :*

Ob hoc ergo mirificum
Miratur turba presulum,
In *Extasi* stat omnium
Clericorum concilium.
[G. E. CAMBRAI.]

EXTRAJUDICIALIS. Sententia cardinalis copranica, anni 1455 : *Summaria et extrajudiciali informatione.* I, 261. A.
EXUCTOR. « *Exuctor, roberres.* » Lex. Lat. Gal. Bibl. Ebroic. n. 23. XIII. s.
EWA, Frisonum est lex ex consuetudine orta cujusdam populi ; ita in diplomate pro cœnobio Werthinensi de anno 855 : *Secundum legem ripuariam et salicam necnon secundum Ewam fresonum.* Lakomblet Urkundenbuch des Niederrheins I, 65. [A. M.]
EYKEYR, Ekeren dicuntur fructus quercuum et fagorum ; in carta Godefridi de Heinsberg de anno 1298: *Predicti mansenarii suos porcos... in fructibus quercuum et fagorum silvæ prædictæ, qui vulgariter dicuntur Eykeyr, suo tempore poterunt vessere et nutrire et custodire.* Lakomblet, Urkundenbuch des Niederrheins II, 984. [A. M.]
EYMENDA, Emenda : « Qui faciat facere *Eymendam* dampno passe. » Chevalier, Inv. archiv. delphin. n. 914. an. 1261.
EYSERMENTARE, Gall. *Faire les sarments :* « ... Et habuerat ad discalcandum et *Eysermentandum* XXVII. mulieres. » Comptes de l'Arch. de Bordeaux, du XIII. et XIV. s. Arch. hist. de la Gironde, t. 21. p. 341.
EYSSARAMENTUM. « Item si aliquid genus animalium... intraverit dictum vedatum violentia aliqua, vel caloris impetu vel muscarum, vel quolibet alio accidente, sicut *Eyssaramento*, vel amissione... » Cartul. Mirand. f° 31, r°. ann. 1290. (Sentence arbitrale entre l'abbaye de Berdoues et la ville de Mirande.) — « Signif. ??... Probablement, *Distraction, étourderie :* Conf. Honnorat, *op. cit.* V *Eissariaclura.* » [J. MAUMUS.]
EZEBERUS. « Si ex formis Veneris in lapide de alequeth feceris caput *Ezeberi.* » B. N. Ms. Lat. 10272. p. 93.

F

FAC

FAÇA, Vox vernacula bononiensis, quæ valet frontem ædium, id est earundem extensionem juxta viam, ut mox *Facies.* Vide in hac voce. Stat. Bonon. ann. 1250-67. tom. II. pag. 465 : *Et predicta contrata debeat selegari ab uno muro ad alium ; et hoc debeat esse factum et completum per totum mensem septembris... ad expensas illorum de contrata, quilibet per suam Façam.* [Fr.]
FACEOLUM, Fasciolum : « Tunc involvat capud mulier sic paratum *Faceolo.* » B. N. Ms. Lat. 16089. f. 113°.
FACESCIA, *curtesie* et elegantia similiter. Gloss. Ms. Turon. XII. s. Bibl. Schol. Medicæ. ann. 1869. p. 38.
FACHILLARE, Pellicere, quasi fascinare : « Si aliquis hominem vel feminam *Fachillaverit*, vel cum uxore alterius in adulterio fuerit deprehensus. » A. N. J. 208. n. 88. Libertates S. Antonini Ruthen. circ. 1144.
FACIA, Fascia : « *Facia, boudel.* » Glos. Lat. Gal. Bibl. Insul. E. 36. XV. s.
FACIANUS, Phasianus : « *Facianus, faisant.* Gloss. Lat. Gal. Bibl. Insul. E. 36. XV. s.
FACIES, Frons ædium, id est longitudo earundem juxta viam, Italis *Faciata*, Gall. *Façade.* Stat. Bonon. ann. 1250-67. tom. II. pag. 461 : *Scilicet quod debeat salegari ab uno muro domorum ad alium a quolibet vicinorum per faciem sive testatam sue domus.* [FR.]

FAM

FACULA ; in descriptione bonorum monasterii Prumiensis commentata 1222 : *Faculæ sunt ligna arida, quæ vulgariter appellantur Beyer*. Beyer, Urkundenbuch I, 150. [A. M.]
FALCATUM, Falcastrum : « *Falcatum, fausart.* » Lex. Lat. Gal. Bibl. Ebroic. n. 23. XIII. s.
FALLOPA, FALOPLA. Folliculus bombycinus haud perfectus, a voce Italica *Falloppa*, bozzolo incominciato dal baco e non terminato. Stat. Bonon. ann. 1250-67. tom. II. pag. 191 : *Et hiis, quibus conceditur hic redditus, liceat habere et recipere iij. bononinos ab emptore et totidem a venditore pro qualibet libra Folixellorum siccorum, et ij. bononinos inter emptorem et venditorem pro qualibet libra Folixellorum viridium, et de qualibet libra Faloplarum.* (*Falloplarum* '60. '62 ; *Falloparum* '64. '67.), *et doplonum unum denarium unum emptorem et venditorem, etc.* — DOPLONES erant aliud deterius genus folliculorum bombycinorum. [FR.]
FALSETUS, Gall. *Fausset :* « ... Solvi pro bondis et n°. *Falsetis* que emit pro vinis conservandis. » Arch. hist. de la Gironde, t. 22. p. 186.
FAMACIA. « *Famacia, medecine.* » Lex. Lat. Gal. Bibl. Ebroic. n. 23. XIII. s.
FAMOROSUS. « *Famorosus, malfaitieres.* » Lex. Lat. Gal. Bibl. Ebroic. n. 23. XIII. s.

FEB

FAMULARIA, Femoralia : « *Famularia, braes.* » Lex. Lat. Gal. Bibl. Ebroic. n. 23 XIII. s.
FARGIA, Gall. *Peut-être la petite enclume sur laquelle on aiguise la faux à coups de marteau :* « ... Pro una *Fargia* et una petra vocata cot, pro falce sive la dulha emptis... » Arch. hist. de la Gironde, t. 22. p. 499.
FARINAL (LO), Gall. *Certaine quantité de farine que garde le meunier :* ... « Et facto computo cum molendinario... repertum fuit quod dicti proventus valuerant, ultra lo *Farinal* de quo vixerat molendinarius per totum tempus predictum... » Arch. hist. de la Gironde, t. 21. p. 382.
FARINATA, Gall. *Remède pour cheval :* ... Liberaverat pro quodam roncino Galhardi de Mota, infirmante, ad faciendum *Farinatam*, medium boyssellum siliginis. Arch. hist. de la Gironde, t. 21. p. 285.
FASCICULARII ; in descriptione bonorum abbatiæ Prumiensis commentata 1222 : *Fascicularii sunt illi qui ferunt pondera.* Beyer, Urkundenbuch 1, 158. [A. M.]
FAYGH, Gall. *Hêtre* (?) : « ... Pro XXV. postibus de *Faygh* pro dicta camera. » Arch. hist. de la Gironde, t. 21. p. 404.
FEBRITARE. « *Febritare*, Gall. *Avoir fièvre.* » Lex. Lat. Gal. Bibl. Ebroic. n. 23. XIII. s.

FEMINEITAS. « Mentum in rotundum desinens habentes muliebres moribus cognoscuntur ; *Femineitatis* enim est nota. » B. N. Ms. Lat. 16089. f. 105°.

FEMORALE ; in descriptione bonorum monasterii Prumiensis commentata 1222 : *Regula indulget monachis in via directis uti femoralibus et ideo constitutum est ab antiquo, sicut narrat liber vetus, quod mansi nostri tenentur annuatim Camsiles facere. Camsil enim est lineus pannus, de puro lino compositus, habens in longitudine VIII ulnas et in latitudine duas, quæ Femoralia tenentur fœminæ hominum nostrorum suere.* Beyer, Urkundenbuch I, 145. [A. M.]

FENDUTUS, ut FENDITUS : « Corus est *Fendutus*, crota campanilis est destructa. » *Chevalier*, Visit. episcop. Gratianop. p, 80.

FENIX. « *Fenix, neris*, Gall. *Divers oisiaus.* » Lex. Lat. Gal. Bibl. Ebroic. n. 23. XIII. s.

FERENGA. « ... Pro uno freno empto pro mulo domini, I. pari cammalibus, et II. *Ferengus*. » Arch. hist. de la Gironde, t. 22. p. 380.

FERETRUM, umbraculum, in calendario custodiæ Eccl. Cath. Colon. : *Item duæ (ordenlich) ante crisma, quæ portantur sub Feretro ad consecrandum ad altare.* [A. M.]

FERRETUM, Gall. *Crochet ou pince pour remuer le feu* : « ... Pro *Ferreto* pro extrahendo ignem in stabulo. » Arch. hist. de la Gironde, t. 22. p. 426.

FESSARE, Gall. *Fatiguer, fouetter* (?) : « Frustra fessant milites præsul dum frustatur, In ma de milicia, I in A mutatur. » Du Méril, poes. lat. med. æt. p. 85.

FESTINOSUS, Festinus : Acue sunt due que... indigent reparatione *Festinosa*. » *Chevalier*, Visit. episcopor. Gratianop. p. 105, an. 1408.

FEUDALE, FEUDUM : « Ut dictum castrum tanquam *Feudale* suum recuperaret. » *Chevalier*, Inv. arch. delphin. n. 1192.

FEUDALIS. « Pro quibus rebus *Feudalibus* idem dom... homagium... prestitit. » *Chevalier*, Inv. arch. delphin. n. 1123. an 1294.

FEUDATARIUS. « Juravit dictus Richardus esse bonus et fidelis *Feudatatarius*. » *Chevalier*, Inv. archiv. delphin. n. 295. an. 1278.

FEYS, FEYSSERIUS, FEYSSICULUS, Gall. *Faisceau* : Item, XIII. *Feysiculos* de coudra sive de circulis, dando pro quolibet *Feys*... » Arch. hist. de la Gironde, t. 21. p. 416. — « Pro vᵉ *Feysseriis* de latis. » Idem, t. 22. p. 194.

FEYSSA, Gall. *Sangle :* « ... Expendi pro parando quandam aliam cellam de mala et pro singlis sive *Feyssas*. » Arch. hist. de la Gironde, t. 21. p. 480.

FEYSSILHARIUS, Gall. *Portefaix* : « Feci mutari XX. escartas avena a domo ... usque ad... et solvi *Feyssilhariis* pro portu... » Arch. hist. de la Gironde, t. 21. p. 250.

FIDELITAS, Gall. *Foi, hommage féodal:*
Oui electo presuli
Fidelitatem ceteri
Juraverunt tam clerici
Quam universi laici.
[G. E. CAMBRAI.]

FIDUCIA, Gall. *Garantie:*
Qui querant et concordiam
Et trevias et gratiam
Et per fidem *Fiduciam*
Inter eos et comitem.
[G. E. CAMBRAI.]

FIERNEZALA, est modius frumenti, in libro annualium jurium arch. Trev. : *In mense Martio persolvimus eidem sculteto 3 Fiernezala et dim. avenæ.* Beyer, Urkundenbuch II, 385. [A. M.]

FIMBRIUM, Gall. *Ourle.* Gloss. Lat. Gal. Bibl. Insul. E. 36. XV. s.

FINATIO, Gall. *Paiement:* « De emenda seu *Finatione* Donati de Vellut de Florentia. » Mus. Brit. *Addit. Charters*, n. 13941. an. 1296. — « De abbate S. Germani de Pratis, pro *Finatione* decimi et mutui. » Ibid.

FIOZA. « Item de pelte vulpis et de una libra cere et de una saumata alarum et de una *Fioza* unum denar. tur. de quolibet predictorum. » Cartul. Mirand. fᵒ 3. recto, ann. 1288. (Coutumes de Mirande). — Le texte de quelques autres coutumes de la Gascogne porte : *Fioza carnis porci.* Conf. *Glossarium V. Frica.* Etait-ce de la viande de porc ayant subi une préparation ?? Je n'ai rien trouvé nulle part, ni dans les Glossaires ni dans les patois *actuels* du pays. [J. MAUMUS.]

FIRMA, idem quod sepes, ita in Dipl. Salentini domini de Isenburg de anno 1297 : *Item remisimus eisdem abbati et conventui firmam quæ ramæ Teutonice nuncupatur, quam dicti abbas et conventus... circa vineam quæ Langistucke dicitur facere tenebantur.* Gunther, cod. dipl. Rheno-Mosellanus II, 516. [A. M.]

FIRMACULARIUS, *Fermelier.* Gloss. Lat. Gal. Bibl. Insul. E. 36. XV. s.

FIRMALIUM, Uncinus, Gall. *un fermoir.* Reg. des visités past. du dioc. de Die, en 1509 : *Fiat Firmalium in missali antiquo.*

FISUS, Fusus : « *Fisus, fuisel.* » Glos. Lat. Gal. Bibl. Insul. E. 36. XV. s.

FIXIO, Gall. *Action de rester en place :* « Debilitatem gressus et *Fixionis* ostendit. » B. N. Ms. Lat. 16089. f. 107°.

FLAMBERUS, Gall. *Sorte de cierge, de torche :* « ... Pro VI. libris cum dimidia de *Flamberis* quos emi in festo beate Marie... pro III. libris de verguetis... pro capella... pro III. torchiis. » Arch. hist. de la Gironde, t. 22. p. 317.

FLASCULA, *Boutaille , flascon.* Gloss. Lat. Gal. Bibl. Insul. E. 36. XV. s.

FLATO, *Flan.* Gloss. Lat. Gal. E. Bibl. Insul. 36. XV. s.

FLEBOTOMARE, Phlebotomare : « Et extrahendi dentes et *Flebotomandi* et circumcidendi. » B. N. Ms. Lat. 10272. p. 120.

FLEUMA, Flegma : « Sunt 4. humores in corpore, ut sanguis, colera, *Fleuma* et malencolia. » B. N. Ms. Lat. 10272. p. 50.

FLOCIPENDERE, Floccifacere : « *Flocipendere, Poi prisier.* » Lex. Lat. Gal. Bibl. Ebroic. n. 23. XIII. s.

FLUSUS, Fluxus : « *Flusus*, Gall. *Decouremens.* » Lex. Lat. Gal. Bibl. Ebroic. n. 28. XIII. s.

FOCAPIS, *Tarte.* Gloss. Lat. Gal. E. 36. XV. s. Bibl. Insul.

FOCE, Phoce : « *Foce, grant poisson.* » Lex. Lat. Gal. Bibl. Ebroic. n. 23. XIII. s.

FOCULARIUM, Foculus : « Sportas ferculorum in circuitu *Focularii* situabis. » B. N. Ms. Lat. 10272. p. 196.

FŒNERATITIUS. Constitutiones Pratenses, anni 1299. cap. 1 : *Fœneratitiis aliisque contractibus illicitis... se immiscent.* (I, 163, A.)

FOGUER, FOGUERIUM, Gall. *Foyer :* « ... Ad curandam domum et portandum de terra pro parando lo *Foguer*... liberavi pro quodam lathomo ad parandum *Foguerium* dicte domus.* » Arch. hist. de la Gironde, t. 21. p. 414.

FONDICULARIUS. « *Fondicularius, fonderres.* » Lex. Lat. Gal. Bibl. Ebroic. n. 23. XIII. s.

FONOLARIUM. « Ce terme paraît indiquer le jardin du centre du cloître, l'endroit où se faisaient les sépultures communes. » Tourret, apud *Mémoires de la Société Nationale des Antiquaires de France*, t. XLVI. p. 87.

FONSSALHA (LA), Gall. *Tout ce qui constitue le fond des tonneaux* : « Nota quod coudra, talucia, la *Fonssalha*, plures doelle que fuerunt mutate. » Arch. hist. de la Gironde, t. 21. p. 685.

FONTINELLA, Pars corporis humani : « *Fontinella, Fontenelle.* » Gloss. Lat. Gal. Bibl. Insul. n. E. 36.

FORARE, Gall. *Fouler le raisin :* « Habui, in dictis vindemiis, pro *Forando* seu calcando vindemiam et faciendo vina. » Arch. hist. de la Gironde, t. 21. p. 418.

FORESTUS, marca, fines alicujus districtus ; in carta civitatis Bopardensis de anno 1305: *Pro ejusdem utilitate evidenti Forestum seu marcham nostri districtus circumeuntes.* Gunther, cod. dipl. Rheno-Mosellanus III. 115. [A. M.]

FORSEX, Force. Glos. Lat. Gal. Bibl. Insul. E. 36. XV. s. Cf. forceps.

FORTIFIDUM. « In hora martis, prima facie scorpionis ascendente, facies imaginem ad *Fortifidum* timidum. » B. N. Ms. Lat. 10272. p. 96.

FORTITUDO, Gall. *Force, violence :*
Mieserunt ergo Manassem
Ad ipsam regis curiam
Spoliando ecclesiam
Per suam *Fortitudinem*.
[G. E. CAMBRAI.]

FORULUS, Gall. *Soufflet.* Gloss. Lat. Gal. Bibl. Insul. E. 36. XV. s.

FRACH, Gall. *Frêne* (?) : Solvi pro una tabula de *Frach*, XXX. pedum in longitudine, XX. albos. » Arch. hist. de la Gironde, t. 22. p. 191.

FRACHISSAS. « Solvi pro VIIIᵉ *Frachissas* magnis pro fenestris magne aule et pro duabus aliis modicis. » Arch. hist. de la Gironde, t. 21. p. 497. — « Solvi pro mᵐᵉ bartavellis *Frachissas* positis in porta et portanello. » Idem, t. 21. p. 499.

FRACIUM, Freze. Glos. Lat. Gal. Bibl. Insul. E. 36. XV. s.

FRANCHERIA, est modius frumenti : in descript. bonorum eccl. S. Maximini Trevir. : *Solvit quartarium duo Francheria frumenti et duo avenæ.* Beyer, Urkundenbuch II. 465. [A. M.]

FRANCHISIÆ libertates ; in dipl. Ludovici regis pro Balduino arch. Trev. de anno 1314 : *Omni jure, honore, honesta consuetudine, Franchisiis et libertatibus gaudeant et utantur.* Gunther, cod. dip. Rheno-Mosellanus III. 158. [A. M.]

FRATERNALITER. « Exortatus est canonicos dicte ecclesie ut benigniter et *Fraternaliter* tractarent presbiteros. » *Chevalier*, Visit. episcop. Gratianop. p. 49. an. 1399.

FRIEDEBRECHE, fractio pacis ; in descript. thelonii in Confluentia : *Nisi excedat lite, quæ vulgariter dicitur Friedebreche.* Beyer, Urkundenbuch II, 282. [A. M.]

FRINGERE. « *Fringere, frire.* » Lex. Lat. Gal. Bibl. Ebroic. n. 23. XIII. s.

FRISINGUS (Frixingus) ; in libro annualium jurium arch. Trevir. : *In festo*

FUD — FUR — FUS

Petri et Pauli quivis meŭr (villicus) solvit Fruingum (Frischingum) agninum vel 18. den. Beyer, Urkundenbuch II, 403. [A. M.]

FRONS, Gall. *Fond d'un tonneau :* « ... Carpenteriis pro un^{er} tonnellis et ı. pipa ac ıı. *Frontibus* tonnellorum qui cambierunt. » Arch. hist. de la Gironde, t. 22. p. 417.

FRUSCARE, Fuscare : « *Fruscare, noircir.* » Lex. Lat. Gal. Bibl. Ebroic. n. 28. xııı. s.

FRUSEX, Frutex : « *Frusex, buissons.* » Lex. Lat. Gal. Bibl. Ebroic. n. 28. xııı. s.

FUDERE, Gall. *Bêcher, en gascon Hudir :* ... Martis xı. aprilis, tradidi Guilhoneto pro ıɪɪ^{xx} jornalibus hominum conductorum ad *Fudendum* vineas [Lauremontis]. » Arch. hist. de la Gironde, t. 22. p. 510.

FULHA, Gall. *Latte, latte-feuille :* « Emi ı. faciculum de lata seu *Fulha* pro reparando graneria de Tropeyta. » Arch. hist. de la Gironde, t. 22. p. 336.

FUNCIENUS. « *Funcienus, prochains.* » Lex. Lat. Gal. Bibl. Ebroic. n. 28. xııı. s.

FURNERIA, Gall. *Fournière, chambre renfermant un four :* « ... Ad escorandum et retinendum tectum *Furnerie*, ponendum guterias. » Arch. hist. de la Gironde, t. 22. p. 196.

FURPENNIG, est denarius levioris monetæ. Ita in descriptione bonorum Rhingravicorum ex initio sæc. XIII. : *De comicia et de peticione XX. maldra siliginis uno anno et altero anno XXIV. maldra siliginis Pinguensis mensuræ et in messe II. uncias et V. den. levioris monetæ qui dicuntur Furpennig*, Kremer orig. Nass. II. pag. 240. [A. M.]

FUSTINERE, Gall. *Charger de bois, renforcer avec du bois :* « ... De dictis lignis feci portari... et solvi pro salario duorum hominum conductorum ad *Fustinendum* brossos et juvandum bubulcos. » Arch. hist. de la Gironde, t. 21. p. 684. — « Pro una trabe sive fuste xıx. pedum empta pro *Fustinendo* capetum sive la fust buticularis qui minabatur. » Idem. t. 22. p. 490.

FUSTOMELUM, *Fustane*. Glos. Lat. Gal. Bibl. Insul. E. 36. xv. s.

G

GAR

GALANGA, Galena : « Candamomum, *Galangam*, hec omnia subtilissime pulverizata distemperet mulier cum aqua rosea. » B. N. Ms. Lat. 16089, f. 113^d.

GAMADA, Gall. *Gamelle* (?) : « ... In ıı. *Gamadas* pro coquina. » Arch. hist. de la Gironde, t. 22, p. 405.

GAMALEON, *Plouvier*. Glos. Lat. Gal. Bibl. Insul. E. 36, xv. s.

GAMISIA. « *Gamisia, Chemise.* » Glos. Lat. Gal. Bibl. Insul. E. 36, xv. s.

GARANA, *Garenne*. Glos. Lat. Gal. Bibl. Insul. E. 36, xv. s.

GARBAGIA, in carta Hillini Arch. Trevirensis de anno 1160 : *Garbagiam videlicet et decimam, id est, quintam garbam a quibuslibet terram ipsam quoquo modo colentibus.* Beyer, Urkundenbuch I, 713. [A. M.]

GARCIO, idem quod famulus, Gallice *Garçon* ; ita in Dipl. de anno 1202 : *Ita quod cum duobus equis et suo equitante et Garcione in comitatu domini se præsentabit,* et in testamento archiepiscopi Treviransis Johannis de anno 1211 : *Legamus... duobus Garcionibus nostris Mahe et Nicolao utrique ıı. libras.* Gunther, cod. dipl. Rheno-Mosellanus II, 72 et 106. [A. M.]

GARDAMINJAR, Gall. *Garde-manger :* « ..... Pro sarratura apposita hostio deu *Gardaminjar.* » Arch. hist. de la Gironde, t. 22, p. 341.

GARDUS, in descriptione bonorum monasterii Prumiensis commentata 1222 : *Gardi sunt instrumenta torcularis, quæ appellantur pullen et dile.* Beyer, Urkundenbuch I, 155. [A. M.]

GARIFIOLIUM, Caryophyllum : « *Gariofilium, Girofles.* » Lex. Lat. Gal. Bibl. Ebroic. n. 28, xııı. s.

GARNASE, Gall. *Espèce de toile :* « ..... vııı. alnis tele cum ı. quarto de *Garnase* pro ıı. mappis pro mensa domini et secunda tabula. » Arch. hist. de la Gironde, t. 22, p. 401.

GEN

GASOPHILATUM, Gazophylacium : « *Gasophilatum*, tresorerie. » Lex. Lat. Gal. Bibl. Ebroic. n. 28, xııı. s.

GEBOYTAMPT, in calendario custodiæ eccl. cath. Colon. : *Item qui habet officium Geboytampt, recipiet duos denarios et cenam.* Et ibidem : *Item pellenboyzersen.... vocabitur per illum, qui habet Geboytampt.* Est ergo officium nuntii, qui debet vocare citatos. [A. M.]

GEBURRECHT est contributio ad reparationem ecclesiæ vel putei vel alicujus rei ; in carta pro collegio ss. Apostolorum in Colonia de anno 1286 : *Neque contributa facienda per nos ratione triginta jurnalium predictorum ad reparationem ecclesiæ sive putei vel alicujus rei quæ Geburrecht dicuntur.* Lakomblet, Urkundenbuch des Niederrheins II, 821. [A. M.]

GEBURSCAF est jus oppidanorum ; ita in carta Adolfi comitis de Berge de anno 1280 : *Sed jus oppidanorum, quod Geburscaf vulgariter appellatur, observabunt.* Lakomblet, Urkundenbuch des Niederrheins II, 741. [A. M.]

GEISSÆ CANINÆ, Gallice *Vesces de mauvaise qualité*, forsan verba occitana : « ı. sester de froment alla mensura a qual lo quartz sera levaz del sol, e ııı. deners, el quart dellas *Geissas Caninas*. » Cart. Conchar. Ruthen. p. 385, an. 1107.

GELIMA est modius frumenti ; in libro annualium jurium arch. Trev. : *De medencorn septima Gelima solvitur sculteto.* Beyer, Urkundenbuch II, 409. [A. M.]

GENEASTICUS. « Atque talia non sunt considerationis intente sed *Geneastice* artis. » B. N. Ms. Lat. 16089, f. 110^d.

GENEOLOGIA. « *Geneologia, Parages.* » Lex. Lat. Gall. Bibl. Ebroic. n. 23, xııı. s.

GENESTA, Gall. *Balais de genet*, en gascon *Ginesta :* « ... Pro ıı. paleis et v. *Genestas.* » Arch. hist. de la Gironde, t. 22, p. 398.

GLA

GERCAMERA, Sacristia ; in calendario custodiæ eccl. cath. Col. : *Item custos major dabit in Gerkamero 4 custodibus... unum pullum assum,* [A. M.]

GEST, idem quod fæx ; in MS. archivii Trevir. n° 1225 : *Pistor dat cellerario cerevisiæ 1 panem pro Gest.* [A. M.]

GESTICKITWIN, est vinum ex vitibus, quæ palis sustinebantur ; ita in carta Wilhelmi domini de Saffenberg de anno 1300 : *Quarum quidem carratarum una erit de vino propagato quod vulgari vocabulo dicitur Profferwin, et residuæ duæ carratæ erunt de vino quod communi nuncupatione appellatur Gestickitwin de vitibus stipitatis et paxillis erectis et sustentis.* Gunther cod. dipl. Rheno-Mosellanus II, 539 [A. M.]

GEYSSA, Gall. *Pois carré*, en gascon *Geysse :* « ... Ex venditione unius scarte *Geyssarum.* » Arch. hist. de la Gironde, t. 21, p. 7.

GEYZAMPT, in calendario custodiæ eccl. cath. Colon. : *Item thesaurarius Coloniensis confert obedientiam de Munze sive officium, quod dicitur Geyzampt uni de canonicis Coloniensibus.* [A. M.]

GIBIBUS, Gibibus, *Boce.* » Lex. Lat. Gal. Bibl. Ebroic. n. 28, xııı. s.

GIENS, Gall. *Engin, machine de guerre :* « De machinis seu *Giens* et trabuquetz. » Cart. Magalon. ap. Rev. Soc. Sav. 1873, p. 417.

GIMBELETUM, Gimbelatus, *Guimbelet*, Gall. *Crible :* « ..... Solvi pro ..... vı. caneris, duobus *Gimbelatis*, uno tarayre. » Arch. hist. de la Gironde, t. 21, p. 495. — « Emi pro servicio domus, unum tarayre bondoney et unum *Guimbelet.* » Id. t. 21, p. 383. — « Emi unam assetam, ı. *Gimbeletum* grossum et alium mediocrem. » Id. t. 21, p. 383.

GLABERA. « *Glabera, teigne.* » Gloss. Lat. Gal. Bibl. Insul. n. E. 36.

GLASHUVE Mansi vitri, comburunt cineres ad vitrum, dabuntque vitrum portenario ad majorem ecclesiam, ad domum archiepiscopi et ejus capellani. Ita in libro annualium jurium archiepiscopi Trevirensis c. 1220. Beyer, Urkundenbuch II, 413. [A. M.]

GLAUCEDO, Gall. *Couleur glauque :* « Humiditati quidem *Glaucedo* adjuncta minus siccis pravos nunciant mores. » B. N. Ms. Lat. 16089, f. 103 b.

GLAUCESCERE. « Ac aliæ *Glaucescentes* et circuli pupillas forinsecus ambientes sanguinolenti consistant vel carnei. » B. N. Ms. Lat. 16089, f. 103 c.

GLAVES, in descriptione bonorum monasterii Prumiensis commentata 1222 : *Quilibet mansus tenetur Prumiam adducere Glavem* 1. *id est, lignarium sive acervum lignorum, qui acervus habebit* XII. *pedes in longitudine et* VI. *in latitudine, et pro lignario isto adducit quilibet mansus carratas* XII. *quæ ligna vulgariter appellantur kunikegeholtz sive wdeglage.* Beyer, Urkundenbuch I, 144. [A. M.]

GLIROTICA. « *Glirotica, le pel du nés.* » Gloss. Lat. Gal. Bibl. Insul. E. 36.

GLORIANTER, Gall. *Avec gloire, avec pompe :*

Sed quia illum tenuit
Dolor inestimabilis
Se *Glorianter* recipi
Bene consultus noluit.
[G. E. Cambrai.]

GOLA, Gall. *Diamètre*, *ouverture :* « ... Emi pro cuvis duos magnos circulos de fraxinu, quemlibet VII. pedum de *Gola.* » Arch. hist. de la Gironde, t. 21, p. 688.

GRALA. « Lapis fontium expargit aquam et tamen non omnino set distillando, et ipse tenet unam *Gralam* fusteam infra plenam dicta aqua. » *Chevalier*, Visit. episc. Gratianop. p. 96.

GRANCHARIUS, ut Grancherarius. « Viginti quinque solidi de decima de Busseio, quinque solidi de messario et quinque solidi de *Granchario.* » Cart. N. D. Paris. I, 392, an. 1216.

GRANDES, Gall. *Les grands, les gens de condition supérieure :*

Hoc est factum a clericis
Et universis laicis,
A dominis et servulis,
A *Grandibus* et minimis.
[G. E. Cambrai.]

GRANGAGIUM, Grangiagium : « Quicquid habet in *Grangagio* de Chavannero. » *Chevalier*, Inv. archiv. delphin. n. 1176, an. 1295.

GRAPA, Gall. *Grapin, croc, crochet :* « Pro 1. clave, 1. *Grapa* et 1. plata pro hostio anteriori in domo. » Arch. hist. de la Gironde, t. 22, p. 425.

GRAPINAGIUM, ut Grapinum : « Minuta decima tam lini quam canabi, forragium, ad quamcumque granchiam deveniet, *Grapinagium* totius bladi. » Cart. N. D. Paris, I, 392, an. 1216.

GRATIARE, Gall. *Avoir en gré, aimer :*

Nam illum hinc episcopum
Magnificant, benedicunt
Et *Gratiant* et diligunt
Hi etiam qui odiunt.
[G. E. Cambrai.]

GRATICULARI, Gratulari : « *Graticulari, esjoir.* » Lex. Lat. Gal. Bibl. Ebroic. n. 23, XIII s.

GRAVESIUM, *Gravois :* « Pro portando terras et *Gravesia* ad terrale. » *Refonte d'une cloche de N. D. en 1396*, Bibl. Schol. Chart. 1872, p. 375.

GRAWERC, Linteamen glauci coloris ; ita in carta Conradi arch. Colon. de anno 1259 : *Nullus mercatorum advenientium undecunque varium quod Grawerc...... appellatur...... vendet.* Lakomblet, Urkundenbuch des Niederrheins II, 469. [A. M.]

GRHONATICUM, ut Gronna. Charta n. 5, J. 320, A. N., an. 1177, Eimericus de Narbona impignorat « illud *Grhonaticum* quod habet in kamino de Salses. »

GRIESTA, Ludi species : « Ceterum, cum ex nonnullorum fida relacione didiscerimus (quod nimis reputamus horrendum), quod que Jam persone dicte nostre ecclesie, tanquam prodige sue fame, ad taxillos seu *Griestam*, cum aliis personis dicte ecclesie et aliis extraneis et alterius professionis, publice et nocturie ludunt, ac aliis nephandis et prohibitis ludis. » Cartular. N. D. Paris, III, 415, an. 1325.

GRIEZ, Gall. *Gruau*, in MS. archivii Trevir. n° 1225 : *De prædicto etiam tritico dantur husgenoze 20 siemelinge singulis diebus de eo quod dicitur Griez.* [A. M.]

GROMERIA, Gall. *Gourmette :* « .... Pro copertura celle domini, loris et *Gromeriis.* » Arch. hist. de la Gironde.

GROSSI DIES CARNIUM, in MS. archivii Colon. t. II, 35 : *Domini majoris ecclesiæ Colon. habebunt annuatim centum et viginti Grossos Dies Carnium.* [A. M.]

GRUNDTRURE, in carta Erici regis Daciæ de anno 1270 : *Item promittimus, quod de concivibus vestris naufragantibus nullum onus, quod vulgariter Grundtrure nuncupatur, in nostra regione recipi permittemus.* Lakomblet, Urkundenbuch des Niederrheins II, 599. [A. M.]

GRUTZHIN, polenta, Germanice *Grütze*, Gallice *Gruau*, ex vocabulo latino *Grutum*, in dipl. anni 1282 pro cœnobio S. Thomæ Trevirensis diœcesis : *Et duos sumbrinos leguminis quod vulgariter Grutzhin appellatur.* Gunther, cod. dipl. Rheno-Mosellanus II, 449. [A. M.]

GRUZ, in carta Margarethæ, comitissæ de Moste, de anno 1202 : *Quæ annuatim apud Munheim de magaria, quæ vulgari sermone dicitur Gruz, solventur.* Lakomblet, Urkundenbuch des Niederrheins II, 521. [A. M.]

GUARRALOCGIUM, Guarrelecgium, Gurrelocgium, Gall. *Jarousse*, en gascon *Garaube :* « ..... 1. scarta mixture panici *Guarralocgii.* » Arch. hist. de la Gironde, t. 21, p. 68. — « Item, dimidiam scartam *Guarrelecgii.* » Id. t. 21, p. 71. — « ... III. quartos milii, panici et *Gurrelocgii.* » Id. t. 21, p. 68.

GUCTOSUS, Gallice *Goutteux :* « Curatus est *Guctosus* nec potest se juvare. » *Chevalier*, Visit. episc. Gratianop. p. 84.

GUETUM, Gallice *Guet :* « Girardo de Furno serviente *Gueti* Parisiensis. » Cart. N. D. Paris. III, 184, an. 1313.

GUIDAGIUM, Vectigal, quod a transeuntibus solvitur ; in dipl. Henrici VII. regis pro ecclesia Trev. de anno 1310 : *Ecclesiæ Trevirensi pro nobis et nostris successoribus Romanis regibus pedagium, vectigal, Guidagium sive thelonium... concedimus.* Gunther, cod. dipl. Rheno-Mosellanus III, 133. [A. M.]

GUINDARI, Gall. *Embarquer* (?) : « Solvi nautis qui portarunt dictos tonellos ad bornum navis.... et feyssilherio qui portavit usque ad mare III. barrillos vini, quia non potuerunt *Guindari* de prima die. » Arch. hist. de la Gironde, t. 21, p. 675.

GUISQUETUS, Gall. *Loquet* (?) : « ... Solvi fabro pro 1. clavo et II. anulis quas posuit in *Guisqueto* hostii. » Arch. hist. de la Gironde, t. 22, p. 388. — « ..... Pro una clave cum *Guisqueto*. » Id. t. 22, p. 506.

GUSSELE est pyxis arcula, Gallice *Boëte* ; in MS. archivii Trevirensis n°1225 : *Parvi pulli quos pyselmanni in Gussele decoquunt.* [A. M.]

GUTTREGILDUM, in carta Godefridi abbatis Prumiensis, de anno 948 : *Si quis vero contra hujus concambii cartulam e contrario venire voluerit et eam destruere temptaverit, talionem suum id est Guttregildum legibus componat.* Beyer, Urkundenbuch I, 249. [A. M.]

GUUERE, in carta Gerardi abbatis S. Maximini Trevir. de anno 1129 : *Ad innotescendum supradictum momentum, quod vulgo Guuere dicitur, sigillo etiam S. Maximini insigniri et renovari......... placuit.* Beyer, Urkundenbuch I, 523. [A. M.]

H

HAISTALDI. Vide *Curuada*. [A. M.]
HAMELE, Vervex, in carta Wilhelmi comitis Juliacensis de anno 1260 : *In maio ministrat* VI. *oves, quæ vulgo et communiter dicuntur Hamele.* Lakomblet, Urkundenbuch des Niederrheins II. 494. [A. M.]
HANSIN, in carta Conradi arch. Colon. de anno 1259 : *Quicunque autem talium mercatorum secus seu in contrarium facere vel fecisse ab aliquo cive Coloniensi fuerit deprehensus, ab ipso cive impune et licite arrestari et puniri poterit more antiquo, secundum quod vulgo Hansin vocatur, quod taliter fieri consuevit, quod civis Coloniensis mercatorem in tali excessu se deprehensum calamo vel junco vel aliquo consimili ligamento ligabit et si mercator ille hoc vinculum præter ipsius civis voluntatem solvere vel rumpere præsumpserit, pro tali excessu tam corpore quam rebus in potestatem incidit civis ipsum comprehendentis et prædicto modo ligantis.* Lakomblet, Urkundenbuch des Niederrheins II. 469. [A. M.]
HANTLIEN, in carta Conradi arch. Colon. de anno 1259 : *Ne quis civium Col. ab aliquo terræ nostræ magnate vel a quoquam obnoxio ecclesiæ Coloniensi pecuniarum beneficium, quod vulgo Hantlien dicitur, de cetero recipiet.* Lakomblet, Urkundenbuch des Niederrheins II. 469. [A. M.]
HARST, in MS. archivii Colon. t. 2. 35 : *In quolibet blogmoys erunt.... tres partes Harst bene piperatæ.* [A. M.]
HEED, est modius salis ; in MS. archivii Col. t. II. 35 : *In festo Severini villicus de Sumberne (solvit)* 20. *modios salis qui dicuntur Heed, qui faciunt* 30. *maldra.* [A. M.]
HEIMER est mensura, ita in dipl. cujusdam Henrici pro monasterio Lacensi de anno 1163 : *In die enim sancti Remigii per priores* V. *hujus pacti annos eorum certis nuntiis anforam vini quam rustici Heimer vocant ministrabit, sequentibus vero annis duplicabit eandem anforam in eandem mensuram quæ vulgariter Burden vocatur.... duplicabit.* Gunther. Cod. Dipl. Rheno-Mosellanus I. 378. [A. M.]
HEPA, est instrumentum ad secanda ligna, in libro annalium jurium arch. Trevir. : *De qualibet instrumento, quod Hepa dicitur, dabit* 1. *den. et si tam magnum lignum inciderit quod securim apposuerit, de qualibet securi dabit* VI. *den.* Beyer, Urkundenbuch II. 424. [A. M.]
HERBAM (AD) Gall. *A la belle saison, à l'apparition de la verdure* :

Fecit jurare postmodum
Magnum valde exercitum
Ad Herbam statim facturum
In Flandrias retrogradum.
[G. E. CAMBRAI.]

HERBATUS, *Herbidus* : « *Vadas ad locum bene Herbatum et apporta tecum septem thuribula.* » B. N. MS. Lat. 10272. p. 244
HERESTURE, erat vectigal, quod domino regionis casu belli solvendum erat; ita in dipl. Coloniensis archiepiscopi Philippi de anno 1176 : *Si de uxore filium genuerit, hæreditatem ejus obtineat sine justitia quæ vulgo herewede et Heresture vocatur;* et in dipl. Adolfi Colon. archiepiscopi de anno 1197 : *Ea conditione quatinus nec Herstura unquam nec herwede nec expeditio ultra Alpes inde solvatur.* Lakomblet, Urkundenbuch des Niederrheins I. 458. et 554. [A. M.]
HERIPICA. « *Traha vel Heripica, Herce.* » Glos. Lat. Gal. Bibl. Insul. E. 36. xv. s.
HERISSA. « *Pro refabricando la Maistre Haigne Gallice, et illam ponere in sua rotonditate in duabus extremitatibus de alto et amovere malum ferrum et elongare quamlibet extremitatem de semipede et perforare Herissas que ad hec pertinent.* » *Refonte d'une cloche de N. D. en 1390.* Bibl. Schol. Chart. 1872. p. 874.
HERPERRET. Vide *Parafredus* [A. M.]
HERTMAL, est optimum pecus, melior bestia vel melius vestimentum mortui mansionarii, qui habet domum ; in libro annualium jurium arch. Trev. : *Magister forestariorum* XII. *vaccas congregabit de animalibus mortuorum quæ Hartmal (Hercinal) vocantur.* Beyer, Urkundenbuch II 402 [A. M.]
HEUCARISTIA. « *Item corpus Christi seu Heucaristiam monde et honeste et cum clave clausam.* » *(Chevalier*, Visit. episcop. Gratianop. p. 184.
HEUSCARISTIA. « *Heuscaristiam*, sanctum crisma cum clave honeste interclusum. » *Chevalier*, Visit. episcop. Gratianop. p. 133.
HICTUS, *Ictus* : « Bulbum (scillæ) tritum imponito omnibus morsibus venenatorum, canino recenti, iscorpionis *Hictum.* » Liber de erbas Galieni et Apulei et Chironis, MS. S. Gall. 763. p. 116.
HINCUTA, *Eschalongnie.* Gloss. Lat. Gal. Bibl. Insul. E. 36. xv. s.
HIPOMENES, *Hippomenes* : « *Hipomenes, venin.* » Lex. Lat. Gal. Bibl. Ebroic. n. 28. XIII. s.
HODEMAN, qui custodit vineas ; in calendario custodiæ eccl. cath. Colon. : *Dabunt mercedem Hodeman.* [A. M.]
HOILLERIUS. Gallice *Houliers*, quasi Helluones : « Item in magna turre ubi pulsantur magne campane, ibi sunt pessimi homines et inhonesti, scilicet *Hoilleri*, hoquelatores, homicide, taxillorum lusores, vitam inhonestam ducentes. » Cartul. N. D. Par.III. 419. an. 1328.
HOLECUS, *Mousceron.* Gloss. Lat. Gal. Bibl. Insul. E. 36. xv. s.
HOLEKERZE, erat candela 25. talentorum ceræ ; in calendario custodiæ eccl. cath. Colon. : *Custos major facit parari unam magnam candelam de* 25. *talentis ceræ, quæ vocatur Holekerce.* [A. M.]
HOLEKERZE, in kalendario custodiæ eccl. cath. Coloniensis : *Item in secundis vesperis...* *Holekerzæ incendentur.* [A. M.]
HOLTZVART, erat processio cum sanctissimo per circuitum urbis Coloniæ; in calendario custodiæ eccl. cath. Colon. : *Quinta feria proxima post pentecostem custos major dabit campanariis* 4. *marcas ad Holtzvart.* [A. M.]
HOLZONCORN, in carta Henrici burgravii Colon. de anno 1224 : *Tria maldra avenæ , quæ vulgo Holzoncorn dicitur.* Lakomblet Urkundenbuch des Niederrheins II. 121. [A. M.]
HOMERIACUS. « *Gaudeamus, io, io,* Dulces *Homeriaci, io, io.* » Du Méril, Poes. Lat. Med. æt. p. 208.
HOMONTIO, *Homuncio :* « Curatus prefatus bonus *Homontio* est. » *Chevalier*, Visit. episcop. Gratianop. p. 79.
HOMOPLANTA, *Homoplata* : « *Homoplanta, l'os de l'espaule.* » Glos. Lat. Gal. Bibl. Insul. E. 36. xv. s.
HORTOLANUS , *Hortulanus* : « Unus *Hortolanus*, quatuor in servitio furni, quatuor in servitio coquine. » Cart. N. D. Paris. I. 61. an. 1202.
HOSELLI, « *Gallice Houzeaux*, » ut notat editor Concil. Rotom. anni 1214. cap. 10. part. 11 : *Ne ulantur Hosellis* I. 116. c.
HOSPICIUM, Gall. *Hôtel, Demeure* :

Congregavit ad ultimum
Istius urbis populum
Estrumque stravit oppidum,
Pontificis Hospicium.
[G. E. CAMBRAI.]

HOSTELARIUS , ut *Hostellarius :* « Unus janitor, duo quadrigarii, duo cursores, unus *Hostelarius*, unus carpentarius. » Cart. N. D. Paris. I. 61. an. 1202.
HOSTILICIUM, in descriptione bonorum monasterii Pruminensis commentata 1222 : *Hostilicium vulgariter appellatur natselde. Dominus abbas quando vult visitare curias suæ ecclesiæ, tenentur ei præfatæ curiæ currus ad ferenda necessaria de curia ad curiam procurare vel forte sicut mos erat antiquius, quando jura ista statuta fuerunt cum domini rolebant procedere per terras suas, jungi fecerunt curros suos et sedebant in eis vel familia eorum. Boves qui ad Hostilicium juncti in curiis, mactari debent et comedi.* Beyer, Urkundenbuch I. 145. [A. M.]
HOVEIUNGERE, in descriptione bonorum abbatiæ Pruminensis commentata 1222 : *Sciendum est, quod quandocunque feminæ ecclesiæ nostræ servos proprios duxerint et ex illis filios genuerint, quod illi filii omnibus diebus vitæ suæ servi permaneabunt nostri, qui vulgariter appellantur Hoveiungere et si nobis placuerit dabitur eis panis et vestimentum et omnibus diebus vitæ suæ in curtis nostris permanebunt vel custodient pecora vel minabunt aratrum tam ipsi quam filii eorum et si volumus tali servitio carere, possumus redemptionem ab eis recipere.* Beyer, Urkundenbuch I. 162. [A. M.]
HOVEREIDE, in carta cœnobii veteris montis de anno 1244 : *Pro jure vero areæ, quæ vulgo dicitur Hovereide, dedimus quinque marcas.* Lakomblet, Urkundenbuch des Niederrheins II. 287. [A. M.]

HOVETCAPELLEN, erant parochiæ exemptæ a decanis; in calendario custodiæ eccl. cath. Colon.: *In cena domini custos major...dividet crisma per dyocesim decanis et quibusdam ecclesiis specialiter, quæ dicuntur Hovetcapellen.* [A. M.]

HOYUENHERE, Mansionarii sunt jurati curtis; in dipl. Henrici arch. Colon. de anno 1325 : *Sicut jurati dictæ curtis, qui Hoyuenhere vulgariter dicuntur,... asserunt.* Gunther, cod. dipl. Rheno-Mosellanus III. 232 [A. M.]

HUSSIS, *Hous.* Gloss. Lat. Gal. Bibl. Insul. E. 36. XV. s.

HYGEN sunt locatores vinearum ; in calendario custodiæ eccl. cath. Colon. : *Istud vinum prædictum, quod dicitur paichivin, solvunt quidam de Unkele qui dicuntur Hygen et sunt jurati ecclesiæ S. Mariæ et S. Petri in Colonia, de quibusdam prædiis.* [A. M.]

I

INC

JANETUS, Gall. *Cheval genêt* : « Pro ni. cammalibus magni *Janeti*. Item, pro una falsaregna pro uno parvo *Janeto*. » Arch. hist. de la Gironde, t. 22, p. 501.
JASPIDUS. « Auxungie serpentis qui *Jaspidus* surdus appellatur. » B. N. ms. lat. 10272, p. 214.
IDEDIA, Inedia : « *Idedia, mesaine.* » Lex. Lat. Gal. Bibl. Ebroic. n. 23, XIII. s.
IDEONIA. « *Ideonia*, langages. » Lex. Lat. Gal. Bibl. Ebroic. n. 23, XIII. s.
IDFATUARE, Infatuare : « *Idfatuare, asoter.* » Lex. Lat. Gal. Bibl. Ebroic. n. 23, XIII. s.
IDOLATRA, Idololatra : « Æris fit *Idolatra* dux christicolarum. » Du Méril, Poës. lat. med. æt. p. 89.
IERAPIGRA, Gall. *Electuaire d'aloès composé* : « ... Pro I. quarto de *Ierapigra* et I. quarto de quasi-fistularis... » Arch. hist. de la Gironde, t. 22, p. 332.
JERTEN Vide *Pertica* [A. M.]
IGNOMINOSUS, Ignominiosus : « *Ignominosus, vieus.* » Lex. Lat. Gal. Bibl. Ebroic. n. 23, XIII. s.
IMBOCHIARE. « Campanile est debochiatum et pluit infra, et nisi *Imbochietur* est in periculo disruendi. » *Chevalier*, Visit. episcop. Gratianop. p. 59.
IMDOLUS. « *Indolus, simplece.* » Lex. Lat. Gal. Bibl. Ebroic. n. 23, XIII. s.
IMMATRICULATIO. Concil. Rotom. anni 1581 : *Cum sua notariatâ promotione et Immatriculatione.* I, 212, C.
IMMINIS. « *Imminis, sans coupe.* » Lex. Lat. Gal. Bibl. Ebroic. n. 23, XIII. s.
IMPERIUM, Gall. *Diplôme, décret* (impérial) :

Donat tamen ad terminum,
Ut testatur *Imperium*,
Donec imponat proprium
Cameracis episcopum.
[G. E. CAMBRAI.]

IMPRICARI, Imprecari : « *Impricari, prier mal.* » Lex. Lat. Gal. Bibl. Ebroic. n. 23, XIII. s.
INCONFESSUS, *Qui a longo tempore peccata non confessus est. An aliqui..... sint... Inconfessi ?* De visitationibus faciendis ann. 1580. Concilia Rotomag. provinciæ, II, 603, B.
INCONSERVATUS, Gall. *Non gardé* :

Scripsi de Gerardi morte
Inconservato ordine,
De illo volens finire,
Mox reverti materiæ.
[G. E. CAMBRAI.]

INS

INCURIA. Gall. *Mépris* :

Affirmat denique nunquam absolvere
Gerardum nec suos de anathemate
Donec æcclesias arsas restituant
Et mille decies marchas retribuant,
Donec preterea de centum mortuis,
Tam de presbitero quam de castricolis,
Deo satisfactum et illi veniant
Et penitentiam inde accipiant.
Ergo despicivnt cives pontificem,
Et presul de illis monstrat *Incuriam*.
[G. E. CAMBRAI.]

INDAGAGO, Gall. *Parc.* Glos. Lat. Gal. Bibl. Insul. E 36, XV. s.
INDAGO, Circumseptio ; in carta Wicboldi arch. Colon. de anno 1302 : *Quod idem burgravius Indaginem castri prædicti destruxit et vendidit.* Gunther, cod. dipl. Rheno-Mosellanus, III, 103. [A. M.]
INDEVOTUS. Bulla Honorii papæ III, anni 1220 : *In Indevotos divina indignatio gravius exardescet. Et supra Indevoti.* I, 129, C.
INDIGNARI, Gall. *Dédaigner, refuser* :

Quod si utrumque facere
Indignatur, facillime
Indignantem percutere
Minatur anathemate.
[G. E. CAMBRAI.]

INDOMENGERIA, Gallice *Terre possédée en propre* ; confer MANSUS INDOMINICATUS : « Donaverunt etiam de suis *Indomengeriis* sancto Petro similiter. » Cartul. S. Andreæ Viennensis, éd. Chevalier, p. 277, ann. 1091.
INFABRICATUS. *Totius corporis Infabricata massa torpebat.* Vita S. Hilarii, II, 9. Acta SS. Januar. II, 76, F.
INFATUATUS, *Fou de seigneur.* Concil. Rotom. ann. 1214, p. 111, cap. 11 : *Nec stultos vel Infatuatos secum habeant, qui, in fabulam et derisum populis, eos ad risum moveant.* I, 124, A.
INHERS, Iners : « Vox non tarda *Inhertem*, precipitem impudentemque declarat. » B. N. ms. lat. 16089, f. 102 b.
INJECTOR. *Injectores manuum in parentes vel clericos.* Præcepta Synod. Const. forte XIII° seculi : p. 551, B.
INSCINDERE, Gall. *Couper du bois* : « Et possunt et debent *Inscindere* ligna et mayerias. » *Chevalier*, Inv. archiv. Delphin. n. 914, an. 1261.
INSINDOLA, Gallice *Aisseau* : « Navis ecclesie est coperta de *Insindolis* et pluit per totum. » *Chevalier*, Visit. episcop. Gratianop. p. 104, an. 1408.

INV

INSOTARE, Gall. *Encaver* : « ... Fecimus reparari sive rebatre xx. tonnellos vini clari qui fuerunt *Insotati*..... solvi bubulcis qui portarunt dictos xx. tonellos... usque ad ruam Sᵗⁱ-Jacobi ubi fuerunt insotati. » Arch. hist. de la Gironde, t. 22, p. 188.
INSPISSATIO, Gall. *Epaississement* : « Per viam *Inspissationis*, turbulencie et quietis novam formam acquirit. » B. N. ms. lat. 16089, f. 111°.
INSTINCTUS (LITTERIS), Gall. *Instruit* :

Utpote qui erat *Instinctus literis*,
Ornatus etiam moribus optimis
Et de ordinibus ecclesiasticis,
Facetus et prudens et honorabilis.
[G. E. CAMBRAI.]

INTERDARE, Gall. *Donner mutuellement, échanger* : De quo, ut justum erat, suam recipiens castellaniam, sibi fecit hominium, et fidelitatem juraverunt alterutrum et obsides *Interdederunt* ob agendam, pacem, etc. [G. E. CAMBRAI.]
INTERVENTRIX, De B. V. Mariâ. *Hanc patronam, advocatam, et Interventricem singularem... honorare.* Mandatum Gaufridi, episc. Constant., p. 575, A.
INTRITIA, Intrita, *Parties broyées* : « Ut melius redoleat, deferat *Intritia* gariofili et muscum caute : ne ab alio videantur, peplum quoz debet reponi super gariofilum et muscum. » B. N. ms. lat. 16089, f. 113 d.
INTROMITTERE (SE), Gall. *Se mettre en possession* :

Infra quam concedit archiepiscopus
Ut *se Intromittat* de bonis omnibus,
Sed non remaneat in episcopio
Istius permissi de preterito.
[G. E. CAMBRAI.]

INTUENTIA, Æ, Visus. « Alicui ex ipsis tanti sacramenti concederet *Intuentiam*. » Vita S. Agricii Trevir., 13. Januar. c. 17. — Acta SS. Januar. II, 58, D., éd. Palmé.
INVERSIO, Gall. *Désordre* :

Condoluit episcopus
De tot *Inversionibus*,
De clericis enormibus
Et sibi resistentibus.
[G. E. CAMBRAI.]

INVERSUM (IN), Gall. *A rebours* (sens figuré) :

Cum Manasses eligitur,
A Clero plebs dividitur

ISS

Omnisque lex confunditur
Et in *Inversum* vertitur.
[G. E. CAMBRAI.]

INVIRILITAS, Gall. *Absence de virilité*: « Quare *Invirilitas*, pigrities, indocibilitas, oblivio, volumptuositas et hujusmodi apparebunt. » B. N. ms. lat. 16089, f. 112ᵃ.

INVOCATOR. Concil. Rotom. anni 1445, can. 6: *Si qui inventi fuerint Invocatores dæmonum*. I, 184, B.

IROSUS, Iratus: « Si volueris ut quis *Irosus* ab ira quam habet erga te liberetur. » B. N. ms. lat. 10272, p. 280.

ISSARMENT, YSSARMENT, YSSARMENTARE, Gall. *Sarment, ramasser les sarments*: « Solvi VI. mulieribus qui colliegerunt l'*Issarment* seu palmites. » Arch. hist. de la Gironde, t. 22, p. 351. —

JUN

« ... Pro *Yssarmentando* et extrahendo lo *Yssarment* de dictis vineis. » Id. t. 22, p. 321.

ISSUGACAP, Gall. *Essuie-tête*: « Emi XXXVI. creys de tela de Britania... pro faciendo... II. camislas, II. *Issugacaps* et I. drapela. » Arch. hist. de la Gironde, t. 22, p. 380.

JUNCUS, dicebantur rami arborum cum foliis qui spargebantur diebus festivis in ecclesiis et in cœnobiis; ita in diplom. archiepiscopi Coloniensis Arnoldi I. de anno 1144-47: *De hospitali statutis temporibus nattæ et Junci claustralibus fratribus provideri debent*. Lakomblet, Urkundenbuch des Niederrheins, I, 360. Et in MS. archivii Trevirensis nº 1235: *In festo Petri et Pauli datur cuilibet officio et loco bona ligatura*

JUS

de Juncis et gramine. Et custodibus dormitorii dantur 6 ligaturæ quas projiciunt in dormitorium et in ambitum. [A. M.]

JURGIUM, Gall. *Désordre*:

Quidam tandem francigena,
Cui Manasses onoma,
Electus est per *Jurgia*
Non per jura canonica.
[G. E. CAMBRAI.]

JUS (IN) ADESSE, Gall. *Admis aux conseils* (reconnu comme grand vassal?):

In Jus adesse poterit,
Ut sui judicaverint
Fratres et coepiscopi
Lotharingi imperii.
[G. E. CAMBRAI.]

K

KEN

KELLERPROUEN, in MS. continens descriptionem præbendarum in ecclesia cathedr. Colon. in archivio civitatis Coloniensis: *Item sunt adhuc duodecim præbendæ laicales quæ dicuntur Kellerprouen, qui officium (habent) custodiendi tempore divinorum januas chori*. [A. M.]

KENLIG VERLEYS, in carta Reinaldi comitis Gelrensis de anno 1279: *Amissa et perdita, quæ Kenlig Verleys dicuntur*. (Lakomblet, Urkundenbuch, II, 739.) [A. M.]

KENLIGE SCULDE, in carta Reinaldi comitis Gelrensis de anno 1279: *De universis debitis notoriis, quæ vulgariter Kenlige sculde dicuntur*. (Lakomblet, Urkundenbuch des Niederrheins, II, 739.) [A. M.]

KIN

KERE est servitus quædam in vineis, forsitan jus colligendi folia superflua in eisdem; in carta pro communitate Metternich de anno 1248: *Notum facimus quod communitas de Metriche servituti quæ vulgo dicitur Kere..... renuntiavit*. (Gunther, cod. dipl. Rheno-Mosellanus II, 285.) [A. M.]

KERNE, in carta Johannis arch. Trev. de anno 1192: *Et hoc quidem ei sub annua pensione duorum maldrorum Kerne*. (Beyer, Urkundenbuch, II, 168.) [A. M.]

KINTBEIDE, in carta monasterii in Rommersdorf de anno 1210: *Qui quoddam jus annualis petitionis, quod vulgariter Kintbeide dicitur persolventes quieto*

KUN

jure nobis contulerunt. (Beyer, Urkundenbuch II, 306.) [A. M.]

KLIOTETRA, Sella plicatilis, ita in vita S. Bardonis cap. VII: *Dedit videlicet Kliotetram regio decore præparatam*. (Kremer. orig. Nass. II, p. 356.) [A. M.]

KNETISPENNINGE, Telonium quod de vino et annona in Rheno flumine datur, in carta Theoderici de Katzenellenbogen de anno 1273: *Et denariorum qui vulgariter dicuntur Knetispenninge*. (Lakomblet Urkundenbuch II, 626.) [A. M.]

KOCHELEN, in calendario custodiæ eccl. cath. Colon.: *Item recipiet decem voketen et duos Kochelen*. [A. M.]

KUNIKCGEHOLZT. Vide *Glaves*. [A. M.]

L

LAT

LACTICINIUM. « Est omnis planta que habet lac acutum solutivum. » B. N. ms. lat. 16186, f. 67ᵃ.

LANÇO, ÇONUS, *Hallebarde*: « Feri de *Lançonibus*.... *Lançoni longi*. » (Inv. arsenatus Venet: 1314, Bibl. Schol. Chart. 1865, p. 565.

LARDUM, est caro porci assa, in MS. archivii Colon. t. II, 35: *Item habebunt denarium de Lardo*. [A. M.]

LATERITAS, Affinitas et cognatio, ut *Lignée*, Gallice. *De Lateritate sponsi et*

LAU

sponsæ quæ debent conjungi. Præcepta Synod. Constant. forte XIV seculi, p. 554, B.

LAUS, Hymnus. Vide *Revue de l'Art chrétien*, ann. 1887. pag. 115.

LAUSATOR. « Item quod textores dictorum pannorum non dent nec dare teneantur *Lausatori* pro qualibet pecia panni nisi v denar. thol. tantum in pena XII. denar. thol. levanda a quolibet, tam a textore quam a *Lausatore*. » Cartul. Mirand. fº 101. vº. anno 1330. Transcriptum

LAU

instrumenti ministeriorum paratorum, textorum et tintereriorum pannorum lane. — Je n'ai trouvé nulle part la signification de ce mot. Il s'agit, sans nul doute, d'un ouvrier préparant les étoffes de laine. Mais de quelle préparation s'agit-il? La langue actuelle du pays (au moins dans les Pyrénées) ne fournit un mot dont la forme se rapproche de *Lausator*, c'est le mot *Caüsaire* qui, latinisé, ferait *Causator*. C'est le nom donné à l'ouvrier qui tisse à façon un drap de qualité inférieure, appelé le *Caüsat*. [J. MAUMUS.]

LAUZENGATOR, Gall. *Qui blâme, qui critique* : « Abscultate, domini et consules, castigetis *Lauzengatores*. » A. N. J. 320, n° 74, an. 1251, Najaci ap. Ruthen.

LAVENDARIUS, Qui lavat indumenta, etc. ecclesiæ ; in Kalendario custodiæ eccl. cathedr. Colon. : *Item Lavendariis dabitur candela una*. [A. M.]

LECSTOUFE, in MS. Archivii Trevir. n° 1225 : *Pro Lecstoufe* 1. *ama vini*. [A. M.]

LEHSE, sunt pisces, Germanice *Lachs*, Gallice *Saumon*; in MS. archivii Dusseldorp. de fratribus S. Lupi : *De tractu* (i. e. Tragile) *Luniz 13 pisces Lehse dantur*. [A. M.]

LEIDEHUNDE, in libro annualium jurium arch. Trevir. : *Forestarius recipiet advocatum villæ bis in anno cum uno milite et eorum servis, cum uno venatore et duobus servis peditibus, cum 12 canibus et uno cane Leidehunde*. (Beyer, Urkundenbuch II, 425.) [A. M.]

LEUDIS, in Dipl. Lotharii I. imperatoris pro abbatia Prumiensi de anno 855 : *Ut ei dimitteremus leudem quam homines quondam fisci nostri de awans persolvere debebant pro quodam clerico interfecto nomine Gozelino*. (Beyer, Urkundenbuch I, 93.) [A. M.]

LIBRA FILANDERIA. « .....Quod Libra *filanderia* lane sit ponderis v cartaronum libræ primæ. » Cartul. Mirand. f° 101, r°. ann. 1330. Transcriptum instrumenti ministeriorum paratorum, textorum et tinteriorum pannorum lane. [J. MAUMUS.]

LITTERA, Gall. *Science*. Chapitre d'un livre. Gloss. Gestorum pontif. Cameracensium :

Archipresul idiota,
Cui non patet *Littera*,
Galchero ferens odia
Nostra sprevit precamina.

LOICH, Alleum, Germanice *Lauch*, in carta Wilhelmi comitis Juliacensis de anno 1260 : *Singulis annis in vigilia palmarum dabit scultetus dictæ ecclesiæ alei ligaturas trecentas, quod aleum, Loich dicitur*. (Lakomblet, Urkundenbuch II, 494.) [A. M.]

LUHTIN (LUCHTIN), in libro annualium jurium arch. Trevir. : *Et* (solvit) *90 cortices quod Luhtin appellant*. (Beyer, Urkundenbuch II, 408.) [A. M.]

M

MAN

MAGARIA, est munus colligendi debita a subditis domini ; ita in dipl. Gerardi abbatis Sigebergensis de anno 1183 : *Defuncto quodam Marquardo, qui Magariam civitalis a nobis censualiter amministrabat*. Lakomblet, Urkundenbuch des Niederrheins, I, 487. [A. M.]

MAGISTERIUM, Gall. *Les supérieurs ecclésiastiques* (Gloss. *des Gestes des évêques de Cambrai*) :

Ad tuum *Magisterium*,
Tuum querens officium ;
Sed si non habes divinum,
Ad nos non agas reditum.
[G. E. CAMBRAI.]

MAIESTAS, idem quod altare ; in calendario custodiæ eccl. cath. Colon. : *Et suspenduntur 5 (causibula) ante Maiestatem super chorum S. Petri in modum crucis et 5 ante Maiestatem super chorum S. Mariæ in modum crucis*. [A. M.]

MALEVOLUS, Gall. *Ennemi* (Gloss. des Gestes des évêques de Cambrai) :

Hinc Galcheri episcopi
Colletantur *Malevoli*,
Qui cogitatus animi
Desiderabant perfici.
[G. E. CAMBRAI.]

MALLOBERGI, Judicia; ita in dipl. Ottonis III. regis pro Egberto archiepiscopo Trevirensi de anno 989 : *Videlicet ut nullus per Mallobergos nec aliqua ingenia ejusdem ecclesiæ homines admallare... præsumeret*. Gunther, cod. dipl. Rheno-Mosellanus, I, 86. [A. M.]

MALPENNING, in compositione inter Engelbertum II. arch. Colon. et urbem Coloniam de anno 1265 : *Quod ipsi cives de personis ecclesiasticis et religiosis denariis cervisiales, et denariis, qui dicuntur Malpenning, non recipiant*. Lakomblet, Urkundenbuch, II, 550. [A. M.]

MANARESIA, Securis species : « *Mana-*

MAR

resios, in summa, per omnes partes, VII°. L. » Invent. arcenatus Venet. 1314, Bibl. Schol. Chart. 1865, p. 564.

MANAVISCUS, *Vimauve*. Gloss. Turon. Bibl. Schol. Chart. 1869, p. 331, XII. s.

MANBURNUS, in carta Sifridi arch. Col. de anno 1289 : *Qui se de comitatu Gelriæ tamquam tutores seu Manburni intromiserunt vel intromittent*. Lakomblet, Urkundenbuch, II, 868. [A. M.]

MANENS, Habitans ; in dipl. Ludovici imperatoris pro abbatia Prumiensi de anno 820 : *In qua sunt mansa duo et Manentes duodecim*. Beyer, Urkundenbuch, I, 59. [A. M.]

MANSI ; in descriptione bonorum monasterii Prumiensis commentata 1222 : *Mansi serviles sunt, qui continue tenentur nobis servire id est omni ebdomada per totum annum tribus diebus. Præterea facunt alia jura multa sicut expressum est in libro. Mansi lediles sunt, qui nobis multa jura solvunt, sed tamen ita continue non serviunt, sicut Mansi serviles. Mansi ingenuales sunt qui jacent in ardenna id est osline, in qua terra jacet alue et hunlar et vilantia, quilibet istorum mansorum habet CLX. jurnales terræ, quos appellamus vulgariter kunikkgeshune. Mansi absi sunt qui non habent cultores, sed dominus eos habet in sua potestate, qui vulgariter appellantur wroynde*. Præterea etiam inveniter in libro de Mansis indominicatis, qui sunt *agri curiæ, quos vulgariter appellamus selguet sive atten vel cunden*. Beyer, Urkundenbuch, I, 144. [A. M.]

MAR, Palus ; in libro annualium jurium arch. Trev. : *Habet archiepiscopus 40 jugera in loco ubi vivarium fuit archiepiscopi quod Mar dicebatur*. Beyer, Urkundenbuch, II, 399. [A. M.]

MARSUPIUM ; in MS. archivii Dusseldorp. de fratribus S. Lupi : *Unum Marsupium*. [A. M.]

MER

MATERIAMEN ; in descriptione bonorum abbatiæ Prumiensis commentata 1222 : *Materiamen sunt ligna, quæ nos vulgariter appellamus cinber. Quando enim necesse habemus vel torcularia vel domos vel alia ædificia de novo facere, homines ad hoc determinati XV noctes ibi debent operari*. Beyer, Urkundenbuch, I, 156. [A. M.]

MEDENA, MEDUM, est septima pars frugum in agris; ita in diplom. capituli ecclesiæ cathedralis Trevirensis de anno 1083 : *Est autem Medena septena de agris, tributum vero census statutus de vineis*. » Gunther, cod. dipl. Rheno-Mosellanus, I, 148. Et in dipl. Pipini regis pro ecclesia Trevirensi de anno 902 : *Ut Trevericæ civitatis monetam, telonium, censuales, tributum et Medenam agrorum.... restitueret*. Honthemii, Hist. Trev. dipl. I, 130. [A. M.]

MEIHUDE, in carta Wilhelmi comitis Juliacensis de anno 1217 : *Ita ut eadem curtis ab omni exactionis seu pensionis onere sive in tritico seu in pena quæ Meihude dicta est in perpetuum sit exempta*. Lakomblet, Urkundenbuch, II, 69. [A. M.]

MENBULUS, dictum est de mirabolanis : « Coffinas quatuor mirabolanorum *Menbulorum*. » Massil. 5 mai, 1821, Bibl. Schol. Chart. 1868, p. 315.

MERDANCIUM. « Item, dentur omnes terre pertinentes boarie S^{ti} Clementis et territorium de Ulmo et de S^{to} Martino, usque ad *Merdancium* et usque ad vadum de Taraubet. » Cartul. Mirand. f° 30, v°. et f° 77, r°. ann. 1290. Sentence arbitrale entre l'abbaye de Berdoues et la ville de Mirande. — Le mot n'est pas difficile à comprendre ; une espèce de dépotoir évidemment. [J. MAUMUS.]

MERINGA, dicebatur panis albus et vinum, quod dabatur post completorium ; in MS. archivii Trev. n° 1225 : *De*

MOL — MUN — MYR

Meringa quæ datur tantum præsentibus. [A. M.]

MESSANC, est jus colligendi panes in parochia pro parocho ; in carta Henrici de Heinsberg de anno 1254 : *Jus autem quod dicitur Messanc, panes hiemales et paschales per totam parochiam eidem cedent investito.* Lakomblet, Urkundenbuch, II, 400. [A. M.]

MEYNKOYF, Venditio dolosa ; ita in ordinatione arbitrorum inter Conradum arch. Colon. et Coloniam urbem de anno 1258 : *De falsis mensuris et de omni eo quod vulgariter Meynkoyf dicitur.* Lakomblet, Urkundenbuch des Niederrheins, II, 452. [A. M.]

MINNE ET UNMINNE, erant parvulæ præbendæ præpositi Coloniensis ; in kalendario custodiæ eccl. cathedr. Colon.: *Et etiam dantur ei duæ candelæ de quinque fertonibus de duabus parvulis præbendis suis, quæ vocantur Minne et Unminne.* [A. M.]

MINX, Moneta aurea Coloniensis ; ita in dipl. Reinaldi archiepiscopi Coloniensis de anno 1167 : *Annuatim solventes ei intuitu hujus custodiæ aureum valentem xxx nummos Coloniensis monetæ qui vulgo dicebatur Minx.* Gunther, cod. dipl. Rheno-Mosellanus, I, 395. [A. M.]

MODIUS ; in descriptione bonorum abbatiæ Prumiensis commentata 1222 : *Modius vini tenet mensuram quam appellamus emer*, quæ vulgariter dicuntur amam, Beyer, Urkundenbuch, I, 155. [A. M.]

MOLLIFICATOR CERÆ, est qui cereos facit ; in MS. archivii Trevir. n° 1225 : *Mollificatori ceræ... datur cœna sicut uni dominorum.* [A. M.]

MONCHIA, idem quod *Mouchia*, sive musca, Gall. *Mousche, fermaux.* Vide Ch. de Linas apud Revue de l'Art. chrétien, 1887. pag. 104.

MONETERIUM, idem quod *Monasterium.* Vide Bull. archéol. du Comité des trav. hist. 1886. pag. 123.

MORA ; in descriptione bonorum cœnobii Prumiensis commentata 1222 : *Moras (brabiron) homines nostri colligere tenentur ad faciendum moratum propter sollemnitates et infirmos fratres et magnos hospites. Præterea sciendum est, quod curia de alvo annuatim solvere debet III sextarios mellis, similiter curia de sefferne, et curia de morlebahc* n. *similiter curia de selrihc et olmeze. Istud mel solvitur de inventionibus apum in silvis ecclesiæ et de melle isto conficietur claretum, similiter propter sollemnitates et infirmos fratres. Piper autem, quod ad tale condimentum est necessarium, solvunt curiæ nostræ de niderlant... species autem procurabit cellarius fratrum.* Beyer, Urkundenbuch, I, 155. [A. M.]

MORGANUS, est mensura agri, Germanice Morgen ; ita in dipl. collegii cathedralis Trevirensis de anno 1088 : *Ad arcum Olviæ ultra aquam juxta viam duo Morgani.* Gunther, cod. dipl. Rheno-Mosellanus, I, 149 [A. M.]

MORGELLINA, *Moruns.* Gloss. Turon. Bibl. Schol. Chart. 1869, p. 331, xii. s.

MUNITAS (CASTELLORUM), Gall. *Fortification*, ouvrages de défense (Glos. des Gestes des évêques de Cambrai) :

*Dedisset vero maximam
Pecuniarum copiam
Atque prostravisset omnem
Castellorum Munitatem.*
[G. E. CAMBRAI.]

MUNTMAN, Cliens ; ita in ordinatione arbitrorum inter Conradum arch. Colon. et urbem Coloniam de anno 1258 : *Quod diversi cives divites et potentes recipiunt et recipere consueverunt populares et impotentes in suam protectionem, nominantes vulgari nomine Muntman.* Lakomblet, Urkundenbuch des Niederrheins, II, 452. [A. M.]

MURUS, est terra palustris, Gallice *Marais*, Germanice *Moor* ; ita in duobus diplom. Henrici II. imperatoris de anno 1018 : *Usque ad Murum qui vulgo vocatur bruel, quæ est infra Murum qui dicitur bruel.* Lakomblet, Urkundenbuch des Niederrheins, I, 151 et 152. [A. M.]

MUTENARIUS, beneficiatus, qui pro stipendio ecclesiæ servit ; ita in statutis pro ecclesia collegiata in Boppard de anno 1338 : *Quod nullus beneficiatus in ecclesia sive sit perpetuus, sive sit Mutenarius, in choro legat sine religione canonicas horas suas.* Gunther, cod. dipl. Rheno-Mosellanus, III, 869. [A. M.]

MYRGIL, est terra quæ adhibetur ad meliorandos agros ; in MS. carta de anniversarii præcepti Theoderici de Randenrode chorepiscopi Colon. de anno 1247 : *Item si contigerit in bonis istis inveniri illud quod Myrgil dicitur, licebit de hoc duci super agros curtis ad emendandum eos.* [A. M.]

N

NAP — NAU — NAY

NACHO, in descript. thelonei in Confluentia : *De navicula ex solo ligno excisa, quæ vulgariter Nacho vocatur dabitur unus den. Colon.* Beyer, Urkundenbuch II. 287. [A. M.]

NAHTHELDE, excubiæ noctis : ita in dipl. de juribus ecclesiæ Ravingersburg de anno 1285 . *Item statuimus, quod prædictus nobilis ab hominibus universis ecclesiæ attinentibus exactiones, tallias, angarias vel præangarias aliquas non requirat nec recipiat, quæ vulgariter dicuntur Nahthelde, Herberge, Dinestpenninge, Fuderhavere.* Kremer orig. Nass. II. p. 310. [A M.[

NAITLICH, ex sepo præparatum lumen ; in calendario custodiæ eccl. cath. Colon.: *Custos major faciet parari de dimidio cluda sepi* 28. *Naitlich.* [A. M.]

NAPPUS, Mensure frumentariæ in Italia species, qua utebantur molendinarii speciatim ad pensitationem pro molitura frumenti metiendam. Stat. Bonon. ann. 1250-67. tom. II. pag. 62 : *Statuimus quod starium communis de ramo renovetur et melioretur. Item renovetur Nappus comunis de ramo, et fiat ita quod mensuretur cum illo ad rasum. Et tom.* I. pag. 176 : *Et si aliquem molendinarios per se, vel per suos nuntios in fraudem cum majori Nappo accipere molituram, quam a me, vel a meis sociis fuerit designatum... pignus trium librarum bononinorum ei qui contrafecerit auferam, etc.* [FR.]

NATULÆ, sunt acus abietis, Gallice Feuilles de sapin, Germanice *Tannadel* ; in dipl. Johannis Trevirensis archiepiscopi de anno 1210 : *In die anniversarii prædicti Wilhelmi de reliquo solido nummorum ementur Natulæ spargendæ per domum capituli dominarum.* Gunther, cod. dipl. Rheno-Mosellanus II. 101. [A. M.]

NAULUS, est tributum pro transvectione super fluvium ; in dipl. capituli S. Florini et fratrum domus teutonicæ in Confluentia de anno 1247 : *Cum occasione nautarum, quas tam ipsi quam nos pro quadam parte communes habebamus in Mosella super Naulo recipiendo ac dividendo inter nos quæstio verteretur.* Gunther, cod. dipl. Rheno-Mosellanus II. 223 [A. M.]

NAVIGARE IN CONSERVA, IN CONSERVATICO, dicitur de *Navibus*, quæ una cum aliis cursum tenent. Impos. Off. Gazarie ann. 1313. inter Mon. Hist. patr. Taur. tom. II. col. 336 : *Quod galee de Romania Navigent insimul in conservaticho.* — *Item quod galles de subtillibus quæ Navigare debebunt versus partes Romanæ in quibuscumque passagiis Navigent et Navigare debeant insimul in conserva.* [FR.]

NAYSARE LINUM, Idem quod macerare in aqua. Stat. Niclæ ann. 1346. inter Monum. Hist. patr. Taur. tom. II. col. 214 : *Quod nullus debet Naysare linum, neque canapum a portali Pationis usque ad mare... Et paulo post : Mandamus quatenus inhibeatis publice, ne aliqua persona a ponte dicti fluminis Pationis inferius usque ad mare in aqua ipsa*

NID — NOT — NOY

linum et canabum immittere, seu apponi facere audeat. [FR.]

NETEZARE, Expurgare, Ital. *Nettare,* Gall. *Nettoyer.* Stat. Casal. sæc. XIV. inter Mon. Hist. patr. Taur. tom. II. col. 1074 : *Item statutum et ordinatum est quod liceat cuilibet persone de Cassali remondare et Netezare plateam comunis cassalis circumquaque.* [FR.]

NIDERVAL, est tributum, quod propter mortem infeudati dabatur , in carta Walrami ducis Limburgensis de anno 1258 : *Quod de transitu ipsarum de hoc sæculo, qui dicitur vulgariter Niderval, nichil in ipsis omnino juris habeamus.* Lakomblet, Urkundenbuch II. 458. [A.M.]

NOIERIUM, *Noirs.* Gloss. Turon. Bibl. Schol. Chart. 1869. pag. 330. XII. s.

NOTMUNDE, stuprum violentum ; in carta compositionis inter capitulum Embricense et comitem Zutphaniensem de anno 1233 : *Vel raptum pudoris mulierum fecerint violentum, quod Notmunde vulgo appellatur.* Lakomblet, Urkundenbuch II. 190. [A. M.]

NOTORIE. Concil. Pratense, anni 1313. can. 8 : *De sui natura Notorie brevia nulla cadunt.* I. 173. B.

NOVELLARE, in culturam redigere ; in dipl. monasterii in Himmenrode de anno 1259 : *Usque ad planitiem de Bridal in qua solemus Novellare.* Gunther, cod. dipl. Rheno-Mosellanus II. 295. [A. M.]

NOYTPROVENDERE, erant præbendæ auxiliares ; in calendario custodiæ eccl. cath. Colon. : *Aurifabris et Noytprovendere (dabit) 16. sol. et 3. den.* [A. M.]

O

OFF — ORD — OVE

OBDUCERE, Forsitan, Gallice *Incruster,* ut videtur in Cartulario sancti Jovini : *Sanctorum Marulfi... et Rufini reliquiæ theca cuprea argento Obducta inclusa...*

OBOCULATUS, cœcatus. *Puella... postmodum Oboculata.* Vita S. Viventii, c. 38. Januarii II. 93. c.

OBVIUS, Gall. *Combattu, repoussé:*

Qui sibi *Obvius* intulit grandia
Consecrationi suæ contraria
Ubicumque sua tenet in Gallia
Cum pontificibus conciliabula. .
[G. E. CAMBRAI.]

OCTALIA, *Octava* pars ; in dipl. domus militiæ templi in Briseche de anno 1285 : *Pensionem annualem viginti sex Octalium siliginis et duorum Octalium avenæ.* Gunther, cod. dipl. Rheno-Mosellanus II 454. [A. M.]

ODIUM, Gall. *Querelles:*

Huc usque fuit jurgium
Per linguas et per *Odium*
Sed ventum est ad gladium,
Ad predas et incendium.
[G. E. CAMBRAI.]

OFFENWUNDE, vulnus apertum ; in dipl. arch. Colon. Sifridi de anno 1285 : *Nisi sit de vulnere aperto quod Offenwunde dicitur.* Lakomblet, Urkundenbuch des Niederrheins II. 802. [A. M.]

OFFERGARUE, sunt mergites, qui ecclesiæ dabantur ; in carta pro ordine theutonico de anno 1278 : *Erit libera de jure illo quod Succegarue, Offergarue... vulgariter appellatur.* Lakomblet, Niederrheinisches Urkundenbuch II. 717. [A. M.]

ONUSTAS, ATIS, pondus. *Perpetuam fructus servat Onustatem.* Ubi alia MSS. *Honestatem.* Idem, ibidem. .

ORACULUM, Gall. *Discours:* Nunc ad Burchardum revertamur episcopum de illoque nostrum proloquatur *Oraculum.* [G. E. CAMBRAI.]

ORBICULARITER. Concil. Rotom. anni 1214. part. III. can. 1 : *Tonsura eorum sit Orbiculariter rotunda.* I, 123. A.

ORDENLICHE, sunt candelæ, quæ portantur ante episcopum ; in calendario custodiæ eccl. cath. Colon. : *Custos major dabit in cameram sex Ordenlich, quarum duæ portantur ante episcopum ad consecrandum ignem.* [A. M.]

ORDITOR. Idem ordinaverunt quod textores dictorum pannorum lane habeant et teneant *Orditores* suos unius longitudinis... Cartul. Mirandl f° 101, r°. anno 1330. (Transcriptum instrumenti ministeriorum paratorum, textorum et tintereriorum pannorum lane. [J. MAUMUS.]

ORDO, Gall. *Peuple* (opposé à *Clerus*):

Mox cleri universitas
Et *Ordinis* humilitas
Honor, virtus et potestas
Ad laudes canant debitas.
[G. E. CAMBRAI.]

ORKEMSCHERF, erat moneta, quæ parocho ab incolis parochiæ solvi debuit ; ita in dipl. papæ Clementis III. pro fratribus hierosolymitanis in Duisburg de anno 1189 : *Statuit etiam idem archiepiscopus, ut decima animalium cum obolis qui vulgo appellantur Orkemscherf de domibus prædictis memoratæ ecclesiæ beatæ Mariæ tradatur.* Lakomblet, Urkundenbuch des Niederrheins I. 518. [A. M.]

OVELEYWIN, est vinum, quod tanquam tributum solvebatur et opponitur vino, quod a proprietario ipso in vineis suis colligebatur ; ita in MS. archivii civitatis Colon. A. II. 85 : *Et tres stopos de Oveley vino.* [A. M.]

P

PAG — PAI — PAI

PAGINA ; in descriptione bonorum monasterii Prumiensis commentata 1222 : *Paginas id est mensuras duas, quæ habent XXX. pedes in longitudine, sepem ubi eis præcipitur debent facere.* Beyer, Urkundenbuch I, 149. — Idem quod sepes ; in descriptione bonorum monasterii in Messlach : *Claudit circa curtem paginam suam, circa pratum et circa sata.* Beyer, Urkundenbuch II, 342. [A. M.]

PAICHWIN, est vinum ex pachta (locatione) proveniens ; in calendario custodiæ eccl. cath. Colon. : *Vinum quod dicitur Paichwin.* [A. M.]

PAITHROGGE, in carta Henrici arch. Col. de anno 1231 : *Pro triginta maldris siliginis mediocris, quæ vulgariter Paith-*

rogge dicitur. Lakomblet, Urkundenbuch II, 179. [A. M.]

PANAGIUM, est tributum quod solvebatur pro eo quod licuit porcos ad pastum in silvas ducere ; in carta pro conventu Borcetensi de anno 1226 : *De panagio advocatus habebit dimidiam marcam et centum porcos mittere poterit ad pastum, de quibus panagium non solvet.* Lakomblet, Urkundenbuch II. 133. [A. M.]

PANDA, pignus ; in carta compositionis inter Wilhelmum comitem Juliacensem et Walramum Limburgensem de anno 1287 : *Omnia pignora, quæ vulgariter dicuntur pandæ.* Lakomblet, Urkundenbuch II, 225. [A. M.]

PARAFREDUS, paraveredus, equus ad equitandum destinatus ; ita in carta Lorettæ de Salm pro abbatia Himmenrode de anno 1324 : *Nec non in quadraginta libris pro duobus parafredis ante feretrum dicti domni Johannis in ejus sepultura deductis et oblatis ac per nos erga dictos religiosos receptis.* Gunther, cod. dipl. Rheno-Mosellanus III. 217. — In descriptione bonorum monasterii Prumiensis commentata 1222 : *Quando dominus abbas pro necessitate ecclesiæ accedit ad curam domini regis sive imperatoris vel si cum eo vadit Romam vel ultra montes in Lombardiam, vel si oportuerit eum de necessitate contra malefactores ecclesiæ se defendere, tenentur ei ad hoc semper tres mansi equum unum accommodare, vel sicut possunt eum debent redimere, qui equus vulgariter appellatur herpperet, et cum dominus abbas reversus fuerit in pace, debet eum dominis suis restituere.* Beyer, Urkundenbuch I. 150. [A. M.]

PAREATIS. Ita dicebantur litteræ quædam jussoriæ, ut etiamnum *Celebret, exeat.* Concil. Pratense anni 1313 ; can. V. in lemmate : *De Pareatis et brevibus.* (I. 173. B.)

PARTICEPS, Gall. *Joint à :*

Post hæc dedit altaria
Quorum sunt hæc vocabula :
Moncellus cum *Participe*
Sancto Vedasto nomine
Et Villare et Slemies,
Ut scripti narrat series.
[G. E. CAMBRAI]

PATUMANUS, Battimano, Poids légal à Éphèse : « Similiter et *Patumani* ; et non solvant ponderationem. » Bibl. Schol. Chart. 1864. p. 229. an. 1403.

PAXILLI sunt pali, quibus junguntur vites ; in dipl. abbatiæ Himmenrode de anno 1259 : *Ita videlicet quod dictus abbas et conventus accipiant ligna ibidem tam ad ædificia quam ad conductus.* Gunther, cod. dipl. Rheno-Mosellanus II. 295. [A. M.]

PECUNIARITER. *Contingat aliquem Pecuniariter per episcopum puniri.* Ordin. Rad. de chevriaco, episc. Ebroic. ann. 1278. p. 392. B. et Statut. synod. Bayoc, XIVe seculo, p. 287, c.

PEDAGIUM, dicitur tributum quod in viis publicis a viatoribus solvendum erat, ita in dipl. imperatoris Ottonis IV. de anno 1198 : *Tale jus præstamus et confirmamus, quod non aliud Pedagium solvent per totum imperium, nisi secundum tenorem privilegii prædecessoris nostri piæ recordationis Heinrici imperatoris.* Lakomblet, Urkundenbuch des Niederrheins I, 562. [A. M.]

PELLEBUZIRSA est mulier, quæ purgat pelles ; in MS. archivii Trevir. c. 1225 : *Item... mulieri Pellebuziræ... datur cœna sicut uni domnorum.* [A. M.]

PENTAFILON, *Quintefole.* Gloss. Turon. Bibl. Schol. Chart. 1869. p. 331. XII. s.

PERICLIMENON, « Id est matris silva, et caprifolium. » Gloss. Turon. Bibl. Schol. Chart. 1869. p. 335. XII. s.

PERIMENTHURE mansi, qui dabunt pergamentum notario archiepiscopi, portitor vero dabit ovinas pelles. Ita in libro annualium jurium archiepiscopi Trevirensis c. 1220. Beyer, Urkundenbuch II. 413. [A. M.]

PERNOCTARE, Gall. *Demeurer :*

Ubi tamdiu perstitit
Et tam longe *Pernoctavit*
Donec illi subjugari
Et vis et fames arguit.
[G. E. CAMBRAI.]

PERPESSIMUS. *Perpessimus viro Dacianus.* Vita S. Viventii, c. 11. Januarii, II, 88. c.

PERPROBARE, Gall. *Examiner avec soin ; faire une enquête :*

Qui hic a rege Henrico
Transmissi erant ideo
Ut *Perprobarent* quomodo
Suo erant episcopo.
[G. E. CAMBRAI.]

PERSA, Gall. *Etoffe de laine bleue :* « Pro duobus *Persis* missis Romam. » Compot. Campan. Bibl. Schol. Chart. 1868. p. 60. XIII. s.

PERSICARIA PERSONATIA, *Scurage.* Gloss. Turon. Bibl. Schol. Chart. 1869. p. 332. XII. s.

PERTICA, in descriptione bonorum monasterii Prumiensis de anno 1222 *Perticas appellat virgas magnas, quas appellamus ierten sive rembele, quibus venna paratur.* Beyer, Urkundenbuch 1, 155. — In descriptione bonorum monasterii Prumiensis commentata 1222 : *Sex Perticas claudere circa messem et tres circa broil est, quemlibet mansum VIIII virgas id est VIIII mensuras circa athtas nostra ac prata sepem facere, quælibet mensura de VIIII supradictis habebit XV pedes in longitudine.* Beyer, Urkundenbuch I, 145. [A. M.]

PICTURA, in descriptione bonorum monasterii Prumiensis commentata 1222 : *Picturas modo appellamus pitteren. In merreche enim non sunt multi mansi vel vero quæ arari possit, sunt autem ibi pitteren LVIII, quæ mansi appellantur ibidem, sed non sunt veraciter mansi, feoda enim sunt, quæ aliis in locis vulgariter appellantur leyn, quæ videlicet leyn habent singulas areas. A ream appellamus hovestat et terras aliquas arabiles et forte aliqua prata et tamen habent vineas in bona quantitate.* Beyer, Urkundenbuch I, 154. [A. M.]

PIGNONNUS, Gall. *Pignon :* « Pro *Pignonno* capelle Ygniaci indurando. » Compot. Campan. XIII. s. Bibl. Schol. Chart. 1863. p. 73.

PINCA. La note moderne sur l'article de Du Cange suppose comme prouvé ce qui est précisément en question. Car les Bollandistes (Januar. II. 222. F.) se demandent si in *Pincis* signifie autre chose que *Subutis confossus*. Il serait pourtant singulier que *Pinca* nom commun ne soit connu que par ces deux textes hagiographiques.

PIPINELLA, *Piprenelle.* Gloss. Turon. Bibl. Schol. Chart. 1869. p. 331.XII. s.

PISCATHIUM. « Et ex arboribus nuces et avelanas, pinos, *Piscathia.* » B. N. Ms. Lat. 10272. p. 121.

PLASMARE, Gall. *Faire :*

Quem filiæ conjunxerat
Et generum *Plasmaverat*

Rebus suis consociat,
Domesticum edificat.
[G. E. CAMBRAI.]

PLUMARII, sunt qui filis aureis et argenteis pingunt vestimenta ecclesiæ ; in Kalendario custodiæ eccl. cath. Colon : *Item Plumariis unam candelam de una marca.* [A. M.]

PLUTONICUS, ad Plutonem spectans, infernus : *Affuit Plutonica innumerabilis caterva.* Vita S. Viventii, c. 36. Januar. II, 93. c.

PORTENARIUS, Janitor, in MS. archivii Colon. t. II, 85 : *Et etiam jurabunt ipsi portenario majori.* [A. M.]

POSSELS. « Item ordinaverunt quod arqueiatores lanam ad hujusmodi pondus traditam non ponant, cum lana bona, lana bestis, de tondendis, de gratis, de cardenqua, de *Possels.*» Cartul. Mirand. fo 102, ro. anno 1330. (Transcriptum instrumenti ministeriorum paratorum, textorum et tintererorum pannorum lane.) — Pour *Pessols.* V. *Glossarium*, V. *Pessoilhit.* [J. MAUMUS.]

PRÆALLEGATUS. Ludov. de Haricuria Epistola : *Ex Præallegatis idem episcopus teneatur ad ea,* (I, 180. c.)

PRÆCONIUM, Hymnus. Vide *Revue de l'Art chrétien*, ann. 1887, pag. 115.

PRÆINSERTUS. *Litteras Apostolicas originale Præinsertas.* Statuta Rotomag. anni 1441. p. 99. c.

PRÆPOSITARE, Gall. *Exercer les fonctions d'intendant :*

Qui feodatus est habeat feodum
Nullumque nolenti agat servitium
Jubente cesare mox per judicium
De prepositura fit privilegium
Ne quis *Præpositet* in sua curia
Nisi concesserit presulis gratia.
[G. E. CAMBRAI.]

PRÆVIATOR. *Cum ipso sanitatis suæ præviatore.* Vita S. Hilarii, auctore Fortunato, II, 8. Januarii, II, 76. E.

PRÆVISOR. *Deus, .. custos et Prævisor nostri.* Vita S. Viventii, c. 16. Januarii, II, 89, B.

PRESCOLUS. « Pro tribus doliis de *Prescolis* mittendis et adducendis apud Ygniacum. » Compot. Campan. XIII. s. Bibl. Schol. Chart. 1863. p. 73.

PRETIUM est operis merces ; in calendario custodiæ eccl. cath. Colon. : *Bacillos confractos reparabit in Pretio tantum.* [A. M.]

PRISIO, Carcer, inde Gallice prison, ita in dipl. regis Adolfi de anno 1293 : *Si dictus dominus rex defecerit in solutione dictæ summæ pecuniæ ut supradictum est quod oppidum Confluentinum intrabimus Prisionem ibidem more solito servaturi.* Gunther, cod. dipl. Rheno-Mosellanus II, 496. [A. M.]

PROBARE, Gall. *S'assurer par soi-même. Faire connaitre, mettre au jour :*

Sicut audivi dicere
Et ut *Probavi* dominice,
Sanctis arreptis temere
Et esse devotione.

Namque de litteris et ministerio
Magister Probatus aecclesiastico,
Si Castis munitus fuisset moribus,
Papa constitui foret idoneus.
[G. E. CAMBRAI.]

PROFEN ; in descriptione bonorum abbatiæ Prumiensis commentata 1222 : *Minister autem ibidem, qui bomester appellatur, tenetur de officio suo eandem vineam plantare, quod nos appellamus Profen.* Beyer, Urkundenbuch I, 180. [A. M.]

PROFFERWIN, est vinum ex vitibus, quæ palis non sustinebantur, ita in carta Wilhelmi domini de Saffenberg de anno 1300 : *Quarum quidem carratarum una erit de vino propagato quod vulgari vocabulo dicitur Profferwin, et residuæ duæ carratæ erunt de vino quod communi nuncupatione appellatur gestickitwin de vitibus stipitatis et paxillis erectis et sustentis.* Gunther, cod. dipl. Rheno-Mosellanus II. 539. [A. M.]

PROVENDE LEHN, sunt bona ad Canonicorum præbendas destinata; ita in carta fundationis collegii S. Severi in Gemunden de anno 879 : *Obtuli eidem ecclesiæ quasdam res meæ proprietatis, quas hoc nominavi vocabulo Provende lehn.* Kremer, orig. Nass. II, 8. [A. M.]

PRUVERE, in carta Conradi arch. Col. de anno 1258 : *Necnon magistros monetæ et eum, qui dicitur Pruvere ab eorum officiis similiter amovemus.* Lakomblet Urkundenbuch II, 464. [A. M.]

PUA. « Item quod textor non teneat nec sit ausus textire nisi in pectine duodecimo vel pluri, nec de illo pectine ducat tenendo, ultra unam *Puam* vacuam. » Cartul. Mirand. f° 101, v°. anno 1390. (Transcriptum instrumenti ministeriorum paratorum, textorum et tintereriorum pannorum lane.)— Pointe, dent d'un peigne, d'un râteau.... en gascon

Puo : Conf. Honnorat, Dict. Provençal, V. *Pua*. [J. MAUMUS.]
PULLEN. Vide *Gardus*. [A. M.]
PYSALIS, vestiarium ; in MS. archivii Trev. n°1225 : *Pysali dantur 2. den.* [A. M.]
PYSELMANNUS, est custos vestimentorum : in MS. archivii Trevirensis n° 1225 : *Quatuor coci et duo Pyselmanni quilibet obolum.* [A. M.]
PYTANCIA, est portio extraordinaria præter cibos et potus in cœnobiis usitatos ; in carta Brunonis de Isenburg pro cœnobio Saynensi : *Legavimus claustro et conventui in Seyne ad Pytanciam unum maldrum siliginis.* Gunther, cod. dipl. Rheno-Mosellanus III, 221. [A. M.]

Q

QUA

QUAILATORIUM, Idem quod *Quagliarolus*, et mox infra *Qualatorium*. Vide in his vocibus. [FR.]

QUALATORIUM, ait Crescentius, de Agric. lib. X. cap. 25, *est strumentum, cujus sonus est per omnia similis voci qualeæ generis feminini, ad quem ardenter accedunt masculi.* — QUALITATORIUM perperam exhibet editio Basileensis prædicti operis, nam in antiquioribus editionibus occurrit QUALATORIUM. Stat. Bonon. ann. 1250-67. tom II. pag. 240 : *Ordinamus quod nemo debeat capere quailas cum Qualatorio (Quailatorio Codd. '50, '59, '62.) a quare resurrectionis usque ad festum sancti Michaelis.* [FR.] À Après cette observation il faudrait, à mon avis, supprimer dans le Glossaire le mot *Qualitatorium* ; comme aussi il faudrait corriger le mot suivant : *Qua-*

QUA

liarolium, qui n'est pas *Species retis*, mais le même instrument que le *Quagliarolius*, et le *Qualatorium*. [FR.]

QUARTAROLA, Mensuræ vinariæ species, Quarta pars corbis. Stat. Bonon. ann. 1250-1267. tom. 1. pag. 211 : *Quod vendatur vinum cum saco bullato et Quartarola et quarta Quartarole et media Quartarola.... et talis sit mensura quod ille, qui vendit vinum habeat Quartarolam et quartam Quartarole et mediam Quartarolam, et ad dictas mensuras bullatas vendat volenti emere in tanta quantitate, et nichilominus habeat sagum pro una denarata (denarata Codd. '60, '62.), etc.* [FR.]

QUARTIRONUS, Quarta centum librarum pars, quæ sunt viginti quinque libræ. Stat. Bonon. ann. 1250-67. tom. III. pag. 412 : *Que artes et homines habeant et habere debeant de libris ferri vel metalli vel cupri, cum quibus ponderare debeant tam ad minutum quam ad grossum usque ad medium Quartironum, et abinde superius possint habere de lapidibus. Omnia vero pondera tam minuta quam alia sint justa, etc.* [FR.]

QUO

QUOCERE, QUOQUERE pro *Coquere*, Ital. *Cuocere*, Gall. *Cuire*. Stat. Bonon. ann. 1250-67. tom. III. pag. 200 : *Et nullus alius fornarius, sive pistor...... faciat, vel Quocat (Coquat Codd. '59, '62. — Quoquat Cod. '60.) panem venalem, etc.* [FR.]

QUOTIZARE et QUOTIZATIO, ita scribuntur in mandato vicar. gener. Constant. ann. 1523 : *Diœcesis hæc.... Quotitata fuerit*, et passim. (I. 193-194.)

R

RAM

RADEWANT, in carta Conradi arch. Col. de anno 1253 : *Herewede propinquior vir de latere patris accipiet.... Radewant vero femina propinquior ex parte matris accipiet.* (Lacomblet, Urkundenbuch II, 391.) [A. M.]

RAME, Idem quod *sepes* ; ita in dipl. Salentini domini de Isenburg de anno

RAM

1297 : *Item remisimus eidem abbati et conventui firmam quæ Rame teutonice nuncupatur ; quam dicti abbas et conventus... circa vineam quæ Langistucke dicitur facere tenebantur.* (Gunther, cod. dipl. Rheno-Mosellanus II, 516.) [A. M.]

RAMPEGONUS, Grappin, croc : « *Rampegoni de asta... Rampegoni de catena.* »

RAN

(Inv. arsenatus Venet. 1314, Bibl. Schol. Chart. 1865, p. 566.)

RANGOR, Idem quod *Rancor*, et *Ranghor*. Vide in his vocibus. Cod. Stat. comm. Alexandr. ann. 1297. pag. CCCCI. lin. 6 : *Item quod idem dominus velit reducere ad concordiam et ad pacem omnes discordias, guerras, odia, damna, inju-*

rias et Rangores, que sunt vel essent inter cives Alex. etc. [Fr.]
RAQUETUM (LUDERE AD). Vide *Ludus* n. 15. [Fr.]
RASPITIA, RASPUCIA, Vinacea, Ital. *Vinacce*, Gall. *Marc de raisins*. Stat. comm. Alex. ann. 1297. pag. CCXC : *De paleis et Raspuciis non tenendis in viis publicis. — Item statutum et ordinatum est quod nulla persona civitatis Alex., Bergolii, vel Pozolasche... audeat vel presumat ponere vel tenere vel poni facere paleas vel Raspitia in brolieto communi vel in viis publicis, etc.* Eadem notione intelligi debet, ut opinor, vox *Raspecia*, supra allata, sed diversimode interpretata. [Fr.]
RASPUCIA, Idem quod *Raspitia*. Vide in hac voce. [Fr.]
RASSORIA, Idem quod *Rasoria*, *Rasitoria*, *Rasdoira*, *Rasura*. Stat. comm. Alex. ann. 1297. pag. CCCXLV : *Item statutum est quod omnes venditores ad aliquas et quaslibet mensuras et mensuratores teneantur et debeant omnes mensuras totas implere et agravare ad quod supra vendent, antequam Rassoriam tiretur ad ipsam mensuram.* [Fr.]
RASURA, Bacillum ligneum, quo ex sestertiis redundans tritici pars aufertur. Ital. *Rasiera*, Gall. *Rucloire*. Stat. Bonon. ann. 1250-67. tom. II. pag. 140 : *Et intelligimus que debent vendi ad culmum, scilicet rape, navones, poma et pira grossa ; alii autem omnes fructus vendantur ad starium cum Rasura.* — Et tom. III. pag. 520 : *Et predicti tenentes dicta saça debeant habere..... Rasuras de ligno rotundas factas ad tornellum, scilicet pro quolibet staro suam...... Et paulo post : Et implere bene starum undique et bene tonborutum et Rasuram rotundam de lignis factam ad tornellum ducere supra starum bona fide sine fraude.* [Fr.]
RAVIGNANUS, Idem ac *Ravegnanus*, Moneta civitatis Ravennæ valoris unius denarii. Stat. Bonon. ann. 1250-67. tom. III. pag. 288 : *Et si quis contrafecerit, si fuerit civitas puniatur in MMM. libris Ravignanorum ; si fuerit locus vel baro in M. libris Ravignanorum, etc.* [Fr.]
RAZUM, Gall. *Etoffe rase, tapisserie*, dicta interdum *Araxe*, *Araze* : « *Pro residuo et complemento pretii et valoris quinque pannorum operis atrebatensis, seu de Razo.* » Archiv. Vatic. Mandat. camer. apostol. 1458-60. f. 66.
RAZURA. « *Et ibidem ponas de Razuris quæ sunt sub pedibus tuis.* » B. N. ms. lat. 10272, p. 220.
REBATITOR, Vox architectonica ad portarum antas attinens. Stat. Bonon. ann. 1250-67. tom. II. pag. 390 : *Ad hoc ut intrata seralii porte Gallerie sit alta et ampla et bona statuimus et ordinamus quod Rebatitores porte Galerie tollantur et incidantur ab utraque parte seralii, et eleventur supra arcus dicti seralii.* [Fr.]
RECCA, idem quod rastrum ; in descriptione bonorum monasterii S. Maximini Trevir. : *Qui legatoria feoda habent, cum Recca veniunt, mansionarii cum furca fœnum colligunt et cumulant.* (Beyer, Urkundenbuch II, 445.) [A. M.]
RECOMMANDATORIUS. *Aliis litteris regis Recommandatorius in favorem dicti cardinalis.* Protestationes Capituli Rotomag. ann. 1454. p. 101. C.
REDIZARE, pro *Redrizare*. Stat. comm. Alex. ann. 1297. pag. CCXLIII : *De via mezana de Torrexella Redizanda. — Item statutum est quod via mezana de Torrexella Redricetur, restituatur, aptetur et amplietur in pristinum statum.* [Fr.]
REFUGARE, Gall. Mettre en fuite :

Qui fecit hoc miraculum
Quod nullus instat civium,
Sed eorundem hostium
Alter *Refugat* alterum.
[G. E. CAMBRAI.]

REIDICH, Raphanus, Germanice *Rettich* ; in carta Wilhelmi comitis Juliacensis de anno 1260 : *Item eodem die trecenta aleta, trecenta ova et sumberinum quod dicitur Reidich (præsentabit).* Lakomblet, Urkundenbuch, II, 494. [A. M.]
RELEVARE, RELLEVARE, Altius excavare, fodere. Stat. comm. Alex. ann. 1297. pag. CCXXXII : *De fossatis strate sancti Salvatoris Relevandis. — Item statutum est quod potestas teneatur et debeat facere Relevari fossata strate sancti Salvatoris ab utraque parte vie, etc.* — Et pag. CCXXXVII : *De Rellevando fossata Bergolii et Solerii. — Item statutum est quod potestas teneatur precise et sine tenore facere fieri et Relevari fossata Bergolii et Solerii. etc.* [Fr.]
REMBELE. Vide *Pertica*. [A. M.]
REPOFICILIUM, *Quod ponitur super ignem de nocte.* (Gloss. Lat. Gal. Bibl. Insul. E 36, XV. s.)
RETROFEODA, sunt feuda, quæ ab investito alii in feudum tradita sunt, Germanice *Afterlehen* ; in dipl. imperatoris Ludovici de anno 1340 : *Et nichilominus bona seu feoda et Retrofeoda, quæ idem Rudolfus seu comes Palatinus Reni ...... tenent.* (Gunther, cod. dipl. Rheno-Mosellanus III, 423.) [A. M.]
RETROFUGARE, Gall. *Repousser :*

Ante Galcherum præsulem
Negant urbis custodiam
Nisi perquirat aliquem
Qui *Retro fugat* comitem.
[G. E. CAMBRAI.]

RIDEHUVE, sunt mansi, qui tenentur dare servum ducentem somarium trans Alpes vel necessarium vel panniculos ad cocturas archiepiscopi ; ita in libro annualium jurium archiepiscopi Trevirensis c. 1220. (Beyer, Urkundenbuch, II, 413. [A. M.]
RITUS, Gall. *Fonctions attachées à un office :*

Paratus est prepositus
Mazelinus, vir strenuus,
Pro juris sui *Ritibus*
Ad referendum citius.
[G. E. CAMBRAI.]

ROSELLUS, *Roux, rousseau* : « *Pro sojornio equi Roselli.* » Compot. Campan. Bibl. Schol. Chart. 1863, p. 66, XIII. s.
ROSTANT, in dipl. regis Henrici VII. de anno 1225 : *Quod nos..... ecclesiæ et canonicis Aquensibus contulimus jus quoddam in villa nostra Sinzeke, quod Rostant nominatur* (Lakomblet, Urkundenbuch, II, 125.) [A. M.]
RUFUM CONVIVIUM, Quod constat ex cibis non coctis, in MS. archivii Colon. t. II, 35 : *Ad tria Rufa convivia dantur ei qualibet die duo magni pani et 4. sextaria furfurum.* [A. M.]
RUMBUS, Germanice *Rumpchen*, Gallice *Turbot* ; in MS. Archivii Trevir. nº 1225 : *De Rumbo qui datur domnis.* [A. M.]
RUMINGA, in carta Ottonis comitis Gelrensis de anno 1269 : *Rumingam nostram et alia jura nostra..... recipiemus.* (Lakomblet, Urkundenbuch, II, 596.) [A. M.]

S

SAC

SACHAUE, in carta Conradi arch. Colon. de anno 1259 : *Nec illas merces quæ Sachaue vulgariter appellantur, utpote thus, alumen, et consimilia cum pondere centenario et ad minus cum pondere simul viginti quinque talentorum aut supra vendere debet.* Lakomblet, Urkundenbuch des Niederrheins II, 469. [A. M.]

SAG

SACHETUS. « *Sachetum* unum nucum muscatarum. » Massil. 5 mai 1321, Bibl. Schol. Chart. 1868, p. 315.
SAGMARIA, dicebantur jumenta, quæ ad portanda onera adhibebantur ; ita in diplom. imperatoris Ludovici de anno 821 : *Concessimus monasterio nostro...... omne thelonium tam de navibus, quæ per diversa flumina imperii nostri pro qualibet re discurrunt quam et de carris et Sagmariis necessariis ipsius monasterii.* Lakomblet, Urkundenbuch des Niederrheins I, 41. [A. M.]

SAL

SALMENWORF, Piscaria ; in carta Marsilii de Archa de anno 1336 : *Cum parte media juris sive piscariæ dictæ Salmen-*

worf. Gunther, cod. dipl. Rheno-Mosellanus III, 340. [A. M.]
SANAMUNDA, *Beneoite.* Gloss. Turon. Bibl. Schol. Chart. 1869, p. 331, XII. s.
SASIO, idem est quod possessio, unde Gallice *Saisie ;* ita in dipl. Philippi archiepiscopi Coloniensis de anno 1182 : *Tali videlicet pacto et conditione, ut easdem curias in pignore habeat et in sua Sasione usque ad solutionem pecuniæ.* Gunther, cod. dipl. Rheno-Mosellanus I, 439. [A. M.]
SBARRA, Gall. *Barre :* « In *Sbarra* qua adjunguntur ipsi pedes (falcistorii) sunt m. balassi. » Inv. Bonifac. VIII, Bibl. Schol. Chart. 1863, p. 143.
SCAPULA, imbrex porci ; in MS. archivii Trevir. n° 1225 : *Et scapulæ dantur majoribus prioribus qui sunt præsentes.* [A. M.]
SCARARIUS, in descriptione bonorum monasterii Prumiensis commentata 1222 : *Scararios modo ministeriales appellamus. Scaram facere est domino abbati quando ipse jusserit servire et nuntium ejus seu litteras ad locum sibi determinatum deferre.* Beyer, Urkundenbuch I, 147. [A. M.]
SCARHUVEN dabunt archiepiscopo somarios, quando iturus est ad curiam imperatoris vel in expeditione transalpina ; ita in libro annualium jurium archiepiscopi Treverensis c. 1220. Beyer, Urkundenbuch II, 413. [A. M.]
SCARIANZI, dicebantur stipendiarii milites ; ita in descriptione bonorum Rhingravicorum : *Item stipendiariis qui dicuntur Scarianzi XXIV marcas, etc.* Kremer, Orig. Nass. p. 234. [A. M.]
SCAVIONES, Scabini ; in carta Henrici III. imperatoris de anno.1056 · *Advocati autem servitia in curtibus in quibus jure dabuntur cum villicis et Scavionibus accipiant.* Beyer, Urkundenbuch I, 345. [A. M.]
SCHEYNIK, in MS. archivii Colon. t. II, 35 : *In festo Petri et Pauli Scheynik vel cerasa et pyra dantur ei ut duobus domims.* [A. M.]
SCHIMERUT, in calendario custodiæ eccl. cath. Colon. : *Ante vesperas villicus de Bucheim adducet Schimerut 30 pondera et totidem ligaturas foliorum, quæ spargentur in chorum s. Petri et in vascamere.* [A. M.]
SCHINA, Candela cornatilis, Germanice *Spindlicht ;* in kalendario custodiæ eccles. cath. Colon. : *Item dabitur lumen cornatile, quod Schina dicitur, ad legendum lectiones in choro. Et ibidem : Et habebit custos major duas hastas, quibus sint innixæ duæ candelæ cornatiles ad incendendum choros et coronas.* [A. M.]
SCHREIPROVEN, in MS. continens descriptionem præbendarum in ecclesia cathedr. Colon. in archivio civitatis Colon. : *Item sunt etiam in eadem ecclesia duodecim præbendæ quæ dicuntur Schreiproven.* [A. M.]
SCHYMBERTHAT, Occultatio rei alienæ ; ita in dipl. Sifridi Col. arch. de anno 1285 : *Si atiquis conquerutur de hoc quod Schymberthat dicitur, conquerens conducere dabet judicem ad domum. vel ad domos illius qui hoc factum commisit, et judex eas secabit et confringet, et quicquid sub trabibus domorum fuerit, hoc erit judicis, nisi ille, cujus fuerit hæreditas, hoc defendat jure suo.* Lakomblet, Urkundenbuch des Niederrheins II, 802. [A. M.]
SCILINDRIA, sunt panes in modum cylindri formati ; in MS. archivii Col. t.

II, 35 : *Incarcerato quolibet die dabit unum lumen et 25 Scilindria.* [A. M.]
SCOLOPENDIA, *Cerflangue.* Gloss. Turon. Bibl. Schol. Chart. 1869, p. 331, XII. s.
SCRAGO, Gallice *Tréteau*, Germanice *Schragen ;* in descriptione thelonii collegii s. Simeonis Trev. in Confluentia : *De qualibet mensa et quotibet Scragone, in quibus habentur res venales quadrans.* Beyer, Urkundenbuch II, 282. [A. M.]
SCURRAGO, *Sourage.* Gloss. Turon. Bibl. Schol. Chart. 1860, p. 332, XII. s.
SCUTZIN, Germanice *Schuetzen*, qui custodiunt villam ; in calendario custodiæ eccl. cath. Colon. : *De communi dolio dabunt Scutzin caldarium vini.* [A. M.]
SECLUSIO. Concil. Rotom. anni 1522, can. 4 : *Cum insinuationibus seu Seclusionibus.* I, 190, A.
SEGRETARIA, Gall. *Lettres, propositions qu'un ambassadeur est chargé de remettre :*

Sed preter *Secretaria*
Quæ Galcherus contulerat,
De se ipso rem intimat
Que ipsum deposuerat.
[G. E. CAMBRAI.]

SEDERE, Gall. *Etre sis, situé : Sedet in insidiis per singulos dies ut rapiat pauperes , ut interficiat innocentes.* [G. E. CAMBRAI.]
SEKEREN, in compromissione inter collegium et civitatem Embricensem de anno 1287 : *Accepit itaque ecclesia juramenta a prædictis consulibus, et a militibus securitatem militarem quæ Sekeren dicitur.* Lakomblet, Urkundenbuch II, 227. [A. M.]
SELAIST, in carta Sifridi arch. Col., Johannis ducis Lotharingiæ et comitum Reinaldi Gelrensis et Theoderici Olivensis de anno 1279 : *Volumus etiam quod mercatores et alii quicunque mercimonia quæcunque videlicet in vino, sale, calibe et aliis, quæ Selaist vulgariter appellantur, etc.* Lakomblet, Urkundenbuch II, 729 [A. M.]
SELCENDE. Decima salica, ab iis bonis curtis dabatur, quæ benefacta hæreditaria erant ; e contra VELCENDE. quæ ab aliis bonis danda erat ; ita in dipl. Theoderici archiepiscopi Treverensis de anno 1215 : *Quod cum major ecclesia Treverensis haberet decimam, et monasterium Lacense... decimam aliam possiderent, quæ Velcende vocabatur.* Gunther, cod. dipl. Rheno-Mosellanus II, 116. [A. M.]
SEMIDIETA, Demi-journée. Concil. Rotom. anni 1581 : *Modo parœcialis non distet ultrà Semidieta*.t. I, 243, C.
SERMENNA, *Cerfoix.* Gloss. Turon. Bibl. Schol. Chart. 1869, p. 331, XII. s.
SERVARE (DE VITA, MEMBRIS), Gall. Garantir :

Quod Galcherum fidelius
Episcopum *Servabimus*
De vita, de membris ejus,
De honore presulatus.
[G. E. CAMBRAI.]

SIEMELINGE, Germanice *Semmel*, est panis certæ formæ ; in MS. archivii Trevirensis n° 1225 : *De prædicto etiam tritico dantur husgenoze 20 Siemelinge singulis diebus de eo quod dicitur griez.* [A. M.]
SIMILA, Semella, Germanice *Semmel*, est panis ; in calendario custodiæ eccl. cathedr. Col. : *Et custos recipiet ab ipso*

in mensa episcopi unam Similam, quarum 4 sunt de maldro tritici. [A. M.]
SIMPHONIACA, « Jusquiamus caniculata. » Gloss. Turon. Bibl. Schol. Chart. 1869, p. 330, XII. s.
SINICHUS, Gall. *Mesure de capacité vénitienne :* « Item quod *Sinichi* sint tria et teneat unum naupus, aliud mensurator. » Bibl. Schol. Chart. 1864, p. 229, an. 1403.
SISIMBRIUM MENCASTRUM, *Mencastres.* Gloss. Turon. Bibl. Schol. Chart. 1869, p. 331, XII. s.
SIVELINC, sunt prædia, quæ minus solvunt quam cætera ; in calendario custodiæ eccl. cath. Colon. : *Item de prædictis prædiis unumquodque solvit custodi 4 amas vini et duas urnas, exceptis quinque, quæ dicuntur Sivelinc, quorum quodlibet solvit tantum duas amas simpliciter et non plus.* [A. M.]
SLAFKERCEN, sunt candelæ, quibus utitur in cubiculis ; in calendario custodiæ eccl. cath. Colon. : *Et custos recipiet ab eis Slafkercen.* [A. M.]
SOJORNIUM, Gall. *Séjour :* « Pro Sojornio equi roselli, sojornato apud Pruvinum. » Compot. Campan. Bibl. Schol. Chart. 1863, p. 66, XIII. s.
SOMARIA, dicuntur jumenta mercibus onusta, unde Germanice *Saumthier ;* ita in dipl. archiepiscopi Treverensis Arnoldi de anno 1182 : *Telonium quod in Confluentia tam in foro quam a transeuntibus navigio universis et a Somariis persolvitur.* Honthemii, Histor. Trevir. Dipl. I, 613. [A. M.]
SORSONIA. « Pro *Sorsonia* comitis. » Compot. Campan. Bibl. Schol. Chart. 1863, p. 67, XIII. s.
SOVRAENSEGNA, Provincialibus *Sobreseing*, *cuirasse :* « Sovraensegnas », in summa, per omnes partes, VIII° LIII. » Invent. arcenatus Venet. 1314, Bibl. Schol. Chart. 1865, p. 564.
SPANDARIUS, videtur qui in nuptiis Gallice nuncupatur *garçon d'honneur.* Vide Tourret, apud *Mémoires de la Société nationale des Antiquaires de France*, t 46. p. 95.
SPLENIDION, *Cerflangue.* Gloss. Turon. Bibl. Schol. Chart. 1869, p. 331, XII. s.
SPONEVERKEN, Porcellus ; ita in carta Wilhelmi, comitis Julacensis de anno 1260 : *Et l. porcellum, quod dicitur Sponeverken.* Lakomblet, Urkundenbuch des Niederrheins II, 494. [A. M.]
SPONTONUS, Gall. *Esponton*, in Inv. arsenatus Venet. 1314, Bibl. Schol. Chart. 1865, p. 568.
SPRENGIN, dicitur si aliqua fera venando in alienas terras fugit ; ita in diplom. Mechtildis comitissæ Seinensis de anno 1247 : *Item consentimus quod si comitissa inceperit agitare quod vulgariter dicitur Sprengin aliquam feram in terra sua vel silvis suis quæ vulgariter willbant dicuntur et illa fera in terra nostra vel silvis willbant vocatis capta fuerit sua erit, similiter si fera fuerit agitata in terra nostra vel willbant et in terra comitissæ vel silvis suis willbant dictis fuerit capta nostra erit.* Gunther, cod. dipl. Rheno-Mosellanus II, 219. [A. M.]
STALE, in carta Hugonis cardinalis et Alberti magni de anno 1252 : *Ita videlicet, quod primæ percussuræ ydea (nempe monetarum), quod Stale vulgariter appellatur, in sacrarium s. Petri majoris ecclesiæ in Colonia reponatur.* Lakomblet, Urkundenbuch II, 381. [A. M.]
STECKEN, est genus cibi, in kalendario custodiæ eccl. cath. Colon. : *Et dabit tria vladen, quæ dividentur inter se et*

erunt bene parata et centum Stecken. [A. M.]
STEYLE, Vide *Venna*. [A. M.]
STILLICIDERE, Gall. *S'écouler* : « Magnum conductum in grosso campanile per quem *Stillicidiunt* aque navis ecclesie. » Compot. cathed. Trecens. 1366, Bibl. Schol. Chart. 1862, p. 231.
STINGUS, *Stangcunne*, Id est piscis incitans venerem. Gloss. Turon. Bibl. Schol. Chart. 1869, p. 331, xii. s.
STOFEVENE, est avena; in MS. archivii Colon. t. II, 35 : *Unum maldrum Stofevene in granario*. [A. M.]
STOPUS, est mensura. In MS. archivii civitatis Coloniensis t. II, 85 : *Item (habet) 16 stopos vini*. [A. M.]
STROPPE, in calendario custodiæ eccl. cath. Colon.: *Et pannum et acum ad parandum Stroppe*. [A. M.]
STUMPELE sunt particulæ, quæ a candelis incensis supersunt ; in calendario custodiæ eccl. cath. Colon. : *Et de ipsis candelis Stumpele recipiet*. [A. M.]
STUPA, Germanice *Stube*; in MS. archivii Col. t. II, 85 : *Ad Stupam tres marcas*. [A. M.]
STUPPA, Stupa; in calendario custodiæ eccl. cath. Colon. : *Et Stuppam ad tergendum stillas*. [A. M.]
SUALIS, in descriptione bonorum monasterii Prumiensis commentata 1222 : *Sualis idem est quod porcus et dicitur Sualis a sue*. Beyer, Urkundenbuch I, 144. [A. M.]
SVEINGEL, Tolleno; in descriptione bonorum monasterii in Mettlach : *Ex nostra etiam procuratione, quando opus fuerit, deportabitur furca, et desuper dependens lignum, quod dicitur Sveingel ad puteum salis in wich*. Beyer, Urkundenbuch II, 341. [A. M.]
SUCCEGARUE, Sunt mergites, qui pro liberatione a comparendo in comitiis curtis dantur : in carta pro ordine theutonico de anno 1298 : *Erit libera de jure illo, quod Succegarue.... vulgariter appellatur*. Lakomblet, Urkundenbuch des Niederrheins II, 717. [A. M.]
SUCCENDIUM, Gall. *Qui enflamme, excite*:

Serpens fomes superbiæ,
Succendium malitiæ,
Gerardum fecit surgere
Contra virum justiciæ.
[G. E. CAMBRAI.]

SULZA, Gallice *salé*, erat cibus sale præparatus; in calendario custodiæ eccl. cath. Colon.: *Vadiabit custodi Sulzam de rumbo valentem 4 denarios*. [A. M.]
SUPERANNUS. « *De Superanno parvarum camerarum infra Pruvinum molendinum*. » Compot. Campan. xiii. s. Bibl. Schol. Chart. 1863, p. 74.
SUPERINFERO. *Ad B. Agricium, fortissimum nostræ fidei fundamentum, merito post Dominum refertur, quidquid in hoc templo Dei...... vel usque modò Superinferebatur, vel amodò Superinferendum esse speratur*. Vita S. Agricii Trevir., 13. Januar., c. 41. Acta SS. Januar. II, 62, E.
SURCEN (SCHURGEN), in libro annualium jurium archiepiscopi Trevir. c. 1200 . *De eisdem mansibus dantur in natale domini XII gallinæ et XXX ova et XC faculæ id est Surcen*. [A. M.]
SUSTINENTIA, Gall. *Soutien, aide* :

Contra quorum superbiam,
Furorem et potentiam
Detinuit hanc patriam
Post Dei *Sustinentiam*.
[G. E. CAMBRAI.]

SUSTINERE, Gall. *Permettre d'attendre, ne pas presser* :

Precantur ut illos saltem *Sustineat*,
De electione nec illos arguat.
Donec prelibatus Burchardus redeat
Et papa quid sibi fecerit referat.
[G. E. CAMBRAI.]

T

TACEA, Gallice *Tasse* : *Una Tacea cum manico, argentea, deaurata ab intus, ad colligendum rasuram corone*. » Inv. Card. Barbo, ex transcript. Müntz, 1457.
TAGLATOR, a voce Italica *Tagliatore*. Stat. Bonon. ann. 1250-67. tom. 1. pag. 295 : *Famosum autem latronem dicimus quem de fama probari poterit latronem esse hoc modo, quod fur vel latro sit furando de die vel de nocte, quod sit Taglator bursarum vel disgropator gironum, etc*. [FR.]
1. **TAGLOLUS**, Chartæ fragmentum, Ital. *Tagliuolo*. Stat. Bonon. ann. 1250-67. tom. II. pag. 65 : *Statuimus et ordinamus inviolabiliter observari quod quando condempnationes fiunt et collectæ imponuntur debeant scribi in quaternis et non in Taglolis*. [FR.]
2. **TAGLOLUS**. Usurpatur etiam hæc vox pro codice accepti, Ital. *Quaderno*. Stat. Bonon. ann. 1250-67. tom. II. pag. 127 : *Statuimus et ordinamus quod quilibet collector collectarum comunis unam collectam tenere et non plus in quaterno seu Taglolo quolibet colligere debeat, et summa tocius extimi sue capelle in eodem quaterno seu Taglolo, illud pro extimo assumendo*. [FR.]
TANACHETA, *Tanexie*, herba sancte Marie. Gloss. Turon. Bibl. Schol. Chart. 1869, p. 331. XII. s.
TANSARE, TANSIRE, Idem quod *Tensare*, Tueri. Ital. *Difendere, Proteggere*. Stat. Bonon. ann. 1250 67. tom. II. pag. 33 : *Quod nullus civis possit vel debeat robam alicujus forensis Tansire pro sua*. — *Statuimus et ordinamus quod nullus civis vel comitatinus robam alicujus forensis Tansare vel defendere pro sua debeat*. Interpretatur quidem recte Muratorius *Tensa* presidium militum, Ital. *Scorta*; quam interpretationem corroborat hic locus Stat. comm. Alexandr. ann. 1297. pag. XLVI. lin. 32 : *Item quod guardia que vadit vel fuerint super blavam custodiendam teneantur custodire et accusare facientes contra predictam formam infra tres dies; et si aliqua guardia extraxerit blavam vel aliqua predicta Tenssaverit vel guidaverit facientes contra predictam formam, vel inde rem vel servitium acceperit amittat pro banno soldos centum, et manum vel pedem amittat*. [FR.]
TANXA, Vectigalis species. Stat. Bonon. ann. 1250-67. tom. II. pag. 246 : *Statuimus et ordinamus quod potestas comune et consilium civitatis bon. teneantur observare adimplere et complere pactum sive pacta factum et facta inter comune ex una parte et bertholum Quintavallis et ejus consortes emptores dadie sive datii Tanxe luxoliai bon. et staderie grosse*. [FR.]
TEGULUM, Idem quod *Tegula*, Ital. *Tegola*, Gall. *Thuile*, Stat. Niciæ sæc. XIII inter Mon. Hist. patr. Taur. tom. II. col. 79 : *Item, statuerunt et ordinaverunt quod quælibet persona, quæ fecerit, vel fieri faciet Tegula seu teulos vel mallones sequatur in contrahendo, seu faciendo, seu formando, formam antiquam, etc*. [FR.]
TENESTERNITRONIUM, *Banc torneiz*. Gloss. MS. Turon. VII. s. Bibl. Schol. Chart. 1869. p. 330.
TENORES, Gall. *Bénéfices et dignités* :

Et ut archiepiscopus
Reponat eum firmius
In antiquis *Tenoribus*
Suis mandat apicibus.
[G. E. CAMBRAI.]

TERACIUM, *Teratium*. Vide *Terracum*. [FR.]
TERLISARI, TERLIXARI, a voce vernacula bononiensi *Terlis*, Pavimentum gypso vel calce solidatum. Stat. Bonon. ann. 1250-67. tom. II. pag. 333 : *Et dicte*

androne que sunt post domos predictorum debeant Terlixari... Et tom. II. pag. 494 : *Statuimus et ordinamus quod via que est inter domum qua fuit Jacobi lionis.... cavetur et Terlixetur (Terlisetur,* Cod. '50.) [FR.]

TERMINUS PRESÆ, Limes, aut signum viarum per sortes reficiendarum. Vide *Presa* 5. [FR.]

TERRACUM, pro *Terracium*, Minuta laterum coctorum fragmenta terræ admixta, Ital. *Terriccio.* Stat. Bonon. ann. 1250-67. tom. 1. pag. 183 : *Item dicimus quod omnes vendentes et artes facientes in curia comunis teneantur qualibet octava die mundare curiam comunis de omni immunditia, Terraço, putredine, etc.* [FR.]

TESTA. « Extremitas cujuscumque rei ea parte qua larga est. Per *Testam* cum terra Petri Emerici, vallato in medio, etc. » — Stat. Bonon. ann. 1250-67. tom. II. pag. 468 : *Ordinamus quod unus puteus... debeat fieri in contrata que vocatur sancta Agatha in Testa campi filiorum comdam domini Bombelli, etc.* [FR.]

TESTIMONIALE VINUM, in carta abbatis B. Mariæ Trev. Ludovici de anno 1158 : *Vinum quod Testimoniale dicitur dimidiam amam omnibus ibidem præsentibus sub tilia propinari fecimus.* Beyer, Urkundenbuch I. 670 [A. M.]

TESTRIX, pro *Textrix*, quæ texendi artem facit, Ital. *Tessitrice.* Stat. Casalis sæc XIV inter Monum. Hist. patriæ Taur. tom II. col. 1010 : *Primo statuerunt et ordinaverunt quod omnes testores et Testrices stantes seu habitantes in terra cassallis teneant et debeant... bene tessere omnes petias telle, etc* [FR.]

TEULUS, ut *Teula, Tegula.* Stat. Niciæ sæc. XIII. inter Mon. Hist. patr. Taur. tom. I. col. 61 : *Item consules, vel potestas facient jurare teulerium, quod non vendat calcem in petra ultra solidos novem, nec in cancinata ultra solidos quatuor... nec Teulos ultra solidos viginti quinque* [FR.]

THEREBINTULA, *Valenche.* Gloss. Turon Bibl. Schol. Chart. 1869. p. 331. XII. s.

THINGRAVIUS, in carta pro commenda fratrum hierosolymitanorum in Borken de anno 1265 : *Et ibi in judicio promulgato coram thingravio domno Menzone de Heudene.* Lakomblet, Urkundenbuch II. 553 [A. M.]

TILLETARE, inscriptionem ponere , étiqueter. Registre des visites past. du dioc. de Die, en 1509 : *Renvoluantur reliquie paano serieeo novo et Tilletentur.*

TILLETUS, inscriptio, nota, Etiquette. Registre des visites pastorales du dioc. de Die, en 1509 : *Ponatur Tilletus super reliquis in quo scribatur : sunt de reliquiis Beati Andreæ.*

TIMBRA SATUREIA , *Sarrée.* Gloss. Turon. Bibl. Schol. Chart. 1869. pag. 339. XII. s.

TINELLA, Parvus lacus, in quo aqua recipitur, Ital. *Tinella.* Stat. Bonon. ann. 1250-67. tom. II. pag. 361 : *Statuimus quod quelibet contrata civitatis bon. puteum habens teneatur... facere juxta puteum bonam Tinellam lapideam vel de lignamine sive lavellum.* Et tom. III [FR.]

TIRELLUM. Vide *Tondulus* [FR.]

TITIMALLUS, *Laiterolle.* Gloss. Turon. Bibl. Schol. Chart. 1869. p. 331. XII. s.

TOAGLOLA , Mappa, Ital. *Tovagliola, Salvietta,* Gall.*Serviette* S¹ at.Bonon.ann. 1250-67. tom. II. pag. 175 : *Nullus barberius radat vel radere faciat, vel Toaglolam sive pannum aliquem discutiat prope* *puteum ad x pedes, si fuerit extra domum.* [FR.]

TOALHO, *Espèce d'écharpe en toile qui entourait le pied d'une croix.* Inventaire de Montpezat, 1436 : « *Cum pede argenti, cum quodam Toalhome honorifico.* » Bull. de la Soc. des Antiq. de l'Ouest 1886. pag. 45.

TONBORUTUM STARIUM, Ital. *Tamburato,* epitheton sextario tritico repleto additum a sonitu reddito cum percutitur ut grana descendant. Stat. Bonon. ann. 1250-67. tom. III. pag. 521 : *Et ille qui mensurabitur teneatur...... implere bene starium undique et bene Tonborutum, et rasuram rotundam de ligneis factam ad tornellum ducere supra starum bona fide sine fraude.* [FR.]

TONDULUS, Supplicium quo ad eruendam a reis confessionem judices uti solebant. Stat. Bonon. ann. 1250-67. tom. 1. pag. 236 : *Item statuimus quod nullus amodo ponatur ad Tondolum, seu tirellum, vel ad aliud tormentum.* Octaviæ Toselli *(del Foro crimin.* pag. 90.) autumat *Tondulum* esse tormentum quo fune rei torquebantur. Vide diagramma, quod exhibet auctor. Quæ sententia corroboratur ab inculta lineari adumbratione, quam præbet Codex nostrorum statutorum anni 1259, ad Reformationem : *Quod nemo ponatur ad Tondolum vel ad tormentum.* Vide etiam Albert, de Gandino apud Angelum de Gambigliolis Aretii, de Maleficiis, Rubr. de Quæstion. et Tormentis : *Quod si tunc dicat teneatis me ad Tondolum quantum vultis, quia vos teneatis per x annos nihil dicam, etc. ... Et paulo post. Sed quid si ducatur ad pedem torturæ, sed non ligantur manus de retro, sed tantum minatur sibi detorquendo, etc.* [FR.]

TORNELLUS, Parvus tornus, instrumentum fabrile, quo ligna et hujusmodi circumagendo rotundantur.Stat.Bonon. ann. 1250-67. tom. III. pag. 520 : *Et predicti tenentes dicta saga debeant habere... rasuras de ligno rotundas factas ad Tornellum* [FR.]

TORNIUM, Gall. *Tournoi :*

Dum sic agitur apud nos,
Plurali fertur nuntio
Quod Gilius de Cinnio
Mortuus est in *Tornio.*
[G. E. CAMBRAI.]

TORSA, Sarcinæ, Ital. *Fardello, Bagaglio .* Qua de re destorsare sonat sarcinas relaxare. Stat. Bonon. ann. 1250-67. tom. II. pag. 276 : *Et dicimus quod nullus qui stat ad portas circle custodiendas debeat destorsare seu disligare malam, seu Torsam alicui mercatori per dictas portas transeunti.* [FR.]

TRAFERUM, TRAFERRUM, TRAIFERUM, TRAFERIA , TRANSFERA , Pugio, Ital. *Trafiere , Pugnale.* Stat. Bonon ann. 1250-67. tom. 1. pag. 270: *Arma vetita intelligimus cultellum de ferire, vel schinipium, falçonem, cultellaçum, penato, lançonem, burdanem, lançaspitum, clavam ferream vel ferratam vel aviratam vel plumbatam beccagenerem Transferam (Traferum,* cod. '59. — *Traferum,* '60. — *Traferum,* '67) *et açam...* Et tom. III. pag. 287 : *Item quod quicumque habet falçonem, cultellum ymolensem, pennatum, beccacinerem sive Traferiam aut açam, etc* [FR.]

TRANSFIGURATRIX, Quæ *Transfigurat.* Stat. Bonon. ann. 1250-67. tom. 1. pag. 447 : *Statuimus quod ponantur in banno perpetuo omnes indivinatores et divinatrices, et facientes experimenta seu te-* *nentes et truntani et Transfiguratrices.* [FR.]

TRASENDA, TRASCENDA, TRAXENDA, TRAXANDA pro *Transenna,* Fenestra. Stat. Bonon. ann. 1250-67. tom. II. pag. 364 : *Et non habeat aliquis sedile seu privatum prope aliquem puteum per xx pedes... nec lavet super aliquam Trasendam (Traxandam,* cod. '50 , — *Traxendam,* '52 ; — *Trasendam,* codd. '59, '67 ; — *Trascendam,* '60.) [FR.]

TRAVERSAGNUM , Lignum transversum, Ital. *Traversa.* Stat. Bonon. ann. 1250-67. tom. II. pag. 573 : *Statuimus et ordinamus quod unus pons lignaminis fieri debeat supra foveam castri alegralcoris.... cum bonis columnis et Traversagnis de rovere, qui sit latitudinis xv pedum.* [FR.]

TRAVERSATURA, Actus transfundendi, elutriandi , Ital. *Travasamento.* Stat. comm Alex. ann. 1297. pag. CCCXVII. lin. 10 : *Et non possit (portator vini) nec debeat accipere pro descareatura et invasellatura sive Traversatura, sive pro careatura de sestario vini nisi tantum denarios tres terdon.* [FR.]

TRAXANDA , TRAXENDA. Vide *Trasenda* [FR.]

TRESIMUS, perperam pro *Tricesimus,* Ital. *Trigesimo,* Gall. *Trentième.* Stat. Niciæ sæc. XIII. inter Monum. Hist. patr. Taur tom II. col. 98 : *Si tamen filius militis attigerit Tresimum annum, neque interim militiam assecutus fuerit, et tunc non habebit libertatem.* [FR.]

TRIBBIUM, Trivium, locus in quem tres viæ conveniunt. Ital. *Trebbio, Trivio,* Gall. *Carrefour.* Stat. Bonon. ann. 1250-67 tom. III. pag. 640 : *Et etiam crediter in ipsis diebus vel aliquo eorum voce alta et precona per bannitores comunis per civitatem et suburbia super Tribbia, in locis in quibus bannitores comunis ponunt banna potestatis cum sono tube.* [FR.]

TRIBLARE, TRIBLARI, Triticum exterere, Ital. *Trebbiare,* Gall. *Battre le blé.* Stat. Bonon. ann. 1250-67. tom 1. pag. 104 : *Et si jumentarius erro..... bona fide faciam jumenta triblare... Et si socius ero jumentarii, vel cum eo stetero ad expensas illius cujus blava Triblatur in area fideliter laborabo.* [FR.]

TRICOLA, Quæ esculenta revendit, Italis *Trecca,* Gall. *Revendeuse des halles.* Stat. Bonon. ann. 1250-67. tom. 1. pag. 180 : *Et nulla Tricola filet super Tricularium suam in banno æ sol. nec et quod nullus Tricolus emat vel emi faciat caseum pullos vel ova vel fructus arborum vel quamlibet aliam rem ad Tricolariam (Tricholariam,* cod. '53 ; — *Tricolariam* '59. '62. '67 ; — *Tricolariam* '60.) *pertinentem diebus martis jovis vel sabbati, nec aliis diebus nisi post nonam.* [FR.]

TRICOLARIA, TRICULARIA, Esculentorum congeries, quæ *Tricola,* vel *Tricolus* revendit Significat etiam hæc vox artem cauponariam. Utriusque notionis exhibet exemplum locus allatus sub voce *Tricola.* [FR.]

TRICOLUS, ut *Tricolus.* Vide in hac voce [FR.]

TRIONITHES, *Betuinees.* Gloss. Turon. Bibl. Schol. Chart. 1869. p. 331. XII s.

8. **TROSSA,** Parum accurate, ut animadvertit Valsecchi, vox *Trossa* pro notione *Fasciculi* aliqua est : quippe *Trossa* quantitatem herbarum vel segetum majorem quam fasciculus significat, ut haud dubie testatur locus Stat. Alex. ann. 1297. pag. CCCII. lin. 29 : *Item statutum est, quod si quis metuerit foliam viridem messis spelte avene ordi vel par-*

TRUEA, ut *Trueia*. Stat. Niciæ sæc. XIII. inter Mon. Hist. patr. Taur. tom. II. col. 79 : *Item statuerunt et ordinaverunt quod beccarius seu macellarius non vendat... Trueam pro porco...* [Fr.]

TRUNCATOR Bursarum , Zonarius sector, Ital. *Borsainolo*, Gall. *Coupeur de bourses*. Stat. Bonon. ann. 1250-67. tom. 1. pag. 295 : *Famosum autem latronem dicimus quem de fama probari poterit latronem esse hoc modo quod fur vel latro sit furando de die vel de nocte quod* mole *in alieno campo solvat pro banno soldos* X. *pro quolibet faxe, et in Trossa soldos* XX. *et a Trossa supra usque in duas soldos* LX. *Si vero colligent messem non maturam foliam avenam ordeum vel parmolam viciam vel fabas milium vel panicum vel herbam in prediciis blavis non maturis vel aliqua earum solvat pro qualibet faxe soldos* XX. *predictarum blavarum, et pro qualibet Trossa soldos* LX. [Fr.]

sit *Truncator bursarum vel disgropator gironum*. [Fr.]

TRUNTANUS, Trunctarius, Truntarius, Tractarius, Idem qui *Trutanus*. Vide in hac voce. Stat. Bonon. ann. 1250-67. tom. 1. pag. 447 : *Statuimus quod ponantur in banno perpetuo omnes indivinatores et divinatrices et facientes experimenta seu tenentes, et Truntani* (*Truntarii cod*. '52. '53 ; — *Truntarii*, '59. '60 ; — *Tractarii* '62.) *et transfigurabrices*. [Fr.]

TUBATA, Turris columbaris, a vocabulo italico *Tubare*, columbi vocem edere, unde *Tubi! Tubi!* aiunt ancillæ cum receptui columbos vocitant. Stat. Bonon. ann. 1250-67. tom. 1. pag. 281 : *Si quis dominus vel alius traxerit de turri vel Tubata vel domo cum mangano vel prederia seu alio edificio in palatio vel curia comunis bon. solvat nomine banni* C. *lib. bononinorum quoties contra fecit, et turris vel Tubata vel domus illa destruatur usque ad terram....* Et tom. III. pag. 406 : *Et ille cujus erit domus vel porticus vel turris vel Tubata vel curia, ubi dicta congregatio sive pars assembla-retur, puniatur si fuerit miles vel filius militis in* M. *lib. bon. ; et si fuerit pedes in* v°. *lib. bon. pro quolibet et qualibet vice*. [Fr.]

TUNNA, in descriptione bonorum monasterii Prumiensis commentata 1222 : *Tunnæ de quibus hic fit mentio non puto esse Tunnas per quas deducitur vinum, sed quædam vasa magna ad vindemiam valde necessaria, quæ appellantur buden. De feodis enim nostris quæ habemus in Arvilre etiam invenitur in auctentico, quod solvant Tunnas, pro quibus quodlibet feodum solvit annuatim in vindemia* VIII. *denarios Colonienses et vocantur illi denarii vaspennenge, qui denarii annuatim dandi sunt pro vasis ad vindemiam necessariis*. Beyer, Urkundenbuch I. 155. [A. M.]

U

UMBENNECH, in carta Theoderici comitis Clivensis de anno 1265 : *Item dedimus, hæreditarium jus ipsis ad ignem suum ligna, quæ dicuntur Umbennech, secandi in silvis nostris*. (Lakomblet, Urkundenbuch, II. 555.) [A. M.]

UMBRACULUM, Umbella, Italis *Baldacchino*, ex Diario Paridis de Grassis sæc. XVI. edit. ab A. Fratio, pag. 89 : *Item ordinavi aliud Umbraculum pro Pontifice partim ex brocato panno aureo, et partim ex serico rubeo purpureo sive cremesino, satis etiam amplum cum perticis auratis sex*. [Fr.]

UNGELT, Assisia, Gallice *Accise*, est tributum quod in comitiis populi imponitur, dicitur etiam telonium vel collecta; in dipl. collegii cathedralis Trevirensis de anno 1276. dicitur : *Quod nos .... assisyam seu collectam quæ Ungelt vulgariter nuncupatur excogitatam inventam ordinatam pariter et statutam de provido et maturo consilio pleno consensu ac unanimi voluntate singulorum et omnium quorum consensus in præmissis fuerat requirendus*. (Gunther, cod. dipl. Rheno-Mosellanus II, 417.) [A. M.]

UNGEWORDE, est inquisitio judicis, quin accusatio ab aliquo facta sit ; ita in ordinatione arbitrorum inter Conradum arch. Colon. et Coloniam urbem de anno 1258 : *Quod iidem magistri civium nullo conquerente contra illos, consueverunt pecuniam volunt habere, consueverunt motu proprio inquirere de eo, quod vulgariter dicitur Ungeworde sive verbo sive opere perpetretur, et sic ab innoxiis et ab illis, qui minime accusabantur ab aliquo, sæpius pecuniam extorserunt*. (Lakomblet, Urkundenbuch des Niederrheins II, 452.) [A. M.]

UNMINNE. Vide Minne. [A. M.]

UPSLACH, est viarum vectigal, in carta Theoderici comitis Clivensis de anno 1300 : *Ex theloniis nostris in Wesele, quæ carrintolle et Upslach vulgariter appellantur*. (Lakomblet, Urkundenbuch des Niederrheins II, 1056.) [A. M.]

URGES, Vas vinarium. Stat. comm. Alex. ann. 1297. pag. CCCXVII. lin. 10 : *Et non possit (portator vini) nec debet accipere pro descareatura et invasellatura sive traversatura, sive pro careatura de sestario vini nisi tantum denarios tres* terdon. *computata levatura Urgetis precise et sine tenore*. [Fr.]

URNA Vini , in calendario custodiæ eccl. cath. Colon. : *Et recipiet custos Urnam vini*. [A. M.]

USSERE, Janitores, in MS. archivii Trevirensis n° 1225 : *Quatuor Ussere datur* 1. *panis*. [A. M.]

UTLOSE, in carta Theoderici comitis Clivensis de anno 1241 : *Si quis civium moriatur, census, qui vocatur Utlose, a suis hæredibus non requiretur*. (Lakomblet, Urkundenbuch II, 258.) [A. M.]

UVA PASSA, Id est insolata, vox italica. Paris de Grassis Diarium edit. ab A. Fratio, pag. 267 : *Capsæ sex diversorum ciborum quadragesimalium , ut ficuum, amigdalarum, Uvarum passarum, etc*. [Fr.]

UZFANC, in diplom. archiepiscopi Coloniensis Philippi de anno 1180 : *Frontes quoque domorum nec non et alia quælibet ædificia forum respicientia, quæ projectum habent quod vulgo Uzfanc dicitur, super publicum locum, ita in futurum permanebunt*. (Lakomblet Urkundenbuch des Niederrheins I, 474.) [A. M.]

V

VADIUM, idem quod mulcta, Germanice *Wette;* ita in descriptione bonorum Rhingravicorum ex initio sæculi xiii : *Qui hoc neglexerit, Vadium dabit.* Kremer, Orig. Nass. II, pag. 224. [A. M.]

VALSTOCH, est fructus jurisdictionis; ita in dipl. Conradi Coloniensis archiepiscopi de anno 1250 : *Talis videlicet quod omnes proventus judiciorum qui infra sepes munitionis in Vilmere qui vulgariter Valstoch appellantur proveniunt.* Kremer, Orig. Nass. II, p. 285. [A. M.]

VARIUM, Merces, Germanice *Waare;* ita in carta Conradi arch. Col. de anno 1259 : *Nullus mercatorum advenientium undecunque varium quod grawerc appellatur vendet.* Lakomblet, Urkundenbuch des Niederrheins, II, 469. [A. M.]

VASCAMERE, est camera, in qua servatur cera, in calendario custodiæ eccl. cath. Colon.: *Quæ spargentur in chorum S. Petri et in Vascamera.* [A. M.]

VASPENNENGE. Vide *Tunna.* [A. M.]

VELPENNINGE; in MS. archivii Col. t. II, 35 : *Ad Velpenninge* 10 *denarii.* — In MS. archivii Trevir. n° 1225 : *Canonici majoris ecclesiæ habebunt annuatim centum et* 29 *dies grossos carnium cum den. qui dicuntur Vollepenninge.* [A. M.]

VENDEAMITA, Vinea in qua vindemiæ pendent et nondum exactæ Stat Comm. Alex. ann. 1297. pag. CCLXXXII. lin. 32 : *Item statutum est quod non liceat alicui homini vel persone vapolare nec intrare vineas Vendeamitas vel ad vendemandum usque ad octavam sancti Michaelis, postquam uve ceperint vendemiari in banno soldi unius.* [Fr.]

VENDITIO, Gall. *Trahison (à prix d'argent) :*

Mandat et illis omnibus
Qui vivere de raptibus
Et de *Venditionibus*
Cunctis gaudent temporibus.
[G. E. CAMBRAI.]

VENNA; in descriptione bonorum monasterii Prumiensis commentata 1222 : *Venna est instrumentum sumptuosum et satis utile, unde pisces capiuntur, quod instrumentum appellamus wer sive steyle, sicut habemus in fyma et rivin.* Beyer, Urkundenbuch, I, 153. [A. M.]

VENNE in dipl. Adolfi I. Coloniensis archiepiscopi de anno 1200 : *Terram incultam, quæ in vulgari drysch vel Venna dicitur.* Lakomblet, Urkundenbuch des Niederrheins, I, 567. [A. M.]

VENTINA, Vox italica quantitatem numeratam usque ad viginti significans. Stat. comm. Alex. ann. 1297. pag. CCCLI, lin. 30 : *Et quod dicta talia ordinetur et solvatur pro Ventinas, et ad modum Ventinarum de hominibus, qui tenentur et debent venire talium solvere, et quod capita Ventinarum ordinentur tali modo videlicet, quod ille qui erit caput Ventine predicte alie uno anno non possit nec debeat esse caput Ventine sequenti, etc.* [FR.]

VERAMT, est jus transvehendi homines, pecora, etc. super fluvium ; ita in dipl. Wilhelmi et Udonis de Waldecke de anno 1285 : *Idem domnus Wilhelmus et sui hæredes navigium quod dicitur Veramt et vineas apud Burgene... quiete et pacifice possidebunt.* Gunther, cod. dipl. Rheno-Mosellanus, II, 457. [A. M.]

VERNULA, Gall. *Serviteur,* domestique *:*

Dicunt quosdam epistola,
Quosdam mandasse *Vernula*
Ne sibi regis gratia
Daret episcopalia.
[G. E. CAMBRAI.]

VERSEYLEN, est cum solemnitate bona quædam in judicio ad alium transferre; in carta pro collegio SS. Apostolorum in Colonia de anno 1286 : *Tradidimus et assignavimus pleno jure, videlicet in strata publica in præsentia scabinorum prædictorum ac aliorum fidedignorum ea sollempnitate, quæ dicitur Verseylen.* Lakomblet, Urkundenbuch des Niederrheins, II, 821. [A. M.]

VESSERE, idem quod pascere ; in carta Godefridi de Heinsberg de anno 1298: *Prædicti mansionarii suos porcos..... in fructibus quercuum et fagorum silvæ prædictæ, qui vulgariter dicuntur Eykeyr, suo tempore poterunt Vessere et nutrire et custodire.* Lakomblet, Urkundenbuch des Niederrheins, II, 984. [A. M.]

VESTE, est judicium ex septem judicibus constans qui desumpti sunt ex quinque parochiis: in dipl. Johannis de Rinberg de anno 1292 : *Ego diligenti inquisitione facta super jure ipsarum parchia in Linse et postea coram quinque parochiis et septem judicibus, quorum nomina sunt hæc,..... quorum universitas vulgariter Veste dicitur.* Gunther, cod. dipl. Rheno-Mosellanus, II, 492. [A. M.]

VESTENE, dicitur jus vocandi extra-neum ante tribunal sui judicis. Ita in diplomate archiepiscopi Coloniensis Philippi de anno 1182 : *Judiciaria potestas et jus burgense quod oppidum Sigebergense eatenus dinoscitur habuisse secundum tenorem privilegiorum et secundum quod a tempore fundatoris sui beati Annonis prædecessoris nostri et constitit, manebunt et inconvulsæ, ita ut nullus burgensis extra in potestatem comitum vel quod vulgo Vestene dicitur vocetur.* Lakomblet, in Urkundenbuch fur den Niederrhein, I, 483. [A. M.]

VESTILMOSA, in MS. archivii Col. t. II, 35 : *Ad Vestilmosa* 6 *den.* [A. M.]

VICANALIA, VIGANALIA, Bona comunalia, sive vicinorum. Liber consuet. Mediol. ann. 1216. inter Monum. Hist. patr. Taurin. tom. XVI, col. 923 : *Præterea in locis, que sunt de districtu illud obtinet quod Viganalia per consensum dominorum et vicinorum debent dividi vel vendi.* [FR.]

VICINANCIA, VICINANTIA. Vide *Vicinia.* [FR.]

VICINIA, Idem quod *Vicinantia,* que ex finitimis domibus constat, Vicus, Ital. *Vicinanze.* Stat. Bonon. ann. 1250-67, tom. II, pag. 362 : *Et ministrales elligant in qualibet Vicinia, ubi puteus est, duos bonos homines vel quatuor...* — Et tom. II, pag. 361 : *Et si in aliqua Vicinia (Vicinancia,* Cod. '52 : —*Vicinantia,* Codd. '59, '67) *tractaretur de puteo faciendo in ipsa Vicinia, quod si major pars vicinorum fuerit in concordia, puteus fieri debeat expensis illius Vicinie.* [FR.]

VIGANALIA pro *Vicanalia.* Vide in hac voce. [FR.]

VIGNOGOLUS, Qui vineas custodit, Ital. *Vignaiuolo.* Stat. Niciæ sæc. XIII. inter Mon. Hist. patr. Taur. tom. II, col. 75 : *Camperii et Vignogoli et custodes jurabunt quod bona fide sine fraude salvent et gardent de die et de nocte... civitatem Niciæ, et totum territorium Niciæ intus et extra* [FR.]

VILIFICARE, Gall. *Mépriser :*

Nam illi ministerium
Vilificantes divinum
Secum contra episcopum
Excommoverunt populum.
[G. E. CAMBRAI.]

VIMMENOTI, Germanice *Fehmgenossen;* in carta pro commenda fratrum hierosolymitanorum de anno 1265 : *Et ibi in judicio promulgato coram thingravio domino Menzone de Heidene et vimmenotis Ludolfo Rathardinc et Ludolfo Hessinc.* Lacomblet, Urkundenbuch, II, 553. [A. M.]

VINATIA, ut *Vinacia.* Stat. Bonon. ann. 1250-67, tom. I, pag. 197 : *Nec aliquis consortum inmittat vel inmitti faciat in dictam andronam aquam balnei, vel aliam aquam coadunatam, vel spacaturam vel ruseum, vel Vinatiam, vel ceneratam.* [FR.]

VINCILIUM, VINCIGLIUM, VINCILUM, VINCILLUM, VINCUM, Vimen, Ital. *Vinciglio, vinco,* Gall. *Osier.* Stat. Bonon. ann. 1250-67, tom. II, p. 236 : *Nec possit aliqua via ipsius trivii artari gractibus vel storiis vel aliquo alio apposito... quin currus cum Vinciis et Vincigliis (c. Vincis et Vincilis* Codd. '64, '67) *et feno libere possint inde transire...* Et tom. III, pag. 126 : *Et illi ministrales teneantur... providere... ne frasche cum foliis et Vincillis ponantur vel fenum aut paleam super ignem.* [FR.]

VINCILLIA, pro *Vincilium.* Vide supra in hac voce. Stat. Bonon. ann. 1250-67, tom. II, pag. 141. *Cum hoc sit quod via per quam itur in contrata de brocalindosso a latere superiori strate majoris sit arta ita quod unus currus feni et Vincilliarum via potest transire.* [FR.]

VINCUS Vide *Vincilium.* [FR.]

VINGERHOIT, Gallice *Dé,* Germanice *Fingerhut;* in calendario custodiæ eccl. cath. Colon.: *Item pellebucersche erit præsens et dabit ei custos altaris acum, fila, pannum, Vingerhoit ad reficiendos pannos.* [A. M.]

VINISCUS, *Arepe.* Gloss. Turon. Bibl. Schol Chart. 1869, p. 331, xii. s.

VIRDEIL, Quartarium, mensura vini : in dipl. abbatiæ Himmenrode de anno 1265 : *Duo quartalia, quæ Virdeil dicuntur Coloniensis mensuræ.* Gunther, cod. dipl. Rheno-Mosellanus, II, 344. [A. M.]

VIRGA. Baculus pastoralis Goderanni, Santonensis episcopi abbatisque Malleacensis, nuper in Malleacensis monasterii navi inventus et nunc in Niortensi museo conservatus, sic inscribitur : *Virga Goderanni,* etc... Vide Arnauld, hist. de Maillezais, Lacurie, hist. de Maillezais, et Briand, hist. de l'eglise Santone.

VITIA, Vicia, leguminis genus, Ital. *Veccia.* Stat. comm. Alexandr. ann. 1297, pag. CCLXXXV, lin. 34 : *Et idem intelligatur in eo qui seccaret vel portaret alienam Vitiam vel legumina, vel milium vel panicum vel lupinos vel aliquam blavam viridem.* [FR]

VITRIFACTOR, i. q. vitreator. *Vitrifactores ad fenestras..... decorandas.* V. Beda in homiliâ de S. Benedicto Biscopio, c. 6. Acta SS. Januar. II, 28, B.

VITUPERIUM, notione *Immunditiarum*. Stat. Casalis sæc. xiv. inter Mon. Hist. patr. Taur. tom. II, col. 1036 : *Item statutum et ordinatum est quod aliqua persona de Cassali seu aliunde non possit nec debeat facere aliquod Vituperium a domo Antonii Rubei usque ad domum Johannis Buttini de Allexandria apud murum platee ab una parte nec ab alia dicti muri, nec etiam sub porticuhu... Et paulo post : Et quod aliqua persona non possit ibi teneri nec facere aliquod fimum sub eadem pena.* [FR.]

VLADEN, verbum adhuc usitatum in inferioribus Rheni partibus, Gallice *Flan ;* in kalendario custodiæ eccl. cath. Colon. *Et dabit tria Vladen, quæ dividentur inter se et erunt bene parata.* [A. M]

VLOZE, Germ. *Floss ;* in descriptione thelonei in Confluentia : *De qualibet massa lignorum, quæ vulgariter vocatur Vloze, dabitur integrum theloneum.* Beyer, Urkundenbuch, II, 281. [A. M.]

VOGERIUS, ut mox *Vogherius*, Nauta. Impos. Off. Gazarie in Mon. Hist. patr. Taur. tom. II, col. 325 : *Item Vogerii seu marinarii usque ad concurrentem numerum hominum centum septuaginta sex.* [FR.]

VOKETEN, in calendario custodiæ eccl. Cathedr. Colon.: *Item recipiet decem Voketen et duos kochelen.* [A. M.]

VOLSCHERICH ; in dipl. de civitate Wipperfordensi de anno 1267 : *Item pronuntiamus de hominibus qui dicuntur Volscherich infra oppidum commorantibus, quod pleno jure gaudeant sicut extra.* Lakomblet, Urkundenbuch, II, 575. [A. M.]

VOLTA BOUM, Loquendi modus apud agricolas bononienses ad parvum itineris tractum significandum , Italis *Voltata di bue.* Stat. Bonon. ann. 1250-67, tom. II, pag. 630 : *Statuimus et ordinamus quod per comune ad homines singulares terre bagnarole debeat fieri una via larga xiiij. pedes....... ita quod homines cum curribus melius et commodius possint ire et reddire ad campos et boscos et patra; que via potest esse longa tres Volte boum.* [FR.]

VOLTAM (LUDERE AD), Ludi taxillorum species. Vide *Ludus ad acardum.* [FR.]

VOLTUS, Cameratus, arcuatus, Ital. *Fatto a volta.* Stat. comm. Alexandr. ann. 1297, pag. CCXXVII, lin. 45 : *Item statutum est, quod potestas teneatur facere fieri pontem unum super fossatum... et fiat dictus pons Voltus de lapidibus.* [FR.]

VOLUBILITAS, Gall. *Voûte ;* « Crypta lapidum Volubilitate constructa... et arcubus sustentata », ex chronico quodam Senonensi, ad annum 847, apud Bull. de la Société archéologique de Sens, t. XIII, p. 321.

VOLUTABRUM, est idem quod lacuna, palus ; ita in dipl. donationis factæ ecclesiæ B. M. V. Argentinensis de anno 926 : *Terminalia loca sita ad australem plagam... ad rubrum Volutabrvm.* Kremer, Orig. Nass. II, p. 62. [A. M.]

VOLVERE, Gall. *Voûter* : « Navem monasterii majoris (S. Martialis lemovicensis) ab altari sancte Crucis usque ad portam occidentalem *Volvi* fecit. » Mém. de la Soc. des Antiq. de l'Ouest, ann. 1880, pag. 317.

VORGEZIMBERE, in dipl. Henrici Burgravii Coloniensis de anno 1287 : *Officium sive jus meum quod habeo in demoliendo sive frangendo ea quæ Coloniæ in domibus et ædificiis sunt ante ædificata, quæ vulgariter dicuntur Vorgezimbere.* Lakomblet, Urkundenbuch des Niederrheins, II, 220. [A. M.]

VORSASZ, dicitur supplementum, quod super pretium additur; ita in dipl. de anno 1274 : *Sex carratis vini mensuræ claustralis cum debito et consueto supplemento, quod vulgariter dicitur Vorsasz.* Gunther, cod. dipl. Rheno-Mosellanus, II, 389. [A. M.]

VORSLEGERE, sunt lapicidæ; ita in carta Godefridi de Drachenfels de anno 1273 : *Quorum tres lapides frangent et qui vulgariter brechere dicuntur, alii vero tres lapicidæ, qui et Vorslegere nuncupantur.* Lakomblet, Urkundenbuch des Niederrheins, II, 652. [A. M.]

VULGALIS, 1. q. vulgaris. *Vulgali plebe passim gladio et fame pereunte.* Vita S. Viventii, c. 44. Januarii, II, 95, A.

VURHURE, est vectigal, quod novus possessor bonorum a domino dependentium illi domino solvere debebat ; ita in dipl. archiepiscopi Coloniensis Arnoldi II. de anno 1153 : *Cum autem unus eorum obierit, alter pro kurmedo meliorem equum dabit vel si equum non habuerit v solidos et præfatum bonum deinceps possessurus in modios tritici ad hoc quod vulgo Vurhure dicitur persolvet.* Lakomblet, Urkundenbuch des Niederrheins, I, 378. [A. M.]

VURLEYSIN, est jus colligendi uvas præ ceteris; ita in dipl. regis Adolphi de anno 1297 : *Et jus præcolligendi vineas suas in districtu nostro Bopardiensi quod Vurleysin dicitur.* Gunther, cod. dipl Rheno-Mosellanus, II, 517. [A. M.]

VURPH, Prima captura piscium ; in descriptione bonorum et jurium ecclesiæ Meerensis de anno 1201 : *Quicquid in prima captura (Vurph) ceperint, dimidium erit ecclesiæ.* Lakomblet, Urkundenbuch, II, 1. [A. M.]

VURSING, sunt porci ; ita in MS. archivii Colon. t. II, 85 : *Et 2 porcos in Willcke Vursinc.* [A. M.]

VUSCUS, *Vimauve.* Gloss. Turon. Bibl. Schol. Chart. 1869, p. 331, xii. s.

W

WACTA, in descriptione bonorum monasterii Prumiensis commentata 1222 : *Wactas facere est postquam segetes repositæ fuerint in horreum dominicum, tenentur mansionarii, sicut antiquus liber narrat, illam triturare. Medio autem tempore antequam fuerit triturata, tenetur familia in suo ordine eam custodire, et de nocte custodes ne comburatur a malis hominibus deputare.* (Beyer, Urkundenbuch I, 145.) [A. M.]

WAIDA, in descriptione bonorum abbatiæ Prumiensis commentata 1222 : *Waida idem est quod pascua.* (Beyer, Urkundenbuch I, 158.) [A. M.]

WALDUS, Silva, in carta Ludovici imperatoris pro abbatia Prumiensi de anno 816 : *Qualiter (Pippinus rex) inter cæteras donationes quendam Waldum ibidem confirmasset.* (Beyer, Urkundenbuch I, 57.) [A. M.]

WARINGA, id est ærarium ; in MS. archivii Col. T. II, 85 : *Præpositus major ad vincula Petri solvit ad Waringam...... 20. libras et duos sol.* [A. M.]

WATERSCAP, Decursus aquæ; ita in diplom. Sigewoni pro monasterio Werthinensi de anno 793 : *Id est in hrodbertinga hova unum modicum curtile cum agris III. in eadem villa et cum Waterscapis, perviis , communibus pascuis et ceteris.* Lakomblet, Urkundenbuch des Niederrheins I, 3.) [A. M.]

WENDELBODE, est custos vinearum; in calendario custodiæ eccl. cath. Colon. : *Item quicunque est Wendelbode dominorum S. Mariæ ad gradus habebit unam amam de vino prædicto ad suam justitiam.* [A. M.]
WER. Vide *Venna.* [A. M.]
WEREGILDUS, in carta Henrici III. imperatoris pro abbatia S. Maximini Trevir. : *Si ecclesiæ homo interfectus fuerit et abbas aut villicus ejus ab homicida Weregildum exigere poterit, totum sui juris erit.* (Beyer, Urkundenbuch I, 405.) [A. M.]
WERGRAS, est jus ad pascua; in carta pro ordine theutonico de anno 1278 : *Erit libera de jure illo quod...... Wergras .... vulgariter appellatur.* (Lakomblet, Urkundenbuch des Niederrheins II, 717.) [A. M.]
WERPIRE, in carta Mathei ducis Lotharingiæ de anno 1152-57 : *Quod exactiones venationes...... verpivi et abfestucavi.* (Beyer, Urkundenbuch, I, 652.) [A. M.]
WERSEGEN, certum genus retium; in descriptione bonorum cœnobii Meerensis de anno 1201 : *A purificatione B. Mariæ primum pisces, scilicet Salmonem, quem ceperint qui utuntur retibus, quæ vocantur Wersegen, ecclesiæ persolvent.* (Lakomblet, Urkundenbuch, II, 1.) [A. M.]

WETTESCAZ, sunt proventus ex mulctis; ita in descriptione bonorum Rhingravicorum : *Item post obitum ejusdem G (udæ de Bolanden) de Wettescaz in Horlesheim idem Ringravius nichil percepit.* (Kremer. Orig. Nass. II, pag. 231.) [A. M.]
WIDEGLAGE. Vide *Glaves.* [A. M.]
WILKOER, sunt jura minora alicujus civitatis ; in carta Ottonis comitis Zutphaniensis de anno 1233 : *Sed in minoribus articulis et causis, in quibus inter se cives sua statuta statuere consueverunt, quod Witkoer sive buerkoer appellatur, recipient cives emolumentum.* (Lakomblet, Urkundenbuch des Niederrheins, II, 191.) [A. M.]
WINAGIUM, in carta Henrici ducis Lotharingiæ pro monasterio Veteris Montis de anno 1248 : *Liberum dimissimus..... ab omni thelonio seu Winagio apud Antwerpiam et per omnem terram nostram.* (Lakomblet, Urkundenbuch II, 344.) [A. M.]
WINGART PROVINDIN, Præbendæ vinearum; ita in MS. archivii Colon. t. II, 35 : *Dederunt ipsis..... unam præbendam de duabus præbendis, quæ dicuntur Wingart Provindin.* [A. M.]
WIRANDI, in carta conventus Trevirensis ecclesiæ de anno 1160 : *Si vero alia quælibet eis quod absit persona aliquam ibi inferre injuriam voluerit, nos*

pro eis et cum eis stare non differemus et utpote fideles defensores et Wirandi apud dominum archiepiscopum...... gravamina eorum sicut nostra nostris mitigare laborabimus. (Beyer, Urkundenbuch I, 680.) [A. M.]
WISSENTHAFTE DINCK, sunt dies judiciales ; ita in dipl. de anno 1291 : *In principalibus quoque diebus judicialibus qui secundum vulgares Wissenthafte Dinck nuncupantur.* (Gunther, cod. dipl. Rheno-Mosellanus II, 481.) [A. M.]
WISSUNGA. Vide *Xenia.* [A. M.]
WITTPENNINGHE, est nummus certus; in carta Wilhelmi comitis Juliacensis de anno 1260 : *Lithones dictæ curtis præsentabunt uni qui dicitur boinmester XLV solidos Coloniensium denariorum et usualis monetæ, qui denarii vulgo dicuntur Wittpenninghe.* (Lakomblet, Urkundenbuch des Niederrheins II, 494.) [A. M.]
WOLESHIF, in descriptione thelonei in Confluentia : *De navicula, quæ vocatur vulgariter Woleshif, quæ regitur remigio de manu viri, dependente in aqua non ligato ad naviculam, dimidium theloneum dabitur.* (Beyer, Urkundenbuch II, 281.) [A. M.]
WRIGEDINC, in carta pro commenda fratrum hierosolymitanorum in Borken de anno 1285 : *Ego et cohæredes mei ad judicium accessimus in Pevewic quod vulgo Wrigedinc dicitur.* (Lakomblet, Urkundenbuch II, 553.) [A. M.]

X

XAM

XAIGUATORIUM, XAYGUATORIUM, Idem quod *Saiguatorium.* Vide in hac voce. Stat. Bonon. ann. 1250-67. tom. 1. pag. 201 : *Addimus huic Statuto quod quilibet ministralis contratarum teneatur infra XV dies denuntiare hominibus habentibus situlam vel Xaiguatorium (Xayguatorium, Codd. '60, '64.) vel aybum vel canellam ferream... debeat removere infra tres dies.* [FR.]
XAIMATUS. Idem ac *Xeimatus.* Vide sub voce *Xeimare.* Stat. comm. Alexandr. ann. 1297. pag. CCCXVII. lin. 4 : *Et quilibet qui voluerit esse portator vini .... habere liberum unum suum proprium Xaimatum et mensuratum.* [FR.]
XAMARI, Idem quod *Xemare.* Vide in hac voce. Stat. comm. Alexandr. ann.

XEI

1297. pag. CCCXVIII. lin. 18 : *Et teneantur molinarii reddere farinam ad dictum pensum... quod pensum teneatur potestas facere Xamari.* [FR.]
XAXIFRAGIA, Saxifraga : « *Recipe.... ligni, aloes, Xaxifragiæ.* » B. N. Ms. Lat. 10272. p. 171.
XAXIRI. Vide *Saxiri.* [FR.]
XAYGUATORIUM. Vide *Saiguatorium.* [FR.]
XEIMARE, XEMARE, Comprobare mensuras. Stat. comm. Alexandr. ann. 1297. pag. XXVI. lin 38 : *Item statutum est quod duo xematores elligantur pro communi... qui debeant Xeimare sestarios tam grani quam vini salis et calcine, et sint fratres penitentie. Qui xematores teneantur et*

XEN

debeant Xemare omnes sestarios grani et vini ad sestarios de ramo communis.... Et paulo post : nec aliquam de predictis mensuris faciant vel permittant signari signo communis seu potestatis nisi prius bene et legaliter predicte mensure secundum modum predictum fuerint Xeimate. [FR.]
XEIMATUS. Vide supra *Xeimare.* [FR.]
XEMATOR, Qui comprobat mensuras. Vide supra *Xeimare.* [FR.]
XENIA, in descriptione bonorum ecclesiæ Cardonensis de anno 1100 : *In hagenbach habet Cardonensis.... tres solidos et ad Xenias (wisunga) III panes, gallinam et obolem.* Beyer, Urkundenbuch I, 455. [A. M.]

Y

YPP

YMANDATA, Vestis, vel potius ornatus muliebris. Stat. comm. Alexandr. pag. 390: *Item statutum est... quod aliqua mulier... nupta seu virgo... non audeat vel presumat portare aliquas perlas in capite, super vestibus, vel super centuro... nec portare aliquas frixaturas de auro vel argento super desuratas Ymandatas, etc.* [Fr.]

YPPERPERA, Ponderis species apud Venetos : « In primis vendi fecit saxum unum de verzi.... ad rationem *Ypperpe-*

YSC

rorum viginti sex et grossorum venetorum quatuor centenario. » Massiliæ, 5 mai 1221. Bibl. Schol. Chart. 1868. p. 314.

YREGORUNTUS CAMELEON. « *Senechiuns, senecon.* » Gloss. Turon. Bibl. Schol. Chart. 1869. p. 380. xii. 8.

YSCARIUS, Iscarius, Scarius, Præpositus certis muneribus ædilitiis, quibus probabiliter antiquitus præerant excubiæ, quæ *Scarii*, a voce germanica *Schar* (Cohors), appellabantur. Et re

YSC

vera isti Præpositi in statutis bononien. constanter designantur uti *Scariis* suffecti. Stat. Bonon. ann. 1250-67. tom. 1. pag. 211 : *Et illud (sacum) bullent illi qui sunt loco Yscariorum.... Et tom. II. pag. 255: Statuimus quod nullus teneat porcos pullos vel anseres apud molendina vel in capannis, et hoc teneantur videre qui sunt loco Yscariorum ;... Et tom. III. pag. 204 : Quod potestas teneatur ponere ad consilium officium illorum quatuor, qui sunt loco Yscariorum.* [Fr.]

Z

ZAP

ZABEL, in dipl. Conradi arch. Colon. de anno 1259 : *Nullus mercatorum advenientium undecunque varium quod grawere, et etiam hoc quod Zabel vulgo appellatur et similia, vel etiam pannum transmosanum duas marcas vel plus valentem in civitate Coloniensi vendet.* Lakomblet. Urkundenbuch des Niederrheins II. 469. [A. M.]

ZAFFIRELLUS. « *In corpore pavonis est una praxina et Zaffirelli et granatelli et smaraldi.* » Inv. Bonifac. VIII. Bibl. Schol. Chart. 1863. p. 143.

ZALDO, Çaldo, Idem quod Zalda, lanceæ species, Ital. *Gialda*. Stat. Bonon. ann. 1250-67. tom. 1. pag. 96 : *Præterea bordones et gladia acuta vel misericordias seu falcones vel lanceas acutas vel clavas ereas vel ferreas seu ferratas, aut Çaldones seu aliqua inusitata arma per civitatem vel suburbia non deferam, nisi secundum formam statutorum.* Joannes Villani, ix. 70. 5. memorat le *Gialde* e i *Gialdonieri*. [Fr.]

ZAPELLUS. Stat. Bonon. ann. 1250-67. tom. II. pag. 601: *Cum tempore iemali atque estivo cum pluit nemo per villam sale ire nec transire potest eques, nec pedes, nec cum bubus, nec cum curribus occasione cujusdam mali Capelli, qui est juxta domum Ubaldini de sala... Idcirco statuimus et ordinamus quod ibi juxta ipsum Capel-*

ZIN

lum per comune et homines dicte terre sale... debeat fieri una claviga lapidea latitudinis xij. pedum et altitudinis iiij. pedum, etc. [Fr.]

ZAVATTERIUS, Çavaterius, Veteramentarius sutor, Italis *Ciabattino*, Gall. *Savetier*. Chron. Petri Azarii apud Murator. tom. 15. col. 380 : *Non solum homines Perusii stipendiarii, sed etiam mulieres et barberii cum Zavatteriis cucurrerunt.*

Stat. Bonon. ann. 1250-67. tom. 1. pag. 115 : *Ita quod nullus Çavaterius, vel altera persona morari possit ad pensionem extra vel intra columnas a dicto latere, nec etiam sub eodem porticu.* [Fr.]

ZEPA, Zeppa, Cœpa, Ital. *Cipolla*, Gall. *Oignon*. Stat. Casalis sæc. xiv. inter Mon. Hist. patr. Taur. tom. II. col. 1052 : *Statutum est quod aliqua persona si ceperit vel exportaverit de orto alieno sive possessione aliquas Zeppas vel aleum vel legumina porra vel erbas solvat pro pena et banno comuni Cassallis pro qualibet planta Zeparum alei leguminum porrorum vel herbarum pro qualibet vice denarium I papiensem, etc.* [Fr.]

ZINZABER, Ziziber, Ziziper, Çinçaber, Çiçiber, ut *Zinziber*, Aromati species, Ital. *Zenzero, Zenzevero, Zenzovero, Gangiovo*, Gall. *Gingembre*. Stat. Bonon. ann. 1250-67. tom. II.

ZUB

pag. 203 : *Victuale non intelligimus grocum, piper, Zinzaber (Çiçiber*, Cod. '52 ; — *Zinziber*, '59 ; — *Çiçiper*, '64 ; — *Zisiper*. '67.) *et mel et omnes species*. [Fr.]

ZINZANIA, Idem quod *Zizanium*, Discordia. Stat. comm. Novariæ ann. 1277. editum ab A. Cerruti, pag. 187 : *Et quod aliqua persona, collegium vel universitas volens vel presumens discordias vel Zinzanias vel seditiones inter ipsos ullatenus seminare, nullatenus audiatur, nec ea possit ad effectum reducere in contrarium predictorum.* [Fr.]

ZUBO, Çubo, Çupo, Çuppo, Gippo, et Cippo, Vestis virilis species, Ital. *Giubbone*. Stat. Bonon. ann. 1250-67. tom. I. pag. 259 : *Et postquam pugiles electi fuerint quod nesciatur cujus sit pugil, sed sint duo brevia in quibus scripta sint nomina partium, et quidam puer virgo debeat ponere breve unum in quolibet Cubone (Çupone*, Codd. '59, '62, '64 ; — *Çuppone*, Codd. '60, '67), *et suatur in dictis Çubonibus, et uno ex pugillis victo desuantur Çubones in presentia partium et tunc sciatur que pars obtinuit..... Et* tom. III. pag. 305 : *Ita tamen quod non sit notum de pugnatoribus pro quo alius pugnet habeat tamen quilibet pugnator scripturam in Cippone (Çuppone, 52, '60, Gippone '59), scilicet nomen illius, cui debeat attribui persona pugnatrix.* [Fr.]

Y

YPP

YMANDATA, Vestis, vel potius ornatus muliebris. Stat. comm. Alexandr. pag. 390 : *Item statutum est... quod aliqua mulier... nupta seu virgo... non audeat vel presumat portare aliquas perlas in capite, super vestibus, vel super centuro... nec portare aliquas frixaturas de auro vel argento super deauratas Ymandatas, etc.* [FR.]

YPPERPERA, Ponderis species apud Venetos : « In primis vendi fecit faxum unum de verzi.... ad rationem Ypperpe-

YSC

rorum viginti sex et grossorum venetorum quatuor centenario. » Massiliæ, 5 mai 1321. Bibl. Schol. Chart. 1868. p. 314.

YREGORUNTUS CAMELEON. « *Senechiunz, senecon.* » Gloss. Turon. Bibl. Schol. Chart. 1869. p. 330. xii. s.

YSCARIUS, ISCARIUS, SCARIUS, Præpositus certis muneribus ædilitiis, quibus probabiliter antiquitus præerant excubiæ, quæ *Scarii*, a voce germanica *Schar* (Cohors), appellabantur. Et re

YSC

vera isti Præpositi in statutis bononien. constanter designantur uti Scariis suffecti. Stat. Bonon. ann. 1250-67. tom. 1. pag. 211 : *Et illud (sacum) bullent illi qui sunt loco Yscariorum....* Et tom. II. pag. 255 : *Statuimus quod nullus teneat porcos pullos vel anseres apud molendina vel in capannis, et hoc teneantur videri qui sunt loco Yscariorum ;...* Et tom. III. pag. 204 : *Quod potestas teneatur ponere ad consilium officium illorum quatuor, qui sunt loco Yscariorum.* [FR.]

Z

ZAP

ZABEL, in dipl. Conradi arch. Colon. de anno 1259 : *Nullus mercatorum advenientium undecunque varium quod grawerc, et etiam hoc quod Zabel vulgo appellatur et similia, vel etiam pannum transmosanum duas marcas vel plus valentem in civitate Coloniensi vendet.* Lakomblet, Urkundenbuch des Niederrheins II. 469. [A. M.]

ZAFFIRELLUS. « In corpore pavonis est una praxina et *Zaffirelli* et granatelli et smaraldi. » Inv. Bonifac. VIII. Bibl. Schol. Chart. 1868. p. 143.

ZALDO, ÇALDO, Idem quod *Zalda*, lanceæ species, Ital. *Gialda*. Stat. Bonon. ann. 1250-67. tom. 1. pag. 96 : *Præterea bordones et gladia acuta vel misericordias seu falcones vel lanceas acutas vel clavas ereas vel ferreas seu ferratas, aut Caldones seu aliqua inusitata arma per civitatem vel suburbia non deferam, nisi secundum formam statutorum.* Joannes Villani, ix. 70. 5. memorat *le Gialde e i Gialdonieri*. [FR.]

ZAPELLUS. Stat. Bonon. ann. 1250-67. tom. II. pag. 601 : *Cum tempore iemali atque estivo cum pluit nemo per villam sale ire nec transire potest eques, nec pedes, nec cum bubus, nec cum curribus occasione cujusdam mali Çapelli, qui est juxta doemun Ubaldini de sala... idcirco statuimus et ordinamus quod ibi juxta ipsum Çapel-*

ZIN

lum per comune et homines dicte terre sale... debeat fieri una claviga lapidea latitudinis xij. pedum et altitudinis iiij[or] pedum, etc. [FR.]

ZAVATTERIUS, ÇAVATERIUS, Veteramentarius sutor, Italis *Ciabattino*, Gall. *Savetier*. Chron. Petri Azarii apud Murator. tom. 15. col. 390 : *Non solum homines Perusii stipendiarii, sed etiam mulieres et barberii cum Zavatteriis cucurrerunt.* Stat. Bonon. ann. 1250-67. tom. 1. pag. 115 : *Ita quod nullus Çavaterius, vel altera persona morari possit ad pensionem extra vel intra columnas a dicto latere, nec etiam sub eodem porticu.* [FR.]

ZEPA, ZEPPA, Çæpa, Ital. *Cipolla*, Gall. *Oignon*. Stat. Casalis sæc. xiv. inter Mon Hist. patr. Taur. tom. II. col. 1052 : *Statutum est quod aliqua persona si ceperit vel exportaverit de orto alieno sive possessione aliquas Zeppas vel aleum vel legumina porra vel erbas solvat pro pena et banno comuni Cassallis pro qualibet planta Zeparum alei leguminum porrorum vel herbarum pro qualibet vice denarium I papiensem, etc.* [FR.]

ZINZABER, ZIZIBER, ZIZIPER, ÇINÇABER, ÇIÇIBER, ut *Ziziber*, Aromati species, Ital. *Zenzero, Zenzevero, Zenzovero*, Gall. *Gingembre*. Stat. Bonon. ann. 1250-67. tom. II.

ZUB

pag 208 : *Victuale non intelligimus grocum, piper, Zinzaber* (Çiçiber. Cod. '52 ; — *Zinziber*, '59) ; — *Çiciper*, '64) ; — *Zisiper*. '67.) *et mel et omnes species.* [FR.]

ZINZANIA, Idem quod *Zizanium*, Discordia. Stat. comm. Novariæ ann. 1277. editum ab A. Cerruti, pag. 187 : *Et quod aliqua persona, collegium vel universitas volens vel presumens discordias vel Zinzanias vel seditiones inter ipsos ullatenus seminare, nullatenus audiatur, nec ea possit ad effectum reducere in contrarium predictorum.* [FR.]

ZUBO, ÇUBO, ÇUPO, ÇUPPO, GIPPO, et CUPPO, Vestis virilis species, Ital. *Giubbone*. Stat. Bonon. ann. 1250-67. tom. I. pag. 259 : *Et postquam pugiles electi fuerint quod nesciatur cujus sit pugil, sed sint duo brevia in quibus scripta sint nomina partium, et quidam puer virgo debeat ponere breve unum in quolibet Çubone* (Çupone, Codd. '59, '62, '64 ; — Çuppone, Codd. '60, '67), *et suatur in dictis Çubonibus, et uno ex pugillis victo desuantur Çubones in presentia partium et tunc sciatur que pars obtinuit.....* Et tom. III. pag. 305 : *Ita tamen quod non sit notum de pugnatoribus pro quo alius pugnet habeat tamen qualibet pugnator scripturam in Çippone* (Çuppone, '52, '60 ; Gippone '59), *scilicet nomen illius, cui debeat attribui persona pugnatrix.* [FR.]

www.ingramcontent.com/pod-product-compliance
Lightning Source LLC
Chambersburg PA
CBHW051622230426
43669CB00013B/2147